Beck'sche Kommentare zum Arbeitsrecht

Herausgegeben von Dirk Neumann
Band X

Sozialgesetzbuch IX

Rehabilitation und Teilhabe von Menschen mit Behinderungen

Kommentar

bearbeitet von

Dr. Dirk Neumann
Vizepräsident des Bundesarbeitsgericht a. D.

Dr. Ronald Pahlen
Vorsitzender Richter am Landesarbeitsgericht a. D.

Prof. Dr. Stefan Greiner
Universität Bonn

Prof. Dr. Jürgen Winkler
Katholische Hochschule Freiburg

Christine Krohne
Leitende Regierungsdirektorin

und

Dirk Westphal
Abteilungsdirektor

15., neu bearbeitete Auflage 2024

des von Hermann Wilrodt und Otfried Gotzen begründeten
und ab 2. Auflage von den Verfassern fortgeführten Kommentars
zum Schwerbehindertengesetz, ab 10. Auflage zum SGB IX

C.H.BECK

Zitiervorschlag:
Neumann/Pahlen/Winkler/Greiner SGB IX § 1 Rn. 1

www.beck.de

ISBN 978 3 406 79269 4

Wilhelmstraße 9, 80801 München
Druck: Beltz Grafische Betriebe GmbH
Am Fliegerhorst 8, 99947 Bad Langensalza
Satz: Druckerei C.H.Beck Nördlingen (Adresse wie Verlag)
Umschlag: Ralph Zimmermann – Bureau Parapuie

CO_2 neutral
chbeck.de/nachhaltig

Gedruckt auf säurefreiem, alterungsbeständigem Papier
(hergestellt aus chlorfrei gebleichtem Zellstoff)

Vorwort zur 15. Auflage

Nach Erscheinen der 14. Auflage im Jahre 2020 wurde das SGB IX vor allem durch das Bundesteilhabegesetz, das Teilhabechancengesetz, das Kinder- und Jugendstärkungsgesetz, das Gesetz zur Förderung eines inklusiven Arbeitsmarktes und das Gesetz zur Regelung des Sozialen Entschädigungsrechts geändert. Mittelbar wirkten sich ferner die Änderungen des Betreuungsrechts durch das Gesetz zur Änderung des Vormundschafts- und Betreuungsrechts auf das Recht der Rehabilitation und Teilhabe der Menschen mit Behinderungen aus. Außerdem wurde das SGB IX durch die Rechtsprechung fortentwickelt. Das BSG etwa erkannte einen Anspruch auf Finanzierung einer für eine Urlaubsreise erforderlichen Assistenzkraft an, und das Sozialgericht Hannover ging bei einem Mann mit schweren Beeinträchtigungen von einem Anspruch gegen einen Träger der gesetzlichen Unfallversicherung auf Finanzierung von Sexualassistenz aus. Mit der 15. Aufl. wird der Kommentar auf den Gesetzesstand des 1.1.2024 gebracht. Auf sich noch im Gesetzgebungsverfahren befindliche und für den 1.1.2024 geplante Änderungen wird an den betroffenen Stellen hingewiesen.

Für den Kommentar konnten mit Frau Christine Krohne und Herrn Dirk Westphal zwei weitere hochkompetente Autoren gewonnen werden. Herr Jürgen Jabben, der an der 13. und 14. Auflage mitwirkte, ist leider verstorben. Nach Drucklegung der 15. Aufl. erschütterte Verlag und die Mitautoren die Nachricht vom Tod von Herrn Dr. Dirk Neumann. Hierdurch erfährt der Kommentar eine tiefe Zäsur. Dr. Dirk Neumann wirkte seit der 2. Auflage mehrere Jahrzehnte – damals noch zum Schwerbehindertengesetz – an dem Kommentar mit. Er war die tragende Kraft des Kommentars. Er arbeitete bis ins hohe Alter von 100 Jahren an dem Kommentar mit und setzte sich für diesen mit hohem Engagement ein. Verlag und Mitautoren bedauern den Tod von Herrn Dr. Neumann und von Herrn Jabben sehr.

Der Kommentar richtet sich sowohl an die „klassische" Leserschaft von juristischen Kommentaren, also an Richter und Richterinnen, die Anwaltschaft und die Mitarbeitenden bei den Rehabilitationsträgern und sonstigen Behörden, die Berater und Beraterinnen der Wohlfahrtsverbände und sonstiger sozialer Beratungsstellen, als auch an die Menschen mit Behinderungen und die Studierenden. Dieser Leserschaft sollen juristisch verlässliche Informationen zu den Vorschriften des SGB IX an die Hand gegeben werden. Dies ist umso mehr erforderlich, als im Internet oftmals – interessengeleitet – unzutreffend über die Rechtslage informiert wird.

Oktober 2023 Die Autoren und Autorinnen

Inhaltsverzeichnis

A. Einleitung: Behindertenschutz

B. Kommentar

1. Sozialgesetzbuch Neuntes Buch – Rehabilitation und Teilhabe von Menschen mit Behinderungen – (Neuntes Buch Sozialgesetzbuch – SGB IX)

2. Gesetz über die unentgeltliche Beförderung Schwerbehinderter im öffentlichen Personenverkehr

3. Gesetz zur Gleichstellung von Menschen mit Behinderungen (Behindertengleichstellungsgesetz – BGG)

4. Allgemeines Gleichbehandlungsgesetz (AGG)

5. Durchführungsverordnungen

a) Wahlordnung Schwerbehindertenvertretungen (SchwbVWO)

e) Schwerbehindertenausweisverordnung

Abkürzungsverzeichnis

mit abgekürzt zitierter Literatur

aA	anderer Ansicht
Abs.	Absatz
aE	am Ende
AEUV	Vertrag über die Arbeitsweise der Europäischen Union
aF	alte Fassung
AGG	Allgemeines Gleichbehandlungsgesetz
ALG	Gesetz über die Alterssicherung der Landwirte
Anh.	Anhang
Anm.	Anmerkung
Art.	Artikel
AufenthaltsG	Aufenthaltsgesetz
BAG	Bundesarbeitsgericht
BAGE	Entscheidungen des Bundesarbeitsgerichts
BAnz.	Bundesanzeiger
BAR	Bundesarbeitsgemeinschaft für Rehabilitation
BBiG	Berufsbildungsgesetz
BGB	Bürgerliches Gesetzbuch
BGBl.	Bundesgesetzblatt
BGG	Behindertengleichstellungsgesetz
BMAS	Bundesministerium für Arbeit und Soziales
br	Behindertenrecht
BR	Bundesrat
BR-Drs.	Bundesratsdrucksache
BRKG	Bundesreisekostengesetz
BSG	Bundessozialgericht
BSGE	Entscheidungen des Bundessozialgerichts
BT	Bundestag
BT-Drs.	Bundestagsdrucksache
BReg.	Bundesregierung
BVerfG	Bundesverfassungsgericht
BVerwG	Bundesverwaltungsgericht
BVerwGE	Entscheidungen des Bundesverwaltungsgerichts
BVG	Bundesversorgungsgesetz
Drs.	Drucksache
DRV	Deutsche Rentenversicherung
EFZG	Entgeltfortzahlungsgesetz
EG	Europäische Gemeinschaft(en)
entspr.	entsprechend
EStG	Einkommensteuergesetz
EuGH	Gerichtshof der Europäischen Gemeinschaften
G	Gesetz
GdB	Grad der Behinderung
GE	Gemeinsame Empfehlungen
GG	Grundgesetz für die Bundesrepublik Deutschland
ggf.	gegebenenfalls
GK-SGB IX	Gemeinschaftskommentar zum SGB IX, Hrsg. Großmann/Schimanski, Loseblattsammlung
GKV	Gesetzliche Krankenversicherung

Abkürzungsverzeichnis

grdl. .... grundlegend
grds. .... grundsätzlich

ICF .... International Classification of Functioning, Disability and Health
ICIDH .... International Classification of Impairments, Disabilities and Handicaps
idF .... in der Fassung
insbes. .... insbesondere

LSG .... Landessozialgericht

mzustAnm .... mit zustimmender Anmerkung

NZS .... Neue Zeitschrift für Sozialrecht

Prot. .... Protokoll

RGBl. .... Reichsgesetzblatt
RL .... Richtlinie
Rn. .... Randnummer
RP Reha .... Recht und Praxis der Rehabilitation

S. .... Seite
sbM .... schwerbehinderte/r Mensch/en
SG .... Sozialgericht
SGB I .... Sozialgesetzbuch – Erstes Buch – Allgemeiner Teil
SGB II .... Sozialgesetzbuch – Zweites Buch – Grundsicherung für Arbeitsuchende
SGB III .... Sozialgesetzbuch – Drittes Buch – Arbeitsförderung
SGB IV .... Sozialgesetzbuch Viertes Buch – Gemeinsame Vorschriften für die Sozialversicherung
SGB V .... Sozialgesetzbuch – Fünftes Buch – Gesetzliche Krankenversicherung
SGB VI .... Sozialgesetzbuch – Sechstes Buch – Gesetzliche Rentenversicherung
SGB VII .... Sozialgesetzbuch – Siebtes Buch – Gesetzliche Unfallversicherung
SGB VIII .... Sozialgesetzbuch – Achtes Buch – Kinder- und Jugendhilfe
SGB IX .... Sozialgesetzbuch – Neuntes Buch – Rehabilitation und Teilhabe behinderter Menschen
SGB X .... Sozialgesetzbuch – Zehntes Buch – Sozialverwaltungsverfahren und Sozialdatenschutz
SGB XI .... Sozialgesetzbuch – Elftes Buch – Soziale Pflegeversicherung
SGB XII .... Sozialgesetzbuch – Zwölftes Buch – Sozialhilferecht
SGb .... Die Sozialgerichtsbarkeit
SGG .... Sozialgerichtsgesetz
SozR .... Sozialrecht, Entscheidungssammlung des Bundessozialgerichts

TzBfG .... Teilzeit- und Befristungsgesetz

UN-BRK .... Übereinkommen der Vereinten Nationen über die Rechte von Menschen mit Behinderungen
UAbs. .... Unterabsatz

WfbM .... Werkstätten für behinderte Menschen
WMVO .... Werkstätten-Mitwirkungsverordnung
WVO .... Werkstättenverordnung
WzS .... Wege zur Sozialversicherung (Zeitschrift, St. Augustin)

ZfA .... Zeitschrift für Arbeitsrecht, Köln
ZfS .... Zentralblatt für Sozialversicherung, Sozialhilfe und Versorgung, Düsseldorf
ZfSH/SGB .... Zeitschrift für Sozialhilfe und Sozialgesetzbuch

Literaturverzeichnis

A. Kommentare, Lehrbücher, Monographien

Becker/Kingreen	SGB V, Kommentar, 8. Aufl. 2022
BeckOGK	Knickrehm/Deinert, beck-online.GROSSKOMMENTAR zum SGB, Kommentar, 121. Aufl. 2023
BeckOK SozR	Rolfs/Giesen/Meßling/Udsching, Beck'scher Online-Kommentar Arbeitsrecht, 69. Edition, Stand 1.6.2023
Däubler/Beck	Däubler/Beck, Allgemeines Gleichbehandlungsgesetz, 5. Aufl. 2022
Deinert/Neumann Rehabilitation	Deinert/Neumann, Rehabilitation und Teilhabe behinderter Menschen: Handbuch SGB IX, 2. Aufl. 2009
Dürig/Herzog/Scholz	Maunz/Dürig, Grundgesetz-Kommentar, 100. EL Juni 2023
Eyermann	Eyermann, Verwaltungsgerichtsordnung, 16. Aufl. 2022
Franzen/Gallner/Oetker	Franzen/Gallner/Oetker, Kommentar zum europäischen Arbeitsrecht, 4. Aufl. 2022
Fuchs/Ritz/Rosenow	Fuchs/Ritz/Rosenow, SGB IX, Kommentar zum Recht behinderter Menschen, 7. Aufl. 2021
GK-SGB IX	Gemeinschaftskommentar zum SGB IX von Christians, Großmann, Lampe, Löschau, Marschner, Schimanski, Spiolek/Wendt, Loseblattausgabe Dezember 2016
GMP	Germelmann/Matthes/Prütting, Arbeitsgerichtsgesetz, 10. Aufl. 2022
Grube/Wahrendorf	Grube/Wahrendorf/Flint, SGB XII – Sozialhilfe mit Eingliederungshilfe (SGB IX Teil 2) und Asylbewerberleistungsgesetz, 8. Aufl. 2023
Grüneberg	Grüneberg, BGB, 82. Aufl. 2023
Hauck/Noftz	SGB IX, Kommentar, Loseblattausgabe Januar 2020
jurisPK-SGB IX	Schlegel/Voelzke/Kreitner/Luthe, juris PraxisKommentar SGB IX, 3. Aufl. 2018
jurisPK-SGB XII	Schlegel/Voelzke/Caseriu/Siefert, juris PraxisKommentar SGB XII, 3. Aufl. 2020
Knittel	SGB IX, Loseblattsammlung, 12. Aufl. 2022
KRW	Knickrehm/Roßbach/Waltermann, Kommentar zum Sozialrecht, 8. Aufl. 2023
KHM	Kossens/von der Heide/Maaß, SGB IX, Kommentar, 5. Aufl. 2023
Kruse/Reinhard/Winkler/Höfer/Schwengers	Kruse/Reinhard/Winkler/Höfer/Schwengers, SGB XII Sozialhilfe, 3. Aufl. 2012
Landmann/Rohmer GewO	Landmann/Rohmer, Gewerbeordnung und ergänzende Vorschriften, 89. EL August 2023
Laux/Schlachter	Laux/Schlachter, Teilzeit- und Befristungsgesetz, 2. Aufl. 2011
LPK-SGB IX	Dau/Düwell/Joussen, SGB IX, 6. Aufl. 2022
LSW	Lachwitz/Schellhorn/Welti, HK-SGB IX, 3. Aufl. 2010
Luthe	RehabilitationsR Luthe, Rehabilitationsrecht, 2. Aufl. 2015
MKLS	Meyer-Ladewig/Keller/Schmidt, Kommentar zum SGG, 14. Aufl. 2023

Mrozynski SGB IX .... Mrozynski/Jabben, SGB IX, Kommentar, Teil 1, 2. Aufl. 2011
MüllerWenner/Winkler .... Müller-Wenner/Winkler, SGB IX Teil 2, Schwerbehindertenrecht, 2. Aufl. 2011

RDW .... Richardi/Dörner/Weber/Annuß, Personalvertretungsrecht, 5. Aufl. 2020

Schellhorn/Hohm/Scheider/Busse .... Schellhorn/Schellhorn/Hohm, SGB XII, 21. Aufl. 2023
Schmitt SGB VII .... Schmitt, SGB VII, Gesetzliche Unfallversicherung 4. Aufl. 2009
SKTW .... Schmidt/Koberski/Tiemann/Wascher, Heimarbeitsgesetz, 4. Aufl. 1998

v. Hoyningen-Huene/Linck .... v. Hoyningen-Huene/Linck, Kündigungsschutzgesetz, 15. Aufl. 2013

Wiegand SGB IX .... Wiegand, SGB IX, Kommentar von Wiegand, Dalichau, Grüner, Hohmann, Loseblatt 2017

Zöller .... Zöller, Zivilprozessordnung, 34. Aufl. 2022

B. Aufsätze

Zum Sozialgesetzbuch – Neuntes Buch (SGB IX)

Bahemann, ... Begutachtung der Leistungsfähigkeit für die berufliche Rehabilitation – Begutachtung für die Bundesanstalt für Arbeit, MedSach 2002, 102
Bundesarbeitsgemeinschaft Rehabilitation (BAR), ... ICF-Praxisleitfaden 1, 2. Aufl., Juni 2015, www.bar-frankfurt.de
Beckmann, ... Berichte zur Qualitätssicherung; Informationen der BfA für die Rehabilitationseinrichtungen im Rahmen des Qualitätssicherungsprogramms, DAngVers. 2000, 88 ff.
Benz, ... Die Neuregelung des Rechts der beruflichen Teilhabe am Arbeitsleben und sozialen Teilhabe am Leben in der Gemeinschaft – Rehabilitation durch das SGB IX, Die Berufsgenossenschaft 2001, 551
Benz, ... Kostenerstattung für selbst beschaffte Leistungen im Rahmen der Heilbehandlung, der medizinischen Rehabilitation oder der Teilhabe, NZS 2002, 511
Busse, ... Bundesteilhabegesetz – Sozialgesetzbuch IX, Teil 1 Rehabilitation und Teilhabe, SGb 2017, 307–314

Fuchs, ... Die Anwendung der ICF im Rahmen des deutschen Sozialrechts, Fachbeiträge Forum C, 7.8.2013, www.reha-recht.de

Gagel, ... Stufenweise Wiedereingliederung – Einordnungsprobleme in der Gemengelage zweier Rechtsgebiete und dreier Rechtsverhältnisse, br 2011, 66–73

Gagel/Schian, ... Die Dominanz der Rehabilitation bei Bearbeitung und Begutachtung im Rentenverfahren, SGb 2002, 529
Gerdes, ... Erfolge der Rehabilitation aus Sicht von Arzt und Patient, DAngVers. 2002, 113 ff.
Götz, ... Beschleunigung des Antragsverfahrens nach § 14 SGB IX, DRV 2003, 632 ff.

Heinisch, ... Mehr Koordination durch das Bundesteilhabegesetz, Fachbeiträge Forum D, 5.4.2017, www.reha-recht.de

Heinz, ... Der Behinderungsbegriff des SGB IX und die neue Aufgabenstellung für Soziale Arbeit, Fachbeiträge Forum D, 5.9.2011, www.reha-recht.de

Kainz, ... Unterstütze Beschäftigung nach § 38a SGB IX – eine Chance auf Teilhabe auf dem allgemeinen Arbeitsmarkt, Fachbeiträge Forum B 6/2012, 25.5.2012, www.reha-recht.de

Kainz, ... Drei Jahre Unterstütze Beschäftigung nach § 38a SGB IX – eine Standortbestimmung, br 2012, 193

Kainz, ... Wesentliche Änderungen durch das neue Bundesteilhabegesetz, NZS 2017, 649 ff.

Kessler, ... Anmerkungen zur Reform des sozialrechtlichen Behinderungsbegriffs, SGb 2016, 373

Knickrehm, ... Die Feststellungen nach § 69 SGB IX im Lichte des „modernen" Behindertenbegriffs, SGB 2008, 220

Koening/Kühling, ... Grundfragen des EG-Beihilfenrechts, NJW, 2000, 1065–1073

Mrozynski, ... Rehabilitationsleistungen – Integrierte Versorgung im gegliederten System – Überlegungen zum SGB IX, Die Sozialgerichtsbarkeit 2001, 277

Mrozynski, ... Neue Perspektiven der beruflichen Förderung behinderter Menschen, SGb 2004, 259

Nebe, ... Die stufenweise Wiedereingliederung; Sicherung der Erwerbsteilhabe durch kontempläres Arbeits- und Sozialrecht, SGb 2015, 125–134

Nellissen, ... Die Versorgung mit Hilfsmitteln in der medizinischen Rehabilitation, RP Reha 2/2016, 34

Padè, ... Tücken der Genehmigungsfiktion in der Krankenversicherung, jurisPR-SozR 23/2016 Anm. 1

Peters-Lange, ... Zum Erstattungsanspruch des drittangegangenen Rehabilitationsträgers nach Leistung als unzuständiger Träger gegen den „eigentlich" zuständigen Träger, Fachbeiträge Forum D, 6.12.2016, www.reha-recht.de

Plantholz, ... Richtlinien, Rahmenverträge, Rahmenempfehlungen: Der Gesetzgeber im Dickicht untergesetzlicher Teilhabe, NZS 2001, 177 ff.

Ramm/Welti, ... Leistungen zur medizinischen Rehabilitation – Wahlrecht der Versicherten bei Auswahl der Rehabilitationseinrichtung und Ermessensausübung der Krankenkasse, Fachbeiträge Forum A, 15.1.2013, www.reha-recht.de

Rombach, ... Unterstützte Beschäftigung – ein neuer Leistungstatbestand des Rechts der Teilhabe am Arbeitsleben (§ 38a SGB IX), SGb 2009, 61

Schneider, ... Das neue Bundesteilhabegesetz, WzS 2017, 67

Schreiner, ... Ergänzende unabhängige Teilhabeberatung nach § 32 SGB IX – RegE – Eckpunkte der Ausgestaltung und Stand der Diskussion, Fachbeiträge Forum D, 28.11.2016, www.reha-recht.de

Schuntermann, ... Zwölf Jahre ICF – Ein Rückblick auf die Entwicklung und Implementierungsbemühungen, Fachbeiträge Forum C, 13.12.2013, www.reha-recht.de

Siefert, ... Gesetz zur Stärkung der Teilhabe und der Selbstbestimmung von Menschen mit Behinderungen (Bundesteilhabegesetz – BTHG) v. 23.12.2016, Teil 1, jurisPR-SozR 6/2017 Anm. 1

Stähler/Cibis, ... Mehr Qualität und einheitliche Standards, Vereinbarung zum internen Qualitätsmanagement nach § 20 Abs. 2a SGB IX, RP Reha 1/2016, 27

Walling, ... Leistungen zur Teilhabe der Gesetzlichen Rentenversicherung zwischen Ausschreibungspflicht und Wunsch- und Wahlrecht, Fachbeiträge Forum E, 16.11.2015, www.reha-recht.de
Welti, ... Wunsch und Wahlrecht bei Leistungen zur Teilhabe – neue und alte Rechtsfragen, Teil 1, 17.6.2015; Teil 2, 18.6.2015, Fachbeiträge Forum D, www.reha-recht.de
Welti, ... Leistungen zur medizinischen Rehabilitation – Wahlrecht der Versicherten bei Auswahl der Rehabilitationseinrichtung und Ermessensausübung der Krankenkasse, Fachbeiträge Forum A Diskussionsbeitrag 2/2013, 15.1.2013, www.reha-recht.de
Welti, ... Die individuelle Konkretisierung von Teilhabeleistungen und das Wunsch- und Wahlrecht behinderter Menschen, SGB 2003, 379
Welti, ... Systematische Stellung des SGB IX im Sozialgesetzbuch – Zusammenarbeit der Leistungsträger, SGb. 2008, 321
Wendt, ... Mängel bei der Regelung des Rechtsverhältnisses von Teilnehmenden zu Einrichtungen und Diensten nach §§ 35, 38a SGB IX, Fachbeiträge Forum E 3/2014, 1.9.2014, www.reha-recht.de
Wendt, ... Rechtsfragen der „Unterstützten Beschäftigung" für behinderte Menschen, br 2009, 1
Wendt, ... Rechtsfragen der Unterstützten Beschäftigung – Anwendungsprobleme, br 2009, 68

A. Einleitung: Behindertenschutz

1. Entwicklung

Aus dem alten Griechenland ist bekannt, dass die Spartaner neugeborene Kinder von den Ältesten untersuchen ließen und im Falle von Behinderungen im Taygetos-Gebirge in eine tiefe Schlucht warfen: Die Gemeinschaft konnte nur gesunde Menschen großziehen. Hingegen hielten dann schon die alten Römer für ihre alten Krieger eine Versorgung bereit. Nach 25 Jahren Kriegsdienst erhielten diese 3.000 Sesterzen und ein Stück Land zur Selbstversorgung, meist an den Grenzen des Reiches. Im Mittelalter war dagegen die Versorgung Behinderter eine Angelegenheit der Kirche und anderer Einrichtungen wie die der Fugger. 1

Im Deutschen Reich begann die Entwicklung zunächst mit dem Militärversorgungsgesetz v. 27.6.1871, setzte sich fort mit dem Mannschaftsversorgungsgesetz v. 31.5.1906 und dem Militärhinterbliebenengesetz v. 17.5.1907. Im Zivilen wurde dann von Bismarck mit den Sozialgesetzen auch das Unfallversicherungsgesetz v. 6.7.1884 geschaffen, das bis heute ständig verbessert wurde, (vor allem mit Gesetzen v. 30.6.1900 und v. 30.4.1963) und heute im SGB VII v. 7.8.1996 eine Endfassung erhalten hat, die allerdings bis Ende 2016 auch schon wieder 80 Mal geändert werden musste, zuletzt durch das BTHG. 2

2. Nach dem 1. Weltkrieg

Der 1. Weltkrieg ließ 900.000 Kriegsbeschädigte, davon 250.000 Schwerbeschädigte zurück. Im Zuge der Demobilmachung wurden zunächst durch Verordnungen v. 9.1.1919 und 1.2.1919 eine Beschäftigungspflicht für Schwerbeschädigte festgelegt und am 6.4.1920 ein erstes G über die Beschäftigung von Schwerbeschädigten erlassen (RGBl. S. 458), das am 23.12.1922 novelliert wurde und seine endgültige Fassung am 12.1.1923 fand (RGBl. S. 57). Hinzu trat die Fürsorgepflichtverordnung v. 13.2.1924 (RGBl. I S. 100), die die Kriegsfolgenhilfe den Hauptfürsorgestellen übertrug sowie die VO über Krankenbehandlung und Berufsfürsorge v. 14.11.1928 (RGBl. I S. 387), die die Berufsfürsorge den Berufsgenossenschaften auferlegte. Die Beschäftigungsquote für schwerbeschädigte Kriegs- und Arbeitsopfer betrug 2 %; Blinde und Krüppel konnten gleichgestellt werden. 3

3. Nach dem 2. Weltkrieg

Der Zweite Weltkrieg hinterließ in Deutschland über zwei Millionen Kriegsbeschädigte. Zunächst konnten nur die Länder die bisherige Rechtslage angleichen und schufen unterschiedliche Beschäftigungspflichten zwischen 2 % und 10 %. Nur in der früheren DDR wurde schon am 19.4.1950 (GBl. S. 349) mit dem G der Arbeit und der VO über die Beschäftigung Schwerbeschädigter v. 18.12.1951 eine 10%ige Beschäftigungspflicht für alle 50 vH Behinderten verfügt. In der Bundesrepublik gab es zwar schon 1947 die sog. Bad Meinberger Besprechungen zwischen den Landesarbeitsämtern, Hauptfürsorgestellen, Schwerbeschädigtenverbänden und Sozialpartnern, zu einem Schwerbeschädigtengesetz kam es aber erst am 16.6.1953 (BGBl. I S. 389, Entwurf BT-Drs. 3430). Im Gegensatz zum DDR-Recht wurden hier nur Opfer des Krieges und der Allgemeinheit berücksichtigt; zur finalen Betrachtungsweise für alle Schwerbehinderten ohne Rücksicht auf die Ursache der Behinderung kam es erst mit G v. 29.4.1974 (BGBl. I S. 1005). Betrug die Beschäftigungsquote 1953 ab sieben Arbeitsplätzen noch 10 % im öffentlichen Dienst, bei Banken, Versicherungen und Bausparkassen und 6 % in der privaten 4

Wirtschaft, wurde sie mit G v. 14.8.1961 (BGBl. I S. 1233) dann auf einheitlich 6 % beschränkt; Unterschiede bestanden nur darin, dass die Pflicht im öffentlichen Dienst ab neun Arbeitsplätzen und in der Privatwirtschaft ab 15 Arbeitsplätzen galt. Ab 1974 galt dann die einheitliche Pflichtquote von 6 % auch einheitlich von 16 Arbeitsplätzen an.

5 Wesentliche Verbesserungen und Vereinheitlichungen brachte 1974 dann das G über die Angleichung der Leistungen zur Rehabilitation v. 7.8.1974 (BGBl. I S. 1881). Die Aufgabe bestand darin, alle körperlich, geistig oder seelisch Behinderten auf Dauer in Arbeit, Beruf und Gesellschaft einzugliedern. Dafür galt der Grundsatz: Rehabilitation vor Rente durch medizinische, berufsfördernde und ergänzende Leistungen. Damals hatte man erkannt, dass die unterschiedlichsten Leistungsträger Kompetenzstreitigkeiten nicht auf dem Rücken der Behinderten austragen dürfen und stets ein vorläufiger Rehabilitationsträger zur Verfügung stehen muss, um alle Leistungen zu koordinieren. Medizinische Leistungen bestehen in ärztlichen und zahnärztlichen Aufgaben, Arznei- und Heilmitteln, Therapien und Krankengymnastik, Körperersatzstücken und orthopädischen Hilfsmitteln sowie Belastungs- und Arbeitstherapien. Berufsfördernde Leistungen sind nicht nur Berufsvorbereitung, sondern auch Fortbildung, Ausbildung, Umschulung einschließlich der Übernahme von Fahrtkosten, Unterkunft und Verpflegung. Zu den ergänzenden Maßnahmen gehören Krankengeld, Versorgungskrankengeld, Verletztengeld, Übergangsgeld, Versicherungskosten, Reisekosten, Behindertensport, Haushalthilfen.

6 Mit G zur Bekämpfung der Arbeitslosigkeit Schwerbehinderter v. 29.9.2000 (BGBl. I S. 1394) wurden die Maßnahmen zur Integration weiter ergänzt. Neu eingeführt wurden dazu die Integrationsfachdienste und die Integrationsprojekte. Sie sollen Behinderte und Betriebe aber auch Arbeitsagenturämter, Rehabilitationsträger und Hauptfürsorgestellen beraten und bei der Rehabilitation unterstützen. Die Materialien zu diesem G sind BT-Drs.14/3372, 14/3799, BR-Drs. 512/00. Eingeführt wurde gleichzeitig die Konzernschwerbehindertenvertretung, eine Dynamisierung der Ausgleichsabgabe, eine Verbesserung der Beschäftigung Schwerbehinderter entsprechend ihrer Fähigkeiten. Die Beschäftigungsquote sank auf 5 %. Weitere Einzelheiten zur Rechtsentwicklung bis zur Einführung des SGB IX finden sich in Jabben/Jabben/Jabben, SGB IX, 11. Aufl. 2005, Einl. Rn. 3–11.

4. SGB IX 2001

7 Schon 1974 und 1982 hatte der BT bei Verabschiedung des Gesetzes über die Angleichung der Leistungen zur Rehabilitation und des SGB X, 1986 die 62. Arbeits- und Sozialministerkonferenz, 1989 im Bericht zur Lage der Behinderten die BReg. alle gefordert, Behindertenrecht Rehabilitation und Schwerbehindertenrecht im SGB zusammenzuführen. Ab 1992 gab es auch Diskussions- und Referentenentwürfen, aber erst mit der Koalitionsvereinbarung v. 20.10.1998 wurde festgelegt, die gleichberechtigte gesellschaftliche Teilhabe von Menschen mit Behinderungen in einem SGB IX zusammenzufassen und weiter zu entwickeln (Einzelheiten Jabben/Jabben/Jabben, SGB IX, 11. Aufl. 2005, Einl. Rn. 12 ff.). Nach verschiedenen Initiativen zu einem SGB IX (PDS, CDU, Bündnis 90/Die Grünen, Regierung, BT-Drs. 14/827, 2234, 2237, 2290, 2913, 3681) ergab das den Referentenentwurf v. 4.12.2000, der in den BT-Drs. 14/ 5074, 5531 und den Ausschussdrucksachen 14/ 1298, 1299 endete. Nach Zustimmung des Bundesrates (BR-Drs. 49/01) konnte das SGB IX dann am 1.7.2001 in Kraft treten.

8 Damit wurde ein neues Behindertenrecht geschaffen. Teil I fasste nunmehr neu das gesamte Recht zur Rehabilitation und Eingliederung aller Behinderten zusammen, das bisherige Schwerbehindertengesetz wurde als Teil II dazu gefügt. Die Begründung betonte besonders die Notwendigkeit der Teilhabe an der Gesellschaft, dafür wurden zunächst Regelungen eingeführt, die für alle Rehabilitationsträger gelten, sodann die Leistungen angeführt, die von den jeweils zuständigen Rehabilitationsträgern zur medizinischen

Rehabilitation, zur Teilhabe am Arbeitsleben, als unterhaltssichernde und ergänzende Leistungen sowie als Leistungen zur Teilhabe an der Gesellschaft erbracht werden. Die Träger der Sozialhilfe und der Jugendhilfe wurden einbezogen, das persönliche Budget mit Wunsch- und Wahlrecht der Berechtigten festgelegt und vor allem, eine schnelle Zuständigkeitserklärung ermöglicht. Die Leistungsträger wurden koordiniert und sollten kooperieren, die besonderen Bedürfnisse von Frauen und Kindern wurden durch Früherkennung und Frühförderung sowie Beteiligung von Selbsthilfegruppen und Interessenvertretungen erfüllt, eine Trägerübergreifende Qualitätssicherung eingeführt, der Vorrang von Leistungen zur Teilhabe psychologische und pädagogische Hilfe und stufenweise Wiedereingliederung vorgesehen. Ambulante Behandlung sollte vor stationärer Einweisung gelten und eine Arbeitsassistenz möglich werden. Für Gehörlose wurde die Kommunizierung durch Gebärdensprache ermöglicht. Der Inhalt des neuen SGB IX wird am besten in der amtlichen Begründung wiedergegeben (BT-Drs. 14/ 5074, 5331, 84–96, abgedr. in Jabben/Jabben/Jabben, SGB IX, 10. Aufl. 2003, Einl. Rn. 25–42).

Seit der Einführung am 1.7.2001 wurde das SGB IX über 40 Mal geändert. Zu einem **9**
großen Teil beruhten diese Änderungen allerdings nur auf anderen Änderungen etwa bei Zuständigkeiten, Namensänderungen, Folgerungen aus Änderungen in anderen Gesetzen, es gab aber auch inhaltliche Änderungen, Verbesserungen und Verstärkungen. Dazu zählen insbes. das Gleichstellungsgesetz v. 27.4.2002 (BGBl. I S. 1467), das SGB IX-Fristengesetz v. 3.4.2003 (BGBl. I S. 462), das Arbeitsmarktdienstleistungsgesetz v. 13.12.2003 (BGBl. I S. 2848), das Sozialhilfeeinordnungsgesetz v. 27.12.2003 (BGBl. I S. 3022), das G zur Förderung der Ausbildung und Beschäftigung schwerbehinderter Menschen v. 23.4.2004 (BGBl. I S. 606), das G zur Einführung Unterstützter Beschäftigung v. 22.12.2008 (BGBl. I S. 2959), das G zur Verbesserung der Eingliederungschancen am Arbeitsmarkt v. 20.12.2011 (BGBl. I S. 2854), das G zu Änderung des SGB IX v. 5.12.2012 (BGBl. I S. 2480) und das G v. 26.7.2016 (BGBl. I S. 1824) mit Verbesserungen in der Berufsausbildung. Im Einzelnen finden sich die Veränderungen des alten SGB IX noch in Jabben/Jabben/Jabben, SGB IX, 12. Aufl. 2010, Einl. Rn. 19, 19a–19c.

5. SGB IX 2017/2023

Trotz der zahlreichen Änderungen des SGB IX von 2001 wurde das Teilhaberecht **10**
immer weiter vorangetrieben. Das beruhte auch auf den Bemühungen der UNO und Europas, das Recht der Behinderten zu stärken (→ Rn. 23 ff.). Der Koalitionsvertrag für die 18. Legislaturperiode von November 2013 sah deshalb unter 4.1 (S. 111) vor, die Einführung eines Bundesteilhabegesetzes zu prüfen. Wörtlich hieß es weiter: „Wir wollen die Menschen, die aufgrund einer wesentlichen Behinderung nur eingeschränkte Möglichkeiten der Teilhabe am Leben in der Gemeinschaft haben, aus dem bisherigen „Fürsorgesystem" herausführen und die Eingliederungshilfe zu einem modernen Teilhaberecht weiterentwickeln. Die Leistungen sollen sich am persönlichen Bedarf orientieren und entspr. eines bundeseinheitlichen Verfahrens personenbezogen ermittelt werden. Leistungen sollen nicht länger institutionenzentriert, sondern personenzentriert bereitgestellt werden. Wir werden das Wunsch- und Wahlrecht von Menschen mit Behinderungen im Sinne der UN-Behindertenrechtskonvention berücksichtigen. Menschen mit Behinderungen und ihre Verbände werden von Anfang an und kontinuierlich am Gesetzgebungsprozess beteiligt."

Das wurde auch zügig umgesetzt. Das BMAS stellte eine umfangreiche Arbeitsgruppe **11**
BTHG zusammen, in der alle betroffenen Gruppen und Verbände zusammengefasst wurden, die v. 10.7.2014 bis 14.4.2015 neunmal ausgiebig tagten. Daraus entstand der Referentenentwurf, der unter dem 26.4.2016 ins Internet gestellt wurde. Die dazu aufgeforderten Stellungnahmen überschlugen sich förmlich, im Internet kann man allein 87 zum Teil sehr ausführliche Stellungnahmen finden, alphabetisch geordnet von der Ak-

tion Psychisch Kranke e.V. über Caritas, DGB, DRK, Deutsches Studentenwerk, Diakonie, paritätischen Gesamtverband bis Weibernetz e.V. und Werkstatträte. Freigegeben sind auch die Stellungnahmen der Bundesarbeitsgemeinschaft der überörtlichen Träger der Sozialhilfe, des Deutschen Landkreis- und Städtetages, des Deutschen Städte- und Gemeindeverbundes und die gemeinsame Stellungnahme der Länder, die als Beispiel nicht nur die Eckpunkte begrüßt, sondern auch (auf immerhin neun Seiten) weitere Vorschläge über Zusammenarbeit, Bedarfsermittlung und Bedarfsfeststellung, Beratung, Budget, Vertragsrecht, Kappungsgrenze und Schutz vor ungeeignetem Personal macht.

12 Sicher wurde das alles gelesen, verarbeitet und bedacht, führte aber nicht sofort zu Änderungen, so dass das Bundeskabinett am 28.6.2016 den Referentenentwurf beschloss und die Stellungnahmen erst in den Parlamentsberatungen im BR und den Ausschussberatungen Berücksichtigung fanden. So kam es zur Bundesratsvorlage 428/16 v. 12.8.2016 und zu der BT-Drs. 18/9522.

13 Die erste Lesung im BT fand am 22.9.2016 statt und endete mit der Überweisung an die Ausschüsse (BT-Prot. 18798–18823). Die zweite und dritte Lesung erfolgte am 1.12.2016 (BT-Prot. 20489–20508) und endete mit Zustimmung durch die Koalition gegen die Linke bei Enthaltung durch Bündnis 90/Die Grünen. Der BR verhandelte am 23.9.2016 in der 948. Sitzung den Entwurf 428/16 und nahm sehr ausführlich auf 102 Seiten sehr genau Stellung, was die BReg. in ihrer Antwort darauf auf weiteren 36 Seiten am 10.10.2016 erwiderte und zum größten Teil erklärte, auch ablehnte oder für die Zukunft in Betracht zog (BT-Drs. 18/9954).

14 Dazwischen lagen dann die Ausschusssitzungen. Der Ausschuss für Arbeit und Sozialordnung hielt am 7.11.2016 eine gründliche Sachverständigenanhörung ab (92. Sitzung, Prot. MdB Kerstin Griese Nr. 18/82, 28). Allein die dafür vorbereiteten schriftlichen Stellungnahmen der Verbände und Sachverständigen machen 420 Seiten aus (Drs. 18 (11)801). Eine Zusammenfassung findet sich dann im Ausschussprotokoll v. 30.11.2016, 18/10523, 40–50. Die im Ausschuss für Arbeit und Sozialordnung vorgenommenen Änderungen waren erheblich und trugen dazu bei, dass das G schnell und reibungslos verabschiedet werden konnte.

15 Die Neuregelung betraf vor allem folgende Punkte: Neugliederung des Behindertenbegriffs, verbindliches, partizipatives Teilhabeverfahren für alle Rehabilitationsträger, erweiterte Leistungskataloge für medizinische Rehabilitation, Leistungen zur Teilhabe an Bildung, Stärkung der Bundesarbeitsgemeinschaft für Rehabilitation, Streichung der Regelungen der gemeinsamen Servicestellen, Entwicklung der Eingliederungshilfe von einrichtungs- zu personenzentrierter Teilhabeleistung mit Verbesserung der Gesamtplanung, des Einkommens- und Vermögenseisatzes, des berechtigten Personenkreises, der Trennung von Fachleistungen und Lebensunterhalt, Förderung von Modellvorhaben, Stärkung der Schwerbehindertenvertretung und der Mitwirkung in den Werkstätten für Behinderte.

16 Die Änderungen nach den Beschlüssen im Ausschuss für Arbeit und Sozialordnung schufen dazu die Neuordnung der Eingliederungshilfe mit einem wissenschaftlichen Modellprogram für die Zeit ab 2017 und eine endgültige Regelung ab 2023, eine Gleichstellung des Verbleibens im häuslichen Umfeld, Verbindung von Eingliederungs- und Pflegehilfe zum Lebenslagenmodell, Präzisierung der Assistenzleistungen, Wunsch- und Wahlrecht für die Wohnform, Erhalt auskömmlichen Geldes, Finanzuntersuchung in der Modellphase und Verstärkung der Schwerbehindertenvertretung.

17 Mit der Abstimmung am 1.12.2016 verabschiedete der BT mit den Stimmen der Koalition gegen die Linke bei Enthaltung der Bündnis 90/Die Grünen (BT-Prot. 206. Sitzung 25509 D) eine Entschließung v. 30.11. (BT-Drs. 18/10528), in der nochmal auf die modellhafte Erprobung der Eingliederungshilfe, die wissenschaftliche Untersuchung zum leistungsberechtigten Personenkreis des § 99, die Untersuchungen über die finanziellen Auswirkungen, die Teilhabe an Bildung, das Betriebliche Eingliederungsmanagement, die Bundesarbeitsgemeinschaft für Rehabilitation und das Modellvorhaben zur

Stärkung der Rehabilitation hingewiesen und erläutert wird. Außerdem wird die BReg. aufgefordert, die Vermögensschonbeträge in der Sozialhilfe zu erhöhen.

Der BR hat dann in seiner 952. Sitzung am 16.12.2016 beschlossen, dem am 1.12. vom BT verabschiedeten G zur Stärkung der Teilhabe und Selbstbestimmung von Menschen mit Behinderungen nach Art. 84 Abs. 1 S. 5, 6, Art. 104a Abs. 4 und Art. 105 Abs. 3 GG zuzustimmen (BR-Drs. 711/16). Die Entscheidung fiel gegen die Stimmen der auch rot-rot regierten Länder Berlin, Brandenburg und Thüringen, alle anderen Länder stimmten zu. Außerdem verabschiedete der BR ebenfalls eine Entschließung v. 16.12.2016 (BR-Drs. 711/16), in der er das G ebenso begrüßt wie die Erstattungsregelung, weist aber besonders auf die großen Risiken für Länder und Gemeinden durch die neuen Leistungen hin (Einkommens- und Vermögensanrechnung, Budget für Arbeit, soziale Teilhabe und Teilhabe an Bildung, Trennung von Fach- und Unterhaltsleistungen, trägerübergreifendes Teilhabeplanverfahren, Frauenbeauftragte in Werkstätten). Er fordert deshalb, im Zuge der Evaluation der Einnahmen- und Ausgabenentwicklung 2017–2021 etwaige bei Ländern und Kommunen durch das Bundesteilhabegesetz anfallende Kostensteigerungen vollständig und auch rückwirkend dauerhaft durch den Bund zu übernehmen. 18

Damit waren die jahrelangen Anstrengungen mit den vielen tausend Seiten Material dem Ende zugeführt und konnte das BTHG unter dem 23.12.2016 im Bundesgesetzblatt Nr. 66 auf S. 3234 mit den Unterschriften von *Joachim Gauck*, *Dr. Angela Merkel* und *Andrea Nahles* veröffentlicht werden. Das Inkrafttreten verteilte sich aber nach dem Art. 26: Einiges trat schon am Tage nach Verkündung in Kraft, anderes am 1.1.2017, der Hauptteil am 1.1.2018, die Eingliederungshilfe nach Teil 2 am 1.1.2020 und Art. 25a (geänderte Umschreibung des leistungsberechtigen Personenkreises) sogar unter Bedingung erst am 1.1.2023. Seit Inkrafttreten des BTHG wurde das SGB IX vielfach geändert. Hervorzuheben sind folgende Änderungsgesetze: 19

Durch das **Teilhabestärkungsgesetz** v. 2.6.2021 (BGBl. I S. 1387) wurde der leistungsberechtigte Personenkreis der Eingliederungshilfe – früher als ursprünglich geplant nicht erst ab dem 1.1.2023 – mWv 1.7.2021 neu umschrieben, Menschen, die in einer WfbM arbeiten, wurden in den förderungsberechtigten Personenkreis des Budgets für Arbeit (§ 61a) einbezogen, um so ihren Zugang zum allgemeinen Arbeitsmarkt zu erleichtern, der Gewaltsschutz – insbesondere für Frauen mit Behinderungen – wurde verbessert und im Behindertengleichstellungsgesetz wurde den Menschen mit Behinderungen mit Assistenzhund ab dem 1.1.2023 ein Recht auf Zugang mit dem Assistenzhund in allgemein zugänglichen Räumen eingeräumt. Durch das **G zur Förderung eines inklusiven Arbeitsmarktes** vom 6.6.2023 (BGBl. I Nr. 146) soll den Menschen mit Behinderungen der Zugang zum allgemeinen Arbeitsmarkt erleichtert werden. Hierzu wurde bei der Ausgleichsabgabe des Arbeitgebers eine vierte Staffel eingeführt, die Mittel aus der Ausgleichsabgabe sollen nur noch für die Beschäftigung auf dem ersten Arbeitsmarkt – und insbesondere nicht mehr für WfbM – eingesetzt werden, bei Anspruchsleistungen (zB Unterstützte Beschäftigung) wird die Zustimmung des Integrationsamtes fingiert, die Deckelung des Lohnkostenzuschusses für Arbeitgeber entfällt, um so die Zahlung von Mindestlöhnen an Arbeitnehmer mit Behinderungen zu ermöglichen. Diese Änderungen treten überwiegend am 1.1.2024 in Kraft.

6. Kosten

Die Kosten für die Neuordnung des Behindertenrechts sind beachtlich. Ursprünglich waren als Gesamtausgaben für den Bund 157,5 Mio. EUR für 2017, 392 Mio. EUR für 2018, 395 Mio. EUR für 2019 und 493 Mio. EUR für 2020 als Mehrausgaben vorgesehen (BT-Drs. 18/10523, 6). Diese Ausgaben erhöhten sich aber sehr durch die Änderungen der Leistungen im Ausschuss für Arbeit und Sozialordnung. Der Koalitionsausschuss der Regierungsparteien bewilligte dann auch weitere Mehrausgaben. Der 20

Haushaltausschuss berechnete dann folgende Gesamtmehrausgaben: Für den Bund 2017: 219,5 Mio. EUR, 2018: 455 Mio. EUR, 2019: 460,5 Mio. EUR, 2020: 759 Mio. EUR. Für die Länder und Gemeinden wurden vom Haushaltausschuss festgestellt: 2017: 92 Mio. EUR, 2018: 182 Mio. EUR, 2019: 219,5 Mio. EUR. Und 2020: 116,5 Mio. EUR. Mehrausgaben. Für die Wirtschaft wurden jährliche Belastungen von 67,74 Mio. EUR angenommen, für den Erfüllungsaufwand der Verwaltung jährlich 118.722 Mio. EUR, davon 43,012 Mio. EUR für Länder und Gemeinden (BT-Drs. 18/10526, Bericht des Haushaltausschusses, 8. Ausschuss gem. § 96 der Geschäftsordnung zu BT-Drs. 18/9522, 18/9954, 18/10102 Nr. 16, 18/10523). Außerdem wurde festgestellt, dass die Bürgerinnen und Bürger jährlich um rund 349.000 Stunden vom Erfüllungsaufwand entlastet würden. Zusätzlich entsteht ein einmaliger Umstellungsaufwand iHv 24,3 Mio. EUR, davon 15 Mio. EUR für Länder und Gemeinden.

7. Geltungsbereich

21 Das SGB IX mit seinem öffentlich-rechtlichen Einschlag gilt im Bundesgebiet nach dem Territorialprinzip, wie § 30 Abs. 1 SGB I bestimmt: für alle Personen, die ihren Wohnsitz oder gewöhnlichen Aufenthalt im Geltungsbereich haben. Bei der Eingliederungshilfe nach dem §§ 99 wird das Territorialitätsprinzip bei Ausländerinnen und Ausländern durch § 100 eingeschränkt. Sie müssen zusätzliche Voraussetzungen erfüllen. Erweitert wird der Anwendungsbereich der Eingliederungshilfe in engen Grenzen bei Deutschen mit gewöhnlichem Aufenthalt im Ausland durch § 101. Ob die Erbringung der Sozialleistungen des Teils 1 bei den sonstigen Rehabilitationsträgern bei Ausländerinnen und Ausländern begrenzt sind und ob die Leistungen ins Ausland exportiert werden, ergibt sich aus den für diese Rehabilitationsträger geltenden Leistungsgesetzen, zB bei den Trägern der öffentlichen Jugendhilfe aus § 6 SGB VIII. Bei den arbeitsrechtlichen Vorschriften richtet sich die Anwendung des Rechts nach dem „Sitz“ des Arbeitsverhältnisses iSd Internationalen Privatrechts nach der Rom I-VO, die seit 17.12.2009 mit der VO(EG) 593/2008 (ABl. 2008 L 117, S. 6) an Stelle der bisherigen §§ 27 ff. EGBGB das Internationale Privatrecht IPR regelt. Art. 8 Abs. 3 bestimmt dazu den Ort „in dem oder andernfalls von dem aus der Arbeitnehmer in Erfüllung des Vertrags gewöhnlich seine Arbeit verrichtet“. Zwar gilt nach Art. 8 Abs. 1 Rom I-VO freie Rechtswahl, sie darf jedoch nicht dazu führen, dass dem Arbeitnehmer der Schutz entzogen wird, der ihm durch Bestimmungen gewährt wird, von denen nicht durch Vereinbarung abgewichen werden darf. Dazu ist weiter festgelegt, dass sog. „Eingriffsnormen“ solche zwingenden Vorschriften sind, deren Einhaltung entscheidend für die Wahrung seines öffentlichen Interesses sind (Art. 9 Rom I-VO). Daraus folgt: Grundsätzlich gilt das SGB IX für alle Arbeitsverhältnisse in Deutschland, auch wenn im Wege der freien Rechtswahl ein anderes Recht vereinbart wird. Normalerweise ist der Arbeitsort mit dem Betriebssitz identisch. Bei außerhalb des Betriebes beschäftigten Arbeitnehmern kann der Arbeitsort maßgeblich sein, wenn dort der Schwerpunkt liegt. Ins Ausland entsandte Arbeitnehmer haben aber in der Regel ihren Sitz nach wie vor im entsendenden Betrieb, selbst wenn sich verschiedene Auslandseinsätze aneinander reihen. Nur für allein im Ausland – etwa für eine Zweigstelle – eingestellte Arbeitnehmer kann anderes gelten, so dass bei Abschluss im Ausland für Arbeiten im Ausland dortiges Recht gilt; wenn aber kraft Vereinbarung oder mutmaßlichem Parteiwillen deutsches Recht auch dort gelten soll, sind die arbeitsvertragsrechtlichen Vorschriften des SGB IX anzuwenden, also Kündigungsfrist, Zusatzurlaub. Umgekehrt findet aber der Behindertenschutz im Ausland dann keine Anwendung, auch wenn deutsches Recht dort vereinbart wird, da öffentliches Recht dort keine Anwendung findet, also die Kündigung nicht der Zustimmung des Integrationsamts bedarf (BAG 30.4.1987 – 2 AZR 192/86, AP SchwbG § 12 Nr. 15; 22.10.2015 – 2 AZR 720/14, NZA 2016, 473). Dass der Behindertenschutz eine Eingriffsnorm darstellt, ist inzwischen allgM (schon Gamillscheg,

Internationales Arbeitsprivatrecht, 1959, 125, 270, 314, 347; Gamillscheg ZFA 1983, 332 (358, 363); LPK-SGB IX/Düwell § 85 Rn. 2; Deinert, Internationales Arbeitsrecht 2013, § 11 Rn. 5, 11, § 12 Rn. 117, § 13 Rn. 57; Deinert RdA 1996, 339 (343); RdA 2009, 144 (152); KR/Weigand Internationales Arbeitsvertragsrecht Rn. 37; ErfK/Schlachter Rom I-VO Art. 9 Rn. 24; Schlachter NZA 2000, 358 (363); Franzen/Gallner/Oetker/Krebber Rom I-VO 240 Art. 9 Rn. 54; IPR Staudinger/Looschelders Einleitung IPR (2019) Rn. 703; MHdB ArbR/Oetker § 11 Rn. 94; MüKoBGB/Martiny Rom I-VO Art. 8 Rn. 125; Rauscher/v. Hein, Europäisches Zivilprozess- und Kollisionsrecht EuZPR/EuIPR, Bd. III, Rom I-VO Art. 8 Rn. 39; BAG 10.12.1964 – 2 AZR 369/63, AP SchwBeschG § 1 Nr. 4; für den Kündigungsschutz offen gelassen von BAG 22.10.2015 – 2 AZR 720/14, NZA 2016, 473, gilt nur bei Beschäftigung im Inland, nicht aber für fehlendes Arbeitsvertragsstatut bei Arbeit auf italienischem Kreuzfahrtschiff mit Wahl italienischen Rechts.

Exterritorialität zB der Gesandtschaften entzieht den Exterritorialen dem SGB IX. Das betrifft aber nur hoheitlich Beschäftigte. Sonst nach privatem Recht Beschäftigte unterliegen auch bei diplomatischen Vertretungen dem deutschen zwingenden Recht und der deutschen Gerichtsbarkeit (BAG 20.11.1997 – 2 AZR 631/96, AP GVG § 18 Nr. 1). Zwangsmaßnahmen und Zustimmungserfordernis sind aber gegenüber ausländischen Staaten nicht anwendbar und durchsetzbar. Die in der Bundesrepublik beschäftigten Arbeitnehmer bei den Alliierten Streitkräften erhalten jedoch den vollen Schutz des SGB IX nach Art. 44 Abs. 3 Truppenvertrag. Die für diese Arbeitnehmer bei den Alliierten Streitkräften maßgeblichen Vorschriften für die deutschen Behörden umfassen auch den Schwerbehindertenschutz, so dass auch die Zustimmung des Integrationsamts zu einer Kündigung notwendig ist, soweit es sich nicht um eine Kündigung aus Sicherheitsgründen handelt (BAG 20.5.1958 – 3 AZR 541/55, AP Truppenvertrag Art. 44 Nr. 17 mAnm Beitzke; jetzt mit der unbedingten Auflösungsmöglichkeit nach Art. 56 Abs. 2a NATO-Zusatzabkommen v. 3.8.1959 (BGBl. II S. 1218 idF zuletzt v. 28.9.1994, BGBl. II S. 2594 mit der Ausdehnung auf das gesamte Gebiet der Bundesrepublik); → § 168 Rn. 30). **22**

8. Europarecht

Das **Recht der Europäischen Union** enthält folgende Menschen mit Behinderungen betreffende Regelungen. **Art. 19 AEUV** berechtigt den Europäischen Rat im Rahmen der auf die Europäische Union übertragenen Zuständigkeit und mit Zustimmung des Europäischen Parlaments einstimmig geeignete Vorkehrungen zur Bekämpfung von Diskriminierungen wegen einer Behinderung zu treffen. **Art. 21 GRC** verbietet die Diskriminierung wegen einer Behinderung. Durch die **RL 2000/78/EG** v. 27.11.2000 (ABl. 2000 L 303, S. 16) wurde untersagt, im arbeits- und privatrechtlichen Bereich eine unterschiedliche Behandlung von Menschen an das Merkmal „Behinderung" anzuknüpfen. Die Richtlinie wurde erheblich verzögert mit dem Allgemeinen Gleichbehandlungsgesetz v. 14.8.2006 (BGBl. I S. 1897) in bundesdeutsches Recht umgesetzt; vgl. dazu zuletzt EuGH v. 11.9.2019, C-397/18 – Nobel Plastiques Iberica SA, BeckRS 2019, 20058. Für die Menschen mit Behinderungen sind außerdem die **VO (EG) 1107/2006** v. 5.7.2006 (ABl. L 201, S. 1) – mit Regelungen zu den Rechten von Flugreisenden mit Behinderungen bzw. mit eingeschränkter Mobilität –, die **VO (EG) 1371/2007** v. 3.12.2007 (ABl. L 315, I. S. 14 ff.) – Regelungen zu den Rechten von Fahrgästen im grenzüberschreitenden Bahnverkehr –, die **RL (EU) 2016/2106** v. 26.10.2016 (ABl. L 327, S. 1) – barrierefreier Zugang zu den Websites und mobilen Anwendungen öffentlicher Stellen – sowie die **RL (EU) 2019/882** v. 17.4.2019 (AB. L 151, S. 70 – Barrierefreiheitsanforderungen für Produkte und Dienstleistungen – von Bedeutung. Außerdem sind die allgemein für das Sozialrecht und damit auch für die Menschen mit Behinderungen geltenden **VO (EG)** **23**

883/2004 v. 30.4.2004 (ABl. L 166, S. 1) – Koordinierung der Systeme der sozialen Sicherheit –, und die **VO (EWG) 1612/68** v. 15.10.1968 (ABl. L 257, S. 2) zu beachten.

24 **Art. 15** der **Europäischen Sozialcharta** räumt Menschen mit körperlicher, geistiger oder seelischer Behinderung ein Recht auf berufliche Ausbildung und auf berufliche und seelische Wiedereingliederung ein. Die Vertragsstaaten müssen Arbeitsvermittlung für Menschen mit Behinderungen anbieten und Anreize schaffen, dass Arbeitgeber Menschen mit Behinderungen beschäftigen. Eine Individualbeschwerde ist allerdings nicht vorgesehen.

9. UN-Vorschriften (UN-BRK)

24a Das Übereinkommen der Vereinten Nationen über die Rechte von Menschen mit Behinderungen (Behindertenrechtskonvention) v. 3.5.2008 gilt in der Bundesrepublik Deutschland seit dem 26.3.2009 im Rang eines einfachen Bundesgesetzes. Die Konvention konkretisiert die allgemeinen Menschenrechte für die Lebenssituation der Menschen mit Behinderungen. Sie soll die Gleichbehandlung der Menschen mit Behinderungen fördern. Dabei geht sie vom sog. Diversity-Ansatz aus. Nach diesem wird Behinderung nicht negativ defizitorientiert, sondern als Teil vielfältigen menschlichen Lebens verstanden. Ziel der Konvention ist, den Menschen mit Behinderungen ein selbstbestimmtes, diskriminierungsfreies Leben in der Gesellschaft zu ermöglichen. Diese soziale Inklusion soll ua durch gleichberechtigten Zugang zur Gesundheitsversorgung zum allgemeinen Arbeitsmarkt, Teilhabe am kulturellen Leben und an Bildung und Mitwirkung an politischen Entscheidungen erreicht werden.

25 Str. ist, inwieweit die UN-BRK individuelle Rechtspositionen schafft. Von einer unmittelbaren Anwendbarkeit ging das BSG beim allgemeinen Diskriminierungsverbot des Art. 5 UN-BRK aus (BSG 6.3.2012 – B 1 KR 10/11 R, BSGE 110, 194), allerdings mit dem Hinweis, dass dieses inhaltlich nicht über das verfassungsrechtliche Diskriminierungsverbot hinausgehe. Wegen der nicht hinreichenden Bestimmtheit lehnte es dagegen einen Rechtsanspruch auf eine bestimmte Leistung der Gesundheitsversorgung ab. Bei Inkrafttreten der BRK bestehende Gesetzesvorschriften wurden von dieser nicht außer Kraft gesetzt. Die Vorschriften der UN-BRK sind allerdings bei der Gesetzesauslegung und der Ermessensausübung möglichst weitgehend zu berücksichtigen (sog. Grundsatz der völkerrechtsfreundlichen Gesetzesauslegung (BVerfG 14.10.2004 – 2 BvR 1481/04, BVerfGE 111, 307 (317 f.) = NJW 2004, 3407 (3408 ff.); 23.3.2011 – 2 BvR 882/09, NJW 2011, 2113 Rn. 52 f.), soweit dies mit den methodischen Vorgaben der Gesetzesinterpretation vereinbar ist.

26 Die UN-BRK wird vor allem mit dem G zur Weiterentwicklung des Behindertengleichstellungsrechts v. 19.7.2016 (BGBl. I S. 3234) und dem G zur Stärkung der Teilhabe und Selbstbestimmung von Menschen mit Behinderungen (Bundesteilhabegesetz – BTHG) v. 23.12.2016 (BGBl. I S. 3234) umgesetzt. Das BTHG reformierte insbes. das SGB IX. Daneben werden weitere Vorschriften des SGB und anderer Gesetze geändert. Änderungen erfolgten außerdem im Recht der sozialen Pflegeversicherung mit dem Zweiten G zur Stärkung der pflegerischen Versorgung und zur Änderung weiterer Vorschriften (Zweites Pflegestärkungsgesetz – PSG II) v. 21.12.2015 (BGBl. I S. 2424) und dem Dritten G zur Stärkung der pflegerischen Versorgung und zur Änderung weiterer Vorschriften (Drittes Pflegestärkungsgesetz – PSG III) v. 23.12.2016 (BGBl. I S. 3191). Anpassungen waren in Folge des BTHG weiter in der Grundsicherung für Arbeitsuchende erforderlich, die durch das G zur Ermittlung von Regelbedarfen sowie zur Änderung des Zweiten und des Zwölften Buches Sozialgesetzbuch v. 22.12.2016 (BGBl. I S. 3159) erfolgten.

B. Kommentar

1. Sozialgesetzbuch Neuntes Buch – Rehabilitation und Teilhabe von Menschen mit Behinderungen – (Neuntes Buch Sozialgesetzbuch – SGB IX)

Vom 23. Dezember 2016 (BGBl. I S. 3234)
FNA 860-9-3

Zuletzt geändert durch Art. 1 G zur Förderung eines inklusiven Arbeitsmarkts v. 6.6.2023 (BGBl. I Nr. 146)[1]

Teil 1. Regelungen für behinderte und von Behinderung bedrohte Menschen

Kapitel 1. Allgemeine Regelungen

§ 1 Selbstbestimmung und Teilhabe am Leben in der Gesellschaft

[1] Menschen mit Behinderungen oder von Behinderung bedrohte Menschen erhalten Leistungen nach diesem Buch und den für die Rehabilitationsträger geltenden Leistungsgesetzen, um ihre Selbstbestimmung und ihre volle, wirksame und gleichberechtigte Teilhabe am Leben in der Gesellschaft zu fördern, Benachteiligungen zu vermeiden oder ihnen entgegenzuwirken. [2] Dabei wird den besonderen Bedürfnissen von Frauen und Kindern mit Behinderungen und von Behinderung bedrohter Frauen und Kinder sowie Menschen mit seelischen Behinderungen oder von einer solchen Behinderung bedrohter Menschen Rechnung getragen.

Übersicht

A. Allgemeines

Entsprechend den Vorgaben einer einheitlichen Zusammenfassung der bisher getrennten Regelungen für Menschen mit Behinderungen werden Ziel und Zweck des SGB IX als Programmsatz vorangestellt. Der Inhalt des Sozialgesetzbuches ist nach diesen Grundsätzen auszulegen, so dass bei jeder Vorschrift gefragt werden kann und muss, welchem Zweck die Bestimmung dient und dazu auf den Programmsatz zurückzugreifen ist (Mrozynski SGB IX/Jabben § 1 Rn. 7 ff.; LPK-SGB IX/Joussen Rn. 17). **Selbstbestimmung** und volle, wirksame, gleichberechtigte Teilhabe am Leben in der Gesellschaft werden ebenso als Ziel hervorgehoben wie die Vermeidung von Benachteiligungen oder 1

[1] Gesetzesänderungen mit Wirkung bis 31.12.2022 berücksichtigt.

diesen entgegenzuwirken. Nach der ursprünglichen Gesetzesbegründung (BT-Drs. 14/5074 = BR-Drs. 49/01) bezieht dieser umfassende Ansatz „alle Lebensumstände behinderter und von Behinderung bedrohter Menschen ein, insbes. auch ihre Einbettung in ihre Familien, die für viele Betroffene den unmittelbarsten und wichtigsten Bezugsrahmen bilden".

2 Mit der jetzigen Formulierung der vollen, wirksamen und **gleichberechtigten Teilhabe** hat der Gesetzgeber das Ziel des SGB IX an den Wortlaut des Art. 1 Abs. 2 des Übereinkommens der Vereinten Nationen über die Rechte von Menschen mit Behinderungen (UN-Behindertenrechtskonvention – UN-BRK), die in Deutschland am 26.3.2009 in Kraft getreten ist, angepasst. Gleiches gilt für die neue gesetzliche Formulierung von „Menschen mit Behinderungen" anstelle der bisherigen Formulierung „Behinderte". Auch hier wird die Formulierung an die UN-BRK angepasst. Mit der Ratifikation der UN-BRK hat sich die Bundesrepublik Deutschland dazu bekannt, das deutsche Recht grds. in Übereinstimmung mit diesem Menschenrechtsübereinkommen weiterzuentwickeln (BT-Drs. 18/9522, 1). Außerdem wird klar herausgestellt, dass den besonderen Bedürfnissen von Menschen mit seelischer Behinderung Rechnung getragen wird. Diese Formulierung war bislang in § 10 Abs. 3 SGB IX 2001 enthalten. Da § 10 SGB IX 2001 der Koordinierung von Leistungen gewidmet war, wird jetzt das Ziel – durch die Aufnahme in den Programmsatz des Gesetzes – wesentlich deutlicher als bisher betont.

3 Mit dem Bundesteilhabegesetz (BT-Drs. 18/9522, 190, 191) sollen im Lichte der UN-BRK folgende Ziele im SGB IX Teil 1 verwirklicht werden:

- Dem neuen gesellschaftlichen Verständnis einer inklusiven Gesellschaft soll durch einen neu gefassten Behinderungsbegriff Rechnung getragen werden.
- Leistungen sollen wie aus einer Hand erbracht und zeitintensive Zuständigkeitskonflikte der Träger untereinander sowie Doppelbegutachtungen zu Lasten der Menschen mit Behinderungen vermieden werden.
- Die Position der Menschen mit Behinderungen im Verhältnis zu den Rehabilitationsträgern und den Leistungserbringern soll durch eine ergänzende unabhängige Teilhabeberatung gestärkt werden.
- Die Anreize zur Aufnahme einer Tätigkeit auf dem allgemeinen Arbeitsmarkt sollen auf persönlicher und institutioneller Ebene verbessert werden.
- Die Leistungen zur Teilhabe an Bildung sollen insbes. im Hinblick auf studierende Menschen mit Behinderungen verbessert werden.

3a Bei der Verwirklichung dieser Ziele geht es nicht um ein gut ausgebautes Leistungssystem, sondern um die Verwirklichung von **Menschenrechten** durch gleichberechtigte Teilhabe am politischen, gesellschaftlichen, wirtschaftlichen und kulturellen Leben (BT-Drs. 18/9522, 188).

4 Trotz des als Programmsatz und Gesetzesziel anzusprechenden § 1 sind die Leistungsvorschriften für die in § 6 genannten Rehabilitationsträger unmittelbar geltendes Recht. Durch die Zusammenfassung für alle Leistungsträger von Sozialleistungen werden nach den Ordnungsprinzipien des Sozialgesetzbuches die Regelungen ebenso bereichsübergreifend wirksam wie die (hierdurch auch geänderten und darauf abgestimmten) Regelungen in SGB I, IV und X. Der für die jeweiligen Rehabilitationsträger geltende Vorrang bezieht sich in dem gegliederten Sozialleistungssystem ausschließlich auf die Zuständigkeiten und die Leistungsvoraussetzungen, die nicht einheitlich zu regeln sind.

B. Teilhabe und Selbstbestimmung

5 Die Leistungen zur Teilhabe und Rehabilitation werden in Teil 1 des Gesetzes geregelt und fassen unter Berücksichtigung der grundsätzlichen Unterschiede die Leistungen der Sozialleistungsträger zusammen. Zur vollen Teilhabe gehören neben den medizinischen

und beruflichen Leistungen weitere Leistungen, ohne die eine Eingliederung in die Gesellschaft nicht oder nur erschwert möglich wird.

Der Begriff der Teilhabe geht zurück auf den **Partizipationsbegriff** der Internationalen Klassifikation der Funktionsfähigkeit Behinderung und Gesundheit der Weltgesundheitsorganisation (ICIDH-2 International Classification of Impairments, Disability and Handicaps). Zwischenzeitlich ist diese Klassifikation durch eine neue, das ICF (International Classification of Functioning, Disability and Health), abgelöst worden. Während bei der ICIDH-2 die Behinderung noch als Krankheitsfolge verstanden wurde, bei der der Schädigung eine Fähigkeitsstörung folgen musste, die dann die Ursache der Beeinträchtigung im sozialen Leben wurde (Fuchs, Fachbeiträge Forum C, v. 7.8.2013), erfolgte durch die Einführung der ICF ein **Paradigmenwechsel.** Nunmehr wird die Behinderung als das negative Ergebnis der Wechselwirkung zwischen einer Person mit einem Gesundheitsproblem und ihrem materiellen, sozialen verhaltens- und personenbezogenen Kontext gesehen (Schuntermann, Fachbeiträge Forum C, v. 13.12.2013; vgl. auch jurisPK-SGB IX/Luthe § 1 Rn. 10). Das ICF geht somit von einem bio-psycho-sozialen Modell der Behinderung aus. (www.bar-frankfurt.de, ICF-Praxisleitfaden, S. 8). **5a**

Bei der vollen, wirksamen und gleichberechtigten Teilhabe wird einerseits die besondere Ausprägung angesprochen, die der Gleichheitssatz in Art. 3 Abs. 2 S. 3 GG gefunden hat, andererseits aber auch der Zweck der UN-BRK, der in Art. 1 als die Förderung, der Schutz und die Gewährleistung des vollen und gleichberechtigten Genusses aller Menschenrechte und Grundfreiheiten durch alle Menschen mit Behinderungen festgelegt wird. Die Menschen mit Behinderungen oder von Behinderung bedrohten Menschen sollen ihnen entsprechende Angebote und Chancen erhalten. Jedoch stellen diese Formulierungen nur Ziele dar, ohne dass ein einzelner Mensch mit Behinderungen hieraus subjektiv öffentliche Rechte herleiten könnte (BSG 18.5.2011 – B 3 KR 10/10 R, BeckRS 2011, 74603; 21.3.2013 – B 3 KR 3/12 R, NZS 2013, 701; jurisPK-SGB IX/Luthe § 1 Rn. 47). **5b**

Die Angebote und Chancen müssen von den Menschen mit Behinderungen auch aktiv wahrgenommen werden und hier setzt das Ziel der Selbstbestimmung ein. Mit dem Begriff wird festgelegt, dass die Form in der die Teilhabe an der Gesellschaft ausgestaltet wird, möglichst durch die Menschen mit Behinderungen selbst bestimmt werden soll (LSW/Welti § 1 Rn. 12). Das Recht auf Selbstbestimmung dokumentiert den Aspekt der sozialen Gerechtigkeit für alle Menschen und ist damit Teil der Sozialstaatsklausel aus Art. 20 Abs. 1 GG (Mrozynski SGB IX/Jabben § 1 Rn. 17). Außerdem soll hiermit zum Ausdruck gebracht werden, dass die Menschen mit Behinderungen in die Lage versetzt werden sollen, autonom darüber zu entscheiden, wie und in welcher Weise die Leistungen zur Teilhabe gesichert werden sollen (CFHR/Fuchs § 1 Rn. 8). **6**

C. Frauen und Kinder

Das Herausstreichen der besonderen Bedürfnisse von Frauen und Kindern mit Behinderungen und von Behinderung bedrohter Frauen und Kinder soll deren Belastung durch Erziehungsaufgaben und den Familienpflichten, aber auch schulischen und anderen Belastungen Rechnung tragen. Einbezogen wurden seit 1.8.2001 auch Lebenspartner nach dem G zur Beendigung der Diskriminierung gleichgeschlechtlicher Gemeinschaften: Lebenspartnerschaften vom 16.2.2001 (BGBl. I S. 266), so dass danach auch Familienpflichten solcher Partnerschaften mit zu berücksichtigen sind. Der BR hatte in seiner Stellungnahme (BT-Drs. 14/5531, 6 Anl. 2 Nr. 6 zu Art. 1 S. 2) beanstandet, dass dieses Hervorheben frauenpolitisch bedenklich wäre und der besonderen Situation von Kindern und Jugendlichen nicht gerecht würde. Diese Bedenken sind aber nicht in die Gesetzesfassung eingeflossen. Mit der Berücksichtigung besonderer Bedürfnisse wird **7** besonderen Lebenssituationen und – zusammenhängen Rechnung getragen, so dass geschlechtsspezifische Belastungen bei Leistungen zur Teilhabe mit einbezogen werden (KHM/Götz § 1 Rn. 14 ff.; Mrozynski SGB IX/Jabben § 1 Rn. 21 ff.). Die Regelungen bei der Früherkennung und Frühförderung für Kinder mit Behinderungen (§ 46) sind eine besondere Ausprägung der Zielvorstellung. Weitere besondere Erwähnungen sind in § 8 Abs. 1 S. 2, 3, § 26 Abs. 3, § 49 Abs. 2, § 64 Abs. 1 Nr. 3 und § 79 zu finden.

8 Die besondere Erwähnung von Menschen mit seelischen Behinderungen bei den Zielsetzungen des Gesetzes macht deutlich, dass der Gesetzgeber die bisherige Erwähnung im Zusammenhang mit der Koordinierung von Leistungen nicht mehr als ausreichend erachtet hat. Die Erwähnung im bisherigen § 10 Abs. 3 SGB IX 2001 sollte verdeutlichen, dass die Belange seelisch behinderter Menschen von allen Rehabilitationsträgern und in allen Leistungsgruppen zu berücksichtigen sind (BT-Drs. 14/5800, 13). Durch die ausdrückliche Erwähnung im Zusammenhang mit der vollen, wirksamen und gleichberechtigten Teilhabe am Leben in der Gesellschaft sind die Rehabilitationsträger gefordert, die Belange von Menschen mit seelischen Behinderungen noch zielgenauer in die Leistungsspektren einzubauen.

§ 2 Begriffsbestimmungen

(1) [1]Menschen mit Behinderungen sind Menschen, die körperliche, seelische, geistige oder Sinnesbeeinträchtigungen haben, die sie in Wechselwirkung mit einstellungs- und umweltbedingten Barrieren an der gleichberechtigten Teilhabe an der Gesellschaft mit hoher Wahrscheinlichkeit länger als sechs Monate hindern können. [2]Eine Beeinträchtigung nach Satz 1 liegt vor, wenn der Körper- und Gesundheitszustand von dem für das Lebensalter typischen Zustand abweicht. [3]Menschen sind von Behinderung bedroht, wenn eine Beeinträchtigung nach Satz 1 zu erwarten ist.

(2) Menschen sind im Sinne des Teils 3 schwerbehindert, wenn bei ihnen ein Grad der Behinderung von wenigstens 50 vorliegt und sie ihren Wohnsitz, ihren gewöhnlichen Aufenthalt oder ihre Beschäftigung auf einem Arbeitsplatz im Sinne des § 156 rechtmäßig im Geltungsbereich dieses Gesetzbuches haben.

(3) Schwerbehinderten Menschen gleichgestellt werden sollen Menschen mit Behinderungen mit einem Grad der Behinderung von weniger als 50, aber wenigstens 30, bei denen die übrigen Voraussetzungen des Absatzes 2 vorliegen, wenn sie infolge ihrer Behinderung ohne die Gleichstellung einen geeigneten Arbeitsplatz im Sinne des § 156 nicht erlangen oder nicht behalten können (gleichgestellte behinderte Menschen).

Übersicht

A. Allgemeines

Die Regelungen des SGB IX gelten für Menschen mit Behinderungen. Abs. 1 grenzt als Begriffsbestimmung diesen Personenkreis ab. Das G erfasst damit nicht nur wie ursprünglich das SchwbG die schwerbehinderten Menschen, sondern alle Menschen mit Behinderungen und von Behinderung bedrohten Menschen. Die Definition bezieht körperliche, geistige und seelische sowie Sinnesbeeinträchtigungen von dem für das Lebensalter typischen Zustand abweichend gleichgewichtig ein. Art und Ursache der Behinderung sind nicht mehr maßgeblich. Die Behinderung wird nicht mehr kausal, sondern final bestimmt. 1

B. Behinderung

Die ursprüngliche Definition der **Behinderung** in Abs. 1 hat sich den Erörterungen angeschlossen, die in der Weltgesundheitsorganisation WHO seit 1980 über die internationale Klassifikation der Funktionsfähigkeit und Behinderung geführt wurden. Die Gesetzesbegründung (BT-Drs. 14/5074, 98) bezog sich auf ICIDH-1 und ICIDH-2, dh die International Classification of Impairments, Disabilities and Handicaps (vgl. auch jurisPK-SGB IX/Luthe § 1 Rn. 19; LPK-SGB IX/Joussen § 2 Rn. 12). Hierbei wurden drei Arten unterschieden: 2

a) dem Gesundheitsschaden (impairment) auf Grund körperlicher, geistiger oder seelischer Schädigung
b) der funktionellen Einschränkung (disability) von Fähigkeiten für die Ableistung täglicher Lebenserfordernisse, also der Beschränkung der Mobilität, der Denkfähigkeit oder der Lernfähigkeit und
c) der sozialen Beeinträchtigung (handicap) in den Lebensbereichen der Arbeit, des Berufes und der Teilnahme an der Gesellschaft in Folge dieser Beschränkungen.

Die ICIDH-2 ist eine Weiterentwicklung der ersten Fassung von 1980 und umfasst die funktionalen Aspekte der Gesundheit und Behinderung auf Grund der körperlichen, geistigen oder seelischen Verfassung von Personen. Behinderung ist danach jede Beeinträchtigung der Funktionsfähigkeit, die auf allen Ebenen der menschlichen Existenz wirksam wird, so dass das gesamte soziale und gesellschaftliche Leben einbezogen wird. 3

Auf dieser Grundlage hat die Vollversammlung der WHO im Mai 2001 die ICF verabschiedet (International Classification of Functioning, Disability and Health), die die ICIDH abgelöst hat. Darin sind alle Beeinträchtigungen in den Bereichen der Funktionen und Strukturen des menschlichen Organismus, seiner Tätigkeiten und der Teilhabe an allen Lebensbereichen und des sozialen Umfelds beschrieben (Luthe SGb 2009, 569). 4

Die **ICF** klassifiziert in Beeinträchtigungen: 5

1. von Funktionen und Strukturen des menschlichen Organismus,
2. von Aktivitäten aller Art einer Person und
3. der Partizipation an Lebensbereichen wie zB dem Erwerbsleben.

5a Behinderung ist danach die negative Wechselwirkung zwischen einer Person mit einem Gesundheitsproblem und den Kontextfaktoren auf ihre Funktionsfähigkeit, worunter vor allem die Teilhabe an Lebensbereichen verstanden wird (vgl. auch jurisPK-SGB IX/Luthe § 2 Rn. 52; LPK-SGB IX/Joussen § 2 Rn. 12). Als wesentliche Aufgabe will die ICF eine gemeinsame Sprache für die Beschreibung der funktionalen Gesundheit aufstellen, um die Kommunikation für die Rehabilitation und die Funktionsfähigkeit von Menschen mit Beeinträchtigungen zu verbessern. Damit hat die ICF besondere Bedeutung für die Rehabilitation, die Feststellung des dafür erforderlichen Bedarfs, für die funktionale Diagnostik, das Rehabilitationsmanagement, die Interventionsplanung und die Evaluation rehabilitativer Maßnahmen. Es handelt sich um eine Klassifikation funktionaler Befunde und Symptome, wodurch das Funktions- und Strukturbild im Organismus, das Leistungsbild bei den Aktivitäten und das Partizipationsbild beschrieben werden. Die ICF gliedert sich dazu in die Teile Körperfunktionen (einschließlich des mentalen Bereichs), Körperstrukturen, Lebensbereiche und Umweltfaktoren (Heinz, Fachbeiträge Forum D, v. 5.9.2011). Die in der ICF beschriebene Wechselwirkung findet sich in der Präambel sowie Art. 1 Abs. 2 der UN-BRK wieder. Die UN-BRK hat den Rang einfachen Gesetzesrechts und bedarf der Umsetzung durch nationales Recht (BSG 16.6.2015 – B 13 R 12/14 R, NZS 2015, 823 = BeckRS 2015, 71181).

6 In ähnlicher Weise wird der Begriff der Behinderung in der Europäischen Richtlinie über die Gleichbehandlung in Beschäftigung und Beruf (RL 2000/78/EG) durch den EuGH beschrieben (EuGH 11.4.2013 – C-335/11, C-337/11, NZA 2013, 553 = BeckRS 2013, 80743; C-337/11; vgl. aber jurisPK-SGB IX/Luthe § 2 Rn. 48–51). Danach sei der Begriff der Behinderung so zu verstehen, „dass er einen Zustand einschließt, der durch eine ärztlich diagnostizierte heilbare oder unheilbare Krankheit verursacht wird, wenn diese Krankheit eine Einschränkung mit sich bringt, die insbes. auf physische, geistige oder psychische Beeinträchtigungen zurückzuführen ist, die in Wechselwirkung mit verschiedenen Barrieren den Betreffenden an der vollen und wirksamen Teilhabe am Berufsleben, gleichberechtigt mit anderen Arbeitnehmern, hindern kann“ (EuGH 18.12.2014 – C-354/13, NZA 2015, 33 = BeckRS 2014, 82641). Behinderung ist nicht als fest definiertes Konzept zu verstehen, sondern ist dynamisch und von den jeweiligen Wechselbeziehungen mit umweltbezogenen und personenbedingten Kontextfaktoren abhängig (BSG 30.9.2015 – B 3 KR 14/14 R, BeckRS 2016, 65213; Schneider WzS 2017, 67 (68)).

7 Durch das Bundesteilhabegesetz wurde die Definition der Behinderung in Abs. 1 geändert und übernimmt den Wortlaut des Art. 1 Abs. 2 der UN-BRK (so auch Busse SGb 2017, 307; Kainz NZS 2017, 649 (651)). Die Hinzufügung des Begriffes der „Sinnesbeeinträchtigung“ sowie die Verwendung des Begriffes „Beeinträchtigung“ anstelle von Funktion, Fähigkeit oder Gesundheit führen jedoch nicht zu einer inhaltlichen Ausweitung des Begriffes Behinderung. Sinnesbeeinträchtigungen wurden nach dem alten Recht unter die körperliche Funktion subsumiert (BT-Drs. 18/9522, 226). Auch die Änderung von körperlicher Funktion, geistigen Fähigkeiten und seelischer Gesundheit in Beeinträchtigungen ist rein sprachlicher Art.

1. Körperliche Beeinträchtigung

8 **Körperliche Beeinträchtigungen** liegen vor, wenn infolge einer körperlichen Regelwidrigkeit die Funktionsfähigkeit nicht nur vorübergehend gemindert ist (jurisPK-SGB IX/Luthe § 2 Rn. 65). Das gilt für Personen, deren Bewegungsfähigkeit durch eine Beeinträchtigung des Stütz- oder Bewegungssystems entspr. eingeschränkt ist, weiter für Personen mit erheblichen Spaltbildungen des Gesichts oder des Rumpfes oder mit abstoßend wirkenden Entstellungen, vor allem des Gesichts (vgl. auch Verordnung nach § 60 SGB XII – Eingliederungshilfeverordnung § 1). Hierher gehören auch Personen, deren körperliches Leistungsvermögen infolge Erkrankung, Schädigung oder Fehlfunktion ei-

nes inneren Organs oder der Haut eingeschränkt ist (zB Diabetes mellitus Typ I, II, BSG 24.4.2008 – B 9/9a SB 10/06 R, BeckRS 2008, 54166). Körperlich Behinderte sind weiter Blinde oder erheblich Sehbehinderte mit geringer Sehschärfe oder mit Sehstörungen von entsprechendem Schweregrad, außerdem Gehörlose oder Personen, denen eine sprachliche Verständigung über das Gehör nur mit Hörhilfen möglich ist sowie schließlich Personen, die nicht sprechen können, Seelentaube und Hörstumme sowie solche mit erheblichen Stimmstörungen oder stark stammelnde, stotternde Personen und solche, deren Sprache stark unartikuliert ist.

Durch die Hinzufügung des Begriffes „Sinnesbeeinträchtigungen" erfolgt danach keine 8a Ausweitung gegenüber der bisherigen Definition mit körperlicher Funktion, macht aber die Einbeziehung auch solcher Beeinträchtigungen deutlicher.

2. Seelische Beeinträchtigungen

Seelisch beeinträchtigt ist, wer infolge seelischer Störungen in der Funktionsfähigkeit 9 entspr. gemindert ist. **Seelische Störungen** sind im Gegensatz zu den geistigen Schwächen nicht messbar. Als seelische Störungen kommen in Betracht: körperlich nicht begründbare Psychosen, wenn sie nicht zur geistigen Schwäche führen, die seelischen Störungen als Folge von Krankheiten oder Verletzungen des Gehirns, von Anfallsleiden oder von anderen Krankheiten oder körperlichen Beeinträchtigungen, Suchtkrankheiten, Neurosen und Persönlichkeitsstörungen (vgl. § 3 Eingliederungshilfeverordnung; LPK-SGB IX/Joussen § 2 Rn. 8). Dabei können solche seelischen Störungen aber auch zu geistigen Schäden führen. Die Abgrenzung von geistigen und seelischen Behinderungen ist deshalb nicht immer ohne weiteres möglich. Auch können körperliche und psychosomatische Störungen zusammenwirken, zB bei ein- oder beidseitiger Brustamputation (SG Frankfurt 2.6.1989 – 8-2/Vb 23019/87, Breithaupt 1990, 151).

3. Geistige Beeinträchtigungen

Geistig beeinträchtigt sind Personen, bei denen infolge einer Schwäche ihrer geistigen 10 Kräfte die Funktionsfähigkeit gemindert ist (vgl. auch § 2 Eingliederungshilfeverordnung; LPK-SGB IX/Joussen § 2 Rn. 7). Wesentlich für das Vorliegen einer **geistigen Störung** ist deren Messbarkeit, zB in Form eines IQ-Tests, bei vorzeitigem (auch altersbedingtem) Abbau der geistigen Kräfte oder im Falle eines angeborenen Schwachsinns. Als geistige Behinderungen kommen in Betracht: angeborene Debilität, Imbecillität, Idiotie. Außerdem eine Demenz (= erworbene Minderung der Intelligenz), die sein kann: senil (zB arteriosklerotisch), praesenil (zB Morbus Alzheimer), frühkindliche Hirnschädigung, Folge von Infektionskrankheiten des Gehirns (zB Paralyse), Folge von Anfallsleiden, Folge einer Traumatisierung des Gehirns oder einer körperlich nicht begründbaren Psychose, auch die Schizophrenie und nach best. Auffassungen auch bei einer Manie, die zu einem geistigen Defekt führen kann. Auch Lernbehinderungen können zur Schwerbehinderung führen.

C. Nicht vorübergehend

Die Behinderung darf nicht nur vorübergehend auftreten. Dieses Erfordernis wird in 11 der ICF nicht so deutlich beschrieben, findet sich in Art. 1 Abs. 2 der UN-BRK aber auch, wenn dort von „langfristig" gesprochen wird. Schon im Schwerbehindertenrecht war die Einschränkung auf länger andauernde Schädigungen gemacht worden, die der Regelung in § 30 BVG entspricht (vgl. auch jurisPK-SGB IX/Luthe § 2 Rn. 67 mit Verweis auf die Versorgungsmedizin-Verordnung). Das Vorliegen einer Behinderung wurde deshalb bei einem sogar komplizierten Schienbeinbruch abgelehnt, weil die darauf zurückzuführende Funktionsbeeinträchtigung nicht länger als sechs Monate andauerte (OVG NRW 13.12.1989 – 16 A 1908/89, DÖV 1990, 665 = BeckRS 2009, 42399). Nicht unter diese Begrenzung fallen dagegen Leiden, die in Schüben immer wieder auftreten, selbst wenn der einzelne Anfall jeweils nur kürzere Zeit dauert. Es handelt sich dann um ein **Dauerleiden** mit entspr. andauernder Funktionsbeeinträchtigung. Maßgeblich ist auch nicht, ob der Zustand schon sechs Monate besteht, sondern ob die Dauer prognostisch sechs Monate überschreitet (BSG 12.4.2000 – B 9 SB 3/99 R, BeckRS 2000, 40795; Mrozynski SGB IX/Jabben § 2 Rn. 12).

D. Regelwidrigkeit und Alterserscheinungen

12 Schwierigkeiten ergeben sich hinsichtlich der Feststellung der Behinderung nur dadurch, dass außerdem die Regelwidrigkeit des körperlichen, geistigen oder seelischen Zustandes verlangt wird und nach der Definition des Gesetzes in § 2 Abs. 1 S. 2 regelwidrig nur der Zustand ist, der von dem für das Lebensalter typischen Zustand abweicht. Damit soll erreicht werden, dass vor allem Alterserscheinungen typischer Art bei der Beurteilung der Behinderung nicht zu berücksichtigen sind (vgl. auch LPK-SGB IX/Joussen § 2 Rn. 71). Dasselbe gilt aber auch für typische Entwicklungserscheinungen bei Kindern und Jugendlichen. Solche Alterserscheinungen sind körperliche, geistige oder seelische Leistungseinschränkungen, die sich im Alter physiologisch entwickeln und die für das jeweilige Alter nach ihrer Art und ihrem Umfang typisch sind. Solche durch das jugendliche oder höhere Alter bedingten Leistungseinschränkungen und damit Funktionsstörungen sollen nach dem Willen des Gesetzgebers keine Behinderung darstellen, da sie nicht Folge eines regelwidrigen Zustandes sind. Eine entsprechende Feststellung ist jedoch sehr schwierig (Hauck/Noftz/Götze § 2 Rn. 22; Kessler SGb 2016, 373 (375)).

13 Die ursprünglichen „Anhaltspunkte für die ärztliche Gutachtertätigkeit im sozialen Entschädigungsrecht nach dem Schwerbehindertenrecht (Teil 2 SGB IX 2001)" wurden ab 1.1.2009 durch die Versorgungsmedizinverordnung (VersMedV) mit ihren „Versorgungsmedizinischen Grundsätzen" v. 10.12.2008 (BGBl. I S. 2412) ersetzt. Nach diesen versorgungsmedizinischen Grundsätzen sind ebenso wie vorher nach den Anhaltspunkten als Alterserscheinungen, solche körperlichen und psychischen Leistungseinschränkungen anzusehen, die sich im Alter regelhaft entwickeln, dh für das Alter nach ihrer Art und ihrem Umfang typisch sind. Demgegenüber sind pathologische Veränderungen, dh Gesundheitsstörungen, die nicht regelmäßig und nicht nur im Alter beobachtet werden können, bei der Beurteilung des GdB und GdS zu berücksichtigen, auch dann, wenn sie erstmalig im höheren Alter auftreten und als „Alterskrankheiten" (zB „Altersdiabetes", „Altersstar") bezeichnet werden (Anl. § 2 VersMedV Teil A Vorb. 2c). Die Anhaltspunkte 2008 geben dafür Beispiele.

14 Damit wird verdeutlicht, dass nur die allgemeinen typischen und generell für das Alter geltenden Leistungseinschränkungen nicht als regelwidrige Funktionsstörungen angesehen werden sollen. Auch die altersspezifische Beschränkung der Seh- und Hörfähigkeit ist danach nur insoweit ausgeschlossen, als sie typisch für das jeweilige Alter ist und damit, von Ausnahmen abgesehen, die ganz überwiegende Mehrzahl der jeweiligen Altersgenossen betrifft (vgl. auch jurisPK-SGB IX/Luthe § 2 Rn. 73). Für Teilhabeleistungen besteht so die Wirkung des früheren § 4 Eingliederungshilfeverordnung (BT-Drs. 14/5074, 98). Eine Beschränkung auf chronisch Kranke besteht nicht (CFHR/Fuchs § 2 Rn. 14; Mrozynski SGB IX/Jabben § 2 Rn. 9).

15 Demgegenüber werden Gesundheitsstörungen, die nicht regelmäßig und nicht nur im höheren Alter beobachtet werden, nicht als Alterserscheinungen angesehen und zwar auch dann nicht, wenn sie erstmalig in höherem Alter auftreten. Hierzu waren in den

Anhaltspunkten 2008 noch Beispiele genannt worden wie Geschwülste, arteriosklerotisch bedingte Organerkrankungen, stärkere Bewegungseinschränkungen durch Arthrosen, Schmerzsyndrome bei degenerativer Wirbelsäulenveränderung. Aber auch über alterstypisch hinausgehende hirnorganische Abbauerscheinungen zB bei Alzheimer, die nicht als spezifische Alterserscheinungen betrachtet und deshalb bei dem Grad der Behinderung zu berücksichtigen sind. So bedeuten zB eine sehr frühe Beeinträchtigung der Hörfähigkeit oder eine starke Hörbeeinträchtigung, die über das regelmäßige altersbedingte Maß hinausgeht, sehr wohl eine funktionsbedingte Behinderung. Dasselbe gilt für eine Sehschwäche, die über das normale Maß hinausgeht oder etwa gar durch grauen oder grünen Star bedingt ist. Man kann zwar als allgemeine Regel aufstellen, dass ältere Menschen weitsichtig werden und deshalb eine Brille benötigen. Das ist keine funktionsbedingte Behinderung. Jedoch muss eine Starerkrankung als regelwidriger Zustand angesehen werden, da diese Krankheit zwar regelmäßig im Alter auftritt, aber keineswegs für das jeweilige Alter typisch ist, da sie glücklicherweise nur einen geringen Teil der Menschen betrifft (kritisch: Schmitt, NZS 2018, 247, 249; vgl. hierzu auch jurisPK-SGB IX/Luthe § 2 Rn. 78).

E. Zusammenhang

Durch die Beeinträchtigung körperlicher, geistiger oder seelischer Art muss die Teilhabe am **Leben in der Gesellschaft** beeinträchtigt sein (jurisPK-SGB IX/Luthe § 2 Rn. 83). Da eine Behinderung auch angeboren sein kann und die Ursache ebenso wie der Grund der Schädigung unbeachtlich ist, kommt es somit auf den ursächlichen Zusammenhang zwischen einer Schädigung und der Behinderung nicht mehr an (**finale Betrachtungsweise**). Danach ist weiter unbeachtlich, wie es zu der Schädigung gekommen ist. Während nach § 1 Abs. 4 BVG eine absichtlich herbeigeführte Schädigung nicht anerkannt wird, kommt es nach dem SGB IX nicht darauf an, ob der Behinderte die Schädigung und damit die Funktionsbeeinträchtigung selbst zu vertreten hat, verschuldet herbeigeführt hat oder sogar absichtlich, dh vorsätzlich mit Wissen und Willen handelte. Auch eine vom Behinderten selbst herbeigeführte Schädigung etwa im Sinne einer Selbstverstümmelung oder bei einem Selbstmordversuch führt zur Behinderten-Eigenschaft. Auch Alkoholabhängigkeit kann grds. zu einer Behinderung führen. Das SGB IX gewährt nicht allein Vorteile zum Ausgleich einer Behinderung, die uU dem nicht zugutekommen dürften, der die Schädigung selbst absichtlich herbeigeführt hat, sondern will vor allem der Rehabilitation dienen. Dafür sind aber Grund und Art der Herbeiführung der Schädigung ohne Belang (Knickrehm SGb 2008, 220). 16

Trotzdem ist das Erfordernis des Zusammenhangs zwischen Funktionsstörung und Behinderung nicht ganz bedeutungslos. Es sind nämlich Gründe für eine Behinderung denkbar, die mit einer Funktionsstörung iSd Gesetzes nichts zu tun haben. Man denke an Sprachschwierigkeiten, Erziehung, Herkommen, Rasse oder religiöse bzw. sonstige Überzeugungsgründe. Wem durch Erziehung oder Religion ein Tabu verbietet, bestimmte Verrichtungen zu vollbringen, ist insoweit in seinem Lebensbereich eingeengt und damit allg. gesehen behindert. Diese Behinderung beruht aber nicht auf einer der gesetzlichen Funktionsstörungen. Bereits dieses Beispiel zeigt aber, wie weit man andere Gründe für eine Erwerbsminderung herholen muss, und wie wenig Bedeutung heute noch der Kausalzusammenhang zwischen Funktionsstörung und Behinderung hat. Nachdem alle Schäden körperlicher, geistiger und seelischer Art als Behinderung und damit als Grundlage der Schwerbehinderteneigenschaft anerkannt sind, ist ein Zusammenhang meist gegeben. 17

Dabei genügt die Wahrscheinlichkeit des ursächlichen Zusammenhanges zwischen Funktionsstörung und Behinderung. Die Voraussetzungen scheitern deshalb nicht daran, 18 dass sich eine exakte Verbindung zwischen Störung und Behinderung manchmal nicht mit naturwissenschaftlicher Genauigkeit herstellen lässt – etwa bei seelischen Störungen, so dass insoweit nur das gefundene Ergebnis entscheidet.

F. Von Behinderung bedroht

19 Ob eine Behinderung zu erwarten ist, wird den Ermittlungen durch Fachleute vorbehalten bleiben. Vor allem bei Kindern und Jugendlichen in der Entwicklung ist nur schwer zu beurteilen, ob mit einer künftigen Behinderung zu rechnen ist oder nur die vergleichbaren Altersgenossen voraus sind, so dass mit fortschreitendem Lebensalter ein Aufholen erwartet wird. Jeder kennt die Diskussion um sog. Spätentwickler. Umgekehrt kann sich eine geistige oder seelische Störung vor allem in der Jugend später als echte Psychose auswirken. Deshalb ist es dann erforderlich, geeignete Maßnahmen frühzeitig vorzunehmen, um wie in § 3 gefordert rechtzeitig spätere Schäden zu vermeiden.

20 Von Behinderung bedrohte Menschen werden nicht generell den Menschen mit Behinderung gleichgestellt, da eine Reihe von Leistungen und sonstigen Hilfen nur nach Eintritt einer Behinderung erbracht werden. Die einzelnen Leistungsvorschriften bestimmen dann, wie die Aufgabe erfüllt wird, einer drohenden Behinderung rechtzeitig entgegenzutreten. Die Regelung in Abs. 1 S. 3 soll sicherstellen, dass die Rechtsposition der von Behinderung bedrohten Menschen erhalten bleibt und nicht geändert wird (LSW/Welti § 2 Rn. 34.; LPK-SGB IX/Joussen § 2 Rn. 14; Knittel § 2 Rn. 49 f.; KHM/Götz § 2 Rn. 10 f.; KKW/Kreikebohm § 2 Rn. 4).

G. Schwerbehinderung

21 Abs. 2 stellt die Voraussetzung für die Anwendung des Teils 3 des SGB IX fest. Zugrunde liegt zunächst die Behinderung nach Abs. 1. Es muss also eine körperliche, geistige, seelische oder Sinnesbeeinträchtigung vorliegen. Sofern sie dann den vorgesehenen Grad von 50 erreicht oder eine Gleichstellung nach Abs. 3 erfolgt, gilt Teil 3.

H. Grad der Behinderung

22 Im deutschen Recht waren die körperlichen, geistigen und seelischen Behinderungen nach wie vor in der GdB/MdE-Tabelle zusammengefasst. Voraussetzung für die **Schwerbehinderteneigenschaft** als Grundlage für die Anwendung des Teils 3 des SGB IX ist wie früher eine Minderung der Erwerbsfähigkeit und jetzt ein Grad der Behinderung von mindestens 50. Die Vorschrift steht im engen Zusammenhang mit § 152. Der **Grad der Behinderung** deckt sich mit dem Begriff der Minderung der Erwerbsfähigkeit nach dem Versorgungsrecht und dem Recht der Unfallversicherung. Dass beide Begriffe sich nach dem Willen des Gesetzgebers decken, ergibt sich daraus, dass nach der gesetzlichen Begründung (BT-Drs. 18/9522, 307) § 152 dem § 69 SGB IX 2001 entspricht, obwohl der direkte Verweis aus § 69 Abs. 1 S. 4 SGB IX 2001 auf § 30 Abs. 1 BVG entfallen ist. In § 30 Abs. 1 BVG wird aber die **Minderung der Erwerbsfähigkeit** gesetzlich definiert. Diese Minderung ist nach der körperlichen und geistigen Beeinträchtigung zu beurteilen, wobei seelische Begleiterscheinungen und Schmerzen mit zu berücksichtigen sind. Ist aber damit der Grad der Behinderung gleichzeitig der Grad der Minderung der Erwerbsfähigkeit, so gelten die bisherigen Feststellungen, für den Grad der Behinderung weiter. Es treten lediglich an die Stelle der Bezeichnung des Grades der Minderung der Erwerbsfähigkeit nunmehr die Bezeichnungen des Grades der Behinderung. Sie werden

nicht mehr in Vomhundertsätzen, sondern in entsprechenden Graden angegeben. Es gelten nach wie vor die Grade der Minderung der Erwerbsfähigkeit, wie sie von Sozialleistungsträgern und im Unfallversicherungsrecht festgestellt worden sind, gleichzeitig auch als Feststellung des Grades der Behinderung gem. § 152 Abs. 1 S. 1.

Damit gelten auch für die Grade der Behinderung die zu § 30 BVG erlassenen **Versorgungsmedizinischen Grundsätze** zu § 2 der Versorgungsmedizinverordnung und als Ergänzung die Anhaltspunkte für die ärztliche Gutachtertätigkeit. Sie legen immer noch die grundsätzlichen Maßstäbe fest (BSG 18.9.2003 – B 9 SB 3/02 R, BeckRS 2004, 40034). In ihnen sind die einzelnen Grade für die Funktionsstörungen aufgeführt. Diese bisher schon als Grundlage für die Bemessung der Minderung der Erwerbsfähigkeit geltenden Grundsätze und Anhaltspunkte bleiben Grundlage fur die Begutachtung der Behinderungen nach dem SGB IX. Für die Anhaltspunkte fehlte es zwar an einer Rechtsgrundlage, trotzdem war verfassungsrechtlich nicht zu beanstanden, dass die Anhaltspunkte §§ 1 u. 3 SchwbG und damit §§ 2, 68, 69 SGB IX 2001 konkretisieren (BVerfG 6.3.1995 – 1 BvR 60/95, NJW 1995, 3049; Knittel § 2 Rn. 64 ff.). Jetzt ist die Rechtsgrundlage durch die Versorgungsmedizinverordnung v. 10.12.2008 (mit den dazu veröffentlichten Versorgungsmedizinischen Grundsätzen) und der Schaffung einer eigenen Ermächtigungsgrundlage (§ 70 Abs. 2 SGB IX 2001 bzw. § 159 Abs. 7 SGB IX) sichergestellt (BSG 16.3.2016 – B 9 SB 1/15 R, BeckRS 2016, 70967). Die weiterhin ergänzend anwendbaren Anhaltspunkte werden als antizipierte Sachverständigengutachten angesehen (BSG 25.10.2012 – B 9 SB 2/12 R, BeckRS 2012, 76370; 17.4.2013 – B 9 SB 3/12 R, BeckRS 2013, 69833). 23

Das Verfahren zur Feststellung des Grades der Behinderung richtet sich nach § 152. 24
Zuständig sind die für die Durchführung des Bundesversorgungsgesetzes zuständigen Behörden, die nach dem Verwaltungsverfahren für die Kriegsopferversorgung die erforderlichen Feststellungen zu treffen haben. Für die Anwendung des Teils 3 des SGB IX ist aber eine besondere Feststellung des Grades der Behinderung keine konstitutive Voraussetzung. Vielmehr gilt auch nach § 2 Abs. 2, dass die Eigenschaft als Schwerbehinderter kraft Gesetzes bei Vorliegen des entsprechenden Grades der Minderung um wenigstens 50 eintritt und es einer behördlichen Anerkennung dafür nicht bedarf. Damit wird aber nicht im G die konstitutive Voraussetzung einer behördlichen Feststellung begründet, wie sie etwa für die Gleichstellung nach § 151 Abs. 2 vorgeschrieben wird. Vielmehr gilt nach wie vor entspr. dem früheren Recht, dass die Eigenschaft als schwerbehinderter Mensch bei Vorliegen der Voraussetzungen kraft Gesetzes gegeben ist und die behördliche Feststellung nur ein Mittel des Nachweises ist (stRspr des BAG; KHM/Götz § 2 Rn. 13; Mrozynski SGB IX/Jabben § 2 Rn. 47.; → § 152 Rn. 41).

I. Berechtigte

Der berechtigte Personenkreis der **schwerbehinderten Menschen** umfasst Personen mit 25
der deutschen Staatsangehörigkeit sowie Personen, die rechtmäßig im Geltungsbereich wohnen, sich hier gewöhnlich aufhalten oder auf einem Arbeitsplatz beschäftigt sind. Dazu ergibt sich aus dem Ausschussbericht (BT-Drs. 7/1515, 8), dass sich „rechtmäßig“ auf alle unterschiedlichen Voraussetzungen bezieht. Maßgeblich für die Anwendung des Teils 3 ist deshalb das rechtmäßige Wohnen, der rechtmäßige gewöhnliche Aufenthalt oder die rechtmäßige Beschäftigung in der Bundesrepublik Deutschland als Geltungsbereich des SGB IX (BSG 12.4.2017 – B 13 R 15/15 R, NZS 2017, 753 = BeckRS 2017, 116092). Hierbei ist der Begriff „rechtmäßig“ iSd § 2 Abs. 2 nicht anhand des Aufenthaltsrechtes zu beurteilen (BSG 29.4.2010 – B 9 SB 2/09 R, NVwZ-RR 2010, 979 = BeckRS 2010, 70880), sondern bezeichnet entspr. der Zielsetzung des SGB IX die

Befugnis des ausländischen behinderten Menschen, am Leben in der deutschen Gesellschaft teilzunehmen.

26 Wohnen oder sich gewöhnlich aufhalten umfasst zunächst den **Wohnsitz** iSd bürgerlichen Rechts (§ 7 BGB). Dabei kann der Wohnsitz gleichzeitig an mehreren Orten bestehen (§ 7 Abs. 2 BGB). Es genügt einer von mehreren Wohnsitzen im Geltungsbereich des Gesetzes, um die Voraussetzungen zu erfüllen. Der gewöhnliche Aufenthalt ist demgegenüber der Ort, an dem auf längere Zeit Wohnung genommen wird, ohne einen Wohnsitz zu begründen, was aus rechtlichen (Minderjährigkeit) oder tatsächlichen Gründen der Fall sein kann. Dabei kann der gewöhnliche Aufenthalt neben einem Wohnsitz bestehen, aber auch ohne Wohnsitz an anderem Ort vorhanden sein, da ein Wohnsitz als solcher nicht begründet sein muss. Dementsprechend ist auch für den Wohnsitz und den gewöhnlichen Aufenthalt nach § 30 Abs. 3 S. 1, 2 SGB I auf die jeweiligen tatsächlichen Umstände abzustellen.

27 Erfasst werden aber nicht nur Wohnsitz und Aufenthalt im Geltungsbereich, sondern auch diejenigen Personen, die darin nur – rechtmäßig – arbeiten, sich aber außerhalb des Geltungsbereichs gewöhnlich aufhalten oder außerhalb ihren Wohnsitz haben oder bei denen beides außerhalb des Geltungsbereichs liegt. Das sind die sog. Grenzgänger. Soweit sie aus EU- Staaten kamen, mussten sie bisher schon ohnehin aus Gründen des Diskriminierungsverbots nach VO Nr. 1612/68 gleichgestellt werden (EuGH 13.12.1972, Rs 44/72 – EuGHE 72, 1243, AP EWG-Vertrag Art. 177 Nr. 4). Jetzt sind diese Grenzgänger ohne Rücksicht darauf, ob sie Deutsche sind, aus EG-Staaten oder aus dritten Ländern kommen, alle gleichgestellt und genießen in gleichem Umfang den Schutz des Gesetzes.

28 Wer sich rechtmäßig nach den Regelungen des Aufenthaltsrechtes und den Vorschriften über die Beschäftigung von Ausländern gewöhnlich aufhält, wohnt oder eine Beschäftigung als Arbeitnehmer ausübt, ist im Folgenden dargelegt:

1. Deutsche

29 Rechtmäßig halten sich im Geltungsbereich des GG stets Deutsche auf. Sie können dort auch frei ihren Wohnsitz begründen. Das garantiert ihnen Art. 11 GG.

30 a) **Deutsche Staatsangehörigkeit.** Deutscher ist zunächst derjenige, der die deutsche Staatsangehörigkeit besitzt. Maßgebend hierfür ist noch immer das Reichs- und Staatsangehörigkeitsgesetz v. 22.7.1913 (RGBl. S. 583) mit den zahlreichen Änderungen, die es bis in die jüngste Zeit erhalten hat. Die deutsche Staatsangehörigkeit erstreckt sich nicht nur auf die Bewohner des Bundesgebiets; auch Bewohner der früheren DDR und Ostberlins, die nach den Bestimmungen des Gesetzes die deutsche Staatsangehörigkeit erworben haben, waren **deutsche Staatsangehörige** geblieben (Zippelius/Würtemberg/Maunz, Deutsches Staatsrecht, 2008, S. 26). Ebenso besitzen die deutsche Staatsangehörigkeit alle Personen, die sie durch Zwangsverleihung auf Grund einer Annexion durch das Deutsche Reich seit dem 1.1.1938 erworben, sich als Deutsche betrachtet und ihre alte Staatsangehörigkeit nicht zurückerlangt haben (BVerfG 28.5.1952 – 1 BvR 213/51, BVerfGE 1, 322; 1 = NJW 1952, 777; und Zweite G zur Regelung von Fragen der Staatsangehörigkeit v. 22.2.1955, BGBl. I S. 65, v. 17.5.1956, BGBl. I S. 431, v. 19.12.1963, BGBl. I S. 982 und v. 20.12.1974, BGBl. I S. 3714).

31 b) **Art. 116 GG.** Neben dem Begriff des deutschen Staatsangehörigen gibt es den erweiterten Begriff des Deutschen iSd Art. 116 Abs. 1 GG. Dieser umfasst neben den deutschen Staatsangehörigen außerdem noch die **Flüchtlinge** und **Vertriebenen** deutscher Volkszugehörigkeit und deren Ehegatten und Abkömmlinge, die in dem Gebiet des Deutschen Reichs nach dem Stande v. 31.7.1939 Aufnahme gefunden haben. Diese Deutschen, die nicht die deutsche Staatsangehörigkeit besitzen, sind den deutschen Staatsangehörigen dem Recht nach gleichgestellt. Wer Vertriebener ist, legt § 1 BVFG

v. 19.5.1953 idF der Bekanntmachung v. 10.8.2007 (BGBl. I S. 1902, zuletzt geändert durch Art. 10 des Gesetzes zur Bereinigung des Rechts der Lebenspartner BGBl. 2015 I S. 2010 (2011)) fest.

Der Personenkreis des Deutschen umfasst also insbes. auch deutsche Staatsangehörige 32 oder Volkszugehörige aus der früheren sowjetisch besetzten Besatzungszone, aus der früheren DDR oder aus den polnisch oder russisch besetzten Gebieten des ehemaligen Deutschen Reichs nach dem Gebietsstand von 1937, aber auch Umsiedler, vertriebene Volksdeutsche zB aus den Baltenländern, Russland, den Balkanstaaten und China (§§ 1, 6 BVFG). Die Eigenschaft als Vertriebener wird nach § 15 BVFG durch die entsprechende Bescheinigung nachgewiesen. Alle diese Personen genießen Freizügigkeit nach Art. 11 GG und können deshalb jederzeit rechtmäßig ihren Wohnsitz im Gebiet des Geltungsbereiches des Gesetzes begründen oder sich dort gewöhnlich aufhalten.

c) **Heimatlose Ausländer.** Nach dem G über die Rechtsstellung heimatloser Ausländer 33 im Bundesgebiet v. 25.4.1951 (HAuslG BGBl. I S. 269, zuletzt idF von Art. 7 des Zuwanderungsgesetzes v. 30.7.2004, BGBl. I S. 1950) sind fremde Staatsangehörige oder Staatenlose, die der Obhut der Internationalen Flüchtlingsorganisation unterstehen und am 30.6.1950 ihren Aufenthalt im Geltungsbereich des Grundgesetzes oder in Berlin genommen haben, den deutschen Staatsangehörigen weitgehend gleichgestellt. Auch diese Personen sind gem. § 5 HAuslG bei Vorliegen der sonstigen Voraussetzungen als schwerbehinderte Menschen anzusehen, da Rechte und Vergünstigungen, die allg. Angehörigen fremder Staaten unter der Bedingung der Gegenseitigkeit gewährt werden, heimatlosen Ausländern auch dann nicht zu versagen sind, wenn die Gegenseitigkeit nicht verbürgt ist; sie haben also Freizügigkeit und können sich rechtmäßig in der Bundesrepublik aufhalten. Auch § 17 HAuslG, wonach die heimatlosen Ausländer in der Ausübung nichtselbständiger Arbeit den deutschen Staatsangehörigen gleichgestellt sind, lässt sich rechtmäßig eine Beschäftigung als Arbeitnehmer im Geltungsbereich des Gesetzes ausüben.

2. Unionsbürger

Bei Ausländern ist zu unterscheiden zwischen Angehörigen von EU-Staaten und aus 34 dritten Ländern. Das Zuwanderungsgesetz v. 30.7.2004 (BGBl. I S. 1950) wurde durch Bekanntmachung v. 25.2.2008 (BGBl. I S. 162) als Aufenthaltsgesetz (G über den Aufenthalt, die Erwerbstätigkeit und die Integration von Ausländern im Bundesgebiet; zuletzt geändert durch Art. 1 des Gesetzes v. 20.7.2017, BGBl. I S. 2380) zur Umsetzung von elf EG-Richtlinien neu gefasst. Für Angehörige der EU-Staaten gilt nach Art. 2 des Zuwanderungsgesetzes das G über die allgemeine Freizügigkeit von **Unionsbürgern** (Freizügigkeitsgesetz/EU, BGBl. 2004 I S. 1986, zuletzt geändert durch Art. 6 des Gesetzes v. 22.12.2015, BGBl. I S. 2557). Das G regelt die Einreise und Aufenthaltsberechtigung der Unionsbürger. § 2 regelt das Aufenthaltsrecht für Arbeitnehmer, Selbständige, Dienstleistungsempfänger, Verbleibberechtigte nach der Beendigung der Tätigkeit und ihre Familienangehörigen. Nicht Erwerbstätige haben das Aufenthaltsrecht, wenn sie über ausreichenden Krankenversicherungsschutz und ausreichende Existenzmittel verfügen (§ 4). Über das Aufenthaltsrecht wird eine Bescheinigung kostenlos durch die Ausländerbehörde erteilt (§ 2 Abs. 6 mit § 5). Einschränkungen sind nur aus Gründen der öffentlichen Ordnung, Sicherheit oder Gesundheit zulässig. Nach zehn Jahren ständigem rechtmäßigen Aufenthalt gilt das aber nur bei besonders schwerwiegenden Gründen (§ 6). Sonderreglungen bestehen für eine Aufenthaltsberechtigung von Türken nach dem Assoziationsabkommen EWG/Türkei v. 12.9.1963 (BGBl. 1964 II S. 509).

Für andere **Ausländer,** die nicht Unionsbürger sind, gilt das Aufenthaltsgesetz. Danach 35 ist für den berechtigten Aufenthalt ein Aufenthaltstitel erforderlich, der als Visum, ICT-Karte, Mobile-ICT-Karte, Blaue Karte EU, Aufenthaltserlaubnis, Niederlassungserlaubnis oder Erlaubnis zum Daueraufenthalt erteilt wird (§ 2 mit §§ 6, 7, 9, 9a, 18, 19, 19b

AufenthG). Auch **Asylbewerbern** kann ein Aufenthaltstitel erteilt werden (§ 10 AufenthG), nach Ablehnung des Antrags auch noch aus völkerrechtlichen, humanitären oder politischen Gründen (§§ 22–26 AufenthG). Eine Aufenthaltserlaubnis wird außerdem wegen eines Familiennachzugs und als Ehegattennachzug gewährt (§§ 27–30 AufenthG). Danach besteht ggf. ein eigenständiges Aufenthaltsrecht der Ehegatten, der Kinder und auch ein Nachzugsrecht sonstiger Familienangehöriger zur Vermeidung außergewöhnlicher Härte (§§ 31–36 AufenthG). Zur Beschäftigung von Ausländern ist die Erteilung einer Aufenthaltsgenehmigung zur Ausübung einer Beschäftigung erforderlich, der die Bundesagentur für Arbeit zustimmen muss (§§ 39, 40 AufenthG). Bei einem **geduldeten** Ausländer, der sich voraussichtlich länger als sechs Monate in Deutschland aufhalten wird, ist anzunehmen, dass er iSd. Abs. 2 seinen Wohnsitz oder gewöhnlichen Aufenthalt rechtmäßig in Deutschland hat. Dies gilt jedoch nicht, wenn aufgrund besonderer Umstände ersichtlich ist, dass die Abschiebung gerade erfolgt oder unmittelbar bevorsteht (BSG 29.4.2010 – B 9 SB 2/09 R).

3. Grenzgänger

36 **Grenzgänger** sind Arbeitnehmer, die sich im Ausland gewöhnlich aufhalten bzw. im Ausland wohnen, im Geltungsbereich des Gesetzes aber eine Beschäftigung als Arbeitnehmer ausüben. Auch diese Beschäftigung in der Bundesrepublik reicht aus, den Schutz des Gesetzes zu begründen. Voraussetzung ist aber, dass die Tätigkeit als Arbeitnehmer rechtmäßig ausgeübt wird (→ § 2 Rn. 27).

37 a) **Deutsche.** Deutsche arbeiten stets rechtmäßig im Bereich des Gesetzes. Sie haben das Recht auf freie Berufsausübung nach Art. 12 GG. Insoweit gilt das Recht für alle Deutschen nach Art. 116 GG, auch wenn sie nur als Grenzgänger in der Bundesrepublik arbeiteten oder heute in Polen oder Tschechien wohnen. Deutsche, die im benachbarten Ausland wohnen und im Geltungsbereich des Gesetzes arbeiten, was in den grenznahen Orten wie Aachen oder Konstanz zB durchaus häufig ist, sind also stets rechtmäßig hier als Arbeitnehmer tätig.

38 b) **Heimatlose Ausländer.** Heimatlose Ausländer iSd G über die Rechtsstellung heimatloser Ausländer v. 25.4.1951 (BGBl. I S. 269, zuletzt geändert durch G v. 30.7.2004, BGBl. I S. 1950) kommen als Grenzgänger nicht in Betracht, da Voraussetzung für diese Eigenschaft der Wohnsitz oder dauernde Aufenthalt im Bereich des GG ist (§§ 1, 2 dieses Gesetzes). Sie bedürfen also als Grenzgänger aus dem Ausland einer Arbeitserlaubnis wie andere Ausländer.

39 Grenzgänger als Angehörige der EU-Staaten sind nach Art. 45 des Vertrages über die Arbeitsweise der Europäischen Union wie Deutsche zu behandeln. Sie können also wie deutsche Arbeitnehmer auch dann jede Beschäftigung im Bereich des Gesetzes aufnehmen wie Deutsche, wenn sie im Ausland wohnen oder sich gewöhnlich aufhalten. Grenzgänger als Staatsangehörige von EU-Staaten nehmen daher eine Beschäftigung als Arbeitnehmer im Bereich der Bundesrepublik und Berlin rechtmäßig auf, ohne dass sie hierzu einer anderen Erlaubnis als Deutsche bedürfen.

40 c) **Drittländer.** Andere Ausländer, die aus den angrenzenden Ländern außerhalb der EU als Grenzgänger in die Bundesrepublik als Arbeitnehmer kommen, arbeiten hier nur dann rechtmäßig, wenn sie dazu besonders berechtigt sind. Eine berechtigte Arbeitsaufnahme im Geltungsbereich des Gesetzes setzt für diesen Kreis von Ausländern außerhalb der EU grds. einen Aufenthaltstitel voraus. Insoweit gilt jetzt das Aufenthaltsgesetz. Danach ist eine Beschäftigung von Ausländern außerhalb der EU und des Europäischen Wirtschaftsraumes (EWR) sowie der Türkei nur zulässig, wenn ein Aufenthaltstitel vorliegt, der auch für Ausländer mit Wohnsitz im Ausland, also für Grenzgänger erforderlich ist und ebenfalls für Besatzungsmitglieder von Seeschiffen unter der Bundesflagge notwendig ist (§ 4 Abs. 3 AufenthG). Nur soweit durch zwischenstaatliche Verein-

barung, G oder Rechtsverordnung die Erwerbstätigkeit ohne Aufenthaltstitel ausdrücklich erlaubt ist, entfällt diese Voraussetzung. Sonst bedürfen Grenzgänger eines Aufenthaltstitels in Form einer Aufenthaltserlaubnis zur Ausübung einer Beschäftigung, der grds. die Bundesagentur für Arbeit zustimmen muss (§§ 18, 39 AufenthG). Auch soweit durch Rechtsverordnung nach § 42 AufenthG oder zwischenstaatliche Vereinbarung die Zustimmungspflicht der Bundesagentur für Arbeit entfällt, ist die Aufenthaltserlaubnis zur Ausübung einer Beschäftigung erforderlich (§ 18 AufenthG). Fehlt ein danach erforderlicher Aufenthaltstitel, ist die Beschäftigung des Ausländers auch als Grenzgänger nicht rechtmäßig. Damit findet das SGB IX keine Anwendung. Ein unrechtmäßig beschäftigter Ausländer hat nicht den Schutz des Gesetzes und kann auch als schwerbehinderter Mensch nicht auf einen Pflichtplatz angerechnet werden.

Für alle danach rechtmäßig sich im territorialen Geltungsbereich des Gesetzes auf- 41
haltenden oder beschäftigten Nichtdeutschen gelten dieselben Voraussetzungen wie für Deutsche. Insbesondere wird kein Unterschied über Ursache und Grund der Behinderung gemacht, so dass auch hier jede körperliche, geistige oder seelische Beeinträchtigung zum Schutz des Gesetzes führt. Der Schutz des Gesetzes folgt auch bei Nichtdeutschen allein aus der Tatsache der entsprechenden Erwerbsminderung durch die Behinderung; eines Anspruches auf Rente oder eines Feststellungsbescheides bedarf es auch hier nicht. Die Erwerbsminderung muss ggf. nachgewiesen werden. Insoweit gilt auch für Nichtdeutsche § 152, so dass die zur Durchführung des Bundesversorgungsgesetzes oder nach Landesrecht zuständigen Behörden auch für Nichtdeutsche und (als Grenzgänger) sogar für im Ausland Wohnende tätig werden müssen.

J. Gleichstellung

Abs. 3 regelt die Voraussetzungen für die Gleichstellung mit schwerbehinderten Men- 42
schen, wodurch bis auf den Zusatzurlaub (§ 208) und die unentgeltliche Beförderung (Kap. 13) alle Ansprüche der schwerbehinderten Menschen nach Teil 3 bestehen. Das Verfahren zur Gleichstellung richtet sich nach § 151 Abs. 2.

Jede **Gleichstellung** ist von drei persönlichen Voraussetzungen abhängig (Friedrich dbr 43
Heft 5/2008, 28; LPK-SGB IX/Joussen § 2 Rn. 20).

1. Der Gleichzustellende muss zum Personenkreis des § 2 Abs. 2 gehören, also im Bundesgebiet rechtmäßig wohnen, sich aufhalten oder arbeiten.
2. Es muss eine Feststellung über den Grad der Behinderung nach § 152 vorliegen.
3. Der Gleichzustellende muss sich ohne die Gleichstellung einen geeigneten Arbeitsplatz iSv § 156 nicht verschaffen oder erhalten können (jurisPK-SGB IX/Luthe § 2 Rn. 145, 146). Ob der Behinderte bereits in einem Betrieb als Arbeitnehmer tätig ist oder eine Beschäftigung erst aufnehmen will, ist nicht von Belang.

Die gesetzliche Gleichstellung für die Zeit der Berufsausbildung nach § 151 Abs. 4 43a
begründet demgegenüber keine Gleichstellung mit schwerbehinderten Menschen nach Teil 3 sondern nur die Möglichkeit auf Zuwendungen für den Arbeitgeber und § 185 Abs. 3 Nr. 2 Buchst. c.

1. Menschen mit Behinderungen

Zur Gleichstellung sind zugelassen: Personen iSd § 2 Abs. 2, deren Grad der Behin- 44
derung wenigstens 30 beträgt. Die finale Betrachtungsweise gilt auch hier, so dass Art und Ursache der Erwerbsminderung unbeachtlich sind. Auch altersbedingte Gründe der Erwerbsminderung zählen dazu, soweit es sich nicht um typische Alterserscheinungen handelt. Voraussetzung ist dagegen, dass diese Minderbehinderten sich rechtmäßig auf

dem Geltungsbereich des Gesetzes aufhalten oder rechtmäßig hier als sog. Grenzarbeitnehmer arbeiten (→ § 2 Rn. 36).

45 Die Gleichstellung ist nicht auf Deutsche beschränkt, sondern gilt in gleicher Weise für Deutsche, Ausländer und Staatenlose. Das ergibt sich auch daraus, dass das G in § 2 Abs. 3 von Menschen mit Behinderungen spricht. Gleichgestellt werden können damit alle Menschen mit Behinderungen, deren Grad der Behinderung mindestens 30, aber noch nicht 50 beträgt, sofern sie dem territorialen Geltungsbereich des Gesetzes unterliegen. Damit werden Ausländer praktisch völlig gleichgestellt, sofern sie rechtmäßig sich in der Bundesrepublik aufhalten oder arbeiten. Eine Praxis der Bundesagentur für Arbeit, Ausländer iRd Ermessens generell schlechter zu behandeln und nur bei ihnen die Gleichstellung von erschwerten Voraussetzungen abhängig zu machen, würde eine unzulässige Diskriminierung darstellen (Art. 3 GG). Insbesondere gegenüber Angehörigen von EG-Staaten gilt das Diskriminierungsverbot auch hinsichtlich der Gleichstellung, sofern EG-Angehörige im Gebiet des Geltungsbereichs des Gesetzes arbeiten. Art. 5 der RL 2000/78/EG gilt auch für § 2 Abs. 3, da es sich um eine Maßnahme zur Beschäftigung handelt. Dagegen können tatsächliche Unterschiede, etwa auch die Möglichkeit, im Heimatland einen Arbeitsplatz erlangen oder erhalten zu können, eine unterschiedliche Behandlung von Ausländern und Deutschen bei der Gleichstellung rechtfertigen.

2. Feststellung des Grades der Behinderung

46 Während die Eigenschaft als schwerbehinderter Mensch kraft Gesetzes ohne behördliche Anerkennung gegeben ist, schreibt § 151 Abs. 2 ausdrücklich vor, dass eine Gleichstellung erst auf Grund einer Feststellung nach § 152 erfolgt. Voraussetzung ist deshalb eine dem § 152 entsprechende Feststellung. Nicht notwendig ist, dass die danach erfolgte Feststellung rechtskräftig ist. Vielmehr kann die Gleichstellung auch dann schon erfolgen, wenn die Feststellung zwar vorliegt, aber noch nicht endgültig ist (→ § 151 Rn. 10). Das Verfahren zur Gleichstellung richtet sich nach § 151 Abs. 2.

3. Arbeitsplatzerhaltung und -beschaffung

47 Die Gleichstellung darf in jedem Falle nur erfolgen, wenn der Behinderte mit einem Grad der Behinderung von mindestens 30 und unter 50 sich ohne Hilfe des Gesetzes einen geeigneten Arbeitsplatz nicht verschaffen oder erhalten kann. Als geeignet ist ein Arbeitsplatz anzusehen, den gesunde Personen von gleicher Vorbildung und gleichen sonstigen Voraussetzungen sich auf dem allgemeinen Arbeitsmarkt verschaffen oder erhalten können. Da das G von einem geeigneten Arbeitsplatz spricht, kann die Gleichstellung auch dazu dienen, einen drohenden sozialen Abstieg des Minderbehinderten zu verhindern. Bei der Erhaltung des Arbeitsplatzes muss eine konkrete Gefährdung des Arbeitsplatzes aufgrund der Behinderung vorliegen (BayLSG 18.12.2013 – L 10 AL 104/11, BeckRS 2014, 65820).

48 Besondere Ansprüche des Betroffenen (Aufstiegsabsichten) für die Beurteilung, ob eine Hilfe notwendig ist, müssen genau betrachtet werden, da einerseits die Gleichstellung keine generelle Bevorzugung gegenüber den gesunden Mitbewerbern bringen darf, andererseits aber eine Beeinträchtigung im Berufsleben verhindern soll (vgl. Art. 27 Abs. 1 S. 2 lit. a, e UN-BRK; LSG Hmb 30.10.2013 – L 2 AL 66/12, BeckRS 2014, 66329). Es ist zu bedenken, dass es neben den Behinderten auch andere sozialbedürftige Personen (zB ältere Angestellte) gibt, denen die Suche nach einem geeigneten Arbeitsplatz schwerfällt. Mit einer beabsichtigten Umorganisation des Betriebes durch den Arbeitgeber kann der Anspruch auf Gleichstellung nicht begründet werden (BayLSG 11.4.1989 – L 8 AL 332/86).

49 Die Gleichstellung kann dazu dienen, dem Minderbehinderten einen Arbeitsplatz zu verschaffen oder zu erhalten. Es ist hierbei an Arbeitsplätze gedacht, die der Behinderte

sich durch eigenes Bemühen beschafft oder die ihm die Bundesagentur nachweist. Ein konkretes Arbeitsplatzangebot wird dabei nicht vorausgesetzt, es genügt die pflichtgemäße Annahme, dass sich die Vermittlung eines Arbeitsplatzes durch die Gleichstellung verbessert (BSG 2.3.2000 – B 7 AL 46/99 R, SozR 3–3870 § 2 SchwbG Nr. 1 = BeckRS 2000, 40492). Der Arbeitgeber wird einen Behinderten uU leichter einstellen, wenn er gleichgestellt ist und auf die Pflichtquote angerechnet wird. Häufig dient die Gleichstellung dazu, es dem Behinderten zu erleichtern, seinen Arbeitsplatz gegenüber den Gesunden zu behaupten. Insbesondere im Hinblick auf Betriebseinschränkungen ist es dem Behinderten oft nur über die Gleichstellung und den damit verbundenen Kündigungsschutz möglich, sich den Arbeitsplatz zu erhalten (SG Düsseldorf 28.8.1996 – S 22 (9) Ar 39/94, br 1997, 46).

Ob der Behinderte ohne Hilfe des Gesetzes einen Arbeitsplatz erlangen oder sich erhalten kann, hängt sowohl von seinen persönlichen Verhältnissen als auch von der Lage auf dem Arbeitsmarkt ab. Die Entscheidung liegt im pflichtgemäßen Ermessen der Bundesagentur (BSG 6.8.2014 – B 11 AL 5/14 R, BeckRS 2014, 72763), der diese Aufgaben zur Beurteilung der arbeitsmarktpolitischen Situation übertragen worden sind. Die Bundesagentur muss vorausschauend in Betracht ziehen, ob der Arbeitsplatz angesichts der Behinderung auf Dauer behalten wird (LSG Nds 21.11.1995 – L 8 Ar 216/95, Breithaupt 1996, 579). Verhindert der Arbeitgeber die Gleichstellung durch die Behauptung, der Arbeitsplatz sei nicht gefährdet, ist eine trotzdem unmittelbar danach ausgesprochene Kündigung nichtig (ArbG Wetzlar 5.3.1985 – 1 Ca 371/84, AuR 1986, 123 = BeckRS 1985, 30841198). 50

Beamte und Richter, die minderbehindert sind und sich im Dienst befinden, scheiden für die Gleichstellung nicht generell aus (BSG 1.3.2011 – B 7 AL 6/10 R, NJW 2011, 3117; LSG Bln-Bbg 10.5.2016 – L 14 AL 94/13, BeckRS 2016, 112104; SG Karlsruhe 12.12.2016 – S 5 AL 3206/16, BeckRS 2016, 115313; aA Knittel § 2 Rn. 166 f.; Wiegand SGB IX/Dalichau § 2 Rn. 66 f.; KKW/Kreikebohm § 2 Rn. 8;). Die Ernennung zum Beamten auf Lebenszeit soll aber noch kein Widerrufsgrund sein (BVerwG 16.4.1969 – V C 1567, BVerwGE 32, 12). Bei Angestellten und Arbeitern des öffentlichen Dienstes ist ein strenger Maßstab anzulegen, da von den Behörden ein besonderes soziales Verständnis für alle Menschen mit Behinderung vorausgesetzt werden muss, das im Allgemeinen den Schutz durch die Gleichstellung unnötig macht. Das gilt vor allem dann, wenn der Angestellte im öffentlichen Dienst nach 15-jähriger Dienstzeit unkündbar geworden ist, aber auch sonst, da der öffentliche Dienst gegenüber den Menschen mit Behinderung eine besondere Fürsorgepflicht hat, die ihm den Arbeitsplatz sichert. Entsprechend gesichert sind in der Regel auch Auszubildende (§ 15 BBiG) und nach § 15 KSchG geschützte Personen wie Betriebsratsmitglieder, Personalratsmitglieder und sonstige Amtsinhaber. 51

§ 3 Vorrang von Prävention

(1) Die Rehabilitationsträger und die Integrationsämter wirken bei der Aufklärung, Beratung, Auskunft und Ausführung von Leistungen im Sinne des Ersten Buches sowie im Rahmen der Zusammenarbeit mit den Arbeitgebern nach § 167 darauf hin, dass der Eintritt einer Behinderung einschließlich einer chronischen Krankheit vermieden wird.

(2) Die Rehabilitationsträger nach § 6 Absatz 1 Nummer 1 bis 4 und 6 und ihre Verbände wirken bei der Entwicklung und Umsetzung der Nationalen Präventionsstrategie nach den Bestimmungen der §§ 20d bis 20g des Fünften Buches mit, insbesondere mit der Zielsetzung der Vermeidung von Beeinträchtigungen bei der Teilhabe am Leben in der Gesellschaft.

(3) Bei der Erbringung von Leistungen für Personen, deren berufliche Eingliederung auf Grund gesundheitlicher Einschränkungen besonders erschwert ist, arbeiten die Kran-

kenkassen mit der Bundesagentur für Arbeit und mit den kommunalen Trägern der Grundsicherung für Arbeitsuchende nach § 20a des Fünften Buches eng zusammen.

Übersicht

A. Allgemeines

1 Die Vorschrift wird gegenüber der vorherigen Fassung konkretisiert. Hierdurch soll die Umsetzung in der Praxis erleichtert werden.

2 Die Vorschrift steht im Zusammenhang mit dem § 1, der die Ziele dieses Teils des SGB IX nennt, und verdeutlicht, dass im Interesse dieser Ziele, soweit möglich, der Eintritt von Behinderungen einschließlich chronischer Krankheiten vermieden werden muss; anders ausgedrückt bedeutet dies: Vorbeugung geht vor Heilung (Primat der **Prävention**). Darüber hinaus soll durch den Begriff des „Vorranges" eine echte Abgrenzung zur Rehabilitation verdeutlicht werden. In der gesetzlichen Begründung wird dargelegt, dass die Prävention nicht Bestandteil der Rehabilitation ist, sondern ein ihr vorgelagertes Handlungsfeld (BT-Drs. 18/9522, 2267).

3 Zur Verwirklichung dieser Zielsetzung sind alle der in § 6 aufgeführten Rehabilitationsträger aufgerufen. Ihnen ist im § 3 die Verpflichtung im Sinne einer Obliegenheit auferlegt, darauf hinzuwirken, dass der Eintritt von Behinderungen vermieden wird; wegen des gegliederten Sozialsystems gilt dieses allerdings nur im Rahmen ihrer jeweiligen Aufgabenstellung.

B. Zielsetzung

4 Die Prävention ist der entscheidende Ansatz, um das Eintreten chronischer Erkrankungen zu verhindern, die Auswirkungen von Behinderungen aufzufangen oder die Folgen abzumildern (CFHR/Fuchs § 2 Rn. 5). Die in der Vorschrift angesprochene Prävention ist aber weiter zu fassen; nach ihrer Zielvorstellung müssen alle Maßnahmen ergriffen werden, mit denen auch die Verbesserung der beruflichen Qualifikation erreicht wird. Auch verbesserte Teilzeitangebote gehören dazu, um in geeigneten Fällen Menschen mit Behinderungen die Möglichkeit zu bieten, weiterhin im Erwerbsleben zu bleiben. Die Prävention ist damit nach ihrer Zielvorstellung eine trägerübergreifende Angelegenheit. Den Krankenkassen kommt dabei eine besondere Bedeutung zu, da sie frühzeitig Informationen über häufige Erkrankungen oder langfristige Erkrankungen erhalten.

C. Einzelvorschriften

5 Die Vorschriften zur Prävention nehmen im Recht der gesetzlichen Unfallversicherung den breitesten Raum ein (vgl. die §§ 14–25 SGB VII des Zweiten Kapitels). Seit alters her gilt in diesem Zweig der Sozialversicherung der Grundsatz „Unfallverhütung geht vor Unfallvergütung". Dieser Grundsatz ist in § 14 Abs. 1 SGB VII enthalten, indem dort die „Verhütung von Arbeitsunfällen, Berufskrankheiten und arbeitsbedingten Gesundheitsgefahren …" ausdrücklich aufgeführt ist.

6 Auch im Recht der gesetzlichen Krankenversicherung sind im Dritten Kapitel des SGB V Leistungen zur Verhütung von Krankheiten, betrieblichen Gesundheitsförderung

und Prävention arbeitsbedingter Gesundheitsgefahren (§§ 20–24b) vorgesehen; dabei normiert § 20 Abs. 1 SGB V Leistungen zur **Primärprävention.** Diese Leistungen dienen dazu, den allgemeinen Gesundheitszustand zu verbessern, Krankheiten zu verhüten und sollen deren Ursachen beseitigen sowie Umweltfaktoren verändern. Die sog. **Sekundärprävention** soll das Fortschreiten einer Krankheit durch Frühdiagnostik und Frühbehandlung verhindern (Mrozynski SGB IX/Jabben § 3 Rn. 3) und die **Tertiärprävention** soll die Verschlimmerung von bereits eingetretenen Erkrankungen verhindern (Hauck/Noftz/Götze § 3 Rn. 5). § 33 Abs. 1 S. 1 SGB V normiert einen Rechtsanspruch auf Hilfsmittel iÜ auch, um einer drohenden Behinderung vorzubeugen (zu Hüftprotektoren als Mittel der gesundheitlichen Prävention BSG 22.4.2009 – B 3 KR 11/07 R, NZS 2010, 325).

Im Recht der gesetzlichen Rentenversicherung können die Rentenversicherungsträger 7
seit dem 14.12.2016 (G zur Flexibilisierung des Übergangs vom Erwerbsleben in den Ruhestand und zur Stärkung von Prävention und Rehabilitation im Erwerbsleben) Leistungen zur Prävention als Pflichtleistung erbringen (§ 14 SGB VI). Zuvor waren Präventionsleistungen nur nach § 31 Abs. 1 S. 1 Nr. 2 SGB VI (aF) nur für „besonders gesundheitsgefährdende, die Erwerbsfähigkeit ungünstig beeinflussende Beschäftigungen" möglich.

Der Präventionsgedanke hat im Recht der Arbeitsförderung gleichermaßen seinen 8
Niederschlag gefunden. Durch entsprechende vorbeugende Maßnahmen soll dem Entstehen von Arbeitslosigkeit entgegengewirkt werden und damit helfen, Leistungen der Arbeitsförderung zu vermeiden (vgl. § 1 Abs. 1 SGB III; sa §§ 4 u. 5 SGB III, die den Vorrang der aktiven Arbeitsförderung aufführen).

Im Kinder- und Jugendhilferecht wird die Vermeidung von Benachteiligungen auf- 9
geführt in § 1 Abs. 3 Nr. 1 SGB VIII. Im Sozialhilferecht war der Vorrang von Prävention und Rehabilitation ihrem grundsätzlichen Stellenwert entspr. bis zum 31.12.2019 im § 14 SGB XII ausdrücklich gesetzlich festgelegt worden und gleichzeitig sind im § 15 SGB XII die vorbeugenden Leistungen jedenfalls als Soll-Vorschrift normiert. § 47 SGB XII, auf den § 15 Abs. 1 S. 2 auch verweist, regelt im Zusammenhang damit die vorbeugende Gesundheitshilfe.

Im SGB IX selbst wird die Prävention in § 25 Abs. 1 Nr. 5 im Rahmen der Zusam- 10
menarbeit der Rehabilitationsträger als von den Rehabilitationsträgern zu verantwortende Leistung bezeichnet. Derselben Zielsetzung dienen § 4 Abs. 1 Nr. 1, § 42 Abs. 1 Nr. 1 und ebenso § 26 Abs. 2 Nr. 1; danach ist der Abschluss gemeinsamer Empfehlungen vorgesehen, um die Maßnahmen zur Prävention zu koordinieren. Die gemeinsame Empfehlung „Prävention nach § 3 SGB IX" v. 16.12.2004 (www.bar-frankfurt.de) soll gemeinsame Standards der Rehabilitationsträger herbeiführen. Im § 88 ist eine Berichtspflicht der BReg. normiert, die sich auch auf die Bewertungen der Aufwendungen erstreckt, die für die Prävention entstanden sind. Angesprochen wird die Prävention zB auch in § 45.

Einen ausdrücklichen Verweis auf die Regelung des § 167 findet sich in Abs. 1. Diese 11
Bestimmung bezieht sich auf präventive Maßnahmen zur Erhaltung des Arbeitsverhältnisses schwerbehinderter Menschen, Menschen mit Behinderungen oder von Behinderung bedrohter Menschen, hierbei insbes. das **Betriebliche Eingliederungsmanagement.** Durch den direkten Verweis hebt der Gesetzgeber die besondere Bedeutung der Zusammenarbeit mit den Arbeitgebern hervor. Außerdem wird der Bezug zu den allgemeinen Aufgaben Aufklärung, Beratung, Auskunft (§§ 13–15 SGB I) hervorgehoben, um klarzustellen, dass auch hierdurch der Eintritt von Behinderungen vermieden werden und chronischen Erkrankungen entgegengewirkt werden kann.

In Abs. 3 wird die Zusammenarbeitsverpflichtung von Krankenkassen, Bundesagentur 12
für Arbeit und kommunalen Trägern der Grundsicherung besonders herausgestellt, obwohl diese bereits nach dem SGB V besteht. Diese Betonung legt eindeutig fest, dass Präventionsaufgaben nicht nur von der Bundesagentur wahrgenommen werden sollen,

sondern die kommunalen Jobcenter in eigener Verantwortung prüfen müssen, weil die Prävention der Rehabilitation in der Regel zeitlich und inhaltlich vorgelagert ist (BT-Drs. 18/9522, 227).

§ 4 Leistungen zur Teilhabe

(1) Die Leistungen zur Teilhabe umfassen die notwendigen Sozialleistungen, um unabhängig von der Ursache der Behinderung

1. die Behinderung abzuwenden, zu beseitigen, zu mindern, ihre Verschlimmerung zu verhüten oder ihre Folgen zu mildern,

2. Einschränkungen der Erwerbsfähigkeit oder Pflegebedürftigkeit zu vermeiden, zu überwinden, zu mindern oder eine Verschlimmerung zu verhüten sowie den vorzeitigen Bezug anderer Sozialleistungen zu vermeiden oder laufende Sozialleistungen zu mindern,

3. die Teilhabe am Arbeitsleben entsprechend den Neigungen und Fähigkeiten dauerhaft zu sichern oder

4. die persönliche Entwicklung ganzheitlich zu fördern und die Teilhabe am Leben in der Gesellschaft sowie eine möglichst selbständige und selbstbestimmte Lebensführung zu ermöglichen oder zu erleichtern.

(2) [1]Die Leistungen zur Teilhabe werden zur Erreichung der in Absatz 1 genannten Ziele nach Maßgabe dieses Buches und der für die zuständigen Leistungsträger geltenden besonderen Vorschriften neben anderen Sozialleistungen erbracht. [2]Die Leistungsträger erbringen die Leistungen im Rahmen der für sie geltenden Rechtsvorschriften nach Lage des Einzelfalles so vollständig, umfassend und in gleicher Qualität, dass Leistungen eines anderen Trägers möglichst nicht erforderlich werden.

(3) [1]Leistungen für Kinder mit Behinderungen oder von Behinderung bedrohte Kinder werden so geplant und gestaltet, dass nach Möglichkeit Kinder nicht von ihrem sozialen Umfeld getrennt und gemeinsam mit Kindern ohne Behinderungen betreut werden können. [2]Dabei werden Kinder mit Behinderungen alters- und entwicklungsentsprechend an der Planung und Ausgestaltung der einzelnen Hilfen beteiligt und ihre Sorgeberechtigten intensiv in Planung und Gestaltung der Hilfen einbezogen.

(4) Leistungen für Mütter und Väter mit Behinderungen werden gewährt, um diese bei der Versorgung und Betreuung ihrer Kinder zu unterstützen.

Übersicht

A. Allgemeines

1 Die Vorschrift hat den Charakter einer Einweisungsvorschrift und beschreibt in ihrem Abs. 1 den Begriff der **Leistungen zur Teilhabe.** Erfasst werden dadurch alle notwendigen Sozialleistungen, die der Verwirklichung der in den Nr. 1–4 aufgelisteten Ziele dienen.

2 Die Regelung dient der Klarstellung, dass mit den bezeichneten Leistungen zur Teilhabe behinderungsbedingte Benachteiligungen vermieden, ausgeglichen oder überwunden werden sollen. Es soll verdeutlicht werden, dass es für Menschen mit Behinderung einen besonderen Bedarf gibt und die vorgesehenen Leistungen das Mittel sind, mit dem die in § 1 und dem Abs. 1 der Vorschrift genannten Ziele erreicht werden sollen. In Abs. 2

wird auf das Prinzip des **gegliederten Sozialleistungssystems** eingegangen, indem festgelegt wird, dass durch das gegliederte System den Menschen mit Behinderung kein Nachteil entstehen darf, sondern jeder Rehabilitationsträger die Leistungen vollständig, umfassend und in gleicher Qualität zu erbringen hat (vgl. auch Hauck/Noftz/Götze Rn. 3). In Abs. 3 wird festgelegt, dass eine Trennung von Kindern mit Behinderungen oder von Behinderung bedrohter Kinder von ihrem sozialen Umfeld bei der Leistungsgewährung zu vermeiden ist. Die Regelung des Abs. 4 ist neu in das G eingefügt worden, damit unterstützende Leistungen für Mütter und Väter mit Behinderungen bei der Versorgung und Betreuung ihrer Kinder auch von dem Begriff der Teilhabe umfasst werden.

Der Begriff der **Teilhabe** von Menschen mit Behinderungen war bereits im § 10 SGB I gesetzlich niedergelegt. Es findet eine Verknüpfung der sozialen Rechte des § 10 SGB I mit den Ansprüchen nach dem SGB IX statt. Die Vorschrift enthält in ihren Nr. 1–5 für das in § 10 SGB I normierte Recht auf Hilfe die Zielvorgaben, die in § 4 Eingang gefunden haben. Dabei entspricht die Nr. 1 des § 4 Abs. 1 SGB IX völlig § 10 Nr. 1 SGB I, die Nr. 2 der Vorschrift stimmt mit § 10 Nr. 2 SGB I überein. Die Nr. 3 der Vorschrift entspricht weitestgehend § 10 Nr. 3 SGB I, nur ergänzt um den Begriff der Teilhabe am Arbeitsleben. Das Gleiche gilt für die Nr. 4 der Vorschrift. Die Nr. 5 des § 10 SGB I ist hingegen nicht übernommen worden, weil hierin ein allgemeines Ziel und kein spezielles Rehabilitationsziel angesprochen wird. 3

B. Regelungsinhalt

§ 4 Abs. 1 S. 1 stellt in seinem ersten Halbsatz den Grundsatz auf, dass die Leistungen zur Teilhabe unabhängig von der **Ursache der Behinderung** gewährt werden (Hauck/Noftz/Götze § 4 Rn. 7). Damit folgt der Gesetzgeber dem **Finalprinzip,** das in der Rehabilitation weitgehende Anerkennung gefunden hat. So wird die Rehabilitation als der „Prototyp einer final ausgerichteten Leistung der sozialen Sicherung“ bezeichnet (so schon BSG 31.8.1977 – 1 RA 47/76, BSGE 44, 226 ff. (234)). Das Finalprinzip, die Unabhängigkeit von der Ursache der Behinderung, wird auch in der UN-BRK für die Leistungen zur Teilhabe insgesamt beschrieben (Hauck/Noftz/Götze § 2 Rn. 18), insofern werden in § 2 und § 4 das gleiche Prinzip wie in der UN-BRK beschrieben. Gleichwohl wird an dem gegliederten System der sozialen Sicherung festgehalten, das mit dem SGB IX nicht infrage gestellt wird. Das folgt aus dem Abs. 2 S. 2 der Vorschrift; ausdrücklich geregelt ist der Grundsatz der Beibehaltung des gegliederten Systems in § 7 Abs. 1 S. 2. Trotz Beibehaltung des gegliederten Systems zeigen aber die Verweisungen auf die Vorschriften des SGB IX in den materiellen Leistungsgesetzen, dass bei der Auslegung und Anwendung der jeweiligen Anspruchsnormen den Vorschriften des SGB IX ein hoher Stellenwert beizumessen ist. 4

Ob durch § 4 ein Teilhabeanspruch eines Menschen mit Behinderungen gewährleistet wird (so wohl SG Stuttgart 19.3.2009 – S 6 SB 777/08, BeckRS 2009, 62373; abgestellt auf § 4 Abs. 1 Nr. 3), ist bislang höchstrichterlich nicht geklärt (BSG 5.7.2007 – B 9/9a SB 5/06 R, BeckRS 2007, 46193; 24.4.2008 – B 9/9a SB 10/06 R, SozR 4–3250 § 69 Nr. 9 = BeckRS 2008, 54166; regelhafte Betrachtung insbes. der medizinischen Aspekte). 5

Der Abs. 2 S. 2 der Vorschrift begründet den Grundsatz der einheitlichen Trägerschaft (BSG 29.1.2008 – B 5a/5 R 26/07 R, BeckRS 2008, 55043). Das gilt allerdings unter dem Vorbehalt der Zuständigkeit nach materiellem Recht. Die Zuständigkeit nach materiellem Recht wird nur aufgrund der in § 14 getroffenen Regelungen durchbrochen; insofern ist § 4 im Kontext mit § 14 zu lesen (→ § 14 Rn. 1, 2). 5a

Der Abs. 3 der Vorschrift regelt spezifische Anforderungen an Leistungen zur Teilhabe für Kinder mit Behinderungen. Für diesen Personenkreis dienen Leistungen nicht der 6

Rehabilitation im engeren Sinne; vielmehr sollen die Entwicklung der Kinder und ihre Integration in die Gesellschaft unterstützt werden. Es sollen dabei nicht nur Ausgrenzungen vermieden werden, sondern letztlich eine Inklusion geschaffen werden (Hauck/Noftz/Götze § 4 Rn. 15). Die notwendigen Hilfen sollen also möglichst integrativ erbracht werden, und zwar unter Einbeziehung der Eltern in die Planung und Gestaltung der Leistungen und auch unter Beteiligung der Kinder selbst, je nach Alter und Entwicklungsstand.

7 Der neu hinzugefügte Abs. 4 stellt klar, dass der Begriff der Leistungen zur Teilhabe so zu verstehen ist, dass hierdurch auch Leistungen für Mütter und Väter mit Behinderungen zur Versorgung und Betreuung umfasst werden (BT-Drs. 18/9522, 227).

§ 5 Leistungsgruppen

Zur Teilhabe am Leben in der Gesellschaft werden erbracht:

1. **Leistungen zur medizinischen Rehabilitation,**
2. **Leistungen zur Teilhabe am Arbeitsleben,**
3. **unterhaltssichernde und andere ergänzende Leistungen,**
4. **Leistungen zur Teilhabe an Bildung und**
5. **Leistungen zur sozialen Teilhabe.**

1 Die §§ 4–6 stehen in einem engen Zusammenhang. Während in § 4 allg. die Ziele festgelegt werden, ordnet § 5 die Leistungen zur Teilhabe in fünf Leistungsgruppen ein und in § 6 werden dann anhand der Leistungsgruppen die sachlichen Zuständigkeiten der Rehabilitationsträger definiert.

2 Die bisher in § 5 Nr. 4 SGB IX 2001 genannten Leistungen zur Teilhabe am Leben in der Gemeinschaft werden konkretisiert durch die Leistungen zur sozialen Teilhabe (Kap. 13, §§ 76–84) und durch die Leistungen zur Teilhabe an Bildung (Kap. 12, § 75). Hierdurch ist jedoch keine Ausweitung der bisherigen Leistungen beabsichtigt, sondern die Ergänzung und Konkretisierung dient der Rechtssicherheit bei der Leistungserbringung und damit der Stärkung und Teilhabe der Leistungsberechtigten (BT-Drs. 18/9522, 227).

3 Die Vorschrift hat keinen eigenständigen Regelungsgehalt. Sie bietet ausschließlich einen Überblick über die verschiedenen Leistungsgruppen der Leistungen zur Teilhabe von Menschen mit Behinderungen, die im Rahmen der in § 4 angesprochenen notwendigen Sozialleistungen nach den einzelnen Büchern des Sozialgesetzbuchs erbracht werden. Insoweit ergänzt die Vorschrift den § 4, indem sie in ihren Nr. 1–4 die einzelnen Sozialleistungsarten aufführt, die als Leistungen zur Teilhabe von Menschen mit Behinderungen gewährt werden, um die Sicherungsziele der Leistungen zur medizinischen Rehabilitation (vgl. §§ 42 ff.), der Teilhabe am Arbeitsleben (vgl. §§ 49 ff.) und der Leistungen zur sozialen Teilhabe (vgl. §§ 76 ff.) zu erreichen.

§ 6[1] Rehabilitationsträger

(1) Träger der Leistungen zur Teilhabe (Rehabilitationsträger) können sein:

1. **die gesetzlichen Krankenkassen für Leistungen nach § 5 Nummer 1 und 3,**
2. **die Bundesagentur für Arbeit für Leistungen nach § 5 Nummer 2 und 3,**
3. **die Träger der gesetzlichen Unfallversicherung für Leistungen nach § 5 Nummer 1 bis 3 und 5; für Versicherte nach § 2 Absatz 1 Nummer 8 des Siebten Buches die für diese zuständigen Unfallversicherungsträger für Leistungen nach § 5 Nummer 1 bis 5,**

[1] § 6 Abs. 3 Satz 6 geänd. mWv 1.1.2018 durch G v. 17.7.2017 (BGBl. I S. 2541); Abs. 3 Sätze 3–5 neu gef., Sätze 6 und 7 aufgeh. mWv 1.1.2022 durch G v. 2.6.2021 (BGBl. I S. 1387).

4. die Träger der sozialen Entschädigung für Leistungen nach § 5 Nummer 1 bis 3, der Träger der Alterssicherung der Landwirte für Leistungen nach § 5 Nummer 1 und 3,
5. die Träger der Sozialen Entschädigung für Leistungen nach § 5 Nummer 1 bis 5,
6. die Träger der öffentlichen Jugendhilfe für Leistungen nach § 5 Nummer 1, 2, 4 und 5 sowie
7. die Träger der Eingliederungshilfe für Leistungen nach § 5 Nummer 1, 2, 4 und 5.

(2) **Die Rehabilitationsträger nehmen ihre Aufgaben selbständig und eigenverantwortlich wahr.**

(3) [1]**Die Bundesagentur für Arbeit ist auch Rehabilitationsträger für die Leistungen zur Teilhabe am Arbeitsleben für erwerbsfähige Leistungsberechtigte mit Behinderungen im Sinne des Zweiten Buches, sofern nicht ein anderer Rehabilitationsträger zuständig ist.** [2]**Die Zuständigkeit der Jobcenter nach § 6d des Zweiten Buches für die Leistungen zur beruflichen Teilhabe von Menschen mit Behinderungen nach § 16 Absatz 1 des Zweiten Buches bleibt unberührt.** [3]**Die Bundesagentur für Arbeit stellt den Rehabilitationsbedarf fest.** [4]**Sie beteiligt das zuständige Jobcenter nach § 19 Absatz 1 Satz 2 und berät das Jobcenter zu den von ihm zu erbringenden Leistungen zur Teilhabe am Arbeitsleben nach § 16 Absatz 1 Satz 3 des Zweiten Buches.** [5]**Das Jobcenter entscheidet über diese Leistungen innerhalb der in Kapitel 4 genannten Fristen.**

Übersicht

A. Allgemeines

Die Vorschrift entsprach zunächst weitgehend den §§ 6, 6a SGB IX 2001. Durch Art. 7 des Teilhabestärkungsgesetzes v. 2.6.2021 (BGBl. 2021 I S. 1387 (1393)) wurden die Sätze 3 bis 7 in Abs. 3 mit Wirkung ab 1.1.2022 ersetzt bzw. aufgehoben. **1**

Die Vorschrift enthält in ihrem Abs. 1 die Legaldefinition des Rehabilitationsträgers, **1a** der als Träger der Leistungen zur Teilhabe bezeichnet wird. Gegenüber dem bisherigen Recht wurde die Norm an die Reform der Eingliederungshilfe angepasst. Die Vorschrift nennt dabei zusf. in ihrem Abs. 1 Nr. 1–7 die für die Leistungen zur Teilhabe zuständigen Leistungsträger. MWv. 1.1.2024 wurde durch Art. 37 des Gesetzes zur Regelung des Sozialen Entschädigungsrechts v. 19.12.2019 (BGBl. I S. 2652 (2712)) mit Einführung des SGB XIV der Träger der Sozialen Entschädigung in Abs. 1 Nr. 5 implementiert. Zum Kreis der Rehabilitationsträger gehören auch die Träger der öffentlichen Jugendhilfe (Abs. 1 Nr. 6) und die Träger der Eingliederungshilfe (Abs. 1 Nr. 7), auch wenn diese nach Landesrecht bestimmt werden. Das gilt für zuletzt genannte allerdings kraft ausdrücklicher gesetzlicher Regelung nur, soweit Leistungen nach § 5 Nr. 1, 2, 4, 5 infrage stehen; das sind Leistungen zur medizinischen Rehabilitation (§ 5 Nr. 1), Leistungen zur Teilhabe am Arbeitsleben (§ 5 Nr. 2) und Leistungen zur Teilhabe an Bildung (§ 5 Nr. 4) sowie Leistungen zur sozialen Teilhabe (§ 5 Nr. 5). Das bedeutet, dass die Träger der öffentlichen Jugendhilfe und die Träger der Eingliederungshilfe nicht verpflichtet sind, während der Gewährung von Leistungen zur Teilhabe unterhaltssichernde Geldleistungen nach § 5 Nr. 3, wie zB Übergangsgeld, zu zahlen. Nicht zum Kreis der Rehabilitationsträger gehören hingegen die Träger der Sozialen Pflegeversicherung nach dem SGB XI. Die Zielvorgabe des § 1 S. 2 soll allerdings auch im Rahmen der sozialen Pflegeversicherung entsprechende Beachtung finden (BSG 17.7.2008 – B 3 P 12/07 R, SozR 4–4300 § 40 Nr. 9 = BeckRS 2008, 58056).

B. Einzelne Rehabilitationsträger

2 Neben der Legaldefinition werden in Abs. 1 auch die generellen Leistungszuständigkeiten festgelegt. Hier hat sich bei den Rehabilitationsträgern der Nr. 1–6 eine Veränderung ergeben. Das Recht der Sozialen Entschädigung wurde mit dem SGB XIV auf eine neue Grundlage gestellt und die Teilhabe der Betroffenen dadurch deutlich gestärkt. Die zuvor in Nr. 5 genannten Träger der Kriegsopferversorgung und Kriegsopferfürsorge sind nunmehr im Träger der Sozialen Entschädigung (§ 111 SGB XIV) aufgegangen. Die in Nr. 5 genannten Leistungsgruppen bleiben dabei unverändert.

2a Die Leistungsgruppe der Teilhabe zur Bildung wurde den Rehabilitationsträgern zugeordnet, die bereits zuvor hierfür zuständig waren. Durch die Einführung der Eingliederungshilfe in das SGB IX ist der **Nachranggrundsatz** der Sozialhilfe (vgl. § 2 Abs. 1 SGB XII) allerdings nicht aufgegeben worden, sondern gilt unverändert fort. Das bedeutet, dass die Sozialhilfeträger Leistungen zur Teilhabe nicht gewähren, wenn der Hilfesuchende „die erforderliche Hilfe von anderen, besonders von ... oder von Trägern anderer Sozialleistungen, erhält".

3 Aus der Auflistung der unterschiedlichen Arten der Rehabilitationsträger im Abs. 1 in den Nr. 1–7 ist erkennbar, dass an dem gegliederten System der Sozialleistungsgewährung nach wie vor festgehalten wird. Dass die Zuständigkeit und die Voraussetzungen für die Leistungen zur Teilhabe sich dementsprechend nach den für die jeweiligen Rehabilitationsträger geltenden Sozialleistungsgesetzen bestimmen, ist in § 7 Abs. 1 S. 2 ausdrücklich gesetzlich festgeschrieben worden. Das heißt, dass die Entscheidung über die beantragte Leistung und ggf. die Entscheidungen über die Leistungserbringung grds. ausschließlich von dem nach materiellem Recht leistungspflichtigen Rehabilitationsträger zu treffen sind.

C. Eigenständige Aufgabenwahrnehmung

4 Der Abs. 2 der Vorschrift stellt klar, dass alle Rehabilitationsträger ihre Aufgaben grds. selbständig und eigenverantwortlich wahrnehmen (Hauck/Noftz/Götze § 6 Rn. 7). Es bestehen keinerlei Mitplanungs-, Mitverwaltungs- und Mitentscheidungsbefugnisse anderer Rehabilitationsträger und sonstiger Stellen; es wird also keine gemeinsame Aufgabenwahrnehmung eingeführt, soweit der Rehabilitationsbedarf das Leistungsspektrum eines Rehabilitationsträgers nicht überschreitet. Allerdings sind im Kap. 4 (§§ 14–24) und Kap. 5 (§§ 25–27) eine Vielzahl von Regelungen zur gemeinsamen Aufgabenbewältigung enthalten; diese Regelungen begründen indes im Verhältnis zu dem Menschen mit Behinderungen keine eigenständigen Leistungspflichten.

D. Bundesagentur für Arbeit/Jobcenter

5 In Abs. 3 S. 1 wird klargestellt, dass die Bundesagentur für Arbeit als Rehabilitationsträger nach § 6 Abs. 1 Nr. 2 auch Rehabilitationsträger für Leistungen für erwerbsfähige Leistungsberechtigte mit Behinderungen iSd SGB II ist. Mit der Rehabilitationsträgerschaft der Bundesagentur für Arbeit soll deren Fachkompetenz für erwerbsfähige Leistungsberechtigte mit Behinderungen erhalten bleiben. Klarstellend zu dieser Aufgabenzuweisung bestimmt der S. 2 der Vorschrift, dass ungeachtet der Aufgabenwahrnehmung durch die Bundesagentur für Arbeit die Zuständigkeit der Arbeitsgemeinschaften oder des zugelassenen kommunalen Trägers erhalten bleibt. Die bis zum 31.12.2021 notwendige gemeinsame Beratung zur Vorbereitung des Eingliederungsvorschlags zwi-

schen Bundesagentur für Arbeit und dem Jobcenter entfällt. Nach Abs. 3 S. 3 wird der Rehabilitationsbedarf allein von der Bundesagentur für Arbeit festgestellt. Sie beteiligt das zuständige Jobcenter nach § 19 Abs. 1 S. 2 und berät das Jobcenter zu den von ihm zu erbringenden Leistungen zur Teilhabe am Arbeitsleben nach § 16 Abs. 1 S. 3 SGB II (Abs. 3 S. 4). Das Jobcenter muss dann innerhalb der Fristen des Kapitel 4 entscheiden (Abs. 3 S. 5). Durch die Änderungen in Abs. 3 wird eine Vereinfachung der Leistungserbringung und gleichzeitig eine Stärkung der Position der Jobcenter im Teilhabeplanverfahren herbeigeführt. Durch die Nähe der Jobcenter zum Anspruchsberechtigten können die Rehabilitationsleistungen so schneller und effektiver erbracht werden, wenn ein Teilhabebedarf und ein Leistungsanspruch nach dem SGB II nebeneinander bestehen.

§ 7 Vorbehalt abweichender Regelungen

(1) [1] **Die Vorschriften im Teil 1 gelten für die Leistungen zur Teilhabe, soweit sich aus den für den jeweiligen Rehabilitationsträger geltenden Leistungsgesetzen nichts Abweichendes ergibt.** [2] **Die Zuständigkeit und die Voraussetzungen für die Leistungen zur Teilhabe richten sich nach den für den jeweiligen Rehabilitationsträger geltenden Leistungsgesetzen.** [3] **Das Recht der Eingliederungshilfe im Teil 2 ist ein Leistungsgesetz im Sinne der Sätze 1 und 2.**

(2) [1] **Abweichend von Absatz 1 gehen die Vorschriften der Kapitel 2 bis 4 den für die jeweiligen Rehabilitationsträger geltenden Leistungsgesetzen vor.** [2] **Von den Vorschriften in Kapitel 4 kann durch Landesrecht nicht abgewichen werden.**

Übersicht

A. Allgemeines

1 Die Vorschrift normiert als Grundsatznorm den für alle Vorschriften des SGB IX geltenden Gesetzesvorbehalt. Dieser Vorbehalt besagt, dass die spezialgesetzlichen für den jeweiligen Rehabilitationsträger geltenden Regelungen Vorrang haben gegenüber den – allgemeinen – Regelungen des SGB IX (in Ausformung des Grundsatzes lex specialis derogat legi generali). Damit gilt der generelle Vorrang der besonderen Rechtsvorschriften (vgl. LPK-SGB IX/Joussen § 7 Rn. 2; jurisPK-SGB IX/Luthe § 7 Rn. 3). Die Regelung ist mit § 37 SGB I vergleichbar, da jeweils geregelt wird, dass die Vorschriften gelten, soweit sich aus den Besonderen Teilen des Sozialgesetzbuches (§ 37 SGB I) bzw. aus den jeweiligen Leistungsgesetzen nichts Abweichendes ergibt (so auch jurisPK-SGB IX/Luthe § 7 Rn. 12).

2 Den Vorschriften des SGB IX kommt die gleiche rechtliche Bedeutung zu wie den Regelungen des SGB I, IV und X. Alle für die Rehabilitationsträger iSd § 6 einheitlichen Regelungen hinsichtlich Art, Umfang und Ausführung der Leistungen sind damit bereichsübergreifend festgeschrieben worden und finden unmittelbar Anwendung, soweit nicht in dem jeweiligen Sozialleistungsgesetz etwas Abweichendes bestimmt ist.

3 Nach den in § 7 getroffenen Regelungen ist das gegliederte System beibehalten worden. Andererseits ist die unmittelbare Anwendung der Regelungen des SGB IX für alle Rehabilitationsträger verbindlich als Regelfall vorgeschrieben worden. Nur dann, wenn sich aus dem für den jeweiligen Rehabilitationsträger geltenden Leistungsgesetz etwas

Abweichendes ergibt, sollen die Vorschriften des SGB IX verdrängt werden. Dieses Regel-Ausnahme-Verhältnis erfährt allerdings durch den S. 2 der Vorschrift eine Präzisierung, indem dort geregelt ist, dass sich die Zuständigkeit und die Voraussetzungen für die Leistungen zur Teilhabe nach den für den jeweiligen Rehabilitationsträger geltenden Leistungsgesetzen richten. Daraus folgt, dass zB Leistungen der gesetzlichen Krankenversicherung grds. nur derjenige beanspruchen kann, der bei einer gesetzlichen Krankenkasse gegen Krankheit versichert ist. Durch Abs. 2 wird eine Ausnahme von Abs. 1 für Regelungen der Kap. 2–4 (§§ 9–24) sowie eine Einschränkung für Landesrecht festgelegt, indem eine Abweichung von den Regelungen nicht möglich ist.

B. Regelungsgehalt

4 Der S. 1 der Vorschrift stellt klar, dass im SGB IX alle Regelungen ihren Standort haben, die für die Rehabilitationsträger des § 6 einheitlich gelten. Das SGB IX ist damit in wesentlichen Teilen nicht ein spezielles Sozialleistungsgesetz für Menschen mit Behinderungen, sondern es trifft allgemeine Regelungen für alle Rehabilitationsträger, allerdings nur auf der *Rechtsfolgenseite;* nur insoweit regelt das SGB IX eigenständig Gegenstände, Umfang und Ausführung von Leistungen (BSG 20.7.2005 – B 1 KR 39/05 B). Der S. 1 normiert den allgemeinen Vorbehalt, dass in jedem Falle Leistungen zur Teilhabe sich vorrangig immer nach dem jeweiligen Leistungsgesetz bestimmen.

5 Der S. 2 der Vorschrift stellt ergänzend klar, dass sich dementsprechend die Zuständigkeit und die Voraussetzungen einer Leistung zur Teilhabe nach den speziellen Leistungsgesetzen richten. Daraus folgt, dass ein Rechtsanspruch auf eine Leistung zur Teilhabe einem Menschen mit Behinderungen immer nur dann zusteht, wenn ein derartiger Anspruch in dem speziellen Leistungsgesetz, zB im SGB II, III, V, VI, VII, VIII oder XII, auch tatsächlich enthalten ist. Die Ansprüche nach dem jeweiligen materiellen Leistungsgesetz, zB Ansprüche der Versicherten in der gesetzlichen Krankenversicherung nach dem SGB V, werden durch die Regelungen des SGB IX nicht erweitert (BSG 22.4.2009 – B 3 KR 5/08 R, BeckRS 2009, 68668). In S. 3 wird festgelegt, dass die als Teil 2 des SGB IX eingefügten Vorschriften zum Eingliederungshilferecht auch Leistungsgesetze im Sinne der S. 1 u. 2 sind.

6 Durch den neu eingefügten Abs. 2 wird der Vorrang der jeweiligen Leistungsgesetze für bestimmte Regelungsbereiche eingeschränkt. Die Regelungen zum Verfahren der **Bedarfsermittlung,** für das **Teilhabeplanverfahren** sowie die **Zuständigkeitsklärung** zwischen den Rehabilitationsträger gelten unmittelbar und uneingeschränkt. Hintergrund ist die Notwendigkeit, dass die Rehabilitationsträger bei der koordinierten Zusammenarbeit Rechtssicherheit benötigen und ein Abgleich mit anderen Leistungsgesetzen zu formellen Aspekten nicht mehr notwendig ist. Gleichzeitig wird hierdurch eine Basis zur tragfähigen Kostenerstattung zwischen den Rehabilitationsträger bei der Bewilligung von Leistungen gelegt. Die Einschränkung bezieht sich aber nur auf formelle Aspekte und hat bei den Anspruchsvoraussetzungen oder dem Leistungsumfang keine Auswirkungen. Mit S. 2 wird die Einschränkung abweichungsfest iSv Art. 84 Abs. 1 S. 5 GG geregelt. Durch Landesrecht können damit keine Regelungen getroffen werden, nach der kommunale Träger, überörtliche Träger oder Behörden der Länder als Rehabilitationsträger andere Verfahren der Koordinierung, Beschleunigung und Teilhabeplanung zu befolgen hätten.

C. Einzelvorschriften

Nach § 11 Abs. 2 S. 3 SGB V werden Leistungen nach dem S. 1 dieser Vorschrift, in der die Leistungsarten der gesetzlichen Krankenversicherung aufgeführt sind, unter Beachtung des SGB IX erbracht, soweit im SGB V nichts anderes bestimmt ist. Damit wird der in § 7 S. 1 enthaltene Vorbehalt ausdrücklich im SGB V wiederholt, um klarzustellen, dass sich aus den Regelungen des SGB IX grds. keine weitergehenden Ansprüche herleiten lassen, als sie im SGB V normiert sind. Eine im Wesentlichen gleichlautende Regelung trifft § 53 Abs. 4 SGB XII. In dem S. 2 dieser Vorschrift wird ebenfalls ausdrücklich angeordnet, dass sich die Zuständigkeit und die Voraussetzungen für die Leistungen zur Teilhabe ausschließlich nach dem SGB XII richten. 7

Demgegenüber enthält § 15 Abs. 1 S. 1 SGB VI für die Träger der gesetzlichen Rentenversicherung als Rehabilitationsträger eine Rechtsfolgenverweisung auf die in den §§ 42–47a vorgesehenen Leistungen zur medizinischen Rehabilitation. Von dieser Verweisung ausgenommen sind ausdrücklich § 42 Abs. 2 Nr. 2 und § 46, die die Leistungen zur Früherkennung und Frühförderung behinderter oder von Behinderung bedrohter Kinder betreffen; derartige Leistungen fallen daher nicht in die Leistungspflicht der Träger der gesetzlichen Rentenversicherung. 8

§ 8 Wunsch- und Wahlrecht der Leistungsberechtigten

(1) [1]**Bei der Entscheidung über die Leistungen und bei der Ausführung der Leistungen zur Teilhabe wird berechtigten Wünschen der Leistungsberechtigten entsprochen.** [2]**Dabei wird auch auf die persönliche Lebenssituation, das Alter, das Geschlecht, die Familie sowie die religiösen und weltanschaulichen Bedürfnisse der Leistungsberechtigten Rücksicht genommen; im Übrigen gilt § 33 des Ersten Buches.** [3]**Den besonderen Bedürfnissen von Müttern und Vätern mit Behinderungen bei der Erfüllung ihres Erziehungsauftrages sowie den besonderen Bedürfnissen von Kindern mit Behinderungen wird Rechnung getragen.**

(2) [1]**Sachleistungen zur Teilhabe, die nicht in Rehabilitationseinrichtungen auszuführen sind, können auf Antrag der Leistungsberechtigten als Geldleistungen erbracht werden, wenn die Leistungen hierdurch voraussichtlich bei gleicher Wirksamkeit wirtschaftlich zumindest gleichwertig ausgeführt werden können.** [2]**Für die Beurteilung der Wirksamkeit stellen die Leistungsberechtigten dem Rehabilitationsträger geeignete Unterlagen zur Verfügung.** [3]**Der Rehabilitationsträger begründet durch Bescheid, wenn er den Wünschen des Leistungsberechtigten nach den Absätzen 1 und 2 nicht entspricht.**

(3) **Leistungen, Dienste und Einrichtungen lassen den Leistungsberechtigten möglichst viel Raum zu eigenverantwortlicher Gestaltung ihrer Lebensumstände und fördern ihre Selbstbestimmung.**

(4) **Die Leistungen zur Teilhabe bedürfen der Zustimmung der Leistungsberechtigten.**

Übersicht

A. Allgemeines

1 Die Vorschrift erweitert die Wunsch- und Wahlrechte der Leistungsberechtigten und war bis zum 31.12.2017 in § 9 SGB IX 2001 geregelt. Nach der Gesetzesbegründung entspricht die Norm der bisherigen Regelung, so dass die Rspr. zum bisherigen Wunsch- und Wahlrecht übertragbar ist. Durch das Wunsch- und Wahlrecht soll die Eigenverantwortlichkeit der Leistungsberechtigten (vgl. den Abs. 3 der Vorschrift) gestärkt und bei der Ausführung der Leistungen soll ihnen möglichst viel Raum zur Gestaltung ihrer Lebensumstände belassen werden (KHM/Götz § 9 Rn. 13; Hauck/Noftz/Götze § 8 Rn. 5). Die Erwähnung von Müttern und Vätern mit Behinderungen und von Kindern mit Behinderungen ist nur eine Anpassung an den Sprachgebrauch des Gesetzes und stellt keine inhaltliche Veränderung dar.

2 Das Wunsch- und Wahlrecht dient als besonderes Instrument der Stärkung der Selbstbestimmung und Selbstverantwortung, also der Autonomie des Menschen mit Behinderungen und damit wird das im § 1 vorangestellte Ziel des SGB IX verfolgt. Die Regelung stellt keine eigenständige Anspruchsgrundlage dar (jurisPK-SGB IX/Luthe § 8 Rn. 19).

3 Der Abs. 2 der Vorschrift erlaubt kraft Gesetzes, dass der Leistungsberechtigte sich die Leistungen selbst aussucht, gibt aber einen Geldleistungsanspruch für diesen Fall nur aufgrund einer Ermessensentscheidung (so auch Benz NZS 2002, 511) des Leistungsträgers, die zudem von weiteren Voraussetzungen abhängig gemacht ist. Der Abs. 3 weist – ohne weitergehenden Regelungsgehalt – nochmals auf das Recht zur Selbstbestimmung hin im Sinne einer eigenverantwortlichen Gestaltung der Lebensumstände. Der Abs. 4 stellt klar, dass jedwede Leistung von der Zustimmung des Leistungsberechtigten abhängt.

B. Wunschrecht

4 Nach dem Abs. 1 S. 1 der Vorschrift ist der Rehabilitationsträger verpflichtet, den Wünschen des Leistungsberechtigten bei der Entscheidung über die Leistungen und bei der Ausführung der Leistungen zu entsprechen. Sind Kinder oder Jugendliche leistungsberechtigt, so können sie das **Wunsch- und Wahlrecht** jedenfalls dann ausüben, wenn sie nach § 36 Abs. 1 S. 1 SGB I handlungsfähig sind, also das 15. Lebensjahr vollendet haben. Steht der Mensch mit Behinderung unter Betreuung, kommt es darauf an, ob der Aufgabenkreis des Betreuers auch den Umgang mit Rehabilitationsträger, -diensten und -einrichtungen umfasst; dann ist der Betreuer an die Wünsche des Menschen mit Behinderungen gebunden (§§ 1815, 1816BGB), soweit diese Wünsche dem Wohl des Menschen mit Behinderungen nicht zuwiderlaufen.

5 Für die Ausübung des Wunschrechts gelten dann zwei Voraussetzungen: 1. Es muss überhaupt eine Leistungsberechtigung vorliegen. 2. Es muss sich um einen berechtigten Wunsch des Leistungsberechtigten handeln. Die 1. Voraussetzung, die Leistungsberechtigung, liegt vor, wenn der Mensch mit Behinderungen oder der von Behinderung bedrohte Mensch einen Rechtsanspruch auf eine Leistung zur Teilhabe hat. Zu beachten ist insoweit, dass die Auswahl der Leistungen zur Rehabilitation in der gesetzlichen Kranken- und Rentenversicherung in das Ermessen der Leistungsträger gestellt ist (vgl. die in § 40 Abs. 1, 2, 3 SGB V für die Krankenversicherung sowie in § 9 Abs. 2, § 13 Abs. 1 SGB VI für die Rentenversicherung getroffenen Regelungen). Die Entscheidung über die Voraussetzungen, also über das „ob" der Leistung, unterliegt allerdings der uneingeschränkten gerichtlichen Kontrolle (BSG 17.10.2006 – B 5 RJ 15/05 R, SozR 4–2600 § 10 Nr. 2 = BeckRS 2007, 41923; 11.5.2011 – B 5 R 54/10 R, BeckRS 2011,

76920). Erst bei der inhaltlichen Ausgestaltung der zustehenden Leistung (so ausdrücklich § 40 Abs. 3 S. 1 SGB V, § 13 Abs. 1 SGB VI), also iRd sog. **Auswahlermessens,** sind dann die Wünsche des Leistungsberechtigten zu berücksichtigen; dem Individualisierungsgebot des § 9 ist dann Rechnung zu tragen (BSG 7.5.2013 – B 1 KR 12/12 R, BeckRS 2013, 72776: Das Auswahlermessen des Rehabilitationsträgers bei der Bestimmung einer zugelassenen Vertragseinrichtung richtet sich vorrangig nach den medizinischen Erfordernissen des Einzelfalles sowie dem Wirtschaftlichkeitsgebot und berücksichtigt erst nachrangig das Wunsch- und Wahlrecht des Versicherten).

Bei der 2. Tatbestandvoraussetzung für die Ausübung des Wunschrechts, der Voraus- 6
setzung des berechtigten Wunsches, handelt es sich um einen unbestimmten Rechtsbegriff. Zunächst gilt, dass Wünsche des Menschen mit Behinderung nur berechtigt sein können, wenn sie sich iRd für den Rehabilitationsträger geltenden Leistungsrechts bewegen (jurisPK-SGB IX/Luthe § 8 Rn. 25). Bei der Auslegung dieses Rechtsbegriffs sind die im S. 2 des Abs. 1 aufgezählten Merkmale der persönlichen Lebenssituation, des Alters, des Geschlechts, der Familie (vgl. auch § 4 Abs. 3) sowie der religiösen und weltanschaulichen Bedürfnisse zu beachten (jedoch zur Auswahl einer Rehabilitationseinrichtung LSG BW 21.8.2012 – L 11 R 5319/11, BeckRS 2012, 75698; BayLSG 22.7.2010 – L 14 R 382/09, BeckRS 2010, 74347; LSG RhPf 12.1.2004 – L 2 RJ 160/03, NZS 2004, 653). Soweit der Hs. 2 des Abs. 1 S. 2 auf § 33 SGB I verweist, überschneiden sich die Regelungen inhaltlich. Im Unterschied zu Abs. 1 S. 1 spricht § 33 S. 2 SGB I von der „Angemessenheit" der Wünsche des Berechtigten. Beide Begriffe dürften allerdings im Wesentlichen inhaltsgleich sein (zur Angemessenheit BSG 3.11.1999 – B 3 KR 16/99 R, SozR 3–1200 § 33 Nr. 1 S. 6 = BeckRS 9999, 00072; LSG Nds-Brem 5.5.2004 – L 4 KR 277/01, NZS 2005, 255 = BeckRS 2004, 41272; JurisPK-SGB IX/Luthe § 8 Rn. 28). Auch § 9 Abs. 2 S. 1 SGB XII spricht iÜ von „angemessenen" Wünschen des Leistungsberechtigten. Aufgrund der Verweisung auf den § 33 SGB I, der allerdings nur als Soll-Vorschrift konzipiert ist, sind zusätzlich der Bedarf und die Leistungsfähigkeit des Leistungsberechtigten sowie die örtlichen Verhältnisse bei der Prüfung der berechtigten Wünsche zu berücksichtigen. Nach § 33 S. 1 SGB I gilt dies allerdings nur, soweit Rechtsvorschriften nicht entgegenstehen (Welti, Fachbeiträge Forum D, Teil 1, v. 17.6.2015,). Als derartige Rechtsvorschrift kommt zB § 9 Abs. 2 SGB XII in Betracht, der bestimmt, dass Wünschen des Hilfeempfängers nur entsprochen werden soll, soweit sie angemessen sind bzw. solchen Wünschen nicht entsprochen zu werden braucht, wenn die Erfüllung dieser Wünsche mit unverhältnismäßigen Mehrkosten verbunden wäre (§ 9 Abs. 2 S. 3 SGB XII). Zu berücksichtigen sind iÜ immer die Grundsätze der Wirtschaftlichkeit und Sparsamkeit, die von allen Rehabilitationsträgern zu beachten sind (vgl. § 69 Abs. 2 SGB IV für die Sozialversicherungsträger; für die Träger der Jugend- und Sozialhilfe gelten die Landeshaushaltsordnungen). Unter Rückgriff auf § 9 Abs. 2 S. 3 SGB XII dürften allerdings verhältnismäßige **Mehrkosten** das Wunschrecht des Menschen mit Behinderungen nicht beschränken, zumindest dann nicht, wenn er die Mehrkosten selbst trägt (gilt bei stationärer medizinischer Rehabilitation nur für vertragslose zertifizierte Einrichtungen, nicht für kostenaufwändigere Vertragseinrichtungen BSG 7.5.2013 – B 1 KR 12/12 R, BeckRS 2013, 72776).

Den Wünschen des Leistungsberechtigten kann auch die in § 36 Abs. 2 zur Auswahl 7
getroffene Regelung entgegenstehen. Denn bei der Inanspruchnahme von Rehabilitationsdiensten oder Rehabilitationseinrichtungen durch den zuständigen Rehabilitationsträger hat die Auswahl danach zu erfolgen, welcher Dienst oder welche Einrichtung die Leistung, in der am besten geeigneten Form ausführt. Im Übrigen ist auch die gesetzliche Vorgabe zu berücksichtigen, dass Leistungen nur in Einrichtungen zu erbringen sind, mit denen ein Vertrag nach § 38 besteht. Die Auffassung, wonach sich aus dem Wunschrecht des Menschen mit Behinderungen ggf. die Pflicht des Rehabilitationsträgers zum Abschluss eines Vertrages mit einem Leistungserbringer ableiten lässt (Ramm/Welti, Fachbeiträge Forum A, v. 15.1.2013), ist wegen der in §§ 36–38 getroffenen Regelungen

nicht zu rechtfertigen (vgl. auch § 9 Abs. 2 S. 2 SGB XII). Aus § 8 folgt jedenfalls kein Kontrahierungszwang für den Rehabilitationsträger (LSG NRW 3.3.2006 – L 4 RA 45/03, BeckRS 2008, 54069; LSG RhPf 12.1.2004 – L 2 RJ 160/03, NZS 2004, 653 = BeckRS 9998, 32874). Da der Gesetzgeber der bekannten Kritik nicht gefolgt ist, kann daraus gefolgert werden, dass die Einschränkung des Wunschrechtes so gewollt war.

8 Die nach Abs. 1 S. 2 gebotene Rücksichtnahme auf religiöse und weltanschauliche Bedürfnisse soll die Möglichkeit einschließen, durch Pauschbeträge anstelle von Sachleistungen die Inanspruchnahme geeigneter Einrichtungen zu ermöglichen.

C. Wahlrecht

9 Der Abs. 2 der Vorschrift normiert als grundlegende Neuregelung erstmals ein Wahlrecht zwischen Sachleistungen und Geldleistungen. Ob mit dem Begriff der Sachleistungen auch Dienstleistungen erfasst werden sollen, ist streitig (s. dazu Welti Sgb 2003, 386). Insofern dürfte – vergleichbar wie bei § 31 – der Auffassung der Vorzug zu geben sein, die den Begriff der Sachleistung weit auslegt (Mrozynski SGB IX/Jabben § 18 Rn. 10; jurisPK-SGB IX/Luthe § 8 Rn. 78) und wie auch sonst häufig im Sozialrecht als Oberbegriff für Sach- und Dienstleistungen versteht (BSG 16.12.1993 – 4 RK 5/92, SozR 3–2500 § 13 Nr. 4 = NZS 1994, 507; LSG Bbg 7.6.2005 – L 24 KR 49/03, BeckRS 2005, 42963). Die Entscheidung des Rehabilitationsträgers über die Gewährung einer Geldleistung hängt jedenfalls nach dem S. 1 des Abs. 2 von einem Antrag ab. Das im Sozialleistungsrecht herrschende Sachleistungsprinzip wird allerdings damit nicht aufgegeben. Denn aus der in Abs. 2 S. 1 getroffenen Regelung ergibt sich, dass der in Ausübung des Wahlrechts ggf. erwachsende Geldleistungsanspruch von zwei Voraussetzungen abhängig gemacht wird. Die – mit dem Geld zu finanzierende – Leistung zur Teilhabe muss bei zumindest gleicher Wirksamkeit (1. Voraussetzung) wie die vom Rehabilitationsträger zu erbringende Leistung zusätzlich wirtschaftlich zumindest gleichwertig sein (2. Voraussetzung). Die Wirksamkeit betrifft den zu erwartenden rehabilitativen Erfolg und erfordert demgemäß eine Prognoseentscheidung des Rehabilitationsträgers. Die Wirtschaftlichkeitsprüfung erstreckt sich auf die Höhe der zu erwartenden Aufwendungen. Interessanterweise wird die wirtschaftliche Gleichwertigkeit – anders als im bisherigen Recht – bei der selbst beschafften Leistung in § 18 Abs. 6 nicht mehr gefordert, sondern es werden die „entstandenen“ Kosten ersetzt. Der Gesetzgeber macht hier einen Unterschied, ob der Rehabilitationsträger dem Wahlrecht zustimmt oder ob im Nachhinein die Voraussetzungen für eine selbstbeschaffte Leistung vorliegen.

10 Nach dem Gesetzeswortlaut des Abs. 2 S. 1 „können … erbracht werden …“ besteht kein Rechtsanspruch auf die beantragte Geldleistung in Ausübung des Wahlrechts. Es handelt sich vielmehr um eine Ermessensentscheidung des Rehabilitationsträgers. Zu einem Geldleistungsanspruch erstarkt das Wahlrecht erst, wenn eine bewilligende Entscheidung des Rehabilitationsträgers vorliegt.

11 Wegen des Vorrangs der materiellen Leistungsgesetze (§ 7) ist nunmehr in § 2 Abs. 2 SGB V ausdrücklich geregelt, dass der Grundsatz des **Sachleistungsprinzips** nicht ausnahmslos gilt (§ 2 Abs. 2 S. 1 SGB V), sondern das Wahlrecht, eine Geldleistung beanspruchen zu können, auch im Leistungsbereich der gesetzlichen Krankenversicherung gilt. Insoweit normiert § 13 Abs. 1 SGB V nochmals ausdrücklich, dass die Krankenkasse anstelle von Sach- oder Dienstleistungen zur Kostenerstattung verpflichtet ist, soweit dies nach den Vorschriften des SGB IX vorgesehen ist.

12 Die gleichen Regelungen waren im Gefolge des SGB IX im Recht der gesetzlichen Unfallversicherung eingeführt worden. Soweit § 26 Abs. 4 S. 2 SGB VII bestimmt, dass nur Dienst- und Sachleistungen zur Verfügung gestellt werden, ist der Vorbehalt nach § 7 dadurch außer Kraft gesetzt, dass in § 26 Abs. 4 S. 2 SGB VII gleichzeitig bestimmt

ist, dass insoweit die Regelungen des SGB IX vorgehen. Damit besteht auch in der gesetzlichen Unfallversicherung ein Wahlrecht unter den in § 8 Abs. 2 normierten Voraussetzungen.

Eine Geldleistung iSd § 8 Abs. 2 stellt iÜ auch das in § 29 Abs. 1, 2 vorgesehene persönliche Budget dar. Im Falle der Bewilligung einer Geldleistung ist diese an den Leistungsberechtigten als Anspruchsinhaber auszuzahlen; für eine Zahlung an den Leistungserbringer fehlt die erforderliche gesetzliche Grundlage. 13

D. Zustimmungserfordernis

Das Zustimmungserfordernis ist Ausfluss der unabdingbaren Voraussetzung für eine erfolgreiche Rehabilitation, nämlich der freiwilligen Mitarbeit des Leistungsberechtigten. Zwar können Leistungen zur medizinischen Rehabilitation oder Leistungen zur Teilhabe am Arbeitsleben auch von Amts wegen erbracht werden (vgl. zB § 115 Abs. 4 S. 1 SGB VI); das gilt allerdings immer nur unter der Voraussetzung, dass der Leistungsberechtigte zustimmt. Die Zustimmung gilt dann als Antrag (§ 115 Abs. 4 S. 2 SGB VI). 14

Im Unterschied zu dem Antrag des Rehabilitanden, der ein Rehabilitationsverfahren einleitet und der die Erklärung des Willens beinhaltet, das Rehabilitationsverfahren in Gang zu setzen, betrifft die Zustimmung die Bereitschaft, an einer vom Rehabilitationsträger ausgewählten konkreten Maßnahme zur Rehabilitation teilzunehmen (BSG 23.4.1992 – 13/5 RJ 12/90, SozR 3–2200 § 1236 Nr. 3 = BeckRS 1992, 31369068; 23.4.1992 – 13 RJ 25/91, BeckRS 1992, 31032433). Es ist eine Form der Mitwirkungsverpflichtung. Bei der Zustimmung muss es sich nicht unbedingt um eine vorherige Zustimmung (Einwilligung iSd § 183 BGB) handeln. Die Zustimmung manifestiert die Mitwirkungsbereitschaft des Rehabilitanden; sie muss daher spätestens bei Beginn der konkreten Rehabilitationsmaßnahme vorliegen (BSG 23.4.1992 – 13 RJ 25/91, BeckRS 1992, 31032433). Eine nachträgliche Zustimmung (Genehmigung iSd § 184 Abs. 1 BGB) reicht indes nicht aus. 15

Die Grenzen der erforderlichen Mitarbeit bzw. der Mitwirkung des Leistungsberechtigten sind in § 65 SGB I bestimmt (CFHR/Fuchs § 9 Rn. 47). Bei fehlender Mitwirkung ohne zureichenden Grund kann der Leistungsträger die Leistung nach § 66 SGB I unter den dort bestimmten Voraussetzungen versagen oder entziehen. 16

E. Bescheidung des Wunsch- und Wahlrechts

Nach Abs. 2 S. 3 hat der Rehabilitationsträger dann, wenn er den Wünschen (Abs. 1) des Leistungsberechtigten nicht entsprechen will oder aber das im Abs. 2 vorgesehene Wahlrecht nicht akzeptiert, seine Entscheidung durch schriftlichen Bescheid zu begründen. Das gilt nach der getroffenen Regelung gleichermaßen für die Wunschrechte iSd Abs. 1 wie für die Wahlrechte des Abs. 2. Die Entscheidung über berechtigte Wünsche des Leistungsberechtigten stellt dabei eine gebundene Entscheidung des Rehabilitationsträgers dar, weil ihn nach Abs. 1 S. 1 eine Verpflichtung trifft, berechtigten Wünschen zu entsprechen. Bei der Entscheidung des Rehabilitationsträgers nach Abs. 2 S. 1 iVm mit S. 3 handelt es sich hingegen um eine Ermessensentscheidung (Sachleistungen zur Teilhabe können … als Geldleistungen erbracht werden). Daraus folgt, dass der Leistungsberechtigte bei selbstbeschafften Leistungen ein Risiko eingeht (HessLSG 24.6.2015 – L 5 R 418/14, BeckRS 2015, 69856; LSG BW 21.8.2012 – L 11 R 5319/11, BeckRS 2012, 75698; LSG Bln-Bbg 25.4.2013 – L 21 R 1212/09, BeckRS 2013, 72431; Welti, Fachbeiträge Forum D, Teil 2, v. 18.6.2015), weil auch dann, wenn die Leistungen gleich wirksam und von der Wirtschaftlichkeit her gleichwertig sein sollten, 17 der Mensch mit Behinderungen keinen durchsetzbaren Rechtsanspruch auf Kostenerstattung hat, sondern nur einen Anspruch auf ermessensfehlerfreie Bescheidung seines Antrags auf Kostenerstattung (vgl. insoweit für sozialrechtliche Streitigkeiten § 54 Abs. 2 S. 2 SGG). Zwischenzeitlich ist für § 18 Abs. 6 geklärt, dass diese Vorschrift eine Rechtsgrundlage für einen Kostenerstattungsanspruch bei selbst beschafften Leistungen darstellt (BSG 30.10.2014 – B 5 R 8/14 R, BeckRS 2015, 67465 zu § 13 Abs. 5 SGB V, § 15 Abs. 1 SGB IX 2001).

18 Im Falle der Ablehnung des Antrags auf Kostenerstattung hat der Rehabilitationsträger einen zu begründenden (vgl. zB § 35 Abs. 1 S. 1 SGB X) und mit einer Rechtsbehelfsbelehrung versehenen (vgl. zB § 36 SGB X iVm §§ 83, 84 SGG) Bescheid zu erteilen und dem Antragsteller bekannt zu geben (vgl. zB § 37 SGB X). Handelt es sich um eine Ermessensentscheidung des Rehabilitationsträgers nach Abs. 2, dann muss die Entscheidung auch die Gesichtspunkte erkennen lassen, von denen der Rehabilitationsträger bei der Ausübung seines Ermessens ausgegangen ist (§ 35 Abs. 1 S. 3 SGB X; BSG 31.5.1989 – 4 RA 50/88, SozR 2200 § 1236 Nr. 50 = BeckRS 1989, 06772).

19 Im Gerichtsverfahren überprüfen die Gerichte den Ablehnungsbescheid in vollem Umfang, soweit es um die sachlichen Voraussetzungen für die beantragte Geldleistung geht, also um die wirtschaftliche Gleichwertigkeit und die gleiche Wirksamkeit. Hat der Rehabilitationsträger diese Voraussetzungen bejaht, aber gleichwohl in Ausübung des ihm eingeräumten Ermessens die Kostenerstattung abgelehnt, dann ist diese – ebenfalls zu begründende (vgl. zB § 35 Abs. 1 S. 3 SGB X) – Ermessensentscheidung nur eingeschränkt auf Ermessensfehler hin überprüfbar (zur Prüfung durch das Gericht MKLS/Meyer-Ladewig § 54 Rn. 28 ff.).

20 Dem Leistungsberechtigten obliegt es nach dem S. 2 des Abs. 2 dem Rehabilitationsträger geeignete Unterlagen zur Begründung seines Antrags zur Verfügung zu stellen. Kommt der Leistungsberechtigte dieser Obliegenheit nicht nach, dann kann der Träger den Antrag auch allein aus diesem Grunde ablehnen; erforderlich ist aber eine vorherige Fristsetzung mit Rechtsfolgenhinweis. Reicht der Leistungsberechtigte nach Ablehnung seines Antrags die Unterlagen nach, ist eine erneute Entscheidung des Rehabilitationsträgers auf der nunmehr vorhandenen Grundlage erforderlich.

Kapitel 2. Einleitung der Rehabilitation von Amts wegen

§ 9 Vorrangige Prüfung von Leistungen zur Teilhabe

(1) [1] Werden bei einem Rehabilitationsträger Sozialleistungen wegen oder unter Berücksichtigung einer Behinderung oder einer drohenden Behinderung beantragt oder erbracht, prüft dieser unabhängig von der Entscheidung über diese Leistungen, ob Leistungen zur Teilhabe voraussichtlich zur Erreichung der Ziele nach den §§ 1 und 4 erfolgreich sein können. [2] Er prüft auch, ob hierfür weitere Rehabilitationsträger im Rahmen ihrer Zuständigkeit zur Koordinierung der Leistungen zu beteiligen sind. [3] Werden Leistungen zur Teilhabe nach den Leistungsgesetzen nur auf Antrag erbracht, wirken die Rehabilitationsträger nach § 12 auf eine Antragstellung hin.

(2) [1] Leistungen zur Teilhabe haben Vorrang vor Rentenleistungen, die bei erfolgreichen Leistungen zur Teilhabe nicht oder voraussichtlich erst zu einem späteren Zeitpunkt zu erbringen wären. [2] Dies gilt während des Bezuges einer Rente entsprechend.

(3) [1] Absatz 1 ist auch anzuwenden, um durch Leistungen zur Teilhabe Pflegebedürftigkeit zu vermeiden, zu überwinden, zu mindern oder eine Verschlimmerung zu verhüten. [2] Die Aufgaben der Pflegekassen als Träger der sozialen Pflegeversicherung bei der Sicherung des Vorrangs von Rehabilitation vor Pflege nach den §§ 18a und 31 des Elften Buches bleiben unberührt.

(4) **Absatz 1 gilt auch für die Jobcenter im Rahmen ihrer Zuständigkeit für Leistungen zur beruflichen Teilhabe nach § 6 Absatz 3 mit der Maßgabe, dass sie mögliche Rehabilitationsbedarfe erkennen und auf eine Antragstellung beim voraussichtlich zuständigen Rehabilitationsträger hinwirken sollen.**

Übersicht

A. Allgemeines

Die Vorschrift ist eine Grundsatznorm. Sie beinhaltet den geltenden Grundsatz „Rehabilitation geht vor Rente". Nach diesem das Sozialleistungsrecht schon lange beherrschenden Grundsatz wird klargestellt, dass bei allen Sozialleistungen, die wegen einer Behinderung zu erbringen sind, alle Möglichkeiten zu positiven Entwicklungsprozessen zu nutzen sind. Der Gesetzgeber hat dieses durch den Verweis auf die Ziele der §§ 1, 4 noch einmal ausdrücklich hervorgehoben. Da der Begriff der „Rehabilitation" Leistungen zur Prävention nicht umfasst (vgl. §§ 14, 26 SGB VII; §§ 11, 27 Abs. 1 Nr. 6, § 40 SGB V; §§ 14, 15, 16 SGB VI) und auf § 3 nicht ausdrücklich verwiesen wird, könnte sich die Frage stellen, ob Leistungen zur Prävention auch unter § 9 fallen. Da Leistungen zur Prävention sehr frühzeitig erbracht werden sollen, käme bei den tatbestandlichen Voraussetzungen (Behinderung, drohende Behinderung) allenfalls eine drohende Behinderung in Betracht. 1

Der Gesetzgeber hat den inhaltlichen Aspekt von Leistungen zur Teilhabe vor dem Bezug von Sozialleistungen um zwei formale Aspekte ergänzt. Erstens hat jeder Rehabilitationsträger zu prüfen, ob Leistungen eines anderen Sozialleistungsträgers in Betracht kommen könnten, die allein oder gemeinsam mit Leistungen des leistenden Rehabilitationsträgers (§ 14) die beantragten Sozialleistungen hinausschieben oder verhindern können und zweitens ist auf eine möglicherweise notwendige Antragstellung (§ 12) hinzuweisen. 2

Abs. 2 der Vorschrift entsprich § 8 Abs. 2 SGB IX 2001. Hiernach gilt der Vorrang während des gesamten Verwaltungsverfahrens. Damit ist der Vorrang nicht nur bei der Antragstellung zu prüfen, sondern auch noch dann, wenn der Mensch mit Behinderungen bereits im Leistungsbezug steht (so ausdrücklich S. 2 des Abs. 2 der Vorschrift). 3

In Abs. 3 wurde über den bisherigen Wortlaut (§ 8 Abs. 3 SGB IX 2001) hinaus auf die Aufgaben der Pflegekassen sowie den Grundsatz „Rehabilitation vor Pflege" ausdrücklich Bezug genommen. Außerdem wurde ein Abs. 4 angefügt, der die Aufgaben der Jobcenter in diesem Zusammenhang darlegt. 4

B. Regelungsinhalt

Der Abs. 1 verpflichtet als verfahrensrechtliche Vorschrift den Rehabilitationsträger, bei dem Sozialleistungen wegen oder unter Berücksichtigung einer Behinderung beantragt worden sind, immer zu prüfen, ob Leistungen zur Teilhabe voraussichtlich erfolgreich sein werden (vgl. jurisPK-SGB IX/Luthe § 9 Rn. 15). Das gilt zum einen unabhängig von der Prüfung der Leistungsvoraussetzungen für die beantragte Leistung; zum anderen ist zu beachten, dass die Prüfung der Leistungen zur Teilhabe trägerübergreifend zu erfolgen hat. Das ergibt sich aus dem Gesetzeswortlaut einerseits, als die Prüfung der Erfolgsaussichten von Leistungen zur Teilhabe in jedem Falle unabhängig von der Prüfung der Leistungsvoraussetzungen der beantragten Leistung vorzunehmen 5 ist und damit auch unabhängig von dem Zuständigkeitsbereich des Rehabilitationsträgers, bei dem der Antrag gestellt worden ist, andererseits durch die klare gesetzliche Ergänzung. Die Prüfungspflicht der Rehabilitationsträger ersetzt nicht die Verpflichtung zur Antragstellung durch den Leistungsberechtigten (Busse SGb 2017, 310).

6 Der Abs. 2 der Vorschrift legt den Vorrang der Leistungen zur Teilhabe vor der Rente gesetzlich fest. Eine gleichlautende Regelung trifft § 9 Abs. 1 S. 2 SGB VI für die gesetzliche Rentenversicherung und – inhaltlich im Wesentlichen übereinstimmend – § 26 Abs. 3 SGB VII für die gesetzliche Unfallversicherung. Ob es sich bei dem Vorrang indes um einen materiellen Vorrang im Sinne einer Leistungsausschlussvorschrift handelt, die zwingend in einem Erwerbsminderungsrentenrechtsstreit im Gerichtsverfahren zu prüfen ist (so Gagel/Schian SGb 2002, 529 ff. (530)), mit der Folge, dass Rente nicht gezahlt werden darf, solange die Prüfung von Leistungen zur Teilhabe nicht abgeschlossen ist, oder ob der Abs. 2 nur eine verfahrensrechtliche Vorgabe für den angegangenen Rehabilitationsträger enthält, ist höchstrichterlich nicht geklärt (verneinend LSG RhPf 17.3.2003 – L 2 RI 230/02, NZS 2004, 47 das in der Vorschrift nur einen allgemeinen Programmsatz sieht).

7 Der Abs. 3 der Vorschrift überträgt die im Abs. 1 getroffene Regelung auf die Leistungen zur Pflege. Der bisherigen Regelung (§ 8 Abs. 3 SGB IX 2001) ließ sich der Vorrang „Rehabilitation geht vor Pflege“ nur entnehmen, nunmehr ist er direkt gesetzlich geregelt. Die Regelung bezieht die Pflegekassen, die nicht zu dem Kreis der Rehabilitationsträger iSd § 6 gehören, mit ein, indem in § 32 SGB XI geregelt wird, dass auch „die Pflegekasse vorläufige Leistungen zur medizinischen Rehabilitation erbringt, wenn eine sofortige Leistungserbringung erforderlich ist, um eine unmittelbar drohende Pflegebedürftigkeit zu vermeiden, eine bestehende Pflegebedürftigkeit zu überwinden, zu mindern oder eine Verschlimmerung der Pflegebedürftigkeit zu verhüten“. Nach dem Abs. 2 des § 32 SGB XI ist die Verpflichtung zur vorläufigen Erbringung von Rehabilitationsleistungen allerdings davon abhängig gemacht, dass die Pflegekasse dem – für die Erbringung der Rehabilitationsleistung zuständigen – Rehabilitationsträger den Rehabilitationsbedarf mitteilt und auf die Eilbedürftigkeit hinweist. Erst wenn der zuständige Rehabilitationsträger nicht rechtzeitig, dh spätestens vier Wochen nach Antragstellung, tätig wird, ist die Pflegekasse verpflichtet, die Leistung selbst – vorläufig – zu erbringen. Die besondere Hinwirkungspflicht der Pflegekassen auf eine Antragstellung bestand schon (§§ 18a, 31 SGB XI) vor der Aufnahme des Verweises in S. 2 (Hauck/Noftz/Götze Rn. 9). Nach § 31 Abs. 3 S. 4 SGB XI hat der Rehabilitationsträger die Pflicht, die Pflegekasse über die Leistungsentscheidung zu informieren.

8 In dem neuen Abs. 4 wird den **Jobcentern** eine wichtige Aufgabe zur Verwirklichung des Vorrangs von Leistungen zur Teilhabe zugewiesen. Die Bundesagentur für Arbeit kann eine umfassende Prüfung von möglichen Rehabilitationsbedarfen (vgl. § 6 Abs. 3) mangels Kenntnis über die bei den Jobcentern auftretenden Bedarfslagen der Antragsteller nicht wahrnehmen. Die Jobcenter müssen daher zeitgleich mit der Bearbeitung eines Antrags auf Arbeitslosengeld II auch prüfen, ob Rehabilitationsbedarfe in Betracht kommen. (BT-Drs. 18/9522, 230).

§ 10 Sicherung der Erwerbsfähigkeit

(1) [1]Soweit es im Einzelfall geboten ist, prüft der zuständige Rehabilitationsträger gleichzeitig mit der Einleitung einer Leistung zur medizinischen Rehabilitation, während ihrer Ausführung und nach ihrem Abschluss, ob durch geeignete Leistungen zur Teilhabe am Arbeitsleben die Erwerbsfähigkeit von Menschen mit Behinderungen oder von Behinderung bedrohten Menschen erhalten, gebessert oder wiederhergestellt werden kann. [2]Er beteiligt die Bundesagentur für Arbeit nach § 54.

(2) Wird während einer Leistung zur medizinischen Rehabilitation erkennbar, dass der bisherige Arbeitsplatz gefährdet ist, wird mit den Betroffenen sowie dem zuständigen

Rehabilitationsträger unverzüglich geklärt, ob Leistungen zur Teilhabe am Arbeitsleben erforderlich sind.

(3) **Bei der Prüfung nach den Absätzen 1 und 2 wird zur Klärung eines Hilfebedarfs nach Teil 3 auch das Integrationsamt beteiligt.**

(4) [1]**Die Rehabilitationsträger haben in den Fällen nach den Absätzen 1 und 2 auf eine frühzeitige Antragstellung im Sinne von § 12 nach allen in Betracht kommenden Leistungsgesetzen hinzuwirken und den Antrag ungeachtet ihrer Zuständigkeit für Leistungen zur Teilhabe am Arbeitsleben entgegenzunehmen.** [2]**Soweit es erforderlich ist, beteiligen sie unverzüglich die zuständigen Rehabilitationsträger zur Koordinierung der Leistungen nach Kapitel 4.**

(5) [1]**Die Rehabilitationsträger wirken auch in den Fällen der Hinzuziehung durch Arbeitgeber infolge einer Arbeitsplatzgefährdung nach § 167 Absatz 2 Satz 4 auf eine frühzeitige Antragstellung auf Leistungen zur Teilhabe nach allen in Betracht kommenden Leistungsgesetzen hin.** [2]**Absatz 4 Satz 2 gilt entsprechend.**

Die Regelungen der Abs. 1–3 entsprechen den Regelungen des § 11 Abs. 1–3 SGB IX 2001. Sie sind Ausfluss des grundlegenden Grundsatzes „Rehabilitation geht vor Rente". Die Einzelregelungen in den Abs. 1, 2 u. 3 bilden konkrete Ausprägungen dieses in § 9 Abs. 1 enthaltenen Grundsatzes. Zielsetzung der Regelungen der Abs. 1, 2 u. 3 der Vorschrift ist ein nahtloses Ineinandergreifen von Leistungen zur medizinischen Rehabilitation (§§ 42 ff.) und Leistungen zur Teilhabe am Arbeitsleben (§§ 49 ff.). Diese **Nahtlosigkeit** soll sichergestellt werden, indem präventiv zur Erhaltung der Erwerbsfähigkeit nach Abs. 3 das Integrationsamt und nach Abs. 1 S. 2 im Rahmen der Ausbildungs- und Arbeitsvermittlung auch die Bundesagentur zu beteiligen ist. 1

Der Abs. 1 der Vorschrift beschreibt die Verpflichtung der Rehabilitationsträger ggf. auch Leistungen zur Teilhabe außerhalb der eigenen sachlichen Zuständigkeit zu betrachten, damit zwischen einzelnen Leistungen keine Zeit verloren geht, um das Gesamtziel der Rehabilitation zu erreichen. Dieser Grundsatz ist bereits seit langem im Rehabilitationsrecht verankert. Es wird keine generelle, sondern eine vom Einzelfall abhängige Prüfungspflicht des zuständigen Rehabilitationsträgers beschrieben (Mrozynski SGB IX/Jabben § 11 Rn. 3). Im S. 2 des Abs. 1 wird die Prüfung durch den Rehabilitationsträger um die Beteiligung der Bundesagentur für Arbeit nach § 54 erweitert (hierzu LPK-SGB IX/Joussen/Zinsmeister § 10 Rn. 6). Nach dem S. 1 des § 54 nimmt die Bundesagentur für Arbeit auf Anforderung eines anderen Rehabilitationsträger zu Notwendigkeit, Art und Umfang von Leistungen unter Berücksichtigung arbeitsmarktlicher Zweckmäßigkeit gutachterlich Stellung. 2

Zielsetzung des Abs. 2 der Vorschrift ist die Sicherung des Arbeitsplatzes (Hauck/Noftz/Götze § 10 Rn. 16) und ebenfalls ein zügiges und kostensparendes Verfahren. Der Abs. 3 stellt sicher, dass zur Klärung des Hilfebedarfs nach den Abs. 1 u. 2 auch das Integrationsamt zu beteiligen ist. 3

Abs. 4 erweitert die bestehende allgemeine Hinwirkungspflicht der Rehabilitationsträger (§ 12) auch auf Beantragung von Leistungen zur Teilhabe am Arbeitsleben, unabhängig von der sachlichen Zuständigkeit. Sollten durch eine Antragstellung weitere zuständige Rehabilitationsträger betroffen sein, greifen die Regelungen zur Koordinierung der Leistungen nach Kap. 4. Die besondere Erwähnung von Leistungen zur Teilhabe am Arbeitsleben folgt aus ihrer Bedeutung zur Sicherung der Erwerbsfähigkeit und entspricht den Zielen von Art. 27 UN-BRK. 4

Nach Abs. 5 wirken die Rehabilitationsträger in den Fällen einer konkreten Arbeitsplatzgefährdung nach § 167 auf eine frühzeitige Antragstellung auch außerhalb ihres Zuständigkeitsbereiches hin (→ § 167 Rn. 14). Diese Aufgabe sollte nach dem bisherigen Recht den Gemeinsamen Servicestellen zukommen. Durch den zukünftigen Wegfall der Gemeinsamen Servicestellen sind nunmehr die Rehabilitationsträger noch mehr gefordert. 5

§ 11[1] Förderung von Modellvorhaben zur Stärkung der Rehabilitation, Verordnungsermächtigung

(1) Das Bundesministerium für Arbeit und Soziales fördert im Rahmen der für diesen Zweck zur Verfügung stehenden Haushaltsmittel im Aufgabenbereich der Grundsicherung für Arbeitsuchende und der gesetzlichen Rentenversicherung Modellvorhaben, die den Vorrang von Leistungen zur Teilhabe nach § 9 und die Sicherung der Erwerbsfähigkeit nach § 10 unterstützen.

(2) [1]Das Nähere regeln Förderrichtlinien des Bundesministeriums für Arbeit und Soziales. [2]Die Förderdauer der Modellvorhaben beträgt fünf Jahre. [3]Die Förderrichtlinien enthalten ein Datenschutzkonzept.

(3) Das Bundesministerium für Arbeit und Soziales kann durch Rechtsverordnung ohne Zustimmung des Bundesrates regeln, ob und inwieweit die Jobcenter nach § 6d des Zweiten Buches, die Bundesagentur für Arbeit und die Träger der gesetzlichen Rentenversicherung bei der Durchführung eines Modellvorhabens nach Absatz 1 von den für sie geltenden Leistungsgesetzen sachlich und zeitlich begrenzt abweichen können.

(4) [1]Die zuwendungsrechtliche und organisatorische Abwicklung der Modellvorhaben nach Absatz 1 erfolgt durch die Deutsche Rentenversicherung Knappschaft-Bahn-See unter der Aufsicht des Bundesministeriums für Arbeit und Soziales. [2]Die Aufsicht erstreckt sich auch auf den Umfang und die Zweckmäßigkeit der Modellvorhaben. [3]Die Ausgaben, welche der Deutschen Rentenversicherung Knappschaft-Bahn-See aus der Abwicklung der Modellvorhaben entstehen, werden aus den Haushaltsmitteln nach Absatz 1 vom Bund erstattet. [4]Das Nähere ist durch Verwaltungsvereinbarung zu regeln.

(5) [1]Das Bundesministerium für Arbeit und Soziales untersucht die Wirkungen der Modellvorhaben. [2]Das Bundesministerium für Arbeit und Soziales kann Dritte mit diesen Untersuchungen beauftragen.

1 Mit der neu geschaffenen Regelung sollen die Jobcenter dabei unterstützt werden, Menschen mit Rehabilitationsbedarfen frühzeitig anzusprechen und mit zusätzlichen und/oder innovativen Maßnahmen und Handlungsansätzen zu fördern. Der Abs. 4 wurde durch Art. 3 des Gesetzes zur Verbesserung der Leistungen bei Renten wegen verminderter Erwerbsfähigkeit und zur Änderung anderer Gesetze v. 17.7.2017 (BGBl. I S. 2511) neu eingefügt, der bisherige Abs. 4 wurde zu Abs. 5. Die Zielrichtung soll dabei sein, alternative Möglichkeiten zu einer WfbM zu erproben, bevor die Menschen mit Behinderungen in eine Werkstatt einmünden.

2 Die gesetzliche Rentenversicherung soll in Modellvorhaben die Möglichkeit erhalten, durch neue Leistungen und eine noch frühzeitigere Intervention bei Versicherten eine drohende Erwerbsminderung verhindern zu können oder vor einem Übergang in eine WfbM ansetzen (LPK-SGB IX/Joussen § 11 Rn. 2). Die Zielrichtung der Modellvorhaben soll es sein, den Grundsätzen „Prävention vor Rehabilitation" und „Rehabilitation vor Rente" mehr Gewicht zu verschaffen und den Zugang in die Erwerbsminderungsrente und in die Eingliederungshilfe zu verhindern.

3 Nach Abs. 2 sollen die weiteren Einzelheiten in Förderrichtlinien festgelegt werden. Die entsprechende Förderrichtlinie ist im Bundesanzeiger ((Banz. AT 4.5.2018 B1) bekanntgegeben worden. Die Förderdauer beträgt fünf Jahre, wobei für die Projekte nach der gesetzlichen Begründung je Rechtskreis (SGB II und SGB VI) bis zu 100 Mio. EUR pro Jahr zur Verfügung gestellt werden können.

4 Durch Abs. 3 wird für die Jobcenter, die Bundesagentur für Arbeit sowie für die gesetzliche Rentenversicherung die Möglichkeit geschaffen, aufgrund einer Zulassung durch Rechtsverordnung von dem jeweils geltenden Leistungsrecht abweichen zu kön-

[1] § 11 Überschrift geänd., Abs. 4 neu gef., Abs. 5 angef. mWv 1.1.2018 durch G v. 17.7.2017 (BGBl. I S. 2509).

nen, dh es sollen Möglichkeiten geschaffen werden, bisher nicht realisierte oder rechtlich nicht mögliche Maßnahmen oder Projekte zu erproben (GK-SGB IX/Löschau § 11 Rn. 10) Eine Begrenzung, wie weit von den Vorgaben der Leistungsgesetze abgewichen werden kann, wird nicht beschrieben. Zielrichtung der Modellvorhaben soll es sein, für Menschen mit komplexen gesundheitlichen und seelischen Unterstützungsbedarfen oder beginnenden Rehabilitationsbedarfen neue innovative Ansätze zu entwickeln.

Die gesetzliche Verankerung der Administration der Modellvorhaben ist für eine transparente und zügige Umsetzung geboten (BT-Drs. 18/11926, 23). Mit der Beauftragung der Deutschen Rentenversicherung Knappschaft-Bahn-See für die zuwendungsrechtliche Abwicklung für beide Rechtskreise (SGB II und SGB VI) wird sichergestellt, dass fachlich und konzeptionell einheitlich und „aus einer Hand" gearbeitet wird. Außerdem sollen die Modellvorhaben in geeigneter Weise organisatorisch (einschließlich Öffentlichkeitsarbeit, Geschäftsstelle für Beirat und Steuerungsgruppe etc) unterstützt werden. Im Rahmen dieser Tätigkeit unterliegt die Deutsche Rentenversicherung Knappschaft-Bahn-See der Rechts- und Fachaufsicht des BMAS. Eine wissenschaftliche Untersuchung der Modellvorhaben ist gesetzlich vorgeschrieben (Abs. 5). 5

Kapitel 3. Erkennung und Ermittlung des Rehabilitationsbedarfs

§ 12 Maßnahmen zur Unterstützung der frühzeitigen Bedarfserkennung

(1) [1]Die Rehabilitationsträger stellen durch geeignete Maßnahmen sicher, dass ein Rehabilitationsbedarf frühzeitig erkannt und auf eine Antragstellung der Leistungsberechtigten hingewirkt wird. [2]Die Rehabilitationsträger unterstützen die frühzeitige Erkennung des Rehabilitationsbedarfs insbesondere durch die Bereitstellung und Vermittlung von geeigneten barrierefreien Informationsangeboten über

1. Inhalte und Ziele von Leistungen zur Teilhabe,
2. die Möglichkeit der Leistungsausführung als Persönliches Budget,
3. das Verfahren zur Inanspruchnahme von Leistungen zur Teilhabe und
4. Angebote der Beratung, einschließlich der ergänzenden unabhängigen Teilhabeberatung nach § 32.

[3]Die Rehabilitationsträger benennen Ansprechstellen, die Informationsangebote nach Satz 2 an Leistungsberechtigte, an Arbeitgeber und an andere Rehabilitationsträger vermitteln. [4]Für die Zusammenarbeit der Ansprechstellen gilt § 15 Absatz 3 des Ersten Buches entsprechend.

(2) Absatz 1 gilt auch für Jobcenter im Rahmen ihrer Zuständigkeit für Leistungen zur beruflichen Teilhabe nach § 6 Absatz 3, für die Integrationsämter in Bezug auf Leistungen und sonstige Hilfen für schwerbehinderte Menschen nach Teil 3 und für die Pflegekassen als Träger der sozialen Pflegeversicherung nach dem Elften Buch.

(3) [1]Die Rehabilitationsträger, Integrationsämter und Pflegekassen können die Informationsangebote durch ihre Verbände und Vereinigungen bereitstellen und vermitteln lassen. [2]Die Jobcenter können die Informationsangebote durch die Bundesagentur für Arbeit bereitstellen und vermitteln lassen.

Übersicht

A. Allgemeines

1 Inhaltlich waren die Grundsätze früher in § 9 Abs. 2 der Gemeinsamen Empfehlung zur Erkennung und Feststellung des Teilhabebedarfs, zur Teilhabeplanung und zu Anforderungen an die Durchführung von Leistungen zur Teilhabe (Rehabilitationsprozess) verankert. Nunmehr werden die Rehabilitationsträger gesetzlich verpflichtet, Maßnahmen zu ergreifen, um eine möglichst frühzeitige Erkennung von Rehabilitationsbedarfen sicherzustellen, da nur bei Erkennung des Bedarfes dann die konkreten Leistungen nach den jeweiligen Leistungsgesetzen bewilligt und durchgeführt werden können. Diese Verpflichtung tritt an die Stelle der bisherigen Regelungen zu den Gemeinsamen Servicestellen (BT-Drs. 18/9522, 196), die nunmehr zwar nicht mehr im G erwähnt werden, aber längstens bis zum 31.12.2018 mit den bisherigen Aufgaben noch bestehen bleiben (§ 241 Abs. 7).

1a Es wird ausdrücklich festgelegt, dass die frühzeitige Erkennung des Bedarfes nicht erst mit einer Antragstellung eingeleitet wird, indem in Abs. 1 S. 1 ausdrücklich auf die Hinwirkung zur Antragstellung verwiesen wird.

B. Rehabilitationsbedarf

2 Der Begriff des Rehabilitationsbedarfes wird in Abs. 1 S. 1 vorausgesetzt, ohne ihn definieren oder inhaltlich zu erklären (vgl. auch § 14 Abs. 2), gleichwohl wird der Begriff des Rehabilitationsbedarfs bzw. der Rehabilitationsbedürftigkeit einheitlich verwandt. Rehabilitationsbedarf besteht, wenn bei Vorliegen einer gesundheitlich bedingten drohenden oder bereits manifesten Beeinträchtigung der Teilhabe über die kurative Versorgung hinaus der mehrdimensionale und interdisziplinäre Ansatz der Rehabilitation erforderlich ist, um Beeinträchtigungen der Teilhabe zu vermeiden, zu beseitigen, zu bessern, auszugleichen oder eine Verschlimmerung zu verhüten (Sozialmedizinische Begutachtung für die gesetzliche Rentenversicherung, S. 85).

3 Nach § 8 der Rehabilitationsrichtlinie des Gemeinsamen Bundesauschusses besteht eine Rehabilitationsbedürftigkeit, wenn aufgrund einer körperlichen, geistigen oder seelischen Schädigung

- voraussichtlich nicht nur vorübergehende alltagsrelevante Beeinträchtigungen der Aktivität vorliegen, durch die in absehbarer Zeit eine Beeinträchtigung der Teilhabe droht oder
- Beeinträchtigungen der Teilhabe bereits bestehen und
- über die kurative Versorgung hinaus der mehrdimensionale und interdisziplinäre Ansatz der medizinischen Rehabilitation erforderlich ist.

4 Nach § 9 Abs. 3 S. 2 der gemeinsamen Empfehlung Rehabilitationsprozess (www.bar-frankfurt.de) besteht Rehabilitationsbedürftigkeit, wenn infolge einer Schädigung der Körperfunktionen und -strukturen und/oder Beeinträchtigungen der Aktivitäten unter Berücksichtigung von personenbezogenen und Umweltfaktoren die Teilhabe an Lebensbereichen bedroht oder beeinträchtigt ist. In gleicher Art wird diese in § 3 Abs. 4 der Gemeinsamen Empfehlung Begutachtung beschrieben. „Rehabilitationsbedürftigkeit bzgl. medizinischer Rehabilitation liegt vor, wenn krankheits- oder behinderungsbedingt eine Beeinträchtigung der Teilhabe droht oder bereits besteht, so dass über die kurative Versorgung hinaus der mehrdimensionale und interdisziplinäre Ansatz von Leistungen zur Teilhabe erforderlich ist, um diese Beeinträchtigungen zur vermeiden, zu beseitigen, zu verbessern, auszugleichen oder eine Verschlimmerung zu verhüten. Die Auswirkungen des Gesundheitsproblems werden dabei auf den Ebenen der Körperfunktionen und

Körperstrukturen, der Aktivitäten und der Teilhabe unter Berücksichtigung der Kontextfaktoren betrachtet."

Die Verknüpfung des frühzeitigen Erkennens des Rehabilitationsbedarfs und das Hinwirken auf eine Antragstellung machen deutlich, dass mit „frühzeitig" potenziell ein Zeitpunkt vor der Antragstellung auf eine Sozialleistung gemeint ist; die Rehabilitationsträger sollen keineswegs erst nach einer Antragstellung tätig werden. Darüber hinaus wird in der gesetzlichen Begründung ausgeführt, dass es sich hierbei um den „Bedarf" in seiner Gesamtheit handelt, unabhängig von Voraussetzungen in den einzelnen Leistungsgesetzen und daher die allgemeinen Pflichten der Sozialleistungsträger aus §§ 13–16 SGB I deutlich erweitert werden (BT-Drs. 18/9522, 231). 5

C. Informationsangebote

Nach Abs. 1 S. 2 werden die Rehabilitationsträger verpflichtet, geeignete barrierefreie Informationsangebote zur Verfügung zu stellen, deren Themen in den Nr. 1–4 allg., aber inhaltlich nicht abschließend beschrieben werden. Die Wichtigkeit der Hinwirkungspflicht und auch geeigneter – weil barrierefrei – Antragsformulare wird in der gesetzlichen Begründung ausdrücklich betont, indem darauf verwiesen wird, dass leistungsverengende Verfahren, Abläufe und Auskünfte pflicht- und rechtswidrig seien. Die gesetzliche Regelung selbst sagt aber nichts über mögliche Konsequenzen aus, wenn ein Rehabilitationsträger seiner Hinwirkungspflicht nicht nachgekommen ist oder keine geeigneten Antragsformulare zur Verfügung gestellt werden. 6

Nach Abs. 1 S. 3 werden die Rehabilitationsträger verpflichtet, Ansprechstellen für Arbeitgeber zu erschaffen, die im Sinne einer Auskunfts- und Kontaktstelle, die Informationsangebote des S. 2 zu vermitteln. Die Regelung wurde auch wegen des zukünftigen Wegfalls der Gemeinsamen Servicestellen eingeführt (vgl. auch jurisPK-SGB IX/Luthe § 12 Rn. 20). 7

D. Jobcenter, Integrationsämter

Die Hinwirkungspflichten aus Abs. 1 gelten auch für die Jobcenter, die Integrationsämter und die Pflegekassen. Bei den Jobcentern folgt dieses aus dem Umstand, dass die Bundesagentur für Arbeit die Aufgaben der Grundsicherung für Arbeitssuchende nicht abschließend wahrnehmen kann (vgl. § 6 Abs. 3). Bei den Integrationsämtern betrifft die Hinwirkungspflicht nur die im Rahmen der Rehabilitation von den Integrationsämtern zu erfüllenden Aufgaben (§ 185 SGB IX). Für die Pflegekassen wird hierdurch ihr Aufgabenbereich erweitert. Die Pflegekassen gehören nicht zu den Rehabilitationsträger, sie sind aber dennoch verpflichtet, Informationen zu Teilhabeleistungen und zu deren Inanspruchnahme zur Verfügung zu stellen. In der Praxis nehmen die Pflegekassen jedoch bereits jetzt schon umfangreiche Aufgaben wahr, die eine frühzeitige Erkennung des Rehabilitationsbedarfs gewährleisten (§ 18 SGB XI – Verfahren zur Feststellung der Pflegebedürftigkeit; § 31 SGB XI – medizinische Rehabilitation). 8

E. Verbände, Vereinigungen

Nach Abs. 3 können die Rehabilitationsträger, die Integrationsämter und die Pflegekassen die Informationsangebote auch über ihre Spitzenverbände und ihre Vereinigungen bereitstellen und vermitteln lassen. Bei den Gemeinsamen Einrichtungen nach § 44b SGB II ist für eine Bereitstellung von Informationen durch die Bundesagentur ein ent- 9 sprechender Beschluss der Trägerversammlung erforderlich. Die zugelassenen kommunalen Träger (§ 6a SGB II) treffen die Entscheidung in eigener Zuständigkeit.

§ 13 Instrumente zur Ermittlung des Rehabilitationsbedarfs

(1) [1]Zur einheitlichen und überprüfbaren Ermittlung des individuellen Rehabilitationsbedarfs verwenden die Rehabilitationsträger systematische Arbeitsprozesse und standardisierte Arbeitsmittel (Instrumente) nach den für sie geltenden Leistungsgesetzen. [2]Die Instrumente sollen den von den Rehabilitationsträgern vereinbarten Grundsätzen für Instrumente zur Bedarfsermittlung nach § 26 Absatz 2 Nummer 7 entsprechen. [3]Die Rehabilitationsträger können die Entwicklung von Instrumenten durch ihre Verbände und Vereinigungen wahrnehmen lassen oder Dritte mit der Entwicklung beauftragen.

(2) Die Instrumente nach Absatz 1 Satz 1 gewährleisten eine individuelle und funktionsbezogene Bedarfsermittlung und sichern die Dokumentation und Nachprüfbarkeit der Bedarfsermittlung, indem sie insbesondere erfassen,

1. ob eine Behinderung vorliegt oder einzutreten droht,
2. welche Auswirkung die Behinderung auf die Teilhabe der Leistungsberechtigten hat,
3. welche Ziele mit Leistungen zur Teilhabe erreicht werden sollen und
4. welche Leistungen im Rahmen einer Prognose zur Erreichung der Ziele voraussichtlich erfolgreich sind.

(3) Das Bundesministerium für Arbeit und Soziales untersucht die Wirkung der Instrumente nach Absatz 1 und veröffentlicht die Untersuchungsergebnisse bis zum 31. Dezember 2019.

(4) Auf Vorschlag der Rehabilitationsträger nach § 6 Absatz 1 Nummer 6 und 7 und mit Zustimmung der zuständigen obersten Landesbehörden kann das Bundesministerium für Arbeit und Soziales die von diesen Rehabilitationsträgern eingesetzten Instrumente im Sinne von Absatz 1 in die Untersuchung nach Absatz 3 einbeziehen.

Übersicht

A. Allgemeines

1 Die Regelung wurde in das G aufgenommen, weil die Vorschriften in Kap. 4 des Gesetzes (Koordinierung der Leistungen) nur dann eine effektive Durchführung eines Teilhabeplanverfahrens und eine nahtlose Erbringung von Leistungen sicherstellen können, wenn nicht noch geklärt werden muss, ob überhaupt ein Rehabilitationsbedarf vorliegt. Damit diese Diskussion unterbleibt, sollen möglichst einheitliche Maßstäbe zur Ermittlung des Rehabilitationsbedarfes eingeführt werden, so dass trägerübergreifend alle beteiligten Rehabilitationsträger einen festgestellten Rehabilitationsbedarf akzeptieren können. Hierbei kann auf Grundsätze der bisherigen Gemeinsamen Empfehlung „Rehabilitationsprozess" v. 1.8.2014 (www.bar-frankfurt.de; vgl. hierzu auch den Arbeitsentwurf für eine Gemeinsame Empfehlung Reha-Prozess, Stand: Januar 2018) sowie deren Anlagen zurückgegriffen werden.

B. Instrumente

In Abs. 1 werden die systematischen **Arbeitsprozesse** und standardisierten **Arbeitsmittel** gesetzlich als „Instrumente“ definiert. Einsatzzweck aller Instrumente ist die Einheitlichkeit und Nachvollziehbarkeit der Prüfung des Rehabilitationsbedarfs. In der gesetzlichen Begründung werden für den Begriff der Arbeitsprozesse beispielhaft Erhebungen, Analysen, Dokumentation, Planung und Ergebniskontrolle aufgelistet. Arbeitsmittel sollen danach Hilfsmittel sein, die die Arbeitsprozesse unterstützen. Hier werden zB funktionelle Prüfungen wie Seh-, Hörtests und Intelligenztests genannt ebenso wie Fragebögen und IT-Anwendungen. Entsprechende Arbeitsmittel sind auch in der Anl. 2 zur Gemeinsamen Empfehlung „Rehabilitationsprozess“ zu finden. 2

Hinsichtlich der „Instrumente“ ist eine Gemeinsame Empfehlung zu schaffen (§ 26 Abs. 2 Nr. 7) in der ein Rahmen vorgegeben wird. Diese Grundsätze dienen, insbes. bei trägerübergreifender Koordination von Leistungen, einer Vergleichbarkeit und dem Ineinandergreifen von Leistungen. Nach Abs. 1 S. 3 können die Rehabilitationsträger die Instrumente auch von ihren Verbänden von Vereinigungen oder sogar von Dritten entwickeln lassen. Als Dritte kämen bspw. auch Rehabilitationsdienste und -einrichtungen in Betracht. 3

Da die Gemeinsamen Empfehlungen der Bundesarbeitsgemeinschaft für Rehabilitation (BAR) für die Träger der Eingliederungshilfe nicht bindend sind (vgl. § 39 Abs. 1, in dem nur auf § 6 Abs. 1 Nr. 1–5 verwiesen wird), gilt für diese ergänzend § 118, in dem festgelegt wird, dass sich die Instrumente an der Internationalen Klassifikation der Funktionsfähigkeit, Behinderung und Gesundheit (ICF) orientieren müssen. 4

C. Dokumentation

Während in Abs. 1 festgelegt wird, dass die die Instrumente durch die Rehabilitationsträger eingesetzt werden müssen, legt Abs. 2 fest, dass der Einsatz auch entspr. dokumentiert werden muss. Die Nachvollziehbarkeit der Entscheidung zum Rehabilitationsbedarf ist schriftlich zu dokumentieren. In den Nr. 1–4 wird der Mindeststandard beschrieben. Es bleibt den einzelnen Rehabilitationsträger jedoch selbst überlassen, darüberhinausgehende Dokumentationen vorzunehmen, bspw. zur Verlaufsbeobachtung oder einer Wirkungskontrolle. 5

D. Wirkungskontrolle

Da die Vorgaben für die Instrumente neu in das G eingefügt wurden, sieht Abs. 3 vor, dass durch das Bundesministerium für Arbeit und Soziales (BMAS) eine Wirkungskontrolle vorgenommen wird und die Ergebnisse hierzu bis zum 31.12.2019 veröffentlicht werden. Diese Untersuchung dient vorrangig dem Informationsaustausch auf der Ebene der BAR sowie der öffentlichen und fachlichen Diskussion unter Zuhilfenahme wissenschaftlicher Expertise. Auf Vorschlag der Träger der öffentlichen Jugendhilfe sowie der Eingliederungshilfe und mit Zustimmung der jeweiligen obersten Landesbehörden kann das BMAS die von diesen Rehabilitationsträger eingesetzten Instrumente in die Untersuchung einbeziehen. 6

Kapitel 4. Koordinierung der Leistungen

§ 14 Leistender Rehabilitationsträger

(1) [1]Werden Leistungen zur Teilhabe beantragt, stellt der Rehabilitationsträger innerhalb von zwei Wochen nach Eingang des Antrages bei ihm fest, ob er nach dem für ihn geltenden Leistungsgesetz für die Leistung zuständig ist; bei den Krankenkassen umfasst die Prüfung auch die Leistungspflicht nach § 40 Absatz 4 des Fünften Buches. [2]Stellt er bei der Prüfung fest, dass er für die Leistung insgesamt nicht zuständig ist, leitet er den Antrag unverzüglich dem nach seiner Auffassung zuständigen Rehabilitationsträger zu und unterrichtet hierüber den Antragsteller. [3]Muss für eine solche Feststellung die Ursache der Behinderung geklärt werden und ist diese Klärung in der Frist nach Satz 1 nicht möglich, soll der Antrag unverzüglich dem Rehabilitationsträger zugeleitet werden, der die Leistung ohne Rücksicht auf die Ursache der Behinderung erbringt. [4]Wird der Antrag bei der Bundesagentur für Arbeit gestellt, werden bei der Prüfung nach den Sätzen 1 und 2 keine Feststellungen nach § 11 Absatz 2a Nummer 1 des Sechsten Buches und § 22 Absatz 2 des Dritten Buches getroffen.

(2) [1]Wird der Antrag nicht weitergeleitet, stellt der Rehabilitationsträger den Rehabilitationsbedarf anhand der Instrumente zur Bedarfsermittlung nach § 13 unverzüglich und umfassend fest und erbringt die Leistungen (leistender Rehabilitationsträger). [2]Muss für diese Feststellung kein Gutachten eingeholt werden, entscheidet der leistende Rehabilitationsträger innerhalb von drei Wochen nach Antragseingang. [3]Ist für die Feststellung des Rehabilitationsbedarfs ein Gutachten erforderlich, wird die Entscheidung innerhalb von zwei Wochen nach Vorliegen des Gutachtens getroffen. [4]Wird der Antrag weitergeleitet, gelten die Sätze 1 bis 3 für den Rehabilitationsträger, an den der Antrag weitergeleitet worden ist, entsprechend; die Frist beginnt mit dem Antragseingang bei diesem Rehabilitationsträger. [5]In den Fällen der Anforderung einer gutachterlichen Stellungnahme bei der Bundesagentur für Arbeit nach § 54 gilt Satz 3 entsprechend.

(3) Ist der Rehabilitationsträger, an den der Antrag nach Absatz 1 Satz 2 weitergeleitet worden ist, nach dem für ihn geltenden Leistungsgesetz für die Leistung insgesamt nicht zuständig, kann er den Antrag im Einvernehmen mit dem nach seiner Auffassung zuständigen Rehabilitationsträger an diesen weiterleiten, damit von diesem als leistendem Rehabilitationsträger über den Antrag innerhalb der bereits nach Absatz 2 Satz 4 laufenden Fristen entschieden wird und unterrichtet hierüber den Antragsteller.

(4) [1]Die Absätze 1 bis 3 gelten sinngemäß, wenn der Rehabilitationsträger Leistungen von Amts wegen erbringt. [2]Dabei tritt an die Stelle des Tages der Antragstellung der Tag der Kenntnis des voraussichtlichen Rehabilitationsbedarfs.

(5) Für die Weiterleitung des Antrages ist § 16 Absatz 2 Satz 1 des Ersten Buches nicht anzuwenden, wenn und soweit Leistungen zur Teilhabe bei einem Rehabilitationsträger beantragt werden.

Übersicht

A. Allgemeines

Die Regelung ist eine der zentralen Vorschriften im SGB IX und stellt eine verfahrensrechtliche Grundsatznorm dar. Die Vorschrift dient der schnellen Klärung des zuständigen Rehabilitationsträger, damit der Mensch mit Behinderungen oder von Behinderung bedrohte Mensch trotz des gegliederten Systems der sozialen Sicherung eine möglichst zeitnahe Entscheidung über die Leistung zur Teilhabe bekommt. Die Änderungen gegenüber der bisherigen gesetzlichen Regelung sollen vor allem der effektiveren Koordinierung der Leistungen in trägerübergreifenden Fallkonstellationen dienen. 1

Die Klärung der Zuständigkeit des leistenden Rehabilitationsträger führt zu einer endgültigen Zuständigkeit. Allerdings gilt nach § 139 SGB VII für die Unfallversicherungsträger als Rehabilitationsträger weiterhin der Begriff der vorläufigen Leistungen. Die Regelung des § 14 gilt auch zwischen zwei Rehabilitationsträger, die in einem Vorrang-/Nachrangverhältnis stehen (BSG 30.6.2016 – B 8 SO 7/15 R, BeckRS 2016, 73091 für Sozial-/Jugendhilfeträger; LPK-SGB IX/Joussen Rn. 5). 2

Die Einzelregelungen bezwecken dabei vor allem eine Abkürzung der **Verfahrensdauer.** Dem Ziel der Verkürzung der Laufzeiten zwischen Antragstellung und Erbringung der Leistungen dienen die in den getroffenen Regelungen enthaltenen Ausschlussfristen. Abs. 1 setzt dabei dem erstangegangenen (so die Diktion des BSG; BSG 21.8.2008 – B 13 R 33/07 R, SozR 4-3250 § 14 Nr. 7 = BeckRS 2008, 57040) Rehabilitationsträger eine zweiwöchige Frist zwecks Prüfung seiner Zuständigkeit und gleichzeitig eine dreiwöchige Entscheidungsfrist im Falle der Zuständigkeit. Erstangegangener Rehabilitationsträger iSd § 14 ist derjenige Träger, der von dem Menschen mit Behinderungen erstmals mit dem zu beurteilenden Antrag auf Bewilligung einer Leistung zur Teilhabe befasst worden ist (BSG 20.11.2008 – B 3 KN 4/07 KR R, BSGE 102, 90 ff.). 3

Überblick über die Einzelregelungen: Die Abs. 1–3 der Vorschrift dienen der beschleunigten Klärung der Zuständigkeit. Hierbei ist Abs. 3 neu gefasst worden und ermöglicht eine nochmalige Weiterleitung (sog. **Turboklärung**). Der jetzige Abs. 4 entspricht dem bisherigen Abs. 3. Die Regelung des Abs. 5 betont den Vorrang vor den allgemeinen Regelungen des SGB I. 4

§ 14 gilt nach § 185 Abs. 7 S. 1 sinngemäß, wenn beim Integrationsamt eine Leistung zur Teilhabe am Arbeitsleben beantragt wird. Nach § 185 Abs. 7 S. 2 gilt § 14 überdies auch dann sinngemäß, wenn der Antrag bei einem Rehabilitationsträger gestellt worden ist und dieser Rehabilitationsträger den Antrag an das Integrationsamt weitergeleitet hat (→ § 185 Rn. 44). 5

B. Zuständigkeitsklärungsverfahren

Im Rehabilitationsrecht ist der Begriff der **„Zuständigkeit"** nirgendwo klar definiert (Götz DRV 2003, 632 (634)). Bei der Prüfung der Zuständigkeit nach Abs. 1 Satz 1 ist gem. § 7 Abs. 1 das für den jeweiligen Rehabilitationsträger geltende materielle Sozialleistungsgesetz heranzuziehen. Dafür muss in einem gewissen Umfang eine materiellrechtliche Prüfung vorgenommen werden (Begriff des Rehabilitationsbedarfs). Ob der Mensch mit Behinderungen leistungsberechtigt ist, ist aber in diesem Stadium des Verfahrens noch nicht Gegenstand der Prüfung. Die materiellen Leistungsvoraussetzungen, zB dass der Mensch mit Behinderungen in der gesetzlichen Krankenversicherung versichert ist, unterliegen nur insoweit der Prüfung, als sie für die Zuständigkeit des angegangenen Rehabilitationsträger maßgebend sind. Denn die Zuständigkeit lässt sich nicht mit der konkreten Leistungsverpflichtung gleichsetzen (BSG 15.3.1979 – 11 RA 36/78, SozR 2200 § 1236 Nr. 15 = BeckRS 1979, 30705724). Die Zuständigkeit um- 6 fasst vielmehr nur einen Teil der Voraussetzungen für die Verpflichtung im Einzelfall, sie bestimmt sich nach Merkmalen, die für einen Personenkreis allg. gelten (BSG 15.3.1979 – 11 RA 36/78, SozR 2200 § 1236 Nr. 15 = BeckRS 1979, 30705724).

6a Das SGB IX ist in der Verwendung des Begriffs der Zuständigkeit nicht eindeutig. Es lässt sowohl eine enge Auslegung der Zuständigkeit – ohne Prüfung der Leistungsvoraussetzungen, danach ist zB für Versicherte iSd gesetzlichen Rentenversicherung der Rentenversicherungsträger zuständig – als auch eine Auslegung zu, bei der die persönlichen Voraussetzungen, zB des § 10 SGB VI, zu prüfen sind (Götz DRV 2003, 632 (635)). Für die enge Auslegung spricht § 7 Abs. 1 S. 2, der zwischen der Zuständigkeit eines Rehabilitationsträgers und den Leistungsvoraussetzungen differenziert. Die andere Auslegung rechtfertigt sich aus § 16 Abs. 1 SGB I; denn darin wird zwischen Zuständigkeit und konkreter Leistungsverpflichtung gerade nicht unterschieden.

6b Das Zuständigkeitsklärungsverfahren ist nach § 26 Abs. 2 Nr. 3, 5 Gegenstand gemeinsamer Empfehlungen soweit die Ausgestaltung des Teilhabeplanverfahrens und die Koordinierung von Leistungen zur Teilhabe betroffen sind.

1. Antragstellung und Nichtweiterleitung

7 Abs. 1 S. 1 verlangt eine Entscheidung des Rehabilitationsträgers binnen zwei Wochen seit Antragstellung. Ein Antrag liegt vor, wenn die Identität und das konkrete Leistungsbegehren erkennbar sind, so dass eine Zuständigkeitsprüfung erfolgen kann (KHM/Grauthoff § 14 Rn. 7; LPK-SGB IX/Joussen § 14 Rn. 6). Der Antrag ist gestellt mit seinem Zugang, dh mit dem Eingang bei dem Rehabilitationsträger oder einer sonstigen Stelle iSd § 16 Abs. 1 S. 2 SGB I bzw. seit Kenntnis des Rehabilitationsbedarfs (vgl. die im Abs. 4 getroffene Regelung). Insoweit entspricht bei von Amts wegen festzustellenden Leistungen – wie in der gesetzlichen Unfallversicherung – kraft ausdrücklicher gesetzlicher Regelung im Abs. 4 der Tag der Kenntnis des voraussichtlichen Rehabilitationsbedarfs dem für den Lauf der Bearbeitungsfristen nach Abs. 1 maßgeblichen Tag der Antragstellung. Für die Fristberechnung gilt § 26 SGB X. Eine Antragstellung bei einer Stelle iSd § 16 SGB I, die jedoch nicht Rehabilitationsträger (§ 6) ist, setzt die Antragsfrist nicht in Gang (Knittel § 14 Rn. 54). Werden mehrere Anträge bei unterschiedlichen Rehabilitationsträgern gestellt, bestimmt sich der zuständige Rehabilitationsträger nach dem zeitlich ersten Antrag (LSG Nds-Brem 17.3.2020 – L 7 AL 8 1/19, BeckRS 2020, 5720).

8 Wird der Antrag bei einer Krankenkasse gestellt, muss die Prüfung der Zuständigkeit nach Abs. 1 S. 1 Hs. 2 innerhalb der Zweiwochenfrist auch in Bezug auf die Leistungspflicht nach § 40 Abs. 4 SGB V durchgeführt werden. Danach werden Leistungen zur medizinischen Rehabilitation von den Krankenkassen nur erbracht, wenn nach den für andere Träger der Sozialversicherung geltenden Vorschriften mit Ausnahme des § 31 SGB VI solche Leistungen nicht erbracht werden können, dh die Krankenkassen sind grds. nur subsidiär zuständig.

9 Bei Anträgen, die über die Agentur für Arbeit gestellt werden, entfällt nach Abs. 1 Satz 4 die vorherige Prüfung nach § 11 Abs. 2a Nr. 1 SGB VI bzw. § 22 Abs. 2 SGB III. Die erstgenannte Regelung dient der Verfahrensbeschleunigung, weil nicht mehr zunächst durch den Rentenversicherungsträger festgestellt werden muss, ob ohne die Leistungen zur Teilhabe am Arbeitsleben Rente wegen verminderter Erwerbsfähigkeit zu leisten wäre. In § 22 Abs. 2 SGB III ist der allgemeine Nachrang von Leistungen nach dem SGB III geregelt.

9a Bei einer Nichtweiterleitung des Antrags innerhalb der Zweiwochenfrist des Abs. 1 S. 1 zeigt sich die Bedeutung der Vorschrift: Nach der übereinstimmenden Rspr. der jeweiligen Fachsenate des BSG bleibt der erstangegangene Rehabilitationsträger dann nämlich nach Abs. 2 Satz 1 im Außenverhältnis zum Menschen mit Behinderungen allein zuständig und leistungspflichtig; die Leistungspflicht bestimmt sich dabei nicht nur nach dem für ihn geltenden materiellen Leistungsgesetz, sondern nach allen im konkreten Bedarfsfall in Betracht kommenden Rechtsgrundlagen (BSG 21.8.2008 – B 13 R 33/07 R, SozR 4–3250 § 14 Nr. 7 = BeckRS 2008, 57040; 25.6.2008 – B 11b AS 19/07 R, BeckRS 2008, 56182; 20.11.2008 – B 3 KN 4/07 KR R, BSGE 102, 90 ff.; 25.6.2009 – B 3 KR 4/08 R, BeckRS 2009, 72863 zum „GPS-System" als Hilfsmittel für blinde oder sehbehinderte Menschen; BSG 11.5.2011 – B 5 R 54/10 R, BeckRS 2011, 76920 zum Persönlichen Budget; BSG 24.1.2013 – B 3 KR 5/12 R, BeckRS 2013, 70363; BSG 3.2.2015 – B 13 R 261/14 B, BeckRS 2015, 66525; SG Karlsruhe 26.9.2016 – S 5 R 771/16, NZS 2017, 390; SG Hannover 22.2.2017 – S 14 R 275/15, BeckRS 2017, 106241). Diese Befassungswirkung des erstangegangenen Trägers entfällt auch grds. dann nicht, wenn der erstangegangene Träger, ohne den Antrag weitergeleitet zu haben, das Verwaltungsverfahren durch Erlass eines Verwaltungsakts – ggf. auch bindend (vgl. § 77 SGG) – abschließt. Für ein etwaiges Überprüfungsverfahren nach § 44 SGB X bleibt der erstangegangene Rehabilitationsträger dann grds. zuständig (BayLSG 27.11.2012 – L 13 R 661/10, BeckRS 2013, 66690); eine Ausnahme soll für den nach § 14 im Außenverhältnis zum Menschen mit Behinderungen zuständigen Träger nur dann gelten, wenn der Mensch mit Behinderungen diesen Träger wegen Verjährung oder Ablaufs der Vierjahresfrist des § 44 Abs. 4 SGB X nicht mehr in Anspruch nehmen kann (zur teleologischen Reduktion in derartigen Fällen s. BSG 21.8.2008 – B 13 R 33/07 R, SozR 4–3250 § 14 Nr. 7 = BeckRS 2008, 57040). Der nach § 14 iErg endgültig zuständige Träger ist im Gerichtsverfahren, in dem zB der Sozialhilfeträger in Anspruch genommen wird, dann nach § 75 Abs. 2 SGG notwendig beizuladen (BSG 29.9.2009 – B 8 SO 19/08 R, BeckRS 2010, 66159).

2. Weiterleitung des Antrags

Stellt der angegangene Rehabilitationsträger bei der Prüfung seiner Zuständigkeit nach Abs. 1 S. 1 fest, dass er für die beantragte Leistung nicht zuständig ist, leitet er den Antrag unverzüglich, dh ohne schuldhaftes Zögern (§ 121 BGB), an den nach seiner Auffassung zuständigen Rehabilitationsträger weiter (Abs. 1 S. 2). Bei der Weiterleitung handelt es sich nicht um einen Verwaltungsakt iSd § 31 SGB X, sondern die Weiterleitung ist schlichtes Verwaltungshandeln (LSW/Welti § 14 Rn. 31; Knittel § 14 Rn. 77; jurisPK-SGB IX/Ulrich § 14 Rn. 85; HessLSG 5.6.2013 – L 8 KR 127/13 B, BeckRS 2013, 69939; LSG BW 24.1.22 – L 12 U 1313/21, BeckRS 2022, 21334; SG Fulda 2.1.2012 – S 1 R 151/09, BeckRS 2012, 65600). Als **„Weiterleitung"** ist ein nach außen für den Empfänger, dh für den anderen Rehabilitationsträger als Adressaten der Weiterleitung, klar erkennbares Verhalten des erstangegangenen Rehabilitationsträger zu verstehen, wonach dieser seine Zuständigkeit geprüft und verneint hat und aus diesem Grund den Antrag an den nach seiner Auffassung zuständigen Rehabilitationsträger weitergereicht hat (LSG Nds-Brem 9.10.2015 – L 2 R 6/14, NZS 2016, 71; vgl. zu innerdienstlichen Weisungen LSG Nds-Brem 29.10.2015 – L 8 SO 122/12). Der Antragsteller ist von der Weiterleitung zu unterrichten. Bei dieser Unterrichtung handelt es sich ebenfalls nicht um einen Verwaltungsakt iSd § 31 SGB X, sondern um schlichtes Verwaltungshandeln (LSG BW 24.1.22 – L 12 U 1313/21, BeckRS 2022, 21334). 10

Eine Weiterleitung des Antrags ist zudem nach Abs. 1 S. 3 auch in den Fällen vorgesehen, in denen eine Entscheidung im Zuständigkeitsklärungsverfahren innerhalb der Zweiwochenfrist deshalb nicht möglich ist, weil dafür die **Ursache der Behinderung** zu klären ist. Hiervon betroffen sind in erster Linie die Träger der gesetzlichen Unfallversicherung. Gegenüber der bisherigen Fassung des Gesetzes ist nunmehr aber keine gesetzliche Verpflichtung mehr vorhanden, sondern es liegt im pflichtgemäßen Ermessen des Rehabilitationsträger („soll"). In diesen Fällen soll der Antrag nach Abs. 1 S. 3 unverzüglich dem Träger zugeleitet werden, der die Leistung ohne Rücksicht auf die Ursache der Behinderung erbringt. Dieses bedeutet jedoch auch, dass ein anderer Reha- 11 bilitationsträger vorhanden sein muss (LSG Bln-Bbg 21.11.2013 – L 3 R 879/11, BeckRS 2014, 67756).

11a Handelt es sich bei dem Antrag um die (Weiter-)Gewährung von Eingliederungshilfe für einen jungen Volljährigen nach § 35a SGB VIII, vertritt das OVG Münster die Meinung, dass bei Erreichen der Volljährigkeit eine zuständigkeitsrelevante Zäsur iSd § 14 SGB IX eintritt, die trotz unveränderten Teilhabebedarfs zur Weiterleitung des („Fortsetzungs-")Antrags auf Eingliederungshilfe für junge Volljährige an einen anderen Rehabilitationsträger berechtigt (OVG Münster 9.6.2021 – 12 B 636/21, BeckRS 2021, 18756; JAmt 2021, 653 mwA.).

12 Der Träger, an den der Antrag weitergeleitet worden ist, ist an die Entscheidung des erstangegangenen Rehabilitationsträger gebunden (zur Ausnahme vgl. Abs. 3 „Turboklärung"). Der Mensch mit Behinderungen soll durch Fragen der Zuständigkeit keinerlei Nachteile erleiden und die Leistungen erhalten (SächsLSG 30.4.2013 – L 5 R 408/12, BeckRS 2013, 69266). Der zweitangegangene Rehabilitationsträger ist demnach im Außenverhältnis, also im Verhältnis zum Menschen mit Behinderungen, ebenfalls endgültig und auch umfassend leistungspflichtig, weil er alle in Betracht zu ziehenden Rechtsgrundlagen heranzuziehen hat (so auch schon BSG 26.6.2007 – B 1 KR 34/06 R, SozR 4–3250 § 14 Nr. 4 = NZS 2008, 436).

13 Hat der erstangegangene Rehabilitationsträger den Antrag nicht fristgerecht weitergeleitet, so hat dieser Rehabilitationsträger den Antrag hinsichtlich aller in Betracht kommenden Bedarfe zu prüfen – unabhängig von den Regelungen seines Leistungsgesetzes. Seine Zuständigkeit ist eine ausschließliche (LSG Nds-Brem 4.11.2013 – L 2 R 438/13 ER, BeckRS 2013, 74941; SG Aachen 15.12.2015 – S 13 R 135/15, BeckRS 2016, 65430; LSG BW 19.4.2016 – L 13 R 5102/13, BeckRS 2016, 69471). Alle anderen Rehabilitationsträger haben ihre Entscheidungsbefugnis über die Gewährung von Teilhabeleistungen verloren (LSG Bln-Bbg 9.11.2010 – L 8 R 764/10, BeckRS 2011, 65025).

14 Eine Weiterleitung des Antrags an eine Pflegekasse scheidet aus Rechtsgründen aus. Denn die Pflegekassen gehören nicht zum Kreis der Rehabilitationsträger, für die das SGB IX gilt (vgl. § 6). Die Pflegekassen müssen aber obligatorisch **vorläufige Leistungen zur medizinischen Rehabilitation** erbringen, wenn dies sofort erforderlich ist, um Pflegebedürftigkeit zu vermeiden oder zu vermindern (§ 32 Abs. 1 SGB XI). Die Pflegekassen weisen im Falle der vorläufigen Leistungserbringung den zuständigen Träger auf die Notwendigkeit von Leistungen hin, erbringen sie jedoch spätestens vier Wochen nach der Antragstellung selbst (§ 32 Abs. 2 SGB XI). § 32 Abs. 1 SGB XI bildet eine spezielle Regelung im Verhältnis zu der allgemeinen Vorschrift des § 43 Abs. 1 SGB I; auch § 14 geht als lex specialis den Regelungen in § 43 SGB I zur vorläufigen Erbringung von Leistungen vor, da § 43 Abs. 1 S. 1 voraussetzt, dass ein Streit zwischen den Leistungsträgern darüber besteht, wer zur Leistung verpflichtet ist. Ein derartiger Streit ist aber unter Heranziehung der in § 14 getroffenen Regelungen ausgeschlossen.

15 Mit Abs. 5 wird der Vorrang der Regelung gegenüber den allgemeinen Regelungen nochmals hervorgehoben. Da § 16 Abs. 2 S. 1 SGB I Regelungen zur Antragstellung bei einer unzuständigen Behörde enthält, wird klargestellt, dass diese Regelung nicht gilt, wenn der Antrag auf Leistungen zur Teilhabe bei einem Rehabilitationsträger gestellt wird.

C. Turboklärung

16 Die neu eingefügte Regelung erlaubt auch dem zweitangegangenen Rehabilitationsträger eine nochmalige **Weiterleitung.** Weil dieses aber nicht zu Lasten des Menschen mit Behinderungen gehen darf, bestehen enge Voraussetzungen. Der zweitangegangene Re-

habilitationsträger darf nach seinem Leistungsrecht für die Leistung insgesamt nicht zuständig sein und muss sich mit dem nach seiner Auffassung zuständigen Rehabilitationsträger in Verbindung setzen. Besteht Einvernehmen zwischen den Rehabilitationsträger über die Zuständigkeit kann der Antrag weitergeleitet werden. Der Antragsteller ist hiervon zu unterrichten. Der dann leistende Rehabilitationsträger muss innerhalb der Fristen des Abs. 2 S. 4 entscheiden, dh er muss sich die bereits verstrichene Zeit anrechnen lassen. Inhaltlich soll damit sichergestellt werden, dass der Rehabilitationsträger entscheidet, der die meiste fachliche Kenntnis hinsichtlich des Bedarfes hat. Nach der gesetzlichen Begründung gilt dieses auch, wenn der zweitangegangene Rehabilitationsträger für die betreffende Leistungsgruppe nach § 6 Abs. 1 Rehabilitationsträger sein könnte, aber nach seinem Leistungsgesetz nicht zuständig ist (BT-Drs. 18/9522, 231; Bsp.: Krankenkasse leitet Antrag auf medizinische Rehabilitation an die DRV Bund weiter; diese ist nicht zuständiger Rentenversicherungsträger und leitet den Antrag an den zuständigen Rentenversicherungsträger weiter).

D. Rehabilitationsbedarf und Fristen

Wird der Antrag nicht weitergeleitet, stellt der zuständige Rehabilitationsträger den Rehabilitationsbedarf (→ § 12 Rn. 2 ff.) unverzüglich und umfassend fest (Abs. 2 S. 1). Der Rehabilitationsträger bedient sich hierzu der Instrumente nach § 13. Der Begriff „unverzüglich" (vgl. § 121 BGB) auf der Rechtsfolgeseite dieser Bestimmung ist nach Abs. 2 S. 2 zeitlich dahingehend konkretisiert, dass die Entscheidung des Rehabilitationsträgers innerhalb von drei Wochen ergehen muss, wenn für die Feststellung des Rehabilitationsbedarfs die Einholung eines Gutachtens nicht erforderlich ist. Mit der Ergänzung des Begriffes „umfassend" verdeutlicht der Gesetzgeber nochmals, dass sich die Prüfung des **Rehabilitationsbedarfs** nicht nur auf Regelungen der eigenen Leistungsgesetze beziehen darf. Längstens drei Wochen nach der Antragstellung bzw. nach Kenntnis des voraussichtlichen Rehabilitationsbedarfs (Abs. 2 S. 2) muss in derartigen Fällen – ohne Gutachten – die Entscheidung über die Gewährung der Leistung getroffen werden. 17

Ist für die Feststellung des Rehabilitationsbedarfs die Erstellung eines Gutachtens erforderlich (vgl. § 17), so erfolgt die Entscheidung innerhalb von zwei Wochen nach Vorliegen des Gutachtens (Abs. 2 S. 3). Der Gutachter selbst hat für die Erstellung des Gutachtens zwei Wochen Zeit (§ 17 Abs. 2 S. 1). Bei der Anforderung einer gutachterlichen Stellungnahme der Bundesagentur für Arbeit nach § 54 muss die Entscheidung innerhalb von zwei Wochen nach Vorlage der Stellungnahme erfolgen. 18

E. Leistungen von Amts wegen

Da die Regelungen der Abs. 1 u. 2 in der Berechnung der Fristen immer von einer Antragstellung aus rechnen, war es notwendig, diese Regelung sinngemäß auch auf Leistungen von Amts wegen zu übertragen (Unfallversicherung, Eingliederungs-, Sozial- und Jugendhilfe, Kriegsopferfürsorge; jurisPK-SGB IX/Ulrich Rn. 123). Hierbei wird die Kenntnis des voraussichtlichen Rehabilitationsbedarfs mit der Antragstellung gleichgesetzt (Abs. 4 S. 2). 19

§ 15 Leistungsverantwortung bei Mehrheit von Rehabilitationsträgern

(1) [1] **Stellt der leistende Rehabilitationsträger fest, dass der Antrag neben den nach seinem Leistungsgesetz zu erbringenden Leistungen weitere Leistungen zur Teilhabe umfasst, für die er nicht Rehabilitationsträger nach § 6 Absatz 1 sein kann, leitet er den**

Antrag insoweit unverzüglich dem nach seiner Auffassung zuständigen Rehabilitationsträger zu. ²Dieser entscheidet über die weiteren Leistungen nach den für ihn geltenden Leistungsgesetzen in eigener Zuständigkeit und unterrichtet hierüber den Antragsteller.

(2) ¹Hält der leistende Rehabilitationsträger für die umfassende Feststellung des Rehabilitationsbedarfs nach § 14 Absatz 2 die Feststellungen weiterer Rehabilitationsträger für erforderlich und liegt kein Fall nach Absatz 1 vor, fordert er von diesen Rehabilitationsträgern die für den Teilhabeplan nach § 19 erforderlichen Feststellungen unverzüglich an und berät diese nach § 19 trägerübergreifend. ²Die Feststellungen binden den leistenden Rehabilitationsträger bei seiner Entscheidung über den Antrag, wenn sie innerhalb von zwei Wochen nach Anforderung oder im Fall der Begutachtung innerhalb von zwei Wochen nach Vorliegen des Gutachtens beim leistenden Rehabilitationsträger eingegangen sind. ³Anderenfalls stellt der leistende Rehabilitationsträger den Rehabilitationsbedarf nach allen in Betracht kommenden Leistungsgesetzen umfassend fest.

(3) ¹Die Rehabilitationsträger bewilligen und erbringen die Leistungen nach den für sie jeweils geltenden Leistungsgesetzen im eigenen Namen, wenn im Teilhabeplan nach § 19 dokumentiert wurde, dass

1. die erforderlichen Feststellungen nach allen in Betracht kommenden Leistungsgesetzen von den zuständigen Rehabilitationsträgern getroffen wurden,
2. auf Grundlage des Teilhabeplans eine Leistungserbringung durch die nach den jeweiligen Leistungsgesetzen zuständigen Rehabilitationsträger sichergestellt ist und
3. die Leistungsberechtigten einer nach Zuständigkeiten getrennten Leistungsbewilligung und Leistungserbringung nicht aus wichtigem Grund widersprechen.

²Anderenfalls entscheidet der leistende Rehabilitationsträger über den Antrag in den Fällen nach Absatz 2 und erbringt die Leistungen im eigenen Namen.

(4) ¹In den Fällen der Beteiligung von Rehabilitationsträgern nach den Absätzen 1 bis 3 ist abweichend von § 14 Absatz 2 innerhalb von sechs Wochen nach Antragseingang zu entscheiden. ²Wird eine Teilhabeplankonferenz nach § 20 durchgeführt, ist innerhalb von zwei Monaten nach Antragseingang zu entscheiden. ³Die Antragsteller werden von dem leistenden Rehabilitationsträger über die Beteiligung von Rehabilitationsträgern sowie über die für die Entscheidung über den Antrag maßgeblichen Zuständigkeiten und Fristen unverzüglich unterrichtet.

Übersicht

A. Allgemeines

1 Die Regelung, wie bei einer Mehrheit von Rehabilitationsträgern zu verfahren ist, war bisher in § 14 Abs. 6 getroffen worden. Die neue Regelung ermöglicht einen größeren Spielraum, weil erstmals eine Aufteilung des Antrags und eine teilweise Antragsweiterleitung zulässig ist, ohne hierbei jedoch den Grundsatz der Erbringung „aus einer Hand" aufzugeben. Sie modifiziert für diesen eng begrenzten Bereich die bisherige Rspr. des BSG (BSG 11.5.2011 – B 5 R 54/10 R, BeckRS 2011, 76920; 3.2.2015 – B 13 R 261/14, BeckRS 2015, 66525). Die Vorschrift des § 15 geht den allgemeinen Regelungen über Beauftragungen zwischen Sozialleistungsträgern (§§ 88 ff. SGB X) vor, da der leistende Rehabilitationsträger im Vergleich zum vertraglich oder gesetzlich beauftragten Sozialleistungsträger weitergehende Rechte und Pflichten wahrnimmt.

B. Teilweise Antragsweiterleitung

Die Möglichkeit einer inhaltlichen Aufsplittung des Antrags auf Leistungen zur Teilhabe und damit zur teilweisen Antragsweiterleitung setzt voraus, dass der zuerst mit dem Antrag beschäftigte Rehabilitationsträger (früher: erstangegangener Rehabilitationsträger; jetzt: leistender Rehabilitationsträger) einen Bedarf erkennt, der Ansprüche auf Leistungen außerhalb seines Leistungsgesetzes ausweist („weitere Leistungen zur Teilhabe umfasst") und für die er nicht Rehabilitationsträger nach § 6 Abs. 1 sein kann (jurisPK-SGB IX/Ulrich § 15 Rn. 37; Schaumberg SGb 2019, 206, 207). Entscheidend ist hierbei, dass der Gesetzgeber klar zwischen dem Aufgabenumfang als Rehabilitationsträger und dem Umfang aus den Leistungsgesetzen unterscheidet (Bsp.: Hörgeräte sind nach der Rspr. keine Leistungen zur Teilhabe am Arbeitsleben, sondern Leistungen zur medizinischen Rehabilitation. Ein Hörgeräteantrag kann nach Zahlung des Festbetrages nicht an den Rentenversicherungsträger unter Hinweis auf § 15 Abs. 1 S. 1 weitergeleitet werden, weil die Krankenversicherung für Leistungen zur medizinischen Rehabilitation grds. nach § 6 Abs. 1 zuständig ist). Die Weiterleitung an den anderen Rehabilitationsträger hat „unverzüglich" zu erfolgen, dh ohne schuldhaftes Verzögern (jurisPK-SGB IX/Ulrich § 15 Rn. 37). Anders als in § 14 Abs. 1 S. 2 ist der Begriff unverzüglich hier nicht direkt mit einer Frist verbunden, es sind jedoch die Entscheidungsfristen aus Abs. 4 zu beachten. Der weitere Rehabilitationsträger entscheidet innerhalb seines Leistungsgesetzes eigenständig und in originärer Trägerverantwortung und teilt dieses dem Antragsteller selbst mit. 2

Die Verantwortung für die **Koordinierung** für die rechtzeitige Entscheidung (vgl. Abs. 4) über den gesamten Antrag liegt bei dem nach § 14 leistenden Rehabilitationsträger, der auch nach § 19 das Teilhabeplanverfahren durchzuführen hat (vgl. auch jurisPK-SGB IX/Ulrich § 15 Rn. 39). Diese Verantwortung sowie die Folgen aus § 18 (Selbstbeschaffung von Leistungen) oder § 16 Abs. 5 (Erstattungsverfahren) sollte dazu führen, dass eine Weiterleitung des Antrags in Bezug auf weitere Leistungen nur in sachlich begründeten Fällen erfolgt, die eine rechtzeitige Bearbeitung durch den beteiligten Träger erwarten lässt. 3

C. Trägermehrheit

In allen Fällen der Trägermehrheit, die nicht unter Abs. 1 fallen, bleibt nicht nur die Koordinierungsverantwortung, sondern auch die Leistungsverantwortung bei dem leistenden Rehabilitationsträger. Dieses betrifft Fälle, für die der leistende Rehabilitationsträger grds. nach § 6 Abs. 1 Rehabilitationsträger sein könnte, für die er aber nach seinem Leistungsgesetz nicht zuständig wäre. Diese Regelung entspricht dem vom BSG in stRspr (BSG 11.5.2011 – B 5 R 54/10 R, BeckRS 2011, 76920) entwickelten Prinzip der **„aufgedrängten Zuständigkeit"** im Verhältnis zum Antragsteller (LPK-SGB IX/Joussen § 15 Rn. 6; Schaumberg SGb 2019, 206, 208). Im Rahmen seiner Koordinationsverantwortung fordert der leistende Rehabilitationsträger von den anderen Rehabilitationsträger die für den Teilhabeplan nach § 19 erforderlichen Feststellungen. Da grds. auch mehr als zwei Rehabilitationsträger beteiligt sein können und die Informationen gesammelt nur bei dem leistenden Rehabilitationsträger eingehen, hat dieser die Verpflichtung alle anderen Rehabilitationsträger nach § 19 trägerübergreifend zu beraten (so auch jurisPK-SGB IX/Ulrich § 15 Rn. 50, → § 19 Rn. 2). 4

Die Entscheidungen der anderen Rehabilitationsträger können den leistenden Rehabilitationsträger trotz seiner Leistungsverantwortung binden, wenn diese innerhalb der Fristen des Abs. 2 S. 2 bei dem leistenden Rehabilitationsträger eingehen. Der Fristab- 5 lauf erfolgt innerhalb von zwei Wochen nach Anforderung der Entscheidung oder im Falle einer Begutachtung innerhalb von zwei Wochen nach Vorliegen des Gutachtens. Diese Fristen sind den Fristen aus § 14 nachgebildet. Die Bindungswirkung betrifft alle Feststellungen zur Anwendung der für den beteiligten Rehabilitationsträger maßgeblichen Leistungsgesetze. Die Bindungswirkung betrifft jedoch nur das Innenverhältnis der Rehabilitationsträger, nicht jedoch das Außenverhältnis zum Antragsteller. Hierfür bleibt allein der leistende Rehabilitationsträger verantwortlich.

5a Gehen die Entscheidungen der anderen Rehabilitationsträger nicht innerhalb der Fristen ein, stellt der leistende Rehabilitationsträger den Rehabilitationsbedarf eigenverantwortlich nach allen in Betracht kommenden Leistungsgesetzen umfassend fest.

D. Eigene Leistungserbringung

6 In Abs. 3 S. 1 regelt der Gesetzgeber den von ihm erwarteten Standardfall, dass alle Träger und Leistungsberechtigten im **Teilhabeplanverfahren** zusammengearbeitet und Einvernehmen darüber hergestellt haben (LPK-SGB IX/Joussen § 15 Rn. 8), dass eine Leistungserbringung durch die Rehabilitationsträger sichergestellt ist, weil die **Bedarfsfeststellung** umfassend und nahtlos erfolgt ist. Hintergrund dieser Annahme ist, dass in konfliktfreien Leistungsfällen die Entscheidung durch die jeweils zuständigen Leistungsträger anstelle des leistenden Rehabilitationsträger den erforderlichen Verwaltungsaufwand erheblich verringern und dadurch zu einer Beschleunigung des Verfahrens führen würde. Außerdem wäre ein Erstattungsverfahren nach § 16 überflüssig. Zur Dokumentation sind die in Nr. 1–3 aufgelisteten Punkte im Teilhabeplan festzuhalten. Während die Nr. 1 u. 2 die Rehabilitationsträger betrifft, ist Nr. 3 an die Leistungsberechtigten gerichtet. Hiernach wird dem Leistungsberechtigten ein Widerspruchsrecht gegen die getrennte Leistungsbewilligung und -erbringung eingeräumt. Im Wortlaut des Gesetzes wird von einem „wichtigen Grund" gesprochen. Nach der gesetzlichen Begründung (BT-Drs. 18/9522, 235) reicht es aus, wenn der Leistungsberechtigte in der Vergangenheit von einem Rehabilitationsträger Leistung nur unter Schwierigkeiten bekommen habe und daher auf eine Leistungserbringung nicht vertrauen würde oder die Kommunikation mit dem Rehabilitationsträger erschwert sei. Es sollten daher keine gesteigerten Anforderungen an den „wichtigen Grund" gestellt werden.

7 Für den Konfliktfall sieht Abs. 3 S. 2 vor, dass dann der leistende Rehabilitationsträger über die Leistungen, für die er grds. nach § 6 Abs. 1 Rehabilitationsträger sein kann, ungeachtet der nach den Leistungsgesetzen bestehenden Zuständigkeiten im eigenen Namen entscheidet und den Verwaltungsakt erlässt, wenn die Voraussetzung für eine getrennte Leistungserbringung nicht erfüllt sind. Für diesen Fall liegt die volle Koordinierungs- und Leistungsverantwortung bei ihm, damit der Leistungsberechtigte weiterhin von der Klärung der Zuständigkeiten befreit ist.

E. Fristen

8 Aufgrund des erheblich höheren Verwaltungsaufwandes bei der Koordinierung werden für Fälle der Trägermehrheit die Fristen des § 14 verlängert. Die Entscheidungsfrist wird von drei auf sechs Wochen verlängert, für den Fall der Durchführung einer **Teilhabekonferenz** sogar auf zwei Monate, jeweils ab Antragseingang gerechnet (jurisPK-SGB IX/Ulrich § 15 Rn. 47). Diese Fristen gelten unabhängig von der Frage, ob eine Begutachtung erforderlich ist oder nicht, dh eine Begutachtung verlängert die Fristen nicht. Der nach § 14 leistende Rehabilitationsträger sollte daher im eigenen Interesse, bereits mit der Beteiligung der anderen Rehabilitationsträger auch das erforderliche

Benehmen über die Beauftragung eines Gutachters herstellen. Nach Abs. 4 S. 3 hat der leistende Rehabilitationsträger die Antragsteller über die Beteiligung anderer Rehabilitationsträger sowie über die Zuständigkeiten und Fristen zu unterrichten.

§ 16 Erstattungsansprüche zwischen Rehabilitationsträgern

(1) Hat ein leistender Rehabilitationsträger nach § 14 Absatz 2 Satz 4 Leistungen erbracht, für die ein anderer Rehabilitationsträger insgesamt zuständig ist, erstattet der zuständige Rehabilitationsträger die Aufwendungen des leistenden Rehabilitationsträgers nach den für den leistenden Rehabilitationsträger geltenden Rechtsvorschriften.

(2) [1]Hat ein leistender Rehabilitationsträger nach § 15 Absatz 3 Satz 2 Leistungen im eigenen Namen erbracht, für die ein beteiligter Rehabilitationsträger zuständig ist, erstattet der beteiligte Rehabilitationsträger die Aufwendungen des leistenden Rehabilitationsträgers nach den Rechtsvorschriften, die den nach § 15 Absatz 2 eingeholten Feststellungen zugrunde liegen. [2]Hat ein beteiligter Rehabilitationsträger die angeforderten Feststellungen nicht oder nicht rechtzeitig nach § 15 Absatz 2 beigebracht, erstattet der beteiligte Rehabilitationsträger die Aufwendungen des leistenden Rehabilitationsträgers nach den Rechtsvorschriften, die der Leistungsbewilligung zugrunde liegen.

(3) [1]Der Erstattungsanspruch nach den Absätzen 1 und 2 umfasst die nach den jeweiligen Leistungsgesetzen entstandenen Leistungsaufwendungen und eine Verwaltungskostenpauschale in Höhe von 5 Prozent der erstattungsfähigen Leistungsaufwendungen. [2]Eine Erstattungspflicht nach Satz 1 besteht nicht, soweit Leistungen zu Unrecht von dem leistenden Rehabilitationsträger erbracht worden sind und er hierbei grob fahrlässig oder vorsätzlich gehandelt hat.

(4) [1]Für unzuständige Rehabilitationsträger ist § 105 des Zehnten Buches nicht anzuwenden, wenn sie eine Leistung erbracht haben,

1. ohne den Antrag an den zuständigen Rehabilitationsträger nach § 14 Absatz 1 Satz 2 weiterzuleiten oder

2. ohne einen weiteren zuständigen Rehabilitationsträger nach § 15 zu beteiligen,

es sei denn, die Rehabilitationsträger vereinbaren Abweichendes. [2]Hat ein Rehabilitationsträger von der Weiterleitung des Antrages abgesehen, weil zum Zeitpunkt der Prüfung nach § 14 Absatz 1 Satz 3 Anhaltspunkte für eine Zuständigkeit auf Grund der Ursache der Behinderung bestanden haben, bleibt § 105 des Zehnten Buches unberührt.

(5) [1]Hat der leistende Rehabilitationsträger in den Fällen des § 18 Aufwendungen für selbstbeschaffte Leistungen nach dem Leistungsgesetz eines nach § 15 beteiligten Rehabilitationsträgers zu erstatten, kann er von dem beteiligten Rehabilitationsträger einen Ausgleich verlangen, soweit dieser durch die Erstattung nach § 18 Absatz 4 Satz 2 von seiner Leistungspflicht befreit wurde. [2]Hat ein beteiligter Rehabilitationsträger den Eintritt der Erstattungspflicht für selbstbeschaffte Leistungen zu vertreten, umfasst der Ausgleich den gesamten Erstattungsbetrag abzüglich des Betrages, der sich aus der bei anderen Rehabilitationsträgern eingetretenen Leistungsbefreiung ergibt.

(6) Für den Erstattungsanspruch des Trägers der Eingliederungshilfe, der öffentlichen Jugendhilfe und der Sozialen Entschädigung gilt § 108 Absatz 2 des Zehnten Buches entsprechend.

Übersicht

A. Allgemeines

1 Die Regelungen über die Kostenerstattungen ergänzen wie bisher die allgemeinen Vorschriften nach §§ 102 ff. SGB X. Sie modifizieren nicht das gesamte Erstattungsverfahren zwischen den Rehabilitationsträger, sondern konkretisiert es im Hinblick auf das Verfahren zur Koordinierung der Leistungen nach Kap. 4 (§§ 14–24; vgl. LPK-SGB IX/Joussen § 16 Rn. 3). Die Vorschriften zur Kostenerstattung in § 16 gelten für den leistenden Rehabilitationsträger unabhängig davon, ob dieser erst- oder zweitangegangener Träger nach § 14 ist. Außerdem sind die Vorschriften als das notwendige Korrelat zu dem in § 15 Abs. 2, 3 verankerten Prinzip der Leistungserbringung „wie aus einer Hand“ anzusehen. Wenn sich im Rahmen eines Teilhabeplans alle Rehabilitationsträger auf eine eigenständige Leistungserbringung im eigenen Namen verständigt haben, entfallen Erstattungsansprüche (BT-Drs. 18/522, 235).

B. Erstattungsansprüche

2 Das System der Erstattungsansprüche in den §§ 102 ff. SGB X und in § 16 staffelt sich nach dem Grad der „Schutzbedürftigkeit“ des leistenden Rehabilitationsträger. Das System der Erstattungsansprüche muss dem Primärzweck des § 14 dienen, nämlich der schnellen Zuständigkeitsklärung im Außenverhältnis (so zu § 14 SGB IX 2001: BSG 26.6.2007 – B 1 KR 34/06 R, SozR 4–3250 § 14 Nr. 4 = NZS 2008, 436 zum Postulat des „umfassenden Ausgleichsmechanismus“). Sieht sich ein erstangegangener Rehabilitationsträger als zuständig an, leistet er und es stellt sich seine Unzuständigkeit heraus, so bestimmt sich sein Erstattungsanspruch gegenüber dem vorrangig verpflichteten, eigentlich zuständigen Rehabilitationsträger gem. §§ 103, 104 SGB X nach dem für den „eigentlich“ zuständigen Träger geltenden materiellen Leistungsgesetz. Der leistende Rehabilitationsträger erhält nicht mehr als der zuständige Rehabilitationsträger hätte leisten müssen. Die allgemeinen Erstattungsregelungen der §§ 103, 104 SGB X werden durch die in § 16 getroffenen speziellen Erstattungsregelungen nicht ausgeschlossen.

3 Dem erstangegangenen Rehabilitationsträger steht andererseits ein „privilegierter“ Erstattungsanspruch nicht zu (BSG 26.6.2007 – B 1 KR 34/06 R, SozR 4–3250 § 14 Nr. 4 = NZS 2008, 436). Hat der erstangegangene Träger allerdings bei der Prüfung nach § 14 Abs. 1 S. 1 seine Zuständigkeit verneint, aber gleichwohl geleistet, obwohl nach dem Ergebnis seiner Prüfung ein anderer Träger leistungspflichtig war, dann ist ein Erstattungsanspruch ausgeschlossen (BSG 26.6.2007 – B 1 KR 34/06 R, SozR 4–3250 § 14 Nr. 4 = NZS 2008, 436) und es besteht auch kein Erstattungsanspruch nach § 105 SGB X, weil er als zuständiger Träger geleistet hat.

C. Leistungserbringung nach § 14 Abs. 2 S. 4

4 Die Regelung des Abs. 1 entspricht der bisherigen Gesetzeslage für den zweitangegangenen Rehabilitationsträger (§ 14 Abs. 2 S. 4 SGB IX 2001). Dieser hat einen privilegierten Erstattungsanspruch nach Abs. 1 gegen den „eigentlich“ leistungspflichtigen Träger nach den für ihn selbst geltenden Rechtsvorschriften, also in vollem Umfang; dieser Erstattungsanspruch geht als der speziellere den allgemeinen Erstattungsvorschriften nach dem SGB X vor (BSG 26.6.2007 – B 1 KR 34/06 R, SozR 4–3250 § 14 Nr. 4 =

NZS 2008, 436). Dieser spezielle Anspruch ist begründet, soweit der Versicherte vom Träger, der ohne die Regelung zuständig wäre, die gewährte Maßnahme hätte beanspruchen können (BSG 22.6.2010 – B 1 KR 32/09 R, BeckRS 2010, 72143). Die Regelung begründet einen Ausgleich dafür, dass der zweitangegangene Rehabilitationsträger – bei Vorliegen eines entsprechenden Rehabilitationsbedarfs – die erforderlichen Rehabilitationsleistungen (spätestens nach drei Wochen) selbst dann erbringen muss, wenn er der Meinung ist, hierfür nicht zuständig zu sein. Dabei handelt es sich um eine gleichsam „aufgedrängte Zuständigkeit" (BSG 22.6.2010 – B 1 KR 34/06 R, BSGE 98, 267 = SozR 4–3250 § 14 Nr. 4). Diese in § 14 Abs. 1 S. 2 geregelte Zuständigkeitszuweisung erstreckt sich im Außenverhältnis zum Versicherten auf alle Rechtsgrundlagen, die in dieser Bedarfssituation für Rehabilitationsträger vorgesehen sind. Im Verhältnis zum behinderten Menschen wird dadurch eine eigene gesetzliche Verpflichtung des zweitangegangenen Trägers begründet, die – vergleichbar der Regelung des § 107 SGB X – einen endgültigen Rechtsgrund für das Behaltendürfen der Leistung in diesem Rechtsverhältnis bildet. Im Verhältnis der Rehabilitationsträger untereinander ist jedoch eine Lastenverschiebung ohne Ausgleich nicht bezweckt. Den Ausgleich bewirkt der Anspruch nach § 16 Abs. 1 (BSG 22.6.2010 – B 1 KR 34/06 R, BSGE 98, 267 = SozR 4–3250 § 14 Nr. 4; 8.3.2016 – B 1 KR 27/15 R, BeckRS 2016, 68587).

Voraussetzung ist also, dass eine nochmalige Weiterleitung des Antrags nicht in Betracht kommt und der zweitangegangene Rehabilitationsträger nun Leistungen nach dem Leistungsgesetz eines anderen Rehabilitationsträger erbringt (BSG 8.3.2016 – B 1 KR 27/15 R, BeckRS 2016, 68587). Hierin sind auch die Fallkonstellationen eingeschlossen, in denen die in § 14 Abs. 3 erweiterten Möglichkeiten der „Turboklärung" aus Zeitgründen nicht genutzt werden konnten oder in dieser Frist keine einvernehmliche Klärung der Zuständigkeit erreicht werden konnte (BT-Drs. 18/9522, 236). Der Erstattungsanspruch soll sogar dann entstehen, wenn der zweitangegangene Rehabilitationsträger darauf verzichtet hat, die Möglichkeit einer „Turboklärung" in Betracht zu ziehen. Dem zweitangegangenen Rehabilitationsträger wird es also nicht negativ ausgelegt, wenn er von den erweiterten Möglichkeiten keinen Gebrauch gemacht – unabhängig davon, ob er sie erkannt hat oder bewusst darauf verzichtet hat. 5

D. Mehrheit von Rehabilitationsträger

Hat der nach § 14 leistende Rehabilitationsträger (vgl. § 14 Abs. 2 S. 1) einen Rehabilitationsbedarf festgestellt, für den mehrere Rehabilitationsträger zuständig sind und wird deshalb eine Teilhabeplanverfahren durchgeführt, so ist der leistende Rehabilitationsträger besonders schutzwürdig, wenn er die Leistungen im eigenen Namen erbringen muss, weil eine Erbringung durch die anderen Rehabilitationsträger nicht im Teilhabeplan nach § 19 dokumentiert werden konnte (vgl. § 15 Abs. 3 S. 1). Die Erstattung der Aufwendungen richtet sich dann nach den für die Leistungsbewilligung maßgeblichen, also der Entscheidung tatsächlich zugrunde gelegten Rechtsvorschriften. Es kommt für die Erstattung in diesen Fällen nicht darauf an, ob der leistende Rehabilitationsträger die Zuständigkeit nach den Leistungsgesetzen richtig bewertet hat (BT-Drs. 18/9522, 236). 6

E. Umfang des Erstattungsanspruchs

Die Regelung in Abs. 3 umfasst den Umfang des Erstattungsanspruchs. Hierin sind die nach den jeweiligen Leistungsgesetzen entstandenen Aufwendungen sowie erstmals eine Verwaltungskostenpauschale enthalten. Grundsätzlich handelt es sich dabei um die jeweiligen Kosten im Einzelfall (Knittel § 14 Rn. 151). Die Höhe des Erstattungs- 7 anspruchs bemisst sich nach dem Leistungsrecht des leistenden Trägers, nicht nach dem des zuständigen Trägers (KHM/Grauthoff § 14 Rn. 23; HessLSG 7.5.2015 – L 8 KR 145/12, BeckRS 2015, 69211). Zu den Aufwendungen gehören bspw. die Zahlung von Übergangsgeld eines zweitangegangenen Rehabilitationsträger bei einer Vorschusszahlung durch einen Grundsicherungsträger, da es sich hierbei um Aufwendungen des Rehabilitationsträgers „nach den für ihn geltenden Rechtsvorschriften" handelt (LSG Bln-Bbg 28.4.2016 – L 1 KR 77/16 NZB, BeckRS 2016, 69846). Nach dem BSG sind jedoch nicht nur die tatsächlichen Zahlungen umfasst, sondern auch die Eingehung von Verbindlichkeiten (BSG 8.9.2009 – B 1 KR 9/09 R, BeckRS 2009, 74365 für die Zahlung von Rentenversicherungsbeiträgen, auch wenn diese nach § 176 Abs. 3 SGB VI als gezahlt gelten).

8 Die Verwaltungskostenpauschale soll dem Interessenausgleich zwischen den am Verfahren beteiligten Rehabilitationsträger dienen, wenn Leistungsverpflichtungen für andere Rehabilitationsträger erfüllt wurden (BT-Drs. 18/9522, 235, 236). Da die Rehabilitationsträger ausdrücklich genannt sind, betrifft die Regelung nicht andere öffentliche Stelle (§ 22), die sich aber auch nicht oder nur mangelhaft beteiligen könnten. Hierfür wird keine Verwaltungspauschale fällig (Heinisch, Fachbeiträge Forum D, v. 5.4.2017).

8a Die Pauschale beträgt 5 % der nach den Leistungsgesetzen erstattungsfähigen Kosten. Die Höhe der Pauschale ist der Regelung des § 264 Abs. 7 SGB V nachgebildet worden. Nach Abs. 3 S. 2 entfällt die Erstattung nur bei vorsätzlichem Handeln oder grober Fahrlässigkeit. Hierdurch soll der leistende Rehabilitationsträger angemessen geschützt werden, wenn er anstelle anderer zuständiger Rehabilitationsträger Leistungen erbringt und ihm dabei im Rahmen der Fallbearbeitung und der Leistungserbringung versehentlich Fehler unterlaufen (BT-Drs. 18/9522, 236).

F. Ausschluss des § 105 SGB X

9 Bereits nach der bisherigen Gesetzeslage war ein Erstattungsanspruch nach § 105 SGB X ausgeschlossen, wenn ein unzuständiger Rehabilitationsträger einen Antrag nicht fristgerecht weitergeleitet und die Leistung erbracht hat (§ 14 Abs. 4 S. 3 SGB IX 2001). Diese Regelung wurde in Abs. 4 S. 1 Nr. 1 übernommen, ebenso wie die Möglichkeit Abweichendes zu vereinbaren (Abs. 4 S. 1). Neu hinzugekommen ist der Ausschluss für den Fall, dass der leistende Rehabilitationsträger keinen weiteren zuständigen Rehabilitationsträger nach § 15 beteiligt hat. Durch die gesetzliche Verankerung des Beteiligungs- und Teilhabeplanverfahrens ist der an sich oder in Teilen unzuständige Rehabilitationsträger in ein besonderes und insoweit abschließendes Verfahren der Zuständigkeitsregelung eingebunden (BT-Drs. 18/9522, 237).

10 Hat ein Rehabilitationsträger von der Weiterleitung abgesehen, weil innerhalb der Frist die Ursache der Behinderung nicht geklärt werden konnte, aber Anhaltspunkte für eine Zuständigkeit insbes. der Unfallversicherung vorlagen, so soll der Ausschluss des § 105 SGB X nicht greifen (Abs. 4 S. 2). Zur Begründung wird hierfür angeführt, dass in diesen Fällen die weitere Bearbeitung durch einen anderen Rehabilitationsträger nicht den Interessen des Leistungsberechtigten entsprechen würde. Die Leistungsberechtigten sollen nicht aus rein formalen Gründen an einen Rehabilitationsträger verwiesen werden, der im Rahmen einer qualifizierten Prognosebetrachtung iErg nicht zuständig sein wird. Sollte sich die Prognosebetrachtung als unzutreffend erweisen, wird der Rehabilitationsträger, der auf die Weiterleitung nach § 14 Abs. 1 S. 3 verzichtet hat, durch den Erstattungsanspruch nach § 105 SGB X geschützt (BT-Drs. 18/9522, 237). Ein weiterer Anspruch nach § 105 SGB X liegt nach der Rspr. vor (BSG 8.3.2016 – B 1 KR 27/15 R, BeckRS 2016, 68587), wenn ein erstangegangener Rehabilitationsträger einen Antrag außerhalb der Frist weitergeleitet hat und dieser Rehabilitationsträger den Antrag nochmals an den leistungsrechtlich zuständigen Rehabilitationsträger abgegeben hat (vgl. Anm. Peters-Lange, Fachbeiträge Forum D, v. 6.12.2016).

G. Selbstbeschaffte Leistungen

In den Fällen einer **Genehmigungsfiktion** nach § 18 ist der leistende Rehabilitationsträger gegenüber den Leistungsberechtigten umfassend zur Erstattung selbst beschaffter Leistungen verpflichtet (→ § 18 Rn. 10). Dieses Risiko wird durch Abs. 5 im Innenverhältnis der Rehabilitationsträger zueinander interessengerecht verteilt, indem die Aufwendungen zu erstatten sind, soweit der andere Rehabilitationsträger von seiner Leistungspflicht befreit wurde. Dieses gilt auch dann, wenn die zu erstattenden **selbstbeschafften Leistungen** über die gesetzlichen Leistungen hinausgehen (jurisPK-SGB IX/Ulrich § 16 Rn. 31). Ausgleichspflichtig ist dann der Rehabilitationsträger, der im Verfahren der Bedarfsfeststellung durch pflichtwidriges Verhalten die maßgeblichen Verzögerungen zu vertreten hat (BT-Drs. 18/9522, 237). Aufgrund seiner Koordinationsverantwortung und der Federführung im Verfahren sollte der leistende Rehabilitationsträger allerdings zumeist rechtzeitig entscheiden, so dass ein Vertretenmüssen anderer Rehabilitationsträger in der Regel ausscheidet. 11

H. Zinsanspruch

Nach Abs. 6 ist für die Träger der Eingliederungshilfe, der öffentlichen Jugendhilfe und der Sozialen Entschädigung ein Zinsanspruch möglich. Rechtsgrundlage dafür ist eine entsprechende Anwendung des § 108 Abs. 2 S. 1 Nr. 2 SGB X iVm § 44 Abs. 3 S. 1 SGB I. Hiernach haben die Sozialhilfeträger und die anderen in § 108 Abs. 2 SGB X genannten Träger auf Antrag Anspruch auf Verzinsung eines Erstattungsanspruchs mit 4 % für den Zeitraum nach Ablauf eines Kalendermonats nach Eingang des vollständigen, den gesamten Erstattungszeitraum umfassenden Erstattungsantrages beim zuständigen Erstattungsverpflichteten bis zum Ablauf des Kalendermonats vor der Zahlung (§ 108 Abs. 2 S. 1 Nr. 2 SGB X). Verzinst werden aber nur volle Euro-Beträge (§ 44 Abs. 3 S. 1 SGB I). Diese Vorschriften gelten für Erstattungsansprüche nach § 14 Abs. 4 entsprechend. (BSG 20.11.2008 – B 3 KR 16/08 R, BeckRS 2009, 61972). 12

§ 17 Begutachtung

(1) [1]Ist für die Feststellung des Rehabilitationsbedarfs ein Gutachten erforderlich, beauftragt der leistende Rehabilitationsträger unverzüglich einen geeigneten Sachverständigen. [2]Er benennt den Leistungsberechtigten in der Regel drei möglichst wohnortnahe Sachverständige, soweit nicht gesetzlich die Begutachtung durch einen sozialmedizinischen Dienst vorgesehen ist. [3]Haben sich Leistungsberechtigte für einen benannten Sachverständigen entschieden, wird dem Wunsch Rechnung getragen.

(2) [1]Der Sachverständige nimmt eine umfassende sozialmedizinische, bei Bedarf auch psychologische Begutachtung vor und erstellt das Gutachten innerhalb von zwei Wochen nach Auftragserteilung. [2]Das Gutachten soll den von den Rehabilitationsträgern vereinbarten einheitlichen Grundsätzen zur Durchführung von Begutachtungen nach § 25 Absatz 1 Nummer 4 entsprechen. [3]Die in dem Gutachten getroffenen Feststellungen zum Rehabilitationsbedarf werden den Entscheidungen der Rehabilitationsträger zugrunde gelegt. [4]Die gesetzlichen Aufgaben der Gesundheitsämter, des Medizinischen

Dienstes der Krankenversicherung nach § 275 des Fünften Buches und die gutachterliche Beteiligung der Bundesagentur für Arbeit nach § 54 bleiben unberührt.

(3) [1]Hat der leistende Rehabilitationsträger nach § 15 weitere Rehabilitationsträger beteiligt, setzt er sich bei seiner Entscheidung über die Beauftragung eines geeigneten Sachverständigen mit den beteiligten Rehabilitationsträgern über Anlass, Ziel und Umfang der Begutachtung ins Benehmen. [2]Die beteiligten Rehabilitationsträger informieren den leistenden Rehabilitationsträger unverzüglich über die Notwendigkeit der Einholung von Gutachten. [3]Die in dem Gutachten getroffenen Feststellungen zum Rehabilitationsbedarf werden in den Teilhabeplan nach § 19 einbezogen. [4]Absatz 2 Satz 3 gilt entsprechend.

(4) Die Rehabilitationsträger stellen sicher, dass sie Sachverständige beauftragen können, bei denen keine Zugangs- und Kommunikationsbarrieren bestehen.

Übersicht

A. Allgemeines

1 Die Vorschrift regelt das Verfahren der Begutachtung im Rahmen der Feststellung des Rehabilitationsbedarfs und entspricht im Wesentlichen der bisherigen Gesetzeslage (§ 14 Abs. 5 SGB IX 2001). Neu ist in Abs. 3 die Regelung über die Notwendigkeit der Abstimmung zwischen den Rehabilitationsträger bei einer Trägermehrheit.

B. Verfahrensrechtliche Grundsätze

2 Ist für die Feststellung des Rehabilitationsbedarfs ein Gutachten erforderlich, dann muss der leistende Rehabilitationsträger, also der zuständige erstangegangene Rehabilitationsträger (weil nicht fristgerecht weitergeleitet) oder aber der zweitangegangene Rehabilitationsträger, an den der Antrag nach § 14 Abs. 1 S. 2 weitergeleitet worden ist, innerhalb von zwei Wochen nach Vorliegen des einzuholenden Gutachtens seine Entscheidung über den gestellten Antrag treffen (§ 14 Abs. 2 S. 3, 4). Hat der leistende Rehabilitationsträger entschieden, dass ein Gutachten erforderlich ist, beauftragt er unverzüglich (ohne schuldhaftes Verzögern) einen geeigneten Sachverständigen (§ 21 Abs. 1 Nr. 2 SGB X). Das damit postulierte zügige und reibungslose Verfahren setzt voraus, dass dem Rehabilitationsträger eine ausreichende Anzahl geeigneter Sachverständiger zur Verfügung steht (Hauck/Noftz/Götze § 14 Rn. 33). Außerdem sollte Leistungsberechtigten zweckmäßigerweise eine Äußerungsfrist gesetzt werden, um das Auswahlverfahren zügig durchführen zu können und damit der Verpflichtung zur unverzüglichen Erteilung des Gutachtenauftrages zu entsprechen.

2a Hinsichtlich der Verpflichtung eines Arztes, den Gutachtenauftrag zu übernehmen, gilt § 21 SGB X iVm den Vorschriften der ZPO zum Sachverständigenbeweis (vgl. §§ 403 ff. ZPO). Nach § 21 Abs. 3 S. 3 SGB X sind die Bestimmungen über das Recht, ein Gutachten zu verweigern, und über die Ablehnung von Sachverständigen für entspr. anwendbar erklärt worden. Für die Entschädigung des Sachverständigen gilt nach § 21 Abs. 3 S. 4 SGB X das Justizvergütungs- und Entschädigungsgesetz (Art. 2 des Kostenmodernisierungsgesetzes v. 5.5.2004, BGBl. I S. 718, entsprechend, zuletzt geändert durch Art. 17 des Gesetzes v. 25.6.2021 (BGBl. I S. 2154).

Ein Sachverständiger sowie das Gutachten sind Beweismittel (Knittel § 14 Rn. 173). Der Begriff des „geeigneten" Sachverständigen ist gesetzlich nicht definiert, jedoch ist hier einerseits die Regelung des Abs. 4 (keine Zugangs- und Kommunikationsbarrieren) mit einzubeziehen und andererseits die erforderliche besondere Sachkunde für die Beantwortung der gestellten Fragen. 2b

Dem Leistungsberechtigten müssen drei Gutachter zur Auswahl gestellt werden (Abs. 1 S. 2), die möglichst wohnortnah zu erreichen sein sollen. Hiervon wird eine gesetzliche Ausnahme zugelassen, für den Fall, dass eine Begutachtung durch einen **sozialmedizinischen Dienst** vorgesehen ist (vgl. § 275 Abs. 1 Nr. 2 SGB V, Medizinischer Dienst der Krankenversicherung). Dieses bedeutet jedoch nicht, dass andere Rehabilitationsträger, die einen sozialmedizinischen Dienst beschäftigen, hieraus keine Ärzte als Sachverständige vorschlagen dürfen (Knittel § 14 Rn. 177). Ebenso kann ein Leistungsberechtigter nicht generell Mitarbeiter eines Rehabilitationsträgers ablehnen, mit der Begründung, diese seien grds. nicht objektiv (SG Oldenburg 8.6.2006 – S 41 AL 139/06 ER, Behindertenrecht 2006, 203, 204). Hat ein Leistungsberechtigter einen Sachverständigen ausgesucht, so ist diesem Wunsch zu folgen. Ein eigener Vorschlag des Leistungsberechtigten zur Beauftragung eines bestimmten Arztes bleibt aber nach den getroffenen Regelungen möglich. Ein eigenes bindendes Vorschlagsrecht besitzt der Leistungsberechtigte nicht (BSG 20.7.2010 – B 2 U 17/09 R, NZS 2011, 473 = BeckRS 2010, 74685). 3

Nach Abs. 4 dürfen nur Sachverständige beauftragt werden, bei denen Zugangs- und Kommunikationsbarrieren nicht bestehen. Diese Regelung ist eine spezielle Ausgestaltung der bereits in § 17 Abs. 1 Nr. 4 SGB I enthaltenen allgemeinen Bestimmung, wonach die Leistungsträger verpflichtet sind, darauf hinzuwirken, dass ihre Verwaltungs- und Dienstgebäude frei von Zugangs- und Kommunikationsbarrieren sind und Sozialleistungen in barrierefreien Räumen und Anlagen ausgeführt werden. Die Herstellung der sog. Barrierefreiheit ist das Kernstück des seit 1.5.2002 geltenden BGG (zuletzt geändert durch Art. 7 des Gesetzes v. 23.5.2022, BGBl. I S. 760). Nach der in § 4 BGG getroffenen Legaldefinition sind barrierefrei bauliche und sonstige Anlagen, Verkehrsmittel, technische Gebrauchsgegenstände, Systeme der Informationsverarbeitung, akustische und visuelle Informationsquellen und Kommunikationseinrichtungen sowie andere gestaltete Lebensbereiche, wenn sie für Menschen mit Behinderungen in der allg. üblichen Weise, ohne besondere Erschwernis und grds. ohne fremde Hilfe zugänglich und nutzbar sind. 4

C. Gutachten

Der Sachverständige nimmt eine umfassende **sozialmedizinische Begutachtung** vor (vgl. jurisPK-SGB IX/Ulrich § 17 Rn. 29). Der Wortlaut des Abs. 2 S. 1 entspricht § 14 Abs. 5 S. 5 SGB IX 2001. Neu ist die gesetzliche Formulierung, dass das Gutachten den einheitlichen Grundsätzen zur Durchführung von Begutachtungen (§ 25 Abs. 1 Nr. 4) entsprechen soll. Dieses war bislang in der Gemeinsame Empfehlung nach § 13 Abs. 1 SGB IX 2001 iVm § 12 Abs. 1 Nr. 4 SGB IX 2001 für die Durchführung von Begutachtungen möglichst nach einheitlichen Grundsätzen festgelegt. Die in dem Gutachten getroffenen Feststellungen zum Rehabilitationsbedarf werden den Entscheidungen der Rehabilitationsträger zugrunde gelegt. Dieses bedeutet jedoch keine strikte Bindung an das Ergebnis des Gutachtens, sondern dieses Ergebnis ist nur Teil der Leistungsentscheidung, die der Rehabilitationsträger vom Amts wegen (§ 20 SGB X) zu treffen hat (Mrozynski SGB IX/Jabben § 14 Rn. 47). Dieses kann auch dazu führen, dass der Rehabilitationsträger die Schussfolgerungen eines Gutachters nicht teilt (KKW/Kreike- 5 bohm § 14 Rn. 19). Er muss seine abweichende Entscheidung aber nachvollziehbar darlegen oder eine weitere Begutachtung beauftragen.

6 Die Sollvorschrift hinsichtlich der einheitlichen Grundsätze zur Begutachtung trägt dem Umstand Rechnung, dass nach den Leistungsgesetzen der Rehabilitationsträger ggf. besondere Anforderungen an die Begutachtung zu erfüllen sind (vgl. §§ 275 ff. SGB V). Insoweit sind die Vereinbarung und Berücksichtigung gemeinsamer Grundsätze nur unter Einschränkungen möglich. Zum Gegenstand der gemeinsamen Grundsätze kann insbes. die Anwendung international anerkannter Klassifikationen der Darstellung von Teilhabeeinschränkungen (ICF) zählen (BT-Drs. 18/9522, 236, 237).

7 Soweit Abs. 2 S. 1 dem Sachverständigen eine zweiwöchige Frist für die Erledigung des Gutachtenauftrages vorgibt, so beginnt diese Frist nach der Auftragserteilung, also mit dem Zugang des Gutachtenauftrags bei dem Sachverständigen. Der sehr kurz bemessene Zeitraum von zwei Wochen dürfte indes auf praktische Schwierigkeiten stoßen. Sanktionsmöglichkeiten gegen den Sachverständigen bei Fristüberschreitung bestehen nicht. Die Verhängung eines Ordnungsgeldes ist jedenfalls nach § 21 Abs. 3 SGB X nicht vorgesehen.

D. Trägerübergreifende Bedarfsfeststellung

8 Bei einer Mehrheit von Rehabilitationsträgern (§ 15) setzt sich der leistende Rehabilitationsträger mit den anderen Rehabilitationsträger vor seiner Entscheidung über die Beauftragung eines Sachverständigen ins Benehmen. Hierbei sollen sowohl Anlass wie Ziel und Umfang einvernehmlich festgelegt werden. Dieses ist erforderlich, damit die trägerübergreifende Bedarfsfeststellung im Teilhabeplan nur zu einem Begutachtungsprozess bei einem einzelnen Sachverständigen führt und dennoch das Gutachten die erforderlichen umfassenden Feststellungen zu allen in Betracht kommenden Bedarfen enthält und der alle Rehabilitationsträger in gewissem Rahmen bindet (BT-Drs. 18/9522, 238).

§ 18 Erstattung selbstbeschaffter Leistungen

(1) Kann über den Antrag auf Leistungen zur Teilhabe nicht innerhalb einer Frist von zwei Monaten ab Antragseingang bei dem leistenden Rehabilitationsträger entschieden werden, teilt er den Leistungsberechtigten vor Ablauf der Frist die Gründe hierfür schriftlich mit (begründete Mitteilung).

(2) [1]In der begründeten Mitteilung ist auf den Tag genau zu bestimmen, bis wann über den Antrag entschieden wird. [2]In der begründeten Mitteilung kann der leistende Rehabilitationsträger die Frist von zwei Monaten nach Absatz 1 nur in folgendem Umfang verlängern:

1. **um bis zu zwei Wochen zur Beauftragung eines Sachverständigen für die Begutachtung infolge einer nachweislich beschränkten Verfügbarkeit geeigneter Sachverständiger,**
2. **um bis zu vier Wochen, soweit von dem Sachverständigen die Notwendigkeit für einen solchen Zeitraum der Begutachtung schriftlich bestätigt wurde und**
3. **für die Dauer einer fehlenden Mitwirkung der Leistungsberechtigten, wenn und soweit den Leistungsberechtigten nach § 66 Absatz 3 des Ersten Buches schriftlich eine angemessene Frist zur Mitwirkung gesetzt wurde.**

(3) [1]Erfolgt keine begründete Mitteilung, gilt die beantragte Leistung nach Ablauf der Frist als genehmigt. [2]Die beantragte Leistung gilt auch dann als genehmigt, wenn der in

der Mitteilung bestimmte Zeitpunkt der Entscheidung über den Antrag ohne weitere begründete Mitteilung des Rehabilitationsträgers abgelaufen ist.

(4) [1]**Beschaffen sich Leistungsberechtigte eine als genehmigt geltende Leistung selbst, ist der leistende Rehabilitationsträger zur Erstattung der Aufwendungen für selbstbeschaffte Leistungen verpflichtet.** [2]**Mit der Erstattung gilt der Anspruch der Leistungsberechtigten auf die Erbringung der selbstbeschafften Leistungen zur Teilhabe als erfüllt.** [3]**Der Erstattungsanspruch umfasst auch die Zahlung von Abschlägen im Umfang fälliger Zahlungsverpflichtungen für selbstbeschaffte Leistungen.**

(5) **Die Erstattungspflicht besteht nicht,**

1. **wenn und soweit kein Anspruch auf Bewilligung der selbstbeschafften Leistungen bestanden hätte und**
2. **die Leistungsberechtigten dies wussten oder infolge grober Außerachtlassung der allgemeinen Sorgfalt nicht wussten.**

(6) [1]**Konnte der Rehabilitationsträger eine unaufschiebbare Leistung nicht rechtzeitig erbringen oder hat er eine Leistung zu Unrecht abgelehnt und sind dadurch Leistungsberechtigten für die selbstbeschaffte Leistung Kosten entstanden, sind diese vom Rehabilitationsträger in der entstandenen Höhe zu erstatten, soweit die Leistung notwendig war.** [2]**Der Anspruch auf Erstattung richtet sich gegen den Rehabilitationsträger, der zum Zeitpunkt der Selbstbeschaffung über den Antrag entschieden hat.** [3]**Lag zum Zeitpunkt der Selbstbeschaffung noch keine Entscheidung vor, richtet sich der Anspruch gegen den leistenden Rehabilitationsträger.**

(7) **Die Absätze 1 bis 5 gelten nicht für die Träger der Eingliederungshilfe, der öffentlichen Jugendhilfe und der Sozialen Entschädigung, soweit dieser Leistungen zur Teilhabe nach § 62 Satz 1 Nummer 1 bis 3 des Vierzehnten Buches erbringt.**

Übersicht

A. Allgemeines

Der Anspruch auf Kostenerstattung bei der Selbstbeschaffung von Leistungen zur Teilhabe durch die Leistungsberechtigten wurde weiterentwickelt, indem das Recht der Leistungsberechtigten gestärkt wurde. Die Leistungsberechtigten sollen aufgrund der Vielfalt der Zuständigkeiten im gegliederten System der Leistungen zur Teilhabe zur Verwirklichung ihrer Ansprüche nicht allein auf das Instrument der Untätigkeitsklage verwiesen werden (BT-Drs. 18/9522, 237). Hierin ist auch der Unterschied zwischen den Regelungen in Abs. 1–4 und der Regelung des Abs. 6, die die bisherige Regelung des § 15 SGB IX 2001 wiedergibt, zu sehen. Bei dem Anspruch nach Abs. 6 lag keine Untätigkeit des Rehabilitationsträgers vor. 1

Die Vorschrift steht in einem engen Sachzusammenhang mit § 14. Sie regelt die Rechtsfolgen, die sich aus der Nichteinhaltung der dem oder den Rehabilitationsträger in § 14 auferlegten Verpflichtungen zur zügigen Entscheidung über die Gewährung von beantragten Leistungen ergeben. Die Rechtsfolgen gelten unabhängig davon, ob auf Antrag oder von Amts wegen zu entscheiden ist (LPK-SGB IX/Joussen § 18 Rn. 3). Die 2

Vorschrift stellt eine gesetzliche Ausnahme von dem das Sozialleistungsrecht beherrschenden Sachleistungsprinzip dar.

3 Mit der weiterentwickelten Regelung wird das nach bisheriger Rechtslage beim Leistungsberechtigten liegende Kostenrisiko für fehlerhafte **Selbstbeschaffungen** in angemessenem Umfang auf die säumigen Rehabilitationsträger verlagert. Als Folge der neuen Genehmigungsfiktion gelten für den **Vertrauensschutz** des Leistungsberechtigten die allgemeinen Maßstäbe für die Rücknahme rechtswidriger begünstigender Verwaltungsakte (BT-Drs. 18/9522, 238; Hamann WzS 2019, 135, 136). Die Regelung ist inhaltlich an die Norm des § 13 Abs. 3a SGB V angelehnt.

B. Begründete Mitteilung

4 Die Regelung in Abs. 1 knüpft an eine Frist von zwei Monaten ab Antragstellung an (zur unterschiedlichen Frist zu § 13 Abs. 3a SGB V: BSG BeckRS 2018, 17851). Eine Frist mit gleichem Zeitkorridor wird in § 15 Abs. 4 S. 2 (Durchführung einer Teilhabekonferenz) genannt. Würde diese Frist als tatbestandliche Voraussetzung angenommen werden und die Anwendung der begründeten Mitteilung sowie die daran geknüpften Folgen ausschließlich in diesem Zusammenhang erfolgen, wäre eine Genehmigungsfiktion bei dem Nichthandeln eines einzelnen Rehabilitationsträger nicht anwendbar. Angesichts der gesetzlichen Begründung und dem Anknüpfen an § 13 Abs. 3a SGB V ist hiervon jedoch nicht auszugehen (Busse SGb 2017, 311). Die Frist von zwei Monaten ab Antragstellung gilt daher grds. für alle Anträge auf Leistungen zur Teilhabe, unabhängig von der Zahl der beteiligten Rehabilitationsträger. Für den Beginn der Frist (Antragstellung) gelten die in § 14 genannten Grundsätze (→ § 14 Rn. 7, konkretes Leistungsbegehren, Identität des Antragsstellers). Kann der leistende Rehabilitationsträger über den Antrag in der genannten Frist nicht entscheiden, so teilt er dem Leistungsberechtigten die Gründe hierfür schriftlich mit (**begründete Mitteilung**). Hinsichtlich des Fristendes ist darauf abzustellen, dass die Fristen im Zusammenhang mit §§ 14 ff. als Entscheidungsfristen konzipiert sind (BSG 8.3.2016 – B 1 KR 25/15 R, NZS 2016, 464 = BeckRS 2016, 68293). Es deutet nichts darauf hin, dass hinsichtlich der begründeten Mitteilung etwas Anderes gemeint ist (LSG Nds-Brem 28.3.2017 – L 4 KR 22/16). Da die begründete Mitteilung eine taggenaue Bezeichnung enthalten muss, ergibt sich aus Abs. 3 S. 2, dass die Postlaufzeit der begründeten Mitteilung zu Lasten des Reha-Trägers geht, der Zugang ist entscheidend (so auch jurisPK-SGB IX/Ulrich § 18 Rn. 42; Schaumberg SGb 2019, 206, 210).

5 Die Regelung führt zu einer erhöhten Rechtssicherheit der Leistungsberechtigten bei der Selbstbeschaffung von Leistungen gegenüber dem bisherigen Rechtszustand, indem die Frist für den Eintritt einer Genehmigungsfiktion nach Abs. 3 unter Verzicht auf unbestimmte Zeitangaben geregelt wird. Die Setzung einer Nachfrist ist nicht mehr erforderlich und im Streitfall trägt der Leistungsberechtigte nur die Beweislast für den Antragseingang beim leistenden Rehabilitationsträger.

6 Während in Abs. 1 vorgeschrieben wird, dass die begründete Mitteilung die Gründe für die nicht getroffene Entscheidung enthalten muss, wird in Abs. 2 festgesetzt, dass der leistende Rehabilitationsträger Tag genau zu bestimmen hat, bis wann eine Entscheidung über den Antrag erfolgen wird. Außerdem wird festgelegt mit welchen Gründen eine Verlängerung der Frist von zwei Monaten erreicht werden kann und in welchem zeitlichen Umfang dieses möglich ist. Die jeweilige Begründung muss dem Leistungsberechtigten in der Mitteilung genannt werden.

7 Ein erweiterter Zeitaufwand bis zu zwei Wochen kann geltend gemacht werden, wenn eine nachweislich beschränkte Verfügbarkeit von Sachverständigen für die Begutachtung vorliegt (Nr. 1). Beruht die begrenzte Verfügbarkeit auf inhaltlichen Argumenten (be-

sondere Diagnosen, spezieller Rehabilitationsbedarf) wird der Nachweis gegenüber dem Leistungsberechtigten gut zu erbringen sein. Schwieriger dürfte dem Rehabilitationsträger die Argumentation fallen, wenn er nicht genügend wohnortnahe Sachverständige ausgesucht hat. Um bis zu vier Wochen kann die Frist verlängert werden (Nr. 2), wenn der Sachverständige schriftlich bestätigt, dass dieser Zeitraum für die Durchführung der Begutachtung notwendig ist.

Hat der Leistungsberechtigte trotz einer schriftlich angemessen gesetzten Frist zur Nachholung seiner Mitwirkungspflichten diese nicht nachgeholt, kann der Rehabilitationsträger die Frist um die Dauer der fehlenden Mitwirkung überschreiten (Nr. 3). 7a

C. Genehmigungsfiktion

Wird die Frist von zwei Monaten ab Antragstellung überschritten und es ist keine begründete Mitteilung erfolgt, gilt die beantragte Leistung als genehmigt (Abs. 3 S. 1). Gleiches gilt für den Fall, dass der in der begründeten Mitteilung genannte Zeitpunkt ohne weitere begründete Mitteilung abgelaufen ist (BSG 8.3.2016 – B 1 KR 25/15 R, NZS 2016, 464 mAnm Padè jurisPR-SozR 23/2016 Anm. 1; LSG Nds-Brem 28.3.2017 – L 4 KR 22/16; LSG BW BeckRS 2018, 35386). Da die Genehmigungsfiktion ihren Ursprung in der vergleichbaren Regelung des § 13 Abs. 3a SGB V hat, ist die hierzu ergangene Rechtsprechung des BSG auch in Bezug auf die Genehmigungsfiktion in Abs. 3 heranzuziehen. Die Rechtsprechung des BSG zu § 13 Abs. 3a SGB V hat sich im Laufe der Zeit gewandelt. Zunächst war das BSG der Meinung, dass die Genehmigungsfiktion dieselben Rechtswirkungen wie der tatsächliche Verwaltungsakt entfalte (BSG 15.3.2018 – B 3 KR 18/17 R). Der 1. und 3. Senat des BSG haben diese Ansicht jedoch im Jahr 2020 aufgegeben (BSG 26.5.2020 – B 1 KR 21/19 R; BSG 18.6.2020 – B 3 KR 14/18 R). Danach verschaffe eine fingierte Genehmigung keinen eigenständigen Naturalleistungsanspruch. Die Genehmigungsfiktion vermittele lediglich eine vorläufige Rechtsposition, die in ihrer Dauer durch die Dauer des Verwaltungsverfahrens einschließlich des nachfolgenden gerichtlichen Verfahrens begrenzt und lediglich hinsichtlich des Kostenerstattungsanspruchs für den jeweiligen Beschaffungsvorgang im laufenden Verfahren endgültig ist (GK-SRB/Dubiel/Kracke, 3. Aufl. 2023, SGB V § 13 Rn. 9). 8

Durch den Eintritt der Genehmigungsfiktion nach § 18 wird keine behördliche Entscheidung ersetzt, sondern eine eigene Rechtsposition (sui generis) geschaffen (BT-Drs. 18/9522, 238). Diese versetzt den Leistungsberechtigten in die Lage, in einem zweiten Schritt gegenüber dem zur Leistung verpflichteten Rehabilitationsträger einen Kostenerstattungsanspruch geltend zu machen, der seinerseits in Abs. 4 geregelt ist (LPK-SGB IX/Joussen § 18 Rn 5). 8a

Der Wortlaut des Abs. 3 mit der Anknüpfung der Fristberechnung an einen Antrag zeigt, dass die Genehmigungsfiktion nicht bei Leistungen von Amts wegen greift. Eine Regelung analog zu § 14 Abs. 4 fehlt in § 18. Außerdem weist die Formulierung in Abs. 3 S. 2 „ohne weitere begründete Mitteilung" darauf hin, dass die Möglichkeit besteht, die Begründungen aus Abs. 2 S. 1 Nr. 1–3 mehrfach anzuwenden und dadurch die Frist hinauszuschieben. 9

D. Erstattungsanspruch

Der Kostenerstattungsanspruch des Leistungsberechtigten (Abs. 4) umfasst die vorhandenen Aufwendungen für die selbstbeschaffte Leistung und ist gegen den leistenden Rehabilitationsträger gerichtet. Auf die nach der bisherigen Rechtslage vorhandene Begrenzung auf die Wirtschaftlichkeit und Rechtmäßigkeit, also insbes. auf die Erforder- 10 lichkeit und Zweckmäßigkeit der selbst beschafften Leistung kommt es nicht mehr an. Der Erstattungsanspruch wird nur durch Abs. 5 begrenzt. Mit der Erstattung gilt der Anspruch auf die Leistung zur Teilhabe als erfüllt. Nach Abs. 4 S. 3 umfasst der Erstattungsanspruch auch die Zahlung von Abschlägen im Umfang fälliger Zahlungsverpflichtungen.

E. Grenzen der Erstattungspflicht

11 Nach Abs. 5 sind Einwendungen des Rehabilitationsträgers ausgeschlossen, die sich auf eine fehlende Rechtmäßigkeit oder Erforderlichkeit der Leistung beziehen, da ansonsten der Sinn und Zweck der Vorschrift – einer wirksamen Sanktionswirkung gegenüber säumigen Rehabilitationsträger – leerlaufen würden. Denn wäre eine Erstattung selbstbeschaffter Leistungen von vornherein begrenzt auf die Leistungen, die nach dem jeweiligen Leistungsgesetz ohnehin erbracht werden müssen oder erbracht werden dürfen, so wäre das Ergebnis eine faktische Besserstellung des säumigen Rehabilitationsträger (BT-Drs. 18/9522, 238). Maßgeblich für einen Ausschluss der Kostenerstattung soll sein, ob sich der Leistungsberechtigte offensichtlich rechtswidrige Leistungen beschafft hat, ohne dem Leistungsberechtigten eine besondere Kenntnispflicht des Rehabilitationsrechts aufzubürden (vgl. Knispel jurisPR-SozR 3/2019 Anm. 3 zu LSG BW v.17.12.2018, L 8 R 4195/18 ER-B). Das BSG hat zu § 13 Abs. 3a SGB V, dem die Regelung des § 18 weitgehend nachgebildet ist, dargelegt, dass eine Begrenzung auf von dem Leistungsberechtigten subjektiv für „erforderlich" gehaltene Leistungen vorliegt (BSG 8.3.2016 – B 1 KR 25/15 R, NZS 2016, 464 dem folgend: LSG RhPf 3.11.2016 – L 5 KR 197/15, RDG 2017, 83; LSG RhPf 2.3.2017 – L 5 KR 277/16, BeckRS 2017, 104258). Entscheidend ist folglich, dass der Antragsteller die konkrete Leistung für erforderlich halten durfte und diese nicht offensichtlich außerhalb des gesetzlichen Leistungskatalogs liegt (LPK-SGB IX/Joussen § 18 Rn 5).

F. Nicht rechtzeitige Leistungserbringung

12 Die Regelung des Abs. 6 greift inhaltlich den Selbstbeschaffungsanspruch nach § 15 Abs. 1 S. 4 SGB IX 2001 auf. Kommt der Rehabilitationsträger weder seiner Pflicht zur Bescheidung noch seiner Pflicht zur Leistungserbringung nach § 14 Abs. 2 nach oder hat der „leistende" Rehabilitationsträger die Leistung zu Unrecht abgelehnt (BSG 24.1.2013 – B 3 KR 5/12 R, BSGE 113, 40 = BeckRS 2013, 70363; LSG Hmb BeckRS 2018, 13352; jurisPK-SGB IX/Ulrich § 18 Rn. 57, 58), kann sich der Leistungsberechtigte dann die erforderliche Leistung selbst beschaffen. Eine **unaufschiebbare Leistung** iSd Abs. 6 liegt vor, wenn eine Leistungserbringung im Zeitpunkt ihrer tatsächlichen Durchführung so dringlich ist, dass aus medizinischer Sicht keine Möglichkeit eines nennenswerten zeitlichen Aufschubs bis zur Entscheidung des Rehabilitationsträger mehr besteht (BSG 14.12.2006 – B 1 KR 8/06 R, BeckRS 2007, 41650; HessLSG 24.6.2015 – L 5 R 418/14, BeckRS 2015, 69856; jurisPK-SGB IX/Ulrich § 18Rn. 53). Bei einer „zu Unrecht abgelehnten Leistung" zur medizinischen Rehabilitation, bei der es um die Auswahl der Rehabilitationsklinik geht, ist die Zertifizierung der Klinik zu beachten (LSG NRW 19.1.2012 – L 5 KR 542/11, BeckRS 2012, 67482 mAnm Welti, Fachbeiträge Forum A, Diskussionsbeitrag 2/2013, v. 15.1.2013).

13 Ist der Rehabilitationsträger vor Inanspruchnahme der Versorgung mit dem Leistungsbegehren nicht befasst gewesen und fehlt es daher an der Kausalität der Leistungsversagung durch den Rehabilitationsträger, ist der sog. Beschaffungsweg nicht eingehalten worden (BSG 24.1.2013 – B 3 KR 5/12 R, BSGE 113, 40 = BeckRS 2013, 70363; LSG

Bln-Bbg 15.10.2015 – L 2 R 741/14, NZS 2016, 143). Die Erstattungsregelung hat den Zweck, den Berechtigten so zu stellen, wie er bei rechtzeitiger oder rechtmäßiger Gewährung der gesetzlichen Leistung gestanden hätte. Der Erstattungsanspruch greift nicht weiter als der Sachleistungsanspruch (BayLSG 25.6.2013 – L 6 R 921/11, NZS 2013, 740; BSG 7.5.2013 – B 1 KR 53/12 R, BeckRS 2013, 72783; LSG BW 22.10.2013 – L 13 R 2947/12, BeckRS 2013, 73390).

Bei einem Anspruch nach Abs. 6 können sich die Leistungsberechtigten aber nicht in gleicher Weise auf einen privilegierten Vertrauensmaßstab berufen, wie bei bloßer Nichttätigkeit der Leistungsträger nach Abs. 1–5. Die Leistungsberechtigten können ihre Selbstbeschaffung dem Rehabilitationsträger deshalb nur entgegenhalten, soweit sie sich damit berechtigterweise im System der Rehabilitationsleistungen bewegen. Der Erstattungsanspruch erfasst daher nur solche Kosten, von denen der Leistungsberechtigte bei regulärer Leistungserbringung befreit wäre (LSG BW 21.8.2012 – L 11 R 5319/11, BeckRS 2012, 75698). Die Erforderlichkeit und Rechtmäßigkeit der selbst beschafften Leistung begrenzen objektiv den Erstattungsumfang (BSG 6.3.2012 – B 11 AL 2/12 R, BeckRS 2013, 70810). Nach Abs. 6 S. 2 richtet sich der Anspruch gegen den leistenden Rehabilitationsträger oder im Fall einer getrennten Leistungsbewilligung (§ 15 Abs. 1, 3) gegen einen der beteiligten Rehabilitationsträger. **14**

Die Berechtigung zur Selbstbeschaffung der beantragten Leistung besteht nur unter engen Voraussetzungen. Da die Entscheidung innerhalb der Fristen des § 14 Abs. 2 erfolgen muss, muss auch die Mitteilung rechtzeitig, dh innerhalb der Fristen des § 14 Abs. 2, erfolgen. Ansonsten würde die Fristenregelung des § 14 Abs. 2 unterlaufen. Im Ergebnis bedeutet das, dass ein gestellter Antrag in jedem Falle innerhalb von drei Wochen nach Eingang des Antrags beschieden sein muss (KHM/Grauthoff § 15 Rn. 4), wenn ein Gutachten nicht erforderlich ist. Ist ein Gutachten eingeholt worden, ist innerhalb von zwei Wochen nach Vorliegen des Gutachtens eine Entscheidung in der Sache zu treffen. **15**

G. Ausnahmen

Abs. 7 entspricht der bisherigen Rechtslage. Aufgrund der Neuregelung werden die bislang von der Erstattung selbstbeschaffter Leistung ausgenommenen Träger der Sozialhilfe durch die in § 6 Abs. 1 als Rehabilitationsträger neu bestimmten Träger der Eingliederungshilfe ersetzt. MWv. 1.1.2024 wurde durch Art. 37 des Gesetzes zur Regelung des Sozialen Entschädigungsrechts v. 19.12.2019 (BGBl. I S. 2652 (2712)) mit Einführung des SGB XIV der Träger der Kriegsopferfürsorge durch den Träger der Sozialen Entschädigung (§ 111 SGB XIV) in Abs. 7 ersetzt. Die Ausnahme bezieht sich nur auf Abs. 1–5, also nicht auf Abs. 6. Dieses bedeutet, dass ein Anspruch auf Selbstbeschaffung wegen Unaufschiebbarkeit oder unberechtigter Ablehnung einer Leistung besteht (BSG 9.12.2008 – B 8/9b SO 10/07 R, NVwZ-RR 2009, 685 = BeckRS 2009, 55150). Beim Träger der Sozialen Entschädigung kommt die Ausnahme zudem nur zum Zug, soweit dieser Leistungen zur Teilhabe nach § 62 S. 1 Nr. 1–3 des Vierzehnten Buches erbringt. **16**

§ 19[1] Teilhabeplan

(1) [1] **Soweit Leistungen verschiedener Leistungsgruppen oder mehrerer Rehabilitationsträger erforderlich sind, ist der leistende Rehabilitationsträger dafür verantwortlich, dass er und die nach § 15 beteiligten Rehabilitationsträger im Benehmen miteinander**

[1] § 19 Abs. 1 geänd. mWv 1.1.2018 durch G v. 17.7.2017 (BGBl. I S. 2541); Abs. 1 Satz 2 angef., Abs. 2 Satz 2 Nr. 10 und 11 geänd., Nr. 12 angef. mWv 1.1.2022 durch G v. 2.6.2021 (BGBl. I S. 1387).

und in Abstimmung mit den Leistungsberechtigten die nach dem individuellen Bedarf voraussichtlich erforderlichen Leistungen hinsichtlich Ziel, Art und Umfang funktionsbezogen feststellen und schriftlich oder elektronisch so zusammenstellen, dass sie nahtlos ineinandergreifen. [2] Soweit zum Zeitpunkt der Antragstellung nach § 14 Leistungen nach dem Zweiten Buch beantragt sind oder erbracht werden, beteiligt der leistende Rehabilitationsträger das zuständige Jobcenter wie in den Fällen nach Satz 1.

(2) [1] Der leistende Rehabilitationsträger erstellt in den Fällen nach Absatz 1 einen Teilhabeplan innerhalb der für die Entscheidung über den Antrag maßgeblichen Frist. [2] Der Teilhabeplan dokumentiert

1. den Tag des Antragseingangs beim leistenden Rehabilitationsträger und das Ergebnis der Zuständigkeitsklärung und Beteiligung nach den §§ 14 und 15,
2. die Feststellungen über den individuellen Rehabilitationsbedarf auf Grundlage der Bedarfsermittlung nach § 13,
3. die zur individuellen Bedarfsermittlung nach § 13 eingesetzten Instrumente,
4. die gutachterliche Stellungnahme der Bundesagentur für Arbeit nach § 54,
5. die Einbeziehung von Diensten und Einrichtungen bei der Leistungserbringung,
6. erreichbare und überprüfbare Teilhabeziele und deren Fortschreibung,
7. die Berücksichtigung des Wunsch- und Wahlrechts nach § 8, insbesondere im Hinblick auf die Ausführung von Leistungen durch ein Persönliches Budget,
8. die Dokumentation der einvernehmlichen, umfassenden und trägerübergreifenden Feststellung des Rehabilitationsbedarfs in den Fällen nach § 15 Absatz 3 Satz 1,
9. die Ergebnisse der Teilhabeplankonferenz nach § 20,
10. die Erkenntnisse aus den Mitteilungen der nach § 22 einbezogenen anderen öffentlichen Stellen,
11. die besonderen Belange pflegender Angehöriger bei der Erbringung von Leistungen der medizinischen Rehabilitation und
12. die Leistungen zur Eingliederung in Arbeit nach dem Zweiten Buch, soweit das Jobcenter nach Absatz 1 Satz 2 zu beteiligen ist.

[3] Wenn Leistungsberechtigte die Erstellung eines Teilhabeplans wünschen und die Voraussetzungen nach Absatz 1 nicht vorliegen, ist Satz 2 entsprechend anzuwenden.

(3) [1] Der Teilhabeplan wird entsprechend dem Verlauf der Rehabilitation angepasst und darauf ausgerichtet, den Leistungsberechtigten unter Berücksichtigung der Besonderheiten des Einzelfalles eine umfassende Teilhabe am Leben in der Gesellschaft zügig, wirksam, wirtschaftlich und auf Dauer zu ermöglichen. [2] Dabei sichert der leistende Rehabilitationsträger durchgehend das Verfahren. [3] Die Leistungsberechtigten können von dem leistenden Rehabilitationsträger Einsicht in den Teilhabeplan oder die Erteilung von Ablichtungen nach § 25 des Zehnten Buches verlangen.

(4) [1] Die Rehabilitationsträger legen den Teilhabeplan bei der Entscheidung über den Antrag zugrunde. [2] Die Begründung der Entscheidung über die beantragten Leistungen nach § 35 des Zehnten Buches soll erkennen lassen, inwieweit die im Teilhabeplan enthaltenen Feststellungen bei der Entscheidung berücksichtigt wurden.

(5) [1] Ein nach § 15 beteiligter Rehabilitationsträger kann das Verfahren nach den Absätzen 1 bis 3 anstelle des leistenden Rehabilitationsträgers durchführen, wenn die Rehabilitationsträger dies in Abstimmung mit den Leistungsberechtigten vereinbaren. [2] Die Vorschriften über die Leistungsverantwortung der Rehabilitationsträger nach den §§ 14 und 15 bleiben hiervon unberührt.

(6) Setzen unterhaltssichernde Leistungen den Erhalt von anderen Leistungen zur Teilhabe voraus, gelten die Leistungen im Verhältnis zueinander nicht als Leistungen verschiedener Leistungsgruppen im Sinne von Absatz 1.

Übersicht

A. Allgemeines

1 Die Regelung ist neu in das SGB IX eingefügt worden und konkretisiert in Gestalt des Teilhabeplans die Koordinierung von Leistungen. Zuletzt wurde durch das Gesetz zur Stärkung der Teilhabe von Menschen mit Behinderungen sowie zur landesrechtlichen Bestimmung der Träger von Leistungen für Bildung und Teilhabe in der Sozialhilfe (Teilhabestärkungsgesetz) v. 2.6.2021 (BGBl. 2021 I S. 1387 (1393)) Abs. 1 um Satz 2 und die Aufzählung in Abs. 2 um Nr. 12 ergänzt. Grund für die Ergänzung ist die Verbesserung der Betreuungssituation in den Jobcentern. Dadurch können diese zusammen mit den Rehabilitationsträgern die Erbringung der Eingliederungsleistungen und Rehabilitationsleistungen besser aufeinander abstimmen und verzahnen (LPK-SGB IX/Joussen § 19 Rn. 23).

1a Das Teilhabeplanverfahren ist für alle vom SGB IX umfassten leistungsberechtigten Menschen einschlägig und zwar unabhängig von der Art und Schwere der Behinderung (BT-Drs. 18/9522, 238). Die vollständigen und nahtlos ineinandergreifenden Feststellungen der Rehabilitationsträger eröffnen die für die Praxis relevante Möglichkeit der nach Zuständigkeiten und Leistungsgesetzen getrennten Leistungsbewilligung und Leistungserbringung nach § 15 Abs. 3 S. 1.

B. Verfahren

2 Ein Teilhabeplanverfahren ist bei einer Mehrheit von Rehabilitationsträgern und bei Leistungen aus verschiedenen Leistungsgruppen erforderlich (jurisPK-SGB IX/Vogl § 19 Rn. 18). Nach Abs. 6 gelten akzessorische unterhaltssichernde Leistungen eines Rehabilitationsträgers zu seiner Hauptleistung nicht als „verschiedene Leistungsgruppen". Bei mehreren Rehabilitationsträgern ist der leistende Rehabilitationsträger nach § 14 für die Koordinierung und die anschließende Erstellung des **Teilhabeplans** verantwortlich (LPK-SGB IX/Joussen § 19 Rn. 5). Da auch im Teilhabeplanverfahren grds. die jeweilige Zuständigkeit der Rehabilitationsträger für ihr Leistungsgesetz bestehen bleibt, ist der Plan im Benehmen mit den beteiligten Rehabilitationsträger zu erstellen. Außerdem ist der Plan mit den Leistungsberechtigten abzustimmen. Der Plan ist nach Abs. 2 schriftlich zu dokumentieren, ansonsten gibt es keine Vorgaben hinsichtlich der Erstellung. Eine Erstellung im Umlageverfahren ist möglich (BT-Drs. 18/9522, 239), aber aus Gründen der Fristgebundenheit des gesamten Verfahrens nicht unbedingt ratsam. Nach Abs. 2 S. 3 ist ein Teilhabeplan auch zu erstellen, wenn zwar die Voraussetzungen des Abs. 1 nicht vorliegen, der Leistungsberechtigte dieses aber wünscht (Leistungen zur Teilhabe am Arbeitsleben werden aus einer medizinischen Leistung heraus erforderlich und für beide Leistungen ist derselbe Rehabilitationsträger zuständig). Nach der Intention müsste dieses auch gelten, wenn ein Rehabilitationsträger Leistungen erbringt, die auch einen inneren Zusammenhang im Sinne einer Akzessorietät haben, es sich aber nicht um unterhaltssichernde Leistungen handelt (Bsp.: Ein Rentenversicherungsträger bewilligt Leistungen zur medizinischen Rehabilitation und es schließt sich eine Nachsorgemaßnahme an). Durch die Dokumentation wird der Teilhabeplan zu einem regulären Bestandteil der

Verwaltungsakte in einem standardisierten Verwaltungsverfahren (jurisPK-SGB IX/Vogl § 19 Rn. 48).

C. Teilhabeplan

3 Der Plan hat den individuellen Rehabilitationsbedarf und die hierfür voraussichtlich erforderlichen Leistungen hinsichtlich Ziel, Art und Umfang funktionsbezogen festzustellen. Aus dem Begriff der „Funktionsbezogenheit“ wird abgeleitet, dass die trägerübergreifende Beurteilung der Teilhabeeinschränkung nach dem „bio-psycho-sozialen Modell“ des ICF zu erfolgen hat. Für die Beurteilung werden die Instrumente des § 13 herangezogen. Durch die Aufzählung (Abs. 2 S. 2 Nr. 1–12) der zu dokumentierenden Elemente des Teilhabeplans wird sichergestellt, dass alle Rehabilitationsträger ihre Dokumentationsanforderungen an den gleichen Maßstäben ausrichten und eine lückenlose Kommunikation zwischen den Rehabilitationsträger stattfinden kann (jurisPK-SGB IX/Vogl § 19 Rn. 36). Die Dokumentation der Zuständigkeitsklärung ist insbes. in den Fallkonstellationen hilfreich, in denen Komplexleistungen zu erbringen sind, die die Zuständigkeiten, die Kostenträgerschaft und die Leistungsgesetze mehrerer Rehabilitationsträger betreffen (bspw. Gewährung von Assistenzleistungen an Eltern mit Behinderungen im Rahmen der Versorgung und Betreuung von Kindern; BT-Drs. 18/9522, 240).

4 Der Teilhabeplan ist im Verlauf der Leistungen zur Teilhabe entspr. anzupassen, um das Ziel, einer umfassenden Teilhabe am Leben in der Gesellschaft, zu ermöglichen. Die Koordinierungsverantwortung trifft auch hierbei den leistenden Rehabilitationsträger. Der Teilhabeplan hat damit während des gesamten Verfahrens und nicht nur zu Beginn die Funktion einer Unterstützung der Rehabilitationsträger bei der trägerübergreifenden Bedarfsermittlung und -feststellung. Für den Leistungsberechtigten bietet der Teilhabeplan die Möglichkeit, dass er durch den Plan seine Mitwirkung im Verfahren beweisen kann und dadurch eine mögliche Rechtsdurchsetzung unterstützt. Hierfür ist auch das Einsichtsrecht in Abs. 3 S. 2 notwendig.

5 Der Teilhabeplan ist kein Verwaltungsakt (LPK-SGB IX/Joussen § 19 Rn. 20; Schaumberg SGb 2019, 206 (213)). Er ersetzt weder die Entscheidung über den Antrag noch dessen Begründung, sondern der Teilhabeplan liegt der Entscheidung zugrunde (Abs. 4 S. 1). Jedoch kann in der Begründung der Entscheidung (§ 35 SGB X) auf den Teilhabeplan Bezug genommen werden, indem relevante Bestandteile des Teilhabeplans in die Entscheidung übernommen werden. Entscheidungen in den Fällen einer Trägermehrheit, die ohne ein Teilhabeplanverfahren zustande kommen, sind nach § 39 SGB X wirksam, da kein Fall der Nichtigkeit (§ 40 SGB X) vorliegt. Im Rahmen einer gerichtlichen Überprüfung einer solchen Entscheidung wäre eine fehlende oder fehlerhafte Erstellung eines Teilhabeplans entspr. zu würdigen. Nach der gesetzlichen Begründung dahingehend, ob die getroffenen Feststellungen zum Bedarf und zu den erforderlichen Leistungen überhaupt verwendbar seien (BT-Drs. 18/9522, 240).

D. Verfahrensabsprachen

6 Abweichend von der grundsätzlichen Verantwortung und Zuständigkeit des leistenden Rehabilitationsträger ist es nach Abs. 5 möglich, dass die Federführung für das gesamte Verfahren auch bei einem beteiligten Rehabilitationsträger liegt, wenn die Rehabilitationsträger dieses vereinbaren und der Leistungsberechtigte zustimmt. Hierdurch soll die Möglichkeit geschaffen werden, eine den Umständen des Einzelfalls entsprechende Verfahrensleitung zu vereinbaren.

§ 20 Teilhabeplankonferenz

(1) [1]Mit Zustimmung der Leistungsberechtigten kann der für die Durchführung des Teilhabeplanverfahrens nach § 19 verantwortliche Rehabilitationsträger zur gemeinsamen Beratung der Feststellungen zum Rehabilitationsbedarf eine Teilhabeplankonferenz durchführen. [2]Die Leistungsberechtigten, die beteiligten Rehabilitationsträger und die Jobcenter können dem nach § 19 verantwortlichen Rehabilitationsträger die Durchführung einer Teilhabeplankonferenz vorschlagen. [3]Von dem Vorschlag auf Durchführung einer Teilhabeplankonferenz kann nur abgewichen werden, wenn eine Einwilligung nach § 23 Absatz 2 nicht erteilt wurde oder Einvernehmen der beteiligten Leistungsträger besteht, dass

1. der zur Feststellung des Rehabilitationsbedarfs maßgebliche Sachverhalt schriftlich ermittelt werden kann oder
2. der Aufwand zur Durchführung nicht in einem angemessenen Verhältnis zum Umfang der beantragten Leistung steht.

(2) [1]Wird von dem Vorschlag der Leistungsberechtigten auf Durchführung einer Teilhabeplankonferenz abgewichen, sind die Leistungsberechtigten über die dafür maßgeblichen Gründe zu informieren und hierzu anzuhören. [2]Von dem Vorschlag der Leistungsberechtigten auf Durchführung einer Teilhabeplankonferenz kann nicht abgewichen werden, wenn Leistungen an Mütter und Väter mit Behinderungen bei der Versorgung und Betreuung ihrer Kinder beantragt wurden.

(3) [1]An der Teilhabeplankonferenz nehmen Beteiligte nach § 12 des Zehnten Buches sowie auf Wunsch der Leistungsberechtigten die Bevollmächtigten und Beistände nach § 13 des Zehnten Buches sowie sonstige Vertrauenspersonen teil. [2]Auf Wunsch oder mit Zustimmung der Leistungsberechtigten können Rehabilitationsdienste und Rehabilitationseinrichtungen sowie sonstige beteiligte Leistungserbringer an der Teilhabeplankonferenz teilnehmen. [3]Vor der Durchführung einer Teilhabeplankonferenz sollen die Leistungsberechtigten auf die Angebote der ergänzenden unabhängigen Teilhabeberatung nach § 32 besonders hingewiesen werden.

(4) Wird eine Teilhabeplankonferenz nach Absatz 1 auf Wunsch und mit Zustimmung der Leistungsberechtigten eingeleitet, richtet sich die Frist zur Entscheidung über den Antrag nach § 15 Absatz 4.

Übersicht

A. Allgemeines

1 Die Regelungen über die Teilhabeplankonferenz sind in das SGB IX hineingenommen worden, weil der Gesetzgeber hierdurch die große Bedeutung der trägerübergreifenden Zusammenarbeit der Rehabilitationsträger in komplexen Bedarfslagen verdeutlichen wollte. Durch die Vorgabe einer Konferenz aller Beteiligten soll die Partizipation der Leistungsberechtigten gestärkt und die Zusammenarbeit der Rehabilitationsträger unterstützt werden (BT-Drs. 18/9522, 240). Die Regelung erweitert die Handlungsmöglichkeiten im Verfahren.

2 Eine Teilhabeplankonferenz kann grds. auf zwei unterschiedlichen Wegen zustande kommen. Einerseits kann der nach § 19 verantwortliche Rehabilitationsträger mit Zustimmung des Leistungsberechtigten die Teilhabeplankonferenz zur gemeinsamen Beratung durchführen und andererseits kann eine Teilhabeplankonferenz auch von dem

Leistungsberechtigten, den beteiligten Rehabilitationsträger und dem Jobcenter dem verantwortlichen Rehabilitationsträger vorgeschlagen werden. Nach der gesetzlichen Begründung hat der verantwortliche Rehabilitationsträger die Erforderlichkeit und Zweckmäßigkeit der Teilhabeplankonferenz zu prüfen (BT-Drs. 18/9522, 240) und dem Leistungsberechtigten diese anzubieten. Es besteht ein Anspruch des Leistungsberechtigten auf Durchführung der Teilhabeplankonferenz, dem nach pflichtgemäßem Ermessen nachzukommen ist.

3 Der verantwortliche Rehabilitationsträger übernimmt die Organisation der Teilhabeplankonferenz. Hierfür gelten die Verfahrensvorschriften des SGB I und des SGB X. Die Kosten für die Teilhabeplankonferenz trägt jeder Rehabilitationsträger selbst (§ 64 SGB X) und der Leistungsberechtigte auch, es sei denn, in den Leistungsgesetzen ist eine Kostenerstattung ausdrücklich geregelt.

B. Teilhabeplankonferenz

4 Nach Abs. 3 können neben den bereits aufgezählten beteiligten Personen und Trägern auch Beteiligte nach § 12 SGB X oder auf Wunsch der Leistungsberechtigten ihre Bevollmächtigten und Beistände (§ 13 SGB X) teilnehmen. Außerdem gilt dieses auch für die Jobcenter sowie sonstige beteiligte Leistungserbringer. Hier sind insbes. Pflegedienste sowie sozialpsychiatrische Dienste, psychiatrische Krankenhäuser und Suchtberatungsstellen (BT-Drs. 18/9954, 9) zu nennen. Aufgrund der Mehrzahl der Rehabilitationsträger und der im Regelfall komplexen Teilhabebedarfslage soll den Angeboten der unabhängigen Teilhabeberatung in der Konferenz ein entsprechender Raum eröffnet werden, damit der Leistungsberechtigte von der Gesamtsituation profitieren kann.

5 Von dem Vorschlag, eine Teilhabeplankonferenz durchzuführen, darf nur unter sehr eng gesetzten Grenzen abgewichen werden. Hierbei sind die Möglichkeiten eher so angelegt, dass die Frage nach der Erforderlichkeit der Teilhabeplankonferenz gestellt werden könnte. Kann die Ermittlung des Sachverhalts für den Rehabilitationsbedarf im schriftlichen Verfahren festgestellt werden (Nr. 1), liegt sicherlich kein schwieriger Sachverhalt vor (LPK-SGB IX/Joussen § 20 Rn. 5). Gleiches gilt im Prinzip auch, wenn der Aufwand für die Durchführung der Teilhabeplankonferenz nicht in einem angemessenen Verhältnis zum Umfang der beantragten Leistung stehen soll (Nr. 2). Es ist dann kaum vorstellbar, dass mehrere Rehabilitationsträger leisten sollen. Vom Vorschlag auf Durchführung einer Teilhabeplankonferenz kann in den Fällen der Nr. 1 und Nr. 2 nur abgewichen werden, wenn hierüber Einvernehmen zwischen den beteiligten Leistungsträger besteht. Anders stellt sich die Sachlage dar, wenn es um die Einwilligung des Leistungsberechtigten in die Verwendung seiner Sozialdaten geht. Zwar gibt der Leistungsberechtigte bei der Antragstellung grds. sein Einverständnis zur Weitergabe und Verarbeitung seiner Sozialdaten, aber eben nur für Daten, die unbedingt benötigt werden. Bei dem Einverständnis nach § 23 Abs. 2 sind aber Daten betroffen, deren Erforderlichkeit für die Erstellung des Teilhabeplans wahrscheinlich ist, aber noch nicht abschließend feststeht. Hier ist eine informierte Einwilligung notwendig. Erteilt der Leistungsberechtigte diese nicht oder zieht er sie zurück, bevor die Konferenz stattgefunden hat, ist der Konferenz letztlich die Grundlage entzogen und von dem Vorschlag kann abgewichen werden.

6 Wird von dem Vorschlag abgewichen, sind die Leistungsberechtigten über die maßgeblichen Gründe zu informieren und anzuhören (Abs. 2 S. 1). Dies bezieht sich jedoch nicht auf den Fall der fehlenden Einwilligung des Leistungsberechtigten. Hier sind eine Information und Anhörung überflüssig. Nach Abs. 2 S. 2 kann von einem Vorschlag nicht abgewichen werden, wenn es sich um den Bedarf von Müttern und Vätern mit

Behinderungen handelt, die Anträge auf Betreuung und Versorgung für ihre Kinder gestellt haben. Hier steht die Schutzfunktion klar im Vordergrund.

Kommt eine Teilhabeplankonferenz nicht zustande, so ist es den Rehabilitationsträger unbenommen, im Bedarfsfall Beratungen zum Rehabilitationsbedarf aufzunehmen. Hier gelten die allgemeinen Vorschriften zur Zusammenarbeit der Rehabilitationsträger (klarstellender Charakter der Norm: LPK-SGB IX/Joussen § 20 Rn. 10). Zu beachten ist dabei jedoch, dass die verlängerte Frist von zwei Monaten nur bei der Durchführung einer Teilhabeplankonferenz gilt (§ 15 Abs. 4 S. 2). Wird sie nicht durchgeführt, liegt nur eine Beteiligung von mehreren Rehabilitationsträger vor und die Frist beträgt sechs Wochen (§ 15 Abs. 4 S. 1). **7**

§ 21[1] Besondere Anforderungen an das Teilhabeplanverfahren

[1]Ist der Träger der Eingliederungshilfe der für die Durchführung des Teilhabeplanverfahrens verantwortliche Rehabilitationsträger, gelten für ihn die Vorschriften für die Gesamtplanung ergänzend; dabei ist das Gesamtplanverfahren ein Gegenstand des Teilhabeplanverfahrens. [2]Ist der Träger der öffentlichen Jugendhilfe der für die Durchführung des Teilhabeplans verantwortliche Rehabilitationsträger, gelten für ihn die Vorschriften für den Hilfeplan nach den §§ 36, 36b und 37c des Achten Buches ergänzend. [3]Ist der Träger der Sozialen Entschädigung der für die Durchführung des Teilhabeplanverfahrens verantwortliche Rehabilitationsträger, gelten für ihn die Vorschriften für das Fallmanagement nach § 30 des Vierzehnten Buches ergänzend.

Die Regelung konkretisiert das Verhältnis von trägerübergreifendem Teilhabeplanverfahren zum Gesamtplanverfahren in der Eingliederungshilfe. Um das Verhältnis zu verdeutlichen wurde auf Anregung des Bundesrates die Formulierung „dabei ist das Gesamtplanverfahren Gegenstand des Teilhabeplanverfahrens" aufgenommen (BT-Drs. 18/9954, 9). Der Gesamtplan wird ein eigenständiger Teil des Teilhabeplans (Busse SGb 2017, 312). Inhaltlich sollen beide Verfahren die Besonderheiten eines Verfahrens mit mehreren Rehabilitationsträgern und die erforderlichen Spezifika aus der Eingliederungshilfe zusammenführen. Gleiches gilt für die Besonderheiten eines Hilfeplanverfahrens, wenn der Träger der Jugendhilfe entweder leistender Rehabilitationsträger oder der zur Durchführung des Teilhabeplanverfahrens vereinbarte Rehabilitationsträger ist. MWv. 1.1.2024 wurde durch Art. 37 des Gesetzes zur Regelung des Sozialen Entschädigungsrechts v. 19.12.2019 (BGBl. I S. 2652 (2712)) Satz 3 neu hinzugefügt. Danach gelten für den Träger der Sozialen Entschädigung (§ 111 SGB XIV) die Vorschriften für das Fallmanagement nach § 30 des SGB XIV ergänzend. **1**

Das Gesamtplanverfahren ist in § 117 geregelt. Der Gesamtplanung kommt im Kontext personenzentrierter Leistungsgewährung und -erbringung eine Schlüsselfunktion zu. Sie ist die Grundlage für die Sicherstellung einer bedarfsdeckenden Leistungserbringung (BT-Drs. 18/9522, 287). **2**

§ 22[1] Einbeziehung anderer öffentlicher Stellen

(1) Der für die Durchführung des Teilhabeplanverfahrens verantwortliche Rehabilitationsträger bezieht unter Berücksichtigung der Interessen der Leistungsberechtigten andere öffentliche Stellen in die Erstellung des Teilhabeplans in geeigneter Art und Weise ein, soweit dies zur Feststellung des Rehabilitationsbedarfs erforderlich ist.

[1] § 21 Satz 2 geänd. mWv 10.6.2021 durch G v. 3.6.2021 (BGBl. I S. 1444).

[1] § 22 Abs. 4 (früherer Abs. 5) neu gef. mWv 1.1.2023 durch G v. 4.5.2021 (BGBl. I S. 882, aufgeh. durch G v. 24.6.2022, BGBl. I S. 959); Abs. 3 Satz 2 geänd., Abs. 4 aufgeh., bish. Abs. 5 wird Abs. 4 mWv 1.1.2022 durch G v. 2.6.2021 (BGBl. I S. 1387); Abs. 4 neu gef. mWv 1.1.2023 durch G v. 24.6.2022 (BGBl. I S. 959).

(2) [1]Bestehen im Einzelfall Anhaltspunkte für eine Pflegebedürftigkeit nach dem Elften Buch, wird die zuständige Pflegekasse mit Zustimmung des Leistungsberechtigten vom für die Durchführung des Teilhabeplanverfahrens verantwortlichen Rehabilitationsträger informiert und muss am Teilhabeplanverfahren beratend teilnehmen, soweit dies für den Rehabilitationsträger zur Feststellung des Rehabilitationsbedarfs erforderlich und nach den für die zuständige Pflegekasse geltenden Grundsätzen der Datenverwendung zulässig ist. [2]Die §§ 18a und 31 des Elften Buches bleiben unberührt.

(3) [1]Die Integrationsämter sind bei der Durchführung des Teilhabeplanverfahrens zu beteiligen, soweit sie Leistungen für schwerbehinderte Menschen nach Teil 3 erbringen. [2]Das zuständige Integrationsamt kann das Teilhabeplanverfahren nach § 19 Absatz 5 anstelle des leistenden Rehabilitationsträgers durchführen, wenn die Rehabilitationsträger und das Integrationsamt sowie das nach § 19 Absatz 1 Satz 2 zu beteiligende Jobcenter dies in Abstimmung mit den Leistungsberechtigten vereinbaren.

(4) [1]Bestehen im Einzelfall Anhaltspunkte für einen Betreuungsbedarf nach § 1814 Absatz 1 des Bürgerlichen Gesetzbuchs, wird die zuständige Betreuungsbehörde mit Zustimmung des Leistungsberechtigten vom für die Durchführung des Teilhabeplanverfahrens verantwortlichen Rehabilitationsträger informiert. [2]Der Betreuungsbehörde werden in diesen Fällen die Ergebnisse der bisherigen Ermittlungen und Gutachten mit dem Zweck mitgeteilt, dass diese dem Leistungsberechtigten andere Hilfen, bei denen kein Betreuer bestellt wird, vermitteln kann. [3]Auf Vorschlag der Betreuungsbehörde kann sie mit Zustimmung des Leistungsberechtigten am Teilhabeplanverfahren beratend teilnehmen.

Übersicht

A. Allgemeines

1 Um dem Ziel einer umfassenden Teilhabeberatung gerecht werden zu können, müssen neben den Rehabilitationsträger auch andere öffentliche Stellen in ein Teilhabeplanverfahren mit einbezogen werden, damit diese mit ihren Kenntnissen und ihrem Wissen bei der Feststellung des Teilhabebedarfs helfen können. Hierbei ist die Schnittstelle zwischen der Schulbildung und der Teilhabe für Kinder und Jugendliche mit Behinderungen in der gesetzlichen Begründung (BT-Drs. 18/9522, 241) ausdrücklich genannt worden, bei der die Schule beteiligt werden sollte.

B. Pflegekassen

2 Bereits nach der bisherigen Rechtslage hatten die Pflegekassen im Rahmen einer Prüfung nach § 18 Abs. 6 SGB XI die Pflicht, Hinweise auf einen Bedarf auf Leistungen zur medizinischen Rehabilitation zum Anlass zu nehmen und auf eine Antragstellung nach § 18a SGB XI sowie § 31 SGB XI hinzuwirken. Nunmehr ist nach Abs. 2 ausdrücklich geregelt, dass der verantwortliche Rehabilitationsträger die Pflegekassen in das Teilhabeplanverfahren sowie die Teilhabeplankonferenz einbinden kann. Voraussetzung hierfür ist jedoch, dass der Leistungsberechtigte dieser Einbindung zustimmt und die Verwertung der Daten der Pflegekasse nach ihren datenschutzrechtlichen Grundsätzen zulässig ist (so auch LPK-SGB IX/Joussen § 21 Rn. 4). Von der Hinzuziehung der Pflegekassen ver-

spricht sich der Gesetzgeber, dass die Versorgungspläne nach § 7a SGB XI zu einem wichtigen Bestandteil des Teilhabeplans werden (BT-Drs. 18/9522, 241).

C. Integrationsämter

Die Integrationsämter sind wie bisher zu beteiligen, wenn und soweit Leitungen nach Teil 3 des SGB IX bewilligt werden sollen (→ § 185 Rn. 6). Neu ist jedoch, dass das Integrationsamt mit der Einwilligung der Leistungsberechtigten und in Abstimmung mit den anderen Rehabilitationsträger und des Jobcenters anstelle des leistenden Rehabilitationsträger das Teilhabeplanverfahren durchführen kann (Abs. 3 S. 2). Dieses bedeutet jedoch nicht, dass das Integrationsamt an die Stelle des leistenden Rehabilitationsträger tritt. Das Integrationsamt ist kein Rehabilitationsträger iSd § 6 und darf damit nicht die Gesamtverantwortung für das Teilhabeplanverfahren übernehmen (LPK-SGB IX/Joussen § 21 Rn. 3). 3

D. Betreuungsbehörde

Nach Abs. 5 hat der für die Durchführung des Teilhabeplanverfahrens verantwortliche Rehabilitationsträger mit Zustimmung des Leistungsberechtigten die zuständige Betreuungsbehörde über die Erstellung eines Teilhabeplans zu informieren, wenn Anhaltspunkte für einen Betreuungsbedarf nach § 1814 Abs. 1 BGB vorliegen und soweit die Informationen zur Vermittlung anderer Hilfen, bei denen kein Betreuer bestellt wird, erforderlich sind. Hintergrund dieser Informationspflicht ist, dass die zuständige Betreuungsbehörde in Fällen, in denen die Anordnung einer Betreuung grds. in Betracht kommt, in die Lage versetzt werden soll, von „anderen Hilfen", die zur Vermeidung einer Betreuung geeignet sind, Kenntnis zu erlangen und darauf hinzuwirken, dass eine gesetzliche Betreuung vermieden wird. Damit wird dem im Betreuungsrecht geltenden Erforderlichkeitsgrundsatz nachgekommen und den Anforderungen der UN-BRK Rechnung getragen (BT-Drs. 18/9522, 241). Die Information der Betreuungsbehörde setzt die Zustimmung des Leistungsberechtigten voraus (jurisPK-SGB IX/Vogl § 21 Rn. 28). 4

§ 23[1] Verantwortliche Stelle für den Sozialdatenschutz

(1) Der für die Durchführung des Teilhabeplanverfahrens verantwortliche Rehabilitationsträger ist bei der Erstellung des Teilhabeplans und bei der Durchführung der Teilhabeplankonferenz Verantwortlicher für die Verarbeitung von Sozialdaten nach § 67 Absatz 4 des Zehnten Buches sowie Stelle im Sinne von § 35 Absatz 1 des Ersten Buches.

(2) [1]Vor Durchführung einer Teilhabeplankonferenz hat der nach Absatz 1 Verantwortliche die Einwilligung der Leistungsberechtigten im Sinne von § 67b Absatz 2 des Zehnten Buches einzuholen, wenn und soweit anzunehmen ist, dass im Rahmen der Teilhabeplankonferenz Sozialdaten verarbeitet werden, deren Erforderlichkeit für die Erstellung des Teilhabeplans zum Zeitpunkt der Durchführung der Teilhabeplankonferenz nicht abschließend bewertet werden kann. [2]Nach Durchführung der Teilhabeplankonferenz ist die Speicherung, Veränderung, Nutzung, Übermittlung oder Einschränkung der Verarbeitung von Sozialdaten im Sinne von Satz 1 nur zulässig, soweit dies für die Erstellung des Teilhabeplans erforderlich ist.

[1] § 23 Abs. 1 neu gef., Abs. 2 Satz 1 geänd., Satz 2 neu gef. mWv 26.11.2019 durch G v. 20.11.2019 (BGBl. I S. 1626).

(3) Die datenschutzrechtlichen Vorschriften des Ersten und des Zehnten Buches sowie der jeweiligen Leistungsgesetze der Rehabilitationsträger bleiben bei der Zuständigkeitsklärung und bei der Erstellung des Teilhabeplans unberührt.

1 Der für die Durchführung des Teilhabeplanverfahrens verantwortliche Rehabilitationsträger ist im Rahmen seiner Gesamtverantwortung auch für die Einhaltung der datenschutzrechtlichen Vorschriften im Zusammenhang mit der Erstellung des Teilhabeplans zuständig. Es gelten die Regelungen der §§ 67 ff. SGB X. Hiervon ist ganz besonders die Frage der **Datenübermittlung** zwischen den verschiedenen beteiligten Rehabilitationsträger betroffen.

1a Der Wortlaut der Abs. 1 und 2 wurde durch Art. 130 des Zweiten Gesetzes zur Anpassung des Datenschutzrechts an die Verordnung (EU) 2016/679 und zur Umsetzung der Richtlinie (EU) 2016/680 (Zweites Datenschutz-Anpassungs- und Umsetzungsgesetz EU – 2. DSAnpUG-EU) mit Wirkung vom 26.11.2019 (BGBl. I S. 1626, 1703) sprachlich angepasst. Eine inhaltliche Änderung ergibt sich nicht.

2 Die Rehabilitationsträger müssen für ihr Handeln sicherstellen, dass Sozialdaten nur in dem erforderlichen Umfang erhoben, verarbeitet oder genutzt werden; dieses gilt auch für das Teilhabeplanverfahren (Abs. 3). Da im Rahmen des Teilhabeplanverfahrens grds. alle Rehabilitationsträger als verantwortliche Federführer in Betracht kommen, sollten möglichst einheitliche Grundsätze und standardisierte Verfahren für die Einhaltung sozialdatenschutzrechtlicher Vorgaben erarbeitet werden (BT-Drs. 18/9522, 243).

3 Die Vorbereitung und Durchführung der Teilhabekonferenz stellt datenschutzrechtlich für den verantwortlichen Rehabilitationsträger insofern eine besondere Herausforderung dar, als er einerseits dafür zu sorgen hat, dass der **Rehabilitationsbedarf** des Leistungsberechtigten umfassend geklärt und festgestellt wird, andererseits aber nur die hierfür „erforderlichen Sozialdaten" erhoben, verarbeitet und genutzt werden dürfen. Insbesondere in der Konferenz werden mögliche Teilhabebeschränkungen, Rehabilitationsbedarfe und die hierfür relevanten personenbezogenen und umweltbezogenen Kontextfaktoren besprochen. Eine Prüfung der datenschutzrechtlichen Belange ist dabei nur hinsichtlich offensichtlicher Grenzen möglich.

3a Der Gesetzgeber hat diese Schwierigkeiten erkannt und daher in Abs. 2 auch die Erhebung, Verarbeitung und Nutzung solcher Daten grds. erlaubt, deren Erforderlichkeit für die Erstellung des Teilhabeplans zwar wahrscheinlich ist, aber noch nicht abschließend feststeht. Im Gegenzug knüpft der Gesetzgeber diese Erlaubnis an eine **informierte Einwilligung** durch den Leistungsberechtigten.

4 Stellt sich im Verfahren heraus, dass Daten nicht benötigt werden, oder zieht der Leistungsberechtigte seine Einwilligung zurück, so entfällt ab diesem Zeitpunkt die Grundlage für die Verarbeitung der Daten und diese sind zu löschen. Die zuvor erfolgte Erhebung und Verarbeitung von Daten ist aber rechtmäßig erfolgt. Bei der Rücknahme der Einwilligung ist dann auf der Basis der rechtmäßig erhobenen und verarbeiteten Daten über den Antrag auf Leistungen zur Teilhabe zu entscheiden. Ein nichtaufklärbarer Teilhabebedarf geht dann zu Lasten des Leistungsberechtigten.

§ 24 Vorläufige Leistungen

[1]Die Bestimmungen dieses Kapitels lassen die Verpflichtung der Rehabilitationsträger zur Erbringung vorläufiger Leistungen nach den für sie jeweils geltenden Leistungsgesetzen unberührt. [2]Vorläufig erbrachte Leistungen binden die Rehabilitationsträger nicht bei der Feststellung des Rehabilitationsbedarfs nach diesem Kapitel. [3]Werden Leistungen zur Teilhabe beantragt, ist § 43 des Ersten Buches nicht anzuwenden.

Die Regelung ist lex specialis gegenüber § 43 SGB I (jurisPK-SGB IX/Vogl § 24 Rn. 12). Die Regelungen des Kap. 4 des SGB IX zur Zuständigkeitsklärung und Kostenerstattung gehen den allgemeinen Vorschriften zur vorläufigen Leistung im Falle streitiger Zuständigkeit vor (BT-Drs. 18/9522, 243). 1

Sind Leistungen nach den einzelnen Leistungsgesetzen vorläufig zu erbringen (§ 15a SGB II; § 23 SGB III; § 139 SGB VII; § 86d SGB VIII), bleiben diese besonderen Tatbestände von dem Teilhabeplanverfahren unberührt, damit eilbedürftige Leistungen nicht aufgrund des Verfahrens oder des Wunsches des Leistungsberechtigten nach Durchführung einer Teilhabeplankonferenz versagt werden können. Umgekehrt binden die vorläufig erbrachten Leistungen die Rehabilitationsträger jedoch nicht bei der Feststellung des Rehabilitationsbedarfs im Rahmen der Koordinierung der Leistungen und des Teilhabeplanverfahrens. 2

Kapitel 5. Zusammenarbeit

§ 25 Zusammenarbeit der Rehabilitationsträger

(1) Im Rahmen der durch Gesetz, Rechtsverordnung oder allgemeine Verwaltungsvorschrift getroffenen Regelungen sind die Rehabilitationsträger verantwortlich, dass

1. die im Einzelfall erforderlichen Leistungen zur Teilhabe nahtlos, zügig sowie nach Gegenstand, Umfang und Ausführung einheitlich erbracht werden,
2. Abgrenzungsfragen einvernehmlich geklärt werden,
3. Beratung entsprechend den in den §§ 1 und 4 genannten Zielen geleistet wird,
4. Begutachtungen möglichst nach einheitlichen Grundsätzen durchgeführt werden,
5. Prävention entsprechend dem in § 3 Absatz 1 genannten Ziel geleistet wird sowie
6. die Rehabilitationsträger im Fall eines Zuständigkeitsübergangs rechtzeitig eingebunden werden.

(2) [1]Die Rehabilitationsträger und ihre Verbände sollen zur gemeinsamen Wahrnehmung von Aufgaben zur Teilhabe von Menschen mit Behinderungen insbesondere regionale Arbeitsgemeinschaften bilden. [2]§ 88 Absatz 1 Satz 1 und Absatz 2 des Zehnten Buches gilt entsprechend.

Übersicht

A. Allgemeines

Die Regelung entspricht weitestgehend der bisherigen Rechtslage nach § 12 SGB IX 2001. Die Vorschrift dient ebenso wie § 10 der Koordinierung der Leistungen und der Kooperation der Leistungsträger (jurisPK-SGB IX/Reyels § 25 Rn. 10). Die Pflicht zur Zusammenarbeit der zuständigen Träger, die bereits in der allgemeinen Grundsatznorm des § 86 SGB X gesetzlich niedergelegt ist, wird dabei konkretisiert. 1

Um dem gemeinsamen Handeln der am Rehabilitationsgeschehen Beteiligten einen stabilen Rahmen zu geben, sollen die Rehabilitationsträger nach Abs. 2 miteinander und mit anderen Stellen insbes. regionale Arbeitsgemeinschaften mit kooperativem und konsultativem Charakter bilden. 2

Aufgrund der Verweisung im S. 2 des Abs. 2 auf § 88 Abs. 1 S. 1 und Abs. 2 SGB X besteht die Möglichkeit für den Rehabilitationsträger (Auftraggeber) die ihm obliegen- 3 den Aufgaben durch einen anderen Leistungsträger oder seinen Verband (Beauftragter) wahrnehmen zu lassen, wenn dies unter den in den Nr. 1–3 des § 88 SGB X geregelten Voraussetzungen zweckmäßig ist. Nach dem Abs. 2 des § 88 SGB X kann dieser Auftrag für Einzelfälle, aber auch für eine Vielzahl gleichartiger Fälle erteilt werden. Ein wesentlicher Teil des gesamten Aufgabenbereichs muss aber beim Auftraggeber, also bei dem leistungspflichtigen Rehabilitationsträger, verbleiben (§ 88 Abs. 2 S. 2 SGB X).

B. Zusammenarbeit

4 Der Umfang der Verantwortung zur Zusammenarbeit wird in den Nr. 1–6 des Abs. 1 näher umschrieben. Die Durchführung der Verpflichtungen nach dem Abs. 1 Nr. 1–6 der Vorschrift erfolgt nach § 26 Abs. 1 im Wege der Vereinbarung **gemeinsamer Empfehlungen.**

5 Die nahtlose und zügige Leistungserbringung nach einheitlichen Maßstäben fasst in diesem Grundsatz nochmals kurz und präzise zusammen, was in § 4 Abs. 2 S. 2 geregelt ist. Die Wiederholung unter dem Aspekt der „Zusammenarbeit" macht deutlich, wie wichtig es dem Gesetzgeber ist, dass Teilhabeleistungen in gleicher Art und Güte erbracht werden, unabhängig davon, welcher Rehabilitationsträger nach § 14 formell zur Leistung verpflichtet ist.

6 Die einvernehmliche Klärung von Abgrenzungsfragen ist wichtig, da zwischen einzelnen Leistungen und Zuständigkeiten immer Spielräume vorhanden sind, die sich aus dem Gesetzeswortlaut zumeist nicht eindeutig klären lassen. Hier sind Absprachen im Sinne einer einvernehmlichen Lösung für die Leistungsberechtigten vorteilhafter und entsprechen dem Wirtschaftlichkeitsgebot und dem Zügigkeitsgebot (LSW/Welti § 12 Rn. 8).

7 Die allgemeine Beratungspflicht der Sozialleistungsträger ergibt sich aus § 14 SGB I. Diese **Beratungspflicht** wird durch die Nr. 3 insofern präzisiert, als auf die Ziele der §§ 1, 4 besonders verwiesen wird. Da in den genannten Regelungen keine subjektiven Rechte eines einzelnen Leistungsberechtigten, sondern allg. gültige Rehabilitationsgrundsätze genannt werden, ist hier eine umfassende Beratung zu allen Rehabilitationsbedarfen gemeint (LPK-SGB IX/Joussen § 25 Rn. 8).

8 **Begutachtungen** im Sinne der Nr. 4 sind förmliche Gutachten, denen ein Gutachtenauftrag des jeweiligen Rehabilitationsträgers zugrunde liegt. Die Nr. 4 erstreckt sich nur auf die Durchführung der Begutachtungen, also auf den äußeren Verfahrensablauf, nicht auf die inhaltlich-sachliche Beurteilung. Letzteres wäre wegen der unterschiedlichen Leistungsvoraussetzungen in den jeweils maßgebenden Sozialleistungsgesetzen ausgeschlossen.

9 Alle Rehabilitationsträger sind dafür verantwortlich, dass Präventionsleistungen entspr. der Ziele des § 3 erbracht werden. Die einzelnen Leistungsgesetze sind jedoch hinsichtlich der Präventionsaufgaben sehr unterschiedlich gestaltet (Krankenversicherung § 20 ff. SGB V; Unfallversicherung § 14 SGB VII; Rentenversicherung § 14 SGB VI).

10 Nr. 6 wurde neu aufgenommen und stellt klar, dass die Verantwortung der Rehabilitationsträger bei der Zusammenarbeit auch den Trägerübergang bei einem Zuständigkeitswechsel umfasst. In der gesetzlichen Begründung ist das Beispiel der Schnittstelle zwischen Kinder- und Jugendhilfe und der Erwachsenenhilfe genannt (BT-Drs. 18/9522, 242).

11 Zur Förderung der Zusammenarbeit sollen nach dem Abs. 2 regionale Arbeitsgemeinschaften gebildet werden; von dieser gesetzlichen Aufforderung ist allerdings bislang kein Gebrauch gemacht worden (Welti SGb 2008, 321 ff. (329)). Interessant ist dieses deshalb, weil in § 94 SGB X bereits die Bildung von Arbeitsgemeinschaften vorgesehen ist,

jedoch als Kann-Vorschrift und daher eigentlich ein „erhöhter Druck" durch den Gesetzgeber vorliegt (Knittel § 12 Rn. 28). Arbeitsgemeinschaften auf Bundesebene sind dem Gesetzeswortlaut nicht ausgeschlossen.

§ 26 Gemeinsame Empfehlungen

(1) Die Rehabilitationsträger nach § 6 Absatz 1 Nummer 1 bis 5 vereinbaren zur Sicherung der Zusammenarbeit nach § 25 Absatz 1 gemeinsame Empfehlungen.

(2) Die Rehabilitationsträger nach § 6 Absatz 1 Nummer 1 bis 5 vereinbaren darüber hinaus gemeinsame Empfehlungen,

1. welche Maßnahmen nach § 3 geeignet sind, um den Eintritt einer Behinderung zu vermeiden,
2. in welchen Fällen und in welcher Weise rehabilitationsbedürftigen Menschen notwendige Leistungen zur Teilhabe angeboten werden, insbesondere, um eine durch eine Chronifizierung von Erkrankungen bedingte Behinderung zu verhindern,
3. über die einheitliche Ausgestaltung des Teilhabeplanverfahrens,
4. in welcher Weise die Bundesagentur für Arbeit nach § 54 zu beteiligen ist,
5. wie Leistungen zur Teilhabe nach den §§ 14 und 15 koordiniert werden,
6. in welcher Weise und in welchem Umfang Selbsthilfegruppen, -organisationen und -kontaktstellen, die sich die Prävention, Rehabilitation, Früherkennung und Bewältigung von Krankheiten und Behinderungen zum Ziel gesetzt haben, gefördert werden,
7. für Grundsätze der Instrumente zur Ermittlung des Rehabilitationsbedarfs nach § 13,
8. in welchen Fällen und in welcher Weise der behandelnde Hausarzt oder Facharzt und der Betriebs- oder Werksarzt in die Einleitung und Ausführung von Leistungen zur Teilhabe einzubinden sind,
9. zu einem Informationsaustausch mit Beschäftigten mit Behinderungen, Arbeitgebern und den in § 166 genannten Vertretungen zur möglichst frühzeitigen Erkennung des individuellen Bedarfs voraussichtlich erforderlicher Leistungen zur Teilhabe sowie
10. über ihre Zusammenarbeit mit Sozialdiensten und vergleichbaren Stellen.

(3) Bestehen für einen Rehabilitationsträger Rahmenempfehlungen auf Grund gesetzlicher Vorschriften und soll bei den gemeinsamen Empfehlungen von diesen abgewichen werden oder sollen die gemeinsamen Empfehlungen Gegenstände betreffen, die nach den gesetzlichen Vorschriften Gegenstand solcher Rahmenempfehlungen werden sollen, stellt der Rehabilitationsträger das Einvernehmen mit den jeweiligen Partnern der Rahmenempfehlungen sicher.

(4) [1]Die Träger der Renten-, Kranken- und Unfallversicherung können sich bei der Vereinbarung der gemeinsamen Empfehlungen durch ihre Spitzenverbände vertreten lassen. [2]Der Spitzenverband Bund der Krankenkassen schließt die gemeinsamen Empfehlungen auch als Spitzenverband Bund der Pflegekassen ab, soweit die Aufgaben der Pflegekassen von den gemeinsamen Empfehlungen berührt sind.

(5) [1]An der Vorbereitung der gemeinsamen Empfehlungen werden die Träger der Eingliederungshilfe und der öffentlichen Jugendhilfe über die Bundesvereinigung der Kommunalen Spitzenverbände, die Bundesarbeitsgemeinschaft der überörtlichen Träger der Sozialhilfe, die Bundesarbeitsgemeinschaft der Landesjugendämter sowie die Integrationsämter in Bezug auf Leistungen und sonstige Hilfen für schwerbehinderte Menschen nach Teil 3 über die Bundesarbeitsgemeinschaft der Integrationsämter und Hauptfürsorgestellen beteiligt. [2]Die Träger der Eingliederungshilfe und der öffentlichen Jugendhilfe orientieren sich bei der Wahrnehmung ihrer Aufgaben nach diesem Buch an den vereinbarten Empfehlungen oder können diesen beitreten.

(6) [1]Die Verbände von Menschen mit Behinderungen einschließlich der Verbände der Freien Wohlfahrtspflege, der Selbsthilfegruppen und der Interessenvertretungen von Frauen mit Behinderungen sowie die für die Wahrnehmung der Interessen der ambulanten und stationären Rehabilitationseinrichtungen auf Bundesebene maßgeblichen Spitzenverbände werden an der Vorbereitung der gemeinsamen Empfehlungen beteiligt. [2]Ihren Anliegen wird bei der Ausgestaltung der Empfehlungen nach Möglichkeit Rechnung getragen. [3]Die Empfehlungen berücksichtigen auch die besonderen Bedürfnisse von Frauen und Kindern mit Behinderungen oder von Behinderung bedrohter Frauen und Kinder.

(7) [1]Die beteiligten Rehabilitationsträger vereinbaren die gemeinsamen Empfehlungen im Rahmen der Bundesarbeitsgemeinschaft für Rehabilitation im Benehmen mit dem Bundesministerium für Arbeit und Soziales und den Ländern auf der Grundlage eines von ihnen innerhalb der Bundesarbeitsgemeinschaft vorbereiteten Vorschlags. [2]Der oder die Bundesbeauftragte für den Datenschutz und die Informationsfreiheit wird beteiligt. [3]Hat das Bundesministerium für Arbeit und Soziales zu einem Vorschlag aufgefordert, legt die Bundesarbeitsgemeinschaft für Rehabilitation den Vorschlag innerhalb von sechs Monaten vor. [4]Dem Vorschlag wird gefolgt, wenn ihm berechtigte Interessen eines Rehabilitationsträgers nicht entgegenstehen. [5]Einwände nach Satz 4 sind innerhalb von vier Wochen nach Vorlage des Vorschlags auszuräumen.

(8) [1]Die Rehabilitationsträger teilen der Bundesarbeitsgemeinschaft für Rehabilitation alle zwei Jahre ihre Erfahrungen mit den gemeinsamen Empfehlungen mit, die Träger der Renten-, Kranken- und Unfallversicherung über ihre Spitzenverbände. [2]Die Bundesarbeitsgemeinschaft für Rehabilitation stellt dem Bundesministerium für Arbeit und Soziales und den Ländern eine Zusammenfassung zur Verfügung.

(9) Die gemeinsamen Empfehlungen können durch die regional zuständigen Rehabilitationsträger konkretisiert werden.

Übersicht

A. Allgemeines

1 Die Vorschrift entspricht bis auf wenige Unterschiede, die zumeist noch redaktioneller Art sind, der Vorschrift des § 13 SGB IX 2001. Mit der in der Vorschrift geregelten Verpflichtung, gemeinsame Empfehlungen nach den Abs. 1 u. 2 zu vereinbaren, wird eines der Hauptanliegen des SGB IX verfolgt, die Koordination der Leistungen und die Kooperation der Rehabilitationsträger (LSW/Welti § 13 Rn. 1). Den Selbstverwaltungslösungen wird dabei Vorrang eingeräumt mit dem Ziel, dass den Leistungsberechtigten die erforderlichen Leistungen wie „aus einer Hand" erscheinen (jurisPK-SGB IX/Reyels § 26 Rn. 19). Die Empfehlungen richten sich ausschließlich an die Rehabilitationsträger und lassen die Rechtsansprüche Leistungsberechtigter unberührt (Mrozynski SGB IX/Jabben § 13 Rn. 12). Der Abs. 2 der Vorschrift zählt weitere Regelungsgegenstände der gemeinsamen Empfehlungen auf. Der Abs. 3 stellt sicher, dass die gemeinsamen Empfehlungen auch mit den Rahmenempfehlungen über Rehabilitationsmaßnahmen, zB nach § 112 Abs. 5 SGB V, in Einklang gebracht werden. Damit soll eine Auseinanderentwicklung zwischen den gemeinsamen Empfehlungen und den Rahmenempfehlungen vermieden werden. Der Abs. 5 der Vorschrift sichert die Beteiligung der Träger der Eingliederungshilfe und der öffentlichen Jugendhilfe, die nach dem Abs. 1 der Vorschrift nicht zu dem Kreis der Rehabilitationsträger gehören, die zur Vereinbarung gemeinsamer

Empfehlungen verpflichtet sind, sowie der Integrationsämter, und zwar über die Bundesarbeitsgemeinschaft der Integrationsämter und Hauptfürsorgestellen. Der Abs. 6 der Vorschrift sichert die Beteiligung weiterer zu beteiligender Stellen. Nach den Abs. 7 u. 8 soll die BAR den organisatorischen Rahmen für die notwendigen Vorbereitungs- und Abstimmungsprozesse bilden. Sie erhält auch Initiativ-, Steuerungs- und Berichtsaufgaben. Damit soll gewährleistet werden, dass die erforderlichen Regelungen zügig getroffen werden. Auf die Besonderheiten der gesetzlichen Unfallversicherung ist bei der Ausarbeitung der gemeinsamen Empfehlungen Rücksicht zu nehmen.

Die Rehabilitationsträger sind der ihnen auferlegten Verpflichtung, **gemeinsame Empfehlungen** zu vereinbaren, grds. nachgekommen, jedoch sind die praktischen Auswirkungen der einzelnen Gemeinsamen Empfehlungen sehr unterschiedlich. Aufzufinden sind die bisherigen gemeinsamen Empfehlungen im Internet unter www.bar-frankfurt.de. 2

B. Gemeinsame Empfehlungen

Durch die in der Vorschrift normierte Verpflichtung, Empfehlungen abzuschließen, soll die trägerübergreifende Koordinierung intensiviert werden (Knittel § 13 Rn. 20). Die gleiche Zielsetzung verfolgt § 37 (§ 20 SGB IX 2001); danach sollen gemeinsame Empfehlungen zur Sicherung und Weiterentwicklung der Qualität der Leistungen die Grundlage für ein effektives **Qualitätsmanagement** bilden. Eine Verpflichtung zur Zusammenarbeit auf Grund bindender vertraglicher Vereinbarungen schreiben die Regelungen des SGB IX den Rehabilitationsträger damit aber nicht vor. Denn gemeinsame Empfehlungen haben einen schwachen Rechtscharakter; sie können zwar eine Selbstbindung der beteiligten Stellen bewirken, sind aber im Streitfall (abgesehen von der Selbstbindung bei Ermessensentscheidungen) für die Gerichte unbeachtlich (Knittel § 13 Rn. 24; LPK-SGB IX/Joussen § 26 Rn. 9; jurisPK-SGB IX/Reyels § 26 Rn. 33). 3

Die gemeinsamen Empfehlungen betreffen zudem nicht alle Rehabilitationsträger iSd § 6. Denn die Träger der Eingliederungshilfe und der öffentlichen Jugendhilfe sind an der Vereinbarung der gemeinsamen Empfehlungen nicht zu beteiligen (vgl. Abs. 1 u. 2 der Vorschrift, die nur die Rehabilitationsträger nach § 6 Abs. 1 Nr. 1–5 betreffen). Die Träger der Eingliederungshilfe und der öffentlichen Jugendhilfe sollen zwar nach dem Abs. 5 der Vorschrift über ihre Spitzenverbände an der Vorbereitung der gemeinsamen Empfehlungen beteiligt werden. Der Beitritt zu den vereinbarten gemeinsamen Empfehlungen wird aber nach dem Abs. 5 S. 2 in das Ermessen dieser Träger gestellt. 4

Gemeinsame Empfehlungen sind außer in § 26 auch noch in § 37 Abs. 1, § 38 Abs. 3 (§ 20 Abs. 1, § 21 Abs. 2 SGB IX 2001) vorgesehen; danach sollen gemeinsame Empfehlungen vereinbart werden „zur Sicherung und Weiterentwicklung der Qualität der Leistungen, insbes. zur barrierefreien Leistungserbringung“ sowie zu den Verträgen mit den Leistungserbringern (§ 38 Abs. 3.). 5

Die organisatorische Plattform für die notwendigen Vorbereitungs- und Abstimmungsprozesse bildet die **BAR** (Abs. 7 der Vorschrift) mit Sitz in Frankfurt am Main. In dieser Arbeitsgemeinschaft sind alle Rehabilitationsträger und weitere Beteiligte zusammengeschlossen. Die gemeinsamen Empfehlungen sind „im Benehmen“ mit dem zuständigen Bundesministerium und den Ländern zu vereinbaren. Der inhaltliche Vorschlag erfolgt jedoch von der BAR und den in ihr vertretenen Rehabilitationsträger sowie weiteren Beteiligten. 6

Inhaltlich sind zwischenzeitlich 10 verschiedene Gemeinsame Empfehlungen entstanden (Stand: 30.11.2022), die teilweise auch schon überarbeitet wurden und in aktuellerer Form vorliegen. Nach Abs. 2 Nr. 3 muss die Gemeinsame Empfehlung an das Teilhabeplanverfahren angepasst werden und in Nr. 5 an die neuen Vorschriften zur Koordinie- 7 rung der Leistungen. In der zuletzt nicht belegten Nr. 7 werden die Rehabilitationsträger verpflichtet, gemeinsame Grundsätze für die Bedarfsermittlung zu entwickeln.

8 Nach Abs. 4 können sich die Renten-, Kranken- und Unfallversicherungsträger jeweils durch ihre Spitzenverbände vertreten lassen. Hierbei vertritt der Spitzenverband Bund der Krankenkassen die Pflegekassen, soweit die Mitwirkung und die Aufgaben der Pflegekassen von einer Gemeinsamen Empfehlung berührt sind und schließt als Spitzenverband Bund der Pflegekassen die Gemeinsame Empfehlung mit ab.

§ 27 Verordnungsermächtigung

[1] Vereinbaren die Rehabilitationsträger nicht innerhalb von sechs Monaten, nachdem das Bundesministerium für Arbeit und Soziales sie dazu aufgefordert hat, gemeinsame Empfehlungen nach § 26 oder ändern sie unzureichend gewordene Empfehlungen nicht innerhalb dieser Frist, kann das Bundesministerium für Arbeit und Soziales mit dem Ziel der Vereinheitlichung des Verwaltungsvollzugs in dem Anwendungsbereich der §§ 25 und 26 Regelungen durch Rechtsverordnung mit Zustimmung des Bundesrates erlassen. [2] Richten sich die Regelungen nur an Rehabilitationsträger, die nicht der Landesaufsicht unterliegen, wird die Rechtsverordnung ohne Zustimmung des Bundesrates erlassen. [3] Soweit sich die Regelungen an die Rehabilitationsträger nach § 6 Absatz 1 Nummer 1 richten, erlässt das Bundesministerium für Arbeit und Soziales die Rechtsverordnung im Einvernehmen mit dem Bundesministerium für Gesundheit.

1 Die Vorschrift entspricht in S. 1 u. 3 der bisherigen Rechtslage nach § 16 SGB IX 2001. In S. 2 wird die Norm im Hinblick auf die Anforderungen aus Art. 80 GG konkretisiert (BT-Drs. 18/9522, 243). Durch die Regelung wird dem BMAS im Anwendungsbereich der Gemeinsamen Empfehlungen die Kompetenz eröffnet, zu fachlichen Fragen des Verwaltungsvollzuges verbindliche Regelungen zu treffen, die sonst der Fachaufsicht des Bundes zuzuordnen wären; gegenüber den selbstverwalteten Versicherungsträgern nimmt der Bund lediglich die Fachaufsicht wahr.

2 Voraussetzung für die Verordnungsermächtigung ist eine Aufforderung des BMAS zu einer Erstellung oder Überarbeitung einer Gemeinsamen Empfehlung, der die Rehabilitationsträger nicht innerhalb der Frist von sechs Monaten nachgekommen sind. Durch den in S. 1 abschließend beschriebenen Anwendungsbereich der Regelung wird sichergestellt, dass durch die Verordnungsermächtigung nicht in die Selbstverwaltungskompetenz der Versicherungsträger des Bundes unverhältnismäßig eingegriffen wird. Bislang hat das BMAS von seiner Kompetenz noch keinen Gebrauch gemacht (vgl. aber §§ 46, 48, Frühförderungsverordnung v. 24.6.2003; jurisPK-SGB IX/Reyels § 27 Rn. 16).

3 Werden die gesetzlichen Krankenkassen durch Gemeinsame Empfehlungen betroffen (S. 3), so entsteht die Rechtsverordnung nur im Einvernehmen mit Bundesministerium für Gesundheit (Knittel § 16 Rn. 1).

Kapitel 6. Leistungsformen, Beratung

Abschnitt 1. Leistungsformen

§ 28 Ausführung von Leistungen

(1) **[1] Der zuständige Rehabilitationsträger kann Leistungen zur Teilhabe**

1. allein oder gemeinsam mit anderen Leistungsträgern,

2. durch andere Leistungsträger oder

3. unter Inanspruchnahme von geeigneten, insbesondere auch freien und gemeinnützigen oder privaten Rehabilitationsdiensten und -einrichtungen nach § 36

ausführen. [2] Der zuständige Rehabilitationsträger bleibt für die Ausführung der Leistungen verantwortlich. [3] Satz 1 gilt insbesondere dann, wenn der Rehabilitationsträger die Leistung dadurch wirksamer oder wirtschaftlicher erbringen kann.

(2) Die Leistungen werden dem Verlauf der Rehabilitation angepasst und sind darauf ausgerichtet, den Leistungsberechtigten unter Berücksichtigung der Besonderheiten des Einzelfalles zügig, wirksam, wirtschaftlich und auf Dauer eine den Zielen der §§ 1 und 4 Absatz 1 entsprechende umfassende Teilhabe am Leben in der Gesellschaft zu ermöglichen.

Übersicht

A. Allgemeines

Die Regelung entspricht der bisherigen Rechtslage. Hierbei wird in Abs. 1 die bisherige Regelung aus § 17 Abs. 1 SGB IX 2001 übernommen und Abs. 2 entspricht dem bisherigen § 10 Abs. 1 S. 2 SGB IX 2001. Die Regelung des Abs. 1 S. 1 stellt die Ausführung der Leistungen in die Entscheidungskompetenz des zuständigen Rehabilitationsträger. Dieser Rehabilitationsträger entscheidet eigenverantwortlich, er kann sich zwar bei der Durchführung der Leistungen anderer Leistungsträger (Abs. 1 S. 1 Nr. 1, 2) oder bestimmter Rehabilitationsdienste und -einrichtungen (vgl. § 36 SGB IX bzw. § 19 SGB IX 2001) bedienen (Abs. 1 S. 1 Nr. 3), er bleibt aber gegenüber dem Leistungsberechtigten allein verantwortlich (Abs. 1 S. 2). Ein Rangverhältnis ist mit der Aufzählung der Leistungen im Abs. 1 S. 1 Nr. 1–3 nicht verbunden; die Leistungsauswahl steht vielmehr in der eigenverantwortlichen Entscheidungsbefugnis des Rehabilitationsträgers. 1

B. Art der Ausführung

Grundsätzlich sind die in Abs. 1 S. 1 genannten Möglichkeiten der Leistungserbringung bei allen Rehabilitationsträger möglich, es sei denn, spezielle Formen sind nach einem Leistungsgesetz ausgeschlossen (LSW/Welti § 17 Rn. 4). Die Ausführung von Leistungen durch den Rehabilitationsträger allein bedeutet, dass die Leistung in trägereigenen Einrichtungen durchgeführt wird. 2

Eine Erbringung der Leistung mit anderen Leistungsträgern gemeinsam kommt in erster Linie in Betracht, wenn dadurch die Leistung wirksamer und wirtschaftlicher erbracht werden kann (Abs. 1 S. 3). Hiervon sind aber auch Fälle einer Komplexleistung von mehreren Leistungsträgern umfasst (§ 46 SGB IX bzw. § 30 SGB IX 2001). Zur gemeinsamen Erbringung können auch gemeinsame regionale Arbeitsgruppen gebildet werden (§ 25 Abs. 2). Erforderlich ist jedoch bei der gemeinsamen Leistungserbringung, dass jeder der Leistungsträger hierbei nur die „eigenen Aufgaben" erfüllt (§ 30 Abs. 1 SGB IV). 3

Eine Erbringung durch andere Leistungsträger setzt ein Auftragsverhältnis (§§ 88–93 SGB X) voraus (jurisPK-SGB IX/O'Sullivan § 28 Rn. 24). Der häufigste Fall wird auch hier die wirksamere und wirtschaftlichere Ausführung sein. Die Ausnahme des § 88 Abs. 1 S. 2 SGB X für das Recht der Ausbildungsförderung, der Kriegsopferfürsorge, 4 des Kindergelds, der Unterhaltsvorschüsse und Unterhaltsausfallleistungen, im Wohngeldrecht sowie im Recht der Jugendhilfe und der Sozialhilfe ist zu beachten.

5 Die Inanspruchnahme von Rehabilitationsdiensten und -einrichtungen zur Ausführung von Leistungen kommt in der Praxis häufiger vor. Hierfür können freie, gemeinnützige und private Dienste und Einrichtungen in Anspruch genommen werden. Zwischen den einzelnen Einrichtungen und Diensten besteht keinerlei Vorrang oder Nachrang, letztlich ist einziges Kriterium die Eignung der Einrichtung oder des Dienstes. Der Verweis auf § 36 bietet keine Abgrenzung oder Definition der Begrifflichkeiten „Rehabilitationsdienste" und „Rehabilitationseinrichtungen". Hierfür ist auf das Leistungserbringerrecht zu verweisen.

6 Vor der Inanspruchnahme der Rehabilitationsdienste und -einrichtungen sind mit diesen, Verträge nach § 38 (§ 21 SGB IX 2001) zu schließen. Die Leistungserbringer unterliegen der Verpflichtung zur Qualitätssicherung (LSW/Welti § 17 Rn. 16). Für die Qualitätsanforderungen, die in den Verträgen festgelegt werden, sind aber die Rehabilitationsträger verantwortlich (CFHR/Fuchs/Gitschmann § 17 Rn. 8).

C. Ziele der Leistung

7 In Abs. 2 wird noch einmal ausdrücklich auf die grundlegenden Ziele der Leistungen zur Teilhabe am Leben in der Gesellschaft in § 1 und § 4 Abs. 1 verwiesen. Jedoch wird auch betont, dass diese Ziele nur dann erreicht werden können, wenn die Leistungen auf die Besonderheiten im Einzelfall abgestimmt werden und dieses während des Verfahrens immer wieder überprüft wird. Dieses ist zum einen unter dem Aspekt zu sehen, dass der oder die Rehabilitationsträger zu Beginn des Verfahrens eine Prognose erstellen. Diese Prognose ist im Verfahren ggf. anzupassen, wenn der Verlauf der Rehabilitation dieses als erfolgversprechender scheinen lässt oder sogar erfordert. Zum anderen kann sich im Laufe eines Teilhabeverfahrens (bspw. Leistungen zur Teilhabe am Arbeitsleben) aufgrund der Zeitdauer eine Situation ergeben, die einen anderen Rehabilitationsbedarf als bisher ergibt.

8 Die zügige, wirksame und wirtschaftliche Erbringung und Durchführung der Leistungen ist ebenso im Sinne der Leistungsberechtigten wie der Rehabilitationsträger (LPK-SGB IX/Joussen § 28 Rn. 8) und beinhaltet die Beachtung der Grundsätze von Wirtschaftlichkeit und Sparsamkeit (§ 69 Abs. 2 SGB IV; Haushaltsgrundsätze) auf Seiten der Leistungsträger ebenso wie die Beachtung von Qualitätsgrundsätzen von Leistungsträgern wie Leistungserbringern. Das Ziel der dauerhaften Ermöglichung einer umfassenden Teilhabe am Leben in der Gesellschaft setzt voraus, dass hier Leistungsträger, Leistungserbringer und Leistungsberechtigter gemeinsam an einem Strang ziehen.

§ 29 Persönliches Budget

(1) [1]**Auf Antrag der Leistungsberechtigten werden Leistungen zur Teilhabe durch die Leistungsform eines Persönlichen Budgets ausgeführt, um den Leistungsberechtigten in eigener Verantwortung ein möglichst selbstbestimmtes Leben zu ermöglichen.** [2]**Bei der Ausführung des Persönlichen Budgets sind nach Maßgabe des individuell festgestellten Bedarfs die Rehabilitationsträger, die Pflegekassen und die Integrationsämter beteiligt.** [3]**Das Persönliche Budget wird von den beteiligten Leistungsträgern trägerübergreifend als Komplexleistung erbracht.** [4]**Das Persönliche Budget kann auch nicht trägerübergreifend von einem einzelnen Leistungsträger erbracht werden.** [5]**Budgetfähig sind auch die neben den Leistungen nach Satz 1 erforderlichen Leistungen der Krankenkassen und der Pflegekassen, Leistungen der Träger der Unfallversicherung bei Pflegebedürftigkeit Leistungen der Träger der Sozialen Entschädigung zur Krankenbehandlung, bei Pflege-**

bedürftigkeit und zur Weiterführung des Haushalts sowie Hilfe zur Pflege der Sozialhilfe, die sich auf alltägliche und regelmäßig wiederkehrende Bedarfe beziehen und als Geldleistungen oder durch Gutscheine erbracht werden können. [6]An die Entscheidung sind die Leistungsberechtigten für die Dauer von sechs Monaten gebunden.

(2) [1]Persönliche Budgets werden in der Regel als Geldleistung ausgeführt, bei laufenden Leistungen monatlich. [2]In begründeten Fällen sind Gutscheine auszugeben. [3]Mit der Auszahlung oder der Ausgabe von Gutscheinen an die Leistungsberechtigten gilt deren Anspruch gegen die beteiligten Leistungsträger insoweit als erfüllt. [4]Das Bedarfsermittlungsverfahren für laufende Leistungen wird in der Regel im Abstand von zwei Jahren wiederholt. [5]In begründeten Fällen kann davon abgewichen werden. [6]Persönliche Budgets werden auf der Grundlage der nach Kapitel 4 getroffenen Feststellungen so bemessen, dass der individuell festgestellte Bedarf gedeckt wird und die erforderliche Beratung und Unterstützung erfolgen kann. [7]Dabei soll die Höhe des Persönlichen Budgets die Kosten aller bisher individuell festgestellten Leistungen nicht überschreiten, die ohne das Persönliche Budget zu erbringen sind. [8]§ 35a des Elften Buches bleibt unberührt.

(3) [1]Werden Leistungen zur Teilhabe in der Leistungsform des Persönlichen Budgets beantragt, ist der nach § 14 leistende Rehabilitationsträger für die Durchführung des Verfahrens zuständig. [2]Satz 1 findet entsprechend Anwendung auf die Pflegekassen und die Integrationsämter sowie auf die Träger der Sozialen Entschädigung, soweit diese Leistungen nach Absatz 1 Satz 5 erbringen. [3]Enthält das Persönliche Budget Leistungen, für die der Leistungsträger nach den Sätzen 1 und 2 nicht Leistungsträger nach § 6 Absatz 1 sein kann, leitet er den Antrag insoweit unverzüglich dem nach seiner Auffassung zuständigen Leistungsträger nach § 15 zu.

(4) [1]Der Leistungsträger nach Absatz 3 und die Leistungsberechtigten schließen zur Umsetzung des Persönlichen Budgets eine Zielvereinbarung ab. [2]Sie enthält mindestens Regelungen über

1. die Ausrichtung der individuellen Förder- und Leistungsziele,
2. die Erforderlichkeit eines Nachweises zur Deckung des festgestellten individuellen Bedarfs,
3. die Qualitätssicherung sowie
4. die Höhe der Teil- und des Gesamtbudgets.

[3]Satz 1 findet keine Anwendung, wenn allein Pflegekassen Leistungsträger nach Absatz 3 sind und sie das Persönliche Budget nach Absatz 1 Satz 4 erbringen. [4]Die Beteiligten, die die Zielvereinbarung abgeschlossen haben, können diese aus wichtigem Grund mit sofortiger Wirkung schriftlich kündigen, wenn ihnen die Fortsetzung der Vereinbarung nicht zumutbar ist. [5]Ein wichtiger Grund kann für die Leistungsberechtigten insbesondere in der persönlichen Lebenssituation liegen. [6]Für den Leistungsträger kann ein wichtiger Grund dann vorliegen, wenn die Leistungsberechtigten die Vereinbarung, insbesondere hinsichtlich des Nachweises zur Bedarfsdeckung und der Qualitätssicherung nicht einhalten. [7]Im Fall der Kündigung der Zielvereinbarung wird der Verwaltungsakt aufgehoben. [8]Die Zielvereinbarung wird im Rahmen des Bedarfsermittlungsverfahrens für die Dauer des Bewilligungszeitraumes der Leistungen in Form des Persönlichen Budgets abgeschlossen.

Übersicht

A. Allgemeines

1 Die Vorschrift zum Persönlichen Budget in § 29 übernimmt einen Teil der Regelungen aus § 17 SGB IX 2001, fasst andere Bereiche neu oder regelt erstmalig. Die aufgrund § 21a SGB IX 2001 erlassene Budgetverordnung v. 27.5.2004 (BGBl. I S. 1055) ist zum 1.1.2018 außer Kraft getreten (Art. 26 Abs. 1 BTHG, BGBl. 2016 I S. 3234 (3340)).

2 Mit der Alternative zur Sachleistung, auf den Antrag des Menschen mit Behinderungen Leistungen nach Abs. 1 S. 1 in Form eines Persönlichen Budgets zu erbringen, soll dem Wunsch- und Wahlrecht von Menschen mit Behinderungen Rechnung getragen werden. Dieses Ziel wird in Abs. 1 gegenüber der Fassung des § 17 SGB IX 2001 deutlicher hervorgehoben, indem der Leistungsberechtigte nunmehr direkt benannt wird und der Rechtsanspruch auf das Persönliche Budget sprachlich verankert wird (BT-Drs. 18/9522, 243). Das Persönliche Budget ist keine eigenständige Leistungsform, sondern eine alternative Form der Leistungserbringung (Mrozynski SGB IX/Jabben § 17 Rn. 20; LSG BW 9.12.2010 – L 13 AL 4629/10 ER-B, BeckRS 2011, 65237; HessLSG 22.6.2012 – L 4 SO 121/12 B, BeckRS 2015, 70819; LSG MV 27.6.2013 – L 9 SO 28/11, juris). Der Auffassung des BSG (BSG 11.5.2011 – B 5 R 54/10 R, BeckRS 2011, 76920; 30.11.2011 – B 11 AL 7/10 R, BeckRS 2012, 67563 „Die Verselbständigung zu einer eigenständigen Pauschalleistung verdeutlicht, dass das Persönliche Budget nicht nur als bloße Form der Leistungserbringung zu verstehen ist") ist durch den neuen Gesetzeswortlaut („durch die Leistungsform eines Persönliche Budgets") wohl die Grundlage entzogen worden.

3 Die in § 8 Abs. 2 vorgesehene Umwandlung von Sach- in Geldleistungen wird durch das Persönlich Budget ergänzt. Denn auch die Ausführung der Leistungen in Gestalt eines persönlichen Budgets stellt in der Regel eine Geldleistung dar (Abs. 2 S. 1). Diese Geldleistung wird bei laufenden Leistungen monatlich ausgeführt (Abs. 2 S. 1) und dient der Stärkung des Selbstbestimmungsrechts der Menschen mit Behinderungen (vgl. § 1 S. 1). Die Geldleistung ist eine Transferleistung und keine Kostenerstattung (KassKomm/Kater SGB VI § 13 Rn. 15b). Der Anspruch auf ein Persönliches Budget ist ein höchstpersönlicher Anspruch und nicht vererbbar (BSG 8.3.2016 – B 1 KR 19/15 R, NZS 2016, 580).

B. Verfahren

4 Die Einrichtung eines Persönlichen Budgets setzt nach Abs. 1 S. 1 einen entsprechenden Antrag des Leistungsberechtigten voraus. Das bisherige Antragsverfahren für das Persönliche Budget nach § 17 SGB IX 2001 wird abgelöst und an das neue Verfahren zur Koordinierung von Leistungen (Kap. 4) angepasst. Nach Abs. 3 S. 1 ist der nach § 14 leistende (zuständige) Rehabilitationsträger für die Durchführung des Verfahrens zuständig. Dieses soll nach Abs. 3 S. 2 auch für die Pflegekassen und die Integrationsämter gelten. Gleiches gilt für die Träger der Sozialen Entschädigung, soweit diese Leistungen nach Abs. 1 S. 5 erbringen. MWv. 1.1.2024 wurde durch Art. 37 des Gesetzes zur Regelung des Sozialen Entschädigungsrechts v. 19.12.2019 (BGBl. I S. 2652 (2712)) der Träger der Sozialen Entschädigung (§ 111 SGB XIV) neu in die Regelungen zum Persönlichen Budgets aufgenommen. § 26 Abs. 3 SGB XIV nennt das Persönliche Budget als Leistungsform der Sozialen Entschädigung.

4a In dem Verfahren zur Feststellung des individuellen Rehabilitationsbedarfs werden die möglichen Rehabilitationsträger sowie die Pflegkassen und die Integrationsämter beteiligt (Abs. 1 S. 2). Werden in dem Antrag auf das Persönliche Budget Leistungen beantragt, für die weder der nach § 14 zuständige Rehabilitationsträger noch die Pflegekasse oder das Integrationsamt zuständig sein können, so wird der Antrag unverzüglich dem nach § 15 zuständigen Leistungsträger zugeleitet. Grundsätzlich kann jedoch ein Anspruch auf ein Persönliches Budget auch vorhanden sein, wenn nur ein Rehabilitationsträger zuständig ist (Abs. 1 S. 4).

Das Verfahren zur Koordinierung der Leistungen (§§ 14, 15) führt weiterhin dazu, 5 dass der Leistungsberechtigte in der Regel nur einen Bescheid über das Persönliche Budget erhält (nach § 15 Abs. 3 S. 1 wäre eine Leistungserbringung im eigenen Namen möglich).

Das Antragserfordernis durch den Leistungsberechtigten führt nach Abs. 1 S. 6 im 5a Falle einer entsprechenden Entscheidung des Rehabilitationsträger zu einer Bindung des Antragstellers an diese Entscheidung für die Dauer von sechs Monaten. Dadurch sollen für die Leistungsberechtigten sachliche, zeitliche und soziale Dispositionsspielräume entstehen, andererseits wird durch die zeitlich begrenzte Bindung die Möglichkeit eröffnet, nach sechs Monaten aus dem Persönlichen Budget wieder „auszusteigen". Das Verfahren zur Ermittlung des Bedarfes wird in der Regel jedoch erst nach zwei Jahren wiederholt, nur in begründeten Fällen kann hiervon abgewichen werden (Abs. 2 S. 4, 5).

C. Leistungserbringung

Voraussetzung für die Ausführung des Persönlichen Budgets ist die Feststellung des 6 **individuellen Bedarfs.** Durch die Einbeziehung der Rehabilitationsträger und weiterer Leistungsträger wird zugleich die Zusammensetzung des Persönlichen Budgets festgelegt. Grundsätzlich schreibt Abs. 1 S. 3 die Leistungserbringung als Gewährung eines Persönlichen Gesamtbudgets vor; danach ist das Persönliche Budget als **Komplexleistung** zu erbringen (LPK-SGB IX/Joussen § 29 Rn. 6), die aus der Sicht des Leistungsberechtigten gleichsam „aus einer Hand" kommen soll. Dieses bedeutet, dass auch wenn mehrere Leistungsträger jeweils ihre Leistungen „erbringen", so ist das Persönliche Budget eine einzige Geldleistung, die sich aus verschiedenen Komponenten zusammensetzt. Unter dem Ziel eines „möglichst selbstbestimmten Lebens" ist die Festlegung auch nachvollziehbar.

Was unter **budgetfähigen Leistungen** zu verstehen ist, ist gesetzlich definiert in Abs. 1 7 S. 5. Neben den Einzelleistungen, die von Abs. 1 S. 1 erfasst werden, sind nach Abs. 1 S. 5 budgetfähige Leistungen vor allem solche, die sich auf alltägliche und wiederkehrende Bedarfe beziehen. Als typische budgetfähige (Dauer-)Leistungen kommen zB die Hilfe zur Mobilität, Hilfen zur Teilhabe am Leben in der Gemeinschaft, Hilfen zur häuslichen Pflege und häuslichen Krankenpflege, regelmäßig benötigte Hilfs- und Heilmittel und Hilfen zum Erreichen des Ausbildungs- oder Arbeitsplatzes (Fahrtkosten) in Betracht. Eingeschränkt werden die budgetfähigen Leistungen dadurch, dass lediglich für einmalige Anschaffungen von Hilfsmitteln (Knittel § 17 Rn. 58) und in bestimmten Leistungsgesetzen die Ausgabe von Gutscheinen vorgeschrieben ist.

Abs. 2 S. 1 regelt die Art der Leistungserbringung, das ist in der Regel eine – budge- 8 tierte – Geldleistung, die bei laufenden Leistungen monatlich ausgezahlt werden muss. Ausschließlich in begründeten Ausnahmefällen ist die Ausgabe von Gutscheinen als Sachleistung zulässig (Abs. 2 S. 2). Abs. 2 S. 7 limitiert das Gesamtbudget; danach soll die Höhe des Persönlichen Budgets die Kosten der insgesamt zu erbringenden Einzelleistungen nicht übersteigen (SG Dortmund 26.3.2012 – S 62 SO 5/10, BeckRS 2012, 68880; BSG 31.1.2012 – B 2 U 1/11 R, BeckRS 2010, 32972; LSG MV 27.6.2013 – L 9 SO 28/11; jurisPK-SGB IX/O'Sullivan § 29 Rn. 32). Die Formulierung „soll" macht aber deutlich, dass hier keine absolute Leistungsgrenze gesetzt wird, sondern in besonders begründeten Ausnahmefällen das Gesamtbudget höher liegen kann als die Summe der Einzelleistungen (LSG RhPf 11.10.2010 – L 2 U 152/10, BeckRS 2010, 32972 mAnm Rummel, Fachbeiträge Forum A, v. 11.9.2011, www.reha-recht.de; SG Dortmund 17.2.2015 – S 8 SO 328/12, BeckRS 2015, 67108). Durch die Feststellung des persönlichen Rehabilitationsbedarfs und der Orientierung hieran hinsichtlich der Höhe unterliegt das Persönliche Budget einer Zweckbindung (LPK-SGB IX/Joussen § 29 Rn. 12).

D. Zielvereinbarung

9 Die Zielvereinbarung wird jetzt in Abs. 4 geregelt, greift aber die bisherigen Regelungen aus § 4 der aufgehobenen Budgetverordnung auf. Der Abschluss der **Zielvereinbarung** ist jetzt im G (und nicht mehr in einer untergesetzlichen Norm) geregelt und Voraussetzung für die Umsetzung des Persönlichen Budgets. Vereinbarungspartner sind der Leistungsberechtigte und der Leistungsträger nach Abs. 3. Die Rspr. zum Fehlen einer Zielvereinbarung ist damit überholt. Die Mindestinhalte der Zielvereinbarung werden in Abs. 4 S. 2 Nr. 1–4 festgelegt.

10 Die Beteiligten der Zielvereinbarung können diese mit sofortiger Wirkung kündigen, wenn ihnen die Fortsetzung der Vereinbarung nicht mehr zumutbar ist (Zielvereinbarung als öffentlich-rechtlicher Vertrag, jurisPK-SGB IX/O'Sullivan § 29 Rn. 42, 48). Die Kündigung kann somit von beiden Seiten durchgeführt werden und muss schriftlich erfolgen. Als Beispiel für einen wichtigen Grund nennt Abs. 4 S. 5 für den Leistungsberechtigten Gründe in der persönlichen Lebenssituation und in Abs. 4 S. 6 für den Leistungsträger Gründe in der Person des Leistungsberechtigten, wenn der in der Vereinbarung festgelegte Nachweis zur Bedarfsdeckung und der **Qualitätssicherung** nicht erbracht wird. Wird die Vereinbarung gekündigt, ist der „Verwaltungsakt" aufzuheben. Diese Formulierung war bereits in § 4 Abs. 2 S. 4 der Budgetverordnung vorhanden und wurde in das G übernommen. Der „Verwaltungsakt" betrifft hierbei den grds. bewilligenden Bescheid über das Persönliche Budget mit der Zielvereinbarung als Nebenbestimmung zu diesem Bescheid (Knittel § 17 Rn. 94, 95; LSW/Welti Anh. § 17 Budgetverordnung § 4 Rn. 1). Die Vorschriften über die Aufhebung bzw. Rücknahme von Verwaltungsakten nach dem SGB X werden dabei in den Fällen der Rückabwicklung mit Wirkung für die Zukunft durch die Spezialvorschrift des Abs. 4 Abs. 2 S. 7 verdrängt (LSG Sachsen 22.3.2022 – L 8 SO 2/22 B ER, BeckRS 2022, 6694).

11 Eine Ausnahme von dem Erfordernis einer Zielvereinbarung ergibt sich aus Abs. 4 S. 3, wenn die **Pflegekassen** ein Persönliches Budget allein, also nicht trägerübergreifend erbringen. Hier müssen die Pflegekassen keine gesonderte Zielvereinbarung abschließen. Gesonderte Vereinbarungen zur Qualitätssicherung sind nicht erforderlich, da nach § 35a SGB XI bestimmte Leistungsarten nur in Form von Gutscheinen erbracht werden, die bei zugelassenen Pflegeeinrichtungen eingelöst werden können. Diese Leistungserbringer unterliegen bereits den Vorschriften zur Qualitätssicherung und -prüfung nach dem SGB XI (LPK-SGB IX/Joussen § 29 Rn. 15). Je nach Zusammenstellung der Leistungen könnten vorgeschriebene Inhalte der Zielvereinbarung ggf. mit der ansonsten stattfindenden Leistungsgewährung nach dem SGB XI nicht im Einklang stehen, etwa Vereinbarungen zum Nachweis über die Deckung des festgestellten individuellen Bedarfs (BT-Drs. 18/9522, 245).

§ 30 Verordnungsermächtigung

Das Bundesministerium für Arbeit und Soziales wird ermächtigt, im Einvernehmen mit dem Bundesministerium für Gesundheit durch Rechtsverordnung mit Zustimmung des Bundesrates Näheres zum Inhalt und zur Ausführung des Persönlichen Budgets, zum

Verfahren sowie zur Zuständigkeit bei Beteiligung mehrerer Rehabilitationsträger zu regeln.

Die Vorschrift entspricht weitestgehend dem bisherigen § 21a SGB IX 2001. Neu hinzugekommen ist lediglich, dass das BMAS nur im Einvernehmen mit dem Bundesministerium für Gesundheit Näheres zum Inhalt und zur Ausführung des Persönlichen Budgets, zum Verfahren sowie zur Zuständigkeit bei der Beteiligung mehrerer Rehabilitationsträger durch Rechtsverordnung regeln kann. Dieses ist aufgrund des Umstandes, dass Persönliche Budgets sowohl auch nach dem Recht der gesetzlichen Krankenversicherung als auch der gesetzlichen Pflegeversicherung erbracht werden können, nachvollziehbar. 1

Die bislang aufgrund des § 21a SGB IX 2001 erlassene Budgetverordnung ist mit Inkrafttreten des Gesetzes zur Stärkung der Teilhabe und Selbstbestimmung von Menschen mit Behinderungen (BTHG) zum 1.1.2018 außer Kraft getreten (Art. 26 Abs. 1 BTHG, BGBl. 2016 I S. 3234 (3340)). 2

§ 31 Leistungsort

[1] **Sach- und Dienstleistungen können auch im Ausland erbracht werden, wenn sie dort bei zumindest gleicher Qualität und Wirksamkeit wirtschaftlicher ausgeführt werden können.** [2] **Leistungen zur Teilhabe am Arbeitsleben können im grenznahen Ausland auch ausgeführt werden, wenn sie für die Aufnahme oder Ausübung einer Beschäftigung oder selbständigen Tätigkeit erforderlich sind.**

Übersicht

A. Allgemeines

Die Vorschrift normiert eine Ausnahme von dem das Sozialleistungsrecht beherrschenden Territorialitätsprinzip (vgl. LPK-SGB IX/Joussen § 31 Rn. 2). Dieser Grundsatz, der in § 30 Abs. 1 SGB I seinen gesetzlichen Niederschlag gefunden hat, besagt, dass die in allen Sozialleistungsbereichen zu gewährenden Sachleistungen im Inland zu erbringen sind. Die Regelung stellt klar, dass grds. das Territorialitätsprinzip gelten soll, dass also Leistungen zur Teilhabe grds. im Inland zu erbringen sind, hiervon aber Ausnahmen gemacht werden können. Die in S. 2 gewählte Fassung der Vorschrift soll dabei Leistungen zur Teilhabe am Arbeitsleben auch für Tagespendler und für alle Nachbarstaaten ermöglichen. 1

Die Möglichkeit der Leistungserbringung im Ausland ist nach den getroffenen Regelungen nur ausnahmsweise für den Fall eröffnet, dass Sach- und Dienstleistungen bei zumindest gleicher Qualität und Wirksamkeit im Ausland wirtschaftlicher erbracht werden können oder aber Leistungen zur Teilhabe am Arbeitsleben für die Aufnahme oder Ausübung einer Beschäftigung oder selbständigen Tätigkeit im grenznahen Ausland erforderlich sind. S. 1 ist gegenüber § 18 SGB IX 2001 so erweitert worden, dass neben den Sachleistungen nunmehr auch Dienstleistungen im Ausland erbracht werden können. Nach der gesetzlichen Begründung (BT-Drs. 18/9522, 245) entspricht die Vorschrift jedoch dem § 18 SGB IX 2001. Dieses ist wohl so zu verstehen, dass die Ergänzung der „Dienstleistung“ lediglich eine gesetzliche Klarstellung des bereits gelebten Zustandes darstellen soll. 2

3 Nach der Rspr. des EuGH (zB EuGH 28.4.1998 – C-158/96, NZS 1998, 280 ff.; 28.4.1998 – C-120/95, NZS 1998, 283 ff.; Groth/v. Bubnoff NJW 2001, 338 (339 ff.); KHM/von der Heide § 18 Rn. 12–21) besteht für den Bereich der EU bei selbst beschaffter Leistung der Heilbehandlung oder ambulanten Rehabilitation ein Kostenerstattungsanspruch; damit dürfte § 31 nur für das Nicht-EU-Ausland gelten (Benz NZS 2002, 511 (515 ff.) zu § 18 SGB IX 2001).

4 Unberührt von den getroffenen Regelungen bleiben in entsprechender Anwendung des § 30 Abs. 2 SGB I die Regelungen des über- und zwischenstaatlichen Rechts, die als leges speciales dem § 31 vorgehen.

5 Im Bereich der gesetzlichen Krankenversicherung finden sich Sonderregelungen, die dem § 31 vorgehen, in den §§ 16–18 SGB V. So ruht nach § 16 Abs. 1 Nr. 1 SGB V der Anspruch auf Leistungen aus der gesetzlichen Krankenversicherung, solange sich der Versicherte im Ausland aufhält. Gem. § 17 Abs. 1 SGB V erhalten krankenversicherte Mitglieder der gesetzlichen Krankenkassen, die im Ausland beschäftigt sind und während dieser Beschäftigung erkranken, die ihnen nach den Vorschriften des SGB V zustehenden Leistungen von ihrem Arbeitgeber. Das gilt nach dem S. 2 der Vorschrift entspr. für die mitversicherten Familienangehörigen, soweit sich diese besuchsweise oder für die Zeit der Beschäftigung des krankenversicherten Mitglieds ebenfalls im Ausland aufhalten. Nach § 18 SGB V bestehen unter den dort in den Abs. 1–3 aufgeführten Voraussetzungen Ansprüche auf Kostenübernahme auch für Behandlungen im Ausland außerhalb des Gebiets der EU (BSG 20.4.2010 – B 1/3 KR 22/08 R, BSGE 106, 81 = BeckRS 2010, 70344; 5.5.2009 – B 1 KR 15/08 R, NZS 2010, 392).

6 Im Bereich der gesetzlichen Unfallversicherung gilt als dem § 31 vorgehende Sonderregelung § 97 SGB VII. Danach erhalten Berechtigte, die ihren gewöhnlichen Aufenthalt im Ausland haben, Geldleistungen aus der gesetzlichen Unfallversicherung (Nr. 1) sowie für alle sonstigen zu erbringenden Leistungen eine angemessene Erstattung entstandener Kosten einschließlich der Kosten für eine Pflegekraft oder für Heimpflege (Nr. 2). Der Vorrang hat wenig praktische Relevanz, da § 26 Abs. 1 SGB VII ergänzend regelt, dass die Leistungen zur medizinischen Rehabilitation unter Beachtung des SGB IX erfolgen und damit auch § 31 unterliegen (Knittel § 18 Rn. 8; Mrozynski SGB IX/Jabben § 18 Rn. 7).

7 Für den Bereich des SGB III kann eine Maßnahme der beruflichen Weiterbildung im Ausland zugelassen werden, wenn die Durchführung im Ausland für das Erreichen des Maßnahmeziels besonders dienlich ist (§ 81 Abs. 1 S. 1 Nr. 3, § 179 Abs. 2, 3 SGB III).

8 § 10 Abs. 1 S. 1 ALG hingegen verweist ausdrücklich auf § 31 und erklärt die Vorschrift für den Bereich der Alterssicherung der Landwirte für entspr. anwendbar.

B. Regelungsgehalt

9 Unter **Sachleistungen** iSd S. 1 ist nach dem tradierten Begriff des Sachleistungsprinzips (KassKomm/Seewald SGB I § 11 Rn. 7) die Hingabe oder die Bereitstellung von Sachen oder Sachgesamtheiten (zB von Heil- und Hilfsmitteln, Kleidung, Unterkunft und Verpflegung) zu verstehen. Der Begriff der **Dienstleistungen** umfasst alle Leistungen, die eine Tätigkeit beinhalten, ohne dass es sich um die Zahlung von Geld oder die Zurverfügungstellung von Sachen handelt (KassKomm/Seewald SGB I § 11 Rn. 8; jurisPK-SGB IX/O'Sullivan § 31 Rn. 17, 18).

10 Mit der im S. 1 getroffenen Regelung ist die Durchführung medizinischer Rehabilitationsmaßnahmen im Ausland als zulässig anzusehen, wenn diese Rehabilitation im Ausland bei zumindest gleicher Qualität und Wirksamkeit zusätzlich wirtschaftlicher, also kostengünstiger, ausgeführt werden können (BSG 20.4.2010 – B 1/3 KR 6/09 R, NZS 2011, 137; LSG NRW 29.2.2016 – L 3 R 740/13, BeckRS 2016, 69304; LSG BW

3.8.2012 – L 4 R 272/11, BeckRS 2012, 74658; Knittel § 18 Rn. 38–46; jurisPK-SGB IX/O'Sullivan § 3 Rn. 20–22). Im Ergebnis bleibt es damit bei dem Grundsatz der Leistungserbringung im Inland; es besteht grds. ein **Leistungsexportverbot.** Die ausnahmsweise Leistungserbringung im Ausland setzt voraus, dass die Tatbestandserfordernisse kumulativ erfüllt sind.

Liegen alle Tatbestandsvoraussetzungen des S. 1 vor, dann besteht indes kein Rechtsanspruch des Leistungsberechtigten, vielmehr steht die Leistungserbringung im Ausland im Ermessen des Rehabilitationsträgers. Dabei ist der Rehabilitationsträger grds. berechtigt, eine Einrichtung im Ausland zu bevorzugen, mit der ein entsprechender Vertrag abgeschlossen worden ist, bei der es sich also um eine Vertragseinrichtung zB iSd § 15 Abs. 2 S. 1 SGB VI iVm § 38 Abs. 1 SGB IX handelt. Das Erfordernis eines Vertrags zwischen dem Rehabilitationsträger und der Einrichtung wird aus dem grds. bestehenden Einrichtungsbestimmungsrecht des Trägers gefolgert (LSG NRW 3.3.2006 – L 4 RA 45/03, BeckRS 2008, 54069). Soweit nach dem S. 2 der Vorschrift Leistungen zur Teilhabe am Arbeitsleben auch im grenznahen Ausland ausgeführt werden können, handelt es sich ebenfalls um eine Ermessensvorschrift. Die Leistungserbringung ist dabei nach dem S. 2 auf das grenznahe Ausland räumlich begrenzt. 11

Die von den Rehabilitationsträgern im Falle des Vorliegens der tatbestandsmäßigen Voraussetzungen bei beiden Leistungsvarianten zu treffende Ermessensentscheidung ist im Gerichtsverfahren von den Gerichten nur eingeschränkt auf Ermessenfehler hin überprüfbar (für die Gerichte der Sozialgerichtsbarkeit § 54 Abs. 2 S. 2 SGG), außer in den Fällen der sog. Ermessensreduzierung auf Null (s. dazu MKLS/Meyer-Ladewig § 54 Rn. 29; SchlHLSG 27.10.2015 – L 7 R 43/14, BeckRS 2015, 73248; BayLSG 25.6.2013 – L 6 R 921/11, NZS 2013, 740; LSG NRW 19.8.2019 – L 21 R 76/15, BeckRS 2019, 38999). 12

Abschnitt 2. Beratung

§ 32[1] Ergänzende unabhängige Teilhabeberatung; Verordnungsermächtigung

(1) [1]Zur Stärkung der Selbstbestimmung von Menschen mit Behinderungen und von Behinderung bedrohter Menschen fördert das Bundesministerium für Arbeit und Soziales eine von Leistungsträgern und Leistungserbringern unabhängige ergänzende Beratung als niedrigschwelliges Angebot, das bereits im Vorfeld der Beantragung konkreter Leistungen zur Verfügung steht. [2]Dieses Angebot besteht neben dem Anspruch auf Beratung durch die Rehabilitationsträger.

(2) [1]Das ergänzende Angebot erstreckt sich auf die Information und Beratung über Rehabilitations- und Teilhabeleistungen nach diesem Buch. [2]Die Rehabilitationsträger informieren im Rahmen der vorhandenen Beratungsstrukturen und ihrer Beratungspflicht über dieses ergänzende Angebot.

(3) Bei der Förderung von Beratungsangeboten ist die von Leistungsträgern und Leistungserbringern unabhängige ergänzende Beratung von Betroffenen für Betroffene besonders zu berücksichtigen.

(4) ***(aufgehoben)***

(5) ***(aufgehoben)***

(6) [1]Die Bundesmittel für die Zuschüsse werden ab dem Jahr 2023 auf 65 Millionen Euro festgesetzt. [2]Aus den Bundesmitteln sind insbesondere auch die Aufwendungen zu

[1] § 32 Überschr. neu gef., Abs. 6 und 7 angef. mWv 1.1.2020, Abs. 4 und 5 aufgeh. mWv 1.1.2023 durch G v. 10.12.2019 (BGBl. I S. 2135).

finanzieren, die für die Administration, die Vernetzung, die Qualitätssicherung und die Öffentlichkeitsarbeit der Beratungsangebote notwendig sind.

(7) [1]**Zuständige Behörde für die Umsetzung der ergänzenden unabhängigen Teilhabeberatung ist das Bundesministerium für Arbeit und Soziales.** [2]**Es kann diese Aufgaben Dritten übertragen.** [3]**Die Auswahl aus dem Kreis der Antragsteller erfolgt durch das Bundesministerium für Arbeit und Soziales im Benehmen mit den zuständigen obersten Landesbehörden.** [4]**Das Bundesministerium für Arbeit und Soziales erlässt eine Rechtsverordnung ohne Zustimmung des Bundesrates, um die ergänzende unabhängige Teilhabeberatung nach dem Jahr 2022 auszugestalten und umzusetzen.**

Übersicht

A. Allgemeines

1 Die unabhängige Teilhabeberatung soll die Position der Menschen mit Behinderungen im Verhältnis zu den Rehabilitationsträger und den Leistungserbringern gegenüber dem bisherigen gesetzlichen Zustand (Gemeinsame Servicestellen) stärken.

2 Inhaltliches Ziel des SGB IX ist, dass die Menschen mit Behinderungen passgenaue Leistungen erhalten. Diese Individualisierung von Leistungen bringt aber auch einen erhöhten Bedarf an Beratung mit sich. Um diesen Bedarf sicherzustellen, wurde ein allen Menschen mit Behinderungen oder von Behinderung bedrohten Menschen offenstehendes, unentgeltliches Angebot zur Beratung über Leistungen zur Rehabilitation und Teilhabe geschaffen, die ergänzende unabhängige Teilhabeberatung. Das Angebot der Beratung knüpft weder an eine Beitragspflicht oder eine Mitgliedschaft noch an besondere Tatbestandsmerkmale an (LPK-SGB IX/Dunkelmann § 32 Rn. 2).

3 Um die Unabhängigkeit der Beratung weitestgehend zu garantieren, ist eine finanzielle Unabhängigkeit der Beratungsorganisation notwendig. Diese finanzielle Unabhängigkeit wird durch eine Bundesfinanzierung auf der Grundlage einer Förderrichtlinie sichergestellt. Fachlich ist die Finanzierung durch den Bund geboten, weil die Konkretisierung eines Leistungsanspruchs einschließlich der Zuordnung zu einem Träger zu einem Zeitpunkt vor einer Antragstellung noch nicht erfolgen kann und diese Aufgabe somit nicht allein in die Verantwortung der Leistungsträger fällt.

4 Es besteht ein erhebliches Interesse des Bundes an der Sicherstellung einheitlicher Angebote und der Umsetzung bundeinheitlicher Qualitätsanforderungen auf der Grundlage der Förderrichtlinie, um länderübergreifend gleichwertige Lebensverhältnisse für eine schnelle und zielführende Sachverhaltsaufklärung zu schaffen. Die Schaffung bundeseinheitlicher Standards und Qualitätsanforderungen soll auch die Voraussetzungen für eine Evaluation und Nachjustierung schaffen (BT-Drs. 18/9522, 245).

B. Teilhabeberatung

5 Die Position der Leistungsberechtigten/Ratsuchenden soll gegenüber den Leistungsträgern und den Leistungserbringern durch ein ergänzendes Beratungs- und Unterstützungsangebot gestärkt werden, damit die Leistungsberechtigten ihre Eigenverantwortung und Selbstbestimmung stärker ausüben können (Empowermentansatz). Hiermit wird auch eine Forderung aus der UN-BRK umgesetzt. Die Beratung soll unabhängig

von Leistungsträgern und Leistungserbringern und nur dem Leistungsberechtigten verpflichtet sein. Hierdurch wird potenziellen Interessenkonflikten entgegengewirkt und ein mögliches Misstrauen gegenüber finanziellen oder organisatorischen Abhängigkeiten durch die beratenden Institutionen ausgeschlossen.

Das Beratungsangebot soll niederschwellig sein. Damit ist in erster Linie gemeint, dass die Angebote wohnortnah und barrierefrei sein müssen (jurisPK-SGB IX/Reyels § 32 Rn. 17). Sie sollen die bestehenden Beratungsangebote und Beratungsstrukturen ergänzen (Schreiner, Fachbeiträge Forum D, v. 28.11.2016) und nicht im Widerspruch zu der Beratungs- und Unterstützungspflicht der Rehabilitationsträger stehen. 6

Das neue Beratungsangebot ist insbes. für eine Beratung im Vorfeld der Beantragung konkreter Leistungen gedacht, eine darüberhinausgehende Inanspruchnahme im gesamten Rehabilitations- und Teilhabeprozess ist jedoch möglich, soweit ein entsprechender Bedarf besteht. Ausdrücklich wird hierfür die Teilhabeplanung benannt (BT-Drs. 18/9522, 246). Das Beratungsangebot ist trotz vielfacher Anregungen (Schreiner, Fachbeiträge Forum D, v. 28.11.2016; www.reha-recht.de) nicht als ein individueller Rechtsanspruch ausgestaltet worden. Als Begründung wird hierfür angeführt (BT-Drs. 19/9522, 245), dass einem erforderlichen Antrag auf Leistungen zur Teilhabe ein Verwaltungsverfahren zur Entscheidung darüber, ob ein Beratungsanspruch besteht, vorgeschaltet werden müsste. Dann würde aber das Ziel einer schnellen und unbürokratischen Vorberatung verfehlt. Diese Begründung erscheint nur eingeschränkt nachvollziehbar, da es Möglichkeiten in der Ausgestaltung des Rechtsanspruches gegeben hätte, eine „schnelle und unbürokratische Vor-Beratung" zu gewährleisten. 7

Inhaltlich soll die Beratung qualifiziert neutral, aber parteilich erfolgen. Diese auf den ersten Blick in sich widersprüchliche Aussage bezieht sich einerseits auf eine qualifiziert neutrale Information und Beratung über das Leistungsangebot der Leistungsträger und Leistungserbringer, andererseits aber orientiert an der Lebenswelt des Menschen mit Behinderungen. Sein Sozialraumbezug und die Offenheit für die Vielfalt der Leistungen sollen im Fokus stehen. Gleichzeitig soll im Rahmen der Beratung auf sonstige Beratungsstellen wie die Pflegeberatung nach § 7a SGB XI hingewiesen werden. Die Beratung soll aber nicht der Beratung und Unterstützung bei Widersprüchen und im sozialgerichtlichen Verfahren dienen. Hierfür sind demnach aus Sicht des Gesetzgebers genügende Strukturen der Beratung und Unterstützung vorhanden. 8

Die Rehabilitationsträger sind verpflichtet auf ergänzende Angebote der Beratung hinzuweisen (Abs. 2, S. 2). Auf diese Weise soll sichergestellt werden, dass die Leistungsberechtigten Kenntnis von dem ergänzenden Angebot erhalten. Die Informationspflicht der Rehabilitationsträger umfasst auch die Auskunft über qualifiziert zugelassene Beratungsdienste in der Nähe des Wohnortes des Leistungsberechtigten sowie bei Bedarf die Vermittlung von Beratungsterminen. 9

C. Peer Counseling

In Abs. 3 wird ausdrücklich die Beratung von Betroffenen durch Betroffene, das sog. „Peer Counseling" hervorgehoben und ihm dadurch ein besonderer Stellenwert eingeräumt (LPK-SGB IX/Dunkelmann § 32 Rn. 7). Der Begriff der „Betroffenen" und nicht der „Menschen mit Behinderungen" wird hier verwandt, weil auch betroffene Angehörige, wie Eltern behinderter Kinder und pflegende Angehörige das Angebot in Anspruch nehmen sollen. 10

Nach Art. 26 Abs. 1 UN-BRK sollen wirksame und geeignete Maßnahmen getroffen werden, um Menschen mit Behinderungen in die Lage zu versetzen, ein Höchstmaß an Unabhängigkeit, umfassender körperlicher, geistiger, sozialer und beruflicher Fähigkeiten sowie die volle Einbeziehung an allen Aspekten des Lebens zu erreichen und zu 10a bewahren. Hierzu gehört auch die Unterstützung durch andere Menschen mit Behinderungen und diese Unterstützung kann auch Angebote des „Peer Counselings" umfassen.

D. Finanzierung

11 Die Abs. 4 und 5, die zunächst die Finanzierung der ergänzenden unabhängigen Teilhabeberatung (EUTB) regelten, wurden zum 31.12.2022 aufgehoben. Bis dahin erfolgte die Finanzierung der Förderung auf der Grundlage einer bundeseinheitlichen Förderrichtlinie (Abs. 4) und war bis zum 31.12.2022 (Abs. 5) befristet. Die Befristung in Abs. 5, die bereits im RegE vorhanden war, ist stark kritisiert worden (vgl. jurisPK-SGB IX/Reyels § 32 Rn. 29). Es wurde – nicht zu Unrecht – befürchtet, dass die unklare Finanzierung über das Jahr 2022 hinaus die Gefahr in sich trägt, dass die unabhängige Teilhabeberatung nach Ablauf der Finanzierungsdauer wieder abgeschafft wird (Schreiner, Fachbeiträge Forum D, v. 28.11.2016). Diese Kritik wurde vom BR geteilt (BT-Drs. 18/9954, 63). Die Kritik wurde jedoch mit dem Hinweis auf haushaltsrechtliche Aspekte zurückgewiesen. Über eine Entfristung der Finanzierung sollte erst nach Vorlage des Berichtes (Abs. 5 S. 2) entschieden werden, da der Bericht eine größtmögliche Transparenz über den Einsatz verschaffen sollte. Mit der Einführung der Abs. 6, 7 durch Art. 2 des Gesetzes zur Entlastung unterhaltsverpflichteter Angehöriger in der Sozialhilfe und in der Eingliederungshilfe (Angehörigen-Entlastungsgesetz) vom 10.12.2019 (BGBl. I S. 2135, 2136 f.) ist die angestrebte Entfristung erzielt und eine Finanzierung durch Zuschüsse in Höhe von 65 Millionen Euro ab 2023 sichergestellt worden. Die EUTB wird ab dem 1.1.2023 durch die Verordnung des BMAS zur Weiterführung der Ergänzenden unabhängigen Teilhabeberatung (EUTBV) fortgesetzt. Die EUTBV trat am 1.1.2022 in Kraft.

§ 33 Pflichten der Personensorgeberechtigten

Eltern, Vormünder, Pfleger und Betreuer, die bei den ihnen anvertrauten Personen Beeinträchtigungen (§ 2 Absatz 1) wahrnehmen oder durch die in § 34 genannten Personen hierauf hingewiesen werden, sollen im Rahmen ihres Erziehungs- oder Betreuungsauftrags diese Personen einer Beratungsstelle nach § 32 oder einer sonstigen Beratungsstelle für Rehabilitation zur Beratung über die geeigneten Leistungen zur Teilhabe vorstellen.

Übersicht

A. Allgemeines

1 Der Wortlaut der Regelung ist gegenüber § 60 SGB IX 2001 lediglich sprachlich angepasst worden. Die Vorschrift verpflichtet den darin bezeichneten Personenkreis der **Personensorgeberechtigten** im Falle der Wahrnehmung einer Behinderung oder aber eines Hinweises durch die in § 34 genannten Personen auf eine Behinderung zur Vorstellung des Menschen mit Behinderungen bei einer Beratungsstelle nach § 32 oder einer sonstigen Beratungsstelle für Rehabilitation oder aber einem Arzt. Diese Pflicht soll aber nur

bestehen, soweit sie sachangemessen ist; sie wird damit insbes. bei älteren Menschen mit Behinderungen, die sich in einem Pflegeheim aufhalten, in der Regel nicht eingreifen (LSW/Lachwitz § 60 Rn. 8).

Nach dem Gesetzeswortlaut handelt es sich um eine Sollvorschrift (vgl. jurisPK-SGB IX/Reyels § 33 Rn. 7). Die Vorschrift ist auch mit keinen Sanktionsmöglichkeiten versehen worden, wenn die Möglichkeiten der Beratung nicht genutzt werden (LPK-SGB IX/Joussen § 33 Rn. 9). Dieses erscheint auch richtig, da die meisten Personenberechtigten medizinische Fachkenntnisse zur Wahrnehmung einer Beeinträchtigung (§ 2 Abs. 1) nicht besitzen. 2

B. Personensorgeberechtigte

Die Vorschrift statuiert eine Verpflichtung von Eltern, Vormündern, Pflegern und Betreuern, denen die Personensorge obliegt, zur Vorstellung des ihnen anvertrauten Menschen bei einer Beratungsstelle nach § 32, sonstigen Beratungsstelle oder aber einem Arzt (LPK-SGB IX/Joussen § 33 Rn. 7). An erster Stelle sind dabei die Eltern genannt, die nach § 1626 Abs. 1 BGB die Pflicht und das Recht haben, für das minderjährige Kind zu sorgen (Legaldefinition der elterlichen Sorge). Nach dem S. 2 dieser Vorschrift umfasst die elterliche Sorge neben der Vermögenssorge auch die Sorge für die Person des Kindes (Legaldefinition der Personensorge). Zum Inhalt der elterlichen Sorge vgl. § 1629 BGB (Vertretung des Kindes). 3

Eltern iSd § 33 sind die leiblichen Eltern (vgl. §§ 1591 ff. BGB), aber auch die Adoptiveltern (vgl. §§ 1741 ff. BGB). Nach § 1754 Abs. 1 BGB hat das – adoptierte – Kind nämlich die rechtliche Stellung eines gemeinschaftlichen Kindes der Ehegatten erlangt. Träger des Sorgerechts sind, wenn sie verheiratet sind, grds. beide Eltern, und zwar „automatisch" kraft Gesetzes. Aber auch dann, wenn sie nicht geheiratet haben, können die Eltern das Sorgerecht für das minderjährige Kind nach § 1626a BGB gemeinsam ausüben (Abs. 1 Nr. 1 der Vorschrift); liegt eine derartige Sorgeerklärung nicht vor, steht allein der Mutter des Kindes die elterliche Sorge zu (§ 1626a Abs. 2 BGB). Das gilt grds. auch für den Fall der Scheidung; dann kann allerdings auch einer der geschiedenen Ehegatten das Sorgerecht allein ausüben (vgl. §§ 1671 BGB). Pflegeeltern zählen nicht zu den Eltern iSd Vorschrift, auch wenn ihnen nach § 1688 BGB bestimmte Befugnisse bzgl. des Kindes zustehen; sie sind nicht personensorgeberechtigt. 4

Eine **Vormundschaft** wird nur für Minderjährige eingerichtet (vgl. § 1773 Abs. 1 BGB) (jurisPK-SGB IX/Reyels § 33 Rn. 11). Ein Vormund wird nach § 1773 BGB unter drei Voraussetzungen bestellt: 1. wenn der Minderjährige nicht unter elterlicher Sorge steht, zB wenn beide Eltern verstorben sind, 2. wenn die Eltern nicht zur Personensorge oder zur Vermögenssorge berechtigt sind, ihnen also diese Rechte entzogen worden sind, 3. wenn der Familienstand des Minderjährigen nicht zu ermitteln ist (§ 1773 Abs. 2 BGB), zB wenn es sich um ein Findelkind handelt. 5

Die Bestellung eines **Pflegers** kommt nach § 1809 BGB in Betracht, wenn bei einem unter elterlicher Sorge oder Vormundschaft stehenden Kind die Eltern oder der Vormund an der Wahrnehmung der Personensorge gehindert sind. 6

Ein **Betreuer** wird demgegenüber für behinderte Erwachsene eingesetzt, die psychisch krank oder körperlich, geistig oder seelisch behindert sind (§ 1814 BGB). Als Betreuer wird eine – geeignete – natürliche Person bestellt (§ 1816 BGB). Die Betreuung ist nach § 1815 BGB auf bestimmte Aufgabenkreise beschränkt. 7

C. Pflichten

8 Da es sich um eine Sollvorschrift handelt, besteht im Regelfall eine Verpflichtung der Personensorgeberechtigten zur Vorstellung des ihnen anvertrauten Menschen bei einer Beratungsstelle nach § 32, einer sonstigen Beratungsstelle für Rehabilitation oder einem Arzt unter zwei alternativ aufgeführten Tatbestandsvoraussetzungen. Danach hängt die Vorstellungspflicht des Personensorgeberechtigten entweder davon ab, dass dieser selbst bei dem ihm anvertrauten Menschen eine Behinderung oder eine drohende Behinderung iSd § 2 Abs. 1 wahrnimmt oder aber er wird durch die in § 34 genannten Personen, das sind Ärzte (§ 34 Abs. 1) oder Hebammen, Entbindungspfleger, medizinisches Personal ohne Ärzte, Lehrer, Sozialarbeiter, Jugendleiter und Erzieher (§ 34 Abs. 2), auf die Behinderung hingewiesen. Wie allerdings diese gesetzlich auferlegte Verpflichtung durchgesetzt werden soll, bleibt offen. Denn mit der Verpflichtung korreliert jedenfalls kein bestimmter Rechtsanspruch des Menschen mit Behinderungen. In der Verletzung der Pflichten nach § 33 kann damit allenfalls eine Verletzung des Sorgerechts liegen, die zu entsprechenden Maßnahmen des Vormundschaftsgerichts führen kann (LSW/Lachwitz § 60 Rn. 12).

9 Für die Umsetzung der Regelung in der Praxis ist die Gemeinsame Empfehlung zur Erkennung und Feststellung des Teilhabebedarfs, zur Teilhabeplanung und zu Anforderungen an die Durchführung von Leistungen zur Teilhabe (Rehabilitationsprozess) v. 1.8.2014 (www.bar-frankfurt.de) von hoher Wichtigkeit. Hier werden in § 10 der Gemeinsamen Empfehlung Hinweise gegeben, um möglichst frühzeitig Bedarfe zu erkennen.

§ 34 Sicherung der Beratung von Menschen mit Behinderungen

(1) [1]Die Beratung durch Ärzte, denen eine Person nach § 33 vorgestellt wird, erstreckt sich auf geeignete Leistungen zur Teilhabe. [2]Dabei weisen sie auf die Möglichkeit der Beratung durch die Beratungsstellen der Rehabilitationsträger hin und informieren über wohnortnahe Angebote zur Beratung nach § 32. [3]Werdende Eltern werden außerdem auf den Beratungsanspruch bei den Schwangerschaftsberatungsstellen hingewiesen.

(2) Nehmen Hebammen, Entbindungspfleger, medizinisches Personal außer Ärzten, Lehrer, Sozialarbeiter, Jugendleiter und Erzieher bei der Ausübung ihres Berufs Behinderungen wahr, weisen sie die Personensorgeberechtigten auf die Behinderung und auf entsprechende Beratungsangebote nach § 32 hin.

(3) Nehmen medizinisches Personal außer Ärzten und Sozialarbeiter bei der Ausübung ihres Berufs Behinderungen bei volljährigen Personen wahr, empfehlen sie diesen Personen oder ihren bestellten Betreuern, eine Beratungsstelle für Rehabilitation oder eine ärztliche Beratung über geeignete Leistungen zur Teilhabe aufzusuchen.

1 Der Wortlaut der Regelung ist gegenüber § 61 SGB IX 2001 sprachlich angepasst worden. Die Regelung des § 61 Abs. 1 S. 3 SGB IX 2001 wurde nicht übernommen. Dieses ist jedoch auch nachvollziehbar, da eine gleiche Verfahrensweise bei Menschen mit Behinderungen und Menschen mit einer drohenden Behinderung (§ 2) insgesamt gewollt ist und daher keine besondere Bekräftigung benötigt.

2 Die Beratungspflicht für Ärzte nach Abs. 1 S. 1 erstreckt sich auf alle geeigneten Leistungen zur Teilhabe, wenn ihnen eine Person nach § 33 vorgestellt wird. Diese Beratung umfasst dabei nach Abs. 1 S. 2 auch den Hinweis auf die wegen einer weitergehenden Beratung zur Verfügung stehenden **Beratungsstellen** nach § 32 oder sonstige Beratungsstellen für Rehabilitation. Nach Abs. 1 S. 3 müssen werdende Eltern auf ihren

Beratungsanspruch nach § 2 SchKG hingewiesen werden (vgl. LPK-SGB IX/Joussen § 34 Rn. 7). Nach § 2 Abs. 2 SchKG umfasst der Beratungsanspruch auch Informationen über die Hilfsmöglichkeiten für Menschen mit Behinderungen und ihre Familien, die vor und nach der Geburt eines in seiner körperlichen, geistigen oder seelischen Gesundheit geschädigten Kindes zur Verfügung stehen (Nr. 5 der Vorschrift).

Der Abs. 2 der Vorschrift korrespondiert mit den Pflichten Personensorgeberechtigter 3
nach § 33 und statuiert eine Hinweispflicht der aufgeführten Personen im Falle der Wahrnehmung einer Behinderung iSd § 2 Abs. 1. Diese Verpflichtung besteht ausschließlich gegenüber den Personensorgeberechtigten iSd § 33, dh nicht gegenüber Dritten, zB dem Jugendamt oder dem Vormundschaftsgericht (so auch jurisPK/Reyels § 34 Rn. 18). Außerdem erstreckt sich die Hinweispflicht nur auf die Beratungsangebote nach § 33, also die Beratung in einer Beratungsstelle nach § 32 oder einer sonstigen Beratungsstelle für Rehabilitation. Medizinisches Personal sind medizinische Hilfspersonen (vgl. den Wortlaut „außer Ärzten"), das sind zB Krankenpfleger, Masseure, Krankengymnasten uä. Bei den übrigen Personen, den Hebammen, Lehrern, Sozialarbeitern und Erziehern muss eine einschlägige abgeschlossene Berufsausbildung vorliegen; die tatsächliche Ausübung zB einer erzieherischen Tätigkeit, also zB als Tagesmutter, reicht nicht aus.

Abs. 3 betrifft die entsprechende Hinweispflicht von medizinischem Personal außer 4
Ärzten und Sozialarbeitern bei volljährigen Menschen mit Behinderungen. Diese Verpflichtung beinhaltet aber im Unterschied zu Abs. 2 nur eine Empfehlung an diese Menschen mit Behinderungen oder den ggf. bestellten Betreuer, eine Beratungsstelle für Rehabilitation oder einen Arzt aufzusuchen (Mrozynski SGB IX/Jabben § 61 Rn. 4).

Für die Umsetzung der Regelung in der Praxis ist die Gemeinsame Empfehlung zur 5
Erkennung und Feststellung des Teilhabebedarfs, zur Teilhabeplanung und zu Anforderungen an die Durchführung von Leistungen zur Teilhabe (Rehabilitationsprozess) v. 1.8.2014 (www.bar-frankfurt.de) von hoher Wichtigkeit. Hier werden in § 10 der Gemeinsamen Empfehlung Hinweise gegeben, um möglichst frühzeitig Bedarfe zu erkennen.

§ 35[1] Landesärzte

(1) In den Ländern können Landesärzte bestellt werden, die über besondere Erfahrungen in der Hilfe für Menschen mit Behinderungen und von Behinderung bedrohte Menschen verfügen.

(2) Die Landesärzte haben insbesondere folgende Aufgaben:

1. **Gutachten für die Landesbehörden, die für das Gesundheitswesen, die Sozialhilfe und Eingliederungshilfe zuständig sind, sowie für die zuständigen Träger der Sozialhilfe und Eingliederungshilfe in besonders schwierig gelagerten Einzelfällen oder in Fällen von grundsätzlicher Bedeutung zu erstatten,**
2. **die für das Gesundheitswesen zuständigen obersten Landesbehörden beim Erstellen von Konzeptionen, Situations- und Bedarfsanalysen und bei der Landesplanung zur Teilhabe von Menschen mit Behinderungen und von Behinderung bedrohter Menschen zu beraten und zu unterstützen sowie selbst entsprechende Initiativen zu ergreifen und**
3. **die für das Gesundheitswesen zuständigen Landesbehörden über Art und Ursachen von Behinderungen und notwendige Hilfen sowie über den Erfolg von Leistungen zur Teilhabe von Menschen mit Behinderungen und von Behinderung bedrohter Menschen regelmäßig zu unterrichten.**

[1] § 35 Abs. 2 Nr. 1 neu gef. mWv 1.1.2018 durch G v. 17.7.2017 (BGBl. I S. 2541).

1 Die Regelung hat den Zweck, wirksame Hilfe für Menschen mit Behinderungen zu schaffen. Durch die Bestellung von Landesärzten wird notwendiger ärztlicher Sachverstand zur Unterstützung bei der Planung und Durchführung von Maßnahmen der Rehabilitation zur Verfügung gestellt. Der Anwendungsbereich der Vorschrift erstreckt sich insbes. auf den Bereich der öffentlichen Gesundheit.

2 Die Einrichtung eines Landesarztes wird nach der Vorschrift in das Ermessen der Länder gestellt. Voraussetzung für die Bestellung zum Landesarzt ist nach Abs. 1, dass der Arzt über besondere Erfahrungen in der Hilfe für Menschen mit Behinderungen und von Behinderung bedrohten Menschen verfügt. Es wird also eine einschlägige Berufserfahrung vorausgesetzt. Es wird jedoch nicht festgelegt, auf welche Weise die Erfahrung erworben wurde.

3 Der Abs. 2 der Vorschrift beschreibt beispielhaft, dh nicht abschließend den Aufgabenbereich der Landesärzte. Danach ist die Erstellung von Gutachten für die für das Gesundheitswesen und die Sozialhilfe zuständigen Landesbehörden sowie für die zuständigen Träger der Sozialhilfe in bestimmten besonders schwierig gelagerten Einzelfällen oder Fällen von grundsätzlicher Bedeutung vorgesehen (Nr. 1 der Vorschrift) (LPK-SGB IX/Joussen § 35 Rn. 7). Die Nr. 2 der Vorschrift betrifft die Beratungs- und Unterstützungsfunktion des Landesarztes für die obersten Landesbehörden und ist damit auf Konzeptionen, Situations- und Bedarfsanalysen ausgerichtet (LSW/Lachwitz § 62 Rn. 9). Die Nr. 3 betrifft die Informationspflicht des Landesarztes zum einen über Art und Ursachen von Behinderungen und notwendige Hilfen sowie andererseits über den Erfolg der gewährten Leistungen zur Teilhabe gegenüber den zuständigen Landesbehörden. Die Informationspflicht ist in regelmäßigen Zeitabständen zu erfüllen.

Kapitel 7. Struktur, Qualitätssicherung, Gewaltschutz und Verträge

§ 36 Rehabilitationsdienste und -einrichtungen

(1) [1]Die Rehabilitationsträger wirken gemeinsam unter Beteiligung der Bundesregierung und der Landesregierungen darauf hin, dass die fachlich und regional erforderlichen Rehabilitationsdienste und -einrichtungen in ausreichender Anzahl und Qualität zur Verfügung stehen. [2]Dabei achten die Rehabilitationsträger darauf, dass für eine ausreichende Anzahl von Rehabilitationsdiensten und -einrichtungen keine Zugangs- und Kommunikationsbarrieren bestehen. [3]Die Verbände von Menschen mit Behinderungen einschließlich der Verbände der Freien Wohlfahrtspflege, der Selbsthilfegruppen und der Interessenvertretungen von Frauen mit Behinderungen sowie die für die Wahrnehmung der Interessen der ambulanten und stationären Rehabilitationseinrichtungen auf Bundesebene maßgeblichen Spitzenverbände werden beteiligt.

(2) [1]Nehmen Rehabilitationsträger zur Ausführung von Leistungen Rehabilitationsdienste und -einrichtungen in Anspruch, erfolgt die Auswahl danach, wer die Leistung in der am besten geeigneten Form ausführt. [2]Dabei werden Rehabilitationsdienste und -einrichtungen freier oder gemeinnütziger Träger entsprechend ihrer Bedeutung für die Rehabilitation und Teilhabe von Menschen mit Behinderungen berücksichtigt und die Vielfalt der Träger gewahrt sowie deren Selbständigkeit, Selbstverständnis und Unabhängigkeit beachtet. [3]§ 51 Absatz 1 Satz 2 Nummer 4 ist anzuwenden.

(3) Rehabilitationsträger können nach den für sie geltenden Rechtsvorschriften Rehabilitationsdienste oder -einrichtungen fördern, wenn dies zweckmäßig ist und die Arbeit dieser Dienste oder Einrichtungen in anderer Weise nicht sichergestellt werden kann.

(4) Rehabilitationsdienste und -einrichtungen mit gleicher Aufgabenstellung sollen Arbeitsgemeinschaften bilden.

Übersicht

A. Allgemeines

Die Vorschrift entspricht im Wesentlichen § 19 SGB IX 2001. Lediglich Abs. 2 des § 19 SGB IX 2001 wurde gestrichen, weil eine strikte Unterteilung in bestimmte Erbringungsformen (ambulant, teilstationär, betriebliche Form) nicht mit einer konsequent personenbezogenen Bedarfsfeststellung vereinbar ist. Der Abs. 3 des bisherigen § 19 SGB IX 2001 wurde in § 4 Abs. 3 übernommen. Die Festlegung der Strukturverantwortung sowie die Grundsätze zur Förderung und Auswahl wurden beibehalten. 1

Die Vorschrift normiert als inhaltliche Zielvorgabe die Verpflichtung der Rehabilitationsträger zur Kooperation und Koordination, die letztlich konsultativen Charakter trägt. Dabei ergänzt und erweitert die Vorschrift die bereits in § 28 Abs. 1 aufgestellten **Grundsätze der Zusammenarbeit** der Rehabilitationsträger, soweit bei der Durchführung von Leistungen besondere Rehabilitationsdienste oder -einrichtungen in Anspruch genommen werden. Abs. 1 S. 2 postuliert die Barrierefreiheit des Zugangs und der Kommunikation bei den Rehabilitationsdiensten und -einrichtungen. Abs. 1 S. 3 begründet ein Beteiligungsrecht der Verbände Menschen mit Behinderungen einschließlich der im S. 3 aufgeführten weiteren Verbände. 2

B. Strukturverantwortung

Die Rehabilitationsträger sind nach Abs. 1 S. 1 dafür verantwortlich, dass Dienste und Einrichtungen für die Menschen mit Behinderungen zur Verfügung stehen. Eine solche Strukturverantwortung wird auch in Art. 26 Abs. 1 UN-BRK gefordert. Diese Verantwortlichkeit bezieht sich auf die Anzahl sowie auf die Qualität der Dienste und Einrichtungen. Insgesamt ist die Verantwortung für die Infrastruktur als die Verpflichtung der Rehabilitationsträger zur Koordination ihrer Aktivitäten anzusehen (LSW/Welti § 19 Rn. 4). Hierin sind die Beobachtung und Erfassung der zur Verfügung stehenden Dienste und Einrichtungen, des Rehabilitationsbedarfs sowie von Versorgungsdefiziten enthalten, aber auch die Förderung und Schaffung neuer Dienste und Einrichtungen. Außerdem wird vorgegeben, dass die „Regionalität" mitberücksichtigt wird. Der Begriff „regional" wird zwar nicht näher erläutert, aber er kann wohl nur so verstanden werden, dass eine Planung auch für den ländlichen Bereich Angebote in zumutbarer Entfernung vorsehen muss (Mrozynski SGB IX/Jabben § 19 Rn. 9). Die Erfordernisse der regionalen Planung und die Voraussetzung der Fachlichkeit sind so miteinander zu verknüpfen, dass auch in Flächenstaaten, in denen viele kleine wohnortnahe Versorgungseinheiten vorgehalten werden, hierunter die Qualität der Versorgung nicht leidet. 3

In diese Gewährleistungspflicht können die BReg. und die Länderregierungen einbezogen werden, wobei allerdings jegliche konkrete Ausformung einer Verpflichtung vermieden wird. Außerdem werden nach Abs. 1 S. 3 die Verbände von Menschen mit Behinderungen einschließlich der Verbände der freien Wohlfahrtspflege, der Selbsthilfegruppen und die Interessenvertretungen von Frauen mit Behinderungen beteiligt. Zusätzlich werden auch die Spitzenverbände der Leistungserbringer auf Bundesebene mit eingebunden. 4

5 In Abs. 1 S. 2 wird die konkrete Verpflichtung für die Rehabilitationsträger festgeschrieben, dafür Sorge zu tragen, dass bei einer ausreichenden Zahl an Diensten und Einrichtungen keine Zugangs- und Kommunikationsbarrieren bestehen. Damit wird der Pflicht zur benachteiligungsfreien und allgemeinen Ausführung von Sozialleistungen Nachdruck verliehen (LSW/Welti § 19 Rn. 9; jurisPK-SGB IX/O'Sullivan § 36 Rn. 26). Es geht um die konkrete Bedarfsgerechtigkeit der Versorgung. Für den Begriff der **Barrierefreiheit** ist die Definition aus § 4 BGG heranzuziehen. Das normierte Verbot der Barrieren erstreckt sich auch auf psychisch wirkende Zugangsbarrieren (LSG Nds-Brem 2.7.2012 – L 2 R 195/12 B ER, BeckRS 2012, 71500).

6 Die Verpflichtung schreibt aber nicht vor, dass alle Dienste und Einrichtungen über eine entsprechende Barrierefreiheit verfügen müssen (...ausreichende Anzahl...). Hieraus sowie aus der Formulierung des S. 2 insgesamt wird deutlich, dass aus der Verpflichtung keinerlei Rechte für die Leistungsberechtigten abgeleitet werden können, wenn der Verpflichtung nicht nachgekommen wurde. Es fehlt an einer Drittbezogenheit der Verpflichtung (Hauck/Noftz/Schneider § 19 Rn. 6) für einen Schadensersatzanspruch oder einen Herstellungsanspruch hinsichtlich der Anzahl von Einrichtungen.

C. Rehabilitationsdienste und -einrichtungen

7 Abs. 3 verweist auf die Inanspruchnahme von **Rehabilitationsdiensten** und von **Rehabilitationseinrichtungen** ohne zu definieren, was oder wer hierunter zu verstehen ist. Allgemein stellen sie organisatorische Einheiten dar, die dem Zweck der Ausführung von Sozialleistungen gewidmet sind (Mrozynski SGB IX/Jabben § 19 Rn. 3). Der Begriff der Rehabilitationsdienste steht hauptsächlich für Organisationsformen, die Leistungen in ambulanter Form erbringen (CFHR/Fuchs/Gitschmann § 19 Rn. 6; jurisPK-SGB IX/O'Sullivan § 36 Rn. 26). Demgegenüber weist eine Einrichtung in der Regel einen stärkeren Bezug zu Räumlichkeiten auf (vgl. § 107 SGB V; Hauck/Noftz/Schneider § 19 Rn. 5).

8 Bei der Auswahl der entsprechenden Rehabilitationseinrichtung oder des entsprechenden Rehabilitationsdienstes ist grds. das **Qualitätsprinzip** ausschlaggebend (Abs. 2 S. 1). Ausgehend von diesem Qualitätsprinzip dürfen dann gemäß Abs. 2 S. 2 bei der Auswahl Dienste und Einrichtungen freier oder gemeinnütziger Träger entspr. ihrer Bedeutung für die Rehabilitation und Teilhabe von Menschen mit Behinderungen berücksichtigt werden; die Vielfalt der Träger von Rehabilitationsdiensten oder -einrichtungen soll gewahrt und die Selbständigkeit, das Selbstverständnis und die Unabhängigkeit all dieser Träger soll beachtet werden. Die Auswahlentscheidung, bei der berechtigten Wünschen des Menschen mit Behinderungen zu entsprechen ist, muss allerdings nur Vertragseinrichtungen einbeziehen, also Einrichtungen, mit denen der Rehabilitationsträger einen Versorgungsvertrag abgeschlossen hat (LSG BW 1.8.2007 – L 4 KR 2071/05, ZMGR 2008, 328–330); zu den Versorgungsverträgen der Krankenkassen mit Rehabilitationseinrichtungen vgl. § 111 SGB V. Die Vorschrift des Abs. 2 S. 1 gibt dem Leistungsberechtigten keinen Anspruch auf Bewilligung einer konkreten Einrichtung (zur Regelung des § 19 Abs. 4 SGB IX 2001: ThürLSG 30.1.2004 – L 6 RJ 914/03 ER, BeckRS 2004, 31404020). Soweit der S. 3 des Abs. 2 auf § 51 Abs. 1 S. 2 Nr. 4 verweist und die Rehabilitationsträger zur Anwendung dieser Vorschrift verpflichtet, wird erneut herausgestellt, dass die Grundsätze der Wirtschaftlichkeit und Sparsamkeit bei der Leistungserbringung durchweg zu beachten sind.

9 Nach Abs. 4 sollen Dienste und Einrichtungen mit gleicher Aufgabenstellung **Arbeitsgemeinschaften** bilden. Dieses soll im Interesse einer laufenden Qualitätssicherung und -entwicklung erfolgen (Knittel § 19 Rn. 17). Diese Arbeitsgemeinschaften sind von den nach § 25 Abs. 2 zu bildenden Arbeitsgemeinschaften der Rehabilitationsträger zu un-

terscheiden und privatrechtlich organisiert (LPK-SGB IX/Joussen § 36 Rn. 13). Eine gesetzliche Verpflichtung zur Bildung von Arbeitsgemeinschaften ist nicht konzipiert.

D. Förderung

Abs. 3 ermächtigt die Rehabilitationsträger Rehabilitationsdienste oder -einrichtungen zu fördern, wenn dies zweckmäßig ist und die Arbeit dieser Dienste oder Einrichtungen in anderer Weise nicht gesichert ist. Hierdurch wird ein Instrument zur Umsetzung der Infrastrukturverantwortung zur Verfügung gestellt (LSW/Welti § 19 Rn. 27). Die Förderung ist als Projektförderung oder als institutionelle Förderung möglich. Europarechtlich wird man die Förderung wohl als Beihilfe iSv Art. 108 AEUV ansehen müssen. Daraus muss sich aber kein gemeinschaftsrechtlich unzulässiger Wettbewerbsvorteil ergeben (EuGH v. 7.12.2000 – C-94/99, NVwZ 2001, 785–787). 10

§ 36a[1] Zuschuss zu Kosten für Erdgas, Wärme und andere Brennstoffe sowie Strom; Verordnungsermächtigung

(1) [1]Zum Ausgleich von Erdgas-, Wärme- und anderen Brennstoffkosten sowie Stromkosten zahlen die Rehabilitationsträger nach § 6 Absatz 1 Nummer 1 bis 4 den anspruchsberechtigten Leistungserbringern auf Antrag einen einmaligen Zuschuss zu den Kosten für Erdgas, Wärme- und andere Brennstoffe sowie Strom. [2]Der Zuschuss beträgt 95 Prozent der Differenz zwischen den entstandenen Energiekosten des Jahres 2022 und denen des Jahres 2021. [3]Leistungsberechtigte nach Absatz 2 Nummer 3 erhalten auf Antrag einen Zuschuss in Höhe von 95 Prozent eines Fünftels der Differenz zwischen den entstandenen Energiekosten des Jahres 2022 und denen des Jahres 2021. [4]Bei den entstandenen Energiekosten im Sinne der Sätze 2 und 3 sind die Entlastungen nach dem Erdgas-Wärme-Soforthilfegesetz zu berücksichtigen.

(2) Anspruchsberechtigte Leistungserbringer sind

1. Medizinische Vorsorge- und Rehabilitationseinrichtungen,
   a) mit denen ein Vertrag nach § 15 Absatz 2 des Sechsten Buches in Verbindung mit § 38 oder nach den §§ 33 und 34 des Siebten Buches besteht oder
   b) mit denen ein Versorgungsvertrag nach § 111 Absatz 2, § 111a Absatz 1 oder § 111c Absatz 1 des Fünften Buches besteht, oder
   c) die von der gesetzlichen Rentenversicherung oder der gesetzlichen Unfallversicherung selbst betrieben werden,
2. Einrichtungen der beruflichen Rehabilitation nach § 51,
3. Werkstätten für behinderte Menschen oder
4. andere Leistungsanbieter nach § 60, soweit sie Leistungen nach § 57 erbringen.

(3) [1]Die nach Absatz 1 entstehenden Aufwendungen der Rehabilitationsträger einschließlich der Verwaltungskosten werden aus den Mitteln des Wirtschaftsstabilisierungsfonds getragen. [2]Die Bereitstellung der Mittel erfolgt durch das Bundesamt für Soziale Sicherung. [3]Die anfallenden Verwaltungskosten des Bundesamts für Soziale Sicherung werden ebenfalls aus den Mitteln des Wirtschaftsstabilisierungsfonds getragen.

(4)[2] [1]Das Bundesministerium für Arbeit und Soziales wird ermächtigt, im Einvernehmen mit den Bundesministerien für Gesundheit, für Wirtschaft und Klimaschutz sowie der Finanzen durch Rechtsverordnung mit Zustimmung des Bundesrates nähere Bestimmungen zu den konkreten Voraussetzungen des Zuschusses nach Absatz 1, zum Ver-

[1] § 36a eingef. mWv 24.12.2022 durch G v. 20.12.2022 (BGBl. I S. 2560).
[2] Siehe hierzu ua die Rehabilitationshilfsfonds-Verordnung.

fahren nach Absatz 1 sowie zur Bereitstellung der Mittel nach Absatz 3 zu erlassen. [2]Hierbei können insbesondere die Berechnung des Zuschusses, der Auszahlungszeitpunkt, das Antrags- und Auszahlungsverfahren sowie das Verfahren zur Umsetzung der Mittelbereitstellung an die Rehabilitationsträger näher geregelt werden.

(5) § 29a des Erdgas-Wärme-Preisbremsengesetzes gilt entsprechend.

(6) [1]Es ist eine Erfolgskontrolle zu der Regelung durchzuführen. [2]Die Kosten der Erfolgskontrolle werden aus den Mitteln des Wirtschaftsstabilisierungsfonds getragen.

1 Die Vorschrift wurde durch Art. 3 des Gesetzes zur Einführung von Preisbremsen für leistungsgebundenes Erdgas und Wärme und zur Änderung weiterer Vorschriften vom 20.12.2022 (BGBl. I S. 2560 (2894)) mWv 24.12.2022 neu in das Gesetz eingeführt.

2 Die massiven Preissteigerungen an den Energiemärkten aufgrund des völkerrechtswidrigen Angriffskriegs Russlands gegen die Ukraine machten ein Eingreifen des Gesetzgebers notwendig. Die zusätzliche finanzielle Belastung durch die rasant gestiegenen Energiekosten bedrohen die wirtschaftliche Existenz vieler Leistungserbringer und damit auch die in § 4 Abs. 1 genannten Ziele. Die anspruchsberechtigten Leistungserbringer erhalten nach Abs. 1 auf Antrag einen einmaligen Zuschuss zu den Kosten für Erdgas, Wärme- und andere Brennstoffe sowie Strom von den Rehabilitationsträgern nach § 6 Abs. 1 Nr. 1–4. Dabei stellt Abs. 2 fest, wer diese anspruchsberechtigten Leistungserbringer sind. Nach Abs. 3 werden die nach Abs. 1 entstehenden Aufwendungen der Rehabilitationsträger einschließlich der Verwaltungskosten aus den Mitteln des Wirtschaftsstabilisierungsfonds getragen. Abs. 4 enthält die zur weiteren Ausgestaltung erforderliche Verordnungsermächtigung. Abs. 5 nimmt Bezug auf § 29a des Erdgas-Wärme-Preisbremsengesetzes, der ein Boni- und Devidendenverbot enthält, wenn eine bestimmte Entlastungssumme durch ein Unternehmen bezogen wurde. Abs. 6 statuiert eine Erfolgskontrolle. Wie diese auszusehen hat und welche Kriterien zu Grunde gelegt werden, hat der Gesetzgeber jedoch nicht festgelegt.

§ 37 Qualitätssicherung, Zertifizierung

(1) [1]Die Rehabilitationsträger nach § 6 Absatz 1 Nummer 1 bis 5 vereinbaren gemeinsame Empfehlungen zur Sicherung und Weiterentwicklung der Qualität der Leistungen, insbesondere zur barrierefreien Leistungserbringung, sowie für die Durchführung vergleichender Qualitätsanalysen als Grundlage für ein effektives Qualitätsmanagement der Leistungserbringer. [2]§ 26 Absatz 4 ist entsprechend anzuwenden. [3]Die Rehabilitationsträger nach § 6 Absatz 1 Nummer 6 und 7 können den Empfehlungen beitreten.

(2) [1]Die Erbringer von Leistungen stellen ein Qualitätsmanagement sicher, das durch zielgerichtete und systematische Verfahren und Maßnahmen die Qualität der Versorgung gewährleistet und kontinuierlich verbessert. [2]Stationäre Rehabilitationseinrichtungen haben sich an dem Zertifizierungsverfahren nach Absatz 3 zu beteiligen.

(3) [1]Die Spitzenverbände der Rehabilitationsträger nach § 6 Absatz 1 Nummer 1 und 3 bis 5 vereinbaren im Rahmen der Bundesarbeitsgemeinschaft für Rehabilitation grundsätzliche Anforderungen an ein einrichtungsinternes Qualitätsmanagement nach Absatz 2 Satz 1 sowie ein einheitliches, unabhängiges Zertifizierungsverfahren, mit dem die erfolgreiche Umsetzung des Qualitätsmanagements in regelmäßigen Abständen nachgewiesen wird. [2]Den für die Wahrnehmung der Interessen der stationären Rehabilitationseinrichtungen auf Bundesebene maßgeblichen Spitzenverbänden sowie den Verbänden von Menschen mit Behinderungen einschließlich der Verbände der Freien Wohlfahrtspflege, der Selbsthilfegruppen und der Interessenvertretungen von Frauen mit

Behinderungen ist Gelegenheit zur Stellungnahme zu geben. [3]Stationäre Rehabilitationseinrichtungen sind nur dann als geeignet anzusehen, wenn sie zertifiziert sind.

(4) **Die Rehabilitationsträger können mit den Einrichtungen, die für sie Leistungen erbringen, über Absatz 1 hinausgehende Anforderungen an die Qualität und das Qualitätsmanagement vereinbaren.**

(5) **In Rehabilitationseinrichtungen mit Vertretungen der Menschen mit Behinderungen sind die nach Absatz 3 Satz 1 zu erstellenden Nachweise über die Umsetzung des Qualitätsmanagements diesen Vertretungen zur Verfügung zu stellen.**

(6) **§ 26 Absatz 3 ist entsprechend anzuwenden für Vereinbarungen auf Grund gesetzlicher Vorschriften für die Rehabilitationsträger.**

Übersicht

A. Allgemeines

1 Die Vorschrift entspricht in den Abs. 1 u. 2 dem § 20 Abs. 1, 2 SGB IX 2001. Weiterhin wurden § 20 Abs. 2a SGB IX 2001 zu Abs. 3 der jetzigen Regelung sowie § 20 Abs. 4 SGB IX 2001 zu Abs. 6. Die Vorschrift korrespondiert mit § 26. Der S. 2 des Abs. 1 verweist ausdrücklich auf § 26 Abs. 4. Im Abs. 2 wird eine gesetzliche Verpflichtung der Rehabilitationsträger zur Qualitätssicherung normiert als Grundlage für die Kooperation der Rehabilitationsträger und die Koordination ihrer Leistungen; bezweckt wird damit insbes. ein trägerübergreifendes **Rehabilitationsmanagement.**

2 Eine Verpflichtung zur **Qualitätssicherung** normiert auch § 135a SGB V für den Bereich der gesetzlichen Krankenversicherung (vgl. auch §§ 136 ff. SGB V, insbes. § 137d SGB V, der den Spitzenverband Bund der Krankenkassen verpflichtet, gemeinsam und einheitlich mit den Vertretern der Leistungserbringer und mit den auf Bundesebene maßgeblichen Spitzenorganisationen Maßnahmen der Qualitätssicherung zu vereinbaren und der § 37 Abs. 1 ausdrücklich in Bezug nimmt) (vgl. jurisPK-SGB IX/O'Sullivan § 37 Rn. 8).

3 Neu eingeführt wurde die Möglichkeit, dass Rehabilitationsträger höhere Qualitätsansprüche festlegen können und damit nur die Einrichtungen als geeignet anerkennen können, die diesen höheren Ansprüchen entsprechen. Abs. 6 stellt durch die Verweisung auf § 26 Abs. 3 sicher, dass bei den gemeinsamen Empfehlungen über Qualitätssicherung Vereinbarungen von einzelnen Rehabilitationsträger, zB nach § 137d SGB V oder nach §§ 76 ff. SGB XII, die erforderliche Berücksichtigung finden.

B. Gemeinsame Empfehlungen

4 Nach Abs. 1 müssen nur die Rehabilitationsträger nach § 6 Abs. 1 Nr. 1–5 gemeinsame Empfehlungen zur Sicherung und Weiterentwicklung der Qualität der Leistungen sowie für die Durchführung vergleichender Qualitätsanalysen als Grundlage für ein effektives **Qualitätsmanagement** vereinbaren. Bei der Sicherung und Weiterentwicklung der Qualität der Leistung wird der Aspekt der **barrierefreien Leistungserbringung** be-

sonders hervorgehoben und damit zu einem Merkmal der Leistungsqualität gemacht (KHM/von der Heide § 20 Rn. 7). Durch den Verweis auf § 26 Abs. 4 ist auch für die Frage der der Qualitätssicherung eine Vertretung durch die Spitzenverbände möglich.

5 Die Rehabilitationsträger nach § 6 Abs. 1 Nr. 6, 7, also die Träger der Eingliederungshilfe und der öffentlichen Jugendhilfe, sind ebenso wie in § 26 Abs. 1, 2 nicht mit einbezogen worden; nach Abs. 1 S. 3 steht es im Ermessen dieser Rehabilitationsträger, den vereinbarten gemeinsamen Empfehlungen beizutreten.

6 Es besteht bereits die Gemeinsame Empfehlung Qualitätssicherung (GE QS) nach § 20 Abs. 1 SGB IX 2001 (§ 37 Abs. 1) v. 27.3.2003 (www.bar-frankfurt.de) sowie die Vereinbarung zum internen Qualitätsmanagement nach § 20 Abs. 2a SGB IX 2001 (§ 37 Abs. 3) v. 1.10.2009.

C. Qualität

7 Unter dem Begriff **„Qualität“** ist im Zusammenhang mit dem Austausch und der Bereitstellung von Gütern und Leistungen deren Beschaffenheit im Vergleich zu einer festgesetzten Norm zu verstehen (LSW/Welti § 20 Rn. 2). In der Gemeinsamen Empfehlung Qualitätssicherung ist in § 2 festgelegt, die „Qualität von Leistungen zur Teilhabe bedeutet eine wirksame und bedarfsgerechte, am Krankheitsfolgemodell der WHO (ICF) orientierte fachlich qualifizierte, aber auch wirtschaftliche Leistungserbringung“. Der inhaltliche Ansatz wird in der Einführung der Gemeinsamen Empfehlung dahingehend konkretisiert, dass den Leistungen ein umfassender und interdisziplinärer Ansatz zu Grunde liegt, der somatische, psychische und soziale Dimensionen und ihre Folgen berücksichtigt (LPK-SGB IX/Joussen § 37 Rn. 6).

8 In der Qualitätsdiskussion werden in der Regel drei Unterbegriffe zur Qualität genannt: Struktur-, Prozess- und Ergebnisqualität. Hierbei benennt die **Strukturqualität** die Rahmenbedingungen, die notwendig sind, um die vereinbarte Leistung zur Teilhabe erbringen zu können (§ 4 Nr. 3 GE QS), umfasst also die Ausstattung eines Dienstes einschließlich des Personals und seiner aufgabengerechten beruflichen Qualifizierung (LSW/Welti § 20 Rn. 2). In größeren und verzweigten Organisationen werden zur Strukturqualität auch die Grundsätze der Personalführung sowie das System der Verantwortlichkeiten gezählt (Mrozynski SGB IX/Jabben § 20 Rn. 6).

9 Dagegen bezieht sich die **Prozessqualität** „auf die Planung, Strukturierung und den Ablauf der Leistungserbringung sowie die Beurteilung der sachgerechten Durchführung“ (§ 4 Nr. 4 GE QS). Dieses ist bei der Fortschreibung der Teilhabeplanung besonders wichtig, um dadurch den individuellen Rehabilitations-, Förder- und Hilfebedarf jederzeit zu konkretisieren. Bei Leistungen der medizinischen Rehabilitation wird durch die Prozessqualität auch die individuelle Eignung bzw. Wirksamkeit von Diagnose und Behandlung für die Indikation erfasst (GK-SGB IX/Löschau § 37 Rn. 45).

10 Die „Ergebnisqualität bezieht sich darauf, in welchem Ausmaß die mit der Leistung angestrebten individuellen und generellen Ziele erreicht werden“ (§ 4 Nr. 5 GE QS). Damit bezieht sich die **Ergebnisqualität** auf die Wirkungen, die die Rehabilitationsmaßnahme in gesundheitlicher und beruflicher Hinsicht bewirkt (Hauck/Noftz/Schneider § 20 Rn. 6; jurisPK-SGB IX/O'Sullivan § 37 Rn. 33). Im Bereich der Hilfsmittel kann bspw. vorgegeben werden, dass der Hersteller vor Aufnahme in das Hilfsmittelverzeichnis die Funktionstauglichkeit, den therapeutischen Nutzen und die Qualität nachweist (BSG 31.8.2000 – B 3 KR 21/99 R, NZS 2001, 364 = SGb 2001, 328 mAnm Meydam).

D. Qualitätsmanagement, Zertifizierung

In Abs. 1 werden die Rehabilitationsträger verpflichtet die Qualität der Leistungen weiterzuentwickeln und entsprechende Analysen als Grundlage für ein effektives Qualitätsmanagement durchzuführen. In Abs. 2 wird den Leistungserbringern auferlegt, ein Qualitätsmanagement sicherzustellen. Ein Qualitätsmanagement wird als ein systematisches und kontinuierliches Verfahren beschrieben, welches auf die Identifizierung, Analyse und Verbesserung der Struktur-, Prozess- und Ergebnisqualität gerichtet ist (Stähler/Cibis RP Reha 1/2016, 27 (29)). Ein effektives Qualitätsmanagement wird bei den Rehabilitationsträger schon seit langem praktiziert (CFHR/Fuchs/Gitschmann § 20 Rn. 8). So ist bspw. ein Qualitätssicherungsprogramm für den Bereich der gesetzlichen Rentenversicherung bereits 1994 eingeführt worden (Beckmann ua DAngVers 2000, 88 ff.; Gerdes ua DAngVers 2002, 113 ff.). Dieses Programm enthielt die folgenden fünf Programmpunkte: 1. Klinikkonzept (Erfassung der personellen, räumlichen, apparativen Ausstattung, des Behandlungsangebots, des Selbstverständnisses der Klinik), 2. Patiententherapiepläne (Bildung von Patienten-Fallgruppen mit vergleichbarem Behandlungsbedarf), 3. Qualitäts-Screening (Einzelfallprüfung durch das Peer-Review-Verfahren, dh die gegenseitige Beurteilung von Gleichrangigen), 4. Patientenbefragungen (Erfassung der Rehabilitandenzufriedenheit mit dem Behandlungsprozess und Bewertung des Ergebnisses aus Sicht der Rehabilitanden), 5. Qualitätszirkel (Aufbau teamorientierter ganzheitlicher Organisation). 11

Im Bereich des Gesundheitswesens basierte die Qualitätsstrategie auf einem Beschluss der Gesundheitsminister der Bundesländer vom Juni 1999. Darin wurde eine konsequente Patientenorientierung und die Durchführung von Patientenbefragungen, die Entwicklung und das Praktizieren ärztlicher Leitlinien und Pflegestandards, eine Stärkung der sektorenübergreifenden Qualitätssicherung, eine qualitätsorientierte Leistungsdokumentation und die verstärkte Steuerung der Versorgungsplanung nach Qualitätskriterien postuliert (Beckmann ua DAngVers 2000, 88 ff.). 12

Zu einer trägerübergreifenden Zusammenarbeit in der Qualitätssicherung der medizinischen Rehabilitation hatten sich die damaligen Spitzenverbände der gesetzlichen Krankenversicherung und der gesetzlichen Unfallversicherung sowie der damalige Verband deutscher Rentenversicherungsträger, die ehemalige BfA und die ehemalige Bundesknappschaft bereits in einer Gemeinsamen Erklärung vom Oktober 1999 verpflichtet (abgedr. in DAngVers 2000, 93). Verfahren zur Qualitätssicherung stellten nach der Nr. 1 dieser Erklärung dabei zentrale Elemente zur Sicherstellung einer effektiven und effizienten Rehabilitation dar. Das **Qualitätssicherungsprogramm** der Rentenversicherung lieferte insoweit auch zuvor schon wichtige Anhaltspunkte und Ansätze, um das interne Qualitätsmanagement in den Kliniken maßgeblich zu fördern (Beckmann ua DAngVers 2000, 98). 13

Für den Bereich der öffentlichen Jugendhilfe gibt es Sonderregelungen zur Qualitätssicherung in den §§ 78b und 78c SGB VIII und für den Bereich der Eingliederungshilfe in § 76 SGB XII. Für den Bereich der gesetzlichen Krankenversicherung normiert § 135a Abs. 1 SGB V eine ausdrückliche Verpflichtung zur Qualitätssicherung. Dabei enthält § 135a Abs. 2 SGB V eine Verpflichtung für zugelassene Krankenhäuser, stationäre Versorgungseinrichtungen und stationäre Rehabilitationseinrichtungen – nach Maßgabe der §§ 136, 136a, 136b, 137d SGB V –, einrichtungsintern ein Qualitätsmanagement einzuführen und weiterzuentwickeln. Darunter wird eine Managementmethode verstanden, die auf die Mitwirkung aller Mitarbeiter gestützt ist, die Qualität in den Mittelpunkt aller Bemühungen stellt und kontinuierlich bestrebt ist, Bedürfnisse ua von Patienten, Mitarbeitern und Angehörigen zu berücksichtigen (KassKomm/Roters SGB V § 135a Rn. 10). 14

15 Die Leistungserbringer sind verpflichtet, ein Qualitätsmanagement zu betreiben, jedoch enthält Abs. 2 keinerlei inhaltliche Vorgaben, wie dieses Qualitätsmanagement auszusehen hat. Hierfür fehlt dem Gesetzgeber auch die entsprechende Kompetenz (LSW/Welti § 20 Rn. 22). Deshalb definieren die Rehabilitationsträger die Standards für die Qualität der Rehabilitationsmaßnahme (Knittel § 20 Rn. 13) und die Leistungserbringer haben die Aufgabe, diese Qualität zu erreichen (Hauck/Noftz/Schneider § 20 Rn. 8). Die Art und Weise, wie die Leistungserbringer dieses erreichen, ist ihnen überlassen (§ 3 Abs. 4 S. 4 GE QS).

16 Nach Abs. 2 S. 2 sind stationäre Rehabilitationseinrichtungen verpflichtet, sich dem Zertifizierungsverfahren nach Abs. 3 zu unterziehen. Aufgrund der Aussparung der Bundesagentur für Arbeit in Abs. 3 S. 1 (… Rehabilitationsträger nach § 6 Abs. 1 Nr. 1, 3–5 …) gilt dieses wohl nur für stationäre Einrichtungen für Leistungen der medizinischen Rehabilitation. Die Zertifizierung selbst beinhaltet zwar nur die Bestätigung, dass bestimmte Standards eingehalten werden, jedoch ist durch die Vereinbarung zum internen Qualitätsmanagement nach § 20 Abs. 2a SGB IX 2001 (§ 37 Abs. 3) v. 1.10.2009 und das dazugehörige Manual eine inhaltliche Präzisierung erfolgt (www.bar-frankfurt.de/Rehabilitation und Teilhabe). Bei der BAR sind (Stand 24.5.2017) insgesamt 1.299 Rehabilitationseinrichtungen als zertifiziert verzeichnet. Leider hat der Gesetzgeber, trotz der ständig wachsenden Bedeutung der ambulanten Rehabilitation für deren Leistungserbringer keine Verpflichtung zur Zertifizierung verankert. Allerdings unterwerfen sich zunehmend auch ambulante medizinische Rehabilitationseinrichtungen freiwillig den Anforderungen aus der „Vereinbarung nach § 20 Abs. 2a SGB IX“ (2001) und lassen sich nach einem anerkannten Qualitätsmanagementverfahren zertifizieren (Stähler/Cibis RP Reha 1/2016, 27 (33)).

17 Die besondere Bedeutung der Zertifizierung wird durch Abs. 3 S. 3 deutlich. Nicht zertifizierte Einrichtungen sind als „nicht geeignet“ anzusehen (jurisPK-SGB IX/O'Sullivan § 37 Rn. 51). Diese Regelung hat insbes. im Zusammenhang mit der Regelung des § 18 Abs. 6 einen besonderen Stellenwert, da eine „nicht geeignete“ Rehabilitationseinrichtung kaum als „zu Unrecht abgelehnt“ eingestuft werden kann.

E. Sonderregelungen

18 Nach Abs. 4 können die Rehabilitationsträger mit den einzelnen Einrichtungen Anforderungen vereinbaren, die über Abs. 1 hinausgehen. Dieses ist im Hinblick auf die unterschiedlichen Rehabilitationsziele der einzelnen Rehabilitationsträger sehr zu begrüßen, darf aber letztlich nicht dazu führen, dass die Standards aus den Gemeinsamen Empfehlungen überflüssig werden, weil nur noch darüberhinausgehende Anforderungen an die Qualität und das Qualitätsmanagement vereinbart werden (jurisPK-SGB IX/O'Sullivan § 37 Rn. 52).

F. Vertretungen der Menschen mit Behinderungen

19 Die Regelung des Abs. 5 betrifft Einrichtungen, in denen Vertretungen der Menschen mit Behinderungen gebildet werden müssen (vgl. § 215; § 51 Abs. 2). Diesen Vertretungen soll die Möglichkeit gegeben werden, die Qualität der Einrichtung und erbrachten Leistungen zu beurteilen. Hierdurch wird ein Beitrag zur Partizipation der Menschen mit Behinderungen geschaffen, die dadurch qualifiziert an der Gestaltung ihres Lebensumfeldes in Einrichtungen mitgestalten können (BT-Drs. 18/9522, 247).

§ 37a[1] Gewaltschutz

(1) [1]Die Leistungserbringer treffen geeignete Maßnahmen zum Schutz vor Gewalt für Menschen mit Behinderungen und von Behinderung bedrohte Menschen, insbesondere für Frauen und Kinder mit Behinderung und von Behinderung bedrohte Frauen und Kinder. [2]Zu den geeigneten Maßnahmen nach Satz 1 gehören insbesondere die Entwicklung und Umsetzung eines auf die Einrichtung oder Dienstleistungen zugeschnittenen Gewaltschutzkonzepts.

(2) Die Rehabilitationsträger und die Integrationsämter wirken bei der Erfüllung ihrer gesetzlichen Aufgaben darauf hin, dass der Schutzauftrag nach Absatz 1 von den Leistungserbringern umgesetzt wird.

Übersicht

A. Allgemeines

1 Die Vorschrift wurde mit dem Gesetz zur Stärkung der Teilhabe von Menschen mit Behinderungen sowie zur landesrechtlichen Bestimmung der Träger von Leistungen für Bildung und Teilhabe in der Sozialhilfe (Teilhabestärkungsgesetz) v. 2.6.2021 (BGBl. 2021 I S. 1387 (1393)) neu eingeführt. Damit kommt der Gesetzgeber der Verpflichtung aus Artikel 16 der UN-Behindertenrechtskonvention nach.

B. Maßnahmen

2 Abs. 1 normiert eine ausdrückliche Verpflichtung der Leistungserbringer zu geeigneten Gewaltschutzmaßnahmen, insbesondere zur Entwicklung und Umsetzung eines auf die Einrichtung oder Dienstleistung zugeschnittenen Gewaltschutzkonzepts. Welche weiteren Maßnahmen notwendig und geeignet sind, um dem Schutzauftrag gerecht zu werden, legt der Gesetzgeber nicht fest. Vielmehr überlässt er dies den Leistungserbringern. Denkbar sind Maßnahmen der Fortbildung und Sensibilisierung für Mitarbeitende, Präventionskurse für Menschen mit Behinderungen, feste interne Ansprechpersonen wie zum Beispiel Frauenbeauftragte oder Kinderschutzbeauftragte in Einrichtungen sowie Beschwerdestellen und andere geeignete Beteiligungsstrukturen (LPK-SGB IX/Joussen § 37a Rn. 3).

3 Abs. 2 verpflichtet die Rehabilitationsträger und die Integrationsämter dazu die Umsetzung des in Abs. 1 niedergelegten Schutzauftrags zu überwachen. Der Gesetzgeber überlässt es dabei den Rehabilitationsträgern und Integrationsämtern wie sie den Schutzauftrag umsetzen. Mittel der Umsetzung oder Sanktionsmöglichkeiten werden nicht genannt.

§ 38 Verträge mit Leistungserbringern

(1) Verträge mit Leistungserbringern müssen insbesondere folgende Regelungen über die Ausführung von Leistungen durch Rehabilitationsdienste und -einrichtungen, die nicht in der Trägerschaft eines Rehabilitationsträgers stehen, enthalten:

[1] § 37a eingef. mWv 10.6.2021 durch G v. 2.6.2021 (BGBl. I S. 1387).

1. Qualitätsanforderungen an die Ausführung der Leistungen, das beteiligte Personal und die begleitenden Fachdienste,
2. die Übernahme von Grundsätzen der Rehabilitationsträger zur Vereinbarung von Vergütungen,
3. Rechte und Pflichten der Teilnehmer, soweit sich diese nicht bereits aus dem Rechtsverhältnis ergeben, das zwischen ihnen und dem Rehabilitationsträger besteht,
4. angemessene Mitwirkungsmöglichkeiten der Teilnehmer an der Ausführung der Leistungen,
5. Regelungen zur Geheimhaltung personenbezogener Daten,
6. Regelungen zur Beschäftigung eines angemessenen Anteils von Frauen mit Behinderungen, insbesondere Frauen mit Schwerbehinderungen sowie
7. das Angebot, Beratung durch den Träger der öffentlichen Jugendhilfe bei gewichtigen Anhaltspunkten für eine Kindeswohlgefährdung in Anspruch zu nehmen.

(2) [1]Die Bezahlung tarifvertraglich vereinbarter Vergütungen sowie entsprechender Vergütungen nach kirchlichen Arbeitsrechtsregelungen kann bei Verträgen auf der Grundlage dieses Buches nicht als unwirtschaftlich abgelehnt werden. [2]Auf Verlangen des Rehabilitationsträgers ist die Zahlung von Vergütungen nach Satz 1 nachzuweisen.

(3) [1]Die Rehabilitationsträger wirken darauf hin, dass die Verträge nach einheitlichen Grundsätzen abgeschlossen werden. [2]Dabei sind einheitliche Grundsätze der Wirksamkeit, Zweckmäßigkeit und Wirtschaftlichkeit zu berücksichtigten. [3]Die Rehabilitationsträger können über den Inhalt der Verträge gemeinsame Empfehlungen nach § 26 vereinbaren. [4]Mit den Arbeitsgemeinschaften der Rehabilitationsdienste und -einrichtungen können sie Rahmenverträge schließen. [5]Der oder die Bundesbeauftragte für den Datenschutz und die Informationsfreiheit wird beteiligt.

(4) Absatz 1 Nummer 1 und 3 bis 6 wird für eigene Einrichtungen der Rehabilitationsträger entsprechend angewendet.

Übersicht

A. Allgemeines

1 Die Vorschrift ist insgesamt Ausfluss der in § 37 vorgeschriebenen Qualitätssicherung. Die Regelungen in Abs. 1 u. 4 entsprechen dem bisherigen Recht in § 21 Abs. 1, 4 SGB IX 2001 und Abs. 3 entspricht dem bisherigen § 21 Abs. 2 SGB IX 2001. Demgegenüber ist Abs. 2 neu in das G eingefügt worden. Die Regelungen in Abs. 1 u. 3 der Vorschrift sollen sicherstellen, dass nur Rehabilitationsdienste und -einrichtungen in Anspruch genommen werden, die den sich aus § 37 ergebenden Qualitätsanforderungen genügen (vgl. jurisPK-SGB IX/O'Sullivan § 38 Rn. 1).

2 Zu den Rehabilitationseinrichtungen gehören auch die WfbM (§ 219). Für sie gilt § 38, soweit sie mit den Rehabilitationsträger iSd § 6 Abs. 1 Nr. 1–5 Verträge schließen. Der Abs. 3 S. 1, 3 der Vorschrift erweitert den Anwendungsbereich des § 26; danach ist der Abschluss gemeinsamer Empfehlungen anders als nach § 26 aber ausdrücklich in das Ermessen der Rehabilitationsträger gestellt (vgl. den Gesetzeswortlaut: ... können über den Inhalt der Verträge gemeinsame Empfehlungen nach § 26 vereinbaren).

Die Vorschrift betrifft die Verträge aller Rehabilitationsträger mit den Leistungserbringern, also auch Verträge der Träger der Eingliederungshilfe und der öffentlichen Jugendhilfe; anders als in § 37 Abs. 1 S. 1 sind diese Rehabilitationsträger iSd § 6 Abs. 1 Nr. 6, 7 nämlich nicht von den in der Vorschrift getroffenen Regelungen ausgenommen. 3

Aus § 38 ergibt sich außerdem, dass ein Anspruch des Menschen mit Behinderungen auf die Leistung zur Teilhabe grds. nur bei Rehabilitationsdiensten und -einrichtungen besteht, die mit dem jeweiligen Rehabilitationsträger einen **Belegungsvertrag** oder einen **Beschaffungsvertrag** geschlossen haben. Handelt es sich bei selbst beschaffter stationärer Rehabilitation nicht um eine Vertragsklinik iSd § 38, so ist der Rehabilitationsträger bei einem Antrag auf Kostenerstattung nach § 18 Abs. 6 nicht verpflichtet, die Kosten zu erstatten (HessLSG 10.4.2006 – L 2 R 45/05, BeckRS 2006, 44313). 4

Sonderregelungen, die § 38 vorgehen, bestehen für den Sozialleistungsbereich der gesetzlichen Krankenversicherung. Nach § 2 Abs. 2 S. 2 SGB V schließen die Krankenkassen mit den Leistungserbringern Verträge nach den Vorschriften des Vierten Kapitels des SGB V (vgl. dort die §§ 69–140h SGB V). Für den Bereich der gesetzlichen Rentenversicherung gilt § 15 Abs. 2 S. 1 SGB VI. Danach werden stationäre Leistungen zur medizinischen Rehabilitation in Einrichtungen erbracht, die unter ständiger ärztlicher Verantwortung und unter Mitwirkung von besonders geschultem Personal entweder von dem Träger der Rentenversicherung selbst betrieben werden oder mit denen ein Vertrag nach § 38 besteht. Damit sind für den Bereich der gesetzlichen Rentenversicherung ausschließlich die im § 38 getroffenen Regelungen maßgebend, soweit der Rentenversicherungsträger die entsprechende Einrichtung nicht selbst betreibt. Für den Bereich der gesetzlichen Unfallversicherung gelten unterschiedliche Bestimmungen, je nachdem welche Leistungserbringer Vertragspartner sind. Nach § 34 Abs. 3 SGB VII besteht eine Sonderregelung (§ 7), nach der die Verbände der Unfallversicherungsträger sowie die Kassenärztliche Bundesvereinigung und die Kassenzahnärztliche Bundesvereinigung unter Berücksichtigung der von den Unfallversicherungsträgern nach Abs. 1 S. 2, 3 des § 34 SGB VII getroffenen Festlegungen mit Wirkung für ihre Mitglieder Verträge über die Durchführung der Heilbehandlung, die Vergütung der Ärzte und Zahnärzte sowie die Art und Weise der Abrechnung schließen. Die Beziehungen mit den übrigen Leistungserbringern bestimmen sich hingegen nach § 34 Abs. 8 SGB VII. Nach dem S. 1 dieser Vorschrift werden die Beziehungen zwischen den Unfallversicherungsträgern und diesen Leistungserbringern durch Verträge geregelt. Soweit diese Leistungserbringer Leistungen zur medizinischen Rehabilitation ausführen oder an ihrer Ausführung beteiligt sind, gilt § 38 (§ 34 Abs. 8 S. 2 SGB VII). Für das Sozialhilferecht gelten als Sonderregelungen die §§ 75 ff. SGB XII. Für den Bereich der Kinder- und Jugendhilfe gehen die §§ 78a ff. SGB VIII als Spezialregelungen vor. 5

B. Verträge mit Leistungserbringern

1. Rechtsnatur der Verträge

Ob die Verträge nach § 38 mit den Leistungserbringern privatrechtlicher oder öffentlich-rechtlicher Rechtsnatur sind, wird mittlerweile überwiegend zu Gunsten der öffentlich-rechtlichen Rechtsnatur beantwortet (CFHR/Fuchs § 21 Rn. 21; LSW/Welti § 21 Rn. 17; KHM/von der Heide § 21 Rn. 3; Hauck/Noftz/Schneider § 21 Rn. 6; BSG 22.4.2009 – B 13 SF 1/08 R, NZS 2010, 349, der Anspruch, wenn er bestünde, ist nur als öffentlich-rechtlich denkbar.) 6

In den einzelnen Leistungsgesetzen ist das **Leistungserbringerrecht** relativ unterschiedlich ausgestaltet. Für den Bereich der gesetzlichen Krankenversicherung sind in den §§ 69–140h SGB V relativ ausführliche Regelungen getroffen worden, die die Regelungen des § 38 nicht ausschließen, sondern die daneben anwendbar sind (LSW/Welti § 21 7

Rn. 10; Becker/Kingreen/Becker/Kingreen SGB V § 69 Rn. 35). Mit den Rehabilitationseinrichtungen werden auf der Basis von Rahmenverträgen (vgl. § 38 Abs. 3) Versorgungsverträge nach § 111 SGB V für die stationäre Behandlung und nach § 111c SGB V für den ambulanten Bereich abgeschlossen. Die Regelung des § 38 ändert an diesem Zulassungssystem der Krankenversicherung nichts, weil in § 38 nur der Vertragsinhalt, nicht aber die Voraussetzung für den Vertragsschluss oder die Zulassung geregelt wird (Mrozynski SGB IX/Jabben § 21 Rn. 6).

8 Für die gesetzliche Rentenversicherung wird in § 15 Abs. 2 S. 1 SGB VI lediglich auf § 38 verwiesen. Für die gesetzliche Unfallversicherung wird durch § 34 Abs. 3–7 SGB VII weitgehend auf das Leistungserbringerrecht der Krankenversicherung und nach § 34 Abs. 8 SGB VII auf § 38 verwiesen. Für den Bereich der Arbeitsförderung fehlt im SGB III eine Verweisung auf § 38.

2. Wettbewerbsrecht

9 In der Vergangenheit wurde weder das Vergaberecht noch das Wettbewerbsrecht als für die Leistungen zur Teilhabe anwendbares Recht angesehen. Leistungen zur Teilhabe würden nicht vom Rehabilitationsträger vergeben, sondern im Einzelfall durch den Leistungsberechtigten mit dem Rehabilitationsträger konkretisiert werden (LSW/Welti § 21 Rn. 7; Hauck/Noftz/Schneider § 21 Rn. 14). Das übrige Wettbewerbsrecht sei nicht anwendbar, da Rehabilitationsträger keine Unternehmen sind, die in einem Wettbewerb zueinander oder zu Dritten stehen. Ihre Tätigkeit zielt nicht auf Gewinn, sondern auf die Herstellung eines solidarischen Systems (CFHR/Fuchs § 21 Rn. 24).

10 Zur Umsetzung der Europäischen Richtlinie über die öffentliche Auftragsvergabe v. 26.2.2014 (RL 2014/24/EU) in nationales Recht wurde § 130 des Gesetzes gegen Wettbewerbsbeschränkungen (GWB) geändert (BGBl. 2016 I S. 203 (216)). Bereits in der Gesetzesbegründung (BT-Drs. 18/6281, 214) wurde ausgeführt, dass die RL 2014/24/EU zur Konkretisierung des Begriffes der „Auftragsvergabe“ beitragen soll, jedoch nicht zu einer Ausweitung des Anwendungsbereiches der neuen EU-Vergaberichtlinie gegenüber der alten Richtlinie führen sollte. Es lasse sich aus der Formulierung der Richtlinie schließen, dass die Zulassung von Dienstleitungserbringern im sozialhilferechtlichen Dreiecksverhältnis nicht der Richtlinie unterfällt. Außerdem habe der Unionsgesetzgeber in diesem Zusammenhang klargestellt, dass nichtwirtschaftliche Dienstleistungen von allgemeinem Interesse nicht in den Geltungsbereich der RL 2014/24/EU fallen. Hiernach besteht auch weiterhin keine Anwendbarkeit des Wettbewerbsrechts auf die Leistungen zur Teilhabe. Dieses wird in der Lit. unterstützt (Walling, Fachbeiträge Forum E, v. 16.11.2015, www.reha-recht.de).

3. Inhalt der Verträge

11 Der Mindestinhalt der mit den Leistungserbringern abzuschließenden Verträge ist in Abs. 1 Nr. 1–7 vorgegeben. Diese gesetzliche Vorgabe ist zwingend bei jedem Vertragsabschluss zu beachten. Inhaltlich müssen die Qualitätsanforderungen aus Nr. 1 den Gemeinsamen Empfehlungen nach § 37 Abs. 1 entsprechen (Gemeinsame Empfehlung Qualitätssicherung nach § 20 Abs. 1 v. 27.3.2003). Nach Nr. 2 müssen Grundsätze zur Vereinbarung von Vergütungen enthalten sein, es wird jedoch nichts zur Höhe der Vergütung festgelegt. In diesem Zusammenhang ist die Einfügung des Abs. 2 S. 1 hinsichtlich tarifvertraglicher Vergütung wichtig.

12 Die Regelungen in den Nr. 3, 4 u. 6 betreffen die Teilnehmer der Leistungen in den unterschiedlichsten Bereichen. Teilnehmer iSd Abs. 1 Nr. 3 sind Menschen mit Behinderungen als Rehabilitanden und betrifft die Rechte und Pflichten der Teilnehmer, wobei bei den Rechten wohl insbes. formale Rechte (Hausordnung, Beschwerderechte; CFHR/Fuchs § 21 Rn. 33) gemeint sind. Verpflichtungen folgen allein aus den allgemeinen

Regelungen der §§ 60 ff. SGB I, die im Vertrag näher zu konkretisieren sein werden. Soweit Abs. 1 Nr. 4 angemessene Mitwirkungsmöglichkeiten der Rehabilitanden an der Ausführung der Leistungen anführt, kann es sich dabei nur um eine nähere Ausgestaltung der Wunsch- und Wahlrechte handeln. Die Nr. 6 des Abs. 1 postuliert die Berücksichtigung eines angemessenen Anteils behinderter, insbes. schwerbehinderter Frauen, die bei den Leistungserbringern zu beschäftigen sein werden. Der Begriff „angemessen" verlangt vom Leistungserbringer eine pflichtgemäße Prüfung der Verhältnismäßigkeit im Sinne der Gleichstellung der Geschlechter sowie Berücksichtigung bspw. bei der Anstellung neuer Beschäftigter (BT-Drs. 18/9522, 248).

Der nach Abs. 1 Nr. 5 vorgeschriebene Datenschutz ist in Übereinstimmung mit § 35 13 SGB I iVm §§ 67 ff. SGB X bei der Abfassung der Verträge zu beachten. Nach Abs. 3 S. 5 ist der oder die Bundesbeauftragte für den Datenschutz und die Informationsfreiheit, soweit nach Abs. 3 S. 1 gemeinsame Empfehlungen und/oder Rahmenverträge vereinbart werden, zwingend zu beteiligen. Neu hinzugefügt wurde Nr. 7, nach der die Verpflichtung besteht, bei gewichtigen Anhaltspunkten für eine Kindeswohlgefährdung eine Beratung durch den Träger der öffentlichen Jugendhilfe in Anspruch zu nehmen (jurisPK-SGB IX/O'Sullivan § 38 Rn. 32).

Hinsichtlich der **Vergütung** konnten die bisherigen Regelungen eine Anerkennung von 14 Tariflöhnen durch die Rehabilitationsträger bei Vergütungsverhandlungen nicht sicherstellen (jurisPK-SGB IX/O'Sullivan § 38 Rn. 33; LPK-SGB IX/Joussen § 38 Rn. 13). Aus diesem Grund wurde Abs. 2 neu eingefügt, damit auch unter Beachtung der wettbewerblichen Elemente in dem regulierten Markt der Sozialleistungserbringung das Ziel der Sicherung von sozialer Gerechtigkeit und sozialer Sicherheit auch durch die sozialwirtschaftlich geordnete Leistungserbringung erreicht werden kann (BT-Drs. 18/9522, 247). Tarifvertragslöhne dürfen nach der Rspr. des BSG nicht wegen Unwirtschaftlichkeit abgelehnt werden (BSG 29.1.2009 – B 3 P 7/08 R, NZS 2010, 35; 16.5.2013 – B 3 P 2/12 R, NZS 2012, 343). Zur Vereinfachung der Darlegungslast und zur Vermeidung von Sozialgerichtsverfahren wurde daher gesetzlich geregelt, dass die Bezahlung tarifvertraglich vereinbarter Vergütungen von den Kostenträgern nicht als unwirtschaftlich abgelehnt werden darf.

Nach Abs. 3 S. 1 der Vorschrift wirken die Rehabilitationsträger darauf hin, dass die 15 Verträge nach einheitlichen Grundsätzen abgeschlossen werden. Dieses bedeutet jedoch keine zwingende gesetzliche Verpflichtung. Außerdem können **Rahmenverträge** mit den Arbeitsgemeinschaften der Rehabilitationsdienste und -einrichtungen geschlossen werden. Die Aufnahme der Begriffe Wirksamkeit, Zweckmäßigkeit und Wirtschaftlichkeit der Leistungserbringung in die Mindestinhalte der Verträge wurde gesetzlich fixiert, weil schon bislang die Kostenträger die Übernahme von Behandlungskosten hiervon überwiegend abhängig gemacht haben. Hierzu können Gemeinsame Empfehlungen nach § 26 abgeschlossen werden. Die Gemeinsamen Empfehlungen stellen keine rechtsverbindlichen Normen dar (vgl. zB Plantholz NZS 2001, 177 ff. (180, 182)).

C. Eigene Rehabilitationseinrichtungen

Abs. 4 legt eine entsprechende Anwendung des Abs. 1 Nr. 1, 3–6 fest. Dieses bedeutet 16 zwar nicht, dass mit den eigenen Einrichtungen Verträge abgeschlossen werden müssen, jedoch soll sichergestellt werden, dass an die eigenen Einrichtungen zumindest die gleichen Anforderungen gestellt werden wie an Vertragseinrichtungen (Hauck/Noftz/Schneider § 21 Rn. 21; LPK-SGB IX/Joussen § 38 Rn. 17). Hierbei ist nachvollziehbar, dass Nr. 2 (Grundsätze für die Vereinbarung von Vergütungen) nicht aufgenommen wurde. Dieses ist für die Nichteinbeziehung von Nr. 7 nicht so nachvollziehbar und wird auch in der gesetzlichen Begründung nicht erläutert.

Kapitel 8. Bundesarbeitsgemeinschaft für Rehabilitation

§ 39 Aufgaben

(1) [1]Die Rehabilitationsträger nach § 6 Absatz 1 Nummer 1 bis 5 gestalten und organisieren die trägerübergreifende Zusammenarbeit zur einheitlichen personenzentrierten Gestaltung der Rehabilitation und der Leistungen zur Teilhabe im Rahmen einer Arbeitsgemeinschaft nach § 94 des Zehnten Buches. [2]Sie trägt den Namen „Bundesarbeitsgemeinschaft für Rehabilitation".

(2) Die Aufgaben der Bundesarbeitsgemeinschaft für Rehabilitation sind insbesondere
1. die Beobachtung der Zusammenarbeit der Rehabilitationsträger und die regelmäßige Auswertung und Bewertung der Zusammenarbeit; hierzu bedarf es
   a) der Erstellung von gemeinsamen Grundsätzen für die Erhebung von Daten, die der Aufbereitung und Bereitstellung von Statistiken über das Rehabilitationsgeschehen der Träger und ihrer Zusammenarbeit dienen,
   b) der Datenaufbereitung und Bereitstellung von Statistiken über das Rehabilitationsgeschehen der Träger und ihrer Zusammenarbeit und
   c) der Erhebung und Auswertung nicht personenbezogener Daten über Prozesse und Abläufe des Rehabilitationsgeschehens aus dem Aufgabenfeld der medizinischen und beruflichen Rehabilitation der Sozialversicherung mit Zustimmung des Bundesministeriums für Arbeit und Soziales,
2. die Erarbeitung von gemeinsamen Grundsätzen zur Bedarfserkennung, Bedarfsermittlung und Koordinierung von Rehabilitationsmaßnahmen und zur trägerübergreifenden Zusammenarbeit,
3. die Erarbeitung von gemeinsamen Empfehlungen zur Sicherung der Zusammenarbeit nach § 25,
4. die trägerübergreifende Fort- und Weiterbildung zur Unterstützung und Umsetzung trägerübergreifender Kooperation und Koordination,
5. die Erarbeitung trägerübergreifender Beratungsstandards und Förderung der Weitergabe von eigenen Lebenserfahrungen an andere Menschen mit Behinderungen durch die Beratungsmethode des Peer Counseling,
6. die Erarbeitung von Qualitätskriterien zur Sicherung der Struktur-, Prozess- und Ergebnisqualität im trägerübergreifenden Rehabilitationsgeschehen und Initiierung von deren Weiterentwicklung,
7. die Förderung der Partizipation Betroffener durch stärkere Einbindung von Selbsthilfe- und Selbstvertretungsorganisationen von Menschen mit Behinderungen in die konzeptionelle Arbeit der Bundesarbeitsgemeinschaft für Rehabilitation und deren Organe,
8. die Öffentlichkeitsarbeit zur Inklusion und Rehabilitation sowie
9. die Beobachtung und Bewertung der Forschung zur Rehabilitation sowie Durchführung trägerübergreifender Forschungsvorhaben.

Übersicht

A. Allgemeines

1 Die Bildung einer „Bundesarbeitsgemeinschaft für Rehabilitation" (BAR), als einer Arbeitsgemeinschaft iSv § 94 SGB X, wird als Aufgabe der Rehabilitationsträger ins G

aufgenommen. Nach der Satzung der BAR (www.bar-frankfurt.de) ist diese gegründet worden, um die Rehabilitation und die Leistungen zur Teilhabe noch wirksamer zu gestalten. Bislang war die BAR nur in § 13 Abs. 7 SGB IX 2001 im Zusammenhang mit der Vereinbarung Gemeinsamer Empfehlungen genannt worden.

In Abs. 1 S. 1 werden nur die Rehabilitationsträger nach § 6 Abs. 1 Nr. 1–5 genannt 2 und damit nicht die Träger der Jugend- und Eingliederungshilfe. Die fehlende Einbeziehung beruht auf dem Umstand, dass nach § 94 Abs. 1a SGB X nur Träger der Sozialversicherung und ihre Verbände sowie ua die Bundesagentur für Arbeit ermächtigt sind, Arbeitsgemeinschaften zu bilden (*Siefert* jurisPR-SozR 6/2017 Anm. 1). Den übrigen Rehabilitationsträger soll es freistehen, sich an der Arbeitsgemeinschaft zu beteiligen.

B. Aufgaben

Die in Abs. 2 beschriebenen Aufgaben sind nicht abschließend (… insbesondere …). 3 Die Anforderungen an Maßnahmen der Rehabilitation und der Teilhabe unterliegen fortlaufenden Veränderungen. Flexibilität und eine entsprechende Anpassung der Aufgaben müssen daher möglich sein. Die in Nr. 1–9 des Abs. 2 aufgelisteten Aufgaben wurden größtenteils bereits durch die BAR geleistet, sie werden jetzt nur gesetzlich festgeschrieben. Die Umsetzung der Aufgaben liegt aber in der Verantwortung der Rehabilitationsträger.

Der Beobachtung der Zusammenarbeit der Rehabilitationsträger und der Auswertung 4 und Bewertung der Zusammenarbeit (Nr. 1) anhand einer differenzierten Datengrundlage wird im Aufgabenkatalog ein erhebliches Gewicht beigemessen (BT-Drs. 18/9522, 248) und die Arbeitsgemeinschaft soll hieraus Arbeitsschwerpunkte für eine Weiterentwicklung der Zusammenarbeit entwickeln. Selbstverständlich müssen diese Arbeitsschwerpunkte im Zusammenhang mit den Zielen des SGB IX stehen. Die besondere Erwähnung der Aufgabe darf durchaus als eine Warnung des Gesetzgebers an die Rehabilitationsträger verstanden werden, in der Frage der Zusammenarbeit künftig konkretere Ergebnisse zu erzielen. Bei einer Weiterentwicklung durch die BAR wären dann nämlich nicht nur die Rehabilitationsträger beteiligt, sondern auch der Bund, die Länder, Bundesvereinigungen und Bundesarbeitsgemeinschaften sowie der DGB (§ 2 Satzung BAR).

Als eine wichtige Aufgabe soll die Partizipation von Menschen mit Behinderungen 5 oder von Behinderung bedrohten Menschen (Nr. 7) gestärkt werden. Mehr als bisher ist vorgesehen, Betroffene in die konzeptionelle Arbeit der BAR mit einzubeziehen (LPK-SGB IX/*Beyer* § 39 Rn. 12).

Weitere mögliche Aufgaben beschreibt der Gesetzgeber (BT-Drs. 18/9522, 248) mit 6 der Erstellung von Curricula zur trägerübergreifenden Beratung, Begleitung des Peer-Prinzips in der Rehabilitation, Forschungsvorhaben über die Qualität der Zusammenarbeit der Rehabilitationsträger, Evaluationen zu Fragen des Rehabilitations- und Teilhaberechts, die Vorbereitung von Rechtsverordnungen oder Förderrichtlinien sowie zuwendungsrechtlichen Entscheidungen.

§ 40 Rechtsaufsicht

Die Bundesarbeitsgemeinschaft für Rehabilitation untersteht der Rechtsaufsicht des Bundesministeriums für Arbeit und Soziales.

Bei der BAR handelt es sich um eine Arbeitsgemeinschaft nach § 94 SGB X. Eine 1 solche Arbeitsgemeinschaft unterliegt nach § 94 Abs. 2 S. 1 SGB X der staatlichen Aufsicht durch das zuständige Bundesministerium, wenn die Bundesagentur für Arbeit oder ein Spitzenverband der Krankenkassen Mitglied ist. Beides ist bei der BAR der Fall, insofern ist in § 40 – abweichend von der Grundregel aus § 94 SGB X – festgelegt, dass die Rechtsaufsicht über die BAR ausschließlich dem BMAS obliegt. Für den Inhalt und die Ausübung der Rechtsaufsicht gelten die §§ 85, 88, 90 und 90a SGB IV.

§ 41 Teilhabeverfahrensbericht

(1) Die Rehabilitationsträger nach § 6 Absatz 1 erfassen

1. die Anzahl der gestellten Anträge auf Leistungen zur Rehabilitation und Teilhabe differenziert nach Leistungsgruppen im Sinne von § 5 Nummer 1, 2, 4 und 5,
2. die Anzahl der Weiterleitungen nach § 14 Absatz 1 Satz 2,
3. in wie vielen Fällen
a) die Zweiwochenfrist nach § 14 Absatz 1 Satz 1,
b) die Dreiwochenfrist nach § 14 Absatz 2 Satz 2 sowie
c) die Zweiwochenfrist nach § 14 Absatz 2 Satz 3
nicht eingehalten wurde,
4. die durchschnittliche Zeitdauer zwischen Erteilung des Gutachtenauftrages in Fällen des § 14 Absatz 2 Satz 3 und der Vorlage des Gutachtens,
5. die durchschnittliche Zeitdauer zwischen Antragseingang beim leistenden Rehabilitationsträger und der Entscheidung nach den Merkmalen der Erledigung und der Bewilligung,
6. die Anzahl der Ablehnungen von Anträgen sowie der nicht vollständigen Bewilligung der beantragten Leistungen,
7. die durchschnittliche Zeitdauer zwischen dem Datum des Bewilligungsbescheides und dem Beginn der Leistungen mit und ohne Teilhabeplanung nach § 19, wobei in den Fällen, in denen die Leistung von einem Rehabilitationsträger nach § 6 Absatz 1 Nummer 1 erbracht wurde, das Merkmal „mit und ohne Teilhabeplanung nach § 19“ nicht zu erfassen ist,
8. die Anzahl der trägerübergreifenden Teilhabeplanungen und Teilhabeplankonferenzen,
9. die Anzahl der nachträglichen Änderungen und Fortschreibungen der Teilhabepläne einschließlich der durchschnittlichen Geltungsdauer des Teilhabeplanes,
10. die Anzahl der Erstattungsverfahren nach § 16 Absatz 2 Satz 2,
11. die Anzahl der beantragten und bewilligten Leistungen in Form des Persönlichen Budgets,
12. die Anzahl der beantragten und bewilligten Leistungen in Form des trägerübergreifenden Persönlichen Budgets,
13. die Anzahl der Mitteilungen nach § 18 Absatz 1,
14. die Anzahl der Anträge auf Erstattung nach § 18 nach den Merkmalen „Bewilligung“ oder „Ablehnung“,
15. die Anzahl der Rechtsbehelfe sowie der erfolgreichen Rechtsbehelfe aus Sicht der Leistungsberechtigten jeweils nach den Merkmalen „Widerspruch“ und „Klage“,
16. die Anzahl der Leistungsberechtigten, die sechs Monate nach dem Ende der Maßnahme zur Teilhabe am Arbeitsleben eine sozialversicherungspflichtige Beschäftigung aufgenommen haben, soweit die Maßnahme von einem Rehabilitationsträger nach § 6 Absatz 1 Nummer 2 bis 7 erbracht wurde.

(2) [1]Die Rehabilitationsträger nach § 6 Absatz 1 Nummer 1 bis 5 melden jährlich die im Berichtsjahr nach Absatz 1 erfassten Angaben an ihre Spitzenverbände, die Rehabilitationsträger nach § 6 Absatz 1 Nummer 6 und 7 jeweils über ihre obersten Landesjugend- und Sozialbehörden, zur Weiterleitung an die Bundesarbeitsgemeinschaft für Rehabilitation in einem mit ihr technisch abgestimmten Datenformat. [2]Die Bundes-

arbeitsgemeinschaft für Rehabilitation wertet die Angaben unter Beteiligung der Rehabilitationsträger aus und erstellt jährlich eine gemeinsame Übersicht. [3]Die Erfassung der Angaben soll mit dem 1. Januar 2018 beginnen und ein Kalenderjahr umfassen. [4]Der erste Bericht ist 2019 zu veröffentlichen.

(3) Der Bund erstattet der Bundesarbeitsgemeinschaft für Rehabilitation die notwendigen Aufwendungen für folgende Tätigkeiten:

1. die Bereitstellung von Daten,
2. die Datenaufarbeitung und
3. die Auswertungen über das Rehabilitationsgeschehen.

Übersicht

A. Allgemeines

Die Regelung des § 41 ist neu in das G eingefügt worden und soll die Zusammenarbeit **1** der Träger und das Rehabilitationsgeschehen transparenter machen, um hierdurch Möglichkeiten der Evaluation und der Steuerung zu eröffnen (jurisPK-SGB IX/*Reyels* § 41 Rn. 7). Eine gesetzliche Neuregelung war hierfür notwendig, weil weder von allen Rehabilitationsträger die entsprechenden Daten nach einheitlichen Vorgaben erhoben werden, noch sind die Daten untereinander vergleichbar. Darüber hinaus spiegeln die vorhandenen Daten den Rehabilitationsprozess insbes. in Bezug auf die trägerübergreifende Zusammenarbeit nicht wider, weil die Datenerhebung alle Aufgabenbereiche des jeweiligen Sozialleistungsträgers umfasst und nicht ausschließlich Leistungen zur Rehabilitation und Teilhabe im Fokus hat. Die auf der Basis dieser Daten entstandene Veröffentlichung der BAR zu den jährlichen Ausgaben der einzelnen Träger für die jeweiligen Leistungsgruppen (BAR-Statistik) ist der einzige Bericht über Leistungen zur Rehabilitation und Teilhabe.

Der neue Bericht soll verfahrenshemmende Divergenzen und Intransparenzen im Re- **2** habilitationsrecht künftig besser erkennen lassen. Deshalb sollen Angaben zu der Zahl der Anträge, Verfahrensdauer, Weiterleitung, Ablehnung und Rechtsbehelfen wie Widerspruch und Klage künftig von allen Trägern nach einheitlichen Vorgaben erhoben und veröffentlicht werden. Nach Abs. 2 S. 3 wird mit der Erfassung der Daten zum 1.1.2018 begonnen und der erste Bericht soll im Jahr 2019 veröffentlicht werden (Abs. 2 S. 4). Der 3. Bericht wurde im Dezember 2021 veröffentlicht.

Der Bericht ist einerseits Ausfluss aus dem Demokratie- und dem Rechtsstaatsprinzip, **3** denn er gibt Einsicht und Transparenz in hoheitliches Handeln, andererseits dient er den Zielen der UN-BRK (LPK-SGB IX/*Beyer* § 41 Rn. 2). Aus dem Rechtsstaatsprinzip leitet sich die Verpflichtung der Behörde zum neutralen, objektiven und von Klarheit und Transparenz getragenen Handeln ab. Nach Art. 26 Abs. 1 UN-BRK müssen wirksame und geeignete Maßnahmen getroffen werden, um Menschen mit Behinderungen ein Höchstmaß an Unabhängigkeit, umfassend körperliche, geistige, soziale und berufliche Fähigkeiten sowie die volle Einbeziehung und Teilhabe am Leben in der Gesellschaft zu ermöglichen. Durch die Neuregelung und die mit ihr beabsichtigte bessere Förderung und Steuerung der Zusammenarbeit der Träger wird der Regelung des § 14 zu einer noch stärkeren Wirksamkeit verholfen. In diesem Sinne handelt es sich um eine „wirksame Maßnahme" iSd Art. 26 Abs. 1 UN-BRK. Der Bericht stellt damit die Grundlage für die Nachvollziehbarkeit der Entwicklung der UN-BRK in Bezug auf die Kooperation und die Koordination der Rehabilitationsträger dar.

B. Verfahrensbericht

4 Die Daten, aus denen der Bericht zusammengestellt wird, werden in Abs. 1 Nr. 1–16 aufgelistet. Die Datenerfassung ist in allgemeine Bereiche wie die Leistungsgruppen (Nr. 1) bis hin zu sehr speziellen Daten wie das Persönliche Budget (Nr. 11 u. 12) unterteilt. Die Nr. 2 u. 3 befassen sich mit der Frage der Weiterleitung und der Nichteinhaltung verschiedener Fristen im Rahmen der Zuständigkeitsprüfung und Entscheidung. Die sog. Antrittslaufzeit, also die Zeit zwischen Bewilligung und Antritt der Maßnahme, wird in Nr. 7 gemessen. Hierbei ist auch das Unterscheidungskriterium, ob die Maßnahme „mit und ohne Teilhabeplanung nach § 19“ erfolgt ist zu erfassen. Lediglich die Krankenkassen sind hiervon ausgenommen, da die Unterscheidung nach der gesetzlichen Begründung bei Ihnen „zu einem unverhältnismäßigen Mehraufwand durch erforderliche Programmierungsarbeiten in der IT führen“ würde.

5 Besser nachvollziehbar ist die Argumentation, warum die gesetzlichen Krankenkassen von der Erfassung der Daten nach Nr. 16 (sozialversicherungspflichtige Beschäftigung innerhalb von sechs Monaten nach Beendigung einer LTA) ausgenommen sind. Hier würde die notwendige anonymisierte Datenerhebung aufgrund der besonderen sozialdatenschutzrechtlichen Vorgaben im Krankenversicherungsrecht nach den §§ 284 ff. SGB V zu einem unverhältnismäßigen Mehraufwand führen.

6 Nach Nr. 6 ist die Zahl der Ablehnungen und der nicht vollständigen Bewilligung der beantragten Leistung zu erfassen. Hinsichtlich der nicht vollständigen Erfassung könnte die Teilung des Leistungsantrages nach § 15 Abs. 1 gemeint sein. Um Daten nach einheitlichen Grundsätzen zu erfassen und sie vergleichbar zu machen, ist aber eine Verdeutlichung notwendig.

7 Nach Nr. 13 u. 14 des Abs. 1 werden Daten im Zusammenhang mit der begründeten Mitteilung und der Erstattung selbstbeschaffter Leistung erfasst. Während die Erfassung der besonderen Mitteilungen nach § 18 Abs. 1 sehr konkret gefasst ist, ist die Beschreibung der „Anzahl der Anträge auf Erstattung nach § 18 SGB IX“ insofern unpräzise als in § 18 zwei unterschiedliche Erstattungstatbestände mit sehr unterschiedlichen Voraussetzungen beschrieben werden. Lediglich aus der Konkretisierung in Nr. 14 hinsichtlich der Merkmale „Bewilligung oder Ablehnung“ kann geschlossen werden, dass es sich um Erstattungen nach § 18 Abs. 6 handeln muss, da eine Erstattung nach § 18 Abs. 4 gerade keine Entscheidung des Rehabilitationsträgers in dem genannten Sinne voraussetzt.

8 Die Daten müssen jährlich an die Spitzenverbände oder die obersten Landesjugend- und Sozialbehörden gemeldet werden. Die BAR wertet die Angaben unter Beteiligung der Rehabilitationsträger aus und erstellt die gemeinsame Übersicht. Eine Erstattung der notwendigen Aufwendungen ist nach Abs. 3 nur für die Tätigkeit der BAR in diesem Zusammenhang vorgesehen.

Kapitel 9. Leistungen zur medizinischen Rehabilitation

§ 42[1] Leistungen zur medizinischen Rehabilitation

(1) Zur medizinischen Rehabilitation von Menschen mit Behinderungen und von Behinderung bedrohter Menschen werden die erforderlichen Leistungen erbracht, um

1. Behinderungen einschließlich chronischer Krankheiten abzuwenden, zu beseitigen, zu mindern, auszugleichen, eine Verschlimmerung zu verhüten oder

[1] § 42 Abs. 2 Nr. 6 geänd., Nr. 6a eingef. mWv 10.6.2021 durch G v. 2.6.2021 (BGBl. I S. 1387).

2. Einschränkungen der Erwerbsfähigkeit und Pflegebedürftigkeit zu vermeiden, zu überwinden, zu mindern, eine Verschlimmerung zu verhindern sowie den vorzeitigen Bezug von laufenden Sozialleistungen zu verhüten oder laufende Sozialleistungen zu mindern.

(2) Leistungen zur medizinischen Rehabilitation umfassen insbesondere

1. Behandlung durch Ärzte, Zahnärzte und Angehörige anderer Heilberufe, soweit deren Leistungen unter ärztlicher Aufsicht oder auf ärztliche Anordnung ausgeführt werden, einschließlich der Anleitung, eigene Heilungskräfte zu entwickeln,
2. Früherkennung und Frühförderung für Kinder mit Behinderungen und von Behinderung bedrohte Kinder,
3. Arznei- und Verbandsmittel,
4. Heilmittel einschließlich physikalischer, Sprach- und Beschäftigungstherapie,
5. Psychotherapie als ärztliche und psychotherapeutische Behandlung,
6. Hilfsmittel,
6a. digitale Gesundheitsanwendungen sowie
7. Belastungserprobung und Arbeitstherapie.

(3) [1]Bestandteil der Leistungen nach Absatz 1 sind auch medizinische, psychologische und pädagogische Hilfen, soweit diese Leistungen im Einzelfall erforderlich sind, um die in Absatz 1 genannten Ziele zu erreichen. [2]Solche Leistungen sind insbesondere

1. Hilfen zur Unterstützung bei der Krankheits- und Behinderungsverarbeitung,
2. Hilfen zur Aktivierung von Selbsthilfepotentialen,
3. die Information und Beratung von Partnern und Angehörigen sowie von Vorgesetzten und Kollegen, wenn die Leistungsberechtigten dem zustimmen,
4. die Vermittlung von Kontakten zu örtlichen Selbsthilfe- und Beratungsmöglichkeiten,
5. Hilfen zur seelischen Stabilisierung und zur Förderung der sozialen Kompetenz, unter anderem durch Training sozialer und kommunikativer Fähigkeiten und im Umgang mit Krisensituationen,
6. das Training lebenspraktischer Fähigkeiten sowie
7. die Anleitung und Motivation zur Inanspruchnahme von Leistungen der medizinischen Rehabilitation.

Übersicht

A. Allgemeines

Die Vorschrift des § 42 zur medizinischen Rehabilitation entspricht nach der gesetzlichen Begründung dem § 26 SGB IX 2001. Hiernach ist die Streichung der Worte „oder zu sichern und Krankheitsfolgen zu vermeiden, zu überwinden, zu mindern oder ihre Verschlimmerung zu verhüten“ aus § 26 Abs. 3 S. 1 SGB IX 2001 ohne inhaltliche Auswirkung. Dieses lässt sich nur dadurch erklären, dass durch den ICF-Bezug der Leistungen zur medizinischen Rehabilitation ohnehin auf die Beseitigung der Folgen geschaut wird und durch die Erreichung der Ziele aus Abs. 1 die weitere Beschreibung überflüssig ist. Mit Art. 7 Teilhabestärkungsgesetz vom 2. Juni 2021 (BGBl. I S. 1387) wurde ab 10.6.2021 in Abs. 2 Nr. 6a eingefügt. 1

2 Der Abs. 1 beschreibt die Ziele, die mit der Gewährung von Leistungen zur medizinischen Rehabilitation verfolgt werden. Abs. 2 zählt die wichtigsten Leistungen zur Rehabilitation auf; diese Leistungen dürfen nach der Vorstellung des Gesetzgebers allerdings nur von hierfür geeigneten Diensten und Einrichtungen (§ 36) in Anspruch genommen werden. Ergänzt wird der Leistungskatalog des Abs. 2 im Abs. 3 durch psychosoziale Leistungen; das sollen bspw. Hilfen zur Bewältigung von psychosozialen Problemlagen bei zB Folgen von Erblindung oder Ertaubung sein.

3 Für den Sozialleistungsbereich der gesetzlichen Krankenversicherung sind Leistungen zur medizinischen Rehabilitation in § 27 Abs. 1 S. 2 Nr. 6 SGB V vorgesehen. Im Einzelnen sind die Leistungen zur medizinischen Rehabilitation in §§ 40 ff. SGB V geregelt. Im Bereich der gesetzlichen Rentenversicherung sind die §§ 9 ff. SGB VI anzuwenden. § 15 Abs. 1 S. 1 SGB VI verweist hinsichtlich der zu erbringenden Leistungen ausdrücklich auf die §§ 42–47. Es handelt sich dabei um eine **Rechtsfolgenverweisung.** Ausgenommen von den zu erbringenden Leistungen zur medizinischen Rehabilitation sind nach § 15 Abs. 1 S. 1 SGB VI ausdrücklich die Leistungen zur Früherkennung und Frühförderung behinderter und von Behinderung bedrohter Kinder nach § 42 Abs. 2 Nr. 2 bzw. § 46. Dieser Leistungsausschluss erklärt sich aus dem für die gesetzliche Rentenversicherung geltenden Rehabilitationsziel der Erhaltung oder Wiederherstellung der Erwerbsfähigkeit, das bei diesem Personenkreis nicht zum Tragen kommen kann. § 301 SGB VI enthält für alle Leistungen zur Teilhabe, also auch für die Leistungen iSd § 42 spezielle Übergangsregelungen für den Bereich der gesetzlichen Rentenversicherung.

3a Im Bereich der gesetzlichen Unfallversicherung gilt grds. § 26 SGB VII iVm § 27 Abs. 1 Nr. 6, 7 SGB VII. Nach § 27 Abs. 1 Nr. 7 SGB VII sind auch in diesem Sozialleistungsbereich Leistungen zur Früherkennung und Frühförderung behinderter Kinder und von Behinderung bedrohter Kinder ausdrücklich von der Leistungsgewährung ausgeschlossen.

3b Im BVG bildet § 12 Abs. 1 S. 2 die Rechtsgrundlage für die Gewährung von Leistungen zur medizinischen Rehabilitation im Zusammenhang mit dem in § 11 Abs. 1 BVG aufgeführten Leistungskatalog. Der Leistungskatalog des § 11 Abs. 1 BVG enthält keine Leistungen nach § 42 Abs. 2 Nr. 2 zur Früherkennung und Frühförderung behinderter Kinder; unter Berücksichtigung des § 7 besteht daher nach dem BVG keine Rechtsgrundlage für die Gewährung dieser medizinischen Leistungen zur Rehabilitation.

3c Im Recht der öffentlichen Jugendhilfe ist § 35a SGB VIII lex specialis; die Eingliederungshilfe wird nach dem Abs. 3 dieser Vorschrift nach Kap. 6 des Teil 1 des SGB IX sowie § 90 und den Kap. 3–6 des Teils 2 des SGB IX gewährt.

3d Im Eingliederungshilferecht gehen die dortigen speziellen Regelungen nach §§ 53 ff. SGB XII ebenfalls den §§ 42 ff. vor (§ 7).

B. Zielsetzung

4 Abs. 1 der Vorschrift beschreibt in den Nr. 1 u. 2 ebenso wie § 4 Abs. 1 Nr. 1, 2 die Zielvorgaben der Leistungen zur medizinischen Rehabilitation. Soweit die Zielvorgaben sich nicht mit den Zielen aus den einzelnen Leistungsgesetzen überschneiden, haben sie nur einen deklaratorischen Charakter (*Knittel* § 26 Rn. 6). Mit dem Ziel der Abwendung der Behinderung in Abs. 1 Nr. 1 (ebenso § 4 Abs. 1 Nr. 1) sind auch Leistungen zur Prävention postuliert worden. Dieser Vorrang von Prävention und medizinischer Rehabilitation kommt jedoch in § 5 SGB XI weitaus deutlicher zum Ausdruck.

5 Der Begriff der „chronischen" Krankheiten ist nicht definiert. Im Kindesalter ist von einer chronischen Krankheit auszugehen, wenn die Krankheit seit mindestens einem Jahr besteht und in ihrer Folge funktionelle, körperliche und/oder psychosoziale Einschränkungen eintreten, die kompensatorische Bemühungen erfordern und mit einem hohen

Bedarf an medizinischen Vorsorgeleistungen einhergehen (LSW/*Stähler* § 26 Rn. 11). Die Erwähnung des Begriffes „chronische" Erkrankung wird aufgrund der Regelung des § 2 nur als deklaratorisch angesehen (LPK-SGB IX/*Luik* § 42 Rn. 5).

Der Begriff der **Erwerbsfähigkeit** wird in diesem Kontext wie in § 10 SGB VI verstanden, als die Fähigkeit von Personen, unter Ausnutzung der Arbeitsgelegenheiten, die sich Ihnen nach ihren Kenntnissen und Erfahrungen sowie ihren körperlichen und geistigen Fähigkeiten im gesamten Bereich des wirtschaftlichen Lebens bieten, Erwerbseinkommen zu erzielen (LSG BW 1.4.2014 – L 13 R 2341/13, BeckRS 2014, 68881). 6

C. Leistungskatalog

1. Allgemeines

Der Leistungskatalog in Abs. 2 Nr. 1–7 und in Abs. 3 Nr. 1–7 ist nur beispielhaft und nicht abschließend (vgl. den Gesetzeswortlaut Abs. 2 „... umfassen insbesondere" bzw. Abs. 3 „Bestandteil ... sind ... insbesondere"); es handelt sich damit um einen sog. **offenen Leistungskatalog** (BSG 21.6.2001 – B 13 RJ 47/00 R, SozR 3–2600 § 13 Nr. 4 = BeckRS 2001, 41519 zu § 15 Abs. 1 SGB VI aF). Ergänzt wird der Leistungskatalog des Abs. 2 Nr. 2, 6 durch die Einzelregelungen der §§ 46, 47. 7

Unter Beachtung der Regelung zum Gesetzesvorbehalt in § 7 ist in den Bestimmungen der § 15 Abs. 1 SGB VI, § 26 SGB VII eine Verweisung auf die Vorschriften des SGB IX enthalten. Dabei handelt es sich allerdings um eine reine Rechtsfolgenverweisung entspr. der Zielsetzung des SGB IX, die Leistungen in den einzelnen Sozialleistungsbereichen aneinander anzugleichen. Das bedeutet, dass die anspruchsbegründenden Leistungsvoraussetzungen auch weiterhin nicht im SGB IX, sondern in den jeweiligen materiellen Leistungsgesetzen aufzufinden sind. Für die gesetzliche Rentenversicherung sind diese Leistungsvoraussetzungen in den §§ 10, 11 SGB VI normiert. Beim Vorliegen dieser Voraussetzungen steht die Auswahl der Leistungen zur medizinischen Rehabilitation nach der in § 9 Abs. 2 SGB VI getroffenen Regelung im pflichtgemäßen Ermessen des Rentenversicherungsträgers, während die Entscheidung über die Voraussetzungen der Leistungsgewährung der uneingeschränkten Kontrolle der Gerichte unterliegen (BSG 17.10.2006 – B 5 RJ 15/05 R, SozR 4–2600 § 10 Nr. 2 = BeckRS 2007, 41923). § 26 SGB VII ist demgegenüber schon vom Wortlaut her als Anspruchsnorm konzipiert, die im Bereich der gesetzlichen Unfallversicherung einen Rechtsanspruch auf Leistungen zur medizinischen Rehabilitation begründet. Im Bereich der gesetzlichen Krankenversicherung setzt § 43a SGB V den Gesetzesvorbehalt des § 7 außer Kraft, indem § 46 ausdrücklich für anwendbar erklärt wird. 8

Die Abgrenzung zwischen **akuten Behandlungsmaßnahmen** und **Leistungen zur medizinischen Rehabilitation** im Allgemeinen zeichnet sich dadurch aus, dass der akutmedizinische Ansatz in erster Linie auf die Behebung einer gesundheitlichen Schädigung durch kurative Versorgung abzielt (LSW/*Stähler* § 26 Rn. 10; LPK-SGB IX/*Luik* § 42 Rn. 7; jurisPK-SGB IX/*Nellissen* § 42 Rn. 24), während die Rehabilitation einen ganzheitlichen Ansatz hat (Hauck/Noftz/*Oppermann* § 26 Rn. 13). Schwieriger ist die Feststellung des leistungspflichtigen Trägers im Einzelfall. Wird die Leistung zur medizinischen Rehabilitation von einem Rentenversicherungsträger erbracht, ist § 13 Abs. 2 Nr. 1 SGB VI zu beachten, der akute Behandlungsmaßnahmen in derartigen Fällen von der Leistungspflicht des Rentenversicherungsträgers ausnimmt mit der sog. Rückausnahme für die akute Behandlungsbedürftigkeit, die während der Dauer der Rehabilitationsmaßnahme auftritt, es sich also um eine **interkurrente Erkrankung** handelt (BSG 6.5.1998 – B 13 RJ 11/97 R, SozR 3–2600 § 13 Nr. 1 = BeckRS 1998, 30013232, das die Regelung in § 13 Abs. 2 Nr. 1 SGB VI als umfassende Ausschlussklausel ansieht, die eine Leistungspflicht des Rentenversicherungsträgers für zeitlich vorangehende Akutbehandlungen generell 9 ausschließt, und zwar auch im Verhältnis zu den Trägern der Sozialhilfe). Demgegenüber verbleibt es beim Auftreten interkurrenter Erkrankungen bei der Leistungspflicht des Rentenversicherungsträgers (BSG 13.1.1999 – B 13 RJ 33/98 R, SozR 3–2600 § 13 Nr. 2 = BeckRS 1999, 30041879; für nicht interkurrente Erkrankungen BSG 27.1.1999 – B 4 RA 27/98 R, SozR 3–2600 § 13 Nr. 3 = BeckRS 1999, 30044306). Soweit es sich um eine interkurrente Erkrankung handelt, ist außerdem zu prüfen, ob die erforderliche ärztliche oder zahnärztliche Behandlung als Bestandteil des einheitlichen Rehabilitationskonzepts anzusehen ist (BSG 21.6.2001 – B 13 RJ 47/00 R, SozR 3–2600 § 13 Nr. 4 = BeckRS 2001, 41519). Nach der höchstrichterlichen Rspr. sind des Weiteren die zwischen den Krankenkassen und den Rentenversicherungsträgern getroffenen Vereinbarungen über die Zusammenarbeit bei der Akutbehandlung (Entzugsbehandlung) und medizinischen Rehabilitation (Entwöhnungsbehandlung) Abhängigkeitskranker zu berücksichtigen. Nach der sog. Vereinbarung „Abhängigkeitserkrankungen", abgedr. in DRV 2002, 64 ff. (BSG 26.6.2007 – B 1 KR 36/06 R, SozR 4–2500 § 40 Nr. 4 = BeckRS 2007, 48897) sind in den Anlagen 1–4 zu dieser Vereinbarung die Anforderungen an die Einrichtungen zur Durchführung ambulanter und stationärer medizinischer Leistungen zur Rehabilitation Abhängigkeitskranker, die Entscheidungskriterien für die Entscheidung zwischen ambulanter und stationärer Rehabilitation (Gemeinsames Rahmenkonzept der DRV und der GKV zur ganztägigen ambulanten medizinischen Rehabilitation Abhängigkeitskranker v. 18.8.2011) sowie die Zielvorstellungen und Entscheidungshilfen für die medizinische Rehabilitation Drogenabhängiger in Rehabilitationseinrichtungen für Abhängigkeitskranke bei übergangsweisem Einsatz eines Substitutionsmittels niedergelegt (*Stähler* DRV 2002, 58 ff.).

2. Einzelleistungen

10 In Abs. 2 Nr. 1wird die Behandlung durch Ärzte, Zahnärzte und Angehörige anderer Heilberufe an die Spitze des Leistungskatalogs gestellt. Die ärztliche Behandlung umfasst auch Maßnahmen in Krankenhäusern und Kliniken von Rehabilitationsträgern (*Knittel* § 26 Rn. 19). Leistungen der medizinischen Rehabilitation können auch von nichtärztlichem Personal ausgeführt werden, soweit die Leistungen unter ärztlicher Aufsicht oder auf ärztliche Anordnung erfolgen (CFHR/*Fuchs* § 26 Rn. 13; jurisPK-SGB IX/*Nellissen* § 42 Rn. 38). Die „Anleitung, eigene Heilungskräfte zu entwickeln" ist Ausfluss des in § 1 vorangestellten Rechts von Menschen mit Behinderungen auf Selbstbestimmung und gleichberechtigte Teilhabe am Leben in der Gesellschaft. Gesundheitserziehung und Gesundheitstraining sollen die freiwillige Mitwirkung fördern, indem sie in ihren Bemühungen zu einem gesundheitsgerechten Verhalten und einer Änderung des Lebensstils unterstützt werden (CFHR/*Fuchs* § 26 Rn. 16).

11 Die Leistungen nach Abs. 2 Nr. 2 sind in § 46 näher präzisiert. Derartige Leistungen werden im Sozialleistungsbereich der gesetzlichen Rentenversicherung und dem der gesetzlichen Unfallversicherung nicht erbracht. Leistungen zur **Früherkennung** und **Frühförderung** kommen damit nur für die Rehabilitationsträger iSd § 6 Nr. 1 und Nr. 6 u. 7 in Betracht. Eine allgemeine Regelung zur Frühförderung behinderter und von Behinderung bedrohter Kinder enthält § 29 Abs. 1 Nr. 1a SGB I.

12 **Arznei- und Verbandmittel** iSd Nr. 3 des Abs. 2, die zB auch in § 27 Abs. 1 S. 2 Nr. 3 SGB V aufgeführt sind, sind nach der in § 29 Abs. 1 S. 1 SGB VII getroffenen gesetzlichen Definition „alle ärztlich verordneten, zur ärztlichen und zahnärztlichen Behandlung erforderlichen Mittel". Arzneimittel wirken im Gegensatz zu Heilmitteln im Wesentlichen innerlich (*Knittel* § 26 Rn. 24; jurisPK-SGB IX/*Nellissen* § 42 Rn. 68). Den Umfang und die Modalitäten der Arzneimittelversorgung regeln untergesetzliche Rechtsnormen, die Arzneimittelrichtlinien des Gemeinsamen Bundesausschusses (§ 91 SGB V iVm § 31 Abs. 1 SGB V; zur Zuständigkeit bei Streitigkeiten über die Rechtmäßigkeit von Entscheidungen des Gemeinsamen Ausschusses: BSG 6.5.2009 – B 6 A 1/08 R,

MedR 2010, 347) nach § 92 SGB V (BSG 9.12.1997 – 1 RK 23/95, SozR 3–2500 § 27 Nr. 9 = NZS 1998, 477); und den Arzneimittelrichtlinien, zuletzt v. 18.12.2008/ 22.1.2009 (zuletzt geändert am 16.3.2023, BANZ AT 29.6.2023 B 4, www.g-ba.de/ informationen/richtlinien), iE KassKomm/*Roters* SGB V § 92 Rn. 9 ff.

Verbandmittel sind Gegenstände einschließlich Fixiermaterial, deren Hauptwirkung darin besteht, oberflächengeschädigte Körperteile zu bedecken, Körperflüssigkeiten von oberflächengeschädigten Körperteilen aufzusaugen oder beides zu erfüllen. Die Eigenschaft als Verbandmittel entfällt insbes. nicht, wenn ein Gegenstand ergänzend eine Wunde feucht hält. Erfasst sind auch Gegenstände, die zur individuellen Erstellung von einmaligen Verbänden an Körperteilen, die nicht oberflächengeschädigt sind, ggf. mehrfach verwendet werden, um Körperteile zu stabilisieren, zu immobilisieren oder zu komprimieren. (§ 31 Abs. 1a SGB V). **12a**

Die **Heilmittel** iSd Abs. 2 Nr. 4 sind gesetzlich definiert in § 30 SGB VII (im Ergebnis so auch jurisPK-SGB IX/*Nellissen* § 42 Rn. 72). Danach sind Heilmittel alle ärztlich verordneten Dienstleistungen, die einem Heilzweck dienen oder einen Heilerfolg sichern und nur von entspr. ausgebildeten Personen erbracht werden dürfen. Hierzu gehören nach S. 2 der Vorschrift insbes. Maßnahmen der physikalischen Therapie sowie die Sprach- und Beschäftigungstherapie. Mit dieser Regelung stimmt Abs. 2 Nr. 4 im Wortlaut überein. Auch die Verordnung von Heilmitteln unterliegt im Bereich der gesetzlichen Krankenversicherung (vgl. §§ 32, 34 SGB V) der Richtlinienkompetenz des Gemeinsamen Bundesausschusses (§ 92 Abs. 1 S. 2 Nr. 6 SGB V; zu den Heilmittelrichtlinien, 29.1.2011/19.5.2011, BAnz. Nr. 96 (S. 2247) vom 30.6.2011, www.g-ba.de/informationen/richtlinien). Neue Heilmittel dürfen nach § 138 SGB V nur verordnet werden, wenn der **Gemeinsame Bundesausschuss** zuvor ihren therapeutischen Nutzen anerkannt und in den entsprechenden Richtlinien Empfehlungen für die Sicherung der Qualität bei der Leistungserbringung abgegeben hat. **13**

In der **Sprachtherapie** sollen Menschen mit Behinderungen in der sprachlichen Kommunikation, des Sprechens oder der Sprache befähigt werden, sich mit oder ohne technische Hilfsmittel zu verständigen (*Knittel* § 26 Rn. 30). In der **Beschäftigungstherapie** sollen Funktionen und Funktionsabläufe verbessert werden, um hierdurch die kreativen Fähigkeiten von Menschen mit Behinderungen zu fördern (*Knittel* § 26 Rn. 31). **13a**

Psychotherapie als ärztliche und psychotherapeutische Behandlung nach Abs. 2 Nr. 5 stellt, ausgehend von der Leistungsbezeichnung in § 27 Abs. 1 S. 2 Nr. 1 SGB V, einen Unterfall der ärztlichen Behandlung dar. Als Unterfall ärztlicher Behandlung ist die psychotherapeutische Behandlung dementsprechend in § 92 SGB V im Abs. 1 S. 2 nicht ausdrücklich mit aufgeführt worden; § 92 Abs. 1 SGB V verpflichtet aber den Gemeinsamen Bundesausschuss dazu, bei der Abfassung der Richtlinien den besonderen Erfordernissen der Versorgung psychisch Kranker Rechnung zu tragen. **14**

Die Hilfsmittel iSd Abs. 2 Nr. 6 sind in § 31 Abs. 1 S. 1 SGB VII definiert als „alle ärztlich verordneten Sachen, die den Erfolg der Heilbehandlung sichern oder die Folgen von Gesundheitsschäden mildern oder ausgleichen" (Hauck/Noftz/*Oppermann* § 26 Rn. 21). Nach dem S. 2 der Vorschrift gehören dazu insbes. Körperersatzstücke, orthopädische und andere Hilfsmittel (ebenso § 47 Abs. 1 S. 1) einschließlich der notwendigen Änderung, Instandsetzung und Ersatzbeschaffung sowie der Ausbildung im Gebrauch der Hilfsmittel. Ebenso wie die Heilmittel unterfallen auch die Hilfsmittel der Richtlinienkompetenz des Gemeinsamen Bundesausschusses nach § 92 Abs. 1 S. 2 Nr. 6 SGB V. In den nach dieser Vorschrift erlassenen Richtlinien werden gleichzeitig Festbeträge für Arznei- und Verbandmittel sowie für Hilfsmittel festgesetzt (vgl. insoweit §§ 35, 36 SGB V). Für Arznei- und Verbandmittel, für Heilmittel und für Hilfsmittel besteht eine Zuzahlungspflicht (vgl. § 31 Abs. 3, § 32 Abs. 2, § 33 Abs. 2 SGB V). Im Bereich der gesetzlichen Unfallversicherung gibt es grds. keine Zuzahlungspflicht der Leistungsberechtigten (vgl. § 29 Abs. 1 S. 2, § 31 Abs. 1 S. 3 SGB VII). Die Leistungsberechtigten sind nur dann zu einer „Zuzahlung" verpflichtet, wenn das verordnete Mittel den Festbetrag überschreitet **15** und dadurch Mehrkosten entstehen. Die Abgrenzung zwischen Heil- und Hilfsmitteln wird danach vorgenommen, ob es sich um Sachen oder Dienstleistungen handelt. Als Heilmittel werden Dienstleistungen angesehen, die einem Heilzweck dienen oder einen Heilerfolg sichern und nur von ausgebildeten Personen erbracht werden dürfen, zB physikalische Therapie, Sprach- und Beschäftigungstherapie (KassKomm/*Nolte* SGB V § 33 Rn. 3e). Zu den Hilfsmitteln zählt die Rspr. die (beweglichen) Sachen, die den Erfolg der Krankenbehandlung sichern oder eine Behinderung ausgleichen sollen (zB BSG 15.3.2012 – B 3 KR 2/11 R, NZS 2012, 740; 28.6.2001 – B 3 KR 3/00 R, BSGE 88, 204, SozR 3-2500 § 33 Nr. 41; 22.4.2015 – B 3 KR 3/14 R, NZS 2015, 662–666; 23.6.2016 – B 3 KR 21/15 R, NZS 2016, 863; 25.1.2017 – B 3 P 4/16 R, NZS 2017, 392).

15a Der Abs. 6a ist zum 10.6.2021 neu angefügt worden. Die Versicherten der gesetzlichen Krankenkassen haben bereits seit dem 19.12.2019 einen neuen, originären Leistungsanspruch auf Versorgung mit digitalen Gesundheitsanwendungen (§ 33a SGB V). Dieser erweiterte Leistungsumfang soll im Bereich der Leistung zur medizinischen Rehabilitation nachvollzogen werden. Die ausdrückliche Aufnahme der digitalen Gesundheitsanwendungen in den Leistungskatalog soll die medizinische Rehabilitation sukzessive um die Nutzung moderner digitaler Möglichkeiten erweitern, um so die Rehabilitation der Leistungsberechtigten insgesamt zu ergänzen bzw. zu vervollständigen.

15b Durch das Erfordernis, dass digitale Gesundheitsanwendungen wesentlich auf digitalen Technologien beruhen müssen, werden umfangreiche Hardwareausstattungen von dem Anspruch ausgeschlossen. Die digitale Gesundheitsanwendung ist ein digitaler Helfer auf mobilen Endgeräten oder als browserbasierte Webanwendung. Diese digitalen Gesundheitsanwendungen können auch eingesetzt werden, wenn eine unmittelbare Kommunikation in Präsenz der Kommunikationspartner (Patienten, Therapeuten, Ärzte) nicht zwingend erforderlich oder nur eingeschränkt möglich ist. Dadurch können die individuellen Lebensumstände Leistungsberechtigter und/oder strukturellen Besonderheiten besser berücksichtigt werden. Der Einsatz digitaler Gesundheitsanwendungen kommt nur unterstützend in Betracht, nicht jedoch als eigene Rehabilitationsleistung. Die Nutzung von Daten, die der Anwendung etwa von Alltagsgegenständen des täglichen Lebens wie Fitnessarmbändern oder Hilfsmitteln zur Verfügung gestellt werden, fallen ebenfalls nicht unter den Leistungsanspruch.

16 Die Rehabilitationsleistung der Belastungserprobung und Arbeitstherapie nach Abs. 2 Nr. 7 weisen deutlich in den Kernbereich der Rehabilitation (Mrozynski SGB IX/*Jabben* § 26 Rn. 13). Nach § 42 SGB V waren und sind die gesetzlichen Krankenkassen aber für die Gewährung von Leistungen zur Belastungserprobung und Arbeitstherapie nur subsidiär zuständig, dh nur dann, wenn nach den für andere Träger der Sozialversicherung geltenden Vorschriften derartige Leistungen nicht erbracht werden können. (UV, RV, Träger der sozialen Entschädigung, Becker/Kingreen/*Butzer* § 33 Rn. 4). Maßnahmen zur Belastungserprobung und Arbeitstherapie müssen ärztlich verordnet sein (vgl. § 73 Abs. 2 Nr. 5 SGB V). Die Belastungserprobung dient dann der Feststellung der körperlichen und geistigen Leistungsfähigkeit eines Menschen mit Behinderungen mit dem Ziel der Wiedereingliederung in das Erwerbsleben oder die Gesellschaft (LSW/*Stähler* § 26 Rn. 20). Demgegenüber sollen mit der Arbeitstherapie Fähigkeiten und Fertigkeiten ausgebildet, gefördert und trainiert werden, die für eine Teilnahme am Arbeitsleben erforderlich sind (*Knittel* § 26 Rn. 50; KassKomm/*Zieglmeier* SGB V § 42 Rn. 4, 5; LPK-SGB IX/*Luik* § 42 Rn. 22). Die Arbeitstherapie ist Teil der Ergotherapie. Diese Therapieform findet Anwendung bei Störungen der Motorik, der Sinnesorgane und der geistigen und psychischen Fähigkeiten (KassKomm/*Zieglmeier* SGB V § 42 Rn. 6).

3. Psychosoziale Leistungen

17 Abs. 3 der Vorschrift präzisiert und ergänzt den Leistungskatalog nach Abs. 2 insofern als die Leistungen aus beiden Absätzen Teil der medizinischen Rehabilitation sind

(„Bestandteil der Leistungen nach Abs. 1 sind auch") (jurisPK-SGB IX/*Nellissen* § 42 Rn. 87). Dabei werden in den Nr. 1–7 unterschiedliche psychosoziale Leistungen aufgeführt, wie zB Hilfen zur Bewältigung psychosozialer Problemlagen (Nr. 1, 5, 6 u. 7 der Vorschrift). Der Gesetzeswortlaut des Abs. 3 stimmt dabei in den Nr. 1–7 inhaltlich mit dem Gesetzeswortlaut des § 49 Abs. 6 Nr. 1–8 (§ 49 Abs. 6 Nr. 7: Training motorischer Fähigkeiten wurde neu eingefügt), der die Leistungen zur Teilhabe am Arbeitsleben betrifft, überein. Durch die gesonderte Aufführung dieser psychosozialen Leistungen soll wiederum einem Grundanliegen des SGB IX Rechnung getragen werden, nämlich der Stärkung der Eigenverantwortlichkeit und der Selbstbestimmung von Menschen mit Behinderungen, wie sie in § 1 als vorrangige Zielsetzung vorangestellt worden ist.

Inhaltlich können alle Leistungen des Abs. 3 einen medizinischen, psychologischen oder pädagogischen Charakter haben (Mrozynski SGB IX/*Jabben* § 26 Rn. 24). Die Hilfe in Nr. 1 umfasst verhaltensmedizinische Verfahren, mittels derer der Mensch mit Behinderungen die Behinderung akzeptieren und lernen soll, mit ihr zu leben (*Knittel* § 26 Rn. 57). Zur Stärkung der eigenen Persönlichkeit gehören daneben auch noch die Nr. 5 u. 6. Demgegenüber sind die Nr. 2, 4 u. 7 eher darauf angelegt, bei der Durchsetzung eigener Interessen und Bedürfnissen zu helfen und zu unterstützen. Bei der Information und Beratung Dritter (Nr. 3) soll insbes. Verständnis für die Lage von Menschen mit Behinderungen geweckt werden. Die Einbindung von Angehörigen kann aber auch für das Finden einer neuen Rollenverteilung (bspw. im Haushalt) wichtig sein (*Knittel* § 26 Rn. 61). 18

§ 43 Krankenbehandlung und Rehabilitation

Die in § 42 Absatz 1 genannten Ziele und § 12 Absatz 1 und 3 sowie § 19 gelten auch bei Leistungen der Krankenbehandlung.

Die Vorschrift betrifft das Verhältnis zwischen Krankenbehandlung und Rehabilitation. Sie stellt klar, dass das vorrangige Ziel der Rehabilitation, die Selbstbestimmung von Menschen mit Behinderungen und ihre volle, wirksame und gleichberechtigte Teilhabe am Leben in der Gesellschaft zu fördern, Benachteiligungen zu vermeiden oder ihnen entgegenzuwirken, immer zu beachten ist und deshalb auch bereits bei der (Akut-) Krankenbehandlung durchweg im Auge behalten werden muss. 1

Nach dem Inhalt der Vorschrift sind die in § 42 Abs. 1 aufgelisteten Ziele ebenso wie die in §§ 12, 19 festgelegten Grundsätze nicht nur bei den rehabilitationsspezifischen, sondern bei allen Leistungen der Krankenbehandlung zu beachten. Damit soll erreicht werden, dass die „Rehabilitationskette" schon bei der Akutbehandlung beginnt und ein reibungsloser Übergang in die Rehabilitation gesichert ist (BT-Drs. 18/9522, 249; vgl. auch § 39 Abs. 1a SGB V: Entlassmanagement zur sektorenübergreifenden Versorgung). Dies ist bei der Ausführung von allen Formen der Krankenbehandlung durch alle Träger der Krankenbehandlung (§§ 27 ff. SGB V, 27 SGB VII, 11, 12 BVG und 40 SGB VIII) zu beachten (FRR/Fuchs § 43, Rn. 4). 2

Soweit § 39 Abs. 1 S. 3 Hs. 2 SGB V das Ziel einer qualifizierten Frührehabilitation verfolgt, ist damit gemeint, dass konsequenter die Chancen der medizinischen Rehabilitation genutzt werden sollen; von Anfang an soll die Reha ein integraler Bestandteil der medizinischen Versorgung sein (KassKomm/*Gamperl* SGB V § 39 Rn. 84; LPK-SGB IX/*Luik* § 43 Rn. 7, 8). Bereits bei der Aufnahme in das Akutkrankenhaus soll der funktionelle Status, das Rehabilitationspotential und der Rehabilitationsbedarf in die Diagnose einbezogen und ein Rehabilitationskonzept in die Behandlung integriert werden. 3

§ 44 Stufenweise Wiedereingliederung

Können arbeitsunfähige Leistungsberechtigte nach ärztlicher Feststellung ihre bisherige Tätigkeit teilweise ausüben und können sie durch eine stufenweise Wiederaufnahme ihrer Tätigkeit voraussichtlich besser wieder in das Erwerbsleben eingegliedert werden, sollen die medizinischen und die sie ergänzenden Leistungen mit dieser Zielrichtung erbracht werden.

Übersicht

A. Allgemeines

1 Die Vorschrift ist wortgleich aus § 28 SGB IX 2001 übernommen worden. Die Tatbestandsvoraussetzungen der Vorschrift sind kongruent mit den Tatbestandsvoraussetzungen des § 74 SGB V. Die daraus resultierenden Rechtsfolgen sind in beiden Vorschriften als Soll-Vorschriften konzipiert.

2 Als Pendant zu § 74 SGB V gab und gibt es in der gesetzlichen Unfallversicherung die Leistungen zur Belastungserprobung und Arbeitstherapie (vgl. § 27 Abs. 1 Nr. 7 SGB VII, § 42 Abs. 2 Nr. 7 SGB IX). Zu den Einzelheiten der betrieblichen Belastungserprobung und Arbeitstherapie s. *Nann* BG 2000, 618 ff. (622 ff.).

3 Die **stufenweise Wiedereingliederung** ist eine therapeutische Maßnahme mit dem Ziel der Aufnahme der Tätigkeit im bisherigen Umfang unter einer ärztlichen Beobachtung (*Knittel* § 28 Rn. 1; *Gagel* br 2011, 66 (68)) und nach dem Wortlaut aus § 44 als Teil einer medizinischen Rehabilitation anzusehen (so auch LSW/*Stähler* § 28 Rn. 11; *Nebe* SGb 2015, 125 ff.; BSG 29.1.2008 – B 5a/5 R 26/07 R, SozR 4–3250 § 51 Nr. 1 = BeckRS 2008, 55043; SG München 19.9.2012 – S 30 R 1593/10, BeckRS 2013, 66131; SG Neuruppin 26.1.2017 – S 22 R 127/14, BeckRS 2017, 105455). Die Besonderheit besteht darin, dass es keine Sachleistung „stufenweise Wiedereingliederung" gibt, sondern die stufenweise Wiedereingliederung dem Gesamtziel (vgl. § 4) der Leistungen zur Teilhabe dient, die mit einer Leistung zur medizinischen Rehabilitation begonnen hat, aber noch nicht abgeschlossen ist. Die stufenweise Wiedereingliederung ist dabei keine leistungsrechtliche Maßnahme des Trägers im engeren Sinne, sondern als ein der ärztlichen Verordnung folgendes Handlungsmodell ausgestaltet, das angesichts mehrgliedriger Rechtsverhältnisse ein gemeinsames Zusammenwirken der Beteiligten voraussetzt. (LSG MV 28.5.2020 – L 6 KR 100/15, BeckRS 2020, 21012).

4 Inhaltlich überlagern sich in der stufenweisen Wiedereingliederung mehrere Rechtsbeziehungen, was auch aus der Eingruppierung im Vierten Kapitel des SGB V (Beziehungen der Krankenkassen zu den Leistungsbeziehern) ersichtlich ist. Es werden der Arbeitsvertrag und der Anspruch auf eine sozialrechtliche Absicherung (Krankengeld, Übergangsgeld) sowie die Absprache zwischen den Parteien des Arbeitsvertrages über die geminderte und langsam ansteigende Arbeitszeit tangiert. Da die Vereinbarung zur stufenweisen Wiedereingliederung durch die therapeutische Zielsetzung geprägt ist (*Gagel* br 2001, 68) und weder der Arbeitnehmer noch der Arbeitgeber die Hauptpflichten aus dem zugrundeliegenden Arbeitsvertrag erfüllen, liegt hier ein Vertrag „sui generis" vor.

5 Das Rechtsinstitut der stufenweisen Wiedereingliederung schließt die Gewährung von Arbeitslosengeld nach der Nahtlosigkeitsregelung (§ 145 SGB III) im Sinne einer Gesetzeskonkurrenz nicht aus (BSG 21.3.2007 – B 11a AL 31/06 R, NZS 2008, 160).

B. Voraussetzungen

6 Voraussetzung für eine stufenweise Wiedereingliederung ist die **Arbeitsunfähigkeit** des Leistungsberechtigten (LPK-SGB IX/*Luik* § 44 Rn. 14). Arbeitsunfähig iSd Krankenversicherungsrechts (in der gesetzlichen Rentenversicherung gibt es keine eigene Definition der Arbeitsunfähigkeit) ist derjenige Versicherte, der seine zuletzt konkret ausgeübte Arbeit wegen Krankheit nicht (weiter) verrichten kann. Die im Rahmen der stufenweisen Wiedereingliederung erfolgende Teilbeschäftigung dient als therapeutische Rehabilitationsmaßnahme ebenso wie die Arbeitstherapie der Wiedereingliederung des Leistungsberechtigten in das Erwerbsleben. Für die Beurteilung der Arbeitsfähigkeit sind die konkreten Verhältnisse an diesem Arbeitsplatz maßgebend; gibt der Leistungsberechtigte nach Eintritt der Arbeitsunfähigkeit die zuletzt innegehabte Arbeitsstelle auf, dann ist für die Beurteilung der Arbeitsfähigkeit abstrakt auf die Art der zuletzt ausgeübten Beschäftigung abzustellen (unabhängig von den Anforderungen des konkreten letzten Arbeitsplatzes); der Versicherte darf dann auf gleich oder ähnlich geartete Tätigkeiten „verwiesen" werden, wobei der Kreis möglicher Verweisungstätigkeiten eng zu ziehen ist (stRspr, zB BSG 8.2.2000 – B 1 KR 11/99 R, SozR 3–2500 § 49 Nr. 4 = NZS 2000, 611; 14.2.2001 – B 1 KR 30/00 R, SozR 3–2500 § 44 Nr. 9 = BeckRS 2001, 41125). Die im Bereich der gesetzlichen Rentenversicherung im Recht der Erwerbsminderungsrenten maßgebende zulässige Verweisung iRd sog. Mehrstufenschemas spielt bei der Feststellung der Arbeitsunfähigkeit keine Rolle (insoweit zB BSG 25.6.1986 – 4a RJ 55/84, SozR 2200 § 1246 Nr. 137 = NZA 1986, 846; 11.5.2000 – B 13 RJ 43/99 R, BeckRS 2000, 40974; 5.2.2009 – B 13 R 27/08 R, BeckRS 2009, 60022). Demgegenüber ist nach arbeitsrechtlichen Grundsätzen arbeitsunfähig derjenige Arbeitnehmer, den ein Krankheitsgeschehen außerstande setzt, die ihm nach dem Arbeitsvertrag obliegende Arbeit zu verrichten, oder wenn er die Arbeit nur unter der Gefahr fortsetzen könnte, in absehbar naher Zeit seinen Zustand zu verschlimmern (BAG 29.1.1992 – 5 AZR 37/91, AP SGB V § 74 Nr. 1; BSG 21.3.2007 – B 11a AL 31/06 R, NZS 2008, 160). Im Unterschied zum Krankenversicherungsrecht kommt es damit im Arbeitsrecht auf sog. Verweisungstätigkeiten nicht an.

7 Es ist eine ärztliche Feststellung erforderlich, dass „durch die stufenweise Wiederaufnahme der Tätigkeit der Leistungsberechtigte voraussichtlich besser wieder in das Erwerbsleben eingegliedert" werden kann. Diese Prognose muss sich im ärztlichen Wiedereingliederungsplan wiederfinden (CFHR/*Fuchs* § 28 Rn. 5; LSW/*Stähler* § 28 Rn. 19; *Knittel* § 28 Rn. 15; jurisPK-SGB IX/*Nellissen* § 44 Rn. 28).

7a Soweit § 74 SGB V eine Bescheinigung des Arztes, der die Arbeitsunfähigkeit feststellt, eine Stellungnahme über Art und Umfang der noch möglichen Tätigkeiten verlangt und dabei – in geeigneten Fällen – zusätzlich die Stellungnahme des Betriebsarztes oder mit Zustimmung der Krankenkasse die Stellungnahme des Medizinischen Dienstes der Krankenversicherung (§ 275 Abs. 1 SGB V) verlangt, ist dieser Verfahrensablauf auch für § 44 zu übernehmen. Der Medizinische Dienst der Krankenversicherung (= Medizinischer Dienst) ist ohnehin nach § 275 Abs. 1 Nr. 2 SGB V bei der Einleitung von Leistungen zur Teilhabe, insbes. zur Koordinierung der Leistungen und Zusammenarbeit der Rehabilitationsträger, nach den §§ 15, 19 hinzuzuziehen.

8 Des Weiteren setzt eine stufenweise Wiedereingliederung nach dem Gesetzeswortlaut voraus, dass es sich um einen arbeitsunfähigen Leistungsberechtigten handelt. Dem Betreffenden müssen also nach den jeweiligen materiellen Sozialleistungsgesetzen Rechtsansprüche aufgrund seiner Arbeitsunfähigkeit zustehen. Das wird in der Regel ein Geldleistungsanspruch sein, zB auf Krankengeld aus der gesetzlichen Krankenversicherung nach § 44 SGB V oder aber auf Verletztengeld nach § 45 SGB VII oder aber auf Übergangsgeld gegen den Rentenversicherungsträger (BSG 5.2.2009 – B 13 R 27/08 R,

BeckRS 2009, 60022, ebenso schon BSG 29.1.2008 – B 5a/5 R 26/07 R, SozR 4–3250 § 51 Nr. 1 = BeckRS 2008, 55043, die übereinstimmend die gleichzeitige Gewährung einer „Hauptleistung" nicht verlangen). Aus der Formulierung: „... durch eine stufenweise Wiederaufnahme ihrer Tätigkeit ..." folgt zudem, dass sich der Leistungsberechtigte in einem noch ungekündigten Arbeitsverhältnis befinden muss. Auch Leistungsberechtigte die selbständig Tätig sind, können zur Wiedererlangung der vollen Leistungsfähigkeit in der selbständigen Tätigkeit eine stufenweise Wiedereingliederung erhalten. Dies gilt entsprechend für Leistungsbezieher und Antragsteller einer Rente wegen verminderter Erwerbsfähigkeit (§ 43 SGB VI) und auch für Arbeitslose, sofern bei fortbestehender Arbeitsunfähigkeit nach Aussteuerung aus dem Krankengeldbezug und anschließendem Anspruch auf Arbeitslosengeld nach § 145 SGB III beziehungsweise § 138 SGB III noch ein Arbeitsverhältnis besteht (BSG 21.3.2007 – B 11a AL 31/06 R und 17.12.2013 – B 11 AL 20/12 R).

9 Zu beteiligen ist außerdem zwingend der Arbeitgeber als Vertragspartner des weiterbestehenden Arbeitsverhältnisses. Das zwischen diesem Arbeitgeber und dem Leistungsberechtigten zum Zwecke der Wiedereingliederung – auf Grund einer entsprechenden Vereinbarung (BAG 27.5.1997 – 9 AZR 325/96, BeckRS 1997, 30925188) – begründete Rechtsverhältnis ist ein Rechtsverhältnis eigener Art iSd § 311 BGB (BAG 28.7.1999 – 4 AZR 192/98, AP SGB V § 74 Nr. 3; *Knittel* § 28 Rn. 26). Inhalt dieses Rechtsverhältnisses ist nicht der Austausch von Arbeit gegen Entgelt, sondern ausschließlich die Durchführung einer Maßnahme zur Rehabilitation mit dem Ziel der Wiederherstellung der Arbeitsfähigkeit des Leistungsberechtigten (BSG 17.12.2013 – B 11 AL 20/12 R, NZS 2014, 350). Aus diesem Grunde besteht auch auf Grund der Beschäftigung kein Anspruch auf Zahlung von Arbeitsentgelt gegen den Arbeitgeber, es sei denn der Arbeitgeber hat sich freiwillig verpflichtet, eine Vergütung zu gewähren (BAG 28.7.1999 – 4 AZR 192/98, AP SGB V § 74 Nr. 3). Da während der stufenweisen Wiedereingliederung die Hauptpflichten aus dem Arbeitsverhältnis ruhen, besteht auch kein Urlaubsanspruch des Wiedereinzugliederndnen (BAG 19.4.1994 – 9 AZR 462/92, AP SGB V § 74 Nr. 2). Auf ein derartiges Wiedereingliederungsverhältnis sind auch die – für das ruhende Arbeitsverhältnis maßgebenden – Tarifverträge nicht anwendbar (zu den arbeitsrechtlichen Problemen bei der stufenweisen Wiedereingliederung iE *Gitter* ZfA 1995, 123 ff.). Dass arbeitsrechtliche Bestimmungen in diesem Rechtsverhältnis nicht greifen können, beruht darauf, dass dem arbeitsunfähigen Leistungsberechtigten bei der stufenweisen Wiedereingliederung Gelegenheit gegeben werden soll, mit Hilfe einer Beschäftigung, die gegenüber seiner arbeitsvertraglich vereinbaren Arbeitsleistung quantitativ geringer (zB ein vierstündiger Arbeitseinsatz anstelle von acht Stunden) und/oder qualitativ geringer angesetzt ist, die Wiederherstellung völliger Arbeitsfähigkeit zu erreichen (BAG 28.7.1999 – 4 AZR 192/98, AP SGB V § 74 Nr. 3). Es handelt sich damit um eine Sozialleistung, an der der Arbeitgeber mitwirkt. Gleichwohl hat der schwerbehinderte arbeitsunfähige Arbeitnehmer einen Rechtsanspruch gegen seinen Arbeitgeber auf Vereinbarung einer Beschäftigung zur stufenweisen Wiedereingliederung, der aus § 164 Abs. 4 S. 1 Nr. 1 hergeleitet wird (BAG 13.6.2006 – 9 AZR 229/05, BAGE 118, 252 ff.).

10 Da es eine Teilarbeitsunfähigkeit nach völlig übereinstimmender Rechtsauffassung nicht gibt (BSG 12.9.1978 – 5 RJ 6/77, BSGE 47, 47; 3.10.1984 – 5b RJ 96/83, BSGE 57, 163) und der Leistungsberechtigte daher, solange er arbeitsunfähig ist, zB das Krankengeld bis zum Ablauf der Anspruchsdauer weiterbezieht (§ 48 Abs. 1 S. 1 SGB V), handelt es sich bei dem „Beschäftigungsverhältnis" des Wiedereinzugliedernden während der stufenweisen Wiedereingliederung nicht um eine sozialversicherungspflichtiges Beschäftigungsverhältnis im klassischen Sinne. Eine Versicherungspflicht während der stufenweisen Wiedereingliederung besteht dennoch. In der Krankenversicherung bleibt die bisherige Mitgliedschaft bei Krankengeldbezug erhalten (Becker/Kingreen/*Sichert* SGB V § 74 Rn. 24), in der Arbeitslosenversicherung gilt § 27 Abs. 2 S. 2

Nr. SGB III und in der Rentenversicherung § 6 Abs. 1b S. 5 SGB VI (KassKomm/*Gürtner* SGB VI § 6 Rn. 26).

C. Ergänzende Leistungen

Zu den ergänzenden Leistungen iSd § 44 gehört nicht nur das von den gesetzlichen Krankenkassen zu gewährende Krankengeld (vgl. § 64 Abs. 1 Nr. 1), sondern ebenso die von den anderen Rehabilitationsträger zu erbringenden unterhaltssichernden Leistungen, wie zB das Übergangsgeld (vgl. § 71 Abs. 5). Da in der Regelung des § 44 allg. von „ergänzenden Leistungen" gesprochen wird, muss auch an Möglichkeiten einer Haushaltshilfe (§ 64 Abs. 1 Nr. 6; Mrozynski SGB IX/*Jabben* § 28 Rn. 8) und an Reisekosten (Nr. 5) gedacht werden (für eine Erstattung von Fahrkosten SG Neuruppin 26.1.2017 – S 22 R 127/14, BeckRS 2017, 105455; SG Berlin 29.11.2018 BeckRS 2018, 37120; abl. SG Leipzig 9.3.2022 – S 22 KR 570/21, BeckRS 2022, 7555, SG Kassel 20.5.2014 – S 9 R 19/13, Nachrichten DRV Hessen, Nr. 3 21–22, 2014, mkritAnm *Nellissen* jurisPR-SozR 8/2015 Anm. 3). **11**

§ 45 Förderung der Selbsthilfe

[1] Selbsthilfegruppen, Selbsthilfeorganisationen und Selbsthilfekontaktstellen, die sich die Prävention, Rehabilitation, Früherkennung, Beratung, Behandlung und Bewältigung von Krankheiten und Behinderungen zum Ziel gesetzt haben, sollen nach einheitlichen Grundsätzen gefördert werden. [2] Die Daten der Rehabilitationsträger über Art und Höhe der Förderung der Selbsthilfe fließen in den Bericht der Bundesarbeitsgemeinschaft für Rehabilitation nach § 41 ein.

Die Vorschrift entspricht in S. 1 dem § 29 SGB IX 2001, S. 2 ist neu eingefügt worden. Hierin wird die Verpflichtung der Rehabilitationsträger festgeschrieben, Daten zu erheben, die in den **Teilhabeverfahrensbericht** nach § 41 einfließen. **1**

Die Regelung knüpft an die in der gesetzlichen Krankenversicherung vorgesehene Möglichkeit an, **Selbsthilfegruppen,** -organisationen und -kontaktstellen zu fördern (§ 20h SGB V) und erweitert diese Möglichkeit auf alle Rehabilitationsträger iSd § 6. Die Vorschrift ist als Soll-Vorschrift konzipiert und strebt eine Förderung der Selbsthilfe „nach einheitlichen Grundsätzen" an (LPK-SGB IX/*Luik* § 45 Rn. 4). Diese Förderung nach einheitlichen Grundsätzen soll gem. § 26 Abs. 2 Nr. 6 auf Grund gemeinsamer Empfehlungen sichergestellt werden, die in der aktuellen Fassung am 1.7.2019 in Kraft getreten und von der Bundesarbeitsgemeinschaft für Rehabilitation (BAR) e. V. veröffentlicht worden sind. **1a**

Ein Rechtsanspruch auf Förderung im Einzelfall lässt sich weder aus § 20h SGB V noch aus § 45 herleiten. Denn beide Vorschriften normieren ausschließlich die institutionelle Förderung der Selbsthilfe (KassKomm/*Leitherer* SGB V § 20 Rn. 3). Da die Vorschrift als Soll-Vorschrift konzipiert ist, besteht eine Verpflichtung zur Förderung im Regelfall. Unter welchen Voraussetzungen diese Förderung zu erfolgen hat, ist hingegen nicht gesetzlich geregelt worden. Die Festlegung der Fördervoraussetzungen wurde daher durch eine Vereinbarung im Rahmen gemeinsamer Empfehlungen nach § 26 Abs. 2 Nr. 6 vorgenommen (Gemeinsame Empfehlung zur Förderung der Selbsthilfe Juli 2019, www.bar-frankfurt.de). Da diese Empfehlung als untergesetzlich Norm nur für die Rehabilitationsträger verbindlich ist, sind die Gerichte im Streitfall an diese Fördervoraussetzungen in der Empfehlung nicht gebunden. Die Regelungen in § 20h SGB V können dabei entspr. herangezogen werden. **2**

3 Begünstigt sind nach der Vorschrift Selbsthilfegruppen, -organisationen und -kontaktstellen, die sich die Prävention, Rehabilitation, Früherkennung, Behandlung und Bewältigung von Krankheiten und Behinderungen zum Ziel gesetzt haben. Selbsthilfegruppen sind freiwillige Zusammenschlüsse von Menschen auf örtlicher/regionaler Ebene, deren Aktivitäten sich auf die gemeinsame Bewältigung von Krankheiten und/oder Behinderungen, psychischen oder sozialen Problemen richten, von denen sie – entweder selbst oder als Angehörige – betroffen sind (§ 2 GE Förderung Selbsthilfe). Ziel der Selbsthilfegruppen ist die Verbesserung der persönlichen Lebensqualität und die Überwindung von Isolation und gesellschaftlicher Ausgrenzung durch Erkrankungen (*Knittel* § 29 Rn. 9) sowie die gleichberechtigte Teilhabe.

4 Bei den **Selbsthilfeorganisationen** handelt es sich um Interessenvertretungen der in der Selbsthilfe sich aktiv organisierenden Versicherten, die auf eine oder mehrere Krankheiten und/oder Behinderungen, eine gemeinsame Krankheitsursache oder eine gemeinsame Krankheitsfolge ausgerichtet sind und deren Aktivitäten die Verwirklichung von Selbstbestimmung und gleichberechtigter Teilhabe von Menschen mit Behinderungen zum Ziel haben (§ 2 GE Förderung Selbsthilfe).

5 **Selbsthilfekontaktstellen** sind örtlich oder regional arbeitende professionelle Beratungseinrichtungen mit hauptamtlichen Mitarbeiterinnen und Mitarbeitern zur Unterstützung der Selbsthilfegruppen. Träger sind in der Regel Vereine, Kommunen oder Wohlfahrtsverbände. Selbsthilfekontaktstellen informieren über die Möglichkeiten der Selbsthilfe und stellen Kontakte her.

§ 46 Früherkennung und Frühförderung

(1) Die medizinischen Leistungen zur Früherkennung und Frühförderung für Kinder mit Behinderungen und von Behinderung bedrohte Kinder nach § 42 Absatz 2 Nummer 2 umfassen auch

1. die medizinischen Leistungen der fachübergreifend arbeitenden Dienste und Einrichtungen sowie
2. nichtärztliche sozialpädiatrische, psychologische, heilpädagogische, psychosoziale Leistungen und die Beratung der Erziehungsberechtigten, auch in fachübergreifend arbeitenden Diensten und Einrichtungen, wenn sie unter ärztlicher Verantwortung erbracht werden und erforderlich sind, um eine drohende oder bereits eingetretene Behinderung zum frühestmöglichen Zeitpunkt zu erkennen und einen individuellen Behandlungsplan aufzustellen.

(2) [1] Leistungen zur Früherkennung und Frühförderung für Kinder mit Behinderungen und von Behinderung bedrohte Kinder umfassen weiterhin nichtärztliche therapeutische, psychologische, heilpädagogische, sonderpädagogische, psychosoziale Leistungen und die Beratung der Erziehungsberechtigten durch interdisziplinäre Frühförderstellen oder nach Landesrecht zugelassene Einrichtungen mit vergleichbarem interdisziplinärem Förder-, Behandlungs- und Beratungsspektrum. [2] Die Leistungen sind erforderlich, wenn sie eine drohende oder bereits eingetretene Behinderung zum frühestmöglichen Zeitpunkt erkennen helfen oder die eingetretene Behinderung durch gezielte Förder- und Behandlungsmaßnahmen ausgleichen oder mildern.

(3) [1] Leistungen nach Absatz 1 werden in Verbindung mit heilpädagogischen Leistungen nach § 79 als Komplexleistung erbracht. [2] Die Komplexleistung umfasst auch Leistungen zur Sicherung der Interdisziplinarität. [3] Maßnahmen zur Komplexleistung können gleichzeitig oder nacheinander sowie in unterschiedlicher und gegebenenfalls wechselnder Intensität ab Geburt bis zur Einschulung eines Kindes mit Behinderungen oder drohender Behinderung erfolgen.

(4) In den Landesrahmenvereinbarungen zwischen den beteiligten Rehabilitationsträgern und den Verbänden der Leistungserbringer wird Folgendes geregelt:

1. die Anforderungen an interdisziplinäre Frühförderstellen, nach Landesrecht zugelassene Einrichtungen mit vergleichbarem interdisziplinärem Förder-, Behandlungs- und Beratungsspektrum und sozialpädiatrische Zentren zu Mindeststandards, Berufsgruppen, Personalausstattung, sachlicher und räumlicher Ausstattung,

2. die Dokumentation und Qualitätssicherung,

3. der Ort der Leistungserbringung sowie

4. die Vereinbarung und Abrechnung der Entgelte für die als Komplexleistung nach Absatz 3 erbrachten Leistungen unter Berücksichtigung der Zuwendungen Dritter, insbesondere der Länder, für Leistungen nach der Verordnung zur Früherkennung und Frühförderung.

(5) [1]Die Rehabilitationsträger schließen Vereinbarungen über die pauschalierte Aufteilung der nach Absatz 4 Nummer 4 vereinbarten Entgelte für Komplexleistungen auf der Grundlage der Leistungszuständigkeit nach Spezialisierung und Leistungsprofil des Dienstes oder der Einrichtung, insbesondere den vertretenen Fachdisziplinen und dem Diagnosespektrum der leistungsberechtigten Kinder. [2]Regionale Gegebenheiten werden berücksichtigt. [3]Der Anteil der Entgelte, der auf die für die Leistungen nach § 6 der Verordnung zur Früherkennung und Frühförderung jeweils zuständigen Träger entfällt, darf für Leistungen in interdisziplinären Frühförderstellen oder in nach Landesrecht zugelassenen Einrichtungen mit vergleichbarem interdisziplinärem Förder-, Behandlungs- und Beratungsspektrum 65 Prozent und in sozialpädiatrischen Zentren 20 Prozent nicht überschreiten. [4]Landesrecht kann andere als pauschale Abrechnungen vorsehen.

(6) Kommen Landesrahmenvereinbarungen nach Absatz 4 bis zum 31. Juli 2019 nicht zustande, sollen die Landesregierungen Regelungen durch Rechtsverordnung entsprechend Absatz 4 Nummer 1 bis 3 treffen.

Übersicht

A. Allgemeines

Die Abs. 1 u. 2 des § 46 sind weitgehend identisch mit § 30 Abs. 1, 2 SGB IX 2001. 1
Der Abs. 3 ist neugefasst und erklärt den Begriff der **Komplexleistung** besser als bisher. Die Abs. 4–6 sind neu eingefügt worden. Darüber hinaus ist die Frühförderungsverordnung geändert worden (Art. 23 des Gesetzes zur Stärkung der Teilhabe und Selbstbestimmung von Menschen mit Behinderungen, BGBl. 2016 I S. 3234, 3337). Die Vorschrift ergänzt und präzisiert die in § 42 Abs. 2 Nr. 2 vorgesehenen Leistungen zur medizinischen Rehabilitation, die an behinderte und von Behinderung bedrohte Kinder gewährt werden. Die Begriffe „Früherkennung“ und „Frühförderung“ werden aber nicht weitergehend erläutert oder definiert. Weiterhin werden in § 46 Impulse aus Art. 26 Abs. 1 UN-BRK aufgenommen, indem Leistungen und Programme zur Rehabilitation im frühestmöglichen Stadium einsetzen und auf einer multidisziplinären Bewertung der individuellen Bedürfnisse und Stärken beruhen sollen (BT-Drs. 18/9522, 251).

2 Ziel des Gesetzgebers war es dabei, die Heterogenität des Leistungsgeschehens zu minimieren und in allen Bundesländern die Voraussetzungen für eine interdisziplinäre Leistungserbringung zu schaffen. Inhaltlich soll durch die Regelung ermöglicht werden, dass aufeinander abgestimmte Leistungen von einem oder mehreren Leistungsträgern auch unterschiedlicher Fachdisziplinen aus einer Hand unbürokratisch und schnell zur Verfügung gestellt werden.

3 Der Leistungskatalog der medizinischen Rehabilitation des § 42 enthält im Rahmen der Früherkennung und Frühförderung von Kindern auch nichtärztliche **sozialpädiatrische Leistungen** nach Abs. 1 Nr. 2. Entsprechende Leistungen sind auch in § 43a SGB V vorgesehen. Soweit die Leistungen des § 46 über die Leistungen des § 43a SGB V hinausgehen, ist durch die Anfügung des Hs. 2 in § 43a Abs. 1 SGB V kenntlich gemacht worden, dass der Gesetzesvorbehalt des § 7 nicht eingreift (Becker/Kingreen/*Welti* SGB V § 43a Rn. 6; aA KassKomm/*Zieglmeier* SGB V § 43a Rn. 19).

B. Begrifflichkeiten

4 Die Begriffe der **Frühförderung** und **Früherkennung** werden in der Vorschrift nicht definiert, sondern vorausgesetzt, indem in Abs. 1 dargelegt wird, welche Leistungen sie umfassen.

4a Die Früherkennung von Krankheiten bei Kindern wird in § 26 Abs. 1 S. 1 SGB V geregelt. Ziel der Untersuchungen hierbei ist die Erkennung von Krankheiten, die die körperliche und geistige Entwicklung von Kindern in nicht geringfügigem Maße gefährden (*Knittel* § 30 Rn. 16). Bei solchen Erkrankungen ist dann der Übergang zu einer drohenden Behinderung oft fließend, so dass hier dieselben Maßstäbe für die Früherkennung iSd § 46 angesetzt werden können.

4b Die Frühförderung ist ein offenes System von Hilfeangeboten, dessen Aufgaben in der Früherkennung, der Beratung und Begleitung von Eltern, der Frühdiagnostik und der frühen Förderung von in ihrer Entwicklung gefährdeten Kindern umfasst (LSW/*Lachwitz* § 30 Rn. 13; *Knittel* § 30 Rn. 38; LPK-SGB IX/*Luik* § 46 Rn. 11; jurisPK-SGB IX/*Nellissen* § 46 Rn. 43).

5 Die **sozialpädiatrischen Zentren** werden in § 119 SGB V und auch in § 4 Frühförderungsverordnung beschrieben. Sie sind auf die frühzeitige Erkennung, Diagnostik und Behandlung von Kindern ausgerichtet, die wegen Art, Schwere oder Dauer ihrer Behinderung oder einer drohenden Behinderung nicht von geeigneten Ärzten oder **interdisziplinären Frühförderstellen** behandelt werden können. Die Besonderheit der sozialpädiatrischen Zentren liegt darin, dass diese unter ständiger Leitung stehen und eine ganzheitliche Behandlung mit einem Bündel an Maßnahmen angeboten werden kann (KassKomm/*Hess* SGB V § 119 Rn. 1). Sie unterscheiden sich von einer Frühförderstelle durch ein differenziertes, hochspezialisiertes und bezogen auf den Versorgungsauftrag, umfassendes Leistungsspektrum (KassKomm/*Hess* SGB V § 119 Rn. 2). Nach § 119 Abs. 1 S. 1 SGB V können sozialpädiatrische Zentren, die fachlich-medizinisch unter ständiger ärztlicher Leitung stehen und die Gewähr für eine leistungsfähige und wirtschaftliche sozialpädiatrische Behandlung bieten, vom Zulassungsausschuss (§ 96 SGB V) zur ambulanten sozialpädiatrischen Behandlung von Kindern ermächtigt werden. (Zum Umfang der Leistungsverpflichtung der Träger der gesetzlichen Krankenversicherung im Verhältnis zu den Trägern der Jugendhilfe und der Sozialhilfe LSG RhPf 19.9.2006 – L 1 KR 65/04, Breithaupt 2007, 749 ff. = BeckRS 2006, 44687).

6 Interdisziplinäre Frühförderstellen sind familien- und wohnortnahe Dienste und Einrichtungen, die der Früherkennung, Behandlung und Förderung von Kindern dienen, um in interdisziplinärer Zusammenarbeit von qualifizierten medizinisch-therapeutischen und pädagogischen Fachkräften eine drohende oder bereits eingetretene Behinderung

zum frühestmöglichen Zeitpunkt zu erkennen und die Behinderung durch gezielte Förder- und Behandlungsmaßnahmen auszugleichen oder zu mildern (§ 4 Frühförderungsverordnung).

C. Leistungsumfang

Mit der Vorschrift ist eine Rechtsgrundlage für nichtärztliche Leistungen zur medizinischen Rehabilitation vorhanden. Auch für die sozialpädiatrische Versorgung von Kindern als Komplexleistung besteht damit eine Rechtsgrundlage (*Mrozynski* SGb 2001, 277 ff. (285)). Nach dem Wortlaut der Vorschrift gehören neben den Leistungen aus § 42 Abs. 2 auch die Leistungen § 46 Abs. 1 zur medizinischen Rehabilitation. Darüber hinaus wird man aufgrund der Kennzeichnung der Leistung als „medizinische Rehabilitation" auch die Leistungen des § 42 Abs. 3 mit einbeziehen müssen (LSW/*Lachwitz* § 30 Rn. 18). 7

Nach Abs. 1 Nr. 1 werden ausdrücklich die fachübergreifend arbeitenden Dienste und Einrichtungen in die Leistungsgewährung einbezogen. Darunter sind insbes. sog. sozialpädiatrische Zentren (zur Förderung behinderter Kinder in sozialpädiatrischen Zentren BSG 31.3.1998 – B 1 KR 12/96 R, ZfS 1998, 178 = BeckRS 1998, 30011086), aber auch ambulante und mobile Frühförderstellen, dagegen nicht integrative Tagesstätten, zu verstehen. Nichtärztliche sozialpädiatrische Leistungen dieser Dienste und Einrichtungen gehören zu den Leistungen zur medizinischen Rehabilitation, wenn sie zur Diagnostik oder zur Aufstellung eines Behandlungsplans erforderlich sind; das ergibt sich aus Abs. 1 Nr. 2 in Übereinstimmung mit der in § 43a SGB V getroffenen Regelung. 7a

Der Wortlaut des Abs. 1 Nr. 2 ist in großen Teilen mit dem Wortlaut des § 43a SGB V identisch. Hieraus kann abgeleitet werden, dass der Gesetzgeber den Leistungsbereich der Früherkennung und Frühförderung weitestgehend in der Verantwortung der gesetzlichen Krankenkassen sieht (LSW/*Lachwitz* § 30 Rn. 25). Dieses wird durch die Ausnahmeregelungen in den Leistungsgesetzen anderer Rehabilitationsträger ergänzt. 8

Die Frührehabilitation behinderter Kinder soll dabei aus einem interdisziplinär abgestimmten System ärztlicher, psychologischer, heilpädagogischer und sozialpädiatrischer Leistungen bestehen unter Einschluss ambulanter und mobiler Beratung. Unter sozialpädiatrischen Leistungen sind allg. die Maßnahmen der Kinderheilkunde unter besondere Betonung der sozialen Bezüge in fachübergreifender Zusammenarbeit von Ärzten, Psychologen, Sozial- und Heilpädagogen, Logopäden und Krankengymnasten entspr. ihrer Berufsbilder zu sehen (KassKomm/*Zieglmeier* SGB V § 43a Rn. 5). Es handelt sich um ein ganzheitliches Vorgehen in Diagnose und Therapie mit einem individuellen Behandlungsplan. Die sozialpädiatrischen Leistungen stellen Dienstleistungen dar, die der Heilmittelerbringung ähnlich sind. Sie unterscheiden sich allerdings insoweit von einem Heilmittel, als die nichtärztlichen Therapeuten Leistungen unter ärztlicher Verantwortung erbringen (KassKomm/*Zieglmeier* SGB V § 43a Rn. 10). Das individuelle Förderkonzept soll gemeinsam mit den Erziehungsberechtigten (Abs. 1 Nr. 2) fachübergreifend entwickelt und fortgeschrieben werden. Die Frühförderung als Rehabilitationsleistungskomplex für behinderte und von Behinderung bedrohte Kinder beginnt mit der Feststellung des Rehabilitationsbedarfs ab der Geburt bis zur Einschulung des Kindes (Abs. 3 S. 3) (LPK-SGB IX/*Luik* § 46 Rn. 11). 9

Abs. 2 der Vorschrift erweitert den Leistungsumfang nach Abs. 1 noch um weitere Leistungen interdisziplinärer Frühförderstellen sowie weitere nach Landesrecht zugelassene Einrichtungen mit einem vergleichbaren interdisziplinären Förder-, Behandlungs- und Beratungsspektrum. Die Änderung gegenüber dem bisherigen Recht greift die bestehende Praxis auf und verankert sie gesetzlich. Die Leistungen nach Abs. 2 unterscheiden sich von denen des Abs. 1, dass sie nicht unter ärztlicher Verantwortung erfolgen. 10

Außerdem werden in Abs. 2 „gezielte Förder- und Behandlungsmaßnahmen" gefordert. Hierdurch wird deutlich, dass der erforderliche zeitliche Rahmen der Maßnahmen erheblich größer ist in Abs. 1. Die Förder- und Behandlungsmaßnahmen werden regelhaft dann einsetzen, wenn ein individueller Behandlungsplan vorliegt (LSW/*Lachwitz* § 30 Rn. 95).

D. Leistungsabgrenzung

11 Für die Leistungsbereiche der gesetzlichen Renten- und der gesetzlichen Unfallversicherung ist § 46 ausgenommen. So sind nach § 15 Abs. 1 S. 1 SGB VI die Leistungen der Früherkennung und Frühförderung nach § 42 Abs. 2 Nr. 2 und § 46 ausdrücklich von den im Bereich der gesetzlichen Rentenversicherung zu erbringenden medizinischen Rehabilitationsleistungen ausgenommen. Das Gleiche gilt nach § 27 Abs. 1 Nr. 7 SGB VII. Nach dieser Vorschrift besteht eine Leistungspflicht der Träger der gesetzlichen Unfallversicherung nur für Leistungen zur medizinischen Rehabilitation nach § 42 Abs. 2 Nr. 1, 3–7 und Abs. 3, mithin nicht für Leistungen nach § 42 Abs. 2 Nr. 2.

12 Ungeachtet des Leistungsausschlusses in § 15 Abs. 1 S. 1 SGB VI werden im Sozialleistungsbereich der gesetzlichen Rentenversicherung als sonstige Leistungen zur Teilhabe gem. § 15a SGB VI Leistungen zur Kinderrehabilitation erbracht. Es handelt sich dabei um eine spezielle Regelung, die nach § 7 den allgemeinen Regelungen des SGB IX vorgeht. Die Leistungen zur Kinderrehabilitation wurden durch das G zur Flexibilisierung des Übergangs vom Erwerbsleben in den Ruhestand und zur Stärkung von Prävention und Rehabilitation im Erwerbsleben (Flexirentengesetz) v. 8.12.2016 (BGBl. I S. 2838–2847) als Pflichtleistung ausgestaltet (zuvor § 31 Abs. 1 S. 2 SGB VI Ermessensleistung).

13 Bei der Abgrenzung der Leistungsbereiche der Jugend- und der Eingliederungshilfe ist keine Ausnahme bezogen auf § 42 Abs. 2 Nr. 2 vorhanden, beide sind für den gesamten Bereich der Leistungen zur medizinischen Rehabilitation zuständig. Die Zuständigkeiten untereinander ergeben sich aus dem Vorrang-/Nachrangverhältnis der Leistungen. Nach § 10 Abs. 4 SGB VIII haben die Leistungen der Kinder- und Jugendhilfe Vorrang vor denen der Eingliederungshilfe; § 35a Abs. 3 SGB VIII verweist dann inhaltlich auf die Regelungen der Eingliederungshilfe (§§ 53, 54, 56, 57 SGB XII). Nach § 10 Abs. 1 SGB VIII sind die Leistungen der Kinder- und Jugendhilfe nachrangig gegenüber Leistungen der Krankenversicherung.

E. Komplexleistungen

14 Da der Begriff der Komplexleistung Frühförderung weder in § 30 SGB IX 2001 noch in der hierzu ergangenen Frühförderungsverordnung (Frühförderungsverordnung) v. 24.6.2003 (BGBl. I S. 998) definiert wird, wurde durch das Gemeinsame Rundschreiben des BMAS und des BMG zum Thema Frühförderung v. 24.6.2009 präzisiert, dass immer dann eine Komplexleistung Frühförderung vorliegt, „wenn für einen prognostisch festgelegten Zeitraum (in der Regel ein Jahr) sowohl medizinisch-therapeutische als auch heilpädagogische Leistungen notwendig sind und durch eine Interdisziplinäre Frühförderstelle oder ein Sozialpädiatrisches Zentrum erbracht werden, um ein übergreifend formuliertes Therapie- und Förderziel (Teilhabeziel) zu erreichen". Diese Verdeutlichung wurde zwar allg. begrüßt, aber es war weiterhin erforderlich, den Charakter der Komplexleistung Frühförderung, die sich nicht in der Addition der Leistungspflichten erschöpft (vgl. jurisPK-SGB IX/*Nellissen* § 46 Rn. 64), gesetzlich festzuschreiben (BT-Drs. 18/9522, 251). Dieses wurde durch die Verschiebung des Abs. 1 S. 2 aus § 30 SGB IX

2001 in Abs. 3 S. 1 des § 46 vorgenommen. Die Leistungen nach § 46 werden mit den heilpädagogischen Leistungen nach § 79 als Komplexleistungen erbracht. Auch wenn heilpädagogische Leistungen als Einzelleistung gemäß § 79 Abs. 1 beantragt wurden ist eine interdisziplinäre Eingangsdiagnostik zur Abgrenzung zu Komplexleistungen gemäß § 79 Abs. 3 iVm § 46 zwingend notwendig. (SG Karlsruhe 27.7.2022 – S 10 SO 2576/21, BeckRS 2022, 22825).

Nach Abs. 3 S. 2 gehören zu den Komplexleistungen auch Leistungen zur Sicherung der Interdisziplinarität. Da wegen der Interdisziplinarität Schwierigkeiten in der Abgrenzung bestanden, welche konkreten Inhalte der Komplexleistung in welchem Umfang in die Verantwortung welches Leistungssystems fallen, wurde die Frühförderungsverordnung um § 6a ergänzt (Art. 23 des Gesetzes zur Stärkung der Teilhabe und Selbstbestimmung von Menschen mit Behinderungen, BGBl. 2016 I S. 3234, 3337). Hierin werden in nicht abschließender Form weitere Leistungen der „Komplexleistung" rechtsverbindlich festgeschrieben und festgelegt, dass der hiermit verbundene notwendige Aufwand bei der Vereinbarung von Vergütungssätzen angemessen zu berücksichtigen ist (BT-Drs. 18/9522, 361). Die niedrigschwelligen Beratungsangebote (§ 6a S. 1 Nr. 2 Frühförderungsverordnung) sollen Eltern in Anspruch nehmen könne, die bei ihrem Kind ein Entwicklungsrisiko vermuten. Dieses Beratungsangebot kann vor der Eingangsdiagnostik in Anspruch genommen werden, um unnötige diagnostische und therapeutische Maßnahmen zu vermeiden. 15

Die Komplexleistung Frühförderung beinhaltet als interdisziplinäre Leistung auch den Austausch der beteiligten Fachrichtungen in Form von Teambesprechungen, die Dokumentation von Daten und Befunden, die Abstimmung und den Austausch mit anderen, das Kind betreuende Institutionen und ggf. Fortbildung und Supervision. Die Komplexleistung ist grds. auch in Form mobil aufsuchender Hilfen möglich (Nr. 4). 16

F. Landesrahmenvereinbarungen

Die konkrete Ausgestaltung der Leistung zur Früherkennung und Frühförderung in den fachübergreifend arbeitenden Diensten und Einrichtungen wurde weitestgehend auf die Länder übertragen. Damit dennoch sichergestellt ist, dass einheitliche Mindeststandards zu Strukturen und Prozessen bei der Leistungserbringung bestimmt werden können, wurde die Regelung des Abs. 4 geschaffen (LPK-SGB IX/*Luik* § 46 Rn. 29). Hiernach sollen Landesrahmenvereinbarungen geschaffen werden, die die jeweiligen Mindeststandards ebenso wie die Art der Dokumentation und Qualitätssicherung sowie die Vereinbarung und Abrechnung von Entgelten festlegen. Mittlerweile liegen in nahezu allen Bundesländern Landesrahmenvereinbarungen vor. Kommen Landesrahmenvereinbarungen bis zum 31.7.2019 nicht zustande, soll die jeweilige Landesregierung Regelungen durch Rechtsverordnung erlassen (Abs. 6). 17

G. Kostenteilung

Bislang war eine Regelung zur Teilung der Kosten der Komplexleistung nicht im Gesetz. sondern nur in § 9 der Frühförderungsverordnung enthalten. Nach § 9 Abs. 3 Frühförderungsverordnung durfte der Anteil der Entgelte für Komplexleistungen in interdisziplinären Frühförderstellen 80 % und in sozialpädiatrischen Zentren 20 % nicht übersteigen. Der festgelegte Anteil von 80 % entsprach nicht den Erfahrungswerten aus der Praxis. Daher erfolgt in Abs. 5 eine Änderung der Quotierung bei der Vereinbarung der Kostenpauschale auf der Grundlage einer vom BMAS in Auftrag gegebenen wissenschaftlichen Studie (jurisPK-SGB IX/*Nellissen* § 46 Rn. 75). Hiernach ist der Kosten- 18 anteil des für die heilpädagogischen Leistungen zuständigen Trägers mit bis zu 65 % für die in interdisziplinären Frühförderstellen oder in nach Landesrecht zugelassenen Einrichtungen mit vergleichbarem interdisziplinären Förder-, Behandlungs- und Beratungsspektrum erbrachten Komplexleistungen praxisnah beschrieben (BT-Drs. 18/9522, 252).

§ 47 Hilfsmittel

(1) Hilfsmittel (Körperersatzstücke sowie orthopädische und andere Hilfsmittel) nach § 42 Absatz 2 Nummer 6 umfassen die Hilfen, die von den Leistungsberechtigten getragen oder mitgeführt oder bei einem Wohnungswechsel mitgenommen werden können und unter Berücksichtigung der Umstände des Einzelfalles erforderlich sind, um
1. einer drohenden Behinderung vorzubeugen,
2. den Erfolg einer Heilbehandlung zu sichern oder
3. eine Behinderung bei der Befriedigung von Grundbedürfnissen des täglichen Lebens auszugleichen, soweit die Hilfsmittel nicht allgemeine Gebrauchsgegenstände des täglichen Lebens sind.

(2) [1]Der Anspruch auf Hilfsmittel umfasst auch die notwendige Änderung, Instandhaltung, Ersatzbeschaffung sowie die Ausbildung im Gebrauch der Hilfsmittel. [2]Der Rehabilitationsträger soll
1. vor einer Ersatzbeschaffung prüfen, ob eine Änderung oder Instandsetzung von bisher benutzten Hilfsmitteln wirtschaftlicher und gleich wirksam ist und
2. die Bewilligung der Hilfsmittel davon abhängig machen, dass die Leistungsberechtigten sich die Hilfsmittel anpassen oder sich in ihrem Gebrauch ausbilden lassen.

(3) Wählen Leistungsberechtigte ein geeignetes Hilfsmittel in einer aufwendigeren Ausführung als notwendig, tragen sie die Mehrkosten selbst.

(4) [1]Hilfsmittel können auch leihweise überlassen werden. [2]In diesem Fall gelten die Absätze 2 und 3 entsprechend.

Übersicht

A. Allgemeines

1 Die Regelung entspricht dem § 31 SGB IX 2001, Änderungen sind rein redaktionell. Die Vorschrift stellt im Wesentlichen eine Übernahme, aber auch Erweiterung des § 33 SGB V dar und fasst die in den jeweiligen Leistungsbereichen geltenden Grundsätze zur Versorgung von Menschen mit Behinderungen mit Hilfsmitteln zusammen (vgl. § 33 SGB V, § 31 SGB VII, § 13 BVG).

2 Die Vorschrift ergänzt und präzisiert § 42 Abs. 2 Nr. 6. Durch Abs. 3 wird das Wunsch- und Wahlrecht von Menschen mit Behinderungen (§ 8) von vornherein begrenzt, indem bestimmt wird, dass etwa anfallende Mehrkosten bei der Hilfsmittelbeschaffung von dem Leistungsempfänger selbst zu tragen sind.

3 In Abs. 1 wird der Hilfsmittelbegriff und damit der Umfang der **Hilfsmittelversorgung** für alle Rehabilitationsträger im Rahmen medizinischer Rehabilitation einheitlich de-

finiert (BSG 19.4.2007 – B 3 KR 9/06, NZS 2008, 209; 25.2.2015 – B 3 KR 13/13 R, BeckRS 2015, 69880; *Nellissen* RP Reha 2/2016, 34). Die gesetzliche Definition des Begriffes **Hilfsmittel** stimmt inhaltlich mit § 33 Abs. 1 S. 1 SGB V (BSG 26.3.2003 – B 3 KR 23/02 R, SozR 4–2500 § 33 Nr. 3 = BeckRS 2003, 41247) direkt und mit § 13 Abs. 1 BVG sowie mit § 31 Abs. 1 S. 2 SGB VII im Wesentlichen überein.

Während in § 47 der Begriff des Hilfsmittels mit dem Klammerzusatz „Körperersatzstücke sowie orthopädische und andere Hilfsmittel" versehen ist, haben nach § 33 Abs. 1 S. 1 SGB V die Versicherten Anspruch auf Versorgung mit Hörhilfen, Körperersatzstücken, orthopädischen und anderen Hilfsmitteln, die im Einzelfall erforderlich sind. Die zusätzlich aufgeführten Hörhilfen, können in § 47 Abs. 1 unter „andere Hilfsmittel" in der Aufzählung subsumiert werden. Nach dem Hilfsmittelbegriff der gesetzlichen Unfallversicherung (§ 31 Abs. 1 S. 1 SGB VII) sind Hilfsmittel alle ärztlich verordneten Sachen, die den Erfolg der Heilbehandlung sichern oder die Folgen von Gesundheitsschäden mildern oder ausgleichen. Körperersatzstücke, orthopädische und andere Hilfsmittel werden nach dem S. 2 der Vorschrift nur beispielhaft und damit nicht abschließend aufgeführt. Pflegehilfsmittel werden in § 40 Abs. 1 S. 1 SGB XI nicht inhaltlich, sondern über die Zielrichtung definiert. 3a

B. Ziele

Die Ziele, die mit der Hilfsmittelversorgung verfolgt werden, sind in Abs. 1 Nr. 1–3 abschließend beschrieben. Hierbei gehört die Nr. 2 (Sicherung des Erfolges einer Heilbehandlung) zu dem Bereich der medizinischen Rehabilitation, aber nicht zu der kurativen Krankenbehandlung (BSG 15.3.2018 BeckRS 2018, 17851). Im Bereich der Leistungen zur Teilhabe hat aber Nr. 3 (bei Behinderung, die Grundbedürfnisse des täglichen Lebens auszugleichen) die höchste Praxisrelevanz, während ein Hilfsmittel zur Vorbeugung einer drohenden Behinderung eher selten vorkommt. (Zur Abgrenzung zu Hilfsmitteln der sozialen Rehabilitation: LSG LSA 27.5.2015 – L 6 KR 55/15 B ER, BeckRS 2015, 69371). Zu den allgemeinen Grundbedürfnissen des täglichen Lebens gehören Gehen, Stehen, Sitzen, Liegen, Greifen, Sehen, Hören, die Nahrungsaufnahme, das Ausscheiden, die elementare Körperpflege, das selbständige Wohnen sowie das Erschließen eines gewissen körperlichen und geistigen Freiraums (BSG 30.9.2015 – B 3 KR 14/14 R, BeckRS 2016, 65213). Ein allgemeiner Gebrauchsgegenstand liegt vor, wenn dieser unabhängig von einer Krankheit oder einer Behinderung benötigt wird (CFHR/*Fuchs* § 31 Rn. 12). 4

Das Grundbedürfnis des Erschließens eines gewissen körperlichen Freiraums wird von der Rspr. im Sinne eines Basisausgleiches der Behinderung und nicht im Sinne eines vollständigen Gleichziehens mit den unbeschränkten Möglichkeiten eines gesunden Menschen verstanden (BSG 26.3.2003 – B 3 KR 23/02 R, SozR 4–2500 § 33 Nr. 3 = BeckRS 2003, 41247). Hieraus wurde abgeleitet, dass grds. nur die Bewegungsmöglichkeit innerhalb der eigenen Wohnung und für den umliegenden Nahbereich zu gewährleisten ist (BSG 25.2.2015 – B 3 KR 13/13 R, BeckRS 2015, 69880 zu einem Autoschwenksitz für Rollstühle). Für die Bestimmung des Nahbereiches der Wohnung gilt nach stRspr des BSG ein abstrakter, von den Gegebenheiten des jeweiligen Wohnorts unabhängiger Maßstab (BSG 18.5.2011 – B 3 KR 7/10 R, NZS 2012, 141; 25.2.2015 – B 3 KR 13/13 R, BeckRS 2015, 69880). Dieses leitet sich aus den Zielen der Hilfsmittel im Rahmen der medizinischen Rehabilitation her, für die die Wohnsituation des Menschen mit Behinderungen nicht im Fokus steht. Zum geistigen Freiraum wird die Aufnahme von Informationen, die Kommunikation mit anderen Menschen sowie das Erlernen eines lebensnotwendigen Grundwissens bzw. Schulwissens gezählt (BSG 24.5.2006 – B 3 KR 12/05, NZS 2007, 201; 29.4.2010 – B 3 KR 5/09 R, BeckRS 2010, 71882). 5

6 Der in Nr. 3 beschriebene Behinderungsausgleich hat dabei nicht nur den Ausgleich körperlicher Funktionen zum Ziel, sondern auch den Ausgleich von Funktionen mit weitgehender Beteiligung seelischer und geistiger Schichten (*Knittel* § 31 Rn. 9; BSG 26.10.1982 – 3 RK 16/81, SozR 2200 § 182b Nr. 25 = BeckRS 1982, 30709338). Hierbei ist zwischen einem mittelbaren und einem unmittelbaren Behinderungsausgleich zu unterscheiden. Bei dem unmittelbaren Behinderungsausgleich dient das Hilfsmittel unmittelbar dem Ausgleich der ausgefallenen oder beeinträchtigten Körperfunktion selbst (BSG 24.1.2013 – B 3 KR 5/12 R, BeckRS 2013, 70363). Demgegenüber hat das Hilfsmittel bei dem mittelbaren Behinderungsausgleich die Aufgabe, die Folgen der Funktionsbeeinträchtigung auszugleichen und damit das Leben mit der Beeinträchtigung zu erleichtern (BSG 25.2.2015 – B 3 KR 13/13 R, BeckRS 2015, 69880; 29.4.2010 – B 3 KR 5/09 R, BeckRS 2010, 71882). Hierbei sind jeweils die Besonderheiten des Einzelfalles entscheidend mit zu berücksichtigen (LSW/*Stähler* § 31 Rn. 10).

C. Hilfsmittel

1. Begriffsbestimmung

7 **Körperersatzstücke** sollen unmittelbar einen Körperteil bzw. die verloren gegangenen Körperfunktionen ersetzen (BSG 27.10.1982 – 9a RV 16/82, BSGE 54, 140 ff. (141)).

7a **Orthopädische Hilfsmittel** gleichen auf sonstige Weise, uU auch nur teilweise, den Ausfall oder die erhebliche Störung einer Funktion in dem der Orthopädie zugeordneten Stütz- und Bewegungsapparat aus (BSG 27.10.1982 – 9a RV 16/82, BSGE 54, 140 ff. (141); LSG Thür 23.8.2016 – L 6 KR 1037/13, BeckRS 2016, 74117; jurisPK-SGB IX/*Nellissen* § 47 Rn. 35).

7b Andere Hilfsmittel sind Gegenstände, die die gleiche Aufgabe wegen der Beeinträchtigung einer anderen Körperfunktion, insbes. eines Sinnesorganes, haben (BSG 27.10.1982 – 9a RV 16/82, BSGE 54, 140 ff. (141); LSG Nds-Brem 17.5.2017 – L 4 KR 460/14, BeckRS 2017, 113093).

8 Nach Abs. 1 S. 1 umfassen Hilfsmittel nur diejenigen Hilfen, die von den Leistungsempfängern getragen oder mitgeführt oder bei einem Wohnungswechsel mitgenommen werden können (LPK-SGB IX/*Luik* § 47 Rn. 13). Nach allgemeiner Verkehrsauffassung liegt ein mitnahmefähiger Gegenstand – in der Abgrenzung zu „fest eingebaut“ – vor, wenn dieser bei einem Wohnungswechsel ohne wesentlichen Folgen, insbes. ohne nennenswerte Substanzbeeinträchtigungen an Wänden, Decken und Fußböden, ausgebaut und mit vertretbaren Aufwand in einer neuen Wohnung wieder eingebaut werden kann (BSG 29.4.2010 – B 3 KR 5/09 R, BeckRS 2010, 71882). Technische Hilfen, die fest mit einem Gebäude verbunden sind, sind deshalb keine Hilfsmittel (BSG 6.8.1998 – B 3 KR 14/97 R, SozR 3–2500 § 33 Nr. 30 = BeckRS 1998 30021324 zum Treppenlift; BSG 12.8.2009 – B 3 P 4/08 R, BeckRS 2009, 73066 zur Deckenliftanlage).

2. Erforderlichkeit

9 Weitere Voraussetzung für die Hilfsmitteleigenschaft ist nach Abs. 1 S. 1 die Erforderlichkeit des Hilfsmittels unter den in den Nr. 1–3 wahlweise bezeichneten Tatbestandsvoraussetzungen. Bei der Beurteilung der **Erforderlichkeit eines Hilfsmittels** ist die Zielsetzung der jeweiligen Norm und damit die Abgrenzung der Leistungspflicht des Rehabilitationsträgers von der Leistungszuständigkeit anderer Sozialleistungsträger maßgeblich (für die GKV: KassKomm/*Nolte* SGB V § 33 Rn. 17). Der Begriff der Erforderlichkeit ist dabei in der gesetzlichen Krankenversicherung wegen der in diesem Sozialleistungsbereich geltenden Zielsetzung enger als im Versorgungsrecht und im Eingliederungshilferecht (BSG 3.11.1993 – 1 RK 42/92, SozR 3–2500 § 33 Nr. 5 = BeckRS 1993,

30746584). Die Erforderlichkeit eines Hilfsmittels wird durch die Feststellung des individuellen Leistungsbedarfs – orientiert an der ICF – festgestellt (CFHR/*Fuchs* § 31 Rn. 6). Es muss die gleichberechtigte Teilhabe am Leben in der Gemeinschaft wesentlich fördern (BSG 23.7.2002 – B 3 KR 3/02 R, NZS 2003, 482 zum behindertengerechten Dreirad für ein Kind; BSG 10.11.2005 – B 3 KR 31/04 R, BeckRS 2005, 44078 zum Rehabilitationskinderwagen, zur Ablehnung einer Versorgung mit einer Silikon-Teilhandprothese SG Frankfurt a. M. 8.12.2020 – S 18 KR 633/13, BeckRS 2020, 51434).

Im Bereich der gesetzlichen Krankenversicherung sollen dabei im Unterschied zum Versorgungs- und Eingliederungshilferecht die Folgen und Auswirkungen der Behinderung in den verschiedenen Lebensbereichen, insbes. auf beruflichem und privatem Gebiet, nicht ausgeglichen werden (BSG 30.1.2001 – B 3 KR 10/00 R, SozR 3–2500 § 33 Nr. 40 = BeckRS 2001, 40660). Zu dem den Grundbedürfnissen zuzurechnenden maßgebenden Freiraum zählt auch die Fähigkeit, sich selbständig und möglichst ohne fremde Hilfe im eigenen Umfeld orientieren, zurechtfinden und bewegen zu können (BSG 17.1.1996 – 3 RK 38/94, SozR 3–2500 § 33 Nr. 18 = BeckRS 1996, 30759294, verneinend für ein GPS-System für blinde und sehbehinderte Menschen BSG 25.6.2009 – B 3 KR 4/08 R BeckRS 2004, 72863. 10

Die Erforderlichkeit ist im Bereich der gesetzlichen Krankenversicherung für ein Schreibtelefon jedenfalls dann bejaht worden, wenn alle Familienmitglieder – Ehemann und Kinder der Gehörlosen – ebenfalls gehörlos sind (BSG 3.11.1993 – 1 RK 42/92, SozR 3–2500 § 33 Nr. 5 = BeckRS 1993, 30746584; zum Schreibtelefon BSG 25.10.1995 – 3 RK 30/94, SozR 3–2500 § 33 Nr. 17 = BeckRS 1995, 30757462). 11

Dass nach der Zielvorstellung des Gesetzgebers auch Blindenführhunde (ausdrücklich aufgeführt in § 13 Abs. 1 BVG) zu den Hilfsmitteln gehören sollen, beruht auf der Rspr. des BSG, das Blindenführhunde als Hilfsmittel ansieht (BSG 25.2.1981 – 5a/5 RKn 35/78, SozR 2200 § 182b Nr. 19 = BeckRS 1981, 30707695). 11a

Die Versorgung mit Hörgeräten dient dem unmittelbaren Behinderungsausgleich (BSG 17.12.2009 – B 3 KR 20/08 R, BeckRS 2010, 67137). Bei einem unmittelbaren Behinderungsausgleich gilt das Gebot eines möglichst weitgehenden Ausgleichs des Funktionsdefizits – hier des Hörens – iSd Gleichziehens mit einem gesunden Menschen, und zwar unter Berücksichtigung des aktuellen Stands des medizinischen und technischen Fortschritts (LSG Bln-Bbg 13.12.2018, BeckRS 2018, 37799; HessLSG 13.9.2018 BeckRS 2018, 26372). Dabei kann die Versorgung mit einem fortschrittlichen, technisch weiterentwickelten Hilfsmittel nicht mit der Begründung abgelehnt werden, der bisher erreichte Versorgungsstandard sei ausreichend, solange ein Ausgleich der Behinderung nicht vollständig iSd Gleichziehens mit einem nicht behinderten Menschen erreicht ist (LSG BW 19.4.2016 – L 13 R 5102/13, BeckRS 2016, 69471). 11b

Erforderlich iSd Abs. 1 S. 1 ist ein Hilfsmittel aber immer nur dann, wenn ein gleichgeeignetes Hilfsmittel nicht wirtschaftlicher, dh kostengünstiger, ist (BSG 13.5.1998 – B 8 KN 13/97 R, SozR 3–2500 § 33 Nr. 28 = BeckRS 1998 30014092). 12

Soweit der Spitzenverband Bund der Krankenkassen nach § 139 Abs. 1 S. 1 SGB V verpflichtet ist, ein Hilfsmittelverzeichnis zu erstellen, ist dieses Hilfsmittelverzeichnis nicht geeignet, den Anspruch des Menschen mit Behinderungen auf Gewährung eines Hilfsmittels einzuschränken; das Hilfsmittelverzeichnis dient nur dazu, eine für die Gerichte unverbindliche Auslegungshilfe zu schaffen (stRspr des BSG; BSG 17.1.1996 – 3 RK 39/94, SozR 3–2500 § 33 Nr. 19 = NJW-RR 1997, 259; 25.6.2009 – B 3 KR 4/08 R, BeckRS 2009, 72863; 30.9.2015 – B 3 KR 14/14 R, BeckRS 2016, 65213 keine abschließende Regelung im Sinne einer Positivliste). 13

3. Leistungsumfang

Der Anspruch auf ein Hilfsmittel umfasst auch die notwendige Änderung, Instandsetzung und Ersatzbeschaffung sowie die Ausbildung im Gebrauch des Hilfsmittels 14

(Abs. 2 S. 1). Dabei ist im Falle erforderlicher Ersatzbeschaffung zu beachten, dass in jedem Falle ein Neuantrag zu stellen ist (BSG 20.11.1996 – 3 RK 5/96, SozR 3–2500 § 33 Nr. 21 = BeckRS 1996, 30765318; jurisPK-SGB IX/*Nellissen* § 47 Rn. 77). Außerdem umfasst der Hilfsmittelbegriff alle für den Betrieb des Hilfsmittels erforderlichen Kosten; dazu zählen zB die Stromkosten (BSG 6.2.1997 – 3 RK 12/96, SozR 3–2500 § 33 Nr. 24 = NZS 1997, 467; zur Versorgung mit Akku-Ladestrom, der zum Betrieb eines Elektro-Rollstuhls benötigt wird, s. BSG 14.2.2001 – B 9 V 10/00 R, SozR 3–3100 § 11 Nr. 6 = BeckRS 2001, 40694). Außerdem werden auch die Kosten für eine gesetzlich vorgeschriebene Haftpflichtversicherung, zB für einen Elektro-Rollstuhl, übernommen (BSG 14.9.1994 – 3/1 RK 56/93, SozR 3–2500 § 33 Nr. 11 = NZS 1995, 176; KassKomm/*Nolte* SGB V § 33 Rn. 51a). Bei einer Ersatzbeschaffung eines noch funktionsfähigen Hilfsmittels muss das neue Hilfsmittel deutliche Gebrauchsvorteile bei einem Grundbedürfnis aufweisen, die bloße Erhöhung der Bequemlichkeit reicht nicht aus (BSG 6.6.2002 – B 3 KR 68/01 R, NZS 2003, 477). Auch wenn ein Defekt aktuell noch nicht eingetreten ist, können Reparaturen zu den notwendigen Instandhaltungsmaßnahmen gehören; der Eintritt eines reparaturbedürftigen Zustandes muss nicht erst abgewartet werden. (LSG Nds-Brem 2.4.2020 – L 8 SO 283/19 B ER, BeckRS 2020, 55219).

14a Wählt der Leistungsberechtigte andererseits ein Hilfsmittel in einer aufwändigeren Ausführung als erforderlich, dann muss er die Mehrkosten selbst tragen (Abs. 3). Dieses entspricht dem Grundsatz der Wirtschaftlichkeit und Sparsamkeit der Leistungserbringung (*Knittel* § 31 Rn. 18) Zu höherwertigen Hörgeräten dazu LSG BW 27.4.2021 – L 11 KR 2082/19, BeckRS 2021, 12706.

15 Im Abs. 4 ist ausdrücklich in Ausprägung des Grundsatzes der Wirtschaftlichkeit und Sparsamkeit die leihweise Überlassung von Hilfsmitteln vorgesehen; die leihweise Überlassung steht danach im Ermessen des Rehabilitationsträger (vgl. den Gesetzeswortlaut „... können auch leihweise ...“).

4. Leistungsausschluss

16 Ausgeschlossen werden von den Hilfsmitteln sog. **Gebrauchsgegenstände des täglichen Lebens,** wobei dieser Begriff inhaltlich unbestimmt ist. Gebrauchsgegenstände liegen dann vor, wenn sie für jedermann zugänglich sowie allg. und regelmäßig verwendet werden (Mrozynski SGB IX/*Jabben* § 31 Rn. 40; LSG LSA 7.10.2010 – L 10 KR 17/06, BeckRS 2011, 68801; BSG 3.11.1993 – 1 RK 42/92, SozR 3–2500 § 33 Nr. 5 = BeckRS 1993, 30746584; 25.1.1995 – 3/1 RK 63/93, SozR 3–2500 § 33 Nr. 13 = NZS 1995, 412). Dieser Leistungsausschluss greift auch dann ein, wenn diese Gegenstände gleichzeitig therapeutischen Zwecken dienen (BSG 10.5.1995 – 1 RK 18/94, SozR 3–2500 § 33 Nr. 15 = NZS 1995, 457; jurisPK-SGB IX/*Nellissen* § 47 Rn. 64). Der Leistungsausschluss für Gebrauchsgegenstände des täglichen Lebens besteht allerdings nur für das Hilfsmittel selbst, nicht hingegen für Zusatzteile, Zubehör und Betriebsmittel, die der ständigen Einsatzbereitschaft des Hilfsmittels dienen (BSG 6.2.1997 – 3 RK 3/96, SozR 3–2500 § 33 Nr. 23 = NJW 1998, 1812).

17 Nach § 34 Abs. 4 SGB V können Hilfsmittel von geringem oder umstrittenem therapeutischen Nutzen oder geringem Abgabepreis von der Hilfsmittelgewährung durch Rechtsverordnung ausgeschlossen werden (BSG 17.1.1996 – 3 RK 38/94, SozR 3–2500 § 33 Nr. 18 = BeckRS 1996, 30759294). Von dieser Ermächtigungsgrundlage ist mit der Verordnung v. 13.12.1989 (BGBl. I S. 2237) idF der Verordnung v. 17.1.1995 (BGBl. I S. 44) Gebrauch gemacht worden.

§ 47a[1] Digitale Gesundheitsanwendungen

(1) [1]Digitale Gesundheitsanwendungen nach § 42 Absatz 2 Nummer 6a umfassen die in das Verzeichnis nach § 139e Absatz 1 des Fünften Buches aufgenommenen digitalen Gesundheitsanwendungen, sofern diese unter Berücksichtigung des Einzelfalles erforderlich sind, um

1. einer drohenden Behinderung vorzubeugen,

2. den Erfolg einer Heilbehandlung zu sichern oder

3. eine Behinderung bei der Befriedigung von Grundbedürfnissen des täglichen Lebens auszugleichen, sofern die digitalen Gesundheitsanwendungen nicht die Funktion von allgemeinen Gebrauchsgegenständen des täglichen Lebens übernehmen.

[2]Digitale Gesundheitsanwendungen werden nur mit Zustimmung des Leistungsberechtigten erbracht.

(2) Wählen Leistungsberechtigte digitale Gesundheitsanwendungen, deren Funktion oder Anwendungsbereich über die Funktion und den Anwendungsbereich einer vergleichbaren in das Verzeichnis für digitale Gesundheitsanwendungen nach § 139e des Fünften Buches aufgenommenen digitalen Gesundheitsanwendung hinausgehen, so haben sie die Mehrkosten selbst zu tragen.

§ 47a wurde zum 10.6.2021 neu eingefügt durch Art. 7 Teilhabestärkungsgesetz vom 2.6.2021 (BGBl. I S. 1387) und regelt unter welchen Voraussetzungen digitale Gesundheitsanwendungen nach § 42 Abs. 2 Nr. 6a zu berücksichtigen sind. 1

Mit der Aufnahme der digitalen Gesundheitsanwendungen in den Leistungskatalog des § 42 Abs. 2 soll das Ziel verfolgt werden, rechtssicher eine effiziente und qualitativ gute Versorgung der Leistungsberechtigten zu erzielen und damit das große Potential der Digitalisierung im Bereich der medizinischen Rehabilitation in Zukunft stärker zu nutzen. Dabei begrenzt § 47a den Anspruch auf die digitale Gesundheitsanwendungen, die in das Verzeichnis nach § 139e Abs. 1 SGB V aufgenommen worden sind. Außerdem wird eine Begrenzung der Nutzungszwecke auf die Vorbeugung von drohenden Behinderungen, der Gewährleistung des Erfolgs der Heilbehandlung oder den Ausgleich von Behinderungen vorgenommen. Damit werden nur digitale Gesundheitsanwendungen berücksichtigt, die spezifisch im Kontext der medizinischen Rehabilitation in Betracht kommen. Dies entspricht auch der im Bereich der Hilfsmittel nach § 47 geltenden Rechtslage. Mit der Aufnahme in das Verzeichnis nach § 139e Abs. 1 SGB V ist gewährleistet, dass die dort aufgelisteten digitalen Gesundheitsanwendungen einer einheitlichen Prüfung in Sachen Sicherheit, Funktionstauglichkeit und Datenschutz unterzogen wurden. Dies soll einer Vereinheitlichung der Standards über alle Sozialversicherungszweige hinaus dienen. Allerdings verfolgt eine digitale Gesundheitsanwendung je nach gesetzlicher Zuständigkeit verschiedene Ziele, zum Beispiel den Erhalt der Erwerbsfähigkeit oder die Verbesserung der Pflege (BT-Drs. 19/27400, 62). 2

In Abs. 1 S. 2 wird klargestellt, dass auch die Erbringung von digitalen Gesundheitswendungen nur mit Zustimmung der Leistungsberechtigten erfolgt, (s. a. § 8 Abs. 4) (BT-Drs. 19/27400, 62). 3

Sofern digitale Gesundheitsanwendungen weitere (modulare) Leistungsbestandteile enthalten, die nicht im Rahmen des Verfahrens beim Bundesinstitut für Arzneimittel und Medizinprodukte geprüft wurden, sind diese nach Abs. 2 im Wege der Selbstzahlung zu beschaffen (BT-Drs. 19/27400, 63). 4

---

[1] § 47a eingef. mWv 10.6.2021 durch G v. 2.6.2021 (BGBl. I S. 1387).

§ 48 Verordnungsermächtigungen

Das Bundesministerium für Arbeit und Soziales wird ermächtigt, im Einvernehmen mit dem Bundesministerium für Gesundheit durch Rechtsverordnung mit Zustimmung des Bundesrates Näheres zu regeln

1. **zur Abgrenzung der in § 46 genannten Leistungen und der weiteren Leistungen dieser Dienste und Einrichtungen und**
2. **zur Auswahl der im Einzelfall geeigneten Hilfsmittel, insbesondere zum Verfahren, zur Eignungsprüfung, Dokumentation und leihweisen Überlassung der Hilfsmittel sowie zur Zusammenarbeit der anderen Rehabilitationsträger mit den orthopädischen Versorgungsstellen.**

1 Die Vorschrift entspricht weitestgehend § 32 SGB IX 2001. Mit der Einvernehmensregelung mit dem BMG wird dem Umstand Rechnung getragen, dass Leistungen der Frühförderung und Früherkennung (§ 46) sowie Hilfsmittel (§ 47) auch von der gesetzlichen Krankenversicherung erbracht werden.

2 Nach den in der Vorschrift getroffenen Regelungen ist das BMAS im Einvernehmen mit dem BMG ermächtigt, durch Rechtsverordnung mit Zustimmung des Bundesrates Näheres zur Abgrenzung der in § 46 vorgesehenen Leistungen zur Früherkennung und Frühförderung von Kindern zu regeln (Nr. 1 der Vorschrift). Von der Ermächtigung in der Nr. 1 der Vorschrift ist Gebrauch gemacht worden durch Erlass einer Verordnung zur Früherkennung und Frühförderung behinderter und von Behinderung bedrohter Kinder (Frühförderungsverordnung) v. 24.6.2003 (BGBl. I S. 998), zuletzt geändert durch Art. 23 des Gesetzes v. 23.12.2016 – BTHG – (BGBl. I S. 3234, 3337). Darin ist die Abgrenzung der nach § 46 Abs. 1–3 zu erbringenden Leistungen geregelt. Die Übernahme und die Teilung der Kosten zwischen den beteiligten Rehabilitationsträger wird nunmehr in § 46 Abs. 5 geregelt; § 9 Frühförderungsverordnung verweist nur noch auf die gesetzliche Regelung.

3 Nach der Ziff. 2 der Vorschrift ist außerdem ein Regelungsbereich zur Hilfsmittelversorgung eröffnet worden. Danach kann im Wege der Rechtsverordnung auch Näheres zur Auswahl der im Einzelfall geeigneten Hilfsmittel, insbes. zum Verfahren, zur Eignungsprüfung, Dokumentation und leihweisen Überlassung der Hilfsmittel sowie zur Zusammenarbeit der anderen Rehabilitationsträger mit den orthopädischen Versorgungsstellen geregelt werden. Von dieser Ermächtigung ist bislang kein Gebrauch gemacht worden.

Kapitel 10. Leistungen zur Teilhabe am Arbeitsleben

§ 49[1] Leistungen zur Teilhabe am Arbeitsleben, Verordnungsermächtigung

(1) Zur Teilhabe am Arbeitsleben werden die erforderlichen Leistungen erbracht, um die Erwerbsfähigkeit von Menschen mit Behinderungen oder von Behinderung bedrohter Menschen entsprechend ihrer Leistungsfähigkeit zu erhalten, zu verbessern, herzustellen oder wiederherzustellen und ihre Teilhabe am Arbeitsleben möglichst auf Dauer zu sichern.

(2) Frauen mit Behinderungen werden gleiche Chancen im Erwerbsleben zugesichert, insbesondere durch in der beruflichen Zielsetzung geeignete, wohnortnahe und auch in Teilzeit nutzbare Angebote.

(3) Die Leistungen zur Teilhabe am Arbeitsleben umfassen insbesondere

1. **Hilfen zur Erhaltung oder Erlangung eines Arbeitsplatzes einschließlich Leistungen zur Aktivierung und beruflichen Eingliederung,**

[1] § 49 Abs. 8 Sätze 2 und 4 geänd. mWv 6.12.2019 durch G v. 30.11.2019 (BGBl. I S. 1948).

2. eine Berufsvorbereitung einschließlich einer wegen der Behinderung erforderlichen Grundausbildung,
3. die individuelle betriebliche Qualifizierung im Rahmen Unterstützter Beschäftigung,
4. die berufliche Anpassung und Weiterbildung, auch soweit die Leistungen einen zur Teilnahme erforderlichen schulischen Abschluss einschließen,
5. die berufliche Ausbildung, auch soweit die Leistungen in einem zeitlich nicht überwiegenden Abschnitt schulisch durchgeführt werden,
6. die Förderung der Aufnahme einer selbständigen Tätigkeit durch die Rehabilitationsträger nach § 6 Absatz 1 Nummer 2 bis 5 und
7. sonstige Hilfen zur Förderung der Teilhabe am Arbeitsleben, um Menschen mit Behinderungen eine angemessene und geeignete Beschäftigung oder eine selbständige Tätigkeit zu ermöglichen und zu erhalten.

(4) [1]Bei der Auswahl der Leistungen werden Eignung, Neigung, bisherige Tätigkeit sowie Lage und Entwicklung auf dem Arbeitsmarkt angemessen berücksichtigt. [2]Soweit erforderlich, wird dabei die berufliche Eignung abgeklärt oder eine Arbeitserprobung durchgeführt; in diesem Fall werden die Kosten nach Absatz 7, Reisekosten nach § 73 sowie Haushaltshilfe und Kinderbetreuungskosten nach § 74 übernommen.

(5) Die Leistungen werden auch für Zeiten notwendiger Praktika erbracht.

(6) [1]Die Leistungen umfassen auch medizinische, psychologische und pädagogische Hilfen, soweit diese Leistungen im Einzelfall erforderlich sind, um die in Absatz 1 genannten Ziele zu erreichen oder zu sichern und Krankheitsfolgen zu vermeiden, zu überwinden, zu mindern oder ihre Verschlimmerung zu verhüten. [2]Leistungen sind insbesondere

1. Hilfen zur Unterstützung bei der Krankheits- und Behinderungsverarbeitung,
2. Hilfen zur Aktivierung von Selbsthilfepotentialen,
3. die Information und Beratung von Partnern und Angehörigen sowie von Vorgesetzten und Kollegen, wenn die Leistungsberechtigten dem zustimmen,
4. die Vermittlung von Kontakten zu örtlichen Selbsthilfe- und Beratungsmöglichkeiten,
5. Hilfen zur seelischen Stabilisierung und zur Förderung der sozialen Kompetenz, unter anderem durch Training sozialer und kommunikativer Fähigkeiten und im Umgang mit Krisensituationen,
6. das Training lebenspraktischer Fähigkeiten,
7. das Training motorischer Fähigkeiten,
8. die Anleitung und Motivation zur Inanspruchnahme von Leistungen zur Teilhabe am Arbeitsleben und
9. die Beteiligung von Integrationsfachdiensten im Rahmen ihrer Aufgabenstellung (§ 193).

(7) Zu den Leistungen gehört auch die Übernahme

1. der erforderlichen Kosten für Unterkunft und Verpflegung, wenn für die Ausführung einer Leistung eine Unterbringung außerhalb des eigenen oder des elterlichen Haushalts wegen Art oder Schwere der Behinderung oder zur Sicherung des Erfolges der Teilhabe am Arbeitsleben notwendig ist sowie
2. der erforderlichen Kosten, die mit der Ausführung einer Leistung in unmittelbarem Zusammenhang stehen, insbesondere für Lehrgangskosten, Prüfungsgebühren, Lernmittel, Leistungen zur Aktivierung und beruflichen Eingliederung.

(8) [1]Leistungen nach Absatz 3 Nummer 1 und 7 umfassen auch

1. die Kraftfahrzeughilfe nach der Kraftfahrzeughilfe-Verordnung,
2. den Ausgleich für unvermeidbare Verdienstausfälle des Leistungsberechtigten oder einer erforderlichen Begleitperson wegen Fahrten der An- und Abreise zu einer Bildungsmaßnahme und zur Vorstellung bei einem Arbeitgeber, bei einem Träger

oder einer Einrichtung für Menschen mit Behinderungen, durch die Rehabilitationsträger nach § 6 Absatz 1 Nummer 2 bis 5,

2a. die Kosten eines Jobcoachings,

3. die Kosten einer notwendigen Arbeitsassistenz für schwerbehinderte Menschen als Hilfe zur Erlangung eines Arbeitsplatzes,

4. die Kosten für Hilfsmittel, die wegen Art oder Schwere der Behinderung erforderlich sind

a) zur Berufsausübung,

b) zur Teilhabe an einer Leistung zur Teilhabe am Arbeitsleben,

c) zur Erhöhung der Sicherheit auf dem Weg vom und zum Arbeisplatz oder

d) zur Erhöhung der Sicherheit am Arbeitsplatz selbst,

es sei denn, dass eine Verpflichtung des Arbeitgebers besteht oder solche Leistungen als medizinische Leistung erbracht werden können,

5. die Kosten technischer Arbeitshilfen, die wegen Art oder Schwere der Behinderung zur Berufsausübung erforderlich sind und

6. die Kosten der Beschaffung, der Ausstattung und der Erhaltung einer behinderungsgerechten Wohnung in angemessenem Umfang.

[2]Die Leistung nach Satz 1 Nummer 3 wird für die Dauer von bis zu drei Jahren bewilligt und in Abstimmung mit dem Rehabilitationsträger nach § 6 Absatz 1 Nummer 1 bis 5 durch das Integrationsamt nach § 185 Absatz 5 ausgeführt. [3]Der Rehabilitationsträger erstattet dem Integrationsamt seine Aufwendungen. [4]Der Anspruch nach § 185 Absatz 5 bleibt unberührt.

(9) Die Bundesregierung kann durch Rechtsverordnung mit Zustimmung des Bundesrates Näheres über Voraussetzungen, Gegenstand und Umfang der Leistungen der Kraftfahrzeughilfe zur Teilhabe am Arbeitsleben regeln.

Übersicht

A. Allgemeines

Kap. 10 von Teil I des SGB IX („Regelungen für Menschen mit Behinderungen und von Behinderung bedrohte Menschen") betrifft die Leistungen zur Teilhabe am Arbeitsleben. Die Eingangsnorm – § 49 – stimmt im Wesentlichen mit § 33 SGB IX 2001 überein; lediglich Abs. 3 Nr. 6, Abs. 6 Nr. 7 und Abs. 9 der Vorschrift wurden geändert oder ergänzt. Durch das Gesetz zur Änderung des Neunten und des Zwölften Buches Sozialgesetzbuch und anderer Vorschriften v. 30.11.2019 (BGBl. I S. 1948) wurde in Abs. 8 S. 2, 4 ein redaktioneller Fehler beseitigt und die Verweisung auf § 185 Abs. 5 richtiggestellt (Inkrafttreten: Tag nach der Verkündung, 6.12.2019). 1

Die Leistungen werden nach Gegenstand, Umfang und Ausführung aufgeführt. Dies trifft allerdings nur insoweit zu, als eine Übersicht über die nach dem G in diesem Bereich möglichen Leistungen gegeben wird. Die Aufzählung der in Betracht kommenden Teilhabeleistungen ist beispielhaft und damit nicht abschließend (vgl. den Gesetzeswortlaut des Abs. 3: „Die Leistungen umfassen insbesondere …"). Die umschriebenen Leistungen zur Teilhabe am Arbeitsleben überschneiden sich dabei mit arbeits- und schwerbehindertenrechtlichen Fördermaßnahmen im Betrieb (Luthe RehabilitationsR/*Gutzler* §§ 33–43 Rn. 12). Die spezifischen Voraussetzungen für die Gewährung der jeweils im Einzelfall in Betracht zu ziehenden Leistungen sowie die Bestimmung des dafür zuständigen Trägers werden dagegen in den für die einzelnen Leistungsbereiche geltenden Vorschriften näher geregelt (§ 7 Abs. 1 S. 2). 1a

Der Begriff der Teilhabe als Ziel in Abs. 1 macht deutlich, dass die Erhaltung, aber auch die Beschaffung eines Arbeitsplatzes im Vordergrund steht (KHM/*Vogt* § 33 Rn. 6). In § 49 Abs. 2 wird das bereits in § 1 S. 2 ausdrücklich betonte gesetzgeberische Anliegen der Berücksichtigung der besonderen Bedürfnisse behinderter Frauen aufgegriffen, denen hier mit der Bereitstellung spezifischer, ganz auf die Besonderheiten des Einzelfalles ausgerichteter Leistungsangebote genügt werden soll. In Abs. 9 wird eine neue gesetzliche Grundlage für die bestehende KFZ-Hilfeverordnung geschaffen. 2

B. Leistungsziel

Abs. 1 umschreibt das mit der Regelung angestrebte Ziel ganz allg. dahin, dass die Teilhabe am Arbeitsleben möglichst auf Dauer gesichert werden soll (GK-SGB IX/*Wendt* § 33 Rn. 11; LPK-SGB IX/*Deusch* § 49 Rn. 7; jurisPK-SGB IX/*Luik* § 49 Rn. 86: finale Ausrichtung). Hierfür soll die Erwerbsfähigkeit von Menschen mit Behinderungen oder von Behinderung bedrohten Menschen (§ 2 Abs. 1) entspr. ihrer Leistungsfähigkeit erhalten, verbessert, hergestellt oder wiederhergestellt werden und deren Teilhabe am Arbeitsleben möglichst auf Dauer gesichert werden soll. Dabei ist unter – voller – Erwerbsfähigkeit, ausgehend von dem im Recht der gesetzlichen Rentenversicherung geltenden Begriff der Erwerbsminderung, die Fähigkeit des Versicherten zu verstehen, mindestens sechs Stunden täglich unter den üblichen Bedingungen des allgemeinen Arbeitsmarkts erwerbstätig sein zu können (vgl. § 43 Abs. 3 SGB VI). Maßgeblich ist damit das Restleistungsvermögen eines Menschen mit Behinderungen auf dem allgemeinen Arbeitsmarkt (SächsLSG 7.1.2014 – L 5 R 626/12, BeckRS 2014, 65657). 3

Die Gewährung von Leistungen zur Teilhabe am Arbeitsleben ist nicht auf bestimmte Fallgestaltungen beschränkt. Wie die Vielzahl der beschriebenen Leistungsanlässe zeigt, ist das ursprüngliche Vorliegen der Erwerbsfähigkeit nicht erforderlich (Herstellung der Erwerbsfähigkeit) und es muss deren Verlust oder deren Einschränkung auch nicht erst eintreten (Erhaltung der Erwerbsfähigkeit), damit Teilhabeleistungen in Betracht kommen. Leistungen werden darüber hinaus auch an Menschen mit Behinderungen oder von 4

Behinderung bedrohte Menschen erbracht, wenn deren Erwerbsfähigkeit verbessert werden kann.

5 Da das Endziel die möglichst dauerhafte Teilhabe am Arbeitsleben ist, endet die Leistungsverpflichtung eines Rehabilitationsträgers nicht unbedingt mit einer erfolgreichen Maßnahme, sondern sie erfordert evtl. weitere Leistungen (*Knittel* § 33 Rn. 18). Hierbei zielt die Erhaltung oder Eingliederung grds. auf den ersten **Arbeitsmarkt.** Die Leistungen in einer WfbM besitzen hierbei eine gewisse Sonderstellung.

C. Leistungsabgrenzung

6 Die Leistungen zur Teilhabe am Arbeitsleben sind zu anderen Rehabilitationsleistungen, die auch einen Bezug zu beruflichen Tätigkeiten haben, genau abzugrenzen, weil sich hieraus ggf. unterschiedliche Zuständigkeiten ergeben können. Schwierig ist die Abgrenzung zur medizinischen Rehabilitation, weil sich beide auf die Erhaltung, Verbesserung oder Wiederherstellung der Erwerbsfähigkeit beziehen (KHM/*Vogt* Vor §§ 33 ff. Rn. 18). Besonders deutlich wird dieses an der Belastungserprobung und Arbeitstherapie, einer Leistung der medizinischen Rehabilitation (§ 42 Abs. 2 Nr. 7). Es besteht zwar ein starker Bezug zur beruflichen Tätigkeit, für beide Maßnahmen ist aber die Unterordnung unter einen Behandlungsplan entscheidend und hierdurch entsteht der medizinische Charakter (Mrozynski SGB IX/*Jabben* § 26 Rn. 13).

7 In der Abgrenzung zu Leistungen der sozialen Teilhabe (bspw. § 78 Assistenzleistungen) können beide Leistungen bei der Unterstützung der beruflichen Tätigkeit eingesetzt werden. Das Ziel der Leistungen der sozialen Teilhabe ist hierbei jedoch auf die selbstbestimmte Alltagsbewältigung und Tagesstrukturierung ausgerichtet (BT-Drs. 18/9255, 260).

D. Erforderlichkeit der Leistungen

8 Leistungen zur Teilhabe am Arbeitsleben müssen, wie die Verwendung des Attributs „erforderlichen (Leistungen)" zeigt, geeignet sein, die Teilhabe des Menschen mit Behinderungen am Arbeitsleben durch eine bestimmte Maßnahme möglichst auf Dauer zu sichern. Hierfür ist eine prognostische Einschätzung hinsichtlich des Erfolges der Maßnahme erforderlich, der Erfolg muss hierbei zumindest wahrscheinlich erscheinen (BSG 7.2.1982 – 1 RJ 102/80, BSGE 53, 100 = BeckRS 1982, 30708667; 29.7.1993 – 11/9b Rar 5/92, SozR 3–4100 § 60 Nr. 1 = BeckRS 1993 30418254; LSG RhPf 21.10.1998 – L 6 A 5/97, BeckRS 1998, 30981532; SG Dresden 19.5.2016 – S 35 R 1351/14, BeckRS 2016, 71595), andererseits müssen sich die „erforderlichen" Leistungen an dem jeweiligen Rehabilitationsbedarf orientieren (jurisPK-SGB IX/*Luik* § 49 Rn. 100). Die Rehabilitation richtet sich damit auf die erstmalige Eingliederung (LSG BW 16.11.2017, BeckRS 2017,134448).

9 Als erforderlich werden Leistungen zur Teilhabe jedenfalls dann angesehen, wenn die Erwerbsfähigkeit oder die Wettbewerbschancen auf dem Arbeitsmarkt behinderungsbedingt nicht unerheblich beeinträchtigt sind, bzw. dann, wenn die Gefahr besteht, dass eine nicht unerhebliche behinderungsbedingte Erwerbsminderung oder nicht unerhebliche behinderungsbedingte Beeinträchtigung der Wettbewerbschancen einzutreten drohen unter der weiteren Voraussetzung, dass das Rehabilitationsziel mittels der Leistungen zur Teilhabe am Arbeitsleben erreichbar erscheint (LSG Nds-Brem 25.3.2009 – L 3 U 239/07, BeckRS 2009, 66045; HessLSG 2.10.2009 – L 5 R 315/08, BeckRS 2009, 74004). Damit scheidet zB eine Umschulung in einen Beruf aus, für den der Mensch mit Behinderungen gesundheitlich nicht geeignet ist (BSG 28.9.1999 – B 2 U 36/98 R, SozR

3–5670 § 3 Nr. 4 = BeckRS 1999 30074880; BayLSG 19.12.2001 – L 18 U 342/99, SGb 2002, 384 = BeckRS 9999, 06235). Notwendige Voraussetzung der Leistungsgewährung ist ein kausaler Zusammenhang zwischen Arbeitstätigkeit und Erforderlichkeit der Leistung (HessLSG 30.10.2015 – L 2 R 262/14, BeckRS 2016, 65698). Nähere Anhaltspunkte für die Ausgestaltung des Tatbestandsmerkmals der **Erforderlichkeit,** das als unbestimmter Rechtsbegriff der vollen gerichtlichen Nachprüfung unterliegt, ergeben sich dabei bereits aus der Vorschrift selbst, die in Abs. 1 in zunächst allgemeiner Form einen Katalog möglicher Leistungen beispielhaft benennt, die dann in den folgenden Absätzen noch weiter konkretisiert werden. Darüber hinaus enthält das G aber auch an anderer Stelle Hinweise darauf, in welchem Umfang einzelne Leistungen zu gewähren sind. Zu erwähnen ist hier bspw. die zeitliche Begrenzung der Leistungen im Berufsbildungsbereich gem. § 57 Abs. 3 oder die Beschränkung der Leistungsdauer in § 53 allg. Die Gesamtschau der einzelnen Leistungen und ihre im G an verschiedenen Stellen (so zB im Abs. 8 der Vorschrift) enthaltenen (auch einschränkenden) Voraussetzungen vermittelt dabei ein Bild dessen, was als zur Erreichung des Gesetzeszwecks erforderlich anzusehen ist.

E. Leistungskatalog

Die im G zunächst nur in allgemeiner Form benannten Leistungen werden in Abs. 3 in Form eines nicht abschließenden Katalogs („insbesondere") konkretisiert (*Benz* BG 2001, 552 ff.). Die Auflistung der wichtigsten Leistungen: 10

1. Hilfen zur Erhaltung oder Erlangung eines Arbeitsplatzes einschließlich Leistung zur Aktivierung und beruflichen Eingliederung,
2. Berufsvorbereitung einschließlich einer wegen der Behinderung erforderlichen Grundausbildung,
3. die individuelle betriebliche Qualifizierung im Rahmen Unterstützter Beschäftigung
4. berufliche Anpassung und Weiterbildung, auch soweit die Leistungen einen zur Teilnahme erforderlichen schulischen Abschluss einschließen,
5. berufliche Ausbildung, auch soweit die Leistungen in einem zeitlich nicht überwiegenden Abschnitt schulisch durchgeführt werden,
6. Förderung der Aufnahme einer selbständigen Tätigkeit durch die Rehabilitationsträger nach § 6 Abs. 1 Nr. 2–5,
7. sonstige Hilfen zur Förderung der Teilhabe am Arbeitsleben, um Menschen mit Behinderungen eine angemessene und geeignete Beschäftigung oder eine selbständige Tätigkeit zu ermöglichen und zu erhalten.

1. Hilfen zur Erhaltung oder Erlangung eines Arbeitsplatzes (Abs. 3 Nr. 1)

Hilfen zur Erhaltung und Erlangung eines Arbeitsplatzes einschließlich **Leistungen zur Aktivierung und beruflichen Eingliederung,** orientieren sich am Wortlaut der §§ 45–47 SGB III (jurisPK-SGB IX/*Luik* § 49 Rn. 176; LPK-SGB IX/*Deusch* § 49 Rn. 26). Sie dienen der Sicherung des Erreichten, dessen Bestand jedoch gefährdet ist, sowie der Unterstützung der Bemühungen des betroffenen Menschen mit Behinderungen oder von Behinderung bedrohten Menschen (KassKomm/*Kater* SGB VI § 16 Rn. 16–19). Grundsätzlich haben dabei Maßnahmen zur Erhaltung eines noch vorhandenen Arbeitsplatzes Vorrang (*Knittel* § 33 Rn. 48; GK-SGB IX/*Wendt* § 33 Rn. 49). Die allgemeinen Leistungen zur Erhaltung und Erlangung eines Arbeitsplatzes werden durch die Leistungen aus Abs. 8 S. 1 Nr. 1–6 ergänzt. Danach umfassen Leistungen nach Abs. 3 Nr. 1 auch: 11

1. Kraftfahrzeughilfe nach der Kraftfahrzeughilfeverordnung,

2. den Ausgleich unvermeidbaren Verdienstausfalls des Menschen mit Behinderungen oder einer erforderlichen Begleitperson wegen notwendiger An- und Abfahrten zu einer Bildungsmaßnahme oder zur Vorstellung bei einer potenziellen Beschäftigungseinrichtung,
3. die Kosten einer notwendigen Arbeitsassistenz für schwerbehinderte Menschen (*Mrozynski* SGb 2004, 262 f.),
4. Kosten für notwendige Hilfsmittel,
5. Kosten technischer Arbeitshilfen,
6. Kosten der Beschaffung, der Ausstattung und der Erhaltung einer behinderungsgerechten Wohnung in angemessenem Umfang.

11a Nicht zu den Leistungen nach Abs. 3 Nr. 1 gehören Leistungen an Arbeitgeber, da diese in § 50 speziell geregelt sind.

2. Berufsvorbereitung (Abs. 3 Nr. 2)

12 Mit dem Begriff der **Berufsvorbereitung,** der auch eine wegen der Behinderung erforderliche Grundausbildung umfasst, wird wie in Nr. 1 (Leistungen zur Aktivierung und beruflichen Eingliederung) unmittelbar Bezug genommen auf bestimmte Vorschriften des SGB III, hier den § 51 Abs. 1. Mit der Vorbereitung auf den Beruf sollen bestehende Einschränkungen ausgeglichen werden, damit der Teilnehmer an einer Maßnahme auch eine effektive Möglichkeit erwirbt, diese erfolgreich abzuschließen (LSW/*Bieritz-Harder* § 33 Rn. 19; jurisPK-SGB IX/*Luik* § 49 Rn. 181). Dazu gehört auch die Erlangung eines bestimmten Schulabschlusses, sofern dieser eine notwendige Voraussetzung für die weitere Ausbildung sein sollte. Ausgeschlossen sind jedoch Bildungsmaßnahmen, die den Schulgesetzen der Länder unterliegen und ausschließlich der Allgemeinbildung dienen (CFHR/*Verhorst* § 33 Rn. 30; für die Bundesagentur für Arbeit gilt jedoch § 116 Abs. 5 S. 2 SGB III; vgl. Fachkonzept für berufsvorbereitende Bildungsmaßnahmen nach §§ 51 ff. SGB III, www.arbeitsagentur.de Institutionen). Die weiterhin angesprochene Grundausbildung gehört zu den Leistungen nach Nr. 2, wenn diese Grundausbildung wegen der Art der Behinderung (bspw. Seh- oder Hörbehinderung) notwendig ist, um hierauf aufbauend eine berufliche Ausbildung anzuschließen (LSW/*Bieritz-Harder* § 33 Rn. 19; KassKomm/*Kater* SGB VI § 16 Rn. 20).

3. Betriebliche Qualifizierung (Abs. 3 Nr. 3)

13 Die **betriebliche Qualifizierung** als Leistung zur Teilhabe im Rahmen einer unterstützten Beschäftigung wurde zum 1.1.2009 in den Leistungskatalog aufgenommen. Die unterstützte Beschäftigung, die neben der Berufsbegleitung die **individuelle betriebliche Qualifizierung** umfasst (§ 55 Abs. 1 S. 2), verfolgt als arbeitsmarktpolitisches Instrument das Ziel, Menschen mit Behinderungen und besonderem Unterstützungsbedarf eine angemessene, geeignete und sozialversicherungspflichtige Beschäftigung zu ermöglichen und zu erhalten (§ 55 Abs. 1 S. 1; jurisPK-SGB IX/*Luik* § 49 Rn. 187). Die Berufsbegleitung wurde nicht in den Leistungskatalog aufgenommen, weil diese eine eigenständige Teilhabeleistung zur Festigung einer sozialversicherungspflichtigen Beschäftigung darstellt (GK-SGB IX/*Wendt* § 33 Rn. 63). Die Nähe zu § 55 führt dazu, dass sich Voraussetzungen sowie Art und Ziel der Leistung an § 55 orientieren müssen.

14 Während einer betrieblichen Qualifizierung gewährt die Bundesagentur für Arbeit als Rehabilitationsträger Ausbildungsgeld nach § 122 Abs. 1 Nr. 2 SGB III. Die Grundsicherungsträger gewähren zwar auch vermittlungsunterstützende Leistungen nach § 16 Abs. 1 S. 3 SGB II, zahlen aber kein Ausbildungsgeld. Die Unfallversicherungsträger gewähren aufgrund der Rechtsfolgenverweisung in § 35 Abs. 1 SGB VII auch die betriebliche Qualifizierung und die unterstützte Beschäftigung. Die Rechtsfolgenverweisung in § 16 SGB VI für die Rentenversicherungsträger führt zwar § 49 und damit auch

Abs. 3 Nr. 3 auf, nicht hingegen § 55. Im Eingliederungshilferecht entsprechen nach § 54 Abs. 1 S. 2 SGB XII die Leistungen zur Teilhabe den Leistungen der Bundesagentur für Arbeit, so dass auch die betriebliche Qualifizierung und die unterstützte Beschäftigung insgesamt zu erbringen sind. In der Kriegsopferfürsorge verweist § 26 Abs. 1 BVG ebenfalls auf die §§ 49–55 bei den Leistungen zur Teilhabe am Arbeitsleben, so dass sich keine Abweichungen zum Recht der gesetzlichen Unfallversicherung ergeben.

4. Berufliche Anpassung und Weiterbildung (Abs. 3 Nr. 4)

15 Diese Vorschrift ermöglicht eine Förderung des beruflichen Aufstiegs. **Berufliche Anpassung** betrifft dabei den notwendigen Ausgleich eingetretener Defizite im Hinblick auf Kenntnisse und Fertigkeiten, der zur erfolgreichen Weiterführung der bisherigen Tätigkeit notwendig ist (LSW/*Bieritz-Harder* § 33 Rn. 20). Eine **berufliche Weiterbildung** liegt dann vor, wenn auf bereits vorhandenes berufliches Wissen aufgebaut wird. Es handelt sich insoweit um die Fortsetzung oder Wiederaufnahme organisierten Lernens nach dem Abschluss der ersten Ausbildungsphase oder auch sonstiger beruflicher Betätigung ohne vorherigen Berufsabschluss, die deswegen vielfach mit einer verkürzten Ausbildungsdauer einhergeht (LSG Bln-Bbg 9.5.2017 – L 18 AL 119/15, BeckRS 2017, 112483; SG Lüneburg 7.7.2015 – S 33 R 226/15 ER, BeckRS 2015, 71597). In der Vergangenheit (vor 1998) wurden die Begriffe Fortbildung und Umschulung benutzt, wobei sich inhaltlich keine Veränderung ergeben hat (KassKomm/*Kater* SGB VI § 16 Rn. 23). Hierbei wurde die Fortbildung als die Erweiterung der beruflichen Kompetenz (über eine Anpassung hinaus) angesehen (KHM/*Vogt* § 33 Rn. 22). Ziel einer Fortbildung konnte auch ein beruflicher Aufstieg sein. Die Umschulung war die Weiterbildung mit dem Ziel eines Berufswechsels (LSW/*Bieritz-Harder* § 33 Rn. 23).

5. Berufliche Ausbildung (Abs. 3 Nr. 5)

16 Leistungen der beruflichen **Ausbildung** sind auf einen ersten Berufsabschluss ausgerichtet (jurisPK-SGB IX/*Luik* § 49 Rn. 194). Hierin liegt auch die Abgrenzung zu Leistungen nach Abs. 3 Nr. 4 (BSG 27.1.2005 – B 7a/7 AL 20/04 R, NZS 2006, 104). Die Form der praktischen Umsetzung ist nicht vorgeschrieben, es kann sich um eine betriebliche, überbetriebliche, eine betriebliche Ausbildung mit überbetrieblichen Teilabschnitten oder eine solche in einem Berufsförderungswerk handeln, wobei der schulische Anteil allerdings nicht überwiegen darf (*Knittel* § 33 Rn. 77). Die Ausbildung muss grds. auf der Basis von Ausbildungsordnungen durchgeführt werden (KHM/*Vogt* § 33 Rn. 23).

6. Förderung der Aufnahme einer selbständigen Tätigkeit (Abs. 3 Nr. 6)

17 Nach der gesetzlichen Begründung wurde die Formulierung in der Norm geändert, um einen Gleichklang mit den vorhergehenden Nummern zu bekommen (Verweis allg. auf Leistungen der aktiven Arbeitsförderung), ohne dabei konkret auf einzelne Vorschriften im Recht der Arbeitsförderung nach dem SGB III Bezug zu nehmen (BT-Drs. 18/9522, 253). Ansonsten entspricht die jetzige Fassung dem Rechtszustand des § 33 Abs. 3 Nr. 5 SGB IX 2001. Dieses bedeutet, dass obwohl der Gründungszuschuss nach § 93 SGB III nicht mehr genannt wird (zuvor Rechtsgrundverweisung), doch inhaltlich weiterhin auf ihn abgestellt werden soll (LPK-SGB IX/*Deusch* § 49 Rn. 33). In Anlehnung an § 93 SGB III, ist daher als Leistung für alle Rehabilitationsträger, die Leistungen zur Teilhabe am Arbeitsleben erbringen, jetzt eine als „Förderung der Aufnahme einer selbständigen Tätigkeit" bezeichnete Leistung zur Teilhabe aufgeführt.

17a Der **Gründungszuschuss,** eine Geldleistung, wird an Arbeitnehmer gezahlt, die durch die Aufnahme einer selbständigen Tätigkeit die Arbeitslosigkeit beenden oder vermeiden und dient der sozialen Sicherung und der Sicherung des Lebensunterhalts in der Zeit nach der Existenzgründung (Gagel/*Winkler* SGB III § 93 Rn. 4; *Knittel* § 33 Rn. 79; KHM/*Vogt* § 33 Rn. 25; GK-SGB IX/*Wendt* § 33 Rn. 79; BSG 9.7.2017 BeckRS 2017, 12589: Voraussetzung des Zuschusses ist der Nachweis der Aufnahme einer Tätigkeit von mind. 15 Stunden). Die Leistung nach § 93 SGB III tritt für die Dauer von sechs Monaten (§ 94 Abs. 1 SGB III) an die Stelle des Arbeitslosengeldes, das nicht mehr gezahlt werden darf, wenn die Arbeitslosigkeit beendet ist, wie dies bei zeitintensiver Inanspruchnahme des Arbeitnehmers durch die Vorbereitung der Existenzgründung gem. § 138 Abs. 3 SGB III (mehr als 15 Stunden wöchentlich) der Fall ist. Der Gründungszuschuss kann auch gezahlt werden, sofern neben der hauptberuflichen selbständigen Tätigkeit eine geringfügige Beschäftigung ausgeübt wird. Dies gilt nicht, wenn andere abhängige oder selbständige Tätigkeiten in der Summe einen zeitlich höheren Umfang als die selbständige Tätigkeit einnehmen.

7. Sonstige Hilfen (Abs. 3 Nr. 7)

18 Diese Regelung hat die Funktion eines an sich wegen der Verwendung des Wortes „insbesondere" im Einleitungssatz der Vorschrift nicht erforderlichen Auffangtatbestandes und wiederholt und konkretisiert in ihrem zweiten Teil lediglich das in Abs. 1 bereits ausgedrückte Regelungsziel. Beispielhaft genannt werden kann hier etwa die Bereitstellung eines Beförderungsdienstes (SächsLSG 15.1.2003 – L 6 RJ 232/02, BeckRS 2003, 30933254) und die Übernahme von Aufwendungen für einen Gebärdendolmetscher zur Ermöglichung der Teilnahme am Berufsschulunterricht (BSG 4.6.2013 – B 11 AL 8/12 R, BeckRS 2013, 72100; BayLSG 14.3.2013 – L 10 AL 342/12 B ER, BeckRS 2013, 68420; BVerwG 10.1.2013 – 5 C 24.11, NZA-RR 2013, 382; LSG Hmb 15.2.2012 – L 2 AL 6/10, BeckRS 2012, 68833) Zu den Kosten für eine Studienassistenz im Rahmen eines dualen Studiums als besondere Leistungen zur Teilhabe am Arbeitsleben gem. Abs. 3 Nr. 7 (LSG BW 18.2.2020 – L 13 AL 190/18, BeckRS 2020, 3438).

8. Medizinische, psychologische und pädagogische Hilfen (Abs. 6)

19 Diese Regelung stellt anknüpfend an § 42 Abs. 3 klar, dass zu den Leistungen zur Teilhabe am Arbeitsleben nach Abs. 1 auch psychosoziale Leistungen gehören, sofern sie im Einzelfall notwendig sind, um das dort beschriebene Teilhabeziel zu erreichen. Auch hier werden – systematisch – in der Form eines offenen Beispielskataloges („insbesondere") deren mögliche Ausgestaltungsformen genannt. Dies betrifft ua

1. Hilfen zur Unterstützung bei der Krankheits- und Behinderungsverarbeitung,
2. Hilfen zur Aktivierung von Selbsthilfepotentialen,
3. Information und Beratung von Partner und Angehörigen sowie von Vorgesetzten und Kollegen mit Zustimmung der Leistungsberechtigten,
4. Vermittlung von Kontakten zur örtlichen Selbsthilfe- und Beratungsmöglichkeiten,
5. Hilfen zur seelischen Stabilisierung und zur Förderung der sozialen Kompetenz,
6. Training lebenspraktischer Fähigkeiten,
7. Training motorischer Fähigkeiten
8. Anleitung und Motivation zur Inanspruchnahme von Leistungen zur Teilhabe am Arbeitsleben,
9. Beteiligung von Integrationsfachdiensten im Rahmen ihrer Aufgabenstellung (§ 193).

19a Dies hat zur Konsequenz, dass auch eine in dieser Aufzählung nicht erwähnte, im Einzelfall jedoch erforderlich werdende Leistung möglich ist.

20 In Abs. 6 Nr. 7 wurden Leistungen zum Training motorischer Fähigkeiten neu in den Leistungskatalog des Abs. 6 aufgenommen. Nach der gesetzlichen Begründung wird durch die Aufnahme des Trainings motorischer Fähigkeiten in die Leistungen zur Teilhabe am Arbeitsleben die Bedeutung der Bewegungsorientierung gestärkt (BT-Drs. 18/10523, 54). Ein solches bewegungsorientiertes Training könne entscheidend sein, um

den Menschen mit Behinderungen die Teilhabe am Arbeitsleben möglichst auf Dauer zu sichern.

9. Leistungen nach Abs. 8

Die Leistungen in Abs. 8 werden entweder im Rahmen von Hilfen zur Erhaltung und Erlangung eines Arbeitsplatzes (Abs. 3 Nr. 1) oder als sonstige Hilfen zur Förderung der Teilhabe am Arbeitsleben (Abs. 3 Nr. 7) bewilligt. Bei den Leistungen muss ein kausaler Zusammenhang zwischen Arbeitstätigkeit und Notwendigkeit der Leistungen bestehen (KHM/*Vogt* § 33 Rn. 44). 21

a) **Kraftfahrzeughilfe.** Leistungen der **Kraftfahrzeughilfe** werden erbracht, wenn der Mensch mit Behinderungen infolge seiner Behinderungen nicht nur vorübergehend auf die Benutzung eines Kfz angewiesen ist, um seinen Arbeits- oder Ausbildungsort zu erreichen (SG Mainz 31.1.2013 – S 10 R 9/11, BeckRS 2013, 66459; SG Mainz 19.11.2015 – S 1 R 701/13, BeckRS 2016, 65142; Voraussetzungen ggü. RV-Träger; LSG Bln-Bbg 26.4.2018 BeckRS 2018, 9004; zur Erforderlichkeit: BSG 21.3.2006 BeckRS 2006, 43265). Die möglichen Leistungen umfassen die Beschaffung eines Fahrzeugs, die behinderungsbedingte Zusatzausstattung sowie die Erlangung einer Fahrerlaubnis (§ 2 Abs. 1 Kraftfahrzeughilfeverordnung). Der „Erwerb eines Fahrzeugs" liegt auch bei einem Gebrauchtwagen vor (*Knittel* § 33 Rn. 154) Die laufenden Mietkosten eines Stellplatzes zählen nicht zum Katalog der Leistungen (BSG 8.2.2007 – B 7a AL 34/06 R, BeckRS 2007, 44417). 22

Ein Zuschuss zur Leistung „Beschaffung eines Kfz" kann regelhaft bis zu 22.000 EUR betragen. Die Höhe des Zuschusses bemisst sich nach dem Einkommen des Versicherten sowie dem Verkehrswert des Altfahrzeugs, nicht unbedingt nach eventuellen Verkaufserlösen (CFHR/*Verhorst* Anh. § 33 Rn. 28). Die Kosten für eine notwendige behinderungsbedingte Zusatzausstattung werden in vollem Umfang getragen (§ 7 Kraftfahrzeughilfeverordnung). 23

b) **Verdienstausfall.** Für den Fall, dass einem Menschen mit Behinderungen die Teilnahme an einer Maßnahme nur während seiner üblichen Arbeitszeit möglich ist und deshalb einen Verdienstausfall erleidet (Kausalität), kann dieser durch den Rehabilitationsträger ausgeglichen werden (KassKomm/*Kater* SGB VI § 16 Rn. 32; GK-SGB IX/*Wendt* § 33 Rn. 119; jurisPK-SGB IX/*Luik* § 49 Rn. 245). 24

c) **Arbeitsassistenz.** Die Leistung „Arbeitsassistenz" ist eine Geldleistung, keine Sachleistung. Inhaltlich bedeutet eine **Arbeitsassistenz,** dass eine Unterstützung von schwerbehinderten Menschen bei der Arbeitsausführung erfolgt, die über eine gelegentliche Handreichung hinausgeht und sich zeitlich wie tätigkeitsbezogen wiederholt (Luthe RehabilitationsR/*Gutzler* §§ 33–43 Rn. 34, 35). Da die Leistung für die Dauer von bis zu drei Jahren bewilligt werden kann (Abs. 8 S. 2) und nach dem Anspruch des Menschen mit Behinderungen gegenüber dem Rehabilitationsträger („Erlangung eines Arbeitsplatzes") ein weiterer Anspruch auf Arbeitsassistenz gegenüber den Integrationsämter nach § 185 Abs. 4 geschaffen wird (schwerbehinderte Menschen) (→ § 185 Rn. 40), wird dem Integrationsamt die Durchführung der Maßnahme übertragen (Abs. 8 S. 2), um einen Wechsel des Trägers und damit ggf. auch der Person der Arbeitsassistenz zu vermeiden (LPK-SGB IX/*Deusch* § 49 Rn. 52). Die Kosten werden dem Integrationsamt nach S. 3 durch den zuständigen Träger erstattet. Die Leistungen des Rehabilitationsträger und des Integrationsamts stehen nicht in Konkurrenz (KHM/*Vogt* § 33 Rn. 49). Leistungen der Arbeitsassistenz setzen nach dem Wortlaut der Vorschrift nicht voraus, dass der behinderte Mensch bereits einen Arbeitsplatz innehat, da die Regelung die Notwendigkeit einer Arbeitsassistenz vielmehr ausschließlich mit dem Zweck verknüpft, einen Arbeitsplatz zu erlangen (LSG Bln-Bbg, 3.6.2021 – L 14 AL 64/18, BeckRS 2021, 33841). 25

26 d) **Hilfsmittel.** Da nach der gesetzlichen Begründung keinerlei Änderung gegenüber § 33 Abs. 8 Nr. 4 SGB IX 2001 beabsichtigt ist, dürfte die Einschränkung in Nr. 4b („es sei denn, dass eine Verpflichtung des Arbeitgebers besteht") auch bei Nr. 4a („zur Berufsausübung") gelten.

26a Für die Hilfsmittel iSd Abs. 3 Nr. 1, Abs. 8 Nr. 4 ist die Abgrenzung zu medizinischen Hilfsmitteln von entscheidender Bedeutung (Deinert/Neumann/*Voelzke* §§ 33–48 Rn. 77; jurisPK-SGB IX/*Luik* § 49 Rn. 259). **Hilfsmittel** in diesem Sinne sind nur diejenigen, die zum Ausgleich einer Behinderung für eine bestimmte Berufsausübung erforderlich sind (CFHR/*Verhorst* § 33 Rn. 81). Hörhilfen, die generell für alle beruflichen Tätigkeiten benötigt werden, gehören deshalb nicht dazu (BSG 21.8.2008 – B 13 R 33/07 R, SozR 4–3250 § 14 Nr. 7 = BeckRS 2008, 57040; LSG Bln-Bbg 25.5.2016 – L 27 R 65/16, BeckRS 2016, 69230; *Knittel* § 33 Rn. 241; KassKomm/*Kater* SGB VI § 16 Rn. 36). Demgegenüber positiv: SG Dresden 28.2.2011 – S 24 KN 625/09, BeckRS 2011, 69242, behindertengerechter Bürostuhl; BSG 26.7.1994 – 11 Rar 115/93, BeckRS 1994, 30750305, orthopädische Arbeitssicherheitsschuhe. Ein höhenverstellbarer Schreibtisch stellt ein Hilfsmittel zur Berufsausübung nach Abs. 8 S. 1 Nr. 4 und keine technische Arbeitshilfe nach Abs. 8 S. 1 Nr. 5 dar (LSG BW 9.9.2020 – L 2 R 2454/19, BeckRS 2020, 44922).

27 e) **technische Arbeitshilfen.** Als **technische Arbeitshilfen** nach Abs. 8 Nr. 5 werden Vorrichtungen und Geräte bezeichnet, die den Arbeitsplatz eines Menschen mit Behinderungen behindertengerecht ausstatten, um seine behinderungsbedingten Nachteile auszugleichen (LSG RhPf 2.3.2016 – L 6 R 504/14, BeckRS 2016, 66833; GK-SGB IX/*Wendt* § 33 Rn. 139; jurisPK-SGB IX/*Luik* § 49 Rn. 269). Zu den Hilfsmitteln grenzen sich die technischen Arbeitshilfen dadurch ab, dass sie nicht am Körper getragen werden können (*Knittel* § 33 Rn. 249) Ziel der technischen Arbeitshilfen ist es, die Arbeitstätigkeit überhaupt erst zu ermöglichen, die Arbeitsausführung zu erleichtern und die Arbeitssicherheit zu gewährleisten (Hauck/Noftz/*Götze* § 33 Rn. 40). Die Leistungen konkurrieren grds. mit Leistungen nach § 164 Abs. 4 Nr. 5 (Deinert/Neumann/*Voelzke* §§ 33–48 Rn. 80).

28 f) **behinderungsgerechte Wohnung.** Leistungen nach Abs. 8 Nr. 6 zur Ausstattung und Erhaltung einer behindertengerechten Wohnung (Wohnungshilfe) sind möglich (LPK-SGB IX/*Deusch* § 49 Rn. 54), wenn ein kausaler Zusammenhang zwischen der Arbeitstätigkeit und der Notwendigkeit der Leistung **Wohnungshilfe** vorliegt (HessLSG 30.10.2015 – L 2 R 262/14, BeckRS 2016, 65698; Hauck/Noftz/*Götze* § 33 Rn. 41). Sie muss final auf die Sicherung der Erwerbsfähigkeit ausgerichtet sein, Maßnahmen, die der persönlichen Lebensführung, der Verbesserung der Lebensqualität oder der Befriedigung elementarer Grundbedürfnisse dienen und sich nur mittelbar auf die Berufsausübung auswirken, stellen keine Leistung zur Teilhabe am Arbeitsleben dar (BSG 4.2.2021 – B 13 R 239/20 B, BeckRS 2021, 4698, SG Karlsruhe 14.7.2015 – S 11 R 1330/13, BeckRS 2014, 70805, Treppenlift; SG Magdeburg 30.8.2016 – S 43 R 630/13, BeckRS 2016, 119382, Treppenlift; LSG Thür 29.1.2013 – L 6 R 202/08, BeckRS 2013, 70027, Hublift; HessLSG 30.10.2015 – L 2 R 262/14, BeckRS 2016, 65698, Aufzug; LSG Bln-Bbg 17.12.2012 – L 29 AL 337/09, BeckRS 2013, 66316, Tiefgarage).

F. Kosten

29 In Ergänzung des Leistungskataloges des Abs. 3 bestimmt Abs. 7 Nr. 1, dass bestimmte, in unmittelbarem Zusammenhang der Leistung stehende Kosten übernommen werden können. Dies betrifft insbes. die Kosten für Unterkunft und Verpflegung, wenn für die Ausführung einer Leistung eine Unterbringung außerhalb des eigenen oder elterlichen Haushaltes wegen Art oder Schwere der Behinderung oder zur Sicherung des Erfolges

einer Leistung zur Teilhabe notwendig ist. Eine **auswärtige Unterbringung** ist als notwendig anzusehen, wenn der Ort der Maßnahme und der Wohnort so weit auseinanderliegen, dass der Maßnahmeort nicht in angemessener Zeit erreicht werden kann. Als nicht angemessen wird eine Strecke angesehen, die nicht mehr im sog. Tagespendelbereich zu erreichen ist. Nach § 140 Abs. 4 SGB III wären dieses je Fahrstrecke zwischen zwei und zweieinhalb Stunden. Jedoch sollte immer auf den Einzelfall abgestellt und berücksichtigt werden, wie sich ein mögliches Pendeln auf den Gesamterfolg der Maßnahme auswirken könnte.

Ist die Erforderlichkeit der auswärtigen Unterkunft festgestellt worden, werden die Kosten für Unterkunft und Verpflegung im erforderlichen Umfang übernommen (jurisPK-SGB IX/*Luik* § 49 Rn. 208). Bei der internatsmäßigen Unterbringung in einem Berufsförderungswerk sind die Kosten hierfür vertraglich festgelegt (Kostensatzverhandlungen). 30

Im Rahmen der Förderung der Rehabilitationsmaßnahme muss der Rehabilitationsträger auch die erforderlichen Kosten, die mit der Ausführung der Leistung in unmittelbarem Zusammenhang stehen, übernehmen. Angesprochen sind insbes. Lehrgangskosten, Prüfungsgebühren, Lernmittel sowie Leistungen zur Aktivierung und beruflichen Eingliederung. Als Lehrgangskosten sind alle Aufwendungen anzusehen, die für die Sach- und Dienstleistungen des Bildungsträgers entstehen (*Knittel* § 33 Rn. 145). Prüfungsgebühren sind alle Gebühren, die für Aufnahme-, Zwischen-, Abschluss- und Wiederholungsprüfungen entstehen. Die Leistungen zur Aktivierung und beruflichen Eingliederung verweisen auf § 45 SGB III. 31

G. Praktika

Einheitlich für alle Rehabilitationsträger enthält Abs. 5 eine Klarstellung dahin, dass die Leistungen, insbes. der sozialen Absicherung (bspw. Übergangsgeld), nach Abs. 1 auch für Zeiten notwendiger Praktika zu erbringen sind. Eine Beschränkung auf den theoretischen Teil einer Ausbildung, ohne dass auch das dazu gehörende Berufspraktikum gefördert wird, ist deshalb nicht zulässig (LSG Nds-Brem 18.1.2006 – L 2 R 476/05, BeckRS 2006, 44144). Hierunter fallen jedoch nicht sog. **Anerkennungspraktika,** die im Anschluss an eine Maßnahme absolviert werden, um eine staatliche Anerkennung zu erlangen. Hier steht nicht mehr der Erwerb beruflicher Kompetenzen im Vordergrund, sondern die Berufstätigkeit selbst (KHM/*Vogt* § 33 Rn. 34; BSG 29.1.2008 – B 5a/5 R 20/06 R, BeckRS 2009, 50758), mit der Konsequenz, dass während des Anerkennungspraktikums kein Übergangsgeld gezahlt wird. 32

H. Auswahl der Leistungen

Abs. 4 enthält nähere Regelungen der Maßstäbe, nach denen die Auswahl der im Einzelfall zu erbringenden Leistungen erfolgt. Kommen bei Vorliegen der Tatbestandsvoraussetzungen für eine Leistung zur Teilhabe am Arbeitsleben, die in den speziellen Sozialleistungsgesetzen geregelt sind, verschiedene Maßnahmen in Betracht, die gleichermaßen geeignet sind, hat der Rehabilitationsträger ein Auswahlermessen (zur Teilförderung BSG 20.3.2007 – B 2 U 18/05 R, SozR 4–2700 § 35 Nr. 1 = NZS 2008, 43; zum Auswahlermessen des Rentenversicherungsträgers: BSG 17.10.2006 – B 5 RJ 15/05 R, SozR 4–2600 § 10 Nr. 2 = BeckRS 2007, 41923). Im Mittelpunkt der Auswahlentscheidung steht der betroffene Mensch mit Behinderungen oder von Behinderung bedrohte Mensch. Dessen Eignung, Neigung und bisherige Tätigkeit sind unmittelbarer Ausgangspunkt für die Auswahl der in Betracht kommenden Maßnahme. Dabei wird dem Tat- 33 bestandsmerkmal der „Neigung" eine maßgebende Bedeutung im Sinne eines Rechts auf selbstbestimmte Berufswahl (Art. 12 GG) beigemessen (LSG Saarl 4.8.2006 – L 7 RJ 22/04), es muss aber nicht unter allen Umständen der Neigung (Traumberuf) nachgekommen werden (BayLSG 27.7.2010 – L 20 R 309/09, BeckRS 2010, 74006). Unter Eignung ist vor allem die objektive fachliche Fähigkeit zu verstehen (KHM/*Vogt* § 33 Rn. 29). Die angemessene Berücksichtigung der bisherigen Tätigkeit verlangt, dass der angestrebte Beruf nach Bedeutung und sozialer Wertschätzung dem früheren Beruf entspricht (Hauck/Noftz/*Götze* § 33 Rn. 46).

34 Bei der Beurteilung von Eignung und bisheriger Tätigkeit sind neben dem Ausbildungsstand und der bisherigen Berufspraxis aber auch andere Leistungen und erworbenen Fähigkeiten positiv zu berücksichtigen, soweit sie für die Auswahl der Leistung relevant sein können (bspw. Betreuung von Kindern). Damit soll der Intention des Abs. 2 auch in diesem Punkt besonders entsprochen werden. Da das Ziel einer dauerhaften Eingliederung auch von einer Vermittlung auf dem allgemeinen Arbeitsmarkt abhängt, sind als Korrektiv in objektiver Hinsicht auch die Lage und die Entwicklung am Arbeitsmarkt in die Abwägung angemessen einzubeziehen. Dies hätte etwa zur Folge, dass die besonders kostenintensive Ausbildung eines Betroffenen für einen Beruf, in dem die Anzahl der gemeldeten Arbeitsuchenden mit einschlägiger Ausbildung jene der vorhandenen bzw. in absehbarer Zeit zu besetzenden freien Stellen erheblich übertrifft, auch dann abgelehnt werden könnte, wenn der Betroffene nach seinen persönlichen Voraussetzungen dafür besonders in Betracht käme und auch einen entsprechenden Wunsch geäußert hätte (so auch *Knittel* § 33 Rn. 112, 113; Mrozynski SGB IX/*Jabben* § 33 Rn. 51).

35 Liegen Erkenntnisse zu den persönlichen Voraussetzungen nicht vor, kann eine Klärung der beruflichen Eignung durch die Bundesagentur für Arbeit gem. § 54 erfolgen.

I. Frauen mit Behinderungen

36 Die Regelung des Abs. 2 korrespondiert mit jener des § 1 Abs. 2 und konkretisiert dessen allgemeine Vorgaben für den Bereich der Teilhabe am Arbeitsleben. Dies betrifft die Sicherung gleicher Chancen von Frauen mit Behinderungen im Einzelfall sowohl im Verhältnis zu nichtbehinderten Frauen als auch im Verhältnis zu Männern mit Behinderungen oder von Behinderung bedrohten Männern (LSW/*Bieritz-Harder* § 33 Rn. 13; LPK-SGB IX/*Deusch* § 49 Rn. 18). Zu diesem Zweck sind Leistungen zu gewähren, die zur Kompensation der typischerweise auftretenden Nachteile erforderlich sind. Dabei handelt es sich um die für die berufliche Entwicklung nachteiligen Folgen der Wahrnehmung von Familienaufgaben und die häufig damit einhergehenden Unterbrechungen der Erwerbsbiografie. Das gesetzgeberische Ziel der Kompensierung dieser Defizite bestimmt gleichzeitig Art und Umfang der insoweit erforderlichen Leistungen, die im Gesetzestext erneut beispielhaft („insbesondere") und damit nicht abschließend und nur in allgemeiner Form und unter Verwendung unbestimmter Rechtsbegriffe („geeignete, wohnortnahe Angebote") genannt werden. Zur Erreichung des gesetzgeberischen Anliegens, nämlich der Herstellung gleichwertigen Zugangs von Frauen mit Behinderungen zu Leistungen zur Teilhabe am Arbeitsleben, werden drei Hauptanforderungen aufgestellt, denen Angebote für diesen Personenkreis entsprechen müssen.

37 Dies betrifft zunächst die Art der den betroffenen Frauen zu unterbreitenden Angebote. Diese müssen in der beruflichen Zielsetzung geeignet sein, dh sie müssen so ausgestaltet sein, dass ihre Wahrnehmung – ausgehend von den bei den Frauen mit Behinderungen tatsächlich bestehenden Verhältnissen – erwarten lässt, dass das angestrebte berufliche Ziel auch erreicht werden kann. Eine zur Herbeiführung der Chancengleichheit durchzuführende Maßnahme muss daher basierend auf der Feststellung der indivi-

duellen Fähigkeit und unter Berücksichtigung des angestrebten Ziels so angelegt sein, dass bei Beachtung der individuellen Voraussetzungen und bei normalem Verlauf mit einem erfolgreichen Abschluss gerechnet werden kann, wobei die Einzelheiten der auszuführenden Leistungen sich jeweils aus den Besonderheiten des Einzelfalls ergeben.

Ein weiteres besonders komplexes Kriterium für die Eignung eines dem Gesetzeszweck 38
genügenden Angebots stellt seine ebenfalls ausdrücklich hervorgehobene Wohnortnähe dar. Nach dem Willen des Gesetzgebers muss es, damit auch eine Frau mit Behinderungen und mit betreuungsbedürftigen Kindern Leistungen zur Teilhabe am Arbeitsleben tatsächlich in Anspruch nehmen kann, so ausgestaltet sein, dass deren zeitliche Disposition und beschränkte Verfügbarkeit berücksichtigt werden. In Betracht kommt damit zB die Ermöglichung von Telearbeit.

Die Forderung nach der Nutzbarkeit eines solchen Angebots in Teilzeit steht im Kon- 39
text zu anderen gesetzgeberischen Aktivitäten (TzBfG) mit denen der Versuch unternommen wird, gerade Frauen, die insoweit tatsächlich besonders betroffen sind, eine (neue) berufliche Perspektive zu eröffnen, die sich mit deren familiären Belastungen und Verpflichtungen in Einklang bringen lässt.

J. Kraftfahrzeughilfe (Abs. 9)

Die Kraftfahrzeughilfeverordnung beruhte ursprünglich auf der Verordnungsermäch- 40
tigung nach § 9 Abs. 2 des Gesetzes über die Angleichung der Leistungen zur Rehabilitation (Rehabilitationsangleichungsgesetz). Dieses G ist bereits aufgehoben. Um die Rechtsverordnung fortschreiben zu können, war eine entsprechende Ermächtigungsgrundlage im SGB IX erforderlich (LPK-SGB IX/*Deusch* § 49 Rn. 55).

§ 50 Leistungen an Arbeitgeber

(1) Die Rehabilitationsträger nach § 6 Absatz 1 Nummer 2 bis 5 können Leistungen zur Teilhabe am Arbeitsleben auch an Arbeitgeber erbringen, insbesondere als

1. Ausbildungszuschüsse zur betrieblichen Ausführung von Bildungsleistungen,
2. Eingliederungszuschüsse,
3. Zuschüsse für Arbeitshilfen im Betrieb und
4. teilweise oder volle Kostenerstattung für eine befristete Probebeschäftigung.

(2) Die Leistungen können unter Bedingungen und Auflagen erbracht werden.

(3) [1] Ausbildungszuschüsse nach Absatz 1 Nummer 1 können für die gesamte Dauer der Maßnahme geleistet werden. [2] Die Ausbildungszuschüsse sollen bei Ausbildungsmaßnahmen die monatlichen Ausbildungsvergütungen nicht übersteigen, die von den Arbeitgebern im letzten Ausbildungsjahr gezahlt wurden.

(4) [1] Eingliederungszuschüsse nach Absatz 1 Nummer 2 betragen höchstens 50 Prozent der vom Arbeitgeber regelmäßig gezahlten Entgelte, soweit sie die tariflichen Arbeitsentgelte oder, wenn eine tarifliche Regelung nicht besteht, die für vergleichbare Tätigkeiten ortsüblichen Arbeitsentgelte im Rahmen der Beitragsbemessungsgrenze in der Arbeitsförderung nicht übersteigen. [2] Die Eingliederungszuschüsse sollen im Regelfall für höchstens ein Jahr gezahlt werden. [3] Soweit es für die Teilhabe am Arbeitsleben erforderlich ist, können die Eingliederungszuschüsse um bis zu 20 Prozentpunkte höher festgelegt und bis zu einer Förderungshöchstdauer von zwei Jahren gezahlt werden. [4] Werden die Eingliederungszuschüsse länger als ein Jahr gezahlt, sind sie um mindestens 10 Prozentpunkte zu vermindern, entsprechend der zu erwartenden Zunahme der Leistungsfähigkeit der Leistungsberechtigten und den abnehmenden Eingliederungserfordernissen gegenüber der bisherigen Förderungshöhe. [5] Bei der Berechnung der Eingliе-

derungszuschüsse nach Satz 1 wird auch der Anteil des Arbeitgebers am Gesamtsozialversicherungsbeitrag berücksichtigt. [6]Eingliederungszuschüsse sind zurückzuzahlen, wenn die Arbeitsverhältnisse während des Förderungszeitraums oder innerhalb eines Zeitraums, der der Förderungsdauer entspricht, längstens jedoch von einem Jahr, nach dem Ende der Leistungen beendet werden. [7]Der Eingliederungszuschuss muss nicht zurückgezahlt werden, wenn

1. **die Leistungsberechtigten die Arbeitsverhältnisse durch Kündigung beenden oder das Mindestalter für den Bezug der gesetzlichen Altersrente erreicht haben oder**
2. **die Arbeitgeber berechtigt waren, aus wichtigem Grund ohne Einhaltung einer Kündigungsfrist oder aus Gründen, die in der Person oder dem Verhalten des Arbeitnehmers liegen, oder aus dringenden betrieblichen Erfordernissen, die einer Weiterbeschäftigung in diesem Betrieb entgegenstehen, zu kündigen.**

[8]Die Rückzahlung ist auf die Hälfte des Förderungsbetrages, höchstens aber den im letzten Jahr vor der Beendigung des Beschäftigungsverhältnisses gewährten Förderungsbetrag begrenzt; nicht geförderte Nachbeschäftigungszeiten werden anteilig berücksichtigt.

Übersicht

A. Allgemeines

1 Die Vorschrift entspricht inhaltlich § 34 SGB IX 2001 und wurde nur redaktionell geändert. Sie benennt in allgemeiner Form diejenigen Leistungen, die zur Teilhabe am Arbeitsleben von Menschen mit Behinderungen und von Behinderung bedrohten Menschen an Arbeitgeber erfolgen können, soweit diese erforderlich sind. Abs. 3 entspricht im Wesentlichen den für die Bundesagentur für Arbeit geltenden Regelungen für **Eingliederungszuschüsse** gem. §§ 88, 89 SGB III.

1a Die Leistungen an Arbeitgeber beruhen auf dem Gedanken, dass Leistungen zur Teilhabe am Arbeitsleben nicht stets in besonderen Einrichtungen durchgeführt werden müssen, sondern auch durchaus im bisherigen Beschäftigungsbetrieb oder bei einem neuen Arbeitgeber durchgeführt werden können, der den Betroffenen nach Abschluss der Maßnahme dann in ein Arbeitsverhältnis übernimmt. § 50 stellt die Leistungen zusammen, die an Arbeitgeber erbracht werden können, um eine Teilhabe am Arbeitsleben außerhalb besonderer Einrichtungen durch finanzielle Anreize für die jeweiligen Arbeitgeber zu ermöglichen. Die Voraussetzungen für die Leistungserbringung werden jedoch in der Person des Menschen mit Behinderungen geprüft (jurisPK-SGB IX/*Luik* § 50 Rn. 38). Auch die Antragsberechtigung für Leistungen an Arbeitgeber liegt ausnahmslos bei den Menschen mit Behinderungen selbst. Der Arbeitgeber ist lediglich Begünstigter dieser Leistungen ohne ein eigenes Antragsrecht. Es handelt sich bei Leistungen an Arbeitgeber nicht um Beihilfen iSv Art. 107 AEUV, sondern um Integrationsleistungen, so dass ein Verstoß gegen Gemeinschaftsrecht zu verneinen ist (*Koenig/*

Kühling NJW 2000, 1065 ff.). Die Bestimmung der Leistungsvoraussetzungen im Einzelfall erfolgt auf der Grundlage der jeweils einschlägigen spezifischen Regelungen aus den Leistungsgesetzen.

B. Leistungen an Arbeitgeber

1. Erforderlichkeit

Einen Rechtsanspruch auf Gewährung der in Abs. 1 S. 1 aufgeführten Leistungen begründet § 50 nicht. Es handelt sich nach dem Gesetzeswortlaut („... können ...") um eine Leistungsgewährung, die in das Ermessen der Rehabilitationsträger iSd § 6 Abs. 1 Nr. 2–5 gestellt ist (vgl. auch die Ermessensvorschrift des § 88 SGB III); das danach eingeräumte Ermessen legt insbes. die Prüfung der Erforderlichkeit der Leistungsgewährung nahe. Die Erforderlichkeit der Leistungen an Arbeitgeber misst sich an den Zielen aus § 49 und deren Erreichbarkeit. Wird die Erforderlichkeit einer Leistung zur Teilhabe am Arbeitsleben bejaht, sind, ohne dass dieser Katalog abschließend wäre („insbesondere") Leistungen möglich, die als 2
1. Ausbildungszuschüsse zur betrieblichen Ausführung von Bildungsleistungen,
2. Eingliederungszuschüsse,
3. Zuschüsse für Arbeitshilfen im Betrieb,
4. teilweise oder volle Kostenerstattung für eine befristete Probebeschäftigung erbracht werden können.

2. Leistungskatalog

a) **Ausbildungszuschüsse.** Wie insbes. die Einschränkung in § 50 S. 1 („soweit") verdeutlicht, muss eine Leistung zur Teilhabe am Arbeitsleben keineswegs in einer besonderen Einrichtung durchgeführt werden (GK-SGB IX/*Wendt* § 34 Rn. 13). Dies kann vielmehr auch entweder in dem bisherigen oder in einem anderen als dem früheren Beschäftigungsbetrieb des Menschen mit Behinderungen erfolgen. Dies hat einerseits den Vorzug, dass dieser nicht aus seiner gewohnten Umgebung herausgelöst wird und führt andererseits auch zum Wegfall derjenigen Kosten, die aus der Durchführung der Maßnahme in einer besonderen Einrichtung entstehen würden. 3

Abs. 3 enthält eine Regelung zu Dauer und Höhe der **Ausbildungszuschüsse.** Diese können für die gesamte Dauer der Ausbildung (Ausbildende im Sinne § 10 Abs. 1 BBiG), die sich nach den jeweils einschlägigen Bestimmungen richtet und grds. mit dem Erreichen des angestrebten Abschlusses endet, geleistet werden. Förderungsfähig ist die Berufsbildung iSd § 2 Abs. 1 Nr. 1 BBiG. Arbeitgeber sollen motiviert werden, Ausbildungsplätze zur Verfügung zu stellen (LSW/*Bieritz-Harder* § 34 Rn. 3). Die Voraussetzung der „betrieblichen" Ausführung von Bildungsleistungen entfällt nicht, auch wenn während der Ausbildungszeit vorübergehend ausbildungsbegleitende Hilfen (vgl. § 75 SGB III) in Anspruch genommen werden (*Knittel* § 34 Rn. 6). Die Zuschüsse sollen bei den Ausbildungsmaßnahmen die von den Arbeitgebern im letzten Ausbildungsjahr zu zahlenden monatlichen Ausbildungsvergütungen nicht übersteigen (vgl. § 73 Abs. 2 SGB III, enthält spezielle Regelungen; LPK-SGB IX/*Deusch* § 50 Rn. 8; KassKomm/*Kater* SGB VI § 16 Rn. 41). 4

b) **Eingliederungszuschüsse.** Eingliederungszuschüsse sind in § 88 SGB III als Zuschuss zum Arbeitsentgelt zum Ausgleich für Minderleistungen des Menschen mit Behinderungen definiert (jurisPK-SGB IX/*Luik* § 50 Rn. 48). Dieser Begriff wird in § 50 Abs. 1 Nr. 2 in Bezug genommen. Im rehabilitationsrechtlichen Sinne geht es aber weniger um eine „Minderleistung" als vielmehr um Vermittlungshemmnisse bei Menschen mit Be- 5 hinderungen. Um diese zu überwinden und möglicherweise einen höheren Aufwand bei der Einarbeitung zu kompensieren, kann ein Eingliederungszuschuss an den einstellenden Arbeitgeber gezahlt werden (CFHR/*Verhorst* § 33 Rn. 8; KassKomm/*Kater* SGB VI § 16 Rn. 42; LSG NRW 2.6.2016 – L 7 AS 915/14, BeckRS 2016, 72237). Da das Ziel der Leistungen zur Teilhabe am Arbeitsleben auf eine dauerhafte Eingliederung ausgerichtet ist, sollten grundsätzlich nur unbefristete Arbeits- und Beschäftigungsverhältnisse unterstützt werden (so auch *Knittel* § 34 Rn. 8; CFHR/*Verhorst* § 34 Rn. 8; GK-SGB IX/*Wendt* § 34 Rn. 32). Da der Arbeitsmarkt unbefristete Arbeitsverhältnisse immer weniger vorsieht, sollte die Förderung einer befristeten Beschäftigung auch möglich sein, wenn das Beschäftigungsverhältnis nach Ablauf der Förderungsdauer noch wenigstens um den zeitlichen Umfang der Förderphase – höchstens 12 Monate – fortbesteht.

6 Abs. 4 enthält nähere Bestimmungen zu Höhe und Dauer der Leistungen und benennt die Voraussetzungen, unter denen sie ggf. zurückgefordert werden können.

7 aa) **Höhe.** S. 1 bezeichnet zunächst den abstrakten Maßstab, an dem sich die Höhe des zu gewährenden Zuschusses orientiert. Bezugspunkt ist das vom Arbeitgeber regelmäßig gezahlte Entgelt, das jedoch zur Vermeidung von Ungleichbehandlungen an das Korrektiv einer bestehenden tariflichen Regelung bzw. des **ortsüblichen Entgelts** für eine vergleichbare Tätigkeit im Rahmen der Beitragsbemessungsgrenze in der Arbeitsförderung (§ 341 Abs. 3 SGB III) gekoppelt wird. Eine Begrenzung ist nur hinsichtlich der Höhe vorhanden, eine untere Grenze existiert nicht (KHM/*Vogt* § 34 Rn. 5). Zum tariflichen Entgelt gehören alle Entgeltbestandteile, die aufgrund tariflicher Regelung oder Betriebsvereinbarung gezahlt werden. Zum „üblichen Entgelt" gehören auch solche Bestandteile, die nicht unmittelbar darin ihre Grundlage finden, auf die im Tarifvertrag jedoch im Wege einer Öffnungsklausel hingewiesen wird (Hauck/Noftz/*Götze* § 34 Rn. 8; iÜ BSG 15.6.1988 – 7 Rar 79/86, SozSich 1989, 27 = BeckRS 1988, 31038837). Die Höhe des Zuschusses sollte 50 % des regelmäßig gezahlten Entgelts nicht übersteigen (Abs. 4 S. 1). Ausnahmsweise ist eine Erhöhung um 20 Prozentpunkte möglich, wenn dies im Einzelfall erforderlich ist (S. 3) (LPK-SGB IX/*Deusch* § 50 Rn. 9).

8 bb) **Dauer.** Entsprechende Überlegungen gelten für die Förderungsdauer. Im Regelfall soll der Zuschuss für nicht mehr als ein Jahr erbracht werden (Abs. 4 S. 1), allerdings kann die Förderung in den Fällen des Abs. 4 S. 2 (Erhöhung des Zuschusses um 20 Prozentpunkte) bis zu zwei Jahren erfolgen. In diesem Falle ist allerdings in Abhängigkeit von der steigenden Erfahrung des einzugliedernden Menschen mit Behinderungen eine Absenkung um mindestens 10 Prozentpunkte (Abs. 4 S. 4) vorzunehmen (*Knittel* § 34 Rn. 8). Einzubeziehen in die Gesamtberechnung ist auch der Anteil des Arbeitgebers am Gesamtsozialversicherungsbeitrag.

9 cc) **Rückzahlungsverpflichtung.** Mit Rücksicht auf den Zweck der Gewährung eines Eingliederungszuschusses ist dieser in bestimmtem Umfang zurückzufordern, wenn die mit der Förderleistung angestrebte dauerhafte Beschäftigung aus vom Arbeitgeber zu vertretenden Gründen nicht erfolgt. Eine Rückforderung ist daher ausgeschlossen (Abs. 4 S. 7), wenn

1. die Leistungsberechtigten die Arbeitsverhältnisse durch Kündigung beenden (berechtigter Grund BAG 26.6.2008 – 2 AZR 1109/06, AP KSchG 1969 § 1 Betriebsbedingte Kündigung Nr. 180) oder das Mindestalter für den Bezug der gesetzlichen Altersrente erreicht haben oder
2. der Arbeitgeber berechtigt war, aus wichtigem Grund ohne Einhaltung einer Kündigungsfrist oder aus Gründen, die in der Person oder im Verhalten des Arbeitnehmers liegen (BAG 7.11.2002 – 2 AZR 599/01, AP BetrVG 1972 § 102 Nr. 131; 13.12.2007 – 2 AZR 818/06, AP KSchG 1969 § 4 Nr. 64), oder aus dringenden betrieblichen Erfordernissen, die einer Weiterbeschäftigung bei diesem Betrieb entgegenstehen, zu kündigen.

Aber auch wenn diese Ausnahmevoraussetzungen nicht vorliegen, für die der Arbeitgeber die objektive Beweislast trägt, enthält Abs. 4 Einschränkungen im Hinblick auf die Entstehung und den Umfang des **Rückforderungsanspruchs.** Hatte der Arbeitgeber vor der von ihm zu vertretenden Beendigung des Arbeitsverhältnisses den Menschen mit Behinderungen bereits längere Zeit beschäftigt, damit also der mit der Gewährung des Eingliederungszuschusses verbundenen Festsetzung genügt, entsteht der Rückforderungsanspruch bereits dem Grunde nach nicht. Er entsteht nur, wenn das Arbeitsverhältnis während des Förderungszeitraums oder innerhalb eines Zeitraumes, der dem Förderungszeitraum entspricht, beendet wird, ist jedoch im Höchstmaß beschränkt auf den Zeitraum eines Jahres nach dem Ende der Leistungen. Ist der Anspruch danach entstanden, beschränkt ihn Abs. 4 S. 8 der Höhe nach auf die Hälfte des Förderungsbetrages, höchstens aber auf den letzten vor Beendigung des Beschäftigungsverhältnisses gewährten Förderungsbetrag. Ungeförderte Nachbeschäftigungszeiten werden anteilig berücksichtigt. Im Falle der Aufhebung für die Vergangenheit nach §§ 45, 48 SGB X sind diese Beschränkungen wegen der danach erforderlichen „Bösgläubigkeit" nicht zu beachten (Mrozynski SGB IX/*Jabben* § 34 Rn. 13). § 92 Abs. 2 SGB III stellt allerdings gegenüber den §§ 45 ff. SGB X die speziellere Regelung dar (BSG 2.6.2004 – B 7 AL 56/03 R, SozR 4–4300 § 223 Nr. 1 = NZS 2005, 497 zu der früheren Regelung des § 223 SGB III). Dass Eingliederungszuschüsse von dem Arbeitgeber wieder zurückgefordert werden können, begegnet keinen verfassungsmäßigen Bedenken (BSG 2.6.2004 – B 7 AL 56/03 R, SozR 4–4300 § 223 Nr. 1 = NZS 2005, 497). Der Arbeitgeber kann dem Rückforderungsverlangen ggf. den Einwand treuwidrigen Verhaltens („venire contra factum proprium") entgegenhalten (BSG 6.2.2003 – B 7 AL 38/02 R, NZS 2004, 163 = Breithaupt 2003, 524 ff.; Gagel/*Winkler* SGB III § 92 Rn. 15). 10

c) **Zuschüsse für Arbeitshilfen im Betrieb.** Der Begriff der **Arbeitshilfe** im Sinne dieser Bestimmung ist identisch mit jenem in § 164 Abs. 4 Nr. 5. Dabei handelt es sich um auf den einzelnen schwerbehinderten Menschen zugeschnittene Hilfen, die allein ihm die Arbeitsausübung ermöglichen und nicht allen im Betrieb beschäftigten schwerbehinderten Menschen in gleicher Weise zur Verfügung stehen. Hierunter fallen Ausrüstungs- und besondere Einrichtungsgegenstände, ebenso wie erforderliche Umbauten und Nebenkosten (*Knittel* § 34 Rn. 9). 11

In § 46 Abs. 2 SGB III sind für das Arbeitsförderungsrecht Arbeitshilfen als Zuschüsse für eine behindertengerechte Ausgestaltung von Ausbildungs- oder Arbeitsplätzen vorgesehen. Die in das Ermessen der Bundesagentur für Arbeit („... können ...") gestellte Leistungsgewährung wird wiederum davon abhängig gemacht, dass Arbeitshilfen erforderlich sind, um die dauerhafte Teilhabe am Arbeitsleben zu erreichen oder zu sichern. Ausdrücklich wird der Vorrang von Leistungen nach Teil 3 des SGB IX (§ 164 Abs. 4 Nr. 5) betont. Ansprüche des Menschen mit Behinderungen auf Leistungen zur Teilhabe am Arbeitsleben gegen einen der in Abs. 1 S. 1 aufgeführten Rehabilitationsträger haben ansonsten Vorrang vor Ansprüchen des Menschen mit Behinderungen gegen seinen Arbeitgeber auf Arbeitshilfen (BSG 22.9.1981 – 1 Ra 47/79, SozR 2200 § 1237a Nr. 18 11.9.1980 – 1 RA 47/79, SozR 2200 § 1237a Nr. 16 = BeckRS 1980, 30707182; LSG LSA 28.4.2016 – L 8 SO 24/14, NZS 2017, 558 zu § 33 Abs. 8 Nr. 5). 11a

d) Kostenerstattung bei Probearbeitsverhältnissen. Ein der Beschäftigung eines schwerbehinderten Menschen entgegenstehendes Hindernis besteht in weit verbreiteten Vorbehalten gegenüber deren Eignung und Leistungsfähigkeit. Mit der Regelung in Abs. 1 S. 1 Nr. 4 wird die Möglichkeit geschaffen, einen Arbeitgeber im Rahmen eines für ihn entweder vollständig oder zumindest teilweise kostenlosen Probearbeitsverhältnisses davon zu überzeugen, einen schwerbehinderten Menschen – ggf. unter Gewährung eines Eingliederungszuschusses – dauerhaft zu beschäftigen (so auch LSW/*Bieritz-Harder* § 34 Rn. 7; Hauck/Noftz/*Götze* § 34 Rn. 16; jurisPK-SGB IX/*Luik* § 50 Rn. 80). 12

13 e) **Bedingung und Auflage.** Abs. 2 ermöglicht die Gewährung von Leistungen unter Bedingungen und Auflagen. Damit wird grds. § 32 SGB X in Bezug genommen. Danach ist unter Bedingung eine Bestimmung zu verstehen, nach welcher der Eintritt oder der Wegfall einer Vergünstigung oder einer Belastung von dem ungewissen Eintritt eines ungewissen Ereignisses abhängt (§ 32 Abs. 2 Nr. 2 SGB X). Eine Auflage ist dagegen eine Bestimmung, durch die dem Begünstigten ein Tun, Dulden oder Unterlassen vorgeschrieben wird (§ 32 Abs. 2 Nr. 4 SGB X). Diese müssen jedoch ausreichend bestimmt sein und mit den Leistungen an den Arbeitgeber in einem sachlichen Zusammenhang stehen (*Knittel* § 34 Rn. 21). Wird dem Menschen mit Behinderungen ein Verhalten „im Regelfall" aufgegeben, so ist die entsprechende Auflage nicht hinreichend bestimmt (BSG 6.4.2000 – B 11/7 AL 10/99 R, SozR 3-7815 Art. 1 § 2 Nr. 2 = AP AÜG § 11 Nr. 1). Unabhängig davon, ob der Bescheid über die Bewilligung eines Eingliederungszuschusses mit einer auflösenden Bedingung versehen war, erledigt er sich jedenfalls mit Erlass des Rückforderungsbescheides nach § 39 Abs. 2 SGB X (BSG 2.6.2004 – B 7 AL 56/03 R, SozR 4-4300 § 223 Nr. 1 = NZS 2005, 497). Ein entsprechendes Ergebnis wie durch Bedingungen und Auflagen lässt sich auch durch den Abschluss eines öffentlich-rechtlichen Vertrags erzielen.

§ 51 Einrichtungen der beruflichen Rehabilitation

(1) [1]Leistungen werden durch Berufsbildungswerke, Berufsförderungswerke und vergleichbare Einrichtungen der beruflichen Rehabilitation ausgeführt, wenn Art oder Schwere der Behinderung der Leistungsberechtigten oder die Sicherung des Erfolges die besonderen Hilfen dieser Einrichtungen erforderlich machen. [2]Die Einrichtung muss

1. eine erfolgreiche Ausführung der Leistung erwarten lassen nach Dauer, Inhalt und Gestaltung der Leistungen, nach der Unterrichtsmethode, Ausbildung und Berufserfahrung der Leitung und der Lehrkräfte sowie nach der Ausgestaltung der Fachdienste,
2. angemessene Teilnahmebedingungen bieten und behinderungsgerecht sein, insbesondere auch die Beachtung der Erfordernisse des Arbeitsschutzes und der Unfallverhütung gewährleisten,
3. den Teilnehmenden und den von ihnen zu wählenden Vertretungen angemessene Mitwirkungsmöglichkeiten an der Ausführung der Leistungen bieten sowie
4. die Leistung nach den Grundsätzen der Wirtschaftlichkeit und Sparsamkeit, insbesondere zu angemessenen Vergütungssätzen, ausführen.

[3]Die zuständigen Rehabilitationsträger vereinbaren hierüber gemeinsame Empfehlungen nach den §§ 26 und 37.

(2) [1]Werden Leistungen zur beruflichen Ausbildung in Einrichtungen der beruflichen Rehabilitation ausgeführt, sollen die Einrichtungen bei Eignung der Leistungsberechtigten darauf hinwirken, dass diese Ausbildung teilweise auch in Betrieben und Dienststellen durchgeführt wird. [2]Die Einrichtungen der beruflichen Rehabilitation unterstützen die Arbeitgeber bei der betrieblichen Ausbildung und bei der Betreuung der auszubildenden Jugendlichen mit Behinderungen.

Übersicht

A. Allgemeines

Die Vorschrift entspricht § 35 SGB IX 2001 und wurde nur redaktionell verändert. 1
Sie ergänzt die nach §§ 36, 37 für die Rehabilitationsdienste und -einrichtungen geltenden allgemeinen Bestimmungen (KHM/*Vogt* § 35 Rn. 1). Als Haupttypen der Einrichtungen der beruflichen Rehabilitation werden Berufsbildungswerke und Berufsförderungswerke genannt.

Berufsbildungswerke sind überbetriebliche Einrichtungen, die speziell für die Durch- 2
führung von Berufsvorbereitungen (vgl. § 49 Abs. 3 Nr. 2) und von beruflichen Erstausbildungen (vgl. § 49 Abs. 3 Nr. 5) für junge Menschen mit Behinderungen eingerichtet wurden (jurisPK-SGB IX/*Luik* § 51 Rn. 47). **Berufsförderungswerke** dienen der beruflichen Wiedereingliederung erwachsener Menschen mit Behinderungen, die ihren bisherigen Beruf aus behinderungsbedingten Gründen nicht mehr ausüben können (CFHR/*Verhorst* § 35 Rn. 5). Daneben kommen auch sonstige **„vergleichbare Einrichtungen"** in Betracht. Dabei kann es sich zB um Berufstrainingszentren, Einrichtungen für psychisch Kranke (Mrozynski SGB IX/*Jabben* § 35 Rn. 5; GK-SGB IX/*Wendt* § 35 Rn. 43) oder Einrichtungen der medizinisch-beruflichen Rehabilitation (KHM/*Vogt* § 35 Rn. 9; aA CFHR/*Verhorst* § 35 Rn. 6) handeln.

Nicht zu den „vergleichbaren Einrichtungen" gehören Inklusionsbetriebe (§§ 215, 3
216; *Knittel* § 35 Rn. 23) oder die Arbeitsbereiche von WfbM.

B. Erforderlichkeit der Tätigkeit der Rehabilitationseinrichtung

Wie die aus der Verwendung des Wortes „wenn" ersichtliche Einschränkung verdeut- 4
licht (§ 35 SGB IX 2001 „soweit"), erfolgt die berufliche Rehabilitation weder ausschließlich noch regelmäßig in Einrichtungen der beruflichen Rehabilitation. Grundsätzlich ist durchaus der bisherige Arbeitsplatz für diesen Zweck geeignet. Nur wenn Art oder Schwere der Behinderung oder die Sicherung des Erfolgs der Maßnahme die besonderen Hilfen dieser Einrichtungen erforderlich machen, ist eine Leistung zur Teilhabe am Arbeitsleben dort durchzuführen (so auch Hauck/Noftz/*Götze* § 35 Rn. 1; *Knittel* § 35 Rn. 9; jurisPK-SGB IX/*Luik* § 51 Rn. 40). Hinreichender Anlass dazu kann etwa die Notwendigkeit der Verfügbarkeit besonders geschulten Fachpersonals oder die Notwendigkeit der Anpassung der betrieblichen Abläufe an die besonderen Bedürfnisse des Menschen mit Behinderungen sein, die in seinem bisherigen Beschäftigungsbetrieb nicht ausreichend berücksichtigt werden könnte.

C. Anforderungen an die Einrichtung

Allgemeine Anforderungen an **Rehabilitationseinrichtungen** beinhalten bereits die 5
§§ 36, 37. Für den Bereich der Leistungen zur Teilhabe am Arbeitsleben enthält § 51 Abs. 1 S. 2 jedoch weitere spezielle Regelungen. Nach Abs. 1 S. 3 vereinbaren die zuständigen Rehabilitationsträger gemeinsame Empfehlungen nach den §§ 26, 37. Die Gemeinsame Empfehlung „Einrichtungen für Leistungen zur Teilhabe am Arbeitsleben" (GE Einrichtungen) v. 10.11.2021 ist am 1.3.2022 in Kraft getreten.

1. Fachliche Anforderungen

Nr. 1 legt fest, dass die Einrichtungen eine erfolgreiche Ausführung der Leistung nach 6
Dauer, Inhalt und Gestaltung der Leistungen, der verwendeten Unterrichtsmethode, der

Ausbildung und Berufserfahrung der Leitung und der Lehrkräfte sowie der Ausgestaltung der Fachkenntnisse erwarten lassen muss. Es werden damit Anforderungen an die Konzeption der Maßnahme und an das Personal der Einrichtung aufgestellt. Bei der Konzeption der Maßnahmen ist das Ziel der Leistungen zur Teilhabe am Arbeitsleben, die Eingliederung oder Wiedereingliederung in eine Beschäftigung zu beachten (vgl. auch § 4 GE Einrichtungen). Es ist daher auf Abschlüsse wert zu legen, die denen auf dem allgemeinen Arbeitsmarkt gleichwertig sind und Weiter- und Fortbildungen müssen an den Erfordernissen des Arbeitsmarktes ausgerichtet sein. Bei der Qualifikation des Personals sollten entsprechende Abschlüsse und möglichst Berufserfahrung vorhanden sein. Das Personal muss jedoch neben den fachlichen Qualifikationen auch in der Lage sein, der besonderen Situation von Menschen mit Behinderungen Rechnung zu tragen (Mrozynski SGB IX/*Jabben* § 35 Rn. 9; vgl. auch § 3 GE Einrichtungen).

7 Die besondere Erwähnung der medizinischen, psychologischen und sozialen Fachdienste stellt die Bedeutung im Gesamtkonzept der Einrichtung heraus und sie stellen einen besonders wichtigen Faktor für die Qualität der Einrichtungen dar (KHM/*Vogt* § 35 Rn. 9).

2. Angemessenheit der Teilnahmebedingungen

8 Nicht nur auf der fachlich-organisatorischen Seite werden Anforderungen an die Einrichtung gestellt. Sie muss vielmehr auch angemessene Teilnahmebedingungen bieten und behindertengerecht sein (vgl. auch § 2 GE Einrichtungen). Dies beinhaltet insbes. auch die Beachtung der Erfordernisse des Arbeitsschutzes und der Unfallverhütung (CFHR/*Verhorst* § 35 Rn. 10). Die Bezeichnung als behindertengerecht bezieht sich vorrangig auf die Baulichkeiten (Mrozynski SGB IX/*Jabben* § 35 Rn. 10), ist aber auch inhaltlich auf die Form der Betreuung für behinderte Menschen anzuwenden.

3. Mitwirkungsmöglichkeiten der Teilnehmer

9 Der von den Rehabilitationseinrichtungen zu erfüllende Anforderungskatalog beinhaltet, den Teilnehmern und den von ihnen zu wählenden Vertretungen angemessene Mitwirkungsmöglichkeiten an der Ausführung der Leistungen zu bieten (vgl. auch § 13 GE Einrichtungen; jurisPK-SGB IX/*Luik* § 51 Rn. 63). Dies hat zB zur Folge, dass die Wahl einer besonderen Vertretung nach § 52 S. 2 möglich sein muss (so auch GK-SGB IX/*Wendt* § 35 Rn. 48). Notwendig ist insoweit auch eine stetige Weiterbildung des eingesetzten Personals. In einer WfbM ist mit dem Träger der Einrichtung im Interesse der Werkstattbeschäftigten vertrauensvoll zusammenzuarbeiten (§ 8 Abs. 1 WMVO). Daneben gilt in WfbM die Regelung des § 222 Abs. 1 S. 2.

4. Grundsätze der Leistungserbringung

10 Nr. 4 benennt die von der Einrichtung zu beachtenden Grundsätze im Hinblick auf die ökonomische Seite der Leistungserbringung. Die Einrichtung ist danach verpflichtet, die Leistung nach den Grundsätzen der Wirtschaftlichkeit und Sparsamkeit, insbes. zu angemessenen Vergütungssätzen auszuführen. § 36 Abs. 2 S. 3 verweist auf Abs. 1 S. 2 Nr. 4, leider wurde an dieser Stelle nicht auch ein Verweis auf § 38 Abs. 2 aufgenommen. Dieses hätte den Begriff der „angemessenen Vergütung" etwas mehr verdeutlicht. Die Grundsätze der Wirtschaftlichkeit und Sparsamkeit sind in § 4 Abs. 3 GE Einrichtungen nochmals ausdrücklich zur Grundlage von Konzeption und Ausführung gemacht worden. Das **Wirtschaftlichkeitsgebot** ist der alle Sozialleistungsbereiche beherrschende Grundsatz und zB für den Bereich der gesetzlichen Krankenversicherung an zentraler Stelle in § 12 SGB V niedergelegt (für den Bereich der gesetzlichen Rentenversicherung vgl. § 13 Abs. 1 S. 1 SGB VI). Als allgemeine Vorschrift, die für alle Sozialversicherungsträger gilt, normiert § 69 Abs. 2 SGB IV, dass diese Versicherungsträger bei der Auf-

stellung des Etats sicherzustellen haben, dass sie die ihnen obliegenden Aufgaben unter Berücksichtigung der Grundsätze der Wirtschaftlichkeit und Sparsamkeit erfüllen können.

D. Verzahnung von betrieblicher und außerbetrieblicher Ausbildung

Mit Abs. 2 wird eine Intensivierung von betrieblicher und außerbetrieblicher Ausbildung angestrebt. Der Gesetzgeber geht davon aus, dass Arbeitgeber, die die beruflichen Fähigkeiten behinderter und schwerbehinderter Jugendlicher einschätzen können, vor allem bei einer Ausbildung im eigenen Betrieb später auch einstellen werden (*Kossens/Wollschläger* ZFSH/SGB 2004, 346). Deshalb sollen betriebliche und außerbetriebliche Ausbildung stärker miteinander verzahnt werden (LSW/*Bieritz-Harder* § 35 Rn. 8). Demselben Zweck dient die Verbesserung der Anrechnungsmöglichkeit in § 159 Abs. 2. Die Einrichtungen der beruflichen Rehabilitation sollen dazu angehalten werden, sich um die Durchführung von Teilen der Ausbildung in Betrieben und Dienststellen zu bemühen. Während dieser Phase sollen die Träger der Einrichtungen Arbeitgeber und Dienststellen unterstützen. Die betriebliche Ausbildung erfolgt auf der Grundlage einer Vereinbarung zwischen den Arbeitgebern, den Einrichtungen der beruflichen Rehabilitation und den Jugendlichen. 11

§ 52 Rechtsstellung der Teilnehmenden

[1] Werden Leistungen in Einrichtungen der beruflichen Rehabilitation ausgeführt, werden die Teilnehmenden nicht in den Betrieb der Einrichtungen eingegliedert. [2] Sie sind keine Arbeitnehmer im Sinne des Betriebsverfassungsgesetzes und wählen zu ihrer Mitwirkung besondere Vertreter. [3] Bei der Ausführung werden die arbeitsrechtlichen Grundsätze über den Persönlichkeitsschutz, die Haftungsbeschränkung sowie die gesetzlichen Vorschriften über den Arbeitsschutz, den Schutz vor Diskriminierungen in Beschäftigung und Beruf, den Erholungsurlaub und die Gleichberechtigung von Männern und Frauen entsprechend angewendet.

Übersicht

A. Allgemeines

Die Vorschrift entspricht § 36 SGB IX 2001. Sie enthält eine Klarstellung zum Rechtsverhältnis der Teilnehmer an Maßnahmen zur Teilhabe am Arbeitsleben zu den Einrichtungen, in denen diese durchgeführt werden. Sie stellt klar, dass ein Beschäftigungsverhältnis damit nicht begründet wird, garantiert allerdings einen Mindestschutz in Anlehnung an arbeitsrechtliche Grundsätze. Grundsätzlich krit. *Wendt,* Fachbeiträge Forum E, 3/2014, v. 1.9.2014 (www.reha-recht.de). 1

B. Rechtsstellung der Teilnehmer an Maßnahmen

1. Eingliederung in den Betrieb der Einrichtung

2 Satz 1 stellt klar, dass die Teilnehmer an Maßnahmen nicht in den Betrieb eingegliedert werden, wenn die Leistungen in einer Einrichtung der betrieblichen Rehabilitation ausgeführt werden. Ihr Status wird durch S. 2 ausdrücklich dahin definiert, dass sie keine **Arbeitnehmer** iSd BetrVG sind (BAG 16.4.2003 – 7 ABR 27/02, BAGE 106, 57 ff. = AP SGB IX § 95 Nr. 1; LPK-SGB IX/*Deusch* § 52 Rn. 2), sie wählen zu ihrer Mitwirkung besondere Vertretungen. Dies entspricht der bisherigen Rspr. des BAG (20.3.1996 – 7 ABR 46/95, AP BetrVG 1972 § 5 Nr. 9; 12.2.1997 – 7 ABR 36/96, BeckRS 1997, 30767043) und findet seine inhaltliche Fortsetzung in den Regelungen des § 221 bzw. § 222 bzw. der dazu erlassenen Werkstätten-Mitwirkungsverordnung. Inhaltlich dient die Vorschrift dazu, den Teilnehmern und ihren Vertretungen angemessene Mitwirkungsmöglichkeiten an der Ausführung der Leistungen zur Verfügung zu stellen (CFHR/*Verhorst* § 36 Rn. 5).

3 Allerdings macht dies die Interessenwahrnehmung der schwerbehinderten Rehabilitanden durch die Schwerbehindertenvertretung nicht entbehrlich. Die Vertretungen nach § 52 S. 2 Hs. 2 sind keine besonderen Schwerbehindertenvertretungen in Einrichtungen der beruflichen Rehabilitation; denn nicht alle Rehabilitanden sind schwerbehindert (jurisPK-SGB IX/*Luik* § 52 Rn. 24). Leistungen nach § 49 Abs. 1 werden auch an Menschen mit Behinderungen oder von Behinderung bedrohte Menschen erbracht, die ebenfalls einer Vertretung bedürfen. Diese Vertretungen sollen einen Ersatz für die mangelnde Zuständigkeit des Betriebsrats darstellen, ohne dass die zusätzliche Vertretung schwerbehinderten Rehabilitanden durch die Schwerbehindertenvertretung überflüssig würde (BAG 16.4.2003 – 7 ABR 27/02, BAGE 106, 57 ff. = AP SGB IX § 95 Nr. 1). Dem steht auch nicht entgegen, dass die von der Schwerbehindertenvertretung wahrzunehmenden Aufgaben im Hinblick auf schwerbehinderten Arbeitnehmer und schwerbehinderte Rehabilitanden nicht deckungsgleich sind.

2. Rechtsverhältnis der Teilnehmer

4 § 52 S. 1 bestimmt zwar, dass die Teilnehmer an einer Maßnahme nicht in den Betrieb der Einrichtung eingegliedert werden, definiert damit aber noch nicht unmittelbar die Rechtsqualität des zwischen dem Träger der Einrichtung und dem Teilnehmer an der Maßnahme bestehenden Rechtsverhältnisses (GK-SGB IX/*Wendt* § 36 Rn. 13). Eine konkrete Regelung für einen Teilbereich enthält nur § 221 Abs. 1. Danach stehen Menschen mit Behinderungen im Arbeitsbereich einer anerkannten WfbM, in einem **arbeitnehmerähnlichen Verhältnis** zu der Werkstatt, wenn sie nicht Arbeitnehmer sind. Der nähere Inhalt ist nach § 221 Abs. 3 im Werkstattvertrag niederzulegen. Die Rechtsstellung des Teilnehmers stellt daher weder ein arbeitnehmerähnliches Rechtsverhältnis noch ein sozialrechtliches Beschäftigungsverhältnis dar (*Knittel* § 36 Rn. 5).

5 Den Mindeststandard schützt § 52 S. 3 mit der Anordnung der Anwendung der arbeitsrechtlichen Grundsätze über den Persönlichkeitsschutz und die Haftungsbeschränkung sowie der gesetzlichen Vorschriften über den Arbeitsschutz, den Erholungsurlaub und die Gleichberechtigung von Männern und Frauen. Hierunter sind der Persönlichkeitsschutz (bspw. Datenschutz, Recht auf informationelle Selbstbestimmung, Schutz vor Belästigung; jurisPK-SGB IX/*Luik* § 52 Rn. 27), die Haftungsbeschränkung von Arbeitnehmern (jurisPK-SGB IX/*Luik* § 52 Rn. 31), Gleichberechtigung von Männern und Frauen sowie der Arbeitsschutz zu fassen (zum Arbeitsschutz LSG LSA 28.4.2016 – L 8 SO 24/14, NZS 2017, 558) (→ § 221 Rn. 21). Wenn diese Mindeststandards von den Einrichtungen nicht beachtet werden, ist aber in § 52 nicht geregelt, wie

die Teilnehmer an einer Maßnahme dagegen vorgehen können. Zur Möglichkeit der Beschwerde beim Rehabilitationsträger (FRR/Conrad-Giese § 52, Rn. 12).

§ 53 Dauer von Leistungen

(1) [1]**Leistungen werden für die Zeit erbracht, die vorgeschrieben oder allgemein üblich ist, um das angestrebte Teilhabeziel zu erreichen.** [2]**Eine Förderung kann darüber hinaus erfolgen, wenn besondere Umstände dies rechtfertigen.**

(2) [1]**Leistungen zur beruflichen Weiterbildung sollen in der Regel bei ganztägigem Unterricht nicht länger als zwei Jahre dauern, es sei denn, dass das Teilhabeziel nur über eine länger andauernde Leistung erreicht werden kann oder die Eingliederungsaussichten nur durch eine länger andauernde Leistung wesentlich verbessert werden.** [2]**Abweichend von Satz 1 erster Teilsatz sollen Leistungen zur beruflichen Weiterbildung, die zu einem Abschluss in einem allgemein anerkannten Ausbildungsberuf führen und für die eine allgemeine Ausbildungsdauer von mehr als zwei Jahren vorgeschrieben ist, nicht länger als zwei Drittel der üblichen Ausbildungszeit dauern.**

Übersicht

A. Allgemeines

1 Diese Vorschrift wurde in Abs. 1 lediglich redaktionell verändert, Abs. 2 S. 1 entspricht wörtlich dem bisherigen § 37 Abs. 2 SGB IX 2001. Der jetzige Abs. 2 S. 2 war im ursprünglichen Gesetzesentwurf noch nicht vorhanden und wurde im Laufe des Verfahrens eingefügt (BT-Drs. 18/10523, 8). Die Regelung enthält bindende allgemeine Bestimmungen zur Dauer von Leistungen zur Teilhabe am Arbeitsleben sowie deren abschließende Ausnahmeregelung. Von § 53 ausgenommen sind die Leistungen im Eingangsverfahren und Berufsbildungsbereich in einer anerkannten Werkstatt für behinderte Menschen (§ 57) oder bei anderen Leistungsanbietern (§ 60).

B. Dauer von Leistungen

1. Abhängigkeit vom Teilhabeziel

2 Abs. 1 stellt die Bestimmung der Dauer der zur Teilhabe am Arbeitsleben zu erbringenden Leistungen in einen unmittelbaren Zusammenhang mit der Erreichung des angestrebten Zieles. Es wird ein allgemeiner Maßstab formuliert, mit dem auf bestehende Vorschriften bzw. die allg. übliche Handhabung abgestellt wird. Mit Blick etwa auf vorgeschriebene Ausbildungszeiten in den anerkannten **Lehr- und Ausbildungsberufen** ist damit hinreichende Rechtssicherheit gewährleistet. Für staatlich anerkannte Ausbildungsberufe legt das Bundesbildungsgesetz allg. zwei bis drei Jahre fest (§ 5 Abs. 1 Nr. 2 BBiG). Da die Leistungen zur Teilhabe am Arbeitsleben regelmäßig über einen längeren Zeitraum andauern, ist in Abs. 1 S. 2 eine Ausnahmeregelung festgelegt worden. Sie betrifft zB den Fall der Unterbrechung der Teilnahme an einer Maßnahme etwa in Folge von Krankheit (BSG 24.3.1983 – 1 RA 61/82, SozR 2200 § 1237a Nr. 23).

3 Ein besonderer Umstand im Sinne dieser Regelung ist allerdings nicht der mit Berufung auf Art. 12 GG vorgetragene Wunsch des betroffenen Menschen mit Behinderungen, eine die regelmäßige Dauer überschreitende Ausbildung absolvieren zu wollen. Dieses Grundrecht schützt den Einzelnen nur vor staatlichen Eingriffen, begründet jedoch keinen Individualanspruch auf Gewährung von besonderen Leistungen (BSG 18.5.2000 – B 11 AL 107/99 R, BeckRS 2000, 40968). Dies gilt bei Berücksichtigung der Grundsätze von Wirtschaftlichkeit und Sparsamkeit der Verwaltung auch dann, wenn dem Menschen mit Behinderungen nur zweijährige Umschulungsgänge vorgeschlagen werden, die der besonderen Eignung und Neigung und dem bisherigen Berufsweg des Menschen mit Behinderungen nicht hinreichend Rechnung tragen (BSG 3.7.1991 – 9b/7 RAr 142/89, NZA 1992, 333; LSG BW 19.2.2009 – L 10 R 3055/08, BeckRS 2009, 59276). Das Wunsch- und Wahlrecht aus § 8 Abs. 1 begründet damit keinen besonderen Umstand iSd § 53 Abs. 1 S. 2 (so auch GK-SGB IX/*Wendt* § 37 Rn. 29; Mrozynski SGB IX/*Jabben* § 37 Rn. 11).

2. Leistungen zur beruflichen Weiterbildung

4 Der Begriff der „Weiterbildung" im Abs. 2 umfasst Fortbildungs- und Umschulungsmaßnahmen (LSG BW 19.2.2009 – L 10 R 3055/08, BeckRS 2009, 59276), nicht hingegen eine Berufsausbildung (HessLSG 2.10.2009 – L 5 R 315/08, BeckRS 2009, 74004); die Abgrenzung zwischen Berufsausbildung und Weiterbildung ist dabei nach den für das Arbeitsförderungsrecht geltenden Kriterien vorzunehmen (HessLSG 12.7.2021 – L 5 R 289/19, BeckRS 2021, 50055, SächsLSG 19.4.2011 – L 5 R 6/10, BeckRS 2011, 72354). Abs. 2 S. 1 beschränkt die Leistungsdauer auf regelmäßig zwei Jahre. Dieses entsprach praktischen Erfahrungen, mit denen diese Maßnahmen von Erwachsenen in Berufsförderungswerken regelmäßig in diesem Zeitraum erfolgreich abgeschlossen werden konnten (*Knittel* § 37 Rn. 2). Hierbei wird von einem ganztägigen Unterricht ausgegangen. Gemeint ist hiermit, dass der Mensch mit Behinderungen durch Lehrveranstaltungen, Vor- und Nachbereitungszeiten sowie Wegezeiten so ausgelastet ist, dass er daneben keiner Erwerbstätigkeit nachgehen kann (KassKomm/*Kater* SGB VI § 16 Rn. 79). Die Höchstdauer gilt daher nicht für berufsbegleitenden Teilzeitunterricht, eine Teilzeitvorförderung oder in Teilzeit durchgeführte Maßnahmen für Mütter und Väter mit Behinderungen. Eine im Einzelfall vorausgehende Abklärung der beruflichen Eignung, Arbeitserprobung, Berufsvorbereitung, Vollzeit-Vorschulung, mit der der Behinderte auf die allgemeinen theoretischen Grundlagen der Umschulung und Fortbildung vorbereitet wird, ist auf die Leistungsdauer von zwei Jahre nicht anzurechnen.

5 Die Höchstdauer ist trotz der Formulierung als Sollvorschrift als ein „striktes Verbot mit einer gesetzlichen Ausnahmeregelung" angesehen worden (KassKomm/*Kater* SGB VI § 16 Rn. 82). Eine mögliche Überschreitung der Zwei-Jahresfrist muss bei der Entscheidung des Rehabilitationsträgers über die Bewilligung der Leistung nicht feststehen, es reicht eine hinreichende Wahrscheinlichkeit der prognostischen Betrachtung (BSG 31.7.1980 – 11 RA 59/79, BSGE 50, 184).

6 Eine Ausnahme von der Beschränkung auf die Regeldauer von zwei Jahren bei Leistungen der beruflichen Weiterbildung kommt in Betracht, wenn das Teilhabeziel nur über eine länger dauernde Leistung erreicht werden kann (Bsp.: notwendige Grundausbildung muss vorgeschaltet werden) oder die Eingliederungsaussichten nur durch eine länger dauernde Leistung wesentlich verbessert werden (*Knittel* § 37 Rn. 32; KassKomm/*Kater* SGB VI § 16 Rn. 83; KHM/*Vogt* § 37 Rn. 4). Als Ausnahme, die eine Verlängerung der Leistungsdauer rechtfertigt, kommt auch der Fall in Betracht, dass in einer Berufsordnung abweichend von den sonst bestehenden Üblichkeiten eine Verkürzung der Ausbildungsdauer nicht vorgesehen ist (BSG 28.3.1990 – 9b/7 RAr 92/88, NZA 1990, 992 = SGb 1991, 143 mit ablehnender Anm. *Boecken*). Zur möglichen

Verlängerung der Regeldauer von zwei Jahren bei Beurlaubung oder längerer Arbeitsunfähigkeit (BSG 24.3.1983 – 1 RA 61/82, BSGE 55, 53).

Abs. 2 S. 2 wurde iRd Gesetzgebungsverfahrens als weitere Ausnahme angefügt. Zur Begründung wurde hierzu erläutert, dass die Ausbildungsinhalte zunehmend anspruchsvoller geworden sind und insbes. in gewerblich-technischen Bereichen die Ausbildungszeit mittlerweile dreieinhalb Jahre beträgt (BT-Drs. 18/10523, 57). Die Industrie- und Handelskammern würden daher regelmäßig verlangen, dass die beruflichen Weiterbildungen, die zu einem allg. anerkannten Ausbildungsberuf führen und verkürzt durchgeführt werden, mindestens zwei Drittel der üblichen Ausbildungszeit dauern müssen. Ausgehend von dem in der gesetzlichen Begründung genannten Beispiel von dreieinhalb Jahren sollte eine „Verlängerung" der Maßnahme nicht über vier Kalendermonate andauern (insgesamt 28 Monate anstelle von bislang 24 Monaten). Der Gesetzgeber hat diese Forderung mit aufgenommen, damit Menschen mit Behinderungen als Rehabilitanden eine gleich gute Chance haben, einen Arbeitsplatz in einem neu erlernten Beruf zu erlangen. 7

§ 54 Beteiligung der Bundesagentur für Arbeit

1 Die Bundesagentur für Arbeit nimmt auf Anforderung eines anderen Rehabilitationsträgers gutachterlich Stellung zu Notwendigkeit, Art und Umfang von Leistungen unter Berücksichtigung arbeitsmarktlicher Zweckmäßigkeit. 2 Dies gilt auch, wenn sich die Leistungsberechtigten in einem Krankenhaus oder einer Einrichtung der medizinischen oder der medizinisch-beruflichen Rehabilitation aufhalten.

Übersicht

A. Allgemeines

Die Vorschrift entspricht der Regelung des § 38 SGB IX 2001 und wurde nur redaktionell geändert. Sie ermöglicht die Beteiligung der Bundesagentur für Arbeit bei Leistungen zur Teilhabe am Arbeitsleben, die nicht unmittelbar von ihr zu erbringen sind, sondern in die Zuständigkeit eines anderen Rehabilitationsträger fallen 1

B. Stellungnahme der Bundesagentur

Die Bundesagentur für Arbeit nimmt unter Berücksichtigung arbeitsmarktlicher Zweckmäßigkeit zu Notwendigkeit, Art und Umfang von Leistungen gutachterlich Stellung (*Bahemann* MedSach 2002, 102). Dies erfolgt allerdings nicht regelmäßig, sondern lediglich auf Anforderung eines anderen Rehabilitationsträger, der davon aber auch völlig absehen kann. Das Nähere regelt die „Gemeinsame Empfehlung Beteiligung der Bundesagentur für Arbeit nach § 54 SGB IX gemäß § 26 Abs. 2 Nr. 4 SGB IX" (Inkrafttreten 1.7.2020; www.bar-frankfurt.de). 2

S. 1 legt fest, dass ein anderer Rehabilitationsträger, nicht aber der Leistungsberechtigte selbst, eine gutachterliche Stellungnahme der Bundesagentur für Arbeit anfordern kann (LPK-SGB IX/*Deusch* § 54 Rn. 6). Eine Ablehnung des Ersuchens durch die Bundesagentur für Arbeit ist nicht vorgesehen (GK-SGB IX/*Wendt* § 38 Rn. 17), jedoch legt § 1 Abs. 3 der gemeinsamen Empfehlung zu Recht fest, dass die Einschaltung der 3

Bundesagentur für Arbeit ausschließlich zum Zwecke der Begutachtung durch deren Fachdienste (Ärztlicher Dienst, Berufspsychologischer Service, Technischer Beratungsdienst) nur zulässig ist, wenn ein Bezug zur Aufgabenstellung nach § 38 SGB IX 2001 (jetzt § 54) besteht. Inhaltlich hat sich die Bundesagentur für Arbeit zur Notwendigkeit, Art und Umfang der Leistungen zu äußern (jurisPK-SGB IX/*Luik* § 54 Rn. 28). Die Bundesagentur für Arbeit; berücksichtigt dabei auch die Gegebenheiten des Arbeitsmarktes, um so zu einer zweckmäßigen Aussage zu gelangen und kann dabei in bestimmten Fällen auch die Fachdienste der Arbeitsagentur (zum Beispiel Berufspsychologischer Service, Technische Beratung) einbinden. Die Erforderlichkeit des Notwendigen wird durch die individuellen Gegebenheiten des Einzelfalles bestimmt, so dass im Sinne eines effektiven Verwaltungshandelns der Rehabilitationsträger seine Anforderung nach dieser Vorschrift unter Darlegung der Verhältnisse konkretisieren muss, damit die Arbeitsverwaltung ihre Ressourcen zielgenau und zeitgerecht einsetzen kann. Rehabilitationsträger, die für Leistungen zur Teilhabe am Arbeitsleben zuständig sind, werden diese Kriterien zumeist selbst beurteilen können. Insofern dürfte ein Ersuchen an die Bundesagentur für Arbeit am ehesten durch einen Rehabilitationsträger erfolgen, der selbst nicht für Leistungen zur Teilhabe am Arbeitsleben zuständig ist (Krankenversicherung).

4 S. 2 bestimmt, dass die Grundregelung des S. 1 auch in den Fällen zur Anwendung kommt, in denen sich die Leistungsberechtigten in einem Krankenhaus oder in einer Einrichtung der medizinischen oder medizinisch-beruflichen Rehabilitation befinden. Dieses dient der frühzeitigen Klärung und zügigen Ausführung der notwendigen Leistungen und steht damit in einem engen Zusammenhang mit der Vorschrift des § 10. Für diese Fallgestaltung erscheint auch die Notwendigkeit am deutlichsten zu sein. Für den Fall, dass in einer medizinischen Rehabilitation der Rehabilitationsbedarf für Leistungen zur Teilhabe am Arbeitsleben zu klären ist (Notwendigkeit) und ggf. der zuständige Rehabilitationsträger nicht eindeutig feststeht, ist zur schnellen Klärung eine gutachterliche Stellungnahme der Bundesagentur für Arbeit erforderlich.

§ 55 Unterstützte Beschäftigung

(1) [1]Ziel der Unterstützten Beschäftigung ist es, Leistungsberechtigten mit besonderem Unterstützungsbedarf eine angemessene, geeignete und sozialversicherungspflichtige Beschäftigung zu ermöglichen und zu erhalten. [2]Unterstützte Beschäftigung umfasst eine individuelle betriebliche Qualifizierung und bei Bedarf Berufsbegleitung.

(2) [1]Leistungen zur individuellen betrieblichen Qualifizierung erhalten Menschen mit Behinderungen insbesondere, um sie für geeignete betriebliche Tätigkeiten zu erproben, auf ein sozialversicherungspflichtiges Beschäftigungsverhältnis vorzubereiten und bei der Einarbeitung und Qualifizierung auf einem betrieblichen Arbeitsplatz zu unterstützen. [2]Die Leistungen umfassen auch die Vermittlung von berufsübergreifenden Lerninhalten und Schlüsselqualifikationen sowie die Weiterentwicklung der Persönlichkeit der Menschen mit Behinderungen. [3]Die Leistungen werden vom zuständigen Rehabilitationsträger nach § 6 Absatz 1 Nummer 2 bis 5 für bis zu zwei Jahre erbracht, soweit sie wegen Art oder Schwere der Behinderung erforderlich sind. [4]Sie können bis zu einer Dauer von weiteren zwölf Monaten verlängert werden, wenn auf Grund der Art oder Schwere der Behinderung der gewünschte nachhaltige Qualifizierungserfolg im Einzelfall nicht anders erreicht werden kann und hinreichend gewährleistet ist, dass eine weitere Qualifizierung zur Aufnahme einer sozialversicherungspflichtigen Beschäftigung führt.

(3) [1]Leistungen der Berufsbegleitung erhalten Menschen mit Behinderungen insbesondere, um nach Begründung eines sozialversicherungspflichtigen Beschäftigungsverhältnisses die zu dessen Stabilisierung erforderliche Unterstützung und Krisenintervention zu gewährleisten. [2]Die Leistungen werden bei Zuständigkeit eines Rehabilitationsträgers nach § 6 Absatz 1 Nummer 3 oder 5 von diesem, im Übrigen von dem Integrationsamt

im Rahmen seiner Zuständigkeit erbracht, solange und soweit sie wegen Art oder Schwere der Behinderung zur Sicherung des Beschäftigungsverhältnisses erforderlich sind.

(4) Stellt der Rehabilitationsträger während der individuellen betrieblichen Qualifizierung fest, dass voraussichtlich eine anschließende Berufsbegleitung erforderlich ist, für die ein anderer Leistungsträger zuständig ist, beteiligt er diesen frühzeitig.

(5) [1]Die Unterstützte Beschäftigung kann von Integrationsfachdiensten oder anderen Trägern durchgeführt werden. [2]Mit der Durchführung kann nur beauftragt werden, wer über die erforderliche Leistungsfähigkeit verfügt, um seine Aufgaben entsprechend den individuellen Bedürfnissen der Menschen mit Behinderungen erfüllen zu können. [3]Insbesondere müssen die Beauftragten

1. **über Fachkräfte verfügen, die eine geeignete Berufsqualifikation, eine psychosoziale oder arbeitspädagogische Zusatzqualifikation und eine ausreichende Berufserfahrung besitzen,**
2. **in der Lage sein, den Menschen mit Behinderungen geeignete individuelle betriebliche Qualifizierungsplätze zur Verfügung zu stellen und ihre berufliche Eingliederung zu unterstützen,**
3. **über die erforderliche räumliche und sächliche Ausstattung verfügen sowie**
4. **ein System des Qualitätsmanagements im Sinne des § 37 Absatz 2 Satz 1 anwenden.**

(6) [1]Zur Konkretisierung und Weiterentwicklung der in Absatz 5 genannten Qualitätsanforderungen vereinbaren die Rehabilitationsträger nach § 6 Absatz 1 Nummer 2 bis 5 sowie die Bundesarbeitsgemeinschaft der Integrationsämter und Hauptfürsorgestellen im Rahmen der Bundesarbeitsgemeinschaft für Rehabilitation eine gemeinsame Empfehlung. [2]Die gemeinsame Empfehlung kann auch Ausführungen zu möglichen Leistungsinhalten und zur Zusammenarbeit enthalten. [3]§ 26 Absatz 4, 6 und 7 sowie § 27 gelten entsprechend.

Übersicht

A. Allgemeines

1 Die Vorschrift entspricht § 38a SGB IX 2001 und ist lediglich an den Wortlaut des § 1 angepasst worden. Die Regelung dient der konkreten Umsetzung des Übereinkommens der Vereinten Nationen v. 13.12.2006 über die Rechte von Menschen mit Behinderungen, das seit 26.3.2009 innerstaatliches Recht bildet, und des darin enthaltenen Grundsatzes der verstärkten Integration von Menschen mit Behinderungen auf dem allgemeinen Arbeitsmarkt (Art. 27 des Übereinkommens).

2 Eine genaue Definition der **Unterstützten Beschäftigung** fehlt in § 55. In Abs. 1 S. 2 wird lediglich festgestellt, dass die Unterstützte Beschäftigung die **betriebliche Qualifizierung** und die **Berufsbegleitung** umfasst. Von Behinderteninitiativen wird daher unter der Unterstützten Beschäftigung „eine bezahlte Arbeit auf dem allgemeinen Arbeitsmarkt mit anfänglicher, zeitweiser oder dauerhafter Unterstützung" verstanden (so *Wendt* br 2009, 1; LPK-SGB IX/*Deusch* § 55 Rn. 3). Im ursprünglichen Gesetzentwurf der BReg. (BT-Drs. 16/10487 zu Nr. 3 zu § 38a) wird die Unterstützte Beschäftigung als „die individuelle betriebliche Qualifizierung und Berufsbegleitung behinderter Menschen mit besonderem Unterstützungsbedarf auf Arbeitsplätzen in Betrieben des allgemeinen Ar-

beitsmarkts“ bezeichnet. Ausschließlich das Ziel der in der Vorschrift geregelten „neuen Instrumente“ wird im Abs. 1 S. 1 beschrieben. Danach soll Menschen mit Behinderungen und besonderem Unterstützungsbedarf der Zugang zu angemessenen, geeigneten und vor allem sozialversicherungspflichtigen Beschäftigungsverhältnissen verschafft werden (1. Tatbestandsalternative). In der Gemeinsamen Empfehlung Unterstützte Beschäftigung nach § 55 Abs. 6 SGB IX gemäß § 26 Abs. 6, 7 SGB IXv. 1.10.2021 (GE Unterstützte Beschäftigung) werden in § 3 S. 2 daraus als weitere Ziele abgeleitet:

1. Mehr Menschen mit Behinderung sollen die Möglichkeit haben, im allgemeinen Arbeitsmarkt zu arbeiten, außerhalb von Werkstattleistungen
2. Die Unterstützung durch den Leistungserbringer erfolgt individuell, arbeitsplatzbezogen und unmittelbar am Arbeitsplatz in Betrieben des allgemeinen Arbeitsmarktes und in direktem Kontakt mit betrieblichen Vorgesetzten und Kollegen/Kolleginnen (**Job-Coaching**).
3. Die individuelle betriebliche Qualifizierung und die Berufsbegleitung von Leistungsberechtigten mit besonderem Unterstützungsbedarf zur Teilhabe am Arbeitsleben werden sichergestellt.

2a Ziel der Unterstützten Beschäftigung insgesamt ist demgemäß der Abschluss eines Arbeitsvertrages für einen Arbeitsplatz auf dem allgemeinen Arbeitsmarkt. Es gilt der Grundsatz: „Erst platzieren, dann qualifizieren“ (*Rombach* SGb 2009, 61 (62); *Kainz*, Fachbeiträge Forum B, 6/2012, v. 25.5.2012; *Kainz* br 2102, 193). Dieser Grundsatz besagt, dass die Qualifizierung direkt am Arbeitsplatz erfolgt und nicht vorab in Sondereinrichtungen. Hat der Mensch mit Behinderungen aufgrund eines sozialversicherungspflichtigen Beschäftigungsverhältnisses bereits einen Arbeitsplatz inne, dann wird das Ziel verfolgt, diesen konkreten Arbeitsplatz zu erhalten (2. Tatbestandsalternative). Der Leistungskatalog der Unterstützten Beschäftigung differenziert nach Abs. 1 S. 2 dabei zwischen der individuellen betrieblichen Qualifizierung und der Berufsbegleitung. Es handelt sich um neue Leistungen zur Teilhabe (LSW/*Bieritz-Harder* § 38a Rn. 2), die unabhängig von der schon bislang gesetzlich vorgesehenen **Arbeitsassistenz** nach § 185 Abs. 5, § 49 Abs. 8 Nr. 3 bestehen (vgl. auch § 185 Abs. 4; s. dazu *Wendt* br 2009, 3).

3 Zur Zielgruppe der Unterstützten Beschäftigung gehören insbes. Schulabgänger aus Förderschulen (KHM/*Vogt* § 38a Rn. 6; jurisPK-SGB IX/*Luik* § 55 Rn. 42), aber auch Mensch mit Behinderungen, die die Behinderung erst später erworben haben (*Knittel* § 38a Rn. 1); jedenfalls sollen es Menschen mit Behinderungen sein, die mit einer Berufsausbildung oder berufsvorbereitenden Maßnahme überfordert wären (*Rombach* SGb 2009, 61 (63)). Auch behinderte Jugendliche mit einer Lernbehinderung zählen zur Zielgruppe der Unterstützten Beschäftigung (*Rombach* SGb 2009, 61 (63); GK-SGB IX/*Wendt* § 38a Rn. 22a). Gegenüber einer Berufsausbildung oder einer berufsvorbereitenden Bildungsmaßnahme ist die Unterstützte Beschäftigung nachrangig, allerdings vorrangig vor einer Beschäftigung in einer WfbM (KHM/*Vogt* § 38a Rn. 4; *Kainz*, Fachbeiträge Forum B, 6/2012, v. 25.5.2012; *Wendt* br 2009, 5).

4 Im Abs. 2 der Vorschrift werden die zu erbringenden Leistungen zur individuellen betrieblichen Qualifizierung näher beschrieben und die Schritte zur Verwirklichung der Zielvorstellung, der Erlangung oder Erhaltung einer sozialversicherungspflichtigen Beschäftigung, werden beispielhaft aufgeführt (S. 1 u. 2). Der S. 3 des Abs. 2 benennt die leistungspflichtigen Rehabilitationsträger.

5 Der Abs. 3 der Vorschrift bestimmt Näheres zur Berufsbegleitung, die den Menschen mit Behinderungen nach der „Platzierung“ stabilisieren soll. Im Abs. 4 wird die – anzustrebende – Beteiligung eines anderen Rehabilitationsträger im Falle der Erforderlichkeit von Leistungen der Berufsbegleitung nach Abs. 3 im Anschluss an Leistungen der betrieblichen Qualifizierung nach Abs. 2 geregelt.

6 Der Abs. 5 der Vorschrift regelt die Durchführung der Unterstützten Beschäftigung und stellt die Qualitätsanforderungen auf, während Abs. 6 die Koordinierung der Leis-

tungen aller zuständigen Träger im Rahmen der BAR betrifft und auf die Gemeinsamen Empfehlungen hinweist.

B. Betriebliche Qualifizierung

Ziel der Unterstützten Beschäftigung ist der Abschluss eines Arbeitsvertrages (*Rombach* SGb 2009, 61 (62); *Kainz,* Fachbeiträge Forum B, 6/2012, v. 25.5.2012) und damit die Integration des Menschen mit Behinderungen in ein sozialversicherungspflichtiges Arbeitsverhältnis auf Dauer (LSW/*Bieritz-Harder* § 38a Rn. 5). Die Einarbeitung als individuelle betriebliche Qualifizierung erfolgt deshalb bereits auf einem konkreten Arbeitsplatz (*Rombach* SGb 2009, 61 (63); LPK-SGB IX/*Deusch* § 55 Rn. 7). Der Mensch mit Behinderungen wird während der Qualifizierungsmaßnahme von einem sog. Job-Coach begleitet und unterstützt (GE Unterstützte Beschäftigung § 3 S. 2 Nr. 2). **7**

Rehabilitationsträger sind nach Abs. 2 S. 3 die zuständigen Rehabilitationsträger gem. § 6 Abs. 1 Nr. 2–5. Für den Bereich der gesetzlichen Rentenversicherung verweist § 16 SGB VI hingegen nur auf die §§ 49–54, 57 u. 60, also gerade nicht auf § 55, so dass die Träger der gesetzlichen Rentenversicherung als Rehabilitationsträger Leistungen der Unterstützten Beschäftigung nicht zu erbringen haben. Die Träger der gesetzlichen Unfallversicherung erbringen Leistungen nach § 55 aufgrund der Rechtsfolgenverweisung des § 35 Abs. 1 SGB VII, der hinsichtlich der zu erbringenden Leistungen zur Teilhabe vollumfänglich auf die §§ 49–55 verweist. Die Leistungspflicht der Rehabilitationsträger iSd § 6 Abs. 1 Nr. 5 beruht dabei auf § 26 Abs. 1 BVG. **8**

Die Dauer der Leistung beträgt bis zu zwei Jahren und kann um bis zu weitere zwölf Monate verlängert werden, wenn auf Grund der Art oder Schwere der Behinderung der gewünschte nachhaltige Qualifizierungserfolg im Einzelfall nicht anders erreicht werden kann und hinreichend gewährleistet ist, dass eine weitere Qualifizierung zur Aufnahme einer sozialversicherungspflichtigen Beschäftigung führt (Abs. 2 S. 3, 4). Eine Verlängerung ist daher nur möglich, wenn der Grund für die Verlängerung nicht von dem Menschen mit Behinderungen zu vertreten ist (KHM/Vogt § 38a Rn. 8). **9**

Die betriebliche Qualifizierung wird inhaltlich in drei Phasen unterteilt – die Einstiegs-, Qualifizierungs- und Stabilisierungsphase (§ 4 Abs. 2 GE Unterstützte Beschäftigung). Die Dauer der einzelnen Phasen ist nicht genau abgegrenzt und erfolgt individuell. In der **Einstiegsphase** wird der individuelle Unterstützungsbedarf festgestellt und die Neigungen, Wünsche und beruflichen Ziele mit den Anforderungen des allgemeinen Arbeitsmarktes abgeglichen (*Kainz,* Fachbeiträge Forum B, 6/2012, v. 25.5.2012). Sie ist ausgerichtet auf eine möglichst frühzeitige Erprobung des Leistungsberechtigten im Betrieb und damit auf einen geeigneten Qualifizierungsplatz. Nach der GE Unterstützte Beschäftigung sollte diese Phase acht Wochen möglichst nicht überschreiten. **10**

Die **Qualifizierungsphase** ist darauf ausgerichtet, die individuellen Fähigkeiten und betrieblichen Anforderungen optimal aufeinander abzustimmen und somit den am besten geeigneten Arbeitsplatz zu identifizieren. Hierfür sind meist mehrere Praktika in unterschiedlichen Arbeitsfeldern oder sogar unterschiedlichen Betrieben erforderlich. **10a**

Die **Stabilisierungsphase** zielt auf die Integration der zu unterstützenden Person in den betrieblichen Alltag und die Vorbereitung aller Beteiligten auf eine dauerhafte sozialversicherungspflichtige Beschäftigung im Betrieb ab. Daher beginnt diese Phase regelhaft erst ab dem Zeitpunkt, zu dem der Arbeitgeber erklärt, den Teilnehmer in eine sozialversicherungspflichtige Beschäftigung übernehmen zu wollen. **10b**

Die Zeiten der betrieblichen Qualifizierung werden nach § 57 Abs. 4 S. 1 zur Hälfte auf die Dauer des Berufsbildungsbereichs einer anerkannten WfbM angerechnet. **11**

Im Leistungszeitraum ist der Mensch mit Behinderungen sozialversichert, und zwar krankenversichert nach § 5 Abs. 1 Nr. 6 SGB V, rentenversichert nach § 1 S. 1 Nr. 3 **12**

SGB VI; die Kranken- und Rentenversicherungsbeiträge trägt der zuständige Rehabilitationsträger (§ 251 Abs. 1 SGB V, § 168 Abs. 1 Nr. 3b SGB VI). Die Teilnehmer der betrieblichen Qualifizierung stehen in keiner arbeitsrechtlichen Beziehung zum Inhaber des Betriebes (*Knittel* § 38a Rn. 9). Zur Rechtsstellung der Rehabilitanden BAG 27.6.2001 – 7 ABR 50/99, AP SchwbG 1986 § 24 Nr. 2.

13 Während der Qualifizierungsmaßnahme erhält der Mensch mit Behinderungen im Falle der Zuständigkeit der Bundesagentur für Arbeit **Ausbildungsgeld** nach § 122 S. 1 Nr. 2 iVm § 118 Nr. 2 SGB III, wenn ein Anspruch auf **Übergangsgeld** nicht besteht.

C. Berufsbegleitung

14 Die Berufsbegleitung als Leistung zur Teilhabe im Rahmen Unterstützter Beschäftigung betrifft Menschen mit Behinderungen, die bereits einen Arbeitsplatz innehaben, und soll die zur Stabilisierung des konkreten Arbeitsverhältnisses erforderliche Unterstützung gewährleisten (*Rombach* SGb 2009, 61 (63); *Kainz,* Fachbeiträge Forum B, 6/2012, v. 25.5.2012). Die Berufsbegleitung wird also im Rahmen eines regulären Beschäftigungsverhältnisses erbracht. Eine zeitliche Begrenzung wie für die individuelle berufliche Qualifizierung lässt sich den Regelungen des Abs. 3 nicht entnehmen. Sie sollen erbracht werden „solange und soweit" sie erforderlich sind

15 Als zuständige Rehabilitationsträger für diese Leistung zur Teilhabe kommen nur die Träger der gesetzlichen Unfallversicherung (§ 6 Abs. 1 Nr. 3) und die Träger der Kriegsopferversorgung und Kriegsopferfürsorge (§ 6 Abs. 1 Nr. 5) in Betracht. Falls diese Rehabilitationsträger wegen des Fehlens der im SGB VII bzw. im BVG normierten Leistungsvoraussetzungen nicht leistungspflichtig sind, ist die Berufsbegleitung vom Integrationsamt im Rahmen seiner Zuständigkeit zu erbringen (vgl. § 185). Das bedeutet dann allerdings, dass als Leistungsberechtigte nur schwerbehinderte Menschen (vgl. § 17 Abs. 1b SchwbAV) oder aber Gleichgestellte iSd § 2 Abs. 3 in Betracht kommen. Im Rahmen der Zuständigkeit des Integrationsamts haben schwerbehinderte Menschen einen Rechtsanspruch auf die Übernahme der Kosten einer Berufsbegleitung nach § 185 Abs. 4.

16 Inhaltlich ist die Berufsbegleitung als eine nachgeschaltete Form der Unterstützung am Arbeitsplatz zu sehen (KHM/*Vogt* § 38a Rn. 9; CFHR/*Verhorst* § 38a Rn. 10). Sie stellt eine prozessorientierte Unterstützung des Menschen mit Behinderung und seines Arbeitgebers dar (§ 6 Abs. 4 GE Unterstützte Beschäftigung). Ziel ist auch hier das optimale Verhältnis von den Fähigkeiten des Menschen mit Behinderungen und den Anforderungen seines Arbeitsverhältnisses. Hierzu muss auch das betriebliche Umfeld mit einbezogen werden (KHM/*Vogt* § 38a Rn. 10).

D. Durchführung und Koordinierung

17 Der nach Abs. 2 u. 3 die Unterstützte Beschäftigung gewährende Rehabilitationsträger bedient sich zur Durchführung der Maßnahme grds. eines Dienstleisters; insoweit werden beispielhaft die **Integrationsfachdienste** angeführt (Abs. 5 S. 1). Regelungen zu den Aufgaben der Integrationsfachdienste finden sich in §§ 192. Nach § 192 Abs. 1 ist der Integrationsfachdienst ein Dienst Dritter, der bei der Durchführung von Maßnahmen zur Teilhabe schwerbehinderter Menschen am Arbeitsleben beteiligt werden soll. Aus dem Abs. 5 der Vorschrift ergibt sich, dass Integrationsfachdienste als vom Rehabilitationsträger mit der Durchführung der Unterstützten Beschäftigung Beauftragte auch für Menschen mit Behinderungen, bei denen noch keine Schwerbehinderung festgestellt worden ist, als Maßnahmeträger in Betracht kommen (vgl. § 192 Abs. 4).

In Ausübung des in § 8 normierten Wunsch- und Wahlrechts kann der Mensch mit Behinderungen aber auch bei der Unterstützten Beschäftigung ein persönliches Budget nach § 29 beanspruchen (ebenso *Wendt* br 2009, 8). 18

Die Qualitätsanforderungen an die Maßnahmeträger als Beauftragte iSd Abs. 5 sind im S. 3 Nr. 1–4 des Abs. 5 normiert. 19

Welche rechtliche Rolle dem Arbeitgeber zukommt, der den konkreten Arbeitsplatz zur Verfügung stellt, ist in § 55 nicht geregelt worden (*Wendt* br 2009, 7). Dass es bei der Unterstützten Beschäftigung der Absicherung durch privatrechtliche Verträge bedarf, liegt auf der Hand. Der Abschluss derartiger Verträge ist als Aufgabe der Integrationsfachdienste in § 194 Abs. 4 S. 1 ausdrücklich vorgesehen. 20

Zur Konkretisierung und Weiterentwicklung der im Abs. 5 aufgeführten Qualitätsanforderungen vereinbaren die Rehabilitationsträger und die Bundesarbeitsgemeinschaft der Integrationsämter und Hauptfürsorgestellen im Rahmen der BAR (Abs. 6) eine gemeinsame Empfehlung (vgl. GE Unterstützte Beschäftigung); § 26 Abs. 4, 6, 7, § 27 gelten dafür entsprechend. 21

§ 56 Leistungen in Werkstätten für behinderte Menschen

Leistungen in anerkannten Werkstätten für behinderte Menschen (§ 219) werden erbracht, um die Leistungs- oder Erwerbsfähigkeit der Menschen mit Behinderungen zu erhalten, zu entwickeln, zu verbessern oder wiederherzustellen, die Persönlichkeit dieser Menschen weiterzuentwickeln und ihre Beschäftigung zu ermöglichen oder zu sichern.

Übersicht

A. Allgemeines

Diese Vorschrift entspricht § 39 SGB IX 2001 und beschreibt die Zielsetzung der Leistungen zur Teilhabe am Arbeitsleben in anerkannten WfbM, die dann in den folgenden Vorschriften getrennt nach Eingangs- und Bildungsbereich (§ 57) und Arbeitsbereich (§ 58) iE beschrieben werden. Das Ziel der Leistungen in einer WfbM ist grds. auf die Integration auf den allgemeinen Arbeitsmarkt ausgerichtet (*Knittel* § 39 Rn. 2). Die Zuordnung der Verpflichtung zur Leistungserbringung durch die einzelnen Träger folgt dann anschließend in § 63. 1

B. Leistungszwecke

Die in dieser Regelung des Teils I des SGB IX benannten Leistungszwecke 2

- Erhaltung der Leistungs- und Erwerbsfähigkeit
- Entwicklung der Leistungs- und Erwerbsfähigkeit
- Verbesserung der Leistungs- und Erwerbsfähigkeit
- Wiederherstellung der Leistungs- und Erwerbsfähigkeit
- Weiterentwicklung der Persönlichkeit (BSG 9.12.2008 – B 8/9b SO 11/07 R, BeckRS 2009, 56509; B 8/9b SO 12/07 R, BeckRS 2009, 56510; B 8/9b SO 10/07 R,)
- Ermöglichung der Beschäftigung und
- Sicherung der Beschäftigung

finden ihre inhaltliche Entsprechung in der Regelung des § 219 Abs. 1, der erst die Grundlage für unmittelbare Ansprüche des einzelnen betroffenen schwerbehinderten Menschen bildet. Während dies für die ersten fünf in § 56 angesprochenen Zielsetzungen wortgleich erfolgt (vgl. § 219 Abs. 1 S. 2 Nr. 2), gilt dies nicht für die Ermöglichung von Sicherung der Beschäftigung. Allerdings enthält § 219 Abs. 1 S. 2 Nr. 1 die Verpflichtung der **WfbM,** diesen eine Beschäftigung anzubieten (→ § 219 Rn. 3). Dieser Begriff ist im Gesamtkontext des Gesetzes dahin auszulegen, dass er beide der vorgenannten Aspekte (Möglichkeiten und Sicherung der Beschäftigung) umfasst.

3 Die Regelung verpflichtet die Rehabilitationsträger zur Leistung und gibt den Leistungsberechtigten einen grundsätzlichen Rechtsanspruch, der an die tatbestandlichen Voraussetzungen aus dem Leistungsrecht des jeweils zuständigen Rehabilitationsträger gekoppelt ist. Inhaltliche Voraussetzungen für den Zugang zu einer WfbM ergeben sich aus § 219 Abs. 1, 2. Hiernach stehen die WfbM den Menschen mit Behinderungen offen, die wegen der Art und Schwere der Behinderung nicht auf dem allgemeinen Arbeitsmarkt beschäftigt werden können. Andere als **behinderungsbedingte Gründe** (bspw. konjunkturelle Gründe) führen nicht zu einem Anspruch auf Beschäftigung in einer WfbM. Außerdem muss von den Menschen mit Behinderungen erwartet werden können, dass sie nach Teilnahme am Berufsbildungsbereich ein Mindestmaß an **wirtschaftlich verwertbarer Arbeitsleistung** erbringen werden.

§ 57 Leistungen im Eingangsverfahren und im Berufsbildungsbereich

(1) Leistungen im Eingangsverfahren und im Berufsbildungsbereich einer anerkannten Werkstatt für behinderte Menschen erhalten Menschen mit Behinderungen

1. **im Eingangsverfahren zur Feststellung, ob die Werkstatt die geeignete Einrichtung für die Teilhabe des Menschen mit Behinderungen am Arbeitsleben ist sowie welche Bereiche der Werkstatt und welche Leistungen zur Teilhabe am Arbeitsleben für die Menschen mit Behinderungen in Betracht kommen, und um einen Eingliederungsplan zu erstellen;**
2. **im Berufsbildungsbereich, wenn die Leistungen erforderlich sind, um die Leistungs- oder Erwerbsfähigkeit des Menschen mit Behinderungen so weit wie möglich zu entwickeln, zu verbessern oder wiederherzustellen und erwartet werden kann, dass der Mensch mit Behinderungen nach Teilnahme an diesen Leistungen in der Lage ist, wenigstens ein Mindestmaß wirtschaftlich verwertbarer Arbeitsleistung im Sinne des § 219 zu erbringen.**

(2) [1]Die Leistungen im Eingangsverfahren werden für drei Monate erbracht. [2]Die Leistungsdauer kann auf bis zu vier Wochen verkürzt werden, wenn während des Eingangsverfahrens im Einzelfall festgestellt wird, dass eine kürzere Leistungsdauer ausreichend ist.

(3) [1]Die Leistungen im Berufsbildungsbereich werden für zwei Jahre erbracht. [2]Sie werden in der Regel zunächst für ein Jahr bewilligt. [3]Sie werden für ein weiteres Jahr bewilligt, wenn auf Grund einer fachlichen Stellungnahme, die rechtzeitig vor Ablauf des Förderzeitraums nach Satz 2 abzugeben ist, angenommen wird, dass die Leistungsfähigkeit des Menschen mit Behinderungen weiterentwickelt oder wiedergewonnen werden kann.

(4) [1]Zeiten der individuellen betrieblichen Qualifizierung im Rahmen einer Unterstützten Beschäftigung nach § 55 werden zur Hälfte auf die Dauer des Berufsbildungsbereichs angerechnet. [2]Allerdings dürfen die Zeiten individueller betrieblicher Qualifizierung und die Zeiten des Berufsbildungsbereichs insgesamt nicht mehr als 36 Monate betragen.

Übersicht

A. Allgemeines

Die Vorschrift entspricht § 40 SGB IX 2001 und ist lediglich an den Wortlaut des § 1 angepasst worden. 1

Die Vorschrift benennt die Leistungen, die Menschen mit Behinderungen im Eingangsverfahren und im Berufsbildungsbereich einer anerkannten WfbM (§ 225) erhalten können. § 57 entspricht inhaltlich § 3 Abs. 1, 2 sowie § 4 Abs. 3 WVO. 1a

Die Zuständigkeit des Rehabilitationsträgers für die Leistungen im Eingangsverfahren und im Berufsbildungsbereich ergibt sich aus § 63. Die Leistungen dürfen nur in einer anerkannten Werkstatt erbracht werden (KassKomm/*Kater* SGB VI § 16 Rn. 61) 1b

B. Aufnahme in die Werkstatt

Die Voraussetzungen für die Aufnahme in eine WfbM – und damit auch in das Eingangsverfahren – sind in § 219 Abs. 2 S. 1 festgeschrieben. Hiernach ist eine Aufnahme nur dann möglich, wenn nach Durchführung des Berufsbildungsbereiches ein Mindestmaß an wirtschaftlich verwertbarer Arbeitsleistung erwartet werden kann (→ § 219 Rn. 4). Ein solches Mindestmaß wird bejaht, wenn der Mensch mit Behinderungen ohne sich und andere zu gefährden an der Herstellung der von der betreffenden Werkstatt vertriebenen Waren oder Dienstleistungen beteiligt werden kann (BSG 29.6.1995 – 11 RAr 57/94, BeckRS 1995, 30416977; *Knittel* § 40 Rn. 13). Unerheblich ist hierbei, ob und wie lange der behinderte Mensch im Arbeitsbereich der WfbM tätig sein kann (LSG Bln-Bbg11.12.2019 – L 16 R 256/19, BeckRS 2019, 32825) Zur Voraussetzung der wesentlich verbesserten Teilhabeperspektive für den Kläger durch Leistungen im Sinne der §§ 56, 57 für eine Aufnahme in die Werkstatt (LSG LSA 16.9.2020 – L 3 R 171/19, BeckRS 2020, 44058). 2

Negativ abgegrenzt werden die Aufnahmekriterien nach § 219 Abs. 2 S. 2, wenn trotz angemessener Betreuung eine erhebliche Selbst- oder Fremdgefährdung zu erwarten ist oder das Ausmaß der erforderlichen Betreuung und Pflege, die Teilnahme am Berufsbildungsbereich oder im Arbeitsbereich nicht zulassen. 3

Der Mensch mit Behinderungen muss daher werkstattfähig sein, also gemeinschaftsfähig und nicht außerordentlich pflegebedürftig (BSG 10.3.1994 – 7 RAr 22/93, BeckRS 1994, 30748251; jurisPK-SGB IX/*Luik* § 56 Rn. 57). Gemeinschaftsfähig ist ein Mensch mit Behinderungen, der den Zweck der WfbM, Rehabilitation, Arbeit und Beschäftigung für andere erfolgreich anzubieten, durch sein Verhalten nicht nachhaltig beeinträchtigt (BSG 10.3.1994 – 7 RAr 22/93, BeckRS 1994, 30748251). Außerordentliche Pflegebedürftigkeit ist gegeben, wenn der Mensch mit Behinderungen im Arbeitstraining oder später am Arbeitsplatz so weitgehend von Pflege abhängig ist, dass eine Teilnahme an Maßnahmen im Berufsbildungsbereich oder eine Beschäftigung im Arbeitsbereich ausgeschlossen ist (SächsLSG 3.6.2011 – L 3 AL 86/10), also die Tagesstrukturierung im Vordergrund steht. Bei der Frage welche Kriterien für die Prognose einer Werkstattfähigkeit anzulegen sind, sind die grundgesetzliche Relevanz in Bezug auf die Menschenwürde, das Sozialstaatsgebot und das Diskriminierungsverbot (Art. 3 Abs. 3 S. 2 GG) 4 sowie Art. 27 der UN-Behindertenrechtskonvention zu beachten (LSG LSA 27.11.2014 – L 2 AL 41/14 B ER, BeckRS 2015, 65088).

5 Maßstab für die Werkstattfähigkeit von Menschen mit Behinderungen sind nach der Rspr. des BSG die konkreten Verhältnisse (zB Personalschlüssel) in der Werkstatt, in die der Mensch mit Behinderungen aufgenommen werden soll. Danach ist eine Aufnahme immer ausgeschlossen, wenn die Betreuung des Menschen mit Behinderungen mit dem Betreuungsschlüssel der Einrichtung nicht zu erreichen ist (GK-SGB IX/*Wendt* § 40 Rn. 16). Denn nur der Träger der WfbM selbst kann im Rahmen der ihm zugewiesenen Aufgaben und der Vorgaben für die einzelnen Tätigkeitsbereiche über die persönlichen und sachlichen Mittel bestimmen, während die Rehabilitationsträger keinen Einfluss auf den Personalschlüssel für die Tätigkeitsbereiche der WfbM hat und zwar auch nicht mittelbar durch die Entscheidung über die Leistungsvoraussetzungen zur Teilhabe am Arbeitsleben (LSG Nds-Brem 23.9.2014 – L 7 AL 56/12, BeckRS 2014, 72875; BayLSG 23.5.2012 – L 10 AL 207/10, BeckRS 2012, 73684). Eine Aufnahme in den Berufsbildungsbereich ist auch dann ausgeschlossen, wenn die Betreuung des behinderten Menschen mit dem Betreuungsschlüssel der Einrichtung nicht zu erreichen ist. Maßstab für diese Werkstattfähigkeit sind die Verhältnisse in der Werkstatt, in die der Schwerbehinderte aufgenommen wird (BSG 29.6.1995 – 11 RAr 57/94, BeckRS 1995, 30416977). Es besteht kein Förderanspruch, wenn die Werkstattfähigkeit nicht gegeben ist, weil dauerhaft ein Betreuungsaufwand erforderlich ist, der durch die konkrete Werkstatt nach deren Personalschlüssel im Berufsbildungsbereich geleistet werden kann (SächsLSG 3.6.2011 – L 3 AL 86/10).

C. Eingangsverfahren

6 Der Zweck des Eingangsverfahrens liegt darin, festzustellen, ob eine WfbM die geeignete Einrichtung für den Menschen mit Behinderungen darstellt und weitergehend welche Bereiche der Werkstatt sowie welche Leistungen zur Teilhabe am Arbeitsleben für den Menschen mit Behinderungen in Betracht kommen oder zielführend sind (LSW/*Vater* § 40 Rn. 3; LSG Nds-Brem 23.9.2014 BeckRS 2014, 72875; § 3 Abs. 1 WVO). Das Eingangsverfahren muss bei jedem Menschen mit Behinderungen durchgeführt werden (LSG BW 14.8.2002, BeckRS 9999, 08967; jurisPK-SGB IX/*Luik* § 57 Rn. 27). Bis zum Ende des Eingangsverfahrens muss ein **Eingliederungsplan** erstellt worden sein. Eine bestimmte Form ist gesetzlich nicht vorgeschrieben. Der Eingliederungsplan ist die Grundlage für die Entscheidung über die weitere Förderung.

6a Die Dauer des Eingangsverfahrens beträgt nach Abs. 2 S. 1 grds. drei Monate. Sie kann bis auf vier Wochen verkürzt werden, wenn festgestellt wird, dass eine kürzere Dauer des Eingangsverfahrens ausreichend ist. In der Praxis ist dieses jedoch auch wegen der Erstellung des Eingliederungsplans unrealistisch.

D. Berufsbildungsbereich

7 Ziel der Leistung im **Berufsbildungsbereich** ist letztlich, den Menschen mit Behinderungen in die Lage zu versetzen, im **Arbeitsbereich** der WfbM tätig zu sein und ein Mindestmaß an wirtschaftlicher Arbeitsleistung zu erbringen. Die Leistung stellt keine Ausbildung dar, sondern ist eine **berufsvorbereitende Maßnahme** (KassKomm/*Kater* SGB VI § 16 Rn. 63, *Knittel* § 40 Rn. 35; jurisPK-SGB IX/*Luik* § 57 Rn. 53).

7a Die Dauer der Leistung ist nach Abs. 3 S. 1 grds. zwei Jahre, wobei regelhaft zunächst eine Bewilligung für ein Jahr erfolgt und eine „Verlängerung" um ein weiteres Jahr erfolgt, wenn angenommen wird, dass die Leistungsfähigkeit des Menschen mit Behinderungen weiterentwickelt oder wiedergewonnen werden kann (LPK-SGB IX/*Jacobs* § 57 Rn. 19). Die zweijährige Dauer findet sich in § 4 Abs. 3 WVO wieder, der eine Gliederung der Lehrgänge in einen Grund- und in einen Aufbaukurs von je zwölfmonatiger Dauer vorsieht und damit das Prinzip des S. 1 unmittelbar umsetzt. Im Grundkurs sollen Fertigkeiten und Arbeitsabläufe erlernt werden sowie die Persönlichkeit (Selbstwertgefühl; Entwicklung Arbeits- und Sozialverhalten) gefördert werden (§ 4 Abs. 4 WVO). Im Aufbaukurs werden Fertigkeiten mit höherem Schwierigkeitsgrad vermittelt sowie die Ausdauer, Belastungs- und Umstellungsfähigkeit geübt (§ 4 Abs. 5 WVO).

E. Zeiten Unterstützter Beschäftigung

Abs. 4 sieht eine Anrechnung von Zeiten der betrieblichen Qualifizierung im Rahmen einer Unterstützten Beschäftigung nach § 55 zur Hälfte auf die Dauer des Berufsbildungsbereichs vor. Gleichzeitig beschränkt der S. 2 des Abs. 4 die Förderungshöchstdauer von betrieblicher Qualifizierung und Berufsbildungsbereich auf 36 Kalendermonate. Hintergrund der Begrenzung ist der inhaltlich gleiche Ansatz beider Leistungen (*Knittel* § 40 Rn. 56; vgl. auch jurisPK-SGB IX/*Luik* § 57 Rn. 68). 8

§ 58 Leistungen im Arbeitsbereich

(1) [1]Leistungen im Arbeitsbereich einer anerkannten Werkstatt für behinderte Menschen erhalten Menschen mit Behinderungen, bei denen wegen Art oder Schwere der Behinderung

1. eine Beschäftigung auf dem allgemeinen Arbeitsmarkt einschließlich einer Beschäftigung in einem Inklusionsbetrieb (§ 215) oder

2. eine Berufsvorbereitung, eine individuelle betriebliche Qualifizierung im Rahmen Unterstützter Beschäftigung, eine berufliche Anpassung und Weiterbildung oder eine berufliche Ausbildung (§ 49 Absatz 3 Nummer 2 bis 6)

nicht, noch nicht oder noch nicht wieder in Betracht kommt und die in der Lage sind, wenigstens ein Mindestmaß wirtschaftlich verwertbarer Arbeitsleistung zu erbringen. [2]Leistungen im Arbeitsbereich werden im Anschluss an Leistungen im Berufsbildungsbereich (§ 57) oder an entsprechende Leistungen bei einem anderen Leistungsanbieter (§ 60) erbracht; hiervon kann abgewichen werden, wenn der Mensch mit Behinderungen bereits über die für die in Aussicht genommene Beschäftigung erforderliche Leistungsfähigkeit verfügt, die er durch eine Beschäftigung auf dem allgemeinen Arbeitsmarkt erworben hat. [3]Die Leistungen sollen in der Regel längstens bis zum Ablauf des Monats erbracht werden, in dem das für die Regelaltersrente im Sinne des Sechsten Buches erforderliche Lebensalter erreicht wird.

(2) Die Leistungen im Arbeitsbereich sind gerichtet auf

1. die Aufnahme, Ausübung und Sicherung einer der Eignung und Neigung des Menschen mit Behinderungen entsprechenden Beschäftigung,

2. die Teilnahme an arbeitsbegleitenden Maßnahmen zur Erhaltung und Verbesserung der im Berufsbildungsbereich erworbenen Leistungsfähigkeit und zur Weiterentwicklung der Persönlichkeit sowie

3. die Förderung des Übergangs geeigneter Menschen mit Behinderungen auf den allgemeinen Arbeitsmarkt durch geeignete Maßnahmen.

(3) [1]Die Werkstätten erhalten für die Leistungen nach Absatz 2 vom zuständigen Rehabilitationsträger angemessene Vergütungen, die den Grundsätzen der Wirtschaftlichkeit, Sparsamkeit und Leistungsfähigkeit entsprechen. [2]Die Vergütungen berücksichtigen

1. alle für die Erfüllung der Aufgaben und der fachlichen Anforderungen der Werkstatt notwendigen Kosten sowie
2. die mit der wirtschaftlichen Betätigung der Werkstatt in Zusammenhang stehenden Kosten, soweit diese unter Berücksichtigung der besonderen Verhältnisse in der Werkstatt und der dort beschäftigten Menschen mit Behinderungen nach Art und Umfang über die in einem Wirtschaftsunternehmen üblicherweise entstehenden Kosten hinausgehen.

[3]Können die Kosten der Werkstatt nach Satz 2 Nummer 2 im Einzelfall nicht ermittelt werden, kann eine Vergütungspauschale für diese werkstattspezifischen Kosten der wirtschaftlichen Betätigung der Werkstatt vereinbart werden.

(4) [1]Bei der Ermittlung des Arbeitsergebnisses der Werkstatt nach § 12 Absatz 4 der Werkstättenverordnung werden die Auswirkungen der Vergütungen auf die Höhe des Arbeitsergebnisses dargestellt. [2]Dabei wird getrennt ausgewiesen, ob sich durch die Vergütung Verluste oder Gewinne ergeben. [3]Das Arbeitsergebnis der Werkstatt darf nicht zur Minderung der Vergütungen nach Absatz 3 verwendet werden.

Übersicht

A. Allgemeines

1 Die Vorschrift entspricht weitgehend dem § 41 SGB IX 2001. Lediglich in Abs. 1 S. 2 Hs. 2 wurde die Regelung eingefügt, dass es nunmehr möglich sein kann, ohne eine Leistung im Berufsbildungsbereich sofort in den Arbeitsbereich einer WfbM integriert zu werden (BT-Drs. 18/10523, 8). Die Vorschrift regelt die Leistungen zur beruflichen Teilhabe am Arbeitsleben im Arbeitsbereich der WfbM. Sie benennt den Kreis der Leistungsempfänger, regelt den Leistungszweck und bestimmt dem Grunde nach, wer die dadurch entstehenden Kosten zu tragen hat.

1a Die Leistungen im Arbeitsbereich einer anerkannten WfbM sind ua auf die Weiterentwicklung der Persönlichkeit gerichtet und dienen damit auch der Eingliederung in die Gesellschaft. Wegen des ganzheitlichen Förderkonzepts gehört dazu auch ein gemeinsames Mittagessen der Teilnehmer (zur Kostenübernahme BSG 9.12.2008 – B 8/9b SO 10/07 R, SozR 4–3500 § 54 Nr. 3 = NVwZ-RR 2009, 685; LSG Bln-Bbg 10.3.2011 – L 15 SO 83/08, BeckRS 2011, 69630).

B. Leistungsempfänger

2 Abs. 1 definiert den Kreis der in Betracht kommenden Leistungsempfänger. Dabei handelt es sich um im Arbeitsbereich einer anerkannten WfbM beschäftigte Menschen mit Behinderungen, bei denen

1. eine Beschäftigung auf dem allgemeinen Arbeitsmarkt oder
2. Berufsvorbereitung, berufliche Anpassung und Weiterbildung oder berufliche Ausbildung (§ 49 Abs. 3 Nr. 2–4)

wegen Art oder Schwere der Behinderung nicht, noch nicht oder noch nicht wieder in Betracht kommen und die in der Lage sind, wenigstens ein Mindestmaß an **wirtschaftlich verwertbarer Arbeitsleistung** zu erbringen (LPK-SGB IX/*Jacobs* § 58 Rn. 7; vgl. auch

§ 5 WVO). Die Aufnahme in den Arbeitsbereich muss folglich aufgrund der Art und Schwere der Behinderung erforderlich sein, nicht weil bspw. der Mensch mit Behinderungen lediglich keine Beschäftigung auf dem allgemeinen Arbeitsmarkt gefunden hat. Als Leistungsempfänger kommen daher regelhaft nicht in Betracht: Menschen mit einer Lernbehinderung, arbeitslose schwerbehinderte Menschen, erwerbsfähige Menschen mit Behinderungen (CFHR/*Ritz* § 41 Rn. 9)

Darüber hinaus ist § 219 Abs. 2 heranzuziehen. Hiernach muss bei den Leistungsempfängern nach dem **Berufsbildungsbereich** feststehen, dass ein Mindestmaß an wirtschaftlicher Arbeitsleistung erbracht wird (→ § 219 Rn. 14). Außerdem wird in § 219 Abs. 2 S. 2 noch durch eine negative Abgrenzung festgelegt, wann eine solche Arbeitsleistung dauerhaft nicht erwartet werden kann (→ § 57 Rn. 4, 5). Diese gesetzliche Prognose muss daher spätestens vor dem Übergang aus dem Berufsbildungsbereich in den Arbeitsbereich im Tatsächlichen konkretisiert und präzisiert werden. Diese bedeutet jedoch nicht, dass ein Mindesteinkommen oder eine Mindestbeschäftigungszeit (dazu LSG Bln-Bbg, 11.12.2019 – L 16 R 256/19, BeckRS 2019, 32825) vorhanden sein muss (Mrozynski SGB IX/*Jabben* § 41 Rn. 5, 6). Liegt der Nachweis eines Mindestmaßes einer wirtschaftlich verwertbaren Arbeitsleistung vor, so ist der Mensch mit Behinderungen im Arbeitsbereich der WfbM zu beschäftigen (§ 220 Abs. 2). 3

Vor der Eingliederung müssen regelhaft das Eingangsverfahren und der Berufsbildungsbereich durchlaufen worden sein. Dieses wurde schon für § 41 SGB IX 2001 gefordert (VG Braunschweig 9.7.2003 – 3 B 320/03, BeckRS 2003, 22705), auch wenn dieses nicht ausdrücklich gesetzlich festgelegt wurde (*Knittel* § 41 Rn. 16). Durch die Anfügung des Ausnahmetatbestandes in Abs. 1 S. 2 Hs. 2 wird dieses grundsätzliche Erfordernis nunmehr deutlicher herausgestellt. Lediglich bei Menschen mit Behinderungen, die bereits erfolgreich eine berufliche Tätigkeit auf dem allgemeinen Arbeitsmarkt ausgeführt haben, diese nunmehr aufgrund des Eintritts einer vollen Erwerbsminderung aufgeben mussten und nun unmittelbar eine ihrem geänderten Leistungsvermögen angepasste angemessene Beschäftigung ausüben wollen, soll es möglich sein, von dem Durchlaufen des Berufsbildungsbereiches oder einer vergleichbaren Leistung bei einem anderen Leistungsanbieter (§ 60) abzuweichen (BT-Drs. 18/10523, 57). 4

C. Leistungen

Abs. 2 enthält nähere Bestimmungen zu den mit den einzelnen Leistungen angestrebten Zielen (LPK-SGB IX/*Jacobs* § 58 Rn. 11). Diese sind zunächst gerichtet auf die Aufnahme, Ausübung und Sicherung einer der Eignung und Neigung des Menschen mit Behinderungen entsprechenden Beschäftigung (Nr. 1), können jedoch auch darin bestehen, dass dem Menschen mit Behinderungen die Möglichkeit zur Teilnahme an arbeitsbegleitenden Maßnahmen zur Erhaltung und Verbesserung der im Berufsbildungsbereich erworbenen Leistungsfähigkeit und zur Weiterentwicklung der Persönlichkeit gegeben wird (Nr. 2). Schließlich kann der Zweck einer Leistung im Arbeitsbereich auch darin bestehen, den Übergang geeigneter Menschen mit Behinderungen auf den allgemeinen Arbeitsmarkt durch geeignete Maßnahmen zu fördern (Nr. 3). 5

Das Beschäftigungsangebot der Nr. 1 setzt ein möglichst breites Angebot an Arbeitsplätzen voraus, die, soweit wie möglich denjenigen auf dem allgemeinen Arbeitsmarkt entsprechen (§ 5 Abs. 1, 2 WVO). Bei der Gestaltung der Arbeitsplätze muss dann aber den besonderen Bedürfnissen der Menschen mit Behinderungen Rechnung getragen werden. Die **arbeitsbegleitenden Leistungen** beinhalten insbes. auch sozialpädagogische und sozialbetreuerische Aufgaben (*Knittel* § 41 Rn. 23; jurisPK-SGB IX/*Luik* § 58 Rn. 46). Diese sollen auch der Weiterentwicklung der Persönlichkeit dienen (§ 5 Abs. 3 WVO; sa § 10 WVO: begleitende Dienste). 6

7 Die Förderung des Übergangs von Menschen mit Behinderungen steht zwar als Ziel für den Arbeitsbereich in Abs. 2 Nr. 3, gilt aber eigentlich auch schon für den Berufsbildungsbereich. Um dieses hohe Ziel verwirklichen zu können, werden nach § 5 Abs. 4 WVO Übergangsgruppen mit besonderen Förderangeboten eingerichtet, individuelle Förderpläne entwickelt sowie Trainingsmaßnahmen, Betriebspraktika ermöglicht und durch eine zeitweise Beschäftigung auf ausgelagerten Arbeitsplätzen gefördert. Damit der Übergang auch tatsächlich erfolgreich sein kann, hat die Werkstatt die Bundesagentur für Arbeit bei der Durchführung der vorbereitenden Maßnahmen in die Bemühungen zur Vermittlung auf den allgemeinen Arbeitsmarkt einzubeziehen.

8 Auch dieser Katalog möglicher Leistungszwecke zeigt deutlich die Wechselbeziehung zu den gesetzlichen Regelungen über die WfbM (§§ 219 ff.) bzw. der dazu erlassenen WVO. Die Nr. 1 u. 2 stehen in einem erkennbaren inhaltlichen Zusammenhang zu § 219 Abs. 1 S. 2 Nr. 1, 2 bzw. S. 3. Hierdurch wird die Systematik des Gesetzes sowie die Vernetzung seiner einzelnen Teilregelungen verdeutlicht. Dementsprechend kann der Mensch mit Behinderungen bspw. die Hilfe beanspruchen, die er für einen hinreichend sicheren Transport zur WfbM benötigt (zum „Kraftknotensystem" als Zubehör für einen Rollstuhl zur sicheren Beförderung im Kfz BSG 20.11.2008 – B 3 KN 4/07 KR R, SozR 4–2500 § 33 Nr. 21 = BeckRS 2009, 61263; LSG RhPf 18.2.2011 – L 1 SO 15/09, BeckRS 2011, 72505).

9 Die Dauer der Leistungen ist nach Abs. 1 S. 3 in der Regel auf den Monat des Erreichens der Regelaltersgrenze nach §§ 35, 235 SGB VI begrenzt. Dieses war bereits unter der Geltung des § 41 SGB IX 2001 die Praxis der Träger der Eingliederungshilfe. Damit wurde den Werkstattbeschäftigten, wie Beschäftigten auf dem allgemeinen Arbeitsmarkt eine klare Ruhestandsperspektive ermöglicht (BT-Drs. 18/10523, 58). Den Menschen mit Behinderungen werden nach Beendigung der Beschäftigung in einer WfbM in der Praxis dem Lebensalter angemessene tagesstrukturierende Hilfen angeboten, die Leistungen zur Teilhabe am Arbeitsleben insoweit vorgehen.

D. Vergütungen

10 Die Vorschrift begründet einen Anspruch der Werkstatt gegen den zuständigen Rehabilitationsträger auf Zahlung einer **Vergütung** (LPK-SGB IX/*Jacobs* § 58 Rn. 17. Deren konkrete Höhe ist gesetzlich nicht festgelegt. Im G ist lediglich in allgemeiner Form ausgeführt, dass diese den Grundsätzen der Wirtschaftlichkeit, Sparsamkeit und Leistungsfähigkeit entsprechen muss (Abs. 3 S. 1). Mit dem Begriff der Leistungsfähigkeit ist die Leistungsfähigkeit der Einrichtung gemeint (jurisPK-SGB IX/*Luik* § 58 Rn. 55) und sie stellt damit die „Untergrenze" der Vergütung dar (*Knittel* § 41 Rn. 33; GK-SGB IX/*Wendt* § 41 Rn. 36). Ist ein Träger der Eingliederungshilfe zuständig, dann sind die in S. 2 näher bezeichneten Kosten die Grundlage für die Kalkulation der Maßnahmenpauschale nach § 76 Abs. 2 SGB XII. Dies hat zur Folge, dass die Vergütung für die Leistungen zumindest die Grundpauschale (Pauschale für Unterkunft und Verpflegung), die Maßnahmepauschale sowie eine Investitionspauschale (Betrag für betriebsnotwendige Anlagen einschließlich deren Ausstattung) enthalten muss (Hauck/Noftz/*Götze* § 41 Rn. 14; Mrozynski SGB IX/*Jabben* § 41 Rn. 13).

11 Ist die Ermittlung der Kosten der Werkstatt im Einzelfall nicht möglich, kann für diese werkstattspezifischen Kosten der wirtschaftlichen Betätigung der Werkstatt eine Pauschale vereinbart werden (Abs. 3 S. 3). Für deren Abschluss werden nach § 79 Abs. 2 SGB XII Bundesempfehlungen abgegeben, die inhaltlich von Leistungstypen ausgehen und in einem gewissen Widerspruch zum bedarfsorientierten Ansatz des Gesetzgebers stehen (Mrozynski SGB IX/*Jabben* § 41 Rn. 16). Damit wird eine praktische Lösung geschaffen, die in der bisherigen Praxis entstandene Schwierigkeiten bei der Zuordnung

der Kosten berücksichtigt. In diese Pauschale können auch Investitionskosten einbezogen werden. Die Ausnahmeregelung beschränkt sich auf die wirtschaftliche Betätigung der Werkstatt. Allerdings sind die unternehmensüblichen Kosten der wirtschaftlichen Betätigung wie üblich von der Werkstatt selbst zu tragen.

E. Arbeitsergebnis

Angestrebt wird eine Verbesserung der Transparenz des Arbeitsergebnisses der Werkstatt. Damit steht dieser Teil der Vorschrift in inhaltlicher Wechselbeziehung zu § 227 Abs. 1 sowie § 12 Abs. 4 WVO. Das Arbeitsergebnis ist die Differenz aus den Erträgen und den notwendigen Kosten des laufenden Betriebs im Arbeitsbereich der Werkstatt (GK-SGB IX/*Wendt* § 41 Rn. 55). Die Erträge setzen sich zusammen aus den Umsatzerlösen, Zins- und sonstigen Erträgen aus der wirtschaftlichen Tätigkeit und den von den Rehabilitationsträger erbrachten Kostensätzen. Notwendige Kosten des laufenden Betriebs sind die Kosten nach § 58 Abs. 3 S. 2, 3 im Rahmen der getroffenen Vereinbarungen sowie die mit der wirtschaftlichen Betätigung der Werkstatt in Zusammenhang stehenden notwendigen Kosten. Hierunter fallen nicht die Kosten für die Arbeitsentgelte nach § 221 Abs. 2 und das **Arbeitsförderungsgeld** nach § 59. S. 3 bestimmt ausdrücklich, dass das Arbeitsergebnis der Werkstatt nicht zur Minderung der Vergütung verwendet werden darf. Dies stellt sicher, dass der wirtschaftliche Erfolg der Werkstatt sich auch dort materiell realisiert und damit die Möglichkeit eröffnet bleibt, den dort beschäftigten Menschen mit Behinderungen einen leistungsangemessenen Steigerungsbetrag gem. § 221 Abs. 2 gewähren zu können (Verbot der Nettoerlösrückführung, Mrozynski SGB IX/*Jabben* § 41 Rn. 19; *Knittel* § 41 Rn. 52; LSW/*Vater* § 41 Rn. 21). 12

§ 59 Arbeitsförderungsgeld

(1) [1]**Die Werkstätten für behinderte Menschen erhalten von dem zuständigen Rehabilitationsträger zur Auszahlung an die im Arbeitsbereich beschäftigten Menschen mit Behinderungen zusätzlich zu den Vergütungen nach § 58 Absatz 3 ein Arbeitsförderungsgeld.** [2]**Das Arbeitsförderungsgeld beträgt monatlich 52 Euro für jeden im Arbeitsbereich beschäftigten Menschen mit Behinderungen, dessen Arbeitsentgelt zusammen mit dem Arbeitsförderungsgeld den Betrag von 351 Euro nicht übersteigt.** [3]**Ist das Arbeitsentgelt höher als 299 Euro, beträgt das Arbeitsförderungsgeld monatlich den Differenzbetrag zwischen dem Arbeitsentgelt und 351 Euro.**

(2) **Das Arbeitsförderungsgeld bleibt bei Sozialleistungen, deren Zahlung von anderen Einkommen abhängig ist, als Einkommen unberücksichtigt.**

Die Vorschrift entspricht in Abs. 1 dem bisherigen § 43 Abs. 1 S. 1–3 SGB IX 2001, Abs. 1 S. 4 der bisherigen Regelung wurde aufgehoben, da diese Möglichkeit in der Praxis nicht angewandt wurde (BT-Drs. 18/9522, 254). Der Abs. 2 der jetzigen Regelung wurde zur Verwaltungsvereinfachung neu eingeführt (BT-Drs. 18/10523, 58). 1

Der Träger der Werkstatt erhält jetzt von dem zuständigen Rehabilitationsträger zur Auszahlung an die im **Arbeitsbereich** beschäftigten Menschen mit Behinderungen zusätzlich zu der Vergütung nach § 58 Abs. 3 ein **Arbeitsförderungsgeld.** Dies ist zwar sozialversicherungspflichtiges Entgelt iSv § 14 SGB IV (CFHR/*Ritz* § 43 Rn. 5; GK-SGB IX/*Wendt* § 43 Rn. 11), jedoch nicht Arbeitsentgelt iSv § 221 Abs. 2, da es unabhängig von der Arbeitsleistung gezahlt wird (*Knittel* § 43 Rn. 6). Es wird auch für Krankheits- und Urlaubstage gezahlt (KHM/*Vogt* § 43 Rn. 4; LPK-SGB IX/*Jacobs* § 59 Rn. 9). Das Arbeitsförderungsgeld soll in vollem Umfang jenen zugutekommen, deren Arbeitsvergütung 300 EUR pro Monat nicht erreicht. Ist das Arbeitsentgelt höher, beträgt das 2

Arbeitsförderungsgeld monatlich den Unterschiedsbetrag zwischen dem Arbeitsentgelt und 351 EUR. Der Anspruch der Menschen mit Behinderungen gegen die WfbM auf Auszahlung des Arbeitsförderungsgeldes ist vor dem Sozialgericht einzuklagen (KHM/*Vogt* § 43 Rn. 3a).

3 Die Regelung in Abs. 2, das Arbeitsförderungsgeld als Einkommen unberücksichtigt zu lassen, dient insbes. der Verwaltungsvereinfachung im Bereich der Sozialhilfe. Hier war bislang das Arbeitsförderungsgeld iRd Einsatzes von Einkommen und Vermögen nach dem SGB XII zunächst als Einkommen in die sozialhilferechtliche Bedürftigkeitsprüfung einzubeziehen und wurde danach im Zusammenhang mit der Bereinigung des Einkommens wieder in Abzug gebracht (BT-Drs. 18/10523, 58). Durch die neue gesetzliche Regelung findet von Beginn an keine Berücksichtigung als Einkommen statt. Zur Nichtberücksichtigung des Arbeitsförderungsgeldes bei Anträgen auf Prozesskostenhilfe (ThürLSG 15.2.2022 – L 1 SV 291/21 B, BeckRS 2022, 7033).

§ 60[1] Andere Leistungsanbieter

(1) Menschen mit Behinderungen, die Anspruch auf Leistungen nach den §§ 57 und 58 haben, können diese auch bei einem anderen Leistungsanbieter in Anspruch nehmen.

(2) Die Vorschriften für Werkstätten für behinderte Menschen gelten mit folgenden Maßgaben für andere Leistungsanbieter:

1. **sie bedürfen nicht der förmlichen Anerkennung,**
2. **sie müssen nicht über eine Mindestplatzzahl und die für die Erbringung der Leistungen in Werkstätten erforderliche räumliche und sächliche Ausstattung verfügen,**
3. **sie können ihr Angebot auf Leistungen nach § 57 oder § 58 oder Teile solcher Leistungen beschränken,**
4. **sie sind nicht verpflichtet, Menschen mit Behinderungen Leistungen nach § 57 oder § 58 zu erbringen, wenn und solange die Leistungsvoraussetzungen vorliegen,**
5. **eine dem Werkstattrat vergleichbare Vertretung wird ab fünf Wahlberechtigten gewählt. Sie besteht bei bis zu 20 Wahlberechtigten aus einem Mitglied,**
6. **eine Frauenbeauftragte wird ab fünf wahlberechtigten Frauen gewählt, eine Stellvertreterin ab 20 wahlberechtigten Frauen,**
7. **die Regelungen zur Anrechnung von Aufträgen auf die Ausgleichsabgabe und zur bevorzugten Vergabe von Aufträgen durch die öffentliche Hand sind nicht anzuwenden und**
8. **erbringen sie Leistungen nach den §§ 57 oder 58 ausschließlich in betrieblicher Form, soll ein besserer als der in § 9 Absatz 3 der Werkstättenverordnung für den Berufsbildungsbereich oder für den Arbeitsbereich in einer Werkstatt für behinderte Menschen festgelegte Personalschlüssel angewendet werden.**

(3) Eine Verpflichtung des Leistungsträgers, Leistungen durch andere Leistungsanbieter zu ermöglichen, besteht nicht.

(4) Für das Rechtsverhältnis zwischen dem anderen Leistungsanbieter und dem Menschen mit Behinderungen gilt § 221 entsprechend.

Übersicht

[1] § 60 Abs. 2 Nr. 5 und 6 geänd., Nr. 7 angef. mWv 1.1.2020 durch G v. 30.11.2019 (BGBl. I S. 1948); Abs. 2 Nr. 6 und 7 geänd., Nr. 8 angef. mWv 1.1.2020 durch G v. 10.12.2019 (BGBl. I S. 2135).

A. Allgemeines

Die Vorschrift wurde neu in das SGB IX eingefügt. Hierdurch wird für Menschen mit Behinderungen, die einen Anspruch auf Aufnahme in eine WfbM haben, eine Alternative zur beruflichen Bildung und zur Beschäftigung in einer Werkstatt geschaffen (Abs. 1). Anspruch auf Aufnahme in eine WfbM haben Menschen mit Behinderungen, die wegen Art oder Schwere der Behinderung nicht, noch nicht oder noch nicht wieder auf dem allgemeinen Arbeitsmarkt tätig sein können (jurisPK-SGB IX/*Luik* § 60 Rn. 31). Sie müssen jedoch grundsätzlich, spätestens nach der Teilnahme an Maßnahmen der beruflichen Bildung, in der Lage sein, ein Mindestmaß an wirtschaftlich verwertbarer Arbeitsleistung zu erbringen (BT-Drs. 18/9522, 254). Bevor Leistungen bei einem anderen Leistungsanbieter in Anspruch genommen werden können ist durch den zuständigen Leistungsträger festzustellen,ob der der Mensch mit Behinderungen zur Teilhabe am Arbeitsleben auf diese Form der Teilhabe angewiesen ist oder Leistungen zur Teilhabe am Arbeitsleben auf dem allgemeinen Arbeitsmarkt möglich sind. Durch das Gesetz zur Änderung des Neunten und des Zwölften Buches Sozialgesetzbuch und anderer Vorschriften v. 30.11.2019 (BGBL. I S. 1948) wurde in Abs. 2 eine neue Nr. 7 eingeführt (Inkrafttreten: 1.1.2020). Ebenfalls am 1.1.2020 tritt die neu durch Art. 2 des Gesetzes zur Entlastung unterhaltsverpflichteter Angehöriger in der Sozialhilfe und der Eingliederungshilfe (Angehörigen-Entlastungsgesetz, BGBl. I S. 2135, 2137) eingeführte Nr. 8 in Kraft. 1

B. WfbM – Andere Leistungsanbieter

Grundsätzlich sind andere Leistungsanbieter denselben Vorschriften unterworfen wie eine WfbM. Dieses gilt insbes. für die Zielsetzung des § 56 (*Busse* SGb 2017, 309). Abs. 2 enthält in abschließender Weise die Anforderungen, die ein anderer Leistungsanbieter gegenüber der WfbM nicht erfüllen muss (LPK-SGB IX/*Deusch* § 60 Rn. 7). Dazu gehören die förmliche Anerkennung (Nr. 1), die Mindestanzahl von 120 Plätzen (vgl. § 7 Abs. 1 WVO) sowie die Anforderungen an die räumliche und sachliche Ausstattung (vgl. § 8 WVO). Hierdurch sollen auch kleinere Leistungsanbieter sowie solche, die Maßnahmen der beruflichen Bildung oder eine Beschäftigung nicht in eigenen Räumlichkeiten anbieten, sondern solche auf Plätzen in Betrieben des allgemeinen Arbeitsmarktes in der Form von „ausgelagerten Bildungs- und Arbeitsplätzen" durchführen, als „andere Leistungsanbieter" nicht ausgeschlossen sein (BT-Drs. 18/9522, 253). Die anderen Leistungsanbieter bedürfen keiner förmlichen Anerkennung durch dieRehabilitationsträger. 2

Die anderen Leistungsanbieter haben gegenüber einer WfbM auch den Vorteil, dass sie nicht verpflichtet sind, alle Leistungen wie eine WfbM, also Leistungen zur beruflichen Bildung und Leistungen zur Beschäftigung, anzubieten (Nr. 3). Außerdem haben sie keine Aufnahmeverpflichtung gegenüber den Menschen mit Behinderung (Nr. 4). 3

Die Nr. 5, 6 resultieren aus der Regelung der Nr. 2 über die Mindestplatzanzahl (BT-Drs. 18/10523, 58). Da es für andere Leistungsanbieter keine Mindestgröße gibt und die bei diesen Leistungsanbietern beschäftigten Menschen mit Behinderungen auch Mitwirkungs- und Mitbestimmungsrechte haben sollen, war eine eigenständige Regelung erforderlich. Diese Anbieter sollen jedoch auch nicht durch die Anforderungen überfordert werden. Für Betriebe auf dem allgemeinen Arbeitsmarkt sieht das Betriebsverfassungsgesetz ab einer Zahl von fünf wahlberechtigten Arbeitnehmern die Bildung einer betrieblichen Interessenvertretung vor (§ 1 BetrVG). Nach § 9 BetrVG besteht ein Betriebsrat bei fünf bis zwanzig Beschäftigten aus einer Person. Die Regelung in Nr. 5 ist hieran 4 angelehnt. Nr. 6 trifft vor demselben Hintergrund eine entsprechende Regelung für Frauenbeauftragte.

4a Nach der gesetzlichen Begründung gelten für WfbM und andere Leistungsanbieter grundsätzlich dieselben fachlichen Anforderungen (BT-Drs. 19/11006). Diese Formulierung könnte so interpretiert werden, dass dieses auch für Vergünstigungen nach §§ 223, 224 gelten könnte. Dieses war aber nicht beabsichtigt und die neue Nr. 7 schafft daher rechtliche Klarheit.

4b Aufgrund von Abs. 2 gilt § 9 Abs. 3 der Werkstättenverordnung auch für andere Leistungsanbieter. Hierin ist die Zahl der Fachkräfte zur Arbeits- und Berufsförderung in einem Zahlenverhältnis von 1:6 (Berufsbildungsbereich) und 1:12 (Arbeitsbereich) als Sollvorschrift festgelegt worden. Nach der gesetzlichen Begründung hätten bisherige Erfahrungen in der Praxis gezeigt, dass andere Leistungsanbieter, die Leistungen zur beruflichen Bildung und Leistungen zur Beschäftigung ausschließlich auf betriebsintegrierten Plätzen in Betrieben und Verwaltungen auf dem allgemeinen Arbeitsmarkt erbringen wollen, mit einem solchen Personalschlüssel die notwendige individuelle Betreuung der Menschen mit Behinderungen nur schwer gewährleisten können (BT-Drs. 19/13399, 36). Um solche ambulanten Leistungen auch künftig zu ermöglichen und die anderen Leistungsanbieter gegenüber Leistungsanbietern, die solche Maßnahmen in eigenen Räumlichkeiten und damit stationär in Gruppen durchführen, nicht zu benachteiligen, soll zwischen den Leistungserbringern und den Leistungsträgern ein besserer Personalschlüssel (zB 1:4 anstatt 1:6) vereinbart werden (BT-Drs. 19/13399, 36). Dieses wird auch als angemessen angesehen, weil der Leistungsträger bei Leistungen in ausschließlich betrieblicher Form Kostenanteile in der Vergütung spart, die im Rahmen einer stationären Leistungserbringung anfallen würden (zB Aufwendungen für Räumlichkeiten, BT-Drs. 19/13399, 36).

5 In Abs. 3 wird festgelegt, dass ein Rehabilitationsträger nicht verpflichtet ist, einem leistungsberechtigten Menschen mit Behinderungen einen anderen Leistungsanbieter nachzuweisen. Damit wird der Rehabilitationsträger von der Pflicht entbunden, sicherzustellen, dass in seinem räumlichen Zuständigkeitsbereich andere Leistungsanbieter vorhanden sind (so auch jurisPK-SGB IX/*Luik* § 60 Rn. 53). Beantragt der leistungsberechtigte Mensch mit Behinderungen konkret eine Leistung nach §§ 57, unter Nennung eines anderen Leistungsanbieters, der die Voraussetzungen für die Durchführung der Leistung erfüllt, kann die Leistung nicht unter Hinweis auf Abs. 3 verweigert werden.

6 Die Verweisung in Abs. 4 auf die Regelung des § 221 bedeutet, dass für das Rechtsverhältnis zwischen dem Menschen mit Behinderungen und dem anderen Leistungsanbieter dieselben Regelungen gelten wie für die WfbM mit einem Werkstattbeschäftigten. Für die Rechtsstellung bedeutet dieses, dass der Mensch mit Behinderungen zu dem anderen Leistungsanbieter, wenn er nicht Arbeitnehmer ist, in einem arbeitnehmerähnlichen Rechtsverhältnis steht (BT-Drs. 18/9522, 254). Gegen den Leistungsträger besteht ein Anspruch auf Arbeitsförderungsgeld (jurisPK-SGB IX/*Luik* § 60 Rn. 5). Bietet der andere Leistungsanbieter ein Eingangsverfahren und einen Berufsbildungsbereich an, so stehen die Menschen mit Behinderung nicht in einem arbeitnehmerähnlichen Rechtsverhältnis, sondern sind Rehabilitanden (LPK-SGB IX/*Deusch* § 60 Rn. 4). Andere Leistungsanbieter haben ein angemessenes Arbeitsentgelt zu zahlen, das insbes. von der Arbeitsmenge und der Arbeitsgüte abhängig ist. Zu den Leistungen, die der Mensch mit Behinderungen bei einer Beschäftigung bei einem anderen Leistungsanbieter erhält, gehört auch das Arbeitsförderungsgeld. Die Sozialversicherungspflicht ist für diesen Personenkreis ebenfalls angeglichen worden (*Busse* SGb 2017, 309).

§ 61 Budget für Arbeit

(1) Menschen mit Behinderungen, die Anspruch auf Leistungen nach § 58 haben und denen von einem privaten oder öffentlichen Arbeitgeber ein sozialversicherungspflichtiges Arbeitsverhältnis mit einer tarifvertraglichen oder ortsüblichen Entlohnung angeboten wird, erhalten mit Abschluss dieses Arbeitsvertrages als Leistungen zur Teilhabe am Arbeitsleben ein Budget für Arbeit.

(2) [1]Das Budget für Arbeit umfasst einen Lohnkostenzuschuss an den Arbeitgeber zum Ausgleich der Leistungsminderung des Beschäftigten und die Aufwendungen für die wegen der Behinderung erforderliche Anleitung und Begleitung am Arbeitsplatz. [2]Der Lohnkostenzuschuss beträgt bis zu 75 Prozent des vom Arbeitgeber regelmäßig gezahlten Arbeitsentgelts. [3]Dauer und Umfang der Leistungen bestimmen sich nach den Umständen des Einzelfalles.

(3) Ein Lohnkostenzuschuss ist ausgeschlossen, wenn zu vermuten ist, dass der Arbeitgeber die Beendigung eines anderen Beschäftigungsverhältnisses veranlasst hat, um durch die ersatzweise Einstellung eines Menschen mit Behinderungen den Lohnkostenzuschuss zu erhalten.

(4) Die am Arbeitsplatz wegen der Behinderung erforderliche Anleitung und Begleitung kann von mehreren Leistungsberechtigten gemeinsam in Anspruch genommen werden.

(5) Eine Verpflichtung des Leistungsträgers, Leistungen zur Beschäftigung bei privaten oder öffentlichen Arbeitgebern zu ermöglichen, besteht nicht.

Übersicht

A. Allgemeines

Die Vorschrift wurde neu in das SGB IX eingefügt und soll Menschen mit Behinderungen, die Anspruch auf Leistungen im Arbeitsbereich einer WfbM haben, eine weitere Alternative zur Beschäftigung in dieser Werkstatt geben. Die Alternative besteht darin, dass ein Lohnkostenzuschuss nebst Anleitung und Begleitung ermöglicht wird, der einen Arbeitgeber dazu bewegen soll, mit dem Menschen mit Behinderungen trotz dessen voller Erwerbsminderung einen regulären Arbeitsvertrag zu schließen (BT-Drs. 18/9522, 254; *Busse* SGb 2017, 309). Diese Art der Teilhabeförderung ist in einigen Bundesländern unter der Bezeichnung „Budget für Arbeit" erfolgreich erprobt worden, insofern wird eine bereits eingeführte Bezeichnung beibehalten. Mit dem Budget für Arbeit wird eine Anregung aus den „Abschließenden Bemerkungen zur Staatenprüfung" nach der UN-BRK seitens der Vereinten Nationen aufgenommen, mehr Beschäftigung auf dem allgemeinen Arbeitsmarkt zu ermöglichen, ohne die WfbM grds. in Frage zu stellen. 1

B. Budget für Arbeit

Nach dem Wortlaut des Abs. 1 profitieren von dem Budget für Arbeit in erster Linie Menschen mit Behinderungen, die eine WfbM verlassen wollen. Darüber hinaus fallen jedoch auch Jugendliche mit Behinderungen, die im Rahmen einer beruflichen Orientierung für die Zeit nach ihrer beruflichen Bildung unter den Anwendungsbereich der Norm. Außerdem können Menschen mit einer seelischen Behinderung, die dem Grunde 2 nach anspruchsberechtigt sind, aber nicht in einer WfbM arbeiten wollen und deswegen keine Leistungen in Anspruch nehmen, hiervon profitieren (vgl. *Schaumberg*, Fachbeitrag A8–2018, 11.4.2018). Nicht förderfähig ist ein theaterpraktisches Orientierungsjahr, SG München 28.8.2020 – S 22 SO 520/19, BeckRS 2020, 46882).

3 Nach Abs. 1 muss eine sozialversicherungspflichtige Beschäftigung mit einer tariflichen oder ortsüblichen Entlohnung vertraglich vereinbart sein (jurisPK-SGB IX/*Luik* § 61 Rn. 41). Hierdurch soll sichergestellt werden, dass der Mensch mit Behinderungen seinen Lebensunterhalt oder zumindest einen Großteil hiervon durch eigenes Einkommen bestreiten kann. Mit der sozialversicherungspflichtigen Beschäftigung ist auch die Versicherungspflicht in der gesetzlichen Rentenversicherung (§ 1 S. 1 Nr. 2a SGB VI), der gesetzlichen Krankenversicherung (§ 5 Abs. 1 Nr. 7 SGB V) und der sozialen Pflegeversicherung (§ 20 Abs. 1 S. 2 Nr. 7 SGB XI) verbunden. Dagegen besteht in der Arbeitslosenversicherung Versicherungsfreiheit (§ 28 Abs. 1 Nr. 2 SGB III).

4 Der Lohnkostenzuschuss an den Arbeitgeber soll einen Ausgleich für die Minderleistung darstellen und er wird in der Regel dauerhaft gezahlt werden müssen. Der Lohnkostenzuschuss soll den Unterschiedsbetrag zwischen dem tariflich oder ortsüblich gezahlten Arbeitsentgelt und dem der tatsächlichen Arbeitsleistung des voll erwerbsgeminderten Menschen mit Behinderungen entsprechenden Arbeitsentgelt ausgleichen (LPK-SGB IX/*Deusch* § 61 Rn. 2). Der Zuschuss kann bis zu 75 % des regelmäßig gezahlten Arbeitsentgeltes. Der Lohnkostenzuschuss wird vom Rehabilitationsträger unmittelbar an den Arbeitgeber ausgezahlt. Da für Budgetnehmer nicht die für Werkstattbeschäftigte geltende Regelung des § 162 S. 1 Nr. 2 SGB VI gilt, wonach beitragspflichtige Einnahmen mindestens in Höhe von 80 Prozent der Bezugsgröße zu berücksichtigen sind, können geringere Rentenanwartschaften erworben werden. Damit dürfte sich in der Regel der Erwerb von Rentenansprüchen verschlechtern. (FRR/Ritz § 61 Rn 15).

5 Darüber hinaus umfassen die Leistungen iRd Budgets für Arbeit auch erforderliche Aufwendungen etwa für eine Arbeitsassistenz und einen Job-Coach. Dauer und Umfang der Leistung bestimmen sich nach den Erfordernissen im Einzelfall. Die Erbringung des Budgets für Arbeit ist auch in Form eines Persönlichen Budgets möglich (BT-Drs. 18/9522, 255; BSG 30.11.2011 – B 11 AL 7/10 R, BSGE 109, 293 = BeckRS 2012, 67563).

6 Nach Abs. 3 ist eine Förderung ausgeschlossen, wenn der Mensch mit Behinderungen anstelle eines anderen Mitarbeiters beschäftigt wird und dieses ursächlich für die Entlassung des anderen Mitarbeiters ist. Nach dem Gesetzeswortlaut reicht hierfür die Vermutung aus, es ist somit kein Vollbeweis erforderlich. Eine Förderung entgegen dieser Regelung würde dem Beihilferecht der Europäischen Union (Art. 33 der Verordnung (EG) Nr. 651/2014 der Kommission v. 1.7.2014 zur Erklärung der Vereinbarkeit bestimmter Gruppen von Beihilfen mit dem Gemeinsamen Markt in Anwendung der Art. 87 u. 88 EG-Vertrag) widersprechen.

7 Durch die Regelung in Abs. 4 wird eine rechtliche Grundlage geschaffen, dass Unterstützungsleistungen (bspw. Anleitung und Begleitung am Arbeitsplatz) von mehreren Menschen mit Behinderungen gemeinsam in Anspruch genommen werden können. Durch diese Regelung wird ein Arbeitgeber entlastet, der mehrere Menschen mit Behinderungen beschäftigt, da hierdurch nicht mehrere Unterstützer im Betrieb anwesend sein müssen. Dieses könnte auch die Bereitschaft von Arbeitgebern, mehrere Menschen mit Behinderungen zu beschäftigen, erhöhen.

8 Die Regelung in Abs. 5 entspricht der Regelung in § 60 Abs. 3. Damit wird der Rehabilitationsträger von der Pflicht entbunden, sicherzustellen, dass er in seinem räumlichen Zuständigkeitsbereich die Beschäftigung bei privaten oder öffentlichen Arbeitgebern ermöglicht.

§ 61a[1] Budget für Ausbildung

(1) Menschen mit Behinderungen, die Anspruch auf Leistungen nach § 57 oder § 58 haben und denen von einem privaten oder öffentlichen Arbeitgeber ein sozialversicherungspflichtiges Ausbildungsverhältnis in einem anerkannten Ausbildungsberuf oder in einem Ausbildungsgang nach § 66 des Berufsbildungsgesetzes oder § 42r der Handwerksordnung angeboten wird, erhalten mit Abschluss des Vertrages über dieses Ausbildungsverhältnis als Leistungen zur Teilhabe am Arbeitsleben ein Budget für Ausbildung.

(2) [1] Das Budget für Ausbildung umfasst
1. die Erstattung der angemessenen Ausbildungsvergütung einschließlich des Anteils des Arbeitgebers am Gesamtsozialversicherungsbeitrag und des Beitrags zur Unfallversicherung nach Maßgabe des Siebten Buches,
2. die Aufwendungen für die wegen der Behinderung erforderliche Anleitung und Begleitung am Ausbildungsplatz und in der Berufsschule sowie
3. die erforderlichen Fahrkosten.

[2] Ist wegen Art oder Schwere der Behinderung der Besuch einer Berufsschule am Ort des Ausbildungsplatzes nicht möglich, so kann der schulische Teil der Ausbildung in Einrichtungen der beruflichen Rehabilitation erfolgen; die entstehenden Kosten werden ebenfalls vom Budget für Ausbildung gedeckt. [3] Vor dem Abschluss einer Vereinbarung mit einer Einrichtung der beruflichen Rehabilitation ist dem zuständigen Leistungsträger das Angebot mit konkreten Angaben zu den entstehenden Kosten zur Bewilligung vorzulegen.

(3) [1] Das Budget für Ausbildung wird erbracht, solange es erforderlich ist, längstens bis zum erfolgreichen Abschluss der Ausbildung. [2] Zeiten eines Budgets für Ausbildung werden auf die Dauer des Eingangsverfahrens und des Berufsbildungsbereiches in Werkstätten für behinderte Menschen nach § 57 Absatz 2 und 3 angerechnet, sofern der Mensch mit Behinderungen in der Werkstatt für behinderte Menschen oder bei einem anderen Leistungsanbieter seine berufliche Bildung in derselben Fachrichtung fortsetzt.

(4) Die wegen der Behinderung erforderliche Anleitung und Begleitung kann von mehreren Leistungsberechtigten gemeinsam in Anspruch genommen werden.

(5) [1] Die Bundesagentur für Arbeit soll den Menschen mit Behinderungen bei der Suche nach einem geeigneten Ausbildungsplatz im Sinne von Absatz 1 unterstützen. [2] Dies umfasst im Fall des Absatzes 2 Satz 2 auch die Unterstützung bei der Suche nach einer geeigneten Einrichtung der beruflichen Rehabilitation.

Übersicht

A. Allgemeines

Die Regelung wurde durch Art. 2 des Gesetzes zur Entlastung unterhaltsverpflichteter Angehöriger in der Sozialhilfe und der Eingliederungshilfe (Angehörigen-Entlastungs- 1

[1] § 61a eingef. mWv 1.1.2020 durch G v. 10.12.2019 (BGBl. I S. 2135); Abs. 1 Satz 1 geänd., Satz 2 aufgeh., Abs. 2 Satz 1 neu gef., Sätze 2 und 3 aufgeh., bish. Satz 4 wird Satz 2, neuer Satz 3 angef., Abs. 5 Satz 1 geänd., Satz 2 angef. mWv 1.1.2022 durch G v. 2.6.2021 (BGBl. I S. 1387).

gesetz) vom 10.12.2019 (BGBl. I S. 2135, 2137) mit Wirkung ab dem 1.1.2020 neu eingeführt.

2 Nach der gesetzlichen Begründung (BT-Drs. 19/13399, 21) sollen durch das Budget für Ausbildung die Chancen für Menschen mit Behinderungen, die bislang eine berufliche Bildung nur in einer WfbM oder bei einem anderen Leistungsanbieter erhalten konnten, verbessert werden, eine berufliche Ausbildung auch auf dem allgemeinen Arbeitsmarkt absolvieren zu können. Das Gesetz leistet damit auch einen Beitrag zur Verwirklichung der Rechte aus dem Übereinkommen der Vereinten Nationen über die Rechte von Menschen mit Behinderungen, insb. der Art. 3, 19, 27 und 28. Mit Art. 7 Teilhabestärkungsgesetz vom 2.6.2021 (BGBl. I S. 1387) wurde § 61a ab 1.1.2022 dahingehend ergänzt, dass über das Budget für Ausbildung auch Menschen mit Behinderungen gefördert werden können, die sich schon im Arbeitsbereich einer Werkstatt für behinderte Menschen oder eines anderen Leistungsanbieters befinden.

B. Budget für Ausbildung

3 Vorbild für das Budget für Ausbildung ist das Budget für Arbeit (BT-Drs. 19/13399, 23). Voraussetzung für eine Leistung aus dem Budget für Ausbildung ist, dass auch Leistungen nach §§ 57 oder 58 gewährt werden könnten. Es ermöglicht – als Alternative zum Eingangsverfahren und dem Berufsbildungsbereich einer WfbM – eine Erstattung der Ausbildungsvergütung nebst Anleitung und Begleitung am Arbeitsplatz und in der Berufsschule, um einen Arbeitgeber dazu zu bewegen, mit einem behinderten Menschen trotz dessen voller Erwerbsminderung einen regulären Ausbildungsvertrag abzuschließen (BT-Drs. 19/13399, 36). Allerdings kann mit dem Budget für Ausbildung ausschließlich eine betriebliche Erstausbildung gefördert werden, nicht daggegen eine berufliche Anpassungs- oder Weiterbildungsmaßnahme. § 16 S. 2 SGB VI bestimmt außerdem dass die Träger der gesetzlichen Rentenversicherung das Budget für Ausbildung nur für eine Erstausbildung erbringen.

4 Nach Abs. 1 S. 1 muss ein sozialversicherungspflichtiges Ausbildungsverhältnis in einem anerkannten Ausbildungsverhältnis vorliegen oder zumindest ein Ausbildungsgang für den Ausbildungsregelungen entsprechend den Empfehlungen des Hauptausschusses des Bundesinstituts für Berufsbildung getroffen wurden (§ 66 BBiG; § 42m HwO). Das Durchlaufen eines Eingangsverfahrens vor Inanspruchnahme des Budgets für Ausbildung ist nicht notwendig (BT-Drs. 19/13399, 37).

C. Höhe des Budgets

5 Nach Abs. 2 umfasst das Budget für Ausbildung insbesondere die Erstattung der gezahlten Ausbildungsvergütung und Aufwendungen für die aufgrund der Behinderung erforderliche Anleitung und Begleitung am Arbeitsplatz. Hinsichtlich der Höhe der Ausbildungsvergütung wird diese aus wirtschaftlichen Gründen (verantwortlicher Umgang mit den eingesetzten Mitteln, BT-Drs. 19/13399, 37) auf die Höhe einer einschlägigen tarifvertraglichen Vergütungsregelung begrenzt. Fehlt eine tarifvertragliche Regelung wird auf eine angemessene Vergütung entsprechend § 17 Berufsbildungsgesetz abgestellt. Durch die Neufassung von Abs. 2 S. 1 wird ab dem 1.1.2022 neben der Erstattung der Ausbildungsvergütung auch die Erstattung des Anteils des Arbeitgebers am Gesamtsozialversicherungsbeitrag sowie die Beiträge zur Unfallversicherung nach Maßgabe des SGB VII umfasst. Auch erforderliche Fahrkosten werden durch den zuständigen Leistungsträger übernommen.

Das Budget für Ausbildung umfasst auch die Kosten, die entstehen, wenn der schulische Teil der Ausbildung in Einrichtungen der beruflichen Rehabilitation erfolgt. Da die Träger der Eingliederungshilfe mit den Einrichtungen der beruflichen Rehabilitation keine Vereinbarungen nach §§ 123 ff. abschließen müssen, muss für sie eine anderweitige Prüfmöglichkeit bestehen. Mit Abs. 2 S. 3 wird diese durch die Vorlage- und Bewilligungspflicht hinsichtlich des Angebots der Einrichtung der beruflichen Rehabilitation künftig rechtssicher normiert. (BT-Drs. 19/27400, 63). 6

Angesichts des Personenkreises soll in begründeten Ausnahmefällen die vollständige Übernahme der Ausbildungsvergütung bis zur Höhe der Vergütung des letzten Ausbildungsjahres möglich sein. 7

Für die wegen der Behinderung erforderlichen Aufwendungen bei der Unterstützung des Menschen mit Behinderungen am Arbeitsplatz, etwa eine Arbeitsassistenz, sowie in der Berufsschule ist eine Begrenzung nicht vorgesehen. Ist aufgrund der Art und Schwere der Behinderung eine Teilnahme am Berufsschulunterricht in einer Berufsschule am Ort der Ausbildung nicht möglich, so werden auch die Kosten in einer Einrichtung der beruflichen Rehabilitation (§ 51) getragen (BT-Drs. 19/13399, 37). 8

D. Dauer des Budgets

Die Leistungen des Budgets für Ausbildung werden vom zuständigen Kostenträger für den erforderlichen Zeitraum, längstens bis zum erfolgreichen Abschluss der geförderten Ausbildung erbracht (Abs. 3 S. 1). Dieses bedeutet, dass – obwohl das Budget für Ausbildung als Alternative zu Leistungen im Eingangsverfahren und im Berufsbildungsbereich gedacht ist – die Förderung auch über die üblichen 27 Monate hinaus erfolgt, eben für die gesamte Dauer der geförderten Ausbildung (BT-Drs. 19/13399, 37). Die Anrechnung der Dauer des Budgets für Ausbildung auf die Dauer eines Eingangsverfahrens und des Berufsbildungsbereiches bedeutet, dass beispielsweise bei einem vorzeitigen Abbruch der Ausbildung und damit einem kürzeren Förderungszeitraum als 27 Monaten und der Mensch mit Behinderungen seine berufliche Bildung in einer WfbM oder bei einem anderen Leistungsanbieter in derselben Fachrichtung fortsetzt, noch ein Anspruch auf Förderung bis zum Ablauf der 27 Monate besteht. 9

In allen anderen Fällen erfolgt eine Anrechnung nicht, so dass Leistungen im Eingangsverfahren und im Berufsbildungsbereich für einen entsprechend längeren Zeitraum zu gewähren sind. Hiermit soll gewährleistet werden, dass sich Menschen mit Behinderungen bei einem nicht abgeschlossenen Budget für Ausbildung beruflich neu orientieren können und in einer anderen Fachrichtung die reguläre berufliche Bildung in der Werkstatt oder bei einem anderen Leistungsanbieter erhalten (BT-Drs. 19/14868, 23). 10

E. Gemeinsame Inanspruchnahme

Mit Abs. 4 wird – wie bereits beim Budget für Arbeit – die gesetzliche Grundlage geschaffen, dass mehrere Leistungsberechtigte gemeinsam Unterstützungsleistungen wie die wegen der Behinderung erforderliche Anleitung und Begleitung in Anspruch nehmen können. Damit werden auch die Ausbildungsbetriebe entlastet, die mehrere Menschen mit Behinderungen ausbilden, weil ansonsten gegebenenfalls mehrere Unterstützer im Betrieb anwesend wären (BT-Drs. 19/13399, 37, 38). 11

F. Ausbildungsplatzsuche

12 Da die Bundesagentur für Arbeit über umfangreiche Kenntnisse im Bereich der beruflichen Bildung und enge Kontakte zu Arbeitgebern verfügt, regelt Abs. 5 S. 1, dass im Interesse der Leistungsberechtigten auf diese auch dann zurückgegriffen werden darf, wenn das Budget für Ausbildung von einem anderen Leistungsträger als der Bundesagentur für Arbeit erbracht wird. Kann von der Bundesagentur für Arbeit kein Ausbildungsplatz vermittelt werden, ist durch den zuständigen Leistungsträger (erneut) zu den Förderalternativen im Zusammenhang mit § 58 zu beraten. Verfügt der zuständige Leistungsträger über eigene Strukturen zur Unterstützung bei der Suche nach einem geeigneten Ausbildungsplatz, ist eine Einbindung der Bundesagentur für Arbeit nicht zwingend erforderlich. Ist wegen Art oder Schwere der Behinderung der Besuch einer Berufsschule am Ort des Ausbildungsplatzes nicht möglich, regelt Abs. 5 S. 2, dass die Unterstützung auch die Suche nach einer geeigneten Einrichtung der beruflichen Rehabilitation, in der der schulische Teil der Ausbildung absolviert werden kann, umfasst. (BT-Drs. 19/27400, 63).

§ 62 Wahlrecht des Menschen mit Behinderungen

(1) Auf Wunsch des Menschen mit Behinderungen werden die Leistungen nach den §§ 57 und 58 von einer nach § 225 anerkannten Werkstatt für behinderte Menschen, von dieser zusammen mit einem oder mehreren anderen Leistungsanbietern oder von einem oder mehreren anderen Leistungsanbietern erbracht.

(2) Werden Teile einer Leistung im Verantwortungsbereich einer Werkstatt für behinderte Menschen oder eines anderen Leistungsanbieters erbracht, so bedarf die Leistungserbringung der Zustimmung des unmittelbar verantwortlichen Leistungsanbieters.

1 Die Vorschrift wurde neu in das SGB IX eingefügt. Hiernach soll der Mensch mit Behinderungen das Wahlrecht haben, bei welchem Anbieter er seine Leistungen zur Teilhabe am Arbeitsleben in Anspruch nehmen möchte (Abs. 1). Der Mensch mit Behinderungen kann hierzu weiterhin die WfbM wählen, in deren Einzugsgebiet er seinen Wohnsitz hat, jedoch auch andere Leistungsanbieter wählen. Gleiches gilt auch für einzelne Module, wie etwa die Leistungen zur beruflichen Bildung.

2 Es besteht jedoch kein Wahlrecht dahingehend neben den Leistungen nach §§ 57, 58 zur gleichen Zeit auch Leistungen oder Teilleistungen nach §§ 61 und 61a in der Form eines Budgets für Arbeit oder Budgets für Ausbildung in Anspruch zu nehmen (FRR/Ritz § 62 Rn. 3a). Mit der Aufnahme einer Beschäftigung bei einem privaten oder öffentlichen Arbeitgeber endet das andere Rechtsverhältnis.

3 Aus dem Wunschrecht des Menschen mit Behinderungen ergibt sich umgekehrt die Verpflichtung der WfbM, mit anderen Leistungsanbietern zusammenzuarbeiten und Leistungen anzubieten. Die Leistung bedarf der Zustimmung des unmittelbar verantwortlichen Leistungserbringers, weil dieser in der Zeit auch der Verantwortliche für die Zahlung der Sozialversicherungsbeiträge bleibt, soweit diese nicht durch den Leistungsträger zu erbringen sind.

§ 63[1] Zuständigkeit nach den Leistungsgesetzen

(1) Die Leistungen im Eingangsverfahren und im Berufsbildungsbereich einer anerkannten Werkstatt für behinderte Menschen erbringen

[1] § 63 Abs. 3 Satz 1 geänd. mWv 1.1.2020 durch G v. 10.12.2019 (BGBl. I S. 2135); Abs. 3 Satz 1 geänd., Satz 2 neu gef. mWv 1.1.2022 durch G v. 2.6.2021 (BGBl. I S. 1387).

1. die Bundesagentur für Arbeit, soweit nicht einer der in den Nummern 2 bis 4 genannten Träger zuständig ist,
2. die Träger der Unfallversicherung im Rahmen ihrer Zuständigkeit für durch Arbeitsunfälle Verletzte und von Berufskrankheiten Betroffene,
3. die Träger der Rentenversicherung unter den Voraussetzungen der §§ 11 bis 13 des Sechsten Buches und
4. die Träger der Sozialen Entschädigung unter den Voraussetzungen der §§ 63 und 64 des Vierzehnten Buches.

(2) Die Leistungen im Arbeitsbereich einer anerkannten Werkstatt für behinderte Menschen erbringen
1. die Träger der Unfallversicherung im Rahmen ihrer Zuständigkeit für durch Arbeitsunfälle Verletzte und von Berufskrankheiten Betroffene,
2. die Träger der Sozialen Entschädigung unter den Voraussetzungen des § 63 des Vierzehnten Buches,
3. die Träger der öffentlichen Jugendhilfe unter den Voraussetzungen des § 35a des Achten Buches und
4. im Übrigen die Träger der Eingliederungshilfe unter den Voraussetzungen des § 99.

(3) [1] Absatz 1 gilt auch für die Leistungen zur beruflichen Bildung bei einem anderen Leistungsanbieter sowie für die Leistung des Budgets für Ausbildung an Menschen mit Behinderungen, die Anspruch auf Leistungen nach § 57 haben. [2] Absatz 2 gilt auch für die Leistungen zur Beschäftigung bei einem anderen Leistungsanbieter, für die Leistung des Budgets für Ausbildung an Menschen mit Behinderungen, die Anspruch auf Leistungen nach § 58 haben und die keinen Anspruch auf Leistungen nach § 57 haben, sowie für die Leistung des Budgets für Arbeit.

Übersicht

A. Allgemeines

1 Die Vorschrift entspricht im Wesentlichen § 42 SGB IX 2001 und ergänzt die allgemeine Zuständigkeitsregelung in § 6 Abs. 1. Die Vorschrift stellt klar, welche Rehabilitationsträger für Leistungen im Eingangsverfahren und im Berufsbildungsbereich sowie im Arbeitsbereich der WfbM zuständig sind. Abs. 3 wurde neu eingefügt und stellt klar, dass die für die Leistungen im Eingangsverfahren und im Berufsbildungsbereich einer WfbM zuständigen Rehabilitationsträger auch für die Leistungen zur beruflichen Bildung bei einem anderen Leistungsanbieter zuständig sind (S. 1). Der Satz 1 des Abs. 3 wurde durch Art. 2 des Gesetzes zur Entlastung unterhaltsverpflichteter Angehöriger in der Sozialhilfe und der Eingliederungshilfe (Angehörigen-Entlastungsgesetz) vom 10.12.2019 (BGBl. I S. 2135, 2137) dahingehend ergänzt, dass die Regelungen des Abs. 1 auch für Leistungen des Budgets für Ausbildung gelten. Der S. 2 des Abs. 3 legt dieses dann in gleicher Weise für die Rehabilitationsträger fest, die für den Arbeitsbereich in einer WfbM zuständig sind. Mit Art. 7 Teilhabestärkungsgesetz vom 2.6.2021 (BGBl. I S. 1387) wurde § 63 Abs. 3 ab 1.1.2022 geändert.

B. Zuständigkeitsregelung

1. Eingangsverfahren und Berufsbildungsbereich

2 Die Zuständigkeit für die Erbringung von Leistungen in diesem Bereich wird durch Abs. 1 zugeordnet an

1. die Bundesagentur für Arbeit (soweit nicht der Träger der Unfallversicherung, der Rentenversicherung oder der Kriegsopferfürsorge zuständig ist) gem. §§ 112 ff. SGB III und § 117 Abs. 2 SGB III,
2. die Träger der Unfallversicherung im Rahmen ihrer Zuständigkeit für durch Arbeitsunfälle Verletzte und von Berufskrankheit Betroffene gem. § 35 Abs. 1 SGB VII,
3. die Träger der Rentenversicherung unter den Voraussetzungen der §§ 11–13 SGB VI gem. § 16 SGB VI,
4. die Träger der Sozialen Entschädigung unter den Voraussetzungen der §§ 63 und 64 des Vierzehnten Buches.

2a Dabei verdeutlicht die Verwendung des einschränkenden Wortes „soweit" in Ziff. 1, dass die Bundesagentur für Arbeit in diesem Bereich nur nachrangig verpflichtet ist, sofern Ansprüche gegen die übrigen im Abs. 1 genannten Träger nach den Bestimmungen des jeweiligen Regelungsbereichs bestehen (LPK-SGB IX/*Jacobs* § 63 Rn. 6).

2. Arbeitsbereich

3 Abs. 2 der Vorschrift betrifft die Zuständigkeit für Leistungen im Arbeitsbereich. Für deren Erbringung sind danach zuständig

1. die Träger der Unfallversicherung im Rahmen ihrer Zuständigkeit für die durch Arbeitsunfälle Verletzten und durch Berufskrankheiten Betroffenen gem. § 35 Abs. 1 SGB VII,
2. die Träger der Sozialen Entschädigung unter den Voraussetzungen des § 63 SGB XIV,
3. die Träger der öffentlichen Jugendhilfe unter den Voraussetzungen des § 35a SGB VIII,
4. iÜ die Träger der Eingliederungshilfe unter den Voraussetzungen des § 99.

3. Andere Leistungsanbieter

4 Durch Abs. 3 wird festgelegt, dass es bei den Leistungen zur Teilhabe am Arbeitsleben zu keinen Zuständigkeitsveränderungen der Rehabilitationsträger kommt, nur weil keine WfbM, sondern ein anderer Leistungsanbieter von dem Leistungsberechtigten ausgesucht wurde. Menschen mit Behinderungen, die Anspruch auf Leistungen nach § 57 haben, erhalten das Budget für Ausbildung weiterhin unverändert von den Leistungsträgern, die auch die Leistungen im Eingangsverfahren und im Berufsbildungsbereich einer anerkannten Werkstatt für behinderte Menschen erbringen. Menschen mit Behinderungen, die Anspruch auf Leistungen nach § 58 haben, erhalten das Budget für Ausbildung von den Leistungsträgern, die auch die Leistungen im Arbeitsbereich einer anerkannten Werkstatt für behinderte Menschen erbringen. (BT-Drs. 19/27400, 64).

Kapitel 11. Unterhaltssichernde und andere ergänzende Leistungen

§ 64 Ergänzende Leistungen

(1) Die Leistungen zur medizinischen Rehabilitation und zur Teilhabe am Arbeitsleben der in § 6 Absatz 1 Nummer 1 bis 5 genannten Rehabilitationsträger werden ergänzt durch

1. **Krankengeld, Krankengeld der Sozialen Entschädigung, Verletztengeld, Übergangsgeld, Ausbildungsgeld oder Unterhaltsbeihilfe,**
2. **Beiträge und Beitragszuschüsse**
   a) **zur Krankenversicherung nach Maßgabe des Fünften Buches, des Zweiten Gesetzes über die Krankenversicherung der Landwirte sowie des Künstlersozialversicherungsgesetzes,**
   b) **zur Unfallversicherung nach Maßgabe des Siebten Buches,**
   c) **zur Rentenversicherung nach Maßgabe des Sechsten Buches sowie des Künstlersozialversicherungsgesetzes,**
   d) **zur Bundesagentur für Arbeit nach Maßgabe des Dritten Buches,**
   e) **zur Pflegeversicherung nach Maßgabe des Elften Buches,**
3. **ärztlich verordneten Rehabilitationssport in Gruppen unter ärztlicher Betreuung und Überwachung, einschließlich Übungen für behinderte oder von Behinderung bedrohte Frauen und Mädchen, die der Stärkung des Selbstbewusstseins dienen,**
4. **ärztlich verordnetes Funktionstraining in Gruppen unter fachkundiger Anleitung und Überwachung,**
5. **Reisekosten sowie**
6. **Betriebs- oder Haushaltshilfe und Kinderbetreuungskosten.**

(2) [1]Ist der Schutz von Menschen mit Behinderungen bei Krankheit oder Pflege während der Teilnahme an Leistungen zur Teilhabe am Arbeitsleben nicht anderweitig sichergestellt, können die Beiträge für eine freiwillige Krankenversicherung ohne Anspruch auf Krankengeld und zur Pflegeversicherung bei einem Träger der gesetzlichen Kranken- oder Pflegeversicherung oder, wenn dort im Einzelfall ein Schutz nicht gewährleistet ist, die Beiträge zu einem privaten Krankenversicherungsunternehmen erbracht werden. [2]Arbeitslose Teilnehmer an Leistungen zur medizinischen Rehabilitation können für die Dauer des Bezuges von Verletztengeld, Versorgungskrankengeld oder Übergangsgeld einen Zuschuss zu ihrem Beitrag für eine private Versicherung gegen Krankheit oder für die Pflegeversicherung erhalten. [3]Der Zuschuss wird nach § 174 Absatz 2 des Dritten Buches berechnet.

Übersicht

A. Allgemeines

Die Vorschrift entspricht bis auf eine redaktionelle Anpassung der Vorschrift des § 44 SGB IX 2001. Sie gibt einen Überblick über die ergänzenden Leistungen, die in den weiteren Paragrafen des Kap. 11 des Ersten Teils des näher dargelegt werden. Sie ist damit eine Art Einweisungsvorschrift, legt die ergänzenden Leistungen allerdings abschließend fest (CFHR/*Huber* § 44 Rn. 9). 1

Die Bezeichnung als „ergänzende" Leistung weist daraufhin, dass eine Hauptleistung bestehen muss (Leistungen zur medizinischen Rehabilitation, Leistungen zur Teilhabe am Arbeitsleben), zu der die ergänzende Leistung akzessorisch ist (KHM/*von der Heide* § 44 Rn. 2; LSW/*Stähler* § 44 Rn. 1; GK-SGB IX/*Löschau* § 44 Rn. 5; Hauck/Noftz/*Schütze* § 44 Rn. 8). Die Vorschrift hat überwiegend deklaratorische Bedeutung (KHM/ 2 *von der Heide* § 44 Rn. 1; KassKomm/*Kater* SGB VI § 28 Rn. 6). Lediglich für den Rehabilitationssport und das Funktionstraining ist es die leistungsrechtliche Grundlage (*Knittel* § 44 Rn. 12; Deinert/Neumann Rehabilitation/*Kessler* § 12 Rn. 50).

3 Im Leistungsrecht der Rehabilitationsträger wird auf die Regelung direkt verwiesen. Für den Bereich der gesetzlichen Krankenversicherung nimmt § 43 SGB V, der die ergänzenden Leistungen zur Rehabilitation regelt, § 64 Abs. 1 Nr. 2–6 und §§ 73, 74 ausdrücklich in Bezug und sieht außerdem in seiner Nr. 1 weitere – ergänzende – Leistungen zur Rehabilitation vor, die unter Berücksichtigung von Art oder Schwere der Behinderung erforderlich sind, um das Rehabilitationsziel zu erreichen oder zu sichern. Gleichzeitig ist aber bestimmt, dass die Krankenkassen nicht Leistungen erbringen dürfen, die zu den Leistungen zur Teilhabe am Arbeitsleben oder den Leistungen zur allgemeinen sozialen Eingliederung gehören (zur Leistungsabgrenzung BSG 15.3.1995 – 6 RKa 1/94, SozR 3–2500 § 118 Nr. 1 S. 5 = BeckRS 1995, 30753997).

4 Für den Bereich der gesetzlichen Rentenversicherung verweist § 28 Abs. 1 SGB VI auf denselben Leistungsrahmen wie bei der gesetzlichen Krankenversicherung. Abs. 1 Nr. 3–6 der Vorschrift gelten nach § 10 Abs. 1 S. 1 ALG entsprechend. Nach § 10 Abs. 1 S. 2 ALG kann auch Betriebs- oder Haushaltshilfe erbracht werden, dh diese Sachleistung steht im Ermessen des Rehabilitationsträgers.

5 Soweit § 39 Abs. 1 SGB VII Bezug auf Abs. 1 Nr. 2–6 und Abs. 2 der Vorschrift nimmt, regelt er darüberhinausgehend noch weitergehende ergänzende Leistungen, und zwar in seinem Abs. 1 Nr. 1 die Kraftfahrzeughilfe sowie in Abs. 1 Nr. 2 – als Auffangvorschrift – sonstige Leistungen zur Erreichung und zur Sicherstellung des Erfolges der Leistungen zur medizinischen Rehabilitation und zur Teilhabe. Zusätzlich ist in § 39 Abs. 2 SGB VII noch eine besondere Unterstützung vorgesehen. Zum Ausgleich besonderer Härten kann diese Leistung als Ermessensleistung gewährt werden. Wegen des unbestimmten Rechtsbegriffs der besonderen Härten auf der Tatbestandsseite (KassKomm/*Ricke* SGB VII § 39 Rn. 5; Schmitt SGB VII § 39 Rn. 8) und der Ermessenseinräumung auf der Rechtsfolgeseite (es handelt sich um eine sog. Koppelungsnorm) besteht hier ein sehr weites Handlungsermessen der Unfallversicherungsträger (anders KassKomm/*Ricke* SGB VII § 39 Rn. 5, der im Falle der Bejahung einer besonderen Härte in der Regel eine „Ermessensschrumpfung auf Null" annimmt).

B. Ergänzende Leistungen iE

1. Unterhaltssichernde Leistungen

6 Im Abs. 1 Nr. 1 der Vorschrift sind als ergänzende Leistungen zur Unterhaltssicherung die in den jeweiligen Sozialleistungsbereichen zu gewährenden Geldleistungen aufgeführt. Die unterschiedlichen Bezeichnungen aus den jeweiligen Leistungsbereichen sind dabei nicht angeglichen, sondern beibehalten worden. Im Gefolge dieser Regelung sind in § 65 Abs. 1, 2 die der **Sicherung des Lebensunterhalts** dienenden ergänzenden Geldleistungen iE aufgelistet, und zwar in § 65 Abs. 1 für die Leistungen zur medizinischen Rehabilitation und in § 65 Abs. 2 für die Leistungen zur Teilhabe am Arbeitsleben.

7 In der Vorschrift des § 65 wird dann auf die Regelungen im jeweiligen Leistungsrecht verwiesen. Krankengeld iSd § 64 Abs. 1 Nr. 1 von den gesetzlichen Krankenkassen wird nach Maßgabe der §§ 44 und 46–51 SGB V gewährt, das Verletztengeld von den Trägern der Unfallversicherung nach Maßgabe der §§ 45–48, 52 u. 55 SGB VII, das Übergangsgeld von den Trägern der Rentenversicherung nach Maßgabe der Vorschriften des SGB IX und der §§ 20 u. 21 SGB VI und das Versorgungskrankengeld von den Trägern der Kriegsopferversorgung nach Maßgabe der §§ 16–16h und 18a BVG gewährt wird. **Übergangsgeld** wird im Zusammenhang mit Leistungen zur Teilhabe am Arbeitsleben nach § 65 Abs. 2 von den Trägern der Unfallversicherung nach Maßgabe

der Vorschriften des SGB IX und der §§ 49–52 SGB VII (Nr. 1), von den Trägern der Rentenversicherung nach Maßgabe der Vorschriften des SGB IX und der §§ 20 u. 21 SGB VI (Nr. 2), von der Bundesagentur für Arbeit nach Maßgabe der Vorschriften des SGB IX und der §§ 119–121 SGB III (Nr. 3) und von den Trägern der Kriegsopferfürsorge nach Maßgabe der Vorschriften des SGB IX und des § 26a BVG gewährt (Nr. 4). Alle diese Geldleistungen sollen den Verlust des Erwerbseinkommens während der Durchführung einer Rehabilitationsmaßnahme ausgleichen (BSG 22.9.1981 – 1 RJ 112/80, SozR 1300 § 48 Nr. 1 = BeckRS 1981, 30708324; 27.4.1982 – 1 RA 71/80, SozR 2200 § 1241 Nr. 21 = BeckRS 1982, 05791).

Auf alle diese Geldleistungen besteht ein Rechtsanspruch des Rehabilitanden (so auch LSW/*Stähler* § 44 Rn. 6). Ein derartiger Rechtsanspruch besteht aber aufgrund der **Akzessorietät** mit der Hauptleistung immer nur während der Durchführung der Leistungen zur Teilhabe. Denn die in Abs. 1 Nr. 1 aufgelisteten Geldleistungen hängen von der Bewilligung einer Leistung zur Teilhabe als Grundleistung ab (BSG 21.3.2001 – B 5 RJ 34/99 R, SozR 3–2600 § 20 Nr. 1 = NJOZ 2001, 1536). Voraussetzung für die tatsächliche Durchführung einer Rehabilitationsmaßnahme ist dabei in der Regel die ordnungsgemäße Teilnahme des Rehabilitanden an der Maßnahme; für die Zeit unentschuldigten Fernbleibens entfällt daher der Anspruch auf die der Unterhaltssicherung dienende ergänzende Geldleistung (zum Übergangsgeld BSG 21.3.2001 – B 5 RJ 34/99 R, SozR 3–2600 § 20 Nr. 1 = NJOZ 2001, 1536). Ein unentschuldigtes Fernbleiben ist zu bejahen, wenn der Rehabilitand die im Ausbildungsplan für ihn vorgesehenen Unterrichtsveranstaltungen ohne wichtigen Grund nicht besucht (BSG 21.3.2001 – B 5 RJ 34/99 R, SozR 3–2600 § 20 Nr. 1 = NJOZ 2001, 1536). Unabhängig von der Anwesenheitspflicht ist der tatsächliche regelmäßige Besuch der im Ausbildungsplan vorgesehenen Veranstaltungen Voraussetzung für die Teilnahme und damit für den Anspruch auf die unterhaltssichernde Geldleistung (zum Arbeitsförderungsrecht BSG 10.5.1979 – 7 RAr 40/78, SozR 4100 § 44 Nr. 22 = BeckRS 1979, 00733; Gagel/*Nebe* SGB III § 122 Rn. 5, Ausbildungsgeld). Die Frage, ob im Falle der Entziehung der akzessorischen Geldleistung, zB wegen unentschuldigten Fernbleibens, zu folgern ist, dass auch die Bewilligung der Rehabilitationsmaßnahme aufgehoben werden muss, ist verneint worden (BSG 21.3.2001 – B 5 RJ 34/99 R, SozR 3–2600 § 20 Nr. 1 = NJOZ 2001, 1536). Da im SGB IX keine eigenständigen Anspruchsvoraussetzungen für die Gewährung des Übergangsgeldes in der gesetzlichen Rentenversicherung normiert sind, könnte die Auffassung vertreten werden, dass wegen der Akzessorietät des Übergangsgeldes von der Grundleistung die Entziehung des Übergangsgeldes immer auch die Aufhebung der Bewilligung der Rehabilitationsmaßnahme erfordert. In der Praxis wird jedoch regelhaft die Hauptleistung aufgehoben mit der entsprechenden Konsequenz für die unterhaltssichernde Leistung – nicht umgekehrt. 8

2. Beiträge

Als weitere Geldleistungen sind nach Abs. 1 Nr. 2 der Vorschrift Beiträge und Beitragszuschüsse zur Kranken-, Unfall-, Renten- und Pflegeversicherung sowie zur Bundesagentur für Arbeit vorgesehen. Die Regelung ist keine eigenständige Rechtsgrundlage für die Zahlung von **Beiträgen,** da die Beitragspflicht und die Beitragstragung für die einzelnen Zweige der Sozialversicherung für die Rehabilitanden in den jeweiligen Leistungsgesetzen geregelt ist (KassKomm/*Kater* SGB VI § 28 Rn. 6; jurisPK-SGB IX/*Reyels* § 64 Rn. 25). Unter den Voraussetzungen des Abs. 2 der Vorschrift ist außerdem die Übernahme der Kosten der Beiträge für eine freiwillige Krankenversicherung ohne Anspruch auf Krankengeld und zur Pflegeversicherung bei einem Träger der gesetzlichen Kranken- oder Pflegeversicherung und auch der Beiträge zu einem privaten Krankenversicherungsunternehmen unter den dort normierten Voraussetzungen möglich. Nach dem S. 2 des Abs. 2 wird die Zahlung eines Beitragszuschusses für eine private Ver- 9 sicherung gegen Krankheit oder für die Pflegeversicherung auch an Arbeitslose ermöglicht, die als Teilnehmer an Leistungen zur medizinischen Rehabilitation während der Dauer der Maßnahme eine ergänzende Geldleistung zur Sicherung des Lebensunterhalts erhalten (GK-SGB IX/*Löschau* § 44 Rn. 67). Die Regelung in Abs. 1 Nr. 2 hat Vorrang vor Abs. 2 (KHM/*von der Heide* § 44 Rn. 3). Die Berechnung dieses Zuschusses bestimmt sich nach § 174 Abs. 2 SGB III (Abs. 2 S. 2). Diese Regelungen beruhen auf der Zielvorstellung, dass bei der Gewährung von Rehabilitationsleistungen an Arbeitslose der für die Leistung zur medizinischen Rehabilitation zuständige Rehabilitationsträger in gleichem Umfang wie zuvor die Bundesagentur für Arbeit die Beiträge für ein privates Krankenversicherungsunternehmen übernehmen soll, solange er Leistungen zum Lebensunterhalt erbringt.

10 Regelungen zur Versicherungspflicht finden sich im Recht der Arbeitsförderung in § 26 Abs. 1 Nr. 1 und Abs. 2 Nr. 1 SGB III; diese Regelungen werden durch die Bestimmungen zur Beitragspflicht in § 345 Nr. 1, 5 SGB III ergänzt.

10a Im Bereich der gesetzlichen Krankenversicherung ist die Versicherungspflicht von Teilnehmern an Leistungen zur Teilhabe am Arbeitsleben sowie an Abklärungen der beruflichen Eignung oder Arbeitserprobung in § 5 Abs. 1 Nr. 6 SGB V geregelt; nach § 192 Abs. 1 Nr. 3 SGB V bleibt die Mitgliedschaft während des Zeitraums, in dem bei medizinischer Rehabilitation eine ergänzende Geldleistung zur Unterhaltssicherung von einem Rehabilitationsträger gewährt wird, erhalten und die Beitragspflicht dieses Kreises der Leistungsempfänger bestimmt sich nach § 235 Abs. 1, 2 SGB V.

10b Im Bereich der gesetzlichen Rentenversicherung ergibt sich die Versicherungspflicht für diesen Personenkreis der Geldleistungsbezieher aus § 3 S. 1 Nr. 3 SGB VI, die Verpflichtung zur Tragung der Rentenversicherungsbeiträge der Rehabilitationsträger für den Personenkreis der Geldleistungsempfänger beruht auf § 170 Abs. 1 Nr. 2 Buchst. b SGB VI.

10c In der gesetzlichen Unfallversicherung ist die Versicherungspflicht des Personenkreises der Geldleistungsempfänger in § 2 Abs. 1 Nr. 15 SGB VII geregelt. Beitragspflichtig ist der Unternehmer; das ist bei nach § 2 Abs. 1 Nr. 15 SGB VII versicherten Rehabilitanden der Rehabilitationsträger (vgl. § 136 Abs. 3 Nr. 2 SGB VII).

10d In der sozialen Pflegeversicherung gilt § 20 Abs. 1 Nr. 5, 6 SGB XI für die Versicherungspflicht in diesem Zweig der Sozialversicherung.

3. Rehabilitationssport und Funktionstraining

11 Nach Abs. 1 Nr. 3, 4 der Vorschrift werden als Sachleistungen der **Rehabilitationssport** und das Funktionstraining gewährt. Der Rehabilitationssport wirkt mit den Mitteln des Sports und sportlich ausgerichteter Spiele ganzheitlich auf die Menschen mit Behinderungen ein (Rahmenvereinbarung über den Rehabilitationssport und das Funktionstraining v. 1.1.2022, Nr. 2.3, www.bar-frankfurt.de). Das Ziel des Rehabilitationssports ist, Ausdauer und Kraft zu stärken, Koordination und Flexibilität zu verbessern, das Selbstbewusstsein insbes. auch von behinderten oder von Behinderung bedrohten Frauen und Mädchen zu stärken und Hilfe zur Selbsthilfe zu bieten (Nr. 2.2; LPK-SGB IX/*Deusch* § 64 Rn. 12). Als Voraussetzung sind in Nr. 3 der Vorschrift lediglich die ärztliche Verordnung und die ärztliche Aufsicht über die Gruppen festgelegt. Als Rehabilitationssportarten sind in der Rahmenvereinbarung (Nr. 5.1) Gymnastik, Leichtathletik, Schwimmen und Bewegungsspiele in Gruppen beispielhaft angeführt. Eine Mitgliedschaft in der Sportgemeinschaft, dem Trainingsverein oder der Selbsthilfegruppe ist nicht Voraussetzung für die Teilnahme an dem ärztlich Rehabilitationssport oder Funktionstraining, auch wenn diese ergänzenden Leistungen nach Beendigung der Rehabilitation das Ziel einer An- und Überleitung zu eigenverantwortlicher Fortführung im Alltag verfolgen (Rahmenvereinbarung Nr. 16.4). Der Rehabilitationssport kommt als ergänzende Leistung nur im Anschluss an eine Hauptleistung in Betracht (GK-SGB IX/*Lö-*

schau § 44 Rn. 39). Aufgrund des inneren Zusammenhangs mit der Hauptleistung sollte auch ein enger zeitlicher Zusammenhang vorliegen. Hinsichtlich der erforderlichen Dauer des Rehabilitationssports gibt die Rahmenvereinbarung leidglich Richtwerte vor (Nr. 4.1; vgl. zur Dauer auch BSG 2.11.2010 – B 1 KR 8/10 R, NZS 2011, 814; 17.6.2008 – B 1 KR 31/07 R, BeckRS 2008, 55845; SG Aachen 27.5.2014 – S 13 KR 414/13, BeckRS 2014, 70245). Zur Abgrenzung von Rehabilitationssport zur allgemeinen sportlichen Betätigung BayLSG 20.6.2017 – L 4 KR 399/14, BeckRS 2017, 117802; SG Dresden 25.1.2013 – S 25 KR 133/12, BeckRS 2014, 67560.

Voraussetzung für das **Funktionstraining** ist eine ärztliche Verordnung sowie die fach- 12
kundige Leitung der Gruppe. Funktionstraining wirkt besonders mit den Mitteln der Krankengymnastik und/oder der Ergotherapie gezielt auf spezielle körperliche Strukturen (Muskeln, Gelenke usw) der Menschen mit Behinderungen oder von Behinderung bedrohten Menschen, die über die notwendige Mobilität sowie physische und psychische Belastbarkeit für bewegungstherapeutische Übungen in der Gruppe verfügen, ein (Nr. 3.1 der Rahmenvereinbarung). Als Funktionstrainingsarten sind nach der Rahmenvereinbarung beispielhaft Trockengymnastik und Wassergymnastik angeführt worden (Nr. 6). Hinsichtlich der fachkundigen Leitung verweist die Rahmenvereinbarung auf Krankengymnastinnen, Ergo- und Physiotherapeuten (Nr. 13.1). Bezüglich der Dauer von Funktionstraining BSG 17.6.2008 – B 1 KR 31/07 R, BeckRS 2008, 55845; SG Mainz 3.11.2015 – S 14 KR 458/12, BeckRS 2016, 66564. Zur Abgrenzung von Rehabilitationssport und Funktionstraining BayLSG 20.6.2017 – L 4 KR 399/14, BeckRS 2017, 117802.

Der Rehabilitationssport ist nicht als Leistung zur medizinischen Rehabilitation, son- 13
dern nur als „ergänzende Leistung“ zu qualifizieren (BSG 22.4.2009 – B 3 KR 5/08 R, BeckRS 2009, 68668); daraus folgt, dass die Fahrtkosten zum Rehabilitationssport von der Krankenkasse nicht zu übernehmen sind (BSG 22.4.2009 – B 3 KR 5/08 R, BeckRS 2009, 68668 unter Verweis auf § 60 SGB V; ebenso schon BSG 22.4.2008 – B 1 KR 22/07 R, SozR 4–2500 § 60 Nr. 4 = NZS 2009, 217; so auch GK-SGB IX/*Löschau* § 44 Rn. 47; *Knittel* § 44 Rn. 49; jurisPK-SGB IX/*Reyels* § 64 Rn. 41).

4. Reisekosten

Als weitere ergänzende Rehabilitationsleistungen werden nach Abs. 1 Nr. 5 der Vor- 14
schrift **Reisekosten** übernommen. Die Reisekostengewährung bestimmt sich nach näherer Maßgabe des § 73. Hiernach sind als Reisekosten die erforderlichen Fahr-, Verpflegungs- und Übernachtungskosten zu übernehmen.

Im Bereich der gesetzlichen Krankenversicherung gibt es eine spezielle Regelung zur 15
Übernahme von Fahr- und anderen Reisekosten in § 60 SGB V. Wegen der Übernahme von Fahr- und anderen Reisekosten im Zusammenhang mit Leistungen zur medizinischen Rehabilitation verweist der Abs. 5 dieser Vorschrift auf § 73. Im Bereich der gesetzlichen Rentenversicherung verweist § 28 SGB VI voll inhaltlich auf § 64 Abs. 1 Nr. 2–6 und Abs. 2 und damit auch auf die Regelungen zur Übernahme von Reisekosten. Für die gesetzliche Unfallversicherung gilt § 43 SGB VII (spezielle Regelungen zu den Reisekosten in § 43 Abs. 1 S. 2 und Abs. 2–5 SGB VII). Nach dem BVG gewähren die Träger der Kriegsopferfürsorge nach § 26 Abs. 4 Nr. 5 BVG Reisekosten nach § 73.

5. Haushaltshilfe und Kinderbetreuungskosten

Die Haushaltshilfe und die Kinderbetreuungskosten werden in § 74 näher bestimmt. 16
Im Bereich der Unfallversicherung verweist § 42 SGB VII auf § 74, für die gesetzliche Rentenversicherung ist die Verweisung in § 28 SGB VI enthalten. Für die Träger der Kriegsopferfürsorge gilt § 26 Abs. 4 Nr. 3 BVG iVm § 74 SGB IX. Für die gesetzliche Krankenversicherung ist die Haushaltshilfe in § 38 Abs. 1 iVm § 40 SGB V geregelt.

6. Beiträge zur freiwilligen Versicherung

17 Der Versicherungsschutz von Rehabilitanden soll auch sichergestellt werden, wenn keine Pflichtversicherung besteht (KHM/*von der Heide* § 44 Rn. 6; jurisPK-SGB IX/*Reyels* § 64 Rn. 69). Hier können die Beiträge für eine freiwillige Krankenversicherung ohne Anspruch auf Krankengeld und zur Pflegeversicherung bei einem Träger der gesetzlichen Kranken- und Pflegeversicherung vom zuständigen Rehabilitationsträger erbracht werden. Im Ausnahmefall können die Beiträge auch zu einem privaten Krankenversicherungsunternehmen erbracht werden. Hierauf besteht jedoch kein Rechtsanspruch, sondern es ist eine Ermessensleistung des Rehabilitationsträgers. Nach Abs. 2 S. 2 kann für arbeitslose Rehabilitanden bei Leistungen zur medizinischen Rehabilitation und dem Bezug von Verletztengeld, Versorgungskrankengeld oder Übergangsgeld ein Zuschuss zur privaten Krankenversicherung und zur Pflegeversicherung erbracht werden. Hintergrund ist ebenfalls der Schutzgedanke, Beiträge zur Krankenversicherung zu erbringen, wie zuvor die Bundesagentur für Arbeit während des Bezugs von Arbeitslosengeld. Der Zuschuss wird nach den Regelungen des SGB III berechnet (§ 174 SGB III).

§ 65 Leistungen zum Lebensunterhalt

(1) Im Zusammenhang mit Leistungen zur medizinischen Rehabilitation leisten

1. Krankengeld: die gesetzlichen Krankenkassen nach Maßgabe der §§ 44 und 46 bis 51 des Fünften Buches und des § 8 Absatz 2 in Verbindung mit den §§ 12 und 13 des Zweiten Gesetzes über die Krankenversicherung der Landwirte,
2. Verletztengeld: die Träger der Unfallversicherung nach Maßgabe der §§ 45 bis 48, 52 und 55 des Siebten Buches,
3. Übergangsgeld: die Träger der Rentenversicherung nach Maßgabe dieses Buches und der §§ 20 und 21 des Sechsten Buches,
4. die Träger der Sozialen Entschädigung Krankengeld der Sozialen Entschädigung nach Maßgabe des § 47 des Vierzehnten Buches.

(2) Im Zusammenhang mit Leistungen zur Teilhabe am Arbeitsleben leisten Übergangsgeld

1. die Träger der Unfallversicherung nach Maßgabe dieses Buches und der §§ 49 bis 52 des Siebten Buches,
2. die Träger der Rentenversicherung nach Maßgabe dieses Buches und der §§ 20 und 21 des Sechsten Buches,
3. die Bundesagentur für Arbeit nach Maßgabe dieses Buches und der §§ 119 bis 121 des Dritten Buches,
4. die Träger der Sozialen Entschädigung nach Maßgabe dieses Buches und des § 64 des Vierzehnten Buches.

(3) Menschen mit Behinderungen oder von Behinderung bedrohte Menschen haben Anspruch auf Übergangsgeld wie bei Leistungen zur Teilhabe am Arbeitsleben für den Zeitraum, in dem die berufliche Eignung abgeklärt oder eine Arbeitserprobung durchgeführt wird (§ 49 Absatz 4 Satz 2) und sie wegen der Teilnahme an diesen Maßnahmen kein oder ein geringeres Arbeitsentgelt oder Arbeitseinkommen erzielen.

(4) Der Anspruch auf Übergangsgeld ruht, solange die Leistungsempfängerin einen Anspruch auf Mutterschaftsgeld hat; § 52 Nummer 2 des Siebten Buches bleibt unberührt.

(5) Während der Ausführung von Leistungen zur erstmaligen beruflichen Ausbildung von Menschen mit Behinderungen, berufsvorbereitenden Bildungsmaßnahmen und Leis-

tungen zur individuellen betrieblichen Qualifizierung im Rahmen Unterstützter Beschäftigung sowie im Eingangsverfahren und im Berufsbildungsbereich von anerkannten Werkstätten für behinderte Menschen und anderen Leistungsanbietern leisten

1. die Bundesagentur für Arbeit Ausbildungsgeld nach Maßgabe der §§ 122 bis 126 des Dritten Buches und

2. die Träger der Sozialen Entschädigung Unterhaltsbeihilfe unter den Voraussetzungen des § 64 des Vierzehnten Buches.

(6) **Das Krankengeld, das Krankengeld der Sozialen Entschädigung, das Verletztengeld und das Übergangsgeld werden für Kalendertage gezahlt; wird die Leistung für einen ganzen Kalendermonat gezahlt, so wird dieser mit 30 Tagen angesetzt.**

Übersicht

A. Allgemeines

1 Die Vorschrift entspricht bis auf eine redaktionelle Änderung dem § 45 SGB IX 2001. Die redaktionelle Änderung besteht darin, dass aus dem Abs. 8 des § 45 SGB IX 2001 nunmehr Abs. 7 geworden ist. Der bisherige Abs. 7 war bereits vor längerer Zeit aufgehoben worden. Die Regelung gibt in ihren Abs. 1 u. 2 einen Überblick über die Geldleistungen zur Sicherung des Lebensunterhalts, die während der Gewährung von Leistungen zur medizinischen Rehabilitation (Abs. 1) sowie während der Durchführung von Leistungen zur Teilhabe am Arbeitsleben (Abs. 2) in Betracht kommen (jurisPK-SGB IX/*Reyels* § 65 Rn. 78). Aus der Aufzählung ist abzuleiten, dass Leistungen zur Teilhabe an Bildung ausgeklammert sind. Die Regelung stellt eine Präzisierung zu der Vorschrift des § 64 dar (GK-SGB IX/*Löschau* § 45 Rn. 1). Ein zeitnah bezogenes Einkommen wird auf alle Geldleistungen, bei denen es sich um Entgeltersatzleistungen handelt, angerechnet nach § 72. Ungeachtet des allg. geltenden § 7 werden dabei die in den jeweiligen Sozialleistungsbereichen maßgebenden Regelungen als den Vorschriften des SGB IX vorgehenden Bestimmungen benannt (leges speciales).

2 Mit den Abs. 2–5 der Vorschrift und den §§ 66–72 werden die bisherigen Regelungen zum Übergangsgeld, das während der Durchführung von Leistungen zur Teilhabe am Arbeitsleben gezahlt wird, weitestgehend zusammengefasst und vereinheitlicht. Die getroffenen Regelungen sind unmittelbar geltendes Recht, es sei denn, dass in den jeweiligen Leistungsbereichen Abweichendes bestimmt ist; insofern gilt wie sonst auch die Regelung des § 7.

B. Regelungsgehalt

3 Abs. 1 der Vorschrift listet in den Nr. 1–4 die der **Sicherung des Lebensunterhalts** dienenden Geldleistungen auf, die während der Gewährung von Leistungen zur medizinischen Rehabilitation gewährt werden. Auf diese Geldleistungen besteht ein Rechtsanspruch, daher ist der Anspruch von Amts wegen zu prüfen; das ergibt sich aus der Ausgestaltung der Anspruchsnormen in den jeweiligen Sozialleistungsbereichen.

4 Nach Nr. 1 des Abs. 1 zahlen die Krankenkassen im Leistungsbereich der gesetzlichen Krankenversicherung Krankengeld nach Maßgabe der aufgeführten Vorschriften des SGB V sowie im Bereich der Krankenversicherung der Landwirte nach § 8 Abs. 2 iVm §§ 12, 13 des Zweiten Gesetzes über die Krankenversicherung der Landwirte. Daraus

ergibt sich, dass sowohl die Anspruchsvoraussetzungen dem Grunde nach als auch die Berechnung des Krankengeldes der Höhe nach sich ausschließlich nach den speziellen Leistungsvorschriften bestimmen. Die Regelung hat damit mehr einen deklaratorischen Charakter (s. § 7). Das Gleiche gilt nach Abs. 1 Nr. 2 für das im Bereich der gesetzlichen Unfallversicherung von den Rehabilitationsträger während der Durchführung von Leistungen zur medizinischen Rehabilitation zu zahlende Verletztengeld; auch in diesem Sozialleistungsbereich sind die Voraussetzungen für die Gewährung von Verletztengeld dem Grunde nach und die Berechnung dieser Geldleistung ausschließlich den speziellen Vorschriften dieses Leistungsbereichs zu entnehmen. Zum Anspruch auf Verletztengeld nur bis zum erstmaligen Anspruch auf Übergangsgeld (BSG 16.3.2021 – B 2 U 12/19 R, BeckRS 2021, 18723).

4a Im Unterschied dazu ist für den Leistungsbereich der gesetzlichen Rentenversicherung eine differenzierende Regelung getroffen worden. Zwar bestimmt sich der in § 20 SGB VI normierte Rechtsanspruch des Versicherten auf **Übergangsgeld** dem Grunde nach allein nach dieser spezialgesetzlichen Regelung. Nach § 21 Abs. 1 SGB VI richten sich allerdings Höhe und Berechnung des Übergangsgeldes grds. nach den Vorschriften des SGB IX; das gilt allerdings nur, soweit die Abs. 2–4 des § 21 SGB VI nichts Abweichendes bestimmen. Das von den Trägern der Sozialen Entschädigung; während der Durchführung von Leistungen zur medizinischen Rehabilitation zu gewährende Krankengeld der Sozialen Entschädigung (Abs. 1 Nr. 4) bestimmt sich wiederum nach Grund sowie nach Höhe und Berechnung ausschließlich nach den spezialgesetzlichen Regelungen der §§ 16–16h und 18a BVG.

5 Während der Durchführung von Leistungen zur Teilhabe am Arbeitsleben zahlen alle Rehabilitationsträger iSd Abs. 2 einheitlich eine als Übergangsgeld bezeichnete Geldleistung; diese Geldleistung ist eine die Leistung zur Teilhabe am Arbeitsleben ergänzende Leistung zum Lebensunterhalt (vgl. § 69 Hs. 1), deren Voraussetzungen dem Grunde nach sich nach den jeweiligen speziellen Leistungsgesetzen richten und deren Höhe und Berechnung sich nach den §§ 66–72 bestimmen. Für den Bereich der gesetzlichen Unfallversicherung ist dabei in § 50 SGB VII ausdrücklich angeordnet, dass Höhe und Berechnung des Übergangsgeldes sich nach den §§ 66–71 richten, soweit das SGB VII nichts Abweichendes bestimmt; ergänzend sollen die Vorschriften für das Verletztengeld entspr. gelten. Eine spezialgesetzliche Regelung enthält insofern § 52 SGB VII zur Anrechnung von Einkommen auf das Verletzten- und auch auf das Übergangsgeld. Für den Bereich der gesetzlichen Rentenversicherung gibt es keinen Unterschied bei der Gewährung von Übergangsgeld während einer Leistung zur Teilhabe am Arbeitsleben oder einer Leistung zur medizinischen Rehabilitation (vgl. §§ 20, 21 SGB VI). Für das Recht der Arbeitsförderung gilt, dass die Bundesagentur für Arbeit das Übergangsgeld nach den für sie geltenden spezialgesetzlichen Bestimmungen der §§ 119–121 SGB III leistet, und Höhe und Berechnung dieser Geldleistung bestimmen sich wiederum nach den Vorschriften des SGB IX (§ 119 S. 2 SGB III). Für die Träger der Sozialen Entschädigung gilt, dass sich nach § 64 SGB XIV sowohl der Anspruch auf das Übergangsgeld als auch die Höhe und die Berechnung dieser Geldleistung nach den Vorschriften des SGB IX richten.

6 Nach dem Abs. 3 der Vorschrift löst die Teilnahme an einer Abklärung der beruflichen Eignung oder einer Maßnahme der **Arbeitserprobung** ebenfalls einen Anspruch auf Übergangsgeld aus unter der Voraussetzung, dass der Rehabilitand wegen der Teilnahme an der Maßnahme kein oder ein geringeres Arbeitsentgelt oder Arbeitseinkommen erzielt. Damit soll sichergestellt werden, dass zB selbständig Tätige, die in der gesetzlichen Rentenversicherung versichert sind, ein Übergangsgeld erhalten (LSG NRW 8.2.2017 – L 3 R 849/16, BeckRS 2017, 119159).

7 Abs. 4 der Vorschrift betrifft das Zusammentreffen von Übergangsgeld und **Mutterschaftsgeld** und bestimmt für diesen Kollisionsfall, dass die Rehabilitandin ausschließlich einen Anspruch auf das Mutterschaftsgeld hat, während das Übergangsgeld für den Zeitraum, in dem beide Leistungen zusammentreffen (vgl. den Gesetzeswortlaut: „ …

solange …“), ruht. Etwas anderes gilt nur für den Leistungsbereich der gesetzlichen Unfallversicherung. Dort wird nach § 52 Nr. 2 SGB VII weiterhin das Verletzten- und Übergangsgeld neben dem Mutterschaftsgeld gezahlt und das Mutterschaftsgeld wird auf das gleichzeitig zu gewährende Verletzten- und Übergangsgeld angerechnet.

Der Abs. 5 erweitert den Leistungskatalog der der Sicherung des Lebensunterhalts dienenden Geldleistungen um das von der Bundesagentur für Arbeit zu zahlende Ausbildungsgeld und die von den Trägern der Kriegsopferfürsorge zu leistende **Unterhaltsbeihilfe.** Diese Geldleistungen werden ausschließlich während der Ausführung von Leistungen zur erstmaligen beruflichen Ausbildung von Menschen mit Behinderungen und bei berufsvorbereitenden Bildungsmaßnahmen sowie von Leistungen zur individuellen betrieblichen Qualifizierung im Rahmen Unterstützter Beschäftigung und im Eingangsverfahren und im Berufsbildungsbereich von WfbM gewährt. Die Leistungsverpflichtung der Bundesagentur für Arbeit zur Gewährung von **Ausbildungsgeld** bestimmt sich dabei nach den §§ 122–126 SGB III, die Leistungsverpflichtung der Träger der Kriegsopferfürsorge zur Gewährung von Unterhaltsbeihilfe nach den §§ 26 u. 26a BVG. 8

Abs. 6 der Vorschrift dient der Harmonisierung der Berechnungsvorschriften für die verschiedenen **Entgeltersatzleistungen** und erleichtert das Verfahren, insbes. wenn diese Leistungen zusammentreffen. Dass das Krankengeld, das Versorgungskrankengeld, das Verletztengeld und das Übergangsgeld grds. für Kalendertage gezahlt werden, bedeutet, dass diese Geldleistungen auch für Tage gewährt werden, an denen nicht gearbeitet wird, zB für Sonn- und Feiertage und sonstige arbeitsfreie Tage hinsichtlich Teilzeitmaßnahmen: vgl. BSG 2.3.2010 BeckRS 2010, 69356; hinsichtlich ganztägig ambulanter Maßnahmen: SG Karlsruhe 8.6.2016 BeckRS 2016, 69536). Der Hs. 2 des Abs. 6 (ebenso § 47 Abs. 1 S. 7 SGB V) enthält zur Vereinfachung eine Sonderregelung für Fälle, in denen die Geldleistung für den ganzen Kalendermonat zu zahlen ist. Danach ist der Kalendermonat mit 30 Tagen anzusetzen, und zwar auch dann, wenn er tatsächlich mehr oder aber weniger Kalendertage umfasst. Diese Regelung gilt aber immer nur dann, wenn die betreffende Geldleistung mindestens einen ganzen Kalendermonat gezahlt wird, mithin nicht, wenn die Geldleistung nur für einen Teil eines Kalendermonats gewährt wird. 9

§ 66[1] Höhe und Berechnung des Übergangsgelds

(1) [1]Der Berechnung des Übergangsgelds werden 80 Prozent des erzielten regelmäßigen Arbeitsentgelts und Arbeitseinkommens, soweit es der Beitragsberechnung unterliegt (Regelentgelt), zugrunde gelegt, höchstens jedoch das in entsprechender Anwendung des § 67 berechnete Nettoarbeitsentgelt; als Obergrenze gilt die für den Rehabilitationsträger jeweils geltende Beitragsbemessungsgrenze. [2]Bei der Berechnung des Regelentgelts und des Nettoarbeitsentgelts werden die für die jeweilige Beitragsbemessung und Beitragstragung geltenden Besonderheiten des Übergangsbereichs nach § 20 Absatz 2 des Vierten Buches nicht berücksichtigt. [3]Das Übergangsgeld beträgt

1. 75 Prozent der Berechnungsgrundlage für Leistungsempfänger,
   a) die mindestens ein Kind im Sinne des § 32 Absatz 1, 3 bis 5 des Einkommensteuergesetzes haben,
   b) die ein Stiefkind (§ 56 Absatz 2 Nummer 1 des Ersten Buches) in ihren Haushalt aufgenommen haben oder
   c) deren Ehegatten oder Lebenspartner, mit denen sie in häuslicher Gemeinschaft leben, eine Erwerbstätigkeit nicht ausüben können, weil sie die Leistungsempfänger pflegen oder selbst der Pflege bedürfen und keinen Anspruch auf Leistungen aus der Pflegeversicherung haben,

2. 68 Prozent der Berechnungsgrundlage für die übrigen Leistungsempfänger.

---

[1] § 66 Abs. 1 Satz 2 geänd. mWv 1.7.2019 durch G v. 28.11.2018 (BGBl. I S. 2016).

[4]Leisten Träger der Sozialen Entschädigung nach dem Vierzehnten Buch Übergangsgeld, beträgt das Übergangsgeld 80 Prozent der Berechnungsgrundlage, wenn die Leistungsempfänger eine der Voraussetzungen von Satz 3 Nummer 1 erfüllen, und im Übrigen 70 Prozent der Berechnungsgrundlage.

(2) [1]Das Nettoarbeitsentgelt nach Absatz 1 Satz 1 berechnet sich, indem der Anteil am Nettoarbeitsentgelt, der sich aus dem kalendertäglichen Hinzurechnungsbetrag nach § 67 Absatz 1 Satz 6 ergibt, mit dem Prozentsatz angesetzt wird, der sich aus dem Verhältnis des kalendertäglichen Regelentgeltbetrages nach § 67 Absatz 1 Satz 1 bis 5 zu dem sich aus diesem Regelentgeltbetrag ergebenden Nettoarbeitsentgelt ergibt. [2]Das kalendertägliche Übergangsgeld darf das kalendertägliche Nettoarbeitsentgelt, das sich aus dem Arbeitsentgelt nach § 67 Absatz 1 Satz 1 bis 5 ergibt, nicht übersteigen.

Übersicht

A. Allgemeines

1 Die Vorschrift entspricht bis auf redaktionelle Änderungen dem § 46 SGB IX 2001. In Abs. 1 S. 2 wurde durch Art. 6 Abs. 3 des Gesetzes über Leistungsverbesserungen und Stabilisierung in der gesetzlichen Rentenversicherung (BGBl. I 2018, S. 2016) der Begriff der Gleitzone durch den des Übergangsbereiches ersetzt. Die Vorschrift normiert die Höhe und Berechnung des Übergangsgeldes (jurisPK-SGB IX/*Reyels* § 66 Rn. 12), dh der Geldleistungen, die nach § 65 Abs. 1 Nr. 3 und Abs. 2 Nr. 2 von den Trägern der gesetzlichen Rentenversicherung während der Durchführung von Leistungen zur medizinischen Rehabilitation und bei Leistungen zur Teilhabe am Arbeitsleben sowie nach § 65 Abs. 2 Nr. 1, 3, 4 von den Trägern der gesetzlichen Unfallversicherung, der Bundesagentur für Arbeit und den Trägern der Kriegsopferfürsorge während der Durchführung von Leistungen zur Teilhabe am Arbeitsleben zu zahlen sind. Unterschieden wird dabei wie immer bei Entgeltersatzleistungen zwischen der **Bemessungsgrundlage** (Berechnungsgrundlage) und dem maßgebenden **Bemessungssatz;** das ist der Prozentsatz zur Ermittlung der konkreten Leistungshöhe. Bemessungsgrundlage ist das im Abs. 1 S. 1 gesetzlich definierte Regelentgelt, dessen Berechnung iE in § 67 festgelegt ist. Die jeweiligen Bemessungssätze oder Leistungssätze sind in Abs. 1 S. 3 in den Nr. 1 u. 2 geregelt. Nach Abs. 2 S. 2 ist eine Vergleichsberechnung mit dem kalendertäglichen Nettoarbeitsentgelt durchzuführen und das Übergangsgeld hierauf ggf. beschränkt. Hierdurch wird der Charakter des Übergangsgeldes als Entgeltersatzleistung besonders deutlich. Bei Leistungen zur Teilhabe am Arbeitsleben muss der Rehabilitationsträger eine Vergleichsberechnung nach § 68 durchführen.

B. Berechnungsgrundlage

2 Nach Abs. 1 S. 1 sind Berechnungsgrundlage für die Berechnung des Übergangsgeldes 80 vH des erzielten regelmäßigen Arbeitsentgelts (§ 14 SGB IV) und Arbeitseinkommens (§ 15 SGB IV), soweit es der Beitragsberechnung unterliegt (gesetzliche Definition des Regelentgelts). Höchstens wird jedoch das nach § 67 – also unter Berücksichtigung von

Einmalzahlungen wie Urlaubs- oder Weihnachtsgeld – berechnete **Nettoarbeitsentgelt** (sog. kumuliertes Nettoentgelt) zugrunde gelegt. **Arbeitsentgelt** sind alle laufenden oder einmaligen Einnahmen aus einer Beschäftigung sowie Entgeltteile, die durch Entgeltumwandlung nach § 1 Abs. 2 Nr. 3 des Betriebsrentengesetzes für betriebliche Altersversorgung in den Durchführungswegen Direktzusage oder Unterstützungskasse verwendet werden, soweit sie 4 vH der jährlichen Beitragsbemessungsgrenze der allgemeinen Rentenversicherung übersteigen (§ 14 SGB IV). **Arbeitseinkommen** ist der nach den allgemeinen Gewinnermittlungsvorschriften des Einkommensteuerrechts ermittelte Gewinn aus einer selbständigen Tätigkeit sowie Einkommen, wenn es als solches nach dem Einkommensteuerrecht zu bewerten ist (§ 15 SGB IV). Das Arbeitsentgelt/Arbeitseinkommen muss „erzielt" worden sein, also dem Versicherten tatsächlich zugeflossen sein (KassKomm/*Kater* SGB VI § 21 Rn. 10).

Maßgebend sind nach Abs. 1 S. 1 der Vorschrift zunächst 80 vH des Regelentgelts. In dieser Begrenzung liegt kein Verfassungsverstoß (BSG 5.3.2002 – B 2 U 15/01 R, SGb 2002, 328 = BeckRS 2002 30244370 unter Hinweis auf BVerfG 23.1.1990 – 1 BvL 44/86, BVerfGE 81, 156 = NZA 1990, 161). Soweit gleichzeitig als Höchstbetrag das in entsprechender Anwendung des § 67 berechnete Nettoarbeitsentgelt festgesetzt wird, ist aus der Verwendung dieses Begriffs zu folgern, dass diese Höchstgrenze nur bei abhängig beschäftigten Arbeitnehmern greifen kann (so auch *Knittel* § 46 Rn. 12), nicht hingegen bei selbständig Tätigen, bei denen sich die Leistungen zum Lebensunterhalt aus dem Arbeitseinkommen errechnen (zur Berechnung des Verletztengeldes bei einem selbständig tätigen Unternehmer BSG 30.6.2009 – B 2 U 25/08 R, BeckRS 2009, 72546; zur Berechnung des Krankengeldes bei hauptberuflich selbständigen Erwerbstätigen BSG 6.11.2008 – B 1 KR 28/07 R, SozR 4–2500 § 47 Nr. 10 = BeckRS 2009, 50612). 3

Die Berechnung des Regelentgelts aus dem Arbeitsentgelt ist einheitlich für alle Rehabilitationsträger nach § 67 vorzunehmen (jurisPK-SGB IX/*Reyels* § 66 Rn. 14); die Berechnung des **Regelentgelts** aus dem Arbeitseinkommen erfolgt bereichsbezogen nach den in den jeweiligen Leistungsgesetzen geltenden speziellen Vorschriften. Im Bereich der Krankenversicherung wird nach § 47 Abs. 4 S. 2 SGB V bei der Berechnung des Krankengeldes während der Durchführung von Leistungen zur medizinischen Rehabilitation für Versicherte, die nicht Arbeitnehmer sind, als Regelentgelt der kalendertägliche Betrag, der zuletzt vor Beginn der Arbeitsunfähigkeit für die Beitragsbemessung maßgebend war, angesetzt. Für die Übergangsgeldberechnung in der gesetzlichen Rentenversicherung gilt nach § 21 Abs. 2 SGB VI als Berechnungsgrundlage für Versicherte, die Arbeitseinkommen erzielt haben, ein Prozentsatz von 80 vH des Einkommens, das den vor Beginn der Leistungen für das letzte Kalenderjahr gezahlten Beiträgen zugrunde liegt. Im Bereich der gesetzlichen Unfallversicherung bestimmt § 47 Abs. 1 S. 2 iVm § 50 Hs. 2 SGB VII, dass bei der Berechnung des Übergangsgelds zur Ermittlung des Regelentgelts das Arbeitseinkommen mit dem 360. Teil des im Kalenderjahr vor Beginn der Arbeitsunfähigkeit oder der Maßnahme erzielten Einkommens zugrunde zu legen ist. Im Recht der Arbeitsförderung sind Geldleistungen wie das Übergangsgeld an zuvor selbständig Tätige nicht vorgesehen. Im Versorgungsrecht zahlen die Träger Übergangsgeld an Leistungsberechtigte, bei denen das Regelentgelt aus dem Arbeitseinkommen ermittelt wird, nach § 26a BVG, die Berechnung iE bestimmt sich dabei nach § 16a BVG. 4

Dass das Regelentgelt nur bis zu der Grenze der Berechnung zugrunde gelegt wird, bis zu der das Arbeitsentgelt oder Arbeitseinkommen der **Beitragsberechnung** unterliegt, folgt bereits aus Abs. 1 S. 1 Hs. 1. Insofern hat die Regelung im Hs. 2 der Vorschrift, wonach die für den Rehabilitationsträger jeweils geltende Beitragsbemessungsgrenze zu beachten ist, nur klarstellende Bedeutung. Die Beitragsbemessungsgrenze ist die Grenze, bis zu der die Versicherten aus ihren Einkünften Beiträge zu zahlen haben (bspw. § 159 SGB VI, § 223 Abs. 3 SGB V). Über der Beitragsbemessungsgrenze liegende Einkünfte bleiben damit unberücksichtigt, und zwar nicht nur bei der Festsetzung der zu entrichtenden Sozialversicherungsbeiträge, sondern gleichermaßen – als Korrelat – auch auf der 5

Leistungsseite, indem die Einkünfte des Leistungsberechtigten auch nur bis zur Beitragsbemessungsgrenze in die Berechnungsgrundlage einfließen. Nach § 159 SGB VI wird die Beitragsbemessungsgrenze in der allgemeinen Rentenversicherung sowie in der knappschaftlichen Rentenversicherung zum 1.1. eines jeden Jahres neu festgesetzt; diese Festlegung wird von der BReg. im Wege der Rechtsverordnung mit Zustimmung des Bundesrates vorgenommen (§ 160 SGB VI). Im Recht der Arbeitsförderung wird nach § 341 Abs. 4 SGB III die Beitragsbemessungsgrenze aus dem Recht der allgemeinen Rentenversicherung herangezogen. In der gesetzlichen Krankenversicherung beträgt die kalendertägliche Beitragsbemessungsgrenze nach § 223 Abs. 3 S. 1 SGB V den 360. Teil der Jahresarbeitsentgeltgrenze, die nach § 6 Abs. 1 Nr. 1 SGB V iVm den Abs. 6 u. 7 als Grenzbetrag für die kraft Gesetzes in der gesetzlichen Krankenversicherung eintretende Versicherungspflicht fungiert. Beim Überschreiten der Jahresarbeitsentgeltgrenze tritt Versicherungsfreiheit ein. In der gesetzlichen Unfallversicherung gilt gem. § 50 SGB VII, da die Vorschriften des SGB IX nichts Abweichendes bestimmen, nach dem Hs. 2 dieser Vorschrift § 47 Abs. 1 S. 1 Nr. 1 SGB VII entsprechend, dh anzusetzen ist der 360. Teil des Höchstjahresarbeitsverdienstes, der wohl immer über der Beitragsbemessungsgrenze der gesetzlichen Krankenversicherung liegen wird (Kasseler Kommentar/*Ricke* SGB VII § 47 Rn. 6).

6 Abs. 1 S. 2 bestimmt, dass die Besonderheiten, die nach § 20 Abs. 2 SGB IV für Beschäftigungsverhältnisse mit niedrigen Arbeitsentgelten zwischen 520,01 EUR und 2000 EUR (sog. Übergangsbereich) gelten, bei der Berechnung des Regelentgelts und des Nettoarbeitsentgelts unberücksichtigt bleiben (LPK-SGB IX/*Liebig*/*Asmalsky* § 66 Rn. 4). In diesem sog. Niedriglohnbereich sind die versicherungspflichtig beschäftigten Arbeitnehmer (für versicherungsfreie Beschäftigungsverhältnisse vgl. insoweit § 8 Abs. 1 Nr. 1 SGB IV) nur in einem abgestuften Umfang zur Beitragstragung verpflichtet; das der Beitragsbemessung zugrunde zu legende Arbeitsentgelt wird dabei nach einer gesetzlich vorgegebenen Formel ermittelt, die entsprechenden Bestimmungen finden sich in den speziellen Leistungsgesetzen (§ 344 Abs. 4 SGB III, § 226 Abs. 4 SGB V, § 163 Abs. 10 SGB VI). Die Arbeitgeber tragen hingegen den vollen Beitrag (vgl. § 346 Abs. 1a SGB III, § 249 Abs. 3 SGB V, § 168 Abs. 1 Nr. 1d SGB VI). Da § 20 Abs. 2 SGB IV bei der Übergangsgeldberechnung außer Acht bleibt, fließt dasjenige Arbeitsentgelt in die Berechnung ein, das der Beitragspflicht für den Arbeitgeber zugrunde zu legen ist. Das Nettoarbeitsentgelt ist allerdings fiktiv zu ermitteln, da die Stufen des Übergangsbereiches unberücksichtigt zu bleiben haben (jurisPK-SGB IX/*Reyels* § 66 Rn. 21).

7 Abs. 2 S. 1 regelt ergänzend zu dem nach Abs. 1 S. 1 maßgebenden Nettoarbeitsentgelt, in welcher Höhe **Einmalzahlungen** bei der Berechnung des Nettoarbeitsentgelts zu berücksichtigen sind. Einmalig gezahltes Arbeitsentgelt sind Zuwendungen, die dem Arbeitsentgelt zuzurechnen sind und nicht für die Arbeit in einem einzelnen Entgeltabrechnungszeitraum gezahlt werden (§ 23a Abs. 1 SGB IV). Die Regelung beruht auf den Vorgaben des BVerfG wonach Sonderzahlungen nicht nur beitragsrechtliche, sondern auch leistungsrechtliche Folgen haben müssen (BVerfG 24.5.2000 – 1 BvL 1/98, BVerfGE 02, 127 = NJW 2000, 2264). Der Hinzurechnungsbetrag ergibt sich aus dem Verhältnis von kalendertäglichem Nettoentgelt zu kalendertäglichem Bruttoentgelt multipliziert mit dem 360. Teil der Jahressumme der Einmalzahlungen. Hierdurch geht das tatsächliche Verhältnis von Steuern zu Abgaben (Netto zu Brutto) in die Berechnung mit ein. Höchstbetrag für das Übergangsgeld ist das kalendertägliche regelmäßige Nettoentgelt, also das Nettoentgelt ohne Einmalzahlungen, da in der Verweisung nur auf § 67 Abs. 1 S. 1–5, aber nicht S. 8 genannt wird (Abs. 2 S. 2).

C. Leistungshöhe

In Abs. 1 S. 3 der Vorschrift sind die Bemessungssätze oder Leistungssätze in den Nr. 1 u. 2 bestimmt (68 % oder 75 % der Berechnungsgrundlage). Als Voraussetzung für ein erhöhtes Übergangsgeld nach Abs. 1 S. 3 Nr. 1 wird ein für alle Rehabilitationsträger geltender einheitlicher Begriff des Kindes im steuerrechtlichen Sinne verwandt (vgl. *Knittel* § 46 Rn. 17), indem die Vorschriften des § 32 Abs. 1, 3–5 EStG zum Zweck der Begriffsbestimmung herangezogen werden. Außerdem sind Stiefkinder berücksichtigungsfähig. 8

1. Kinder

Das erhöhte Übergangsgeld ist für jeden Kalendermonat zu zahlen, in dem an mindestens einem Kalendertag ein zu berücksichtigendes Kindschaftsverhältnis vorliegt (CFHR/*Huber* § 46 Rn. 22). **Kinder** im steuerrechtlichen Sinne sind die direkten Abkömmlinge des Leistungsberechtigten (§ 32 Abs. 1 Nr. 1 EStG; leibliche Kinder und Adoptivkinder) sowie Pflegekinder (§ 32 Abs. 1 Nr. 2 EStG), und zwar grds. bis zur Vollendung des 18. Lebensjahres (Abs. 3). Adoptivkinder (§§ 1741–1772 BGB) sind angenommene Kinder, wobei minderjährige adoptierte Kinder die rechtliche Stellung eines gemeinschaftlichen Kindes erlangen, während dieses bei volljährigen adoptierten Kindern nicht der Fall ist vgl. LPK-SGB IX/*Liebig/Asmalsky* § 66 Rn. 7). Hierbei bleibt das verwandtschaftliche Verhältnis zu den leiblichen Eltern erhalten. Pflegekinder sind Kinder mit denen der Leistungsempfänger durch ein familienähnliches, auf längere Dauer angelegtes Band verbunden ist (GK-SGB IX/*Löschau* § 46 Rn. 39), außerdem besteht kein Obhuts- oder Pflegeverhältnis zu den leiblichen Eltern (LSW/*Stähler* § 46 Rn. 8). Stiefkinder sind vom Ehegatten in die Ehe eingebrachte eheliche und nichteheliche Kinder, die aus einer anderen Verbindung stammen (GK-SGB IX/*Löschau* § 46 Rn. 43). 9

Bei Stiefkindern und den Pflegekindern ist erforderlich, dass diese in den Haushalt des Leistungsberechtigten aufgenommen wurden (vgl. § 56 Abs. 2 Nr. 2, 3 SGB I). Bei Pflegekindern darf darüber hinaus die Haushaltsaufnahme nicht zu Erwerbszwecken dienen (§ 32 Abs. 1 Nr. 2 EStG). 10

Nach § 32 Abs. 4 EStG werden Kinder über die Altersgrenze von 18 Jahren hinaus bis zur Vollendung des 21. Lebensjahres berücksichtigt, wenn sie arbeitslos sind, und außerdem Kinder bis zur Vollendung des 27. Lebensjahres, wenn sie sich noch in der Ausbildung befinden oder aber ein freiwilliges soziales Jahr ableisten (§ 32 Abs. 4 Nr. 2 EStG) oder aber wegen körperlicher, geistiger oder seelischer Behinderungen außerstande sind, sich selbst zu unterhalten (Abs. 4 Nr. 3); bei Kindern jenseits der Altersgrenze des 18. Lebensjahres darf außerdem das Einkommen eine bestimmte Höhe nicht überschreiten. Nach § 32 Abs. 5 EStG sind Kinder jeweils über die Altersgrenzen des 21. und des 27. Lebensjahres hinaus berücksichtigungsfähig, wenn sie einen Grundwehr- oder Zivildienst geleistet haben; die berücksichtigungsfähige Zeit verlängert sich dann um die Dauer des abgeleisteten Grundwehr- oder Zivildienstes. Eine dem § 66 Abs. 1 S. 3 Nr. 1 entsprechende Regelung trifft für die Berechnung des Arbeitslosengeldes § 149 Nr. 1 SGB III. 11

2. Pflege

Einen erhöhten Leistungssatz erhalten nach Abs. 1 S. 3 Nr. 1c auch diejenigen Leistungsempfänger, die selbst der Pflege bedürfen oder aber deren Ehegatten oder Lebenspartner (jurisPK-SGB IX/*Reyels* § 66 Rn. 34), mit denen sie in häuslicher Gemeinschaft leben und an der Ausübung einer Erwerbstätigkeit gehindert sind, weil sie entweder die 12

Leistungsempfänger pflegen oder selbst der Pflege bedürfen. Außerdem dürfen sie keinen Anspruch auf Leistungen aus der Pflegeversicherung haben.

12a Pflegebedürftig ist der Leistungsempfänger oder sein Ehegatte gem. § 14 Abs. 1 SGB XI, die gesundheitlich bedingte Beeinträchtigungen der Selbständigkeit oder der Fähigkeiten aufweisen und deshalb der Hilfe durch Andere bedürfen. Es muss sich um Personen handeln, die körperliche, kognitive oder psychische Beeinträchtigungen oder gesundheitlich bedingte Belastungen oder Anforderungen nicht selbständig kompensieren oder bewältigen können (so auch *Knittel* § 46 Rn. 23; LSW/*Stähler* § 46 Rn. 10; GK-SGB IX/*Löschau* § 46 Rn. 68). Im Unterschied zu den Leistungsempfängern iSd Abs. 1 S. 3 Nr. 2 erhalten auch diese Leistungsempfänger wie die Leistungsempfänger mit den berücksichtigungsfähigen Kindern einen erhöhten Leistungssatz von 75 vH zugebilligt. Für das von den Trägern der Kriegsopferfürsorge zu gewährende Übergangsgeld ist außerdem nach der in der Nr. 2 getroffenen Sonderregelung ein allg. erhöhter Leistungssatz vorgeschrieben, der bei dem Leistungsempfängerkreis iSv Abs. 1 S. 3 Nr. 1 80 vH, bei dem Leistungsempfängerkreis iSd Abs. 1 S. 3 Nr. 2 hingegen 70 vH beträgt.

Berechnungsbeispiel bei Monatsentgelt: (BT-Drs. 18/9522, 256, 257)

13

Arbeitsentgelt monatlich brutto	3.865,22 EUR
Einmalig gezahltes Arbeitsentgelt	3.903,09 EUR
Arbeitsentgelt monatlich netto	2.328,18 EUR

3.865,22 EUR/30 Tage	128,84 EUR kalendertäglich
3.903,09 EUR/360 Tage	10,84 EUR kalendertäglich
2.328,18 EUR/30 Tage	77,61 EUR kalendertäglich

Das kalendertägliche Regelentgelt beträgt 139,68 EUR (128,84 + 10,84); hiervon 80 % ergibt 117,74 EUR. Der Nettohinzurechnungsbetrag (Abs. 2) aus einmalig gezahltem Arbeitsentgelt wird aus dem Verhältnis des kalendertäglichen Arbeitsentgelts netto/brutto und dem 360. Teil der Einmalzahlung errechnet (77,61 / 128,84 = 0,6024; Rundung nach § 121 Abs. 1 SGB VI). 0,6024 × 10,84 = 6,53 EUR; das kalendertägliche Nettoarbeitsentgelt beträgt 84,14 EUR (77,61 + 6,53). Die Berechnungsgrundlage für das Übergangsgeld beträgt 84,14 EUR.

14 Von der Berechnungsgrundlage wird das Übergangsgeld iHv 75 % (63,11 EUR) oder iHv 68 % (57,22 EUR) gezahlt.

§ 67 Berechnung des Regelentgelts

(1) [1]Für die Berechnung des Regelentgelts wird das von den Leistungsempfängern im letzten vor Beginn der Leistung oder einer vorangegangenen Arbeitsunfähigkeit abgerechneten Entgeltabrechnungszeitraum, mindestens das während der letzten abgerechneten vier Wochen (Bemessungszeitraum) erzielte und um einmalig gezahltes Arbeitsentgelt verminderte Arbeitsentgelt durch die Zahl der Stunden geteilt, für die es gezahlt wurde. [2]Das Ergebnis wird mit der Zahl der sich aus dem Inhalt des Arbeitsverhältnisses ergebenden regelmäßigen wöchentlichen Arbeitsstunden vervielfacht und durch sieben geteilt. [3]Ist das Arbeitsentgelt nach Monaten bemessen oder ist eine Berechnung des Regelentgelts nach den Sätzen 1 und 2 nicht möglich, gilt der 30. Teil des in dem letzten vor Beginn der Leistung abgerechneten Kalendermonat erzielten und um einmalig gezahltes Arbeitsentgelt verminderten Arbeitsentgelts als Regelentgelt. [4]Wird mit einer Arbeitsleistung Arbeitsentgelt erzielt, das für Zeiten einer Freistellung vor oder nach dieser Arbeitsleistung fällig wird (Wertguthaben nach § 7b des Vierten Buches), ist für die Berechnung des Regelentgelts das im Bemessungszeitraum der Beitragsberechnung zugrunde liegende und um einmalig gezahltes Arbeitsentgelt verminderte Arbeitsentgelt maßgebend; Wertguthaben, die nicht nach einer Vereinbarung über flexible Arbeitszeitregelungen verwendet werden (§ 23b Absatz 2 des Vierten Buches), bleiben außer Be-

tracht. [5]Bei der Anwendung des Satzes 1 gilt als regelmäßige wöchentliche Arbeitszeit die Arbeitszeit, die dem gezahlten Arbeitsentgelt entspricht. [6]Für die Berechnung des Regelentgelts wird der 360.Teil des einmalig gezahlten Arbeitsentgelts, das in den letzten zwölf Kalendermonaten vor Beginn der Leistung nach § 23a des Vierten Buches der Beitragsberechnung zugrunde gelegen hat, dem nach den Sätzen 1 bis 5 berechneten Arbeitsentgelt hinzugerechnet.

(2) Bei Teilarbeitslosigkeit ist für die Berechnung das Arbeitsentgelt maßgebend, das in der infolge der Teilarbeitslosigkeit nicht mehr ausgeübten Beschäftigung erzielt wurde.

(3) Für Leistungsempfänger, die Kurzarbeitergeld bezogen haben, wird das regelmäßige Arbeitsentgelt zugrunde gelegt, das zuletzt vor dem Arbeitsausfall erzielt wurde.

(4) Das Regelentgelt wird bis zur Höhe der für den Rehabilitationsträger jeweils geltenden Leistungs- oder Beitragsbemessungsgrenze berücksichtigt, in der Rentenversicherung bis zur Höhe des der Beitragsbemessung zugrunde liegenden Entgelts.

(5) Für Leistungsempfänger, die im Inland nicht einkommensteuerpflichtig sind, werden für die Feststellung des entgangenen Nettoarbeitsentgelts die Steuern berücksichtigt, die bei einer Steuerpflicht im Inland durch Abzug vom Arbeitsentgelt erhoben würden.

Übersicht

A. Allgemeines

Die Vorschrift entspricht § 47 SGB IX 2001. Abs. 1 der Vorschrift stimmt im Wesentlichen mit den in § 47 Abs. 2 SGB V zur Berechnung des Regelentgelts für Krankengeldbezieher getroffenen Regelungen überein. Grundvoraussetzung für die Anwendung der beiden Berechnungsvorschriften ist, dass es sich bei den Leistungsberechtigten um Personen handelt, die zuvor als Arbeitnehmer abhängig beschäftigt waren und ein Arbeitsentgelt erzielt haben (jurisPK-SGB IX/*Reyels* § 67 Rn. 13). Für die Berechnung des Übergangsgeldes sind die individuell geleisteten regelmäßigen Arbeitsstunden und das zeitnah erzielte regelmäßige Arbeitsentgelt entscheidend. Bei der Erzielung von Arbeitseinkommen aus selbständiger Tätigkeit gelten Regelungen aus den jeweiligen Leistungsgesetzen (bspw. § 21 Abs. 2 SGB VI; LSW/*Stähler* § 47 Rn. 1). 1

Die Abs. 2 u. 3 der Vorschrift enthalten Berechnungsvorschriften bei Teilarbeitslosigkeit (Abs. 2) und für Bezieher von Kurzarbeitergeld (Abs. 3). 2

Abs. 4 der Vorschrift übernimmt die bestehenden Regelungen über die Bemessungsgrenzen zur Ermittlung der Berechnungsgrundlage des jeweiligen Rehabilitationsträger – ebenso § 66 Abs. 1 S. 1 Hs. 2. 3

Abs. 5 regelt eine Besonderheit für sog. Grenzgänger, also Personen, die im Inland beschäftigt, aber im Ausland einkommenssteuerpflichtig sind (Doppelbesteuerungsabkommen). 4

B. Berechnungsgrundlage des Übergangsgeldes

1. Bemessungszeitraum

5 Der für das zugrunde zu legende Arbeitsentgelt maßgebende **Bemessungszeitraum** ist im Abs. 1 S. 1 gesetzlich definiert. Es handelt sich dabei um einen mindestens die letzten abgerechneten vier Wochen umfassenden Zeitraum (jurisPK-SGB IX/*Reyels* § 67 Rn. 11). Dieser Mindestumfang soll dazu führen, dass Zufallsergebnisse verhindert werden (BSG 30.5.2006 – B 1 KR 19/05 R, SozR 4–2500 § 47 Nr. 4 = NZS 2007, 204). Dabei muss es sich um den Lohnabrechnungszeitraum unmittelbar vor Beginn der Leistung zur Teilhabe oder einer vorangegangenen Arbeitsunfähigkeit (SG Dresden 26.9.2013 – S 35 R 90/12, BeckRS 2013, 73718) handeln (Abs. 1 S. 1). Der Bemessungszeitraum umfasst auch Zeiten des bezahlten Urlaubs und der Entgeltfortzahlung; es ist nicht erforderlich, dass der Leistungsberechtigte in dem maßgebenden Abrechnungszeitraum auch tatsächlich gearbeitet hat (KassKomm/*Schifferdecker* SGB V § 47 Rn. 38; LSW/*Stähler* § 47 Rn. 5). Maßgebend ist nur derjenige Lohnabrechnungszeitraum, der vor Beginn der Leistung zur Teilhabe oder der Arbeitsunfähigkeit bereits abgelaufen und abgerechnet war (BSG 25.6.1991 – 1/3 RK 6/90, SozR 3–2200 § 182 Nr. 8 = BeckRS 1991, 31013439). Abgelaufen ist der Lohnabrechnungszeitraum dann, wenn er vollständig verstrichen ist. Abgerechnet ist der Lohnabrechnungszeitraum, wenn der Arbeitgeber das in diesem Zeitraum erzielte Arbeitsentgelt vollständig errechnet hat, so dass es ohne weiteres ausgezahlt oder überwiesen werden kann (*Knittel* § 47 Rn. 12; GK-SGB IX/*Löschau* § 47 Rn. 27), wobei es nicht darauf ankommt, dass es tatsächlich schon ausgezahlt wurde,. Mit diesem Rückgriff auf eine abgelaufene und abgerechnete Lohnperiode soll einerseits das Arbeitsentgelt nach seinem letzten aktuellen Stand ersetzt werden; andererseits ist der Grundsatz der „Aktualität des Regellohns" zugunsten der Praktikabilität seiner Feststellung modifiziert worden. Denn maßgebend ist häufig nicht der letzte Verdienst des Leistungsberechtigten, sondern ein zeitlich weiter zurückliegender, dafür aber „abgerechneter" Verdienst (BSG 22.6.1973 – 3 RK 90/71, BSGE 36, 55 (57 ff.)).

6 Liegt unmittelbar vor dem maßgebenden Beginn der Leistung zur Teilhabe oder der **Arbeitsunfähigkeit** eine Zwischenbeschäftigung, die nicht mindestens vier Wochen gedauert hat, oder wird ansonsten der Referenzzeitraum unterschritten, so besteht trotzdem ein Leistungsanspruch (KassKomm/*Schifferdecker* SGB V § 47 Rn. 42). Bei der Berechnung wird nach der sog. **Referenzmethode** für die fehlende Zeit das der Regelentgeltberechnung zugrunde zu legende Arbeitsentgelt aus dem Verdienst eines gleichartig Beschäftigten desselben Betriebes ergänzt (BSG 22.6.1973 – 3 RK 90/71, BSGE 36, 55 (58 f.)). Demgegenüber wird bei der **„Bezugsmethode"** eine Hochrechnung des kürzeren Abrechnungszeitraums auf vier Wochen vorgenommen (KassKomm/*Schifferdecker* SGB V § 47 Rn. 42). Nach der Rspr. des BSG (BSG 30.5.2006 – B 1 KR 19/05 R, SozR 4–2500 § 47 Nr. 4 = NZS 2007, 204) wird das Arbeitsentgelt wie bei der Referenzmethode zwar ebenfalls geschätzt, allerdings unter Berücksichtigung der individuellen Verhältnisse des Leistungsberechtigten und nicht unter Heranziehung eines gleichartig Beschäftigten.

2. Regelentgelt

7 Grundlage für die Berechnung des **Regelentgelts** ist das in dem maßgebenden Bemessungszeitraum erzielte regelmäßige Arbeitsentgelt des Leistungsberechtigten (vgl. § 66 Abs. 1 S. 1, der ebenfalls auf das erzielte regelmäßige Arbeitsentgelt abhebt). Welche Einnahmen des Leistungsberechtigten als **Arbeitsentgelt** zu werten sind, bestimmt sich nach § 14 SGB IV sowie der Sozialversicherungsentgeltverordnung. Nach Abs. 1 S. 1

dieser Vorschrift sind Arbeitsentgelt alle laufenden oder einmaligen Einnahmen aus einer Beschäftigung, gleichgültig, ob ein Rechtsanspruch auf die Einnahmen besteht, unter welcher Bezeichnung oder in welcher Form sie geleistet werden und ob sie unmittelbar aus der Beschäftigung oder im Zusammenhang mit ihr erzielt werden. Nach § 14 Abs. 1 S. 2 SGB IV sind auch weitere Entgeltteile als Arbeitsentgelt unter den dort genannten Voraussetzungen zu qualifizieren. Sachbezüge sind ebenfalls miteinbezogen (KassKomm/*Kater* SGB VI § 21 Rn. 9). Nicht dazu gehören Zahlungen des Arbeitgebers, die steuerfrei sind (Mrozynski SGB IX/*Jabben* § 47 Rn. 3). Bei der Berechnung wird zwischen Stundenlohn und Monatslohn unterschieden.

In das „Regelentgelt" sind auch regelmäßige Arbeitseinkommen mit einbezogen (GK- **8**
SGB IX/*Löschau* § 47 Rn. 19). Damit unterfallen dem Begriff auch alle nach den allgemeinen Gewinnermittlungsvorschriften des Einkommensteuerrechts festgestellten Gewinne aus selbständiger Tätigkeit.

a) **Stundenlohn.** Das im Bemessungszeitraum erzielte Arbeitsentgelt wird durch die **9**
Anzahl der Stunden geteilt, für die es gezahlt wurde. Stunden, für die ohne Arbeitsleistung gezahlt wurde (Urlaub, Entgeltfortzahlung, bezahlte Freistunden) werden mit einbezogen, nicht jedoch unentschuldigte Fehlzeiten (*Knittel* § 47 Rn. 16). Dabei sind auch **Überstunden** einzubeziehen, wenn sie nach dem Inhalt des Arbeitsverhältnisses regelmäßig erbracht worden sind (KassKomm/*Kater* SGB VI § 21 Rn. 19). Regelmäßigkeit ist dann zu bejahen, wenn im Referenzzeitraum, das sind die letzten abgerechneten drei Monate oder dreizehn Wochen, in jedem Monat mindestens eine Überstunde geleistet worden ist (BSG 1.6.1994 – 7 RAr 40/93, SozR 3–2500 § 47 Nr. 6 = AP LohnFG § 2 Nr. 26, diese Entscheidung betrifft auch eine – mögliche – Verlängerung des Referenzzeitraums, wenn der Überstundenausfall erheblich schwankt). Das Ergebnis (Arbeitsentgelt geteilt durch Arbeitsstunden) wird mit der Anzahl der regelmäßigen wöchentlichen Arbeitsstunden multipliziert und durch sieben geteilt (Abs. 1 S. 2). Die regelmäßigen wöchentlichen Arbeitsstunden ergeben sich aus dem Arbeitsvertrag.

Bei einem regelmäßigen Abweichen der tatsächlichen wöchentlichen Arbeitszeit von **10**
der vereinbarten Arbeitszeit oder für den Fall, dass eine wöchentliche Arbeitszeit nicht ausdrücklich im Arbeitsvertrag geregelt ist, wird ein wöchentlicher Durchschnitt aus den tatsächlich geleisteten Arbeitsstunden der letzten drei Monate bzw. dreizehn Wochen gebildet und dieser zur Grundlage der Berechnung des Regelentgelts gemacht (GK-SGB IX/*Löschau* § 47 Rn. 37).

Abzuziehen ist von dem im Bemessungszeitraum erzielten Arbeitsentgelt nach Abs. 1 **11**
S. 1 **einmalig gezahltes Arbeitsentgelt.** Einmalig gezahltes Entgelt sind nach der Legaldefinition des § 23a Abs. 1 S. 1 SGB IV Zuwendungen des Arbeitgebers, die nicht für die Arbeit in einem einzelnen Entgeltabrechnungszeitraum gezahlt werden. Von diesem einmalig gezahlten Arbeitsentgelt wird nach Abs. 1 S. 6 nur der 360. Teil dem im Bemessungszeitraum erzielten Arbeitsentgelt hinzugerechnet. Diese Hinzurechnungsvorschrift betrifft auch außerhalb des Bemessungszeitraums gezahltes Arbeitsentgelt, das in den letzten zwölf Kalendermonaten vor Beginn der Leistung zur Teilhabe der Beitragspflicht in der Sozialversicherung unterfallen ist. Durch diese Regelung wird dem **Äquivalenzprinzip** zwischen Beitragsseite und Leistungsseite Rechnung getragen. Denn einmalig gezahltes Arbeitsentgelt (dazu zählen zB Urlaubs- und Weihnachtsgeld, Urlaubsabgeltungen, Jubiläumszuwendungen und ähnliche Leistungen des Arbeitgebers; jurisPK-SGB IX/*Reyels* § 67 Rn. 38; zur Urlaubsabgeltung BSG 1.4.1993 – 1 RK 38/92, SozR 3–2200 § 182 Nr. 16 = BeckRS 1993, 30744435) muss bei der Berechnung von Lohnersatzleistungen berücksichtigt werden, wenn es der Beitragspflicht unterliegt (BVerfG 24.5.2000 – 1 BvL 1/98, SozR 3–2400 § 23a Nr. 1 = NJW 2000, 2264).

Das so unter Abzug von einmaligem Arbeitsentgelt und Hinzurechnung nach Abs. 1 **12**
S. 6 ermittelte Arbeitsentgelt im Bemessungszeitraum wird nun nach der in Abs. 1 S. 1, 2 formulierten Berechnungsformel der Berechnung des Regelentgelts zugrunde gelegt:

$$\frac{\text{Laufendes Bruttoentgelt im Bemessungszeitraum}}{\text{Zahl der bezahlten Arbeitsstunden}} \times \frac{\text{regelmäßige wöchentliche Arbeitszeit}}{7} = \text{kalendertägliches Regelentgelt (aus lfd. Arbeitsentgelt)}$$

13 Der Höhe nach ist das Regelentgelt nach der Berechnung aufgrund der Vorschriften des Abs. 1 dadurch begrenzt, dass es nach Abs. 4 nur bis zur Höhe der für den jeweiligen Rehabilitationsträger maßgebenden Leistungs- oder **Beitragsbemessungsgrenze** berücksichtig werden darf, in der Rentenversicherung nur bis zur Höhe des der Beitragsbemessung zugrunde liegenden Entgelts (insofern gilt für die gesetzliche Rentenversicherung das Gleiche wie für die Berechnung des Krankengeldes nach § 47 SGB V, in dessen Abs. 1 S. 1 ebenfalls auf das der Beitragsberechnung unterliegende Entgelt abgestellt wird). Maßgeblich ist immer nur diejenige Bemessungsgrenze, die in dem nach Abs. 1 S. 1 anzusetzenden Bemessungszeitraum galt (BSG 17.3.1983 – 11 RA 8/82, SozR 2200 § 1241 Nr. 25 = BeckRS 1983, 05674; GK-SGB IX/*Löschau* § 47 Rn. 72). Beginnt zB die Leistung zur Teilhabe zu Beginn eines Kalenderjahres oder tritt die Arbeitsunfähigkeit zu diesem Zeitpunkt ein, dann ist die Bemessungsgrenze des vorangegangenen Jahres maßgebend, wenn der letzte abgerechnete mindestens vier Wochen umfassende Lohnabrechnungszeitraum in das vorangegangene Kalenderjahr fällt. Eine Änderung der Beitragsbemessungsgrenze während des Leistungsbezuges hat auf die Höhe der Entgeltersatzleistung keinen Einfluss (BSG 13.7.1977 – 3 RK 22/76, SozR 2200 § 182 Nr. 22 = BeckRS 1977 30417533). Die Anpassung der Entgeltersatzleistungen bestimmt sich vielmehr ausschließlich nach § 70.

14 b) **Monatslohn.** Für Arbeitnehmer, die ein nach Monaten bemessenes Arbeitsentgelt nach dem zugrundeliegenden Arbeitsvertrag beziehen, findet die für Stundenlohnbezieher maßgebende Berechnungsformel keine Anwendung (vgl. SächsLSG 5.12.2016 BeckRS 2016, 111682). Nach Abs. 1 S. 3 der Vorschrift wird vielmehr das in dem letzten abgerechneten Kalendermonat erzielte und um einmalig gezahltes Arbeitsentgelt verminderte Arbeitsentgelt durch 30 geteilt. Der 30. Teil des so ermittelten Arbeitsentgelts ist dann das Regelentgelt, das wiederum bis zur Bemessungsgrenze nach Abs. 4 berücksichtigt wird. Das Gleiche gilt nach der in Abs. 1 S. 3 getroffenen Regelung für Leistungsberechtigte, bei denen eine Berechnung des Regelentgelts nach S. 1 u. 2 des Abs. 1 nicht möglich ist.

15 Bei Empfängern von Monatsbezügen ist durchweg das im letzten abgerechneten Kalendermonat erzielte und um einmalig gezahltes Arbeitsentgelt verminderte Arbeitsentgelt der Regelentgeltberechnung zugrunde zu legen (BSG 25.6.1991 – 1/3 RK 6/90, SozR 3–2200 § 182 Nr. 8 = BeckRS 1991, 31013439). Hinzuzurechnen ist dann nach Abs. 1 S. 6 noch der 360. Teil des in den letzten zwölf Kalendermonaten vor Beginn der Leistung erzielten einmalig gezahlten Arbeitsentgelts. Einmalig gezahltes Arbeitsentgelt ist dabei nur das nach § 23a SGB IV der Beitragsberechnung unterliegende Arbeitsentgelt. Nach der in § 23a Abs. 1 S. 1 SGB IV getroffenen Legaldefinition sind einmalig gezahltes Arbeitsentgelt alle Zuwendungen, die dem Arbeitsentgelt zuzurechnen sind und nicht für die Arbeit in einem einzelnen Entgeltabrechnungszeitraum gezahlt werden (iE KassKomm/*Zieglmeier* SGB IV § 23a Rn. 7). Regelentgelt ist dann der 30. Teil dieses Gesamtmonatsentgelts.

16 Der bei Monatsarbeitsentgeltbeziehern anzusetzende Mindestbemessungszeitraum von einem Kalendermonat darf nicht verschoben werden, wenn vor oder jedenfalls bei Eintritt der Arbeitsunfähigkeit bzw. vor Beginn der Leistung zur Teilhabe eine wesentliche Änderung des Arbeitsverhältnisses eingetreten ist, die zu einer erheblichen Verringerung des Arbeitsentgelts geführt hat (BSG 25.6.1991 – 1/3 RK 6/90, SozR 3–2200 § 182 Nr. 8 S. 31 = BeckRS 1991, 31013439 zur Umwandlung eines Vollzeitarbeitsverhältnisses in ein Teilzeitarbeitsverhältnis). Der Monatszeitraum ist auch nicht über einen

Kalendermonat hinaus zu verlängern, wenn sich dadurch die Entgeltersatzleistung erhöhte (BSG 28.11.1978 – 4/5 RJ 78/76, BSGE 47, 172 = BeckRS 1978, 00489).

Abgelaufen ist der mindestens einen Kalendermonat umfassende Entgeltabrechnungszeitraum, wenn er verstrichen ist. Abgerechnet ist der Entgeltabrechnungszeitraum dann, wenn der Arbeitgeber das in diesem Zeitraum erzielte Arbeitsentgelt vollständig errechnet hat, so dass es gezahlt oder überwiesen werden kann (BSG 25.6.1991 – 1/3 RK 6/90, SozR 3–2200 § 182 Nr. 8 = BeckRS 1991, 31013439). Der Entgeltabrechnungszeitraum muss also sowohl abgelaufen als auch abgerechnet sein (BSG 24.7.1985 – 8 RK 14/84, SozR 2200 § 182 Nr. 99). War das Monatsarbeitsentgelt gezahlt, der Monat, für den es gezahlt worden war, bei Eintritt der Arbeitsunfähigkeit aber noch nicht abgelaufen, dann war das gezahlte Arbeitsentgelt zudem auch noch nicht erzielt worden (BSG 24.7.1985 – 8 RK 14/84, SozR 2200 § 182 Nr. 99). Denn Entgelt ist erst dann erzielt, wenn es durch die Arbeitsleistung verdient, also erarbeitet worden ist. 17

Ist das Arbeitsentgelt nicht nach Kalendermonaten, sondern nach Zeitmonaten bemessen (der Zeitmonat läuft zB vom 15. des einen bis zum 14. des anderen Kalendermonats), dann ist das anteilige Entgelt aus den zwei Zeitmonaten zugrunde zu legen (vom 1. bis zum 14. und vom 15. bis zum Monatsende; s. KassKomm/*Schifferdecker* SGB V § 47 Rn. 53). Die Regelentgeltberechnung ergibt sich zudem auch dann aus Abs. 1 S. 3, wenn es sich um Arbeitnehmer handelt, bei denen eine Berechnung des Regelentgelts nach den S. 1 u. 2 nicht möglich ist (2. Tatbestandsalternative). Das ist dann der Fall, wenn das erzielte Arbeitsentgelt nicht von der Ableistung einer bestimmten Anzahl von Arbeitsstunden abhängt, sondern es sich um eine erfolgsabhängige Vergütung handelt; diese Voraussetzung liegt zB vor bei einer Abhängigkeit des erzielten Arbeitsentgelts von dem erzielten Umsatz. 18

Bei Mischsystemen können die jeweiligen Regelentgelte getrennt berechnet werden. Soweit nach dem Arbeitsvertrag ein zeitabhängiges Entgelt vereinbart ist, wird das Regelentgelt nach Abs. 1 S. 1, 2 berechnet, soweit zusätzlich ein erfolgsabhängiges Arbeitsentgelt vereinbart ist, unterliegt dieses Arbeitsentgelt der Regelentgeltberechnung nach Abs. 1 S. 3; aus beiden Regelentgelten ist dann ein Gesamt-Regelentgelt zu bilden (so KassKomm/*Schifferdecker* SGB V § 47 Rn. 50). 19

c) **Flexible Arbeitszeitmodelle.** Abs. 1 S. 4 betrifft den Sonderfall des Arbeitsentgelts in Gestalt eines **Wertguthabens** iSd § 7 Abs. 1a SGB IV. Nach der in dieser Bestimmung getroffenen Legaldefinition ist Wertguthaben ein für Zeiten einer Freistellung von der Arbeit fälliges Arbeitsentgelt, das mit einer vor oder nach dieser Zeit erbrachten Arbeitsleistung erzielt wird (jurisPK-SGB IX/*Reyels* § 67 Rn. 64). Der Bemessungszeitraum ist derselbe wie der nach Abs. 1 S. 1; einer besonderen Regelung bedurfte es nur deshalb, weil bei flexiblen Arbeitszeitregelungen (sog. Arbeitszeitkonten-Modelle, s. KassKomm/*Schifferdecker* SGB V § 47 Rn. 54), das Arbeitsentgelt nicht in dem maßgeblichen Bemessungszeitraum erzielt wird, sondern außerhalb des Bemessungszeitraums. 20

Ausgenommen von der Regelentgeltberechnung sind nach Abs. 1 S. 4 Hs. 2 nur Wertguthaben, die nicht gemäß einer Vereinbarung über flexible Arbeitszeitregelungen verwendet werden und dabei nach § 23b Abs. 2 SGB IV der Beitragspflicht in der Sozialversicherung unterfallen (vgl. auch die gleichlautende in § 47 Abs. 2 S. 4 Hs. 2 SGB V getroffene Regelung). Wertguthaben, die nicht gemäß einer Vereinbarung über flexible Arbeitszeiten verwendet werden, sind Wertguthaben, bei denen die Vereinbarung über die flexible Arbeitszeit nicht wie geplant hatte durchgeführt werden können, obwohl bereits ein Wertguthaben erarbeitet worden war (iE KassKomm/*Zieglmeier* SGB IV § 23b Rn. 9 ff.). Erhält ein Leistungsberechtigter wegen vereinbarter rückwirkender Beseitigung einer **Altersteilzeitregelung** Arbeitsentgelt aus einem aufgelösten Wertguthaben nachgezahlt, besteht deshalb zB rückwirkend kein Anspruch auf höheres Krankengeld (BSG 14.12.2006 – B 1 KR 5/06, SozR 4–2500 § 47 Nr. 5 = BeckRS 2007, 40321). 21

22 Da bei den Wertguthaben das Arbeitsentgelt für die Zeiten einer Freistellung von der Arbeit vom Arbeitgeber gezahlt wird, bedurfte es zusätzlich noch der in Abs. 1 S. 5 getroffenen Regelung zu der maßgebenden wöchentlichen Arbeitszeit. Danach ist bei der Regelentgeltberechnung nach Abs. 1 S. 1 bei einem Wertguthaben als regelmäßige wöchentliche Arbeitszeit iSd Abs. 1 S. 1 die Arbeitszeit zugrunde zu legen, die dem gezahlten Arbeitsentgelt entspricht.

23 **d) Geringfügige Beschäftigung. Geringfügig Beschäftigte,** die in ihrer Beschäftigung versicherungspflichtig sind, fallen hinsichtlich der Berechnung von Übergangsgeld unter den Personenkreis nach §§ 66, 67 (GK-SGB IX/*Löschau* § 47 Rn. 49). Das Regelentgelt für die Berechnung des Übergangsgeldes ist aus dem Bruttoarbeitsentgelt zu ermitteln. Rentenversicherungsfreie oder von der Rentenversicherungspflicht befreite geringfügige Beschäftigungsverhältnisse begründen keinen Anspruch auf Übergangsgeld.

3. Teilarbeitslosigkeit

24 Abs. 2 der Vorschrift enthält eine weitere Sonderregelung für den Fall der **Teilarbeitslosigkeit.** Teilarbeitslos ist nach § 162 Abs. 2 Nr. 1 SGB III derjenige, der eine versicherungspflichtige Beschäftigung verloren hat, die er neben einer weiteren versicherungspflichtigen Beschäftigung ausgeübt hat. Hat sich dieser Teilarbeitslose teilarbeitslos gemeldet und erfüllt er die Anwartschaftszeit für ein Teilarbeitslosengeld, dann besteht ein Anspruch auf Teilarbeitslosengeld nach § 162 SGB III, begrenzt auf sechs Monate (§ 162 Abs. 2 Nr. 3 SGB III). Da danach in Fällen der Teilarbeitslosigkeit weiterhin eine versicherungspflichtige Beschäftigung fortbesteht, sind zwei Übergangsgelder festzustellen (KHM/*von der Heide* § 47 Rn. 8). Die Höhe der Übergangsgelder bestimmt sich zum einen nach dem Arbeitsentgelt aus dieser versicherungspflichtigen Beschäftigung, insofern wird das Regelentgelt nach Abs. 1 S. 1 oder Abs. 1 S. 3 berechnet. Zum anderen wird nach Abs. 2 das Arbeitsentgelt der vor Beginn der Teilarbeitslosigkeit ausgeübten versicherungspflichtigen Beschäftigung ermittelt und dieses Arbeitsentgelt wird der Berechnung des zusätzlichen Regelentgelts ebenfalls nach Abs. 1 S. 1 oder Abs. 1 S. 3 zugrunde gelegt.

4. Kurzarbeitergeld

25 Abs. 3 der Vorschrift stellt klar, dass bei Beziehern von **Kurzarbeitergeld** nicht diese Sozialleistung der Regelentgeltberechnung unterfällt, sondern vielmehr das zuletzt vor dem Arbeitsausfall erzielte regelmäßige Arbeitsentgelt der Berechnung zugrunde gelegt wird (*Knittel* § 47 Rn. 35). Kurzarbeitergeld wird nach § 95 SGB III gezahlt an Arbeitnehmer, wenn ein erheblicher Arbeitsausfall mit Ausfall des Arbeitsentgelts besteht, die betrieblichen und persönlichen Voraussetzungen für die Zahlung von Kurzarbeitergeld erfüllt sind und zusätzlich der Arbeitsausfall der Agentur für Arbeit angezeigt worden ist. Der Entwurf des G zur Anpassung des Zwölften und des Vierzehnten Buches Sozialgesetzbuch und weiterer Gesetze (BR-Drs. 224/23) sieht vor, dass in Abs. 3 nach dem Wort „Kurzarbeitergeld" die Wörter „oder Qualifizierungsgeld" eingefügt werden soll. Dies entspricht der Anlehnung des Qualifizierungsgeldes am Kurzarbeitergeld bei der Regelentgeltberechnung.

5. Höchstbegrenzung/Beitragsbemessungsgrenze

26 Nach Abs. 4 liegt eine Begrenzung für das Regelentgelt vor, indem das ermittelte Regelentgelt die Beitragsbemessungsgrenze (§ 16a BVG: Leistungsbemessungsgrenze) nicht übersteigen darf. Damit wird letztlich ein Einklang von Beitrags- und Leistungsrecht festgeschrieben, da die Beitragserhebung auch nur bis zur Beitragsbemessungs-

grenze erfolgt. Es gilt immer die im Bemessungszeitraum gültige Beitragsbemessungsgrenze (*Knittel* § 47 Rn. 38).

6. Grenzgänger

Abs. 5 der Vorschrift enthält eine weitere Sonderregelung für Leistungsberechtigte, die 27
im Inland nicht einkommensteuerpflichtig sind (**Grenzgänger**). Bei ihnen werden zur Ermittlung des entgangenen Nettoarbeitsentgelts, das nach § 66 Abs. 1 S. 1 im Wege der Vergleichsberechnung in entsprechender Anwendung des § 67 als Höchstgrenze für das Übergangsgeld anzusetzen ist, pauschalierend die im Inland anfallenden Steuern vom Bruttoarbeitsentgelt abgezogen (LSW/*Stähler* § 47 Rn. 13; vgl. LPK-SGB IX/*Liebig/Asmalsky* § 67 Rn. 16). Auch bei Leistungsberechtigten nach Abs. 5 ist damit das – fiktive – Nettoarbeitsentgelt (s. die in § 14 Abs. 2 S. 1 SGB IV getroffene Regelung) das um die gesetzlichen Abzüge verminderte Arbeitsentgelt (zB BSG 25.7.1979 – 3 RK 74/78, SozR 2200 § 182 Nr. 49 = BeckRS 1979, 30706021). Da die Leistungsempfänger iSd Abs. 5 nicht der Steuerpflicht im Inland unterliegen, kann die Steuerlast nicht individuell ermittelt werden. Nach der Verordnung (EG) Nr. 883/2004 (Anh. XI Deutschland Nr. 3) zur Koordinierung der Systeme der sozialen Sicherheit ist jedoch eine andere Art der Berechnung der Entgeltersatzleistung vorzunehmen, wenn der Grenzgänger beantragt, das tatsächliche Nettoarbeitsentgelt zur Grundlage der Berechnung zu machen. Bei der Berechnung ist dann die entsprechende Steuer des Wohnortstaates in Abzug zu bringen. Der Entwurf des G zur Anpassung des Zwölften und des Vierzehnten Buches Sozialgesetzbuch und weiterer Gesetze (BR-Drs. 224/23) sieht vor, dass Abs. 5 um die folgenden Sätze ergänzt wird: „Abweichend von Satz 1 sind die steuerlichen Abzüge nicht zu berücksichtigen bei Personen, deren Ansässigkeitsstaat nach einem Abkommen zur Vermeidung der Doppelbesteuerung das Besteuerungsrecht für das Übergangsgeld zusteht und wenn das aus Deutschland gezahlte Übergangsgeld nach den maßgebenden Vorschriften des Ansässigkeitsstaats der Steuer unterliegt." Dadurch sollen Benachteiligungen bei der Berechnung des Übergangsgeldes von Grenzgängern in den Fällen beseitigt werden, in dem der Ansässigkeitsstaat das Besteuerungsrecht hat und die Sozialleistung nach Auszahlung im Ansässigkeitsstaat besteuert wird, obwohl das Nettoarbeitsentgelt bereits bei der Berechnung in Deutschland berücksichtigt wurde.

Eine dem Abs. 5 vergleichbare Regelung zum fiktiven Nettoarbeitsentgelt findet sich 28
in § 167 SGB III, nach dem die Höhe des Insolvenzgeldes bestimmt wird. Nach dem Abs. 2 Nr. 2 dieser Vorschrift ist bei Arbeitnehmern, die im Inland nicht einkommensteuerpflichtig sind, das Arbeitsentgelt, um die Steuern zu vermindern, die bei Einkommensteuerpflicht im Inland durch Abzug vom Arbeitsentgelt erhoben würden.

§ 68[1] Berechnungsgrundlage in Sonderfällen

(1) Für die Berechnung des Übergangsgeldes während des Bezuges von Leistungen zur Teilhabe am Arbeitsleben werden 65 Prozent eines fiktiven Arbeitsentgelts zugrunde gelegt, wenn

1. die Berechnung nach den §§ 66 und 67 zu einem geringeren Betrag führt,
2. Arbeitsentgelt oder Arbeitseinkommen nicht erzielt worden ist oder
3. der letzte Tag des Bemessungszeitraums bei Beginn der Leistungen länger als drei Jahre zurückliegt.

(2) [1]Für die Festsetzung des fiktiven Arbeitsentgelts ist der Leistungsempfänger der Qualifikationsgruppe zuzuordnen, die seiner beruflichen Qualifikation entspricht. [2]Dafür gilt folgende Zuordnung:

[1] § 68 Abs. 2 Satz 2 Nr. 4 geänd. mWv 1.10.2022 durch G v. 23.5.2022 (BGBl. I S. 760).

1. für eine Hochschul- oder Fachhochschulausbildung (Qualifikationsgruppe 1) ein Arbeitsentgelt in Höhe von einem Dreihundertstel der Bezugsgröße,
2. für einen Fachschulabschluss, den Nachweis über eine abgeschlossene Qualifikation als Meisterin oder Meister oder einen Abschluss in einer vergleichbaren Einrichtung (Qualifikationsgruppe 2) ein Arbeitsentgelt in Höhe von einem Dreihundertsechzigstel der Bezugsgröße,
3. für eine abgeschlossene Ausbildung in einem Ausbildungsberuf (Qualifikationsgruppe 3) ein Arbeitsentgelt in Höhe von einem Vierhundertfünfzigstel der Bezugsgröße und
4. bei einer fehlenden Ausbildung (Qualifikationsgruppe 4) ein Arbeitsentgelt in Höhe von einem Sechshundertstel der Bezugsgröße, mindestens jedoch ein Arbeitsentgelt in Höhe des Betrages, der sich ergibt, wenn der Mindestlohn je Zeitstunde nach § 1 Absatz 2 Satz 1 des Mindestlohngesetzes in Verbindung mit der auf der Grundlage des § 11 Absatz 1 Satz 1 des Mindestlohngesetzes jeweils erlassenen Verordnung mit einem Siebtel der tariflichen regelmäßigen wöchentlichen Arbeitszeit, die für Tarifbeschäftigte im öffentlichen Dienst des Bundes gilt, vervielfacht wird.

[3]Maßgebend ist die Bezugsgröße, die für den Wohnsitz oder für den gewöhnlichen Aufenthaltsort der Leistungsempfänger im letzten Kalendermonat vor dem Beginn der Leistung gilt.

Übersicht

A. Allgemeines

1 Die Vorschrift ändert die Berechnung des Übergangsgeldes in Sonderfällen gegenüber dem bisherigen Recht (§ 48 SGB IX 2001) ab. Regelhaft beruht die Berechnung des Übergangsgeldes auf der Grundlage des erzielten regelmäßigen Arbeitsentgelts/Arbeitseinkommens bzw. des Nettoarbeitsentgelts (**Lohnersatzfunktion**). Dieses konnte jedoch zu einem unangemessenen oder zu gar keinem Ergebnis führen, wenn kein Arbeitsentgelt erzielt worden war oder der Bemessungszeitraum lange zurücklag. Hierfür wurde nach § 48 SGB IX 2001 eine Berechnung auf der Basis eines tariflichen oder ortsüblichen Entgelts durchgeführt. In der Praxis zeigte sich jedoch, dass dieses Verfahren mit einem großen Arbeitsaufwand verbunden und aufgrund der Komplexität auch fehlerträchtig war (BT-Drs. 18/9522, 257). Zur Vereinfachung und Vereinheitlichung des Verfahrens wurde in Anlehnung an § 152 SGB III eine fiktive Bemessungsgrundlage für die Berechnung des Übergangsgeldes zugrunde gelegt, die das Bemessungsentgelt abhängig von Qualifikation und dem Prozentsatz der Bezugsgröße (§ 18 SGB IV) bestimmt.

1a Da der Anspruch auf das Übergangsgeld mit Beginn der Maßnahme entsteht, findet die Berechnung nach Abs. 2 Anwendung für alle Leistungen zur Teilhabe am Arbeitsleben, die ab dem 1.1.2018 beginnen.

B. Sonderfälle

2 Die besondere Berechnung des Übergangsgeldes erfolgt nach dem Gesetzeswortlaut wie bisher ausschließlich in Fällen von Leistungen zur Teilhabe am Arbeitsleben. Die drei

im S. 1 Nr. 1–3 aufgeführten Tatbestände der Vorschrift stehen selbständig nebeneinander, sie müssen nicht kumulativ erfüllt sein (vgl. den Gesetzeswortlaut des S. 1 Nr. 2: „... oder"). Durch die Einfügung des Begriffes während „des Bezuges" von Leistungen zur Teilhabe am Arbeitsleben wird gegenüber dem bisherigen Wortlaut in S. 1 die Akzessorietät von der Leistung des Übergangsgeldes zu der tatsächlichen Inanspruchnahme der Leistung zur Teilhabe am Arbeitsleben noch etwas deutlicher herausgestellt.

1. Vergleichsberechnung

S. 1 Nr. 1 der Vorschrift verpflichtet den das Übergangsgeld gewährenden Rehabilitationsträger zu einer **Vergleichsberechnung** und begründet damit ein **Günstigkeitsprinzip** LPK-SGB IX/*Liebig/Asmalsky* § 68 Rn. 8; Herberg NZS 2018, 146). Es wird damit gleichsam eine Mindestberechnungsgrundlage für das Übergangsgeld bei Leistungen zur Teilhabe am Arbeitsleben normiert (KassKomm/*Kater* SGB VI § 21 Rn. 56). Führt nämlich die nach S. 1 Nr. 1 durchzuführende Vergleichsberechnung zu einem höheren Übergangsgeldanspruch als die Berechnung des Übergangsgeldes nach den Grundvorschriften der §§ 66, 67, dann ist das höhere Übergangsgeld nach § 68 zu leisten. Auf dieses Weise wird auch eine Vergleichbarkeit bei der Höhe des Übergangsgeldes mit Personen hergestellt, die im Bemessungszeitraum kein Arbeitsentgelt erzielt hatten (*Knittel* § 48 Rn. 5). Der Entwurf des G zur Anpassung des Zwölften und des Vierzehnten Buches Sozialgesetzbuch und weiterer Gesetze (BR-Drs. 224/23) sieht vor, dass in § 68 Abs. 1 Nr. 1 die Angabe „§§ 66 und 67" durch die Angabe „§§ 66, 67 und 69" ersetzt werden soll. Durch die Ergänzung soll klargestellt werden, dass eine Anwendung der in § 68 Abs. 1 geregelten Vergleichsberechnung auch in den Sonderfällen des § 69 durchzuführen ist. 3

2. Nicht erzieltes Entgelt oder Einkommen

S. 1 Nr. 2 der Vorschrift setzt voraus, dass der Mensch mit Behinderungen vor Beginn der Leistung zur Teilhabe am Arbeitsleben Arbeitsentgelt oder Arbeitseinkommen nicht erzielt hat. Das betrifft zum einen die Fälle, in denen er zuvor überhaupt noch nicht erwerbstätig war. Zum anderen werden von dieser Sonderregelung aber auch diejenigen Menschen mit Behinderungen erfasst, bei denen es an einem vierwöchigen abgerechneten Entgeltabrechnungszeitraum und damit an einem im Bemessungszeitraum (vgl. § 67 Abs. 1 S. 1) erzielten Arbeitsentgelt fehlt (LSW/*Stähler* § 48 Rn. 5; jurisPK-SGB IX/*Reyels* § 68 Rn. 19). 4

3. Zurückliegender Bemessungszeitraum

Die Berechnungsgrundlage des Übergangsgeldes bestimmt sich auch dann ausschließlich nach § 68, wenn der letzte Tag des Bemessungszeitraumes bei Beginn der Leistung zur Teilhabe am Arbeitsleben länger als drei Jahre zurückliegt. Zielvorstellung dieser Vorschrift ist es, die Berechnung des Übergangsgeldes zu aktualisieren. Die vom Gesetzgeber vorgenommene Typisierung in den Fällen eines lange zurückliegenden **Bemessungszeitraumes** ist sachlich vertretbar, weil in derartigen Fällen das durch das Übergangsgeld zu ersetzende **Arbeitsentgelt** zeitlich sehr lange zurückliegt und deswegen nicht mehr die Lebensgrundlage für den Rehabilitanden zu Beginn der Leistung zur Teilhabe am Arbeitsleben hatte bilden können (BSG 9.5.1984 – 4 RJ 65/83, BeckRS 1984, 05339; LSG Nds-Brem 19.9.2011 – L 10 R 218/08). Anderenfalls würde nämlich ein Arbeitsentgelt als Berechnungsgrundlage herangezogen, das nicht an der allgemeinen Lohn- und Gehaltsentwicklung teilgenommen hat. Diese würde auch nicht dem aktuellen Lebensstandard entsprechen (KassKomm/*Kater* SGB VI § 21 Rn. 57). 5

Der maßgebende Dreijahreszeitraum wird errechnet, indem, ausgehend von dem Tag des Beginns der Leistung zur Teilhabe am Arbeitsleben und damit des Übergangsgeld- 6 anspruchs, um drei Jahre zurückgerechnet wird. Der Dreijahreszeitraum beginnt damit an dem Tag vor drei Jahren zu laufen, der dem Tag des Beginns der Leistung zur Teilhabe am Arbeitsleben nach Tag und Monat entspricht (vgl. § 26 Abs. 1 SGB X iVm § 187 Abs. 2, § 188 Abs. 2 BGB); eine bestehende Arbeitsunfähigkeit des Rehabilitanden beeinflusst diese Frist nicht (BSG 20.3.1980 – 11 RA 56/79, BSGE 50, 64 (67 f.) = BeckRS 1980, 30706649).

7 Musste eine Leistung zur Teilhabe am Arbeitsleben aus gesundheitlichen Gründen abgebrochen werden, ist bei der Wiederaufnahme der Leistung zur Teilhabe ein neuer Dreijahreszeitraum zu ermitteln, weil nicht mehr von einer einheitlichen Leistung ausgegangen werden kann.

8 Ausnahmsweise greift die Rechtsfolge des § 68 in dem Sonderfall des S. 1 Nr. 3 dann nicht ein, wenn die Voraussetzungen für einen sog. **sozialrechtlichen Herstellungsanspruch** vorliegen. Das ist dann der Fall, wenn der Rehabilitationsträger eine dem Rehabilitanden gegenüber bestehende umfassende Beratungs- und Betreuungspflicht verletzt hat, zB bei der verzögerten Behandlung eines Rehabilitationsantrages (BSG 30.10.1985 – 5b RJ 86/84, SozR 2200 § 1241a Nr. 9 = BeckRS 1980, 42094).

C. Fiktives Arbeitsentgelt

9 Abs. 2 der Vorschrift wurde neu eingefügt und erleichtert durch eine gesetzliche **Fiktion** die verwaltungsmäßige Arbeit. Anstelle der bisherigen Ermittlung des bestehenden Tarifes oder einer ortsüblichen Vergütung findet jetzt eine Orientierung an einer beruflichen Qualifikation und der Bezugsgröße statt. Nach der gesetzlichen Begründung erfolgte eine Anlehnung an § 152 SGB III, dh die Qualifikationsgruppen sowie die Bruchteile der Bezugsgröße entsprechen der Regelung des § 152 SGB III. Nach der Rspr. des BVerfG ist die Regelung verfassungsrechtlich nicht zu beanstanden (BVerfG 11.3.2010 – 1 BvR 2909/08, NZS 2010, 626).

10 Bei der **beruflichen Qualifikation** wird nicht auf die Qualifikation für die letzte Tätigkeit abgestellt, sondern ausschließlich auf die höchste Qualifikation, die der Leistungsbezieher jemals erlangt hat (jurisPK-SGB IX/*Reyels* § 68 Rn. 25). Zur Einordnung von Berufs- und Studienabschlüssen in Qualifikationen kann bspw. der Deutsche Qualifikationsrahmen (www.dqr.de) herangezogen werden (dazu aber LSG NRW 25.1.2022 – L 2 R 006/20, BeckRS 2022, 7536) oder die Datenbank des BMBF (www.anerkennung-in-deutschland.de). Da nach dem Wortlaut des Gesetzes nur auf die erlangte Qualifikation abgestellt wird, muss der Leistungsbezieher keine berufliche Tätigkeit ausgeübt haben, die dieser Qualifikation entspricht. Entscheidend für die Einstufung in die Qualifikationsgruppen ist der förmliche Abschluss einer Berufsausbildung. Eine Gleichstellung ohne einen förmlichen Berufsabschluss ist nicht möglich. (LSG Nds-Brem 7.2.2020 – L 2 R 377/19, BeckRS 2020, 2602) Entsprechend dem vom Gesetzgeber im Interesse der Vereinfachung der Gesetzesanwendung verfolgten pauschalierenden Ansatz bleibt kein Raum, abweichend vom Gesetzeswortlaut auch eine Bewertung der inhaltlichen Qualität der im Berufsalltag tatsächlich ausgeübten Tätigkeit in die Zuordnung zu den genannten Qualifikationsgruppen einfließen zu lassen (LSG Nds-Brem 29.1.2020 – L 2 R 377/19, BeckRS 2020, 2133).

11 Nach Abs. 2 S. 3 ist diejenige Bezugsgröße maßgebend, die für den **Wohnsitz** oder den **gewöhnlichen Aufenthaltsort** vor dem Beginn der Leistung gilt. Hier weicht der Gesetzeswortlaut von § 152 SGB III ab. Die Formulierung darf wohl als Reaktion auf die Rspr. des BSG (BSG 26.11.2015 – B 11 AL 2/15 R, BeckRS 2016, 66376; es gilt immer Bezugsgröße West) verstanden werden. Es ist für die Berechnung des Übergangsgeldes zu ermitteln, ob die Bezugsgröße West oder Ost zugrunde zu legen ist.

Auf der Basis der Bezugsgröße von 2023 (West: 40.740; Ost: 39.480) würde folgende Zuordnung bestehen: 12

Qualifikationsgruppe	Bezugsgröße	West	Ost
Qualifikationsgruppe 1	Dreihundertstel	135,80	131,60
Qualifikationsgruppe 2	Dreihundertsechzigstel	113,17	109,67
Qualifikationsgruppe 3	Vierhundertfünfzigstel	90,53	87,73
Qualifikationsgruppe 4	Sechshundertstel	67,90	65,80

Bei Beginn der Leistung zur Teilhabe ab 1.10.2022 ist für die Qualifikationsgruppe 4 mindestens ein Arbeitsentgelt in Höhe des Betrages, der sich ergibt, wenn der Mindestlohn je Zeitstunde nach § 1 Abs. 2 S. 1 des MiLoG in Verbindung mit der auf der Grundlage des § 11 Abs. 1 S. 1 des MiLoG jeweils erlassenen Verordnung mit einem Siebtel der tariflichen regelmäßigen wöchentlichen Arbeitszeit, die für Tarifbeschäftigte im öffentlichen Dienst des Bundes gilt, vervielfacht wird. Dadurch wird sichergestellt, dass bei der Berechnung des Übergangsgeldes ein fiktives Arbeitsentgelt zugrunde gelegt wird, das unter Berücksichtigung des jeweils geltenden allgemeinen Mindestlohns festgesetzt wird und für die Berechnung des konkreten fiktiven kalendertäglichen Arbeitsentgelts die regelmäßige tarifliche Arbeitszeit berücksichtigt wird, die für Tarifbeschäftigte im öffentlichen Dienst gilt (BT-Drs. 20/1411, 18). 13

§ 69 Kontinuität der Bemessungsgrundlage

Haben Leistungsempfänger Krankengeld, Verletztengeld, Krankengeld der Sozialen Entschädigung oder Übergangsgeld bezogen und wird im Anschluss daran eine Leistung zur medizinischen Rehabilitation oder zur Teilhabe am Arbeitsleben ausgeführt, so wird bei der Berechnung der diese Leistungen ergänzenden Leistung zum Lebensunterhalt von dem bisher zugrunde gelegten Arbeitsentgelt ausgegangen; es gilt die für den Rehabilitationsträger jeweils geltende Beitragsbemessungsgrenze.

Übersicht

A. Allgemeines

Die Vorschrift entspricht dem bisherigen § 49 SGB IX 2001. Diese Regelung gilt einheitlich für alle Rehabilitationsträger, die Leistungen zum Lebensunterhalt nach § 65 gewähren. Als lex specialis geht die Vorschrift dabei den allgemeinen Regelungen der §§ 66–88 vor (ebenso GK-SGB IX/*Löschau* § 49 Rn. 2; jurisPK-SGB IX/*Schlette* § 69 Rn. 3). Mit der getroffenen Regelung wird die Berechnungsgrundlage für das sog. Anschlussübergangsgeld im Falle des Vorbezuges von Lohnersatzleistungen, ausgehend von dem Grundsatz der Kontinuität der Bemessungsgrundlage, bestimmt. Die Vorschrift dient dabei der Verwaltungsvereinfachung (BayLSG 14.12.2011 – L 13 R 800/09, BeckRS 2012, 67576) und soll zur schnelleren Auszahlung des Anschlussübergangsgeldes führen. 1

B. Kontinuität der Bemessungsgrundlage

1. Voraussetzungen

2 Nach der ersten Tatbestandsvoraussetzung der Vorschrift ist erforderlich, dass der Leistungsempfänger eine der aufgeführten **Entgeltersatzleistungen** tatsächlich bezogen hat (so iErg BSG 28.3.1990 – 9b/11 RAr 87/89, SozR 3–4100 § 59c Nr. 1 S. 2; 13.11.2012 – B 2 U 26/11 R, BeckRS 2013, 65740). War der Leistungsanspruch hingegen noch nicht zumindest durch Bescheid festgestellt, dann liegt kein Bezug einer der Entgeltersatzleistungen vor. Denn es dürfte dann wegen der fehlenden Leistungsfeststellung auch an einem dieser Leistungsfeststellung zugrundeliegenden Arbeitsentgelt fehlen.

3 Der zuvor gezahlten Entgeltersatzleistung muss ein **Arbeitsentgelt** zugrunde gelegen haben (BSG 13.11.2012 – B 2 U 26/11 R, BeckRS 2013, 65740; 31.10.2012 – B 13 R 10/12 R, BeckRS 2013, 66066). Auf die Rechtmäßigkeit des Leistungsfeststellungsbescheides über das bezogene Krankengeld, Verletztengeld, Versorgungskrankengeld oder Übergangsgeld kommt es hingegen nicht an; unerheblich ist auch, ob das dieser Berechnung zugrundeliegende Arbeitsentgelt zutreffend ermittelt war (BSG 28.3.1990 – 9b/11 RAr 87/89, SozR 3–4100 § 59c Nr. 1 S. 2). Das Arbeitslosengeld ist als die Kontinuität der Berechnungsgrundlage wahrende Entgeltersatzleistung nicht benannt (SächsLSG 5.12.2016 – L 5 R 656/15, BeckRS 2016, 111682).

4 Nach der zweiten im Hs. 1 der Vorschrift enthaltenen Tatbestandsvoraussetzung wird verlangt, dass die Leistung zur Teilhabe, während derer die ergänzende Leistung zum Lebensunterhalt gezahlt wird, im Anschluss an den Vorbezug der Entgeltersatzleistung ausgeführt wird. Um diesen unbestimmten Rechtsbegriff des „Anschlusses" näher zu konkretisieren, wird zum einen auf § 19 Abs. 2 SGB V zurückgegriffen und dementsprechend eine zeitliche Lücke von bis zu vier Wochen als unschädlich erachtet (LSW/*Stähler* § 49 Rn. 4; *Knittel* § 49 Rn. 6; KassKomm/*Kater* SGB VI § 21 Rn. 45; LPK-SGB IX/*Liebig/Asmalsky* § 69 Rn. 8). Die Rspr. des BSG stellt auf den für die Berechnung des Übergangsgeldes maßgebenden Bemessungszeitraum der letzten abgerechneten vier Wochen vor Beginn der Leistung ab und hält dementsprechend ebenfalls einen zeitlichen Abstand von mehr als vier Wochen nicht mehr für geeignet, den Anschluss zu wahren (BSG 18.2.1981 – 1 RJ 74/79, BSGE 51, 193; 20.6.1985 – 11b/7 RAr 87/89, SozR 4100 § 59 Nr. 3; 7.9.2010 – B 5 R 104/08 R, NZS 2011, 750). In Aufweichung dieses Grundsatzes ist eine Ausnahme für den Fall anerkannt worden, dass ein Mensch mit Behinderungen die Zeit zwischen dem Bezug einer Entgeltersatzleistung und dem Beginn einer Leistung zur Teilhabe mit der Inanspruchnahme eines Resturlaubs von mehr als vier Wochen überbrückt (BSG 25.9.1996 – 11 RAr 47/96, SozR 3–4100 § 59c Nr. 3 = NZA-RR 1997, 498). Diese Entscheidung sollte jedoch als Einzelfallentscheidung angesehen werden.

2. Berechnung

5 Rechtsfolge der Vorschrift ist, dass bei einem Vorbezug einer Entgeltersatzleistung das der Berechnung dieser Leistung zugrunde gelegte Arbeitsentgelt auch der Berechnung der Entgeltersatzleistung, die an eine Leistung zur Teilhabe als ergänzende Leistung zur Sicherung des Lebensunterhalts gekoppelt ist, zugrunde zu legen ist (**Kontinuität der Bemessungsgrundlage** s. BSG 5.5.2009 – B 1 KR 16/08 R, BeckRS 2009, 67394; 13.11.2012 – B 2 U 26/11 R, BeckRS 2013, 65740). Diese Regelung besagt nicht etwa, dass die Geldleistung während der Leistung zur Teilhabe in Höhe der bisherigen Entgeltersatzleistung weiterzuzahlen wäre, sondern nur, dass das bislang der Berechnung der zuvor bezogenen Entgeltersatzleistung zugrunde gelegte Arbeitsentgelt auch weiterhin

die maßgebende Berechnungsgrundlage ist. Das ergibt sich zweifelsfrei aus dem 2. Hs. der Vorschrift, der ausdrücklich bestimmt, dass zwar das bisherige Arbeitsentgelt, aber nunmehr nur bis zu der für den jetzt leistenden Rehabilitationsträger geltenden Beitragsbemessungsgrenze in Ansatz zu bringen ist.

Liegt der Berechnung der vorhergehenden Entgeltersatzleistung kein Arbeitsentgelt zugrunde ist die Regelung hinsichtlich der Übernahme der Bemessungsgrundlage nicht anwendbar (GK-SGB IX/*Löschau* § 49 Rn. 33). Für Leistungsberechtigte, die nicht Arbeitnehmer sind, zuvor arbeitsunfähig waren und nun an Maßnahmen zur Teilhabe am Arbeitsleben teilnehmen, gilt, dass § 69 durch § 47 Abs. 4 S. 2 SGB V verdrängt wird, so dass sich die Berechnung des Krankengeldes ausschließlich nach § 47 Abs. 4 S. 2 SGB V bestimmt (BSG 5.5.2009 – B 1 KR 16/08 R, BeckRS 2009, 67394); gleiches gilt auch für Verletztengeld (§ 47 Abs. 2 SGB VII). 6

§ 70 Anpassung der Entgeltersatzleistungen

(1) Die Berechnungsgrundlage, die dem Krankengeld, dem Krankengeld der Sozialen Entschädigung, dem Verletztengeld und dem Übergangsgeld zugrunde liegt, wird jeweils nach Ablauf eines Jahres ab dem Ende des Bemessungszeitraums an die Entwicklung der Bruttoarbeitsentgelte angepasst und zwar entsprechend der Veränderung der Bruttolöhne und -gehälter je Arbeitnehmer (§ 68 Absatz 2 Satz 1 des Sechsten Buches) vom vorvergangenen zum vergangenen Kalenderjahr.

(2) Der Anpassungsfaktor wird errechnet, indem die Bruttolöhne und -gehälter je Arbeitnehmer für das vergangene Kalenderjahr durch die entsprechenden Bruttolöhne und -gehälter für das vorvergangene Kalenderjahr geteilt werden; § 68 Absatz 7 und § 121 Absatz 1 des Sechsten Buches gelten entsprechend.

(3) Eine Anpassung nach Absatz 1 erfolgt, wenn der nach Absatz 2 berechnete Anpassungsfaktor den Wert 1,0000 überschreitet.

(4) Das Bundesministerium für Arbeit und Soziales gibt jeweils zum 30. Juni eines Kalenderjahres den Anpassungsfaktor, der für die folgenden zwölf Monate maßgebend ist, im Bundesanzeiger bekannt[1].

Übersicht

A. Allgemeines

Die Vorschrift entspricht bis auf redaktionelle Änderungen dem bisherigen § 50 SGB IX 2001. Die Anpassungsvorschrift des § 70 gilt generell für die darin aufgeführten Entgeltersatzleistungen, sie gilt nicht etwa nur im Rahmen der Durchführung von Leistungen zur Teilhabe. Geregelt wird damit die Dynamisierung aller dieser Entgeltersatzleistungen in Übernahme und Vereinheitlichung der zuvor geltenden Einzelvorschriften und zwar jeweils nach Ablauf eines Jahres. Anstelle der bisherigen unterschiedlichen Anpassungssätze für einzelne Trägergruppen ist damit erstmals eine einheitliche Anpassungsregelung getroffen worden, und zwar entspr. der Regelung zur Anpassung des Arbeitslosengeldes. Für Übergangsgeld das in Höhe einer SGB III-Leistung gezahlt wird, ist § 47b Abs. 2 SGB V zu beachten. Daher ändert sich während des Bezuges von Über- 1

[1] Siehe hierzu ab 1.7.2022 die Bek. des Anpassungsfaktors für die Anpassung der dem Krankengeld, Versorgungskrankengeld, Verletztengeld und Übergangsgeld zugrundeliegenden Berechnungsgrundlage gem. § 70 Abs. 4 SGB IX 2022

gangsgeld in Höhe der SGB III-Leistung dessen Höhe nur, als sich durch die geänderten Verhältnisse auch die Höhe der SGB III-Leistung geändert hätte. Eine Anpassung des Übergangsgeldes in Höhe der SGB III-Leistung ist ab 1.1.2003 somit weder nach § 47b SGB V noch nach § 70 SGB IX möglich.

B. Anpassung

2 Maßgebender Zeitpunkt für die durchzuführende Anpassung ist der letzte Tag des **Bemessungszeitraumes,** der der Berechnung der Entgeltersatzleistung zugrunde lag; dieser Tag ist der **Anpassungstag.** Das (Zeit-)Jahr iSd Abs. 1 der Vorschrift ist mit dem Tag abgelaufen, der dem Anpassungstag nach Tag und Monat entspricht (§ 26 Abs. 1 SGB X iVm § 187 Abs. 2, § 188 Abs. 2 BGB), so dass die Entgeltersatzleistung mit dem darauf folgenden Tag anzupassen ist. Da nach dem Gesetzeswortlaut des Abs. 1 der Vorschrift ausdrücklich auf den Anpassungstag abgehoben wird, spielt keine Rolle, ab wann die anzupassende Entgeltersatzleistung gewährt wurde.

3 Die Anpassung ist von dem das Krankengeld, Krankengeld der Sozialen Entschädigung, Verletztengeld oder Übergangsgeld gewährenden Träger von Amts wegen vorzunehmen (GK-SGB IX/*Löschau* § 50 Rn. 5; jurisPK-SGB IX/*Schlette* § 70 Rn. 10). Angepasst werden müssen nicht nur bereits laufende Entgeltersatzleistungen, sondern auch erstmals zu gewährende Geldleistungen, wenn der Anpassungstag schon ein Jahr oder länger zurückliegt. Denn die Anpassung dient der Aktualisierung der Leistung zur Sicherung des Lebensunterhalts (KassKomm/*Kater* SGB VI § 21 Rn. 59a).

4 Der Abs. 2 der Vorschrift regelt das Verfahren zur Festlegung des Anpassungsfaktors. Dabei sind die Bruttolöhne- und -gehälter je Arbeitnehmer für das vergangene Jahr durch die entsprechenden Bruttolöhne- und -gehälter für das vorvergangene Kalenderjahr zu dividieren. Daraus, dass im Hs. 2 des Abs. 2 der Vorschrift § 68 Abs. 7 SGB VI für entspr. anwendbar erklärt wird, folgt, dass für die Ermittlung von Werten des vergangenen Kalenderjahres jeweils die dem Statistischen Bundesamt zu Beginn des laufenden Kalenderjahres vorliegenden aktuellen Daten zu verwenden sind und dass für die Werte des vorvergangenen Kalenderjahres die in diesem Jahr verwendeten Werte selbst dann maßgebend bleiben, wenn sie inzwischen hatten korrigiert werden müssen.

5 Nach dem in Abs. 2 Hs. 2 für entspr. anwendbar erklärten § 121 Abs. 1 SGB VI wird der auf Grund der nach Abs. 2 vorzunehmenden Division ermittelte Anpassungsfaktor auf vier Dezimalstellen hinter dem Komma gebildet. Daraus, dass ausdrücklich nur der Abs. 1 des § 121 SGB VI in Bezug genommen wird, ergibt sich, dass die Abs. 2–4 des § 121 SGB VI nicht gelten sollen, dh es darf zB auch keine Abrundung der letzten Dezimalstelle in Anwendung des § 121 Abs. 2 SGB VI erfolgen. Abs. 3 legt fest, dass eine Anpassung der Übergangsgelder nur stattfindet, wenn eine positive Anpassung zu erfolgen hat.

6 Die Veröffentlichung des nach § 70 maßgebenden Anpassungsfaktors für alle Entgeltersatzleistungen erfolgt im Bundesanzeiger; das zuständige Bundesministerium macht den Anpassungsfaktor jeweils zum 30.6. eines Kalenderjahres dort bekannt. Der Anpassungsfaktor zum 1.7.2022 beträgt 1,0348.

§ 71[1] Weiterzahlung der Leistungen

(1) [1]**Sind nach Abschluss von Leistungen zur medizinischen Rehabilitation oder von Leistungen zur Teilhabe am Arbeitsleben weitere Leistungen zur Teilhabe am Arbeitsleben erforderlich, während derer dem Grunde nach Anspruch auf Übergangsgeld be-**

[1] § 71 Abs. 4 Satz 2 Nr. 1 geänd. mWv 6.12.2019 durch G v. 30.11.2019 (BGBl. I S. 1948).

steht, und können diese Leistungen aus Gründen, die die Leistungsempfänger nicht zu vertreten haben, nicht unmittelbar anschließend durchgeführt werden, werden das Verletztengeld, das Krankengeld der Sozialen Entschädigung oder das Übergangsgeld für diese Zeit weitergezahlt. [2]Voraussetzung für die Weiterzahlung ist, dass

1. die Leistungsempfänger arbeitsunfähig sind und keinen Anspruch auf Krankengeld mehr haben oder

2. den Leistungsempfängern eine zumutbare Beschäftigung aus Gründen, die sie nicht zu vertreten haben, nicht vermittelt werden kann.

(2) **[1]Leistungsempfänger haben die Verzögerung von Weiterzahlungen insbesondere dann zu vertreten, wenn sie zumutbare Angebote von Leistungen zur Teilhabe am Arbeitsleben nur deshalb ablehnen, weil die Leistungen in größerer Entfernung zu ihren Wohnorten angeboten werden. [2]Für die Beurteilung der Zumutbarkeit ist § 140 Absatz 4 des Dritten Buches entsprechend anzuwenden.**

(3) **Können Leistungsempfänger Leistungen zur Teilhabe am Arbeitsleben allein aus gesundheitlichen Gründen nicht mehr, aber voraussichtlich wieder in Anspruch nehmen, werden Übergangsgeld und Unterhaltsbeihilfe bis zum Ende dieser Leistungen, höchstens bis zu sechs Wochen weitergezahlt.**

(4) **[1]Sind die Leistungsempfänger im Anschluss an eine abgeschlossene Leistung zur Teilhabe am Arbeitsleben arbeitslos, werden Übergangsgeld und Unterhaltsbeihilfe während der Arbeitslosigkeit bis zu drei Monate weitergezahlt, wenn sie sich bei der Agentur für Arbeit arbeitslos gemeldet haben und einen Anspruch auf Arbeitslosengeld von mindestens drei Monaten nicht geltend machen können; die Anspruchsdauer von drei Monaten vermindert sich um die Anzahl von Tagen, für die Leistungsempfänger im Anschluss an eine abgeschlossene Leistung zur Teilhabe am Arbeitsleben einen Anspruch auf Arbeitslosengeld geltend machen können. [2]In diesem Fall beträgt das Übergangsgeld**

1. 67 Prozent bei Leistungsempfängern, bei denen die Voraussetzungen des erhöhten Bemessungssatzes nach § 66 Absatz 1 Satz 3 Nummer 1 vorliegen und

2. 60 Prozent bei den übrigen Leistungsempfängern,

des sich aus § 66 Absatz 1 Satz 1 oder § 68 ergebenden Betrages.

(5) **Ist im unmittelbaren Anschluss an Leistungen zur medizinischen Rehabilitation eine stufenweise Wiedereingliederung (§ 44) erforderlich, wird das Übergangsgeld bis zum Ende der Wiedereingliederung weitergezahlt.**

Übersicht

A. Allgemeines

Die Vorschrift entspricht bis auf redaktionelle Anpassungen § 51 SGB IX 2001. Durch das Gesetz zur Änderung des Neunten und des Zwölften Buches Sozialgesetzbuch und anderer Vorschriften v. 30.11.2019 (BGBL. I S. 1948) wurde in Abs. 4 S. 2 Nr. 1 ein redaktioneller Fehler beseitigt und die Verweisung auf § 66 Abs. 1 S. 3 Nr. 1 richtig gestellt. Sie regelt einheitlich für alle Rehabilitationsträger, die Geldleistungen zur Sicherung des Lebensunterhalts iSd § 64 Abs. 1 Nr. 1 erbringen – mit Ausnahme des Ausbildungsgeldes –, die Weiterzahlung dieser Entgeltersatzleistungen. Die in der Vorschrift 1 getroffenen Regelungen durchbrechen dabei den Grundsatz der **Akzessorietät** der den Lebensunterhalt sichernden ergänzenden Geldleistung von der Leistung zur Teilhabe als Hauptleistung in bestimmten in den Abs. 1, 3, 4 u. 5 normierten Fallgestaltungen.

2 Im Abs. 1 der Vorschrift ist der Weiterzahlungsanspruch in Zeiten zwischen zwei Leistungen zur Teilhabe, den sog. Zwischenzeiten, im Abs. 3 die Weiterzahlung der Entgeltersatzleistungen in Fällen einer gesundheitsbedingten Unterbrechung einer Leistung zur Teilhabe, im Abs. 4 die Weiterzahlung von Übergangsgeld und Unterhaltsbeihilfe bei bestehender Arbeitslosigkeit nach Abschluss einer Leistung zur Teilhabe am Arbeitsleben und im Abs. 5 die Weiterzahlung des Übergangsgeldes bei einer stufenweisen Wiedereingliederung geregelt.

3 Die Abs. 1, 3 u. 5 der Vorschrift sollen der Verwirklichung der vordringlichen Postulate im Teil 1 des SGB IX dienen, dem Vorrang der Rehabilitation und der **Einheitlichkeit des Rehabilitationsverfahrens** (Grundsatz der einheitlichen Trägerschaft, BSG 29.1.2008 – B 5a/5 R 26/07 R, SozR 4–3250 § 51 Nr. 1 = BeckRS 2008, 55043; 20.10.2009 – B 5 R 44/08 R, BeckRS 2010, 65786; jurisPK-SGB IX/*Schlette* § 71 Rn. 10). Mit § 71 wird einer Sicherungslücke entgegengetreten, da bei arbeitsfähigen Leistungsempfängern die Dispositionsmöglichkeit und Vermittelbarkeit auf dem Arbeitsmarkt dadurch wesentlich eingeschränkt ist, dass sie sich für die Teilnahme an der Folgeleistung zur Verfügung des Rehabilitationsträgers bereithalten müssen und arbeitsunfähige und nicht durch Krankengeldanspruch gesicherte Leistungsempfängern nicht auf das Zwischenübergangsgeld angewiesen wären, wenn die Folgeleistung im nahtlosen Anschluss an die abgeschlossene Leistung durchgeführt worden wäre.

B. Weiterzahlungsansprüche

1. bei Zwischenzeiten

4 Zwischen verschiedenen Leistungen zur Teilhabe lässt sich ein zeitlicher Abstand oft nicht vermeiden. In derartigen Zwischenzeiten besteht ein **Weiterzahlungsanspruch** des Menschen mit Behinderungen für diese Zwischenzeit, wenn er entweder arbeitsunfähig ist und keinen Anspruch auf Krankengeld mehr hat (Nr. 1 des Abs. 1) oder aber ihm eine zumutbare Beschäftigung aus Gründen, die er nicht zu vertreten hat, nicht vermittelt werden kann (Nr. 2 des Abs. 1). Ob es sich bei der vorangegangenen Leistung um eine Leistung zur medizinischen Rehabilitation oder aber um eine Leistung zur Teilhabe am Arbeitsleben handelt, ist nach dem Gesetzeswortlaut des Abs. 1 unerheblich. Ausgehend von diesem – eindeutigen – Wortlaut der getroffenen Regelung darf andererseits die „weitere" Leistung zur Teilhabe nicht eine Leistung zur medizinischen Rehabilitation sein, sondern ausschließlich eine Leistung zur Teilhabe am Arbeitsleben (BSG 19.4.1978 – 4 RJ 21/77, BeckRS 1978, 00499; HessLSG 24.7.2015 – L 5 R 429/12, BeckRS 2015, 71962). Darüber hinaus muss die vorangegangene Leistung abgeschlossen („planmäßig beendet" jurisPK-SGB IX/*Schlette* § 71 Rn. 13) und nicht nur unterbrochen sein (BSG 12.6.2001 – B 4 RA 80/00 R, BeckRS 2001, 41404; SächsLSG 8.3.2017 – L 5 R 979/15, NZS 2017, 633 mit Besprechung *Lau*, BeckRS 2017, 106843).

5 Welcher Rehabilitationsträger die vorangegangene Leistung zur Teilhabe gewährt hat, spielt keine Rolle. § 71 gilt für alle Rehabilitationsträger iSd § 6 Abs. 1 Nr. 1–5 (vgl. § 64 Abs. 1) gleichermaßen. Aus der Verwendung des Begriffs der „Weiterzahlung" ist dabei zu folgern, dass die weiter zu erbringende Geldleistung der vorangegangenen Leistung zur Teilhabe zuzuordnen ist (KassKomm/*Kater* SGB VI § 21 Rn. 61) und deshalb als leistungspflichtiger Träger ausschließlich derjenige Rehabilitationsträger in Betracht kommt, der die vorangegangene Leistung zur Teilhabe gewährt hat (BSG 22.8.1984 – 7 RAr 4/83, BSGE 57, 113 ff. (117)). Weiterzahlung der Entgeltersatzleistung bedeutet dann die Fortzahlung einer schon früher erbrachten Geldleistung in alter

Höhe bei Wahrung der Gleichheit von Leistungsgrund und Leistungshöhe (BSG 22.5.1985 – 1 RA 31/84, SozR 2200 § 1241e Nr. 16 S. 48 = BeckRS 1985, 05662).

Für einen Anspruch auf Weiterzahlung von Verletztengeld, Krankengeld der Sozialen Entschädigung oder Übergangsgeld normiert Abs. 1 der Vorschrift des Weiteren die folgenden Tatbestandsvoraussetzungen: 1. Es muss sich nach Beendigung der vorangegangenen Leistung zur Teilhabe die Erforderlichkeit einer weiteren Leistung, und zwar einer Leistung zur Teilhabe am Arbeitsleben, ergeben. 2. Diese weitere Leistung zur Teilhabe muss dem Grunde nach einen Anspruch auf Verletztengeld, Krankengeld der Sozialen Entschädigung oder Übergangsgeld auslösen (vgl. den Gesetzeswortlaut: „… während derer dem Grunde nach Anspruch auf Übergangsgeld besteht“). 3. Der Leistungsempfänger hat die Gründe, warum die weitere Leistung zur Teilhabe nicht unmittelbar anschließend durchgeführt werden kann, nicht zu vertreten. 4. Der Versicherte ist arbeitsunfähig und hat keinen Anspruch auf Krankengeld mehr (Abs. 1 S. 2 Nr. 1) oder aber ihm kann eine zumutbare Beschäftigung aus Gründen, die er nicht zu vertreten hat, nicht vermittelt werden (Abs. 1 S. 2 Nr. 2). 6

Hinsichtlich der Tatbestandsvoraussetzung der Erforderlichkeit der weiteren Leistung zur Teilhabe gilt, dass die weitere Leistung zur Teilhabe objektiv erforderlich sein muss; hingegen kommt es nicht darauf an, ob die weitere Leistung Teil eines **Gesamtplans** ist (BSG 23.9.1981 – 11 RA 58/80, SozR 2200 § 1241e Nr. 12 S. 33; aA SächsLSG 8.3.2017 – L 5 R 979/15, NZS 2017, 633). Entscheidend ist allein, ob bei Abschluss der vorangegangenen Leistung zur Teilhabe eine weitere Leistung zur Teilhabe am Arbeitsleben objektiv geboten war (BSG 23.9.1981 – 11 RA 58/80, SozR 2200 § 1241e Nr. 12 S. 33). Nicht ausreichend ist, wenn Tatsachen, die eine weitere Leistung erforderlich machen, objektiv erst nach Abschluss der ersten Leistung eintreten (LSG BW 10.2.2022 – L 10 R 1589/19, BeckRS 2022, 13021). 7

Die – rechtlich wesentlichen – Gründe, die zu dem nicht unmittelbaren Anschluss der weiteren Leistung zur Teilhabe führen, darf der Rehabilitand außerdem nicht zu vertreten haben. Beispielhaft ist insoweit in Abs. 2 der Vorschrift ein Fall der zu vertretenden Verzögerung aufgeführt. Eine derartige Fallgestaltung liegt danach dann vor, wenn der Rehabilitand zumutbare Angebote von Leistungen zur Teilhabe am Arbeitsleben deshalb ablehnt, weil ihm die Entfernung zu seinem Wohnort als zu groß erscheint. Nach § 140 Abs. 4 SGB III, der nach Abs. 2 S. 2 für entspr. anwendbar erklärt worden ist, ist einem Arbeitslosen eine Beschäftigung nicht zumutbar, wenn die täglichen **Pendelzeiten** zwischen seiner Wohnung und der Arbeitsstätte im Vergleich zur Arbeitszeit unverhältnismäßig lang sind (§ 140 Abs. 4 S. 1 SGB III). Als unverhältnismäßig lang sind im Regelfall nach S. 2 Pendelzeiten von insgesamt zweieinhalb Stunden bei einer Arbeitszeit von mehr als sechs Stunden und Pendelzeiten von zwei Stunden bei einer Arbeitszeit von sechs Stunden und weniger anzusehen. Sind in einer Region unter vergleichbaren Arbeitnehmern längere Pendelzeiten üblich, bilden diese den Maßstab (§ 140 Abs. 4 S. 3 SGB III). Da § 71 Abs. 2 den Fall einer zu vertretenden Verzögerung nur beispielhaft benennt (vgl. den Gesetzeswortlaut: „… insbesondere …“), bedarf es im Falle der Ablehnung einer angebotenen Leistung zur Teilhabe am Arbeitsleben durch den Rehabilitanden immer der Einzelfallprüfung, ob der Rehabilitand die zeitliche Verzögerung zu vertreten hat, dh ob die Gründe für die Verzögerung seinem Verantwortungsbereich zuzurechnen sind oder nicht. So lässt sich die im Abs. 2 beispielhaft aufgeführte Fallgestaltung einer zu vertretenden Verzögerung jedenfalls erweitern um alle diejenigen Fälle, in denen der Rehabilitand zumutbaren **Mitwirkungspflichten** im Sinne der §§ 60 ff. SGB I (es handelt sich dabei im Rechtssinne nicht um Pflichten, sondern um Obliegenheiten) vorsätzlich oder fahrlässig nicht oder nicht ausreichend nachkommt und sich dadurch die weitere Leistung zur Teilhabe am Arbeitsleben verzögert. 8

Die in den Nr. 1 u. 2 des Abs. 1 aufgeführten Tatbestandsvoraussetzungen müssen alternativ erfüllt sein; das ergibt sich aus der Verwendung des Bindeworts „oder“ in der Nr. 1 der Bestimmung. Diese alternativen Tatbestandsvoraussetzungen sind abschlie- 9 ßend; andere Gründe für eine fehlende wirtschaftliche Sicherung in einer anfallenden Zwischenzeit zwischen zwei Leistungen zur Teilhabe sind nicht geeignet, den Anspruch auf Weiterzahlung der Entgeltersatzleistung auszulösen.

10 Der Begriff der **Arbeitsunfähigkeit** im Sinne der Nr. 1 des Abs. 1 ist dem Recht der gesetzlichen Krankenversicherung entnommen (BSG 27.6.1978 – 4 RJ 90/77, SozR 2200 § 1241e Nr. 4 S. 7 = BeckRS 1978, 00515). Arbeitsunfähig im Sinne der gesetzlichen Krankenversicherung (§ 44 Abs. 1 S. 1 SGB V) ist derjenige, der seine zuletzt ausgeübte Erwerbstätigkeit oder eine ähnlich geartete Tätigkeit nicht mehr oder nur auf die Gefahr hin, seinen Zustand zu verschlimmern, verrichten kann (Becker/Kingreen/*Joussen* SGB V § 44 Rn. 11). Zusätzlich erforderlich ist, dass bei bestehender Arbeitsunfähigkeit des Rehabilitanden kein Anspruch auf Krankengeld mehr besteht. Diese vom Gesetzgeber gewählte Formulierung setzt voraus, dass ein Anspruch auf Krankengeld zunächst bestanden haben muss und dann wieder entfallen ist (Hauck/Noftz/*Schütze* § 51 Rn. 12; jurisPK-SGB IX/*Schlette* § 71 Rn. 18). Das kann – bei fortbestehender Arbeitsunfähigkeit – nur durch Ablauf des Krankengeldanspruchs (sog. Aussteuerung nach einer Bezugsdauer von 78 Wochen innerhalb von drei Jahren (§ 48 Abs. 1 S. 1 SGB V)) eintreten. Rehabilitanden, die Mitglieder einer gesetzlichen Krankenkasse sind, ohne einen Krankengeldanspruch zu haben, also zB freiwillig Versicherte, gehören damit nicht zu dem anspruchsberechtigten Personenkreis iSd Abs. 1 S. 2 Nr. 1 der Vorschrift.

11 Arbeitsunfähig bleibt der Rehabilitand auch dann, wenn er, zB zur stufenweisen Wiedereingliederung (vgl. § 44), eine Teilzeitbeschäftigung aufgenommen hat. Denn die Arbeitsunfähigkeit iSd § 44 Abs. 1 SGB V ist nicht teilbar. Der Anspruch auf Weiterzahlung der Entgeltersatzleistung wird deshalb durch die Teilzeitbeschäftigung nicht berührt (BSG 12.9.1978 – 5 RJ 6/77, SozR 2200 § 1237 Nr. 9 = BeckRS 1978, 30705237). Ein auf Grund der Teilzeitbeschäftigung erzieltes Erwerbseinkommen ist dann nach § 72 Abs. 1 Nr. 1 anzurechnen.

12 Ist der Rehabilitand arbeitsfähig, dann ist ihm eine zwischenzeitliche Arbeitsaufnahme in der Regel zuzumuten. Zwecks Klärung der Zumutbarkeit iSd Nr. 2 des Abs. 1 S. 2 kann auf die in § 140 SGB III getroffenen Regelungen zurückgegriffen werden. Wegen der derzeitigen Lage auf dem Arbeitsmarkt könnte der in der Nr. 2 des Abs. 1 getroffenen Regelung durchaus eine relevante Bedeutung zukommen. Die entsprechenden Feststellungen zur Vermittlungsfähigkeit des Rehabilitanden wird die zuständige Agentur für Arbeit zu treffen haben. Bei voraussehbaren kürzeren Zwischenzeiten zwischen zwei Leistungen zur Teilhabe, wenn die Zwischenzeit zB nicht mehr als sechs Wochen beträgt (insoweit kann auf die im Abs. 3 getroffene Regelung zurückgegriffen werden), kann jedenfalls unterstellt werden, dass die Vermittlung in eine zumutbare Beschäftigung nicht möglich ist. Der Weiterzahlungsanspruch in der Zwischenzeit setzt entspr. dem Gesetzeswortlaut jedenfalls nur voraus, dass dem Rehabilitanden eine zumutbare Beschäftigung nicht vermittelt werden kann; nicht erforderlich ist, dass der Rehabilitand auch keinen Anspruch auf Leistungen der Bundesagentur für Arbeit hat (BSG 20.3.1980 – 11 RA 39/79, SozR 2200 § 1241e Nr. 9 = BeckRS 1980, 30706631).

2. bei Erkrankungen

13 Der Abs. 3 der Vorschrift betrifft die Weiterzahlung von Übergangsgeld und Unterhaltsbeihilfe, wenn der Rehabilitand aus gesundheitlichen Gründen eine ihm bewilligte Leistung zur Teilhabe am Arbeitsleben nicht mehr in Anspruch nimmt. Es besteht dann ein Anspruch auf Weiterzahlung von Übergangsgeld und Unterhaltsbeihilfe bis zu dem – planmäßigen – Ende der bewilligten Leistung zur Teilhabe, längstens bis zur Höchstdauer von sechs Wochen (*Knittel* § 51 Rn. 21; LSG Saarl 1.9.2016 – L 1 R 36/15, info also 2017, 267–269). Aus dem vom Gesetzgeber gewählten Wortlaut der Vorschrift, wonach der Rehabilitand die Leistung zur Teilhabe allein aus gesundheitlichen Gründen nicht mehr in Anspruch nehmen kann, folgt im Umkehrschluss, dass bei einer nicht

weiteren Inanspruchnahme der Leistung zur Teilhabe aus anderen nicht die Arbeitsfähigkeit betreffenden Gründen eine entsprechende Anwendung der Vorschrift ausscheidet (LSW/*Stähler* § 51 Rn. 10; BSG 21.3.2001 – B 5 RJ 34/99, SozR 3–2600 § 20 Nr. 1 S. 5 = NZS 2001, 659 zu § 25 Abs. 3 Nr. 1 SGB VI aF). Die Formulierung „gesundheitsbedingt" weist daraufhin, dass keine Arbeitsunfähigkeit iSd Rechts der Krankenversicherung vorliegen muss.

In allen sonstigen Fällen der nicht gesundheitsbedingten Unterbrechen, also bei unentschuldigten Fehlzeiten, kommt – nach der Anhörung (§ 24 SGB X) – eine Aufhebung der Entscheidung über die Bewilligung des Übergangsgeldes nach § 48 SGB X in Betracht, und zwar nicht nur für die Zukunft (§ 48 Abs. 1 S. 1 SGB X), sondern bei Bösgläubigkeit des Rehabilitanden nach § 48 Abs. 1 S. 2 SGB X auch für die Vergangenheit. **13a**

Ob der Abs. 3 der Vorschrift als Anspruchsgrundlage für einen Weiterzahlungsanspruch ausschließlich in Fällen der Unterbrechung der Teilnahme an einer Leistung zur Teilhabe am Arbeitsleben oder aber auch im Falle des Abbruchs der konkreten Maßnahme heranzuziehen ist, ist nach dem Wortlaut der Vorschrift nicht zweifelsfrei zu beantworten (verneinend für den Abbruch *Benz* BG 2001, 551 ff. (561); Hauck/Noftz/*Schütze* § 51 Rn. 17). Aus dem gewählten Gesetzeswortlaut, dass Leistungen zur Teilhabe „voraussichtlich wieder in Anspruch genommen" werden, lässt sich diese verneinende Auffassung nicht absolut zwingend begründen. Denn mit der zu stellenden Prognoseentscheidung „voraussichtlich" kann sowohl die bereits bewilligte Leistung zur Teilhabe am Arbeitsleben betroffen sein, was für die Beschränkung auf Unterbrechungen spräche, als auch eine andere erneut zu bewilligende Leistung zur Teilhabe. Dann müsste jedoch eine Fortführung der bisherigen Leistung zur Teilhabe am Arbeitsleben nicht mehr Erfolg versprechend sein (zB wegen der Länge der Unterbrechung). Für eine neue Leistung zur Teilhabe wäre dann jedoch eine erneute Entscheidung des Rehabilitationsträgers erforderlich, so dass mehr Gründe für die Beschränkung auf die Unterbrechung bestehen. **14**

Die Berechnung der Sechswochenfrist ist wiederum nach § 26 Abs. 1 SGB X iVm §§ 187, 188 BGB durchzuführen. Diese Höchstdauer des Weiterzahlungsanspruchs nach Abs. 3 ist allerdings begrenzt durch das Ende der bewilligten Leistung zur Teilhabe am Arbeitsleben, die der Rehabilitand nicht weiter in Anspruch nehmen konnte. **15**

3. bei Arbeitslosigkeit

Der Gesetzgeber geht bei der im Abs. 4 der Vorschrift getroffenen Regelung davon aus, dass nach Durchführung von Leistungen zur Teilhabe am Arbeitsleben Schwierigkeiten und Verzögerungen bei der **Wiedereingliederung** des Menschen mit Behinderungen in das Arbeitsleben auftreten können. Während einer auf drei Monate begrenzten Übergangszeit soll der Mensch mit Behinderungen deshalb nicht einem Arbeitslosen gleichgestellt werden, sondern der Lebensunterhalt des Menschen mit Behinderungen soll von dem – die vorangegangene Leistung zur Teilhabe am Arbeitsleben gewährenden – Rehabilitationsträger sichergestellt werden. Dies Regelung ist darauf zurückzuführen, dass Rehabilitanden während der Durchführung von Leistungen zur Teilhabe am Arbeitsleben nicht der Versicherungspflicht nach dem SGB III unterliegen und sie somit aus diesem Zeitraum keine Anwartschaft auf künftige Leistungen der Agentur für Arbeit erwerben können. **16**

Tatbestandsvoraussetzung für den Weiterzahlungsanspruch nach Abs. 4 ist zunächst, dass der Rehabilitand die Leistung zur Teilhabe am Arbeitsleben abgeschlossen, dh erfolgreich beendet, haben muss (zB BSG 12.9.1978 – 5 RJ 8/78, SozR 2200 § 1241e Nr. 5 = BeckRS 1978, 30705245; 11.3.1976 – 7 RAr 8/74, BSGE 41, 224 ff.; 23.2.2000 – B 5 RJ 38/98 R, BeckRS 2000, 41000; LSG BW 1.7.2011 – L 3 AL 5887/10; BayLSG 22.2.2017 – L 6 R 560/15, BeckRS 2017, 111011). Bei Maßnahmen, die keine Abschlussprüfung vorsehen, die das Erreichen des Maßnahmeziels dokumentiert, ist von einem erfolgreichen Abschluss dann auszugehen, wenn der Rehabilitand die bewilligte **17**

Maßnahme planmäßig durchlaufen und daran bis zu dem vorgesehenen Ende nachweislich teilgenommen hat. Wird eine Maßnahme abgebrochen und der Leistungsbezieher hat dadurch nicht bis zum vorgesehenen Ende der Maßnahme teilgenommen, besteht kein Anspruch auf **Anschlussübergangsgeld.**

18 Verzögert sich die Ausstellung des Prüfungszeugnisses, dann kann auf den Tag der Bekanntgabe des Prüfungsergebnisses nur abgestellt werden, wenn zumindest eine vorläufige Bescheinigung ausgestellt worden ist, mit der der Mensch mit Behinderungen seinen Abschluss bei der aufzunehmenden Arbeitssuche nachweisen kann. Sind Abschlussprüfungen für die jeweilige Leistung zur Teilhabe nicht vorgesehen, sondern nur der Nachweis der Teilnahme an bestehenden Unterrichtsveranstaltungen, dann beginnt die Dreimonatsfrist mit dem – nachgewiesenen – Ende dieser Ausbildung oder Fortbildung.

19 Weitere Voraussetzung für den Weiterzahlungsanspruch nach Abs. 4 ist, dass der Mensch mit Behinderungen nicht nur arbeitslos ist, sondern sich auch tatsächlich bei der Agentur für Arbeit arbeitslos gemeldet hat (vgl. § 137 Abs. 1 Nr. 2 SGB III). Ist der Mensch mit Behinderungen nach Abschluss der Leistung zur Teilhabe nicht bereits arbeitslos gemeldet, sondern meldet er sich erst später, dann entsteht der Weiterzahlungsanspruch erst mit dem Tag der Arbeitslosmeldung.

20 Der Dreimonatszeitraum beginnt iÜ mit dem Tag nach dem Tag des Abschlusses der Leistung zur Teilhabe und endet nach drei Monaten mit dem Tag, der diesem Tag nach der Zahl entspricht (§ 26 Abs. 1 SGB X iVm § 187 Abs. 2, § 188 Abs. 2 BGB). Der Dreimonatszeitraum stellt einen festen Zeitraum dar, der weder durch den Zeitpunkt der Arbeitslosmeldung noch durch andere Ereignisse verändert werden kann. Erfolgreich abgeschlossen ist die Leistung zur Teilhabe am Tag der Aushändigung des Prüfungs- bzw. Abschlusszeugnisses.

21 Nimmt der Mensch mit Behinderungen innerhalb des Dreimonatszeitraums eine Beschäftigung oder Tätigkeit auf, dann endet mit dem Tag vor dem Antritt dieser Beschäftigung oder Tätigkeit der Weiterzahlungsanspruch gegen den Rehabilitationsträger (LSW/*Stähler* § 51 Rn. 15). Denn der Weiterzahlungsanspruch nach Abs. 4 besteht nur „während der Arbeitslosigkeit". Beendet der Mensch mit Behinderungen noch innerhalb des Dreimonatszeitraums die aufgenommene Beschäftigung oder Tätigkeit und meldet er sich erneut arbeitslos, so erlischt der Anspruch nicht endgültig, sondern kann neu entstehen (BSG 23.2.2011 – B 11 AL 15/10 R, NZS 2011, 831).

22 Nach dem Wortlaut des Abs. 4 vermindert sich die „Anspruchsdauer", wenn ein Anspruch auf Arbeitslosengeld geltend gemacht werden kann. Hieraus ergibt sich eine Vorrangigkeit des Arbeitslosengeldes (Mrozynski SGB IX/*Jabben* § 51 Rn. 25; BSG 10.10.2002 – B 2 U 2/02 R, NZS 2003, 327).

23 Die Höhe des nach Abs. 4 weiterzuzahlenden Übergangsgeldes bestimmt sich nach Abs. 4 S. 2. Danach ist bei Leistungsempfängern, die die Voraussetzungen des erhöhten Bemessungssatzes nach § 66 Abs. 1 S. 3 Nr. 1 erfüllen, ein Übergangsgeld iHv 67 % des sich aus § 66 Abs. 1 S. 1 oder § 68 ergebenden Betrages zu zahlen. Die Verweisung auf § 66 Abs. 1 S. 2 Nr. 1 ist ein redaktioneller Fehler. Bei den übrigen Leistungsempfängern ist ein Übergangsgeld iHv 60 % des sich ergebenden Betrages zu zahlen.

4. bei stufenweiser Wiedereingliederung

24 Nach dem Abs. 5 der Vorschrift besteht ein Anspruch auf Weiterzahlung des Übergangsgeldes auch während einer **stufenweisen Wiedereingliederung** nach § 44 unter der Voraussetzung, dass sich diese Maßnahme unmittelbar an eine vorhergehende Leistung zur medizinischen Rehabilitation anschließt und diese Maßnahme zur Wiedereingliederung in das Erwerbsleben erforderlich ist. Eine Maßnahme zur Wiedereingliederung ist dann erforderlich, wenn diese durch die Ärzte der Rehabilitationsklinik verordnet wurde (BSG 5.2.2009 – B 13 R 27/08 R, BeckRS 2009, 60022), eine Empfehlung im

Entlassungsbericht ist nicht ausreichend. Die Regelung ist Ausfluss des gesetzlichen Gebots der vollständigen und umfassenden Leistungserbringung (§ 4 Abs. 2 S. 2). Damit bleibt der zunächst zuständige Rehabilitationsträger auch für die Weitergewährung des Übergangsgeldes während einer sich unmittelbar anschließenden stufenweisen Wiedereingliederungsmaßnahme nach § 44 zuständig.

Ein **unmittelbarer Anschluss** in Gestalt eines taggenauen Anschlusses der stufenweisen Wiedereingliederung an eine zuvor durchgeführte Leistung zur Teilhabe ist wegen der Abstimmung mit dem Arbeitgeber unrealistisch (BSG 29.1.2008 – B 5a/5 R 26/07 R, SozR 4–3250 § 51 Nr. 1 = BeckRS 2008, 55043). Der unbestimmte Rechtsbegriff „unmittelbar" weist in diesem Zusammenhang auf eine sachliche Verknüpfung hin (weitere Zuständigkeit des Rehabilitationsträgers), hat aber auch eine zeitliche Komponente. Hinsichtlich der sachlichen Komponente hat das BSG für die Rentenversicherungsträger entschieden, dass die Zuständigkeit erhalten bleibt, solange das rentenversicherungsrechtliche Rehabilitationsziel noch nicht erreicht sei, weil der Versicherte die bisherige Tätigkeit hinsichtlich der arbeitsplatzspezifischen Anforderungen noch nicht in vollem Umfang aufnehmen könne (BSG 20.10.2009 – B 5 R 44/08 R, BeckRS 2010, 65786). Die Voraussetzungen der stufenweisen Wiedereingliederung müssen durchgängig bis zum Beginn der Leistung vorliegen (LSG Nds-Brem 7.10.2015 – L 2 R 349/15, BeckRS 2015, 73189). 25

Die zeitliche Komponente wird sehr unterschiedlich gesehen. In Anlehnung an § 14 wurde ein Zeitraum von 14 Tagen als „unmittelbar" angesehen (GK-SGB IX/*Löschau* § 71 Rn. 73; jurisPK-SGB IX/*Schlette* § 71 Rn. 39). Eine solche strikte Begrenzung wurde vom BSG abgelehnt (BSG 5.2.2009 – B 13 R 27/08 R, BeckRS 2009, 60022), die Dauer der Wiedereingliederung wird als individuell angesehen und richte sich nach dem jeweiligen Eingliederungsplan (BSG 29.1.2008 – B 5a/5 R 26/07 R, SozR 4–3250 § 51 Nr. 1 = BeckRS 2008, 55043; so auch LSG BW 11.12.2013 – L 2 R 1706/11, BeckRS 2014, 67201, dreieinhalb Monate bei inkompletter Querschnittslähmung). 26

Aufgrund der unterschiedlichen rechtlichen Beurteilungen und den damit verbundenen Problemen in der Praxis haben die Spitzenverbände der Krankenkassen mit der Rentenversicherung eine Vereinbarung zur Zuständigkeitsabgrenzung bei stufenweiser Wiedereingliederung abgeschlossen. Hiernach ist die Rentenversicherung nach einer von ihr durchgeführten Rehabilitationsmaßnahme für eine stufenweise Wiedereingliederung grds. zuständig, wenn die stufenweise Wiedereingliederung innerhalb von vier Wochen beginnt (§ 1 Grundsatz; www.bar-frankfurt.de./Publikationen/Arbeitshilfen/Stufenweise Wiedereingliederung in den Arbeitsprozess (Anl. II)). 27

§ 72 Einkommensanrechnung

(1) Auf das Übergangsgeld der Rehabilitationsträger nach § 6 Absatz 1 Nummer 2, 4 und 5 wird Folgendes angerechnet:

1. **Erwerbseinkommen aus einer Beschäftigung oder einer während des Anspruchs auf Übergangsgeld ausgeübten Tätigkeit, das bei Beschäftigten um die gesetzlichen Abzüge und um einmalig gezahltes Arbeitsentgelt und bei sonstigen Leistungsempfängern um 20 Prozent zu vermindern ist,**
2. **Leistungen des Arbeitgebers zum Übergangsgeld, soweit sie zusammen mit dem Übergangsgeld das vor Beginn der Leistung erzielte, um die gesetzlichen Abzüge verminderte Arbeitsentgelt übersteigen,**
3. **Geldleistungen, die eine öffentlich-rechtliche Stelle im Zusammenhang mit einer Leistung zur medizinischen Rehabilitation oder einer Leistung zur Teilhabe am Arbeitsleben erbringt,**
4. **Renten wegen verminderter Erwerbsfähigkeit oder Verletztenrenten in Höhe des sich aus § 18a Absatz 3 Satz 1 Nummer 4 des Vierten Buches ergebenden Betrages, wenn**

sich die Minderung der Erwerbsfähigkeit auf die Höhe der Berechnungsgrundlage für das Übergangsgeld nicht ausgewirkt hat,
5. Renten wegen verminderter Erwerbsfähigkeit, die aus demselben Anlass wie die Leistungen zur Teilhabe erbracht werden, wenn durch die Anrechnung eine unbillige Doppelleistung vermieden wird,
6. Renten wegen Alters, die bei der Berechnung des Übergangsgeldes aus einem Teilarbeitsentgelt nicht berücksichtigt wurden,
7. Verletztengeld nach den Vorschriften des Siebten Buches und
8. vergleichbare Leistungen nach den Nummern 1 bis 7, die von einer Stelle außerhalb des Geltungsbereichs dieses Gesetzbuchs erbracht werden.

(2) Bei der Anrechnung von Verletztenrenten mit Kinderzulage und von Renten wegen verminderter Erwerbsfähigkeit mit Kinderzuschuss auf das Übergangsgeld bleibt ein Betrag in Höhe des Kindergeldes nach § 66 des Einkommensteuergesetzes oder § 6 des Bundeskindergeldgesetzes außer Ansatz.

(3) Wird ein Anspruch auf Leistungen, um die das Übergangsgeld nach Absatz 1 Nummer 3 zu kürzen wäre, nicht erfüllt, geht der Anspruch insoweit mit Zahlung des Übergangsgeldes auf den Rehabilitationsträger über; die §§ 104 und 115 des Zehnten Buches bleiben unberührt.

Übersicht

A. Allgemeines

1 Die Vorschrift entspricht bis auf redaktionelle Anpassungen dem § 52 SGB IX 2001. Die Regelungen fassen die für die im Abs. 1 aufgeführten Rehabilitationsträger gemeinsam geltenden Regelungen zusammen, wobei den abweichenden Regelungen in den jeweiligen Leistungsgesetzen nach § 7 vorrangige Bedeutung zukommt. Eine derartige abweichende Regelung stellt für die gesetzliche Unfallversicherung § 52 SGB VII dar.

2 Die Anrechnungsbestimmungen der Vorschrift sind nach Abs. 1 begrenzt auf die Rehabilitationsträger iSd § 6 Abs. 1 Nr. 2, 4, 5, dh die Bundesagentur für Arbeit, die Träger der gesetzlichen Rentenversicherung und die Träger der Alterssicherung der Landwirte sowie die Träger der Kriegsopferversorgung und der Kriegsopferfürsorge. Ausgenommen sind somit die gesetzliche Krankenversicherung und die gesetzliche Unfallversicherung.

3 Das Übergangsgeld als Entgeltersatzleistung soll die wirtschaftliche Sicherung des Rehabilitanden und seiner Familienangehörigen gewährleisten (vgl. jurisPK SGB IX/*Schlette* § 72 Rn. 6). Abs. 1 sieht deshalb vor, dass die Entgeltersatzleistung insoweit entfällt, als die wirtschaftliche Versorgung des Rehabilitanden anderweitig sichergestellt ist. In Abs. 2 sind Besonderheiten im Zusammenhang mit Kinderzulagen und Kinderzuschüssen geregelt. Abs. 3 formuliert einen gesetzlichen Forderungsübergang.

B. Anrechnung

1. Erwerbseinkommen

Erwerbseinkommen umfasst als Oberbegriff das **Arbeitsentgelt** abhängig Beschäftigter iSd § 14 SGB IV ebenso wie das **Arbeitseinkommen** selbständig Tätiger iSd § 15 SGB IV (LPK-SGB IX/*Liebig/Asmaslky* § 72 Rn. 7). Dem Arbeitsentgelt steht das nach § 165 SGB III zu gewährende **Insolvenzgeld** gleich (*Knittel* § 52 Rn. 13). Ohne Bedeutung ist, ob das Arbeitsentgelt auf Grund einer versicherungspflichtigen oder auf Grund einer versicherungsfreien Beschäftigung erzielt wird und aus welchem Rechtsgrund es gezahlt wird; auch Sachbezüge zählen zum Arbeitsentgelt (vgl. § 17 Abs. 1 S. 1 Nr. 4 SGB IV). 4

Kein Arbeitsentgelt sind dagegen zB der Arbeitgeberzuschuss zur freiwilligen Krankenversicherung nach § 257 Abs. 1 SGB V als steuerfreie und damit beitragsfreie Leistung des Arbeitgebers (GK-SGB IX/*Löschau* § 72 Rn. 23), die Arbeitnehmersparzulage, Abfindungen und lohnsteuerfreie Zuschläge für Sonn-, Feiertags- und Nachtarbeit (BSG 16.2.1989 – 4 RA 2/88, SozR 2200 § 1241f Nr. 4 = BeckRS 1989, 30730020). 4a

Das Arbeitsentgelt bei Beschäftigten ist nach Abs. 1 Nr. 1 um die gesetzlichen Abzüge zu vermindern, dh es ist das **Nettoarbeitsentgelt** heranzuziehen, denn nur dieses steht dem Leistungsempfänger tatsächlich zur Verfügung (KassKomm/*Kater* SGB VI § 21 Rn. 86; LSW/*Stähler* § 52 Rn. 11; LPK-SGB IX/*Liebig/Asmalsky* § 72 Rn. 8). Bei der Ermittlung dieses Nettoarbeitsentgelts sind weder ein später durchgeführter Lohnsteuerausgleich noch Freibeträge zu berücksichtigen, die nicht in die Lohnsteuerkarte eingetragen worden sind (BSG 10.5.1977 – 11 RA 110/76, SozR 2200 § 1241 Nr. 4 = BeckRS 1977, 30414462). 5

Das Arbeitsentgelt ist außerdem bei Beschäftigten nach Abs. 1 Nr. 1 um einmalig gezahltes Arbeitsentgelt zu vermindern (*Knittel* § 52 Rn. 18). Einmalig gezahltes Arbeitsentgelt sind nach der in § 23a Abs. 1 S. 1 SGB IV getroffenen Legaldefinition Zuwendungen des Arbeitgebers, die dem Arbeitsentgelt zuzurechnen sind und nicht für die Arbeit in einem einzelnen Entgeltabrechnungszeitraum gezahlt werden. 6

Bei der Ermittlung des Arbeitseinkommens eines während des Übergangsgeldbezuges weiterhin tätigen Selbständigen – das Ausüben einer Tätigkeit während des Übergangsgeldbezuges wird nach Abs. 1 Nr. 1 gefordert – kann zur Ermittlung des Einkommens auf den **Einkommensteuerbescheid** des letzten Jahres zurückgegriffen werden (GK-SGB IX/*Löschau* § 72 Rn. 24; BSG 22.4.1986 – 12 RK 53/84, NZA 1986, 845). Das anzurechnende Bruttoarbeitseinkommen ergibt sich aus dem Einkommen abzüglich der betriebsbedingten Ausgaben. Aus steuerlichen Gründen zulässige Absetzungen (Freibeträge) sind nicht zu berücksichtigen. Anzurechnen ist dann bei Selbständigen das um 20 vH verminderte Arbeitseinkommen (jurisPK-SGB IX/*Schlette* § 72 Rn. 16). Der Begriff der „ausgeübten Tätigkeit" umfasst nicht nur das Einkommen aus einer „persönlich" ausgeübten Tätigkeit, sondern auch das Einkommen, das durch die Weiterführung des Betriebes seitens eines Dritten erzielt wird (KassKomm/*Kater* SGB VI § 21 Rn. 89; Mrozynski SGB IX/*Jabben* § 52 Rn. 3). Ein Ruhegehalt oder eine Pension sind kein Arbeitseinkommen, das angerechnet werden könnte (BSG 24.1.1963 – 4 RJ 135/61, BSGE 18, 204). 7

2. Leistungen des Arbeitgebers

Nach Abs. 1 Nr. 2 werden auch alle übrigen Leistungen des Arbeitgebers angerechnet, die der Aufstockung des Übergangsgeldes dienen und damit gemeinsam mit dem **Übergangsgeld** das zuvor erzielte Nettoentgelt übersteigen (KHM/*von der Heide* § 52 Rn. 11). Zu diesen Leistungen gehört auch eine über den gesetzlichen Entgeltfortzahlungsanspruch hinausgehende Leistung (BAG 29.9.2004 – 5 AZR 99/04, NZA 2005, 8

104 (105); vgl. auch jurisPK-SGB IX/*Schlette* § 72 Rn. 18). Maßgebend ist das tatsächlich erzielte Nettoarbeitsentgelt, dh diese Grenze gilt ohne Berücksichtigung der Beitragsbemessungsgrenze. Hierbei ist unerheblich, ob eine Zahlungsverpflichtung des Arbeitgebers auf Grund Tarifvertrages oder Arbeitsvertrages besteht oder ob der Arbeitgeber die Leistung aus freien Stücken erbringt

3. Geldleistungen öffentlich-rechtlicher Stellen

9 Die im Abs. 1 Nr. 3 getroffene Regelung dient dem Ziel zu verhindern, dass durch zusätzliche Geldleistungen öffentlich-rechtlicher Stellen in Gestalt von Sonderzahlungen, zB einem Taschengeld, die wegen etwaiger Sondervorschriften in den Bundesländern gewährt werden, die Rehabilitanden im Bundesgebiet unterschiedlich behandelt werden. Der Bestimmung kommt keine praktische Bedeutung zu (LPK-SGB IX/*Liebig*/*Asmaslky* § 72 Rn. 10). Da die Aufzählung in Abs. 1 S. 1 abschließend ist, können andere Einkommen wie zB Krankentagegeld aus einer privaten freiwilligen Zusatzversicherung oder Elterngeld nach dem Bundeselterngeld- und Elternzeitgesetz nicht angerechnet werden.

4. Renten

10 a) **Renten wegen verminderter Erwerbsfähigkeit und Verletztenrenten.** Renten wegen verminderter Erwerbsfähigkeit sind Renten wegen voller (§ 43 Abs. 2 SGB VI) oder teilweiser Erwerbsminderung (§ 43 Abs. 1 SGB VI) bzw. bei teilweiser Erwerbsminderung wegen Berufsunfähigkeit (§ 240 SGB VI), Renten für Bergleute (§ 45 SGB VI) und die nach dem bis zum 31.12.2000 geltenden Recht nach § 302b SGB VI weiterzuzahlenden Renten wegen Berufs- oder Erwerbsunfähigkeit (vgl. §§ 43, 44 SGB VI in den bis zum 31.12.2000 geltenden Fassungen). Hinterbliebenenrenten, die auf Grund des § 46 Abs. 2 S. 1 Nr. 3 SGB VI gewährt werden, gehören hingegen nicht zu den Renten wegen verminderter Erwerbsfähigkeit, weil es sich der Rentenart nach nicht um Renten wegen verminderter Erwerbsfähigkeit handelt.

11 Liegen der Berechnung des Übergangsgeldes Arbeitseinkünfte zugrunde, die ohne die Erwerbsminderung erzielt wurden, dann ist die Erwerbsminderungsrente anzurechnen; das gilt in allen Fällen, in denen das Übergangsgeld aus einem Arbeitsentgelt vor dem Rentenbeginn errechnet worden ist, also sich die Minderung der Erwerbsfähigkeit noch nicht negativ auf die **Berechnungsgrundlage** für das Übergangsgeld (§§ 66 ff.) ausgewirkt hat (GK-SGB IX/*Löschau* § 72 Rn. 32; jurisPK-SGB IX/*Schlette* § 72 Rn. 22). Die Anrechnung scheidet hingegen aus, wenn das Übergangsgeld aus einem Arbeitsentgelt errechnet worden ist, das neben der Erwerbsminderungsrente erzielt wurde.

12 Wird das Übergangsgeld wegen des zu lange zurückliegenden Bemessungszeitraumes nach § 68 unter Zugrundelegung eines fiktiven Arbeitsentgelts berechnet, hat sich die Erwerbsminderung nicht mindernd auf die Berechnungsgrundlagen ausgewirkt.

13 Anzurechnen ist auf das Übergangsgeld die kalendertägliche Nettorente, dh die monatliche Rente abzüglich der Beiträge zur Kranken- und Pflegeversicherung, geteilt durch 30 (*Knittel* § 52 Rn. 31).

14 Rentenempfängern, denen nach § 270 SGB VI noch ein Kinderzuschuss weitergezahlt werden sollte (das Gleiche gilt für die Kinderzulage zu der Verletztenrente), ist nach dem Abs. 2 der Vorschrift ein Betrag in Höhe des Kindergeldes iSd § 66 EStG oder des § 6 BKGG (192 EUR für das 1. und 2. Kind und für das 3. Kind 198 EUR sowie für das 4. und jedes weitere Kind jeweils 223 EUR) abzuziehen bzw. bei selbständig Tätigen der Kindergeldbetrag nach § 66 EStG. Das Gleiche gilt bei den Verletztenrenten, die nach § 217 Abs. 3 SGB VII in Bestandsschutzfällen noch gezahlt werden.

15 Ist eine **Verletztenrente** anzurechnen, dann ist nach dem Wortlaut des Abs. 1 Nr. 4 die Anrechnung auf die Höhe des sich aus § 18a Abs. 3 S. 1 Nr. 4 SGB IV ergebenden

Betrages begrenzt. Das ist derjenige Betrag, der die Grundrente nach dem BVG, die nach demselben Grad der MdE wie die Verletztenrente zu zahlen wäre, übersteigt. Die Differenz zwischen dem Betrag der Grundrente und dem Zahlbetrag der Verletztenrente ist dann der Anrechnungsbetrag iSd Abs. 1 Nr. 4.

Nach Abs. 1 Nr. 5 sind auch Renten wegen verminderter Erwerbsfähigkeit, die aus 16 demselben Anlass wie die Leistungen zur Teilhabe erbracht werden, anzurechnen, wenn durch die Anrechnung eine unbillige Doppelleistung vermieden wird (SächsLSG 27.9.2012 – L 3 AL 223/10, BeckRS 2012, 76250). Diese Vorschrift betrifft damit das Zusammentreffen von Ansprüchen auf Rente wegen verminderter Erwerbsfähigkeit und Übergangsgeld für denselben Zeitraum. Von der Regelung erfasst werden nur Renten wegen verminderter Erwerbsfähigkeit, hingegen nicht Verletztenrenten, deren Anrechnung sich allein nach Abs. 1 Nr. 4 richtet. Zum tatsächlichen Bezug von **Doppelleistungen** dürfte es allerdings wegen der in § 116 Abs. 3 SGB VI getroffenen Regelungen nicht kommen.

Die Anrechnung nach Abs. 1 Nr. 5 ist iÜ von dem Vorliegen einer unbilligen Doppel- 17 leistung abhängig gemacht worden. Eine solche Doppelleistung kann ausschließlich vorliegen, wenn die Leistungen zur medizinischen Rehabilitation sowie die Rentenleistung aus demselben Grund erbracht werden (KassKomm/*Kater* SGB VI § 21 Rn. 94). Dieser unbestimmte Rechtsbegriff unterliegt der uneingeschränkten gerichtlichen Überprüfung (BSG 23.6.1981 – 7 RAr 32/80, SozR 4100 § 59e Nr. 1 S. 2 = BeckRS 1981, 05434). Wird die Unbilligkeit der Doppelleistung bejaht, dann ist die Rente zwingend anzurechnen, ein Ermessensspielraum besteht nicht.

b) **Renten wegen Alters.** Die Regelung des Abs. 1 Nr. 6 besagt, dass Renten wegen 18 Alters dann nicht anzurechnen sind, wenn das Übergangsgeld aus einem Arbeitsentgelt erzielt worden ist, das zulässigerweise neben dem Bezug der Altersteilrente erarbeitet worden ist. Für Bezieher einer Altersteilrente (vgl. § 42 SGB VI) gelten die **Hinzuverdienstgrenzen** des § 34 Abs. 3 SGB VI, die höher liegen als diejenigen für Bezieher einer Vollrente (vgl. § 34 Abs. 2 SGB VI). Arbeitet der Altersteilrentner neben dem Rentenbezug, was wegen der erforderlichen Sicherstellung des Lebensunterhalts der Regelfall sein dürfte, und erhält er eine Leistung zur Teilhabe (mit Übergangsgeldanspruch), dann ist die Altersteilrente nicht auf dieses Übergangsgeld anzurechnen. Die Vorschrift trägt damit dem Umstand Rechnung, dass Leistungen zur Teilhabe auch im Falle des Bezuges einer Altersteilrente gewährt werden können, da nach § 12 Abs. 1 Nr. 2 SGB VI erst der Bezug oder die Beantragung einer Rente wegen Alters von wenigstens zwei Dritteln der Vollrente die Leistungen zur Teilhabe ausschließt. Die Regelung dürfte im Wesentlichen nur in Fällen zum Tragen kommen, in denen rückwirkend eine höhere Rente wegen Alters beansprucht wird (rückwirkend bis zu drei Monaten, vgl. § 99 Abs. 1 S. 1 SGB VI) und diese rückwirkende Rentengewährung zu Überschneidungen zwischen Renten- und Übergangsgeldbezugszeiten führt (KassKomm/*Kater* SGB VI § 21 Rn. 95).

5. Verletztengeld

Das Verletztengeld, das nach den Vorschriften der gesetzlichen Unfallversicherung im 19 SGB VII gezahlt wird, ist nach Abs. 1 Nr. 7 anzurechnen. Verletztengeld wird von einer Berufsgenossenschaft nach § 45 SGB VII gewährt, wenn der Versicherte infolge eines Arbeitsunfalls (§ 8 SGB VII) oder einer Berufskrankheit (§ 9 SGB VII) arbeitsunfähig ist oder an einer Leistung zur Teilhabe teilnimmt. Eine Anrechnung auf das Übergangsgeld erfolgt in Höhe des sich aus § 18a Abs. 3 S. 1 Nr. 4 SGB IV ergebenden Betrages (LSW/*Stähler* § 52 Rn. 16). Das Verletztengeld aus der gesetzlichen Unfallversicherung ist eine vorrangige Leistung, wegen deren Höhe das Übergangsgeld in der Regel ganz entfallen dürfte.

6. Vergleichbare Leistungen aus dem Ausland

20 Abs. 1 Nr. 8 bestimmt, dass dann, wenn ein Rehabilitand, zB ein **Grenzgänger,** eine ausländische Leistung erhält, die einer der in Abs. 1 Nr. 1–7 aufgeführten Leistungen vergleichbar ist, diese Leistung ebenfalls auf das Übergangsgeld anzurechnen ist (LPK-SGB IX/*Liebig*/*Asmalsky* § 72 Rn. 16).

C. Forderungsübergang

21 Dem im Abs. 3 Hs. 1 enthaltenen gesetzlichen Forderungsübergang kommt praktisch keine Bedeutung mehr zu, da die nach Abs. 1 Nr. 3 anzurechnenden Geldleistungen öffentlich-rechtlicher Stellen in der Regel nicht mehr erbracht werden (so auch Kass-Komm/*Kater* SGB VI § 21 Rn. 103).

22 Der Hs. 2 des Abs. 3 verweist auf die – allgemeinen – Vorschriften des § 104 SGB X zur Erstattungsverpflichtung des vorrangigen Leistungsträgers und des § 115 SGB X, der ebenfalls einen gesetzlichen Forderungsübergang hinsichtlich von Ansprüchen des Arbeitnehmers gegen den Arbeitgeber auf den Leistungsträger normiert. § 104 SGB X erfasst im Wesentlichen Fallgestaltungen, in denen der Leistungsberechtigte auf Grund unterschiedlicher Bedarfssituationen nebeneinander Ansprüche gegen verschiedene Rehabilitationsträger hat. § 115 SGB X betrifft einen Entgeltfortzahlungsanspruch des Arbeitnehmers gegen den Arbeitgeber, hauptsächlich bei Leistungen zur medizinischen Rehabilitation. Erfüllt der Arbeitgeber diesen **Entgeltfortzahlungsanspruch** nicht, dann ist in derartigen Fällen das Übergangsgeld ungekürzt zu zahlen. Der Anspruch des Rehabilitanden gegen seinen Arbeitgeber geht dann kraft Gesetzes nach § 115 SGB X bis zur Höhe des gezahlten Übergangsgeldes auf den Rehabilitationsträger über. Eine – nachträgliche – Zahlung des Arbeitgebers an den Rehabilitanden hat dann keine befreiende Wirkung mehr. Der Rehabilitationsträger ist Forderungsinhaber und damit anspruchsberechtigt, die Entgeltfortzahlungsansprüche des Rehabilitanden gegen seinen Arbeitgeber ggf. vor dem Arbeitsgericht geltend zu machen. Der Entgeltfortzahlungsanspruch bestimmt sich nach dem EFZG und gilt für die Höchstdauer von sechs Wochen (§ 3 Abs. 1 S. 1 iVm § 9 Abs. 1 S. 1 EFZG). Ausgehend von dieser gesetzlichen Mindestsicherung können arbeits- und tarifvertragliche Regelungen günstiger ausgestaltet sein (§ 12 EFZG).

§ 73 Reisekosten

(1) [1]Als Reisekosten werden die erforderlichen Fahr-, Verpflegungs- und Übernachtungskosten übernommen, die im Zusammenhang mit der Ausführung einer Leistung zur medizinischen Rehabilitation oder zur Teilhabe am Arbeitsleben stehen. [2]Zu den Reisekosten gehören auch die Kosten

1. **für besondere Beförderungsmittel, deren Inanspruchnahme wegen der Art oder Schwere der Behinderung erforderlich ist,**
2. **für eine wegen der Behinderung erforderliche Begleitperson einschließlich des für die Zeit der Begleitung entstehenden Verdienstausfalls,**
3. **für Kinder, deren Mitnahme an den Rehabilitationsort erforderlich ist, weil ihre anderweitige Betreuung nicht sichergestellt ist sowie**
4. **für den erforderlichen Gepäcktransport.**

(2) [1]Während der Ausführung von Leistungen zur Teilhabe am Arbeitsleben werden im Regelfall auch Reisekosten für zwei Familienheimfahrten je Monat übernommen. [2]Anstelle der Kosten für die Familienheimfahrten können für Fahrten von Angehörigen

vom Wohnort zum Aufenthaltsort der Leistungsempfänger und zurück Reisekosten übernommen werden.

(3) Reisekosten nach Absatz 2 werden auch im Zusammenhang mit Leistungen zur medizinischen Rehabilitation übernommen, wenn die Leistungen länger als acht Wochen erbracht werden.

(4) [1]Fahrkosten werden in Höhe des Betrages zugrunde gelegt, der bei Benutzung eines regelmäßig verkehrenden öffentlichen Verkehrsmittels der niedrigsten Beförderungsklasse des zweckmäßigsten öffentlichen Verkehrsmittels zu zahlen ist, bei Benutzung sonstiger Verkehrsmittel in Höhe der Wegstreckenentschädigung nach § 5 Absatz 1 des Bundesreisekostengesetzes. [2]Bei Fahrpreiserhöhungen, die nicht geringfügig sind, hat auf Antrag des Leistungsempfängers eine Anpassung der Fahrkostenentschädigung zu erfolgen, wenn die Maßnahme noch mindestens zwei weitere Monate andauert. [3]Kosten für Pendelfahrten können nur bis zur Höhe des Betrages übernommen werden, der unter Berücksichtigung von Art und Schwere der Behinderung bei einer zumutbaren auswärtigen Unterbringung für Unterbringung und Verpflegung zu leisten wäre.

Übersicht

A. Allgemeines

Der Vorschrift entspricht bis auf redaktionelle Änderungen § 53 SGB IX 2001: Die Änderungen in Abs. 1 haben rein systematische und redaktionelle Gründe. Mit ihnen sind keine materiellen Folgewirkungen verbunden. **1**

Für den Bereich der gesetzlichen Krankenversicherung verweist § 60 Abs. 5 SGB V vollinhaltlich auf die in § 73 Abs. 1–3 getroffenen Regelungen, wenn Reisekosten „im Zusammenhang mit Leistungen zur medizinischen Rehabilitation" anfallen, die von einer Krankenkasse erbracht werden. **2**

Im Leistungsbereich der gesetzlichen Rentenversicherung nimmt § 28 SGB VI ebenfalls vollinhaltlich auf die im SGB IX enthaltenen ergänzenden Leistungen Bezug und führt insoweit auch ausdrücklich § 64 Abs. 1 Nr. 2–6, Abs. 2 sowie § 73 auf. Auch § 26 Abs. 4 Nr. 5 BVG verweist wegen der bei Leistungen zur Teilhabe am Arbeitsleben ergänzend zu gewährenden Reisekosten auf § 73. Nach § 10 Abs. 1 S. 1 ALG werden § 64 Abs. 1 Nr. 3–6 sowie § 73 für den Bereich der Alterssicherung der Landwirte ebenfalls für entspr. anwendbar erklärt. **2a**

Im Leistungsbereich der gesetzlichen Unfallversicherung gilt hingegen § 43 SGB VII als lex specialis weiter (§ 7). Dabei verweist § 43 Abs. 1 S. 1 SGB VII allerdings auf § 73; die Abs. 2–5 treffen dann jedoch Sonderregelungen. Im Bereich der Bundesagentur für Arbeit sind Reisekosten in den §§ 114, 63 SGB III speziell geregelt, es existiert keine Verweisung auf § 73. **3**

Da Rehabilitanden, die eine Leistung zur medizinischen Rehabilitation erhalten, ebenso wie Rehabilitanden, die eine Leistung zur Teilhabe am Arbeitsleben erhalten, sind kraft Gesetzes unfallversichert (vgl. § 2 Abs. 1 Nr. 2 und Abs. 1 Nr. 15a SGB VII) – zuständig ist der Unfallversicherungsträger des Rehabilitationsträgers (vgl. § 133 Abs. 1 iVm § 136 Abs. 3 Nr. 2 SGB VII). Sie sind dabei nicht nur während der Teilnahme an der Leistung zur Teilhabe, sondern auch während der An- und Abreise gesetzlich unfall- **4** versichert nach § 8 Abs. 2 SGB VII (KassKomm/*Lilienfelder* SGB VII § 2 Rn. 82 ff., § 8 Rn. 165 ff.).

5 Nicht zu den Reisekosten nach § 73 gehören Kosten, die iRd Verwaltungsverfahrens entstehen (bspw. Fahrkosten zu gutachterlichen Untersuchungen; vgl. § 65a SGB I). Zu den Reisekosten sa Gemeinsame Grundsätze der Rentenversicherungsträger zur Erbringung von Reisekosten.

B. Reisekosten

6 Aus der Formulierung im Abs. 1 Hs. 1 der Vorschrift „Als Reisekosten werden … übernommen" folgt, dass ein Rechtsanspruch des Rehabilitanden auf die von der Vorschrift erfassten **Reisekosten** besteht (so ausdrücklich BSG 25.3.2003 – B 7 AL 8/02 R, SozR 4–4300 § 110 Nr. 1 = BeckRS 2003, 40944). Das gilt mit Ausnahme der Kosten für **Besuchsfahrten** der Familienangehörigen iSd Abs. 2 S. 2, deren Übernahme nach der getroffenen Regelung „Anstelle der Kosten für die Familienheimfahrten können für Fahrten von Angehörigen … Reisekosten übernommen werden" im Ermessen des Rehabilitationsträgers steht.

7 Erstattungsfähig sind nach den getroffenen Regelungen nur diejenigen Kosten, die im Zusammenhang mit einer – bewilligten – Leistung zur medizinischen Rehabilitation oder Leistung zur Teilhabe am Arbeitsleben erforderlich werden (SächsLSG 1.12.2016 – L 3 AL 100/15, BeckRS 2016, 118000; LSG Saarl 1.9.2016 – L 1 R 36/15, info also 2017 267–269; KassKomm/*Kater* SGB VI § 28 Rn. 14b; jurisPK-SGB IX/*Schlette* § 73 Rn. 14; LPK-SGB IX/*Liebig*/*Asmalsky* § 73 Rn. 5). Ein krankenversicherungsrechtlicher Anspruch auf Gewährung von Kosten für Fahrten zum **Rehabilitationssport** besteht deshalb nicht (BSG 22.4.2008 – B 1 KR 22/07 R, SozR 4–2500 § 60 Nr. 4 = NZS 2009, 217 mAnm *Gagel* SGb 2009, 320), weil der Rehabilitationssport nur eine „ergänzende Leistung" darstellt und keine – durch die Übernahme von **Fahrkosten** – „ergänzbare Hauptleistung". Nach dem Abs. 1 der Vorschrift zählen zu den im Zusammenhang mit einer bewilligten Leistung zur Teilhabe zu erstattenden Reisekosten neben den anfallenden Fahr-, Verpflegungs- und Übernachtungskosten auch die Kosten für besondere Beförderungsmittel, deren Inanspruchnahme wegen Art oder Schwere der Behinderung erforderlich ist (Nr. 1), für eine wegen der Behinderung erforderliche Begleitperson einschließlich des für die Zeit der Begleitung entstehenden Verdienstausfalls (Nr. 2), für Kinder, deren Mitnahme an den Rehabilitationsort erforderlich ist, weil ihre anderweitige Betreuung nicht sichergestellt ist (Nr. 3), sowie für den erforderlichen Gepäcktransport (Nr. 4).

1. Fahr-, Verpflegungs- und Übernachtungskosten

8 Fahrkosten sind dem Grunde nach Kosten, die wegen der erforderlichen Teilnahme an einer Leistung zur Teilhabe bei der An- und Abfahrt zum und vom Reiseziel entstehen (BSG 28.1.1981 – 9 RV 26/80, SozR 3100 § 24 Nr. 2 S. 9 = BeckRS 1981, 05483; LSW/*Stähler* § 53 Rn. 5). Zur Übernahme von Fahrtkosten zur Arbeitsstelle bei stufenweiser Eingliederung (ablehnend SG Leipzig. 9.3.2022 – S 22 KR 570/21, BeckRS 2022, 7555; bejahend LSG MV 28.5.2020 – L 6 KR 100/15, BeckRS 2020, 21012). Der Anspruch auf Erstattung der Fahrkosten der Höhe nach ist im Abs. 4 der Vorschrift iE geregelt worden. Aus Gründen der Verwaltungsvereinfachung sind die im Abs. 4 bestimmten Pauschalen anzusetzen (jurisPK-SGB IX/*Schlette* § 73 Rn. 18). Der Leistungsberechtigte kann zwischen den verschiedenen Verkehrsmitteln wählen, nur die Erstattung seiner Fahrkosten ist begrenzt.

9 Bei unvermeidbarer Abwesenheit vom Wohn- bzw. Aufenthaltsort von mehr als acht Stunden täglich ist zusätzlich ein pauschales **Verpflegungsgeld** zu zahlen. Das Verpfle-

gungsgeld wird entspr. § 6 BRKG gewährt, der hinsichtlich der Höhe auf § 4 Abs. 5 S. 1 Nr. 5 EStG verweist (*Knittel* § 53 Rn. 16). Sind außerdem Übernachtungen erforderlich, weil die Fahrt zur Behandlungs- oder Ausbildungsstätte nicht an einem Tag zurückgelegt werden kann, erhält der Rehabilitand ein pauschales **Übernachtungsgeld** (§ 7 BRKG: 20 EUR). Derartige Pauschalierungen sind iRd § 73 zulässig; ein Anspruch des Menschen mit Behinderungen auf individuelle Kostenerstattung besteht grds. nicht (BSG 3.6.1981 – 3 RK 70/79, BSGE 52, 23 ff. (24); zur Zulässigkeit von Pauschalierungen BSG 25.3.2003 – B 7 AL 8/02 R, SozR 4–4300 § 110 Nr. 1 = BeckRS 2003, 40944). Die Zulässigkeit von Pauschalierungen beinhaltet allerdings nicht, dass die Übernahme von Fahr- bzw. Reisekosten im Ermessen des Rehabilitationsträger stünde; vielmehr steht dem Rehabilitationsträger auch bei der Übernahme dieser Kosten der Höhe nach kein Ermessen zu. Es besteht also ein Anspruch auf Übernahme der erforderlichen Fahr- bzw. Reisekosten (BSG 25.3.2003 – B 7 AL 8/02 R, SozR 4–4300 § 110 Nr. 1 = BeckRS 2003, 40944; vgl. auch LSG NRW 30.4.2014 BeckRS 2014, 69637).

2. Sonstige Kosten

Nach S. 2 des Abs. 1 gehören zu den Reisekosten auch die Kosten für behinderungs- 10
bedingte besondere Beförderungsmittel, eine behinderungsbedingte Begleitperson, einschließlich der Kosten für deren **Verdienstausfall,** für die erforderliche Mitnahme von Kindern an den Rehabilitationsort und für den Gepäcktransport auf. Damit sind die als ergänzende Leistungen zur Teilhabe erstattungsfähigen Reisekosten grds. abschließend bezeichnet.

Soweit behinderungsbedingt ein **besonderes Beförderungsmittel,** zB ein Krankenwa- 11
gen, zur An- und Abreise benutzt werden muss, sind die dadurch entstehenden Kosten vom Rehabilitationsträger zu übernehmen. Die Erforderlichkeit ist durch eine ärztliche Bescheinigung nachzuweisen. Die Begrenzung nach Abs. 4 ist hierbei nicht einschlägig (so auch GK-SGB IX/*Löschau* § 53 Rn. 33; jurisPK-SGB IX/*Schlette* § 73 Rn. 23).

Ist der Mensch mit Behinderungen wegen seiner Behinderung nicht in der Lage, die 12
Fahrt zum Rehabilitationsort allein durchzuführen, dann werden auch die Reisekosten für eine **Begleitperson** übernommen. Die Begleitung muss wegen der Behinderung erforderlich sein (vgl. bspw. § 229 Abs. 2). Dieses Erfordernis kann durch den Schwerbehindertenausweis (§ 152 Abs. 5) mit dem Merkzeichen „B" bzw. „Bl" oder durch entsprechende ärztliche Bescheinigungen nachgewiesen werden (so auch *Knittel* § 53 Rn. 18). Der dadurch entstehende Verdienstausfall der Begleitperson ist nach der ausdrücklich getroffenen Regelung ebenfalls erstattungsfähig. Nicht erforderlich ist, dass die Begleitung des Menschen mit Behinderungen durch eine Begleitperson bereits bei der Hinreise zum Rehabilitationsort geboten war (BSG 28.1.1981 – 9 RV 26/80, SozR 3100 § 24 Nr. 2 S. 8 = BeckRS 1981, 05483). Ausreichend ist vielmehr, wenn eine Begleitung während des Aufenthalts am Rehabilitationsort notwendig wird. Dabei sind die erstattungsfähigen Reisekosten der Begleitperson nicht auf die Kosten der Hin- und Rückreise beschränkt. Auch eine während des Aufenthalts am Rehabilitationsort erforderliche Begleitung, zB beim Zurücklegen der dort anfallenden Wege, ist abzugelten (BSG 28.1.1981 – 9 RV 26/80, SozR 3100 § 24 Nr. 2 S. 9 = BeckRS 1981, 05483). Hier ist jedoch bei der Erforderlichkeit der Begleitperson auch die Frage nach der Rehabilitationsfähigkeit des Leistungsberechtigten zu stellen.

Soweit auch die Reisekosten für mitzunehmende **Kinder,** deren anderweitige Betreu- 13
ung nicht sichergestellt ist, übernommen werden, muss es sich bei diesen Kindern um Kinder handeln, die im Haushalt des Leistungsempfängers leben. Der rechtliche Status des Kindes (eheliche, nichteheliche, adoptierte, Stief- oder Pflegekinder) ist irrelevant (GK-SGB IX/*Löschau* § 53 Rn. 50). Grundsätzlich wird eine Kostenübernahme längstens bis zur Vollendung des 18. Lebensjahres in Betracht kommen; für ältere Kinder jedoch nur, wenn sie wegen körperlicher, geistiger oder seelischer Behinderung nicht

allein im Haushalt des Leistungsempfängers verbleiben können und ihre anderweitige Betreuung nicht sichergestellt ist.

14 Soweit auch die Kosten für den erforderlichen **Gepäcktransport** übernommen werden, ist das Tatbestandsmerkmal „erforderlich" nicht im Sinne eines behinderungsbedingten Gepäcktransports zu verstehen, sondern erfasst wird damit der im Zusammenhang mit der Reise zum Rehabilitationsort erforderlich werdende Gepäcktransport. In diesem Zusammenhang können Kosten nur bei einer Bahnfahrt entstehen, bei einer An-/Abreise mit dem Kfz werden keine gesonderten Kosten übernommen (Mrozynski SGB IX/*Jabben* § 53 Rn. 5).

3. Familienheimfahrten

15 Nach Abs. 2 S. 1 der Vorschrift werden während der Ausführung von Leistungen zur Teilhabe am Arbeitsleben auch die Reisekosten für im Regelfall zwei **Familienheimfahrten** im Monat übernommen. Aus der Formulierung „... werden ... übernommen" ist zu schließen, dass ein Rechtsanspruch des Rehabilitanden auf die Erstattung der Reisekosten für derartige Familienheimfahrten besteht. Dauert die Leistung zur Teilhabe weniger als einen (Zeit-)Monat, jedoch länger als 14 Tage, dann besteht ein Anspruch auf Erstattung der Reisekosten für eine Familienheimfahrt. Bei einer Arbeitserprobung und Abklärung der beruflichen Eignung (vgl. § 49 Abs. 4 S. 2) werden Reisekosten übernommen. Hier geht jedoch die Anspruchsgrundlage aus § 49 vor.

16 Anstelle der Reisekosten für Familienheimfahrten des Rehabilitanden können auch die Reisekosten für die Reisen von Familienangehörigen von ihrem Wohnort zu dem Aufenthaltsort des Rehabilitanden und zurück übernommen werden (Abs. 2 S. 2). Aus dem insoweit in Abweichung von dem Wortlaut des S. 1 des Abs. 2 verwendeten Hilfsverbum „können" ergibt sich, dass die Kostenübernahme im Falle der Anreise von Familienangehörigen im Ermessen des Rehabilitationsträgers steht. Ob die Familienheimfahrten des Rehabilitanden iÜ dazu dienen, die ebenfalls an seinem Wohn- oder Aufenthaltsort lebenden **Familienangehörigen** zu treffen oder ob er dort allein lebt, spielt für die Erstattung der Reisekosten für Familienheimfahrten keine Rolle. Denn nach der Formulierung in Abs. 2 S. 2 sind unter Familienheimfahrten jegliche Fahrten vom Wohnort zum Rehabilitationsort des Leistungsempfängers zu verstehen. Der Zweck der Familienheimfahrten liegt darin, dass der Erfolg der Maßnahme durch Einbindung der Familie unterstützt werden soll (KassKomm/*Kater* SGB VI § 28 Rn. 16). Der Wohnort der Familienangehörigen ist als der Lebensmittelpunkt, insbes. mit der gemeinsamen Wohnung anzusehen (GK-SGB IX/*Löschau* § 53 Rn. 57, 58).

17 Nach Abs. 3 werden die Kosten für Familienheimfahrten auch bei Leistungen zur medizinischen Rehabilitation übernommen, allerdings nur dann, wenn diese Leistungen länger als 8 Wochen erbracht werden, eine zeitliche Tatbestandsvoraussetzung, die iRd Abs. 2 bei Leistungen zur Teilhabe am Arbeitsleben keine Rolle spielt. Dieses liegt darin begründet, dass Leistungen zur Teilhabe am Arbeitsleben regelhaft länger als 8 Wochen andauern. Steht von vornherein fest, dass die stationäre Leistung zur medizinischen Rehabilitation ausnahmsweise länger als 8 Wochen dauern wird, dann hat der Rehabilitand Anspruch auf je zwei Familienheimfahrten im Monat, und zwar bereits in dem ersten Monat und nicht erst nach Ablauf von 8 Wochen. Für einen erst nach 8 Wochen entstehenden Rechtsanspruch auf die Kosten einer Familienheimfahrt hätte es einer anderen Formulierung bedurft, zB „wenn die Leistungen länger als acht Wochen erbracht worden sind".

C. Höhe der Reisekosten

18 Die im Abs. 4 getroffenen Regelungen dienen der Vereinheitlichung der **Fahrtkostenerstattung** im Zusammenhang mit Leistungen zur Teilhabe, weil sie für alle Rehabilitationsträger die Höhe der Reisekosten oder Fahrkosten bestimmen sollen. Soweit für die gesetzliche Krankensicherung § 60 Abs. 5 SGB V bei Leistungen zur medizinischen Rehabilitation nur die Abs. 1–3 des § 73 in Bezug nimmt, ist ein redaktionelles Versehen wohl nicht mehr anzunehmen (so aber noch Vorauflage), da der Verweis im Rahmen der gesetzlichen Änderung bestätigt wurde.

18a Im Recht der Arbeitsförderung ist mit § 63 SGB III eine eigenständige Regelung zur Höhe der Fahrkosten getroffen worden. Die S. 1 u. 2 des Abs. 4 sind aber mit § 63 Abs. 3 S. 1, 2 SGB III vom Regelungsgehalt deckungsgleich. § 28 SGB VI verweist für das Recht der gesetzlichen Rentenversicherung ebenso wie § 43 Abs. 1 S. 1 SGB VII für das Recht der gesetzlichen Unfallversicherung und § 26 Abs. 4 Nr. 5 BVG in der Kriegsopferfürsorge voll inhaltlich auf den gesamten § 73.

19 Die Höhe der zu erstattenden Fahrkosten ist abhängig vom gewählten **Verkehrsmittel.** Benutzt der Leistungsberechtigte ein regelmäßig verkehrendes öffentliches Verkehrsmittel (Bahn, Bus) so erhält er eine Fahrkostenerstattung in Höhe des Fahrpreises der niedrigsten Klasse des zweckmäßigsten öffentlichen Verkehrsmittels (bspw. DB-AG 2. Klasse). Die Erstattung erfolgt unter Inanspruchnahme möglicher Vergünstigungen (Sparpreis, Bahncard etc). Wird ein **„sonstiges Verkehrsmittel"** benutzt, erfolgt eine Wegstreckenentschädigung nach § 5 Abs. 1 BRKG. Durch den Verweis auf § 5 Abs. 1 BRKG wird die Kostenerstattung auf Kfz oder motorbetriebene Fahrzeuge begrenzt. Eine Erstattung für zu Fuß oder per Fahrrad zurückgelegte Strecken kommt danach nicht in Betracht (KassKomm/*Kater* SGB VI § 28 Rn. 18). Die Erstattung beträgt bei Benutzung eines Kraftfahrzeuges oder eines anderen motorbetriebenen Fahrzeuges 20 Cent je Kilometer zurückgelegter Strecke, höchstens jedoch 130 EUR (§ 5 Abs. 1 S. 2 BRKG).

20 Nach Abs. 4 S. 2 ist bei „nicht geringfügigen" **Fahrpreiserhöhungen** von öffentlichen Verkehrsmitteln während der Rehabilitation die Erstattung auf Antrag anzupassen. Hierzu muss die Maßnahme noch mindestens zwei Monate andauern. Bei der Auslegung des Begriffes „nicht geringfügig" ist ein generalisierender Maßstab unter Berücksichtigung des Regelungszusammenhangs anzulegen. Eine Erhöhung, die 5 EUR nicht überschreitet, kann noch als geringfügig angesehen werden (SächsLSG 1.12.2016 – L 3 AL 100/15, BeckRS 2016, 118000).

21 Nach Abs. 4 S. 3 gilt für Pendelfahrten eine besondere Begrenzung. **Pendelfahrten** sind regelmäßige Fahrten zwischen Wohnort und Rehabilitationsort (*Knittel* § 53 Rn. 31). Als Begrenzung wird auf die Höhe der Kosten einer zumutbaren auswärtigen Unterbringung und Verpflegung abgestellt (jurisPK-SGB IX/*Schlette* § 73 Rn. 22). Diese Begrenzung entspricht dem Grundsatz der Sparsamkeit und Wirtschaftlichkeit (§ 69 Abs. 2 SGB IV), denn der Rehabilitand wird nicht zur auswärtigen Unterbringung verpflichtet, dem Rehabilitationsträger sollen hierdurch aber auch keine höheren Kosten entstehen (LSG NRW 30.4.2014 – L 8 R 875/13, BeckRS 2014, 69637). Bei einer möglichen Unterbringung in einem Berufsförderungswerk können die Mehrbeträge für eine internatsmäßige Unterbringung herangezogen werden.

§ 74 Haushalts- oder Betriebshilfe und Kinderbetreuungskosten

(1) [1] **Haushaltshilfe wird geleistet, wenn**

1. **den Leistungsempfängern wegen der Ausführung einer Leistung zur medizinischen Rehabilitation oder einer Leistung zur Teilhabe am Arbeitsleben die Weiterführung des Haushalts nicht möglich ist,**

2. eine andere im Haushalt lebende Person den Haushalt nicht weiterführen kann und
3. im Haushalt ein Kind lebt, das bei Beginn der Haushaltshilfe noch nicht zwölf Jahre alt ist oder wenn das Kind eine Behinderung hat und auf Hilfe angewiesen ist.

[2] § 38 Absatz 4 des Fünften Buches gilt entsprechend.

(2) Anstelle der Haushaltshilfe werden auf Antrag des Leistungsempfängers die Kosten für die Mitnahme oder für die anderweitige Unterbringung des Kindes bis zur Höhe der Kosten der sonst zu erbringenden Haushaltshilfe übernommen, wenn die Unterbringung und Betreuung des Kindes in dieser Weise sichergestellt ist.

(3) [1] Kosten für die Kinderbetreuung des Leistungsempfängers können bis zu einem Betrag von 160 Euro je Kind und Monat übernommen werden, wenn die Kosten durch die Ausführung einer Leistung zur medizinischen Rehabilitation oder zur Teilhabe am Arbeitsleben unvermeidbar sind. [2] Es werden neben den Leistungen zur Kinderbetreuung keine Leistungen nach den Absätzen 1 und 2 erbracht. [3] Der in Satz 1 genannte Betrag erhöht sich entsprechend der Veränderung der Bezugsgröße[1] nach § 18 Absatz 1 des Vierten Buches; § 160 Absatz 3 Satz 2 bis 5 gilt entsprechend.

(4) Abweichend von den Absätzen 1 bis 3 erbringen die landwirtschaftliche Alterskasse und die landwirtschaftliche Krankenkasse Betriebs- und Haushaltshilfe nach den §§ 10 und 36 des Gesetzes über die Alterssicherung der Landwirte und nach den §§ 9 und 10 des Zweiten Gesetzes über die Krankenversicherung der Landwirte, die landwirtschaftliche Berufsgenossenschaft für die bei ihr versicherten landwirtschaftlichen Unternehmer und im Unternehmen mitarbeitenden Ehegatten nach den §§ 54 und 55 des Siebten Buches.

Übersicht

A. Allgemeines

1 Die Vorschrift entspricht dem § 54 SGB IX 2001 und will mit der Erbringung der Haushaltshilfe und mit der Übernahme von Kinderbetreuungskosten der besonderen Situation alleinerziehender Mütter und Väter Rechnung tragen. Zur Orientierung wird auf das Gemeinsame Rundschreiben der Rentenversicherungsträger zur Haushaltshilfe verwiesen (www.deutsche-rentenversicherung.de/Experten/Rundschreiben und rechtliche Anweisungen).

2 Im Bereich der gesetzlichen Krankenversicherung gilt § 38 SGB V als lex specialis für die Gewährung von Haushaltshilfe. Im Bereich der gesetzlichen Unfallversicherung verweist § 42 SGB VII für die Haushaltshilfe und Leistungen zur Kinderbetreuung vollinhaltlich auf § 74 Abs. 1–3. Auch § 26 Abs. 4 Nr. 3 BVG nimmt für Leistungen zur Teilhabe am Arbeitsleben nur noch die Vorschrift des § 74 in Bezug.

3 Der Abs. 4 der Vorschrift verweist auf die im Leistungsbereich der landwirtschaftlichen Renten-, Kranken- und Unfallversicherung bestehenden speziellen Regelungen zu der zu gewährenden Betriebs- und Haushaltshilfe, und zwar auf die vorrangigen Leis-

[1] Siehe hierzu ua Bek. über die Anpassung der Ausgleichsabgabe, der Eigenbeteiligung für die unentgeltliche Beförderung, der übernahmefähigen Kinderbetreuungskosten und der Finanzierung der Werkstatträte Deutschland.

tungsvorschriften in §§ 10, 36 ALG und in §§ 9, 10 des Zweiten Gesetzes über die Krankenversicherung der Landwirte sowie für die landwirtschaftlichen Unternehmer und im Unternehmen mitarbeitenden Ehegatten auf die leges speciales der gesetzlichen Unfallversicherung in §§ 54, 55 SGB VII. Die Auflistung ist deklaratorisch, da aufgrund von § 7 ohnehin speziellere Vorschriften des Leistungsrechts der Rehabilitationsträger vorgehen.

Als spezielle Regelungen gelten im Leistungsbereich der gesetzlichen Krankenversicherung § 38 SGB V und in der Sozialhilfe § 70 SGB XII sowie in der Kriegsopferfürsorge § 26d BVG, für die gesetzliche Unfallversicherung verweist § 42 SGB VII und ebenso für die gesetzliche Rentenversicherung § 28 SGB VI auf § 74 SGB IX. Zur Gewährung von Haushaltshilfe für einen Empfänger von Arbeitslosengeld II BSG 11.12.2007 – B 8/9b SO 12/06 R, SozR 4–3500 § 21 Nr. 1 = BeckRS 2008, 55064 und zur Gewährung von Haushaltshilfe durch einen außerlandwirtschaftlichen Träger der Krankenversicherung BSG 16.6.2005 – B 10 LW 14/02 R, SozR 4–5868 § 36 Nr. 1 = BeckRS 2005, 42453. 3a

B. Haushaltshilfe

Auf die in der Vorschrift vorgesehene **Haushaltshilfe** besteht ein Rechtsanspruch des Rehabilitanden (vgl. den Gesetzeswortlaut: „… wird geleistet …“), wenn dem Leistungsempfänger iSd § 64 Abs. 1 Nr. 6 wegen der Ausführung einer Leistung zur Teilhabe die Weiterführung des Haushalts nicht möglich ist (Abs. 1 S. 1 Nr. 1), außerdem eine andere im Haushalt lebende Person den Haushalt nicht weiterführen kann (Abs. 1 S. 1 Nr. 2) und zusätzlich im Haushalt ein Kind lebt, das bei Beginn der Haushaltshilfe das 12. Lebensjahr noch nicht vollendet hat oder das behindert und auf Hilfe angewiesen ist (Abs. 1 S. 1 Nr. 3). Bei der Auslegung dieser Tatbestandsvoraussetzungen ist immer zu berücksichtigen, dass es sich bei der Haushaltshilfe um eine zweckgerichtete Leistung handelt, die den Rehabilitanden in einer spezifischen Bedarfssituation entlasten soll (BSG 7.11.2000 – B 1 KR 15/99 R, SozR 3–2500 § 38 Nr. 3 S. 15 = BeckRS 2001, 40742). 4

Nach Abs. 4 wird eine Betriebshilfe geleistet, um den Besonderheiten in landwirtschaftlichen Betrieben Rechnung zu tragen (GK-SGB IX/*Löschau* § 54 Rn. 60). 5

1. Voraussetzungen

Haushaltshilfe ist nur zu gewähren, wenn der Haushalt des Rehabilitanden wegen einer erforderlichen Leistung zur Teilhabe nicht weitergeführt werden kann. Die stufenweise Wiedereingliederung (§ 44) ergänzt lediglich die Leistungen zur Teilhabe und löst selbst keinen Anspruch auf Haushaltshilfe oder Kinderbetreuungskosten aus. **Haushalt** im Sinne der Nr. 1 des Abs. 1 S. 1 ist der eigene Haushalt des Rehabilitanden (GK-SGB IX/*Löschau* § 54 Rn. 18; BayLSG 27.5.2009 BeckRS 2009, 72425). Lebt der Rehabilitand mit mehreren Personen in einem gemeinsamen Haushalt, dann muss es sich um eine häusliche Gemeinschaft von einer gewissen Dauer und Beständigkeit handeln; ein vorübergehender Aufenthalt im Haushalt, zB des Ehegatten für die Dauer von nur vier Wochen, reicht nicht aus, um eine Haushaltsgemeinschaft begründen zu können (BSG 7.3.1990 – 3 RK 16/89, SozR 3–2200 § 185b Nr. 1 S. 3 = NZA 1990, 672). 6

Zur Führung des Haushalts gehören alle regelmäßig anfallenden Haushaltsarbeiten, zB die Beschaffung und das Zubereiten von Nahrungsmitteln, die Pflege der Wohnung und der Kleidung, die Betreuung der Kinder (BSG 22.4.1987 – 8 RK 22/85, SozR 2200 § 185b Nr. 11 = BeckRS 1987, 30721128). Die bloße Mithilfe im Haushalt stellt noch keine Haushaltsführung dar, das gilt vor allem dann, wenn die Mithilfe auf wenige Besorgungen beschränkt ist (BSG 22.4.1987 – 8 RK 22/85, SozR 2200 § 185b Nr. 11 = BeckRS 1987, 30721128 aE). 7

8 Die Verwendung des Tatbestandsmerkmals der **„Weiterführung" des Haushalts** setzt begrifflich voraus, dass der Rehabilitand den Haushalt unmittelbar vor Beginn der Leistung zur Teilhabe geführt hat und weitergeführt hätte (jurisPK-SGB IX/*Schlette* § 74 Rn. 16), würde er daran nicht durch die Teilnahme an der Leistung zur Teilhabe gehindert (BSG 1.7.1997 – 2 RU 34/96, SozR 3–2200 § 569a Nr. 1 S. 3 = NZS 1998, 134; BayLSG 27.5.2009 – L 2 U 47/08, BeckRS 2009, 72425). Eine darüberhinausgehende weitere Auslegung des Begriffs der Weiterführung des Haushalts wird indes unter Bezugnahme auf Sinn und Zweck der Haushaltshilfe vertreten. Danach soll es nicht so sehr auf die für den Haushalt verantwortliche Person und damit auf eine unmittelbar vorangehende Haushaltsführung ankommen, sondern vielmehr auf den weiterzuführenden Haushalt. Eine Weiterführung des Haushalts ist demgemäß wegen einer Leistung zur Teilhabe auch dann iSv Abs. 1 S. 1 Nr. 1 nicht möglich, wenn der Rehabilitand wegen des Ausfalls der übrigen Haushaltsmitglieder den Haushalt eigentlich übernehmen müsste, daran aber durch die Leistung zur Teilhabe gehindert ist (BSG 7.11.2000 – B 1 KR 15/99 R, SozR 3–2500 § 38 Nr. 3 = BeckRS 2001, 40742 zu § 38 SGB V; jurisPK-SGB IX/*Schlette* § 74 Rn. 17: Kausalität). Soweit aus dem Tatbestandsmerkmal der „Weiterführung" des Haushalts gefolgert wird, dass der Rehabilitand außerhalb seines Haushalts untergebracht sein muss mit der Folge, dass bei ambulanten Leistungen, die den Rehabilitanden ganz oder teilweise an der Haushaltsführung hindern, die Gewährung von Haushaltshilfe ausscheidet, lässt sich diese Auffassung von Wortlaut und Zielsetzung der getroffenen Regelungen her nicht rechtfertigen (aber BayLSG 17.5.2010 – L 14 R 486/09, BeckRS 2011, 68437). Auszugleichen ist vielmehr jedweder teilnahmebedingte Ausfall bei der Haushaltsführung. Denn die unbehinderte Durchführung der Leistungen zur Teilhabe soll in jedem Falle ermöglicht werden.

9 Leben in dem Haushalt des Rehabilitanden mehrere Personen und führen diese den Haushalt gemeinsam, dann reicht es nicht aus, wenn sich der Rehabilitand an der **Haushaltsführung** nur beteiligt hat; erforderlich ist vielmehr, dass er vor Beginn der Leistung zur Teilhabe den gemeinsamen Haushalt zumindest in gleichem Umfang wie die andere Person oder die anderen Personen, zB sein Ehegatte, geführt hat (BSG 11.12.1980 – 2 RU 37/79, SozR 2200 § 569a Nr. 1 = BeckRS 1980, 30707467). Diese Fallgestaltung ist auch dann zu bejahen, wenn sich die im Haushalt lebenden Personen, zB die Ehegatten, die Haushaltsführung wegen ihrer Berufstätigkeit zeitlich geteilt haben (BSG 11.12.1980 – 2 RU 37/79, SozR 2200 § 569a Nr. 1 = BeckRS 1980, 30707467 unter Ablehnung der Auffassung, dass nur ein Ehegatte Haushaltsführer sein könne).

10 Als weitere Tatbestandsvoraussetzung bestimmt die Nr. 2 des Abs. 1 S. 1, dass eine andere im Haushalt lebende Person den Haushalt nicht weiterführen kann. Diese Voraussetzung liegt auch dann vor, wenn die andere im Haushalt lebende Person, zB der Ehegatte, zwar objektiv in der Lage ist, die Haushaltsführung zu übernehmen, ihm die Übernahme der Haushaltsführung aber nicht zumutbar ist (LSG RhPf 17.2.2004 – L 3 U 305/03, NZS 2005, 106), insbes. besteht keine Pflicht des Haushaltsmitgliedes, sich zu diesem Zweck beurlauben zu lassen (BSG 7.11.2000 – B 1 KR 15/99 R, SozR 3–2500 § 38 Nr. 3 S. 16 = BeckRS 2001, 40742; ebenso schon BSG 1.7.1997 – 2 RU 34/96, SozR 3–2200 § 569a Nr. 1 S. 5 = NZS 1998, 134). Ausschlaggebend für den Leistungsanspruch auf Haushaltshilfe ist jedenfalls nicht allein die anzustellende **Kausalitätsprüfung** (die Verhinderung des Rehabilitanden an der Haushaltsführung auf Grund der Leistung zur Teilhabe), sondern vor allem auch immer die **Bedarfsprüfung,** also die Prüfung, ob die Überbrückung des Ausfalls des Rehabilitanden ohne zusätzliche Hilfe zumutbar ist (BSG 7.11.2000 – B 1 KR 15/99 R, SozR 3–2500 § 38 Nr. 3 S. 16 = BeckRS 2001, 40742 unter Berufung auf die Regelungen in § 38 Abs. 4 SGB V, die eine Gesamtabwägung erforderten). Unzumutbar ist die Übernahme der Haushaltsführung dann, wenn die im Haushalt lebende Person wegen einer Erwerbstätigkeit, wegen einer Aus- oder Fortbildung, aus körperlichen Gründen oder aus Altersgründen eine derartige Haushaltsführung nicht in zumutbarer Weise leisten kann. Zur Kostenerstattung wegen

Schwangerschaft der Ehefrau des versicherten Rehabilitanden (HessLSG 22.6.2021 – L 2 R 360/18, BeckRS 2021, 18157). Ist im Falle bestehender Arbeitsunfähigkeit eine teilweise Haushaltsführung möglich, zB die Beaufsichtigung der im Haushalt lebenden Kinder, dann kann Haushaltshilfe nur in entspr. eingeschränktem Umfang gewährt werden.

Wird die Leistung zur Teilhabe nicht dem Haushaltsführer, sondern einer dritten 11
Person gewährt, zB einem im Haushalt lebenden Kind, und ist wegen der erforderlichen Begleitung des Kindes eine Weiterführung des Haushalts nicht möglich, dann ist ebenfalls Haushaltshilfe zu erbringen (BSG 23.11.1995 – 1 RK 11/95, SozR 3–2500 § 38 Nr. 1 = NZS 1996, 323 zur analogen Anwendung des § 38 SGB V). Denn Haushaltshilfe verfolgt als ergänzende Leistung zur Teilhabe die Zielsetzung, notwendige Leistungen zur Teilhabe nicht an häuslichen oder familiären Gründen scheitern zu lassen.

Als kumulativ erforderliche Anspruchsvoraussetzung (vgl. den Wortlaut der Nr. 2 in 12
Abs. 1 S. 1: „… und") verlangt die Nr. 3 des Abs. 1 S. 1, dass im Haushalt ein **Kind** lebt, das bei Beginn der Haushaltshilfe das 12. Lebensjahr noch nicht vollendet hat oder das behindert und auf Hilfe angewiesen ist. Kinder im Sinne dieser Bestimmung sind alle im Haushalt lebenden Kinder; es müssen nicht Familienangehörige des Rehabilitanden sein; entscheidend ist vielmehr, dass das Kind im Haushalt des Rehabilitanden lebt (BSG 1.7.1997 – 2 RU 34/96, SozR 3–2200 § 569a Nr. 1 S. 3 = NZS 1998, 134). Nach dem ausdrücklichen Gesetzeswortlaut darf das im Haushalt des Rehabilitanden lebende Kind bei Beginn der Leistung zur Teilhabe das 12. Lebensjahr noch nicht vollendet haben oder aber – alternativ – muss es sich um ein behindertes und auf Hilfe angewiesenes Kind handeln. Behindert ist ein Kind nach der in § 2 Abs. 1 S. 1 getroffenen Begriffsbestimmung dann, wenn seine körperliche Funktion, geistige Fähigkeit oder seelische Gesundheit mit hoher Wahrscheinlichkeit länger als sechs Monate von dem für das Lebensalter typischen Zustand abweicht und daher seine Teilhabe am Leben in der Gesellschaft beeinträchtigt ist. Unterdurchschnittliche Begabung, Unkonzentriertheit, Nervosität, Labilität und ein gewisser Rückstand in der geistigen Entwicklung stellen noch keine Behinderung dar (BSG 31.1.1979 – 11 RA 19/78, BeckRS 1979, 30705570). **Auf Hilfe angewiesen** ist das Kind, wenn objektiv Hilfe bei der normalen Lebensführung, dh bei der Ernährung, der Körperpflege und den sonstigen Verrichtungen des täglichen Lebens erforderlich ist (LPK-SGB IX/*Liebig*/*Asmalsky* § 74 Rn. 9); Pflegebedürftigkeit iSd § 14 SGB XI muss hingegen nicht vorliegen. Nach der in der Nr. 3 des Abs. 1 S. 1 getroffenen Regelung sind im Haushalt des Rehabilitanden lebende behinderte Kinder, die auf Hilfe angewiesen sind, immer anspruchsbegründend, und zwar ohne Berücksichtigung einer Altersgrenze. Denn nach dem eindeutigen Gesetzeswortlaut ist eine Altersgrenze nur im Rahmen der 1. Tatbestandsalternative anspruchsbegrenzend. Aus diesem Grunde kann nicht verlangt werden, dass die Behinderung bei dem Kind vor dem 18. oder dem 25. Lebensjahr eingetreten sein muss.

2. Arten der Haushaltshilfe

a) **Sachleistung.** Aus dem Zusammenspiel von Abs. 1, 2 u. 3 ergibt sich, dass die 13
Haushaltshilfe grds. als **Sachleistung** zu gewähren ist (BSG 16.11.1999 – B 1 KR 16/98 R, SozR 3–2500 § 38 Nr. 2 = NZS 2000, 300). Nach dem gemäß Abs. 1 S. 2 sinngemäß anzuwendenden § 38 Abs. 4 SGB V besteht ein Kostenerstattungsanspruch im Falle einer selbst beschafften Haushaltshilfe dann, wenn eine Haushaltshilfe als Sachleistung von dem Rehabilitationsträger nicht gestellt werden kann.

Nach § 38 SGB V iVm § 132 SGB V können zB die Krankenkassen als Rehabilitati- 14
onsträger zur Gewährung von Haushaltshilfe geeignete Personen anstellen. Die Rehabilitationsträger können auch mit Leistungserbringern zwecks Sicherstellung der Versorgung nach § 38 entsprechende Verträge schließen (vgl. auch § 132 Abs. 1 S. 2 und

Abs. 2 SGB V; BSG 17.7.2008 – B 3 KR 23/07 R, SozR 4–2500 § 69 Nr. 4 = BeckRS 2009, 50186).

15 b) **Kostenerstattung.** Nach dem entspr. anzuwendenden § 38 Abs. 4 S. 1 SGB V besteht ein **Kostenerstattungsanspruch** im Falle selbst beschaffter Haushaltshilfe nicht nur dann, wenn die Rehabilitationsträger eine Haushaltshilfe nicht stellen, sondern – alternativ – auch dann, wenn ein Grund besteht, davon abzusehen. Diese alternative Voraussetzung für den Kostenerstattungsanspruch auf Haushaltshilfe ist weit auszulegen und immer dann zu bejahen, wenn der Einsatz einer selbst beschafften Haushaltshilfe sinnvoll ist. Die übrigen Anspruchsvoraussetzungen für den Kostenerstattungsanspruch bestimmen sich nach Abs. 1 S. 1 Nr. 1–3, dh eine andere im Haushalt lebende Person darf nicht in der Lage sein, den Haushalt weiterzuführen, und im Haushalt muss ein unter 12-jähriges Kind oder aber ein behindertes Kind leben, das auf Hilfe angewiesen ist. Als Kosten für die **Ersatzkraft** werden die Kosten für die Vergütung der Tätigkeit, den Verdienstausfall und die Fahrkosten übernommen, von den Rentenversicherungsträgern auch ggf. anfallende Sozialversicherungsbeiträge. Weitere Kosten im Zusammenhang mit der Beschaffung einer Haushaltshilfe, zB Telefongebühren, sind nicht erstattungsfähig.

16 Ist die selbst beschaffte Ersatzkraft mit dem Rehabilitanden verwandt oder bis zum zweiten Grad verschwägert, dann werden nach § 38 Abs. 4 S. 2 Hs. 1 SGB V grds. Kosten nicht erstattet. Im Ermessenswege (vgl. § 38 Abs. 4 S. 2 Hs. 2 SGB V: „... kann ...") können jedoch die erforderlichen Fahrkosten und der Verdienstausfall dieser Personen erstattet werden. Eine bestimmte Ausbildung oder Qualifikation ist für die selbst beschaffte Ersatzkraft iÜ nicht zu fordern (BSG 26.3.1980 – 3 RK 62/79, SGb 1980, 244 = BeckRS 1980, 30706704).

17 Der Leistungsausschluss nach § 38 Abs. 4 S. 2 Hs. 1 SGB V gilt nicht nur für **Verwandte** bis zum 2. Grad (das sind Eltern, Kinder, Großeltern und Enkelkinder sowie Geschwister) und Verschwägerte bis zum 2. Grad (vgl. § 1590 BGB, das sind Stiefeltern, Stiefkinder, Stiefenkelkinder – Enkelkinder des Ehegatten –, Schwiegereltern, Schwiegerkinder – Schwiegersohn und Schwiegertochter –, Großeltern des Ehegatten und Schwager und Schwägerin), sondern ist auf Ehegatten, geschiedene Ehegatten (BSG 16.11.1999 – B 1 KR 16/98 R, SozR 3–2500 § 38 Nr. 2 = NZS 2000, 300) und getrennt lebende Ehegatten ebenfalls – analog – anwendbar (jurisPK-SGB IX/*Schlette* § 74 Rn. 32); insofern gilt, dass Ehegatten weder miteinander verwandt noch verschwägert sind (vgl. §§ 1589, 1590 BGB) und deshalb vom Wortlaut des § 38 Abs. 4 S. 2 Hs. 1 SGB V nicht erfasst werden. Bei Ehegatten gilt allerdings ohnehin, dass ein Leistungsanspruch grds. ausgeschlossen ist, wenn der im Haushalt lebende Ehegatte die Weiterführung des Haushalts übernimmt (Abs. 1 S. 1 Nr. 2 der Vorschrift).

18 Der Kostenerstattungsanspruch der Höhe nach bestimmt sich nach Abs. 1 S. 2 iVm § 38 Abs. 4 S. 1 SGB V. Danach sind die Kosten für eine **selbst beschaffte Ersatzkraft** in angemessener Höhe zu erstatten. Das bestimmt sich nach den Umständen des Einzelfalles, soweit es um die erforderliche Stundenzahl geht. Die Höhe der stundenweisen Vergütung wird dann nach dem tariflichen oder ortsüblichen Entgelt einer Haushaltshilfe bestimmt, welches der Rehabilitationsträger unter Berücksichtigung regionaler Unterschiede auf dem allgemeinen Arbeitsmarkt hätte aufwenden müssen (KassKomm/*Nolte* SGB V § 38 Rn. 37). Die Höhe der tatsächlichen Aufwendungen ist hingegen nicht entscheidend. Nach der Verwaltungspraxis der Rentenversicherungsträger werden allerdings pauschal bis zu einem täglichen Höchstbetrag von 2,5 vH der monatlichen Bezugsgröße des § 18 SGB IV Kosten, auf- oder abgerundet auf den nächsten geraden Euro-Betrag, als erstattungsfähig angesehen (2023: 84 Euro). Im Falle der Erstattung von Fahrkosten und/oder Verdienstausfall an den Personenkreis iSd § 38 Abs. 4 S. 2 SGB V steht die Erstattung dem Grund und damit auch der Höhe nach im Ermessen des Rehabilitationsträgers. Eine Erstattung kommt nur dann in Betracht, wenn die Kosten nachgewiesen sind und in einem angemessenen Verhältnis zu den Kosten für eine nicht-

verwandte oder -verschwägerte Ersatzsatzkraft stehen. Dabei gelten die für diese Ersatzkraft vorgesehenen Höchstbeträge. Außerdem ist der Verdienstausfall in dem Falle, dass ein Ehegatte die Weiterführung des Haushalts übernimmt, auf zwei Monate zeitlich begrenzt (s. iE BSG 7.11.2000 – B 1 KR 15/99 R, SozR 3–2500 § 38 Nr. 3 = BeckRS 2001, 40742). Nimmt der getrenntlebende Ehegatte unbezahlten Urlaub, dann ist der nachgewiesene Nettoverdienstausfall bis zur Höhe der für eine Ersatzkraft geltenden Höchstbeträge erstattungsfähig.

Bei dem Begriff der „angemessenen Höhe“ handelt es sich um einen **unbestimmten Rechtsbegriff** (BSG 3.7.1985 – 3 RK 57/84, SozR 2200 § 185b Nr. 10 S. 33 = AP RVO § 185b Nr. 1). Für die Auslegung dieses unbestimmten Rechtsbegriffs sind Verwaltungsvorschriften, zB die Rundschreiben der Spitzenverbande, nicht maßgebend heranzuziehen; sie bieten nur einen Anhalt bei der Ermittlung der angemessenen Höhe der Vergütung der Ersatzkraft (BSG 3.7.1985 – 3 RK 57/84, SozR 2200 § 185b Nr. 10 S. 33 = AP RVO § 185b Nr. 1). Die Angemessenheit des Kostenerstattungsanspruchs bestimmt sich hingegen in jedem Falle nach der zur Weiterführung des Haushalts im Einzelfall erforderlichen täglichen – angemessenen – Einsatzzeit der Ersatzkraft (BSG 3.7.1985 – 3 RK 57/84, SozR 2200 § 185b Nr. 10 S. 34 = AP RVO § 185b Nr. 1). 19

c) **Kosten bei der Unterbringung und Betreuung von Kindern.** Nach dem Abs. 2 der Vorschrift ist an Stelle der als Sachleistung zu erbringenden Haushaltshilfe ebenfalls ein Kostenerstattungsanspruch vorgesehen, wenn das Kind anderweitig untergebracht worden ist, zB in einer Krippe, einer Kindertagesstätte, bei einer Tagesmutter oder einer sonstigen Betreuungsperson, bei der es sich nicht um den Ehegatten oder den geschiedenen Ehegatten oder um eine Person handeln darf, mit der der Rehabilitand bis zum 2. Grad verwandt oder verschwägert ist (vgl. § 38 Abs. 4 S. 2 Hs. 1 SGB V). Bei ganztägiger Unterbringung des Kindes außerhalb des Wohnortes sind die **Heimunterbringungskosten** zu erstatten, und zwar auch für die arbeitsfreien Tage der im Haushalt lebenden Personen, da eine Unterbrechung des Heimaufenthalts nicht angezeigt ist, vielfach auch nicht durchführbar sein würde, und die Unterbringungskosten für das Kind wegen der Teilnahme des Rehabilitanden an einer Leistung zur Teilhabe entstehen (SG Halle 22.1.2014 – S 24 R 277/13, BeckRS 2014, 68887). War das Kind auch schon vor Beginn der Leistung zur Teilhabe in einer Krippe, Kindertagesstätte oder einer vergleichbaren Einrichtung tagsüber untergebracht, dann sind nur die auf Grund der Teilnahme an der Leistung zur Teilhabe entstehenden Mehrkosten zu erstatten, zB wenn die Aufenthaltszeit in der Einrichtung verlängert werden muss. 20

Die Kostenerstattung nach Abs. 2 ist der Höhe nach begrenzt auf die Kosten für eine ansonsten zu erbringende Haushaltshilfe. Ist das Kind außerhalb des Haushalts des Rehabilitanden bei Verwandten oder Verschwägerten des Rehabilitanden bis zum 2. Grad untergebracht, dann besteht ein Kostenerstattungsanspruch in sinngemäßer Anwendung von § 38 Abs. 4 S. 2 Hs. 2 SGB V. 21

Auch bei der Mitnahme des Kindes in die Rehabilitationseinrichtung während der Leistung zur Teilhabe, zB bei alleinstehenden Müttern oder Vätern, ist eine Übernahme der dadurch entstehenden **Unterbringungs- und Verpflegungskosten** des Kindes nach Abs. 2 vorgesehen, der Kostenerstattungsanspruch ist allerdings wiederum der Höhe nach auf die Kosten einer ansonsten zu erbringenden Haushaltshilfe begrenzt. Auch insoweit besteht ein Rechtsanspruch des Rehabilitanden (vgl. den Gesetzeswortlaut des Abs. 2: „… werden … übernommen“). Dieser Rechtsanspruch erstreckt sich auch auf die für das Kind anfallenden Reisekosten nach § 73. 22

Im Abs. 3 S. 1 der Vorschrift ist ein Rechtsanspruch des Menschen mit Behinderungen auf Übernahme von Kinderbetreuungskosten normiert, der allerdings nicht zusätzlich zu den Ansprüchen nach den Absätzen 1 und 2 besteht (Abs. 3 S. 2 der Vorschrift); insofern hat die Norm den Charakter einer Auffangvorschrift (GK-SGB IX/*Löschau* § 54 Rn. 56). Tatbestandsvoraussetzung für diesen Rechtsanspruch ist nach Abs. 3 S. 1, dass 23 die Kinderbetreuungskosten aufgrund der Teilnahme des Menschen mit Behinderungen an der Leistung unvermeidbar entstehen. Unvermeidbar sind Kosten der Kinderbetreuung dann, wenn der Leistungsempfänger ohne die entgeltliche Kinderbetreuung die Leistung nicht in Anspruch nehmen könnte (SächsLSG 20.11.2007 – L 4 R 268/05, BeckRS 2009, 52633). Bei der Übernahme von Betreuungskosten, die Verpflegungskosten beinhalten, müssen diese vom Rehabilitationsträger nicht mit übernommen werden, „da die Sorge für die Verpflegung des Kindes zu den ureigensten Aufgaben der Eltern gehört" (LSG Bln-Bbg 12.1.2007 – L 4 RJ 61/04, BeckRS 2007, 40731)

23a Soweit ein Höchstbetrag für die Kinderbetreuungskosten von 160 EUR je Kind und Monat für das Jahr 2018 bestimmt ist, erhöht sich dieser Betrag nach Abs. 3 S. 3 entspr. der Veränderung der Bezugsgröße nach § 18 Abs. 1 SGB IV. Nach dem Hs. 2 des Abs. 3 S. 3 ist § 160 Abs. 3 S. 2–5 für entspr. anwendbar erklärt worden. Die Kinderbetreuungskosten erhöhen sich demgemäß, indem der Faktor für die Veränderung der Bezugsgröße iSd § 18 Abs. 1 SGB IV mit dem jeweiligen Kostenerstattungsbetrag nach Abs. 3 S. 1 vervielfältigt wird und dann die sich ergebenden Beträge auf den nächsten durch fünf teilbaren Betrag abgerundet werden (§ 160 Abs. 3 S. 3, 4). Das BMAS gibt den Erhöhungsbetrag und die sich dann jeweils ergebenden Kostenerstattungsbeträge nach Abs. 3 S. 1 im Bundesanzeiger bekannt (§ 160 Abs. 3 S. 4). Seit dem 1.1.2021 beträgt der Höchstbetrag 180 EUR.

C. Betriebshilfe

24 Nach Abs. 4 kann bei landwirtschaftlichen Unternehmen und in Unternehmen mitarbeitenden Ehegatten bei Leistungen zur medizinischen Rehabilitation, zur Prävention und bei sonstigen Leistungen neben der Haushaltshilfe auch eine Betriebshilfe bewilligt werden. Hier wird den speziellen Besonderheiten in landwirtschaftlichen Betrieben Rechnung getragen (GK-SGB IX/*Löschau* § 54 Rn. 61; LPK-SGB IX/*Liebig/Asmalsky* § 74 Rn. 15), was sich auch bei den Voraussetzungen zeigt.

25 Nach § 10 Abs. 2 S. 1 Nr. 1–3 ALG kann Betriebshilfe erbracht werden wenn
- die Weiterführung des Betriebes nicht möglich ist
- die Leistung zur Aufrechterhaltung des Unternehmens erforderlich ist
- in dem Unternehmen keine Arbeitnehmer oder mitarbeitende Familienangehörige ständig beschäftigt sind.

Für die Haushaltshilfe gilt nach § 10 Abs. 2 S. 2 Nr. 1–2 ALG
- die Leistung ist zur Aufrechterhaltung des Unternehmens erforderlich
- in dem Unternehmen sind keine Arbeitnehmer oder mitarbeitende Familienangehörige ständig beschäftigt.

Kapitel 12. Leistungen zur Teilhabe an Bildung

§ 75 Leistungen zur Teilhabe an Bildung

(1) Zur Teilhabe an Bildung werden unterstützende Leistungen erbracht, die erforderlich sind, damit Menschen mit Behinderungen Bildungsangebote gleichberechtigt wahrnehmen können.

(2) [1] Die Leistungen umfassen insbesondere

1. Hilfen zur Schulbildung, insbesondere im Rahmen der Schulpflicht einschließlich der Vorbereitung hierzu,

2. Hilfen zur schulischen Berufsausbildung,

3. Hilfen zur Hochschulbildung und
4. Hilfen zur schulischen und hochschulischen beruflichen Weiterbildung.

²Die Rehabilitationsträger nach § 6 Absatz 1 Nummer 3 erbringen ihre Leistungen unter den Voraussetzungen und im Umfang der Bestimmungen des Siebten Buches als Leistungen zur Teilhabe am Arbeitsleben oder zur Teilhabe am Leben in der Gemeinschaft.

Literatur: Jenny Axmann, Teilhabe an Bildung – die Umsetzung im BTHG, ArchsozArb 2021, Nr. 2, 36–45; Claus-Peter Bienert, Die Zuständigkeit der BA für Studien- und Arbeitsassistenz während eines dualen Studiums, info also 2020, 210–216; Deutscher Verein für öffentliche und Private Fürsorge: Empfehlungen des Deutschen Vereins zur Umsetzung und Weiterentwicklung von Schulassistenz nach § 112 SGB IX und § 35a SGB VIII, NDV 2021, 558–567; Peter-Christian Kunkel, Julia (verh. Neumann-Redlin) Kunkel, Welche Auswirkungen hat das Bundesteilhabegesetz auf die Jugendhilfe?, ZFSH/SGB 2017, 194 ff.; Ernst-Wilhelm Luthe, Teilhabe an Bildung nach § 75 Bundesteilhabegesetz, NZS 2017, 441 ff.

Übersicht

A. Geltende Fassung; Normzweck

1 § 75 regelt seit dem 1.1.2018 die Teilhabe an Bildung. Der davor in § 75 geregelte Regelungsgegenstand – Anrechnung Beschäftigter auf die Zahl der Pflichtarbeitsplätze für schwerbehinderte Menschen – findet sich seitdem in § 158.

2 Für die Teilhabe an Bildung wurde in § 5 Nr. 4 eine **neue Leistungsgruppe** geschaffen und außerdem in Teil 1 ein neues **Kap. 12** eingefügt. Hiermit **wollte** der Gesetzgeber verdeutlichen, dass der Teilhabe an Bildung nach Art. 24 UN-BRK besondere Bedeutung zukommt und sie für die Teilhabe am Leben in der Gesellschaft und in der Gemeinschaft unabdingbar ist (BT-Drs. 18/9522, 259). Zu den Nachteilen einer eigenen Leistungsgruppe s. v. Boetticher/Kuhn-Zuber, Rehabilitationsrecht, 2. Aufl. 2022, Rn. 213. Die Leistungen zur Teilhabe an Bildung sollen sicherstellen, dass Menschen mit Behinderungen **„Bildungsangebote gleichberechtigt wahrnehmen können“** (Abs. 1). Außerdem soll unmittelbaren und mittelbaren Benachteiligungen entgegengewirkt werden (Luthe NZS 2017, 441 [443]). Der Gesetzgeber will zudem verdeutlichen, dass **nur unterstützende Leistungen** erbracht (näher hierzu → Rn. 17b ff.), nicht aber die Bildungsangebote selbst finanziert werden (BT-Drs. 18/9522, 259). Eine Leistungsausweitung war hiermit nicht beabsichtigt (BT-Drs. 18/9522, 259).

2a Der **Inhalt der Leistungen zur Teilhabe an Bildung** wird in der nicht abschließenden Aufzählung in **Abs. 2 S. 1** (→ Rn. 20 ff.) im Vergleich zu den anderen Leistungsgruppen mit einem deutlich geringeren Konkretisierungsgrad aufgezählt. Präzisierungen erfolgen erst in den Leistungsgesetzen der Rehabilitationsträger, insbesondere in § 112. Krit. zu § 75 Luthe NZS 2017, 441 (442).

B. Anspruchsgrundlagen, Voraussetzungen und Zuständigkeit

I. Allgemeines

3 § 75 ist **nicht Anspruchsgrundlage** der Leistungen zur Teilhabe an Bildung (ebenso SächsLSG 31.3.2020 – L 8 SO 5/20 B ER, BeckRS 2020, 20642 Rn. 29). Die Anspruchsgrundlage enthält das für den jeweiligen Rehabilitationsträger maßgebliche Leistungsgesetz (§ 7 Abs. 1 S. 2; → § 7 Rn. 5), zB für die Eingliederungshilfe für Kinder und Jugendliche mit (drohender) seelischer Behinderung nach § 35a Abs. 1 S. 1 SGB VIII. Keine Anspruchsgrundlage der Leistungen zur Teilhabe an Bildung ist ferner Art. 24 UN-BRK. Die Vorgaben dieser Vorschrift müssen in innerstaatliches Recht umgesetzt werden. Allerdings ist Art. 24 UN-BRK wegen des Grundsatzes der völkerrechtsfreundlichen Auslegung bei der Gesetzesauslegung zu berücksichtigen (BVerfG 23.3.2011 – 2 BvR 882/09, NJW 2011, 2113 Rn. 52).

4 Aus § 7 Abs. 1 S. 2 folgt weiter, dass Leistungen zur Teilhabe an Bildung nur gewährt werden, wenn die in dem maßgeblichen Leistungsgesetz bestimmten **Voraussetzungen** erfüllt sind. Allein die Bezeichnung als Rehabilitationsträger für Leistungen zur Teilhabe an Bildung in § 6 Abs. 1 begründet keine Leistungspflicht. Dies verdeutlicht Abs. 2 S. 2 mit der Klarstellung, dass sich die Voraussetzungen der Leistungen der Träger der gesetzlichen Unfallversicherung nach dem SGB VII richten. Diese Klarstellung wäre an sich überflüssig gewesen, weil sich dies bereits aus der Regelungssystematik des SGB IX ergibt.

5, 6 Die Leistungsgesetze der Rehabilitationsträger bestimmen ferner die **Zuständigkeit** für die Leistungen zur Teilhabe an Bildung (§ 7 Abs. 1 S. 2, → § 7 Rn. 5). Allein die Zuordnung der Leistungen zur Teilhabe an Bildung zu Rehabilitationsträgern in § 6 Abs. 1 Nr. 3, 5, 6, 7 begründet deren Zuständigkeit nicht. Insbesondere ist zunächst zu klären, ob für die Leistung andere Rehabilitationsträger vorrangig zuständig sind (→ Rn. 6a ff.).

II. Rehabilitationsträger mit Leistungen zur Teilhabe an Bildung

6a Leistungen zur Teilhabe an Bildung gewähren die Träger der gesetzlichen Unfallversicherung (§ 6 Abs. 1 Nr. 3; → Rn. 7 ff.), die Träger der sozialen Entschädigung bei Gesundheitsschäden (§ 6 Abs. 1 Nr. 5; → Rn. 10 ff.), die Träger der öffentlichen Jugendhilfe (§ 6 Abs. 1 Nr. 6; → Rn. 13 ff.) und die Träger der Eingliederungshilfe (§ 6 Abs. 1 Nr. 7; → Rn. 17 ff.). Diese Rehabilitationsträger stehen in einem Vorrang-/Nachrangverhältnis. Es empfiehlt sich deshalb, einen Anspruch auf Leistungen zur Teilhabe an Bildung in der nachfolgenden Reihenfolge zu prüfen:

1. Gesetzliche Unfallversicherung

7 Leistungen zur Teilhabe an Bildung werden ua in der gesetzlichen Unfallversicherung erbracht. **Anspruchsgrundlage** ist § 26 Abs. 1 S. 1 SGB VII. **Voraussetzungen** dieser Leistungen sind insbesondere die Zugehörigkeit der leistungsbeziehenden Person zum versicherten Personenkreis der gesetzlichen Unfallversicherung (§§ 1 ff. SGB VII) und das Vorliegen eines Versicherungsfalles iSd §§ 7 ff. SGB VII, also eines Arbeitsunfalles – wozu auch ein Unfall in einer Kindertageseinrichtung, der Schulunfall und der Hochschulunfall gehören –, eines Wegeunfalles, eines Arbeitsgeräteunfalles oder einer Berufskrankheit. Die Leistungen der gesetzlichen Unfallversicherung werden Kindern, Schülerinnen und Schülern und Studierenden nur gewährt, wenn sich deren Unfall im Zusammenhang mit der Kindertagesbetreuung oder dem Besuch einer der genannten

Ausbildungsstätten ereignete (§ 6 Abs. 1 Nr. 3). Krit. zu dieser Beschränkung v. Boetticher, Teilhaberecht, 2. Aufl. 2020, § 3 Rn. 256.

Der **Inhalt der Leistungen** richtet sich in der gesetzlichen Unfallversicherung nicht nach § 75, wie Abs. 2 S. 2 ausdrücklich klarstellt. Die Leistungen der gesetzlichen Unfallversicherung zur **Teilhabe am Arbeitsleben** umfassen Hilfen zu einer angemessenen Schulbildung einschließlich der Vorbereitung hierzu (§ 35 Abs. 2 Hs. 1 SGB VII) sowie Leistungen zur Entwicklung der geistigen und seelischen Fähigkeiten vor Beginn der Schulpflicht (§ 35 Abs. 2 Hs. 2 SGB VII). Die Leistungen zur **Teilhabe am Leben in der Gemeinschaft** enthalten insbesondere unterhaltssichernde Leistungen. Dies hat ua zur Folge, dass Studierende, die studienbegleitend beschäftigt sind, Übergangsgeld erhalten (BT-Drs. 18/9522, 260). 8

Die Leistungen der gesetzlichen Unfallversicherung sind **vorrangig** gegenüber der Eingliederungshilfe für Kinder- und Jugendliche mit (drohender) seelischer Behinderung nach § 35a SGB VIII (§ 10 Abs. 1 S. 1 SGB VIII) und der Eingliederungshilfe nach dem SGB IX (§ 91 Abs. 1; → § 91 Rn. 3 ff.). Gegenüber den Trägern der sozialen Entschädigung bei Gesundheitsschäden stellt sich diese Abgrenzungsproblematik nicht, weil sich die Versicherungsfälle der gesetzlichen Unfallversicherung und die Versorgungsfälle der sozialen Entschädigung idR (→ Rn. 10) nicht überschneiden. Für den Fall, dass gleichzeitig die gesetzliche Unfallversicherung und die Soziale Entschädigung betroffen sind, stellt § 8 Abs. 3 SGB XIV ab dem 1.1.2024 den Vorrang der gesetzlichen Unfallversicherung ausdrücklich klar. 9

2. Soziale Entschädigung bei Gesundheitsschäden

Leistungen zur Teilhabe an Bildung werden weiter in der Kriegsopferfürsorge, in der Kriminalopferentschädigung und in der Impfopferentschädigung gewährt. **Anspruchsgrundlage** ist in der **Kriegsopferfürsorge** § 25b BVG. Voraussetzung ist insbesondere, dass ein Versorgungsfall iSd BVG vorliegt. Anspruchsgrundlage der **Kriminalopferentschädigung** ist § 1 OEG. Voraussetzung ist vor allem eine gesundheitliche Schädigung durch einen vorsätzlichen, rechtswidrigen Angriff oder die Abwehr eines solchen. In der **Impfopferentschädigung** ist **Anspruchsgrundlage** § 60 IfSG. Die Entschädigung wird bei dieser an Menschen gewährt, die eine gesundheitliche Schädigung infolge einer von der zuständigen Landesbehörde empfohlenen, nach dem IfSG angeordneten, gesetzlich vorgeschriebenen oder nach internationalen Vorschriften durchgeführten Impfung erlitten haben. Ab dem 1.1.2024 tritt an die Stelle der genannten Gesetze das SGB XIV. Anspruchsgrundlage wird dann § 4 Abs. 1, 2, 3 SGB XIV sein. Voraussetzung wird insbesondere sein, dass durch ein schädigendes Ereignis (Gewalttat [§§ 13 ff. SGB XIV], Kriegsauswirkungen beider Weltkriege [§§ 22 f.], Ereignisse im Zusammenhang mit der Ableistung eines Zivildienstes [§ 23 SGB XIV] oder Schutzimpfungen oder andere Maßnahmen der spezifischen Prophylaxe [§ 24 SGB XIV]) unmittelbar eine gesundheitliche Schädigung eintritt. 10

Der **Inhalt der Leistungen** zur Teilhabe an Bildung ergibt sich aus § 27d Abs. 1 Nr. 3 iVm § 27d Abs. 3 BVG iVm § 112. Da in § 1 Abs. 8 OEG und in § 60 Abs. 1 S. 1 IfSG auf § 27d BVG Bezug genommen wird, richtet sich der Inhalt der Leistungen zur Teilhabe an Bildung auch bei der Kriminalopferentschädigung und der Impfopferentschädigung nach § 112. Ab dem 1.1.2024 verweist § 65 SGB XIV bezüglich des Leistungsinhalts auf § 112. 11

Die Leistungen der sozialen Entschädigung bei Gesundheitsschäden sind **vorrangig** gegenüber der Eingliederungshilfe für Kinder- und Jugendliche mit (drohenden) seelischen Behinderungen nach § 35a SGB VIII (§ 10 Abs. 1 S. 1 SGB VIII) und der Eingliederungshilfe nach dem SGB IX (§ 91 Abs. 1). Bezüglich des Verhältnisses zu den Leistungen der gesetzlichen Unfallversicherung wird auf → Rn. 9 verwiesen. 12

3. Kinder- und Jugendhilfe

13 In der Kinder- und Jugendhilfe beinhalten die Eingliederungshilfe für Kinder und Jugendliche mit (drohender) seelischer Behinderung (Rn. 14) und die Hilfe für junge Volljährige (→ Rn. 15) Leistungen zur Teilhabe an Bildung.

14 **Anspruchsgrundlage** der **Eingliederungshilfe für Kinder und Jugendliche mit (drohender) seelischer Behinderung** ist § 35a Abs. 1 S. 1 SGB VIII. **Anspruchsvoraussetzungen** sind, dass

(1.) die anspruchsbegehrende Person minderjährig ist,

(2.) die seelische Gesundheit mit hoher Wahrscheinlichkeit für länger als sechs Monate vom lebensaltertypischen Zustand abweicht,

(3.) die Teilhabe am Leben in der Gesellschaft beeinträchtigt oder dies zu erwarten ist,

(4.) zwischen (2.) und (3.) Kausalität besteht,

(5.) die in Aussicht genommene Leistung geeignet und

(6.) erforderlich ist.

Nach § 35a Abs. 1 S. 2 SGB VIII haben Kinder und Jugendliche einen Anspruch auf Eingliederungshilfe auch dann, wenn bei ihnen eine Beeinträchtigung ihrer Teilhabe am Leben in der Gesellschaft nach fachlicher Erkenntnis mit hoher Wahrscheinlichkeit droht. Dass die Eingliederungshilfe nach § 35a SGB VIII Leistungen zur Teilhabe an Bildung umfasst, folgt aus dem Verweis in § 35a Abs. 3 SGB VIII auf § 112 („den Kapiteln 4 bis 6 des Teils 2 des Neunten Buches"). Näher hierzu die Kommentierung zu → § 112. Zu Einzelheiten der Eingliederungshilfe für Kinder und Jugendliche mit (drohender) seelischer Behinderung s. BeckOK SozR/Winkler SGB VIII § 35a Rn. 1 ff.

15 **Anspruchsgrundlage** der **Hilfe für junge Volljährige** ist § 41 Abs. 1 S. 1 SGB VIII. **Voraussetzungen** dieser Leistung sind, dass

(1.) die anspruchstellende Person mindestens 18 Jahre alt ist, aber das 21. Lebensjahr noch nicht vollendet hat

(2.) die selbstbestimmte, eigenverantwortliche und eigenständige Lebensführung aufgrund der Persönlichkeitsentwicklung gefährdet,

(3.) die vorgesehene Hilfe geeignet und

(4.) notwendig ist.

Nach Vollendung des 21. Lebensjahres wird die Leistung in begründeten Einzelfällen bis längstens zur Vollendung des 27. Lebensjahres geleistet (§ 41 Abs. 1 S. 2 SGB VIII). Dass die Hilfe für junge Volljährige Leistungen zur Teilhabe an Bildung beinhaltet, folgt aus dem Verweis in § 41 Abs. 2 SGB VIII auf § 35a SGB VIII, der seinerseits in seinem Abs. 3 auf § 112 verweist. Zu Einzelheiten der Hilfe für junge Volljährige s. BeckOK SozR/Winkler SGB VIII § 41 Rn. 1 ff.

16 Gegenüber den Leistungen der **gesetzlichen Unfallversicherung** und der **sozialen Entschädigung** bei Gesundheitsschäden sind die Leistungen nach dem SGB VIII **nachrangig** (§ 10 Abs. 1 S. 1 SGB VIII). Erbringt der Träger der gesetzlichen Unfallversicherung tatsächlich Leistungen oder steht dies unmittelbar bevor, muss der Träger der öffentlichen Jugendhilfe keine Leistungen gewähren. Das **Verhältnis der Eingliederungshilfe nach dem SGB VIII zur Eingliederungshilfe nach dem SGB IX** wird in § 10 Abs. 4 S. 2 SGB VIII festgelegt. Nach der Rspr. des BVerwG (23.9.1999 – 5 C 26/98, NJW 2000, 2688) zur bis zum 31.12.2019 geltenden Rechtslage ist der Träger der öffentlichen Jugendhilfe zuständig, wenn „nur" eine seelische Behinderung vorliegt oder eine solche droht. Liegt zugleich auch eine geistige oder körperliche Behinderung vor oder droht eine solche, muss oder kann Eingliederungshilfe nach dem SGB IX geleistet werden. Ab dem 1.1.2028 sollen Leistungen für junge Menschen von den Trägern der öffentlichen Jugendhilfe erbracht werden, ungeachtet ob bei ihnen eine Behinderung vorliegt und welcher Art diese ist (§ 10 Abs. 4 SGB VIII idF ab dem 1.1.2028 (Art. 1 Nr. 12 Kinder- und Jugendstärkungsgesetz (KJSG) von 2.6.2021 (BGBl. I S. 1444).

4. Eingliederungshilfe nach dem SGB IX

Die Leistungen zur Teilhabe an Bildung sind ferner Bestandteil der Eingliederungshilfe nach dem SGB IX. **Anspruchsgrundlage** der Leistung ist § 99 Abs. 1 (Anspruchsleistung) bzw. Abs. 3 (Ermessensleistung). **Voraussetzung** der Leistung ist vor allem, dass die antragstellende Person dem leistungsberechtigten Personenkreis nach § 99 angehört (→ § 99 Rn. 5 ff., 9 ff.). Leistungsberechtigt sind auch Menschen mit drohender Behinderung (§ 99 Abs. 2; → § 99 Rn. 6a). Diese werden im Wortlaut von § 75 nicht ausdrücklich angesprochen. In der Lit. wird davon ausgegangen, dass dies auf einen redaktionellen Fehler zurückzuführen ist (v. Boetticher, Teilhaberecht, 2. Aufl. 2020, § 3 Rn. 254). 17

Bei den Leistungen zur Teilhabe an Bildung ist bei den Hilfen zur Schulbildung sowie bei den Leistungen zur schulischen und hochschulischen Ausbildung in besonderen Ausbildungsstätten über Tag und Nacht für Menschen mit Behinderungen (zB Internate) sowie bei Leistungsberechtigten, die gleichzeitig Leistungen zur Sicherung des Lebensunterhalts nach dem SGB II oder SGB XII erhalten, **kein Beitrag** aus dem Einkommen zu leisten (§ 138 Abs. 1) und **kein Vermögen** einzusetzen (§ 140 Abs. 3 iVm § 138 Abs. 1). 17a

Zum **Verhältnis** gegenüber den **Leistungen** der gesetzlichen Unfallversicherung, der sozialen Entschädigung bei Gesundheitsschäden und der Kinder- und Jugendhilfe gilt das oben Gesagte (→ Rn. 9; → Rn. 12; → Rn. 16). 17b

C. Leistungsinhalt

I. Allgemeines

Abs. 2 S. 1 zählt nicht abschließend („insbesondere") die Hilfen auf, die im Rahmen der Teilhabe an Bildung zu erbringen sind. Dies erschöpft sich indessen in einer Aufzählung der Hilfen. Konkretisiert wird der Inhalt der Teilhabe an Bildung in § 112 für die Eingliederungshilfe und wegen des Verweises auf diese Vorschrift in § 35a Abs. 3 SGB VIII für die Eingliederungshilfe für Kinder und Jugendliche mit (drohender) seelischer Behinderung bzw. in § 25b BVG (ab 1.1.2024: § 65 SGB XIV) für die soziale Entschädigung bei Gesundheitsschäden. Für die Leistungen der gesetzlichen Unfallversicherung wird in Abs. 2 S. 2 ausdrücklich klargestellt, dass deren Leistungen im SGB VII eigenständig geregelt werden. 17c

II. Unterstützende Leistungen

Die Leistungen zur Teilhabe an Bildung sollen den **Zugang zur Bildung unterstützen** („unterstützende Leistungen"), sie aber nicht finanzieren. Sie sollen den behinderungsbedingten Mehrbedarf ausgleichen, zB erforderliche Hilfsmittel zur Verfügung stellen (BT-Drs. 18/9522, 259). **Unterstützende Leistungen** sind kommunikative, technische und andere Hilfsmittel sowie begleitende Maßnahmen, Assistenzdienste zur Integration, Beaufsichtigung und Förderung der Schülerinnen und Schüler, mit denen die Inklusion in der Schule abgesichert wird, Hilfen zum Erreichen des Lernortes und zur Teilnahme an der Vermittlung von Bildungsinhalten (Luthe NZS 2017, 441 [444]). Erbringen die Schulen diese betreuenden Maßnahmen selbst, ist die Eingliederungshilfe nach dem SGB IX nachrangig. Kommt die Schule ihren Verpflichtungen nicht nach, müssen Leistungen der Eingliederungshilfe nach dem SGB IX bzw. dem SGB VIII geleistet und ggf. ein Erstattungsanspruch geltend gemacht werden. 18

18a Für den **Kernbereich pädagogischer Arbeit** werden keine Leistungen zur Teilhabe an Bildung gewährt. Diese sind von den Schulen zu erbringen. Das BSG rechnet zu diesem Kernbereich „die Vorgabe und Vermittlung der Lerninhalte, somit den Unterricht selbst, seine Inhalte, das pädagogische Konzept der Wissensvermittlung wie auch die Ermittlung der Schülerleistungen" (BSG 9.12.2016 – B 8 SO 8/15 R, BeckRS 2016, 116704 Rn. 25). Dies ist den Lehrkräften vorbehalten (BSG 9.12.2016 – B 8 SO 8/15 R, BeckRS 2016, 116704 Rn. 25). Kommen die Schulen im Kernbereich pädagogischer Arbeit ihrer Verpflichtung nicht nach, müssen die Träger der Eingliederungshilfe, anders als bei den unterstützenden Leistungen, keine Leistungen erbringen.

18b **Nicht** im SGB IX geregelt wird der **Zugang** der Menschen mit Behinderungen **zur** schulischen und hochschulischen **Ausbildung.** Dies wird durch Landesrecht bestimmt.

D. Hilfen nach Abs. 2 S. 1

19, 20 Die **Hilfen zur Schulbildung** werden bei Besuchen von Schulen im Rahmen der allgemeinen Schulpflicht, von weiterführenden Schulen und während der Vorbereitung zur Schulbildung erbracht. Zur Vorbereitung auf die Schulbildung gehört die frühkindliche Bildung (LPK-SGB IX/Bieritz-Harder § 75 Rn. 13) ua in Förderkursen zur Erlangung der Schulreife (v. Boetticher, Teilhaberecht, 2. Aufl. 2020, § 3 Rn. 255). Bei den Hilfsmitteln ist zu klären, ob diese vorrangig von der gesetzlichen Krankenkasse zu erbringen sind (Luthe NZS 2017, 441 [445]).

21 Die **Hilfen zur beruflichen Schulbildung** werden bei organisatorisch den Schulen zugerechneten Ausbildungen erbracht, die eine berufliche Ausbildung vermitteln, zB höhere Fachschulen.

22 Die **Hilfen zur Hochschulausbildung** ermöglichen Menschen mit Behinderungen die Durchführung eines Studiums einschließlich eines Masterstudiums und der Promotion (Luthe NZS 2017, 441 [447]). Geleistet werden nur unterstützende Leistungen, also behinderungsbedingte Mehraufwendungen.

23 **Hilfen zur schulischen und hochschulischen beruflichen Weiterbildung** ermöglichen Menschen mit Behinderungen nach abgeschlossener Berufsausbildung die berufliche Weiterbildung an einer Schule oder Hochschule, zB im zweiten Bildungsweg oder in einem weiterführenden Masterstudiengang (Luthe NZS 2017, 441 [447]).

24 Die Aufzählung in Abs. 2 S. 1 ist **nicht abschließend** („insbesondere"). Nach der Gesetzesbegr. kommen neben den aufgezählten Hilfen in Betracht: „Angebote der Erwachsenenbildung und Weiterbildung ua durch die Volkshochschulen, gewerkschaftliche und kirchliche Einrichtungen, Bildungswerke, Akademien, Bildungszentren der Kammern (zB Industrie- und Handelskammern) oder private Bildungseinrichtungen" (BT-Drs. 18/10538 S. 4).

Kapitel 13. Soziale Teilhabe

§ 76 Leistungen zur Sozialen Teilhabe

(1) [1]Leistungen zur Sozialen Teilhabe werden erbracht, um eine gleichberechtigte Teilhabe am Leben in der Gemeinschaft zu ermöglichen oder zu erleichtern, soweit sie nicht nach den Kapiteln 9 bis 12 erbracht werden. [2]Hierzu gehört, Leistungsberechtigte zu einer möglichst selbstbestimmten und eigenverantwortlichen Lebensführung im eigenen Wohnraum sowie in ihrem Sozialraum zu befähigen oder sie hierbei zu unterstützen. [3]Maßgeblich sind die Ermittlungen und Feststellungen nach den Kapiteln 3 und 4.

(2) **Leistungen zur Sozialen Teilhabe sind insbesondere**
1. Leistungen für Wohnraum,
2. Assistenzleistungen,
3. heilpädagogische Leistungen,
4. Leistungen zur Betreuung in einer Pflegefamilie,
5. Leistungen zum Erwerb und Erhalt praktischer Kenntnisse und Fähigkeiten,
6. Leistungen zur Förderung der Verständigung,
7. Leistungen zur Mobilität und
8. Hilfsmittel.

Übersicht

1 Kap. 13 ist aus dem bisherigen bis zum 31.12.2017 geltenden Kap. 7 von Teil 1 des SGB IX hervorgegangen. Der Gesetzgeber hielt daran fest, dass Leistungen, die für mehrere Sozialleistungsbereiche relevant sein können, an einer Stelle geregelt werden. Die Leistungen wurden neu strukturiert, ohne dass hiermit der Leistungskatalog ausgeweitet oder eingeschränkt werden sollte (BT-Drs. 18/9522, 61).

A. Geltende Fassung; Normzweck

2 § 76 regelt seit dem 1.1.2018 die Aufgabe und das Verhältnis der Sozialen Teilhabe zu den anderen Leistungsgruppen nach dem SGB IX und gibt einen Überblick über die Leistungen der Sozialen Teilhabe. Der davor in § 76 geregelte Regelungsgegenstand – Mehrfachanrechnung von Beschäftigten auf die Zahl der Pflichtarbeitsplätze – findet sich seitdem in § 159.

3 § 76 **konkretisiert** das in Art. 3 Abs. 3 S. 2 GG niedergelegte **Verbot der Benachteiligung der Menschen mit Behinderungen.** Nach **Abs. 1 S. 1 Hs. 1** sollen die Leistungen zur Sozialen Teilhabe den Menschen mit Behinderungen die gleichberechtigte Teilhabe am Leben in der Gemeinschaft ermöglichen und erleichtern. Mit den Leistungen zur Sozialen Teilhabe soll ihnen eine „den individuellen und den persönlichen Wünschen entsprechende Lebensplanung und -gestaltung" im eigenen Wohnraum sowie in ihrem Sozialraum ermöglicht werden (BT-Drs. 18/9522, 60). Entsprechend formulierte Zielsetzungen enthalten § 4 Abs. 1 Nr. 4 und § 10 Nr. 4 SGB I. Die Leistungsberechtigten sollen hierzu befähigt oder unterstützt werden (**Abs. 1 S. 2**). **„Befähigen"** bedeutet, dass die für die selbstbestimmte und eigenverantwortliche Lebensführung erforderlichen Ressourcen bereitgestellt und die erforderlichen Kompetenzen vermittelt und trainiert werden (v. Boetticher, Teilhaberecht, 2. Aufl. 2020, § 3 Rn. 261). **„Wohnraum"** meint die eigene Wohnung (v. Boetticher, Teilhaberecht, 2. Aufl., § 3 Rn. 262). Der **Sozialraum** wird nicht definiert. In der Gesetzesbegr. des Kinder- und JugendstärkungsG v. 3.6.2021 (BGBl. I S. 1444) rechnete der Gesetzgeber zum Sozialraum den sozialgeographischen Raum der leistungsberechtigten Person (BR-Drs. 5/21, 76), also den Stadtteil, das Quartier oder die Region. **Abs. 1 S. 1 Hs. 2** übernimmt den in § 55 Abs. 2 Nr. 5 SGB XII der bis zum 31.12.2017 geltenden Fassung geregelten **Vorrang** der medizinischen Rehabilitation und der Teilhabe am Arbeitsleben. Außerdem sind die Leistungen gegenüber jenen zur Teilhabe an Bildung nachrangig. In **Abs. 1 S. 3** wird auf die Vorschriften zur Bedarfserkennung und -ermittlung und Koordinierung der Leistungen ausdrücklich Bezug genommen. **Abs. 2** zählt wie § 55 SGB XII in der bis zum 31.12.2017 geltenden Fassung einzelne Leistungen auf, strukturiert diese aber neu und nimmt zusätzlich die Assistenzleistungen und die Leistungen zur Mobilität auf (→ Rn. 15).

B. Anspruchsgrundlage, Voraussetzungen und Zuständigkeit

I. Allgemeines

4 § 76 ist **nicht** selbst **Anspruchsgrundlage** der Leistungen zur Sozialen Teilhabe. Die Anspruchsgrundlage ist in dem für den jeweiligen Rehabilitationsträger maßgeblichen Leistungsgesetz enthalten (§ 7 Abs. 1 S. 2; → § 7 Rn. 5).

5 Aus § 7 Abs. 1 S. 2 folgt weiter, dass Leistungen zur Sozialen Teilhabe nur gewährt werden, wenn die **Voraussetzungen** des für den Rehabilitationsträger maßgebenden Leistungsgesetzes erfüllt sind. Weiter verlangt Abs. 1 S. 1 Hs. 2, dass der Bedarf nicht durch Leistungen zur medizinischen Rehabilitation, zur Teilhabe am Arbeitsleben und zur Teilhabe an Bildung gedeckt wird („soweit sie nicht nach den Kapiteln 9 bis 12 erbracht werden"). Kommen Leistungen aus einer dieser Leistungsgruppen und der Sozialen Teilhabe in Betracht, ist der Schwerpunkt des Bedarfs und der Maßnahme maßgebend (BSG 29.9.2009 – B 8 SO 19/08 R, BeckRS 2010, 66159 Rn. 21). Ferner ist der Vorrang der von anderen und anderen Sozialleistungsträgern tatsächlich erbrachten Leistungen zu beachten (§ 91). Ob zusätzlich **Geeignetheit** der Leistung vorausgesetzt ist, also mit ihr die gleichberechtigte Teilhabe am Leben in der Gemeinschaft ermöglicht oder erreicht werden kann, wie dies die hM annimmt, lässt sich § 76 nicht ausdrücklich entnehmen.

6 § 7 Abs. 1 S. 2 ordnet ferner an, dass die **Zuständigkeit** für die Rehabilitationsleistungen und damit auch für die Leistungen zur Sozialen Teilhabe durch das für den jeweiligen Rehabilitationsträger maßgebende Leistungsgesetz festgelegt wird (→ § 7 Rn. 5). Allein die Zuordnung der Sozialen Teilhabe zu einem Rehabilitationsträger in § 6 Abs. 1 Nr. 3, 5, 6, 7 begründet dessen Zuständigkeit nicht. Insbes ist zunächst zu klären, ob andere Rehabilitationsträger für die Leistung vorrangig zuständig sind (→ Rn. 8 ff.).

7 Leistungen zur Sozialen Teilhabe richten sich nur nach den §§ 76 ff., wenn auf sie im **Leistungsgesetz** des jeweiligen Rehabilitationsträgers **verwiesen** wird. Dies kann in vollem Umfange oder nur teilweise geschehen. In den Leistungsgesetzen können bereichsspezifische Anpassungen erfolgen. Für die Eingliederungshilfe nach dem SGB IX ist dies in den §§ 113 ff. geschehen. So wird etwa in § 114 Nr. 1 die Kraftfahrzeughilfe von der zusätzlichen Voraussetzung abhängig gemacht, dass die leistungsberechtigte Person ständig auf die Nutzung des Kraftfahrzeugs angewiesen ist (→ § 114 Rn. 3). Der Inhalt der Leistungen zur Sozialen Teilhabe kann aber auch eigenständig geregelt werden, wie dies in der gesetzlichen Unfallversicherung geschehen ist (→ Rn. 8).

7a Da die genannten Leistungsbereiche in einem **Vorrang-/Nachrangverhältnis** stehen, empfiehlt sich, in der nachfolgenden Reihenfolge zu prüfen, ob ein Anspruch auf Leistungen zur Sozialen Teilhabe besteht.

II. Leistungen der gesetzlichen Unfallversicherung

8 In der **gesetzlichen Unfallversicherung** werden Leistungen zur Sozialen Teilhabe nach den §§ 39 ff. SGB VII erbracht. **Anspruchsgrundlage** dieser Leistungen ist **§ 26 Abs. 1 S. 1 SGB VII. Voraussetzungen** der Leistungen sind insbesondere, dass die leistungsberechtigte Person gesetzlich unfallversichert ist und ein Versicherungsfall der gesetzli-

chen Unfallversicherung iSd §§ 7 ff. SGB VII vorliegt, also ein Arbeitsunfall, ein Wegeunfall, ein Arbeitsgeräteunfall oder eine Berufskrankheit. Nach § 39 Abs. 1 SGB VII umfassen die Leistungen zur Sozialen Teilhabe die Kraftfahrzeughilfe (§ 40 SGB VII) und die Wohnungshilfe (§ 41 SGB VII). Hierbei handelt es sich um eine abschließende spezialgesetzliche Regelung.

III. Leistungen der sozialen Entschädigung bei Gesundheitsschäden

9 Leistungen zur Sozialen Teilhabe werden weiter in der Kriegsopferfürsorge, in der Kriminalopferentschädigung und in der Impfopferentschädigung gewährt. **Anspruchsgrundlage** ist in der **Kriegsopferfürsorge** § 25b BVG. Voraussetzung ist insbesondere, dass ein Versorgungsfall iSd BVG vorliegt. Anspruchsgrundlage der **Kriminalopferentschädigung** ist § 1 OEG. Voraussetzung ist vor allem eine gesundheitliche Schädigung durch einen vorsätzlichen, rechtswidrigen Angriff oder die Abwehr eines solchen. In der **Impfopferentschädigung** ist Anspruchsgrundlage § 60 IfSG. Voraussetzung der Entschädigung ist insbesondere eine gesundheitliche Schädigung infolge einer von der zuständigen Landesbehörde empfohlenen, nach dem IfSG angeordneten, gesetzlich vorgeschriebenen oder nach internationalen Vorschriften durchgeführten Impfung. Ab dem 1.1.2024 tritt an die Stelle der genannten Gesetze das SGB XIV. Anspruchsgrundlage wird § 4 Abs. 1, 2, 3 SGB XIV sein. Voraussetzung wird insbesondere sein, dass durch ein schädigendes Ereignis (Gewalttat [§§ 13 ff. SGB XIV], Kriegsauswirkungen beider Weltkriege [§§ 22 f.], Ereignisse im Zusammenhang mit der Ableistung eines Zivildienstes [§ 23 SGB XIV] oder Schutzimpfungen oder andere Maßnahmen der spezifischen Prophylaxe [§ 24 SGB XIV]) unmittelbar eine gesundheitliche Schädigung eintritt.

9a Der **Inhalt** der Leistungen zur Sozialen Teilhabe ergibt sich bei der sozialen Entschädigung bei Gesundheitsschäden aus § 27d Abs. 1 Nr. 3 iVm § 27d Abs. 3 BVG iVm §§ 113 ff. Da in § 1 Abs. 8 OEG und in § 60 Abs. 1 S. 1 IfSG auf § 27d BVG Bezug genommen wird, richtet sich der Inhalt der Leistungen zur Sozialen Teilhabe nach den §§ 113 ff. Ab dem 1.1.2024 bestimmt sich der Leistungsinhalt nach § 66 SGB XIV iVm §§ 113 ff. und nach § 66 Abs. 2 SGB XIV.

9b Die Leistungen der sozialen Entschädigung bei Gesundheitsschäden sind **vorrangig** gegenüber der Eingliederungshilfe für Kinder- und Jugendliche mit seelischen Behinderungen nach § 35a SGB VIII (§ 10 Abs. 1 S. 1 SGB VIII) und der Eingliederungshilfe nach dem SGB IX (§ 91 Abs. 1). Bezüglich des Verhältnisses zu den Leistungen der gesetzlichen Unfallversicherung wird auf § 75 → Rn. 9 verwiesen.

IV. Leistungen der Kinder- und Jugendhilfe

10 In der Kinder- und Jugendhilfe beinhaltet die Eingliederungshilfe für Kinder und Jugendliche mit (drohender) seelischer Behinderung und die Hilfe für junge Volljährige Leistungen zur Sozialen Teilhabe.

11 Zur **Anspruchsgrundlage** und den **Voraussetzungen** der **Eingliederungshilfe für Kinder und Jugendliche mit (drohender) seelischer Behinderung** s. → § 75 Rn. 14. Dass die Eingliederungshilfe nach § 35a SGB VIII Leistungen zur Sozialen Teilhabe umfasst, folgt aus dem Verweis in § 35a Abs. 3 SGB VIII auf die §§ 113 ff. („den Kapiteln 4 bis 6 des Teils 2 des Neunten Buches"). Näher hierzu die Kommentierung zu § 113. Zu Einzelheiten der Eingliederungshilfe für Kinder und Jugendliche mit (drohender) seelischer Behinderung s. BeckOK SozR/Winkler SGB VIII § 35a Rn. 1 ff.

12 Zur **Anspruchsgrundlage** und den **Voraussetzungen** der **Hilfe für junge Volljährige** s. § 75 Rn. 15. Dass die Hilfe für junge Volljährige Leistungen zur Sozialen Teilhabe beinhaltet, folgt aus dem Verweis in § 41 Abs. 2 SGB VIII auf § 35a SGB VIII, der

seinerseits in seinem Abs. 3 auf die § 113 ff. verweist. Zu Einzelheiten der Hilfe für junge Volljährige s. BeckOK SozR/Winkler SGB VIII § 41 Rn. 1 ff.

13 **Gegenüber** den Leistungen der **gesetzlichen Unfallversicherung** sind die Leistungen nach dem SGB VIII **nachrangig** (§ 10 Abs. 1 S. 1 SGB VIII). Erbringt der Träger der gesetzlichen Unfallversicherung tatsächlich Leistungen oder steht dies unmittelbar bevor, muss der Träger der öffentlichen Jugendhilfe keine Leistungen gewähren. Das Verhältnis der Leistungen der Kinder- und Jugendhilfe gegenüber den Leistungen der Eingliederungshilfe nach dem **SGB IX** wird in § 10 Abs. 4 S. 2 SGB VIII festgelegt. Nach der Rspr. des Bundesverwaltungsgerichts (BVerwG 23.9.1999 – 5 C 26/98, NJW 2000, 2688) zur bis zum 31.12.2019 geltenden Rechtslage ist der Träger der öffentlichen Jugendhilfe zuständig, wenn „nur" eine seelische Behinderung vorliegt oder eine solche droht. Liegt zugleich auch eine geistige oder körperliche Behinderung vor oder droht eine solche, muss der Eingliederungshilfeträger die Eingliederungshilfe leisten. Ab dem 1.1.2028 sollen Leistungen für junge Menschen von den Trägern der öffentlichen Jugendhilfe erbracht werden, ungeachtet ob bei ihnen eine Behinderung vorliegt und welcher Art diese ist oder ob keine Behinderung vorliegt (§ 10 Abs. 4 SGB VIII idF ab dem 1.1.2028 (Art. 1 Nr. 12 Kinder- und Jugendstärkungsgesetz (KJSG) von 2.6.2021 (BGBl. I S. 1444).

V. Eingliederungshilfe nach dem SGB IX

14 Die Leistungen zur Sozialen Teilhabe sind ferner Bestandteil der Eingliederungshilfe nach dem SGB IX. **Anspruchsgrundlage** der Leistung ist § 99 Abs. 1 bzw. Abs. 3. **Voraussetzung** der Leistung ist vor allem, dass die antragstellende Person dem leistungsberechtigten Personenkreis nach § 99 angehört (→ § 99 Rn. 5 ff., 9 ff.). Leistungsberechtigt sind auch Menschen mit drohender Behinderung (§ 99 Abs. 2; → § 99 Rn. 6a).

C. Leistungskatalog

15 **Abs. 2** zählt acht Leistungen der Sozialen Teilhabe auf:
- Leistungen für Wohnraum (§ 77),
- Assistenzleistungen (§ 78),
- heilpädagogische Leistungen (§ 79),
- Leistungen zur Betreuung in einer Pflegefamilie (§ 80),
- Leistungen zum Erwerb und Erhalt praktischer Kenntnisse und Fähigkeiten (§ 81),
- Leistungen zur Förderung der Verständigung (§ 82),
- Leistungen zur Mobilität (§ 83) und
- Hilfsmittel (§ 84).

15a Anders als nach der bis zum 31.12.2017 geltenden Rechtslage werden die Assistenzleistungen und die Leistungen zur Mobilität ausdrücklich benannt. Davor wurden diese Leistungen als unbenannte Leistungen unter § 55 SGB XII aF subsumiert. Die Leistungstatbestände der Hilfe zum selbstbestimmten Leben in betreuten Wohnmöglichkeiten und der Hilfen zur Teilhabe am gemeinschaftlichen und kulturellen Leben wurden gestrichen, weil diese durch die anderen Leistungstatbestände erfasst sind oder zu den Leistungen zur Sicherung des Lebensunterhalts zu rechnen sind (BT-Drs. 18/9522, 261). Da der **Katalog** in Abs. 2 **offen** formuliert ist („insbesondere"), können weitere Leistungen dazukommen. **Nicht** von der Sozialen Teilhabe umfasst sind Leistungen, die im **Regelbedarf** nach dem **SGB II** und dem **SGB XII** berücksichtigt sind (BT-Drs. 18/9522, 265).

16 Welche Bedarfe iE bestehen, ergibt sich aus der **Bedarfsermittlung** und der **Teilhabeplanung** (Abs. 1 S. 3; → 12 ff.; 19 ff.).

§ 77 Leistungen für Wohnraum

(1) [1]Leistungen für Wohnraum werden erbracht, um Leistungsberechtigten zu Wohnraum zu verhelfen, der zur Führung eines möglichst selbstbestimmten, eigenverantwortlichen Lebens geeignet ist. [2]Die Leistungen umfassen Leistungen für die Beschaffung, den Umbau, die Ausstattung und die Erhaltung von Wohnraum, der den besonderen Bedürfnissen von Menschen mit Behinderungen entspricht.

(2) Aufwendungen für Wohnraum oberhalb der Angemessenheitsgrenze nach § 42a des Zwölften Buches sind zu erstatten, soweit wegen des Umfangs von Assistenzleistungen ein gesteigerter Wohnraumbedarf besteht.

Literatur: Mathis Böttcher, Eingliederung durch Unterkunft? Unterkunftskosten als Leistungen zur sozialen Teilhabe für Studierende, NZS 2019, 932 ff. Daniela Schweigert/Jörn Bachem, Sicherung der Wohnsituation als Fachleistung der Eingliederungshilfe, SRa 2022, 88–93.

Übersicht

A. Geltende Fassung; Normzweck

§ 77 regelt seit dem 1.1.2018 die Leistungen zur Sozialen Teilhabe für den Wohnraum. Der davor in dieser Vorschrift enthaltene Regelungsgegenstand – Ausgleichsabgabe bei Nichterreichen der Beschäftigungsquote schwerbehinderter Menschen – findet sich seitdem in § 160. 1

Die Leistungen nach § 77 sollen den Menschen mit Behinderungen zu Wohnraum verhelfen, in dem sie ein möglichst **selbstbestimmtes, eigenverantwortliches Leben** führen können (**Abs. 1 S. 1**). Bei der Feststellung des Bedarfs sind die Vorstellungen und Wünsche der leistungsberechtigten Person zu berücksichtigen (LPK-SGB IX/Joussen § 77 Rn. 3). 2

B. Anspruchsgrundlage, Voraussetzungen und Zuständigkeit

Leistungen für Wohnraum werden in der **gesetzlichen Unfallversicherung** (§ 41 SGB VII) erbracht. Dort wird allerdings nicht auf § 77 verwiesen, sondern die Wohnungshilfe eigenständig geregelt. Diese Regelung ist nach § 7 Abs. 1 S. 1 vorrangig (→ § 7 Rn. 4). In der **sozialen Entschädigung** bei Gesundheitsschäden wird die Wohnungshilfe nach § 27c BVG geleistet. Außerdem wird in § 27d Abs. 3 S. 1 ergänzend auf Kapitel 6 des Teils 2 des SGB IX und damit auf § 77 verwiesen. Ab dem 1.1.2024 werden Leistungen zur Sozialen Teilhabe nach § 66 Abs. 1 iVm §§ 113 ff. erbracht. In der Praxis werden Leistungen für Wohnraum nach § 77 vor allem im Rahmen der **Eingliederungshilfe nach § 35a SGB VIII** und der **Hilfe für junge Volljährige** nach § 41 SGB VIII sowie in der **Eingliederungshilfe nach dem SGB IX** erbracht. Bei diesen wird wegen des Leistungsinhalts auf § 77 verwiesen (§ 113 Abs. 3). Zur Anspruchsgrundlage, den Voraussetzungen und der Rangfolge dieser Leistungen → § 76 Rn. 6 ff. 3

C. Leistungsinhalt

4 Leistungen für Wohnraum sind nach der **abschließenden** (Böttcher NZS 2019, 932 (935)) **Aufzählung** in Abs. 2 S. 1: Leistungen für die Beschaffung, den Umbau, die Ausstattung und die Erhaltung von Wohnraum, der den besonderen Bedürfnissen von Menschen mit Behinderungen entspricht. Maßgebend sind insoweit der nach den §§ 12 f. festgestellte Rehabilitationsbedarf und die Festlegungen im Teilhabeplan. Dies folgt aus § 76 Abs. 1 S. 3, der auch im Rahmen des § 77 gilt.

4a **Nicht** zu den Leistungen für Wohnraum, sondern zu den **Leistungen** zur Sicherung des Lebensunterhalts gehören idR die **laufenden Unterkunftskosten.** Für diese werden Wohngeld, Bürgergeld nach dem SGB II, Hilfe zum Lebensunterhalt und Grundsicherung im Alter und bei Erwerbsminderung nach dem SGB XII erbracht (aA für behinderungsbedingte Kosten Böttcher NZS 2019, 932 (935)). Dasselbe gilt für die Übernahme von Mietschulden. Auch diese richtet sich nach dem SGB II und dem SGB XII. Wünsche der leistungsberechtigten Person sind im Rahmen von § 8 und in der Eingliederungshilfe von § 104 zu berücksichtigen (jurisPK-SGB IX/Luthe § 77 Rn. 10).

5 Leistungen für die **Beschaffung von Wohnraum** sind vor allem die Beratung und Unterstützung bei der Suche nach einer geeigneten Wohnung (BR-Drs. 49/01, 321) oder eines Wohnheimplatzes (LPK-SGB IX/Joussen § 77 Rn. 4). Auch die Übernahme von Umzugskosten wird hierzu gerechnet (so zur entsprechenden Rechtslage nach dem SGB XII SächsLSG 8.12.2016 – L 8 SO 111/15, BeckRS 2016, 118003).

6 Leistungen für den **Umbau von Wohnraum** sind Kosten der baulichen Änderung des Wohnraums, vor allem der behindertengerechte Umbau der Wohnung, zB Anpassung von Bad, WC und Küche. Unerheblich ist, ob die leistungsberechtigte Person bereits in der Wohnung wohnt (BT-Drs. 14/5074, 111).

7 Leistungen für die **Ausstattung der Wohnung** sind zB Maßnahmen, mit denen der Zugang zum Wohnraum ermöglicht wird (jurisPK-SGB IX/Luthe § 77 Rn. 16), etwa durch einen Treppenlift (so zur entsprechenden Rechtslage nach dem SGB XII LSG NRW 8.12.2014 – L 20 SO 396/13 B, BeckRS 2014, 69172).

8 Leistungen für die **Erhaltung der Wohnung** sind zB erforderliche Umbaumaßnahmen, wenn der Mensch mit Behinderungen bereits bei Eintritt der Behinderung in der Wohnung lebt und die Umbaumaßnahmen für ein weiteres Leben in der Wohnung erforderlich sind (LPK-SGB IX/Joussen § 77 Rn. 4).

9 Was der Gesetzgeber mit **„den besonderen Bedürfnissen der Menschen mit Behinderungen“** in Abs. 1 S. 2 meint, führt er nicht weiter aus. Bereits bei § 55 Abs. 2 Nr. 5 SGB XII aF ging die Rspr. von einem personenzentrierten Verständnis aus (LSG NRW 30.8.2012 – L 9 SO 452/11, BeckRS 2012, 73535 zu § 55 SGB XII aF). Danach ist ein subjektives Verständnis maßgeblich. Eine pauschale Betrachtung sei nicht zulässig (BSG 29.9.2009 – B 8 SO 19/08 R, BeckRS 2010, 66159; 2.2.2012 – B 8 SO 9/10 R, BeckRS 2012, 72355, zu § 55 SGB XII aF). Diese subjektive Sichtweise verdeutlicht der Gesetzgeber durch die Verwendung des Begriffes „Bedürfnis“, statt jenen des Bedarfs, der nach objektiven Kriterien zu bestimmen ist (jurisPK-SGB IX/Luthe § 77 Rn. 13).

10 Die Hilfe ist nach der Rspr. nur zu erbringen, wenn sie **notwendig** ist (LSG NRW 30.8.2012 – L 9 SO 452/11, BeckRS 2012, 73535 zu § 55 SGB XII aF). Sie scheide deshalb aus, wenn der Mensch mit Behinderungen über einen der Behinderung angepassten Wohnraum verfügt. Zur Begr. verwies die Rspr. auf die Entstehungsgeschichte. Angesichts des insoweit deckungsgleichen Wortlauts und des Bestrebens des Gesetzgebers, die Leistungen nicht auszuweiten, ist davon auszugehen, dass die Leistung weiterhin auf das Notwendige beschränkt ist.

D. Übernahme zusätzlicher Wohnkosten bei Assistenz (Abs. 2)

Bedürftige Leistungsberechtigte erhalten für die Unterkunft laufende Leistungen nach § 22 SGB II bzw. nach §§ 42 Nr. 4, 42a SGB XII. Der Umfang dieser Leistungen ist idR auf angemessene Unterkunftskosten beschränkt (§ 22 Abs. 1 S. 1 SGB II, § 35 Abs. 2 S. 1 SGB XII). Bei der Festlegung der angemessenen Aufwendungen für Unterkunft und Heizung wird aufgrund der Behinderung erforderlicher zusätzlicher Wohnbedarf nicht berücksichtigt, zB für einen zusätzlichen Raum für eine Rund-um-die-Uhr-Assistenz. Diese Aufwendungen rechnet der Gesetzgeber zu den Fachleistungen (Abs. 2). Weitere behinderungsbedingte über der Angemessenheitsgrenze liegende Bedarfe werden ggf. nach § 42a Abs. 6 SGB XII und in der Eingliederungshilfe nach § 113 Abs. 5 (→ § 113 Rn. 8 ff.) übernommen. 11

Ein **„wegen des Umfangs von Assistenzleistungen [.] gesteigerter Wohnraumbedarf besteht"**, wenn die Assistenzkraft in der Wohnung der leistungsberechtigten Person wohnen muss. Dies ist insbesondere bei der Rund-um-die-Uhr-Assistenz der Fall. Die Aufwendungen müssen **„wegen"** der Assistenzleistungen anfallen. Einem aus anderen Gründen erforderlicher Wohnraumbedarf unterfällt nicht Abs. 2. Dieser begrenzende Gesetzeswortlaut weicht von der Gesetzesbegr. ab. In der Literatur gibt es deshalb Stimmen, die sich dafür aussprechen, die Vorschrift bei sonstigem behinderungsbedingten größeren Wohnraumbedarf entsprechend anzuwenden (v. Boetticher, Teilhaberecht, 2. Aufl. 2020, § 3 Rn. 269). 11a

Erstattet werden nur die Aufwendungen für die **oberhalb der Angemessenheitswerte nach § 42a SGB XII** liegenden Unterkunftskosten. 11b

Die leistungsberechtigte Person muss die Aufwendungen vorfinanzieren. Dies folgt daraus, dass die Aufwendungen erstattet werden. Krit. hierzu v. Boetticher, Teilhaberecht, 2. Aufl. 2020, § 3 Rn. 271. 11c

§ 78 Assistenzleistungen

(1) [1] **Zur selbstbestimmten und eigenständigen Bewältigung des Alltages einschließlich der Tagesstrukturierung werden Leistungen für Assistenz erbracht.** [2] **Sie umfassen insbesondere Leistungen für die allgemeinen Erledigungen des Alltags wie die Haushaltsführung, die Gestaltung sozialer Beziehungen, die persönliche Lebensplanung, die Teilhabe am gemeinschaftlichen und kulturellen Leben, die Freizeitgestaltung einschließlich sportlicher Aktivitäten sowie die Sicherstellung der Wirksamkeit der ärztlichen und ärztlich verordneten Leistungen.** [3] **Sie beinhalten die Verständigung mit der Umwelt in diesen Bereichen.**

(2) [1] **Die Leistungsberechtigten entscheiden auf der Grundlage des Teilhabeplans nach § 19 über die konkrete Gestaltung der Leistungen hinsichtlich Ablauf, Ort und Zeitpunkt der Inanspruchnahme.** [2] **Die Leistungen umfassen**

1. **die vollständige und teilweise Übernahme von Handlungen zur Alltagsbewältigung sowie die Begleitung der Leistungsberechtigten und**
2. **die Befähigung der Leistungsberechtigten zu einer eigenständigen Alltagsbewältigung.**

[3] **Die Leistungen nach Nummer 2 werden von Fachkräften als qualifizierte Assistenz erbracht.** [4] **Sie umfassen insbesondere die Anleitungen und Übungen in den Bereichen nach Absatz 1 Satz 2.**

(3) **Die Leistungen für Assistenz nach Absatz 1 umfassen auch Leistungen an Mütter und Väter mit Behinderungen bei der Versorgung und Betreuung ihrer Kinder.**

(4) Sind mit der Assistenz nach Absatz 1 notwendige Fahrkosten oder weitere Aufwendungen des Assistenzgebers, die nach den Besonderheiten des Einzelfalles notwendig sind, verbunden, werden diese als ergänzende Leistungen erbracht.

(5) [1]Leistungsberechtigten Personen, die ein Ehrenamt ausüben, sind angemessene Aufwendungen für eine notwendige Unterstützung zu erstatten, soweit die Unterstützung nicht zumutbar unentgeltlich erbracht werden kann. [2]Die notwendige Unterstützung soll hierbei vorrangig im Rahmen familiärer, freundschaftlicher, nachbarschaftlicher oder ähnlich persönlicher Beziehungen erbracht werden.

(6) Leistungen zur Erreichbarkeit einer Ansprechperson unabhängig von einer konkreten Inanspruchnahme werden erbracht, soweit dies nach den Besonderheiten des Einzelfalles erforderlich ist.

Literatur: BAGüS, Orientierungshilfe Leistungen zur sozialen Teilhabe in der Eingliederungshilfe, 2021 Maren Conrad-Giese, Teilhabe durch persönliche Assistenz für Kinder mit Behinderungen – Teil I: Das Konzept der persönlichen Assistenz; Beitrag A9-2019 unter www.reharecht.de; Teil II: Die neue Regelung über Assistenzleistungen in § 78 SGB IX n. F.; Beitrag A10-2019 unter www.reha-recht.de; Teil III: Assistenzleistungen in Bildungseinrichtungen; Beitrag A13-2019 unter www.reha-recht.de; dies., Teilhabe durch Persönliche Assistenz für Kinder mit Behinderungen – Teil II: Die neue Regelung über Assistenzleistungen in § 78 SGB IX; Beitrag A 9–2019 unter www.reha-recht.de; 24.7.2019; Martina Müller, Marion Michel, Ines Conrad, Steffi Riedel-Heller, So kann Elternschaft mit Beeinträchtigung gelingen. Fallbeispiel eines verheirateten Elternpaars mit Kind, JAmt 2017, 172 ff.; Dieter Röh, Assistenz und Sozialtherapie – Auswirkungen der durch das Bundesteilhabegesetz prominent herausgestellten Assistenz im Verhältnis zum sozialrehabilitativen Ansatz der Sozialtherapie; Beitrag D 39–2018 unter www.reha-recht.de; 7.12.2018.

Übersicht

A. Geltende Fassung, Normzweck

1 § 78 regelt seit dem 1.1.2018 die Assistenzleistungen. Der davor in dieser Vorschrift enthaltene Regelungsgegenstand – Ausgleichsfonds – findet sich seitdem in § 161.

2 Mit der Zusammenfassung der Assistenzleistungen in einer Vorschrift wollte der Gesetzgeber zur Rechtssicherheit und Rechtsklarheit beitragen (BT-Drs. 18/9522, 261). Neue Leistungen wollte er an sich nicht schaffen (BT-Drs. 18/9522, 261). Die Abs. 5 und 6 enthalten indessen zusätzliche Leistungen. Die Assistenzleistungen sollen den Menschen mit Behinderungen eine selbstbestimmte und eigenständige Bewältigung des Lebens und die Tagesstrukturierung ermöglichen (Abs. 1 S. 1). Sie sollen in die Lage versetzt werden, ein möglichst an den eigenen Vorstellungen ausgerichtetes Leben in ihrem Wohnraum, in der Freizeitgestaltung und mit anderen Menschen zu führen (BT-Drs. 18/9522, 261). Ausreichend ist nach der Gesetzesbegr., „dass dieses Ziel längerfristig erreicht werden kann" (BT-Drs. 18/9522, 261). Mit dem Begriff **„Assistenz"** will der Gesetzgeber die Abkehr von der Betreuung der Menschen mit Behinderungen zum Ausdruck bringen. Künftig sollen sie ihren Alltag selbst bestimmen können, was zu einer veränderten Beziehung zwischen ihnen und den Leistungserbringern führen könne.

B. Anspruchsgrundlage, Voraussetzungen und Zuständigkeit

3 Assistenzleistungen als Leistungen der Sozialen Teilhabe werden in der **sozialen Entschädigung** bei Gesundheitsschäden (§ 27d Abs. 3 BVG iVm §§ 113 ff.; ab 1.1.2024: § 66 Abs. 1 SGB XIV iVm §§ 113 ff.), in der Kinder- und Jugendhilfe (§ 35a Abs. 3 SGB IX iVm §§ 113 ff.) und in der Eingliederungshilfe nach dem SGB IX nach den §§ 113 ff. erbracht. In § 113 Abs. 3 wird auf § 78 verwiesen. Die Leistungen zur Assistenz der Eingliederungshilfe nach dem SGB VIII und dem SGB IX zur Übernahme von Handlungen zur Alltagsbewältigung sowie zur Begleitung der Leistungsberechtigten können als **pauschale Geldleistung** (§ 116 Abs. 1 S. 1 Nr. 1; → § 116 Rn. 2 ff.) und alle Assistenzleistungen an **mehrere leistungsberechtigte Personen gemeinsam** erbracht werden (§ 116 Abs. 2 S. 1 Nr. 2; → § 116 Rn. 5 ff.). Zur Anspruchsgrundlage, zu den Voraussetzungen und zur Rangfolge dieser Leistungen → § 76 Rn. 6 ff. Vorrang haben Leistungen zur medizinischen Rehabilitation, zur Teilhabe am Arbeitsleben und zur Teilhabe an Bildung (§ 76 Abs. 1 S. 1).

C. Leistungsinhalt

4 Die Assistenzleistungen umfassen die in **Abs. 1 S. 2** nicht abschließend („insbesondere") aufgezählten Leistungen für die allgemeinen Erledigungen des Alltags (Haushaltsführung, Gestaltung sozialer Beziehungen, persönliche Lebensplanung, Teilhabe am gemeinschaftlichen und kulturellen Leben, Freizeitgestaltung einschließlich sportlicher Aktivitäten und zur Sicherstellung der Wirksamkeit der ärztlichen und ärztlich verordneten Leistungen). Sie beinhalten nach der Gesetzesbegr. „die vollständige und teilweise Übernahme von Handlungen zur Alltagsbewältigung sowie die Begleitung und die Befähigung der Leistungsberechtigten zu einer eigenständigen Alltagsbewältigung" (Abs. 2 S. 2).

5, 6 Die Übernahme der Handlungen (**einfache Assistenz**) gem. Abs. 2 S. 2 Nr. 1 kann zB die Erledigung des Haushalts beinhalten. Hierzu kann auch die Hilfe bei der Zubereitung der Nahrung gehören. Die dabei eingesetzten Nahrungsmittel sind nicht mitumfasst, sondern gehören zu den Leistungen zur Sicherung des Lebensunterhalts (BT-Drs. 18/9522, 262). Gegenstand der einfachen Assistenz können außerdem die Hilfe bei der Überwindung von Barrieren beim Einstieg in Bus oder Bahn, die Bedienung von Ticketautomaten (BT-Drs. 18/9522, 262) und die Begleitung der Menschen mit Behinderungen (zB zu Veranstaltungen) sein.

7 Gegenstand **qualifizierter Assistenz** ist die Befähigung der Leistungsberechtigten zu einer eigenständigen Alltagsbewältigung (Abs. 2 S. 3 iVm Abs. 2 S. 2 Nr. 2). Hierzu gehören ua die psychosoziale Beratung, die Herstellung und Aufrechterhaltung sozialer Beziehungen, Fragen der Partnerschaft und der Freizeitgestaltung (BT-Drs. 18/9522, 262).

8 Die Leistungen zur Assistenz umfassen weiter die **Verständigung** mit der Umwelt in den genannten Bereichen (**Abs. 1 S. 3**). Gegenstand der Assistenz kann insoweit die Befähigung zur Nutzung von PC und Smartphone sein. Außerdem müssen die Assistenzkräfte Kenntnisse spezieller Sprachen haben, zB Gebärdensprache, leichte Sprache.

D. Ausgestaltung der Assistenzleistungen (Abs. 2)

9 Den – zeitlichen – **Ablauf,** den **Ort** und den **Zeitpunkt** der Assistenzleistungen **bestimmen** die **Leistungsberechtigten** (**Abs. 2 S. 1**). Hierbei sind die Festlegungen des Teilhabe-

plans nach § 19 zu beachten. Entspricht dieser nicht mehr der Bedarfslage, muss er ggf. angepasst werden.

10 Die **Anforderungen an** die **Assistenzkräfte** regelt das Leistungserbringungsrecht. Hierbei ist zwischen qualifizierter und einfacher Assistenz zu unterscheiden. Die Assistenzkräfte müssen insbesondere in der Lage sein, mit Menschen mit Behinderungen zu kommunizieren, und aufgrund ihrer Persönlichkeit geeignet sein (BT-Drs. 18/9522, 262).

10a Die **qualifizierte Assistenz** nach Abs. 2 S. 1 Nr. 2 muss durch Fachkräfte erbracht werden (Abs. 2 S. 3). Die Anforderungen an diese werden für die Eingliederungshilfe in § 97 festgelegt (→ § 97 Rn. 4 f.). Sie müssen eine einschlägige Ausbildung „im pädagogischen, psycho-sozialen, psychiatrischen oder pädagogischen Bereich" (BT-Drs. 18/9522, 294) haben. Einzelheiten der Anforderungen werden in Vereinbarungen der Rehabilitationsträger mit den Leistungserbringern festgelegt, zB § 124 Abs. 2 S. 2.

10b **Einfache Assistenzleistungen** können dagegen auch durch angelernte Kräfte ausgeführt werden (BT-Drs. 18/9522, 294).

10c Wird die Assistenzleistung als **pauschale Geldleistung** in Anspruch genommen (§ 116 Abs. 1 S. 2 Nr. 1; → § 116 Rn. 2 ff.), können auch Assistenzkräfte eingesetzt werden, mit denen keine Vereinbarung besteht (**Abs. 2 S. 4**).

11 Die Assistenzleistungen können als **persönliches Budget** (§ 29) erbracht werden. Zu Einzelheiten zum persönlichen Budget → § 29 Rn. 1 ff.

E. Leistungen für Mütter und Väter mit Behinderungen (Abs. 3)

12 Haben Menschen mit Behinderungen Kinder und können sie allein deren Versorgung und Betreuung nicht gewährleisten, benötigen sie Hilfe durch andere. Abs. 3 stellt klar, dass die Assistenzleistungen auch Leistungen der Betreuung und Versorgung der Kinder bei Eltern mit Behinderungen umfassen. Die Betreuung und Versorgung beinhaltet nicht nur die auch als **Elternassistenz** bezeichnete einfache Assistenzleistung (Übernahme von Handlungen der Pflege des Kindes, zB Baden und Wickeln), sondern auch die **begleitete Elternschaft,** die die pädagogische Beratung und Begleitung bei der Erziehung zum Gegenstand hat (BT-Drs. 18/9522, 263). Mit Abs. 3 entspricht der Gesetzgeber einerseits dem Erziehungsrecht der Menschen mit Behinderungen nach Art. 6 Abs. 2 S. 1 GG, Art. 23 BRK (v. Boetticher/Kuhn-Zuber, Rehabilitationsrecht, 2. Aufl. 2022, Rn. 237), andererseits dem staatlichen Wächteramt (Art. 6 Abs. 2 S. 2, Abs. 3 GG; BT-Drs. 18/9255, 262).

F. Übernahme von Aufwendungen der Assistenzkraft (Abs. 4)

13 Ergänzende Leistungen werden für notwendige Fahrkosten und weitere notwendige Aufwendungen der Person, die die Assistenzleistung erbringt, geleistet (Abs. 4). Weitere notwendige Aufwendungen sind zB die Kosten eines für die Ausübung der Assistenz notwendigen Gegenstandes (LPK-SGB IX/Joussen Rn. 9) oder die Reisekosten einer die leistungsberechtigte Person auf einer Urlaubsreise begleitenden Assistenzkraft (so zur entsprechenden Rechtslage nach dem SGB XII BSG 19.5.2022 – B 8 SO 13/20 R, BeckRS 2022, 27032; s. hierzu Sartorius/Winkler, ZAP 2023, 450ff.). Die Aufwendungen müssen nach den Besonderheiten des Einzelfalls notwendig sein. Dies sind sie, wenn ohne sie die Assistenztätigkeit nicht ausgeübt werden kann.

G. Unterstützung bei ehrenamtlichen Tätigkeiten (Abs. 5)

Mit der Leistung nach Abs. 5 sollen Menschen mit Behinderungen, die ein Ehrenamt ausüben, gefördert werden (BT-Drs. 18/9522, 264). Die Unterstützung kann zB darin bestehen, dass die leistungsberechtigte Person zum Training oder zur Chorprobe mitgenommen wird. Abs. 5 S. 1 räumt für die hierbei entstehenden Aufwendungen einen Anspruch auf Ersatz ein, allerdings nur, wenn eine unentgeltliche Unterstützung nicht zumutbar ist. Zumutbarkeitskriterien nennt Abs. 5 allerdings nicht. Die Unterstützung soll vorrangig durch Personen geleistet werden, die mit den Menschen mit Behinderungen in familiärer, nachbarschaftlicher oder ähnlicher persönlicher Beziehung stehen (Abs. 5 S. 2). Ist die Unterstützung durch Personen des personennahen Umfeldes nicht möglich, kommt die Unterstützung durch eine Assistenzkraft in Betracht (LPK-SGB IX/Joussen Rn. 10). Krit. v. Boetticher/Zuber-Kuhn, Rehabilitationsrecht, 2. Aufl., 2022, Rn. 239. 14

H. Leistungen zur Erreichbarkeit (Abs. 6)

Mit den Leistungen nach Abs. 6 soll sichergestellt werden, dass vor allem Menschen mit seelischen Behinderungen eine Ansprechperson erreichen können, selbst wenn hierfür kein konkreter Anlass besteht (BT-Drs. 18/9522, 263 f.). Inhalt der Leistung ist insbesondere die Rufbereitschaft (BT-Drs. 18/9522, 263 f.). Die Leistung wird nur erbracht, wenn dies nach den Besonderheiten des Einzelfalles erforderlich ist, zB die Leistungsberechtigten über eine aus ihrer Sicht krisenhafte Situation mit der Ansprechperson sprechen wollen (LPK-SGB IX/Joussen § 78 Rn. 11). 15

§ 79 Heilpädagogische Leistungen

(1) [1]**Heilpädagogische Leistungen werden an noch nicht eingeschulte Kinder erbracht, wenn nach fachlicher Erkenntnis zu erwarten ist, dass hierdurch**

1. eine drohende Behinderung abgewendet oder der fortschreitende Verlauf einer Behinderung verlangsamt wird oder

2. die Folgen einer Behinderung beseitigt oder gemildert werden können.

[2]**Heilpädagogische Leistungen werden immer an schwerstbehinderte und schwerstmehrfachbehinderte Kinder, die noch nicht eingeschult sind, erbracht.**

(2) **Heilpädagogische Leistungen umfassen alle Maßnahmen, die zur Entwicklung des Kindes und zur Entfaltung seiner Persönlichkeit beitragen, einschließlich der jeweils erforderlichen nichtärztlichen therapeutischen, psychologischen, sonderpädagogischen, psychosozialen Leistungen und der Beratung der Erziehungsberechtigten, soweit die Leistungen nicht von § 46 Absatz 1 erfasst sind.**

(3) [1]**In Verbindung mit Leistungen zur Früherkennung und Frühförderung nach § 46 Absatz 3 werden heilpädagogische Leistungen als Komplexleistung erbracht.** [2]**Die Vorschriften der Verordnung zur Früherkennung und Frühförderung behinderter und von Behinderung bedrohter Kinder finden Anwendung.** [3]**In Verbindung mit schulvorbereitenden Maßnahmen der Schulträger werden die Leistungen ebenfalls als Komplexleistung erbracht.**

Übersicht

A. Geltende Fassung, Normzweck

1 § 79 regelt seit dem 1.1.2018 die heilpädagogischen Leistungen für noch nicht eingeschulte Kinder. Der davor in dieser Vorschrift enthaltene Regelungsgegenstand – Verordnungsermächtigungen zur Beschäftigung von Schwerbehinderten – findet sich seitdem in § 162.

2 Die Vorschrift soll **sicherstellen,** dass **heilpädagogische Leistungen** für noch nicht eingeschulte Kinder erbracht werden, ungeachtet der Art, des Ausmaßes und der Schwere der Behinderung (BR-Drs. 49/01, 328).

B. Anspruchsgrundlage, Voraussetzungen und Zuständigkeit

3 Ob ein Anspruch auf heilpädagogische Leistungen besteht, richtet sich nach dem für den Rehabilitationsträger maßgeblichen Leistungsgesetz (§ 7 Abs. 2 S. 1, → § 7 Rn. 5, → § 76 Rn. 4). Ein Anspruch auf die Leistung besteht nur, wenn die Voraussetzungen dieser Anspruchsgrundlage erfüllt sind. Zusätzliche Voraussetzungen sind, dass die Leistungen von noch nicht eingeschulten Kindern in Anspruch genommen werden (→ Rn. 5) und die Ziele des Abs. 1 S. 1 erreicht werden können (→ Rn. 6 f.). Schließlich muss die Leistung geeignet und notwendig sein.

4 Die Leistungen nach § 79 werden als Leistungen zur Sozialen Teilhabe in der **sozialen Entschädigung** bei Gesundheitsschäden (§ 27d Abs. 3 BVG iVm §§ 113 ff.; ab 1.1.2024: § 66 SGB XIV iVm §§ 113 ff.), in der **Kinder- und Jugendhilfe** (§ 35a Abs. 3 iVm §§ 113 ff.) und in der **Eingliederungshilfe nach dem SGB IX** nach § 113 Abs. 3 iVm § 79 gewährt. Die Leistungen zur Sozialen Teilhabe können an **mehrere Personen gemeinsam** erbracht werden (§ 116 Abs. 2 S. 1 Nr. 2; → § 116 Rn. 5). Zur Anspruchsgrundlage, zu den Voraussetzungen und zur Rangfolge dieser Leistungen → § 76 Rn. 6 ff.

C. Leistungsadressaten

5 Die heilpädagogischen Leistungen erhalten gem. Abs. 1 S. 1 nur **Kinder,** die **noch nicht eingeschult** sind. Kind ist, wer das 18. Lebensjahr noch nicht vollendet hat (jurisPK-SGB VIII/Luthe § 79 Rn. 16). Der Gesetzestext stellt auf die **tatsächliche Einschulung** ab. Das gesetzlich festgelegte Alter für den Beginn der Schulpflicht ist unerheblich. Ein Ausschluss heilpädagogischer Leistungen für eingeschulte Kinder folgt hieraus nicht (so zur entsprechenden Rechtslage nach dem SGB XII BVerwG 18.10.2012 – 5 C 15/11, NVwZ-RR 2013, 188). Bei diesen kommen heilpädagogische Leistungen im Rahmen der Früherkennung und Frühförderung (§ 46; → § 46 Rn. 14) und der Teilhabe an Bildung (§ 112, → § 112 Rn. 5) in Betracht.

6 Voraussetzung der heilpädagogischen Leistungen ist außerdem, dass aufgrund einer Prognoseentscheidung zu erwarten ist, dass mit der heilpädagogischen Leistung eine drohende **Behinderung abgewendet** oder der fortschreitende Verlauf einer Behinderung **verlangsamt** werden kann (Abs. 1 S. 1 Nr. 1) oder die Folgen einer Behinderung **beseitigt**

oder **gemildert** werden können (Abs. 1 S. 1 Nr. 2). Dies muss sich aus einem **Fachgutachten** ergeben („nach fachlicher Erkenntnis"). Eine ärztliche Verordnung reicht allein nicht aus (SG Karlsruhe, 27.7.2022 – S 10 SO 2576/21, BeckRS 2022, 22825 Rn. 38). An diese Voraussetzung dürfen keine allzu hohen Anforderungen gestellt werden (KHM/Schörnig SGB IX § 79 Rn. 4).

Bei **schwerstbehinderten und schwerstmehrfachbehinderten Kindern** ist die Prognoseentscheidung nach Abs. 1 S. 1 Nr. 1, 2 nicht Voraussetzung der Leistung (Abs. 1 S. 2). Dies entspricht der gefestigten Rspr., nach der ein Anspruch auf Eingliederungshilfe besteht, wenn eine spürbare Verbesserung zu erwarten ist. Ausreichend ist, wenn die Verbesserungen bei einfachsten lebenspraktischen Fähigkeiten eintreten. Die Vorschrift gilt selbst dann, wenn erhebliche Pflegebedürftigkeit vorliegt, zB bei einem apallischen Syndrom. Die Begriffe Schwerstbehinderung und Mehrfachschwerstbehinderung werden im SGB IX nicht definiert. Luthe empfiehlt, sich bei der Definition dieser Begriffe an dem Begriff der Schwerbeschädigung nach dem BVG zu orientieren (jurisPK-SGB IX/Luthe § 79 Rn. 21). Eine Schwerstbeschädigung liegt nach § 31 Abs. 4 BVG bei einem Grad der Behinderung von 100 vor, wenn der Mensch mit Behinderungen durch die Behinderung gesundheitlich außergewöhnlich betroffen ist. Auch die Leistungen nach Abs. 1 S. 2 werden nur an noch **nicht eingeschulte Kinder** geleistet. Dies folgt aus dem sprachlichen Anschluss von Abs. 1 S. 2 an Abs. 1 S. 1. 7

D. Leistungsinhalt (Abs. 2)

Gem. Abs. 2 umfassen die heilpädagogischen Leistungen alle Maßnahmen, die zur Entwicklung des Kindes und seiner Persönlichkeit beitragen. Mitumfasst sind erforderliche nichtärztliche therapeutische, psychologische, sonderpädagogische, psychosoziale Leistungen und die Beratung der Eltern. Sie werden in einem weiten Sinne verstanden, so dass auch heilpädagogisches Reiten erfasst sein kann (Grube/Wahrendorf/Flint/Bieback SGB IX § 79 Rn. 20, 23). Mit Abs. 2 will der Gesetzgeber vor allem eine eindeutige Abgrenzung zu medizinischen Leistungen erreichen (BT-Drs. 18/9522, 264). Diese werden durch Ärztinnen und Ärzte erbracht. Den medizinischen Leistungen werden auch die Leistungen der Frühförderung nach § 46 zugerechnet. Diese werden in sozialpädiatrischen Zentren und in Frühförderstellen erbracht. 8

Die Leistung muss **nicht** zwingend durch **Heilpädagog**innen oder Heilpädagogen erbracht werden (LPK-SGB IX/Joussen § 79 Rn. 6 mwN). Sie kann in Einzel- oder Gruppentherapie durchgeführt werden. 9

Engen Bezug zu den heilpädagogischen Leistungen haben die **nichtärztlichen sozialpädiatrischen Leistungen** nach § 43a SGB V. Nach dieser Vorschrift haben gesetzlich krankenversicherte Kinder einen Rechtsanspruch auf ärztlich verantwortete heilpädagogische Leistungen, die erforderlich sind zur Erkennung einer Krankheit zu einem frühestmöglichen Zeitpunkt und zur Erstellung eines Behandlungsplans. Diese Leistungen werden in sozialpädiatrischen Zentren erbracht (§ 119 SGB V). Die Leistungen der gesetzlichen Krankenversicherung dienen ausschließlich der Heilbehandlung, dagegen nicht der allgemeinen psychosozialen Betreuung, der Teilhabe am Arbeitsleben, der Teilhabe an Bildung und der Sozialen Teilhabe. 10

E. Komplexleistung (Abs. 3)

Die heilpädagogischen Leistungen werden mit den Leistungen der Früherkennung und Frühförderung nach § 46 Abs. 3 bzw. den schulvorbereitenden Maßnahmen der Schul- 11 träger als Komplexleistung erbracht (Abs. 3 S. 1, 3). Näher zu den Komplexleistungen → § 46 Rn. 14 ff.

§ 80 Leistungen zur Betreuung in einer Pflegefamilie

[1]Leistungen zur Betreuung in einer Pflegefamilie werden erbracht, um Leistungsberechtigten die Betreuung in einer anderen Familie als der Herkunftsfamilie durch eine geeignete Pflegeperson zu ermöglichen. [2]Bei minderjährigen Leistungsberechtigten bedarf die Pflegeperson der Erlaubnis nach § 44 des Achten Buches. [3]Bei volljährigen Leistungsberechtigten gilt § 44 des Achten Buches entsprechend. [4]Die Regelungen über Verträge mit Leistungserbringern bleiben unberührt.

Übersicht

A. Geltende Fassung, Normzweck

1 § 80 regelt seit dem 1.1.2018 die Leistungen zur Betreuung in einer Pflegefamilie. Der davor in dieser Vorschrift enthaltene Regelungsgegenstand – Zusammenwirken der Arbeitgeber mit der Bundesagentur für Arbeit – findet sich seitdem in § 163. Bis zum 31.12.2017 wurden die Leistungen zur Betreuung in einer Pflegefamilie in dem § 80 im Wesentlichen entsprechenden § 54 Abs. 3 SGB XII aF geregelt. Der Wortlaut erfasst nunmehr auch Erwachsene, was nach der Gesetzesbegr. allerdings nicht zu einer Leistungsausdehnung führen soll (BT-Drs. 18/9522, 264).

2 Mit der Leistung zur Betreuung in einer Pflegefamilie soll **ermöglicht** werden, dass Menschen mit Behinderungen ungeachtet ihres Alters in einer **anderen** als der eigenen **Familie** durch eine Pflegeperson **betreut** werden können (**S. 1**). Mit dem Erfordernis einer Pflegeerlaubnis (**S. 2 und 3**) soll sichergestellt werden, dass die Pflegepersonen, bei der die Leistungsberechtigten untergebracht werden, geeignet sind (LPK-SGB IX/Joussen § 80 Rn. 2).

B. Anspruchsgrundlage, Voraussetzungen und Zuständigkeit

3 Ob ein Anspruch auf Leistungen zur Betreuung in einer Pflegefamilie besteht, wird in dem für den Leistungsträger maßgeblichen Leistungsgesetz festgelegt (→ § 7 Rn. 5, → § 76 Rn. 5). Ein Anspruch auf die Leistung besteht nur, wenn die Voraussetzungen dieser Anspruchsgrundlage erfüllt sind. Die Leistungen nach § 80 werden als Leistung der Sozialen Teilhabe in der sozialen Entschädigung bei Gesundheitsschäden (§ 27d BVG iVm § 113; ab 1.1.2024 § 66 SGB XIV), in der **Kinder- und Jugendhilfe** (§ 35a SGB VIII) und in der **Eingliederungshilfe** nach dem SGB IX (§ 113) erbracht. Zur Rangfolge dieser Leistungen → § 76 Rn. 6 ff. Zur örtlichen Zuständigkeit des Trägers der Eingliederungshilfe s. LSG Bbg 13.2.2020 – L 15 SO 274/16, BeckRS 2020, 11602.

4 Leistungsadressaten sind **Minderjährige** (s. S. 2) und **Erwachsene** (s. S. 3).

C. Notwendigkeit einer Pflegeerlaubnis

Bei Betreuung Minderjähriger benötigt die Pflegeperson eine Erlaubnis nach § 44 SGB VIII (**S. 2**). Aus dem Verweis auf § 44 SGB VIII folgt, dass die Pflegeerlaubnis nur bei Unterbringung über Tag und Nacht erforderlich ist. In der Lit. wird eine entsprechende Anwendung von § 43 SGB VIII bei Tagespflege verlangt (v. Boetticher/Kuhn-Zuber, Rehabilitationsrecht, 2. Aufl. 2022, Rn. 244). **S. 3** weitet die Erlaubnispflicht auf die nicht in den Anwendungsbereich von § 44 SGB VIII fallende Vollzeitpflege bei erwachsenen Menschen mit Behinderungen aus. Keine Pflegeerlaubnis benötigen die in § 44 Abs. 1 S. 2 SGB VIII aufgezählten Personen, also vor allem Großeltern und andere Verwandte der leistungsberechtigten Person. Zur Notwendigkeit einer Pflegeerlaubnis näher BeckOK SozR/Winkler SGB VIII § 44 Rn. 1 ff. **5**

Die Pflegeerlaubnis darf nicht erteilt werden, wenn das Wohl der leistungsberechtigten Person in der Pflegestelle nicht gewährleistet ist (§ 44 Abs. 2 SGB VIII). Die Pflegeperson muss damit persönlich und fachlich geeignet sein und über geeignete Räumlichkeiten verfügen (s. hierzu auch BeckOK SozR/Winkler SGB VIII § 44 Rn. 16 ff.). Wer geeignet ist, wird nicht geregelt. Persönlich geeignet ist, wer in der Lage ist, eine stabile, vertrauens- und verständnisvolle Beziehung zur leistungsberechtigten Person aufzubauen, deren Selbstbestimmungsrecht achtet, emotional stabil insbesondere in Stresssituationen ist und bereit ist, mit den zuständigen Behörden und den Angehörigen der leistungsberechtigten Person zusammenzuarbeiten. Nicht persönlich geeignet ist, wer wegen einer der in § 124 Abs. 2 S. 2 oder einer sonstigen, sich auf die Pflege auswirkenden Straftat vorbestraft ist. Der Eignung kann auch entgegenstehen, dass eine andere Person des näheren Umfeldes der Pflegeperson wegen einer solchen Straftat vorbestraft ist. Die Anforderungen an die fachliche Eignung richten sich nach dem individuellen behinderungsbedingten Bedarf. Dasselbe gilt für die räumliche Eignung. **5a**

Auf die Regelungen zu den Verträgen mit den Leistungserbringern hat § 80 keine Auswirkung (**S. 4**). Die Vollzeitpflege darf damit idR nur bewilligt werden, wenn die für die Leistungserbringung erforderlichen Vereinbarungen geschlossen wurden, zB in der Eingliederungshilfe eine Leistungsvereinbarung und eine Vergütungsvereinbarung (§ 123 Abs. 1). Ansonsten dürfen die Pflegepersonen nur vergütet werden, wenn dies gesetzlich zugelassen ist, zB bei der Eingliederungshilfe nach dem SGB IX in § 123 Abs. 5. **6**

§ 81 Leistungen zum Erwerb und Erhalt praktischer Kenntnisse und Fähigkeiten

[1]Leistungen zum Erwerb und Erhalt praktischer Kenntnisse und Fähigkeiten werden erbracht, um Leistungsberechtigten die für sie erreichbare Teilhabe am Leben in der Gemeinschaft zu ermöglichen. [2]Die Leistungen sind insbesondere darauf gerichtet, die Leistungsberechtigten in Fördergruppen und Schulungen oder ähnlichen Maßnahmen zur Vornahme lebenspraktischer Handlungen einschließlich hauswirtschaftlicher Tätigkeiten zu befähigen, sie auf die Teilhabe am Arbeitsleben vorzubereiten, ihre Sprache und Kommunikation zu verbessern und sie zu befähigen, sich ohne fremde Hilfe sicher im Verkehr zu bewegen. [3]Die Leistungen umfassen auch die blindentechnische Grundausbildung.

Übersicht

A. Geltende Fassung, Normzweck

1 § 81 regelt seit dem 1.1.2018 Leistungen zum Erwerb und Erhalt praktischer Kenntnisse und Fähigkeiten. Der davor in dieser Vorschrift enthaltene Regelungsgegenstand – Pflichten des Arbeitgebers und Rechte schwerbehinderter Menschen – findet sich seitdem in § 164. § 81 entspricht nach seinem Inhalt § 55 Abs. 2 Nr. 3 in der bis zum 31.12.2017 geltenden Fassung. Konkretisierungen erfolgten durch die Berücksichtigung der bisherigen Rspr.

2 Die Leistungen zum Erwerb und zum Erhalt praktischer Kenntnisse und Fähigkeiten sollen die Menschen mit Behinderungen in die Lage versetzen, soweit wie möglich am Leben in der Gemeinschaft teilzuhaben (**S. 1**). Mit der Überschrift will der Gesetzgeber verdeutlichen, dass die Leistungen auch zum Erhalt der praktischen Kenntnisse und Fähigkeiten gewährt werden (BT-Drs. 18/9522, 264).

B. Anspruchsgrundlage, Voraussetzungen und Zuständigkeit

3 Ob ein Anspruch auf die Leistung besteht, richtet sich nach dem für den Rehabilitationsträger geltenden Leistungsgesetz (§ 7 Abs. 1 S. 1; → § 7 Rn. 5). Leistungen zum Erwerb praktischer Kenntnisse und Fähigkeiten im Rahmen der Sozialen Teilhabe werden in der sozialen Entschädigung bei Gesundheitsschäden (§ 27d BVG iVm §§ 113; ab 1.1.2024 § 66 SGB XIV iVm § 113), in der Kinder- und Jugendhilfe (§ 35a Abs. 3 SGB VIII iVm § 113) und der Eingliederungshilfe nach dem SGB IX (§ 113) erbracht. Zur Anspruchsgrundlage und zur Rangfolge dieser Leistungen → § 76 Rn. 6 ff.

3a Ein Anspruch auf die Leistung besteht nur, wenn die Voraussetzungen dieser Anspruchsgrundlage erfüllt sind. Zusätzlich ist nach § 76 Abs. 1 S. 1 Voraussetzung, dass der Bedarf nicht mit Leistungen zur medizinischen Rehabilitation, zur Teilhabe am Arbeitsleben oder zur Teilhabe an Bildung abgedeckt werden kann (§ 76 Abs. 1 S. 1).

4 Adressatinnen und Adressaten der Leistungen zum Erwerb und Erhalt praktischer Kenntnisse und Fähigkeiten sind vor allem Menschen mit schweren und Mehrfachbehinderungen, die nicht werkstattfähig sind (LPK-SGB IX/Joussen § 81 Rn. 2). Leistungen kommen ferner bei Kindern in Betracht, die keinen Anspruch auf Frühförderung (§ 42 Abs. 2 Nr. 2 iVm § 46) oder heilpädagogische Leistungen (§ 79) haben, weil sie bereits eingeschult sind (Fuchs/Ritz/Rosenow/Fuchs SGB IX § 81 Rn. 6).

C. Leistungsinhalt

5 Die Leistungen zum Erwerb praktischer Kenntnisse und Fähigkeiten beinhalten die Information und die Unterweisung in der **selbständigen Ausführung von Verrichtungen des täglichen Lebens,** zB selbständiges Essen, Anziehen, andere manuelle Tätigkeiten, sicheres Bewegen im Verkehrsraum (v. Boetticher/Kuhn-Zuber, Rehabilitationsrecht, 2. Aufl. 2022, Rn. 244). Sie enthalten insbesondere auch Leistungen in Tagesförderstätten (BSG 9.12.2008 – B 8/9b SO 11/07 R, BeckRS 2009, 56509), zB „um für nicht werkstattfähige Leistungsberechtigte eine erreichbare Teilhabe am Arbeitsleben zu ermöglichen" (BT-Drs. 18/9522, 264 unter Hinweis auf LSG Bln-Bbg 15.4.2010 – L 23 SO 277/08, BeckRS 2010, 73315). Bei der **Vorbereitung zur Teilhabe am Arbeitsleben** werden vor allem grundlegende Fähigkeiten vermittelt (v. Boetticher/Kuhn-Zuber, Rehabilitationsrecht, 2. Aufl. 2022, Rn. 245). Weitere Inhalte der Maßnahmen nach § 81 sind die Verbesserung der Sprache und Kommunikation.

Die Leistungen nach § 81 werden sowohl zum **Erwerb** als auch zum **Erhalt** der praktischen Kenntnisse und Fähigkeiten erbracht (BT-Drs. 18/9925, 264). 5a

§ 82 Leistungen zur Förderung der Verständigung

[1] Leistungen zur Förderung der Verständigung werden erbracht, um Leistungsberechtigten mit Hör- und Sprachbehinderungen die Verständigung mit der Umwelt aus besonderem Anlass zu ermöglichen oder zu erleichtern. [2] Die Leistungen umfassen insbesondere Hilfen durch Gebärdensprachdolmetscher und andere geeignete Kommunikationshilfen. [3] § 17 Absatz 2 des Ersten Buches bleibt unberührt.

Übersicht

A. Geltende Fassung, Normzweck

§ 82 regelt seit dem 1.1.2018 Leistungen zur Förderung der Verständigung. Der davor in der Vorschrift enthaltene Regelungsgegenstand – besondere Pflichten der öffentlichen Arbeitgeber – findet sich seitdem in § 165. Die Vorschrift entspricht § 55 Abs. 2 Nr. 4 iVm § 57 in der bis zum 31.12.2017 geltenden Fassung des SGB IX. Anders als in der aF werden einzelne Hilfen aufgezählt. 1

Mit den Leistungen zur Förderung der Verständigung soll den Menschen mit Behinderungen bei besonderen Anlässen eine **bessere Verständigung mit der Umwelt** ermöglicht werden (**S. 1**). 2

B. Anspruchsgrundlage, Voraussetzungen und Zuständigkeit

Ob Menschen mit Behinderungen einen **Anspruch** auf Leistungen zur Förderung der Verständigung haben, ergibt sich aus dem für den Leistungsträger einschlägigen Leistungsgesetz (→ § 7 Rn. 5). Leistungen zur Verständigung im Rahmen der Sozialen Teilhabe werden in der **sozialen Entschädigung bei Gesundheitsschäden** (§ 27d Abs. 3 BVG iVm § 113; ab 1.1.2024 § 66 SGB XIV iVm § 113), in der **Kinder- und Jugendhilfe** (§ 35a SGB VIII iVm § 113) und in der **Eingliederungshilfe** nach den §§ 90 ff. (§ 113 SGB IX) erbracht. Zur Rangfolge dieser Leistungen → § 76 Rn. 6 ff. 3

Ein Anspruch auf die Leistung besteht nur, wenn die **Voraussetzungen** dieser **Anspruchsgrundlage** erfüllt sind. Zusätzlich ist nach § 76 Abs. 1 S. 1 Voraussetzung, dass **keine Leistungen** der medizinischen Rehabilitation, zur Teilhabe am Arbeitsleben und zur Teilhabe an Bildung erbracht werden. Weiter ist Voraussetzung, dass die Hilfe geeignet und erforderlich ist (LPK-SGB IX/Joussen § 82 Rn. 7). **Geeignet** ist die Hilfe, wenn das mit ihr verfolgte Ziel erreicht werden kann. **Erforderlich** ist sie, wenn für die Erreichung dieses Ziels nicht bereits andere Leistungen zur Verfügung stehen. Dies ist bei der Ausführung von Sozialleistungen, im Verwaltungsverfahren und in Gerichtsverfahren der Fall. Nach § 17 Abs. 2 S. 1 SGB I haben hörbehinderte Menschen das Recht, bei der **Ausführung von Sozialleistungen,** hierzu gehören insbesondere ärztliche Untersuchungen und Behandlungen, Gebärdensprache zu verwenden. Die hierbei entstehenden Kosten muss der Sozialleistungsträger tragen (§ 17 Abs. 2 S. 2 SGB I). Nach § 19 Abs. 1 SGB X haben Menschen mit Hörbehinderung das Recht, im **Sozialverwaltungs-** 4

verfahren Gebärdensprache zu verwenden. Die hierdurch entstehenden Aufwendungen für den Gebärdendolmetscher muss die Behörde oder der für die Sozialleistung zuständige Leistungsträger tragen. Einzelheiten regelt insoweit die Verordnung zur Verwendung von Gebärdensprache und anderen Kommunikationshilfen im Verwaltungsverfahren – Kommunikationshilfenverordnung v. 17.7.2002 (BGBl. I S. 2650), zuletzt geändert durch Art. 2 VO über die Schlichtungsstelle nach § 16 des Behindertengleichstellungsgesetz und ihr Verfahren und zur Änderung weiterer Verordnungen v. 25.11.2016 (BGBl. I S. 2659). Eine entsprechende Regelung enthält § 186 Abs. 1 S. 1 GVG für die **Gerichte.** Weiter sollen die Sozialleistungsträger gem. § 19 Abs. 1a iVm § 11 BGG mit Menschen mit geistigen und seelischen Behinderungen in einfacher und verständlicher Sprache kommunizieren (näher → § 11 BGG Rn. 3 f.) und erforderlichenfalls vor allem ihre Verwaltungsakte auf Verlangen in leichter Sprache erläutern (näher → § 11 BGG Rn. 5).

5 **Menschen mit Hörbehinderungen** sind Menschen, die gehörlos, ertaubt oder schwerhörig sind (Fuchs/Ritz/Rosenow/Fuchs SGB IX § 81 Rn. 5). **Menschen mit Sprachbehinderungen** sind Menschen, die von anderen nicht verstanden werden können, selbst wenn diese sich hierum bemühen (jurisPK-SGB IX/Luthe § 82 Rn. 16). Nicht zum leistungsberechtigten Personenkreis gehören erblindete und Menschen mit Sehbehinderung. Bei ihnen kommen Hilfsmittel nach § 84 und Assistenzleistungen nach § 78 in Betracht (jurisPK-SGB IX/Luthe § 82 Rn. 16).

6 Voraussetzung ist ferner, dass ein **besonderer Anlass** besteht. Hieraus folgt, dass die Leistung nur bei besonderen, über das allgemeine Kommunikationsbedürfnis hinausgehende Gesprächssituationen zu gewähren ist (LSG Hmb 20.11.2014 – 4 SO 15/13, BeckRS 2016, 71931). Ein solcher besteht bei Arztbesuchen (KHM/Schörnig § 82 Rn. 3), bei der Hochzeit eines Familienmitglieds (LSG BW 18.7.2013 – L 7 SO 4642/12, BeckRS 2013, 70719 mwN) sowie bei der Mitwirkung im Heimbeirat oder bei der Teilnahme an einer Elternversammlung (v. Boetticher/Kuhn-Zuber, Rehabilitationsrecht, 2. Aufl. 2022, Rn. 246). Ein besonderer Anlass kann ferner bei wichtigen Vertragsverhandlungen bestehen. Der im Gesetz ebenfalls angesprochene Verkehr mit Behörden und Gerichten wird bereits durch die in → Rn. 3 angesprochenen Gesetze abgedeckt. Besteht **kein besonderer Anlass** kommen Kommunikationshilfen im Rahmen der Assistenzleistungen nach § 78 in Betracht (jurisPK-SGB IX/Luthe § 82 Rn. 16). Die Kommunikationshilfe muss wegen des besonderen Anlasses **erforderlich** sein (Fuchs/Ritz/Rosenow/Fuchs SGB IX § 82 Rn. 6).

C. Leistungsinhalt

7 **Hilfen** iSv § 82 sind vor allem Gebärdendolmetscher und – anders als früher – technische Hilfen (ebenso jurisPK-SGB IX/Luthe Rn. 16; aA LPK-SGB IX/Joussen § 82 Rn. 7), zB Hörgeräte, Sprachübungsgeräte (Fuchs/Ritz/Rosenow/Fuchs SGB IX § 82 Rn. 12). Die Hilfe kann auch ein Telefon beinhalten, wenn dieses nicht als anderes Hilfsmittel zur Verfügung gestellt wird, so zB bei einem Menschen mit Behinderungen, der sich sonst nicht oder nur sehr eingeschränkt verständlich machen kann (so zum BSHG VGH BW 3.4.1996 – 6 S 269/95, ESVGH 46, 222 ff.). Auch die Nutzung des Internets gehört zu den Hilfen nach § 82 (so zum SGB XII BayLSG 16.5.2013 – L 18 SO 6/12, BeckRS 2013, 70963). Andere Kommunikationshilfen werden durch die Kommunikationshilfen-Verordnung festgelegt. Eine andere Kommunikationshilfe ist zB das Lormen (Fuchs/Ritz/Rosenow/Fuchs SGB IX § 82 Rn. 11).

8 Die Hilfe nach § 82 wird entweder als Sachleistung **„zur Verfügung gestellt“**, oder es werden die **Aufwendungen** für die selbst beschaffte Hilfe **erstattet.** Wenngleich die Angemessenheit im Wortlaut der Vorschrift nicht mehr ausdrücklich angesprochen wird,

werden nur **angemessene Aufwendungen** erstattet (Fuchs/Ritz/Rosenow/Fuchs SGB IX § 82 Rn. 19). Ob die Aufwendungen **angemessen** sind, ist im Einzelfall zu prüfen. Die Höhe der Erstattung richtet sich – soweit vorhanden – nach der Gebührenordnung. Werden Verwandte oder Freunde eingesetzt, werden nur die diesen entstehenden besonderen Aufwendungen erstattet (Fuchs/Ritz/Rosenow/Fuchs SGB IX § 82 Rn. 19).

Nach S. 3 bleiben **Hilfen bei der Ausführung von Sozialleistungen** nach § 17 Abs. 2 **8a**
SGB I unberührt (s. zu diesen → Rn. 3).

D. Sonstige Leistungen für Gehörlose

Gehörlose haben zusätzlich einen Anspruch auf **unentgeltliche Beförderung**, wenn der **9**
Schwerbehindertenausweis mit einer entsprechenden Marke versehen ist (§ 228; → § 228 Rn. 1 ff.).

§ 83 Leistungen zur Mobilität

(1) Leistungen zur Mobilität umfassen

1. Leistungen zur Beförderung, insbesondere durch einen Beförderungsdienst, und
2. Leistungen für ein Kraftfahrzeug.

(2) [1] Leistungen nach Absatz 1 erhalten Leistungsberechtigte nach § 2, denen die Nutzung öffentlicher Verkehrsmittel auf Grund der Art und Schwere ihrer Behinderung nicht zumutbar ist. [2] Leistungen nach Absatz 1 Nummer 2 werden nur erbracht, wenn die Leistungsberechtigten das Kraftfahrzeug führen können oder gewährleistet ist, dass ein Dritter das Kraftfahrzeug für sie führt und Leistungen nach Absatz 1 Nummer 1 nicht zumutbar oder wirtschaftlich sind.

(3) [1] Die Leistungen nach Absatz 1 Nummer 2 umfassen Leistungen

1. zur Beschaffung eines Kraftfahrzeugs,
2. für die erforderliche Zusatzausstattung,
3. zur Erlangung der Fahrerlaubnis,
4. zur Instandhaltung und
5. für die mit dem Betrieb des Kraftfahrzeugs verbundenen Kosten.

[2] Die Bemessung der Leistungen orientiert sich an der Kraftfahrzeughilfe-Verordnung.

(4) Sind die Leistungsberechtigten minderjährig, umfassen die Leistungen nach Absatz 1 Nummer 2 den wegen der Behinderung erforderlichen Mehraufwand bei der Beschaffung des Kraftfahrzeugs sowie Leistungen nach Absatz 3 Nummer 2.

Literatur: BAGüS, Empfehlungen zu Leistungen der Eingliederungshilfe für ein Kraftfahrzeug im Rahmen der sozialen Teilhabe nach dem SGB IX (Kfz-Empfehlungen)

Übersicht

A. Geltende Fassung, Normzweck

1 § 83 regelt seit dem 1.1.2018 die Leistungen zur Mobilität. Der davor in der Vorschrift enthaltene Regelungsgegenstand – Inklusionsvereinbarung – findet sich seitdem in § 166.

B. Anspruchsgrundlage, Voraussetzungen und Zuständigkeit

2 Ob Menschen mit Behinderungen **Anspruch** auf Leistungen zur Mobilität haben und welche Voraussetzungen sie erfüllen müssen, regelt das für den Rehabilitationsträger einschlägige Leistungsgesetz (§ 7 Abs. 1 S. 2; → § 7 Rn. 5). Leistungen der Sozialen Teilhabe zur Mobilität werden in der **gesetzlichen Unfallversicherung** (§ 40 SGB VII), in der **sozialen Entschädigung** bei Gesundheitsschäden (§ 27d Abs. 3 iVm § 113; ab 1.1.2024 § 66 SGB XIV iVm § 113), in der **Kinder- und Jugendhilfe** (§ 35a Abs. 3 SGB VIII iVm § 113) und in der **Eingliederungshilfe** nach dem SGB IX (§ 113) erbracht.

3 Ein Anspruch auf die Leistung besteht nur, wenn die **Voraussetzungen** der im Leistungsgesetz des Rehabilitationsträgers enthaltenen Anspruchsgrundlage erfüllt sind. **Zusätzlich** ist gem. **§ 76 Abs. 1 S. 1** Voraussetzung, dass keine Leistung zur medizinischen Rehabilitation, zur Teilhabe am Arbeitsleben und zur Teilhabe an Bildung erbracht wird.

3a Weiter ist gem. Abs. 1 Voraussetzung, dass die Nutzung **öffentlicher Verkehrsmittel** auf Grund der Art und Schwere der Behinderung **nicht zumutbar** ist (**Abs. 2 S. 1**). Dies richtet sich nur nach subjektiven Kriterien und nicht danach, ob öffentliche Verkehrsmittel zu Verfügung stehen (LPK-SGB IX/Joussen § 83 Rn. 3). Die Unzumutbarkeit muss auf die Art und Schwere der Behinderung kausal zurückzuführen sein. Zu den Begriffen Behinderung, drohende Behinderung und Schwerbehinderung → § 2 Rn. 2 ff.

3b Bei der **Kraftfahrzeughilfe** ist nach **Abs. 2 S. 2 außerdem** Voraussetzung, dass die leistungsberechtigte Person das Kraftfahrzeug selbst führen kann oder dass gewährleistet ist, dass ein Dritter das Fahrzeug für ihn führt. Ob die leistungsberechtigte Person das Fahrzeug führen kann ist auf der Grundlage der verkehrsrechtlich von Menschen ohne Behinderung zu erfüllenden Anforderungen zu beurteilen (LSG NRW 9.6.2022 – L 9 SO 353/21 B ER, BeckRS 2022, 18148 Rn. 16). Zudem müssen Leistungen zur Beförderung nicht zumutbar oder wirtschaftlich sein. Die Kraftfahrzeughilfe ist folglich gegenüber der Beförderungshilfe nachrangig. Hiermit soll Gleichklang mit der Kraftfahrzeughilfe der Leistungen zur Teilhabe am Arbeitsleben hergestellt werden.

C. Leistungsinhalt

4, 5 Die Leistungen zur Mobilität umfassen einerseits Beförderungsdienste und andere Leistungen zur Beförderung (Abs. 1 Nr. 1) und andererseits die Kraftfahrzeughilfe (Abs. 1 Nr. 2). Keine Leistungen zur Mobilität sind Rollstuhlbikes und Schiebehilfen (v. Boetticher/Kuhn-Zuber, Rehabilitationsrecht, 2. Aufl. 2022, Rn. 247). Für diese kommen Leistungen zur medizinischen Rehabilitation, sonst nach § 84 in Betracht.

I. Leistungen zur Beförderung

6 Leistungen zur Beförderung nach **Abs. 1 Nr. 1** ist zB die Beförderung mit Taxen (LSG Hmb 12.2.2015 – L 4 SO 62/13, BeckRS 2015, 66330). Die Leistungen zur Beförderung sind vorrangig gegenüber der Kraftfahrzeughilfe.

II. Kraftfahrzeughilfe

Die Kraftfahrzeughilfe wird nur erbracht, wenn Leistungen zur Beförderung nicht zumutbar oder nicht wirtschaftlich sind. Dies richtet sich nach den Teilhabezielen, der Zahl, dem Zeitpunkt sowie, der Planbarkeit der Fahrten, ob Fahrdienste vorhanden sind und ob es andere Möglichkeiten der Beförderung gibt (BSG 12.12.2013 – B 8 SO 18/12 R, BeckRS 2014, 68241; LSG NRW 24.6.2014 – L 20 SO 388/13, BeckRS 2014, 71641). Ein eigenes Kraftfahrzeug wird nur geleistet, wenn dies zum Erreichen des Rehabilitationszieles erforderlich ist (so zum SGB XII entsprechenden Rechtslage nach dem BSG 8.3.2017 – B 8 SO 2/16 – NZS 2017, 593; 12.12.2013 – B 8 SO 18/12 R, BeckRS 2014, 68241). 6a

Der Inhalt und der Umfang der Kraftfahrzeughilfe werden in **Abs. 3** festgelegt. Abs. 3 **S. 1** zählt einzelne Leistungen der Kraftfahrzeughilfe auf. Danach umfasst die Kraftfahrzeughilfe Leistungen 7
- zur Beschaffung eines Kraftfahrzeugs
- für die erforderliche Zusatzausstattung
- zur Erlangung der Fahrerlaubnis
- zur Instandhaltung
- für die mit dem Betrieb des Kraftfahrzeugs verbundenen Kosten.

Um Parallelität mit der Kraftfahrzeughilfe der Leistungen zur Teilhabe am Arbeitsleben herzustellen (BT-Drs. 18/9522, 265), verweist Abs. 3 S. 2 wegen des Umfangs der Leistung auf die Kraftfahrzeughilfeverordnung. 7a

Bei **Kindern und Jugendlichen mit Behinderungen** beinhaltet die Hilfe zur Mobilität, den erforderlichen Mehraufwand für die Beschaffung des Kraftfahrzeugs und dessen erforderliche Zusatzausstattung (**Abs. 4**). Dies umfasst auch die Mittel zur Beschaffung eines Kraftfahrzeugs (LSG Bln-Bbg 7.4.2022 – L 4 KR 40/22 B ER, BeckRS 2022, 8029 Rn. 26). Die Leistung soll insbesondere Eltern mit Kind mit Behinderungen ermöglichen, ein größeres Kraftfahrzeug anzuschaffen, wenn dies wegen der Behinderung ihres Kindes erforderlich ist (BT-Drs. 18/9522, 265). Zu verfassungsrechtlichen Bedenken v. Boetticher/Kuhn-Zuber, 2. Aufl. Rehabilitationsrecht, 2022, Rn. 250. 8

§ 84 Hilfsmittel

(1) [1]Die Leistungen umfassen Hilfsmittel, die erforderlich sind, um eine durch die Behinderung bestehende Einschränkung einer gleichberechtigten Teilhabe am Leben in der Gemeinschaft auszugleichen. [2]Hierzu gehören insbesondere barrierefreie Computer.

(2) Die Leistungen umfassen auch eine notwendige Unterweisung im Gebrauch der Hilfsmittel sowie deren notwendige Instandhaltung oder Änderung.

(3) Soweit es im Einzelfall erforderlich ist, werden Leistungen für eine Doppelausstattung erbracht.

Übersicht

A. Geltende Fassung, Normzweck

1 § 84 regelt seit dem 1.1.2018 die Versorgung der Menschen mit Behinderungen mit Hilfsmitteln. Der davor in der Vorschrift enthaltene Regelungsgegenstand – Prävention und insbesondere das betriebliche Eingliederungsmanagement – findet sich seitdem in § 167. Der neue Abs. 1 entspricht inhaltlich § 55 Abs. 2 Nr. 1 in der bis zum 31.12.2017 geltenden Fassung des SGB IX. Der Wortlaut wurde allerdings dahingehend präzisiert, dass klargestellt wird, dass § 84 nur solche Hilfsmittel unterfallen, die für die Teilhabe am Leben in der Gemeinschaft erforderlich sind.

2 Mit der Leistung soll eine **behinderungsbedingte Einschränkung der Teilhabe** am Leben in der Gemeinschaft **ausgeglichen** werden (**Abs. 1 S. 1**).

B. Anspruchsgrundlage, Voraussetzungen und Zuständigkeit

3 Ob ein **Anspruch** auf ein Hilfsmittel besteht, ergibt sich nicht aus § 84, sondern aus dem für den Rehabilitationsträger einschlägigen Leistungsgesetz (§ 7 Abs. 1 S. 2; → § 7 Rn. 5; → § 76 Rn. 5). Hilfsmittel zur Sozialen Teilhabe werden in der **gesetzlichen Unfallversicherung** (§ 40 SGB VII), in der **sozialen Entschädigung** bei Gesundheitsschäden (§ 27d Abs. 3 iVm § 113; ab 1.1.2024 § 66 SGB XIV iVm § 113), in der **Kinder- und Jugendhilfe** (§ 35a Abs. 3 SGB VIII iVm § 113) und in der **Eingliederungshilfe** nach dem SGB IX (§ 113) erbracht.

4 Ein Anspruch auf die Leistung besteht nur, wenn die Voraussetzungen dieser Anspruchsgrundlage erfüllt sind. Zusätzlich muss das Hilfsmittel **erforderlich** sein. Dies ist es nur, wenn es geeignet ist – mit ihm also die Einschränkung der Teilhabe am Leben in der Gemeinschaft zumindest teilweise ausgeglichen werden kann – und **keine vorrangigen Mittel** zur Verfügung stehen. Vorrangig sind nach § 76 Abs. 1 S. 1 Hilfsmittel, die als Leistung zur medizinischen Rehabilitation, zur Teilhabe am Arbeitsleben oder zur Teilhabe an Bildung erbracht werden. Zur Abgrenzung zur gesetzlichen Krankenversicherung s. → 109 Rn. 11.

C. Leistungsinhalt

5 Die Leistung umfasst zunächst das **Hilfsmittel** selbst (**Abs. 1 S. 1**). Hilfsmittel iSv § 84 sind Gegenstände, die nach ihrem Zweck und Ziel der Alltagsbewältigung dienen (Joussen in LPK-SGB IX Rn. 3), zB behindertengerechte Waschmaschinen, Küchenmaschinen (Fuchs/Ritz/Rosenow/Fuchs SGB IX § 109 Rn. 8). Weiter sind Hilfsmittel iSv § 84 die bislang in § 9 Eingliederungshilfeverordnung aufgezählten, also Hilfsmittel für Verständigung, Blinden-Bogenmaschinen, Blindenuhren mit Zubehör, Blindenweckuhren, Hörgeräte einschließlich Batterien für diese (BSG 19.5.2009 – B 8 SO 32/07 R, BSGE 103, 171 = BeckRS 2009, 69444), Blindenführhunde, Hörtrainer, Weckuhren für Menschen mit Hörbehinderung, Sprachübungsgeräte für Menschen mit Sprachbehinderungen. Besonders hervorgehoben wird in Abs. 1 S. 2 der barrierefreie Computer. Nicht § 84 unterfallen dagegen Hilfsmittel, die vorrangig medizinischen Zwecken (so zur früheren Rechtslage BSG 19.5.2009 –B 8 SO 32/07 R, NVwZ-RR 2010, 196) oder der Teilhabe am Arbeitsleben dienen (Fuchs/Ritz/Rosenow/Fuchs SGB IX § 109 Rn. 7).

6 Die Leistung umfasst weiter die notwendige **Unterweisung** im Gebrauch der Hilfsmittel sowie deren notwendige **Instandhaltung** oder **Änderung** (**Abs. 2**).

7 Leistungen für eine **Doppelausstattung** werden erbracht, sofern dies im Einzelfall erforderlich ist (**Abs. 3**), zB bei Aufenthalt des Menschen mit Behinderungen an unter-

schiedlichen Orten bei gleichzeitiger Unmöglichkeit oder Unzumutbarkeit der Mitnahme des Hilfsmittels (jurisPK/Luthe Rn. 19).

Kapitel 14. Beteiligung der Verbände und Träger

§ 85 Klagerecht der Verbände

[1]Werden Menschen mit Behinderungen in ihren Rechten nach diesem Buch verletzt, können an ihrer Stelle und mit ihrem Einverständnis Verbände klagen, die nach ihrer Satzung Menschen mit Behinderungen auf Bundes- oder Landesebene vertreten und nicht selbst am Prozess beteiligt sind. [2]In diesem Fall müssen alle Verfahrensvoraussetzungen wie bei einem Rechtsschutzersuchen durch den Menschen mit Behinderungen selbst vorliegen.

Literatur: Marie Herberger, Verbandsklageverfahren für diskriminierungsrechtliche Ansprüche, RdA 2022, 220–228; Daniel Hlava, Vorschläge zur Reform der verbandlichen Klagerechte nach SGB IX und BGG, SRa 2013, 54–57; Daniel Hlava, Die verbandlichen Klagerechte nach SGB IX und BGG, WzS 2013, 42 ff.; Peter Masuch/Wolfgang Spellbrink, Das Gerichtsverfahren nach dem Sozialgerichtsgesetz – Stand und Perspektiven. Grundlagen und Herausforderungen des Sozialstaats – Denkschrift 60 Jahre Bundessozialgericht 2014, 437 ff.

Übersicht

A. Allgemeines

1 § 85 regelt seit dem 1.1.2018 das Klagerecht der Verbände. Der davor in der Vorschrift enthaltende Regelungsgegenstand – Erfordernis der Zustimmung zu einer Kündigung – findet sich seitdem in § 168. § 85 entspricht § 63 in der bis zum 31.12.2017 geltenden Fassung des SGB IX.

2 § 85 räumt den nach ihrer Satzung auf Bundes- oder auf Landesebene tätigen Verbänden der Menschen mit Behinderungen ein Recht zur Klage ein (S. 1; → Rn. 3 ff.). Hiermit soll die Geltendmachung von Rechten der Menschen mit Behinderungen erleichtert werden (BT-Drs. 14/5074, 111). S. 2 hat klarstellende Bedeutung (RegBegr. zur Vorgängervorschrift BR-Drs. 49/01, 331).

2a Ein Recht zur Klage wird den Verbänden außerdem in **§ 14 BGG** eingeräumt. Zudem haben bestimmte Verbände ein Verbandsklagerecht nach **§ 15 BGG.** Daneben ist in **§ 16 BGG** ein gegenüber dem Verbandsklagerecht vorrangiges Schiedsstellenverfahren vorgesehen.

B. Klagerecht der Verbände der Menschen mit Behinderungen

I. Voraussetzungen

3 **S. 1** bestimmt, welche **Verbände klageberechtigt** sind. Nach ihrer Satzung muss es zumindest überwiegend ihre Aufgabe sein, die Interessen der Menschen mit Behinderun-

gen zu vertreten. Sie müssen auf Bundesebene oder zumindest in einem Bundesland tätig sein. Es wird zwar keine bestimmte Organisationsform vorgeschrieben. Zwingend erforderlich ist aber, dass sich der Verband eine Satzung gegeben hat. Nicht erforderlich ist die Anerkennung des Verbandes (jurisPK/Schette § 86 Rn. 23).

3a Der **Verband** darf **nicht selbst** an dem Rechtsstreit **beteiligt** sein. Mit dieser Voraussetzung sollen Interessenkollissionen vermieden werden (BT-Drs. 14/5074, 111). Insoweit ist maßgeblich, ob widerstreitende Interessen zwischen den Menschen mit Behinderungen und dem Verband bestehen (BayVGH 17.11.2004 – 12 CE 04.1580, BeckRS 2005, 20283).

4 Klageberechtigt sind die Verbände nur bei Verletzung von Rechten von **Menschen mit Behinderungen** aus dem SGB IX. Wer Mensch mit Behinderungen ist, ergibt sich aus § 2 Abs. 1 (→ § 2 Rn. 2 ff.). Kein Klagerecht haben die Verbände bei den von Behinderung bedrohten Menschen (BT-Drs. 15/074, 98; jurisPK/Schette § 86 Rn. 10).

4a Eine **Rechtsverletzung** liegt vor, wenn ein tatsächlich bestehendes Recht verletzt wurde. Ausreichend ist, dass eine Rechtsverletzung schlüssig behauptet wird (Fuchs/Ritz/Rosenow/Fuchs SGB IX § 85 Rn. 10). Mangels weiterer Einschränkungen im Wortlaut von S. 1 besteht das Klagerecht bei allen Rechten aus dem SGB IX.

5 Der Mensch mit Behinderungen muss mit der Klage durch den Verband **einverstanden** sein. Das Einverständnis muss sich auf ein bestimmtes Recht beziehen (jurisPK/Schette § 86 Rn. 10). Wenngleich S. 1 keine bestimmte Form verlangt, folgt ein Schriftformerfordernis aus den Prozessordnungen (§ 73 Abs. 6 SGG, § 67 Abs. 3 VwGO, § 80 Abs. 1 ZPO; jurisPK/Schette Rn. 10).

6 Aus **S. 2** folgt, dass außer der Klagebefugnis alle für den Betroffenen geltenden **Sachurteilsvoraussetzungen** erfüllt sein müssen, zB die Rechtsbehelfsfrist eingehalten ist. Um welche Voraussetzungen es sich hierbei handelt, richtet sich nach den Prozessordnungen. Beim klagenden Verband muss insbesondere keine Beschwer vorliegen (ebenso Fuchs/Ritz/Rosenow/Fuchs SGB IX § 85 Rn. 4).

II. Rechtsfolge

7 Auch wenn die obigen Voraussetzungen erfüllt sind, ist der Verband **nicht** zur Klage **verpflichtet.** Klagt er, ist der Mensch mit Behinderungen nicht mehr klageberechtigt („an ihrer Stelle").

8 Sind diese Voraussetzungen erfüllt, erlangt der Verband die Stellung eines **Prozessstandschafters.**

§ 86 Beirat für die Teilhabe von Menschen mit Behinderungen

(1) [1]Beim Bundesministerium für Arbeit und Soziales wird ein Beirat für die Teilhabe von Menschen mit Behinderungen gebildet, der das Bundesministerium für Arbeit und Soziales in Fragen der Teilhabe von Menschen mit Behinderungen berät und bei Aufgaben der Koordinierung unterstützt. [2]Zu den Aufgaben des Beirats gehören insbesondere auch

1. die Unterstützung bei der Förderung von Rehabilitationseinrichtungen und die Mitwirkung bei der Vergabe der Mittel des Ausgleichsfonds sowie

2. die Anregung und Koordinierung von Maßnahmen zur Evaluierung der in diesem Buch getroffenen Regelungen im Rahmen der Rehabilitationsforschung und als forschungsbegleitender Ausschuss die Unterstützung des Bundesministeriums bei der Festlegung von Fragestellungen und Kriterien.

[3]Das Bundesministerium für Arbeit und Soziales trifft Entscheidungen über die Vergabe der Mittel des Ausgleichsfonds nur auf Grund von Vorschlägen des Beirats.

(2) [1]Der Beirat besteht aus 49 Mitgliedern. [2]Von diesen beruft das Bundesministerium für Arbeit und Soziales

1. zwei Mitglieder auf Vorschlag der Gruppenvertreter der Arbeitnehmer im Verwaltungsrat der Bundesagentur für Arbeit,
2. zwei Mitglieder auf Vorschlag der Gruppenvertreter der Arbeitgeber im Verwaltungsrat der Bundesagentur für Arbeit,
3. sechs Mitglieder auf Vorschlag der Behindertenverbände, die nach der Zusammensetzung ihrer Mitglieder dazu berufen sind, Menschen mit Behinderungen auf Bundesebene zu vertreten,
4. 16 Mitglieder auf Vorschlag der Länder,
5. drei Mitglieder auf Vorschlag der Bundesvereinigung der kommunalen Spitzenverbände,
6. ein Mitglied auf Vorschlag der Bundesarbeitsgemeinschaft der Integrationsämter und Hauptfürsorgestellen,
7. ein Mitglied auf Vorschlag des Vorstands der Bundesagentur für Arbeit,
8. zwei Mitglieder auf Vorschlag des Spitzenverbandes Bund der Krankenkassen,
9. ein Mitglied auf Vorschlag der Spitzenvereinigungen der Träger der gesetzlichen Unfallversicherung,
10. drei Mitglieder auf Vorschlag der Deutschen Rentenversicherung Bund,
11. ein Mitglied auf Vorschlag der Bundesarbeitsgemeinschaft der überörtlichen Träger der Sozialhilfe,
12. ein Mitglied auf Vorschlag der Bundesarbeitsgemeinschaft der Freien Wohlfahrtspflege,
13. ein Mitglied auf Vorschlag der Bundesarbeitsgemeinschaft für Unterstützte Beschäftigung,
14. fünf Mitglieder auf Vorschlag der Arbeitsgemeinschaften der Einrichtungen der medizinischen Rehabilitation, der Berufsförderungswerke, der Berufsbildungswerke, der Werkstätten für behinderte Menschen und der Inklusionsbetriebe,
15. ein Mitglied auf Vorschlag der für die Wahrnehmung der Interessen der ambulanten und stationären Rehabilitationseinrichtungen auf Bundesebene maßgeblichen Spitzenverbände,
16. zwei Mitglieder auf Vorschlag der Kassenärztlichen Bundesvereinigung und der Bundesärztekammer und
17. ein Mitglied auf Vorschlag der Bundesarbeitsgemeinschaft für Rehabilitation.

[3]Für jedes Mitglied ist ein stellvertretendes Mitglied zu berufen.

Literatur: Jutta Siefert, Gesetz zur Stärkung der Teilhabe und Selbstbestimmung von Menschen mit Behinderungen (Bundesteilhabegesetz – BTHG) v. 23.12.2016, Teil 2, jurisPR-SozR 7/2017 Anm. 1.

Übersicht

A. Allgemeines

§ 86 regelt seit dem 1.1.2018 die Errichtung, die Aufgaben und die Zusammensetzung **1** des Beirats für die Teilhabe von Menschen mit Behinderungen. Der davor in der Vorschrift enthaltene Regelungsgegenstand – Kündigungsfrist bei schwerbehinderten Menschen – findet sich seitdem in § 169. Abs. 1 entspricht § 64 in der bis zum 31.12.2017 geltenden Fassung. Abs. 2 wurde dahingehend geändert, dass die Mitglieder des Beirats aus dem Kreis der Krankenversicherung nicht mehr von den Spitzenverbänden der Krankenversicherung, sondern vom Spitzenverband Bund der Krankenversicherung vorgeschlagen werden.

2 Mit der Einrichtung des Beirats wird die sachverständige Beratung des Bundesministeriums sichergestellt.

B. Pflicht zur Errichtung und Rechtsstellung des Beirats (Abs. 1 S. 2)

3 Beim BMAS muss ein Beirat für die Teilhabe von Menschen mit Behinderungen eingerichtet werden (**Abs. 1 S. 1:** „**wird [...] gebildet**“). Der Beirat ist dem BMAS angegliedert, aber nicht Bestandteil der Behördenstruktur. Er hat keine eigene Rechtspersönlichkeit (ebenso Fuchs/Ritz/Rosenow/Fuchs SGB IX § 86 Rn. 4).

C. Aufgaben des Beirats (Abs. 1 S. 2, 3)

4 **Abs. 1 S. 1** umschreibt die Aufgaben des Beirats allgemein. Diese werden weit gefasst. Der Beirat hat in allen „Fragen der Teilhabe von Menschen mit Behinderungen“ das BMAS zu beraten. Hierfür ist eine Anfrage des BMAS nicht zwingend erforderlich. Er kann auch eigenintiativ tätig werden, zB Gesetzesänderungen vorschlagen (ebenso Fuchs/Ritz/Rosenow/Fuchs SGB IX § 86 Rn. 4). Weiter ist Aufgabe des Beirats, das BMAS bei der Koordinierung zu unterstützen.

4a **Abs. 1 S. 2 konkretisiert** diese durch eine nicht abschließende („insbesondere“) Aufzählung einzelner Aufgaben.

5 Zu den Aufgaben des Beirats gehört die **Unterstützung der Förderung von Rehabilitationseinrichtungen (Abs. 1 S. 2 Nr. 1 Alt. 1).** „Rehabilitationseinrichtungen“ sind insbesondere Ausbildungs- und Werkstätten für Menschen mit Behinderungen. Die „Unterstützung“ beinhaltet Anregungen und Vorschläge, die Mitteilung von Erfahrungen und die Übermittlung der Wünsche und der Ziele der Menschen mit Behinderungen.

6 Eine weitere Aufgabe des Beirats ist die Mitwirkung bei der **Vergabe der Mittel aus dem Ausgleichsfonds (Abs. 1 S. 2 Nr. 1 Alt. 2).** Der Ausgleichsfonds wird beim BMAS gebildet (§ 161). Es handelt sich um eine zweckgebundene Vermögensmasse, die für überregionale Vorhaben zur Teilhabe schwerbehinderter Menschen im Arbeitsleben eingesetzt wird. In den Ausgleichsfonds fließen 45 % des Aufkommens der von den Arbeitgebern zu zahlenden Ausgleichsabgabe. Die Verwendungszwecke der Mittel werden durch § 41 SchwbAV festgelegt. Mitwirkung meint nicht nur Beratung (jurisPK-SGB IX/Schlette § 86 Rn. 10). Die Entscheidung über die Vergabe trifft das BMAS. Diese Entscheidungen dürfen aber nur aufgrund von Vorschlägen des Beirats getroffen werden (**Abs. 1 S. 3**). Ohne einen solchen Vorschlag darf das BMAS nicht entscheiden. Die Entscheidung trifft das BMAS durch schriftlichen Bescheid (§ 44 Abs. 1 SchwbAV). Gegen die Bindung des BMAS an die Entscheidung eines Gremiums, dessen Mitglieder vom BMAS berufen werden, und die weder einer parlamentarischen Kontrolle unterliegen noch demokratisch legitimiert sind, wurden verfassungsrechtliche Bedenken vorgetragen (Mrozynski/Jabben, SGB IX Teil 1 2. Aufl. 2011, § 64 Rn. 4).

7 Schließlich ist Aufgabe des Beirats, **Evaluierungsmaßnahmen** der Regelungen des SGB IX durch Rehabilitationsforschung anzuregen und zu unterstützen und als forschungsbegleitender Ausschuss das BMAS bei der Entwicklung von Fragestellungen und Kriterien zu unterstützen (Abs. 1 S. 2 Nr. 2). Das BMAS wurde durch § 13 Abs. 3 und

Art. 25 BTHG verpflichtet, zu verschiedenen Gegenständen Forschungsaufträge zu vergeben. Diese müssen Gegenstand der Rehabilitationsforschung sein. Der Beirat ist bei der Vergabe, insbesondere bei der Entwicklung der Forschungsaufträge, zu beteiligen. Weiter muss er zu den Forschungsergebnissen Stellung nehmen. Die Ergebnisse der Evaluierungsmaßnahmen sind ferner Inhalt des Berichtes über die Lage von Menschen mit Behinderung und die Entwicklung ihrer Teilhabe nach § 88 (→ § 88 Rn. 5).

D. Zusammensetzung des Beirats und Bestellung der Mitglieder (Abs. 2)

Abs. 2 enthält eine abschließende Regelung zur Zusammensetzung des Beirats. Er besteht aus 49 Mitgliedern (**Abs. 2 S. 1**). Diese werden vom BMAS berufen (**Abs. 2 S. 2**). Die Berufung erfolgt aufgrund von Vorschlägen (**Abs. 2 S. 2**). 8

Welche Stellen **vorschlagsberechtigt** sind, zählt Abs. 2 S. 2 auf. Der Vorschlag muss die in Abs. 2 S. 2 angegebene Mitgliederzahl sowie die Stellvertreter/innen (**Abs. 2 S. 3**) enthalten. Schlagen die Vorschlagsberechtigten keine oder weniger Mitglieder vor, werden die betroffenen Sitze nicht besetzt. 9

Das BMAS ist grds. an diese Vorschläge gebunden. Ein vorgeschlagenes Mitglied kann nur abgelehnt werden, wenn es hierfür in der Person der/des Vorgeschlagenen sachliche Gründe gibt, zB die Fähigkeit, Rechte aus öffentlichen Wahlen zu erlangen, gerichtlich aberkannt ist (§ 45 StGB). Die vorgeschlagene Person muss außerdem die allgemeinen persönlichen Voraussetzungen für die Ausübung von Ehrenämtern im sozialrechtlichen Bereich erfüllen und voll geschäftsfähig sein. 9a

Vorschlagsberechtigt für jeweils zwei Mitglieder des Beirats sind die Gruppenvertreter/innen der **Arbeitnehmer/innen** und der **Arbeitgeber** im Verwaltungsrat der Bundesagentur für Arbeit (Abs. 1 S. 2 Nr. 1). Die Gruppenvertreter/innen der Arbeitnehmer/innen und der Arbeitgeber im Verwaltungsrat der Bundesagentur für Arbeit stimmen getrennt ab. Die vorgeschlagenen Beiratsmitglieder können – müssen aber nicht – zugleich Mitglied des Verwaltungsrats der Bundesagentur für Arbeit sein. 10

Sechs Mitglieder des Beirats und ihre Stellvertreter/innen werden von **Verbänden der Menschen mit Behinderungen** vorgeschlagen, die dazu berufen sind, diese auf Bundesebene zu vertreten. Verbände der Menschen mit Behinderungen sind Vereinigungen, in denen sich Menschen mit Behinderungen zusammengeschlossen haben und die deren Interessen nach außen vertreten. Jeder dieser Verbände ist vorschlagsberechtigt. Liegen mehrere Vorschlagslisten vor, sind die Sitze entspr. den allgemeinen für die Selbstverwaltung geltenden Regeln zu verteilen. Dabei sollen auch Minderheiten berücksichtigt werden. Das BMAS ist grds. an die Reihenfolge der Mitglieder und Stellvertreter/innen auf der Vorschlagsliste gebunden. Bei triftigen Gründen hiergegen muss es von den vorschlagenden Verbänden eine Änderung erbitten. 11

Der/die nach **Abs. 2 S. 3** zu benennende **Stellvertreter/in** vertritt bei vorübergehender und/oder dauernder Verhinderung das Mitglied, für das sie/er als Vertreter/in berufen ist. Wird bei dauernder Verhinderung, Abberufung oder Niederlegung des Amtes ein neues Mitglied berufen, vertritt die/der Stellvertreter/in dieses Mitglied. 12

Mitglieder und Stellvertreter/innen können das **Amt ablehnen.** Sie können es jederzeit **niederlegen.** Dies gilt nur dann nicht, wenn sie im Innenverhältnis gegenüber der vorschlagsberechtigten Stelle zur Ausübung des Amtes verpflichtet sind. Das Mitglied oder die Stellvertreterin/der Stellvertreter kann von der vorschlagenden Stelle abberufen werden, zB bei grober Verletzung der Amtspflichten. 13

§ 87 Verfahren des Beirats

[1]Der Beirat für die Teilhabe von Menschen mit Behinderungen wählt aus den ihm angehörenden Mitgliedern von Seiten der Arbeitnehmer, Arbeitgeber und Organisationen behinderter Menschen jeweils für die Dauer eines Jahres eine Vorsitzende oder einen Vorsitzenden und eine Stellvertreterin oder einen Stellvertreter. [2]Im Übrigen gilt § 189 entsprechend.

Übersicht

A. Allgemeines

1 § 87 regelt seit dem 1.1.2018 das Verfahren des Beirats Der davor in der Vorschrift enthaltene Regelungsgegenstand – Antragsverfahren bei der Kündigung schwerbehinderter Menschen – findet sich seitdem in § 170. § 87 entspricht § 65 in der bis zum 31.12.2017 geltenden Fassung.

2 § 87 regelt die Bestellung der/des Vorsitzenden und der/des stellvertretenden Vorsitzenden des Beirats (S. 1). Weitere Regelungsgegenstände von § 87 sind das Wahlverfahren, die Beschlussfähigkeit des Beirats, die zu treffenden Entscheidungen und Inhalt und Dauer des Amtes (S. 2 iVm § 189).

B. Bestellung der/des Vorsitzenden und Amtszeit

3 Die/der Vorsitzende und die/der stellvertretende Vorsitzende des Beirats werden gewählt. Wählbar sind nur die Vertreter/innen der Arbeitnehmer/innen, der Arbeitgeber und der Organisationen der Menschen mit Behinderungen. Damit sind nur 10 der 49 Mitglieder des Beirats wählbar. Wahlberechtigt sind alle 49 Mitglieder des Beirats.

4 Die/der Vorsitzende und die/der stellvertretende Vorsitzende dürfen nicht derselben Gruppe angehören. Sie werden jährlich in wechselnder Reihenfolge bestellt (**S. 2 iVm § 189 Abs. 1 S. 3**). Die Reihenfolge wird nicht gesetzlich festgelegt. Zu Einzelheiten → § 189 Rn. 1 ff.

5 Die **Amtszeit** beträgt vier Jahre (**S. 2 iVm § 189 Abs. 2 S. 3**).

C. Beschlüsse des Beirats

6 **Beschlussfähig** ist der Beirat, wenn wenigstens die Hälfte der Mitglieder anwesend ist (**S. 2 iVm § 189 Abs. 2 S. 1**). Es müssen folglich mindestens 25 Mitglieder und die/der Vorsitzende oder die/der Stellvertreter/in anwesend sein (aA jurisPK/Schette § 87 Rn. 4). Dies folgt daraus, dass sie die Beschlussfassung verantwortlich leiten müssen.

7 Die Beschlüsse werden in allen Angelegenheiten des Beirats mit **einfacher Stimmenmehrheit** gefasst (**S. 2 iVm § 189 Abs. 2 S. 2**). Dies ist die Mehrheit der abgegebenen Stimmen der anwesenden Mitglieder. Die/der Vorsitzende und die/der Stellvertreter/in haben ebenfalls eine Stimme. Bei Stimmengleichheit ist der Beschluss abgelehnt.

7a Einzelheiten des Verfahrens des Beirats regelt die Geschäftsordnung

D. Ehrenamtliche Tätigkeit

Die Mitglieder des Beirats üben ihre Tätigkeit ehrenamtlich aus (**Satz 2 iVm § 189 Abs. 3 S. 1**). Für die Tätigkeit erhalten sie **kein Entgelt.** Ihnen werden nur **Aufwendungen ersetzt,** zB Fahrkosten und Verdienstausfall. 8

E. Geheimhaltungspflicht

Die Mitglieder des Beirats sind zur Geheimhaltung verpflichtet (§ 213). 9

§ 88 Berichte über die Lage von Menschen mit Behinderungen und die Entwicklung ihrer Teilhabe

(1) [1]Die Bundesregierung berichtet den gesetzgebenden Körperschaften des Bundes einmal in der Legislaturperiode, mindestens jedoch alle vier Jahre, über die Lebenslagen der Menschen mit Behinderungen und der von Behinderung bedrohten Menschen sowie über die Entwicklung ihrer Teilhabe am Arbeitsleben und am Leben in der Gesellschaft. [2]Die Berichterstattung zu den Lebenslagen umfasst Querschnittsthemen wie Gender Mainstreaming, Migration, Alter, Barrierefreiheit, Diskriminierung, Assistenzbedarf und Armut. [3]Gegenstand des Berichts sind auch Forschungsergebnisse über Wirtschaftlichkeit und Wirksamkeit staatlicher Maßnahmen und der Leistungen der Rehabilitationsträger für die Zielgruppen des Berichts.

(2) Die Verbände der Menschen mit Behinderungen werden an der Weiterentwicklung des Berichtskonzeptes beteiligt.

Übersicht

A. Geltende Fassung; Normzweck

§ 88 regelt seit dem 1.1.2018 den Bericht über die Lage von Menschen mit Behinderungen und die Entwicklung ihrer Teilhabe. Der bisherige Regelungsgegenstand der Vorschrift – Entscheidung des Integrationsamts über die Kündigung eines schwerbehinderten Menschen – findet sich seitdem in § 171. Der Inhalt von § 88 wurde in der bis zum 31.12.2017 geltenden Fassung in § 66 geregelt. Anders als in der Vorgängerregelung führt § 88 eine regelmäßige Berichtspflicht der BReg. gegenüber BT und BR ein. 1

§ 88 verpflichtet die BReg., in jeder Legislaturperiode, mindestens aber alle vier Jahre über die Lebenslagen der Menschen mit Behinderungen und der von Behinderung bedrohten Menschen sowie über die Entwicklung ihrer Teilhabe am Arbeitsleben und am Leben in der Gesellschaft zu **berichten.** 2

B. Berichtspflicht

Abs. 1 S. 1 verpflichtet („berichtet") die BReg. einmal in der Legislaturperiode, mindestens aber einmal alle vier Jahre BR und BT über die Lebenslagen der Menschen mit 3

Behinderungen und der von Behinderung bedrohten Menschen und über die Entwicklung ihrer Teilhabe am Arbeitsleben und am Leben in der Gesellschaft zu berichten.

4 **Abs. 1 S. 2** legt die Inhalte des Berichts zu den Lebenslagen fest. Danach muss die BReg. über Querschnittsthemen berichten. Hierzu rechnet Abs. 1 S. 2 Gender Mainstreaming, Migration, Alter, Barrierefreiheit, Diskriminierung, Assistenzbedarf und Armut.

5 **Abs. 1 S. 3** verpflichtet zusätzlich, über Forschungsergebnisse, Wirtschaftlichkeit und Wirksamkeit staatlicher Maßnahmen und die Leistungen der Rehabilitationsträger für die Zielgruppen zu berichten.

C. Beteiligung der Verbände

6 **Abs. 2** verpflichtet die Bundesregierung, die Verbände der Menschen mit Behinderungen an der Weiterentwicklung des Berichtskonzepts zu beteiligen. Nicht zu beteiligen sind die Verbände an der Aufstellung und der Erstattung des Berichts (krit. hierzu im Hinblick auf Art. 4 Abs. 3 UN-BRK Fuchs/Ritz/Rosenow/Fuchs § 89 Rn. 7).

§ 89 Verordnungsermächtigung

Das Bundesministerium für Arbeit und Soziales kann durch Rechtsverordnung mit Zustimmung des Bundesrates weitere Vorschriften über die Geschäftsführung und das Verfahren des Beirats nach § 87 erlassen.

1 § 89 enthält seit dem 1.1.2018 eine Rechtsverordnungsermächtigung. Der bisherige Inhalt der Vorschrift – Einschränkung der Ermessensentscheidung des Integrationsamtes über den Kündigungsschutz – findet sich seitdem in § 172. § 89 entspricht § 67 in der bis zum 31.12.2017 geltenden Fassung.

2 § 89 ermächtigt das BMAS, weitere Vorschriften über die Geschäftsführung und das Verfahren des Beirats für die Teilhabe der Menschen mit Behinderungen zu erlassen.

3 Bislang wurde keine Rechtsverordnung erlassen.

Teil 2. Besondere Leistungen zur selbstbestimmten Lebensführung für Menschen mit Behinderungen (Eingliederungshilferecht)

Kapitel 1. Allgemeine Vorschriften

§ 90 Aufgabe der Eingliederungshilfe

(1) [1]Aufgabe der Eingliederungshilfe ist es, Leistungsberechtigten eine individuelle Lebensführung zu ermöglichen, die der Würde des Menschen entspricht, und die volle, wirksame und gleichberechtigte Teilhabe am Leben in der Gesellschaft zu fördern. [2]Die Leistung soll sie befähigen, ihre Lebensplanung und -führung möglichst selbstbestimmt und eigenverantwortlich wahrnehmen zu können.

(2) Besondere Aufgabe der medizinischen Rehabilitation ist es, eine Beeinträchtigung nach § 99 Absatz 1 abzuwenden, zu beseitigen, zu mindern, auszugleichen, eine Verschlimmerung zu verhüten oder die Leistungsberechtigten soweit wie möglich unabhängig von Pflege zu machen.

(3) **Besondere Aufgabe der Teilhabe am Arbeitsleben ist es, die Aufnahme, Ausübung und Sicherung einer der Eignung und Neigung der Leistungsberechtigten entsprechenden Beschäftigung sowie die Weiterentwicklung ihrer Leistungsfähigkeit und Persönlichkeit zu fördern.**

(4) **Besondere Aufgabe der Teilhabe an Bildung ist es, Leistungsberechtigten eine ihren Fähigkeiten und Leistungen entsprechende Schulbildung und schulische und hochschulische Aus- und Weiterbildung für einen Beruf zur Förderung ihrer Teilhabe am Leben in der Gesellschaft zu ermöglichen.**

(5) **Besondere Aufgabe der Sozialen Teilhabe ist es, die gleichberechtigte Teilhabe am Leben in der Gemeinschaft zu ermöglichen oder zu erleichtern.**

Literatur: Banafsche, Die „Systemfestigkeit" des Rechts der Rehabilitation und Teilhabe von Menschen mit Behinderungen – der Innovationsgehalt des Bundesteilhabegesetzes, SGb 2020, 661; Bieritz-Harder, Der Weg zum Beruf zwischen „Teilhabe an Bildung" und „Teilhabe am Arbeitsleben", SGb 2017, 491; Busse, Bundesteilhabegesetz – Sozialgesetzbuch IX, SGb 2017, 307; DIJuF, Eingliederungshilfe – Pflicht des Eingliederungshilfeträgers zur Unterstützung bei Inanspruchnahme von Leistungen nach SGB IX, JAmt 2021, 400; Eicher, Das Rehabilitationsrecht nach Inkrafttreten des Bundesteilhabegesetzes, 2020; ders., Schnittstellen von Pflegeleistungen und Eingliederungshilfe, jM 2022, 242; Fuchs, Teilhabeplanverfahren und Ermittlung des Bedarfes an Leistungen zur Teilhabe, SozSich 2018, 316; Heinz, Zu Unstimmigkeiten bei der Ausgestaltung des Wunsch- und Wahlrechts für Menschen mit Behinderung bei der Inanspruchnahme von Leistungen zur Teilhabe, ZfSH/SGB 2017, 435; Kainz, Wesentliche Änderungen durch das neue Bundesteilhabegesetz, NZS 2017, 649; Keil, Das BTHG – Die Änderungen im Eingliederungshilferecht, SGb 2017, 447; Kellner, Eingliederungshilfe bei stationärer Unterbringung, NZS 2021, 661 ff.; Luik, Das neue Bundeteilhabgesetz – ein Überblick, JM 2017, 195; Rosenow, Eingliederungshilfe und rechtliche Betreuung (Teil 1 und 2) BtPrx 2021, 163 ff., 212 ff.; Schaumberg, Das neue Recht der Eingliederungshilfe – ein Überblick (Teil 1 und 2), SRa 2020, 129 ff., 229 ff.; Schmitt-Schäfer, Wie lassen sich Leistungen der Pflege von Leistungen zur Pflege abgrenzen?, NDV 2021, 202 ff.; Siefert, Anspruchsberechtigter Personenkreis in der Eingliederungshilfe, ZFSH/SGB 2021, 535 ff.; dies., Bundesteilhabegesetz – Neuerungen im Recht der Eingliederungshilfe, ZAP 2020, 359 ff.; dies. Jutta Siefert, Gesetz zur Stärkung der Teilhabe und Selbstbestimmung von Menschen mit Behinderungen (Bundesteilhabegesetz – BTHG) v. 23.12.2016, Teil 1–3, jurisPR-SozR 6/2017 bis 8/2017 jeweils Anm. 1. Weber, Vorrang der Leistungsansprüche aus § 43a SGB XI im Verhältnis zur Eingliederungshilfe, SRa 2022.

Übersicht

Bis zum 31.12.2019 wurde die Eingliederungshilfe für Menschen mit Behinderungen **1** in den §§ 53 ff. SGB XII aF geregelt. Danach wurde sie in das SGB IX überführt. Hiermit wollte der Gesetzgeber das Recht der Eingliederungshilfe aus der „Fürsorge" herausführen (BT-Drs. 18/9522, 203). Gegenstand der Eingliederungshilfe nach dem SGB IX sind in aller Regel nur noch die sog. Fachleistungen. Die Leistungen zur Sicherung des Lebensunterhalts werden nach dem SGB XII, meist nach den §§ 41 ff. SGB XII erbracht. Die Leistungen der Eingliederungshilfe sind nicht mehr einrichtungs-, sondern personenzentriert ausgerichtet. Hiermit soll den Menschen mit Behinderungen eine individuelle Lebensführung ermöglicht und die gleichberechtigte Teilhabe am Leben in der Gesellschaft gefördert werden (BT-Drs. 18/9522, 267). Besondere Bedeutung kommt insbesondere der Sozialen Teilhabe zu. Das Verfahren zur Gesamtplanung wurde in den §§ 117 ff. optimiert. Die Regelungen zum Einsatz von Einkommen und Vermögen der

Menschen mit Behinderungen wurden modifiziert. Ferner wurde eine gesetzliche Grundlage für eine pauschale Geldleistung geschaffen (§ 116).

A. Geltende Fassung; Normzweck

2 § 90 bestimmt seit dem 1.1.2020 die Aufgaben der Eingliederungshilfe. Der bisherige Inhalt der Vorschrift – Ausnahmen vom Kündigungsschutz der Menschen mit Schwerbehinderung – findet sich seitdem in § 173. Bis zum 31.12.2019 wurden die Aufgaben der Eingliederungshilfe in den §§ 1 u. 53 Abs. 3 und 4 SGB XII aF festgelegt.

2a Mit § 90 sollen die §§ 1 und 53 Abs. 3 SGB XII aF **weiterentwickelt** werden (BT-Drs. 18/9522, 269). Im Zentrum steht nun – in Abkehr von der bisherigen defizitorientierten Umschreibung – die Ermöglichung eines möglichst selbstbestimmten Lebens. Damit entspricht man den Vorgaben der UN-BRK (v. Boetticher Teilhaberecht § 4 Rn. 7), insbesondere in Art. 3 Buchst. a) und c), wonach

„a) die Achtung der dem Menschen innewohnenden Würde, seiner individuellen Autonomie, einschließlich der Freiheit, eigene Entscheidungen zu treffen, […]

c) die volle und wirksame Teilhabe an der Gesellschaft und Einbeziehung in die Gesellschaft“

Grundsätze der UN-BRK sind. Die Aussage in den BT-Drs., dass die Aufgabenumschreibung zu keinen Änderungen führt (BT-Drs. 18/9522, 269), ist nicht zutreffend (ebenso v. Boetticher Teilhaberecht, 2. Aufl. 2020, § 4 Rn. 7).

3 § 90 umschreibt in **Abs. 1** zunächst die **Aufgaben** der Eingliederungshilfe im **Allgemeinen** (→ Rn. 3e ff.). Es folgen die **spezifischen Aufgaben** der medizinischen Rehabilitation (Abs. 2; Rn. 7 ff.), der Teilhabe am Arbeitsleben (Abs. 3; Rn. 10 ff.), der Teilhabe an Bildung (Abs. 4; → Rn. 12 f.) und der Sozialen Teilhabe (Abs. 5; Rn. 14 f.). Der Inhalt der Leistungen wird in den §§ 109 f. für die medizinische Rehabilitation, in § 111 für die Teilhabe am Arbeitsleben, in § 112 für die Teilhabe an Bildung und in den §§ 113–116 für die Soziale Teilhabe bestimmt. Ob ein Anspruch auf diese Leistungen besteht und welche Voraussetzungen erfüllt sein müssen, ergibt sich vor allem aus § 99 (→ § 99 Rn. 5 ff., 9 ff.).

3a Unmittelbare **Bedeutung** hat die **Umschreibung der Aufgaben** der Eingliederungshilfe für den leistungsberechtigten Personenkreis nach § 99. Nach § 99 Abs. 1 ist ua Voraussetzung der Leistungsberechtigung, dass die „Aussicht besteht, dass die Aufgabe der Eingliederungshilfe nach § 90 erfüllt werden kann.“ Im Übrigen wirkt sich § 90 auf die Auslegung der Vorschriften der Eingliederungshilfe aus. Diese sind in entsprechender Anwendung von § 2 Abs. 2 SGB I so auszulegen, dass die Aufgaben der Eingliederungshilfe möglichst weitgehend verwirklicht werden.

3b Ziele und Aufgaben des Rechts der Rehabilitation und Teilhabe der Menschen mit Behinderungen werden außerdem in § 10 SGB I, in § 4 (→ § 4 Rn. 1 ff.) und in der UN-BRK festgelegt. Nach **§ 10 Abs. 1 SGB I** dient das soziale Recht auf Teilhabe behinderter Menschen dazu,

„1. die Behinderung abzuwenden, zu beseitigen, zu mindern, ihre Verschlimmerung zu verhüten oder ihre Folgen zu mildern,
2. Einschränkungen der Erwerbsfähigkeit oder Pflegebedürftigkeit zu vermeiden, zu überwinden, zu mindern oder eine Verschlimmerung zu verhüten sowie den vorzeitigen Bezug von Sozialleistungen zu vermeiden oder laufende Sozialleistungen zu mindern,
3. ihnen einen ihren Neigungen und Fähigkeiten entsprechenden Platz im Arbeitsleben zu sichern,
4. ihre Entwicklung zu fördern und ihre Teilhabe am Leben in der Gesellschaft und eine möglichst selbständige und selbstbestimmte Lebensführung zu ermöglichen oder zu erleichtern sowie
5. Benachteiligungen auf Grund der Behinderung entgegenzuwirken.“

§ 10 SGB I unterliegt der **Veränderungssperre** des § 37 S. 2 SGB I. Deshalb darf im SGB IX keine – vorrangige – abweichende Regelung getroffen werden. Dies hat zur Folge, dass auch in der Eingliederungshilfe nach dem SGB IX Benachteiligungen auf Grund der Behinderung entgegengewirkt werden muss, obwohl dies – anders als in § 10 Nr. 5 SGB I – in § 90 nicht ausdrücklich erwähnt wird. Auch diese Zielsetzung ist bei der Gesetzesauslegung und bei der Ermessensausübung möglichst weitgehend zu verwirklichen (§ 2 Abs. 2 SGB I). **3c**

Nach **§ 4 Abs. 1** umfassen „die Leistungen zur Teilhabe [.] die notwendigen Sozialleistungen, um unabhängig von der Ursache der Behinderung **3d**

1. die Behinderung abzuwenden, zu beseitigen, zu mindern, ihre Verschlimmerung zu verhüten oder ihre Folgen zu mildern,
2. Einschränkungen der Erwerbsfähigkeit oder Pflegebedürftigkeit zu vermeiden, zu überwinden, zu mindern oder eine Verschlimmerung zu verhüten sowie den vorzeitigen Bezug anderer Sozialleistungen zu vermeiden oder laufende Sozialleistungen zu mindern,
3. die Teilhabe am Arbeitsleben entsprechend den Neigungen und Fähigkeiten dauerhaft zu sichern oder
4. die persönliche Entwicklung ganzheitlich zu fördern und die Teilhabe am Leben in der Gesellschaft sowie eine möglichst selbständige und selbstbestimmte Lebensführung zu ermöglichen oder zu erleichtern."

§ 4 Abs. 1 kommt indessen nur zur Anwendung, soweit sich aus Teil 2 nichts Abweichendes ergibt (§ 7 Abs. 1 S. 1, 3). Solche Abweichungen enthält § 90 nicht (ebenso Fuchs/Ritz//Rosenow SGB IX § 90 Rn. 5). **3e**

Die **UN-BRK** steht nach Art. 59 GG im Rang eines einfachen Gesetzes. Sie ist wegen des Grundsatzes der völkerrechtsfreundlichen Auslegung möglichst weitgehend zur Geltung zu bringen. Dies gilt insbesondere, soweit sie Menschenrechte regelt (BVerfG 14.10.2004 – 2 BvR 1481/04, BVerfGE 111, 307 (317 f.) = NJW 2004, 3407 (3408 ff.); 23.3.2011 – 2 BvR 882/09, NJW 2011, 2113 Rn. 52 f.). **3f**

B. Allgemeine Aufgabe der Eingliederungshilfe (Abs. 1)

Abs. 1 enthält eine **allgemeine Aufgabenumschreibung,** die für die medizinische Rehabilitation, die Teilhabe am Arbeitsleben, die Teilhabe an Bildung und die Soziale Teilhabe maßgebend ist. **3g**

Die Festlegung der Aufgabe der Eingliederungshilfe in **S. 1** orientiert sich an Art. 3 Ziff. 1a u. c UN-BRK (BT-Drs. 18/9522, 269). **„Individuelle Lebensführung"** bedeutet nach der Gesetzesbegründung insbesondere auch die Freiheit, selbst Entscheidungen zu treffen, und Unabhängigkeit von anderen (BT-Drs. 18/9522, 269 f.). Der Gesetzgeber verdeutlicht hiermit, dass die Leistungen personenzentriert ausgestaltet sein sollen (Fuchs/Ritz//Rosenow/Rosenow SGB IX § 90 SGB IX Rn. 8). **4**

Mit dem Hinweis auf die **„Würde des Menschen"** betont der Gesetzgeber die besondere Bedeutung dieses verfassungsrechtlichen Gebots (Art. 1 Abs. 1 GG) für die Eingliederungshilfe (BT-Drs. 18/9522, 270). **4a**

Der UN-BRK entspr. soll die Formulierung **„die volle, wirksame und gleichberechtigte Teilhabe am Leben in der Gesellschaft"** verdeutlichen, dass die Menschen mit Behinderungen nicht in die Gesellschaft einbezogen werden müssen, sondern Teil von dieser sind (BT-Drs. 18/9522, 270). **4b**

Das in **S. 2** festgelegte Ziel, die Leistungsberechtigten zu einem selbstbestimmten und eigenverantwortlichen Leben zu befähigen, ist ebenfalls eine Ausprägung des Prinzips der **Menschenwürde** (BeckOK-SozR/Groth SGB XII § 1 Rn. 10). S. 2 ist insbesondere für die Ermittlung des Bedarfs von Bedeutung. Mit „möglichst" macht der Gesetzgeber **5** deutlich, dass die Leistungen nicht auf ein Mindestmaß begrenzt sind, sondern die für eine selbstbestimmte und eigenverantwortliche Lebensplanung und Lebensführung erforderlichen Bedarfe abgedeckt werden sollen. S. zum Individualisierungsgrundsatz in der Eingliederungshilfe → § 104 Rn. 3 ff.

C. Aufgaben der einzelnen Leistungsgruppen

6 Die Aufgaben der Eingliederungshilfe werden in den Abs. 2–5 hinsichtlich der unterschiedlichen Ziele und Voraussetzungen der einzelnen Leistungsgruppen beschrieben.

I. Medizinische Rehabilitation (Abs. 2)

7 Abs. 2 entspricht § 53 Abs. 3 S. 1 und S. 2 letzter Hs. SGB XII aF. Es werden die besonderen Aufgaben der medizinischen Rehabilitation in der Eingliederungshilfe umschrieben.

8 Abs. 2 knüpft an die **Beeinträchtigung nach § 99 Abs. 1** an, also an einer (drohenden) wesentlichen Einschränkung der gleichberechtigten Teilhabe am Leben in der Gesellschaft (zu Einzelheiten → § 99 Rn. 6 f.).

9 Die **Erfolgsbezogenheit** der Leistungen der medizinischen Rehabilitation im Rahmen der Eingliederungshilfe werden durch den Text des § 90 Abs. 2 verdeutlicht. Es muss eine Beeinträchtigung vorhanden sein, die durch die Leistungen der medizinischen Rehabilitation beseitigt, gemindert, ausgeglichen oder deren Verschlimmerung verhütet werden kann. Dieses Ziel entspricht auch der Zielrichtung bei Leistungen der medizinischen Rehabilitation in der gesetzlichen Krankenversicherung (Becker/Kingreen/Welti SGB V § 40 Rn. 4). Ergänzend ist durch den Begriff des „abzuwenden" auch der präventive Ansatz mitumfasst. Außerdem wird mit der Zielrichtung, die Leistungsberechtigten „soweit wie möglich unabhängig von Pflege zu machen", der Grundsatz der „Reha vor Pflege" auch in die Fachleistungen der Eingliederungshilfe integriert.

9a Zu den Leistungen der medizinischen Rehabilitation → § 109 Rn. 3 ff.

II. Teilhabe am Arbeitsleben (Abs. 3)

10 Abs. 3 legt die besonderen Aufgaben der Leistungen der Eingliederungshilfe zur Teilhabe am Arbeitsleben fest. Die Umschreibung unterscheidet sich von der in § 49 Abs. 1 (→ § 49 Rn. 3 ff.). Dies ist dem deutlich vom Leistungskatalog in § 49 abweichenden Leistungsinhalt der Leistungen zur Beschäftigung nach § 111 geschuldet (v. Boetticher, Teilhaberecht, 2. Aufl 2020, § 4 Rn. 10). In Abs. 3 sind zwei **unterschiedliche Zielrichtungen** gesetzlich festgeschrieben worden. Zum einen die **Aufnahme, Ausübung oder Sicherung einer Beschäftigung** und zum anderen die **Weiterentwicklung der Leistungsfähigkeit und der Persönlichkeit.** Beide Zielrichtungen können sich in konkreten Maßnahmen ergänzen oder überschneiden.

11 Bei der Zielrichtung „Beschäftigung" sind **Eignung** und **Neigung** der Leistungsberechtigten zu berücksichtigen. Vergleicht man diese Voraussetzung mit § 49 Abs. 4 S. 1 (→ § 49 Rn. 33 ff.), so fällt auf, dass die dort genannten Voraussetzungen „bisherige Tätigkeit, Lage und Entwicklung auf dem Arbeitsmarkt" nicht benannt sind. Dieses ist aber unter Berücksichtigung der Aufgaben der Eingliederungshilfe (Abs. 1) konsequent und nachvollziehbar.

11a Zu den Leistungen zur Beschäftigung → § 111 Rn. 4 ff.

III. Teilhabe an Bildung (Abs. 4)

Abs. 4 legt die besonderen Aufgaben der Leistungen zur Teilhabe an Bildung in der Eingliederungshilfe fest. Zielrichtung ist hierbei, der leistungsberechtigten Person die Form der Bildung zur Verfügung zu stellen, die ihren Fähigkeiten und Leistungen entspricht, um einen entsprechenden Beruf zu erlernen und damit die Teilhabe am Leben in der Gesellschaft zu ermöglichen. Die Ausübung eines Berufes wird auch als Soziale Teilhabe angesehen. Es stellt sich damit die Frage der Abgrenzung zu Leistungen der Teilhabe am Arbeitsleben beispielsweise durch die Agenturen für Arbeit. 12

Zum Inhalt der Leistungen zur Teilhabe an Bildung der Eingliederungshilfe s. § 112. 13

IV. Soziale Teilhabe (Abs. 5)

Abs. 5 umschreibt die besonderen Aufgaben der Leistungen zur Sozialen Teilhabe in der Eingliederungshilfe. Diese Leistungen gewinnen insbesondere vor dem Hintergrund der mit den besonderen Leistungen zur selbstbestimmten Lebensführung für Menschen mit Behinderungen verbundenen Zielsetzung der **Ermöglichung einer individuellen Lebensführung** sowie der **Förderung gleichberechtigter Teilhabe am Leben in der Gesellschaft** zunehmend an Bedeutung (BT-Drs. 18/9522, 267). Aufgabe der Sozialen Teilhabe ist gem. Abs. 5 die gleichberechtigte Teilhabe am Leben in der Gemeinschaft (anders Abs. 1, der auf die Teilhabe am Leben in der Gesellschaft abstellt). Zur Sozialen Teilhabe gehören vor allem die Kontakte zu anderen Menschen, vor allem der Familie, der Nachbarn, und der Zugang zum öffentlichen und kulturellen Leben (KHM/Schaumberg SGB IX § 90 Rn. 18) und die Ermöglichung gesellschaftlichen Engagements (BSG 23.8.2013 – B 8 SO 24/11 R, BecksRS 2013, 73260). Die Leistungen der Sozialen Teilhabe dienen dazu, diese Kontakte aufrechtzuerhalten oder neue zu knüpfen (Grube/Wahrendorf/Flint/Streichsbier SGB IX § 90 Rn. 28). Während die Leistungen der medizinischen Rehabilitation und die Leistungen zur Teilhabe am Arbeitsleben durch die vorrangig zuständigen Rehabilitationsträger ausgebaut wurden, ist für die Soziale Teilhabe die Eingliederungshilfe nach dem SGB IX und dem SGB VIII zumeist das einzige Leistungssystem (BT-Drs. 18/9522, 267). 14

Zu den **Leistungen zur Sozialen Teilhabe der Eingliederungshilfe** s. die §§ 113–116. 15

§ 91 Nachrang der Eingliederungshilfe

(1) **Eingliederungshilfe erhält, wer die erforderliche Leistung nicht von anderen oder von Trägern anderer Sozialleistungen erhält.**

(2) [1]**Verpflichtungen anderer, insbesondere der Träger anderer Sozialleistungen, bleiben unberührt.** [2]**Leistungen anderer dürfen nicht deshalb versagt werden, weil dieser Teil entsprechende Leistungen vorsieht; dies gilt insbesondere bei einer gesetzlichen Verpflichtung der Träger anderer Sozialleistungen oder anderer Stellen, in ihrem Verantwortungsbereich die Verwirklichung der Rechte für Menschen mit Behinderungen zu gewährleisten oder zu fördern.**

(3) **Das Verhältnis der Leistungen der Pflegeversicherung und der Leistungen der Eingliederungshilfe bestimmt sich nach § 13 Absatz 3 des Elften Buches.**

Literatur: Jutta Siefert, Gesetz zur Stärkung der Teilhabe und Selbstbestimmung von Menschen mit Behinderungen (Bundesteilhabegesetz – BTHG) v. 23.12.2016, Teil 3, jurisPR-SozR 8/2017 Anm. 1.

Übersicht

A. Geltende Fassung; Normzweck

1 § 91 regelt seit dem 1.1.2020 das Verhältnis der Eingliederungshilfe gegenüber anderen Leistungen und Sozialleistungen. Der davor in § 91 enthaltene Regelungsgegenstand – Außerordentliche Kündigung des Arbeitsverhältnisses schwerbehinderter Menschen – findet sich seitdem in § 174. Bis zum 31.12.2019 unterfiel die bis dahin im SGB XII geregelte Eingliederungshilfe grds. dem in § 2 SGB XII geregelten Nachranggrundsatz. Von dieser Vorschrift unterscheidet sich § 91 deutlich.

2 Der Gesetzgeber des SGB IX ordnete auch die Eingliederungshilfe nach dem SGB IX der Fürsorge zu. Dies folgt aus der Begründung der Gesetzgebungszuständigkeit mit Art. 74 Abs. 1 GG (ebenso LPK-SGB IX/Bieritz-Harder § 91 Rn. 2). Nach der Gesetzesbegründung ist die Eingliederungshilfe nach dem SGB IX „das unterste Netz für Leistungen für Menschen mit Behinderungen" (BT-Drs. 18/9522, 203; BT-Drs. 18/10523, 38). In Konkretisierung des Nachrangprinzips werden Leistungen der Eingliederungshilfe nicht gewährt, wenn die leistungsberechtigte Person die erforderliche Leistung von anderen oder von Trägern anderer Sozialleistungen erhält (BT-Drs. 18/9522, 270). Gegenüber dem Nachranggrundsatz des § 2 SGB XII weist der des SGB IX erhebliche Modifikationen auf. Anders als in § 2 Abs. 1 SGB XII sind die Arbeitskraft, das Einkommen und das Vermögen der leistungsberechtigten Person und die Mittel der Angehörigen nicht in den Nachranggrundsatz einbezogen. Ob und in welchem Umfang das Vermögen der leistungsberechtigten Person und bei minderjährigen Leistungsberechtigten der Eltern zu berücksichtigen ist, bestimmen die §§ 139 f., und ob und in welcher Höhe ein Beitrag aus dem Einkommen der leistungsberechtigten Person und ggf. ihrer Eltern zu leisten ist, die §§ 92, 135 ff.

B. Nachrang gegenüber Leistungen anderer und anderer Sozialleistungsträger (Abs. 1)

I. Allgemeines

3 Abs. 1 übernimmt den Nachranggrundsatz des § 2 Abs. 1 SGB XII. Der Nachrang gegenüber den Leistungen anderer und anderer Sozialleistungsträger besteht nach Abs. 1 nur, wenn die leistungsberechtigte Person die vorrangige Leistung **tatsächlich erhält.** Besteht zwar ein Anspruch auf die Leistung, wird dieser aber nicht erfüllt, muss zunächst die Eingliederungshilfeleistung erbracht werden. Die leistungsberechtigte Person kann nicht auf die vorrangige Leistung verwiesen werden (KHM/Schaumberg SGB IX § 91 Rn. 5). Der Träger der Eingliederungshilfe hat dann ggf. einen Erstattungsanspruch aus

§ 16, ferner aus § 104 SGB X gegen den vorrangig verpflichteten Leistungsträger (ebenso Fuchs/Ritz/Rosenow/Rosenow SGB IX § 91 Rn. 19). Weiter kommt ein Übergang eines Anspruches gegen einen Dritten – außer Unterhaltsverpflichteten – nach § 141 auf den Träger der Eingliederungshilfe in Betracht (LPK-SGB IX/Bieritz-Harder § 91 Rn. 4; näher hierzu → § 141 Rn. 1 ff.).

Abs. 1 ist **keine eigenständige Ausschlussnorm** (hM; ua BeckOK/Lund SGB IX Rn. 6). Werden Selbsthilfemöglichkeiten nicht genutzt (zB Abschluss eines privaten Krankenversicherungsvertrages), führt dies weder zum Ausschluss der Eingliederungshilfeleistung noch – anders als in der Sozialhilfe – zur Verpflichtung zum Ersatz der Leistung (LPK-SGB IX/Bieritz-Harder § 91 Rn. 4). 3a

Abs. 1 **unterscheidet** zwischen **Leistungen anderer** (→ Rn. 3c ff.) und **Leistungen anderer Sozialleistungsträger** (→ 3f ff.). 3b

II. Leistungen anderer

Andere sind zunächst Träger staatlicher Verwaltung (v. Boetticher, Teilhaberecht, 2. Aufl. 2020, § 4 Rn. 14a). Zu diesen gehören vor allem die öffentlichen **Schulträger.** Zur Abgrenzung der Aufgaben der Schule gegenüber den Leistungen der Eingliederungshilfe → § 75 Rn. 18a. 3c

Leistungen anderer sind ferner **beamtenrechtliche Beihilfeansprüche** und **Ansprüche gegen eine private Versicherung** (LPK-SGB IX/Bieritz-Harder § 91 Rn. 10). 3d

Ggü. der Eingliederungshilfe vorrangige Verpflichtungen ergeben sich ferner aus dem BGG und den landesrechtlichen Gleichstellungsgesetzen, z. B. bezüglich der Kommunikation mit den Menschen mit Behinderungen nach den §§ 10 f. BGG. 3e

III. Leistungen anderer Sozialleistungsträger

Die Leistungen der Eingliederungshilfe sind ferner **gegenüber** den **Leistungen anderer Sozialleistungsträger nachrangig.** Es gehen damit die Leistungen der Sozialversicherungsträger, also der gesetzlichen Krankenkassen, der sozialen Pflegekassen (s. hierzu aber → Rn. 5 ff. und → § 103 Rn. 1 ff.), der Träger der gesetzlichen Unfallversicherung, der Träger der gesetzlichen Rentenversicherung, der Bundesagentur für Arbeit, der Träger der sozialen Entschädigung bei Gesundheitsschäden und der Träger der öffentlichen Jugendhilfe vor. Konkurrenzverhältnisse können vor allem gegenüber den anderen Rehabilitationsträgern bestehen. 3f

Die Leistungen der **gesetzlichen Krankenversicherung** werden an in einer gesetzlichen Krankenkasse versicherungspflichtige (§§ 5–8 SGB V), freiwillig versicherte (§§ 8, 188 Abs. 4 SGB V) und familienversicherte (§ 10 SGB V) sowie für nichtversicherte Personen, denen die gesetzlichen Krankenkassen nachträglich von den Sozialämtern zu erstattende Leistungen gewährt werden (§ 264 SGB V), erbracht. Welche Leistungen die gesetzlichen Krankenkassen zu gewähren haben, ergibt sich insbesondere aus den §§ 27 ff. SGB V. Wegen des Nachranggrundsatzes kommen Leistungen der Eingliederungshilfe nur bei Personen in Betracht, die nicht den genannten Personenkreisen angehören oder bei denen die Leistungen der gesetzlichen Krankenversicherung nicht den im Rahmen der Eingliederungshilfe zu deckenden Bedarf vollumfänglich abdecken. Bei Leistungen der gesetzlichen Krankenversicherung, die nicht an einer „Krankheit", sondern an einer „Behinderung" anknüpfen, kann die Eingliederungshilfe zuständig sein (zu zum SGB XII BSG 28.10.2008 – B 8 SO 23/07 R, BeckRS 2009, 52434). 3g

Leistungen der **sozialen Pflegeversicherung** werden an pflegebedürftige (§§ 14, 15 SGB XI) in dieser versicherungspflichtige (§§ 20–24 SGB XI), freiwillig versicherte (§ 26 SGB XI) und familienversicherte Personen (§ 25 SGB XI) geleistet. Welche Leistungen 3h die sozialen Pflegekassen zu gewähren haben, ergibt sich insbesondere aus den §§ 36 ff. SGB XI. Wegen des Nachranggrundsatzes kommen Leistungen der Eingliederungshilfe nur bei Personen in Betracht, die nicht den genannten Personenkreisen angehören oder die Leistungen der sozialen Pflegekasse nicht den Bedarf der Eingliederungshilfe vollumfänglich abdecken. Näher zum Verhältnis der Leistungen der sozialen Pflegeversicherung und der Eingliederungshilfe → Rn. 5 ff. und → § 103 Rn. 4 ff.

3i Leistungen der **gesetzlichen Unfallversicherung** werden nach Eintritt eines Versicherungsfalles (Arbeitsunfall, Wegeunfall, Berufskrankheit) an in dieser versicherungspflichtig (§§ 2–5 SGB VII) oder freiwillig versicherte (§ 6 SGB VII) Personen geleistet. Welche Leistungen die Träger der gesetzlichen Unfallversicherung zu leisten haben, ergibt sich insbesondere aus den §§ 26 ff. SGB VII. Wegen des Nachranggrundsatzes kommen Leistungen der Eingliederungshilfe nur bei Personen in Betracht, die nicht den genannten Personenkreisen angehören, bei denen kein Versicherungsfall nach dem SGB VII eingetreten ist oder deren Leistungen aus der gesetzlichen Unfallversicherung nicht den Bedarf der Eingliederungshilfe vollumfänglich abdecken.

3j Rehabilitationsleistungen der **gesetzlichen Rentenversicherung** werden an in dieser versicherungspflichtig (§§ 1–6 SGB VI) oder freiwillig versicherte (§ 7 SGB VI) Personen geleistet, bei denen eine Verbesserung der Erwerbsfähigkeit zu erwarten ist. Welche Leistungen die Träger der gesetzlichen Rentenversicherung zu leisten haben, ergibt sich aus den §§ 14 ff. SGB VI. Wegen des Nachranggrundsatzes kommen Leistungen der Eingliederungshilfe nur bei Personen in Betracht, die nicht den genannten Personenkreisen angehören oder deren Leistungen aus der gesetzlichen Rentenversicherung nicht den Bedarf der Eingliederungshilfe vollumfänglich abdecken.

3k Leistungen aus der **sozialen Entschädigung bei Gesundheitsschäden** werden an Personen geleistet, bei denen nach einem Versorgungsfall nach dem BVG (Kriegsschäden), dem OEG (Gewalttaten) oder dem IfSG (Impfschaden) ein Gesundheitsschaden eingetreten ist. Sind sie wegen eines der genannten Fälle verstorben, erhalten die Hinterbliebenen Leistungen. Welche Leistungen die Träger der sozialen Entschädigung bei Gesundheitsschäden zu leisten haben, ergibt sich insbesondere aus den §§ 9 ff. BVG. Auf diese wird im OEG und im IfSG verwiesen. Wegen des Nachranggrundsatzes kommen Leistungen der Eingliederungshilfe nur bei Personen in Betracht, die nicht den genannten Personenkreisen angehören oder deren Leistungen aus der sozialen Entschädigung bei Gesundheitsschäden nicht den Bedarf der Eingliederungshilfe vollumfänglich abdecken. Ab dem 1.1.2024 wird die soziale Entschädigung bei Gesundheitsschäden im SGB XIV geregelt.

3l Das Verhältnis zu den Leistungen der **Kinder- und Jugendhilfe (SGB VIII)** wird in § 10 Abs. 4 SGB VIII geregelt. Nach § 10 Abs. 1 S. 1 SGB VIII sind die Leistungen der Kinder- und Jugendhilfe gegenüber den Leistungen der Eingliederungshilfe nach dem SGB IX vorrangig. § 10 Abs. 4 S. 2 SGB VIII nimmt hiervon die **Leistungen der Eingliederungshilfe** nach dem SGB IX für „junge Menschen, die körperlich oder geistig behindert oder von einer solchen Behinderung bedroht sind“ aus. Ihnen sind Leistungen der Eingliederungshilfe nach dem SGB IX zu gewähren. Dem Vorrang der Leistungen der Eingliederungshilfe nach dem SGB IX unterfallen nur zeitlich und inhaltlich deckungsgleiche Leistungen. Bei jungen Menschen mit sowohl seelischer als auch körperlicher und/oder geistiger Behinderung ist die Zuständigkeit davon abhängig, ob die begehrte Leistung der seelischen bzw. körperlichen und/oder geistigen Behinderung zugeordnet werden kann. Ist dies möglich, so sind die infolge der seelischen Behinderung erforderlichen Leistungen nach § 35a SGB VIII, die wegen der körperlichen und/oder geistigen Behinderung vom Träger der Eingliederungshilfe nach dem SGB IX zu leisten. Ist diese Trennung nicht möglich, ist der Träger der Eingliederungshilfe nach dem SGB IX für alle Leistungen zuständig (Fuchs/Ritz/Rosenow/Rosenow SGB IX § 91 Rn. 50 f.). Die Leistungen der Eingliederungshilfe müssen allerdings tatsächlich erbracht werden. Leistet der Träger der Eingliederungshilfe nicht, muss der Träger der öffentlichen Jugendhilfe leisten (VG Freiburg 10.2.2022 – 4 K 1608/21 – BeckRS 2022, 5899). Der Vorrang der Eingliederungshilfe nach dem SGB IX betrifft nur die Eingliederungshilfe für junge Menschen mit (drohender) seelischer Behinderung nach § 35a SGB VIII, dagegen nicht die **anderen Leistungen nach dem SGB VIII.** Diese kommen auch ergänzend zu den Leistungen nach dem SGB IX in Betracht.

Das Verhältnis zur **Sozialhilfe** wird in § 93 Abs. 1 bezüglich der Leistungen zur Sicherung des Lebensunterhalts (Hilfe zum Lebensunterhalt, Grundsicherung im Alter und bei Erwerbsminderung; → § 93 Rn. 2 ff.), in § 93 Abs. 2 bezüglich der Hilfe zur Überwindung besonderer sozialer Schwierigkeiten (→ § 93 Rn. 3 f.), der Altenhilfe (→ § 93 Rn. 3, 3b) und der Blindenhilfe (→ § 93 Rn. 3), in § 93 Abs. 3 bezüglich der Hilfen zur Gesundheit (→ § 93 Rn. 3, 4) sowie in § 103 Abs. 2 bezüglich der nicht stationären Hilfe zur Pflege (→ § 103 Rn. 8 ff.) geregelt. Gegenüber der Hilfe zur Weiterführung des Haushalts (§ 70 SGB XII) ist die Eingliederungshilfe nach dem SGB IX vorrangig. Dies folgt daraus, dass § 70 SGB XII nur anzuwenden ist („geboten ist"), wenn keine anderen Leistungen gewährt werden (ebenso Fuchs/Ritz/Rosenow/Rosenow SGB IX § 91 Rn. 72). Die Hilfe in besonderen Lebenslagen (§ 73 SGB XII) ist gegenüber anderen Leistungen innerhalb als auch außerhalb der Sozialhilfe und damit auch gegenüber der Eingliederungshilfe nach dem SGB IX nachrangig (ebenso Fuchs/Ritz/Rosenow/Rosenow SGB IX § 91 Rn. 72). 3m

Zum Verhältnis der Eingliederungshilfe nach dem SGB IX bei den Leistungen der medizinischen Rehabilitation s. → § 109 Rn. 2g, der Leistungen zur Teilhabe am Arbeitsleben s. → § 111 Rn. 3, den Leistungen zur Teilhabe an Bildung s. → 112 Rn. 2c und den Leistungen zur Sozialen Teilhabe s. → § 113 Rn. 3). 3n

IV. Rangverhältnis der Leistungsgruppen nach dem SGB IX

Die Frage der Nachrangigkeit stellt sich nicht nur bezüglich der Sozialleistungen, die nicht Rehabilitationsleistungen sind, sondern auch gegenüber den Rehabilitationsleistungen der anderen Leistungsgruppen. Die Leistungen zur Sozialen Teilhabe sind gem. §§ 76 Abs. 1 S. 1, 113 Abs. 1 S. 1 ggü. den Leistungen zur medizinischen Rehabilitation, den Leistungen zur Teilhabe am Arbeitsleben und den Leistungen zur Teilhabe an Bildung nachrangig. 3o

V. Vorrang gegenüber der rechtlichen Betreuung

Gegenüber der rechtlichen Betreuung ist die Eingliederungshilfe nach dem SGB IX vorrangig. Die Anordnung rechtlicher Betreuung unterliegt einem strikten Erforderlichkeitsgrundsatz. Nach § 1814 Abs. 3 BGB darf rechtliche Betreuung nur angeordnet werden, wenn „durch andere Hilfen, bei denen kein gesetzlicher Vertreter bestellt wird, (die Angelegenheiten der volljährigen Person; Ergänzung durch den Verf.) ebenso gut wie durch einen Betreuer besorgt werden können." Die Eingliederungshilfe ist eine solche andere Hilfe; dies gilt sowohl für die Anordnung als auch bei ihrer Durchführung bei rechtlicher Betreuung (eingehend hierzu Fuchs/Ritz/Rosenow/Rosenow SGB IX § 91 Rn. 75 ff.). 3p

C. Keine Verdrängung der Verpflichtungen anderer (Abs. 2 S. 1)

Der § 2 Abs. 2 SGB XII entsprechende **Abs. 2 S. 1, 2 Hs. 1** stellt klar, dass die Leistungen der Eingliederungshilfe andere, insbesondere andere Sozialleistungsträger, nicht von ihren Verpflichtungen (zu diesen s. → Rn. 3 ff.) entbinden. Hiermit soll ver- 4 hindert werden, dass sie ihren gesetzlichen Verpflichtungen unter Verweis auf die Leistungen der Eingliederungshilfe nicht nachkommen. Leisten sie nicht, müssen – bei Vorliegen der gesetzlichen Voraussetzungen – die Träger der Eingliederungshilfe vorleisten. Der Nachrang der Eingliederungshilfe wird durch Erstattungsansprüche gegen die eigentlich Verpflichteten wieder hergestellt.

4a **Abs. 2 S. 2 Hs. 2** soll Art. 4 Abs. 2 der UN-BRK Rechnung tragen, wonach alle staatlichen Ebenen gefordert sind, in ihrem Verantwortungsbereich die Verwirklichung der Rechte für Menschen mit Behinderungen zu gewährleisten und zu fördern (BT-Drs. 18/9522, 270). Dies gilt nicht nur für subjektive Rechte der leistungsberechtigten Personen, sondern auch für objektivrechtliche Verpflichtungen („gewährleisten"). Abs. 2 S. 2 Hs. 2 betrifft den Abbau von Barrieren und die Beachtung von Verkehrssicherungspflichten (näher hierzu Fuchs/Ritz/Rosenow/Rosenow SGB XI § 91 Rn. 22 ff.).

D. Verhältnis zu den Leistungen der sozialen Pflegeversicherung (Abs. 3)

I. Allgemeines

5 Abs. 3 regelt das Verhältnis der Eingliederungshilfe zu den Leistungen der sozialen Pflegeversicherung außerhalb von Einrichtungen der Behindertenhilfe. Der Standort dieser Regelung wird in der Lit. kritisiert, weil Abs. 3, anders als die Überschrift von § 91 erwarten ließe, kein Nachrang der Leistungen der Eingliederungshilfe gegenüber den Leistungen der sozialen Pflegeversicherung angeordnet wird (v. Boetticher, Teilhaberecht, 2. Aufl. 2020, § 4 Rn. 18). Mit Abs. 3 will der Gesetzgeber zu erwartenden Abgrenzungsproblemen zwischen den Leistungen der Eingliederungshilfe nach dem SGB IX einerseits und den Leistungen der sozialen Pflegeversicherung (SGB XI) andererseits begegnen (BT-Drs. 18/9522, 270). Auch die Pflegeleistungen beinhalten Leistungen zur Kommunikation, zur Freizeitgestaltung und zur Bildung, die der gesellschaftlichen Teilhabe pflegebedürftiger Menschen dienen (KHM/Schaumberg SGB IX § 91 Rn. 23). Ergänzt wird Abs. 3 durch § 103 Abs. 1, der das Verhältnis zur sozialen Pflegeversicherung bei in stationären Einrichtungen der Behindertenhilfe lebenden Leistungsberechtigten regelt. Nicht Gegenstand von Abs. 3 ist das Verhältnis der Eingliederungshilfeleistungen zur Hilfe zur Pflege nach den §§ 61 ff. SGB XII. Hiermit befasst sich § 103 Abs. 2 (→ § 103 Rn. 8 ff.).

6 Gem. **Abs. 3** richtet sich das Verhältnis der Leistungen der Pflegeversicherung zu den Leistungen der Eingliederungshilfe nach § 13 Abs. 3 SGB XI. Nach **§ 13 Abs. 3 S. 3 Hs. 1 SGB XI** sind die Leistungen der Eingliederungshilfe „im Verhältnis zur Pflegeversicherung nicht nachrangig". Dies begründet der Gesetzgeber mit den unterschiedlichen Aufgaben der Eingliederungshilfe und der Pflegeversicherung (BT-Drs. 18/10523, 59). Während die Leistungen der Eingliederungshilfe die Förderung der vollen, wirksamen und gleichberechtigten Teilhabe am Leben in der Gesellschaft zur Aufgabe hätten, sei es Aufgabe der Pflege, gesundheitlich bedingte Beeinträchtigungen der Selbständigkeit oder der Fähigkeiten zu kompensieren. Die Leistungen nach § 2 Abs. 1 S. 2 SGB XI dienten dazu, „die körperlichen, geistigen und seelischen Kräfte der Pflegebedürftigen, auch in Form der aktivierenden Pflege wiederzugewinnen oder zu erhalten" (BT-Drs. 18/10523, 59; krit. zu dieser Einschätzung Fuchs/Ritz/Rosenow/Rosenow SGB IX § 91 Rn. 104 ff.). Bei der Abgrenzung der Leistungen der Eingliederungshilfe von den Leistungen der sozialen Pflegeversicherung sind der Zweck und die Zielrichtung der Leistung von entscheidender Bedeutung. Im Einzelfall können Abgrenzungsschwierigkeiten auftreten (LPK-SGB IX/Bieritz-Harder § 91 Rn. 13), insbesondere bei der häuslichen Pflege zu den einfachen Assistenzleistungen (v. Boetticher, Teilhaberecht, 2. Aufl. 2020, § 4

Rn. 19). Ob und in welchem Umfang im Einzelfall ein Pflegebedarf besteht, muss im Gesamtplanverfahren festgestellt werden (§ 117 Abs. 3; → § 117 Rn. 7).

II. Ambulante Pflegeleistungen durch den Träger der Eingliederungshilfe

Bei gleichzeitiger Inanspruchnahme von Leistungen der Eingliederungshilfe und der sozialen Pflegeversicherung sind letztere nach § 13 Abs. 4 S. 1 SGB XI idR vom Träger der Eingliederungshilfe zu erbringen, wenn die **leistungsberechtigte Person zustimmt.** Eine bestimmte Form für die Zustimmung wird weder im SGB IX noch im SGB XI vorgeschrieben. Sie kann damit auch mündlich oder elektronisch erteilt werden. Die in den Empfehlungen des Spitzenverbandes Bund der Pflegekassen und der Bundesarbeitsgemeinschaft der überörtlichen Träger der Sozialhilfe vorgesehene Schriftform hat nur deklaratorische Bedeutung. 7

Stimmt die leistungsberechtigte Person zu, muss der Träger der Eingliederungshilfe die **Pflegekasse** in das **Gesamtplanverfahren** einbeziehen (§ 13 Abs. 4a SGB XI). Der Träger der Eingliederungshilfe muss mit der sozialen Pflegekasse eine auf den Einzelfall bezogene **Vereinbarung** mit folgendem Mindestinhalt schließen (§ 13 Abs. 4 S. 1 SGB XI): 8

- **Übernahme der Pflegeleistungen** durch den Träger der Eingliederungshilfe auf der Grundlage des von der Pflegekasse erlassenen Bescheides (§ 13 Abs. 4 S. 1 Nr. 1 SGB XI)
- **Verpflichtung** der Pflegekasse zur **Erstattung der Kosten** der von ihr zu tragenden Leistung (§ 13 Abs. 4 S. 1 Nr. 2 SGB XI)
- **Modalitäten** der Übernahme und der Durchführung der Leistung und der Erstattung (§ 13 Abs. 4 S. 1 Nr. 3 SGB IX).

Einzelheiten werden in **Empfehlungen des Spitzenverbandes Bund der Pflegekassen und der Bundesarbeitsgemeinschaft der überörtlichen Träger der Sozialhilfe** geregelt (§ 13 Abs. 4 S. 5 SGB XI). Die Empfehlungen beziehen sich auf die Pflegesachleistung (§ 36 SGB XI), den Umwandlungsanspruch (§ 45a SGB XI), den Entlastungsbetrag (§ 45b SGB XI), die Verhinderungspflege (§ 39 SGB XI), die Kurzzeitpflege (§ 42 SGB XI) und die Tages- und Nachtpflege (§ 41 SGB XI). 8a

Vor Abschluss der Vereinbarung müssen die **Leistungen** jeweils durch Verwaltungsakt vom Träger der Eingliederungshilfe und von der Pflegekasse nach Feststellung der Pflegebedürftigkeit und des Pflegegrades **bewilligt** worden sein. Das Zuständigkeitsklärungsverfahren nach den §§ 14, 15 findet nicht statt. Dieses ist nicht erforderlich, weil die Pflegekassen nicht zu den Rehabilitationsträgern zählen (ebenso v. Boetticher, Teilhaberecht, 2. Aufl., § 4 Rn. 20a). Trotz der einheitlichen Leistungserbringung bleibt es bei der Zuständigkeit des Trägers der Eingliederungshilfe und der Pflegekasse. Dies wirkt sich ua bei der Einlegung eines Widerspruches aus (v. Boetticher, Teilhaberecht, 2. Aufl. 2020, § 4 Rn. 20b). 9

Stimmt die **leistungsberechtigte Person nicht zu,** müssen der Träger der Eingliederungshilfe und die Pflegekasse ihre Leistungen getrennt erbringen (von Boetticher, Teilhaberecht, 2. Aufl. 2020, § 4 Rn. 18). Es muss im Gesamtplanverfahren ermittelt werden, welche Leistungen die Pflegekasse in welchem Umfang erbringt (Fuchs/Ritz/Rosenow/Rosenow SGB IX § 91 Rn. 127). Wird Pflegegeld der Pflegekasse in Anspruch genommen, besteht bei der von diesem umfassten Pflege (näher § 37 SGB XI iVm § 36 SGB XI) kein Bedarf in der Eingliederungshilfe. Leistungen der Eingliederungshilfe werden nur für hierbei nicht berücksichtigte Bedarfe erbracht (Fuchs/Ritz/Rosenow/Rosenow SGB IX § 91 Rn. 131). Da es sich hierbei nicht um eine Einkommensanrechnung handelt, steht der Ausschluss der Einkommensanrechnung von Leistungen der Pflegeversicherung bei anderen Sozialleistungen dem nicht entgegen (ebenso Fuchs/Ritz/Rosenow/Rosenow SGB IX § 91 Rn. 132). 10

11 § 13 Abs. 3 S. 3 Hs. 2 SGB XI regelt das Verhältnis der Leistungen der sozialen Pflegeversicherung zu den Eingliederungshilfeleistungen bei Aufenthalt in einer stationären Einrichtung der Behindertenhilfe s. hierzu → § 103 Rn. 8 ff.

12 Zum Verhältnis zur **Hilfe zur Pflege** nach dem SGB XII → § 103 Rn. 5 ff.

§ 92 Beitrag

Zu den Leistungen der Eingliederungshilfe ist nach Maßgabe des Kapitels 9 ein Beitrag aufzubringen.

1 § 92 verweist seit dem 1.1.2020 auf die Regelungen zum Beitrag der leistungsberechtigten Person in den §§ 135 ff. Der davor in § 92 enthaltene Regelungsgegenstand – Erweiterter Beendigungsschutz – findet sich seitdem in § 175.

2 Bis zum 31.12.2019 wurde Eingliederungshilfe nur gewährt, wenn der leistungsberechtigten Person, der Ehegattin, dem Ehegatten, der Lebenspartnerin, dem Lebenspartner und bei minderjährigen Leistungsberechtigten den Eltern der Einsatz von Einkommen und Vermögen nicht zumutbar war (§ 19 Abs. 3 SGB XII iVm §§ 82 ff., 90 f. SGB XII). Während weiterhin nicht verschontes über dem Freibetrag liegendes Vermögen außer in den Fällen des § 138 Abs. 1 (→ § 138 Rn. 3 ff.) vorrangig einzusetzen ist (§ 140 Abs. 1; → § 140 Rn. 3 ff.), hat der Gesetzgeber beim Einsatz des Einkommens das Regelungskonzept grundlegend verändert. Nunmehr muss die leistungsberechtigte Person im Rahmen ihrer finanziellen Leistungsfähigkeit einen Eigenbeitrag zu den steuerfinanzierten Leistungen beitragen (BT-Drs. 18/9522, 272). Zu den Bedenken im Hinblick auf das Diskriminierungsverbot nach Art. 5 UN-BRK und Art. 3 Abs. 3 S. 2 GG s. Rickli/Wiegmann, SRa 2014, 45). Kein Beitrag muss in den Fällen des § 138 Abs. 1 geleistet werden (→ § 138 Abs. 1 Rn. 3 ff.). Anders als in der Sozialhilfe (SGB XII) ist allerdings nicht Anspruchsvoraussetzung, dass die leistungsberechtigte Person und ggf. ihre Eltern nicht über ausreichendes Einkommen und Vermögen verfügen. Einzelheiten zum Beitrag regeln die §§ 135–138. Aus § 142 ergibt sich, in welchen Fällen ein Beitrag in Höhe der häuslichen Ersparnis zu zahlen ist. § 141 ermöglicht außerdem, dass der Träger der Eingliederungshilfe Ansprüche auf sich überleitet.

§ 93[1] Verhältnis zu anderen Rechtsbereichen

(1) Die Vorschriften über die Leistungen zur Sicherung des Lebensunterhalts nach dem Zweiten Buch sowie über die Hilfe zum Lebensunterhalt und die Grundsicherung im Alter und bei Erwerbsminderung nach dem Zwölften Buch bleiben unberührt.

(2) Die Vorschriften über die Hilfe zur Überwindung besonderer sozialer Schwierigkeiten nach dem Achten Kapitel des Zwölften Buches, über die Altenhilfe nach § 71 des Zwölften Buches und über die Blindenhilfe nach § 72 des Zwölften Buches bleiben unberührt.

(3) Die Hilfen zur Gesundheit nach dem Zwölften Buch gehen den Leistungen der Eingliederungshilfe vor, wenn sie zur Beseitigung einer drohenden wesentlichen Behinderung nach § 99 Absatz 1 in Verbindung mit Absatz 2 geeignet sind.

Übersicht

[1] § 93 Abs. 3 geänd. mWv 1.7.2021 durch G v. 2.6.2021 (BGBl. I S. 1387).

A. Geltende Fassung; Normzweck

§ 93 regelt seit dem 1.1.2020 das Verhältnis der Eingliederungshilfe zu den Leistungen zur Sicherung des Lebensunterhalts nach dem SGB II und dem SGB XII und zu bestimmten weiteren Leistungen nach dem SGB XII. Der bisherige Regelungsgegenstand der Vorschrift – Aufgaben des Betriebs-, Personal-, Richter-, Staatsanwalts- und Präsidialrats – findet sich seitdem in § 176. **1**

§ 93 ergänzt § 91. **Abs. 1** regelt das Verhältnis der Eingliederungshilfe zu den Leistungen zur Sicherung des Lebensunterhalts nach dem SGB II (also vor allem dem Bürgergeld) und nach dem SGB XII (dh der Hilfe zum Lebensunterhalt und der Grundsicherung im Alter und bei Erwerbsminderung) (→ Rn. 2 ff.). **Abs. 2** stellt klar, dass die Leistungen zur Überwindung besonderer sozialer Schwierigkeiten (§§ 67 ff. SGB XII), der Altenhilfe (§ 71 SGB XII) und der Blindenhilfe (§ 72 SGB XII) neben der Leistung zur Eingliederungshilfe gewährt werden (→ Rn. 3 ff). **Abs. 3** räumt den Hilfen zur Gesundheit (§§ 47 ff. SGB XII) Vorrang ein (→ Rn. 4 ff.). Mit dem Verhältnis zur Hilfe zur Pflege nach dem SGB XII befasst sich § 103 Abs. 2 (dazu → § 103 Rn. 7 ff.). Das Verhältnis zur Hilfe zur Weiterführung des Haushalts (§ 70 SGB XII), zu den Hilfen in sonstigen Lebenslagen (§ 73 SGB XII) und zur Bestattungshilfe (§ 74 SGB XII) wird im SGB IX nicht angesprochen (s. hierzu → § 91 Rn. 3m). Dasselbe gilt für die Leistungen zur Eingliederung in Arbeit nach dem SGB II. **1a**

B. Verhältnis der Leistungen der Eingliederungshilfe zu den Leistungen zur Sicherung des Lebensunterhalts (Abs. 1)

Abs. 1 stellt klar, dass durch die Eingliederungshilfe die Anwendung der Vorschriften des SGB II zu den Leistungen zur Sicherung des Lebensunterhalts nach dem SGB II (vor allem Bürgergeld) und des SGB XII zur Hilfe zum Lebensunterhalt (§§ 27 ff. SGB XII) und zur Grundsicherung im Alter und bei Erwerbsminderung (§§ 41 ff. SGB XII) neben den Leistungen der Eingliederungshilfe zu gewähren sind (KHM/Schaumberg SGB IX § 93 Rn. 3). Diese Leistungen werden in aller Regel neben den Fachleistungen der Eingliederungshilfe gewährt (zu Ausnahmen → Rn. 2d). Mit den genannten Leistungen wird bei vielen Menschen mit Behinderungen der Lebensunterhalt gesichert. Ihnen kommt nach der Trennung der Fachleistungen von den Leistungen zur Sicherung des Lebensunterhalts noch mehr praktische Bedeutung zu. **Bürgergeld** (§§ 19 Abs. 1 S. 1, 20 ff. SGB II) erhalten erwerbsfähige leistungsberechtigte Personen. Erwerbsfähige leistungsberechtigte Person ist, wer mindestens drei Stunden täglich zu den Bedingungen des allgemeinen Arbeitsmarktes eine Erwerbstätigkeit ausüben kann (§ 8 Abs. 1 SGB II). Ausländerinnen und Ausländer müssen zusätzlich berechtigt sein, in der Bundesrepublik Deutschland eine Erwerbstätigkeit auszuüben (§ 8 Abs. 2 SGB II). Bürgergeld wird ferner an nicht erwerbsfähige Leistungsberechtigte geleistet, die mit einer erwerbsfähigen leistungsberechtigten Person in einer Bedarfsgemeinschaft leben und keinen Anspruch auf Grundsicherung im Alter und bei Erwerbsminderung haben (§§ 19 Abs. 1 S. 2, 23 SGB II). **Grundsicherung im Alter und bei Erwerbsminderung** erhält, wer entweder die zwischen 65 und 67 Jahren liegende Altersgrenze überschritten hat oder dauerhaft nicht in der Lage ist, eine Erwerbstätigkeit von mindestens drei Stunden täglich zu den Bedingungen des allgemeinen Arbeitsmarktes auszuüben oder im Eingangsverfahren oder im Berufsbildungsbereich einer Werkstätte für Menschen mit Behinderung ist und hilfebedürftig ist (§§ 19, 41 ff. SGB XII). **Hilfe zum Lebensunterhalt** wird sonstigen bedürftigen Menschen gewährt (§§ 19, 27 ff. SGB XII). **2**

2a **Bedürftig** sind Personen, deren Bedarf nicht mit eigenem Einkommen und Vermögen und mit Einkommen und Vermögen naher Angehöriger gedeckt ist. Mit den Leistungen zur Sicherung des Lebensunterhalts nach dem SGB II und dem SGB XII werden vor allem die Regelbedarfe (§ 20 SGB II, §§ 27a, 42 SGB XII), eventuelle Mehrbedarfe (§ 21 SGB II, §§ 30, 42b SGB XII), die Aufwendungen für die Unterkunft und Heizung (§ 22 SGB II, §§ 35, 36, 42, 42a SGB XII), einmalige Bedarfe (§ 23 Abs. 3 SGB II, §§ 31, 42 SGB XII), die Beiträge für die Kranken- und Pflegeversicherung (§ 26 SGB II, §§ 32, 42 SGB XII), Vorsorgebedarfe (§§ 33, 42 SGB XII) und Bedarfe für Bildung und Teilhabe (§§ 28–30 SGB II, §§ 34, 42 SGB XII) gedeckt.

2b Bei Leistungsberechtigten nach dem SGB II oder SGB XII ist der vom **Regelbedarf** umfasste Bedarf vorrangig durch die Leistungen nach dem SGB II oder dem SGB XII abzudecken. Überschreiten die Bedarfe den Regelbedarf, ist zu prüfen, ob ein Mehrbedarfszuschlag nach § 21 SGB II oder § 30 SGB XII bzw. ein abweichender Bedarf nach § 27a Abs. 4 SGB XII festzusetzen ist oder ob der zusätzliche Bedarf durch Leistungen der Eingliederungshilfe abzudecken ist.

2c Für die Kosten der **Unterkunft und Heizung** werden vorrangig Leistungen nach dem SGB II oder dem SGB XII gewährt. Bei Leistungsberechtigten, die in einer besonderen Wohnform nach § 42a Abs. 2 S. 1 Nr. 2 SGB XII leben, werden über den gedeckelten Leistungen nach § 42a Abs. 5, 6 SGB XII liegende Aufwendungen in der Eingliederungshilfe bis zu 25 Prozent über der Angemessenheitsgrenze übernommen (§ 113 Abs. 5; → § 113 Rn. 8 ff.). Außerdem werden nach § 77 Abs. 2 (→ § 77 Rn. 11 ff.) Aufwendungen für den Wohnraum, die über der Angemessenheitsgrenze liegen, übernommen, wenn wegen des Umfangs an Assistenzleistungen ein gesteigerter Wohnraumbedarf besteht. Im Übrigen ist zu prüfen, ob die abstrakte Angemessenheitsgrenze nach dem SGB II bzw. SGB XII übersteigenden Aufwendungen für Unterkunft und Heizung wegen der Besonderheiten des Einzelfalles, wozu auch erhöhte Kosten wegen einer Behinderung gehören können, höhere Aufwendungen zu übernehmen sind (Fuchs/Ritz/Rosenow/Rosenow SGB IX § 93 Rn. 32). Werden nach dem SGB II oder dem SGB XII keine Kosten der Unterkunft und Heizung erbracht, weil keine Leistungsberechtigung nach diesen besteht, gewährt die Rspr ergänzende Geldleistungen der Eingliederungshilfe (BSG 4.4.2019 – B 4 SO 12/17 R – BeckRS 2019, 22765, NdsOVG 24.5.2000 – 4 M 15 B 3502/99 – BeckRS 2001, 20063). Darüber hinaus wird in der Lit. vertreten, dass auch bei sonstigen gedeckelten Leistungen für Unterkunft und Heizung nach § 42a SGB XII bei Menschen mit Behinderungen mit Leistungen der Eingliederungshilfe aufzustocken sind (Fuchs/Ritz/Rosenow/Rosenow SGB IX § 93 Rn. 34).

2d Die Leistungen der **Eingliederungshilfe** umfassen in folgenden Fällen auch die **Aufwendungen** für **Unterkunft und Verpflegung:**

- **Leistungen der medizinischen Rehabilitation** (§ 109). Dies ergibt sich daraus, dass für diese Leistungen die leistungs- und leistungserbringungsrechtlichen Vorschriften der gesetzlichen Krankenversicherung gelten (§ 110 SGB V) und nach § 40 Abs. 2 S. 1 SGB V die stationären Rehabilitationsleistungen Unterkunft und Verpflegung mitumfassen (LPK-SGB IX/Bieritz-Harder § 93 Rn. 2).
- **Leistungen an Minderjährige** nach § 134 Abs. 1 (→ § 134 Rn. 3 ff.)
- **Leistungen an junge Volljährige** nach § 134 Abs. 4 (→ § 134 Rn. 8 f.).

2e Nicht in Abs. 1 angesprochen werden die Leistungen nach dem **AsylbLG** und die **Leistungen zum Lebensunterhalt nach § 27a BVG.**

C. Verhältnis zu Leistungen nach dem SGB XII (Abs. 2, 3)

3 Abs. 2 regelt das Verhältnis zur Hilfe zur Überwindung besonderer sozialer Schwierigkeiten nach den §§ 67 ff. SGB XII, zur Altenhilfe nach § 71 SGB XII sowie zur Blinden-

hilfe nach § 72 SGB XII und Abs. 3 zu den Hilfen zur Gesundheit nach den §§ 47 ff. SGB XII. Der Gesetzgeber ging davon aus, dass es bei diesen Hilfen keine Überschneidung mit der Eingliederungshilfe gibt und aus diesem Grund auch keine Vorrang-/Nachrangregelung notwendig sei (BT-Drs. 18/9522, 272). Er will mit Abs. 2 klarstellen, dass diese Leistungen weiterhin neben der Eingliederungshilfe zu leisten sind (BT-Drs. 18/9522, 272).

Der Gesetzgeber ging davon aus, dass es bei der **Hilfe zur Überwindung besonderer sozialer Schwierigkeiten** nach den §§ 67 ff. SGB XII keine Überschneidung gibt (BT-Drs. 18/9522, 272). Ob diese Aussage zutrifft, ist zweifelhaft. Kommt es im Einzelfall zu Überschneidungen, werden Leistungen nach den §§ 67 ff. SGB XII durch § 67 S. 2 SGB XII ausgeschlossen. Nur wenn der Träger der Eingliederungshilfe seiner Leistungspflicht nicht nachkommt, muss der Sozialhilfeträger vorleisten, hat dann aber einen Erstattungsanspruch gegen den Träger der Eingliederungshilfe 3a

Im Verhältnis zur **Altenhilfe** ist § 71 Abs. 5 SGB XII zu beachten. Danach sind die Leistungen der Eingliederungshilfe und der Altenhilfe miteinander zu verzahnen. Bei behinderungsbedingten Bedarfen von Menschen in höheren Lebensabschnitten ist vorrangig Eingliederungshilfe zu leisten (ebenso Fuchs/Ritz/Rosenow/Rosenow SGB IX § 93 Rn. 45). 3b

Nach **Abs. 3** haben die **Hilfen zur Gesundheit** (§§ 47 ff. SGB XII) Vorrang, wenn sie geeignet sind, eine drohende wesentliche Behinderung zu beseitigen. Anders als § 53 Abs. 2 SGB XII aF verweist Abs. 3 nicht mehr nur auf die §§ 47, 48 SGB XII, sondern auf alle „Hilfen zur Gesundheit nach dem Zwölften Buch", also auf die §§ 47–52. Weiterhin haben jedoch nur die §§ 47, 48 SGB XII eine Zielrichtung, die auf „Beseitigung einer drohenden wesentlichen Behinderung" gerichtet ist, so dass sich weiterhin nur bei diesen die Frage des Rangverhältnisses stellt. 4

Die Hilfen zur Gesundheit haben gem. Abs. 3 dann Vorrang, wenn sie geeignet sind, eine drohende wesentliche Behinderung abzuwenden. Was unter einer **„drohenden wesentlichen Behinderung"** zu verstehen ist, ist wegen des Verweises in Abs. 3 nach § 99 Abs. 1 iVm § 99 Abs. 2 beurteilen. Dort findet wird gesetzlich definiert, wann iSd Eingliederungshilfe Menschen von „Behinderung bedroht sind" Die Hilfen zur Gesundheit sind nur bei drohenden, nicht aber bei bereits eingetretenen Behinderungen vorrangig. Nicht vorrangig sind sie, wenn nicht zu erwarten ist, dass mit ihnen die Behinderung abgewendet werden kann (KHM/Schaumberg SGB IX § 93 Rn. 6). 5

Die Leistungen der medizinischen Rehabilitation sind von den **Leistungen zur Krankenbehandlung** (§ 48 SGB XII) zu trennen. Diese Leistungen entsprechen den Leistungen der gesetzlichen Krankenversicherung. Die Leistungen der medizinischen Rehabilitation sind ggü diesen Leistungen nachrangig (LPK-SGB IX/Bieritz-Harder § 93 SGB IX Rn. 5). Näher zur Abgrenzung → § 43 Rn. 1. 6

§ 94[1] Aufgaben der Länder

(1) **Die Länder bestimmen die für die Durchführung dieses Teils zuständigen Träger der Eingliederungshilfe.**

(2) [1]**Bei der Bestimmung durch Landesrecht ist sicherzustellen, dass die Träger der Eingliederungshilfe nach ihrer Leistungsfähigkeit zur Erfüllung dieser Aufgaben geeignet sind.** [2]**Sind in einem Land mehrere Träger der Eingliederungshilfe bestimmt worden, unterstützen die obersten Landessozialbehörden die Träger bei der Durchführung der Aufgaben nach diesem Teil.** [3]**Dabei sollen sie insbesondere den Erfahrungsaustausch zwischen den Trägern sowie die Entwicklung und Durchführung von Instrumenten zur**

[1] § 94 Abs. 5 Satz 3 Nr. 2 geänd. mWv 1.7.2021 durch G v. 2.6.2021 (BGBl. I S. 1387).

zielgerichteten Erbringung und Überprüfung von Leistungen und der Qualitätssicherung einschließlich der Wirksamkeit der Leistungen fördern.

(3) Die Länder haben auf flächendeckende, bedarfsdeckende, am Sozialraum orientierte und inklusiv ausgerichtete Angebote von Leistungsanbietern hinzuwirken und unterstützen die Träger der Eingliederungshilfe bei der Umsetzung ihres Sicherstellungsauftrages.

(4) [1]Zur Förderung und Weiterentwicklung der Strukturen der Eingliederungshilfe bildet jedes Land eine Arbeitsgemeinschaft. [2]Die Arbeitsgemeinschaften bestehen aus Vertretern des für die Eingliederungshilfe zuständigen Ministeriums, der Träger der Eingliederungshilfe, der Leistungserbringer sowie aus Vertretern der Verbände für Menschen mit Behinderungen. [3]Die Landesregierungen werden ermächtigt, durch Rechtsverordnung das Nähere über die Zusammensetzung und das Verfahren zu bestimmen.

(5) [1]Die Länder treffen sich regelmäßig unter Beteiligung des Bundes sowie der Träger der Eingliederungshilfe zur Evidenzbeobachtung und zu einem Erfahrungsaustausch. [2]Die Verbände der Leistungserbringer sowie die Verbände für Menschen mit Behinderungen können hinzugezogen werden. [3]Gegenstand der Evidenzbeobachtung und des Erfahrungsaustausches sind insbesondere

1. die Wirkung und Qualifizierung der Steuerungsinstrumente,
2. die Wirkungen der Regelungen zur Leistungsberechtigung nach § 99 sowie der neuen Leistungen und Leistungsstrukturen,
3. die Umsetzung des Wunsch- und Wahlrechtes nach § 104 Absatz 1 und 2,
4. die Wirkung der Koordinierung der Leistungen und der trägerübergreifenden Verfahren der Bedarfsermittlung und -feststellung und
5. die Auswirkungen des Beitrags.

[4]Die Erkenntnisse sollen zur Weiterentwicklung der Eingliederungshilfe zusammengeführt werden.

Übersicht

A. Geltende Fassung; Gesetzeszweck

1 § 94 regelt seit dem 1.1.2018 (Abs. 1) bzw. 1.1.2020 (Abs. 2–5) Aufgaben der Länder bei der Eingliederungshilfe. Der davor in § 94 enthaltene Regelungsgegenstand – Wahl und Amtszeit der Schwerbehindertenvertretung – findet sich seitdem in § 177. Abs. 3 S. 1 Nr. 2 wurde mWv 1.7.2021 durch das G zur Stärkung der Teilhabe der Menschen mit Behinderungen sowie zur landesrechtlichen Bestimmung der Träger von Leistungen der Bildung und Teilhabe in der Sozialhilfe (Teilhabestärkungsgesetz) v. 2.6.2021 (BGBl. I S. 1387) redaktionell an die Änderungen von § 99 durch dieses Gesetz angepasst.

2 Nach Art. 84 Abs. 1 S. 1 GG müssen die Länder die für die von ihnen auszuführenden Bundesgesetze zuständigen Behörden festlegen. Durch die Reform der Eingliederungshilfe ist eine Präzisierung der Gewichtung der Aufgaben der Länder und der Träger der Eingliederungshilfe notwendig. Die Länder und die Träger der Eingliederungshilfe müssen die Erbringung bedarfsdeckender Leistungen sicherstellen und dafür die strukturellen Voraussetzungen schaffen (BT-Drs. 18/9522, 272). Mit der Regelung will der Gesetz-

geber sicherstellen, dass die Länder und die Träger der Eingliederungshilfe bedarfsdeckende Leistungen erbringen und die strukturellen Rahmenbedingungen für die Erfüllung der Ansprüche der leistungsberechtigten Personen schaffen (BT-Drs. 18/9522, 272). Das frühe Inkrafttreten von Abs. 1 sollte gewährleisten, dass Verträge nach den ebenfalls bereits am 1.1.2018 in Kraft getretenen §§ 123 ff. rechtzeitig vor Inkrafttreten der Eingliederungshilfe geschlossen werden konnten (BT-Drs. 18/9522, 363).

B. Träger der Eingliederungshilfe (Abs. 1, 2)

Welche Träger für die Eingliederungshilfe sachlich (LPK-SGB IX/Bieritz-Harder § 94 SGB IX Rn. 6) zuständig sind, müssen die Länder bestimmen (**Abs. 1**). Eine unmittelbare Übertragung von Aufgaben auf die Gemeinden und die Gemeindeverbände durch den Bund wäre mit Art. 84 Abs. 1 S. 7 GG nicht vereinbar. Ergänzt wird Abs. 1 durch den durch das G zur Änderung des Bundesversorgungsgesetzes und anderer Vorschriften v. 17.7.2017 (BGBl. I S. 2541) eingefügten § 241 Abs. 8 (→ § 241 Rn. 8), nach dem die bis zum 31.12.2019 für die Eingliederungshilfe zuständigen Sozialhilfeträger auch für die Eingliederungshilfe zuständig sind, soweit keine landesrechtliche Bestimmung des Trägers der Eingliederungshilfe erfolgt war. 3

„Träger" in Abs. 1 meint Leistungsträger iSv § 12 S. 1 SGB I. Danach sind Leistungsträger „die in den §§ 18–29 [SGB I, Anm. des Verf.] genannten Körperschaften, Anstalten und Behörden". Für die Eingliederungshilfe ist § 28a SGB I von Bedeutung. Ob die Länder sich selbst als Träger der Eingliederungshilfe bestimmen können, ist wegen des Wortlauts von Abs. 3 fraglich, weil dieser zwischen den Ländern und den Trägern der Eingliederungshilfe unterscheidet. Auch die gesetzliche Begründung weist eher daraufhin, dass von einer Trennung der Länder und der Träger der Eingliederungshilfe ausgegangen werden muss. Bestimmen die Bundesländer die Kommunen als Träger der Eingliederungshilfe, ist das für das Bundesland geltende landesrechtliche Konnexitätsprinzip zu beachten, das zum Ausgleich der Mehrbelastungen der Kommunen verpflichtet. Bestimmen die Länder mehrere Eingliederungshilfeträger, muss deren sachliche Zuständigkeit bestimmt werden, wenn sie nicht nur für unterschiedliche regionale Bezirke zuständig sind, sondern auch unterschiedliche Aufgaben haben (Fuchs/Ritz/Rosenow/Rosenow § 94 SGB IX Rn. 11). 4

Die **sachliche Zuständigkeit in** den einzelnen **Bundesländern** kann folgender Internetseite entnommen werden: https://umsetzungsbegleitung-bthg.de/w/files/umsetzungsstand/2022-15-02_umsetzungsstand-bthg.pdf, letzter Abruf 10.7.2023; vgl. auch Beyerlein, DVfR Forum, A4–2020). Die örtliche Zuständigkeit bestimmt § 98. 5

C. Sicherstellung der Eignung der Träger der Eingliederungshilfe (Abs. 2)

Abs. 2 legt die **Anforderungen** fest, die die Länder bei der Festlegung der **Träger der Eingliederungshilfe** beachten müssen. 6

Die Länder müssen bei der Bestimmung der Träger der Eingliederungshilfe **sicherstellen,** dass diese aufgrund ihrer **Leistungsfähigkeit** geeignet sind, die Aufgaben zu erfüllen (**Abs. 2 S. 1**). Diese Eignung bezieht sich nicht nur auf rein fachlich-inhaltliche, sondern auch auf verwaltungsmäßige Aspekte. Hieraus folgt, dass die Träger über ausreichend fachlich qualifiziertes Personal (s. hierzu → § 97 Rn. 2 ff.) und über ausreichende finanzielle Ressourcen verfügen müssen (ebenso KHM/Schaumberg SGB IX § 94 Rn. 6). 6a

6b Bestimmen die Länder mehrere Träger der Eingliederungshilfe, müssen die obersten Landessozialbehörden sie bei der Durchführung ihrer Aufgaben **unterstützen** (**Abs. 2 S. 2**). Hier wird die Regelung des § 7 SGB XII aufgegriffen (BT-Drs. 18/9522, 272). Abs. 2 S. 2 verpflichtet nur Bundesländer, die **mehrere Träger der Eingliederungshilfe** bestimmt haben.

6c Die Unterstützung nach **Abs. 2 S. 3** umfasst insbesondere die **Förderung**

- des **Erfahrungsaustausches** zwischen den Trägern der Eingliederungshilfe.
  Der Gesetzgeber geht davon aus, dass die jeweiligen Träger der Eingliederungshilfe ihre Aufgaben nicht absolut deckungsgleich erbringen und erhofft sich, dass hierdurch Potenziale zur Verbesserung der Leistungserbringung erschlossen werden (BT-Drs. 18/9522, 272).
- die **Entwicklung und Durchführung** von **Instrumenten** zur zielgerichteten Erbringung und Überprüfung von Instrumenten der Qualitätssicherung
  Instrumente der zielgerichteten Leistungserbringung sind die Vergütungsvereinbarungen nach den §§ 123 ff. und die Zielvereinbarungen nach § 132 (→ § 132 Rn. 2 ff.; Fuchs/Ritz/Rosenow/Rosenow SGB IX § 94 Rn. 16a).
- die Überprüfung von Leistungen und der Qualitätssicherung einschließlich der Wirksamkeit der Leistungen

6d Hierzu dienen die Wirtschaftlichkeits- und die Qualitätsprüfung nach § 128, das Gesamtplanverfahren (§ 121 Abs. 1 S. 1) und neu entwickelte Instrumente (Fuchs/Ritz/Rosenow/Rosenow SGB IX § 94 Rn. 17).

D. Sicherstellung bedarfsdeckender Leistungen (Abs. 3)

7 Abs. 3 ist **gegenüber § 36 Abs. 1 vorrangig,** soweit er abweichende Regelungen enthält (§ 7 Abs. 1 S. 1; aA v. Boetticher Teilhaberecht 2. Aufl. 2022 § 4 Rn. 35: Abs. 3 schließt § 36 Abs. 1 aus). Abs. 3 soll **sicherstellen,** dass **bedarfsdeckende Leistungen** zur Verfügung stehen (BT-Drs. 18/9522, 273), so dass auf die entsprechenden Bedarfe flexibel reagiert und zeitnah die individuell erforderlichen Leistungen angeboten werden können. Die Leistungen der Eingliederungshilfe müssen daher im Sinne einer effektiven Ressourcenverwaltung und einer effizienten Verbesserung der Situation der Menschen mit Behinderungen geplant und gesteuert werden. Die Länder haben deshalb darauf hinzuwirken, dass die individuell erforderlichen Leistungen der Leistungsanbieter (zu diesem Begriff § 123 Rn. 8) flächen- und bedarfsdeckend zur Verfügung stehen und am Sozialraum ausgerichtet sind. Dabei müssen die Angebote inklusiv ausgerichtet sein. Sie müssen insbesondere eine ausreichende finanzielle Ausstattung sicherstellen (Fuchs/Ritz/Rosenow/Rosenow SGB IX § 94 Rn. 18). Abs. 3 ergänzt den Sicherstellungsauftrag der Träger der Eingliederungshilfe nach § 95. An deren Verpflichtung, ein bedarfsdeckendes Angebot sicherzustellen, ändert Abs. 3 nichts (v. Boetticher, Teilhaberecht, 2. Aufl. 2020, § 4 Rn. 35). Eine durch die leistungsberechtigten Personen einklagbare Verpflichtung ergibt sich aus Abs. 3 nicht (v. Boetticher, Teilhaberecht, 2. Aufl. 2020, § 4 Rn. 36).

7a Abs. 3 lässt offen, welche **Maßnahmen** in Betracht kommen, wenn ein Land feststellt, dass das von einem Eingliederungshilfeträger **vorgehaltene Angebot nicht ausreicht.** In Betracht kommen der Hinweis, ergänzende Angebote zu schaffen, aufsichtsrechtliche Maßnahmen und die Bereitstellung von Fördermitteln für neue Angebote (v. Boetticher, Teilhaberecht, 2. Aufl. 2020, § 4 Rn. 36).

E. Arbeitsgemeinschaften (Abs. 4)

Die Länder müssen zur Förderung und Weiterentwicklung der Strukturen der Eingliederungshilfe Arbeitsgemeinschaften für jedes Land bilden (**Abs. 4 S. 1**). 8

Wer der Arbeitsgemeinschaft mindestens angehören muss, legt **Abs. 4 S. 2** fest. Zu beteiligen sind neben Vertreter/innen der Ministerien und der Träger der Eingliederungshilfe insbesondere die Leistungserbringer und Vertreter/innen der Verbände für Menschen mit Behinderungen. 8a

Die Länder werden ermächtigt, Einzelheiten zur Zusammensetzung und zum Verfahren durch Rechtsverordnung zu regeln (**Abs. 4 S. 3**). Zu den Arbeitsgemeinschaften der Einrichtungen und Dienste s. → § 36 Rn. 9. 8b

F. Kooperation der Länder auf Bundesebene (Abs. 5)

Die Länder müssen sich unter Beteiligung des Bundes regelmäßig zur **Evidenzbeobachtung** und zum **Erfahrungsaustausch** treffen (**Abs. 5 S. 1**). Der Gesetzgeber hält einen Austausch über Landesgrenzen hinweg für sinnvoll, um eine möglichst bundeseinheitliche Umsetzung der neuen Regelungen zu erreichen (BT-Drs. 18/9522, 273), da die Ausgangssituation innerhalb der Länder, aber auch zwischen den Ländern unterschiedlich ist. Hierbei sind auch die Träger der Eingliederungshilfe zu beteiligen (Abs. 5 S. 1). Was unter Evidenzbeobachtung zur verstehen ist, wird durch die Aufzählung in Abs. 5 S. 3 konkretisiert (→ Rn 9b). 9

Hinzugezogen werden können die **Verbände** der Leistungserbringer und der Menschen mit Behinderungen (**Abs. 5 S. 2**). 9a

Die **Gegenstände der Evidenzbeobachtung und des Erfahrungsaustausches** werden in **Abs. 5 S. 3** nicht abschließend („insbesondere") aufgezählt. Sie betreffen vor allem die Wirkung und Qualifizierung der Steuerungselemente. Auf diese Weise sollen mögliche Umsetzungsschwierigkeiten frühzeitig erkannt und ihnen entgegengewirkt werden. Aus diesem Grund werden die Wirkungszusammenhänge aller Reformmaßnahmen betrachtet, um Wechselwirkungen erkennen zu können. Gegenstände der Evidenzbeobachtung und des Erfahrungsaustausches sind nach Abs. 5 S. 3 9b

- die Wirkung der Steuerungsinstrumente
- die Qualifizierung der Steuerungsinstrumente
- die Wirkungen der Regelungen zum leistungsberechtigten Personenkreis nach § 99
- die Wirkungen der neuen Leistungen und Leistungsstrukturen
- die Umsetzung des Wahl- und Wunschrechtes nach § 104 Abs. 1 und 2
- die Wirkung der Koordinierung der Leistungen
- die Wirkung trägerübergreifender Verfahren der Bedarfsermittlung und -feststellung und
- die Auswirkungen des Beitrags.

Auf der Grundlage der Erkenntnisse der Evidenzbeobachtung soll die Eingliederungshilfe weiterentwickelt werden (**Abs. 5 S. 4**). 9c

§ 95 Sicherstellungsauftrag

[1]Die Träger der Eingliederungshilfe haben im Rahmen ihrer Leistungsverpflichtung eine personenzentrierte Leistung für Leistungsberechtigte unabhängig vom Ort der Leistungserbringung sicherzustellen (Sicherstellungsauftrag), soweit dieser Teil nichts Abweichendes bestimmt. [2]Sie schließen hierzu Vereinbarungen mit den Leistungsanbietern

nach den Vorschriften des Kapitels 8 ab. [3]Im Rahmen der Strukturplanung sind die Erkenntnisse aus der Gesamtplanung nach Kapitel 7 zu berücksichtigen.

Übersicht

A. Geltende Fassung; Normzweck

1 § 95 verpflichtet seit dem 1.1.2020 die Träger der Eingliederungshilfe zur Sicherstellung der Leistungen der Eingliederungshilfe. Der davor in der Vorschrift enthaltene Regelungsgegenstand – Aufgaben der Schwerbehindertenvertretung – findet sich seitdem in § 178.

2 Aufgabe des Sozialgesetzbuches ist nach § 1 Abs. 2 SGB I ua, „dazu bei[zu]tragen, daß die zur Erfüllung […] erforderlichen Dienste und Einrichtungen rechtzeitig und ausreichend zur Verfügung stehen." Und § 17 Abs. 1 Nr. 2 SGB I verpflichtet die Sozialleistungsträger, „darauf hinzuwirken, dass die zur Ausführung von Sozialleistungen erforderlichen sozialen Dienste und Einrichtungen rechtzeitig und ausreichend zur Verfügung stehen." Hieran knüpft § 95 an. Die Vorschrift dient der Umsetzung der Art. 19, 26 UN-BRK. Mit dem Sicherstellungsauftrag soll gewährleistet werden, dass die im Zuständigkeitsbereich des Trägers der Eingliederungshilfe für alle zu erwartenden Bedarfe für ein selbstbestimmtes Leben der Menschen mit Behinderungen erforderlichen personenzentrierten Angebote vorhanden sind (v. Boetticher, Teilhaberecht, 2. Aufl. 2020, § 4 Rn. 43). Den für alle Rehabilitationsträger geltenden Sicherstellungsauftrag nach den §§ 25 Abs. 1 Nr. 1 und 36 geht § 95 vor, soweit er abweichende Regelungen enthält (§ 7 Abs. 1 S. 1, 3; → § 7 Rn. 4).

2a Der Sicherstellungsauftrag des Trägers der Eingliederungshilfe **korrespondiert** mit den Aufgaben der Länder aus **§ 94,** die Träger der Eingliederungshilfe bei der Umsetzung des Sicherstellungsauftrags zu unterstützen (BT-Drs. 18/9522, 273).

B. Sicherstellungsauftrag (S. 1)

2b S. 1 enthält eine **Legaldefinition** des Sicherstellungsauftrags. Er erhöht den Verpflichtungsgrad der Sicherstellung. **Verpflichtet** werden die Träger der Eingliederungshilfe. Sie haben nicht nur „darauf hinzuwirken", sondern müssen sicherstellen („haben (…) sicherzustellen"), dass personenzentrierte Leistungen unabhängig vom Ort der Leistungserbringung für die Leistungsberechtigten entsprechend dem individuellen Bedarf (v. Boetticher Teilhaberecht § 4 Rn. 42) zur Verfügung stehen. Der Sicherstellungsauftrag besteht nur **„im Rahmen der Leistungsverpflichtung". Abweichende Regelungen** bestehen für die Leistungen zur Teilhabe am Arbeitsleben durch andere Leistungsanbieter (§ 60), beim Budget für Arbeit (§ 61) und beim Budget für Ausbildung (§ 61a). Es besteht keine Verpflichtung des Trägers der Eingliederungshilfe, Leistungen zur Beschäftigung bei einem anderen Leistungsanbieter oder bei einem privaten oder öffentlichen Arbeitgeber im Rahmen eines Budgets für Arbeit zu ermöglichen (BT-Drs. 18/9522, 274). Eine Beschränkung des Sicherstellungsauftrages auf den leistungsberechtigten Personenkreis folgt hieraus nicht. Dies wäre mit Art. 26 UN-BRK nicht vereinbar (Fuchs/Ritz/Rosenow/Rosenow SGB IX § 95 Rn. 17).

Sicherzustellen ist „eine personenzentrierte Leistung für Leistungsberechtigte unabhängig vom Ort der Leistungserbringung." Weitere Einzelheiten zum **Inhalt des Sicherstellungsauftrages** lassen sich § 95 nicht entnehmen. Zur Präzisierung des Inhalts des Sicherstellungsauftrags ist deshalb auf die §§ 36, 17 SGB I und Art. 26 UN-BRK zurückzugreifen. Hieraus folgt, dass die Leistungen entsprechend dem aktuellen Stand der einschlägigen Wissenschaften tatsächlich zur Verfügung stehen und ggf. neue geschaffen werden müssen (Fuchs/Ritz/Rosenow/Rosenow SGB IX § 95 Rn. 15, 19). 2c

C. Abschluss von Vereinbarungen (S. 2)

Zur Umsetzung des Sicherstellungsauftrages müssen die Träger der Eingliederungshilfe mit den Leistungsanbietern Vereinbarungen schließen (S. 2; s. die Kommentierungen zu den §§ 123 ff.). Der Gesetzgeber verdeutlicht hiermit, dass die Träger der Eingliederungshilfe grundsätzlich keine eigenen Leistungen erbringen, sondern auf die Angebote Dritter, zB der Wohlfahrtsverbände zurückgreifen. Aus S. 2 folgt, dass die Vereinbarungen dem Grundsatz der Personenzentrierung entsprechen müssen. Sie müssen so bestimmt sein, dass die Erbringung personenzentrierter Leistungen gewährleistet ist (Fuchs/Ritz/Rosenow/Rosenow SGB IX § 95 Rn. 32). Der umfassende Verweis auf das 8. Kap. hat weiter zur Folge, dass die Träger der Eingliederungshilfe die Qualität der Leistungen sichern müssen, ua mit den Maßnahmen nach den §§ 128 ff. (Fuchs/Ritz/Rosenow/Rosenow SGB IX § 95 Rn. 33 f.). In der Literatur wird weiter aus dem Sicherstellungsauftrag abgeleitet, dass erforderlichenfalls ein niedrigschwelliger Zugang zu den Leistungen zur Verfügung steht. Ggf. müsse hierfür in Abweichung von den §§ 123 ff. eine zweiseitige Finanzierung gewählt werden (Fuchs/Ritz/Rosenow/Rosenow SGB IX § 95 Rn. 35 ff). S. 2 legt zugleich die Zuständigkeit für den Abschluss der Vereinbarungen nach den §§ 123 ff. fest (Siefert jurisPR-SozR 6/2017 Anm. 2c). 3

D. Strukturplanung (S. 3)

Um sicherzustellen, dass ein bedarfsgerechtes Angebot zur Verfügung steht, müssen die Träger der Eingliederungshilfe eine entsprechende Strukturplanung durchführen. Bei dieser müssen sie die Erkenntnisse aus der Gesamtplanung nach den §§ 117 ff. berücksichtigen. Die dort für die Region festgestellten Bedarfe müssen den vorhandenen Angeboten gegenübergestellt werden. Weiter müssen die Anforderungen des § 17 SGB I (zeitgemäße Erbringung der Leistungen) und von Art. 26 UN-BRK berücksichtigt werden (Fuchs/Ritz/Rosenow/Rosenow SGB IX § 95 Rn. 44). Bei Bedarfsunterdeckung müssen die Eingliederungshilfeträger zunächst feststellen, ob die freien Träger ihr Angebot dem Bedarf anpassen. Ist dies nicht der Fall, müssen die Träger der Eingliederungshilfe eigene Angebote schaffen (LPK-SGB IX/Bieritz-Harder § 95 Rn. 3). 3a

E. Verpflichtungsgrad

Ein Rechtsanspruch der Leistungsberechtigten ergibt sich aus § 95 nicht (BT-Drs. 18/9522, 273). Es handelt sich lediglich um eine **objektiv-rechtliche Pflicht** des Trägers der Eingliederungshilfe. Dieser kann nur mit Mitteln der Rechtsaufsicht zur Einhaltung des Sicherstellungsauftrages angehalten werden (BT-Drs. 18/9522, 274). Bei der Umsetzung des Sicherstellungsauftrages müssen die Länder die Träger der Eingliederungshilfe unterstützen (§ 94 Abs. 2). 4

§ 96[1] **Zusammenarbeit**

(1) Die Träger der Eingliederungshilfe arbeiten mit Leistungsanbietern und anderen Stellen, deren Aufgabe die Lebenssituation von Menschen mit Behinderungen betrifft, zusammen.

(2) Die Stellung der Kirchen und Religionsgesellschaften des öffentlichen Rechts sowie der Verbände der Freien Wohlfahrtspflege als Träger eigener sozialer Aufgaben und ihre Tätigkeit zur Erfüllung dieser Aufgaben werden durch diesen Teil nicht berührt.

(3) Ist die Beratung und Sicherung der gleichmäßigen, gemeinsamen oder ergänzenden Erbringung von Leistungen geboten, sollen zu diesem Zweck Arbeitsgemeinschaften gebildet werden.

(4) Sozialdaten dürfen im Rahmen der Zusammenarbeit nur verarbeitet werden, soweit dies zur Erfüllung von Aufgaben nach diesem Teil erforderlich ist oder durch Rechtsvorschriften des Sozialgesetzbuches angeordnet oder erlaubt ist.

Übersicht

A. Geltende Fassung; Normzweck

1 § 96 regelt seit dem 1.1.2020 die Zusammenarbeit der Träger der Eingliederungshilfe mit den Leistungsanbietern, die Rechtsstellung der Kirchen und der Verbände der Träger der freien Wohlfahrtspflege und die Bildung von Arbeitsgemeinschaften. Der davor in der Vorschrift enthaltene Regelungsgegenstand – Persönliche Rechte und Pflichten der Vertrauenspersonen der schwerbehinderten Menschen – findet sich seitdem in § 179. Der Wortlaut des Abs. 4 S. 1 wurde durch Art. 130 des Zweiten G zur Anpassung des Datenschutzrechts an die Verordnung (EU) 2016/679 und zur Umsetzung der Richtlinie (EU) 2016/680 (Zweites Datenschutz-Anpassungs- und Umsetzungsgesetz EU – 2. DSAnpUG-EU) mWv 26.11.2019 (BGBl. I S. 1626, 1703) sprachlich angepasst. Die Sätze 2 und 3 wurden gestrichen.

1a Mit der Zusammenarbeit der Träger der Eingliederungshilfe insbesondere mit den Leistungserbringern soll eine möglichst umfassende Teilhabe der Menschen mit Behinderungen erreicht werden (Fuchs/Ritz/Rosenow/Rosenow SGB IX § 96 Rn. 4). In den §§ 25, 36 wird zusätzlich die Kooperation der Rehabilitationsträger geregelt.

B. Zusammenarbeit (Abs. 1)

2 Abs. 1 ist § 4 Abs. 1 S. 1 SGB XII nachgebildet. Der Gesetzgeber geht davon aus, dass der Erfolg der Eingliederungshilfe davon abhängt, dass alle beteiligten Stellen zusammenarbeiten (BT-Drs. 18/9522, 272). Deshalb werden die Träger der Eingliederungshilfe durch Abs. 1 verpflichtet, mit den **Leistungsanbietern** und anderen Stellen, deren Aufgaben die Lebenssituation von Menschen mit Behinderungen betreffen, zusammenzuarbeiten. Mit Leistungsanbietern sind Leistungserbringer gemeint (s. zu diesem Begriff → § 123 Rn. 8). **Andere Stellen** sind Selbsthilfeorganisationen, Interessenvertretungen

[1] § 96 Abs. 4 Satz 1 geänd., Sätze 2 und 3 aufgeh. mWv 26.11.2019 durch G v. 20.11.2019 (BGBl. I S. 1626).

der Menschen mit Behinderungen, Ergänzende unabhängige Teilhabeberatungsstellen (s. die Kommentierung zu § 32), Pflegestützpunkte und -beratungsstellen, andere Sozialleistungsträger, die Kirchen und Religionsgemeinschaften des öffentlichen Rechts, die Wohlfahrtsverbände und die für die Quartiersentwicklung verantwortlichen Stellen. Die Gesetzesbegründung hebt bei der **Zusammenarbeit mit den Trägern der Jugendhilfe** hervor, dass Informationen regelmäßig ausgetauscht werden müssten, um Kinder und Jugendliche mit Behinderungen effektiv zu unterstützen (BT-Drs. 18/9522, 274). Die Verpflichtung zur Zusammenarbeit trifft die Träger der Eingliederungshilfe. Ein Rechtsanspruch Dritter lässt sich hieraus nicht ableiten (LPK-SGB IX/Bieritz-Harder § 96 SGB IX Rn. 2).

C. Stellung der Kirchen, Religionsgemeinschaften und Verbände der freien Wohlfahrtspflege (Abs. 2)

Kirchen und **Religionsgemeinschaften** des öffentlichen Rechts sowie die **Verbände der freien Wohlfahrtspflege** erfüllen historisch gewachsene eigene soziale Aufgaben. Abs. 2 stellt klar, dass hieran durch die Vorschriften zur Eingliederungshilfe nichts geändert wird. Hiermit wird ein seit 1924 bestehender Grundsatz in das Recht der Eingliederungshilfe nach dem SGB IX überführt (BT-Drs. 18/9522, 274). Abs. 2 entspricht § 5 Abs. 1 S. 1 SGB XII. Sie sind auch in der Eingliederungshilfe „Träger eigener sozialer Aufgaben". 3

Kirchen sind Religionsgemeinschaften des öffentlichen Rechts (Art. 140 GG iVm Art. 137 WRV), die diesen Status entweder behalten haben (Art. 137 Abs. 5 S. 1 WRV iVm Art. 140 GG) oder denen er nach Landesrecht zuerkannt wurde (Art. 137 Abs. 5 S. 2 WRV iVm Art. 140 GG). Zu den Voraussetzungen s. LPK-SGB IX/Bieritz-Harder § 96 Rn. 7. 3a

Wer zu den **Verbänden der Freien Wohlfahrtspflege** gehört, ist str. Teilweise werden diesen der Deutsche Caritasverband e. V., das Evangelische Werk für Diakonie und Entwicklung, das Deutsche Rote Kreuz e. V., der Deutsche paritätische Wohlfahrtsverband e. V., die Zentralwohlfahrtstelle der Juden in Deutschland e. V. und die Mitglieder dieser Verbände und Organisationen zugerechnet, die nicht zu den öffentlichen Trägern gehören und hilfebedürftige Menschen ohne Gewinnerzielungsabsicht unterstützen (so zu § 5 SGB XII LPK-SGB XII/Münder § 5 Rn. 8). Andere rechnen zu den Verbänden der Freien Wohlfahrtspflege nur überörtliche Organisationseinheiten (so zu § 10 BSHG Neumann, Freiheitsgedanke im kooperativen Sozialstaat, S. 77). 3b

Im Verhältnis zu den freigemeinnützigen Trägern ist außerdem **§ 17 Abs. 3 SGB I** zu beachten (LPK-SGB IX/Bieritz-Harder § 96 Rn. 10), der dazu verpflichtet, diese „in Zielsetzung und Durchführung ihrer Aufgaben zu achten". 3c

D. Arbeitsgemeinschaften (Abs. 3)

Abs. 3 überträgt § 4 Abs. 2 SGB XII in die Eingliederungshilfe nach dem SGB IX. Die Vorschrift verlangt idR die Bildung von Arbeitsgemeinschaften, wenn dies erforderlich ist, um die Beratung und die gleichmäßige, gemeinsame oder ergänzende Erbringung von Leistungen zu sichern. Der beschriebene Zweck der Arbeitsgemeinschaften schließt damit Entscheidungen in einem Einzelfall aus. Der weite Spielraum durch die Beratung und der Sicherung der gleichmäßigen, gemeinsamen und ergänzenden Erbringung von Leistungen führt aber auch dazu, dass den Arbeitsgemeinschaften keine Mitwirkungs-, Anhörungs- oder Kontrollrechte bei der Wahrnehmung der Aufgaben der Träger der Eingliederungshilfe oder Entscheidungsbefugnisse zustehen (so zur Sozialhilfe Grube/ 4

Wahrendorf/Flint/Deckers SGB XII § 4 Rn. 11). Sie können auf Bundes-, Landes- oder kommunaler Ebene gebildet werden. Es wird nicht vorgeschrieben, ob die Arbeitsgemeinschaften nur zwischen den Trägern der Eingliederungshilfe oder zwischen diesen und Leistungsanbietern geschlossen werden. Beides ist damit möglich (v. Boetticher, Teilhaberecht, 2. Aufl. 2020, § 4 Rn. 49).

E. Datenschutz (Abs. 4)

5 Der Gesetzgeber hielt es nicht für ausgeschlossen, dass bei der Zusammenarbeit personenbezogene Daten erhoben, verarbeitet oder genutzt werden (BT-Drs. 18/9522, 274). In der Praxis ist dieses unumgänglich. Es wird deshalb in Abs. 4 S. 1 klargestellt, dass die Verarbeitung von Sozialdaten iSv § 67 Abs. 2 S. 1 SGB X auf das Erforderliche bzw. das durch Rechtsvorschriften des SGB Zugelassene beschränkt ist. Die Verpflichtung zur Zusammenarbeit nach § 96 reicht hierfür allein nicht aus. Das Recht zur Verarbeitung muss in den Leistungsgesetzen ausdrücklich zugelassen werden (v. Boetticher/Kuhn-Zuber Rehabilitationsrecht, 2. Aufl. 2022, Rn. 266). Der Begriff der Verarbeitung wird in Art. 4 Nr. 2 DSGVO definiert. Danach bezeichnet „'Verarbeitung' jeden mit oder ohne Hilfe automatisierter Verfahren ausgeführten Vorgang oder jede solche Vorgangsreihe im Zusammenhang mit personenbezogenen Daten wie das Erheben, das Erfassen, die Organisation, das Ordnen, die Speicherung, die Anpassung oder Veränderung, das Auslesen, das Abfragen, die Verwendung, die Offenlegung durch Übermittlung, Verbreitung oder eine andere Form der Bereitstellung, den Abgleich oder die Verknüpfung, die Einschränkung, das Löschen oder die Vernichtung".

6 Der Träger der Eingliederungshilfe muss bei der **Erhebung von Sozialdaten** die Informationspflichten nach den Art. 13, 14 DSGVO (Kontaktdaten der verantwortlichen Person, Kontaktdaten der datenschutzbeauftragten Person, Zweck und Rechtsgrundlage der Datenverarbeitung, voraussichtliche Dauer der Datenspeicherung) und die Rechte nach den Art. 15 ff. DSGVO beachten.

§ 97[1] Fachkräfte

[1]Bei der Durchführung der Aufgaben dieses Teils beschäftigen die Träger der Eingliederungshilfe eine dem Bedarf entsprechende Anzahl an Fachkräften aus unterschiedlichen Fachdisziplinen. [2]Diese sollen

1. eine ihren Aufgaben entsprechende Ausbildung erhalten haben und insbesondere über umfassende Kenntnisse
   a) des Sozial- und Verwaltungsrechts,
   b) über Personen, die leistungsberechtigt im Sinne des § 99 Absatz 1 bis 3 sind, oder
   c) von Teilhabebedarfen und Teilhabebarrieren
   verfügen,
2. umfassende Kenntnisse über den regionalen Sozialraum und seine Möglichkeiten zur Durchführung von Leistungen der Eingliederungshilfe haben sowie
3. die Fähigkeit zur Kommunikation mit allen Beteiligten haben.

[3]Soweit Mitarbeiter der Leistungsträger nicht oder nur zum Teil die Voraussetzungen erfüllen, ist ihnen Gelegenheit zur Fortbildung und zum Austausch mit Menschen mit Behinderungen zu geben. [4]Die fachliche Fortbildung der Fachkräfte, die insbesondere die Durchführung der Aufgaben nach den §§ 106 und 117 umfasst, ist zu gewährleisten.

[1] § 97 Satz 2 Nr. 1 Buchst b geänd. mWv 1.7.2021 durch G v. 2.6.2021 (BGBl. I S. 1387).

Übersicht

A. Geltende Fassung; Normzweck

§ 97 regelt seit dem 1.1.2020 die Anforderungen an Fachkräfte der Eingliederungshilfe. Der davor in der Vorschrift enthaltene Regelungsgegenstand – Konzern-, Gesamt-, Bezirks- und Hauptschwerbehindertenvertretung – findet sich seitdem in § 180. S. 1 Nr. 1 Buchst. b) wurde durch das TeilhabestärkungsG v. 2.6.2021 (BGBl. I S. 1387) redaktionell an die Änderungen des § 99 angepasst. 1

Der Gesetzgeber geht davon aus, dass die Umsetzung der Ziele der Eingliederungshilfe in die Praxis es erfordert, dass die Träger der Eingliederungshilfe eine ausreichende Zahl an umfassend qualifizierten Fachkräften mit Kenntnis des regionalen Sozialraums und der UN-BRK beschäftigen (BT-Drs. 18/9522, 274). 1a

B. Bedarfsgerechte Beschäftigung von Fachkräften (S. 1)

§ 97 knüpft an § 6 SGB XII an und entwickelt diese Vorschrift fort. Gedanklicher Ausgangspunkt des Gesetzgebers ist, dass die Ziele der Eingliederungshilfe sich in der Praxis nur realisieren lassen, wenn ausreichend geeignete Fachkräfte eingesetzt werden (BT-Drs. 18/9522, 274). Daher ist die Formulierung „eine dem Bedarf entsprechende Anzahl von Fachkräften" eine erhebliche Fortentwicklung gegenüber § 6 SGB XII, in dem keinerlei Bezug zum jeweiligen „Bedarf" gezogen wird. Die Regelung steht in einem engen Zusammenhang mit dem Sicherstellungsauftrag aus § 95. 2

Für die personenzentrierte Ausgestaltung der Leistungen hält der Gesetzgeber es für zwingend erforderlich, dass die Mitarbeiter/innen der Träger der Eingliederungshilfe fachlich qualifiziert sind und den regionalen Sozialraum genau kennen (BT-Drs. 18/9522, 274). Demgemäß werden die Träger der Eingliederungshilfe durch S. 1 **verpflichtet, Fachkräfte zu beschäftigen.** Eine verbindliche Vorgabe wird hierin in der Lit. im Hinblick auf die Personalhoheit der Träger der Eingliederungshilfe allerdings nicht gesehen (Fuchs/Ritz/Rosenow/Rosenow SGB IX § 97 Rn. 7). 3

Die Fachkräfte müssen **„unterschiedlichen Fachdisziplinen"** angehören. Dies ist erforderlich, um den verschiedenen Beeinträchtigungen und den vielfältigen Anforderungen der Rehabilitation und Teilhabe entsprechen zu können (v. Boetticher, Teilhaberecht, 2. Aufl. 2020, § 4 Rn. 52). Welche Fachdisziplinen vertreten sein sollen, wird nicht festgelegt, um hier nicht zu sehr einzuschränken. Ein Bedarf an zusätzlichem Personal wird grds. in den neuen Regelungen für das Bedarfsermittlungs- und -feststellungsverfahren gesehen (BT-Drs. 18/9522, 275). 3a

C. Anforderungen an die Fachkräfte (S. 2)

S. 2 formuliert die Anforderungen an die Fachkräfte. Es wird eine ihren Aufgaben entsprechende **Ausbildung** verlangt, weil davon ausgegangen wird, dass die erforderlichen Leistungen der Eingliederungshilfe umso zielgerichteter und effektiver eingesetzt werden können, je qualifizierter die Beschäftigten der Träger der Eingliederungshilfe sind. Aus diesem Grund werden neben der „entsprechenden Ausbildung" in S. 2 Nr. 1 4 a-c **weitere umfassende Kenntnisse** erwartet („sollen […] verfügen"). Die Fachkräfte müssen ua Kenntnisse des gesamten Rehabilitationsrechts haben (LPK-SGB IX/Bieritz-Harder § 97Rn. 2). Werden diese Kenntnisse in einer Ausbildung nicht vermittelt, besteht hier sofort ein Fortbildungsbedarf. Der Gesetzgeber sieht in den qualifizierten Beschäftigten, die auch unter Einbeziehung von Gesichtspunkten der UN-BRK, die Leistungen zielgerichtet erbringen, eine Möglichkeit der langfristigen Kostendämpfung, da erforderliche Leistungen, die nicht sofort erkannt oder erbracht werden, sich im Regelfall verteuern.

4a Weiter müssen die Fachkräfte umfassende Kenntnisse über den **regionalen Sozialraum** (zu diesem Begriff → § 76 Rn. 3) haben und sie müssen in der Lage sein, mit den Beteiligten zu **kommunizieren,** zB in Gebärdensprache.

5 In § 97 wird nicht explizit die **„persönliche Eignung"** gefordert (anders § 6 Abs. 1 S. 1 SGB XII). Es darf hieraus aber nicht abgeleitet werden, dass persönliche Eignung nicht erforderlich ist, sondern es muss unterstellt werden, dass der Gesetzgeber eine persönliche Eignung als so elementar ansieht, dass sie nicht mehr ausdrücklich gefordert werden muss.

D. Fortbildung (S. 3, 4)

6 Die Träger der Eingliederungshilfe müssen ihren Mitarbeiterinnen und Mitarbeitern, die die Voraussetzungen der Fachkraft nicht erfüllen, Gelegenheit zur **Fortbildung** geben (S. 3). In der Lit. wird der Anwendungsbereich der Vorschrift auf alle Mitarbeiterinnen und Mitarbeiter des Trägers der Eingliederungshilfe ausgedehnt (Fuchs/Ritz/Rosenow/Rosenow SGB IX § 97 Rn. 15).

6a Zusätzlich ist den Mitarbeiterinnen und Mitarbeitern der Eingliederungshilfeträger Gelegenheit zum **Austausch mit den Menschen** mit Behinderungen zu geben (S. 3). Die erforderlichen Maßnahmen hierfür muss der Träger der Eingliederungshilfe treffen.

7 Die Träger der Eingliederungshilfe müssen die kontinuierliche **fachliche Fortbildung** der Fachkräfte gewährleisten. Diese muss insbesondere die Beratung und Unterstützung der Menschen mit Behinderungen (§ 106; → § 106 Rn. 3 ff.) und die Gesamtplanung (§ 117; → § 117 Rn. 3 ff.) beinhalten (S. 4; BT-Drs. 18/9522, 275).

§ 98[1] Örtliche Zuständigkeit

(1) [1]Für die Eingliederungshilfe örtlich zuständig ist der Träger der Eingliederungshilfe, in dessen Bereich die leistungsberechtigte Person ihren gewöhnlichen Aufenthalt zum Zeitpunkt der ersten Antragstellung nach § 108 Absatz 1 hat oder in den zwei Monaten vor den Leistungen einer Betreuung über Tag und Nacht zuletzt gehabt hatte. [2]Bedarf es nach § 108 Absatz 2 keines Antrags, ist der Beginn des Verfahrens nach Kapitel 7 maßgeblich. [3]Diese Zuständigkeit bleibt bis zur Beendigung des Leistungsbezuges bestehen. [4]Sie ist neu festzustellen, wenn für einen zusammenhängenden Zeitraum von mindestens sechs Monaten keine Leistungen bezogen wurden. [5]Eine Unterbrechung des Leistungsbezuges wegen stationärer Krankenhausbehandlung oder medizinischer Rehabilitation gilt nicht als Beendigung des Leistungsbezuges.

(2) [1]Steht innerhalb von vier Wochen nicht fest, ob und wo der gewöhnliche Aufenthalt begründet worden ist, oder ist ein gewöhnlicher Aufenthalt nicht vorhanden oder nicht zu ermitteln, hat der für den tatsächlichen Aufenthalt zuständige Träger der Eingliederungshilfe über die Leistung unverzüglich zu entscheiden und sie vorläufig zu erbringen. [2]Steht der gewöhnliche Aufenthalt in den Fällen des Satzes 1 fest, wird der

[1] § 98 Abs. 5 angef. mWv 1.1.2020 durch G v. 10.12.2019 (BGBl. I S. 2135).

Träger der Eingliederungshilfe nach Absatz 1 örtlich zuständig und hat dem nach Satz 1 leistenden Träger die Kosten zu erstatten. [3] Ist ein gewöhnlicher Aufenthalt im Bundesgebiet nicht vorhanden oder nicht zu ermitteln, ist der Träger der Eingliederungshilfe örtlich zuständig, in dessen Bereich sich die leistungsberechtigte Person tatsächlich aufhält.

(3) **Werden für ein Kind vom Zeitpunkt der Geburt an Leistungen nach diesem Teil des Buches über Tag und Nacht beantragt, tritt an die Stelle seines gewöhnlichen Aufenthalts der gewöhnliche Aufenthalt der Mutter.**

(4) **[1] Als gewöhnlicher Aufenthalt im Sinne dieser Vorschrift gilt nicht der stationäre Aufenthalt oder der auf richterlich angeordneter Freiheitsentziehung beruhende Aufenthalt in einer Vollzugsanstalt. [2] In diesen Fällen ist der Träger der Eingliederungshilfe örtlich zuständig, in dessen Bereich die leistungsberechtigte Person ihren gewöhnlichen Aufenthalt in den letzten zwei Monaten vor der Aufnahme zuletzt hatte.**

(5) **[1] Bei Personen, die am 31. Dezember 2019 Leistungen nach dem Sechsten Kapitel des Zwölften Buches in der am 31. Dezember 2019 geltenden Fassung bezogen haben und auch ab dem 1. Januar 2020 Leistungen nach Teil 2 dieses Buches erhalten, ist der Träger der Eingliederungshilfe örtlich zuständig, dessen örtliche Zuständigkeit sich am 1. Januar 2020 im Einzelfall in entsprechender Anwendung von § 98 Absatz 1 Satz 1 oder Absatz 5 des Zwölften Buches oder in entsprechender Anwendung von § 98 Absatz 2 Satz 1 und 2 in Verbindung mit § 107 des Zwölften Buches ergeben würde. [2] Absatz 1 Satz 3 bis 5 gilt entsprechend. [3] Im Übrigen bleiben die Absätze 2 bis 4 unberührt.**

Übersicht

A. Geltende Fassung; Normzweck

§ 98 regelt seit dem 1.1.2020 die örtliche Zuständigkeit der Träger der Eingliederungshilfe. Der davor in der Vorschrift enthaltene Regelungsgegenstand – Beauftragter des Arbeitgebers – findet sich seitdem in § 181. Abs. 5 wurde durch Art. 2 des G zur Entlastung unterhaltsverpflichteter Angehöriger in der Sozialhilfe und in der Eingliederungshilfe (Angehörigen-Entlastungsgesetz) v. 10.12.2019 (BGBl. I S. 2135, 2137) mWv vom 1.1.2020 eingefügt. 1

§ 98 bestimmt die **örtliche Zuständigkeit der Träger der Eingliederungshilfe.** Mit dieser wird deren Zuständigkeitsbereich regional gegeneinander abgegrenzt. Um in länderübergreifenden Fällen eine eindeutige Feststellung der Zuständigkeit sicherzustellen, wird die örtliche Zuständigkeit bundeseinheitlich geregelt (BT-Drs. 18/9522, 275). Berücksichtigt wird auch das Antragserfordernis, das für Leistungen der Eingliederungshilfe besteht (BT-Drs. 18/10523, 59). Die sachliche Zuständigkeit wird durch die Länder bestimmt (§ 94, → § 94 Rn. 3 ff.). 2

2a **Vorrang** gegenüber § 98 hat das Zuständigkeitsklärungsverfahren nach **§ 14.** (§ 7 Abs. 2). Nicht anwendbar sind § 16 Abs. 2 S. 1 SGB I (§ 14 Abs. 5; → § 14 Rn. 15) und § 43 SGB I (§ 24 S. 3).

B. Grundsatz: Anknüpfung am gewöhnlichen Aufenthalt (Abs. 1 S. 1)

3 Die örtliche Zuständigkeit richtet sich grds. nach dem gewöhnlichen Aufenthalt im Zeitpunkt der – ersten – Antragstellung nach § 108 bzw. bei Leistungen über Tag und Nacht während der letzten zwei Monate vor der Antragstellung. Hat die leistungsberechtigte Person keinen gewöhnlichen Aufenthalt oder lässt sich ein solcher nicht ermitteln, ist der Träger der Eingliederungshilfe zuständig, in dessen Bereich der tatsächliche Aufenthalt liegt (Abs. 2 S. 1; → Rn. 7). Zum gewöhnlichen Aufenthalt im Ausland → § 101 Rn. 5.

3a Der Begriff des **gewöhnlichen Aufenthalts** wird allgemein für das SGB in § 30 Abs. 3 S. 2 SGB I legaldefiniert. Diese Legaldefinition ist anzuwenden, soweit das SGB IX keine abweichende Regelung enthält (§ 37 S. 1 SGB I). Eine solche abweichende Regelung findet sich in Abs. 4 (→ Rn. 9) allerdings begrenzt auf die stationäre und die mit Freiheitsentzug verbundene Unterbringung. Im Übrigen ist die Legaldefinition in § 30 Abs. 3 S. 2 SGB I maßgebend. Danach liegt der gewöhnliche Aufenthalt dort, „wo (die leistungsberechtigte Person; Ergänzung durch den Verf.) sich unter Umständen aufhält, die erkennen lassen, dass (die leistungsberechtigte Person; Ergänzung durch den Verf.) an diesem Ort oder in diesem Gebiet nicht nur vorübergehend verweilt." Dies ist dann der Fall, wenn sie sich bis auf weiteres zukunftsoffen an dem Ort oder in dem Bereich aufhält. Dass sie nicht nur vorübergehend verweilt, muss sich aus den **Umständen des Einzelfalls** ergeben. Umstände sind der Wille der leistungsberechtigten Person, familiäre Bindungen, soziale Bindungen und die Dauer des bisherigen Aufenthalts (LPK-SGB IX/Bieritz-Harder § 98 Rn. 4). Es ist allerdings nicht erforderlich, dass sich die leistungsberechtigte Person bereits an dem Ort oder in dem Gebiet eine bestimmte Zeit aufgehalten hat. Eine „Wohnung" muss nicht vorhanden sein (LSG Nds-Brem 8.1.2015, BeckRS 2015, 66625). Der gewöhnliche Aufenthalt wird an sich auch nicht dadurch ausgeschlossen, dass der Aufenthalt nicht auf Freiwilligkeit beruht (Strafgefangene, Heimbewohner, geschlossene stationäre Einrichtungen; BSG 31.10.2012 – B 13 R 1/12 R, E 112, 116 = BeckRS 2013, 67100 Rn. 13). Für diesen Fall wird die Begründung eines gewöhnlichen Aufenthalts allerdings ausdrücklich durch Abs. 4 ausgeschlossen; (s. → Rn. 9). Der gewöhnliche Aufenthalt kann bereits ab dem ersten Tag des Aufenthalts bestehen.

3b Der gewöhnliche Aufenthaltsort richtet sich nach den im **Zeitpunkt der ersten Antragstellung** bestehenden Umständen, dh des Zugangs des Antrags beim Eingliederungshilfeträger (v. Boetticher, Teilhaberecht, 2. Aufl., 2020 § 4 Rn. 57). Ausreichend ist, dass der Antrag bei einem der Rehabilitationsträger (§ 14 SGB IX; LPK-SGB IX/Bieritz/-Harder § 98 Rn. 4) eingegangen ist. Dann wird auf den Zugang bei diesem Träger abgestellt (§ 16 Abs. 2 S. 2 SGB I). Geht der Antrag bei einem anderen Sozialleistungsträger, der nicht Rehabilitationsträger ist, bei einer Gemeinde oder einer Auslandsvertretung der Bundesrepublik Deutschland ein, ist der Zugang bei diesen Stellen maßgebend (§ 16 Abs. 2 S. 2 SGB I). Diese müssen den Antrag entgegennehmen und unverzüglich an den zuständigen Eingliederungshilfeträger weiterleiten (§ 16 Abs. 2 S. 1 SGB I). Zum Fortbestand der Zuständigkeit → Rn. 6.

4 Bei Leistungen der Betreuung über **Tag und Nacht** ist der Träger der Eingliederungshilfe örtlich zuständig, in dessen Bereich der letzte gewöhnliche Aufenthalt der leistungsberechtigten Person in den letzten zwei Monaten vor der Antragstellung lag (Abs. 1 S. 1 Hs. 2). Mit Leistungen der Betreuung über Tag und Nacht sind stationäre Leistungen in

der Terminologie des SGB XII gemeint, dagegen nicht 24-Stunden-Assistenzen (Fuchs/Ritz/Rosenow/Rosenow SGB IX § 98 Rn. 17). Hatte die leistungsberechtigte Person keinen gewöhnlichen Aufenthalt während der letzten zwei Monate vor der Antragstellung oder ist dieser nicht zu ermitteln, richtet sich die Zuständigkeit nach dem tatsächlichen Aufenthaltsort (Abs. 2 S. 3; → Rn. 7b). Abs. 1 S. 1 Hs. 2 betrifft vor allem Personen, die bereits vor dem 1.1.2020 solche Leistungen erhalten haben und diese weiterhin beziehen (LPK-SGB IX/Bieritz-Harder § 98 Rn. 4). Für diese gilt die Übergangsregelung in Abs. 5 (→ Rn. 10).

Ist nach § 108 Abs. 2 kein Antrag erforderlich, ist der Träger der Eingliederungshilfe zuständig, in dessen Bereich der gewöhnliche Aufenthalt bei **Beginn des Gesamtplanverfahrens** lag (Abs. 1 S. 2). Dies betrifft Bedarfe, die im Rahmen des Gesamtplanverfahrens festgestellt wurden. Da dieses Verfahren erst aufgrund eines Antrages eingeleitet wird, wird in der Lit. die Notwendigkeit von Abs. 1 S. 2 bezweifelt (v. Boetticher, Teilhaberecht, 2. Aufl. 2020, § 4 Rn. 60). 5

C. Fortbestand der Zuständigkeit (Abs. 1 S. 3–5)

Die örtliche Zuständigkeit nach Abs. 1 S. 1, 2 bleibt bis zum **Ende des Leistungsbezugs** bestehen (**Abs. 1 S. 3**), selbst wenn die leistungsberechtigte Person in den Bereich eines anderen Trägers der Eingliederungshilfe umzieht (LPK-SGB IX/Bieritz-Harder § 98 Rn. 8). Nur wenn in einem zusammenhängenden Zeitraum sechs Monate keine Leistungen der Eingliederungshilfe bezogen wurden, ist die örtliche Zuständigkeit **neu** zu **bestimmen** (**Abs. 1 S. 4**). Nicht beendet ist der Leistungsbezug, wenn er wegen einer stationären Krankenhausbehandlung oder einer stationären Maßnahme der medizinischen Rehabilitation unterbrochen wird (**Abs. 1 S. 5**). Die örtliche Zuständigkeit bleibt in diesem Fall bestehen, selbst wenn der Leistungsbezug für mehr als sechs Monate unterbrochen war. Erfolgt die stationäre Krankenhausbehandlung oder eine stationäre Maßnahme der medizinischen Rehabilitation erst, nachdem die Maßnahme der Eingliederungshilfe unterbrochen wurde, bleibt es beim 6-Monatszeitraum (Fuchs/Ritz/Rosenow/Rosenow SGB IX § 98 Rn. 25). Abs. 1 S. 3–5 unterfällt nach dem eindeutigen Wortlaut nicht die Zuständigkeit des tatsächlichen Aufenthalts nach Abs. 2 S. 3. 6

D. Zuständigkeit des Eingliederungshilfeträgers des tatsächlichen Aufenthalts (Abs. 2)

I. Vorläufige Leistungen durch den Träger des tatsächlichen Aufenthalts (Abs. 2 S. 1)

Abs. 2 S. 1 ergänzt den vorrangigen (§ 7 Abs. 2; → § 7 Rn. 5) § 14. Er ist deshalb nicht anzuwenden, wenn der Antrag bei einem anderen Rehabilitationsträger eingegangen ist (LPK-SGB IX/Bieritz-Harder § 98 SGB IX Rn. 9). Kann der gewöhnliche Aufenthalt innerhalb von vier Wochen nicht festgestellt werden oder hat die leistungsberechtigte Person keinen gewöhnlichen Aufenthalt, muss der Träger der Eingliederungshilfe, in dessen Bereich die leistungsberechtigte Person sich **tatsächlich aufhält**, entscheiden und die Leistung vorläufig erbringen. Der **tatsächliche Aufenthalt** liegt dort, wo die leistungsberechtigte Person sich physisch aufhält. Zu **Eilfällen** → § 120 Rn. 7 ff. Die **Frist beginnt** im Zeitpunkt des Zugangs des Antrags beim Eingliederungshilfeträger (LPK-SGB IX/Bieritz-Harder § 98 Rn. 9). 7

II. Kostenerstattung (Abs. 2 S. 2)

7a Steht der gewöhnliche Aufenthalt fest, wird der Träger der Eingliederungshilfe örtlich zuständig, in dessen Bereich dieser Ort liegt (Abs. 1; → Rn. 3 ff.). Er muss dem vorleistenden Träger der Eingliederungshilfe die Kosten **erstatten** (§ 16).

III. Endgültige Zuständigkeit des Trägers des tatsächlichen Aufenthalts (Abs. 2 S. 3)

7b Besteht kein gewöhnlicher Aufenthalt in der Bundesrepublik Deutschland oder lässt sich dieser nicht ermitteln, ist der Träger der Eingliederungshilfe des tatsächlichen Aufenthaltsorts (→ Rn. 7) endgültig zuständig.

E. Neugeborene (Abs. 3)

8 Bei Leistungen der Eingliederungshilfe für **Kinder über Tag und Nacht** ab Geburt ist der gewöhnliche Aufenthalt der Mutter maßgeblich (Abs. 3). Der Begriff „Leistungen über Tag und Nacht" ersetzt den herkömmlichen Begriff einer „stationären Einrichtung", da im Eingliederungshilferecht des SGB IX die Unterteilung nach der Art der Leistung (ambulant, teilstationär, stationär) aufgegeben wurde (BT-Drs. 18/10523, 59). Lässt sich ein gewöhnlicher Aufenthalt nicht feststellen, ist der Träger der Eingliederungshilfe zuständig, in dessen Bereich das Kind den tatsächlichen Aufenthalt hat.

F. Stationärer Aufenthalt oder Aufenthalt in einer Vollzugsanstalt (Abs. 4)

9 Bei einem **stationären Aufenthalt** (z. B. Krankenhaus) oder einem Aufenthalt in einer **Vollzugsanstalt** richtet sich die örtliche Zuständigkeit nach dem letzten gewöhnlichen Aufenthalt in den letzten zwei Monaten vor der Aufnahme in die Einrichtung (Abs. 4 S. 2). In der Einrichtung selbst wird kein gewöhnlicher Aufenthalt begründet (Abs. 4 S. 1). Mit dieser Abweichung vom Begriff des gewöhnlichen Aufenthalts soll eine besonders hohe Belastung der Träger der Eingliederungshilfe vermieden werden, in denen die Einrichtungen liegen.

G. Örtliche Zuständigkeit bei Bezieher/innen von Eingliederungshilfe nach dem SGB XII (Abs. 5)

10 Das BTHG enthielt keine Regelung zum Übergang der örtlichen Zuständigkeit infolge der Überführung der Eingliederungshilfe vom SGB XII in das SGB IX am 1.1.2020. Änderungen bei der örtlichen Zuständigkeit waren indessen nicht von vornherein ausgeschlossen, weil ab dem 1.1.2020 in der Eingliederungshilfe die Gliederung in ambulante, teilstationäre und stationäre Leistungen für Menschen mit Behinderungen aufgegeben wurde und zum anderen im neuen Recht der Eingliederungshilfe nach § 108 SGB IX ein Antragserfordernis besteht (BT-Drs. 19/14868, 23). Um Zuständigkeitskonflikte zu vermeiden und damit eine reibungslose Überführung der zum 31.12.2019 bestehenden Leistungsfälle in das neue Recht der Eingliederungshilfe zu gewährleisten, wurde Abs. 5

eingefügt. Zuständig blieb der bislang zuständige Träger (S. 1). Die entsprechende Anwendung von Abs. 1 S. 3–5 (S. 2) bewirkt, dass diese örtliche Zuständigkeit grds. bis zum Ende des Leistungsbezuges fortbesteht (→ Rn. 6 f.). Die Bundesländer waren allerdings berechtigt, in ihrem Geltungsbereich hiervon abweichende Zuständigkeitsregelungen zu erlassen (BT-Drs. 19/14868, 23).

Kapitel 2. Grundsätze der Leistungen

§ 99[1] Leistungsberechtigung, Verordnungsermächtigung

(1) Leistungen der Eingliederungshilfe erhalten Menschen mit Behinderungen im Sinne von § 2 Absatz 1 Satz 1 und 2, die wesentlich in der gleichberechtigten Teilhabe an der Gesellschaft eingeschränkt sind (wesentliche Behinderung) oder von einer solchen wesentlichen Behinderung bedroht sind, wenn und solange nach der Besonderheit des Einzelfalles Aussicht besteht, dass die Aufgabe der Eingliederungshilfe nach § 90 erfüllt werden kann.

(2) Von einer wesentlichen Behinderung bedroht sind Menschen, bei denen der Eintritt einer wesentlichen Behinderung nach fachlicher Erkenntnis mit hoher Wahrscheinlichkeit zu erwarten ist.

(3) Menschen mit anderen geistigen, seelischen, körperlichen oder Sinnesbeeinträchtigungen, durch die sie in Wechselwirkung mit einstellungs- und umweltbedingten Barrieren in der gleichberechtigten Teilhabe an der Gesellschaft eingeschränkt sind, können Leistungen der Eingliederungshilfe erhalten.

(4) [1]Die Bundesregierung kann durch Rechtsverordnung mit Zustimmung des Bundesrates Bestimmungen über die Konkretisierung der Leistungsberechtigung in der Eingliederungshilfe erlassen. [2]Bis zum Inkrafttreten einer nach Satz 1 erlassenen Rechtsverordnung gelten die §§ 1 bis 3 der Eingliederungshilfe-Verordnung in der am 31. Dezember 2019 geltenden Fassung entsprechend.

Literatur: Schaumberg, Behinderungsbegriff nach § 2 Abs. 1 SGB IX und GdB-Bewertung nach den versorgungsmedizinischen Grundsätzen, jurisPR-SozR 22/2018, Anm. 4; Schaumberg/Seidel, Der Behinderungsbegriff des Bundesteilhabegesetzes – ein überflüssiger Paradigmenwechsel? (Teil 1 und 2), SGb 2017, 572 und 618; Siefert, Anspruchsberechtigter Personenkreis in der Eingliederungshilfe, SGb 2021, 535; Siefert, Gesetz zur Stärkung der Teilhabe und Selbstbestimmung von Menschen mit Behinderungen (Bundesteilhabegesetz – BTHG) vom 23.12.2016 (Teil 2), jurisPR-SozR 7/2017 Anm. 1; Welke: BTHG & Co – Neustart der Diskussion – Wer ist ab 2023 leistungsberechtigt in der Eingliederungshilfe? Der Abschlussbericht zu den rechtlichen Wirkungen von Artikel 25a, § 99 des Bundesteilhabegesetzes (ab 2023), RdLH 2018, 167.

Übersicht

[1] § 99 neu gef. mWv 1.7.2021 durch G v. 2.6.2021 (BGBl. I S. 1387).

A. Geltende Fassung; Normzweck

1 § 99 bestimmt seit dem 1.1.2020 den leistungsberechtigten Personenkreis der Eingliederungshilfe. Der davor in § 99 enthaltene Regelungsgegenstand – Zusammenarbeit in Betrieben und Dienststellen – findet sich seit dem 1.1.2018 in § 182. Im Gesetzgebungsverfahren war bis zuletzt v. a. die Umschreibung des leistungsberechtigten Personenkreises heftig umstritten. Dieser Streit wurde für eine Übergangszeit bis spätestens 31.12.2022 dahingehend beigelegt, dass auf § 53 Abs. 1, 2 und die §§ 1–3 EingliederungshilfeVO in der am 31.12.2019 geltenden Fassung Bezug genommen wurde (Art. 25 Abs. 3, 5 BTHG, siehe ferner Art. 25a BTHG). Bereits früher als zunächst geplant, wurde der leistungsberechtigte Personenkreis durch das Teilhabestärkungsgesetz v. 2.6.2021 (BGBl. I S. 1387) mWv 1.7.2021 in dem neu gefassten § 99 neu umschrieben. Das Bundesgesetz nach Art. 25a wurde bislang nicht erlassen, so dass weiterhin die oben abgedruckte Fassung maßgeblich ist.

1a § 99 unterscheidet zwischen wesentlicher sowie wesentlicher drohender Behinderung einerseits und nicht wesentlicher Behinderung andererseits. Ist die (drohende) **Behinderung wesentlich,** besteht ein **Anspruch** auf Eingliederungshilfe (Abs. 1; → Rn. 3 ff.). Ist sie **nicht wesentlich,** entscheidet der Träger der Eingliederungshilfe nach **pflichtgemäßem Ermessen** über die Erbringung der Leistung (Abs. 3; → Rn. 9). Auf der Rechtsfolgenseite hat der Träger der Eingliederungshilfe Auswahlermessen. Nur wenn dieses auf Null reduziert ist, ist eine bestimmte Leistung zu gewähren.

B. Pflichtleistung

I. Anspruchsgrundlage

2–4 Anspruchsgrundlage der Pflichtleistung ist § 99 Abs. 1. „Leistungen der Eingliederungshilfe" meint nur diese. Anspruchsgrundlage der Ermessensleistungen ist § 99 Abs. 3. § 99 Abs. 1 unterfällt nicht die Eingliederungshilfe der sozialen Entschädigung bei Gesundheitsschäden. Bei dieser ist § 27d Abs. 1 Nr. 3 BVG (ab 1.1.2024: §§ 65 SGB XIV iVm § 112 für die Teilhabe an Bildung bzw. § 66 Abs. 1 SGB XIV iVm §§ 113 ff. für die Soziale Teilhabe Anspruchsgrundlage. Anspruchsgrundlage der Eingliederungshilfe nach dem SGB VIII bei Kindern und Jugendlichen mit (drohender) seelischer Behinderung ist § 35a Abs. 1 SGB VIII und bei jungen Volljährigen § 41 Abs. 1 SGB VIII.

II. Voraussetzungen der Pflichtleistung (Abs. 1, 2)

1. Behinderung iSv § 2 Abs. 1 S. 1, 2

5 Eine Behinderung iSv § 2 Abs. 1 S. 1 des Neunten Buches liegt bei Menschen vor, „die körperliche, seelische, geistige oder Sinnesbeeinträchtigungen haben, die sie in Wechselwirkung mit einstellungs- und umweltbedingten Barrieren an der gleichberechtigten Teilhabe an der Gesellschaft mit hoher Wahrscheinlichkeit länger als sechs Monate

hindern". Zu Einzelheiten → § 2 Rn. 2 ff. Unerheblich ist das Alter der leistungsberechtigten Person (so zum SGB XII LSG BW 19.3.2012 – L 2 SO 72/12 ER-B, BeckRS 2012, 70769). Bei Kindern, Jugendlichen und jungen Volljährigen mit ausschließlich seelischer Behinderung ist die Eingliederungshilfe nach dem SGB VIII vorrangig (§ 10 Abs. 4 S. 1, 2 SGB VIII; s. hierzu auch → § 91 Rn. 3l). Zur drohenden Behinderung → Rn. 6b.

2. Wesentliche Einschränkung der Teilhabe an der Gesellschaft

Die Teilhabe am Leben in der Gesellschaft ist **eingeschränkt,** wenn der Mensch mit Behinderungen aus der Gesellschaft ausgegliedert wird (so zum SGB XII LSG Nds-Brem 5.8.2010 – L 8 SO 143/10 B ER, BeckRS 2011, 65574). 6

Ob die Einschränkung **wesentlich** ist, hängt davon ab, welche Auswirkungen die Behinderung auf die Teilhabemöglichkeiten hat (so zum SGB XII BSG 15.11.2012 – B 8 SO 10/11 R, BSGE 112, 196). Die Bundesregierung wird durch Abs. 4 S. 1 ermächtigt, dies mit Zustimmung des Bundesrates durch Rechtsverordnung zu regeln. Bis zum Erlass dieser Rechtsverordnung sind die §§ 1–3 der zum SGB XII erlassenen an sich mit Ablauf des 31.12.2019 außer Kraft getretenen EingliederungshilfeVO. Die §§ 1–3 EingliederungshilfeVO lauten: 6a

§ 1 Körperlich wesentlich behinderte Menschen

Durch körperliche Gebrechen wesentlich in ihrer Teilhabefähigkeit eingeschränkt im Sinne des § 53 Abs. 1 Satz 1 des Zwölften Buches Sozialgesetzbuch sind

1. Personen, deren Bewegungsfähigkeit durch eine Beeinträchtigung des Stütz- oder Bewegungssystems in erheblichem Umfange eingeschränkt ist,
2. Personen mit erheblichen Spaltbildungen des Gesichts oder des Rumpfes oder mit abstoßend wirkenden Entstellungen vor allem des Gesichts,
3. Personen, deren körperliches Leistungsvermögen infolge Erkrankung, Schädigung oder Fehlfunktion eines inneren Organs oder der Haut in erheblichem Umfange eingeschränkt ist,
4. Blinden oder solchen Sehbehinderten, bei denen mit Gläserkorrektion ohne besondere optische Hilfsmittel
   a) auf dem besseren Auge oder beidäugig im Nahbereich bei einem Abstand von mindestens 30 cm oder im Fernbereich eine Sehschärfe von nicht mehr als 0,3 besteht
   oder
   b) durch Buchstabe a nicht erfaßte Störungen der Sehfunktion von entsprechendem Schweregrad vorliegen,
5. Personen, die gehörlos sind oder denen eine sprachliche Verständigung über das Gehör nur mit Hörhilfen möglich ist,
6. Personen, die nicht sprechen können, Seelentauben und Hörstummen, Personen mit erheblichen Stimmstörungen sowie Personen, die stark stammeln, stark stottern oder deren Sprache stark unartikuliert ist.

§ 2 Geistig wesentlich behinderte Menschen

Geistig wesentlich behindert im Sinne des § 53 Abs. 1 Satz 1 des Zwölften Buches Sozialgesetzbuch sind Personen, die infolge einer Schwäche ihrer geistigen Kräfte in erheblichem Umfange in ihrer Fähigkeit zur Teilhabe am Leben in der Gesellschaft eingeschränkt sind.

§ 3 Seelisch wesentlich behinderte Menschen

Seelische Störungen, die eine wesentliche Einschränkung der Teilhabefähigkeit im Sinne des § 53 Abs. 1 Satz 1 des Zwölften Buches Sozialgesetzbuch zur Folge haben können, sind

1. körperlich nicht begründbare Psychosen,
2. seelische Störungen als Folge von Krankheiten oder Verletzungen des Gehirns, von Anfallsleiden oder von anderen Krankheiten oder körperlichen Beeinträchtigungen,
3. Suchtkrankheiten,
4. Neurosen und Persönlichkeitsstörungen.

6b Die **Sinnesbeeinträchtigungen** werden in den §§ 1–3 EingliederungshilfeVO nicht in einer eigenen Vorschrift geregelt, sondern sind in § 1 Nr. 3–5 EingliederungshilfeVO miterfasst. Bei der **geistigen Behinderung** kommt es nach der Rspr. des BSG nicht auf das Maß der Beeinträchtigung und den Umfang des Funktionsdefizits an, sondern auf die Beeinträchtigung der Teilhabefähigkeit (so zur entsprechenden Rechtslage nach dem SGB XII BSG 15.11.2012 – B 8 SO 10/11 R, BSGE 112, 196). Bei der **seelischen Behinderung** ist zu prüfen, ob eine der in § 3 EingliederungshilfeVO aufgezählten Beeinträchtigungen vorliegt.

6c In welchen Fällen Menschen von einer **wesentlichen Behinderung bedroht** sind, bestimmt Abs. 2. Danach muss „der Eintritt einer wesentlichen Behinderung nach fachlicher Erkenntnis mit hoher Wahrscheinlichkeit zu erwarten" sein. Dies ist unter Berücksichtigung aller Faktoren der Definition in § 2 Abs. 1 zu beurteilen. Es sind also die individuellen Verhältnisse, die umwelt- und einstellungsbedingten Barrieren und die Wechselwirkung zwischen diesen zu berücksichtigen (ebenso LPK-SGB IX/Zinsmeister § 99 Rn. 8). Die drohende wesentliche Behinderung muss nach **fachlicher Erkenntnis** prognostiziert werden, also mittels eines Fachgutachtens, wobei anders als in der Kinder- und Jugendhilfe in § 35a Abs. 1a SGB VIII keine bestimmte fachliche Profession der begutachtenden Person gefordert wird. Die Rspr. zur Eingliederungshilfe in der Sozialhilfe ging bislang von einer **hohen Wahrscheinlichkeit** aus, wenn mit dem Eintritt der Behinderung zu mehr als 50 % zu rechnen ist (BVerwG 26.11.1998 – 5 C 38/97, BeckRS 1998, 30036133). In der Lit. wird gefordert, dass im Anwendungsbereich von Abs. 2 keine zu hohen Anforderungen gestellt werden (LPK-SGB IX/Zinsmeister § 99 Rn. 8).

3. Aussicht auf Erfüllen der Aufgabe der Eingliederungshilfe

7 Ob „die Aufgabe der Eingliederungshilfe nach § 90 erfüllt werden kann", ist im Einzelfall zu beurteilen. Maßgebend sind die individuellen Teilhabeziele (v. Boetticher/Kuhn-Zuber, Rehabilitationsrecht, 2. Aufl. 2022, Rn. 291). Zu deren Erreichung muss die begehrte Leistung der Eingliederungshilfe geeignet sein. Mit ihr müssen bei der antragstellenden Person die allgemeine Aufgabe der Eingliederungshilfe (§ 90 Abs. 1) und die besondere Aufgabe der beanspruchten Leistung (§ 90 Abs. 2–5) erfüllt werden können. Sie wird nur solange geleistet, wie die Teilhabeziele erreicht werden können (§ 104 Abs. 1 S. 2; → § 104 Rn. 4). Mit zu berücksichtigen sind die allgemeinen Ziele des Rehabilitationsrechts nach § 4 (BT-Drs. 19/27400, 65).

4. Weitere Voraussetzungen des Anspruches auf Eingliederungshilfe

7a a) **Notwendigkeit der Eingliederungshilfe.** Aus den §§ 104 Abs. 1, 4 Abs. 1 folgt, dass eine Leistung notwendig ist, wenn das Teilhabeziel im Einzelfall erreicht werden kann. Nicht notwendig ist die Leistung, wenn der bestehende Bedarf tatsächlich mit vorrangigen Leistungen anderer bereits gedeckt ist. Einzelheiten hierzu regeln die §§ 91, 93 (zu Einzelheiten s. die Kommentierungen zu diesen Vorschriften).

8 Derzeit nicht belegt.

8a b) **Kein einzusetzendes Vermögen vorhanden (§ 140 Abs. 1).** Übersteigt das zu verwertende Vermögen die Freibetragsgrenze, ist dieses zunächst einzusetzen (§ 140 Abs. 1). Zu Einzelheiten der Vermögensberücksichtigung siehe die Kommentierungen zu den §§ 139, 140).

8b c) **Leistungsabhängige Voraussetzungen.** Zusätzlich können für die beantragte Leistung weitere Voraussetzungen bestehen, zB bei den heilpädagogischen Leistungen nach § 113 Abs. 2 Nr. 3 iVm § 79, dass das Kind noch nicht eingeschult ist. Dann besteht ein Anspruch auf eine Leistung der Eingliederungshilfe nur, wenn auch diese erfüllt sind.

d) **Weitere Voraussetzungen bei Ausländerinnen und Ausländern und bei gewöhnlichem Aufenthalt im Ausland.** Bei Ausländerinnen und Ausländern, also Personen, die die deutsche Staatsangehörigkeit nicht besitzen bzw. Leistungsberechtigten mit gewöhnlichem Aufenthalt im Ausland, ist weiter zu prüfen, ob bei ihnen die Gewährung von Eingliederungshilfe durch die §§ 100, 101 ausgeschlossen ist. 8c

III. Rechtsfolge

Sind diese Voraussetzungen erfüllt, besteht ein Anspruch auf Leistungen der Eingliederungshilfe. Bezüglich des Inhalts der Leistung hat der Träger der Eingliederungshilfe Auswahlermessen (jurisPK-SGB IX/Wehrhahn § 99 Rn. 26). 8d

C. Ermessensleistungen (Abs. 3)

Bei Menschen mit anderen körperlichen, geistigen, seelischen oder Sinnesbeeinträchtigungen, die durch diese in Wechselwirkung mit einstellungs- und umweltbedingten Barrieren an der gleichberechtigten Teilhabe an der Gesellschaft eingeschränkt sind, steht die Gewährung der Eingliederungshilfe im pflichtgemäßen Ermessen der Träger der Eingliederungshilfe („können"). Andere Beeinträchtigungen meint solche, die **nicht** bereits durch **Abs. 1 erfasst** sind. Dies ist der Fall, wenn die (drohende) Behinderung nicht wesentlich ist oder wenn sie nicht länger als sechs Monate andauern wird. 9

Weitere Voraussetzungen der Ermessensleitung sind die Einschränkung der gleichberechtigten Teilhabe an der Gesellschaft, die Geeignetheit und Notwendigkeit der Leistung und kein ausreichendes einzusetzendes Vermögen über der Vermögensgrenze (→ Rn. 7 ff.). Weiter müssen die Voraussetzungen der in Aussicht genommenen Leistung erfüllt sein und bei Ausländerinnen und Ausländern und bei Personen mit gewöhnlichem Aufenthalt im Ausland dürfen die §§ 100, 101 der Leistung nicht entgegenstehen. 10

Sind diese Voraussetzungen erfüllt, entscheidet der Träger der Eingliederungshilfe nach **pflichtgemäßem Ermessen** über die Gewährung der Eingliederungshilfe. Ein Anspruch auf die Leistung besteht nur, wenn das Ermessen auf Null reduziert ist. Das Ermessen ist eng auszulegen (Grube/Wahrendorf/Flint/Bieback SGB IX § 99 Rn. 30. Bezüglich des Inhalts der Leistung hat der Träger der Eingliederungshilfe Auswahlermessen. 11

§ 100 Eingliederungshilfe für Ausländer

(1) [1]**Ausländer, die sich im Inland tatsächlich aufhalten, können Leistungen nach diesem Teil erhalten, soweit dies im Einzelfall gerechtfertigt ist.** [2]**Die Einschränkung auf Ermessensleistungen nach Satz 1 gilt nicht für Ausländer, die im Besitz einer Niederlassungserlaubnis oder eines befristeten Aufenthaltstitels sind und sich voraussichtlich dauerhaft im Bundesgebiet aufhalten.** [3]**Andere Rechtsvorschriften, nach denen Leistungen der Eingliederungshilfe zu erbringen sind, bleiben unberührt.**

(2) **Leistungsberechtigte nach § 1 des Asylbewerberleistungsgesetzes erhalten keine Leistungen der Eingliederungshilfe.**

(3) **Ausländer, die eingereist sind, um Leistungen nach diesem Teil zu erlangen, haben keinen Anspruch auf Leistungen der Eingliederungshilfe.**

Übersicht

A. Geltende Fassung; Normzweck

1 § 100 regelt seit dem 1.1.2020 zusätzliche Voraussetzungen für die Gewährung von Leistungen der Eingliederungshilfe an Ausländerinnen und Ausländer. Der davor in § 100 enthaltene Regelungsgegenstand – Verordnungsermächtigung zur Wahl der Schwerbehindertenvertretung – findet sich seit dem 1.1.2018 in § 183. Die Vorschrift entspricht weitgehend § 23 SGB XII.

2 § 100 **schränkt** den in § 30 SGB I niedergelegten grds. auch im Recht der Rehabilitation und Teilhabe anzuwendenden (§ 37 S. 1 SGB I) **Territorialitätsgrundsatz ein.** Ausländerinnen und Ausländer (→ Rn. 4) erhalten nur Eingliederungshilfe, wenn sie die Voraussetzungen des § 100 erfüllen.

2a Über die Gewährung der Eingliederungshilfe an Ausländerinnen und Ausländer entscheidet der Träger der Eingliederungshilfe grds. nach **pflichtgemäßem Ermessen** (Abs. 1 S. 1; → Rn. 3 ff.). Die §§ 90 ff. **müssen angewandt werden,** wenn die Ausländerin bzw. der Ausländer sich voraussichtlich dauerhaft in der Bundesrepublik Deutschland aufhält und einen der in Abs. 1 S. 2 aufgezählten aufenthaltsrechtlichen Titel besitzt (Abs. 1 S. 2; → Rn. 8 ff.). Daneben können sich die Anwendbarkeit des Eingliederungshilferechts, aber auch Beschränkungen aus internationalem Recht ergeben (Abs. 1 S. 3; → Rn. 12). **Keine Leistungen der Eingliederungshilfe** erhalten Leistungsberechtigte nach § 1 AsylbLG (Abs. 2; → Rn. 13) und Personen, deren Hauptmotiv für die Einreise in die Bundesrepublik Deutschland der Bezug von Leistungen der Eingliederungshilfe war (Abs. 3; → Rn. 14).

2b Die **unterschiedliche Behandlung** von deutschen Staatsangehörigen und anderen Personen ist **mit dem Grundgesetz vereinbar,** soweit ein sachlicher Grund hierfür vorliegt (Fuchs/Ritz/Rosenow/Tießler-Marenda SGB IX § 100 Rn. 14 f.). Nicht vereinbar ist die Differenzierung nach der Staatsangehörigkeit dagegen mit der UN-BRK (BSG 29.4.2010 – B 9 SB 2/09 – NVwZ-RR 2010, 979 Rn. 42 f.). Bei Unionsbürgerinnen und -bürgern ist außerdem das europarechtliche Gleichbehandlungsgebot zu beachten.

B. Leistungen nach pflichtgemäßem Ermessen (Abs. 1 S. 1)

I. Allgemeines

Nach Abs. 1 S. 1 können Leistungen der Eingliederungshilfe an Ausländer/innen, die sich tatsächlich in der Bundesrepublik Deutschland aufhalten, nach pflichtgemäßem Ermessen gewährt werden, soweit dies im Einzelfall gerechtfertigt ist. Der Ausgestaltung als Ermessensentscheidung stehen Art. 25, 26 UN-BRK und Art. 24 UN-Kinderrechtskonvention nicht entgegen. Aus ihnen lassen sich unmittelbare Ansprüche auf bestimmte Leistungen der Eingliederungshilfe nicht ableiten. Zur Berücksichtigung der genannten UN-Vorschriften bei der Ermessensausübung → Rn. 7. Krit. zu Abs. 1 S. 1 Fuchs/Ritz/Rosenow/Tießler-Marenda SGB IX § 100 Rn. 43 ff. 3

II. Voraussetzungen

1. Ausländer/in

Wer Ausländerin/Ausländer ist, wird im SGB IX nicht definiert. Nach § 2 Abs. 1 AufenthG ist Ausländer/in, wer nicht Deutscher iSv von Art. 116 GG ist, also die deutsche Staatsangehörigkeit nicht besitzt und nicht als Flüchtling oder Vertriebener deutscher Volkszugehörigkeit oder als sein Ehegatte oder als seine Kinder aus dem Gebiet des Deutschen Reiches nach dem Stand vom 31.12.1937 aufgenommen wurde. Ausländer/innen sind weiter Staatenlose. Keine Ausländer/innen sind Spätaussiedler/innen (§ 4 Abs. 2, 3 BVFG) sowie Ausländer/innen mit doppelter Staatsangehörigkeit (Fuchs/Ritz/Rosenow/Tießler-Marenda SGB IX § 100 Rn. 19). 4

2. Keine Pflicht zur Anwendung der §§ 90 ff. (Abs. 1 S. 2)

Vor Anwendung von Abs. 1 S. 1 ist zunächst zu prüfen, ob nach Abs. 1 S. 2 Leistungen an die Ausländer/innen zu gewähren sind (zu Einzelheiten → Rn. 8 ff.). 4a

3. Kein Ausschluss der Anwendung der §§ 90 ff. nach Abs. 2, 3

Keine Leistungen nach Abs. 1 S. 1 erhält, bei dem nach Abs. 2 oder Abs. 3 die Eingliederungshilfe ausgeschlossen ist (→ Rn 13 ff. und Rn. 14 f.). 4b

4. Tatsächlicher Aufenthalt in der Bundesrepublik Deutschland

Leistungen können an Ausländer/innen gem. Abs. 1 S. 1 nur gewährt werden, wenn sie sich tatsächlich in der Bundesrepublik Deutschland aufhalten, dh ihre körperliche (physische) Anwesenheit in der Bundesrepublik Deutschland haben (so zum SGB XII BSG 25.4.2018 – B 8 SO 20/16 R, BeckRS 2018, 17574). Ein gewöhnlicher Aufenthalt iSv § 30 Abs. 3 S. 2 SGB I ist nicht erforderlich. Die Dauer des Aufenthalts ist unerheblich. 5

Ob der Aufenthalt rechtmäßig sein muss, lässt sich dem Gesetzeswortlaut nicht entnehmen. Zur bis zum Jahr 2016 im SGB II geltenden entsprechenden Rechtslage, hatte das BSG entschieden, dass die abschließenden Ausschlussgründe in § 7 Abs. 1 S. 2 SGB II nicht um die Rechtmäßigkeit des Aufenthalts erweitert werden dürfen (BSG 30.1.2013 – B 4 AS 54/12 R, E 113, 60 = BeckRS 2013, 69313 Rn. 19). Entsprechendes gilt für die abschließende Regelung des § 100. Ggf. ist die Leistungsberechtigung nach Abs. 2 ausgeschlossen (Fuchs/Ritz/Rosenow/Tießler-Marenda SGB IX § 100 Rn. 21). 5a

5. Leistung im Einzelfall gerechtfertigt

6 Weiter muss die Leistung im Einzelfall gerechtfertigt sein. Hierbei sind alle Umstände des Einzelfalles zu berücksichtigen. Beachtung finden müssen insbesondere die verfassungsrechtlichen und die Vorgaben der UN-BRK. Der Eingliederungshilfebedarf allein ist hierzu nicht ausreichend, sondern es müssen weitere Umstände hinzutreten (so zum SGB XII jurisPK-SGB XII/Siefert § 23 Rn. 35). Umstände in idS sind vor allem Alter der antragstellenden Person, deren gesundheitliche Situation, familiäre Situation sowie Dauer des bisherigen Aufenthalts in der Bundesrepublik Deutschland (KHM/Schaumberg SGB IX § 100 Rn. 8).

III. Rechtsfolge

7 Sind diese Voraussetzungen erfüllt, entscheidet der Eingliederungshilfeträger nach pflichtgemäßem Ermessen über die Erbringung der Leistung (Abs. 1 S. 1: „können"). Das Ermessen steht dem Eingliederungshilfeträger sowohl bezüglich des „ob" als auch des Inhalts der Leistung zu. Bei der Entscheidung sind insbesondere die Folgen einer Ablehnung zu berücksichtigen. Bei der Ermessensausübung müssen die Vorgaben von Art. 3 Abs. 1 GG und die Diskriminierungsverbote nach Art. 2 Abs. 1 UN-KRK und Art. 5 Abs. 2 UN-BRK berücksichtigt werden. Ist das Ermessen auf Null reduziert, besteht ein Anspruch auf die Leistung.

C. Pflicht zur Anwendung der §§ 90 ff. bei Ausländer/innen (Abs. 1 S. 2, 3)

I. Allgemeines

8 Nach Abs. 1 S. 2 müssen die Vorschriften zur Eingliederungshilfe bei Ausländer/innen angewandt werden, wenn diese einen der in dieser Vorschrift genannten aufenthaltsrechtlichen Titel haben und sich voraussichtlich dauerhaft in der Bundesrepublik Deutschland aufhalten werden. Zum Begriff Ausländer/in → Rn. 4.

II. Ausländer/innen mit voraussichtlich dauerhaftem Aufenthalt mit Aufenthaltstitel (Abs. 1 S. 2)

1. Voraussetzungen

9 Die Ausländerin/der Ausländer muss einen der in Abs. 1 S. 2 aufgezählten **aufenthaltsrechtlichen Titel** haben. Der Wortlaut nennt insoweit die **Niederlassungserlaubnis** nach § 9 AufenthG und befristete Aufenthaltstitel. Hiermit ist die **Aufenthaltserlaubnis** nach § 7 f., 16 ff. AufenthG gemeint. Nicht erwähnt wird der **Daueraufenthalt/EU** (§ 9a AufenthG). Da dieser Personenkreis nach Art. 11 RL 2003/109/EG beim Zugang zu Sozialleistungen Deutschen gleichgestellt ist, unterfällt auch er dem Anwendungsbereich von Abs. 1 S. 2 (ebenso Fuchs/Ritz/Rosenow/Tießler-Marenda SGB IX § 100 Rn. 24).

10 Die Ausländer/innen müssen sich **tatsächlich** in der Bundesrepublik Deutschland **aufhalten** (s. dazu → Rn. 5). Dieser Aufenthalt muss **voraussichtlich dauerhaft** sein. Anders als die Definition des gewöhnlichen Aufenthalts verlangt Abs. 1 S. 2 nicht, dass sich der dauerhafte Aufenthalt in äußeren Umständen manifestiert. Es ist folglich der Wille der betroffenen Person maßgeblich. Nicht erforderlich ist, dass die Ausländerin/der Ausländer sich bereits eine bestimmte Mindestzeit in der Bundesrepublik Deutschland auf-

gehalten hat. Ist dies der Fall, kann hieraus aber ggf. auf die Dauerhaftigkeit geschlossen werden. Sprechen die äußeren Umstände gegen den dauerhaften Aufenthalt, kann dies bei der Beurteilung des Falles berücksichtigt werden. Solche Umstände können sich vor allem aus dem Aufenthaltszweck ergeben (LPK-SGB IX/Zinsmeister § 100 Rn. 3). Gegen einen dauerhaften Aufenthalt spricht, wenn der Aufenthaltszweck nur von vorübergehender Natur ist, zB zur Ausbildung (§§ 16 ff. AufenthG) oder für eine befristete Tätigkeit. Bestehen Bleiberechte, spricht mehr für einen dauerhaften Aufenthalt (§§ 23 Abs. 1, 23a, 25 Abs. 4 S. 2, § 25a, § 25b AufenthG), zB Personen, bei denen Asyl (Art. 16a GG) anerkannt oder die Flüchtlingseigenschaft (§ 2 AsylG) oder subsidiärer Schutz (§ 4 AsylG) zuerkannt wurde. Bei Staatsangehörigen der Türkei kann sich ein auf Dauer angelegtes Aufenthaltsrecht außerdem aus dem Assoziationsrecht ergeben (Fuchs/Ritz/Rosenow/Tießler-Marenda SGB IX § 100 Rn. 30).

2. Rechtsfolge

Sind diese Voraussetzungen erfüllt, müssen die §§ 90 ff. angewandt werden. Hieraus 11
folgt noch nicht zwingend, dass Ausländerin/der Ausländer Leistungen der Eingliederungshilfe erhält. Dies ist nur der Fall, wenn die Voraussetzungen der beantragten Leistung erfüllt sind.

III. Abweichungen in anderen Rechtsvorschriften (Abs. 1 S. 3)

1. Allgemeines

Die Gewährung von Leistungen der Eingliederungshilfe an Ausländerinnen und Aus- 12
länder ist nicht gem. Abs. 1 S. 1 in das pflichtgemäße Ermessen des Trägers der Eingliederungshilfe gestellt, wenn die Leistungen nach anderen Vorschriften zu erbringen sind (Abs. 1 S. 3). Andere Rechtsvorschriften idS enthält das **internationale Recht.** Von Bedeutung sind insoweit das Abkommen über die Rechtsstellung der Flüchtlinge vom 28.7.1951 (BGBl. II S. 1953, 559; BGBl. II S. 1954, 619 f.), das Abkommen zwischen der Bundesrepublik Deutschland und der Republik Österreich über Fürsorge und Jugendwohlfahrtspflege vom 17.1.1966 (BGBl. II S. 1999, 1), Art. 7 Abs. 2 VO (EWG) 1612/68, das Europäische Fürsorgeabkommen, Art. 13 Abs. 1 des Zusatzabkommens zum Truppenstatut vom 3.8.1959 (BGBl. II S. 1961, 1183, 1232) sowie das Wiener Übereinkommen über diplomatische Beziehungen vom 18.4.1961 (BGBl. II S. 1964, 959) und das Wiener Übereinkommen über konsularische Vertretungen vom 24.4.1963 (BGBl. II S. 1969, 1585).

2. Freizügigkeitsberechtigte Unionsbürger/innen (§ 2 Abs. 1 FreizügG/EU)

Die Staatsangehörigen der anderen Mitgliedstaaten der Europäischen Union werden in 12a
§ 100 nicht ausdrücklich angesprochen. Die Träger der Eingliederungshilfe könnten damit die Leistungen der Eingliederungshilfe nach pflichtgemäßem Ermessen gewähren, wenn sich aus dem Recht der EU nichts anderes ergibt.

Der Beschränkung auf Ermessensleistungen könnte die **VO (EG) 883/2004** entgegen- 12b
stehen. Dies setzte voraus, dass die Eingliederungshilfe nach ihrer Überführung vom SGB XII in das SGB IX nicht mehr der sozialen Fürsorge, sondern der sozialen Sicherheit iSd VO (EG) 883/2004 zuzurechnen und damit in den sachlichen Anwendungsbereich dieser VO fallen würde. Dies beurteilt sich nach gemeinschaftsrechtlichen Grundsätzen. Danach sind vor allem der Zweck und die Voraussetzungen der Leistung maßgeblich (EuGH 16.9.2015 – C 433/13, BeckEURS 2015, 486977 Rn. 70). Der EuGH rechnet zur **sozialen Fürsorge** „sämtliche von öffentlichen Stellen eingerichteten Hilfesysteme (.), die auf nationaler, regionaler oder örtlicher Ebene bestehen und die ein Einzelner in

Anspruch nimmt, der nicht über ausreichende Existenzmittel zur Bestreitung seiner Grundbedürfnisse und derjenigen seiner Familie verfügt und deshalb während des Aufenthalts möglicherweise die öffentlichen Finanzen des Aufenthaltsstaates belasten muss (so etwa EuGH 1.8.2022 – C-411/20, NJW 2022, 2823 Rn. 46). In der Lit. wird überwiegend davon ausgegangen, dass es sich auch nach der Überführung der Eingliederungshilfe in das SGB IX um soziale Fürsorge handelt. Hierfür spricht auch, dass der Gesetzgeber des BTHG bei der Gesetzgebungskompetenz davon ausging, dass die Eingliederungshilfe der Fürsorge zuzurechnen ist (→ § 91 Rn. 2). Ansprüche auf Eingliederungshilfe kommen damit nur für Unionsbürgerinnen und -bürger in Betracht, die sich auf das Freizügigkeitsrecht berufen können, also sich zur Ausübung einer Erwerbstätigkeit in der Bundesrepublik Deutschland, zur Arbeitsuche, zur Berufsausbildung, sich ohne einen solchen Grund, aber mit gesichertem Lebensunterhalt Absicherung bei Krankheit oder mit Daueraufenthaltsrecht in der Bundesrepublik Deutschland aufhalten, und ihre Familienangehörigen (HSRB/Frings § 26 Rn. 88). In der Lit. wird vereinzelt davon ausgegangen, dass einzelne Leistungen der Eingliederungshilfe in den Anwendungsbereich der VO fallen, weil sie bei wesentlicher Behinderung Anspruchsleistungen sind (→ § 99 Rn. 2), die VO auch beitragsunabhängige Leistungen erfasst und der EuGH bei den **Leistungen bei Krankheit** ein weites Begriffsverständnis hat (so Fuchs/Ritz/Rosenow/Tießler-Marenda SGB IX § 100 Rn. 33 ff.).

3. Staatsangehörige der EWR-Staaten und der Schweiz

12c Die Staatsangehörigen der EWR-Staaten (Island, Liechtenstein, Norwegen) sind aufgrund des Abkommens über den Europäischen Wirtschaftsraum vom 2.5.1992 (BGBl. II S. 266) in der EU freizügigkeitsberechtigt. Dasselbe gilt für die Staatsangehörigen der Schweiz nach dem Abkommen zwischen der Europäischen Union und der Schweiz über die Freizügigkeit von Personen vom 1.6.2002 (BGBl. II S. 811). Solange nicht festgestellt wurde, dass sie kein Freizügigkeitsrecht haben, sind sie damit den Unionsbürgerinnen und -bürgern gleichgestellt (ebenso Fuchs/Ritz/Rosenow/Tießler-Marenda SGB IX § 100 Rn. 37).

4. Europäisches Fürsorgeabkommen

12d Nach Art. 1 des Europäischen Fürsorgeabkommens vom 11.12.1953 (EFA) (BGBl. II S. 1956, 564) haben aus den Vertragsstaaten dieses Abkommens zugewanderte wirtschaftlich bedürftige Menschen Anspruch auf Leistungen wie Deutsche, solange sie sich erlaubt in der Bundesrepublik Deutschland aufhalten. Dies gilt auch für die Eingliederungshilfe (LPK-SGB IX/Zinsmeister § 100 Rn. 6). **Vertragsstaaten** des EFA sind Belgien, Dänemark, Deutschland, Estland, Frankreich, Griechenland, Irland, Island, Italien, Luxemburg, Malta, die Niederlande, Norwegen, Portugal, Schweden, Spanien, die Türkei und das Vereinigte Königreich. Keine Vertragsstaaten sind ua Österreich, Polen, die Schweiz, die Tschechische Republik und Ungarn. Bei diesen ist zu prüfen, ob zwischenstaatliche Abkommen bestehen (→ Rn. 12f). Mit einbezogen in den Anwendungsbereich des EFA sind Geflüchtete nach der Genfer Flüchtlingskonvention (Art. 2 EFA). Die Eingliederungshilfe ist auch nach ihrer Verlagerung in das SGB IX als Fürsorge iSv Art. 2 Abs. a Buchst. I EFA einzustufen. Danach wird als Fürsorge „jede Fürsorge bezeichnet, die jeder der Vertragschließenden nach den in dem jeweiligen Teil seines Gebietes geltenden Rechtsvorschriften gewährt und wonach Personen ohne ausreichende Mittel die Mittel für ihren Lebensbedarf sowie die Betreuung erhalten, die ihre Lage erfordert. Ausgenommen sind beitragsfreie Renten und Leistungen zugunsten der Kriegsopfer und der Besatzungsgeschädigten." Die Gesetzesbegründung zur Gesetzgebungskompetenz des Bundes zeigt, dass der Gesetzgeber die Eingliederungshilfe weiterhin zur Fürsorge rechnet (→ § 91 Rn. 2). Dieser Qualifikation steht nicht entgegen, dass die Eingliederungshilfe noch nicht in die Liste der deutschen Fürsorgeleistungen in Anhang I zum EFA aufgenommen wurde. Dies ist nicht konstitutiv (so zum SGB II BSG 19.10.2010 – B 14 AS 23/10 R, BeckRS 2011, 66046 Rn. 34).

5. Genfer Flüchtlingskonvention, Art. 29 Qualifikationsrichtlinie

Ausländer/innen, deren Asyl anerkannt oder denen die Flüchtlingseigenschaft zuerkannt wurde, haben einen Anspruch darauf, dass sie mit Inländern auf dem Gebiet des Sozialrechts gleichbehandelt werden (Art. 23 GFK, Art. 29 Abs. 1 RL 2011/95/EU). Damit ist ihnen unter denselben Voraussetzungen wie deutschen Staatsangehörigen Eingliederungshilfe zu gewähren. **12e**

6. Abkommen mit anderen Staaten

Die Verpflichtung, die Staatsangehörigen eines anderen Staates mit Inländer/innen gleich zu behandeln, kann sich weiter aus einem Abkommen mit deren Heimatstaat ergeben. Ein solches Abkommen besteht mit der Republik **Österreich** (Abkommen zwischen der Bundesrepublik Deutschland und der Republik Österreich über Fürsorge und Jugendwohlfahrtspflege vom 17.1.1966 (DÖFA) (BGBl. 1969 II S. 1285). Bei Staatsangehörigen der **Schweiz** ist das Freizügigkeitsabkommen zwischen der Schweiz und der EG vom 21.6.1999 (ABl. (EU) 2002, L 114/6) zu beachten. Der EuGH leitet aus dem **Assoziationsabkommen EWG-Türkei** (ARB 3/80) im Bereich der Sozialen Sicherheit unmittelbare Leistungspflichten ab (EuGH 4.5.1999 – C-262/96, BeckRS 2004, 75795 Rn. 60). Allerdings sind Sozialhilfeleistungen aus dem Anwendungsbereich des Abkommens ausgenommen (Art. 4 Abs. 4). Es stellt sich damit dieselbe oben bei den Unionsbürger/innen skizzierte Frage, ob die Eingliederungshilfe auch nach ihrer Verlagerung in das SGB IX Fürsorgeleistungen sind (→ Rn. 12c). Entsprechendes gilt für das **Assoziationsabkommen EG-Algerien** und das **Europa-Mittelmeer-Abkommen** (Abl. L 265, 2–228). **12f**

D. Ausschluss von Leistungen an Leistungsberechtigte nach dem AsylbLG (Abs. 2)

Keine Leistungen der Eingliederungshilfe erhalten Ausländer/innen, die **nach § 1 AsylbLG leistungsberechtigt** sind (Abs. 2). Nach § 1 AsylbLG leistungsberechtigt sind: **13**

- Personen, die eine Aufenthaltsgestattung nach dem AsylG besitzen (§ 1 Abs. 1 Nr. 1 AsylbLG),
- Personen, die ein Asylgesuch gestellt haben (§ 1 Abs. 1 Nr. 1a AsylbLG),
- Personen, die über einen Flughafen einreisen wollen und denen die Einreise nicht oder noch nicht gestattet ist (§ 1 Abs. 1 Nr. 2 AsylbLG),
- Personen, die eine Aufenthaltserlaubnis wegen Krieges in ihrem Heimatland nach § 23 Abs. 1 besitzen (§ 1 Abs. 1 Nr. 3a AsylbLG),
- Personen, die eine Aufenthaltserlaubnis nach § 25 Abs. 4 S. 1 AufenthG aus vorübergehenden humanitären Gründen besitzen (§ 1 Abs. 1 Nr. 3b AsylbLG),
- Personen, die eine Aufenthaltserlaubnis nach § 25 Abs. 5 AufenthG wegen nicht selbst zu vertretender tatsächlicher oder rechtlicher Ausreisehindernisse besitzen, sofern die Entscheidung über die Aussetzung ihrer Abschiebung noch nicht 18 Monate zurückliegt (§ 1 Abs. 1 Nr. 3c AsylbLG),
- Personen, die eine Duldung nach § 60a AufenthG besitzen (§ 1 Abs. 1 Nr. 4 AsylbLG),
- vollziehbar ausreisepflichtige Personen (§ 1 Abs. 1 Nr. 5 AsylbLG),

- Ehegatten, Lebenspartner oder minderjährige Kinder der genannten Personen (§ 1 Abs. 1 Nr. 6 AsylbLG),
- Personen, die einen Folgeantrag nach § 71 AsylG oder einen Zweitantrag nach § 71a AsylG gestellt haben (§ 1 Abs. 1 Nr. 7 AsylbLG) sowie
- Personen, die eine Aufenthaltserlaubnis nach § 24 Abs. 1 AufenthG besitzen (§ 1 Abs. 1 Nr. 8 AsylbLG).

Ob die antragstellende Person einer dieser Personengruppen angehört, wird von der **Ausländerbehörde** entschieden. Der Träger der Eingliederungshilfe ist **an** diese **Entscheidung gebunden** (so BSG 1.3.2015 – B 14 AS 8/13, BeckRS 2015, 68231 Rn. 12 zum SGB II).

13a Für die Leistungen für von der Eingliederungshilfe umfasste Bedarfe kommen bei den aufgezählten Personengruppen Leistungen nach **§ 6 AsylbLG** in Betracht. Nach dieser Vorschrift werden u. a. zur Sicherung der Gesundheit unerlässliche Leistungen erbracht. Hierzu werden aus verfassungsrechtlichen Gründen (Art. 1 Abs. 1 GG iVm Art. 20 Abs. 1 GG) auch Leistungen der medizinischen Versorgung (zB medizinische Hilfsmittel (LSG Mecklenburg-Vorpommern 28.8.2019 – L 9 AY 13/19 B ER, BeckRS 2019, 25800), Eingliederungshilfe (so etwa Frings in HSRB § 26 Rn. 165), ambulante Betreuungsleistungen (LSG Niedersachsen-Bremen 1.2.2018 – L 8 AY 16/17 B ER, BeckRS 2018, 53031), stationär betreutes Wohnen (SG Frankfurt 16.1.2006 – S 20 AY 1/06, BeckRS 2006, 40463), Schulbegleitung (SG Hildesheim 30.8.2012 – S 42 AY 140/12 ER, BeckRS 2012, 74127) gezählt. Ferner wird in der Lit. auch die Gewährung von Leistungen für die Teilhabe an Bildung und die Soziale Teilhabe für Erwachsene für möglich gehalten, weil § 6 keinen abschließenden Katalog enthalte (LPK-SGB IX/Zinsmeister § 100 Rn. 12).

13b Nach **§ 6 Abs. 2 AsylbLG** erhalten **Personen** mit einer Aufenthaltserlaubnis nach § 24 Abs. 1 AufenthG, die **besondere Bedürfnisse** haben, erforderliche medizinische oder sonstige Hilfe. Die Regelung dient der Umsetzung von Art. 13 Abs. 1 der Richtlinie für die Gewährung vorübergehenden Schutzes im Falle eines Massenzustroms (2001/55/EG) (BT-Drs. 19/1933, 19). Minderjährigen und weiteren besonders schutzbedürftigen Asylsuchenden muss nach den Art. 21, 17 Abs. 2 S. 2, 18 Abs. 3, 19 Abs. 2, 23 Abs. 1, 24 und 25 der Aufnahmerichtlinie (RL 2013/33/EU) die erforderliche medizinische und sonstige Hilfe gewährt werden. Ein wegen nicht fristgemäßer Umsetzung der Richtlinie eingeleitetes Vertragsverletzungsverfahren der Europäischen Union gegen die Bundesrepublik Deutschland wurde am 10.10.2019 eingestellt, nachdem die Bundesregierung erklärt hatte, dass das Ermessen bei dem von der Richtlinie erfassten Personenkreis auf Null reduziert sei (BT-Drs. 18/9009, 3).

13c Leistungsberechtigte, die sich seit mindestens 18 Monaten ohne wesentliche Unterbrechung in der Bundesrepublik Deutschland aufhalten und die Dauer des Aufenthalts nicht rechtsmissbräuchlich selbst beeinflusst haben, erhalten Leistungen entsprechend der Regelungen der Eingliederungshilfe nach dem SGB IX (§ 2 Abs. 1 AsylbLG; so genannte **Analog-Leistungen**). Bei ihnen ist damit nach § 100 Abs. 1 oder Abs. 3 zu beurteilen, ob sie Zugang zu den Leistungen der Eingliederungshilfe haben (Fuchs/Ritz/Rosenow/Tießler-Marenda SGB IX § 100 Rn. 58).

E. Ausschluss bei Einreise zum Leistungsbezug (Abs. 3)

14 Personen, die eingereist sind, um Eingliederungshilfe zu erhalten, haben keinen Anspruch auf diese (Abs. 3). **Zum Bezug** der Eingliederungshilfe **reist ein,** für dessen Entscheidung über die Einreise die Eingliederungshilfe von prägender Bedeutung war (so zur Sozialhilfe BVerwG FEVS 43, 113; BSG 9.8.2018 – B 14 AS 32/17 R, BeckRS 2018, 25214 Rn. 29). Ob Ausländer/innen zu diesem Zweck eingereist sind, muss für jedes

Familienmitglied geprüft werden. Bei Minderjährigen muss auf die Motivation der Personensorgeberechtigten abgestellt werden (OVG NRW 19.6.1990 – 8 A 2615/87, NDV 1991, 99 f.). Ob die Einreise zum Leistungsbezug erfolgte, muss der Träger der Eingliederungshilfe nachweisen (Fuchs/Ritz/Rosenow/Tießler-Marenda SGB IX § 100 Rn. 66).

Abs. 3 schließt nur den Anspruch auf Eingliederungshilfe aus. **Ermessensleistungen** 15
können ihnen aber gewährt werden. Eine Pflicht zur Leistungsgewährung besteht, wenn das Ermessen auf Null reduziert ist, zB weil die Ablehnung gegen Grundrechte verstoßen würde.

§ 101[1] Eingliederungshilfe für Deutsche im Ausland

(1) [1]Deutsche, die ihren gewöhnlichen Aufenthalt im Ausland haben, erhalten keine Leistungen der Eingliederungshilfe. [2]Hiervon kann im Einzelfall nur abgewichen werden, soweit dies wegen einer außergewöhnlichen Notlage unabweisbar ist und zugleich nachgewiesen wird, dass eine Rückkehr in das Inland aus folgenden Gründen nicht möglich ist:

1. Pflege und Erziehung eines Kindes, das aus rechtlichen Gründen im Ausland bleiben muss,
2. längerfristige stationäre Betreuung in einer Einrichtung oder Schwere der Pflegebedürftigkeit oder
3. hoheitliche Gewalt.

(2) Leistungen der Eingliederungshilfe werden nicht erbracht, soweit sie von dem hierzu verpflichteten Aufenthaltsland oder von anderen erbracht werden oder zu erwarten sind.

(3) Art und Maß der Leistungserbringung sowie der Einsatz des Einkommens und Vermögens richten sich nach den besonderen Verhältnissen im Aufenthaltsland.

(4) [1]Für die Leistung zuständig ist der Träger der Eingliederungshilfe, in dessen Bereich die antragstellende Person geboren ist. [2]Liegt der Geburtsort im Ausland oder ist er nicht zu ermitteln, richtet sich die örtliche Zuständigkeit des Trägers der Eingliederungshilfe nach dem Geburtsort der Mutter der antragstellenden Person. [3]Liegt dieser ebenfalls im Ausland oder ist er nicht zu ermitteln, richtet sich die örtliche Zuständigkeit des Trägers der Eingliederungshilfe nach dem Geburtsort des Vaters der antragstellenden Person. [4]Liegt auch dieser im Ausland oder ist er nicht zu ermitteln, ist der Träger der Eingliederungshilfe örtlich zuständig, bei dem der Antrag eingeht.

(5) Die Träger der Eingliederungshilfe arbeiten mit den deutschen Dienststellen im Ausland zusammen.

Übersicht

[1] § 101 Abs. 4 Satz 2 geänd., Sätze 3 und 4 angef. mWv 10.6.2021 durch G v. 2.6.2021 (BGBl. I S. 1387).

A. Geltende Fassung; Normzweck

1 § 101 regelt seit dem 1.1.2020 die Gewährung von Leistungen der Eingliederungshilfe an Deutsche mit gewöhnlichem Aufenthalt im Ausland. Der davor in der Vorschrift enthaltene Regelungsgegenstand – Zusammenarbeit der Integrationsämter und der Bundesagentur für Arbeit – findet sich seit dem 1.1.2018 in § 184. Die Vorschrift entspricht weitgehend § 24 SGB XII. Krit. zu § 101 Fuchs/Ritz/Rosenow/Rosenow SGB IX § 101 Rn. 4, 8.

2 § 101 **bestätigt** den **Territorialitätsgrundsatz** des § 30 Abs. 1 SGB I für die Eingliederungshilfe. Dieser Grundsatz ist in der Eingliederungshilfe anzuwenden, soweit das SGB IX keine abweichende Regelung enthält (§ 37 S. 1 SGB I). § 101 ermöglicht – vom Territorialitätsgrundsatz abweichend – in engen Grenzen den Export von Eingliederungshilfeleistungen ins Ausland.

2a **Abs. 1 S. 1** schließt grds. Leistungen für Deutsche mit gewöhnlichem Aufenthalt im Ausland aus (→ Rn. 3 ff.). Ausnahmen hiervon enthält **Abs. 1 S. 2.** Nur in den dort aufgezählten Fällen dürfen Leistungen der Eingliederungshilfe an Deutsche mit gewöhnlichem Aufenthalt im Ausland dorthin exportiert werden (→ Rn. 7 ff.). Keine Leistungen erhält, wer Leistungen vom Aufenthaltsstaat oder von Dritten erhält (**Abs. 2;** → Rn. 10). Die Höhe der Leistungen richtet sich nach den Verhältnissen im Aufenthaltsstaat (**Abs. 3;** → Rn. 11).

B. Grds. Leistungsausschluss bei Deutschen mit gewöhnlichem Aufenthalt im Ausland (Abs. 1 S. 1)

3 Abs. 1 S. 1 schließt grds. die Gewährung von Leistungen der Eingliederungshilfe im Ausland an **Deutsche** mit gewöhnlichem Aufenthalt im Ausland aus. Wollen sie Leistungen der Eingliederungshilfe erhalten, müssen sie in die Bundesrepublik Deutschland zurückkehren. **Ausländerinnen und Ausländer** mit gewöhnlichem Aufenthalt im Ausland erhalten wegen des auch bei der Eingliederungshilfe anzuwendenden (§ 37 S. 1 SGB I) Territorialitätsgrundsatzes keine Leistungen.

4 **„Deutsche"** sind nach Art. 116 GG Personen, die zumindest auch die deutsche Staatsangehörigkeit besitzen „oder als Flüchtling oder Vertriebener deutscher Volkszugehörigkeit oder als dessen Ehegatten oder Abkömmling in dem Gebiet des Deutschen Reiches nach dem Stande des 31. Dezember 1937 Aufnahme gefunden" haben. Unerheblich ist, ob die antragstellende Person zugleich die Staatsangehörigkeit eines anderen Staates besitzt. Die deutsche Staatsangehörigkeit wird idR durch Vorlage eines deutschen Reisepasses oder Personalausweises nachgewiesen (so zum SGB XII BayLSG 28.1.2014 – L 8 SO 146/12, BeckRS 2014, 67270). Bestehen Zweifel, muss ein Staatsangehörigkeitsausweis oder eine Bescheinigung über die Rechtsstellung als Deutscher vorgelegt werden.

4a Die leistungsberechtigte Person muss sich vor dem Leistungsbezug noch nicht in der Bundesrepublik Deutschland aufgehalten haben (KHM/Schaumberg SGB IX § 101 Rn. 4). Der Wortlaut der Vorschrift ist insoweit missverständlich.

5 Was unter dem **gewöhnlichen Aufenthalt** zu verstehen ist, wird nicht im SGB IX definiert. Es ist deshalb auf die Definition in § 30 Abs. 3 S. 2 SGB I zurückzugreifen (§ 37 S. 1 SGB I). Danach hat jemand den gewöhnlichen Aufenthalt „dort, wo er sich unter Umständen aufhält, die erkennen lassen, dass er an diesem Ort oder in diesem Gebiet nicht nur vorübergehend verweilt. Liegt der gewöhnliche Aufenthalt nicht im Ausland, ist die Gewährung von Eingliederungshilfe im Ausland nicht ausgeschlossen. Aus dem Wortlaut „ihren gewöhnlichen Aufenthalt" folgt, dass der Gesetzgeber davon ausgegangen ist, dass die leistungsberechtigte Person nur einen gewöhnlichen Aufenthalt

hat. Dies ist nicht zwingend. Ein gewöhnlicher Aufenthalt kann eine Person auch an mehreren Orten begründen (Mrozynski SGB I § 30 Rn. 26). Ist dies der Fall, ist S. 1 nur anzuwenden, wenn keiner der gewöhnlichen Aufenthalte in der Bundesrepublik Deutschland liegt (ebenso Fuchs/Ritz/Rosenow/Rosenow § 101 SGB IX Rn. 12.

„Ausland“ meint die nicht zum Territorium der Bundesrepublik Deutschland gehörenden Gebiete. 6

C. Ausnahmen vom Auschluss von Leistungen im Ausland (Abs. 1 S. 2)

Eingliederungshilfe erhalten Deutsche mit gewöhnlichem Aufenthalt ausnahmsweise im Ausland, soweit dies im Einzelfall wegen einer außergewöhnlichen Notlage unabweisbar ist und die Rückkehr in die Bundesrepublik Deutschland wegen eines der in Abs. 1 S. 2 aufgezählten Fälle nicht möglich ist. 7

Die Entscheidung über das Vorliegen einer **außergewöhnlichen Notlage** ist gerichtlich voll überprüfbar. Ein die Notlage begründender Bedarf an Eingliederungshilfeleistungen liegt vor, wenn existenzielle Rechtsgüter nicht nur unerheblich unmittelbar gefährdet sind (so zum SGB XII LSG BW, 21.12.2005 – L 7 SO 4166/05, FEVS 57, 403). Ein bloßer Bedarf an Leistungen der Eingliederungshilfe ist nicht ausreichend. Es müssen überragende Grundrechte betroffen sein (so zum SGB XII Grube/Wahrendorf/Flint/Bieback § 24 SGB XII Rn. 17). Das BSG rechnet hierzu auch die Teilhabe an einer angemessenen Schulbildung (so zum SGB XII BSG 26.10.2017 – B 8 SO 11/16 R, NJW 2018, 1774 Rn. 15). 7a

Unabweisbar ist die Eingliederungshilfe, wenn nur mit ihr die außergewöhnliche Notlage behoben werden kann (so zum SGB XII LSG BW 21.12.2005 – L SO 4166/05 ER-B, BeckRS 2009, 58706), also Hilfe anderer nicht zur Verfügung steht, und die **Rückkehr** in die Bundesrepublik Deutschland **unmöglich** ist. Dies muss auf einen der drei in Abs. 1 S. 2 aufgezählten Gründe zurückzuführen sein: 8

Pflege und Erziehung eines Kindes, das aus rechtlichen Gründen im Ausland bleiben muss (Abs. 1 S. 2 Nr. 1). Um ein Kind handelt es sich, wenn es das 18. Lebensjahr noch nicht vollendet hat (KHM/Schaumberg SGB IX § 101 Rn. 19). Es muss sich um ein eigenes Kind der leistungsberechtigten Person handeln (so zu § 24 SGB XII Grube/Wahrendorf/Flint/Bieback SGB XII § 24 Rn. 22). Die Vorschrift ist auch dann anzuwenden, wenn das Kind leistungsberechtigte Person ist (so zum SGB XII BSG 26.10.2017 – B 8 SO 11/16 R, NJW 2018, 1774 Rn. 13). Das Verständnis von **„Pflege und Erziehung eines Kindes“** richtet sich nach § 1631 Abs. 1 BGB. Ein rechtlicher Grund, der das Kind am Aufenthaltswechsel in die Bundesrepublik Deutschland hindert, besteht auch dann, wenn die Eltern ihren Aufenthaltsort im Ausland beibehalten wollen (KHM/Schaumberg SGB IX § 101 Rn. 17), zB aus beruflichen Gründen. 8a

Längerfristige stationäre Betreuung in einer Einrichtung oder Schwere der Pflegebedürftigkeit (Abs. 1 S. 2 Nr. 2). Der Aufenthalt in der stationären Einrichtung ist **längerfristig,** wenn er zukunftsoffen ist (KHM/Schaumberg SGB IX § 101 Rn. 19; aA jurisPK-SGB IX/Wehrhahn § 101 Rn. 19: länger als sechs Monate). Die Schwere der Pflegebedürftigkeit steht entgegen, wenn die leistungsberechtigte Person nicht transportfähig ist. Dies ist nach den Umständen des Einzelfalles zu beurteilen (HessLSG 26.2.2018 – L 4 SO 11/18 R ER, BeckRS 2018, 6316). Unmöglich ist die Rückkehr der leistungsberechtigten Person in die Bundesrepublik Deutschland auch dann, wenn in dieser kein geeigneter Einrichtungsplatz zur Verfügung steht (so Fuchs/Ritz/Rosenow/Rosenow SGB IX § 101 Rn. 22). 8b

Hoheitliche Gewalt (Abs. 1 S. 2 Nr. 3). Hierunter fällt insbesondere die Inhaftierung im Ausland und vergleichbare andere staatliche Maßnahmen. Erfasst sind auch Einreise- 8c verbote der Bundesrepublik Deutschland (KHM/Schaumberg SGB IX § 101 Rn. 21), zB ein Wiedereinreiseverbot nach § 11 AufenthG. Aber auch die Untersagung der Ausreise durch den Aufenthaltsstaat in sonstigen Fällen unterfällt Abs. 1 S. 2 Nr. 3. Nicht ausreichend ist höhere Gewalt (so zum SGB XII Kruse ua SGB XII Sozialhilfe 3. Aufl. 2012, § 24 Rn. 12).

8d Die Aufzählung der Gründe in Abs. 1 S. 2 ist als **abschließender Katalog** angelegt. In der Lit. wird dennoch die Auffassung vertreten, dass aus verfassungsrechtlichen Gründen noch weitere Gründe in Betracht kommen (KHM/Schaumberg SGB IX § 101 Rn. 11).

8e Ist das Vorliegen eines dieser Fälle weder durch die antragstellende Person noch nach den aufgrund des Untersuchungsgrundsatzes (§ 20 SGB IX) durchgeführten Ermittlungen des Trägers der Eingliederungshilfe **nachgewiesen,** scheiden Leistungen nach Abs. 1 S. 2 aus, weil die antragstellende Person insoweit die Beweislast trägt (Fuchs/Ritz/Rosenow/Rosenow SGB IX § 101 Rn. 16a).

9 Nach dem Wortlaut von Abs. 1 S. 2 entscheidet der Träger der Eingliederungshilfe nach **pflichtgemäßem Ermessen.** Da die Gewährung der Leistungen ins Ausland nur bei einer außergewöhnlichen Notlage in Betracht kommt, ist der Entscheidungsspielraum des Eingliederungshilfeträgers idR auf die Gewährung der Hilfe eingeengt (so zum SGB XII BSG 26.10.2017 – B 8 SO 11/16 R, NJW 2018, 1774).

D. Keine Leistungen des Aufenthaltsstaates oder anderer (Abs. 2)

10 Keine Leistungen werden im Ausland erbracht, wenn das Aufenthaltsland Leistungen erbringen muss oder die Leistungen von anderen erbracht werden oder zu erwarten sind (Abs. 2). In diesen Fällen dürfte bereits idR keine außergewöhnliche Notlage iSv Abs. 1 S. 2 vorliegen und damit eine Anwendung von Abs. 1 S. 2 ausscheiden. Die Leistungen sind „zu erwarten", wenn sie überwiegend wahrscheinlich sind (ebenso zum SGB XII Grube/Wahrendorf/Bieback SGB XII § 24 Rn. 29). Die Pflicht des Aufenthaltsstaates zu Leistungen kann sich aus innerstaatlichem und aus internationalem Recht (v. a. aus dem Europäischen Fürsorgeabkommen, → § 100 Rn. 12d) ergeben. Ein **Anspruch** auf die Leistung ist für den Leistungsausschluss ausreichend (jurisPK-SGB IX/Wehrhahn § 101 Rn. 23). **Andere Leistende** können Private oder Wohlfahrtsverbände sein. Auch Leistungen nach § 5 Konsulargesetz gehören hierzu. Die Leistung nach Abs. 1 S. 2 ist nicht ausgeschlossen, wenn der Aufenthaltsstaat rechtswidrig die Leistungen nicht erbringt. Erbringt er unterhalb des deutschen Niveaus liegende Leistungen, wird diese nicht mit deutschen Leistungen aufgestockt (ebenso zum SGB XII Grube/Wahrendorf/Bieback SGB XII § 24 Rn. 32a).

E. Art und Umfang der Leistungen, Kostenbeitrag (Abs. 3)

11 Aus dem bei der Eingliederungshilfe geltenden Individualisierungsgrundsatz (§ 104 Abs. 1) folgt, dass bei der Art und beim Umfang der Leistung die Verhältnisse des Einzelfalles maßgeblich sind. Abs. 3 verdeutlicht, dass hierbei auch die Verhältnisse im Aufenthaltsstaat einzubeziehen sind. Danach richten sich die Art, der Umfang, die Berücksichtigung von Vermögen und die Berücksichtigung von Einkommen beim Beitrag nach den besonderen Verhältnissen im Aufenthaltsland (Abs. 3). Die in Deutschland entwickelten Grundsätze sind nicht anwendbar. Die nach Abs. 3 ebenfalls möglichen Abweichungen von den §§ 135 ff. (Berücksichtigung von Einkommen beim Beitrag und der Ausschluss der Leistungen bei einzusetzendem Vermögen über dem Freibetrag) wird in der Lit. krit. gesehen (Fuchs/Ritz/Rosenow/Rosenow SGB IX § 101 Rn. 26).

F. Zuständigkeit (Abs. 4)

Ursprünglich war vorgesehen, dass die örtliche Zuständigkeit von einer Schiedsstelle bestimmt wird, wenn der Geburtsort im Ausland liegt oder dieser nicht festgestellt werden kann (Abs. 4 S. 2 aF). Da die Schiedsstelle nicht festgelegt wurde und das Schiedsstellenverfahren dem Gesetzgeber als zu aufwändig erschien (BT-Drs. 19/27400, 65), wurde die örtliche Zuständigkeit für den Fall, dass der Geburtsort im Ausland liegt oder nicht festgestellt werden kann, neu gefasst. In der aktuell geltenden Fassung der S. 2–4 wird an objektive Merkmale angeknüpft, um so den Verwaltungsaufwand niedrig zu halten (BT-Drs. 19/27400, 65). 12

Wurde die leistungsberechtigte Person **im Ausland geboren** oder lässt sich der **Geburtsort** der leistungsberechtigten Person **nicht ermitteln,** ist der Träger der Eingliederungshilfe örtlich zuständig, in dessen Bereich der Geburtsort der Mutter liegt (**Abs. 4 S. 2**). 12a

Wurde die **Mutter im Ausland geboren** oder lässt sich ihr **Geburtsort nicht ermitteln,** ist der Träger der Eingliederungshilfe örtlich zuständig, in dessen Bereich der Geburtsort des Vaters liegt (**Abs. 4 S. 3**). 12b

Wurde auch der **Vater im Ausland geboren** oder lässt sich sein **Geburtsort nicht ermitteln,** ist der Träger der Eingliederungshilfe örtlich zuständig, bei dem die Leistung der Eingliederungshilfe beantragt wurde (**Abs. 4 S. 4**). 12c

G. Zusammenarbeit mit deutschen Dienststellen im Ausland (Abs. 5)

Die Träger der Eingliederungshilfe müssen mit den deutschen Dienststellen im Ausland zusammenarbeiten (Abs. 5). Deutsche Dienststellen im Ausland sind die Botschaften, die Generalkonsulate, die Konsulate und die Handels- und Wirtschaftsmissionen. Abs. 5 trägt der Tatsache Rechnung, dass diese Dienststellen die erforderlichen Kenntnisse zu den Leistungen des Aufenthaltsstaates haben und auch die Situation im Land kennen. 13

§ 102 Leistungen der Eingliederungshilfe

(1) **Die Leistungen der Eingliederungshilfe umfassen**

1. Leistungen zur medizinischen Rehabilitation,
2. Leistungen zur Teilhabe am Arbeitsleben,
3. Leistungen zur Teilhabe an Bildung und
4. Leistungen zur Sozialen Teilhabe.

(2) **Leistungen nach Absatz 1 Nummer 1 bis 3 gehen den Leistungen nach Absatz 1 Nummer 4 vor.**

Übersicht

A. Geltende Fassung; Normzweck

§ 102 gibt seit dem 1.1.2020 einen Überblick über die Leistungsgruppen der Eingliederungshilfe. Der davor in der Vorschrift enthaltene Regelungsgegenstand – Aufgaben des Integrationsamtes – wird seit dem 1.1.2018 in § 184 geregelt. 1

2 Abs. 1 enthält eine **Übersicht über die Leistungsgruppen** der Eingliederungshilfe. Abs. 2 legt die **Rangfolge** der Leistungen der Eingliederungshilfe fest.

B. Leistungsgruppen (Abs. 1)

3 Abs. 1 zählt die Leistungsgruppen der Eingliederungshilfe abschließend (KHM/Schaumburg SGB XI § 102 Rn. 4; aA jurisPK-SGB IX/Wehrhahn § 101 Rn. 4). Diese beinhaltet danach Leistungen zur medizinischen Rehabilitation, zur Teilhabe am Arbeitsleben, zur Teilhabe an Bildung und zur Sozialen Teilhabe. Nicht angesprochen werden die unterhaltssichernden und ergänzenden Leistungen (§§ 64 ff.). Einzelne dieser Leistungen sind von den Leistungen zur medizinischen Rehabilitation umfasst, was aus dem Verweis auf § 64 Abs. 1 Nr. 3–6 in § 109 Abs. 1 folgt.

3a Die Vorschriften zu den einzelnen Leistungsgruppen des Teils 1 des SGB IX in den **§§ 42 ff.** sind bei den Leistungen der Eingliederungshilfe nur **anzuwenden,** wenn in den §§ 109 ff. auf diese **verwiesen** wird. Dies folgt aus § 7 Abs. 1 S. 1 (→ § 7 Rn. 4), der abweichenden Regelungen in den Leistungsgesetzen den Vorrang gibt. Teil 2 des SGB IX ist ein solches Leistungsgesetz (§ 7 Abs. 1 S. 3).

C. Verhältnis der Leistungsgruppen (Abs. 2)

4 Abs. 2 soll klarstellen, dass Leistungen der Sozialen Teilhabe nur erbracht werden, wenn der Bedarf nicht durch Leistungen der medizinischen Rehabilitation, zur Teilhabe am Arbeitsleben und zur Teilhabe an Bildung gedeckt wird (BT-Drs. 18/9522, 278). Hiermit begegnet der Gesetzgeber der Rspr., die Leistungen der medizinischen Rehabilitation und der Teilhabe am Arbeitsleben der Sozialen Teilhabe zuordnete (BT-Drs. 18/9522, 278). Der **Nachrang** der Leistungen zur **Sozialen Teilhabe** wird ferner in § 76 Abs. 1 S. 1 angeordnet. Zu den Leistungen der Sozialen Teilhabe näher §§ 76 ff. Die Leistungen der Sozialen Teilhabe haben oftmals Auffangfunktion. Werden Leistungen im Rahmen der medizinischen Rehabilitation, der Teilhabe am Arbeitsleben und der Teilhabe an Bildung nicht gewährt, gehören sie aber zugleich zu den Leistungen der Sozialen Teilhabe und sind ihre Voraussetzungen erfüllt, sind sie als Leistung der Sozialen Teilhabe zu erbringen (so zur Versorgung mit Hörgerätebatterien im Rahmen der Sozialhilfe BSG 19.5.2009 – B 8 SO 32/07 R, BSGE 103, 171 = BeckRS 2009, 69444 Rn. 20). Bei den Leistungen zur Teilhabe am Arbeitsleben ist allerdings zu beachten, dass das Leistungsspektrum bei diesen in der Eingliederungshilfe nach dem SGB IX eingeschränkt ist. Ob darüber hinaus andere Leistungen zur Teilhabe am Arbeitsleben vom Träger der Eingliederungshilfe zu gewähren sind, wenn diese von vorrangig verpflichteten Trägern nicht erbracht werden (so Fuchs/Ritz/Rosenow/Rosenow SGB IX § 102 Rn. 17) ist fraglich.

§ 103 **Regelung für Menschen mit Behinderungen und Pflegebedarf**[1]

(1) [1] **Werden Leistungen der Eingliederungshilfe in Einrichtungen oder Räumlichkeiten im Sinne des § 43a des Elften Buches in Verbindung mit § 71 Absatz 4 des Elften Buches erbracht, umfasst die Leistung auch die Pflegeleistungen in diesen Einrichtungen oder Räumlichkeiten.** [2] **Stellt der Leistungserbringer fest, dass der Mensch mit Behinderungen so pflegebedürftig ist, dass die Pflege in diesen Einrichtungen oder Räumlichkeiten nicht sichergestellt werden kann, vereinbaren der Träger der Eingliederungshilfe und die**

[1] § 103 Abs. 2 S. 1 geänd. mWv 14.6.2023 durch das G v. 6.6.2023 (BGBl. I Nr. 146).

zuständige Pflegekasse mit dem Leistungserbringer, dass die Leistung bei einem anderen Leistungserbringer erbracht wird; dabei ist angemessenen Wünschen des Menschen mit Behinderungen Rechnung zu tragen. [3]Die Entscheidung zur Vorbereitung der Vereinbarung nach Satz 2 erfolgt nach den Regelungen zur Gesamtplanung nach Kapitel 7.

(2) **[1]Werden Leistungen der Eingliederungshilfe außerhalb von Einrichtungen oder Räumlichkeiten im Sinne des § 43a des Elften Buches in Verbindung mit § 71 Absatz 4 des Elften Buches erbracht, umfasst die Leistung auch die Leistungen der häuslichen Pflege nach den §§ 64a bis 64f, 64i bis 64k und 66 des Zwölften Buches, solange die Teilhabeziele nach Maßgabe des Gesamtplanes (§ 121) erreicht werden können, es sei denn der Leistungsberechtigte hat vor Vollendung des für die Regelaltersrente im Sinne des Sechsten Buches erforderlichen Lebensjahres keine Leistungen der Eingliederungshilfe erhalten. [2]Satz 1 gilt entsprechend in Fällen, in denen der Leistungsberechtigte vorübergehend Leistungen nach den §§ 64g und 64h des Zwölften Buches in Anspruch nimmt. [3]Die Länder können durch Landesrecht bestimmen, dass der für die Leistungen der häuslichen Pflege zuständige Träger der Sozialhilfe die Kosten der vom Träger der Eingliederungshilfe erbrachten Leistungen der häuslichen Pflege zu erstatten hat.**

Literatur: Deutscher Verein, Zu vertragsrechtlichen Konsequenzen aus der Neuregelung in § 103 Abs. 2 SGB IX n. F., Gutachten vom 28. September 2020; Eicher, Pflege von Menschen mit Behinderungen in vollstationären Einrichtungen der Eingliederungshilfe – Vorrang-Nachrang-Verhältnis der Leistungen, jurisPR-SozR 11/2022 Anm. 5; Eicher, Die „Metamorphose" von Hilfe zur Pflege, SRa 2022, 221 ff.; Eicher, Schnittstellen von Pflegeleistungen und Eingliederungshilfe, jM 2022, 242 ff.; Fix: Die Schnittstelle Eingliederungshilfe – Pflege im Lichte der gesetzlichen Regelungen des Bundesteilhabegesetzes und des Pflegestärkungsgesetzes III; Beitrag D11–2017 unter www.reha-recht.de; Janßen/ Spellbrink, Sind Leistungsbeziehende der Eingliederungshilfe für Menschen mit Behinderungen zur Beantragung von Pflegeleistungen verpflichtet? SRa 2018, 142 ff.; Gila Schindler, Teilhabe oder Pflege? Die Schnittstelle zwischen den Leistungen der Pflegeversicherung und der Eingliederungshilfe als Praxisherausforderung, SRa 2018, 137 ff.

Übersicht

A. Geltende Fassung; Normzweck

§ 103 regelt seit dem 1.1.2020 das Verhältnis der Leistungen der Eingliederungshilfe **1**
zu den Leistungen der sozialen Pflegeversicherung in Einrichtungen nach § 71 Abs. 4 SGB IX und zu den Leistungen der häuslichen Pflege der Hilfe zur Pflege nach den §§ 61 ff. SGB XII. Der davor in der Vorschrift enthaltene Regelungsgegenstand – Beratender Ausschuss für behinderte Menschen beim Integrationsamt – findet sich seit dem 1.1.2018 in § 186. Die Vorschrift übernahm im Wesentlichen § 55 SGB XII. Anpassungen erfolgten insoweit, dass künftig nicht mehr zwischen ambulanten, teilstationären und stationären Leistungen unterschieden wird. Abs. 2 S. 1 wurde mWv 14.6.2023 durch das G zur Förderung eines inklusiven Arbeitsmarktes v. 6.6.2023 (BGBl. I Nr. 146) geändert.

2 Menschen mit Behinderungen haben häufig nicht nur durch Leistungen der Eingliederungshilfe zu deckende, sondern daneben auch Pflegebedarfe. Da auch die Leistungen der Pflege Betreuungsleistungen umfassen, können Überschneidungen bestehen. Der Gesetzgeber musste deshalb das Verhältnis dieser Eingliederungshilfe- und der Pflegeleistungen zueinander regeln. Das **Verhältnis zur sozialen Pflegeversicherung** wird einerseits in § 91 Abs. 3 iVm § 13 Abs. 3 S. 3 SGB XI für Pflegeleistungen außerhalb von Einrichtungen und Räumlichkeiten der Behindertenhilfe (→ § 91 Rn. 5 ff.) und andererseits in Abs. 1 für Pflegeleistungen in den genannten Einrichtungen und Räumlichkeiten geregelt. **Abs. 1 S. 1** bestimmt, dass diese Leistungen durch die Träger der Eingliederungshilfe erbracht werden. Die Pflegekassen haben 15 Prozent, maximal 266 EUR, der Aufwendungen zu erstatten (§ 43a SGB XI). **Abs. 1 S. 2 und 3** legen fest, wie zu verfahren ist, wenn der Leistungserbringer nicht (mehr) in der Lage ist, den Pflegebedarf der leistungsberechtigten Person zu decken (→ Rn. 6 ff.).

2a Die Abgrenzungsfrage stellt sich weiter im Verhältnis zu den Leistungen der **Hilfe zur Pflege** nach den §§ 61 ff. SGB XII. Bezüglich der Leistungen der häuslichen Hilfe zur Pflege nach den §§ 61 ff. SGB XII außerhalb dieser Einrichtungen sowie zu den Leistungen der Tages- und Nachtpflege, der Kurzzeitpflege und der digitalen Pflegeanwendungen enthalten Abs. 2 S. 1 und 2 Regelungen (→ Rn. 8 ff.). Das Bundesrecht sieht keine Kostenerstattung vor. Die Länder können aber nach Abs. 2 S. 3 bei den Leistungen der häuslichen Pflege eine solche festlegen. Krit. zur gesetzlichen Konzeption Fuchs/Ritz/Rosenow/Rosenow SGB IX § 103 Rn. 3 ff.

3 Mit § 103 will der Gesetzgeber das Selbstbestimmungsrecht der Menschen mit Behinderungen stärken, die trotz der Behinderung und Pflegebedürftigkeit einer Erwerbstätigkeit nachgehen (BT-Drs. 18/9557, 279). Sie sollen Eingliederungshilfe und Hilfe zur Pflege aus einer Hand erhalten.

B. Pflegeleistungen in Einrichtungen und Räumlichkeiten der Behindertenhilfe (Abs. 1)[2]

I. Allgemeines

4 Werden Leistungen der Eingliederungshilfe in Einrichtungen oder Räumlichkeiten nach § 43a SGB XI iVm § 71 Abs. 4 SGB XI erbracht, sind die in diesen zu erbringenden Pflegeleistungen nach dem SGB XI Bestandteil der Eingliederungshilfe (**Abs. 1 S. 1**). Die Leistungsberechtigten erhalten keine Leistungen aus der sozialen Pflegeversicherung.

II. Einrichtungen und Räumlichkeiten nach § 71 Abs. 4 SGB XI

4a Abs. 1 S. 1 verweist bezüglich der erfassten Einrichtungen und Räumlichkeiten auf § 43a SGB XI iVm § 71 Abs. 4 SGB XI. Damit unterfallen Abs. 1 S. 1

„1. stationäre Einrichtungen, in denen die Leistungen zur medizinischen Vorsorge, zur medizinischen Rehabilitation, zur Teilhabe am Arbeitsleben, zur Teilhabe an Bildung oder zur sozialen Teilhabe die schulische Ausbildung oder die Erziehung kranker Menschen oder von Menschen mit Behinderungen im Vordergrund des Zwecks der Einrichtung stehen,
2. (…)
3. Räumlichkeiten,
   a) in denen der Zweck des Wohnens von Menschen mit Behinderungen und der Erbringung von Leistungen der Eingliederungshilfe diese im Vordergrund steht,

[2] https://gkv-spitzenverband.de/media/dokumente/pflegeversicherung/richtlinien_vereinbarungen_formulare/rahmenvertraege_richtlinien_und bundesempfehlungen/2019_12_18_Richtlinien_71_Abs._5_Genehmigung.pdf; letzter Aufruf 10.7.2023.

b) auf deren Überlassung das Wohn- und Betreuungsvertragsgesetz Anwendung findet und
c) in denen der Umfang der Gesamtversorgung der dort wohnenden Menschen mit Behinderungen durch Leistungserbringer regelmäßig einen Umfang erreicht, der weitgehend der Versorgung in einer vollstationären Einrichtung entspricht;"

Einrichtungen iSv § 71 Abs. 4 Nr. 1 sind zB Kindertageseinrichtungen, Schulen, Werkstätten für Menschen mit Behinderungen und Wohneinrichtungen der Eingliederungshilfe (LPK-SGB IX/Zinsmeister SGB IX § 103 Rn. 5). Mit **Räumlichkeiten** sind die besonderen Wohnformen iSv § 42a Abs. 2 Nr. 2, Abs. 5 SGB XII gemeint, bei denen die leistungsberechtigte Person allein oder mit einer weiteren Person einen zur alleinigen Nutzung zugewiesenen Raum hat und weitere gemeinsame Räumlichkeiten, zB für Freizeitaktivitäten, mitnutzen kann. Voraussetzung ist, dass bei ihnen das WBVG anzuwenden ist und Leistung der Gesamtversorgung der in einer vollstationären Einrichtung entspricht. Auch **ambulante Wohnformen** unterfallen Abs. 1 S. 1, wenn die bereitgestellten Leistungen denen in einer Einrichtung nach § 71 Abs. 4 SGB XI entspricht. Einzelheiten der Abgrenzung regeln die GVG-Richtlinien nach § 71 Abs. 5 Satz 1 SGB XI vom 11.11.2019. Für die Abgrenzung ist maßgeblich, ob die Erbringung von Eingliederungshilfeleistungen oder von Pflegeleistungen im Vordergrund steht, was sich aus der tatsächlichen Leistungserbringung ergeben muss (KHM/Schaumberg SGB IX § 103 Rn. 7). **4b**

III. Erbringen von Leistungen der Eingliederungshilfe

Der Träger der Eingliederungshilfe muss tatsächlich Pflegeleistungen erbringen („werden Leistungen der Eingliederungshilfe (…) erbracht (Grube/Wahrendorf/Flint/Bieback SGB IX § 103 Rn. 5). Dies gilt unabhängig vom Pflegegrad, da in § 103 Abs. 1 S. 1 – anders als in § 43a SGB XI – nicht nach dem Pflegegrad unterschieden wird (KHM/Schaumberg SGB IX § 103 Rn. 8). Bei Pflegebedürftigen des Pflegegrades 1 werden allerdings nicht alle Pflegeleistungen erbracht (§ 28a SGB XI). **4c**

IV. Vom Eingliederungshilfeträger zu erbringende Pflegeleistungen

Sind diese Voraussetzungen erfüllt, muss der Träger der Eingliederungshilfe die **Pflegeleistungen** nach dem SGB XII und nach dem SGB XII erbringen (hM, so etwa jurisPK-SGB IX/Werhahn § 103 Rn. 14). Diese Leistungen sind dann Inhalt der Eingliederungshilfe (Eicher SRa 2022, 221 (222)). Die leistungsberechtigte Person hat keinen Anspruch auf Pflegeleistungen gegen die Pflegekasse nach § 43 SGB XI. Die Einrichtungen nach § 71Abs. 4 sind keine Pflegeeinrichtungen (jurisPK-SGB IX/Werhahn § 103 Rn. 13). Bei Pflegebedürftigen mit mindestens Pflegegrad 2 erhält der Eingliederungshilfeträger 15 Prozent des vereinbarten Heimentgelts, höchstens 266 EUR im Monat von der sozialen Pflegekasse ersetzt (§ 43a SGB XI). Das BSG sieht hierin eine gegenüber der Eingliederungshilfe vorrangige Leistung, auf die nicht der Träger der Eingliederungshilfe, sondern die pflegebedürftige Person Anspruch hat (BSG 11.11.2021 -B 3 P 2/20 R. BeckRS 2021, 39886; krit. Eicher SRa 2022, 221 (222)). **4d**

Die Regelung ist **zwingend.** Die leistungsberechtigte Person kann keine abweichende Erbringung der Pflegeleistung, zB durch einen Pflegedienst wählen. Krit. hierzu im Hinblick auf die Vereinbarkeit mit dem Grundsatz der Personenzentrierung v. Boetticher Teilhaberecht 2: Aufl. 2020 § 4 Rn. 21. **4e**

Leistungen der häuslichen Pflege muss der Träger der Eingliederungshilfe nach § 103 Abs. 1 S. 1 **nicht** erbringen. Hiervon mitumfasst sind Betreuungsleistungen (KHM/Schaumberg SGB IX § 103 Rn. 10), der Entlastungsbetrag nach den §§ 45a, 45b (BSG 20.4.2016 – B 3 P 1/15 R, BeckRS 2016, 70648), die Versorgung mit einem höhenverstellbaren Pflegebett (SG München 26.5.2020 – S 59 66/19, BeckRS 2020, 11603) **4f**

und andere Annexleistungen der häuslichen Pflege. Nicht ausgeschlossen sind von der gesetzlichen Krankenversicherung zu erbringende Leistungen der **medizinischen Behandlungspflege** (näher hierzu KHM/Schaumberg SGB IX § 103 Rn. 11).

V. Verlegung der leistungsberechtigten Person (Abs. 1 S. 2, 3)

5 Ist die leistungsberechtigte Person so pflegebedürftig, dass die Pflegeleistungen in der Einrichtung oder den Räumlichkeiten des Leistungserbringers der Behindertenhilfe nicht sichergestellt werden kann, vereinbaren der Träger der Eingliederungshilfe und die Pflegekasse mit dem Leistungserbringer, dass die Leistung bei einem anderen Leistungserbringer – idR in einer vollstationären Einrichtung – erbracht wird (**Abs. 1 S. 2 Hs. 1**).

5a Die Pflege kann deshalb **nicht sichergestellt** sein, weil der Leistungserbringer tatsächlich nicht in der Lage ist, die erforderliche Pflege zu gewährleisten. Das Unvermögen zur Sicherstellung der Pflege kann sich ferner aus rechtlichen Gründen ergeben, wenn die Anpassung der Leistung von der Einrichtung wirksam nach § 8 Abs. 4 WBVG ausgeschlossen wurde. In diesem Fall ist die Einrichtung berechtigt, den Wohn- und Betreuungsvertrag zu kündigen (§ 12 Abs. 2 S. 1 Nr. 2 lit. b WBVG).

5b Kommt der Leistungserbringer seinen Pflichten gegenüber der leistungsberechtigten Person aus dem mit dieser geschlossenen Vertrag und aus der Leistungs- und Vergütungsvereinbarungen mit dem Träger der Eingliederungshilfe nicht nach, ist er nach § 128 zu **überprüfen** (→ § 128 Rn. 13 ff.). Ggf. muss die vereinbarte **Vergütung gekürzt** werden (§ 129; → § 129 Rn. 2a ff.).

5c Die Verlegung in die andere Einrichtung ist **nicht** von der **Zustimmung** der leistungsberechtigten Person abhängig, sie kann deshalb auch gegen ihren Willen erfolgen. Bei der Auswahl des anderen Leistungserbringers ist aber angemessenen Wünschen des Menschen mit Behinderungen zu entsprechen (Abs. 1 S. 2 Hs. 2). Die Angemessenheit ist nach § 104 Abs. 2 und 3 zu beurteilen. Krit. v. Boetticher/Kuhn-Zuber, Rehabilitationsrecht, 2. Aufl. 2022, Rn. 285.

6 Bei der Vorbereitung der Vereinbarung ist das **Gesamtplanverfahren** nach den §§ 117 ff. zu beachten (**Abs. 1 S. 3;** näher hierzu die Kommentierungen zu den §§ 117 ff.).

C. Hilfe zur Pflege

I. Pflegeleistungen bei Eingliederungshilfe außerhalb von Einrichtungen und Räumlichkeiten

7 Werden Eingliederungshilfeleistungen außerhalb von Einrichtungen nach § 43a SGB XI iVm § 71 Abs. 1 SGB XI geleistet, erbringt der Träger der Eingliederungshilfe auch folgende Leistungen zur häuslichen Pflege der Hilfe zur Pflege nach dem SGB XII, wenn die leistungsberechtigte Person diese Leistungen bereits vor Erreichen der Altersgrenze für die Regelaltersrente bezogen hat:
- **Pflegegeld** (§ 64a SGB XII)
- **Häusliche Pflegehilfe** (§ 64b SGB XII)
- **Verhinderungspflege** (§ 64c SGB XII)
- **Pflegehilfsmittel** (§ 64d SGB XII)
- **Maßnahmen zur Verbesserung des Wohnumfeldes** (§ 64e SGB XII)
- **andere Leistungen** (Alterssicherung einer besonderen Pflegekraft, Übernahme der Kosten der Beratung der Pflegeperson, Übernahme angemessener Kosten des Arbeitgebermodells) (§ 64f SGB XII)

- **Entlastungsbetrag bei den Pflegegraden** 2, 3, 4 oder 5 (§ 64i SGB XII).
- Digitale Pflegeanwendungen (§ 64j SGB XII)
- Ergänzende Unterstützung bei Nutzung von digitalen Pflegeanwendungen (§ 64k SGB XII)
- **Entlastungsbetrag bei Pflegegrad 1** (§ 66 SGB XII).

Dies hat zu Gunsten der leistungsberechtigten Person insbesondere zur Folge, dass sich der Einsatz von Einkommen und Vermögen nicht nach den §§ 82 ff. SGB XII, sondern nach den §§ 135 ff. richtet. Damit sind die Freibeträge deutlich höher. Zu Einzelheiten siehe die Kommentierungen zu den §§ 135 ff. Vorrang haben die Leistungen der sozialen Pflegeversicherung nach § 91 Abs. 3 iVm § 13 Abs. 3 S. 3 (jurisPK-SGB IX/Wehrhahn § 103 Rn. 19).

Voraussetzung ist zunächst, dass die leistungsberechtigte Person außerhalb einer Einrichtung oder Räumlichkeit iSd § 43a iVm § 71 Abs. 4 SGB XI lebt. Dies sind vor allem Leistungsberechtigte, die in ihrer eigenen Wohnung leben (KHM/Schaumberg SGB IX § 103 Rn. 14). 8

Weiter müssen die **Teilhabeziele des Gesamtplans** (§ 121) **erreicht** werden können. Diese sind nach § 121 Abs. 4 Einleitungssatz iVm § 19 Abs. 2 Nr. 6 im Gesamtplan zu dokumentieren. In der Lit. wird davon ausgegangen, dass diese Voraussetzung wegen der Verpflichtung zur Anpassung des Teilhabeplans nach § 19 Abs. 3 der Gewährung der Pflegeleistungen durch den Träger der Eingliederungshilfe nicht entgegensteht (v. Boetticher, Teilhaberecht, 2. Aufl., 2020, § 4 Rn. 30). 9

Ferner muss die leistungsberechtigte Person **Leistungen der Eingliederungshilfe bereits vor Erreichen der Regelaltersgrenze in der gesetzlichen Rentenversicherung** erhalten haben. Wegen der doppelten Benachteiligung der leistungsberechtigten Person – einerseits Anwendung der ungünstigeren Vorschriften zur Berücksichtigung von Einkommen und Vermögen nach den §§ 82 ff. SGB XII, andererseits gespaltene Zuständigkeit und unterschiedliche Leistungserbringer – wird die Regelung in der Lit. sehr kritisch bewertet (v. Boetticher, Teilhaberecht, 2. Aufl. 2020, § 4 Rn. 31; Fix, Die Schnittstelle Eingliederungshilfe – Pflege im Lichte der gesetzlichen Regelungen des Bundesteilhabegesetzes und des Pflegestärkungsgesetzes III; Beitrag D11–2017 unter www.reha-recht.de). Das Erreichen der Regelaltersgrenze richtet sich nach den §§ 35 S. 2, 235 Abs. 2 SGB VI. Nach dem Gesetzeswortlaut muss die leistungsberechtigte Person Leistungen der Eingliederungshilfe **tatsächlich erhalten haben.** Dies ist der Zeitpunkt der Bewilligung der Leistung. Unklar ist, ob die Leistung bis zum Erreichen der Regelaltersgrenze bezogen worden sein muss oder ob hiervon auch auszugehen ist, wenn der Leistungsbezug bereits vor diesem Zeitpunkt endete (v. Boetticher, Teilhaberecht, 2. Aufl. 2020, § 4 Rn. 31). 10

Leistungen der **teilstationären Pflege** (§ 64g) und der **Kurzzeitpflege** (§ 64h) werden von dem Träger der Eingliederungshilfe erbracht, wenn diese nur vorübergehend in Anspruch genommen werden (**Abs. 2 S. 2**). Von einem vorübergehenden Zeitraum geht der Gesetzgeber bei einer Dauer von bis zu acht Wochen aus (BT-Drs. 19/10523, 62). Bei länger dauernder teilstationärer Pflege und bei Kurzzeitpflege ist der Sozialhilfeträger für diese Leistungen zuständig (KHM/Schaumberg SGB IX § 103 Rn. 17). Der Träger der Sozialhilfe ist ferner zuständig, wenn die Hilfe zur Pflege erst nach Erreichen der Regelaltersgrenze der gesetzlichen Rentenversicherung in Anspruch genommen wird. 11

Abs. 2 sieht eine Erstattung der dem Träger der Eingliederungshilfe entstehenden Kosten durch den Träger der Sozialhilfe nicht vor. Die Länder sind gem. Abs. 2 S. 3 berechtigt, durch Landesrecht eine solche Erstattungspflicht festzulegen. 12

§ 104 Leistungen nach der Besonderheit des Einzelfalles

(1) [1]**Die Leistungen der Eingliederungshilfe bestimmen sich nach der Besonderheit des Einzelfalles, insbesondere nach der Art des Bedarfes, den persönlichen Verhältnissen,**

dem Sozialraum und den eigenen Kräften und Mitteln; dabei ist auch die Wohnform zu würdigen. [2]Sie werden so lange geleistet, wie die Teilhabeziele nach Maßgabe des Gesamtplanes (§ 121) erreichbar sind.

(2) [1]Wünschen der Leistungsberechtigten, die sich auf die Gestaltung der Leistung richten, ist zu entsprechen, soweit sie angemessen sind. [2]Die Wünsche der Leistungsberechtigten gelten nicht als angemessen,

1. wenn und soweit die Höhe der Kosten der gewünschten Leistung die Höhe der Kosten für eine vergleichbare Leistung von Leistungserbringern, mit denen eine Vereinbarung nach Kapitel 8 besteht, unverhältnismäßig übersteigt und
2. wenn der Bedarf nach der Besonderheit des Einzelfalles durch die vergleichbare Leistung gedeckt werden kann.

(3) [1]Bei der Entscheidung nach Absatz 2 ist zunächst die Zumutbarkeit einer von den Wünschen des Leistungsberechtigten abweichenden Leistung zu prüfen. [2]Dabei sind die persönlichen, familiären und örtlichen Umstände einschließlich der gewünschten Wohnform angemessen zu berücksichtigen. [3]Kommt danach ein Wohnen außerhalb von besonderen Wohnformen in Betracht, ist dieser Wohnform der Vorzug zu geben, wenn dies von der leistungsberechtigten Person gewünscht wird. [4]Soweit die leistungsberechtigte Person dies wünscht, sind in diesem Fall die im Zusammenhang mit dem Wohnen stehenden Assistenzleistungen nach § 113 Absatz 2 Nummer 2 im Bereich der Gestaltung sozialer Beziehungen und der persönlichen Lebensplanung nicht gemeinsam zu erbringen nach § 116 Absatz 2 Nummer 1. [5]Bei Unzumutbarkeit einer abweichenden Leistungsgestaltung ist ein Kostenvergleich nicht vorzunehmen.

(4) Auf Wunsch der Leistungsberechtigten sollen die Leistungen der Eingliederungshilfe von einem Leistungsanbieter erbracht werden, der die Betreuung durch Geistliche ihres Bekenntnisses ermöglicht.

(5) Leistungen der Eingliederungshilfe für Leistungsberechtigte mit gewöhnlichem Aufenthalt in Deutschland können auch im Ausland erbracht werden, wenn dies im Interesse der Aufgabe der Eingliederungshilfe geboten ist, die Dauer der Leistungen durch den Auslandsaufenthalt nicht wesentlich verlängert wird und keine unvertretbaren Mehraufwendungen entstehen.

Übersicht

A. Geltende Fassung; Normzweck

1 § 104 erhielt durch das BTHG mWv 1.1.2020 einen neuen Regelungsgehalt. Der bisherige Regelungsgegenstand – Aufgaben der Bundesagentur für Arbeit bei der Durchführung besonderer Regelungen zur Teilhabe schwerbehinderter Menschen – findet sich seit dem 1.1.2018 in § 187.

Der Träger der Eingliederungshilfe muss über die Art und das Maß der Leistungen der Eingliederungshilfe nach § 107 Abs. 2 (→ § 107 Rn. 4 ff.) nach pflichtgemäßem Ermessen entscheiden. Etwas anderes gilt nur, wenn Ermessen gesetzlich ausgeschlossen ist (→ § 107 Abs. 2). Die hierbei zu beachtenden Maßgaben werden durch § 104 konkretisiert. Es sollen die Wünsche der Menschen mit Behinderungen, die Wirtschaftlichkeit und die Zumutbarkeit in Ausgleich gebracht werden. 1a

Überschneidungen bestehen mit § 33 SGB I und § 8. Da § 33 SGB I in die Veränderungssperre des § 37 S. 2 SGB I einbezogen ist, ist § 104 nicht vorrangig. § 8 wird nach den Ausführungen in der Gesetzesbegründung durch den vorrangigen § 104 (§ 7 Abs. 1 S. 1; → Rn. 4) präzisiert, um den Besonderheiten der Eingliederungshilfe Rechnung zu tragen (BT-Drs. 18/9522, 280). 2

B. Individualisierungsgrundsatz (Abs. 1 S. 1)

Abs. 1 S. 1 legt das **Grundprinzip** der Eingliederungshilfe (BT-Drs. 18/9522, 279) der einzelfallorientierten Leistungserbringung fest. Die Vorschrift lehnt sich an § 9 Abs. 1 SGB XII an. Wegen der besonderen Lebenssituation des leistungsberechtigten Personenkreises müssen bei der Einzelfallprüfung die persönlichen Verhältnisse und der Sozialraum berücksichtigt werden (BT-Drs. 18/9522, 279). 3

Die Leistungen der Eingliederungshilfe richten sich ua nach der Art des **Bedarfes.** Der Begriff „Bedarf" wird in § 13 Abs. 2 definiert (→ § 13 Rn. 5). Dieser Begriff gilt auch in der Eingliederungshilfe. Abweichungen werden durch § 7 Abs. 2 S. 1 ausgeschlossen (→ § 7 Rn. 6). 3a

Mit **persönlichen Verhältnissen** ist das familiäre, freundschaftliche und nachbarschaftliche Umfeld gemeint (BT-Drs. 18/9522, 278). Ferner gehören zu den persönlichen Verhältnissen das Alter, das Geschlecht und die persönlichen Neigungen (LPK-SGB IX/Zinsmeister § 104 Rn. 4). Mit dieser Auslegung wird Art. 23 UN-BRK entsprochen. 3b

Zu berücksichtigen ist weiter der **Sozialraum.** Eine Konkretisierung dieses Begriffes fehlt. In der Lit. wird davon ausgegangen, dass die Angebote im Sozialraum für die leistungsberechtigte Person erreichbar sein müssen (v. Boetticher, Teilhaberecht, 2. Aufl. 2020, § 4 Rn. 77). S. zum Begriff des Sozialraums → § 76 Rn. 3. 3c

Zu berücksichtigen sind weiter die **eigenen Kräfte und Mittel** der leistungsberechtigten Person. 3d

Nach Abs. 1 S. 1 Halbsatz 2 ist außerdem die **Wohnform** zu würdigen. Hiermit soll deren besondere Bedeutung als elementarer Lebensraum hervorgehoben werden (BT-Drs. 18/10523, 11). 3e

Der Träger der Eingliederungshilfe ist verpflichtet entsprechend dieser Maßgaben zu entscheiden („bestimmen sich"). Ermessensspielraum steht ihm nicht zu (Fuchs/Ritz/Rosenow/Rosenow SGB IX § 104 Rn. 33). Abs. 1 S. 1 ist **keine eigenständige Anspruchsgrundlage.** Die Vorschrift ist erst anzuwenden, wenn feststeht, dass eine Leistungsberechtigung nach § 99 besteht (ebenso zur entsprechenden Rechtslage nach dem SGB XII Grube/Wahrendorf/Wahrendorf § 9 SGB XII Rn. 1). 3f

C. Leistungsdauer (Abs. 1 S. 2)

Mit Abs. 1 S. 2 will der Gesetzgeber klarstellen, dass die Leistungen **unabhängig vom Erreichen einer Altersgrenze** so lange zu leisten sind (BT-Drs. 18/9522, 279), wie die im Gesamtplan festgelegten **Teilhabeziele** erreicht werden können. Sind diese Ziele nicht mehr zu erreichen, besteht bereits kein Anspruch auf Leistungen der Eingliederungshilfe. Die Erreichbarkeit der Teilhabeziele ist folglich Tatbestandsvoraussetzung des Anspru- 4 ches auf Eingliederungshilfe (Fuchs/Ritz/Rosenow/Rosenow SGB IX § 104 Rn. 36). Aus Abs. 1 S. 2 folgt weiter, dass für die Teilhabeziele der Gesamtplan maßgebend ist. Dass die Teilhabeziele Gegenstand des Gesamtplanes sind, folgt aus § 121 Abs. 2 iVm § 19 Abs. 2 Nr. 6).

D. Wunschrecht

I. Pflicht zur Befolgung angemessener Wünsche

5 **Abs. 2** konkretisiert das in § 8 geregelte Wunschrecht für die Eingliederungshilfe. Angemessenen Wünschen der leistungsberechtigten Personen zur Gestaltung der Hilfe **muss** der Träger der Eingliederungshilfe **entsprechen.** Abs. 2 ist als lex specialis gegenüber § 8 vorrangig (§ 7 Abs. 1 S. 1; aA Fuchs/Ritz/Rosenow/Rosenow SGB IX § 104 Rn. 13). Die Eingliederungshilfe soll den Menschen mit Behinderungen eine „individuelle Lebensführung" ermöglichen (§ 90 Abs. 1 S. 1; → § 90 Rn. 4). Dem Wunsch- und Wahlrecht nach Abs. 2 kommt damit besondere Bedeutung zu (Fuchs/Ritz/Rosenow/Rosenow SGB IX § 104 Rn. 13).

5a Der Wunsch muss sich auf die **Gestaltung der Leistung** beziehen. Das Wunschrecht besteht nur, wenn eine Leistungsberechtigung nach § 99 besteht (KHM/Schaumberg SGB IX § 104 Rn. 5). Zur Gestaltung der Leistung gehören die Leistungen, mit der der Bedarf gedeckt werden soll, der Ort der Leistungserbringung einschließlich eines solchen im Ausland, die Wohnform sowie der Leistungserbringer (v. Boetticher Teilhaberecht § 4 Rn. 80).

5b Die **Wünsche** müssen **nicht ausdrücklich** geäußert werden. Ausreichend ist, wenn die leistungsberechtigte Person auf andere Weise ihre Präferenzen zur Art der Leistung oder deren Ausgestaltung zu erkennen gibt. Die Wünsche sind auch dann zu beachten, wenn die leistungsberechtigte Person nicht geschäftsfähig ist. Dies gilt auch, wenn rechtliche Betreuung eingerichtet ist. Auch die Betreuerin oder der Betreuer müssen den Wünschen der zu betreuenden Person zur Geltung verhelfen. Werden von der Betreuerin oder dem Betreuer andere Wünsche geäußert als von der betreuten Person, muss der Träger der Eingliederungshilfe klären, welche Wünsche maßgeblich sein sollen (Fuchs/Ritz/Rosenow/Rosenow SGB IX § 104 Rn. 52 ff.).

5c Wünschen **muss** der Träger der Eingliederungshilfe **entsprechen** („ist zu entsprechen"), soweit sie **angemessen** sind (§ 104 Abs. 2 S. 1). Nach der Gesetzesbegründung sind bei der Beurteilung der Angemessenheit neben Kostengesichtspunkten die Qualität der Leistung und die Wahrscheinlichkeit des Erreichens der im Teilhabeplan festgesetzten Ziele (BT-Drs. 18/9522, 279) und die in Abs. 1 S. 1 genannten Kriterien (→ Rn. 3a ff.) zu berücksichtigen (BT-Drs. 18/9522, 279). Der Wunsch muss geeignet sein, den Bedarf zu decken und eine gesetzlich vorgesehene Leistung zum Gegenstand haben. Dies folgt aus der Verwendung des Begriffes „berechtigten" in § 8 Abs. 1 (→ § 8 Rn. 6). Insbesondere ist zu prüfen, ob ein Wunsch mit unverhältnismäßigen Mehrkosten verbunden ist (Abs. 2 S. 2; → Rn. 7b). Ein Kostenvergleich ist nicht durchzuführen, wenn die nicht den Wünschen entsprechende Leistung für die leistungsberechtigte Person unzumutbar ist (Abs. 3 S. 5).

5d Abs. 2 S. 2 setzt eine **Angemessenheitsobergrenze** fest (krit. zu diesem Begriff Fuchs/Ritz/Rosenow/Rosenow SGB IX § 104 Rn. 15). Mit dieser soll das Interesse der leistungsberechtigten Person, die Leistung selbst zu bestimmen, mit dem Gebot der wirtschaftlichen Leistungserbringung ausgeglichen werden (BT-Drs. 18/9522, 279). Hierzu ist die gewünschte Leistung mit vergleichbaren Leistungen von Leistungserbringern, mit denen der Träger der Eingliederungshilfe eine Vereinbarung geschlossen hat, zu vergleichen (Abs. 2 S. 2 Nr. 1). In den Vergleich dürfen nur solche Leistungen einbezogen werden, die in derselben Leistungsform erbracht werden – ausgenommen sind bei einer gewünschten Einzelleistung insbesondere Gruppenleistungen in Form des sog. „Poolens" –, geeignet sind, das Teilhabeziel zu erreichen, und verfügbar sind (BT-Drs. 18/9522, 280). Nicht angemessen ist die gewünschte Leistung nicht bereits dann, wenn sie teurer als die Vergleichsleistung ist, sondern erst, wenn die **Mehrkosten unverhältnismäßig** sind. Hierbei ist auf die Durchschnittskosten der den Bedarf der leistungsberechtigten Person deckenden Kosten im Bereich des Trägers der Eingliederungshilfe abzustellen (v. Boetticher/Kuhn-Zuber, Rehabilitationsrecht, 2. Aufl. 2022, Rn. 57). Da der Gesetzestext offen formuliert ist („unverhältnismäßig übersteigt"), verbietet es sich, rechnerische Grenzwerte zu benennen. Die Unverhältnismäßigkeit ist vielmehr im Einzelfall zu beurteilen. In der Sozialhilfe und in der Kinder- und Jugendhilfe werden in der Rechtsprechung folgende Werte genannt: Nicht unverhältnismäßig sind Mehrkosten bis zu 20 % (so zur Sozialhilfe SG Karlsruhe 20.5.2015 – S 1 SO 4334/14, BeckRS 2015, 68730). Höhere Mehrkosten sind nicht unverhältnismäßig, wenn sie auf sachlichen Gründen beruhen. Bei Mehrkosten von mehr als 75 % ging das BVerwG in einer Entscheidung zur Sozialhilfe von Unverhältnismäßigkeit aus (BVerwG 11.2.1982 – 5 C 85/80, NJW 1983, 2586). Hierbei kann es sich allerdings nur um Orientierungswerte handeln (im Ergebnis ebenso LPK-SGB IX/Zinsmeister § 104 Rn. 10). Nicht unverhältnismäßig ist die Wahl einer Einrichtung, wenn mit dieser eine Vergütungsvereinbarung nach § 125 geschlossen wurde. Dann ist davon auszugehen, dass diese Einrichtung die Gewähr dafür bietet, dass die Leistung wirtschaftlich erbracht wird (so zum Mehrkostenvorbehalt nach § 9 Abs. 2 S. 3 SGB XII BSG 5.7.2018 – B 8 SO 30/16 R, Rn. 20 ff.). Ist der Wunsch mit unverhältnismäßigen Kosten verbunden, so ist er unwiderlegbar (Siefert jurisPR-SozR 4/2017 Anm. 2 C.III) nicht angemessen. In der Lit. wird die Auffassung vertreten, dass der Träger der Eingliederungshilfe in diesem Fall die Leistung in angemessener Höhe gewähren muss (Fuchs/Ritz/Rosenow/Rosenow SGB IX § 104 Rn. 74).

Hat die Prüfung zum Ergebnis, dass es sich um angemessene Wünsche handelt, **muss** der Träger der Eingliederungshilfe ihnen **entsprechen** (Abs. 1 S. 1: „ist zu entsprechen"). Auswahlermessen (§ 107 Abs. 2 Hs. 2) steht ihm nicht zu. **5e**

II. Zumutbarkeit der vom Wunsch abweichenden Leistung (Abs. 3 S. 1)

1. Zumutbarkeit

Die leistungsberechtigte Person kann nur auf eine von ihren Wünschen abweichende Form der Leistung verwiesen werden, wenn ihr diese zumutbar ist. Deshalb ist nach **Abs. 3** S. 1 **zunächst** die **Zumutbarkeit** der abweichenden Leistung zu **prüfen.** Hierdurch soll verhindert werden, dass die an Kostengesichtspunkten orientierte Entscheidung nach Abs. 2 zu im Einzelfall unverhältnismäßigen Ergebnissen führt (BT-Drs. 18/9522, 280). „Zumutbarkeit" ist ein unbestimmter Rechtsbegriff, der voller gerichtlicher Kontrolle unterliegt. Die abweichende Leistung muss konkret benannt werden (LPK-SGB IX/Zinsmeister § 104 Rn. 7). Bei einer unzumutbaren alternativen Leistung ist die gewünschte Leistung ohne Kostenvergleich zu leisten (Abs. 3 S. 5; HessLSG 9.12.2021 – L 4 SO 218/21 B ER, BeckRS 2021, 39074). **6**

Die Zumutbarkeit einer von den Wünschen der leistungsberechtigten Person abweichenden Leistung ist bei **allen Wünschen** zu prüfen. Hierbei kommt es nicht nur auf die objektive Eignung, sondern auf die Eignung in der individuellen Situation der leistungsberechtigten Person an (LSG Nds-Brem 26.5.2016 – L 8 SO 166/12 ER-B, BeckRS 2016, 119529 Rn. 34). Bei unzumutbaren Leistungen erfolgt kein Kostenvergleich (Abs. 3 S. 5). Es ist bei der Feststellung der Angemessenheit nur daraufhin zu überprüfen, ob sie **6a** die qualitativen Anforderungen erfüllt und mit ihr das Teilhabeziel erreicht werden kann (BT-Drs. 18/9522, 280).

6b Bei der Beurteilung der Zumutbarkeit sind die **persönlichen, familiären und örtlichen Umstände** und die **gewünschte Wohnform** zu berücksichtigen (**Abs. 3 S. 2**). **Persönliche Umstände** sind zB die Einbindung in das persönliche Umfeld, Alter, Geschlecht, Interessen, Religion oder Weltanschauung und Engagement in Politik oder Ehrenamt (Fuchs/Ritz/Rosenow/Rosenow SGB IX § 104 Rn. 76). Bei den **familiären Umständen** sind insbesondere die Vorgaben von Art. 6 Abs. 1 GG und Art. 8 EMRK zu beachten. **Örtliche Umstände** sind zB der Wohnort, die Verbundenheit mit einem Ort oder einer Region, die Angebote im Sozialraum (Fuchs/Ritz/Rosenow/Rosenow SGB IX § 104 Rn. 78).

2. Vorrang des Wohnens außerhalb besonderer Wohnformen (Abs. 3 S. 3)

7 Wird von der leistungsberechtigten Person Wohnen außerhalb einer besonderen Wohnform gewünscht und kommt diese in Betracht, ist diesem Wunsch der Vorzug zu geben (**Abs. 3 S. 3**). Nach der Gesetzesbegründung soll hiermit erreicht werden, „dass niemand gegen seinen Willen in eine besondere Wohnform gedrängt wird (BT-Drs. 18/10523, 4). Mit Abs. 3 S. 3 wird Art. 19 Buchst. a) UN-BRK umgesetzt. Danach haben die Vertragsstaaten der Konvention zu gewährleisten, dass „Menschen mit Behinderungen gleichberechtigt die Möglichkeit haben, ihren Aufenthaltsort zu wählen und zu entscheiden, wo und mit wem sie leben, und nicht verpflichtet sind, in besonderen Wohnformen zu leben". Daneben ist zu beachten, dass die Verpflichtung, in einer besonderen Wohnform zu leben, den Kernbereich autonomer privater Lebensgestaltung (Art. 2 Abs. 1 GG iVm Art. 1 Abs. 1 GG) tangiert (BVerfG 3.3.2004 – 1 BvR 2378/98, BVerfGE 109, 279 = NJW 2004, 999 (1000 f.)). Ferner hat das BVerfG zur Grundsicherung für Arbeitsuchende festgestellt, dass der Staat die materiellen Voraussetzungen für ein menschenwürdiges Leben schaffen muss (BVerfG 9.2.2010 – 1 BvL 1/09, BVerfGE 125, 175 = NZS 2010, 270 Rn. 133 ff.). Er muss also den Menschen mit Behinderungen Mittel dafür bereitstellen, dass sie entsprechend ihren Wünschen wohnen können (zum vorigen LPK-SGB IX/Zinsmeister § 104 Rn. 7 mit krit. Bewertung der gesetzgeberischen Konzeption).

7a Voraussetzung ist zunächst, dass die leistungsberechtigte Person das Wohnen außerhalb von besonderen Wohnformen **wünscht.** Hierzu → Rn. 5b.

7b Was mit **„besonderen Wohnformen"** gemeint ist, lässt sich dem Gesetzestext nicht entnehmen. Der Gesetzgeber knüpft an den Gesetzeswortlaut des Art. 19 Buchst. a) UN-BRK an. Dort findet sich der Begriff „particular living arragement". Kennzeichen der besonderen Wohnform ist, dass diese für Menschen mit Behinderungen geschaffen wurden und sie nicht frei entscheiden können, wo und mit wem sie leben und wie sie ihr Leben gestalten (LPK-SGB IX/Zinsmeister § 104 Rn. 8). Zu den besonderen Wohnformen sind damit stationäre Einrichtungen und betreute Wohnformen zu rechnen (LPK-SGB IX/Zinsmeister § 104 Rn. 8).

7c Weiter muss das Wohnen außerhalb einer besonderen Wohnform **in Betracht kommten.** Dies ist nicht der Fall, wenn die individuellen Bedarfe nicht gedeckt werden können.

7d Sind diese Voraussetzungen erfüllt, ist die Erbringung der Eingliederungshilfeleistung in einer besonderen Wohnform unzumutbar (v.Boetticher, Teilhaberecht, 2. Aufl. 2020, § 4 Rn. 84). Nicht im Wortlaut von Abs. 3 S. 3 angesprochen wird der Fall, dass eine leistungsberechtigte Person eine besondere Wohnform wünscht und dies mit unverhältnismäßigen Mehrkosten verbunden ist. In der Lit. wird die Auffassung vertreten, dass auch in diesem Fall dem Wunsch der leistungsberechtigten Person idR zu entsprechen ist (Fuchs/Ritz/Rosenow/Rosenow SGB IX § 104 Rn. 83 ff.).

3. Gemeinsame Erbringung von Assistenzleistungen zum Wohnen (Abs. 3 S. 4)

Bei Wohnen außerhalb besonderer Wohnformen – dies folgt aus dem textlichen Anschluss von S. 4 an S. 3 („in diesem Fall") – sind die für die Gestaltung sozialer Beziehungen und der persönlichen Lebensplanung erforderlichen Assistenzleistungen nicht gemeinschaftlich zu erbringen, soweit die leistungsberechtigte Person dies wünscht (Abs. 3 S. 4). Näher zum gemeinschaftlichen Erbringen von Leistungen – in der Praxis wird hierfür oftmals der Begriff „Poolen" verwendet – → § 116 Rn. 5 ff. Eine gemeinsame Erbringung dieser Leistungen ist nur zulässig, wenn alle betroffenen leistungsberechtigten Personen hiermit einverstanden sind (Fuchs/Ritz/Rosenow/Rosenow SGB IX § 104 Rn. 87a). Zur Zumutbarkeit der gemeinsamen Leistungserbringung nach § 116 Abs. 2 S. 1 Hs. 1 → § 116 Rn. 5b. 7e

E. Betreuung durch Geistliche des eigenen religiösen Bekenntnisses (Abs. 4)

Abs. 4 konkretisiert die in Art. 4 Abs. 2 GG garantierte **Religionsfreiheit** im Anwendungsbereich der Eingliederungshilfe. Die Vorschrift entspricht § 9 Abs. 3 SGB XII. Anders als dort wird nicht mehr auf Einrichtungen, sondern auf Leistungsanbieter abgestellt. „Bekenntnis" ist nicht auf christliche Glaubensrichtungen begrenzt (Kruse ua SGB XII Sozialhilfe, 3. Aufl. 2012, § 9 Rn. 11). Abs. 4 steht im Zusammenhang mit Abs. 2. Wünsche nach Betreuung durch Angehörige des religiösen Bekenntnisses stehen damit unter dem Mehrkostenvorbehalt. In der Lit. wird die Auffassung vertreten, dass auch dem positiven oder negativen Wunsch auf Leistungen durch eine Einrichtung in kirchlicher Trägerschaft oder eines kirchennahen Trägers (zB des Caritas) entsprochen werden soll (Fuchs/Ritz/Rosenow/Rosenow SGB IX § 104 Rn. 91). 8

F. Leistungen im Ausland (Abs. 5)

Abs. 5 entspricht dem weggefallenen § 23 Eingliederungshilfeverordnung. Die Vorschrift ermöglicht die Erbringung einer Leistung im Ausland an Leistungsberechtigte mit gewöhnlichem Aufenthalt in Deutschland. 9

Die anspruchstellende Person muss zumindest einen **gewöhnlichen Aufenthalt in Deutschland** haben; zur Möglichkeit mehrerer gewöhnlicher Aufenthalte → § 101 Rn. 5). Die Vorschrift differenziert nicht nach Deutschen und Ausländerinnen und Ausländern, so dass sie auch bei Letzteren anzuwenden ist, soweit § 100 nicht entgegensteht. Bei deutschen Leistungsberechtigten mit **gewöhnlichem Aufenthalt in Deutschland und im Ausland** ist zu prüfen, ob der Leistung an sie § 101 entgegensteht, der im Ausland zu erbringende Leistungen an Deutsche mit gewöhnlichem Aufenthalt im Ausland grds. ausschließt. 9a

Die Erbringung der Leistung im Ausland muss **„im Interesse der Aufgabe der Eingliederungshilfe geboten"** sein. Dies ist zB der Fall, wenn während einer Auslandsreise der leistungsberechtigten Person Assistenzleistungen sichergestellt werden müssen (Fuchs/Ritz/Rosenow/Rosenow SGB IX § 104 Rn. 97). 9b

Die **Dauer des Auslandsaufenthaltes** darf sich durch die Leistung im Ausland **nicht wesentlich verlängern.** 9c

Schließlich dürfen durch die Leistungen im Ausland **keine unvertretbaren Mehraufwendungen** entstehen. 9d

9e Über die Leistung nach Abs. 5 entscheidet der Träger der Eingliederungshilfe nach **pflichtgemäßem Ermessen** („können").

§ 105 Leistungsformen

(1) Die Leistungen der Eingliederungshilfe werden als Sach-, Geld- oder Dienstleistung erbracht.

(2) Zur Dienstleistung gehören insbesondere die Beratung und Unterstützung in Angelegenheiten der Leistungen der Eingliederungshilfe sowie in sonstigen sozialen Angelegenheiten.

(3) [1]Leistungen zur Sozialen Teilhabe können mit Zustimmung der Leistungsberechtigten auch in Form einer pauschalen Geldleistung erbracht werden, soweit es dieser Teil vorsieht. [2]Die Träger der Eingliederungshilfe regeln das Nähere zur Höhe und Ausgestaltung der Pauschalen.

(4) [1]Die Leistungen der Eingliederungshilfe werden auf Antrag auch als Teil eines Persönlichen Budgets ausgeführt. [2]Die Vorschrift zum Persönlichen Budget nach § 29 ist insoweit anzuwenden.

Übersicht

A. Geltende Fassung

1 § 105 erhielt durch das BTHG mWv 1.1.2020 einen neuen Regelungsgehalt. Der bisherige Regelungsgegenstand – Beratender Ausschuss für behinderte Menschen bei der Bundesagentur für Arbeit – wird seit dem 1.1.2018 in § 188 geregelt.

B. Leistungsformen (Abs. 1, 2)

2 Abs. 1 entspricht § 10 Abs. 1 SGB XII. Die Vorschrift unterscheidet wie im Sozialrecht üblich zwischen Sach-, Geld- und Dienstleistungen. In welcher Form die Leistung im Einzelfall erbracht wird, richtet sich nach der jeweiligen Leistung. Dass Sozialleistungen und damit auch die der Eingliederungshilfe als Dienst-, Sach- und Geldleistungen erbracht werden, folgt bereits aus dem der Veränderungssperre des § 37 S. 2 SGB I unterliegenden § 11 SGB I, der allerdings hierfür den Begriff Leistungsarten verwendet. In der Lit. wird die Auffassung vertreten, dass die Begriffe „Leistungsart" und „Leistungsform" synonym verwendet werden (Fuchs/Ritz/Rosenow/Rosenow SGB IX § 105 Rn. 4), was in dieser Generalität im Hinblick auf die Terminologie des Kinder- und Jugendhilferechts nicht zutreffend sein dürfte. Dort wird zumindest bei der Hilfe zur Erziehung nach den §§ 27 ff. SGB VIII präzise zwischen Hilfearten- und -formen unterschieden (dazu BeckOK SozR/Winkler SGB VIII § 27 Rn. 11 ff.).

3 Um eine **Sachleistung** iSv Abs. 1 handelt es sich bei Leistungen, die die Zurverfügungstellung körperlicher Gegenstände beinhalten. Sie wird der leistungsberechtigten Person unmittelbar zur Verfügung gestellt, zB durch Stellung von technischen Hilfsmitteln. Die Sachleistung wird idR nicht vom Eingliederungshilfeträger selbst, sondern von sog Leistungserbringern erbracht. Zu Einzelheiten → §§ 123 ff. Eine exakte Abgrenzung zwi-

schen Sach- und Dienstleistung ist auch deshalb nicht erforderlich, weil keine unterschiedlichen Folgen mit diesen Begriffen verbunden sind.

Bei den **Geldleistungen** wird der Bedarf durch Zahlung eines Geldbetrages gedeckt. 4
Nach § 47 Abs. 1 SGB I werden die Geldleistungen kostenfrei auf ein Konto der leistungsberechtigten Person überwiesen. Bei entsprechendem Verlangen der leistungsberechtigten Person wird die Geldleistung an ihren Wohnsitz übermittelt; die Kosten hierfür trägt grds. die leistungsberechtigte Person (§ 47 Abs. 1 S. 2). Liegen besondere Umstände vor, wird die Leistung auf andere Weise, zB durch Bezahlung von Bargeld erbracht. Die Geldleistungen können auch als Darlehen gewährt werden, aber nur, wenn dies gesetzlich zugelassen ist.

Die **Dienstleistungen** haben die Beratung und Unterstützung der leistungsberechtigten 5–8
Person zum Gegenstand. Eine wichtige Dienstleistung im Anwendungsbereich der Eingliederungshilfe ist die Assistenz. Nach § 11 SGB I gehört auch die erzieherische Hilfe hierzu. Dienstleistungen sind gemäß Abs. 2 insbesondere die Beratung und Unterstützung in sozialen Angelegenheiten. Näher hierzu die Kommentierung zu § 106.

C. Pauschale Geldleistung (Abs. 3)

Abs. 3 ermöglicht die Erbringung von Leistungen der Sozialen Teilhabe durch eine 9
pauschale Geldleistung. Mit Abs. 3 will der Gesetzgeber der Erbringung von Leistungen als pauschalen Geldbetrag – zB die Beförderungspauschale – eine rechtliche Grundlage geben (BT-Drs. 18/9522, 280). Pauschale Geldleistungen dürfen nur erbracht werden, wenn die leistungsberechtigte Person zustimmt und „soweit es dieser Teil vorsieht". Hieran knüpft § 116 Abs. 1 an. Danach ist eine pauschale Geldleistung für Leistungen der Assistenz, zur Förderung der Verständigung und zur Beförderung zulässig (→ § 116 Rn. 3).

Der Anwendungsbereich der Vorschrift ist auf die in § 116 Abs. 1 aufgezählten Leis- 9a
tungen der Sozialen Teilhabe beschränkt. Leistungen der medizinischen Rehabilitation, der Teilhabe am Arbeitsleben und die Teilhabe an Bildung dürfen nicht nach Abs. 3 pauschaliert werden. Ihre Einbeziehung in ein Persönliches Budget ist dagegen möglich (KHM/Schaumberg SGB IX § 105 Rn. 7). **Voraussetzung** ist, dass ein individueller Bedarf besteht (BT-Drs. 18/955, 281). Außerdem muss die leistungsberechtigte Person in die pauschalierte Geldleistung zustimmen. Diese ist an keine Form gebunden (BeckOK SozR/Kellner § 105 Rn. 22). Entsprechend dem Begriffsverständnis des BGB kann die Zustimmung vor oder nach der Erbringung der pauschalen Geldleistung erbracht werden. Welche Leistungen als pauschale Geldleistung erbracht werden können, ergibt sich aus § 116 Abs. 1 (näher hierzu → § 116 Rn. 3).

Höhe und Ausgestaltung der Pauschale legt das SGB IX nicht fest. Diese regeln die 9b
Träger der Eingliederungshilfe nach Abs. 3 S. 2 unter Berücksichtigung der örtlichen Verhältnisse in Verwaltungsvorschriften (v. Boetticher Teilhaberecht 2. Aufl. 2022 § 4 Rn. 89). Bei der Bemessung des pauschalen Geldbetrages werden – anders als beim persönlichen Budget – nicht die individuellen Verhältnisse zu Grunde gelegt, sondern der Betrag wird pauschaliert. Er muss nachvollziehbar sein, dh so angesetzt sein, dass der durchschnittliche Bedarf gedeckt ist. Zu regeln ist ferner, ob und in welcher Form die Verwendung des pauschalen Geldbetrages nachzuweisen ist (BT-Drs. 18/9522, 285).

Mit dem bewilligten pauschalen Geldbetrag beschafft sich die leistungsberechtigte 9c
Person die dieser zu Grunde liegende Leistung. Nicht zwingend erforderlich ist, dass die Leistung durch einen Leistungserbringer erbracht wird. Sie kann auch durch Freunde, Nachbarn und Bekannte erfolgen (BT-Drs. 18/9522, 280). Eine Erstattung nicht aufgebrauchter Anteile der pauschalen Geldleistung ist nicht vorgesehen. Bei fehlendem oder nachträglichem Wegfall des Bedarfs kommt aber eine Rücknahme oder Aufhebung

nach den §§ 45, 48 SGB X und die Erstattung zu Unrecht erhaltener Leistungen in Betracht (KHM/Schaumberg SGB IX § 105 Rn. 10).

D. Persönliches Budget (Abs. 4)

10 Abs. 4 ermöglicht die Erbringung von Leistungen der Eingliederungshilfe als persönliches Budget nach § 29. Die Vorschrift entspricht weitgehend § 57 SGB XII aF. Mit dem persönlichen Budget soll den Menschen mit Behinderungen ein selbstbestimmtes Leben und die eigenverantwortliche Gestaltung der Leistung ermöglicht werden (BeckOK SozR/Kaiser SGB XII § 57 Rn. 1). Das persönliche Budget muss beantragt werden. Es wird anders als die pauschale Geldleistung bei allen Leistungsgruppen der Eingliederungshilfe erbracht. Beim persönlichen Budget handelt es sich nicht um eine zusätzliche Leistung, sondern um eine andere Form der Leistungserbringung. Es muss nicht trägerübergreifend erbracht werden. Es kann sich also auch auf Leistungen des Trägers der Eingliederungshilfe beschränken (v. Boetticher Teilhaberecht § 4 Rn. 90). Das persönliche Budget muss beantragt werden. Auf das persönliche Budget besteht ein Anspruch. Zu Einzelheiten des persönlichen Budgets → § 29 Rn. 1 ff.

§ 106 Beratung und Unterstützung

(1) [1]Zur Erfüllung der Aufgaben dieses Teils werden die Leistungsberechtigten, auf ihren Wunsch auch im Beisein einer Person ihres Vertrauens, vom Träger der Eingliederungshilfe beraten und, soweit erforderlich, unterstützt. [2]Die Beratung erfolgt in einer für den Leistungsberechtigten wahrnehmbaren Form.

(2) Die Beratung umfasst insbesondere

1. die persönliche Situation des Leistungsberechtigten, den Bedarf, die eigenen Kräfte und Mittel sowie die mögliche Stärkung der Selbsthilfe zur Teilhabe am Leben in der Gemeinschaft einschließlich eines gesellschaftlichen Engagements,
2. die Leistungen der Eingliederungshilfe einschließlich des Zugangs zum Leistungssystem,
3. die Leistungen anderer Leistungsträger,
4. die Verwaltungsabläufe,
5. Hinweise auf Leistungsanbieter und andere Hilfemöglichkeiten im Sozialraum und auf Möglichkeiten zur Leistungserbringung,
6. Hinweise auf andere Beratungsangebote im Sozialraum,
7. eine gebotene Budgetberatung.

(3) Die Unterstützung umfasst insbesondere

1. Hilfe bei der Antragstellung,
2. Hilfe bei der Klärung weiterer zuständiger Leistungsträger,
3. das Hinwirken auf zeitnahe Entscheidungen und Leistungen der anderen Leistungsträger,
4. Hilfe bei der Erfüllung von Mitwirkungspflichten,
5. Hilfe bei der Inanspruchnahme von Leistungen,
6. die Vorbereitung von Möglichkeiten der Teilhabe am Leben in der Gemeinschaft einschließlich des gesellschaftlichen Engagements,
7. die Vorbereitung von Kontakten und Begleitung zu Leistungsanbietern und anderen Hilfemöglichkeiten,
8. Hilfe bei der Entscheidung über Leistungserbringer sowie bei der Aushandlung und dem Abschluss von Verträgen mit Leistungserbringern sowie

9. Hilfe bei der Erfüllung von Verpflichtungen aus der Zielvereinbarung und dem Bewilligungsbescheid.

(4) **Die Leistungsberechtigten sind hinzuweisen auf die ergänzende unabhängige Teilhabeberatung nach § 32, auf die Beratung und Unterstützung von Verbänden der Freien Wohlfahrtspflege sowie von Angehörigen der rechtsberatenden Berufe und von sonstigen Stellen.**

Übersicht

A. Geltende Fassung; Normzweck

§ 106 regelt seit dem 1.1.2020 die Beratung und Unterstützung der leistungsberechtigten Personen. Der davor in der Vorschrift enthaltene Regelungsgegenstand – Gemeinsame Vorschriften – wird seit dem 1.1.2018 in § 189 geregelt. **1**

§ 106 soll den Menschen mit Behinderungen eine umfassende Beratung, Begleitung und Unterstützung sicherstellen. Dies hält der Gesetzgeber für unabdingbar für deren selbstbestimmtes Leben (BT-Drs. 18/9522, 281). Die Vorschrift fußt auf § 11 SGB XII, beschränkt den Anwendungsbereich aber auf die Eingliederungshilfe und konkretisiert den Aufgabenkatalog aus Gründen der Rechtssicherheit und Rechtsklarheit. § 106 steht in engem Zusammenhang mit den §§ 14, 15. Zudem konkretisiert die Vorschrift inhaltlich die Anforderungen an eine Fachkraft nach § 97 (v. Boetticher, Teilhaberecht, 2. Aufl. 2022, § 4 Rn. 91). **2**

B. Pflicht zur Beratung und Unterstützung (Abs. S. 1)

Gemäß § 105 Abs. 2 gehören zu den Dienstleistungen der Eingliederungshilfe ua die Beratung und die Unterstützung der leistungsberechtigten Personen. Diese Verpflichtung wird durch Abs. 1 bestärkt und konkretisiert. **3**

Der Anspruch auf Beratung und Unterstützung besteht **unabhängig** von einem **Anspruch auf Eingliederungshilfe** (Fuchs/Ritz/Rosenow/Rosenow SGB IX § 106 Rn. 18; enger KHM/Schaumberg SGB IX § 106 Rn. 3: nur Personen, bei denen eine Leistungsberechtigung nach § 99 Abs. 1, 3 in Betracht kommt). Die Träger der Eingliederungshilfe müssen diejenigen beraten und unterstützen, die hierum ersuchen. Ergibt die Bearbeitung eines Falles, dass eine bestimmte Gestaltung angeraten ist, ist der Träger der Eingliederungshilfe zur **Spontanberatung** verpflichtet (KHM/Schaumberg SGB IX § 106 Rn. 6). Ob der Anspruch auf Beratung in Anspruch genommen wird, ist den leistungsberechtigten Personen freigestellt. Sie können auch andere Beratungsangebote wahrnehmen. Bei diesen besteht allerdings kein Anspruch (Fuchs/Ritz/Rosenow/Rosenow SGB IX § 106 Rn. 31). **3a**

Die Beratung und Unterstützung können **unmittelbar in Anspruch** genommen werden. Über einen Anspruch hierauf muss nicht zunächst durch Verwaltungsakt entschieden werden (Fuchs/Ritz/Rosenow/Rosenow SGB IX § 106 Rn. 17). **3b**

Mit dem Recht, eine **Person des Vertrauens** hinzuzuziehen, soll der besonderen Situation der Menschen mit Behinderungen Rechnung getragen werden (BT-Drs. 18/9522, **3c**

281). Dass eine Beständin oder ein Beistand hinzugezogen werden kann, folgt bereits aus § 13 Abs. 4 SGB X. Weiter besteht die Möglichkeit der Bestellung einer oder eines Bevollmächtigten (§ 13 Abs. 1 SGB X). Eine Zurückweisung durch den Träger ist bei beiden nur unter den Voraussetzungen des § 13 Abs. 5 (Verstoß gegen das Rechtsdienstleistungsgesetz) oder § 13 Abs. 6 (Ungeeignetheit zum schriftlichen oder mündlichen Vortrag) möglich.

3d Wird die Beratungspflicht schuldhaft verletzt, kommen **Schadenersatzansprüche aus Amtspflichtverletzung** in Betracht (§ 839 BGB iVm Art. 34 GG), zB wenn die antragstellende Person nicht auf gegenüber einem anderen Leistungsträger bestehende Leistungsansprüche hingewiesen wird (so zu einem Sozialhilfeträger BGH 2.8.2018 – III ZR 466/16, NJW 2019, 68). Weiter kann ein **sozialrechtlicher Herstellungsanspruch** bestehen.

C. Beratung in wahrnehmbarer Form (Abs. 1 S. 2)

4 Mit Abs. 1 S. 2 will der Gesetzgeber Art. 21 UN-BRK entsprechen (BT-Drs. 18/9522, 280). Nach Art. 21 Buchst. b) sollen die Vertragsstaaten Maßnahmen treffen, die den Menschen mit Behinderungen „im Umgang mit Behörden die Verwendung von Gebärdensprache, Brailleschrift, ergänzenden und alternativen Kommunikationsformen und allen sonstigen selbst gewählten zugänglichen Mitteln, Formen und Formaten der Kommunikation durch Menschen mit Behinderungen akzeptieren und erleichtern". In der Gesetzesbegründung wird außerdem beispielhaft auf die Leichte Sprache hingewiesen (BT-Drs. 18/9522, 281). Die für diese Kommunikationshilfen entstehenden Kosten hat der Träger der Eingliederungshilfe zu tragen (§ 64 Abs. 1 S. 1 SGB X).

D. Gegenstände der Beratung (Abs. 2)

5 Abs. 2 zählt die Gegenstände der Beratung auf. Dabei geht die Vorschrift von § 11 Abs. 2 SGB XII aus, passt diese aber an die besondere Situation der Menschen mit Behinderungen an (BT-Drs. 18/9522, 281). Gegenstand der Beratung sind neben den Leistungen der Eingliederungshilfe und der Zugang zu ihnen die Leistungen anderer Sozialleistungsträger, der Ablauf der Verfahren, die Leistungserbringung und die Angebote im Sozialraum (BT-Drs. 18/9522, 281). Die Aufzählung ist nicht abschließend („insbesondere").

5a **Gegenstände der Beratung** sind damit

- die **persönliche Situation,** der **Bedarf** und die zu dessen Deckung vorhandenen **eigenen Mittel** sowie die Stärkung der Selbsthilfe zur Teilhabe am Leben in der Gemeinschaft einschließlich gesellschaftlichen Engagements (**Abs. 2 Nr. 1**).
- die **Leistungen der Eingliederungshilfe** einschließlich des **Zugangs zum Leistungssystem** (Abs. 2 Nr. 2).
  Hierzu gehören auch das Wunsch- und Wahlrecht nach § 104 Abs. 2 (→ § 104 Rn. 5 ff.) und die Zumutbarkeitsgrenzen nach § 104 Abs. 3 (→ § 104 Rn. 6 ff.) (Fuchs/Ritz/Rosenow/Rosenow SGB IX § 106 Rn. 33).
- die **Leistungen anderer Leistungsträger** (Abs. 2 Nr. 3).
  Hiervon umfasst sind die Sozialleistungen aller Leistungsträger. Beraterinnen und Berater müssen folglich umfassende detaillierte Kenntnisse des Sozialleistungssystems haben.
- die **Verwaltungsabläufe** (Abs. 2 Nr. 4).
  Hierzu gehören die Zuständigkeit der Leistungsträger einschließlich des Zuständigkeitsklärungsverfahrens und der hierbei zu beachtenden Fristen, die Einleitung des

Verfahrens, insbesondere die Notwendigkeit eines Antrages, die Mittel des Trägers der Eingliederungshilfe zur Aufklärung des Sachverhaltes und die Mitwirkungsobliegenheiten der leistungsberechtigten Person, das Recht auf Bevollmächtigte und Beistand, das Anhörungsrecht und das Akteneinsichtsrecht, die Wiedereinsetzung in den vorigen Stand und der Zweitantrag sowie die verfahrensabschließenden Entscheidungen insbesondere Verwaltungsakt und die vom Träger der Eingliederungshilfe hierbei zu beachtenden Vorgaben. Weiter ist über das Teilhabeplanverfahren und das Gesamtplanverfahren und das Rechtsbehelfsverfahren zu informieren.

- die **Leistungsanbieter, andere Hilfemöglichkeiten im Sozialraum, andere Möglichkeiten der Leistungserbringung** (Abs. 2 Nr. 5).
  Leistungsanbieter meint die Leistungserbringer (→ 123 Rn. 8). Nur wenn die leistungsberechtigten Personen Kenntnisse hierzu haben, können sie von ihrem Wunsch- und Wahlrecht nach § 104 Abs. 2 Gebrauch machen (ebenso Fuchs/Ritz/Rosenow/Rosenow SGB IX § 106 Rn. 36). Die Beratung über andere Hilfemöglichkeiten im Sozialraum setzt voraus, dass die beratende Person umfassende Kenntnisse hierzu hat. Für die leistungsberechtigte Person kann die Kenntnis der Hilfeangebote im Sozialraum ein wichtiger Baustein für das selbstbestimmte Leben sein. Zum Begriff des Sozialraums → § 76 Rn. 3. Eine **andere Möglichkeit der Leistungserbringung** ist vor allem das persönliche Budget nach § 29.
- **Hinweise auf andere Beratungsangebote im Sozialraum** (Abs. 4 Nr. 6).
  Zu den anderen Beratungsangeboten im Sozialraum gehören die Beratung durch die Verbände der Wohlfahrtspflege, durch Selbsthilfeorganisationen und Stellen unabhängiger ergänzender Teilhabeberatung.
- **Budgetberatung** (Abs. 2 Nr. 7).
  Die Budgetberatung hat Einzelheiten des persönlichen Budgets nach § 29 zum Gegenstand.

E. Gegenstände der Unterstützung (Abs. 3)

Abs. 3 zählt die Angebote der Unterstützung auf. Mit diesen soll eine gleichberechtigte Teilhabe am Leben in einer inklusiven Gesellschaft ermöglicht werden (BT-Drs. 18/9522, 281). Die Unterstützung erfolgt im Verwaltungsverfahren und bei der Leistungserbringung. Der Anspruch auf Unterstützung besteht nur, soweit sie erforderlich (Abs. 1 S. 1) ist. Die Aufzählung der Gegenstände der Unterstützung ist nicht abschließend („insbesondere"). 6

Gegenstände der Unterstützung sind 6a

- **Hilfe bei der Antragstellung** (Abs. 3 Nr. 1)
- **Hilfe bei der Klärung weiterer zuständiger Leistungsträger** (Abs. 3 Nr. 2)
  Dies ist vor allem für Leistungsträger bedeutsam, die nicht Rehabilitationsträger sind, zB die Jobcenter. Für die Rehabilitationsträger enthalten die §§ 14 ff. vorrangige (§ 7 Abs. 2; → § 7 Rn. 6) Regelungen.
- **Hinwirken auf zeitnahe Entscheidungen und Leistungen anderer Leistungsträger** (Abs. 3 Nr. 3)
- **Hilfe bei der Erfüllung von Mitwirkungspflichten** (Abs. 3 Nr. 4)
- **Hilfe bei der Inanspruchnahme von Leistungen** (Abs. 3 Nr. 5)
- **Vorbereitung von Möglichkeiten der Teilhabe am Leben in der Gemeinschaft einschließlich des gesellschaftlichen Engagements** (Abs. 3 Nr. 6)
- **Vorbereitung von Kontakten und Begleitung zu Leistungsanbietern und anderen Hilfemöglichkeiten (Abs. 3 Nr. 1)**
- **Hilfe bei der Entscheidung über Leistungserbringer sowie bei der Aushandlung und Abschluss von Verträgen mit Leistungserbringern** (Abs. 3 Nr. 8) sowie

– **Hilfe bei der Erfüllung von Verpflichtungen aus der Zielvereinbarung und dem Bewilligungsbescheid** (Abs. 3 Nr. 9).

F. Hinweis auf unabhängige Teilhabeberatung (Abs. 4)

7 **Abs. 4** geht von § 11 Abs. 5 S. 1 SGB XII aus, erweitert diese Regelung um die Hinweispflicht auf die unabhängige Teilhabeberatung nach § 32. **Sonstige Stellen** sind zB Interessenvertretungen der Menschen mit Behinderungen, Selbsthilfegruppen sowie Gewerkschaften (LPK-SGB IX/Zinsmeister § 106 Rn. 3).

§ 107 Übertragung, Verpfändung oder Pfändung, Auswahlermessen

(1) **Der Anspruch auf Leistungen der Eingliederungshilfe kann nicht übertragen, verpfändet oder gepfändet werden.**

(2) **Über Art und Maß der Leistungserbringung ist nach pflichtgemäßem Ermessen zu entscheiden, soweit das Ermessen nicht ausgeschlossen ist.**

Übersicht

A. Geltende Fassung; Normzweck

1 § 107 regelt seit dem 1.1.2020 die Übertragung, die Verpfändung oder Pfändung und das Auswahlermessen. Der davor in der Vorschrift enthaltene Regelungsgegenstand – Übertragung von Aufgaben bei Ausweisen und der Integrationsämter – wird seit dem 1.1.2018 in § 190 geregelt.

2 Mit Abs. 1 trägt der Gesetzgeber der besonderen Bedeutung der Leistungen der Eingliederungshilfe für die Leistungsberechtigten Rechnung. Es wird sichergestellt, dass die Leistungen ihnen tatsächlich zu Gute kommen.

B. Übertragung, Verpfändung und Pfändung (Abs. 1)

3 **Abs. 1** übernimmt § 17 Abs. 1 S. 2 SGB XII. Die Vorschrift schließt die Übertragung (also v. a. die Abtretung), Verpfändung und Pfändung von Ansprüchen auf Leistungen der Eingliederungshilfe aus. Bedeutung hat die Vorschrift bei Geldleistungen. Die Vorschrift setzt das Bestehen eines Anspruchs voraus. Sie selbst ist weder Anspruchsgrundlage noch vermittelt sie einen Anspruch (KHM/Schaumberg SGB IX § 107 Rn. 3). Die Übertragung, Verpfändung und Pfändung von Sach- und Dienstleistungen werden durch die §§ 53 Abs. 1, 54 Abs. 1 SGB I ausgeschlossen. Abs. 1 unterwirft hierüber hinausgehend Geldleistungen einem generellen Übertragungs-, Verpfändungs- und Verpfändungsverbot. Abs. 1 enthält ein gesetzliches Verbot iSv § 134 BGB (ebenso zu § 134 BGB BSG 21.9.2017 – B 8 SO 3/16 R, NZS 2018, 288 Rn. 18) mit der Folge, dass Verträge über die Abtretung oder Verpfändung von Eingliederungshilfeleistungen von Anfang an nichtig sind (Fuchs/Ritz/Rosenow/Rosenow SGB IX § 107 Rn. 6). Die Auszahlung der Eingliederungshilfeleistung an die Person, an die sie abgetreten oder verpfändet wurde, führt nicht zum Erlöschen des Anspruches der leistungsberechtigten

Person. Wird die Pfändung einer Leistung der Eingliederungshilfe beantragt, muss das Vollstreckungsgericht diesen Antrag zurückweisen.

Fraglich ist, ob die leistungsberechtigte Person verlangen kann, dass die Eingliederungshilfeleistung **an Dritte ausbezahlt** wird. Da das SGB IX keine abweichende Regelung enthält, ist dies auf der Grundlage von § 47 SGB I zu beurteilen (§ 37 S. 1 SGB I). Nach § 47 SGB I werden die Leistungen auf das angegebene Konto bei einem Geldinstitut überwiesen. Dass dies ein Konto der leistungsberechtigten Person sein muss, wurde aufgehoben (BT-Drs. 17586, 81). Allerdings darf durch die Angabe des Kontos einer anderen Person das Abtretungs- und Verpfändungsverbot nicht umgangen werden. 3a

Nicht angesprochen wird in Abs. 1 die **Aufrechnung** und die **Verrechnung** gegen Ansprüche auf Eingliederungshilfe nach dem SGB IX (KHM/Schaumberg SGB IX § 107 Rn. 9). 3b

C. Auswahlermessen (Abs. 2)

Abs. 2 entspricht inhaltlich § 17 Abs. 2 S. 1 SGB XII. Die Vorschrift stellt die Entscheidung über die Art und das Maß der Leistungserbringung grds. in das pflichtgemäße Ermessen des Trägers der Eingliederungshilfe. Dies gilt sowohl für Pflicht- als auch für Ermessensleistungen (v. Boeticher/Kuhn-Zuber, Rehabilitationsrecht, 2. Aufl. 2022, Rn. 294). Bei der Ermessensausübung sind die Vorgaben von § 39 SGB I zu beachten. 4

„Art der Leistung" wird in der Lit. teilw. dahingehend verstanden, dass es hierbei um die Frage geht, ob eine Leistung als Sach-, Geld- oder Dienstleistung erbracht wird (Fuchs/Ritz/Rosenow/Rosenow SGB IX § 107 Rn. 26). Dem steht indessen entgegen, dass hierfür in der Überschrift von § 105 der Begriff Leistungsformen verwendet wird. Richtiger dürfte sein, wie im Kinder- und Jugendhilferecht (dazu BeckOK SozR/Winkler SGB VIII § 27 Rn. 11 ff.), den Begriff als Oberbegriff für die einzelnen Leistungen der Eingliederungshilfe zu verstehen. 4a

„Maß der Leistung" bezieht sich auf den Umfang der Leistung. Raum für eine Entscheidung über den Umfang besteht nur bei Leistungen, bei denen die gesetzlichen Regelungen Freiräume für eine solche Entscheidung lassen. 4b

§ 108 Antragserfordernis

(1) [1]**Die Leistungen der Eingliederungshilfe nach diesem Teil werden auf Antrag erbracht.** [2]**Die Leistungen werden frühestens ab dem Ersten des Monats der Antragstellung erbracht, wenn zu diesem Zeitpunkt die Voraussetzungen bereits vorlagen.**

(2) **Eines Antrages bedarf es nicht für Leistungen, deren Bedarf in dem Verfahren nach Kapitel 7 ermittelt worden ist.**

Übersicht

A. Geltende Fassung

1 § 108 ordnet seit dem 1.1.2020 für die Leistungen der Eingliederungshilfe ein Antragserfordernis an. Der bisherige Regelungsgegenstand – Verordnungsermächtigung zur Arbeitsassistenz – wird seit dem 1.1.2018 in § 191 geregelt.

1a Anders als bis zum 31.12.2019 die Eingliederungshilfe für Menschen mit Behinderungen nach den §§ 53 ff. SGB XII aF (§ 18 Abs. 1 SGB XII) muss die Eingliederungshilfe nach dem SGB IX grds. beantragt werden (Abs. 1 S. 1). Dies begründet der Gesetzgeber damit, dass bei den Leistungen der Eingliederungshilfe keine „gegenwärtige Notlage" bestehen könne, so dass der Grund für den Verzicht auf den Antrag in der Sozialhilfe in der Eingliederungshilfe nicht bestehe (BT-Drs. 18/9522, 282). Zugleich wird verdeutlicht, dass die Eingliederungshilfe nicht mehr dem Fürsorgeprinzip unterliegt (BT-Drs. 18/9522, 282). In welchen Fällen kein Antrag gestellt werden muss, ergibt sich aus Abs. 2.

B. Antragserfordernis

2 Die Leistungen der Eingliederungshilfe nach dem SGB IX müssen grds. beantragt werden (**Abs. 1 S. 1**). Der Antrag ist eine öffentlich-rechtliche Willenserklärung, mit der zum Ausdruck gebracht wird, dass eine Leistung der Eingliederungshilfe begehrt wird. Eine bestimmte **Form** ist hierfür nicht vorgeschrieben. Insbesondere ist nicht erforderlich, dass ein ausgefülltes Antragsformular nebst Anlagen eingereicht wird. Der Antrag kann schriftlich, mündlich, fernmündlich, durch E-Mail oder durch Teilnahme am Gesamtplanverfahren (Fuchs/Ritz/Rosenow/Rosenow SGB IX § 108 Rn. 11) gestellt werden. Der Antrag wird in dem Zeitpunkt **wirksam**, zu dem er der Behörde **zugeht.** Er muss vom Eingliederungshilfeträger entgegengenommen werden. Weigert er sich, ist dies ein ablehnender Verwaltungsakt, der mit Widerspruch und Klage angefochten werden kann. Bei einer mündlichen Ablehnung der Entgegennahme sollte eine schriftliche Bestätigung (§ 33 SGB X) und eine schriftliche Begründung eingefordert werden.

2a Der Antrag hat einerseits formelle Wirkung. Mit ihm wird das Verwaltungsverfahren über die Entscheidung über die beantragte Eingliederungshilfeleistung eingeleitet. Andererseits hat er konstitutive Bedeutung. Mit ihm wird der Beginn des Anspruches festgelegt.

2b Erforderlichenfalls ist der Antrag **auszulegen.** Dabei ist der **Grundsatz der Meistbegünstigung** zu beachten (s. zu diesem BSG 14.6.2018 – B 9 SB 2/16 R, BeckRS 2016, 23516 Rn. 11). Nach diesem Grundsatz umfasst der Antrag alle in Betracht kommenden Leistungen, auch wenn die leistungsberechtigte Person einzelne Leistungen nicht bezeichnet hat. Die Gesetzesbegründung geht zwar davon aus, dass dies bei Abs. 1 gerade nicht der Fall sein soll (BT-Drs. 18/9522, 282). Da dies aber im Gesetzeswortlaut keinen Niederschlag gefunden hat, ist die Anwendung des Grundsatzes der Meistbegünstigung nicht ausgeschlossen (ebenso Fuchs/Ritz/Rosenow/Rosenow SGB IX § 108 Rn. 18; enger beim Antrag auf eine Einzelleistung KHM/Schaumberg SGB IX § 108 Rn. 4).

2c Die antragstellende Person muss **handlungsfähig** sein. Dies richtet sich nach den allgemeinen Vorschriften des SGB I und SGB X. Handlungsfähig ist damit, wer nach dem BGB voll geschäftsfähig ist und Minderjährige, die nach den §§ 112, 113 BGB als partiell geschäftsfähig gelten. Handlungsfähig sind außerdem Minderjährige, die das 15. Lebensjahr vollendet haben (§ 36 SGB I). Bei nicht handlungsfähigen Personen muss der Antrag durch eine gesetzliche Vertreterin oder einen gesetzlichen Vertreter, also zB dem rechtlichen Betreuer gestellt werden (Fuchs/Ritz/Rosenow/Rosenow SGB IX § 108 Rn. 13) oder einer von der leistungsberechtigten Person bevollmächtigten Person gestellt werden.

C. Rückwirkung des Antrags (Abs. 1 S. 2)

Der Antrag auf Leistungen der Eingliederungshilfe wirkt bis zum ersten des Monats der Antragstellung zurück. Diese Begrenzung der Rückwirkung des Antrags in **Abs. 1 S. 2** soll Leistungen für die Vergangenheit ausschließen und soll zudem der Verwaltungsökonomie dienen (BT-Drs. 18/9522, 282). Die rückwirkende Leistung erfolgt nur, soweit die Voraussetzungen der Eingliederungsleistung erfüllt waren. **3**

Ein Antrag wirkt außerdem in die Vergangenheit zurück, wenn die Voraussetzungen der Wiedereinsetzung in den vorigen Stand oder des sozialrechtlichen Herstellungsanspruches erfüllt sind. Zum Krankenversicherungsrecht hat das BSG in analoger Anwendung von § 210 BGB entschieden, dass ein Antrag bis zu dem Zeitpunkt, zu dem alle materiellen Voraussetzungen erfüllt waren, zurückwirkt, wenn bei einer leistungsberechtigten Person, die bislang nicht gesetzlich vertreten war, ein gesetzlicher Vertreter bestellt wird (BSG 27.1.2010 – B 12 KR 20/08 R, BSGE 105, 219 = BeckRS 2010, 70800 Rn. 19). Der Antrag muss dann innerhalb eines Monats gestellt werden (BSG 27.1.2010 – B 12 KR 20/08 R, BSGE 105, 219 = BeckRS 2010, 70800 Rn. 19). In der Lit. gibt es Stimmen, die sich dafür aussprechen, dies auf die Eingliederungshilfe nach dem SGB IX zu übertragen (Fuchs/Ritz/Rosenow/Rosenow SGB IX § 108 Rn. 34). **3a**

D. Ausnahmen vom Antragserfordernis (Abs. 2)

Abs. 2 nimmt Leistungen vom Antragserfordernis aus, die im Gesamtplanverfahren festgestellt wurden. Dies gilt sowohl für das anfängliche Gesamtplanverfahren als auch für die Überprüfung und Fortschreibung des Gesamtplans. Diese Ausnahme vom Antragserfordernis begründet der Gesetzgeber damit, dass dieses für die leistungsberechtigten Personen und die Leistungsträger erhebliche Nachteile haben könne (BT-Drs. 18/9522, 282). § 18 Nr. 2 SGB X (Einleitung des Verfahrens nur bei Vorliegen eines Antrags) gilt in diesen Fällen nicht. Ob das Gesamtplanverfahren von Amts wegen eingeleitet wird, entscheidet der Träger der Eingliederungshilfe nach pflichtgemäßem Ermessen. **4**

Kapitel 3. Medizinische Rehabilitation

§ 109 Leistungen zur medizinischen Rehabilitation

(1) Leistungen zur medizinischen Rehabilitation sind insbesondere die in § 42 Absatz 2 und 3 und § 64 Absatz 1 Nummer 3 bis 6 genannten Leistungen.

(2) Die Leistungen zur medizinischen Rehabilitation entsprechen den Rehabilitationsleistungen der gesetzlichen Krankenversicherung.

Literatur: Bülow, Das Behinderte Kind im Sozialrecht, NZFam 2019, 1037; Schaumberg, Das neue Recht der Eingliederungshilfe – ein Überblick (Teil 2), SRa 2020, 229–234.

Übersicht

A. Geltende Fassung; Normzweck

1 § 109 regelt seit dem 1.1.2020 die in der Eingliederungshilfe zu erbringenden Leistungen zur medizinischen Rehabilitation und deren Leistungsumfang. Der davor in der Vorschrift enthaltene Regelungsgegenstand – Begriff und begünstigter Personenkreis der Integrationsfachdienste – findet sich seitdem in § 192. Die Vorschrift entspricht Abs. 1 S. 1 und 2 des ab dem 1.1.2020 weggefallenen § 54 SGB XII, soweit dort die Leistungen zur medizinischen Rehabilitation geregelt waren.

2 § 109 **konkretisiert** die bereits in § 102 angesprochenen, aber nicht näher ausgeführten **Leistungen zur medizinischen Rehabilitation.** Abs. 1 bestimmt nicht abschließend („insbesondere"), welche Leistungen zur medizinischen Rehabilitation die Eingliederungshilfe umfasst. Hierzu verweist Abs. 1 einerseits auf den offenen Katalog der medizinischen Leistungen in § 42 Abs. 2 (näher zu diesen → § 42 Rn. 9 ff.), andererseits auf den offenen Katalog der psychosozialen Leistungen in § 42 Abs. 3 (näher zu diesen → § 42 Rn. 17 f.). Die Vorschrift steht in engen Zusammenhang mit den Art. 25, 26 UN-BRK. Diese sind aufgrund des Grundsatzes der völkerrechtsfreundlichen Gesetzesauslegung (BVerfG 19.4.2011 – 2 BvR 882/09, NJW 2011, 2113 Rn. 52 f.) möglichst weitgehend zur Geltung zu bringen, soweit der Gesetzeswortlaut der §§ 109, 110 nicht entgegensteht.

2a Wegen des Nachrangs der Eingliederungshilfe (§ 91) haben die Leistungen der Eingliederungshilfe zur medizinischen Rehabilitation **nur geringe praktische Bedeutung.** Sie kommen nur in Betracht, wenn die Voraussetzungen der Leistungen in vorrangigen Systemen nicht erfüllt oder wenn an sich zustehende Leistungen tatsächlich nicht gewährt werden (→ § 91 Rn. 3).

B. Anspruchsgrundlage und Voraussetzungen

2b Anspruchsgrundlage der Leistungen zur medizinischen Rehabilitation der Eingliederungshilfe ist § 99 Abs. 1 oder Abs. 3 iVm § 109 iVm § 42.

2c Voraussetzung ist zunächst, dass die anspruchstellende Person dem **leistungsberechtigten Personenkreis** nach **§ 99** Abs. 1 bzw. Abs. 3 angehört.

2d Die Leistungen zur medizinischen Rehabilitation der Eingliederungshilfe sind gegenüber den Leistungen anderer Sozialleistungsträger **nachrangig,** wenn diese Leistungen tatsächlich gewährt werden (§ 91 Abs. 1; → § 91 Rn. 1). Der Nachrang der Leistungen der Eingliederungshilfe gegenüber den Leistungen der anderen Sozialleistungssysteme ist immer von der jeweiligen begehrten Leistung und dem unmittelbaren Leistungszweck abhängig (Grube/Wahrendorf/Flint/Bieback SGB IX § 109 Rn. 23). Hierbei können sich die Zwecke medizinischer, sozialer und beruflicher Rehabilitation überschneiden (BSG 29.9.2009, BeckRS 2010, 66159). Vorrangig zuständig sind die Träger der gesetzlichen Unfallversicherung, die gesetzlichen Krankenkassen und die Träger der gesetzlichen Rentenversicherung.

2e Um Leistungen der medizinischen Rehabilitation von der **Unfallversicherung** erhalten zu können, muss ein Versicherungsfall vorliegen (§ 7 SGB VII) und die Leistungsziele aus § 26 Abs. 2 SGB VII erreicht werden können.

2f Bei Rehabilitationsleitungen der **Rentenversicherung** müssen die persönlichen Voraussetzungen nach § 10 SGB VI (insbesondere Wiederherstellung oder Verbesserung der Erwerbsfähigkeit) und die versicherungsrechtlichen Voraussetzungen nach § 11 SGB VI vorliegen.

Leistungen der gesetzlichen **Krankenversicherung** erhält, wer deren versicherungspflichtigen (§§ 5–8 SGB V), freiwillig versicherten (§ 9 SGB V) oder familienversicherten Personenkreis (§ 10 SGB V) angehört oder wer nach § 264 SGB V quasiversichert ist. Die Zielrichtung der Leistungen wird in § 11 Abs. 2 SGB V festgelegt. Vorrang haben die Leistungen zur ambulanten Krankenbehandlung (§ 40 Abs. 1 S. 1 SGB V). Stationäre Leistungen zur medizinischen Rehabilitation sind nur zu erbringen, wenn ambulante Leistungen nicht zur Erreichung der Ziele nach § 11 Abs. 2 SGB V ausreichen. Für die gesetzliche Krankenversicherung muss eine Pflichtversicherung (§ 5 SGB V) vorliegen (Ausnahme: „Quasiversicherung" nach § 264 SGB V, LPK-SGB IX/Bieritz-Harder SGB IX §§ 109, 110 Rn. 5). 2g

Für Leistungen der medizinischen Rehabilitation der Eingliederungshilfe bleibt nur in Ausnahmefällen Raum (LPK-SGB IX/Bieritz-Harder §§ 109, 110 Rn. 2). 2h

Vermögen muss bei den Leistungen zur medizinischen Rehabilitation nicht eingesetzt werden (§ 140 Abs. 3 iVm § 138 Nr. 4 SGB IX). Zum Beitrag aus dem Einkommen → Rn. 13. 2i

Bei **Ausländerinnen** und **Ausländern** müssen ggf. zusätzliche Voraussetzungen erfüllt sein (§ 100). Deutsche mit gewöhnlichem Aufenthalt im Ausland erhalten die Leistung nur in Ausnahmefällen im Ausland (§ 101). 2j

C. Leistungsinhalt (Abs. 1)

Aus den Verweisen auf **§ 42 Abs. 2, 3** und **§ 64 Abs. 1 Nr. 3–6** in Abs. 1 folgt, dass zu den Leistungen zur medizinischen Rehabilitation insbesondere gehören: 3

- Behandlung durch Ärzte, Zahnärzte und Angehörige anderer Heilberufe, soweit deren Leistungen unter ärztlicher Aufsicht oder auf ärztliche Anordnung ausgeführt werden, einschließlich der Anleitung, eigene Heilungskräfte zu entwickeln (§ 42 Abs. 2 Nr. 1),
- Früherkennung und Frühförderung für Kinder mit Behinderungen und für von Behinderung bedrohter Kinder (§ 42 Abs. 2 Nr. 2),
- Arznei- und Verbandsmittel (§ 42 Abs. 2 Nr. 3)
- Heilmittel einschließlich physikalischer, Sprach- und Beschäftigungstherapie (§ 42 Abs. 2 Nr. 4),
- Psychotherapie als ärztliche und psychotherapeutische Behandlung (§ 42 Abs. 2 Nr. 5),
- Hilfsmittel (§ 42 Abs. 2 Nr. 6),
- Belastungserprobung und Arbeitstherapie (§ 42 Abs. 2 Nr. 7),
- Hilfen zur Unterstützung bei der Krankheits- und Behinderungsverarbeitung (§ 42 Abs. 3 S. 1 Nr. 1),
- Hilfen zur Aktivierung von Selbsthilfepotentialen (§ 42 Abs. 3 S. 1 Nr. 2),
- die Information und Beratung von Partnern und Angehörigen sowie von Vorgesetzten und Kollegen, wenn die Leistungsberechtigten dem zustimmen (§ 42 Abs. 3 S. 1 Nr. 3),
- die Vermittlung von Kontakten zu örtlichen Selbsthilfe- und Beratungsmöglichkeiten (§ 42 Abs. 3 S. 1 Nr. 4),
- Hilfen zur seelischen Stabilisierung und zur Förderung der sozialen Kompetenz, ua durch Training sozialer und kommunikativer Fähigkeiten und im Umgang mit Krisensituationen (§ 42 Abs. 3 S. 1 Nr. 5),
- das Training lebenspraktischer Fähigkeiten (§ 42 Abs. 3 S. 1 Nr. 6),
- die Anleitung und Motivation zur Inanspruchnahme von Leistungen der medizinischen Rehabilitation (§ 42 Abs. 3 S. 1 Nr. 7).

4 Hierbei handelt es sich nicht um einen **abschließenden Katalog.** Dies ergibt sich einerseits aus der Verwendung des Begriffes „insbesondere" in Abs. 1 als auch aus der offenen Formulierung der Leistungskataloge in § 42.

5 Die Verweisung auf die **ergänzenden Leistungen** war im bisherigen Eingliederungshilferecht nicht vorhanden (LPK-SGB IX/Bieritz-Harder §§ 109, 110 Rn. 7). Es handelt sich an sich um Leistungen der Leistungsgruppe der unterhaltssichernden und anderen ergänzenden Leistungen, die durch Abs. 1 in die Leistungen zur medizinischen Rehabilitation der Eingliederungshilfe einbezogen werden. Hierbei handelt es sich um folgende Leistungen: Rehabilitationssport (§ 64 Abs. 1 Nr. 3), der auch „Übungen für behinderte oder von Behinderung bedrohte Frauen und Mädchen, die der Stärkung des Selbstbewusstseins dienen", umfasst (§ 64 Abs. 1 Nr. 3), das Funktionstraining (§ 64 Abs. 1 Nr. 4), die Zahlung von Reisekosten (§ 64 Abs. 1 Nr. 5) sowie die Stellung einer Haushaltshilfe/Betriebshilfe und Übernahme von Kinderbetreuungskosten (§ 64 Abs. 1 Nr. 6). Voraussetzung dieser Leistungen ist, dass ein Anspruch auf Leistungen der medizinischen Rehabilitation besteht (KHM/Schörnig SGB IX § 109 Rn. 10).

D. Leistungsart und -umfang entsprechend der gesetzlichen Krankenversicherung (Abs. 2)

6, 7 Mit Abs. 2 will der Gesetzgeber klarstellen, dass Art und Umfang der Leistungen zur medizinischen Rehabilitation den Leistungen der gesetzlichen Krankenversicherung entsprechen. Hiermit werden die Leistungen zur medizinischen Rehabilitation trotz der offenen Umschreibung des Leistungskatalogs auf die **Leistungen zur medizinischen Rehabilitation der gesetzlichen Krankenversicherung beschränkt** (vgl. v. Boetticher, Teilhaberecht, 2. Auflage 2020, § 4 Rn. 101).

8 Mit dem Verweis in Abs. 2 auf die Regelung der Leistungen zur medizinischen Rehabilitation der gesetzlichen Krankenversicherung (§ 40 SGB V) wird auch die dort in Abs. 1 der Regelung vorgenommene **Abgrenzung zwischen der Krankenbehandlung und den Leistungen zur medizinischen Rehabilitation** in das Recht der Eingliederungshilfe übernommen. Die Leistungen sind nach der Zielrichtung abzugrenzen. Während die medizinische Rehabilitation die Aufgabe hat, Behinderungen abzuwenden, zu beseitigen, zu mindern, auszugleichen, ihre Verschlimmerung zu verhüten oder ihre Folgen zu mindern und somit auch präventiv ausgerichtet ist (Becker/Kingreen/Welti SGB V § 40 Rn. 4), ist bei der Krankenbehandlung die Krankheit und ihre Heilung, Beseitigung oder Vermeidung einer Verschlimmerung im Fokus (Grube/Wahrendorf/Flint/Bieback SGB IX § 109 Rn. 3).

9 Nach der gesetzlichen Begründung soll durch Abs. 2 sichergestellt werden, dass durch die Eingliederungshilfe keine Ausfallbürgschaft für nicht oder nicht bedarfsdeckend erbrachte Krankenkassenleistungen besteht (BT-Drs. 18/9522, 283). Hierdurch erfolgt eine Beschränkung auf solche Leistungen, die in den Richtlinien des Gemeinsamen Bundesausschusses der Ärzte und Krankenkassen (§ 92 SGB V) aufgenommen worden sind (BeckOK SozR/Kellner SGB IX § 109 Rn. 4). Bei Heilmitteln ist eine Verordnungsfähigkeit nach § 138 SGB V zu beachten (LPK-SGB IX/Bieritz-Harder §§ 109, 110 Rn. 6).

10 Die häufig im Rahmen der Eingliederungshilfe beantragten **Therapien** (Petö-Therapie, Delfintherapie; therapeutisches Reiten) können daher mangels Aufnahme in die Richtlinien nicht als Leistungen der medizinischen Rehabilitation bewilligt werden (zur Petö-Therapie: BSG 28.8.2018, BeckRS 2018, 30079; zur Delfintherapie: LSG Hmb 12.6.2017, BeckRS 2017, 130613; zur Hippotherapie: SchlHLSG 10.2.2016, BeckRS 2016, 68002). Zu prüfen bleibt in diesen Fällen, ob eine Leistung als Soziale Teilhabe in Betracht kommt. Dass die Leistungen in den Richtlinien nicht aufgeführt wird, schließt

die Leistung im Rahmen der Sozialen Teilhabe nicht aus (BSG 29.9.2009 – B 8 SO 19/08 R, BeckRS 2010, 66159). Voraussetzung ist allerdings, dass die Therapie hauptsächlich der Sozialen Teilhabe dient.

Hilfsmittel werden im Rahmen der medizinischen Rehabilitation der Eingliederungs- 11
hilfe nur erbracht, wenn sie auch als Leistung der gesetzlichen Krankenversicherung zu leisten wären. Hierbei ist bei der Abgrenzung von Krankenbehandlung und Leistungen der medizinischen Rehabilitation zwischen dem unmittelbaren und dem mittelbaren Behinderungsausgleich zu unterscheiden. Während der unmittelbare Behinderungsausgleich dem Ausgleich der beeinträchtigten Körperfunktion direkt dient (hierzu gehören insbesondere Körperersatzstücke und andere orthopädische Hilfsmittel), soll der mittelbare Behinderungsausgleich nur einen Basisausgleich der direkten oder der indirekten Folgen der Behinderung erreichen (Grube/Wahrendorf/Flint/Bieback SGB IX § 109 Rn. 10). Zu den hierbei auszugleichenden Grundbedürfnissen gehören „Gehen, Stehen, Sitzen, Liegen, Greifen, Sehen, Hören, Nahrungsaufnehmen, Ausscheiden, die elementare Körperpflege, das selbstständige Wohnen sowie die Erschließung eines gewissen körperlichen und geistigen Freiraums" (BSG 7.10.2010 – B 3 KR 13/09 R, BeckRS 2011, 69283 Rn. 18 ff.). Bei Hilfsmitteln, die diese Anforderungen nicht erfüllen, ist zu prüfen, ob sie als Leistung der Teilhabe am Arbeitsleben, der Teilhabe an Bildung oder der Sozialen Teilhabe zu erbringen sind. Voraussetzung hierfür ist allerdings, dass der Schwerpunkt des Zwecks der Leistung einer dieser Leistungsgruppen entspricht.

Bei den Leistungen zur **Früherkennung und Frühförderung** noch nicht eingeschulter 12
behinderter oder von Behinderung bedrohter Kinder ist durch die Erbringung der Leistungen als Komplexleistungen (vgl. § 30 SGB IX), insbesondere mit heilpädagogischen Leistungen, eine Überschneidung mit Leistungen der sozialen Rehabilitation vorhanden und kann es zu Abgrenzungsschwierigkeiten mit den Regelungen der Kinder- und Jugendhilfe (SGB VIII) kommen (Grube/Wahrendorf/Flint/Bieback SGB IX § 91 Rn. 8 ff.).

E. Beitrag

Die leistungsberechtigten Personen und ihre Angehörigen müssen zu den Leistungen 13
zur medizinischen Rehabilitation keinen Beitrag aufbringen (§ 138 Abs. 1 Nr. 1). Die Leistung wird unabhängig von ihrem Einkommen gewährt. Zur Vermögensberücksichtigung s. → Rn. 2 f.

§ 110 Leistungserbringung

(1) Leistungsberechtigte haben entsprechend den Bestimmungen der gesetzlichen Krankenversicherung die freie Wahl unter den Ärzten und Zahnärzten sowie unter den Krankenhäusern und Vorsorge- und Rehabilitationseinrichtungen.

(2) [1]Bei der Erbringung von Leistungen zur medizinischen Rehabilitation sind die Regelungen, die für die gesetzlichen Krankenkassen nach dem Vierten Kapitel des Fünften Buches gelten, mit Ausnahme des Dritten Titels des Zweiten Abschnitts anzuwenden. [2]Ärzte, Psychotherapeuten im Sinne des § 28 Absatz 3 Satz 1 des Fünften Buches und Zahnärzte haben für ihre Leistungen Anspruch auf die Vergütung, welche die Ortskrankenkasse, in deren Bereich der Arzt, Psychotherapeut oder der Zahnarzt niedergelassen ist, für ihre Mitglieder zahlt.

(3) [1]Die Verpflichtungen, die sich für die Leistungserbringer aus den §§ 294, 294a, 295, 300 bis 302 des Fünften Buches ergeben, gelten auch für die Abrechnung von Leistungen zur medizinischen Rehabilitation mit dem Träger der Eingliederungshilfe.

[2]Die Vereinbarungen nach § 303 Absatz 1 sowie § 304 des Fünften Buches gelten für den Träger der Eingliederungshilfe entsprechend.

Übersicht

A. Allgemeines

1 § 110 regelt seit dem 1.1.2020 Einzelheiten der Leistungserbringung der Leistungen zur medizinischen Rehabilitation. Der davor in der Vorschrift enthaltene Regelungsgegenstand – Aufgaben der Integrationsfachdienste – findet sich seitdem in § 193.

B. Freie Wahl der Leistungserbringer

2 Abs. 1 räumt den leistungsberechtigten Personen das Recht auf **freie Wahl** der Ärzte, Zahnärzte, Krankenhäuser und Vorsorge- und Rehabilitationseinrichtungen ein. Es gelten insoweit die Vorschriften der gesetzlichen Krankenversicherung. Bei der freien Wahl der Ärzte ist jedoch zu beachten, dass hiermit ausschließlich Vertragsärzte iSv § 95 SGB V gemeint sind (BeckOK SozR/Kellner SGB IX § 110 Rn. 4). Die §§ 8, 104 werden durch diese Vorschrift verdrängt (ebenso Fuchs/Ritz/Rosenow/Rosenow SGB IX § 109 Rn. 9).

C. Anwendung des Leistungserbringungsrechts der gesetzlichen Krankenversicherung (Abs. 2)

3 Nach **Abs. 2 S. 1** gilt das Leistungserbringungsrecht der gesetzlichen Krankenversicherung (§§ 69–140h SGB V) entsprechend. Hiervon ausgenommen sind die Bestimmungen zu den Verträgen auf Bundes- und auf Landesebene (§§ 82–87e SGB V). Die Leistungserbringung erfolgt in einem Leistungsdreieck zwischen Leistungsberechtigtem, Leistungsträger und Leistungserbringer (BeckOK SozR/Kellner SGB IX § 110 Rn. 5). Die §§ 123 ff. sind nicht anzuwenden (ebenso Fuchs/Ritz/Rosenow/Rosenow SGB IX § 109 Rn. 11).

4 Die **Vergütung** der Ärzte, Psychotherapeuten und Zahnärzte entspricht der Vergütung, die die allgemeine Ortskrankenkasse des Bereiches, in dem der Arzt, der Psychotherapeut oder der Zahnarzt niedergelassen ist (**Abs. 2 S. 2**). Da die Leistungen keine Leistungen der vertragsärztlichen Versorgung darstellen, unterfallen sie auch nicht der Wirtschaftlichkeitsprüfung aus § 106 SGB V (LSG Bln-Bbg 2.6.2010 – L 7 KA 12/06, BeckRS 2010, 73332).

D. Datenschutz

5 Für die Abrechnung der Vergütung gelten die §§ 294, 294a, 295, 300–302 SGB V entspr. (**Abs. 3 S. 1**), ferner § 303 Abs. 1 und § 304 SGB V (**Abs. 3 S. 2**). Hierdurch wird die Beachtung von Nebenpflichten bei der Abrechnung festgelegt (Grube/Wahren-

dorf/Flint SGB XII § 52 Rn. 15) sowie ergänzende Regelungen übernommen sowie die Beachtung von Datenschutzregelungen (§ 304 SGB V) fixiert.

Kapitel 4. Teilhabe am Arbeitsleben

§ 111[1] Leistungen zur Beschäftigung

(1) Leistungen zur Beschäftigung umfassen

1. Leistungen im Arbeitsbereich anerkannter Werkstätten für behinderte Menschen nach den §§ 58 und 62,
2. Leistungen bei anderen Leistungsanbietern nach den §§ 60 und 62,
3. Leistungen bei privaten und öffentlichen Arbeitgebern nach § 61 sowie
4. Leistungen für ein Budget für Ausbildung nach § 61a.

(2) [1]Leistungen nach Absatz 1 umfassen auch Gegenstände und Hilfsmittel, die wegen der gesundheitlichen Beeinträchtigung zur Aufnahme oder Fortsetzung der Beschäftigung erforderlich sind. [2]Voraussetzung für eine Hilfsmittelversorgung ist, dass der Leistungsberechtigte das Hilfsmittel bedienen kann. [3]Die Versorgung mit Hilfsmitteln schließt eine notwendige Unterweisung im Gebrauch und eine notwendige Instandhaltung oder Änderung ein. [4]Die Ersatzbeschaffung des Hilfsmittels erfolgt, wenn sie infolge der körperlichen Entwicklung der Leistungsberechtigten notwendig ist oder wenn das Hilfsmittel aus anderen Gründen ungeeignet oder unbrauchbar geworden ist.

(3) Zu den Leistungen nach Absatz 1 Nummer 1 und 2 gehört auch das Arbeitsförderungsgeld nach § 59.

Literatur: Jahn, Anspruch auf Kurzarbeitergeld für Beschäftigte im Rahmen eines Budgets für Arbeit, Beitrag D17-2020, www.reha-recht.de; Nebe/Schimank, Das Budget für Arbeit im Bundesteilhabegesetz, Beitrag D47-2016, www.reha-recht.de.

Übersicht

A. Geltende Fassung; Normzweck

1 § 111 regelt seit 1.1.2020 die Leistungen zur Teilhabe am Arbeitsleben der Eingliederungshilfe. Der davor in der Vorschrift enthaltene Regelungsgegenstand – Beauftragung der Integrationsfachdienste durch die Integrationsämter und Verantwortlichkeit – findet sich seitdem in § 194. Die Regelung entspricht im Wortlaut § 140 Abs. 2–4 SGB XII, der als Übergangsvorschrift vom 1.1.2018 bis 31.12.2019 galt. Durch das TeilhabestärkungsG v. 2.6.2021 (BGB. I S. 1387) wurde in Abs. 1 die Nr. 4 angefügt.

[1] § 111 Abs. 1 Nr. 2 und 3 geänd., Nr. 4 angef. mWv 1.1.2022 durch G v. 2.6.2021 (BGBl. I S. 1387).

2 § 111 konkretisiert die bereits in § 102 angesprochenen, aber nicht näher ausgeführten Leistungen zur Teilhabe am Arbeitsleben. § 111 legt abschließend den Inhalt der Leistungen zur Beschäftigung der Eingliederungshilfe fest. Die durch Abs. 1 S. 1 Nr. 1–3 vorhandenen Wahlmöglichkeiten dienen der Erfüllung der Forderungen aus der UN-BRK für nicht erwerbsfähige Menschen mit Behinderungen (BT-Drs. 18/9522, 253 zu Kap. 10 des 1. Teils). Diese sind vor allem in den Art. 26, 27 UN-BRK niedergelegt, die aufgrund des Grundsatzes der völkerrechtsfreundlichen Gesetzesauslegung (BVerfG 19.4.2011 – 2 BvR 882/09, NJW 2011, 2113 Rn. 52 f.) möglichst weitgehend zur Geltung zu bringen sind, soweit der Gesetzeswortlaut nicht entgegensteht.

B. Anspruchsgrundlage und Voraussetzungen

2a **Anspruchsgrundlage** der Leistungen zur Beschäftigung ist § 99 Abs. 1 oder Abs. 3 iVm § 111 iVm der in Bezug genommenen Vorschrift in den §§ 49 ff.

2b Voraussetzung ist zunächst, dass die anspruchstellende Person dem **leistungsberechtigten Personenkreis** nach **§ 99** Abs. 1 (→ § 99 Rn. 5 ff.) bzw. Abs. 3 (→ § 99 Rn. 9 ff.) angehört. Mit der Leistung zur Beschäftigung muss die Aufgabe der Eingliederungshilfe nach § 90 Abs. 1, 3 (→ § 90 Rn. 3e ff., 12) erfüllt werden können.

3 Die Leistungen zur medizinischen Rehabilitation der Eingliederungshilfe sind gegenüber den Leistungen anderer Sozialleistungsträger **nachrangig,** wenn diese Leistungen tatsächlich gewährt werden (§ 91 Abs. 1; → § 91 Rn. 1). In der Gesetzesbegr. (BT-Drs. 18/9522, 283) wird dargelegt, dass ausdrücklich keine Verweisung auf die Vorschriften über Leistungen zur Teilhabe am Arbeitsleben stattfindet, weil sich diese regelhaft an erwerbsfähige Personen richten, für die im Bedarfsfall ein anderer Leistungsträger zuständig ist. Deren Leistungen können wie bereits im bisherigen Recht nicht durch Leistungen der Eingliederungshilfe ersetzt werden. Eine „Ausfallbürgschaft“ der Eingliederungshilfe für von der Bundesagentur für Arbeit oder einem anderen Sozialleistungsträger nicht oder nicht bedarfsdeckend erbrachter Leistungen findet nicht statt.

3a **Vermögen** muss bei den Leistungen zur Teilhabe am Arbeitsleben nicht eingesetzt werden. (§ 140 Abs. 3 iVm § 138 Nr. 4 SGB IX). Bei **Ausländerinnen** und **Ausländern** müssen ggf. zusätzliche Voraussetzungen erfüllt sein (§ 100). Deutsche mit gewöhnlichem Aufenthalt im Ausland erhalten die Leistung nur in Ausnahmefällen im Ausland (§ 101).

C. Leistungsumfang

I. Übersicht

4 Die in § 111 genannten Leistungen sind abschließend (BT-Drs. 18/9522, 283). Leistungen zur Beschäftigung sind damit

- Leistungen im Arbeitsbereich einer anerkannten WfbM einschließlich dem Arbeitsförderungsgeld (Abs. 1 Nr. 1, Abs. 3; → Rn. 4a, → Rn. 7)
- Leistungen bei anderen Leistungsanbietern einschließlich dem Arbeitsförderungsgeld (Abs. 1 Nr. 2, Abs. 3; s. → Rn. 5)
- Leistungen bei privaten und öffentlichen Arbeitgebern im Rahmen eines Budgets für Arbeit nach § 61 (Abs. 1 Nr. 3; s. → Rn. 6)
- Leistungen für ein Budget für Ausbildung nach § 61a (Abs. 1 Nr. 4; s. → Rn. 6a)
- für die Ausübung der Beschäftigungen erforderliche Hilfsmittel (Abs. 2).

II. Leistungen im Arbeitsbereich einer WfbM

Wegen des Inhalts der Leistungen im Arbeitsbereich der **WfbM** verweist Abs. 1 Nr. 1 auf die §§ 58, 62. Über die Regelung des § 58 Abs. 1 S. 1 ist die einschränkende Voraussetzung, dass der Leistungsberechtigte in der Lage sein muss, ein Mindestmaß an wirtschaftlich verwertbarer Arbeit zu leisten, auch bei den Leistungen zur Beschäftigung zu prüfen. Die Leistungen sollen nach § 58 Abs. 1 S. 3 SGB IX längstens bis zum Ablauf des Monats erbracht werden, „in dem das für die Regelaltersrente im Sinne des Sechsten Buches erforderliche Lebensalter erreicht wird". Dies entspricht der bisherigen Praxis der Träger der Eingliederungshilfe (Grube/Wahrendorf/Flint/Bieback SGB IX § 111 Rn. 14). **4a**

III. Leistungen bei anderen Leistungsanbietern

Zu den Leistungen zur Beschäftigung gehören weiter die Leistungen anderer Leistungsanbieter nach den §§ 60, 62 SGB IX. Mit dieser Leistungsausweitung über Beschäftigungsangebote anerkannter WfbM hinaus sollte insbesondere Menschen mit psychischen Behinderungen entgegengekommen werden (BT-Drs. 18/9522, 253 zu Kap. 10 des 1. Teils). Die Anforderungen an die anderen Leistungsanbieter ergeben sich aus § 60 Abs. 2, indem abschließend beschrieben wird, welche Anforderungen an eine WfbM die anderen Leistungsanbieter nicht erfüllen müssen. Obwohl der Gesetzwortlaut anders als bei den WfbM nicht auf den **Arbeitsbereich** beschränkt ist, wird in der Lit. davon ausgegangen, dass auch bei den anderen Leistungsanbietern im Rahmen der Eingliederungshilfe nur Leistungen im Arbeitsbereich zu gewähren sind (vgl. v. Boetticher, Teilhaberecht, 2. Aufl. 2020, § 4 Rn. 104). Hierfür spricht § 63 Abs. 2 Nr. 4 iVm Abs. 3 S. 2 als auch das Bestreben des Gesetzgebers, die Leistungen nicht auszuweiten (BT-Drs. 18/9522, 282). **5**

IV. Budget für Arbeit

Ferner umfassen die Leistungen zur Beschäftigung Leistungen bei privaten und öffentlichen **Arbeitgebern** nach § 61. Mit diesem wurde das bereits zuvor in einigen Bundesländern eingeführte sog. Budget für Arbeit bundesweit ausgedehnt (Grube/Wahrendorf/Flint/Bieback SGB XII § 140 Rn. 17). Die Leistung erhalten private und öffentliche Arbeitgeber, die mit einem Menschen mit Behinderungen eine sozialversicherungspflichtige Beschäftigung mit einer tariflichen oder ortsüblichen Entlohnung vertraglich vereinbaren (jurisPK-SGB IX/Luik § 61 Rn. 41). **6**

V. Budget für Ausbildung

Die Leistungen zur Beschäftigung umfassen weiter ein Budget für Ausbildung (Abs. 1 Nr. 4 iVm § 61a). Dieses erhalten private oder öffentliche Arbeitgeber, die mit einem Menschen mit Behinderung, der Anspruch auf Leistungen in einer WfbM hat, einen Ausbildungsvertrag für ein sozialversicherungspflichtiges Ausbildungsverhältnis in einem anerkannten Ausbildungsberuf oder Ausbildungsgang schließt. Das Budget für Ausbildung beinhaltet gemäß § 61a Abs. 2 die Erstattung der vom Arbeitgeber gezahlten angemessenen Ausbildungsvergütung, den Arbeitgeberanteil am Gesamtsozialversicherungsbeitrag, den Beitrag des Arbeitgebers zur Unfallversicherung, die behinderungs- **6a** bedingten Aufwendungen für die Anleitung am Ausbildungsplatz und in der Berufsschule sowie der erforderlichen Fahrtkosten. Zu Einzelheiten s. → § 61a Rn. 1 ff.

VI. Arbeitsförderungsgeld

7 Zu den Leistungen zur Beschäftigung gehört außerdem das **Arbeitsförderungsgeld.** Bei Vorliegen der Voraussetzungen kann Werkstattbeschäftigten wie auch Beschäftigten anderer Leistungsanbieter zusätzlich zu dem Arbeitslohn das Arbeitsförderungsgeld gezahlt werden. (BT-Drs. 18/9522, 283). Zu Einzelheiten s. → § 59 Rn. 1 ff.

VII. Hilfsmittel

8 Die Leistung umfasst schließlich wegen der gesundheitlichen Beeinträchtigung zur Aufnahme oder Fortsetzung der Beschäftigung erforderliche Gegenstände und Hilfsmittel (Abs. 3 S. 1). Die leistungsberechtigte Person muss das Hilfsmittel bedienen können (Abs. 3 S. 2). Die Leistung beinhaltet die Zurverfügungstellung des Hilfsmittels, die notwendige Unterweisung im Gebrauch, die notwendige Änderung und die notwendige Instandhaltung des Hilfsmittels (Abs. 3 S. 3). Die Leistung umfasst weiter die Beschaffung von Ersatz, wenn dies wegen der körperlichen Entwicklung der Leistungsberechtigten notwendig oder das Hilfsmittel aus anderen Gründen ungeeignet oder unbrauchbar geworden ist. Es wird weiter Hilfe zur Beschaffung eines Kraftfahrzeuges geleistet, wenn dieses zur Teilhabe am Arbeitsleben erforderlich ist. Einzelheiten hierzu ergeben sich aus der Kraftfahrzeughilfe-Verordnung.

Kapitel 5. Teilhabe an Bildung

§ 112 Leistungen zur Teilhabe an Bildung

(1) [1]Leistungen zur Teilhabe an Bildung umfassen

1. Hilfen zu einer Schulbildung, insbesondere im Rahmen der allgemeinen Schulpflicht und zum Besuch weiterführender Schulen einschließlich der Vorbereitung hierzu; die Bestimmungen über die Ermöglichung der Schulbildung im Rahmen der allgemeinen Schulpflicht bleiben unberührt, und

2. Hilfen zur schulischen oder hochschulischen Ausbildung oder Weiterbildung für einen Beruf.

[2]Die Hilfen nach Satz 1 Nummer 1 schließen Leistungen zur Unterstützung schulischer Ganztagsangebote in der offenen Form ein, die im Einklang mit dem Bildungs- und Erziehungsauftrag der Schule stehen und unter deren Aufsicht und Verantwortung ausgeführt werden, an den stundenplanmäßigen Unterricht anknüpfen und in der Regel in den Räumlichkeiten der Schule oder in deren Umfeld durchgeführt werden. [3]Hilfen nach Satz 1 Nummer 1 umfassen auch heilpädagogische und sonstige Maßnahmen, wenn die Maßnahmen erforderlich und geeignet sind, der leistungsberechtigten Person den Schulbesuch zu ermöglichen oder zu erleichtern. [4]Hilfen zu einer schulischen oder hochschulischen Ausbildung nach Satz 1 Nummer 2 können erneut erbracht werden, wenn dies aus behinderungsbedingten Gründen erforderlich ist. [5]Hilfen nach Satz 1 umfassen auch Gegenstände und Hilfsmittel, die wegen der gesundheitlichen Beeinträchtigung zur Teilhabe an Bildung erforderlich sind. [6]Voraussetzung für eine Hilfsmittelversorgung ist, dass die leistungsberechtigte Person das Hilfsmittel bedienen kann. [7]Die Versorgung mit Hilfsmitteln schließt eine notwendige Unterweisung im Gebrauch und eine notwendige

Instandhaltung oder Änderung ein. [8]Die Ersatzbeschaffung des Hilfsmittels erfolgt, wenn sie infolge der körperlichen Entwicklung der leistungsberechtigten Person notwendig ist oder wenn das Hilfsmittel aus anderen Gründen ungeeignet oder unbrauchbar geworden ist.

(2) [1]**Hilfen nach Absatz 1 Satz 1 Nummer 2 werden erbracht für eine schulische oder hochschulische berufliche Weiterbildung, die**

1. **in einem zeitlichen Zusammenhang an eine duale, schulische oder hochschulische Berufsausbildung anschließt,**
2. **in dieselbe fachliche Richtung weiterführt und**
3. **es dem Leistungsberechtigten ermöglicht, das von ihm angestrebte Berufsziel zu erreichen.**

[2]**Hilfen für ein Masterstudium werden abweichend von Satz 1 Nummer 2 auch erbracht, wenn das Masterstudium auf ein zuvor abgeschlossenes Bachelorstudium aufbaut und dieses interdisziplinär ergänzt, ohne in dieselbe Fachrichtung weiterzuführen. [3]Aus behinderungsbedingten oder aus anderen, nicht von der leistungsberechtigten Person beeinflussbaren gewichtigen Gründen kann von Satz 1 Nummer 1 abgewichen werden.**

(3) **Hilfen nach Absatz 1 Satz 1 Nummer 2 schließen folgende Hilfen ein:**

1. **Hilfen zur Teilnahme an Fernunterricht,**
2. **Hilfen zur Ableistung eines Praktikums, das für den Schul- oder Hochschulbesuch oder für die Berufszulassung erforderlich ist, und**
3. **Hilfen zur Teilnahme an Maßnahmen zur Vorbereitung auf die schulische oder hochschulische Ausbildung oder Weiterbildung für einen Beruf.**

(4) [1]**Die in der Schule oder Hochschule wegen der Behinderung erforderliche Anleitung und Begleitung können an mehrere Leistungsberechtigte gemeinsam erbracht werden, soweit dies nach § 104 für die Leistungsberechtigten zumutbar ist und mit Leistungserbringern entsprechende Vereinbarungen bestehen. [2]Die Leistungen nach Satz 1 sind auf Wunsch der Leistungsberechtigten gemeinsam zu erbringen.**

Literatur: BAGüS, Orientierungshilfe Schulbegleitung, 2019; Conrad-Giese, Persönliche Assistenz für Kinder mit Behinderungen, 2020; Hechler/Pitschke, Keine Eingliederungshilfe für schulische Maßnahmen der Inklusion, die den Kernbereich der pädagogischen Arbeit der Schule berühren, Beitrag A15-2014, www.reha-recht.de.

Übersicht

A. Geltende Fassung; Normzweck

§ 112 erhielt durch das BTHG mWv 1.1.2020 einen neuen Regelungsgehalt. Der **1**
bisherige Regelungsgegenstand der Vorschrift – fachliche Anforderungen an Integrati-

onsfachdienste – wird seit dem 1.1.2018 in § 195 geregelt. Mit der Teilhabe an Bildung befasst sich außerdem § 75.

2 § 112 enthält keine Aussage zum **Gesetzeszweck.** Aufschluss über diesen gibt aber **§ 90 Abs. 4.** Danach soll die Teilhabe an Bildung den Leistungsberechtigten eine ihren Fähigkeiten und Leistungen entsprechende Schulbildung und schulische und hochschulische Aus- und Weiterbildung für einen Beruf zur Förderung ihrer Teilhabe am Leben in der Gesellschaft ermöglichen. Nach **§ 75 Abs. 1** sollen Menschen mit Behinderungen Bildungsangebote gleichberechtigt wahrnehmen können (→ § 75 Rn. 2).

2a In der Leistungsgruppe **Teilhabe an Bildung** sind die Leistungen der Träger der gesetzlichen Unfallversicherung (SGB VII) und der Träger der sozialen Entschädigung bei Gesundheitsschäden (BVG, IfSG, OEG, ab 1.1.2024: SGB XIV) vorrangig. Zum Verhältnis zu den Leistungen der Kinder- und Jugendhilfe → § 75 Rn. 13 ff.

2b § 112 ist auch bei der Eingliederungshilfe für Kinder und Jugendliche mit (drohender) seelischer Behinderung nach § 35a SGB VIII anzuwenden. Abs. 3 dieser Vorschrift verweist wegen des Inhalts der Leistung auf § 112. Nach § 112 richtet sich ferner der Inhalt der Leistungen zur Teilhabe an Bildung der sozialen Entschädigung bei Gesundheitsschäden (§ 27d BVG bzw. ab dem 1.1.2024 § 65 SGB XIV).

B. Anspruchsgrundlage und Voraussetzungen der Leistungen zur Teilhabe an Bildung

2c Leistungen zur Teilhabe an Bildung erhält nur, wer nach **§ 99** Abs. 1 bzw. Abs. 3 **leistungsberechtigt** ist. Während § 99 Abs. 1 festlegt, welche Personen einen Anspruch auf Eingliederungshilfe haben, entscheidet der Träger der Eingliederungshilfe bei den Leistungsberechtigten nach § 99 Abs. 3 nach pflichtgemäßem Ermessen. Zu Einzelheiten → § 99 Rn. 5 ff. und → § 99 Rn. 9 ff. Der Träger der Eingliederungshilfe muss nicht leisten, wenn **vorrangig** verpflichtete Träger tatsächlich bedarfsdeckende **Leistungen** erbringen (näher hierzu → § 91 Rn. 3c ff.). Ein Anspruch auf diese Leistungen allein genügt nicht, wenn dieser nicht alsbald erfüllt wird. Vorrangig sind insbesondere die Leistungen der Schulen. Antragstellerinnen und Antragsteller, denen außerhalb besonderen Ausbildungsstätten Leistungen über Tag und für Nacht für Menschen mit Behinderungen Leistungen der schulischen oder hochschulischen Ausbildung oder Weiterbildung erbracht werden, und die im Haushalt minderjähriger Leistungsberechtigter lebende Eltern oder Elternteile müssen, zunächst über dem Freibetrag liegendes einzusetzendes Vermögen aufbrauchen (§ 140 Abs. 1). Bei Leistungen zur Schulbildung und bei schulischer oder hochschulischer Ausbildung oder Weiterbildung für einen Beruf in besonderen Ausbildungsstätten über Tag und Nacht für Menschen mit Behinderungen muss kein Vermögen eingesetzt werden (§ 140 Abs. 3 iVm § 138 Nr. 4, 5; → § 140 Rn. 9). Zum Beitrag aus dem Einkommen → Rn. 14.

2d **Ausländerinnen** und **Ausländer** müssen zusätzlich die Voraussetzungen des § 100 erfüllen. Deutsche mit gewöhnlichem Aufenthalt im Ausland erhalten die Leistung nur in Ausnahmefällen im Ausland (§ 101).

C. Leistungsinhalt

I. Allgemeines

2e Die Leistungen der Eingliederungshilfe nach dem SGB IX zur Teilhabe an Bildung werden in § 112 abschließend festgelegt (LPK-SGB IX/Zinsmeister § 112 Rn. 4). Danach werden **Leistungen zur Schulbildung** (→ Rn. 3 ff.), Leistungen zur **schulischen und**

hochschulischen Ausbildung zu einem Beruf (→ Rn. 6), Leistungen der **Weiterbildung zu einem Beruf** (→ Rn. 9) und Hilfsmittel (→ Rn. 8) gewährt. Im Rahmen der Teilhabe an Bildung werden lediglich **unterstützende Leistungen** erbracht. Die Finanzierung der Bildungsmaßnahmen und der pädagogische Kernbereich ist den Bildungsträgern vorbehalten (→ § 75 Rn. 18a; ebenso v. Boetticher, Teilhaberecht, 2. Aufl. 2020, § 4 Rn. 107). Kommen die Bildungsträger in diesem Bereich ihren Verpflichtungen nicht nach, müssen die Träger der Eingliederungshilfe die für einen gleichberechtigten Zugang der in der Eingliederungshilfe berechtigten Personen erforderlichen Leistungen erbringen (so zur früheren entsprechenden Rechtslage nach dem SGB XII BSG 18.7.2019 – B 8 SO 2/18 R – BeckRS 2019, 25841 Rn. 21). Auf ihren Nachrang können sich die Eingliederungshilfeträger nur berufen, wenn der Leistungsträger die vorrangige Leistung tatsächlich erbringt oder dies zumindest ohne weiteres realisierbar ist (so zur früheren entsprechenden Rechtslage nach dem SGB XII BSG 18.7.2019 – B 8 SO 2/18 R, BeckRS 2019, 25841 Rn. 21). Vorrangig sind außerdem die Leistungen des Trägers der gesetzlichen Unfallversicherung, des Trägers der sozialen Entschädigung, der Bundesagentur für Arbeit, deren Leistungen nach § 117 Abs. 1 S. 1 Nr. 2 SGB III nach der Rspr. des BSG eine Leistung zur Teilhabe am Arbeitsleben sind (so zur früheren entsprechenden Rechtslage nach dem SGB XII BSG 24.2.2016 – B 8 SO 18/14 R, BeckRS 2016, 67932).

II. Leistungen zur Schulbildung (Abs. 1 S. 1 Nr. 1, S. 2, 3)

Die Leistungen zur Schulbildung nach **Abs. 1 S. 1 Nr. 1, S. 2, 3** sollen jungen Men- 3
schen, die keine vorrangigen Leistungen hierzu erhalten, ermöglichen, einen allgemeinen Bildungsabschluss zu erreichen (BT-Drs. 18/9522, 283 f.). Die Leistung ist auch nach Ende der Schulpflicht zu erbringen. Dies folgt daraus, dass sie die Schulausbildung an weiterführenden Schulen beinhaltet (v. Boetticher, Teilhaberecht, 2. Aufl., § 4 Rn. 108).

Zusätzliche Voraussetzung der Leistungen zur Schulbildung ist nach Abs. 1 S. 1 Nr. 1, 3a
dass die leistungsberechtigte Person an einer Schulbildung im Rahmen der **allgemeinen Schulpflicht** oder einer **weiterführenden Schule** teilnimmt oder hierzu vorbereitet wird. Zu den förderungsfähigen Bildungsgängen → § 75 Rn. 20. Die **Eignung der Schülerinnen und Schüler** ist nicht zu prüfen. Die im Regierungsentwurf enthaltene gegenteilige Regelung (BT-Drs. 18/9522, 77) wurde in den Ausschussberatungen gestrichen (BT-Drs. 18/10523, 63; zustimmend v. Boetticher, Teilhaberecht, 2. Aufl. 2020, § 4 Rn. 109).

Die **Wahl der Schule** ist grundsätzlich den Eltern und ihrem Kind überlassen. Ob der 3b
Wahl zu entsprechen ist, beurteilt sich nach § 104 (→ § 104 Rn. 5 ff.).

Die Leistung wird **„bis zur Erlangung der Hochschulreife"** gewährt (BT-Drs. 18/9522, 3c
284).

Die Hilfen zur Schulbildung **beinhalten** insbesondere Schulbegleitung/Schulassistenz, 3d
erforderliche ergänzende therapeutische Maßnahmen (BSG 28.8.2018 – B 8 SO 5/17 R, BeckRS 2018, 30079), die Fahrt zur Schule (SG Karlsruhe 26.7.2012 – S 1 O 580/12, BeckRS 2012, 72056) und Hilfsmittel (→ Rn. 8 f.).

Abs. 1 S. 2 erweitert den Leistungsinhalt um die Unterstützung schulischer **Ganztags-** 4
betreuung. Hiermit soll sichergestellt werden, dass auch bei Bildungs- und Betreuungsangeboten außerhalb des Unterrichts Integrationshelferinnen und -helfer zur Verfügung gestellt werden (BR-Drs. 305/15). Voraussetzung hierfür ist, dass dies mit dem Bildungs- und Erziehungsauftrag der Schule im Einklang steht, sie unter Aufsicht und Verantwortung der Schule erfolgt, sie an den stundenplanmäßigen Unterricht anknüpft und idR in den Räumen der Schule oder in deren Umfeld ausgeführt wird. Ob hierzu auch Nachmittagsangebote an einer offenen Ganztagsschule gehören oder ob dies Maßnahmen der Sozialen Teilhabe sind – hiervon hängt ab, ob zunächst Vermögen einzusetzen und ein Beitrag zu zahlen ist – richtet sich nach der Rspr. des BSG nach dem mit der Maßnahme verfolgten Zweck. Dient die Nachmittagsbetreuung vorrangig der Erleichterung, Unter-

stützung und Ergänzung der schulischen Ausbildung, handelt es sich um eine Maßnahme der Schulbildung. Steht dagegen die Betreuung des Kindes im Vordergrund, bis die Eltern diese selbst wieder übernehmen können, ist es eine Maßnahme der Sozialen Teilhabe (so zum SGB XII BSG 6.12.2018 – B 8 SO 4/17 R – BeckRS 2018, 43074 Rn. 16 f.; B 8 SO 7/17 R – BeckRS 2018, 41940 Rn. 17, 19 ff.).

5 Nach **Abs. 1 S. 3** umfassen die Hilfen zur Schulbildung (Abs. 1 S. 1 Nr. 1) auch **heilpädagogische** und **sonstige Maßnahmen,** wenn sie erforderlich und geeignet sind, der leistungsberechtigten Person den Schulbesuch zu ermöglichen oder zumindest zu erleichtern. Mit der Regelung wird ermöglicht, dass auch eingeschulte Kinder heilpädagogische Leistungen erhalten können; die Leistungen nach § 79 werden nur bis zu Einschulung gewährt. Die heilpädagogischen Leistungen nach Abs. 1 S. 3 sind unabhängig von der Art der Behinderung zu erbringen. Die frühere in § 12 Nr. 1 enthaltene Beschränkung auf Schüler/innen mit körperlichen oder geistigen Beeinträchtigungen ist entfallen. Zu den **sonstigen Maßnahmen** gehören nicht heilpädagogische Integrationshilfe in der Kindertagesbetreuung, Schulbegleitung und Studienassistenz, Einsatz von Kommunikationshilfen (so zB zur früheren entsprechenden Rechtslage nach dem SGB XII SächsLSG 3.12.2019 – L 8 SO 94/19 B ER, BeckRS 2019, 33143 (Gebärdensprache), SG Magdeburg 20.7.2018 – S 25 SO 13/18 ER, BeckRS 2018, 54439 (Ausbildung in Gebärdensprache) sowie LSG Nds-Brem 28.11.2019 – L 8 SO 240/18 – BeckRS 2019, 30607 Rn. 25 (zum Schulerfolg beitragende therapeutische Maßnahmen zur Aufmerksamkeits- und Konzentrationsfähigkeitssteigerung und zur Förderung kognitiver und sozialer Fähigkeiten (LPK-SGB IX/Zinsmeister § 112 Rn. 4). Sonstige Maßnahmen sind ferner nach der zur entsprechenden Rechtslage nach dem SGB XII ergangenen Rspr. pflegerische Maßnahmen, die von den Maßnahmen zur Schulbildung nicht getrennt werden können (zB von der Schulbegleitung) (HessLSG 25.4.2016 – L 4 SO 227/15 B ER, BeckRS 2016, 68944 Rn. 24; LSG BW 28.6.2007 – L 7 SO 414/07, NVwZ-RR 2008, 38), eine erforderliche Begleitung zur Bildungseinrichtung und von dieser zurück (LSG LSA 19.12.2017 – L 8 SO 46/17 B ER, BeckRS 2017, 138721), Mehrkosten für die Beförderung (LSG BW 29.6.2017 – L 7 SO 5382/14, BeckRS 2017, 117780 Rn. 20). Vorrangig gegenüber den Leistungen nach Abs. 1 S. 3 sind die nichtärztlichen sozialpädiatrischen Leistungen nach § 43a SGB V und der Frühförderung nach § 46 (Fuchs/Ritz/Rosenow/Rosenow SGB IX § 112 Rn. 30 f.).

III. Berufliche Ausbildung in einer Schule oder Hochschule und Weiterbildungen für einen Beruf (Abs. 1 S. 1 Nr. 2)

6 Mit Abs. 1 S. 1 Nr. 2 wird die Förderung auf die berufliche Ausbildung in einer Schule oder Hochschule und auf Weiterbildungen für einen Beruf ausgedehnt. Gefördert werden auch Abschlüsse im Zweiten Bildungsweg, ein Masterstudium oder ein Promotionsstudium (LPK-SGB IX/Zinsmeister § 112 Rn. 4).

6a Die Wahl der Bildungseinrichtung ist grundsätzlich der leistungsberechtigten Person überlassen. Ob der Wahl zu entsprechen ist, beurteilt sich nach § 104 (→ § 104 Rn. 5 ff; s. auch zur entsprechenden Rechtslage nach dem SGB XII BVerwG 26.10.2007 – 5 C 35/06, BeckRS 2017, 117780 Rn. 24).

7 Die Hilfen für die schulische und hochschulische Ausbildung (nicht Weiterbildung) für einen Beruf können (Ermessen) nach **Abs. 1 S. 4 erneut erbracht** werden, wenn dies aus behinderungsbedingten Gründen erforderlich ist. Dies ist zB der Fall, wenn die Behinderung erst nach der Berufsausbildung eintritt und die Ausübung des bisherigen Berufes nicht mehr möglich ist, ferner wenn die Behinderung sich verstärkte (v. Boetticher/Kuhn-Zuber, Rehabilitationsrecht, 2. Aufl. 2022, Rn. 308). Rosenow geht davon aus, dass Abs. 1 S. 4 sich vor allem auf § 7 Abs. 3 BAföG bezieht, der die Förderung nach einem

Ausbildungsabbruch oder einem Fachrichtungswechsel regelt (Fuchs/Ritz/Rosenow/Rosenow SGB IX § 112 Rn. 36 f.).

IV. Gegenstände und Hilfsmittel (Abs. 1 S. 5–7)

Die Leistungen zur Teilhabe an Bildung umfassen ferner Gegenstände und Hilfsmittel, wenn diese wegen der gesundheitlichen Beeinträchtigung erforderlich sind (**Abs. 1 S. 5**). Str. ist, ob hierzu auch Leistungen der Kfz-Hilfe für Beschaffung, die Ausstattung, die Instaltung, den Betrieb eines Kfz und die Erlangung einer Fahrerlaubnis gehören können (ablehnend BAGüS (Kfz-Empfehlung https://www.der-paritaetische.de/fileadmin/user_upload/Schwerpunkte/Bundesteilhabegesetz/doc/Kfz_Empfehlungen_2020.pdf; zuletzt aufgerufen 20.3.2023)). Die Beantwortung dieser Frage ist von praktischer Bedeutung, weil die leistungsberechtigte Person, anders als bei der Sozialen Teilhabe (§ 114 Nr. 1), nicht ständig auf das Kfz angewiesen sein muss. Außerdem ist die Leistung unabhängig vom Einsatz von Einkommen und Vermögen zu gewähren (v. Boetticher, Teilhaberecht, 2. Aufl. 2020, § 4 Rn. 113). Die Hilfsmittel werden nur geleistet, wenn die leistungsberechtigte Person in der Lage ist, sie zu bedienen (**Abs. 1 S. 6**). Neben der Bereitstellung des Hilfsmittels umfasst die Leistung die Unterweisung im Gebrauch, die notwendige Instandhaltung, die Anpassung und die Ersatzbeschaffung des Hilfsmittels (**Abs. 1 S. 7, 8**). 8

Im Rahmen der Eingliederungshilfe sind die Hilfsmittel nur zu erbringen, wenn die gesetzlich krankenversicherte leistungsberechtigte Person das begehrte Hilfsmittel nicht bereits von der gesetzlichen Krankenkasse erhält (→ § 91 Rn. 3g). Hilfsmittel, die vom Leistungsspektrum der gesetzlichen Krankenversicherung nicht umfasst sind – insbesondere Gebrauchsgegenstände des täglichen Lebens – sind vom Träger der Eingliederungshilfe zu erbringen (ebenso LPK-SGB IX/Zinsmeister § 112 Rn. 4). 8a

V. Förderung von schulischen und hochschulischen Weiterbildungen für einen Beruf (Abs. 2)

Abs. 2 bestimmt, bei welchen schulischen und hochschulischen Weiterbildungen Leistungen zur Teilhabe an Bildung erbracht werden. Mit den Leistungen soll ermöglicht werden, dass die leistungsberechtigte Person durch Ergänzung der Inhalte der Erstausbildung das **berufliche Ziel erreichen** kann (BT-Drs. 18/9522, 284). Voraussetzung der Förderung ist, dass ein **zeitlicher und inhaltlicher Zusammenhang mit der Erstausbildung** besteht. Krit. zu den Beschränkungen Fuchs/Ritz/Rosenow/Rosenow SGB IX § 112 Rn. 46. 9

„Weiterbildung" unterliegt einem weiten Begriffsverständnis, das auch eine Promotion beinhaltet (BT-Drs. 18/9522, 284). 9a

Der Gesetzeswortlaut **„zeitlicher Zusammenhang"** legt nahe, dass zwischen der dualen, schulischen oder hochschulischen Ausbildung und der Weiterbildung keine zu große Zeitspanne liegen darf. Die in der Gesetzesbegr. enthaltene Aussage, dass die Förderung vom Alter der auszubildenden Person abhängig sein soll und die Träger der Eingliederungshilfe sich an der Altersgrenze in § 10 Abs. 3 BAföG orientieren sollen (BT-Drs. 18/9522, 283), hat im Gesetzeswortlaut keinen Niederschlag gefunden. Folgt man dem Gesetzgeber, dann wäre für die Förderung Voraussetzung, dass die auszubildende Person bei Beginn der Ausbildung das 45. Lebensjahr noch nicht vollendet hat. Da der Eingliederungsträger sich hieran nur orientieren soll, kann er von den starren Grenzen des § 10 BAföG abweichen (v. Boetticher, Teilhaberecht, 2. Aufl. 2020, § 4 Rn. 117). Zu behinderungsbedingten Abweichungen → Rn. 11. 9b

9c Inhaltlich muss die Weiterbildung **„in dieselbe fachliche Richtung"** weiterführen (zu Ausnahmen bei Masterstudiengängen → Rn. 10). Wegen des allgemein gehaltenen Hinweises auf diese Regelung in der Gesetzesbegründung ist davon auszugehen, dass die für alle Weiterbildungen nach Abs. 2 gelten soll. Krit. zu diesen Einschränkungen im Hinblick auf Art. 23 Abs. 1 BRK v. Boetticher/Kuhn-Zuber, Rehabilitationsrecht, 2. Aufl. 2022, Rn. 310. In derselben Fachrichtung führt eine Ausbildung weiter, wenn die materiellen Wissenssachgebiete identisch sind (so die stRspr zur entsprechenden Rechtslage nach dem BAföG BVerwG 29.3.2018 – 5 C 14.16, BeckRS 2018, 9807; zu Einzelfällen BeckOK SozR/Winkler, § 7 BAföG Rn. 37.1). Nicht erforderlich ist, dass die vorausgehende Ausbildung mit Eingliederungshilfe gefördert wurde (BT-Drs. 18/9522, 284). Nach der Gesetzesbegr. kann auch ein Hochschulstudium gefördert werden (BT-Drs. 18/9522, 284).

9d Schließlich muss die Weiterbildung **geeignet** sein, das angestrebte **Berufsziel** zu erreichen.

10 **Abs. 2 S. 2** nimmt **Masterstudiengänge** von der Anforderung aus, dass diese in derselben Fachrichtung weiterführen muss. Der Masterstudiengang muss aber auf ein zuvor abgeschlossenes Bachelorstudium aufbauen und dieses interdisziplinär ergänzen (krit. zu dieser Einschränkung K/H/M/Schörnig SGB IX § 112 Rn. 27).

11 **Abs. 2 S. 3** lässt **Ausnahmen** vom Erfordernis des engen zeitlichen Zusammenhangs zu, wenn dies durch die Behinderung oder andere von der leistungsberechtigten Person nicht beeinflussbare **wichtige Gründe** verursacht ist.

VI. Fernunterricht, Praktikum, Vorbereitung auf Aus- und Weiterbildung (Abs. 3)

12 Abs. 3 erweitert die Förderung einer schulischen oder hochschulischen Ausbildung oder einer Weiterbildung für einen Beruf um die Hilfen zur Teilnahme an Fernunterricht, die Hilfen zur Ableistung eines für den Schul- oder Hochschulbesuch oder die Berufszulassung erforderlichen Praktikums und um Hilfen zur Teilnahme an Maßnahmen zur Vorbereitung auf die schulische oder hochschulische Ausbildung oder Weiterbildung für einen Beruf. Erforderlich ist das Praktikum, wenn es in der Studien- und Prüfungsordnung vorgeschrieben ist, so dass es zwingend für den Abschluss der Ausbildung ist (BSG 29.1.2008 – B 5a/5 R 20/06 R, BeckRS 2009, 50758 Rn. 17).

VII. Gemeinsame Anleitung und Begleitung (Abs. 4)

13 Abs. 4 S. 1 ermöglicht, dass **Leistungen** der Anleitung und Begleitung bei schulischen und hochschulischen Leistungen an mehrere Leistungsberechtigte **gemeinsam erbracht** werden, zB Schulbegleiter/innen. Voraussetzung ist, dass dies den Leistungsberechtigten nach § 104 (→ Rn. 6) zumutbar ist und mit den Leistungserbringern entsprechende Vereinbarungen getroffen wurden. Hiermit soll „Störungen im Unterrichtsablauf durch eine zu hohe Anzahl an Erwachsenen" entgegengewirkt werden (BR-Drs. 309/15). Die Zahl der Schulbegleiter/innen und der Einbeziehung in den Unterricht legt der Bildungsträger fest. Zumutbar ist die gemeinsame Erbringung der Leistung, wenn die Qualität und die Wahlmöglichkeiten der leistungsberechtigten Personen nicht eingeschränkt werden (BVerwG 28.4.2005 – 5 C 20/04, NJW 2005, 3160; 26.10.2007 – 5 C 35/06, NVwZ 2008, 578). Nicht zumutbar wäre die gemeinsame Erbringung, wenn sie dazu führen würde, dass eine Studierende nicht zwischen allen Wahlseminaren wählen könnte (LPK-SGB IX/Zinsmeister § 112 Rn. 5).

13a Über die gemeinsame Erbringung entscheidet der Eingliederungshilfeträger nach pflichtgemäßem Ermessen. Die Leistung kann auch gegen den Willen der Leistungsberechtigten gemeinsam erbracht werden. Die Leistungen müssen gemeinsam erbracht werden, wenn die **Leistungsberechtigten** dies **wünschen** (Abs. 4 S. 2).

D. Beitrag

Keinen **Beitrag** aus dem Einkommen zahlen müssen die leistungsberechtigten Personen aus ihrem und – bei Minderjährigen – dem Einkommen der mit ihnen in einem Haushalt lebenden Eltern oder Elternteilen bei den Leistungen zur Schulbildung nach Abs. 1 S. 1 Nr. 1 (→ Rn. 3 ff.) und bei den Leistungen, die „in besonderen Ausbildungsstätten über Tag und Nacht für Menschen mit Behinderungen erbracht werden" nach Abs. 1 S. 1 Nr. 2 (§ 138 Abs. 1 Nr. 4, 5). 14

Kapitel 6. Soziale Teilhabe

§ 113[1] Leistungen zur Sozialen Teilhabe

(1) [1]Leistungen zur Sozialen Teilhabe werden erbracht, um eine gleichberechtigte Teilhabe am Leben in der Gemeinschaft zu ermöglichen oder zu erleichtern, soweit sie nicht nach den Kapiteln 3 bis 5 erbracht werden. [2]Hierzu gehört, Leistungsberechtigte zu einer möglichst selbstbestimmten und eigenverantwortlichen Lebensführung im eigenen Wohnraum sowie in ihrem Sozialraum zu befähigen oder sie hierbei zu unterstützen. [3]Maßgeblich sind die Ermittlungen und Feststellungen nach Kapitel 7.

(2) Leistungen zur Sozialen Teilhabe sind insbesondere

1. Leistungen für Wohnraum,
2. Assistenzleistungen,
3. heilpädagogische Leistungen,
4. Leistungen zur Betreuung in einer Pflegefamilie,
5. Leistungen zum Erwerb und Erhalt praktischer Kenntnisse und Fähigkeiten,
6. Leistungen zur Förderung der Verständigung,
7. Leistungen zur Mobilität,
8. Hilfsmittel,
9. Besuchsbeihilfen.

(3) Die Leistungen nach Absatz 2 Nummer 1 bis 8 bestimmen sich nach den §§ 77 bis 84, soweit sich aus diesem Teil nichts Abweichendes ergibt.

(4) Zur Ermöglichung der gemeinschaftlichen Mittagsverpflegung in der Verantwortung einer Werkstatt für behinderte Menschen, einem anderen Leistungsanbieter oder dem Leistungserbringer vergleichbarer anderer tagesstrukturierender Maßnahmen werden die erforderliche sächliche Ausstattung, die personelle Ausstattung und die erforderlichen betriebsnotwendigen Anlagen des Leistungserbringers übernommen.

(5) [1]In besonderen Wohnformen des § 42a Absatz 2 Satz 1 Nummer 2 und Satz 3 des Zwölften Buches werden Aufwendungen für Wohnraum oberhalb der Angemessenheitsgrenze nach § 42a Absatz 6 des Zwölften Buches übernommen, sofern dies wegen der besonderen Bedürfnisse des Menschen mit Behinderungen erforderlich ist. [2]Kapitel 8 ist anzuwenden.

(6) [1]Bei einer stationären Krankenhausbehandlung nach § 39 des Fünften Buches werden auch Leistungen für die Begleitung und Befähigung des Leistungsberechtigten

[1] § 113 Abs. 5 angef. mWv 1.1.2020 durch G v. 30.11.2019 (BGBl. I S. 1948); Abs. 6 und 7 angef. mWv 1.11.2022 durch G v. 27.9.2021 (BGBl. I S. 4530).

durch vertraute Bezugspersonen zur Sicherstellung der Durchführung der Behandlung erbracht, soweit dies aufgrund des Vertrauensverhältnisses des Leistungsberechtigten zur Bezugsperson und aufgrund der behinderungsbedingten besonderen Bedürfnisse erforderlich ist. [2]Vertraute Bezugspersonen im Sinne von Satz 1 sind Personen, die dem Leistungsberechtigten gegenüber im Alltag bereits Leistungen der Eingliederungshilfe insbesondere im Rahmen eines Rechtsverhältnisses mit einem Leistungserbringer im Sinne des Kapitels 8 erbringen. [3]Die Leistungen umfassen Leistungen zur Verständigung und zur Unterstützung im Umgang mit Belastungssituationen als nichtmedizinische Nebenleistungen zur stationären Krankenhausbehandlung. [4]Bei den Leistungen im Sinne von Satz 1 findet § 91 Absatz 1 und 2 gegenüber Kostenträgern von Leistungen zur Krankenbehandlung mit Ausnahme der Träger der Unfallversicherung keine Anwendung. [5]§ 17 Absatz 2 und 2a des Ersten Buches bleibt unberührt.

(7) **[1]Das Bundesministerium für Gesundheit und das Bundesministerium für Arbeit und Soziales evaluieren im Einvernehmen mit den Ländern die Wirkung einschließlich der finanziellen Auswirkungen der Regelungen in Absatz 6 und in § 44b des Fünften Buches. [2]Die Ergebnisse sind bis zum 31. Dezember 2025 zu veröffentlichen. [3]Die Einbeziehung Dritter in die Durchführung der Untersuchung erfolgt im Benehmen mit den zuständigen obersten Landesbehörden, soweit Auswirkungen auf das Sozialleistungssystem der Eingliederungshilfe untersucht werden.**

Übersicht

A. Geltende Fassung; Normzweck

1 § 113 regelt seit dem 1.1.2020 die Leistungen zur Sozialen Teilhabe der Eingliederungshilfe nach dem SGB IX. Der davor in der Vorschrift enthaltene Regelungsgehalt – Finanzielle Leistungen für Integrationsfachdienste – findet sich seit dem 1.1.2018 in § 196. Bis zum 31.12.2019 waren die Leistungen zur Sozialen Teilhabe in den §§ 19 Abs. 3, 53 Abs. 1, 2, 54 und 55 SGB XII geregelt. Die Abs. 6 und 7 wurden mWv v. 1.11.2022 durch Art. 7c des G zum Erlass eines Tierarzneimittelgesetzes und zur Anpassung arzneimittelrechtlicher und anderer Vorschriften v. 27.9.2021 (BGBl. I S. 4530) eingefügt.

2 Die Leistungen der Sozialen Teilhabe sollen gem. **Abs. 1 S. 1** die gleichberechtigte Teilhabe am **Leben in der Gemeinschaft ermöglichen und erleichtern.** Wortgleich wird hiermit die Zielumschreibung in § 76 Abs. 1 S. 1 wiederholt, so dass auf die Kommentierung in → § 76 Rn. 3 verwiesen werden kann. Derselbe Wortlaut findet sich ferner in der Umschreibung der besonderen Aufgabe der Sozialen Teilhabe in der Eingliederungshilfe. Dieser Aufgabenumschreibung kommt deshalb besondere Bedeutung zu, weil Voraussetzung der Leistungsberechtigung bei den Leistungen der Eingliederungshilfe ist, dass die Aufgabe nach § 90 erfüllt werden kann. Anzumerken bleibt, dass die Aufgabenumschreibung in Abs. 1 S. 1 untauglich für eine Abgrenzung gegenüber den anderen Leistungsgruppen der Teilhabe ist. Auch die Leistungen dieser Gruppen dienen der gleichberechtigten Teilhabe am Leben in der Gemeinschaft (so zurecht Grube/Wahrendorf/Flint/Bieback SGB IX § 113 Rn. 6).

2a Die Leistungen zur Sozialen Teilhabe werden nach **Abs. 1 S. 1 Hs. 1** nur geleistet, soweit sie nicht als Leistungen zur medizinischen Rehabilitation, zur Teilhabe am Arbeitsleben und zur Teilhabe an Bildung erbracht werden. Eine entsprechende Regelung findet sich wiederum in § 76 Abs. 1 S. 1, der allerdings auch die unterhaltssichernden und andere ergänzende Leistungen in den Vorrang einbezieht. Den Leistungen zur Sozialen Teilhabe kommt damit **Auffangfunktion** zu. Voraussetzung ist allerdings, dass die vom Träger der Eingliederungshilfe begehrten Leistung der Aufgabe der Sozialen Teilhabe dient.

Besonders hervorgehoben wird in Abs. 1 **S. 2** die selbstbestimmte und eigenverant- 2b wortliche Lebensführung der Menschen mit Behinderungen im eigenen **Wohnraum** und in ihrem **Sozialraum.** Eine wortgleiche Regelung findet sich in § 76 Abs. 1 S. 2 (→ 76 Rn. 3).

Die §§ 113–116 sind nicht nur für die Eingliederungshilfe von Bedeutung. Nach ihnen 2c richtet sich auch der Inhalt der **Eingliederungshilfe** für Kinder und Jugendliche mit (drohender) seelischer Behinderung nach **§ 35a SGB VIII** (den Verweis in § 35a Abs. 3 SGB VIII) und der Sozialen Teilhabe der **Sozialen Entschädigung bei Gesundheitsschäden** nach § 27d BVG bzw. ab dem 1.1.2024 nach § 66 SGB XIV, die ebenfalls auf die §§ 113–116 verweisen.

B. Anspruchsgrundlage und Voraussetzungen der Leistungen der Sozialen Teilhabe

Leistungen zur Sozialen Teilhabe erhält nur, wer nach **§ 99** Abs. 1 bzw. Abs. 3 **leis-** 3 **tungsberechtigt** ist. Während § 99 Abs. 1 festlegt, welche Personen einen Anspruch auf Eingliederungshilfe haben, entscheidet der Träger der Eingliederungshilfe bei den Leistungsberechtigten nach § 99 Abs. 3 nach pflichtgemäßem Ermessen. Zu Einzelheiten → § 99 Rn. 5 ff. und → § 99 Rn. 9 ff. Der Träger der Eingliederungshilfe muss nicht leisten, wenn **vorrangig** verpflichtete Träger tatsächlich bedarfsdeckende **Leistungen** erbringen (näher hierzu → § 91 Rn. 3c ff.). Ein Anspruch auf diese Leistungen allein genügt nicht, wenn dieser nicht alsbald erfüllt wird. Mit der Leistung muss die Aufgabe nach § 90 erfüllt werden können (→ 90 Rn. 1 ff.). **Nachrangig** sind die Leistungen der Sozialen Teilhabe der Eingliederungshilfe ferner gegenüber Leistungen anderer und anderer Sozialleistungsträger (§ 91; → § 91 Rn. 3c ff.). Zum Nachrang gegenüber anderen Rehabilitationsleistungen → Rn. 2a und → § 76 Rn. 3). Antragstellerinnen und Antragsteller, die selbst und – wenn sie minderjährig sind – deren Eltern über dem Freibetrag liegendes einzusetzendes **Vermögen** haben, erhalten keine Leistungen der Eingliederungshilfe (§ 140 Abs. 1). Bei heilpädagogischen Leistungen, bei Leistungen zum Erwerb und Erhalt praktischer Kenntnisse und Fähigkeiten, soweit diese der Vorbereitung auf die Teilhabe am Arbeitsleben nach § 111 Abs. 1 dienen, und bei Leistungen an noch nicht eingeschulte Personen zur Ermöglichung der für sie erreichbare Teilhabe am Leben in der Gemeinschaft muss kein Vermögen eingesetzt werden (§ 140 Abs. 3 iVm § 138 Abs. 1 Nr. 1, 6 und 7). Entsprechendes gilt für den Beitrag (§ 138 Abs. 1 Nr. 1, 6 und 7).

Welche Leistungen iE erbracht werden, richtet sich nach den **Ermittlungen und Fest-** 4 **stellung im Gesamtplanverfahren** (Abs. 1 S. 3; näher hierzu die Kommentierungen zu den §§ 117 ff.).

C. Inhalt der Leistungen zur Sozialen Teilhabe (Abs. 2, 3)

Abs. 2 legt den Inhalt der Leistungen zur Sozialen Teilhabe nicht abschließend („ins- 5 besondere") fest. Im Vergleich zu § 76 enthält dieser Katalog zusätzlich die Besuchshilfen (§ 115) und Leistungen zur gemeinschaftlichen Mittagsverpflegung in einer WfbM oder einer vergleichbaren Einrichtung (Abs. 4; → Rn. 7) sowie die Begleitung und Befähigung der leistungsberechtigten Person durch eine vertraute Person bei einem stationären Krankenhausaufenthalt (Abs. 6; → Rn. 14 ff.). Weitere Leistungen können die bis zum 31.12.2019 in der EingliederungshilfeVO geregelten Hilfen sein, die im SGB IX nicht ausdrücklich angesprochen werden, zB die Hilfsmittel des § 9 EingliederungshilfeVO aF, die Allgemeine Ausbildung nach § 16 EingliederungshilfeVO aF und die Anleitung von Betreuungspersonen nach § 20 EingliederungshilfeVO aF. (v. Boetticher, Teilhaberecht, 2. Aufl. 2020, § 4 Rn. 125).

6 Bezüglich des **Inhaltes der einzelnen Leistungen** verweist **Abs.** 3 grds. auf die §§ 77–84. Die Leistungen der Ausstattung für eine gemeinschaftliche Mittagsverpflegung wird in Abs. 4, die Übernahme von Unterkunftskosten in besonderen Wohnformen in Abs. 5 und Begleitung durch eine vertraute Person bei stationärer Krankenhausbehandlung in Abs. 6 geregelt. Die Mobilitätshilfen werden in § 114 eingeschränkt (→ § 114 Rn. 3 ff.). Der Inhalt der Besuchshilfen wird in § 115 konkretisiert.

D. Gemeinschaftliche Mittagsverpflegung (Abs. 4)

7 Seit dem 1.1.2020 umfasst die Vergütung der WfbM nicht mehr die Verpflegung der Menschen in einer WfbM. Seitdem ist bei der gemeinschaftlichen Mittagsverpflegung in einer WfbM, bei anderen Leistungsanbietern und Leistungserbringern sonstiger tagesstrukturierender Maßnahmen zwischen den zusätzlichen Kosten der Gemeinschaftsverpflegung für die betroffenen Menschen – hierfür erhalten sie in der Grundsicherung im Alter und bei Erwerbsminderung nach den §§ 41 ff. SGB XII einen Mehrbedarfszuschlag nach § 42b Abs. 2 SGB XII – und den der Eingliederungshilfe zuzuordnenden Fachleistungen der Zubereitung und Bereitstellung des Mittagessens zu unterscheiden. Letztere umfassen die sächliche und die personelle Ausstattung und die betriebsnotwendigen Anlagen. Beispielhaft für **sächliche Ausstattung** und die betriebsnotwendigen Anlagen nennt der Gesetzgeber die „Ausstattung der Küche, Geräte, Geschirr, Speiseausgabe und Büro“ (BT-Drs. 18/9522, 286). Bei den **Personalkosten** ist nach der Gesetzesbegr. zu berücksichtigen, dass die Menschen mit Behinderungen bei der Essenszubereitung mitwirken. Die Mittagsverpflegung muss **in Verantwortung** der WfbM, des anderen Anbieters oder des Leistungserbringers der tagesstrukturierten Maßnahme erfolgen. Dies bedeutet, dass die Mittagsverpflegung von den Genannten selbst, oder von einem Dritten, mit dem sie eine Vereinbarung geschlossen haben, organiseirt wird. Die Mittagsverpflegung muss von den betroffenen Menschen **gemeinschaftlich eingenommen** werden – Ausnahmen hiervon bestanden während der COVID-19-Pandemie (§ 142 SGB XII) – und außerhalb der Wohnformen (vgl. v. Boetticher, Teilhaberecht, 2. Aufl. 2020, § 4 Rn. 127) eingenommen werden.

E. Übernahme von Unterkunftskosten in besonderen Wohnformen (Abs. 5)

8 Die Eingliederungshilfeträger müssen bei Leistungsberechtigten in besonderen Wohnformen nach § 42a Abs. 2 S. 1 Nr. 2, S. 3 SGB XII Aufwendungen oberhalb der Angemessenheitsgrenze übernehmen, soweit dies wegen der besonderen Bedürfnisse des Menschen mit Behinderungen erforderlich ist.

9 Bei den **besonderen Wohnräumen** nach § 42a Abs. 2 S. 1 Nr. 2, S. 3 SGB XII hat die leistungsberechtigte Person einen Wohnraum allein oder mit einer weiteren Person zur alleinigen Nutzung. Zusätzlich kann sie gemeinschaftliche Räume mit anderen gemeinsam nutzen. Der für die Grundsicherung im Alter und bei Erwerbsminderung (§§ 41 ff.

SGB XII) zuständige Träger hat die angemessenen Aufwendungen zu übernehmen (§ 42a Abs. 5, 6 SGB XII).

Die Leistung erhalten nur **Menschen mit Behinderungen.** Sie müssen sowohl in der Eingliederungshilfe nach dem SGB IX als auch in der Grundsicherung im Alter und bei Erwerbsminderung **leistungsberechtigt** sein. 10

Der Träger der **Eingliederungshilfe** hat die **über** der **Angemessenheitsgrenze liegenden Kosten** zu übernehmen, sofern dies wegen der besonderen Bedürfnisse des Menschen mit Behinderungen **erforderlich** ist. Der unbestimmte und damit der vollen gerichtlichen Kontrolle unterliegende Begriff der Erforderlichkeit wird im G nicht weiter präzisiert. Nach der Gesetzesbegr. ist sie im Einzelfall unter Berücksichtigung der Wünsche der leistungsberechtigten Person zur Wohnform zu beurteilen (BT-Drs. 18/9522/336). Deren Berücksichtigung richtet sich nach § 104 Abs. 2–4 (KHM/Schaumberg SGB IX § 113 Rn. 20). Krit. zur Erforderlichkeit v. Boetticher, Teilhaberecht, 2. Aufl. 2020, § 4 Rn. 129). 11

Der Träger der Eingliederungshilfe ist zur Übernahme dieser Aufwendungen **verpflichtet.** Er hat weder Entschließungs- noch Auswahlermessen (v. Boetticher, Teilhaberecht, 2. Aufl. 2020, § 4 Rn. 129). 12

Aus dem Verweis auf das 8. Kap. folgt, dass der Leistungserbringer eine schriftliche Vereinbarung nach den §§ 123 ff. mit dem Träger der Eingliederungshilfe geschlossen haben muss, nach der das Leistungsangebot Leistungen zum Wohnen enthält, deren Kosten die 25 Prozent-Grenze des § 42a Abs. 6 SGB XII überschreiten. 13

F. Leistungen für eine Begleitperson bei stationärer Behandlung (Abs. 6, 7)

Die Leistungen der Sozialen Teilhabe umfassen gem. Abs. 6 seit dem 1.11.2022 auch Leistungen zur Verständigung und zur Unterstützung bei stationärer Krankenhausbehandlung. Mit Abs. 6 will der Gesetzgeber Unsicherheiten bei der Zuständigkeit für die Übernahme von Verdienstausausfällen und Personalkosten bei Leistungserbringern begegnen, die bei der Begleitung eines Menschen mit Behinderungen bei einer stationären Krankenhausbehandlung durch eine Vertrauensperson anfallen. Zusätzlich wird in § 44b SGB V den Begleitpersonen ein Anspruch auf Krankengeld eingeräumt, wenn sie bei einer stationären Behandlung eines Menschen mit Behinderungen, der Leistungen der Eingliederungshilfe bezieht, stationär aufgenommen werden oder den Menschen mit Behinderung ganztägig begleiten und infolgedessen Verdienstausfälle haben (BT-Drs. 19/31069, 192 f.). Abs. 6 schafft dagegen eine Rechtsgrundlage für die Personalkosten beim Leistungserbringer. 14

Abs. 6 ist nur bei **stationären Krankenhausbehandlungen** nach § 39 SGB V anzuwenden. Erfasst sind alle Formen der stationären Behandlung, also vollstationäre, teilstationäre und vor- und nachstationäre Behandlungen (KHM/Schaumberg SGB IX § 113 Rn. 25, der davon ausgeht, dass auch ambulante Operationen erfasst sind). 15

Die Leistung muss der **Sicherstellung der Behandlung** dienen, also die Diagnose und die Behandlung des Menschen mit Behinderungen ermöglichen. Der Gesetzgeber geht davon aus, dass die Vertrauensperson bei der **Kommunikation** zwischen dem Menschen mit Behinderungen und dem ärztlichen und pflegerischen Personal vermitteln und zur Diagnose und Behandlung beitragen kann. Außerdem würden durch das Beisein der Vertrauensperson Ängste abgebaut (BT-Drs. 19/310, 192). 16

Die Begleitperson muss eine **vertraute Bezugsperson** sein. Es muss ein besonderes Vertrauensverhältnis zwischen ihr und der begleiteten Person bestehen. Dies können gem. Abs. 6 S. 2 auch Mitarbeiterinnen oder Mitarbeiter eines Leistungserbringers sein. 17

Diese müssen dann allerdings bereits zuvor Leistungen der Eingliederungshilfe an die leistungsberechtigte Person erbracht haben.

18 Die Leistung muss weiter aufgrund der **behinderungsbedingten besonderen Bedürfnisse** der leistungsberechtigten Person **erforderlich** sein. Der Gesetzgeber gibt Personen des familiennahen Umfeldes den Vorrang. Er beruft sich hierbei auf die familienrechtliche Pflicht zur gegenseitigen Beistands- und Rücksichtnahme. Nur wenn eine Person aus diesem Umfeld die Leistung nicht sachgerecht unterstützen kann oder dies für die leistungsberechtigte Person nicht zumutbar ist, kann auf familienfremde Personen zurückgegriffen werden. Dies ist zB der Fall, wenn kein Vertrauensverhältnis zu Familienangehörigen besteht oder Familienangehörigen wegen Behinderung, Alter oder Krankheit die Begleitung nicht zumutbar ist. S. zum Vorigen BT-Drs. 19/310, 192.

19 Der **Nachrang** zu anderen Trägern wird durch **Abs. 6 S. 4 gelockert.** Die Träger der Eingliederungshilfe können sich bei der Übernahme der Personalkosten nicht auf den Nachrang nach § 91 Abs. 1, 2 berufen. Etwas anderes gilt bei den Trägern der gesetzlichen Unfallversicherung. Bei diesen wird die Übernahme der Kosten durch das SGB VII sichergestellt. Andere Leistungen der gesetzlichen Krankenversicherung sind von der Lockerung des Nachrangs nicht betroffen.

20 Sind diese Voraussetzungen erfüllt, muss der Träger der Eingliederungshilfe die Personalkosten des Leistungserbringers übernehmen, wenn dieser eine Begleitperson stellt.

21 Die Leistung beinhaltet **nichtmedizinische Leistungen** zur Verständigung und Unterstützung im Umgang mit Belastungssituationen. Diese Unterstützung kann darin bestehen, dass die Vertrauensperson psychisch stabilisierend auf die leistungsberechtigte Person einwirkt. Bei der Kommunikation kann die Vertrauensperson dadurch unterstützen, dass sie der leistungsberechtigten Person verständlich erklärt, was bei der Untersuchung und Behandlung unternommen wird, sie kann der behandelnden Person andererseits vermitteln, wie Verhalten und Aussagen der leistungsberechtigten Person zu verstehen und was beim Auftreten ihr gegenüber zu beachten ist (BT-Drs. 19/310, 192).

22 **Abs. 6 S. 4** stellt klar, dass **§ 17 Abs. 2 SGB I,** der die Kostenträgerschaft für Gebärdendolmetscherinnen und Gebärdendolmetscher und andere Kommunikationshilfe ua bei ärztlichen Untersuchungen und Behandlungen regelt durch Abs. 6 **nicht ausgeschlossen** wird. Dasselbe gilt für § 17 Abs. 2a SGB I, der das Krankenhauspersonal verpflichtet, in verständlicher, einfacher und ggf. leichter Sprache mit der leistungsberechtigten Person zu kommunizieren.

23 Das BMAS muss im Einvernehmen mit den Ländern die Wirkung und die finanziellen Auswirkung von Abs. 6 und § 44b SGB V **evaluieren** (Abs. 7 S. 1). Zu evaluieren ist ua die Praktikabilität für die Beteiligten. Ferner soll untersucht werden, ob beim leistungsberechtigten Personenkreis Lücken bestehen. Erhoben werden soll die Anzahl der Fälle, die Kosten und die Tätigkeiten der Bezugspersonen (BT-Drs. 19/310, 193 f.). Die Ergebnisse der Evaluation müssen bis zum 31.12.2025 veröffentlicht werden (Abs. 7 S. 2). der Ergebnisse

§ 114 Leistungen zur Mobilität

Bei den Leistungen zur Mobilität nach § 113 Absatz 2 Nummer 7 gilt § 83 mit der Maßgabe, dass

1. **die Leistungsberechtigten zusätzlich zu den in § 83 Absatz 2 genannten Voraussetzungen zur Teilhabe am Leben in der Gemeinschaft ständig auf die Nutzung eines Kraftfahrzeugs angewiesen sind und**
2. **abweichend von § 83 Absatz 3 Satz 2 die Vorschriften der §§ 6 und 8 der Kraftfahrzeughilfe-Verordnung nicht maßgeblich sind.**

Übersicht

A. Geltende Fassung; Normzweck

§ 114 regelt seit dem 1.1.2020 Besonderheiten der Mobilitätshilfen in der Eingliederungshilfe. Der bisherige Regelungsgegenstand der Vorschrift – Ergebnisbeobachtung bei Integrationsfachdiensten – wird seit dem 1.1.2018 in § 197 geregelt. 1

Bei den Leistungen zur Mobilität gilt grds. § 83 (§ 114 Einleitungssatz). § 114 legt hiervon abweichende Besonderheiten für die Eingliederungshilfe fest. Diese hielt der Gesetzgeber für erforderlich, um Leistungsausweitungen zu vermeiden (BT-Drs. 18/9522, 285 f.). 2

Anspruch auf Mobilitätshilfe im Rahmen der Eingliederungshilfe hat nur, wer zu deren leistungsberechtigten Personenkreis gehört (§ 99 Abs. 1, 3 SGB IX). Außerdem darf die leistungsberechtigte Person nicht über dem Freibetrag liegendes Vermögen verfügen (§ 140 Abs. 1). Bei Ausländerinnen und Ausländern müssen zusätzlich die Voraussetzungen des § 100 erfüllt sein. Weitere Voraussetzungen ergeben sich aus § 83. Die Nutzung öffentlicher Verkehrsmittel darf wegen der Art und Schwere der Behinderung nicht zumutbar sein. Bei der Kraftfahrzeughilfe muss ferner die Leistung zur Beförderung nicht zumutbar oder nicht wirtschaftlich sein und die leistungsberechtigte Person muss in der Lage sein, das Kraftfahrzeug zu führen oder es muss von einer dritten Person geführt werden. S. zu diesen Voraussetzungen die Kommentierung zu § 83. Nr. 1 fügt als weitere Voraussetzung das ständige Angewiesensein auf das Kraftfahrzeug hinzu. 2a

B. Ständiges Angewiesensein auf das Kraftfahrzeug (Nr. 1)

Kraftfahrzeughilfe nach § 83 Abs. 2 (→ § 83 Rn. 6a ff.) wird im Rahmen der Eingliederungshilfe nach dem SGB IX nur erbracht, wenn die leistungsberechtigte Person ständig auf die Nutzung des Kraftfahrzeugs angewiesen ist. Wegen des ständigen Angewiesenseins verweist der Gesetzgeber auf die Kraftfahrzeughilfe im Rahmen der Teilhabe am Arbeitsleben, die zur Voraussetzung hat, dass das Kraftfahrzeug erforderlich ist, um an den Arbeitsplatz zu gelangen (BT-Drs. 18/9522, 285 f.). Der Gesetzgeber will die Leistung vermeiden, wenn ein Kraftfahrzeug nicht regelmäßig genutzt wird (BT-Drs. 18/9522, 286). Nach der Begründung des Regierungsentwurfs ist auf das Kraftfahrzeug angewiesen, wer dieses nicht nur „vereinzelt oder gelegentlich zur Förderung der sozialen Teilhabe benötigt“ (BT-Drs. 18/9522, 286; so bereits das BVerwG zur Kraftfahrzeughilfe 27.10.1977 – V C 15.77, BeckRS 1977, 30423534). In der Lit. wird davon ausgegangen, dass ausreichend ist, dass das Kraftfahrzeug mehrmals wöchentlich genutzt wird (vgl. v. Boetticher/Kuhn-Zuber, Rehabilitationsrecht, 2. Aufl. 2022, Rn. 314). Die BAGüS hält zwei bis drei Fahrten wöchentlich für erforderlich; eine geringere Zahl an Fahrten soll bei Unbilligkeit ausreichen (Empfehlungen der BAGüS zu Leistungen der Eingliederungshilfe für Menschen mit Behinderungen für ein Kraftfahrzeug im Rahmen der Sozialen Teilhabe nach dem SGB IX (Kfz-Empfehlungen BAGüS (Kfz-Empfehlung https://www.der-paritaetische.de/fileadmin/user_upload/Schwerpunkte/Bundesteilhabegesetz/doc/Kfz_Empfehlungen_2020.pdf (zuletzt aufgerufen 20.3.2023), S. 12). Nicht auf ein Kraftfahrzeug angewiesen sind Leistungsberechtigte, deren Mobilitätsbedarf durch den öffentlichen Nahverkehr oder Beförderungsdienste abgedeckt ist. 3

C. Ausschluss der §§ 6, 8 der Kraftfahrzeughilfeverordnung (Nr. 2)

4 Außerdem werden die Bestimmungen zur Berechnung der Leistungen in § 6 (Hilfe zur Beschaffung eines Kraftfahrzeugs) und § 8 (Hilfe zur Erlangung einer Fahrerlaubnis) der Kraftfahrzeughilfeverordnung ausgeschlossen. In beiden Vorschriften wird die Höhe des Zuschusses von der Einkommenshöhe abhängig gemacht. Der Gesetzgeber begründet den Ausschluss der §§ 6, 8 KfzHV mit der Konzeption der Regelung zur Anrechnung von Einkommen und Vermögen im SGB IX (BT-Drs. 18/9522, 286).

§ 115[1] Besuchsbeihilfen

Werden Leistungen bei einem oder mehreren Anbietern über Tag und Nacht erbracht, können den Leistungsberechtigten oder ihren Angehörigen zum gegenseitigen Besuch Beihilfen geleistet werden, soweit es im Einzelfall erforderlich ist.

Übersicht

A. Geltende Fassung; Normzweck

1 § 115 regelt seit dem 1.1.2020 die Besuchsbeihilfen der Eingliederungshilfe nach dem SGB IX. Der davor in der Vorschrift enthaltene Regelungsgegenstand – Ermächtigung zum Erlass einer Rechtsverordnung zu den Integrationsfachdiensten – findet sich seit dem 1.1.2018 in § 198. Die Vorschrift wurde noch vor ihrem Inkrafttreten durch das G zur Änderung des Neunten und des Zwölften Buches Sozialgesetzbuch v. 30.11.2019 mWv 1.1.2020 geändert.

2 § 115 ist § 54 Abs. 2 SGB XII nachgebildet. Anders als dieser stellt § 115 nicht auf stationäre Einrichtungen ab, weil nicht mehr zwischen ambulanten, teilstationären und stationären Leistungen unterschieden wird. Voraussetzung ist nur noch, dass die Hilfe außerhalb der eigenen Familie erbracht wird.

B. Voraussetzungen und Inhalt

3 Leistungen nach § 115 kommen nur in Betracht, wenn **„Leistungen bei einem oder mehreren Anbietern über Tag und Nacht erbracht“** werden. Hieraus folgt, dass keine Besuchshilfe geleistet wird, wenn die leistungsberechtigte Person in einer eigenen Wohnung lebt (v. Boetticher/Kuhn-Zuber, Rehabilitationsrecht, 2. Aufl. 2022, Rn. 315). **„Im Einzelfall erforderlich“** ist die Besuchshilfe, wenn nur mit ihr der Kontakt zu den Angehörigen aufrechterhalten werden kann. Der Begriff **„Angehörige“** unterliegt einem weiten Begriffsverständnis, das nicht nur Verwandte und Verschwägerte, sondern auch Pflegeeltern, Lebensgefährten und -partner und nahe Freunde erfasst (so Grube/Wahrendorf/Bieback SGB IX § 115 Rn. 3). Luthe verlangt eine zumindest verwandtschaftsähnliche Beziehung (jurisPK-SGB IX/Luthe § 115 Rn. 3). Ob und wie häufig die Besuchshilfe im Einzelfall erforderlich ist, richtet sich nach den wirtschaftlichen Möglichkeiten des Menschen mit Behinderungen und der nahen Angehörigen sowie nach medizinischen

[1] § 115 geänd. mWv 1.1.2020 durch G v. 30.11.2019 (BGBl. I S. 1948).

und pädagogischen Gesichtspunkten (so zum SGB XII BeckOK SozR/Kaiser SGB XII § 54 Rn. 17).

Wenngleich der Gesetzeswortlaut den Begriff **„können"** beinhaltet und damit auf eine Ermessensentscheidung hindeutet, ist davon auszugehen, dass der Träger der Eingliederungshilfe zur Gewährung der Besuchshilfen bei Vorliegen der Voraussetzungen von § 115 verpflichtet ist. Ist die Leistung erforderlich, bleibt kein Raum für einen Ermessensspielraum. Dieser ist dann auf Null reduziert (im Ergebnis ebenso KHM/Schaumberg SGB IX § 115 Rn. 2). **3a**

Inhalt der Hilfe können die Fahrt-, Unterkunfts- und Verpflegungskosten und Platzfreihaltekosten (Grube/Wahrendorf/Flint/Bieback SGB IX § 115 Rn. 4)), ferner eine persönliche Assistenz sein, wenn ansonsten der leistungsberechtigten Person der Besuch nicht möglich ist (SächsLSG 13.7.2022 – L 8 SO 48/21, BeckRS 2022, 20334). Die Besuchsbeihilfe ist sowohl für Fahrten der leistungsberechtigten Person zu den Angehörigen als auch für Fahrten der Angehörigen zu den Leistungsberechtigten zu gewähren (KHM/Schaumberg SGB IX § 115 Rn. 6) **4**

§ 116 Pauschale Geldleistung, gemeinsame Inanspruchnahme

(1) [1]Die Leistungen

1. zur Assistenz zur Übernahme von Handlungen zur Alltagsbewältigung sowie Begleitung der Leistungsberechtigten (§ 113 Absatz 2 Nummer 2 in Verbindung mit § 78 Absatz 2 Nummer 1 und Absatz 5),
2. zur Förderung der Verständigung (§ 113 Absatz 2 Nummer 6) und
3. zur Beförderung im Rahmen der Leistungen zur Mobilität (§ 113 Absatz 2 Nummer 7 in Verbindung mit § 83 Absatz 1 Nummer 1)

können mit Zustimmung der Leistungsberechtigten als pauschale Geldleistungen nach § 105 Absatz 3 erbracht werden. [2]Die zuständigen Träger der Eingliederungshilfe regeln das Nähere zur Höhe und Ausgestaltung der pauschalen Geldleistungen sowie zur Leistungserbringung.

(2) [1]Die Leistungen

1. zur Assistenz (§ 113 Absatz 2 Nummer 2),
2. zur Heilpädagogik (§ 113 Absatz 2 Nummer 3),
3. zum Erwerb und Erhalt praktischer Fähigkeiten und Kenntnisse (§ 113 Absatz 2 Nummer 5),
4. zur Förderung der Verständigung (§ 113 Absatz 2 Nummer 6),
5. zur Beförderung im Rahmen der Leistungen zur Mobilität (§ 113 Absatz 2 Nummer 7 in Verbindung mit § 83 Absatz 1 Nummer 1) und
6. zur Erreichbarkeit einer Ansprechperson unabhängig von einer konkreten Inanspruchnahme (§ 113 Absatz 2 Nummer 2 in Verbindung mit § 78 Absatz 6)

können an mehrere Leistungsberechtigte gemeinsam erbracht werden, soweit dies nach § 104 für die Leistungsberechtigten zumutbar ist und mit Leistungserbringern entsprechende Vereinbarungen bestehen. [2]Maßgeblich sind die Ermittlungen und Feststellungen im Rahmen der Gesamtplanung nach Kapitel 7.

(3) Die Leistungen nach Absatz 2 sind auf Wunsch der Leistungsberechtigten gemeinsam zu erbringen, soweit die Teilhabeziele erreicht werden können.

Übersicht

A. Geltende Fassung; Normzweck

1 § 116 regelt seit dem 1.1.2020 die pauschalen Geldleistungen und die gemeinsame Gewährung von Leistungen an mehrere Leistungsberechtigte. Der davor in der Vorschrift enthaltene Regelungsgegenstand – Beendigung der Anwendung der besonderen Vorschriften zur Teilhabe schwerbehinderter Menschen – findet sich seit dem 1.1.2018 in § 199.

2 Leistungen der Eingliederungshilfe können nach § 105 Abs. 3 als pauschale Geldleistung erbracht werden, wenn die leistungsberechtigte Person zustimmt und soweit dies durch Teil 2 des SGB IX zugelassen wird. Hieran knüpft Abs. 1 an. Die Vorschrift bestimmt, welche Leistungen als pauschale Geldleistung gewährt werden können. Durch die pauschale Geldleistung sollen Menschen mit Behinderungen in die Lage versetzt werden, Personen, die an sie einfache Assistenzleistungen erbringen, mit einem kleinen Geldbetrag zu honorieren. Die Abs. 2 und 3 ermöglichen die Erbringung von Leistungen an mehrere Leistungsberechtigte gemeinschaftlich. Abs. 2 stellt dies in das pflichtgemäße Ermessen der leistungsberechtigten Person, Abs. 3 gibt einen Anspruch hierauf.

B. Pauschale Geldleistungen (Abs. 1)

3 **Abs. 1 S. 1** bestimmt abschließend (BT-Drs. 18/9522, 286), für welche Leistungen der Sozialen Teilhabe der pauschale Geldbetrag gewährt werden kann. Dies sind:

- Leistungen der **einfachen Assistenz** zur **Übernahme** von Handlungen zur **Alltagsbewältigung** (§ 113 Abs. 2 Nr. 2 iVm § 78 Nr. 1) und zur Unterstützung einer **ehrenamtlichen Betätigung** (§ 113 Abs. 2 Nr. 2 iVm § 78 Abs. 5)
  Qualifizierte Assistenzleistungen zur Befähigung der leistungsberechtigten Person zur eigenständigen Alltagsbewältigung (§ 78 Abs. 2 S. 2 Nr. 2, 3) sind von Abs. 1 S. 1 Nr. 1 nicht erfasst und dürfen deshalb nicht als pauschale Geldleistung erbracht werden (ebenso KHM/Schaumberg SGB IX § 116 Rn. 5).
- Leistungen zur **Förderung der Verständigung** bei besonderen Anlässen (§ 113 Abs. 2 Nr. 6 iVm § 82)
- Leistungen zur **Beförderung** durch Beförderungsdienste (§ 113 Abs. 2 Nr. 7 iVm § 83 Abs. 1 Nr. 1).
  Die Kraftfahrzeughilfe ist von Abs. 1 S. 1 Nr. 1 nicht erfasst und darf deshalb nicht als pauschale Geldleistung erbracht werden (ebenso KHM/Schaumberg SGB IX § 116 Rn. 5).

3a Die leistungsberechtigte Person muss **zustimmen.** Die pauschale Geldleistung damit nicht gegen ihren Willen gewährt werden.

3b Die leistungsberechtigte Person hat **keinen Rechtsanspruch** auf die pauschale Geldleistung. Über ihre Gewährung entscheidet der Träger der Eingliederungshilfe nach pflichtgemäßem Ermessen.

4 Die Träger der Eingliederungshilfe müssen das Nähere zur Höhe, zur Ausgestaltung und zur Leistungserbringung der pauschalen Geldleistung durch **Verwaltungsvorschriften** regeln (**Abs. 1 S. 2**). Bestimmt werden kann zB ein Initiativrecht des Menschen mit Behinderungen und der Nachweis über eine zweckentsprechende Verwendung der pauschalen Geldleistung (BT-Drs. 18/9522, 286). Siehe hierzu die „Orientierungshilfe der BAGüS zu den Leistungen der Sozialen Teilhabe in der Eingliederungshilfe nach den §§ 113 bis 116 iVm §§ 77 bis 84 SGB IX".

C. Erbringung von Leistungen an mehrere Personen (Abs. 2, 3)

Abs. 2 S. 1 zählt abschließend (BT-Drs. 18/9522, 286) auf, welche Leistungen an **mehrere Menschen mit Behinderungen** gemeinsam erbracht werden können. Dies sind 5
- Leistungen zur **Assistenz** (§ 113 Abs. 2 Nr. 2)
- Leistungen der **Heilpädagogik** (§ 113 Abs. 2 Nr. 3)
- Leistungen zum Erwerb und Erhalt **praktischer Kenntnisse und Fähigkeiten** (§ 113 Abs. 2 Nr. 5)
- Leistungen zur **Förderung der Verständigung** (§ 113 Abs. 2 Nr. 6)
- Leistungen zur Beförderung im Rahmen der **Mobilität** (§ 113 Abs. 2 Nr. 7 iVm § 83 Abs. 1 Nr. 1)
- Leistungen zur **Erreichbarkeit einer Ansprechperson** unabhängig von der konkreten Inanspruchnahme (§ 113 Abs. 2 Nr. 2 iVm § 78 Abs. 6).

In der Gesetzesbegründung werden als Beispiele genannt: Einkaufen, Erlernen von Kochen, Fahrdienst (BT-Drs. 18/9522, 286). 5a

Die Leistungen müssen nach der Gesetzesbegründung „gleiche Leistungen zum gleichen Zeitpunkt am gleichen Ort" (BT-Drs. 18/9522, 285) beinhalten. 5b

Die gemeinsame Erbringung der Leistungen muss den Menschen mit Behinderungen nach § 104 **zumutbar** sein. Einzelheiten zur Zumutbarkeit regelt § 104 Abs. 3 (→ § 104 Rn. 6 ff.). Bei der Entscheidung sind die Verhältnisse im Einzelfall zu berücksichtigen (§ 104 Abs. 1, → § 104 Rn. 5). Der unbestimmte Rechtsbegriff „Zumutbarkeit" ist gerichtlich voll überprüfbar (ebenso KHM/Schaumberg SGB IX § 116 Rn. 13). 5c

Außerdem muss der Träger der Eingliederungshilfe **mit** dem Leistungserbringer eine **entsprechende Vereinbarung** geschlossen haben. Str. ist, ob es sich hierbei um Vereinbarungen nach den §§ 123 ff. handeln muss (so jurisPK-SGB IX/Luthe § 116 Rn. 21). In Abs. 2 wird allerdings nicht auf diese Vorschriften verwiesen. Deshalb ist die Auffassung vorzuziehen, dass ein zivilrechtlicher Vertrag, zB mit einem Fahrdienst, ausreichend ist (ebenso KHM/Schaumberg SGB IX § 116 Rn. 13). 5d

Nicht Voraussetzung der gemeinsamen Erbringung der Leistung ist, dass die Leistungsberechtigten zustimmen, so dass auch gegen ihren Willen an Mehrere gemeinsam geleistet werden kann (v. Boetticher/Kuhn-Zuber, Rehabilitationsrecht, 2. Aufl. 2022, Rn. 318; str. dagegen Heinisch NDV 2016, 540). 5e

Der Träger der Eingliederungshilfe entscheidet nach pflichtgemäßem Ermessen über die gemeinsame Erbringung der Leistung an mehrere Leistungsberechtigte („können") (aber → Rn. 7). Bei der Entscheidung hat der Träger der Eingliederungshilfe insbesondere die Zielvorgabe des § 1 (näher zu diesem → § 1 Rn. 1 ff.) zu beachten (§ 2 SGB I analog). Für die Entscheidung des Eingliederungshilfeträgers sind die **Ermittlungen und Feststellungen des Gesamtplanverfahrens** maßgeblich (**Abs. 2 S. 2**). 6

Die in Abs. 2 aufgezählten Leistungen **müssen** gemeinsam erbracht werden, wenn die Leistungsberechtigten dies wünschen. In diesem Fall besteht ein **Anspruch** auf die Leistung (ebenso v. Boetticher, Teilhaberecht, 2. Aufl. 2020, § 4 Rn. 142). Voraussetzung ist, dass die Teilhabeziele erreicht werden können (Abs. 3). Diese können zB nicht erbracht werden, wenn mit der gemeinsamen Leistung der Bedarf nicht gedeckt werden kann (BeckOK SozR/Kaiser § 116 Rn. 2). 7

Kapitel 7. Gesamtplanung

§ 117[1] Gesamtplanverfahren

(1) Das Gesamtplanverfahren ist nach folgenden Maßstäben durchzuführen:
1. Beteiligung des Leistungsberechtigten in allen Verfahrensschritten, beginnend mit der Beratung,
2. Dokumentation der Wünsche des Leistungsberechtigten zu Ziel und Art der Leistungen,
3. Beachtung der Kriterien
   a) transparent,
   b) trägerübergreifend,
   c) interdisziplinär,
   d) konsensorientiert,
   e) individuell,
   f) lebensweltbezogen,
   g) sozialraumorientiert und
   h) zielorientiert,
4. Ermittlung des individuellen Bedarfes,
5. Durchführung einer Gesamtplankonferenz,
6. Abstimmung der Leistungen nach Inhalt, Umfang und Dauer in einer Gesamtplankonferenz unter Beteiligung betroffener Leistungsträger.

(2) Am Gesamtplanverfahren wird auf Verlangen des Leistungsberechtigten eine Person seines Vertrauens beteiligt.

(3) [1]Bestehen im Einzelfall Anhaltspunkte für eine Pflegebedürftigkeit nach dem Elften Buch, wird die zuständige Pflegekasse mit Zustimmung des Leistungsberechtigten vom Träger der Eingliederungshilfe informiert und muss am Gesamtplanverfahren beratend teilnehmen, soweit dies für den Träger der Eingliederungshilfe zur Feststellung der Leistungen nach den Kapiteln 3 bis 6 erforderlich ist. [2]Bestehen im Einzelfall Anhaltspunkte, dass Leistungen der Hilfe zur Pflege nach dem Siebten Kapitel des Zwölften Buches erforderlich sind, so soll der Träger dieser Leistungen mit Zustimmung der Leistungsberechtigten informiert und am Gesamtplanverfahren beteiligt werden, soweit dies zur Feststellung der Leistungen nach den Kapiteln 3 bis 6 erforderlich ist.

(4) Bestehen im Einzelfall Anhaltspunkte für einen Bedarf an notwendigem Lebensunterhalt, ist der Träger dieser Leistungen mit Zustimmung des Leistungsberechtigten zu informieren und am Gesamtplanverfahren zu beteiligen, soweit dies zur Feststellung der Leistungen nach den Kapiteln 3 bis 6 erforderlich ist.

(5) § 22 Absatz 4 ist entsprechend anzuwenden, auch wenn ein Teilhabeplan nicht zu erstellen ist.

(6) [1]Bei minderjährigen Leistungsberechtigten wird der nach § 86 des Achten Buches zuständige örtliche Träger der öffentlichen Jugendhilfe vom Träger der Eingliederungshilfe mit Zustimmung des Personensorgeberechtigten informiert und nimmt am Gesamtplanverfahren beratend teil, soweit dies zur Feststellung der Leistungen der Eingliederungshilfe nach den Kapiteln 3 bis 6 erforderlich ist. [2]Hiervon kann in begründeten Ausnahmefällen abgesehen werden, insbesondere, wenn durch die Teilnahme des zuständigen örtlichen Trägers der öffentlichen Jugendhilfe das Gesamtplanverfahren verzögert würde.

Literatur: Bostel, Das Gesamtplanverfahren in der Eingliederungshilfe, 2018; Dehmel/Löwe/Steinmüller, Ein Jahr Projekt Umsetzungsbegleitung BTHG – Eine Zwischenbilanz, NDV 2018, 537 ff.;

[1] § 117 Abs. 5 geänd. mWv 1.1.2022 durch G v. 2.6.2021 (BGBl. I S. 1387); Abs. 6 angef. mWv 10.6.2021 durch G v. 3.6.2021 (BGBl. I S. 1444).

Giraud/Schian, Teilhabeplanung – Die Regelungen im BTHG und in der Gemeinsamen Empfehlung Reha-Prozess, NZS 2019, 175 ff.; Petra Gromann, Zur Bedeutung der selbstbestimmten Ziele bei der Gesamt- und Teilhabeplanung und für die sogenannte „Wirkungsorientierung" im Bundesteilhabegesetz, NDV 2019, 326.

Übersicht

A. Geltende Fassung; Normzweck

1 § 117 regelt seit dem 1.1.2020 die Verpflichtung des Trägers der Eingliederungshilfe zur Durchführung eines Gesamtplanverfahrens (Abs. 1), legt die dabei zu beachtenden Maßstäbe und Kriterien fest (Abs. 1) und bestimmt, wer an dem Verfahren zu beteiligen ist (Abs. 2–6). Die davor in § 117 geregelte Entziehung der besonderen Hilfen für schwerbehinderte Menschen ist seit dem 1.1.2018 Regelungsgegenstand von § 200 (näher hierzu → § 200 Rn. 1 ff.). Vor Inkrafttreten der aktuellen Fassung von § 117 wurde das Gesamtplanverfahren bis zum 31.12.2017 in § 58 SGB XII – allerdings bei weitem nicht so detailliert wie in den §§ 117 ff. – und v. 1.1.2018–31.12.2019 in dem § 117 weitestgehend entsprechenden § 141 SGB XII geregelt. Nach Inkrafttreten der neuen Fassung von § 117 wurde Abs. 5 durch das Teilhabestärkungsgesetz vom 2.6.2021 (BGBl. I S. 1387) redaktionell geändert und Abs. 6 wurde durch das Kinder- und Jugendstärkungsgesetz v. 3.6.2021 (BGBl. I 1444) mWv 10.6.2021 angefügt.

2 Der Gesetzgeber misst der Gesamtplanung **Schlüsselfunktion** bei der personenzentrierten Leistungsgewährung und -erbringung zu (BT-Drs. 18/9522, 288). Mit dem Gesamtplan soll der Teilhabeprozess gesteuert, die Wirkung der Leistungen kontrolliert und dokumentiert werden; außerdem soll die Stellung der Leistungsberechtigten gegenüber Leistungsträgern und Leistungserbringern gestärkt werden (BT-Drs. 18/9522, 287).

3 Neben dem Gesamtplanverfahren wird in den §§ 17 ff. das **Teilhabeplanverfahren** geregelt. Die §§ 117 ff. verdrängen diese Regelungen nicht, sondern ergänzen sie (§ 21 S 1 Hs. 1; → § 21 Rn. 1). Ist der Träger der Eingliederungshilfe leistender Rehabilitationsträger, ist das Gesamtplanverfahren Gegenstand des Teilhabeplanverfahrens, für das der Träger der Eingliederungshilfe Verantwortlicher ist (§ 21 S. 1 Hs. 2; → § 21 Rn. 1). Das Teilhabeplan- und das Gesamtplanverfahren haben unterschiedliche Funktionen. Mit dem Teilhabeplanverfahren sollen die Einzelleistungen und die Leistungserbringung aufeinander abgestimmt werden, wenn Leistungen mehrerer Rehabilitationsträger oder die Leistungen aus verschiedenen Leistungsgruppen gewährt werden (vgl. v. Boetticher, Teilhaberecht, 2. Aufl. 2020, § 3 Rn. 491). Demgegenüber kommt dem Gesamtplanverfahren „im Kontext personenorientierter Leistungserbringung und -erbringung eine Schlüsselfunktion" zu (BT-Drs. 18/9522, 287) zu. Der Gesamtplan ist auch dann zu erstellen, wenn nur eine einzelne Leistung des Trägers der Eingliederungshilfe zu erbringen ist. Die Gesamtplanung geht über die Teilhabeplanung hinaus. Anders als der Teilhabeplan ist der Gesamtplan nicht nur bei Beteiligung mehrerer Rehabilitationsträger oder bei Leistungen mehrerer Leistungsgruppen eines Rehabilitationsträgers, son-

dern auch bei Einzelleistungen zu erstellen. Neben den anderen Rehabilitationsträgern sind die für Pflegeleistungen zuständigen Träger (Abs. 3), die Träger der Leistungen zur Sicherung des Lebensunterhalts (Abs. 4) und bei minderjährigen Leistungsberechtigten der Träger der öffentlichen Jugendhilfe (Abs. 6) zu beteiligen.

3a **Vorrang** gegenüber den §§ 117ff. haben die **§§ 9–24** (§ 7 Abs. 2; näher hierzu → § 7 Rn. 6). Dies gilt insbesondere für die Bedarfsfeststellung.

3b Das Gesamtplanverfahren ist ein **Verwaltungsverfahren** iSv § 8 SGB X (Fuchs/Ritz/Rosenow/Rosenow SGB IX § 117 Rn. 11), so dass, soweit in den §§ 117ff. keine abweichende Regelung getroffen wurde, die §§ 9ff. SGB X anzuwenden sind. Hervorzuheben ist in diesem Zusammenhang § 20 SGB X, der den Träger der Eingliederungshilfe zur Sachverhaltsaufklärung verpflichtet.

4 Das Gesamtplanverfahren **läuft** wie folgt **ab:**

- Ermittlung des Bedarfs (§ 118)
- ggf. Durchführung einer Gesamtplankonferenz (§ 119)
- Feststellung der Leistungen (§ 121 Abs. 1)
- Erstellung eines Gesamtplans (§ 121)
- Erlass eines Verwaltungsakts auf der Grundlage des Gesamtplans durch den Träger der Eingliederungshilfe und der ggf. weiteren beteiligten Leistungsträger nach den für sie geltenden Leistungsgesetzen (§ 120 Abs. 2)
- Abschluss einer Teilhabezielvereinbarung (§ 122).

B. Pflicht zur Durchführung eines Gesamtplanverfahrens; Maßstäbe (Abs. 1)

I. Einleitung des Gesamtplanverfahrens

4a Nach Eingang des Antrages muss der Träger der Eingliederungshilfe **prüfen,** ob er **zuständig** ist (§ 14 Abs. 1 S. 1). Stellt er fest, dass er zuständig ist, muss er das Gesamtplanverfahren einleiten. Hierzu ist er verpflichtet („ist […] durchzuführen"). Es handelt sich nicht nur um eine objektiv-rechtliche Verpflichtung. Die leistungsberechtigte Person hat einen Anspruch auf die Durchführung des Gesamtplanverfahrens. Dies folgt aus dessen Zweck, die Verfahrensrechte der leistungsberechtigten Person zu sichern und ihre Position gegenüber dem Träger der Eingliederungshilfe und den Leistungserbringern zu stärken (v. Boetticher, Teilhaberecht, 2. Aufl. 2020, § 3 Rn. 494).

4b Das Gesamtplanverfahren muss der Träger der Eingliederungshilfe außerdem einleiten und den Bedarf feststellen, wenn er seine **Zuständigkeit nicht innerhalb** der in § 14 Abs. 1 S. 1 festgelegten **Frist prüft** oder bei Unzuständigkeit den Antrag nicht innerhalb dieser Frist an den zuständigen Rehabilitationsträger weiterleitet (§ 14 Abs. 2 S. 1). Der zuerst angegangene Träger der Eingliederungshilfe muss das Gesamtplanverfahren unverzüglich einleiten, wenn er zwar sich für nicht örtlich zuständig hält, den **örtlich zuständigen Träger** aber **nicht** innerhalb von vier Wochen **feststellen** kann. Er wird dann nach § 98 Abs. 2 S. 1 vorläufig zuständig. Wird der Antrag nach § 14 Abs 1 S. 2 an den Träger der Eingliederungshilfe weitergeleitet, muss dieser das Gesamtplanverfahren unverzüglich einleiten.

II. Maßstäbe und Kriterien (Abs. 1)

5 Abs. 1 bestimmt die im Gesamtplanverfahren zu beachtenden **„Maßstäbe und Kriterien"** (BT-Drs. 18/9522, 287).

Der besonderen Bedeutung der Personenzentrierung der Leistungen zur Teilhabe entspricht es, dass die **Beteiligung der leistungsberechtigten Person** an erster Stelle genannt wird (Abs. 1 Nr. 1). Hiermit soll die Stellung der leistungsberechtigten Person im Verfahren gestärkt werden (BT-Drs. 18/9522, 287). Die Beteiligung muss in allen Verfahrensstadien („beginnend mit der Beratung") stattfinden. Eine Anhörung aE des Verfahrens würde damit nicht genügen. Zur Beratung näher → 106 Rn. 1 ff. Das Beteiligen nach Abs. 1 Nr. 1 ist nicht identisch mit der Beteiligtenstellung nach § 11 SGB X (ebenso Fuchs/Ritz/Rosenow/Rosenow SGB IX § 117 Rn. 28). Abs. 1 Nr. 1 meint das Miteinbeziehen in das Verfahren. Handlungsfähigkeit ist deshalb nicht erforderlich. Ein subjektives Recht auf Beteiligung lässt sich Abs. 1 Nr. 1 nicht entnehmen (Fuchs/Ritz/Rosenow/Rosenow SGB IX § 117 Rn. 29). 5a

Dass die **Wünsche** der leistungsberechtigten Person zu Ziel und Art der Leistungen zu **dokumentieren** sind (Abs. 1 Nr. 2), zeigt, dass diesen künftig besondere Bedeutung zukommen soll. Die leistungsberechtigte Person muss auf ihr Wunsch- und Wahlrecht ausdrücklich hingewiesen werden (LPK-SGB IX/Bieritz-Harder § 117 Rn. 5). 5b

Die bei der Durchführung des Gesamtplanverfahrens zu beachtenden **Kriterien** werden in Abs. 1 S. 1 Nr. 3 aufgezählt. Mit diesen soll eine „fachlich fundierte Basis" sichergestellt werden (BT-Drs. 18/9522, 287). Es sind alle diese Kriterien zu beachten. **„Transparent"** (a) bedeutet, dass die leistungsberechtigte Person das gesamte Verfahren nachvollziehen können muss (LPK-SGB IX/Bieritz-Harder § 117 Rn. 5). Ggf. muss es ihnen, in einer wahrnehmbaren, nachvollziehbaren und verständlichen Sprache erläutert werden. **„Trägerübergreifend"** meint, dass alle Rehabilitationsträger, Träger existenzsichernder Leistungen, die Pflegekasse und andere Sozialleistungsträger zu beteiligen sind, wenn ihre Leistungen für die Bedarfsdeckung in Betracht kommen. Aus dem Kriterium der **Interdisziplinarität** (c) folgt, dass sowohl bei der Bedarfsfeststellung als auch bei der Entwicklung der Hilfen Angehörige verschiedener Berufsgruppen zu beteiligen sind, wenn dies im betroffenen Einzelfall erforderlich ist (LPK-SGB IX/Bieritz-Harder § 117 Rn. 6). **„Konsensorientiert"** (d) ist das Verfahren, wenn einvernehmlich nach Hilfen für die leistungsberechtigte Person gesucht wird. Das Verfahren ist **„individuell"** (e) durchzuführen. Es müssen damit die Besonderheiten des Einzelfalles beachtet werden. Der Deutsche Verein für öffentliche und private Fürsorge empfiehlt, hierzu ein persönliches und leitfadengestütztes Gespräch durchzuführen (Deutscher Verein NDV 2019, 336 (342). Das Kriterium **„lebensweltbezogen"** (f) verpflichtet dazu, bei der Entwicklung der Hilfen den Alltag, die familiäre Situation, die sozialen Beziehungen und die regelmäßigen Aufenthaltsorte der leistungsberechtigten Person zu berücksichtigen (LPK-SGB IX/Bieritz-Harder § 117 Rn. 6). **„Sozialraumorientiert"** (g) bedeutet, dass sie Angebote im sozialgeografisch begrenzten Raum – so die Umschreibung des Sozialraums in der Gesetzesbegründung zum KJSG (BR-Drs. 5/21, 76) – der leistungsberechtigten Person, also im Stadtteil, Quartier oder in der Region in die Planung einzubeziehen sind. Das Kriterium **„zielorientiert"** (h) verlangt, dass die Entwicklung der Hilfe an den Teilhabezielen der Eingliederungshilfe auszurichten ist. 5c

In dem Verfahren ist der **individuelle Bedarf** zu ermitteln (Abs. 1 Nr. 4). Einzelheiten zu den dabei einzusetzenden Instrumenten regelt § 118 (näher hierzu → § 118 Rn. 4 ff.). 5d

In einer **Gesamtplankonferenz** (Nr. 5), an der alle beteiligten Leistungsträger beteiligt sind, müssen die Leistungen aufeinander abgestimmt werden (Abs. 1 Nr. 6). Einzelheiten hierzu bestimmt § 119 (→ § 119 Rn. 3 ff.). 5e

C. Beteiligung einer Vertrauensperson (Abs. 2)

Mit der Beteiligung einer Vertrauensperson soll den leistungsberechtigten Personen ein Sicherheitsgefühl vermittelt und ihnen Hilfe bei der Verständigung und Kommunikation 6 gegeben werden (BT-Drs. 18/9522, 280). Vertrauensperson kann nach der Gesetzesbegründung ein anderer Mensch mit Behinderungen oder eine Beratungsinstanz sein (BT-Drs. 18/9522, 287). Vertrauensperson können ferner Mitarbeiterinnen oder Mitarbeiter von Leistungserbringern sein (Fuchs/Ritz/Rosenow/Rosenow SGB IX § 117 Rn. 42). Die leistungsberechtigte Person muss dieser Person persönlich vertrauen. Nach dem Gesetzeswortlaut ist „eine" Vertrauensperson zu beteiligen. In der Lit. wird es wegen desselben Zwecks wie bei § 20 Abs. 3 für zulässig erachtet, dass **mehrere Vertrauenspersonen** beteiligt werden (v. Boetticher, Teilhaberecht, 2. Aufl. 2020, Rn. 496b). Voraussetzung für die Beteiligung einer Vertrauensperson ist, dass die leistungsberechtigte Person dies **verlangt.** Welche rechtliche Stellung die Vertrauensperson in dem Verfahren hat, lässt sich dem SGB IX nicht entnehmen. Trotz des Begriffes „beteiligt" ist sie nicht Beteiligte iSv § 12 SGB X. Sie wird auch nicht durch das Verlangen der leistungsberechtigten Person allein zur Bevollmächtigten iSv § 13 SGB X. Die leistungsberechtigte Person ist berechtigt, zu Gunsten der Vertrauensperson eine Vollmacht zu erteilen. In der Lit. wird teilweise davon ausgegangen, dass die Vertrauensperson Beistand iSv § 13 Abs. 4 SGB X ist mit der Folge, dass ihr Vortrag der leistungsberechtigten Person zugerechnet wird, wenn sie nicht sofort widerspricht (v. Boetticher/Kuhn-Zuber, Rehabilitationsrecht, 2022, Rn. 326; aA Fuchs/Ritz/Rosenow/Rosenow SGB IX § 117 Rn. 36).

D. Hinzuziehung weiterer Stellen

I. Pflegekasse und Sozialamt bei Pflegebedarf (Abs. 3)

7 Menschen mit Behinderungen haben häufig **Pflegebedarfe.** Um die Pflegeleistungen mit den Leistungen der Eingliederungshilfe abzustimmen, muss der Träger der Eingliederungshilfe die zuständige **Pflegekasse** informieren, wenn im Einzelfall Anhaltspunkte für eine Pflegebedürftigkeit bestehen (**Abs. 3 S. 1**). Diese bestehen, wenn im Gesamtplanverfahren Tatsachen erkennbar werden, aus denen folgt, dass ein Leistungen nach dem SGB IX auslösender Bedarf besteht (v. Boetticher, Teilhaberecht, 2. Aufl. 2020, § 3 Rn. 497). Die Pflegebedürftigkeit muss nicht feststehen. Die **leistungsberechtigte Person** muss der Information der Pflegekasse **zustimmen** (Abs. 3 S. 1). Stimmt die leistungsberechtigte Person zu, ist die Pflegekasse zwingend zu informieren. Die zuständige Pflegekasse muss beratend am Gesamtplanverfahren teilnehmen, soweit dies zur Feststellung der Leistungen der medizinischen Rehabilitation, der Teilhabe am Arbeitsleben, der Teilhabe an Bildung oder der Sozialen Teilhabe erforderlich ist (Abs. 3 S. 1). Da die Pflegekasse kein Rehabilitationsträger ist, wäre sie ohne diese Regelung nicht am Gesamtplanverfahren beteiligt. Eine darüberhinausgehende Beteiligung wäre datenschutzrechtlich bedenklich. Ergänzt wird Abs. 3 S. 1 durch § 13 Abs. 4a SGB IX (näher hierzu → § 91 Rn. 5 ff.).

8 Außerdem muss idR („soll") der Sozialhilfeträger informiert werden, wenn im Einzelfall Anhaltspunkte dafür bestehen, dass Hilfe zur Pflege nach den §§ 61 ff. SGB XII erforderlich ist (**Abs. 3 S. 2**). Auch dieser Information muss die leistungsberechtigte Person zustimmen. Der Sozialhilfeträger in diesem Fall wird hinzugezogen und am Gesamtplanverfahren beteiligt, soweit dies zur Feststellung der Leistungen der medizinischen Rehabilitation, der Teilhabe am Arbeitsleben, der Teilhabe an Bildung oder der Sozialen Teilhabe erforderlich ist.

II. Träger der Leistungen zur Sicherung des Lebensunterhalts (Abs. 4)

9 Menschen mit Behinderungen benötigen häufig neben den Fachleistungen nach dem SGB IX Leistungen zur Sicherung des Lebensunterhalts, zB Grundsicherung im Alter und bei Erwerbsminderung nach den §§ 41 ff. SGB XII. Der Träger der Eingliederungs-

hilfe muss die Träger dieser Leistungen – dies sind die Jobcenter beim Bürgergeld (§§ 20 ff. SGB II) und die Sozialhilfeträger bei der Hilfe zum Lebensunterhalt (§§ 27 ff. SGB XII) und der Grundsicherung im Alter und bei Erwerbsminderung (§§ 41 ff. SGB XII) – informieren, wenn im Einzelfall Anhaltspunkte für einen Bedarf an notwendigem Lebensunterhalt besteht. Der Träger der Leistung zur Sicherung des Lebensunterhalts ist am Gesamtplanverfahren zu beteiligen, wenn dies für die Feststellung der Leistungen zur medizinischen Rehabilitation, zur Teilhabe am Arbeitsleben, zur Teilhabe an Bildung oder zur Sozialen Teilhabe erforderlich ist. Hiermit sollen diese Leistungen zur Sicherung des Lebensunterhalts mit den Leistungen der Eingliederungshilfe abgestimmt werden. Erforderlich ist die Beteiligung insbesondere, wenn die leistungsberechtigte Person in einer besonderen Wohnform nach § 42a Abs. 2 S. 1 Nr. 2 SGB XII lebt. Dann muss festgestellt werden, ob zusätzliche Leistungen für die Unterkunft nach § 113 Abs. 5 (→ § 113 Rn. 8) zu erbringen sind. Hat die leistungsberechtigte Person zugestimmt, ist die Beteiligung des Trägers existenzsichernder Leistungen zwingend. Da infolge der Trennung der Fachleistungen und der Leistung zur Sicherung des Lebensunterhalts § 27b SGB XII nicht mehr anwendbar ist, erhalten die leistungsberechtigten Personen nur noch die Regelleistung und nicht mehr einen zusätzlichen Barbetrag. Sie sollen deshalb über die Höhe der ihnen verbleibenden Barmittel beraten werden (§ 119 Abs. 2 S. 2 SGB IX).

III. Information der Betreuungsbehörde (Abs. 5)

Aus dem Verweis auf § 22 Abs. 4 in Abs. 5 folgt, dass in Fällen, in denen kein Teilhabeplanverfahren durchzuführen ist, bei Anhaltspunkten auf Betreuungsbedürftigkeit nach § 1814 Abs. 1 BGB die Betreuungsbehörde über das Gesamtplanverfahren zu informieren ist, soweit für die Vermittlung anderer Hilfen die Einrichtung rechtlicher Betreuung erforderlich ist. Die leistungsberechtigte Person muss zustimmen. Näher zur Information der Betreuungsbehörde → § 22 Rn. 5. **10**

E. Information des Trägers der öffentlichen Jugendhilfe am Gesamtplanverfahren (Abs. 6)

Abs. 6 geht auf das Gesetz zur Stärkung von Kindern und Jugendlichen (Kinder- und Jugendstärkungsgesetz – KJSG) v. 3.6.2021 (BGBl. I S. 1444) zurück. Die Vorschrift verpflichtet den Träger der Eingliederungshilfe, den örtlich zuständigen Träger der öffentlichen Jugendhilfe zu informieren. Mit der Informationspflicht soll sichergestellt werden, dass der Träger der öffentlichen Jugendhilfe von der Durchführung eines Gesamtplanverfahrens bei Minderjährigen erfährt (BT-Drs. 19/26107, 126). Voraussetzung ist, dass die Beteiligung zur Feststellung des Eingliederungshilfebedarfes nach den §§ 109 ff. erforderlich ist. Außerdem müssen die Personensorgeberechtigten zustimmen. **11**

Der Träger der öffentlichen Jugendhilfe wird durch § 10a Abs. 3 SGB VIII **verpflichtet**, am Gesamtplanverfahren beratend **teilzunehmen.** Hiermit wird sichergestellt, dass der pädagogische Bedarf bei den Leistungen der Eingliederungshilfe berücksichtigt wird und das Kind oder der bzw. die Jugendliche sich zu einer selbstbestimmten, selbständigen und gemeinschaftsfähigen Persönlichkeit entwickeln kann (ebenso LPK-SGB IX/Bieritz-Harder § 117 Rn. 11). **12**

Von der beratenden Teilnahme des Trägers der öffentlichen Kinder- und Jugendhilfe darf der Träger der Eingliederungshilfe „in begründeten Ausnahmefällen" **absehen** (Abs. 6 S. 2). Dies ist nach Abs. 6 S. 2 insbesondere der Fall, wenn sich das Gesamtplanverfahren durch die Beteiligung verzögern würde. Es kommen aber auch andere wichtige Gründe in Betracht („insbesondere"). Sieht der Träger der Eingliederungshilfe von der **13**

Beteiligung des Trägers der öffentlichen Jugendhilfe ab, muss er dies nachvollziehbar begründen (vgl. LPK-SGB IX/Bieritz-Harder § 117 Rn. 12).

§ 118 Instrumente der Bedarfsermittlung

(1) [1]Der Träger der Eingliederungshilfe hat die Leistungen nach den Kapiteln 3 bis 6 unter Berücksichtigung der Wünsche des Leistungsberechtigten festzustellen. [2]Die Ermittlung des individuellen Bedarfes des Leistungsberechtigten muss durch ein Instrument erfolgen, das sich an der Internationalen Klassifikation der Funktionsfähigkeit, Behinderung und Gesundheit orientiert. [3]Das Instrument hat die Beschreibung einer nicht nur vorübergehenden Beeinträchtigung der Aktivität und Teilhabe in den folgenden Lebensbereichen vorzusehen:
1. Lernen und Wissensanwendung,
2. Allgemeine Aufgaben und Anforderungen,
3. Kommunikation,
4. Mobilität,
5. Selbstversorgung,
6. häusliches Leben,
7. interpersonelle Interaktionen und Beziehungen,
8. bedeutende Lebensbereiche und
9. Gemeinschafts-, soziales und staatsbürgerliches Leben.

(2) Die Landesregierungen werden ermächtigt, durch Rechtsverordnung das Nähere über das Instrument zur Bedarfsermittlung zu bestimmen.

Übersicht

A. Geltende Fassung; Normzweck

1 § 118 regelt seit dem 1.1.2020 die Ermittlung des Bedarfs und die dabei einzusetzenden Instrumente (Abs. 1) und ermächtigt die Länder, das Nähere zu dem einzusetzenden Instrument durch Rechtsverordnung festzulegen (Abs. 2). Der davor in § 118 geregelte Regelungsgegenstand – Zuständigkeit bei Widersprüchen gegen Verwaltungsakte der Integrationsämter und der öffentlichen Fürsorgestellen – findet sich seit dem 1.1.2018 in § 201 (näher hierzu → § 201 Rn. 1 ff.). V. 1.1.2018-31.12.2019 wurde die Bedarfsfeststellung in dem § 118 weitestgehend entsprechenden § 141 SGB XII geregelt.

2 Ausgangspunkt der Gesamtplanung ist die Ermittlung des individuellen Bedarfs (Abs. 1 S. 1). Anforderungen an die hierbei zum Einsatz kommenden Instrumente – dies sind wissenschaftlich fundierte konkrete Werkzeuge – legt Abs. 1 S. 2, 3 fest. Abs. 1 S. 2 enthält nur „grundsätzliche Orientierungen“, weil die Länder die Eingliederungshilfe als eigene Aufgabe ausführen (BT-Drs. 18/9522, 287). Von einer bundeseinheitlichen Regelung wurde aus verfassungsrechtlichen Gründen (Art. 84 Abs. 1 S. 1 GG) abgesehen. Die Feststellung des Bedarfs wird in § 120 geregelt. Abs. 2 ermächtigt die Landesregierungen, das Nähere zum Instrument der Bedarfsermittlung durch Rechtsverordnung zu regeln.

§ 13 ist gegenüber § 118 vorrangig (§ 7 Abs. 2; → § 7 Rn. 6). § 13 Abs. 1 verlangt, dass der Rehabilitationsbedarf in systematischen Arbeitsprozessen mit standardisierten Arbeitsmitteln festgestellt wird (näher hierzu → 13 Rn. 2 ff.). 2a

B. Instrumente der Bedarfsermittlung (Abs. 1)

I. Wunschrecht

Abs. 1 S. 1 betont die Bedeutung der **Wünsche der Leistungsberechtigten** (näher zum Wunschrecht § 104 Rn. 5 ff.). Diese müssen bei der Feststellung der Leistungen der Eingliederungshilfe berücksichtigt werden. Krit. zur Stellung der Regelung v. Boetticher, Teilhaberecht, 2. Aufl. 2020, § 3 Rn. 501. 3

II. Instrumente der Bedarfsermittlung

Bei der Gesamtplanung unterscheidet der Gesetzgeber Verfahren und Instrumente der Bedarfsermittlung (BT-Drs. 18/9522, 287). Instrumente sind nach der Legaldefinition in § 13 Abs. 1 S. 1 systematische Arbeitsprozesse und standardisierte Arbeitsmittel (näher hierzu → § 13 Rn. 2 ff.). Der Gesetzgeber nennt insoweit Fragebogen, Checkliste, Leitfaden (BT-Drs. 18/9522, 287). Das Instrument der Bedarfsermittlung muss sich an der Internationalen Klassifikation der Funktionsfähigkeit, Behinderung und Gesundheit (ICF) (https://www.dimdi.de/static/de/klassifikationen/icf/icfhtml2005/index.htm) orientieren (Abs. 1 S. 2). Zum Verfahren der Bedarfsfeststellung → § 21 Rn. 1 f. 4

Abs. 1 S. 3 zählt neun **Lebensbereiche** auf, bei denen zu prüfen ist, ob nicht nur vorübergehende Beeinträchtigungen der Aktivitäten und Teilhabe vorliegen: 4a

- Lernen und Wissensanwendung
- allgemeine Aufgaben und Anforderungen
- Kommunikation
- Mobilität
- Selbstversorgung
- häusliches Leben
- interpersonelle Interaktionen und Beziehungen
- bedeutende Lebensbereiche
- Gemeinschafts-, soziales und staatsbürgerliches Leben.

Die Begriffe Aktivität, Teilhabe und Beeinträchtigung werden in der ICF definiert: 4b

- **Aktivität** ist die Durchführung einer Aufgabe oder einer Handlung (Aktion) durch einen Menschen.
- **Partizipation** [Teilhabe] ist das Einbezogensein in eine Lebenssituation.
- **Beeinträchtigung der Aktivität** ist eine Schwierigkeit oder die Unmöglichkeit, die ein Mensch haben kann, die Aktivität durchzuführen.
- **Beeinträchtigung der Partizipation** [Teilhabe] ist ein Problem, das ein Mensch in Hinblick auf sein Einbezogensein in Lebenssituationen erleben kann.

Mit dem vom Träger der Eingliederungshilfe eingesetzten Instrument sollen nicht nur vorübergehende Beeinträchtigungen der Aktivität und der Teilhabe in den neun Lebensbereichen erfasst und dokumentiert werden (LPK-SGB IX/Bieritz-Harder § 118 Rn. 6). Eine Beeinträchtigung liegt nach § 2 Abs. 1 S. 2 SGB IX vor, wenn der Körper- oder Geisteszustand von dem für das Lebensalter typischen Zustand abweicht. Nicht nur vorübergehend ist sie nach § 2 Abs. 1 S. 1, wenn sie länger als sechs Monate andauert. Anders als beim Behinderungsbegriff nach § 2 Abs. 1 können wegen der weiteren Formulierung „vorübergehenden Beeinträchtigung" auch Beeinträchtigungen zu berück- 4c sichtigen sein, die weniger als drei Monate andauern (v. Boetticher, Teilhaberecht, 2. Aufl. 2020, § 3 Rn. 503).

4d Die Bedarfsfeststellung ist **kein Verwaltungsakt.** Sie kann deshalb **nicht isoliert,** sondern erst mit dem Verwaltungsakt nach § 121 **angefochten** werden. Auch eine Feststellungsklage scheidet mangels eines Rechtsverhältnisses aus (vgl. Fuchs/Ritz/Rosenow/Rosenow SGB IX § 118 Rn. 26).

C. Verordnungsermächtigung (Abs. 2)

5 Die Länder werden in Abs. 2 ermächtigt, durch Rechtsverordnung Näheres zu dem Instrument der Bedarfsermittlung zu regeln. Macht ein Bundesland hiervon nicht Gebrauch, müssen die einzelnen Eingliederungshilfeträger das Instrument selbst bestimmen. Hierin wird in der Lit. die Gefahr gesehen, dass die Versorgung auseinanderdriften kann (vgl. v. Boetticher Teilhaberecht § 3 Rn. 505). Zu den von den Ländern erlassenen Rechtsverordnungen s. Landesausführungsgesetze – Der Paritätische – Spitzenverband der Freien Wohlfahrtspflege (der-paritaetische.de).

§ 119[1] Gesamtplankonferenz

(1) [1] Mit Zustimmung des Leistungsberechtigten kann der Träger der Eingliederungshilfe eine Gesamtplankonferenz durchführen, um die Leistungen für den Leistungsberechtigten nach den Kapiteln 3 bis 6 sicherzustellen. [2] Die Leistungsberechtigten, die beteiligten Rehabilitationsträger und bei minderjährigen Leistungsberechtigten der nach § 86 des Achten Buches zuständige örtliche Träger der öffentlichen Jugendhilfe können dem nach § 15 verantwortlichen Träger der Eingliederungshilfe die Durchführung einer Gesamtplankonferenz vorschlagen. [3] Den Vorschlag auf Durchführung einer Gesamtplankonferenz kann der Träger der Eingliederungshilfe ablehnen, wenn der maßgebliche Sachverhalt schriftlich ermittelt werden kann oder der Aufwand zur Durchführung nicht in einem angemessenen Verhältnis zum Umfang der beantragten Leistung steht.

(2) [1] In einer Gesamtplankonferenz beraten der Träger der Eingliederungshilfe, der Leistungsberechtigte und beteiligte Leistungsträger gemeinsam auf der Grundlage des Ergebnisses der Bedarfsermittlung nach § 118 insbesondere über

1. die Stellungnahmen der beteiligten Leistungsträger und die gutachterliche Stellungnahme des Leistungserbringers bei Beendigung der Leistungen zur beruflichen Bildung nach § 57,
2. die Wünsche der Leistungsberechtigten nach § 104 Absatz 2 bis 4,
3. den Beratungs- und Unterstützungsbedarf nach § 106,
4. die Erbringung der Leistungen.

[2] Soweit die Beratung über die Erbringung der Leistungen nach Nummer 4 den Lebensunterhalt betrifft, umfasst sie den Anteil des Regelsatzes nach § 27a Absatz 3 des Zwölften Buches, der den Leistungsberechtigten als Barmittel verbleibt.

(3) [1] Ist der Träger der Eingliederungshilfe Leistungsverantwortlicher nach § 15, soll er die Gesamtplankonferenz mit einer Teilhabeplankonferenz nach § 20 verbinden. [2] Ist der Träger der Eingliederungshilfe nicht Leistungsverantwortlicher nach § 15, soll er nach § 19 Absatz 5 den Leistungsberechtigten und den Rehabilitationsträgern anbieten, mit deren Einvernehmen das Verfahren anstelle des leistenden Rehabilitationsträgers durchzuführen.

[1] § 119 Abs. 1 Satz 2 neu gef. mWv 10.6.2021 durch G v. 3.6.2021 (BGBl. I S. 1444).

(4) [1]Beantragt eine leistungsberechtigte Mutter oder ein leistungsberechtigter Vater Leistungen zur Deckung von Bedarfen bei der Versorgung und Betreuung eines eigenen Kindes oder mehrerer eigener Kinder, so ist eine Gesamtplankonferenz mit Zustimmung des Leistungsberechtigten durchzuführen. [2]Bestehen Anhaltspunkte dafür, dass diese Bedarfe durch Leistungen anderer Leistungsträger, durch das familiäre, freundschaftliche und nachbarschaftliche Umfeld oder ehrenamtlich gedeckt werden können, so informiert der Träger der Eingliederungshilfe mit Zustimmung der Leistungsberechtigten die als zuständig angesehenen Leistungsträger, die ehrenamtlich tätigen Stellen und Personen oder die jeweiligen Personen aus dem persönlichen Umfeld und beteiligt sie an der Gesamtplankonferenz.

Übersicht

A. Geltende Fassung; Normzweck

§ 119 regelt seit dem 1.1.2020, unter welchen Voraussetzungen eine Gesamtplankonferenz durchzuführen ist (Abs. 1; → Rn. 3 ff.), wer an ihr teilnimmt und welche Gegenstände beraten werden (Abs. 2; → Rn. 4a ff.). Der davor in § 119 geregelte Widerspruchsausschuss beim Integrationsamt ist seit dem 1.1.2018 Regelungsgegenstand von § 202 (näher hierzu → § 202 Rn. 1 ff.). V. 1.1.2018-31.12.2019 wurde die Gesamtplankonferenz bei Leistungen der Eingliederungshilfe in dem weitestgehend entsprechenden § 143 SGB XII geregelt. Durch das Kinder- und Jugendstärkungsgesetz v. 3.6.2021 (BGBl. I S. 1444) wurde mWv 10.6.2021 zusätzlich dem zuständigen Träger der öffentlichen Jugendhilfe bei minderjährigen Leistungsberechtigten ein Vorschlagsrecht zur Durchführung einer Gesamtplankonferenz eingeräumt. 1

Die Gesamtplankonferenz schließt nach der gesetzlichen Konzeption an die individuelle Bedarfsermittlung gem. § 118 an (BT-Drs. 18/9522, 288). Die Gesamtplankonferenz dient der Feststellung der zur Deckung der ermittelten Bedarfe erforderlichen Leistungen. Sie soll diese sicherstellen. Der Gesetzgeber ging davon aus, dass mit der Mitwirkung der Menschen mit Behinderungen an der Gesamtplankonferenz deren Stellung gestärkt wird (BT-Drs. 18/9522, 288). Zur Feststellung der Leistungen → § 120. 2

B. Durchführung einer Gesamtplankonferenz

I. Zustimmung der leistungsberechtigten Person (Abs. 1 S. 1)

Abs. 1 S. 1 stellt zunächst klar, dass die leistungsberechtigte Person der Durchführung des Gesamtplanverfahrens zustimmen muss. Sie muss bei jeder der beteiligten Personen/Stellen zustimmen. Nur so kann dem Selbstbestimmungsrecht nach § 1 volle Geltung verschafft werden (v. Boetticher, Teilhaberecht, 2. Aufl. 2020, § 3 Rn. 507). Die Zu- 3 stimmung ist eine **empfangsbedürftige Willenserklärung.** Zu ihrer Abgabe ist Geschäfts- und Verfahrensfähigkeit erforderlich. Eine bestimmte Form ist nicht vorgeschrieben. Schriftform ist aber empfehlenswert (so zutreffend Fuchs/Ritz/Rosenow/Rosenow SGB IX § 119 Rn. 8). Die leistungsberechtigte Person kann sich bei der Abgabe der Zustimmung vertreten lassen. Stimmt die leistungsberechtigte Person nicht zu, darf keine Gesamtplankonferenz durchgeführt werden. Der Träger der Eingliederungshilfe kann aber mit der leistungsberechtigten Person im Rahmen der Sachverhaltsaufklärung nach § 20 SGB X ein Gespräch führen. Die leistungsberechtigte Person hat in den Grenzen des § 65 SGB I die Obliegenheit, das Gespräch zu führen. Ob sie persönlich beim Träger der Eingliederungshilfe erscheinen muss, bestimmt sich nach § 61 SGB I. Entspricht sie dieser Obliegenheit nicht, kann der Träger der Eingliederungshilfe die Eingliederungshilfe entziehen oder versagen (§ 66 SGB I). Zur nachträglichen Gewährung der Leistung nach Durchführung des Gesprächs s. § 67 SGB I.

II. Durchführung einer Gesamtplankonferenz nach pflichtgemäßem Ermessen (Abs. 1 S. 1)

3a Ob eine Gesamtplankonferenz durchgeführt wird, entscheidet der Träger der Eingliederungshilfe grds. nach **pflichtgemäßem Ermessen** (Abs. 1 S. 1: „kann“) (zu Ausnahmen → Rn. 4).

III. Pflicht zur Durchführung einer Gesamtplankonferenz (Abs. 1 S. 2, 3)

4 Die leistungsberechtigte Person und die beteiligten Rehabilitationsträger und, wenn der Bedarf von Kindern oder Jugendlichen festzustellen ist, der örtlich zuständige Träger der öffentlichen Jugendhilfe kann dem nach § 15 verantwortlichen Träger der Eingliederungshilfe **vorschlagen,** eine Gesamtplankonferenz durchzuführen (Abs. 1 S. 2). Der Träger der Eingliederungshilfe muss in diesem Fall die Gesamtplankonferenz durchführen. Er kann den Vorschlag nur ablehnen, wenn der Sachverhalt schriftlich ermittelt werden kann oder der Aufwand für die Gesamtplankonferenz unverhältnismäßig wäre (Abs. 1 S. 3). Bei der Ablehnung mit dem Verweis auf das schriftliche Verfahren ist zuvor zu klären, ob die leistungsberechtigte Person in diesem adäquat beteiligt werden kann (LPK-SGB VIII/Bieritz-Harder § 119 Rn. 2). Bei komplexen Hilfebedarfen empfiehlt der Deutsche Verein für öffentliche und private Fürsorge die Durchführung einer Gesamtplankonferenz (NDV 2019, 337 (343)). Zwingend durchzuführen ist das Gesamtplanverfahren, wenn **Eltern mit Behinderungen** Leistungen beantragen, die sie in die Lage versetzen sollen, ihre Kinder selbst zu betreuen und zu versorgen (Abs. 4).

C. Teilnehmer, Gegenstände und Form der Beratungen (Abs. 2)

I. Teilnehmer der Gesamtplankonferenz (Abs. 2 S. 1)

4a An der Gesamtplankonferenz nehmen der Träger der Eingliederungshilfe, die leistungsberechtigte Person, ggf. andere Rehabilitationsträger, bei minderjährigen Leistungsberechtigten der örtlich zuständige Träger der Kinder- und Jugendhilfe, die für Pflegeleistungen zuständige Stelle, der für die Sicherung des Lebensunterhalts zuständige Träger sowie die Personen und Institutionen, die die Kinder der leistungsberechtigten Person versorgen und betreuen, teil (Abs. 2 S. 1). Die leistungsberechtigte Person kann verlangen, dass eine Person ihres Vertrauens hinzugezogen wird (§ 117 Abs. 2; → § 117 Rn. 6). Die Leistungserbringer sind nicht Beteiligte der Gesamtplankonferenz.

II. Beratungsgegenstände und Form der Beratung (Abs. 2 S. 1)

Die **Beratungsgegenstände** der Gesamtplankonferenz sind nach der nicht abschließenden Aufzählung („insbesondere") in **Abs. 2 S. 1:** 5

- die Stellungnahmen der beteiligten Leistungsträger und die gutachterliche Stellungnahme des Leistungserbringers bei Beendigung der Leistungen zur beruflichen Bildung nach § 57 (Nr. 1),
  Eine gesetzliche Grundlage für die Stellungnahmen der beteiligten Leistungsträger fehlt. Sie sind deshalb nicht hierzu verpflichtet (ebenso Fuchs/Ritz/Rosenow/Rosenow SGB IX § 119 Rn. 15). Die gutachterliche Stellungnahme des Leistungserbringers ist nach § 57 Abs. 3 S. 3 im Eingangsverfahren oder im Berufsbildungsbereich von der WfbM oder bei einem anderen Leistungsanbieter zu erstellen.
- die Wünsche der Leistungsberechtigten nach § 104 Abs. 2 bis 4 (Nr. 2),
- der Beratungs- und Unterstützungsbedarf nach § 106 (Nr. 3) und,
- die Erbringung der Leistungen (Nr. 4). Hier ist insbesondere zu prüfen, ob Angebote in der Region vorhanden sind (LPK-SGB IX/Bieritz-Harder Rn. 7).

Betrifft die Beratung über die Erbringung der Leistungen nach Abs. 2 Nr. 4 auch den Lebensunterhalt umfasst sie zusätzlich den der leistungsberechtigten Person zur persönlichen Verfügung stehende Barbetrag (**Abs. 2 S. 2**). Dies betrifft leistungsberechtigte Personen in einer besonderen Wohnform nach § 42a Abs. 2 S. 1 Nr. 2 SGB XII. Sie erhalten neben den Fachleistungen nach dem SGB IX Leistungen für Unterkunft und Verpflegung nach dem SGB XII. Mit Abs. 2 S. 2 soll sichergestellt werden, dass die in besonderen Wohnformen lebenden Leistungsberechtigten ein Teil des Regelsatzes zur persönlichen Verfügung bleibt (LPK-SGB VIII/Bieritz-Harder § 119 Rn. 9). Zu Berechnung s. die Orientierungshilfe der BAGüS, Orientierungshilfe Barmittel, S. 3). Leistungen für Mehrbedarfe nach den §§ 30, 42b SGB XII unterfallen nicht Abs. 2 S. 2 (LPK-SGB VIII/Bieritz-Harder § 119 Rn. 9). Krit. zu Abs. 2 S. 2 Fuchs/Ritz/Rosenow/Rosenow SGB IX § 119 Rn. 22 f. 5a

III. Form der Gesamtplankonferenz

Nicht angesprochen wird die Form der Gesamtplankonferenz. Nach der Gesetzesbegründung muss diese nicht immer bei persönlicher Anwesenheit der Beteiligten erfolgen, sondern es seien auch Telefonkonferenzen, Web-Konferenzen oder Videokonferenzen denkbar. Sie müsse aber immer in einer für den Menschen mit Behinderungen wahrnehmbaren Form und mit adäquater Beteiligungsmöglichkeit erfolgen (BT-Drs. 18/9522, 288). 6

D. Verbindung von Gesamtplan- und Teilhabeplankonferenz (Abs. 3)

Abs. 3 soll das Verfahren optimieren (vgl. BT-Drs. 18/9522, 288). Ein nach § 15 **leistungsverantwortlicher Träger der Eingliederungshilfe** muss deshalb idR („soll") die Gesamtplankonferenz mit einer Teilhabeplankonferenz nach § 20 verbinden (**Abs. 3 S. 1**). Die Teilhabeplankonferenz ist durch die Gesamtplankonferenz zu ersetzen, wenn die Teilhabeplankonferenz nur deshalb notwendig ist, weil Leistungen des Eingliederungshilfeträgers aus mehreren Leistungsgruppen festzustellen sind. Hierdurch sollen „Mehraufwand und Reibungsverluste" vermieden werden (BT-Drs. 18/9522, 288). 7

Ist der Träger der Eingliederungshilfe selbst **nicht Leistungsverantwortlicher,** soll er der leistungsberechtigten Person und den Rehabilitationsträgern anbieten, das Verfahren 8 durchzuführen (**Abs. 3 S. 2**). Auch dies dient den in → Rn. 7 dargestellten Zielen. Näher zur Übernahme der Teilhabekonferenz vom leistenden Rehabilitationsträger durch einen anderen leistenden Rehabilitationsträger → § 19 Rn. 6.

E. Gesamtplanung bei Müttern und Vätern mit Kindern (Abs. 4)

9 Abs. 4 soll die Pflege und Erziehung von Kindern bei Menschen mit Behinderungen aufeinander abstimmen helfen (BT-Drs. 18/9522, 288), vor allem bei Fällen der Elternassistenz (§ 113 iVm § 78 Abs. 3). Bei Leistungen in Mutter-Kind-Einrichtungen ist außerdem § 19 SGB VIII zu beachten.

10 **Abs. 1 S. 1** ordnet in diesen Fällen **zwingend** die Durchführung eines **Gesamtplanverfahrens** an. Voraussetzung ist, dass die leistungsberechtigte Person zustimmt. Zu den Anforderungen der Zustimmung → Rn. 3.

11 Der Träger der Eingliederungshilfe muss klären, ob die **Bedarfe** der leistungsberechtigten Person **durch andere** Sozialleistungsträger, das familiäre, freundschaftliche oder nachbarschaftliche Umfeld oder ehrenamtlich **gedeckt** werden können. Bestehen Anhaltspunkte hierfür, muss der Träger der Eingliederungshilfe klären, ob die leistungsberechtigte Person der Information und der Beteiligung dieser Personen an der Gesamtplankonferenz zustimmt. Ist sie einverstanden, müssen die Genannten informiert und beteiligt werden (Abs. 4 **S. 2**). Eine Verpflichtung zur Beteiligung besteht für die ehrenamtliche tätigen Stellen und die Personen aus dem persönlichen Umfeld der leistungsberechtigten Person nicht.

§ 120 Feststellung der Leistungen

(1) Nach Abschluss der Gesamtplankonferenz stellen der Träger der Eingliederungshilfe und die beteiligten Leistungsträger ihre Leistungen nach den für sie geltenden Leistungsgesetzen innerhalb der Fristen nach den §§ 14 und 15 fest.

(2) [1]Der Träger der Eingliederungshilfe erlässt auf Grundlage des Gesamtplanes nach § 121 den Verwaltungsakt über die festgestellte Leistung nach den Kapiteln 3 bis 6. [2]Der Verwaltungsakt enthält mindestens die bewilligten Leistungen und die jeweiligen Leistungsvoraussetzungen. [3]Die Feststellungen über die Leistungen sind für den Erlass des Verwaltungsaktes bindend. [4]Ist eine Gesamtplankonferenz durchgeführt worden, sind deren Ergebnisse der Erstellung des Gesamtplanes zugrunde zu legen. [5]Ist der Träger der Eingliederungshilfe Leistungsverantwortlicher nach § 15, sind die Feststellungen über die Leistungen für die Entscheidung nach § 15 Absatz 3 bindend.

(3) Wenn nach den Vorschriften zur Koordinierung der Leistungen nach Teil 1 Kapitel 4 ein anderer Rehabilitationsträger die Leistungsverantwortung trägt, bilden die im Rahmen der Gesamtplanung festgestellten Leistungen nach den Kapiteln 3 bis 6 die für den Teilhabeplan erforderlichen Feststellungen nach § 15 Absatz 2.

(4) In einem Eilfall erbringt der Träger der Eingliederungshilfe Leistungen der Eingliederungshilfe nach den Kapiteln 3 bis 6 vor Beginn der Gesamtplankonferenz vorläufig; der Umfang der vorläufigen Gesamtleistung bestimmt sich nach pflichtgemäßem Ermessen.

Übersicht

A. Allgemeines

§ 120 regelt seit dem 1.1.2020 die Feststellung der Leistungen, den Erlass des Verwaltungsaktes und die Gewährung von Leistungen der Eingliederungshilfe in Eilfällen. Die davor in § 120 geregelten Widerspruchsausschüsse der Bundesagentur für Arbeit sind seit dem 1.1.2018 Regelungsgegenstand von § 203. Vor Inkrafttreten der aktuellen Fassung von § 119 wurde die Feststellung der Leistungen und der Erlass des Verwaltungsaktes v. 1.1.2018 bis 31.12.2019 in dem § 120 weitestgehend entsprechenden § 144 SGB XII geregelt. 1

§ 120 bestimmt den weiteren Gang des Verfahrens nach der Gesamtplankonferenz. Die Rehabilitationsträger stellen die Leistungen nach den für sie geltenden Vorschriften fest (Abs. 1; Rn. 3 ff.). Danach erstellt der Träger der Eingliederungshilfe den Gesamtplan nach § 121 (→ § 121 Rn. 3 ff.). Auf dessen Grundlage erlässt der Träger der Eingliederungshilfe einen Verwaltungsakt (Abs. 2 S. 1; → Rn. 4 ff.). Für Eilfälle ermöglicht Abs. 4 die Erbringung einer vorläufigen Leistung (→ Rn. 7). Zu beachten ist, dass die Leistungen auch dann von den zuständigen Leistungsträgern festzustellen sind, wenn keine Gesamtplankonferenz durchgeführt wurde (KHM/Lange SGB IX § 120 Rn. 3). 2

B. Feststellung der zu erbringenden Leistungen (Abs. 1)

Nach Abschluss der Gesamtplankonferenz müssen der Träger der Eingliederungshilfe und die beteiligten Leistungsträger nach den für sie geltenden Leistungsgesetzen die von ihnen zu erbringenden Leistungen feststellen (Abs. 1). 3

Wurde **keine Gesamtplankonferenz** durchgeführt, werden die Leistungen auf der Grundlage der Bedarfsermittlung nach den §§ 13, 118 festgestellt (v. Boetticher/Kuhn-Zuber, Rehabilitationsrecht, 2. Aufl. 2022, Rn. 334), wiederum nach den für den Träger der Eingliederungshilfe und den für die beteiligten Leistungsträger geltenden Leistungsgesetzen. 3a

Diese Feststellungen sind **„innerhalb der Fristen nach den §§ 14 und 15"** zu treffen. In diesen Vorschriften werden unterschiedliche Fristen genannt. Welche Frist anzuwenden ist, ist durch Vergleich der Regelungsgegenstände zu ermitteln. Wurde eine Gesamtplankonferenz durchgeführt, ist die Frist nach § 15 Abs. 4 S. 2 maßgeblich (LPK-SGB IX/Bieritz-Harder § 120 Rn. 2). Der Verwaltungsakt muss damit innerhalb von zwei Monaten nach Antragseingang bekanntgegeben werden. Ist kein Gutachten erforderlich, müssen die Leistungen folglich innerhalb von drei Wochen nach Antragseingang, sonst innerhalb von zwei Wochen nach dessen Vorliegen festgestellt werden (Abs. 1 iVm § 15 Abs. 2 S. 2). Stellen die beteiligten Rehabilitationsträger die Leistungen nicht innerhalb dieser Fristen fest, muss sie der Träger der Eingliederungshilfe feststellen (§ 15 Abs. 2 S. 3). Sind die Voraussetzungen des § 15 Abs. 3 erfüllt, erlässt jeder beteiligte Rehabilitationsträger einen Verwaltungsakt über die von ihm zu erbringenden Leistungen. Ansonsten entscheidet der Träger der Eingliederungshilfe über die Leistungen durch Verwaltungsakt. Waren andere Rehabilitationsträger beteiligt, ist der Verwaltungsakt innerhalb von sechs Wochen nach der Stellung des Antrages zu erlassen (§ 15 Abs. 4 S. 1). Waren andere Rehabilitationsträger nicht beteiligt und wurde keine Gesamtplankonferenz durchgeführt, ist die Frist des § 14 maßgeblich. 3b

Eine **bestimmte Form** für die Feststellung der Leistungen wird **nicht vorgeschrieben.** Aufgrund der Bedeutung für die weiteren Verfahrensschritte scheidet indessen eine andere Form als Schriftform oder elektronische Form aus (im Ergebnis ebenso Fuchs/Ritz/Rosenow/Rosenow SGB IX § 120 Rn. 11). 3c

3d Die Feststellung der Leistungen ist **kein Verwaltungsakt.** Sie hat keine unmittelbare Außenwirkung und erfüllt damit die Voraussetzungen von § 31 SGB X nicht (ebenso Fuchs/Ritz/Rosenow/Rosenow SGB IX § 120 Rn. 6). Sie kann damit nicht isoliert angefochten werden.

C. Verwaltungsakt (Abs. 2)

4 Auf der Grundlage des Gesamtplanes nach § 121 erlässt der Träger der Eingliederungshilfe einen Verwaltungsakt (§ 31 SGB X) über die festgestellte(n) Leistung(en) der Eingliederungshilfe (Abs. 2 **S. 1**). Krit. zum Standort dieser Regelung LPK-SGB IX/Bieritz-Harder § 120 Rn. 4. Der Verwaltungsakt muss **hinreichend bestimmt** sein (§ 33 SGB X) und wird nach § 37 SGB X **bekannt gegeben.**

4a Der Träger der Eingliederungshilfe ist an die **Feststellungen** über die Leistungen im **Gesamtplan gebunden** (Abs. 2 **S. 3**), wenn er leistender Rehabilitationsträger ist (Abs. 2 S. 5 iVm § 15 Abs. 2 S. 2; zu letzterem → § 15 Rn. 5). An die Feststellungen anderer Rehabilitationsträger ist der Träger der Eingliederungshilfe gebunden. Er darf nicht von den Feststellungen im Gesamtplan abweichen.

4b In dem Verwaltungsakt müssen mindestens die **bewilligten Leistungen** und deren **Voraussetzungen** angegeben werden (Abs. 2 **S. 2**). Bei der Ablehnung beantragter Leistungen sind die Gründe hierfür anzugeben (LPK-SGB IX/Bieritz-Harder § 120 Rn. 4).

4c Da **keine bestimmte Form** vorgeschrieben wird, kann der Verwaltungsakt schriftlich, elektronisch, mündlich oder auf andere Weise bekannt gemacht werden (§ 33 Abs. 2 SGB X). Er ist nach § 11 BGG in einfacher und verständlicher Sprache oder, soweit erforderlich, in Leichter Sprache zu erläutern (§ 11 BGG).

5 Der Verwaltungsakt kann mit **Widerspruch** und **Klage** angefochten werden. In der Lit. wird davon ausgegangen, dass der Verwaltungsakt rechtswidrig ist, wenn er ohne Gesamtplan erlassen wurde (so Keil SGb 2017, 450). Dem Gesetzestext nicht entnehmen lässt sich, ob das Gericht den Eingliederungshilfeträger ohne Gesamtplanverfahren zu Leistungen verpflichten kann. In der Lit. wird die Auffassung vertreten, dass das Sozialgericht in diesem Falle nur den Verwaltungsakt aufheben und den Eingliederungshilfeträger verpflichten dürfe, nach Ablauf des Gesamtplanverfahrens einen neuen Bescheid zu erlassen (so zum SGB XII BeckOK-SGB/Kaiser § 141 SGB XII Rn. 1).

5a Auch der Standort von **Abs. 2 S. 4** ist verunglückt (ebenso Fuchs/Ritz/Rosenow/Rosenow SGB IX § 120 Rn. 21). Der Gegenstand der Regelung betrifft nicht den Verwaltungsakt, sondern den Gesamtplan. Die Vorschrift verpflichtet den Träger der Eingliederungshilfe, dem Gesamtplan die Ergebnisse der Gesamtplankonferenz zu Grunde zu legen.

D. Leistungsverantwortung eines anderen Rehabilitationsträgers (Abs. 3)

6 Ist nicht der Träger der Eingliederungshilfe, sondern ein anderer Rehabilitationsträger Leistungsverantwortlicher, sind die im Gesamtplan festgestellten Leistungen die für den Teilhabeplan erforderlichen Feststellungen nach § 15 Abs. 2 (**Abs. 3**). Der Träger der Eingliederungshilfe muss die Bedarfe dem Leistungsverantwortlichen melden. Dieser ist an die Feststellungen des Trägers der Eingliederungshilfe gebunden (Abs. 3 S. 2).

E. Vorläufige Leistung (Abs. 4)

Vorläufige Leistungen werden gem. § 24 bei noch nicht feststehender Zuständigkeit gewährt. Abs. 4 betrifft dagegen Fälle, in denen die Zuständigkeit bereits feststeht. Die Vorschrift ermöglicht die vorläufige Erbringung von Leistungen der Eingliederungshilfe vor Beginn der Gesamtplankonferenz. 7

Voraussetzung ist, dass ein Eilfall vorliegt. Was ein Eilfall ist, wird weder im SGB IX noch in der Gesetzesbegründung näher erläutert. In der Lit. wird vorgeschlagen, auf die Anforderungen einer einstweiligen Anordnung nach § 86b SGG zurückzugreifen (Fuchs/Ritz/Rosenow/Rosenow SGB IX § 120 Rn. 24). Als Beispielsfall nennt die Gesetzesbegründung den plötzlichen Tod eines nahen Angehörigen (BT-Drs. 18/9522, 289). 8

Sind diese Voraussetzungen erfüllt, ist nach dem Wortlaut von Abs. 4 die Erbringung der vorläufigen Leistungen auf die Zeit **vor Beginn der Gesamtplankonferenz** begrenzt. In der Lit. gibt es Stimmen, die die Vorschrift auch während des Gesamtplanverfahrens und in Fällen, in denen keine Gesamtplankonferenz durchgeführt wird, anwenden wollen (LPK-SGB IX/Bieritz-Harder § 120 Rn. 6). 9

Den Umfang der vorläufigen Leistung bestimmt der Träger der Eingliederungshilfe nach **pflichtgemäßem Ermessen.** Lehnt er die vorläufigen Leistungen ab, besteht die Möglichkeit, eine einstweilige Anordnung des Sozialgerichts zu beantragen. 10

Anders als in anderen Vorschriften zu den einstweiligen Sozialleistungen, fehlt sowohl in Abs. 4 als auch in § 24 eine Regelung zur **Nachzahlung** bzw. zur **Erstattung** von Leistungen, wenn nach deren endgültigen Feststellung sich ergibt, dass die vorläufigen Leistungen zu niedrig bzw. zu hoch waren. Die Rücknahme der vorläufigen Bewilligung ist deshalb nach den §§ 44, 45 SGB X zu beurteilen (ebenso Fuchs/Ritz/Rosenow/Rosenow SGB IX § 120 Rn. 28). 11

Die vorläufige Leistung muss **nicht gesondert beantragt** werden ebenso (so Fuchs/Ritz/Rosenow/Rosenow SGB IX § 120 Rn. 33). 12

§ 121[1] Gesamtplan

(1) Der Träger der Eingliederungshilfe stellt unverzüglich nach der Feststellung der Leistungen einen Gesamtplan insbesondere zur Durchführung der einzelnen Leistungen oder einer Einzelleistung auf.

(2) [1]Der Gesamtplan dient der Steuerung, Wirkungskontrolle und Dokumentation des Teilhabeprozesses. [2]Er bedarf der Schriftform und soll regelmäßig, spätestens nach zwei Jahren, überprüft und fortgeschrieben werden.

(3) Bei der Aufstellung des Gesamtplanes wirkt der Träger der Eingliederungshilfe zusammen mit

1. dem Leistungsberechtigten,
2. einer Person seines Vertrauens und
3. dem im Einzelfall Beteiligten, insbesondere mit
   a) dem behandelnden Arzt,
   b) dem Gesundheitsamt,
   c) dem Landesarzt,
   d) dem Jugendamt und
   e) den Dienststellen der Bundesagentur für Arbeit.

[1] § 121 Abs. 4 Nr. 5 und 6 geänd., Nr. 7 angef. mWv 1.11.2022 durch G v. 27.9.2021 (BGBl. I S. 4530).

(4) Der Gesamtplan enthält neben den Inhalten nach § 19 mindestens

1. die im Rahmen der Gesamtplanung eingesetzten Verfahren und Instrumente sowie die Maßstäbe und Kriterien der Wirkungskontrolle einschließlich des Überprüfungszeitpunkts,
2. die Aktivitäten der Leistungsberechtigten,
3. die Feststellungen über die verfügbaren und aktivierbaren Selbsthilferessourcen des Leistungsberechtigten sowie über Art, Inhalt, Umfang und Dauer der zu erbringenden Leistungen,
4. die Berücksichtigung des Wunsch- und Wahlrechts nach § 8 im Hinblick auf eine pauschale Geldleistung,
5. die Erkenntnisse aus vorliegenden sozialmedizinischen Gutachten,
6. das Ergebnis über die Beratung des Anteils des Regelsatzes nach § 27a Absatz 3 des Zwölften Buches, der den Leistungsberechtigten als Barmittel verbleibt und
7. die Einschätzung, ob für den Fall einer stationären Krankenhausbehandlung die Begleitung und Befähigung des Leistungsberechtigten durch vertraute Bezugspersonen zur Sicherstellung der Durchführung der Behandlung erforderlich ist.

(5) Der Träger der Eingliederungshilfe stellt der leistungsberechtigten Person den Gesamtplan zur Verfügung.

Übersicht

A. Geltende Fassung; Normzweck

1 § 121 regelt seit dem 1.1.2020 die Funktion und den Inhalt des Gesamtplans. Die davor in § 121 enthaltenen Verfahrensvorschriften für das Widerspruchsverfahren finden sich seit dem 1.1.2018 in § 204. Bis zum 31.12.2017 wurde der Gesamtplan in § 58 SGB XII aF und v. 1.1.2018 bis 31.12.2019 in § 144 SGB XII aF geregelt.

2 Nach der Feststellung der für die Bedarfsdeckung erforderlichen Leistungen nach § 120 Abs. 1 hat der Träger der Eingliederungshilfe unverzüglich einen Gesamtplan zu erstellen (Abs. 1; → Rn. 3 f.). Die Funktion des Gesamtplans ergibt sich aus Abs. 2 (→ Rn. 5 ff.). Auf der Grundlage dieses Plans werden die Leistungen der Eingliederungshilfe durch Verwaltungsakt bewilligt (§ 120 Abs. 2 S. 1).

B. Unverzügliche Erstellung eines Gesamtplans (Abs. 1)

3 Der zuständige Träger der Eingliederungshilfe ist zur Erstellung des Gesamtplans verpflichtet („stellt […] auf"). Zuständig ist der nach § 98 Abs. 1 örtlich zuständige, der nach § 98 Abs. 2 S. 1 vorläufig zuständige oder der Träger der Eingliederungshilfe, an den der Antrag nach § 14 weitergeleitet wurde.

3a Der Gesamtplan muss **unverzüglich** nach der Feststellung der Leistungen nach § 120 Abs. 1 (→ § 120 Rn. 3 ff.) aufgestellt werden. „Unverzüglich" bedeutet „ohne schuldhaftes Zögern" (§ 121 Abs. 1 S. 1 BGB). Er muss so rechtzeitig erstellt sein, dass der Verwaltungsakt nach § 120 Abs. 2 innerhalb der Fristen nach den §§ 14 f. der leistungsberechtigten Person bekanntgegeben werden kann (LPK-SGB IX/Bieritz-Harder § 120 Rn. 2). Er kann auch im **Umlaufverfahren** erstellt werden (v. Boetticher, Teilhaberecht, 3. Aufl. 2020, § 3 Rn. 517).

3b Die leistungsberechtigte Person hat einen **Anspruch auf die Erstellung eines rechtmäßigen Gesamtplans** (v. Boetticher, Teilhaberecht, 2. Aufl. 2020, § 3 Rn. 520). Rechtmäßigkeitsvoraussetzung ist ua die Beachtung der Wünsche der leistungsberechtigten Person, soweit diese nach den §§ 8, 104 Abs. 2 zu beachten sind (näher hierzu → § 104 Rn. 5 ff.). Weiter müssen die zu erbringenden Leistungen hinreichend konkret bezeichnet werden, also angegeben werden, welcher Art diese sind, welchen Inhalt und Umfang sie haben und wie lange sie erbracht werden.

4 Der Gesamtplan ist **kein Verwaltungsakt.** Dies folgt aus § 120 Abs. 2 S. 1, der bestimmt, dass auf der Grundlage des Gesamtplans ein Verwaltungsakt zu erlassen ist. Er enthält keine rechtsverbindlichen Regelungen (so zu § 58 SGB XII OVG NRW FEVS 22, 14; VGH BW FEVS 47, 502). Er verleiht folglich keine Ansprüche.

4a Wird der Gesamtplan nicht erstellt oder geändert oder beantragte Leistungen nicht aufgenommen, kann hiergegen mit der **allgemeinen Leistungsklage** (§ 54 Abs. 5 SGG) vorgegangen werden (Grube/Wahrendorf/Flint/Bieback SGB IX § 121 Rn. 3). Erst der auf der Grundlage des Gesamtplans erlassene Verwaltungsakt kann mit Widerspruch und Klage angefochten werden. Ist eine von der leistungsberechtigten Person gewünschte Leistung nicht in den Gesamtplan aufgenommen worden, muss die leistungsberechtigte Person diese beim Träger der Eingliederungshilfe beantragen. Wird die beantragte Leistung abgelehnt, kann die leistungsberechtigte Person die Leistung mit Widerspruch und ggf. Klage weiter verfolgen (KHM/Lange SGB IX § 121 Rn. 3).

C. Funktion, Form und Fortschreibung des Gesamtplans (Abs. 2)

5 Gem. **Abs. 2 S. 1** soll mit dem Gesamtplan der Teilhabeprozess gesteuert, seine Wirksamkeit kontrolliert und dokumentiert werden. Hiermit will der Gesetzgeber „Rechts- und Verfahrensklarheit" schaffen (BT-Drs. 18/9522, 289). Mit ihm werden außerdem die Teilhabeziele konkretisiert.

6 Der Gesamtplan muss **schriftlich** aufgestellt werden (**Abs. 2 S. 2**). Die Schriftform kann nach § 36a Abs. 2 S. 1 SGB I durch **elektronische Form** ersetzt werden, wenn dies gesetzlich nicht ausgeschlossen wird, was beim Gesamtplan nicht der Fall ist. Damit kann er auch in dieser Form erstellt werden (LPK-SGB IX/Bieritz-Harder § 120 Rn. 2). Welche Anforderungen bei der **elektronischen Form** erfüllt werden müssen, ergibt sich aus § 36a Abs. 2 SGB I.

7 Der Gesamtplan muss idR („soll") regelmäßig, spätestens nach zwei Jahren **überprüft** und **fortgeschrieben** werden (Abs. 2 **S. 2**). Hierdurch soll eine zeitnahe und flexible Anpassung an Wünsche und veränderte Bedarfe sichergestellt werden (BT-Drs. 18/9522, 289). Der Gesamtplan darf folglich maximal für zwei Jahre, kann aber auch für kürzere Zeiträume aufgestellt werden. Die Geltungsdauer des Gesamtplans legt der Träger der Eingliederungshilfe nach pflichtgemäßem Ermessen fest. Die festgelegte Gesamtdauer schließt eine vorzeitige Prüfung nicht aus. Nicht Voraussetzung der Überprüfung und Fortschreibung ist, dass ein neues Gesamtplanverfahren durchgeführt wird (Fuchs/Ritz/Rosenow/Rosenow SGB IX § 121 Rn. 23). Ggf. muss der Verwaltungsakt idR nach § 48 SGB X angepasst werden. Auf die Überprüfung und Fortschreibung des Gesamtplans besteht – abgesehen von den atypischen Fällen („soll") – ein Rechtsanspruch (Fuchs/Ritz/Rosenow/Rosenow SGB IX § 121 Rn. 23).

D. Mitwirkende an der Aufstellung des Gesamtplans (Abs. 3)

8 Abs. 3 bestimmt, mit welchen Personen der Träger der Eingliederungshilfe bei der Aufstellung des Gesamtplans zusammenwirkt. Hierzu gehört die an erster Stelle genannte leistungsberechtigte Person. Weiter ist die von der leistungsberechtigten Person hinzugezogene Vertrauensperson zu beteiligen. Dies kann nach der Gesetzesbegründung auch eine andere Person mit Behinderungen oder eine Beratungsinstanz sein (BT-Drs. 18/9522, 289). Weiter sind im Einzelfall Beteiligte hinzuzuziehen. Wer hierzu gehört, wird in Abs. 3 nicht abschließend („insbesondere“) aufgezählt. In Betracht kommt neben den in Abs. 3 ausdrücklich Angesprochenen zB die Leistungserbringer und andere Leistungsträger, die im konkreten Fall Leistungen erbringen (v. Boetticher/Kuhn-Zuber, Rehabilitationsrecht, 2. Aufl. 2022, Rn. 335). Die leistungsberechtigte Person muss mit der Mitwirkung der einzelnen Personen einverstanden sein (Fuchs/Ritz/Rosenow/Rosenow SGB IX § 121 Rn. 35).

E. Mindestinhalt des Gesamtplans (Abs. 4)

9 Der Gesamtplan muss die Ergebnisse der Gesamtplankonferenz (§ 120 Abs. 2 S. 4) und die Wünsche der leistungsberechtigten Person zur Gestaltung der Leistung enthalten (§ 119 Abs. 2 Nr. 2).

9a Abs. 4 zählt den Mindestinhalt des Gesamtplanes auf. Danach sind zunächst die in einem Teilhabeplan nach **§ 19** enthaltenen Inhalte aufzunehmen („neben den Inhalten nach § 19“):

- Tag der Antragstellung,
- Feststellung über den Rehabilitationsbedarf,
- die eingesetzten Instrumente zur Bedarfserhebung,
- die gutachterliche Stellungnahme der Bundesagentur für Arbeit zu § 54,
- erreichbare Teilhabeziele,
- die Berücksichtigung des Wunsch- und Wahlrechts,
- die Feststellung des Rehabilitationsbedarfs,
- Ergebnisse der Teilhabeplankonferenz,
- die Erkenntnisse aus Mitteilungen anderer einbezogener öffentlicher Stellen,
- die besonderen Belange pflegender Angehöriger sowie
- die Leistungen zur Eingliederung in Arbeit nach dem SGB II

(zu Einzelheiten → § 19 Rn. 3 ff.).

9b **Weitere zwingende Inhalte** sind gem. Abs 4:

- die im Rahmen der Gesamtplanung eingesetzten Verfahren und Instrumente (Nr. 1 Hs. 1)
- die Maßstäbe und Kriterien der Wirkungskontrolle (Nr. 1 Hs. 2)
- der Überprüfungszeitpunkt (Nr. 1 Hs. 3),
- die Aktivitäten der leistungsberechtigten Person (Nr. 2),
- die Feststellungen über die verfügbaren und aktivierbaren Selbsthilferessourcen der leistungsberechtigten Person (Nr. 3 Hs. 1)
- die Art, der Inhalt, der Umfang und die Dauer der zu erbringenden Leistungen (Nr. 3 Hs. 2),
- die Berücksichtigung des Wunsch- und Wahlrechts nach § 8 im Hinblick auf eine pauschale Geldleistung (Nr. 4),
- die Erkenntnisse aus vorliegenden sozialmedizinischen Gutachten (Nr. 5) und
- das Ergebnis über die Beratung des Anteils des Regelsatzes nach § 27a Abs. 3 SGB XII, der der leistungsberechtigten Person als Barmittel verbleibt (Nr. 6). Dies ist für Be-

wohnerinnen und Bewohner von besonderen Wohnformen für Menschen mit Behinderungen von Bedeutung. Krit. zur Auffassung des Gesetzgebers, dass der Leistungserbringer durch den auf der Grundlage des Gesamtplans erlassenen Verwaltungsakts hieran gebunden wird (BT-Drs. 18/10523, 64) Fuchs/Ritz/Rosenow/Rosenow SGB IX § 121 Rn. 54 ff.

Nicht aufgenommen werden müssen Inhalte aus der Aufzählung, wenn sie im Einzelfall keine Bedeutung haben (ebenso Fuchs/Ritz/Rosenow/Rosenow SGB IX § 121 Rn. 43).

F. Zurverfügungstellung des Gesamtplans (Abs. 5)

Mit Abs. 5 will der Gesetzgeber zur Transparenz beitragen (LPK-SGB IX/Bieritz-Harder § 121 Rn. 8). Deshalb muss der Träger der Eingliederungshilfe der leistungsberechtigten Person den Gesamtplan **zur Verfügung stellen.** Ggf. ist der Gesamtplan in einfacher und verständlicher Sprache zu erläutern (so zutreffend Fuchs/Ritz/Rosenow/Rosenow SGB IX § 121 Rn. 61 f.). Bei nicht geschäftsfähigen oder nicht handlungsfähigen leistungsberechtigten Personen muss der Gesamtplan zusätzlich der gesetzlichen Vertreterin oder dem gesetzlichen Vertreter zur Verfügung gestellt werden (Fuchs/Ritz/Rosenow/Rosenow SGB IX § 121 Rn. 62). 10

§ 122 Teilhabezielvereinbarung

[1]Der Träger der Eingliederungshilfe kann mit dem Leistungsberechtigten eine Teilhabezielvereinbarung zur Umsetzung der Mindestinhalte des Gesamtplanes oder von Teilen der Mindestinhalte des Gesamtplanes abschließen. [2]Die Vereinbarung wird für die Dauer des Bewilligungszeitraumes der Leistungen der Eingliederungshilfe abgeschlossen, soweit sich aus ihr nichts Abweichendes ergibt. [3]Bestehen Anhaltspunkte dafür, dass die Vereinbarungsziele nicht oder nicht mehr erreicht werden, hat der Träger der Eingliederungshilfe die Teilhabezielvereinbarung anzupassen. [4]Die Kriterien nach § 117 Absatz 1 Nummer 3 gelten entsprechend.

Übersicht

A. Geltende Fassung; Normzweck

§ 122 regelt seit dem 1.1.2020 die Teilhabezielvereinbarung. Das davor in § 122 geregelte Verhältnis der schwerbehinderten Menschen gegenüber anderen bei der Einstellung bevorrechtigten Personenkreise findet sich seit dem 1.1.2018 in § 205. Vom 1.1.2018 bis 31.12.2019 wurde die Teilhabezielvereinbarung in § 145 SGB XII aF geregelt. 1

B. Abschluss einer Teilhabezielvereinbarung, Rechtsnatur

2 Mit der Teilhabezielvereinbarung sollen die Mindestinhalte oder Teile der Mindestinhalte des Gesamtplans umgesetzt werden (S. 1). Die leistungsberechtigte Person ist nicht verpflichtet, die Teilhabezielvereinbarung zu schließen. Diese ist insbesondere nicht Voraussetzung eines Leistungsanspruches (KHM/Lange SGB IX § 122 Rn. 2). Ob der Träger der Eingliederungshilfe eine solche abschließt, steht in seinem **pflichtgemäßen Ermessen** („kann"). Nach der Gesetzesbegründung ist ein gesondertes Dokument nicht zwingend erforderlich. Ausreichend ist danach die Unterzeichnung der Ziele, die bei der Bedarfsermittlung und -festsetzung formuliert wurden (BT-Drs. 18/9522, 289).

2a Die Teilhabezielvereinbarung ist ein **subordinationsrechtlicher öffentlich-rechtlicher Vertrag** (ebenso Fuchs/Ritz/Rosenow/Rosenow SGB IX § 122 Rn. 4). Es sind damit die §§ 53 ff. SGB X anzuwenden. Die Teilhabezielvereinbarung ist damit schriftlich zu schließen (§ 56 SGB X).

C. Vereinbarungszeitraum (S. 1)

3 Die Teilhabezielvereinbarung wird idR für den Bewilligungszeitraum der Leistungen geschlossen. Es kann ein abweichender Zeitraum vereinbart werden.

D. Anpassung der Teilhabezielvereinbarung (S. 3)

4 Die Teilhabezielvereinbarung muss angepasst werden, wenn die Vereinbarungsziele nicht oder nicht mehr erreicht werden. Außerdem muss die Teilhabezielvereinbarung angepasst werden, wenn die Bedarfe oder die Wünsche der leistungsberechtigten Person sich verändert haben (BT-Drs. 18/9522, 289).

E. Zu beachtende Kriterien (S. 4)

5 Aus dem Verweis auf § 117 Abs. 1 Nr. 3 in S. 4 folgt, dass die dort aufgezählten Kriterien für das Gesamtplanverfahren (näher zu diesen → § 117 Rn. 5 ff.) auch bei der Teilhabezielvereinbarung zu berücksichtigen sind.

Kapitel 8. Vertragsrecht

§ 123[1] Allgemeine Grundsätze

(1) [1]**Der Träger der Eingliederungshilfe darf Leistungen der Eingliederungshilfe mit Ausnahme der Leistungen nach § 113 Absatz 2 Nummer 2 in Verbindung mit § 78 Absatz 5 und § 116 Absatz 1 durch Dritte (Leistungserbringer) nur bewilligen, soweit eine schriftliche Vereinbarung zwischen dem Träger des Leistungserbringers und dem für den Ort der Leistungserbringung zuständigen Träger der Eingliederungshilfe besteht.** [2]**Die Vereinbarung kann auch zwischen dem Träger der Eingliederungshilfe und dem**

[1] § 123 Abs. 3 neu gef. mWv 1.1.2022 durch G v. 2.6.2021 (BGBl. I S. 1387); Abs. 3 Nr. 2 geänd. mWv 14.6.2023 durch G v. 6.6.2023 (BGBl. I Nr. 146).

Verband, dem der Leistungserbringer angehört, geschlossen werden, soweit der Verband eine entsprechende Vollmacht nachweist.

(2) [1]Die Vereinbarungen sind für alle übrigen Träger der Eingliederungshilfe bindend. [2]Die Vereinbarungen müssen den Grundsätzen der Wirtschaftlichkeit, Sparsamkeit und Leistungsfähigkeit entsprechen und dürfen das Maß des Notwendigen nicht überschreiten. [3]Sie sind vor Beginn der jeweiligen Wirtschaftsperiode für einen zukünftigen Zeitraum abzuschließen (Vereinbarungszeitraum); nachträgliche Ausgleiche sind nicht zulässig. [4]Die Ergebnisse der Vereinbarungen sind den Leistungsberechtigten in einer wahrnehmbaren Form zugänglich zu machen.

(3) Keine Leistungserbringer im Sinne dieses Kapitels sind

1. private und öffentliche Arbeitgeber gemäß § 61 oder § 61a sowie
2. Einrichtungen der beruflichen Rehabilitation, in denen der schulische Teil der Ausbildung nach § 61a Absatz 2 Satz 2 erfolgen kann.

(4) [1]Besteht eine schriftliche Vereinbarung, so ist der Leistungserbringer, soweit er kein anderer Leistungsanbieter im Sinne des § 60 ist, im Rahmen des vereinbarten Leistungsangebotes verpflichtet, Leistungsberechtigte aufzunehmen und Leistungen der Eingliederungshilfe unter Beachtung der Inhalte des Gesamtplanes nach § 121 zu erbringen. [2]Die Verpflichtung zur Leistungserbringung besteht auch in den Fällen des § 116 Absatz 2.

(5) [1]Der Träger der Eingliederungshilfe darf die Leistungen durch Leistungserbringer, mit denen keine schriftliche Vereinbarung besteht, nur erbringen, soweit

1. dies nach der Besonderheit des Einzelfalles geboten ist,
2. der Leistungserbringer ein schriftliches Leistungsangebot vorlegt, das für den Inhalt einer Vereinbarung nach § 125 gilt,
3. der Leistungserbringer sich schriftlich verpflichtet, die Grundsätze der Wirtschaftlichkeit und Qualität der Leistungserbringung zu beachten,
4. der Leistungserbringer sich schriftlich verpflichtet, bei der Erbringung von Leistungen die Inhalte des Gesamtplanes nach § 121 zu beachten,
5. die Vergütung für die Erbringung der Leistungen nicht höher ist als die Vergütung, die der Träger der Eingliederungshilfe mit anderen Leistungserbringern für vergleichbare Leistungen vereinbart hat.

[2]Die allgemeinen Grundsätze der Absätze 1 bis 3 und 5 sowie die Vorschriften zur Geeignetheit der Leistungserbringer (§ 124), zum Inhalt der Vergütung (§ 125), zur Verbindlichkeit der vereinbarten Vergütung (§ 127), zur Wirtschaftlichkeits- und Qualitätsprüfung (§ 128), zur Kürzung der Vergütung (§ 129) und zur außerordentlichen Kündigung der Vereinbarung (§ 130) gelten entsprechend.

(6) Der Leistungserbringer hat gegen den Träger der Eingliederungshilfe einen Anspruch auf Vergütung der gegenüber dem Leistungsberechtigten erbrachten Leistungen der Eingliederungshilfe.

Literatur: Diehm, Auswirkungen des Bundesteilhabegesetzes (BTHG) auf das sozialhilferechtliche Dreiecksverhältnis, NDV 2018, 71 ff.; Erdmann, Das Vereinbarungsrecht der §§ 123 ff. SGB IX – Probleme und Neuerungen aus Leistungserbringersicht, RdLH 2018, 113 (Teil 1) und 169 (Teil 2); Gitschmann/Haubner/ Hoffmann, Zur Gestaltung von Landesrahmenverträgen, Leistungs- und Vergütungsvereinbarungen, Rahmen- und Zielvereinbarungen gemäß Bundesteilhabegesetz, NDV 2018, 367 ff.; Greiser/Šušnjar, (Rück-)Zahlungsansprüche im sozialhilferechtlichen Dreiecksverhältnis, SGb 2020, 211 (Teil I) und 283 (Teil II); Grube, Das sozial(hilfe)rechtliche Dreiecksverhältnis und der Zahlungsanspruch des Leistungserbringers, SRa 2017, 121; Philip, Ablösung der heutigen Investitionsbeträge in der Eingliederungshilfe durch Leistungen des Grundsicherungsträgers, SRa 2019, 1 ff.; Schaumberg, Das Vertragsrecht der Eingliederungshilfe – Ein Überblick, SRa 273; Schellenberg, Rahmenvereinbarungen zum BTHG – Zwölf Überlegungen zur Gestaltung, NDV 2018, 148 ff.

Übersicht

A. Geltende Fassung; Normzweck

1 § 123 regelt seit dem 1.1.2018 allgemeine Grundsätze des Vertragsrechts der Eingliederungshilfe. Der davor in der Vorschrift enthaltene Regelungsgegenstand „Arbeitsentgelt und Dienstbezüge der schwerbehinderten Menschen" findet sich seitdem in § 206. Abs. 3 wurde durch das TeilhabestärkungsG v. 2.6.2021 (BGBl. I S. 1387) mWv 1.1.2022 neu gefasst. Abs. 3 wurde ferner durch das G zur Förderung eines inklusiven Arbeitsmarktes v. 6.6.2023 (BGBl. I Nr. 146) redaktionell geändert.

2 Viele Leistungen der Eingliederungshilfe werden als **Sach-** oder **Dienstleistung** erbracht. Nur ausnahmsweise werden sie bei der pauschalen Geldleistung (§§ 105 Abs. 3, 116 Abs. 1; → § 116 Rn. 3 ff.), beim persönlichen Budget (§ 105 Abs. 4 iVm § 29) und bei der Kostenerstattung bei Selbstbeschaffung (§ 18; → § 18 Rn. 1 ff.) durch Zahlung eines Geldbetrages gewährt. Die Sachleistungen (näher zu diesen → § 105 Rn. 3) – nur diese unterfallen dem Anwendungsbereich der §§ 123 ff. – werden idR nicht durch den Träger der Eingliederungshilfe selbst, sondern durch sog. Leistungserbringer (zu diesem Begriff → Rn. 8) erbracht. Eigene Angebote dürfen die Träger der Eingliederungshilfe nur ausnahmsweise schaffen (§ 124 Abs. 1; → § 124 Rn. 2). Sie müssen aber im Rahmen ihrer Planungsverantwortung (§ 95 SGB X) ein bedarfsgerechtes Angebot sicherstellen (§ 17 Abs. 1 Nr. 2 SGB I, § 95 S. 1; sog. **Sicherstellungsauftrag**). Sie haben hierzu Vereinbarungen nach den §§ 123 ff. mit Leistungserbringern abzuschließen (§ 95 S. 2).

3 Bei der Erbringung der Leistungen der Eingliederungshilfe besteht infolgedessen ein **sozialrechtliches Dreiecksverhältnis** mit folgenden Rechtsbeziehungen:

– das **öffentlich-rechtliche Sozialrechtsverhältnis** zwischen der leistungsberechtigten Person und dem Träger der Eingliederungshilfe
Gegenstand dieses Rechtsverhältnisses ist insbesondere der Anspruch der leistungsberechtigten Person gegen den Träger der Eingliederungshilfe auf Leistungen der Eingliederungshilfe (§§ 90–122, 135–142) und evtl. Nebenansprüche sowie die Mitwirkungspflichten der leistungsberechtigten Person. Steht fest, welche Bedarfe die leistungsberechtigte Person hat, muss sie vom Träger der Eingliederungshilfe darüber informiert werden, welche Angebote zur Verfügung stehen (§ 106 Abs. 2; → § 106 Rn. 5 f.). Soweit erforderlich, muss die leistungsberechtigte Person beim Abschluss der Vereinbarung mit dem Leistungserbringer unterstützt werden (§ 106 Abs. 3; → § 106 Rn. 6 f.). Hat die leistungsberechtigte Person mit dem Leistungserbringer einen Vertrag geschlossen, muss der Träger der Eingliederungshilfe die Erbringung der Leistung

durch diesen bewilligen. Dies setzt idR voraus, dass der Leistungserbringer die schriftliche Vereinbarung mit dem zuständigen Träger der Eingliederungshilfe geschlossen hat (Abs. 1 S. 1; zu Ausnahmen s. Abs. 5). Hierdurch erhält der Leistungserbringer einen Vergütungsanspruch in der in der Vergütungsvereinbarung festgelegten Höhe (Abs. 6, → Rn. 19 ff.).

- das durch öffentlich-rechtlichen Vertrag begründete **Rechtsverhältnis zwischen Leistungserbringer und Träger der Eingliederungshilfe**
  Dieses Rechtsverhältnis ist Gegenstand der §§ 123 ff. (näher hierzu die nachfolgenden Kommentierungen) sowie
- das durch privatrechtlichen Vertrag begründete **Rechtsverhältnis zwischen der leistungsberechtigten Person und dem Leistungserbringer.**
  Durch diesen Vertrag werden die Leistungserbringer verpflichtet, Betreuungs-, Hilfe- und Förderleistungen zu erbringen. Verstößt der Leistungserbringer gegen Pflichten, kommt ein zivilrechtlicher Schadenersatzanspruch der leistungsberechtigten Person aus § 280 Abs. 1 BGB in Betracht. Die leistungsberechtigte Person ist zur Zahlung des vereinbarten Entgelts verpflichtet; beachte aber → Rn. 19.

Diese drei Rechtsbeziehungen sind inhaltlich miteinander verknüpft. Der Vergütungsanspruch des Leistungserbringers wird durch die Zahlung durch den Träger der Eingliederungshilfe erfüllt und erlischt hierdurch. Der Leistungserbringer seinerseits erfüllt mit seiner Leistung den Leistungsanspruch der leistungsberechtigten Person gegenüber dem Träger der Eingliederungshilfe. Der Träger der Eingliederungshilfe kommt mit den Vereinbarungen nach den §§ 123 ff. mit den Leistungserbringern seinem Sicherstellungsauftrag nach (KHM/Lange SGB IX § 123 Rn. 7).

Lediglich eine **zweiseitige Rechtsbeziehung** zwischen leistungsberechtigter Person und Eingliederungshilfeträger besteht, wenn diese sich für eine **pauschale Geldleistung** entscheidet. Dies ist zB bei den Assistenzleistungen nach § 113 Abs. 2 Nr. 2 iVm § 78 Abs. 5 möglich (§ 116 Abs. 1). Eine zweiseitige Rechtsbeziehung besteht ferner beim persönlichen Budget nach § 105 Abs. 4 iVm § 29. 3a

Den §§ 123 ff. liegt eine mehrstufige **Regelungsstruktur** zugrunde. Es können auf der Ebene des Bundes **Bundesempfehlungen** vereinbart werden (§ 131 Abs. 3; → § 131 Rn. 11). Auf Landesebene müssen verbindliche **Landesrahmenverträge** geschlossen werden (§ 131 Abs. 1; → § 131 Rn. 3 ff.), auf deren Grundlage zwischen dem Träger der Eingliederungshilfe und dem Leistungserbringer die Vereinbarung geschlossen wird. 4

Der Gesetzgeber geht davon aus, dass im Anwendungsbereich des Vertragsrechts nach den §§ 123 ff. nicht das in der RL 2014/23/EU und der RL 2014/24/EU geregelte **Vergaberecht** der Europäischen Union zu beachten ist, weil an die Leistungserbringer weder Aufträge noch Konzessionen vergeben werden (BT-Drs. 18/9522, 290 f.). Diese Auffassung bestätigte das BSG in einem Verfahren zur entsprechenden Rechtslage nach dem SGB XII zur Ausschreibung der Schulbegleitung (BSG 17.5.2023 – B 8 SO 12/22 R). Die Ausschreibung im Vergabeverfahren würde sowohl die Rechte der Leistungsberechtigten als auch der hierdurch aus dem Markt ausgeschlossenen anderen Leistungserbringer rechtswidrig verletzen. Zweifelnd dagegen wegen der Schaffung eines eigenen Zahlungsanspruches des Leistungserbringers v. Boetticher Teilhaberecht, 2. Aufl. 2020, § 3 Rn. 348 f. 5

Die **§§ 123 ff.** sind wie folgt **gegliedert:** 6

- Die §§ 123 u. 124 enthalten **allgemeine Grundsätze.** Leistungen der Eingliederungshilfe dürfen grds. nur Träger erbringen, die mit dem Träger der Eingliederungshilfe eine Leistungs- und Vergütungsvereinbarung geschlossen haben. Ausnahmen hierzu enthält § 123 Abs. 5. Sie selbst dürfen grds. keine eigenen Angebote schaffen (§ 124 Abs. 1). Die Vereinbarungen sind grds. mit allen Leistungserbringern abzuschließen, die die in § 124 Abs. 1 genannten Voraussetzungen erfüllen. Bei sich bzgl. Inhalt, Umfang und Qualität der Leistung entsprechenden Angeboten haben die Leistungs-

erbringer Vorrang, die keine höheren Vergütungen als andere Leistungserbringer verlangen (§ 124 Abs. 3). Es werden nur Vergütungen gezahlt und nicht die entstehenden Kosten erstattet. Die Vergütung wird grds. prospektiv festgelegt (§ 123 Abs. 2).
- § 125 nennt die notwendigen **Inhalte** der Leistungs- und der Vergütungsvereinbarung. Die Vergütung wird für bestimmte Gruppen von Leistungsberechtigten pauschaliert (§ 125 Abs. 3).
- Aus **§ 126** ergeben sich das **Verfahren** des Abschlusses einschließlich der Anrufung der Schiedsstelle und der Zeitpunkt des **Inkrafttretens** der Vereinbarungen und des Schiedsstellenspruches.
- **§ 127** schließt grds. Nachverhandlungen der Vergütung aus.
- **§ 128** räumt den Trägern der Eingliederungshilfe ein gesetzliches **Prüfrecht** ein.
- Die **§§ 129, 130** bestimmen, welche **Folgen** eintreten, wenn ein Leistungserbringer **gegen gesetzliche oder vertragliche Pflichten verstößt.** § 129 verpflichtet den Träger der Eingliederungshilfe, die **Vergütung** zu **kürzen,** wenn der Leistungserbringer seine gesetzlichen oder vertraglichen Pflichten nicht einhält. Bei schwerwiegenden Verletzungen dieser Pflichten hat der Träger der Eingliederungshilfe nach § 130 ein Recht zur **außerordentlichen Kündigung** der Vereinbarung.
- **§ 131** dient der Vereinheitlichung der Inhalte der Leistungs- und der Vergütungsvereinbarungen. Auf Landesebene schließen die Träger der Eingliederungshilfe und die Vereinigungen der Leistungserbringer **Landesrahmenverträge** mit verbindlichen Regelungen für den Inhalt der Leistungs- und Vergütungsvereinbarung. Auf Bundesebene können **Bundesempfehlungen** beschlossen werden (§ 131 Abs. 3).
- **§ 132** ermöglicht den Abschluss **abweichender Zielvereinbarungen.**
- **§ 133** enthält Regelungen zu den **Schiedsstellen.** Für diese ist außerdem § 126 Abs. 2 relevant.
- **§ 134** bestimmt Besonderheiten für minderjährige Leistungsberechtigte, die über Tag und Nacht untergebracht sind, und junge Volljährige, bei denen bei Eintritt der Volljährigkeit eine stationäre Maßnahme noch nicht abgeschlossen ist. Diese Sonderregelung war erforderlich, weil bei diesen Leistungsberechtigten die Fachleistungen und die Leistungen zur Sicherung des Lebensunterhalts nicht getrennt erbracht werden.

B. Erforderlichkeit einer Vereinbarung, Begriff des Leistungserbringers (Abs. 1)

I. Erforderlichkeit der Vereinbarung (Abs. 1 S. 1)

7 Der Träger der Eingliederungshilfe darf grds. **Leistungen** der Eingliederungshilfe **nur bewilligen** und damit vergüten, wenn der Träger des Leistungserbringers und der für den Ort der Leistungserbringung zuständige Träger der Eingliederungshilfe eine **schriftliche Vereinbarung geschlossen** haben (**Abs. 1 S. 1**). Der Gesetzgeber will hiermit „Anreize für eine möglichst kostengünstige Leistungserbringung“ setzen (BT-Drs. 18/9522, 292). Die Vereinbarung muss eine Leistungs- und eine Vergütungsvereinbarung beinhalten (insoweit § 125 Abs. 1). Anders als im früheren Sozialhilferecht ist eine Prüfungsvereinbarung nicht mehr erforderlich, da die Prüfung gesetzlich geregelt wird (§ 128).

7a **Vereinbarungspartner** für den Abschluss der Vereinbarung ist der Träger der Eingliederungshilfe, der für den Ort der Leistungserbringung zuständig ist. Hiermit wird die örtliche Zuständigkeit bestimmt. Die sachliche Zuständigkeit ergibt sich aus Landesrecht (§ 94 Abs. 1). Bei Leistungserbringern ambulanter Vereinbarungen muss damit ggfs. mit mehreren Trägern der Eingliederungshilfe eine Vereinbarung geschlossen werden. Abweichende Regelungen durch die Länder sind möglich. In der Lit. wird die Auffassung vertreten, dass weiterhin auf den Sitz der Einrichtung abzustellen ist, um so mehrere inhaltlich unterschiedliche Vereinbarungen bei den ambulanten Leistungen zu vermeiden (KHM/Lange SGB IX § 123 Rn. 10). Auf Seiten des Leistungserbringers ist dessen Träger Vereinbarungspartner. Vereinbarungen durch unzuständige Stellen sind nichtig (§ 58 Abs. 1 SGB X iVm § 134 BGB).

Da es sich um einen **öffentlich-rechtlichen Vertrag** handelt, muss die Vereinbarung **schriftlich** geschlossen werden (§ 56 SGB X). Wurde sie nicht entsprechend diesem Formerfordernis geschlossen, ist sie nichtig (§ 58 Abs. 1 SGB X iVm § 125 BGB). Welche Anforderungen bei der Schriftform erfüllt werden müssen, ergibt sich aus § 126 BGB. Die Vereinbarung kann auch elektronisch geschlossen werden (§ 126 Abs. 3 iVm § 36a Abs. 2 SGB I). Zu den hierbei zu beachtenden Anforderungen s. § 36a Abs. 2 SGB I. **7b**

Keine Vereinbarung ist **erforderlich** bei Leistungen zur **Ausübung eines Ehrenamts** (§ 113 Abs. 2 Nr. 2 iVm § 78 Abs. 5) und bei der pauschalen Geldleistung (§ 116 Abs. 1). Eine Vereinbarung ist ferner nicht erforderlich, wenn der Träger der Eingliederungshilfe ausnahmsweise (§ 124 Abs. 1) die Leistung selbst erbringt (KHM/Lange SGB IX § 123 Rn. 9). **7c**

Mit der von anderen Sozialleistungsgesetzen abweichenden Formulierung „darf (...) nur bewilligen" war keine inhaltliche Änderung intendiert (LPK-SGB IX/Bieritz-Harder § 123 Rn. 3). Aus der Formulierung „nur bewilligen" folgt, dass im Zeitpunkt der Entscheidung des Trägers der Eingliederungshilfe **feststehen** muss, welchen **Leistungserbringer** die leistungsberechtigte Person ausgewählt hat (LPK-SGB IX/Bieritz-Harder § 123 Rn. 3). **Weitere Voraussetzung** der Vergütung ist das Bestehen eines **Leistungsanspruches** der leistungsberechtigten Person. **7d**

Die **Vertragsfreiheit** der leistungsberechtigten Person und des Leistungserbringers wird durch § 123 Abs. 1 S. 1 auf die der Leistungs- und Vergütungsvereinbarung entsprechende Leistungen und Vergütung **beschränkt** (Fuchs/Ritz/Rosenow/Rosenow § 123 SGB IX Rn. 37). Dies gilt ferner für dem WBVG unterfallende Wohn- und Betreuungsverträge (§ 15 Abs. 3 WBVG). Ob dies auch für nicht dem WBVG unterfallende Verträge gilt, ist str. (so jurisPK-SGB XII/Jaritz § 75 Rn. 200). Zur Vergütung ohne Vereinbarung nach Abs. 5 → Rn. 17 ff. **7e**

II. Begriff des Leistungserbringers (Abs. 1 S. 1)

Abs. 1 S. 1 enthält außerdem eine Legaldefinition des Begriffes **„Leistungserbringer"**. Dies sind danach Dritte, die Leistungen der Eingliederungshilfe erbringen, also Personen und Organisationen, die nicht identisch mit dem Träger der Eingliederungshilfe sind, zB die Wohlfahrtsverbände. **Keine Leistungserbringer** sind private und öffentliche Arbeitgeber, die Menschen mit Behinderungen in einem durch ein Budget für Arbeit oder ein Budget für Ausbildung gefördertes Arbeits- oder Ausbildungsverhältnis beschäftigen (Abs. 3 → Rn. 14) sowie aufgrund der ausdrücklichen Ausnahme in Abs. 1 S. 1 diejenigen, die die leistungsberechtigten Personen bei der Ausübung eines Ehrenamts unterstützen (§ 113 Abs. 2 Nr. 2 iVm § 78 Abs. 5 (→ § 78 Rn. 14) und die Anbieter von pauschalen Geldleistungen (§ 116 Abs. 1; → § 116 Rn. 3 f.). Das Vertragsrecht nach den §§ 123 ff. ist ferner nicht beim persönlichen Budget (§ 29) anzuwenden. **8**

C. Vereinbarung mit einem Verband (Abs. 1 S. 2)

Abs. 1 S. 2 ermöglicht, dass die Vereinbarung nach Abs. 1 S. 1 auf Seiten der Leistungserbringer durch den Verband, dem der Leistungserbringer angehört, geschlossen werden kann, wenn der Verband hierzu bevollmächtigt wurde. Der Verband muss seine Vollmacht nachweisen. Durch den Vereinbarungsschluss wird nicht der Verband, son- **9** dern der vertretende Leistungserbringer selbst Vereinbarungspartner (so zutreffend Fuchs/Ritz/Rosenow/Rosenow SGB IX § 123 Rn. 47 ff.). Der Vereinbarungsschluss wirkt unmittelbar für und gegen sie (§ 164 BGB).

D. Bindung anderer Träger der Eingliederungshilfe (Abs. 2 S. 1)

10 Die von einem Träger der Eingliederungshilfe geschlossene den gesetzlichen Vorgaben entsprechende Vereinbarung ist für alle Träger der Eingliederungshilfe bindend (Abs. 2 S. 1). Die anderen Träger der Eingliederungshilfe haben kein Mitwirkungsrecht (so zum SGB XII LPK-SGB XII/Münder § 77 Rn. 4).

E. Beim Vertragsschluss zu beachtende Grundsätze (Abs. 2–4)

I. Wirtschaftlichkeit, Sparsamkeit, Leistungsfähigkeit und Notwendigkeit der Leistungen

11 Die Verpflichtung („müssen") zur Beachtung der Grundsätze der Wirtschaftlichkeit, Sparsamkeit, Leistungsfähigkeit und Notwendigkeit bei der Vereinbarung nach den §§ 123 ff. (**Abs. 2 S. 2**) soll die wirtschaftliche Verwendung öffentlicher Mittel sicherstellen (BT-Drs. 18/9522, 288 f.). Es handelt sich um unbestimmte Rechtsbegriffe, die voller gerichtlicher Überprüfung unterliegen. Dies wird durch die Einschätzungsprärogative der Schiedsstellen begrenzt (BSG 7.10.2015 – B 8 SO 21/14 R, E 120, 51 = NJOZ 2016, 1417 Rn. 12).

11a Die Leistungen sind **wirtschaftlich,** wenn sie mit den geringsten einzusetzenden Mitteln erbracht werden (sog. Minimalprinzip) (LPK-SGB IX/Bieritz-Harder § 123 Rn. 6). Für die Vergütung wird der Grundsatz der Wirtschaftlichkeit in § 124 Abs. 1 S. 2 konkretisiert (→ § 124 Rn. 5). Die Vergütung muss so bemessen sein, dass die Leistungen vom Leistungserbringer ohne Verluste erbracht und angemessene an der jeweiligen Leistung orientierte Rücklagen gebildet werden können (so zur entsprechenden Rechtslage im Pflegeversicherungsrecht BSG 26.9.2019 – B 3 P 1/18 R, E 129, 116 = BeckRS 2019, 36393 Rn. 26 ff.).

11b **Sparsamkeit** meint, dass möglichst wenige Mittel eingesetzt werden (so zum Grube/Wahrendorf/Flint/Streichsbier SGB IX § 123 Rn. 22). Da sich die Wirtschaftlichkeit nach dem Minimalprinzip beurteilt (→ Rn. 11a) bleibt für das Prinzip der Sparsamkeit kein Anwendungsspielraum (ebenso KHM/Lange SGB IX § 123 Rn. 15).

11c **Leistungsfähigkeit** bedeutet, dass die Mittel so bemessen sein müssen, dass der Bedarf der leistungsberechtigten Person gedeckt ist (Grube/Wahrendorf/Flint/Streichsbier SGB IX § 123 Rn. 23). Es müssen also die notwendigen Aufwendungen für das Personal und die sächlichen Mittel (sog. Gestehungskosten) abgedeckt sein (KHM/Lange SGB IX § 123 Rn. 16).

11d Die Leistungen dürfen schließlich **„das Maß des Notwendigen nicht überschreiten"** (**Abs. 2 S. 2** Hs. 2). Was notwendig ist, ist auf der Grundlage der im Zeitpunkt der Entscheidung geltenden fachlichen Erkenntnisse zu beurteilen (Fuchs/Ritz/Rosenow/Rosenow SGB IX § 123 Rn. 56). Eine Beschränkung auf eine „sicherzustellende Grundversorgung" lässt sich aus der Notwendigkeit nicht ableiten (so zum SGB XII BSG 2.12.2012 – B 8 SO 9/10 R, BeckRS 2012, 72355 Rn. 27). Bei der Festlegung des Notwendigen sind die Zielsetzungen des SGB IX und der UN-BRK zu berücksichtigen. Zu Einzelheiten der Bemessung der Vergütung → § 125 Rn. 7 ff.

II. Prospektive Leistungssätze (Abs. 1 S. 3)

Die Vergütungsvereinbarung muss **prospektiv** für einen in der Zukunft liegenden Zeitraum geschlossen werden. Ein nachträglicher Ausgleich erfolgt nur in den eng begrenzten Fällen des § 127 Abs. 3 (→ § 127 Rn. 6 f.). Hierdurch soll ein Anreiz für betriebswirtschaftliches Verhalten gesetzt werden (BT-Drs. 12/5510, 10 f.). Die Vereinbarung eines nachträglichen Ausgleichs ist nach § 58 Abs. 2 iVm § 134 BGB nichtig (KHM/Lange SGB IX § 123 Rn. 19). Der Zeitraum, für den die Vereinbarungen geschlossen werden, wird von den Vereinbarungspartnern festgelegt. Er gehört zum Mindestinhalt der Vergütungsvereinbarung (Fuchs/Ritz/Rosenow/Rosenow SGB IX § 123 Rn. 58). Der Vereinbarungszeitraum ist damit nicht an das Kalenderjahr gekoppelt (BT-Drs. 18/9522, 288 f.). Hiermit soll ermöglicht werden, dass die Laufzeit der Vereinbarung an den Bedarf angepasst wird (BT-Drs. 18/9522, 289). Können sich die Vereinbarungsparteien über die Höhe der Vergütung nicht einigen, entscheidet die Schiedsstelle (§ 126). 12

III. Zugänglichmachen der Leistungs- und Vergütungsvereinbarung (Abs. 2 S. 4)

Mit dem Zugänglichmachen der Leistungs- und Vergütungsvereinbarung soll die Position der leistungsberechtigten Personen „ausdrücklich hervorgehoben und gestärkt" werden (BT-Drs. 18/9522, 289). Ist die Leistungs- und Vergütungsvereinbarung in Schriftform für die leistungsberechtigte Person nicht ausreichend wahrnehmbar, ist sie in einer Form zugänglich zu machen, die sie wahrnehmen kann, zB in Brailleschrift oder in akustischer Form. Welche Form für die leistungsberechtigte Person wahrnehmbar ist richtet sich nach dem Einzelfall (BT-Drs. 18/9522, 289), also vor allem nach der gesundheitlichen Beeinträchtigung der leistungsberechtigten Person (LPK-SGB IX/Bieritz-Harder § 123 Rn. 12). 13

F. Keine Vereinbarung bei Arbeitgebern und beruflichen Rehabilitationseinrichtungen (Abs. 3)

Der Ausschluss der privaten und öffentlichen Arbeitgeber nach § 61 und § 61a aus dem Kreis der Leistungserbringer in Abs. 3 hat zur Folge, dass bei diesen die §§ 123 ff. nicht anzuwenden sind. Der Gesetzgeber begründet die Regelung damit, dass der Arbeitgeber keine vom Träger der Eingliederungshilfe vergütete Leistung erbringt (BT-Drs. 18/9522, 289). 14

G. Leistungserbringungspflicht (Abs. 4)

Nach **Abs. 4 S. 1** muss der Leistungserbringer bei Bestehen einer schriftlichen Vereinbarung eine leistungsberechtigte Person aufnehmen und ihr Leistungen erbringen. Eine Regelung hierzu in der Vereinbarung erübrigt sich damit (BT-Drs. 18/9522, 289). Die Vereinbarung ist ein öffentlich-rechtlicher Vertrag zugunsten Dritter. 15

Der mit Abs. 4 S. 1 verbundene Eingriff in die Berufsausübungsfreiheit des Leistungserbringers hält der Gesetzgeber für verfassungskonform, weil hiermit „die Sicherstellung der Versorgung des Leistungsberechtigten" bezweckt wird (BT-Drs. 18/9522, 289). 15a

15b **Voraussetzung** der Aufnahmepflicht ist zunächst, dass mit dem zuständigen Träger der Eingliederungshilfe eine schriftliche Vereinbarung geschlossen wurde. Die Person, die aufgenommen werden soll, muss zum leistungsberechtigten Personenkreis der Eingliederungshilfe (§ 99) gehören. Weiter muss das in der Leistungsvereinbarung umschriebene Leistungsangebot betroffen sein. Schließlich muss ein Platz verfügbar sein.

15c Sind diese Voraussetzungen erfüllt, muss der Leistungserbringer mit der leistungsberechtigten Person einen Vertrag schließen. Die leistungsberechtigte Person hat einen Anspruch auf Abschluss eines Vertrages mit dem Leistungserbringer (KHM/Lange SGB IX § 123 Rn. 12). Es besteht Kontrahierungszwang (Fuchs/Ritz/Rosenow/Rosenow SGB IX § 123 Rn. 68). Dies gilt für stationäre Leistungen, teilstationäre und ambulante Leistungen (LPK-SGB IX/Bieritz-Harder § 123 Rn. 13). Die Aufnahmeverpflichtung besteht nicht, wenn der Leistungserbringer aufgrund seiner persönlichen und sachlichen Ausstattung nicht für die Leistungserbringung geeignet ist (LPK-SGB IX/Bieritz-Harder § 123 Rn. 14). Ausgenommen von der Leistungserbringungspflicht sind die **anderen Leistungsanbieter** nach § 60 (Abs. 4 S. 1).

15d Klargestellt wird in Abs. 4 S. 1 außerdem, dass der Leistungserbringer den **Gesamtplan** nach § 121 beachten muss. Hiermit wird insbesondere die vom Leistungserbringer zu erbringende Leistung konkretisiert. Die Leistungserbringung ist damit an der individuellen Situation der leistungsberechtigten Person auszurichten.

16 Mit **Abs. 4 S. 2** wird verdeutlicht, dass die Pflicht zur Leistungserbringung auch in den Fällen gilt, in denen nach § 116 Abs. 2 **mehreren leistungsberechtigten Personen** gemeinsam Leistungen erbracht werden. Die Regelung dient der Klarstellung (BT-Drs. 18/9522, 293).

H. Leistungserbringung ohne schriftliche Vereinbarung (Abs. 5)

17 Die Leistungen der Eingliederungshilfe dürfen grds. nur bewilligt werden, wenn die Leistung durch einen Leistungserbringer erbracht werden soll, der mit dem Träger der Eingliederungshilfe am Ort der Leistungserbringung eine schriftliche Vereinbarung geschlossen hat (Abs. 1 S. 1). Eine Ausnahme hierzu regelt Abs. 5. Bei Erfüllen von dessen Voraussetzungen darf der Träger der Eingliederungshilfe eine Sachleistung durch einen Leistungserbringer ohne schriftliche Vereinbarung erbringen.

17a Abs. 5 kommt zur Anwendung bei Leistungserbringern, mit denen **keine schriftliche Vereinbarung** geschlossen wurde. Dies ist der Fall, wenn eine Vereinbarung nicht angestrebt wurde, sie nicht geschlossen wurde (KHM/Lange SGB IX § 123 Rn. 33) oder nichtig ist (SächsLSG 11.3.2011 – L 8 SO 12/21 R ER, BeckRS 2021, 5737). Bei Vereinbarungen, deren Laufzeit überschritten ist, ist Abs. 5 S. 1 dagegen nicht anwendbar. Bei diesen gilt die Vereinbarung nach dem vorrangigen § 127 Abs. 4 bis zum Abschluss einer neuen Vereinbarung weiter. Keine Vereinbarung liegt ferner vor, wenn eine vorläufige Vereinbarung geschlossen wurde (BSG 28.11.2008 – B 8 SO 22/07 R, BeckRS 2009, 52433). Über den Weg des Abs. 5 kann ferner keine höhere über die vereinbarte hinausgehende Vergütung verlangt werden (LSG BW 18.11.2005 – L 7 S 4187/05 ER-B, BeckRS 2005, 159049). Schließlich ist eine Leistungserbringung während der Verhandlung über den Abschluss einer Vereinbarung und während des Schiedsstellenverfahrens ausgeschlossen (KHM/Lange SGB IX § 123 Rn. 34). Ausnahmsweise kann aber wegen des Bedarfsdeckungsgrundsatzes (§ 104 Abs. 1, → § 104 Rn. 3 ff.) eine Leistungserbringung geboten sein, wenn noch nicht alle Voraussetzungen des Abs. 5 erfüllt sind. (LPK-SGB IX/Bieritz-Harder § 123 Rn. 17).

17b Die Leistungserbringung durch einen Leistungserbringer ohne Vereinbarung muss **im Einzelfall geboten** sein (**Abs. 5 S. 1 Nr. 1**). Dies ist zB der Fall, wenn persönliche Gründe der Leistungserbringung in einer vertragsgebundenen Einrichtung entgegenstehen oder

der therapeutische Erfolg gefährdet würde, die Nähe zum Wohnort erforderlich ist oder religiöse Gründe der Leistungserbringung in einer stationären Einrichtung entgegenstehen (so zum SGB XII Höfer in Kruse ua, SGB XII Sozialhilfe, 3. Aufl. 2012, § 76 Rn. 8) oder der Bedarf der leistungsberechtigten Person nicht anders gedeckt werden kann, also objektiv unmöglich ist (LPK-SGB IX/Bieritz-Harder § 123 Rn. 16).

Um eine Besserstellung dieser Leistungserbringer gegenüber jenen mit Vereinbarung zu verhindern (BT-Drs. 18/9522, 289), müssen die weiteren Anforderungen des Abs. 5 S. 1 Nr. 2–5 erfüllt sein. Der Leistungserbringer muss ein **schriftliches Angebot** vorlegen, das die Vorgaben für die Leistungs- und Vergütungsvereinbarung nach § 125 erfüllt (Abs. 5 S. 1 Nr. 2). Er muss sich schriftlich verpflichten, die Grundsätze der **Wirtschaftlichkeit und Sparsamkeit** (Abs. 5 S. 1 Nr. 3) (→ Rn. 11) und bei der Leistungserbringung die Inhalte des **Gesamtplans** zu beachten (Abs. 5 S. 1 Nr. 4). Die **Vergütung** darf **nicht höher** sein als bei Leistungserbringern, die die Vereinbarung nach Abs. 1 S. 4 mit einem Träger der Eingliederungshilfe geschlossen haben (Abs. 5 S. 1 Nr. 5). Abs. 5 S. 1 Nr. 5 beinhaltet einen strikteren Mehrkostenvorbehalt als § 104 Abs. 2 S. 2. In der Lit. wird ua wegen Art. 26 BRK davon ausgegangen, dass der weitere Mehrkostenvorbehalt des § 104 Abs. 2 S. 2 Vorrang hat (Fuchs/Ritz/Rosenow/Rosenow SGB IX § 123 Rn. 104 ff.). 17c

Str. ist, ob der Träger der Eingliederungshilfe über die Leistungserbringung durch einen Leistungserbringer ohne Vereinbarung bei Vorliegen der skizzierten Voraussetzungen nach pflichtgemäßem Ermessen entscheiden kann. Teilweise wird davon ausgegangen, dass ihm durch die Verwendung des Begriffes „darf" Entschließungsermessen eingeräumt wird (Grube/Wahrendorf/Flint/Streichsbier SGB IX § 123 Rn. 35), bei dem allerdings der Entscheidungsspielraum eingeschränkt sei (so etwa LSG Bln-Bbg 9.5.2018 – L 23 SO 39/18, BeckRS 2018, 13215). Andere leiten aus dem Bedarfsdeckungsprinzip ab, dass der Träger der Eingliederungshilfe zur Erbringung der Leistung durch den Leistungserbringer ohne Vereinbarung verpflichtet ist (jurisPK-SGB IX/Busse § 123 Rn. 78). 17d

Abs. 5 entbindet nicht vom Erfordernis eines **Leistungsanspruches** der leistungsberechtigten Person und des Bestehens einer **privatrechtlichen Rechtsbeziehung** zwischen leistungsberechtigter Person und Leistungserbringer (Grube/Wahrendorf/Flint/Streichsbier SGB IX § 123 Rn. 35)). 17e

Abs. 5 **S. 2** erklärt einzelne Vorschriften der §§ 123 ff. bei Leistungserbringern ohne Vereinbarung für entspr. anwendbar. Krit. zur Regelung v. Boetticher, Teilhaberecht, 2. Aufl. 2020, Rn. 365 ff. Bei dem Verweis auf Abs. 5 handelt es sich um einen redaktionellen Fehler; richtigerweise muss auf Abs. 6 verwiesen werden (Fuchs/Ritz/Rosenow/Rosenow SGB IX § 123 Rn. 107). 18

I. Unmittelbarer Anspruch des Leistungserbringers auf Vergütung (Abs. 6)

Im Sozialhilferecht bestand nach der bis zum 31.12.2019 geltenden Fassung von § 75 SGB XII kein unmittelbarer gesetzlicher Rechtsanspruch des Leistungserbringers gegenüber dem Träger der Sozialhilfe auf Vergütung seiner Leistungen. Deshalb lehnte die Rspr. ein Klagerecht des Leistungserbringers gegen den Träger der Sozialhilfe ab. Erst die Bewilligung der Leistung an die leistungsberechtigte Person führe im Einzelfall zu einem zivilrechtlichen Schuldbeitritt, der dann einen unmittelbaren Zahlungsanspruch des Leistungserbringers gegen den Träger der Sozialhilfe begründe (BSG 28.10.2008 – B 8 SO 22/07 R, BSGE 102, 1 = BeckRS 2009, 52433; BSG 18.3.2014 – B 8 SF 2/13, BeckRS 2014, 68095). 19

Aus Gründen der Sachgerechtigkeit (BT-Drs. 18/9522, 294) räumt der Gesetzgeber in Abs. 6 einen unmittelbaren Zahlungsanspruch ein. Dieser besteht nur, soweit die leistungsberechtigte Person einen Anspruch auf die betroffene Leistung der Eingliederungs- 19a hilfe hat und die Leistung erbracht wurde. Eine höhere Vergütung kann der Leistungserbringer selbst nicht geltend machen (v. Boetticher, Teilhaberecht, 2. Aufl. 2020, § 3 Rn. 365). Muss die leistungsberechtigte Person einen Beitrag nach den §§ 135 ff. leisten (näher hierzu die Kommentierungen zu diesen Vorschriften), wird die Zahlung des Trägers der Eingliederungshilfe entsprechend gemindert (§ 137 Abs. 3; → § 137 Rn. 6 ff.). Den Restbetrag muss die leistungsberechtige Person unmittelbar an den Leistungserbringer zahlen. Zusätzlich können Ansprüche auf Verzugszinsen und Verzugsschäden aus den §§ 280 ff. BGB bestehen.

19b Der Anspruch auf die Vergütung gegen den Träger der Eingliederungshilfe ist vor den **Sozialgerichten** gelten zu machen (§ 51 Abs. 1 Nr. 6a SGG).

§ 124[1] Geeignete Leistungserbringer

(1) [1]Sind geeignete Leistungserbringer vorhanden, soll der Träger der Eingliederungshilfe zur Erfüllung seiner Aufgaben eigene Angebote nicht neu schaffen. [2]Geeignet ist ein externer Leistungserbringer, der unter Sicherstellung der Grundsätze des § 104 die Leistungen wirtschaftlich und sparsam erbringen kann. [3]Die durch den Leistungserbringer geforderte Vergütung ist wirtschaftlich angemessen, wenn sie im Vergleich mit der Vergütung vergleichbarer Leistungserbringer im unteren Drittel liegt (externer Vergleich). [4]Liegt die geforderte Vergütung oberhalb des unteren Drittels, kann sie wirtschaftlich angemessen sein, sofern sie nachvollziehbar auf einem höheren Aufwand des Leistungserbringers beruht und wirtschaftlicher Betriebsführung entspricht. [5]In den externen Vergleich sind die im Einzugsbereich tätigen Leistungserbringer einzubeziehen. [6]Die Bezahlung tariflich vereinbarter Vergütungen sowie entsprechender Vergütungen nach kirchlichen Arbeitsrechtsregelungen kann dabei nicht als unwirtschaftlich abgelehnt werden, soweit die Vergütung aus diesem Grunde oberhalb des unteren Drittels liegt.

(2) [1]Geeignete Leistungserbringer haben zur Erbringung der Leistungen der Eingliederungshilfe eine dem Leistungsangebot entsprechende Anzahl an Fach- und anderem Betreuungspersonal zu beschäftigen. [2]Sie müssen über die Fähigkeit zur Kommunikation mit den Leistungsberechtigten in einer für die Leistungsberechtigten wahrnehmbaren Form verfügen und nach ihrer Persönlichkeit geeignet sein. [3]Geeignete Leistungserbringer dürfen nur solche Personen beschäftigen oder ehrenamtliche Personen, die in Wahrnehmung ihrer Aufgaben Kontakt mit Leistungsberechtigten haben, mit Aufgaben betrauen, die nicht rechtskräftig wegen einer Straftat nach den §§ 171, 174 bis 174c, 176 bis 180a, 181a, 182 bis 184g, 184i bis 184l, 201a Absatz 3, §§ 225, 232 bis 233a, 234, 235 oder 236 des Strafgesetzbuchs verurteilt worden sind. [4]Die Leistungserbringer sollen sich von Fach- und anderem Betreuungspersonal, die in Wahrnehmung ihrer Aufgaben Kontakt mit Leistungsberechtigten haben, vor deren Einstellung oder Aufnahme einer dauerhaften ehrenamtlichen Tätigkeit und in regelmäßigen Abständen ein Führungszeugnis nach § 30a Absatz 1 des Bundeszentralregistergesetzes vorlegen lassen. [5]Nimmt der Leistungserbringer Einsicht in ein Führungszeugnis nach § 30a Absatz 1 des Bundeszentralregistergesetzes, so speichert er nur den Umstand der Einsichtnahme, das Datum des Führungszeugnisses und die Information, ob die das Führungszeugnis betreffende Person wegen einer in Satz 3 genannten Straftat rechtskräftig verurteilt worden ist. [6]Der Leistungserbringer darf diese Daten nur verändern und nutzen, soweit dies zur Prüfung der Eignung einer Person erforderlich ist. [7]Die Daten sind vor dem Zugriff Unbefugter zu schützen. [8]Sie sind unverzüglich zu löschen, wenn im Anschluss an die Einsichtnahme keine Tätigkeit für den Leistungserbringer wahrgenommen wird. [9]Sie sind spätestens drei Monate nach der letztmaligen Ausübung einer Tätigkeit für den Leistungserbringer

[1] § 124 Abs. 2 Satz 3 geänd. mWv 26.4.2019 durch G v. 18.4.2019 (BGBl. I S. 473); Abs. 2 Satz 3 geänd. mWv 1.1.2021 durch G v. 9.10.2020 (BGBl. I S. 2075); Abs. 2 Satz 3 geänd. mWv 1.7.2021 durch G v. 16.6.2021 (BGBl. I S. 1810).

zu löschen. [10]Das Fachpersonal muss zusätzlich über eine abgeschlossene berufsspezifische Ausbildung und dem Leistungsangebot entsprechende Zusatzqualifikationen verfügen.

(3) **Sind mehrere Leistungserbringer im gleichen Maße geeignet, so hat der Träger der Eingliederungshilfe Vereinbarungen vorrangig mit Leistungserbringern abzuschließen, deren Vergütung bei vergleichbarem Inhalt, Umfang und Qualität der Leistung nicht höher ist als die anderer Leistungserbringer.**

Übersicht

A. Geltende Fassung; Normzweck

1 § 124 regelt seit dem 1.1.2018 das Zurückhaltungsgebot der Träger der Eingliederungshilfe und legt Anforderungen für die Geeignetheit der Leistungserbringer fest. Der davor in § 124 enthaltene Regelungsgegenstand „Mehrarbeit durch schwerbehinderte Menschen" findet sich seitdem in § 207. In Abs. 2 S. 3 wurden durch das G zur Durchführung von Verordnungen der Europäischen Union zur Bereitstellung von Produkten auf dem Markt und zur Änderung des Neunten und Zwölften Buches Sozialgesetzbuch vom 18.4.2019 (BGBl. I S. 473) mWv 26.4.2019, das G v. 9.10.2020 (BGBl. I S. 2075 mWv 1.1.2021 und das G v. 16.6.2021 (BGBl. I S. 1810) mWv 1.7.2021 weitere Straftatbestände eingefügt.

B. Zurückhaltungsgebot (Abs. 1 S. 1)

2 Die Sozialleistungsträger und damit auch die Träger der Eingliederungshilfe müssen nach § 17 Abs. 1 Nr. 2 SGB I sicherstellen, dass die für die Ausführung der Sozialleistungen erforderlichen Dienste und Einrichtungen rechtzeitig und ausreichend zur Verfügung stehen. Für die personenzentrierten Leistungen für Menschen mit Behinderungen wird dieser **Sicherstellungsauftrag** in § 95 konkretisiert (→ § 95 Rn. 3 ff.). Sie sollen – dh dürfen idR – allerdings keine eigenen Angebote neu schaffen, wenn geeignete Leistungserbringer vorhanden sind (Abs. 1 S. 1). Zum Begriff des Leistungserbringers → § 123 Rn. 8. Abs. 1 S. 1 schließt nur die Schaffung neuer Einrichtungen und Dienste des Trägers der Eingliederungshilfe aus. Bereits vorhandene Einrichtungen muss er nicht schließen. Die Vorschrift schließt ferner nicht aus, dass öffentliche Einrichtungen ausgebaut werden, wenn hierfür geringere Mittel erforderlich sind. Aus Abs. 1 S. 1 ergibt sich **kein Anspruch auf Förderung** der Einrichtungen und Dienste der Leistungserbringer. Ferner folgt aus der Vorschrift kein Anspruch der leistungsberechtigten Person auf Schaffung einer Einrichtung oder eines Dienstes.

C. Geeignete Leistungserbringer, wirtschaftliche Angemessenheit (Abs. 1 S. 2–6)

3 **Abs. 1 S. 2** umschreibt, welche **Leistungserbringer geeignet** sind. Danach muss der Leistungserbringer in der Lage sein, die Leistungen zu erbringen. Dies ist er nicht, wenn

er zB die baulichen Voraussetzungen nicht erfüllt oder keine Erlaubnis für den Betrieb eines Heimes hat (KHM/Lange SGB IX § 124 Rn. 3). Bei der Leistungserbringung muss er die Grundsätze des § 104 beachten. Er muss in der Lage sein, den Bedarf im Einzelfall unter Berücksichtigung des Wunschrechtes der leistungsberechtigten Person zu erfüllen. Außerdem muss der Leistungserbringer bei der Leistungserbringung wirtschaftlich und sparsam handeln. Zu den personellen Anforderungen → Rn. 8 ff.

4 Nach **Abs. 1 S. 3** ist die **wirtschaftliche Angemessenheit** durch **externen Vergleich** zu ermitteln. Hierbei wird zunächst geprüft, ob die in Ansatz gebrachten voraussichtlichen **Kosten plausibel** sind (KHM/Lange SGB IX § 124 Rn. 3). Fiktive Kosten dürfen nicht berücksichtigt werden (so zur entsprechenden Rechtslage nach dem SGB XII BSG 28.1.2921 – B 8 SO 6/19 R, BeckRS 2021, 14857). Diese Plausibilitätsprüfung ist auch bei den Festsetzungen der Schiedsstelle vorzunehmen, die insoweit voller gerichtlicher Kontrolle unterliegt (so zur entsprechenden Rechtslage nach dem SGB XII zB BSG 5.7.2018 – B 8 SO 28/16 R, BeckRS 2018, 28983).

4a Von wirtschaftlicher Angemessenheit ist auszugehen, wenn die **Vergütung im unteren Drittel** der Vergütungen liegt. Der Gesetzgeber nimmt damit die Rspr. des BSG (BSG 29.1.2009 – B 3 P 7/08 R, NZS 2010, 35) auf (BT-Drs. 18/9522, 295). Der externe Vergleich muss sowohl bei der Vereinbarung für ein neues Leistungsangebot als auch bei der Vereinbarung für ein Folgeangebot durchgeführt werden (v. Boetticher, Teilhaberecht, 2. Aufl. 2020, § 3 Rn. 365 ff.). Beim externen Vergleich wird die geforderte Vergütung mit der vergleichbarer Leistungserbringer (so zu Recht v. Boetticher, Teilhaberecht, 2. Aufl. 2020, § 3 Rn. 370) im Einzugsbereich (Abs. 2 S. 5, → Rn. 6) des Trägers der Eingliederungshilfe verglichen. Vergleichbar sind Leistungserbringer, deren inhaltlich im Wesentlichen entsprechenden Leistungen sich an denselben Personenkreis richten (BT-Drs. 18/9522, 295). Dies ist auf der Grundlage des Inhaltes, des Umfanges und der Qualität der Leistung zu entscheiden (BayLSG 25.1.2012 – L 8 SO 89/09 KL, BeckRS 2012, 70887). Zum Einzugsbereich → Rn. 6

5 Eine **über dem unteren Drittel liegende Vergütung** kann wirtschaftlich angemessen sein, wenn der Leistungserbringer nachvollziehbar darlegen kann, dass dies auf einem höheren Aufwand beruht und er seinen Betrieb wirtschaftlich führt (**Abs. 1 S. 4**). In der Gesetzesbegründung werden folgende Beispiele genannt: besondere Leistungsangebote mit höherem Personalschlüssel, Lage und Zuschnitt der Einrichtung, die Leistung kann ohne diesen Leistungserbringer nicht erbracht werden (BT-Drs. 18/9522, 295). S. auch → Rn. 7.

6 In den Vergleich sind nach **Abs. 1 S. 5** die Leistungserbringer im **Einzugsbereich des Leistungserbringers** einzubeziehen. Der Einzugsbereich des Leistungserbringers richtet sich danach, in welchem Gebiet der Leistungserbringer Leistungen erbringt. Dies ist nicht zwingend deckungsgleich mit dem Bereich des Trägers der Eingliederungshilfe oder den Grenzen zwischen den Bundesländern (KHM/Lange SGB IX § 124 Rn. 14).

7 Liegt die vom Leistungserbringer geforderte Vergütung allein deshalb über dem unteren Drittel, weil er den Beschäftigten **Arbeitsvergütungen** entsprechend der **tarifvertraglichen oder den kirchlichen Arbeitsrechtsregelungen** zahlt, ist die höhere Vergütung wirtschaftlich angemessen (**Abs. 1 S. 6**).

D. Beschäftigung von ausreichend Fach- und Betreuungskräften (Abs. 2)

8 Weitere Anforderung für die Eignung eines Leistungserbringers ist, dass er die für die Erbringung der Leistungen die quantitativ und qualitativ erforderliche Anzahl an Fach- und anderem Betreuungskräften beschäftigt (**Abs. 2 S. 1**). Ansonsten ist er nicht geeignet (BT-Drs. 18/9522, 235). Ein Personalschlüssel wird im SGB IX nicht festgelegt. Per-

sonalrichtwerte und Methoden, nach denen das erforderliche Personal ermittelt wird, soll im Landesrahmenvertrag festgelegt werden (§ 131 Abs. 1 S. 2 Nr. 5). Das für die vom Leistungserbringer zu erbringenden Leistungen erforderliche Personal wird in der Leistungsvereinbarung festgelegt (§ 125 Abs. 2 S. 1 Nr. 5). **Fachkräfte** (zu den Anforderungen an diese → § 97 Rn. 4 f.) hält der Gesetzgeber ua für erforderlich bei der qualifizierten Assistenz. Bei dieser sei idR „eine einschlägige Ausbildung im pädagogischen, psychosozialen, psychiatrischen oder therapeutischen Bereich erforderlich" (BT-Drs. 18/9522, 295; Abs. 2 S. 10). Bei Assistenzleistungen zur Übernahme von Handlungen und Begleitungen sind nach der Gesetzesbegründung Mitarbeiter/innen ohne entsprechende Ausbildung ausreichend (BT-Drs. 18/9522, 295). Welche Qualifikationen erforderlich sind, ist im Einzelfall zu entscheiden. Wesentlich ist ferner die Zuverlässigkeit der eingesetzten Kräfte.

Die Fach- und Betreuungskräfte müssen in der Lage sein, mit den Leistungsberechtigten in wahrnehmbarer Form zu **kommunizieren (Abs. 2 S. 2)**, zB in Gebärdensprache, Lormen oder in Brailleschrift (BT-Drs. 18/9522, 294). **9**

Das Fach- und andere Betreuungspersonal muss zudem nach ihrer **Persönlichkeit** für die Tätigkeit **geeignet** sein. Der unbestimmte Begriff der Eignung wird nicht im SGB IX näher konkretisiert. In der Kinder- und Jugendhilfe, die eine gleichlautende Regelung enthält, wird davon ausgegangen, dass die persönliche Eignung durch „Glaubwürdigkeit, Empathie, Verantwortlichkeit, Engagement, Belastbarkeit, und Offenheit" und Kritik- und Konfliktfähigkeit gekennzeichnet ist (Möller, Praxiskommentar SGB VIII Kinder- und Jugendhilfe, 3. Aufl. 2023, § 72 Rn. 5). **10**

Geeignete Leistungserbringer dürfen nur Personen beschäftigen die **nicht** wegen einer Verletzung der Fürsorge- oder Erziehungspflicht (§ 171 StGB), wegen Straftaten der Verletzung der sexuellen Selbstbestimmung (§§ 174–184l StGB), wegen Herstellung oder Verbreitung von Nacktfotos Minderjähriger (§ 201a Abs. 3), wegen Misshandlung Schutzbefohlener (§ 225 StGB), wegen Menschenhandel, Zwangsprostitution, Zwangsarbeit, Ausbeutung der Arbeitskraft oder Ausbeutung unter Ausnutzung einer Freiheitsberaubung (§§ 232–233a StGB) oder wegen Menschenraubs, Entziehung Minderjähriger oder Kinderhandel (§§ 234, 235, 236 StGB) **rechtskräftig verurteilt** wurden (**Abs. 2 S. 3**). Dies gilt unabhängig davon, ob sie Kontakt zu leistungsberechtigten Personen haben. Ferner dürfen sie gem. Abs. 3 S. 1 nicht Ehrenamtliche mit einer solchen Vorstrafe mit einer Aufgabe betrauen, in der sie Kontakt mit Leistungsberechtigten haben. Mit dem Verbot des Einsatzes der nach diesen Vorschriften Vorbestraften sollen die leistungsberechtigten Personen gegen Übergriffe geschützt werden (BT-Drs. 18/10523, 62). Um dies festzustellen, sollen die Leistungserbringer sich bei der Einstellung bzw. der Aufnahme einer ehrenamtlichen Tätigkeit und danach in regelmäßigen Abständen (alle drei bis fünf Jahre; Grube/Wahrendorf/Flint/Streichsbier SGB IX § 124 Rn. 13) ein erweitertes Führungszeugnis (§ 30a BZRG) vorlegen lassen (**Abs. 2 S. 4**). **Abs. 2 S. 5–9** enthalten datenschutzrechtliche Regelungen hierzu. **10a**

Das Fachpersonal muss weiter eine **berufsspezifische Ausbildung** haben und eine dem Leistungsangebot entsprechende **Zusatzqualifikation** besitzen (**Abs. 2 S. 10**). Auch hierzu sind Einzelheiten in der Leistungsvereinbarung festzulegen (§ 125 Abs. 2 S. 1 Nr. 5). Beim sonstigen Betreuungpersonal gilt dies nicht. **10b**

E. Eignung mehrerer Leistungserbringer (Abs. 3)

Sind mehrere Leistungserbringer gleich geeignet, erfolgt ein Vergleich mit der Vergütung anderer Leistungserbringer, die Angebote mit vergleichbarem Inhalt, Umfang und Qualität erbringen (Abs. 3). Die Vereinbarung ist dann vorrangig mit dem Leistungserbringer zu schließen, dessen Vergütung nicht höher ist als die anderer Leistungs- **11** erbringer. Der Vergleich muss auf der Grundlage des konkreten Leistungsangebots erfolgen (LPK-SGB IX/Bieritz-Harder § 124 Rn. 9). Sind höhere Vergütungen durch die Besonderheiten der Leistung begründet, ist mit entsprechenden Angeboten zu vergleichen. Auf andere Gründe kann der Träger der Eingliederungshilfe die Ablehnung einer Vereinbarung nicht stützen. Dies gilt insbesondere für eine Ablehnung wegen fehlenden Bedarfs (LPK-SGB IX/Bieritz-Harder § 124 Rn. 9). Krit. zu Abs. 3 v. Boetticher, Teilhaberecht, 2. Aufl. 2020, § 3 Rn. 374, der vorschlägt, Abs. 3 zu ignorieren.

§ 125 Inhalt der schriftlichen Vereinbarung

(1) In der schriftlichen Vereinbarung zwischen dem Träger der Eingliederungshilfe und dem Leistungserbringer sind zu regeln:

1. Inhalt, Umfang und Qualität einschließlich der Wirksamkeit der Leistungen der Eingliederungshilfe (Leistungsvereinbarung) und

2. die Vergütung der Leistungen der Eingliederungshilfe (Vergütungsvereinbarung).

(2) [1] In die Leistungsvereinbarung sind als wesentliche Leistungsmerkmale mindestens aufzunehmen:

1. der zu betreuende Personenkreis,

2. die erforderliche sächliche Ausstattung,

3. Art, Umfang, Ziel und Qualität der Leistungen der Eingliederungshilfe,

4. die Festlegung der personellen Ausstattung,

5. dic Qualifikation des Personals sowie

6. soweit erforderlich, die betriebsnotwendigen Anlagen des Leistungserbringers.

[2] Soweit die Erbringung von Leistungen nach § 116 Absatz 2 zu vereinbaren ist, sind darüber hinaus die für die Leistungserbringung erforderlichen Strukturen zu berücksichtigen.

(3) [1] Mit der Vergütungsvereinbarung werden unter Berücksichtigung der Leistungsmerkmale nach Absatz 2 Leistungspauschalen für die zu erbringenden Leistungen unter Beachtung der Grundsätze nach § 123 Absatz 2 festgelegt. [2] Förderungen aus öffentlichen Mitteln sind anzurechnen. [3] Die Leistungspauschalen sind nach Gruppen von Leistungsberechtigten mit vergleichbarem Bedarf oder Stundensätzen sowie für die gemeinsame Inanspruchnahme durch mehrere Leistungsberechtigte (§ 116 Absatz 2) zu kalkulieren. [4] Abweichend von Satz 1 können andere geeignete Verfahren zur Vergütung und Abrechnung der Fachleistung unter Beteiligung der Interessenvertretungen der Menschen mit Behinderungen vereinbart werden.

(4) [1] Die Vergütungsvereinbarungen mit Werkstätten für behinderte Menschen und anderen Leistungsanbietern berücksichtigen zusätzlich die mit der wirtschaftlichen Betätigung in Zusammenhang stehenden Kosten, soweit diese Kosten unter Berücksichtigung der besonderen Verhältnisse beim Leistungserbringer und der dort beschäftigten Menschen mit Behinderungen nach Art und Umfang über die in einem Wirtschaftsunternehmen üblicherweise entstehenden Kosten hinausgehen. [2] Können die Kosten im Einzelfall nicht ermittelt werden, kann hierfür eine Vergütungspauschale vereinbart werden. [3] Das Arbeitsergebnis des Leistungserbringers darf nicht dazu verwendet werden, die Vergütung des Trägers der Eingliederungshilfe zu mindern.

Übersicht

A. Geltende Fassung; Normzweck

§ 125 regelt seit dem 1.1.2018 den Inhalt der Vereinbarung des Trägers der Eingliederungshilfe mit dem Leistungserbringer und legt ein Schriftformerfordernis für diese fest. Der davor in § 125 enthaltene Regelungsgehalt „Zusatzurlaub für schwerbehinderte Menschen" findet sich seitdem in § 208. 1

Nach § 123 Abs. 1 S. 1 dürfen die Träger der Eingliederungshilfe grds. Leistungen nur bei einem Leistungserbringer bewilligen, der mit dem für den Ort der Leistungserbringung zuständigen Träger der Eingliederungshilfe eine schriftliche Vereinbarung geschlossen hat (→ § 123 Rn. 7 ff.). § 125 konkretisiert den Inhalt dieser Vereinbarung. Die Vereinbarung muss eine Leistungs- und eine Vergütungsvereinbarung enthalten (Abs. 1; → Rn. 3). Einzelheiten zur Leistungsvereinbarung regelt Abs. 2 (→ Rn. 4 ff.) und zur Vergütungsvereinbarung Abs. 3 (→ Rn. 7 ff.). Besonderheiten für WfbM ergeben sich aus Abs. 4 (→ Rn. 11 ff.). 2

Mit dem Inhalt der Vereinbarung zwischen den Rehabilitationsträgern und den Leistungserbringern befasst sich außerdem § 38. Diese Vorschrift wird durch § 125 ergänzt. 2a

B. Bestandteile der Vereinbarung (Abs. 1)

Die schriftliche Vereinbarung zwischen dem Träger der Eingliederungshilfe und dem Leistungserbringer enthält eine Leistungsvereinbarung und eine Vergütungsvereinbarung (Abs. 1). Den Mindestinhalt dieser Teilvereinbarungen legen die Abs. 2 u. 3 fest. Eine Prüfungsvereinbarung muss nicht geschlossen werden, weil in der Eingliederungshilfe nach dem SGB IX das Prüfrecht gesetzlich geregelt ist (§ 128). In der Leistungs- und in der Vergütungsvereinbarung sind grds. nur die Fachleistungen, dagegen nicht die Leistungen zur Sicherung des Lebensunterhalts zu regeln. Die Leistungen zur Sicherung des Lebensunterhalts werden nicht nach dem SGB IX, sondern vor allem nach dem SGB XII gewährt. Nur für minderjährige und volljährige Leistungsberechtigte in einer Schulausbildung enthält § 134 eine als lex specialis vorrangige abweichende Regelung. Bei diesen sind bei auswärtiger Unterbringung weiterhin die Leistungen für Unterkunft und Verpflegung Gegenstand der Vereinbarungen. Beim Abschluss der Leistungs- und der Vergütungsvereinbarung sind die Vorgaben des Landesrahmenvertrages zu beachten (v. Boetticher, Teilhaberecht, 2. Aufl. 2020, § 3 Rn. 379). Zur Rechtsnatur der Vereinbarung → § 123 Rn. 7b. Die Vereinbarungen sind nach der Gesetzesbegründung voneinander unabhängig (BT-Drs. 18/9522, 292). Bei näherer Betrachtung zeigt sich indessen, dass sie in einem synallagmatischen Verhältnis stehen (so zur entsprechenden Rechtslage nach dem SGB VIII Gottlieb SRa 2012, 105 (108 f.)). 3

C. Inhalt der Leistungsvereinbarung (Abs. 2)

In der Leistungsvereinbarung werden Inhalt, Umfang, Qualität und Wirksamkeit der Leistungen festgelegt (**Abs. 1 Nr. 1**). Sie ist ein öffentlich-rechtlicher Vertrag. Der Inhalt der Leistungsvereinbarung muss hinreichend konkret sein. Es kann auch auf andere Regelwerke, insbesondere den Landesrahmenvertrag Bezug genommen werden (zum SGB XII ThürOVG 10.12.2003 – 3 EO 819/02, BeckRS 2004, 23334). Mit der ausdrücklichen Erwähnung der Wirksamkeit bringt der Gesetzgeber zum Ausdruck, dass auch die Ergebnisqualität angesprochen werden muss (v. Boetticher Teilhaberecht § 3 Rn. 380). Krit. zur Vereinbarung der Wirksamkeit Fuchs/Ritz/Rosenow/Rosenow § 125 Rn. 37 ff. 4

5 **Abs. 2 S. 1** legt den **Mindestinhalt der Leistungsvereinbarung** fest. Werden diese Mindestinhalte nicht geregelt, ist die Vereinbarung nichtig (§ 58 SGB X). Mit der Reihenfolge der in Abs. 2 S. 1 aufgezählten Inhalte will der Gesetzgeber keine Wertung zum Ausdruck bringen (BT-Drs. 18/9522, 296). Im Einzelnen handelt es sich um folgende Inhalte:

- **zu betreuender Personenkreis** (Abs. 2 S. 1 Nr. 1).
  Dieser muss hinreichend konkret umschrieben werden.
- **erforderliche sächliche Ausstattung** (Abs. 2 S. 1 Nr. 2).
  Diese beinhaltet die betrieblichen Mittel des Leistungserbringers, zB das Mobiliar, Maschinen, Fahrzeuge, Hilfsmittel und sonstige Gegenstände (LPK-SGB IX/Bieritz-Harder§ 125 Rn. 4). Str. ist, ob auch die betriebsnotwendigen Anlagen erfasst sind (abl. jurisPK-SGB IX/Busse § 125 Rn. 31).
- **Art, Umfang, Ziel und Qualität der Leistung** (Abs. 2 S. 1 Nr. 3).
  Bei der Qualität der Leistung werden die einzuhaltenden Leistungsstandards umschrieben (Grube/Wahrendorf/Flint/Streichsbier SGB IX § 125 Rn. 9). Zu unterscheiden sind die Strukturqualität (personelle, sächliche und finanzielle Ausstattung der Einrichtung), die Prozessqualität (Ausführung der Leistung) und die Ergebnisqualität (Erreichen der Ziele der Leistungserbringung) (LPK-SGB IX/Bieritz-Harder § 125 Rn. 5).
- **persönliche Ausstattung** (Abs. 2 S. 1 Nr. 4).
  Festzulegen sind Quantität und Qualität des Personals und ggf. ein Personalschlüssel. Einzelheiten sind insoweit in den Rahmenverträgen zu regeln (BT-Drs. 18/9522, 296)
- **Qualifikation des Personals** (Abs. 2 S. 1 Nr. 5)
  Hierzu gehören die Ausbildung der Mitarbeiterinnen und Mitarbeiter, deren Fortbildung und ggf. regelmäßige Supervisionen (Fuchs/Ritz/Rosenow/Rosenow SGB IX § 125 Rn. 45).
- erforderlichenfalls die **betriebsnotwendigen Einrichtungen** des Leistungserbringers (Abs. 2 S. 1 Nr. 6).

5a Die Liste ist **nicht abschließend** („mindestens"). Weitere Inhalte ergeben sich aus § 38 (→ § 38 Rn. 11 ff.). Zusätzliche Inhalte können sich ferner zB aus den besonderen Bedürfnissen der Zielgruppe ergeben. Nicht geregelt werden muss die Verpflichtung, leistungsberechtigte Personen aufzunehmen und zu betreuen. Diese ergibt sich bereits aus § 123 Abs. 4 S. 1 (→ § 123 Rn. 15 ff.). Einzelheiten zum Inhalt der Leistungsvereinbarung können sich aus dem Landesrahmenvertrag und der Bundesempfehlung nach § 132 ergeben. Der Inhalt der vom Träger der Eingliederungshilfe zu erbringenden Leistungen ist nicht Gegenstand der Vereinbarung).

6 **Abs. 2 S. 2** erweitert diesen Katalog bei den Leistungen an mehrere Personen nach § 116 Abs. 2 um die erforderlichen **Strukturen** für die Leistungserbringung. Diese sind in der Aufzählung in Abs. 2 S. 1 nicht enthalten. Die Vereinbarung ist nach § 116 Abs. 2 S. 2 Voraussetzung für die gemeinsame Leistungserbringung. **Nicht angesprochen** werden die Leistungen der schulischen und hochschulischen Leistungen an mehrere Leistungsberechtigte nach § 112 Abs. 4. In der Lit. wird die Auffassung vertreten, dass auch diese in der Leistungsvereinbarung zu berücksichtigen sind (v. Boetticher, Teilhaberecht, 2. Aufl. 2020, § 3 Rn. 382).

D. Inhalt der Vergütungsvereinbarung (Abs. 3)

7 In der Vergütungsvereinbarung werden Leistungspauschalen für die zu erbringenden Leistungen festgelegt (**Abs. 3 S. 1**). Bei der Berechnung dieser Leistungspauschalen sind alle Leistungsmerkmale nach Abs. 2 und die betriebsnotwendigen Anlagen, wozu der Gesetzgeber auch den „Investitionsaufwand für Erst- und Wiederbeschaffung von Anlagegütern sowie Miete bzw. Pacht und Darlehenszinsen" zählt (BT-Drs. 18/9522, 296),

zu berücksichtigen. Soweit der Träger für Kosten der Unterkunft aufkommen muss, sind auch diese in der Leistungspauschale zu berücksichtigen. Grundpauschalen sind, anders als im Sozialhilferecht, nicht auszuweisen, weil in der Eingliederungshilfe nur Fachleistungen erbracht werden. Die Leistungspauschale umfasst vielmehr das Gesamtentgelt für eine Leistung der Eingliederungshilfe (ebenso Fuchs/Ritz/Rosenow/Rosenow SGB IX § 125 Rn. 65). Bei der Festlegung der Leistungspauschale sind die Grundsätze der Wirtschaftlichkeit, Sparsamkeit, Leistungsfähigkeit und Notwendigkeit zu beachten. Dies folgt aus dem Verweis in Abs. 3 S. 1 auf § 123 Abs. 2. S. zu diesen Grundsätzen → § 123 Rn. 11 ff.)

Auf die Vergütung werden **öffentliche Fördermittel** angerechnet (**Abs. 3 S. 2**). Hierdurch sollen Wettbewerbsverzerrungen vermieden (BT-Drs. 18/9522, 296) und eine doppelte öffentliche Finanzierung ausgeschlossen (Grube/Wahrendorf/Flint/Streichsbier SGB IX § 125 Rn. 20) werden. Zu den öffentlichen Fördermitteln gehören Finanzierungen aus Fördermitteln des öffentlichen Rechts (Bund, Länder, Kommunen), Zuwendungen von Stiftungen des öffentlichen Rechts und der öffentlichen Verwaltung zuzurechnenden Stiftungen des Privatrechts (so zum SGB XII Grube/Wahrendorf/Flint/Streichsbier SGB IX § 125 Rn. 20). Nach der Gesetzesbegründung gehören hierzu auch verdeckte Subventionen (BT-Drs. 18/9522, 296 unter Hinweis auf BT-Drs. 13/2440, 30). Es sind nur die auf die Fachleistungen entfallenden öffentlichen Fördermittel beim Kostenvergleich der Leistungspauschale anzurechnen (v. Boetticher, Teilhaberecht, 2. Aufl. 2020, § 4 Rn. 385). Berücksichtigt werden nur Fördermittel, die der Leistungserbringer tatsächlich erhält (KHM/Lange SGB IX § 125 Rn. 17). 8

Die **Leistungspauschalen** sind nach **Gruppen von Leistungsberechtigten** mit vergleichbarem Bedarf oder Stundensätzen und für die gemeinsame Inanspruchnahme von Leistungen durch mehrere leistungsberechtigte Personen zu bilden (**Abs. 3 S. 3**). Einzelheiten zur Gruppenbildung muss der Landesrahmenvertrag bestimmen (§ 131 Abs. 1 S. 1 Nr. 2). Die leistungsberechtigten Personen werden einer dieser Gruppen zugeordnet. Die Zuordnung dient lediglich der Kalkulation (BT-Drs. 18/9522, 296; so auch BSG 2.2.2010 – B 8 SO 20/08 R, BeckRS 2010, 68711). Sie ist nach Auffassung des Gesetzgebers und des BSG kein Verwaltungsakt (BT-Drs. 18/9522, 296 unter Berufung auf BSG 2.10.2010 – B 8 SO 20/08 R, BeckRS 2010, 68711). Die Berechnung der Vergütung kann ferner nach Stundensätzen für Fachstunden erfolgen. Außerdem werden Leistungspauschalen für Leistungen, die an mehrere leistungsberechtigte Personen gemeinsam erbracht werden (§ 116 Abs. 2, näher zu diesen Leistungen § 116 Rn. 3 ff.), festgesetzt. Nach § 131 Abs. 1 S. 2 Nr. 3 wird die Höhe der Leistungspauschalen im Landesrahmenvertrag festgesetzt. Folgte man dem, wäre für Vergütungsvereinbarungen kein Raum mehr, was der Regelungssystematik widersprechen würde (so zu Recht v. Boetticher, Teilhaberecht, 2. Aufl. 2020, § 3 Rn. 384). 9

Abs. 3 S. 4 lässt die **Vereinbarung anderer geeigneter Verfahren zur Vergütung und zur Abrechnung** zu. Hiermit sollen länderspezifische Abrechnungsverfahren ermöglicht werden (BT-Drs. 18/9522, 297). Die vereinbarten Verfahren müssen geeignet sein. Die Regelung bezieht sich nur auf die Vergütung und Abrechnung. Bezüglich der Erforderlichkeit und dem Inhalt der Leistungsvereinbarung werden dagegen keine Ausnahmen zugelassen. Der Gesetzestext lässt offen, wer diese Vereinbarung schließen kann. Hierbei sind zwingend die **Interessenvertretungen der Menschen mit Behinderungen** zu beteiligen (Abs. 2 S. 4). V. Boetticher hält die Beteiligung für ein redaktionellen Fehler und spricht sich dafür aus, die abweichenden Verfahren ohne Beteilung der Interessenvertretungen abzuschließen (v. Boetticher, Teilhaberecht, 2. Aufl. 2020, § 3 Rn. 387). 10

E. Vergütungsvereinbarungen mit WfbM und anderen Leistungsanbietern (Abs. 4)

11 In den Vergütungsvereinbarungen mit WfbM und mit anderen Leistungsanbietern nach § 60 sind zusätzlich die für die wirtschaftliche Betätigung in einem Wirtschaftsunternehmen üblicherweise nicht anfallenden Kosten zu berücksichtigen (**Abs. 4 S. 1**). Der Regelung unterfallen zB Materialkosten, die wegen der Einschränkungen der Leistungsberechtigten in der WfbM erforderlich sind (KHM/Lange SGB IX § 125 Rn. 20).

12 **Abs. 4 S. 2** ermöglicht eine **Vergütungspauschale**, wenn die zusätzlichen Kosten nach Abs. 4 S. 1 nicht ermittelt werden können.

13 **Abs. 4 S. 3** schließt eine Anrechnung des Arbeitsergebnisses auf die Vergütung des Trägers der Eingliederungshilfe aus. Hiermit wird sichergestellt, dass das Arbeitsergebnis den Menschen mit Behinderungen zugute kommt (→ § 58 Rn. 12).

§ 126 Verfahren und Inkrafttreten der Vereinbarung

(1) [1]Der Leistungserbringer oder der Träger der Eingliederungshilfe hat die jeweils andere Partei schriftlich zu Verhandlungen über den Abschluss einer Vereinbarung gemäß § 125 aufzufordern. [2]Bei einer Aufforderung zum Abschluss einer Folgevereinbarung sind die Verhandlungsgegenstände zu benennen. [3]Die Aufforderung durch den Leistungsträger kann an einen unbestimmten Kreis von Leistungserbringern gerichtet werden. [4]Auf Verlangen einer Partei sind geeignete Nachweise zu den Verhandlungsgegenständen vorzulegen.

(2) [1]Kommt es nicht innerhalb von drei Monaten, nachdem eine Partei zu Verhandlungen aufgefordert wurde, zu einer schriftlichen Vereinbarung, so kann jede Partei hinsichtlich der strittigen Punkte die Schiedsstelle nach § 133 anrufen. [2]Die Schiedsstelle hat unverzüglich über die strittigen Punkte zu entscheiden. [3]Gegen die Entscheidung der Schiedsstelle ist der Rechtsweg zu den Sozialgerichten gegeben, ohne dass es eines Vorverfahrens bedarf. [4]Die Klage ist gegen den Verhandlungspartner und nicht gegen die Schiedsstelle zu richten.

(3) [1]Vereinbarungen und Schiedsstellenentscheidungen treten zu dem darin bestimmten Zeitpunkt in Kraft. [2]Wird ein Zeitpunkt nicht bestimmt, wird die Vereinbarung mit dem Tag ihres Abschlusses wirksam. [3]Festsetzungen der Schiedsstelle werden, soweit keine Festlegung erfolgt ist, rückwirkend mit dem Tag wirksam, an dem der Antrag bei der Schiedsstelle eingegangen ist. [4]Soweit in den Fällen des Satzes 3 während des Schiedsstellenverfahrens der Antrag geändert wurde, ist auf den Tag abzustellen, an dem der geänderte Antrag bei der Schiedsstelle eingegangen ist. [5]Ein jeweils vor diesem Zeitpunkt zurückwirkendes Vereinbaren oder Festsetzen von Vergütungen ist in den Fällen der Sätze 1 bis 4 nicht zulässig.

Übersicht

A. Geltende Fassung; Normzweck

1 § 126 regelt seit dem 1.1.2018 Einzelheiten des Verfahrens beim Abschluss der Leistungs- und Vergütungsvereinbarung, die Anrufung der Schiedsstelle und das Inkrafttreten der Vereinbarung bzw. der Entscheidung der Schiedsstelle. Der davor in der Vorschrift enthaltene Regelungsgehalt – Ausgleich behinderungsbedingter Nachteile und Aufwendungen – findet sich seitdem in § 209. Weitere Bestimmungen zur Schiedsstelle enthält § 133.

B. Aufforderung zu Verhandlungen (Abs. 1)

2 Das Verfahren über den Abschluss der Vereinbarung wird durch **Aufforderung** eingeleitet (**Abs. 1 S. 1**).

2a Zu den Verhandlungen **auffordern** kann der **Leistungserbringer** und der **Träger der Eingliederungshilfe** (Abs. 1 S. 1). Die Aufforderung muss an den künftigen Vereinbarungspartner gerichtet werden. Der Träger der Eingliederungshilfe kann seine Aufforderung auch an eine unbestimmte Zahl von Leistungserbringern richten (→ Rn. 4). Die Aufforderung wird als einseitige empfangsbedürftige Willenserklärung mit ihrem **Zugang** beim potentiellen Vereinbarungspartner wirksam.

2b Die Aufforderung muss **schriftlich oder elektronisch** erfolgen (§ 36 Abs. 2 SGB I iVm § 126a BGB).

3 Für die Aufforderung zu einer **erstmaligen Vereinbarung** wird kein **Mindestinhalt** vorgeschrieben. IdR wird sie die Aufforderung zum Abschluss einer Leistungsvereinbarung und/oder einer Vergütungsvereinbarung enthalten (Fuchs/Rosenow/Ritz/Rosenow SGB IX § 126 Rn. 9). Sie muss aber noch kein Vertragsangebot enthalten (KHM/Lange SGB IX § 126 Rn. 3). Wird zu Verhandlungen zum Abschluss einer **Folgevereinbarung** aufgefordert, sind die Verhandlungsgegenstände anzugeben (**Abs. 1 S. 2**). Hierdurch werden weitere Verhandlungsgegenstände nicht ausgeschlossen (v. Boetticher, Teilhaberecht, 2. Aufl. 2020, § 3 Rn. 392). Die Verhandlungsgegenstände müssen hinreichend präzise angegeben werden. Ansonsten wird die Dreimonatsfrist nach Abs. 2 nicht in Gang gesetzt.

4 Fordert der **Träger der Eingliederungshilfe** zu Verhandlungen auf, kann er die Aufforderung an eine **unbestimmte Zahl** an Leistungserbringern richten (**Abs. 1 S. 3**). Diese Aufforderung erfolgt durch öffentliche Bekanntmachung nach § 37 Abs. 4 SGB X. Hiermit ist noch keine Aufforderung zu Vertragsverhandlungen iSv Abs. 1 S. 1 verbunden, so dass sie die Dreimonatsfrist für die Einleitung des Schiedsstellenverfahren nicht auslöst (KHM/Lange SGB IX § 126 Rn. 5).

5 Eine Partei kann verlangen, dass **geeignete Nachweise** zu den Verhandlungsgegenständen vorgelegt werden (**Abs. 1 S. 4**). Hierdurch soll eine zeitnahe Prüfung der Voraussetzungen ermöglicht werden (BT-Drs. 18/9522, 297). Die Vorlage von Nachweisen kann von beiden Seiten verlangt werden. Nachweise kommen insbesondere bezüglich der Kalkulation des Leistungserbringers und des externen Kostenvergleichs des Trägers der Eingliederungshilfe in Betracht (v. Boetticher, Teilhaberecht, 2. Aufl. 2020, § 3 Rn. 393). Einzelheiten zum Nachweis können im Landesrahmenvertrag geregelt werden (§ 131 Abs. 1 S. 2 Nr. 7).

5a Nach der Aufforderung muss der potentielle Vereinbarungspartner **Verhandlungen führen.** Für den Träger der Eingliederungshilfe folgt dies außerdem aus seinem Sicherstellungsauftrag (KHM/Lange SGB IX § 126 Rn. 2). Beide Parteien unterliegen einer Einigungspflicht (BT-Drs. 2/5510, 11).

5b Ist ein Leistungserbringer geeignet, hat er einen Anspruch auf fehlerfreie **Ermessensausübung** bei der Entscheidung des Trägers der Eingliederungshilfe über den **Abschluss der Vereinbarung** (so etwa BVerwG 1.12.1998 – 5 C 29.97, BVerwGE 108, 56 = BeckRS 1998, 30036557). In der Lit. wird allerdings von einer Verdichtung des Ermessens auf eine Regelpflicht zum Abschluss der Vereinbarung ausgegangen (Jaritz SRa 2012, 105 (112 f.)). Den Abschluss der Vereinbarung kann er danach nur in atypischen Fällen ablehnen (KHM/Lange SGB IX § 126 Rn. 7). Weitere Begrenzungen des Ermessensspielraums des Trägers der Eingliederungshilfe enthalten die §§ 123 ff. Eine Vorauswahl, mit welchen Leistungserbringern eine Vereinbarung geschlossen wird, darf der Träger der Eingliederungshilfe nicht treffen (LPK-SGB IX/Bieritz-Harder § 126 Rn. 2). Er darf keine Bedarfsprüfung durchführen (so etwa zum SGB XII BSG 5.7.2018 – B 8 SO 30/16 R, BSGE 126, 166 = BeckRS 2018, 28133). Zur Anwendbarkeit des Vergaberechts → § 123 Rn. 5). Beim Inhalt der Vereinbarung hat der Träger der Eingliederungshilfe Auswahlermessen.

C. Entscheidung durch die Schiedsstelle (Abs. 2)

6 Wurde innerhalb von drei Monaten nach der Aufforderung zu Vertragsverhandlungen keine schriftliche Vereinbarung geschlossen, kann jede Partei die Schiedsstelle (§ 133) zur Entscheidung über die strittigen Punkte anrufen (**Abs. 2 S. 1**). Eine Verpflichtung hierzu besteht nicht (KHM/Lange SGB IX § 126 Rn. 11). Mit dem Schiedsstellenverfahren will der Gesetzgeber einen zügigen Interessenausgleich ermöglichen (BT-Drs. 18/9522, 297). Den mit dem Schiedsstellenverfahren einhergehenden Eingriff in die Berufsfreiheit hält er unter Hinweis auf einen Beschluss des BVerfG (BVerfG 1.9.2008 – 1 BvR 887/08 ua, BVerfGE 14, 187) für verfassungsgemäß (BT-Drs. 18/9522, 297).

6a Der Antrag an die Schiedsstelle muss **hinreichend bestimmt** sein. Eine bestimmte **Form** schreibt das SGB IX nicht vor. Ein **Formerfordernis** kann sich aber aus der Landesverordnung ergeben.

6b Der Antrag kann erst gestellt werden, wenn innerhalb von **drei Monaten** nach der Aufforderung keine Vereinbarung geschlossen wurde (Abs. 2 S. 1). Mit dieser Frist trägt der Gesetzgeber den Erfahrungen in der sozialhilferechtlichen Praxis Rechnung (BT-Drs. 18/9522, 297). Ein vor Ablauf der Frist gestellter Antrag wird mit dem Fristablauf wirksam (so zum SGB XII Grube/Wahrendorf/Flint/Streichsbier SGB IX § 126 Rn. 10). Die Frist beginnt mit dem Zugang der Aufforderung zum Abschluss einer Vereinbarung beim Verhandlungspartner zu laufen. Nicht erforderlich ist, dass in dieser Zeit Verhandlungen geführt wurden (KHM/Lange SGB IX § 126 Rn. 12). Fraglich ist, ob die Vorlage eines neuen Angebots während des Fristlaufs die Frist verlängert (abl. v. Boetticher, Teilhaberecht, 2. Aufl. 2020, § 3 Rn. 395).

6c Die Schiedsstelle kann nur bezüglich der **strittigen Punkte** angerufen werden. Dies sind die Punkte, über die sich die Verhandlungsparteien nicht einigen konnten (KHM/Lange SGB IX § 126 Rn. 14). Über Fragen, zu denen die Verhandlungsparteien einen Konsens erzielt haben, darf die Schiedsstelle nicht entscheiden. Dies gilt auch für strittige Punkte, die der Schiedsstelle nicht zur Entscheidung vorgelegt wird (KHM/Lange SGB IX § 126 Rn. 14). Unerheblich ist, ob diese die Leistungs- oder die Vergütungsvereinbarung betreffen, da diesbezüglich keine gesetzliche Einschränkung erfolgt.

7 Die Schiedsstelle hat **unverzüglich,** also ohne schuldhaftes Zögern (§ 121 Abs. 1 S. 1 BGB), über die strittigen Punkte zu **entscheiden** (**Abs. 2 S. 2**). Keine Aussage enthält das SGB IX zur Frage, welche Folgen es hat, wenn die Schiedsstelle schuldhaft nicht entscheidet. In diesem Fall wird in der Lit. eine Untätigkeitsklage nach § 88 SGG für zulässig gehalten (Fuchs/Ritz/Rosenow/Rosenow SGB IX § 126 Rn. 35 f.).

Die Schiedsstelle ist bei ihrer Entscheidung an die **Anträge gebunden.** Ihre Entscheidung ist ein **Verwaltungsakt** (so zum SGB XII BSG 23.7.2014 – B 8 SO 2/13 R, BSGE 116, 227 = BeckRS 2014 72743). Dass der Gesetzgeber hiervon ausgeht, zeigt Abs. 2 S. 3. Wenngleich die Form nicht angesprochen wird, bedarf der Verwaltungsakt der Schriftform, da sie die der Schriftform bedürfende (§ 59 SGB X) Vereinbarung ersetzt (Grube/Wahrendorf/Flint/Streichsbier SGB IX § 126 Rn. 14). Der **Mindestinhalt** des Schiedsstellenspruchs ergibt sich damit aus den §§ 33–36 SGB X. Er muss hinreichend bestimmt sein, begründet und unterschrieben werden und eine Rechtsbehelfsbelehrung enthalten. IÜ kann das Schiedsstellenverfahren durch Einigung der Vereinbarungsparteien und durch Rücknahme des Antrags beendet werden. Die Rücknahme schließt einen neuen Antrag nicht aus (Fuchs/Ritz/Rosenow/Rosenow SGB IX § 126 Rn. 29). 7a

Gegen die Entscheidung der Schiedsstelle kann im **Sozialrechtsweg** geklagt werden (**Abs. 2 S. 3**). **Zuständig** sind die Landessozialgerichte (§ 29 Abs. 2 Nr. 1 SGG). Richtige Klageart ist die **isolierte Anfechtungsklage** (Deinert/Welti/Grube, SWK-BehindertenR, Schiedsstelle Eingliederungshilfe Rn. 21). Ein **Vorverfahren** muss nicht durchgeführt werden (**Abs. 2 S. 3**). Im Übrigen gelten die allgemeinen Sachurteilsvoraussetzungen. 8

Geklagt werden muss **gegen den Verhandlungspartner,** nicht gegen die Schiedsstelle (**Abs. 2 S. 4**). Die Klage hat aufschiebende Wirkung (§ 86a Abs. 1 S. 1 SGG). Ob die Schiedsstelle Sofortvollzug anordnen kann, ist str. (bejahend Fuchs/Ritz/Rosenow/Rosenow SGB IX § 126 Rn. 41; aA jurisPK-SGB IX/Busse § 126 Rn. 42. 8a

Das **Landessozialgericht** hat in seiner Entscheidung lediglich zu **prüfen,** ob die Schiedsstelle im Schiedsspruch alle widerstreitenden Interessen der Vertragsparteien ermittelt, ob sie bei der Interessenabwägung die tatsächlichen Erkenntnisse festgestellt und ob sie ein faires Verfahren durchgeführt hat (so zur Sozialhilfe BVerwG 1.12.1998 – 5 C 17/97, BVerwGE 108, 47 = BeckRS 1998, 30036549). Sind diese Vorgaben nicht eingehalten, muss der Schiedsstellenspruch aufgehoben werden. Da nicht die Schiedsstelle Klagegegner ist, ist die Verpflichtung zu einem anderen Schiedsspruch nicht möglich (LPK-SGB IX/Bieritz-Harder § 126 Rn. 5). Wird der Schiedsstellenspruch aufgehoben, muss das Schiedsstellenverfahren wieder durchgeführt werden. Eine Rückverweisung an die Schiedsstelle erfolgt nicht (KHM/Lange SGB IX § 126 Rn. 31). Die Schiedsstelle ist bei ihrer erneuten Entscheidung an die Rechtsauffassung des Gerichts gebunden (so etwa das BSG zum SGB XII 23.7.2014 – B 8 SO 2/13 R, BSGE 116, 227 = BeckRS 2014, 72743). Gegen die Entscheidung des LSG kann Revision bzw. Nichtzulassungsbeschwerde eingelegt werden. 9

D. Zeitpunkt des Inkrafttretens der Vereinbarungen und der Schiedsstellenentscheidungen (Abs. 3)

Die Vereinbarung und die Schiedsstellenentscheidung **treten** grds. zu dem in diesen bestimmten Zeitpunkt **in Kraft** (**Abs. 3 S. 1**). Die freie Bestimmung dieses Zeitpunktes wird bei den Vergütungen dadurch begrenzt, dass diese prospektiv festzulegen sind (§ 123 Abs. 2 S. 3). 10

Wird in der **Vereinbarung kein Zeitpunkt** des Inkrafttretens **festgelegt,** wird sie am Tag des Abschlusses wirksam (**Abs. 3 S. 2**). Dies ist der Tag, an dem die unterschriebene Vereinbarung beiden Vereinbarungspartnern zugegangen ist. 11

Wird in den **Festsetzungen der Schiedsstellen kein Zeitpunkt** des Inkrafttretens **festgelegt,** wird er rückwirkend ab dem Tag wirksam, an dem der Antrag bei der Schiedsstelle eingegangen ist (**Abs. 3 S. 3**). Bei einem geänderten Antrag ist der Tag des Eingangs des Änderungsantrags bei der Schiedsstelle maßgeblich (**Abs. 3 S. 4**). Um eine Antragsänderung handelt es sich, wenn weitere Anträge zur Entscheidung gestellt werden (Fuchs/Ritz/Rosenow/Rosenow SGB IX § 126 Rn. 54). 12

13 Abs. 3 S. 5 schließt das Vereinbaren oder Festsetzen von Vergütungen, die vor dem in Abs. 3 S. 1–4 genannten Zeitpunkt liegt, aus. Mit Abs. 3 S. 5 will der Gesetzgeber auch der Entscheidung des BSG v. 23.7.2014 (BSG 23.7.2014 – B 8 SO 2/13 R, BSGE 116, 227 = BeckRS 2014, 72743) zu § 77 Abs. 2 S. 3 SGB XII begegnen, in der die Beschränkung der Rückwirkung nicht auf laufende Verhandlungen bezogen wurde (BT-Drs. 18/9522, 298). Eine **rückwirkende Vergütung** ist selbst bei Auslaufen der Vergütungsvereinbarung nicht zulässig (v. Boetticher/Kuhn-Zuber, Rehabilitationsrecht, 2. Aufl. 2022, Rn. 376). Abs. 3 S. 5 unterfallen auch Leistungsvereinbarungen, die sich unmittelbar auf die Vergütung auswirken (KHM/Lange SGB IX § 126 Rn. 40).

§ 127 Verbindlichkeit der vereinbarten Vergütung

(1) [1]Mit der Zahlung der vereinbarten Vergütung gelten alle während des Vereinbarungszeitraumes entstandenen Ansprüche des Leistungserbringers auf Vergütung der Leistung der Eingliederungshilfe als abgegolten. [2]Die im Einzelfall zu zahlende Vergütung bestimmt sich auf der Grundlage der jeweiligen Vereinbarung nach dem Betrag, der dem Leistungsberechtigten vom zuständigen Träger der Eingliederungshilfe bewilligt worden ist. [3]Sind Leistungspauschalen nach Gruppen von Leistungsberechtigten kalkuliert (§ 125 Absatz 3 Satz 3), richtet sich die zu zahlende Vergütung nach der Gruppe, die dem Leistungsberechtigten vom zuständigen Träger der Eingliederungshilfe bewilligt wurde.

(2) Einer Erhöhung der Vergütung auf Grund von Investitionsmaßnahmen, die während des laufenden Vereinbarungszeitraumes getätigt werden, muss der Träger der Eingliederungshilfe zustimmen, soweit er der Maßnahme zuvor dem Grunde und der Höhe nach zugestimmt hat.

(3) [1]Bei unvorhergesehenen wesentlichen Änderungen der Annahmen, die der Vergütungsvereinbarung oder der Entscheidung der Schiedsstelle über die Vergütung zugrunde lagen, ist die Vergütung auf Verlangen einer Vertragspartei für den laufenden Vereinbarungszeitraum neu zu verhandeln. [2]Für eine Neuverhandlung gelten die Vorschriften zum Verfahren und Inkrafttreten (§ 126) entsprechend.

(4) Nach Ablauf des Vereinbarungszeitraumes gilt die vereinbarte oder durch die Schiedsstelle festgesetzte Vergütung bis zum Inkrafttreten einer neuen Vergütungsvereinbarung weiter.

Übersicht

A. Geltende Fassung; Normzweck

1 § 127 regelt seit dem 1.1.2018 die Verbindlichkeit der vereinbarten Vergütung, insbesondere unter welchen Voraussetzungen eine Vergütung nachträglich erhöht werden kann. Der davor in § 127 enthaltene Regelungsgehalt „Beschäftigung schwerbehinderter Menschen in Heimarbeit“ findet sich seitdem in § 210.

B. Abgeltung aller Vergütungsansprüche (Abs. 1)

§ 123 Abs. 2 S. 3 sieht **prospektive** im Voraus vor der Wirtschaftsperiode vereinbarte **Vergütungen** vor (→ § 123 Rn. 12). Mit deren Zahlung gelten nach **Abs. 1 S. 1** alle Ansprüche im Vereinbarungszeitraum als abgegolten. Mit den prospektiven Vergütungen will der Gesetzgeber die Eigenverantwortung der einzelnen Leistungserbringer stärken. Außerdem wird zu wirtschaftlichem Handeln der Leistungserbringer angeregt (BT-Drs. 18/9522, 298). Mit der Zahlung erlischt der Vergütungsanspruch für die erbrachte Leistung und alle hiermit im Zusammenhang stehenden Ansprüche. Dies gilt sowohl für die Ansprüche gegen den Träger der Eingliederungshilfe als auch gegenüber der leistungsberechtigten Person (KHM/Lange SGB IX § 127 Rn. 2). Unerheblich ist, wer die Vergütung gezahlt hat. Vergütungsansprüche für andere Leistungen des Leistungserbringers werden vom Erlöschen nicht erfasst (ebenso Fuchs/Ritz/Rosenow/Rosenow SGB IX § 127 Rn. 12 ff.) 2

Die im Einzelfall für eine Leistung zu zahlende Vergütung richtet sich nach der der leistungsberechtigten Person vom Träger der Eingliederungshilfe bewilligten Leistung. Die Leistung wird idR nur bei den Geldleistungen als „Betrag" angegeben. Grundlage der Bewilligung ist dabei die jeweilige Vereinbarung (**Abs. 1 S. 2**). Bei der Bewilligung wird der von der leistungsberechtigten Person zu zahlende Beitrag abgezogen (§ 137 Abs. 3, → § 137 Rn. 6 f.). Der Träger der Eingliederungshilfe muss Zahlungslücken nicht ausgleichen, die dadurch entstehen, dass die leistungsberechtigte Person nicht zahlt. Das Risiko des Zahlungsausfalls trägt der Leistungserbringer (ebenso Fuchs/Ritz/Rosenow/Rosenow SGB IX § 127 Rn. 12 ff.). Krit. zu Abs. 1 S. 2 LPK-SGB IX/Bieritz-Harder § 127 Rn. 2. 3

Bei **nach Gruppen kalkulierten Leistungspauschalen** (§ 125 Abs. 3 S. 3) richtet sich die Vergütung des Leistungserbringers nach der Gruppe, die dem Leistungsberechtigten vom zuständigen Träger der Eingliederungshilfe bewilligt wurde (**Abs. 1 S. 3**). In der Lit. wird die Festlegung unterschiedlicher Hilfebedarfsgruppen in nur einer Leistungsvereinbarung als nicht mit den §§ 123 ff. vereinbar angesehen (so Fuchs/Ritz/Rosenow/Rosenow SGB IX § 127 Rn. 18 ff.). 4

C. Erhöhung der Vergütung bei Investitionsmaßnahmen (Abs. 2)

Abs. 2 soll sicherstellen, dass Investitionsmaßnahmen während eines Vereinbarungszeitraumes nicht ohne Zustimmung des Trägers der Eingliederungshilfe zu einer höheren Vergütung führen (BT-Drs. 18/9522, 298). Soll die vereinbarte Vergütung wegen einer Investitionsmaßnahme im Vereinbarungszeitraum – dies ist der Zeitraum, für den die Vergütungsvereinbarung geschlossen wurde – erhöht werden, muss der Träger der Eingliederungshilfe der Erhöhung nur zustimmen, wenn er zuvor der Investitionsmaßnahme dem Grunde und der Höhe nach zugestimmt hat. Bei dieser Zustimmung handelt es sich um einen Verwaltungsakt nach § 31 SGB X. Was zu den **Investitionsmaßnahmen** zu rechnen ist, wird im SGB IX nicht konkretisiert. In der Lit. werden deshalb in Anlehnung an § 7 Abs. 1 S. 1 EStG länger als ein Jahr genutzte oder verwendete für die Einkommenserzielung eingesetzte Wirtschaftsgüter hierzu gerechnet (Fuchs/Ritz/Rosenow/Rosenow SGB IX § 127 Rn. 24 ff.). Ferner werden Miete, Pacht und Darlehenszinsen (so BT-Drs. 13/2440, 30 zu § 93a BSGH) und der Erwerb und die Erschließung von Grundstücken hierzu gerechnet (jurisPK-SGB XII/Jaritz/Eicher § 76 Rn. 89). Können sich der Träger der Eingliederungshilfe und der Leistungserbringer über den zu übernehmenden Kostenanteil nicht einigen, kann hiergegen Widerspruch und Klage erhoben werden. Ein Anspruch auf Übernahme der vollständigen Kosten besteht nicht. Wurde die Zustim- 5 mung zur Investitionsmaßnahme nicht vorab eingeholt, kann der Leistungserbringer keine höhere Vergütung verlangen. Abs. 2 schließt eine höhere Vergütung allerdings nicht aus (ebenso Fuchs/Ritz/Rosenow/Rosenow SGB IX § 127 Rn. 18 ff.).

D. Neuverhandlung der Vergütung (Abs. 3)

6 **Abs. 3 S. 1** ermöglicht ausnahmsweise einen nachträglichen Ausgleich, wenn unvorhergesehene wesentliche Änderungen der Annahmen eingetreten sind, die dem Abschluss der Vereinbarung oder der Entscheidung der Schiedsstelle zugrunde gelegt wurden. Die Regelung entspricht dem zivilrechtlichen Wegfall der Geschäftsgrundlage (§ 313 BGB). Bezugspunkt von Abs. 3 S. 1 sind die Vergütungsvereinbarung bzw. die Entscheidung der Schiedsstelle für den laufenden Vereinbarungszeitraum. Eine Neuverhandlung kann verlangt werden, wenn unvorhergesehene wesentliche Änderungen zu den Annahmen bei Abschluss der Vergütungsvereinbarung eingetreten sind. **Annahmen** bezieht sich auf die rechtlichen und tatsächlichen Verhältnisse während des Vereinbarungszeitraums, zB die zu erwartenden Ausgaben für Miete, Energie, Lebensmittel und die Bedarfe der Klientinnen und Klienten. Diese Annahmen müssen von beiden Vereinbarungsparteien getragen sein. **Unvorhergesehen** ist die Änderung, wenn die Vereinbarungsparteien mit ihr nicht rechneten. Anders als im früheren Sozialhilferecht kommt es nicht darauf an, dass sie bei Anwendung der erforderlichen Sorgfalt mit der Änderung rechnen mussten (so das BSG zum Sozialhilferecht 7.10.2015 – B 8 SO 1/14 R, BeckRS 2016, 65369 Rn. 20). Um eine **wesentliche Änderung** handelt es sich, wenn es gegen Treu und Glauben verstoßen würde, wenn sie nicht berücksichtigt würde, zB Aufnahme von Personen mit wesentlich höherem Betreuungsbedarf (Grube/Wahrendorf/Flint/Streichsbier SGB IX § 127 Rn. 7; krit LPK-SGB IX/Bieritz-Harder § 127 Rn. 4). Keine unvorhersehbare Änderung liegt bei Tariferhöhungen vor (so zum SGB XII Grube/Wahrendorf/Grube/Flint SGB IX § 127 Rn. 8). Die Nachverhandlung muss eine der Vertragsparteien **verlangen.** Liegt ein Fall des Abs. 3 vor, besteht ein Anspruch auf Neuverhandlung der Vergütung. Rückwirkende Ausgleiche dürfen nicht vereinbart werden (so zum SGB XII Grube/Wahrendorf/Flint/Streichsbier SGB IX § 127 Rn. 9). Sind die Voraussetzungen von Abs. 3 nicht erfüllt, ist es den Vereinbarungspartnern dennoch freigestellt, neu über die Vergütung zu verhandeln. Gegenüber der Anpassung nach § 59 Abs. 1 SGB X ist Abs. 3 als lex specialis vorrangig.

7 Bei der **Neuverhandlung** gilt § 126 entspr. (**Abs. 3 S. 2**). Hieraus folgt, dass für das Verlangen Schriftform erforderlich ist (Abs. 3 S. 2 iVm § 126 S. 1), hierin die Verhandlungsgegenstände zu bezeichnen sind (Abs. 3 S. 2 iVm § 126 S. 2) und die Schiedsstelle angerufen werden kann, wenn die Vereinbarungspartner sich nicht über die neue Vergütungshöhe einigen können (Abs. 3 S. 2 iVm § 126 Abs. 2).

E. Weitergeltung der Vergütungsvereinbarung (Abs. 4)

8 Endet der Vereinbarungszeitraum, gilt die bisher maßgebliche Vergütung weiter, bis eine neue Vergütungsvereinbarung in Kraft tritt (Abs. 4). Hierdurch soll verhindert werden, dass wegen des Ausfalls der Vergütung der Leistungserbringer die Leistung einstellt (v. Boetticher/Kuhn-Zuber, Rehabilitationsrecht, 2. Aufl. 2022, Rn. 376). Die Regelung gilt nicht für den Wegfall der Leistungsvereinbarung (krit. hierzu Fuchs/Ritz/Rosenow/Rosenow SGB IX § 127 Rn. 63).

§ 128[1] Wirtschaftlichkeits- und Qualitätsprüfung

(1) [1]Soweit tatsächliche Anhaltspunkte dafür bestehen, dass ein Leistungserbringer seine vertraglichen oder gesetzlichen Pflichten nicht erfüllt, prüft der Träger der Eingliederungshilfe oder ein von diesem beauftragter Dritter die Wirtschaftlichkeit und Qualität einschließlich der Wirksamkeit der vereinbarten Leistungen des Leistungserbringers. [2]Die Leistungserbringer sind verpflichtet, dem Träger der Eingliederungshilfe auf Verlangen die für die Prüfung erforderlichen Unterlagen vorzulegen und Auskünfte zu erteilen. [3]Zur Vermeidung von Doppelprüfungen arbeiten die Träger der Eingliederungshilfe mit den Trägern der Sozialhilfe, mit den für die Heimaufsicht zuständigen Behörden sowie mit dem Medizinischen Dienst gemäß § 278 des Fünften Buches zusammen. [4]Der Träger der Eingliederungshilfe ist berechtigt und auf Anforderung verpflichtet, den für die Heimaufsicht zuständigen Behörden die Daten über den Leistungserbringer sowie die Ergebnisse der Prüfungen mitzuteilen, soweit sie für die Zwecke der Prüfung durch den Empfänger erforderlich sind. [5]Personenbezogene Daten sind vor der Datenübermittlung zu anonymisieren. [6]Abweichend von Satz 5 dürfen personenbezogene Daten in nicht anonymisierter Form an die für die Heimaufsicht zuständigen Behörden übermittelt werden, soweit sie zu deren Aufgabenerfüllung erforderlich sind. [7]Durch Landesrecht kann von der Einschränkung in Satz 1 erster Halbsatz abgewichen werden.

(2) Die Prüfung nach Absatz 1 kann ohne vorherige Ankündigung erfolgen und erstreckt sich auf Inhalt, Umfang, Wirtschaftlichkeit und Qualität einschließlich der Wirksamkeit der erbrachten Leistungen.

(3) [1]Der Träger der Eingliederungshilfe hat den Leistungserbringer über das Ergebnis der Prüfung schriftlich zu unterrichten. [2]Das Ergebnis der Prüfung ist dem Leistungsberechtigten in einer wahrnehmbaren Form zugänglich zu machen.

Übersicht

A. Geltende Fassung; Normzweck

§ 128 regelt seit dem 1.1.2018 die Wirtschaftlichkeits- und Qualitätsprüfung der 1
Leistungserbringer. Der davor in § 128 enthaltene Regelungsgehalt – Anwendung der Vorschriften für die Einstellung und Beschäftigung von schwerbehinderten Beamtinnen und Beamten, Richterinnen und Richtern und Soldatinnen und Soldaten – findet sich seitdem in § 211. Durch das G zur Durchführung von Verordnungen der Europäischen Union zur Bereitstellung von Produkten auf dem Markt und zur Änderung des Neunten und Zwölften Buches Sozialgesetzbuch v. 18.4.2019 (BGBl. I S. 473) wurden mWv 1.1.2020 in Abs. 1 S. 2 und S. 4–6 neu eingefügt. Abs. 1 S. 3 wurde durch das G für bessere und unabhängigere Prüfungen v. 14.12.2019 (BGBl. I S. 2789) mWv 1.1.2020 redaktionell an die Terminologie dieses Gesetzes angepasst.

[1] § 128 Abs. 1 Satz 2 eingef., bish. Satz 2 wird Satz 3, Sätze 4–6 eingef., bish. Satz 3 wird Satz 7 mWv 1.1.2020 durch G v. 18.4.2019 (BGBl. I S. 473); Abs. 1 Satz 3 geänd. mWv 1.1.2020 durch G v. 14.12.2019 (BGBl. I S. 2789).

2 Mit § 128 wird ein **gesetzliches anlassbezogenes Prüfrecht** eingeführt. § 128 liegt die Feststellung des Gesetzgebers zu Grunde, dass die in § 75 Abs. 3 S. 3 SGB XII aF vorgesehenen Prüfvereinbarungen in der Praxis in vielen Fällen nicht geschlossen wurden (BT-Drs. 18/9522, 299). Mit § 128 will der Gesetzgeber mit Wirtschaftlichkeits- und Qualitätsprüfungen sicherstellen, dass qualitativ angemessene Leistungen erbracht und Steuergelder wirtschaftlich verwendet werden. Das Prüfrecht dient ferner dem Schutz der Leistungsberechtigten (KMH/Lange SGB IX § 128 Rn. 1).

2a § 128 steht in engem Zusammenhang mit den §§ 129 und 130. Diese bestimmen, welche Folgen bei einem Pflichtenverstoß eintreten können. Nach § 129 kann die **Vergütung gekürzt** werden. § 130 berechtigt den Träger der Eingliederungshilfe zur **außerordentlichen Kündigung.**

B. Anlassbezogene Prüfung (Abs. 1 S. 1)

3 Abs. 1 S. 1 bestimmt Voraussetzungen und Gegenstand der Prüfungen und die Prüfungsberechtigten. Voraussetzung der Prüfung ist, dass tatsächliche Anhaltspunkte dafür vorliegen, dass ein Leistungserbringer seine vertraglichen oder gesetzlichen Pflichten nicht erfüllt.

3a Geprüft werden **Leistungserbringer.** Dem Prüfrecht unterfallen nicht nur Leistungserbringer, die eine Leistungs- und Vergütungsvereinbarung geschlossen haben, sondern auch Leistungserbringer, die ohne Vereinbarung nach § 123 Abs. 5 Leistungen erbringen. Dies folgt aus dem Verweis in § 123 Abs. 5 S. 2 § 128.

3b Voraussetzung der Prüfung ist, dass **„tatsächliche Anhaltspunkte"** für eine Verletzung vertraglicher oder gesetzlicher Pflichten besteht. Hiermit sollen unverhältnismäßige Eingriffe in die Berufsausübungsfreiheit der Leistungserbringer (Art. 12 GG) vermieden werden (BT-Drs. 18/9522, 299). Die Anhaltspunkte müssen auf Tatsachen beruhen. Bloße Vermutungen sind nicht ausreichend. Die Tatsachen müssen es möglich erscheinen lassen, dass der Leistungserbringer Pflichten verletzt. Es muss nicht feststehen, dass dies der Fall ist. Auf welche Weise der Leistungsträger Kenntnis von den Tatsachen erlangt, wird gesetzlich nicht bestimmt. Es kommen damit Hinweise der leistungsberechtigten Person, von anderen Behörden, bei der Aktenbearbeitung und anonyme Anzeigen in Betracht. Ohne einen solchen Anlass ist eine Prüfung auf bundesrechtlicher Rechtsgrundlage nicht zulässig. Die Länder sind nach Abs. 1 S. 7 allerdings berechtigt, zusätzlich anlasslose Prüfungen vorzusehen (→ Rn. 7).

3c Die Tatsachen müssen auf die Nichterfüllung der **„vertraglichen oder gesetzlichen Pflichten"** des Leistungserbringers hindeuten. Gegenüber wem die **vertraglichen Pflichten** bestehen müssen, wird in der Lit. unterschiedlich beantwortet. Teilweise wird davon ausgegangen, dass hiermit die Haupt- oder Nebenpflichten (zB Schutzpflichten nach § 241 Abs. 2 BGB) des Leistungserbringers gegenüber den leistungsberechtigten Personen gemeint (Fuchs/Ritz/Rosenow/Rosenow SGB IX § 128 Rn. 20). Aufgrund des Standortes der Vorschrift spricht aber mehr dafür, dass die Pflichten aus der Vereinbarung nach § 123 gemeint sind (so KHM/Lange SGB IX § 128 Rn. 3). **Gesetzliche Pflichten** sind insbesondere Beachtung des Gesamtplans bei der Leistungserbringung (§ 123 Abs. 4 S. 1, Abs. 5 S. 1 Nr. 4), der Kontrahierungszwang (§ 123 Abs. 4 S. 1) und die Verpflichtung zur Beschäftigung von Fachkräften in ausreichender Zahl (§ 124 Abs. 2). Unerheblich ist die Schwere des Pflichtenverstoßes und das Vorliegen von Verschulden. Die Pflichten müssen in einem unmittelbaren Zusammenhang mit der Erbringung von Leistungen der Eingliederungshilfe stehen. Bei anderen Pflichtverletzungen besteht kein Prüfrecht, zB bei Verstößen gegen Steuerrecht oder sozialversicherungsrechtliche Beitrags- und Meldevorschriften (Fuchs/Ritz/Rosenow/Rosenow SGB IX § 128 Rn. 23). Nach dem Wortlaut von Abs. 1 S. 1 besteht die Prüfpflicht nur bei

Nichterfüllen der Pflichten (so jurisPK-SGB IX/Busse § 128 Rn. 21). In der Lit. wird teilweise angenommen, dass das Prüfrecht auch bei Schlechtleistung der Pflichten besteht (so Fuchs/Ritz/Rosenow/Rosenow SGB IX § 128 Rn. 24).

Liegen die beschriebenen Anhaltspunkte vor, muss der Träger der Eingliederungshilfe eine Prüfung durchführen („prüft"; ebenso LPK-SGB IX/Bieritz-Harder § 128 Rn. 3). Ermessen steht ihm nicht zu. **3d**

Gegenstand der Prüfung sind die Wirtschaftlichkeit, die Qualität und die Wirksamkeit der vereinbarten Leistungen. Vereinbart werden nur **Sachleistungen.** Geldleistungen, zB das persönliche Budget, unterfallen nicht § 128. **3e**

Die Prüfung kann der Träger der Eingliederungshilfe **selbst oder** von ihm **beauftragte Dritte** durchführen. Welchen Anforderungen diese genügen müssen, wird nicht näher bestimmt. Wird die Prüfung auf andere Sozialleistungsträger übertragen, sind die §§ 88 ff SGB X zu beachten. Werden natürliche Personen oder juristische Personen des Privatrechts beauftragt, ist § 97 SGB X und ggf. Vergaberecht anzuwenden (Fuchs/Ritz/Rosenow/Rosenow SGB IX § 128 Rn. 26 f.). Einzelheiten können die Vereinbarungspartner der Rahmenverträge nach § 131 Abs. 1 festlegen (LPK-SGB IX/Bieritz-Harder § 128 Rn. 6). **3f**

C. Vorlage- und Auskunftspflicht (Abs. 1 S. 2)

Mit Abs. 1 S. 2 soll klargestellt werden, dass die Leistungserbringer bei den Wirtschaftlichkeits- und Qualitätsprüfungen mitwirken und Unterlagen vorlegen müssen, wenn der Träger der Eingliederungshilfe dies verlangt (BT-Drs. 19/5456, 27). **4**

D. Zusammenarbeit mit anderen Prüfstellen (Abs. 1 S. 3)

Abs. 1 S. 3 verpflichtet den Träger der Eingliederungshilfe, mit den Trägern der Sozialhilfe, mit den für die Heimaufsicht zuständigen Stellen sowie mit dem Medizinischen Dienst nach § 275 SGB V zusammenzuarbeiten. Hiermit sollen Doppelprüfungen vermieden werden. Ein Verbot der Doppelprüfung enthält Abs. 1 S. 3 indessen nicht (jurisPK-SGB IX/Busse § 128 Rn. 27). **5**

E. Mitteilung der Prüfungsergebnisse an Heimaufsichtsbehörde (Abs. 1 S. 4–6)

Mit Abs. 1 S. 4–6 soll die Übermittlung von Daten an die für die Heimaufsicht zuständigen Behörden ermöglicht werden (BT-Drs. 19/5456, 27). Abs. 1 **S. 4** berechtigt den Träger der Eingliederungshilfe, den für die Heimaufsicht zuständigen Behörden Daten über die Leistungserbringer und die Ergebnisse der Prüfung mitzuteilen. Anders als bei der Übermittlung nach § 68 SGB X ist ein Ersuchen nicht erforderlich. Fordert die Heimaufsichtsbehörde die Prüfergebnisse an, müssen diese an sie übermittelt werden (Abs. 1 **S. 4**). Voraussetzung ist, dass die für die Heimaufsicht zuständige Behörde die Daten für Zwecke der Prüfung des Leistungserbringers benötigt. Personenbezogene Daten müssen dabei grds. **anonymisiert** werden (Abs. 1 **S. 5**). **Personenbezogene Daten** sind nach Art. 4 Abs. 1 DS-GVO „alle Informationen, die sich auf eine identifizierte oder identifizierbare natürliche Person (im Folgenden „betroffene Person") beziehen; als identifizierbar wird eine natürliche Person angesehen, die direkt oder indirekt, insbesondere mittels Zuordnung zu einer Kennung wie einem Namen, zu einer Kennnummer, zu Standortdaten, zu einer Online-Kennung oder zu einem oder mehreren besonderen **6**

Merkmalen, die Ausdruck der physischen, physiologischen, genetischen, psychischen, wirtschaftlichen, kulturellen oder sozialen Identität dieser natürlichen Person sind, identifiziert werden kann“. **Anoymisieren** bedeutet, dass Personen aufgrund der übermittelten Daten nicht identifiziert werden können. Benötigt die Heimaufsichtsbehörde die personenbezogenen Daten für ihre Aufgabenerfüllung, dürfen die Daten ohne Anonymisierung übermittelt werden (Abs. 1 **S. 6**). Die Übermittlung ist nur im erforderlichen Umfang und soweit die Daten nicht anderweitig erlangt werden können, zulässig (BT-Drs. 19/5456, 27).

F. Erweiterung des Prüfrechts durch Landesrecht (Abs. 1 S. 7)

7 **Abs. 1 S. 7** ermächtigt die Länder, Prüfungen ohne konkreten Anlass zu ermöglichen. Hiervon haben die meisten Bundesländer in den Ausführungsgesetzen zum SGB IX Gebrauch gemacht (hierzu die Übersicht zu den Umsetzungsgesetzen auf der Internetseite https://umsetzungsbegleitung-bthg.de/w/files/umsetzungsstand/2022-15-02_umsetzungsstand-bthg.pdf; letzter Aufruf am 28.4.2023).

G. Ankündigung und Gegenstände der Prüfung (Abs. 2)

8 Abs. 2 **Hs. 1** gibt den Trägern der Eingliederungshilfe das Recht, die Prüfung ohne vorherige Ankündigung durchzuführen. Hierdurch soll eine wirksame Kontrolle gewährleistet werden (BT-Drs. 18/9522, 299). Ob eine Prüfung unangekündigt durchgeführt wird, entscheidet der Träger der Eingliederungshilfe nach pflichtgemäßem Ermessen (v. Boetticher, Teilhaberecht, 2. Auf. 2020, § 3 Rn. 405).

9 **Gegenstände der Prüfung** sind nach Abs. 2 **Hs. 2** „Inhalt, Umfang, Wirtschaftlichkeit und Qualität einschließlich der Wirksamkeit der erbrachten Leistungen“. Bei der Überprüfung des Inhalts und des Umfangs wird festgestellt, ob die Leistung entsprechend der Vereinbarung erbracht wird (KHM/Lange SGB IX § 128 Rn. 6). Gegenstand der Wirtschaftlichkeit ist, ob die Leistung auch kostengünstiger erbracht werden kann. Bei der Prüfung der Qualität ist die Struktur-, Prozess- und Ergebnisqualität Prüfungsgegenstand. Mit der Prüfung der Wirksamkeit wird festgestellt, ob die Leistung die angestrebte Wirkung herbeiführt. Ein Vergleich mit § 46 SGB VIII zeigt, dass die Rechte der Prüfenden sehr rudimentär geregelt sind. So lässt sich zB § 128 nicht entnehmen, ob ein Betretungsrecht besteht. Aus Abs. 1 S. 2 lässt sich lediglich entnehmen, dass die Leistungserbringer zur Mitwirkung und Auskunft verpflichtet sind. IÜ ist auf § 21 SGB X zurückzugreifen, der auch die Augenscheinnahme zu den Beweismitteln rechnet. Einzelheiten der Prüfung müssen im Rahmenvertrag festgelegt werden (§ 131 Abs. 1 S. 2 Nr. 6).

H. Unterrichtung des Leistungserbringers und der Leistungsberechtigten über das Prüfergebnis (Abs. 3)

10 Der Träger der Eingliederungshilfe muss den **Leistungserbringer** über das Ergebnis der Prüfung schriftlich **unterrichten** (**Abs. 3 S. 1**). Für den Leistungserbringer sollen hiermit die Ergebnisse der Prüfung nachvollziehbar sein (LPK-SGB IX/Bieritz-Harder § 128 Rn. 10).

11 Zusätzlich ist der **leistungsberechtigten Person** das **Ergebnis der Prüfung** in einer wahrnehmbaren Form **zugänglich** zu **machen** (**Abs. 3 S. 2**). Wer **leistungsberechtigte Person** ist, bestimmt § 99. In der Lit. wird von einem weiten Berechtigtenkreis ausgegangen, der

alle umfasst, die von dem geprüften Leistungserbringer Leistungen erhalten – auch wenn sie wegen ihres Einkommens oder Vermögens nicht nach den §§ 99 ff. leistungsberechtigt sind – sowie diejenigen, die ggf. an Leistungen des Leistungserbringers in Betracht ziehen (Fuchs/Ritz/Rosenow/Rosenow SGB IX § 128 Rn. 48). **Verpflichteter** ist der Träger der Eingliederungshilfe. **Zugänglichmachen** bedeutet, dass die Prüfergebnisse eingesehen werden können. Dies muss in einer wahrnehmbaren Form geschehen, also so, dass die leistungsberechtigte Person das Prüfergebnis sehen, hören oder ertasten kann. Welche Form für die leistungsberechtigte Person wahrnehmbar ist, richtet sich nach deren Beeinträchtigungen. Auf das Zugänglichmachen des Ergebnisses der Prüfung besteht ein **Rechtsanspruch** (LPK-SGB IX/Bieritz/Harder § 128 Rn. 4).

§ 129 Kürzung der Vergütung

(1) [1]Hält ein Leistungserbringer seine gesetzlichen oder vertraglichen Verpflichtungen ganz oder teilweise nicht ein, ist die vereinbarte Vergütung für die Dauer der Pflichtverletzung entsprechend zu kürzen. [2]Über die Höhe des Kürzungsbetrags ist zwischen den Vertragsparteien Einvernehmen herzustellen. [3]Kommt eine Einigung nicht zustande, entscheidet auf Antrag einer Vertragspartei die Schiedsstelle. [4]Für das Verfahren bei Entscheidungen durch die Schiedsstelle gilt § 126 Absatz 2 und 3 entsprechend.

(2) Der Kürzungsbetrag ist an den Träger der Eingliederungshilfe bis zu der Höhe zurückzuzahlen, in der die Leistung vom Träger der Eingliederungshilfe erbracht worden ist und im Übrigen an die Leistungsberechtigten zurückzuzahlen.

(3) [1]Der Kürzungsbetrag kann nicht über die Vergütungen refinanziert werden. [2]Darüber hinaus besteht hinsichtlich des Kürzungsbetrags kein Anspruch auf Nachverhandlung gemäß § 127 Absatz 3.

Übersicht

A. Geltende Fassung; Normzweck

1 § 129 regelt seit dem 1.1.2018 die Kürzung der Vergütung bei Pflichtenverstoß. Der davor in der Vorschrift enthaltene Regelungsgehalt – Bevorzugung schwerbehinderter Menschen bei einer unabhängigen Tätigkeit – findet sich seitdem in § 212.

1a Der Gesetzgeber will mit § 129 dem Träger der Eingliederungshilfe ein weiteres Mittel für die Fälle zur Verfügung stellen, bei denen eine außerordentliche Kündigung nicht in Betracht kommt. Außerdem sollen die Leistungserbringer dazu angehalten werden, ihre gesetzlichen und vertraglichen Pflichten einzuhalten (BT-Drs. 18/9522, 299). Ferner soll verhindert werden, dass Leistungserbringer, die gegen gesetzliche oder vertragliche Pflichten verstoßen, Vorteile hieraus ziehen (BT-Drs. (BT-Drs. 18/9522, 299). Schließlich dient § 129 dem Schutz der leistungsberechtigten Personen (KHM/Lange SGB IX § 129 Rn. 1).

B. Pflicht zur Kürzung der Vergütung

I. Voraussetzungen (Abs. 1 S. 1)

2 Abs. 1 S. 1 verpflichtet den Träger der Eingliederungshilfe, die vereinbarte Vergütung zu kürzen, wenn der Leistungserbringer gegen gesetzliche oder vertragliche Verpflichtungen verstößt. Zu den gesetzlichen und vertraglichen Pflichten → § 128 Rn. 3c. Eine Pflichtverletzung iSv Abs. 1 S. 1 liegt vor allem vor, wenn der Leistungserbringer bewusst zu wenig Personal einsetzt (so zur entsprechenden Rechtslage nach § 115 SGB XI BSG 12.9.2012 – B 3 P 5/11 R, BeckRS 2012, 75740). Verschulden des Leistungserbringers ist nicht erforderlich.

II. Rechtsfolge

1. Pflicht zur Kürzung (Abs. 1 S. 1)

2a Sind die Voraussetzungen von Abs. 1 S. 1 erfüllt, muss die Vergütung gekürzt werden (Abs. 1 S. 1: „ist […] zu kürzen"). Der Träger der Eingliederungshilfe hat kein Ermessen. Er ist verpflichtet, Einvernehmen über die Höhe der zurückzuzahlenden Vergütung herzustellen und der Leistungserbringer muss sich auf diese Verhandlungen einlassen (KHM/Lange SGB IX § 129 Rn. 3). Lässt sich kein Einvernehmen herstellen, kann jede der Parteien die Schiedsstelle anrufen.

2. Dauer der Kürzung

2b Die Vergütung wird für die **„Dauer der Pflichtverletzung"** gekürzt. Dies gilt auch für in der Vergangenheit liegende Zeiträume (KHM/Lange SGB IX § 129 Rn. 6) Begrenzt wird der Rückzahlungszeitraum durch Verjährung und ggf. Verwirkung. Die Verjährungsfrist beträgt 3 Jahre (Fuchs/Ritz/Rosenow/Rosenow SGB IX § 129 Rn. 27).

3. Höhe der Kürzung

3 Mit der **einvernehmlichen Festsetzung der Kürzung** der Vergütung (**Abs. 1 S. 2**) sollen rechtliche Auseinandersetzungen vermieden werden (BT-Drs. 18/9522, 299). Die Vergütung ist gem. Abs. 1 S. 1 **entsprechend** zu kürzen. Dies richtet sich nach dem Wert der nicht erbrachten Leistung (Fuchs/Ritz/Rosenow/Rosenow SGB IX § 129 Rn. 27). Finanzielle Vorteile des Leistungserbringers durch die Pflichtverletzung werden in Abs. 1 S. 1 nicht vorausgesetzt. Die Kürzung darf nicht außer Verhältnis zur Pflichtverletzung stehen. Kriterien für die Bestimmung des Kürzungsbetrages enthält das SGB IX nicht. Bei unzureichendem Personaleinsatz hält der Gesetzgeber eine Kürzung entspr. der eingesparten Personalkosten für naheliegend (BT-Drs. 18/9522, 299).

III. Verfahren

3a Zwischen dem Träger der Eingliederungshilfe und dem Leistungserbringer ist ein öffentlich-rechtlicher Vertrag (ebenso jurisPK-SGB IX/Busse § 129 Rn. 22) zu schließen, in dem geregelt wird, in welchem Umfang die Leistung zurückgefordert wird. Zu den Verhandlungen über den Kürzungsbetrag muss die andere Vertragspartei aufgefordert werden. Da es sich um einen öffentlich-rechtlichen Vertrag handelt, ist Schriftform erforderlich. Welcher Träger der Eingliederungshilfe zuständig ist, lässt sich dem Gesetzeswortlaut nicht entnehmen. Da es sich um eine Regelung im Vertragsrecht der §§ 123 ff.

handelt, ist die Zuständigkeit nach § 123 Abs. 1 S. 1 maßgeblich. Die Vereinbarung muss damit von dem Träger geschlossen werden, in dessen Bereich der Leistungserbringer seinen Sitz hat (ebenso Fuchs/Ritz/Rosenow/Rosenow SGB IX § 129 Rn. 37 f.).

Einigen sich die Vertragsparteien nicht, kann jede von ihnen die **Schiedsstelle** nach drei Monaten anrufen (**Abs. 1 S. 3**), die dann den Kürzungsbetrag festsetzt. **4**

Das **Verfahren** bei der Schiedsstelle richtet sich nach § 126 Abs. 2, 3 (**Abs. 1 S. 4**). **4a** Nach Abs. 1 S. 4 iVm § 126 Abs. 2 folgt, dass der Antrag auf Entscheidung der Schiedsstelle erst drei Monate nach der Aufforderung zu Verhandlungen über die zurückzuzahlende Vergütung zulässig ist. Nach S. 4 iVm § 126 Abs. 3 tritt die Entscheidung der Schiedsstelle zu dem von der Schiedstelle bestimmten Zeitpunkt in Kraft. Gegen die Festsetzung der Vergütung durch die Schiedsstelle kann Klage erhoben werden. Erstinstanzlich zuständig ist das LSG. Ob eine Pflichtverletzung vorliegt, ist gerichtlich voll überprüfbar (LPK-SGB IX/Bieritz-Harder § 129 Rn. 5). Die Entscheidung über die Höhe der Kürzung unterliegt dagegen nur eingeschränkter gerichtlicher Kontrolle (KHM/Lange SGB IX § 129 Rn. 7).

C. Rückzahlung der Vergütung (Abs. 2)

Der Leistungserbringer muss den Kürzungsbetrag an den Träger der Eingliederungshilfe zurückzahlen, soweit dieser bereits gezahlt hat. Dies gilt auch dann, wenn ein anderer Träger die Vergütungsvereinbarung geschlossen hat. War die Vergütung Bestandteil des Verfügungssatzes des Bewilligungsbescheides, ist dieser unter den Voraussetzungen des § 48 SGB X anzupassen (ebenso Fuchs/Ritz/Rosenow/Rosenow SGB IX § 129 Rn. 47). Den verbliebenen Rest des Kürzungsbetrages muss der Leistungserbringer an die leistungsberechtigte Person zahlen (**Abs. 2**). **5**

D. Keine anderweitige Refinanzierung oder Kürzung des Leistungsangebots

Der Kürzungsbetrag darf nicht über die Vergütung refinanziert werden (**Abs. 3 S. 1**). **6** Außerdem darf die Kürzung nicht zum Anlass für Nachverhandlungen nach § 127 Abs. 3 sein (**Abs. 3 S. 2**). Unzulässig ist weiter die Kürzung der Leistungen der leistungsberechtigten Person (BT-Drs. 18/9522, 299).

§ 130 Außerordentliche Kündigung der Vereinbarungen

[1]Der Träger der Eingliederungshilfe kann die Vereinbarungen mit einem Leistungserbringer fristlos kündigen, wenn ihm ein Festhalten an den Vereinbarungen auf Grund einer groben Verletzung einer gesetzlichen oder vertraglichen Verpflichtung durch den Leistungserbringer nicht mehr zumutbar ist. [2]Eine grobe Pflichtverletzung liegt insbesondere dann vor, wenn

1. **Leistungsberechtigte infolge der Pflichtverletzung zu Schaden kommen,**
2. **gravierende Mängel bei der Leistungserbringung vorhanden sind,**
3. **dem Leistungserbringer nach heimrechtlichen Vorschriften die Betriebserlaubnis entzogen ist,**
4. **dem Leistungserbringer der Betrieb untersagt wird oder**
5. **der Leistungserbringer gegenüber dem Leistungsträger nicht erbrachte Leistungen abrechnet.**

[3]Die Kündigung bedarf der Schriftform. [4]§ 59 des Zehnten Buches gilt entsprechend.

Übersicht

A. Geltende Fassung; Normzweck

1 § 130 regelt seit dem 1.1.2018 die außerordentliche Kündigung der Vereinbarungen mit dem Leistungserbringer bei Pflichtverletzungen. Der davor in § 130 enthaltene Regelungsgehalt – Geheimhaltungspflicht bei Behörden und sonstigen Stellen – findet sich seitdem in § 213.

2 § 130 berechtigt den Träger der Eingliederungshilfe zur **außerordentlichen Kündigung.** Ordentliche Kündigungsrechte werden durch § 130 nicht ausgeschlossen (Grube/Wahrendorf/Flint/Streichsbier SGB IX § 130 Rn. 2).

B. Voraussetzungen der außerordentlichen Kündigung

3 Dem **Anwendungsbereich** von § 130 unterfallen die Leistungsvereinbarung und die Vergütungsvereinbarung („Vereinbarungen").

4 Voraussetzung der außerordentlichen Kündigung ist eine **grobe Verletzung gesetzlicher oder vertraglicher Pflichten** durch den Leistungserbringer (1). Der Begriff „grobe Verletzung" ist ein unbestimmter Gesetzesbegriff, der voller gerichtlicher Kontrolle unterliegt (KHM/Lange SGB IX § 130 Rn. 4). S. zu den gesetzlichen und vertraglichen Pflichten des Leistungserbringers → § 127 Rn. 3c. Eine **grobe Pflichtverletzung** liegt nach **S. 2** vor, wenn

- mehrere Leistungsberechtigte infolge der Pflichtverletzung zu Schaden kommen (2 Nr. 1),
  Ausreichend ist, dass ein Schaden eintritt. Ein bestimmtes Ausmaß des Schadens ist nicht erforderlich.
- gravierende Mängel bei der Leistungserbringung vorhanden sind (2 Nr. 2),
  Der Eintritt von Mängeln allein ist nicht ausreichend. Sie müssen gravierend sein. Gravierende Mängel können Vorliegen bei Einsatz von zu wenig Personal oder nicht ausreichend qualifiziertem Personal, bei nicht geeigneten Gebäuden oder deren unzureichende Ausstattung. Auch erhebliches unangemessenes Verhalten gegenüber den Leistungsberechtigten kann zu gravierenden Mängeln führen (Fuchs/Ritz/Rosenow/Rosenow SGB IX § 130 Rn. 47).
- dem Leistungserbringer nach heimrechtlichen Vorschriften die Betriebserlaubnis entzogen ist (2 Nr. 3),
- dem Leistungserbringer der Betrieb untersagt wird (2 Nr. 4) oder
- der Leistungserbringer gegenüber dem Leistungsträger nicht erbrachte Leistungen abrechnet (2 Nr. 5). Die Höhe dieser Abrechnung ist unerheblich.

Verletzt eine **Bedienstete** oder ein Bediensteter des Leistungserbringers die Pflicht, muss diese dem Träger des Leistungserbringers zugerechnet werden können (§§ 278, 831 BGB).

4a Diese Aufzählung ist **nicht abschließend** („insbesondere"). Andere zur außerordentlichen Kündigung berechtigende Pflichtverletzungen müssen mit den aufgezählten vergleichbar sein. Solche Pflichtverletzungen können sein: Schädigung lediglich einer leistungsberechtigenden Person, Abrechnung nicht erbrachter Leistungen bei anderen Leistungsträgern (Grube/Wahrendorf/Flint/Streichsbier SGB IX § 130 Rn. 4), Nichteinhaltung baulicher Mindeststandards (KHM/Lange SGB IX § 130 Rn. 11). Nicht zur außerordentlichen Kündigung berechtigen die Nichtabführung von Steuern und Sozialversicherungsbeiträgen und die Veruntreuung von Geld. Diese Pflichten bestehen nicht gegenüber den leistungsberechtigten Personen oder dem Träger der Eingliederungshilfe (Grube/Wahrendorf/Flint/Streichsbier SGB IX § 130 Rn. 4). Fraglich ist, ob hierzu auch **Verfehlungen gegenüber Selbstzahlern** gehören (Grube/Wahrendorf/Flint/Streichsbier SGB IX § 130 Rn. 4; abl. LPK-SGB XII/v. Boetticher/Münder § 78 Rn. 1).

Weiter darf den Trägern ein Festhalten an der Vereinbarung **nicht mehr zumutbar** sein. **5** Die Unzumutbarkeit ist ein unbestimmter Rechtsbegriff, der voller gerichtlicher Kontrolle unterliegt. Bei der Zumutbarkeit ist zu prüfen, ob die außerordentliche Kündigung verhältnismäßig ist. Dies gilt auch bei den in Satz 2 aufgezählten Pflichtverletzungen (Grube/Wahrendorf/Flint/Streichsbier SGB IX § 130 Rn. 5). Im Rahmen der Prüfung der Zumutbarkeit kann auch der Grad des – an sich nicht bei der Kündigung nach § 130 nicht vorausgesetzten – Verschuldens von Bedeutung sein. Während bei vorsätzlichem Verhalten ein Festhalten an den Vereinbarungen idR unzumutbar sein dürfte, ist dies bei fahrlässigem Verhalten differenzierter zu beurteilen. Zu prüfen ist ferner, ob ein milderes Mittel zur Verfügung steht (KHM/Lange SGB IX § 130 Rn. 12).

Die Unzumutbarkeit am Festhalten der Vereinbarungen muss **kausal** auf die grobe **5a** Pflichtverletzung zurückzuführen sein.

C. Rechtsfolge

Sind die genannten Voraussetzungen erfüllt, ist der Träger der Eingliederungshilfe zur **6** außerordentlichen Kündigung berechtigt. Ob diese ausgesprochen wird, steht in seinem pflichtgemäßen **Ermessen** („kann"). Wird die Betriebserlaubnis entzogen oder der Betrieb der Einrichtung untersagt, verdichtet sich der Ermessensspielraum idR auf die außerordentliche Kündigung (LPK-SGB IX/Bieritz-Harder § 130 Rn. 2).

D. Kündigungserklärung

Die Kündigungserklärung ist kein Verwaltungsakt, sondern eine **öffentlich-rechtliche** **7** **Willenserklärung** (so zum SGB XII OVG Bln-Bbg 8.9.2011 – L 23 SO 147/11, BeckRS 2011, 76722). Die Vereinbarungsparteien stehen nicht in einem Über-/Unterordnungsverhältnis, sondern sind gleichgeordnet.

Die Kündigung muss **schriftlich erklärt** werden **(S. 3)**. Insoweit gelten die §§ 126, 126a **8** BGB entspr. (§ 61 S. 2 SGB X). Wird die außerordentliche Kündigung nicht schriftlich erklärt, ist sie nichtig (§ 61 S. 2 SGB X iVm § 125 BGB).

Die Kündigungserklärung muss **hinreichend bestimmt** sein. Aus ihr muss sich ergeben, **9** dass eine bestimmte Vereinbarung außerordentlich gekündigt wird. Der Begriff „außerordentliche Kündigung" muss nicht zwingend verwendet werden (so zum SGB IX Grube/Wahrendorf/Flint/Streichsbier SGB IX § 130 Rn. 8).

Die Kündigung wird mit dem **Zugang wirksam.** Insoweit gelten die allgemeinen An- **9a** forderungen nach § 131 BGB. Soll zu einem bestimmten Zeitpunkt gekündigt werden, muss dieser in der Kündigung angegeben werden.

Die Kündigung soll **begründet** werden **(S. 4 iVm § 59 Abs. 2 SGB X)**. Sie ist allerdings **10** auch dann wirksam, wenn eine Begründung fehlt (so zum BSHG BayVGH 29.7.1987 – 23 B 86.02281, NVwZ 1989, 167).

Gegen die außerordentliche Kündigung kann eine **Feststellungsklage** vor dem Sozialge- **11** richt erhoben werden (§ 55 Abs. 1 Nr. 1 SGG; vgl. zu § 78 SGB XII LPK-SGB XII/

Münder § 78 Rn. 4). Wurde die Kündigung unzutreffenderweise mit Verwaltungsakt ausgesprochen, kann gegen ihn mit Widerspruch und Anfechtungsklage vorgegangen werden (OVG Bln-Bbg 8.9.2011 – L 23 SO 147/11, BeckRS 2011, 76722). Diese haben aufschiebende Wirkung. **Vorläufiger Rechtsschutz** ist nach § 86b Abs. 2 SGG möglich (vgl. zu § 78 SGB XII LPK-SGB XII/Münder § 77 Rn. 23).

12 Aus dem **Verweis auf § 59 Abs. 1 SGB X** in S. 4 folgt, dass bei wesentlichen Änderungen oder Wegfall der dem Vereinbarungsschluss zu Grunde liegenden Verhältnisse die **Anpassung** oder Kündigung der Vereinbarung in Betracht kommt.

E. Folgen der wirksamen Kündigung

13 Die wirksame Kündigung hat zur Folge, dass der Träger der Eingliederungshilfe Leistungen der Eingliederungshilfe durch den Leistungserbringer nicht mehr nach § 123 Abs. 1 S. 1 bewilligen darf. Es kommen danach nur noch Leistungen des betroffenen Leistungserbringers nach § 123 Abs. 5 in Betracht. Noch bestehende Verwaltungsakte sind nach § 48 SGB X aufzuheben.

§ 131 Rahmenverträge zur Erbringung von Leistungen

(1) [1]Die Träger der Eingliederungshilfe schließen auf Landesebene mit den Vereinigungen der Leistungserbringer gemeinsam und einheitlich Rahmenverträge zu den schriftlichen Vereinbarungen nach § 125 ab. [2]Die Rahmenverträge bestimmen

1. die nähere Abgrenzung der den Vergütungspauschalen und -beträgen nach § 125 Absatz 1 zugrunde zu legenden Kostenarten und -bestandteile sowie die Zusammensetzung der Investitionsbeträge nach § 125 Absatz 2,
2. den Inhalt und die Kriterien für die Ermittlung und Zusammensetzung der Leistungspauschalen, die Merkmale für die Bildung von Gruppen mit vergleichbarem Bedarf nach § 125 Absatz 3 Satz 3 sowie die Zahl der zu bildenden Gruppen,
3. die Höhe der Leistungspauschale nach § 125 Absatz 3 Satz 1,
4. die Zuordnung der Kostenarten und -bestandteile nach § 125 Absatz 4 Satz 1,
5. die Festlegung von Personalrichtwerten oder anderen Methoden zur Festlegung der personellen Ausstattung,
6. die Grundsätze und Maßstäbe für die Wirtschaftlichkeit und Qualität einschließlich der Wirksamkeit der Leistungen sowie Inhalt und Verfahren zur Durchführung von Wirtschaftlichkeits- und Qualitätsprüfungen und
7. das Verfahren zum Abschluss von Vereinbarungen.

[3]Für Leistungserbringer, die einer Kirche oder Religionsgemeinschaft des öffentlichen Rechts oder einem sonstigen freigemeinnützigen Träger zuzuordnen sind, können die Rahmenverträge auch von der Kirche oder Religionsgemeinschaft oder von dem Wohlfahrtsverband abgeschlossen werden, dem der Leistungserbringer angehört. [4]In den Rahmenverträgen sollen die Merkmale und Besonderheiten der jeweiligen Leistungen berücksichtigt werden.

(2) Die durch Landesrecht bestimmten maßgeblichen Interessenvertretungen der Menschen mit Behinderungen wirken bei der Erarbeitung und Beschlussfassung der Rahmenverträge mit.

(3) Die Vereinigungen der Träger der Eingliederungshilfe und die Vereinigungen der Leistungserbringer vereinbaren gemeinsam und einheitlich Empfehlungen auf Bundesebene zum Inhalt der Rahmenverträge.

(4) **Kommt es nicht innerhalb von sechs Monaten nach schriftlicher Aufforderung durch die Landesregierung zu einem Rahmenvertrag, so kann die Landesregierung die Inhalte durch Rechtsverordnung regeln.**

Übersicht

A. Geltende Fassung; Normzweck

§ 131 regelt seit dem 1.1.2018 die Landesrahmenverträge und die Bundesempfehlungen. Der davor in der Vorschrift enthaltene Regelungsgehalt – Statistik zu den schwerbehinderten Menschen – findet sich seitdem in § 214. 1

§ 131 dient der Vereinheitlichung der Inhalte der Vereinbarungen. Auf Bundesebene können Bundesempfehlungen zwischen den Trägern der Eingliederungshilfe und den Vereinigungen der Leistungserbringer vereinbart werden (Abs. 3). Auf Landesebene müssen Landesrahmenverträge zwischen den Trägern der Eingliederungshilfe und den Vereinigungen der Leistungserbringer unter Beteiligung der Interessenvertretungen der Menschen mit Behinderungen geschlossen werden (Abs. 1). Wird kein Landesrahmenvertrag geschlossen, kann die Landesregierung eine Regelung durch Rechtsverordnung treffen (Abs. 4). 2

B. Landesrahmenverträge

I. Abschluss und Inhalt der Landesrahmenverträge

Die nach Abs. 1 S. 1 zwischen den Trägern der Eingliederungshilfe und den Vereinigungen der Leistungserbringer geschlossenen Landesrahmenverträge sollen den Abschluss einrichtungsbezogener Vereinbarungen erleichtern und vereinheitlichen (KHM/Lange SGB IX § 131 Rn. 2). Die Landesrahmenverträge müssen geschlossen werden (Abs. 1 S. 1: „schließen […] ab“). Dennoch ist fraglich, ob ein Zwang zum Abschluss der Vereinbarung besteht. Abs. 4 zeigt, dass der Gesetzgeber es selbst nicht ausschloss, dass Landesrahmenverträge nicht geschlossen werden. Die Landesrahmenverträge sind für die Leistungs- und Vergütungsvereinbarungen bindend. Vereinbarungen, die von den Regelungen der Landesrahmenverträge abweichen, sind nichtig (§ 58 Abs. 1 iVm § 134 BGB; KHM/Lange SGB IX § 131 Rn. 2). Die Landesrahmenverträge machen die Vereinbarung zwischen Träger der Eingliederungshilfe und Leistungserbringer aber nicht entbehrlich (HessVGH 25.2.2011 – L 7 SO 237/10 KL, BeckRS 2011, 69777). 3

Die Landesrahmenverträge sind **öffentlich-rechtliche Verträge.** Str. ist, ob sie Normsetzungsverträge sind (bej. KHM/Lange SGB IX § 131 Rn. 9; abl. Schaumberg SGb. 2021, 474, (476 ff.)). Die Qualifikation als Normsetzungsvertrag hätte zur Folge, dass die Rahmenverträge auch gegenüber nicht beteiligten Dritten Rechtswirkung erzeugen wür- 4 den. Hierzu bedürfte es allerdings einer gesetzlichen Ermächtigung, die im SGB IX fehlt (Fuchs/Ritz/Rosenow/Rosenow SGB IX § 131 Rn. 24 ff.). Als öffentlich-rechtliche Verträge müssen sie **schriftlich** geschlossen werden (§ 56 SGB X).

5 Kommt ein Landesrahmenvertrag **nicht zustande,** kann die Landesregierung eine Rechtsverordnung erlassen (**Abs. 4;** → Rn. 10 f.).

6 **Vertragsparteien** der Landesrahmenverträge sind auf der einen Seite die Träger der Eingliederungshilfe, auf der anderen Seite die Vereinigungen der – privat-gemeinnützigen und der privat-gewerblichen – Leistungserbringer, die Kirchen, sonstige Religionsgemeinschaften und die Wohlfahrtsverbände (**Abs. 1 S. 1, 3).** Mit der Beteiligung Letzterer wird deren besonderen Stellung nach § 96 Abs. 2 und der Kirchenautonomie (Art. 4 Abs. 1 u. 2, 140 GG iVm Art. 137 WRV) Rechnung getragen. Wurde durch Landesrecht ein überörtlicher Träger der Eingliederungshilfe errichtet, ist dieser auf der Seite der Träger der Eingliederungshilfe Vertragspartei. Ansonsten sind alle örtlichen Träger der Eingliederungshilfe Vertragspartei (v. Boetticher, Teilhaberecht, 2. Aufl. 2020, § 3 Rn. 415). Die örtlichen Träger können einem auf Landesebene eingerichteten Verband oder einzelne örtliche Träger bevollmächtigen, die Verhandlungen zur führen (v. Boetticher, Teilhaberecht, 2. Aufl. 2020, § 3 Rn. 415).

6a **Leistungserbringer** sind an den Landesrahmenvertrag **gebunden,** wenn sie Mitglied eines an der Aushandlung beteiligten Verbandes sind und diesen durch Satzung oder Einzelvollmacht bevollmächtigt haben, für sie den Landesrahmenvertrag zu schließen (v. Boetticher, Teilhaberecht, 2. Aufl. 2020 § 3 Rn. 416). Sind diese Voraussetzungen nicht erfüllt, können Leistungserbringer dem Landesrahmenvertrag nachträglich beitreten. Ansonsten kommt der Landesrahmenvertrag nur zur Anwendung, wenn auf ihn in der Vereinbarung nach § 125 Bezug genommen wird (v. Boetticher, Teilhaberecht, 2. Aufl. 2020, § 3 Rn. 416).

7 Die Vereinbarungen sind **„gemeinsam und einheitlich"** zu schließen. **Einheitlich** bedeutet, dass keine unterschiedlichen Landesrahmenverträge zwischen privat-gemeinnützigen und privat-gewerblichen Leistungserbringern geschlossen werden dürfen, sondern je Bundesland nur ein Landesrahmenvertrag geschlossen wird (LPK-SGB VIII/Bieritz-Harder § 132 Rn. 2). Aus **„gemeinsam"** folgt, dass alle Vertragsparteien zustimmen müssen. In der Lit. wird allerdings die Auffassung vertreten, dass die Vereinbarung auch dann wirksam zustande kommt, wenn eine der Parteien nicht zustimmt (Schaumberg SGb. 2021, 474 (478); Grube/Wahrendorf/Flint/Streichsbier SGB IX § 131 Rn. 9).

II. Inhalt des Landesrahmenvertrages (Abs. 1 S. 2)

8 Der **Inhalt der Landesrahmenverträge** ergibt sich abschließend (BT-Drs. 18/9522, 300) aus **Abs. 1 S. 2.** Danach müssen die Landesrahmenverträge enthalten:

- **Abgrenzung der Kostenarten und Kostenbestandteile** (Abs. 1 S. 2 Nr. 1 Hs. 1),
  Im Rahmenvertrag müssen die in den Vergütungspauschalen und -beträgen nach § 125 enthaltene zu Grunde zu legenden Kostenarten und -bestandteile näher abgegrenzt werden. Zu beachten ist, dass in § 125 Abs. 3 nicht der Begriff Vergütungspauschale, sondern Leistungspauschale verwendet wird. Gemeint ist dasselbe.
- **Zusammensetzung der Investitionsbeträge** nach § 125 Abs. 2 (Abs. 1 S. 2 Nr. 1 Hs. 2)
  Der Verweis auf § 125 Abs. 2 geht an sich ins Leere. Denn in § 125 Abs. 2 werden die Investitionsbeträge nicht angesprochen. Die Investitionsbeträge sind nicht Bestandteil der Vergütungsvereinbarung nach § 125 Abs. 3. Der im Landesrahmenvertrag zu regelnde Investitionstrag betrifft nur die für betriebsnotwendige Anlagen eingesetzte Beträge (v. Boetticher, Teilhaberecht, 2. Aufl. 2020, § 3 Rn. 417),
- **Inhalt und Kriterien für die Ermittlung und Zusammensetzung der Leistungspauschalen** (Abs. 1 S. 2 Nr. 2 Hs. 1),

- **Merkmale für die Bildung von Gruppen mit vergleichbarem Bedarf** (Abs. 1 S. 2 Nr. 2 Hs. 3),
  Der Landesrahmenvertrag muss Merkmale enthalten, mit Hilfe derer Gruppen mit vergleichbaren Bedarfen festgestellt werden können.
- **Zahl der zu bildenden Gruppen** (Abs. 2 S. 2 Hs. 3).
  Ferner muss die Zahl der zu bildenden Leistungsgruppen festgelegt werden. Krit. hierzu Fuchs/Ritz/Rosenow/Rosenow SGB IX § 131 Rn. 49 f.).
- **Höhe der Leistungspauschale nach § 125 Abs. 3 S. 1** (Abs. 1 S. 2 Nr. 3),
  Hiermit sind einrichtungsbezogene Vergütungssätze gemeint. Offen ist, ob bundeslandeinheitliche Vergütungssätze festzusetzen sind. Krit. zu Nr. 3 LPK-SGB IX/Bieritz-Harder § 131 Rn. 8; v. Boetticher, Teilhaberecht, 2. Aufl. 2020, § 3 Rn. 417; Fuchs/Ritz/Rosenow/Rosenow SGB IX § 131 Rn. 49 f.
- **Zuordnung der Kostenarten und -bestandteile bei WfbM** (Abs. 1 S. 1 Nr. 4),
  Die Regelung zu den Vergütungsvereinbarungen mit den WfbM gelten auch für die anderen Leistungsanbieter nach § 60 SGB IX (v. Boetticher, Teilhaberecht, 2. Aufl. 2020, § 3 Rn. 417).
- **Festlegung von Personalrichtwerten oder anderen Methoden zur Festlegung der personellen Ausstattung** (Abs. 1 S. 2 Nr. 5),
  In den Landesrahmenverträgen sollen nur Richtwerte und andere Methoden zur Bestimmung der personellen Ausstattung festgelegt werden. Wieviel Personal mit welcher fachlichen Qualifikation vorzuhalten ist, ist im Rahmen dieser Richtwerte für das jeweilige Leistungsangebot in der Leistungsvereinbarung festzusetzen.
- **Grundsätze und Maßstäbe für die Wirtschaftlichkeit und Qualität einschließlich der Wirksamkeit der Leistungen** (Abs. 1 S. 2 Nr. 6 Hs. 1)
  Im Landesrahmenvertrag sind Grundsätze und Maßstäbe der Wirtschaftlichkeit und Qualität und der Wirksamkeit der Leistungen zu vereinbaren. Hieraus folgt, dass neben der Strukturqualität (insbesondere Qualifikation des eingesetzten Personals) auch die Ergebnisqualität und dabei auch die Zufriedenheit der Leistungsberechtigten in den Blick zu nehmen sind (BAGüS/BAGFW „Eckpunkte für Empfehlungen zu Rahmenverträgen zur Erbringung von Leistungen der Eingliederungshilfe nach § 131 Abs. 3 SGB IX" der Bundesarbeitsgemeinschaft der Freien Wohlfahrtspflege e. V. (BAGFW) und der Bundesarbeitsgemeinschaft der überörtlichen Träger der Sozialhilfe (BAGüS) vom 18.4.2018, S. 6 f.).
- **Inhalt und Verfahren zur Durchführung von Wirtschaftlichkeits- und Qualitätsprüfungen** (Abs. 1 S. 2 Nr. 6 Hs. 2) sowie
  Weiter ist der Inhalt und das Verfahren der Prüfung nach § 128 festzulegen. Regelungsgegenstände können sein: die vorzulegenden Unterlagen, die Ankündigung der Prüfung, ein Betretungsrecht der Prüferinnen und Prüfer. Die Regelungen müssen sich im Rahmen des SGB X bewegen (Fuchs/Ritz/Rosenow/Rosenow SGB IX § 131 Rn. 66 ff.).
- **Verfahren zum Abschluss von Vereinbarungen** (Abs. 1 S. 1 Nr. 7).
  Dieses wird teilweise in § 126 und im SGB X geregelt. Mit den Vereinbarungen soll ein zügiges Verfahren sichergestellt werden, zB durch Festlegung von Fristen (Fuchs/Ritz/Rosenow/Rosenow SGB IX § 131 Rn. 72). Soweit dort zu Einzelfragen keine Regelung getroffen wurde, ist dies im Landesrahmenvertrag festzulegen. Dies gilt etwa für Nachweise (v. Boetticher, Teilhaberecht, 2. Aufl. 2020, § 3 Rn. 417).

III. Landesrahmenvertrag mit kirchlichen Trägern und Wohlfahrtsverbänden (Abs. 1 S. 3)

Gem. Abs. 1 S. 3 können bei Leistungserbringern, die einer Kirche oder Religions- 8a
gemeinschaft des öffentlichen Rechts oder einem sonstigen freigemeinnützigen Träger

zuzuordnen sind, die Rahmenverträge von der Kirche, der Religionsgemeinschaft oder dem Wohlfahrtsverband geschlossen werden. Voraussetzung ist, dass es um eine Kirche, eine Religionsgemeinschaft des öffentlichen Rechts oder einen Wohlfahrtsverband handelt, der Leistungserbringer diesen zuzuordnen ist und Vertretungsmacht, zB aufgrund der Satzung besteht. Abs. 1 S. 3 verleiht keine gesetzliche Vertretungsmacht (ebenso Fuchs/Ritz/Rosenow/Rosenow SGB IX § 131 Rn. 75).

IV. Berücksichtigung der Besonderheiten der Leistung (Abs. 1 S. 4)

9 Mit der Berücksichtigung der Merkmale und Besonderheiten der einzelnen Leistungen (Abs. 1 S. 4) werden die Vertragsparteien verpflichtet, keine pauschalen Regelungen, sondern den jeweiligen Leistungen angepasste Vereinbarungen zu treffen. Besonderheiten können sich insbesondere aus der Art der Wohnform ergeben (LPK-SGB IX/Bieritz-Harder § 131 Rn. 9).

V. Mitwirkung der Interessenvertretungen der Menschen mit Behinderungen (Abs. 2)

10 An der Erarbeitung und der Beschlussfassung der Landesrahmenverträge müssen die maßgeblichen **Interessenvertretungen der Menschen mit Behinderungen beteiligt** werden (Abs. 2). Hiermit will der Gesetzgeber die Position der Leistungsberechtigten stärken (BT-Drs. 18/9522, 300). Welche Interessenvertretungen maßgeblich sind, muss durch Landesrecht bestimmt werden.

10a Zu den **anerkannten Interessenvertretungen** s. folgende Internetseite: https://umsetzungsbegleitung-bthg.de/w/files/umsetzungsstand/2022-15-02_umsetzungsstand-bthg.pdf (zuletzt aufgerufen am 17.4.2023).

10b Was **Mitwirkung** bedeutet wird in § 131 nicht näher konkretisiert. Die Gesetzesbegründung geht von einer beratenden Funktion aus (BT-Drs. 18/9522, 299). Hieraus folgt, dass die Interessenverbände während des gesamten Beratungsprozesses der Rahmenverträge einbezogen sind. Mitwirken geht aber über eine bloße Anhörung hinaus. Sie sind an den Verhandlungen zu beteiligen und zu Stellungnahmen berechtigt (v. Boetticher, Teilhaberecht, 2. Aufl. 2022, § 3 Rn. 420). Ihr Einvernehmen ist aber nicht erforderlich (KHM/Lange SGB IX § 131 Rn. 7). Sie sind außerdem nicht Vertragspartei.

VI. Rechtliche Wirkung der Landesrahmenverträge

11 Die Landesrahmenverträge **binden** nur die **vertragsschließenden Parteien** (LPK-SGB IX/Bieritz-Harder § 131 Rn. 4). Eine gesetzliche Regelung, die den Vereinbarungspartnern das Recht verleiht, Dritte zu binden, enthält das SGB IX nicht (so zu Recht Fuchs/Ritz/Rosenow/Rosenow SGB IX § 131 Rn. 29). Die Einrichtungen selbst sind an den Landesrahmenvertrag nur gebunden, wenn die Vertragspartei entweder durch Satzung oder durch Bevollmächtigung zur Vertretung der Einrichtung berechtigt ist. Ansonsten besteht für die Einrichtungen nur rechtliche Bindung, wenn sie dem Landesrahmenvertrag beitreten (LPK-SGB IX/Bieritz-Harder § 131 Rn. 4). Im Übrigen haben die Landesrahmenverträge in der Praxis eine starke steuernde Wirkung.

12 Die Einrichtungsträger haben **keinen Rechtsschutz** gegen den Landesrahmenvertrag, da er für sie nicht verbindlich ist (so zum SGB XII LPK-SGB XII/Münder § 79 Rn. 15).

12a Eine Übersicht über die in den Bundesländern geschlossenen Landesrahmenverträge enthält folgende Internetseite: https://umsetzungsbegleitung-bthg.de/w/files/umsetzungsstand/2022-15-02_umsetzungsstand-bthg.pdf (zuletzt aufgerufen am 17.4.2023).

C. Bundesempfehlungen (Abs. 3)

13 Auf Bundesebene vereinbaren die Vereinigungen der Träger der Eingliederungshilfe und die Vereinigungen der Leistungserbringer gemeinsam und einheitlich Empfehlungen zum Inhalt der Landesrahmenverträge (Abs. 3). Mit den Bundesempfehlungen soll zu einer Vereinheitlichung des Leistungserbringungsrechts in der Eingliederungshilfe beigetragen werden. Die Bundesempfehlungen sind nicht verbindlich (BT-Drs. 18/9522, 300). Auch die Bundesempfehlungen haben in der Praxis eine starke Steuerungskraft (Grube/Wahrendorf/Flint/Lange SGB IX § 131 Rn. 17). Bislang liegt keine Bundesempfehlung vor.

D. Landesverordnung statt Landesrahmenvertrag (Abs. 4)

14 Die Landesregierung wird durch Abs. 4 ermächtigt, eine Rechtsverordnung zu den Inhalten des Landesrahmenvertrages zu erlassen, wenn kein Landesrahmenvertrag geschlossen wurde. Vorausgehen muss eine schriftliche Aufforderung an die obligatorischen Vertragsparteien, den Landesrahmenvertrag zu schließen. Wurde der Landesrahmenvertrag innerhalb einer Frist von sechs Monaten nicht geschlossen, ist die Landesregierung berechtigt, eine Rechtsverordnung zu erlassen (Abs. 4). Eine Verlängerung dieser Frist ist nicht vorgesehen. Ob die Landesregierung die Rechtsverordnung erlässt, steht in ihrem Ermessen („kann"). Der Inhalt der Verordnung ist auf die in Abs. 1 S. 2 aufgezählten Gegenstände beschränkt. Wurde der Landesrahmenvertrag nur zu einem Teil der in Abs. 1 S. 2 aufgezählten Inhalte geschlossen, dürfen die weiteren Inhalte durch Rechtsverordnung geregelt werden (ebenso Fuchs/Ritz/Rosenow/Rosenow SGB IX § 131 Rn. 91). Haben die Vertragsparteien nach Erlass der Rechtsverordnung einen Landesrahmenvertrag geschlossen, geht bei sich widersprechenden Regelungen die der Rechtsverordnung vor, weil sie im Gegensatz zum Landesrahmenvertrag allgemein und unmittelbar verbindliche Normen enthält (Grube/Wahrendorf/Flint/Streichsbier SGB IX § 131 Rn. 21). Bislang wurde keine Rechtsverordnung erlassen.

§ 132 Abweichende Zielvereinbarungen

(1) **Leistungsträger und Träger der Leistungserbringer können Zielvereinbarungen zur Erprobung neuer und zur Weiterentwicklung der bestehenden Leistungs- und Finanzierungsstrukturen abschließen.**

(2) **Die individuellen Leistungsansprüche der Leistungsberechtigten bleiben unberührt.**

(3) **Absatz 1 gilt nicht, soweit auch Leistungen nach dem Siebten Kapitel des Zwölften Buches gewährt werden.**

Übersicht

A. Geltende Fassung; Normzweck

1 § 132 regelt seit dem 1.1.2018 den Abschluss von Zielvereinbarungen zwischen den Trägern der Eingliederungshilfe und den Trägern der Leistungserbringer. Der davor in § 132 enthaltene Regelungsgehalt – Begriff der Integrationsprojekte und der in diesen geförderte Personenkreis – findet sich seitdem in § 215. Krit. zu § 132 v. Boetticher, Teilhaberecht, 2. Aufl. 2020, § 3 Rn. 427 ff.

B. Abweichende Zielvereinbarungen (Abs. 1)

2 Abs. 1 ermöglicht, dass die Träger der Eingliederungshilfe und die Träger der Leistungserbringer Zielvereinbarungen schließen, um neue Leistungs- und Finanzstrukturen zu erproben oder weiterzuentwickeln. Wenngleich in Abs. 1 der Begriff „Leistungsträger" verwendet wird, ist davon auszugehen, dass hiermit keine Erweiterung der Vereinbarungsschließenden beabsichtigt war (KHM/Lange SGB IX § 132 Rn. 2). In Zielvereinbarungen verpflichten sich die Vereinbarungsparteien an sich, bestimmte Ziele zu verfolgen. § 132 geht hierüber hinaus, weshalb die verwendete Begrifflichkeit nicht passend ist. Nach § 132 werden neue Leistungs- und Vergütungsstrukturen nicht nur angestrebt, sondern entsprechende Vereinbarungen geschlossen (KHM/Lange SGB IX § 132 Rn. 2).

2a **Inhalt der Zielvereinbarung** ist „die Erprobung neuer und die Weiterentwicklung bestehender Leistungs- und Finanzierungsstrukturen". Dies muss einvernehmlich geschehen. Das sozialrechtliche Dreiecksverhältnis darf nicht verändert werden (BT-Drs. 18/9522, 300). Hierdurch soll das Wunsch- und Wahlrecht der leistungsberechtigten Personen gewahrt bleiben (BT-Drs. 18/9522, 299).

2b Ob eine Zielvereinbarung geschlossen wird, steht im **Ermessen des Trägers der Eingliederungshilfe** und der Leistungserbringer („können"). Die Leistungserbringer haben nur einen Anspruch auf pflichtgemäße Ermessensausübung. Nur bei Ermessensreduzierung auf Null besteht ein Anspruch.

C. Keine Einschränkung individueller Leistungsansprüche (Abs. 2)

3 Abs. 2 stellt klar, dass die Zielvereinbarungen individuelle Leistungsansprüche der leistungsberechtigten Personen nicht einschränken dürfen. Mitumfasst hiervon sind das Wunsch- und Wahlrecht, die Beteiligung am Gesamtplanverfahren und sonstige verfahrensrechtliche Rechte (v. Boetticher, Teilhaberecht, 2. Aufl. 2020, § 3 Rn. 425).

D. Ausschluss bei Hilfe zur Pflege (Abs. 3)

4 Keine abweichenden Zielvereinbarungen können für Fälle geschlossen werden, in denen neben der Eingliederungshilfe Hilfe zur Pflege nach den §§ 61 ff. SGB XII gewährt wird (Abs. 3). Nicht ausgeschlossen sind Zielvereinbarungen, wenn die Hilfe zur Pflege durch den Träger der Eingliederungshilfe nach § 103 Abs. 3 erbracht wird (näher hierzu → § 103 Rn. 7 ff.). Krit. zu Abs. 2 Fuchs/Ritz/Rosenow/Rosenow SGB IX § 132 Rn. 29.

§ 133[1] Schiedsstelle

(1) Für jedes Land oder für Teile eines Landes wird eine Schiedsstelle gebildet.

(2) Die Schiedsstelle besteht aus Vertretern der Leistungserbringer und Vertretern der Träger der Eingliederungshilfe in gleicher Zahl sowie einem unparteiischen Vorsitzenden.

(3) [1]Die Vertreter der Leistungserbringer und deren Stellvertreter werden von den Vereinigungen der Leistungserbringer bestellt. [2]Bei der Bestellung ist die Trägervielfalt zu beachten. [3]Die Vertreter der Träger der Eingliederungshilfe und deren Stellvertreter werden von diesen bestellt. [4]Der Vorsitzende und sein Stellvertreter werden von den beteiligten Organisationen gemeinsam bestellt. [5]Kommt eine Einigung nicht zustande, werden sie durch Los bestimmt. [6]Soweit die beteiligten Organisationen der Leistungserbringer oder die Träger der Eingliederungshilfe keinen Vertreter bestellen oder im Verfahren nach Satz 3 keine Kandidaten für das Amt des Vorsitzenden und des Stellvertreters benennen, bestellt die zuständige Landesbehörde auf Antrag eines der Beteiligten die Vertreter und benennt die Kandidaten für die Position des Vorsitzenden und seines Stellvertreters.

(4) [1]Die Mitglieder der Schiedsstelle führen ihr Amt als Ehrenamt. [2]Sie sind an Weisungen nicht gebunden. [3]Jedes Mitglied hat eine Stimme. [4]Die Entscheidungen werden mit der Mehrheit der Mitglieder getroffen. [5]Ergibt sich keine Mehrheit, entscheidet die Stimme des Vorsitzenden.

(5) Die Landesregierungen werden ermächtigt, durch Rechtsverordnung das Nähere zu bestimmen über

1. die Zahl der Schiedsstellen,
2. die Zahl der Mitglieder und deren Bestellung,
3. die Amtsdauer und Amtsführung,
4. die Erstattung der baren Auslagen und die Entschädigung für den Zeitaufwand der Mitglieder der Schiedsstelle,
5. die Geschäftsführung,
6. das Verfahren,
7. die Erhebung und die Höhe der Gebühren,
8. die Verteilung der Kosten,
9. die Rechtsaufsicht sowie
10. die Beteiligung der Interessenvertretungen der Menschen mit Behinderungen.

Übersicht

[1] Siehe hierzu ua die Schiedsstellenlandesverordnung SGB IX.

A. Geltende Fassung; Normzweck

1 § 133 regelt seit dem 1.1.2018 Einzelheiten der Schiedsstelle. Der davor in § 133 enthaltene Regelungsgehalt – Aufgaben der Integrationsprojekte – findet sich seitdem in § 216.

2 Der Gesetzgeber sieht die Einrichtungen von Schiedsstellen vor, weil diese sich in der Vergangenheit in anderen Sozialleistungsbereichen nach seiner Ansicht bewährt haben (BT-Drs. 18/9522, 300). Nach § 126 Abs. 2 kann die Schiedsstelle angerufen werden, wenn innerhalb von drei Monaten keine Vereinbarung zwischen Träger der Eingliederungshilfe und Leistungserbringer geschlossen wurde. Hierfür schafft § 133 die Vorbedingungen mit der Verpflichtung zur Einrichtung von Schiedsstellen in den Bundesländern und zur Festlegung von Einzelheiten des Verfahrens.

B. Einrichtung von Schiedsstellen (Abs. 1)

3 Gem. Abs. 1 müssen in jedem Bundesland eine oder mehrere Schiedsstellen eingerichtet werden. Wie viele Schiedsstellen einzurichten und ggf. für welche Landesteile mehrere Schiedsstellen zuständig sind, wird durch Landesverordnung bestimmt (Abs. 5 Nr. 1). Das gesamte Gebiet des Bundeslandes muss durch die Schiedsstelle(n) abgedeckt sein; schiedsstellenfreie Landesteile sieht der Gesetzestext nicht vor (KHM/Lange SGB IX § 133 Rn. 3).

C. Besetzung der Schiedsstellen (Abs. 2

4 Abs. 2 enthält nur allgemeine Aussagen zur Besetzung der Schiedsstellen. Er legt lediglich fest, dass eine gleiche Zahl an Vertreterinnen und Vertretern der Träger der Eingliederungshilfe und der Leistungserbringer und für den Vorsitz eine unparteiliche Person bestellt werden müssen. Die Zahl der Mitglieder und ihre Bestellung wird durch Landesverordnung festgelegt (Abs. 5 Nr. 2). Mit der paritätischen Besetzung der Schiedsstelle soll sichergestellt werden, dass beide Seiten gleichermaßen auf den Inhalt der Vereinbarung Einfluss nehmen können (BT-Drs. 18/9522, 300).

D. Bestellung der Vertreter/innen der Schiedsstelle (Abs. 3)

I. Allgemeines

5 Abs. 3 regelt grds. Fragen der Bestellung der Vertreterinnen und Vertreter der Schiedsstelle. Einzelheiten werden in Rechtsverordnungen der Länder geregelt (Abs. 5).

6 Welche **Qualifikation** die Vertreterinnen, Vertreter, Stellvertreterinnen und Stellvertreter erfüllen müssen, lässt sich dem Bundesrecht nicht entnehmen.

II. Bestellung der Vertreter/innen und Stellvertreter/innen der Leistungserbringer (Abs. 3 S. 1, 2)

7 Die Vertreter/innen und Stellvertreter/innen der **Leistungserbringer** werden von den Vereinigungen der Leistungserbringer bestellt (**Abs. 3 S. 1**). Dies sind zB Zusammenschlüsse von Trägern der freien Wohlfahrtspflege und Zusammenschlüsse von kom-

munalen Leistungserbringern (KHM/Lange SGB IX § 133 Rn. 6). Für jedes Mitglied wird ein **stellvertretendes Mitglied** bestellt (Abs. 3 S. 1: „und deren Stellvertreter"). Die Vereinigungen der Leistungserbringer haben nicht nur ein Vorschlagsrecht für die Bestellung, sondern sie berufen die ausgewählten Personen selbst. Ob die bestellte Person die Bestellung annehmen muss, lässt sich Bundesrecht nicht entnehmen (dafür Fuchs/Ritz/Rosenow/Rosenow SGB IX § 133 Rn. 9).

Die Vereinigungen der Leistungserbringer müssen bei der Bestellung der Vertreter/innen und der Stellvertreter/innen die **Trägervielfalt** beachten (**Abs. 3 S. 2**). Ob hieraus folgt, dass die kirchlichen, privat-gemeinnützigen und privat-gewerblichen Träger berücksichtigt werden müssen, oder ausreichend ist, dass die Träger der Leistungserbringer sich über die Besetzung ihrer Bank verständigen (so Fuchs/Ritz/Rosenow/Rosenow SGB IX § 133 Rn. 10), lässt sich Bundesrecht nicht entnehmen. 7a

III. Bestellung der Vertreter/innen und Stellvertreter/innen der Träger der Eingliederungshilfe (Abs. 3 S. 3)

Die Vertreter/innen und Stellvertreter/innen der Träger der Eingliederungshilfe werden von diesen Trägern bestellt (**Abs. 3 S. 3**). Es müssen sich also alle Träger der Eingliederungshilfe des Bundeslandes oder – wenn mehrere Schiedsstellen eingerichtet werden – des Landesteils, für den die Schiedsstelle zuständig ist – des Teiles des Landes verständigen. 7b

IV. Bestellung der/des Vorsitzenden (Abs. 3 S. 4, 5)

Der oder die **Vorsitzende** und die **Stellvertreterin** oder der Stellvertreter werden von den Trägern der Eingliederungshilfe und den Vereinigungen der Leistungserbringer gemeinsam bestellt (Abs. 3 S. 4). Sie müssen also beide zustimmen. Können sie sich nicht einigen, schlägt jede der beiden Seiten eine Person für den Vorsitz und für die Stellvertretung vor (Abs. 2 S. 6). Es entscheidet das Los (Abs. 2 S. 5). Ansonsten ist nach S. 6 zu verfahren. 7c

Da die/der Vorsitzende und die Stellvertreterin/der Stellvertreter unparteiisch sein muss (**Abs. 2**), darf sie/er weder haupt- noch nebenberuflich bei einem Träger der Eingliederungshilfe oder einer Einrichtung abhängig beschäftigt sein oder in einem Beamtenverhältnis stehen. Weitere Anforderungen lassen sich dem G nicht entnehmen. 7d

V. Verfahren bei unterbleibender Bestellung von Mitgliedern der Schiedsstelle (Abs. 3 S. 6)

Werden Vertreter/innen und Stellvertreter/innen nicht oder nicht in ausreichender Zahl bestellt, kann ein Beteiligter bei der zuständigen Behörde beantragen, dass diese die Vertreter/innen bestellt (**Abs. 3 S. 6**). Dann muss diese die Mitglieder und stellvertretenden Mitglieder für die nicht besetzten Sitze bestellen. Beim Vorsitz oder stellvertretenden Vorsitz benennt die zuständige Landesbehörde Kanditat/innen. Die Entscheidung über die Bestellung erfolgt dann durch Los. Die zuständige Landesbehörde wird durch Rechtsverordnung der Landesverordnung bestimmt (Abs. 5 Nr. 9). Der Antrag ist von den beteiligten Organisationen zu stellen. Sie können gegen den Verwaltungsakt der Landesbehörde Anfechtungsklage erheben (KHM/Lange SGB IX § 133 Rn. 9). 8

E. Rechtsstellung der Schiedsstelle und ihrer Mitglieder (Abs. 4 S. 1, 2)

9 Die Schiedsstelle hat die **Funktion eines Schlichters** (Gottlieb SRa 2012, 150 ff.). Sie ist ein **Vertragshilfeorgan,** das die Interessen des Trägers der Eingliederungshilfe und des Leistungsträgers zum Ausgleich bringen soll, deren Rechte sich von denen der Vertragsparteien ableiten (KHM/Lange SGB IX § 133 Rn. 1). Sie ist **Behörde** im funktionalen Sinne (§ 1 Abs. 2 SGB X). Sie entscheidet mit **Verwaltungsakt** (so zum SGB XII BVerwG 1.12.1998 – 5 C 17.97, FEVS 49, 337 = NVwZ-RR 1999, 446; 28.2.2002 – 5 C 25.01, FEVS 53, 484 = NVwZ-RR 2003, 41). Sie ist auf dem Gebiet des öffentlichen Rechts tätig und entscheidet rechtsverbindlich gegenüber den Vertragsparteien.

10 Die Mitglieder der Schiedsstelle sind **ehrenamtlich** tätig (**Abs. 4 S. 1**). Sie erhalten keine Vergütung für ihre Tätigkeit (LPK-SGB IX/Bieritz-Harder § 133 Rn. 2). In der Landesschiedsverordnung kann vorgesehen werden, dass ihre Auslagen ersetzt und eine Entschädigung für den Zeitaufwand gezahlt werden (**Abs. 5 Nr. 4**). Mangels abweichender Regelung für die Vorsitzende oder den Vorsitzenden und die Stellvertreterin bzw. dem Stellvertreter ist davon auszugehen, dass auch sie ehrenamtlich tätig sind (KHM/Lange SGB IX § 133 Rn. 12).

11 Die Mitglieder der Schiedsstelle sind **nicht weisungsgebunden** (**Abs. 4 S. 2**). Obwohl die Vertreter/innen der Träger der Eingliederungshilfe und der Vereinigungen der Leistungserbringer ihr Amt nicht unparteiisch ausüben, können sie frei entscheiden, ob sie den Weisungen ihrer Organisationen, die sie vertreten, folgen. Die Organisationen dürfen ihr Abstimmungsverhalten nicht beeinflussen (so zum SGB XII Grube/Wahrendorf/Flint/Streichsbier SGB IX § 133 Rn. 10).

11a Da die Vertreterinnen und Vertreter die Interessen des Trägers der Eingliederungshilfe bzw. des Leistungserbringers wahrnehmen, ist bei ihnen die Regelung zur Befangenheit in § 17 SGB X nicht anwendbar (so zum SGB XII BSG 7.10.2015 – B 8 SO 1/14 R, BeckRS 2016, 65369 Rn. 14).

11b § 133 regelt nicht, ob und unter welchen Voraussetzungen Mitglieder der Schiedsstelle **abberufen** werden können. Regelungen hierzu finden sich aber in den SchiedsstellenVO der Länder. Zuständig für die Abberufung ist, die Organisation, die das Mitglied berufen hat (KHM /Lange SGB IX § 133 Rn. 11).

F. Verfahren der Schiedsstelle

12 Gegenstand des Schiedsstellenverfahrens ist die **Leistungs- und Vergütungsvereinbarung.** § 126 Abs. 2 schließt an § 126 Abs. 1 an, der nicht zwischen der Leistungs- und Vergütungsvereinbarung unterscheidet.

13 Das Schiedsstellenverfahren muss **beantragt** werden (**§ 126 Abs. 2 S. 1**). Die Schiedsstelle muss **unverzüglich** über die strittigen Punkte **entscheiden** (**§ 126 Abs. 2 S. 2**) (→ § 126 Rn. 6).

14 Das **Verfahren** der Schiedsstellen wird vor allem in den **Verordnungen der Länder** geregelt. Ist auch dort keine Regelung getroffen, ist auf die Vorschriften des SGB X und des SGG zurückzugreifen.

15 Die Schiedsstelle entscheidet mit **Beschluss.** Jedes Mitglied hat **eine Stimme** (**Abs. 4 S. 3**). Die Entscheidung wird mit der **Mehrheit der Mitglieder** getroffen (**Abs. 4 S. 4**). Hiermit ist die Mehrheit der durch die Landesverordnung festgesetzte Zahl und nicht die der anwesenden Mitglieder gemeint. Kommt **keine Mehrheit** zustande, entscheidet die Stimme der/des Vorsitzenden (**Abs. 4 S. 5**).

Die Entscheidung der Schiedsstelle erfolgt **schriftlich** und muss **begründet** werden. Dies ergibt sich entweder aus der einschlägigen Landesschiedsstellenverordnung, sonst aus den §§ 33 Abs. 3, 35 Abs. 1, 36, 37 Abs. 1 SGB X. 16

Die Entscheidung der Schiedsstelle tritt **an die Stelle der Vereinbarung.** 17

Zur **Anfechtung** der Schiedsstellenentscheidung → § 126 Rn. 9 f. 18

G. Rechtsverordnungen der Länder (Abs. 5)

Abs. 5 ermächtigt die Länder, die dort aufgezählten Gegenstände durch Rechtsverordnung zu regeln. In folgenden Ländern wurden Schiedsstellenverordnungen erlassen: 19

Bayern: Verordnung zur Ausführung der Sozialgesetze (AVSG) v. 2.12.2008 idF des Bayerischen Teilhabegesetzes I v. 9.1.2018 (GVBl. 2)

Baden-Württemberg: Verordnung der Landesregierung über die Schiedsstelle nach § 133 des Neunten Buches Sozialgesetzbuch (Schiedsstellenverordnung SGB IX) v. 17.12.2020 (GBl. S. 1272).

Berlin: Verordnung über die Schiedsstelle nach § 133 des Neunten Buches Sozialgesetzbuch v. 30.4.2019 (GVBl. 270)

Brandenburg: Brandenburgische Verordnung über die Schiedsstelle nach § 133 des Neunten Buches Sozialgesetzbuch v. 24.4.2020 (GVBl. Nr. 27)

Bremen: Verordnung über die Schiedsstelle nach dem Neunten Buch Sozialgesetzbuch (SGB IX-SchV) v. 18.8.2020 (Brem.GBl. S. 853)

Hamburg: Verordnung über die Schiedsstelle nach § 133 des Neunten Buches Sozialgesetzbuch v. 1.10.2019 (HmbGVBl. 2019, 327)

Hessen: Verordnung über die Schiedsstelle nach § 133 des Neunten Buches Sozialgesetzbuch v. 11.12.2018 (GVBl. 723)

Mecklenburg-Vorpommern: § 17 Landesverordnung über die Schiedsstelle nach § 80 des Zwölften Buches Sozialgesetzbuch eingefügt (GVOBl. M–V 796)

Niedersachsen: Verordnung über die Schiedsstelle nach § 133 des Neunten Buches des Sozialgesetzbuchs für das Land Niedersachsen v. 26.9.2019 (Nds.GVBl. 273)

Nordrhein-Westfalen: Verordnung über die Schiedsstelle nach dem Neunten Buch Sozialgesetzbuch v. 14.6.1994, § 1 idF des Art. 7 d. G v. 21.7.2018 (GV.NRW 414)

Rheinland-Pfalz: Landesverordnung über die Schiedsstelle nach § 133 des Neunten Buches Sozialgesetzbuch v. 10.5.2019 (GVBl. 88)

Saarland: Verordnung über die Einrichtung und das Verfahren der Schiedsstelle nach § 133 des Neunten Buches Sozialgesetzbuch v. 12.12.2017 (Amtsblatt 2101)

Sachsen: Verordnung der Sächsischen Staatsregierung über die Schiedsstelle gem. § 133 des Neunten Buches Sozialgesetzbuch v. 23.6.2020 (SächsGVBl. 336)

Sachsen-Anhalt: Verordnung über die Schiedsstelle nach § 133 des Neunten Buches Sozialgesetzbuch v. 29.5.2019 (GVBl. LSA 2019, 111)

Schleswig-Holstein: Landesverordnung über die Schiedsstelle nach § 133 des Neunten Buches Sozialgesetzbuch v. 3.6.2019 (GVOBl. 165)

Thüringen: Thüringer Verordnung über die Schiedsstelle nach § 133 des Neunten Buches Sozialgesetzbuch (Thüringer Schiedsstellenverordnung SGB IX – ThürSchieds-VO-SGB IX) v. 15.9.2020 (GVBl. S. 532).

§ 134[1] Sonderregelung zum Inhalt der Vereinbarungen zur Erbringung von Leistungen für minderjährige Leistungsberechtigte und in Sonderfällen

(1) In der schriftlichen Vereinbarung zur Erbringung von Leistungen für minderjährige Leistungsberechtigte zwischen dem Träger der Eingliederungshilfe und dem Leistungserbringer sind zu regeln:

1. Inhalt, Umfang und Qualität einschließlich der Wirksamkeit der Leistungen (Leistungsvereinbarung) sowie
2. die Vergütung der Leistung (Vergütungsvereinbarung).

(2) In die Leistungsvereinbarung sind als wesentliche Leistungsmerkmale insbesondere aufzunehmen:

1. die betriebsnotwendigen Anlagen des Leistungserbringers,
2. der zu betreuende Personenkreis,
3. Art, Ziel und Qualität der Leistung,
4. die Festlegung der personellen Ausstattung,
5. die Qualifikation des Personals sowie
6. die erforderliche sächliche Ausstattung.

(3) [1]Die Vergütungsvereinbarung besteht mindestens aus

1. der Grundpauschale für Unterkunft und Verpflegung,
2. der Maßnahmepauschale sowie
3. einem Betrag für betriebsnotwendige Anlagen einschließlich ihrer Ausstattung (Investitionsbetrag).

[2]Förderungen aus öffentlichen Mitteln sind anzurechnen. [3]Die Maßnahmepauschale ist nach Gruppen für Leistungsberechtigte mit vergleichbarem Bedarf zu kalkulieren.

(4) [1]Die Absätze 1 bis 3 finden auch Anwendung, wenn volljährige Leistungsberechtigte Leistungen zur Schulbildung nach § 112 Absatz 1 Nummer 1 sowie Leistungen zur schulischen Ausbildung für einen Beruf nach § 112 Absatz 1 Nummer 2 erhalten, soweit diese Leistungen in besonderen Ausbildungsstätten über Tag und Nacht für Menschen mit Behinderungen erbracht werden. [2]Entsprechendes gilt bei anderen volljährigen Leistungsberechtigten, wenn

1. das Konzept des Leistungserbringers auf Minderjährige als zu betreuenden Personenkreis ausgerichtet ist,
2. der Leistungsberechtigte von diesem Leistungserbringer bereits Leistungen über Tag und Nacht auf Grundlage von Vereinbarungen nach den Absätzen 1 bis 3, § 78b des Achten Buches, § 75 Absatz 3 des Zwölften Buches in der am 31. Dezember 2019 geltenden Fassung oder nach Maßgabe des § 75 Absatz 4 des Zwölften Buches in der am 31. Dezember 2019 geltenden Fassung erhalten hat und
3. der Leistungsberechtigte nach Erreichen der Volljährigkeit für eine kurze Zeit, in der Regel nicht länger als bis zur Vollendung des 21. Lebensjahres, Leistungen von diesem Leistungserbringer weitererhält, mit denen insbesondere vor dem Erreichen der Volljährigkeit definierte Teilhabeziele erreicht werden sollen.

Übersicht

[1] § 134 Abs. 4 Satz 2 angef. mWv 1.1.2020 durch G v. 10.12.2019 (BGBl. I S. 2135).

A. Geltende Fassung; Normzweck

§ 134 regelt seit dem 1.1.2018 den Inhalt der Leistungsvereinbarung bei minderjährigen Leistungsberechtigten. Der davor in § 130 enthaltene Regelungsgehalt – finanzielle Leistungen für Rehabilitationsprojekte – findet sich seitdem in § 217. Abs. 4 S. 2 wurde durch das Angehörigen-EntlastungsG v. 10.12.2019 (BGBl. I S. 2135) mWv 1.1.2020 eingefügt. 1

Minderjährige erhalten keine Grundsicherung im Alter und bei Erwerbsminderung nach den §§ 41 ff. SGB XII. Diese wird nur an Volljährige geleistet. Deshalb wurden bei ihnen – anders als bei Erwachsenen – die Fachleistung und die Leistungen zur Sicherung des Lebensunterhalts nicht getrennt. Die Vereinbarung zwischen dem Träger der Eingliederungshilfe und den Leistungserbringern muss deshalb die Leistungen für Unterkunft und Verpflegung und den hierfür erforderlichen betriebsnotwendigen Anlagen enthalten. § 134 enthält eine Sonderregelung hierzu. 2

B. Inhalt der Vereinbarung zwischen dem Träger der Eingliederungshilfe und dem Leistungserbringer (Abs. 1)

Abs. 1 bezieht sich auf Leistungen für minderjährige Leistungsberechtigte, also Leistungsberechtigte, die noch nicht das 18. Lebensjahr vollendet haben. Zur Anwendbarkeit bei jungen Volljährigen → Rn. 8 f. Abs. 1 entspricht der Grundregel in § 125 Abs. 1 (zu Einzelheiten → 125 Rn. 3). Aus der Vorschrift ergibt sich, dass die schriftliche Vereinbarung zwischen Träger der Eingliederungshilfe und dem Leistungserbringer für minderjährige Leistungsberechtigte eine Leistungsvereinbarung und eine Vergütungsvereinbarung enthält. Einzelheiten zu deren Inhalt legen die Abs. 2 bzw. 3 fest. 3

C. Leistungsvereinbarung (Abs. 2)

Die schriftliche Vereinbarung zwischen dem Träger der Eingliederungshilfe und dem Leistungserbringer muss eine Leistungsvereinbarung enthalten (**Abs. 1 Nr. 1**). Diese legt „Inhalt, Umfang und Qualität einschließlich der Wirksamkeit der Leistungen" fest (Abs. 1 Nr. 1). Aus ihr müssen sich die wesentlichen Leistungsmerkmale ergeben. Was der Gesetzgeber hierzu rechnet, ergibt sich aus der nicht abschließenden Aufzählung in Abs. 2. Zu Einzelheiten → § 125 Rn. 4 ff. So muss die Leistungsvereinbarung das Angebot enthalten, bei gewichtigen Anhaltspunkten für eine Kindeswohlgefährdung Beratung des Trägers der öffentlichen Jugendhilfe in Anspruch zu nehmen. Nicht Regelungsgegenstand ist anders als in der nach § 125 die gemeinsame Inanspruchnahme von Leistungen. Die Aufzählung in Abs. 2 ist nicht abschließend („insbesondere"). 4

D. Vergütungsvereinbarung (Abs. 3)

Die schriftliche Vereinbarung zwischen dem Träger der Eingliederungshilfe und dem Leistungserbringer muss weiter eine Vergütungsvereinbarung enthalten (**Abs. 1 Nr. 2**). Anders als die Vergütungsvereinbarung nach § 125 besteht die Vergütung bei Minderjährigen aus einer Grundpauschale für Unterkunft und Heizung, einer Maßnahmepauschale und einem Investitionsbetrag für die betriebsnotwendigen Anlagen und die Ausstattung (Abs. 3 S. 1). Die Aufzählung in Abs. 3 ist nicht abschließend („mindestens"). Zu Einzelheiten → § 125 Rn. 7 ff. 5

5a Entspricht die Vergütungsvereinbarung diesen oder sonstigen gesetzlichen (zB heimrechtlichen) Anforderung nicht, ist sie **nichtig.**

6 Auf die Vergütung sind Förderungen aus **öffentlichen Mitteln anzurechnen** (Abs. 3 S. 2). Zu Einzelheiten → § 125 Rn. 8.

7 Die Vergütung ist für **Gruppen von Leistungsberechtigten** mit vergleichbaren Bedarfen zu kalkulieren (Abs. 3 S. 3). Zu Einzelheiten → § 125 Rn. 9.

E. Anwendung bei volljährigen Leistungsberechtigten (Abs. 4)

8 Mit **Abs. 4 S. 1** wird der Anwendungsbereich von Abs. 1–3 auf junge Volljährige ausgedehnt, soweit sie Leistungen zur Schulbildung nach § 112 Abs. 1 Nr. 1 oder zur schulischen Ausbildung für einen Beruf nach § 112 Abs. 1 Nr. 2 erhalten, und dabei in besonderen Ausbildungsstätten über Tag und Nacht für Menschen mit Behinderungen untergebracht sind, zB Internate für blinde und taubblinde Menschen (BT-Drs. 18/9522, 301). Hiermit soll gemeinsam mit § 142 Abs. 3 verhindert werden, dass Eltern mit volljährigen Kindern in Schulausbildung, insbesondere in einem Internat, schlechter gestellt werden (BT-Drs. 18/9522, 301).

8a Junge Menschen benötigen mitunter über das 18. Lebensjahr hinaus Leistungen. Nicht immer können sie mit Erreichen der Volljährigkeit in eine Einrichtung für Erwachsene wechseln, zB aus schulischen Gründen. Teilweise erhalten sie nach Vollendung des 18. Lebensjahres Hilfe für junge Volljährige nach § 41 SGB VIII. Die Voraussetzungen dieser Vorschrift werden aber nicht von allen erfüllt. Verbleiben die hiervon Betroffenen in der bisherigen Einrichtung will der Gesetzgeber durch **Abs. 4 S. 2** bei „Leistungserbringern arbeits- und bürokratieaufwändige Vergütungsstrukturen für Minderjährige einerseits und Volljährige andererseits" vermeiden (BT-Drs. 19/4862, 23). Abs. 4 S. 2 erweitert den Anwendungsbereich von S. 1 auf andere volljährige Leistungsberechtigte. Die Regelung ist nur bei Leistungserbringern anwendbar, die ihr Konzept auf Minderjährige ausgerichtet haben (Abs. 4 S. 2 Nr. 1). Die Zahl der minderjährigen und volljährigen Leistungsberechtigten in der Einrichtung kann eine erste Orientierung geben. Maßgeblich ist allerdings die Zielgruppe des Konzepts (KHM/Lange SGB IX § 134 Rn. 10) Weiter müssen Fachleistungen und Unterkunft und Verpflegung von dem Leistungsbringer, der auch weiterhin die Leistung erbringen soll, bereits **vor Vollendung des 18. Lebensjahres** an die leistungsberechtigte Person erbracht worden sein (Abs. 4 S. 2 Nr. 2). Der Leistungserbringer muss diese **Leistungen über Tag und Nacht aufgrund Vereinbarungen** nach den Abs. 1–3, § 78b SGB VIII oder § 75 Abs. 4 SGB XII **erbracht** haben. Weiter darf der Leistungsbedarf **nur für kurze Zeit** bestehen. In der Gesetzesbegründung wird hiervon ausgegangen, wenn die Leistungen bis längstens zur Vollendung des 21. Lebensjahres erbracht werden müssen (BT-Drs. 19/14868, 241). Schließlich müssen mit der Leistung insbesondere **Teilhabeziele** angestrebt werden, die **bereits vor Eintritt der Volljährigkeit vereinbart** wurden. Der Gesetzgeber hatte folgende Fälle im Blick (BT-Drs. 19/14868, 24): Ein Wechsel in eine andere Einrichtung ist nicht möglich, weil die kontinuierliche Erbringung von Leistungen erforderlich ist, um Teilhabeziele zu erreichen, die bereits während der Minderjährigkeit angestrebt wurden; ein Umzug in eine Einrichtung mit einem auf Erwachsene ausgerichteten Konzept ist aus tatsächlichen Gründen nicht möglich, zB wegen nicht vorhandener Kapazitäten.

Kapitel 9. Einkommen und Vermögen

§ 135 Begriff des Einkommens

(1) Maßgeblich für die Ermittlung des Beitrages nach § 136 ist die Summe der Einkünfte des Vorvorjahres nach § 2 Absatz 2 des Einkommensteuergesetzes sowie bei Renteneinkünften die Bruttorente des Vorvorjahres.

(2) Wenn zum Zeitpunkt der Leistungsgewährung eine erhebliche Abweichung zu den Einkünften des Vorvorjahres besteht, sind die voraussichtlichen Jahreseinkünfte des laufenden Jahres im Sinne des Absatzes 1 zu ermitteln und zugrunde zu legen.

Literatur: Gerlach, Die Festsetzung von Beiträgen als neue Form des Einsatzes von Einkommen und der Einsatz von Vermögen im Eingliederungshilferecht nach Teil 2 SGB IX ab dem 1.1.2020 – Ein „Beitrag zu den Beiträgen" nach dem Bundesteilhabegesetz, ZfF 2019, 121 ff., 145 ff., 169 ff.; Hittmeyer/Dillmann, „The Long Goodbye"; Edgültiger Abschied vom Fürsorgerecht durch das Bundesteilhabegesetz?, ZfSH/SGB 2018, 313; Keil, Das BTHG – Die Änderungen im Eingliederungshilferecht, SGb 2017, 447, Kuhn-Zuber, Eigenbeitrag in der Eingliederungshilfe ab 1.1.2020; Beitrag D20–2018 unter www.reha-recht.de; 12.6.2018; Luik, Das neue Bundesteilhabegesetz – Ein Überblick, jM 2017, 195; Lund, Einkommens- und Vermögenseinsatz der Eltern für Leistungen der Eingliederungshilfe nach dem SGB IX, ZfSH/SGB 2021, 337 ff.; Rasch, BTHG und Co. – Neuregelungen zur Einkommens- und Vermögensheranziehung, RdHL 2017, 58; Roesen, Die Regelungen über die Berücksichtigung von Einkommen und Vermögen bei Leistungen der Eingliederungshilfe nach dem Bundesteilhabegesetz (BTHG) – Teil I; Beitrag A1–2018 unter www.reha-recht.de; 9.1.2018; ders., Die Regelungen über die Berücksichtigung von Einkommen und Vermögen bei Leistungen der Eingliederungshilfe nach dem Bundesteilhabegesetz (BTHG) – Teil II; Beitrag A2–2018 unter www.reha-recht.de; 16.1.2018; Schneider, Auswirkungen des Bundesteilhabegesetzes auf das Behindertentestament, ZEV 2019, 453 ff.

Übersicht

A. Geltende Fassung; Normzweck

§ 135 regelt seit dem 1.1.2020 den Einkommensbegriff der Eingliederungshilfe. Der davor in der Vorschrift enthaltene Regelungsgegenstand – Verordnungsermächtigung zu Integrationsbetrieben – wird seit dem 1.1.2018 in § 218 geregelt. **1**

Bei der Ausgestaltung des Beitrags zu den Aufwendungen wurden die Regelungen des SGB XII zur Einkommensanrechnung nicht übernommen. Die finanzielle Beteiligung der Leistungsberechtigten wurde in den §§ 135 ff. neu konzipiert. Hierdurch sollen vor allem Menschen mit Behinderungen mit niedrigem Einkommen entlastet werden (BT-Drs. 18/9522, 302). **2**

2a Zu den Leistungen der Eingliederungshilfe ist ein Beitrag aus dem Einkommen der Eltern zu leisten (§§ 92, 136 Abs. 1), wenn das Einkommen höher als der Freibetrag nach § 137 Abs. 2–5 ist. Kein Beitrag ist bei den in § 138 Abs. 1 aufgezählten Leistungen aufzubringen. Kein Beitrag ist weiter nach § 137 Abs. 2 aufzubringen für eine weitere Leistung oder für weitere minderjährige Kinder im gleichen Haushalt im gleichen Zeitraum. Bei einmaligen Leistungen wird der Beitrag in § 138 Abs. 1 auf das maximal 4 fache des monatlichen Beitrags begrenzt. Von dem über der Einkommensgrenze liegenden Einkommen sind 2 % einzusetzen (§ 137 Abs. 2). Der Beitrag wird von der vom Träger der Eingliederungshilfe zu erbringenden Leistung abgezogen. Krit. zum Beitrag v. Boetticher/Kuhn-Zuber, Rehabilitationsrecht, 2. Aufl. 2020, Rn. 342. Viele Leistungsberechtigte der Eingliederungshilfe sind auf Leistungen zur Sicherung des Lebensunterhalts angewiesen. Sie profitieren von den Verbesserungen der Einkommensanrechnung und Vermögensberücksichtigung letztlich nicht, weil die Verbesserungen auf die Eingliederungshilfe nach dem SGB IX beschränkt sind. Bei den Leistungen zur Sicherung des Lebensunterhalts nach dem SGB II und dem SGB XII sind die Freibeträge – auch nach der Anhebung durch das BürgergeldG v. 16.12.2022 (BGBl. I S. 2094) – deutlich niedriger.

2b Eine Kostenbeteiligung der leistungsberechtigten Person und ggf. der Eltern minderjähriger Leistungsberechtigter erfolgt außerdem durch die Berücksichtigung von Vermögen (§§ 139, 140), die Überleitung von Ansprüchen der leistungsberechtigten Person (§ 141) und den Beitrag nach § 142.

3 Der **Beitrag** zu den Aufwendungen nach den §§ 135 ff. wird in folgenden **Schritten ermittelt:**

– Ausnahme von der Pflicht zur Leistung eines Beitrags (§ 138 Abs. 1)
– Ermittlung des Einkommens (§ 135)
– Feststellung der Einkommensgrenze (§ 136 Abs. 2–5)
– Feststellung, ob das Einkommen über der Einkommensgrenze liegt.

B. Einkommen

4 Der Einkommensbegriff des SGB IX weicht von dem des SGB II und des SGB XII ab. Bei der Einkommensberechnung sind die Summe der Einkünfte nach § 2 Abs. 2 EStG des vorvorletzten Jahres (Abs. 1 Hs. 1; → Rn. 5 ff.) und bei Renteneinkünften die Bruttorenten des vorvorletzten Jahres (Abs. 1 Hs. 2; Rn. 15) zu berücksichtigen. Dies dient der Verwaltungsvereinfachung, weil der Berechnung des Beitrags der Einkommensteuerbescheid bzw. der Rentenbescheid zu Grunde gelegt werden kann. Liegt kein Einkommensteuerbescheid vor, müssen die Einkünfte nach § 2 Abs. 1 des vorvorletzten Kalenderjahres ermittelt werden (v. Boetticher Teilhaberecht 2. Aufl. 2020, § 4 Rn. 159). Bei Bezieherinnen und Beziehern von Bürgergeld, Hilfe zum Lebensunterhalt oder Grundsicherung im Alter und bei Erwerbsminderung nach dem SGB II, dem SGB XII und dem BVG (ab 1.1.2024: SGB XIV) ist dies nicht erforderlich, weil bei diesen gem. § 138 Abs. 2 Nr. 8 kein Beitrag erhoben wird.

I. Summe der Einkünfte nach § 2 Abs. 2 EStG

5 Mit dem Abstellen auf die **Summe der Einkünfte** nach § 2 Abs. 2 EStG in **Abs. 1** will der Gesetzgeber sicherstellen, dass die individuellen Werbungskosten und Betriebsausgaben berücksichtigt werden können und die steuerrechtlichen Vorteile für Menschen mit Behinderungen nicht aufgezehrt werden. Er geht davon aus, dass hierdurch in durch-

schnittlichen Fällen die Leistungsberechtigten im Vergleich zum bisherigen Recht deutlich bessergestellt werden (BT-Drs. 18/9522, 302).

Mit dem Abstellen auf das **vorvorletzte Kalenderjahr** soll der Nachweis durch das Vorlegen des Einkommensteuerbescheides erleichtert werden (BT-Drs. 18/9522, 302). Welcher Zeitpunkt für die Bestimmung des vorvorletzten Kalenderjahres maßgebend ist, ist str. Teilweise wird auf den Zeitpunkt der Antragstellung (v. Boetticher, Teilhaberecht, 2. Aufl. 2020, § 4 Rn. 159), teilweise auf den Zeitpunkt der Leistungserbringung abgestellt (Fuchs/Ritz/Rosenow/Rosenow SGB IX § 135 Rn. 9). Abs. 2 spricht dafür, dass das vorvorletzte Kalenderjahr vom Zeitpunkt der Antragstellung der Leistungserbringung maßgeblich ist. Ansonsten würde das Abstellen auf den Zeitpunkt der Leistungsgewährung in Abs. 2 keinen Sinn machen. 5a

Einkünfte iSv § 2 Abs. 2 EStG sind: 6
- der **Gewinn** nach den §§ 4–7k und 13a EStG bei den Einkünften aus Land- und Forstwirtschaft, Gewerbebetrieb und selbständiger Arbeit
- der **Überschuss der Einnahmen** bei den Einkünften aus nichtselbständiger Arbeit, Kapitalvermögen, Vermietung und Verpachtung und den sonstigen Einkünften nach § 22 EStG über die Werbungskosten.

Unerheblich ist, ob für die Einkünfte **Steuern** zu zahlen oder ob sie wegen Freibeträgen **steuerfrei** sind (VG Gelsenkirchen BeckRS 2012, 57812). **Sachbezüge** (zB kostenlose Übernachtung und Verpflegung) werden nach der Sozialversicherungsentgeltverordnung bewertet. Keine Einkünfte iSd Steuerrechts sind **Darlehen** und **Kapitalabfindungen.** 6a

1. Einkünfte aus Land- und Forstwirtschaft (§ 2 Abs. 1 Nr. 1 EStG)

Welche Einkünfte zu denen aus Land- und Forstwirtschaft gehören, bestimmt § 13 EStG. Der Gewinn wird nach steuerrechtlichen Vorschriften durch Abzug der Betriebsausgaben von den Betriebseinnahmen ermittelt. 7

2. Einkünfte aus Gewerbebetrieb (§ 2 Abs. 1 Nr. 2 EStG)

Welche Einkünfte zu denen aus Gewerbebetrieb gehören, bestimmt § 15 EStG. Gemeint sind hiermit Einkünfte aus einer selbständigen Tätigkeit, die weder der Land- und Forstwirtschaft noch einem freien Beruf oder anderen selbständigen Tätigkeit zuzurechnen ist. Dieser wird nach steuerrechtlichen Vorschriften durch Abzug der Betriebsausgaben von den Betriebseinnahmen ermittelt. 8

3. Einkünfte aus selbstständiger Arbeit (§ 2 Abs. 1 Nr. 3 EStG)

Welche Einkünfte zu denen aus selbständiger Arbeit gehören, bestimmt § 18 EStG. Einkünfte idS sind etwa jene aus einer freiberuflichen Tätigkeit. Dieser wird nach steuerrechtlichen Vorschriften durch Abzug der Betriebsausgaben von den Betriebseinnahmen ermittelt. 9

4. Einkünfte aus nichtselbstständiger Arbeit (§ 2 Abs. 1 Nr. 4 EStG)

Welche Einkünfte zu denen aus nichtselbständiger Arbeit gehören, bestimmt § 19 EStG. Zu diesen gehören auch jene aus einer **geringfügigen Beschäftigung,** Leibrenten, Unfallrenten und Betriebsrenten. Einkünfte aus nichtselbständiger Arbeit sind außerdem – außer den in § 3 Nr. 3 lit. a–d EStG aufgezählten – Abfindungen, zB die Entlassungsentschädigung oder Vorruhestandsentschädigung (vgl. zum BAföG OVG Bln-Bbg BeckRS 2017, 101518). Keine Einkünfte aus nichtselbständiger Tätigkeit sind die Beitragszuschüsse des Arbeitgebers zur Kranken- und Pflegeversicherung nach § 257 SGB V und § 61 SGB IX (§ 3 Nr. 62 EStG). Welche **Werbungskosten** abgezogen werden, richtet sich nach dem EStG. Der Verweis auf das Einkommensteuerrecht lässt keinen Raum für 10 einen eigenständigen Begriff der Werbungskosten. Abgezogen werden die Werbungskosten in tatsächlicher Höhe, mindestens aber die Werbungskostenpauschale nach § 9a Nr. 1 lit. a EStG (2023: 1.000 EUR), bei Versorgungsbezügen der Versorgungs-Freibetrag nach § 9a Nr. 1 lit. b EStG (2023: 102 EUR) und der Zuschlag zum Versorgungsfreibetrag nach § 19 Abs. 2 EStG (2023: 16 % der Versorgungsbezüge, höchstens 1.200 EUR). Abgezogen werden weiter die Kinderbetreuungskosten (§ 2 Abs. 5a S. 2 EStG iVm § 10 Abs. 1 Nr. 5 EStG). Nicht abgezogen werden dagegen **Sonderausgaben** und **außergewöhnliche Belastungen.**

5. Einkünfte aus Kapitalvermögen (§ 2 Abs. 1 Nr. 5 EStG)

11 Welche Einkünfte zu denen aus Kapitalvermögen gehören, bestimmt § 20 EStG. Der Überschuss wird nach steuerrechtlichen Vorschriften durch Abzug der **Werbungskosten** in tatsächlicher Höhe, mindestens aber in Höhe des Sparer-Freibetrages (2023: 801 EUR) ermittelt.

6. Einkünfte aus Vermietung und Verpachtung (§ 2 Abs. 1 Nr. 5 EStG)

12 Welche Einkünfte zu denen aus Vermietung und Verpachtung gehören, bestimmt § 21 EStG. Einkünfte idS sind insbesondere die Miete und die Pacht aus Immobilienverträgen. Diese werden nach steuerrechtlichen Vorschriften ermittelt.

7. Sonstige Einkünfte nach § 22 EStG (§ 2 Abs. 1 Nr. 7 EStG)

13 Welche Einkünfte zu den sonstigen Einkünften gehören, bestimmt § 22 EStG. Zu diesen Einkünften zählen Einkünfte aus wiederkehrenden Bezügen, die nicht unter § 2 Abs. 1 Nr. 1–6 EStG zu rechnen sind und nicht freiwillige Leistungen oder gesetzliche Unterhaltspflichten durch § 22 S. 2 EStG von der Steuerpflicht ausgenommen werden, Einkünfte aus privaten Veräußerungsgeschäften, Einkünfte aus sonstigen Leistungen aufgrund eines entgeltlichen Vertrages, Abzüge von Abgeordneten und Leistungen aus Altersvorsorgeverträgen, Pensionsfonds, Pensionskassen und Direktversicherung. Diese werden nach steuerrechtlichen Vorschriften ermittelt.

8. Nicht der Besteuerung unterliegende Einkünfte

14 Andere Einkünfte als die oben angesprochenen werden nicht berücksichtigt. Dies gilt insbesondere für die steuerfreien Einnahmen nach § 3 EStG.

9. Verlustausgleich

15 Anders als im Recht der Ausbildungsförderung nach dem BAföG oder im Wohngeldrecht werden die zu berücksichtigenden Einkünfte nicht auf die positiven Einkünfte unter Ausschluss des Verlustausgleichs beschränkt. Hieraus folgt, dass auch negative Einkünfte bei einzelnen Einkunftsarten von den positiven Einkünften bei anderen Einkunftsarten abgezogen werden.

II. Renteneinkünfte

16 Bei den Renteneinkünften werden die Bruttorenten – also ohne Abzug von Kranken- und Pflegeversicherungsbeitrag und Steuern auf die Renten – des Vorvorjahres – zu Grunde gelegt. Im Jahr 2023 ist damit die Rente des Jahres 2021 maßgeblich. Was unter Renteneinkünften zu verstehen ist, lässt der Gesetzgeber offen. Wegen der Anknüpfung in § 135 an die steuerrechtliche Terminologie wird in der Lit. die Auffassung vertreten, dass es sich um Rente handle, wenn sie auf eine der in § 10 Abs. 1 Nr. 2 EStG genannten

Quellen zurückzuführen sei (Gerlach ZfF 2019, 145 (145)). Zu den Renten iSv § 135 Abs. 1 Alt. 2 gehören danach Renten aus der gesetzlichen Rentenversicherung, Leistungen der berufsständischen Versorgungseinrichtungen, Leistungen der kapitalgedeckten Rentenversicherungen sowie Rentenversicherungen zur Abdeckung des Risikos der Erwerbsminderung, Leistungen aus Altersvorsorgeverträgen, Leistungen aus Pensionsfonds, Leistungen aus Pensionskassen sowie Leistungen von Direktversicherungen (Gerlach ZfF 2019, 145 (146)). Zu berücksichtigen ist die Bruttorente (also einschließlich des Beitragsanteils der Rentnerin oder des Rentners zur Kranken- und Pflegeversicherung) und nicht nur der steuerpflichtige Anteil der Renten (ebenso Gerlach ZfF 2019, 145 (146)). Der nach § 3 Nr. 14 EStG steuerfreie Beitragszuschuss zur freiwilligen Krankenversicherung nach § 106 SGB VI ist dagegen nicht zu berücksichtigen (ebenso Fuchs/Ritz/Rosenow/Rosenow SGB IX § 135 Rn. 74).

III. Keine weitere Bereinigung der Einkünfte

Steuern, Sozialversicherungsbeiträge und sonstige Versicherungsbeiträge werden, an- 17
ders als bei der Einkommensberechnung nach § 11b SGB II, § 82 SGB XII, § 27a BVG oder dem BAföG nicht abgezogen.

C. Jahreseinkünfte des Jahres der Leistungsgewährung (Abs. 2)

Abweichend von Abs. 1 muss nach Abs. 2 auf die voraussichtliche Summe der Ein- 18
künfte des Kalenderjahres der Leistungsgewährung zum Beitrag abgestellt werden, wenn diese erheblich von der des vorvorletzten Kalenderjahres abweicht. Dies gilt nicht nur für niedrigere, sondern auch für höhere Einkünfte. Zeitpunkt der **Leistungsgewährung** ist derjenige, zu dem die Leistung der leistungsberechtigten Person tatsächlich zur Verfügung gestellt wird.

Der Gesetzestext lässt es offen, in welchen Fällen von einer **erheblichen Abweichung** 18a
auszugehen ist. Der Gesetzgeber nennt Arbeitslosigkeit, Rentenbezug, Wechsel von Vollzeit in Teilzeit oder erstmalige Aufnahme einer Beschäftigung als Beispiele (BT-Drs. 18/9522, 302). Bloße Schwankungen bei unveränderter Beschäftigungssituation sollen nicht erfasst werden (BT-Drs. 18/9522, 302 „erhebliche Abweichungen"). In der Lit. wird in Anlehnung an § 27 Abs. 1 S. 1 Nr. 3, Abs. 2 S. 1 Nr. 3 WoGG die Auffassung vertreten, dass eine erhebliche Abweichung nur dann vorliege, wenn die Änderung mehr als 15 Prozent betrage (Gerlach ZfF 2019, 145 (148)); Hinweis: ab dem 1.1.2023 wurde der nach § 27 Abs. 1 S. 1 Nr. 3, Abs. 2 S. 1 Nr. 3 WoGG maßgebliche Prozentsatz auf 10 Prozent abgesenkt. Von 10 Prozent geht ferner Schaumberg aus (KHM/Schaumberg SGB IX § 135 Rn. 14). Eine solche Grenze dient zwar der Verwaltungspraktikabilität, lässt sich aber nicht mit dem Gesetzeswortlaut vereinbaren, der eine offene Formulierung enthält. Die vorgeschlagene Grenze kann damit nur ein Orientierungswert sein.

Den Eintritt erheblicher Änderungen muss die leistungsberechtigte Person **unverzüg-** 18b
lich mitteilen (§ 60 Abs. 1 S. 1 Nr. 2 SGB I) und erforderliche Auskünfte erteilen und Nachweise vorlegen (§ 60 Abs. 1 S. 1 Nr. 1, 3 SGB I).

Liegt eine erhebliche Abweichung vor, muss das voraussichtliche Jahreseinkommen im 19
Jahr der Leistungsgewährung im Rahmen einer Prognoseentscheidung ermittelt werden. Da es sich um eine Prognoseentscheidung handelt, findet ein nachträglicher Ausgleich nicht statt, wenn sich die Prognose als unrichtig erweist (Gerlach, ZfF 2019, 145 (148)). Die Prognose erfolgt auf der Grundlage des Einkommensteuerrechts. Ein Antrag auf Aktualisierung des Einkommens ist – anders als im Recht der Ausbildungsförderung nach dem BAföG – nicht erforderlich.

§ 136[1] Beitrag aus Einkommen zu den Aufwendungen

(1) Bei den Leistungen nach diesem Teil ist ein Beitrag zu den Aufwendungen aufzubringen, wenn das Einkommen im Sinne des § 135 der antragstellenden Person sowie bei minderjährigen Personen der im Haushalt lebenden Eltern oder des im Haushalt lebenden Elternteils die Beträge nach Absatz 2 übersteigt.

(2) [1]Ein Beitrag zu den Aufwendungen ist aufzubringen, wenn das Einkommen im Sinne des § 135 überwiegend

1. aus einer sozialversicherungspflichtigen Beschäftigung oder selbständigen Tätigkeit erzielt wird und 85 Prozent der jährlichen Bezugsgröße nach § 18 Absatz 1 des Vierten Buches übersteigt oder

2. aus einer nicht sozialversicherungspflichtigen Beschäftigung erzielt wird und 75 Prozent der jährlichen Bezugsgröße nach § 18 Absatz 1 des Vierten Buches übersteigt oder

3. aus Renteneinkünften erzielt wird und 60 Prozent der jährlichen Bezugsgröße nach § 18 Absatz 1 des Vierten Buches übersteigt.

[2]Wird das Einkommen im Sinne des § 135 überwiegend aus anderen Einkunftsarten erzielt, ist Satz 1 Nummer 2 entsprechend anzuwenden.

(3) Die Beträge nach Absatz 2 erhöhen sich für den nicht getrennt lebenden Ehegatten oder Lebenspartner, den Partner einer eheähnlichen oder lebenspartnerschaftsähnlichen Gemeinschaft um 15 Prozent sowie für jedes unterhaltsberechtigte Kind im Haushalt um 10 Prozent der jährlichen Bezugsgröße nach § 18 Absatz 1 des Vierten Buches.

(4) [1]Übersteigt das Einkommen im Sinne des § 135 einer in Absatz 3 erster Halbsatz genannten Person den Betrag, der sich nach Absatz 2 ergibt, findet Absatz 3 keine Anwendung. [2]In diesem Fall erhöhen sich für jedes unterhaltsberechtigte Kind im Haushalt die Beträge nach Absatz 2 um 5 Prozent der jährlichen Bezugsgröße nach § 18 Absatz 1 des Vierten Buches.

(5) [1]Ist der Leistungsberechtigte minderjährig und lebt im Haushalt der Eltern, erhöht sich der Betrag nach Absatz 2 um 75 Prozent der jährlichen Bezugsgröße nach § 18 Absatz 1 des Vierten Buches für jeden Leistungsberechtigten. [2]Die Absätze 3 und 4 sind nicht anzuwenden.

Übersicht

A. Geltende Fassung; Normzweck

1 § 136 verpflichtet seit dem 1.1.2020 die leistungsberechtigte Person zur Zahlung eines Beitrags und legt die Höhe des hierbei zu berücksichtigenden Freibetrages fest. Der davor in der Vorschrift enthaltene Regelungsgegenstand – Begriff und Aufgaben der WfbM – findet sich seit dem 1.1.2018 in § 241. Das G zur Änderung des Neunten und des Zwölften Buches Sozialgesetzbuch und anderer Rechtsvorschriften v. 30.11.2019

[1] § 136 Abs. 1 geänd., Abs. 2 Satz 2 angef., Abs. 4 Satz 2 geänd. mWv 1.1.2020 durch G v. 30.11.2019 (BGBl. I S. 1948).

(BGBl. I S. 1948) änderte Abs. 1 und Abs. 4 S. 2 mWv 1.1.2020 und fügte in Abs. 2 mWv 1.1.2020 S. 2 an.

§ 136 regelt weitere Einzelheiten des Beitrags zu den Aufwendungen. Abs. 1 bestimmt, wann der Beitrag aufzubringen ist und welcher Personen Einkommen bei der Berechnung des Beitrags berücksichtigt wird. Die Abs. 2–6 legen die Höhe des Freibetrages fest. Die Höhe des Beitrags zu den Aufwendungen ergibt sich aus § 137. 2

B. Einzusetzendes Einkommen

Der Beitrag ist nach § 136 Abs. 1 aufzubringen, wenn das Einkommen der leistungs- 3
berechtigten Person die Einkommensgrenze nach § 136 Abs. 2 übersteigt. Bei minderjährigen Personen ist das Einkommen der Eltern oder des Elternteils zu berücksichtigen, wenn diese in ihrem Haushalt leben. Minderjährig ist, wer das 18. Lebensjahr noch nicht vollendet hat (jurisPK-SGB IX/Palsherm § 136 Rn. 15). Wer Eltern oder Elternteil ist, richtet sich nach dem BGB. Mutter ist danach, wer das Kind geboren hat (§ 1591 BGB). Vater ist, wer im Zeitpunkt der Geburt mit der Mutter verheiratet war, oder die Vaterschaft anerkannt hat oder dessen Vaterschaft durch das Familiengericht festgestellt wurde (§ 1592 BGB). Eltern oder Elternteil ist außerdem, wer das Kind angenommen hat. Nicht berücksichtigt wird das Einkommen der Stiefeltern, Pflegeeltern, sonstiger Sorge- und Erziehungsberechtigter (KHM/Schaumberg SGB IX § 136 Rn. 3) und das Einkommen der Partnerin bzw. des Partners der leistungsberechtigten Person Nicht näher umschrieben wird, wann die minderjährige Person **im Haushalt der Eltern** lebt. In der Lit. wird diesbezüglich wegen der entsprechenden Rechtslage auf § 27 Abs. 2 S. 3 SGB XII verwiesen (KHM/Schaumburg SGB IX § 136 Rn. 4).

Beim Vergleich mit dem Freibetrag ist das gesamte Einkommen nach § 135 anzuset- 3a
zen, also die Summe aus dem nach dieser Vorschrift zu berücksichtigenden Einkommen (zu Einzelheiten → § 135 Rn. 4 ff.). Str. ist, ob und in welchen Fällen das Einkommen der Eltern bzw. des Elternteils zu berücksichtigen ist, in deren oder dessen gemeinsamen Haushalt es lebt. Teilweise wird wegen der Konotation „sowie" davon ausgegangen, dass das Einkommen der Eltern nicht berücksichtigt werden darf, wenn das Einkommen des Kindes den Freibetrag nicht übersteigt (Fuchs/Ritz/Rosenow/Rosenow SGB IX § 136 Rn. 6). Diese Auffassung steht dem im Gesetzestext klar zum Ausdruck gekommenen Willen des Gesetzgebers entgegen (ebenso im Ergebnis KHM/Schaumberg SGB IX § 136 Rn. 6). Letzterer schlägt an der genannten Fundstelle vor, dass das Einkommen der Eltern nur zu berücksichtigen ist, wenn das Einkommen des Kindes die Freibetragsgrenze nicht übersteigt. Andere addieren das Einkommen der antragstellenden Person und der Eltern bzw. des Elternteils, in deren bzw. dessen Haushalt sie leben (jurisPK-SGB IX/Palsherm § 137 Rn. 14). Für diese Auffassung spricht, dass der Gesetzgeber eine § 85 Abs. 2 SGB XII entsprechende Regelung schaffen wollte.

C. Freibetrag

I. Grundfreibetrag (Abs. 2)

Abs. 2 stellt beim Freibetrag auf das Einkommen der Haupteinkommensquelle ab 4
(„überwiegend"). Es ist damit die Einkunft (dh der Betrag, der sich nach Abzug der Werbungskosten bzw. der Betriebsausgaben ergibt) maßgeblich, die am höchsten ist (ebenso Gerlach ZfF 2019, 145 (150)). Für Erwerbstätigkeiten wird dabei ein höherer Grundfreibetrag eingeräumt. Hiermit will der Gesetzgeber Anreiz für die Aufnahme einer Erwerbstätigkeit geben (BT-Drs. 18/9522, 302). Bei der Höhe des Freibetrages

wird einheitlich auf die Bezugsgröße nach § 18 Abs. 1 SGB IV abgestellt. Dies hat zur Folge, dass in der gesamten Bundesrepublik Deutschland einheitliche Grundfreibeträge gelten. Da die Bezugsgröße jährlich durch die Sozialversicherungs-Rechengrößenverordnung aktualisiert wird, wird außerdem die Dynamisierung der Beträge sichergestellt (BT-Drs. 18/9522, 302). Die Höhe der in Abs. 2 vorgesehenen Freibeträge soll den Menschen mit Behinderungen eine angemessene Lebensführung ermöglichen (BT-Drs. 18/9522, 303).

5 Nach **Abs. 2** gelten folgende Freibeträge

– bei überwiegendem Einkommen aus einer **sozialversicherungspflichtigen Beschäftigung** oder **selbstständigen Tätigkeit** 85 % der jährlichen Bezugsgröße nach § 18 Abs. 1 SGB IV (Freibetrag 2023: 32.487 EUR).
Zum Begriff der **Beschäftigung** s. LPK-SGB IV/Lüdtke/Winkler, § 7 Rn. 9 ff. Um eine Beschäftigung handelt es sich auch bei einem Berufsausbildungsverhältnis (§ 7 Abs. 2 SGB IV). Ob die Beschäftigung versicherungspflichtig ist, ergibt sich aus den §§ 5–8 SGB V für die gesetzliche Krankenversicherung, den §§ 20, 22 SGB XI in der sozialen Pflegeversicherung, den §§ 1, 5, 6 SGB VI in der gesetzlichen Rentenversicherung, den §§ 2, 4 SGB VII in der gesetzlichen Unfallversicherung und den §§ 24, 27 SGB III in der Arbeitsförderung. Versicherungspflicht ist ausreichend. In der Lit. wird die Auffassung vertreten, dass wegen des Gesetzeszwecks der höhere Freibetrag nach Abs. 2 Nr. 1 nur bei tatsächlicher Entrichtung von Beiträgen anzuwenden sein soll (Gerlach ZfF 2019, 145 [151]), was sich dem Gesetzeswortlaut so aber nicht entnehmen lässt.
Der erhöhte Freibetrag ist ferner bei einer **selbständigen Tätigkeit** anzusetzen. Sozialversicherungspflicht ist nicht erforderlich, weil sich „sozialversicherungspflichtigen" nur auf Beschäftigung bezieht.
– bei überwiegendem Einkommen aus einer **nicht sozialversicherungspflichtigen Beschäftigung** 75 % der jährlichen Bezugsgröße nach § 18 Abs. 1 SGB IV (Freibetrag 2023: 28.665 EUR).
Dies ist bei Beamtinnen und Beamten, bei Richterinnen und Richtern und bei Soldatinnen und Soldaten – deren Dienstverhältnisse sind nicht in die Sozialversicherung einbezogen – und bei den geringfügig Beschäftigten der Fall, die außer in der gesetzlichen Unfallversicherung versicherungsfrei sind (etwa § 7 SGB V).
– bei überwiegendem Einkommen aus **Renteneinkünften** 60 % der jährlichen Bezugsgröße (Freibetrag 2023: 22.932 EUR).

Dem Prozentsatz unterfällt das gesamte Einkommen, nicht nur das, das bei der Ermittlung des Prozentsatzes zu Grunde gelegt wurde. Ein Beitrag zu den Aufwendungen aus dem Einkommen ist nur zu leisten, wenn dieses über dem Freibetrag liegt („übersteigt").

Mit **S. 2** wurde die zunächst bestehende Gesetzeslücke für nicht unter die Nummern 1–3 des Abs. 2 S. 1 fallenden Einkünfte geschlossen (BT-Drs. 19/11006, 23), zB Einkünfte aus Kapitalvermögen oder aus Vermietung und Verpachtung. Bei diesen Einkünften beträgt der Freibetrag 75 Prozent der jährlichen Bezugsgröße nach § 18 Abs. 1 SGB IV (2023: 28.665 EUR).

II. Freibetrag für Familienangehörige (Abs. 3)

6 Abs. 3 räumt für den nicht getrenntlebenden Ehegatten oder Lebenspartner, den eheähnlichen Partner oder den lebenspartnerschaftsähnlichen Partner einen zusätzlichen Freibetrag von 15 % der jährlichen Bezugsgröße nach § 18 Abs. 1 SGB IV ein, also 2023 5.733 Euro. **Ehegatten** leben in einer gültigen Ehe (§ 1353 Abs. 1 S. 1 BGB). Diese wird von zwei Personen gleichen oder verschiedenen Geschlechts vor dem Standesamt auf Lebenszeit geschlossen. Keine Ehe besteht – mehr –, wenn bei der Eheschließung schwerwiegende Fehler aufgetreten sind (sog. Nichtehe), wenn sie aufgehoben (§§ 1313 ff. BGB) oder wenn sie geschieden (§§ 1565 ff. BGB) wurde. **Lebenspartner** sind zwei

gleichgeschlechtliche Personen, die in einer eingetragenen Lebenspartnerschaft nach dem Lebenspartnerschaftsgesetz leben. Eine **eheähnliche Gemeinschaft** besteht zwischen einer Frau und einem Mann, „die auf Dauer angelegt ist, daneben keine weitere Lebensgemeinschaft gleicher Art zulässt und sich durch innere Bindungen auszeichnet, die ein gegenseitiges Einstehen der Partner füreinander begründen, also über die Beziehungen in einer reinen Haushalts- und Wirtschaftsgemeinschaft hinausgehen" (BVerfG 17.11.1992 – 1 BvL 8/87, NJW 1993, 643). Bei der entsprechenden Rechtslage nach § 20 SGB XII werden ua als Indiz für eine eheähnliche Gemeinschaft angesehen: Dauer des Zusammenlebens in einem Haushalt, gemeinsame Kinder, Pflege und Erziehung von Kindern des Partners aus einer früheren Gemeinschaft, Verfügungsbefugnis über das Konto des anderen. In der Praxis ist aufgrund dieser Indizien eine abschließende Beurteilung aufgrund aller Umstände des Einzelfalls vorzunehmen (GK-SRB/Ehmann SGB XII § 20 Rn. 8 f.). Die gesetzlichen Vermutungen nach § 7 Abs. 3a SGB II kommen mangels gesetzlichen Verweises nicht zur Anwendung. Bei der **lebenspartnerschaftsähnlichen Gemeinschaft** leben zwei gleichgeschlechtliche Personen zusammen. Im Übrigen gelten die Ausführungen zur eheähnlichen Gemeinschaft entsprechend.

Für ein im Haushalt lebendes **Kind** wird ein zusätzlicher Freibetrag von 10 % gewährt, **6a** also 2023 3.822 EUR. Der Gesetzestext verlangt nicht, dass das Kind minderjährig ist. Auch lässt sich dem Gesetzestext nicht entnehmen, dass es sich um ein Kind des Elternteils handelt, bei dem zu prüfen ist, ob er einen Beitrag zu den Aufwendungen zu zahlen hat. Das Kind muss im Haushalt dieser Person leben und unterhaltsberechtigt sein. Ausreichend ist, dass es unterhaltsberechtigt ist. Zahlung von Unterhalt ist nicht erforderlich (Gerlach ZfF 2019, 145 (153)). Fraglich ist, ob die Unterhaltsberechtigung abstrakt zu beurteilen ist oder nur bei Bedürftigkeit iSv § 1602 BGB besteht (so Gerlach ZfF 2019, 145 (153)). Lebt das Kind in mehreren Haushalten, ist maßgeblich, wie die zeitlichen Anteile verteilt sind. Lebt das Kind zu gleichen Anteilen bei beiden Elternteilen, ist der Erhöhungsbetrag bei beiden anzusetzen, ansonsten nur bei dem Elternteil, bei dem das Kind überwiegend lebt (ebenso Fuchs/Ritz/Rosenow/Rosenow SGB IX § 136 Rn. 32).

Der Freibetrag für nicht den getrenntlebenden Ehegatten, Lebenspartner/innen oder **7** eheähnliche oder lebenspartnerschaftsähnliche Partner/innen wird nicht gewährt, wenn sein bzw. ihr Einkommen nach § 135 den Betrag nach Abs. 2 überschreitet (**Abs. 4 S. 1**). Der zusätzliche Freibetrag für gemeinsame unterhaltsberechtigte (BT-Drs. 18/9522, 303) Kinder wird in diesem Fall halbiert (Abs. 4 S. 2), beträgt also 2023 für jedes Kind im Haushalt 1.911 Euro. Keine Auswirkungen auf die Höhe des Freibetrages hat eigenes Einkommen des Kindes (v. Boetticher, Teilhaberecht, 4. Aufl. 2020, § 4 Rn. 173).

III. Freibetrag für mit beiden Elternteilen in einem im Haushalt lebenden minderjährigen Kindern mit Behinderungen (Abs. 5)

Bei im Haushalt beider Elternteile lebenden **minderjährigen Kindern mit Behinderungen** wird der Freibetrag um 75 % erhöht (**Abs. 5 S. 1**). Hiermit soll sichergestellt werden, **8** dass der Beitrag dem eines erwachsenen Leistungsberechtigten entspricht (BT-Drs. 18/9522, 303). Der Freibetrag beträgt damit bei überwiegendem Einkommen aus einer sozialversicherungspflichtigen Beschäftigung oder einer selbständigen Tätigkeit 160 %, bei überwiegendem Einkommen aus einer nicht sozialversicherungspflichtigen Beschäftigung und anderem Einkommen 150 % und bei überwiegenden Renteneinkünften 135 % der Bezugsgröße nach § 18 Abs. 1 SGB IV. Die Freibeträge nach Abs. 3 u. 4 entfallen in diesem Fall (**Abs. 5 S. 2**). Zu den verfassungsrechtlichen Bedenken hiergegen s. v. Boetticher, Teilhaberecht, 2. Aufl. 2020, § 4 Rn. 176; aA Gerlach ZfF 2019, 145 (155). Für bei Alleinerziehenden lebenden Kindern gilt Abs. 5 nicht. Bei diesen wird die Einkommensgrenze nach Abs. 2 berechnet (BT-Drs. 18/9522, 303). Es wird also der Prozentsatz der überwiegenden Einkunftsart und dieser um die Kinderzuschläge erhöht. Die leistungsberechtigte Person hat nur dann einen Beitrag zu den Aufwendungen zu leisten, wenn ihr Einkommen und ggf. das der Eltern den Freibetrag nach Abs. 5 übersteigt.

IV. Mitwirkungspflichten

9 Die leistungsberechtigte Person unterliegt den Mitwirkungsobliegenheiten nach den §§ 60 ff. SGB I. Sie muss insbesondere erforderliche Tatsachen angeben und Beweismittel vorlegen. Kommt sie dem nicht nach, kann die Leistung entzogen oder versagt werden (§ 66 SGB I). Die Eltern und die Partner der leistungsberechtigten Person sind demgegenüber nicht auskunftspflichtig.

§ 137[1] Höhe des Beitrages zu den Aufwendungen

(1) Die antragstellende Person im Sinne des § 136 Absatz 1 hat aus dem Einkommen im Sinne des § 135 einen Beitrag zu den Aufwendungen nach Maßgabe der Absätze 2 und 3 aufzubringen.

(2) [1] Wenn das Einkommen die Beträge nach § 136 Absatz 2 übersteigt, ist ein monatlicher Beitrag in Höhe von 2 Prozent des den Betrag nach § 136 Absatz 2 bis 5 übersteigenden Betrages als monatlicher Beitrag aufzubringen. [2] Der nach Satz 1 als monatlicher Beitrag aufzubringende Betrag ist auf volle 10 Euro abzurunden.

(3) Der Beitrag ist von der zu erbringenden Leistung abzuziehen.

(4) [1] Ist ein Beitrag von anderen Personen aufzubringen als dem Leistungsberechtigten und ist die Durchführung der Maßnahme der Eingliederungshilfeleistung ohne Entrichtung des Beitrages gefährdet, so kann im Einzelfall die erforderliche Leistung ohne Abzug nach Absatz 3 erbracht werden. [2] Die in Satz 1 genannten Personen haben dem Träger der Eingliederungshilfe die Aufwendungen im Umfang des Beitrages zu ersetzen; mehrere Verpflichtete haften als Gesamtschuldner.

Übersicht

A. Geltende Fassung; Normzweck

1 § 137 regelt seit dem 1.1.2020 die Höhe des Beitrags zu den Aufwendungen der Eingliederungshilfe. Der davor in der Vorschrift enthaltene Regelungsgegenstand – Aufnahme in WfbM – findet sich seitdem in § 220. Durch das G zur Änderung des Neunten und Zwölften Buches Sozialgesetzbuch und anderer Vorschriften v. 30.11.2019 (BGBl. I S. 1948) wurden mWv 1.1.2020 Abs. 2 S. 1 redaktionell geändert und Abs. 4 S. 2 neu gefasst.

2 § 137 Abs. 1 enthält die Befugnisnorm für die Erhebung eines Beitrags. Die Vorschrift bestimmt ferner, wer den Beitrag zu den Aufwendungen der Eingliederungshilfe zu zahlen hat. Die Höhe dieses Beitrages ergibt sich aus Abs. 2. Dieser soll sicherstellen, dass der antragstellenden Person eine angemessene Lebensführung ermöglicht wird und

[1] § 137 Abs. 2 Satz 1 geänd., Abs. 4 Satz 2 neu gef. mWv 1.1.2020 durch G v. 30.11.2019 (BGBl. I S. 1948).

höheres Einkommen für sie merkbar ist (BT-Drs. 18/9522, 303). Die Leistung der Eingliederungshilfe mindert sich um die Höhe des Beitrags (Abs. 3). Infolgedessen müssen die Leistungserbringer den Beitrag von der leistungsberechtigten Person einziehen. Abs. 4 regelt hierzu eine Ausnahme.

B. Beitragspflichtige Person (Abs. 1)

Nach Abs. 1 muss die antragstellende Person aus dem Einkommen nach § 135 (→ § 135 Rn. 4 ff.) den Beitrag zu den Aufwendungen zahlen. Die Vorschrift ist die Befugnisnorm für die Erhebung eines Beitrags durch den Träger der Eingliederungshilfe. „Antragstellende Person" ist die Person, der die Leistungen zu gewähren sind. Die Antragstellung allein löst die Beitragspflicht nicht aus (KHM/Schaumberg SGB IX § 137 Rn. 4). Personen, die als Bevollmächtigte oder im Rahmen gesetzlicher Vertretung (zB die Eltern) die Leistung beantragen, werden nicht antragstellende Person (ebenso Fuchs/Ritz/Rosenow/Rosenow SGB IX § 137 Rn. 8). Voraussetzung ist, dass die in Anspruch genommene Leistung nicht von der Zahlung eines Beitrags ausgenommen ist. Außerdem darf die antragstellende Person keine Leistungen zur Sicherung des Lebensunterhalts nach dem SGB II oder dem SGB XII beziehen (näher hierzu § 138 Rn. 3 ff.). Offen lässt der Gesetzestext, ob bei Leistungen, die nach § 108 ohne Antrag gewährt werden, ein Beitrag zu leisten ist. Die Verwendung des Begriffes „Leistungsbezieher" in der Gesetzesbegründung deutet darauf hin, dass der Gesetzgeber alle leistungsberechtigten Personen in die Beitragspflicht einbeziehen wollte (BT-Drs. 18/9522, 302). Sind die Voraussetzungen von Abs. 1 erfüllt, muss der Träger der Eingliederungshilfe einen Beitrag erheben. Ermessen steht ihm nicht zu (ebenso jurisPK-SGB IX/Palsherm § 137 Rn. 12). 3

C. Höhe des Beitrags (Abs. 2)

Der Beitrag beträgt **2 Prozent** des den Freibetrag nach § 136 Abs. 2 bis 5 übersteigenden Einkommens (**Abs. 2 S. 1**). Damit ist zunächst durch Subtraktion des Jahreseinkommens nach § 135 vom Freibetrag nach § 136 Abs. 2–5 festzustellen, ob dieses den Freibetrag übersteigt. Ist dies der Fall, muss der monatliche Beitrag in Höhe von 2 Prozent berechnet werden. Hierzu wird der übersteigende Betrag durch 12 dividiert. Von dem so ermittelten Betrag werden 2 Prozent genommen. 4

Der nach Abs. 2 S. 1 ermittelte monatliche Betrag ist auf den nächsten 10 Euro-Betrag **abzurunden** (Abs. 2 S. 2). 5

D. Abzug des Beitrags von der Leistung (Abs. 3, 4)

I. Grundsatz (Abs. 3)

Abs. 3 soll klarstellen, dass der Beitrag zu den Aufwendungen von der zu erbringenden Leistung abzuziehen ist (BT-Drs. 18/9522, 303). Bei Sachleistungen bewirkt die Regelung, dass das Entgelt an die Einrichtung um den von der leistungsberechtigten Person aufzubringenden Beitrag gemindert wird. Diesen Betrag muss der Leistungserbringer auf der Grundlage des mit der leistungsberechtigten Person bestehenden zivilrechtlichen Vertrages von dieser einfordern (Gerlach ZfF 2019, 145 (156); krit. zur Regelung v. Boetticher/Kuhn-Zuber, Rehabilitationsrecht, 2. Aufl. 2022, Rn. 354). 6

II. Ausnahme (Abs. 4)

7 Abs. 4 betrifft vor allem den Fall, dass die Eingliederungshilfe dadurch gefährdet wird, dass ein Elternteil den Beitrag nicht oder nicht voll leistet (BT-Drs. 18/9522, 303). **Abs. 4 S. 1** ermöglicht, dass die Leistung ohne Abzug des Beitrags gewährt wird, der Eingliederungshilfeträger also vorleistet. Hierdurch soll erreicht werden, dass die Leistungen rechtzeitig erbracht werden (v. Boetticher, Teilhaberecht, 2. Aufl. 2020, § 4 Rn. 184). Erste Voraussetzung ist, dass von einer anderen als der antragstellenden Person der Beitrag zu den Aufwendungen aufzubringen ist. Will die antragstellende Person selbst den Beitrag nicht leisten, ist die Vorschrift nicht anzuwenden (Abs. 4 S. 1: „anderen Person"). Die Gesetzesbegründung rechnet zu den anderen Personen die Eltern und Elternteile minderjähriger Leistungsberechtigter (BT-Drs. 18/9522, 303). Dem steht aber entgegen, dass die Eltern nicht antragstellende Person nach Abs. 1 sind (→ Rn. 3). In der Lit. wird deshalb davon ausgegangen, dass beim Beitrag das Einkommen der anderen Person zu berücksichtigen ist (KHM/Schaumberg SGB IX § 137 Rn. 13). Außerdem ist Voraussetzung, dass die **Leistung** hierdurch **gefährdet** ist, vor allem, wenn eine Kündigung des mit der leistungsberechtigten Person bestehenden Vertrages wegen der Zahlungsrückstände nicht ausgeschlossen ist (ebenso Fuchs/Ritz/Rosenow/Rosenow SGB IX § 137 Rn. 47). Dies ist auf der Grundlage des WBVG, sonst des BGB zu beurteilen. Eine Gefährdung kann weiter bestehen, wenn die beitragspflichtige Person zahlungsunfähig ist oder die Eingliederungshilfeleistung nicht in Anspruch nehmen will, wenn sie sich mit einem Beitrag beteiligen muss (KHM/Schaumberg SGB IX § 137 Rn. 13). Sind diese Voraussetzungen erfüllt, entscheidet der Träger der Eingliederungshilfe nach pflichtgemäßem Ermessen. Ein gesonderter Antrag ist hierfür nicht vorgeschrieben, so dass die Prüfung von Amts wegen erfolgen muss.

7a Wird vorgeleistet, dann müssen die anderen Personen, also vor allem die Eltern die Aufwendungen des Trägers der Eingliederungshilfe in Höhe des Beitrags **ersetzen** (**Abs. 4 S. 2 Hs. 1**). Es handelt sich um einen öffentlich-rechtlichen Kostenerstattungsanspruch. Die Haftung als Gesamtschuldner (**Abs. 4 S. 2 Hs. 2**) hat zur Folge, dass der Träger der Eingliederungshilfe von einem der Verpflichteten den vollen Beitrag und die zahlende Person Ausgleich durch die anderen Verpflichteten verlangen kann (§ 426 BGB). Der Kostenersatzanspruch nach Abs. 4 S. 2 muss mit Verwaltungsakt geltend gemacht werden. Dieser kann mit Widerspruch und Anfechtungsklage angefochten werden. Beide haben aufschiebende Wirkung (§ 86a Abs. 1 S. 1 SGG).

§ 138[1] Besondere Höhe des Beitrages zu den Aufwendungen

(1) Ein Beitrag ist nicht aufzubringen bei

1. heilpädagogischen Leistungen nach § 113 Absatz 2 Nummer 3,
2. Leistungen zur medizinischen Rehabilitation nach § 109,
3. Leistungen zur Teilhabe am Arbeitsleben nach § 111 Absatz 1,
4. Leistungen zur Teilhabe an Bildung nach § 112 Absatz 1 Nummer 1,
5. Leistungen zur schulischen oder hochschulischen Ausbildung oder Weiterbildung für einen Beruf nach § 112 Absatz 1 Nummer 2, soweit diese Leistungen in besonderen Ausbildungsstätten über Tag und Nacht für Menschen mit Behinderungen erbracht werden,
6. Leistungen zum Erwerb und Erhalt praktischer Kenntnisse und Fähigkeiten nach § 113 Absatz 2 Nummer 5, soweit diese der Vorbereitung auf die Teilhabe am Arbeitsleben nach § 111 Absatz 1 dienen,

[1] § 138 Abs. 1 Nr. 5 neu gef. durch G v. 17.7.2017 (BGBl. I S. 2541); Inkrafttreten der Änderung am **1.1.2020**, vgl. Anm. am Titel; Abs. 4 aufgeh. mWv 1.1.2020 durch G v. 10.12.2019 (BGBl. I S. 2135)

7. **Leistungen nach § 113 Absatz 1, die noch nicht eingeschulten leistungsberechtigten Personen die für sie erreichbare Teilnahme am Leben in der Gemeinschaft ermöglichen sollen,**
8. **gleichzeitiger Gewährung von Leistungen zum Lebensunterhalt nach dem Zweiten oder Zwölften Buch oder nach § 27a des Bundesversorgungsgesetzes.**

(2) **Wenn ein Beitrag nach § 137 aufzubringen ist, ist für weitere Leistungen im gleichen Zeitraum oder weitere Leistungen an minderjährige Kinder im gleichen Haushalt nach diesem Teil kein weiterer Beitrag aufzubringen.**

(3) **Bei einmaligen Leistungen zur Beschaffung von Bedarfsgegenständen, deren Gebrauch für mindestens ein Jahr bestimmt ist, ist höchstens das Vierfache des monatlichen Beitrages einmalig aufzubringen.**

Übersicht

A. Geltende Fassung; Normzweck

§ 138 regelt seit dem 1.1.2020, in welchen Fällen kein oder ein von § 137 abweichender Beitrag zu leisten ist. Der davor in der Vorschrift enthaltene Regelungsgegenstand – Rechtsstellung und Arbeitsentgelt der Menschen in WfbM – findet sich seitdem in § 221. Der zunächst in § 138 enthaltene Abs. 4 wurde durch das G zur Änderung des Neunten und des Zwölften Buches Sozialgesetzbuch und anderer Rechtsvorschriften v. 30.11.2019 (BGBl. I 1948) geändert und durch das Angehörigen-EntlastungsG v. 10.12.2019 (BGBl. I S. 2135) mWv 1.1.2020 aufgehoben. 1

Abs. 1 schließt einen Beitrag bei den dort aufgezählten Leistungen sowie bei gleichzeitigem Bezug von Leistungen zur Sicherung des Lebensunterhalts nach dem SGB II, dem SGB XII oder § 27a BVG (ab 1.1.2024: §§ 93 Abs. 1, 96 SGB XIV) aus (→ Rn. 3). Zugleich wird nach § 140 Abs. 3 iVm § 138 Abs. 1 der Einsatz von Vermögen ausgeschlossen (→ § 140 Rn. 9). **Abs. 2** soll sicherstellen, dass nur ein Beitrag zur Eingliederungshilfe zu leisten ist, unabhängig davon, ob eine leistungsberechtigte Person mehrere Leistungen der Eingliederungshilfe erhält oder an weitere Kinder mit Behinderungen in dem Haushalt Leistungen erbracht werden (BT-Drs. 18/9522, 304) (→ Rn. 5). **Abs. 3** begrenzt den Beitrag für Bedarfsgegenstände von längerem Gebrauch (→ Rn. 6). 2

B. Ausschluss des Beitrags (Abs. 1)

Abs. 1 schließt einen Beitrag zu den Aufwendungen bei folgenden Leistungen aus: 3

- **heilpädagogische Leistungen** nach § 113 Abs. 2 Nr. 3 (Nr. 1),
  Dies betrifft heilpädagogische Leistungen für noch nicht eingeschulte Kinder nach § 79. Heilpädagogische Leistungen, die zur Teilhabe an Bildung erbracht werden, unterfallen Abs. 1 Nr. 4.
- **Leistungen zur medizinischen Rehabilitation** nach § 109 (Nr. 2),
  Kein Beitrag wird für alle Leistungen zur medizinischen Rehabilitation erhoben. Dies gilt auch für die bei der Eingliederungshilfe der medizinischen Rehabilitation zugerechneten Leistungen des Rehabilitationssports, des Funktionstrainings, der Reisekostenübernahme, der Betriebs- und Haushaltshilfe und der Kinderbetreuung. Medizinische

Leistungen, die als Leistung der Sozialen Teilhabe erbracht werden, unterfallen nicht Abs. 1 Nr. 2.

- **Leistungen zur Beschäftigung** nach § 111 Abs. 1 (Nr. 3),
  Ein Beitrag muss damit nicht bei Leistungen in Arbeitsbereich einer anerkannten WfbM, Leistungen bei anderen Anbietern, Leistungen bei privaten und anderen Arbeitgebern und dem Budget für Ausbildung geleistet werden. Lediglich die Hilfsmittel unterfallen der Beitragspflicht.
- **Leistungen zur Teilhabe an Bildung** nach § 112 Abs. 1 S. 1 Nr. 1 (Nr. 4),
  Abs. 1 Nr. 4 nimmt die Unterstützung der Bildung an Schulen einschließlich weiterbildender Schulen einschließlich schulischer Ganztagsangebote, heilpädagogische und sonstige Maßnahmen und Hilfsmittel von der Pflicht zur Zahlung eines Beitrags aus. Auch bei der Vorbereitung zur Schulbildung muss kein Beitrag geleistet werden.
- **Leistungen zur schulischen oder hochschulischen Ausbildung oder Weiterbildung für einen Beruf** nach § 112 Abs. 1 S. 1 Nr. 2, soweit diese Leistungen in besonderen Ausbildungsstätten über Tag und Nacht für Menschen mit Behinderungen erbracht werden (Nr. 5); die Ausbildung oder Weiterbildung muss vollständig außerhalb der Herkunftsfamilie (KHM/Schaumberg SGB IX § 138 Rn. 5), zB in einem Internat, absolviert werden,
- **Leistungen zum Erwerb und Erhalt praktischer Kenntnisse und Fähigkeiten** nach § 113 Abs. 2 Nr. 5, soweit diese der Vorbereitung auf die Teilhabe am Arbeitsleben nach § 111 Abs. 1 dienen (Nr. 6); die Leistung muss damit auf den Übergang in den Arbeitsbereich einer WfbM vorbereiten (KHM/Schaumberg SGB IX § 138 Rn. 6),
- **Leistungen nach § 113 Abs. 1,** die noch nicht eingeschulten leistungsberechtigten Personen für die sie erreichbare Teilnahme am Leben in der Gemeinschaft ermöglichen sollen (Nr. 7),
- gleichzeitige Gewährung von **Leistungen zum Lebensunterhalt** nach dem **SGB II** oder **SGB XII** oder nach **§ 27a BVG** (ab 1.1.2024: §§ 93 Abs. 1, 96 SGB XIV) (Nr. 8).
  Mit dieser Ausnahme soll verhindert werden, dass die Sicherung des Lebensunterhalts gefährdet wird (BT-Drs. 18/9522,303). Leistungen in diesem Sinne sind
  - Bürgergeld (§ 19 Abs. 1 S. 1 SGB II),
  - Bürgergeld für nicht erwerbsfähige Leistungsberechtigte (§ 19 Abs. 1 S. 2 SGB II)
  - Hilfe zum Lebensunterhalt (§§ 27 ff. SGB XII)
  - Grundsicherung im Alter und bei Erwerbsminderung (§§ 41 ff. SGB XII)
  - ergänzende Hilfe zum Lebensunterhalt (§ 27a BVG, ab 1.1.2024: §§ 93 Abs. 1, 96 SGB XIV)). Dies gilt auch, wenn die ergänzende Hilfe zum Lebensunterhalt nach Gesetzen nach § 68 Nr. 7 SGB I, die das BVG für entsprechend anwendbar erklären, erbracht wird (Gerlach ZfF 2019, 121 (126)).

3a Die Leistungen müssen zumindest bewilligt sein („Gewährung“) und für denselben Zeitraum wie die Eingliederungshilfe geleistet werden (Gerlach ZfF 2019, 121 (126)). Liegt ein Fall des § 138 Abs. 1 vor, wird auch **Vermögen nicht berücksichtigt** (§ 140 Abs. 3; s. aber § 142 Abs. 1).

C. Nur ein Beitrag (Abs. 2)

4 Ein Beitrag zur Eingliederungshilfe ist nach **Abs. 2** nur für eine Leistung der Eingliederungshilfe nach dem SGB IX zu leisten. Hat die leistungsberechtigte Person bereits für eine andere Leistung im selben Zeitraum (Monat; KHM/Schaumberg SGB IX § 138 Rn. 9) einen Beitrag aufzubringen, muss sie für weitere Leistungen keinen Beitrag aufbringen. Außerdem wird ein weiterer Beitrag ausgeschlossen, wenn die leistungsberechtigte Person bereits einen Beitrag für denselben Zeitraum aufzubringen hat und eine weitere beitragspflichtige Leistung an minderjährige Kinder im selben Haushalt erbracht

werden. In der Lit. wird die Auffassung vertreten, dass ein weiterer Beitrag auch dann ausgeschlossen ist, wenn für die leistungsberechtigte Person und ein mit ihr in einer Einsatzgemeinschaft lebendes minderjähriges Kind eine beitragspflichtige Leistung erbracht wird; beziehen Partner dagegen im selben Zeitraum beitragspflichtige Leistungen, soll ein weiterer Beitrag nicht ausgeschlossen sein, weil Partner keine Einsatzgemeinschaft bilden (Gerlach ZfF 2019, 121 (127)). Offen bleibt, wie der Beitrag zu verteilen ist, also ob er nur für eine Leistung erhoben wird, für andere dagegen nicht oder ob er auf die Leistungen aufgeteilt wird. Die Kenntnis der Verteilung ist sowohl für den Leistungserbringer als auch für die leistungsberechtigte Person von Bedeutung. Beide müssen wissen, ob und in welchem Umfang die leistungsberechtigte Person selbst zahlen muss (v. Boetticher, Teilhaberecht, 2. Aufl. 2020, § 4 Rn. 138).

D. Beitrag bei Bedarfsgegenständen (Abs. 3)

Abs. 3 begrenzt den Beitrag bei einmaligen Leistungen von Bedarfsgegenständen, 5
deren Gebrauch für mindestens ein Jahr bestimmt ist. Der Gegenstand muss mehr als ein Jahr genutzt werden können und auch mindestens ein Jahr erforderlich sein (so zum SGB XII BSG 23.8.2013 – B 8 SO 24/11 R, BeckRS 2013, 73260). **Bedarfsgegenstände** idS sind zB Schuhe, Bekleidung, Kfz, Kfz-Sonderausstattungen und Einrichtungsgegenstände. Es muss mindestens ein Monatsbeitrag eingesetzt werden. Der Träger der Eingliederungshilfe kann bei diesen Bedarfsgegenständen nach pflichtgemäßem Ermessen den Beitrag in Höhe von maximal des vierfachen des Monatsbeitrags nach § 137 Abs. 2 (→ 137 Rn. 4 f.) einmalig festsetzen.

§ 139[1] Begriff des Vermögens

[1] Zum Vermögen im Sinne dieses Teils gehört das gesamte verwertbare Vermögen. [2] Die Leistungen nach diesem Teil dürfen nicht abhängig gemacht werden vom Einsatz oder von der Verwertung des Vermögens im Sinne des § 90 Absatz 2 Nummer 1 bis 8 des Zwölften Buches und eines Barvermögens oder sonstiger Geldwerte bis zu einem Betrag von 150 Prozent der jährlichen Bezugsgröße nach § 18 Absatz 1 des Vierten Buches. [3] Die Eingliederungshilfe darf ferner nicht vom Einsatz oder von der Verwertung eines Vermögens abhängig gemacht werden, soweit dies für den, der das Vermögen einzusetzen hat, und für seine unterhaltsberechtigten Angehörigen eine Härte bedeuten würde.

Übersicht

[1] § 139 Satz 3 angef. mWv 1.1.2020 durch G v. 30.11.2019 (BGBl. I S. 1948).

A. Geltende Fassung; Normzweck

1 Der Entwurf des G zur Anpassung des Zwölften und Vierzehnten Buches Sozialgesetzbuch (BR-Drs. 224/23) sieht ab dem 1.1.2024 vor, in S. 2 nach den Worten „§ 90 Nummer 1 bis 8“ die Angabe „Nummer 10“ einzufügen. Hiermit wird die im Sozialhilferecht ab dem 1.1.2023 geltende Freistellung eines angemessenen Kraftfahrzeuges von der Vermögensberücksichtigung in der Sozialhilfe im Recht der Eingliederungshilfe nachvollzogen.

1a § 139 bestimmt seit dem 1.1.2020, welche Vermögensbestandteile bei der Eingliederungshilfe einzusetzen sind. Der davor in der Vorschrift enthaltene Regelungsgegenstand – Mitwirkung in WfbM – findet sich seitdem in § 222. S. 3 wurde durch das G zur Änderung des Neunten und des Zwölften Buches Sozialgesetzbuch und anderer Rechtsvorschriften v. 30.11.2019 (BGBl. I S. 1948) mWv 1.1.2020 angefügt.

2 Vor der Inanspruchnahme der Leistungen der Eingliederungshilfe ist das Vermögen der leistungsberechtigten Person – bei Minderjährigen auch das der Eltern – einzusetzen (§ 140 Abs. 2). Nicht einzusetzen ist das Vermögen bei den Leistungen nach § 140 Abs. 3 iVm § 138 Abs. 1. S. 1 ordnet an, dass das gesamte verwertbare Vermögen einzusetzen ist. Zum Begriff des Vermögens → Rn. 4 f. Sätze 2, 3 bestimmen, welche Vermögensgegenstände nicht eingesetzt werden müssen. Nicht näher ausgeführt wird, wie der Wert des Vermögens ermittelt wird (→ Rn. 20a). Nicht eingesetzt werden muss Vermögen, das den Freibetrag nach S. 3 nicht übersteigt (→ Rn. 19 f.). Mit den §§ 139 f. und den §§ 135 ff. soll erreicht werden, dass insbesondere Menschen mit Behinderungen mit niedrigen Einkommen stärker entlastet werden (BT-Drs. 18/9522, 302).

3 Ist zu prüfen, ob Vermögen vorab einzusetzen ist, empfiehlt sich folgende **Prüfungsreihenfolge:**

1. Handelt es sich um eine Leistung, bei der der Einsatz von Vermögen **ausgeschlossen** ist? (§ 140 Abs. 3 iVm § 138 Abs. 1)
2. Bezüglich jeden Gegenstandes ist zu prüfen:
   a) Handelt es sich um **Vermögen** iSv § 139 S. 1?
   b) Ist der Gegenstand **verwertbar?** (§ 139 S. 1)
   c) Ist der Vermögensgegenstand **verschont?** (§ 139 S. 2 iVm § 90 Abs. 2 Nr. 1–8 SGB XII)
3. Welchen **Wert** hat der einzusetzenden Vermögensgegenstand?
4. Ermittlung des Gesamtwertes des einzusetzenden Vermögens durch Addition der Einzelwerte
5. Übersteigt dieser Wert den **Freibetrag** nach § 139 S. 3?

B. Begriff des Vermögens

4 Gem. S. 1 gehört zum Vermögen iSd der Eingliederungshilfe das gesamte verwertbare Vermögen. Anders als die Überschrift von § 139 verspricht, enthält die Vorschrift keine Definition des Begriffes „Vermögen“. Mit S. 1 wird das in der Rspr. zum Sozialhilferecht

entwickelte Begriffsverständnis in das Sozialhilferecht übertragen (BT-Drs. 18/9522, 304).

4a „Vermögen" muss insbesondere gegenüber dem „Einkommen" abgegrenzt werden. Dies ist erforderlich, weil Einkommen und Vermögen unterschiedlichen Anrechnungsregelungen unterliegen mit der Folge, dass je nach Einordnung abweichende Ergebnisse erzielt werden. In der Sozialhilfe erfolgt diese Abgrenzung nach der Theorie des normativen Zuflusses. Danach gehört grds. zum Einkommen alles, was im Bedarfszeitraum zufließt, und zum Vermögen das, was zu Beginn des Bedarfszeitraums bereits vorhanden ist. Etwas anderes gilt nur, wenn eine Einnahme rechtlich einem anderen Zeitraum zugeordnet ist. In der Sozialhilfe betrifft dies vor allem einmalige Einnahmen (zu Einzelheiten jurisPK-SGB IX/Palsherm § 139 Rn. 18 f.). Maßgeblicher Stichtag ist der Tag der Antragstellung nach § 108 Abs. 1 S. 1. Wirkt der Antrag nach § 108 Abs. 1 S. 2 bis längstens zum Beginn des Monats zurück, ist dieser frühere Zeitpunkt des Leistungsbeginns maßgebend.

4b In der Lit. wird die Auffassung vertreten, dass im Monat des Zuflusses **nicht aufgebrauchtes Einkommen** im Folgemonat Bestandteil des **Vermögens** wird (so jurisPK-SGB IX § 139 Rn. 19; KHM/Schaumberg SGB IX § 139 Rn. 7). Dies entspricht dem sozialhilferechtlichen Verständnis (Knickrehm/Roßbach/Waltermann/v. Koppenfels-Spies SGB XII § 90 Rn. 3). Dies ist darauf zurückzuführen, dass im Sozialhilferecht davon ausgegangen wird, dass der Bedarfszeitraum idR einen Monat beträgt. Es ist zumindest zweifelhaft, ob dieses Monatsprinzip auf die Eingliederungshilfe so pauschal übertragen werden kann, zB bei den Leistungen für Wohnraum nach § 113 iVm § 77. Gründe für Zweifel werden auch daraus abgeleitet, dass nach § 135 Abs. 1 die Einkünfte des Vorvorjahres maßgebend sind (so BeckOK SozR SGB XII/Lund § 139 Rn. 1; s. auch Fuchs/Ricke/Rosenow SGB IX § 139 Rn. 23 ff., der auf das Kalenderjahr abstellt). Bei letzterem Argument wird mit zu bedenken sein, dass § 135 Abs. 1 nur die Funktion der erleichterten Feststellung des anzusetzenden Einkommens dient. Berücksichtigt wird beim Beitrag im Bedarfszeitraum tatsächlich zufließende Einkommen. Dies zeigt die Verpflichtung des Betrages bei erheblichen Abweichungen nach § 135 Abs. 2.

4c Berücksichtigt wird nur das **Vermögen der in § 140 Abs. 1 genannten Personen,** also der leistungsberechtigten Person, bei Minderjährigen auch das der Eltern oder des Elternteils bei gemeinsamem Haushalt. Das zu berücksichtigende Vermögen muss einer dieser Personen zugeordnet sein (KHM/Schaumberg SGB IX § 139 Rn. 6).

5 Das **Vermögen** umfasst Geld, Gegenstände in Geldes Wert (dies sind Vermögenspositionen, die im Geschäftsverkehr wie Geld behandelt werden, also zB Gutscheine, Schecks), Sachwerte (zB Immobilien, bewegliche Sachen), Forderungen (zB Bankguthaben, Versicherungsguthaben, Wertpapiere, Rückforderungsansprüche aus einer Schenkung nach § 528 BGB) und sonstige Rechte (zB Rechte aus Grundschulden, Anwartschaften, Urheberrechte). Zinsen, Dividenden, Miet- und Pachteinnahmen und andere Erträge aus dem Vermögen gehören dagegen nicht zum Vermögen, sondern zum Einkommen (so zum BSHG BVerwG 13.8.1992 – 5 C 2.88 – FEVS 43 [1993], 553).

C. Verwertbarkeit

6 Verwertbar iSv S. 1 ist ein Vermögensgegenstand nur, wenn er durch Veräußerung, Beleihung oder auf andere Weise **in Geld umgewandelt** werden kann (so zum SGB XII BSG 9.12.2016 – B 8 SO 15/15 R, BeckRS 2016, 116889 Rn. 22). Ausgenommen sind damit ideelle Werte, das persönliche Wohnrecht und das Altenteilrecht.

7 Im Übrigen ist ein Gegenstand nicht verwertbar, wenn **rechtliche oder tatsächliche Gründe entgegenstehen.** Entgegenstehende **rechtliche Gründe** können sich aus dem GG, anderen Gesetzen oder aus privatrechtlichen Verfügungen ergeben. Art. 1 Abs. 1 GG

schließt einen Rückgriff auf Barvermögen aus, wenn dies zur Folge hätte, dass nach dem Einsatz des Vermögensgegenstandes ein menschenwürdiges Leben nicht mehr geführt werden könnte. Der Einsatz von Sachen zum persönlichen Gebrauch ist damit ausgeschlossen. Verfassungsrecht steht ferner der Verwertung von angemessenem Vermögen entgegen, das für eine würdige Beerdigung und Grabpflege angelegt wurde (Art. 1 Abs. 1 S. 1, Art. 2 Abs. 1 und Art. 4 Abs. 1, 2; vgl. zum SGB XII BSG 18.3.2008 – B 8/9b SO R – BeckRS 2011, 54588). Im Übrigen wird der Einsatz von Vermögen durch § 21 des G über die Errichtung eines Stiftungshilfswerks für behinderte Kinder, durch § 17 Abs. 2 des HIV-Hilfegesetzes und durch das G zur Stiftung „Mutter und Kind – Schutz ungeborenen Lebens“ ausgeschlossen. Privatrechtliche, der Verwertung entgegenstehende Gründe ergeben sich insbesondere aus dem sog **Behindertentestament.** Nach Auffassung des BGH ist dieses nicht wegen Verstoßes gegen die guten Sitten nach § 138 Abs. 1 BGB nichtig (BGH 1.2.2017 – XII ZB 299/15, ZEV 2017, 267 Rn. 15).

8 **Tatsächliche Gründe** stehen der Verwertung entgegen, wenn der Vermögensgegenstand nicht oder nicht in angemessener Zeit zu einem angemessenen Preis veräußert werden kann. Bei vorübergehend sehr ungünstiger Verwertung soll ein Darlehen gewährt werden (§ 140 Abs. 2). Von einem angemessenen Zeitraum geht das BSG in seiner Rspr. zum SGB XII idR bei 12 Monaten aus (BSG 9.12.2006 – B 8 SO 15/15 R, BeckRS 2016, 116889 Rn. 22). Diese Rspr. lässt sich auf die Eingliederungshilfe übertragen. Ist die Verwertung des Vermögensgegenstandes in diesem Zeitraum nicht möglich, dann ist er nicht verwertbar. Ist mit einer Verwertung in dem Zeitraum zu rechnen, soll die Eingliederungshilfe als Darlehen erbracht werden (§ 140 Abs. 2),

D. Schonvermögen (2)

9 Grds. müssen alle Vermögensgegenstände eingesetzt bzw. verwertet werden. Ausgenommen sind die Vermögensgegenstände nach S. 2 iVm § 90 Abs. 2 Nr. 1–8 und Barvermögen, das den Freibetrag nach S. 2 Hs. 2 nicht überschreitet. Die Aufzählung ist abschließend. Diese Vermögensgegenstände sind zwingend von der Verwertung bzw. vom Einsatz ausgenommen. Der Eingliederungshilfeträger hat keinen Ermessensspielraum. Zum Schonvermögen zählen folgende Vermögensgegenstände:

I. Öffentliche Mittel zum Aufbau oder Sicherung einer Lebensgrundlage oder zur Gründung eines Hausstands (S. 2 iVm § 90 Abs. 2 Nr. 1 SGB XII)

10 Das Vermögen muss **öffentlichen Mitteln** entstammen. Dies sind Mittel, die in den Haushalten des Bundes, der Länder, der Kommunen oder sonstiger Körperschaften, Anstalten und Stiftungen des öffentlichen Rechts – verbucht sind (LPK-SGB XII/Geiger § 90 Rn. 38). Ob die Mittel auf Grund Gesetzes oder freiwillig gewährt werden und ob sie in öffentlich-rechtlicher oder in privatrechtlicher Form ausbezahlt werden, ist unerheblich. Private Mittel, die zu dem Zweck in S. 2 iVm § 90 Abs. 2 Nr. 1 SGB XII dienen, müssen eingesetzt werden (so zur entsprechenden Rechtslage nach dem BSHG BVerwG 19.4.1972 – V C 40/72 – BVerwGE 40. 74 = FEVS 19, 365). Dem **Aufbau** oder der **Sicherung einer Lebensgrundlage** dienen die Mittel, wenn sie dem Vermögensinhaber zu einer eigenen Tätigkeit verhelfen sollen (Kruse ua/Winkler, SGB XII Sozialhilfe, 3. Aufl. 2012, § 90 Rn. 9). Mittel idS sind zB das Aufbaudarlehen nach dem LAG, die Berufsfürsorge nach § 26 BVG und die Häftlingshilfe nach § 9a HHG. Mittel dienen der **Gründung** des **Hausstandes,** wenn mit ihnen erstmals Hausrat (etwa Möbel) beschafft werden sollen. Mittel idS sind zB die Hauptentschädigung nach dem LAG. Dienen die Mittel lediglich der Ergänzung des vorhandenen Hausrats, sind sie nicht verschont. Ferner sind Mittel für Ersatzbeschaffungen nicht verschont. Nicht eingesetzt bzw. ver-

wertet werden müssen Mittel, mit denen Hausrat nach einem vollständigen Verlust des bisherigen Hausrats (zB bei einem Katastrophenfall) neu beschafft werden sollen (Hohm in Schellhorn § 90 SGB XII Rn. 41).

II. Kapital und Kapitalerträge aus zusätzlicher Altersvorsorge (S. 2 iVm § 90 Abs. 2 Nr. 2 SGB XII)

Mit der Freistellung dieses Vermögens soll verhindert werden, dass die Zielsetzung des AltersvermögensG v. 26.6.2001 (BGBl. I S. 1310) unterlaufen wird. Deshalb werden das für die zusätzliche Altersvorsorge im Rahmen der gesetzlich geförderten Modelle angesparte Kapital und die **Kapitalerträge** vom Vermögenseinsatz ausgenommen. Nach der zweckentsprechenden Auflösung des Vermögens im Alter ist es dagegen anzurechnen. Es muss sich um Kapital oder Kapitalerträge aus einer **zusätzlichen Altersversorgung iSv § 10a oder des Abschnitts XI des EStG** handeln. Hierzu gehören ua Lebens-, Renten- und andere Versicherungen, Fonds, Schatzbriefe und Immobilien. Das Anlagevermögen muss dem steuerrechtlichen Sonderausgabenabzug unterliegen (§ 10a EStG). Außerdem muss das **Ansparen des Vermögens staatlich gefördert** werden. Gefördert werden nur zertifizierte Anlageformen (insoweit das Altersvorsorgeverträge-Zertifizierungsgesetz v. 26.6.2001 (BGB. I S. 1310)). Nicht verschont ist das Vermögen, wenn es vorzeitig aufgelöst und nicht wieder als sog. Riesterrente angelegt wird (Augstein in Fichtner/Wenzel § 90 SGB XII Rn. 7). Nicht verschont ist außerdem anderes der Altersvorsorge dienendes Vermögen. Dies gilt vor allem zB für Lebensversicherungen (LSG Nds-Brem 27.10.2011 – L 8 SO 215/11 B ER – BeckRS 2011, 78789). 11

III. Vermögen für Wohnzwecke von Menschen mit Behinderungen oder Pflegebedürftigkeit (S. 2 iVm § 90 Abs. 2 Nr. 3 SGB XII)

Hiermit soll Menschen mit Behinderungen ermöglicht werden, für ein angemessenes Hausgrundstück anzusparen. **„Sonstiges Vermögen"** verdeutlicht, dass Vermögensgegenstände gemeint sind, die nicht bereits von § 90 Abs. 2 Nr. 1 und 2 erfasst sind. Sonstiges Vermögen sind zB Sparguthaben, Bausparverträge und Guthaben aus Lebensversicherungen. **„Nachweislich"** Wohnzwecken der in dieser Vorschrift genannten Personen dient das Vermögen, wenn sich dies aus Plänen mit einer gewissen Verfestigung ergibt, zB aus Bauunterlagen, Finanzierungsunterlagen, Handwerkerrechnungen (Kruse ua/Winkler, SGB XII Sozialhilfe, 3. Aufl. 2012, § 90 Rn. 11). Zum Vermögen nach S. 2 iVm § 90 Abs. 2 Nr. 3 gehört insbesondere Vermögen aus Bausparverträgen und Sparvermögen, das den Zwecken dieser Vorschriften dient (KHM/Schaumberg SGB IX § 139 Rn. 14). Nicht ausreichend ist der Abschluss eines Bausparvertrages (Grube/Wahrendorf/Flint/Giere SGB XII § 90 Rn. 41). Hieraus kann sich aber ein Indiz ergeben (LPK-SGB XII/Geiger Rn. 42). Ob das Vermögen dem Zweck **„baldig"** zugeführt wird, ist anhand der Umstände des Einzelfalles zu entscheiden. Der Zeitraum darf nicht zu kurz angesetzt werden (LPK-SGB XII/Geiger § 90 Rn. 38). **Beschaffung** ist der Erwerb, der Neubau und der Ausbau eines Hauses, der Erwerb eines Erbbaurechts bzw. eines Dauerwohnrechts (jurisPK-SGB IX/Palsherm § 139 Rn. 12). **Erhaltung** meint instandsetzende, erhaltende, zweckdienlich verbessernde Maßnahmen (Augstein in Fichtner/Wenzel § 90 SGB XII Rn. 8). Bloße Verschönerungsmaßnahmen sind demgegenüber nicht ausreichend (Kruse ua/Winkler, SGB XII Sozialhilfe, 3. Aufl. 2012, § 90 Rn. 11). Es muss sich um ein **„Hausgrundstück im Sinne der Nummer 8"** handeln (näher hierzu → Rn. 17). **„Wohnzwecken"** der in § 90 Abs. 2 Nr. 3 genannten Personen dient das Hausgrundstück auch dann, wenn Angehörige in dem Haus leben, zB die Eltern des behinderten Kindes (Augstein in Fichtner/Wenzel § 90 SGB XII Rn. 8). Nicht mehr nach § 90 Abs. 2 12

Nr. 3 SGB XII verschont ist das Hausgrundstück, wenn der Zweck nicht mehr erreicht werden kann (zB bei dauerhafter Aufnahme in ein Heim). Lediglich der Vermögensbildung dienendes Vermögen ist nicht verschont. Der Wohnzweck wird durch den Einsatz bzw. die Verwertung des Vermögens **gefährdet,** wenn zu erwarten ist, dass hierdurch das Hausgrundstück nicht mehr erworben oder erhalten werden kann oder auf unbestimmte Zeit verschoben oder unzumutbare Belastungen oder Kosten verursacht würden (LPK-SGB XII/Geiger § 90 Rn. 46). Das Vermögen muss Wohnzwecken von **Menschen mit Teilhabebeeinträchtigungen** (§ 99), **blinden Menschen** (§ 72 SGB XII) oder **pflegebedürftigen Menschen** (§ 61 SGB XII) dienen oder zu dienen bestimmt sein. Sie oder Angehörige (zB die Eltern von Kindern mit Behinderungen) müssen **Inhaber des Vermögens** sein (Kruse ua/Winkler, SGB XII Sozialhilfe, 3. Aufl. 2012, § 90 Rn. 11). Erforderlich ist lediglich, dass sie die Leistungsberechtigung einer der genannten Leistungen erfüllen, nicht, dass die Leistungen bezogen werden (Kruse ua/Winkler, SGB XII Sozialhilfe, 3. Aufl. 2012, § 90 Rn. 11).

IV. Angemessener Hausrat (S. 2 iVm § 90 Abs. 2 Nr. 4 SGB XII)

13 Zum **„Hausrat“** gehören zB Möbel, Geschirr, Küchengeräte, Wäsche, Fernseher, Warenvorrat (Lebensmittel, Heizstoffe), Bücher. Keine Hausratsgegenstände sind ein Kfz (zum BSHG OVG NRW 27.10.1992 – 24 A 655/92 – NJW 1993, 1412) und Wertgegenstände (zB wertvolle Teppiche, kostbare Bilder (LPK-SGB XII/Geiger § 90 Rn. 44)). Die **Angemessenheit** orientiert sich an den Lebensverhältnissen vergleichbarer Bevölkerungsgruppen (jurisPK-SGB IX/Palsherm § 139 Rn. 24). Außerdem sind die bisherigen Lebensverhältnisse der nachfragenden Person zu berücksichtigen.

V. Gegenstände zur Aufnahme oder Ausübung einer Berufsausbildung oder einer Erwerbstätigkeit (S. 2 iVm § 90 Abs. 2 Nr. 5 SGB XII)

14 **„Gegenstände“** meint bewegliche und unbewegliche Sachen iSv § 90 BGB, zB Maschinen und sonstige Arbeitsgeräte, Schutzkleidung, Rohstoffe und sonstige Materialien, Kraftfahrzeug, Fachliteratur, Computer, Betriebsgrundstücke, land- und forstwirtschaftliche Grundstücke etc. Zur **„Berufsausbildung“** gehören Ausbildungsverhältnisse iSd BBiG, der HandwO, dem SeearbeitsG und PflegeberufeG, ferner Fachschul- und Hochschulausbildungen. Abs. 2 Nr. 5 gilt auch für berufliche Fortbildungen, berufliche Schulungen und Schulausbildungen (LPK-SGB XII/Geiger § 90 Rn. 49). Um eine **„Erwerbstätigkeit“** handelt es sich sowohl bei selbständigen Tätigkeiten als auch bei Beschäftigungen, die Erträge zum Lebensunterhalt verschaffen (so zum BSHG BVerwG 19.11.1992 – 5 C 15/89 – BVerwGE 91, 173 = FEVS 43 [1993], 185). Erfasst ist auch Heimarbeit (Kruse ua/Winkler, SGB XII Sozialhilfe, 3. Aufl. 2012, § 90 Rn. 12). Ist nicht zu erwarten, dass aus der Erwerbstätigkeit nennenswerte Einnahmen erzielt werden, können die für diese Tätigkeit benötigten Gegenstände als Vermögen berücksichtigt werden (so zum BSHG BVerwG 19.11.1992 – 5 C 15/89 – BVerwGE 91, 173). Für die **Aufnahme** ist ausreichend, dass die Ausbildung oder Erwerbstätigkeit beabsichtigt ist (Kruse ua/Winkler, SGB XII Sozialhilfe, 3. Aufl. 2012, § 90 Rn. 12). **Unentbehrlich** ist ein Gegenstand, wenn die Berufsausbildung oder die Erwerbstätigkeit aufgegeben werden müsste, wenn er im Rahmen der Eingliederungshilfe eingesetzt oder verwertet werden müsste. Ein Kraftfahrzeug ist nur unentbehrlich, wenn es für die Tätigkeit selbst benötigt wird (zB Lieferwagen). Nicht ausreichend ist, dass ein Fahrzeug benötigt wird, um zur Ausbildungs- oder Arbeitsstätte zu gelangen (Grube/Wahrendorf/Flint/Giere SGB XII§ 90 Rn. 44).

VI. Familien- und Erbstücke (S. 2 iVm § 90 Abs. 2 Nr. 6 SGB XII)

Familien- und Erbstücke sind Gegenstände, mit denen eine Familientradition oder ein besonderes Andenken an einen Verstorbenen verbunden ist (LPK-SGB XII/Geiger § 90 Rn. 50), zB Schmuck, Kunstgegenstände und Möbel. Grundstücke, Wertpapiere und Forderungen (Kruse ua/Winkler, SGB XII Sozialhilfe, 3. Aufl. 2012, § 90 Rn. 14) sowie neu erworbene Gegenstände werden nicht hierzu gerechnet (Augstein in Fichtner/Wenzel § 90 SGB XII Rn. 11). Verschont sind Familien- und Erbstücke nur, wenn ihr Einsatz oder ihre Verwertung eine **besondere Härte** für den Vermögensinhaber oder seine Familie bedeuten würde. Hiervon wird ausgegangen, wenn der ideelle Wert wesentlich höher anzusetzen ist als der Verkehrswert (Grube/Wahrendorf/Flint/Giere SGB XII § 90 Rn. 42), zB, wenn es sich um das letzte Erinnerungsstück an einen verstorbenen Angehörigen handelt (jurisPK-SGB IX/Palsherm § 139 Rn. 26). 15

VII. Gegenstände zur Befriedigung geistiger Bedürfnisse (S. 2 iVm § 90 Abs. 2 Nr. 7 SGB XII)

Gegenstände sind nur bewegliche Sachen iSv § 90 BGB. Zu den **geistigen Bedürfnissen** rechnet § 90 Abs. 2 Nr. 7 SGB XII vor allem künstlerische und wissenschaftliche Bedürfnisse. Der Begriff **„besonders"** zeigt, dass auch andere geistige Bedürfnisse erfasst sind wie zB literarische oder technische. Dass die Gegenstände der Liebhaberei (Hobby) dienen ist ausreichend (LPK-SGB XII/Geiger § 90 Rn. 51; aA Augstein in Fichtner/Wenzel § 90 SGB XII Rn. 12). Gegenstände für sportliche Bedürfnisse sind dagegen nicht verschont (Kruse ua/Winkler, SGB XII Sozialhilfe, 3. Aufl. 2012, § 90 Rn. 15). Gegenstände zur Befriedigung geistiger Bedürfnisse sind zB Handbibliothek, Musikinstrumente, Sammlungen, Malereibedarf, Fotoausrüstung, Fernseher, Radio, CD-Sammlung, Briefmarkensammlung. Nicht verschont sind **Luxusgegenstände.** 16

VIII. Kleines angemessenes Hausgrundstück (S. 2 iVm § 90 Abs. 2 Nr. 8 SGB XII)

Hausgrundstücke sind das auf dem eigenen Grundstück errichtete Hauseigentum, das auf fremdem Grundstück errichtete Hauseigentum (Erbbaurecht), die Eigentumswohnung und ein Dauerwohnrecht (KHM/Schaumberg SGB IX § 139 Rn. 19). Verschont sind auch Grundstücke im Ausland (Grube/Wahrendorf/Flint/Giere SGB XII § 90 Rn. 49). Verschont werden nur Wohnzwecken dienende Haus-, nicht dagegen überwiegend zu gewerblichen Zwecken genutzte Grundstücke (BSG 23.11.2006 – B 11b AS 3/06 R, BeckRS 2007, 42340). Nicht verschont sind Mehrfamilienwohnungen und Häuser mit Einliegerwohnung (Grube/Wahrendorf/Flint/Giere SGB XII § 90 Rn. 49). Ob es sich um ein **angemessenes** Hausgrundstück handelt, beurteilt sich nach S. 2 iVm § 90 Abs. 2 Nr. 8 S. 2 SGB XII nach folgenden Kriterien: 17

Anzahl der Bewohner. Hierbei werden die Ehegattin, Ehegatte, Lebenspartnerin, Lebenspartnerin und Partnerin oder Partner einer eheähnlichen oder lebenspartnerschaftsähnlichen Gemeinschaft, Eltern, Kinder und sonstige verwandte und verschwägerte Mitglieder der Haushaltsgemeinschaft iSv. § 36 SGB XII sowie Pflegekinder berücksichtigt (Kruse ua/Winkler, SGB XII Sozialhilfe, 3. Aufl. 2012, § 90 Rn. 16). Nach der Anzahl der Bewohner richtet sich der Raum- und Wohnflächenbedarf. 17a

Wohnbedarf. Hiermit ist die Wohnfläche gemeint. Bei Menschen mit Behinderungen sowie bei blinden und pflegebedürftigen Menschen kann ein erhöhter Wohnbedarf 17b bestehen. Dieser kann auch aus anderen Gründen bestehen, weil die Aufzählung nicht abschließend ist (Grube/Wahrendorf/Flint/Giere SGB XII § 90 Rn. 57).

17c **Grundstücksgröße.** Diese ist nur angemessen, soweit sie für den Bau eines Familienheims benötigt wird. In der Lit. wird bei einem Reihenendhaus von einer Richtgröße von 350 qm, sonst von 250 qm, im ländlichen Raum von bis zu 500 qm ausgegangen (so zum BSHG VGH BW 23.3.2004 – 9 S 575/03 – FEVS 56 [2005], 211 (213); enger OVG NRW 28.8.1997 – 8 A 631/95 = FEVS 48 [1998], 317). Zur **Hausgröße** wurden folgende Richtgrößen entwickelt:
– bei **Familienheimen** mit nur einer Wohnung: 130 qm
– bei Eigentumswohnungen 120 qm
– bei Gewährung von **häuslicher Pflege** bei **Familienheimen** mit nur einer Wohnung: 156 qm
– bei Gewährung von **häuslicher Pflege** bei **Eigentumswohnungen** mit nur einer Wohnung: 144 qm.

17d Eine Über- oder Unterschreitung dieser Werte ist im Einzelfall zulässig. Die durch das BürgergeldG v. 12.12.2022 (BGBl. I S. 2094) festgelegten Quadratmeterflächen gelten unmittelbar nur in der Grundsicherung für Arbeitsuchende nach dem SGB II. Auf das SGB XII und damit die Eingliederungshilfe wurden diese Werte nicht übertragen. Es liegt aber nahe, sich an diesen Werten zu orientieren. Sachliche Gründe für eine unterschiedliche Handhabung sind nicht ersichtlich. Bei zu großen Grundstücken ist zu prüfen, ob Teile des Grundstücks eigenständig verwertet werden können (Kruse ua/Winkler, SGB XII Sozialhilfe, 3. Aufl. 2012, § 90 Rn. 16).

17e **Ausstattung.** Orientierungsgröße ist öffentlich geförderter Wohnraum (Grube/Wahrendorf/Flint/Giere SGB XII § 90 Rn. 59). Bei Menschen mit Behinderungen sind behinderungsbedingte Zusatzausstattungen (Aufzug, Treppenlift etc.) angemessen. Ein Schwimmbad oder ein Partyraum sind dagegen nicht angemessen.

17f **Wert.** Hiermit ist der Verkehrswert gemeint (Augstein in Fichtner/Wenzel § 90 SGB XII Rn. 13). Die Rspr. zur Sozialhilfe lehnt starre Wertgrenzen ab (so zum BSHG BVerwG 17.1.1991 – 5 C 53/86 – BVerwGE 87, 278 = FEVS 41 [1991], 265). Schulden werden nicht abgezogen (Grube/Wahrendorf/Flint/Giere SGB XII § 90 Rn. 61). Ein Wert im unteren Bereich am Wohnort der leistungsberechtigten Person ist angemessen.

18 Auf dem Hausgrundstück muss die leistungsberechtigte **Person** allein oder zusammen mit Angehörigen **wohnen.** Nicht verschont ist es, wenn nur Angehörige in dem Hausgrundstück wohnen (LPK-SGB XII/Geiger § 90 Rn. 53). Bewohnt ist das Hausgrundstück auch dann, wenn die leistungsberechtigte Person zwar stationär in einem Heim untergebracht ist, aber zumindest ein Angehöriger der Einsatzgemeinschaft iSd § 19 das Haus bewohnt. Sind dagegen die leistungsberechtigte Person und die Angehörigen (zB der Partner) voraussichtlich für längere Zeit stationär untergebracht, ist das Hausgrundstück nicht mehr verschont (so zum BSHG BVerwG 5.12.1991 – 5 C 60/88 – FEVS 42 [1992], 189). Unerheblich ist, wenn noch weitere Personen das Hausgrundstück bewohnen. Schließlich ist Voraussetzung, dass das Hausgrundstück auch **nach dem Tod** der nachfragenden Person von deren **Angehörigen bewohnt** werden soll. Hieraus kann allerdings kein postmortales Verwertungshindernis abgeleitet werden (LSG BW 22.12.2010 – L 2 SO 5548/08 – BeckRS 2011, 68034). Bei nicht angemessenen Hausgrundstücken ist zunächst zu prüfen, ob ein dinglich gesichertes Darlehen nach § 140 Abs. 2 ausreichend ist (Augstein in Fichtner/Wenzel § 90 SGB XII Rn. 13). Ist das Grundstück zu verwerten, muss der Wert des angemessenen Hausgrundstücks nicht freigelassen werden (so zum BSHG OVG Hmbg. 13.12.1985 – Bf I 9/85 – FEVS 35 [1986], 229).

IX. Angemessenes Kraftfahrzeug (S. 2 iVm § 90 Abs. Nr. 10 SGB XII)

Zusätzlich soll nach Art. 7 Nr. 3 des Entwurfes des G zur Anpassung des Zwölften und Vierzehnten Buches Sozialgesetzbuch ab dem 1.1.2024 ein angemessenes Kraftfahrzeug von der Vermögensberücksichtigung ausgenommen werden. Bis zum Inkrafttreten der Gesetzesänderung musste ein Kraftfahrzeug nur dann nicht als Vermögen berücksichtigt werden, wenn eine Härte vorlag, zB die leistungsberechtigte Person oder Angehörige auf das Kraftfahrzeug angewiesen waren und es sich um ein angemessenes Kraftfahrzeug (SG Augsburg 15.9.2011 – S 15 SO 73/11, BeckRS 2011, 76695) handelt. Nach der Einfügung des Verweises auf § 90 Abs. 2 Nr. 10 SGB XII in S. 2 sind solche besonderen Gründe für die Vermögensverschonung nicht mehr erforderlich. Was unter einem **angemessenen Kraftfahrzeug** iSv § 90 Abs. 2 Nr. 10 SGB XII zu verstehen ist, wird weder im SGB XII noch im SGB IX konkretisiert. In der Grundsicherung für Arbeitsuchende ging die Bundesagentur für Arbeit bis zum 31.12.2022 aus Gründen der Verwaltungspraktikabiltät davon aus, dass Kraftfahrzeuge bis zu einem Wert von 7.500 Euro angemessen sind. Hiermit wurde einer Entscheidung des BSG vom 6.9.2007 – B 14/7b AS 66/06, NZS 2008, 539 Rn. 14 entsprochen. Ab dem 1.1.2023 wurde dieser Wert auf **15.000 Euro** erhöht (12.2.2 Fachliche Weisungen der Bundesagentur für Arbeit zum SGB II). Der Wert richtet sich nicht nach dem „Händlerverkaufspreis", sondern nach dem Verkaufspreis, den eine Privatperson erzielen kann (BSG 6.9.2007 – B 14/7b AS 66/06, NZS 2008, 539 Rn. 17). Der zum SGB II herangezogene Betrag mag auch im Rahmen von S. 2 ein **Orientierungswert** sein. Ein starrer Wert verbietet sich indessen angesichts der offenen Formulierung „angemessen". Im Einzelfall können Anpassungen des Wertes erforderlich sein. So kann etwa ein Kraftfahrzeug mit einem höheren Wert angemessen sein, wenn es behinderungsbedingt angepasst werden musste, oder wegen der Zahl der Familienmitglieder ein größeres Kraftfahrzeug erforderlich ist. Anders als in der Grundsicherung für Arbeitsuchende ist nicht von der Angemessenheit des Kraftfahrzeugs auszugehen, wenn die leistungsberechtigte Person erklärt, dass das Kraftfahrzeug angemessen ist (§ 12 Abs. 1 S. 2 Nr. 2 Hs. 2 SGB II (s. hierzu 12.2.2 der Fachlichen Weisungen der Bundesagentur für Arbeit). Der Träger der Eingliederungshilfe ist berechtigt, den Wert des Kraftfahrzeugs regelhaft zu prüfen. Allerdings enthält das SGB IX – anders als das SGB II (§ 52a Abs. 1 Nr. 1) keine Regelung zur Halterabfrage. **18a**

E. Freibetrag (2 Hs. 2)

Nicht übernommen wurde im SGB IX die Regelung zum sog kleinen Barbetrag in § 90 Abs. 2 Nr. 9 SGB XII. S. 2 Hs. 2 enthält eine **eigenständige Regelung** zum Freibetrag. Mit dieser will der Gesetzgeber sicherstellen, dass aufgrund der Leistungsverbesserungen Angespartes nicht als Vermögen eingesetzt werden muss (BT-Drs. 18/9522, 304). **19**

Barvermögen meint gesetzliche Zahlungsmittel. **Sonstige Geldwerte** sind Gegenstände, die jederzeit verfügbaren Geldwert verkörpern (so zum BSHG BVerwG 19.12.1997 – 5 C 7/96 – BVerwGE 106, 105), zB Forderungen aus einem Sparguthaben oder aus Wertpapieren. Die Höhe wird nach S. 2 Hs. 2 unter Rückgriff auf die jährliche Bezugsgröße nach § 18 Abs. 1 SGB IV berechnet. Diese beträgt 2023 40.740 EUR. Das Abstellen auf die jährliche Bezugsgröße hat zur Folge, dass der Freibetrag jährlich dynamisiert wird. Nicht einzusetzen ist damit Barvermögen bis zu 61.110 EUR. Ein durch die übrigen Schontatbestände nicht verschonter Vermögensgegenstand muss nicht veräußert oder verwertet werden, wenn der Erlös hieraus gemeinsam mit dem sonstigen Barvermögen und sonstigen Geldwerten unter dieser Freibetragsgrenze bleibt. **20**

F. Bewertung des Vermögens

20a Das SGB IX enthält keine Vorschrift zur Bewertung des Vermögens und des dafür maßgeblichen Zeitpunkts. Dies zwingt zu dem Schluss, dass der Gesetzgeber die diesbezüglichen Grundsätze weiter gelten lassen wollte, dass also der Verkehrswert maßgebend sein soll. Hierbei ist auf den letzten Tag des Monats abzustellen, der dem Monat der Antragstellung bzw. dem Bedarfsmonat vorausgeht (Gerlach ZfF 2019, 169 (170)). Es werden **nur** die **Aktiva,** nicht aber die Passiva berücksichtigt. Teilweise wird in der Lit. zur Eingliederungshilfe die Auffassung vertreten, dass die Passiva abzuziehen sind (Fuchs/Ritz/Rosenow/Rosenow SGB IX § 139 Rn. 8 ff.), was aber dem erkennbaren Willen des Gesetzgebers nicht entspricht; nach der Gesetzesbegründung wollte er „inhaltsgleich den gesamten Inhalt des § 90 SGB XII" auf die Eingliederungshilfe nach den §§ 90 ff. übertragen (BT-Drs. 18/9522, 304).

G. Härtefall (3)

21 Mit der Einfügung von S. 3 wollte der Gesetzgeber eine Schlechterstellung der Leistungsbeziehenden der Eingliederungshilfe gegenüber jenen der Sozialhilfe vermeiden. Härte ist ein unbestimmter Rechtsbegriff, der voller gerichtlicher Kontrolle unterliegt. Das Vorliegen einer Härte beurteilt sich nicht nach dem subjektiven Empfinden der leistungsberechtigten Person oder der Angehörigen. Maßgebend sind objektive Kriterien (vgl. zur entsprechenden Rechtslage nach dem SGB XII Augstein in Fichtner/Wenzel § 90 SGB XII Rn. 21). Das BSG verlangt in seiner Rspr. zum SGB XII, dass wegen der Art, der Schwere und der Dauer der Hilfe, des Alters oder des Familienstands oder aus anderen Gründen eine Härte vorliegt; der Verwertung kann ferner die Herkunft und die beabsichtigte Verwendung des Vermögensgegenstandes entgegenstehen (BSG 11.12.2007 – B 8/9b SO 20/06 R – FEVS 59 [2008] 441 [443]). Eine Härte liegt zB vor, wenn aus **Schmerzensgeld** stammendes Vermögen einzusetzen ist (so zum BSHG BVerwG 18.5.1995 – 5 C 22/93 – BVerwGE 98, 256). Zur Verschonung eines **Kraftfahrzeugs** → § 18a. Aus **„soweit"** folgt, dass die Härte nur die Verwertung eines Teils des Vermögens ausschließen kann.

22 Das Vorliegen einer Härte muss der Träger der Eingliederungshilfe **von Amts wegen prüfen.** Liegt eine Härte vor, darf er den Einsatz oder die Verwertung des Vermögens nicht verlangen. Ermessen steht ihm nicht zu.

§ 140 Einsatz des Vermögens

(1) Die antragstellende Person sowie bei minderjährigen Personen die im Haushalt lebenden Eltern oder ein Elternteil haben vor der Inanspruchnahme von Leistungen nach diesem Teil die erforderlichen Mittel aus ihrem Vermögen aufzubringen.

(2) [1] Soweit für den Bedarf der nachfragenden Person Vermögen einzusetzen ist, jedoch der sofortige Verbrauch oder die sofortige Verwertung des Vermögens nicht möglich ist oder für die, die es einzusetzen hat, eine Härte bedeuten würde, soll die beantragte Leistung als Darlehen geleistet werden. [2] Die Leistungserbringung kann davon abhängig gemacht werden, dass der Anspruch auf Rückzahlung dinglich oder in anderer Weise gesichert wird.

(3) Die in § 138 Absatz 1 genannten Leistungen sind ohne Berücksichtigung von vorhandenem Vermögen zu erbringen.

Übersicht

A. Geltende Fassung; Normzweck

§ 140 regelt seit dem 1.1.2020 die Verpflichtung zum Einsatz von Vermögen, die darlehensweise Gewährung der Eingliederungshilfe bei nicht sofort einsetzbarem oder verwertbarem Vermögen sowie bei welchen Leistungen kein Vermögen einzusetzen ist. Der bisherige Regelungsgegenstand – Anrechnung von Aufträgen auf die Ausgleichsabgabe – findet sich seit dem 1.1.2018 in § 223. 1

B. Vermögenseinsatz vor Inanspruchnahme von Eingliederungshilfe (Abs. 1)

Leistungen der Eingliederungshilfe werden erst geleistet, wenn das einzusetzende über der Freibetragsgrenze nach § 139 S. 2 Hs. 2 liegende Vermögen der in Abs. 1 genannten Personen aufgebraucht ist. Vorab einzusetzen ist das Vermögen der leistungsberechtigten Person. Bei minderjährigen Leistungsberechtigten, also solchen, die das 18. Lebensjahr noch nicht vollendet haben, die im Haushalt der Eltern oder eines Elternteils leben, ist das Vermögen der Eltern oder des Elternteils zu berücksichtigen. Eltern sind die leiblichen Eltern und die Adoptiveltern, dagegen nicht Stief-, Pflege- und Großeltern und sonstige sorgeberechtigte Personen (KHM/Schaumberg SGB IX § 140 Rn. 3). Nicht einzusetzen ist das Vermögen des Ehegatten, des Lebenspartners, des eheähnlichen oder lebenspartnerschaftsähnlichen Partners der leistungsberechtigten Person (BT-Drs. 18/9522, 304). Krit. hierzu Gerlach ZfF 2019, 169 [171]). 2

Das über der Freibetragsgrenze liegende nicht verschonte Vermögen muss **vor der Inanspruchnahme** von Leistungen der Eingliederungshilfe eingesetzt werden. Erst wenn das Vermögen auf den Freibetrag abgeschmolzen ist, werden Leistungen der Eingliederungshilfe erbracht. Das Nichtvorhandensein von einzusetzendem Vermögen ist damit negative Voraussetzung der Leistungen der Eingliederungshilfe und muss im Rahmen von deren Voraussetzungen geprüft werden. 3

C. Darlehen bei nicht sofortiger Verwertbarkeit (Abs. 2)

Die sofortige Verwertung des einzusetzenden Vermögens ist nicht immer möglich oder sie ist für die Person, deren Vermögen einzusetzen ist, mit einer Härte verbunden. In diesen Fällen ist nach Abs. 2 idR („soll") Eingliederungshilfe als Darlehen zu gewähren. Abs. 2 entspricht § 91 SGB XII. Vor der Anwendung von Abs. 2 S. 1 muss zunächst geprüft werden, ob der betroffene Vermögensgegenstand verwertbar (§ 139 S. 1) und nicht vom Vermögenseinsatz ausgenommen ist (§ 139 S. 2). 4

Nachfragende Person ist die leistungsberechtigte Person. Teilweise wird in der Lit. nachfragende Person mit antragstellender Person übersetzt. Dieser Begriff ist – wenngleich er in § 140 Abs. 1 verwandt wird, aus den in → § 137 Rn. 3 skizzierten Gründen nicht ausreichend trennscharf. 4a

Abs. 2 S. 1 unterfallen Fälle, in denen das Vermögen vorübergehend nicht verbraucht oder verwertet werden kann. Ist der Verbrauch oder die Verwertung dauerhaft nicht 5 möglich, ist zu prüfen, ob eine Härte nach S. 3 vorliegt (KHM/Schaumberg SGB IX § 140 Rn. 6). Der sofortige Verbrauch oder die sofortige Verwertung ist **nicht möglich,** wenn rechtliche Gründe dies ausschließen (zB vorübergehende Verfügungsbeschränkungen, nicht sofortige Auszahlung des angesparten Geldes) oder die Verwertung längere Zeit beansprucht (zB für das Grundstück kann kein Käufer gefunden werden; Erbschaft ist noch nicht auseinandergesetzt). Eine **Härte** liegt vor, wenn der sofortige Verbrauch oder die sofortige Verwertung unwirtschaftlich wäre (Fuchs/Ritz/Rosenow/Rosenow SGB IX § 140 Rn. 18). Die Härte muss für die Person bestehen, die den Vermögensgegenstand verbrauchen oder verwerten muss. Dies ist die Person, die Inhaber des Rechts an dem Gegenstand ist. Sind diese Voraussetzungen erfüllt, muss die beantragte Leistung der Eingliederungshilfe idR („soll") als Darlehen gewährt werden. Ermessen hat der Eingliederungshilfeträger nur in sog atypischen Fällen.

6 Über die Darlehensgewährung kann der Eingliederungshilfeträger in einem **Grundbescheid** entscheiden und danach Einzelheiten des **Darlehens** in einem Verwaltungsakt oder einem öffentlich-rechtlichen Vertrag festlegen oder in einem Gesamtverwaltungsakt mit Grundentscheidung und Darlehensbedingungen entscheiden (so zum SGB XII Grube/Wahrendorf/Flint/Flint/Bieback SGB XII § 91 Rn. 14). Das Darlehen beträgt max. den Wert des nicht verwertbaren Gegenstandes (so zum BSHG BVerwG 17.10.1974 – V C 50/73 – BVerwGE 47, 103). Übersteigt der Wert des Darlehens den Wert des einzusetzenden Vermögensgegenstandes, kann der Einwand der ungerechtfertigten Rechtsausübung nach § 242 BGB entgegengehalten werden (BGH 23.1.1996 – XI ZR 155/95 – NJW 1996, 1277).

7 Eine **Verzinsung** ist in Abs. 2 nicht vorgesehen. Im Sozialhilferecht ist die Verzinsung str., wird aber zu Recht abgelehnt (BSG 27.5.2014 – B 8 SO 1/13 R, BeckRS 2014, 70761, NZS 2014, 717Grube/Wahrendorf/Flint). Entsprechendes gilt für die Eingliederungshilfe nach dem SGB IX. Ab der Rechtshängigkeit ist das Darlehen dagegen zu verzinsen (§ 291 BGB).

8 Die Entscheidung über die dingliche **Sicherung** nach S. 2 steht im **Ermessen** des Trägers der Eingliederungshilfe („kann"). Lehnt die leistungsberechtigte Person die Sicherung ab, kann die Bewilligung des Darlehens abgelehnt werden (so zum BSHG OVG Nds. 22.7.1997 – 12 M 3558/97 – FEVS 48 [1998], 102).

D. Eingliederungshilfe ohne Vermögenseinsatz (Abs. 3)

9 Abs. 3 entspricht § 92 Abs. 2 S. 2 SGB XII. Bei den in § 138 Abs. 1 aufgezählten Leistungen (→ § 138 Rn. 3) darf der Eingliederungshilfeträger nicht den Einsatz oder die Verwertung von Vermögen verlangen. Ob einer dieser Fälle vorliegt, wird zweckmäßigerweise gleich zu Beginn der Vermögensprüfung festgestellt.

§ 141[1] Übergang von Ansprüchen

(1) [1]Hat eine Person im Sinne von § 136 Absatz 1 oder der nicht getrennt lebende Ehegatte oder Lebenspartner für die antragstellende Person einen Anspruch gegen einen anderen, der kein Leistungsträger im Sinne des § 12 des Ersten Buches ist, kann der Träger der Eingliederungshilfe durch schriftliche Anzeige an den anderen bewirken, dass dieser Anspruch bis zur Höhe seiner Aufwendungen auf ihn übergeht. [2]Dies gilt nicht für bürgerlich-rechtliche Unterhaltsansprüche.

(2) [1]Der Übergang des Anspruches darf nur insoweit bewirkt werden, als bei rechtzeitiger Leistung des anderen entweder die Leistung nicht erbracht worden wäre oder ein

[1] § 141 Abs. 1 Satz 2 angef. mWv 1.1.2020 durch G v. 30.11.2019 (BGBl. I S. 1948).

Beitrag aufzubringen wäre. [2]Der Übergang ist nicht dadurch ausgeschlossen, dass der Anspruch nicht übertragen, verpfändet oder gepfändet werden kann.

(3) **[1]Die schriftliche Anzeige bewirkt den Übergang des Anspruches für die Zeit, für die der leistungsberechtigten Person die Leistung ohne Unterbrechung erbracht wird. [2]Als Unterbrechung gilt ein Zeitraum von mehr als zwei Monaten.**

(4) **[1]Widerspruch und Anfechtungsklage gegen den Verwaltungsakt, der den Übergang des Anspruches bewirkt, haben keine aufschiebende Wirkung. [2]Die §§ 115 und 116 des Zehnten Buches gehen der Regelung des Absatzes 1 vor.**

Übersicht

A. Geltende Fassung; Normzweck

§ 141 regelt seit dem 1.1.2020 den Übergang von Ansprüchen der leistungsberechtigten Person, ggfs. der Eltern oder eines Elternteils sowie der nicht getrenntlebenden Ehegattin, des Ehegattens, der Lebenspartnerin oder des Lebenspartners der leistungsberechtigten Person auf den Träger der Eingliederungshilfe. Der davor in der Vorschrift enthaltende Regelungsgegenstand – Vergabe von Aufträgen durch die öffentliche Hand – findet sich seit dem 1.1.2018 in § 224. Die Vorschrift entspricht § 93 SGB XII. Abs. 1 S. 2 wurde durch das G zur Änderung des Neunten und des Zwölften Buches Sozialgesetzbuch und anderer Rechtsvorschriften vom 30.11.2019 (BGBl. I S. 1948) mWv 1.1.2019 angefügt. 1

Haben die leistungsberechtigte Person, ggfs. die Eltern oder ein Elternteil sowie die nicht getrennt lebende Ehegattin, der Ehegatte, die Lebenspartnerin oder der Lebenspartner der leistungsberechtigten Person einen Anspruch gegen andere, können sie diesen aber nicht zeitnah realisieren, muss der Träger der Eingliederungshilfe Leistungen erbringen. Um in diesen Fällen den Nachranggrundsatz (§ 91) wiederherzustellen, berechtigt Abs. 1 den Träger der Eingliederungshilfe, den Anspruch auf sich überzuleiten. Zu Ausnahmen → Rn. 5. Verdrängt durch § 141 werden der öffentlich-rechtliche Erstattungsanspruch, die Geschäftsführung ohne Auftrag (§§ 677 ff. BGB) und die ungerechtfertigte Bereicherung aus den §§ 812 ff. BGB (so zum SGB XII Kruse ua, SGB XII/Winkler, § 91 Rn. 3). 2

B. Voraussetzungen des Übergangs (Abs. 1)

Um **Aufwendungen der Eingliederungshilfe** handelt es sich nur, wenn sie beim Träger der Eingliederungshilfe anfallen. Hierfür ist Voraussetzung, dass die Hilfe zumindest durch Verwaltungsakt bewilligt wurde. Die Aufnahme der Leistung in den Gesamtplan ist nicht ausreichend (KHM/Schaumberg SGB IX § 141 Rn. 4). Ein vorläufiger Übergang der Ansprüche ist nicht zulässig. Die Leistung der Eingliederungshilfe muss als Zuschuss gewährt werden. Bei Darlehen gehen Ansprüche nicht über. Nicht vorausgesetzt wird, dass die Bewilligung der Leistung rechtmäßig ist. 3

Inhaberin bzw. **Inhaber des Anspruches** muss „eine Person im Sinne des § 136 Abs. 1 4
oder der nicht getrenntlebende Ehegatte oder Lebenspartner für die antragstellende

Person“ sein. Kritisch zur Nichtberücksichtigung von eheähnlichem und lebenspartnerschaftsähnlichen Partner Gerlach ZfF 2019, 169 (171). „Person im Sinne des § 136 Absatz 1“ sind die leistungsberechtigte Person und bei minderjährigen Personen, die im Haushalt der Eltern oder eines Elternteils leben, die Eltern oder dieser Elternteil.

5 **Anspruchsgegner** des überzuleitenden Anspruches können natürliche und juristische Personen sowie Personenvereinigungen des Privatrechts oder des öffentlichen Rechts sein. Ausgenommen sind nach Abs. 1 die Leistungsträger nach § 12 SGB I. Gegenüber diesen bestehen Erstattungsansprüche nach den §§ 102 ff. SGB X. Nicht übergeleitet werden können weiter Ansprüche gegen Arbeitgeber. Bei diesen bestehen Erstattungsansprüche nach § 115 SGB X (Abs. 4 S. 2). Nicht erfasst sind außerdem Schadensersatzansprüche gegen Schadensverursacher und deren Versicherungen. Gegenüber diesen gilt § 116 SGB X (**Abs. 4 S. 2**).

6 **Anspruchsinhalt** muss eine Geldforderung oder eine Sachleistung sein, die in eine Geldforderung umgewandelt werden kann. Höchstpersönliche Ansprüche gehen nicht über (Grube/Wahrendorf/Flint/Giere SGB IX § 141 Rn. 10). Nicht überleitungsfähig sind ferner Unterhaltsansprüche (Abs. 1 S. 2). Der Übergang kann bewirkt werden zB für Altenteilansprüche, Leibgedinganspruche, Darlehensforderungen und der Anspruch auf Rückgängigmachung einer Schenkung (§ 528 BGB).

7 Der Anspruch muss **nicht bestehen** (so zum BSHG BVerwG 26.11.1969 – V C 93/69, BVerwGE 34, 219). Der Übergang ist nur ausgeschlossen, wenn der Anspruch offensichtlich nicht bestehen kann. Insoweit wird von der **Theorie der negativen Evidenz** gesprochen (Kruse ua, SGB XII Sozialhilfe/Winkler, 3. Aufl. 2012, § 93 Rn. 10).

8 Ein **Verzicht** auf die Forderung steht dem Übergang nur entgegen, wenn auf die Forderung zu einem Zeitpunkt verzichtet wurde, zu dem noch nicht absehbar war, dass Leistungen der Eingliederungshilfe erforderlich sind (Kruse ua, SGB XII Sozialhilfe/Winkler, 3. Aufl. 2012, § 93 Rn. 10).

9 Der Übergang ist wegen **Verwirkung** (§ 242 BGB) ausgeschlossen, wenn der Träger der Eingliederungshilfe bei der leistungsberechtigten Person das berechtigte Vertrauen begründete, dass der Anspruch nicht geltend gemacht wird (Kruse ua, SGB XII Sozialhilfe/Winkler, 3. Aufl. 2012, § 93 Rn. 12).

9a Mit der Anfügung von **Abs. 1 S. 2** soll klargestellt werden, dass bürgerlich-rechtliche Unterhaltsansprüche nicht nach § 141 übergehen (BT-Drs. 19/11006, 24).

C. Rechtsfolge

10 Das Bewirken des Übergangs steht im pflichtgemäßen Ermessen des Trägers der Eingliederungshilfe (Abs. 1: „kann“). Bei der Ermessensentscheidung sind die Interessen der leistungsberechtigten Person, des Drittschuldners und der Allgemeinheit zu berücksichtigen. Fraglich ist, ob, wie das BayLSG dies zur Sozialhilfe entschieden hat – 25.11.2011 – L 8 SO 136/10, BeckRS 2011,70078 –, ein intendiertes Ermessen zugunsten des Übergangs besteht. Entscheidet sich der Träger der Eingliederungshilfe für den Übergang, bewirkt dies, dass er Inhaber der Forderung wird und diese durchsetzen kann. Der Forderungsübergang ist begrenzt bis zur Höhe der Aufwendungen des Trägers der Eingliederungshilfe (Abs. 1).

D. Ausschluss des Übergangs (Abs. 2)

11 Der Übergang wird weiter dadurch begrenzt, dass er nur erfolgt, soweit bei rechtzeitiger Erfüllung des Anspruchs Eingliederungshilfe nicht erbracht worden wäre oder ein Beitrag hätte aufgebracht werden müssen (**Abs. 2 S. 1**). Dies wird dadurch fest-

gestellt, dass die Erfüllung des Anspruchs fiktiv unterstellt und beurteilt wird, ob Eingliederungshilfe hätte gewährt werden müssen oder der Eingliederungshilfeträger einen Beitrag hätte erheben können (Abs. 2 S. 1).

Nicht erbracht worden wäre die Eingliederungshilfe, wenn zB Zahlungen einer Privatversicherung oder eines Trägers der beamtenrechtlichen Beihilfe den durch die Eingliederungshilfe zu deckenden Bedarf ganz oder teilweise befriedigt hätte. Leistungen anderer Sozialleistungsträger nach § 12 SGB I gehören dagegen nicht zu den hierbei zu berücksichtigenden Leistungen (Abs. 1). Nicht erbracht worden wäre die Eingliederungshilfe außerdem, wenn die Leistung Anderer zum Vermögen der leistungsberechtigten Person zu rechnen ist und alleine oder gemeinsam mit dem anderen Vermögen den Freibetrag nach § 139 S. 2 übersteigt. Dann müsste die Fachleistung nach § 140 Abs. 1 erst erbracht werden, wenn das Vermögen bis zum Freibetrag abgeschmolzen ist. 11a

Ein **Beitrag** wäre **zu erbringen,** wenn die Leistungen Anderer als Einkünfte zu bewerten sind und eine Eingliederungshilfeleistung in Anspruch genommen wird, die nicht ohne Zahlung eines Beitrags erbracht wird. Da sich nur Einkünfte iSd Einkommensteuerrechts und Renteneinkünfte auf den Beitrag auswirken können (§ 135 Abs. 1), wird die Überleitung von Ansprüchen durch Abs. 2 stark eingeschränkt. So werden etwa Unterhaltsansprüche nicht berücksichtigt (Gerlach ZfF 2019, 169 (173)). Nach einer in der Lit. vertretenen Auffassung kann der Träger der Eingliederungshilfe verlangen, dass die leistungsberechtigte Person zustimmt, dass die Unterhalt gewährende Person die Unterhaltszahlung bei der Steuererklärung geltend macht, wodurch eine einkommenssteuerpflichtige Einkunft der leistungsberechtigten Person entsteht (Gerlach ZfF 2019,169 (173)). 11b

E. Anzeige des Übergangs

12 Der Übergang muss dem Drittschuldner schriftlich angezeigt werden (Abs. 1). Die schriftliche Anzeige bewirkt, dass der Anspruch für die Zeit, in der die eingliederungshilfeberechtigte Person Leistungen bezieht, auf den Träger der Eingliederungshilfe übergeht. Zur Rechtsnatur und den Anforderungen → Rn. 15. Folge der Überleitungsanzeige ist, dass der Anspruch kraft Gesetzes auf den Träger der Eingliederungshilfe übergeht (KHM/Schaumberg SGB IX § 141 Rn. 16.

12a Eine **erneute Anzeige** ist erforderlich, wenn die Eingliederungshilfeleistung, wegen der der Übergang erfolgt, länger als 2 Monate unterbrochen ist (**Abs. 3 S. 2**). Die Fristen werden nach dem BGB berechnet (siehe § 26 SGB X).

F. Zuständigkeit und Verfahren

13 **Zuständig** für die Entscheidung über den Übergang ist der Träger der Eingliederungshilfe, der die Leistung erbringt.

14 Vor dem Übergang muss die leistungsberechtigte Person als auch der Drittschuldner nach § 24 SGB X **angehört** werden.

15 Die Anzeige des Übergangs ist gegenüber der leistungsberechtigten Person und dem Drittschuldner ein **Verwaltungsakt.** Sie muss **schriftlich** erklärt werden (Abs. 1). Sie muss inhaltlich **hinreichend bestimmt** sein, **begründet** werden (§ 35 SGB X) und mit einer **Rechtsbehelfsbelehrung** versehen werden (§ 36 SGB X). Sie wird nach § 37 SGB X bekannt gegeben. Förmlich zugestellt wird er nur, wenn Landesrecht dies vorsieht. Die Bekanntgabe bewirkt das Wirksamwerden des Übergangs.

16 Die Anzeige des Übergangs kann mit Widerspruch und Klage angefochten werden. Richtige Klageart ist die isolierte Anfechtungsklage (§ 54 Abs. 1 SGG). Zuständig ist das

Sozialgericht. Widerspruch und Klage haben keine aufschiebende Wirkung. (**Abs. 4 S. 1**). Der Sofortvollzug kann aber nach § 86a Abs. 3 SGG vom Träger der Eingliederungshilfe ausgesetzt werden. Ferner kann durch das Gericht die aufschiebende Wirkung anordnen (§ 86b SGG).

§ 142[1] Sonderregelungen für minderjährige Leistungsberechtigte und in Sonderfällen

(1) Minderjährigen Leistungsberechtigten und ihren Eltern oder einem Elternteil ist bei Leistungen im Sinne des § 138 Absatz 1 Nummer 1, 2, 4, 5 und 7 die Aufbringung der Mittel für die Kosten des Lebensunterhalts nur in Höhe der für den häuslichen Lebensunterhalt ersparten Aufwendungen zuzumuten, soweit Leistungen über Tag und Nacht oder über Tag erbracht werden.

(2) [1]Sind Leistungen von einem oder mehreren Anbietern über Tag und Nacht oder über Tag oder für ärztliche oder ärztlich verordnete Maßnahmen erforderlich, sind die Leistungen, die der Vereinbarung nach § 134 Absatz 3 zugrunde liegen, durch den Träger der Eingliederungshilfe auch dann in vollem Umfang zu erbringen, wenn den minderjährigen Leistungsberechtigten und ihren Eltern oder einem Elternteil die Aufbringung der Mittel nach Absatz 1 zu einem Teil zuzumuten ist. [2]In Höhe dieses Teils haben sie zu den Kosten der erbrachten Leistungen beizutragen; mehrere Verpflichtete haften als Gesamtschuldner.

(3) [1]Die Absätze 1 und 2 gelten entsprechend für volljährige Leistungsberechtigte, wenn diese Leistungen erhalten, denen Vereinbarungen nach § 134 Absatz 4 zugrunde liegen. [2]In diesem Fall ist den volljährigen Leistungsberechtigten die Aufbringung der Mittel für die Kosten des Lebensunterhalts nur in Höhe der für ihren häuslichen Lebensunterhalt ersparten Aufwendungen zuzumuten.

Übersicht

A. Geltende Fassung; Normzweck

1 § 142 regelt seit dem 1.1.2020 die Kostenbeteiligung leistungsbeziehender Minderjähriger, denen über Tag und Leistungen erbracht werden, und von deren Eltern oder einem Elternteil. Der davor in der Vorschrift enthaltene Regelungsgegenstand – Anerkennung von Werkstätten für Menschen mit Behinderung – findet sich seit dem 1.1.2018 in § 225. Noch vor Inkrafttreten von § 142 wurden mWv 1.1.2020 durch das G zur Änderung des Neunten und Zwölften Buches Sozialgesetzbuch und anderer Rechtsvorschriften v. 30.11.2019 (BGBl. I S. 1948) Abs. 1 und 3 geändert und Abs. 2 S. 2 und 4 angefügt. Abs. 3 wurde durch das Angehörigen-EntlastungsG v. 10.12.2019 (BGBl. I S. 2135) mWv 1.1.2020 neu gefasst. Abs. 4 wurde aufgehoben.

2 Nach § 134 erfolgt bei minderjährigen Leistungsberechtigten bei Unterbringung über Tag und Nacht bei den in Abs. 1 aufgezählten Leistungen ausnahmsweise keine Trennung der Leistungen zum Lebensunterhalt und der Fachleistungen. Bei Bezug solcher Leistungen müssen sie und ihre Eltern bzw. ein Elternteil einen Beitrag in Höhe der

[1] § 142 Abs. 1 geänd., Abs. 2 Satz 2 angef., Abs. 3 neu gef., Abs. 4 angef. mWv 1.1.2020 durch G v. 30.11.2019 (BGBl. I S. 1948); Abs. 3 neu gef., Abs. 4 aufgeh. mWv 1.1.2020 durch G v. 10.12.2019 (BGBl. I S. 2135); Abs. 3 neu gef. mWv 10.6.2021 durch G v. 2.6.2021 (BGBl. I S. 1387).

häuslichen Ersparnis aufbringen. Sie sind von der Freistellung von einem Beitrag nach § 138 Abs. 1 ausgenommen.

B. Beitrag bei Minderjährigen in stationären und teilstationären Einrichtungen

I. Grundsatz (Abs. 1)

Abs. 1 entspricht § 92a Abs. 1 SGB XII. Die Regelung kommt nur bei Leistungen an **minderjährige Leistungsberechtigte** zur Anwendung. **Minderjährig** ist, wer das 18. Lebensjahr noch nicht vollendet hat. Ein von § 2 BGB abweichendes Begriffsverständnis hätte einer ausdrücklichen Regelung bedurft, was aber – anders als zB im SGB VIII – unterblieben ist. S. aber → Rn. 9. 3

An die Minderjährigen müssen **Leistungen über Tag und Nacht** oder über Tag erbracht werden. Durch die Anfügung von „oder über Tag" wollte der Gesetzgeber klarstellen, dass auch bei häuslicher Ersparnis, zB bei Mittagessen in einer heilpädagogischen Kindertageseinrichtung, in dieser Höhe der leistungsberechtigten minderjährigen Person und ihren Eltern oder einem Elternteil Aufwendungen zuzumuten sind (BT-Drs. 19/11006, 24). 4

Dabei muss es sich um eine der folgenden **Leistungen** der Eingliederungshilfe handeln: 5

- **heilpädagogische Maßnahmen** für noch nicht eingeschulte Kinder nach § 113 Abs. 2 Nr. 3 (§ 138 Abs. 1 Nr. 1)
- Leistungen zur **medizinischen Rehabilitation** nach § 109 (§ 138 Abs. 1 Nr. 2)
- Leistungen zur **Teilhabe an Bildung** nach § 112 Abs. 1 S. 1 Nr. 1 (§ 138 Abs. 1 Nr. 4)
- Leistungen zur **schulischen** oder **hochschulischen Ausbildung** oder **Weiterbildung** für einen Beruf nach § 112 Abs. 1 S. 1 Nr. 2 (§ 138 Abs. 1 Nr. 5)
- Leistungen nach § 113 Abs. 1 für noch **nicht eingeschulte Personen** für die **Teilnahme am Leben in der Gemeinschaft** (§ 138 Abs. 1 Nr. 7).

Verpflichtete des Beitrags sind die minderjährige leistungsberechtigte Person und ihre Eltern bzw. ein Elternteil. Zum Begriff „minderjährig" → Rn. 3. Eltern sind die leiblichen und die Adoptiveltern. 5a

Der Beitrag muss in Höhe der **häuslichen Ersparnis** geleistet werden. Häusliche Ersparnisse bestehen, wenn die in der Einrichtung zur Verfügung gestellten Leistungen sonst im elterlichen Haushalt hätten erbracht werden müssen. Berücksichtigt werden nur tatsächlich anfallende Bedarfe (Grube/Wahrendorf/Flint /Giere SGB IX § 142 Rn. 9), dagegen nicht fiktive Bedarfe (so zum BSHG BVerwG 8.5.1996 – 5 B 17/96, FEVS 47 (1997), 214). Die Höhe der häuslichen Ersparnis muss im Einzelfall ermittelt werden. Von der häuslichen Ersparnis müssen Aufwendungen abgezogen werden, die nur wegen des Einrichtungsaufenthalts anfallen. 6

Bei der Entscheidung über den Beitrag hat der Eingliederungshilfeträger kein Ermessen („ist (…) zuzumuten"). Wie der Beitrag zu erbringen ist, legt § 142 nicht fest. Es ist deshalb auf § 137 Abs. 3 zurückzugreifen (v. Boetticher, Teilhaberecht, 2. Aufl. 2020, § 4 Rn. 206), nach dem der Beitrag von der Vergütung des Leistungserbringers abgezogen wird und von der leistungsberechtigten Person an den Leistungserbringer zu entrichten ist. 7

II. Vorausleistung ohne Abzug eines Beitrags (Abs. 2)

Abs. 2 S. 1 entspricht § 92a Abs. 2 S. 3 SGB XII. Erforderliche Leistungen über Tag und Nacht oder über Tag und ärztliche oder ärztlich verordneten Maßnahmen, die der 8

Vereinbarung nach § 134 Abs. 3 zu Grunde liegen, sind vom Träger der Eingliederungshilfe zunächst ohne Abzug eines Beitrags zu erbringen. Diese Vorleistungspflicht umfasst die Grundpauschale für Unterkunft und Verpflegung, die Maßnahmepauschale und den Investitionsbetrag (KHM/Schaumberg SGB IX § 142 Rn. 12). Da die Vorschrift an § 137 Abs. 4 anknüpft („auch dann in vollem Umfang zu erbringen"), muss die Leistung vom Träger der Eingliederungshilfe nur dann vorab erbracht werden, wenn ansonsten die Maßnahme gefährdet wäre (ebenso v. Boetticher, Teilhaberecht, 2. Aufl. 2020, § 4 Rn. 207).

8a Die minderjährige leistungsberechtigte Person und die Eltern oder der Elternteil müssen nachträglich einen Beitrag in Höhe der häuslichen Ersparnis zahlen. Mit **Abs. 2 S. 2 Hs. 1** soll der Eingliederungshilfeträger ermächtigt werden, die Forderung gegen die Eltern bzw. die minderjährigen Leistungsberechtigten durchzusetzen (BT-Drs. 19/11006, 254). Die minderjährige Person und die Eltern haften als Gesamtschuldner (**Abs. 2 S. 2 Hs. 2**).

III. Beitrag bei jungen Volljährigen in Einrichtungen über Tag und Nacht (Abs. 3)

9 Nach § 134 Abs. 4 S. 2 werden bei jungen Menschen, deren Bedarf nach Vollendung des 18. Lebensjahres für kurze Zeit weiter besteht, die Leistungen über Tag und Nacht in der Einrichtung, in der sie sich befinden, fortgesetzt (→ § 134 Rn. 8). Abs. 3 S. 1 bestimmt, dass in diesem Falle die volljährige leistungsberechtigte Person einen Kostenbeitrag leisten muss (entsprechende Anwendung von Abs. 1) und bei Leistungen bei einem oder mehreren Anbietern über Tag und Nacht oder über Tag sowie bei ärztlichen oder ärztlich verordneten Maßnahmen der Eingliederungshilfeträger vorleisten muss, auch wenn der leistungsberechtigten Person die Aufbringung der Mittel zu einem Teil zuzumuten ist (Abs. 2 S. 1 entsprechend). Von ihnen kann aber ein Beitrag verlangt werden (Abs. 2 S. 2 entsprechend). Die Eltern bzw. die Elternteile sind in den Verweis auf Abs. 1 nicht einbezogen. Sie müssen sich deshalb nicht mit der häuslichen Ersparnis an den Kosten beteiligen.

Kapitel 10. Statistik

§ 143 Bundesstatistik

Zur Beurteilung der Auswirkungen dieses Teils und zu seiner Fortentwicklung werden Erhebungen über
1. die Leistungsberechtigten und
2. die Ausgaben und Einnahmen der Träger der Eingliederungshilfe
als Bundesstatistik durchgeführt.

1 Die §§ 143 bis 148 regeln Einzelheiten der Bundesstatistik zur Eingliederungshilfe nach dem SGB IX. Mit dieser soll eine gesicherte Datenbasis geschaffen werden für die Beurteilung der Auswirkungen der Eingliederungshilfe und deren Fortentwicklung. Die als Bundesstatistik durchgeführte Statistik enthält Daten über die Leistungsberechtigten und die Ausgaben und Einnahmen der Eingliederungshilfeträger (§ 143). Aus den §§ 144 und 145 ergeben sich die Erhebungsmerkmale und die Hilfsmerkmale. Die Berichtszeiträume und -zeitpunkte werden durch § 146 festgelegt. Die Eingliederungshilfeträger sind nach § 147 auskunftspflichtig. Das Statistische Bundesamt und die statistischen Ämter der Länder dürfen an die fachlich zuständigen obersten Landesbehörden Tabellen

übermitteln. Diese Tabellen dürfen nur für die Gesetzgebung und zur Planung, dagegen nicht für Regelungen des Einzelfalles verwendet werden.

§ 143 verpflichtet seit dem 1.1.2020 zur Führung einer Bundesstatistik. Der bisherige Regelungsgegenstand – Blindenwerkstätten – wird seit dem 1.1.2018 in § 226 geregelt. 2

Zweck der Erhebungen sind die Erfassung der Auswirkungen der Eingliederungshilfe nach dem SGB IX und deren Fortentwicklung. 3

Gegenstand der Erhebungen sind die Leistungsberechtigten und die Ausgaben und Einnahmen der Eingliederungshilfe. 4

§ 144 Erhebungsmerkmale

(1) Erhebungsmerkmale bei den Erhebungen nach § 143 Nummer 1 sind für jeden Leistungsberechtigten

1. Geschlecht, Geburtsmonat und -jahr, Staatsangehörigkeit, Bundesland, Wohngemeinde und Gemeindeteil, Kennnummer des Trägers, mit anderen Leistungsberechtigten zusammenlebend, erbrachte Leistungsarten im Laufe und am Ende des Berichtsjahres,

2. die Höhe der Bedarfe für jede erbrachte Leistungsart, die Höhe des aufgebrachten Beitrags nach § 92, die Art des angerechneten Einkommens, Beginn und Ende der Leistungserbringung nach Monat und Jahr, die für mehrere Leistungsberechtigte erbrachte Leistung, die Leistung als pauschalierte Geldleistung, die Leistung durch ein Persönliches Budget sowie

3. gleichzeitiger Bezug von Leistungen nach dem Zweiten, Elften oder Zwölften Buch.

(2) Merkmale bei den Erhebungen nach Absatz 1 Nummer 1 und 2 nach der Art der Leistung sind insbesondere:

1. Leistung zur medizinischen Rehabilitation,

2. Leistung zur Beschäftigung im Arbeitsbereich anerkannter Werkstätten für behinderte Menschen,

3. Leistung zur Beschäftigung bei anderen Leistungsanbietern,

4. Leistung zur Beschäftigung bei privaten und öffentlichen Arbeitgebern,

5. Leistung zur Teilhabe an Bildung,

6. Leistung für Wohnraum,

7. Assistenzleistung nach § 113 Absatz 2 Nummer 2 in Verbindung mit § 78 Absatz 2 Nummer 1,

8. Assistenzleistung nach § 113 Absatz 2 Nummer 2 in Verbindung mit § 78 Absatz 2 Nummer 2,

9. heilpädagogische Leistung,

10. Leistung zum Erwerb praktischer Kenntnisse und Fähigkeiten,

11. Leistung zur Förderung der Verständigung,

12. Leistung für ein Kraftfahrzeug,

13. Leistung zur Beförderung insbesondere durch einen Beförderungsdienst,

14. Hilfsmittel im Rahmen der Sozialen Teilhabe und

15. Besuchsbeihilfen.

(3) Erhebungsmerkmale nach § 143 Nummer 2 sind das Bundesland, die Ausgaben gesamt nach der Art der Leistungen die Einnahmen gesamt und nach Einnahmearten sowie die Höhe der aufgebrachten Beiträge gesamt.

§ 144 legt seit dem 1.1.2020 die Erhebungsmerkmale für die Bundesstatistik fest. Der bisherige Regelungsgegenstand – Verordnungsermächtigung für die Werkstättenverordnung – wird seit dem 1.1.2018 in § 227 geregelt. 1

§ 144 setzt die Vorgaben von § 10 Abs. 1 des Bundesstatistikgesetzes um, nach dem Grundlage von Bundesstatistiken Erhebungs- und Hilfsmerkmale sind. Erhebungsmerk- 2 male sind nach § 10 Abs. 1 S. 2 BStatG zur statistischen Verwendung bestimmte Angaben zu den persönlichen und sachlichen Verhältnissen. § 144 zählt die Erhebungsmerkmale der Bundesstatistik zur Eingliederungshilfe auf. Die Hilfsmerkmale ergeben sich aus § 145.

§ 145 Hilfsmerkmale

(1) Hilfsmerkmale sind

1. Name und Anschrift des Auskunftspflichtigen,
2. Name, Telefonnummer und E-Mail-Adresse der für eventuelle Rückfragen zur Verfügung stehenden Person,
3. für die Erhebung nach § 143 Nummer 1 die Kennnummer des Leistungsberechtigten.

(2) [1] Die Kennnummern nach Absatz 1 Nummer 3 dienen der Prüfung der Richtigkeit der Statistik und der Fortschreibung der jeweils letzten Bestandserhebung. [2] Sie enthalten keine Angaben über persönliche und sachliche Verhältnisse des Leistungsberechtigten und sind zum frühestmöglichen Zeitpunkt, spätestens nach Abschluss der wiederkehrenden Bestandserhebung, zu löschen.

1 § 145 legt seit dem 1.1.2020 die Hilfsmerkmale für die Bundesstatistik fest. Der bisherige Regelungsgegenstand – unentgeltliche Beförderung und Erstattung von Fahrgeldausfällen – wird seit dem 1.1.2018 in § 228 geregelt.

2 § 144 setzt die Vorgaben von § 10 Abs. 1 des Bundesstatistikgesetzes um, nach dem Grundlage von Bundesstatistiken Erhebungs- und Hilfsmerkmale sind. Hilfsmerkmale sind Angaben zur technischen Durchführung von Bundesstatistiken. Sie dürfen nur bei gesetzlicher Zulassung in § 10 Abs. 2 oder einem anderen Gesetz für andere Zwecke verwendet werden (§ 10 Abs. 1 S. 3). § 145 zählt die Hilfsmerkmale der Bundesstatistik zur Eingliederungshilfe auf. Die Erhebungsmerkmale ergeben sich aus § 144.

§ 146 Periodizität und Berichtszeitraum

Die Erhebungen erfolgen jährlich für das abgelaufene Kalenderjahr.

1 § 146 legt seit dem 1.1.2020 fest, wann, für welchen Zeitraum und wie häufig die Erhebungen für die Bundesstatistik erfolgen müssen. Der bisherige Regelungsgegenstand – persönliche Voraussetzungen der unentgeltlichen Beförderung – wird seit dem 1.1.2018 in § 229 geregelt.

2 § 146 entspricht den Vorgaben von § 9 Abs. 1 BStatG. Danach sind die zeitlichen Intervalle sowie Zeitpunkt bzw. Zeitraum für die einzelnen Erhebungen festzulegen.

§ 147 Auskunftspflicht

(1) [1] Für die Erhebungen besteht Auskunftspflicht. [2] Die Angaben nach § 145 Absatz 1 Nummer 2 und die Angaben zum Gemeindeteil nach § 144 Absatz 1 Nummer 1 sind freiwillig.

(2) Auskunftspflichtig sind die Träger der Eingliederungshilfe.

1 § 147 verpflichtet seit dem 1.1.2020 die Träger der Eingliederungshilfe zur Auskunft. Der bisherige Regelungsgegenstand – Definition von Nah- und Fernverkehr – wird seit dem 1.1.2018 in § 230 geregelt.

§ 147 entspricht den Vorgaben von § 15 Abs. 1 BStatG. Danach muss festgelegt werden, ob bei der Erhebung von Daten für eine Bundesstatistik eine Auskunftspflicht besteht. Hieran anknüpfend legt § 147 fest, bei welchen Erhebungen eine Auskunftspflicht besteht, welche Auskünfte freiwillig sind und wer auskunftspflichtig ist. 2

§ 148 Übermittlung, Veröffentlichung

(1) Die in sich schlüssigen und nach einheitlichen Standards formatierten Einzeldatensätze sind von den Auskunftspflichtigen elektronisch bis zum Ablauf von 40 Arbeitstagen nach Ende des jeweiligen Berichtszeitraums an das jeweilige statistische Landesamt zu übermitteln.

(2) [1]An die fachlich zuständigen obersten Bundes- oder Landesbehörden dürfen für die Verwendung gegenüber den gesetzgebenden Körperschaften und für Zwecke der Planung, jedoch nicht für die Regelung von Einzelfällen, vom Statistischen Bundesamt und von den statistischen Ämtern der Länder Tabellen mit statistischen Ergebnissen übermittelt werden, auch soweit Tabellenfelder nur einen einzigen Fall ausweisen. [2]Tabellen, die nur einen einzigen Fall ausweisen, dürfen nur dann übermittelt werden, wenn sie nicht differenzierter als auf Regierungsbezirksebene, bei Stadtstaaten auf Bezirksebene, aufbereitet sind.

(3) [1]Die statistischen Ämter der Länder stellen dem Statistischen Bundesamt für Zusatzaufbereitungen des Bundes jährlich unverzüglich nach Aufbereitung der Bestandserhebung und der Erhebung im Laufe des Berichtsjahres die Einzelangaben aus der Erhebung zur Verfügung. [2]Angaben zu den Hilfsmerkmalen nach § 145 dürfen nicht übermittelt werden.

(4) Die Ergebnisse der Bundesstatistik nach diesem Kapitel dürfen auf die einzelnen Gemeinden bezogen veröffentlicht werden.

§ 148 regelt seit dem 1.1.2020 die Übermittlung der Einzeldatensätze für die Bundesstatistik. Der bisherige Regelungsgegenstand – Erstattung der Fahrgeldausfälle im Nahverkehr – findet sich seit dem 1.1.2018 in § 231. 1

Die Vorschrift legt Anforderungen an die Datensätze und den Zeitpunkt von deren Übermittlung an die statistischen Landesämter durch die Eingliederungshilfeträger fest (Abs. 1). Die Zwecke, für die die Daten vom Statistischen Bundesamt oder den statistischen Landesämtern an die obersten Bundes- und Landesbehörden übermittelt werden dürfen, wird durch Abs. 2 begrenzt. Die Übermittlung erfolgt in Form von Tabellen. Abs. 3 verpflichtet die statistischen Landesämter, dem Statistischen Bundesamt Einzelangaben aus der Erhebung zu übermitteln. Die Ergebnisse der Statistik dürfen auf die einzelnen Gemeinden bezogen veröffentlicht werden. 2

Kapitel 11. Übergangs- und Schlussbestimmungen

§ 149 Übergangsregelung für ambulant Betreute

Für Personen, die Leistungen der Eingliederungshilfe für behinderte Menschen erhalten, deren Betreuung am 26. Juni 1996 durch von ihnen beschäftigte Personen oder ambulante Dienste sichergestellt wurde, gilt § 3a des Bundessozialhilfegesetzes in der am 26. Juni 1996 geltenden Fassung.

§ 149 bestimmt seit dem 1.1.2020 das bei ambulant betreuten Menschen in Altfällen anzuwendende Recht. Der davor in der Vorschrift enthaltene Regelungsgegenstand – 1

Erstattung der Ausfälle im Fernverkehr – wird seit dem 1.1.2018 in § 232 geregelt. Die Vorschrift entspricht § 130 SGB XII.

2 Am 26.6.1996 wurde im Vermittlungsausschuss beschlossen, dass der bis dahin geltende uneingeschränkte Vorrang ambulanter vor stationären Leistungen (§ 3a BSHG aF) eingeschränkt wird. Seitdem galt der Vorrang nur noch, wenn die ambulanten Leistungen nicht mit unverhältnismäßigen Mehrkosten verbunden sind. Für Menschen, die am 26.6.1996 ambulante Leistungen erhielten, wurde Bestandsschutz gewährt. Dieser Bestandsschutz wird im Sozialhilferecht in § 130 SGB XII und in der Eingliederungshilfe in § 149 fortgeführt.

3 Der Besitzstand gilt für diejenigen, die am 26.6.1996 Eingliederungshilfe für behinderte Menschen erhalten haben. Die Eingliederungshilfe musste entweder durch beschäftigte Personen im sog Pflegeassistenzmodel/Arbeitgebermodell oder durch ambulante Dienste bereits am 26.6.1996 erbracht worden sein. Ob der Besitzschutz auch dann gilt, wenn zwischenzeitliche Unterbrechungen eingetreten sind, ist str. (so Grube/Wahrendorf/Flint/Hamdorf SGB IX § 149; aA zum SGB XII Fichtner/Wenzel/Rabe, § 130 SGB XII Rn. 3). Sind die genannten Voraussetzungen erfüllt, muss die ambulante Leistung auch unter Geltung des SGB IX weiter erbracht werden, selbst wenn sie mit unverhältnismäßigen Mehrkosten verbunden ist.

§ 150 Übergangsregelung zum Einsatz des Einkommens

Abweichend von Kapitel 9 sind bei der Festsetzung von Leistungen für Leistungsberechtigte, die am 31. Dezember 2019 Leistungen nach dem Sechsten Kapitel des Zwölften Buches in der Fassung vom 31. Dezember 2019 erhalten haben und von denen ein Einsatz des Einkommens über der Einkommensgrenze gemäß § 87 des Zwölften Buches in der Fassung vom 31. Dezember 2019 gefordert wurde, die am 31. Dezember 2019 geltenden Einkommensgrenzen nach dem Elften Kapitel des Zwölften Buches in der Fassung vom 31. Dezember 2019 zugrunde zu legen, solange der nach Kapitel 9 aufzubringende Beitrag höher ist als der Einkommenseinsatz nach dem am 31. Dezember 2019 geltenden Recht.

1 § 150 bestimmt, welche Einkommensgrenze beim Einsatz von Einkommen bei Leistungsberechtigten ab dem 1.1.2020 heranzuziehen ist, wenn diese bereits vor diesem Zeitpunkt Eingliederungshilfe nach dem SGB XII erhalten haben. Der davor in der Vorschrift enthaltene Regelungsgegenstand – Verfahren der Erstattung von Fahrgeldausfällen – wird seit dem 1.1.2018 in § 233 geregelt.

2 § 150 soll sicherstellen, dass die leistungsberechtigte Person durch den Beitrag nach den §§ 135 ff. nicht höher belastet wird als nach dem SGB XII (BT-Drs. 18/9522, 306). Die Vorschrift ist bei Leistungsberechtigten anzuwenden, die am 31.12.2019 Leistungen der Eingliederungshilfe für behinderte Menschen nach den §§ 53 ff. SGB XII bezogen haben. Bei ihnen ist die am 31.12.2019 geltende Einkommensgrenze nach § 87 SGB XII weiter anzuwenden, solange der Beitrag nach den §§ 135 höher ist. Um dies festzustellen ist eine Vergleichsrechnung durchzuführen. Ab dem Zeitpunkt, ab dem der Beitrag nach den §§ 135 ff. nicht höher ist, sind diese Vorschriften anzuwenden. Bei schwankendem Einkommen gilt § 135 Abs. 2.

§ 150a[1] Übergangsregelung für Ausländerinnen und Ausländer mit Aufenthaltstitel nach § 24 des Aufenthaltsgesetzes oder mit entsprechender Fiktionsbescheinigung

§ 100 Absatz 1 findet keine Anwendung, soweit Leistungsberechtigte nach § 18 des Asylbewerberleistungsgesetzes Leistungen nach dem Asylbewerberleistungsgesetz erhalten.

Übersicht

A. Geltende Fassung; Normzweck

§ 150a wurde durch Art. 2 Nr. 3 iVm Art. 14 Abs. 1 des G zur Regelung eines Sofortzuschlages und einer Einmalzahlung in den sozialen Mindestsicherungssystemen sowie zur Änderung des Finanzausgleichsgesetzes und weitere Gesetze v. 23.5.2022 (BGBl. I S. 760) mWv 1.6.2022 in das SGB IX eingefügt. **1**

Mit § 150a soll sichergestellt werden, dass die Zuständigkeit von der für die Durchführung des AsylbLG zuständigen Behörde auf den Träger der Eingliederungshilfe erst übergeht, wenn der SGB II-Leistungsträger nach § 74 Abs. 5 S. 3 SGB II oder der Sozialhilfeträger nach § 146 Abs. 5 S. 3 SGB XII dem für die Durchführung des AsylbLG zuständigen Träger angezeigt hat, dass Leistungen bewilligt wurden (BT-Drs. 20/1768, 29 f.). **2**

B. Einzelheiten

§ 150a betrifft Personen, die folgende Voraussetzungen erfüllen: **3**
- Bezug von Leistungen nach dem AsylblG im Monat Mai 2022
- Erteilung einer Fiktionsbescheinigung nach § 81 Abs. 5 AufenthG iVm § 81 Abs. 3, 4 AufenthG nach dem 24.2.2022 und vor dem 1.6.2022 und
- Durchführung einer erkennungsdienstlichen Behandlung nach § 49 AufenthG oder § 16 AsylG oder Speicherung ihrer Daten nach § 3 AZR-Gesetz.

Weitere Voraussetzung ist, dass für die beschriebenen Personen keine Leistungen nach § 18 AsylbG gewährt werden. Dies ist dann der Fall, wenn der SGB II-Leistungsträger oder der Träger der Sozialhilfe dem für die Asylbewerberleistungen zuständigen Träger angezeigt hat, dass für die leistungsberechtigte Person Leistungen nach § 74 SGB II bzw. ein § 146 SGB XII erbracht werden. Dann endet die Leistungsberechtigung nach dem AsylbG mit Ablauf des Monats, in dem der Leistungsbezug angezeigt wurde. **4**

Für die Eingliederungshilfe bewirkt dies, dass ab dem Ende des Leistungsbezugs nach § 18 AsylbG § 100 Abs. 1 (näher hierzu → § 100 Rn. 3 ff.) nicht mehr anwendbar ist. Die Gewährung der Eingliederungshilfe für die umschriebenen Ausländerinnen und Ausländer steht damit nicht mehr im Ermessen des Trägers der Eingliederungshilfe. **5**

---

[1] § 150a eingef. mWv 1.6.2022 durch G v. 23.5.2022 (BGBl. I S. 760).

Teil 3. Besondere Regelungen zur Teilhabe schwerbehinderter Menschen (Schwerbehindertenrecht)

Kapitel 1. Geschützter Personenkreis

§ 151 Geltungsbereich

(1) Die Regelungen dieses Teils gelten für schwerbehinderte und diesen gleichgestellte behinderte Menschen.

(2) [1]Die Gleichstellung behinderter Menschen mit schwerbehinderten Menschen (§ 2 Absatz 3) erfolgt auf Grund einer Feststellung nach § 152 auf Antrag des behinderten Menschen durch die Bundesagentur für Arbeit. [2]Die Gleichstellung wird mit dem Tag des Eingangs des Antrags wirksam. [3]Sie kann befristet werden.

(3) Auf gleichgestellte behinderte Menschen werden die besonderen Regelungen für schwerbehinderte Menschen mit Ausnahme des § 208 und des Kapitels 13 angewendet.

(4) [1]Schwerbehinderten Menschen gleichgestellt sind auch behinderte Jugendliche und junge Erwachsene (§ 2 Absatz 1) während der Zeit ihrer Berufsausbildung in Betrieben und Dienststellen oder einer beruflichen Orientierung, auch wenn der Grad der Behinderung weniger als 30 beträgt oder ein Grad der Behinderung nicht festgestellt ist. [2]Der Nachweis der Behinderung wird durch eine Stellungnahme der Agentur für Arbeit oder durch einen Bescheid über Leistungen zur Teilhabe am Arbeitsleben erbracht. [3]Die Gleichstellung gilt nur für Leistungen des Integrationsamtes im Rahmen der beruflichen Orientierung und der Berufsausbildung im Sinne des § 185 Absatz 3 Nummer 2 Buchstabe c.

Übersicht

A. Textgeschichte

Teil 3 des SGB IX stimmt im Wesentlichen mit der bisherigen Regelung in § 68 ff. 1
überein, die schon dem früheren SchwbG entnommen waren. Die Vorschrift des § 151 hat ihre heutige systematische Einbindung zum 1.1.2018 durch das BTHG (BGBl. I 2016, 1824) erhalten. Inhaltlich hat sich gegenüber dem bisherigen Recht (§ 68 aF) nichts Wesentliches geändert. Eine weitere Vorgängernorm war § 2 SchwbG. Dieser galt bis zum 30.6.2001 und war weitgehend inhaltsgleich in § 68 aF übernommen worden.

B. Schwerbehinderte Menschen

2 Als Voraussetzung der Anwendung der Vorschriften von Teil 3 des SGB IX muss im Ausgangspunkt eine **Schwerbehinderung** vorliegen. § 2 Abs. 2 legt dazu fest, dass Menschen dann schwerbehindert in diesem Sinne sind, wenn bei ihnen ein Grad der Behinderung (GdB) von wenigstens 50 vorliegt und sie im Geltungsbereich dieses Gesetzbuches rechtmäßig wohnen, sich gewöhnlich aufhalten oder arbeiten (→ § 2 Rn. 21 ff.).

3 Liegen diese gesetzlichen Voraussetzungen vor, besteht die Eigenschaft als sbM **kraft Gesetzes,** ohne dass es irgendeiner besonderen Anerkennung bedarf. Die Feststellung des Grades der Behinderung oder die Vorlage eines entsprechenden Ausweises, die Anerkennung durch Behörden oder Feststellung in einem Rentenbescheid ist nach heute einhelliger Auffassung keine Voraussetzung für die Anwendung des Teils 3 mehr. Deutlich wird das auch durch die gegenteilige Regelung in § 151 Abs. 2, die eine Gleichstellung nur auf Grund einer Feststellung nach § 152 zulässt. Das Fehlen eines solchen Erfordernisses in § 2 Abs. 2 und § 151 Abs. 1 macht deutlich, dass allein die tatsächlichen im Gesetz genannten Voraussetzungen für die Eigenschaft als sbM maßgeblich sind (→ § 2 Rn. 22). Der **Feststellungsbescheid** des Versorgungsamts hat demnach keine rechtsbegründend-konstitutive, sondern lediglich **deklaratorische Wirkung** (BAG 26.4.2022 – 9 AZR 367/21, NZA 2022, 1047, Rn. 8). Praktische Konsequenzen liegen darin, dass die sbM zuerkannten Rechte ihnen auch schon für Zeiten vor Erlass des Feststellungsbescheides und grundsätzlich unabhängig von der Kenntnis des Arbeitgebers zustehen (BAG 26.4.2022 – 9 AZR 367/21, NZA 2022, 1047; näher auch BAG 30.11.2021 – 9 AZR 143/21, AP SGB IX 2018 § 208 Nr. 1 zu für den Zusatzurlaub gem. § 208 Abs. 1 S. 1).

3a Speziell für die Fragen des **Sonderkündigungsschutzes** nach § 168 und des **Präventionsverfahrens** nach § 167 stellt der 8. Senat des BAG allerdings in seiner jüngsten Rspr. – deutlich enger – darauf ab, dass im Zeitpunkt des Kündigungszugangs entweder die Schwerbehinderung festgestellt oder eine Gleichstellung erfolgt ist oder die Stellung des Antrags auf Feststellung der Eigenschaft als sbM oder auf Gleichstellung mindestens drei Wochen zurückliegt (BAG 2.6.2022 – 8 AZR 191/21, NZA 2022, 1461). Alternativ soll weiterhin genügen, dass die Eigenschaft als sbM „offensichtlich" oder „offenkundig" ist; dies setzt voraus, dass sie „unzweifelhaft für jeden besteht", was die Offensichtlichkeit eines GdB von mindestens 50 voraussetzen soll (BAG 2.6.2022 – 8 AZR 191/21, NZA 2022, 1461). Das Vorliegen einer zeitweiligen Betreuung iSv § 1896 BGB soll nicht genügen, um diese „Offensichtlichkeit" zu begründen. Entscheidend kommt es demnach auf die Kenntnis bzw. **Erkenntnismöglichkeiten des Arbeitgebers** an; es sei Sache des betroffenen Arbeitnehmers, auf diese Kenntnis hinzuwirken. Angesichts der weitreichenden kündigungsrechtlichen Folgen der §§ 167, 168 scheint diese stärkere Berücksichtigung des beim Arbeitgeber vorhandenen Wissens rechtspolitisch durchaus sachgerecht; methodisch liegt darin angesichts der skizzierten Systematik des § 151 Abs. 1 und 2 jedoch eine bedenkliche Rechtsfortbildung contra legem.

3b Behinderte Menschen mit einem Grad der Behinderung (GdB) unter 50 sind zwar durch die Richtlinie 2000/78/EG, das AGG und die **UN-Behindertenrechtskonvention (UN-BRK)** geschützt, die ihrerseits integraler Bestandteil des Unionsrechts ist. Nach der Entscheidung des EuGH in der Rs. HK Danmark (EuGH 11.4.2013 – C-335/11, C-337/11, NZA 2013, 553–559 Rn. 28 ff.) ist ua die Richtlinie 2000/78/EG möglichst im Lichte der UN-BRK auszulegen. Art. 2 Unterabs. 3 und Unterabs. 4 der UN-BRK und Art. 5 der Richtlinie 2000/78/EG verpflichten dazu, angemessene Vorkehrungen zum Schutz aller behinderten Menschen zu treffen. Daraus folgt aber kein Gebot, die spezifisch auf sbM und Gleichgestellte zugeschnittenen Schutzmaßnahmen nach §§ 151 ff. auf alle behinderten Menschen zu erstrecken (zutr. BAG 22.1.2020 – 7 ABR 18/18, NZA 2020, 783, Rn. 40 ff.).

C. Gleichstellung

Liegen die Voraussetzungen der §§ 2 Abs. 2, 151 Abs. 1 nicht vor, weil der **Grad der Behinderung** nicht wenigstens 50, sondern **wenigstens 30** beträgt, besteht die Möglichkeit der Gleichstellung mit sbM. Diese früher auch als „Minderbeschädigte" oder „Minderbehinderte" bezeichneten Personen sollen aus arbeits- und sozialpolitischen Gründen gleichgestellt werden, wenn sie sich sonst nicht auf dem Arbeitsmarkt behaupten können. Ihrer Funktion nach ist die Gleichstellung sowohl eine Hilfsmaßnahme im Rahmen der Arbeitsmarktpolitik als auch ein Mittel zum **Ausgleich von Ungerechtigkeiten** und Härten, die bei der starren Grenze des Grades der Behinderung von wenigstens 50 als Voraussetzung der kraft Gesetzes geschützten sbM unvermeidbar auftreten. 4

Die **Zuständigkeit** der Bundesagentur für Arbeit für diese Gleichstellung war früher stark umstritten (siehe dazu Neumann/Pahlen SchwbG, 9. Aufl. 1999, § 2 Rn. 4). Ursprünglich war die Gleichstellung als Fürsorgerecht und notwendiger Schlussstein zu den Fürsorgebemühungen angesehen worden, um fürsorgebedürftige Behinderte vor dem wirtschaftlichen Abgrund zu retten (BT-Drs. 492, 2 zum SchwBeschG 1953). Erst seit 1974 ist die jetzige Bundesagentur für Arbeit zuständig, weil der Gleichstellung vornehmlich **arbeitsmarktpolitische Ziele** beigemessen werden. Daraus folgt, dass über die Gleichstellung vor dem Widerspruchsausschuss bei der Bundesagentur für Arbeit und letztlich in der Sozialgerichtsbarkeit zu streiten ist. Gleichzeitig wurde aufgegeben, dass im Regelfall die Gleichstellung auf bestimmte Betriebe beschränkt werden sollte, so dass sie seither allgemein gilt, um die Flexibilität nicht einzuschränken (BT-Drs 7/656, 25). 5

Das frühere Recht kannte für die Gleichstellung noch die Einschränkung, dass dadurch der Schutz Schwerbeschädigter nicht beeinträchtigt werden dürfe. Diese Beschränkung wurde bereits 1974 aufgegeben, weil sie sich nicht bewährt hatte, da sich die Konsequenzen der Gleichstellung im Einzelfall nicht übersehen ließen (BT-Drs. 7/1515, 8). Eine Prüfung der jeweiligen Arbeitsmarktsituation im Hinblick auf einen Schutz der Beschäftigungssituation sbM ist heute nicht mehr Teil des Gleichstellungsverfahrens; vielmehr stehen die **Belange des Gleichzustellenden** im Fokus. Die Voraussetzungen der Gleichstellung sind allerdings bezogen auf die konkreten Anforderungen am Arbeitsplatz und die konkreten Einschränkungen des behinderten Menschen zu prüfen; zwischen der Behinderung und dem Gleichstellungserfordernis muss ein Ursachenzusammenhang bestehen, der nach der Theorie der wesentlichen Bedingung zu prüfen ist. Dieser ist aber nicht erst dann zu bejahen, wenn eine Kündigung bereits konkret droht oder gar ausgesprochen worden ist (so BSG 6.8.2014 – B 11 AL 16/13 R, BeckRS 2015, 72761). 6

Die Gleichstellung ist ein **begünstigender Verwaltungsakt.** Sie „soll" nach § 2 Abs. 3 erfolgen, ist also nicht in das freie Ermessen der Bundesagentur für Arbeit gestellt, sondern unterliegt **gebundenem intendiertem Ermessen.** Damit besteht in aller Regel ein **Anspruch** auf die Gleichstellung: Sie muss vorgenommen werden, wenn ihre gesetzlichen Voraussetzungen gegeben sind (hierzu BSG 2.3.2000 – B 7 AL 46/99 R, BSGE 86, 10 = SozR 3–3870 § 2 Nr. 1; 1.3.2011 – B 7 AL 6/10 R, BSGE 108, 4 = SozR 4–3250 § 2 Nr. 4; 6.8.2014 – B 11 AL 2/13 R, BSGE 116, 272 = SozR 4–3250 § 2 Nr. 6). Nur in Fällen, in denen besondere Umstände entgegenstehen, kann im Einzelfall von der Gleichstellung abgesehen werden und ist dann nach pflichtgemäßem Ermessen zu entscheiden. Dies könnte bei Arbeitsunfähigkeit oder Bezug der Altersrente gegeben sein. Das Bundessozialgericht bezeichnet dies als „atypische Fälle" (BSG 6.8.2014 – B 11 AL 2/13 R, BSGE 116, 272 Rn. 41 mit Bezug auf BSG 2.3.2000 – B 7 AL 46/99 R, BSGE 86, 10; 1.3.2011 – B 7 AL 6/10 R, BSGE 108, 4 = SozR 4–3250 § 2 Nr. 6). 7

D. Voraussetzungen der Gleichstellung

8 Für jede Gleichstellung sind **drei persönliche Voraussetzungen** erforderlich (vgl. Friedrich dbr 2008 Nr. 5 S. 28):

1. Der Gleichzustellende muss zu dem Personenkreis des § 2 Abs. 2 gehören, also im Bundesgebiet rechtmäßig wohnen, sich gewöhnlich aufhalten oder arbeiten.
2. Es muss eine Feststellung über einen hinreichenden Grad der Behinderung (mindestens 30) vorliegen.
3. Der Gleichzustellende muss ohne die Gleichstellung einen geeigneten Arbeitsplatz nicht erlangen oder diesen nicht behalten können.

9 **Zu 1.** Zur Gleichstellung zugelassen sind Personen mit einem **Grad der Behinderung** von **wenigstens 30,** die im Bundesgebiet rechtmäßig ihren Wohnsitz haben, sich gewöhnlich aufhalten oder als Grenzgänger einen Arbeitsplatz im Sinne des § 156 haben. Damit werden dieselben Voraussetzungen in § 2 Abs. 3 für die Gleichstellung genannt, die nach § 2 Abs. 2 für die Eigenschaft als sbM gefordert werden und nach deren Vorliegen die Rechte gem. Teil 3 des SGB IX bestehen. Lediglich der erforderliche Grad der Behinderung ist geringer. Damit gelten hier dieselben Ausführungen wie zu → § 2 Rn. 42 ff. Die Gleichstellung ist auch nicht auf Deutsche beschränkt, sondern gilt gleichermaßen für Deutsche, Ausländer und Staatenlose (→ § 2 Rn. 45).

10 **Zu 2.** Im Gegensatz zu der Eigenschaft des sbM, die kraft Gesetzes vorliegt und keiner besonderen Anerkennung bedarf, darf eine Gleichstellung erst vorgenommen werden, wenn der Grad der Behinderung mit wenigstens 30 festgestellt worden ist. Voraussetzung ist dabei stets eine dem **§ 152 entsprechende Feststellung.** Sie kann von der für die Durchführung des BVG bzw. – ab 1.1.2024 – SGB XIV zuständigen Behörde nach § 152 Abs. 1 durchgeführt sein oder sich aus einem Rentenbescheid oder einer anderen Bescheinigung oder Entscheidung nach § 152 Abs. 2 ergeben. Nicht notwendig ist, dass diese Feststellung bereits rechtskräftig oder sonst unanfechtbar geworden ist. Vielmehr kann die Gleichstellung auch dann schon erfolgen, wenn die Feststellung zwar vorliegt, aber noch nicht endgültig ist (→ § 2 Rn. 46).

11 **Zu 3.** Die dritte Voraussetzung für die Gleichstellung ist, dass der Gleichzustellende einen geeigneten Arbeitsplatz ohne Gleichstellung nicht erlangen oder behalten kann (BSG 6.8.2014 – B 11 AL 16/13 R, BeckRS 2014, 72761 mit Bezug auf BSG 2.3.2000 – B 7 AL 46/99 R, BSGE 86, 10; 1.3.2011 – B 7 AL 6/10 R, BSGE 108, 4). Auf die Ausführungen zu → § 2 Rn. 47 ff. wird insoweit Bezug genommen.

E. Antrag

12 Der Antrag des behinderten Menschen ist für die Gleichstellung **unabdingbare Voraussetzung;** eine Gleichstellung von Amts wegen ist nicht möglich (BayVGH 20.7.1956 – 174 VI/55, BB 1956, 926). Es gehört jedoch zu den Aufgaben und Amtspflichten der Behörden, die für die Betreuung und Beratung behinderter Menschen zuständig sind, auf die **Möglichkeit** eines Antrags auf Gleichstellung bei der Bundesagentur für Arbeit **hinzuweisen.** Das gilt nicht nur für die Integrationsämter, sondern auch für die Versorgungsverwaltung, die Bundesagentur für Arbeit selbst und für andere Ämter, etwa der Jugendhilfe. Unterbleibt ein solcher Hinweis oder eine entsprechende Anregung, können sich daraus eine Amtspflichtverletzung und das Entstehen eines sozialrechtlichen Herstellungsanspruchs ergeben (KKW/Greiner § 14 SGB I Rn. 11 ff. mwN).

13 Der Antrag kann formlos, schriftlich oder mündlich gestellt werden und ist bei der für den Wohnsitz, den dauernden Aufenthalt oder den Arbeitsort (bei Grenzgängern) zuständigen **Bundesagentur für Arbeit einzureichen.** Der Arbeitgeber ist nicht berech-

tigt, selbst einen Antrag auf Gleichstellung im eigenen Namen zu stellen (LPK-SGB IX/Dau § 151 Rn. 7). Auch die Versorgungsämter und Träger der Unfallversicherung sind zur Antragstellung nicht berechtigt. Die Gleichstellung erfolgt lediglich im Interesse des behinderten Menschen und nicht im Interesse des Arbeitgebers, Dritter oder einer Behörde. Eine Gleichstellung, die ohne Antrag von der Bundesagentur für Arbeit ausgesprochen wäre, müsste als unwirksam angesehen werden (§ 40 SGB X), soweit nicht in der Entgegennahme des Gleichstellungsbescheides durch den behinderten Menschen ein nachträgliches Einverständnis zu sehen ist. Die Schwerbehindertenvertretung ist vor der konstitutiven Entscheidung über den Antrag, dh während des laufenden Gleichstellungsverfahrens, nicht „vorsorglich" zu beteiligen, wenn der behinderte Mensch umgesetzt werden soll (zutr. BAG 22.1.2020 – 7 ABR 18/18, NZA 2020, 783).

Der Arbeitgeber kann den Antrag ebenso wie zB ein Träger der Unfallversicherung **im Namen** und **in Vollmacht des behinderten Menschen** stellen. Übernimmt es der Arbeitgeber, den Antrag zu stellen, kann aus der Verletzung dieser Verpflichtung eine Schadensersatzpflicht (§ 280 BGB) erwachsen. Nicht hingegen folgt aus dem pflichtwidrigen Unterlassen des Antrags auf Gleichstellung bereits die Anwendbarkeit des Sonderkündigungsschutzes (§ 168 SGB) für den somit nicht Gleichgestellten. In gleicher Weise kann auch der Betriebs- oder Personalrat für den Antragsteller tätig werden. Da es ein individueller Antrag des Betroffenen ist, besteht im Gleichstellungsverfahren kein Raum für eine institutionalisierte Beteiligung von Betriebs- oder Personalrat. Die inklusionsbezogenen Beteiligungsrechte (insbes. § 80 Abs. 1 Nr. 4, Abs. 2, Abs. 3 BetrVG bzw. die entsprechenden Normen des Personalvertretungsrechts, zB § 68 Abs. 1 Nr. 5, Abs. 2 BPersVG) finden erst nach positiver Bescheidung des Antrags Anwendung. Gleiches gilt für die Zuständigkeit der Schwerbehindertenvertretung gem. § 178 Abs. 1. Der Antragsteller kann allerdings, wenn er dies wünscht, Schwerbehindertenvertretung und Betriebs- bzw. Personalrat im Antragsverfahren unterstützend zu Rate ziehen. **14**

F. Zeitliche Begrenzung der Gleichstellung

Die Bundesagentur für Arbeit kann die Gleichstellung auf unbestimmte Zeit aussprechen oder sie von vornherein **zeitlich begrenzen.** Eine solche zeitliche Begrenzung wird jedoch in der Praxis nicht häufig vorkommen, da anzunehmen ist, dass die Gleichstellung allgemein auf Dauer der regelmäßig unbefristeten Beschäftigung auszusprechen ist. Früher war die jederzeitige Widerruflichkeit der Gleichstellung vorgesehen. Die bis zum 31.7.1986 geltende Mindestdauer der Gleichstellung von zwei Jahren gilt nicht mehr. Bei Vorliegen der gesetzlichen Voraussetzungen ist eine Befristung ohnehin problematisch, da der Betroffene nach Befristungsablauf sofort wieder gleichgestellt werden müsste, falls sich die persönlichen Voraussetzungen oder die Stabilität seiner Beschäftigungssituation nicht geändert haben. Ist eine Änderung prognostisch absehbar, kann sich eine Befristung anbieten, die nach den Umständen im Einzelfall auch kürzer als zwei Jahre bemessen werden kann. Bereits seit 1974 gibt es **keine örtliche Beschränkung** der Gleichstellung mehr (BR-Drs. 7/656, 25). **15**

In der amtlichen Begründung der Bundesregierung zum Gesetzentwurf 1953 (BT-Drs. 3430, 29) wurde noch die Ansicht vertreten, die Gleichstellung könne mit der Maßgabe erfolgen, dass der Gleichgestellte nur auf einen halben Pflichtarbeitsplatz angerechnet wird. Eine solche Beschränkung findet im Gesetz keine Stütze. Die Gleichstellung ergeht nur im Interesse des Behinderten und kann nicht von der Bedingung abhängig gemacht werden, dass sich ein Dritter, nämlich der Arbeitgeber, mit einer geringeren Anrechnung, als sie gesetzlich vorgeschrieben ist, zufrieden gibt. Vielmehr kann der Gleichgestellte nur auf einen vollen Arbeitsplatz oder mehr als einen Pflichtarbeitsplatz nach § 159 **16** angerechnet werden. Sonstige Bedingungen und Nebenbestimmungen richten sich nach § 32 SGB X.

17 Die Gleichstellung kann jedoch bei einem entsprechenden Antrag nur für die **bevorzugte Zulassung** zu einem zulassungsbeschränkten Beruf (§ 212) erteilt werden. Diese Art der Beschränkung der Gleichstellung behinderter Menschen erscheint zulässig, da sie in den persönlichen Verhältnissen des Behinderten begründet ist (BGH 15.2.1971 – NotZ 4/70, BGHZ 55, 324; aA BVerwG 16.12.1959 – V C 138.57, AP SchwBeschG § 2 Nr. 5; dagegen aber zutr. Anm. Küchenhoff in AP SchwBeschG § 2 Nr. 5). Durch den Wegfall der Beschränkungen der Zulassung von Ärzten und Zahnärzten zur Kassenpraxis (BVerfG 23.3.1960 – 1 BvR 216/51, AP GG Art. 12 Nr. 18; 8.2.1961 – 1 BvL 10/60, 1 BvR 289/60, 1 BvR 348/60, AP GG Art. 12 Nr. 21) hat diese Gleichstellung für Kassenärzte nicht mehr die frühere Bedeutung, die jedoch für andere Berufe noch bestehen kann, → § 212 Rn. 2 ff.

G. Wirkung der Gleichstellung

18 Durch die Gleichstellung fällt der Behinderte grds. **in vollem Umfang** unter die Bestimmungen des Teils 3 und genießt den gleichen Schutz wie ein sbM. Die Gleichgestellten werden dem Arbeitgeber auf das Einstellungssoll nach § 154 angerechnet. Die Gleichgestellten sind wählbar und wahlberechtigt zur Schwerbehindertenvertretung (§ 177), sie genießen den Kündigungsschutz der sbM nach §§ 168 ff. Eine vor der Gleichstellung ausgesprochene Kündigung wird unwirksam, wenn vorher der Antrag gestellt worden ist, da die Gleichstellung dann auf diesen Zeitpunkt zurückwirkt und damit der Kündigungsschutz rückwirkend eingreift. Der Arbeitgeber ist verpflichtet, Gleichgestellte wie die sbM kraft Gesetzes bevorzugt einzustellen und zu beschäftigen (§ 164) und ihren Arbeitsplatz mit technischen Hilfsmitteln zu versehen. Allein ausgenommen von der Gleichstellung ist der Zusatzurlaub nach § 208 und das Kap. 13 über die unentgeltliche Beförderung, so dass den gleichgestellten Minderbeschädigten der Zusatzurlaub von einer Arbeitswoche nicht zusteht und sie auch keinen Anspruch auf kostenlose Beförderung im Nah- oder Fernverkehr für sich bzw. für Begleitpersonen haben. Auch sind Gleichgestellte bevorzugt als Beamte und Richter einzustellen und zu beschäftigen (§ 211). Ebenso ist die Zulassung zur Ausübung einer zulassungsbedürftigen unabhängigen Tätigkeit bevorzugt zu erteilen (§ 212).

19 Bestimmte Vergünstigungen, die in anderen Gesetzen, Tarifverträgen oder Betriebsvereinbarungen vorgesehen sind, kommen den Gleichgestellten grds. auch zu. Die Gleichgestellten sind kraft Verwaltungsaktes sbM geworden und genießen daher alle Rechte, die für sbM vorgesehen sind, wenn die jeweilige Regelung nicht ausdrücklich etwas anderes bestimmt. Im Bereich des Tarifvertragsrechts sind gleichfalls unter sbM auch die Gleichgestellten zu verstehen, wenn die Parteien nicht etwas anderes vereinbart haben. Ein tariflicher Ausschluss der Gleichgestellten von besonderen Vergünstigungen dergestalt, dass diese ausdrücklich nur auf die sbM kraft Gesetzes beschränkt werden, ist jedoch – in den Grenzen der Bindung an Art. 3 Abs. 1 GG (exemplarisch zuletzt BAG 21.3.2018 – 5 AZR 862/16, BAGE 162, 144; 21.3.2018 – 10 AZR 34/17, NZA 2019, 622; 26.4.2017 – 10 AZR 856/15, NZA-RR 2017, 478; vgl. auch Preis/Greiner, Kollektives ArbR, Rn. 959 ff.) möglich.

20 Die Gleichstellung ist ein **konstitutiver Verwaltungsakt.** Sie begründet den Schutz für den Behinderten erst durch den Verwaltungsakt im Unterschied zu den kraft Gesetzes geschützten Personen, bei denen durch die Anerkennung ein ex lege bestehender Rechtsschutz nur festgestellt wird (so auch BAG 22.1.2020 – 7 ABR 18/18, NZA 2020, 783, Rn. 27 mwN). Die Gleichstellung tritt mit dem Tage des Eingangs des Antrags, also rückwirkend, in Kraft. Dieser Tag ist im Gleichstellungsbescheid anzugeben. Auf das

Datum der Bestandskraft kommt es nicht an. Solange über den Antrag noch nicht entschieden ist, entfaltet die Gleichstellung (trotz ihrer späteren Rückwirkung) jedenfalls noch keine kollektivrechtlichen Wirkungen, sodass zB eine Umsetzung ohne Beteiligung der Schwerbehindertenvertretung (§ 178 Abs. 2) vollzogen werden kann oder eine Wahl der Schwerbehindertenvertretung ohne Beteiligung des Antragstellers durchzuführen ist (BAG 22.1.2020 – 7 ABR 18/18, NZA 2020, 783, Rn. 27 ff.). Wird eine Gleichstellung zunächst abgelehnt und erst im nachfolgenden Widerspruchsverfahren (§ 78 SGG) oder sozialgerichtlichen Verfahren erstmalig erteilt, wirkt sie konstitutiv ebenfalls auf den Tag des Antrags zurück, weil das vom Gesetz ausdrücklich so vorgesehen ist und damit für jede Gleichstellung gilt. Die **Mitteilung an den Arbeitgeber** bei in einem Beschäftigungsverhältnis stehenden Antragstellern bedarf nach Art. 6 Abs. 1 lit. a DS-GVO seiner Einwilligung, die nicht ohne weiteres in der Antragstellung enthalten ist. Im Zweifel sollte von der Übermittlung an den Arbeitgeber abgesehen werden und es Sache des Antragstellers sein, den Umstand der erfolgten Gleichstellung dem Arbeitgeber mitzuteilen.

Die Bundesagentur für Arbeit darf die Gleichstellung nicht mit rückwirkender Kraft 21 über den Tag des Eingangs des Antrags hinaus aussprechen, da der Akt der Gleichstellung wegen seiner rechtsbegründenden Natur **keine weitere Rückwirkung** haben kann als das G bestimmt. Auch eine im Widerspruchsverfahren erst ausgesprochene Gleichstellung mit weitergehend rückwirkender Kraft über den Antragseingang hinaus wäre rechtswidrig (BVerwG 13.1.1971 – V C 469, BVerwGE 37, 79). Eine wirksam ausgesprochene Kündigung wird deshalb nur dann zustimmungsbedürftig und damit unwirksam, wenn der Antrag auf Gleichstellung vor Zugang der Kündigung schon gestellt worden war und die Gleichstellung danach ausgesprochen wird. Trotz der Rückwirkung der Gleichstellung soll die Wahlberechtigung nach § 177 erst von dem Ausspruch der Gleichstellung an erwachsen, weil bis dahin nur eine Chance auf Gleichstellung besteht (BayVGH 1.7.1987 – 18 C 87.00852, ZBR 1988, 138) und die Rückwirkung nicht die Legitimation der gewählten Schwerbehindertenvertretung tangieren soll.

H. Widerruf der Gleichstellung

Die Gleichstellung war früher grds. ohne zeitliche Begrenzung frei widerrufbar und 22 sollte frühestens nach Ablauf von zwei Jahren widerrufen werden können. 1986 wurde dann der Widerruf der Gleichstellung den allgemeinen Regeln des § 47 SGB X angepasst: Der Widerruf ist nunmehr nach § 199 Abs. 2 zulässig, wenn die Voraussetzungen weggefallen sind. Er wird erst zum Ende des dritten Monats nach Unanfechtbarkeit des Widerrufsbescheides wirksam (vgl. § 199).

I. Beschwerde und Rechtsweg gegen die Entscheidung

Gegen alle Entscheidungen der Bundesagentur für Arbeit, die die Gleichstellung betref- 23 fen, ist nach § 201 binnen eines Monats **Widerspruch** an den **Widerspruchsausschuss** bei der Bundesagentur für Arbeit (§ 203) möglich. Ein Arbeitgeber kann eine Gleichstellung und die Versagung der Gleichstellung nicht anfechten, wie ihm auch kein Antragsrecht zusteht (→ Rn. 13; BSG 19.12.2001 – B 11 AL 57/01 R, AP SchwbG 1986 § 2 Nr. 1): Die Gleichstellung selbst begründet gegenüber jedermann Wirkung, dem gegenüber der Behinderte Rechte geltend machen kann, sodass eine spezielle Anfechtungsbefugnis des Arbeitgebers ausscheidet (BSG 22.10.1986 – 9a RVs 55/85, SozR 3–3870 § 2 SchwbG Nr. 2; 19.12.2001 – B 11 AL 57/01 R, AP SchwbG 1986 § 2 Nr. 1; LPK-SGB IX/Dau

§ 151 Rn. 17). Anderes gilt, wenn infolge der Gleichstellung eine konkrete eigene Rechtsposition des Arbeitgebers entstanden ist, insbes. also beim Widerruf einer Gleichstellung, weil damit die Anrechnung auf den Pflichtplatz entfällt und der Arbeitgeber ggf. Ausgleichsabgabe zahlen müsste. Er wird insofern in einem ihm infolge der Gleichstellung gewährten Recht betroffen. In diesen Fällen kann eine **ungerechtfertigte Belastung** des Arbeitgebers vorliegen, die ihm selbst ein Widerspruchsrecht mit der Möglichkeit einer späteren Klage vor den Sozialgerichten gibt.

24 Die Entscheidung der Bundesagentur für Arbeit oder des Widerspruchsausschusses ist **bindend** und **entfaltete Tatbestandswirkung** (vgl. § 77 SGG). Bei Versagung ist daher auch eine auf Gleichstellung gerichtete Klage zulässig. Die Klage ist beim **Sozialgericht** binnen eines Monats zu erheben (§ 87 SGG). Bei der Nachprüfung der Entscheidung der Arbeitsagentur ist die Frage, ob der Antragsteller ohne Gleichstellung einen geeigneten Arbeitsplatz erlangen oder behalten kann, als Tat- und Rechtsfrage uneingeschränkt nachzuprüfen. Dasselbe gilt für die Frage, ob eine Feststellung der Behinderung bzw. ihres Grades (§ 152) als Voraussetzung für eine Gleichstellung vorliegt. Die Klage ist darüber hinaus begründet, wenn entweder das Versagen der Gleichstellung, ihre einschränkende Erteilung oder ihr Widerruf wegen Verstoßes gegen wesentliche Bestimmungen des Gesetzes **rechtswidrig** war oder wenn die Bundesagentur für Arbeit ihr gebundenes (→ Rn. 7) **Ermessen fehlerhaft** ausgeübt hat (insbes. durch Ermessensüberschreitung, -nicht- oder -fehlgebrauch). Die Sollvorschrift des § 2 Abs. 3 gibt dem Sozialgericht die Möglichkeit, selbst an Stelle der Arbeitsagentur zu entscheiden, wenn keine sachlichen Gründe gegen die Gleichstellung vorliegen, da insoweit ein Anspruch auf Gleichstellung besteht.

J. Behinderte Jugendliche in Berufsausbildung

25 Das Gesetz zur Förderung der Ausbildung und Beschäftigung schwerbehinderter Menschen v. 23.4.2004 (BGBl. I 606) fügte mWv 1.5.2004 Abs. 4 hinzu, der mehrfach angepasst und zuletzt um die berufliche Orientierung ergänzt wurde. Diese Gleichstellung ergibt sich von Gesetzes wegen **automatisch** bei **Vorliegen der Voraussetzungen,** ohne dass ein Antrag gestellt werden muss oder eine Feststellung erfolgt. Zweck dieser Vorschrift ist allein, eine Voraussetzung dafür zu schaffen, dass dem Arbeitgeber für die davon betroffenen Personen Leistungen nach § 185 Abs. 3 Nr. 2 lit. c gewährt werden können, also Prämien und Zuschüsse zu den Kosten der Berufsausbildung durch das Integrationsamt als Geldleistungen (BT-Drs. 15/1783, 13; Cramer NZA 2004, 699). Obwohl damit die Mittel der Ausgleichsabgabe nicht nur für sbM und Gleichgestellte, sondern auch für geringer Behinderte verwendet werden können, ist diese Konsequenz vor allem zur Behebung von Ausbildungsschwierigkeiten und der Eingliederung in das Arbeitsleben sowie zur Vermeidung späterer Verschlimmerung bei der Teilhabe auch nach der Rspr. des BVerfG (BVerfG 26.5.1981 – 1 BvL 56/78, 1 BvL 57/78, 1 BvL 58/78, AP SchwbG § 4 Nr. 1; 1.10.2004 – 1 BvR 2221/03, AP SGB IX § 72 Nr. 1) nicht unverhältnismäßig (aber problematisch nach Cramer NZA 2004, 699). Insbes. arbeitsrechtliche Wirkungen sind mit dieser Spielart der Gleichstellung hingegen nicht verbunden.

26 Die Leistungen können erbracht werden zu den **Kosten der Ausbildung** Jugendlicher und junger Erwachsener, die behindert iSv § 2 Abs. 1 sind, also länger als 6 Monate vom für das Lebensalter typischen Zustand abweichen oder davon bedroht sind. Das gilt auch für einen GdB unter 30 und bei fehlenden Feststellungen. Als Nachweis genügt die Gewährung von Leistungen zur Teilhabe am Arbeitsleben nach § 4 oder eine bloße entsprechende Stellungnahme der Bundesagentur für Arbeit gegenüber dem Integrationsamt. **Zeitlich** sind die Leistungen auf die Dauer der Berufsausbildung **begrenzt,** worunter jede Art der Ausbildung zu verstehen ist; es muss sich nicht um einen gesetzlich geregelten Ausbildungsberuf handeln, auch für andere Vertragsverhältnisse gilt das Berufsausbildungsrecht nach § 26 BBiG. Da das G ausdrücklich junge Erwachsene einbezieht, fallen hierunter auch Praktikanten und Anlernverhältnisse (Leinemann/Taubert BBiG § 26 Rn. 8 f., 24).

Die Mittel können nach § 160 Abs. 5 nur erbracht werden, wenn sie von anderer Seite, also auch von der Bundesagentur für Arbeit oder anderen Rehabilitationsträgern, **nicht zu erbringen** sind. Es gilt § 18 Abs. 2 Nr. 1 SchwbAV, wonach die Teilhabe auf besondere Schwierigkeiten stoßen muss und durch die Leistungen ermöglicht, erleichtert oder gesichert wird (Cramer NZA 2004, 699). 27

§ 152 Feststellung der Behinderung, Ausweise

(1) [1] Auf Antrag des behinderten Menschen stellen die für die Durchführung des Vierzehnten Buches zuständigen Behörden das Vorliegen einer Behinderung und den Grad der Behinderung zum Zeitpunkt der Antragstellung fest. [2] Auf Antrag kann festgestellt werden, dass ein Grad der Behinderung oder gesundheitliche Merkmale bereits zu einem früheren Zeitpunkt vorgelegen haben, wenn dafür ein besonderes Interesse glaubhaft gemacht wird. [3] Beantragt eine erwerbstätige Person die Feststellung der Eigenschaft als schwerbehinderter Mensch (§ 2 Absatz 2), gelten die in § 14 Absatz 2 Satz 2 und 3 sowie § 17 Absatz 1 Satz 1 und Absatz 2 Satz 1 genannten Fristen sowie § 60 Absatz 1 des Ersten Buches entsprechend. [4] Die Auswirkungen auf die Teilhabe am Leben in der Gesellschaft werden als Grad der Behinderung nach Zehnergraden abgestuft festgestellt. [5] Eine Feststellung ist nur zu treffen, wenn ein Grad der Behinderung von wenigstens 20 vorliegt. [6] Durch Landesrecht kann die Zuständigkeit abweichend von Satz 1 geregelt werden.

(2) [1] Feststellungen nach Absatz 1 sind nicht zu treffen, wenn eine Feststellung über das Vorliegen einer Behinderung und den Grad einer auf ihr beruhenden Erwerbsminderung schon in einem Rentenbescheid, einer entsprechenden Verwaltungs- oder Gerichtsentscheidung oder einer vorläufigen Bescheinigung der für diese Entscheidungen zuständigen Dienststellen getroffen worden ist, es sei denn, dass der behinderte Mensch ein Interesse an anderweitiger Feststellung nach Absatz 1 glaubhaft macht. [2] Eine Feststellung nach Satz 1 gilt zugleich als Feststellung des Grades der Behinderung.

(3) [1] Liegen mehrere Beeinträchtigungen der Teilhabe am Leben in der Gesellschaft vor, so wird der Grad der Behinderung nach den Auswirkungen der Beeinträchtigungen in ihrer Gesamtheit unter Berücksichtigung ihrer wechselseitigen Beziehungen festgestellt. [2] Für diese Entscheidung gilt Absatz 1, es sei denn, dass in einer Entscheidung nach Absatz 2 eine Gesamtbeurteilung bereits getroffen worden ist.

(4) Sind neben dem Vorliegen der Behinderung weitere gesundheitliche Merkmale Voraussetzung für die Inanspruchnahme von Nachteilsausgleichen, so treffen die zuständigen Behörden die erforderlichen Feststellungen im Verfahren nach Absatz 1.

(5) [1] Auf Antrag des behinderten Menschen stellen die zuständigen Behörden auf Grund einer Feststellung der Behinderung einen Ausweis über die Eigenschaft als schwerbehinderter Mensch, den Grad der Behinderung sowie im Falle des Absatzes 4 über weitere gesundheitliche Merkmale aus. [2] Der Ausweis dient dem Nachweis für die Inanspruchnahme von Leistungen und sonstigen Hilfen, die schwerbehinderten Menschen nach diesem Teil oder nach anderen Vorschriften zustehen. [3] Die Gültigkeitsdauer des Ausweises soll befristet werden. [4] Er wird eingezogen, sobald der gesetzliche Schutz schwerbehinderter Menschen erloschen ist. [5] Der Ausweis wird berichtigt, sobald eine Neufeststellung unanfechtbar geworden ist.

Übersicht

A. Textgeschichte

1 Die Vorschrift des § 152 hat ihre heutige systematische Einbindung zum 1.1.2018 durch das BTHG (BGBl. I 2016, 1824) erhalten. Weder am Inhalt noch an dem Verfahren hat sich gegenüber dem bisherigen Recht (§ 69 aF) Wesentliches geändert. Eine weitere Vorgängernorm war 4 Abs. 1–4 SchwbG. Die Zuständigkeit der Sozialgerichtsbarkeit (früher § 4 Abs. 6 SchwbG) ergibt sich heute aus § 51 Abs. 1 Nr. 7 SGG. Das Gesetz zur Regelung des Sozialen Entschädigungsrechts v. 12.12.2019 (BGBl. I 2652) führt dazu, dass die in Bezug genommenen Verfahrensregelungen des Bundesversorgungsgesetzes und Kriegsopferversorgungsgesetz mWv 1.1.2024 entfallen bzw. im SGB XIV aufgehen. Korrespondierend erfolgt die Regelung von Verwaltungsverfahren und Behördenzuständigkeit im Rahmen von Abs. 1 ab diesem Zeitpunkt nach Landesrecht.

B. Normzweck

2 § 152 legt als Zentralnorm des Schwerbehindertenrechts das Verfahren fest, mit dem die Behinderung und vor allem die Schwerbehinderung bestimmt, festgelegt und nachgewiesen werden soll. Insbes. ist sie auch Ausgangspunkt für die Feststellung des Grades der Behinderung (GdB). Inhaltlich enthält sie selbst allerdings insofern keine Regelungen, sondern verweist über die Verordnungsermächtigung des § 153 auf hierzu erlassene Rechtsverordnungen bzw. – solange diese nicht speziell für das SGB IX erlassen sind – über § 241 Abs. 5 (§ 159 Abs. 7 aF) auf das Opferentschädigungsrecht (BVG bzw. SGB XIV) und die hierzu erlassene Versorgungsmedizinverordnung (VersMedV) v. 10.12.2008 (BGBl. I 2412), zuletzt idF v. 6.6.2023 (BGBl. I Nr. 146).

C. Feststellung des Grades der Behinderung

I. Grad der Schädigungsfolgen (GdS) und Grad der Behinderung (GdB)

3 Als Grundlage der Feststellung des Grades der Behinderung gilt seit 1.1.2009 die zu § 30 BVG erlassene Versorgungsmedizinverordnung (**VersMedV**, bereits → Rn. 2), zu deren § 2 die **Anlage „Versorgungsmedizinische Grundsätze“** erlassen ist, die auf der Grundlage des aktuellen Stands der medizinischen Wissenschaft unter Anwendung der Grundsätze der evidenzbasierten Medizin erstellt und fortentwickelt wird. Sie enthält in ihrem **Teil A** allgemeine Regelungen, insbes. Begriffsdefinitionen, in **Teil B** umfangreiche

Tabellen zur Frage, bei welcher Gesundheitsstörung welcher Grad der Schädigungsfolgen (GdS) anzuerkennen ist – einer originär im Kontext des sozialen Entschädigungsrechts (§ 30 Abs. 1 BVG, ab 2024: § 5 SGB XIV) relevanten Begrifflichkeit, die dort die Minderung der Erwerbstätigkeit (MdE) begrifflich ablöst –, in **Teil C** Grundsätze der Begutachtung im sozialen Entschädigungsrecht, v. a. zu Kausalitätsfragen, die im Kontext des SGB IX keine unmittelbare Relevanz aufweisen, und in **Teil D** schließlich Regelungen zur Zuerkennung der Merkzeichen G, B und GI bei der Erstellung eines Schwerbehindertenausweises (→ Rn. 33 ff.).

Der GdS und der für das SGB IX maßgebliche Begriff des Grades der Behinderung (GdB) werden gem. Ziff. 2a Anl. A VersMedV nach gleichen Grundsätzen bemessen. Sie unterscheiden sich – entsprechend der unterschiedlichen Zwecksetzung von sozialem Entschädigungsrecht (BVG, ab 2024: SGB XIV) und Schwerbehindertenrecht – lediglich insofern, als beim GdB kein schädigendes Ereignis Anknüpfungspunkt und Beurteilungsmaßstab bilden kann, sondern allein die Gesundheitsbeeinträchtigung als solche betrachtet wird. Im Unterschied zum GdS handelt es sich beim GdB somit um einen finalen Begriff, für den Störungskausalitäten unerheblich sind. Maßstab für beide Begriffe sind die Auswirkungen von Funktionsbeeinträchtigungen **in allen Lebensbereichen,** nicht nur die Einschränkungen im allgemeinen Erwerbsleben, sodass keine strenge Korrelation zwischen GdS/GdB und (beruflicher) Leistungsfähigkeit besteht. Schon daraus folgt, dass die ausgeübte oder angestrebte berufliche Tätigkeit des Betroffenen nicht maßstabbildend für die Zuerkennung des GdS/GdB ist. Relevant sind alle körperlichen, geistigen, seelischen und sozialen Auswirkungen einer Funktionsbeeinträchtigung aufgrund des zu beurteilenden Gesundheitsschadens (Ziff. 2a Anl. A VersMedV). 4

Immer ist das Vorliegen einer „Regelwidrigkeit gegenüber dem für das Lebensalter typischen Zustand“ (Ziff. 2c Anl. A VersMedV) Voraussetzung für die Zuerkennung eines GdS/GdB, was insbesondere bei Kindern und alten Menschen voraussetzt, dass „regelhaft“ altersbedingte, dh alterstypische, physiologische Defizite keine Berücksichtigung finden. Relevanz haben dagegen Gesundheitsstörungen, die **nicht regelmäßig alterstypisch** sind – und zwar selbst dann, wenn – insbes. bei sog. „Alterskrankheiten“ (wie zB dem Grauen Star) – eine statistische Korrelation zwischen (höherem) Lebensalter und Krankheitswahrscheinlichkeit besteht (Ziff. 2c Anl. A VersMedV). 5

Vor Inkrafttreten der VersMedV beinhalteten die – mit der Rechtsqualität „antizipierter Sachverständigengutachten“ (BSG 18.9.2003 – B 9 SB 3/02 R, SozR 4–3250 § 69 Nr. 2; 24.4.2008– B 9/9a SB 10/06 R, SozR 4–3250 § 69 Nr. 9) geltenden – „Anhaltspunkte für die ärztliche Gutachtertätigkeit im sozialen Entschädigungsrecht nach dem Schwerbehindertenrecht (Teil 2 SGB IX)“ vergleichbare Regelungen. Diese haben seit Inkrafttreten der VersMedV keine rechtliche Bedeutung mehr. Seit 2015 existiert eine Ermächtigungsgrundlage für den Erlass einer derartigen Rechtsverordnung, die sich heute in § 153 Abs. 2 findet (von 2015–2018: § 70 Abs. 2 aF). Bis zu einer darauf gestützten Aktualisierung oder Ersetzung der VersMedV bleibt die auf Grundlage des BVG erlassene Verordnung aber gem. § 241 Abs. 5 (§ 159 Abs. 7 aF) **übergangsweise anwendbar.** Bei ihrer Anwendung ist zu beachten, dass es sich – anders als bei den zuvor geltenden „Anhaltspunkten“ – um verbindliches Recht handelt, jedoch nur, soweit die VersMedV im **Einklang mit höherrangigem Recht** steht. Die VersMedV nebst Anlage ist daher nach pragmatischer, allerdings dogmatisch nicht überzeugender (→ § 153 Rn. 5) Auffassung des BSG fachgerichtlich im Lichte der rechtlichen Vorgaben des § 152 (§ 69 aF) sowie des GG auszulegen und bei Verstößen dagegen nicht anzuwenden (so BSG 23.4.2009 – B 9 SB 3/08 R, Rn. 27 ff., SozialVerw 2009, 59; vgl. für Rechtsverordnungen allg. BVerfGE 1, 184, 189 ff., 201; krit. Dau jurisPR-SozR 10/2016 Anm. 5). 6

II. Inhalt der Entscheidung

7 Der **Grad der Behinderung** (GdB) darf nicht mit dem Begriff der Arbeitsunfähigkeit (zB iSd Entgeltfortzahlung oder Krankenversicherung) und auch nicht mit dem Begriff der Erwerbsunfähigkeit iSd § 43 SGB VI verwechselt werden (Schmitt, Entgeltfortzahlungsgesetz und Aufwendungsausgleichsgesetz, 7. Aufl. 2012, EFZG § 3 Rn. 42 ff.; Hauck/Noftz/Haines/Kamprad, SGB VI: Gesetzliche Rentenversicherung, 2017, SGB VI § 43 Rn. 16 ff.; Lueg/v. Maydell/Ruland, Gemeinschaftskommentar zum Sozialgesetzbuch – gesetzliche Rentenversicherung, 2017, SGB VI § 43 Rn. 106 ff.). Krankheit ist für sich genommen keine Behinderung, es sei denn, sie führt zu lang andauernden physischen, geistigen oder psychischen Beeinträchtigungen (EuGH 11.7.2006 – C 13/05, AP Richtlinie 2000/78/EG Nr. 3 Rn. 39 f. – Chacon Navas; 11.4.2013 – C-335/11, C-337/11, AP Richtlinie 2000/78/EG Nr. 28 Rn. 41 f. – HK Danmark; 1.12.2016 – C-395/15, EuZW 2017, 263 Rn. 42 f. – Daouidi; 18.1.2018 – C-270/16 – Conejero, NZA 2018, 159 (Adipositas); BAG 22.10.2009 – 8 AZR 642/08, NZA 2010, 280). Zu den „Wirrungen des EuGH“ vgl. Bechtolf ZESAR 2018, 118; Schaumburg/Seidel SGb 2017, 572, 618; Welti ZESAR 2017, 511. Begriffliche Nähe besteht dagegen zum Grad der Erwerbsminderung iSd § 43 SGB VI (→ Rn. 29 f.).

8 Nach § 152 Abs. 1 S. 5 sind die Funktionsbeeinträchtigungen in **Zehnergraden** abgestuft festzustellen. Der geringste Ansatzpunkt ist damit 10, der höchste 100. Vielfach werden allerdings in Teil B der Anlage zu § 2 VersMedV Von-bis-Werte angegeben; innerhalb dieser Spanne ist zunächst symptom- bzw. einschränkungsbezogen der jeweilige Einzel-GdB zu ermitteln, der regelmäßig ein **physiologisches Funktionssystem** (dh „Gehirn einschließlich Psyche“, Augen, Ohren, Atmung, Herz-Kreislauf, Verdauung, Harnorgane, Geschlechtsapparat, Haut, Blut einschließlich blutbildendes Gewebe und Immunsystem, innere Sekretion und Stoffwechsel, Arme, Beine, Rumpf, so Ziff. 2e Anl. A VersMedV) zusammenfassend beurteilt.

9 Die Tabellenwerte in Teil B Anl. VersMedV sind aus einer Vielzahl von Anwendungsfällen evidenzbasiert abgeleitete „Anhaltswerte“, dh alters- und trainingsunabhängige Mittelwerte, die eine einzelfallbezogene Gesamtbetrachtung nicht entbehrlich machen (vgl. Ziff. 2d Anl. A VersMedV, Ziff. 1a Anl. B VersMedV). Bei dieser sind alle die Teilhabe beeinträchtigenden körperlichen, geistigen und seelischen Störungen im Einzelfall zu berücksichtigen. Fehlt es an einem Tabellenwert, ist eine **Analogie** zu vergleichbaren, in der Tabelle aufgeführten Gesundheitsstörungen geboten (Ziff. 1b Anl. B VersMedV).

10 In zeitlicher Hinsicht gilt zum einen, dass ein Einzel-GdB nur dann festzustellen ist, wenn eine „nicht nur vorübergehende“ Gesundheitsstörung vorliegt, die einen Zeitraum von **sechs Monaten** (prognostisch) überschreitet (Ziff. 2f Anl. A VersMedV), was insbes. bei feststellbar abklingenden Gesundheitsstörungen fraglich wird. Nicht notwendig ist jedoch, dass der Zustand schon mehr als sechs Monate besteht; vielmehr ist darauf abzustellen, ob die Dauer **prognostisch** sechs Monate überschreitet (BSG 12.4.2000 – B 9 SB 3/99 R, SozR 3–3870 § 3 Nr. 9). Schwankungen im Gesundheitszustand können durch Bildung eines Durchschnittswerts berücksichtigt werden (Ziff. 2f Anl. A VersMedV). Erst in Zukunft zu erwartende Gesundheitsstörungen sind beim GdB nicht zu berücksichtigen (Ziff. 2h Anl. A VersMedV). Bei der Ermittlung des Einzel-GdB sind auch Begleitstörungen wie Schmerzen und psychische Belastungen zu berücksichtigen (Ziff. 2i, 2j Anl. A VersMedV). Aus dem Prognosecharakter folgt auch, dass vor Zuerkennung eines GdB im Falle der Transplantation innerer Organe oder bei der Behandlung bestimmter Krankheiten (bei denen dies in der Tabelle einzeln angegeben ist) eine sog. „Heilungsbewährung“ abzuwarten ist (Ziff. 1c Anl. B VersMedV). Die Heilungsbewährung dauert nach Teil B Ziff. 1c S. 4 „in der Regel fünf Jahre“. Es kann demnach im Einzelfall auch kürzere Fristen, bspw. zwei Jahre, geben (LSG BW 21.2.2019 – L 6 SB

2892/18, BeckRS 2019, 2920, Rn. 33) und in atypischen Einzelfällen auch längere Fristen (aA LSG BW 21.2.2019 – L 6 SB 2892/18, BeckRS 2019, 2920, Rn. 33).

Bei Beeinträchtigungen mehrerer dieser Funktionsbereiche ist aus den Einzel-GdB sodann ein Gesamt-GdB zu bilden, wobei die einzelnen Werte **nicht addiert** werden dürfen (Ziff. 3a Anl. A VersMedV). Vielmehr ist in der Regel von der Funktionsbeeinträchtigung auszugehen, die den höchsten Einzel-GdB bedingt, und dann im Hinblick auf alle weiteren Funktionsbeeinträchtigungen zu prüfen, ob und inwieweit hierdurch das Ausmaß der Behinderung größer wird, ob also wegen der weiteren Funktionsbeeinträchtigungen dem ersten GdB 10 oder 20 oder mehr Punkte hinzuzufügen sind, um der Behinderung insgesamt gerecht zu werden (Ziff. 3c Anl. A VersMedV). Die Gesamtbetrachtung kann keine Geringerbewertung des GdB rechtfertigen (vgl. BSG 5.7.2007 – B 9/9a SB 12/06 R, SozR 4–3250 § 69 Nr. 4; 17.4.2013 – B 9 SB 6/12 R, BeckRS 2013, 69833; 16.12.2014-B 9 SB 2/13 R, BeckRS 2015, 68294; 6.10.2015-B 9 SB 46/15 B, BeckRS 2015, 72832; LPK-SGB IX/Dau § 152 Rn. 25, 31). Es geht – insbes. unter Berücksichtigung der in Ziff. 3d Anl. A VersMedV genannten Wertungsgesichtspunkte – um sozialmedizinische Bewertung, nicht um Berechnung. Als GdB ist somit stets der **Gesamtzustand** maßgeblich; einzelne Beeinträchtigungen mit Mindestangaben sind dabei nur Bewertungsfaktoren für die Einschätzung der Gesamtbeeinträchtigung (BSG 10.9.1997 – 9 RVs 15/96, SozR 3–3870 § 3 Nr. 7; 5.7.2007 – B 9/9a SB 12/06 R, SozR 4–3250 § 69 Nr. 4; 17.4.2013 – B 9 SB 6/12 R, BSGRegNr. 30795). Leitend bei der Bildung eines Gesamt-GdB kann nach Rechtsprechung des BSG ein Vergleich zu den Teilhabebeeinträchtigungen durch andere Behinderungen sein, für welche im Tabellenteil der Anlage zu § 2 VersMedV ein Wert von 50 fest vorgegeben ist. Zu prüfen ist dann, ob der Betroffene in ähnlich gravierender Weise in der Lebensführung eingeschränkt ist, wie im Tabellenteil benannte Gruppen (vgl. BSG 4.11.2021 – B 9 SB 76/20 B, NJW 2022, 1639; 16.12.2014 – B 9 SB 2/13 R, SozR 4–3250 § 69 Nr. 18). 11

Ist infolge der Gesamtbetrachtung ein GdB festgestellt, fehlt es für die Feststellung eines Einzelgrades einer der Behinderungen am erforderlichen Rechtsschutzbedürfnis (BSG 3.2.1988 – 9/9a RVs 18/86, SozR 3870 § 4 Nr. 1; 5.5.1993 – 9/9a RVs 2/92, SozR 3870 § 4 Nr. 5). Ein Feststellungsinteresse kann aber auch dann noch bestehen, wenn schon eine Behinderung mit dem Grad 100 festgestellt ist, um zusätzliche Vergünstigungen zu erreichen (insbes. die Merkmale Gl, H oder B, → Rn. 33 ff., hierzu BSG 3.2.1988 – 9/9a RVs 18/86, SozR 3870 § 4 Nr. 1). Die Auswirkungen geringfügiger, nur mit 10 bewerteter Schädigungsfolgen soll im Rahmen der Gesamtbetrachtung zur Ermittlung des GdB nur **ausnahmsweise** zu berücksichtigen sein und nicht, wenn die Funktionsstörungen in verschiedenen Lebensbereichen liegen (BSG 13.12.2000 – B 9 V 8/00 R, SozR 3–3870 § 4 Nr. 28; 18.9.2003 – B 9 SB 3/02 R, SozR 4–3250 § 69 Nr. 2; LSG BE-BB 18.2.2010 – L 11 SB 240/08, SozialVerw. 2010, 60; BayLSG 10.9.2014 – L 3 SB 235/13, Breithaupt 2015, 171). Für die Gesamtbeurteilung besteht **keine Bindungswirkung** an eine vorherige Feststellung von Einzel-GdB. Die Auswirkungen unterschiedlicher Funktionsbeeinträchtigungen können sich für die Gesamtbeurteilung sehr verschieden auswirken (BSG 10.9.1997 – 9 RVs 15/96, SozR 3–3870 § 3 Nr. 7; 5.7.2007 – B 9/9a SB 12/06 R, SozR 4–3250 § 69 Nr. 4). 12

Einzelaspekte und Praxisbeispiele: 12a

Eine Erhöhung des Gesamtwerts wegen eines zusätzlichen Einzelwerts von 10 und damit ein Ausnahmefall iS von Teil A Nr. 3d ee der Versorgungsmedizinischen Grundsätze (Anlage zu § 2 VersMedV) kommt nur dann in Betracht, wenn sich eine Funktionsbeeinträchtigung auf eine andere **besonders nachteilig** auswirkt, wie zB hochgradige Schwerhörigkeit eines Ohres bei schwerer beidseitiger Einschränkung der Sehfähigkeit (BSG 30.6.2021 – B 9 SB 69/20 B, BeckRS 2021, 22422). Im Regelfall ist in Konstellationen eines führenden Einzel-GdB von 30 und zweier Einzel-GdB von 20 die Annahme der Schwerbehinderteneigenschaft nur in begründeten besonderen Fällen möglich, eine Gesamtabwägung im Einzelfall führt häufiger zur Annahme eines GdB von 40 (LSG

Nds-Brem 26.5.2021 – L 13 SB 40/20, BeckRS 2021, 23757). Aus einem Teil-GdB von 50 für eine psychische Störung, einem solchen von 30 für den Verlust eines Fingers und den Teilverlust eines weiteren Fingers, einem Teil-GdB von 10 für ein Wirbelsäulenleiden und einem solchen von 20 für ein Schlaf-Apnoe-Syndrom ist ein Gesamt-GdB von 60 zu bilden (LSG Hamb 19.5.2022 – L 3 SB 7/19, BeckRS 2022, 13905). Eine Entstellung kann eine für die Bewertung des GdB relevante Teilhabebeeinträchtigung darstellen (LSG BW 21.7.2022 – L 6 SB 1696/21, BeckRS 2022, 19801). Handelt es sich bei den Beschwerden vornehmlich um vegetative Symptome, denen kein bzw primär kein organischer Befund zugrunde liegt, ist der GdB auch dann, wenn es sich nicht um eine im engeren Sinne psychische Erkrankung handelt, analog Teil B Nr 3.7 VMG (Anlage zu § 2 VersMedV) zu beurteilen. Stets ist eine **objektivierte Begutachtung** zugrunde zu legen; subjektive Angaben und Einschätzungen des Betroffenen reichen zur Feststellung des GdB nicht aus (LSG Nds-Brem 28.4.2022 – L 10 SB 106/18, FD-SozVR 2022, 450838). Bei der Bewertung von Hirnschäden nach der VersMedV (Anlage Teil B Nr. 3.1) ist hinsichtlich der verbliebenen einzelnen Leistungsbeeinträchtigungen eine Gesamtbetrachtung vorzunehmen; eine isolierte Bewertung der verbliebenen Funktionsbeeinträchtigungen würde deren Auswirkungen auf den körperlichen, geistigen, seelischen und sozialen Bereich nur unzureichend erfassen, weil einzelne Leistungsbeeinträchtigungen nicht GdB-relevant sein könnten (LSG BW 15.9.2022 – L 6 SB 3312/20, BeckRS 2022, 25622).

13 Ein GdB wird nach § 152 Abs. 1 S. 6 erst zuerkannt, wenn die Gesamt-Funktionsbeeinträchtigung mindestens einen **Grad von 20** erreicht. Funktionsbeeinträchtigungen, die nur einen geringeren Grad erreichen (10), bleiben daher für sich allein unberücksichtigt, für sie kann eine Behinderung nicht festgestellt werden. Ein Feststellungsbescheid nach § 152 wird dann nicht erlassen. Anderes gilt, wenn im Zusammenwirken mit anderen Funktionsbeeinträchtigungen ein Gesamt-GdB von mindestens 20 erreicht wird (→ Rn. 11). Liegen also mehrere Behinderungen vor, sind daher Einzel-GdB für alle anzugeben, auch soweit sie zu einem Einzel-GdB von nur 10 führen.

D. Neufeststellung des Grades der Behinderung

14 Eine Neufeststellung kommt nur in Betracht, wenn eine **wesentliche Änderung** der für die Feststellung maßgeblichen tatsächlichen oder rechtlichen Verhältnisse eingetreten ist. Grundlage ist § 48 I 1 SGB X („soweit in den tatsächlichen oder rechtlichen Verhältnissen … eine wesentliche Änderung eintritt, ist der Verwaltungsakt mit Wirkung für die Zukunft aufzuheben"). Wie die bisherige Feststellung erfolgte, etwa durch Bescheid oder durch Urteil, ist unerheblich. Eine Änderung und eine Neufestsetzung kommen deshalb auch dann in Betracht, wenn über den bisherigen Grad der Behinderung ein rechtskräftiges Urteil vorliegt. Die Rechtskraft wirkt nicht bei Veränderung der zugrunde liegenden Tatsachen.

15 Eine Neufestsetzung des GdB kann bei einer wesentlichen Veränderung auch ohne Antrag des Schwerbehinderten **von Amts wegen** vorgenommen werden. Andernfalls wäre eine Herabsetzung des GdB schon wegen des fehlenden Antrags des Schwerbehinderten nie möglich. Die Einfügung der Worte „auf Antrag des behinderten Menschen" in § 152 Abs. 1 S. 1 betrifft folglich nur die **erstmalige Feststellung,** nicht aber die Feststellung einer später eingetretenen Veränderung. Richtigerweise setzt daher die Feststellung einer solchen Veränderung keinen neuen Antrag des behinderten Menschen voraus. Der einmal gestellte Antrag, der die Versorgungsbehörde tätig werden lässt, umfasst den Antrag, nach der **jeweiligen Lage** richtig und **zutreffend** zu entscheiden. Dementsprechend sind dann Änderungen zugunsten des behinderten Menschen, insbes. durch Änderung von Gesetzeslage oder Rspr., auch von Amts wegen vorzunehmen.

Änderungen und Berichtigungen zuungunsten des Behinderten (und/oder des Arbeitgebers) sind ebenfalls unter den Voraussetzungen der §§ 44 ff. SGB X – namentlich des § 48 SGB X – von Amts wegen vorzunehmen, da auf den einmal gestellten Antrag des Behinderten immer der richtige und zutreffende GdB festzustellen ist. Auch insofern ist kein erneuter Antrag des Behinderten oder eines anderen Beteiligten erforderlich. Ein solcher Antrag, insbes. anderer Beteiligter, kann aber der Versorgungsbehörde Veranlassung geben, nach §§ 44 ff. SGB X tätig zu werden. In diesem Verfahren muss aber bei Eingriffen in die Rechte des sbM eine hinreichende **Anhörung** erfolgen, zu der auch die Entscheidungsgrundlagen der Änderung, insbes. die Ergebnisse des neuen Befundes und der Name des Arztes, mitzuteilen sind (BSG 28.4.1999 – B 9 V 11/98 R, SozR 3–1300 Nr. 15; 27.7.2000 – B 7 AL 88/99 R, SozR 3–1300 Nr. 42; 19.9.2000 – B 9 SB 3/00 R, SozR 3–1300 § 45 Nr. 43; 15.8.2002 – B 7 AL 38/01 R, SozR 3–1300 § 24 Nr. 21; 17.4.2013 – B 9 SB 6/12 R, SozR 4–1300 § 48 Nr. 26; 11.8.2015 – B 9 SB 2/15 R, SozR 4–1300 § 48 Nr. 31). 16

Im Falle der Aufhebung einer Feststellung des GdB wegen wesentlicher Änderung der zugrunde liegenden Umstände ist nach § 48 Abs. 1 S. 1 SGB X der Verwaltungsakt grds. mit Wirkung für die **Zukunft** aufzuheben (vgl. BSG 16.12.2021 – B 9 SB 6/19 R, BeckRS 2021, 45662, auch zur Frage der Teilgeltung in zeitlicher Hinsicht; BSG 29.5.1991 – 9a/9 RVs 11/89, NZA 1991, 996; 11.8.2015 – B 9 SB 2/15 R, SozR 4–1300 § 48 Nr. 31), unter den eingrenzenden Voraussetzungen des § 48 Abs. 1 S. 2 SGB X dagegen mit (partieller) Rückwirkung. Bei einer Geringerbewertung ist der Rücknahmebescheid ggf. in einen **Änderungsbescheid umzudeuten** (BSG 10.2.1993 – 9/9a RVs 5/91, SozR 3–1300 § 48 Nr. 25). Der Schutz des sbM für die Übergangszeit richtet sich nach § 199. Hinsichtlich des Änderungszeitpunkts muss der Bescheid hinreichend bestimmt sein; daran soll es fehlen, wenn ein Bescheid den Zeitpunkt seines Geltungsbeginns nur mit der Formel „ab Bekanntgabe" angibt (LSG Bln-Bbg 11.11.2021 – L 13 SB 280/19, NZS 2022, 354 Kw.). 17

Die Änderung iSd § 48 SGB X ergibt sich im Regelfall aus der **Veränderung des Gesundheitszustandes,** uU auch aus einer Gewöhnung an den Krankheitszustand ggf. in Verbindung mit dem Erwerb neuer Fertigkeiten. Der Begriff der wesentlichen Änderung wird heute (seit 2009) durch Teil A Ziff. 7 der Anlage zu § 2 VersMedV bereichsspezifisch konkretisiert. Demnach ist eine wesentliche Änderung im Ausmaß der Behinderung anzunehmen, wenn der veränderte Gesundheitszustand mehr als **sechs Monate** angehalten hat oder voraussichtlich anhalten wird und das Ausmaß der Änderung eine Herabsetzung/Erhöhung des GdB von **mindestens 10** zur Folge hat (Ziff. 7a S. 1 Anl. A VersMedV). Eine wesentliche Änderung ist nach Ziff. 7a S. 2 Anl. A VersMedV ua auch dann anzuerkennen, wenn die Voraussetzungen eines Nachteilsausgleichs für behinderte Menschen hierdurch erfüllt werden oder entfallen sind. Eine wesentliche Änderung der Verhältnisse liegt nach Ziff 7b Anl. A VersMedV schließlich auch dann vor, wenn die Symptome unverändert sind, jedoch eine Heilungsbewährung – etwa nach Organtransplantation oder ärztlicher Behandlung – geendet hat (vgl. BSG 22.6.2004 – B 2 U 14/03 R, SozR 4–2700 § 56 Nr. 1; 16.2.2012 – B 9 SB 1/11 R, SozR 4–3250 § 69 Nr. 15; 25.10.2012 – B 9 SB 2/12 R, SozR 4–3250 § 69 Nr. 16; 14.7.2014-B 9 SB 2/14 B, BeckRS 2014, 71348; 11.8.2015 – B 9 SB 2/15 R, SozR 4–1300 § 48 Nr. 31). 18

Da nach dem SGB IX alle Leiden ohne Rücksicht auf Ursache, Grund und Anerkennung zu berücksichtigen sind, werden sie auch bei Veränderungen maßgeblich. Eine wesentliche Veränderung der den Feststellungen des Anspruches zugrunde liegenden Verhältnisse ist deshalb iSd § 152 auch dann anzuerkennen, wenn **andere** seelische, geistige oder körperliche Leiden **hinzutreten.** Entgegen der früheren Rspr. des BSG zu § 62 BVG (BSG 23.7.1970 – 8 RV 1/69, SGb 1970, 384 Nr. 38) ist deshalb bei der entsprechenden Anwendung nach § 152 ein ursächlicher Zusammenhang der Änderung mit den anerkannten Schädigungsfolgen nicht zu fordern. § 48 SGB X ist dagegen auch hier anwendbar, wenn die ursprüngliche Feststellung von Anfang an unzutreffend war 19 und sich an den Verhältnissen nichts geändert hat (BSG 30.8.1989 – 9 RVs 3/89, SozR 1300 § 48 Nr. 60; 6.12.1989 – 9 RVs 3/89, SozR 3870 § 4 Nr. 3). Zu hoch festgesetzte GdB werden auch bei Verschlimmerung solange nicht erhöht, bis die tatsächlich richtige Minderung übertroffen wird (BSG 31.7.1975 – 9 RV 354/74, BSGE 40, 120; 22.10.1986 – 9a RVs 55/85, BSGE 60, 287; 12.12.1995 – 9 RV 26/94, Breithaupt 1996, 492). Nur der Gesamtgrad der Behinderung, nicht der Einzel-GdB, ist insofern bestandsgeschützt (BSG 22.10.1986 – 9a RVs 55/85, BSGE 60, 287; 12.11.1996 – 9 RVs 5/95, BSGE 79, 223; 10.9.1997 – 9 RVs 15/96, SozR 3–3870 § 3 Nr. 7; 19.9.2000 – B 9 SB 3/00 R, BSGE 87, 126; 30.9.2009 – B 9 SB 4/08 R, SozR 4–3250 § 69 Nr. 10; 17.4.2013 – B 9 SB 6/12 R, SozR 4–1300 § 48 Nr. 26; BayLSG 17.12.2008 – L 15 SB 133/08, BeckRS 2009, 61090). Für die Frage, ob eine wesentliche Änderung eingetreten ist, soll nicht der Inhalt des Bewilligungsbescheides Maßstab sein, sondern sollen die **tatsächlichen Verhältnisse** maßgebend sein (BSG 30.8.1989 – 9 RVs 3/89, SozR 1300 § 48 Nr. 60; 6.12.1989 – 9 RVs 3/89, SozR 3870 § 4 Nr. 3).

20 Eine wesentliche Änderung iSd § 48 SGB X kann daneben auch in **rechtlicher Hinsicht** eintreten, etwa durch Änderung des SGB IX, der VersMedV oder ihrer Auslegung durch höchstrichterliche Rspr. (zu Letzterem § 48 Abs. 2 SGB X). Einer Änderung von Rspr. und Normen stand auch eine Änderung der früheren „Anhaltspunkte für die ärztliche Gutachtertätigkeit im sozialen Entschädigungsrecht nach dem Schwerbehindertenrecht" (→ Rn. 6) gleich (BSG 6.12.1989 – 9 RVs 3/89, SozR 3870 § 4 Nr. 3; 11.10.1994 – 9 RVs 1/93, SozR 3870 § 3 Nr. 5 = Breithaupt 1995, 629; was auch verfassungsrechtlich nicht zu beanstanden war, BVerfG 6.3.1995 – 1 BvR 60/95, SozR 3–3870 § 3 Nr. 6); heute wäre eine Änderung der VersMedV (→ Rn. 3 f.) unproblematisch als „Änderung der rechtlichen Verhältnisse" iSd § 48 Abs. 1 S. 1 SGB X einzuordnen, da die VersMedV Rechtsnormcharakter aufweist.

E. Feststellungsverfahren

21 Für die Feststellung des Grades der Behinderung galt über § 152 Abs. 1 S. 4 aF das – originär auf den Anwendungsbereich des BVG bezogene – Gesetz über das Verwaltungsverfahren der Kriegsopferversorgung (KOVVfG) v. 2.5.1955 (BGBl. I 202) idF v. 6.5.1976 (BGBl. I 1169, zuletzt geändert v. 29.3.2017, BGBl. I 626) entsprechend, soweit nicht das SGB X idF v. 18.1.2001 (BGBl. I 130, zuletzt geändert v. 18.12.2018, BGBl. I 2639) Anwendung fand. Die Vorschriften des **KOVVfG** wurden über die Jahre bereits in großen Teilen **aufgehoben.** Mit dem Gesetz zur Regelung des sozialen Entschädigungsrechts (G-SER) v. 12.12.2019 (BGBl. I 2652), durch dessen Artikel 1 das SGB XIV erlassen wurde, wurde das KOVVfG mWv 1.1.2024 für den hier behandelten Regelungskontext **vollständig außer Kraft gesetzt.** Auch der Verweis des Abs. 1 S. 4 aF wurde durch dieses Gesetz gestrichen. Auf das Verfahren finden nunmehr das SGB X und durch den Verweis des Abs. 1 S. 1 das SGB XIV Anwendung. Sonderregeln lassen sich dem **SGB XIV** für das Feststellungsverfahren nur hinsichtlich der **sachlichen und örtlichen Zuständigkeit** entnehmen (§§ 111–113 SGB XIV).

21a Mangels Verweises auf die übrigen **Verfahrensvorschriften des SGB XIV** finden diese **keine Anwendung.** Die Regelung des § 12 KOVVfG wurde zwar weitgehend § 118 SGB XIV überführt. Der Verweis des § 152 Abs. 1 S. 1 nF bezieht sich nach seinem Wortlaut und infolge der Streichung des § 152 Abs. 1 S. 4 aF nur auf die Zuständigkeitsregelungen der §§ 111–113 SGB XIV. Die Beiziehungs- und Auskunftspflicht des § 118 SGB XIV kann daher nicht unmittelbar herangezogen werden; vielmehr gilt § 100 SGB X (→ Rn. 25). Die Beweiserleichterung des § 117 SGB XIV (früher § 15 KOVVfG) dürfte ebenfalls keine unmittelbare Anwendung finden; in Ausnahmekonstellationen kann eine analoge Anwendung in Betracht kommen. Das Verfahren richtet sich nunmehr nach dem SGB X. Das VwVfG nimmt in § 2 Abs. 2 Nr. 4 die Angelegenheiten nach dem SGB von seinem Geltungsbereich ausdrücklich aus. Für die Durchführung des Verfahrens spielt es keine Rolle, ob der behinderte Mensch Arbeitnehmer ist oder nicht. Die Feststellung der Behinderung und des Grades der Minderung der Erwerbsfähigkeit hängt nicht davon ab, ob eine Erwerbstätigkeit ausgeübt wird oder auch nur beabsichtigt ist. Auch Rentner, Hausfrauen oder sonst nicht Berufstätige können sbM sein und haben Anspruch auf Feststellungen nach § 152.

Zuständig war nach altem Recht stets das Versorgungsamt am Wohnsitz bzw. ge- 22
wöhnlichen Aufenthalt des Antragstellers (§§ 2, 3 KOVVfG). Nach § 152 Abs. 1 S. 1 idF des Gesetzes zur Förderung eines inklusiven Arbeitsmarktes v. 13.6.2023 (BGBl. I Nr. 146) richtet sich die Zuständigkeit nunmehr nach dem SGB XIV. Träger der sozialen Entschädigung sind die Länder (§ 111 SGB XIV). Nach § 112 SGB XIV wird die sachliche und nach § 113 Abs. 1 SGB XIV die örtliche **Zuständigkeit** weitgehend **durch Landesrecht bestimmt.** Die Länder können die Zuständigkeiten für die Ausführung des SGB XIV frei ausgestalten (LPK-SGB XIV/Weber § 112 Rn. 7). Für den Fall der Anspruchskonkurrenz, Schädigungen im Zusammenhang mit der Ableistung von Zivildienst und Impfschäden regelt § 113 Abs. 2 bis 5 SGB XIV die Zuständigkeitsverteilungen zwischen den Ländern. Die Zuständigkeit für Auslandsfälle wird durch das BMAS durch eine Verordnung aufgrund des § 113 Abs. 6 SGB XIV geregelt. Nach § 112 S. 2 SGB XIV dürfen die Zuständigkeiten auch auf gemeinsame Behörden oder Träger übertragen werden (dazu im Einzelnen jurisPK-SGB XIV/Kador § 112 Rn. 12 ff.). Seit 2004 beinhaltet § 152 Abs. 1 S. 6 eine Grundlage für eine abweichende landesrechtliche Festlegung der Zuständigkeit. Art. 37 Nr. 3 lit. c) des G-SER sah die Streichung dieses Satzes vor, da durch Abs. 1 S. 1 und das SGB XIV die Zuständigkeit ohnehin durch die Länder zu regeln sei (BT-Drs. 19/13824 S. 264). Diese Änderungsvorschrift wurde durch Art. 10 des Gesetzes zur Förderung eines inklusiven Arbeitsmarktes aufgehoben und ohne weitere Begründung nicht in die neue Änderungsvorschrift (Art. 2 Nr. 2) aufgenommen. Zweck der erneuten Änderung durch das G zur Förderung eines inklusiven Arbeitsmarktes war wie beim G-SER die Anpassung an das mit dem SGB XIV eingeführte System der Zuständigkeiten (vgl. BT-Drs. 20/5664 S. 22). Die Regelung dürfte sich im Ergebnis heute darin erschöpfen, dass die Länder nach § 152 Abs. 1 S. 6 auch von der grundsätzlich vorgesehenen Koppelung an die Behördenzuständigkeit zur Durchführung des SGB XIV abweichen können, wenn sie eine **Zuständigkeitstrennung** und abweichende Verortung für praktikabler halten.

Eine **Regelung der Zuständigkeit** für Verfahren nach dem SGB XIV hat zum Zeitpunkt 22a
der Bearbeitung nur **Hessen** mit dem Hessischen Ausführungsgesetz zum Vierzehnten Buch Sozilagesetzbuch (HAG/SGB XIV) v. 24.5.2023 (GVBl. 2023, 401) getroffen. Nach §§ 1, 3 HAG/SGB XIV sind grundsätzlich die Hessischen Ämter für Versorgung am Wohnsitz bzw. gewöhnlichen Aufenthalt des Geschädigten zuständig. Für Leistungen der Teilhabe nach dem sechsten Kapitel SGB XIV, Leistungen bei hochgradiger Sehbehinderung, Blindheit und Taubblindheit nach dem achten Kapitel SGB XIV und besondere Leistungen im Einzelfall nach dem elften Kapitel SGB XIV ist nach § 2 HAG/SGB XIV der Landeswohlfahrtsverband Hessen zuständig. Weiteres regelt § 1 Verordnung über Sonderzuständigkeiten der Hessischen Ämter für Versorgung und Soziale Entschädigung v. 28.7.2023 (GVBl. 2023, 655). Nach dem Gesetzentwurf eines Gesetzes über die Versorgungsverwaltung **Baden-Württemberg** (VersVG BW-E) liegt die sachliche Zuständigkeit bei den Landratsämtern als unterer Verwaltungsbehörde (§ 2 Abs. 1 VersVG BW-E). Die örtliche Zuständigkeit richtet sich nach dem Wohnsitz, hilfsweise gewöhnlicher Aufenthalt. (§ 5 VersVG BW-E). Diese neuen Regelungen in Hessen und Baden-Württemberg behalten die Zuständigkeitsverteilung nach altem Recht im Wesentlichen bei. Der Gesetzentwurf für **Bayern** zur Änderung des Gesetzes zur Ausführung der Sozialgesetze und der Verordnung zur Ausführung der Sozialgesetze (BayLT-Drs. 18/28530, 3) sieht eine zentrale Zuständigkeit des „Zentrums Bayern Familie und Soziales“

vor (Art. 99 S. 1 BayAGSG-E). Das BMAS führt auf seiner Internetseite bislang eine Liste aller Versorgungsämter (https://www.bmas.de/SharedDocs/Downloads/DE/Soziale-Sicherung/adressen-und-internetseiten-der-landesversorgungsbehoerden.pdf?__blob=publicationFile&v=4; abgerufen am 29.8.2023).

22b Von der Ermächtigung zur Regelung der Zuständigkeit für Geschädigte mit Wohnsitz oder gewöhnlichem Aufenthalt im **Ausland** nach § 113 Abs. 6 SGB XIV hat das BMAS bisher keinen Gebrauch gemacht. Es ist jedoch zu erwarten, dass die Zuständigkeiten wie nach der zum 1.1.2024 außer Kraft tretenden AuslZustV die Zuständigkeit für Auslandsfällen nach Regionen bei bestimmten Behörden bündelt (LPK-SGB XIV/Weber SGB XIV § 137 Rn. 37; jurisPK-SGB XIV/Kador § 113 Rn. 28).

23 Hinsichtlich des Verfahrens gelten die allgemeine Regelung zur **Nichtförmlichkeit** des Verwaltungsverfahren (§ 9 SGB X). Insbes. kommen auch die in § 36a SGB I geregelten elektronischen Verfahren in Betracht. Wird der Antrag bei anderen Stellen wie dem Integrationsamt, einer Stadtverwaltung oder Vertretung im Ausland eingereicht, muss er an die zuständige Stelle weitergeleitet werden; der Zeitpunkt der Antragstellung wird gewahrt (§ 16 Abs. 2 SGB I). Eine **Vertretung** durch Bevollmächtigte ist zulässig; der Bevollmächtigte hat seine Vollmacht auf Verlangen schriftlich nachzuweisen. Ein Widerruf der Vollmacht ist grds. jederzeit möglich. Bei fehlender Eignung kann ein Bevollmächtigter oder Beistand, der nicht Rechtsanwalt ist, zurückgewiesen werden; vom mündlichen Vortrag können sie zurückgewiesen werden, wenn sie zu einem sachgemäßen Vortrag nicht fähig sind (§ 13 Abs. 6 SGB X).

24 Am Verfahren zur Feststellung des GdB sind neben dem Antragsteller auch **Dritte** Beteiligte, die am Ausgang des Verfahrens ein rechtliches Interesse haben und zu dem Verfahren zugezogen worden sind. Solche Dritte sind insbes. die Bundesagentur für Arbeit, das Integrationsamt und der Arbeitgeber, die auf Antrag oder von Amts wegen zugezogen werden können. Soweit das Verfahren rechtsgestaltende Wirkung für einen Dritten hat, ist dieser auf Antrag ebenfalls hinzuzuziehen, sodass er Beteiligter wird; soweit er der Behörde bekannt ist, hat diese ihn von der Einleitung des Verfahrens zu benachrichtigen (§ 12 Abs. 2 SGB X). Voraussetzung für die Eigenschaft als Beteiligter ist, dass der Dritte **zum Verfahren zugezogen** ist. Die Hinzuziehung als solche ist eine **Ermessensvorschrift** (§ 12 Abs. 2 S. 1 SGB X); dennoch besteht ein Rechtsanspruch auf Beteiligung (Ermessensreduzierung auf Null), wenn ein hinreichendes **rechtliches Interesse** besteht. Das ist insbes. für den Arbeitgeber schon wegen der Auswirkungen auf Beschäftigungspflicht und Ausgleichsabgabe stets anzunehmen. Wenn also die Voraussetzungen eines Antrags des Behinderten nach § 152 gegeben sind, sind bei dem daraufhin einzuleitenden Verfahren über die Feststellung des GdB die Bundesagentur für Arbeit, das Integrationsamt und der Arbeitgeber und ggf. auch die Schwerbehindertenvertretung zu beteiligen, jedenfalls wenn ein entsprechender Antrag gestellt wird. Aus Gründen des Datenschutzrechts kann allerdings eine Heranziehung weiterer Stellen entfallen (§ 35 SGB I, § 76 SGB X), sofern der Antragsteller nicht seine Einwilligung gibt. Auch bei Hinzuziehung als Beteiligter ist ein eigenes Feststellungs- oder Anfechtungsrecht für den Arbeitgeber nicht gegeben, da sich die Schwerbehinderteneigenschaft nicht nur auf die Stellung im Betrieb bezieht und der Arbeitgeber deshalb auf diesen zusätzlichen Status keinen Einfluss hat (BSG 22.10.1986 – 9a RVs 3/84, AP SchwbG § 3 Nr. 1). Erben haben kein Antragsrecht, da der **höchstpersönliche** Anspruch mit dem Tode des Berechtigten erlischt (BSG 6.12.1989 – 9 RVs 4/89, BSGE 66, 120 = SozR 3870 § 4 Nr. 4).

25 Die **Aufklärung** erfolgt **von Amts wegen,** alle Beteiligten haben dabei mitzuwirken (§§ 20, 21 SGB X); es können Auskünfte eingeholt, Gutachten und Sachverständige zugezogen oder der Augenschein genommen werden. Dabei kann auch der unmittelbare Eindruck des Gerichts maßgeblich sein (für Entstellungen BSG 26.1.1994 – 9 RV 25/93, SozR 3–1750 § 372 Nr. 1). Die fehlende Mitwirkung des Antragstellers kann sich im Rahmen der Ermessensausübung auch nachteilig auswirken (BSG 16.12.2014 – B 9 SB

3/13 R, SozR 4–1200 § 66 Nr. 7). Krankenpapiere, Aufnahmen, Krankengeschichten, Befunde oder Röntgenbilder können dagegen nicht von Amts wegen, sondern nur mit **Einwilligung** des Behinderten beigezogen werden, wobei für die Wahrung des ärztlichen Berufsgeheimnisses zu sorgen ist; andere Beteiligte als der Antragsteller können deshalb diese Unterlagen nicht einsehen. Dasselbe gilt für Auskünfte oder Unterlagen von privaten Ärzten (§ 100 SGB X). Die Geheimhaltung unterliegt dem besonderen Strafschutz der §§ 203, 204 StGB. Maßgeblicher Zeitpunkt für gerichtliche Entscheidungen ist die Sach- und Rechtslage des letzten Verwaltungsbescheides. Spätere Änderungen sind nur zu berücksichtigen, wenn sie feststehen und entscheidungsreif sind (BSG 15.8.1996 – 9 RVs 10/94, Breithaupt 1997, 350 (457), 12.11.1996 – 9 RVs 5/95, SozR 3–3870 § 4 Nr. 13).

26 Alle Zwangsmaßnahmen bei der Aufklärung und eine für notwendig gehaltene Vereidigung sind durch das für den Wohnort des Betroffenen zuständige **Sozialgericht** oder das zuständige **Amtsgericht** durchzuführen (§ 22 SGB X). Zu den versorgungsmedizinischen Grundsätzen und den ärztlichen Anhaltspunkten → § 2 Rn. 2 ff., 13 f.

27 Der Bescheid ist schriftlich zu erlassen und muss begründet werden und eine Rechtsmittelbelehrung enthalten. Er kann durch einfachen Brief bekannt gegeben werden, der am dritten Tag nach der Aufgabe zur Post als zugegangen gilt, wenn er nicht später zugeht (§§ 36, 37 SGB X). Für Zustellungen gilt das Verwaltungszustellungsgesetz v. 12.8.2005 (BGBl. I 2354, zuletzt geändert durch G v. 18.7.2017, BGBl. I 2745), über Kosten vgl. §§ 65a, 66 SGB I, §§ 7, 21 SGB X. Für die Fristen gelten über § 26 SGB X die §§ 187–193 BGB. Die so getroffene Statusentscheidung ist dann für Verwaltungsbehörden, zB bei der Prüfung inhaltsgleicher Tatbestandsvoraussetzungen in anderen Gesetzen zu Vergünstigungen und Nachteilsausgleichen, **bindend** (BSG 6.10.1981 – 9 RVs 3/81, BSGE 52, 168; 16.5.1995 – 9 RV 1/94, Breithaupt 1996, 876; BVerwG 17.12.1982 – 7 C 1181, BVerwGE 66, 315; 11.7.1985 – 7 C 44/83, BVerwGE 72, 8; 27.2.1992 – 5 C 48.88, BVerwGE 90, 65; aA für Beamtenrecht VGH BW 24.3.1993 – 4 S 1645/91, ZTR 1993, 479; NdsOVG 25.3.1993 – 7 L 6085/92, MinBl. ND 1994, 116). Im arbeitsgerichtlichen (Kündigungsschutz-)Rechtsstreit entfaltet sie ebenfalls Bindungswirkung und kann ggf. sogar einen Restitutionsgrund darstellen (BAG 15.8.1984 – 7 AZR 558/82, AP SchwbG § 12 Nr. 13). Die Bindungswirkung des Bescheids gilt aber nur für die Feststellung des **GdB als solche,** nicht für die sie tragenden Tatsachen und Beurteilungen. Änderungen des Bescheids (zulasten des Antragstellers) sind nur nach den Bestimmungen der §§ 44 ff. SGB X möglich (BSG 17.4.2013 – B 9 SB 6/12 R, SozR 4–1300 § 48 Nr. 26). Eine „Einzel-GdB" hat keine Bindungswirkung bei einer notwendigen Gesamtbeurteilung wegen der Auswirkungen mehrerer Funktionsbeeinträchtigungen (BSG 10.9.1997 – 9 RVs 15/96, SozR 3–3870 § 3 Nr. 7; 5.7.2007 – B 9/9a SB 12/06 R, SozR 4–3250 § 69 Nr. 4). Vielmehr ist stets eine neue Gesamtbeurteilung unter Berücksichtigung der finalen Betrachtungsweise zu erstellen (BSG 30.9.2009 – B 9 SB 4/08 R, SozR 4–3250 § 69 Nr. 10; 25.10.2012 – B 9 SB 2/12 R, SozR 4–3250 § 69 Nr. 16).

28 Zum Verfahren bei wesentlichen Änderungen der Sach- oder Rechtslage → Rn. 14 ff. Wird der Feststellungsbescheid gerichtlich angefochten, können eintretende Änderungen des Gesundheitszustandes nach allgemeinen Verfahrensgrundsätzen auch im Rechtsbehelfsverfahren berücksichtigt werden; insofern ist das Neufeststellungsverfahren nicht exklusiv (zutr. LSG Thüringen 19.4.2022 – L 5 SB 1045/21 B, BeckRS 2022, 15237).

F. Anderweitige Feststellung des Grades der Behinderung, Abs. 2

29 Soweit eine Feststellung über das Vorliegen einer Behinderung und den Grad einer auf ihr beruhenden Erwerbsminderung schon in einem Rentenbescheid, einer darauf bezogenen Verwaltungs- oder Gerichtsentscheidung oder einer vorläufigen Bescheinigung der für diese Entscheidungen zuständigen Stellen getroffen worden ist, kommt grds. eine **erneute Feststellung** durch das Versorgungsamt nicht in Betracht (§ 152 Abs. 2). Widersprüchliche Entscheidungen, insbes. im Verfahren nach dem SGB IX und dem Verfahren zur Beantragung einer Erwerbsminderungsrente (§ 43 SGB VI) sollen vermieden werden. Hier wird die begriffliche Nähe von GdB und Erwerbsminderung (§ 43 SGB VI) besonders deutlich: Auch wenn anderweitig nur der Grad der Erwerbsminderung festgestellt wurde, gilt er gleichzeitig als zutreffender Grad der Behinderung.

30 Als solche **anderweitige Feststellung** sind insbes. anzusehen Rentenbescheide aller Art, etwa der der Unfallversicherung, der Rentenversicherung, einer öffentlichen Dienststelle nach Dienstunfällen, einer Sozialbehörde uÄ (für Unfallversicherung SG Karlsruhe 8.6.1994 – S 4 Vs 2673/93, Breithaupt 1995, 275; für Wehrverwaltung BSG 16.5.1995 – 9 RV 1/94, Breithaupt 1996, 876). Dazu zählen aber auch sonstige Feststellungen, etwa der Gesundheitsbehörden, Amtsärzte, Sozialämter oder sonstiger zuständiger Behörden, die etwa zum Zwecke der Steuerermäßigungen und Steuerfreibeträge für bestimmte Sozialansprüche, Deputate, Freifahrten usw getroffen worden sind. Eine bloße ärztliche Bescheinigung reicht nicht aus (VG SL 28.10.1991 – 5 K 179/90, ZfSch 1992, 35). Voraussetzung ist stets, dass sich aus der behördlichen oder rentenrechtlichen Feststellung das Vorliegen der **Behinderung** und der **Grad der Erwerbsminderung** ergibt. Ist eine solche Feststellung getroffen, wird die Versorgungsbehörde nicht tätig, auch nicht bei entsprechendem Antrag des Behinderten; vielmehr muss dann zusätzlich ein **Interesse an anderweitiger Feststellung** glaubhaft gemacht werden. Bloßer Zeitablauf oder die Tatsache einer nur vorläufigen Feststellung reicht zu einem solchen Interesse an neuer Feststellung nicht aus. Es muss zusätzlich glaubhaft gemacht werden, dass eine Änderung eingetreten ist, die dann allerdings auch wegen höheren Alters, zusätzlicher Erschwernisse und damit iErg durch anderweitige Ereignisse als der Behinderung und durch längeren Zeitablauf gegeben sein kann. Zur **Glaubhaftmachung** genügen Angaben des Antragstellers unter Darlegung der Änderungen mit Angebot einer ärztlichen Untersuchung, Bescheinigung des behandelnden Privatarztes, Hinweis auf höheres Alter und eidesstattliche Erklärung.

31 Darüber hinaus kann das Interesse an anderweitiger Feststellung aber auch auf der **Art der bisherigen Feststellung** beruhen. Da zB Unfallrenten auch auf Grund des bisher ausgeübten Berufes ermittelt werden und die Erwerbsminderung danach festgestellt wird (vgl. § 56 Abs. 2 SGB VII) und bei mehreren Arbeitsunfällen die Berechnung nach § 56 Abs. 1 SGB VII anders vorzunehmen ist als nach § 152 Abs. 3 – insbes. nach dem SGB VII bleiben dabei Erwerbsminderungen bis 10 vH unberücksichtigt (§ 56 Abs. 1 SGB VII) –, kann es etwa für eine Betätigung in anderen Bereichen wichtig sein, den GdB nach der Beeinträchtigung im Allgemeinen nach der generellen verbliebenen Funktionsfähigkeit festzustellen. Dasselbe kann für einen Dienstunfall oder eine Gesamtbeeinträchtigung zutreffen.

G. Gesamtbeurteilung, Abs. 3

32 Die Gesamtbeurteilung nach § 152 Abs. 3 ist nicht nur zu treffen, wenn mehrere Funktionsbeeinträchtigungen unterschiedlicher Art vorliegen (→ Rn. 11), sondern auch in Fällen, in denen eine **neue Behinderung** hinzutritt. Das kann auch der Fall sein, wenn zu bisherigen Behinderungen geistiger, körperlicher oder seelischer Art nunmehr durch untypische Alterserscheinungen oder allgemeinen Verschleiß weitere Beeinträchtigungen zu verzeichnen sind, also etwa bei Nachlassen der Sehkraft, bei Beschwerden durch Rheuma, Arthritis, Arthrose oder Kreislaufbeschwerden. Dabei ist es unbeachtlich, ob die bisherigen Behinderungen schon auf demselben oder ähnlichem Gebiet lagen. Tritt

nach dem Verlust der Sehkraft eines Auges auf dem anderen Auge eine Verminderung der Sehkraft vielleicht gerade durch die besondere Anstrengung des bisher gesunden Auges ein, liegt eine weitere, nunmehr zusätzliche Behinderung vor, die eine neue Beurteilung des Grades der Behinderung in seiner Gesamtheit erforderlich macht und nunmehr zur Neufestsetzung führt. Diese Neufestsetzung erfolgt auf **Antrag** des Behinderten durch die **Versorgungsbehörden** nach § 152 Abs. 1. Im sozialgerichtlichen Verfahren bedarf es zur Beurteilung der Einzelschätzungen und ihrer Gesamtschau regelmäßig der Heranziehung medizinischer Sachverständiger (BSG 15.3.1979 – 9 RVs 16/78, SozR 3870 § 3 Nr. 5; 9.3.1988 – 9/9a RVs 14/86, SoSi 1988, 381). Mit einer isolierten Beanstandung eines einzelnen Grades kann aber die Bildung der Gesamtminderung nicht mit Erfolg gerügt werden (BSG 5.5.1993 – 9/9a RVs 2/92, SozR 3–3870 § 4 Nr. 5). Auch kann die Fehlerhaftigkeit nicht darauf gestützt werden, eine Schätzung sei um zehn zu hoch (SchlHLSG 29.6.1994 – L 4 Vsb 5/94, br 1996, 26).

H. Weitere Merkmale

Zur unentgeltlichen Beförderung im Nahverkehr, für die unentgeltliche Beförderung einer Begleitperson im Nah- und Fernverkehr nach Kap. 13, aber auch als Voraussetzung anderer **Vergünstigungen,** zB steuerlicher Art nach § 33b EStG und § 3a KraftStG, genügt die Feststellung des GdB nicht. Dazu muss vielmehr auch festgestellt werden, ob der sbM gehörlos ist (§ 228 Abs. 1), ob eine erhebliche Beeinträchtigung der Bewegungsfähigkeit im Straßenverkehr vorliegt (§ 229 Abs. 1), eine ständige Begleitung notwendig ist (§ 229 Abs. 2), ob durch die Behinderung eine dauernde Einbuße der Beweglichkeit oder die Behinderung wegen typischer Berufskrankheit eingetreten ist (§ 33b Abs. 2 EStG), der Behinderte außergewöhnlich gehbehindert (§ 229 Abs. 3) bzw. hilflos, blind oder in der Bewegungsfreiheit im Straßenverkehr erheblich beeinträchtigt ist (§ 228 Abs. 1). Kraftfahrtsteuerrechtlich führt die außergewöhnliche Gehbehinderung iSd § 229 Abs. 3 zur Steuerbefreiung, die erhebliche Beeinträchtigung der Bewegungsfreiheit iSd § 228 Abs. 1 zur Steuerermäßigung (vgl. § 3a KraftStG idF v. 26.9.2002, BGBl. I 3818, zuletzt geändert v. 6.6.2017, BGBl. I 1491). 33

Die VersMedV regelt seit 2009 auch insofern in Teil D der Anlage zu § 2 VersMedV die Maßstäbe für die Zuerkennung der jeweiligen Merkzeichen (vgl. BSG 11.8.2015 – B 9 SB 2/14 R, SozR 4–3250 § 69 Nr. 19). Auch das Verfahren für die Eintragung der Merkmale richtet sich nach dem SGB X, ergänzt um die Sonderregelungen im KOVVfG (→ Rn. 21 ff.). Notwendig ist stets ein Antrag des Behinderten, wobei ein begründeter Hinweis auf die in Anspruch genommene Begünstigung genügt. Die Eintragungen auf dem Ausweis erfolgen nach §§ 2, 3, 3a SchwbAwV. Im Einzelnen wurde dazu entschieden: 34

Außergewöhnlich gehbehindert (aG): Richtet sich infolge des Verweises in § 3 SchwbAwV nach § 229 Abs. 3. Nach der Rspr. des BSG richtet sich das Merkmal aG primär nach der Anlage zu § 2 der VersMedV; ergänzend herangezogen werden § 6 Abs. 1 Nr. 14 Straßenverkehrsgesetz und die Verwaltungsvorschriften zu § 46 Straßenverkehrsordnung (BSG 17.12.1997 – 9 RVs 16/96, SozR 3–3870 § 4 Nr. 22; 11.8.2015 – B 9 SB 2/14 R, SozR 4–3250 § 69 Nr. 19). Das Merkmal aG kommt dabei unter anderem in Betracht bei Querschnittsgelähmten, Doppeloberschenkelamputierten, Doppelunterschenkelamputierten, Hüftexartikulierten, einseitig Oberschenkelamputierten, die dauernd außerstande sind, ein Kunstbein zu tragen und anderen Schwerbehinderten, die nach versorgungsärztlicher Feststellung vergleichbar gehbehindert sind (BSG 17.11.1992 – 9 RVs 16/96, SozR 3–3870 § 4 Nr. 22; 29.3.2007 – B 9a SB 5/05 R, BehindertenR 2008, 138; 11.8.2015 – B 9 SB 2/14 R, SozR 4–3250 § 69 Nr. 19; 16.3.2016 – B 9 SB 1/15 R, SozR 4 –3250 § 69 Nr. 22; 16.3.2016 –B 9 SB 1/15 R- 35

Parkinson, BeckRS 2016, 70967; 11.5.2016 – B 9 SB 94/15 B, BeckRS 2016, 70660; 28.6.2018-B 9 SB 1/18 BH, BeckRS 2018, 16036, auch LSG Bln-Bbg 18.1.2019 – L 123 SB 312/16, BeckRS 2019, 521). Eine strikte Beschränkung auf rein orthopädische Beeinträchtigungen kommt dabei aber nicht in Betracht; vielmehr können sich die Beeinträchtigungen auch aus dem Zusammenwirken orthopädischer Faktoren mit geistigen Beeinträchtigungen ergeben (vgl. LSG BW 18.3.2021 – L 6 SB 3843/19, ASR 2021, 130). Nach (allerdings zweifelhafter) Ansicht des LSG Baden-Württemberg (LSG BW 18.3.2021 – L 6 SB 3843/19, ASR 2021, 130) müssen die Beeinträchtigungen in ungewohntem Umfeld maßgeblich sein, sodass es einer Zuerkennung nicht entgegenstehen soll, wenn sich die betroffene Person in vertrauter Umgebung sicher bewegen kann.

36 **Hilflos (H):** Richtet sich nach § 33b EStG (§ 3 SchwbAwV). Ergänzend kann auf die Begriffskonkretisierungen in Teil A Nr. 4, 5 der Versorgungsmedizinischen Grundsätze (Anlage zu § 2 VersMedV) zurückgegriffen werden. Gilt für **geistige und körperliche Behinderungen** und entspricht den Voraussetzungen der früheren Pflegezulage nach § 35 Abs. 1 BVG (BSG 8.3.1995 – 9 RVs 5/94, SozR 3–3870 § 4 Nr. 12; 12.2.2003 – B 9 SB 1/02 R, SozR 4–3250 § 69 Nr. 1). Notwendig ist Hilfe bei Grundpflege, Sehen, Hören Sprechen (BSG 23.6.1993 – 9/9a RVs 1/91, SozR 3–3870 § 4 Nr. 6). Die Hilfe muss zeitlich und körperlich erforderlich sein (BSG 8.3.1995 – 9 RVs 5/94, SozR 3–3870 § 4 Nr. 12). Allein eine Hör- und Sprachschädigung reicht nicht (BSG 12.11.1996 – 9 RVs 9/95, SozR 3–3870 § 4 Nr. 15). Nicht ausreichend ist die Notwendigkeit einer Hauswirtschaftshilfe (BSG 2.7.1997 – 9 RV 19/95, SozR 3–3100 § 35 Nr. 6). Maßstäbe im Einzelfall: bei Hör- und Sprachschädigung (BSG 24.11.2005 – B 9a SB 1/05 R, SozR 4–3250 § 69 Nr. 3); bei Hämophilie (BSG 2.5.2013-B 9 SB 97/12 B, BeckRS 2013, 69264); bei Parkinson (BSG 16.3.2016 – B 9 SB 1/15 R, SozR 4–3250 § 69 Nr. 22); bei Taubheit (BSG 12.4.2018 – B 9 SB 9/18, BeckRS 2018, 10553). Für Minderjährige gelten nach Teil A Nr. 5 der Versorgungsmedizinischen Grundsätze (Anlage zu § 2 VersMedV) besondere Beurteilungsmaßstäbe; fanden diese Anwendung, ist mit Erlangung der Volljährigkeit eine Neubeurteilung geboten (Hohner SozSich 2021, 226).

37 **Blind (Bl):** Grundlage ist § 72 Abs. 5 SGB XII (§ 3 SchwbAwV). Ergänzend kann auf die Begriffskonkretisierungen in Teil A Nr. 6 der Versorgungsmedizinischen Grundsätze (Anlage zu § 2 VersMedV) zurückgegriffen werden. Nach Rspr. des BSG werden hiervon lediglich Störungen des **Sehapparats im organischen Sinn** erfasst. Rein gnostische bzw. neuropsychologische Störungen des visuellen Erkennens seien auszuklammern (BSG 24.10.2019 – B 9 SB 1/18 R, BSGE 129, 211 = NZS 2020, 430 Kw.; teils großzügiger: BSG 31.1.1995 – 1 RS 1/93, SozR 3–5920 § 1 Nr. 1; 26.10.2004 – B 7 SF 2/03 R, SozR 4–5921 Art. 1 Nr. 1; 20.7.2005 – B 9a BL 1/05 R, SozR 4–5921 Art. 1 Nr. 2; 11.8.2015 – B 9 BL 1/14 R, SozR 4–5921 Art. 1 Nr. 3). Insofern werde ein gegenüber den Landesblindengesetzen teilweise differierender, engerer Blindheitsbegriff zugrunde gelegt (vgl. auch bereits BSG 14.6.2018 – B 9 BL 1/17 R, BSGE 126, 63).

38 **Gehörlos (Gl):** Richtet sich nach § 228 SGB IX (§ 3 SchwbAwV). Eine nähere Ausgestaltung findet sich in Ziff. 4 Anl. D VersMedV. Gehörlos sind demnach nicht nur Hörbehinderte, bei denen Taubheit beiderseits vorliegt, sondern auch Hörbehinderte mit einer an Taubheit grenzenden Schwerhörigkeit beiderseits, wenn daneben schwere Sprachstörungen (schwer verständliche Lautsprache, geringer Sprachschatz) gegeben sind.

39 **Rundfunkgebührenfreiheit (RF):** Die Befreiung ist mit strengem Maßstab **einschränkend auszulegen,** da Rundfunk und Fernsehen allgemein vorhanden sind, BSG 10.8.1993 – 9/9a RVs 7/91, SozR 3–3870 § 48 Nr. 2. Das BVerfG fordert **Gleichbehandlung bei der Gebührenfreiheit** (BVerfG 30.11.2011 – 1 BvR 3269/08, 1 BvR 656/10, NZS 2012, 462). Anerkannt bei psychischen Störungen, die eine Teilnahme an öffentlichen Veranstaltungen verhindern (BSG 28.6.2000 – B 9 SB 2/00 R, SozR 3–3870 § 4 Nr. 26); allerdings noch nicht bei besonderer Empfindsamkeit, die dazu führt, dass der Betroffene die Öffentlichkeit um seiner Mitmenschen willen meidet (BSG

18.8.2021 – B 9 SB 23/21 B, BeckRS 2021, 25615), wohl aber bei gravierenden, nicht kontrollierbaren behinderungsbedingten Störungen öffentlicher Veranstaltungen durch die betroffene Person (aA LSG BW 18.2.2021 – L 6 SB 3623/20, BeckRS 2021, 2550, zust. Metzke RdLH 2021, 99): Bestmögliche Inklusion ist zwar höchst wünschenswert, es kann für die betroffene Person aber uU subjektiv unzumutbar sein, sich bei öffentlichen Veranstaltungen mit ihrer Behinderung zu exponieren. Im Einzelfall kommt das Merkzeichen auch bei GdB unter 80 in Betracht, wenn es sich um einen Härtefall wegen psychischem Leiden handelt (BSG 16.2.2012 – B 9 SB 2/11 R, SozR 4–3250 § 69 Nr. 14); bei Asperger-Syndrom (BSG 14.11.2013 – B 9 SB 5/13 B, BeckRS 1991, 31040509); bei psychischen Störungen (BSG 11.7.2015-B 9 SB 15/17 B, BeckRS 2017, 120030). Abgelehnt für teilweise Veranstaltungsteilnahme (BSG 11.9.1991 – 9a/9 RVs 15/89, SozR 3–3870 § 4 Nr. 2); Meidung der Öffentlichkeit wegen Aussehen (BSG 10.8.1993 – 9/9a RVs 7/91, SozR 3–3870 § 48 Nr. 2); Harninkontinenz (BSG 11.9.1991 – 9a RVs 1/90, BSGRegNr. 20070; Aphasil, BSG v. 16.3.1994 – 9 RVs 3/93, BSGRegNr. 21449); Inkontinenz (BSG 12.2.1997 – 9 RVs 2/96, SozR 3–3870 § 4 Nr. 17); Tragen von Windelhose (BSG 17.8.2010 – B 9 SB 32/10 B, BSGRegNr. 31307); Querschnittlähmung mit Blasenentleerungsproblemen (BSG 9.8.1995, br 1996, 50); für Kleinkind (BSG 12.2.1997 – 9 RVs 1/95, SozR 3–3870 § 4 Nr. 18).

Berechtigung zur Nutzung der 1. Wagenklasse (1. Kl.): Wird eingetragen, wenn der sbM die im Verkehr mit Eisenbahnen tariflich für Züge der Deutschen Bahn festgelegten gesundheitlichen Voraussetzungen für die Benutzung der 1. Wagenklasse mit Fahrausweis der 2. Wagenklasse erfüllt. Die früher in Nr. 34 der „Anhaltspunkte" (→ Rn. 6) enthaltene Eingrenzung auf Schwerkriegsbeschädigte und Verfolgte iSd BVG mit einem GdS von mindestens 70 ist zwar seit Inkrafttreten der VersMedV (2009) nicht mehr anwendbar; die Rspr. wendet jedoch die bisherigen Grundsätze, auf welche auch die Tarifbedingungen der Deutschen Bahn AG rekurrieren, insofern weiter an, um eine bundesweit gleichmäßige Eintragungspraxis zu gewährleisten (LSG NRW 7.5.2018 – L 21 SB 35/16, BeckRS 2018, 15795; LSG Nds-Brem 23.9.2010 – L 12 SB 34/09, BeckRS 2011, 68929; LSG Sachsen-Anhalt 21.4.2015 – L 7 SB 87/14, BeckRS 2015, 70086, Rn. 15 f.). 40

Beeinträchtigung der Bewegungsfähigkeit im Straßenverkehr (G): Das Merkmal berechtigt zur **unentgeltlichen Teilnahme** am öffentlichen Personennahverkehr nach §§ 228, 229. Voraussetzung ist die Behinderung, die das Gehvermögen entspr. einschränkt (BSG 13.8.1997 – 9 RVs 1/96, SozR 3–3870 § 60 Nr. 2; 24.4.2008 – B 9/9a SB 7/06 R, SozR 4–3250 § 146 Nr. 1; 11.8.2015 – B 9 SB 1/14 R, SozR 4–3250 § 69 Nr. 21). Detaillierte Regelungen für dieses praktisch wichtige Merkzeichen sind seit 2009 in Ziff. 1 Anl. D VersMedV enthalten. Demnach ist das Merkmal gegeben, wenn ein sbM „infolge einer Einschränkung des Gehvermögens, auch durch innere Leiden, oder infolge von Anfällen oder von Störungen der Orientierungsfähigkeit nicht ohne erhebliche Schwierigkeiten oder nicht ohne Gefahren für sich oder andere Wegstrecken im Ortsverkehr zurückzulegen vermag, die üblicherweise noch zu Fuß zurückgelegt werden". Zugrunde zu legen ist dabei ein **generalisierender Maßstab,** der die altersunabhängig durch einen nicht behinderten Menschen zu Fuß zurücklegbaren Strecken als Referenz nimmt. Ortsübliche Wegstrecke soll eine Strecke von etwa 2 km sein, die in ca. einer halben Stunde zurückgelegt werden kann. Bei Säuglingen und Kleinkindern ist insofern nicht zu prüfen, ob tatsächlich diesbezügliche behinderungsbedingte Nachteile vorliegen oder behinderungsbedingte Mehraufwendungen entstehen (Ziff. 1c Anl. D VersMedV). 41

Einzelfälle zum Merkzeichen G: In Betracht kommen insbes. behinderungsbedingte Einschränkungen des Gehvermögens, idR ab einem hierdurch bedingten GdB von mindestens 50 (darunter nur bei besonderen Beeinträchtigungen) sowie bei inneren Leiden mit einer schweren Beeinträchtigung der körperlichen Leistungsfähigkeit (Ziff. 1d Anl. D VersMedV). Bei hirnorganischen Anfällen sowie Diabetes mellitus mit häufigen hy- 42 poglykämischen Schocks ist idR eine erhebliche Beeinträchtigung der Bewegungsfähigkeit erst ab einer mittleren Anfallshäufigkeit mit einem GdB von mindestens 70 anzuerkennen, wenn die Anfälle überwiegend am Tage auftreten (Teil D Ziff. 1e). In Betracht kommen auch Störungen der Orientierungsfähigkeit, die eine erhebliche Beeinträchtigung der Bewegungsfähigkeit nach sich ziehen. Dies gilt nach Ziff. 1f Anl. D VersMedV bei allen Sehbehinderungen mit einem GdB von wenigstens 70 sowie uU schon bei Sehbehinderungen mit einem GdB ab 50 in Kombination mit einer Schwerhörigkeit oder geistiger Behinderung sowie bei Taubheit oder an Taubheit grenzender Schwerhörigkeit, im Erwachsenenalter aber nur in Kombination zB mit Sehbehinderung oder geistiger Behinderung. Zu bejahen ist Merkzeichen G aufgrund geistiger Behinderung bei gravierenden Störungen der Orientierungsfähigkeit regelmäßig bei einem GdB ab 80, darunter nur in besonders gelagerten Einzelfällen

43 **Begleitperson:** Das Merkmal B richtet sich infolge der Verweisung in § 3 SchwbAwV nach § 229 Abs. 2 und erfordert, dass der schwerbehinderte Mensch infolge der Behinderung regelmäßig auf **Hilfe angewiesen** ist. Es ist seit 2009 durch Ziff. 2 Anl. D VersMedV gesetzlich ausgeformt. Nicht zu prüfen ist demnach, ob tatsächlich diesbezügliche behinderungsbedingte Nachteile vorliegen oder behinderungsbedingte Mehraufwendungen entstehen. Das Merkzeichen ist gerechtfertigt bei sbM, bei denen die Voraussetzungen für die Merkzeichen „G", „Gl" oder „H" vorliegen und die bei der Benutzung von öffentlichen Verkehrsmitteln infolge ihrer Behinderung regelmäßig – zB beim Ein- und Aussteigen – auf fremde Hilfe angewiesen sind. Explizit genannt werden überdies Querschnittgelähmte, Ohnhänder, Blinde, Sehbehinderte, Hörbehinderte, geistig behinderte Menschen und Anfallskranke (Teil D Ziff. 2c, vgl. auch LSG BW 22.9.2016 – L 6 SB 5073/15, BeckRS 2016, 73551).

I. Ausstellung von Ausweisen

44 Der Ausweis nach § 152 Abs. 5 wird auf **Antrag** des behinderten Menschen ausgestellt. Andere Personen, Behörden oder Ämter, insbes. also Integrationsamt, Arbeitsamt, Arbeitgeber, Finanzamt, Gemeinde, Verkehrsunternehmen, Vertrauensperson oder Personalrat und Betriebsrat haben kein Antragsrecht. Sie können nur in Vollmacht des Behinderten und mit dessen Auftrag tätig werden. Die nach wie vor in § 6 Abs. 2 S. 1 SchwbAwV enthaltene Regelung, dass der Ausweis grundsätzlich zu befristen ist, in der Regel für fünf Jahre vom Monat der Ausstellung an, konkretisiert die höherrangige Vorgabe in § 152 Abs. 5 S. 3, dass der Ausweis **befristet ausgestellt** werden „soll". § 6 Abs. 2 S. 2 SchwbAwV ergänzt dies um die Ausnahme, dass der Ausweis auch unbefristet ausgestellt werden kann, wenn „eine Nachfeststellung wegen einer wesentlichen Änderung in den gesundheitlichen Verhältnissen, die für die Feststellung maßgebend gewesen sind, nicht zu erwarten ist" (zu den Hintergründen des Gesetzgebungsverfahrens BT-Drs. 15/2030, 2). Die Entscheidung ist ohne Ermessensfehler allein an der erzielbaren Vereinfachung des Verwaltungsverfahrens zu orientieren; ein Anspruch des Betroffenen auf Erteilung eines unbefristeten Ausweises folgt daraus in keinem Fall (LSG BW 18.2.2022 – L 8 SB 2527/21, BeckRS 2022, 4017; ThürLSG 14.10.2021 – L 5 SB 1259/19, BeckRS 2021, 38401; LSG NRW 8.7.2021 – L 13 SB 368/18, BeckRS 2021, 23603, Rn. 11). Auch bei unbefristeter Ausstellung entsteht kein Vertrauensschutz hinsichtlich einer dauerhaften Beibehaltung des Behindertenschutzes (BSG 11.8.2015 – B 9 SB 2/15 R, SozR 4–1300 § 48 Nr. 31). Die Verlängerung des Schwerbehindertenausweises ist richtigerweise nicht als Verwaltungsakt iSd § 31 SGB X zu qualifizieren (LSG NRW 20.5.2021 – L 6 SB 242/20, FD-SozVR 2021, 442554, Rn. 50), sondern als schlichte Leistungshandlung, da damit keine Entscheidung getroffen, sondern lediglich die fortbestehende Feststellung dokumentiert wird.

Der Ausweis dient nicht nur dem Nachweis der Eigenschaft als sbM und des GdB, sondern auch anderer Merkmale wie der Gehörlosigkeit, der erheblichen Beeinträchtigung der Bewegungsfähigkeit im Straßenverkehr oder der Notwendigkeit einer Begleitperson (→ Rn. 33 ff.). Er kann deshalb gegenüber allen Stellen, Vertragspartnern, Behörden – und daher auch gegenüber dem Arbeitgeber, der Agentur für Arbeit und dem Integrationsamt – als Unterlage für den Nachweis der Eigenschaft als sbM dienen und gilt als **beweiskräftiger Nachweis** (BSG 26.2.1986 – 9a RVs 4/83, SozR 3870 § 3 Nr. 21; 5.7.2007 – B 9/9a SB 2/06 R, SozR 4–3250 § 69 Nr. 5; 24.4.2008 – B 9/9a SB 8/06 R, SozR 4–3250 § 69 Nr. 8; 11.5.2011 – B 5 R 56/10 R, br 2012, 23; 11.8.2015 – B 9 SB 2/15 R, SozR 4–1300 § 48 Nr. 31, auch dem Gericht gegenüber, LAG Düsseldorf 7.10.1976 – 14 Sa 974/76, AuR 1977, 125). Auch für Ausländer, die nur geduldet sind und für ins Ausland Verzogene gilt der Ausweis (BSG 5.7.2007 – B 9/9a SB 2/06 R, SozR 4–3250 § 69 Nr. 5; 29.4.2010 – B 9 SB 2/09 R, SozR 4–3250 § 2 Nr. 2; 31.7.2013 – B 9 SB 98/12 B, BSGRegNr. 30908). Grundlage für die Ausstellung sind die Feststellungen (→ Rn. 3 ff.) entsprechend den Vorgaben der VersMedV (→ Rn. 3; vgl. BSG 11.8.2015 – B 9 SB 1/14 R, SozR 4–3250 § 69 Nr. 21). Gegenüber dem noch gültigen Ausweis ist grds. **kein Gegenbeweis** zulässig, es sei denn, es wird behauptet, der Ausweis sei erschlichen. Dagegen ist der Ausweis nicht etwa das einzige Beweismittel für die Behinderteneigenschaft. Das ergibt sich schon daraus, dass er erst ausgestellt wird, wenn eine entsprechende Feststellung getroffen wurde, die geraume Zeit in Anspruch nehmen kann (Begutachtung, Untersuchung, Behördengang usw). Schon vorher ist aber ein mit einem Grad von mindestens 50 Behinderter nach § 2 Abs. 2 sbM. Dies ergibt sich schon daraus, dass bereits ein Renten- oder Verwaltungsbescheid eine entsprechende Erwerbsminderung bescheinigen kann und dann nach § 152 Abs. 2 die Eigenschaft als Schwerbehinderter ausweist. Schließlich ist in § 152 Abs. 2 eine vorläufige Bescheinigung über das Vorliegen einer Behinderung und den GdB ausdrücklich genannt und bildet dann auch den Nachweis der Schwerbehinderteneigenschaft. Für die Inanspruchnahme besonderer Vergünstigungen kann allerdings der Ausweis zur Voraussetzung gemacht werden (§ 228 Abs. 1: gegen Vorzeigen eines entspr. gekennzeichneten Ausweises; § 65 EStDV: Nachw. durch Ausweis nach SGB IX, vgl. dazu BFH 5.2.1988 – III R 244/83, BFHE 152, 488 = DB 1988, 1574). Vor allem für steuerliche Erleichterungen kann aber der Ausweis nachgereicht werden, wenn er nur wegen fehlender bestandskräftiger Bescheidung noch nicht vorliegt. Notfalls muss dies im Einspruchsverfahren nachgeholt werden. Eine Bindung anderer Behörden (Finanzämter, Sozialhilfeträger) an einen Ausweis und die dort getroffenen Feststellungen besteht aber nicht, wenn die tatsächlichen Verhältnisse anders liegen (für Neufeststellung BFH 22.9.1989 – III R 167/86, BFHE 158, 375 = BB 1990, 55 = DB 1990, 258; für Merkmal H BVerwG 17.8.1988 – 5 C 65/85, BVerwGE 80, 54 = NJW 1989, 601; für Zeitpunkt der Geltung FG BW 6.10.2005 – 8 K 137/05, EFG 2006, 71 mAnm Kühnen; weitergehend für Bindung an Eintragung H BFH 5.2.1988 – III R 244/83, BFHE 152, 488 = DB 1988, 1574, 28.10.1988 – VI R 60/85, BFHE 154, 542 = DB 1989, 607; allg. für Bindung BSG 6.10.1981 – 9 RVs 3/81, BSGE 52, 168; 16.5.1995 – 9 RV 1/94, Breithaupt 1996, 876; BVerwG 17.12.1982 – 7 C 1181, BVerwGE 66, 315; 11.7.1985 – 7 C 44/83, BVerwGE 72, 8; 27.2.1992 – 5 C 48.88, BVerwGE 90, 65). 45

Die Änderung auf Grund einer unanfechtbar gewordenen Neufeststellung führt nur dann zur Berichtigung oder Einziehung des Ausweises, wenn sich daraus eine **Änderung des GdB**, ggf. im Zusammenhang mit einem Wegfall der Schwerbehinderteneigenschaft, ergibt oder sie zum Wegfall des Anspruches auf eine Vergünstigung führt. Solange bloß einzelne Fakten neu und ggf. verändert festgestellt werden, der GdB jedoch im Ergebnis unverändert bleibt, ist auch der Ausweis unverändert dem behinderten Menschen zu belassen. Treten solche Änderungen ein und wird damit unanfechtbar festgestellt, dass eine Behinderung nicht mehr in dem erforderlichen Umfang vorliegt, ist der Ausweis einzuziehen, sobald der Schutz nach § 199 erloschen ist. Der Ausweis ist deshalb bis zum 46

Ablauf des dritten Kalendermonats nach Unanfechtbarkeit der Herabsetzung zu belassen und erst von diesem Tage an ungültig und einzuziehen.

47 Das Verfahren richtet sich auch insofern nach dem SGB X sowie den anwendbaren Sonderregelungen des KOVVfG (→ Rn. 21 ff.), vgl. § 7 SchwbAwV. Insofern gilt das allgemein zum Verfahren Gesagte (→ Rn. 21 ff.). Eine **Beteiligung Dritter** oder anderer amtlicher Stellen (§ 12 SGB X) und deren Zuziehung zum Verfahren scheidet hier praktisch allerdings aus, da die Bescheinigung nur den Ausweis über einen festgestellten Grad der Behinderung und der daraus folgenden Eigenschaft als sbM darstellt. Eine sachliche Änderung und damit ein berechtigtes Interesse Dritter hinsichtlich der Sachentscheidung lässt sich daher nicht erkennen.

48 Eine Berichtigung wegen Schreib- oder Rechenfehlern oder anderen Unrichtigkeiten ist jederzeit auf Antrag oder von Amts wegen möglich (§ 38 SGB X). Eine Berichtigung wegen Herabsetzung oder Erhöhung des GdB nach unanfechtbarer Neufestsetzung oder Wegfalles eines Anspruches auf einen Nachteilsausgleich erfolgt auf Antrag oder von Amts wegen. Antragsberechtigt ist der Behinderte oder jede sonst interessierte Behörde oder Stelle (Arbeitgeber, Bundesagentur für Arbeit, Integrationsamt, Finanzamt, Verkehrsträger). Das Versorgungsamt wird **von Amts wegen** tätig, wenn ihm die Änderung bekannt wird. Die Bescheinigung ist einzuziehen, wenn die Neufestsetzung ergibt, dass keine Schwerbehinderung iSd Gesetzes mehr vorliegt (also nunmehr ein GdB unter 50 besteht) oder ein Anspruch auf eine Vergünstigung nicht mehr existiert. Außerdem muss die Schutzfrist des § 199 Abs. 1 abgelaufen sein. Die Vorlage des Ausweises zur Berichtigung oder Einziehung kann nach § 51 SGB X verlangt werden. Auch kann das persönliche Erscheinen angeordnet werden (§ 21 SGB X). Wird der Ausweis nicht herausgegeben, kann ein entsprechender Verwaltungsakt erlassen werden, der dann im Wege des Verwaltungsvollstreckungsverfahrens nach dem Verwaltungsvollstreckungsgesetz durchgesetzt werden kann (§§ 51, 66 SGB X). Der Anspruch ist höchstpersönlich, erlischt daher mit dem Tod des behinderten Menschen und geht nicht auf andere Personen (Erben) über (BSG 6.12.1989 – 9 RVs 4/89, BSGE 66, 120 = SozR 3870 § 4 Nr. 4).

J. Bedeutung des Ausweises

49 Feststellung und Nachweis, insbes. die Vorlage eines Ausweises nach § 152 Abs. 5, sind **keine gesetzlichen Voraussetzungen** für die **Eigenschaft als sbM,** da nach § 2 die Schwerbehinderteneigenschaft allein daraus folgt, dass ein nicht nur vorübergehender GdB von mindestens 50 vorliegt (→ § 2 Rn. 22). Ein Arbeitnehmer kann sich also auch schon vor Feststellung des GdB und vor Ausstellung eines entsprechenden Ausweises nach § 152 Abs. 5 auf seine Schwerbehinderteneigenschaft berufen. Er muss dann im Streitfall nur nachweisen, dass er mit einem GdB von wenigstens 50 behindert ist. Dieser Nachweis kann ohne weiteres durch eine entsprechende Bescheinigung und sonst durch Feststellung iSv § 152 Abs. 1, 2 erfolgen. Ein besonderer Nachweis für die Schwerbehinderteneigenschaft ist allerdings auch dann nicht erforderlich, wenn sie **offenkundig** ist, insbes. bei Verlust von Gliedmaßen oder Blindheit. Dann ist die Eigenschaft als sbM evident und braucht nicht besonders nachgewiesen oder festgestellt oder bescheinigt zu werden, nachdem es auf den Grund der Behinderung nicht mehr ankommt (BVerfG 9.4.1987 – 1 BvR 1406/86, NZA 1987, 563; BAG 11.5.2000 – 2 AZR 276/99, AP BetrVG 1972 § 103 Nr. 42; 18.10.2000 – 2 AZR 380/99, AP BGB § 123 Nr. 59; 7.3.2002 – 2 AZR 612/00, AP SchwbG 1986 § 15 Nr. 11; 13.2.2008 – 2 AZR 864/06, AP SGB IX § 85 Nr. 5; → § 168 Rn. 34). Nach dieser Rechtslage ist es unzutreffend, der Bescheinigung bzw. dem Nachweis rechtsbegründende (konstitutive) Bedeutung beizumessen.

Anders liegt der Fall jedoch bei verborgenen oder nicht ohne weiteres erkennbaren oder geringeren Behinderungen. Eine geistige oder seelische Schädigung tritt nicht ohne weiteres zutage, der Verlust eines Fingers, von Zehen, eine Sehschwäche braucht noch keinen GdB von wenigstens 50 nach sich zu ziehen. Insbes. wenn lediglich oder zusätzlich altersbedingte Verschleißerscheinungen auftreten und zur Behinderung führen, lassen sich Grad und Umfang der Behinderung und damit der Eigenschaft als Schwerbehinderter nicht ohne weiteres erkennen. In diesen Fällen muss der Betroffene – zB im Arbeitsverhältnis ggü. seinem Arbeitgeber – sich ausdrücklich auf seine **Eigenschaft als sbM berufen** und das im Streitfalle auch **nachweisen.** Dieser Nachweis steht ihm nach § 152 offen. Macht er von dieser Möglichkeit keinen Gebrauch, wird er nicht als sbM anzusehen sein, solange eine entsprechende Feststellung nicht getroffen und damit der Nachweis nicht erbracht ist. Erst im Augenblick der Feststellung und des damit erbrachten Nachweises liegt dann auch Kenntnis der Eigenschaft als sbM vor und tritt der volle Schutz des Gesetzes ein. Bis zu dieser Feststellung steht diese Eigenschaft noch nicht fest und kann zB keine Anrechnung auf den Pflichtplatz rechtfertigen. In der Konsequenz muss der Arbeitgeber ggf. die Ausgleichsabgabe zahlen, zugleich fehlen dem Betroffenen Wahlrecht und Wählbarkeit zur Schwerbehindertenvertretung. Bundesagentur für Arbeit und Integrationsamt müssen nicht nach diesem Gesetz tätig werden. Es liegt also am behinderten Menschen selbst, so bald als möglich die Feststellung treffen zu lassen und den Ausweis zu beantragen. Dass bereits eine vorläufige oder nicht rechtskräftige Feststellung die Eigenschaft als sbM nachweisen kann und der erst später ausgestellte Ausweis keine Voraussetzung für den Schutz des Gesetzes ist, wurde in → Rn. 36 ausgeführt. Eine hierzu ausreichende Geltendmachung des gesetzlichen Schutzes liegt allerdings nicht vor, wenn nur ein ablehnender Bescheid vorgelegt und nicht offengelegt wird, dass Widerspruch erhoben wurde (BAG 2.6.1982 – 7 AZR 32/80, AP SchwbG § 12 Nr. 8). 50

Schwierigkeiten bereitet der Fall, in dem der behinderte Mensch sich auf den Schutz des Gesetzes beruft, eine entsprechende **Feststellung** und ein **Ausweis noch nicht vorliegen,** aber beantragt sind bzw. sofort beantragt werden. Dieser Fall kann vor allem für Kündigungen wichtig werden, die der Zustimmung des Integrationsamts bedürfen, wenn der Arbeitnehmer sbM iSd Gesetzes ist (vgl. § 173 Abs. 3). Solange die Eigenschaft als sbM nicht nachgewiesen ist, wird das Integrationsamt in aller Regel ein Negativattest in dem Sinne erteilen, dass auf den Antrag zur Zustimmung zur Kündigung eine solche Zustimmung nicht erforderlich sei, weil die Schwerbehinderteneigenschaft nicht nachgewiesen sei. Die Kündigung wird dann auf Grund dieser Erklärung zulässig (BAG 27.5.1983 – 7 AZR 482/81, AP SchwbG § 12 Nr. 12; → § 168 Rn. 82). Wenn aber vor Erklärung der Kündigung die Feststellung des Grades der Behinderung von wenigstens 50 getroffen wird, bedarf die Kündigung nunmehr zu ihrem Ausspruch der Zustimmung. Maßgeblich ist folglich stets der **Nachweis der Schwerbehinderteneigenschaft** vor **Zugang der Kündigung,** solange ein sog. Negativattest vorliegt. Bei beantragter Feststellung kann das Integrationsamt auch einen **vorsorglichen Verwaltungsakt** erlassen und einer Kündigung zustimmen oder fiktiv zustimmen (BVerwG 15.12.1988 – 5 C 67/85, BVerwGE 81, 84 = NZA 1989, 554; KR/Gallner §§ 173 Rn. 63). Eine solche vorsorgliche Zustimmung wird gegenstandslos, wenn sich im Feststellungsverfahren herausstellt, dass der Arbeitnehmer nicht schwerbehindert ist (VG Regensburg 18.11.1991 – RN 5 K 91/0568, br 1992, 88). 51

Wird noch **während des Verfahrens** vor dem Integrationsamt die Eigenschaft als sbM **festgestellt,** muss ohnehin das Zustimmungsverfahren durchgeführt werden. Die danach auszusprechende Kündigung ist noch nicht erfolgt und bedarf nunmehr der vorherigen Zustimmung. Eine nachträgliche Feststellung der Eigenschaft als sbM kann also dann nicht zur Unwirksamkeit der Kündigung wegen fehlender Zustimmung führen, wenn das Zustimmungsverfahren erfolglos in Gang gesetzt wurde. Ist das nicht der Fall – wird also eine Kündigung ausgesprochen oder aufrechterhalten, obwohl der Arbeitnehmer erklärt, sbM zu sein, ohne das sofort nachweisen zu können – kommt es zunächst auf die Art der 52

Feststellung an. Eine spätere Feststellung des (nicht offenkundigen, → Rn 49) GdB von mindestens 50 kann eine frühere Kündigung dann nicht unwirksam machen. In der Regel wird auch die Feststellung erst am Tage der Untersuchung (also nach der Kündigung) getroffen werden können und damit keinen Einfluss mehr auf die bereits ausgesprochene Kündigung haben.

53 Fehlt aber nur noch die Feststellung zur Eigenschaft als sbM und erfolgt diese nachträglich mit Rückwirkung, steht damit an sich nachträglich fest, dass die Kündigung der Zustimmung des Integrationsamts bedurft hätte und ohne diese unwirksam ist. Das sollte nach der Rspr. des BAG aber nur dann gelten, wenn im Zeitpunkt der Kündigung bereits ein entsprechender **Antrag** gestellt war und der Arbeitnehmer das dem Arbeitgeber binnen drei Wochen mitteilt (BAG 12.1.2006 – 2 AZR 539/05, AP SGB IX § 85 Nr. 3; 13.2.2008 – 2 AZR 864/06, AP SGB IX § 85 Nr. 5; 11.12.2008 – 2 AZR 395/07, AP BGB § 613a Nr. 362; 23.2.2010 – 2 AZR 659/08, AP SGB IX § 85 Nr. 8; 16.2.2012 – 6 AZR 553/10, AP SGB IX § 85 Nr. 9; 22.9.2016 – 2 AZR 700/15, AP SGB IX § 85 Nr. 14, hier mit einem Tag mehr, weil der Zugang noch hinzuzurechnen sei). Seit 1.5.2004 gilt nach dem G v. 23.4.2004 (BGBl. I 606) die neu eingefügte Vorschrift des § 173 Abs. 3, wonach kein Kündigungsschutz besteht, wenn zum Zeitpunkt der Kündigung die Eigenschaft als sbM nicht nachgewiesen ist oder das Versorgungsamt nach Ablauf der Frist des § 152 Abs. 1 S. 3 eine Feststellung wegen fehlender Mitwirkung nicht treffen konnte. Der Nachweis muss also dem Arbeitgeber bis zum Zugang der Kündigung durch Vorlage des Ausweises oder des Feststellungsbescheides nachgewiesen oder spätestens drei Wochen vor der Kündigung beantragt worden sein (→ § 173 Rn. 23 f.). Es ist deshalb anzuraten, die Anträge nach § 152 Abs. 1, 5 **unverzüglich zu stellen,** weil nur dann der volle Schutz des Gesetzes auch bei nicht offensichtlichen Behinderungen gewährleistet ist.

K. Rechtsweg

54 Für alle Streitigkeiten ist der Rechtsweg zu den **Sozialgerichten** gegeben (§ 51 Abs. 1 Nr. 7 SGG). Nur soweit eine Feststellung nach § 152 Abs. 2 vorliegt, ist diese mit den jeweils dafür gegebenen Rechtsbehelfen anzugreifen (also zB für Dienstunfälle der allg. Verwaltungsrechtsweg). Vor Anrufung der Sozialgerichte ist das **Vorverfahren** der §§ 77 ff. SGG einzuhalten, also zunächst Widerspruch binnen einem Monat bei dem Versorgungsamt einzulegen, das den Verwaltungsakt erlassen oder dessen Erlass abgelehnt hat (vgl. §§ 83–86 SGG). Es gelten die Besonderheiten des KOVVfG, wobei in jedem Fall das Vorverfahren durchzuführen ist, um dem Versorgungsamt bzw. der Verwaltungsbehörde die Möglichkeit der Abänderung zu geben. Man verspricht sich davon eine Entlastung der Sozialgerichte und eine Beschleunigung der Verfahren (BT-Drs. 10/5701, 9).

55 Die frühere Beschränkung der Berufungsmöglichkeit ist bereits seit dem Ersten Änderungsgesetz v. 24.7.1986 mWv 1.8.1986 an aufgehoben worden. Deshalb wird auch keine Unterscheidung mehr dahin getroffen, ob es um die Eigenschaft als sbM oder Gleichzustellender geht. Die Berufung findet vielmehr nach allgemeinen Grundsätzen statt (§ 143 SGG).

§ 153 Verordnungsermächtigung

(1) Die Bundesregierung wird ermächtigt, durch Rechtsverordnung mit Zustimmung des Bundesrates nähere Vorschriften über die Gestaltung der Ausweise, ihre Gültigkeit und das Verwaltungsverfahren zu erlassen.

(2) Das Bundesministerium für Arbeit und Soziales wird ermächtigt, durch Rechtsverordnung mit Zustimmung des Bundesrates die Grundsätze aufzustellen, die für die Bewertung des Grades der Behinderung, die Kriterien für die Bewertung der Hilflosigkeit und die Voraussetzungen für die Vergabe von Merkzeichen maßgebend sind, die nach Bundesrecht im Schwerbehindertenausweis einzutragen sind.

Übersicht

A. Textgeschichte

Die Text- bzw. Entstehungsgeschichte von § 153 ist kompliziert (ausf. 13. Aufl. Rn. 1 f.; jurisPK-SGB IX/Goebel § 153 SGB IX Rn. 1 ff.). Die Verordnungsermächtigung nach § 153 findet ihren Ursprung in § 4 Abs. 5 S. 5 SchwbG. Auf Grund dieser Ermächtigung war ua die Vierte Verordnung zur Durchführung des SchwbG (Ausweisverordnung Schwerbehindertengesetz – SchwbAwV) v. 15.5.1981 (BGBl. I 431) idF v. 25.7.1991 (BGBl. I 1739) erlassen worden, die zuletzt geändert wurde durch G v. 20.8.2021 (BGBl. I 3932). Seit Art. 56 des Gesetzes v. 19.6.2001 (BGBl. I 1046) galt die 4. Durchführungsverordnung offiziell als „Schwerbehindertenausweisverordnung". § 4 Abs. 5 S. 5 SchwbG wurde sodann inhaltsgleich durch Art. 1 des Gesetzes vom 19.6.2001 (BGBl. I 2001, S. 1046) in § 70 Abs. 1 aF überführt. Ihre heutige systematische Einbindung hat die Vorschrift des § 153 zum 1.1.2018 durch das BTHG (BGBl. I 2016, 1824) erhalten. Inhaltlich hat sich gegenüber dem bisherigen Recht (§ 70 aF) nichts Wesentliches geändert. 1

B. Normzweck

§ 153 ist die nach Art. 80 Abs. 1 GG verfassungsrechtlich gebotene **Verordnungsermächtigung** zum Erlass von Rechtsverordnungen, welche die in § 152 gesetzlich umrissenen Fragestellungen inhaltlich und verfahrensrechtlich ausformen, hierdurch präzisieren und eine rechtssichere, bundeseinheitliche Rechtsanwendung im Bereich des Schwerbehindertenrechts ermöglichen. Durch das Instrument der Rechtsverordnung sollen zugleich eine hinreichende Regelungsflexibilität und die Möglichkeit einer schnellen Anpassung an rechtstatsächliche Veränderungen gewährleistet sein. Inhaltlich betrifft die Verordnungsermächtigung heute sowohl die Feststellung eines GdB als solche (§ 153 Abs. 2) als auch die Gestaltung der Schwerbehindertenausweise (§ 153 Abs. 1). Letzteres ist insbes. mit der SchwbAwV geschehen (zu deren Regelungsinhalt im Einzelnen → § 152 Rn. 33 ff., 44 ff. sowie unten → Rn. 7). 2

Vor allem die in § 153 Abs. 2 angesprochenen Materien sind seit dem 1.1.2009 mit dem Erlass der – allerdings auf § 30 BVG gestützten – Versorgungsmedizinverordnung (VersMedV) v. 10.12.2008 (BGBl. I 2412) ebenfalls Gegenstand einer Rechtsverordnung geworden (zuletzt geändert durch Verordnung v. 6.6.2023 (BGBl. I Nr. 146). Zu deren § 2 wurde die Anlage „Versorgungsmedizinische Grundsätze" erlassen (ausf. → § 152 Rn. 3 ff.). Diese enthält in **Teil A** allgemeine Regelungen zur Ermittlung des GdB, in **Teil B** detaillierte, evidenzbasierte Kataloge zur Zuerkennung eines Einzel-GdB bei bestimmten Symptomen sowie in **Teil D** zusätzliche inhaltliche Vorgaben für die Ausgestaltung der Schwerbehindertenausweise, insbes. hinsichtlich der Eintragung be- 3 stimmter zusätzlicher Merkzeichen (ausf. → § 152 Rn. 33 ff.), berührt also auch den Ermächtigungsbereich von § 153 Abs. 1.

4 Soweit die VersMedV im Anwendungsbereich des SGB IX Regelungen trifft, konnte man ursprünglich an der Existenz einer Art. 80 GG genügenden gesetzlichen Verordnungsermächtigung zweifeln. Dieses Defizit ist durch Einfügung von § 153 Abs. 2 (bzw. der Vorgängernorm des § 70 Abs. 2 aF) für zukünftig zu erlassende Nachfolgeverordnungen der VersMedV behoben worden, da nunmehr eine Verordnungsermächtigung für den Erlass einer derartigen Rechtsverordnung in § 153 Abs. 2 (von 2015–2018: § 70 Abs. 2 aF) enthalten ist. Bis zu einer explizit (vgl. Art. 80 Abs. 1 S. 3 GG) darauf gestützten Aktualisierung oder Ersetzung der VersMedV bleibt die auf Grundlage des BVG erlassene Verordnung gem. § 241 Abs. 5 (§ 159 Abs. 7 aF) **übergangsweise anwendbar.** Infolge ihrer gesetzlichen Inbezugnahme gilt die VersMedV gegenwärtig somit nicht „aus sich heraus", dh als Rechtsverordnung, sondern im Anwendungsbereich des SGB IX im Rang eines förmlichen Gesetzes, was sich schon daran zeigt, dass die VersMedV auch nach ihrer jüngsten Aktualisierung das Zitiergebot des Art. 80 Abs. 1 S. 3 GG im Hinblick auf § 153 Abs. 2 (§ 70 Abs. 2 aF) nicht wahrt. Erst mWz 1.1.2024 wird diese Problematik durch ausdrückliche Bezugnahme auf das SGB IX in § 1 VersMedV nF gelöst.

5 Das BSG bejaht dennoch eine fachgerichtliche **Prüfungs- und Nichtanwendungskompetenz** hinsichtlich der Vereinbarkeit der VersMedV mit höherrangigem Recht (BSG 23.4.2009 – B 9 SB 3/08 R, Rn. 27 ff., SozialVerw 2009, 59). Verfassungsrechtliche Zweifel äußert in diesem Kontext Dau jurisPR-SozR 10/2016 Anm. 5: Sein Einwand, dass die VersMedV infolge der Übergangsregelung des § 241 Abs. 5 gegenwärtig nicht als Rechtsverordnung, sondern mit dem Rang eines förmlichen Gesetzes gilt und somit der Fachgerichtsbarkeit – anders als bei einer Rechtsverordnung – keine Verwerfungskompetenz zukommt, ist dogmatisch zutreffend. Bei Zweifeln eines Fachgerichts an der Verfassungskonformität von Regelungen der VersMedV scheint somit die Vorlage zum BVerfG (Art. 100 GG) oder zum zuständigen LVerfG geboten.

C. Verknüpfung mit anderen Vorschriften

6 Nach § 237 Abs. 1 wird die Bundesregierung zusätzlich ermächtigt, in der Rechtsverordnung auf Grundlage des § 153 Abs. 1 nähere Vorschriften über die Gestaltung von Wertmarken iSd § 228 (→ § 228 Rn. 3 ff.) ihre Verbindung mit dem Ausweis und Vermerke über ihre Gültigkeitsdauer zu erlassen. Grundlegende gesetzliche Bestimmungen zur Ausstellung des Schwerbehindertenausweises, seiner Ausstellung sowie zu seiner Nachweisfunktion – und damit den gesetzlichen Rahmen, den die SchwbAwV wahren muss – enthält § 152 Abs. 5 (→ § 152 Rn. 44 ff.). Gleiches gilt für die Ermächtigungsgrundlage in § 153 Abs. 2, bei deren Ausfüllung durch eine künftig die VersMedV ersetzende Rechtsverordnung die rahmensetzenden inhaltlichen Vorgaben insbes. aus § 152 Abs. 1, 2 und 4 beachtet werden müssen.

D. Grundzüge der Schwerbehindertenausweisverordnung

7 § 1 SchwbAwV bestimmt **Form und Farbe des Schwerbehindertenausweises:** Dieser ist mit einem fälschungssicheren Aufdruck in der Grundfarbe grün zu versehen. Für Berechtigte zur unentgeltlichen Beförderung im öffentlichen Personenverkehr ist der Ausweis durch einen halbseitigen orangefarbenen Flächenaufdruck zu kennzeichnen (§ 1 Abs. 2 SchwbAwV). Das gleiche gilt für den Ausweis schwerbehinderter Menschen, die zu einer der in § 234 S. 1 Nr. 2 benannten Gruppe gehören. Seit dem 1.1.2015 ist der Ausweis

ausschließlich in Form einer Identifikationskarte nach dem in der Anlage zur Verordnung abgebildeten Muster 5 auszustellen (§ 1 Abs. 5 SchwbAwV). § 3 SchwbAwV bestimmt, dass bei Vorliegen weiterer (gesundheitlicher) Merkmale iSd § 152 Abs. 4 die jeweiligen Merkzeichen (ausf. → § 152 Rn. 33 ff.) einzutragen sind. Gemäß § 5 SchwbAwV ist der Ausweis grundsätzlich mit einem Lichtbild zu versehen. § 6 Abs. 2 S. 1 SchwbAwV normiert schließlich, dass die Gültigkeit auf längstens 5 Jahren zu befristen ist (zum Verhältnis zu § 152 Abs. 5 S. 3 → § 152 Rn. 44). Eine unbefristete Ausstellung kann nach § 6 Abs. 2 S. 2 aber dann erfolgen, wenn keine Neufeststellung wegen einer wesentlichen Änderung in den gesundheitlichen Verhältnissen zu erwarten ist.

§ 153a Sachverständigenbeirat, Verfahren

(1) [1]Beim Bundesministerium für Arbeit und Soziales wird ein unabhängiger „Sachverständigenbeirat Versorgungsmedizinische Begutachtung“ gebildet. [2]Der Beirat berät das Bundesministerium für Arbeit und Soziales zu allen versorgungsärztlichen Angelegenheiten und bereitet die Fortentwicklung der in der Versorgungsmedizin-Verordnung enthaltenen Versorgungsmedizinischen Grundsätze vor, die bei der Begutachtung im Schwerbehindertenrecht und im Sozialen Entschädigungsrecht verbindlich anzuwenden sind. [3]Dies geschieht teilhabeorientiert auf der Grundlage des aktuellen Standes der medizinischen Wissenschaft und der Medizintechnik unter Berücksichtigung versorgungsmedizinischer Erfordernisse.

(2) [1]Für den Beirat benennen die Länder, der Deutsche Behindertenrat und das Bundesministerium für Arbeit und Soziales jeweils sieben Personen, darunter jeweils mindestens vier Ärztinnen und Ärzte, die versorgungsmedizinisch oder wissenschaftlich besonders qualifiziert sind. [2]Eine der vom Bundesministerium für Arbeit und Soziales zu benennenden Personen ist ein Vertreter oder eine Vertreterin aus dem versorgungsmedizinischen ärztlich-gutachterlichen Bereich der Bundeswehr. [3]Das Bundesministerium für Arbeit und Soziales beruft die benannten Personen als Mitglieder in den Beirat.

(3) [1]Die Mitglieder des Beirates werden für die Dauer von vier Jahren berufen. [2]Die Mitgliedschaft im Beirat ist ein persönliches Ehrenamt, das keine Vertretung zulässt. [3]Die Mitglieder des Beirates unterliegen keinerlei Weisungen, üben ihre Tätigkeit unabhängig aus und sind nur ihrem Gewissen verantwortlich. [4]Scheidet ein Mitglied aus, erfolgt für dieses Mitglied eine Neuberufung für den restlichen Zeitraum der Berufungsperiode. [5]Der Beirat bestimmt durch Wahl aus seiner Mitte den Vorsitz sowie die Stellvertretung des Vorsitzes und gibt sich eine Geschäftsordnung. [6]Die Geschäftsführung des Beirates wird vom Bundesministerium für Arbeit und Soziales ausgeübt, welches zu den Sitzungen einlädt und im Einvernehmen mit dem vorsitzenden Mitglied die Tagesordnung festlegt.

(4) [1]Die Beschlüsse des Beirates werden mit einfacher Mehrheit der berufenen Mitglieder gefasst. [2]Zu den Beratungen des Beirates können externe Sachverständige hinzugezogen werden. [3]Es können Arbeitsgruppen gebildet werden.

Übersicht

A. Textgeschichte

1 Durch das Gesetz zur Förderung eines inklusiven Arbeitsmarkts v. 6.6.2023 (BGBl. I 146) wurde die Norm in das SGB IX eingefügt und hat – anders als der zum 1.1.2024 in

Kraft tretende überwiegende Teil der Änderungen – bereits zum 14.6.2023 Geltung erlangt. § 153a überführt mit einigen Modifikationen die zuvor in §§ 3, 4 VerMedV aF enthaltene Beiratsregelung in das SGB IX.

B. Regelungsinhalt

2 **Abs. 1** beschreibt Aufgabe, inhaltliche Zielrichtung und Wirkungen der Tätigkeit des „Sachverständigenbeirats Versorgungsmedizinische Begutachtung" (bislang: „Ärztlicher Sachverständigenbeirat Versorgungsmedizin"). Ausweislich der Gesetzesbegründung (BT-Drs. 20/5664 S. 20) hat der Beirat die – umfassend zu verstehende – Aufgabe, „das BMAS in versorgungsmedizinischen Angelegenheiten zu beraten, die Versorgungsmedizinischen Grundsätze auf dem aktuellen Stand zu halten und Begutachtungskriterien zu erarbeiten". **Aufgabe** des Beirats ist damit insbes. auch, die **Begutachtungskriterien zu erarbeiten** und zu aktualisieren, die der Festlegung des Grades der Behinderung (GdB) und des Grades der Schädigungsfolgen (GdS) zugrunde gelegt werden. Diese Werte dienen dazu, das Ausmaß der Teilhabebeeinträchtigung rechtsgebietsübergreifend zu erfassen und haben insbes. auch Bedeutung für die §§ 151 ff. SGB XI sowie die dort geregelten Rechte sbM (→ § 152 Rn. 3 ff.). Auf Grundlage der Vorschläge des Beirats können die in der Anlage zur VersMedV enthaltenen Versorgungsmedizinischen Grundsätze weiterentwickelt werden (zu deren Genese, Rechtsnatur und Rechtsgrundlage → § 153 Rn. 3 ff.), die bei der Begutachtung im Schwerbehindertenrecht und im Sozialen Entschädigungsrecht anzuwenden sind.

3 Die durch den Beirat erarbeiteten und dem BMAS empfohlenen (Änderungs-)Vorschläge haben aus sich heraus noch keine rechtliche **Verbindlichkeit,** schaffen aber die inhaltliche Grundlage für die **Regelungstätigkeit des BMAS** beim Erlass von Rechtsverordnungen nach § 153 Abs. 2 SGB IX. Das BMAS ist bei seiner Regelungstätigkeit nicht inhaltlich an die Vorschläge des Beirats gebunden, sondern verfügt über eigene politische Entscheidungs- und Umsetzungsspielräume.

4 Der Beirat seinerseits wird durch § 153a Abs. 1 S. 3 inhaltlich auf eine **„teilhabeorientierte" Herangehensweise** verpflichtet sowie angehalten, den aktuellen **Stand der medizinischen Wissenschaft** und Medizintechnik sowie die versorgungsmedizinischen Erfordernisse bei seiner Entscheidungsfindung zu berücksichtigen. Anliegen ist, „typisierende", vom Einzelfall abstrahierte Regelungen zu erarbeiten, die sich den **„typischen Durchschnittsfall"** erfassen (BT-Drs. 20/5664, 20). Anhand der erarbeiteten Kriterien und Beurteilungssystematik soll „die Feststellung der Behinderung auf der Grundlage der eingereichten ärztlichen Befundunterlagen ohne weitere Untersuchungen oder Tatsachenermittlungen zügig möglich" sein (BT-Drs. 20/5664, 20). Individuell-konkrete Teilhabehemmnisse außerhalb der im engeren Sinne medizinischen Befundlage sollen angesichts ihrer individuellen Vielgestaltigkeit nicht Gegenstand der Betrachtungen und Vorschläge des Beirats sein. Demgegenüber können allgemeine Fortschritte bei der barrierefreien Gestaltung der Umwelt sowie der generelle medizinische/ medizintechnische Fortschritt Rückwirkungen auf die Teilhabemöglichkeiten im „typischen Durchschnittsfall" haben und den Beirat zur abstrakten Weiterentwicklung von GdB/GdS veranlassen (vgl. BT-Drs. 20/5664, 21).

5 **Abs. 2** regelt die **Zusammensetzung** des Beirats und erweitert ggü. der bisherigen Praxis den Kreis der einzubeziehenden Personen; dies spiegelt sich auch in der geänderten Bezeichnung des Gremiums (→ Rn. 2) wider. Die Benennung von Personen ist für das BMAS bindend; es kann keine weitere eigene Auswahlentscheidung treffen (BT-Drs. 20/ 5664, 21). Insbes. soll künftig die Betroffenenperspektive stärkere Beachtung finden, indem auch die Verbände der Menschen mit Behinderungen, die Bundesländer sowie das BMAS Beiratsmitglieder benennen können. Damit soll die bisherige Fokussierung auf

eine fachlich-ärztliche Perspektive aufgebrochen werden. Der Beirat wird gewissermaßen stärker zum politischen Akteur. Die fachliche Perspektive bleibt durch die Vorgabe, dass mindestens vier Ärztinnen/Ärzte mit besonderer versorgungsmedizinischer oder wissenschaftlich einschlägiger Qualifikation Beiratsmitglieder sein müssen. Die Bundesländer müssen sich über ein gemeinsames Verfahren zur Benennung von Beiratsmitgliedern verständigen (vgl. BT-Drs. 20/5664, 21 mit dem Vorschlag, das Vorsitzland der Arbeits- und Sozialministerkonferenz darüber entscheiden zu lassen).

Abs. 3 regelt entsprechend der zuvor in § 3 Abs. 4, 5 VersMedV aF normierten 6
Rechtslage die durch Ehrenamtsprinzip und Unabhängigkeit geprägte **Rechtsstellung** der Beiratsmitglieder, ferner die administrativen Grundsätze der Beiratsarbeit sowie die Geschäftsführung. **Abs.** 4 regelt die **Beschlussfassung** im Beirat und die Hinzuziehung externer **Sachverständiger.** Beide Regelungen entsprechen der zuvor in §§ 3 Abs. 3, 4 VersMedV aF normierten Rechtslage.

Kapitel 2. Beschäftigungspflicht der Arbeitgeber

§ 154 Pflicht der Arbeitgeber zur Beschäftigung schwerbehinderter Menschen

(1) [1] **Private und öffentliche Arbeitgeber (Arbeitgeber) mit jahresdurchschnittlich monatlich mindestens 20 Arbeitsplätzen im Sinne des § 156 haben auf wenigstens 5 Prozent der Arbeitsplätze schwerbehinderte Menschen zu beschäftigen.** [2] **Dabei sind schwerbehinderte Frauen besonders zu berücksichtigen.** [3] **Abweichend von Satz 1 haben Arbeitgeber mit jahresdurchschnittlich monatlich weniger als 40 Arbeitsplätzen jahresdurchschnittlich je Monat einen schwerbehinderten Menschen, Arbeitgeber mit jahresdurchschnittlich monatlich weniger als 60 Arbeitsplätzen jahresdurchschnittlich je Monat zwei schwerbehinderte Menschen zu beschäftigen.**

(2) **Als öffentliche Arbeitgeber im Sinne dieses Teils gelten**

1. **jede oberste Bundesbehörde mit ihren nachgeordneten Dienststellen, das Bundespräsidialamt, die Verwaltungen des Deutschen Bundestages und des Bundesrates, das Bundesverfassungsgericht, die obersten Gerichtshöfe des Bundes, der Bundesgerichtshof jedoch zusammengefasst mit dem Generalbundesanwalt, sowie das Bundeseisenbahnvermögen,**
2. **jede oberste Landesbehörde und die Staats- und Präsidialkanzleien mit ihren nachgeordneten Dienststellen, die Verwaltungen der Landtage, die Rechnungshöfe (Rechnungskammern), die Organe der Verfassungsgerichtsbarkeit der Länder und jede sonstige Landesbehörde, zusammengefasst jedoch diejenigen Behörden, die eine gemeinsame Personalverwaltung haben,**
3. **jede sonstige Gebietskörperschaft und jeder Verband von Gebietskörperschaften,**
4. **jede sonstige Körperschaft, Anstalt oder Stiftung des öffentlichen Rechts.**

Übersicht

A. Textgeschichte

1 Die Vorschrift des § 154 hat ihre heutige systematische Einbindung zum 1.1.2018 durch das BTHG (BGBl. I 2016, 1824) erhalten. Inhaltlich hat sich gegenüber dem bisherigen Recht (§ 71 aF) nichts geändert. Eine weitere Vorgängernorm war § 4 Abs. 5 S. 5 SchwbG.

B. Normzweck

2 Nach den Gesetzesmaterialien der Vorgängernorm (BT-Drs. 7/656, 20) dient das System der Beschäftigungspflicht der Arbeitgeber und der Pflicht zur Zahlung einer Ausgleichsabgabe im Falle der Nichterfüllung der Beschäftigungspflicht dazu, die Arbeitgeber der privaten Wirtschaft sowie der öffentlichen Hand zu verpflichten, einen Beitrag zur **Eingliederung sbM** in Arbeit, Beruf und Gesellschaft zu leisten. Der – subsidiären – Ausgleichsabgabe (§ 160) kommt demnach eine doppelte Bedeutung zu: Sie soll einerseits einen Ausgleich schaffen zwischen den Arbeitgebern, die ihre Beschäftigungspflicht erfüllen und denjenigen, die hierzu nicht in der Lage sind oder es nicht wollen (Ausgleichsfunktion). Andererseits soll sie Lenkungswirkung entfalten, indem sie einen wirtschaftlichen Anreiz setzt, damit Arbeitgeber den eigentlichen Auftrag des Gesetzes, die Sicherung der Beschäftigung Schwerbehinderter, erfüllen. Die Norm zielt damit auf überindividuelle, gesamtgesellschaftliche Schutzzwecke ab und soll aus Sicht der Rspr. generell keinen Individualschutz vermitteln (vgl. BAG 20.3.2018 – 1 ABR 11/17, NZA 2018, 1420; 16.5.2019 – 6 AZR 329/18, NJW 2019, 3538); demnach handelt es sich auch nicht um eine „zugunsten der Arbeitnehmer" geltende Bestimmung iSd § 80 Abs. 1 Nr. 1 BetrVG (BAG 20.3.2018 – 1 ABR 74/16, BeckRS 2018, 17858). Allerdings kann die Nichterfüllung der Quote durchaus Teil einer hinreichenden Indizienlage nach § 22 AGG sein oder im Einzelfall ein kündigungsrechtliches Rechtsmissbrauchsindiz darstellen (näher Greiner/Hagedorn NJW 2019, 3483, 3485 f.).

3 Während Beschäftigungspflicht und Ausgleichsabgabe somit die Förderung der Eingliederung schwerbehinderter Menschen in das Arbeitsleben beabsichtigen, dient der Schwellenwert von jahresdurchschnittlich **20 Arbeitsplätzen** dem Überlastungsschutz von Kleinarbeitgebern vor einer übermäßigen Belastung. Da auch Arbeitgeber des öffentlichen Dienstes (also kleine Verwaltungen) vom Schwellenwert profitieren können, geht es in erster Linie dabei wohl nicht um einen wirtschaftlichen, sondern um einen organisatorischen Überlastungsschutz.

C. Tatbestandsvoraussetzungen der Beschäftigungspflicht

I. Arbeitgeber

4 Die Beschäftigungspflicht ist im Ausgangspunkt **rechtsträgerbezogen** formuliert; dieser Grundsatz wird für öffentliche Arbeitgeber jedoch sogleich durch § 154 Abs. 2 durchbrochen (→ Rn. 6 ff.). Verpflichtet wird jeweils der Arbeitgeber. Auch Maßstab des Überlastungsschutzes bei Kleinunternehmen ist die Unternehmens-, nicht die Betriebsgröße. Mehrere Betriebe eines Unternehmens – bzw. mehrere Dienststellen eines „Arbeitgebers" im öffentlichen Dienst (vgl. § 154 Abs. 2 → Rn. 6 ff.) werden also zusammengefasst betrachtet. Die Beschäftigungspflicht trifft private und öffentliche Arbeitgeber gleichermaßen. § 154 Abs. 1 enthält für den privatwirtschaftlichen Bereich **keinen eigenständigen Arbeitgeberbegriff:** Zunächst ist daher an die etablierten Kriterien anzuknüp-

fen, die den privatrechtlichen Arbeitgeberbegriff generell prägen. Arbeitgeber sind demnach zunächst alle Privatrechtssubjekte und (zumindest teilrechtsfähige) Personenvereinigungen, die Menschen auf Arbeitsplätzen iSd § 156 in einem privatrechtlichen Arbeitsverhältnis oder einem öffentlich-rechtlichen Dienstverhältnis beschäftigen (BeckOK SozR/Jabben SGB IX § 154 Rn. 3; LPK-SGB IX/Joussen § 154 Rn. 9; Schaub ArbR-HdB/Koch § 178 Rn. 33; jurisPK-SGB IX/Goebel § 154 Rn. 13). Nach zutreffender Ansicht des BSG (10.12.2019 – B 11 AL 1/19 R, NZS 2020, 711 m. Anm. Fuchs) sind hinsichtlich der Beschäftigungspflicht (und Ausgleichsabgabe) von **Arbeitgebern im EU-Ausland** nur die im Inland tätigen Arbeitnehmer auf inländischen Arbeitsplätzen zugrunde zu legen. Dies folgt bereits aus dem Territorialitätsprinzip, nach dem das deutsche Recht im Hinblick auf Auslandsarbeitsplätze grundsätzlich keine (öffentlich-rechtlichen) Pflichten begründen kann.

1. Private Arbeitgeber

Der Begriff des privaten Arbeitgebers richtet sich nach den Charakteristika des Arbeitsvertrags iSv § 611a BGB (vgl. LPK-SGB IX/Joussen § 154 Rn. 10). Es kommt also auf die **Beschäftigung** mindestens **eines Arbeitnehmers** an. Arbeitgeber können alle natürlichen Personen sein; aber auch Personengesellschaften und juristische Personen (jurisPK-SGB IX/Goebel § 154 Rn. 13; LPK-SGB IX/Joussen § 154 Rn. 10). Im Falle der Arbeitnehmerüberlassung ist der Verleiher der Arbeitgeber iSd § 154 Abs. 1 (BeckOK SozR/Jabben SGB IX § 154 Rn. 3; jurisPK-SGB IX/Goebel § 154 Rn. 15). 5

2. Öffentliche Arbeitgeber iSd § 154 Abs. 2

Eine Modifikation und zugleich eine Abgrenzung des Arbeitgeberbegriffs enthält für den Bereich des öffentlichen Dienstes § 154 Abs. 2. Demnach „gelten“ als öffentliche Arbeitgeber jede oberste Bundesbehörde mit ihren nachgeordneten Dienststellen, das Bundespräsidialamt, die Verwaltungen des Deutschen Bundestages und des Bundesrates, das Bundesverfassungsgericht, die obersten Gerichtshöfe des Bundes, der Bundesgerichtshof jedoch zusammengefasst mit dem Generalbundesanwalt, sowie das Bundeseisenbahnvermögen (Nr. 1), jede oberste Landesbehörde und die Staats- und Präsidialkanzleien mit ihren nachgeordneten Dienststellen, die Verwaltungen der Landtage, die Rechnungshöfe (Rechnungskammern), die Organe der Verfassungsgerichtsbarkeit der Länder und jede sonstige Landesbehörde, zusammengefasst jedoch diejenigen Behörden, die eine gemeinsame Personalverwaltung haben (Nr. 2), jede sonstige Gebietskörperschaft und jeder Verband von Gebietskörperschaften (Nr. 3), jede sonstige Körperschaft, Anstalt oder Stiftung des öffentlichen Rechts (Nr. 4). Wer „öffentlicher Arbeitgeber“ ist, ist somit nicht umfassend legaldefiniert, sondern wird durch § 154 Abs. 2 **partiell abweichend** vom eigentlich geltenden **rechtsträgerbezogenen Arbeitgeberbegriff** fingiert. 6

Das Rechtsträgerprinzip, das eigentlich nahelegen würde, einzelne (Gebiets-)Körperschaften stets in ihrer Gesamtheit als „Arbeitgeber“ zu betrachten, wird somit partiell durchbrochen und eine an der Behördenorganisation ausgerichtete fiktionale Abgrenzung des Arbeitgeberbegriffs formuliert. Im Rahmen von § 154 Abs. 2 ist der Arbeitgeberbegriff somit nicht ausschließlich arbeitsrechtlich als dem Arbeitnehmer gegenüberstehende Vertragspartei zu verstehen (LPK-SGB IX/Joussen § 154 Rn. 15), sondern wird ein **eigenständiger verwaltungsorganisationsrechtlicher Arbeitgeberbegriff** formuliert. Dies ist, gemessen am Inklusionsziel des SGB IX, auch angemessen, da bei strengem Rechtsträgerbezug eine wünschenswerte gleichmäßige Inklusion über die Breite der Behörden nicht erreicht werden könnte. 7

Richtigerweise handelt es sich bei § 154 Abs. 2 Nr. 1–4 jedoch **nicht um einen abschließenden Katalog,** sondern lediglich um eine Fiktion, die Dienststellen zusammenfasst, bei denen eine einheitliche Betrachtung geboten sein soll. Andere öffentliche 8

Institutionen, wie zB Landtags- oder Bundestagsfraktionen, von den öffentlichen Arbeitgeber auferlegten Verpflichtungen auszunehmen (dafür LAG München 11.4.2018 – 10 Sa 820/17, BeckRS 2018, 10463, Rn. 51), besteht kein Anlass: Auch wer nicht im Katalog des § 154 Abs. 2 benannt ist, kann unter den Oberbegriff des „öffentlichen Arbeitgebers" gefasst werden. Dafür spricht der Normzweck, denn die öffentlichen Arbeitgebern zukommende teilhaberechtliche Vorbildfunktion sollte umfassend in allen Bereichen des öffentlichen Lebens, zumal auch auf dem Feld der politischen Willensbildung, realisiert werden.

II. Mindestens 20 Arbeitsplätze im Jahresdurchschnitt

9 Nicht alle Arbeitgeber sollen zu Beschäftigung sbM und subsidiärer Ausgleichsabgabe (§ 160) verpflichtet werden, sondern nur solche, die eine bestimmte Belegschaftsgröße erreichen. § 154 Abs. 1 schreibt eine – **arbeitgeberbezogene** – Mindestgröße von 20 Arbeitsplätzen im Jahresdurchschnitt fest (vgl. dazu auch LPK-SGB IX/Joussen § 154 Rn. 24). Gegenständlicher Rahmen zur Ermittlung des Schwellenwerts ist der jeweilige Arbeitgeberbegriff (zur Differenzierung zwischen Privatwirtschaft und öffentlichem Dienst → Rn. 4, 7).

10 In zeitlicher Hinsicht ist die Zahl der Arbeitsplätze im Jahresdurchschnitt (vgl. §§ 154 Abs. 1, 160 Abs. 1) Maßstab. Dabei geht es nicht um eine zukunftsgerichtete Prognose, sondern vielmehr sind Beschäftigungsstand und Beschäftigungsentwicklung **ex post** für jedes Kalenderjahr zu ermitteln. Der vergangenheitsbezogene Charakter ergibt sich aus den Vorschriften zur vergangenheitsbezogenen jährlichen Meldung (§ 163 Abs. 2) und zur ebenfalls vergangenheitsbezogenen Berechnung der Ausgleichsabgabe (§ 160 Abs. 4). Um insofern den maßgeblichen „jahresdurchschnittlichen" Beschäftigungsstand zu ermitteln, wird für jeden Monat die Arbeitsplatzzahl erfasst (näher dazu → § 157 Rn. 8 f.), für das Jahr addiert und durch 12 bzw. die Monate der Betriebstätigkeit geteilt.

11 Der Begriff des „Arbeitsplatzes" wird vor allem durch § 156 konkretisiert: Demnach ist auch die Frage zu beantworten, ob **Teilzeitarbeitsplätze** voll oder nur anteilig auf den Schwellenwert angerechnet werden. Der Schutzzweck des Schwellenwerts – organisatorischer (und ggf. auch wirtschaftlicher) Überlastungsschutz für kleine Arbeitgeber – spricht insbes. auch angesichts der Teilzeitansprüche in §§ 8, 9a TzBfG eigentlich klar dafür, einen Arbeitgeber mit vielen Teilzeitstellen nicht schlechter zu stellen als einen Arbeitgeber mit wenigen Vollzeitstellen. Somit wäre eine pro-rata-Anrechnung vorzunehmen. Dennoch ordnet § 156 Abs. 3 im Interesse der Praktikabilität eine wesentlich schematischere Betrachtungsweise an: Als Arbeitsplätze gelten demnach keine Stellen, die nach der Natur der Arbeit oder nach den zwischen den Parteien getroffenen Vereinbarungen nur auf die Dauer von höchstens acht Wochen besetzt sind, sowie Stellen, auf denen Beschäftigte weniger als 18 Stunden wöchentlich beschäftigt werden. Im Umkehrschluss werden Teilzeitstellen mit einem wöchentlichen Beschäftigungsumfang von **mindestens 18 Stunden** sowie befristete Stellen mit einer **acht Wochen** überschreitenden Beschäftigungsdauer als vollwertige „Arbeitsplätze" auf den Schwellenwert angerechnet. Bei unterjährig befristeten Stellen ergibt sich allerdings schon durch die „jahresdurchschnittliche" Betrachtungsweise eine pro-rata-Berechnung, eine Teilzeitstelle mit einem wöchentlichen Beschäftigungsumfang von mindestens 18 Stunden wird hingegen als ein voller „Arbeitsplatz" iSd § 154 angerechnet.

12 Um bei Überschreiten des Schwellenwerts von 20 Arbeitsplätzen in Kleinunternehmen mit einer Arbeitsplatzanzahl bis 60 eine einfache Handhabung ohne Erfordernis komplizierterer Berechnungen zu ermöglichen, ergänzt § 154 Abs. 1 S. 3 den Schwellenwert 20 um eine **gestaffelte Sonderregelung** für kleinere Arbeitgeber mit 20–60 Arbeitsplätzen (→ Rn. 14; → § 157 Rn. 7).

D. Rechtsfolgen

I. Umfang der Beschäftigungspflicht

Für alle Verwaltungen und Unternehmen, die den Schwellenwert überschreiten – dh für private ebenso wie für öffentliche Arbeitgeber –, gilt zunächst der gesetzliche Satz von 5 % der Arbeitsplätze. Eine strengere Sonderregelung besteht gem. § 241 Abs. 1 für öffentliche Arbeitgeber des Bundes: Diese müssen weiterhin **6 %** sbM beschäftigen, wenn sie am Stichtag 31.10.1999 auf mindestens 6 % ihrer Arbeitsplätze sbM beschäftigt haben. Insofern kommt es auf die faktische Stellenbesetzung am Stichtag an. **13**

Für kleinere Arbeitgeber mit 20–60 Arbeitsplätzen ergänzt § 154 Abs. 1 S. 3 den Schwellenwert 20 um eine weitgehend deklaratorische (→ § 157 Rn. 7) Sonderregelung: Um derartigen Kleinarbeitgebern die Berechnung zu erleichtern, wird die sich aus der Rundung nach § 157 Abs. 2 Hs. 2 ohnehin ergebende Pflichtarbeitsplatzquote § 154 Abs. 1 S. 3 deklaratorisch ausgewiesen: Arbeitgeber mit **weniger als 40 Arbeitsplätzen** müssen demnach einen sbM, Arbeitgeber mit **weniger als 60 Arbeitsplätze** zwei sbM beschäftigen. Eine echte privilegierende Wirkung des § 154 Abs. 1 S. 3 dürfte allerdings darin liegen, dass diese Festschreibung von Pflichtarbeitsplatzquoten durch Rechtsverordnung iSd § 162 Nr. 1 nicht verändert werden kann, sondern nur durch Gesetzesänderung. **14**

Soweit nach § 154 Abs. 1 S. 2 bei der Beschäftigungspflicht **schwerbehinderte Frauen** besonders zu berücksichtigen sind, ist dafür weder eine Quote noch ein individueller Anspruch vorgesehen. Vielmehr handelt es sich hier um die Aufforderung des Gesetzgebers an die Arbeitgeber und die bei der Einstellung mitwirkenden Stellen, also auch Integrationsamt, Bundesagentur für Arbeit, Betriebs- und Personalrat und Schwerbehindertenvertretung, an die besonders schwierige Lage von schwerbehinderten Frauen zu denken und sie ggf. bevorzugt zu behandeln. Bei der Stellenbesetzung liegt in dieser gesetzgeberischen Anordnung eine **„positive Diskriminierung"** (vgl. § 5 AGG) wegen des Geschlechts, die bei gleicher Qualifikation eine geschlechtsbezogene Bevorzugung der schwerbehinderten Frau rechtfertigen kann. Bleibt eine schwerbehinderte Frau trotzdem unberücksichtigt, hat das unmittelbar keine Rechtsfolgen. Insbesondere ist eine Nichtberücksichtigung von Frauen nicht straf- oder bußgeldbewehrt. Auch gibt es im Kontext § 164 Abs. 2 kein besonderes Benachteiligungsverbot für schwerbehinderte Frauen, sodass sie auch danach wie alle sbM behandelt werden (LPK-SGB IX/Joussen § 154 Rn. 31). **15**

II. Durchsetzungsmöglichkeit und Sanktion bei Verletzung?

Erfüllt ein Arbeitgeber die Beschäftigungspflicht nicht, ist die Verpflichtung als solche **nicht durch Zwangsmaßnahmen durchsetzbar:** Das „Inklusionsgebot" des § 154 hat insofern zunächst nur appellativen Charakter (BeckOK SozR/Jabben SGB IX § 154 Rn. 7). Eine greifbare Rechtsfolge ist allerdings die – dann auch rechtlich durchsetzbare – Pflicht zur Zahlung einer **Ausgleichsabgabe** nach § 160 SGB X für jeden Arbeitsplatz, der entgegen der gesetzlichen Anordnung nicht mit einer sbM besetzt wurde. Rechtstechnisch ist § 154 damit letztlich eine Obliegenheit, keine Pflicht des Arbeitgebers, denn er hat ein Eigeninteresse, die Verpflichtung zur Ausgleichsabgabe von sich abzuwenden. Ganz im appellativen Charakter erschöpft sich dagegen das in § 154 Abs. 1 S. 2 geregelte Gebot, schwerbehinderte Frauen bevorzugt zu berücksichtigen. **16**

§ 155 Beschäftigung besonderer Gruppen schwerbehinderter Menschen

(1) Im Rahmen der Erfüllung der Beschäftigungspflicht sind in angemessenem Umfang zu beschäftigen:

1. schwerbehinderte Menschen, die nach Art oder Schwere ihrer Behinderung im Arbeitsleben besonders betroffen sind, insbesondere solche,
   a) die zur Ausübung der Beschäftigung wegen ihrer Behinderung nicht nur vorübergehend einer besonderen Hilfskraft bedürfen oder
   b) deren Beschäftigung infolge ihrer Behinderung nicht nur vorübergehend mit außergewöhnlichen Aufwendungen für den Arbeitgeber verbunden ist oder
   c) die infolge ihrer Behinderung nicht nur vorübergehend offensichtlich nur eine wesentlich verminderte Arbeitsleistung erbringen können oder
   d) bei denen ein Grad der Behinderung von wenigstens 50 allein infolge geistiger oder seelischer Behinderung oder eines Anfallsleidens vorliegt oder
   e) die wegen Art oder Schwere der Behinderung keine abgeschlossene Berufsbildung im Sinne des Berufsbildungsgesetzes haben,

2. schwerbehinderte Menschen, die das 50. Lebensjahr vollendet haben.

(2) [1]Arbeitgeber mit Stellen zur beruflichen Bildung, insbesondere für Auszubildende, haben im Rahmen der Erfüllung der Beschäftigungspflicht einen angemessenen Anteil dieser Stellen mit schwerbehinderten Menschen zu besetzen. [2]Hierüber ist mit der zuständigen Interessenvertretung im Sinne des § 176 und der Schwerbehindertenvertretung zu beraten.

Übersicht

A. Textgeschichte

1 Die Vorschrift des § 155 hat ihre heutige systematische Einbindung zum 1.1.2018 durch das BTHG (BGBl. I 2016, 1824) erhalten. Inhaltlich hat sich gegenüber dem bisherigen Recht (§ 72 aF) nichts geändert. Eine weitere Vorgängernorm war § 6 SchwbG aF.

B. Normzweck

2 Die Vorschrift konkretisiert die in § 154 geregelte Beschäftigungspflicht. Sie soll die Beschäftigung derjenigen sbM besonders fördern, bei deren Eingliederung in das Erwerbsleben aufgrund der Besonderheiten ihrer Behinderung oder ihres Alters besondere Schwierigkeiten zu erwarten sind (jurisPK-SGB IX/Goebel § 155 Rn. 8). Nach den Gesetzesmaterialien der Vorläufernorm (BT-Drs. 10/3138, S. 18) zeigte die zuvor unzureichende Praxis der Inklusion dieser Gruppen, dass es einer neuen **gesetzlichen Konkretisierung** der besonders schutzbedürftigen Gruppen Schwerbehinderter bedurfte. Verbindende Gemeinsamkeit der in § 155 Abs. 1 genannten Personengruppen ist, dass diese erfahrungsgemäß besonders schwer zu vermitteln sind; dies gilt insbes. generell für die in

§ 155 Abs. 1 Nr. 2 genannte Gruppe der sbM, die das 50. Lebensjahr vollendet haben, auch wenn keine besonders gravierende Beeinträchtigung vorliege. Die seinerzeit schwierige Arbeitsmarktsituation hatte den Gesetzgeber dabei zur Absenkung der Altersgrenze von dem zuvor geltenden 55. auf das 50. Lebensjahr veranlasst. § 155 Abs. 2 trägt dem Umstand Rechnung, dass sbM erfahrungsgemäß im Wettbewerb um einen Ausbildungsplatz erheblich benachteiligt sind (BT-Drs. 10/3138, 18).

C. Tatbestandsvoraussetzungen: sbM mit Behinderung besonderer Art (Abs. 1 Nr. 1) oder ab dem 50. Lebensjahr (Nr. 2)

Die in § 155 Abs. 1 Nr. 1 lit. a-e enthaltene Aufzählung von Menschen mit einer Behinderung besonderer Art ist **nicht abschließend;** das ergibt sich aus dem „insbesondere"-Charakter der Aufzählung und aus dem unbestimmten, wertungsoffenen Rekurs auf „Art und Schwere der Behinderung" (BeckOK SozR/Jabben SGB IX § 155 Rn. 3). Zwingende Ausgangsvoraussetzung ist aber stets das Vorliegen einer Schwerbehinderung iSd § 152, die kausal für den beruflichen Nachteil sein muss (jurisPK-SGB IX/Goebel SGB IX § 155 Rn. 10, 11; BeckOK SozR/Jabben SGB IX § 155 Rn. 3). Ausdrücklich genannt werden: 3

- **sbM, die zur Ausübung ihrer Tätigkeit nicht nur vorübergehend einer besonderen Hilfskraft bedürfen** (Nr. 1a): Hierunter fallen insbesondere blinde oder gehörlose Menschen, die Hilfe von Vorlesern oder Gebärdendolmetschern benötigen (jurisPK-SGB IX/Goebel, 3. Aufl. 2018, § 155 Rn. 12), ferner anderweitig behinderte Menschen, die auf die Hilfe von sonstigen Begleitpersonen angewiesen sind, um ihre Tätigkeit auszuüben. Der „nicht nur vorübergehende" Charakter des besonderen Unterstützungsbedarfs kann in Anlehnung an den Behinderungsbegriff des § 2 Abs. 1 S. 1 bejaht werden, wenn (prognostisch) von einem mehr als 6 Monate andauernden besonderen Unterstützungsbedarf durch eine Hilfskraft auszugehen ist (jurisPK-SGB IX/Goebel § 155 Rn. 13). 4
- **sbM, deren Beschäftigung infolge ihrer Behinderung nicht nur vorübergehend mit außergewöhnlichen Aufwendungen für den Arbeitgeber verbunden ist (Nr. 1b):** Mit den „außergewöhnliche Aufwendungen für den Arbeitgeber" sind v. a. Anschaffungen, gemeint, die erforderlich sind, um den Arbeitsplatz des sbM so auszustatten, dass dieser seine Arbeitsleistung vertragsgemäß erfüllen kann. Beispiele sind Lesehilfen, Schreibgeräte für Sehbehinderte, elektronische Türöffner, Transportfahrzeuge für Rollstuhlfahrer, Fahrstühle, Greifarme, Spezialtoiletten (siehe BeckOK SozR/Jabben SGB IX § 155 Rn. 6 und jurisPK-SGB IX/Goebel § 155 Rn. 14). Hinsichtlich des Merkmals „nicht nur vorübergehend" (→ Rn. 4). 5
- **sbM, die infolge ihrer Behinderung nicht nur vorübergehend offensichtlich nur eine wesentlich verminderte Arbeitsleistung erbringen können** (Nr. 1c): Regelmäßig erfasst werden sbM, die nicht mehr als 2/3 der normalen Arbeitsleistung eines Nichtbehinderten erbringen können (jurisPK-SGB IX/Goebel § 155 Rn. 15; vgl. BeckOK SozR/Jabben SGB IX § 155 Rn. 7). Dies entspricht der langjährigen Sichtweise der Verwaltungspraxis, dass eine Mehrfachanrechnung nach § 159 Abs. 1 S. 1 im Falle der Minderleistung erst ab einem Minderungsgrad von 30 % zu rechtfertigen ist (Dienstblatt Bundesanstalt für Arbeit Nr. 304/77 7.4.1977 – 5364.1, 5; zum Zusammenhang zwischen § 155 und § 159 → § 159 Rn. 3 ff.). Eine starre Grenze ist in diesen Richtwerten allerdings nicht zu erkennen, sodass einzelfallbezogen andere Be- und Entlastungsfaktoren berücksichtigt werden können. 6
- **sbM, bei denen ein GdB von wenigstens 50 allein infolge geistiger oder seelischer Behinderung oder eines Anfallsleidens vorliegt** (Nr. 1d): Ausreichend ist, dass mehrere Behinderungen **kumulativ** den GdB von wenigstens 50 erreichen (jurisPK-SGB IX/ 7

Goebel § 155 Rn. 16). Physische Behinderungen dürfen dem Wortlaut zufolge nicht einbezogen werden.

8 – **sbM, die wegen Art oder Schwere der Behinderung keine abgeschlossene Berufsbildung im Sinne des Berufsbildungsgesetzes haben (Nr. 1e):** Die Vorschrift trägt dem Umstand Rechnung, dass das Fehlen einer abgeschlossenen Berufsausbildung auf dem Arbeitsmarkt große Bürde ist, insbesondere im Zusammenwirken mit einer Schwerbehinderung. Beide Faktoren müssen **kausal** miteinander verknüpft sein: Der fehlende Ausbildungsabschluss muss also auf die Behinderung zurückführbar sein (BeckOK SozR/Jabben SGB IX § 155 Rn. 9). Auch wenn sich die Regelung ausdrücklich nur auf das Berufsbildungsgesetz bezieht, wird ihre Anwendbarkeit auch durch abgeschlossene, mindestens gleichwertige Berufsausbildungen im weitesten Sinne nach anderen gesetzlichen Vorschriften (zB ein abgeschlossenes Hochschulstudium) ausgeschlossen (vgl. jurisPK-SGB IX/Goebel § 155 Rn. 17).

9 – **sbM, die das 50. Lebensjahr vollendet haben (Nr. 2):** Die Regelung bezweckt eine Verbesserung der Beschäftigungschancen von älteren sbM. Die zuvor in § 5 SchwbG v. 8.10.1979 geregelte Altersgrenze von 55 Jahren wurde 1986 auf die Vollendung des 50. Lebensjahres abgesenkt. Hintergrund ist die Erkenntnis, dass auch bei Fehlen einer Schwerbehinderung in höherem Alter sich die Arbeitsmarktaussichten verschlechtern. Trifft dies mit einer Schwerbehinderung zusammen, soll die Kumulation beider Belastungen die Gleichbehandlung zu den in Nr. 1 erfassten besonders gravierend sbM rechtfertigen (vgl. jurisPK-SGB IX/Goebel § 155 Rn. 18).

D. Rechtsfolgen

I. Beschäftigung in angemessenem Umfang

10 § 155 Abs. 1 verpflichtet den Arbeitgeber, in angemessenem Umfang besonders benachteiligte schwerbehinderte Menschen zu beschäftigen. Dabei handelt es sich – in Abgrenzung zu § 154 – **nicht um eine Pflichtquote.** Dies wird sowohl auf Tatbestandsseite als auch auf Rechtsfolgenseite erkennbar: Tatbestandlich ist der unbestimmte Rechtsbegriff der „Angemessenheit" nicht weiter eingegrenzt oder konkretisiert. Um ihn handhabbar zu machen, dürfte es sich anbieten, auf den Anteil der jeweiligen Gruppe besonders förderungsbedürftiger sbM iSd § 155 Abs. 1 an allen arbeitsuchenden Schwerbehinderten Bezug zu nehmen (vgl. BeckOK SozR/Jabben SGB IX § 155 Rn. 11); ferner sind zur Konkretisierung der „Angemessenheit" (ebenfalls abweichend von § 154) die jeweiligen Verhältnisse des betroffenen Betriebs zu berücksichtigen: Bei besonderen betrieblichen Gegebenheiten kann selbst unter Nutzung aller in Betracht kommender Hilfsmittel eine Beschäftigung bestimmter Gruppen besonders gravierend sbM nur eingeschränkt oder gar nicht möglich und zumutbar sein. Ist dies der Fall, kann dies den „angemessenen Umfang" uU sogar **auf Null reduzieren** (jurisPK-SGB IX/Goebel § 155 Rn. 19).

II. Keine Sanktion bei Nichtbeschäftigung

11 Ebenso wie § 154 begründet auch § 155 keinen echten subjektiv-rechtlichen Anspruch des sbM auf Einstellung. Die rechtliche Vorgabe ist auch nicht straf- oder bußgeldbewehrt. Im Unterschied zu § 154 entsteht im Falle eines Verstoßes gegen § 155 nicht einmal eine Verpflichtung zur Ausgleichsabgabe (§ 160 SGB). Dennoch handelt es sich auch hier rechtstechnisch um eine **Obliegenheit** des Arbeitgebers, die jedoch nicht durch Nachteils-, sondern ein Vorteilssystem konstituiert wird: Die Kooperationsbereitschaft der Arbeitgeber wird bei Berücksichtigung der von § 155 geregelten Belange **belohnt** (siehe zum Ganzen jurisPK-SGB IX/Goebel § 155 Rn. 24): Insbesondere zu nennen ist

die Mehrfachanrechnung nach § 159 Abs. 1: Danach kann die Agentur für Arbeit die Anrechnung eines besonders betroffenen sbM iSd § 155 auf mehr als einen Pflichtarbeitsplatz, höchstens jedoch auf drei Pflichtarbeitsplätze, zulassen, wenn dessen Teilhabe am Arbeitsleben auf besondere Schwierigkeiten stößt. Ferner kann der Arbeitgeber gem. § 15 SchwbAV Darlehen oder Zuschüsse bis zur vollen Höhe der notwendigen Aufwendungen erhalten, die für die Schaffung neuer, behinderungsgerecht ausgestatteter Arbeitsplätze für besonders betroffene schwerbehinderte Menschen iSd § 155 anfallen. Ferner hat der Arbeitgeber Anspruch auf Zuschüsse zur Abgeltung außergewöhnlicher Belastungen durch das Integrationsamt (§ 185 Abs. 3 Nr. 2e, § 27 SchwbAV).

§ 156 Begriff des Arbeitsplatzes

(1) Arbeitsplätze im Sinne dieses Teils sind alle Stellen, auf denen Arbeitnehmerinnen und Arbeitnehmer, Beamtinnen und Beamte, Richterinnen und Richter sowie Auszubildende und andere zu ihrer beruflichen Bildung Eingestellte beschäftigt werden.

(2) Als Arbeitsplätze gelten nicht die Stellen, auf denen beschäftigt werden:

1. **behinderte Menschen, die an Leistungen zur Teilhabe am Arbeitsleben nach § 49 Absatz 3 Nummer 4 in Betrieben oder Dienststellen teilnehmen,**
2. **Personen, deren Beschäftigung nicht in erster Linie ihrem Erwerb dient, sondern vorwiegend durch Beweggründe karitativer oder religiöser Art bestimmt ist, und Geistliche öffentlich-rechtlicher Religionsgemeinschaften,**
3. **Personen, deren Beschäftigung nicht in erster Linie ihrem Erwerb dient und die vorwiegend zu ihrer Heilung, Wiedereingewöhnung oder Erziehung erfolgt,**
4. **Personen, die an Arbeitsbeschaffungsmaßnahmen nach dem Dritten Buch teilnehmen,**
5. **Personen, die nach ständiger Übung in ihre Stellen gewählt werden,**
6. **Personen, deren Arbeits-, Dienst- oder sonstiges Beschäftigungsverhältnis wegen Wehr- oder Zivildienst, Elternzeit, unbezahlten Urlaubs, wegen Bezuges einer Rente auf Zeit oder bei Altersteilzeitarbeit in der Freistellungsphase (Verblockungsmodell) ruht, solange für sie eine Vertretung eingestellt ist.**

(3) Als Arbeitsplätze gelten ferner nicht Stellen, die nach der Natur der Arbeit oder nach den zwischen den Parteien getroffenen Vereinbarungen nur auf die Dauer von höchstens acht Wochen besetzt sind, sowie Stellen, auf denen Beschäftigte weniger als 18 Stunden wöchentlich beschäftigt werden.

Übersicht

A. Textgeschichte

Die Vorschrift des § 156 hat ihre heutige systematische Einbindung zum 1.1.2018 1
durch das BTHG (BGBl. I 2016, 1824) erhalten. § 156 hat § 73 aF allerdings punktuell verändert (vgl. den numerischen Katalog). § 73 aF geht seinerseits weitgehend inhaltsgleich auf § 7 SchwbG zurück. Eine Vorläuferregelung des § 7 SchwbG enthielt bereits das Gesetz über die Beschäftigung Schwerbeschädigter vom 16.6.1953 (BGBl. I, 389),

das erstmals eine Definition des Arbeitsplatzes zur Berechnung der Pflichtquote vorsah (jurisPK-SGB IX/Goebel § 156 Rn. 2).

B. Normzweck

2 § 156 definiert den Begriff des Arbeitsplatzes für das gesamte Schwerbehindertenrecht, also den gesamten Teil 3 des SGB IX (§§ 151–241). Ziel ist es, in diesem Bereich einen grundsätzlich **einheitlichen Rechenmaßstab** zugrunde zu legen, wobei schon die – spezifisch für die Feststellung des Umfangs der Beschäftigungspflicht geregelte – Ausklammerung der Ausbildungsplätze durch § 157 zeigt, dass diese einheitliche Begriffsbildung sogleich wieder bereichsspezifisch durchbrochen wird. Da § 156 eine umfassende Abgrenzung der Arbeitsplätze „im Sinne dieses Teils" des SGB XI beinhaltet, definiert er jenseits der Ermittlung der Pflichtplatzquote zB auch den Anwendungsbereich der Pflichten nach § 165, sodass § 165 S. 2 keine Anwendung finden soll, wenn es um die nach Abs. 2 Nr. 5 durch Wahl zu besetzende Stelle eines Wahlbeamten geht (so VG Schleswig-Holstein 9.12.2021 – 12 A 49/19, BeckRS 2021, 40850).

C. Arbeitsplätze (Abs. 1)

3 Der Begriff des Arbeitsplatzes wird im Arbeitsrecht nicht immer im gleichen Sinne gebraucht. Im **technischen Sinne** ist als Arbeitsplatz die räumliche Stelle im Betrieb zu verstehen, an welcher der sbM seine Arbeit verrichtet. § 156 legt dagegen für das Schwerbehindertenrecht nicht den allgemeinen arbeitsrechtlichen Arbeitsplatzbegriff zugrunde, sondern einen solchen im **rechnerischen Sinne** (Edenfeld NZA 2006, 126 (127); vgl. auch BSG 6.5.1994 – 7 Rar 68/93, BSGE 74, 176). Danach korrespondiert die Anzahl der Arbeitsplätze grundsätzlich mit den bestehenden Beschäftigungsverhältnissen, die der Berechnung des Umfangs der Beschäftigungspflicht zugrunde gelegt werden (LPK-SGB IX/Joussen § 156 Rn. 6; jurisPK-SGB IX/Goebel § 156 Rn. 5). Da es auf die „Stelle" ankommt, auf der eine Beschäftigung erfolgt, ist auch dann nur ein Arbeitsplatz im Sinne des § 156 Abs. 1 anzurechnen, wenn innerhalb eines Monats infolge eines Wechsels des Stelleninhabers zunächst ein Arbeitnehmer die Stelle innehat, nachfolgend ein anderer. Nicht zu zählen sind frei gewordene Stellen, die noch nicht wieder besetzt sind oder gegenwärtig unbesetzte Planstellen des öffentlichen Dienstes. Bei der monatsbezogenen Berechnung ist keine stichtagsbezogene Ermittlung vorzunehmen, zu berücksichtigen sind vielmehr alle Arbeitsplätze im beschriebenen Sinne, die an mindestens einem Tag im jeweiligen Monat existierten und besetzt sind.

3a Im Einklang mit den dargelegten Grundsätzen präzisiert das BSG den Arbeitsplatzbegriff iSd § 156 Abs. 1 in seiner jüngeren Rspr. als „dreigliedrigen Arbeitsplatzbegriff" wie folgt: Der Begriff des Arbeitsplatzes SGB IX sei von drei Elementen geprägt: (1.) dem **Bestehen eines Anstellungsverhältnisses** als rechtlichem Element sowie der damit verbundenen Eigenschaft als Arbeitnehmer bzw. Beamter oder Richter, (2.) der **Einrichtung von Stellen** durch den Arbeitgeber als räumlich-gegenständlichem Element sowie (3.) der **tatsächlichen Beschäftigung** von Personal auf diesen Stellen (BSG 4.3.2021 – B 11 AL 3/20 R, NZS 2021, 762). Die drei genannten Elemente müssen **kumulativ** vorliegen. In privatrechtlich geprägten, dh arbeitsrechtlichen, Fallkonstellationen ist zur Konkretisierung des „rechtlichen Elements" (1.) das Vorliegen eines Arbeitsverhältnisses und damit die von § 611a I 5 BGB geforderte Gesamtbeurteilung entscheidend. Maßgeblich kommt es insofern auf die vertraglich geschuldete Erbringung von Diensten in persönlicher Abhängigkeit – regelmäßig weisungsgebunden und eingegliedert in einer Betriebsorganisation – an. Das „faktische Element" (3.) erfordert, dass die Stelle besetzt sein muss. Das BSG bejaht dies, wenn „tatsächlich in gewissem Umfang einer Beschäftigung nachgegangen" wird (BSG 4.3.2021 – B 11 AL 3/20 R, NZS 2021, 762; mit gleicher Tendenz bereits BSG 29.5.2019 – B 11 AL 1/19 R, BeckRS 2019, 42083).

In Anwendung des dreigliedrigen Arbeitsplatzbegriffs hat das BSG insbes. verneint, dass Personen, die einer Einrichtung der beruflichen Rehabilitation zugewiesen werden, um nach Maßgabe des SGB III eine Leistung zur Teilhabe am Arbeitsleben zu erhalten, auf einem Arbeitsplatz iSv § 156 Abs. 1 beschäftigt sind; dies gelte selbst dann, wenn die Maßnahmeteilnehmer förmliche Berufsausbildungsverträge mit der Einrichtung geschlossen haben (BSG 4.3.2021 – B 11 AL 3/20 R, NZS 2021, 762; hierzu Bienert NZS 2021, 766; Brockmann SGb 2022, 241). Bei dieser Personengruppe fehlt es richtigerweise an der Arbeitnehmereigenschaft und damit dem erforderlichen „rechtlichen Element". **3b**

I. Arbeitnehmer

Es gilt der **allgemeine Arbeitnehmerbegriff** des § 611a BGB, sodass – vergröbernd dargestellt (zu Details ErfK/Preis BGB § 611a Rn. 32 ff.) – Personen erfasst werden, die sich aufgrund eines privatrechtlichen Vertrags im Dienste eines anderen zur Leistung weisungsgebundener, fremdbestimmter Arbeit in persönlicher Abhängigkeit verpflichtet haben. Nicht erfasst werden Organmitglieder juristischer Personen (Edenfeld NZA 2006, 126 (127); BeckOK SozR/Jabben SGB IX § 156 Rn. 4; VG Magdeburg 8.1.2008 – 6 A 367/05, BeckRS 2008, 34154, Selbstständige (BeckOK SozR/Jabben SGB IX § 156 Rn. 4), selbstständige Handelsvertreter (vgl. § 84 Abs. 1 HGB) sowie freie Mitarbeiter (BeckOK SozR/Jabben SGB IX § 156 Rn. 4). Ihre „Stellen" werden nicht als Arbeitsplätze der Berechnung des Umfangs der Beschäftigungspflicht zugrunde gelegt. Ebenso wenig zählen Heimarbeiter im Kontext des Schwerbehindertenrechts als Arbeitnehmer (LPK-SGB IX/Joussen § 156 Rn. 26); es handelt sich um wirtschaftlich abhängige Selbständige („arbeitnehmerähnliche Personen"). **4**

Der Umfang der Beschäftigung auf einer Stelle (Vollzeit oder Teilzeit) spielt für die Berücksichtigung als „Arbeitsplatz" dabei grundsätzlich keine Rolle (Müller-Wenner/Winkler/Müller-Wenner SGB IX § 73 Rn. 4); Beschäftigungen mit einem Umfang von weniger als 18 Stunden wöchentlich werden allerdings nach § 156 Abs. 3 nicht berücksichtigt (dazu jurisPK-SGB IX/Goebel § 156 Rn. 34). **5**

II. Beamte und Richter

Es gilt der **staatsrechtliche Beamtenbegriff** (jurisPK-SGB IX/Goebel § 156 Rn. 19; BeckOK SozR/Jabben SGB IX § 156 Rn. 5). Beamter ist demnach, wer in einem öffentlich-rechtlichen Dienst- und Treueverhältnis (sog. Beamtenverhältnis) steht, das auf die Innehabung eines Amtes gerichtet ist und das unter Aushändigung einer Ernennungsurkunde begründet worden ist (vgl. §§ 4–10 BBG). Hierzu zählen auch Beamte auf Probe, auf Widerruf und auf Zeit. Die Beschäftigung in einem sonstigen öffentlich-rechtlichen Dienstverhältnis (zB als Minister, Soldat oder Teilnehmer am Bundesfreiwilligendienst) wird nicht als Arbeitsplatz bewertet (jurisPK-SGB IX/Goebel § 156 Rn. 19; BeckOK SozR/Jabben SGB IX § 156 Rn. 5). **6**

Richter im Sinne des § 156 Abs. 1 sind die Personen, die nach § 8 DRiG als Richter auf Lebenszeit, auf Zeit, auf Probe oder kraft Auftrags berufen worden sind (jurisPK-SGB IX/Goebel § 156 Rn. 20). Nicht erfasst werden ehrenamtliche Richter. **7**

III. Auszubildende und andere zu ihrer beruflichen Bildung Eingestellte

8 Erfasst sind alle Personen, die nach dem Berufsbildungsgesetz (BBiG) oder beamtenrechtlichen Vorschriften eine **Ausbildung durchführen** (BeckOK SozR/Jabben SGB IX § 156 Rn. 6), insbes. Lehrlinge, Anlernlinge, Umschüler und Volontäre. Bei Praktikanten muss differenziert werden: Diese werden nicht erfasst, wenn es sich um ein kurzes Pflichtpraktikum im Rahmen der schulischen oder universitären Ausbildung handelt (jurisPK-SGB IX/Goebel § 156 Rn. 22; vgl. BVerwG 16.12.2004 – 5 C 70/03, NJW 2005, 1674). Bei längeren Praktika, insbes. sog. „Anerkennungsjahren" ist die Praktikantenstelle allerdings als Ausbildungs- und damit auch als Arbeitsplatz im Sinne des § 156 zu werten (so ausdrücklich BVerwG 16.12.2004 – 5 C 70/03, NJW 2005, 1674). Insoweit können auch Praktikanten auf „Arbeitsplätzen" beschäftigt werden; sie werden – wie Auszubildende – zum Erwerb von beruflichen Fertigkeiten, Kenntnissen, Fähigkeiten oder Erfahrungen eingestellt (§ 26 BBiG). Hinsichtlich der Abgrenzung anrechnungsfähiger und nicht anrechnungsfähiger „Praktikumsstelle" dürfte eine Orientierung an den – insbes. zeitlichen – Grenzen des § 22 MiLoG naheliegen (dazu Greiner NZA 2016, 594).

D. Die Nichtanrechnung von Arbeitsplätzen (Abs. 2, 3)

9 Durch die Nichtanrechnung bestimmter Beschäftigungsverhältnisse als Arbeitsplätze werden für Arbeitgeber erhebliche Erleichterungen geschaffen. Dadurch, dass es sich um einen **abschließenden und eng auszulegenden** Katalog von Ausnahmen handelt, ist ein Umkehrschluss auf die Einbeziehung nicht genannter Grenzfälle in den Grundsatz des § 156 Abs. 1, also auf das Vorliegen eines „Arbeitsplatzes" möglich, wenn sich ein Sachverhalt nicht unter die Ausnahmetatbestände subsumieren lässt. Dies wird insbes. bei „ehrenamtlichen" Tätigkeiten (zu Begriff und Abgrenzungsproblem in anderem Kontext: Greiner NZA 2015, 285) relevant, denen keine „Beweggründe karitativer oder religiöser Art" iSd § 156 Abs. 2 Nr. 2 zugrunde liegen und die auch nicht die Voraussetzungen von Nr. 3 (Zweck), Nr. 5 (Wahl) oder § 156 Abs. 3 (geringfügiger Umfang) erfüllen. Nach den Katalogtatbeständen des § 156 Abs. 2 sowie nach Abs. 3 nicht erfasst werden:

10 – **Behinderte Menschen, die an Leistungen zur Teilhabe am Arbeitsleben teilnehmen (§ 156 Abs. 2 Nr. 1):** Gemeint sind Maßnahmen der beruflichen Anpassung und Weiterbildung (vgl. § 49 Abs. 3 Nr. 2–5 SGB IX), zB in einer betriebseigenen Werkstatt oder Sozialstation (vgl. jurisPK-SGB IX/Goebel § 156 Rn. 24). Zum einen dominiert – wie bei Nr. 2, 3 – auch in diesen Konstellationen nicht der Erwerbszweck, sondern ein ideelles Motiv die Beschäftigung. Zum anderen soll Nr. 1 Inklusionsanreize verbessern: Würden Stellen iSd § 49 Abs. 3 Nr. 2–5 angerechnet, ergäbe sich möglicherweise ein Negativanreiz, derartige Maßnahmen zu unterlassen. Dies widerspräche dem Inklusionszweck des SGB IX, insbes. auch der §§ 152 ff. Umgekehrt soll die Nichtanrechnung derartiger Stellen Arbeitgeber positiv dazu motivieren, Leistungen zur Teilhabe am Arbeitsleben für behinderte Menschen stärker zu fördern. Entsprechend dieser Zwecksetzung werden durch § 156 Abs. 2 Nr. 1 nur innerbetriebliche Maßnahmen erfasst (BT-Drs. 14/5800, 29; vgl. BSG 26.3.1992 – 11 RAr 47/91, SozR 3-3870 § 9 Nr. 1). Die Rechtsnatur der Teilhabemaßnahme ist dabei unbeachtlich, sodass auch dann keine Anrechnung erfolgt, wenn die Maßnahme im Rahmen eines Arbeitsverhältnisses durchgeführt wird (jurisPK-SGB IX/Goebel § 156 Rn. 24).

11 – **Personen, deren Beschäftigung nicht in erster Linie ihrem Erwerb dient, sondern vorwiegend durch Beweggründe karitativer oder religiöser Art bestimmt ist, und Geist-**

liche öffentlich-rechtlicher Religionsgemeinschaften (§ 156 Abs. 2 Nr. 2): Ausgenommen von der Anrechnung als Arbeitsplatz sind demnach alle Stellen, auf denen Personen beschäftigt sind, deren Arbeit nicht hauptsächlich dem Erwerb dient, sondern von religiösen oder karitativen Motiven bestimmt ist; dies entspricht dem in § 5 Abs. 2 Ziff. 3 BetrVG genannten Personenkreis, auf den auch das BetrVG keine Anwendung findet. Zu dieser Gruppe gehören zB Diakonissen, Angehörige religiöser Orden in Klöstern, Missionare und Rot-Kreuz-Schwestern (BAG 18.2.1956 – 2 AZR 294/54, AP ArbGG 1953 § 5 Nr. 1; 3.6.1975 – 1 ABR 98/74, AP BetrVG 1972 § 5 Rotes Kreuz Nr. 1; 20.2.1986 – 6 ABR 5/85, AP BetrVG 1972 § 5 Rotes Kreuz Nr. 2; 6.7.1995 – 5 AZB 9/93, AP ArbGG 1979 § 5 Nr. 22; 18.3.2015 – 7 ABR 42/12, AP BetrVG 1972 § 5 Nr. 83; teilweise abweichend im Kontext des AÜG BAG 21.2.2017 – 1 ABR 62/12, AP § 99 BetrVG 1972 Nr. 67). Sonstige ehrenamtlich tätige Personen, deren Tätigkeit zwar ebenfalls von ideellen Motiven geprägt ist (Greiner NZA 2015, 285), sich aber nicht unter das deutlich engere Begriffspaar der „religiösen oder karitativen" Motive subsumieren lässt, fallen nicht hierunter.

– **Personen, deren Beschäftigung nicht in erster Linie ihrem Erwerb dient und die vorwiegend zu ihrer Heilung, Wiedereingewöhnung oder Erziehung erfolgt (§ 156 Abs. 2 Nr. 3):** Ebenso wie bei den beiden vorgenannten Ausnahmetatbeständen steht auch bei Nr. 3 nicht die Erwerbstätigkeit im Vordergrund; es handelt sich schon nach dem allgemeinen Arbeitnehmerbegriff des § 611a BGB regelmäßig nicht um Arbeitnehmer (jurisPK-SGB IX/Goebel § 156 Rn. 29; BeckOK SozR/Jabben SGB IX § 156 Rn. 11). Angesichts des spezifischen Beschäftigungszweckes fallen hierunter vor allem Strafgefangene, Suchtkranke, die in Anstalten beschäftigt werden (BeckOK SozR/Jabben SGB IX § 156 Rn. 11), Patienten im Rahmen einer (stationären) Arbeitstherapie sowie Jugendliche bei einer Beschäftigung aus erzieherischen Gründen (vgl. jurisPK-SGB IX/Goebel § 156 Rn. 29). 12

– **Personen, die an Arbeitsbeschaffungsmaßnahmen nach dem Dritten Buch teilnehmen (§ 156 Abs. 2 Nr. 4):** Die Nichtanrechnung von Stellen, die zu Zwecken der Arbeitsförderung iSd SGB III besetzt wurden, dient – wie bei Nr. 1 – der Honorierung des spezifischen sozialen Zwecks derartiger Tätigkeiten, vor allem aber der intendierten Anreizwirkung: Der Arbeitgeber soll motiviert werden, den Staat dabei zu unterstützen, Menschen wieder in Arbeit zu bringen. Gegenwärtig werden – angesichts der Arbeitsmarktlage – Arbeitsbeschaffungsmaßnahmen von der Agentur für Arbeit nicht mehr gefördert; somit hat dieser Ausnahmetatbestand an Bedeutung eingebüßt (vgl. BeckOK SozR/Jabben SGB IX § 156 Rn. 12). Er dürfte aber (zumindest analog) auf die Maßnahmen der im SGB III vorgesehenen aktiven Arbeitsförderung (§§ 88–92 SGB III) anwendbar sein, sofern diese innerbetrieblich vollzogen werden (vgl. jurisPK-SGB IX/Goebel § 156 Rn. 30). Die Interessenlage scheint identisch, sodass die Voraussetzung „Arbeitsbeschaffungsmaßnahme" nicht im technischen Sinne verstanden werden sollte (mit gleichem Ergebnis nun BSG 4.3.2021 – B 11 AL 3/20 R, NZS 2021, 762, → Rn. 3b). 13

– **Personen, die nach ständiger Übung in ihre Stellen gewählt werden (§ 156 Abs. 2 Nr. 5):** Anderen Zwecken dient die Ausklammerung zB von Wahlbeamten, Abgeordneten und gewählter Ausschuss- und Gremienmitglieder. Kann insofern der Arbeitgeber „nach ständiger Übung" bei einer sog. „Wahlstelle" schon nicht frei über die Besetzung entscheiden, sollen diese Stellen auch nicht beim Umfang der Beschäftigungspflicht zulasten des Arbeitgebers mitberücksichtigt werden (vgl. VG Düsseldorf 10.12.2021 – 26 K 1639/18, BeckRS 2021,43384). Keine Anwendung findet die Vorschrift dagegen auf Betriebsrats- oder Personalratsmitglieder: Ihr Arbeitsverhältnis besteht unabhängig vom daneben tretenden Wahlamt aufgrund regulärer Einstellungsentscheidung, sodass auch ihr Arbeitsplatz mitzuzählen ist (jurisPK-SGB IX/Goebel § 156 Rn. 31). 14

15 – **Personen, deren Arbeits-, Dienst- oder sonstiges Beschäftigungsverhältnis wegen Wehr- oder Zivildienst, Elternzeit, unbezahlten Urlaubs, wegen Bezuges einer Rente auf Zeit oder bei Altersteilzeitarbeit in der Freistellungsphase (Verblockungsmodell) ruht, solange für sie eine Vertretung eingestellt ist (§ 156 Abs. 2 Nr. 6)**: Ruht das Beschäftigungsverhältnis in den in Nr. 6 genannten Fällen, gelten die Stellen nicht als Arbeitsplätze im Sinne des § 156 Abs. 1, sofern ein Vertreter eingestellt wird. Angesichts der Tatsache, dass schon die Stelle der Vertretungskraft angerechnet wird, soll eine doppelte Berechnung und Belastung des Arbeitgebers in diesen Konstellationen verhindert werden (BT-Drs. 14/3799, 35).

16 – **§ 156 Abs.** 3 grenzt schließlich als weiterer Ausnahmetatbestand zu Abs. 1 **schematisch nach dem Beschäftigungsumfang** ab: Als Arbeitsplätze gelten demnach keine Stellen, die nach der Natur der Arbeit oder nach den zwischen den Parteien getroffenen Vereinbarungen nur auf die Dauer von höchstens acht Wochen besetzt sind, sowie Stellen, auf denen Beschäftigte weniger als 18 Stunden wöchentlich beschäftigt werden. Erfasst werden vor allem geringfügige Beschäftigungen im Sinne des § 8. Auch im Falle seiner Befristung fällt ein Probearbeitsverhältnis allerdings nicht hierunter (BeckOK SozR/Jabben SGB IX § 156 Rn. 8), da die Parteien das Arbeitsverhältnis nach Ablauf der Probezeit regelmäßig fortsetzen werden; insofern wohnt § 156 Abs. 3 ein prognostisches Element inne. Indem § 156 Abs. 3 an einen Arbeitszeitumfang von mindestens 18 Stunden pro Woche angeknüpft wird, stellt die Vorschrift sicher, dass nicht gleichzeitig Arbeitslosigkeit iSd § 138 SGB III bestehen kann (BSG 6.8.2014 – B 11 AL 16/13 R, BSGE 116, 272).

§ 157 Berechnung der Mindestzahl von Arbeitsplätzen und der Pflichtarbeitsplatzzahl

(1) [1]Bei der Berechnung der Mindestzahl von Arbeitsplätzen und der Zahl der Arbeitsplätze, auf denen schwerbehinderte Menschen zu beschäftigen sind (§ 154), zählen Stellen, auf denen Auszubildende beschäftigt werden, nicht mit. [2]Das Gleiche gilt für Stellen, auf denen Rechts- oder Studienreferendarinnen und -referendare beschäftigt werden, die einen Rechtsanspruch auf Einstellung haben.

(2) Bei der Berechnung sich ergebende Bruchteile von 0,5 und mehr sind aufzurunden, bei Arbeitgebern mit jahresdurchschnittlich weniger als 60 Arbeitsplätzen abzurunden.

Übersicht

A. Textgeschichte

1 Die Vorschrift des § 157 hat ihre heutige systematische Einbindung zum 1.1.2018 durch das BTHG (BGBl. I 2016, 1824) erhalten. Inhaltlich hat sich gegenüber dem bisherigen Recht (§ 74 aF) nichts Wesentliches geändert. Eine weitere Vorgängernorm war § 8 SchwbG. Die Regelung gilt seit 2000 unbefristet.

B. Normzweck

Zweck der Vorschrift ist es, durch einschränkende Modifikation des allg. teilhaberechtlichen Arbeitsplatzbegriffs (§ 156 Abs. 1) Arbeitgeber zu entlasten: Bereichsspezifisch sollen Arbeitsplätze von Auszubildenden und Referendaren (letztere, sofern sie einen Rechtsanspruch auf Einstellung haben) bei der Berechnung der Pflichtarbeitsplätze und der Mindestanzahl von Arbeitsplätzen nicht mitzuzählen sein. Der Gesetzesbegründung zufolge soll hierdurch die Bereitschaft des Arbeitgebers, sbM auszubilden, gefördert werden (BT-Drs. 14/3372, 17). Indem § 157 Abs. 2 die Ab- und Aufrundung anordnet, wird überdies eine hinreichende Praktikabilität und Rechtssicherheit im Zusammenhang mit dem Umfang der Beschäftigungspflicht sichergestellt (vgl. jurisPK-SGB IX/Goebel § 157 Rn. 5). 2

C. Berechnung und Pflichtzahl

Die Zahl der Arbeitsplätze, welche die **Berechnungsgrundlage** für Pflichtquote nach § 154 Abs. 1 bildet, ergibt sich somit im Gesamtbild aus dem **„Rohwert"** der Arbeitsplätze eines Arbeitgebers (§ 156 Abs. 1) abzüglich der nach § 156 Abs. 2 nicht als Arbeitsplätze zu zählenden Stellen (zu den Fallgruppen → § 156 Rn. 9 ff.), abzüglich der in § 156 Abs. 3 (→ § 156 Rn. 16) und der in § 157 genannten Ausbildungsplätze und Referendarstellen. Aus dem so ermittelten **„Feinwert"** der anrechnungsrelevanten Arbeitsplätze ist dann – im Einklang mit der Pauschale für Kleinunternehmen (§ 154 Abs. 1 S. 3, → § 154 Rn. 12) – durch Anwendung der **5 %-Regel des § 154 Abs. 1 S. 1** im Zusammenwirken mit der **Rundungsregel des § 157 Abs. 2** die Pflichtarbeitsplatzzahl für sbM zu errechnen. 3

Beispiele für den Pflichtsatz von 5 % 4
- Unternehmen m. „Feinwert" 69 Arbeitsplätze: 69 x 5 % = 3,45 → 3 Pflichtplätze (§ 157 Abs. 2 Hs. 1)
- Unternehmen m. „Feinwert" 70 Arbeitsplätze: 70 x 5 % = 3,5 → 4 Pflichtplätze (§ 157 Abs. 2 Hs. 1)

Wenn aber die Zahl der Arbeitsplätze unter 60 liegt, ist nach § 157 Abs. 2 Hs. 2 stets abzurunden. 5

Beispiel:
- Unternehmen m. „Feinwert" 58 Arbeitsplätze: 58 x 5 % = 2,9 → 2 Pflichtplätze (§ 157 Abs. 2 Hs. 2)

Beträgt der Pflichtsatz nach § 241 Abs. 1 oder im (hypothetischen) Fall der allgemeinen Änderung der Pflichtarbeitsplatzquote durch Rechtsverordnung (§ 162 Nr. 1, → § 162 Rn. 3 ff.) 6 %, ergäbe sich das Beispiel: 6

Beispiel:
- Unternehmen m. „Feinwert" 43 Arbeitsplätze: 43 x 6 % = 2,58 → 2 Pflichtplätze (§ 157 Abs. 2 Hs. 2)
- Unternehmen m. „Feinwert" 64 Arbeitsplätze: 64 x 6 % = 3,84 → 4 Pflichtplätze (§ 157 Abs. 2 Hs. 1)

Das sich aus der **Abrundungsregel** des § 157 Abs. 2 Hs. 2 ohnehin ergebende Rechenergebnis wird bei Kleinunternehmen mit weniger als 40 bzw. 60 Arbeitsplätzen durch § 154 Abs. 1 S. 3 noch einmal ausdrücklich genannt: Erstere müssen immer nur einen Pflichtarbeitsplatz bereitstellen, letztere zwei Pflichtarbeitsplätze. Eine weitere Privilegierung gegenüber § 157 Abs. 2 Hs. 2 ist damit jedoch nicht verbunden; § 154 7

Abs. 1 S. 3 dient somit vor allem der Klarstellung. Eine echt privilegierende Wirkung des § 154 Abs. 1 S. 3 dürfte allein daraus folgen, dass diese spezielle Festschreibung von Pflichtarbeitsplatzquoten für Kleinunternehmen durch Rechtsverordnung iSd § 162 Nr. 1 nicht verändert werden kann, sondern nur durch Gesetzesänderung.

Beispiel:

- Unternehmen m. „Feinwert" 39 Arbeitsplätze: 39 x 5 % = 1,95 → 1 Pflichtplatz (§§ 157 Abs. 2 Hs. 2; § 154 Abs. 1 Satz 3)
- Unternehmen m. „Feinwert" 59 Arbeitsplätze: 59 x 5 % = 2,95 → 2 Pflichtplätze (§§ 157 Abs. 2 Hs. 2; § 154 Abs. 1 Satz 3)

8 Zur **Feststellung der Erfüllung** dieser Pflichtarbeitsplatzquoten sind dann monatlich (→ Rn. 158 Rn. 10) die in § 158 genannten Personengruppen (im Unternehmen beschäftigte sbM, Gleichgestellte, Inhaber von Bergmannsversorgungsscheinen, schwerbehinderte Arbeitgeber, → § 158 Rn. 4 ff.) sowie die nach § 210 ebenfalls anrechnungsrelevanten Heimarbeiter und ihnen gleichgestellten Personen iSd § 1 Abs. 1, 2 HAG zu berechnen und mit der Pflichtarbeitsplatzquote abzugleichen. Eine verbleibende Differenz (dh Unterschreitung der Pflichtarbeitsplatzquote) löst die Pflicht zur Zahlung einer Ausgleichsabgabe (§ 160) aus. Nach § 159 kann eine Mehrfachanrechnung möglich sein.

9 Da die Beschäftigungspflicht jahresdurchschnittlich festgelegt ist (§ 154 Abs. 1, § 160 Abs. 1), ist die Erfüllung der Pflichtarbeitsplatzquote **ex post** (vgl. die vergangenheitsbezogene Meldung und Berechnung der Ausgleichsabgabe, §§ 163 Abs. 2, 160 Abs. 4) aus den monatlichen Beschäftigungszahlen und dem daraus gebildeten Jahresdurchschnitt zu ermitteln.

D. Ausbildungsplätze

10 Die **Ausklammerung** von Ausbildungsplätzen bei der Berechnung der Mindestzahl der Beschäftigten sowie der Pflichtarbeitsplatzzahl und die darin liegende bereichsspezifische Einschränkung des allgemeinen teilhaberechtlichen Arbeitsplatzbegriffs in § 156 Abs. 1 (→ Rn. 2) wollen negative Anreizwirkungen verhindern und die Bereitschaft der Unternehmen zur Schaffung von Ausbildungsplätzen verbessern. Die Ausdifferenzierung des Arbeitsplatzbegriffs ist angesichts dieses Regelungszwecks verfassungsrechtlich unbedenklich.

11 Die Ausnahme gilt nur für Ausbildungsplätze, nicht auch für andere Stellen, auf denen Personen zu ihrer beruflichen Bildung beschäftigt werden. Umschüler, Volontäre oder Praktikanten sind keine Auszubildenden iSd Vorschrift. § 157 Abs. 1 S. 1 erfasst nur die Berufsausbildung im rechtstechnischen Sinne des BBiG. Ein zusätzlicher Anreiz für die Ausbildung sbM ist neben der nach § 157 Abs. 1 S. 1 unterbleibenden Erhöhung der Pflichtarbeitsplatzquote spiegelbildlich die Anrechnung auf zwei oder sogar drei Pflichtplätze nach § 159, wenn Ausbildungsplätze für sbM bereitgestellt werden.

E. Referendarstellen

12 Rechts- und Studienreferendare haben einen Rechtsanspruch auf Abschluss ihrer Ausbildung und müssen, abhängig von der Ausgestaltung des jeweiligen (Landes-)Rechts, ggf. als Beamte auf Widerruf oder in einem beamtenähnlichen Rechtsverhältnis eingestellt werden (vgl. bereits BT-Drs. 7/1515, 9; BSG 29.9.1992 – 11 RAv 83/91, ZBR 1992, 268). Diese Stellen sind keine Arbeitsplätze, werden also nicht der Pflichtzahlberechnung zugrunde gelegt. Hintergrund ist auch hier der zu § 156 Abs. 2 Nr. 5 (→ § 156 Rn. 14) dargelegte Umstand, dass der Dienstherr in seiner Einstellungsentscheidung

nicht frei ist. Die Regelung ist als Ausnahmevorschrift mit engen Tatbestandsvoraussetzungen **eng auszulegen** und **keiner (analogen) Anwendung** auf andere Personengruppen als die genannte zugänglich, mögen diese auch gleichfalls einen Einstellungsanspruch haben (vgl. zB für Auszubildende als Mitglied der Jugend- und Auszubildendenvertretung: § 78a Abs. 2 BetrVG).

§ 158[1] Anrechnung Beschäftigter auf die Zahl der Pflichtarbeitsplätze für schwerbehinderte Menschen

(1) **Ein schwerbehinderter Mensch, der auf einem Arbeitsplatz im Sinne des § 156 Absatz 1 oder Absatz 2 Nummer 1 oder 4 beschäftigt wird, wird auf einen Pflichtarbeitsplatz für schwerbehinderte Menschen angerechnet.**

(2) [1] **Ein schwerbehinderter Mensch, der in Teilzeitbeschäftigung kürzer als betriebsüblich, aber nicht weniger als 18 Stunden wöchentlich beschäftigt wird, wird auf einen Pflichtarbeitsplatz für schwerbehinderte Menschen angerechnet.** [2] **Bei Herabsetzung der wöchentlichen Arbeitszeit auf weniger als 18 Stunden infolge von Altersteilzeit oder Teilzeitberufsausbildung gilt Satz 1 entsprechend.** [3] **Wird ein schwerbehinderter Mensch weniger als 18 Stunden wöchentlich beschäftigt, lässt die Bundesagentur für Arbeit die Anrechnung auf einen dieser Pflichtarbeitsplätze zu, wenn die Teilzeitbeschäftigung wegen Art oder Schwere der Behinderung notwendig ist.**

(3) **Ein schwerbehinderter Mensch, der im Rahmen einer Maßnahme zur Förderung des Übergangs aus der Werkstatt für behinderte Menschen auf den allgemeinen Arbeitsmarkt (§ 5 Absatz 4 Satz 1 der Werkstättenverordnung) beschäftigt wird, wird auch für diese Zeit auf die Zahl der Pflichtarbeitsplätze angerechnet.**

(4) **Ein schwerbehinderter Arbeitgeber wird auf einen Pflichtarbeitsplatz für schwerbehinderte Menschen angerechnet.**

(5) **Der Inhaber eines Bergmannsversorgungsscheins wird, auch wenn er kein schwerbehinderter oder gleichgestellter behinderter Mensch im Sinne des § 2 Absatz 2 oder 3 ist, auf einen Pflichtarbeitsplatz angerechnet.**

Übersicht

A. Textgeschichte

Die Vorschrift des § 158 hat ihre heutige systematische Einbindung zum 1.1.2018 **1**
durch das BTHG (BGBl. I 2016, 1824) erhalten. Inhaltlich hat sich gegenüber dem bisherigen Recht (§ 75 aF) nichts Wesentliches geändert. Bis zum 30.6.2001 galt weitgehend inhaltsgleich § 9 SchwbG. Eine weitere Vorgängernorm war der bis zum 31.12.1985 geltende § 7 SchwbG, der bereits Bestimmungen über die Anrechnung von schwerbehinderten Arbeitnehmern auf Pflichtplätze enthielt. Zum 2.6.2021 wurde in in Abs. 2 S. 2 die Berücksichtigung der Teilzeitberufsausbildung eingefügt.

---

[1] § 158 Abs. 2 Satz 2 geänd. mWv 10.6.2021 durch G v. 2.6.2021 (BGBl. I 1387).

B. Normzweck

2 § 158 legt fest, welche Beschäftigten hinsichtlich der **Pflicht des Arbeitgebers** zur Beschäftigung sbM anrechnungsfähig sind. Die **Anrechnungsvorgabe** aus § 158 Abs. 2 S. 1, wonach im Grundsatz erst die mit mindestens 18 Wochenarbeitsstunden Teilzeitbeschäftigten mitgezählt werden, korreliert mit der – gleichfalls schematisch Stellen mit einem Beschäftigungsumfang unter 18 Wochenstunden ausklammernden – **Regelung zum Arbeitsplatzbegriff** in § 156 Abs. 3: Erhöhen solche Stellen nicht die Pflichtarbeitsplatzquote (zur Berechnung → § 157 Rn. 3 ff.), sollen sie spiegelbildlich auch nicht auf die Erfüllung der Pflichtarbeitsplatzquote angerechnet werden.

3 Zugunsten der Unternehmen wird diese **schematische Ausklammerung kleiner Teilzeitstellen** mit einem Beschäftigungsumfang unter 50 % allerdings in § 158 Abs. 2 S. 2 und 3 sogleich **durchbrochen** und ermöglicht einzelfallbezogen (bei Altersteilzeit oder behinderungsbedingter Teilzeitbeschäftigung) dann doch eine Anrechnung. Die grundsätzliche Regelung in § 158 Abs. 2 S. 1, dass nur die Beschäftigung ab einem bestimmten Umfang die Pflichtarbeitsplatzquote erfüllt, entfaltet überdies einen wirksamen Anreiz, sbM mehr als nur eine minimale Beschäftigung zu ermöglichen und ihnen einen substantiellen Beschäftigungsumfang anzubieten (vgl. jurisPK-SGB IX/Goebel § 158 Rn. 5), sofern nicht behinderungsbedingte Aspekte einen geringeren Beschäftigungsumfang erfordern (§ 158 Abs. 2 S. 3). Die Anrechnung von schwerbehinderten Arbeitgebern nach § 158 Abs. 4 zielt insbes. darauf ab, kleine und mittelständische Betriebe zu entlasten, die von einem sbM geleitet werden.

C. Anrechnungsvorgaben

4 § 158 enthält die wesentlichen Anrechnungsvorgaben für die **Berechnung der Erfüllung der Pflichtquote** zur Beschäftigung sbM. Grundsätzlich anrechenbar sind nach § 158 Abs. 1 Menschen, deren Schwerbehinderung förmlich anerkannt worden ist (§ 152) sowie ihnen gleichgestellte Personen (§ 151). § 158 Abs. 2 regelt ausdifferenziert die Berücksichtigung von Teilzeitbeschäftigten. § 158 Abs. 3 erweitert die Anrechenbarkeit auf sbM, die in einer Maßnahme nach § 5 Abs. 4 S. 1 WerkstättenVO beschäftigt werden, § 158 Abs. 4 auf schwerbehinderte Arbeitgeber, § 158 Abs. 5 auf Inhaber von Bergmannsversorgungsscheinen. Ergänzend heranzuziehen ist § 210, nach dem Heimarbeiter und ihnen gleichgestellten Personen iSd § 1 Abs. 1, 2 HAG unter Umständen ebenfalls anrechnungsrelevant sind (ausf. → § 210 Rn. 13 f.).

I. Grundsatz, Abs. 1

5 Im Ausgangspunkt wird die Beschäftigung von schwerbehinderten und ihnen gleichgestellten (→ § 151 Rn. 4 ff., 8 ff.) Menschen auf die Erfüllung der Pflichtarbeitsplatzquote angerechnet, wenn diese auf einem Arbeitsplatz iSd § 156 Abs. 1 beschäftigt werden. Damit eine Anrechnung der tatsächlichen Beschäftigung eines sbM auf die Pflichtarbeitsplatzquote erfolgen kann, muss dessen Schwerbehinderung entweder gem. § 152 förmlich festgestellt oder offensichtlich sein (zu Letzterem → § 152 Rn. 49); bei gleichgestellten behinderten Menschen bedarf es stets der förmlichen Anerkennung.

6 Infolge des Verweises in § 158 Abs. 1 auf den allgemeinen teilhaberechtlichen Arbeitsplatzbegriff des § 156 Abs. 1 steuert dieser somit im Ausgangspunkt auch die **Handhabung des Anrechnungsgrundsatzes.** Die Modifikationen durch § 157 (Ausklammerung von Auszubildenden- und Referendarstellen, → § 157 Rn. 10 ff.) beziehen sich hingegen ausdrücklich nur auf die Berechnung von Schwellenwert und Pflichtarbeits-

platzquote, finden hingegen auf die Frage der Anrechnung nach § 158 keine Anwendung, sodass die Pflichtarbeitsplatzquote auch durch Beschäftigung von Auszubildenden (mit Doppelanrechnung, § 159 Abs. 2 S. 1) oder Referendaren erfüllt werden kann. Gleiches gilt nach § 158 Abs. 1 explizit auch für die Beschäftigung von sbM auf Stellen iSd § 156 Abs. 2 Nr. 1 und 4, sodass behinderte Menschen, die an Leistungen zur Teilhabe am Arbeitsleben nach § 49 Abs. 3 Nr. 4 und Personen, die an Arbeitsbeschaffungsmaßnahmen nach dem SGB III (→ § 156 Rn. 13) teilnehmen, zwar durch die Ausklammerung aus dem allg. teilhabrechtlichen Arbeitsplatzbegriff nicht die Pflichtarbeitsplatzquote erhöhen, sehr wohl aber auf die Erfüllung der Pflichtarbeitsplatzquote nach § 158 Abs. 1 angerechnet werden können, wenn es sich um sbM oder Gleichgestellte handelt. Der Grund liegt darin, dass die Einrichtung derartiger Stellen seitens der Unternehmen durch § 156 Abs. 2 von der negativen Anreizwirkung einer Erhöhung der Pflichtarbeitsplatzquote befreit werden soll, während § 158 Abs. 1 spiegelbildlich die positive Anreizwirkung einer Anrechenbarkeit auf die Erfüllung der Pflichtarbeitsplatzquote kreiert. Im Umkehrschluss können sbM oder Gleichgestellte, die auf Stellen iSd § 156 Abs. 2 Nr. 2, 3, 5, 6 beschäftigt werden, nicht auf die Erfüllung der Pflichtarbeitsplatzquote angerechnet werden.

Zumindest missverständlich scheint angesichts dieses Befundes die Aussage, dass **Anrechnungs- und Bemessungsgrundlage** „kongruent" seien (so aber LPK-SGB IX/Joussen § 158 Rn. 3). Richtig ist vielmehr das Gegenteil. Beide Größen sind **inkongruent:** Die Bemessungsgrundlage der Pflichtarbeitsplatzquote (§§ 154, 156) wird durch §§ 156 Abs. 2 und 3, 157 einschränkend modifiziert, während auf die spiegelbildliche Frage der Anrechnung zur Erfüllung der Pflichtarbeitsplatzquote der Arbeitsplatzbegriff des § 156 ohne die Modifikationen durch §§ 156 Abs. 2 Nr. 1 und 4, 157 Anwendung findet. 7

Da § 158 Abs. 1 im Übrigen aber auf den allg. teilhaberechtlichen Arbeitsplatzbegriff des § 156 Abs. 1 verweist, dürfte auch dessen – nicht ausdrücklich durch § 158 Abs. 1 in Bezug genommene – Modifikation durch § 156 Abs. 3 im Rahmen des § 158 Abs. 1 anwendbar sein, sodass **Kurzzeitbeschäftigungen** bis zu einer Dauer von 8 Wochen (§ 156 Abs. 3 Var. 1) weder die Pflichtarbeitsplatzquote erhöhen noch zu deren Erfüllung anrechenbar sind. Für die Anrechnung von **Teilzeitbeschäftigungsverhältnissen** (vgl. § 156 Abs. 3 Var. 2) auf die Erfüllung der Pflichtarbeitsplatzquote gilt allerdings der den § 156 Abs. 3 Var. 2 teils wiederholende, teils ausdifferenzierende § 158 Abs. 2 als **lex specialis** (hierzu sogleich → Rn. 9 ff.). Insgesamt handelt es sich um eine verschachtelte, höchst unübersichtliche und letztlich misslungene Regelungstechnik, die dringend durch einen Federstrich des Gesetzgebers „entschlackt" werden sollte. Die Chance hierzu hat das BTHG leider ungenutzt gelassen. 8

II. Teilzeitbeschäftigte sbM, Abs. 2

§ 158 Abs. 2 regelt ausdifferenziert die Anrechnung teilzeitbeschäftigter sbM. Grundsätzlich sind gem. § 158 Abs. 2 S. 1 auch Teilzeitbeschäftigungsverhältnisse mit einem Beschäftigungsumfang von mindestens 18 Wochenstunden anrechnungsfähig. Im Umkehrschluss folgt aus dieser Norm, dass die Stelle eines sbM im Grundsatz (überhaupt) nicht anrechnungsfähig ist, wenn der Beschäftigungsumfang weniger als achtzehn Stunden pro Woche beträgt. Dies entspricht der **schematischen Berücksichtigung von Teilzeitstellen beim allg. teilhaberechtlichen Arbeitsplatzbegriff (§ 156 Abs. 3 Hs. 2).** Anhand dieser quantitativen Grenze wird also ermittelt, ob eine Teilzeitbeschäftigung voll oder gar nicht angerechnet wird. Es gilt das **Prinzip der Voll- oder Nichtanrechnung;** eine Anrechnung pro rata findet nicht statt. Eine Teilzeitbeschäftigung von mindestens achtzehn Wochenstunden wird in der Konsequenz vollumfänglich auf einen ganzen Pflichtarbeitsplatz angerechnet (BeckOK SozR/Jabben SGB IX § 158 Rn. 5). Diese Vollanrechnung der Teilzeitbeschäftigung gilt selbst dann, wenn sich zwei sbM eine (Plan-) 9

Stelle teilen, sofern jeder einen Beschäftigungsumfang von mindestens 18 Wochenstunden erreicht. Jede Teilzeitbeschäftigung zählt hinsichtlich der Erfüllung der Pflichtarbeitsplatzquote dann als ein ganzer Pflichtarbeitsplatz (so auch jurisPK-SGB IX/Goebel § 158 Rn. 10).

10 Der Terminus „**Teilzeitbeschäftigung**" entspricht im Ausgangspunkt der allgemeinen Begriffsbildung nach § 2 Abs. 1 S. 1 TzBfG: Teilzeitbeschäftigt ist demnach ein Arbeitnehmer, dessen regelmäßige Wochenarbeitszeit kürzer ist als die eines vergleichbaren vollzeitbeschäftigten Arbeitnehmers; ist eine regelmäßige Wochenarbeitszeit nicht vereinbart, so ist ein Arbeitnehmer teilzeitbeschäftigt, wenn seine regelmäßige Arbeitszeit im Durchschnitt eines bis zu einem Jahr reichenden Beschäftigungszeitraums unter der eines vergleichbaren vollzeitbeschäftigten Arbeitnehmers liegt.

11 Weil § 158 Abs. 2 allerdings explizit auf die „betriebsübliche Arbeitszeit" rekurriert, wird teilweise erwogen, dass eine allgemein eingeführte **Kurzarbeit** die Anrechnungsfähigkeit unberührt lassen könne, sodass eine Anrechnung entgegen § 158 Abs. 2 auch dann erfolgen könne, wenn ein sbM im Zuge der Kurzarbeit weniger als achtzehn Stunden wöchentlich arbeite: § 158 Abs. 2 finde insgesamt keine Anwendung auf Kurzarbeit (jurisPK-SGB IX/Goebel § 158 Rn. 10). Diese Sichtweise steht zu der starren 18-Stunden-Grenze des § 158 Abs. 2 S. 1 – der insofern gerade nicht auf die Relation zu einer betriebsüblichen Arbeitszeit abstellt – in erkennbarem Widerspruch und ist in ihrer Allgemeinheit daher abzulehnen. Richtig ist allerdings, dass in Phasen der Kurzarbeit, in denen die betriebsübliche Arbeitszeit insgesamt auf unter 18 Wochenstunden abgesenkt wird (zB bei „Kurzarbeit Null"), der allgemeine teilhaberechtliche Arbeitsplatzbegriff des § 156 dazu führt, dass dann schon – für diese Phase – kein bemessungsrelevanter Arbeitsplatz vorhanden ist (vgl. § 156 Abs. 3 Hs. 2), was die jahresdurchschnittliche (→ § 157 Rn. 9) Pflichtarbeitsplatzquote zeitanteilig reduziert.

12 Nach § 158 Abs. 2 S. 2 findet im **Sonderfall der Altersteilzeit** die Anrechnung auch bei einem geringeren Beschäftigungsumfang statt, da insofern der Grund für das geringe Ausmaß der Beschäftigung nicht aus der Sphäre des Arbeitgebers, sondern vielmehr des Arbeitnehmers stammt und regelmäßig auf dessen Initiative und Selbstbestimmung zurückgeht.

13 Nach § 158 Abs. 2 S. 3 gilt Gleiches auch in dem **Sonderfall,** dass die Dauer der Teilzeitbeschäftigung gerade aufgrund der Art oder der Schwere der Behinderung weniger als achtzehn Stunden beträgt. Wie bei Satz 2 findet die Ausnahme ihren Grund darin, dass der Grund für das geringe Ausmaß der Beschäftigung nicht aus der Sphäre des Arbeitgebers, sondern des Arbeitnehmers stammt und regelmäßig auf dessen Initiative und Selbstbestimmung zurückgeht. Letzterer Aspekt wird noch dadurch verstärkt, dass § 164 Abs. 5 S. 3 dem sbM einen Anspruch auf Arbeitszeitreduktion einräumt. Die Anwendung des § 158 Abs. 2 S. 3 ist allerdings unabhängig davon, ob der sbM zuvor den Reduktionsanspruch aus § 164 Abs. 5 S. 3 (→ § 164 Rn. 69 ff.) geltend gemacht hat. Damit eine Anrechnung in Fällen des § 158 Abs. 2 S. 3 erfolgen kann, bedarf es einer **Genehmigung** der Bundesagentur für Arbeit; hierzu ist ein Antrag bei der entsprechenden Arbeitsagentur der Betriebsstätte (BeckOK SozR/Jabben SGB IX § 158 Rn. 6) zu stellen, welche die Anrechnungsvoraussetzungen – namentlich die **Kausalität** zwischen verkürzter Arbeitszeit und **Schwere der Behinderung** – zu prüfen hat. Ist die Kausalität erwiesen, ist dem Antrag stattzugeben. Es handelt sich um eine **gebundene Entscheidung** ohne behördlichen Ermessensspielraum (zutr. LPK-SGB IX/Joussen SGB IX § 158 Rn. 6; BeckOK SozR/Jabben SGB IX § 158 Rn. 6). In zeitlicher Hinsicht ist zu beachten, dass infolge des gesetzlich gewollten Kooperationsverhältnisses von Arbeitgeber und BA Letztere gehalten ist, das vom Arbeitgeber nach § 163 Abs. 1, 2 geführte und der BA vorzulegende Verzeichnis der sbM – ggf. rückwirkend – zugunsten einer Anrechenbarkeit zu **korrigieren,** wenn alle Voraussetzungen der Anrechnung schon in der Vergangenheit gegeben waren; auf eine zeitlich „vorgeschaltete" konstitutiv wirkende Prüfung und Anerkennung der Anrechenbarkeit durch die BA

kommt es insofern richtigerweise nicht an (BSG 29.3.2022 – B 11 AL 30/21 R, BSGE 134, 67).

III. Erweiterungen der anrechenbaren Stellen bzw. Personen

14 § 158 Abs. 3–5 erweitert die Anrechenbarkeit auf Stellen bzw. Personen, die an sich nicht unter den allgemeinen teilhaberechtlichen Arbeitsplatzbegriff des § 156 Abs. 1 fallen und vergrößert somit die **Diskrepanz zwischen Bemessungsgrundlage der Pflichtarbeitsplatzquote und der Anrechnung auf deren Erfüllung** (→ Rn. 6 f.). Hinzuzunehmen sind die bereits erörterten (→ Rn. 6) Anrechnungsfälle bei sbM, die an Teilhabe- (§ 156 Abs. 2 Nr. 1) oder Arbeitsbeschaffungsmaßnahme (§ 156 Abs. 2 Nr. 4) teilnehmen oder als Auszubildende bzw. Referendare beschäftigt werden; diese sind anrechenbar (→ Rn. 6).

1. Übergang aus der Werkstatt für behinderte Menschen, Abs. 3

15 § 158 Abs. 3 erklärt die Beschäftigung sbM im Rahmen von § 5 Abs. 4 S. 1 WerkstättenVO für anrechenbar. Die in Bezug genommene Regelung sieht eine **besondere Förderung** ua durch Trainingsmaßnahmen, Betriebspraktika und zeitweise Beschäftigung auf ausgelagerten Arbeitsplätzen vor. In dieser Zeit bleiben die sbM Angehörige der Werkstätten; die Beschäftigung in einem Unternehmen erfolgt zB im Rahmen eines **Arbeitnehmerüberlassungsverhältnisses.** Um den Übergang in den allgemeinen Arbeitsmarkt besonders zu fördern und den Unternehmen positive Anreize zur Schaffung derartiger Inklusionsstellen zu setzen, kann in dieser Phase eine Anrechnung auf die Pflichtarbeitsplatzquote bei dem beschäftigenden Arbeitgeber (Einsatzunternehmen) erfolgen (vgl. BT-Drs. 15/1783, 14), auch wenn dieser nicht Vertragsarbeitgeber ist. Die **zeitlich begrenzte Doppelanrechnung** bei zwei Arbeitgebern verfolgt das Ziel, möglichst viele sbM in eine dauerhafte Beschäftigung zu bringen. Die im Gesetzgebungsverfahren zwischenzeitlich diskutierte rückwirkende Anrechenbarkeit wurde wegen ihrer Komplexität gestrichen (vgl. BT-Drs. 15/1783, 5, 14; 15/2318, 15 f., 21; 15/2357, 24 zu Nr. 13 Buchst. c; Cramer NZA 2004, 701). Wegen der Formulierung „auch für diese Zeit" könnte man erwägen, dass die Anrechnung nur gilt, wenn der sbM im Anschluss in ein endgültiges Arbeitsverhältnis beim Einsatzunternehmen übernommen wird (so Cramer NZA 2004, 701). Dies stünde jedoch im Widerspruch zum skizzierten Regelungszweck. Richtigerweise ist die Anrechnung daher auch dann möglich, wenn die spätere Übernahme in ein Arbeitsverhältnis beim Einsatzunternehmen nicht zu Stande kommt (zutr. LPK-SGB IX/Joussen § 158 Rn. 8).

2. Schwerbehinderte Arbeitgeber, Abs. 4

16 Auch schwerbehinderte Arbeitgeber sind nach Maßgabe von § 158 Abs. 4 im Hinblick auf die Pflichtarbeitsplatzquote anrechnungsfähig. Für § 158 Abs. 4 genügt nicht, dass eine Person – zB als leitender Angestellter – einzelne Arbeitgeberfunktionen ausübt. Solche Personen unterfallen vielmehr bereits dem allg. teilhaberechtlichen Arbeitsplatzbegriff des § 156 Abs. 1, den § 158 Abs. 1 in Bezug nimmt. Für § 158 Abs. 4 verbleiben somit lediglich Personen, die umfassend die Arbeitgeberfunktion innehaben (so auch jurisPK-SGB IX/Goebel SGB IX § 158 Rn. 18). Von deren umfassender Gleichstellung mit sbM iSd SGB IX hat der Gesetzgeber abgesehen; § 158 Abs. 4 beinhaltet eine **punktuelle Durchbrechung** dieses Grundprinzips.

17 Eindeutig erfasst § 158 Abs. 4 den Fall, dass ein **Einzelunternehmer Rechtsträger seines Unternehmens** ist. Da der Begriff des sbM an Eigenschaften natürlicher Personen anknüpft, versteht sich von selbst, dass Arbeitgeber iSd Abs. 4 nur eine natürliche Person und keine juristische Person sein kann. Zweifelhaft ist, ob bei juristischen Personen auch

Organmitglieder bzw. gesetzliche Vertreter oder Alleingesellschafter (etwa im Fall der Ein-Mann-GmbH) einzubeziehen sind. Dies wird angesichts der Entstehungsgeschichte – der Gesetzgeber hatte in § 9 Abs. 3 SchwbG die bis 1974 geltende Anrechnungsregelung in § 6 Abs. 3 iVm § 5 Abs. 2 lit. b, c des Schwerbeschädigtengesetzes vom 16.6.1953 (BGBl. I 389), die neben der Anrechnung des Arbeitgebers ausdrücklich auch die Anrechnung schwerbeschädigter Mitglieder von (vertretungsberechtigten) Organen einer juristischen Person und schwerbeschädigter Mitglieder einer Personengesamtheit vorsah, nicht übernommen – überwiegend verneint (LPK-SGB IX/Joussen Rn. 10; jurisPK-SGB IX/Goebel § 158 Rn. 18; abwägend Voraufl. Rn. 15 f.; zur Vorgängervorschrift § 9 Abs. 3 SchwbG BVerwG 24.2.1994 – 5 C 44/92, NJW-RR 1994, 1252 Rn. 12; vgl. auch BT-Drs. 10/5701, 10). Der Regelungszweck von § 158 Abs. 4 und verfassungsrechtliche Wertungen des Art. 3 Abs. 1, 2 GG könnten allerdings für die Anrechnung streiten.

18 Die Möglichkeit der Anrechnung nach § 158 Abs. 4 besteht unabhängig von der Betriebsgröße (jurisPK-SGB IX/Goebel § 158 Rn. 18), auch wenn dem Gesetzgeber bei Schaffung von § 158 Abs. 4 besonders die Entlastung kleinerer und mittelständischer Betriebe vor Augen stand: Gerade ihnen wird die Erfüllung der Pflichtarbeitsplatzquote erleichtert (vgl. BT-Drs. 10/5701, 10).

3. Inhaber von Bergmannsversorgungsscheinen, Abs. 5

19 Auch Inhaber von Bergmannsversorgungsscheinen (zu Hintergrund und Verfahren ausf. Voraufl. Rn. 17 ff.) sind nach Maßgabe von § 158 Abs. 5 auf die Pflichtarbeitsplatzquote anzurechnen. Die Personengruppe der Inhaber von Bergmannsversorgungsscheinen wird durch § 158 Abs. 5 konstitutiv zusätzlich einbezogen. Das Vorliegen einer Anerkennung als sbM oder Gleichgestellter ist also keine Voraussetzung (jurisPK-SGB IX/Goebel § 158 Rn. 20; BeckOK SozR/Jabben SGB IX § 158 Rn. 10). Anwendungsvoraussetzung von § 158 Abs. 5 ist, dass ein Bergmannsversorgungsschein wirksam erteilt wurde (BeckOK SozR/Jabben SGB IX § 158 Rn. 10).

§ 159 Mehrfachanrechnung

(1) [1]**Die Bundesagentur für Arbeit kann die Anrechnung eines schwerbehinderten Menschen, besonders eines schwerbehinderten Menschen im Sinne des § 155 Absatz 1 auf mehr als einen Pflichtarbeitsplatz, höchstens drei Pflichtarbeitsplätze für schwerbehinderte Menschen zulassen, wenn dessen Teilhabe am Arbeitsleben auf besondere Schwierigkeiten stößt.** [2]**Satz 1 gilt auch für schwerbehinderte Menschen im Anschluss an eine Beschäftigung in einer Werkstatt für behinderte Menschen und für teilzeitbeschäftigte schwerbehinderte Menschen im Sinne des § 158 Absatz 2.**

(2) [1]**Ein schwerbehinderter Mensch, der beruflich ausgebildet wird, wird auf zwei Pflichtarbeitsplätze für schwerbehinderte Menschen angerechnet.** [2]**Satz 1 gilt auch während der Zeit einer Ausbildung im Sinne des § 51 Absatz 2, die in einem Betrieb oder einer Dienststelle durchgeführt wird.** [3]**Die Bundesagentur für Arbeit kann die Anrechnung auf drei Pflichtarbeitsplätze für schwerbehinderte Menschen zulassen, wenn die Vermittlung in eine berufliche Ausbildungsstelle wegen Art oder Schwere der Behinderung auf besondere Schwierigkeiten stößt.** [4]**Bei Übernahme in ein Arbeits- oder Beschäftigungsverhältnis durch den ausbildenden oder einen anderen Arbeitgeber im Anschluss an eine abgeschlossene Ausbildung wird der schwerbehinderte Mensch im ersten Jahr der Beschäftigung auf zwei Pflichtarbeitsplätze angerechnet; Absatz 1 bleibt unberührt.**

(2a) **Ein schwerbehinderter Mensch, der unmittelbar vorher in einer Werkstatt für behinderte Menschen oder bei einem anderen Leistungsanbieter beschäftigt war oder ein**

Budget für Arbeit erhält, wird in den ersten zwei Jahren der Beschäftigung auf zwei Pflichtarbeitsplätze angerechnet; Absatz 1 bleibt unberührt.

(3) Bescheide über die Anrechnung eines schwerbehinderten Menschen auf mehr als drei Pflichtarbeitsplätze für schwerbehinderte Menschen, die vor dem 1. August 1986 erlassen worden sind, gelten fort.

Übersicht

A. Textgeschichte

Die Vorschrift des § 159 hat ihre heutige systematische Einbindung zum 1.1.2018 durch das BTHG (BGBl. I 2016, 1824) erhalten. Inhaltlich hat sich gegenüber dem bisherigen Recht (§ 76 aF) bis auf die Verweisungen nichts Wesentliches geändert. Der frühere § 76 Abs. 1, 2 aF war zuvor durch das Gesetz zur Förderung der Ausbildung und Beschäftigung sbM v. 23.4.2004 (BGBl. I 606) geändert worden; dadurch sollte der Übergang aus Werkstätten und die Beschäftigung und Übernahme Auszubildender verbessert werden (BT-Drs. 15/1783, 15). Eine weitere Vorgängerregelung war § 10 SchwbG. Dieser galt bis zum 30.6.2001 und war weitgehend inhaltsgleich in § 76 aF übernommen worden. 1

B. Normzweck

Die Mehrfachanrechnung gem. § 159 beinhaltet eine den Arbeitgeber **privilegierende Ausnahme** zum Grundsatz aus § 158, wonach ein schwerbehinderter Arbeitnehmer grundsätzlich auf einen Pflichtarbeitsplatz angerechnet wird. Die Vorschrift setzt positive Anreize und honoriert es, wenn Arbeitgeber die Teilhabe besonders schutzbedürftiger sbM am Arbeitsleben fördern (jurisPK-SGB IX/Goebel § 159 Rn. 7; LPK-SGB IX/Joussen § 159 Rn. 3), nämlich solcher sbM, deren „Teilhabe am Arbeitsleben auf besondere Schwierigkeiten stößt". Über die Möglichkeit der Mehrfachanrechnung kann der Arbeitgeber seine Beschäftigungsquote (§ 154) leichter erfüllen. § 159 Abs. 2 S. 1, 2 und 4 ergänzen dies durch das **Grundprinzip der Doppelanrechnung** Auszubildender und setzen damit einen allgemeinen Anreiz für die Ausbildung und anschließende Übernahme (§ 159 Abs. 2 S. 4) sbM. § 159 Abs. 2 S. 3 fügt die Möglichkeit der Dreifachanrechnung Auszubildender, sofern es sich bei ihnen um sbM handelt, deren Behinderung besondere Schwierigkeiten bei der Teilhabe am Arbeitsleben bedingt. Auch damit wird ein **spezifischer Förderanreiz** gesetzt. 2

C. Grundtatbestand der Mehrfachanrechnung, Abs. 1

I. Personenkreis

3 Der in § 159 Abs. 1 S. 1 verwendete Begriff der sbM, deren „Teilhabe am Arbeitsleben auf besondere Schwierigkeiten stößt", entspricht im Kern dem in § 155 Abs. 1 Nr. 1 genannten Begriff der sbM, „die nach Art oder Schwere ihrer Behinderung im Arbeitsleben besonders betroffen sind", ist aber durch den in der Formulierung zum Ausdruck kommenden Arbeitsmarktbezug weiter. Er schließt daher jedenfalls den in § 155 Abs. 1 Nr. 2 genannten Personenkreis sbM, die das 50. Lebensjahr vollendet haben, mit ein: Bei diesen **kumulieren sich Vermittlungserschwernisse,** sodass ihre Beschäftigung durch Mehrfachanrechnung besonders honoriert werden soll. Bei den in § 155 Abs. 1 genannten Personenkreisen wird in der Sache (widerleglich) zu vermuten sein, dass bei ihnen auch die „Teilhabe am Arbeitsleben auf besondere Schwierigkeiten stößt" und § 159 Abs. 1 S. 1 damit in aller Regel anwendbar ist; dabei ist zu bedenken, dass der „insbes."-Katalog des § 155 Abs. 1 Nr. 1 nicht abschließend ist (näher → § 155 Rn. 3).

4 Wegen der abweichenden, stärker auf den Arbeitsmarktzugang rekurrierenden, Begriffsbildung in § 159 Abs. 1 S. 1 ist dessen Anwendung nicht streng auf die in § 155 Abs. 1 genannten Personenkreise beschränkt. Bei jeder Anwendung der Norm ist aber zu bedenken, dass § 159 Abs. 1 eine **Ausnahmevorschrift zum Grundsatz der Einfachanrechnung** (§ 158 Abs. 1) darstellt. Insbes. die Anwendung auf nicht von § 155 Abs. 1 erfasste sbM bedarf daher einer besonderen, einzelfallbezogenen Begründung.

5 Erst recht gilt dies bei **Gleichgestellten,** auf die zwar nach § 151 Abs. 1 der gesamte Teil 3 des SGB IX und somit auch § 159 anzuwenden ist. Ein Grund für eine Mehrfachanrechnung wird aber nur in ganz atypischen Fällen bestehen, da die Gleichstellung behinderter mit sbM bereits den besonderen Belastungen dieses Personenkreises Rechnung trägt und weitergehende „besondere Schwierigkeiten" iSd § 159 Abs. 1 S. 1 in aller Regel ausscheiden.

6 Stets ist vorauszusetzen, dass die Teilhabe des sbM am Arbeitsleben auf **besondere Schwierigkeiten** stößt. Auch wenn die besonderen Schwierigkeiten häufig – vor allem in den Fallgruppen des § 155 Abs. 1 Nr. 1 – auf die Art und Schwere der Behinderung zurückzuführen sein werden, muss dies keineswegs zwingend so sein. Sie können vielmehr auch andere Gründe haben, etwa die Art des auszuübenden Berufes, das Alter oder andere kumulativ zur Behinderung hinzutretende Vermittlungshemmnisse, zB einschlägige Vorstrafen (vgl. auch zu § 5 SchwbG BT-Drs. 10/3138, 18).

7 Trotz des **auf den Arbeitsmarktzugang fokussierten Normzweck** (→ Rn. 2) kommt eine Mehrfachanrechnung nicht nur für solche sbM in Betracht, die neu eingestellt werden. Vielmehr können auch schon lange im Betrieb tätige sbM nach den Umständen des Einzelfalles auf mehr als einen Pflichtplatz angerechnet werden.

II. Anrechnungsgrundsätze, Ermessen

8 Die Anrechnung darf je nach den Umständen des Falles auf zwei oder drei Arbeitsplätze erfolgen. Eine Bruchteilanrechnung (zB auf 1,5 oder 2,5) Pflichtplätze ist nicht vorgesehen. Ebenso wie diese wäre auch eine **über die dreifache Anrechnung hinausgehende Anrechnung nichtig** (§ 40 Abs. 1 SGB X). Weder ist eine **Heilung** möglich noch bedürfte es einer besonderen **Anfechtung.** Bestandskraft eines derartigen **Mehrfachanrechnungsbescheids** tritt nicht ein.

9 **Teilzeitbeschäftigte,** die wenigstens 18 Stunden (vgl. § 158 Abs. 2 S. 1) beschäftigt werden oder deren Anrechnung bei noch kürzerer Arbeitszeit von der Bundesagentur für Arbeit zugelassen ist (vgl. § 158 Abs. 2 S. 3), können auf mehr als einen Pflichtarbeits-

platz angerechnet werden, wenn in ihrer Person die Voraussetzungen des § 159 Abs. 1 gegeben sind. Regelmäßig wird bei Teilzeitbeschäftigten aber nur eine Mehrfachanrechnung auf zwei Pflichtarbeitsplätze angebracht sein. Nur bei ganz gravierenden Erschwernissen, also in besonders begründeten Ausnahmefällen, kommt eine Anrechnung von Teilzeitbeschäftigten auf drei Pflichtarbeitsplätze in Betracht.

Das Verfahren der Mehrfachanrechnung durch Bescheid der Bundesagentur für Arbeit richtet sich insgesamt nach dem SGB X. Die **Mehrfachanrechnung** kann deshalb je nach Lage des Einzelfalls **befristet oder unbefristet** erfolgen, § 32 SGB X, und als **begünstigender Verwaltungsakt** nur unter den besonderen Voraussetzungen des § 45 SGB X zurückgenommen werden. Eine **rückwirkende Rücknahme** kommt danach nur in Frage, wenn die Zulassung durch arglistige Täuschung, Drohung oder Bestechung erwirkt wurde oder die Angaben vorsätzlich falsch oder grob fahrlässig unrichtig oder unvollständig gemacht wurden. **10**

Ein Anspruch auf Mehrfachanrechnung besteht nicht, auch nicht in Fällen des § 155 Abs. 1 oder im Anschluss an einen Werkstattaufenthalt (§ 159 Abs. 1 S. 2). § 159 Abs. 1 ist insgesamt eine **Ermessensvorschrift** („kann"). Es besteht allerdings ein Anspruch darauf, dass die Bundesagentur für Arbeit ihr Ermessen fehlerfrei ausübt (allg. dazu BeckOK VwVfG/Aschke § 40 Rn. 76 ff.). Der Arbeitgeber hat aber ebenso wie der Behinderte ein **Antragsrecht.** Die Entscheidung der Bundesagentur für Arbeit kann angefochten werden durch Widerspruch beim Widerspruchsausschuss der Bundesagentur für Arbeit (§ 203) oder Klage beim Sozialgericht (näher Jabben AR-Blattei SD 1440.1 Rn. 112 f.). Zu berücksichtigen ist dabei, dass die Norm mit dem Rekurs auf die „besonderen Schwierigkeiten" bereits auf Tatbestandsseite an einen **unbestimmten Rechtsbegriff** anknüpft, der nach verwaltungsprozessualen Grundsätzen voller gerichtlicher Kontrolle unterliegt (allg. dazu BeckOK VwGO/Decker § 114 Rn. 32 ff.). **11**

D. Anrechnung bei Ausbildung, Abs. 2

Nach § 159 Abs. 2 S. 1 wird ein sbM, der beruflich ausgebildet wird, auf zwei Pflichtarbeitsplätze für sbM angerechnet. Das gilt auch für sbM, die an einer Ausbildung in einer Einrichtung der beruflichen Rehabilitation (§ 51 Abs. 2) teilnehmen, welche in einem Betrieb oder einer Dienststelle durchgeführt wird (S. 2). Diese **Form der Zweifachanrechnung** soll „die Bereitschaft der Arbeitgeber zur Übernahme schwerbehinderter Auszubildender in ein Arbeits- oder Beschäftigungsverhältnis erhöhen." (BT-Drs. 15/1783, 15). Im Unterschied zu § 159 Abs. 1 bedarf es hierzu keines Antrags: Die Anrechnung auf zwei Pflichtplätze folgt vielmehr unmittelbar aus dem Gesetz und gilt für Schwerbehinderte sowie Gleichgestellte gleichermaßen. Wird mit der Jahresmeldung (§ 163 Abs. 2) die Beschäftigung eines sbM oder Gleichgestellten auf einem Ausbildungsplatz angezeigt, ist, ohne dass dies beantragt werden müsste, die Doppelanrechnung vorzunehmen: Anders als bei § 159 Abs. 1 handelt es sich um eine **gebundene Entscheidung,** es besteht also kein Ermessen der Bundesagentur für Arbeit. **12**

Die Anrechnung betrifft **nicht nur Auszubildende iSd BBiG,** sondern alle sbM, die zur Ausbildung beschäftigt werden einschließlich der beruflichen Ausbildung in Einrichtungen nach § 51 Abs. 2. Dieser Begriff umfasst damit nicht nur die Auszubildenden im rechtstechnischen Sinne, sodass § 157 Abs. 1 und § 159 Abs. 2 insoweit ein **unterschiedliches Begriffsverständnis** zugrunde legen (zum Begriffsverständnis bei § 157 Abs. 1 → § 157 Rn. 11). Zur Ausbildung beschäftigt iSd § 159 Abs. 2 sind alle Auszubildenden iSd BBiG, daneben aber auch sonstige Arbeitnehmer, die als Umschüler, zum Zweck der Einarbeitung, zur Weiterbildung oder zur Fortbildung und damit zur Ausbildung beschäftigt werden. Der Begriff der zur Ausbildung beschäftigten sbM umfasst damit auch alle Arbeitnehmer, die nicht in einem Berufsausbildungsverhältnis, sondern in einem **13** echten Arbeitsverhältnis zu Ausbildungszwecken beschäftigt werden (LPK-SGB IX/Joussen § 159 Rn. 5).

14 Nach § 159 Abs. 2 S. 3 kann die Bundesagentur für Arbeit im Einzelfall sogar die Anrechnung auf drei Pflichtarbeitsplätze für sbM zulassen, wenn die Vermittlung in eine berufliche Ausbildungsstelle wegen Art oder Schwere der Behinderung auf besondere Schwierigkeiten stößt. Im Gegensatz zur Regelung in § 159 Abs. 1, wo es nur darauf ankommt, dass die Teilhabe am Arbeitsleben in einem weiten Sinne mit **besonderen Schwierigkeiten** einhergeht (→ Rn. 3 ff.), muss bei einer Anrechnung von zur Ausbildung beschäftigten sbM auf drei Pflichtarbeitsplätze die Teilhabe gerade wegen der Art oder Schwere der Behinderung besondere Schwierigkeiten bereiten, etwa bei Taubstummen oder Blinden, Ohnhändern oder Doppelamputierten (LPK-SGB IX/Joussen § 159 Rn. 10). Die **Dreifachanrechnung** ist daher auf die von § 155 Abs. 1 Nr. 1 erfassten Personengruppen beschränkt. Andere Gründe (zB Alter, Vorstrafen oder Art des Berufes, → Rn. 6) können hier – anders als nach § 159 Abs. 1 – keine Rolle spielen.

15 Nach § 159 Abs. 2 S. 4 wird der sbM im ersten Jahr der Beschäftigung auf zwei Pflichtarbeitsplätze angerechnet, wenn die **Übernahme in ein Arbeits- oder Beschäftigungsverhältnis** durch den ausbildenden oder einen anderen Arbeitgeber im Anschluss an eine abgeschlossene Ausbildung erfolgt ist. Die Übernahme muss im Anschluss an die Ausbildung erfolgen, also zeitlich nahe liegen; eine längere dazwischen liegende Arbeitslosigkeit kann die Mehrfachanrechnung ausschließen (LSG Bln-Bbg 22.5.2014 – L 8 AL 62/13, BeckRS 2014, 70300).

E. Anrechnung auf mehr als drei Pflichtplätze, Abs. 3

16 Nach früherem, bis zum 31.7.1986 geltenden Recht war eine Mehrfachanrechnung auf mehr als drei Pflichtarbeitsplätze durch das damalige Arbeitsamt möglich. Nach heutiger Rechtslage kann eine Mehrfachanrechnung dagegen **höchstens auf drei Pflichtarbeitsplätze** erfolgen. Nach § 48 SGB X müssten nach altem Recht ergangene Mehrfachanrechnungsbescheide wegen Änderung der rechtlichen Verhältnisse aufgehoben und neu mit der Begrenzung auf höchstens drei Pflichtarbeitsplätze beschieden werden. Um diesen Effekt zu vermeiden und Vertrauensschutz sowie „Besitzstand" zu wahren, wurde in den Ausschussberatungen schon zu § 10 SchwbG die heute in § 159 Abs. 3 enthaltene Regelung eingefügt. Demnach gelten entgegen der Regel des § 48 SGB X diese Bescheide fort. Die praktische Relevanz dürfte heute – mehr als 35 Jahre nach der Begrenzung der Mehrfachanrechnung – gering sein.

§ 160 Ausgleichsabgabe

(1) 1 Solange Arbeitgeber die vorgeschriebene Zahl schwerbehinderter Menschen nicht beschäftigen, entrichten sie für jeden unbesetzten Pflichtarbeitsplatz für schwerbehinderte Menschen eine Ausgleichsabgabe. 2 Die Zahlung der Ausgleichsabgabe hebt die Pflicht zur Beschäftigung schwerbehinderter Menschen nicht auf. 3 Die Ausgleichsabgabe wird auf der Grundlage einer jahresdurchschnittlichen Beschäftigungsquote ermittelt.

(2) 1 Die Ausgleichsabgabe beträgt je unbesetztem Pflichtarbeitsplatz

1. **140 Euro bei einer jahresdurchschnittlichen Beschäftigungsquote von 3 Prozent bis weniger als dem geltenden Pflichtsatz,**
2. **245 Euro bei einer jahresdurchschnittlichen Beschäftigungsquote von 2 Prozent bis weniger als 3 Prozent,**
3. **360 Euro bei einer jahresdurchschnittlichen Beschäftigungsquote von mehr als 0 Prozent bis weniger als 2 Prozent.**
4. **720 Euro bei einer jahresdurchschnittlichen Beschäftigungsquote von 0 Prozent.**

2 Abweichend von Satz 1 beträgt die Ausgleichsabgabe je unbesetztem Pflichtarbeitsplatz für schwerbehinderte Menschen

1. für Arbeitgeber mit jahresdurchschnittlich weniger als 40 zu berücksichtigenden Arbeitsplätzen bei einer jahresdurchschnittlichen Beschäftigung von weniger als einem schwerbehinderten Menschen 140 Euro und bei einer jahresdurchschnittlichen Beschäftigung von null schwerbehinderten Menschen 210 Euro und
2. für Arbeitgeber mit jahresdurchschnittlich weniger als 60 zu berücksichtigenden Arbeitsplätzen bei einer jahresdurchschnittlichen Beschäftigung von weniger als zwei schwerbehinderten Menschen 140 Euro, bei einer jahresdurchschnittlichen Beschäftigung von weniger als einem schwerbehinderten Menschen 245 Euro und bei einer jahresdurchschnittlichen Beschäftigung von null schwerbehinderten Menschen 410 Euro.

(3) 1 Die Ausgleichsabgabe erhöht sich entsprechend der Veränderung der Bezugsgröße nach § 18 Absatz 1 des Vierten Buches. 2 Sie erhöht sich zum 1. Januar eines Kalenderjahres, wenn sich die Bezugsgröße seit der letzten Neubestimmung der Beträge der Ausgleichsabgabe um wenigstens 10 Prozent erhöht hat. 3 Die Erhöhung der Ausgleichsabgabe erfolgt, indem der Faktor für die Veränderung der Bezugsgröße mit dem jeweiligen Betrag der Ausgleichsabgabe vervielfältigt wird. 4 Die sich ergebenden Beträge sind auf den nächsten durch fünf teilbaren Betrag abzurunden. 5 Das Bundesministerium für Arbeit und Soziales gibt den Erhöhungsbetrag und die sich nach Satz 3 ergebenden Beträge der Ausgleichsabgabe im Bundesanzeiger bekannt.

(4) 1 Die Ausgleichsabgabe zahlt der Arbeitgeber jährlich zugleich mit der Erstattung der Anzeige nach § 163 Absatz 2 an das für seinen Sitz zuständige Integrationsamt. 2 Ist ein Arbeitgeber mehr als drei Monate im Rückstand, erlässt das Integrationsamt einen Feststellungsbescheid über die rückständigen Beträge und zieht diese ein. 3 Für rückständige Beträge der Ausgleichsabgabe erhebt das Integrationsamt nach dem 31. März Säumniszuschläge nach Maßgabe des § 24 Absatz 1 des Vierten Buches; für ihre Verwendung gilt Absatz 5 entsprechend. 4 Das Integrationsamt kann in begründeten Ausnahmefällen von der Erhebung von Säumniszuschlägen absehen. 5 Widerspruch und Anfechtungsklage gegen den Feststellungsbescheid haben keine aufschiebende Wirkung. 6 Gegenüber privaten Arbeitgebern wird die Zwangsvollstreckung nach den Vorschriften über das Verwaltungszwangsverfahren durchgeführt. 7 Bei öffentlichen Arbeitgebern wendet sich das Integrationsamt an die Aufsichtsbehörde, gegen deren Entscheidung es die Entscheidung der obersten Bundes- oder Landesbehörde anrufen kann. 8 Die Ausgleichsabgabe wird nach Ablauf des Kalenderjahres, das auf den Eingang der Anzeige bei der Bundesagentur für Arbeit folgt, weder nachgefordert noch erstattet.

(5) 1 Die Ausgleichsabgabe darf nur für besondere Leistungen zur Förderung der Teilhabe schwerbehinderter Menschen am Arbeitsleben einschließlich begleitender Hilfe im Arbeitsleben (§ 185 Absatz 1 Nummer 3) verwendet werden, soweit Mittel für denselben Zweck nicht von anderer Seite zu leisten sind oder geleistet werden. 2 Aus dem Aufkommen an Ausgleichsabgabe dürfen persönliche und sächliche Kosten der Verwaltung und Kosten des Verfahrens nicht bestritten werden. 3 Das Integrationsamt gibt dem Beratenden Ausschuss für behinderte Menschen bei dem Integrationsamt (§ 186) auf dessen Verlangen eine Übersicht über die Verwendung der Ausgleichsabgabe.

(6) 1 Die Integrationsämter leiten den in der Rechtsverordnung nach § 162 bestimmten Prozentsatz des Aufkommens an Ausgleichsabgabe an den Ausgleichsfonds (§ 161) weiter. 2 Zwischen den Integrationsämtern wird ein Ausgleich herbeigeführt. 3 Der auf das einzelne Integrationsamt entfallende Anteil am Aufkommen an Ausgleichsabgabe bemisst sich nach dem Mittelwert aus dem Verhältnis der Wohnbevölkerung im Zuständigkeitsbereich des Integrationsamtes zur Wohnbevölkerung im Geltungsbereich dieses Gesetzbuches und dem Verhältnis der Zahl der im Zuständigkeitsbereich des Integrati-

onsamtes in den Betrieben und Dienststellen beschäftigungspflichtiger Arbeitgeber auf Arbeitsplätzen im Sinne des § 156 beschäftigten und der bei den Agenturen für Arbeit arbeitslos gemeldeten schwerbehinderten und diesen gleichgestellten behinderten Menschen zur entsprechenden Zahl der schwerbehinderten und diesen gleichgestellten behinderten Menschen im Geltungsbereich dieses Gesetzbuchs.

(7) [1]Die bei den Integrationsämtern verbleibenden Mittel der Ausgleichsabgabe werden von diesen gesondert verwaltet. [2]Die Rechnungslegung und die formelle Einrichtung der Rechnungen und Belege regeln sich nach den Bestimmungen, die für diese Stellen allgemein maßgebend sind.

(8) Für die Verpflichtung zur Entrichtung einer Ausgleichsabgabe (Absatz 1) gelten hinsichtlich der in § 154 Absatz 2 Nummer 1 genannten Stellen der Bund und hinsichtlich der in § 154 Absatz 2 Nummer 2 genannten Stellen das Land als ein Arbeitgeber.

Übersicht

A. Textgeschichte

1 Die Vorschrift des § 160 hat ihre heutige systematische Einbindung zum 1.1.2018 durch das BTHG (BGBl. I 2016, 1824) erhalten. Inhaltlich hat sich gegenüber dem bisherigen Recht (§ 77 aF) nichts Wesentliches geändert. Lediglich die Höhe der Ausgleichsabgabe wurde im Vergleich zu § 77 aF heraufgesetzt. Eine weitere Vorgängernorm war § 11 SchwbG. Zuvor sah bereits § 9 SchwbG (1961) für private Arbeitgeber die Zahlung einer Ausgleichsabgabe vor, wenn diese eine vorgeschriebene Zahl von Schwerbeschädigten nicht beschäftigten; dieses Regelungsprinzip lässt sich bis § 6 Abs. 2 SchwBeschG v. 12.1.1923 zurückverfolgen. Zum 1.1.2024 werden durch das „Gesetz zur Förderung eines inklusiven Arbeitsmarktes“ (BGBl. I, 146) die Abgabesätze angehoben und eine vierte Abgabestufe (720 EUR) für Fälle der „Nullbeschäftigung“ eingeführt (hierzu Tabbara NZS 2023, 521).

B. Normzweck

Die Ausgleichsabgabe ist ein Instrument aktiver staatlicher Sozialpolitik (BeckOK SozR/Jabben SGB IX § 160 Rn. 2). Ihr kommt eine doppelte Funktion zu: Einerseits sollen Arbeitgeber angehalten werden, schwerbehinderte Menschen einzustellen bzw. zu beschäftigen, die sog. **„Antriebsfunktion"** (LPK-SGB IX/Joussen § 160 Rn. 4; BeckOK SozR/Jabben SGB IX § 160 Rn. 2). Andererseits sollen diejenigen Arbeitgeber, die – aus welchen Gründen auch immer – ihrer Beschäftigungspflicht im Rahmen der Pflichtquote nicht nachkommen, sanktioniert werden, indem der Wettbewerbsvorteil aus der Nichtbeschäftigung ausgeglichen wird, sog. **„Ausgleichsfunktion"** (BeckOK SozR/Jabben SGB IX § 160 Rn. 2; OVG NRW 24.2.2009 – 12 A 3220/08, BeckRS 2009, 35685). Beide Zielrichtungen sind vom BVerfG als verfassungskonform erachtet worden (BVerfG 26.5.1981 – 1 BvL 56/78, 1 BvL 57/78, 1 BvL 58/78, BVerfGE 57, 139 = NJW 1981, 2107; BVerfG 1.10.2004 – 1 BvR 2221/03, BeckRS 2004, 25155). 2

C. Abgabepflicht

Alle Arbeitgeber haben eine Ausgleichsabgabe zu zahlen, wenn sie die ihnen obliegende Beschäftigungspflicht (§ 154 Abs. 1) nicht erfüllen. Dies gilt sowohl für private als auch für öffentliche Arbeitgeber. Für jeden der nach §§ 156, 157 zu berücksichtigenden Arbeitsplätze, auf dem der Arbeitgeber pflichtwidrig keinen schwerbehinderten Menschen oder einen diesem Gleichgestellten (§§ 158, 159) beschäftigt, ist er nach § 160 Abs. 1 S. 1 zur **Zahlung einer Ausgleichsabgabe** verpflichtet. Die Gründe für die Nichterfüllung der Beschäftigungsquote sind unerheblich, dh der Arbeitgeber hat die Ausgleichsabgabe auch dann zu entrichten, wenn ihn kein Verschulden trifft, zB weil auf dem Arbeitsmarkt keine schwerbehinderten Menschen zur Verfügung stehen (OVG NRW 24.2.2009 – 12 A 3220/08, br 2009, 177; OVG RP 3.2.2006 – 7 A 11284/05, LKRZ 2007, 34). 3

I. Rechtsnatur der Abgabe

Die Verpflichtung, Ausgleichsabgabe zu leisten, ist öffentlich-rechtlicher Natur. Bei der Ausgleichsabgabe selbst handelt es sich um eine nichtsteuerliche öffentliche Sonderabgabe (BVerfG 26.5.1981 – BvL 56/78, BeckRS 1981, 106154). Der Arbeitgeber muss sie aus eigenen Mitteln aufbringen, eine Umlage auf die Arbeitnehmer ist nicht zulässig (BAG 11.3.1998 – 5 AZR 567/96, NZA 1999, 387). Sie darf insbes. nicht aus Mitteln bezahlt werden, die für Leistungen zugunsten der Arbeitnehmer vorgesehen sind, so zB der Tronc bei Croupiers bei Spielbanken. 4

II. Entstehen der Abgabepflicht

Sie **entsteht kraft Gesetzes,** wenn der Arbeitgeber seiner Beschäftigungspflicht aus dem SGB IX nicht oder nicht in dem vorgeschriebenen Umfange nachkommt. Sie ist nicht abhängig davon, ob der Arbeitgeber wegen der Art der Arbeitsplätze in seinem Betrieb keine sbM bzw. nicht die genügende Anzahl von sbM beschäftigen oder ob er keine oder keine für seinen Betrieb geeigneten sbM auf dem Arbeitsmarkt finden kann. Die Abgabepflichtigkeit ist demnach nur an die Tatsache der Nichterfüllung der Beschäftigungspflicht geknüpft und setzt nicht voraus, dass der Arbeitgeber die Nichterfüllung wegen Verschuldens zu vertreten hat. 5

6 Der Feststellungsbescheid nach § 160 Abs. 4 durch das Integrationsamt bei nicht rechtzeitiger Abführung hat hinsichtlich der rechtlichen Verpflichtung des Unternehmens keine konstitutive, sondern nur **deklaratorische Bedeutung.** Das ergibt sich schon daraus, dass dieser Feststellungsbescheid nur über „rückständige Beträge" ergeht, also deren vorheriges Entstehen und auch die Fälligkeit voraussetzt. Eine Festsetzung oder Feststellung der Ausgleichsabgabe dem Grunde oder der Höhe nach ist keine Voraussetzung für die Zahlung der Ausgleichsabgabe. Der Arbeitgeber ist vielmehr verpflichtet, die gesetzliche Ausgleichsabgabe nach seinen eigenen Berechnungen abzuführen. Grundlage für diese Berechnung ist die Meldung nach § 163 Abs. 2.

7 Fällig wird die Abgabe erst mit der Fälligkeit der Anzeige nach § 160 Abs. 4. Die Ausgleichsabgabe ist also – **ex post** – bis zum 31.3. für das vorangegangene Kalenderjahr an das Integrationsamt abzuführen und damit erst zu diesem Zeitpunkt fällig.

7a Komplexe Probleme entstehen im **Zusammenspiel von Integrationsamt und Bundesagentur für Arbeit,** da Ersteres für den Erlass des Feststellungsbescheides nach § 160 Abs. 4 S. 2 zuständig ist, während die BA uU die Berechnungsgrundlagen der Ausgleichsabgabe gemäß § 163 Abs. 3 ebenfalls durch Verwaltungsakt feststellt. Insofern ist nach Fallkonstellationen zu unterscheiden: Im Regelfall ergeht angesichts einer zutreffenden und fristgerechten Datenübermittlung gemäß § 163 kein Feststellungsbescheid der BA. Erlässt dann das Integrationsamt einen Feststellungsbescheid nach § 160 Abs. 4 S. 2, legt es die durch den Arbeitgeber übermittelten Daten zugrunde; insofern werden die Daten erst durch den Bescheid des Integrationsamtes festgestellt. Rechtsbehelfe sind nur gegen diesen zu richten. Hat der Arbeitgeber dagegen bereits die Übermittlung der Angaben nach § 163 an die BA unterlassen und erlässt diese deshalb einen Feststellungsbescheid nach § 163 Abs. 3, so ist das Integrationsamt seinerseits bei dem Erlass des Feststellungsbescheides nach § 160 Abs. 4 S. 2 an die in dem Feststellungsbescheid der Bundesagentur für Arbeit getroffene Regelung gebunden (BVerwG 14.4.2021 – 5 C 13/19, BVerwGE 172, 174, Rn. 14 ff.). In dieser Konstellation ist – in verfassungskonformer Auslegung des § 160 Abs. 4 S. 8 im Hinblick auf Art. 19 Abs. 4 GG – eine Erstattung überzahlter Beträge der Ausgleichsabgabe auch noch nach Ablauf der Frist des § 160 Abs. 4 S. 8 möglich, wenn nach Fristablauf ein Rechtsbehelfsverfahren gegen einen Feststellungsbescheid nach § 163 Abs. 3 zu Gunsten des Abgabepflichtigen abgeschlossen wird (BVerwG 14.4.2021 – 5 C 13/19, BVerwGE 172, 174, Rn. 20).

8 Das Gesetz verpflichtet den Arbeitgeber, Ausgleichsabgabe zu zahlen, „solange" er seiner Beschäftigungspflicht nicht genügt. Ein Ausgleich ist auch in Härtefällen nicht möglich, weil die Ausgleichsabgabe nicht nur die Beschäftigung erzwingt, sondern auch einen wirtschaftlichen Ausgleich sowie die Förderung aller Behinderten bezweckt. Eine Herabsetzung oder Erlass ist nicht im Einzelfall, sondern **nur nach Maßgabe von § 162 durch Rechtsverordnung,** also allg. oder für einzelne Bundesländer möglich. Sie darf auch nicht im Rahmen der Zuwendung von Fördermitteln erstattet werden, da in diesem Fall die Antriebsfunktion der Ausgleichsabgabe keine Wirkung entfalten könnte (OVG Sachsen 21.6.2016 – 4 A 547/15, BeckRS 2016, 49578).

9 Die Verpflichtung zur Leistung der Ausgleichsabgabe ist nach der Konstruktion des Gesetzes nur die **gesetzliche Folge des Nichterfüllens** der Beschäftigungspflicht und kein Ersatz für die Erfüllung; die Zahlung hebt die Pflicht zur Beschäftigung sbM nicht auf. Der Arbeitgeber erfüllt seine Pflicht durch die Einstellung und Beschäftigung von Arbeitnehmern. Bei der Beschäftigung besonderer Gruppen iSv § 155 oder zur beruflichen Bildung beschäftigter sbM kann nach Zulassung durch das Arbeitsamt (bei Ausbildung auch ohne Zulassung nach § 159, → § 159 Rn. 12) durch deren Beschäftigung mehr als ein Pflichtplatz ausgefüllt sein. Auch Bruchteile von Pflichtplätzen können so erfüllt werden. Ersatzleistungen sind nicht mehr vorgesehen. Erfüllt ist die Beschäftigungspflicht auch durch einen schwerbehinderten Arbeitgeber oder die Beschäftigung von Inhabern eines Bergmannsversorgungsscheins (§ 158 Abs. 3, 4).

Der Arbeitgeber hat seine Beschäftigungspflicht nicht erfüllt und ist damit ausgleichsabgabepflichtig, wenn er einen oder mehrere Pflichtplätze nicht mit sbM (oder Gleichgestellten, Inhabern von Bergmannsversorgungsscheinen nach § 158 Abs. 5 bzw. dem schwerbehinderten Arbeitgeber nach § 158 Abs. 4) besetzt hat. Der Besetzung eines Pflichtplatzes steht es gleich, wenn nach den Vorschriften des Teil 3 eine besondere Anrechnung zugelassen ist. 10

III. Höhe der Abgabe

Ausgehend von der monatlich zu erfüllenden Beschäftigungspflicht wird nach § 160 Abs. 1 S. 3 aufgrund der tatsächlich beschäftigten und zu berücksichtigenden sbM der Jahresdurchschnitt gebildet. Dies ermöglicht einen **Ausgleich** unter den Monaten eines Kalenderjahres. Maßgebend für den Umfang der Beschäftigungspflicht des Arbeitgebers ist zunächst die **gesetzlich vorgeschriebene Quote** nach § 154 Abs. 1 iHv 5 %. Soweit die BReg. künftig von ihrer Ermächtigung, den Pflichtsatz durch Rechtsverordnung herauf- oder herabzusetzen (§ 162 Nr. 1, → § 162 Rn. 13) Gebrauch machen würde, wäre dieser Satz maßgebend und gesetzlich vorgeschrieben. Der Arbeitgeber kann Monate mit einer niedrigeren Zahl der beschäftigten sbM als der gesetzlich vorgesehenen Quote, durch Monate, in denen die Quote über das gesetzliche Maß hinaus erfüllt wurde, ausgleichen. 11

Für die **Berechnung** sind zunächst mehrere Größen festzustellen. Für jeden Monat muss im ersten Schritt festgestellt werden, wie viele Arbeitsplätze vorliegen (§§ 156, 157) und wie viele davon im zurückliegenden Kalenderjahr (1.1. – 31.12. des Vorjahrs, vgl. § 163 Abs. 2) zu welchen Zeiten mit sbM besetzt waren (§§ 158, 159). Daraus ist dann der Jahresdurchschnitt zu ermitteln, in welcher Höhe die Beschäftigungsquote erfüllt wurde (im Einzelnen → § 157 Rn. 3 ff.). 12

Danach bestimmt sich die **Höhe der Ausgleichsabgabe** im abgelaufenen Kalenderjahr. Für die Monate, in denen die Quote nicht erfüllt wurde, ist dann nach der Zahl der unbesetzten Pflichtplätze die Ausgleichsabgabe in der festgelegten Höhe (§ 160 Abs. 2) zu berechnen. Da die Ausgleichsabgabe nur für die Monate geschuldet wird, in denen sbM auf den Pflichtplätzen nicht beschäftigt worden sind, entfällt die Zahlungspflicht von dem Zeitpunkt an, von dem auf dem Arbeitsplatz sbM eingestellt werden oder eine Anrechnung auf mehr als einen Pflichtplatz zugelassen wird. Erfolgt diese Anrechnung auf den Bruchteil eines Arbeitsplatzes, ist der entsprechende weitere Bruchteil unbesetzt und muss insoweit auch der entsprechende Bruchteil der Ausgleichsabgabe gezahlt werden. Ist ein Arbeitsplatz während eines Monats nur zeitweise besetzt, wird für diesen Monat eine Ausgleichsabgabe insgesamt nicht erhoben; die Ausgleichsabgabe ist zwar nach dem Jahresdurchschnitt zu ermitteln. Dieser beruht aber auf der Erfüllung in den einzelnen Monaten als solchen (LPK-SGB IX/Joussen § 160 Rn. 6, 11). Für eine – nach dem Wortlaut der Norm ebenfalls denkbare – taggenaue Betrachtung ist angesichts der Gesetzessystematik kein Raum: Der Gesetzgeber beabsichtigte einen Gleichlauf der Erfüllung der Beschäftigungsquote und der Ausgleichsabgabepflicht (vgl. BT-Drs. 15/124, 5 f.). Die **Berechnung der Ausgleichsabgabe** setzt bei § 154 Abs. 1 an, wonach die Beschäftigungsquote monatlich nach dem Jahresdurchschnitt zu bestimmen ist. Ist der Arbeitsplatz innerhalb eines Monats für mindestens einen Tag mit einem sbM besetzt, gilt die Quote als erfüllt (arg. e § 163 Abs. 2 S. 1; vgl. auch BSG 6.5.1994 – 7 Rar 68/93, BSGE 74, 176). Bei der Erfüllung der Beschäftigungsquote soll eine „stichtagscharfe" Betrachtung gerade nicht stattfinden (vgl. BSG 6.5.1994 – 7 Rar 68/93, BSGE 74, 176). 13

Deshalb ist **zB** bei 100 Arbeitsplätzen auch dann keine Ausgleichsabgabe zu zahlen, wenn sechs Monate vier sbM, die anderen sechs Monate aber sechs sbM beschäftigt sind, weil dann im Jahresdurchschnitt die 5 %-Vorgabe erfüllt wurde, obwohl die Quote in sechs Monaten für sich genommen nicht ausreicht. Erst wenn der Jahresdurchschnitt unter 5 % fällt, sind für die einzelnen Monate Ausgleichsabgaben zu berechnen. Der 14

Ausgleich bezieht sich immer auf die Gesamtquote des Jahres, die Berechnung der Ausgleichsabgabe erfolgt dagegen nach Monaten, obwohl der Wortlaut von § 160 dies explizit nicht mehr so nennt.

15 Zu beachten ist bei der Berechnung der Ausgleichsabgabe schließlich die wichtige Sonderregelung des § 223, wonach unter den dort normierten Voraussetzungen (→ § 223 Rn. 2 ff.) von der Ausgleichsabgabe erteilte **Aufträge an anerkannte Werkstätten** mit 50 % des auf die Arbeitsleistung der Werkstatt entfallenden Rechnungsbetrages in Abzug gebracht werden können (hierzu VG Köln 14.2.2008 – 26 K 1650/07, BeckRS 2008, 32382).

1. Grundsatz

16 Die Höhe der Ausgleichsabgabe richtet sich grundsätzlich nach der **jahresdurchschnittlichen Beschäftigungsquote** von sbM. Der Betrag der Ausgleichsabgabe nach § 160 Abs. 2 SGB IX versteht sich als monatlicher Betrag, dh bei Nichterfüllung der Beschäftigungsquote in mehreren Monaten eines Jahres muss der Betrag der Ausgleichsabgabe multipliziert werden (OVG NRW 30.3.2012 – 12 A 2146/11, BeckRS 2012, 51120, vgl. auch nachstehendes Beispiel unter → Rn. 19). Nach § 77 SGB IX a. F. war die Ausgleichsabgabe monatlich zu zahlen; der Gesetzgeber wollte dies mit der Neufassung nicht ändern (BT-Drs. 15/124, 1, 5). Die Staffelung des § 160 Abs. 2 ist mit dem GG vereinbar und verstößt nicht gegen Art. 3 GG (VG Hannover 22.4.2008 – 3 A 3267/05, BeckRS 2008, 35818).

	Jahresdurchschnittliche Beschäftigungsquote von sbM	**Monatliche Ausgleichsabgabe pro unbesetzten Pflichtplatz**
§ 160 Abs. 2 S. 1 Nr. 1	3 % – < 5 %	125 €
§ 160 Abs. 2 S. 1 Nr. 2	2 % – < 3 %	220 €
§ 160 Abs. 2 S. 1 Nr. 3	0 % – < 2 %	320 €

2. Abweichende Höhe für mittelständische Unternehmen

17 Bei kleineren Arbeitgebern gilt nach § 160 Abs. 2 S. 2 eine abweichende Höhe. Die Zahl der Arbeitsplätze ist ebenfalls nach dem Jahresdurchschnitt zu berechnen.

	Jahresdurchschnittliche Anzahl der beschäftigten sbM	**Monatliche Ausgleichsabgabe pro unbesetzten Pflichtplatz**
Arbeitgeber mit jahresdurchschnittlich weniger als 40 zu berücksichtigenden Arbeitsplätzen (§ 160 Abs. 2 S. 2 Nr. 1)	< 1	125 €

	Jahresdurchschnittliche Anzahl der beschäftigten sbM	Monatliche Ausgleichsabgabe pro unbesetzten Pflichtplatz
Arbeitgeber mit jahresdurchschnittlich weniger als 60 zu berücksichtigenden Arbeitsplätzen (§ 160 Abs. 2 S. 2 Nr. 2)	1 – < 2	125 €
	< 1	220 €

3. Dynamisierung

Bei der Höhe der Abgabe sowohl nach **§ 160** Abs. 1 S. 1, als auch nach **§ 160** Abs. 2 **18**
S. 2, ist die Dynamisierung nach **§ 160** Abs. 3 zu berücksichtigen, die sich nach der Lohnentwicklung richtet. Ändert sich die Bezugsgröße aus § 18 Abs. SGB IV um mindestens 10 % gegenüber der letzten Neubestimmung der Beträge der Ausgleichsabgabe, erhöht sich diese. Sie bestimmt sich also nach dem Durchschnittsentgelt der gesetzlichen Rentenversicherung im vorvergangenen Kalenderjahr und wird aufgerundet auf den nächsthöheren und durch achtundvierzig teilbaren Betrag. Die angepasste Abgabe wird durch das Bundesministerium für Arbeit und Soziales durch Verordnung im BGBl. bekannt gegeben. Eine Neuberechnung der Ausgleichsabgabe erfolgte zuletzt nach Erhöhung der Bezugsgröße zum 1.1.2016 (BAnz AT 24.12.2015 B2).

4. Berechnungsbeispiel

Beispiel für die Quote von 5 % nach § 154:

– Arbeitsplätze (§ 156 Abs. 1) ohne Auszubildende (§ 157 Abs. 1)	200		**19**
abzüglich:			
– Maßnahmen nach SGB III (§ 156 Abs. 2 Nr. 4)	– 12		
– Aushilfe bis acht Wochen (§ 156 Abs. 3)	– 4		
– Weniger als 18 Stunden (§ 156 Abs. 3)	– 6		
	178 Arbeitsplätze („Feinwert“)		
Pflichtarbeitsplatzquote 8,9, aufgerundet (§ 157 Abs. 2)	9		
Erfüllung durch sbM	4		
Erfüllung durch Bergmannversorgungsscheininhaber	1		
Erfüllung durch schwerbehinderten Arbeitgeber	1		
	6	Pflichtplätze erfüllt	
Im Juni wird ein sbM eingestellt	1		
	7	Pflichtplätze erfüllt	
Im September wird ein schwerbehinderter Azubi eingestellt	2 (vgl. § 159 Abs. 2)		
	9	Pflichtplätze erfüllt	

Die erfüllte Quote beträgt im Jahresdurchschnitt 4,07 %:
(5×6 + 3×7 + 4×9): 12 = 7,25 beschäftigte sbM im Jahresdurchschnitt
7,25: 178: 100 = 4,07 %

Berechnung der Ausgleichsabgabe:

–	Für fünf Monate sind 3 × 125 EUR =	1.875 EUR	
–	Für drei Monate sind 2 × 125 EUR =	750 EUR	
–	Für vier Monate ist die Quote erfüllt, sodass	2.625 EUR	zu zahlen sind.

D. Durchsetzung der Abgabepflicht

20 Eine Festsetzung oder Feststellung der Ausgleichsabgabe dem Grunde oder der Höhe nach ist keine Voraussetzung für die Zahlung der Ausgleichsabgabe. Da die Abgabepflicht **kraft Gesetzes** entsteht und eine eigenständige Selbstveranlagung durch den Arbeitgeber erfolgt, stellt sich die Frage der Durchsetzung ihrer Zahlung durch die Behörde.

I. Festsetzungsbescheid

21 Der Festsetzungsbescheid gem. **§ 160** Abs. 4 S. 2 wirkt lediglich **deklaratorisch** und ermöglicht insbes. die Zwangsvollstreckung des Integrationsamtes gegenüber privaten Arbeitgebern. Erst wenn der Arbeitgeber die Ausgleichsabgabe länger als 3 Monate nach Fälligkeit (→ Rn. 7), mithin bis zum 1. Juli des Folgejahres, auf das sich die Abgabepflicht bezieht, nicht abführt, wird von dem Integrationsamt ein Feststellungsbescheid erlassen. Ein Feststellungsbescheid ist auch dann zu erlassen, wenn der Arbeitgeber die Ausgleichsabgabe nach Auffassung des Integrationsamts **unrichtig berechnet** hat.

22 Die Festsetzung ist ein **Verwaltungsakt,** der erst wirksam wird, wenn er dem pflichtigen Arbeitgeber bekanntgegeben wird (§ 39 Abs. 1 SGB X). Eine förmliche Zustellung ist nicht vorgeschrieben, kann sich aber in besonderen Fällen zur Schaffung klarer Verhältnisse empfehlen. Die Festsetzung ist mit einer Rechtsmittelbelehrung zu versehen, die auf die Möglichkeit des Widerspruchs nach § 201 hinweist (§ 73 VwGO). Das Integrationsamt kann den Feststellungsbescheid nur unter den Voraussetzungen der §§ 44 ff. SGB X ändern. Eine Änderung ist vorzunehmen, wenn sich die Verhältnisse geändert haben, also zB eine Anrechnung rückwirkend zugelassen wurde. Der Feststellungsbescheid hat die Wirkung der Beweiskraft öffentlicher Urkunden nach § 418 ZPO (BSG 6.5.1994 – 7 RAr 68/93, SozR 3–3870 § 13 Nr. 2).

23 Zuständig für die Festsetzung ist das **Integrationsamt,** in dessen Bezirk der Arbeitgeber seinen Sitz hat, ggf. in dem sich der Betrieb eines ausländischen Arbeitgebers befindet. Da alle Betriebe bzw. Dienststellen zusammengefasst werden, ist das Integrationsamt am Sitz des Arbeitgebers auch für die anderen, außerhalb seines Bezirkes liegenden Betriebe und Dienststellen zuständig. Ein Ausgleich unter den Integrationsämtern findet deshalb nach **§ 160 Abs. 4** statt, um eine gleichmäßige Verteilung des Mittelaufkommens zu erreichen.

24 Ob das Integrationsamt an die Feststellungen der Bundesagentur für Arbeit nach § 163 Abs. 3 **gebunden** ist, ist umstritten. Eine solche Feststellung trifft diese, wenn der Arbeitgeber seine Pflicht zur Anzeige nach § 163 Abs. 2 nicht erfüllt. Der Feststellungsbescheid ergeht über die zur Berechnung der Pflichtarbeitsplätze und deren Besetzung notwendigen Daten (dazu im Einzelnen → § 163 Rn. 23). Nach zutreffender Ansicht besteht eine solche Bindungswirkung (LSG NRW 10.3.2011 – L 16 (1) AL 21/09, BeckRS 2011, 71379; VG Magdeburg 27.3.2018 – 6 A 292/16, BeckRS 2018, 13136; jurisPK-SGB IX/Goebel § 160 Rn. 22; LPK-SGB IX/Joussen § 160 Rn. 17).

25 Nach der Rechtsprechung zur alten Rechtslage nach dem SchwbG sollte das Integrationsamt dagegen nicht an die Feststellungsbescheide der Bundesagentur für Arbeit gebunden sein (BVerwG 16.12.2004 – 5 C 70/03, NJW 2005, 1674; BSG 6.5.1994 – 7 RAr

68/93, SozR 3–3870 § 13 Nr. 2). Nach Ansicht des OVG des Saarlandes ist diese Rechtsprechung auf die Nachfolgevorschriften §§ 77, 80 aF übertragbar (OVG Saarl 28.19.2010 – 3 B 180/10, BeckRS 2010, 55592). Das LSG NRW verneint richtigerweise eine Übertragung der alten Rechtsprechung auf §§ 77, 80 aF und nimmt eine Bindung an die Feststellungen an (LSG NRW 10.3.2011 – L 16 (1) AL 21/09, BeckRS 2011, 71379). Auch nach einer Entscheidung des VG Magdeburg zur aktuellen Rechtslage besteht die Bindung, jedenfalls soweit der Feststellungsbescheid wirksam und vollziehbar ist (VG Magdeburg 27.3.2018 – 6 A 292/16, BeckRS 2018, 13136). Aus der Prüfungskompetenz der Bundesagentur für Arbeit nach § 163 Abs. 3, welcher mit § 80 Abs. 3 aF inhaltsgleich ist, folgt eine Bindung an die Feststellungen. Nach alter Rechtslage sah § 13 SchwbG eine eingeschränkte Prüfungskompetenz lediglich in tatsächlicher Hinsicht vor. Demgegenüber sieht der neue Wortlaut der Nachfolgernormen ausdrücklich eine tatsächliche und rechtliche Prüfung durch die Agenturen für Arbeit vor. Nach dem Willen des Gesetzgebers sollte die Prüfungskompetenz der Arbeitsagentur gegenüber der alten Rechtslage aber erweitert werden (BT-Drs. 14/5786, 61; BT-Drs. 14/5531, 10; vgl. auch jurisPK-SGB IX/Fabricius § 163 Rn. 29). Die Ausgleichsabgabe dient gerade dazu, die mangelnde Beschäftigung sbM zu kompensieren und zu sanktionieren. Hier bedarf es daher eines Gleichlaufs der Verwaltungspraxis beider involvierter Behörden. Andernfalls wäre das Integrationsamt berechtigt, eigene, abweichende Feststellungen zu treffen und den Umfang der Beschäftigungspflicht selbstständig festzusetzen (LPK-SGB IX/Joussen § 160 Rn. 17). Dies widerspräche aber der klaren gesetzgeberischen Intention, Rechtssicherheit zu schaffen (BT-Drs. 14/5531, 10). Ausschließlich die Bundesagentur für Arbeit soll nach der heute geltenden Konzeption der gespaltenen Zuständigkeit die Kompetenz zur Überwachung der Beschäftigungspflicht haben, nicht das Integrationsamt (vgl. BT-Drs. 14/5531, 10).

II. Erlass, Herabsetzung, Stundung

Eine Stundung der Abgabe ist **in Ausnahmefällen möglich** (so auch Hauck/Noftz/ 26
Schneider SGB IX § 77 Rn. 11; Cramer SchwbG, § 11 Rn. 9, 16; Gröninger/Thomas SchwbG § 11 SchwbG Rn. 9). Die Ermächtigung des Integrationsamts zur Stundung folgt aus § 222 AO. Nach § 66 SGB X findet das Verwaltungsvollstreckungsgesetz Anwendung, welches in § 5 Abs. 1 ua auf § 257 Abs. 1 Nr. 4 AO verweist und die Stundung voraussetzt. Eine Stundung ist demnach möglich, wenn die sofortige Einziehung mit erheblichen Härten für den Anspruchsgegner verbunden wäre und der Anspruch durch die Stundung nicht gefährdet erscheint. Es erscheint interessengerecht, die Stundung auch für die Ausgleichsabgabe zuzulassen. Wenn eine Stundung für Beiträge zur Sozialversicherung, die der Beschäftigten aufgrund der Arbeitsleistung unmittelbar erwirbt, möglich ist, muss dies erst Recht für die Ausgleichsabgabe gelten, die der Arbeitgeber nicht als Gegenleistung schuldet, sondern diesen insbes. sanktioniert (→ Rn. 2). Die Antriebs- und Ausgleichsfunktion muss jedoch stets immer beim Ermessen der Behörde berücksichtigt werden, ob sie eine Stundung gewährt oder nicht. Daher sind hier **strenge Anforderungen** zu stellen. Nur wenn der Arbeitgeber in ernsthafte Zahlungsschwierigkeiten geraten ist und die sofortige Einziehung der Abgabe den wirtschaftlichen Bestand des Arbeitgebers erheblich gefährden würde, kommt eine Stundung in Betracht. Durch die Stundung darf der nicht zahlende Arbeitgeber nicht besser gestellt werden als ein pünktlicher Zahler. Es soll daher eine Verzinsung gem. § 234 Abs. 1 S. 1 AO in Höhe von 0,5 v. H. pro Monat erfolgen (§ 238 Abs. 1 S. 1 AO). Da die Fälligkeit durch die Stundung gehemmt ist, können Säumniszuschläge nach § 160 Abs. 4 S. 4 (→ Rn. 29) hingegen nicht erhoben werden.

III. Ausschlussfrist für Nachforderungen und Erstattungen

27 Nach Ablauf des Kalenderjahres, das auf den Eingang der Anzeige bei der Bundesagentur für Arbeit folgt (mithin also nach 21 Monaten), kann die Ausgleichsabgabe vom Integrationsamt wegen der **Ausschlussfrist** aus **§ 160 Abs. 4 S. 8** nicht mehr nachgefordert werden. Auch der Arbeitgeber kann dann keine Erstattung einer Überzahlung mehr verlangen. Zurückliegende Vorgänge sollen wegen des damit verbundenen Verwaltungsaufwands nicht erneut überprüft werden (BT-Drs. 10/3138, 19; BT-Drs. 10/5701, 10). Die Ausschlussfrist hat auch mittelbar Bedeutung für anrechnungsfähige schwerbehinderte Beschäftigte, die ihre Schwerbehinderung gegenüber dem Arbeitgeber verschwiegen haben: Melden sie sich innerhalb der Ausschlussfrist, können sie einen Vermögensschaden ihres Arbeitgebers durch eine zu hohe Ausgleichsabgabe verhindern, da er durch eine Nachmeldung eine Erstattung überzahlter Abgaben verlangen kann (LPK-SGB IX/Joussen § 160 Rn. 14).

IV. Verjährung

28 Von der Ausschlussfrist ist die Verjährung zu unterscheiden: die Festsetzungsverjährung für die Ausgleichsabgabe beträgt **vier Jahre** (OVG Bln-Bbg 27.7.2018 – OVG 6 S 34.18, BeckRS 2018, 17453; OVG Nds 22.2.1989 – 4 L 8/89, NZA 1989, 722 (723); OVG NRW 3.4.1986 – 10 A 732/84, DB 1987, 392; aA fünf Jahre nach § 228 Abgabenordnung VGH BW 7.10.1996 – 2 S 632/95, br 1997, 111). Die Frist beginnt erst mit Eingang der Anzeige nach § 163 Abs. 2 bei der Arbeitsagentur (OVG Bln-Bbg 27.7.2018 – OVG 6 S 34.18, BeckRS 2018, 17453). Abweichendes gilt für eine bereits durch Bescheid nach § 160 Abs. 4 Satz 2 festgestellte Ausgleichsabgabe (OVG Bln-Bbg 27.7.2018 – OVG 6 S 34.18, BeckRS 2018, 17453, Rn. 5).

V. Zwangsvollstreckung

1. Private Arbeitgeber

29 Zahlt ein privater Arbeitgeber eine fällige Ausgleichsabgabe nicht, so kann im Wege der Zwangsvollstreckung in sein bewegliches und unbewegliches Vermögen vollstreckt werden (**§ 160** Abs. 4 S. 6). Das Zwangsvollstreckungsverfahren richtet sich nach den Regeln des jeweiligen Landesrechts, in dem das Integrationsamt seinen Sitz hat (§ 66 Abs. 3 SGB X). Voraussetzung ist der Feststellungsbescheid der Integrationsämter (→ Rn. 19 ff.) als Vollstreckungstitel. Die Vollstreckung erfolgt im Wege der Pfändung und Pfandverwertung. In das bewegliche Vermögen vollstreckt das Integrationsamt selbst oder im Wege der Amtshilfe durch eine andere Behörde. Auch wenn der Arbeitgeber Widerspruch gegen die Festsetzung eingelegt hat, bleibt die Forderung vollstreckbar, da die aufschiebende Wirkung ausdrücklich nach **§ 160** Abs. 4 S. 5 ausgeschlossen ist.

2. Öffentliche Arbeitgeber

30 Gegenüber Arbeitgebern der öffentlichen Hand kommt eine Zwangsvollstreckung nicht in Betracht (vgl. § 160 Abs. 4 S. 7). Hier ist die **Aufsichtsbehörde** zuständig, für die Abführung der rückständigen Ausgleichsabgabe Sorge zu tragen. Die öffentliche Hand soll nicht gegen sich selbst vorgehen und eine Behörde gegen die andere Gelder beitreiben. Wenn im Aufsichtswege das erstrebte Ziel nicht erreicht werden kann, wird die Entscheidung der **obersten Bundes- oder Landesbehörde** herbeigeführt. Das Integra-

tionsamt hat dabei das Recht, unmittelbar die Aufsichtsbehörde und ggf. die oberste Bundes- oder Landesbehörde anzugehen, sodass auf einen sonst vorgeschriebenen Dienstweg für die Beitreibung einer rückständigen Ausgleichsabgabe keine Rücksicht zu nehmen ist. Die Entscheidung der obersten Bundes- oder Landesbehörde ist endgültig. Das Integrationsamt wie der öffentliche Arbeitgeber haben sich dieser Entscheidung zu beugen und können dagegen nicht mehr vorgehen. Der öffentliche Arbeitgeber muss also danach die Ausgleichsabgabe an das Integrationsamt unverzüglich abführen, wenn die oberste Behörde für das Integrationsamt entschieden hat. Lehnt die oberste Bundes- oder Landesbehörde dagegen die Auffassung des Integrationsamts ab, hat diese von weiterer Beitreibung des angeblich rückständigen Betrages abzusehen; für das Integrationsamt ist dann als feststehend davon auszugehen, dass insoweit ein Rückstand nicht mehr besteht. Trotz der an sich endgültigen Entscheidung der obersten Bundes- oder Landesbehörde lassen sich jedoch Fälle denken, in denen Gegenvorstellungen der einen oder anderen Seite denkbar sind, etwa wenn zusätzliche Erkenntnisse gewonnen werden oder eine Rechtsauffassung durch gerichtliche Entscheidungen anders beantwortet worden ist. Auch eine oberste Bundes- oder Landesbehörde kann dann doch noch abweichend entscheiden und ihre frühere Entscheidung auf die Gegenvorstellung wieder abändern.

VI. Säumniszuschlag

Ab Fälligkeit sind bei Nichtzahlung gemäß **§ 160** Abs. 4 S. 3 Säumniszuschläge zu **31**
erheben und für besondere Leistungen zur Förderung der Teilhabe schwerbehinderter Menschen am Arbeitsleben (**§ 160** Abs. 5) zu verwenden. **§ 160** Abs. 4 S. 3 verweist auf § 24 SGB IV. Der Säumniszuschlag beträgt 1 vH des rückständigen, auf 50 EUR nach unten abgerundeten Betrages für jeden Monat der Säumnis nach Fälligkeit, also nach dem 31.3. jeden Jahres. Nur in begründeten Ausnahmefällen kann das Integrationsamt von der Erhebung eines Säumniszuschlags von vornherein absehen (Abs. 4 S. 4). Dies kommt etwa in Betracht, wenn ein Arbeitgeber unverschuldet keine Kenntnis von der Zahlungspflicht hatte (VG Ansbach 1.12.2011 – AN 14 K 11.00878, BeckRS 2011, 31101; VG Augsburg 27.7.2011 – Au 3 K 10.1757, BeckRS 2012, 52083), der Arbeitgeber anhand seiner Unterlagen die Ausgleichsabgabe nicht richtig errechnen kann oder die Zahlung auf Grund höherer Gewalt (zB Brand oder Überschwemmung) nicht pünktlich angewiesen werden kann. Personalengpässe o. Ä. liegen hierbei grundsätzlich in der Sphäre des Arbeitgebers und stellen keinen begründeten Ausnahmefall dar (VG Augsburg 27.7.2011 – Au 3 K 10.1757, BeckRS 2012, 52083). Keinen Entschuldigungsgrund stellen die bloße Rechtsunkenntnis oder eine abweichende Rechtsmeinung dar (VG Ansbach 1.12.2011 – AN 14 K 11.00878, BeckRS 2011, 31101; VG Gelsenkirchen 17.7.2006 – 11 K 317/06, BeckRS 2007, 22002). Nach Insolvenzeröffnung dürfen gegen den Insolvenzschuldner keine Bescheide über Forderungen mehr erlassen werden, die im Zeitpunkt der Eröffnung bereits begründet waren. Eine spätere Fortsetzung ist nach § 87 InsO nichtig (OVG MV 25.9.2006 – 2 L 391/05, juris; VG Meiningen 3.7.2008 – 8 K 115/07 Me, juris; jeweils mit Bezug auf BFH 18.12.2002 – I R 33/01, NJW 2003, 2335). Außerdem wird in § 24 Abs. 2 SGB IV festgelegt, dass der Zuschlag bei rückwirkender Festlegung dann nicht zu erheben ist, wenn glaubhaft gemacht wird, dass die Kenntnis der ggf. höheren Zahlungspflicht unverschuldet fehlte. Durch den Säumniszuschlag soll verhindert werden, dass Verwaltungsverfahren in die Länge gezogen werden und sich einzelne Arbeitgeber Vorteile verschaffen (BT-Drs. 10/5701, 10).

VII. Rechtsbehelfe

32 Gegen den Feststellungsbescheid über die rückständigen Beträge an Ausgleichsabgabe durch das Integrationsamt kann der betroffene Arbeitgeber innerhalb von einem Monat nach Zugang des Bescheides nach § 201 **Widerspruch** beim Widerspruchsausschuss des Integrationsamts (§ 202) einlegen. Der Widerspruch ist Voraussetzung für eine darauf folgende Klage vor dem Verwaltungsgericht, sofern dem Widerspruch nicht abgeholfen wird. Gegen die Beitreibung als solche ist Klage vor dem Verwaltungsgericht nicht möglich, da sich die Anfechtungsklage nur gegen den den Anspruch begründenden Verwaltungsakt, hier den Feststellungsbescheid über die rückständigen Ausgleichsbeträge durch das Integrationsamt selbst, richtet. Die Beitreibung wird nur nach § 80 Abs. 5 VwGO ausgesetzt werden. Widerspruch und Klage haben **keine aufschiebende Wirkung** (§ 160 Abs. 4 S. 5).

33 Widerspruch und Klage vor dem Verwaltungsgericht sind nicht nur auf den Festsetzungsbescheid durch das Integrationsamt oder die Höhe der Ausgleichsabgabe begrenzt, sondern können auch gegen alle anderen Verwaltungsakte erhoben werden, die mit der Ausgleichsabgabe in Zusammenhang stehen, zB die Ablehnung einer Stundung. Voraussetzungen der Ausgleichsabgabe, zB die Ablehnung der Anerkennung sbM auf mehr als einen Pflichtplatz oder der Anerkennung Auszubildender auf mehr als zwei Pflichtplätze (§ 159) können ebenfalls angefochten werden; dafür ist aber die Bundesagentur für Arbeit zuständig, sodass hierfür der Widerspruchsausschuss bei der Bundesagentur (§ 203) anzurufen und anschließend Klage beim Sozialgericht zu erheben ist. Wenn die Höhe der Ausgleichsabgabe noch von solchen Vorfragen abhängt, die noch nicht endgültig geklärt sind, muss trotzdem Widerspruch gegen einen Festsetzungsbescheid des Integrationsamts erhoben werden, um eine Bestandskraft zu verhindern. Dann ist aber bis zur Entscheidung des jeweiligen Gerichts über die Vorfrage das Verfahren gegenüber dem Integrationsamt auszusetzen.

E. Verwendung der Ausgleichsabgabe

I. Zweckbindung

34 Die Ausgleichsausgabe darf nur für den **gesetzlich bestimmten Zweck gem. § 160 Abs. 5**, also nur für besondere Leistungen zur Förderung der Teilhabe sbM am Arbeitsleben einschließlich begleitender Hilfe im Arbeitsleben (§ 185 Abs. 1 Nr. 3) verwendet werden. Als Verwendungszweck zugelassen sind damit **Maßnahmen der Arbeits- und Berufsförderung** sowie Maßnahmen, die der Wiederherstellung oder der Erhaltung der Arbeitskraft dieser Personen oder sonst der sbM oder Gleichgestellten dienen. Es kommen insbes. in Frage: Beschaffung von Wohnungen für sbM, Hilfe für die Aufnahme einer Erwerbstätigkeit, ergänzende orthopädische Hilfsmittel, Arbeitshilfen am Arbeitsplatz sowie auch Erholungsfürsorge (vgl. schon amtl. Begr. BT-Drs. Nr. 3430, 31).

35 Die SchwbAV v. 28.3.1988 (BGBl. I 484; zuletzt geändert d. G v. 20.8.2021, BGBl. I 3932) bestimmt aufgrund der Verordnungsermächtigung in § 162 Nr. 2 im Einzelnen, zu welchen Zwecken die Ausgleichsabgabe eingesetzt werden darf (vgl. §§ 14 ff. SchwbAV). An den Arbeitgeber können Leistungen zur Schaffung und Bereitstellung von Arbeits- und Ausbildungsplätzen für die sbM erbracht werden (§§ 26–27 SchwbAV). Den sbM können technische Arbeitshilfen zu Verfügung gestellt werden (§ 19 SchwbAV), Hilfen zum Erreichen des Arbeitsplatzes (§ 20 SchwbAV), zur Selbständigkeit (§ 21 SchwbAV), für eine behindertengerechte Wohnung (§ 22 SchwbAV) oder zur Erhaltung der Arbeitskraft (§ 24 SchwbAV). Schließlich können Zuwendungen an Ein-

richtungen erfolgen, die der Arbeits- und Berufsförderung sbM dienen (§§ 30–34 SchwbAV).

36 Es besteht **kein gebundener Anspruch** auf eine bestimmte Leistung aus Mitteln der Ausgleichsabgabe. Die Bewilligung liegt lediglich im Ermessen des Integrationsamtes, welches durch den in § 160 Abs. 5 vorgeschrieben Verwendungszweck intendiert ist (jurisPK-SGB IX/Goebel § 160 Rn. 31; VG Saarlouis, 29.5.2015 – 3 K 1015/14, BeckRS 2015, 49570). Die Mittel aus der Ausgleichsabgabe für persönliche und sächliche Kosten der Verwaltung oder des Verfahrens zu verwenden, ist nach § 160 Abs. 5 S. 2 ausdrücklich untersagt. Der Beratende Ausschuss für behinderte Menschen (§ 186) kann nach § 160 Abs. 5 S. 3 von dem Integrationsamt die Vorlage einer Übersicht über die Verwendung der Ausgleichsabgabe verlangen.

II. Grundsatz der Subsidiarität

37 Die Mittel aus der Ausgleichsabgabe sollen für diese Zwecke ergänzend und nur dann zur Verfügung stehen, wenn und soweit Mittel nicht von anderer Seite hierfür gewährt werden oder zu gewähren sind (vgl. § 160 Abs. 5 S. 1 HS. 2). Damit sind die Mittel der Ausgleichsabgabe **nur subsidiär einzusetzen** (vgl. auch § 18 Abs. 1 S. 1 SchwbAV). Maßnahmen der Arbeits- und Berufsförderung sowie der Wiederherstellung der Arbeitskraft können auch auf Grund anderer Gesetze (zB § 26 BVG, ab 2024: §§ 62 ff. SGB XIV, §§ 59 ff., 112 ff. SGB III, § 35 SGB VII) durchgeführt werden. Da eine Mittelgewährung aus der Ausgleichsabgabe aber nur insoweit in Betracht kommt, als Mittel von anderen Stellen nicht zur Verfügung stehen, kann das Integrationsamt auch zusätzliche, dh ergänzende und aufstockende Mittel bewilligen, soweit das geboten ist.

F. Verwaltung der Ausgleichsabgabe

38 Die Mittel der Ausgleichsabgabe sind bei dem Integrationsamt, die Mittel des Ausgleichsfonds beim Bundesminister für Arbeit und Sozialordnung **als gesondertes Vermögen zu verwalten** (§ 160 Abs. 7). Rechnungslegung und Haushaltsführung regeln sich für die Ausgleichsabgabe nach jeweiligem Landesrecht, für den Ausgleichsfonds nach Bundesrecht. Der Zweckbestimmung nach ist davon auszugehen, dass die überschüssigen Mittel liquid gehalten werden müssen, es sei denn, dass die Anlage dem gesetzlichen Verwendungszweck dient und über Amortisation dem Vermögen wieder zufließt (zB Wohnungsbaudarlehen für sbM). Nähere Vorschriften über die Verwendung der Ausgleichsabgabe nach § 160 Abs. 5, die Gestaltung des Ausgleichsfonds nach § 161, die Verwendung der Mittel durch ihn für die Förderung der Teilhabe schwerbehinderter Menschen am Arbeitsleben und das Vergabe- und Verwaltungsverfahren des Ausgleichsfonds trifft aufgrund der Verordnungsermächtigung in § 162 Nr. 2 die SchwbAV.

39 Das Integrationsamt hat dem Beratenden Ausschuss gem. § 186 auf dessen Verlangen eine Übersicht über die Verwendung der Ausgleichsabgabe zu geben. Die Kontrolle erstreckt sich nur darauf, dass die Mittel den gesetzlichen Bestimmungen entspr. verwandt werden. Die rechnerische Prüfung obliegt der Aufsichtsbehörde bzw. dem Landesrechnungshof. Die Ausschüsse haben das Recht, die Verwendung zu kritisieren. Anweisungen an das Integrationsamt können sie jedoch nicht geben. Es bleibt ihnen nur die Möglichkeit, sich an die Aufsichtsbehörde zu wenden.

G. Ausgleich unter den Integrationsämtern

40 Unter den Integrationsämtern findet untereinander ein **finanzieller Ausgleich der Abgabemittel** statt (§ 160 Abs. 6). Dies wird nötig, da alle Arbeitsplätze eines Arbeitgebers zusammengefasst werden und jeweils nur der Arbeitgeber für alle seine Unternehmen und Betriebe verpflichtet ist, die Ausgleichsabgabe an das für seinen Sitz zuständige Integrationsamt abzuführen (→ Rn. 23). Dadurch kann ein starkes Ungleichgewicht eintreten, wenn ein Arbeitgeber Ausgleichsabgaben für Betriebe abführt, die in ganz anderen Bezirken gelegen sind. In diesen Bezirken würden dann die erforderlichen Mittel zur Betreuung der dort zu beschäftigenden sbM und Gleichgestellten fehlen. Um dies zu vermeiden und dafür zu sorgen, dass den Integrationsämtern im Wesentlichen die gleiche Höhe an Mitteln zu Verfügung steht, findet der Ausgleich statt (BT-Drs. 7/656, 28). Die Aufteilung erfolgt nach einem Schlüssel des Verhältnisses der sbM und Wohnbevölkerung (§ 160 Abs. 6 S. 3). Die Zahl der Wohnbevölkerung wird anhand der Daten des Statistischen Bundesamtes zu Grunde gelegt, das Verhältnis errechnet sich sodann anhand der Meldungen auf Grund der Anzeigen nach § 163 Abs. 2 an die Bundesagentur für Arbeit. Dabei werden sbM bei nicht beschäftigungspflichtigen Arbeitgebern und auf Stellen, die nicht als Arbeitsplätze gelten, nicht mitgezählt. Mit erfasst werden aber die arbeitslos gemeldeten sbM und die Gleichgestellten. Zwischen beiden Zahlen jeweils im Verhältnis zur gesamten Bundesrepublik wird das Mittel gebildet und jährlich neu festgelegt. Danach wird das Gesamtaufkommen auf die einzelnen Integrationsämter verteilt, sodass sich der Ausgleich durch Abzug oder Aufstockung der gezahlten Beträge herbeiführen lässt.

H. Der Ausgleichsfonds

41 Die Integrationsämter haben den **durch Rechtsverordnung** nach § 162 Nr. 3 (SchwbAV, → § 162 Rn. 9 ff.) festgelegten Teil des Aufkommens an einen Ausgleichsfonds abzuführen, der beim Bundesministerium für Arbeit und Soziales gebildet wird. Die Mittel werden dort gesondert verwaltet und dienen Maßnahmen der Arbeits- und Berufsförderung von sbM, die über das Gebiet eines Landes hinausgehen. Das Ausgleichsvermögen soll in erster Linie Ländern mit überdurchschnittlicher Arbeitslosigkeit sbM direkt oder indirekt zugutekommen.

42 Der Anteil des Ausgleichsfonds war in der Vergangenheit zwischen Bund und Ländern stark umstritten (Jabben/Jabben, 9. Aufl. 1999, SchwbG § 11 Rn. 49). Die früher geltenden festen Prozentsätze der Verteilung des Aufkommens an der Ausgleichsabgabe sind seit 1.1.2005 einer Festlegung durch Rechtsverordnung nach § 162 Nr. 3 zugänglich. Nach der gegenwärtig geltenden Fassung der SchwbAV sind von dem Aufkommen der Ausgleichsabgabe durch die Integrationsämter an den Ausgleichsfonds 20 vH weiterzuleiten (§ 36 SchwbAV). Aus diesem 20 %-Anteil sind 16 % an die Bundesagentur für Arbeit weiterzuleiten (§ 41 Abs. 1 Nr. 1 SchwbAV). Zum Ausgleichsfonds näher (§ 161).

I. Besonderheiten bei Bund und Ländern als Arbeitgeber

43 Bund und jedes Land gelten für die Ausgleichsabgabe je als ein **einheitlicher Arbeitgeber** (§ 160 Abs. 8). Zur Berechnung der Ausgleichsabgabe werden also entgegen § 154 Abs. 3 Nr. 1 die dort genannten Stellen nicht jeweils gesondert, sondern einheitlich als Arbeitgeber beurteilt. Insofern gilt das **Rechtsträgerprinzip** (→ § 154 Rn. 4). Entspre-

chend sind auch die in § 154 Abs. 3 Nr. 2 genannten Behörden mit dem jeweiligen Land zusammenzurechnen. Dadurch wird ein Ausgleich innerhalb aller Bundes- und der jeweiligen Landesbehörden ermöglicht. Dagegen zählen Gebietskörperschaften, insbes. also die Landkreise und Gemeinden, aber auch die Körperschaften, Anstalten und Stiftungen auch für die Ausgleichsabgabe jeweils als Arbeitgeber, sodass dort ein Ausgleich nur innerhalb des jeweiligen Bereiches möglich ist. Problematisch ist diese Regelung allerdings für **Stadtstaaten.** Dort sind häufig trotz haushaltsmäßiger Trennung in Land und Gemeinde die einzelnen Arbeitsplätze durch einheitliche Besetzung oder Personalunion nicht exakt auseinander zu halten; das gilt vor allem für die Stadtgemeinde und die Freie Hansestadt Bremen, bei der bisher nur Bremerhaven völlig eigenständig war. Dort wird es zweckmäßig sein, Land und Stadtgemeinde einheitlich zusammenzufassen, obwohl dafür eine Grundlage in § 160 Abs. 8 fehlt. Eine solche Zusammenfassung kann sich aber auch trotz unterschiedlicher juristischer Personen als Arbeitgeber aus der tatsächlichen Ausgestaltung des Betriebes oder der Verwaltung ergeben; nur eindeutig trennbare Teile können auch getrennt der Berechnung der Ausgleichsabgabe zugrunde gelegt werden.

§ 161 Ausgleichsfonds

(1) [1] **Zur besonderen Förderung der Einstellung und Beschäftigung schwerbehinderter Menschen auf Arbeitsplätzen und zur Förderung von Maßnahmen, die den Interessen mehrerer Länder auf dem Gebiet der Förderung der Teilhabe schwerbehinderter Menschen am Arbeitsleben dienen, ist beim Bundesministerium für Arbeit und Soziales als zweckgebundene Vermögensmasse ein Ausgleichsfonds für überregionale Vorhaben zur Teilhabe schwerbehinderter Menschen am Arbeitsleben gebildet.** [2] **Das Bundesministerium für Arbeit und Soziales verwaltet den Ausgleichsfonds.**

(2) **Abweichend von § 160 Absatz 5 Satz 1 dürfen sich Vorhaben, die aus dem Ausgleichsfonds finanziert werden, auch auf die Förderung der Ausbildung von nicht schwerbehinderten Jugendlichen und jungen Erwachsenen erstrecken, wenn diese Personen Leistungen zur Teilhabe am Arbeitsleben erhalten.**

(3) **Abweichend von § 160 Absatz 5 Satz 2 werden bei Vorhaben, die aus dem Ausgleichsfonds gefördert werden, auch die dabei anfallenden Administrationskosten aus dem Ausgleichsfonds finanziert.**

Übersicht

A. Entstehungsgeschichte

Die Vorschrift des § 161 hat ihre heutige systematische Einbindung zum 1.1.2018 **1**
durch das BTHG (BGBl. I 2016, 1824) erhalten. Inhaltlich hat sich gegenüber dem bisherigen Recht (§ 78 aF) nichts Wesentliches geändert. Eine weitere Vorgängernorm war § 12 SchwbG. Zum 1.1.2024 erweitert das Gesetz zur Förderung eines inklusiven

Arbeitsmarktes (BGBl. I, 146) das Spektrum der durch Zuwendungen aus dem Ausgleichsfonds finanzierbaren Aufgaben.

B. Organisation des Ausgleichsfonds

2 Der Ausgleichsfonds ist ein nicht **rechtsfähiges Sondervermögen** des Bundes mit eigener Wirtschafts- und Rechnungsführung (§ 35 SchwbAV). Der Fonds ist gemäß § 161 S. 1 beim Bundesministerium für Arbeit und Soziales zu bilden, und dem BMAS obliegt auch die Fondsverwaltung (§ 161 S. 2). Die Mittel sind vom übrigen Bundesvermögen getrennt zu halten. Dieses nicht rechtsfähige Sondervermögen hat eine eigene Wirtschafts- und Rechnungsführung. Für seine Verwaltung gelten gem. § 37 SchwbAV die Bestimmungen der Bundeshaushaltsordnung.

C. Mittel des Ausgleichsfonds

3 Die Mittel des Ausgleichsfonds stammen aus der Ausgleichsabgabe, von der 20 % durch die Integrationsämter an den Ausgleichsfonds abzuführen sind. Das folgt aus § 36 SchwbAV; → § 160 Rn. 38. Die Weitergabe von 16 % der Einnahmen an die Bundesagentur für Arbeit seit 1.1.2009 folgt aus § 41 Abs. 1 Nr. 1 SchwbAV. Für jedes Kalenderjahr ist ein Wirtschaftsplan mit Einnahmen, Ausgaben und Verpflichtungsermächtigungen aufzustellen. Die Einzelheiten regeln §§ 35–40 SchwbAV.

D. Aufgaben des Ausgleichsfonds

4 Die Aufgaben des Ausgleichsfonds sind gegenüber den aus der Ausgleichsabgabe von den Integrationsämtern zu erfüllenden Aufgaben noch enger gezogen. Als **überregionale,** auf das gesamte Bundesgebiet sich erstreckende Einrichtung hat der Ausgleichsfond vor allem die Aufgabe, mehrere Länder betreffende Tätigkeiten zu erbringen. § 161 S. 1 benennt hierfür **zwei Bereiche:**

I. Förderung der Einstellung und Beschäftigung schwerbehinderter Menschen auf Arbeitsplätzen

5 Hier kommen vor allem überregionale Ausbildungs-, Fortbildungs- oder Umschulungsstätten in Betracht, aber auch Einrichtungen, die der Rehabilitation oder aber auch der allgemeinen Grundlagenforschung dienen, etwa in der Entwicklung von Hilfen oder Lernmethoden für Sehschwache oder Blinde, für Sprachgestörte oder speziell körperlich Behinderte. Solche Erfahrungen, Methoden und Entwicklungen kommen dann allen Ländern und Behinderten zugute. Deshalb kann auch ohne die Einrichtung von Musterwerkstätten die Sammlung bestimmter Erfahrungen eine solche überregionale Aufgabe sein, weil sie die Einrichtung entsprechender Stätten in allen Ländern ohne weitere Vorarbeiten erleichtert. Damit bewirkt sie eine Einsparung von Mitteln und fördert Eingliederung, Ausbildung oder Berufsbildung aller sbM. Demgemäß nennt auch die Regierungsbegründung (BT-Drs. 7/656, 28) ausdrücklich als überregionale Aufgabe des Ausgleichsfonds die Modelleinrichtung zur Weiterentwicklung der Rehabilitation. Nähere Bestimmungen zur Mittelverwendung enthält insofern § 41 SchwbAV.

II. Förderung von Einrichtungen und Maßnahmen, die länderübergreifenden Interessen auf dem Gebiet der Förderung der Teilhabe schwerbehinderter Menschen am Arbeitsleben dienen

Dagegen sind Maßnahmen der Arbeits- und Berufsförderung zwar mit der Eingliederung arbeitsloser Behinderter verbunden, sie obliegen zunächst aber der Bundesagentur für Arbeit nach §§ 73 ff. SGB III, für die Förderung der Eingliederung und die Zuschüsse zur Ausbildungsvergütung werden Mittel gem. § 41 SchwbAV zugewiesen und können Prämien und Zuschüsse insbes. zur Berufsausbildung nach §§ 26–27 SchwbAV geleistet werden. 6

Gegenstand ist vor allem die Förderung überregionaler Einrichtungen sowie regionaler Einrichtungen, die ein überregionales Netz bilden sollen. Auch Modellvorhaben und die Entwicklung technischer Arbeitshilfen und Forschungsvorhaben zählen dazu. Aufgeführt sind auch Fortbildungs- und Aufklärungsmaßnahmen. Dabei darf es sich aber nicht um reine Verwaltungsvorhaben handeln. Nur soweit damit die Eingliederung sbM unmittelbar gefördert wird, ist eine Verwendung der Mittel aus dem Ausgleichsfonds zulässig (§ 41 SchwbAV). Im Gegensatz zur früheren Regelung werden Erholungsmaßnahmen und auch der Behindertensport nicht mehr gefördert. 7

E. Verfahren

Die Bundesregierung ist nach § 162 Nr. 2 ermächtigt, mit Zustimmung des Bundesrates durch Rechtsverordnung Ausführungsbestimmungen zu erlassen und die bestehenden Durchführungsvorschriften zu ändern. Das Verfahren zur Vergabe dieser Mittel richtet sich nach §§ 42–45 SchwbAV. Leistungen aus dem Ausgleichsfonds sind von den Trägern der Maßnahme beim Bundesministerium für Arbeit und Soziales zu beantragen. Das BMAS leitet dem Beirat (§ 86) die Anträge zu. Der Beirat nimmt daraufhin zu den Anträgen Stellung und erarbeitet Vorschläge, ob, in welcher Art und Höhe und unter welchen Bedingungen und Auflagen Mittel des Ausgleichs vergeben werden sollen. Auf Grundlage dieser Vorschläge entscheidet schließlich das BMAS durch schriftlichen Bescheid über die Anträge (näher: jurisPK-SGB IX/Goebel § 161 SGB IX Rn. 8). 8

§ 162 Verordnungsermächtigungen

Die Bundesregierung wird ermächtigt, durch Rechtsverordnung mit Zustimmung des Bundesrates

1. die Pflichtquote nach § 154 Absatz 1 nach dem jeweiligen Bedarf an Arbeitsplätzen für schwerbehinderte Menschen zu ändern, jedoch auf höchstens 10 Prozent zu erhöhen oder bis auf 4 Prozent herabzusetzen; dabei kann die Pflichtquote für öffentliche Arbeitgeber höher festgesetzt werden als für private Arbeitgeber,

2. nähere Vorschriften über die Verwendung der Ausgleichsabgabe nach § 160 Absatz 5 und die Gestaltung des Ausgleichsfonds nach § 161, die Verwendung der Mittel durch ihn für die Förderung der Teilhabe schwerbehinderter Menschen am Arbeitsleben und das Vergabe- und Verwaltungsverfahren des Ausgleichsfonds zu erlassen,

3. in der Rechtsverordnung nach Nummer 2

a) den Anteil des an den Ausgleichsfonds weiterzuleitenden Aufkommens an Ausgleichsabgabe entsprechend den erforderlichen Aufwendungen zur Erfüllung der Aufgaben des Ausgleichsfonds und der Integrationsämter sowie

b) den Ausgleich zwischen den Integrationsämtern auf Vorschlag der Länder oder einer Mehrheit der Länder abweichend von § 160 Absatz 6 Satz 3
zu regeln,
4. die Ausgleichsabgabe bei Arbeitgebern, die über weniger als 30 Arbeitsplätze verfügen, für einen bestimmten Zeitraum allgemein oder für einzelne Bundesländer herabzusetzen oder zu erlassen, wenn die Zahl der unbesetzten Pflichtarbeitsplätze für schwerbehinderte Menschen die Zahl der zu beschäftigenden schwerbehinderten Menschen so erheblich übersteigt, dass die Pflichtarbeitsplätze für schwerbehinderte Menschen dieser Arbeitgeber nicht in Anspruch genommen zu werden brauchen.

Übersicht

A. Entstehungsgeschichte

1 Die Vorschrift des § 162 hat ihre heutige systematische Einbindung zum 1.1.2018 durch das BTHG (BGBl. I 2016, 1824) erhalten. Inhaltlich hat sich gegenüber dem bisherigen Recht (§ 79 aF) nichts Wesentliches geändert. Weitere Vorgängernormen waren §§ 11 Abs. 3 S. 3 und Abs. 6, 12 Abs. 2 SchwbG.

B. Verordnungsermächtigungen

2 Die Verordnungsermächtigungen betreffen inhaltlich die **exekutive Modifikation** der gesetzlichen Vorgaben hinsichtlich Pflichtquote (§ 154 Abs. 1), Verwendung der Ausgleichsabgabe (§ 160 Abs. 5), Gestaltung des Ausgleichsfonds (§ 161) sowie Aufteilung der Ausgleichsabgabe zwischen Bund (Ausgleichsfonds) und Ländern (Integrationsämter) (§ 160 Abs. 6).

I. Änderung der Pflichtquote (Nr. 1)

3 Von der Verordnungsermächtigung des § 162 Nr. 1 hat die Bundesregierung bislang keinen Gebrauch gemacht. Perspektivisch ermöglicht sie bei belegbarem Anpassungsbedarf die exekutive Veränderung der gesetzlich festgelegten Quote. Demnach kann der Pflichtsatz auf höchstens 10 % erhöht oder bis auf 4 % herabgesetzt werden. Das ist die einzige Änderungsmöglichkeit. Es ist also nicht möglich, den Beginn der Beschäftigungspflicht anders festzusetzen, der vielmehr mit 20 Arbeitsplätzen für den jeweiligen Arbeitgeber im Gesetz festgesetzt ist. Auch ist es nicht mehr möglich, einen einzelnen Arbeitgeber zur Beschäftigung wenigstens eines sbM zu verpflichten, wie das früher der Fall war, wenn er wenigstens über fünf Arbeitsplätze verfügte (vgl. § 3 Abs. 4 SchwbG 1961). Von der Änderungsmöglichkeit durch Rechtsverordnung ausgenommen – und somit privilegiert – sind auch die in § 154 Abs. 1 S. 3 gesondert festgeschriebenen Pflichtarbeitsplatzquoten von einem bzw. zwei Pflichtarbeitsplätzen in Unternehmen mit weniger als 40 bzw. 60 Arbeitsplätzen (zur deklaratorischen Bedeutung der Regelung im Übrigen → § 154 Rn. 14; § 157 Rn. 7).

Der **Pflichtsatz** kann im Übrigen nur einheitlich herauf- oder herabgesetzt werden. Unterschiede können nur zwischen dem öffentlichen Dienst und der Privatwirtschaft gemacht werden. Dabei kann der Pflichtsatz für den öffentlichen Arbeitgeber stets nur höher als in der Privatwirtschaft oder identisch, nicht aber niedriger festgesetzt werden (vgl. BT-Drs. 7/1515, 9, 24). Innerhalb der Privatwirtschaft bzw. innerhalb des öffentlichen Dienstes kann jedoch der Pflichtsatz auch durch Rechtsverordnung immer nur einheitlich festgesetzt werden. Unterschiede für einzelne Verwaltungen, Betriebsarten, Wirtschaftszweige oder einzelne Arbeitgeber sind nicht möglich. 4

Eine Rechtsverordnung zur Änderung der Pflichtsätze bedarf der **Zustimmung des Bundesrates.** Alternativ könnte der Bund oder ein Land für sich selbst im Wege der Aufsicht über die nachgeordneten Dienststellen für seine Behörden innerdienstlich durch Verwaltungsvorschrift anordnen, mehr als die vorgeschriebenen sbM einzustellen oder zu beschäftigen, da es keinem Arbeitgeber verwehrt ist, mehr als die durch die Pflichtzahl vorgeschriebene Zahl von sbM zu beschäftigen. Andere Möglichkeiten zu Änderungen des Pflichtsatzes als durch zustimmungsbedürftige Rechtsverordnung bestehen nicht. 5

Eine **Änderung des Pflichtsatzes** ist nur nach dem jeweiligen Bedarf an Pflichtplätzen möglich und ggf. erforderlich. Der Pflichtplatz darf nur heraufgesetzt werden, wenn mehr Arbeitsuchende und der Arbeitsvermittlung zur Verfügung stehende sbM vorhanden sind als Pflichtplätze bestehen. Es ist allerdings nicht erforderlich, dass diese Rechnung exakt aufgeht. Vielmehr kann zum Ausgleich regionaler, betrieblicher oder sonstiger, zB auf einer einseitigen Struktur- oder Konjunkturlage beruhender Unterschiede in der Beschäftigungsmöglichkeit einerseits und den Gründen der Arbeitslosigkeit andererseits ein gewisser Überhang an Pflichtplätzen einkalkuliert werden. Sobald aber hier der Überhang zu groß ist, hat der Verordnungsgeber die Verpflichtung zur Herabsetzung der Pflichtzahl. In keinem Fall darf ein Überhang an nicht zu besetzenden Pflichtplätzen dazu führen, die daraus folgenden Einnahmen aus der Ausgleichsabgabe zu stärken oder zu behalten. Die Ausgleichsabgabe ist keine Steuer und hat keinen Selbstzweck, sondern soll nur zur Beschäftigung von sbM anreizen und einen Ausgleich bei Nichtbeschäftigung herbeiführen. Daraus ergibt sich aus der Ermächtigung an die Bundesregierung und aus der Ausrichtung der Höhe des Pflichtsatzes ausdrücklich an dem jeweiligen Bedarf an Pflichtplätzen auch eine Verpflichtung zu einer Angleichung nach oben wie nach unten. Man wird davon ausgehen können, dass eine Änderung immer dann notwendig wird, wenn aufs Ganze gesehen die Pflichtzahl um mehr als einen vollen Prozentpunkt zu hoch oder zu niedrig geworden ist. Dann dürfte der Unterschied größer sein als er zum notwendigen Ausgleich erforderlich ist. 6

II. Verwendung der Ausgleichsabgabe (Nr. 2)

Nach Nr. 2 können die gesetzlichen Regelungen zur Verwendung der Ausgleichsabgabe (§ 160 Abs. 5) sowie zu Ausgestaltung, Mittelverwendung und Verfahren des Ausgleichsfonds (§ 161) durch die Bundesregierung mit Zustimmung des Bundesrates näher ausgestaltet, präzisiert und den jeweiligen Gegebenheiten angepasst werden. Das gilt vor allem für die Vergabe der Mittel, aber auch für das Verfahren zur Vergabe und das Verwaltungsverfahren. Damit sind insbes. die früheren Sonderprogramme zur Integration der immer noch zahlreichen arbeitslosen sbM jederzeit neu aufzulegen und können aus den Abgabemitteln finanziert werden. Die Verordnungsermächtigung sieht dabei allerdings eine **Zweckbindung** zugunsten der Förderung der Teilhabe sbM am Arbeitsleben vor, sodass eine diesem Zweck widersprechende Mittelverwendung die gesetzlichen Grenzen überschritte. 7

Insbes. verdeutlicht das Zusammenspiel mit § 160 Abs. 6 S. 1, dass die Rechtsverordnung die Mittelverteilung zwischen Integrationsamt und Ausgleichsfonds bestimmt. Das Fehlen einer parlamentsgesetzlichen Quotenregelung bewirkt im Vergleich zur frü- 8 heren Rechtslage größere Flexibilität. Dieser Punkt war zwischen Bund und Ländern stets am meisten umstritten, auch nachdem ab 1.1.2005 die früher in § 11 Abs. 4 S. 1 SchwbG geregelte starre Verteilungsquote (45 %) aufgegeben wurde. Jetzt ist die Neuverteilung durch Rechtsverordnung möglich, wegen der erforderlichen Zustimmung des Bundesrates bleibt es allerdings auch in Zukunft dabei, dass die Verteilung finanzieller Mittel immer umstritten sein wird (→ § 160 Rn. 37).

III. Verteilung der Ausgleichsabgabe (Nr. 3)

9 **Gegenstand der Rechtsverordnung** ist nach § 162 Nr. 3 die Mittelverteilung aus der Ausgleichsabgabe zwischen den auf Landesebene angesiedelten Integrationsämtern und dem auf Bundesebene angesiedelten Ausgleichsfonds. Da es insofern seit dem 1.1.2005 an einer starren gesetzlichen Vorgabe fehlt, hat die Festlegung seitdem originären Regelungscharakter. Die Verteilungsregelung muss **konstitutiv** in der Rechtsverordnung getroffen werden. Maßstab für die vorzunehmende Mittelverteilung ist dabei der Mittelbedarf der jeweiligen Institution, der bei Erlass der Rechtsverordnung prognostisch anhand der Aufgabenentwicklung der jeweiligen Institution zu ermitteln ist. Der politische Einschätzungsspielraum ist dabei groß, sodass es insbes. keiner genauen Nachzeichnung der Aufgabenentwicklung bedarf. Lediglich bei deutlichen Unterdeckungen oder Überschüssen wäre eine Prognoseanpassung geboten.

10 Aufgrund der heute geltenden Fassung der SchwbAV von 2008 (Art. 7 Nr. 3 G v. 22.12.2008 I S. 2959 mWv 30.12.2008) leiten die Integrationsämter 20 % des Aufkommens aus der Ausgleichsabgabe an den Ausgleichsfonds weiter. Zudem kann nach § 162 Nr. 3 lit. b die Rechtsverordnung den Ausgleich zwischen den Integrationsämtern abweichend von dem – sehr komplizierten – gesetzlichen Modell des § 160 Abs. 6 S. 3 regeln. Dabei kann zB (alternativ oder durch gewichtete Kumulation mehrerer Kriterien) auf die Zahl der arbeitslosen sbM, die Zahl der betreuten Behinderten, die Wohnbevölkerung im Allgemeinen oder die Zahl der sbM abgestellt werden. Es ist Sache der Länder, denen die dadurch bewirkte Flexibilität ein besonderes Anliegen war, über den Bundesrat ein Verfahren zu finden, das möglichst einfach einen sachgerechten und praktikablen Ausgleich herbeiführt. Aktuell fehlt es an einer derartigen Regelung, sodass es beim komplexen gesetzlichen Grundmodell des § 160 Abs. 6 S. 3 sein Bewenden hat.

11 Gleiches gilt für § 162 Nr. 3 lit. c, wonach die Zuständigkeit für die Förderung von Einrichtungen zur beruflichen Bildung oder Teilhabe am Arbeitsleben und für Werkstätten, Blindenwerkstätten und Wohneinrichtungen für behinderte Menschen gem. § 30 SchwbAV sowie von Integrationsbetrieben und -abteilungen geändert werden kann. Insbes. könnte sie – im Interesse größerer Sachnähe – demnach von der Bundesebene (Ausgleichsfonds) auf die Länderebene (Integrationsämter) übertragen werden. Die rechtstechnische Funktion von § 162 Nr. 3 lit. c ist dabei verschleiert: Dem Wortlaut nach beinhaltet sie eine (überflüssige) Verordnungsermächtigung zur Änderung der SchwbAV. Implizit dürfte ihre eigentliche Bedeutung darin liegen, überhaupt erst eine Verordnungsermächtigung für die jeweils in der SchwbAV getroffene Regelung bereitzustellen.

IV. Herabsetzung und Erlass der Ausgleichsabgabe (Nr. 4)

12 Die Ausgleichsabgabe ist zugleich **Druckmittel** zur Einstellung sbM als auch wirtschaftlicher Ausgleich und soll Mittel zur Integration von Menschen mit Behinderung bereitstellen. Die Verpflichtung zur Zahlung kann jedoch zu Härtefällen führen, wenn ein Arbeitgeber trotz großer Bemühung oder besonderer Betriebsverhältnisse keine sbM findet oder einstellen kann. Einzelfallregelungen zur Aufhebung oder Abmilderung der

Ausgleichsausgabe sind nicht vorgesehen. Heute ist nur noch die Herabsetzung oder der Erlass durch Rechtsverordnung mit Zustimmung des Bundesrates nach Nr. 4 für Arbeitgeber mit weniger als 30 Arbeitsplätzen möglich. Für größere Betriebe besteht nur die Möglichkeit der Veränderung des Pflichtsatzes nach Nr. 1. Die Bundesregierung hat von der Verordnungsermächtigung in § 162 Nr. 4 ebenfalls noch keinen Gebrauch gemacht.

13 Voraussetzung für Herabsetzung oder Erlass der Ausgleichsabgabe für Arbeitgeber mit weniger als 30 Arbeitsplätzen ist ein erhebliches Übersteigen der unbesetzten Pflichtplätze gegenüber der Zahl der unterzubringenden sbM und Gleichgestellten, sodass die Pflichtplätze dieser Arbeitgeber nicht in Anspruch genommen werden müssen. Der Schwellenwert ist **rechtsträgerbezogen,** sodass die Arbeitsplätze mehrerer (Klein-)Betriebe eines Unternehmens zu addieren sind, auch wenn es sich um Betriebe desselben Rechtsträgers außerhalb des räumlichen Geltungsbereichs der Herabsetzung handelt. Durch den Rekurs auf die Zahl der „Arbeitsplätze" anstelle der „Beschäftigten" wird verdeutlicht, dass der Beschäftigungsbedarf maßgeblich ist: Aktuell unbesetzte Arbeitsplätze sind folglich mitzuzählen.

14 Damit Herabsetzung oder Erlass in Betracht kommen, muss das Ungleichgewicht so groß sein, dass Arbeitsplätze nicht mehr benötigt werden, weil hierfür sbM nicht zur Verfügung stehen. Ob diese Voraussetzungen allgemein oder in einzelnen Regionen (insbes. Bundesländern) vorliegen, prüft die **Bundesregierung.** Sie entscheidet auch, und zwar auf Grund der entsprechenden Feststellungen der Landesarbeitsämter, ob sie die Voraussetzung als erfüllt ansieht und dann auch eine entsprechende Rechtsverordnung erlässt. Ein Zwang dazu kann nicht ausgeübt werden, vielmehr ist die Bundesregierung in ihrer Entscheidung frei. Sie wird nur bei entsprechend großem Ungleichgewicht eine Rechtsverordnung vorlegen, die dann noch der Zustimmung des Bundesrates bedarf.

15 Die Bundesregierung hat die Wahl zwischen Herabsetzung oder vollständigem Erlass der Ausgleichsabgabe. Auch eine Kombination wäre denkbar. In jedem Fall muss aber einheitlich nach bestimmten Kriterien vorgegangen werden. So lässt sich denken, für alle Arbeitgeber mit weniger als 30 Arbeitsplätzen die Ausgleichsabgabe auf 30, 50, 100 oder 150 EUR oder jeden anderen Betrag herabzusetzen. Es wäre aber auch möglich, für Arbeitgeber mit bis zu 30 Arbeitsplätzen die Ausgleichsabgabe ganz zu erlassen. Innerhalb des Segments der Unternehmen mit weniger als 30 Arbeitsplätzen weiter zu differenzieren, also zB für Kleinunternehmen mit weniger als 20 Arbeitsplätzen eine stärkere Herabsetzung vorzunehmen, scheint bedenklich: Eine derartige Abstufung könnte dazu führen, dass für gleiche Tatbestände (nämlich Unternehmen mit jeweils nur einem Pflichtarbeitsplatz, → § 154 Rn. 14) unterschiedliche Folgen (nämlich Erlass und Herabsetzung) festgesetzt und damit der Gleichheitssatz (Art. 3 Abs. 1 GG) verletzt würde.

16 Die Rechtsverordnung muss stets von vornherein **befristet** sein, damit entfällt die Herabsetzung bzw. der Erlass mit Ablauf der vorgesehenen Frist, sofern nicht eine Verlängerung durch neue Rechtsverordnung festgelegt wird, die wiederum der Zustimmung des Bundesrates bedarf. Eine unbefristete Regelung ist unzulässig, da Erlass oder Herabsetzung nur „für einen bestimmten Zeitraum" vorgesehen werden dürfen. Entfallen die Voraussetzungen, sind insbes. wiederum sbM unterzubringen, besteht eine **Rechtspflicht der Bundesregierung,** die bestehende Rechtsverordnung den neuen Gegebenheiten anzupassen bzw. die Herabsetzung oder den Erlass aufzuheben. Dazu wäre als Änderung wieder die Zustimmung des Bundesrates erforderlich. Ein Zwang kann hierzu jedoch nicht ausgeübt werden, er ergibt sich nur aus dem Gesetz selbst.

Kapitel 3. Sonstige Pflichten der Arbeitgeber; Rechte der schwerbehinderten Menschen

§ 163 Zusammenwirken der Arbeitgeber mit der Bundesagentur für Arbeit und den Integrationsämtern

(1) Die Arbeitgeber haben, gesondert für jeden Betrieb und jede Dienststelle, ein Verzeichnis der bei ihnen beschäftigten schwerbehinderten, ihnen gleichgestellten behinderten Menschen und sonstigen anrechnungsfähigen Personen laufend zu führen und dieses den Vertretern oder Vertreterinnen der Bundesagentur für Arbeit und des Integrationsamtes, die für den Sitz des Betriebes oder der Dienststelle zuständig sind, auf Verlangen vorzulegen.

(2) [1]Die Arbeitgeber haben der für ihren Sitz zuständigen Agentur für Arbeit einmal jährlich bis spätestens zum 31. März für das vorangegangene Kalenderjahr, aufgegliedert nach Monaten, die Daten anzuzeigen, die zur Berechnung des Umfangs der Beschäftigungspflicht, zur Überwachung ihrer Erfüllung und der Ausgleichsabgabe notwendig sind. [2]Der Anzeige sind das nach Absatz 1 geführte Verzeichnis sowie eine Kopie der Anzeige und des Verzeichnisses zur Weiterleitung an das für ihren Sitz zuständige Integrationsamt beizufügen. [3]Dem Betriebs-, Personal-, Richter-, Staatsanwalts- und Präsidialrat, der Schwerbehindertenvertretung und dem Inklusionsbeauftragten des Arbeitgebers ist je eine Kopie der Anzeige und des Verzeichnisses zu übermitteln.

(3) Zeigt ein Arbeitgeber die Daten bis zum 30. Juni nicht, nicht richtig oder nicht vollständig an, erlässt die Bundesagentur für Arbeit nach Prüfung in tatsächlicher sowie in rechtlicher Hinsicht einen Feststellungsbescheid über die zur Berechnung der Zahl der Pflichtarbeitsplätze für schwerbehinderte Menschen und der besetzten Arbeitsplätze notwendigen Daten.

(4) Die Arbeitgeber, die Arbeitsplätze für schwerbehinderte Menschen nicht zur Verfügung zu stellen haben, haben die Anzeige nur nach Aufforderung durch die Bundesagentur für Arbeit im Rahmen einer repräsentativen Teilerhebung zu erstatten, die mit dem Ziel der Erfassung der in Absatz 1 genannten Personengruppen, aufgegliedert nach Bundesländern, alle fünf Jahre durchgeführt wird.

(5) Die Arbeitgeber haben der Bundesagentur für Arbeit und dem Integrationsamt auf Verlangen die Auskünfte zu erteilen, die zur Durchführung der besonderen Regelungen zur Teilhabe schwerbehinderter und ihnen gleichgestellter behinderter Menschen am Arbeitsleben notwendig sind.

(6) [1]Für das Verzeichnis und die Anzeige des Arbeitgebers sind die mit der Bundesarbeitsgemeinschaft der Integrationsämter und Hauptfürsorgestellen abgestimmten Vordrucke der Bundesagentur für Arbeit zu verwenden. [2]Die Bundesagentur für Arbeit soll zur Durchführung des Anzeigeverfahrens in Abstimmung mit der Bundesarbeitsgemeinschaft ein elektronisches Übermittlungsverfahren zulassen.

(7) Die Arbeitgeber haben den Beauftragten der Bundesagentur für Arbeit und des Integrationsamtes auf Verlangen Einblick in ihren Betrieb oder ihre Dienststelle zu geben, soweit es im Interesse der schwerbehinderten Menschen erforderlich ist und Betriebs- oder Dienstgeheimnisse nicht gefährdet werden.

(8) Die Arbeitgeber haben die Vertrauenspersonen der schwerbehinderten Menschen (§ 177 Absatz 1 Satz 1 bis 3 und § 180 Absatz 1 bis 5) unverzüglich nach der Wahl und ihren Inklusionsbeauftragten für die Angelegenheiten der schwerbehinderten Menschen (§ 181 Satz 1) unverzüglich nach der Bestellung der für den Sitz des Betriebes oder der Dienststelle zuständigen Agentur für Arbeit und dem Integrationsamt zu benennen.

Übersicht

A. Entstehungsgeschichte

1 Die Vorschrift des § 162 hat ihre heutige systematische Einbindung zum 1.1.2018 durch das BTHG (BGBl. I 2016, 1824) erhalten. Inhaltlich hat sich gegenüber dem bisherigen Recht (§ 80 aF) nichts Wesentliches geändert. Eine weitere Vorgängernorm war § 13 SchwbG. Die früher in § 80 Abs. 9 aF vorgeschriebene Veröffentlichung der Beschäftigungsquoten im öffentlichen Dienst wurde ab 1.1.2009 durch Gesetz v. 22.12.2008 (BGBl. I 2959) aufgehoben.

B. Normzweck

2 Die Vorschrift effektuiert das Beschäftigungsgebot des § 154 (Hauck/Noftz/Gutzler SGB IX § 163 Rn. 1). Sie legt die **wesentlichen Pflichten des Arbeitgebers** gegenüber den mit der Integration von schwerbehinderten Menschen besonders betrauten Behörden Integrationsamt und Bundesagentur für Arbeit fest. Die Auskunfts- und Informationspflichten ermöglichen die Berechnung der Pflichtarbeitsplatzquote und die Kontrolle ihrer Einhaltung (Hauck/Noftz/Gutzler SGB IX § 163 Rn. 2), dienen aber auch darüber hinaus der Stärkung der Zusammenarbeit zwischen Arbeitgebern und Behörden. Zugleich bilden sie eine Grundlage für die Wahrnehmung der Aufgaben betrieblicher Interessenvertretungen. Wie hinsichtlich der Beschäftigungspflicht nach § 154 betont die Rspr. auch im Hinblick auf die sie flankierenden Pflichten aus § 163, dass es sich um rein öffentlich-rechtliche Pflichten handelt, die keinen Individualschutz vermitteln sollen (BAG 20.3.2018 – 1 ABR 74/16, BeckRS 2018, 17858; hierzu § 154 Rn. 2).

C. Führen von Verzeichnissen (Abs. 1)

3 Die Verpflichtung zum laufenden Führen des Verzeichnisses nach § 163 Abs. 1 betrifft gleichermaßen private wie öffentliche Arbeitgeber. Der Betriebsbegriff und der Begriff der Dienststelle bestimmen sich nach dem BetrVG und dem PersVG (§ 170 Abs. 1 S. 2).

Damit sind Gewerbebetriebe, Handelsbetriebe, aber auch Freiberufler mit entsprechender arbeitstechnischer Organisation und alle Dienststellen sowie öffentlichen Betriebe gleichermaßen erfasst und nur der Haushalt ausgenommen (Richardi BetrVG/Richardi § 1 Rn. 45 ff.). Die Tätigkeit darf sich nicht in der Befriedigung des Eigenbedarfs erschöpfen. Für Betrieb und Dienststellen ist ein Verzeichnis ohne Rücksicht auf die Größe und auf die Beschäftigungspflicht zu führen, wenn sbM beschäftigt werden, sodass auch Arbeitgeber mit Betrieben und Dienststellen unter 30 Arbeitsplätzen das Verzeichnis der sbM laufend zu führen haben.

4 Öffentliche und private Arbeitgeber haben das Verzeichnis für jeden Betrieb und jede Dienststelle gesondert zu führen. Ebenfalls aus dem Betriebsverfassungs- und Personalvertretungsrecht (§ 170 Abs. 1 S. 2) ergibt sich, wann ein selbständiger Betrieb oder eine selbständige Dienststelle vorliegt; andernfalls sind die Teile, also insbes. Nebenbetriebe zusammenzurechnen, und es muss insoweit ein einheitliches Verzeichnis geführt werden. Das für den Betrieb bzw. die Dienststelle zu führende Verzeichnis bezieht sich nur auf die Verhältnisse in diesem Betrieb; der Haushalt des Arbeitgebers wird nicht erfasst. Da das Verzeichnis vom Betrieb oder der Dienststelle auf Verlangen der zuständigen Arbeitsagentur oder dem zuständigen Integrationsamt vorzuzeigen ist, muss es auch am Betriebssitz bzw. am Ort der Dienststelle aufbewahrt und auf dem laufenden Stand gehalten werden. Den Anzeigen des Arbeitgebers an die für den Arbeitgeber zuständige Arbeitsagentur nach § 163 Abs. 2 sind Abschriften des Verzeichnisses für das Integrationsamt beizufügen.

I. Inhalt des Verzeichnisses

5 In dem Verzeichnis sind **alle beschäftigten sbM** (§ 2 Abs. 2) und die **Gleichgestellten** (§ 2 Abs. 3) aufzuführen, außerdem die **sonstigen anrechnungsfähigen Personen** (§ 158). Hierzu zählen schwerbehinderte Arbeitgeber (§ 158 Abs. 4), sbM, die im Rahmen einer Maßnahme zur Förderung des Übergangs aus der Werkstatt für behinderte Menschen auf dem allgemeinen Arbeitsmarkt beschäftigt werden (§ 158 Abs. 4), Inhaber von Bergmannsversorgungsscheinen (§ 158 Abs. 5) sowie in Heimarbeit beschäftigte sbM (§ 210 Abs. 1). Anrechnungsfähig sind aber auch Personen auf zusätzliche (Teil-)Pflichtplätze, die auf mehr als einen Pflichtplatz angerechnet werden, sodass bei den betreffenden sbM die Anrechnung auf mehr als einen Pflichtplatz nach § 159 anzugeben ist.

II. Form des Verzeichnisses

6 Durch § 163 Abs. 6 wird die Form sowohl des Verzeichnisses als auch der Anzeige vorgeschrieben. Es sind die **Vordrucke** der Bundesagentur für Arbeit zu verwenden, die mit dem Integrationsamt abgestimmt sind und von den Arbeitsagenturen vorgehalten werden. Es handelt sich um eine zwingende Vorschrift. „In der vorgeschriebenen Weise" umfasst auch die Pflicht zur Verwendung der Vordrucke der Bundesagentur für Arbeit, soweit nicht die elektronische Übermittlung zugelassen ist.

7 Nach dem Vordruck SGB IX-4 über das Verzeichnis nach § 163 Abs. 1 sind anzugeben:
- Anschrift des Arbeitgebers und des Betriebes oder der Dienststelle mit Betriebsnummern,
- Name, Vorname, Wohnort, Geburtsdatum und Geschlecht des sbM oder Gleichgestellten,
- die Schlüsselzahl der Tätigkeit, deren Bezeichnung, Arbeitszeit über und unter 18 Stunden, Beginn und Ende der Tätigkeit, ggf. Mehrfachanrechnung,
- und der Nachweis der Ausweise.

Die Vordrucke können über das Internet heruntergeladen werden und werden durch IW-Elan (https://www.iw-elan.de, früher: REHADAT-Elan) zur Verfügung gestellt. Das gilt auch für das Verzeichnis SGB IX-2 nach § 163 Abs. 2, mit dem die Beschäftigtenzahlen, die Pflichtplätze und die ggf. zu zahlende Ausgleichsabgabe anzugeben sind. 7a

III. Vorlagepflicht

Auf Verlangen der (örtlich für den Betrieb bzw. die Dienststelle zuständigen) Agentur für Arbeit oder des Integrationsamtes ist das Verzeichnis nach § 163 Abs. 1 vorzulegen. Gesetzlich nicht geregelt ist dagegen die Pflicht zur Vorlage gegenüber Schwerbehindertenvertretung und sonstigen Arbeitnehmer-Vertretungen, die bei der verwandten Frage der Anzeige in § 163 Abs. 2 S. 3 eine Regelung erfahren hat. Trotz der unterbliebenen Regelung folgt aus dem allgemeinen Unterrichtungsrecht von Betriebs- bzw. Personalrat das Recht, die Vorlage zu verlangen (zutr. LPK-SGB IX/Dau § 163 Rn. 5; aA VG Düsseldorf 16.12.2010 – 34 K 2416/10, BeckRS 2011, 45712). 8

IV. Verstöße

Pflichtverletzungen sind bußgeldbewehrt. Wird das Verzeichnis nicht erstellt oder nicht richtig, nicht vollständig oder nicht in der vorgeschriebenen Weise geführt, begründet dies den Bußgeldtatbestand des § 238 Abs. 1 Nr. 2, der gleichermaßen für private und öffentliche Arbeitgeber gilt. Fehlerhaft ist das Verzeichnis insbes. auch bei Nichtverwendung der Vordrucke der Bundesagentur für Arbeit (juris-PK SGB IX/Fabricius, 2. Aufl., § 80 Rn. 14). 9

D. Anzeigepflicht (Abs. 2)

I. Zuständigkeit und Verfahren

Die Anzeigen sollen den Dienststellen der Bundesagentur und den Integrationsämtern die **Kenntnis** über die betrieblichen Verhältnisse und die Beschäftigung sbM in den Betrieben und Verwaltungen vermitteln, die zur Durchführung des Gesetzes notwendig sind. 10

Zuständig für die Entgegennahme der Anzeige ist ausschließlich die Agentur für Arbeit, in deren Bezirk der Sitz des Arbeitgebers liegt (§ 163 Abs. 2 S. 2); auf die Belegenheit des Beschäftigungsbetriebs kommt es nicht an. Maßgeblich ist bei juristischen Personen der im Handels- oder Vereinsregister eingetragene Sitz, bei natürlichen Personen der Wohnsitz. Letzteres gilt auch für den Einzelkaufmann (zutr. LPK-SGB IX/Dau § 163 Rn. 8). 11

Die Arbeitsagenturen und Integrationsämter, die für die einzelnen Betriebe oder Dienststellen des Arbeitgebers zuständig sind, müssen von der Arbeitsagentur unterrichtet werden; das ist nicht Sache des Arbeitgebers. Deshalb hat die für den Arbeitgeber als solchen zuständige Arbeitsagentur Anzeige und Verzeichnis in Abschriften allen für einen Betrieb oder eine Dienststelle des Arbeitgebers zuständigen Arbeitsagenturen **zu übermitteln,** außerdem dem für den Sitz des Arbeitgebers zuständigen Integrationsamt. Dieses Integrationsamt überwacht den Eingang der Ausgleichsabgabe (§ 160 Abs. 1) und unterrichtet gleichzeitig alle für andere Betriebe und Dienststellen des Arbeitgebers ggf. zuständige andere Integrationsämter. 12

Dabei muss die Belastung durch die Meldungen im Interesse der Arbeitgeber so gering wie möglich gehalten werden. Die Erhebungsdaten sind nur noch als **Gesamtanzeige** für 13 alle Betriebe des Arbeitgebers auszufüllen, der das für jeden Betrieb oder Dienststelle nach § 163 Abs. 1 zu führende Verzeichnis (doppelt) beizufügen ist. Nicht beschäftigungspflichtige Arbeitgeber müssen die Anzeige nur nach Aufforderung durch die Bundesagentur für Arbeit erstellen (§ 163 Abs. 4) (BeckOK SozR/Brose SGB IX § 163 Rn. 7).

II. Inhalt und Umfang

14 Die Anzeigepflicht erstreckt sich auf **alle Daten**, die zur **Berechnung des Umfangs der Beschäftigungspflicht**, ihrer Erfüllung und Berechnung der Ausgleichsabgabe erforderlich sind. Es sind vor allem erforderlich:
- die Zahl der Arbeitsplätze iSd § 156 Abs. 1,
- Stellen, die nicht als Arbeitsplätze gelten (§ 156 Abs. 2, Abs. 3, § 157),
- die Zahl der beschäftigten sbM und Gleichgestellten, der Auszubildenden, der zur sonstigen beruflichen Bildung beschäftigten schwerbehinderten Menschen und Gleichgestellten,
- die Anzeige der bzw. – sofern dies Voraussetzung ist (→ § 159 Rn. 11, 12) – Anträge auf Mehrfachanrechnung (§ 159),
- der Gesamtbetrag der zu zahlenden Ausgleichsabgabe (Selbstveranlagung, § 160).

15 Nach § 173 Abs. 3 ist der Arbeitgeber darüber hinaus verpflichtet, **Einstellungen** von schwerbehinderten Arbeitnehmern auf Probe und die Beendigung von Arbeitsverhältnissen innerhalb der ersten sechs Monate dem Integrationsamt binnen vier Tagen anzuzeigen. Für die Meldepflicht im Sozialversicherungsrecht und damit auch der Arbeitsförderung gilt jetzt einheitlich §§ 28a ff. SGB IV.

16 Die Anzeigen gem. § 163 Abs. 2 und § 173 Abs. 3 werden in vielen Fällen nicht ausreichen, der Agentur für Arbeit und dem Integrationsamt alle Kenntnisse zu vermitteln, die zur Durchführung des Gesetzes erforderlich sind. Diese Stellen können daher von ihrem **Recht auf Auskunft** (§ 163 Abs. 5) ergänzend Gebrauch machen.

III. Form und Frist

17 Die Anzeige gem. § 163 Abs. 2 ist der Agentur für Arbeit in **doppelter Ausfertigung** schriftlich zu erstatten. Hierzu ist nach § 163 Abs. 6 der Vordruck der Bundesagentur für Arbeit zu verwenden, der vollständig auszufüllen ist und alle notwendigen Angaben abfragt. Ein Exemplar ist für das Integrationsamt bestimmt. Die Schriftform folgt aus der Notwendigkeit, eine Kopie beizufügen. Zugelassen wird aber auch die elektronische Übermittlung (§ 163 Abs. 6 S. 2). Die Meldung ist von dem Arbeitgeber selbst oder von einem leitenden Angestellten, dem die Erfüllung des SGB IX obliegt, unterschriftlich zu vollziehen (§ 126 BGB). Hat der Arbeitgeber eine andere Person mit der Erfüllung der Anzeigepflicht beauftragt, so ist diese auch als unterschriftsberechtigt zu erachten. Der Anzeige ist zur Kontrolle gleichfalls in doppelter Ausfertigung eine Abschrift des nach § 163 Abs. 1 durch den Arbeitgeber zu führenden Verzeichnisses über die bei ihm beschäftigten sbM, Gleichgestellten und sonstigen anrechnungsfähigen Personen beizufügen. Die Abschrift dieses Verzeichnisses ist Bestandteil der Anzeige. Das Formular SGB IX-2a und die Hinweise zum Anzeigeverfahren geben den notwendigen Anhalt zur Ausfüllung. Sie können auch über das Internet angefordert und heruntergeladen werden (https://www.iw-elan.de). Zusätzlich wird dort ebenfalls ein (kostenloses) Programm bereitgestellt, das eine schnelle Bearbeitung und elektronische Meldung zulässt.

18 Im Unterschied zu der Anzeige von Einstellungen zur Probe und Entlassungen während der ersten 6 Monate, die binnen vier Tagen erfolgen muss (§ 173 Abs. 3), handelt es sich bei den Anzeigen gem. § 163 Abs. 2 um Meldungen, die von jedem Arbeitgeber,

der sbM nach § 154 zu beschäftigen hat, für das abgelaufene Jahr **jeweils bis zum 31.3. des folgenden Jahres** abzugeben sind. Die Anzeige muss nach Monaten aufgegliedert sein, also den Zustand jeweils an einem Tage der verschiedenen Monate angeben. Die Zahl der Arbeitsplätze ist nach § 156 Abs. 1, 2, 3 für jeden Betrieb und jede Dienststelle aufzuschlüsseln; es sind aber auch solche Stellen der Zahl nach anzugeben, die nicht als Arbeitsplätze zählen (§ 156 Abs. 2, 3). Wenn auch hier wieder die Aufschlüsselung nach Betrieben und Dienststellen verlangt wird, ist doch hier dem Sinn und Zweck nach (Berechnung der Pflichtquote und Ausgleichsabgabe), jeder Arbeitsplatz des betr. Arbeitgebers anzugeben, auch die im Haushalt des Arbeitgebers.

Kopien der Anzeige sowie des Verzeichnisses müssen gem. § 163 Abs. 2 S. 3 der Schwerbehindertenvertretung, dem Inklusionsbeauftragten des Arbeitgebers und der zuständigen Betriebs- bzw. Personalvertretung übermittelt werden (KHM/Kossens § 80 Rn. 12; FKS/Feldes Rn. 8; BeckOK SozR/Brose SGB IX § 163 Rn. 9). Dadurch sollen alle Stellen im Betrieb und der Dienststelle, die sich mit der Beschäftigung sbM zu beschäftigen haben, laufend unterrichtet werden. Wegen des Rechtsträgerbezugs ist der Gesamtbetriebsrat zuständig, wenn in einem Unternehmen mehrere Betriebe bestehen (BAG 20.3.2018 – 1 ABR 11/17, NZA 2018, 1420). 19

Ein **Zeitpunkt für die Aushändigung der Abschrift** ist nicht vorgeschrieben. Insbesondere ist der 31.3. nur der letzte Zeitpunkt für die Anzeige an die für den Arbeitgeber zuständige Arbeitsagentur, reicht aber auch für die Aushändigung der Abschrift an Betriebsrat usw. Jedoch muss man davon ausgehen, dass diese Abschrift unverzüglich auch dem Betriebsrat und den anderen genannten Personen überreicht werden muss. Wer also am letzten Tage die Anzeige durch Boten der Arbeitsagentur übermittelt, kann die Abschriften gleichzeitig durch Post an Betriebsräte entfernter liegender Betriebe absenden, selbst wenn diese die Abschriften dann erst in den ersten Tagen des April erhalten. 20

IV. Ausnahme

Arbeitgeber, die **nicht der Beschäftigungspflicht unterliegen,** haben die Anzeige nur nach Aufforderung durch die Bundesagentur für Arbeit zum Zwecke einer Teilerhebung alle fünf Jahre zu erstatten. Diese Erhebungen sollen die Grundlage für die statistischen Auswertungen schaffen. Die Anzeigen sind deshalb nach Bundesländern aufzugliedern. Im Einzelnen ergibt sich das aus den von der Bundesagentur mit der Aufforderung versandten Erhebungsbögen. Auch dabei sind aber alle Angaben nach § 163 Abs. 2 zu machen, insbes. sind auch nicht als Arbeitsplätze zählende Stellen anzuführen, sind evtl. beschäftigte sbM aufzuführen und ist anzugeben, dass keine Ausgleichsabgabe geschuldet wird. Auch diese Anzeige ist mit dem vom nicht beschäftigungspflichtigen Arbeitgeber zu führenden Verzeichnis in Abschrift dem Betriebsrat oder Personalrat mitzuteilen. Andere Personen kommen bei solchen nicht beschäftigungspflichtigen Arbeitgebern mit bis zu 20 Arbeitsplätzen nicht in Betracht. 21

V. Verstöße

1. Ordnungswidrigkeit

Die Verletzung der Anzeigepflicht kann als **Ordnungswidrigkeit** geahndet werden. Ordnungswidrig handelt, wer als Arbeitgeber oder, wenn dieser eine juristische Person ist, als der zur gesetzlichen Vertretung Berufene vorsätzlich oder fahrlässig die Anzeigepflicht gem. § 163 Abs. 2 nicht, nicht richtig, nicht vollständig, nicht rechtzeitig oder nicht in der vorgeschriebenen Weise erfüllt (§ 238 Abs. 1 Ziff. 3). Ein öffentlicher Arbeitgeber, der gegen das G verstößt, kann auch im Wege der Dienstaufsicht und ggf. 22

des Disziplinarverfahrens belangt werden, die Bußgeldandrohung richtet sich aber auch gegen die öffentlich-rechtlichen Arbeitgeber, also gegen die Vertreter der öffentlichen Hand.

2. Feststellungsbescheid (Abs. 3)

23 Unabhängig von der Ahndung als Ordnungswidrigkeit erlässt die Arbeitsagentur einen **Feststellungsbescheid,** wenn die Anzeige bis zum 30.6. des Folgejahres nicht, nicht richtig oder nicht vollständig vorgenommen wurde (§ 163 Abs. 3). Inhalt des Feststellungsbescheides sind die „zur Berechnung der Pflichtarbeitsplätze für sbM und der besetzten Arbeitsplätze notwendigen Daten". Nach zutreffender Ansicht (BeckOK SozR/Brose SGB IX § 163 Rn. 13) setzt der Erlass des Feststellungsbescheides eine Sachprüfung, dh die Ermittlung der tatsächlichen Verhältnisse, voraus. Wurde eine unrichtige oder unvollständige Anzeige gestellt, muss die Behörde diese sowieso auf ihre Richtigkeit und Vollständigkeit prüfen, um überhaupt aufgrund § 163 Abs. 3 einen Bescheid erlassen zu können. Gleiches gilt bei unterbliebener Anzeige. In jeder Konstellation prüft die Behörde in tatsächlicher und rechtlicher Hinsicht (Hauck/Noftz/Schröder SGB IX § 163 Rn. 15), nicht lediglich auf Stimmigkeit und Schlüssigkeit (KHM/Kossens § 80 Rn. 13): Für eine eingeschränkte Prüfungskompetenz der Arbeitsagentur auf Stimmigkeit und Schlüssigkeit sind keine Anhaltspunkte im Gesetz angelegt. Nach dem Wortlaut obliegt der Behörde die „Prüfung in tatsächlicher sowie in rechtlicher Hinsicht". Auch die Bindungswirkung (sogleich → Rn. 24) spricht für eine umfassende Prüfungskompetenz. Auch nach dem Willen des Gesetzgebers sollte die Prüfungskompetenz der Arbeitsagentur erweitert werden (BT-Drs. 14/5786, S. 61; vgl. auch jurisPK-SGB IX/Fabricius § 163 SGB IX Rn. 29).

24 Der Feststellungsbescheid beinhaltet die Daten für die Berechnung der Zahl der Pflichtarbeitsplätze und der besetzten Arbeitsplätze. Das Integrationsamt berechnet auf dieser Datengrundlage die Ausgleichsabgabe. Es ist an die Feststellungen gebunden (BVerwG 14.4.2021 – 5 C 13/19, NVwZ-RR 2021, 897; zu den Konsequenzen → § 160 Rn. 7a; OVG NRW 12.12.2001 – 12 A 4737/01, NZA-RR 2002, 632; LSG NRW 10.3.2011 – L 16 (1) AL 21/09, BeckRS 2011, 71379).

25 Der Feststellungsbescheid ist ein **Verwaltungsakt** iSd § 31 Abs. 1 S. 1 SGB X. Mögliche Rechtsbehelfe gegen ihn sind **Widerspruch (§ 83 SGG)** und **Anfechtungsklage (§ 54 Abs. 1 S. 1 SGG).** Der Widerspruch hat gem. § 86a Abs. 2 Nr. 1 SGG keine aufschiebende Wirkung.

E. Auskunftspflicht (Abs. 5)

I. Inhalt

26 Die Auskunftspflicht nach § 163 Abs. 5 trifft alle öffentlichen und privaten Arbeitgeber, die alle zur Durchführung des Gesetzes notwendigen Auskünfte zu erteilen haben. Berechtigt zur Anforderung der Auskünfte sind die Bundesagentur für Arbeit (Hauptstelle und Agenturen) sowie die Integrationsämter. Die Auskünfte können mündlich oder schriftlich angefordert und gegeben werden. Die Auskunftsanforderung hat die **Rechtsnatur eines Verwaltungsaktes.** Auskunftspflichtig ist jeder private und öffentliche Arbeitgeber ohne Rücksicht auf die Beschäftigungspflicht, da die Auskunft auch dazu dienen kann, die Voraussetzungen für eine evtl. Beschäftigungspflicht zu ermitteln.

27 Die auskunftsberechtigten Stellen müssen im Streitfall darlegen können, dass die Auskunft **erforderlich** ist, um das Gesetz zu erfüllen oder die Voraussetzungen für die Anwendung des Teil III SGB IX (Schwerbehindertenrecht) zu prüfen. Auskünfte können zB erforderlich sein, um festzustellen, ob der Arbeitgeber beschäftigungspflichtig ist, ob

er seine Beschäftigungspflicht im Rahmen der Pflichtarbeitsplatzquote erfüllt, ob er in angemessenem Umfang sbM aus den Gruppen des § 155 eingestellt hat und ob der Betrieb in der Lage ist, sbM über die Pflichtarbeitsplatzquote hinaus zu beschäftigen. Erforderlich sind auch alle Fragen, die mit der Arbeitszeit und sonstigen für den sbM-Schutz wesentlichen Arbeitsbedingungen der sbM im Betrieb zusammenhängen und die im Hinblick auf den Sonderkündigungsschutz (§§ 168 ff.) auftreten. Die einzelfallbezogene Auskunftspflicht auf behördliches Verlangen tritt ergänzend neben die abstrakt-generell angeordnete gesetzliche Verpflichtung des Arbeitgebers, die in § 163 Abs. 2 vorgeschriebene Anzeige zu erstatten. Letztere werden in vielen Fällen nicht ausreichen, um das Gesetz ordnungsgemäß durchzuführen.

II. Widerspruch

Da es sich beim Auskunftsverlangen um einen Verwaltungsakt handelt, kann der Arbeitgeber gegen ein nicht erforderliches Auskunftsverlangen **Widerspruch** (§ 201 iVm § 73 VwGO) einlegen. Bestreitet ein öffentlicher Arbeitgeber seine Verpflichtung zur Auskunft, entscheidet zunächst die Dienstaufsicht, sodann ggf. die oberste Bundes- oder Landesbehörde. **28**

III. Verstoß

Ein Arbeitgeber, der vorsätzlich oder fahrlässig seine Pflicht zur Auskunftserteilung verletzt, handelt ordnungswidrig und kann mit einer **Geldbuße** bis zu 10.000 EUR belegt werden (vgl. § 238 Abs. 1 Ziff. 4). Gegen einen öffentlichen Arbeitgeber kann auch im Wege der Dienstaufsicht eingeschritten werden, er unterliegt aber auch der Bußgeldandrohung. **29**

F. Einblick in den Betrieb (Abs. 7)

Private und öffentliche Arbeitgeber sind verpflichtet, den Beauftragten der Bundesagentur für Arbeit (Hauptstelle, einzelne Agenturen) und Integrationsämter Einblick in den Betrieb zu geben. Das Recht zum Einblick in den Betrieb besteht auch bei öffentlichen Betrieben und Dienststellen, solange keine überwiegenden **(Geheimhaltungs-)Interessen** dem entgegenstehen. Der Einblick erfolgt nur „auf Verlangen" (BeckOK SozR/Brose SGB IX § 163 Rn. 17). **30**

Ebenso wie bei der Auskunftspflicht die Auskunftserteilung „notwendig" sein muss (§ 163 Abs. 5), ist Voraussetzung für den Einblick in den Betrieb, dass dieser im Interesse der sbM **„erforderlich"** ist. Ein inhaltlicher Unterschied ist dabei nicht zu erkennen, er folgt aber aus der unterschiedlichen Intensität der Eingriffswirkung von Auskunftsverlangen und Einblicknahme. Letztlich verpflichtet die Formulierung die Behörde jeweils zu einer klassischen Verhältnismäßigkeitsprüfung. Der Einblick iSd § 163 Abs. 7 kann sowohl im Interesse der beschäftigten sbM notwendig werden, als auch der Feststellung dienen, ob und wie auf nicht besetzten Pflichtarbeitsplätzen sbM und besondere Gruppen von sbM iSv § 155 oder etwa Auszubildende als sbM eingestellt werden können (Knittel § 163 Rn. 24; Müller-Wenner/Schorn/Müller-Wenner § 80 Rn. 19). Insbes. kann die Einblicknahme – als ultima ratio, dh vorbehaltlich milderer Mittel – auch der Tatsachenermittlung im Hinblick auf den Erlass eines Feststellungsbescheides (§ 163 Abs. 3) dienen, wenn die Anzeige nach § 163 Abs. 2 unterblieben ist oder Anlass zu Zweifeln an ihrer inhaltlichen Richtigkeit oder Vollständigkeit bestehen. **31**

32 Der Arbeitgeber ist berechtigt, den Einblick abzulehnen, wenn **Betriebsgeheimnisse oder Dienstgeheimnisse gefährdet** werden. Was als Dienst- oder Betriebsgeheimnis anzusehen ist, bestimmt grds. der Arbeitgeber. Er hat hierzu darzulegen, dass es sich um eine für den Betrieb oder die Verwaltung wichtige und nicht für die Öffentlichkeit bestimmte Tatsache handelt, an deren Geheimhaltung ein berechtigtes Interesse besteht. Dabei ist jedoch auch zu berücksichtigen, dass die Beauftragten der Behörden ihrerseits zur Geheimhaltung verpflichtet sind (§ 213; → Rn. 33). Entsprechend dem Zweck darf nicht ohne Grund der ganze Betrieb oder jeder Teil der Dienststelle in Augenschein genommen werden. Die nicht gerechtfertigte Weigerung, in den Betrieb Einblick zu geben, kann als Ordnungswidrigkeit geahndet werden (§ 238 Abs. 1 Ziff. 5). Für den Rechtsschutz gegen das behördliche Einblicknahmeverlangen gilt dasselbe wie zum Auskunftsverlangen dargelegt (→ Rn. 28).

G. Geheimhaltung

33 Die Beauftragten der Bundesagentur für Arbeit oder der Integrationsämter sind zur vertraulichen Behandlung der Geschäfts- und Betriebsverhältnisse des Arbeitgebers verpflichtet, die ihnen im Rahmen ihrer amtlichen Tätigkeit bekannt werden (§ 213). Das gilt auch für solche Tatsachen, die der Arbeitgeber nicht ausdrücklich als geheim zu halten oder vertraulich zu behandeln bestimmt hat. Die **Geheimhaltungspflicht** erstreckt sich auf alle Verhältnisse im Betrieb, die ihrer Natur nach nicht für außenstehende Personen bestimmt sind. Es kommen zB in Betracht: Fragen der Organisation, der Produktion, der finanziellen Lage. Die Pflicht zur Geheimhaltung ist bereits verletzt, wenn der Beauftragte auch nur einem Außenstehenden solche Tatsachen mitteilt. Die Geheimhaltungspflicht entfällt, wenn der Arbeitgeber mit der Bekanntgabe einverstanden ist oder wenn eine Rechtspflicht zur Mitteilung besteht, wie zB bei einer Vernehmung als Zeuge. Sie gilt nicht gegenüber der Bundesagentur, dem Integrationsamt und Organen nach § 79 Abs. 1 BetrVG. Die Geheimhaltungspflicht betrifft aber auch zum persönlichen Lebensbereich gehörende Geheimnisse des Arbeitgebers oder des sbM, die ein Vertrauensmann oder ein mit den Aufgaben oder Befugnissen nach diesem Gesetz betraute Person erfährt. Damit sind persönliche, Dienst-, Betriebs- oder Geschäftsgeheimnisse, die in Ausübung der Befugnisse nach § 163 bekannt werden, besonders geschützt.

34 Ist dem Arbeitgeber durch die unbefugte Preisgabe der Geschäfts- oder Betriebsgeheimnisse ein Schaden entstanden, so haftet, wenn Beamte oder Angestellte der Bundesagentur in Frage stehen, der Bund, für im Dienst der Integrationsämter stehenden Personen das Land gemäß den Bestimmungen des § 839 BGB und des Art. 34 GG.

H. Benennung der Schwerbehindertenvertretung und des Beauftragten (Abs. 8)

35 § 163 Abs. 8 verpflichtet den Arbeitgeber, unverzüglich nach deren Wahl die Vertrauenspersonen der sbM (einschließlich ihrer Stellvertreter) (§ 177 Abs. 1 S. 1–3; § 180 Abs. 1–5) sowie den Inklusionsbeauftragten (§ 181 S. 1) zu melden. Diese Regelung soll die **unmittelbare Zusammenarbeit** zwischen den zuständigen Behörden und den gewählten Repräsentanten sowie den Inklusionsbeauftragten ermöglichen. Die Meldung muss nach der jeweiligen Wahl oder Bestellung ohne schuldhaftes Zögern (vgl. § 121 BGB) erfolgen. Die Meldung ist an die für den Betrieb örtlich zuständige Arbeitsagentur und das örtlich zuständige Integrationsamt zu richten. Anzugeben sind Name, Vorname und Anschrift der zu meldenden Personen, bei dem Inklusionsbeauftragten auch seine Stel-

lung im Betrieb. Eine bestimmte Form für die Meldung schreibt § 163 Abs. 8 nicht vor, sodass auch eine mündliche Mitteilung genügt.

Die **Meldepflicht** nach § 163 Abs. 8 bezieht sich auch auf die Mitglieder der Konzern-, Gesamt-, Haupt- und Bezirksschwerbehindertenvertretung (§ 180). Maßgeblich für die örtliche Zuständigkeit der Arbeitsagentur und des Integrationsamts ist dabei der Sitz des Unternehmens bzw. der nachgeordneten Behörde oder der obersten Dienstbehörde. Ist dieselbe Person Inklusionsbeauftragter in mehreren Betrieben oder Verwaltungen, müssen alle Arbeitsagenturen und Integrationsämter unterrichtet werden, in deren Bereich Dienststellen oder Betriebe des Arbeitgebers liegen. 36

Verstöße gegen die Anzeigepflicht sind nach § 238 Abs. 1 Nr. 6 als Ordnungswidrigkeiten zu ahnden. 37

§ 164 Pflichten des Arbeitgebers und Rechte schwerbehinderter Menschen

(1) [1] Die Arbeitgeber sind verpflichtet zu prüfen, ob freie Arbeitsplätze mit schwerbehinderten Menschen, insbesondere mit bei der Agentur für Arbeit arbeitslos oder arbeitsuchend gemeldeten schwerbehinderten Menschen, besetzt werden können. [2] Sie nehmen frühzeitig Verbindung mit der Agentur für Arbeit auf. [3] Die Bundesagentur für Arbeit oder ein Integrationsfachdienst schlägt den Arbeitgebern geeignete schwerbehinderte Menschen vor. [4] Über die Vermittlungsvorschläge und vorliegende Bewerbungen von schwerbehinderten Menschen haben die Arbeitgeber die Schwerbehindertenvertretung und die in § 176 genannten Vertretungen unmittelbar nach Eingang zu unterrichten. [5] Bei Bewerbungen schwerbehinderter Richterinnen und Richter wird der Präsidialrat unterrichtet und gehört, soweit dieser an der Ernennung zu beteiligen ist. [6] Bei der Prüfung nach Satz 1 beteiligen die Arbeitgeber die Schwerbehindertenvertretung nach § 178 Absatz 2 und hören die in § 176 genannten Vertretungen an. [7] Erfüllt der Arbeitgeber seine Beschäftigungspflicht nicht und ist die Schwerbehindertenvertretung oder eine in § 176 genannte Vertretung mit der beabsichtigten Entscheidung des Arbeitgebers nicht einverstanden, ist diese unter Darlegung der Gründe mit ihnen zu erörtern. [8] Dabei wird der betroffene schwerbehinderte Mensch angehört. [9] Alle Beteiligten sind vom Arbeitgeber über die getroffene Entscheidung unter Darlegung der Gründe unverzüglich zu unterrichten. [10] Bei Bewerbungen schwerbehinderter Menschen ist die Schwerbehindertenvertretung nicht zu beteiligen, wenn der schwerbehinderte Mensch die Beteiligung der Schwerbehindertenvertretung ausdrücklich ablehnt.

(2) [1] Arbeitgeber dürfen schwerbehinderte Beschäftigte nicht wegen ihrer Behinderung benachteiligen. [2] Im Einzelnen gelten hierzu die Regelungen des Allgemeinen Gleichbehandlungsgesetzes.

(3) [1] Die Arbeitgeber stellen durch geeignete Maßnahmen sicher, dass in ihren Betrieben und Dienststellen wenigstens die vorgeschriebene Zahl schwerbehinderter Menschen eine möglichst dauerhafte behinderungsgerechte Beschäftigung finden kann. [2] Absatz 4 Satz 2 und 3 gilt entsprechend.

(4) [1] Die schwerbehinderten Menschen haben gegenüber ihren Arbeitgebern Anspruch auf

1. **Beschäftigung, bei der sie ihre Fähigkeiten und Kenntnisse möglichst voll verwerten und weiterentwickeln können,**
2. **bevorzugte Berücksichtigung bei innerbetrieblichen Maßnahmen der beruflichen Bildung zur Förderung ihres beruflichen Fortkommens,**
3. **Erleichterungen im zumutbaren Umfang zur Teilnahme an außerbetrieblichen Maßnahmen der beruflichen Bildung,**
4. **behinderungsgerechte Einrichtung und Unterhaltung der Arbeitsstätten einschließlich der Betriebsanlagen, Maschinen und Geräte sowie der Gestaltung der Arbeitsplätze,**

des Arbeitsumfelds, der Arbeitsorganisation und der Arbeitszeit, unter besonderer Berücksichtigung der Unfallgefahr,

5. Ausstattung ihres Arbeitsplatzes mit den erforderlichen technischen Arbeitshilfen

unter Berücksichtigung der Behinderung und ihrer Auswirkungen auf die Beschäftigung. [2] Bei der Durchführung der Maßnahmen nach Satz 1 Nummer 1, 4 und 5 unterstützen die Bundesagentur für Arbeit und die Integrationsämter die Arbeitgeber unter Berücksichtigung der für die Beschäftigung wesentlichen Eigenschaften der schwerbehinderten Menschen. [3] Ein Anspruch nach Satz 1 besteht nicht, soweit seine Erfüllung für den Arbeitgeber nicht zumutbar oder mit unverhältnismäßigen Aufwendungen verbunden wäre oder soweit die staatlichen oder berufsgenossenschaftlichen Arbeitsschutzvorschriften oder beamtenrechtliche Vorschriften entgegenstehen.

(5) [1] Die Arbeitgeber fördern die Einrichtung von Teilzeitarbeitsplätzen. [2] Sie werden dabei von den Integrationsämtern unterstützt. [3] Schwerbehinderte Menschen haben einen Anspruch auf Teilzeitbeschäftigung, wenn die kürzere Arbeitszeit wegen Art oder Schwere der Behinderung notwendig ist; Absatz 4 Satz 3 gilt entsprechend.

Übersicht

A. Entstehungsgeschichte

1 Die Vorschrift des § 164 hat ihre heutige systematische Einbindung zum 1.1.2018 durch das BTHG (BGBl. I 2016, 1824) erhalten. Inhaltlich hat sich gegenüber dem bisherigen Recht (§ 81 aF) nichts Wesentliches geändert. Eine weitere Vorgängernorm war § 14 SchwbG. Das durch § 81 aF hinzugefügte Benachteiligungsverbot mit Ent-

schädigungsanspruch erwies sich im Hinblick auf die Vorgaben der EU-Richtlinie 2000/78 als unzureichend (EuGH 23.2.2006 – C 43/05, AP Richtlinie 2000/78/EG Nr. 2; BAG 3.4.2007 – 9 AZR 823/06, AP SGB IX § 81 Nr. 14). Zur Richtlinienumsetzung wurde daher das Allgemeine Gleichbehandlungsgesetz (AGG) v. 14.8.2006 (BGBl. I 1897) geschaffen, das nunmehr das Benachteiligungsverbot für Behinderte (und nicht nur für Schwerbehinderte) regelt (vgl. Begr. BT-Drs. 16/1780). § 81 aF (heute § 164 Abs. 2) wurde auf die Grundaussage des Benachteiligungsverbots reduziert und enthält im Übrigen einen Verweis auf das AGG. Das BTHG übernahm zum 1.1.2018 die Vorschrift in vollem Umfang, passte nur die Paragraphenziffern an und machte aus „Richter und Richterinnen" „Richterinnen und Richter".

B. Normzweck

Die Vorschrift trägt dem **verfassungsrechtlichen Gebot** der verbesserten Eingliederung schwerbehinderter Menschen (Art. 3 Abs. 3 S. 2 GG) Rechnung (Hauck/Noftz/Gutzler SGB IX § 164 Rn. 1) und dient damit zugleich auch der Umsetzung der RL 2000/78 zur Verwirklichung der Gleichbehandlung in Beschäftigung und Beruf (BT-Drs. 14/5074, 113). Ziel ist, eine verstärkte Einstellung und Beschäftigung von Menschen mit Behinderungen zu erreichen (Hauck/Noftz/Gutzler SGB IX § 164 Rn. 1). 2

Geregelt werden **spezielle Pflichten des Arbeitgebers,** die ihn im Rahmen der gesteigerten Treue- und Fürsorgepflichten gegenüber sbM und gleichgestellten Behinderten treffen (BAG 13.5.1992 – 5 AZR 437/91, EzA § 14 SchwbG 1986 Nr. 3). Da die Norm konkrete Rechte und Ansprüche schwerbehinderter Menschen im Verhältnis zu ihrem Arbeitgeber normiert und diese verfahrensrechtlich absichert, kommt ihr ganz zentrale Bedeutung für das Arbeitsrecht der sbM zu (vgl. BeckOK SozR/Brose SGB IX § 164 Rn. 2). 3

Bei der Auslegung dieser Vorschrift ist ganz besonders der Systemwechsel zu berücksichtigen, der sich generell im Schwerbehindertenrecht vollzogen hat. Dem SGB IX liegt, ebenso wie der UN-BRK (vgl. insbes. Art. 27 UN-BRK), das Teilhabekonzept (in Abwendung vom Fürsorgekonzept) zugrunde. Gerade für die Umsetzung des Teilhabegedankens im Bereich des Arbeitslebens kommt § 164 eine Schlüsselfunktion zu (vgl. FKS/Faber/Rabe-Rosendahl, § 164 Rn. 2a–3). 4

C. Pflichten bei der Besetzung von Arbeitsplätzen

I. Prüfung der Einstellung, Abs. 1

§ 164 Abs. 1 regelt spezifische Arbeitgeberpflichten bei der **Besetzung freier Arbeitsplätze.** Eine Pflicht zum Freimachen von Arbeitsplätzen zugunsten sbM besteht nicht, auch nicht in den Fällen, in denen die Beschäftigungspflicht nach § 154 nicht oder nicht voll erfüllt wird. In diesem Fall besteht aber die zusätzliche Erörterungspflicht des § 164 Abs. 1 S. 7. Die Verpflichtung des Arbeitgebers zur Prüfung einer Beschäftigungsmöglichkeit sbM auf freien Arbeitsplätzen gilt bereits bei Versetzungen oder Umsetzungen innerhalb des Betriebs: Auch wenn ein freier Arbeitsplatz durch einen vorhandenen Arbeitnehmer des Betriebes besetzt werden soll, ist somit zu prüfen, ob ein sbM darauf beschäftigt werden kann. Vor allem hat § 164 Abs. 1 aber Neueinstellungen im Blick. 5

„Insbes." (und damit vorrangig) ist nach dem Normtext die **Einstellung arbeitsloser sbM** in Betracht zu ziehen; dies wird prozedural durch die frühzeitige Kontaktaufnahme zur Bundesagentur für Arbeit und deren Vorschlagsrecht abgesichert (§ 164 Abs. 1 S. 2, 3). Schon in diesem Stadium sind nach § 164 Abs. 1 S. 4–6 Schwerbehindertenvertre- 6 tung und die in § 176 genannten Stellen (Betriebs- oder Personalrat bzw. äquivalente Organe) zu unterrichten und anzuhören.

7 Die Prüfung von Teilhabemöglichkeiten muss möglichst frühzeitig einsetzen und nicht erst dann, wenn schon Bewerbungen vorliegen, unter denen sich ggf. sbM befinden. Die Erörterung eingegangener Bewerbungen mit der Schwerbehindertenvertretung (§ 164 Abs. 1 S. 4 und 1) ist eine zusätzliche Maßnahme und lässt keinen Rückschluss darauf zu, dass nur bei Vorliegen entsprechender Bewerbungen sbM eine Prüfung von Teilhabemöglichkeiten durch die Besetzung des freien Platzes mit sbM stattfinden muss. Vielmehr muss diese Prüfung schon wesentlich früher einsetzen, nämlich bei der Grundentscheidung für die Neubesetzung eines freien oder frei werdenden Arbeitsplatzes, konkret im Vorfeld der Bewerbersuche durch Stellenausschreibung, Veröffentlichung einer Stellenanzeige oder Kontaktaufnahme zur Arbeitsagentur.

8 Soweit nicht Umstände des Einzelfalls ergeben, dass eine Beschäftigung sbM ausscheidet, muss von vornherein auch die Einstellung sbM in Betracht gezogen werden. Diese Prüfung hat **jeder Arbeitgeber** vorzunehmen ohne Rücksicht darauf, ob er überhaupt beschäftigungspflichtig ist (§ 154) oder die Pflichtarbeitsplatzquote bereits erfüllt ist. Bei **Arbeitnehmerüberlassung** trifft die Prüfpflicht nicht nur den Vertragsarbeitgeber, also den Verleiher, sondern nach zutreffender BAG-Rspr. auch den Entleihbetrieb: Die Besetzung eines Arbeitsplatzes durch einen Leiharbeitnehmer ist zwar keine „Einstellung" iSd § 99 BetrVG, dieser durch § 14 Abs. 3 S. 1 AÜG jedoch Partien gleichgestellt, und dementsprechend findet auch § 164 darauf Anwendung. Die in § 164 Abs. 1 S. 1, 2 normierte Prüf- und Konsultationspflicht ist auch bei der Besetzung eines frei werdenden oder neu geschaffenen Arbeitsplatzes mit einem Leiharbeitnehmer teleologisch einschlägig, da bei Nichtanwendung des Verfahrens auch in dieser Konstellation ein Arbeitsplatz der Gruppe der schwerbehinderten Menschen ohne Einhaltung des zu ihrem Schutz geschaffenen Verfahrens „entzogen" werde (BAG 3.6.2010 – 7 ABR 3/09, NZA 2010, 1361; aA Edenfeld NZA 2006, 126). Ein Verstoß gegen die Pflichten aus § 164 Abs. 1 S. 1, 2 berechtigt auch in dieser Situation den Betriebsrat, die Zustimmung zur Einstellung des Leiharbeitnehmers nach § 99 Abs. 2 Nr. 1 BetrVG zu verweigern (BAG 3.6.2010 – 7 ABR 3/09, NZA 2010, 1361; näher → Rn. 18 ff.).

II. Einbeziehung der Arbeitsagentur

9 Zunächst ist die **Bundesagentur für Arbeit** einzuschalten, um von ihr oder dem von ihr beauftragten Integrationsfachdienst (§ 192) geeignete Besetzungsvorschläge für die freie Stelle zu erhalten. Auch wenn sich schon sbM von sich aus um eine Stelle beworben haben, muss trotzdem Verbindung mit der Arbeitsagentur frühzeitig aufgenommen werden, um möglichst vielen geeigneten sbM die Möglichkeit zu schaffen, Arbeit zu finden. Es geht dabei auch darum, nach Möglichkeit besonders betroffene sbM iSv § 155 Abs. 1 in das Stellenbesetzungsverfahren einzubeziehen.

III. Mitwirkungsrechte der Arbeitnehmervertretungen

1. Inhalt der Mitwirkungsrechte

10 Der **Schwerbehindertenvertretung,** dem Betriebs- oder Personalrat bzw. den anderen in § 176 genannten Vertretungen ist nach § 164 Abs. 1 S. 4 „unmittelbar" Mitteilung zu machen, wenn die Bewerbungen oder Vermittlungsvorschläge eingegangen sind. „Unmittelbar nach Eingang" ist dabei in zeitlicher Hinsicht zu verstehen, gleichbedeutend mit „unverzüglich" und beschreibt nicht die Modalitäten des Informationsflusses (aA LAG Düsseldorf 12.11.2021 – 7 Sa 483/21, BeckRS 2021, 46849). Die Prüfung, ob die Einstellung eines dieser Bewerber in Betracht kommt, erfolgt dann gem. § 164 Abs. 1

S. 6 mit Beteiligung der Schwerbehindertenvertreten (§ 178) und nach Anhörung von Betriebs- oder Personalrat bzw. den anderen in § 176 genannten Vertretungen. In der Sache erweitert S. 6 das in S. 4 enthaltene Unterrichtungsrecht zu einem Beteiligungs- bzw. Anhörungsrecht. S. 9 ergänzt dies schließlich um ein weiteres Unterrichtungsrecht, nach dem „alle Beteiligten" über das Ergebnis der Personalentscheidung des Arbeitgebers unverzüglich zu unterrichten sind. Beteiligte in diesem Sinne sind neben dem verfahrensbeteiligten sbM insbes. auch die Schwerbehindertenvertretung und der Betriebsrat (bzw. das äquivalente Organ iSd § 176).

§ 164 Abs. 1 S. 5 schränkt dieses Grundprinzip speziell für die **Einstellung von Richtern** durch den Passus ein, dass die Unterrichtung und Anhörung des Präsidialrats nur zu erfolgen hat, „soweit dieser an der Ernennung zu beteiligen ist": Durch die Richtergesetze der Bundesländer ist die Beteiligung von Richter- und Präsidialrat im Besetzungsverfahren idR wechselseitig ausgeschlossen (vgl. etwa § 15 LRiStaG NRW): Es ist dann bei Eingangsämtern auch im Rahmen von § 164 Abs. 1 ausschließlich der Richterrat, bei Beförderungsämtern ausschließlich der Präsidialrat zu beteiligen. 11

§ 164 Abs. 1 S. 4, 6 konkretisieren damit die allgemeine Aufgabenzuweisung an Betriebs- und Personalrat nach § 80 Abs. 1 Nr. 4 BetrVG bzw. § 68 Abs. 1 Ziff. 4 BPersVG, die Eingliederung sbM zu fördern. Zugleich enthält die Vorschrift eine bereichsspezifische Konkretisierung der jeweiligen Beteiligungsrechte bei personellen Einzelmaßnahmen (Einstellungen und Versetzungen, zB § 99 BetrVG), die freilich unabhängig vom Schwellenwert des § 99 Abs. 1 BetrVG (Unternehmen mit idR mehr als 20 wahlberechtigten Arbeitnehmern) oder jenem des § 154 (→ § 154 Rn. 9 ff.) Anwendung findet, da sie den kollektivrechtlichen Schutz der sbM auch in Kleinunternehmen gewährleisten will. 12

Der Betriebsrat (bzw. das äquivalente Organ iSd § 176) hat nach § 164 Abs. 1 S. 4 ein Unterrichtungs- und nach S. 6 ein Anhörungsrecht: Ihm ist daher Gelegenheit zur Stellungnahme zu geben; die Unterrichtung soll eine hinreichende Informationsbasis hierfür schaffen. Eine besondere Form ist dafür nicht vorgeschrieben, sie kann mündlich und schriftlich erfolgen. Stets sind aber dem Beteiligungsorgan alle maßgeblichen Unterlagen mitzuteilen, damit eine ordnungsgemäße Beurteilung erfolgen kann. Damit soll iErg eine bevorzugte Beschäftigung sbM auf freien und frei werdenden Arbeitsplätzen erreicht werden. 13

Neben dem Betriebsrat (oder dem äquivalenten Organ iSd § 176) zu „beteiligen" ist gem. § 164 Abs. 1 Abs. 1 S. 6 auch die Schwerbehindertenvertretung in dem durch § 178 Abs. 2 näher ausgestalteten Verfahren (hierzu ausf. → § 178 Rn. 10). Die Verpflichtung zur Beteiligung entfällt auch nicht in – gesetzlich nicht geregelten – Konstellationen der „Befangenheit", insbes. wenn sowohl Vertrauensperson als auch das stellvertretende Mitglied der Schwerbehindertenvertretung selbst als Bewerber verfahrensbeteiligt sind (BAG 22.8.2013 – 8 AZR 574/12, AP SGB IX § 81 Nr. 21). Die Selbstbetroffenheit hindert die Beteiligung der entsprechenden Personen als Vertreter der Schwerbehindertenvertretung schon deshalb nicht, weil die Schwerbehindertenvertretung keine eigenen Entscheidungen zu treffen hat (BAG 22.8.2013 – 8 AZR 574/12, AP SGB IX § 81 Nr. 21). 14

Die Schwerbehindertenvertretung kann auf ihre Beteiligung auch nicht verzichten (BAG 22.8.2013 – 8 AZR 574/12, AP SGB IX § 81 Nr. 21), auch nicht zB durch eine Vereinbarung, wonach der Arbeitgeber die Schwerbehindertenvertretung nur über die in die nähere Auswahl kommenden Bewerber informieren muss (BAG 20.1.2016 – 8 AZR 194/14, NZA 2016, 681). Ein Recht, die Beteiligung der Schwerbehindertenvertretung abzulehnen, hat nach § 164 Abs. 1 S. 10 allein der verfahrensbeteiligte sbM. Hierdurch soll sein Recht auf Selbstbestimmung und Privatsphäre geschützt werden. Das Ablehnungsrecht kann aus Gründen der Rechtsklarheit nur „ausdrücklich" ausgeübt werden. Jenseits dieses Ausschlusses der Konkludenz ist ein besonderes Formerfordernis für die Ablehnungserklärung jedoch nicht normiert. Anwendung findet die Vorschrift nur auf 15

„Bewerbungen", also in Fällen, in denen der sbM aufgrund eigener Mitwirkung Beteiligter des Stellenbesetzungsverfahrens ist. Aufgrund der Ablehnung ist die Erörterung der Bewerbung unter Beteiligung der Schwerbehindertenvertretung und die Hinzuziehung der Schwerbehindertenvertretung bei dem Vorstellungsgespräch mit dem Bewerber ausgeschlossen. Die allgemeinen Pflichten und Rechte der Schwerbehindertenvertretung nach § 178 bleiben aber daneben bestehen, ebenso wie die aus § 164 Abs. 1 folgenden Rechte des Betriebsrats (oder des äquivalenten Organs iSd § 176). Da ansonsten die Wahrnehmung ihrer allgemeinen Aufgaben im Stellenbesetzungsverfahren nicht sichergestellt wäre, steht § 164 Abs. 1 S. 10 auch der Unterrichtung der Schwerbehindertenvertretung über die Bewerbung des Bewerbers und der Anhörung vor der abschließenden Personalentscheidung des Arbeitgebers nicht entgegen. Diese Rechte bestehen nicht allein gegenüber dem Bewerber, sondern dienen den Interessen der Gesamtbelegschaft bzw. der sbM allgemein.

2. Rechtsfolgen

16 Hat der Arbeitgeber mit dem Betriebsrat (oder dem äquivalenten Organ iSd § 176) das Unterrichtungs- und Anhörungsverfahren sowie mit der Schwerbehindertenvertretung das Beteiligungsverfahren ordnungsgemäß durchgeführt, bleibt er kollektivrechtlich **in seiner Personalentscheidung frei.** Insbes. hat weder die Schwerbehindertenvertretung noch der Betriebsrat (oder ein äquivalentes Organ iSd § 176) ein Mitentscheidungsrecht. Der Arbeitgeber kann sich über ihr Votum hinwegsetzen. Insofern appelliert die gesetzliche Verpflichtung des Arbeitgebers, die Beschäftigung sbM auf freien Arbeitsplätzen zu prüfen, im Letzten an die Verantwortung der Arbeitgeber. Ein Anspruch des sbM auf Einstellung besteht nicht. Die verbleibende Entscheidungsfreiheit findet allerdings ihre individualrechtliche Grenze im Benachteiligungsverbot des § 164 Abs. 2 iVm dem AGG (→ Rn. 22 ff.). Ein valides Benachteiligungsindiz kann auch im grundlosen bzw. nicht hinreichend begründeten Übergehen einer Stellungnahme von Betriebsrat (oder äquivalentem Organ iSd § 176) liegen.

17 Vielfältiger stellen sich die Rechtsfolgen bei einer **unterbliebenen oder defizitären Durchführung** der jeweiligen Beteiligungsverfahren bzw. sonstigen Verfahrensverstößen dar: Ein Verstoß gegen die Pflicht zur unverzüglichen Mitteilung verwirklicht den Bußgeldtatbestand des § 238 Abs. 1 Nr. 7 (jurisPK-SGB IX/Vogl SGB IX § 238 Rn. 44). Unterlässt es der Arbeitgeber entgegen seiner gesetzl. Verpflichtung, die Schwerbehindertenvertretung zu beteiligen, liegt darin zudem nach ständiger Rechtsprechung ein Indiz iSd § 22 AGG, das mit überwiegender Wahrscheinlichkeit für das Vorliegen einer Benachteiligung spricht (BAG 20.1.2016 – 8 AZR 194/14, NZA 2016, 681; 22.8.2013 – 8 AZR 574/12, AP SGB IX § 81 Nr. 21, Rn. 35; 10.5.2005 – 9 AZR 230/04, BAGE 114, 299). Verletzungen der Beteiligungsrechte nach § 164 Abs. 1 S. 4, 9, § 178 Abs. 2 S. 1 Hs. 1 stellen zudem Ordnungswidrigkeiten dar (§ 238 Abs. 1 Ziff. 7, 8). Ein Anspruch des sbM auf Einstellung resultiert auch aus einer erwiesenen Diskriminierung (in der Regel) aber nicht (→ Rn. 35), sondern vielmehr Schadensersatz- und Entschädigungsansprüche aus § 15 AGG (→ Rn. 34 ff.)

18 Komplex und noch nicht hinreichend ausgeleuchtet sind schließlich die **mitbestimmungsrechtlichen Konsequenzen;** insofern ist die systematische Verknüpfung des § 164 zu § 99 BetrVG (bzw. seinen Parallelnormen etwa im Personalvertretungsrecht) zu beachten: StRspr. entspricht, dass der Betriebsrat seine Zustimmung zur Einstellung eines nicht schwerbehinderten Bewerbers nach § 99 BetrVG verweigern kann, wenn entgegen § 164 Abs. 1 vorher nicht geprüft wurde, ob der freie Arbeitsplatz mit einem sbM besetzt werden kann. Damit besteht ein wichtiges und wirksames Druckmittel, auf die Einstellung sbM hinzuwirken (BAG 14.11.1989 – 1 ABR 88/88, AP BetrVG 1972 § 99 Nr. 77; 10.11.1992 – 1 ABR 21/92, AP BetrVG 1972 § 99 Nr. 100 mit abl. Anm. Loritz; BAG 17.6.2008 – 1 ABR 20/07, AP BetrVG 1972 § 99 Versetzung Nr. 46

Rn. 25). Der Betriebsrat kann eine entsprechende Ausschreibung verlangen und dann die Zustimmung zur Einstellung verweigern (BAG 14.12.2004 – 1 ABR 54/03, AP BetrVG 1972 § 99 Nr. 121). Dies gilt auch bei der Einstellung eines Leiharbeitnehmers (BAG 3.6.2010 – 7 ABR 3/09, NZA 2010, 1361, str.). Beruht die Einstellungsentscheidung des Arbeitgebers auf persönlichen Gesprächen, kann der Betriebsrat zur Prüfung der Zustimmungsverweigerung auch darüber Auskunft verlangen (BAG 28.6.2005 – 1 ABR 26/04, AP BetrVG 1972 § 99 Einstellung Nr. 49). Entsprechendes gilt im Personalvertretungsrecht: Der Personalrat hat nach § 77 Abs. 2 Nr. 1 BPersVG (bzw. entsprechenden Vorschriften des LPersVGe) ein Zustimmungsverweigerungsrecht sofern die Maßnahme gegen § 164 Abs. 1 verstößt (vgl. BeckOK SozR/Brose SGB IX § 164 Rn. 13).

Andere Maßstäbe gelten dagegen nach Rspr. des BAG bei **Versetzungen,** bei denen das 19 BAG den Belangen der im Betrieb Beschäftigten schematisch Vorrang ggü. den Belangen (jedenfalls betriebsexterner) sbM einräumt und Verstöße daher kollektivrechtlich wirkungslos bleiben lässt (BAG 17.6.2008 – 1 ABR 20/07, AP BetrVG 1972 § 99 Versetzung Nr. 46; 3.6.2010 – 7 ABR 3/09, AP SGB IX § 81 Nr. 17): Durch die Versetzung eines bereits im Betrieb beschäftigten Arbeitnehmers auf einen frei gewordenen oder neu geschaffenen Arbeitsplatz verwirklichten sich für arbeitslose schwerbehinderte Menschen nicht die mit der Schwerbehinderung verbundenen erhöhten Schwierigkeiten bei der Suche nach einem Arbeitsplatz. Die schwerbehinderten Menschen konkurrierten nicht mit anderen, nicht schwerbehinderten externen Bewerbern, sondern seien wie diese zu Gunsten schon im Betrieb beschäftigter Arbeitnehmer von der Stellenbesetzung von vornherein ausgeschlossen. Außerdem werde durch die Versetzung eines bereits beschäftigten, nicht schwerbehinderten Menschen dem Arbeitsmarkt kein zur Verfügung stehender Arbeitsplatz zu Lasten der Gruppe der schwerbehinderten Menschen „entzogen". Diese Sichtweise ist **zu kritisieren:** Die (in der Sache nachvollziehbare) Ausdifferenzierung hätte zweifellos gesetzgeberisch durch eine Eingrenzung der Verpflichtung vorgenommen werden können. Angesichts der insofern nicht differenzierenden Normfassung des § 164 auf Rechtsfolgenseite zu unterscheiden, konterkariert letztlich den gesetzgeberischen Willen, alle Neubesetzungen von Arbeitsplätzen – gleich ob durch Einstellung oder Versetzung – durch § 164 zu erfassen (krit. Sommer ZBVR online 12/2008, 14 ff.; LPK-SGB IX/Düwell § 164 Rn. 12, 172) und droht auch den Schutz betriebsinterner sbM bei solchen Versetzungsentscheidungen zu kurz kommen zu lassen.

Im Übrigen ließe sich mit guten Gründen erwägen, auf eine Verletzung der Betei- 20 ligungsrechte des Betriebsrats aus § 164 Abs. 1 das **Rechtsfolgensystem der §§ 99 ff. BetrVG** anzuwenden, sofern der Schwellenwert des § 99 Abs. 1 BetrVG (Unternehmen mit idR mehr als 20 wahlberechtigten Arbeitnehmern) überschritten ist. Für diese Sichtweise spricht, dass es sich bei § 164 Abs. 1 um eine bereichsspezifische Ergänzung des dort geregelten Beteiligungsrechts bei personellen Einzelmaßnahmen handelt, sodass zB eine ohne hinreichende Betriebsratsbeteiligung durchgeführte Einstellung als vorläufige personelle Maßnahme iSd § 100 zu bewerten und ggf. nach §§ 100, 101 BetrVG aufzuheben wäre. Nicht zu verkennen ist dabei zwar, dass § 164 als bloßes Unterrichtungs- und Anhörungsrecht deutlich schwächer ausgestaltet ist als das Zustimmungserfordernis des § 99 BetrVG; andererseits ist aber auch die korrekte Unterrichtung nach § 164 Abs. 1 S. 4 Vorbedingung für die Betriebsratszustimmung nach § 99 BetrVG, sodass auch ihr Unterbleiben dem Beginn der Wochenfrist nach § 99 Abs. 3 S. 1 BetrVG entgegenstehen dürfte.

IV. Erörterungspflicht, Abs. 1 S. 7

Sofern die Beschäftigungspflicht entsprechend der für das Unternehmen geltenden 21 Pflichtarbeitsplatzquote (→ § 154 Rn. 13 ff.; → § 157 Rn. 3 ff.) nicht oder nicht voll erfüllt wird, ist eine zusätzliche Erörterung für den Fall vorgeschrieben, dass die Schwerbehindertenvertretung, der Betriebsrat oder ein äquivalentes Organ iSd § 176 mit der beabsichtigten Entscheidung nicht einverstanden ist (§ 164 Abs. 1 S. 7). Diese Erörterung betrifft nur beschäftigungspflichtige Arbeitgeber, die den Schwellenwert des § 154 Abs. 1 überschreiten. Sie ist unter Darlegung der Gründe für die beabsichtigte Entscheidung vorzunehmen. Entsprechend dem Wortlaut des S. 7 bedarf es auch im Fall einer die Einstellung des sbM ablehnenden Personalentscheidung keiner derartigen Erörterung, wenn die Pflichtarbeitsplatzquote erfüllt ist (BAG 21.2.2013 – 8 AZR 180/12, AP SGB IX § 81 Nr. 20 mwN auch zur gegenteiligen Meinung). Verstöße gegen die Erörterungspflicht des § 164 Abs. 1 S. 7 werden durch den Bußgeldtatbestand des § 238 Abs. 1 Nr. 8 sanktioniert.

D. Benachteiligungsverbot, Abs. 2

I. Verweis auf AGG; Anwendungsbereich

22 Mit dem umfassenden Verweis auf die Vorschriften des AGG erfüllt der Gesetzgeber seit 2006 die Forderung der **RL 2000/78/EG,** alle Behinderten vor Benachteiligungen zu schützen, nicht nur – wie nach den früheren Normfassungen des Benachteiligungsverbots – nur sbM. Bereits zuvor hatte die Rspr. den Mangel der damaligen Gesetzeslage beseitigt und auch andere Behinderte (mit einem GdB ab 30) in den Schutz des Benachteiligungsverbots einbezogen (vgl. BAG 18.11.2008 – 9 AZR 643/07, AP SGB IX § 81 Nr. 16).

23 Der **Begriff der Behinderung** (also nicht nur der Schwerbehinderung) ist der allgemeine Begriff nach RL 2000/78/EG (EuGH 11.4.2013 – C-335/11, C-337/11, AP Richtlinie 2000/78/EG Nr. 28 – Ring Skouboe Werge; 18.12.2014 – C-354/13, AP Richtlinie 2000/78/EG Nr. 30 – FOA; 18.1.2018 – C-270/16 – Conejero, NZA 2018, 159) und ist auch der Anwendung des AGG zu Grunde zu legen (BAG 19.12.2013 – 6 AZR 190/12, AP AGG § 2 Nr. 3; 14.1.2015 – 7 AZR 880/13, AP TVöD § 33 Nr. 2).

24 Nach der Rspr. des EuGH gilt das Benachteiligungsverbot nicht nur für die Behinderten selbst, sondern auch für Personen, die durch die **Behinderung anderer** – etwa die Behinderung ihres Kindes – beeinträchtigt sind (EuGH 17.7.2008 – C-303/06, NZA 2008, 932 – Coleman; Anm. von Welti ZESAR 2009, 148).

25 Das Benachteiligungsverbot betrifft **alle Arbeitgeber** ohne Rücksicht darauf, ob sie zur Beschäftigung sbM verpflichtet sind oder nicht. Insbes. gilt es somit unabhängig vom Überschreiten des Schwellenwerts in § 154. Es bindet auch die Tarif- und Betriebsparteien (BAG 18.11.2003 – 9 AZR 122/03, AP SGB IX § 81 Nr. 4).

II. Inhalt

26 Die Verweisung auf das AGG **verbietet jede Benachteiligung.** Selbst wenn der Arbeitgeber die Behinderung nur annimmt, liegt nach § 7 AGG eine Diskriminierung mit Entschädigungsfolge vor (BAG 17.12.2009 – 8 AZR 670/08, AP AGG § 7 Nr. 2). Das Vorliegen einer Benachteiligung setzt weder Benachteiligungsabsicht noch sonstiges Verschulden des Arbeitgebers voraus (BAG 21.2.2013 – 8 AZR 180/12, AP SGB IX § 81 Nr. 20). Ein hinreichender Kausalzusammenhang liegt auch dann vor, wenn es sich bei der Behinderung nur um einen Teil eines Motivbündels für die Arbeitgeberentscheidung handelt (BAG 16.2.2012 – 8 AZR 697/10, AP AGG § 22 Nr. 4; 21.6.2012 – 8 AZR 364/11, AP AGG § 22 Nr. 5; 22.8.2013 – 8 AZR 574/12, AP SGB IX § 81 Nr. 21).

27 Das Benachteiligungsverbot gilt nach § 2 Abs. 1 Nr. 2 AGG für **alle Beschäftigungs- und Arbeitsbedingungen** von der Einstellung bis zur Entlassung, von der Durchführung

der Beschäftigung bis zum beruflichen Aufstieg (BAG 22.8.2013 – 8 AZR 574/12, AP SGB IX § 81 Nr. 21, Aufstieg vom Croupier zum Tischchef). Es genügt die Versagung einer Chance (BAG 13.10.2011 – 8 AZR 608/10, AP AGG § 15 Nr. 9; 23.8.2012 – 8 AZR 285/11, AP AGG § 3 Nr. 9; 22.8.2013 – 8 AZR 574/12, AP SGB IX § 81 Nr. 21). Eine an die Behinderung anknüpfende Gehaltsdifferenzierung ist unzulässig (vgl. § 8 Abs. 2 AGG; Mohr br 2008, 34). Kündigungen müssen – trotz § 2 Abs. 4 AGG – ebenfalls benachteiligungsfrei sein (BAG 6.11.2008 – 2 AZR 523/07, AP KSchG 1969 § 1 Betriebsbedingte Kündigung Nr. 182; 19.12.2013 – 6 AZR 190/12, AP AGG § 2 Nr. 3; näher NK-GesArbR/Greiner § 1 KSchG Rn. 247 ff.). Auch eine Regelung, die die Vorruhestandsbezüge ab 60 Jahre für sbM enden lässt, verstößt gegen das Benachteiligungsverbot, die Vorruhestandsbezüge sind bis zum 63. Lebensjahr zu zahlen (BAG 16.12.2008 – 9 AZR 985/07, AP TVG § 1 Vorruhestand Nr. 3). Die tarifliche Vorschrift über ein vorzeitiges Ausscheiden sbM wegen früheren Erreichens der Altersrente ist aber keine unzulässige Benachteiligung (BAG 27.4.2004 – 9 AZR 18/03, AP ATG § 8 Nr. 1; Rolfs Anm. SAE 2004, 209).

Besondere Bedeutung erlangt § 164 Abs. 2 in **Verfahren zur Stellenbesetzung:** Eine Benachteiligung liegt ggf. schon in der Nichteinladung zum Vorstellungsgespräch (BAG 20.1.2016 – 8 AZR 194/14, AP AGG § 22 Nr. 12 mwN, → § 165 Rn. 9 ff.), aber auch in anderen Verfahrensverstößen (→ § 165 Rn. 17d). Im Rahmen der Bewerbung ist die Frage nach der Schwerbehinderteneigenschaft aufgrund der EU-Richtlinie nur noch zulässig, wenn es um Maßnahmen nach § 5 AGG geht (Hauck/Noftz/Gutzler SGB IX § 164 Rn. 17). Trotz fehlender Einladung oder Beteiligung der Schwerbehindertenvertretung kann ein Anspruch auf Entschädigung aber aus anderen Gründen fehlen (hier: Überqualifizierung, BAG 20.1.2016 – 8 AZR 194/14, AP AGG § 22 Nr. 12). Die frühere Rspr. dass die Einladung zur Vorstellung unter Berücksichtigung der „objektiven Eignung" zu prüfen sei, wurde wieder aufgegeben (BAG 19.5.2016 – 8 AZR 470/14, AP AGG § 3 Nr. 11). 28

Eine (unmittelbare) Benachteiligung wegen der Behinderung ist **gerechtfertigt** und somit zulässig, wenn für die auszuübende Tätigkeit dem Behinderten eine wesentliche und entscheidende berufliche Anforderung fehlt, sofern der Zweck rechtmäßig und die Anforderung angemessen ist (§ 8 Abs. 1 AGG). Diese unterschiedliche Behandlung ist aber nur gerechtfertigt, wenn auch ein Ausgleich durch Maßnahmen nach § 164 Abs. 4 nicht möglich ist oder mit unzumutbaren Aufwendungen verbunden wäre. Wesentlich und entscheidend sind die beruflichen Anforderungen nur, wenn die Tätigkeit wegen der Behinderung nicht ordnungsgemäß durchgeführt werden kann. Deshalb zählen auch berufsrechtliche oder unfallversicherungsrechtliche Hindernisse: Die Vorschriften der Berufsgenossenschaften müssen also eingehalten werden. 29

III. Klagerecht

Die allgemeinen Benachteiligungsverbote des AGG werden bei sbM durch § 164 Abs. 2 um eine verfahrensrechtliche Komponente ergänzt: Neben den Regelungen des AGG gelten für sbM auch die Rechte des SGB IX, wodurch Verstöße gegen das Benachteiligungsverbot auch im Wege der **Verbandsklage gem. § 85** geltend gemacht werden können. Diese Klagemöglichkeit tritt neben die in § 23 AGG geregelten Rechte der Antidiskriminierungsverbände (näher Düwell BB 2006, 1741). 30

IV. Beweislast

Die Beweislastumkehr des **§ 22 AGG** greift ein, wenn der Behinderte Indizien nachweist, die darauf hindeuten, dass eine Benachteiligung wegen der Behinderung vorliegt. 31

Die Beweislastumkehr bezieht sich nicht auf die benachteiligende Maßnahme als solche, sondern auf den Benachteiligungsgrund („wegen der Behinderung"). Der Arbeitnehmer muss nach den allgemeinen Regeln zunächst beweisen, dass eine ihn benachteiligende Maßnahme vorliegt. Soweit er darlegt, wegen der Behinderung sei er benachteiligt, es also um den Benachteiligungsgrund geht, greift die Beweiserleichterung ein.

32 Hierzu muss der Behinderte **Indizien** nachweisen, die die Benachteiligung „wegen der Behinderung" vermuten lassen (instruktiv zur Vermeidung des Entstehens von Indizien in der Praxis Groeger ArbRB 2022, 275). Ausreichend ist nicht die Glaubhaftmachung gem. § 294 ZPO durch eidesstattliche Versicherung, erforderlich sind vielmehr die Darlegung und ggf. der Beweis von Hilfstatsachen, die die Benachteiligung vermuten lassen. Das Gericht muss die Überzeugung einer überwiegenden Wahrscheinlichkeit für die Kausalität zwischen Behinderung und Nachteil gewinnen (BAG 5.2.2004 – 8 AZR 112/03, AP BGB § 611a Nr. 23; 15.2.2005 – 9 AZR 635/03, AP SGB IX § 81 Nr. 7; 12.9.2006 – 9 AZR 807/05, AP SGB IX § 81 Nr. 13; 3.7.2007 – 9 AZR 823/06, AP SGB IX § 81 Nr. 14; 17.12.2009 – 8 AZR 670/08, AP AGG § 7 Nr. 2; 17.8.2010 – 9 AZR 839/08, AP AGG § 15 Nr. 4; 16.2.2012 – 8 AZR 697/10, AP AGG § 22 Nr. 4; 24.1.2013 – 8 AZR 188/12, AP AGG § 22 Nr. 7; 18.9.2014 – 8 AZR 759/13, AP AGG § 15 Nr. 20; 19.5.2016 – 8 AZR 470/14, AP AGG § 3 Nr. 11; ebenso EuGH 10.7.2008 – C-54/07, NZA 2008, 929 – Feryn; 25.4.2013 – C-81/12, NZA 2013, 891 – Asociatia ACCEPT; vgl. auch Schlachter RdA 2008, 179). Dabei ist kein zu strenger Nachweis zu finden; es genügt, wenn nach der Lebenserfahrung eine überwiegende Wahrscheinlichkeit für den Zusammenhang von Benachteiligung und Behinderung besteht (BAG 17.12.2009 – 8 AZR 670/08, AP AGG § 7 Nr. 2). Während für den Behinderten somit der Nachweis hinreichender Indizien für eine Benachteiligung „wegen der Behinderung" ausreicht, trifft den Arbeitgeber die volle Beweislast dafür, dass die Behinderung kein Grund für die Auswahl war (BAG 17.8.2010 – 9 AZR 839/08, AP AGG § 15 Nr. 4; 16.2.2012 – 8 AZR 697/10, AP AGG § 22 Nr. 4; 24.1.2013 – 8 AZR 188/12, AP AGG § 22 Nr. 7; 18.9.2014 – 8 AZR 759/13, AP AGG § 15 Nr. 20; 19.5.2016 – 8 AZR 470/14, AP AGG § 3 Nr. 11) oder ein Rechtfertigungsgrund eingreift. Behauptungen „ins Blaue hinein", etwa der unsubstantiierte Vortrag, die Konsultationsverfahren nach in § 164 Abs. 1 S. 7 und 8 SGB IX seien nicht durchgeführt worden, genügen für die Darlegung von Indizien im Sinne des § 22 AGG nicht (LAG Hamb 2.7.2021 – 2 Sa 58/20, ArbR 2022, 267, Revision: 8 AZR 136/22), können aber nach allgemeinen Verfahrensgrundsätzen eine sekundäre Darlegungslast des Unternehmens auslösen.

33 **Einzelfälle:** Wird ein Behinderter nicht zum Vorstellungsgespräch geladen, obwohl ihm nach seiner Bewerbung die Eignung nicht fehlt, begründet das die Vermutung der Benachteiligung (BAG 23.1.2020 – 8 AZR 484/18, NZA 2020, 851; 16.9.2008 – 9 AZR 791/07, AP SGB IX § 81 Nr. 15; 20.1.2016 – 8 AZR 194/14, AP AGG § 22 Nr. 12; ArbG Berlin 10.10.2003 – 91 Ca 17871/03, br 2004, 110; einschränkend – „nicht zwangsläufig" – VGH BW 21.9.2005 – 9 S 1357/05, NJW 2006, 538). Kein Benachteiligungsindiz liegt in der Nichteinladung, wenn dem Bewerber kürzlich außerordentlich gekündigt wurde (LAG Hamm 19.12.2013 – 17 Sa 1158/13, BeckRS 2014, 74446). Wird eine freie Stelle nicht gemeldet und die Arbeitsagentur nicht eingeschaltet (BAG 12.9.2006 – 9 AZR 807/05, AP SGB IX § 81 Nr. 13; 25.11.2021 – 8 AZR 313/20, NZA 2022, 638), lässt das die Vermutung der Benachteiligung ebenso zu wie das Übersehen der Behinderung im Bewerbungsschreiben (BAG 16.9.2008 – 9 AZR 791/07, AP SGB IX § 81 Nr. 15). Wird eine Benachteiligung wegen der Anerkennung als sbM geltend gemacht, ist Voraussetzung dafür, dass der Arbeitgeber die Schwerbehinderteneigenschaft kannte (BAG 17.12.2009 – 8 AZR 670/08, AP AGG § 7 Nr. 2); ist die Schwerbehinderung nicht offenkundig (→ § 154 Rn. 49), muss der Arbeitnehmer sie also deutlich angegeben haben. Ein bloß „eingestreuter" Behindertenausweis in den Unterlagen reicht dafür nicht aus (BAG 26.9.2013 – 8 AZR 650/12, AP AGG § 15 Nr. 14; 18.9.2014 – 8 AZR 759/13, AP AGG § 15 Nr. 20). Wird allerdings ein abgelaufener

Ausweis beigefügt, stellt die Nichteinladung kein Benachteiligungsindiz dar (LAG Köln 2.11.2012 – 4 Sa 248/12, br 2014, 56). Eine Benachteiligung scheidet aus, wenn beim Arbeitgeber keine Kenntnis von der Schwerbehinderteneigenschaft besteht (BAG 26.9.2013 – 8 AZR 650/12, AP AGG § 15 Nr. 14; LAG Nürnberg 1.4.2004 – 7 SHa 4/04, AP SGB IX § 81 Nr. 6; ArbG Stuttgart 29.1.2014 – 11 Ca 6438/13, NZA-RR 2014, 348; LAG Hamm 4.2.2016 – 11 Sa 1000/15, ZBVR online 12/2016, 30, BeckRS 2016, 71262). Die Stellenausschreibung mit den Anforderungen „flexibel und belastbar" ist noch keine Diskriminierung sbM (LAG Nürnberg 19.2.2008 – 6 Sa 675/07, NZA 2009, 148). Ebenso ist bei der Einstellungsentscheidung die Unterscheidung nach Fehlzeiten erlaubt (LAG Köln 15.2.2008 – 11 Sa 923/07, NZA-RR 2008, 622). In Stellenanzeigen muss nicht stets erwähnt werden, dass Schwerbehinderte bevorzugt werden (LAG Köln 21.1.2009 – 3 Sa 1369/08, LAGE § 22 AGG Nr. 1a). Initiativbewerbungen lösen eine Einladungspflicht allenfalls – in casu bei einem öffentlichen Arbeitgeber – dann aus, wenn eine zur Besetzung passende, vakante Stelle beim Arbeitgeber vorhanden ist (LAG Sachsen 22.8.2022 – 2 Sa 144/21, BeckRS 2022, 42248).

V. Entschädigung

Bei jedem Verstoß gegen das Benachteiligungsverbot des § 7 Abs. 1 AGG besteht gem. 34
§ 15 Abs. 2 AGG ein **Entschädigungsanspruch,** der den immateriellen Schaden ausgleichen soll, der mit jeder Diskriminierung – als Verletzung des allgemeinen Persönlichkeitsrechts – einhergeht. Ein Verschulden oder eine sonst vorwerfbare Rechtsverletzung ist dafür nicht Voraussetzung, vielmehr reicht der objektive rechtswidrige Verstoß gegen das Benachteiligungsverbot aus (EuGH 8.11.1990 – C-177/88, AP EWG-Vertrag Art. 119 Nr. 23; BAG 16.9.2008 – 9 AZR 791/07, AP SGB IX § 81 Nr. 15; 22.8.2013 – 8 AZR 563/12, AP AGG § 22 Nr. 9; 22.10.2015 – 8 AZR 384/14, AP AGG § 22 Nr. 11; 20.1.2016 – 8 AZR 194/14, AP AGG § 22 Nr. 12).

Daneben tritt, abhängig von der Art der benachteiligenden Personalentscheidung, ggf. 35
ein **Anspruch auf materiellen Schadensersatz, § 15 Abs. 1 AGG.** Dieser zielt eigentlich nach der schadensrechtlichen Grundregel des § 249 BGB auf Naturalrestitution ab. Für den wichtigsten Fall einer benachteiligenden Einstellungs- oder Beförderungsentscheidung schließt § 15 Abs. 6 AGG einen derartigen Anspruch auf Einstellung – und entsprechend einen Anspruch auf beruflichen Aufstieg – ausdrücklich aus. Die Begrenzung der Entschädigung (§ 15 Abs. 2 AGG) auf grundsätzlich drei Monatsentgelte schließt einen weitergehenden materiellen Schadensersatzanspruch nach § 15 Abs. 1 AGG jedoch nicht aus, wenn dem Bewerber ein solcher materieller Schaden entstanden ist (im Einzelnen MüKoBGB/Thüsing AGG § 15 Rn. 10 ff.). Letzteres setzt aber denklogisch voraus, dass er bei diskriminierungsfreier Auswahl eingestellt worden wäre, also der bestqualifizierte Bewerber war (BAG 19.8.2010 – 8 AZR 530/09, NZA 2010, 1412). Besondere Bedeutung kann der Anspruch auf materiellen Schadensersatz auch im Fall einer diskriminierenden Kündigung erlangen; § 2 Abs. 4 AGG steht seiner Anwendung aus Sicht des BAG nicht entgegen (BAG 12.12.2013 – 8 AZR 838/12, NZA 2014, 722).

Die Höhe der bei Benachteiligungen stets geschuldeten Entschädigung wegen immate- 36
rieller Schäden (§ 15 Abs. 2 AGG) muss angemessen sein. Sie richtet sich nach der Art und Schwere des Verstoßes und der Folgen für den Behinderten. Im Falle der rechtswidrig unterbliebenen **Einstellung** gilt: Wäre der Behinderte auch bei benachteiligungsfreier Auswahl nicht eingestellt worden, weil der eingestellte Bewerber besser qualifiziert war, ist der immaterielle Schaden gem. § 15 Abs. 2 S. 2 AGG maximal in Höhe von drei Monatsgehältern zu entschädigen. Diese Begrenzung ist mit europäischem Recht vereinbar (EuGH 22.4.1997 – C 180/95, AP BGB § 611a Nr. 13). Maßstab ist das Entgelt, das der benachteiligte Bewerber bei der – vorgesehenen – regelmäßigen Arbeitszeit im Falle seiner Einstellung verdient hätte. In der Gerichtspraxis muss die Entschädi-

gung aber nicht zwingend anhand von Monatsverdiensten berechnet werden. Vielmehr kann jede unterhalb der Höchstgrenze liegende Summe angenommen werden, wobei die Gerichte teilweise runde Summen festlegen, teilweise aber auch auf Heller und Pfennig ausrechnen (→ Rn. 37). Wäre der Behinderte dagegen bei richtiger Auswahl eingestellt worden, greift die Höchstgrenze des § 15 Abs. 2 S. 2 AGG nicht, sodass der Entschädigungsanspruch nicht auf 3 Monatsentgelte begrenzt ist. Dies gilt insbes. wenn der Behinderte nach Art. 33 Abs. 2 GG hätte eingestellt werden müssen (BAG 12.9.2006 – 9 AZR 807/05, AP SGB IX § 81 Nr. 13).

37 **Art und Schwere des Verstoßes** und die Bedeutung für den Behinderten sind stets, insbes. auch innerhalb der Grenze von drei Monatsgehältern, im **Einzelfall** zu würdigen (BAG 15.2.2005 – 9 AZR 635/03, AP SGB IX § 81 Nr. 7; 12.9.2006 – 9 AZR 807/05, AP SGB IX § 81 Nr. 13; 16.9.2008 – 9 AZR 791/07, AP SGB IX § 81 Nr. 15; 22.10.2015 – 8 AZR 384/14, AP AGG § 22 Nr. 11; vgl. auch Däubler/Bertzbach/Deinert AGG § 15 Rn. 96 f.; LPK-SGB IX/Düwell § 164 Rn. 87; vgl. auch Walker NZA 2009, 1; Braun br 2005, 121, ZTR 2005, 174, FA 2005, 36;). EuGH und BVerfG fordern einen wirksamen Schutz vor Benachteiligung (BVerfG 16.11.1993 – 1 BvR 258/86, AP BGB § 611a Nr. 9; EuGH 22.4.1997 – C 180/95, AP BGB § 611a Nr. 13). **Beispiele aus der Praxis der Instanzgerichte:** HessLAG 7.11.2005 – 7 Sa 473/05, NZA-RR 2006, 312, Ablehnung ohne Gründe: 2.200 EUR; HessLAG 22.3.2006 – 2 Sa 1686/05, AR-Blattei ES 1440 Nr. 146, keine Schwerbehindertenvertretung: 1.000 EUR statt geforderten 30.000 EUR; LAG SchlH 8.11.2005 – 5 Sa 277/05, AuR 2006, 245 m. Anm. Welti, keine Vorstellungseinladung: 3.500 EUR; LAG Bln-Bbg 31.1.2008 – 5 Sa 1755/07, EZA-SD 2008 Nr. 11 S. 10, Eignung: drei Monatsgehälter 12.000 EUR; VG Karlsruhe 8.2.1013 – 8 K 1153/12, AE 2013, 52, keine Einladung: zwei Monatsgehälter; VG Stuttgart 17.9.2013 – 3 K 1995/13, AE 2014, 18, keine Einladung für Leitung der Kämmerei: 2 × A 9, ca. 4.800 EUR; ArbG Frankfurt 3.7.2014 – 14 Ca 8641/12, BGleichG SGB IX § 82 Nr. 13, weder Arbeitsagentur noch Schwerbehindertenvertretung noch Einladung: weniger als zwei Monatsgehälter (5.000 EUR); LAG Bln-Bbg 19.2.2015 – 26 Sa 1990/14, NZA-RR 2015, 560, fehlende Einladung: eineinhalb Monatsgehälter, 3.290,50 EUR; LAG Düsseldorf 20.3.2014 – 5 Sa 1346/13, EzTöD § 2 TöD Nr. 38, bestätigt durch BAG 22.10.2015 – 8 AZR 384/14, AP AGG § 22 Nr. 11, keine Einladung: zwei Monatsgehälter (3.955,96 EUR); HessLAG 22.10.2015 – 9 TaBV 71/15, AE 2016, 96, bestätigt BAG 11.8.2016 – 8 AZR 375/15, NZA 2017, 43, ein Monatsgehalt (2.861,96 EUR); Steht am Ende eines Stellenbesetzungsverfahrens die Entscheidung, dass die Stelle ganz wegfallen soll, besteht keine Grundlage für eine Entschädigung (LAG BW 1.2.2011 – 22 Sa 67/10, NZA-RR 2011, 237).

38 Nach § 15 Abs. 4 AGG müssen Schadensersatz und Entschädigung innerhalb einer **gesetzlichen Ausschlussfrist** von **zwei Monaten** „schriftlich" (§ 126 Abs. 1 BGB) gegenüber dem Arbeitgeber geltend gemacht werden; die Rspr. zur Wahrung eines Schriftformgebots durch Textform (§ 126b BGB) bei tariflichen Ausschlussfristen (BAG 11.10.2000 – 5 AZR 313/99, AP TVG § 4 Ausschlussfristen Nr. 153) ist darauf nicht übertragbar. Die Zwei-Monats-Frist berechnet sich als „Ereignisfrist" nach §§ 187 Abs. 1, 188 Abs. 2 Var. 1 BGB und beginnt im Falle einer Bewerbung oder eines beruflichen Aufstiegs mit dem Zugang der Ablehnung und in den sonstigen Fällen einer Benachteiligung zu dem Zeitpunkt, in dem der oder die Beschäftigte von der Benachteiligung Kenntnis erlangt. Für den Fristbeginn ist Voraussetzung, dass die Benachteiligung bereits erkennbar ist oder aus der Ablehnung erkennbar wird. Der Behinderte muss „Kenntnis erlangen" (§ 15 Abs. 4 S. 2 AGG). § 15 Abs. 4 AGG lässt eine andere Frist durch Tarifvertrag zu. Zu dieser Ausschlussfrist tritt das Erfordernis der Klagefrist von drei Monaten nach § 61b ArbGG hinzu. Diese Frist beginnt mit dem Zugang der schriftlichen Geltendmachung ohne Rücksicht darauf, ob und wie der Arbeitgeber auf die Geltendmachung eingeht. Auch hierbei handelt sich um eine gesetzliche Ausschlussfrist, bei deren Versäumnis der Anspruch materiell-rechtlich erlischt. Nach ihrem Wortlaut betrifft diese

Frist aber nur die „Entschädigung", also nicht den materiellen Schadensersatzanspruch nach § 15 Abs. 1 AGG.

39 Für den **beruflichen Aufstieg** gelten die Regelungen über die angemessene Entschädigung entsprechend, sodass auch hier kein Anspruch auf Beförderung, sondern nur der Entschädigungsanspruch geltend gemacht werden kann. Die Höhe des materiellen Schadensersatzes (§ 15 Abs. 1 AGG) richtet sich für den Fall, dass die Beförderung hätte erfolgen müssen, nach der Differenz zum bisherigen Gehalt, ggf. auf unbestimmte Zeit. Wäre auch bei richtiger Anwendung der Behinderte nicht befördert worden, bleibt es beim stets geschuldeten Ersatz des immateriellen Schadens (§ 15 Abs. 2 AGG), der analog § 15 Abs. 2 S. 2 AGG auch in dieser Konstellation auf maximal drei Monatsgehälter der Beförderungsstelle zu begrenzen sein dürfte.

E. Sicherstellung der Mindestbeschäftigung und individueller Beschäftigungsanspruch, Abs. 3, 4

I. Allgemeines

1. Regelungszweck

40 § 164 Abs. 3 verpflichtet den Arbeitgeber, durch geeignete Maßnahmen sicherzustellen, wenigstens die nach §§ 154 ff. vorgeschriebene Zahl sbM (zur Berechnung der Pflichtarbeitsplatzquote → § 157 Rn. 3 ff.) möglichst dauerhaft behinderungsgerecht zu beschäftigen. Damit soll eine sozialpolitisch, aber auch volkswirtschaftlich richtige Teilhabe der sbM am Arbeitsleben gewährleistet werden. Der deutsche Gesetzgeber setzt damit **Art. 5 RL 2000/78/EG** um; die Vorgaben sind dementsprechend bei Auslegungszweifeln **richtlinienkonform auszulegen** (vgl. etwa EuGH 10.2.2022 – C-485/20, NZA 2022, 335, HR Rail SA zur Anwendbarkeit in der Probezeit, → Rn. 45). Die Übertragung einer richtig gewählten Arbeit ermöglicht es den sbM, sich in den Betrieb einzugliedern und durch tatsächliche Beschäftigung sinnvoll die individuellen Neigungen und Fähigkeiten zu verwirklichen. Ausgangspunkt für den Einsatz der sbM im Betrieb sollte das Bestreben sein, die bestehenden körperlichen, geistigen und seelischen Fähigkeiten, aber – sofern möglich – auch die persönlichen Neigungen bei der Suche nach einer **individuell behinderungsgerechten Beschäftigung** zu berücksichtigen. Die Arbeitsagenturen und Integrationsämter unterstützen dabei den Arbeitgeber (§ 164 Abs. 4 S. 2 mit § 185 Abs. 2, § 187 Abs. 1).

41 Um den Verpflichtungen aus § 164 Abs. 3, 4 optimiert gerecht zu werden, ist eine enge **innerbetriebliche Zusammenarbeit** von Betriebsrat (bzw. äquivalentem Organ iSd § 176), Schwerbehindertenvertretung und Inklusionsbeauftragten (§ 181) durchzuführen, denen nach §§ 176, 178, 181 die gemeinsame Verpflichtung auferlegt ist, für Beschäftigung und Förderung der sbM Sorge zu tragen.

2. Systematische Einbindung

42 Konkretere Maßnahmen zur Sicherung dieser angemessenen Beschäftigung in **bestehenden Arbeitsverhältnissen** sind in § 164 Abs. 4 aufgelistet. Anders als § 164 Abs. 4 soll Abs. 3 lediglich der Charakter eines Programmsatzes zukommen (BAG 28.4.1998 – 9 AZR 348/97, NZA 1999, 152; BeckOK SozR/Brose SGB IX § 164 Rn. 18); einklagbare Ansprüche sollen daraus nicht resultieren. Angesichts des Verweises in § 164 Abs. 3 S. 2 auf Abs. 4 S. 3 und der dort verwendeten Formulierung „Anspruch" ist dies aber nicht zweifelsfrei. Letztlich sind § 164 Abs. 3 und 4 als Einheit zu betrachten.

43 Somit gilt es zu differenzieren: Außerhalb eines bestehenden Arbeitsverhältnisses hat § 164 Abs. 3 in der Tat den Charakter eines **gesetzgeberischen Leitbildes,** aus dem keine

individuellen Ansprüche resultieren. Innerhalb bestehender Arbeitsverhältnisse verdichtet sich § 164 Abs. 3 iVm Abs. 4 zu einem individuellen, einklagbaren Anspruch des sbM auf Beschäftigung nach seinen Fähigkeiten und Kenntnissen (§ 164 Abs. 4 Nr. 1), verbesserten Zugang zu betrieblicher und außerbetrieblicher Aus- und Weiterbildung (§ 164 Abs. 4 Nr. 2, 3) sowie behinderungsgerechter Ausgestaltung von Arbeitsplatz und -umfeld (§ 164 Abs. 4 Nr. 4). Mit der Erfüllung dieser Ansprüche wird der Arbeitgeber zugleich der abstrakten Zielvorgabe aus § 164 Abs. 3 gerecht.

44 Sofern die Regelung einklagbare Ansprüche beinhaltet, konkretisiert sie die **arbeitsvertraglichen Nebenpflichten** des Arbeitgebers und fungiert als **Schutzgesetz,** sodass nicht nur ein klagbarer Anspruch auf Erfüllung dieser Verpflichtungen besteht, sondern der Arbeitgeber auch auf vertraglicher (§ 280 Abs. 1 BGB) sowie deliktischer (§ 823 Abs. 2 BGB) Grundlage schadensersatzpflichtig sein kann, wenn er diese Verpflichtung in zu vertretender bzw. schuldhafter Weise nicht erfüllt (BAG 14.10.2020 – 5 AZR 649/19, NZA 2021, 406; 19.9.1979 – 4 AZR 887/77, AP SchwbG § 11 Nr. 2; 12.11.1980 – 4 AZR 779/78, AP SchwbG § 11 Nr. 3; 10.7.1991 – 5 AZR 383/90, AP SchwbG 1986 § 14 Nr. 1; 4.10.2005 – 9 AZR 632/04, AP SGB IX § 81 Nr. 9). Ein Vorab-Verzicht des Arbeitnehmers auf die Einhaltung dieser Bestimmung ist nichtig (BAG 4.5.1962 – 1 AZR 128/61, AP SchwBeschG § 12 Nr. 1).

3. Anwendungsbereich

45 § 164 Abs. 3, 4 gelten auch im **öffentlichen Dienst** und dann auch für Beamte, Richter und Soldaten, da es eine unionsrechtswidrige Benachteiligung wäre, diesen Beschäftigtengruppen gesetzlich eingeräumte Begünstigungen vorzuenthalten, durch die Nachteile aufgrund der Schwerbehinderung verhindert oder ausgeglichen werden sollen (vgl. BVerwG 3.3.2011 – 5 C 16.10, NJW 2011, 2452 Rn. 17; 15.12.2011 – 2 A 13/10, NVwZ-RR 2012, 320). Auch diese sind entsprechend zu beschäftigen und im Rahmen der Möglichkeiten zu fördern. Eine solche Förderung scheidet allerdings aus, wenn die entsprechenden Fähigkeiten und Kenntnisse fehlen oder mangelhaft sind oder sehr große Dienstaltersunterschiede bestehen (BVerwG 12.1.1967 – II C 86/63, BVerwGE 26, 8; 9.8.1966 – II B 7/66, ZBR 1966, 321; 8.7.1969 – II C 125/65, DÖD 1970, 95; 25.2.1988 – 2 C 72/85, ZBR 1988, 219; 15.12.2011 – 2 A 13/10, br 2012, 200; OVG NRW 21.9.1994 – 12 B 1760/94, br 1994, 191; VG Düsseldorf 14.4.2015 – 13 K 6000/14, BeckRS 2015, 48180; VG Neustadt/Weinstraße 9.9.2015 – 1 K 95/15 NW, BeckRS 2015, 52481; ThürOVG 30.10.2015 – 2 EO 201/14, BeckRS 2016, 48201). Das ist auch bei einer **Versetzung** eines Beamten zu berücksichtigen. Die Schwerbehindertenvertetung ist zu einer Versetzung von Beamten zu hören und kann sich äußern. Unterbleibt die Anhörung der Vertrauensperson, ist eine Versetzung des Beamten rechtswidrig (HessVGH 11.7.1990 – 1 UE 1287/89, ZTR 1991, 44). Für Beamte und Richter gilt für die Geltendmachung der Verwaltungsrechtsweg (OVG RP 22.6.2007 – 2 F 10596/07, NZA-RR 2007, 491). Die Pflicht zur behinderungsgerechten Beschäftigung gilt – in den Grenzen der Verhältnismäßigkeit bzw. Zumutbarkeit für den Arbeitgeber – auch bereits im Rahmen einer Probezeit (vgl. EuGH 10.2.2022 – C-485/20, NZA 2022, 335, HR Rail SA).

II. Behinderungsgerechte Beschäftigung (Abs. 3, Abs. 4 S. 1 Nr. 1)

1. Art der Tätigkeit, Versetzung

46 In der Regel wird der **erlernte bzw. ein verwandter Beruf** am besten als behinderungsgerechte Beschäftigung in Betracht kommen. Ausweichstellen wie Boten oder Pförtner sollten grds. solchen sbM vorbehalten bleiben, für die es eine ihrer Qualifikation angepasste Beschäftigung nicht gibt, bzw. bei denen eine Eignung für andere Beschäftigungen

nicht vorliegt. Der sbM soll als gleichberechtigter und auf Grund seiner Leistung gleichgeachteter Mitarbeiter unter anderen tätig sein. Besondere Inklusionsaufgaben stellen sich bei denjenigen sbM, die infolge ihrer Behinderung keine geordnete Berufsausbildung abschließen konnten. Maßnahmen der Arbeits- und Berufsförderung durch die zuständigen Behörden, insbes. die Maßnahmen der Rehabilitation und alle berufsfördernden Maßnahmen (§ 185 Abs. 2) schaffen insofern nur eine allgemeine Grundlage. Die richtige Auswahl des Arbeitsplatzes sowie Unterweisung, Anleitung und die bevorzugte Berücksichtigung bei betrieblicher Fort- und Weiterbildung bleiben daneben gerade in diesen Fällen von ausschlaggebender Bedeutung für ihre volle Teilhabe am Berufsleben.

Der für den sbM bestimmte **Arbeitsplatz** muss seiner Behinderung **angepasst** sein, ihm **47**
Angst und Sorge um die wirtschaftliche Existenz durch ausreichenden Verdienst und Beschäftigung auf Dauer nehmen und dem Arbeitgeber tragbar erscheinen. Soweit dazu eine Versetzung notwendig ist, muss auch diese durchgeführt werden; das Mitbestimmungsrecht des Betriebsrats nach § 99 BetrVG ist dabei einzuhalten. Verweigert der Betriebsrat die Zustimmung, hat der sbM ggf. einen Anspruch gegen seinen Arbeitgeber auf Einleitung eines Zustimmungsersetzungsverfahrens nach § 99 Abs. 4 BetrVG (BAG 3.12.2002 – 9 AZR 481/01, AP SGB IX § 81 Nr. 2; 22.11.2005 – 1 ABR 49/04, AP BetrVG 1972 § 117 Nr. 7; nicht so weit gehend BAG 17.6.2008 – 1 ABR 20/07, AP BetrVG 1972 § 99 Versetzung Nr. 46; zutr. aber BAG 3.6.2010 – 7 ABR 3/09, AP SGB IX § 81 Nr. 17 Rn. 7). Wird dieses durch den Arbeitgeber in zu vertretender Weise unzureichend durchgeführt, hat der sbM ggf. einen Schadensersatzanspruch gegen den Arbeitgeber (BAG 3.12.2002 – 9 AZR 481/01, AP SGB IX § 81 Nr. 2).

2. Einklagbarer Anspruch auf Beschäftigung

Im laufenden Arbeitsverhältnis verdichtet sich die Zielvorgabe aus § 164 Abs. 3 durch **48**
Abs. 4 S. 1 Nr. 1 zu einem **einklagbaren Anspruch** des einzelnen sbM auf eine den Fähigkeiten und Kenntnissen angepasste Beschäftigung und auf bevorzugte Teilnahme an innerbetrieblicher beruflicher Bildung (stRspr. BAG 25.8.1955 – 2 AZR 29/54, AP SchwBeschG § 14 Nr. 1; zuletzt 3.12.2002 – 9 AZR 462/01, AP SGB IX § 124 Nr. 1; 14.10.2003 – 9 AZR 100/03, AP SGB IX § 81 Nr. 3; 10.5.2005 – 9 AZR 230/04, AP SGB IX § 81 Nr. 8; 4.10.2005 – 9 AZR 632/04, AP SGB IX § 81 Nr. 9; 14.3.2006 – 9 AZR 411/05, AP SGB IX § 81 Nr. 11; 19.12.2013 – 6 AZR 190/12, AP AGG § 2 Nr. 3; 22.5.2014 – 8 AZR 662/13, AP AGG § 15 Nr. 19; 20.11.2014 – 2 AZR 664/13, AP KSchG 1969 § 1 Krankheit Nr. 53; 17.3.2016 – 6 AZR 221/15, AP TVöD § 33 Nr. 3; Schmitt RdA 2007, 54 f.; auch der EuGH verlangt entsprechende Vorkehrungen zur behindertengerechten Beschäftigung: EuGH 11.4.2013 – C-335/11, C-337/11, AP Richtlinie 2000/78/EG Nr. 28 – Ring Skouboe Werge; ebenso BAG 22.5.2014 – 8 AZR 662/13, AP AGG § 15 Nr. 19).

Daraus folgt zwar kein Anspruch auf einen bestimmten Arbeitsplatz (BAG 3.12.2002 **49**
– 9 AZR 481/01, AP SGB IX § 81 Nr. 2), insbes. kein Anspruch auf „Freikündigung" bestehender Arbeitsverhältnisse (→ § 154 Rn. 16), auch nicht auf die Schaffung zusätzlicher Arbeitsplätze (BAG 20.11.2014 – 2 AZR 664/13, NZA 2015, 931, 934). Es gelten – insbes. im Verhältnis zur Unternehmerfreiheit – die Grenzen des allgemeinen Arbeitsrechts: Eine „Beschäftigungsgarantie" des sbM ist daher mit § 164 Abs. 3, 4 Nr. 1 nicht verbunden (BAG 16.5.2019 – 6 AZR 329/18, NZA 2019, 1198: Nach Rspr. des BAG steht es dem Arbeitgeber vielmehr frei, eine unternehmerische Entscheidung zu treffen, welche den bisherigen Arbeitsplatz des sbM durch eine Organisationsänderung entfallen lässt (dazu sowie insges. zum Verhältnis von § 164 zum Sonderkündigungsschutz: Greiner/Hagedorn, NJW 2019, 3483). Bedeutung erlangt der Beschäftigungsanspruch aus § 164 Abs. 3, 4 dann erst bei der Prüfung etwaiger Weiterbeschäftigungsmöglichkeiten auf einem anderen freien Arbeitsplatz. Der sbM kann grundsätzlich nur im Rahmen seines Arbeitsvertrages Beschäftigung verlangen. Eine starre Grenze ist dies jedoch nicht,

sodass sowohl Begrenzungen (→ Rn. 51) als auch Erweiterungen (→ Rn. 52) des Tätigkeitsinhalts aus § 164 Abs. 4 S. 1 Nr. 1 folgen können. § 164 Abs. 4 verpflichtet den Arbeitgeber allerdings nicht dazu, wegen der Schwerbehinderung eines Arbeitnehmers einen Arbeitsplatz zu schaffen oder zu erhalten, den er nach seinem Organisationskonzept nicht benötigt (BAG 16.5.2019 – 6 AZR 329/18, NZA-RR 2019, 566; LAG Köln 12.1.2022 – 3 Sa 540/21, ArbR 2022, 292, Rn. 36; LAG MV 29.3.2022 – 2 Sa 2/21, öAT 2022, 132), oder einen sbM bevorzugt und unter Umgehung des Verfahrens der Bestenauslese auf eine rechtmäßig ausgeschriebene Stelle einzustellen (BAG 3.12.2019 – 9 AZR 78/19, NZA 2020, 578).

50 Durch § 164 Abs. 3, 4 Nr. 1 iVm § 242 BGB wird der Inhalt des Arbeitsvertrages **auf behinderungsadäquate Tätigkeiten verengt.** Durch die verminderte Erwerbsfähigkeit ist der sbM nicht in der Lage, alle Arbeiten auszuführen, die ein gesunder Arbeitnehmer im Rahmen seines Arbeitsvertrags übernehmen müsste. Deshalb konkretisiert sich der Inhalt des Arbeitsvertrages auf die Arbeiten, die der sbM im Rahmen seiner Fähigkeiten und Kenntnisse leisten kann (ebenso Siegler DB 1977, 1950). Eine Versetzung des sbM auf einen anderen als einen den individuellen Fähigkeiten entsprechenden Arbeitsplatz ist daher durch Ausübung des Weisungsrechts nicht möglich; sie verstieße gegen den Maßstab „billigen Ermessens", § 106 S. 1 GewO. Vielmehr bedürfte eine solche Versetzung einer Änderungskündigung, die ihrerseits wieder einer Zustimmung des Integrationsamts nach § 168 bedürfte (LAG Düsseldorf 9.9.1961 – 8 Sa 274/61, DB 1961, 1555; Jabben AR-Blattei, Versetzung des Arbeitnehmers I D I). Kann jedoch ein sbM auch im Rahmen dieses durch die besondere Fürsorgepflicht konkretisierten Arbeitsvertrages mit mehreren Tätigkeiten seinen Kenntnissen und Fähigkeiten entsprechend beschäftigt werden, ist eine Versetzung von einem Arbeitsplatz auf den anderen durch Ausübung des Weisungsrechts möglich (stRspr. seit BAG 19.9.1979 – 4 AZR 887/77, AP SchwbG § 11 Nr. 2; 28.4.1998 – 9 AZR 348/97, AP SchwbG 1986 § 14 Nr. 2; zuletzt BAG 19.5.2010 – 5 AZR 162/09, AP GewO § 106 Nr. 10; 19.8.2010 – 8 AZR 315/09, AP SGB IX § 81 Nr. 18; 20.11.2014 – 2 AZR 664/13, AP KSchG 1969 § 1 Krankheit Nr. 53; 27.5.2015 – 5 AZR 88/14, AP BGB § 615 Nr. 138; 17.3.2016 – 6 AZR 221/15, AP TVöD § 33 Nr. 3). Dabei ist das Mitbestimmungsrecht des Betriebsrats zu wahren; notfalls ist auch das Zustimmungsersetzungsverfahren nach § 99 Abs. 4 BetrVG durchzuführen (→ Rn. 48).

51 Umgekehrt soll der Beschäftigungsanspruch – im Grenzbereich zur von § 164 Abs. 4 S. 1 Nr. 2 erfassten „Förderung des beruflichen Fortkommens" – zur Beschäftigung auf einer **höherwertigen Stelle** verpflichten, wenn der sbM durch Fortbildung, ggf. in Verbindung mit Prüfungen, zusätzliche Kenntnisse, erworben hat. Insofern beinhaltet § 164 Abs. 4 S. 1 Nr. 1 gewissermaßen einen Beförderungsanspruch, sofern es dem Arbeitgeber möglich und zumutbar ist, den sbM in einer solchen Stelle einzusetzen (BAG 7.8.1964 – 1 AZR 27/64, AP SchwBeschG § 12 Nr. 3; vgl. Helml AiB 2008, 94, AuA 2008, 336). Dies ist jedoch nicht so zu verstehen, dass der sbM anderen Arbeitnehmern zu bevorzugen wäre, deren Leistungen und Kenntnisse besser bzw. deren Erfahrungen größer sind. Das Leistungsprinzip bleibt – insbes. auch im öffentlichen Dienst – dem Grunde nach bestehen. Nur bei etwa gleichen Voraussetzungen nach Kenntnissen und Leistungen ist der sbM zunächst zu fördern (BAG 28.5.1975 – 5 AZR 172/74, AP SchwBeschG § 12 Nr. 6; 19.9.1979 – 4 AZR 887/77, AP SchwbG § 11 Nr. 2; 12.11.1980 – 4 AZR 779/78, AP SchwbG § 11 Nr. 3; zust. Herschel SAE 1976, 162). Wenn jedoch die Minderleistung des sbM speziell durch die Behinderung bedingt ist, muss der sbM bevorzugt werden, weil die Förderungspflicht gerade diese Nachteile ausgleichen soll (BVerwG 25.2.1988 – 2 C 72.85, ZBR 1988, 219). Erhebliche Dienstaltersunterschiede können jedoch auch gegenüber sbM berücksichtigt werden (OVG NRW 21.9.1994 – 12 B 1760/94, br 1994, 191).

52 Inhalt des Beschäftigungsanspruchs kann auch – ebenfalls im Grenzbereich zur von § 164 Abs. 4 S. 1 Nr. 2 erfassten „Förderung des beruflichen Fortkommens" – die

Zuweisung einer anderweitigen Tätigkeit im Rahmen einer Beschäftigung zur **stufenweisen Wiedereingliederung** sein (BAG 13.6.2006 – 9 AZR 229/05, NZA 2007, 91; LAG Bln-Bbg 23.5.2018 – 15 Sa 1700/17, BB 2018, 1523 Ls., → Rn. 58).

3. Einzelfälle

Im Einzelfall kann der Beschäftigungsanspruch nach § 164 Abs. 4 S. 1 Nr. 1 zur Befreiung von Nachtarbeit und Bereitschaftsdienst oder zur Fünf-Tage-Woche führen (BAG 3.12.2002 – 9 AZR 462/01, AP SGB IX § 124 Nr. 1 für eine Krankenhausärztin). Die Arbeitszeit kann gekürzt werden (BAG 14.10.2003 – 9 AZR 100/03, AP SGB IX § 81 Nr. 3). Bei Schizophrenie kann Einsatz im Fahrscheinprüfdienst, nicht aber als Fahrerbeobachter verlangt werden (LAG SchlH 19.6.2012 – 1 Sa 225/11, LAGE § 81 SGB IX Nr. 11). Lediglich bei völliger Arbeitsunfähigkeit besteht auch kein Anspruch auf Beschäftigung (LAG Köln 28.5.1990 – 6 Sa 213/90, DB 1990, 2374). Die Einrichtung eines neuen Arbeitsplatzes kann nicht verlangt werden (LAG RhPf 23.7.2015 – 5 Sa 124/15, BeckRS 2015, 72785 für alliierte Streitkräfte). Ein Anspruch auf Teilzeit kann bestehen (LAG Hamm 27.9.2012 – 8 Sa 1095/11, LAGE § 81 SGB IX Nr. 12, hier abgelehnt). Soll gemäß § 164 Abs. 4 eine generelle Herausnahme aus der Einteilung zum Wochenenddienst erfolgen, ist Voraussetzung, dass die Behinderung des Arbeitnehmers eine Arbeitszeit erfordert, die so gestaltet ist, dass Wochenenddienste ausgeschlossen sind (LAG MV 29.3.2022 – 2 Sa 2/21, öAT 2022, 132). Statt Reinigung kann Arbeit als Personalfahrer verlangt werden (HessLAG 5.11.2012 – 21 Sa 593/10, br 2013, 131). Die Arbeitsorganisation ist entsprechend zu ändern (LAG RhPf 20.2.2013 – 8 Sa 512/12, ArbR 2013, 428 mit genauer Beschreibung der einzelnen Tätigkeiten). Geschuldet sein kann eine Umorganisation, dass nur Gewichte bis 10 kg zu heben sind (HessLAG 21.3.2013 – 5 Sa 842/11, BeckRS 2013, 73303). Ein Rechtspfleger kann Befreiung von bestimmten Tätigkeiten verlangen (VG Düsseldorf 20.8.2014 – 13 L 982/14, BeckRS 2014, 55463). Bei Epilepsie kann LKW-Fahren verweigert und Auslieferung mit Pkw verlangt werden (LAG Köln 28.8.2014 – 7 Sa 642/13, AE 2016, 33). Ein Sehbehinderter kann einen entsprechenden Computerarbeitsplatz verlangen (VG Düsseldorf 14.11.2015 – 13 K 6000/14, BeckRS 2015, 48180). Ein Heimarbeitsplatz kann gefordert werden (LAG Nds 6.12.2010 – 12 Sa 860/10, BeckRS 2011, 68917). Behinderungsgerecht kann Versetzung in eine bestimmte Filiale verlangt werden (LAG Hamb 15.4.2015 – 5 Sa 107/12, br 2016, 19). 53

4. Darlegungs- und Beweislast

Der sbM muss bei Geltendmachung des Beschäftigungsanspruchs grds. alle anspruchsbegründenden Tatsachen darlegen und beweisen (BAG 27.7.2021 – 9 AZR 448/20, NZA 2021, 1702, Rn. 30; 10.5.2005 – 9 AZR 230/04, BAGE 114, 299, Rn. 40), insbes. die Auswirkungen durch die Art und Schwere der festgestellten Schwerbehinderung (HessLAG 5.11.2012 – 21 Sa 593/10, BeckRS 2013, 66216, Rn. 28). Er muss hierzu vorzutragen, inwieweit sein Leistungsvermögen durch die Auswirkungen der Art und Schwere seiner Behinderung so eingeschränkt ist, dass er die ihm übertragene Sonderform der Arbeit nicht mehr leisten kann (LAG MV 29.3.2022 – 2 Sa 2/21, öAT 2022, 132, Rn. 30). Der Arbeitgeber kann den Anspruch dann nicht mit der bloßen Behauptung abwehren, er verfüge über keinen geeigneten Arbeitsplatz. Vielmehr bedarf es der **substantiierten Darlegung des Arbeitgebers,** aus welchen Gründen die vom Arbeitnehmer vorgeschlagenen Beschäftigungsmöglichkeiten nicht zur Verfügung stehen bzw. ihm nicht zumutbar sind (BAG 10.5.2005 – 9 AZR 230/04, BAGE 114, 299, Rn. 40). Die **Substantiierungslast** folgt dabei aus den zu § 138 Abs. 1, 2 ZPO entwickelten Grundsätzen: Dem Arbeitgeber wird die sekundäre Darlegungslast auferlegt, soweit der schwerbehinderte Arbeitnehmer keine nähere Kenntnis der maßgeblichen Tatsachen 54 besitzt. Dies wird insbes. im Hinblick darauf bedeutsam, dass nur der Arbeitgeber umfassenden Überblick über die Arbeitsplatzsituation seiner Betriebe hat. Eine weiter verschärfte Darlegungslast trifft den Arbeitgeber, wenn er seinen Pflichten zur rechtzeitigen Beteiligung des Integrationsamts und der Schwerbehindertenvertretung nicht in der ihm nach § 167 Abs. 1, 2 obliegenden Weise nachgekommen ist (LPK-SGB IX/Düwell § 164 Rn. 196).

III. Weiterbildung und „berufliches Fortkommen" (Abs. 4 S. 1 Nr. 2, Nr. 3)

55 Nr. 2 verpflichtet den Arbeitgeber zur besonderen Berücksichtigung sbM bei innerbetrieblicher Weiterbildung und „beruflichem Fortkommen". Letzteres stellt den Oberbegriff dar, unter den sich sowohl Weiterbildungsmaßnahmen als auch die bei Nr. 1 erörterten Beförderungsaspekte (→ Rn. 52) einordnen lassen. Innerbetriebliche Maßnahmen der beruflichen Bildung sind eine beispielhaft besonders hervorgehobene Maßnahme der Förderung des beruflichen Fortkommens. Auf die damit angesprochene **Berufsförderung** durch Bevorzugung bei der Teilnahme an innerbetrieblicher Berufsbildung hat der sbM einen klagbaren und im Vergleich zu anderen, nicht schwerbehinderten Arbeitnehmern vorrangigen Anspruch (ebenso BeckOK SozR/Brose SGB IX § 164 Rn. 19).

56 Nur bei innerbetrieblichen Maßnahmen der **beruflichen Bildung,** nicht hingegen bei unbenannten sonstigen Maßnahmen zur Förderung des beruflichen Fortkommens (→ Rn. 56, 52) beinhaltet § 164 Abs. 4 S. 1 Nr. 2 ein Bevorzugungsrecht, sodass dem sbM hinsichtlich der Teilnahme an Lehrgängen, Ausbildungsstationen und ähnlichem Vorrang vor vergleichbaren nicht schwerbehinderten Arbeitnehmern einzuräumen ist. Darüber hinaus kann er auch verlangen, etwa dadurch gefördert zu werden, dass er auf verschiedenen Arbeitsplätzen tätig wird, dort Kenntnisse erwirbt und auf diese Weise die Fähigkeit erlangt, eine höhere Ebene der Unternehmenshierarchie zu erreichen (zum Beförderungsanspruch in dieser Konstellation → Rn. 52).

57 Zur Förderung gehört auch die **stufenweise Wiedereingliederung** langzeitkranker sbM nach § 74 SGB V (BAG 13.6.2006 – 9 AZR 229/05, NZA 2007, 91; 16.12.2008 – 9 AZR 985/07, AP TVG § 1 Vorruhestand Nr. 33; LAG RhPf 4.3.2005 – 12 Sa 566/04, NZA-RR 2005, 568; 3.3.2016 – 5 Sa 341/15, BeckRS 2016, 68767; LAG Köln 24.5.2016 – 12 Sa 472/13, ZTR 2016, 574; LAG Bln-Bbg 23.5.2018 – 15 Sa 1700/17, BB 2018, 1523 (Ls.); ArbG Berlin 13.11.2015 – 28 Ca 9067/15, ZBVR online 12/2016, 29; ArbG Bremen 24.9.2013 – 3 Ca 3021/13, AiB Heft 4/2014, 35). Ein sbM muss dabei darlegen, welche Beschäftigungsmöglichkeiten bestehen; es ist dann Sache des Arbeitgebers darzulegen, dass es sie nicht gibt oder sie ihm nicht zumutbar sind (BAG 10.5.2005 – 9 AZR 230/04, AP SGB IX § 81 Nr. 8). Ferner setzt dies voraus, dass der Arbeitnehmer eine **ärztliche Bescheinigung** seines behandelnden Arztes vorlegt, aus der sich Art und Weise der empfohlenen Beschäftigung, Beschäftigungsbeschränkungen, Umfang der täglichen oder wöchentlichen Arbeitszeit sowie die Dauer der Maßnahme ergeben. Sie muss außerdem eine Prognose enthalten, wann „voraussichtlich" die Wiederaufnahme der Tätigkeit erfolgt (BAG 13.6.2006 – 9 AZR 229/05, NZA 2007, 91).

58 Neben den Anspruch auf bevorzugte Teilnahme an innerbetrieblichen Förderungsmaßnahmen tritt gem. § 164 Abs. 4 S. 1 Nr. 3 ein Anspruch auf „**Erleichterungen** im zumutbaren Umfang zur Teilnahme an außerbetrieblichen **Maßnahmen der beruflichen Bildung**". Zwar ist dies heute ebenfalls ausdrücklich als einklagbarer Anspruch ausgestaltet; die Formulierung, dass die Teilnahme „in zumutbarem Umfang" zu „erleichtern" ist, ist aber in mehrfacher Hinsicht wertungsoffen. Was zumutbar ist und was eine angemessene Erleichterung darstellt, richtet sich nach den Umständen des jeweiligen Falles. In Betracht kommt zunächst eine Freistellung von der Arbeitspflicht für die Zeit der außerbetrieblichen Berufsförderung. Nur wenn der sbM absolut unabkömmlich ist, also zB während der Saison oder im Fall unaufschiebbarer, wichtiger und nur von ihm

zu erledigenden Arbeiten, kann die Freistellung unzumutbar sein. Ob die Freistellung unter Fortzahlung der Vergütung erfolgt, richtet sich ebenfalls nach der Zumutbarkeit, insbes. aber nach einer hierfür bestehenden betrieblichen oder dienstlichen Regelung. Im Allgemeinen wird aber dem sbM ein entsprechender Unterhalt für die Dauer der Fortbildung ohnehin vom Rehabilitationsträger gewährt; der Arbeitgeber kann in diesem Fall verlangen, dass der sbM vorrangig diese Mittel in Anspruch nimmt. In Betracht kommen weiterhin auch Beihilfen zu Fahrtkosten, doppelter Haushaltsführung oder zu besonderen Aufwendungen – etwa für Bücher und Lernmaterial.

F. Anspruch auf behinderungsgerechte Gestaltung und Ausstattung von Arbeitsplatz und Arbeitsumfeld (Nr. 4, 5)

I. Inhalt

Nr. 4 verpflichtet den Arbeitgeber zur behinderungsgerechten Einrichtung und Unterhaltung der Arbeitsstätten einschließlich der Betriebsanlagen, Maschinen und Geräte sowie der Gestaltung der Arbeitsplätze, des Arbeitsumfelds, der Arbeitsorganisation und der Arbeitszeit, unter besonderer Berücksichtigung der Unfallgefahr, Nr. 5 zur Ausstattung des Arbeitsplatzes mit den erforderlichen technischen Arbeitshilfen. Erfasst werden hierdurch nicht nur die technische Ausstattung der Betriebe und die Bereitstellung von technischen Arbeitshilfen, sondern auch eine behinderungsgerechte Regelung des Arbeitsablaufes. Hinsichtlich der **Arbeitszeitorganisation** gilt dabei, dass im Einzelfall ein Anspruch auf behinderungsadäquate Verkürzung der Arbeitszeit bestehen kann (→ Rn. 45 ff.). So begründet Nr. 4 etwa einen einklagbaren Anspruch des sbM, nicht zu Rufbereitschaftsdiensten oder Nachtarbeit eingeteilt zu werden, wenn er diese – auch bei Berücksichtigung gewährter Unterstützungen und Erleichterungen – wegen seiner Behinderung nicht ausüben kann; für Letzteres trägt der sbM die Darlegungs- und Beweislast (BAG 27.7.2021 – 9 AZR 448/20, NZA 2021, 1702, Rn. 29 f.). Umgekehrt ist der sbM zwar berechtigt (und ggf. verpflichtet), im Rahmen der Bestimmungen des ArbZG wie andere Angehörige des Betriebes Mehrarbeit zu verrichten. Er ist jedoch auf sein Verlangen von einer die übliche Wochenarbeit überschreitenden Mehrarbeit freizustellen (§ 207; hierzu BAG 27.7.2021 – 9 AZR 448/20, NZA 2021, 1702, Rn. 23 ff.). **59**

Unter den vielfältigen **organisatorischen Maßnahmen**, die zur Förderung der Beschäftigung von sbM denkbar sind, ist die Teilung eines Arbeitsplatzes in zwei oder mehrere Teilzeitarbeitsplätze von besonderer Bedeutung. Sie kann die Beschäftigung nicht für die gesamte Arbeitszeit arbeitsfähiger sbM ermöglichen und ist deshalb in **§ 164 Abs. 5** besonders hervorgehoben (→ Rn. 69 ff.). **60**

Der Arbeitgeber ist verpflichtet, den Arbeitsplatz des sbM mit den erforderlichen **technischen Arbeitshilfen** auszustatten. Als „Arbeitsplatz" ist dabei der Ort in Büro oder Betrieb zu verstehen, an dem der sbM seine Arbeit verrichtet. Auch auf Bereitstellung dieser Arbeitshilfen besteht nach § 164 Abs. 4 S. 1 Nr. 4, 5 ein klagbarer Anspruch (BAG 23.1.2001 – 9 AZR 287/99, AP SGB IX § 81 Nr. 1 zu I 5a). Erfüllt der Arbeitgeber ihn schuldhaft nicht, besteht ein Schadensersatzanspruch, gerichtet auf die hierdurch entgangene Vergütung (vgl. BAG 4.10.2005 – 9 AZR 632/04, AP SGB IX § 81 Nr. 9). **61**

Technische Arbeitshilfen für sbM sind Vorrichtungen, die in der Berufsarbeit dazu dienen, dem sbM Arbeitsleistungen und -verrichtungen auf einem bestimmten Arbeitsplatz zu ermöglichen, die er wegen seiner Behinderung ohne sie nicht zu leisten imstande wäre. Die technischen Arbeitshilfen können sowohl an der Betriebseinrichtung (Werkzeug, Vorrichtung, Gerät, Maschine), als auch am Körper des sbM angebracht werden. Wegen der Vielfalt körperlicher Behinderungen und der Anforderungen an unterschiedli- **62**

chen Arbeitsplätzen ergeben sich für die technischen Arbeitshilfen neben einfachen Grundformen viele Variationen in Konstruktion und Ausführung. Der Zweck der technischen Arbeitshilfen muss darauf beschränkt bleiben, die körperliche Beeinträchtigung auszugleichen, verbliebene Fähigkeiten des sbM dürfen dabei nicht verkümmern. Die Arbeitshilfen befassen sich zB mit der Grifftechnik (Vermeidung von Krampfgefühl, Erhöhung der Arbeitssicherheit, Verringerung der Ermüdung), der Umwandlung stehender Arbeit in sitzende, mit dem Arbeitsraum des Behinderten, der Konstruktion der Arbeitsgeräte (Anordnung von Hilfshebeln an Maschine und Gerät) und der zweckmäßigen Arbeitsstellung. Ein Erforschen der Arbeitsvorbereitung und des Arbeitsablaufs, insbes. des Anteils statischer und motorischer Arbeitsvorgänge, ist Voraussetzung aller Maßnahmen auf diesem Gebiet. Wichtig ist, dass der Unfallschutz zu seinem Recht kommt. Nicht zu den Verpflichtungen des Arbeitgebers gehört dagegen die Ausstattung des sbM mit Hilfsmitteln, die der allgemeinen Minderung oder Beseitigung der aus der Behinderung resultierenden Erwerbsminderung dienen. Demnach sind insbes. Körperersatzstücke (Prothesen) keine technischen Arbeitshilfen iSd Teil 3 SGB IX (BSG 22.9.1981 – 1 RA 11/80, SozR 2200 § 1237a Nr. 18 = BeckRS 1981, 30708316).

63 Über die vorgeschriebene Ausstattung des Arbeitsplatzes mit technischen Arbeitshilfen hinaus hat der Arbeitgeber für die in seinem Betrieb beschäftigten sbM eine **besondere Fürsorgepflicht,** die durch den Rahmen des § 618 BGB nicht begrenzt wird. Der Arbeitgeber ist zB verpflichtet, den Blindenhund eines Blinden während der Arbeitszeit in der Nähe der Arbeitsstelle unterzubringen, das Gleiche gilt für Rollstühle oder Kraftwagen, die für den Verkehr des sbM zwischen Wohnung und Arbeitsstelle notwendig sind. **Einzelfälle:** Der Arbeitgeber hat im Rahmen des Möglichen auch dafür zu sorgen, dass für den Kraftwagen von Schwerbehinderten bevorzugt Parkmöglichkeiten in der Nähe des Arbeitsplatzes geschaffen werden und dort keine Beschädigungen am Fahrzeug entstehen (BAG 4.2.1960 – 2 AZR 290/57, AP BGB § 618 Nr. 7 m. zust. Anm Hueck). Ein Schulumbau mit Rampe kann aber auch zu teuer werden (ThürOVG 30.10.2015 – 2 EO 201/14, BeckRS 2016, 48201). Ein der Behinderung angepasster Bürostuhl ist anzuschaffen (LAG Sachsen-Anhalt 28.4.2016 – L 8 SO 24/14, NZS 2017, 558). Für behindertengerechte Computer ist zu sorgen (VG Düsseldorf 14.4.2015 – 13 K 6000/14, BeckRS 2015, 48180; VG Neustadt/Weinstraße 9.9.2015 – 1 K 95/14 NW, BeckRS 2015, 52481). Auch leidensgerechte Telearbeit kann in Frage kommen (LAG Köln 24.5.2016 – 12 Sa 472/13, ZTR 2016, 574, abgelehnt).

64 Die besondere Fürsorgepflicht des Arbeitgebers für den sbM gilt auch hinsichtlich des **Unfallschutzes.** Die bereits verringerte Leistungsfähigkeit eines sbM könnte bei erneutem Unfallschaden uU völlig verloren gehen (zB Verletzung des gesunden Auges bei Fehlen einer Schutzbrille). Der sbM ist betrieblichen Gefahren somit stärker ausgesetzt als der Gesunde; er kann zudem bei falschem Einsatz nicht nur sich selbst, sondern auch andere Betriebsangehörige gefährden. Die Unfallgefahr ist deshalb auch eine Grenze für die Pflicht der Beschäftigung sbM. Arbeitsplätze, die nach bestehenden Vorschriften oder auf Grund von Anordnungen der Gewerbe- oder Bergaufsicht nicht mit sbM besetzt werden dürfen, sind daher von den Verpflichtungen nach § 164 Abs. 3, 4 S. 1 ausgenommen. Für den Unfallschutz sind die Organe der **Gewerbe- bzw. Bergaufsicht** zuständig, die deshalb bei der Durchführung SGB IX (Betriebseinblick, Schutzvorrichtungen) verantwortlich zu beteiligen sind.

65 Die Integrationsämter und die Bundesagentur für Arbeit haben die Arbeitgeber bei der Durchführung der betrieblichen Maßnahmen **zu unterstützen** (§ 164 Abs. 4 S. 2). Sie sollen die Arbeitgeber über die Möglichkeiten eines zweckentsprechenden Ansatzes der sbM beraten und sie bei der Durchführung von Maßnahmen, die die Beschäftigung sbM ermöglichen oder erleichtern, unterstützen. Die Unterstützung kann auch in technischer Beratung über die Möglichkeiten der Verwendung von technischen Arbeitshilfen, in Hilfe bei der Auswahl geeigneter Arbeitsplätze, Beratung über geeignete Sitzgeräte usw liegen. Zur Erleichterung der Verpflichtungen können Mittel aus der Ausgleichsabgabe als Zuschuss oder Darlehen gewährt werden. Solche Leistungen können bis zu voller Höhe der entstehenden notwendigen Kosten gewährt werden, wobei die Umstände jedes Einzelfalles zu berücksichtigen sind, vor allem auch die Beschäftigung sbM über die gesetzliche Verpflichtung hinaus. Der Arbeitgeber muss sich in einem angemessenen Verhältnis an den Gesamtkosten beteiligen (vgl. § 50 mit §§ 26–27 SchwbAV).

II. Grenzen

§ 164 Abs. 4 S. 3 formuliert den **allgemeinen Vorbehalt,** dass dem Arbeitgeber keine Leistungen abverlangt werden dürfen, die für den Arbeitgeber unzumutbare, unverhältnismäßig hohe Aufwendungen erfordern oder den Arbeitsschutzbestimmungen entgegenstehen. Die Zumutbarkeit steht auch unter dem Vorbehalt der finanziellen Leistungsfähigkeit des Arbeitgebers. 66

Soweit der Arbeitgeber finanziell nicht in der Lage ist, die technischen Arbeitshilfen selbst zu beschaffen, ist auf die Möglichkeit einer vollständigen oder teilweisen **Übernahme der Kosten** aus Mitteln der Ausgleichsabgabe hinzuweisen (§ 160 Abs. 5, § 185 Abs. 3 mit §§ 15, 26–27 SchwbAV). Darüber hinaus können zusätzliche Hilfen in Form von Zuschüssen zur behindertengerechten Ausgestaltung von Ausbildungs- und Arbeitsplätzen nach § 46 Abs. 2 SGB III gewährt werden. Diese Hilfen setzen keinen Arbeitsplatz nach § 156 voraus, sondern sind auch für sbM auf Stellen nach § 156 Abs. 2 Nr. 1 –5 zu gewähren (BVerwG 14.11.2003 – 5 C 13/02, br 2004, 79 = NJW 2004, 2256 für eine blinde Pfarrvikarin; für Soldat OVG SH 25.4.2001 – 2 L 35/01, NVwZ-RR 2002, 206 (Ls.)). Gegen unangemessene Forderungen des Integrationsamts oder der Bundesagentur steht dem Arbeitgeber der Rechtsbehelf des Widerspruchs beim zuständigen Widerspruchsausschuss (§ 201) zur Verfügung. Im Streitfall trifft den Arbeitgeber die **Darlegungs- und Beweislast** für die Unzumutbarkeit der geforderten Maßnahmen. 67

G. Teilzeitbeschäftigung (Abs. 5)

§ 164 Abs. 5 betont die Förderung der Einrichtung von Teilzeitarbeitsplätzen durch den Arbeitgeber zur Unterstützung des Integrationsamts. Der Anspruch wird nur begrenzt durch die Grenze der unverhältnismäßigen Aufwendungen entsprechend § 164 Abs. 4 S. 3. Er besteht als **durchsetzbarer Rechtsanspruch,** wenn eine kürzere Arbeitszeit wegen der Art oder der Schwere der Behinderung notwendig ist (LAG Köln 15.3.2006 – 3 Sa 1593/05, NZA-RR 2006, 515). Der Anspruch besteht neben dem allgemeinen Teilzeitanspruch aus § 8 TzBfG (Hanau NZA 2001, 1168, 1173). Macht ein sbM den Anspruch auf Teilzeit geltend, ohne sich ausdrücklich auf § 8 TzBfG oder § 164 Abs. 5 zu berufen, sind daher beide Anspruchsgrundlagen zu prüfen (Rolfs RdA 2001, 129, 138 f.). § 164 Abs. 5 privilegiert im Vergleich zu § 8 TzBfG den sbM, da er durch Verweis auf § 164 Abs. 4 S. 3 keine umfassende Abwägung mit entgegenstehenden betrieblichen Belangen erfordert, sondern lediglich unter den Vorbehalt der Unzumutbarkeit sowie der unverhältnismäßigen Aufwendungen gestellt ist (vgl. BAG 14.10.2003 – 9 AZR 100/03, NZA 2004, 614). Anders als der Anspruch aus § 8 TzBfG ist er auch nicht vom Erreichen eines Schwellenwerts abhängig (BeckOK SozR/Brose SGB IX § 164 Rn. 35). 68

Bei Vorliegen der gesetzlichen Voraussetzungen **entsteht der Teilzeitanspruch** unmittelbar und ohne eine Vertragsänderung (BAG 10.7.1991 – 5 AZR 383/90, AP SchwbG 1986 § 14 Nr. 1; 3.12.2002 – 9 AZR 481/01, AP SGB IX § 81 Nr. 2; 14.10.2003 – 9 AZR 100/03, AP SGB IX § 81 Nr. 3; 13.6.2006 – 9 AZR 229/05, AP SGB IX § 81 Nr. 12; 17.3.2016 – 6 AZR 221/15, AP TVöD § 33 Nr. 3 Rn. 43; LAG RhPf 4.3.2005 69

– 12 Sa 566/04, NZA-RR 2005, 568; LAG Hamm 27.9.2012 – 8 Sa 1095/11, LAGE § 81 SGB IX Nr. 12; ArbG Bremen 24.9.2013 – 3 Ca 3021/13, AiB Heft 4/2014, 35).

70 Der Teilzeitanspruch besteht nach § 164 Abs. 5 S. 2, wenn die kürzere Arbeitszeit „wegen Art oder Schwere der Behinderung" „notwendig" ist. Ob die Anspruchsvoraussetzungen erfüllt werden, kann nur nach den jeweiligen Umständen des Einzelfalles bestimmt werden. Die Art der Behinderung kann kürzere Arbeitszeiten erfordern, weil längere An- und Abfahrtszeiten (etwa mit Rollstuhl) sonst zu überlanger Abwesenheit vom Wohnsitz führen, aber auch, wenn wegen geistiger oder seelischer Störungen nur eine geringere Zeit der Anspannung und damit der Arbeitsleistung möglich ist. Die Schwere der Behinderung drückt sich im GdB und den damit verbundenen Schwierigkeiten aus, etwa bei Ohnhändern, Blinden, Doppelamputierten. Oft kann dann überhaupt nur in Teilzeit gearbeitet werden, was allerdings auch von der Art der Arbeit abhängt.

71 Der **allgemeine Vorbehalt der unzumutbaren Belastung** (§ 164 Abs. 5 S. 2 iVm Abs. 4 S. 3) wird dadurch vermindert, dass die Integrationsämter die Ausgleichsabgabe für Leistungen zur Förderung der Teilhabe sbM am Arbeitsleben einsetzen (§ 160 Abs. 5) und dafür auch Geldleistungen an sbM und an Arbeitgeber ausgeben (§ 102 Abs. 3). Erst wenn diese Mittel ausgeschöpft sind, ist zu beurteilen, ob trotzdem noch die Einrichtung von Teilzeitarbeitsplätzen unzumutbar ist. Abwägungskriterien dafür sind: Teilzeit kann unzumutbar sein, wenn die Art der Arbeit bestimmte Mindestzeiten erfordert oder eine Teilung des Arbeitsplatzes technisch nicht möglich ist. Auch die Unternehmensgröße hat für die Frage der Unzumutbarkeit Bedeutung (BeckOK SozR/Brose SGB IX § 164 Rn. 35). Zu weitgehend ist es, jeden rational nachvollziehbaren Grund (wie die erforderliche Änderung der Arbeitsorganisation) als Ablehnungsgrund ausreichen zu lassen (so aber LAG SchlH 23.10.2001 – 3 Sa 393/01, LAG Report 2002, 29; zutr. LAG Köln 15.3.2006 – 3 Sa 1593/05, NZA-RR 2006, 515). Höhere Verwaltungskosten reichen für sich genommen nicht aus, den Teilzeitanspruch abzulehnen.

72 Der Anspruch auf Teilzeit besteht an sich von vornherein, also auch beim Eingehen eines Arbeits- oder Beschäftigungsverhältnisses. Da der einzelne sbM aber idR keinen durchsetzbaren Einstellungsanspruch hat (→ Rn. 4, 8), lässt sich auch der Anspruch auf Teilzeit faktisch nur durchsetzen, wenn ein Arbeitsverhältnis (oder sonstiges Beschäftigungsverhältnis) bereits besteht. Da die Abschlussfreiheit des Arbeitgebers von § 164 insgesamt nicht eingeschränkt wird, kann idR. erst **nach Abschluss des Arbeitsvertrages** der Teilzeitanspruch erfolgreich geltend gemacht werden. In der generellen Ablehnung eines Teilzeitwunschs im Einstellungsverfahren kann aber ein Benachteiligungsindiz iSd § 22 AGG liegen (→ Rn. 31 ff.). Folgt daraus eine Ablehnung bei der Einstellungsentscheidung, greifen die dargestellten Rechtsfolgen, insbes. der Entschädigungsanspruch des § 15 Abs. 2 AGG (→ Rn. 34 ff.). Auch das Verbot der Diskriminierung wegen Teilzeit nach § 4 Abs. 1 TzBfG gibt keinen Anspruch auf Einstellung nur in Teilzeit (Laux/Schlachter/Lause Anh. I D Rn. 17). Im Rahmen des § 164 Abs. 5 trägt der sbM die Darlegungs- und Beweislast für den Ursachenzusammenhang zwischen Art und Schwere seiner Behinderung und der Notwendigkeit einer Reduzierung der Arbeitszeit (Hauck/Noftz/Gutzler SGB IX § 164 Rn. 52).

§ 165 Besondere Pflichten der öffentlichen Arbeitgeber

[1] Die Dienststellen der öffentlichen Arbeitgeber melden den Agenturen für Arbeit frühzeitig nach einer erfolglosen Prüfung zur internen Besetzung des Arbeitsplatzes frei werdende und neu zu besetzende sowie neue Arbeitsplätze (§ 156). [2] Mit dieser Meldung gilt die Zustimmung zur Veröffentlichung der Stellenangebote als erteilt. [3] Haben schwerbehinderte Menschen sich um einen solchen Arbeitsplatz beworben oder sind sie von der Bundesagentur für Arbeit oder einem von dieser beauftragten Integrationsfach-

dienst vorgeschlagen worden, werden sie zu einem Vorstellungsgespräch eingeladen. [4]Eine Einladung ist entbehrlich, wenn die fachliche Eignung offensichtlich fehlt. [5]Einer Inklusionsvereinbarung nach § 166 bedarf es nicht, wenn für die Dienststellen dem § 166 entsprechende Regelungen bereits bestehen und durchgeführt werden.

Übersicht

A. Entstehungsgeschichte

Die Vorschrift des § 165 hat ihre heutige systematische Einbindung zum 1.1.2018 durch das BTHG (BGBl. I 2016, 1824) erhalten. Inhaltlich hat sich gegenüber dem bisherigen Recht (§ 82 aF) nichts geändert. Eine weitere Vorgängernorm war § 14a SchwbG. 1

B. Normzweck

§ 165 **ergänzt** die allgemeinen Arbeitgeberpflichten aus § 164 um spezielle Vorgaben für öffentliche Arbeitgeber. Die Regelung ist damit Ausdruck einer besonderen Vorbildfunktion des öffentlichen Dienstes (Hauck/Noftz/Gutzler SGB IX § 165 Rn. 1). 2

C. Öffentliche Arbeitgeber

Normadressat sind alle öffentlichen Arbeitgeber. Dieser Begriff ist durch § 154 Abs. 2 konkretisiert, allerdings nicht abschließend (→ § 154 Rn. 6). Erfasst werden als einheitliche „öffentliche Arbeitgeber" demnach jeweils die in § 154 Abs. 2 zusammengefassten Bundesbehörden (Nr. 1), Landesbehörden (Nr. 2), Gebietskörperschaften und Verbände von solchen (Nr. 3), Kommunen sowie alle Körperschaften, Anstalten und Stiftungen des öffentlichen Rechts (Nr. 4) (→ § 154 Rn. 6 ff.). Dass zB eine Landtagsfraktion kein öffentlicher Arbeitgeber iSd § 165 sein soll (so aber LAG München 11.4.2018 – 10 Sa 820/17, BeckRS 2018, 10463, Rn. 51), lässt sich mit Normbefund und Telos nicht begründen (näher → § 154 Rn. 8). 3

Dem Wortlaut nach richtet sich die Norm zwar in einem umfassenden Sinne an „Dienststellen" der öffentlichen Arbeitgeber. Da Regelungsgegenstand aber die **Einstellung und Beschäftigung** von sbM im öffentlichen Dienst ist, können nicht alle Dienststellen oder gar Nebenstellen und räumlich weit entfernten Teile, die als Dienststelle nach § 6 Abs. 3 BPersVG gelten, gemeint sein, sondern nur solche, die in der Organisation selbständig sind, also **alle personalverwaltenden Dienststellen.** Bei zentralisierter Personalverwaltung können sich die Pflichten nach § 165 uU allein an die vorgesetzte Dienststelle richten. Gleiches gilt – je nach Organisation – bei Gerichten, wenn zB das Landgericht für die Personalangelegenheiten der Amtsgerichte zuständig ist. 4

D. Pflichten

I. Frühzeitige Meldung freier Stellen

5 **Frei werdende Arbeitsplätze** sind gem. § 165 S. 1 frühzeitig der Arbeitsagentur zu melden (vgl. BAG 12.9.2006 – 9 AZR 807/05, AP SGB IX § 81 Nr. 13). Dass die Stellenangebote veröffentlicht werden sollen und eine Einwilligung des öffentlichen Arbeitgebers entbehrlich ist, stellt § 165 S. 2 klar. Nach der Gesetzesbegründung soll die Veröffentlichung dazu beitragen, die Zugangschancen zum allgemeinen Arbeitsmarkt insbes. für langzeitarbeitslose Menschen mit Behinderungen iSd Art. 27 der UN-BRK zu verbessern (BT-Drs. 18/10523, 67). Die Vorschrift präzisiert, konkretisiert und verschärft die allgemeinen Arbeitgeberpflichten nach § 164 Abs. 1 S. 1, 2: Ohnehin hat dann jeder Arbeitgeber die Verpflichtung nach § 164 Abs. 1 S. 1, freie Arbeitsplätze möglichst mit arbeitslosen oder arbeitssuchend gemeldeten sbM zu besetzen und hierzu Kontakt zur Bundesagentur für Arbeit aufzunehmen, § 164 Abs. 1 S. 2. Bei öffentlichen Dienststellen wird dies graduell zu einer Melde- und Ausschreibungspflicht verdichtet. Nach Rspr. des BAG setzt eine ordnungsgemäße Meldung iSv. § 165 S. 1 die Erteilung eines Vermittlungsauftrags an die nach § 187 Abs. 4 bei der Agentur für Arbeit eingerichteten besonderen Stellen zur Durchführung der der Agentur für Arbeit zur Teilhabe behinderter und schwerbehinderter Menschen am Arbeitsleben gesetzlich übertragenen Aufgaben unter Angabe der Daten voraus, die für einen qualifizierten Vermittlungsvorschlag erforderlich sind (BAG 25.11.2021 – 8 AZR 313/20, NZA 2022, 638).

6 Eine Meldung soll „frühzeitig" erfolgen, also zB bereits lange vor dem Freiwerden des Arbeitsplatzes, sobald die bevorstehende Altersgrenze des bisherigen Stelleninhabers sein Ausscheiden sicher erwarten lässt oder eine ordentliche Kündigung (mit häufig langer Kündigungsfrist) erfolgt ist. Die frühzeitige Meldung wird zwar schon allg. in § 164 Abs. 1 S. 2 gefordert. Im öffentlichen Dienst jedoch soll der Bundesagentur für Arbeit möglichst noch frühzeitiger Gelegenheit gegeben werden, sbM zu vermitteln und ggf. auch zusätzliche Förderungen anzuregen, um die Qualifikation für die zu besetzende Stelle zu verbessern.

7 Die **Pflicht zur frühzeitigen Meldung** gilt auch für den Fall, dass **neue Arbeitsplätze** eingerichtet werden. Neue Stellen können idR erst besetzt werden, wenn die dafür erforderlichen Mittel im Haushalt vorhanden sind. Dennoch sollte die „frühzeitige" Meldung schon vor Beschlussfassung über den Haushalt erfolgen, wenn mit hinreichender Sicherheit prognostisch davon auszugehen ist, dass die neue Stelle eingerichtet wird. Vor allem kann das der Fall sein, wenn einer Dienststelle neue Aufgaben gesetzlich übertragen worden sind.

8 Verstößt der öffentliche Arbeitgeber gegen die Meldepflicht, kann die zuständige Personalvertretung die notwendige Zustimmung zur Einstellung nach § 77 Abs. 2 Nr. 1 BPersVG (bzw. entsprechenden Vorschriften des LPersVGe) verweigern (BeckOK SozR/Brose SGB IX § 165 Rn. 6). Individuelle Ansprüche kann ein Bewerber unmittelbar auf den Verstoß aber nicht stützen. Allerdings begründet der Verstoß gegen die Verpflichtung aus Satz 1 grundsätzlich die Vermutung nach § 22 AGG (BAG 25.11.2021 – 8 AZR 313/20, NZA 2022, 638; 23.1.2020 – 8 AZR 484/18, AP SGB IX § 82 Nr. 3; allgemein dazu → Rn. 16 ff.), sodass ein abgelehnter sb Bewerber Ansprüche aus § 15 AGG geltend machen kann.

II. Einladung zum Vorstellungsgespräch

1. Grundsatz

§ 165 S. 3 begründet eine Pflicht des öffentlichen Arbeitgebers, schwerbehinderte Bewerber zum Vorstellungsgespräch einzuladen, soweit sie nicht offensichtlich fachlich ungeeignet sind (zu den Maßstäben: BAG 12.9.2006 – 9 AZR 807/05, AP SGB IX § 81 Nr. 13; 18.11.2008 – 9 AZR 643/07, AP SGB IX § 81 Nr. 16; 21.7.2009 – 9 AZR 431/08, AP SGB IX § 82 Nr. 1; 11.8.2016 – 8 AZR 375/15, AP SGB IX § 82 Nr. 2; 24.1.2013 – 8 AZR 188/12, NZA 2013, 896, 900; LAG Köln 12.4.2017 – 5 SaGa 4/17, BeckRS 2017, 113565, Rn. 31), und einen entsprechenden Einladungsanspruch des Bewerbers. Der Begriff Vorstellungsgespräch umfasst über den Wortlaut hinaus alle Teile des Auswahlprozesses (BAG 27.8.2020 – 8 AZR 45/19, NZA 2021, 200). Für die Erfüllung der Einladungspflicht besteht **kein Formerfordernis** (BAG 1.7.2021 – 8 AZR 297/20, NZA 2021, 1770, Rn. 45). Ist ein eingeladener sbM zum Vorstellungsgespräch nicht erschienen, folgt aus S. 3 keine (Fürsorge)Pflicht des Arbeitgebers, Erkundigungen über den Grund des Fernbleibens anzustellen (BAG 1.7.2021 – 8 AZR 297/20, NZA 2021, 1770, Rn. 46). **Initiativbewerbungen** lösen eine Einladungspflicht allenfalls dann aus, wenn eine zur Besetzung passende, vakante Stelle beim Arbeitgeber vorhanden ist (LAG Sachsen 22.8.2022 – 2 Sa 144/21, BeckRS 2022, 42248). 9

Damit die Pflicht entsteht, muss der Bewerber dem Arbeitgeber Kenntnis von seiner Anerkennung als sbM gegeben haben. Entstehen und Verwirklichung des Einladungsanspruchs sind somit idR – abgesehen von einer ohnehin vorhandenen Kenntnis des Arbeitgebers – von einer **Mitwirkungsobliegenheit** des sbM abhängig: Jedenfalls ausreichend ist hierfür die – zB im Bewerbungsschreiben – gemachte Angabe einer „Schwerbehinderung"; nicht erforderlich ist demgegenüber, auch den GdB mitzuteilen (BAG 22.10.2015 – 8 AZR 384/14, NZA 2016, 625; Hauck/Noftz/Gutzler SGB IX § 165 Rn. 5). Ein bloßer Verweis auf gesundheitliche Probleme, beiläufig eingestreute Andeutungen (vgl. VG Gera 20.1.2020 – 1 K 2039/18, BeckRS 2020, 7635) oder die Mitteilung nach Abschluss des Auswahlverfahrens (BAG 17.12.2020 – 8 AZR 171/20, NZA 2021, 631) reichen dagegen nicht aus. Vgl. weiterhin → § 152 Rn. 49 ff. 10

Die Pflicht bezieht sich jedenfalls auf alle externen **Bewerber** und die von der Bundesagentur für Arbeit vorgeschlagenen Personen. Dem in § 165 S. 3 verwendeten Begriff des „Bewerbers" liegt dieselbe – formale – Begriffsbildung zugrunde wie bei § 6 Abs. 2 Alt. 1 AGG. Danach ist Bewerber, wer eine Bewerbung eingereicht hat (BAG 11.8.2016 – 8 AZR 375/15, NJW 2017, 1563, 1565). Eine restriktive Auslegung bereits des Bewerberbegriffs, welche die Einreichung prüffähiger, neutraler Unterlagen, insbesondere von Zeugnissen, voraussetzt, lässt sich nicht rechtfertigen (BAG 11.8.2016 – 8 AZR 375/15, BAGE 156, 107, Rn. 33). Keine Anwendung finden soll § 165 S. 3, wenn der öffentliche Arbeitgeber den Arbeitsplatz berechtigterweise nur intern zur Besetzung ausschreibt. Interne Bewerber würden vom Normzweck nicht erfasst, da diese nicht arbeitslos oder arbeitsuchend seien; ferner bedürfe es keines Vorstellungsgesprächs, sondern der Arbeitgeber könne sich aus dem laufenden Dienstverhältnis einen Eindruck von den bei ihm beschäftigten schwerbehinderten Bewerbern verschaffen (BVerwG 15.12.2011 – 2 A 13/10, NVwZ-RR 2012, 320; LAG Saarbrücken 13.2.2008 – 1 TaBV 15/07, LAGE § 82 SGB IX Nr. 2; LAG Köln 8.2.2010 – 5 TaBV 73/09, Behindertenrecht 2011, 114). Diese Grundsätze dürften aber auf eine Ausschreibung, auf welche sich sowohl externe als auch interne Bewerber beworben haben, nicht übertragbar sein, da dann das Gebot der Chancengleichheit interner und externer Bewerber verletzt würde. 11

2. Ausnahme: Offensichtlich fehlende fachliche Eignung

12 Nach § 165 S. 4 bedarf es keiner Einladung zum Vorstellungsgespräch bei offensichtlich fehlender fachlicher Eignung eines Bewerbers. Keine zwingende Voraussetzung für die Einladungspflicht aus § 165 S. 3 ist dagegen idR, dass der Bewerber vorab prüffähige, objektive Belege seiner Qualifikation, insbes. Zeugnisse, eingereicht hat, da Lebenslauf, Eignung, Qualifikation und Motivation des Bewerbers auch im Bewerbungsgespräch erörtert werden können (BAG 11.8.2016 – 8 AZR 375/15, AP SGB IX § 82 Nr. 2 Rn. 32 f.). Teil der Mitwirkungsobliegenheit des Bewerbers ist es aber, Prüfung und Entscheidung über eine offensichtlich fehlende Eignung iSd § 165 S. 4 durch aussagekräftige Angaben zum fachlichen Leistungsprofil in der Bewerbung zu ermöglichen (BAG 11.8.2016 – 8 AZR 375/15, BAGE 156, 107, Rn. 38). Dementsprechend können auch vorgeschaltete Eignungstests die Einladungspflicht zum Vorstellungsgespräch beseitigen, sofern sie hinreichend aussagekräftig im Hinblick auf das tatsächliche Anforderungsprofil der Stelle sind (aA LAG SH 9.9.2015 – 3 Sa 36/15, EzTöD 100 § 2 TVöD-AT). Selbst wenn von vornherein der Eindruck besteht, ein Bewerber sei so gut geeignet, dass andere sbM nicht mehr in die nähere Auswahl einbezogen werden sollten, müssen alle schwerbehinderten Bewerber und Vorgeschlagenen geladen und ihnen ein Vorstellungsgespräch gewährt werden.

13 Das Fehlen der fachlichen Eignung muss aufgrund der eingereichten Bewerbungsunterlagen „offensichtlich“, also **evident,** sein: Es muss hierfür unzweifelhaft sein, dass der Bewerber nicht dem Anforderungsprofil der zu vergebenden Stelle entspricht (BAG 11.8.2016 – 8 AZR 375/15, BAGE 156, 107, Rn. 36 f.; vgl. auch BAG 20.8.2016 – 8 AZR 194/14, NZA 2016, 681, 685; 22.8.2015 – 8 AZR 384/14, NZA 2016, 625, 627), bei dessen Erstellung der öffentliche Arbeitgeber an die gesetzlichen und tariflichen Vorgaben gebunden ist (BVerwG 3.3.2011 – 5 C 16/10, BVerwGE 139, 135 = NJW 2011, 2452; BAG 11.8.2016 – 8 AZR 375/1, NZA 2017, 1563, 1566). Die Feststellung der offensichtlichen Nichteignung setzt einen Vergleich von Anforderungsprofil und Leistungsprofil des Bewerbers voraus (BAG 11.8.2016 – 8 AZR 375/15, BAGE 156, 107, Rn. 36 f.; vgl. weiterhin BVerwG 3. März 2011 - 5 C 16.10, BVerwGE 139, 135, Rn. 20; Hauck/Noftz/Schröder SGB IX § 82 Rn. 6). Dies lässt sich idR nicht allein mit dem Fehlen eines **bestimmten formalen Ausbildungsabschlusses** begründen, vielmehr müssen grundsätzlich gleichwertige Bildungsabschlüsse einbezogen werden (BAG 12.9.2006 – 9 AZR 807/05, AP SGB IX § 81 Nr. 13). Anderes gilt, wenn ein bestimmter Abschluss – zB aus rechtlichen Gründen – zwingende Einstellungsvoraussetzung ist. Offensichtlich fehlende Eignung ist generell auch immer dann anzunehmen, wenn es aus Rechtsgründen ausgeschlossen ist, den Arbeitsplatz mit dem Bewerber zu besetzen (BVerwG 15.12.2011 – 2 A 13/10, NVwZ-RR 2012, 320).

14 Bloße **Zweifel** an der fachlichen Eignung genügen für § 165 S. 4 nicht (BAG 11.8.2016 – 8 AZR 375/15, BAGE 156, 107, Rn. 36 f.; BeckOK SozR/Brose SGB IX § 165 Rn. 3), da dem sbM gerade in solchen Fällen die Chance eröffnet werden soll, sich in einem Vorstellungsgespräch zu präsentieren und bestehende Zweifel auszuräumen (BAG 11.8.2016 – 8 AZR 375/15, BAGE 156, 107, Rn. 36 f.; 22.8.2015 – 8 AZR 384/14, NZA 2016, 625, 627; 21.7.2009 – 9 AZR 431/08, BAGE 131, 232, Rn. 22).

15 Für das Vorliegen der Ausnahme von der Einladungspflicht (§ 165 S. 4) trifft den öffentlichen Arbeitgeber die volle **Darlegungs- und Beweislast** (BAG 11.8.2016 – 8 AZR 375/15, AP SGB IX § 82 Nr. 2 Rn. 38). Ebenso muss der öffentliche Arbeitgeber darlegen, dass er bei festgelegtem Anforderungsprofil auch alle anderen Bewerber, die nicht dem Anforderungsprofil entsprachen, gleichfalls weder zu einem Vorstellungsgespräch eingeladen noch sie letztlich eingestellt hat (BAG 29.4.2022 – 8 AZR 279/20, NZA 2021, 1553).

3. Rechtsfolgen bei Verstößen

16 Wie beim Verstoß gegen die Meldepflicht begründet auch die Verletzung der Einladungspflicht kollektivrechtlich ein **Zustimmungsverweigerungsrecht** der zuständigen Personalvertretung (→ Rn. 10; BeckOK SozR/Brose SGB IX § 165 Rn. 6).

17 Individualrechtlich begründet grundsätzlich der Verstoß des Arbeitgebers gegen Vorschriften, die Verfahrens- und/oder Förderpflichten zugunsten sbM enthalten, die **(widerlegliche) Vermutung iSv § 22 AGG,** dass der erfolglose sb Bewerber im Bewerbungsverfahren wegen der Schwerbehinderung nicht berücksichtigt und damit wegen der Schwerbehinderung benachteiligt wurde (LAG Düsseldorf 12.11.2021 – 7 Sa 483/21, BeckRS 2021, 46849; differenzierend BAG 2.6.2022 – 8 AZR 191/21, NZA 2022, 1461: bejahend hinsichtlich § 168; verneinend bei § 167 Abs. 2). Dies gilt nach stRspr. insbes. für die **fehlende Einladung zu dem Vorstellungsgespräch** (stRspr. seit BAG 12.2.2005 – 9 AZR 635/03, AP SGB IX § 81 Nr. 7; 18.11.2008 – 9 AZR 643/07, AP SGB IX § 81 Nr. 16; 26.6.2014 – 8 AZR 547/13, AP AGG § 22 Nr. 10; 22.10.2015 – 8 AZR 384/14, AP AGG § 22 Nr. 11; 11.8.2016 – 8 AZR 375/15, AP SGB IX § 82 Nr. 2; 1.7.2021 – 8 AZR 297/20, NZA 2021, 1770, Rn. 21; BVerwG 3.3.2011 – 5 C 16/10, BVerwGE 139, 135 = NZA 2011, 977; aA Diller NZA 2007, 1321, 1323 f.). Sofern eine schriftliche Einladung zu einem Vorstellungsgespräch der sich bewerbenden Person nicht nach § 130 BGB zugegangen ist, kann die Vermutung des § 22 AGG nur dann begründet werden, wenn der Arbeitgeber nicht alles ihm Mögliche und Zumutbare unternommen hat, um einen ordnungsgemäßen und fristgemäßen Zugang der Einladung zu bewirken. Hat der Arbeitgeber das Einladungsschreiben versandt (wofür ihn auch im Rahmen von § 22 AGG eine sekundäre Darlegungslast trifft), begründet der fehlende Zugang bzw. der fehlende Zugangsnachweis daher für sich genommen nicht die Vermutung nach § 22 AGG (zutr. BAG 1.7.2021 – 8 AZR 297/20, NZA 2021, 1770, Rn. 32 ff.).

17a Die Vermutungswirkung des § 22 AGG kann auch durch eine „abschreckend" formulierte **Pro-forma-Einladung** entstehen, also in dem Fall, dass ein öffentlicher Arbeitgeber den sb Bewerber zwar einlädt, in der Einladung aber zugleich formuliert, der Verbleib im Bewerbungsverfahren habe nur geringe Erfolgsaussichten, weshalb der schwerbehinderte Bewerber mitteilen möge, ob er das Vorstellungsgespräch wahrnehmen wolle (vgl. LAG BW 3.11.2014 – 1 Sa 13/14, NZA-RR 2015, 163, Rn. 62).

17b Die Vermutung kann der Arbeitgeber **widerlegen,** indem er nachweist, dass die Einladung zum Vorstellungsgespräch nicht wegen der Behinderung unterblieben ist und auch kein Bezug zur fachlichen Eignung – unterhalb der „Offensichtlichkeitsschwelle" des § 165 S. 4 – besteht, da § 165 S. 4 insofern abschließend ist (BAG 16.2.2012 – 8 AZR 697/10, NZA 2012, 667; 20.1.2016 – 8 AZR 194/14, NZA 2016, 681). Zudem soll nach LAG Köln (LAG Köln 10.11.2021 – 3 Sa 1187/20, BeckRS 2021, 43137) die Vermutung auch widerlegt werden können, wenn der Bewerberpool trotz weiter laufender Stellenanzeige geschlossen worden ist und generell keine späteren Bewerbungen – darunter die von sbM – berücksichtigt wurden; angesichts des im Fortbestand der Stellenanzeige erkennbaren widersprüchlichen Verhaltens scheint dies zweifelhaft.

17c Ein benachteiligter Bewerber hat insbes. einen **Entschädigungsanspruch** gem. § 15 Abs. 2 AGG (ausf. zu den Rechtsfolgen bei Benachteiligungen → § 164 Rn. 34 ff.). Da § 165 S. 3 aus Sicht des BAG keinen verzichtsfähigen Individualanspruch des Bewerbers begründet, sondern eine zwingende objektive Verfahrensvorgabe beinhaltet, soll ein durch den sb Bewerber erklärter Verzicht auf ein Vorstellungsgespräch („Bitte sehen Sie von einer Einladung zum Vorstellungsgespräch ab, wenn ich nicht in die engere Wahl komme.") die Vermutungswirkung des § 22 AGG nach der – insoweit über das Ziel hinausschießenden – Rspr. nicht ausschließen (BAG 26.11.2020 – 8 AZR 59/20, NZA 2021, 635). Dies ist kritikwürdig, weil damit die autonome Dispositionshandlung des sbM in wiederum diskriminierender Weise nicht ernst genommen und das in der Klageerhebung erkennbare widersprüchliche Verhalten nicht beachtet wird.

17d Richtigerweise geht die Rspr. heute davon aus, dass die **Vermutungswirkung des § 22 AGG** nicht auf die unterbliebene individuelle Einladung zum Vorstellungsgespräch beschränkt ist, sondern grundsätzlich generell durch Verstöße gegen Verfahrens- oder Förderpflichten zugunsten sbM enthaltende Vorschriften ausgelöst wird (Ausnahme: § 167 Abs. 2, dazu BAG 2.6.2022 – 8 AZR 191/21, NZA 2022, 146). Dies gilt auch für überindividuell-abstrakte Vorgaben, denen es an einer auf eine bestimmte Person konkretisierten Schutzwirkung mangelt, zB für die Verpflichtung aus S. 1 zur rechtzeitigen Datenübermittlung an die Agentur für Arbeit (BAG 25.11.2021 – 8 AZR 313/20, NZA 2022, 638; 23.1.2020 – 8 AZR 484/18, AP SGB IX § 82 Nr. 3). Auf andere Verfahrens- und Fördervorgaben ist dies übertragbar. Wird gegen eine allgemeine Verfahrensvorschrift verstoßen, kommt eine Widerlegung der abstrakten Benachteiligungswirkung kaum in Betracht; andererseits ist bei der Bemessung der Entschädigung gem. § 15 Abs. 2 AGG zu bedenken, dass die individuelle Persönlichkeitsverletzung deutlich schwächer zu bemessen ist als beim konkret-individuellen Verstoß gegen eine individualschützende Vorgabe.

E. Verzicht auf Inklusionsvereinbarung (S. 5)

18 Nach § 165 S. 5 kann auf Abschluss einer Inklusionsvereinbarung (§ 166) verzichtet werden, wenn **„entsprechende Regelungen“** in der Dienststelle des öffentlichen Arbeitgebers bereits bestehen und tatsächlich durchgeführt werden. Offenbar bewusst offen hält die Norm dabei die Rechtsnatur dieser „entsprechenden Regelungen“. Die Unklarheit hinsichtlich der Rechtsnatur der Inklusionsvereinbarung (→ § 166 Rn. 13 ff.) setzt sich darin – gewissermaßen potenziert – fort. Möglicherweise spricht der insofern denkbar unbestimmte Wortlaut dafür, dass der Gesetzgeber einer Vielfalt bestehender Regelungen Raum lassen wollte, um die Fortsetzung einer bewährten Verwaltungspraxis zu ermöglichen.

19 Inhaltlich erfordert § 165 S. 5, dass die bestehende Regelung eine Inklusionsvereinbarung vollumfänglich ersetzt, also insbesondere mit Blick auf das **Konkretisierungsgebot** (→ § 166 Rn. 2) einer Inklusionsvereinbarung entspricht. Diese Anforderung können dienststellenbezogene Zielvereinbarungskonzepte erfüllen (die Regelung darauf beschränkend Hauck/Noftz/Gutzler SGB IX § 165 SGB IX Rn. 11). Die Frage, ob auch Verwaltungsvorschriften – insbes. die allgemeinen Fürsorgeerlasse des Bundes und der Länder oder interne Schwerbehindertenrichtlinien wie exemplarisch die BMAS-Richtlinie Job 4000, Programm zur besseren beruflichen Integration besonders betroffener schwerbehinderter Menschen v. 26.7.2006 (BAnz. 2006, S. 5427) – diese Anforderungen erfüllen können, ist umstritten, angesichts ihrer gleichfalls behördenintern verbindlichen Wirkung aber im Grundsatz zu bejahen (aA mit Blick auf den Zielvereinbarungscharakter Hauck/Noftz/Gutzler SGB IX § 165 Rn. 11; Cramer DB 2000, 2217, 2219; Braasch br 2001, 177): Als Verwaltungsvorschriften sind diese Erlasse für die weisungsgebundenen Dienststellen bindend und legen fest, auf welche Weise sowohl bei Ausschreibungen als auch bei Bewerbungen und der Besetzung freier Stellen zu verfahren ist, um sbM im öffentlichen Dienst bevorzugt einzustellen und zu beschäftigen. Ob sie dem Konkretisierungsgebot entsprechen und somit eine Inklusionsvereinbarung ersetzen können, hängt von ihrer inhaltlichen Detaillierung ab und ist Frage des Einzelfalls.

20 Soweit die bisherigen Erlasse den Anforderungen des neuen Rechts noch nicht genügen, müssen die bisherigen Erlasse und Richtlinien nachgebessert werden. Ggf. können sie auch dem neuen Recht entsprechend ausgelegt und angewandt werden, sodass nach wie vor anzunehmen ist, dass in vielen Dienststellen besondere Inklusionsvereinbarungen weiterhin nicht erforderlich sind.

§ 166 Inklusionsvereinbarung

(1) [1]Die Arbeitgeber treffen mit der Schwerbehindertenvertretung und den in § 176 genannten Vertretungen in Zusammenarbeit mit dem Inklusionsbeauftragten des Arbeitgebers (§ 181) eine verbindliche Inklusionsvereinbarung. [2]Auf Antrag der Schwerbehindertenvertretung wird unter Beteiligung der in § 176 genannten Vertretungen hierüber verhandelt. [3]Ist eine Schwerbehindertenvertretung nicht vorhanden, steht das Antragsrecht den in § 176 genannten Vertretungen zu. [4]Der Arbeitgeber oder die Schwerbehindertenvertretung kann das Integrationsamt einladen, sich an den Verhandlungen über die Inklusionsvereinbarung zu beteiligen. [5]Das Integrationsamt soll dabei insbesondere darauf hinwirken, dass unterschiedliche Auffassungen überwunden werden. [6]Der Agentur für Arbeit und dem Integrationsamt, die für den Sitz des Arbeitgebers zuständig sind, wird die Vereinbarung übermittelt.

(2) [1]Die Vereinbarung enthält Regelungen im Zusammenhang mit der Eingliederung schwerbehinderter Menschen, insbesondere zur Personalplanung, Arbeitsplatzgestaltung, Gestaltung des Arbeitsumfelds, Arbeitsorganisation, Arbeitszeit sowie Regelungen über die Durchführung in den Betrieben und Dienststellen. [2]Dabei ist die gleichberechtigte Teilhabe schwerbehinderter Menschen am Arbeitsleben bei der Gestaltung von Arbeitsprozessen und Rahmenbedingungen von Anfang an zu berücksichtigen. [3]Bei der Personalplanung werden besondere Regelungen zur Beschäftigung eines angemessenen Anteils von schwerbehinderten Frauen vorgesehen.

(3) In der Vereinbarung können insbesondere auch Regelungen getroffen werden

1. zur angemessenen Berücksichtigung schwerbehinderter Menschen bei der Besetzung freier, frei werdender oder neuer Stellen,
2. zu einer anzustrebenden Beschäftigungsquote, einschließlich eines angemessenen Anteils schwerbehinderter Frauen,
3. zu Teilzeitarbeit,
4. zur Ausbildung behinderter Jugendlicher,
5. zur Durchführung der betrieblichen Prävention (betriebliches Eingliederungsmanagement) und zur Gesundheitsförderung,
6. über die Hinzuziehung des Werks- oder Betriebsarztes auch für Beratungen über Leistungen zur Teilhabe sowie über besondere Hilfen im Arbeitsleben.

(4) In den Versammlungen schwerbehinderter Menschen berichtet der Arbeitgeber über alle Angelegenheiten im Zusammenhang mit der Eingliederung schwerbehinderter Menschen.

Übersicht

A. Entstehungsgeschichte

Das Gesetz zur Bekämpfung der Arbeitslosigkeit Schwerbehinderter v. 29.9.2000 (BGBl. I 1394) hat die Integrationsvereinbarung mWv 1.10.2000 als § 14b SchwbG 1 eingeführt. Die grundlegende Struktur der Norm wurde bis heute beibehalten. Mit Inkrafttreten des SGB IX am 1.7.2001 war die Norm in § 83 aF verortet. Das Gesetz zur Förderung der Ausbildung und Beschäftigung sbM v. 23.4.2004 (BGBl. I 606) fügte § 83 Abs. 2a aF (jetzt § 166 Abs. 3) hinzu. Das Gesetz zur Stärkung der Teilhabe und Selbstbestimmung von Menschen mit Behinderungen v. 23.12.2016 (BTHG) ersetzte den früheren Begriff der Integration durch den neuen Ausdruck „Inklusion"; Grundlage dafür ist das Inkrafttreten des Übereinkommens der Vereinten Nationen über die Rechte von Menschen mit Behinderungen am 26.3.2009 (BGBl. II 812) und die daraufhin ergangene Richtlinie zur Initiative Inklusion v. 9.9.2011 (eBAnz AT110 2011 B1). Das BTHG platzierte die Inklusionsvereinbarung mWv 1.1.2018 in § 166.

B. Normzweck

2 Die verbindliche Inklusionsvereinbarung soll die allgemeinen Beschäftigungs- und Förderpflichten der Arbeitgeber gegenüber den schwerbehinderten Beschäftigten betriebsbezogen konkretisieren (jurisPK-SGB IX/Fabricius § 166 Rn. 9). Die **Zielsetzung der Norm** hat sich stetig fortentwickelt: Der Entwurf der ursprünglichen Integrationsvereinbarung in § 14b SchwbG legte den Schwerpunkt auf die **Kooperation mit dem Arbeitsamt:** Durch die Übermittlung der Vereinbarung erhalte das Arbeitsamt einen Überblick über die innerbetrieblichen Gegebenheiten im Zusammenhang mit der Einstellung und Beschäftigung Schwerbehinderter; dies ermögliche ihm eine gezieltere Beratung der Arbeitgeber und erleichtere die Vorbereitung einer zielgerichteten Vermittlung arbeitsloser Schwerbehinderter durch entsprechende Qualifizierungsmaßnahmen (BT-Drs. 14/3372, 18 f.).

3 Der Gesetzgeber des **Gesetzes zur Förderung der Ausbildung und Beschäftigung sbM** v. 23.4.2004 fokussierte hingegen auf innerbetriebliche Vorteile und befand, die Vereinbarung sei besonders geeignet, betriebliche Belange im Zusammenhang mit der Eingliederung behinderter Menschen einvernehmlich zu regeln, den betrieblichen Erfordernissen Rechnung zu tragen, zum Betriebsfrieden beizutragen und damit störungsfreie Betriebsabläufe zu ermöglichen (BT-Drs. 15/1783, 15). Zur **Stärkung der Inklusionsvereinbarung** fügte er den heutigen § 166 Abs. 3 an. Die dort genannten überobligatorischen Regelungsgegenstände sollen die Verhandlungen über die Inhalte von Integrationsvereinbarungen erleichtern (BT-Drs. 15/1783, 15).

4 Ebenfalls der Verhandlungserleichterung dient die **Beteiligung des Integrationsamts** gemäß § 166 Abs. 1 S. 4 und 5. Aufgrund dessen neutraler Position sah der Gesetzgeber des BTHG das Integrationsamt als besonders geeignet an, durch das Aufzeigen von Lösungsvorschlägen Pattsituationen auszuräumen und den Abschluss einer Inklusionsvereinbarung zu befördern (BT-Drs. 18/9522, 314). § 166 Abs. 2 S. 3 dient schließlich der Gleichstellung der Geschlechter (BT-Drs. 18/9522, 307).

5 Maßgeblicher Leitgedanke der Inklusionsvereinbarung ist heute das Prinzip der **Inklusion.** Es soll eine gleichberechtigte Teilhabe von Menschen mit und ohne Behinderung in allen Lebensbereichen erreicht werden: „Inklusionsvereinbarungen sollen nicht nur Regelungen umfassen, die aufgrund bestehender Barrieren im Zusammenhang mit der Eingliederung schwerbehinderter Menschen notwendig sind. Vielmehr soll auf eine von vornherein **barrierefreie Gestaltung der Arbeitswelt** hingewirkt werden, indem die besonderen Belange von Menschen mit Behinderung bereits bei der Konzeption und Umsetzung innerbetrieblicher Strukturen und Prozesse bewusst und umfassend berücksichtigt werden. Potenziell exkludierend wirkende Faktoren sollen frühzeitig erkannt und vermieden werden, um Teilhabebeeinträchtigungen bereits vor deren Entstehen entgegenzuwirken" (BT-Drs. 18/9522, 314).

C. Tatbestandsvoraussetzungen

I. Normadressat

Die Pflicht zur Vereinbarung einer Inklusionsvereinbarung trifft **alle Arbeitgeber,** 6
sowohl private als auch öffentliche Arbeitgeber. Diese Vereinbarung ist grds. für alle Bereiche und Dienststellen zu treffen. Auf eine bestimmte Mindestgröße oder die Zahl der beschäftigten sbM kommt es nicht an. Auch ist es nicht erforderlich, dass der Betrieb oder die Dienststelle die Voraussetzungen des § 177 für die Wahl von Schwerbehindertenvertretungen erfüllt, also mindestens fünf sbM nicht nur vorübergehend beschäftigt, denn auch wenn eine Schwerbehindertenvertretung nicht vorhanden ist, können die in § 176 genannten Vertretungen wie Betriebs-, Personal-, Richterrat usw eine Integrationsvereinbarung verlangen. Die Mindestgröße ergibt sich daher entscheidend aus dem BetrVG sowie den entsprechenden Personalvertretungsgesetzen. Bei Anwendbarkeit des BetrVG sind somit als Mindestgröße die betriebsratsfähigen Betriebe von mindestens fünf wahlberechtigten Arbeitnehmern, von denen drei wählbar sind, anzusehen (vgl. § 1 Abs. 1 BetrVG). Im öffentlichen Dienst muss es sich um Dienststellen iSd PersVG handeln. Dort wird außerdem die Integrationsvereinbarung nach § 165 S. 5 durch die weithin geltenden Fürsorgeerlasse ersetzt, sofern diese tatsächlich durchgeführt werden (näher → § 165 Rn. 20 ff.).

Auch wenn für jeden Arbeitgeber die Verpflichtung besteht, für Betriebe und Dienst- 7
stellen Inklusionsvereinbarungen zu treffen, muss das nicht für jede solche Einheit getrennt erfolgen. Vielmehr kann ein Arbeitgeber mit mehreren Betrieben auch einheitlich eine solche Vereinbarung für alle Betriebe und Dienststellen abschließen. Es ist dann Aufgabe der **Gesamtvertretungen** nach § 180, entsprechende Verhandlungen zu beantragen und gemeinsam über solche Regelungen zu beraten. Wie im öffentlichen Dienst die an die Stelle von Integrationsvereinbarungen tretenden sog. Fürsorgeerlasse den Bund oder die Länder betreffen und damit einheitlich gelten, können für die Unternehmen auch Gesamtinklusionsvereinbarungen geschlossen werden, die betriebliche Verhandlungen für jeden Einzelbetrieb überflüssig machen.

II. Pflicht zur Verhandlung

Nach dem Gesetzeswortlaut („treffen" (§ 166 Abs. 1 S. 1); „wird … verhandelt" 8
(§ 166 Abs. 1 S. 2)) ist der Abschluss von Inklusionsvereinbarungen für den Arbeitgeber grds. **zwingend vorgeschrieben.** Der Arbeitgeber muss auf Verlangen der Schwerbehindertenvertretung oder an deren Stelle der anderen in § 176 genannten Vertretungen in Verhandlungen eintreten. Das Integrationsamt tritt nur hinzu, wenn es von einer der Verhandlungsseiten eingeladen wird.

Kommt trotz Verhandlungen eine Vereinbarung nicht zustande, besteht jedoch gesetz- 9
lich **kein Abschlusszwang** (so auch BeckOK SozR/Brose SGB IX § 166 Rn. 5; ErfK/Rolfs SGB IX § 166 Rn. 1; Seel br 2001, 61; aA Hauck/Noftz/Gutzler SGB IX § 166 Rn. 10). Die Schwerbehindertenvertretung hat keinen gesetzlichen Anspruch auf Abschluss einer Inklusionsvereinbarung (LAG Hamm 19.1.2007 – 13 TaBV 58/06, NZA-RR 2007, 535). Möglich ist allein eine freiwillige Schlichtung, mit der aber die Verhandlungspartner einverstanden sein und sich dem Spruch im Voraus unterwerfen oder ihn nachträglich annehmen müssen (entsprechend § 76 Abs. 6 BetrVG). Der Betriebsrat kann aber die Aufstellung von personellen Auswahlrichtlinien insbesondere zur Förderung sbM nach § 95 Abs. 2 BetrVG verlangen, auch wenn eine Integrationsvereinbarung möglich wäre (LAG Köln 3.5.2005 – 9 TaBV 76/04, NZA-RR 2006, 580).

III. Inhalt der Inklusionsvereinbarung

10 § 166 Abs. 2 gibt an, welchen Inhalt eine Inklusionsvereinbarung enthalten muss. Die Eingliederung sbM, die Personalplanung, die Arbeitsplatzgestaltung, das Arbeitsumfeld, Organisation und Zeit der Arbeit sind Aufgaben, die dem Arbeitgeber nach § 164 Abs. 4 obliegen und dort iE angeführt sind (→ § 164 Rn. 47 ff.). Die Inklusionsvereinbarung legt also fest, wie im Betrieb oder der Dienststelle zu verfahren ist, um diese Aufgaben des Arbeitgebers möglichst effektiv umzusetzen. Es soll verbindlich durch Vereinbarung mit der Schwerbehindertenvertretung und dem Betriebsrat oder den anderen Vertretungsorganen des § 176 bestimmt werden, wie verfahren wird, um sbM in Beschäftigung zu bringen und **behinderungsgerechte Arbeit** zu vermitteln, zu erhalten und zu fördern. Hervorgehoben wird dazu die besondere Förderung schwerbehinderter Frauen (§ 166 Abs. 2 S. 3). Das setzt natürlich voraus, dass entsprechende Angebote und Beschäftigungsmöglichkeiten vorhanden sind. So kann die Angemessenheit nur nach den einzelnen Umständen im Betrieb und der Dienststelle vorgegeben werden.

11 Die Inklusionsvereinbarung führt die **Verpflichtungen** zur Einstellung, Förderung, Beschäftigung und besonderen Fürsorge anhand der jeweiligen betrieblichen Gegebenheiten durch. Vor allem bei der Förderung und der Arbeitsplatzgestaltung, dem Umfeld und der Organisation sollte die Möglichkeit wahrgenommen werden, die **begleitende Hilfe der Integrationsämter** in Anspruch zu nehmen, die dazu sowohl dem Arbeitgeber als auch den einzelnen sbM begleitende Hilfen nach § 185 gewähren können. Deshalb ist es hilfreich, die Integrationsämter zu den Verhandlungen über den Abschluss einer Inklusionsvereinbarung hinzuzuziehen (§ 166 Abs. 1 S. 4). Dabei kann nicht nur Auskunft über die möglichen Hilfen gegeben, sondern zugleich festgelegt werden, was iE beantragt wird und wie in Zukunft mit dem Integrationsamt und dem Arbeitsamt zusammengearbeitet wird. So ist die Inklusionsvereinbarung zugleich auch die Verfahrensordnung, wie bei Einstellungen oder Personalplanungen und Verbesserungen zur Lage der sbM vorgegangen wird (jurisPK-SGB IX/Fabricius § 166 Rn. 19). Dazu gehört auch die Festlegung von Anträgen, Vereinbarungen über die Mitteilungspflichten, die Einsichtnahme und die Gestaltung im Betrieb.

12 § 166 Abs. 3 nennt weitere, fakultativ zu treffende Regelungen, um Anregungen für weitere sinnvolle Regelungsgegenstände zu geben und damit die Verhandlungen zu erleichtern (BT-Drs. 15/1783, 15; Cramer NZA 2004, 703). Inklusionsvereinbarungen können sehr vielfältig sein. Das vom Bundesministerium für Arbeit und Soziales geförderte Informationssystem REHADAT führt 128 Beispiele für Inklusionsvereinbarungen nach neun Kategorien gegliedert auf (https://www.rehadat-gutepraxis.de/de/inklusionsvereinbarungen/index.html, abgerufen am 22.12.2022).

D. Umfang und Rechtsfolgen

I. Rechtsnatur der Inklusionsvereinbarung

13 Die Inklusionsvereinbarung ist gemäß § 166 Abs. 1 S. 1 verbindlich. Die genaue Rechtsform ist nicht vorgegeben. Als verbindliche Vereinbarung zwischen Arbeitgeber, Schwerbehindertenvertretung und der jeweiligen in § 176 genannten Vertretung muss man annehmen, dass es sich um eine **Betriebs- oder Dienstvereinbarung** handelt, die neben und unabhängig von BetrVG und PersVG in § 166 vorgesehen und mit Normcharakter ausgestattet ist (ebenso Kossens/von der Heide/Maaß/Kossens SGB IX § 83 Rn. 4 mwN.; je nach Inhalt KKW/Kohte SGB IX § 166 Rn. 17).

Teils wird die Vereinbarung als **mehrseitiger kollektivrechtlicher Vertrag sui generis** eingestuft (Hauck/Noftz/Gutzler SGB IX § 166 Rn. 28; LPK-SGB IX/Düwell § 166 Rn. 10; Müller-Wenner/Schorn/Müller-Wenner SGB IX Teil 2 § 83 Rn. 7; HessLAG 17.1.2012 – 15 Sa 549/11, BeckRS 2012, 68661). Die Argumente des LAG Hessen gegen die Einordnung als Betriebs- oder Dienstvereinbarung überzeugen indes nicht. Wenn es aus dem Wortlaut des § 166 (§ 83 aF), der anders als § 77 Abs. 4 BetrVG keine unmittelbare und zwingende Wirkung anordnet, anders als § 77 Abs. 5 BetrVG keine Kündbarkeit und anders als § 77 Abs. 6 BetrVG keine Nachwirkung vorsieht, folgert, § 166 sei keine Betriebsvereinbarung, scheint dies zirkelschlüssig. Schließlich sind § 77 Abs. 4–6 BetrVG Rechtsfolgen, die gerade aus der Einordnung als Betriebsvereinbarung resultieren und daher nicht in § 166 wiederholt werden. Auch das Argument, über die Inklusionsvereinbarung verhandele anders als bei einer Betriebsvereinbarung vorrangig die Schwerbehindertenvertretung, und § 77 BetrVG sehe dies nicht vor, trägt nicht: Der Betriebsrat bzw. die entsprechende Vertretung ist gem. § 166 Abs. 1 unabdingbarer Verhandlungs- und Vertragspartner, während eine Schwerbehindertenvertretung gar nicht existieren muss (§ 166 Abs. 1 S. 3). Zudem zieht das LAG Hessen die auf die Vermittlung arbeitsloser sbM gerichtete Gesetzesbegründung zu § 14b SchwbG heran, um gegen eine Pflicht aus der Inklusionsvereinbarung zu argumentieren. Diese vermag jedoch den heutigen Normzweck nicht mehr treffend abzubilden (→ Rn. 2, 5). 14

Im Gegenteil entspricht es dem Leitgedanken des Gesetzes zur Stärkung der Teilhabe und Selbstbestimmung von Menschen mit Behinderungen, die Inklusionsvereinbarung als Betriebsvereinbarung einschließlich einklagbarer Rechte anzusehen. Eine Einordnung als Vertrag sui generis würde eine Vielzahl offener Fragen aufwerfen; eine derartige Rechtsunsicherheit wäre der Realisierung der angestrebten selbstbestimmten Teilhabe sbM abträglich. 15

Da ein Zwang zum Abschluss nicht vorgesehen ist (→ Rn. 9) und auch keine Straf- oder Bußgeldvorschrift bei Verstößen besteht, kann die Inklusionsvereinbarung nur einer **freiwilligen Betriebsvereinbarung** gleichgestellt werden, die nicht erzwungen werden kann. 16

Der normative Inhalt gilt rechtlich bindend für das Vorgehen bei der Einstellung, Beschäftigung und Gestaltung des Arbeitsplatzes und muss von beiden Seiten befolgt und umgesetzt werden. Die Einhaltung der Normen einer Inklusionsvereinbarung ist wie die Einhaltung einer freiwilligen Betriebsvereinbarung **gerichtlich überprüfbar.** Bei Nichteinhaltung kann das richtige Vorgehen **gerichtlich durchgesetzt** werden. Das Gericht kann dem Arbeitgeber auferlegen, bestimmte Maßnahmen zu unterlassen oder durchzuführen. 17

Bestehende Inklusionsvereinbarungen können nach Maßgabe des jeweils geltenden Rechts (BetrVG, BPersVG, LPersVG) **gekündigt** werden, obwohl dies – ebenso wenig wie die Normwirkung (dazu → Rn. 13 ff.) – in § 166 ausdrücklich vorgesehen ist. Dass eine Kündigungsmöglichkeit existieren muss, folgt bereits daraus, dass wie bei allen Dauerregelungen eine Festschreibung auf ewige Zeiten für alle Beteiligten nicht interessengerecht wäre. Es müssen Möglichkeiten bestehen, sich von einer Vereinbarung zu lösen, sie zu verändern oder neuen Gegebenheiten anzupassen. Für Betriebsvereinbarungen besteht die Regelung, dass sie mit einer Frist von drei Monaten gekündigt werden können, wenn nichts anderes vereinbart ist (§ 77 Abs. 5 BetrVG). Soweit in der Inklusionsvereinbarung Kündigungsmöglichkeiten nicht angesprochen werden, wird man mangels anderer Anhaltspunkte von dieser Frist für eine Kündigung auszugehen haben, sofern nicht gleiche oder abweichende Kündigungsfristen aus anwendbarem Personalvertretungsrecht folgen oder außerordentliche Gründe zu einer fristlosen Kündigung vorliegen. 18

Sehr fraglich ist, welche Rechtsfolgen nach einer Kündigung eintreten. Auf der einen Seite könnte die Tatsache, dass eine verbindliche Inklusionsvereinbarung vom Gesetz zwingend vorgeschrieben ist, eine **Nachwirkung** der gekündigten Normen zur Folge 19 haben, weil sonst bis zum Abschluss einer neuen Vereinbarung keine Regelung besteht. Andererseits steht der Abschluss nicht unter Zwang und kann nicht durchgesetzt werden, sodass die Inklusionsvereinbarung einer freiwilligen Betriebsvereinbarung gleichzusetzen ist, für die eine Nachwirkung generell abgelehnt wird, vgl. § 77 Abs. 6 BetrVG (BAG 26.4.1990 – 6 AZR 278/88, AP BetrVG 1972 § 77 Nachwirkung Nr. 4; 21.8.1990 – 1 ABR 73/89, AP BetrVG 1972 § 77 Nachwirkung Nr. 5; 28.4.1998 – 1 ABR 43/97, NZA 1998, 1348; 18.11.2003 – 1 AZR 604/02, AP BetrVG 1972 § 77 Nachwirkung Nr. 15). Angesichts der Tatsache, dass die Inklusionsvereinbarung iErg nur die Fortführung und Durchführung ohnehin schon gesetzlich bestehender Verpflichtungen regelt und damit in die Rechte und Pflichten von Arbeitgeber und sbM nicht unmittelbar eingegriffen, sondern nur der Ablauf geregelt wird, der auch ohne Vereinbarung gestaltet werden muss, ist es richtig, eine Nachwirkung **abzulehnen** (so auch ErfK/Rolfs SGB IX § 166 Rn. 3). Angesichts der Rechtsnatur als freiwilliger Betriebs- oder Dienstvereinbarung hätte eine Nachwirkung besonders gesetzlich angeordnet werden müssen. Nach Kündigung oder Ablauf einer bestehenden Inklusionsvereinbarung besteht daher nur ein Anspruch auf Neuverhandlung (aA für Nachwirkung LPK-SGB IX/Düwell § 166 Rn. 16; für Nachwirkung bei entsprechender Vereinbarung KKW/Kohte SGB IX § 166 Rn. 22).

II. Bericht in Versammlungen

20 § 166 Abs. 4 verpflichtet den Arbeitgeber, in den Versammlungen sbM über alle Angelegenheiten im Zusammenhang mit der Eingliederung sbM zu berichten: Gemäß § 178 Abs. 6 S. 1 hat die Schwerbehindertenvertretung das Recht, mindestens einmal im Kalenderjahr eine Versammlung sbM im Betrieb oder in der Dienststelle durchzuführen. Auf diese Versammlungen sind die für Betriebs- und Personalversammlungen geltenden Vorschriften entsprechend anzuwenden (§ 178 Abs. 6 S. 2). Der Bericht nach § 166 Abs. 4 ist **in jeder Versammlung** zu erstatten und nicht nur einmal im Jahr, wie es § 43 Abs. 2 S. 3 BetrVG bezüglich des Personal- und Sozialwesens vorsieht.

21 Eine besondere Form ist für den Bericht nicht vorgeschrieben. Es kann mündlich berichtet, aber auch ein schriftlicher Bericht vorgelegt werden. Wichtig ist, dass Gelegenheit zu Nachfragen und Erörterungen gegeben wird. Die **Berichtspflicht** erschöpft sich nicht in einer einseitigen Darstellung, sondern wird ergänzt, wenn zusätzliche Fragen und Probleme auftauchen. Der Arbeitgeber ist nicht verpflichtet, persönlich aufzutreten oder als juristische Person durch ein Vorstandsmitglied vertreten zu sein. Vielmehr kann diese Verpflichtung auch durch einen dazu berufenen **Vertreter** übernommen werden. Insbesondere ist es möglich, dass der Inklusionsbeauftragte des Arbeitgebers (§ 181) die Berichtspflicht übernimmt. Er ist am besten über alle Angelegenheiten der sbM unterrichtet und kann deshalb auch häufig besser Auskunft geben und weitere Fragen beantworten als der Arbeitgeber persönlich. Das folgt auch aus der entsprechenden Anwendung des Rechts der Betriebs- und Personalversammlungen (§ 178 Abs. 6 S. 2), denn in § 43 Abs. 2 S. 3 BetrVG betrifft die Berichtspflicht ausdrücklich den Arbeitgeber oder seinen Vertreter.

22 Die Berichtspflicht besteht unabhängig von dem tatsächlichen Abschluss einer Inklusionsvereinbarung (jurisPK-SGB IX/Fabricius § 166 Rn. 32). Die systematische Stellung in § 166 verdeutlicht jedoch, dass über die Bestrebungen des Arbeitgebers hinsichtlich der in § 166 Abs. 2 und 3 genannten Inhalte berichtet werden muss.

III. Sanktionen

Die Bußgeldvorschriften des § 238 beziehen sich nicht auf **Inklusionsvereinbarungen.** Der Nichtabschluss einer Inklusionsvereinbarung stellt keine Ordnungswidrigkeit dar. Ist eine verbindliche Inklusionsvereinbarung jedoch getroffen, ist sie gerichtlich durchsetzbar (→ Rn. 17). Bei fortgesetzten groben Verstößen gegen die Inklusionsvereinbarung greifen die Rechtsfolgen des § 23 Abs. 3 BetrVG bzw. vergleichbarer personalvertretungsrechtlicher Vorschriften. Im Übrigen hängen die eintretenden Rechtsfolgen vom jeweiligen Inhalt der Inklusionsvereinbarung ab. Soweit die Inklusionsvereinbarung Vorgaben etwa bzgl. der personellen Auswahl (zB bei Einstellungen oder Versetzungen sbM) enthält, kann sie zugleich Auswahlrichtlinie iSd § 95 BetrVG sein. Jedenfalls berechtigt ein Verstoß des Arbeitgebers gegen die Inklusionsvereinbarung bei einer personellen Einzelmaßnahme den Betriebsrat zur Zustimmungsverweigerung nach § 99 Abs. 2 Nr. 1 (oder 2) BetrVG, den Personalrat ggf. zur Zustimmungsverweigerung nach dem – enger gefassten – § 77 Abs. 2 Nr. 1 iVm § 76 Abs. 2 Nr. 8 BPersVG (bzw. entsprechenden Vorschriften der LPersVGe). 23

Lehnt der Arbeitgeber trotz Antrag der Schwerbehindertenvertretung die Verhandlungsaufnahme über den Abschluss einer Inklusionsvereinbarung ab, kann die Schwerbehindertenvertretung gem. § 2a Abs. 1 Nr. 3a ArbGG iVm § 178 Abs. 1 S. 1, 2 Nr. 1 ein arbeitsgerichtliches Beschlussverfahren einleiten (LPK-SGB IX/Düwell § 166 Rn. 78). 24

§ 167[1] Prävention

(1) Der Arbeitgeber schaltet bei Eintreten von personen-, verhaltens- oder betriebsbedingten Schwierigkeiten im Arbeits- oder sonstigen Beschäftigungsverhältnis, die zur Gefährdung dieses Verhältnisses führen können, möglichst frühzeitig die Schwerbehindertenvertretung und die in § 176 genannten Vertretungen sowie das Integrationsamt ein, um mit ihnen alle Möglichkeiten und alle zur Verfügung stehenden Hilfen zur Beratung und mögliche finanzielle Leistungen zu erörtern, mit denen die Schwierigkeiten beseitigt werden können und das Arbeits- oder sonstige Beschäftigungsverhältnis möglichst dauerhaft fortgesetzt werden kann.

(2) [1] Sind Beschäftigte innerhalb eines Jahres länger als sechs Wochen ununterbrochen oder wiederholt arbeitsunfähig, klärt der Arbeitgeber mit der zuständigen Interessenvertretung im Sinne des § 176, bei schwerbehinderten Menschen außerdem mit der Schwerbehindertenvertretung, mit Zustimmung und Beteiligung der betroffenen Person die Möglichkeiten, wie die Arbeitsunfähigkeit möglichst überwunden werden und mit welchen Leistungen oder Hilfen erneuter Arbeitsunfähigkeit vorgebeugt und der Arbeitsplatz erhalten werden kann (betriebliches Eingliederungsmanagement). [2] Beschäftigte können zusätzlich eine Vertrauensperson eigener Wahl hinzuziehen. [3] Soweit erforderlich, wird der Werks- oder Betriebsarzt hinzugezogen. [4] Die betroffene Person oder ihr gesetzlicher Vertreter ist zuvor auf die Ziele des betrieblichen Eingliederungsmanagements sowie auf Art und Umfang der hierfür erhobenen und verwendeten Daten hinzuweisen. [5] Kommen Leistungen zur Teilhabe oder begleitende Hilfen im Arbeitsleben in Betracht, werden vom Arbeitgeber die Rehabilitationsträger oder bei schwerbehinderten Beschäftigten das Integrationsamt hinzugezogen. [6] Diese wirken darauf hin, dass die erforderlichen Leistungen oder Hilfen unverzüglich beantragt und innerhalb der Frist des § 14 Absatz 2 Satz 2 erbracht werden. [7] Die zuständige Interessenvertretung im Sinne des § 176, bei schwerbehinderten Menschen außerdem die Schwerbehindertenvertre-

[1] § 167 Abs. 2 Satz 2 eingef., bish. Sätze 2–7 werden Sätze 3–8 mWv 10.6.2021 durch G v. 2.6.2021 (BGBl. I 1387).

tung, können die Klärung verlangen. [8] Sie wachen darüber, dass der Arbeitgeber die ihm nach dieser Vorschrift obliegenden Verpflichtungen erfüllt.

(3) Die Rehabilitationsträger und die Integrationsämter können Arbeitgeber, die ein betriebliches Eingliederungsmanagement einführen, durch Prämien oder einen Bonus fördern.

Monographien zum BEM: Baasch, Reflexion des betrieblichen Eingliederungsmanagements, 2013, Strukturen des betrieblichen Eingliederungsmanagements, 2015; Baßlsperger, Betriebliches Eingliederungsmanagement (BEM) und Beendigung von Arbeits- und Beamtenverhältnissen wegen Krankheit, 2011; Berner, Grundlagen des betrieblichen Eingliederungsmanagements nach § 84 SGB IX, 2008; Beseler, Betriebliches Eingliederungsmanagement, 11. Aufl. 2022; Britschgi, BEM – Betriebliches Eingliederungsmanagement, 6. Aufl. 2022; Dobner, Chefsache betriebliches Eingliederungsmanagement: Neueste Entwicklungen und Stand der Rechtsprechung, 2015; Feldes/Niehaus/Faber, Werkbuch BEM – Betriebliches Eingliederungsmanagement, 2. Aufl. 2021; Feichtinger/Wagner, Betriebliches Eingliederungsmanagement, 2. Aufl. 2022; Gels/Richter, Betriebliches Eingliederungsmanagement (BEM) 4. Aufl. 2019; Giesert/Reuter/Liebrich, Betriebliches Eingliederungsmanagement 4.0, 2018; Giesert/Weßling, Betriebliches Eingliederungsmanagement in Großbetrieben, 2012; Grimm, Anforderungen an das betriebliche Eingliederungsmanagement (BEM), 2017; Hahn/Baumeister, Betriebliches Eingliederungsmanagement im Unternehmen, 2008; Hinze, Das betriebliche Eingliederungsmanagement nach § 84 Abs. 2 SGB IX, 2018; Klein, Betriebliches Eingliederungsmanagement, 2017; Lukmann, Betriebliches Eingliederungsmanagement – Ein praktikables Instrument zum Erhalt der Beschäftigungsfähigkeit von Mitarbeitern?, 2015; Maisch, Betriebliches Eingliederungsmanagement als Wirksamkeitsvoraussetzung für krankheitsbedingte Kündigung, 2014; Rehfeldt, Betriebliches Management, 2017; Riechert/Habib, Betriebliches Eingliederungsmanagement bei Mitarbeitern mit psychischen Störungen, 2017; Richter, Das betriebliche Eingliederungsmanagement, 25 Praxisbeispiele, 3. Aufl. 2022; Richter/Geis, Betriebliches Eingliederungsmanagement, 3. Aufl. 2017; Romahn, Betriebliches Eingliederungsmanagement, 2010; Schils, Das betriebliche Eingliederungsmanagement im Sinne des § 84 Abs. 2 SGB IX, 2009; Schmidt, Gestaltung und Durchführung des BEM, 3. Aufl. 2023; Schwab, Das betriebliche Eingliederungsmanagement (BEM), JM 2018, 150; Stöpel/Lange/Voß, Betriebliches Eingliederungsmanagement in der Praxis – inkl. Arbeitshilfen online, 2. Aufl. 2019; Volk, Betriebliches Eingliederungsmanagement in kleinen und mittleren Kommunalverwaltungen, 2015; Wicher/Borstel, Betriebliches Eingliederungsmanagement. Handeln – aber wie?, 2008; Wullenkord, Arbeitsrechtliche Kernfragen des Betrieblichen Eingliederungsmanagements in der betrieblichen Praxis, 2014.

Übersicht

A. Entstehungsgeschichte

1 § 167 Abs. 1 entspricht im Grundsatz dem früheren § 14c SchwbG, der durch das Gesetz zur Bekämpfung der Arbeitslosigkeit Schwerbehinderter v. 29.9.2000 (BGBl. I 1394) mWv 1.10.2000 eingeführt wurde. Das SGB IX überführte die Vorschrift in § 84

Abs. 1 aF und ergänzte sie um die zusätzliche Einschaltung des Integrationsamts. Gleichzeitig wurde § 84 Abs. 2 aF eingefügt: War ein sbM länger als drei Monate ununterbrochen arbeitsunfähig oder sein Beschäftigungsverhältnis aus gesundheitlichen Gründen gefährdet, schaltete der Arbeitgeber mit Zustimmung des sbM die Schwerbehindertenvertretung, im Fall von behinderten oder von Behinderung bedrohten Menschen die zuständige Interessenvertretung ein (BGBl. 2001 I, 1046). § 84 Abs. 2 aF wurde durch das Gesetz zur Förderung der Ausbildung und Beschäftigung sbM v. 23.4.2004 (BGBl. I 606) erweitert, um ein betriebliches Eingliederungsmanagement (BEM) bei gesundheitlichen Störungen aufzustellen, Werks- oder Betriebsärzte hinzuzuziehen und die Leistungen in kurzer Frist zu erbringen (vgl. BT-Drs. 15/1783, 15 f.; Cramer NZA 2004, 703; Gagel NZA 2004, 1359); zudem wurde die Mindestdauer der Krankheit auf sechs Wochen verkürzt. Das BTHG platzierte die Norm in § 167 und ersetzte in § 167 Abs. 2 S. 4 die früheren „örtlichen gemeinsamen Servicestellen" durch den jetzigen Begriff der „Rehabilitationsträger". Nach der Begründung folgt daraus die Pflicht, auf Beratungsangebote und Leistungen anderer Träger hinzuweisen und die Pflicht, Leistungen „wie aus einer Hand" zu erbringen (BR-Drs. 428/16, 314 zu § 167). Abs. 2 S. 2 wurde durch das Teilhabestärkungsgesetz v. 2.6.2021 (BGBl. I 1387) mWv 10.6.2021 eingefügt.

B. Normzweck

Unterschieden werden muss zwischen § 167 Abs. 1 einerseits und § 167 Abs. 2 und 3 andererseits. Beide Verfahren bezwecken die **Stabilisierung des Beschäftigungsverhältnisses** (KKW/Kohte SGB IX § 167 Rn. 1), knüpfen jedoch an unterschiedliche Ausgangspunkte an. 2

§ 167 **Abs. 1** betrifft personen-, verhaltens- oder betriebsbedingte Schwierigkeiten im Arbeits- oder sonstigen Beschäftigungsverhältnis. Durch betriebliche Prävention sollen derartige Schwierigkeiten möglichst gar nicht erst entstehen und gegebenenfalls möglichst früh behoben werden (BT-Drs. 14/3372, 19). Hierzu soll die Hilfestellung der genannten Einrichtungen frühzeitig und effektiv in Anspruch genommen werden. Die Einschaltung der Schwerbehindertenvertretung, des Betriebs- oder Personalrats und der anderen Vertretungen des § 176 soll rechtzeitig die Durchführung von Maßnahmen ermöglichen, die den Bestand des Arbeits- und Beschäftigungsverhältnisses sichern. Schon vor der bei Kündigungen gebotenen Anhörung soll gemeinsam versucht werden, die entstehenden eventuellen Kündigungsgründe zu beseitigen. Bei länger andauernder Arbeitsunfähigkeit greift § 167 Abs. 2 als lex specialis vor der allgemeinen Konfliktprävention. 3

§ 167 **Abs. 2** wurde eingefügt, um frühzeitig möglichen Gefährdungen des Arbeitsverhältnisses aus gesundheitlichen Gründen begegnen zu können (BT-Drs. 14/5074, 113). Der Gesetzgeber des Gesetzes zur Förderung der Ausbildung und Beschäftigung sbM reagierte mit der Einfügung des BEM zum einen darauf, dass viele Abgänge in die Arbeitslosigkeit noch immer aus Krankheitsgründen erfolgten, zum anderen darauf, dass die Integrationsämter vor Beantragung einer Zustimmung zur Kündigung noch zu wenig eingeschaltet wurden, damit rechtzeitig präventive Maßnahmen ergriffen werden konnten (BT-Drs. 15/1783, 16). Die Regelung soll der Gesundheitsprävention am Arbeitsplatz dadurch einen stärkeren Stellenwert verschaffen, dass die Akteure unter Mitwirkung des Betroffenen zur Klärung der zu treffenden Maßnahmen verpflichtet werden (BT-Drs. 15/1783, 16). Entgegen dem Gesetzeswortlaut geht es nicht um den Erhalt des „Arbeitsplatzes", sondern des „Arbeitsverhältnisses"; das BAG interpretiert die missglückte Formulierung zu Recht als Redaktionsversehen des Gesetzgebers (BAG 20.11.2014 – 2 AZR 755/13, BAGE 150, 117, Rn. 32). Mit Hilfe des BEM können jedoch Weiterbeschäftigungsmöglichkeiten auf einem anderen – ggf. „freizumachenden" 4

– Arbeitsplatz erkannt und entwickelt werden mit dem Ziel, das Arbeitsverhältnis zu erhalten (BAG 20.5.2020 – 7 AZR 100/19, NZA 2020, 1194 unter Verweis auf BAG 17.4.2019 – 7 AZR 292/17, NZA 2019, 1355, Rn. 32; vgl. zu § 33 Abs. 3 TV-L BAG 30.8.2017 – 7 AZR 204/16, BAGE 160, 150, Rn. 39; 27.7.2011 – 7 AZR 402/10, NZA 2012, 944, Rn. 60).

4a Das BEM selbst stellt nach zutreffender Einschätzung des BAG **keine „angemessene Vorkehrung"** iSv Art. 5 RL 2000/78/EG oder von Art. 27 Abs. 1 S. 2 Buchst. i iVm Art. 2 Unterabs. 3 und Unterabs. 4 UN-BRK dar (BAG 7.9.2021 – 9 AZR 571/20, NZA 2022, 403, Rn. 20; aA MünchAwHb SozR/Nebe, § 20 Rn. 10), sondern dient dazu, die im konkreten Fall erforderlichen Maßnahmen zur Verwirklichung des Schutzzwecks der genannten Normen zu ermitteln.

C. Tatbestandsvoraussetzungen und Verfahren

I. Allgemeine Konfliktprävention, Abs. 1

5 Die Regelung des § 167 Abs. 1 richtet sich an Arbeitgeber, die sbM oder diesen gleichgestellte behinderte Menschen (§§ 2 Abs. 3, 151) beschäftigen. Trotz des uneingeschränkten Wortlauts findet die Vorschrift nach Normzweck und systematischer Einbindung nur auf **deren** Arbeitsverhältnisse Anwendung; dies wird nicht zuletzt auch durch die Einbeziehung von Schwerbehindertenvertretung und Integrationsamt deutlich. Es kommt nicht darauf an, ob der Arbeitgeber beschäftigungspflichtig ist oder nicht oder ob er sbM über die Pflichtarbeitsplatzquote (→ § 154 Rn. 13 ff., → § 157 Rn. 3 ff.) hinaus beschäftigt. Es geht stets um den **Schutz der beschäftigten sbM** und zwar in allen „Beschäftigungsverhältnissen", also auch für Beamte und Richter nach § 211 Abs. 1 und 2 sowie für Soldaten nach § 211 Abs. 3. Letzteres gilt, obwohl in § 211 Abs. 3 S. 1 der § 167 nicht explizit aufgeführt ist; es handelt sich um eine Vorschrift der persönlichen Rechtsstellung iSd § 211 Abs. 3 S. 2.

5a Ferner greift die Vorschrift unabhängig vom Erreichen eines Schwellenwerts, dh unabhängig von der Betriebs- oder Unternehmensgröße. Trotz des bestandschutzrechtlichen Hintergrundes sind auch Wartezeit (§ 1 Abs. 1 KSchG) oder Probezeit für die Anwendung der Vorschrift ohne Bedeutung. Der 8. Senat des BAG legte § 84 Abs. 1 aF zwar dahingehend aus, dass der Arbeitgeber während der Wartezeit iSd § 1 Abs. 1 KSchG nicht verpflichtet sei, ein Präventionsverfahren einzuleiten (BAG 21.4.2016 – 8 AZR 402/14, AP SGB IX § 84 Nr. 6 Rn. 27 ff.). Dies ist in der Literatur angesichts des Regelungszwecks von § 167 jedoch zu Recht auf Kritik gestoßen (KKW/Kohte SGB IX § 167 Rn. 9; Wietfeldt SAE 2017, 22 (29); Schmitt BB 2017, 2293 (2298); ErfK/Rolfs SGB IX § 167 Rn. 1; Kohte jurisPR-ArbR 2/2018 Anm. 1; LPK-SGB IX/Düwell § 167 Rn. 12).

6 Die Anknüpfung der Regelung an „personen-, verhaltens- und betriebsbedingte Schwierigkeiten" verweist auf die Formulierung in § 1 Abs. 2 KSchG, wonach eine **Kündigung** ebenfalls aus Gründen in der Person, dem Verhalten oder aus dringenden betrieblichen Gründen gerechtfertigt sein kann. Diese Gründe, an die auch § 167 Abs. 1 anknüpft, sind umfassend; sie reichen bei den Gründen in der Person von der Eignung, Krankheit bis zu Alkohol- und Drogensucht (ausf. NK-GesArbR/Kerwer § 1 KSchG Rn. 407 ff.), im Verhalten von privaten Telefongesprächen und Internetnutzung, unentschuldigtem Fehlen und laufendem Zuspätkommen, Alkoholmissbrauch, Anzeigen gegen den Arbeitgeber, Betriebsfriedensverstößen bis zu Tätlichkeiten und sonstigen Straftaten (ausf. NK-GesArbR/Kerwer § 1 KSchG Rn. 757 ff.). Die dringenden betrieblichen Gründe reichen von der Arbeitsverdichtung bis zur Rationalisierung, dem Umsatzrückgang und der Unrentabilität (ausf. NK-GesArbR/Weber § 1 KSchG Rn. 1073 ff.). Solche

möglichen Kündigungsgründe sollen bereits im Vorfeld erfasst und nach Möglichkeit beseitigt werden, bevor sie das Beschäftigungsverhältnis gefährden oder sogar zur Kündigung führen.

Soweit die Auffassung vertreten wird, bei Gründen zur **außerordentlichen Kündigung** 7 greife die Vorschrift nicht ein, weil die kurzen Zweiwochenfristen des § 174 Abs. 2 und § 626 Abs. 2 BGB einzuhalten seien, sodass die Überlegungen nach § 167 Abs. 1 sich nicht mit dem Zeitdruck bei außerordentlichen Kündigungen vertrügen (so Knittel SGB IX, 10. Aufl. 2017, § 84 Rn. 23), kann dem nur für die Fälle eines einzelnen, besonders schwerwiegenden Grundes zur außerordentlichen Kündigung zugestimmt werden. Häufig kommt es aber auch deshalb zur fristlosen Entlassung, weil ein Zustand erst durch länger andauerndes Verhalten unzumutbar wird. In dieser Konstellation kann durchaus im Vorfeld eingegriffen werden, bevor die Gründe zu einer fristlosen Kündigung so eskalieren, dass ein Fall des § 626 BGB daraus wird (vgl. auch LAG RhPf 30.4.2008 – 7 Sa 43/08, BeckRS 2008, 55390 Rn. 46, das die Anwendung des § 84 Abs. 1 aF zwar im zu entscheidenden Fall, nicht jedoch generell für den Fall eines außerordentlichen Kündigungsgrundes verneint).

Die Maßnahmen des § 167 Abs. 1 sind im Gegensatz zum Vorgehen nach § 167 8 Abs. 2 unabhängig von der Zustimmung oder Einwilligung des betroffenen sbM (VG Berlin 4.4.2007 – VG 61 A 28/06, RDV 2009, 79). Auch bei Gründen in der Person des sbM, die durchaus sensibel sein und die Intimsphäre berühren können, soll zur Rettung des Beschäftigungsbestandes eine frühzeitige Aufklärung mit der Suche nach Abhilfe vorgenommen werden. Es ist hier auch schwer vorstellbar, dass sich der betroffene sbM gegen solche Erörterungen und Einschaltungen Dritter wehrt, geht es doch um seine zukünftige Beschäftigung. Trotzdem muss der Persönlichkeitsschutz gewahrt bleiben, sodass die Erörterung personenbezogener Daten idR der **Einwilligung** des Betroffenen bedarf. Dies folgt heute bereits allgemein aus Art. 6 DS-GVO. Besonders sensibel sind insofern Krankengespräche (LAG Hmb 21.5.2008 – H 3 TaBV 1/08, AiB 2009, 232 m. Anm. Müller) und die namentliche Bekanntgabe der Arbeitsunfähigkeit (OVG Bln-Bbg 20.11.2008 – 60 PV 9.07, PersR 2009, 149 m. Anm. Timmermann S. 170), die „besondere personenbezogene Daten" iSd Art. 9 DS-GVO betreffen und deren Erörterung somit dem besonderen Schutz des Art. 9 DS-GVO unterliegt; zu Systematik und Besonderheiten des Sozialdatenschutzes vgl. KKW/Greiner SGB I § 35 Rn. 1 ff.

Die Schwerbehindertenvertretung, die jeweilige Personalvertretung und das Integrati- 9 onsamt können auf alle Beteiligten einwirken, um die aufgetretenen Schwierigkeiten zu beseitigen. Der betroffene Arbeitnehmer ist zu beteiligen, dh zunächst anzuhören und über alle Maßnahmen zu unterrichten. Ihm ist stets die Möglichkeit zur Einflussnahme einzuräumen. Insbesondere die zur Verfügung stehenden Mittel zur begleitenden Hilfe lassen sich unter Mithilfe des Arbeitnehmers sachgerecht einsetzen.

Die Einschaltung soll „möglichst frühzeitig" erfolgen. Eine präzise Zeitangabe ist nicht 10 möglich, sondern richtet sich nach den jeweiligen Umständen. Letztlich dürfte ein „unverzügliches" Tätigwerden gemeint sein, sodass die notwendigen Maßnahmen **ohne schuldhaftes Zögern** (vgl. § 121 BGB) sofort nach Bekanntwerden der Umstände, die ein Eingreifen erfordern, ergriffen werden sollen. Jedenfalls müssen die Maßnahmen ergriffen werden, bevor die Gefährdung so groß wird, dass eine Kündigung schon in Betracht zu ziehen ist. Nicht nur die **Kündigung als Endpunkt,** sondern schon die Entwicklung dahin soll unterbrochen und verhindert werden. Deshalb ist nicht erst im unmittelbaren Vorfeld der Kündigung mit Anhörung und Zustimmungserfordernis, sondern möglichst schon lange vor diesem Zeitpunkt das Verfahren nach § 167 Abs. 1 einzuleiten.

Nicht genannt ist in § 167 Abs. 1 die Bundesagentur für Arbeit; sie ist deshalb nicht 11 hinzuzuziehen. Dies ist auch plausibel, weil Zweck des Verfahrens nach § 167 Abs. 1 ja gerade die Vermeidung der Beendigung des Arbeitsverhältnisses ist. Zwar gibt es auch für die Arbeitsverwaltung die besonderen Aufgaben bei der Beschäftigung sbM, vor allem muss die Teilhabe sbM am Arbeitsleben auf dem allgemeinen Arbeitsmarkt durch sie gefördert werden (§ 187 Abs. 1 Nr. 3). Die begleitende Hilfe ist aber in erster Linie Aufgabe der **Integrationsämter** (§ 185 Abs. 1 S. 1 Nr. 3), die sich ihrerseits ggf. schon auf Grund der engen Zusammenarbeit nach § 184 mit der Arbeitsagentur in Verbindung setzen, sodass es einer besonderen Heranziehung der Arbeitsverwaltung nicht bedarf.

II. Spezielle Gesundheitsprävention, Abs. 2 und 3, BEM

1. Rechtspflicht oder Obliegenheit?

12 Seit Inkrafttreten der Regelung zum BEM ist die Rechtsnatur der in Abs. 2 normierten Vorgabe umstritten: Teilweise vertreten wird, es handele sich um eine echte Rechtspflicht des Arbeitgebers, andere halten Abs. 2 für eine im eigenen Interesse des Arbeitgebers zu erfüllende Obliegenheit, wieder andere sehen in Abs. 2 einen Programmsatz ohne Rechtsfolgen, was insbesondere mit dem in Abs. 3 normierten positiven Anreizsystem begründet wird. In der jüngeren Rechtsprechung des BAG wird teilweise explizit von einer „Pflicht" des Arbeitgebers gesprochen, andererseits aber betont, dass es an einem korrespondierenden (Primär)Anspruch des Arbeitnehmers auf Durchführung eines BEM fehlt (BAG 7.9.2021 – 9 AZR 571/20, NZA 2022, 403; krit. Schunder NJW 2022, 1700). Die kündigungsrechtlichen Rechtswirkungen (→ Rn. 18 ff.) geben Abs. 2 allerdings bislang primär den Charakter einer **kündigungsrechtlichen Obliegenheit,** die der Arbeitgeber im eigenen Interesse im Hinblick auf die Ermittlung „milderer Mittel" iSd kündigungsrechtlichen Ultima-ratio-Grundsatzes beachten muss, um dem Betroffenen wirksam (idR krankheitsbedingt) kündigen zu können.

12a Daneben treten in jüngster Rechtsprechung allerdings Wirkungen, die sich nur mit einem echten **Pflichtcharakter** des Abs. 2 erklären lassen: So erkennt das BAG richtigerweise einen Schadensersatzanspruch an, wenn im Rahmen bzw. als Ergebnis eines BEM die Versetzung auf einen leidensgerechten Arbeitsplatz in Betracht – ggf. nach Erweiterung des vertraglichen Tätigkeitsprofils (exemplarisch BAG 3.12.2019 – 9 AZR 78/19, NZA 2020, 578; 14.10.2020 – 5 AZR 649/19, NZA 2021, 406; mit gleicher Tendenz bereits – die Frage im Rahmen des BEM allerdings offenlassend – BAG 13.8.2009 – 6 AZR 330/08, NZA-RR 2010, 420; dazu ausf. Greiner RdA 2013, 9 ff.; krit. Kaiser RdA 2015, 76) – gekommen wäre, der Arbeitgeber dies aber unterlassen hat. Diese Verknüpfung von BEM und arbeitsrechtlichem Leistungsstörungsrecht lässt erkennen, dass eine Verletzung der im Rahmen des BEM bestehenden Vorgaben eine Pflichtverletzung iSd § 280 I BGB beinhaltet. Richtigerweise kommt Abs. 2 damit eine **Doppelnatur** zu: Die Handlungsvorgabe an den Arbeitgeber ist einerseits kündigungsrechtliche Obliegenheit, andererseits arbeitsvertragliche Pflicht (i. Erg. ähnlich Deinert Handbuch SGB IX, § 18, Rn. 11; LPK-SGB IX/Düwell § 167 Rn. 76; KKW/Kohte § 167 Rn. 15; Cramer/Ritz/Schian § 84 Rn. 23; Besgen Schwerbehindertenrecht Rn. 177; Kossens/von der Heide/Maaß/Kossens, 4. Aufl. 2015, SGB IX § 84 Rn. 17; MAH SozR/Plagemann, Teil D. SGB V § 20 Rn. 3; Fabricius jurisPK-SGB IX, 3. Aufl., § 167 SGB IX, Rn. 21; Arnold/Fischinger BB 2007, 1894; aA – rechtliche Verbindlichkeit verneinend – Namendorf/Natzel DB 2005, 1794, 1796 f.); die Rechtsfolgen ergeben sich dabei jeweils aus dem Zusammenspiel mit anderen Regelungssystemen – etwa dem Kündigungs- und Schadensersatzrecht –, da es sich bei Abs. 2 um einen „unvollständigen Rechtssatz" handelt (Brose DB 2005, 390, 391 f.).

2. Zustimmung des Betroffenen

12b Der mWv 1.7.2001 eingefügte und mWv 1.5.2005 erweiterte § 167 Abs. 2 enthält zusätzliche Präventivmaßnahmen für den Fall von Störungen im Arbeitsverhältnis aus Gesundheitsgründen. Die Gesundheit oder deren Mangel ist in hohem Maße Teil der Privat- oder Intimsphäre eines jeden Menschen. Deshalb ist das betriebliche Eingliеderungsmanagement (BEM) an die **Zustimmung und Beteiligung der betroffenen Person** gebunden; in ihr liegt zugleich die Einwilligung in den notwendigen Datenaustausch iSd Art. 7 DS-GVO. Ohne die ausdrückliche Zustimmung des Betroffenen darf keine Stelle unterrichtet oder eingeschaltet werden. Bis zur Äußerung der betroffenen Person sind alle Daten, also auch Arbeitsunfähigkeit und deren Gründe sowie Gesundheitsfragen, persönliche Angelegenheit des Betroffenen und dürfen nicht nach außen dringen oder sonst bekannt werden. Die Zustimmung setzt voraus, dass die Absicht der Einschaltung der betroffenen Person genau bekannt gemacht wird und sie sich frei äußern kann. Deshalb kommt eine konkludente Zustimmung aus den Umständen heraus kaum in Betracht. Auf der anderen Seite kann auch eine unbestimmte Äußerung ausreichen, die hinreichend klar als Äußerung von Zustimmung gedeutet werden kann. Zur Sicherung des Datenschutzes ist auf die erhobenen und verwendeten Daten nach S. 3 besonders hinzuweisen. **Verstöße** gegen die datenschutzrechtlichen Bindungen können – neben den spezifischen datenschutzrechtlichen Konsequenzen – zur Folge haben, dass es an der ordnungsgemäßen Durchführung eines BEM fehlt (LAG BW 20.10.2021 – 4 Sa 70/20, ZD 2022, 243).

Nach wie vor umstritten ist die Frage, ob der **„Teilnehmerkreis“** des BEM für den **12c** einzelnen Betroffenen **dispositiv** ist, er also der Übermittlung seiner sensiblen (vgl. BAG 20.11.2014 – 2 AZR 755/13, BAGE 150, 117, Rn. 32) gesundheitsbezogenen Daten an die zuständige Interessenvertretung iSd § 176 (insbes. Betriebs- oder Personalrat sowie bei sbM die Schwerbehindertenvertretung) widersprechen kann bzw. dieser aktiv zustimmen muss. Letztlich geht es dabei um die Auslegung des Passus „mit Zustimmung und Beteiligung der betroffenen Person“, Abs. 2 S. 1. Das Gesetz scheint davon auszugehen, dass ein BEM immer unter Einbeziehung der genannten kollektiven Interessenvertretungen stattfinden muss, der Betroffene aber gleichfalls zwingend zu beteiligen ist und es seiner „Einwilligung“ bedarf. Damit scheint das Gesetz insgesamt einerseits von einem zwingend kollektivrechtlichen Durchführungsmodus des BEM („Kollektiv-BEM“), andererseits aber infolge des Einwilligungserfordernisses von der individuellen Dispositivität des BEM auszugehen. Jedenfalls die erste Facette dieser Deutung ist durch die mit Gesetz vom 2.6.2021 (Teilhabestärkungsgesetz, BGBl. I 1387) erfolgte Einfügung von Abs. 2 S. 2 bestärkt worden, indem dort die „zusätzliche“ Hinzuziehung einer Vertrauensperson vorgesehen wird.

Das BAG rechnete zunächst die Hinzuziehung der gesetzlich dafür vorgesehenen **12d** Stellen, Ämter und Personen einerseits zu den „Mindeststandards“ für ein BEM (BAG 20.11.2014 – 2 AZR 755/13, BAGE 150, 117, Rn. 30), betonte andererseits aber in derselben Entscheidung das Einwilligungserfordernis (BAG 20.11.2014 – 2 AZR 755/13, BAGE 150, 117, Rn. 31). In jüngerer Rspr. betont das BAG die Möglichkeit eines BEM ohne Einbeziehung der betrieblichen Interessenvertretung:

Jene Stimmen in der Literatur, die ein BEM unter Hinzuziehung der im Gesetz **12e** genannten Gremien auch dann für geboten halten, wenn der Betroffene nicht einwilligt bzw. einer Datenübermittlung an die Interessenvertretungsgremien sogar widerspricht (LPK-SGB IX/Düwell, § 167 Rn. 69, Kempter/Steinat NZA 2015, 840, 841; KKW/Kohte § 167 Rn. 24), missachten den Gesetzeswortlaut, der – als Ausformung einer gesetzgeberischen Grundrechtsabwägung/Grundrechtskonkordanz – eindeutig eine Einwilligung voraussetzt, sowie die Vorgaben der DS-GVO, welche gerade bei besonders sensiblen personenbezogenen Daten der Selbstbestimmung des Betroffenen hohes Gewicht beimisst (vgl. insbes. Art. 9 DS-GVO). Der genannten Ansicht ist freilich zuzugestehen, dass damit Missbrauchsgefahren eröffnet werden: Ein Arbeitgeber, der das BEM umgehen möchte, könnte versucht sein, auf den Betroffenen einzuwirken, die Einwilligung zu verweigern bzw. der Datenübermittlung an die Interessenvertretung zu widersprechen. Dieser Manipulationsgefahr muss rechtlich aber anders begegnet werden als durch eine Abschaffung der individuellen Entscheidungsmacht contra legem. Die im Gesetz nur vermeintlich angelegte Alternativität zwischen „Kollektiv-BEM“ und einem

Entfall des BEM darf nicht zu dem Fehlschluss verleiten, dass in letzterer Fallvariante gar nicht nach Möglichkeiten zur Abwendung der krankheitsbedingten Kündigung gesucht werden muss. Vielmehr entspringt die Obliegenheit (und Pflicht) zur Suche nach leidensgerechten Weiterbeschäftigungsmöglichkeiten in dieser Konstellation unmittelbar dem kündigungsrechtlichen **Ultima-ratio-Grundsatz** bzw. dem mit diesem verknüpften arbeitsvertraglichen Pflichtenprogramm (zu dessen Deutung im Lichte der kündigungsrechtlichen Obliegenheiten Greiner RdA 2013, 9 ff.), sodass der Arbeitgeber ohnehin kündigungsrechtlich gehalten ist, im Zusammenwirken mit dem Betroffenen eine Art „Individual-BEM" durchzuführen (ohne dass diese Obliegenheit und Pflicht in § 167 Abs. 2 zu verorten wäre). Zu diesem Dialog kommt es spätestens im **Kündigungsschutzprozess,** denn aus Sicht des BAG hat der Arbeitgeber dann „von sich aus denkbare oder vom Arbeitnehmer bereits genannte Alternativen zu würdigen und im Einzelnen darzulegen, aus welchen Gründen die Beschäftigung auf einem anderen Arbeitsplatz ausscheidet"; der Arbeitnehmer hat sich seinerseits „hierauf substantiiert einzulassen und darzulegen, wie er sich selbst seine Weiterbeschäftigung vorstellt" (BAG 20.5.2020 – 7 AZR 100/19, NZA 2020, 1194, Rn. 27). Zu Recht bejaht daher die hM, dass im Rahmen des BEM der betroffene Arbeitnehmer über die Beteiligung oder Nichtbeteiligung der kollektiven Interessenvertretungen **disponieren** kann; er hat insofern ein persönlichkeitsschützendes Wahlrecht (Wullenkord, Arbeitsrechtliche Kernfragen des Betrieblichen Eingliederungsmanagements in der betrieblichen Praxis, 2014, S. 70; jurisPK-SGB IX/ Fabricius § 167 Rn. 29, 49 f., der zwar in dem Wahlrecht des Arbeitnehmers einen systematischen Bruch mit dem Betriebsverfassungsrecht sieht, eine Durchführung des BEM ohne Beteiligung der Interessenvertretungen aber für möglich hält; Besgen Schwerbehindertenrecht Rn. 180; ErfK/Rolfs SGB IX § 167 Rn. 5; Kossens/von der Heide/Maaß/Kossens, 4. Aufl. 2015, SGB IX § 84 Rn. 30; vgl. auch bereits BVerwG 23.6.2010 – 6 P 8/09, NZA-RR 2010, 554).

12f § 167 Abs. 2 regelt somit in systematischer Hinsicht lediglich einen **Teilausschnitt** der kündigungsrechtlichen Obliegenheiten und arbeitsvertraglichen Pflichten des Arbeitgebers, ohne den Rückgriff auf das allgemeine kündigungsrechtliche Ultima-ratio-Prinzip in nicht erfassten Fallkonstellationen zu versperren. Diese systematische Einordnung des BEM verdeutlicht zugleich, dass sich Durchbrechungen der Grundstrukturen des kündigungsrechtlichen Ultima-ratio-Prinzips im Rahmen des BEM nicht rechtfertigen lassen. Auch im Rahmen des BEM ist daher lediglich nach einem freien oder freiwerdenden leidensgerechten Arbeitsplatz zu suchen. Die jüngste Rspr. des BAG scheint darüber hinauszugehen, wenn sie postuliert, dass im Rahmen des BEM ein leidensgerechter Arbeitsplatz ggf. auch **„freizumachen"** ist (so ohne nähere Ausführungen zur Reichweite des „Freimachens" BAG 20.5.2020 – 7 AZR 100/19, NZA 2020, 1194, Rn. 27; vgl. auch bereits BAG 17.4.2019 – 7 AZR 292/17, NZA 2019, 1355, Rn. 32; zutr. dagegen noch BAG 20.11.2014 – 2 AZR 664/13, NZA 2015, 931, insbes. Rn. 26 ff.). Richtigerweise sind nur solche Arbeitsplätze einzubeziehen, die nach allgemeinen kündigungsrechtlichen Maßstäben für eine Weiterbeschäftigung als milderes Mittel in Betracht zu ziehen sind. Die Pflichtenbindung des Arbeitgebers kann auch im Rahmen des BEM nicht erfordern, andere Arbeitsplätze durch Direktionsrechtsausübung freizumachen oder mit anderen Arbeitnehmern in Verhandlungen über eine einvernehmliche Versetzung einzutreten; erst recht kann nicht die „Freikündigung" von Arbeitsplätzen geschuldet sein. Allenfalls muss der Arbeitgeber bei ohnehin aktuell geäußerten Versetzungswünschen anderer Arbeitnehmer die dann gegebene Dispositionsmöglichkeit in das BEM einbringen.

3. Persönlicher und sachlicher Anwendungsbereich

13 Die weitere Besonderheit des § 167 Abs. 2 ist die **Ausdehnung** auf **behinderte und von Behinderung bedrohte Menschen,** also auf alle von §§ 1 und 2 Abs. 1 erfassten Personen

ohne Rücksicht darauf, ob sie sbM iSd § 2 Abs. 2 oder gleichgestellte Behinderte iSd § 151 sind (BAG 12.7.2007 – 2 AZR 716/06, NZA 2008, 173 Rn. 35; 7.2.2012 – 1 ABR 46/10, NZA 2012, 744 Rn. 9; jurisPK-SGB IX/Fabricius § 167 Rn. 26; Schrader/Klagges NZA-RR 2009, 169, 174). Dies folgt eindeutig aus dem Wortlaut des § 167 Abs. 2 S. 1, der für den Sonderfall der Betroffenheit eines sbM die Hinzuziehung der Schwerbehindertenvertretung anordnet. Abgesehen von diesem Sonderfall greift § 167 Abs. 2 über den sonstigen Geltungsbereich von Teil 3 SGB IX hinaus, weshalb nicht nur das Integrationsamt, sondern auch die Rehabilitationsträger eingeschaltet werden. Auch hier sind nicht nur Arbeitnehmer, sondern auch Beamte, Richter und Soldaten erfasst (für Beamte BVerwG 4.9.2012 – 6 P 5/11, NZA-RR 2013, 164 Rn. 12). Aus Sicht das BAG setzt die Durchführung eines BEM nicht voraus, dass bei dem betroffenen Arbeitnehmer eine Behinderung vorliegt (vgl. BAG 2.6.2022 – 8 AZR 191/21, NZA 2022, 146, Rn. 48; 30.9.2010 – 2 AZR 88/09, BAGE 135, 361, Rn. 27; 12.7.2007 – 2 AZR 716/06, BAGE 123, 234, Rn. 35; 20.11.2014 – 2 AZR 755/13, BAGE 150, 117, Rn. 28); ebenso die hM im Schrifttum (Deinert Handbuch SGB IX, § 18, Rn. 10; LPK-SGB IX/Düwell § 167 Rn. 62; Besgen Schwerbehindertenrecht Rn. 177; LKB KSchG/Krause § 1 Rn. 341; Schrader/Klagges NZA-RR 2009, 169, 174; aA – v. a. unter Verweis auf den systematischen Standort im SGB IX: Brose DB 2005, 390 (390 f.); Arnold/Fischinger BB 2007, 1894; Namendorf/Natzel DB 2005, 1794 (1794 f.); Balders/Lepping NZA 2005, 854; ErfK/Rolfs, SGB IX § 167 Rn. 4). Dies ist auch richtig, da die Begriffe der lang anhaltenden Krankheit bzw. gesteigerten Morbiditätsneigung und der Behinderung ohnehin nicht gänzlich trennscharf abgrenzbar sind. Der Anwendungsbereich des SGB IX erfasst zudem auch „von Behinderung bedrohte Menschen" (§ 1); dieser Begriff ist bei Langzeit- oder häufig wiederkehrend Erkrankten regelmäßig einschlägig. Der Rekurs auf den Beschäftigtenbegriff in § 167 Abs. 2 ist dagegen für sich genommen – entgegen BAG 2.6.2022 – 8 AZR 191/21, NZA 2022, 146, Rn. 48 – nicht aussagekräftig, da er im Lichte und Rahmen der Geltungsbereichsvorschrift des § 1 interpretiert werden muss.

Der **Begriff der Arbeitsunfähigkeit** ist ebenso zu verstehen wie im Rahmen des – gesetzgeberisch durch § 167 in Bezug genommen – § 3 Abs. 1 EFZG (BAG 13.3.2012 – 1 ABR 78/10, NZA 2012, 748, Rn. 14 mwN; 21.11.2018 – 7 AZR 394/17, NZA 2019, 309, Rn. 41; zu § 3 EFZG: MHdB ArbR/Greiner § 80 Rn. 12 ff. mwN); er ist keiner Konkretisierung durch die beteiligten Parteien zugänglich (BAG 13.3.2012 – 1 ABR 78/10, NZA 2012, 748 Rn. 14; 21.11.2018 – 7 AZR 394/17, NZA 2019, 309 Rn. 41). Arbeitsunfähigkeit liegt vor, wenn der Betroffene auf Grund von Krankheit seine zuletzt vor der Arbeitsunfähigkeit ausgeübte Tätigkeit nicht mehr oder nur unter der Gefahr der Verschlimmerung der Erkrankung ausführen kann (vgl. § 2 Abs. 1 S. 1 der Arbeitsunfähigkeits-Richtlinie idF vom 14.11.2013 idF v. 17.11.2022, BAnz AT 16.12.2022 B2). Warum ein Betroffener innerhalb eines Jahres länger als sechs Wochen ununterbrochen oder wiederholt arbeitsunfähig ist und ob der Grund dafür mit einer Behinderung in Zusammenhang steht, ist nicht erheblich. Maßgeblich ist jeweils der Zeitraum eines Jahres; es kommt nicht auf das Kalenderjahr an. Unerheblich ist auch, in wie viele Zeitabschnitte sich die Sechs-Wochen-Frist aufteilt: Auch wenn sich häufige Kurzerkrankungen innerhalb eines Jahres zu sechs Wochen summieren, soll nach § 167 Abs. 2 vorgegangen werden (BAG 24.3.2011 – 2 AZR 170/10, NZA 2011, 992; Gagel/Schian br 2006, 46). Nach Rspr. des BAG kommt es dabei allein auf den Umfang, nicht auf eine einheitliche Ursache der Erkrankungen an. Auch aus Krankheiten, die auf unterschiedlichen Grundleiden beruhen, könne sich, insbes. wenn sie auf eine generelle Krankheitsanfälligkeit des Arbeitnehmers hindeuten, eine Gefährdung des Arbeitsverhältnisses ergeben, der das BEM entgegenwirken soll (so BAG 21.11.2018 – 7 AZR 394/17, NZA 2019, 309, 313; 20.11.2014 – 2 AZR 755/13, NZA 2015, 612, Rn. 31; ebenso Rose/Ghorai BB 2011, 949 (951); Kossens/von der Heide/Maaß/Kossens, § 84 Rn. 24; KKW/Kohte § 167 Rn. 20; Deinert NZA 2010, 969, 971; Kempter/Steinat NZA 2015, 840; 14

Besgen Schwerbehindertenrecht Rn. 178; aA – einheitliches Grundleiden erforderlich – Balders/Lepping NZA 2005, 854, 855; mit ähnlicher Tendenz auch Schiefer/Borchard DB 2011, 2435). Dafür kommt es aus Sicht des BAG allein auf die Gesamtheit der Fehltage und nicht darauf an, ob einzelne durchgehende Krankheitsperioden den Zeitraum von sechs Wochen überschritten (vgl. BAG 24.3.2011 – 2 AZR 170/10, NZA 2011, 993, Rn. 19; 20.11.2014 – 2 AZR 755/13, NZA 2015, 612, Rn. 28). Dies ist plausibel: Wenn ein Behinderter oder von Behinderung Bedrohter derart lange oder wiederholt nicht arbeitsfähig ist, muss das Arbeits- oder Beschäftigungsverhältnis stets als bedroht angesehen werden, insbes. da die Rechtsprechung zur Kündigung wegen häufiger Kurzerkrankungen sich ebenfalls an der Sechs-Wochen-Frist des § 3 Abs. 1 EFZG orientiert (BAG 7.11.2002 – 2 AZR 599/01, AP KSchG § 1 Krankheit Nr. 40; 22.10.2015 – 2 AZR 550/14, ASP KSchG 1969 § 2 Nr. 167; 25.4.2018 – 2 AZR 6/18, NZA 2018, 1056; näher Greiner RdA 2007, 22). Bei Langzeiterkrankungen kommt eine krankheitsbedingte Kündigung zwar erst nach deutlich längerer Arbeitsunfähigkeit in Betracht (exemplarisch BAG 21.5.1992 – 2 AZR 399/91, AP KSchG 1969 § 1 Krankheit Nr. 30, eineinhalb Jahre; 29.4.1999 – 2 AZR 431/98, AP KSchG 1969 § 1 Krankheit Nr. 36, 24 Monate; 18.1.2007 – 2 AZR 759/05, AP KSchG 1969 § 1 Krankheit Nr. 44, Ungewissheit der Genesung; 20.11.2014 – 2 AZR 664/13, AP KSchG 1969 § 1 Krankheit Nr. 53, auf Dauer; 13.5.2015 – 2 AZR 565/14, AP KSchG 1969 § 1 Krankheit Nr. 54: mehrere Jahre); in diesen Konstellationen markiert die Sechs-Wochen-Grenze des § 3 Abs. 1 EFZG aber den Zeitpunkt, an dem die Entgeltfortzahlung endet und der Arbeitnehmer den bis dahin ruhenden Krankengeldanspruch (§§ 44 ff. SGB V) geltend macht. Neben das Interesse der Arbeitsvertragsparteien an einer Wiederherstellung der Arbeitsfähigkeit tritt somit ergänzend das Interesse der Solidargemeinschaft, die Belastung durch Krankengeldbezug schnell wieder entbehrlich zu machen. Die **soziale Rechtfertigung einer krankheitsbedingten Kündigung** ist in drei Stufen zu prüfen: 1. Prognose, 2. Erhebliche Beeinträchtigung betrieblicher oder unternehmerischer Interessen, 3. Interessenabwägung (BAG 20.11.2014 – 2 AZR 664/13, AP KSchG 1969 § 1 Krankheit Nr. 53 Rn. 13; 25.4.2018 – 2 AZR 6/18, NZA 2018, 1056; ausführlich Lepke, Kündigung bei Krankheit, 16. Aufl. 2018 Rn. 456 ff.). Maßstab ist immer, ob die Kündigung zur Beseitigung der Vertragsstörung erforderlich und angemessen ist. Die gebotene Verhältnismäßigkeitsprüfung (kündigungsrechtliches Ultima-ratio-Prinzip) erfordert es, vorrangig die Abwendung der Vertragsbeendigung insbes. durch Versetzung auf einen leidensgerechten Arbeitsplatz oder andere Mittel – insbes. auch im Rahmen des BEM – zu versuchen.

4. Durchführung des BEM

15 Der **Zeitpunkt zur Einleitung** des BEM nach § 167 Abs. 2 ist für den Fall der sechswöchigen Arbeitsunfähigkeit durch deren Ablauf festgelegt. Bereits unmittelbar nach Erreichen dieser Fehlzeiten soll versucht werden, mit Zustimmung des Betroffenen eine weitere Bestandsgefährdung des Beschäftigungsverhältnisses abzuwenden. Bei der Gefährdung aus gesundheitlichen Gründen gilt nichts anderes als nach § 167 Abs. 1, auch wenn hier ein „möglichst frühzeitiges" Vorgehen nicht explizit verlangt wird. Wenn aber zB wegen Minderung der Leistungsfähigkeit eine Gefährdung eintritt, kann man gar nicht früh genug die erforderlichen Maßnahmen ergreifen, um den Bestandsschutz zu gewährleisten. Einerseits soll der Sachverhalt klar eine hinreichende krankheitsbedingte Störung des Leistungsaustauschs und daraus resultierende Bestandsgefährdung des Arbeitsverhältnisses erkennen lassen; andererseits muss dann so schnell wie möglich eingegriffen werden. Ggf. ist das BEM erneut durchzuführen, wenn es beim ersten Versuch keine nachhaltige Verbesserung der Beschäftigungsfähigkeit ergeben hat (LAG Düsseldorf 20.10.2016 – 13 Sa 356/16, ZTR 2017, 322).

16 Ein konkreter **Verfahrensablauf** oder zwingende Inhalte sind vom Gesetz nicht vorgesehen (BAG 10.12.2009 – 2 AZR 198/09, NZA 2010, 639); die Durchführung eines BEM ist auf verschiedene Weisen möglich (BAG 20.11.2014 – 2 AZR 755/13, NZA 2015, 612, Rn. 30). Es muss allerdings immer darauf ausgerichtet sein, eine an den Zielen des BEM orientierte Klärung im Sinne eines offenen „Suchprozesses" (BAG 7.9.2021 – 9 AZR 571/20, NZA 2022, 257, Rn. 9) ernsthaft zu versuchen (BAG 20.11.2014 – 2 AZR 755/13, NZA 2015, 612, Rn. 30). Regelungen zur Durchführung des BEM können jedoch in der Inklusionsvereinbarung getroffen werden, § 166 Abs. 3 Nr. 5. Regelmäßig dürfte – als grobe Orientierung – eine Abfolge von sechs Verfahrensschritten sachgerecht sein: Feststellung der Arbeitsunfähigkeit, Kontakt, Gespräch, Fallbesprechung, Identifizierung möglicher Maßnahmen, Durchführung zielorientierter Maßnahmen.

16a Es ist Sache des Arbeitgebers, die **Initiative** zur Durchführung des BEM zu ergreifen (BAG 7.2.2012 – 1 ABR 46/10, NZA 2012, 744, Rn. 9; 24.3.2011 – 2 AZR 170/10, NZA 2011, 993, Rn. 23; 30.8.2017 – 7 AZR 204/16, AP TV-L § 33 Nr. 3, Rn. 44; 20.11.2014 – 2 AZR 755/13, NZA 2015, 612, Rn. 31; 7.2.2012 – 1 ABR 46/10, NZA 2012, 744, Rn. 9; 24.3.2011 – 2 AZR 170/10, NZA 2011, 993, Rn. 23). Dies schließt ein aktives Hinwirken auf die Zustimmung des Arbeitnehmers zur Durchführung eines BEM ein (BAG 17.4.2019 – 7 AZR 292/17, NZA 2019, 1355, Rn. 38). Bei der Durchführung muss der Arbeitgeber eine bestehende betriebliche Interessenvertretung, das Einverständnis des Arbeitnehmers vorausgesetzt (→ Rn. 12c), hinzuziehen (BAG 20.11.2014 – 2 AZR 755/13, NZA 2015, 612, Rn. 31).

16b Für eine regelkonforme Einleitung des BEM erforderlich ist eine **zutreffende Unterrichtung** des Arbeitnehmers durch den Arbeitgeber, die den Hinweis auf die Ziele des BEM sowie auf Art und Umfang der hierfür erhobenen und **verwendeten Daten** einschließt (BAG 17.4.2019 – 7 AZR 292/17, NZA 2019, 1355, Rn. 38; 13.5.2015 – 2 AZR 565/14, NZA 2015, 1249, Rn. 25; 20.11.2014 – 2 AZR 664/13, NZA 2015, 931, Rn. 38; 24.3.2011 – 2 AZR 170/10, NZA 2011, 993, Rn. 23). Diese – vom Arbeitgeber beweisbar zu dokumentierende – Unterrichtung dient in sachgemäßer Weise auch der Manipulationsprävention (→ Rn. 12e). Ferner muss der Arbeitnehmer darüber belehrt werden, dass er dem BEM auch unter der Maßgabe zustimmen kann, dass eine Beteiligung der betrieblichen Interessenvertretung unterbleibt (BAG 17.4.2019 – 7 AZR 292/17, NZA 2019, 1355, Rn. 38; 22.3.2016 – 1 ABR 14/14, NZA 2016, 1283, Rn. 11, 30, → Rn. 12b f.). Die Belehrung soll dem Arbeitnehmer die Entscheidung ermöglichen, ob er dem betrieblichen Eingliederungsmanagement zustimmt oder nicht. Stimmt der Arbeitnehmer trotz ordnungsgemäßer Aufklärung nicht zu, ist das Unterlassen eines förmlichen BEM für die soziale Rechtfertigung einer krankheitsbedingten Kündigung unschädlich (BAG 17.4.2019 – 7 AZR 292/17, NZA 2019, 1355, Rn. 38) und begründet auch keine sonstigen (Schadensersatz)Ansprüche des Arbeitnehmers (zu den Rechtsfolgen → Rn. 18 ff.). Für die Praxis ist zu empfehlen, die Unterrichtung **mindestens in Textform** durchzuführen, um die Inhalte der Unterrichtung später nachvollziehen und belegen zu können und die Kenntnisnahme durch den Betroffenen bestätigen zu lassen.

16c Der **Werks- oder Betriebsarzt** wird nach § 167 Abs. 2 S. 2 **hinzugezogen**, soweit dies im Rahmen der Planungen nach § 167 Abs. 2 S. 1 erforderlich ist. Im Rahmen seiner allgemeinen Aufgabe, den Arbeitgeber beim Arbeitsschutz und bei der Unfallverhütung zu unterstützen und in Fragen des Gesundheitsschutzes zu beraten (§ 1 S. 2, § 3 Abs. 1 S. 1 ASiG) kann die Nutzung des betriebsärztlichen Sachverstands bei der Klärung helfen, ob von dem Arbeitsplatz Gefahren für die Gesundheit des Arbeitnehmers ausgehen und künftig durch geeignete Maßnahmen vermieden werden können (§ 3 Abs. 1 S. 2 ASiG; so BAG 20.11.2014 – 2 AZR 755/13, NZA 2015, 1979, Rn. 35). Allein die Konsultation des Betriebsarztes durch den Arbeitgeber kann für sich genommen die Pflicht bzw. Obliegnheit (→ Rn. 12 f.) zur Durchführung eines BEM aber nicht erfüllen (BAG 20.11.2014 – 2 AZR 755/13, NZA 2015, 1979, Rn. 35). Dementsprechend dürfte es auch **nicht zulässig** sein, die Durchführung des BEM vollumfänglich auf den Betriebsarzt zu **delegieren** (str.; für Zulässigkeit: Wullenkord, Arbeitsrechtliche Kernfragen des BEM in der betrieblichen Praxis, S. 152; aA Cramer/Ritz/Schian SGB IX, 6. Aufl., § 84 Rn. 31; die Frage offenlassend BAG 20.11.2014 – 2 AZR 755/13, NZA 2015, 1979, Rn. 36), weil dann die entscheidende Perspektive des Arbeitgebers fehlt.

16d Ferner hat der Arbeitgeber gemäß § 167 Abs. 2 S. 4 die **Rehabilitationsträger** bzw. bei sbM das **Integrationsamt** einzubeziehen, wenn Leistungen oder begleitende Hilfen förderlich sein können, das Beschäftigungsverhältnis auf Dauer zu erhalten. Diesen Stellen obliegt es, die erforderlichen Maßnahmen unverzüglich in die Wege zu leiten; sie haben darauf hinzuwirken, dass die Leistungen und Hilfen in der Drei-Wochen-Frist des § 14 Abs. 2 S. 2 erbracht werden. Den **zuständigen Vertretungen** iSd § 176 und ggf. der Schwerbehindertenvertretung sind die Mitwirkung an der Abklärung geeigneter Maßnahmen und Hilfen sowie die Überwachung der Aufgabenerfüllung ausdrücklich als zusätzliche Pflicht auferlegt (LAG Hmb 21.5.2008 – H 3 TaBV 1/08, AiB 2009, 232 m. Anm. Müller; OVG Bln-Bbg 20.11.2008 – 60 PV 9.07, PersR 2009, 170 m. Anm. Zimmermann S. 149). Dennoch ist das BEM auch dann durchzuführen, wenn keine Interessenvertretung iSd § 176 gebildet wurde (BAG 30.9.2010 – 2 AZR 88/09, NZA 2011, 39; 21.11.2018 – 7 AZR 394/17, NZA 2019, 309, Rn. 38). Unterfällt das Arbeitsverhältnis nicht dem deutschen Vertragsstatut, findet auch kein Präventionsverfahren statt (BAG 22.10.2015 – 2 AZR 720/14, AP SGB IX § 85 Nr. 13). Der Betriebsrat kann unter Einhaltung des Datenschutzes verlangen, dass ihm der Arbeitgeber die Arbeitnehmer benennt, welche die Voraussetzungen für die Durchführung des BEM erfüllen (BAG 7.2.2012 – 1 ABR 46/10, AP SGB IX § 84 Nr. 4; 13.3.2012 – 1 ABR 78/10, AP BetrVG 1972 § 87 Nr. 18; 22.3.2016 – 1 ABR 14/14, AP SGB IX § 84 Nr. 5). Zur Schulung des Betriebsrates vgl. BAG 28.9.2016 – 7 AZR 699/14, NZA 2017, 69. Während der Arbeitsunfähigkeit kann der Arbeitnehmer nicht zum BEM in den Betrieb geladen werden (BAG 2.11.2016 – 10 AZR 596/15, NZA 2017, 183).

17 Der Arbeitgeber hat grundsätzlich ein neuerliches BEM durchzuführen, wenn der Arbeitnehmer innerhalb eines Jahres nach Abschluss eines BEM erneut länger als sechs Wochen durchgängig oder wiederholt arbeitsunfähig erkrankt war (BAG 18.11.2021 – 2 AZR 138/21, NZA 2022, 253; hierzu Salamon/Maaß NZA 2022, 384).

D. Rechtsfolgen

1. Grundsatz

18 **Unmittelbar in § 167 geregelte Rechtsfolgen** hat weder die Verletzung von Abs. 1 noch von Abs. 2. § 167 scheint eine rechtsfolgenlose Norm zu sein, was in der Vergangenheit teilweise dazu veranlasste, darin einen bloßen Programmsatz oä zu sehen. Die Bestimmungen haben weder eine Straf- noch eine Bußgeldandrohung. § 167 findet sich nicht im Bußgeldkatalog des § 238. Die imperative Formulierung („der Arbeitgeber schaltet … ein“, § 167 Abs. 1; „klärt der Arbeitgeber“, § 167 Abs. 2) verdeutlich aber bereits, dass die Norm sich keineswegs in einem unverbindlichen Programmsatz erschöpfen soll; vielmehr handelt es sich um einen sog. „unvollständigen Rechtssatz“ (Brose DB 2005, 390, 391 f.), dessen Rechtsfolgen sich erst aus dem Zusammenwirken mit anderen Rechtsmaterien, etwa dem Kündigungs- und Schadensersatzrecht, ergeben. Ferner kann die Schwerbehindertenvertretung nach § 178 Abs. 1 S. 1 Nr. 1 für die Einleitung und Durchführung geeigneter Maßnahmen Sorge tragen und sie ggf. **einklagen.** Entsprechendes gilt für den Betriebs- und Personalrat (§ 80 Abs. 1 Nr. 1, 4 BetrVG, § 68 Abs. 1 Nr. 2, 4, 5 BPersVG). Der betroffene Behinderte kann so über die Vertretungen erreichen, dass in die geforderten Erörterungen eingetreten wird. § 167 Abs. 2 S. 7 stellt zusätzlich klar, dass die Präventionsvorschriften zu den von der jeweiligen Vertretung zu überwachenden Regelungen gehören. Da die Hilfen und finanziellen Leistungen aber in der Regel nicht vom Arbeitgeber, sondern von den Integrationsämtern oder anderen Trägern zu leisten sind, ist insoweit kein unmittelbarer Anspruch gegenüber dem Arbeitgeber als Vertragspartner gegeben (BAG 7.9.2022 – 9 AZR 571/20, NZA 2022, 257). Es bleibt insoweit bei dem Erörterungsanspruch (Arnold/Fischinger BB 2007, 1894).

2. Erhebliche mittelbare Folgen im Kündigungs- und Leistungsstörungsrecht

Das Unterlassen eines ordnungsgemäß durchgeführten BEM hat jedoch erhebliche 19 Auswirkungen auf angrenzende Rechtsmaterien; daraus bezieht es seine **eminente Praxisrelevanz.** Die Durchführung des BEM ist zwar keine formelle Wirksamkeitsvoraussetzung für eine Kündigung (stRspr. seit BAG 20.11.2014 – 2 AZR 755/13, NZA 2015, 612, Rn. 38). Die Norm konkretisiert aber den kündigungsrechtlichen **Ultima-ratio-** bzw. Verhältnismäßigkeitsgrundsatz. Das BEM ist zwar selbst kein milderes Mittel gegenüber einer Kündigung (BAG 24.3.2011 – 2 AZR 170/10, NZA 2011, 993, Rn. 20). Mit seiner Hilfe können aber möglicherweise mildere Mittel als die Kündigung erkannt und entwickelt werden (BAG 20.3.2014 – 2 AZR 565/12, NZA 2014, 602, Rn. 34; 24.3.2011 – 2 AZR 170/10, NZA 2011, 993, Rn. 20). Das Unterlassen eines BEM führt daher ggf. dazu, dass die Kündigung unverhältnismäßig ist (BAG 20.11.2014 – 2 AZR 755/13, NZA 2015, 612, Rn. 37). Seine Durchführung ist kündigungsrechtliche Obliegenheit des Arbeitgebers.

Der weite, nicht auf behinderte Menschen beschränkte Anwendungsbereich des § 167 19a Abs. 2 führt allerdings dazu, dass ein Verstoß gegen die Norm **keine Vermutungswirkung iSd § 22 AGG** für eine Benachteiligung wegen einer Behinderung auslöst (BAG 2.6.2022 – 8 AZR 191/21, NZA 2022, 146, Rn. 48); dies unterscheidet die Norm deutlich von den spezifischen Schutzvorschriften zugunsten sbM und Gleichgestellter (s. allg. → § 165 Rn. 17d).

Ausnahmsweise nicht zur Unverhältnismäßigkeit der Kündigung führt die Nichtdurch- 19b führung des BEM, wenn dieses **von vornherein nicht erfolgsgeeignet** erschien. In einem solchen Fall darf dem Arbeitgeber kein Nachteil daraus entstehen, dass er das BEM unterlassen hat. Will sich der Arbeitgeber hierauf berufen, hat er die objektive Nutzlosigkeit des BEM darzulegen und ggf. zu beweisen. Dazu muss er umfassend und detailliert vortragen, warum weder ein weiterer Einsatz auf dem bisherigen Arbeitsplatz noch dessen leidensgerechte Anpassung oder Veränderung möglich gewesen seien und der Arbeitnehmer auch nicht auf einem anderen Arbeitsplatz bei geänderter Tätigkeit habe eingesetzt werden können, warum also ein BEM im keinem Fall dazu hätte beitragen können, neuerlichen Krankheitszeiten vorzubeugen und das Arbeitsverhältnis zu erhalten (so BAG 20.3.2014 – 2 AZR 565/12, NZA 2014, 602, Rn. 34; 24.3.2011 – 2 AZR 170/10, NZA 2011, 993, Rn. 25; 20.11.2014 – 2 AZR 755/13, NZA 2015, 612, Rn. 39). Die Nichtdurchführung des BEM bewirkt auf diese Weise eine deutlich **erweiterte Darlegungslast des Arbeitgebers** (BAG 20.11.2014 – 2 AZR 755/13, NZA 2015, 612, Rn. 27). Die mangelnde Erfolgseignung des BEM ist nicht schon dargelegt, wenn unstreitig feststeht, dass die tatsächlichen betrieblichen Bedingungen, zu denen der Kläger arbeitete, nicht hätten geändert werden können, da die Durchführung eines BEM alternativ auch auf die **Ermittlung von Rehabilitationsbedarfen und Rehabilitationsmaßnahmen** abzielt (BAG 20.11.2014 – 2 AZR 755/13, NZA 2015, 612, Rn. 47); Inhalt des BEM ist eben ein ergebnisoffener Suchprozess (→ Rn. 16), der auch in eine Rehabilitationsmaßnahme münden kann. Wurde das BEM unterlassen, reicht insofern die Darlegung des Arbeitgebers aus, dass durch gesetzlich vorgesehene Hilfen oder Leistungen der Rehabilitationsträger künftige Fehlzeiten nicht in relevantem Umfang hätten vermieden werden können; der Grundsatz der Verhältnismäßigkeit verlangt dabei lediglich die Berücksichtigung solcher Präventions- und Rehabilitationsmaßnahmen, deren Beachtung dem Arbeitgeber zumutbar ist (BAG 20.11.2014 – 2 AZR 755/13, NZA 2015, 612,

Rn. 50). Die erhöhte Darlegungslast entfällt nicht schon deshalb, weil das Integrationsamt der Kündigung zugestimmt hat (BAG 25.1.2018 – 2 AZR 382/17, NZA 2018, 845).

19c Gleichfalls ist der Arbeitgeber zur Nichtdurchführung des BEM berechtigt, wenn der Arbeitnehmer – nach hinreichender Initiative und Aufklärung durch den Arbeitgeber (→ Rn. 16a) – die **Einwilligung** zu den unterschiedlichen Varianten des BEM **verweigert** hat (BAG 17.4.2019 – 7 AZR 292/17, NZA 2019, 1355, Rn. 38, → Rn. 12c).

19d Eine **mittelbare Folge** der Verletzung der Vorschriften der § 167 Abs. 1 und 2 kann somit eintreten, wenn es – uU sogar gerade wegen der Unterlassung rechtzeitiger Präventionsmaßnahmen – zu einer Kündigung des Beschäftigungsverhältnisses kommt. Dann wird im Verfahren über die Zustimmung des Integrationsamts und in einem folgenden Kündigungsschutzprozess berücksichtigt, welche Erörterungen und Maßnahmen zur Verhinderung der Kündigung getroffen wurden und welchen Erfolg oder Nichterfolg sie gehabt haben. Fehlt es dann an dem in § 167 Abs. 1 und 2 geforderten Vorgehen, wird in den Fällen, in denen dadurch die Kündigung hätte verhindert werden können, eine Kündigung nicht gerechtfertigt sein; der Kündigungsschutz Behinderter wird damit verschärft. Das entspricht der Rspr. des BAG, das das Präventionsverfahren zwar nicht als harte Wirksamkeitsvoraussetzung für eine krankheitsbedingte Kündigung ansieht, wohl aber dessen Fehlen bei der kündigungsrechtlichen Interessenabwägung berücksichtigt (exemplarisch BAG 26.2.2020 – 7 AZR 121/19, Rn. 30, NZA 2020, 795; 7.12.2006 – 2 AZR 182/06, AP KSchG 1969 § 1 Verhaltensbedingte Kündigung Nr. 56; 23.4.2008 – 2 AZR 1012/06, NZA-RR 2008, 515; 12.7.2007 – 2 AZR 716/06, AP KSchG 1969 § 1 Personenbedingte Kündigung Nr. 28; 10.12.2009 – 2 AZR 400/08, AP KSchG 1969 § 1 Krankheit Nr. 48; 20.11.2014 – 2 AR 755/13, AP KSchG § 1 Krankheit Nr. 52; 13.5.2015 – 2 AZR 565/14, APKSchG § 1 Krankheit Nr. 54; 18.10.2017 – 10 AZR 47/17, NZA 2018, 162; 25.1.2018 – 2 AZR 382/17, AP BGB § 626 Nr. 268; auch schon BVerwG 29.8.2007 – 5 B 77/07, NJW 2008, 166; LAG Köln 15.9.2005 – 9 Sa 682/05, BB 2007, 718 m. Anm. Hunold; LAG Nds 29.3.2006 – 18 Sa 2104/05, LAGE § 1 KSchG Krankheit Nr. 39 m. Anm. Weingarten AuA 2007, 246 und Schwarz-Seeberger ZMV 2005, 272). Dem folgt auch die überwiegende Auffassung der dazu umfangreichen Lit., exemplarisch Besgen WzS 2015, 49; Braun ZTR 2005, 630; Brose DB 2005, 390; RdA 2006, 149; DB 2013, 1727; Gagel NZA 2004, 1359; Hoffmann-Remy NZA 2016, 267; Hoffmann-Remy NZA 2016, 1261; Hoffmann-Remy NZA 2017, 159; Joussen DB 2009, 286; Nebe DB 2008, 1801; Vossen DB 2016, 1814.

20 **Zusammengefasst** sind die **Rechtsfolgen** des BEM am besten und für die Praxis auch maßgeblich in der Entscheidung des BAG 10.12.2009 – 2 AZR 400/08, AP KSchG 1969 § 1 Krankheit Nr. 48:

a) Die Durchführung des BEM ist keine formelle Wirksamkeitsvoraussetzung für eine Kündigung, aber auch kein bloßer Programmsatz.

b) Das BEM konkretisiert den Verhältnismäßigkeitsgrundsatz, der aber nicht allein dadurch verletzt wird, dass das BEM nicht durchgeführt wird. Vielmehr müssen Möglichkeiten der Weiterbeschäftigung bestehen.

c) Die Pflicht zur Durchführung des BEM hat Auswirkungen auf die Darlegungs- und Beweislast im Kündigungsschutzprozess.

d) Wurde kein oder ein ungenügendes BEM durchgeführt, hat der Arbeitgeber darzulegen, weshalb denkbare oder aufgezeigte Alternativen mit Aussicht auf Reduzierung der Fehlzeiten nicht in Betracht kommen.

e) Nach einem BEM mit negativem Ergebnis genügt der Hinweis darauf und auf fehlende andere Beschäftigungsmöglichkeiten. Der Arbeitnehmer muss dann weitere Alternativen iE vortragen.

f) Nach einem BEM mit positivem Ergebnis ist die Empfehlung grds. umzusetzen. Wird das nicht versucht und gekündigt, muss der Arbeitgeber darlegen, dass die Maßnahme undurchführbar war oder selbst die Umsetzung nicht zu einer Reduzierung der Ausfallzeiten geführt hätte.

g) Bedarf die Empfehlung einer Einwilligung oder Initiative des Arbeitnehmers, kann der Arbeitgeber dafür eine angemessene Frist setzen. Läuft die Frist ergebnislos ab, ist eine angedrohte Kündigung nicht unverhältnismäßig.

Diese Grundsätze sind in den späteren Entscheidungen im Grundsatz beibehalten worden, aber iE immer **weiter ausdifferenziert** worden. Die anderen obersten Bundesgerichte haben sich ebenfalls an diese Grundsätze gehalten (BGH 20.12.2006 – RiZ(R) 2/06, NVwZ-RR 2007, 328; BVerwG 23.6.2010 – 6 P 8/09, NZA-RR 2010, 554; 4.9.2012 – 6 P 5/11, NZA-RR 2013, 164; 24.9.2013 – 2 B 29.12 (– 2 C 37.13), BeckRS 2013, 56771; 5.6.2014 – 2 C 22/13, NVwZ 2014, 1319 mit Verweis ua auf BAG 12.7.2007 – 2 AZR 716/06, AP KSchG 1969 § 1 Personenbedingte Kündigung Nr. 28; 10.12.2009 – 2 AZR 400/08, AP KSchG 1969 § 1 Krankheit Nr. 48). Danach gilt nach wie vor, dass die Durchführung des BEM keine Wirksamkeitsvoraussetzung für eine Kündigung ist, sondern „nur" (häufig aber entscheidend) bei der Prüfung der Verhältnismäßigkeit und der Beweislastverteilung eine Rolle spielt. 21

3. Anreizsystem

Um die Einführung des Eingliederungsmanagements zu unterstützen und positive Anreize zu setzen, ermöglicht § 167 Abs. 3 **finanzielle Leistungen an den Arbeitgeber.** Die Rehabilitationsträger können für die Durchführung des BEM einen Bonus zahlen; die Integrationsämter können Prämien nach § 185 Abs. 3 Nr. 2 und § 26c SchwbAV leisten; der Ausgleichsfonds kann Mittel für Modellvorhaben zum BEM nach § 41 Abs. 1 Nr. 4 zur Verfügung stellen (Gagel NZA 2004, 1359). Es besteht jedoch kein Anspruch des Arbeitgebers auf derartige Leistungen (BeckOK SozR/Gutzeit SGB IX § 167 Rn. 20; jurisPK-SGB IX/Fabricius § 167 Rn. 62). 22

4. Einzelfälle

Die einzelfallbezogene Judikatur hat zu einer **reichhaltigen kündigungsrechtlichen Kasuistik** geführt, zB: Die Nichteinhaltung der Arbeitszeiten rechtfertigte auch ohne BEM eine Kündigung (BAG 7.12.2006 – 2 AZR 182/06, AP KSchG 1969 § 1 Verhaltensbedingte Kündigung Nr. 56). Bei unabsehbarer Krankheit musste noch die Umorganisation des Arbeitsplatzes geprüft werden (BAG 12.7.2007 – 2 AZR 716/06, AP KSchG 1969 § 1 Personenbedingte Kündigung Nr. 28). Trotz Fehlzeiten von 52–138 Tagen pro Jahr in neun aufeinander folgenden Jahren hätte ein BEM vielleicht geholfen (BAG 23.4.2008 – 2 AZR 1012/06, NZA-RR 2008, 515). Bei BEM für Gabelstaplerfahrer müssen Bedenken des Werksarztes geprüft werden (BAG 10.12.2012 – 2 AZR 400/08, AP KSchG 1969 § 1 Krankheit Nr. 48). Wenn ein LKW-Fahrer seine Alkoholsucht nicht unter Kontrolle bringt, ist ein BEM nicht erforderlich (BAG 20.3.2014 – 2 AZR 565/12, AP KSchG 1969 § 1 Krankheit Nr. 51). Der Arbeitgeber hat das Initiativrecht; er muss dartun, dass Arbeitsplatzänderungen, Hilfen oder Umsetzungen nichts gebracht hätten (BAG 20.11.2014 – 2 AZR 755/13, AP KSchG 1969 § 1 Krankheit Nr. 52; 30.8.2017 – 7 AZR 204/16, AP TV-L § 33 Nr. 3; 25.1.2018 – 2 AZR 382/17, AP BGB § 626 Nr. 268; dazu Kock NJW 2015, 1979; Schmidt RdA 2016, 166). Trotz Erwerbsminderungsrente ist ein BEM geboten, wenn es im konkreten Fall nicht ohnehin aussichtslos war (BAG 13.5.2015 – 2 AZR 565/14, AP KSchG 1969 § 1 Krankheit Nr. 54; dazu Fuhlrott ArbRAktuell 2015, 478; Schunder NJW 2016, 106, die mit Recht darauf hinweisen, dass Arbeitgeber nach diesen Verschärfungen hinsichtlich der Gebotenheit des BEM besser einmal zu viel als einmal zu wenig davon Gebrauch machen). 23

Kapitel 4. Kündigungsschutz

§ 168 Erfordernis der Zustimmung

Die Kündigung des Arbeitsverhältnisses eines schwerbehinderten Menschen durch den Arbeitgeber bedarf der vorherigen Zustimmung des Integrationsamtes.

Literatur: Bauer/Powietzka, Kündigung behinderter Arbeitnehmer, NZA-RR 2004, 505; Bayreuther, Der neue Kündigungsschutz schwerbehinderter Arbeitnehmer, NZA 2017, 87; Callsen, Kündigungsschutz behinderter Menschen bei grenzüberschreitenden Sachverhalten, ZESAR 2016, 21; Düwell, Schwerbehinderung im reformierten Kündigungsrecht, DB 2003, 1574; Düwell, Verfahrensänderungen im Schwerbehindertenrecht, NZA 2017, 1237; Fuhlrott/Dörich, Aktuelles zum Schwerbehindertenrecht, AuA 2018, 8; Ganz, Nicht gleich das Kind mit dem Bade ausschütten, NZA-RR 2006, 26; Geelhaar, Neue Regeln für die Anzeige der Schwerbehinderung nach einer Kündigung, NZA 2011, 673; Götte, Keine Beschäftigungsgarantie, NZA 2019, 1198; Gravenhorst, Plädoyer für einen Systemwechsel beim Sonderkündigungsschutz behinderter Arbeitnehmer, NZA 2005, 803; Hammel, Der besondere Kündigungsschutz nach den §§ 85 ff. SGB IX im Spiegel der Rechtsprechung der Verwaltungsgerichte, br 2016, 1; Howald, Die Beteiligung der Schwerbehindertenvertretung, Personal und Betriebsrat bei der Kündigung, 7 BvR online 2017 Nr. 12, 30; Husmann Teilhaberechte in Theaterberufen, ArbuR 2019, 110; Jesgarzewski, Kündigungsschutz von Arbeitnehmern mit Behinderung, AuR 2015, 437; Klein, Der Kündigungsschutz schwerbehinderter Arbeitnehmer nach dem Bundesteilhabegesetz, NJW 2017, 852; Kleinebrink, Bundesteilhabegesetz: Stärkung der Rechte der Schwerbehindertenvertretung, DB 2017, 126; Köster/Borchard, Beteiligung des Integrationsamtes bei einer Beendigung des Arbeitsverhältnisses eines Schwerbehinderten oder ihm gleichgestellten Menschen ohne Kündigung, P&R 2018, 216; Luickhardt, Neues & Altes zur Kündigung schwerbehinderter Arbeitnehmer, BB 2015, 2741; Marburger, Kündigungsschutz von schwerbehinderten Menschen, DÖD 2016, 254; Marburger, Schwerbehinderung als wichtige Anspruchsgrundlage im Sozialversicherungsrecht, Die Leistungen 2019, 1,Teil 2; Moderegger, Erweiterte Rechte der Schwerbehindertenvertretung bei Kündigungen, ArbRB 2017, 379; Mühlmann, Beteiligung der Schwerbehindertenvertretung bei Kündigung durch den Arbeitgeber, NZA 2017, 884; Nägele-Berkner, Das Nachschieben von Kündigungsgründen bei der Kündigung Schwerbehinderter; Notron, Der leidensgerechte Arbeitsplatz, öAT 2019, 180; Powietzka, Aktuelle Rechtsprechung zum Kündigungsschutz schwerbehinderter Arbeitnehmer, BB 2007, 2118; Schmitt, Aktuelle Rechtsfragen bei der Kündigung schwerbehinderter Menschen, BB 2017, 2293; Seel, Rechtsfragen bei der Kündigung schwerbehinderter Arbeitnehmer, MDR 2007, 499.

Übersicht

A. Kündigungsschutz

1. Allgemeines

§ 168 ist kurz, prägnant und der wichtigste Schutz sbM. Seit der Demobilmachungsverordnung v. 9.1.1919 (RGBl. S. 18) besteht dieser Kündigungsschutz, früher an die Genehmigung der Hauptfürsorgestelle, seit 1974 an die vorherige Zustimmung jetzt des Integrationsamts gebunden. Jede Kündigung, sowohl die ordentliche als auch die außerordentliche oder fristlose (§ 184) Kündigung sbM bedarf neben der privatrechtlichen Kündigung außerdem des vorherigen öffentlich-rechtlichen Verwaltungsaktes, um wirksam zu sein. Zur Entwicklung (auch in der früheren DDR) vgl. Jabben/Jabben, Schwerbehindertengesetz, 9. Aufl. 1999, SchwbG § 15 Rn. 1–6. 1

Ergänzt wird dieser besondere Kündigungsschutz durch die Verlängerung der Kündigungsfrist auf vier Wochen (§ 169), die allerdings angesichts der ohnehin verlängerten Fristen des § 622 Abs. 1 BGB kaum noch Bedeutung hat. Außerdem tritt eine Ergänzung durch § 175 mit dem erweiterten Beendigungsschutz ein, wenn eine Kündigung gar nicht erforderlich ist. Somit bleiben nur andere Beendigungsgründe ohne Kündigung (Anfechtung, Befristung) auch gegenüber sbM möglich. 2

Trotz dieses weitgehenden und möglichst umfassenden Beendigungsschutzes bleiben weitere Ausnahmen nach § 173. Eine wichtige Ausnahme ist Ziff. 1 für die Dauer der ersten sechs Monate, die 1986 eingeführt wurde, um die Einstellungsbereitschaft zu verstärken (BT-Drs. 10/3138, 21). Ab 1.5.2005 gilt nach § 173 Abs. 3 außerdem die Ausnahme vom Kündigungsschutz für den Fall, dass die Schwerbehinderteneigenschaft nicht nachgewiesen ist oder eine Feststellung wegen fehlender Mitwirkung nicht getroffen werden konnte; der entsprechende Vorschlag des Bundesrates zu § 85, jetzt 168 (BT-Drs. 15/2318, 16) wurde angenommen (BT-Drs. 15/2318, 22 zu Nr. 16) und bei den Ausschussberatungen statt zu § 168 in jetzt § 173 eingefügt (BT-Drs. 15/2357, 10, Nr. 21a, Begründung S. 24). 3

Eingeschränkt wird der Kündigungsschutz weiter durch die Vorschriften der §§ 172, 174 Abs. 4 über die Zustimmungserteilung durch das Integrationsamt. Eine sachgemäße Handhabung des Kündigungsschutzes durch das Integrationsamt stellt ein Kernproblem für die Einstellung der Arbeitgeber zur Beschäftigung sbM dar. In vielen Fällen ist die unbedingte Wahrung des Arbeitsplatzes auch für den sbM nicht die günstigste Lösung und kann die Beschaffung eines neuen, geeigneten Arbeitsplatzes die bessere Fürsorge 4 sein. Die Kündigung gerade aus den mit der Beschädigung zusammenhängenden Gründen soll jedoch vermieden werden (BVerwG 21.10.1964 – V C 14.63, AP SchwBeschG § 14 Nr. 28; 28.2.1968 – V C 33.66, AP SchwBeschG § 14 Nr. 29; 2.7.1992 – 5 C 31/91, AP SchwbG 1986 § 21 Nr. 1; 10.9.1992-5 C 39.88, NZA 1993, 76;12.7.2012-5 C 16.11, BVerwGE 143, 325; NdsOVG 4.12.1990 – 14 L 60/89, AP SchwbG 1986 § 19 Nr. 1; VG Ansbach 18.10.2007 – AN 14 K 06.01582, BeckRS 2007, 34403); manchmal fehlt aber ein Rechtsschutzbedürfnis, VGH Baden-Württemberg 11.5.2016-12 S 2721/17, DÖV 2016, 678, BeckRS 2016, 10265.

5 Durch das Erfordernis der vorherigen Zustimmung des Integrationsamts kann die Kündigung erst ausgesprochen werden, wenn die Zustimmung erteilt ist oder nach § 174 Abs. 3 als erteilt gilt. Rechtskraft der Zustimmung muss aber nicht vorliegen. Im Gegenteil muss nach einer einmal vorliegenden Zustimmung dann die Kündigung auch innerhalb eines Monats erklärt werden (§ 171 Abs. 3) ohne Rücksicht auf eine evtl. Anfechtung der Zustimmung. Damit ist dann aber nicht darüber entschieden, ob die fristgemäße oder außerordentliche Kündigung nach anderen Vorschriften zulässig und wirksam ist. Vielmehr kann der sbM, wenn ihm mit Zustimmung des Integrationsamts gekündigt wird, wie jeder andere Arbeitnehmer gegen die Kündigung nach anderen Vorschriften vorgehen.

2. Kündigungsschutzgesetz

6 Insbesondere kann der sbM trotz der Zustimmung des Integrationsamts noch geltend machen, dass die Kündigung nach **§ 1 KSchG** sozial ungerechtfertigt ist. Zwar wird das Integrationsamt einer sozialwidrigen Kündigung die Zustimmung in der Regel versagen. Es ist aber möglich, dass die Sachlage von den Gerichten für Arbeitssachen anders beurteilt wird und das Arbeitsgericht noch weitergehende Möglichkeiten zur Aufklärung des Sachverhaltes hat. Auch sind für das Integrationsamt manchmal andere Gesichtspunkte maßgeblich, so wenn die Zustimmung erteilt werden soll, weil ein anderer Arbeitsplatz gesichert ist (§ 172 Abs. 2), und die Kündigung trotzdem sozial ungerechtfertigt sein kann. Deshalb ist heute allgM, dass die Zustimmung nach § 168 und der allgemeine Kündigungsschutz nebeneinander und unabhängig voneinander bestehen (BAG seit 20.10.1977 – 2 AZR 770/76, AP SchwbG § 12 Nr. 2; 23.2.1978 – 2 AZR 462/76, AP SchwbG § 12 Nr. 3; zuletzt 20.11.2014 – 2 AZR 755/13, AP KSchG 1969 § 1 Krankheit Nr. 52; 20.11.2014 – 2 AZR 664/13, AP KSchG 1969 § 1 Krankheit Nr. 53, 22.9.2016 – 2 AZR 700/15, AP SGB IX § 85 Nr. 14; „unstimmig“ nach LPK/Düwell, § 168 Rn. 10; 16.5.2019 – 6 AZR 329/18, NZA 2019, 1198).

7 Schon für die Zeit des Beschäftigungsförderungsgesetzes v. 25.9.1996 (BGBl. I S. 1476) mit der Beschränkung der Sozialauswahl auf die Kriterien der Betriebszugehörigkeit, Lebensalter und Unterhaltspflichten nach § 1 Abs. 3 KSchG galt, dass trotzdem noch die Eigenschaft als sbM bei der Sozialauswahl schon wegen Art. 3 Abs. 3 S. 2 GG weiter berücksichtigt werden musste (Dieterich BT-Drs. 13/5104, 23; Jabben/Jabben, Schwerbehindertengesetz, 9. Aufl. 1999, SchwbG § 15 Rn. 80). Das Arbeitsmarktreformgesetz v. 24.12.2003 (BGBl. I S. 3002) hat dann ab 1.1.2004 die Berücksichtigung der Schwerbehinderung bei der Sozialauswahl ausdrücklich wieder eingeführt. Es besteht keine Verpflichtung des Arbeitgebers, zum Zwecke der Sozialauswahl die Zustimmung des Integrationsamts einzuholen (KR/Griebeling KSchG § 1 Rn. 664; Löwisch/Spinner/Spinner KSchG § 1 Rn. 7; Ascheid RdA 1997, 335).

8 Will der sbM geltend machen, dass die Kündigung sozial ungerechtfertigt ist, muss er binnen drei Wochen nach Zugang der Kündigung Klage vor dem Arbeitsgericht erheben (§ 4 KSchG). § 4 S. 4 KSchG hat für sbM keine Bedeutung mehr, nach dessen Bestimmung die Klagefrist, wenn die Kündigung von der Zustimmung einer Behörde abhängt, erst von der Bekanntgabe der Behördenentscheidung an zu laufen beginnt. Da die Zustimmung stets der Kündigung vorangehen muss, ist erst der Zugang der Kündigung

selbst der Fristbeginn. Sollte allerdings ausnahmsweise die Zustimmung des Integrationsamts dem Arbeitgeber früher als dem sbM zugehen und die Kündigung erfolgen, bevor der sbM von der Zustimmung erfährt (§ 171 Abs. 2), läuft die Klagefrist erst ab Bekanntgabe der Zustimmung (APS/Vossen Rn. 34a; Böhm AuR 2005, 253).

Ob die Zustimmung schon rechtskräftig ist, bleibt belanglos. Legt also der sbM gegen die Zustimmung Rechtsmittel ein, muss er trotzdem binnen drei Wochen nach Zugang der Kündigung Klage vor dem Arbeitsgericht erheben, wenn er geltend machen will, dass die Kündigung sozial unwirksam ist (BAG 17.2.1982 – 7 AZR 846/79, AP SchwbG § 15 Nr. 1). Wird allerdings die Zustimmung im Rechtsmittelverfahren aufgehoben, wird die Kündigung auch später rückwirkend unwirksam. Sollte die Zustimmung aber in einer höheren Instanz wieder erteilt werden, bleibt es bei der Wirksamkeit der schon ausgesprochenen Kündigung, so dass die Klagefrist immer gegenüber einer einmal nach Zustimmung ausgesprochenen Kündigung eingehalten werden muss. Die Anfechtung einer Zustimmung des Integrationsamts oder einer weiteren Instanz ist kein Grund zur nachträglichen Zulassung einer Klage nach § 5 KSchG. 9

Die Kündigungsschutzklage ist seit dem Arbeitsmarktgesetz v. 24.12.2003 (BGBl. I 3002) ab 1.1.2004 auch dann binnen der Klagefrist des § 4 KSchG zu erheben, wenn der sbM geltend macht, dass die Kündigung ohne Zustimmung erfolgt ist, sie gegen die guten Sitten nach § 138 BGB verstößt oder sonst aus anderen Gründen als der Sozialwidrigkeit unwirksam ist (§ 13 KSchG). Die Frist läuft nach § 4 S. 4 KSchG von der Entscheidung der Behörde an, wenn die Zustimmung erst dem Arbeitgeber und später dem sbM zugestellt wird (APS/Vossen § 85 Rn. 34 ff.; Raab RdA 2004, 321). 10

3. Andere Vorschriften

Neben § 1 KSchG gelten auch für sbM neben § 168 noch die Kündigungsschutzbestimmungen des Eignungsübungsgesetzes, des Arbeitsplatzschutzgesetzes, des Mutterschutzgesetzes, des Bundeselterngeld- und Elternzeitgesetzes und die Schutzvorschriften des § 15 KSchG für Betriebs-, Personalrats- und sonstige Vertretungsmitglieder. 11

4. Insolvenz

Wird die Kündigung durch den **Insolvenzverwalter** nach § 113 InsO erklärt, muss nach § 113 Abs. 2 InsO binnen drei Wochen Klage auf Unwirksamkeit der Kündigung auch dann erhoben werden, wenn die Unwirksamkeit der Kündigung wegen Verstoß gegen § 168 geltend gemacht wird. Zur Kündigung durch den Insolvenzverwalter BAG 11.12.2001 – 9 AZR 459/00, AP InsO § 209 Nr. 1; 4.6.2003 – 10 AZR 586/02, AP InsO § 209 Nr. 2; 31.3.2004 – 10 AZR 253/03; AP InsO § 209 Nr. 3; 30.5.2006 – 1 AZR 25/05, AP InsO § 209 Nr. 5; 8.5.2014 – 6 AZR 246/12, AP InsO § 209 Nr. 6; → Rn. 65; 16.5.2019 – 6 AZR 329/18, NZA 2019, 1198. 12

5. Zustimmungspflicht nach anderen Gesetzen

Soweit die Kündigung des sbM auch noch nach anderen Gesetzen der Zustimmung einer staatlichen Stelle bedarf, kommt dieser Schutz neben dem SGB IX außerdem noch zum Zuge. So ist die Kündigung einer schwerbehindert werdenden Mutter, auch wenn das Integrationsamt die Zustimmung bereits gegeben hat, nach § 17 MuSchG v. 23.5.2017 (BGBl. I 228) nur rechtsgültig, wenn die oberste Landesbehörde die Kündigung für zulässig erklärt hat. Die Zulässigkeitserklärung ersetzt die Zustimmung durch das Integrationsamt nicht. Vor allem muss das Allgemeine Gleichbehandlungsgesetz (AGG) vom 14.8.2006, BGBl. I 1897 mit herangezogen werden, das Entschädigungen für Verletzung der Pflichten des Arbeitgebers in § 15 vorsieht, also auch zB die Nichtanrufung des Integrationsamtes vor der Kündigung eines sbM (BAG 26.6.2014 – 8 AZR 547/13, NZA 2015, 896; 22.10.2015 – 8 AZR 384/14, NZA 2016, 625; 11.8.2016 – 8 13

AZR 375/15, NZA 2017, 43; 16.5.2019 – 8 AZR 315/18, NZA 2019, 1419; 27.8.2020 – 8 AZR 45/19, NZA 2021, 200; 25.11.2021 – 8 AZR 313/20, NZA 2022, 638; 2.6.2022 – 8 AZR 191/21, NZA 2022, 1461).

14 Die Zustimmungsbedürftigkeit bei Massenentlassungen nach § 17 KSchG besteht neben dem Kündigungsschutz nach § 168, aber auch neben dem allgemeinen Kündigungsschutz nach § 1 KSchG. Die Genehmigung des LAA zur Entlassung ersetzt die Zustimmung durch das Integrationsamt nach § 168 nicht.

15 **Landesrechtlich** darf in Nordrhein-Westfalen und dem Saarland nach § 10 bzw. § 11 des Gesetzes über einen Bergmannsversorgungsschein einem Bergmannsversorgungsscheininhaber nur mit Zustimmung der Zentralstelle gekündigt werden (→ § 158 Rn. 17 ff.; dort auch zur Aussetzung des Verfahrens durch die Zentralstelle). Die Kündigung eines schwerbehinderten Bergmannsversorgungsscheininhabers bedarf also sowohl der Zustimmung das Integrationsamt wie der Zentralstelle. Politisch Verfolgte hatten nach landesrechtlichen Vorschriften einen besonderen Kündigungsschutz (inzwischen aufgehoben). Im Gebiet der früheren DDR gilt der besondere Kündigungsschutz für „Kämpfer gegen den Faschismus und Verfolgte des Faschismus" unbegrenzt weiter (§§ 58, 59 AGB DDR idF des Einigungsvertrages v. 31.8.1990, BGBl. II 889, 1207, Anl. II Kap. VIII, Sachgebiet A Abschn. III Nr. 1a, b). Danach ist eine fristgemäße Kündigung grds. unzulässig und bedarf bei Betriebsstilllegung oder fristloser Entlassung der Zustimmung des Arbeitsamtes (jetzt Agentur für Arbeit). Diese ist neben der Zustimmung durch das Integrationsamt notwendig.

6. Anhörung des Betriebsrats

16 Auch der vorbeugende Kündigungsschutz des Arbeitnehmers gem. § 102 BetrVG kommt dem sbM zugute. Der Betriebsrat ist also, soweit das Betriebsverfassungsgesetz Anwendung findet, unabhängig von dem Zustimmungsverfahren bei dem Integrationsamt vor der Kündigung zu hören (APS/Koch § 102 BetrVG; Deinert/Welti/Braasch § 105 Rn. 71; vgl. die Kommentare zum BetrVG). Nach dem ausdrücklichen Wortlaut von § 102 Abs. 1 S. 3 BetrVG ist eine ohne Anhörung des Betriebsrates ausgesprochene Kündigung schon aus diesem Grunde unwirksam. In gleicher Weise sind ordentliche und außerordentliche Kündigungen im öffentlichen Dienst unwirksam, wenn der Personalrat nicht beteiligt worden ist (§ 79 Abs. 4 BPersVG). Die Anhörung des Betriebs- oder Personalrates kann vor, während oder nach dem Zustimmungsverfahren vor dem Integrationsamt durchgeführt werden (BAG seit 5.9.1979 – 4 AZR 875/77, AP SchwbG § 12 Nr. 6; 3.7.1980 – 2 AZR 340/78, AP SchwbG § 18 Nr. 2; 1.4.1981 – 7 AZR 1003/78, AP BetrVG 1972 § 102 Nr. 23; zuletzt 11.5.2000 – 2 AZR 276/99, AP BetrVG 1972 § 103 Nr. 42; 23.10.2008 – 2 AZR 163/07, AP KSchG 1969 § 1 Namensliste Nr. 18; 24.11.2011 – 2 AZR 429/10, NZA 2012, 610; 22.9.2016 – 2 AZR 700/15, AP SGB IX § 85 Nr. 14). Bei der Anhörung des Betriebsrates sind auch die Umstände zu berücksichtigen, die im Verfahren vor dem Integrationsamt erörtert wurden (BAG 26.9.1991 – 2 AZR 132/91, AP KSchG 1969 § 1 Krankheit Nr. 28). Diese Kenntnisse des Betriebsrates reichen dann im Anhörungsverfahren aus (BAG 20.5.1999 – 2 AZR 532/98, AP KSchG 1969 § 1 Namensliste Nr. 5; 28.8.2003 – 2 AZR 377/02, AP BetrVG 1972 § 102 Nr. 134; 23.10.2008 – 2 AZR 163/07, AP KSchG 1969 § 1 Namensliste Nr. 18). Für die Zeit der Anhörung ist die Monatsfrist des § 171 Abs. 3 einzuhalten (BAG 24.11.2011 – 2 AZR 429/10, NZA 2012, 610).

16a Nach dem BTHG v. 23.12.2016 gilt ab dem 30.12.2016 die Neufassung des § 178, wonach die Kündigung bei Nichtbeteiligung der Schwerbehindertenvertretung schon deshalb unwirksam ist, eine Anhörung gemäß § 102 BetrVG 1972 reicht aber aus, BAG 13.12.2018 – 2 AZR 378/18, AP SGB IX 2018 § 178 Nr. 2 mAnm v. Lingemann/Chakrabarti; Benkert NJW Spezial 2017, 370; Fuhlrott NZA-RR 2019, 231; Gescher ZMV 2017, 247; Howald ZBVR online 2017 Nr. 12, 30; Karpf br 2017, 30; Klein

NJW 2017, 853; Kleinebrink DB 2017, 126; Kohte/Liebsch ArbnR 2019, 4; Laskawy/Lomb, DB 2019, 151; Lüthge P&R 2017, 60; Mühlmann NZA 2017, 884; Müller-Markwirth/Barthel DB 2019, 373; Schieter, P&R 2019, 75). Die Schwerbehindertenvertretung muss vor der Stellung des Zustimmungsantrags beim Integrationsamt unterrichtet und angehört werden. Dabei ist ihr eine Äußerungsfrist zu gewähren, die die zweiwöchige Antragsfrist des § 174 Abs. 2 nicht verlängert, sondern innerhalb dieser Frist liegen muss. Eine Nachholung der Beteiligung nach dem Zustimmungsantrag heilt die unterbliebene oder fehlerhafte Beteiligung nicht mehr, so dass die Unwirksamkeit der Kündigung schon deshalb fortdauert (§ 178).

7. Zustimmung des Betriebsrats

Ist der sbM Mitglied des Betriebs- oder Personalrats, muss die Zustimmung zur Kündigung nach § 103 BetrVG, § 108 BPersVG durch das Vertretungsorgan vorliegen oder durch das Gericht ersetzt werden. Dieses Zustimmungsersatzverfahren wirkt präkludierend für den späteren Kündigungsschutzprozess (BAG 24.4.1975 – 2 AZR 118/74, AP BetrVG 1972 § 103 Nr. 3; 21.1.1990 – 7 ABR 39/89, AP BetrVG 1972 § 103 Nr. 28; 10.12.1992 – 2 ABR 32/92, AP ArbGG 1979 § 87 Nr. 4; 7.3.1996 – 2 AZR 180/95, AP KSchG 1969 § 1 Betriebsbedingte Kündigung Nr. 76; 5.2.1998 – 2 AZR 227/97, AP BGB § 626 Nr. 143; 11.5.2000 – 2 AZR 276/99, AP BetrVG 1972 § 103 Nr. 42; 15.8.2002 – 2 AZR 214/01, AP BetrVG 1972 § 103 Nr. 48). Beide Verfahren, das Zustimmungsersatzverfahren vor dem Arbeits- bzw. Verwaltungsgericht und vor dem Integrationsamt als schwer behindertenrechtliches Zustimmungsverfahren laufen nebeneinander (Fitting BetrVG § 103 Rn. 47; Richardi BetrVG/Thüsing § 103 Rn. 87 ff.). Allerdings erledigt sich das Zustimmungsersatzverfahren nach § 103 BetrVG, § 108 BPersVG, wenn die Zustimmung durch das Integrationsamt bestands- oder rechtskräftig abgelehnt ist. Wird aber die Eigenschaft als sbM oder die Gleichstellung später mit Rückwirkung festgestellt, kann entgegen der sonst eintretenden Präklusionswirkung diese Schwerbehinderung im folgenden Kündigungsschutzprozess noch geltend gemacht werden (BAG 11.5.2000 – 2 AZR 276/99, AP BetrVG 1972 § 103 Nr. 42). 17

8. Rechtsweg gegen die Kündigung

Die Tatsache, dass die ordentliche (und außerordentliche) Kündigung des sbM im Regelfall ein zusammengesetztes Rechtsgeschäft ist, in welchem vor der privatrechtlichen Willenserklärung der Kündigung zusätzlich ein öffentlich-rechtlicher Verwaltungsakt, die Zustimmung das Integrationsamt, vorliegen muss, um rechtsgültig zu sein, macht auch den Rechtsweg doppelgleisig. Soweit die Zulässigkeit der Kündigung und die sich hieraus ergebenden Rechtsfolgen in Frage stehen, handelt es sich um eine arbeitsrechtliche Streitigkeit, zu deren richterlicher Entscheidung allein die Arbeitsgerichte zuständig sind (§ 2 ArbGG); soweit es sich aber um die Zustimmung als solche handelt, die wie jeder Verwaltungsakt nach einem Vorverfahren auf seine Rechtmäßigkeit hin richterlich überprüft werden kann, ist dies eine öffentlich-rechtliche Streitigkeit, für welche die ausschließliche Zuständigkeit bei den Verwaltungsgerichten liegt (→ § 201 Rn. 46 ff.). 18

Weder der Verwaltungsakt der Zustimmung oder ihrer Versagung noch die Entscheidung des Widerspruchsausschusses in dieser Angelegenheit und endlich auch das Urteil des Verwaltungsgerichts können von den Arbeitsgerichten auf ihre materielle Rechtmäßigkeit hin überprüft werden. Die Arbeitsgerichte dürfen nur prüfen, ob ein rechtswirksamer Verwaltungsakt vorliegt (→ § 201 Rn. 55 ff.). Im Übrigen sind sie an die Entscheidung gebunden. Die rechtswirksam erteilte Zustimmung zur Kündigung oder ihre Versagung hat demnach Tatbestandswirkung für die Arbeitsgerichte. Sie müssen sie hinnehmen und können sie nicht durch eine eigene Entscheidung ersetzen, sofern die 19

Entscheidung des Integrationsamts nicht ausnahmsweise nichtig ist (BAG 25.11.1980 – 6 AZR 210/80, AP SchwbG § 12 Nr. 7; 11.5.2000 – 2 AZR 276/99, AP BetrVG 1972 § 103 Nr. 42; 2.3.2006 – 2 AZR 46/05, AP SGB IX § 91 Nr. 6; 18.5.2006 – 2 AZR 245/05, AP KSchG 1969 § 1 Betriebsbedingte Kündigung Nr. 157; 18.1.2007 – 2 AZR 759/05, PatR 2008, 34; zu den Versuchen, das Dilemma der doppelten Zuständigkeit aufzulösen vgl. LPK/Düwell § 168 Rn. 58 ff, 62). Auf der anderen Seite hat das Integrationsamt in eigener Verantwortung zu prüfen, ob sie im Rahmen ihres Ermessens die Zustimmung erteilt oder versagt. Er muss die Entscheidung selbst treffen und darf sie nicht dem Arbeitsgericht überlassen (BVerwG 28.11.1958 – V C 32.56, AP SchwBeschG § 14 Nr. 16; 28.2.1968 – V C 33.66, AP SchwBeschG § 14 Nr. 29; 18.5.1988 – 5 B 135.87, Buchholz 436.61 § 15 SchwbG 1986 Nr. 1 = BeckRS 1988, 31369597; 15.12.1988 – 5 C 67/85, BVerwGE 81, 84; 2.7.1992 – 5 C 31/91, AP SchwbG 1986 § 21 Nr. 1; 19.10.1995 – 5 C 24/93, Buchholz 436.61 § 15 SchwbG Nr. 10 = NZA-RR 1996, 288; 29.8.2007 – 5 B 77/07, NJW 2008, 166; 12.7.2012 – 5 C 16/11, NZA 2013, 97; 22.5.2013 – 5 B 24/13, BeckRS 2013, 51619; 19.8.2013 – 5 B 47/13, BeckRS 2013, 56082). Mit Urteil vom 11.6.2020 verschärft das BAG diese Rechtsprechung und die Gerichte für Arbeitssachen nur noch zu prüfen haben, ob die Kündigung unverzüglich erfolgte. Alles andere obliegt dem Integrationsamt (BAG 11.6.2020 – 2 AZR 442/19, NZA 2020, 1326 f.).

20 Alle arbeitsrechtlichen Fragen aber dürfen nur die Arbeitsgerichte endgültig entscheiden. Hier ist weder das Integrationsamt noch der Widerspruchsausschuss zuständig (→ § 201 Rn. 15); auch die Verwaltungsgerichte können wegen Unzuständigkeit nicht tätig werden. Insbesondere wird auch weder von dem Integrationsamt noch im verwaltungsgerichtlichen Verfahren entschieden, ob arbeitsrechtlich ein Kündigungsgrund vorliegt oder die Prüfung eines wichtigen Grundes vorgenommen. Der öffentlich-rechtliche Sonderkündigungsschutz soll vielmehr nur präventiv die Ausübung des Kündigungsrechts den spezifischen Schutzinteressen der sbM unterwerfen und im Vorfeld eine mit dem Schutzzweck des SGB IX unvereinbare Kündigung verhindern (BVerwG 2.7.1992 – 5 C 31/91, AP SchwbG 1986 § 21 Nr. 1; seit BVerwG 28.11.1958 – V C 32.56, AP SchwBeschG § 14 Nr. 16; OVG LSA 14.4.2005 – 3 L 40/05, JMBLSA 2005, 224). Zu den arbeitsrechtlichen Fragen gehört auch die Entscheidung, ob die Lösung des Arbeitsverhältnisses überhaupt der Zustimmung bedarf (§ 173), weiter ob eine fristlose Kündigung zulässig ist (→ § 174 Rn. 16 ff.).

21 Die Gerichte für Arbeitssachen können über die Wirksamkeit der Kündigung nicht entscheiden, bevor nicht feststeht, ob eine wirksame Zustimmung erteilt ist. Insoweit ist daher das Verfahren nach § 148 ZPO zweckmäßigerweise auszusetzen, auch wenn ein (uU sehr lange dauerndes) Rechtsmittelverfahren läuft (vgl. den Fall BGH 19.9.1963 – III ZR 180/61, AP SchwBeschG § 14 Nr. 27, eine Zustimmung aus Mai 1949 wurde am 17.12.1958 vom BVerwG aufgehoben!). Nur wenn die Gerichte für Arbeitssachen die Kündigung aus Gründen, die in ihrer Zuständigkeit liegen, ohnehin für unwirksam halten (zB für sozialwidrig nach § 1 KSchG), kann darüber schon abschließend ein Urteil ergehen. Die Gerichte für Arbeitssachen können aber auch dann entscheiden, wenn eine zustimmungsbedürftige Kündigung ohne die vorherige Zustimmung erklärt worden ist, da deren Unwirksamkeit damit schon feststeht. Anders ist es nur, wenn von dem Integrationsamt oder einer folgenden Instanz eine Zustimmung erteilt worden ist, über die Wirksamkeit dieser Zustimmung aber noch gestritten wird. In den Fällen, in denen dann von den Gerichten für Arbeitssachen die Kündigung aus arbeitsrechtlichen Gründen für wirksam gehalten wird, hängt ihre endgültige Wirksamkeit und damit der Ausgang des Rechtsstreits davon ab, ob die Zustimmung nach § 168 im Rechtsmittelverfahren Bestand hat oder nicht. Die Auflösung des Arbeitsverhältnisses nach § 9 KSchG kann dann bei Sozialwidrigkeit der Kündigung vom Arbeitnehmer auch schon vor Wirksamkeit der Erteilung der Zustimmung beantragt und daraufhin ausgesprochen werden. Der Arbeitgeber aber kann einen Auflösungsantrag zwar stellen, dieser kann

aber noch nicht gegen den Widerspruch des sbM beschieden werden; denn wenn die Kündigung wegen Aufhebung der Zustimmung bereits unwirksam ist, kann demgegenüber kein Auflösungsantrag mehr durchgreifen. Nur wenn die Zustimmung wirksam bleibt und die Kündigung nur wegen Sozialwidrigkeit unwirksam ist, kann der Antrag des Arbeitgebers dann geprüft werden (BAG 9.10.1979 – 6 AZR 1059/77, AP KSchG 1969 § 9 Nr. 4; 10.11.1994 – 2 AZR 207/94, AP KSchG 1969 § 9 Nr. 24; 27.9.2001 – 2 AZR 389/00, AP KSchG 1969 § 9 Nr. 41; 28.8.2008 – 2 AZR 63/07, AP KSchG 1969 § 9 Nr. 62; 30.9.2010 – 2 AZR 160/09, AP KSchG 1969 § 9 Nr. 66; 29.8.2013 – 2 AZR 419/12, AP KSchG 1969 § 9 Nr. 70; 11.6.2020 – 2 AZR 442/19, NZA 2020, 1326).

Eine Entscheidung allein über die Frage der Sozialwidrigkeit der Kündigung ist abzulehnen. In diesem Rechtsstreit kann wegen des einheitlichen Streitgegenstandes der Wirksamkeit dieser Kündigung die Frage der Unwirksamkeit wegen fehlender Zustimmung nicht offenbleiben. Schließlich lässt sich auch nicht immer mit einer Wiederaufnahme des Verfahrens helfen (aA ArbG Hamburg 2.10.1969 – 12 Ca 359/69, BB 1969, 1479 mAnm Ottow; ArbG Berlin 6.11.1970 – 10 Ca 74/70, AP SchwBeschG § 14 Nr. 30). Zwar kann nach heute überwiegender Auffassung davon ausgegangen werden, dass auch die Abänderung eines anfechtbaren Verwaltungsaktes ein Fall des § 580 Ziff. 6 ZPO ist (BAG 25.11.1980 – 6 AZR 210/80, AP SchwbG § 12 Nr. 7; 15.8.1984 – 7 AZR 558/82, AP SchwbG § 12 Nr. 13; 24.11.2005 – 2 AZR 514/04, AP KSchG 1969 § 1 Krankheit Nr. 43; 23.5.2013 – 2 AZR 991/11, NZA 2013, 137; BVerwG 12.7.2012 – 5 C 16/11, NZA 2012, 97; Düwell FA 2005, 366; ErfK/Rolfs § 168 Rn. 14; Rolfs/Barg BB 2005, 1678; Ottow BB 1969, 1481; Schrader/Klagges NZA-RR 2009, 169; sehr eing. Haueisen NJW 1965, 1214; aA Blomeyer, Zivilprozessrecht, 1963, 605; offen gelassen bei BGH 19.9.1963 – III ZR 180/61, AP SchwBeschG § 14 Nr. 27). Jedoch zeigt gerade der Fall BGH v. 19.9.1963, dass manchmal die Wiederaufnahmefrist des § 586 Abs. 2 ZPO verstrichen ist. Dann bliebe nur uU ein Wiedereinstellungsanspruch aus nachwirkender Fürsorgepflicht (BGH 19.9.1963 – III ZR 180/61, AP SchwBeschG § 14 Nr. 27 mAnm Jabben) oder die rechtzeitige vorsorgliche Wiederaufnahmeklage (Grunsky Anm. AP SchwbG § 12 Nr. 7), weshalb Düwell überhaupt den Verweis auf die Restitutionsklage für bedenklich erklärt (LPK § 168 Rn. 60 Fn. 155). Aus diesen Gründen ist trotz der Beschleunigungsmaxime eine Aussetzung zu empfehlen, wenn die Kündigungswirksamkeit nur noch von der Frage der Wirksamkeit der Zustimmung abhängt (ebenso Rewolle DB 1975, 1123; Otto DB 1975, 1554; Seidel DB 1994, 1286). Das BAG spricht sogar von der Notwendigkeit der Aussetzung des Kündigungsschutzprozesses, wenn die Zustimmung angefochten wird (BAG 25.11.1980 – 6 AZR 210/80, AP SchwbG § 12 Nr. 7). Eine Aussetzung liegt aber immer nur im pflichtgemäßen Ermessen des Gerichts (BAG 26.9.1991 – 2 AZR 132/91, AP KSchG 1969 § 1 Krankheit Nr. 28 (dazu Reuter JuS 1993, 522); 17.6.2003 – 2 AZR 245/02, AP MuSchG 1968 § 9 Nr. 33; wobei in letzter Zeit die Tendenz dahin geht, den Kündigungsrechtsstreit lieber fortzuführen (BAG 23.5.2013 – 2 AZR 991/11, AP SGB IX § 88 Nr. 2 mAnm Deinert, unter Berufung auf BAG 2.3.2006 – 2 AZR 53/05, AP BGB § 626 Krankheit Nr. 14); die Verweisung auf eine spätere Restitutionsklage ist aber immer nur ein letzter Ausweg. Das Unterlassen einer Restitutionsklage kann aber zu hohem Schadensersatz führen (OLG Düsseldorf 3.11.2009, VersR 2011, 1060, BeckRS 2011, 9446: 82.276,51 Euro!). 22

B. Der persönliche Geltungsbereich des besonderen Kündigungsschutzes

1. Schwerbehinderte und Gleichgestellte

23 Der besondere Kündigungsschutz des Teils 3 gilt für **sbM und Gleichgestellte.** Obwohl § 168 die Gleichgestellten nicht ausdrücklich nennt, so ergibt sich jedoch aus § 151 Abs. 3, dass die in Frage kommenden Personen den sbM durch Verwaltungsakt dem Recht nach gleichgestellt werden mit der Wirkung, dass die Bestimmungen über den Kündigungsschutz ohne Einschränkung auch auf sie Anwendung finden. Dass die Kündigung eines Gleichgestellten ebenfalls zustimmungsbedürftig ist, erhellt insbes. daraus, dass die Gleichstellung nach § 2 Abs. 3 auch dazu dienen kann, dem sbM seinen Arbeitsplatz zu „behalten".

24 Der Gleichgestellte erhält den Schutz des Gesetzes aber **erst durch** den konstitutiven Verwaltungsakt der **Gleichstellung,** wobei die Gleichstellung mit rückwirkender Kraft auf den Tag des Antrags eintritt (vgl. § 151 Abs. 2 S. 2). Der Behinderte muss aber den Antrag auf Gleichstellung mindestens drei Wochen vor Ausspruch der Kündigung bereits gestellt haben (§ 173 Abs. 3, BAG 1.3.2007 – 2 AZR 217/06, AP SGB IX § 90 Nr. 2). Ein nach der Kündigung gestellter Antrag löst das Zustimmungserfordernis nicht aus (BAG 24.11.2005 – 2 AZR 514/04, AP KSchG 1969 § 1 Krankheit Nr. 43; VGH BW 12.12.2005 – 9 S 1580/05, NZA-RR 2006, 356; 29.11.2007 – 2 AZR 613/06, AP SGB IX § 90 Nr. 5; LAG Düsseldorf 29.3.2006 – 17 Sa 1321/05, br 2007, 23). Auch bei dem Erfordernis der Zustimmung nach § 175 muss der Gleichstellungsantrag vor Zustellung des Rentenbescheids gestellt sein (BAG 15.3.2006 – 7 AZR 332/05, AP BAT § 59 Nr. 14). Eine Kündigung, die der Arbeitgeber vor Ausspruch der Gleichstellung, also Bekanntgabe an den Gleichgestellten, ausgesprochen hat, bedarf nach dieser Rechtslage später der Zustimmung des Integrationsamts wenn der Antrag auf Gleichstellung vorher gestellt war und die Gleichstellung später ausgesprochen wird. Eine trotz des schon gestellten Antrags ausgesprochene Kündigung wird durch die spätere Gleichstellung unwirksam (BSG 2.3.2000 – B 7 AL 46/99 R, BSGE 86, 10 = SozR 3–3870 § 2 Nr. 1). Vielmehr muss erst die Zustimmung eingeholt werden und kann nach deren Erteilung nun erneut gekündigt werden. Diese Wirkung war mit der Rückwirkung der Gleichstellung auf den Antrag vom Gesetzgeber ausdrücklich so beabsichtigt (vgl. BT-Drs. 10/3138, 16). Nur in besonderen Ausnahmefällen kann es vorkommen, dass sich der Gleichgestellte nicht auf den Schutz des Gesetzes berufen kann, wenn er ausdrücklich erklärt, keinen Antrag gestellt zu haben bzw. eine Kündigung durch den Arbeitgeber selbst nahelegt.

2. Arbeitnehmer und Heimarbeiter

25 Der Teil 3 befasst sich mit Ausnahme weniger Bestimmungen (vgl. zB §§ 210, 211) nur mit **Arbeitnehmern.** Dementsprechend kommt auch der Kündigungsschutz des § 168 nur in abhängiger Beschäftigung Stehenden zugute (zum Begriff des Arbeitnehmers → § 156 Rn. 17 ff.). Ob das Arbeitsverhältnis des sbM als Arbeitsplatz iSd § 156 gilt, ist für den Kündigungsschutz nicht maßgeblich; Ausnahmen sind in § 173 Abs. 1 Nr. 2 ausdrücklich aufgeführt. Jeder sbM oder Gleichgestellte kann von seinem Arbeitgeber nur mit vorheriger Zustimmung des Integrationsamts gekündigt werden, unabhängig davon, ob er in der betreffenden Arbeit seine Existenzgrundlage hat. Auch zusätzlich nebenamtlich in einem Arbeitsverhältnis stehende sbM dürfen nur mit Zustimmung des Integrationsamts gekündigt werden. Auch Teilarbeitsverhältnisse sind echte Arbeitsverhältnisse, ihre Kündigung bedarf bei Vorliegen der Eigenschaft als sbM der Zustimmung ohne Rücksicht darauf, ob mit Rücksicht auf die Arbeitszeitdauer eine Anrechnung auf

einen Pflichtplatz erfolgt oder nicht. Ausbildungsverhältnisse sind ebenfalls Arbeitsverhältnisse im Sinn des Teil 3 und § 156 Abs. 1 (BAG 10.12.1987 – 2 AZR 385/87, AP SchwbG § 18 Nr. 11).

Für die **arbeitnehmerähnlichen Personen** (zum Begriff § 12a TVG; KR/Rost, Arbeitnehmerähnliche Personen; MHdB ArbR/Richardi § 20; Schaub ArbR-HdB/Vogelsang § 10; Staudinger/Richardi/Fischinger BGB § 611 Rn. 231 ff.; Bauschke AR-Blattei SD 120, Arbeitnehmerähnliche Personen; Herschel DB 1977, 1185; AuR 1982, 336; Hromadka NZA 1997, 1249; Lieb RdA 1974, 257; Wank, Arbeitnehmer und Selbständige, 1988), die nicht auf Grund eines Arbeitsvertrages, sondern eines selbständigen Dienstvertrages tätig sind, gilt der Kündigungsschutz des Teil 3 nicht; da § 168 ausdrücklich von der Kündigung „des Arbeitsverhältnisses" durch den Arbeitgeber spricht, ist eine Ausdehnung im Wege der Analogie nicht möglich (BGH 9.2.1978 – II ZR 189/76, AP GmbHG § 38 Nr. 1; LAG Düsseldorf 11.11.2013 – 9 Sa 469/13, LAGE § 85 SGB IX Nr. 3 mwN Rn. 85; Deinert/Welti/Braasch § 105 Rn. 18; ErfK/Rolfs § 168 Rn. 3; Feldes/Kohte/Stevens-Bartol/Schmitz § 168 R.13; Gallner/Mestwert/ Nägele/Osnabrügge § 168 Rn. 2; Jahn § 168 Rn. 5; KR/Gallner Vor §§ 168–175 Rn. 21; LPK-SGB IX/ Düwell § 168 Rn. 5). Das ist auch mit Europäischem Recht vereinbar (BAG 22.10.2015 – 2 AZR 720/14, AP SGB IX § 85 Nr. 13, zweifelnd ErfK/Rolfs § 168 Rn. 3 zu RL 2000/78 EG wegen der EuGH-Rechtsprechung zum Mutterschutz). Für Heimarbeiter gilt § 210. Für den Werkstattvertrag gilt für Behinderte die Sonderregelung des § 221 (BAG 17.3.2015 – 9 AZR 994/13, AP SGB IX § 138 Nr. 1). 26

Im Teil 3 werden entspr. der Tendenz iÜ Arbeitsrecht die in **Heimarbeit Beschäftigten** wie Arbeitnehmer behandelt. Nach der Sondervorschrift des § 210 werden die Beschäftigungsverhältnisse der in Heimarbeit Beschäftigten in das G einbezogen; seine Bestimmungen finden auf diese Personen mit gewissen Abänderungen Anwendung (→ § 210 Rn. 3 f.). Dies gilt auch für den Kündigungsschutz (Schmidt/Koberski/Tiemann/Wascher, Heimarbeitsgesetz, 4. Aufl. 1998, HAG § 29 Rn. 110). Die Kündigung des Beschäftigungsverhältnisses eines in Heimarbeit Beschäftigten bedarf daher zu ihrer Rechtsgültigkeit der Zustimmung des Integrationsamts. Wenn es auch zweifelhaft sein mag, ob Kündigungsvorschriften aus sonstigen Gesetzen Anwendung finden, soweit sie die in Heimarbeit Beschäftigten nicht ausdrücklich einbeziehen (Mehrle AR-Blattei SD 910 Rn. 137 ff.), so gilt dies für Teil 3 nicht, da gem. § 210 Abs. 2 S. 2 die Beschäftigungsverhältnisse der in Heimarbeit Beschäftigten dem Kündigungsschutz der sbM iSv Kap. 4 ausdrücklich unterworfen sind. 27

3. Beschäftigte im öffentlichen Dienst

Keine Arbeitnehmer, und damit nicht in den Kündigungsschutz des Kap. 4 einbezogen, sind die **Beamtinnen und Beamten, Richterinnen und Richter und Beamtenanwärter,** obwohl ihre Stellen für die Einstellungspflicht mitzählen und schwerbehinderte Beamte auf die Pflichtzahl angerechnet werden (vgl. § 156 Abs. 1). Soweit die Beamten überhaupt kündbar sind, kann aus staatsrechtlichen Gründen ihre Kündigung oder Entlassung nicht von der Zustimmung einer anderen Behörde abhängig gemacht werden. Das Integrationsamt ist aber nach § 211 Abs. 2 bei vorzeitiger Versetzung eines Beamten in den Ruhestand und vor Entlassung eines Beamten auf Widerruf, Kündigung oder Probe zu hören (→ § 211 Rn. 12 ff.). Die Kündigung eines im öffentlichen Dienst beschäftigten Angestellten oder Arbeiters ist an die Zustimmung gebunden. Im Verwaltungsrechtsverfahren gelten dieselben Regeln (BVerwG 29.8.2007 – 5 B 77/07, NJW 2008, 166; 12.7.2012 – 5 C 16/11, NZA 2013, 97; 22.5.2013 – 5 B 24.13, USK 2013, 168; 19.8.2013 – 5 B 47.13, BeckRS 2013, 56082). Im Arbeitsverhältnis stehen auch Dienstordnungsangestellte. Ihre Kündigung und die an die Stelle einer Kündigung tretende Entfernung aus dem Dienst durch Dienststrafbescheid bedurfte früher ebenfalls der vorherigen Zustimmung des Integrationsamts (BAG 29.6.1961 – 2 AZR 371/6, AP 28

SchwBeschG § 19 Nr. 3; 20.10.1977 – 2 AZR 688/76, AP SchwbG § 19 Nr. 1 mAnm Julicher). Diese Rechtsprechung wurde ausdrücklich aufgegeben, da wegen der beamtenähnlichen Gestaltung des Dienstordnungsrechts keine Notwendigkeit für die Einschaltung des Integrationsamtes mehr bestünde (BAG 24.5.2012 – 6 AZR 679/10, AP SGB IX § 92 Nr. 1, dagegen heftig LPK-SGB IX/Düwell § 175 Rn. 6; vgl. Deinert/Welti/Braasch § 105 Rn. 14; KR/Gallner Vor §§ 165.175 Rn. 22, § 175 Rn. 10). Man sollte das geschichtlich gewachsene Häuflein der noch immer eigenständigen Dienstordnungsangestellten durchaus auch eigenständig behandeln (→ § 175 Rn. 7). Auch Fleischbeschauer stehen in einem Arbeitsverhältnis (BAG 16.8.1962 – 5 AZR 505/61, AP BGB § 611 Fleischbeschauer-Dienstverhältnis Nr. 3 ff. gegen BGH 29.11.1956 – III ZR 40/55, BGHZ 22, 246 = AP BGB § 611 Fleischbeschauer-Dienstverhältnis Nr. 1).

4. Inländer und Ausländer

29 Ob auch in Deutschland lebende Ausländer oder Staatenlose den besonderen Kündigungsschutz genießen, richtet sich danach, ob sie sbM oder Gleichgestellte sind; nachdem es nach § 2 Abs. 2 nur mehr auf einen Grad der Behinderung von mindestens 50 und den Wohnsitz, gewöhnlichen Aufenthalt oder Beschäftigung im Geltungsbereich ankommt, sind Ausländer völlig gleich wie Deutsche zu behandeln; sie können auch wie Deutsche nach § 2 Abs. 3, § 68 gleichgestellt werden. Ob der Arbeitgeber eines inländischen Betriebs Deutscher oder Nichtdeutscher ist, macht für die Beschäftigungspflicht und auch für die Zustimmungsbedürftigkeit der Kündigung eines sbM keinen Unterschied. Für **im Ausland beschäftigte Deutsche,** selbst wenn der Arbeitgeber des ausländischen Betriebs Deutscher ist, kommt nach dem Territorialprinzip der besondere Kündigungsschutz nicht zur Anwendung, wenn nicht der Sitz des Arbeitsverhältnisses wie bei Monteuren uÄ im Geltungsbereich des Gesetzes verblieben ist, → Einl. Rn. 45. Es fehlt dann an einer Zuständigkeit für das Integrationsamt, wenn es sich um ein reines Auslandsarbeitsverhältnis handelt (BAG 30.4.1987 – 2 AZR 192/86, AP SchwbG § 12 Nr. 15). Bei Einstellung für einen Betrieb im Ausland gilt das auch dann, wenn als Arbeitsstatut deutsches Recht vereinbart ist (BAG 30.4.1987 – 2 AZR 192/86, AP SchwbG § 12 Nr. 15). Dabei ist durch Gesamtwürdigung zu bestimmen, ob Inlandsbezug besteht, was im Fall eines Seearbeitsverhältnisses mit italienischer Reederei nicht der Fall war, so dass keine Zustimmung des Integrationsamts erforderlich war (BAG 22.10.2015 – 2 AZR 720/14, AP SGB IX § 85 Nr. 13). Die Bestimmungen über Kündigungsfrist (§ 169) und Zusatzurlaub (§ 208) können jedoch Anwendung finden, wenn deutsches Privatrecht gilt oder die Anwendung des SGB IX vertraglich vereinbart wurde. Bei exterritorialen deutschen Dienststellen im Ausland muss demgemäß der Kündigungsschutz für die sbM voll Platz greifen, wenn deutsches Recht gilt (vgl. für das sog. Ortskräftestatut und die dadurch vereinbarte Geltung deutschen Rechts BAG 10.5.1962 – 2 AZR 397/61, AP Internat. Privatrecht, Arbeitsrecht Nr. 6).

5. NATO-Truppen

30 Entgegen früherem Recht (Jabben/Jabben, Schwerbehindertengesetz, 9. Aufl. 1999, § 15 Rn. 32) gilt nach Inkrafttreten des NATO-Truppenstatuts vom 19.6.1951 mit Art. 56 des Zusatzabkommens v. 3.8.1959 (BGBl. 1961 II 1183) mWv 1.7.1963 (BGBl. II 745), dass die Kündigung schwer behinderter Arbeitnehmer bei den alliierten Streitkräften mit Ausnahme der Kündigung aus Sicherheitsgründen der Zustimmung des Integrationsamts bedarf, die auch hier vor der Kündigung vorliegen muss (APS/Vossen § 85 Rn. 5; KR/Weigand NATO-Zusatzabkommen Art. 56 Rn. 41; Müller-Wenner/Schorn/Müller-Wenner § 85 Rn. 10). Bei der Kündigung aus Sicherheitsgründen muss aber ebenfalls die Zustimmung des Integrationsamts eingeholt werden; es besteht dann lediglich die erleichterte Auflösung gegen Abfindung nach Art. 56 Abs. 2a des Zusatz-

abkommens. Ausnahmen für Berlin und das Gebiet der früheren DDR bestehen nicht mehr. Nach der Ausdehnung des NATO-Bereichs auf ganz Deutschland gelten jetzt einheitlich sowohl für Berlin und das Gebiet der früheren DDR die Vorschriften des Zusatzabkommens zum NATO-Truppenstatut, das in Art. 56 Abs. 1 Buchst. a die Geltung der für die Bediensteten bei der Bundeswehr maßgebenden arbeitsrechtlichen und arbeitsschutzrechtlichen Vorschriften vorschreibt (G v. 28.9.1994, BGBl. II 2594, Text vgl. Nipperdey Nr. 100d).

6. Ausgenommene Personen

Nach § 173 Abs. 1 gilt der Kündigungsschutz nicht innerhalb der ersten sechs Monate 31
des Arbeitsverhältnisses. Gem. § 173 Abs. 1 Nr. 2 gelten die Bestimmungen über die Zustimmungspflicht generell nicht für sbM, die auf bestimmten Arbeitsplätzen beschäftigt sind. Es handelt sich dabei um aus karitativen oder religiösen Gründen tätige Personen und um zu ihrer Heilung, Wiedereingewöhnung, sittlichen Besserung und Erziehung Beschäftigte sowie um Teilnehmer an Maßnahmen der Arbeitsbeschaffung und Personen, die in ihre Stellung gewählt wurden (§ 173 mit § 156 Abs. 2 Nr. 2–5). Früher waren auch noch Organmitglieder und Gesellschafter genannt; diese sind aber ohnehin keine Arbeitnehmer und genießen schon deshalb keinen Kündigungsschutz (OLG München 16.5.2007 – 14 U 399/04, NZA-RR 2007, 579). Die weiteren Ausnahmebestimmungen des § 173 stellen die Befreiung von der Zustimmungspflicht nicht auf die Person, sondern auf die Feststellung und den Grund der Lösung des Arbeitsverhältnisses ab (§ 173 Abs. 2, 3, 4). Die leitenden Angestellten, die nicht Organmitglieder juristischer Personen oder Gesellschafter sind, genießen nach heutigem Recht im Gegensatz zu früher den vollen Kündigungsschutz (Nicknig DB 1976, 2256), ebenso Verwandte, sofern sie in einem Arbeitsverhältnis stehen.

7. Über Pflichtzahl

Ob der Arbeitgeber überhaupt zur Einstellung sbM verpflichtet ist und ob er den zu 32
kündigenden sbM **über die Pflichtzahl hinaus beschäftigt,** ist für den Kündigungsschutz ohne Belang. Auch darauf, ob die von dem sbM eingenommene Stelle als Arbeitsplatz iSd § 156 zählt, kommt es nicht an; andererseits erhalten zB Bergmannsversorgungsscheininhaber (§ 158 Abs. 4) und Witwen und Ehefrauen sbM (vgl. Art. III § 8 Abs. 1 G v. 24.4.1974), die selbst nicht schwerbehindert sind, den besonderen Kündigungsschutz nicht dadurch, dass sie auf die Pflichtzahl oder den Bruchteil eines Pflichtplatzes angerechnet werden. Die öffentlich-rechtliche Einstellungspflicht des Arbeitgebers und arbeitsrechtliche Kündigungsschutz des sbM stehen selbständig nebeneinander. Der Schutz der Wahrung des Arbeitsplatzes geht dabei weiter als die Beschäftigungspflicht. Auch der über die Pflichtzahl hinaus beschäftigte sbM sowie der sbM, der von einem nicht beschäftigungspflichtigen Arbeitgeber eingestellt wurde, können daher nach dem ersten Halbjahr des Arbeitsverhältnisses nur mit vorheriger Zustimmung des Integrationsamts gekündigt werden (BAG 3.1.1957 – 2 AZR 281/59, AP SchwBeschG § 14 Nr. 4; 7.5.1957 – 3 AZR 482/56, AP SchwBeschG § 14 Nr. 9; BVerwG 28.2.1968 – V C 33/66, AP SchwBeschG § 14 Nr. 29). Der Arbeitgeber hat nach § 172 Abs. 2 in diesem Fall eine gewisse Erleichterung dadurch, dass das Integrationsamt die Zustimmung erteilen soll, wenn dem sbM ein anderer angemessener und zumutbarer Arbeitsplatz gesichert ist.

8. Kenntnis des Arbeitgebers von der Eigenschaft als schwerbehindertem Menschen

Die Frage, inwieweit der Kündigungsschutz des sbM dadurch beeinflusst wird, dass 33
der Arbeitgeber Kenntnis von der Schwerbehinderteneigenschaft hat, war seit je umstrit-

ten. Erst durch § 173 Abs. 3 gemäß G v. 23.4.2004 (BGBl. I 606) wurde ab 1.5.2004 festgelegt, dass der Kündigungsschutz auch von der Bekanntgabe an den Arbeitgeber abhängt. Zur Entwicklung seit der Rspr. des RAG Jabben/Jabben, Schwerbehindertengesetz, 9. Aufl. 1999, § 15 Rn. 36 ff.

34 Die Eigenschaft als sbM folgt unmittelbar aus dem G (§ 2 Abs. 2). Die Feststellung dieser Eigenschaft und der Ausweis darüber (§ 152) sind keine Voraussetzung für die Eigenschaft als sbM (→ § 2 Rn. 26, → § 152 Rn. 41). Hinsichtlich der **Kenntnis des Arbeitgebers** folgt daraus, dass der gesetzliche Schutz ohne Rücksicht darauf besteht, ob dem Arbeitgeber die Eigenschaft als sbM bekannt ist oder nicht. Auch der sbM, der vom Arbeitgeber eingestellt war, ohne dass die Eigenschaft als sbM bekannt gewesen ist, kann deshalb grds. nur mit vorheriger Zustimmung des Integrationsamts gekündigt werden. Der Arbeitnehmer muss sich dann aber auch zum Zeitpunkt der Kündigung auf diesen besonderen Kündigungsschutz **berufen und** ihn im Streitfall **nachweisen.** Adressat der Mitteilung einer Eigenschaft als sbM ist der Arbeitgeber oder ein kündigungsberechtigter Vertreter, der auch eine ähnlich selbständige Stellung bekleiden kann. Ein nur untergeordneter Vorgesetzter mit rein arbeitstechnischen Befugnissen ist nicht als geeigneter Vertreter anzusehen (BAG 5.7.1990 – 2 AZR 8/90, AP SchwbG 1986 § 15 Nr. 1). Dieser Nachweis kann durch eine Feststellung oder einen Ausweis nach § 152 auch noch unmittelbar bei Ausspruch der Kündigung erfolgen. Dem gültigen Ausweis stehen vorläufige und sonstige Feststellungen nach § 152 Abs. 1, 2 gleich. Mit Vorlage steht fest, dass die Kündigung der vorherigen Zustimmung des Integrationsamts bedurft hätte und somit ohne Zustimmung unwirksam ist. Sofern die Eigenschaft als sbM offenkundig ist (Verlust von Gliedmaßen, Blindheit), bedarf es nicht einmal eines besonderen Nachweises. Der Kündigungsschutz gilt dann wegen bekannter Schwerbehinderteneigenschaft, die auch gegenüber den Arbeitgeber zwingend anzunehmen ist (BVerfG 9.4.1987 – 1 BvR 1406/86, NZA 1987, 563; BAG seit 20.10.1977 – 2 AZR 770/76, AP SchwbG § 12 Nr. 2; 30.6.1983 – 2 AZR 10/82, AP SchwbG § 12 Nr. 11; zuletzt mit jeweils ausführlichen wN: 12.1.2006 – 2 AZR 539/05, AP SGB IX § 85 Nr. 3; 13.2.2008 – 2 AZR 864/06, AP SGB IX § 85 Nr. 5; 16.2.2012 – 6 AZR 553/10, AP SGB IX § 85 Nr. 9; 22.10.2015 – 8 AZR 394/14, AP AGG § 22 Nr. 11). Das gilt auch nach Einführung des § 173 Abs. 3 ab 1.5.2004. Die Offenkundigkeit wird dort zwar nicht ausdrücklich genannt, sollte aber als Selbstverständlichkeit den Kündigungsschutz gewähren. Zur Begründung der Einfügung von § 173 Abs. 3 wird ausgeführt, dass der Arbeitgeber der vorherigen Zustimmung des Integrationsamts nicht bedarf, wenn die Eigenschaft zum Zeitpunkt der Kündigung „nicht nachgewiesen ist, also entweder nicht offenkundig ist, so dass es eines durch ein Feststellungsverfahren zu führenden Nachweises nicht bedarf“ oder der Nachweis nicht durch einen Feststellungsbescheid erbracht ist (BT-Drs. 15/2357, 24; Cramer NZA 2004, 704). Die offenkundige Eigenschaft muss sich aber auch auf einen Grad der Behinderung von wenigstens 50 beziehen. Sofern das zweifelhaft ist, etwa wenn mitgeteilt wurde, dass ein Herzinfarkt überstanden wurde oder eine Krebsoperation vorlag, muss Offenkundigkeit abgelehnt werden (BAG 31.7.2002 – 7 AZR 118/01, AP BGB § 620 Altersgrenze Nr. 19). Abgelehnt wurde sie auch bei zwei künstlichen Kniegelenken (SächsLAG 28.11.2007 – 2 Sa 96/07 juris). Offenkundig wurde aber angenommen, wenn sämtliche Finger einer Hand fehlen (BSG 30.4.1979 – 8b RK 1/78, BSGE 48, 167) und bei Taubheit mit schweren Sprachstörungen (BAG 13.2.2008 – 2 AZR 864/06, AP SGB IX § 85 Nr. 5). Kenntnis ist auch anzunehmen, wenn etwa in der Güteverhandlung die Antragstellung oder die Gründe erörtert werden (BAG 23.2.2010 – 2 AZR 659/08, AP SGB IX § 85 Nr. 8; 9.6.2011 – 2 AZR 703/09, AP SGB IX § 85 Nr. 11).

35 Demgegenüber ist bei verborgenen oder nicht ohne weiteres erkennbaren bzw. geringen Behinderungen nicht anzunehmen, dass die Eigenschaft als sbM bekannt ist und damit das Erfordernis der Zustimmung des Integrationsamts vor Ausspruch der Kündigung erfüllt werden kann. Der Arbeitgeber, der nicht weiß oder wissen kann, dass der

Arbeitnehmer sbM ist, hat keine Veranlassung, die Zustimmung des Integrationsamts vor Ausspruch der Kündigung einzuholen. Der sbM muss eine dem Arbeitgeber nicht bekannte Schwerbehinderteneigenschaft mitteilen; es besteht eine Offenbarungspflicht (Ullrich ZMV 2019, 234–237). Dazu ist Voraussetzung, dass die Schwerbehinderteneigenschaft bereits festgestellt ist oder wenigstens drei Wochen vor Zugang der Kündigung beantragt war (§ 173 Abs. 3). Nach der früheren Rspr. des BAG konnte der sbM sich noch binnen eines Monats auf den nicht offenkundigen aber festgestellten oder wenigstens rechtzeitig beantragten Sonderschutz berufen (BAG 7.3.2000 – 2 AZR 612/00, AP SchwbG 1986 § 15 Nr. 11 mwN). Jetzt hat das BAG aber als gültige Frist die Dreiwochenfrist des § 4 KSchG festgestellt, binnen der sich der sbM nach Zugang der Kündigung berufen muss, um den Schutz zu behalten (BAG 11.12.2008 – 2 AZR 395/07, AP BGB § 613a Nr. 362; Ankündigungen der Verkürzung der Frist von einem Monat auf drei Wochen BAG 12.1.2006 – 2 AZR 539/05, AP SGB IX § 85 Nr. 3; jetzt BAG 13.2.2008 – 2 AZR 864/06, AP SGB IX § 85 Nr. 5; 23.2.2010 – 2 AZR 659/08, AP SGB IX § 85 Nr. 8; 16.2.2012 – 6 AZR 553/10, AP SGB IX § 85 Nr. 9; 22.9.2016 – 2 AZR 700/15, AP SGB IX § 85 Nr. 14, Rn. 23: 22 Tage reichen aus). Damit kann sich der sbM drei Wochen nach Zugang der Kündigung auf eine festgestellte oder drei Wochen vorher beantragte Schwerbehinderteneigenschaft berufen. Anderes folgt (entgegen Jabben/Jabben, SGB IX, 11. Aufl. 2005; Cramer NZA 2004, 704) nicht aus § 173 Abs. 3.

Schon bisher war richtigerweise davon auszugehen, dass der sbM zwar von Gesetzes 36
wegen den Schutz genießt und nur Nachweisschwierigkeiten bestehen (Jabben/Jabben, SGB IX, 10. Aufl. 2003, § 85 Rn. 35). Jetzt steht nach § 173 Abs. 3 fest, dass sich der Arbeitnehmer „zum Zeitpunkt der Kündigung der Eigenschaft als schwerbehinderter Mensch“ nachgewiesen oder drei Wochen vorher beantragt haben muss. Dieser Nachweis steht dem Arbeitnehmer nach § 152 offen. Macht er von dieser Möglichkeit nicht Gebrauch, kann er so lange auch nicht als sbM angesehen werden, das gesamte Kap. 4 über den Kündigungsschutz findet nach § 173 Abs. 3 keine Anwendung. Ist der Antrag rechtzeitig gestellt, hängt die Wirksamkeit der Kündigung noch davon ab, ob es zur Feststellung einer GdB von wenigstens 50 kommt. Der Arbeitgeber muss den Antrag auf Zustimmung beim Integrationsamt stellen. Die zunächst ausgesprochene Kündigung ist bis zur Entscheidung über den rechtzeitig gestellten Antrag schwebend unwirksam, sie wird unwirksam, wenn über den Antrag positiv auf Schwerbehinderung entschieden wird. Wird der Antrag des sbM abgelehnt oder eine GdB von weniger als 50 festgestellt, bleibt die Kündigung nach SGB IX wirksam, über sie kann im Kündigungsschutzprozess iÜ entschieden werden. Bei unterschiedlichen Entscheidungen im Verwaltungsrechtsverfahren muss nach einer Zustimmung des Integrationsamts zunächst gekündigt werden, also eine zweite Kündigung ausgesprochen werden. Das arbeitsgerichtliche Verfahren kann dann ausgesetzt werden, muss aber nicht, da notfalls vom sbM eine Restitutionsklage erhoben werden kann (→ Rn. 22). Zusätzlich kann auch eine **Verwirkung** des Kündigungsschutzes eintreten, etwa wenn der Arbeitnehmer nur die Sozialwirksamkeit einer Kündigung bekämpft und sich Monate lang nicht auf den Schutz des SGB IX beruft (LAG Kiel 26.2.1976 – 4b Ca 1797/75, BB 1976, 1608, acht Monate nach Kündigung) oder wenn der Arbeitnehmer nur einen ablehnenden Bescheid vorlegt und nicht bekannt gibt, dass Widerspruch eingelegt wurde (BAG 2.6.1982 – 7 AZR 32/80, AP SchwbG § 12 Nr. 8; die Grenze der Verwirkung auch BAG 3.7.2003 – 2 AZR 487/02, AP BErzGG § 18 Nr. 7; 13.2.2008 – 2 AZR 864/06, AP SGB IX § 85 Nr. 5). Vor allem aber tritt eine Verwirkung ein, wenn sich der sbM nicht binnen drei Wochen nach Zugang der Kündigung auf eine dem Arbeitgeber unbekannte Schwerbehinderteneigenschaft beruft (BAG 19.4.1979 – 2 AZR 469/78, AP SchwbG § 12 Nr. 5; 12.1.2006 – 2 AZR 539/05, AP SGB IX § 85 Nr. 3; 6.9.2007 – 2 AZR 324/06, AP SGB IX § 90 Nr. 4; 13.2.2008 – 2 AZR 864/06, AP SGB IX § 85 Nr. 5; LAG Mainz 9.10.2003 – 4 Sa 711/03, ZTR 2004, 268; ArbG Trier 9.4.2003 – 4 Ca 2325/02, NZA-RR 2003, 535).

Aber ein Vertrauensschutz des Arbeitgebers entfällt, wenn im Laufe des Verfahrens auf eine Schwerbehinderung oder eine Antragstellung schon hingewiesen wurde (BAG 6.9.2007 – 2 AZR 324/06, AP SGB IX § 90 Nr. 4; 23.2.2010 – 2 AZR 659/08, AP SGB IX § 85 Nr. 8; 9.6.2011 – 2 AZR 703/09, AP SGB IX § 85 Nr. 11) und der Arbeitgeber deshalb mit dem Kündigungsschutz rechnen musste. Außerdem kann das Integrationsamt einen sog. vorsorglichen Verwaltungsakt vornehmen und über einen Antrag entscheiden (BVerwG 15.12.1988 – 5 C 67/85, BVerwGE 81, 84 = NZA 1989, 554). Ohne entsprechenden Ausweis wird aber in aller Regel von dem Integrationsamt ein sog. Negativattest erteilt werden, da die Behörden von der Eigenschaft als sbM grds. auch erst nach entsprechender behördlicher Feststellung ausgehen und kann danach die Kündigung wirksam sein (BAG 27.5.1983 – 7 AZR 482/81, AP SchwbG § 12 Nr. 12; 20.1.2005 – 2 AZR 675/03, AP SGB IX § 85 Nr. 1; 13.2.2008 – 2 AZR 864/06, AP SGB IX § 85 Nr. 5; → Rn. 82).

37 Außer dieser Regelung in Fällen, in denen der Arbeitnehmer den Nachweis nach § 152 zum Zeitpunkt der Kündigung erbracht hat, besteht der Kündigungsschutz noch in den Fällen, in denen der Antrag bereits zum Zeitpunkt der Kündigung gestellt war, aber vom Versorgungsamt oder der nach Landesrecht zuständigen Behörde ohne Verschulden des Arbeitnehmers noch nicht beschieden wurde, dann aber eine Schwerbehinderteneigenschaft feststellt. Das folgt aus dem Umkehrschluss der Bestimmung in § 173 Abs. 3 für den Fall, dass „das Versorgungsamt nach Ablauf der Frist des § 152 Abs. 1 S. 2 eine Feststellung wegen fehlender Mitwirkung nicht treffen konnte“. Nur für den Fall der fehlenden Mitwirkung des sbM wird der Kündigungsschutz bei einem gestellten Antrag ausgeschlossen. Hat der sbM zum Zeitpunkt der Kündigung den Antrag gestellt, ist über ihn aber noch nicht rechtzeitig entschieden, bleibt es bei der gesetzlichen Festlegung, dass die Eigenschaft des sbM automatisch eintritt und es dann nur am Nachweis fehlt. Dieser Nachweis kann bei rechtzeitiger Antragstellung dann noch geführt werden, wenn alle Mitwirkungsvoraussetzungen durch den Arbeitnehmer erfüllt waren, also nur die Behörde längere Zeit zu der Feststellung benötigt. Das kann auch dann der Fall sein, wenn Gutachten einzuholen waren und im Widerspruchsverfahren (Kuhlmann br 2004, 181). Die fehlende Mitwirkung ist im Streitfall vom Arbeitgeber darzutun und zu beweisen (Cramer NZA 2004, 704; Bauer/Powietzka NZA-RR 2004, 507). Da es auf den „Zeitpunkt der Kündigung“ ankommt, muss der Arbeitnehmer dabei unmittelbar die rechtzeitige vorherige Antragstellung erklären und hat dafür drei Wochen Zeit (BAG 12.1.2006 – 2 AZR 539/05, AP SGB IX § 85 Nr. 3; 13.2.2008 – 2 AZR 864/06, AP SGB IX § 85 Nr. 5; 11.12.2008 – 2 AZR 395/07, AP BGB § 613a Nr. 362). Findet danach der Kündigungsschutz Anwendung, kann es dann aber an einem Annahmeverzug des Arbeitgebers fehlen, wenn er die Kündigung vor der Feststellung der Erwerbsminderung um mindestens 50 vH zunächst für wirksam halten konnte (BAG 6.6.1974 – 2 AZR 278/73, AP MuSchG 1968 § 9 Nr. 3; Gallner/Mestwerdt/Nägele/Osnabrügge §§ 168–175 Rn. 24; KR/Gallner §§ 168–173 Rn. 48 f.). Dieser Annahmeverzug kann dann sogar fehlen, bis die Zustimmung des Integrationsamts erteilt ist und daraufhin eine wirksame Kündigung ausgesprochen wird (→ § 152 Rn. 43 ff.). Ist der sbM für die geschuldete Arbeit arbeitsunfähig, fehlt es ebenfalls am Annahmeverzug (BAG 24.9.2003 – 5 AZR 282/02, AP BGB § 151 Nr. 3; 4.10.2005 – 9 AZR 632/04, AP SGB IX § 81 Nr. 9). Schadenszusatzansprüche können aber bestehen, wenn die Pflichten aus § 164 nicht erfüllt wurden (BAG 4.10.2005 – 9 AZR 632/04, AP SGB IX § 81 Nr. 9).

9. Anfechtung

38 Der sbM soll von der besonderen Schutzmaßnahme abgesehen aber wie ein anderer Arbeitnehmer behandelt werden. Eine **Anfechtung wegen Irrtums** ist jedoch allein auf Grund der Eigenschaft als sbM abzulehnen. Dabei ist es gleichgültig, ob die Einstellung

im Rahmen der Pflichtzahl oder darüber hinaus erfolgte. Auch ein über die Pflichtquote eingestellter sbM genießt den Schutz kraft Gesetzes. Nur die Erwerbsminderung selbst kann als verkehrswesentliche Eigenschaft angesehen werden. Der Kündigungsschutz mit der Folge der Zustimmungsbedürftigkeit sind bloße Rechtsfolgen, die als solche nicht zur Anfechtung wegen Irrtums berechtigen (Wolf/Gaugel AuR 1982, 279). Daher ist eine ohne Zustimmung mögliche Anfechtung nur dann anzuerkennen, wenn sich der sbM für die Arbeiten, für die er eingestellt ist, nicht eignet. Das wird allerdings meist dann nicht der Fall sein, wenn die Eigenschaft als sbM erst bei der Kündigung festgestellt wird und der sbM bis dahin den Anforderungen genügt hat, er also nicht wegen fehlender Eignung entlassen wird. Das kann heute als hM angesehen werden (Deinert/Welti/Braasch § 105 Rn. 19; Feldes/Kohte/Stevens-Bartol/Schmitz § 168 Rn. 26 ff.; Gallner/Mestwerdt/Nägele/Osnabrügge §§ 168–175 Rn. 24; KR/Gallner §§ 168–173 Rn. 23; LPK/Düwell § 168 Rn. 20; Schaub ArbR-HdB/Koch § 179 Rn. 17; Brecht-Heitzmann ZTR 2006, 639; Siegler BlStRArbR 1966, 219). Das BAG hat ebenfalls wie hier die Eigenschaft als sbM als verkehrswesentliche Eigenschaft abgelehnt und ausgeführt, dass „als verkehrswesentliche Eigenschaft nur ein Mangel an den notwendigen Fähigkeiten zur Ausführung der vom Arbeitnehmer übernommenen Arbeiten gesehen werden kann" (BAG 18.4.1968 – 2 AZR 145/67, AP HGB § 63 Nr. 32; vgl. auch BAG 28.3.1974 – 2 AZR 92/73, AP BGB § 119 Nr. 3; 26.7.1989 – 5 AZR 491/88, AP LohnFG § 1 Nr. 87).

Neben der Anfechtung wegen Irrtums in diesem begrenzten Umfang ist auch eine **Anfechtung wegen arglistiger Täuschung** möglich, die dann auch nicht der Zustimmung bedarf. Entgegen der bisherigen Rechtslage und Rechtsauffassung (vgl. Jabben/Jabben, Schwerbehindertengesetz, 9. Aufl. 1999, SchwbG § 15 Rn. 45) ist das nur in den seltenen Fällen möglich, in denen der Arbeitsplatz geradezu erschlichen wurde. Das bloße Verschweigen der Behinderung auf Befragen reicht dazu nicht aus, nachdem der Schutz vor jeder Benachteiligung nach § 164 Abs. 2 und der RL 2000/78/EG eingreift. Die Rspr. des EuGH zum Benachteiligungsverbot Schwangerer gilt hier entspr. (EuGH 3.2.2000 – C 207/98, AP BGB § 611a Nr. 18 – Mahlburg mwN; vgl. die Anm. von Gamillscheg EZA § 611a BGB Nr. 15). Das Fragen nach der Eigenschaft als sbM muss deshalb heute als unzulässig angesehen werden, die falsche Antwort berechtigt nicht zur Anfechtung (LPK-SGB IX/Düwell § 168 Rn. 21 ff.; Brecht-Heitzmann ZTR 2006, 640; Braun MDR 2004, 64; Brock/Windeln ArbRB 2006, 272; Deinert/Welti/Braasch § 105 Rn. 19; Düwell BB 2001, 1529; BB 2006, 1741; ErfK/Preis BGB § 611a Rn. 274a; Gallner/Mestwerdt/Nägele/Osnabrügge §§ 168–175 Rn. 24; Joussen NJW 2003, 2857; NZA 2007, 174; Kania/Merten ZIP 2007, 11; Koppenfels-Spies AuR 2004, 46; KR/Gallner §§ 168–173 Rn. 23 f.; Messingschlager NZA 2003, 301; Deinert/Welti/Braasch § 105 Rn. 19; Rolfs/Paschke BB 2002, 1261; Jabben RdA 2001, 143; jetzt auch Schaub ArbR-HdB/Koch § 179 Rn. 18; nicht so weitgehend Schaub NZA 2003, 299). Eine ausnahmsweise mögliche Anfechtung wirkt nicht zurück, sondern löst das Arbeitsverhältnis nur für die Zukunft auf (BAG 5.12.1957 – 1 AZR 594/56 m Anm. Hueck, AP BGB § 123 Nr. 2; 22.9.1961 – 1 AZR 241/60, AP BGB § 123 Nr. 15; 20.5.1999 – 2 AZR 320/98, AP BGB § 123 Nr. 50; 12.5.2011 – 2 AZR 479/09, AP BGB § 123 Nr. 69; 20.3.2014 – 2 AZR 1071/12, AP BGB § 123 Nr. 73). Das gilt aber nicht in jedem Fall auch für arglistige Täuschung (BAG 3.12.1998 – 2 AZR 754/97, AP BGB § 123 Nr. 49 gegen BAG 18.4.1968 – 2 AZR 145/67, AP HGB § 63 Nr. 32; 16.9.1982 – 2 AZR 228/80, AP BGB § 123 Nr. 24; 20.2.1986 – 2 AZR 244/85, AP BGB § 123 Nr. 31; aber auch BAG 3.12.1998 – 2 AZR 754/97, AP BGB § 123 Nr. 49). 39

C. Die Voraussetzungen des besonderen Kündigungsschutzes

1. Kündigung durch Arbeitgeber

40 Die Bestimmung, dass die Kündigung eines sbM der Zustimmung des Integrationsamts bedarf, gilt nur für die ordentliche oder außerordentliche Kündigung **durch den Arbeitgeber.** Kündigt der sbM, so ist die öffentlich-rechtliche Zustimmung nicht erforderlich. Das SGB IX ist ein Schutzgesetz zugunsten des sbM und beschränkt ihn nicht in seiner Freiheit. Gibt der sbM jedoch durch die Kündigung seinen Arbeitsplatz leichtfertig auf, so kann das Integrationsamt ihm gem. § 200 den Schutz des Gesetzes auf Zeit entziehen (→ § 200 Rn. 4 f.); handelt es sich um einen Gleichgestellten, so kann auch dessen Schutz entzogen werden (→ § 200 Rn. 3). Nimmt der sbM seine Kündigung zurück und geht der Arbeitgeber hierauf nicht ein, so wird hierdurch die Zustimmung nicht erforderlich, denn es liegt keine Kündigung des Arbeitgebers vor, sondern die Verweigerung eines neuen Vertragsschlusses; hierzu ist der Arbeitgeber berechtigt. War eine Kündigung wegen fehlender Zustimmung unwirksam, kann der Arbeitgeber aus den gleichen Gründen eine neue Kündigung aussprechen und dafür die Zustimmung einholen, die Gründe sind nicht verbraucht (BAG 8.11.2007 – 2 AZR 425/06, AP KSchG 1969 § 1 Personenbedingte Kündigung Nr. 30).

41 Entgegen früherer Auffassung (Jabben/Jabben, Schwerbehindertengesetz, 9. Aufl. 1999, SchwbG § 15 Rn. 48) besteht der Kündigungsschutz auch in den Fällen, in denen der sbM dauernd arbeitsunfähig ist. Arbeitsunfähigkeit ist kein Beendigungsgrund (BAG 13.5.2004 – 2 AZR 36/04, AP BGB § 626 Krankheit Nr. 12, 27.3.2003 – 2 AZR 173/02, AP BMT-G II § 54 Nr. 4; Deinert/Welti/Braasch § 105 Rn. 38 f.). Selbst bei automatischer Beendigung wegen Berufs- oder Erwerbsunfähigkeit ist die Zustimmung erforderlich (§ 175).

2. Ordentliche Kündigung

42 Der besondere Kündigungsschutz greift nur Platz, wenn das Arbeitsverhältnis des sbM zu seiner Auflösung der Kündigung bedarf. Der besondere Kündigungsschutz nach § 168 gilt zunächst einmal für die **ordentliche Kündigung.** Darunter fällt jede Kündigung nach § 622 BGB, aber auch die Kündigung nach dem Einigungsvertrag Anl. I Kap. XIX (BAG 16.3.1994 – 8 AZR 688/92, AP Einigungsvertrag Anlage I Kap. XIX Nr. 21; LAG Potsdam 12.9.1991 – 1 Sa 71/91, PersR 1992, 123 = BeckRS 1991, 30456600). Im Falle der außerordentlichen Kündigung gelten die Besonderheiten des § 174.

43 Kündigung ist eine einseitige empfangsbedürftige Willenserklärung, durch welche ein auf Dauer angelegtes Arbeitsverhältnis für die Zukunft aufgehoben werden soll (ErfK/Müller-Glöge BGB § 620 Rn. 16 ff.; APS/Preis Grundlagen D Rn. 9 f.; Molitor, Die Kündigung, 2. Aufl. 1951, 98 ff.; Schaub ArbR-HdB/Linck § 123 Rn. 1; Linck/Krause/Bayreuther KSchG § 1 Rn. 127 ff.; KR/Griebeling KSchG § 1 Rn. 151 ff.). Nach dem SGB IX ist für die Kündigung eines sbM keine besondere Form vorgeschrieben. Auch auf die Bezeichnung der Willenserklärung als Kündigung kommt es nicht an, wenn nur der Wille, das Arbeitsverhältnis zu beenden, eindeutig zum Ausdruck kommt. Seit 1.5.2000 schreibt aber § 623 BGB für jede Kündigung, also auch die nach § 168 die Schriftform als Wirksamkeitsvoraussetzung vor. Ist das Integrationsamt der Auffassung, eine beabsichtigte Kündigung wäre ohnehin nichtig, so ist sie trotzdem nicht von der Pflicht entbunden, eine Entscheidung zu fällen. Die Anwendbarkeit des allgemeinen Kündigungsschutzes und auch des besonderen Schutzes nach § 168 ist nicht davon abhängig, dass die Kündigung rechtsgültig ist (Linck/Krause/Bayreuther KSchG § 1 Rn. 138; KR/Griebeling KSchG § 1 Rn. 158).

3. Anfechtung

Die Zustimmung des Integrationsamts ist nicht erforderlich, wenn das Arbeitsverhältnis ohne Kündigung endet. Liegt **kein rechtsgültiger Arbeitsvertrag** vor und macht der Arbeitgeber dem sbM gegenüber die Nichtigkeit geltend, so kommt das Zustimmungsverfahren nicht zum Zuge. Das nur faktische Arbeitsverhältnis kann vielmehr jederzeit auch ohne Kündigung gelöst werden (BAG 7.12.1961 – 2 AZR 12/61, AP BGB § 611 Faktisches Arbeitsverhältnis Nr. 1). Das Gleiche gilt, wenn der Arbeitgeber den Vertrag wegen Irrtums über eine wesentliche Eigenschaft des sbM (§ 119 BGB) oder wegen Täuschung (§ 123 BGB) anficht. Zur Anfechtung → Rn. 38 f. 44

4. Befristetes Arbeitsverhältnis

Die Zustimmung des Integrationsamts ist weiter nicht erforderlich, wenn das Arbeitsverhältnis mit dem sbM **nicht auf unbestimmte Zeit** abgeschlossen ist, sondern unter den vereinbarten Voraussetzungen von selbst endet, ohne dass es einer Kündigung bedarf. Das Ende des Arbeitsverhältnisses kann nach § 620 BGB entweder kalendermäßig bestimmt sein oder vom Eintritt eines bestimmten Ereignisses abhängen oder sich aus dem Zweck der Dienste ergeben. Für Arbeitsverhältnisse gilt dazu das auf Grund der RL 1999/70/EG v. 28.6.1999 erlassene Teilzeit- und Befristungsgesetz v. 21.12.2000 (BGBl. I 1996, zuletzt geändert v. 11.12.2018, BGBl. I 2384). § 14 TzBfG legt in Abs. 1 beispielhaft fest, welche Gründe eine Befristung rechtfertigten. Abs. 2 lässt Befristungen bis zu zwei Jahren zu, soweit nicht schon vorher ein Arbeitsvertrag bestand. § 14 Abs. 2a weitet die Befristung in den ersten 4 Jahren nach Gründung des Unternehmens aus, § 14 Abs. 3 idF ab 1.4.2012 TzBfG gibt die Befristung nach dem 52. Lebensjahr bis 5 Jahre frei, sofern vorher 4 Monate Arbeitslosigkeit bestand. Nach Abs. 4 bedarf der befristete Vertrag der Schriftform. § 15 TzBfG bestimmt, dass der befristete Vertrag mit der vereinbarten Zeit oder mit Zweckerreichung endet. Damit wird das Befristungsrecht eigenständig geregelt. Es knüpft nicht mehr an die Fragen der Umgehung von Kündigungsschutzrechten an, sondern bestimmt selbst, wann die Befristung erlaubt ist und das Arbeitsverhältnis ohne Kündigung endet. Deshalb greift bei dem Ende der Befristung ohne Kündigung auch nicht der Kündigungsschutz des § 168 ein (BT-Drs. 14/4374, 20; APS/Backhaus TzBfG § 15 Rn. 7; APS/Vossen § 85 Rn. 25 f.; LPK-SGB IX/Düwell § 168 Rn. 17; ErfK/Rolfs § 168 Rn. 12; KR/Lipke TzBfG § 14 Rn. 45; aA KDZ/Däubler TzBfG § 15 Rn. 33). Der Befristung steht die vereinbarte **auflösende Bedingung** gleich, die ebenfalls das Arbeitsverhältnis ohne Kündigung beendet (BAG 15.5.2019 – 7 AZR 285/17 Rn. 25 für das Wiederaufleben eines Beamtenverhältnisses als Beendigung des Arbeitsverhältnisses nach MTV TSI, BeckRS 2019, 25425). 45

Eine andere Folgerung lässt sich auch nicht aus dem Benachteiligungsverbot von § 164 Abs. 2 und der RL 2000/78/EG ziehen, weil damit nicht der Bestand des Arbeitsverhältnisses gesichert wird, sondern nur ein Schadensersatzanspruch bei Verstoß besteht. Der erweiterte Beendigungsschutz des § 175 betrifft nicht die Beendigung durch Befristung nach dem TzBfG, so dass es auch danach bei dem Ende ohne Kündigung und ohne dem Erfordernis der Zustimmung bleibt (KR/Gallner §§ 85–90 Rn. 11). Die notwendige schriftliche Unterrichtung nach § 15 Abs. 2 TzBfG ist keine Kündigung und löst keine Zustimmungspflicht aus. 46

Befristet endet das Arbeitsverhältnis im öffentlichen Dienst nach § 33 TVöD durch Erwerbsunfähigkeit sowie Erreichen der Altersgrenze. § 41 SGB VI ist einzuhalten. Eine Zustimmung des Integrationsamts ist nicht erforderlich. Dasselbe gilt für die entsprechende Vorschrift des § 63 MTArb, die auch insoweit gültig ist (BAG 3.2.1971 – 5 AZR 282/70, AP BUrlG § 7 Abgeltung Nr. 9). Die tariflichen Vorschriften sind so gültig (BAG 24.1.2008 – 6 AZR 96/07, NZA-RR 2008, 404 (405)). Soweit nach diesen und anderen tariflichen oder vertraglichen Vorschriften jedoch die Beendigung ohne Kündigung auch 47 bei Eintritt der teilweisen Erwerbsminderung, der Erwerbsminderung auf Zeit, der Berufsunfähigkeit oder Erwerbsunfähigkeit auf Zeit vorgesehen ist, greift der erweiterte Beendigungsschutz des § 175 ein; dann ist in entsprechender Anwendung dieses Abschnitts die Zustimmung des Integrationsamts auch zu dieser Beendigung ohne Kündigung erforderlich. Daraus folgt aber umgekehrt, dass bei einer Beendigung des Arbeitsverhältnisses aus anderen Gründen als den in § 175 genannten Gründen ohne Kündigung keine Zustimmung erforderlich ist. Insoweit gelten diese Grundsätze bei Ausscheiden wegen dauernder Erwerbsunfähigkeit oder Erreichen der Altersgrenze unverändert fort.

48 Ist der Arbeitsvertrag auf bestimmte Zeit abgeschlossen und vertraglich abgemacht, dass er weiterlaufen soll, falls nicht gekündigt wird, so ist er nicht befristet; bei einem sbM ist Kündigung mit vorheriger Zustimmung notwendig. Nach § 15 Abs. 3 TzBfG kann trotz Befristung vertraglich oder durch Tarifvertrag bestimmt werden, dass eine Kündigung zur Beendigung notwendig ist; und dazu muss die vorherige Zustimmung des Integrationsamts für die Arbeitgeberkündigung vorliegen. Verlängert der Arbeitgeber ein ursprünglich befristetes Arbeitsverhältnis mit einem sbM auf unbestimmte Zeit, so ist von da an Kündigungsschutz gegeben. Wird das Arbeitsverhältnis nach Ablauf der vereinbarten Zeit von dem sbM mit Wissen des Arbeitgebers fortgesetzt, so läuft es auf unbestimmte Zeit weiter, auch wenn die Parteien sich nicht über die Verlängerung vertraglich geeinigt haben (§ 15 Abs. 5 TzBfG). Das Gleiche gilt, wenn der Arbeitgeber, der mit Zustimmung des Integrationsamts gekündigt hatte, den sbM nach Ablauf der Kündigungsfrist weiterbeschäftigt.

49 Von den nur befristet abgeschlossenen Arbeitsverträgen ist die ausdrückliche Einstellung sbM zur vorübergehenden Aushilfe, Probe oder für einen vorübergehenden Zweck zu unterscheiden, die nicht durch Zeitablauf oder Zweckerreichungen endigen sollen. Sofern in diesen Fällen das Arbeitsverhältnis nicht über sechs Monate hinaus fortgesetzt wird, bedarf die Kündigung gem. § 173 Abs. 1 Nr. 1 nicht der Zustimmung des Integrationsamts. Im Unterschied zu den befristeten Arbeitsverträgen ist aber hier eine Kündigung erforderlich. Zur Erprobung ist aber auch eine Befristung nach § 14 Abs. 1 Nr. 5 TzBfG zulässig, die auch bei erforderlicher längerer Dauer eine Kündigung und den Schutz des § 168 entfallen lassen kann (APS/Backhaus TzBfG § 14 Rn. 254 ff.; ErfK/Müller-Glöge TzBfG § 14 Rn. 49 ff.; KR/Lipke TzBfG § 14 Rn. 161 ff.; Laux/Schlachter/Schlachter TzBfG § 14 Rn. 62 ff.). **Sonderregelungen** über zulässige Befristungen von Arbeitsverträgen, die alle ohne Kündigung enden, enthalten das Gesetz über befristete Arbeitsverträge in der Wissenschaft v. 12.4.2007 (BGBl. I 506, zuletzt v. 23.5.2017, BGBl. I 1228) und das Gesetz über befristete Arbeitsverträge mit Ärzten in der Weiterbildung v. 15.5.1986 (BGBl. I 742, zuletzt v. 23.5.2017, BGBl. I 1228). Zustimmungen zur Beendigung sind auch dort nicht erforderlich.

5. Verzicht

50 Der Kündigungsschutz der sbM kann nicht von vornherein dadurch ausgeschlossen werden, dass der sbM auf ihn **verzichtet.** Der öffentlich-rechtliche Schutzcharakter der Bestimmungen über die Zustimmungspflichtigkeit der Kündigung und die Kündigungsfrist schließen vertragliche Abmachungen über den Fortfall des Kündigungsschutzes vor dem Kündigungsfall aus. Vertragsklauseln dieser Art wären nichtig und der sbM nicht an sie gebunden (Siegler BlStRArbR 1966, 219; BVerwG 16.12.1959 – V C 111.57, AP SchwBeschG § 14 Nr. 23; NdsOVG 25.4.1950 – OVG A 71/50, Entsch. OVG Bd. I S. 235). Auch durch Tarifvertrag kann der Schutz eines sbM nicht abgedungen werden (LAG Bln 16.11.1956 – 3 Sa 456/56, BB 1957, 402 = DB 1957, 336).

51 Der sbM kann jedoch nach Ausspruch der Kündigung durch Vereinbarung mit dem Arbeitgeber auf den Schutz als sbM wirksam verzichten. Wie ein Aufhebungsvertrag kann auch ein Wirksamwerden der Kündigung den Schutz leerlaufen lassen. Ein solches

Einvernehmen, auf den besonderen Schutz zu verzichten, kann auch stillschweigend erfolgen, wenn der sbM dies dem Arbeitgeber gegenüber erkennbar zum Ausdruck gebracht und der Arbeitgeber die so zum Ausdruck gekommene Erklärung angenommen hat; ebenso wie es möglich ist, dass der sbM sich auf den besonderen Schutz nicht berufen will. Das frühere Problem des stillschweigenden Aufhebungsvertrags hat sich durch das Schriftformerfordernis der § 623 BGB erledigt. Nur der Verzicht unterliegt nicht der Schriftform (BAG 23.11.2008 – 6 AZR 394/06, AP BGB § 623 Nr. 8), wohl aber eine Verzichtsvereinbarung im unmittelbaren Anschluss an eine Kündigung (BAG 19.4.2007 – 2 AZR 208/06, AP BGB § 623 Nr. 9). Im einverständlichen Aufhebungsvertrag, der der Schriftform des § 623 BGB bedarf, liegt ein solcher Verzicht, der den Kündigungsschutz nimmt (Deinert/Welti/Braasch § 105 Rn. 22; ErfK/Rolfs § 168 Rn. 11; Feldes/Kohte/Stevens-Bartol/Schmitz § 168 Rn. 17 f.; KR/Gallner Vor §§ 168–175 Rn. 39; LPK-SGB IX/Düwell § 168 Rn. 50). Hinzu kommt, dass nach dem Schuldrechtsmodernisierungsgesetz ab 1.1.2002 und für Altverträge ab 1.1.2003 (Art. 229 § 5 EGBGB) eine stärkere Inhaltskontrolle von Aufhebungsverträgen erwartet werden muss. Zwar ist es abzulehnen, analog zu Haustürgeschäften bei Aufhebungsverträgen ein Widerrufsrecht nach § 312 BGB zu gewähren (BAG 27.11.2003 – 2 AZR 135/03, AP BGB § 312 Nr. 1; 27.11.2003 – 2 AZR 135/03, AP BGB § 312 Nr. 2 mwN). Im Aufhebungsvertrag kann aber insbes. wegen des Wegfalls des Kündigungsschutzes für sbM eine unangemessene Benachteiligung nach §§ 307 Abs. 2, 310 Abs. 3 BGB liegen (BAG 27.11.2003 – 2 AZR 135/03, AP BGB § 312 Nr. 2; 23.10.2013 – 5 AZR 135/12, BAGE 146, 217; 12.3.2015 – 6 AZR 82/14, AP BGB § 620 Aufhebungsvertrag Nr. 47; Däubler NZA 2001, 1329 (1334); Reinecke DB 2002, 583 (587); Lingemann NZA 2002, 181 (185); zurückhaltend Bauer NZA 2002, 167 (172); Henssler RdA 2002, 129 (139)). Die Vereinbarung einer sog. **Entfristeten Kündigung** (RAG 3.1.1940 – RAG 157/39, ArbRS38, 311) scheitert heute an § 622 BGB uns verstößt gegen § 169.

52 Eine **Ausgleichsquittung** kann zwar auch einen Verzicht auf den Kündigungsschutz darstellen, das ist aber nicht ohne weiteres anzunehmen. Nach Inkrafttreten der Schuldrechtsmodernisierung ab 11.1.2002 und für Altverträge ab 1.1.2003 (Art. 229 § 5 EGBGB) ist der Abschluss von Verzichtserklärungen durch eine Ausgleichsquittung noch sehr viel einschränkender zu betrachten. Einmal kann darin je nach Lage des Einzelfalles eine Überraschungsklausel im Sinn des § 305c BGB gesehen werden, zum anderen kann in solchen Erklärungen eine unangemessene Benachteiligung des Arbeitnehmers nach § 307 BGB liegen. Das Widerrufsrecht des § 312 iVm § 355 BGB wird auch hier angeführt (Däubler NZA 2001, 1329), greift aber im Regelfall nicht durch. Die Anwendung der nach § 310 Abs. 4 BGB „im Arbeitsrecht geltenden Besonderheiten" führt ebenfalls zwar nicht zum Ausschluss, aber doch zu einer deutlichen Verschärfung der Anforderungen an Verzichtserklärungen durch Ausgleichsquittungen. Insbesondere sind vor allem deutliche Hinweise und klare Formulierungen zu fordern (BAG seit 31.7.2002 – 10 AZR 558/01, AP BGB § 611 Konkurrenzklausel Nr. 48; 19.11.2003 – 10 AZR 174/03, AP BGB § 611 Konkurrenzklausel Nr. 50; 7.11.2007 – 5 AZR 880/06, AP BGB § 397 Nr. 2; 23.10.2013 – 5 AZR 135/12, AP AÜG § 10 Nr. 29 mAnm Böhm; 25.9.2014 – 2 AZR 788/13, AP KSchG 1969 § 4 Nr. 81; 12.3.2015 – 6 AZR 82/14, AP BGB § 620 Aufhebungsvertrag Nr. 47; 27.5.2015 – 5 AZR 137/14, AP AÜG § 10 Nr. 53; 24.9.2015 – 2 AZR 347/14, AP KSchG 1969 § 4 Nr. 83; 24.2.2016 – 5 AZR 258/14, AP BGB § 620 Aufhebungsvertrag Nr. 48, RdA 2017, 200 m. ausf. Anm Bauer; Bell AiB 2008, 621; Böhm NZA 2008, 919; Deinert/Welti/Braasch § 105 Rn. 22; Hümmerich/Holthausen NZA 2002, 173 (179); Korinth ArbRB 2013, 321; Kroeschell NZA 2008, 560; Meyer BB 2016, 1589; Naumann/Mosch NJW-Spezial 2014, 50; KR/Gallner Vor §§ 168–175 Rn. 39; Reinecke DB 2002, 383 (386); Rolfs FS Reuter, 2010, 825). Ein Verzicht liegt nicht vor, wenn der sbM in Unkenntnis der Rechtslage die Kündigung widerspruchslos entgegengenommen hat (KR/Gallner Vor §§ 168–175 Rn. 39). Ein vertraglicher Verzicht des sbM auf seinen Schutz kann ebenso wie die Kündigung durch den

sbM (→ Rn. 40) das Integrationsamt dazu berechtigen, ihm die Hilfen des Gesetzes auf Zeit zu entziehen (§ 200). Das Arbeitsamt kann dem sbM eine Sperrfrist auferlegen (vgl. § 159 SGB III und die Kommentierung hierzu).

6. Aussperrung

53 Keine Kündigung liegt vor, wenn das Arbeitsverhältnis durch Aussperrung gelöst wird. Die Rspr. nimmt dabei einen Lösungstatbestand eigener Art an (BAG GS 21.4.1971 – GS 1/68, AP GG Art. 9 Arbeitskampf Nr. 43). Eine nur in Ausnahmefällen zulässige lösende Aussperrung kann jedoch nach dem Gebot der Verhältnismäßigkeit nicht gegenüber besonders geschützten Personen wie den sbM ausgesprochen werden, diesen gegenüber ist eine Aussperrung nur mit suspendierender Wirkung zulässig (BAG GS 21.4.1971 – GS 1/68, AP GG Art. 9 Arbeitskampf Nr. 43 unter C 5). Mit einer Kündigung fehlt es auch am Zustimmungserfordernis (Deinert-Welti/Braasch § 105 Rn. 150 ff.). Es ist aber ausdrücklich entschieden, dass eine Aussperrung auch Schwerbehinderte treffen kann (BAG 7.6.1988 – 1 AZR 597/86, AP GG Art. 9 Arbeitskampf Nr. 107).

7. Widerspruch des Betriebsrates (§ 100 BetrVG)

54 Eine Auflösung des Arbeitsverhältnisses ohne Kündigung ist auch in den Fällen anzunehmen, in denen eine personelle Maßnahme, vor allem also eine Einstellung, vorläufig durchgeführt wird und der Betriebsrat widerspricht. Wird durch das Gericht dann festgestellt, dass die Zustimmung des Betriebsrates nicht zu ersetzen ist oder die personelle Maßnahme nicht dringend erforderlich war, endet die Maßnahme mit Ablauf von zwei Wochen nach Rechtskraft der Entscheidung. Weder Kündigungsfristen noch Kündigungsschutzvorschriften sind zu beachten. Das vorläufige Arbeitsverhältnis endet nicht durch Kündigung, sondern durch den Spruch des Gerichts. Deshalb endet dann auch das Beschäftigungsverhältnis eines sbM oder Gleichgestellten, ohne dass eine Zustimmung des Integrationsamts erforderlich ist oder die Kündigungsfrist des § 169 eingehalten werden müsste (Fitting BetrVG § 100 Rn. 18 Löwisch/Kaiser/Kaiser BetrVG § 100 Rn. 9; Wiegand SGB IX/Hohmann § 85 Rn. 67; aA [Kündigung erforderlich] DKK/Buschmann BetrVG § 100 Rn. 41 f.; Richardi BetrVG/Thüsing § 100 Rn. 54 f.; GK-BetrVG/Kraft/Raab BetrVG § 100 Rn. 45 ff.; HSWGN/Huke BetrVG § 100 Rn. 41).

55 Wird jedoch der Arbeitnehmer eingestellt, ohne dass die Mitbestimmung eingehalten ist, oder werden sonst die Rechte des Betriebsrates verletzt, entsteht ein Arbeitsverhältnis, das wirksam nur durch Kündigung beendet werden kann. Auch wenn dem Arbeitgeber nach § 101 BetrVG aufgegeben wird, die Einstellung rückgängig zu machen, ist das nur unter Einhaltung der Kündigungsfrist und der Kündigungsschutzvorschriften möglich (KR/Gallner §§ 168–173 Rn. 14; Richardi DB 1973, 378 (428); Matthes DB 1974, 2007; 1975, 1651; Richardi BetrVG/Thüsing § 100 Rn. 57; Stahlhacke/Preis/Vossen, Kündigung und Kündigungsschutz im Arbeitsverhältnis Rn. 32; außerordentliche (fristlose) Kündigung lassen zu DKK/Buschmann BetrVG § 100 Rn. 41; HSWGN/Huke BetrVG § 100 Rn. 41; teilweise auch v. Hoyningen-Huene RdA 1982, 205, dagegen aber Rixecker AuR 1983, 238). Wollte man in diesen Fällen Unwirksamkeit des Arbeitsverhältnisses verbunden mit einem Schadensersatzanspruch des Arbeitnehmers annehmen, würden die Schutzvorschriften des Kündigungsschutzes und der Pflicht zur tatsächlichen Beschäftigung sbM ausgeschaltet bzw. der Arbeitgeber zu Unrecht mit unbegrenztem Schadensersatz belastet, da die Zustimmung des Integrationsamts beim Schadensersatz nicht vermutet werden kann. Ebenso besteht der Kündigungsschutz in Fällen, in denen der Betriebsrat die Entlassung oder Versetzung eines sbM fordert und nach § 104 BetrVG durchsetzt. Auch dann müssen eine Kündigung oder eine Änderungskündigung erfolgen, die den Schutzvorschriften der §§ 168 ff. unterliegen.

8. Änderungskündigung

Auch die Kündigung, die nur zu dem Zweck erfolgt, den Arbeitsvertrag mit dem sbM zu ändern, ohne das Arbeitsverhältnis aufzulösen, ist zustimmungspflichtig. Die Änderungskündigung ist in jedem Fall als Kündigung anzusehen (Molitor, Die Kündigung, 2. Aufl. 1951, 46 ff.; Linck/Krause/Bayreuther KSchG § 2 Rn. 4 ff.; MHdB ArbR/Berkowsky § 120 Rn. 10). Der Arbeitgeber ist außerhalb seines Direktionsrechts nicht berechtigt, den Inhalt des Arbeitsvertrages einseitig zu ändern; er muss also im Allgemeinen kündigen, wenn der sbM sich mit den angestrebten Änderungen nicht einverstanden erklärt. Darauf, ob die Änderungen zumutbar sind, kommt es nicht an; es liegt vielmehr im Ermessen des Arbeitnehmers, ob er einen neuen Vertrag zu den angebotenen Bedingungen eingehen will. Die Änderungskündigung bedarf wie jede andere ordentliche Kündigung des sbM zu ihrer Rechtsgültigkeit der vorherigen Zustimmung des Integrationsamts (BVerwG 29.5.1959 – V B 207/58, BB 1959, 780 = NJW 1959, 1382; 16.12.1958 – V C 111.57, AP SchwBeschG § 14 Nr. 23; Schaub ArbR-HdB/Koch § 179 Rn. 15). § 2 KSchG hat daran nichts geändert; wenn auch der Arbeitnehmer sich unter Vorbehalt mit der Änderung einverstanden erklären kann, bleibt doch auch danach die Änderungskündigung eine echte Kündigung und bedarf der Zustimmung (Deinert/Welti/Braasch § 105 Rn. 28; ErfK/Rolfs § 168 Rn. 11; KR/Gallner §§ 168–173 Rn. 11). Die Zustimmung ist auch erforderlich, wenn der sbM später wieder auf seinen alten Arbeitsplatz zurückkommen kann (LAG BW 9.6.1949 – II Sa 81/49, AP 50 Nr. 157m Anm. Hueck). 56

Es ist somit Aufgabe des Integrationsamts, im Zustimmungsverfahren zu prüfen, ob die Versetzung auf einen anderen Arbeitsplatz dem sbM zugemutet werden kann und betrieblich, wirtschaftlich, technisch und organisatorisch gerechtfertigt ist (Molitor Anm. zu HessLAG 10.1.1952 – III LA 388/51, AP 52 Nr. 196 mAnm Zigan; aA zu Unrecht OVG NRW 7.4.1959 – VII A 499/58, BB 1959, 995, das eine Änderungskündigung nicht für zustimmungsbedürftig hält, die aus anderen Gründen als denen der Beschädigung ausgesprochen wird. Jede Kündigung und jede Änderungskündigung, gleich aus welchen Gründen, ist zustimmungsbedürftig). Der Kündigung ist nicht schon deshalb zuzustimmen, weil die Änderung nicht aus Gründen der Minderleistungsfähigkeit erklärt wird (OVG NRW 7.4.1959 – VII A 499/58, BB 1959, 995). Wäre die Änderungskündigung nicht zustimmungspflichtig, so hätte auch die Bestimmung, dass die Zustimmung zur Kündigung eines sbM zwar grds. erforderlich ist, das Integrationsamt aber zustimmen soll, wenn dem sbM ein **anderer angemessener Arbeitsplatz** gesichert ist (§ 172 Abs. 2), wenig Sinn. Denn sie trifft gerade auf die Änderungskündigung zu und erleichtert dem Arbeitgeber notwendige betriebliche Maßnahmen (Hueck Anm. zu LAG BW 9.6.1949 – II Sa 81/49, AP 50 Nr. 157m Anm Hueck). 57

9. Vereinbarte Änderungen

Der Schutz des Gesetzes betrifft die bestimmte Arbeit, welche der sbM auf Grund des mit dem Arbeitgeber abgeschlossenen Arbeitsvertrags innehat. Nach dem Inhalt des Arbeitsvertrages richtet sich dabei die Gesamtheit des dem sbM zugewiesenen Tätigkeitsbereichs mit den sich hieraus ergebenden Rechten und Pflichten. Wesentlich ist die Art der im Betrieb zu verrichtenden Tätigkeit (zB Büroangestellter, Bote, Arbeiter an einer Maschine, Hilfsarbeiter). Nach der vertraglich vereinbarten Tätigkeit richten sich auch das Arbeitsentgelt und die Berechnung des Arbeitsentgelts (zB Zeit- oder Akkordlohn). Meist sind der Tätigkeitsbereich und damit der Inhalt des Arbeitsvertrags abgegrenzt. Der Arbeitsvertrag zwischen dem sbM und dem Arbeitgeber kann aber auch bestimmen, dass der sbM uU auf Weisung des Arbeitgebers verpflichtet ist, eine andere Tätigkeit zu übernehmen und außerhalb des Betriebs oder in einem anderen Betrieb des Arbeitgebers zu arbeiten. Wo solche Änderungen des Tätigkeitsbereichs und der sonstigen Arbeits- 58 bedingungen in Tarifverträgen oder Betriebsvereinbarungen ohne Kündigung vorgesehen sind, gelten sie für den sbM wie für die anderen Arbeitnehmer auch. Durch Betriebsvereinbarung kann eine Regelung auch für Schwerbehinderte eingeführt werden, wie zB das Krümpersystem (Beschäftigung zweier sbM im Wechsel auf einem Arbeitsplatz) – BAG 1.2.1957 – 1 AZR 195/55, AP SchwBeschG § 32 Nr. 1. Soweit die tarifliche Regelung aber den Grundsätzen des Gesetzes, das dem sbM einen seiner Beschädigung und seinen Fähigkeiten entsprechenden Arbeitsplatz sichern will, widersprechen würde, gilt sie als in Widerspruch zu diesem G stehend nicht, und die Änderung bedarf trotzdem der Kündigung mit vorheriger Zustimmung. Der sbM kann im Arbeitsvertrag nicht im Voraus jeder beliebigen Änderung des Vertrages durch einseitige Erklärung des Arbeitgebers unterworfen sein; eine Umgehung des Gesetzes auf diesem Wege ist unzulässig.

10. Direktionsrecht

59 Dem sbM kann ohne Kündigung des Arbeitsvertrages und ohne Zustimmung des Integrationsamts eine andere Tätigkeit im Betrieb übertragen werden, soweit der Arbeitgeber sich hierbei im Rahmen seines Direktionsrechts hält (§ 106 GewO; APS/Künzl KSchG § 2 Rn. 49 ff.; v. Hoyningen-Huene/Boemke, Die Versetzung, 1991, 83 ff.; Linck/Krause/Bayreuther KSchG § 2 Rn. 30 ff.; KR/Rost KSchG § 2 Rn. 36 ff.; Landmann-Rohmer GewO § 106 Rn. 7, 15; MHdB ArbR/Reichold § 36; Staudinger/Richardi/Fischinger BGB § 611 Rn. 955 ff.; Schaub ArbR-HdB/Linck § 45 Rn. 13; BVerwG 16.12.1959 – V C 111.57, AP SchwBeschG § 14 Nr. 23). Das Direktionsrecht bezieht sich nur auf die Tätigkeiten, die der sbM innerhalb seines Arbeitsvertrages zu verrichten hat und berechtigt den Arbeitgeber nicht, den sbM auf einen anderen, danach nicht vorgesehenen Arbeitsplatz zu versetzen. Der Arbeitgeber konkretisiert auf Grund des Direktionsrechts lediglich die vertragliche Leistung des Arbeitnehmers, indem er bestimmt, welche Arbeiten er iE ausführen soll, wie er sie auszuführen hat, an welchem Platz er seine Arbeit verrichtet usw. Das Direktionsrecht muss sich also iRd Arbeitsvertrages und der gesetzlichen Bestimmungen halten. Bei Ausübung des Direktionsrechts hat der Arbeitgeber die Fürsorgepflicht gegenüber seinen Arbeitnehmern zu wahren. Die zulässigen Grenzen des Direktionsrechts sind gegenüber einem sbM enger gezogen als gegenüber einem gesunden Arbeitnehmer (Bauer/Opolony BB 2002, 1590; Borgmann MDR 2003, 305; Schöne NZA 2002, 829; Jabben AR-Blattei SD 1700, Versetzung des Arbeitnehmers Rn. 84 ff.; Monjau DB 1963, 1396; Deinert/Welti/Braasch § 105 Rn. 29; KR/Gallner §§ 168–173 Rn. 11). Das Direktionsrecht ergibt sich aus § 106 GewO, es unterliegt der Ausübungskontrolle des § 315 Abs. 3 BGB. Dabei sind die Folgen der Behinderung zu berücksichtigen (BAG 23.1.2001 – 9 AZR 287/99, AP SGB IX § 81 Nr. 1; 3.12.2002 – 9 AZR 481/01, AP SGB IX § 81 Nr. 2; 24.9.2003 – 5 AZR 282/02, AP BGB § 151 Nr. 3; 4.10.2005 – 9 AZR 632/04, AP SGB IX § 81 Nr. 9; 13.8.2009 – 6 AZR 330/08, AP BGB § 241 Nr. 4; 19.5.2010 – 5 AZR 162/09, AP GewO § 106 Nr. 10; 25.8.2010 – 10 AZR 275/09, AP GewO § 106 Nr. 11; 26.9.2012 – 10 AZR 412/11, AP GewO § 106 Nr. 22; 27.5.2015 – 5 AZR 88/14, AP BGB § 615 Nr. 138; 17.3.2016 – 6 AZR 221/15, AP TVöD § 33 Nr. 3; 30.11.2016 – 10 AZR 11/16, AP GewO § 106 Nr. 32; 18.10.2017 – 10 AZR 330/16, AP GewO § 106 Nr. 38; ausführlich zum Weisungsrecht zuletzt BAG 18.10.2017 – 10 AZR 330/16, AP GewO § 106 Nr. 38 mit über 200 Nachweisen aus Literatur und Rechtsprechung).

60 Die Kraft des Direktionsrechts übertragene Arbeit muss sich iRd Arbeitsvertrages halten und kann nur in diesem Rahmen ausnahmsweise auch mit einer Lohnminderung verbunden sein, sofern darin nicht eine Umgehung von § 168 zu sehen ist (BAG 11.6.1958 – 4 AZR 514/55, AP BGB § 611 Direktionsrecht Nr. 2). Den sbM kann aber nur solche Arbeit zugewiesen werden, die diese ohne Schwierigkeiten ausführen können (Jabben AR-Blattei SD 1700 Rn. 87). Das Direktionsrecht muss sich heute dem sbM gegenüber nicht nur im Rahmen von Treu und Glauben halten (§ 242 BGB), es wird

darüber hinaus weiter begrenzt durch die Vorschrift des § 164 Abs. 4, wonach der Arbeitgeber die sbM so zu beschäftigen hat, dass diese ihre Fähigkeiten und Kenntnisse möglichst voll verwerten und weiterentwickeln können. Überschreitet der Arbeitgeber sein Direktionsrecht, so liegt hierin eine Kündigung, ggf. auch eine Änderungskündigung, die nur nach Zustimmung des Integrationsamts zulässig wäre und außerdem der Schriftform des § 623 BGB bedürfte. Das Direktionsrecht des Arbeitgebers ist darüber hinaus durch die Mitbestimmungsrechte des Betriebsrates und des Personalrates beschränkt, indem die Arbeitnehmervertreter ggf. mitzuwirken haben. Das gilt nicht nur für die Mitbestimmung in sozialen Angelegenheiten (§ 87 BetrVG), sondern auch für personelle Einzelmaßnahmen (BAG 3.12.2002 – 9 AZR 481/01, AP SGB IX § 81 Nr. 2; § 99 BetrVG). Der Betriebsrat und der Personalrat haben die Interessen der sbM besonders zu wahren (§ 80 Abs. 1 Ziff. 4 BetrVG; § 68 Abs. 1 Ziff. 4 BPersVG; § 23; vgl. hierzu § 176). Ein Anspruch auf Schaffung eines zusätzlichen geeigneten Arbeitsplatzes besteht hingegen nicht (BAG 16.5.2019 – 6 AZR 329/18, NZA 2019, 1198).

11. Einführen von Kurzarbeit

Lässt sich ein sbM in einen kurzarbeitenden Betrieb mit der ausdrücklichen Vereinbarung einstellen, wie die anderen Arbeiter kurz zu arbeiten, so kann er nicht verlangen, voll beschäftigt zu werden, solange die anderen Arbeitnehmer kurzarbeiten. Bestehen keine tarifvertraglichen Vereinbarungen über die Berechtigung des Arbeitgebers, Kurzarbeit einzuführen, so gelten die allgemeinen Regeln. Ist der sbM nicht einverstanden, so kann die verkürzte Arbeitszeit nur nach Kündigung mit vorheriger Zustimmung des Integrationsamts Platz greifen. Sind jedoch gesamtvertragliche Bestimmungen über die Einführung von Kurzarbeit ohne Kündigung für die anderen Arbeitnehmer maßgebend, so muss auch der sbM sie gegen sich gelten lassen (vgl. BAG 1.2.1957 – 1 AZR 195/55, AP SchwBeschG § 32 Nr. 1; 15.12.1961 – 1 AZR 207/59, AP BGB § 615 Kurzarbeit Nr. 1; 10.7.1969 – 5 AZR 323/68, AP BGB § 615 Kurzarbeit Nr. 2; 7.4.1970 – 2 AZR 201/69, AP BGB § 615 Kurzarbeit Nr. 3; KR/Gallner §§ 168–173 Rn. 10). Voraussetzung ist dafür aber, dass die Kurzarbeit kollektivrechtlich wirksam festgelegt ist. Eine einseitige Befugnis für den Arbeitgeber, Kurzarbeit einzuführen, kann wegen Verstoß gegen unabdingbares Kündigungsschutzrecht unwirksam sein (BAG 27.1.1994 – 6 AZR 541/93, AP BAT-O § 15 Nr. 1; 18.10.1994 – 1 AZR 503/93, AP BGB § 615 Kurzarbeit Nr. 11). 61

Handelt es sich um einen Fall der **Massenentlassung im Sinne der §§ 17 ff. KSchG**, so kann das LAA zulassen, dass der Arbeitgeber während der Dauer der Sperrfrist des § 18 KSchG Kurzarbeit einführt. In diesem Fall hat der Arbeitgeber das Recht, durch einseitige Ankündigung gegenüber den Arbeitnehmern die Kurzarbeit einzuführen, ohne dass zu dieser Vertragsänderung die Zustimmung der Arbeitnehmer notwendig ist. Lohnkürzung tritt jedoch mit sofortiger Wirkung oder mit abgekürzter Frist nur ein, wenn eine entsprechende vertragliche Vereinbarung erfolgt oder die Lohnkürzung für den Fall der Kurzarbeit vorgesehen war (APS/Moll KSchG § 19 Rn. 20 f.; Löwisch/Spinner/Spinner KSchG § 19 Rn. 17; Linck/Krause/Bayreuther KSchG § 19 Rn. 16, 25 ff.; KR/Weigand KSchG § 19 Rn. 20). Ist in dem Vertrag keine derartige Bestimmung enthalten, so tritt die Lohnkürzung in dem Zeitpunkt ein, in dem das Arbeitsverhältnis nach den allgemeinen gesetzlichen oder vertraglichen Bestimmungen enden würde. Zu diesen allgemeinen gesetzlichen Bestimmungen gehören nur die Vorschriften des BGB, nicht jedoch die besonderen Schutzvorschriften für bestimmte Personen, wie das Mutterschutzgesetz, Sondergesetze für politisch Verfolgte, Bergmannsversorgungsscheininhaber und auch das SGB IX (KDZ/Kittner/Deinert KSchG § 19 Rn. 16; KR/Weigand KSchG § 19 Rn. 44, 45; Löwisch/Spinner/Spinner KSchG § 19 Rn. 17). In diesem Fall hat der sbM weder Anspruch auf die Mindestkündigungsfrist von vier Wochen (§ 169), noch ist eine zustimmungsbedürftige Kündigung erforderlich. 62

12. Vorsorgliche Kündigung, Werksbeurlaubung, Insolvenz, Massenentlassungen

63 **Eine vorsorgliche Kündigung,** die wegen drohender Betriebseinschränkung oder aus sonstigen Gründen ausgesprochen wird, ist eine echte Kündigung (BAG 19.1.1983 – 7 AZR 44/81, AP SchwbG § 12 Nr. 9; 31.1.1985 – 2 AZR 530/83, AP BGB § 613a Nr. 40; 31.1.1996 – 2 AZR 273/95, AP BetrVG 1972 § 102 Nr. 80; 24.10.1996 – 2 AZR 3/96, AP BetrVG 1972 § 103 Nr. 32; 10.4.2014 – 2 AZR 647/13, AP BGB § 622 Nr. 69; 24.9.2015 – 2 AZR 3/14, AP KSchG 1969 § 1 Betriebsbedingte Kündigung Nr. 209; 17.12.2015 – 2 AZR 304/15, AP KSchG 1969 § 4 Nr. 84; 20.9.2016 – 9 AZR 735/15, NZA 2017, 49; 22.9.2016 – 2 AZR 700/15, AP SGB IX § 85 Nr. 14; APS/Preis Grundlagen D Rn. 17; Deinert/Welti/Braasch § 105 Rn. 44; Schaub ArbR-HdB/Linck § 123 Rn. 7). Auf sie findet § 168 Anwendung; sie ist also nur mit vorheriger Zustimmung des Integrationsamts rechtsgültig. Das gilt auch bei Insolvenz (LAG Hamm 12.2.2001 – 4 Ta 277/00, NZA-RR 2002, 157).

64 **Eine Werksbeurlaubung** bezweckt nicht das Auflösen der Arbeitsverhältnisse, sondern lediglich ein Aussetzen mit der Arbeit. Ist die Werksbeurlaubung nicht gesamtvertraglich vorgesehen, so kann sie gegen den Willen der Arbeitnehmer nicht durchgeführt werden (Dikomey, Das ruhende Arbeitsverhältnis, 1991, 4 ff.; Linck/Krause/Bayreuther KSchG § 1 Rn. 153). Für den sbM gilt das Gleiche. Ist die Werksbeurlaubung vertraglich erlaubt oder ist der sbM mit ihr einverstanden, so entfällt die Zustimmungspflicht, da keine Kündigung vorliegt. Ist der sbM nicht einverstanden, so bedarf die dann notwendige Kündigung der vorherigen Zustimmung.

65 Auch durch die **Insolvenz** des Arbeitgebers wird der besondere Kündigungsschutz des sbM nicht aufgehoben. Die Pflicht, die sbM zu behalten, besteht grds. ohne Rücksicht auf die Leistungsfähigkeit. Das gilt auch für den Insolvenzverwalter (BAG 11.12.2001 – 9 AZR 459/00, AP InsO § 209 Nr. 1; 4.6.2003 – 10 AZR 586/02, AP InsO § 209 Nr. 2; 31.3.2004 – 10 AZR 253/03; AP InsO § 209 Nr. 3; 30.5.2006 – 1 AZR 25/05, AP InsO § 209 Nr. 5; 13.2.2008 – 2 AZR 864/06, AP SGB IX § 85 Nr. 5; 16.2.2012 – 6 AZR 553/10, AP SGB IX § 85 Nr. 9; 15.11.2012 – 8 AZR 827/11, AP SGB IX § 85 Nr. 12; LAG Hamm 12.2.2001 – 4 Ta 277/00, NZA-RR 2002, 157 (158); LAG Nds 4.4.2003 – 16 Sa 1646/02, LAGE § 85 SGB IX Nr. 1 = BeckRS 2003, 41431; KR/Gallner §§§ 168–173 Rn. 10; KR/Weigand InsO § 113 Rn. 58 ff.; Berscheid ZInsO 1998, 115 (121); Obermüller/Hess InsO, 2. Aufl. 1997, Rn. 571 f.). Ebenso wie der Insolvenzverwalter die Mindestkündigungsfrist des sbM (§ 169) einhalten muss, ist er auch für eine Kündigung an die Zustimmung des Integrationsamts gebunden (→ § 169 Rn. 6). Auch wenn dem Schuldner die Zustimmung schon erteilt war, muss der Insolvenzverwalter vor seiner Kündigung erneut die Zustimmung einholen, da nunmehr andere Voraussetzungen für die Kündigung vorliegen (LAG Bbg 18.6.2003 – 7 Sa 63/03, ZInsO 2003, 915 = BeckRS 2003, 31380543). Einen zusätzlichen geeigneten Arbeitsplatz braucht er aber nicht zu schaffen (BAG v. 16.5.2019 – 6 AZR 329/18, NZA 2019, 1198).

66 Das Gleiche gilt für **Massenentlassungen.** Auch wenn die Bundesagentur für Arbeit die Genehmigung gem. § 18 KSchG erteilt, ist der Arbeitgeber nicht von den sonstigen Erfordernissen der Kündigung befreit. Er muss die vertragliche Kündigungsfrist einhalten, und es finden auch die sonstigen Kündigungsbeschränkungen Anwendung (→ Rn. 42; APS/Vossen § 85 Rn. 30; Linck/Krause/Bayreuther KSchG § 18 Rn. 10). Wegen der Zulassung von Kurzarbeit gem. § 19 KSchG → Rn. 61 f.

13. Zustimmungsfreie Kündigungen

67 Die Kündigung des Arbeitsverhältnisses eines sbM bedarf zu ihrer Rechtsgültigkeit nur dann nicht der Zustimmung des Integrationsamts, wenn das SGB IX dies ausdrücklich zulässt. Die Ausnahmen sind in § 173 erschöpfend geregelt. Danach können die Beschäf-

tigungsverhältnisse bestimmter Personen und während der ersten sechs Monate des Arbeitsverhältnisses ohne Zustimmung gekündigt werden, außerdem im Fall des fehlenden Nachweises (§ 173 Abs. 3). Es bleiben ferner zustimmungsfrei witterungsbedingte Entlassungen aus Witterungsgründen. In allen anderen Fällen ist die Kündigung zustimmungspflichtig. Für die außerordentlichen Kündigungen, die ebenfalls der vorherigen Zustimmung des Integrationsamts bedürfen, gelten die Sondervorschriften des § 174. Will der Arbeitgeber neben einer zustimmungsfreien Kündigung vorsorglich zugleich für den Fall kündigen, dass die Kündigung doch nicht zustimmungsfrei ist (zB bei Streit darüber, ob ein Arbeitsverhältnis geschlossen wurde oder eine Beschäftigung nach § 156 Abs. 2 Nr. 2–5 vorliegt), so bedarf diese vorsorgliche Kündigung der Zustimmung.

D. Die Zustimmung

1. Entscheidung

Die zu der ordentlichen (und außerordentlichen) Kündigung eines sbM nach dem ersten Halbjahr des Arbeitsverhältnisses erforderliche Zustimmung wird von dem Integrationsamt erteilt. Das Integrationsamt darf dabei nur auf schriftlichen Antrag des Arbeitgebers tätig werden. Der Antrag muss in jedem Fall vor Ausspruch der Kündigung gestellt werden, da die Zustimmung Zulässigkeitsvoraussetzung für die Kündigung sbM ist. Die Entscheidung treffen darf immer nur das Integrationsamt, das örtlich zuständig ist (§ 170 Abs. 1). Bevor sie die Zustimmung erteilt oder versagt, hat sie die Stellungnahme des Betriebs- oder Personalrats und der Schwerbehindertenvertretung einzuholen (§ 170 Abs. 2). Ihre Entscheidung erzeugt nur Rechtswirkung, wenn sie dem Arbeitgeber und dem sbM zugestellt ist (§ 171 Abs. 2). 68

Abgesehen von den Fällen, in denen das Integrationsamt gem. § 172 die Zustimmung erteilen muss oder soll entscheidet es **nach freiem**, pflichtgemäßem **Ermessen.** Das G schreibt zwar in § 172 vor, wann das Integrationsamt bei Vorliegen des gesetzlichen Tatbestandes einer Kündigung zustimmen muss oder soll, nicht aber, dass es in einem Sonderfall die Zustimmung zur Kündigung eines sbM versagen muss. Ein sbM kann bloß fordern, dass das Integrationsamt im Rahmen der §§ 168 ff. tätig wird, nicht aber, dass es seine Zustimmung nicht erteilt. Die Freiheit des Ermessens bedeutet jedoch nicht, dass das Integrationsamt willkürlich entscheiden dürfte. Es muss sich bei der Beurteilung immer von sachlichen Motiven leiten lassen, andernfalls missbraucht es sein Ermessen. Dabei muss das Integrationsamt (und der Widerspruchsausschuss) den Sachverhalt aufklären, soweit es die Ermessensentscheidung erfordert und darf sich nicht damit begnügen, die Sachdarstellung des Arbeitgebers zugrunde zu legen und diese Sachdarstellung des Arbeitgebers nur auf ihre Schlüssigkeit zu prüfen (BVerwG 28.11.1958 – V C 32.56, AP SchwBeschG § 14 Nr. 16 mAnm Gotzen; 19.10.1995 – 5 C 24/93, NZA-RR 1996, 288; OVG NRW 5.11.1957 – VII A 813/57, AP SchwBeschG § 14 Nr. 15; gegen HmbOVG 6.12.1955 – OVG III 62/55, AP SchwBeschG § 14 Nr. 3; enger NdsOVG 12.7.1989 – 4 L 21/89, NZA 1990, 66 = br 1990, 114). Vielmehr ist eine umfassende Berücksichtigung aller Gesichtspunkte notwendig (BVerwG 28.2.1968 – V C 33.66, AP SchwBeschG § 14 Nr. 29; 5.6.1975 – V C 57/73, BeckRS 2010, 56597; 12.6.1978 – 5 B 79.77, Buchholz 436.61 § 14 SchwbG Nr. 9; 18.5.1988 – 5 B 135.87, BeckRS 1988, 31369597; 18.9.1989 – 5 B 100.89, Buchholz 436.61.§ 15 SchwbG 1986 Nr. 2 = BeckRS 1989, 30936294; 2.7.1992 – 5 C 39.90, MDR 1992, 1156; 19.10.1995 – 5 C 24/93, NZA-RR 1996, 288; 5.12.2006 – 5 B 171/06, BeckRS 2007, 20505; 31.7.2007 – 5 B 81/06, BeckRS 2007, 25535; 10.11.2008 – 5 B 79/08, BeckRS 2008, 40982; VGH BW 18.4.1994 – 7 S 1830/92, br 1995, 196; gegen BayVGH 9.3.1995 – 12 B 93.3543, br 1995, 199; SächsOVG 25.8.2003 – 5 BS 107/03, SächsVBl. 2004, 36 = BeckRS 9998, 20740; vgl. auch Kaiser/Seidel br 1996, 9 (101)). Zu beachten ist aber auch, dass das G 69 ein Fürsorgegesetz ist und deshalb dem sbM den Arbeitsplatz erhalten und ihn vor Kündigungen aus Gründen der Schädigung schützen soll. Das daraus sich ergebende pflichtgemäße Ermessen schränkt deshalb den Ermessensspielraum erheblich ein (BVerwGE 18, 216; BVerwG 28.2.1968 – V C 33.66, BVerwGE 29, 140 = AP SchwBeschG § 14 Nr. 29; 27.10.1971 – V C 78.70, BVerwGE 39, 36; 18.5.1988 – 5 B 135/87, BeckRS 1988, 31369597; 18.9.1989 – 5 B 100/89, BeckRS 1989, 30936294; 10.11.1992 – 10C 2.91,BeckRS 1991,163; 19.10.1995 – 5 C 24/93, EzA § 15 SchwbG 1986 Nr. 8; 19.8.2004 – 5 B 90/03, BeckRS 2004, 25015; 5.12.2006 – 5 B 171/06, BeckRS 2007, 20505; 31.7.2007 – 5 B 81/06, BeckRS 2007, 25535; 10.11.2008 – 5 B 79/08, BeckRS 2008, 40982; 12.7.2012-5 C 16/11, NZA 2013, 97; 22.5.2013 – 5 B 24/13, BeckRS 2013, 51619; betätigt 28.3.2017 – 5 C 13.16, BeckRS 2017, 139143; OVG Bln 9.11.1964 – II B 24/62, DB 1965, 288; 6.6.1968 – VI B 867, SozArb. 1968, 551 (Ls.) = BeckRS 1968, 30918440; NdsOVG 22.1.1981 – 12 OVG A 293/80, br 1981, 85; zuletzt noch VG München 7.5.2015 – M 15 K 13.2173, BeckRS 2015, 55554 mwN); zur Alkoholabhängigkeit Möller/Bierth br 1994, 44; vgl. weiter Siegler BlStSozArbR 1970, 348; Siegler Arbeit und Sozialrecht 1971, 158; Jobs AuR 1981, 227). Maßgeblicher Zeitpunkt für die Abwägung ist die letzte Verwaltungsentscheidung (BVerwG 10.11.2008 – 5 B 79/08, BeckRS 2008, 40982 mit Bezug auf BVerwG 25.6.1968 – V B 174.67, Buchholz 436.6 § 14 SchwbG Nr. 6 = BeckRS 1968, 31291037; 7.3.1991 – 5 B 114/89, NZA 1991, 511; 22.1.1993 – 5 B 80/92, Buchholz 436.61 § 15 SchwbG 1986 Nr. 6; BayVGH 29.5.2007 – 12 ZB 06.1134, BeckRS 2007, 29844).

70 Leistungsfähigkeit und wirtschaftliche Lage des zur Beschäftigung verpflichteten Betriebes sind bei der Entscheidung zu berücksichtigen. Geschieht dies nicht, ist die Entscheidung wegen Ermessensfehlers aufzuheben (LVG Münster 23.6.1954 – 1 K 200/54, BB 1954, 903; 20.10.1955 – 1 K 293/55, BB 1956, 854; 6.11.1956 – 5 K 366/56, AP SchwBeschG § 14 Nr. 5). Daher können auch die besonderen Verhältnisse im Bergbau berücksichtigt werden (BVerwG 17.12.1958 – V C 177.56, BB 1959, 780 = BeckRS 1958, 00252). Dagegen darf eine Rationalisierung nicht einseitig vor den fürsorgerischen Gesichtspunkten berücksichtigt werden (BVerwG 17.12.1958 – V C 151/56, BB 1959, 234 = DÖV 1960, 236). Eine Betriebsstilllegung erfordert die Zustimmung auch wenn die besonderen Voraussetzungen des § 89 Abs. 1 S. 1 nicht erfüllt sind, weil jede andere Entscheidung ermessensfehlerhaft wäre (OVG Bbg 16.7.2003 – 4 B 59/03, BeckRS 2003, 23588). Bei Wegfall des Arbeitsplatzes tritt der Behindertenschutz in den Hintergrund (VG Minden 27.5.2002 – 7 K 851/02, NZA-RR 2003, 248). Ein neuer Arbeitsplatz in einer anderen Arbeitskolonne ist nicht einzurichten (SchlHOVG 12.6.2002 – 2 M 50/02, br 2003, 91 = BeckRS 2002, 18268). Zu berücksichtigen ist der vom sbM zu erbringende Arbeitserfolg (BayVGH 19.7.1956 – 178 VI 55, BB 1956, 854); ist daher keine Leistung beim Arbeitserfolg mehr zu erwarten, ist die Zustimmung zu erteilen (OVG NRW 5.7.1960 – VII A 61/60, AP SchwBeschG § 14 Nr. 24; VG Regensburg 3.8.1957 – 160 I/56, BB 1957, 1074; VG Düsseldorf 11.1.1978 – 7 K 362/77, br 1978, 67 f.). Auch das Nichterbringen geschuldeter Arbeitsleistung (private Internetnutzung) reicht aus (HmbOVG 7.4.2008 – 4 Bs 208/07, DVBl. 2008, 1002 = HambJVBl. 2008, 99 = BeckRS 2008, 36239). Fehlzeiten von ca. 30 % über mehrere Jahre berechtigen ebenfalls zur Zustimmung (OVG NRW 21.3.1990 – 13 A 1605/89, br 1991, 93). Es darf aber nicht einseitig nur auf die Fehlzeiten abgestellt werden (OVG Saarl 3.4.1995 – 8 R 51/93, br 1995, 154). Der Arbeitgeber braucht nicht auf Hilfsarbeiten auszuweichen und ist nicht verpflichtet, den sbM lediglich „durchzuschleppen" (BVerwG 28.2.1968 – V C 33.66, AP SchwBeschG § 14 Nr. 29; OVG Bln 6.6.1968 – VI B 867, SozArb. 1968, 551 = BeckRS 1968, 30918440; VGH BW 22.2.1989 – 6 S 1905/87, br 1990, 112). Ist der Arbeitgeber der öffentliche Dienst, können trotzdem keine schärferen Anforderungen gestellt werden (BVerwG 21.10.1964 – V C 14.63, AP SchwBeschG § 14 Nr. 28). Wird statt einer berechtigten fristlosen Entlassung eine fristgemäße Kündigung ausgesprochen, ist die Zustimmung nach Maßgabe des § 91 zu erteilen (HmbOVG 6.12.1955 – OVG III

62/55, AP SchwBeschG § 14 Nr. 3 mit insoweit zust. Anm. von Gotzen). Ein wichtiger Grund ist hinzunehmen, solange die Unwirksamkeit nicht offen zu Tage liegt (VGH BW 4.3.2002– 7 S 1651/01, NZA-RR 2002, 417; 24.11.2005 – 9 S 2178/05, NZA-RR 2006, 183; VG Frankfurt a. M. 17.1.2006 – 7 E 2541/05 (2), AiB 2007, 126; vgl. Kuhlmann br 2006, 93). Ein Ermessensfehler liegt nicht vor, wenn das Integrationsamt deshalb der Kündigung zustimmt, weil der sbM nicht über die nach dem Arbeitsvertrag vorausgesetzten Kenntnisse verfügt (BVerwG 28.11.1958 – V C 32.56, AP SchwBeschG § 14 Nr. 16). Wenn der sbM anderweit in seinem Beruf unterkommen kann, da mehr offene Pflichtplätze als Bewerber vorhanden sind, kann dies für sich allein die Zustimmung in der Regel noch nicht rechtfertigen, wohl aber im Zusammenhang mit anderen Gründen (weitgehend Gotzen Anm. zu AP SchwBeschG § 14 Nr. 16). Zu berucksichtigen sind auch die Rehabilitationspflichten des Arbeitgebers (OVG Nds 22.1.1981 – 12 OVG A 293/80, br 1981, 85). Die Zurückstellung der Kündigung bis zum Abschluss einer Umschulungsmaßnahme kann deshalb zumutbar sein (BVerwG 16.6.1990 – 5 B 127.89, Buchholz 436.61 § 15 SchwbG Nr. 3 = BeckRS 1990, 30936341). Es muss auch geprüft werden, ob ein anderer Arbeitsplatz zur Verfügung steht, da sonst die Zustimmung ermessensfehlerhaft ist (BVerwG 28.2.1968 – V C 33.66, BVerwGE 29, 140 = AP SchwBeschG § 14 Nr. 29; 5.6.1975 – V C 37/73, BVerwGE 48, 264; 11.9.1990 – 5 B 63/90, Buchholz 436.51 § 15 SchwbG 1986 Nr. 4; OVG Brem 10.11.1981 – 2 BA 39/81, br 1982, 38). Statt eines Hilfsarbeiters muss aber nicht ein vielseitig einsetzbarer Facharbeiter entlassen werden; die Zustimmung wurde deshalb bestätigt (HessVGH 23.2.1987 – 9 UE 1844/84, DB 1987, 1544 = BeckRS 9998, 20911). Besonderheiten für leitende Angestellte bestehen anders als nach § 14 KSchG Teil 2 nicht. Das Integrationsamt hat auch hier unter Abwägung aller Umstände zu entscheiden (vgl. den Fall bei Nicknig DB 1976, 2256). Minderleistungsfähigkeit im Zusammenhang mit der Behinderung ist für sich allein noch kein Kündigungsgrund (VG Frankfurt a. M. 18.2.1976 – V C 57/76, DB 1977, 1948; Kaiser br 1996, 9; Siegler DB 1977, 1947). Bei kirchlichen Einrichtungen sind die Loyalitätspflichten zu beachten, so dass bei Kirchenaustritt und Fehlen eines Arbeitsplatzes außerhalb die Zustimmung zu erteilen ist (BVerwG 19.8.2004 – 5 B 90/03, BeckRS 2004, 25015; VGH BW 26.5.2003 – 9 S 1077/02, GewArch 2004, 116 = NZA-RR 2003, 629). Ein Oberschenkelamputierter muss teamfähig sein (BayVGH 5.10.2011 – 12 B 10.2811, BeckRS 2011, 33943). Bei Wegfall des Arbeitsplatzes für Leitende Hebamme gerechtfertigt (BayVGH 1.3.2012 – 12 ZB 10.587, BeckRS 2012, 51854). Nicht bei zu erwartender Wiederherstellung der Arbeitsfähigkeit (BayVGH 22.5.2012 – 12 ZB 11.1063, BeckRS 2012, 51957). Genaue Aufklärung des Zusammenhangs mit der Behinderung (BVerwG 12.7.2012-5 C 16/11, NZA 2013, 97). Die Zustimmung für Insolvenzverwalter gilt nicht für übernehmenden Arbeitgeber (BAG 15.11.2012 – 8 AZR 827/11, AP SGB IX § 85 Nr. 12). Zu erteilen bei Personalkürzung aus wirtschaftlicher Notwendigkeit ohne Zusammenhang mit der Behinderung (OVG MV 24.3.2015 – 1 L 19/14, br 2016, 22; VG Berlin 4.9.2015 – 22 K 69.15, BeckRS 2015, 54654). Eine Ermessensreduzierung auf Null scheidet unbedingt aus (BVerwG 22.5.2013 – 5 B 24/13, BeckRS 2013, 51619). Zu erteilen bei sieben Jahre sechs Monate Haft wegen Sexualdelikten (BAG 22.10.2015 – 2 AZR 381/14, AP BGB § 626 Unkündbarkeit Nr. 12). Ermessensfehlerhaft bei ungenügender Aufklärung für völlige Zerrüttung (BayVGH 22.2.2016 – 12 ZB 16.173, BeckRS 2016, 43545). Bei Krankheitsgründen ist grds. ein ärztliches Gutachten notwendig (OVG NRW 1.6.2016 – 12 E 433/16, BeckRS 2016, 49164). Zulässig bei Massenentlassungserlaubnis und richtigem Konsultationsverfahren (BAG 22.9.2016 – 2 AZR 276/16, AP KSchG 1969 § 17 Nr. 52). Wirksam bei ersatzlosem Wegfall des Arbeitsplatzes in Insolvenz (BAG 15.5.2019 – 6 AZR 329/18, Pressemitteilung BAG Nr. 21/19).

Der sbM und der Arbeitgeber haben das Recht, gegen die Entscheidung **Widerspruch** **71**
beim Widerspruchsausschuss des Integrationsamts einzulegen (§§ 201, 202). Im Widerspruchsverfahren wird die Entscheidung des Integrationsamts in vollem Umfange über-

prüft. Der Widerspruchsausschuss hat auch das Recht, nach eigenem Ermessen eine andere Entscheidung als das Integrationsamt zu treffen (→ § 201 Rn. 32 ff.). Die **Verwaltungsgerichte,** die im Anschluss an das Widerspruchsverfahren die Entscheidung des Integrationsamts richterlich überprüfen können, sind auf die Feststellung begrenzt, ob das Integrationsamt bei Erteilen oder Versagen die Zustimmung der gesetzlichen Vorschriften verletzt hat. Darüber hinaus kann der sbM oder der Arbeitgeber vor dem Verwaltungsgericht nur noch geltend machen, dass sich die Entscheidung des Integrationsamts nicht iRd Ermessens gehalten habe. Da die Zustimmung oder ihre Versagung eine Ermessensentscheidung ist, kann das Verwaltungsgericht nur nachprüfen, ob das Integrationsamt der Kündigung aus sachfremden Gründen zugestimmt und ihr pflichtgemäßes Ermessen überschritten oder missbraucht hat (→ § 201 Rn. 55 ff.; OVG NRW 23.1.1992 – 13 A 297/91, br 1992, 113; BVerwG 28.11.1958 – V C 32.56, AP SchwBeschG § 14 Nr. 16; 28.2.1968 – V C 33.66, AP SchwBeschG § 14 Nr. 29; 10.11.2008 – 5 B 79/08, BeckRS 2008, 40982; 12.7.2012 – 5 C 16/11, NZA 2013, 97; 19.8.2013 – 5 B 47/13, BeckRS 2013, 56082; OVG Saarl 3.4.1995 – 8 R 51/93, br 1995, 154). Zutreffend verlangt dazu das BVerwG, dass die Gerichte den Sachverhalt mit größter Sorgfalt aufklären und sich mit den Verhältnissen vertraut machen müssen, um die Ermessensentscheidung nachzuvollziehen und auf ihre Rechtmäßigkeit zu überprüfen. Der Ermessensspielraum ist nämlich sehr klein (→ Rn. 69 aE). Die Aufklärungspflicht ist eine Amtspflicht des Integrationsamts auch gegenüber dem Arbeitgeber (BGH 12.6.1986 – III ZR 192/85, VersR 1986, 1100; 26.1.1989 – III ZR 75/88, BeckRS 1989, 31366573; OLG Köln 21.1.1988 – 7 U 130/87, VersR 1989, 748); eine unterbliebene Anhörung führt zur Fehlerhaftigkeit (OVG NRW 19.6.2007 – 6 B 383/07, ZBVR online 11/2007, 6); wird der Zustimmungsbescheid aufgehoben, ist deshalb dem Arbeitgeber der entstandene Schaden nach Amtshaftungsgrundsätzen zu ersetzen. Das Rechtsschutzinteresse an dem Verwaltungsstreitverfahren entfällt weder deshalb, weil der sbM auch allgemeinen Kündigungsschutz genießt, noch deshalb, weil das Arbeitsverhältnis zwischenzeitlich aufgelöst ist, da die Entscheidung Rückwirkung haben kann (BVerwG 28.10.1958 – V C 32.56, AP SchwBeschG § 14 Nr. 16; 17.12.1958 – V C 151/56, BB 1959, 234). Für die Entscheidung über den Widerspruch durch die Gerichte ist der Sachverhalt maßgebend, der der Kündigung zugrunde lag. Spätere Entwicklungen bleiben unberücksichtigt (BVerwG 7.3.1991 – 5 B 114/89, EzA § 15 SchwbG 1986 Nr. 4 = NZA 1991, 511; OVG NRW 23.1.1992 – 13 A 297/91, EzA § 15 SchwbG 1986 Nr. 7 = NZA 1992, 844). Ist aber arbeitsgerichtlich unanfechtbar festgestellt, dass die Arbeitgeberkündigung wirksam ist, besteht kein Rechtsschutzbedürfnis mehr für die Klage gegen die erfolgte Zustimmung des Integrationsamtes (VGH Mannheim 11.5.2018-12 S 2721/17, DÖV 2018, 675, BeckRS 2018,10265).

2. Rechtsnatur

72 Die Zustimmung ist ein öffentlich-rechtlicher Verwaltungsakt, der vor der zivilrechtlichen Kündigung vorliegen muss, um sie wirksam zu machen. Die Zustimmung ist Zulässigkeitsvoraussetzung für die Kündigung wie die Erlaubnis nach § 9 Abs. 2 MuSchG zur Kündigung werdender Mütter. Für die grds. verbotene Kündigung schafft die Erlaubnis eine Voraussetzung der Wirksamkeit; die Erlaubnis aber ist nicht mit der privatrechtlichen Genehmigung (§ 184 BGB) zu verwechseln. Die Zustimmung ist trotz ihrer privat-rechtlichen Auswirkungen eindeutig ein Verwaltungsakt (§ 31 SGB X). Sie gehört dem öffentlichen Recht an und ist nach den im Verwaltungsrecht gültigen Vorschriften zu beurteilen. Das gilt auch für ihre Wirkung, die Rechtsgültigkeit und die Möglichkeit von Anfechtung und Klage (BVerwG 18.11.1958 – V C 32.56, AP SchwBeschG § 14 Nr. 16; BAG 17.2.1982 – 7 AZR 846/79, AP SchwbG § 15 Nr. 1; 16.10.1990 – 2 AZR 332/91, AP SchwbG 1986 § 18 Nr. 1). Es handelt sich aber nur um die staatliche Mitwirkung bei der Verfolgung individueller Ansprüche; deshalb ist

die Zustimmung kein enteignungsgleicher Eingriff, selbst wenn sie rechtswidrig ist (BGH 19.9.1963 – III ZR 180/61, AP SchwBeschG § 14 Nr. 27). Die Zustimmungsentscheidung regelt auch das Arbeitsverhältnis nicht unmittelbar, so dass das Verfahren auch nicht mit dem Streitwert von § 12 Abs. 7 ArbGG zu bemessen ist. Er richtet sich vielmehr nach § 13 Abs. 1 S. 2 GKG und wird jetzt allg. mit dem Regelwert von 5.000 EUR festgesetzt (OVG NRW 22.1.2009 – 12 E 1215/08, BeckRS 2009, 31643; 13.9.2012 – 1 A 644/12, BeckRS 2012, 58549; 26.11.2014 – 12 A 1280/13, BeckRS 2015, 40548; BayVGH 11.3.2013 – 12 C 12.2773, BeckRS 2013, 48239; VG Saarland 5.10.2005 – 10 K 39/05, BeckRS 2005, 35683; VG Augsburg 1.3.2011 – Au 3 K 11.61, BeckRS 2012, 53230; 17.9.2013 – Au 3 K 13.698, BeckRS 2013, 59388; LAG Köln 17.6.1016 – 7 Ta 396/15, ArbRAktuell 2016, 441; LAG Düsseldorf 12.12.2016 – 4 Ta 529/16, ArbRAktuell 2017, 79).

3. Bedingung

Die ohne Zustimmung des Integrationsamts ausgesprochene Kündigung hat keine 73
Rechtswirkung und ist wegen Verstoßes gegen ein gesetzliches Gebot nichtig nach § 134 BGB. Die Bestimmung, dass die Kündigung der vorherigen Zustimmung bedarf, ist nämlich eine gesetzliche, zwingende Wirksamkeitsvoraussetzung für die Kündigung. Von der Erteilung oder Versagung der Zustimmung hängt es also ab, ob die Kündigung des sbM überhaupt wirksam ausgesprochen werden kann. Diese Zulässigkeitsvoraussetzung für die Kündigung, ihre rechtsgestaltende Wirkung bringt es mit sich, dass an die Zustimmung erhöhte Anforderungen zu stellen sind. Aus der Entscheidung muss hervorgehen, ob die Zustimmung erteilt oder versagt werden soll. Ein unverständlicher, sich selbst widersprechender Verwaltungsakt wäre nichtig (§ 33 mit § 40 SGB X). Da die Zustimmung aber weiter über die Zulässigkeit einer Kündigung entscheidet, muss sie wie eine Kündigung klar und eindeutig erkennen lassen, dass sie eine Kündigung durch den Arbeitgeber erlaubt. Diese Zulässigkeitsvoraussetzung als Erlaubnis zum Ausspruch einer privatrechtlichen Kündigung ist keine Bedingung der Kündigung.

Bedingungen, die sich aus dem SGB IX ergeben (§ 172), können mit dieser Zustim- 74
mung als Zulässigkeitsvoraussetzung für eine Kündigung ohne weiteres verbunden werden, so die Zustimmung unter der Bedingung, dass der Betrieb stillgelegt wird (vgl. § 32 SGB X und schon RAG 20.8.1928 – RAG 221/28, ArbRS 3, 13), dass der Arbeitgeber dem sbM noch für drei Monate Lohn oder Gehalt zu zahlen oder dass er dem sbM einen anderen Arbeitsplatz zu gewähren hat (BAG 12.7.1990 – 2 AZR 35/90, AP SchwbG 1986 § 19 Nr. 2; KR/Gallner §§ 168–173 Rn. 100). Zulässig ist auch die Gewährung einer längeren Kündigungsfrist (KR/Gallner §§ 168–173 Rn. 100). Damit sind aber auch die zulässigen Bedingungen erschöpft. Man kann sie auch als eine Auflage nach § 32 Abs. 2 Nr. 4 SGB X ansehen (BAG 12.7.1990 – 2 AZR 35/90, AP SchwbG 1986 § 19 Nr. 2). Unzulässige Einschränkungen und Bedingungen, die nicht dem Ermessensspielraum des Integrationsamts und den gesetzlichen Voraussetzungen entsprechen oder die Zustimmung unklar machen, führen die Nichtigkeit der Zustimmung herbei (vgl. § 40 SGB X). Es fällt also nicht nur die Bedingung fort, sondern der ganze Verwaltungsakt der Zustimmung ist ohne Rechtswirksamkeit (vgl. § 40 Abs. 4 SGB X; KR/Gallner §§ 168–173 Rn. 97).

4. Widerruf

Da die Zustimmung Zulässigkeitsvoraussetzung für die Kündigung ist und damit der 75
Rechtsgestaltungsakt der Kündigung erlaubt, kann das Integrationsamt seine Entscheidung weder abändern noch widerrufen. Gerade wegen der Wirkung für die privatrechtliche Kündigung kann der Verwaltungsakt als solcher nicht mehr geändert, sondern nur im Widerspruchs- und Klageverfahren überprüft und aufgehoben werden. Dabei kann

auch kein Unterschied gemacht werden, dass die Gestaltung durch den Ausspruch der Kündigung erst nach Zulässigkeitserklärung eintritt. Der Arbeitgeber kann die Kündigung jederzeit aussprechen, sie kann auch jederzeit zugehen. Insoweit handelt es sich um einen für den Arbeitgeber begünstigenden Verwaltungsakt. Der Widerruf ist nur zulässig, wenn eine Auflage nicht erfüllt wurde (§ 47 SGB X) oder wenn die Zustimmung rechtswidrig war (§ 45 SGB X), also erschlichen wurde oder auf falschen Angaben beruhte. Nur die Nichtigkeit der Zustimmung könnte jederzeit festgestellt werden (§ 40 Abs. 5 SGB X). Da Widerspruch und Anfechtungsklage keine aufschiebende Wirkung haben (§ 171 Abs. 4), ist auch eine Rücknahme der Zustimmung im Rechtsmittelverfahren durch das Integrationsamt nach § 49 SGB X ausgeschlossen, vielmehr muss stets die Entscheidung des Widerspruchsausschusses bzw. des Verwaltungsgerichts abgewartet werden (teilweise aA KR/Gallner §§ 168–173 Rn. 129, Widerruf und Rücknahme bis zum Zugang der Kündigung zulässig).

76 Eine **vorläufige Versagung** der Zustimmung, um innerhalb der Frist zur Erteilung der Zustimmung von einem Monat gem. § 171 Abs. 1 eine Entscheidung zu treffen, ist nicht zulässig. § 171 Abs. 1 ist ohnehin nur eine Sollvorschrift, deren Verletzung keine Rechtswirkungen für die Gültigkeit und Wirksamkeit einer späteren Entscheidung des Integrationsamts hat. Das Integrationsamt hat vielmehr endgültig zu entscheiden und kann nur in begründeten Ausnahmefällen die Frist des § 171 Abs. 1 überschreiten (→ § 171 Rn. 3 ff.). Zur Sondervorschrift des § 174 Abs. 3 für den Fall der außerordentlichen Kündigung → § 174 Rn. 19.

5. Rückwirkung

77 Die Rückwirkung einer Zustimmungsaufhebung ist allein für das Rechtsmittelverfahren erheblich. Nachdem die Zustimmung des Integrationsamts gem. § 168 Zulässigkeitsvoraussetzung für eine Kündigung ist, kann immer erst eine in der Folgezeit nach Zustellung der Zustimmung auszusprechende Kündigung wirksam erklärt werden. Eine vor der Zustimmung, selbst eine nach Antragstellung beim Integrationsamt ausgesprochene Kündigung ist von vornherein unwirksam. Deshalb kann eine Zustimmung auch nie auf eine frühere Kündigung zurückwirken. Vielmehr muss der sbM auch bis zur Kündigung und dem Ablauf der Kündigungsfrist weiterbeschäftigt werden, weil das Arbeitsverhältnis bis dahin noch fortbesteht. Selbst wenn die Zustimmung nach Ablauf der Monatsfrist des § 171 Abs. 1 noch nicht erteilt ist, sondern erst später gegeben wird, kann die Kündigung nicht wirksam ausgesprochen und das Arbeitsverhältnis damit noch nicht aufgelöst werden.

78 Lehnt das Integrationsamt die Zustimmung ab und wird sie erst auf einen Widerspruch des Arbeitgebers durch den Widerspruchsausschuss oder auf weitere Klage vor den Verwaltungsgerichten erteilt, kann auch die Kündigung erst nach diesem erstmaligen Ausspruch der Zustimmung in einer Rechtsmittelinstanz ausgesprochen werden. Auch dann besteht das Arbeitsverhältnis zunächst fort.

79 Wird eine vom Integrationsamt oder in einer Rechtsmittelinstanz ausgesprochene Zustimmung jedoch später auf Widerspruch oder Klage des sbM hin aufgehoben, entfällt damit die Voraussetzung für die Zulässigkeit der Kündigung und wird eine auf die noch nicht rechtskräftige Zustimmung hin ausgesprochene Kündigung rückwirkend unwirksam (BVerwG 28.11.1958 – V C 32.56, AP SchwBeschG § 14 Nr. 16). Da die Kündigung nach § 171 Abs. 3 nur binnen eines Monats nach der Zustellung der Zustimmung erklärt werden kann, ist es nicht ungewöhnlich, dass ein Widerspruchs- oder Verwaltungsstreitverfahren noch läuft, wenn die Kündigung schon ausgesprochen und die Kündigungsfrist des § 169 oder auch eine noch längere vertragliche oder tarifliche Kündigungsfrist schon abgelaufen ist. Wird dann die schon erteilte Zustimmung endgültig aufgehoben, ist auch die Kündigung rückwirkend unwirksam und besteht das Arbeitsverhältnis fort. Der sbM hat den Lohnanspruch aus Annahmeverzug, und zwar auch für die Zeit, in der er nach Ablauf der Kündigungsfrist nach zunächst erteilter Zustimmung nicht beschäftigt worden ist. Insoweit geht also das Risiko einer Nichtbeschäftigung während eines Rechtsmittelverfahrens zu Lasten des Arbeitgebers, der den Lohn fortzuzahlen hat, wenn die Zustimmung endgültig aufgehoben wird.

Wird die Zustimmung erteilt, im Rechtsmittelverfahren aber widersprüchlich entschieden, dh einmal die Zustimmung aufgehoben, dann aber wieder bestätigt, so kommt es stets auf die endgültige Entscheidung an. Eine nur zwischenzeitliche Aufhebung, die nicht rechtskräftig wird, lässt die Zustimmung nicht in der Weise wegfallen, dass die Kündigung wegen der nicht rechtskräftigen Aufhebung der Zustimmung unwirksam würde und nach der in höherer Instanz wieder bestätigten Zustimmung neu ausgesprochen werden müsste. Sobald einmal eine Zustimmung vorliegt, berechtigt sie zur Kündigung und läuft auch die Frist des § 171 Abs. 3 zum Ausspruch der zugelassenen Kündigung. Jedes Rechtsmittelverfahren geht nur um die Wirksamkeit dieser Zustimmung. Wird sie endgültig bestätigt, bleibt es bei der Wirksamkeit der daraufhin ausgesprochenen Kündigung, auch wenn zwischendurch eine Instanz anderer Ansicht war, diese aber dann nicht aufrechterhalten wurde (KR/Gallner §§ 168–173 Rn. 124). Wird dagegen die zunächst rechtskräftige Zustimmung aufgehoben, weil sie rechtsfehlerhaft war, werden die Zustimmung und damit auch die Kündigung endgültig unwirksam. Wenn nach Aufhebung der Zustimmung das Integrationsamt nochmals entscheiden muss, kann nur eine neue – ggf. dann rechtsfehlerfreie – Zustimmung ausgesprochen werden, auf Grund deren dann eine erneute Kündigung ausgesprochen werden muss. Alle Fristen, die des § 171 Abs. 3 und die Kündigungsfrist treten dann mit der erneuten Zustimmung und Kündigung wieder in Lauf. 80

Wird die erteilte Zustimmung angefochten, wirkt ihre Bestätigung auf den Zeitpunkt der Zustimmung zurück, dh das Arbeitsverhältnis wird auf Grund der Kündigung nach der Zustimmungserklärung aufgelöst, selbst wenn die Zustimmung erst sehr viel später rechtskräftig wird (BAG 25.11.1971 – 2 AZR 44/71, AP KSchG § 3 Nr. 41, iErg zust. Herschel AuR 1972, 287). Deshalb ist auch stets nur auf den Zeitpunkt der Absicht zur Kündigung und die letzte Verwaltungsentscheidung und nicht auf die Sach- und Rechtslage beim Widerspruchsbescheid als maßgeblichen Sachverhalt abzustellen (BVerwG 7.3.1991 – 5 B 114/89, NZA 1991, 511; 5.12.2006 – 5 B 171/06, BeckRS 2007, 20505; 31.7.2007 – 5 B 81/06, BeckRS 2007, 25535; 10.11.2008 – 5 B 79/08, BeckRS 2008, 40982; OVG NRW 25.7.1989 – 13 A 340/88, DB 1990, 1928; 23.1.1992 – 13 A 297/91, EzA § 15 SchwbG 1986 Nr. 7 = NZA 1992, 844; BayVGH 29.5.2007 – 12 ZB 06.1134, BeckRS 2007, 29844; VG München 7.5.2015 – M 15 K 13.2173, BeckRS 2015, 55554). Dabei kommt es aber immer nur auf die letzte Entscheidung an; eine zwischenzeitliche Aufhebung der erteilten Zustimmung, die nicht rechtskräftig und wieder abgeändert wird, ist für die Wirksamkeit der Zustimmung und die Rückwirkung auf den Zeitpunkt ihres ersten Ausspruches unbeachtlich (BAG 17.2.1982 – 7 AZR 846/79, AP SchwbG § 15 Nr. 1; Zanker BB 1976, 1181). Deshalb besteht auch kein Anspruch des sbM auf Beschäftigung, solange eine Kündigung nach einer Zustimmung das Arbeitsverhältnis beendet hat, selbst wenn die Rechtskraft noch nicht eingetreten ist (aA Arendt DB 1985, 1287, der entspr. § 102 Abs. 5 BetrVG eine Verpflichtung zur Weiterbeschäftigung für die Dauer des Verwaltungsprozesses annimmt). Eine einstweilige Verfügung ist nur in Ausnahmefällen möglich, weil sonst die Hauptsache vorweggenommen wird (aA ArbG Hildesheim 3.12.1976 – 2 Ga 16/76, DB 1977, 1706). 81

6. Negativattest

Erklärt das Integrationsamt, die Zustimmung sei nicht erforderlich und lehnt sie deshalb ab, die bei richtiger Beurteilung erforderliche Zustimmung zu erteilen, so kann darin eine Zustimmung gesehen werden, wenn sonst alle Voraussetzungen für den Verwaltungsakt erfüllt sind (zB ordnungsgemäßer, fristgemäßer Antrag, Zustellung des 82

Bescheides). Der Arbeitnehmer könnte diese Erklärung ebenso wie die Zustimmung anfechten; vom Arbeitgeber kann aber nicht verlangt werden, dann noch ein Rechtsmittel zu ergreifen; er braucht nicht mehr mit der Zustimmungsbedürftigkeit der Kündigung zu rechnen. Er kann ohne Zustimmung kündigen, weil damit für den Arbeitgeber ein sog. Negativattest vorliegt (BAG 10.12.1964 – 2 AZR 369/63, AP SchwBeschG § 1 Nr. 4; zust. Gotzen SAE 1965, 151; 27.5.1983 – 7 AZR 482/81, AP SchwbG § 12 Nr. 12; 7.3.2002 – 2 AZR 612/00, AP SchwbG 1986 § 15 Nr. 11; 20.1.2005 – 2 AZR 675/03, AP SGB IX § 85 Nr. 1; 6.9.2007 – 2 AZR 324/06, AP SGB IX § 90 Nr. 4; 13.2.2008 – 2 AZR 864/06, AP SGB IX § 85 Nr. 5; 9.6.2011 – 2 AZR 703/09, AP SGB IX § 85 Nr. 11; BayVGH 13.4.2015 – 12 ZB 14.2070, br 2015, 177).

83 Das ist bis in die neuste Zeit in vielen Einzelfällen von den Gerichten auch den Instanzen so entschieden worden: LAG BW 12.3.2003 – 4 Sa 45/02, br 2003, 154; LAG Düsseldorf 22.3.2005 – 6 Sa 1938/04, br 2005, 198; 17.1.2006 – 8 Sa 1052/05, EzA-SD 2006 Nr. 9 S. 15; LAG Köln 19.9.2007 – 7 Sa 506/07, AuR 2008, 276; 16.7.2008 – 3 Sa 190/08 AUR 2008, 361; LAG Hamm 7.7.2005 – 8 Sa 2024/04, EzA-SD 2005 Nr. 215 S. 10; 31.7.2008 – 15 Sa 2027/06, LAGE § 90 Nr. 4; LAG Nürnberg 4.10.2005 – 6 Sa 263/05, AR-Blattei ES 1440 Nr. 138; SächsLAG 21.7.2006 – 2 Sa 818/05, ZTR 2007, 266 = BeckRS 2007, 42290; LAG SchlH 11.12.2007 – 5 Sa 386/07, NZA-RR 2008, 408; VGH BW 12.12.2005 – 9 S 1580/05, NZA-RR 2006, 356; 22.6.2006 – 9 S 604/06, br 2007, 23; ArbG Düsseldorf 29.10.2004 – 13 Ca 5326/04, NZA-RR 2005, 138; 11.5.2005 – 13 Sa 5326/04, br 2005, 204.

84 Die Lit. stimmt dem ganz überwiegend zu: APS/Vossen § 85 Rn. 3; Hauck/Noftz/Griebeling § 85 Rn. 7; Knittel § 85 Rn. 68; KR/Gallner §§ 85–90 Rn. 60 ff.; LPK-SGB IX/Düwell § 168 Rn. 47; Müller-Wenner/Schorn/Müller-Wenner § 85 Rn. 82 f.; Schaub ArbR-HdB/Koch § 179 Rn. 28; Wiegand SGB IX/Hohmann § 85 Rn. 83; aA Corts SAE 1985, 14, das Negativattest sei nichtig, weil das Integrationsamt nicht in den Kündigungsschutz eingreifen könne; hier geht es aber um den Antrag des Arbeitgebers!).

85 Das Negativattest muss aber vor der Kündigung vorliegen, es beseitigt zwar das Zustimmungserfordernis, gilt aber nicht mehr, wenn später evtl. im Gerichtsverfahren, die Schwerbehinderteneigenschaft dann doch festgestellt wird (BAG 6.9.2007 – 2 AZR 324/06, AP SGB IX § 90 Nr. 4; LAG Hamm 7.4.2008 – 8 (19) Sa 1151/06, BeckRS 2008, 55462; 31.7.2008, LAGE § 90 SGB IX Nr. 4; ArbG Düsseldorf 29.10.2004 – 13 Ca 5326/04, NZA-RR 2005, 138; 11.5.2005 – 10 Ca 610/05, br 2005, 204). Deshalb ist bei einem noch anhaltenden gerichtlichen Verfahren kein Negativattest auszustellen (VG Arnsberg 20.11.2007 – 11 K 3670/06, BeckRS 2008, 30500).

§ 169 Kündigungsfrist

Die Kündigungsfrist beträgt mindestens vier Wochen.

1 Der sbM hat wie nach bisherigem Recht eine gesetzliche Mindestkündigungsfrist von vier Wochen. Da die Zustimmung des Integrationsamt stets vor der Kündigung vorliegen muss und die Kündigung erst dann ausgesprochen werden kann, wenn die Zustimmung vorliegt, wird erreicht, dass diese Frist von vier vollen Wochen auch stets dem sbM zugutekommt, denn das Arbeitsverhältnis kann erst vier Wochen nach der Kündigung enden. Wie der gesamte besondere Kündigungsschutz gilt auch die verlängerte Kündigungsfrist erst nach sechs Monaten des Arbeitsverhältnisses (§ 173 Abs. 1). Die Bedeutung dieser Vorschrift ist sehr eingeschränkt, seit durch das Kündigungsfristengesetz v. 7.10.1993 (BGBl. I 1668) die allgemeine regelmäßige Kündigungsfrist für alle Arbeiter und Angestellten ohnehin vier Wochen beträgt. Nur in Fällen, in denen nach § 622 Abs. 3–5 kürzere Fristen vereinbart werden könnten (Probezeit, Aushilfe, tarifliche

Regelung), greift die Mindestkündigungsfrist des § 169 für sbM noch ein (LPK-SGB IX/Düwell § 169 Rn. 3).

Die vierwöchige Mindestkündigungsfrist gilt **für sbM und für Gleichgestellte** (§ 2 Abs. 3), auch wenn die Gleichstellung später rückwirkend erfolgt. Maßgeblich ist für Gleichgestellte nur, dass der Antrag vor dem Zugang der Kündigung gestellt sein musste. Die bei den all. Streitkräften beschäftigten Arbeitnehmer sind wie andere Arbeitnehmer zu behandeln; auch für sie gilt die gesetzliche vierwöchige Kündigungsfrist des § 169 als deutsche arbeitsvertragsrechtliche Bedingung iSv Art. 44 Truppenvertrag, den ab 1.7.1963 das NATO-Truppenstatut v. 19.6.1951 abgelöst hat, welches in Art. 56 des Zusatzabkommens v. 3.8.1959 in gleicher Weise das für die Zivilbediensteten bei der Deutschen Bundeswehr geltende Arbeitsrecht auf die Arbeitnehmer bei den all. Streitkräften Anwendung finden lässt. Die schwerbehinderten Heimarbeiter kommen gemäß der Sondervorschrift des § 210 Abs. 2 ebenfalls in den Genuss der Vierwochenfrist. Die Bestimmung, dass die verlängerte Kündigungsfrist für Heimarbeiter erst eingreift, wenn sie länger als vier Wochen für denselben Auftraggeber oder Zwischenmeister tätig waren, wird unerheblich, nachdem die verlängerte Kündigungsfrist ohnehin gem. § 173 Abs. 1 Nr. 1 nach sechs Monaten eingreift, aber als Spezialvorschrift für Heimarbeiter gilt (vgl. § 210 Anm. 17 ff.). Witwen und Ehefrauen sbM zur Zeit der Übergangsregelung von Art. III § 8 G v. 24.4.1974 würden danach nur ggf. auf einen Teil eines Pflichtplatzes angerechnet, aber sie haben keine gesetzliche Mindestkündigungsfrist nach § 169; die Achtwochenfrist für die Kündigung, die erforderlich ist, damit die Frau auf einen halben Pflichtplatz angerechnet werden kann (§ 8 Abs. 4 SchwbG 1961 gilt insoweit nach Art. III § 8 G v. 24.4.1974 weiter), ist keine gesetzliche, sondern eine vertragliche Frist. 2

Nach § 173 Abs. 1, 2, 3 gelten die gesamten Vorschriften von Teil 3 Kap. 4 und damit auch die Bestimmungen des § 169 über die Kündigungsfrist erst nach Ablauf von sechs Monaten des ununterbrochenen Bestehens des Arbeitsverhältnisses, bei Nachweis der Schwerbehinderteneigenschaft und für bestimmte Personen überhaupt nicht. Die vierwöchige Kündigungsfrist des § 169 haben nicht Personen, deren Beschäftigung nicht in erster Linie dem Erwerb dient sondern durch karitative oder religiöse Beweggründe bestimmt ist oder die vorwiegend zur Heilung, Wiedereingewöhnung oder Erziehung beschäftigt werden, weiter Teilnehmer an Maßnahmen der Arbeitsbeschaffung, Sozialhilfearbeiter im Arbeitsverhältnis und in ihre Stellen gewählte Personen (§ 156 Abs. 2 Ziff. 2–6; → § 156 Rn. 49 ff.); diese Personen, soweit sie überhaupt in einem Arbeitsverhältnis stehen, haben nur die vertraglichen oder sonstigen gesetzlichen Kündigungsfristen, die allerdings im Regelfall auch nach § 622 BGB vier Wochen betragen. 3

Die gesetzliche Kündigungsfrist ist ein Teil des Schutzes als sbM und dient dazu, dem sbM im Daseinskampf eine gewisse Mindestsicherung zu geben. Sie gilt für jede Kündigung des sbM, also auch für die Änderungskündigung, die es nur darauf abstellt, das Vertragsverhältnis mit dem sbM in veränderter Form fortzusetzen. Da die Frist im öffentlichen Interesse getroffen ist, hat sie **zwingenden Charakter.** Nach dem Territorialitätsprinzip gilt sie auch dann, wenn für ein in Deutschland belegenes Arbeitsverhältnis die Geltung ausländischen Rechts vereinbart ist (Gamillscheg, Internationales Arbeitsprivatrecht, 1959, 67). Die Kündigungsfrist des § 169 kann deshalb von den Beteiligten nicht von vornherein zuungunsten des sbM durch Vertrag verkürzt, wohl aber in jedem Fall verlängert werden. Auch das Integrationsamt ist zur Abkürzung nicht befugt (NdsOVG 16.7.1952 – IV OVG A 8/52, DVBl 1953, 153). Der sbM kann sich jedoch nach der Kündigung durch Vereinbarung mit einer kürzeren Kündigungsfrist zufrieden geben oder sogar auf sie verzichten. Vor allem ist ein Auflösungsvertrag ohne Einhaltung der Fristen für eine Kündigung zulässig und möglich (KR/Gallner §§ 168–173 Rn. 151). Ein solcher Verzicht auf die gesetzlichen Rechte könnte das Integrationsamt uU zu einem zeitweiligen Entzug der besonderen Hilfen für sbM berechtigten (§ 117). Der sbM ist ohne Sondervereinbarung ebenso wie der Arbeitgeber an die Vierwochenkündigungsfrist gebunden, da eine Einschränkung (wie früher ausdrücklich im G über die Fristen für die 4

Kündigung von Angestellten v. 9.7.1926, RGBl. I 399) auf die Kündigung des Arbeitgebers nicht gemacht ist (Wiegand SGB IX/Hohmann § 86 Rn. 22 ff.; aA Deinert/ Welti/ Braasch § 105 Rn. 149; ErfK/Rolfs § 169 Rn. 1; Feltes/Kohte/Stevens-Bartol/Schmitz § 169 Rn. 1 f.; KR/Gallner §§ 168–173 Rn. 152; LPK-SGB IX/Düwell § 169 Rn. 7). Es muss aber als zulässig angesehen werden, ausdrücklich zugunsten des sbM eine kürzere Frist als für den Arbeitgeber zu vereinbaren (Molitor, Die Kündigung, 2. Aufl. 1951, 170; vgl. auch § 622 Abs. 6). Eine solche Vereinbarung liegt aber noch nicht in der unzulässigen für beide Teile geltenden Vereinbarung kürzerer Fristen, sondern nur in einer ausdrücklich allein zugunsten des Arbeitnehmers vereinbarten kürzeren Frist.

5 Die Frist des § 169 ist nur eine gesetzliche **Mindestkündigungsfrist.** Hieraus folgt, dass die Vierwochenfrist nur an die Stelle einer gesetzlich oder vertraglich kürzeren Frist tritt; für den sbM günstigere gesetzliche oder vertragliche Fristen gehen also vor. Die längere Frist ist dann die gesetzliche Kündigungsfrist des sbM gem. § 169 (BAG 25.2.1981 – 7 AZR 25/79, AP SchwbG § 17 Nr. 2). Längere gesetzliche Fristen und bestimmte Kündigungstermine gelten vor allem nach § 622 Abs. 2 BGB und auf Grund tarifvertraglicher Mindestkündigungsfristen. Das Integrationsamt ist anderseits nicht ermächtigt, die Vierwochenfrist zu verlängern. Da es jedoch in sein Ermessen gestellt ist, ob es die Zustimmung zur Kündigung erteilt oder versagt, kann es in geeigneter Form auf den Arbeitgeber einwirken, eine Verlängerung des Beschäftigungsverhältnisses mit dem sbM vertraglich zu vereinbaren (→ § 168 Rn. 74).

6 Die Frist des § 169 zählt zu den maßgeblichen Kündigungsfristen iSd § 113 **InsO,** mit welcher der Insolvenzverwalter kündigen kann, so dass die Frist von 3 Monaten zum Monatsende des § 113 InsO nicht eingreift. Auch der Insolvenzverwalter benötigt die Zustimmung des Integrationsamts. Eine längere gesetzliche Kündigungsfrist nach § 622 Abs. 2 BGB oder Tarifvertrag ist aber auch für den Insolvenzverwalter als maßgebliche Frist iSv § 113 InsO einzuhalten (LPK-SGB IX/Düwell § 169 Rn. 9).

7 Die Kündigungsfrist **beginnt** erst zu laufen, nachdem die Kündigung auf Grund der vom Integrationsamt erteilten Zustimmung dem sbM zugegangen ist. Dies gilt nicht nur für die Mindestfrist des § 169, sondern auch für eine längere gesetzliche oder vertragliche Kündigungsfrist (BAG 7.5.1957 – 3 AZR 482/56, AP SchwBeschG § 14 Nr. 9). Es ist nicht möglich, eine längere, vertraglich zugunsten des sbM festgelegte Kündigungsfrist schon früher beginnen zu lassen, selbst wenn nach Zustimmung noch die gesetzliche Frist zur Verfügung stehen würde, was etwa bei Kündigungsfristen von 6 Monaten oder zum Jahresende durchaus möglich wäre. Eine solche Aufrechnung günstigerer vertraglicher mit den gesetzlichen Mindestbedingungen ist unzulässig; auch bei langen Kündigungsfristen und -terminen kann die Kündigung vielmehr gegenüber dem sbM stets nur nach erteilter Zustimmung wirksam ausgesprochen werden.

8 Die Mindestkündigungsfrist ist nur nach Ablauf der ersten 6 Monate des Arbeitsverhältnisses einzuhalten (§ 173 Abs. 1 Nr. 1). Maßgeblich ist der Zugang der Kündigung, die deshalb auch kurz vor Ablauf des 6-Monats-Zeitraumes noch zu einem Zeitpunkt nach dessen Ablauf mit einer kürzeren Zeit ausgesprochen werden kann (BAG 20.9.1957 – 1 AZR 136/56, AP KSchG § 1 Nr. 34; 18.8.1982 – 7 AZR 437/80, AP BetrVG 1972 § 102 Nr. 24; APS/Vossen KSchG § 1 Rn. 31 f.; Linck/Krause/Bayreuther KSchG § 1 Rn. 86).

9 Für die **Berechnung** der Vierwochenfrist gelten §§ 186 ff. BGB. Der Tag, an dem die Kündigung zugeht, wird nicht mitgerechnet (§ 187 BGB). Die Frist beginnt an dem darauf folgenden Tag und endet mit Ablauf desjenigen Tages, welcher durch seine Benennung dem Tage entspricht, an dem die Kündigung zuging (§ 188 BGB). Die Kündigung braucht weder zum Wochenschluss noch zum Monatsschluss ausgesprochen zu werden. Kommt nicht die gesetzliche Mindestkündigungsfrist des § 169 in Betracht, sondern ist nach anderen Gesetzen oder Vertrag die Kündigung nur zu einem bestimmten Termin zulässig, so ist zu beachten, dass, wenn auf dem Ersten eines Monats oder Kalendervierteljahres mit bestimmter Frist gekündigt werden soll, die Kündigung am

letzten Tage des vorhergehenden Monats oder Vierteljahres zugehen muss, die Kündigung am Ersten reicht nicht mehr. Fällt der letzte Tag vor Beginn einer solchen Kündigungsfrist auf einen Sonn- oder Feiertag, so kann § 193 BGB nicht entspr. angewandt werden, sondern muss am Sonntag oder vorhergehenden Werktag gekündigt werden (APS/Linck BGB § 622 Rn. 44; KR/Spilger BGB § 622 Rn. 131; Staudinger/Preis BGB § 622 Rn. 23, BAG 5.3.1970 – 2 AZR 112/69, AP BGB § 193 Nr. 1; 28.9.1972 – VII ZR 186/71, AP BGB § 193 Nr. 2 unter Aufgabe der bisherigen entgegengesetzten Rspr.).

§ 170[1] Antragsverfahren

(1) [1]**Die Zustimmung zur Kündigung beantragt der Arbeitgeber bei dem für den Sitz des Betriebes oder der Dienststelle zuständigen Integrationsamt schriftlich oder elektronisch.** [2]**Der Begriff des Betriebes und der Begriff der Dienststelle im Sinne dieses Teils bestimmen sich nach dem Betriebsverfassungsgesetz und dem Personalvertretungsrecht.**

(2) **Das Integrationsamt holt eine Stellungnahme des Betriebsrates oder Personalrates und der Schwerbehindertenvertretung ein und hört den schwerbehinderten Menschen an.**

(3) **Das Integrationsamt wirkt in jeder Lage des Verfahrens auf eine gütliche Einigung hin.**

Übersicht

A. Antragstellung

1 Das Integrationsamt darf die Zustimmung zur Kündigung eines sbM nur auf **Antrag** des Arbeitgebers erteilen. Der Arbeitgeber muss den Antrag schriftlich stellen. Bis zum 30.6.2001 wurde doppelte Ausfertigung gefordert, die durch das SGB IX entfallen ist (Verwaltungsvereinfachung, in jedem Büro steht ein Fotokopiergerät). Da das G Schriftform vorschreibt, muss der Antrag durch den Arbeitgeber bzw. durch die Personen, welche die Arbeitgeberfunktionen wahrnehmen, eigenhändig durch Namensunterschrift unterzeichnet werden (§ 126 BGB). Faksimile genügt nicht. Dagegen muss man telegraphischen Antrag als zulässig ansehen (Neumann AR-Blattei SD 1440.2 Rn. 76). Die elektronische Form ist zugelassen, in der Form des § 126a BGB durchzuführen, da sie (im Gegensatz zu § 623 BGB) nicht ausgeschlossen ist (§ 126 Abs. 3 BGB). Wird die Schriftform verletzt, so braucht das Integrationsamt nicht tätig zu werden. Es hat aber den Arbeitgeber dann zu unterrichten, dass der Antrag nicht den gesetzlichen Formvorschriften entspricht (§ 13 SGB I). Das ist keine Ablehnung des Antrages, da ein solcher wirksam gar nicht gestellt wurde, sondern nur eine Amtspflicht der Behörde gegenüber dem (ggf. unkundigen) Rechtssuchenden. Erteilt das Integrationsamt trotzdem die Zustimmung, wird der Formmangel geheilt (aA Deinert/Welti/Braasch § 105 Rn. 67 ff.; ErfK/Rolfs § 170 Rn. 2; KR/Gallner §§ 168–173 Rn. 69; LPK SGB IX/Düwell § 170 Rn. 8; BVerwG 17.3.1988 – 5 B 60/87, BeckRS 1988, 06694 aber mit der Möglichkeit der Heilung durch nachträglichen Antrag nach § 41 Abs. 1 Nr. 1 SGB X). Der Antrag ist auch schriftlich zu begründen. Dazu ist auch anzugeben, ob ordentlich

[1] § 170 Abs. 1 Satz 1 geänd. mWv 1.1.2018 durch G v. 17.7.2017 (BGBl. I 2541).

oder außerordentlich gekündigt werden soll; im Zweifel ist ordentliche Kündigung anzunehmen (APS/Vossen § 87 Rn. 6; KDZ/Zwanziger § 87 Rn. 5). Die Gründe sind mitzuteilen. Das Integrationsamt klärt von Amts wegen auf (§ 20 Abs. 1 SGB I) und fordert ggf. zur Begründung auf. Geschieht das nicht, kann der Antrag zurückgewiesen werden (KR/Gallner §§ 168–173 Rn. 8; LPK-SGB IX/Düwell § 170 Rn. 8).

2 Der Antrag ist an das für den Sitz des Betriebes oder die Dienststelle örtlich **zuständigen Integrationsamt** zu richten. Obwohl das G dies nicht mit der wünschenswerten Klarheit zum Ausdruck bringt, ist das für das Stellen des Antrags zuständige Integrationsamt auch allein zur Entscheidung befugt. Bestehen selbständige Betriebs- und Verwaltungsabteilungen, so ist deren Sitz maßgebend, da die Entscheidung möglichst betriebsnah getroffen werden muss. Wird der Antrag an ein örtlich unzuständiges Integrationsamt gerichtet, so ist dieses nach § 16 Abs. 2 SGB I verpflichtet, ihn unverzüglich an die zuständige Stelle weiterzuleiten. Die Frist des § 171 Abs. 1 über die Entscheidung und die Frist des § 174 Abs. 3 zur Entscheidung bei außerordentlicher Kündigung beginnt jedoch erst vom Eingang des Antrags bei dem zuständigen Integrationsamt an zu laufen, da sich ein Irrtum des Arbeitgebers nicht zum Nachteil des sbM auswirken darf (KR/Gallner §§ 168–173 Rn. 77; LPK-SGB IX/Düwell § 170 Rn. 18).

B. Begriff des Betriebes und der Dienststelle

3 Der Begriff des Betriebs und der Dienststelle, nach dem sich die Zuständigkeit des Integrationsamts richtet, wird hier in § 170 Abs. 1 für den gesamten Teil 3 des SGB IX festgelegt. Er gilt also für andere Vorschriften, in denen auf den Betrieb oder die Dienststelle abgestellt wird, so für § 163 (Verzeichnisse und Anzeigen nach Betrieben und Dienststellen), § 164 Abs. 3 (Einrichtung von Betrieben), § 172 (Auflösung und Einschränkung von Betrieben), § 177 (Wahl der Schwerbehindertenvertretung), § 178 (Aufgaben in Betrieb und Dienststelle), § 180 (Gesamt-, Haupt- und Bezirksschwerbehindertenvertretung für mehrere Betriebe oder Dienststellen), § 239 (Dienststellen in Hamburg); Ausnahme: Der Begriff der Dienststelle ist für den Bundesnachrichtendienst in § 240 unabhängig vom BPersVG gesondert geregelt.

4 Der Begriff von Betrieb und Dienststelle soll in Teil 3 des SGB IX denselben Inhalt haben wie nach dem BetrVG (§ 4) und dem BPersVG (§ 6). Auch dort werden aber die Begriffe Betrieb und Dienststelle nicht selbst definiert, sondern vorausgesetzt und nur zusätzlich bestimmt, wann bestimmte Teile selbständige Betriebe oder Dienststellen darstellen oder sie zusammengefasst werden. Für die Grundregeln gelten die allgemeinen Bestimmungen über den Begriff von Betrieb und Dienststelle im Arbeitsrecht (vgl. auch die Kommentare zu § 4 BetrVG, § 6 BPersVG).

5 Als Betrieb wird nach allgemeiner Ansicht angesehen „die organisatorische Zusammenfassung von sachlichen und persönlichen Mitteln zur fortgesetzten Verfolgung eines bestimmten technischen Zwecks in der Hand einer physischen oder juristischen Person" (RAG 4.8.1937 – RAG 88/37, ARS 30, 323; BAG seit 3.12.1954, zuletzt 23.11.2016 – 7 ABR 3/15, NZA 2017, 1013 Rn. 31 mwN; zum Begriff des Betriebes: Jacobi, Betrieb und Unternehmen als Rechtsbegriffe, 1926; APS/Preis Grundlagen C Rn. 83; MHdB ArbR/Richardi § 22; Schaub ArbR-HdB/Linck § 17 Rn. 1 ff.; und die Kommentare zu § 4 BetrVG).

6 Auf die Größe des Betriebs kommt es nicht an. Die Tätigkeit muss jedoch immer nach außen gerichtet sein, so dass zB ein Familienhaushalt mit Hausangestellten, der keinen weiteren technischen Zweck verfolgt, kein Betrieb ist (BAG 17.2.1981 – 1 ABR 101/7, AP BetrVG 1972 § 111 Nr. 9; Fitting BetrVG § 1 Rn. 66; Richardi BetrVG/Richardi/Maschmann § 1 Rn. 50; MHdB ArbR/Richardi § 22 Rn. 17; Linck/Krause/Bayreuther KSchG § 23 Rn. 10; KR/Weigand KSchG § 23 Rn. 30). Trotzdem werden auch Arbeits-

plätze im Haushalt vom G erfasst (→ § 154 Rn. 13), weil der Betriebsbegriff nicht mit dem Arbeitgeberbegriff gleichgesetzt werden darf. Die nur für Betriebe geltenden Vorschriften finden deshalb auf Haushalte keine Anwendung.

Die organisatorische Zusammenfassung von Personen und sächlichen Mitteln zu einem Betrieb wird durch den **Willen** des oder **der Arbeitgeber** bestimmt. Dieser Wille muss jedoch nach außen hin in Erscheinung treten. Ein Betrieb kann daher immer nur einen Arbeitgeber haben, wobei Arbeitgeber auch mehrere Personen sein können, die durch eine irgendwie geartete rechtliche Einheit verbunden sind (Gesellschaft, Erbengemeinschaft). Der Wechsel des Unternehmens steht der Identität des Betriebes nicht entgegen, wenn die Einheitlichkeit der Organisation und der Zweck gewahrt bleiben, § 613a BGB und die dazu ergangene Rspr. (BAG, allein 522 Entscheidungen zu AP BGB § 613a!). Bei Betriebsübergang nach Insolvenz gilt die dem Insolvenzverwalter erteilte Zustimmung nicht für den Betriebserwerber (BAG 15.11.2012 – 8 AZR 827/11, AP SGB IX § 85 Nr. 12). 7

Der Wille des Arbeitgebers und die **Einheit der Organisation** bestimmen also, ob es sich überhaupt um einen Betrieb, ob es sich um einen Nebenbetrieb oder selbständigen Betrieb, endlich ob es sich um einen oder mehrere Betriebe handelt. Eine Kantine, die der Arbeitgeber nur in seinen Räumen duldet und auf deren personelle oder finanzielle Gestaltung er keinen Einfluss hat, ist weder ein Teil seines Betriebes noch ein seiner Verantwortung unterliegender Sonderbetrieb. Zwei Rechtsanwälte oder Architekten können im selben Haus einen oder mehrere Betriebe haben, je nachdem ob sie sich zusammenschließen, um einen gemeinsamen Zweck zu verfolgen oder getrennt arbeiten. 8

Ein gewisser **räumlicher Zusammenhang** ist für den Betrieb erforderlich. Die Arbeitnehmerschaft getrennter Betriebsstätten wird meist auch getrennte Betriebe bilden. Es gibt jedoch Betriebe mit Außenapparat, wie zB Transportbetriebe, Schaustellerbetriebe, Gastspieltheater, Betriebe mit auswärts arbeitenden Bau- oder Montagearbeitern oder unselbständigen Geschäftsreisenden, die eine Betriebseinheit bilden; die außerhalb der Betriebsstätte arbeitenden Arbeitnehmer zählen zum Betrieb (Fitting BetrVG § 1 Rn. 74 f.; Richardi BetrVG/Richardi/Maschmann § 1 Rn. 37). 9

Obwohl mehrere Betriebe desselben Arbeitgebers grds. zusammenzurechnen sind (vgl. § 154), ist für den Betriebsbegriff nach den auf einen Betrieb abstellenden Bestimmungen auch maßgeblich, ob es sich um zwei selbständige Betriebe, um Haupt- oder Nebenbetrieb desselben Arbeitgebers handelt oder ob nicht vielmehr mehrere Betriebsteile zu einem Betrieb zusammenzurechnen sind. Hierzu kommt es entspr. § 4 BetrVG darauf an, ob die Betriebsteile selbständige Betriebe sind oder ob sie räumlich weit von dem Hauptbetrieb entfernt sind und daher nicht zum Hauptbetrieb zugerechnet werden können. Auf den Begriff des Unternehmens, bei dem im Gegensatz zum Betrieb nicht der arbeitstechnische, sondern der wirtschaftliche Zweck der Arbeit im Vordergrund steht, braucht an dieser Stelle nicht näher eingegangen zu werden. 10

Ein Betrieb muss auf fortgesetzte Verfolgung eines bestimmten Zwecks gerichtet sein. Dies trifft auch auf Saison- und Kampagnebetriebe zu. Für Saison- und Kampagnebetriebe, die regelmäßig nur während eines Teils des Jahres mit voller Belegschaft arbeiten, ergibt sich die Pflichtzahl nach den monatlich festzulegenden Arbeitsplätzen, also in uU stark wechselnder Höhe (→ § 157 Rn. 12). 11

Zum Begriff des Betriebes gehört **weder das Vorliegen eines Gewerbes noch** das **Streben nach Gewinn,** denn auf die Art des verfolgten Zwecks kommt es nicht an. Eine Verpflichtung zur Einstellung trifft alle Arbeitgeber, auch die freiberuflich Tätigen. Betriebe beschäftigungspflichtiger Arbeitgeber können daher zB auch Rechtsanwaltsbüros, Krankenhäuser, Schauspielschulen, Theater, Forschungsanstalten usw sein. Sonderbestimmungen für Tendenzbetriebe iSd § 118 BetrVG gelten für Teil 3 des SGB IX nicht. 12

Dienststellen sind demgegenüber die Einrichtungen der öffentlichen Hand. Nach § 6 BPersVG sind Dienststellen die einzelnen Behörden, Verwaltungsstellen und Betriebe des 13 öffentlichen Dienstes. Wenn auch das BPersVG sich nur auf Dienststellen des Bundes bezieht (§ 6 Abs. 1 mit § 1 BPersVG), gilt doch für die Länder und Gemeinden nichts anderes.

14 Für die **öffentlichen Verwaltungen** besteht ein Unterschied zwischen Dienststellen (öffentliche Verwaltungen und Betriebe) und privaten Betrieben. Die Unterscheidung ergibt sich aus den verschiedenen Pflichtzahlen, die nach § 162 Nr. 1 unterschiedlich festgelegt werden können, sodann aus der besonderen Stellung des öffentlichen Arbeitgebers. Auch für die öffentlichen Betriebe gelten aus dem letzten Grund zum Teil andere Vorschriften als für die privaten Betriebe. Zwangsmaßnahmen (§ 160 Abs. 4) sind zB gegenüber dem Arbeitgeber der öffentlichen Hand nicht erforderlich und möglich. Es ist daher notwendig, die öffentlichen Betriebe und die öffentlichen Verwaltungen gegen die privaten Betriebe abzugrenzen, wie dies durch § 154 Abs. 3 geschehen ist.

15 **Öffentliche Betriebe** können als sog. Regie- oder Eigenbetriebe ohne eigene Rechtspersönlichkeit auftreten, wie es häufig bei den Versorgungsbetrieben der Gemeinden der Fall ist, oder endlich auch als rechtsfähige öffentliche Anstalt, hinter der ein Vermögensträger steht (Detterbeck, Allgemeines Verwaltungsrecht, 17 Aufl., Rn. 906 f.; Forsthoff, Lehrbuch des Verwaltungsrechts, 1961, 515; Ipsen, 11. Aufl. 2019, § 4 Rn. 265 ff.; Maurer/Waldhoff, 19. Aufl. 2017, § 23; Schmalz, 3. Aufl. Rn. 681 ff.; Wolff/Bachof/Stober/Kluth, 13. Aufl. 2017, § 23). Obwohl das SGB IX keinen eindeutigen Anhaltspunkt gibt, sollte auch hier wie bei § 130 BetrVG nur die Rechtsform für die Zuordnung zu den öffentlichen Betrieben entscheidend sein (MHdB ArbR/Germelmann § 276 Rn. 17 ff.; DKK/Buschmann BetrVG § 130 Rn. 2 ff.; Fitting BetrVG § 130 Rn. 4 ff.; GK-SGB IX/Fabricius/Weber BetrVG § 130 Rn. 2 f.; Richardi BetrVG/Annuß § 130 Rn. 3; BAG 7.11.1975 – 1 AZR 74/74, AP BetrVG 1972 § 130 Nr. 1; 30.7.1987 – 6 ABR 78/85, AP BetrVG 1972 § 130 Nr. 3; 18.1.1989 – 7 ABR 62/87, AP AÜG § 14 Nr. 2; 24.1.1996 – 7 ABR 10/95, AP BetrVG § 1 Gemeinsamer Betrieb Nr. 8; 23.11.2004 – 9 AZR 639/03, AP GG Art. 72 Nr. 1; 27.10.2010 – 7 ABR 85/09, AP BetrVG 1972 § 54 Nr. 14; BVerwG 13.6.2001 – 6 P 8.00, AP BetrVG 1972 § 1 Gemeinsamer Betrieb Nr. 14; LAG Bbg 17.6.1993 – 3 Sa 966/92, NZA 1994, 380; ArbG Berlin 17.1.2003 – 96 Ca 30440/02, NZA-RR 2003, 656, eine Bundestagsfraktion unterliegt als rechtsfähige Vereinigung der Betriebsverfassung). Zwar verweist § 170 Abs. 1 auf das BetrVG und das PersVG nur für den Begriff von Betrieb und Dienststelle; man muss aber in diese Verweisung auch die Abgrenzung einbeziehen. Damit sind rechtsfähige Gesellschaften des bürgerlichen Rechts in der Hand einer Verwaltung (AG, GmbH) und die sog. gemischtwirtschaftlichen Betriebe, dh private Betriebe, an denen die öffentliche Hand nur finanziell beteiligt ist, als private Betriebe anzusehen (vgl. § 130 BetrVG). Diese Scheidung erscheint sinnvoll, da sich eventuelle Zwangsmaßnahmen direkt gegen einen dem privaten Recht unterstehenden Arbeitgeber richten und nur indirekt gegen die Behörde als Träger; die Staatsräson wird also hier nicht in Frage gestellt.

16 Den öffentlichen Betrieben sind im Unterschied zu den öffentlichen Verwaltungen Aufgaben übertragen, die an sich auch von einem Privatbetrieb erfüllt werden könnten; sie üben keine Hoheitsbefugnisse aus. Ein öffentlicher Betrieb verfolgt trotz aller Gemeinnützigkeit in erster Linie wirtschaftliche Zwecke, während eine Behörde ein Organ der Staatsgewalt ist, das die Zwecke des Staates mit hoheitlichen Mitteln verfolgt Das Verwaltungsrecht spricht von öffentlichen Unternehmen (Forsthoff, Lehrbuch des Verwaltungsrechts, 1961, 541; Detterbeck, 17. Aufl. 2019, Rn. 906 f.; Ipsen, 11. Aufl. 2019 § 4 Rn. 265 ff.; Maurer/Waldhoff, 19. Aufl. 2017, § 23; Schmalz, 3. Aufl., Rn. 681 ff.; Wolff/Bachof/Stober/Kluth Verwaltungsrecht, 13 Aufl. 2017, § 23) und scheidet alle Einrichtung zur Verfolgung ideeller Zwecke aus, die es zu den Verwaltungen zählt.

17 Solange Betriebe der öffentlichen Hand keine eigene privatrechtliche Rechtsform haben, gehören sie zu den Einrichtungen nach § 154 Abs. 3 als öffentlicher Arbeitgeber. Werden sie aber als GmbH, AG privatrechtlich organisiert, handelt es sich um dem Betriebsverfassungsrecht unterliegende Betriebe. Krankenhäuser, Theater, Schlachthöfe,

Friedhofsunternehmen und Verkehrsbetriebe können daher entweder zu privaten oder zu öffentlichen Arbeitgebern zählen. Nachdem entgegen früherem Recht bei der Festsetzung des Pflichtsatzes kein Unterschied mehr zwischen Verwaltung und Betrieb gemacht wird, ist nur noch die Unterscheidung zwischen privaten und öffentlichen Arbeitgebern und damit zwischen öffentlichen und privaten Betrieben erheblich.

Die Abgrenzung von Betrieb und Verwaltung der öffentlichen Hand hat jedoch dann Bedeutung, wenn es auf die einzelne Dienststelle ankommt, für die Verzeichnisse zu führen, Anzeigen zu erstatten, Zustimmungen einzuholen oder die Schwerbehindertenvertretungen zu wählen sind (§§ 163, 170, 177, 180). Dann gilt § 6 BPersVG, wonach jeder Betrieb, Verwaltungsstelle und jeder Betrieb ebenso wie Gerichte eine Dienststelle für sich sind. Nebenstellen sind Teile von Verwaltungen und Betrieben, die räumlich entfernt liegen, gelten dann als selbständige Dienststellen, wenn die Mehrheit der nach dem Personalvertretungsrecht Wahlberechtigten dieses entfernten Teiles das in geheimer Abstimmung beschließt. Auch hier folgt also Teil 3 des SGB IX dem Personalvertretungsrecht. Da der Beschluss nur für eine Wahlperiode gilt, kann der Begriff wechseln; trotzdem bleibt diese Regelung für Teil 3 des SGB IX maßgeblich, so dass uU dann eine andere Verzeichnisführung, Anzeigepflicht und Zuständigkeit des Integrationsamts maßgeblich wird. Diese Folgerung ist aber besonders auch im Hinblick auf die Gleichschaltung der Schwerbehindertenvertretung mit dem Personalrat und §§ 176–180 gerechtfertigt. Hier konnten keine Unterschiede zum Personalvertretungsrecht gemacht werden. 18

C. Stellungnahmen und Anhörung

§ 170 Abs. 2 gehört streng gesehen nicht zum Antragsverfahren, sondern zur Entscheidung (§ 171). Das Integrationsamt trifft die Entscheidung, ob es die Zustimmung erteilen oder versagen soll, zwar nach eigenem pflichtgemäßen Ermessen, es muss sie jedoch nach allen Seiten hin abwägen und sorgfältig vorbereiten. Dabei hat das Integrationsamt eine Aufklärungspflicht nach § 20 SGB X und muss von Amts wegen aufklären (BVerwG 6.2.1995 – 5 B 75/94, Buchholz 436.61 § 15 SchwbG Nr. 9; 19.10.1995 – 5 C 24/93, Buchholz 436.61 § 15 SchwbG 10). Vor seiner Entscheidung hat das Integrationsamt daher eine Stellungnahme des Betriebs- bzw. Personalrats und der Schwerbehindertenvertretung (§ 177) einzuholen. Die bis zum 30.4.2004 vorgeschriebene Anhörung des damaligen Arbeitsamtes wurde ab 1.5.2004 durch G v. 23.4.2004 (BGBl. I 606) gestrichen, weil die übliche formularmäßige Antwort lediglich zu einer unnötigen Verlängerung des Verfahrens führte (BT-Drs. 15/2318, 16 zu Nr. 17). Ist eine Vertrauensperson (oder Betriebs- bzw. Personalrat) nicht gewählt oder fehlt er aus sonstigen Gründen (Rücktritt), wird die Wirksamkeit der Zustimmung nicht beeinträchtigt (BVerwG 28.11.1958 – V C 32.56, AP SchwBeschG § 14 Nr. 16; 26.1.1989 – 5 B 136/88, Buchholz 436.61 § 17 SchwbG 1986 Nr. 1). Der Betriebsrat ist in der bestehenden Zusammensetzung ohne Rücksicht auf seine gesetzlich richtige Zusammensetzung zu hören (HmbOVG 6.12.1955 – Bf. III 68/55, DÖV 1956, 253). Da das G nach Einführung von Sprecherausschüssen durch G v. 20.12.1988 (BGBl. I 2312) nicht geändert wurde, ist der Betriebsrat auch bei der Kündigung schwerbehinderten leitenden Angestellten zu hören (Bayer DB 1990, 933). Diese Stellungnahme des Betriebs- oder Personalrates ersetzt aber nicht die Anhörung im Kündigungsverfahren nach § 102 BetrVG bzw. den entsprechenden personalvertretungsrechtlichen Vorschriften, die zusätzlich eingehalten werden müssen (→ § 168 Rn. 16). Wurde der Personalrat vom Arbeitgeber gehört, reicht diese dem Integrationsamt vorliegende Stellungnahme aus (BayVGH 7.4.2006 – 9 ZB 05.2539, BeckRS 2009, 37342). Geht eine Stellungnahme trotz Anmahnung nicht ein, kann ohne sie entschieden werden. Dagegen ist bei einer unklaren oder klärungsbedürftigen Stellungnahme eine erneute vollständige oder klarstellende 19

Stellungnahme einzuholen (OVG NRW 9.2.1996 – 24 A 5457/94, br 1997, 49). Ob nach fruchtloser Anforderung einer Stellungnahme das Integrationsamt nochmals anmahnen muss oder sofort selbst entscheidet, richtet sich gem. § 20 Abs. 1 SGB X nach pflichtgemäßem Ermessen, wobei es versuchen kann, die Stellungnahme doch noch zu erhalten (BVerwG 11.11.1999 – 5 C 23.99, AP SchwbG 1986 § 17 Nr. 1). Diese Anhörungsvorschriften sind zwingend. Eine unterbliebene Anhörung lässt eine trotzdem erteilte Zustimmung fehlerhaft werden; sie ist im Widerspruchsverfahren und Verwaltungsrechtsweg anfechtbar (BVerwG 8.2.1967 – V C 167/65, BVerwGE 26, 145; 15.2.1990 – 1 WB 36/88, ZBR 1990, 323; 28.9.1995 – 5 C 14/94, Buchholz 436.61 § 17 SchwbG Nr. 5; BayVGH 1.6.1987 – 12 B 87.0073, br 1988, 16; VGH BW 10.2.1988 – 6 S 2745/87, Entscheidungssammlung VGH Bd. 39, 77; ErfK/Rolfs § 170 Rn. 4; LPK-SGB IX/Düwell § 170 Rn. 29, 33; KR/Gallner §§ 16–173 Rn. 82 ff.; Wahrendorf BB 1986, 523). Die Anhörung kann aber im Widerspruchsverfahren nachgeholt werden und heilt dann den Mangel (§ 41 Abs. 1 Nr. 3 SGB X; BVerwG 10.2.1997 – 5 B 108.96, Buchholz 436.61 § 17 SchwbG Nr. 7).

20 Das Arbeitsamt, jetzt die Bundesagentur für Arbeit war bis 30.4.2004 ebenfalls zur Stellungnahme aufzufordern (vgl. Neumann/Pahlen/Majerski-Pahlen, 10. Aufl. 2003, § 87 Rn. 20). Ab 1.5.2004 ist dieser Passus gestrichen worden, weil wegen der meist nur formularmäßigen Antwort „die Beteiligung der Arbeitsämter lediglich zu einer unnötigen Verlängerung des Verfahrens“ führt (BT-Drs. 15/2318, 16). Der Ausschuss für Gesundheit und Soziale Sicherung hatte dem nach dem Vorschlag der BReg. (BT-Drs. 15/2318, 22) ohne weitere Begründung zugestimmt (BT-Drs. 15/2357, 10). Die Bundesagentur für Arbeit wird aber von der Entscheidung nach § 171 Abs. 2 unterrichtet.

21 Darüber hinaus ist der durch die Kündigung betroffene sbM vor der Entscheidung zu **hören,** dh es muss ihm Gelegenheit zu einer persönlichen Erörterung der Angelegenheit gegeben werden. § 24 SGB X gilt gegenüber dieser Spezialvorschrift nicht, so dass in jedem Fall Gelegenheit zur persönlichen Anhörung zu geben ist (Deinert/Welti/Braasch § 105 Rn. 87; KR/Gallner §§ 168–173 Rn. 82 ff.; LPK-SGB IX/Düwell § 170 Rn. 29; aA OVG NRW 25.4.1989 – 13 A 2399/87, br 1989, 165; Zanker br 1987, 25; VG Ansbach 11.8.2005 – AN 14 K 05.0097, BeckRS 2005, 36559; 1.6.2006 – AN 14 K 01427, BeckRS 2006, 29695; 12.7.2007 – AN 14 K 07.00121, BeckRS 2007, 34171; VG Halle 15.12.2006 – 4 A 652/04, BeckRS 2008, 32457, wonach Gelegenheit zur schriftlichen Stellungnahme (mit Frist von 14 Tagen) ausreicht, anhören bedeutet aber mindestens Gelegenheit zur mündlichen Äußerung; zum Recht auf Anhörung, → § 204 Rn. 12). Eine Entscheidung, die ohne Einholen der erforderlichen Stellungnahmen und ohne Anhören des sbM ergangen ist, wäre fehlerhaft und im Widerspruch und im Verwaltungsrechtswege anfechtbar. Bis zum Abschluss des Verfahrens kann aber vor Erlass der Entscheidung die Anhörung nachgeholt werden (§ 41 Abs. 1 mit § 12 Abs. 1 SGB X; Wahrendorf BB 1986, 523), auch im Widerspruchsverfahren (BVerwG 11.11.1999 – 5 C 23.99, AP SchwbG 1986 § 17 Nr. 1). Der sbM ist auch zu Angaben seiner Arbeitskollegen zu hören, die Entscheidung darf nicht auf einseitige Angaben gestützt werden, sondern ist von Amts wegen nach § 20 SGB X zu ermitteln (BVerwG 2.7.1992 – 5 C 5190, BVerwGE 90, 287; 6.2.1995 – 5 B 75/94, Buchholz 436.61 § 15 SchwbG Nr. 9; 19.10.1995 – 5 C 24/93, Buchholz 436.61 § 15 SchwbG Nr. 10; NdsOVG 21.12.1955 – IV OVG – A 75/55, DB 1956, 284; Siegler, Das Anhörungsrecht im Kündigungszustimmungsverfahren, BlStSozArbR 1969, 158). Einer Niederschrift über die Anhörung bedarf es nicht (BVerwG 1.7.1993 – 5 B 73/93, Buchholz 436.61 § 17 SchwbG Nr. 3), sie wird aber meist zweckmäßig sein. Eine Anhörung vor dem Widerspruchsausschuss heilt eine fehlende Anhörung durch das Integrationsamt (OVG NRW 8.3.1996 – 24 A 3340/93, br 1997, 47).

D. Gütliche Einigung

22 Die Vorschrift des Abs. 3 entspricht der Sache nach der Bestimmung des § 57 Abs. 2 ArbGG. Das Integrationsamt erhält damit die Amtspflicht, schon bei den Ermittlungen, aber auch bei der Anhörung und im Widerspruchsverfahren stets eine gütliche Einigung zu versuchen. Die vermittelnde Funktion des Integrationsamts hat eine große Bedeutung und wird damit besonders unterstrichen. Allerdings dürfen Einigungsversuche nicht dazu benutzt werden, das Verfahren hinauszuzögern oder eine Entscheidung zu vertagen. Eine „Abkühlungsphase" darf das Integrationsamt nicht einlegen, auch wenn sie dazu dienen soll, eine gütliche Einigung zu ermöglichen oder zu fördern. Der Einigungsversuch kann zwar in jeder Lage erneut vorgenommen werden, darf aber nicht zu Verzögerungen der Entscheidung selbst führen. Vielmehr ist auch bei entsprechenden, uU wegen langwierigen Einigungsbestrebungen die Frist des § 171 Abs. 1 zur Entscheidung binnen 1 Monat bei ordentlicher Kündigung als Amtspflicht (Sollvorschrift) und die Frist des § 174 Abs. 3 zur Entscheidung binnen zwei Wochen bei außerordentlichen Kündigung sogar zwingend einzuhalten. Besondere Formen sind für den Einigungsversuch nicht einzuhalten, insbes. sind weder eine Niederschrift noch ein Protokoll vorgeschrieben (BVerwG 1.7.1993 – 5 B 73/93, Buchholz 436.61 § 17 SchwbG Nr. 3). Es empfiehlt sich jedoch, eine getroffene Einigung schriftlich festzuhalten (ebenso APS/Vossen § 87 Rn. 18; KR/Gallner §§ 85–90 Rn. 83; LPK /Düwell § 170 Rn. 39; weitergehend Knittel § 87 Rn. 18; schärfer Wiegand SGB IX/Hohmann § 87 Rn. 43, muss schriftlich festgehalten werden).

§ 171 Entscheidung des Integrationsamtes

(1) Das Integrationsamt soll die Entscheidung, falls erforderlich, auf Grund mündlicher Verhandlung, innerhalb eines Monats vom Tag des Eingangs des Antrages an treffen.

(2) [1]Die Entscheidung wird dem Arbeitgeber und dem schwerbehinderten Menschen zugestellt. [2]Der Bundesagentur für Arbeit wird eine Abschrift der Entscheidung übersandt.

(3) Erteilt das Integrationsamt die Zustimmung zur Kündigung, kann der Arbeitgeber die Kündigung nur innerhalb eines Monats nach Zustellung erklären.

(4) Widerspruch und Anfechtungsklage gegen die Zustimmung des Integrationsamtes zur Kündigung haben keine aufschiebende Wirkung.

(5) [1]In den Fällen des § 172 Absatz 1 Satz 1 und Absatz 3 gilt Absatz 1 mit der Maßgabe, dass die Entscheidung innerhalb eines Monats vom Tag des Eingangs des Antrages an zu treffen ist. [2]Wird innerhalb dieser Frist eine Entscheidung nicht getroffen, gilt die Zustimmung als erteilt. [3]Die Absätze 3 und 4 gelten entsprechend.

Übersicht

A. Entscheidung

1 Das Integrationsamt kann die Zustimmung nach seinem pflichtgemäßen Ermessen entweder erteilen oder versagen. Zur Ermessensausübung → § 168 Rn. 69 f. Wie nach früherem Recht wird die Erteilung der Zustimmung fiktiv angenommen, wenn der Antrag zugestellt war und nicht innerhalb eines Monats (früher von vierzehn Tagen) abgelehnt wird. Das gilt aber nur für § 172 Abs. 1 S. 1 und Abs. 3, außerdem für den Fall der außerordentlichen Kündigung (§ 174 Abs. 3), da hier besondere Beschleunigung notwendig ist. Abs. 5 wurde angefügt durch G v. 23.4.2004 (BGBl. I 606) mit Wirkung ab 1.5.2004, um zu mehr Rechtssicherheit und einer Verfahrensbeschleunigung zu führen (BT-Drs. 15/1783, 16 zu Nr. 21).

2 Die Entscheidung ist ein öffentlich-rechtlicher Verwaltungsakt. Dieser muss schriftlich ergehen, da er dem Arbeitgeber und dem sbM zuzustellen ist (Abs. 2). Als schriftlicher Verwaltungsakt ist die Entscheidung zu begründen (§ 35 Abs. 1 SGB X). Außerdem muss er mit einer Rechtsmittelbelehrung über die Möglichkeit, Form und Frist des Widerspruchs nach §§ 201, 202 versehen sein (§ 36 SGB X). Die Zustellung muss förmlich erfolgen und richtet sich nach Landesrecht, da die Integrationsämter Landesbehörden sind. Die Zustellungsgesetze sind aufgeführt → 11. Aufl. § 77 Rn. 23.

B. Entscheidung in einem Monat

3 Nach heutigem Recht soll das Integrationsamt seine Entscheidung **innerhalb von einem Monat** nach Eingang des Antrags auf Zustimmung fällen. Bei Stilllegung und Insolvenz (§ 172 Abs. 1 S. 1, Abs. 3) tritt die Fiktion des Abs. 5 ein, wenn nicht in dieser Frist entschieden wird. Trotz der im Interesse des Arbeitgebers auch sonst gebotenen Beschleunigung wird die Einhaltung der Frist nicht immer möglich sein. Eine sachlich gebotene Überschreitung der Monatsfrist ist ohne Rechtsfolgen, eine nicht gerechtfertigte Verzögerung kann uU zu Schadensersatzansprüchen gegen das Integrationsamt gem. § 839 BGB/Art. 34 GG führen (Deinert/Welti/Braasch § 105 Rn. 124; ErfK/Rolfs § 171 Rn. 1 (Untätigkeitsklage!); KR/Gallner §§ 168, 173 Rn. 88; LPK-SGB IX/Düwell § 171 Rn. 7). Ein nach Ablauf der Frist erteilter Bescheid kann wegen der Fristüberschreitung allein noch nicht wirksam angefochten werden (BVerwG 9.12.1964 – V C 94.63, AP SchwBeschG § 18 Nr. 5). Wenn binnen 3 Monaten keine Entscheidung ergeht, kann Untätigkeitsklage nach §§ 42, 75 VerwGO erhoben werden.

4 Durch eine Verzögerung der Entscheidung entsteht dem sbM auf keinen Fall ein Rechtsnachteil. Da die Kündigung stets erst nach erteilter Zustimmung ausgesprochen werden darf, beginnt die Kündigungsfrist mit mindestens vier Wochen (§ 169) erst nach der Zustimmung. Der sbM kann sich also stets die volle Kündigungsfrist über auf die neue Lage einstellen, eine andere Stelle suchen und hat wenigstens die Kündigungsfrist für seine Überlegungen. Auf der anderen Seite soll er nicht beliebig lange nach der Zustimmung warten müssen; deshalb kann die Kündigung nur innerhalb eines Monats nach der Zustimmung ausgesprochen werden (Abs. 3). Da es jedoch in der Hand des Integrationsamts liegt, die Zustimmung zu versagen, kann sie den Arbeitgeber veranlassen, sich mit einer längeren Frist bis zur Entlassung im Vertragswege einverstanden zu erklären und die Zustimmung nur unter dieser Bedingung erteilen (str.; → § 158 Rn. 73). Dann steht dem sbM eine noch längere Zeit nach Erklärung der Kündigung zur Verfügung.

5 Erteilt erst der Widerspruchsausschuss die Zustimmung erstmalig, gilt dafür dasselbe, dh auch nach erstmaliger Zustimmung im Rechtsmittelverfahren kann die Kündigung

erst nachträglich wirksam ausgesprochen werden, so dass von da an dem sbM stets noch die volle Kündigungsfrist bleibt. Das gilt auch für ein späteres gerichtliches Verfahren.

Die mündliche Verhandlung soll falls erforderlich stattfinden. Mündliche Verhandlung bedeutet, dass das Integrationsamt Arbeitgeber als Antragsteller und sbM als Betroffenen zu einer mündlichen Erörterung lädt. Dazu können, müssen aber nicht, auch Vertreter der Bundesagentur für Arbeit, der Betriebsrat und die Schwerbehindertenvertretung geladen werden. Die Anhörung des sbM nach § 170 Abs. 2 kann damit sogleich verbunden sein, außerdem die Stellungnahme nach dieser Vorschrift. Die mündliche Verhandlung ist keine gerichtliche Verhandlung im technischen Sinn einer streitigen Verhandlung sondern nur eine Erörterung. Ein Zwang zum Erscheinen besteht nicht. Die mündliche Erörterung kann vor allem dazu genutzt werden, nach § 170 Abs. 3 auf eine gütliche Einigung hinzuwirken. Sie dient aber gleichzeitig auch der Aufklärung des Sachverhalts, so dass ggf. auch Beweismittel eingesehen und erörtert oder Zeugen gehört werden können. Bevollmächtigte sind nach § 13 SGB X zuzulassen. Wann eine mündliche Verhandlung für erforderlich gehalten wird, liegt im Rahmen des pflichtgemäßen Ermessens des Integrationsamt. Schon streitige und kontroverse Darstellungen sowie eine entsprechende Anregung von Arbeitgeber, sbM, Betriebsrat oder Schwerbehindertenvertretung werden Veranlassung sein, eine mündliche Verhandlung anzuberaumen. Das soll kurzfristig geschehen, weil die Frist von einem Monat trotzdem einzuhalten ist. Damit kann die mündliche Verhandlung vor allem einer Abkürzung des Verfahrens vor dem Integrationsamt und der schnellen Entscheidung über den Antrag dienen. Die Anfertigung eines Protokolls oder eines schriftlichen Vermerks über die Anhörung ist nicht vorgeschrieben (BVerwG 1.7.1993 – 5 B 73.93, Buchholz 436.61 § 17 SchwbG Nr. 3), ist aber zu empfehlen, vor allem wenn eine Einigung erzielt wird (→ § 170 Rn. 22). Sofern unklar ist, ob ein Grad der Behinderung von 50 überhaupt vorliegt, braucht nicht bis zur Entscheidung darüber gewartet zu werden, sondern kann die Entscheidung unter Einbehaltung der Frist unter der Bedingung ergehen, dass die Voraussetzungen eines sbM vorliegen (§ 32 Abs. 2 Nr. 2 SGB X; BVerwG 15.12.1998 – 5 C 67/85, BVerwGE 81, 84). 6

C. Zustellung und Übersendung

Da die Entscheidung über die Zustimmung sowohl für den sbM als auch für den Arbeitgeber von erheblicher tatsächlicher und rechtlicher Bedeutung ist, muss sie beiden Parteien **zugestellt** werden. Daraus ergibt sich auch das Notwendigkeit, die Entscheidung schriftlich niederzulegen. Unterlässt das Integrationsamt die Zustellung, so ist seine Entscheidung rechtlich irrelevant (ArbG Heilbronn 17.9.1984 – 4 Ca 408/84, NZA 1985, 364). Die Zustellung kann durch die Post mit Postzustellungsurkunde, durch eingeschriebenen Brief, durch die Behörde gegen Empfangsbekenntnis, durch die Behörde mittels Vorlegens der Urschrift erfolgen (vgl. § 37 SGB X, §§ 1–6 Verwaltungszustellungsgesetz v. 3.7.1952, BGBl. I 379 – BGBl. III 201-3). Da die Integrationsämter Landesbehörden sind, kommt hier Landesrecht zur Anwendung (→ § 160 Rn. 23; § 65 SGB X). Kenntnisnahme von der Entscheidung des Integrationsamts auf andere Weise reicht zur Wirksamkeit nicht aus. Erfährt der sbM also etwa nur durch den Arbeitgeber von der Zustimmung, wird diese damit noch nicht wirksam. Überwiegend wird dazu zwar inzwischen infolge der Entscheidungen des BAG 17.2.1982 – 7 AZR 846/79, AP SchwbG § 15 Nr. 1; 16.10.1991 – 2 AZR 332/91, AP SchwbG 1986 § 18 Nr. 1) die Auffassung vertreten, dass es für die Wirksamkeit allein auf die Zustellung an den Arbeitgeber ankomme (KR/Gallner §§ 168–173 Rn. 114). Dabei wird aber nicht berücksichtigt, dass der eindeutige Wortlaut von § 171 Abs. 2 die Zustellung an Arbeitgeber und sbM vorschreibt und damit Wirksamkeitsvoraussetzung ist (Deinert/Welti/Braasch 7

§ 105 Rn. 130 f.; Feldes/Kohte/Stevens-Bartol/Schmitz § 171 Rn. 18 f.; LPK-SGB IX/ Düwell § 171 Rn. 13; Corts/Hege SAE 1982, 8). Nur für die Frage, wann der Arbeitgeber kündigen kann und ab wann die Frist von einem Monat läuft, kommt es allein auf die Zustellung an den Arbeitgeber an. Die Zustellung an den sbM kann später erfolgen (→ Rn. 10), bleibt aber Wirksamkeitsvoraussetzung. Auch die mit dem klaren Gesetzeswortlaut nicht vereinbare Gegenauffassung führt zu praktischen Schwierigkeiten, weil der sbM dann noch wegen fehlender Zustellung und Rechtsmittelbelehrung die Zustimmung anfechten könnte.

8 Schon die fehlende Zustellung an den Arbeitgeber oder an den sbM führt zur Unwirksamkeit der Entscheidung. Dagegen ist es für die Wirksamkeit unschädlich, ob die Bundesagentur für Arbeit die Abschrift erhält oder nicht; dabei handelt es sich um eine verwaltungsinterne Maßnahme zur Unterrichtung der Bundesanstalt für Arbeit, die die Wirksamkeit der Entscheidung des Integrationsamts nicht berührt. Soweit die Zustellung fehlerhaft ist, kommt es darauf an, ob sie die Erfordernisse einer Bekanntgabe erfüllt (BVerwG 23.7.1965 – VII C 175/64, BVerwGE 22, 14). In diesem Fall kann sie einer Zustellung gleichstehen (VG Köln 27.8.1980 – 5 K 1672/80). Andernfalls steht eine fehlerhafte Zustellung der fehlenden Zustellung gleich, vor allem dann, wenn eine ordnungsgemäße Zustellung noch erwartet werden konnte.

D. Frist für Kündigung

9 Die Zustimmung wird stets auf Grund der von dem Integrationsamt geprüften Umstände ggf. nach Maßgabe des § 172 erteilt, so dass die Erlaubnis zur Kündigung nicht beliebig lange eine auf Grund der Zustimmung auszusprechende Kündigung rechtfertigen kann. Deshalb ist seit 1974 Abs. 3 neu eingefügt, nach dem die Kündigung nur innerhalb eines Monats nach Zustellung erklärt werden kann. Damit soll der einmal festgestellte Sachverhalt auch noch Grundlage der Kündigung bilden und der Gefahr vorgebeugt werden, dass sich die Verhältnisse bis zum Ausspruch der Kündigung wieder verändern. Auch soll der sbM, dem die Zustimmung nach Abs. 2 auch zuzustellen ist, nicht im Ungewissen darüber gelassen werden, ob es zur Kündigung kommt. War der Betriebs- oder Personalrat vor Einleitung des Zustimmungsverfahrens oder während des Verfahrens zur Kündigung vom Arbeitgeber gehört worden, braucht er nicht nochmals nach Zustimmung des Integrationsamts besonders gehört zu werden (BAG 5.9.1979 – 4 AZR 875/77, AP SchwbG § 12 Nr. 6; 3.7.1980 – 2 AZR 340/78, AP SchwbG § 18 Nr. 2; 1.4.1981 – 7 AZR 1003/78, AP BetrVG 1972 § 102 Nr. 23; 18.8.1982 – 7 AZR 437/80, AP BetrVG 1972 § 102 Nr. 24; 18.5.1994 – 2 AZR 626/93, AP SchwbG 1986 § 21 Nr. 5; 24.11.2011 – 2 AZR 429/10, AP SGB IX § 85 Nr. 10). Die Anhörung muss aber ordnungsgemäß gewesen sein; hat sich der Sachverhalt geändert, bedarf es einer erneuten Anhörung (BAG 22.9.2016 – 2 AZR 700/15, NZA 2017, 304).

10 Maßgeblich für den Beginn der Frist ist die Zustellung der Zustimmung. Es kommt allein auf die Zustellung an den Arbeitgeber an, da dieser die Kündigung auszusprechen hat und er den Zeitpunkt der Zustellung an den sbM nicht kennt. Es ist daher unmaßgeblich, ob die Zustimmung an den sbM vorher, gleichzeitig oder später erfolgt; der Arbeitgeber muss sich nach der Zustellung richten, die an ihn erfolgt (BAG 17.2.1982 – 7 AZR 846/79, AP SchwbG § 15 Nr. 1). Die Zustellung an den sbM ist zwar Voraussetzung die Wirksamkeit der Zustimmung (→ Rn. 7), der Zeitpunkt der Zustellung ist dafür aber nicht erheblich. Vor der Zustellung an ihn darf der Arbeitgeber die Kündigung nicht aussprechen, da die Zustellung Wirksamkeitsvoraussetzung ist (BAG 15.11.1990 – 2 AZR 255/90, AP SchwbG 1986 § 21 Nr. 6; 16.10.1991 – 2 AZR 332/ 91, AP SchwbG 1986 § 18 Nr. 1; LAG Köln 20.3.1990 – 11 Sa 1291/89, NZA 1990, 746; KR/Gallner §§ 168–173 Rn. 114; LPK-SGB IX/Düwell § 88 Rn. 31; aA für den

Fall einer vorherigen formlosen Mitteilung bei außerordentlicher Kündigung nach § 174 BAG 15.11.1990 – 2 AZR 255/90, AP SchwbG 1986 § 21 Nr. 6; LAG Kiel 22.2.1985 – 3 Sa 136/84, DB 1985, 1648; LAG Düsseldorf 29.1.2004 – 5 Sa 1588/03, DB 2004, 1108). Liegt aber eine schriftliche Entscheidung des Integrationsamts schon vor und fehlt es nur noch an der Ausführung der Zustellung, kann eine Kündigung schon auf Grund einer mündlichen Vorabmitteilung ergehen (LPK-SGB IX/Düwell § 171 Rn. 31), die Monatsfrist beginnt aber auch dann erst mit der Zustellung ist in Abs. 3 von der Erteilung der Zustimmung durch das Integrationsamt die Rede; dasselbe gilt aber, wenn die Zustimmung erst im Rechtsmittelverfahren, also etwa vom Widerspruchsausschuss erstmalig erteilt wird. Auch dann ist die Kündigung binnen eines Monats nach Zustellung des Bescheids an den Arbeitgeber auszusprechen (BAG 16.10.1991 – 2 AZR 332/91, AP SchwbG 1986 § 18 Nr. 1; KR/Gallner §§ 168–173 Rn. 143), die Monatsfrist beginnt aber auch dann erst mit der Zustellung.

Zwar ist in Abs. 3 von der Erteilung der Zustimmung durch das Integrationsamt die Rede; dasselbe gilt aber, wenn die Zustimmung erst im Rechtsmittelverfahren, also etwa vom Widerspruchsausschuss erstmalig erteilt wird. Auch dann ist die Kündigung binnen eines Monats nach Zustellung des Bescheides an den Arbeitgeber auszusprechen (BAG 16.10.1991 – 2 AZR 332/91, AOP SchwbG 1986 § 18 Nr. 1; KR/Gallner §§ 168–173 Rn. 144). 11

Die Monatsfrist berechnet sich nach § 187 Abs. 1, § 188 Abs. 2, 3 BGB. Der Tag der Zustellung der Zustimmung an den Arbeitgeber wird also nicht mitgerechnet. Die Frist endet mit dem Tage, der dem Tag der Zustellung entspricht. Geht also die Zustimmung am 18.1. zu, läuft die Frist, bis zu der die Kündigung zulässig ist, am 18.2. ab. Fehlt in dem Monat des Ablaufs der dem Tag der Zustellung entsprechende Tag, endet die Frist schon mit Ablauf des letzten Tages des Monats. Wenn also die Zustellung am 31.5. erfolgt, endet die Frist schon mit Ablauf des 30.6. Durch eine Insolvenz wird die Frist nicht unterbrochen, sondern läuft weiter (LAG Düsseldorf 3.3.1982 – 5 Sa 1532/81, ZIP 1982, 737). Die Monatsfrist ist eine Ausschlussfrist, gegen deren Versäumung eine Wiedereinsetzung in den vorigen Stand nach prozessualen Grundsätzen nicht in Betracht kommt (KR/Gallner §§ 168–173 Rn. 143; LPK-SGB IX/Düwell § 171 Rn. 30). 12

Ist der letzte Tag der Frist ein Sonn- oder Feiertag, so läuft die Frist erst an dem folgenden Werktag ab (§ 193 BGB). Das gilt ausdrücklich für den Fall, dass „innerhalb einer Frist eine Willenserklärung abzugeben" ist, so dass die Vorschrift, die Kündigung (einseitige Willenserklärung) innerhalb eines Monats (Frist) abzugeben, unmittelbar unter diese Verlängerungsvorschrift fällt. Auch wenn die Zustimmung, die den Fristbeginn auslöst, ein Verwaltungsakt ist, gilt trotzdem für die gesetzlich vorgeschriebene Frist die bürgerlich-rechtliche Bestimmung des BGB für die Frist zur Kündigung als privatrechtliche Erklärung. 13

Innerhalb dieser Frist ist die Kündigung zu „erklären". Im Gegensatz zu den Vorschriften über die Kündigung von Arbeitsverhältnissen (§§ 622, 626 BGB) bestimmt Abs. 3 nicht, dass der Arbeitgeber in der Monatsfrist „kündigen" muss oder das Arbeitsverhältnis nur in dieser Frist „gekündigt werden" kann, sondern bestimmt, dass der Arbeitgeber nur in dieser Frist die Kündigung „erklären" kann. Daraus könnte man entnehmen, dass hier nicht die Kündigung als solche, sondern die Kündigungserklärung als Ausspruch der Kündigung gemeint sein könnte. Auf der anderen Seite versteht man sonst im Sprachgebrauch unter Erklärung der Kündigung Art und Weise der Kündigung, also Form, Deutlichkeit und Ausspruch durch den Berechtigten. Trotzdem kann man nicht annehmen, dass nur der Ausspruch zulässig sein soll und etwa eine schriftliche Kündigung binnen der Frist nur abgesandt zu werden brauchte, um ohne Rücksicht auf den Zugang noch rechtzeitig binnen der Frist wirksam zu erfolgen. Vielmehr muss berücksichtigt werden, dass auch der sbM innerhalb der Frist wissen soll, ob von der Erlaubnis zur Kündigung Gebrauch gemacht wurde. Deshalb ist der Abs. 3 trotz der missverständlichen Wendung so zu lesen, dass binnen der Frist gekündigt werden muss. 14

Das bedeutet aber, dass die Kündigung innerhalb der Frist eines Monats zugehen muss. Nur dann wird die Kündigung als einseitige, zugangsbedürftige Willenserklärung rechtzeitig wirksam. Nur dem sbM persönlich kann deshalb am letzten Tag die Kündigung noch rechtzeitig ausgehändigt werden, sonst ist für Zugang innerhalb der Frist Sorge zu tragen (KR/Gallner §§ 18–173 Rn. 144; LPK-SGB IX/Düwell § 171 Rn. 31). Innerhalb dieser Frist von einem Monat sind auch die Mitwirkungsrechte des Betriebs- oder Personalrates einzuhalten, die durch die Anhörung beim Integrationsamt nicht ersetzt werden (→ § 168 Rn. 16). Der Betriebs- oder Personalrat kann jedoch vor Einholung der Zustimmung, während des Zustimmungsverfahrens oder nach erteilter Zustimmung angehört werden (→ § 168 Rn. 16).

E. Keine aufschiebende Wirkung

15 Jede Zustimmung des Integrationsamts zur ordentlichen und außerordentlichen Kündigung wird sofort wirksam. Die Regierungsbegründung führte dazu aus, dass sie der Klarstellung dient und der bisherigen Rspr. entspricht (BT-Drs. 10/3138, 21). Die Rspr. hatte schon immer entschieden, dass maßgeblich auch eine nicht rechtskräftige oder angefochtene Zustimmung sei (BAG 17.2.1982 – 7 AZR 846/79, AP SchwbG § 15 Nr. 1). Durch die Klarstellung wird das bestätigt und festgelegt, dass jede Zustimmung des Integrationsamtes zu einer ordentlichen wie außerordentlichen Kündigung keine aufschiebende Wirkung hat.

16 Diese Vorschrift gilt nicht nur für die Zustimmung durch das Integrationsamt, sondern auch für jede andere erstmals erteilte Zustimmung. Wird die Zustimmung zu einer ordentlichen oder außerordentlichen Kündigung durch das Integrationsamt abgelehnt und dann im Widerspruchsverfahren durch den Widerspruchsausschuss erteilt, ist diese Zustimmung maßgeblich und hat eine Klage gegen den Entscheid des Widerspruchsausschusses keine aufschiebende Wirkung. Dasselbe gilt, wenn die Zustimmung erstmals durch das Verwaltungsgericht erteilt wird und hiergegen Berufung eingelegt wird. Die aufschiebende Wirkung jedes Rechtsmittels ist für eine einmal erteilte Zustimmung aufgehoben und gilt trotz des Wortlautes in § 171 Abs. 4, der sich nur auf eine Zustimmung „des Integrationsamtes" bezieht, für jede erstmals erteilte Zustimmung. Der Ausschluss der aufschiebenden Wirkung durch § 171 Abs. 4 schließt zwar eine gerichtliche Anordnung der aufschiebenden Wirkung nach § 80 Abs. 5 VerwGO iVm § 80a Abs. 3 VerwGO nicht aus. Ein Rechtsschutzbedürfnis besteht aber dafür in der Regel nicht, weil die Kündigung nach erteilter Zustimmung binnen eines Monats ausgesprochen werden muss (OVG NRW 16.11.1976 – VIII B 1029/76, br 1978, 13; 29.12.2003 – 12 B 957/03, BeckRS 2006, 21076; VGH BW 31.1.1984, 6 S 12/84, BeckRS 2012, 53477, 10.1.2012 – 12 S 3214/11 NZA-RR 2012, 494; BAG 17.2.1982 – 7 AZR 846/79, AP SchwbG § 15 Nr. 1; VG Hannover 7.5.2008 – 3 B 1777/08, BeckRS 2008, 35823; VG Aachen 2.6.2003 – 2 L 523/03, br 2003, 194; VG Göttingen 18.12.2008 – 2 B 236/08, BeckRS 2009, 30157; weitergehend, aber ohne Berücksichtigung von § 171 Abs. 4 HmbOVG 11.2.1997 – Bs IV 312/96, br 1997, 139; SächsOVG 25.8.2003 – 5 BS 107/03, br 2004, 81; OVG Bbg 17.10.2003 – 4 B 59/03 wegen eines Anspruchs auf Weiterbeschäftigung).

17 Ist damit jede erstmals erteilte Zustimmung wirksam, muss die Kündigung innerhalb eines Monats nach Zustellung der Zustimmung nach Abs. 3 ausgesprochen werden. Widerspruchsverfahren und Anfechtungsklage haben keinen Einfluss auf den Lauf der Monatsfrist des § 171 Abs. 3. Damit beginnt auch die Kündigungsfrist, insbes. auch die Kündigungsfrist des § 169 mit dem innerhalb des Monats erforderlichen Ausspruch der Kündigung und endet dann ggf. während des Widerspruchs und Anfechtungsverfahrens. Wird dem Widerspruch oder einer Anfechtungsklage stattgegeben, ergibt sich daraus nachträglich die Unwirksamkeit der Kündigung. Wird die Zustimmung aber im Rechts-

mittelverfahren bestätigt, dann wirkt die Rechtskraft auf den Zeitpunkt der Erteilung der Zustimmung zurück und wird die daraufhin ausgesprochene Kündigung uU für einen in der Vergangenheit zurückliegenden Zeitpunkt wirksam.

F. Fiktion

Seit 1.5.2004 gilt nach Abs. 5, dass im Falle der Betriebsstilllegung nach § 172 Abs. 1 S. 1 und der Insolvenz nach § 172 Abs. 3 die Zustimmung fingiert wird, wenn sie nicht binnen eines Monats nach Abs. 1 ergeht. Damit soll das Verfahren beschleunigt und den Interessen der Arbeitgeber an einer kurzfristigen Klärung der öffentlich-rechtlichen Wirksamkeitsvoraussetzungen für eine Kündigung Rechnung getragen werden (BT-Drs. 15/1753, 16). Die Fiktion nach S. 2 bedeutet eine völlige Gleichstellung mit einer Entscheidung, so dass auch die Fiktion mit Widerspruch und ggf. Klage angegriffen werden kann wie eine Entscheidung selbst. Die Geltung des Abs. 3 u. 4 bedeutet auch insoweit eine Gleichstellung mit der Entscheidung, als dann binnen eines Monats nach Eintritt der Fiktion die Kündigung zugegangen sein muss und ein Widerspruch keine aufschiebende Wirkung hat (BT-Drs. 15/1753, 16; Cramer NZA 2004, 704; ErfK/Rolfs § 171 Rn. 5; LPK-SGB IX/Düwell § 171 Rn. 32). Eine ursprünglich beabsichtigte weitergehende Regelung, dass die Fiktion in allen Fällen des § 172 gelten sollte, wurde auf Anmahnung des Bundesrates fallen gelassen, da mit dem Verfahren nach § 172 Abs. 2 zu umfangreiche Aufklärungen notwendig seien (BT-Drs. 15/2318, 16; 15/2357, 10, 24). 18

Auch gegen den Eintritt der Fiktion ist Rechtsmittel, dh Widerspruch beim Widerspruchsausschuss als auch Klage zulässig (BAG 12.5.2005 – 2 AZR 159/04, AP SGB IX § 91 Nr. 5; 2.3.2006 – 2 AZR 46/05, AP SGB IX § 91 Nr. 6; 19.6.2007 – 2 AZR 226/06, AP SGB IX § 91 Nr. 8; 19.4.2012 – 2 AZR 118/11, AP SGB IX § 91 Nr. 9; 22.10.2015 – 2 AZR 381/14, AP BGB § 626 Unkündbarkeit Nr. 12; BVerwG 10.9.1992 – 5 C 39/88, BVerwGE 91, 7; 12.7.2012 – 5 C 16/11, BVerwGE 143, 325; vgl. auch BT-Drs. 15/1783, 16 zu Nr. 21; → § 174 Rn. 30). 19

§ 172 Einschränkungen der Ermessensentscheidung

(1) [1]Das Integrationsamt erteilt die Zustimmung bei Kündigungen in Betrieben und Dienststellen, die nicht nur vorübergehend eingestellt oder aufgelöst werden, wenn zwischen dem Tag der Kündigung und dem Tag, bis zu dem Gehalt oder Lohn gezahlt wird, mindestens drei Monate liegen. [2]Unter der gleichen Voraussetzung soll es die Zustimmung auch bei Kündigungen in Betrieben und Dienststellen erteilen, die nicht nur vorübergehend wesentlich eingeschränkt werden, wenn die Gesamtzahl der weiterhin beschäftigten schwerbehinderten Menschen zur Erfüllung der Beschäftigungspflicht nach § 154 ausreicht. [3]Die Sätze 1 und 2 gelten nicht, wenn eine Weiterbeschäftigung auf einem anderen Arbeitsplatz desselben Betriebes oder derselben Dienststelle oder auf einem freien Arbeitsplatz in einem anderen Betrieb oder einer anderen Dienststelle desselben Arbeitgebers mit Einverständnis des schwerbehinderten Menschen möglich und für den Arbeitgeber zumutbar ist.

(2) Das Integrationsamt soll die Zustimmung erteilen, wenn dem schwerbehinderten Menschen ein anderer angemessener und zumutbarer Arbeitsplatz gesichert ist.

(3) Ist das Insolvenzverfahren über das Vermögen des Arbeitgebers eröffnet, soll das Integrationsamt die Zustimmung erteilen, wenn

1. **der schwerbehinderte Mensch in einem Interessenausgleich namentlich als einer der zu entlassenden Arbeitnehmer bezeichnet ist (§ 125 der Insolvenzordnung),**
2. **die Schwerbehindertenvertretung beim Zustandekommen des Interessenausgleichs gemäß § 178 Absatz 2 beteiligt worden ist,**

3. der Anteil der nach dem Interessenausgleich zu entlassenden schwerbehinderten Menschen an der Zahl der beschäftigten schwerbehinderten Menschen nicht größer ist als der Anteil der zu entlassenden übrigen Arbeitnehmer an der Zahl der beschäftigten übrigen Arbeitnehmer und
4. die Gesamtzahl der schwerbehinderten Menschen, die nach dem Interessenausgleich bei dem Arbeitgeber verbleiben sollen, zur Erfüllung der Beschäftigungspflicht nach § 154 ausreicht.

Übersicht

A. Grundsätzliches

1 Der Kündigungsschutz soll dem sbM seinen Arbeitsplatz erhalten. Die Bindung an den sbM darf jedoch für die Verwaltungen und Betriebe nicht zu einer unerträglichen und unzumutbaren Belastung werden. Das G nimmt daher in einer Reihe von Fällen die sbM von dem besonderen Kündigungsschutz des Teil 3 überhaupt aus (§ 173), in anderen muss oder soll das Integrationsamt, wenn die iE festgelegten Voraussetzungen gegeben sind, die Zustimmung erteilen (§ 172). Der Unterschied liegt darin, dass der sbM, auf den die Voraussetzungen des § 172 zutreffen, nur mit Zustimmung des Integrationsamts und der Frist des § 169 gekündigt werden kann, auch wenn das Integrationsamt die Zustimmung erteilen muss, während der Arbeitgeber einen sbM unter der Voraussetzung des § 173 ohne Zustimmung des Integrationsamts und ohne Einhaltung der Mindestkündigungsfrist rechtsgültig kündigen kann. Die Einschränkung durch Abs. 1 S. 3 wurde 1986 eingeführt. In Anlehnung an § 1 Abs. 2 KSchG soll im Interesse der Erhaltung eines Arbeitsplatzes auch von dem Integrationsamt (von Amts wegen) die Möglichkeit zur Unterbringung in einem anderen Betrieb oder sonst auf einem anderen Arbeitsplatz geprüft werden (BT-Drs. 10/3138, 21). Die Insolvenzordnung v. 5.10.1994 (BGBl. I 2866) hat mit Art. 97 des Gesetzes den damaligen § 89 Abs. 3 angefügt. Diese Vorschrift trat mit der InsO am 1.1.1999 in Kraft, war aber ab 1.10.1996 schon zu berücksichtigen (Neumann/Pahlen, 9. Aufl. 1999, SchwbG § 19 Rn. 32) und ist jetzt § 172 Abs. 3 geworden.

2 Im Normalfall ist es in das freie, pflichtgemäße Ermessen des Integrationsamts gestellt, ob es dem Antrag des Arbeitgebers nachkommt oder die Zustimmung versagt (BVerwGE 8, 46; 18, 216; 29, 140; 39, 36; 143, 325; zuletzt 22.5.2013 – 5 B 24/13, BeckRS 2013, 51619; 19.8.2013 – 5 B 47/13, BeckRS 2013, 56082; bestätigt 28.9.2017 – 5 C 13.16, BeckRS 2017, 139143 Rn. 20 → § 168 Rn. 70 mit weiteren Angaben). Der § 172 schränkt demgegenüber den Ermessenspielraum des Integrationsamts erheblich ein. Wird ein Betrieb oder eine Dienststelle eingestellt oder aufgelöst und wird dem sbM noch für eine Zeit von drei Monaten nach dem Tag der Kündigung Arbeitsentgelt gezahlt (§ 172 Abs. 1 S. 1), so muss das Integrationsamt die Zustimmung erteilen; es kann keine andere Entscheidung treffen. Seine Feststellungen haben sich darauf zu beschränken, ob die vom G geforderten Voraussetzungen und keine der Ausnahmen nach S. 3 vorliegen.

Ergeht binnen eines Monats nach Antragstellung keine Entscheidung, wird die Zustimmung nach § 171 Abs. 5 als gegeben fingiert.

In den Fällen des § 172 Abs. 1 S. 2, Abs. 2, 3 soll das Integrationsamt die Zustimmung erteilen. Seine Entscheidungsbefugnis geht hier weiter. Es hat zunächst festzustellen, ob die gesetzlichen Voraussetzungen erfüllt sind, keine Ausnahme nach Abs. 1 S. 3 vorliegt und entscheidet dann, ob es die Zustimmung erteilt oder versagt. Der Ermessensspielraum ist aber gering. Wenn gesagt ist, dass die Zustimmung erteilt werden soll, so bedeutet dies, dass das Integrationsamt nur in begründeten Ausnahmefällen die Zustimmung versagen kann. Es muss die Zustimmung im Normalfall erteilen, eine Abweichung ist nur aus sachlichen, im Einzelfall zwingenden Gründen von dieser Regel möglich. Eine Entscheidung nach freiem Ermessen wäre eine Überschreitung des ihm gesetzlich zuerkannten Ermessensraumes. Das BVerwG drückt das so aus, dass im Regelfall das Soll ein Muss bedeutet und nur bei Vorliegen von Umständen, die den Fall atypisch erscheinen lassen, die Entscheidung nach pflichtgemäßem Ermessen vorzunehmen ist (BVerwG 29.6.1961 – VI C 137/58, BVerwGE 12, 284; 15.12.1964 – VI C 9/62, BVerwGE 20, 117; 17.8.1978 – 5 C 33/77, BVerwGE 56, 220; 14.1.1982 – 5 C 70/80, BVerwGE 64, 318; 17.9.1987 – 5 C 26/84, BVerwGE 78, 101; 2.7.1992 – 5 C 39.90, BVerwGE 90, 275; 10.9.1992 – 5 C 39/88, BVerwGE 91, 7; 6.3.1995 – 5 B 59.94, Buchholz 436.61 § 19 SchwbG Nr. 1 = BeckRS 1995, 31369610; 19.8.2013 – 5 B 47/13, BeckRs 2013, 56082; bestätigt 28.9.2017 – 5 C 13.16, BeckRS 2017, 139143 Rn. 20; BayVGH 19.12.2006 – 9 BV 06.1431, BeckRS 2006, 16175; HmbOVG 10.12.2014 – 4 Bf 159/12, NZA-RR 2015, 194 (Ls.) = BeckRS 2015, 41102). 3

Das Integrationsamt braucht die besonderen Gründe des § 172 bei seiner Entscheidung nur zu berücksichtigen, wenn der Arbeitgeber sich auf sie beruft, da nur bekannte Voraussetzungen bei der Entscheidung zu berücksichtigen sind. Die Pflicht zu einer Berücksichtigung von Amts wegen besteht nicht, da eine Ermittlungspflicht für diese Voraussetzungen nicht vorgeschrieben ist. Hat das Integrationsamt die Zustimmung erteilt, so ist sie nicht widerrufbar, so lange nicht die Voraussetzungen von §§ 45, 47 SGB X vorliegen, sie also zB erschlichen wurde (→ § 168 Rn. 75). 4

Gegen die Entscheidung des Integrationsamts kann der Arbeitgeber und der sbM **Widerspruch** (§ 201) beim Widerspruchsausschuss des Integrationsamts (§ 202) einlegen. In der ggf. nachfolgenden Klage im Verwaltungsrechtswege kann die Entscheidung daraufhin überprüft werden, ob sie rechtswidrig ist oder ob ihr ein Ermessensfehler zugrunde liegt. Die Verwaltungsgerichte sind nicht befugt, Ermessensentscheidungen auf ihre Zweckmäßigkeit zu überprüfen. Ausnahme sind die unbestimmten Rechtsbegriffe. Sie auf einen konkreten Gehalt zu fixieren, ist keine Betätigung des Ermessens, sondern Rechtsanwendung. Unbestimmte Begriffe, deren richtige Auslegung das Verwaltungsgericht nachprüfen kann, sind die Begriffe wesentliche Einschränkung (§ 172 Abs. 1 S. 2), die Zumutbarkeit und Möglichkeit anderen Einsatzes (§ 172 Abs. 1 S. 3), die Angemessenheit des Arbeitsplatzes und die Zumutbarkeit des Arbeitsplatzes (§ 172 Abs. 2) und die Frage, ob ein atypischer Fall vorliegt, der dazu führt, dass nicht nach der Sollvorschrift, sondern nach pflichtgemäßem Ermessen zu entscheiden ist (BVerwG 2.7.1992 – 5 C 39.90, BVerwGE 90, 275; 10.9.1992 – 5 C 39/88, BVerwGE 91, 7). Für die ordentlichen Gerichte sind die Entscheidungen des Integrationsamts und des Widerspruchsausschusses in jedem Fall bindend, auch wenn zB im Fall des § 172 Abs. 1 S. 1 die Zustimmung widerrechtlich versagt sein sollte. 5

B. Einstellung und Einschränkung von Betrieben und Dienststellen

§ 172 Abs. 1 umfasst zwei Tatbestände: 1. Die Einstellung oder Auflösung von Betrieben und Dienststellen, 2. die wesentliche Einschränkung von Betrieben oder Dienststel- 6 len. In beiden Fällen handelt es sich nicht um eine Verringerung der betriebstechnischen, der sächlichen Mittel, sondern um die hiermit meist in Zusammenhang stehende Notwendigkeit der Verringerung der Zahl der Arbeitnehmer des Betriebes oder der Dienststelle. Wenn man davon ausgeht, dass der Arbeitgeber zu entscheiden und verantworten hat, ob er seinen Betrieb einschränken oder gar einstellen will, so kann in diesem Fall der Kündigungsschutz nach sämtlichen gesetzlichen Bestimmungen nicht oder nicht voll zum Zuge kommen (vgl. § 15 Abs. 3 KSchG). Das gilt auch für die sbM. In privaten Betrieben mit über zwanzig Arbeitnehmern hat der Betriebsrat bei Einschränkung und Stilllegung des gesamten Betriebs oder von wesentlichen Betriebsteilen ein wirtschaftliches Mitbestimmungsrecht (§ 111 Ziff. 1 BetrVG).

1. Stilllegung

7 Die **nicht nur vorübergehende Einstellung des Betriebes** deckt sich mit der Betriebsstilllegung iSd § 15 Abs. 3 KSchG und § 111 Ziff. 1 BetrVG. Der Begriff ist zwar gesetzlich nicht definiert, jedoch durch Lit. und Rspr. eindeutig geklärt (MHdB ArbR/Matthes § 268 Rn. 13 ff.; Schaub ArbR-HdB/Linck § 134 Rn. 43 ff.; APS/Linck KSchG § 15 Rn. 134 ff.; ErfK/Kiel KSchG § 15 Rn. 40 ff.; Kommentare zu § 111 BetrVG). Betriebsstilllegung ist eine gewollte Aufgabe des Betriebszwecks und die Auflösung der diesem Zweck dienenden Organisation, also der zwischen Arbeitgeber und Arbeitnehmer bestehenden Betriebs- und Produktionsgemeinschaft (BAG seit 17.9.1957 – 1 AZR 352/56, AP KSchG § 13 Nr. 8; zuletzt BAG 30.10.2008 – 8 AZR 397/07, AP BGB § 613a Nr. 358; 11.11.2010 – 8 AZR 392/09, AP BGB § 613a Nr. 392; 13.12.2012 – 6 AZR 752/11, AP KSchG 1969 § 17 Nr. 44; 11.12.2014 – 8 AZR 943/13, AP BGB § 613a Nr. 459; 14.4.2015 – 1 AZR 794/13, AP BetrVG 1972 § 113 Nr. 56; 21.5.2015 – 8 AZR 409/13, AP BGB § 613a Nr. 462; 22.9.2016 – 2 AZR 276/16, AP KSchG 1969 § 17 Nr. 52; 27.7.2017-2 AZR 476/16, AP KSchG 1969 § 1 Betriebsbedingte Kündigung Nr. 213; OVG Greifswald 24.3.2015-1 L 19/14, NVwZ-RR 2015, 861).

8 Der Betriebszweck muss **dauernd** oder doch für eine unbestimmte, auf jeden Fall wirtschaftlich erhebliche Zeit aufgegeben und die Betriebsgemeinschaft zwischen Arbeitgeber und Arbeitnehmer aufgehoben werden. Eine von vornherein beabsichtigte vorübergehende Unterbrechung des Betriebes (Betriebspause, Werksbeurlaubung) reicht nicht aus (BAG 27.9.1984 – 2 AZR 309/83, AP BGB § 613a Nr. 39). Es reicht auch nicht aus, wenn die Betriebsstilllegung nur erwogen wird (BAG 10.10.1996 – 2 AZR 477/95, AP KSchG 1969 § 1 Betriebsbedingte Kündigung Nr. 81; 12.4.2002 – 2 AZR 256/01, AP KSchG 1969 § 1 Betriebsbedingte Kündigung Nr. 120) oder noch Verhandlungen oder neue Aufträge ausstehen (BAG 10.10.1996 – 2 AZR 477/95, AP KSchG 1969 § 1 Betriebsbedingte Kündigung Nr. 81; 12.4.2002 – 2 AZR 256/01, AP KSchG 1969 § 1 Betriebsbedingte Kündigung Nr. 120; 13.2.2008 – 2 AZR 1041/06, AP KSchG 1969 § 1 Betriebsbedingte Kündigung Nr. 174; 13.2.2008 – 2 AZR 543/06, AP KSchG 1969 § 1 Betriebsbedingte Kündigung Nr. 175). Anderseits ist es auch nicht erforderlich, dass der Betrieb endgültig aufgegeben wird. Der Wille des Arbeitgebers, den Betrieb nach Beseitigung der Hemmung wieder zu eröffnen, steht einer Betriebsstilllegung nicht entgegen, wenn mit einer alsbaldigen Wiedereröffnung nicht zu rechnen ist (BAG 17.9.1957 – 1 AZR 352/56, AP KSchG § 13 Nr. 8; 23.4.1980 – 5 AZR 49/78, AP KSchG 1969 § 15 Nr. 8; 16.6.1987 – 1 AZR 528/85, AP BetrVG 1972 § 111 Nr. 20; 21.6.2001 – 2 AZR 137/00, AP KSchG 1969 § 15 Nr. 50; 21.5.2015 – 8 AZR 409/13, AP BGB § 613a Nr. 462). Da sich Betriebsstilllegung und Betriebsübergang gegenseitig ausschließen (BAG 28.5.2009 – 8 AZR 273/08, AP BGB § 613a Nr. 370; 16.2.2012 – 8 AZR 693/10, AP KSchG 1969 § 1 Betriebsbedingte Kündigung Nr. 188; 21.5.2015 – 8 AZR 409/13, AP BGB § 613a Nr. 462), lassen noch bestehende Verhandlungen über eine Übernahme die Stilllegung ausschließen (BAG 29.9.2005 – 8 AZR 647/04, AP KSchG 1969 § 1 Betriebsbedingte Kündigung Nr. 139). Die Stilllegung braucht aber nicht unmittelbar

bevorzustehen; es genügt, dass sie greifbare Formen angenommen hat (BAG 8.11.2007 – 2 AZR 554/05, AP KSchG 1969 § 17 Nr. 28; 28.5.2009 – 8 AZR 273/08, AP BGB § 613a Nr. 370; 16.2.2012 – 8 AZR 693/10, AP KSchG 1969 § 1 Betriebsbedingte Kündigung Nr. 188; 21.5.2015 – 8 AZR 409/13, AP BGB § 613a Nr. 462). Wenn aber nach einem Brand die Arbeitnehmer entlassen werden, um sie nach Beseitigung der Schäden wieder einzustellen, liegt noch keine Betriebsstilllegung vor; erst ein späterer Entschluss, den Betrieb nicht wieder aufzubauen, ist dann eine Stilllegung (BAG 16.6.1987 – 1 AZR 528/85, AP BetrVG 1972 § 111 Nr. 20). Wird der Betrieb jedoch nach kurzer Zeit wieder eröffnet, so spricht die Vermutung für eine Scheinstilllegung. Die Weiterbeschäftigung einiger weniger Kräfte zur Bewachung oder zu Aufräumungsarbeiten steht einer Stilllegung nicht entgegen (BAG 14.10.1982 – 2 AZR 568/80, AP KSchG 1969 § 1 Konzern Nr. 1).

Entscheidend für die Stilllegung ist der **Wille des Arbeitgebers,** ggf. des an seine Stelle 9
tretenden Insolvenzverwalters oder der Gläubigerversammlung (BAG 17.9.1974 – 1 AZR 16/74, AP BetrVG 1972 § 113 Nr. 1; 11.3.1998 – 2 AZR 414/97, AP BetrVG 1972 § 111 Nr. 43). Inwieweit er durch das Mitbestimmungsrecht des Betriebsrats eingeschränkt wird (vgl. § 111 BetrVG), ist hier nicht von Belang. Allerdings muss der Wille, den Betrieb stillzulegen, auch äußerlich in Erscheinung treten. Auf den Grund der Stilllegung kommt es nicht an (Linck/Krause/Bayreuther KSchG § 15 Rn. 154; KR/Kreft § 15 KSchG rn. 105; SPV Kündigung/Preis Rn. 992). Das Integrationsamt hat daher nicht nachzuprüfen, ob die Betriebsstilllegung erforderlich ist. Auch kann nicht vorgeschrieben werden, ob ein sbM nach Betriebsstilllegung noch fortzubeschäftigen ist (VG Arnsberg 2.11.1988 – 7 K 1006/88, br 1989, 64).

Ein Wechsel des Betriebszwecks kann eine Stilllegung des Betriebes mit sich bringen, 10
wenn nach vernünftiger Verkehrsanschauung der alte Betrieb aufgelöst und organisations- und personalmäßig ein neuer errichtet ist (Linck/Krause/Bayreuther KSchG § 15 Rn. 157; KR/Kreft KSchG § 15 Rn. 107; APS/Linck KSchG § 15 Rn. 160). Eine Betriebsverlegung ist nur dann Betriebsstilllegung, wenn der Arbeitgeber die alte Betriebsgemeinschaft tatsächlich auflöst und an der neuen Stelle mit anderer Belegschaft arbeitet (BAG 6.11.1959 – 1 AZR 329/58, AP KSchG § 13 Nr. 15; 12.2.1987 – 2 AZR 247/86, AP BGB § 613a Nr. 67; Linck/Krause/Bayreuther KSchG § 15 Rn. 159; KR/Kreft KSchG § 15 Rn. 104 f.). Wird ein erheblicher Teil der alten Arbeitnehmer an der neuen Betriebsstelle weiterbeschäftigt, so ist der Betrieb nicht aufgelöst (BAG 12.2.1987 – 2 AZR 247/86, AP BGB § 613a Nr. 67; BVerwG 9.12.1964 – V C 94.63, AP SchwbG § 18 Nr. 5).

Auch der **Wechsel des Betriebsinhabers** führt nicht ohne weiteres zu einer Betriebsstill- 11
legung. Setzt der neue Unternehmer die Arbeits- und Produktionsgemeinschaft mit den bisher Beschäftigten fort, so bleibt trotz Wechsels des Inhabers die Identität des Betriebes gewahrt. Das bestimmt ausdrücklich § 613a BGB. Mit dem durch § 613a BGB vorgeschriebenen Übergang der Arbeitsverhältnisse ist festgelegt, dass keine Betriebsstilllegung vorliegt (so schon bisher BVerwG 9.12.1964 – V C 94.63, AP SchwbG § 18 Nr. 5). Geht das Arbeitsverhältnis nach § 613a BGB auf den neuen Betriebsinhaber über, bedarf es zur Entlassung eines sbM der Kündigung, die der Zustimmung des Integrationsamts nach den Vorschriften des § 168 bedarf; § 172 greift insoweit nicht ein. Betriebsstilllegung und Betriebsübergang nach § 613a BGB schließen sich gegenseitig aus (BAG 12.2.1987 – 2 AZR 247/86, AP BGB § 613a Nr. 67; 16.5.2002 – 8 AZR 319/01, AP BGB § 613a Nr. 237; 26.4.2007 – 8 AZR 695/05, AP InsO § 125 Nr. 4; 28.5.2009 – 8 AZR 273/08, AP BGB § 613a Nr. 370; 16.2.2012 – 8 AZR 693/10, AP KSchG 1969 § 1 Betriebsbedingte Kündigung Nr. 188; 21.5.2015 – 8 AZR 409/13, AP BGB § 613a Nr. 462; ErfK/Oetker § 1 KSchG R. 278; Lindemann EWiR 2008, 11).

Die Stilllegung von Betriebsabteilungen, ebenso von nicht selbständigen Teil- oder 12
Nebenbetrieben ist im Gegensatz zu § 15 Abs. 5 KSchG in § 172 Abs. 1 nicht erwähnt. Daraus muss entnommen werden, dass in diesen Fällen die Mussvorschrift von § 172

nicht eingreift. Der sbM ist vielmehr im Allgemeinen in eine andere Betriebsabteilung zu übernehmen (VGH BW 6.6.1955 – 23/55, BB 1955, 868). In den meisten Fällen wird aber gleichzeitig eine Betriebseinschränkung wesentlicher Art vorliegen, wenn ganze Betriebsabteilungen stillgelegt werden, so dass § 172 Abs. 1 S. 2 mit der Sollvorschrift der Zustimmung vorliegt.

13 Die Eröffnung der Insolvenz bedeutet auch nicht ohne Weiteres eine Betriebseinstellung, wenn der Betrieb, wie es meist der Fall ist, vom Insolvenzverwalter übernommen wird (Siegler DB 1966, 1316; VGH BW 14.5.1980 – 6 S 580/80, BB 1981, 615 im Anschluss an BVerwG 20, 78). Legt aber der Insolvenzverwalter den Betrieb still, ist die Zustimmung zu erteilen; ein Ermessen etwa für die Beschäftigung bei Abwicklungsarbeiten besteht nicht (VG Arnsberg 2.11.1988 – 7 K 1006/88, br 1989, 64). Bei endgültiger Stilllegung beendet aber auch der Insolvenzverwalter den Betrieb (einer Werkstätte VG Düsseldorf 31.5.1988 – 17 K 756/88, br 1989, 44; BAG 30.5.2006 – 1 AZR 25/05, AP InsO § 209 Nr. 5; 26.4.2007 – 8 AZR 695/05, AP InsO § 125 Nr. 4). Auch die Änderung der Rechtsform oder Firma des Unternehmens und ein Übergang auf einen anderen Inhaber im Wege der Gesamtrechtsnachfolge verpflichten das Integrationsamt nicht, die Zustimmung zur Kündigung eines sbM gem. § 172 Abs. 1 zu geben. Zur Sollvorschrift bei der Kündigung sbM durch den Insolvenzverwalter → Rn. 32 f.

14 Bei der **öffentlichen Hand** entspricht die **Auflösung** der **Dienststelle** der Betriebseinstellung. Eine Auflösung liegt vor, wenn die vorgesetzte Dienststelle kraft ihrer Organisationsgewalt eine Behörde, selbständige Verwaltungsstelle oder einen öffentlichen Betrieb aufhebt.

15 Auch wenn der Betrieb oder eine Dienststelle stillgelegt wird, muss das Integrationsamt der Kündigung nur zustimmen, wenn der sbM vom Stichtag an gerechnet noch **mindestens drei Monate Anspruch auf Lohn oder Gehalt hat.** Die Dreimonatsfrist läuft unabhängig von der Kündigungsfrist und beginnt unabhängig von dem Zeitpunkt der Erteilung oder Zustellung der Zustimmung stets mit dem Zugang der Kündigung, wie ausdrücklich damit gesagt ist, dass die drei Monate zwischen dem Tag der Kündigung und dem Ende der Lohnzahlung liegen müssen. Das Integrationsamt ist nicht berechtigt, die Dreimonatsfrist von sich aus zu verlängern (§ 32 Abs. 1 SGB X; APS/Vossen § 89 Rn. 7; ErfK/Rolfs § 172 Rn. 6). Die Dreimonatsfrist ist nicht mit der Kündigungsfrist identisch; die vierwöchige Kündigungsfrist des § 169 ist vielmehr in der Dreimonatsfrist enthalten (Siegler DB 1966, 1316). Es ist aber in einem solchen Fall zu empfehlen, dass der Arbeitgeber bereits bei der Antragstellung die Zustimmung zu einer Kündigung mit Dreimonatsfrist verlangt, umso dem Integrationsamt gegenüber den gesicherten Lohnanspruch des sbM für drei Monate beweisen zu können. Einer beabsichtigten bloß vorsorglichen Kündigung mit Dreimonatsfrist, die nur in Erwartung einer drohenden Betriebseinstellung ausgesprochen wird, braucht das Integrationsamt nicht zuzustimmen, da die Vergünstigung des § 172 Abs. 1 nur bei einer effektiven oder unmittelbar drohenden Einstellung zum Zuge kommt. Wird mit Dreimonatsfrist gekündigt, dauert das Arbeitsverhältnis fort und hat der sbM auch die vertraglichen Dienste zu leisten.

16 Die Lohnzahlung für die dreimonatige Auslauffrist wird im Normalfall zwischen dem Arbeitgeber und dem sbM **vertraglich vereinbart** und ist dem Integrationsamt gegenüber zu beweisen. Wird die Bedingung (auf Grund vertraglicher Zahlung an den sbM) nicht erfüllt, kann die Zustimmung widerrufen werden (§ 47 SGB X; LPK-SGB IX/Düwell § 172 Rn. 58 bei entsprechender Auflage; aA noch APS/Vossen § 89 Rn. 8: Zustimmung wird ex tunc unwirksam; KR/Gallner §§ 168–173 Rn. 100: Zustimmung wird erst nach Zahlung wirksam; Gallner/Mestwerdt/Nägele/Osnabrügge §§ 168.175 Rn. 47; Deinert/Welti/Braasch § 105 Rn. 108). Dasselbe gilt, wenn man in der Bedingung der Gehaltsfortzahlung für drei Monate eine Auflage nach § 32 Abs. 2 Nr. 4 SGB X sieht (BAG 12.7.1990 – 2 AZR 35/90, AP SchwbG 1986 § 19 Nr. 2; LPK-SGB IX/Düwell § 172 Rn. 58). Kann oder soll der sbM während der Dreimonatsfrist nicht weiter beschäftigt werden, ist es aber auch als zulässig anzusehen, es bei der reinen Lohnzahlungspflicht

(etwa in Form einer Abfindung, aber nicht im technischen Sinne der §§ 9, 10 KSchG, sondern als vorausgezahlten Lohn mit Lohnsteuerpflicht usw) bewenden zu lassen. Stets handelt es sich um Lohn und nicht um Abfindung, so dass auch nicht gegen eine Abfindung aus einem Sozialplan aufgerechnet werden kann (LAG Hamm 23.11.1984 – 16 Sa 948/84, DB 1985, 446 = BB 1985, 2244 = AuR 1985, 292).

Während der Dreimonatsfrist **läuft das Arbeitsverhältnis nur weiter,** wenn mit entsprechender Frist gekündigt wurde, sonst bleibt es bei der Auflösung durch die Kündigung mit deren Frist (→ Rn. 16). Der sbM ist zur Arbeit verpflichtet, der Arbeitgeber zur Zahlung des Arbeitsentgelts. Eine Verpflichtung, den sbM während der Auslauffrist im Betrieb zu beschäftigen, besteht anders als im Normalfall nur im Rahmen der betrieblichen Möglichkeiten. Der Arbeitgeber muss dagegen das Arbeitsentgelt zahlen, gleich gültig ob er den sbM beschäftigen kann oder nicht. Die Zustimmung unter der Bedingung der dreimonatigen Lohnfortzahlungspflicht wird nicht dadurch unwirksam, dass an Stelle des Lohnes eine Lohnersatzleistung wie Krankengeld tritt (LAG Düsseldorf 6.9.1989 – 11 Sa 782/89, ZIP 1990, 529). Urlaubsentgelt steht ebenfalls dem Lohn gleich, nicht aber Arbeitslosengeld oder Insolvenzgeld (LPK-SGB IX/Düwell § 172 Rn. 55). Für die Höhe des Lohnes gelten die normalen Bedingungen. Der sbM wird iÜ wie ein sonstiger Arbeitnehmer behandelt und muss in diesem Rahmen auch eine evtl. Kurzarbeit mittragen (RAG 14.5.1930 – RAG 9/30, ArbRS 20, 407). Arbeitet der Betrieb nicht fort, so bemisst sich das Arbeitsentgelt für die Auslauffrist nach dem vor der Stilllegung verdienten Lohn oder Gehalt. 17

Auch wenn der Lohn für drei Monate nicht gezahlt wird, kann das Integrationsamt die Zustimmung nach freiem Ermessen erteilen oder ablehnen (§ 32 Abs. 2 SGB X; KR/Gallner §§ 168–173 Rn. 100; Groß AuR 1955, 275; BVerwG 15.4.1959 – V C 162/56, BB 1959, 780), allerdings ist bei einer Liquidation auch das Ermessen nach § 168 nur klein (OVG Bbg 16.7.2003 – 4 B 59/03, BeckRS 2003, 23588). 18

2. Einschränkung

Bei wesentlichen Einschränkungen des Betriebs oder der Dienststelle soll das Integrationsamt die Zustimmung erteilen, wenn die zu kündigenden sbM noch drei Monate nach der Kündigung Anspruch auf ihr Arbeitsentgelt haben und der Betrieb oder die Verwaltung noch so viel sbM weiterbeschäftigt, dass dies der Pflichtzahl genügt. Im Gegensatz zu der Bestimmung über die Betriebsstilllegungen ist also die Zustimmung hier von einer weiteren Voraussetzung abhängig (Erfüllung der Beschäftigungspflicht nach § 154). Sodann handelt es sich nur um eine Sollvorschrift. Das Integrationsamt kann, selbst wenn die gesetzlichen Voraussetzungen vorliegen, die Zustimmung im Einzelfall versagen, wenn ein besonderer Grund dies rechtfertigt. 19

Die nicht nur vorübergehende **wesentliche Betriebseinschränkung** ist gesetzlich nicht definiert. Während die Stilllegung die Aufgabe des Betriebszwecks im Gefolge hat, lässt eine Einschränkung den Zweck des Betriebs unberührt, hat jedoch eine Verminderung der Arbeitsleistung und der beschäftigten Arbeitnehmer und eine Entlassung einer beträchtlichen Zahl von Arbeitnehmern im Verhältnis zur Gesamtbelegschaft zur Voraussetzung. Genaue Zahlen oder Prozentsätze lassen sich nicht angeben (Monjau gab früher in § 18 Anm. 3 SchwbG 1953 10 % an; Sellmann/Evermann, Kommentar zum Schwerbeschädigten-Gesetz, 1954, § 18 Rn. 23, 25–30 %; Gröninger/Thomas, Schwerbehindertengesetz, 1991, § 19 Rn. 12, 25 %; das BAG hat für einen Großbetrieb 5 % verlangt, BAG 22.1.1980 – 1 ABR 28/78, AP BetrVG 1972 § 111 Nr. 7; 6.12.1988 – 1 ABR 47/87, AP BetrVG 1972 § 111 Nr. 26; ebenso KR/Gallner §§ 168–173 Rn. 102; die Zahlen für Massenentlassungen nach § 17 KSchG nehmen als Anhaltspunkt an: ErfK/Rolfs § 172 Rn. 8; LPK-SGB IX /Düwell § 172 Rn. 45 f.4). Maßgeblich ist neben dem Umfang der Einschränkung auch die Möglichkeit, sbM weiterzubeschäftigen auf den verbleibenden Arbeitsplätzen (Siegler DB 1967, 951). Die Betriebseinschränkung kann auch dann 20 vorliegen, wenn gleichzeitig ein Betriebsübergang vorgenommen wird (OVG NRW 3.10.1989 – 13 A 74/88, br 1990, 89). Die Aufgabe eines Produktionszweiges ist regelmäßig eine wesentliche Betriebseinschränkung (OVG NRW 12.12.1989 – 13 A 181/89, br 1991, 66). Auch für eine Auffanggesellschaft nach Insolvenz kann eine Einschränkung vorliegen, wenn es der Gesellschaft nicht zuzumuten ist, den sbM auf einen völlig neuen Arbeitsplatz umzusetzen (VGH BW 14.5.1980 – 6 S 580/80, BB 1981, 651). Die Betriebseinschränkung darf nicht nur vorübergehend sein, sondern muss sich auf eine verhältnismäßig lange, nicht überschaubare Zeit erstrecken. Nicht unter diese Bestimmung fallen daher Saisonbetriebe. Eine Werksbeurlaubung ist ebenso wenig eine Betriebseinschränkung wie die Zulassung von Kurzarbeit. Auch wenn nur die Ausnutzung der Betriebsanlagen beschränkt ist, also etwa beim Übergang von zwei Schichten auf eine Schicht, liegt noch keine Betriebseinschränkung vor. Auch die Auflösung einer Filiale mit zwei Arbeitnehmern ist bei insgesamt 202 Arbeitnehmern keine wesentliche Betriebseinschränkung (BayVGH 29.3.1982 – 246/XII/78, br 1983, 18), auch nicht die Einschränkung eines Betriebsteils (BayVGH 7.1.1981 – 12 B 80 A 1403, br 1981, 69) und nicht die Auflösung einer betriebseigenen Reinigungsabteilung einer größeren Druckerei (BAG 6.12.1988 – 1 ABR 47/87, AP BetrVG 1972 § 111 Nr. 26). Werden dagegen die Arbeitnehmer einer Schicht oder sonst in erheblichem Umfang entlassen, ist iSv Teil 3 eine wesentliche Einschränkung des Betriebes anzunehmen, weil eine Anpassung an die neuen Pflichtsätze ermöglicht werden soll. Insoweit kann deshalb die Situation und Rspr. zu § 111 Abs. 1 Ziff. 1 BetrVG nicht uneingeschränkt übernommen werden. Wenn aber nach § 111 BetrVG das Verfahren mit einer Namensliste endet, kann das die Zustimmung rechtfertigen (VG Ansbach 16.7.2009 – AN 14 K 09.00419, BeckRS 2009, 47183). Ebenso bei einem nachinsolvenzrechtlichen Sozialplan (Wegfall des Rotationsdruckes, VG München 14.1.2009 – M 18 K 08.414, BeckRS 2009, 48195). Für Zustimmung bei Einschränkung nach Betriebsübergang VG München 10.3.2010 – M 18 K 09.1456, BeckRS 2010, 35635; für Kündigung bei Entlassung von 230 von insgesamt 340 Arbeitnehmern VG Bayreuth 30.8.2010 – B 3 K 09.83, BeckRS 2011, 51244; bei Einschränkung um 10 % nach § 17 Abs. 1 S. 1 Nr. 2 KSchG, BayVGH 20.6.2013 – 12 ZB 12.230, BeckRS 2013, 52533; bei Herabsetzung der Belegschaft von 479,25 auf 171,65 Arbeitnehmer oder von 80 auf 38 Arbeitnehmer, VG Augsburg 8.10.2013 – Au 3 K 13.868, BeckRS 2014, 45388; Au 3 K 13.610 BeckRS 2013, 59387; auch bei Wegfall der Abteilung Service Delivery, VG Frankfurt 12.12.2013 – 7 K 2511/13.F, BeckRS 2014, 47045. Fällt der Arbeitsplatz in der Insolvenz wegen Neuorganisation ersatzlos weg, besteht kein Beschäftigungsanspruch mehr und ist die Kündigung wirksam (BAG 10.5.2019-6 AZR 329/18, BAG Pressemitteilung 21/19). Bei einem Kleinbetrieb reicht die Reduzierung von 7 auf 5 Arbeitnehmer aus (VGH München 25.4.2014 – 12 B 13.1197, BeckRS 2014, 51031). Läuft das Arbeitsverhältnis nur zur vorübergehenden Aushilfe und nicht über sechs Monate hinaus beschäftigter sbM aus, so ist dies keine Betriebseinschränkung; eine Zustimmung zur Lösung des Arbeitsverhältnisses ist nicht erforderlich (§ 173 Abs. 1 Nr. 1).

21 § 111 Ziff. 1 BetrVG spricht gleichfalls von Einschränkungen des Betriebs, daneben aber von Stilllegung wesentlicher Betriebsteile. Zusätzlich greift deshalb in beiden Fällen die wirtschaftliche Mitbestimmung bei Betriebsänderungen ein. Die Stilllegung eines wesentlichen Betriebsteils ist iSd Teil 3 wohl auch meist als wesentliche Betriebseinschränkung anzusehen (→ Rn. 12). Bei größeren Betrieben privater Arbeitsgeber wird eine Betriebseinschränkung auch immer eine anzeigepflichtige Massenentlassung iSd § 17 KSchG sein. Die Entlassungen werden dann nach § 18 KSchG vor Ablauf eines Monats nach Eingang der Anzeige bei der Bundesagentur für Arbeit nur mit deren Zustimmung wirksam. Die sbM kommen wie alle Arbeitnehmer in den Genuss dieser Entlassungssperre. Erteilt der Bundesagentur für Arbeit die Zustimmung, so behalten sie ihr Recht aus dem Teil 3. Umgekehrt braucht aber nicht jede Massenentlassung schon eine wesentliche Betriebseinschränkung zu sein, so zB wenn trotz Massenentlassung nach

§ 17 KSchG nur 0,5 % der Belegschaft betroffen sind (LAG Hannover 1.12.1955 – A III 190/55, 191/55, 193/55, BB 1956, 926), bei der Erreichung der Voraussetzungen des § 17 KSchG liegt die Ermessensentscheidung jedenfalls im gesetzlichen Rahmen (BayVGH 20.6.2013 – 12 ZB 12.230, BeckRS 2013, 52533).

Das Integrationsamt soll die Zustimmung unter den **Voraussetzungen** aussprechen, 22 dass 1. zwischen dem Tage der Kündigung bis zu dem Tage, an dem Lohn oder Gehalt gezahlt wird, mindestens drei Monate liegen (hierzu kann auf das oben angeführte verwiesen werden), und 2. dass die Gesamtzahl der verbleibenden sbM zur Erfüllung der Pflichtzahl ausreicht. Der Arbeitgeber soll sich also auf diesem Wege nicht von seiner Beschaftigungspflicht in dem durch die §§ 154, 155 bestimmten Umfange befreien können. Für die Berechnung der Pflichtzahl ist von der Belegschaftsstärke nach der Betriebseinschränkung auszugehen. Auf der anderen Seite erhält der Arbeitgeber durch diese Bestimmung die Möglichkeit, bei einer notwendigen Verminderung der in seinem Betrieb beschäftigten Arbeitnehmer auch die Zahl der sbM prozentual zu verringern.

C. Anderer Arbeitsplatz beim Arbeitgeber

Die Einschränkung von Abs. 1 S. 3 ist § 1 Abs. 2 Nr. 1b, Nr. 2b KSchG nachgebildet. 23 Auch danach ist eine Kündigung sozial ungerechtfertigt, wenn bei entsprechendem Widerspruch des Betriebsrates der Arbeitnehmer an einem anderen Arbeitsplatz in demselben Betrieb oder in einem anderen Betrieb des Unternehmens weiterbeschäftigt werden kann bzw. der Arbeitnehmer in derselben Dienststelle oder einer anderen Dienststelle desselben Verwaltungszweiges an demselben Dienstort weiterbeschäftigt werden kann. Für das SGB IX ist diese Bestimmung des § 1 Abs. 2 KSchG allerdings abgeändert:

Einmal ist die Umsetzungsmöglichkeit nicht auf das Unternehmen, sondern auf den 24 Arbeitgeber bezogen. Auch findet sich in Abs. 1 S. 3 keine Beschränkung auf denselben Verwaltungszweig und denselben Dienstort. Auf der anderen Seite muss das Einverständnis des sbM vorliegen und die Umsetzung dem Arbeitgeber zumutbar sein. Mit diesen Änderungen kann Lit. und Rspr. nach § 1 Abs. 2 KSchG auch zur Auslegung der vorliegenden Bestimmung mit herangezogen werden (Deinert/Welti/Braasch § 105 Rn. 116 ff.; ErfK/Rolfs § 172 Rn. 9; KR/Gallner §§ 168–173 Rn. 105 f.; LPK-SGB IX/Düwell § 172 Rn. 59 ff.).

Die Ergänzung von Abs. 1 durch S. 3 dient der Erhaltung eines Arbeitsplatzes für den 25 sbM. Bei Betriebsstilllegungen und Betriebseinschränkungen ist das Ermessen des Integrationsamts stark eingeschränkt. Diese Ermesseneinschränkung wird aufgehoben, wenn die Unterbringung des sbM auf einem anderen Arbeitsplatz mit seinem Einverständnis möglich ist und dies dem Arbeitgeber auch zumutbar ist. In diesem Falle ist das Integrationsamt in ihrem Ermessen wieder frei. Es kann allein nach pflichtgemäßem Ermessen entscheiden, ob es dann trotz der Betriebsstilllegung oder Betriebseinschränkung die Zustimmung erteilt oder nicht. Im Regelfalle wird die Zustimmung ausscheiden, wenn ein anderer Arbeitsplatz zur Verfügung steht, der sbM bereit ist, auf diesem Arbeitsplatz zu arbeiten und die Umsetzung dem Arbeitgeber auch zumutbar ist. Zu beachten ist allerdings bei einer solchen Umsetzung auch die betriebsverfassungsrechtliche bzw. personalvertretungsrechtliche Zustimmung des Betriebs- oder Personalrates. Da aber auch diese dazu verpflichtet sind, für die Unterbringung sbM zu sorgen, dürfte hieran eine solche Umsetzung im Regelfalle nicht scheitern.

Da der sbM zu der Veränderung der Tätigkeit iSv Abs. 1 S. 3 stets sein Einverständnis 26 geben muss, besteht auch keine Überschneidung mit Abs. 2. Zwar soll nach Abs. 2 die Zustimmung erteilt werden, wenn ein anderer Arbeitsplatz gesichert ist. Bei Einverständnis des sbM zur Umsetzung auf einen anderen Arbeitsplatz bedarf es aber gar keiner Kündigung, so dass in diesem Falle auch die Zustimmung zur Änderungskündigung entfällt. Abs. 2 greift vielmehr nur dann ein, wenn es zur Umsetzung auf einen anderen Arbeitsplatz gegen den Willen des sbM kommt. Aber auch bei Einverständnis des sbM können die S. 1 u. 2 von Abs. 1 dann anwendbar sein, wenn dem Arbeitgeber die Umsetzung nicht zumutbar ist. Das ist insbes. dann der Fall, wenn die betriebsverfassungsrechtlichen oder personalvertretungsrechtlichen Voraussetzungen wegen Widerspruchs des Betriebs- oder Personalrates vom Arbeitgeber nicht herbeigeführt werden können oder der sbM nach Auffassung des Arbeitgebers trotz dessen Einverständnis für diesen Arbeitsplatz nicht geeignet erscheint. Dann ist eine Abwägung vorzunehmen und zunächst zu prüfen, ob die aufgetretenen Schwierigkeiten durch Verhandlungen mit dem Betriebs- oder Personalrat oder etwa durch Nachschulung des sbM beseitigt werden können. Bleibt auch danach die Umsetzung für den Arbeitgeber unzumutbar, muss das Integrationsamt nach S. 1 bei Betriebsstilllegung und nach S. 2 bei Betriebseinschränkung entscheiden. Hält es dagegen die Umsetzung für den Arbeitgeber für zumutbar, entscheidet es nach seinem freien pflichtgemäßen Ermessen. Die Sollvorschrift kann aber auch noch bei demselben Arbeitgeber eingreifen (allgM).

D. Sicherung eines anderen Arbeitsplatzes

27 Das Integrationsamt soll die Zustimmung zur Kündigung des sbM erteilen, wenn ihm ein anderer Arbeitsplatz sichergestellt ist. Auch diese Vorschrift will den strengen Kündigungsschutz auflockern, wenn der sbM hierdurch keinen Schaden erleidet und betriebliche oder wirtschaftliche Notwendigkeiten eine Lösung des Arbeitsverhältnisses erforderlich machen. Der für den sbM vorgesehene Arbeitsplatz kann nicht nur bei einem fremden, sondern auch beim gleichen Arbeitgeber liegen (BVerwG 12.1.1966 – V C 62.64, AP SchwBeschG § 18 Nr. 6). Das Integrationsamt muss daher auch, wenn die sonstigen Voraussetzungen erfüllt sind, einer Änderungskündigung zustimmen (→ § 168 Rn. 56 ff.; VG Darmstadt 12.4.1978 – V E 253/75, DB 1979, 116). Der neue Arbeitsplatz ist gesichert, wenn der Arbeitgeber sich zum Abschluss eines iE bestimmten Arbeitsvertrags mit dem sbM verpflichtet hat (Deinert/Welti/Braasch § 105 Rn. 121; LPK-SGB IX/Düwell § 172 Rn. 59; ErfK/Rolfs § 172 Rn. 9; KR/Gallner §§ 168–173 Rn. 105). Ob ein anderer Arbeitsplatz möglich ist, muss das Integrationsamt selbst ermitteln und darf sich nicht nur auf die Angaben verlassen (VG Sigmaringen 14.2.2007 – 2 K 1206/06, ZfPR online 2007 Nr. 11, 25; VG Ansbach 18.10.2007 – AN 14 K 06.01582, BeckRS 2007, 34403). Dass es sich auf den Betrieb beschränken kann (BayVGH 29.1.2008 – 12 ZB 06.1930, BeckRS 2008, 27475) hängt von den jeweiligen Gegebenheiten beim Arbeitgeber ab.

1. Angemessenheit

28 Der neue Arbeitsplatz muss nach ausdrücklicher Bestimmung des Gesetzes **angemessen und zumutbar** sein. Die **Angemessenheit** beurteilt sich nach der Art der Beschäftigung, der Höhe des Arbeitsentgelts und den sonstigen Arbeitsbedingungen. Die Rspr. fordert, dass der andere Arbeitsplatz nach Entgelt und Art der Tätigkeit, den Fähigkeiten, den durch die Beschädigung bedingten Einsatzmöglichkeiten und der Vorbildung des sbM entspricht (BVerwG 5.4.1959 – V C 162.56, AP SchwBeschG § 18 Nr. 1; 12.1.1966 – V C 62.64, AP SchwBeschG § 18 Nr. 6). Über die Angemessenheit entscheidet zunächst nur das Integrationsamt. Ob der neue Arbeitsplatz angemessen ist, kann davon aber im Streitverfahren unbeschränkt nachgeprüft werden, da die Angemessenheit ein unbestimmter Rechtsbegriff ist, so dass im Rechtsmittelverfahren der Widerspruchsausschuss bzw. das Gericht entscheidet (BVerwG 15.4.1959 – V C 162.56, AP SchwBeschG § 18 Nr. 1; VG Darmstadt 12.4.1978 – V E 253/75, DB 1979, 116).

Ein anderer Arbeitsplatz ist auch derselbe Arbeitsplatz mit geänderten Bedingungen (BVerwG 29.5.1959 – V B 207/58, BB 1959, 780 = DVBl 1959, 746). Mit dem neuen Arbeitsplatz kann uU eine geringere Entlohnung verbunden sein (BVerwG 12.1.1966 – V C 62.64, AP SchwBeschG § 18 Nr. 6 für Herabgruppierung um eine Tarifgruppe mit Gehaltsminderung um 10 %; VG Darmstadt 12.4.1978 – V E 253/75, DB 1979, 116 für Herabgruppierung um eine Tarifgruppe; VG Göttingen 22.6.2006 – 2 A 200/05, BeckRS 2006, 25642, Herabsetzung von 250 EUR brutto monatlich; BayVGH 14.11.2006 – 9 BV 06.1431, ZTR 2008, 173, Herabsetzung um 12 % = 251,33 EUR brutto zumutbar; VG Augsburg 17.4.2007 – Au 3 K 06.807, BeckRS 2007, 34800, Wegfall der Schichtzulagen bei gleicher Lohngruppe (minus 29 %) zumutbar; BayVGH 17.9.2009 – 12 B 09.52, BeckRS 2009, 43728, Herabsetzung um 23,28 % für Bademeister noch zumutbar, aber OVG NRW 3.2.2009 – 12 A 2931/08, br 2009, 175: Herabsetzung von 2.400 EUR auf 1.500 EUR nicht zumutbar; auch BayVGH 13.11.2012 – 12 B 12.1675, NVwZ-RR 2013, 265 (Ls.) = BeckRS 2012, 59836: von 3.853 EUR auf 2.743 EUR nicht zumutbar; Klare br 1993, 73 mwN). Es geht aber nicht an, den sbM nur deshalb auf ein geringeres Einkommen zu verweisen, weil ein anderer Arbeitsplatz gesichert ist (BVerwG 5.4.1959 – V C 162.56, AP SchwBeschG § 18 Nr. 1). Schon früher wurde eine Senkung des Einkommens von 443 DM auf 347 DM nicht als angemessen angesehen (LVG Düsseldorf 28.4.1953 – 6 K 24/53, BB 1954, 320). Keine Berücksichtigung soll finden, dass im neuen Arbeitsverhältnis eine Probezeit nötig ist und eine Pensionszusage verloren geht, da freiwillige Leistungen nicht zum Nachteil des Arbeitgebers gereichen dürfen (VG Bremen 16.2.1956 – I A 159/55, BB 1956, 854). Das ist in dieser Form bedenklich. Eine Probezeit und ein neues Arbeitsverhältnis können nach § 173 den Kündigungsschutz während der ersten sechs Monate mit der Folge nehmen, dass der neue Arbeitsplatz nicht gesichert ist. Man wird daher nur bei unbefristeter oder länger als sechs Monate dauernder Probezeit schon von einem gesicherten Arbeitsplatz sprechen können. Auch freiwillige Leistungen wie Pensions- oder Gratifikationszahlungen sind in den Vergleich der Arbeitsbedingungen einzubeziehen (ErfK/Rolfs § 172 Rn. 9: „Lebensstellung" gemäß BayVGH 15.11.2012, NVwZ-RR 2013, 265; Feldes/Kohte/Stevens-Bartol/Schmitz § 172 Rn. 15 ff.). 29

2. Zumutbarkeit

Die Zumutbarkeit des anderen Arbeitsplatzes wird teilweise von der Angemessenheit mit umfasst. Nur was angemessen in dem wiedergegebenen Sinne ist, kann auch zumutbar sein. Ein nicht angemessener Arbeitsplatz ist in der Regel auch nicht zumutbar. Trotzdem kann der an sich angemessene Arbeitsplatz dem sbM trotzdem nicht zumutbar sein. Die Angemessenheit bezieht sich nämlich nur auf die Bedingungen der Arbeit und des Arbeitsplatzes selbst, also auf Gehalt, Tätigkeit, Arbeitsanforderungen. Die Zumutbarkeit stellt auf alle Umstände ab, die mit dem neuen Arbeitsplatz im weiteren Sinn zusammenhängen. Das sind vor allem die Verhältnisse in der neuen Umgebung, die zu erwartende Zusammenarbeit in den neuen Verhältnissen, uU auch die Betreuung sbM an dem neuen Arbeitsplatz. Insbesondere muss dazu auch der Weg zu und von der neuen Arbeitsstätte Berücksichtigung finden, denn es ist für den sbM von besonderer Bedeutung, welche Bedingungen der Weg zu und von der Arbeit mit sich bringt. Es kann für den sbM unzumutbar sein, in neuer Umgebung oder unter erschwerten Umständen des Weges zur Arbeitsstätte den Arbeitsplatz zu wechseln. 30

Ob der andere Arbeitsplatz zumutbar ist, prüft ebenso wie die Angemessenheit das Integrationsamt, ggf. im Verfahren der Anhörung nach § 171 Abs. 1 unter Würdigung aller Umstände. Da Zumutbarkeit ein unbestimmter Rechtsbegriff wie die Angemessenheit ist, wird auch dies im Rechtsmittelverfahren sowohl vom Widerspruchsausschuss wie im Verwaltungsstreitverfahren unbeschränkt nachgeprüft (→ Rn. 28). 31

E. Insolvenzverfahren

32 Art. 97 InsO v. 5.10.1994 (BGBl. I 2866) hat dem früheren § 19 den Abs. 3 hinzugefügt, der schon ab 1.10.1996 galt. Ab 1.5.2004 gilt für den Insolvenzfall zusätzlich jetzt § 171 Abs. 5, nach dem einen Monat nach Antragstellung die Fiktion der Zustimmung eintritt, wenn bis dahin nicht entschieden wurde (→ § 171 Rn. 13 f.).

33 Die InsO soll in erster Linie der Fortführung von Betrieben dienen und nicht wie die KO der Liquidation. Dazu wurden Erleichterungen beim Betriebsübergang und für Betriebsänderungen geschaffen, die an § 111 BetrVG anknüpfen. Ein Interessenausgleich unterliegt danach besonderen Kündigungsschutzvorschriften, die langwierige Kündigungsschutzprozesse und damit Unsicherheiten in der Abwicklung und Überführung vermeiden sollen. Dazu werden im Kündigungsrecht Vermutungen über die Betriebsbedingtheit von Kündigungen und Grundsätze zur Sozialauswahl aufgestellt, die auch sbM treffen können (§ 125 InsO). Trotzdem bleibt es bei dem Grundsatz, dass die Kündigung sbM der vorherigen Zustimmung des Integrationsamts bedarf, die dann der Insolvenzverwalter rechtzeitig einholen muss. Nach Abs. 3 ist für diese Zustimmung im Insolvenzverfahren eine weitere Sollvorschrift eingefügt worden, damit auch hier baldmöglichst Klarheit für die Beteiligten im Insolvenzfall besteht und Betriebsübergänge auch durch solche Verfahren nicht beeinträchtigt oder verzögert werden. Dazu sind neben dem ab 1.10.1996 geltenden § 125 InsO über den Interessenausgleich noch weitere Voraussetzungen für die Zustimmung durch das Integrationsamt nach der Sollvorschrift aufgestellt worden. Der sbM muss namentlich genannt sein. Maßgeblich ist nur, dass nach der Aufführung im Interessenausgleich die Identität feststeht. Ob daneben noch die Schwerbehinderteneigenschaft genannt wurde oder überhaupt bekannt war, ist unerheblich. Die Vorschrift greift auch dann ein, wenn der namentlich Genannte erst später darauf hinweist, dass er sbM ist. Zwar wird wegen der notwendigen Beteiligung der Schwerbehindertenvertretung die Eigenschaft als sbM in aller Regel bekannt sein. Notwendig ist das aber nicht. Insoweit gilt auch hier, dass sich der sbM noch nachträglich darauf berufen kann, dass er sbM ist oder zumindest einen entsprechenden Antrag gestellt hat, uU gerade deshalb, weil er als einer, dem gekündigt werden soll, genannt wurde.

34 Die Schwerbehindertenvertretung muss beim Zustandekommen des Interessenausgleichs mit der namentlichen Nennung der zu Kündigenden beteiligt worden sein. Die ausdrückliche Bezugnahme auf § 178 Abs. 2 bedeutet, dass die Schwerbehindertenvertretung rechtzeitig und umfassend zu unterrichten ist und vor der Entscheidung gehört werden muss. Sie muss dann dafür Sorge tragen, dass auch die weiteren Voraussetzungen erfüllt werden, nämlich dass die Entlassung von sbM nicht überproportional wird und die Pflichtzahl auch nach den Entlassungen erfüllt bleibt. Außerdem ist es ihre Aufgabe, die Auswahl zu beeinflussen. Wenn eine Schwerbehindertenvertretung nicht besteht, entfällt diese Voraussetzung. Die Sollvorschrift greift dann ein, auch wenn § 172 Abs. 3 Nr. 2 nicht erfüllt ist, weil dies an der fehlenden Vertretung scheitert. Insoweit gilt für die Wirksamkeit nichts anderes als nach § 170 Abs. 2 (→ § 170 Rn. 19). Die Sollvorschrift bleibt bestehen (Deinert/Welti/Braasch § 105 Rn. 122 f.; ErfK/Rolfs § 172 Rn. 10; KR/Gallner §§ 168–173 Rn. 110; aA LPK-SGB IX/Düwell § 172 Rn. 71, dann keine Bindung durch Sollvorschrift, sondern freies Ermessen).

35 Bei der Entlassungsvereinbarung muss die Proportionalität gewahrt bleiben. Es dürfen nicht mehr sbM anteilig entlassen werden als Entlassungen am Bestand der übrigen Belegschaft erfolgen. Dabei muss die Herabsetzung der Beschäftigungsanzahl ins Verhältnis zueinander gesetzt werden. Wenn von 100 Belegschaftsmitgliedern zehn sbM sind und die Gesamtbelegschaft auf 50 herabgesetzt werden muss, dürfen nur fünf sbM unter die zu Entlassenden fallen, selbst wenn die Quote mit fünf sbM noch immer übererfüllt wird, da bei 50 Arbeitnehmern die Quote nur zwei beträgt. Der Insolvenzfall

soll nicht dazu genutzt werden, sich in erster Linie bei dieser Gelegenheit von sbM zu trennen.

Außerdem muss nach wie vor die Beschäftigungsquote erfüllt werden. Dazu ist von der verbleibenden Belegschaft auszugehen. Da sich mit verminderter Arbeitnehmerzahl die Pflichtquote im gleichen Verhältnis ermäßigt, wird schon wegen der Proportionalität nach Nr. 3 die Zahl der sbM zur Erfüllung der Pflichtplätze im Regelfall erhalten bleiben. Es gibt aber Grenzfälle, in denen auf diese Grenze zu achten ist. Wichtig wird sie vor allem dann, wenn die Pflichtquote schon bisher nicht voll erfüllt worden ist. Dann soll auch vermieden werden, verhältnismäßig viele sbM zu entlassen. 36

Werden die Voraussetzungen erfüllt, soll das Integrationsamt die Zustimmung erteilen. 37
Das bedeutet, dass es im Regelfall die Zustimmung zu erteilen hat und nur bei Vorliegen besonderer atypischer Umstände pflichtgemäß handeln darf (→ Rn. 2; BVerwG 2.7.1992 – 5 C 39.90, BVerwGE 90, 275; 6.3.1995 – 5 B 59.94, Buchholz 436.61 § 19 SchwbG Nr. 1; BAG 9.2.1994 – 2 AZR 720/93, AP SchwbG 1986 § 21 Nr. 3). Fehlt es an einer Voraussetzung, wenn also die Verhältnismäßigkeit nicht eingehalten wurde oder die Pflichtzahl in Zukunft nicht mehr erfüllt wird, wird die Sollvorschrift gegenstandslos. Das gilt dann für die Entlassungsabsicht aller zu kündigenden sbM. Eine Auswahl bis zur Einhaltung der Proportionalität oder der künftigen Pflichtquote kann nicht getroffen werden. Wenn also zB die Belegschaft von 100 auf 50 herabgesetzt und von zehn sbM statt fünf insgesamt sechs genannt werden, greift die Sollvorschrift für alle sechs nicht ein und ist insgesamt nur nach pflichtgemäßem Ermessen zu entscheiden. Es geht auch nicht an, nach der Verweigerung einer Zustimmung dann etwa für die restlichen fünf von der Sollvorschrift auszugehen, da die Auswahl einer ersten Entscheidung zwangsläufig willkürlich sein muss. Trotzdem wird bei pflichtgemäßem Ermessen das Integrationsamt zu berücksichtigen haben, dass bei Übererfüllung der Pflichtquote und wenigstens teilweiser Einhaltung der Proportionalität auch die Entlassung sbM im Insolvenzverfahren dann noch gerechtfertigt sein kann. Das aber hat sie nur insgesamt nach pflichtgemäßem Ermessen zu prüfen und dann je nach Lage der Einzelfälle, der Situation der einzelnen sbM und deren Aussichten auf dem Arbeitsmarkt zu entscheiden. Deshalb kann die Zustimmung etwa an der fehlenden Dreimonatszahlung scheitern (VG Dresden 1.4.2009 – 1 K 449/08) oder trotz eines Interessensausgleichs fehlerhaft sei (VG Stuttgart 4.3.2013 – 11 K 3968/12, BeckRS 2013, 49559). Im Regelfall wird aber die Zustimmung als Folge der Sollvorschrift als rechtmäßig beurteilt (VG München 14.1.2009 – M 18 K 08.414, BeckRS 2009, 48195; 10.3.2010 – M 18 K 09.1456, BeckRS 2010, 35635; 18.11.2010 – M 15 K 09.4602, BeckRS 2010, 36427; VG Ansbach 25.3.2010 – AN 14 K 09.02214, BeckRS 2010, 34447; 10.2.2011 – AN 14 K 10.02436, BeckRS 2011, 29945; VG Bayreuth 30.8.2010 – B 3 K 09.83, BeckRS 2011, 51244; VG Augsburg 8.10.2013 – Au 3 K 13.868, BeckRS 2014, 45388).

§ 173[1] Ausnahmen

(1) [1]Die Vorschriften dieses Kapitels gelten nicht für schwerbehinderte Menschen,

1. deren Arbeitsverhältnis zum Zeitpunkt des Zugangs der Kündigungserklärung ohne Unterbrechung noch nicht länger als sechs Monate besteht oder

2. die auf Stellen im Sinne des § 156 Absatz 2 Nummer 2 bis 5 beschäftigt werden oder

3. deren Arbeitsverhältnis durch Kündigung beendet wird, sofern sie
   a) das 58. Lebensjahr vollendet haben und Anspruch auf eine Abfindung, Entschädigung oder ähnliche Leistung auf Grund eines Sozialplanes haben oder
   b) Anspruch auf Knappschaftsausgleichsleistung nach dem Sechsten Buch oder auf Anpassungsgeld für entlassene Arbeitnehmer des Bergbaus haben.

[1] § 173 Abs 1 neu gef. mWv 1.1.2018 durch G v. 17.7.2017 (BGBl. I 2541).

²Satz 1 Nummer 3 (Buchstabe a und b) finden Anwendung, wenn der Arbeitgeber ihnen die Kündigungsabsicht rechtzeitig mitgeteilt hat und sie der beabsichtigten Kündigung bis zu deren Ausspruch nicht widersprechen.

(2) Die Vorschriften dieses Kapitels finden ferner bei Entlassungen, die aus Witterungsgründen vorgenommen werden, keine Anwendung, sofern die Wiedereinstellung der schwerbehinderten Menschen bei Wiederaufnahme der Arbeit gewährleistet ist.

(3) Die Vorschriften dieses Kapitels finden ferner keine Anwendung, wenn zum Zeitpunkt der Kündigung die Eigenschaft als schwerbehinderter Mensch nicht nachgewiesen ist oder das Versorgungsamt nach Ablauf der Frist des § 152 Absatz 1 Satz 3 eine Feststellung wegen fehlender Mitwirkung nicht treffen konnte.

(4) Der Arbeitgeber zeigt Einstellungen auf Probe und die Beendigung von Arbeitsverhältnissen schwerbehinderter Menschen in den Fällen des Absatzes 1 Nummer 1 unabhängig von der Anzeigepflicht nach anderen Gesetzen dem Integrationsamt innerhalb von vier Tagen an.

Übersicht

A. Allgemeines

1 Von dem besonderen Kündigungsschutz sind wie nach früherem Recht in § 20 SchwbG sbM ausgenommen, die auf bestimmten Arbeitsplätzen tätig sind, sodann aber auch Kündigungen, die aus bestimmten Gründen erfolgen (witterungsbedingte Kündigungen). Neu eingeführt wurde 1986, dass Kündigungsfreiheit für das erste Halbjahr des Bestehens des Arbeitsverhältnisses besteht. Damit soll die Einstellungsbereitschaft gefördert werden (BT-Drs. 10/3138, 21). Durch G v. 23.4.2004 (BGBl. I 606) wurde ab 1.5.2004 der Abs. 2a, jetzt Abs. 3) eingefügt, der das Kap. 4 bei fehlendem Nachweis ausschließt. Der BR hatte noch zu § 168 gefordert, das Erfordernis der Zustimmung schon dann auszuschließen, wenn vor der Kündigung der Ausweis oder der Gleichstellungsbescheid nicht vorgelegt wurde (BT-Drs. 15/2318, 16). In den Ausschussberatungen wurde daraus der frühere § 90 Abs. 2a, jetzt § 173 Abs. 3; der Kündigungsschutz sollte außer bei Offenkundigkeit oder Vorlage des Feststellungsbescheids nur noch gelten „in den Fällen, in denen ein Verfahren auf Feststellung der Eigenschaft als schwer behinderter Mensch zwar anhängig ist, das Versorgungsamt aber ohne ein Verschulden des Antragstellers noch keine Feststellung treffen konnte" (BT-Drs. 15/2357, 24 zu Nr. 21a; Cramer NZA 2004, 704). § 173 zählt die Tatbestände, bei deren Vorliegen die Kündigung eines sbM nicht der Zustimmung bedarf, enumerativ auf; weitere Befreiungen von der Zustimmungspflicht gibt es also nicht. Darüber hinaus entfällt die Zustimmungspflicht, wenn das Arbeitsverhältnis **ohne Kündigung endet,** weil es nur befristet abgeschlossen ist (→ § 168 Rn. 45 ff.) oder angefochten wird (→ § 168 Rn. 38 f., 44).

2 Für die sbM, auf welche einer der Tatbestände des § 173 zutrifft, entfällt der Kündigungsschutz des Vierten Kapitels **in vollem Umfange.** In den Fällen des § 173 Abs. 1 (während der ersten sechs Monate, sbM auf bestimmten Arbeitsplätzen), des § 173 Abs. 2 (Entlassungen aus Witterungsgründen) und des § 173 Abs. 3 (fehlender Nach-

weis) finden die Vorschriften des gesamten vierten Kapitels des Teils 3 keine Anwendung; der Arbeitgeber kann diese sbM wie sonstige Arbeitnehmer ohne Zustimmung des Integrationsamts kündigen und braucht auch die vierwöchige Mindestkündigungsfrist für sbM (§ 169) nicht einzuhalten.

Fristlose Kündigungen, die auf Grund der allgemeinen gesetzlichen Bestimmungen über die außerordentliche Kündigung eines Arbeitsverhältnisses ausgesprochen werden, sind bereits seit 1974 ebenfalls zustimmungspflichtig und nunmehr besonders in § 174 geregelt. Der fristlosen Kündigung eines sbM soll jedoch die Zustimmung des Integrationsamts erteilt werden, wenn die Kündigung aus einem Grund erfolgt, der in keinem Zusammenhang mit der Behinderung steht. Für sbM, denen lediglich aus Anlass eines Streiks oder einer Aussperrung gekündigt wurde, besteht gleichfalls eine Sondervorschrift; der Arbeitgeber muss sie nach Beendigung des Arbeitskampfes wieder einstellen (§ 174 Abs. 6). 3

Die Bestimmung, dass der Arbeitgeber Einstellungen sbM auf Probe und die Beendigung von Arbeitsverhältnissen während der ersten sechs Monate binnen vier Tagen **dem Integrationsamt anzuzeigen hat,** gehört an sich gesetzessystematisch in das Kap. 3. Es handelt sich hier um eine Nebenverpflichtung des Arbeitgebers, die den beteiligten Behörden die Durchführung des Gesetzes erleichtern soll (→ § 163 Rn. 8). 4

Die unter die Ausnahmen des § 173 fallenden sbM sind nicht schutzlos gestellt. Sie haben zwar nicht den besonderen Kündigungsschutz der sbM, können aber ihre Rechte, die ihnen aus Vertrag oder aus anderen Gesetzen zustehen, ohne Einschränkung geltend machen. Für die Rechtsverfolgung sind, da es sich um arbeitsrechtliche Ansprüche handelt, nur die Arbeitsgerichte zuständig. Diese entscheiden auch darüber, ob eine Kündigung nach den Vorgaben des BVerfG (27.1.1998 – 1 BvL 15/87, AP KSchG 1969 § 23 Nr. 17) gegen § 242 BGB verstößt, weil danach der verfassungsrechtliche Schutz des Arbeitsplatzes in Verbindung mit dem Sozialstaatsprinzip ein gewisses Maß an sozialer Rücksicht gebietet. Bei der Interessenabwägung im Kündigungsschutzprozess ist die Behinderung stets zu berücksichtigen (BAG 17.2.1977 – 2 AZR 687/75, AP SchwbG § 12 Nr. 1; 20.1.2000 – 2 AZR 378/99, AP KSchG 1969 § 1 Krankheit Nr. 38). Auch die Frage, ob die Vorschrift des § 183 im konkreten Fall zum Zuge kommt, oder ob es sich um eine Kündigung handelt, die ohne Zustimmung des Integrationsamts rechtsunwirksam ist, haben die Arbeitsgerichte zu entscheiden (NdsOVG 16.7.1952 – OVG H 8/52, DVBl 1953, 153). Hat das Integrationsamt rechtsirrig die Zustimmung erteilt, obwohl sie nicht erforderlich war, so ist dies für das arbeitsgerichtliche Verfahren ohne Bedeutung; das Arbeitsgericht kann trotz erteilter Zustimmung die Kündigung auf Grund der allgemeinen Bestimmungen für unwirksam erklären. Erachtet das Integrationsamt die Zustimmung zur Kündigung unrichtigerweise nicht für erforderlich und lehnt es deshalb ab, über einen Antrag zu entscheiden, so wird die Kündigung auch ohne die Zustimmung wirksam. In der Ablehnung einer Entscheidung über die Kündigung als nicht erforderlich liegt mittelbar eine Zustimmung zur Kündigung, wenn sonst alle Voraussetzungen erfüllt sind, also ein Antrag vorliegt, der Bescheid zugestellt ist und einen Verwaltungsakt, nicht bloß eine Auskunft darstellt und somit angefochten werden könnte (sog. Negativattest). Es ist dem Arbeitgeber nicht zuzumuten, durch Widerspruch oder durch Untätigkeitsklage vor dem Verwaltungsgericht eine Entscheidung und damit eine Zustimmung zu erzwingen (→ § 168 Rn. 82 mwN). 5

B. Ausnahme im ersten Halbjahr

Der gesamte Kündigungsschutz für sbM gilt nicht während der ersten sechs Monate des Arbeitsverhältnisses. Die Vorschrift entspricht § 1 Abs. 1 KSchG und wurde 1986 eingeführt. Nach der Regierungsbegründung soll die Ausdehnung dieser Regelung auf 6 alle Arbeitsverhältnisse im ersten halben Jahr die Einstellung Schwerbehinderter erleichtern. Um dem sbM Gelegenheit zu geben, seine volle Einsatzmöglichkeit zu zeigen, und sich auch ausreichend an einem vorgesehenen Arbeitsplatz einzuarbeiten, wurde zur Ermöglichung einer hinreichenden Erprobungszeit generell vorgesehen, den Kündigungsschutz erst nach sechs Monaten einsetzen zu lassen (BT-Drs. 10/3138, 21). Die Kündigung im ersten halben Jahr hängt auch nicht davon ab, ob ein Präventionsverfahren oder das betriebliche Eingliederungsmanagement vorher durchgeführt wurde, sie ist davon unabhängig ohne Zustimmung zulässig (BAG 28.6.2007 – 6 AZR 750/06, AP BGB § 307 Nr. 27; 24.1.2008 – 6 AZR 96/07, NZA-RR 2008, 404; 22.10.2015 – 2 AZR 720/14, AP SGB IX § 85 Nr. 13). Nur die Beteiligung der Schwerbehindertenvertretung muss auch in der Wartezeit eingehalten werden (BAG 13.12.2018 – 2 AZR 378/18, AP SGB IX 2018, § 178 Nr. 2: die betriebsverfassungsrechtliche Anhörung reicht dazu aus).

7 Der Kündigungsschutz greift erst dann ein, wenn die Sechsmonatsfrist im Zeitpunkt der Kündigung abgelaufen ist. Maßgeblich ist dafür der Zugang der Kündigungserklärung. Die Kündigung kann also auch nur wenige Tage vor Ablauf des Sechsmonatszeitraumes noch erfolgen und dann zu einem Zeitpunkt nach diesem Zeitraum ausgesprochen werden. Vereitelt der sbM den noch rechtzeitigen Zugang der Kündigung, gilt trotzdem die Kündigung für das erste Halbjahr und bedarf keiner Zustimmung (BAG 22.9.2005 – 2 AZR 366/04, AP BGB § 130 Nr. 24). Nur in Fällen, in denen die Kündigung vor Ablauf der Sechsmonatsfrist lediglich zu dem Zweck erfolgt, das Eintreten des Kündigungsschutzes zu verhindern, kann man in Analogie zu § 162 BGB den Kündigungsschutz eintreten lassen. Das kommt vor allem in Fällen in Frage, in denen früher gekündigt wird als nach dem G oder Vertrag zur Wahrung der Kündigungsfrist notwendig ist. Bei Kündigung kurz vor Ablauf der Wartezeit müssen weitere Umstände des individuellen Rechtsmissbrauchs hinzukommen, wenn der Kündigungsschutz nach § 162 BGB trotzdem eingreifen soll (BAG 28.9.1978 – 2 AZR 2/77, AP BetrVG 1972 § 102 Nr. 19; 18.8.1982 – 7 AZR 437/80, AP BetrVG 1972 § 102 Nr. 24; APS/Vossen KSchG § 1 Rn. 32; ErfK/Rolfs § 173 Rn. 1; Gallner/Mestwerdt/Nägele/Osnabrügge §§ 168–175 Rn. 6; KR/Gallner §§ 168–173 Rn. 30 f.; LPK-SGB IX/Düwell § 173 Rn. 19; Löwisch/Spinner KSchG § 1 Rn. 52).

8 Maßgeblich ist die Dauer des Arbeitsverhältnisses ohne Unterbrechung. Dabei ist allein auf den rechtlichen Bestand des Arbeitsverhältnisses abzustellen. Unterbrechungen durch Urlaub, Krankheit, Kurzarbeit, Streik, vorübergehende Stilllegung des Betriebes uÄ unterbrechen das Arbeitsverhältnis nicht, sondern sind in den rechtlichen Bestand einzubeziehen und lassen den Lauf der Sechsmonatsfrist unberührt. Entscheidend ist weiter der Bestand des Arbeitsverhältnisses für die Dauer von sechs Monaten zu demselben Arbeitgeber. Deshalb ist es unerheblich, ob das Arbeitsverhältnis in ein- und demselben Betrieb oder derselben Dienststelle oder in unterschiedlichen Betrieben oder Dienststellen desselben Arbeitgebers durchgeführt wird. Wenn mehrere Arbeitsverhältnisse unmittelbar nacheinander im zeitlichen Zusammenhang abgewickelt werden, sind sie für die Berechnung der Sechsmonatsfrist zusammenzuzählen (BAG 23.9.1976 – 2 AZR 309/75, AP KSchG 1969 § 1 Wartezeit Nr. 1; 6.12.1976 – 2 AZR 470/75, AP KSchG 1969 § 1 Wartezeit Nr. 2). Liegt dagegen zwischen zwei Arbeitsverhältnissen eine längere Zeit, beginnt die Sechsmonatsfrist bis zum Eintritt des Kündigungsschutzes mit der Begründung des zweiten Arbeitsverhältnisses neu zu laufen (BAG 22.9.2005 – 2 AZR 366/04, AP BGB § 130 Nr. 24; 18.1.1979 – 2 AZR 254/77, AP KSchG 1969 § 1 Wartezeit Nr. 3; 10.5.1989 – 7 AZR 450/88, AP KSchG 1969 § 1 Wartezeit Nr. 7; 20.8.1998 – 2 AZR 76/98, AP KSchG 1969 § 1 Wartezeit Nr. 9; 20.8.1998 – 2 AZR 83/98, AP KSchG 1969 § 1 Wartezeit Nr. 10; 24.11.2005 – 2 AZR 614/04, AP KSchG 1969 § 1 Wartezeit Nr. 19). Für die Dauer der Unterbrechung kommt es im Einzelfall darauf an, aus welchen Gründen eine rechtliche Unterbrechung vorgenommen wird, welche Vereinbarungen von vornherein oder nachher dazu geschlossen worden sind und welchen Umfang die Unterbrechung annimmt. Weiter ist eine gewisse Regelmäßigkeit zu berück-

sichtigen (BAG 4.4.1990 – 7 AZR 259/89, AP BGB § 620 Befristeter Arbeitsvertrag Nr. 136). Im Allgemeinen kann man davon ausgehen, dass eine kurzfristige Unterbrechung unschädlich ist, insbes. wenn zwischen den Arbeitsverhältnissen ein sachlicher Zusammenhang besteht. Eine längere rechtliche Unterbrechung, die mehrere Wochen oder sogar Monate dauert, wird dagegen stets eine neue Wartezeit beginnen lassen (Anm. Hueck in BAG 18.1.1979 – 2 AZR 254/77, AP KSchG 1969 § 1 Wartezeit Nr. 3; APS/Vossen KSchG § 1 Rn. 37 ff.; Linck/Krause/Bayreuther KSchG § 1 Rn. 104 ff.; KR/Griebeling KSchG § 1 Rn. 108 ff.). Dabei wird nicht auf die Frist von sechs Monaten nach § 14 Abs. 3 S. 3 TzBfG zurückgegriffen, sondern auch schon kürzere Zeiten als Beginn eines neuen Arbeitsverhältnisses angesehen (zweieinhalb Monate BAG 11.11.1982 – 2 AZR 552/81, AP BGB § 620 Befristeter Arbeitsvertrag Nr. 71; zwei Monate BAG 10.5.1989 – 7 AZR 450/88, AP KSchG 1969 § 1 Wartezeit Nr. 7; anderthalb Monaten BAG 22.5.2003 – 2 AZR 426/02, AP KSchG 1969 § 1 Wartezeit Nr. 18; nicht bei mehr als fünf Monaten, BAG 22.9.2005 – 2 AZR 366/04, AP BGB § 130 Nr. 24; wohl aber bei Geschäftsführerzeit BAG 24.11.2005 – 2 AZR 614/04, AP KSchG 1969 § 1 Wartezeit Nr. 19; die Zeit der Schulferien für Lehrer BAG 19.6.2007 – 2 AZR 94/06, AP KSchG 1969 § 1 Wartezeit Nr. 23). Es kommt stets auf eine Gesamtbetrachtung an (BAG seit 6.12.1976 – 2 AZR 470/75, AP KSchG 1969 § 1 Wartezeit Nr. 2; 28.6.2000 – 7 AZR 920/98, AP BeschFG 1996 § 1 Nr. 2; 24.11.2005 – 2 AZR 614/04, AP KSchG 1969 § 1 Wartezeit Nr. 19; zuletzt BAG 28.8.2008 – 2 AZR 101/07, AP KSchG 1969 § 1 Nr. 88; 7.7.2011 – 2 AZR 12/10, AP KSchG 1969 § 1 Wartezeit Nr. 25; 7.7.2011 – 2 AZR 476/10, AP KSchG 1969 § 1 Wartezeit Nr. 26; 24.10.2013 – 2 AZR 1057/12, AP KSchG 1969 § 1 Wartezeit Nr. 27; 20.2.2014 – 2 AZR 859/11, AP KSchG 1969 § 1 Wartezeit Nr. 28). Zwei Tage sind keine beachtliche Unterbrechung (BAG 27.6.2002 – 2 AZR 270/01, AP KSchG 1969 § 1 Wartezeit Nr. 15). Für die auch in der Wartezeit einzuhaltende Beteiligung der Schwerbehindertenvertretung reicht deren ordnungsgemäße Anhörung aus (BAG 13.12.2018 – 2 AZR 378/18, AP SGB IX 2018 § 178 Nr. 2).

Keine Unterbrechung des Arbeitsverhältnisses liegt vor, wenn der Betrieb auf einen 9
anderen Arbeitgeber oder Rechtsnachfolger übergeht (§ 613a BGB), wenn Insolvenz einsetzt und der Betrieb fortgeführt wird, wenn die Organisation eines Unternehmens geändert wird oder eine Gesamtrechtsnachfolge eintritt (Erbfall, Verschmelzung, Vermögensübertragung).

C. Ausgenommene Personenkreise

Die Personen, die auf Stellen beschäftigt werden, die gem. § 156 Abs. 2 Nr. 2–5 nicht 10
als Arbeitsplätze iSd Teil 3 zählen, haben nicht den besonderen Kündigungsschutz des Gesetzes. Sie können nach den allgemeinen arbeitsrechtlichen Vorschriften gekündigt werden; der Zustimmung des Integrationsamts bedarf es nicht. Ebenso gilt für diese Personen nicht die vierwöchige Mindestkündigungsfrist des sbM (§ 169). Nicht vom Kündigungsschutz ausgenommen sind dagegen schwerbehinderte Lehrlinge, Anlernlinge, Umschüler und Volontäre, die zur beruflichen Anpassung und Weiterbildung an Leistungen zur Teilnahme am Arbeitsleben gem. § 49 Abs. 3 Nr. 4 teilnehmen (§ 156 Abs. 2 Ziff. 1). Nur die in § 156 Abs. 2 Nr. 2–5 genannten Personen haben auch als sbM keinen Kündigungsschutz; diese vom Kündigungsschutz ausgenommenen Personen stehen meist nicht in einem echten Arbeitsverhältnis (§ 156 Abs. 2 Nr. 2, 3) oder das Arbeitsverhältnis lässt wegen seiner besonderen Gestaltung (§ 156 Abs. 2 Nr. 4) oder auf Grund der demokratischen Wahlvorschriften (§ 156 Abs. 2 Nr. 5) den besonderen Kündigungsschutz untunlich erscheinen. Das Kündigungsschutzgesetz und das Betriebs-

verfassungsgesetz machen aus den gleichen Gründen ähnliche Ausnahmen (vgl. § 14 KSchG; § 5 ArbGG; § 5 BetrVG; → § 156 Rn. 51 ff.).

11 Der Kündigungsschutz bezieht sich schon nach § 168 nur auf Arbeitsverhältnisse, also nur auf die Kündigung von Arbeitnehmern im Sinne des Arbeitsrechts, wozu auch Auszubildende gehören. Keinen Kündigungsschutz haben deshalb, ohne dass das noch – wie bisher – im G besonders erwähnt zu werden braucht, alle Personen, die nicht in einem Arbeitsverhältnis, sondern in einem Dienstverhältnis stehen, das nach § 621 BGB gekündigt werden kann. Die Organmitglieder juristischer Personen, die zur gesetzlichen Vertretung befugt sind, die Gesellschafter einer OHG, KG oder bürgerlich-rechtlichen Gesellschaft, gleichgültig, ob sie zur Vertretung befugt sind oder nicht, stehen in einem solchen, ohne Zustimmung und Mindestkündigungsfrist kündbaren freien Dienstverhältnis. Der Ausschluss ergibt sich schon stets aus der besonderen Art der Beschäftigung (OGH 10.6.1949 – II bZS 77/49, AP 50 Nr. 108; BGH 28.1.1952 – II ZR 265/51, RdA 1953, 159; 12.11.1952 – II ZR 260/51, RdA 1953, 117). Im Gegensatz zum früheren Recht können jedoch die sog. leitenden Angestellten, Geschäftsführer (wenn sie nicht Organmitglieder sind), Betriebsleiter usw nur mit Zustimmung des Integrationsamts gekündigt werden, da sie in einem Arbeitsverhältnis stehen.

12 **Ausdrücklich** sind nach **§ 156 Abs. 2 Nr. 2 ausgenommen:**

12a Personen, deren Beschäftigung **nicht** in erster Linie **dem Erwerb dient,** sondern aus religiösen und karitativen Beweggründen erfolgt, und Personen, deren Beschäftigung vorwiegend ihrer Heilung, Erziehung, Besserung oder Wiedereingewöhnung dient (§ 156 Abs. 2 Nr. 2, 3; → § 156 Rn. 51 f.). Hier handelt es sich zumeist um keine echten Arbeitsverhältnisse oder um solche, die mit zweckbedingten Maßstäben gemessen werden müssen.

13 **Teilnehmer** an Maßnahmen zur **Arbeitsbeschaffung** nach dem Dritten Buch, dem SGB III (§ 156 Abs. 2 Nr. 4; → § 156 Rn. 54). Diese früher sog. Notstandsarbeiter haben zwar ein echtes Arbeitsverhältnis, die Dauer ihrer Beschäftigung ist jedoch begrenzt. Werden sie in eine Arbeitsstelle auf dem sonstigen Arbeitsmarkt vermittelt, so müssen sie abberufen werden können. Die Zustimmung und die vierwöchige Kündigungsfrist müssen daher entfallen.

14 In Pflichtarbeit Beschäftigte nach § 19 BSHG waren bis zum 31.12.2004 ebenfalls ausgenommen (früher Nr. 6). Nach Einführung des SGB XII ist diese Vorschrift gestrichen (→ § 156 Rn. 56).

15 **Personen,** die nach ständiger Übung in ihren Stellen **gewählt** werden (§ 156 Abs. 2 Nr. 5; → § 156 Rn. 55). Hier wird zwar nach der Wahl in der Regel ein echtes Arbeitsverhältnis begründet. Trotzdem würde es demokratischen Grundsätzen nicht entsprechen, solche Personen in ihrer Stellung zu halten, wenn die Voraussetzungen, nämlich die Wahl und damit das erforderliche Vertrauen des Wählenden, nicht mehr gegeben sind.

D. Kündigung nach 58. Lebensjahr

16 Neu eingefügt wurde 1986 die Vorschrift des Abs. 1 Nr. 3 für die Kündigung nach dem 58. Lebensjahr. Eine Zustimmung des Integrationsamts zur Kündigung wurde nicht für erforderlich gehalten, wenn der sbM sozial abgesichert ist, indem er entweder nach Vollendung des 58. Lebensjahres Anspruch auf Leistungen aus einem Sozialplan hat oder Knappschaftsausgleichsleistungen oder Anpassungsgeld im Bergbau beanspruchen kann. Erhebt dann der sbM keine Einwendungen gegen die Kündigung, ist ein besonderer Kündigungsschutz nicht mehr erforderlich (BT-Drs. 10/3138, 21). Die Knappschaftsausgleichsleistungen nach dem Reichsknappschaftsgesetz und das Anpassungsgeld für entlassene Arbeitnehmer des Bergbaus richten sich nach den gesetzlichen Bestimmungen

des SGB VI. Die Leistungen aus einem Sozialplan werden nach dem jeweiligen Sozialplan festgelegt und können daher höchst unterschiedlich sein. Auf eine bestimmte Höhe kommt es aber für die Ausnahme vom Kündigungsschutz nicht an.

Wesentlich ist für die Ausnahme vom Kündigungsschutz, dass dem sbM die Kündigung rechtzeitig mitgeteilt wird und er gegen die beabsichtigte Kündigung keine Einwendungen erhebt. Dabei muss der sbM ausreichend Zeit für Überlegungen haben und wissen, welche Leistungen ihn erwarten. Nur dann kann er abwägen, ob er mit dem frühzeitigen Ausscheiden einverstanden ist. Auf die Widerspruchsmöglichkeit braucht nicht besonders hingewiesen zu werden. Eine Mitteilung kann unter diesen Umständen nur dann als rechtzeitig angesehen werden, wenn sie wenigstens drei Wochen vor der Kündigung ergeht, da die Überlegungen zur Klagefrist im Kündigungsschutzverfahren nach § 4 KSchG dieselben sein müssen. Wenn dem sbM dann bei Mitteilung der Kündigungsabsicht drei Wochen vor deren Erklärung alle notwendigen Daten bekannt sind, und er sich binnen dieser drei Wochen nicht äußert und keine Einwendungen gegen die Kündigung erhebt, entfällt der Kündigungsschutz nach Abs. 1 Nr. 3 (ErfK/Rolfs § 173 Rn. 3; geringer nach KR/Gallner §§ 168–173 Rn. 59 f.; LPK-SGB IX/Düwell § 173 Rn. 24). 17

Der Widerspruch kann formlos erfolgen. Es genügt, dass der sbM dem Arbeitgeber oder seinem Vertreter nach Mitteilung über eine beabsichtigte Kündigung mitteilt, er sei damit nicht einverstanden. Das braucht weder schriftlich noch binnen einer bestimmten Frist zu geschehen, muss aber vor Zugang der Kündigung erfolgen. Deshalb muss die Mitteilung auch die Angabe enthalten, wann die Kündigung ausgesprochen werden soll, damit der sbM weiß, bis wann er seinen Widerspruch anbringen kann. Der Widerspruch kann jederzeit, auch noch im Rechtsmittelverfahren zurückgenommen werden. Dann ist das Zustimmungserfordernis weggefallen und das Verfahren erledigt. Eine einverständliche Aufhebung des Arbeitsvertrages ist darin aber noch nicht zu sehen; weitergehend fordern den Widerspruch bis zum Ausspruch der Kündigung ErfK/Rolfs § 173 Rn. 3; KR/Gallner §§ 168–173 Rn. 44; LPK-SGB IX/Düwell § 173 Rn. 25 f. 18

E. Entlassungen aus Witterungsgründen

Seit der Novelle v. 3.7.1961 fallen nicht nur Entlassungen auf Baustellen sondern alle Entlassungen aus Witterungsgründen nicht mehr unter den Kündigungsschutz. Auch ist die Fassung weiter. Während früher eine Baustelle jeweils aus Witterungsgründen stillgelegt werden musste, genügt jetzt eine Entlassung aus Witterungsgründen, ohne dass gleich die gesamte Baustelle stillgelegt werden müsste. Der **gesamte Kündigungsschutz des Kap. 4,** also das Erfordernis der Zustimmung des Integrationsamts und die vierwöchige Kündigungsfrist, entfällt, wenn die Entlassung aus Witterungsgründen erfolgt und wenn die Wiedereinstellung des sbM bei Wiederaufnahme der Arbeit gewährleistet ist. Zu beachten ist, dass im Baugewerbe und Serienbetrieben für die Förderzeit und Schlechtwetterzeit (zwischen 1.12. und 31.3., § 101 SGB III) die allgemeinen Fördervoraussetzungen für Kurzarbeitergeld bestehen (§§ 101, 102 SGB III). Die Arbeitsverhältnisse bestehen fort. 19

Der Geltungsbereich dieser Ausnahme nach § 173 Abs. 2 beschränkt sich nicht mehr auf Baustellen, sondern umfasst alle Arbeiten, die zB in der Landwirtschaft, im Forstbetrieb, in Gärtnereien, in der Fischerei, Schifffahrt und Flößerei, im Tagebergbau, in Steinbrüchen und Ziegeleien aus Witterungsgründen nicht mehr durchgeführt werden können und deshalb zu Entlassungen führen. Ob dabei andere Stellen des Betriebes noch arbeiten oder arbeiten können, ist unerheblich. Entlassung aus Witterungsgründen erfolgt, wenn die Fortsetzung der Arbeit infolge ungünstiger Witterung technisch unmöglich wird oder nicht mehr zugemutet werden kann. Als schlechtes Wetter gelten dabei 20 sowohl die atmosphärischen Einwirkungen (Regen, Schnee usw) selbst, als auch ihre Folgeerscheinungen wie Frost, Nässe usw. Die Folgeerscheinungen müssen aber ebenfalls Witterungseinflüsse sein. Kann wegen der Witterung ein Teil der Belegschaft nicht beschäftigt werden, weil die Außenarbeiten wegfallen (zB Angestellte im Büro- und Innendienst), findet § 173 Abs. 2 keine Anwendung. Es geht auch zu weit, mittelbare Folgen schlechter Witterung, etwa Auftragsmangel aus Witterungsgründen einzubeziehen (aA LAG München 24.10.1986 – 3 Sa 438/86, DB 1987, 1444; KR/Gallner §§ 168–173 Rn. 46; LPK-SGB IX/Düwell § 173 Rn. 28). Ohnehin wird es in den meisten Fällen kaum möglich sein, zurückgehende Aufträge allein auf die Witterung zurückzuführen.

21 Der Kündigungsschutz des sbM entfällt nur, wenn der Arbeitgeber sich dem sbM gegenüber verpflichtet, ihn bei Wiederaufnahme der Tätigkeit **wieder einzustellen.** Die Verpflichtung kann entweder durch Tarifvertrag, Betriebsvereinbarung oder durch Einzelarbeitsvertrag erfolgen.

22 Kommt der Arbeitgeber seiner Verpflichtung zur Wiedereinstellung bei Wiederaufnahme der Arbeit nicht nach, so ist die Kündigung des sbM unwirksam, da die Zustimmung des Integrationsamts fehlt. Der Ausnahmefall des § 173 Abs. 2 war nicht gegeben (ErfK/Rolfs § 173 Rn. 4; KR/Gallner §§ 168–173 Rn. 47; LPK-SGB IX/Düwell § 173 Rn. 29; aA auch LPK-SGB IX/Düwell § 90 Rn. 30 zu a: nur Schadensersatz wegen Nichterfüllung). Eine Wiedereinstellung, die nicht erfolgt, war auch nicht gewährleistet. Können die Arbeiten aus einem von dem Unternehmer nicht zu vertretenden Grunde dagegen überhaupt nicht wiederaufgenommen werden, so ist die ohne Zustimmung ausgesprochene Kündigung trotzdem rechtsgültig und es bestehen auch keine Schadensersatzansprüche.

F. Fehlender Nachweis

23 Ab 1.5.2004 gilt der frühere § 90 Abs. 2a, jetzt § 173 Abs. 3. Das Kap. 4 und damit der gesamte Kündigungsschutz für sbM gilt danach nicht, wenn zum Zeitpunkt der Kündigung die Schwerbehinderung nicht nachgewiesen ist oder wegen fehlender Mitwirkung des sbM noch nicht festgestellt werden konnte. Der Arbeitgeber, der von der Schwerbehinderteneigenschaft nichts weiß und wegen fehlender Offensichtlichkeit auch nichts wissen konnte, soll sich darauf verlassen können, dass eine behördliche Zustimmung für die Kündigung nicht notwendig ist. Es ist Sache des sbM, seine Schwerbehinderteneigenschaft mitzuteilen, und zwar vor dem Zeitpunkt der Kündigung. Etwas anderes gilt nur bei Offenkundigkeit (→ § 168 Rn. 34) oder bei rechtzeitiger Antragstellung, die ohne Verschulden des sbM noch nicht zur Feststellung führte (BT-Drs. 15/2357, 24; Cramer NZA 2004, 704). Die Vorschrift war zunächst sehr umstritten und wurde als sprachlich missglückt bezeichnet (Griebeling NZA 2005, 499; Bitzer NZA 2006, 1082; Etzel FS DAV Arbeitsrecht, 2006, 241; Schlewing NZA 2005, 1218; Großmann AuR 2007, 70). Da bis zum 30.4.2004 der Behinderte bis zu einem Monat nach der Kündigung dagegen angehen konnte, indem er behauptete, schwerbehindert zu sein, sollte diese Verzögerung einer Entscheidung im Kündigungsprozess vermieden werden (BT-Drs. 15/2357; Cramer NZA 2004, 704). Der Vorschlag des Bundesrates, nur die Vorlage des Ausweises oder Bescheids über die Schwerbehinderteneigenschaft zum Zeitpunkt der Kündigung zum Sonderschutz ausreichen zu lassen, wurde nicht G (BR-Drs. 746 2/03). Damit blieb die Wirkung von Abs. 3 zunächst umstritten (vgl. die Angaben zur Lit. und Instanzrechtsprechung Neumann/Pahlen/Majerski-Pahlen, 11. Aufl. 2005, Rn. 23). Inzwischen ist durch höchstrichterliche Rspr. des Bundesarbeitsgerichts geklärt, dass Abs. 3 nicht die zunächst gewünschte rasche Klarheit bringt, sondern nur dann den besonderen Kündigungsschutz des § 168 nimmt, wenn die Schwerbehinderteneigenschaft nicht offenkundig ist und wenn sie nicht mindestens drei Wochen vor dem Zugang

der Kündigung beantragt wurde. Hinzu kommt nur noch der seltene Fall, dass bei rechtzeitiger Beantragung der Behinderte es an der notwendigen Mitwirkung beim Feststellungsverfahren fehlen ließ. Damit gilt: Fehlt eine Anerkennung als sbM durch Ausweis oder sonstige Feststellung nach § 152 muss trotzdem die Zustimmung des Integrationsamts nach § 168 vor der Kündigung eingeholt werden, wenn die Schwerbehinderteneigenschaft offenkundig ist (→ Rn. 41; → § 168 Rn. 34) oder wenn sie oder die Gleichstellung wenigstens drei Wochen vor dem Zugang der Kündigung beantragt war. Es kommt dann nur darauf an, dass sich der Arbeitnehmer binnen drei Wochen nach der Kündigung auf den Schutz beruft und letztlich die Gleichstellung oder ein GdB von mindestens 50 festgestellt wird (BAG 1.3.2007 – 2 AZR 217/06, AP SGB IX § 90 Nr. 2; 6.9.2007 – 2 AZR 324/06, AP SGB IX § 90 Nr. 4; 29.11.2007 – 2 AZR 613/06, AP SGB IX § 90 Nr. 5 zu § 90; BAG 11.12.2008 – 2 AZR 395/07 AP BGB § 613a Nr. 362; BAG 9.6.2011 – 2 AZR 703/09, AP SGB IX § 85 Nr. 11; 26.9.2013 – 8 AZR 650/12, AP AGG § 15 Nr. 14; 23.7.2015 – 6 AZR 457/14, AP AGG § 7 Nr. 7). Davon geht inzwischen auch die Kommentarliteratur aus (zB ErfK/Rolfs § 173 Rn. 7; KR/Gallner §§ 168–173 Rn. 48 ff.; aA aber für die Einbeziehung der Gleichstellung LPK-SGB IX/Düwell § 173 Rn. 47 f.). Damit bleibt es dabei, dass in den Fällen, in denen der Antrag auf Feststellung der Schwerbehinderung rechtzeitig mindestens drei Wochen vor Zugang der Kündigung gestellt wurde, und der sbM bis zu drei Wochen danach auch darauf hinweist, die Kündigung unwirksam ist, weil die vorherige Zustimmung nach § 85 fehlt. Erst wenn rechtskräftig später festgestellt wird, dass der GdB weniger als 50 beträgt, kann die Kündigung noch nicht an der fehlenden Zustimmung scheitern. Deshalb ist dann zu einem Antrag auf Zustimmung nach § 168 zu raten, wird er beschieden, gilt er ggf. als Negativattest, so dass gekündigt werden kann (Laber/Rous ArbRB 2005, 368). Die Gerichte für Arbeitssachen können dann entscheiden oder das Verfahren über die zweite Kündigung aussetzen. Stellt die Behörde einen GdB unter 50 fest, bleibt die erste Kündigung ohne Zustimmungserfordernis, die Gerichte für Arbeitssachen können entscheiden, und wenn der sbM später im Widerspruchs- oder Rechtsmittelverfahren mit GdB 50 und mehr festgestellt wird, weil der sbM dann ggf. Restitutionsklage entspr. § 580 ZPO erheben kann (→ § 168 Rn. 22). Bei der Entscheidung haben die Gerichte für Arbeitssachen trotz der Ausnahme in § 2 Abs. 4 AGG für Kündigungen zwar nicht das AGG, wohl aber die allgemeinen Regeln für den Schutz Behinderter nach EG-Richtlinie 2000/78 zu beachten (EuGH 11.7.2006 – C-13/05, NZA 2006, 839). Nach dieser Vorschrift ist auch bei den ausgenommenen Kreisen das allgemeine Gleichbehandlungsgebot des AGG zu beachten, wonach auch bei der Kündigung keine Benachteiligung wegen einer Behinderung vorkommen darf (§ 164 Abs. 2 Nr. 2; BAG 24.1.2013 – 8 AZR 188/12, AP AGG § 22 Nr. 7; 26.9.2013 – 8 AZR 650/12, AP AGG § 15 Nr. 14; 23.7.2015 – 6 AZR 457/14, AP AGG § 7 Nr. 7). § 173 Abs. 3 gilt auch bei der außerordentlichen Kündigung (→ § 174 Rn. 9).

Außer bei einem fehlenden Nachweis entfällt die Anwendung des Kap. 4 auch dann, 24
wenn dem Antrag wegen fehlender Mitwirkung des sbM noch nicht entsprochen werden konnte. Diese Mitwirkungspflicht ergibt sich aus § 60 SGB I und betrifft vor allem die notwendigen Angaben und Nachweise. Nur wenn alle danach erforderlichen An- und Eingaben rechtzeitig gemacht worden sind, kann der rechtzeitige Antrag vor der Kündigung noch zum Erfordernis der Zustimmung führen, was dann spätestens binnen drei Wochen geltend zu machen ist (→ § 168 Rn. 37).

G. Anzeigepflicht

Abs. 4 enthält seit 1.8.1986 nur noch die Anzeigepflicht. Der Arbeitgeber hat die 25
Einstellung eines sbM zur Probe und jede Beendigung von Arbeitsverhältnissen mit

sbM während der ersten sechs Monate binnen vier Tagen dem zuständigen Integrationsamt anzuzeigen. Die Anzeige ist von dem Arbeitgeber oder von dem von ihm hierzu bestellten Beauftragten abzugeben. Die Frist beginnt mit der tatsächlichen Einstellung oder dem Tage der Arbeitsaufnahme und nicht etwa mit dem ggf. vorher liegenden Abschluss des Arbeitsvertrages (ErfK/Rolfs § 173 Rn. 9; KR/Gallner §§ 168–173 Rn. 32; LPK-SGB IX/Düwell § 173 Rn. 34; aA, der Zeitpunkt des Abschlusses des Vertrages sei maßgeblich noch BFKR/Dopatka § 90 Rn. 15; KHM/Kossens § 90 Rn. 24). Die Verpflichtung gilt für öffentliche und private Arbeitgeber und ist unabhängig davon, ob die Probezeit befristet oder einem unbefristeten Arbeitsverhältnis nur vorgeschaltet ist. Die Anzeigepflicht ist eine selbständige Nebenverpflichtung des Arbeitgebers, die § 173 Abs. 4 ihm auferlegt. Sie dient dazu, dem Integrationsamt die Durchführung des Gesetzes zu erleichtern. Die Anzeigepflicht über die Einstellung dieser sbM besteht unabhängig von der Anzeigepflicht auf Grund anderer Gesetze. Sie besteht neben und unabhängig von der allgemeinen Meldepflicht nach § 28a SGB IV. Die Anzeige entbindet nicht von der Erteilung weiterer Auskünfte (§ 163 Abs. 5); auch das Recht zum Einblick in den Betrieb bleibt unberührt (§ 163 Abs. 7). Sie hat keine Rückwirkung auf den Kündigungsschutz; auch bei unterbliebener Anzeige bleibt die Kündigung während der ersten sechs Monate zustimmungsfrei. Die Anzeigepflicht soll nur dem Integrationsamt eine besondere Fürsorge ermöglichen und hat deshalb als Verpflichtung gegenüber dem Integrationsamt keine privatrechtlichen Auswirkungen auf die Vertragsbeziehungen mit dem sbM (BAG 21.3.1980 – 7 AZR 314/78, AP SchwbG § 17 Nr. 1 m. zust. Anm Jung; LAG Düsseldorf 9.6.1978 – 16 Sa 891/77, DB 1978, 1698; 4.9.1979 – 11 Sa 948/79, DB 1980, 261; LAG Hamm 26.4.1979 – 9 Sa 195/79, DB 1979, 1367; ArbG Lörrach 24.3.1975 – 1 Ca 1451/74, BB 1975, 1255; LAG Bln 27.8.2010 – 13 Sa 988/10, LAGE § 90 SGB IX Nr. 6). Der Arbeitgeber kann allerdings bei schuldhafter Verletzung der Anzeigepflicht zum Ersatz des Schadens verpflichtet sein, der dadurch entsteht (BAG 21.3.1980 – 7 AZR 314/78, AP SchwbG § 17 Nr. 1), zB bei verzögerten Geldleistungen des Integrationsamts (KR/Gallner §§ 168–173 Rn. 33).

26 Die **Beendigung** von Arbeitsverhältnissen während der ersten sechs Monate ist des Integrationsamts ebenfalls anzuzeigen. Auch hier gilt die Frist von vier Tagen, die sich von der tatsächlichen Beendigung an berechnet. Es ist also darauf abzustellen, wann der sbM seine Arbeit wegen des Endes des Arbeitsverhältnisses beendet; die Kündigung oder Anzeige eines Fristablaufes ist für den Beginn der Viertagesfrist nicht maßgeblich (KR/Gallner §§ 168–173 Rn. 33; Deinert/Welti/Braasch § 105 Rn. 132, das G stellt nicht auf die Kündigung, sondern ausdrücklich auf die Beendigung ab). Unerheblich ist weiter, ob das Arbeitsverhältnis durch Kündigung oder durch Fristablauf endet. Die Einführung der Anzeigepflicht auch für die Beendigung dient nicht der Überwachung der Grenzen des § 90 Abs. 1 Nr. 1, sondern soll dem Integrationsamt die Möglichkeit geben, dem sbM mit der begleitenden Hilfe im Arbeitsleben zur Seite zu stehen, wie das in den ersten sechs Monaten, die vor allem auch der Erprobung und Bewährung dienen sollen, nach deren Beendigung besonders wichtig ist (vgl. RegBegr. BT-Drs. 7/656, 31). Deshalb muss jedes Auslaufen eines Arbeitsverhältnisses ohne Zustimmung dem Integrationsamt angezeigt werden, ganz gleich, ob es durch Kündigung oder durch Fristablauf endet. In jedem Falle muss nämlich den Gründen der Erfolglosigkeit nachgegangen werden, um hier mit Rehabilitationsmaßnahmen ansetzen zu können. Deshalb muss die Anzeige bei allen Beendigungen erfolgen, auch wenn auf Grund einer Kündigung vor Ablauf der ersten sechs Monate das Arbeitsverhältnis erst danach endet, entscheidend ist, dass die Kündigung ohne Zustimmung erfolgt und das Integrationsamt Kenntnis erhalten soll. Wegen der Bezugnahme auf Abs. 1 Nr. 1 sollen allerdings Kündigungen des sbM oder Aufhebungsverträge nicht anzeigepflichtig sein (KR/Gallner §§ 85–90 Rn. 32; Knittel § 90 Rn. 67; KHM/Kossens § 90 Rn. 25 LPK SGB IX/Düwell § 173 Rn. 31), die Bezugnahme soll aber nur auf die ersten sechs Monate hinweisen, so dass die Anzeigepflicht jede

Beendigung betrifft. Die Anzeige an das Integrationsamt ist deshalb auch unabhängig von anderen Anzeigepflichten, insbes. nach § 28a SGB IV.

Die Anzeige von Einstellung zur Probe und Beendigung von Arbeitsverhältnissen während der ersten sechs Monate ist jetzt dem Integrationsamt zu erstatten. Sie braucht nicht mehr in doppelter Ausfertigung eingereicht zu werden. Die Bundesagentur für Arbeit erhält die Meldung nach § 28a SGB IV. Daraus folgt aber weiter, dass die Anzeige nicht in jedem Fall schriftlich abzugeben ist. Vielmehr genügt eine mündliche oder fernmündliche Unterrichtung, da Schriftform nicht mehr vorgeschrieben ist. Nachdem die Bußdrohung für die unterlassene Anzeige ebenfalls weggefallen ist, kann man Schriftform auch nicht mehr wegen des Nachweises der rechtzeitigen Erfüllung der Verpflichtung in jedem Falle anraten. Hier ist vielmehr eine Vereinfachung des Verfahrens vorgenommen worden, die sich auch zugunsten des Arbeitgebers auswirkt und eine formlose Anzeige an das Integrationsamt gestattet. 27

§ 174 Außerordentliche Kündigung

(1) Die Vorschriften dieses Kapitels gelten mit Ausnahme von § 169 auch bei außerordentlicher Kündigung, soweit sich aus den folgenden Bestimmungen nichts Abweichendes ergibt.

(2) [1]Die Zustimmung zur Kündigung kann nur innerhalb von zwei Wochen beantragt werden; maßgebend ist der Eingang des Antrages bei dem Integrationsamt. [2]Die Frist beginnt mit dem Zeitpunkt, in dem der Arbeitgeber von den für die Kündigung maßgebenden Tatsachen Kenntnis erlangt.

(3) [1]Das Integrationsamt trifft die Entscheidung innerhalb von zwei Wochen vom Tag des Eingangs des Antrages an. [2]Wird innerhalb dieser Frist eine Entscheidung nicht getroffen, gilt die Zustimmung als erteilt.

(4) Das Integrationsamt soll die Zustimmung erteilen, wenn die Kündigung aus einem Grund erfolgt, der nicht im Zusammenhang mit der Behinderung steht.

(5) Die Kündigung kann auch nach Ablauf der Frist des § 626 Absatz 2 Satz 1 des Bürgerlichen Gesetzbuchs erfolgen, wenn sie unverzüglich nach Erteilung der Zustimmung erklärt wird.

(6) Schwerbehinderte Menschen, denen lediglich aus Anlass eines Streiks oder einer Aussperrung fristlos gekündigt worden ist, werden nach Beendigung des Streiks oder der Aussperrung wieder eingestellt.

Übersicht

A. Allgemeines

In der Vorschrift des § 174 sind alle Bestimmungen über die außerordentliche Kündigung zusammengefasst. Früher war die fristlose Kündigung aus wichtigem Grund überhaupt zustimmungsfrei. Ursprünglich bei Kriegsbeschädigten, dann aber auch bei sonstigen sbM (seit 1953) bedurfte die fristlose Entlassung jedoch in den Fällen der Zustim- 1 mung, in denen die Kündigung aus einem Grunde erfolgte, der mit der Gesundheitsschädigung in unmittelbarem Zusammenhang stand. Die Zusammenfassung erfolgte 1974. Die Frist zur Entscheidung wurde 1986 auf zwei Wochen ausgedehnt (BT-Drs. 10/3138, 21; zur Entwicklung Neumann/Pahlen, 9. Aufl. 1999, SchwbG § 21 Rn. 1).

B. Außerordentliche und fristlose Kündigung

2 In § 174 wird die außerordentliche Kündigung der vorherigen Zustimmung unterworfen. Das ist zunächst die sog. fristlose Entlassung, also auch die „fristlose Kündigung" des § 626 BGB. So wird sie auch noch in Abs. 6 bezeichnet. Die außerordentliche Kündigung ist aber jede Kündigung aus wichtigem Grund, gleich ob fristlos oder mit Auslauffrist.

3 Im Gegensatz zur ordentlichen Kündigung, die das unbefristete Arbeitsverhältnis unter Beachtung der vorgeschriebenen gesetzlichen oder vertraglichen Kündigungsfrist beendet, löst die außerordentliche Kündigung das (befristete oder unbefristete) Arbeitsverhältnis vorzeitig. Sie muss aber immer durch besondere Gründe gerechtfertigt sein; das ist der wichtige Grund des § 626 BGB. Im Gebiet der früheren DDR gilt zusätzlich der außerordentliche Kündigungsgrund des Einigungsvertrages Anl. I Kap. XIX Abschn. III Nr. 1 Abs. 5, der auch für Agenten aus dem alten Bundesgebiet anwendbar ist. Auch diese außerordentliche Kündigung bedarf der vorherigen Zustimmung des Integrationsamts (BAG 16.3.1994 – 8 AZR 688/92, AP Einigungsvertrag Anlage I Kap. XIX Nr. 21).

4 Dabei kann die fristlose Kündigung der außerordentlichen Kündigung gleichgesetzt werden. Die außerordentliche Kündigung ist zwar meistens, braucht aber nicht notwendig eine fristlose sein (APS/Biebl KSchG § 13 Rn. 6; Linck/Krause/Bayreuther KSchG § 13 Rn. 3; KR/Friedrich KSchG § 13 Rn. 25 f.; SPV/Preis Rn. 526; Schaub ArbR-HdB/Linck § 128 Rn. 25). Auch die außerordentliche Kündigung, die mit sog. „sozialer Auslauffrist" gewährt wird (wobei die Frist auch weniger als vier Wochen betragen kann), ist daher als außerordentliche Kündigung nach der besonderen Maßgabe des § 174 zustimmungspflichtig (ErfK/Rolfs § 174 Rn. 2; KR/Gallner § 174 Rn. 2; aA LPK-SGB IX/Düwell § 174 Rn. 10 f; das BAG wendet aber ausdrücklich bei Auslauffrist § 174 (früher § 21 SchwbG) an: BAG 12.8.1999 – 2 AZR 748/98, AP SchwbG 1986 § 21 Nr. 7; 12.5.2005 – 2 AZR 159/04, AP SGB IX § 91 Nr. 5; jetzt ausdrücklich mwN BAG 22.10.2015 – 2 AZR 381/14, AP BGB § 626 Unkündbarkeit Nr. 12; bestätigt BAG 25.1.2018 – 2 AZR 382/17, NZA 2018, 845). Zwischen Auslauffrist (dann § 174) und tariflichem Ausschluss der ordentlichen Kündigung (§ 168) unterscheidet gegen BAG KDZ/Zwanziger → § 91 Rn. 2. Der außerordentlichen Kündigung steht eine Dienstenthebung durch Dienststrafbescheid für Dienstordnungsangestellte gleich (BAG 29.6.1961 – 2 AZR 371/60, AP SchwBeschG § 19 Nr. 3). Für die Kündigung nach § 113 InsO ist als befristete Kündigung die Zustimmung dagegen nach § 168 und nicht nach Maßgabe des § 174 erforderlich (→ § 168 Rn. 65).

5 Auf der anderen Seite aber kann auch eine ordentliche Kündigung auf Grund Gesetzes oder Vereinbarung ohne Frist möglich, die Kündigung also entfristet sein, was vor allem auch tariflich nach § 622 Abs. 4 BGB möglich ist (Molitor, Die Kündigung, 2. Aufl. 1951, 252 ff.; Fenski DB 1991, 2438). Aus dem zwingenden Charakter des Entlassungsschutzes (§ 168) und der Bestimmung über die Mindestkündigungsfrist (§ 169) folgt jedoch, dass Zustimmung des Integrationsamts und Einhalten der vierwöchigen Kündigungsfrist auch dann erforderlich sind, wenn es zulässig ist, das Arbeitsverhältnis ohne wichtigen Grund fristlos zu lösen. Ebenso sind ein vertraglicher Ausschluss der Kündigungsfrist (entfristete Kündigung) und eine Abbedingung der Zustimmung der Zustimmungspflicht nicht rechtswirksam (→ § 168 Rn. 52). Der Arbeitgeber kann endlich mit

dem sbM keinen besonderen Kündigungsgrund vereinbaren, der ihn außerhalb des gesetzlichen wichtigen Grundes zur außerordentlichen Kündigung berechtigt (BAG 22.11.1973 – 2 AZR 580/72, AP BGB § 626 Nr. 67; 15.10.1992 – 2 AZR 188/92, EzA § 1 KSchG Verhaltensbedingte Kündigung Nr. 45 = BeckRS 1992, 30742857; KR/Gallner § 174 Rn. 44; SPV/Vossen Rn. 833). Nur die gesetzlichen Bestimmungen über die fristlose Kündigung fallen unter die Sondervorschrift des § 174, nicht aber vertragliche Abmachungen.

Es muss sich um eine außerordentliche, aber nicht auch um eine im strengen Sinne des Wortes genommene fristlose Kündigung handeln. Der kündigungsberechtigte Arbeitgeber kann, wenn ein Grund für eine außerordentliche Kündigung vorliegt, das Arbeitsverhältnis mit dem sbM, um ihn zu schonen, befristet kündigen. Der Kündigungsgrund muss dann aber klar zum Ausdruck gebracht werden, damit nicht der Anschein eines Verzichtes auf das Recht zur außerordentlichen Kündigung erweckt wird (BAG 9.12.1954 – 2 AZR 46/53, AP GewO § 123 Nr. 1; 16.11.1979 – 2 AZR 1052/77, AP BGB § 154 Nr. 1; SPV/Preis Rn. 526). Wenn auch die nach § 626 Abs. 2 BGB erforderliche Angabe des Kündigungsgrundes bei einer außerordentlichen Kündigung keine Wirksamkeitsvoraussetzung für die Kündigung ist, kann sich doch aus seiner Angabe ergeben, dass außerordentlich gekündigt wird; bei Nichtangabe können sich ggf. Schadensersatzansprüche ergeben. Bei Verzeihung oder Verzicht auf die außerordentliche Kündigung kann der Arbeitgeber nur noch mit Zustimmung des Integrationsamts nach Maßgabe des § 168 kündigen. 6

In einer außerordentlichen Kündigung kann nach dem Willen des Arbeitgebers, der für den Arbeitnehmer erkennbar sein muss, gleichzeitig eine ordentliche Kündigung liegen. Wichtig ist, dass sich die Schriftform des § 623 BGB dann auf den hilfsweisen Ausspruch der ordentlichen Kündigung beziehen muss. Will der Arbeitgeber den sbM zugleich fristgemäß kündigen, so bedarf er der Zustimmung des Integrationsamts auch zur ordentlichen Kündigung nach § 168. Das Integrationsamt entscheidet nach freiem Ermessen, ob sie die Zustimmung zur ordentlichen Kündigung erteilt oder versagt. Eine Umdeutung der außerordentlichen in eine ordentliche Kündigung ist immer dann nicht möglich, wenn zu der ordentlichen Kündigung die Zustimmung fehlt und nicht beantragt ist (vgl. § 43 SGB X; BAG 16.10.1991 – 2 AZR 197/91, RzK I 6b Nr. 12; 7.7.2011 – 2 AZR 355/10, AP BGB § 626 Nr. 237 mAnm Kamanabrou; BAG 23.1.2014 – 2 AZR 372/13, AP BGB § 626 Unkündbarkeit Nr. 6; LAG Bln 9.7.1984 – 12 Sa 18/84, AuR 1985, 195; LAG Düsseldorf 4.5.1956 – 4 Sa 463/55, DB 1956, 944; ArbG Mannheim 13.1.1982 – 5 Ca 399/81, BB 1982, 1179; LPK-SGB IX/Düwell § 174 Rn. 36; ebenso mit eingehender Begründung von Friesen/Reinecke BB 1979, 1561; Ostheimer BlStSozArbR 1982, 35; aA KR/Friedrich/Rinck KSchG § 13 Rn. 101; Linck/Krause/Bayreuther KSchG § 13 Rn. 29 mit der Begründung, dass die Zustimmung zur außerordentlichen Kündigung die zur ordentlichen Kündigung erfassen müsse, was aber wegen der Unterschiede im Ermessensrahmen nicht zutrifft). Deshalb empfiehlt es sich, die Zustimmung in erster Linie zu der außerordentlichen, hilfsweise aber gleichzeitig zu einer darin liegenden ordentlichen Kündigung zu beantragen. 7

Auch gegen die außerordentliche Kündigung kann der sbM wie jeder andere Arbeitnehmer, auf den das KSchG Anwendung findet, nur innerhalb einer Ausschlussfrist von drei Wochen **Klage** auf Feststellung **vor dem Arbeitsgericht** erheben, dass das Arbeitsverhältnis durch die Kündigung nicht aufgelöst sei, weil kein wichtiger Grund zur Kündigung vorlag und die Kündigung deshalb nichtig sei. Die Frist läuft vom Zugang der Kündigung ab (§§ 4 u. 13 KSchG). Bei Fristversäumnis gilt die Kündigung als von Anfang an rechtswirksam (§ 7 KSchG; BAG 29.6.1964 – 2 AZR 408/63, AP SchwBeschG § 19 Nr. 5). Seit dem 1.1.2004 gilt diese Klagefrist auch bei fehlender Zustimmung. 8

Voraussetzung für das Zustimmungserfordernis nach § 174 ist das Vorliegen der Eigenschaft als sbM nach § 2 oder eine Gleichstellung nach § 2 Abs. 3, § 151 Abs. 2, die 9 aber wenigstens drei Wochen vor der außerordentlichen Kündigung beantragt sein muss. Es gilt für die außerordentliche Kündigung dasselbe wie für die ordentliche Kündigung. Die Eigenschaft als sbM muss vorliegen, bekannt gemacht oder erkennbar sein oder spätestens binnen drei Wochen mitgeteilt werden (→ § 168 Rn. 33 ff.; → § 173 Rn. 23 f.). Seit 1.5.2004 gilt auch für die Anwendung des § 174 dafür § 173 Abs. 3 (→ § 173 Rn. 23). Ist der Antrag auf Feststellung des sbM rechtzeitig gestellt und ohne Verschulden des Arbeitnehmers noch nicht entschieden, kann sich auch bei außerordentlicher Kündigung herausstellen, dass die Zustimmung erforderlich war (→ § 168 Rn. 37). Stellt sich heraus, dass der Arbeitnehmer nicht sbM ist und hat deshalb der Arbeitgeber statt zu kündigen, den Antrag beim Integrationsamt gestellt, muss die Kündigung entspr. § 174 Abs. 5 unverzüglich erklärt werden (BAG 27.2.1987 – 7 AZR 632/85, AP BGB § 626 Ausschlußfrist Nr. 26; Grimm/Baron DB 2000, 570; KR/Gallner § 174 Rn. 12).

C. Wichtiger Grund

10 Eine außerordentliche Kündigung ist immer nur möglich, wenn ein besonderer Kündigungsgrund vorliegt. Die Gründe, die zur Kündigung eines sbM ohne Einhalten der gesetzlichen oder vertraglichen Frist berechtigen, müssen sich aus dem Gesetz ergeben, da vertragliche Abmachungen über Kündigungsgründe mit dem Kündigungsschutz für sbM nicht vereinbar sind. Das SGB IX selbst trifft keine Bestimmungen über zulässige Gründe für eine außerordentliche Kündigung, diese ergeben sich vielmehr aus den allgemeinen für das Arbeitsrecht maßgeblichen Bestimmungen. § 626 BGB bestimmt dazu, dass aus wichtigem Grund gekündigt werden kann, wenn Tatsachen vorliegen, auf Grund derer dem Kündigenden unter Berücksichtigung aller Umstände des Einzelfalles und unter Abwägung der Interessen beider Vertragsteile die Fortsetzung bis zum Ablauf der Kündigungsfrist oder bis zur vereinbarten Beendigung des Dienstverhältnisses nicht zugemutet werden kann. Darüber schreibt nur der Einigungsvertrag v. 31.8.1990 (BGBl. II 889/1140) zusätzlich Verstöße gegen Grundsätze der Menschlichkeit oder der Rechtsstaatlichkeit sowie Tätigkeit für das frühere Ministerium für Staatssicherheit oder das Amt für nationale Sicherheit als wichtigen Grund für eine außerordentliche Kündigung fest (Anl. I Kap. XIX Sachgebiet A Abschn. III Nr. 1 Abs. 5 Nr. 1, 2); auch diese außerordentliche Kündigung bedarf bei sbM der Zustimmung des Integrationsamts (BAG 16.3.1994 – 8 AZR 688/92, AP Einigungsvertrag Anlage I Kap. XIX Nr. 21).

11 Dabei kann die Kündigung an sich nur innerhalb von zwei Wochen nach Kenntnis von den für die Kündigung maßgebenden Tatsachen erfolgen (§ 626 Abs. 2 BGB). Da jedoch das Integrationsamt zunächst die Zustimmung erteilen muss und die Frist des Antrages hierfür nach § 174 Abs. 2 schon die Frist des § 626 Abs. 2 BGB ausmacht, das Integrationsamt dann auch noch zwei Wochen Zeit zur Entscheidung hat, kann nach § 174 Abs. 5 die Kündigung nach der Zustimmung auch noch nach Ablauf der Frist des § 626 Abs. 2 BGB unverzüglich ausgesprochen werden, gerechnet von der Zustellung der Zustimmung an den Arbeitgeber an. Auch die Anhörung des Betriebs- oder Personalrats, die an sich in der Zweiwochenfrist des § 626 Abs. 2 BGB erfolgen müsste, kann noch nach der Zustimmung durch das Integrationsamt vorgenommen werden (BAG 3.7.1980 – 2 AZR 340/78, AP SchwbG § 18 Nr. 2; 2.2.2006 – 2 AZR 57/05, AP BGB § 626 Nr. 204). Dieses Verfahren muss jedoch ebenso unverzüglich eingeleitet und anschließend ebenso unverzüglich die Kündigung ausgesprochen werden (BAG 15.1.2001 – 2 AZR 380/60, AP BGB § 626 Ausschlussfrist Nr. 45, 7.11.2002 – 2 AZR 475/01, AP BGB § 620 Kündigungserklärung Nr. 19, 27.11.2003 – 2 AZR 601/02 NZA 2009/1118 R, 1.2.2007 – 2 AZR 333/06, NZA 2007, 744; 21.4.2005 – 2 AZR 255/04, AP SGB IX § 91 Nr. 4; 2.2.2006 – 2 AZR 57/05, AP BGB § 626 Nr. 204; 29.11.2007 – 2 AZR 724/06, AP BGB § 626 Verdacht strafbarer Handlung Nr. 40; 3.7.1980 – 2 AZR 340/

78, AP SchwbG § 18 Nr. 2 m. zust. Anm Hueck; SächsLAG 28.6.2002 – 3 Sa 832/01; aA Braasch SAE 1981, 162). Dasselbe gilt, nachdem das Integrationsamt ein Negativattest erteilt hat (BAG 27.5.1983 – 7 AZR 482/81, AP SchwbG § 12 Nr. 12). Gilt die Zustimmung als erteilt (Abs. 3 S. 2), darf aber die Kündigung nicht schon vor Fristablauf erfolgen (BAG 19.6.2007 – 2 AZR 226/06, AP SGB IX § 91 Nr. 8), auch dann nicht, wenn das Integrationsamt erklärt, die Frist verstreichen zu lassen (LAG München 9.11.2005 – 10 Sa 532/05, AuR 2006, 171). Bei einem Dauerkündigungsgrund wie zB Krankheit ist schon die Frist des § 626 Abs. 2 BGB nicht abgelaufen, so dass die hier ausgedehnte Frist (BAG 15.11.2001 – 2 AZR 380/00, AP BGB § 626 Ausschlussfrist Nr. 45) nicht abläuft (BAG 7.11.2002 – 2 AZR 475/01, AP BGB § 620 Kündigungserklärung Nr. 19; 27.11.2003 – 2 AZR 601/02, AP KSchG 1969 § 1 Krankheit Nr. 11; 13.5.2004 – 2 AZR 36/04, AP BGB § 626 Krankheit Nr. 12; 21.4.2005 – 2 AZR 255/04, AP SGB IX § 91 Nr. 4). Unverzüglich kann sogar bedeuten, dass die Kündigung noch an einem an sich arbeitsfreien Sonntag ausgesprochen werden muss (LAG Hamm 7.11.1996 – 8 Sa 355/96, br 1998, 45). Unverzüglich bestimmt sich nach § 121 BGB „ohne schuldhaftes Zögern“ (BAG 2.2.2006 – 2 AZR 57/05, AP BGB § 626 Nr. 204 Rn. 29, 1.2.2007 – 2 AZR 333/06, NZA 2007, 744; 19.4.2012 – 2 AZR 118/11, AP SGB IX § 91 Nr. 9 jeweils mit Hinweis auf RG 22.2.1929 – 357/28 II, RGZ 124, 115 (118); zuletzt BAG 22.10.2015 – 2 AZR 381/14, AP BGB § 626 Unkündbarkeit Nr. 12 mwN). Bei außerordentlicher Kündigung eines schwerbehinderten Personalratsmitgliedes tritt an die Stelle der außerordentlichen Kündigung die unverzügliche Einleitung der personalvertretungsrechtlichen Einleitung des Zustimmungsverfahrens und zur unverzüglichen Einleitung des verwaltungsrechtlichen Zustimmungsersetzungsverfahrens (VGH München 3.12.2018 – 17 P 18.111, NZA-RR 2019, 192). Nach Ablauf der Frist ist nur noch eine ordentliche Kündigung zulässig, die der Zustimmung des Integrationsamts nach § 168 und nicht nach Maßgabe der Erleichterungen des § 174 bedarf.

Was iE als wichtiger Grund anzusehen ist, kann nicht abstrakt, sondern nur nach der 12
Lage des Einzelfalles beurteilt werden. Dabei können die früher gesetzlich aufgeführten Gründe (beharrliche Arbeitsverweigerung – VG Arnsberg 11.2.1976 – 5 K 821/75, DB 1976, 1532 –, Straftaten, grobe Beleidigungen) einen Anhaltspunkt geben. Nur nach dem Einigungsvertrag v. 31.8.1990 (BGBl. II 889/1140) sind Verstöße gegen Menschlichkeit und Rechtsstaatlichkeit sowie Tätigkeiten für den MfS und Amt für nationale Sicherheit als wichtige Gründe zur außerordentlichen Kündigung festgeschrieben.

Die fristlose Kündigung eines sbM setzt keinesfalls immer ein Verschulden des sbM 13
voraus (KR/Fischermeier BGB § 626 Rn. 129); der wichtige Grund kann ebenso in den objektiven Verhältnissen und in Ausnahmefällen sogar beim Arbeitgeber selbst liegen. Ob die Fortsetzung des Arbeitsverhältnisses weiter zumutbar ist, muss durch die geforderte Abwägung der beiderseitigen Interessen festgestellt werden. In diesem Rahmen ist die besondere Lage des sbM zu berücksichtigen, die dem Arbeitgeber eine erhöhte Fürsorgepflicht auferlegt. Die Fürsorgepflicht schließt zwar die Kündigung nicht aus, wenn ein wichtiger Grund vorliegt; sie ist aber wesentlich für die Beurteilung der Frage, ob ein solcher Grund anzuerkennen ist. Die für den sbM geltende längere Kündigungsfrist darf bei der Abwägung keine Berücksichtigung in dem Sinne finden, dass die Beschäftigung auf die so verlängerte Frist eher unzumutbar wäre; damit würde der Schutz des sbM durch eine Erleichterung der außerordentlichen Kündigung in sein Gegenteil verkehrt. Die Abwägung darf also nur bis zum Ablauf der normalen ordentlichen Kündigungsfrist vorgenommen werden.

Im **betrieblichen Bereich** kann behördliches Verbot der Produktion, Epidemie, Zer- 14
störung der Betriebsanlage ein wichtiger Grund sein. Ein polizeiliches Verbot der bisher von einem sbM verrichteten Arbeit berechtigt aber nicht zur fristlosen Entlassung, wenn der Arbeitgeber ihn anders beschäftigen kann. Die außerordentliche Kündigung darf hier erst in Betracht gezogen werden, weil alle Möglichkeiten, dem sbM seinen Arbeitsplatz oder wenigstens seine Beschäftigung zu erhalten, erschöpft sind. Der Arbeitgeber darf

über fristlose Kündigungen das Betriebsrisiko nicht auf die Arbeitnehmer verlagern. Nur in Ausnahmefällen kann daher eine durch wirtschaftliche Verhältnisse des Betriebes veranlasste Betriebsstilllegung einen Grund für die fristlose Entlassung eines sbM darstellen. Dabei ist jedoch zu berücksichtigen, dass Umstände in der Person des Arbeitgebers nur unter ganz besonders schwerwiegenden Voraussetzungen zur Rechtfertigung einer fristlosen Entlassung durch den Arbeitgeber herangezogen werden können (RAG 15.10.1932 – RAG 282/32, ArbRS 10, 429). So kann bei Alkoholgenuss am Arbeitsplatz trotz Verbots bei einem einmaligen Fall ohne Wiederholungsgefahr die Zustimmung versagt werden (OVG NRW 17.4.1979 – VIII A 1338/77, br 1980, 46). Selbst die Insolvenz des Arbeitgebers stellt keinen wichtigen Grund zur Kündigung dar; dass der Insolvenzverwalter nach § 113 InsO außerordentlich kündigen kann, führt nicht zur Anwendung von § 174, sondern setzt wegen der danach befristeten Kündigung die Zustimmung nach § 168, ggf. iVm § 172 Abs. 3 voraus, es kann aber zu einer Betriebsstilllegung kommen, die eine Zustimmung nach § 172 nach sich zieht (→ § 172 Rn. 13). Fällt der Arbeitsplatz etwa bei Insolvenz ersatzlos weg, ist die Kündigung berechtigt und besteht auch kein Beschäftigungsanspruch für Schwerbehinderte (BAG 16.5.2019 – 6 AZR 329/18, Pressemitteilung BAG 21/19). Im Grundsatz können auch betriebliche Gründe bei Ausschluss der ordentlichen Kündigung auch zu einer berechtigten außerordentlichen Kündigung führen (BAG 23.1.2014 – 2 AZR 372/13, AP BGB § 626 Unkündbarkeit Nr. 6; 16.5.2019 – 6 AZR 329/18, Pressemitteilung BAG 21/19).

15 Die **beim sbM** selbst **liegenden Gründe,** die den Arbeitgeber zur außerordentlichen Kündigung berechtigen, können nicht mit den gleichen Maßstäben gemessen werden wie bei gesunden Arbeitnehmern. Auf die besonders physische, psychische und soziale Lage des sbM ist in angemessenem Umfange Rücksicht zu nehmen. Wenn der sbM fristlos aus einem Grunde gekündigt werden soll, der in Zusammenhang mit der gesundheitlichen Schädigung steht, wegen derer der Kündigungsschutz gewährt wird, ist deshalb das Integrationsamt in der Erteilung und Verweigerung der Zustimmung freier und nicht an die Sollvorschrift des § 91 Abs. 4 gebunden. Vielmehr kann dann die Zustimmung nach dem pflichtgemäßen Ermessen des Integrationsamts erteilt oder verweigert werden. Diese Regelung gebietet schon eine eingehende Prüfung der Gründe. Darüber hinaus sind aber auch Handlungen, die durch eine im Zusammenhang mit der Verletzung stehende krankhafte Reizbarkeit hervorgerufen sind, entspr. milder zu werten. Verweigert ein sbM trotz mehrfacher Warnungen hartnäckig eine zumutbare Arbeit, kann auch dem sbM gegenüber ein Grund zur außerordentlichen Kündigung vorliegen (BAG 23.1.1964 – 2 AZR 289/63, AP SchwBeschG § 12 Nr. 2; beharrliche Verweigerung amtsärztlicher Untersuchung (BAG 25.1.2018 – 2 AZR 382/17, NZA 2018, 845); VG Arnsberg 11.2.1976 – 5 K 821/75, DB 1976, 1532); tätliche Auseinandersetzungen mit Arbeitskollegen können aber auch einen wichtigen Grund darstellen (HessLAG 28.6.1977 – 9 Sa 154/77, AuR 1978, 124; LAG RhPf 7.6.2016 – 6 Sa 522/15, BeckRS 2016, 73037) oder Diebstahl sogar geringfügiger Dinge (OVG NRW 5.9.1989 – 13 A 2300/88, EzA § 21 SchwbG 1986 Nr. 1, Zigaretten im Wert von 3,80 DM, ebenso der Diebstahl von Geldbeträgen durch den Hausmeister aus den Taschen der Lehrer in Beschaffungskriminalität wegen Heroinsucht (OVG NRW 23.5.2000 – 22 A 3145/98, AP SGB IX § 88 Nr. 1), LAG Bln 16.4.2010 – 9 Sa 63/10, BeckRS 2010, 72570, MensaCards im Wert von 20 EUR, LAG München 3.3.2011 – 3 Sa 641/10, BeckRS 2011, 78667, 20 EUR Zugangskarte; VG Köln 15.1.2019 – 7 K 928/17, BeckRS 2019, 541: Trinkgeld 2 Euro (allerdings 2-Wochenfrist versäumt), Diebstahl auch BVerwG 12.7.2012 – 5 C 16.11, NZA 2013, 97. Die fristlose Entlassung ist auch berechtigt bei einen Treibstoffdiebstahl (80l Diesel OVG NRW 27.6.2011 – 12 A 705/10, br 2011, 212); Tankbetrug (LAG BW 6.6.2018 – 21 Sa 48/17, BeckRS 2018, 30862); bei Rufschädigung von Mitarbeitern (OVG NRW 28.1.2013 – 12 A 1635/10, BeckRS 2013, 48627), bei Arbeitsverweigerung nach Versetzung an entfernten Ort (VG München 17.4.2013 – M 18 K 12.5115, BeckRS 2013, 55244), bei sieben Jahren, sechs Monaten Haft (Sexualdelikte LAG Köln

29.1.2014 – 3 Sa 866/13, br 2014, 142; BAG 22.10.2015 – 2 AZR 381/14, AP BGB § 626 Unkündbarkeit Nr. 12); Bestechlichkeit und Untreue (LAG RhPf 27.9.2018 – 2 Sa 57/18, BeckRS 2018, 33736); bei Verbreitung unberechtigter Vorwürfe in Presse (LAG Köln 20.2.2014 – 7 Sa 1155/09, br 2015, 215, bestätigt OVG NRW 15.7.2015 – 12 A 1314/13, BeckRS 2015, 49520), beim unberechtigtem Verschaffen von Personalunterlage (OVG NRW 26.11.2014 – 12 A 1314/13, BeckRS 2015, 40908); bei unzulässiger Nutzung vertraulicher persönlicher Daten in Sparkasse, VGH München 3.12.2018 – 17 P 18.111, NZA-RR 2019, 192. Ein Verdacht (auf Aktenunterdrückung) rechtfertigt in der Regel nur eine ordentliche Kündigung (LAG Bbg 19.2.2003 – 7 Sa 385/02); ebenso die vorsätzliche Datenveränderung (LAG Hamm 10.3.2016 – 15 Sa 451/15, BeckRS 2016, 68955), der Diebstahl im Wert von 6,33 EUR (LAG Hamm 31.7.2014 – 8 Sa 1457/13) oder der Diebstahl einer Kette mit Schäkel und Haken im Wert von 5 Euro (LAG RhPf 13.2.2014 – 5 Sa 262/13, NZA-RR 2014, 352). Auch das Durchwühlen von Spinden reicht nicht (LAG Düsseldorf 7.2.2018 – 4 Sa 773/17, BeckRS 2018, 27982). Unwirksam auch bei fehlender Einschaltung der Schwerbehindertenvertretung, auch wenn sie nur beim Konzern besteht (ArbG Darmstadt 14.11.2017 – 9 Ca 249/17, BeckRS 2017, 150670).

D. Die Zustimmung des Integrationsamtes

Wenn eine außerordentliche Kündigung aus wichtigem Grund ausgesprochen werden kann, bedarf es der vorherigen Zustimmung des Integrationsamts. Nur § 169 über die Mindestkündigungsfrist ist für den Fall der außerordentlichen Kündigung ausgenommen (Abs. 1). Die Zustimmung zur außerordentlichen Kündigung unterliegt aber eigenen Voraussetzungen und Prüfungsmaßstäben, so dass sie von der Zustimmung nach § 168 zur ordentlichen Kündigung zu unterscheiden ist. Beide Arten der Zustimmung sind voneinander unabhängig, so dass es nicht möglich ist, die Zustimmung zur außerordentlichen Kündigung in eine Zustimmung zur ordentlichen Kündigung umzudeuten und umgekehrt (v. Friesen/Reinecke BB 1979, 1561; Molkenbur-Krasshöfer/Pidde RdA 1989, 343; ErfK/Rolfs § 174 Rn. 8, KR/Gallner § 174 Rn. 14; BAG 7.7.2011 – 2 AZR 355/10, AP BGB § 626 Nr. 237; 23.1.2014 – 2 AZR 372/13, AP BGB § 626 Unkündbarkeit Nr. 6; auch schon LAG Köln 13.2.1991 – 7 Sa 48/90, LAGE § 626 BGB Nr. 57; 11.8.1998 – 3 Sa 100/98, LAGE § 626 BGB Nr. 121 = NZA-RR 1999, 415; HessLAG 28.6.1977 – 9 Sa 154/77, BB 1977, 1401; LAG Bln 9.7.1984 – 12 Sa 18/84, NZA 1985, 95). Daher muss stets beim Integrationsamt auch hilfsweise die Zustimmung zur ordentlichen Kündigung beantragt sein und werden; → Rn. 7 mwN). 16

Die Zustimmung des Integrationsamts zur außerordentlichen Kündigung muss binnen zwei Wochen nach Kenntnis von den für die beabsichtigte Entlassung maßgebenden Tatsachen beantragt werden (Abs. 2). Der Antrag ist nach Maßgabe des § 170 zu stellen, er muss also schriftlich bei dem für den Sitz des Betriebes oder der Dienststelle zuständigen Integrationsamt innerhalb der Frist von zwei Wochen eingegangen sein. Die Frist wird nur durch einen schriftlich eingereichten Antrag gewahrt. Dabei ist auch die elektronische Form zugelassen (§ 126 Abs. 3 BGB). Die Einhaltung der Frist ist vom Integrationsamt zu prüfen (BVerwG 15.3.1989 – 5 B 23/89, Buchholz 436.61 § 21 SchwbG Nr. 2; 2.5.1996 – 5 B 186/95, Buchholz 436.61 § 21 SchwbG Nr. 7). Ist die Antragsfrist verstrichen, weist das Integrationsamt den Antrag als unzulässig zurück (BAG 17.2.1977 – 2 AZR 687/75, AP SchwbG § 12 Nr. 1; BVerwG 15.3.1989 – 5 B 23/89, Buchholz 436.61 § 21 SchwbG Nr. 2; 2.5.1996 – 5 B 186/95, Buchholz 436.61 § 21 SchwbG Nr. 7). Ist die Antragsfrist vom Integrationsamt falsch beurteilt oder übersehen worden, gilt die trotzdem rechtskräftig erteilte Zustimmung bindend für Arbeitgeber, sbM und 17 auch Gerichte, da Tatbestandswirkung gilt und nicht etwa Nichtigkeit vorliegt (APS/Vossen § 91 Rn. 9; KR/Gallner § 91 Rn. 16 ff.; aA Fenski BB 2001, 570).

18 Das Integrationsamt geht auch bei der fristlosen Entlassung nach § 170 vor, dh es hat sodann die Stellungnahmen von Betriebs- oder Personalrat und Schwerbehindertenvertretung einzuholen und den sbM zu hören. Auch ist ggf. auf eine gütliche Einigung hinzuwirken (§ 170 Abs. 2, 3). Trotz dieser vielfältigen Vorgänge muss die Entscheidung binnen zwei Wochen vom Eingang des Antrags an ergehen. Nach Ablauf der zwei Wochen gilt die Zustimmung als erteilt und kann die außerordentliche Kündigung ausgesprochen werden (Abs. 3). Nachdem mit Rücksicht auf die Stellungnahmen und die notwendige Anhörung die Frist im Gesetzgebungsverfahren von 1 Woche auf 10 Tage und durch das Erste Änderungsgesetz ab 1.8.1986 auf zwei Wochen ausgedehnt worden ist, sollte aber auch die Entscheidung in dieser Zeit ergehen können. Die Stellungnahmen von Betriebs- oder Personalrat und Schwerbehindertenvertretung können notfalls telefonisch eingeholt werden; auch ist es möglich, diese Stellen zur Anhörung des sbM mit hinzuziehen oder sie an Ort und Stelle im Betrieb zu hören.

19 Da das Integrationsamt binnen der Frist von zwei Wochen entscheiden **muss**, andernfalls die Zustimmung als erteilt gilt, kann das Integrationsamt stets nur eine endgültige Entscheidung in dieser Frist ergehen lassen. Die Entscheidung muss innerhalb dieser Frist getroffen und damit grds. auch dem Arbeitgeber bekannt sein, weil sonst diesem gegenüber die Fiktion der Zustimmung eintritt. Auf den Zugang an dem sbM kommt es nicht an (BAG 15.5.1997 – 2 AZR 43/96, AP BGB § 123 Nr. 45). Will der Arbeitgeber kündigen, kann er sich auch nach der Entscheidung erkundigen. Nach der (mehrfach gewechselten) Auffassung des BAG genügt es, dass die Entscheidung innerhalb der Zweiwochenfrist an den Arbeitgeber zur Post gegeben wurde, weil sie dann iSd § 174 Abs. 3 S. 2 getroffen ist (BAG 9.2.1994 – 2 AZR 720/93, AP SchwbG 1986 § 21 Nr. 3; 12.8.1999 – 2 AZR 748/98, AP SchwbG 1986 § 21 Nr. 7 unter Bestätigung von BAG 16.3.1983 – 7 AZR 96/81, AP SchwbG § 18 Nr. 6 und Aufgabe von BAG 15.11.1990 – 2 AZR 255/90, AP SchwbG 1986 § 21 Nr. 6). Richtig ist, dass eine Entscheidung erst wirksam ist, wenn sie bekannt gemacht ist, wobei mündliche Bekanntgabe genügt (§ 33, § 39 Abs. 1 SGB X, BAG 12.8.1999 – 2 AZR 748/98, AP SchwbG 1986 § 21 Nr. 7); eine Zustellung ist nicht erforderlich, so dass genügt, dass diese Entscheidung in irgendeiner Form, ggf. telefonisch oder mündlich dem Arbeitgeber bekannt gemacht wird (allgM). Zweckmäßig ist ein entsprechender Vermerk der Bekanntgabe auf der Entscheidung, die schriftlich festgehalten sein sollte (Moll NZA 1987, 550; OVG NRW 5.9.1989 – 13 A 2300/88, BB 1990, 1909 für den Fall, dass die Ablehnung am letzten Tag der Frist zur Post gegeben und damit getroffen war). Nach der Bekanntgabe kann die außerordentliche Kündigung ausgesprochen werden, wobei der Arbeitgeber nicht auf die Zustellung zu warten braucht, sondern auch bei entsprechender Erkundigung schon kündigen kann (BAG 9.2.1994 – 2 AZR 720/93, AP SchwbG 1986 § 21 Nr. 3; 15.11.1990 – 2 AZR 255/90, AP SchwbG 1986 § 21 Nr. 6; 12.8.1999 – 2 AZR 748/98, AP SchwbG 1986 § 21 Nr. 7; 12.5.2005 – 2 AZR 159/04, AP SGB IX § 91 Nr. 5; LAG Düsseldorf 29.1.2004 – 5 Sa 1588/03, NZA-RR 2004, 406). Es soll aber eine schriftlich vorliegende Entscheidung zugrunde liegen (LAG Düsseldorf 29.1.2004 – 5 Sa 1588/03, NZA-RR 2004, 406 = DB 2004, 1108), das ist aber nicht notwendig, sie muss nur „getroffen" sein (BAG 12.5.2005 – 2 AZR 159/04, AP SGB IX § 91 Nr. 5). Sie ist noch nicht getroffen, wenn der gewollte Fristablauf nur angekündigt wird, so dass eine Kündigung vor Ablauf der Zwei-Wochenfrist unwirksam bleibt (BAG 19.6.2007 – 2 AZR 226/06, AP SGB IX § 91 Nr. 8). Der Arbeitgeber ist auch nicht verpflichtet, sich zu erkundigen, sondern kann auf die Zustellung warten (BAG 19.4.2012 – 2 AZR 118/11, AP SGB IX § 91 Nr. 9). Tritt die Notwendigkeit für eine weitere Erlaubnis hinzu, verlängert sich die Frist entsprechend, es muss dann aber unverzüglich gekündigt werden (BAG 24.11.2011 – 2 AZR 429/10, AP SGB IX § 85 Nr. 10 für § 18 BErzGG). Eine nur vorläufige Entscheidung, etwa weil die Aufklärung noch nicht durchgeführt oder been-

det werden konnte, ist unzulässig. Es geht auch nicht an, die Fiktion der Zustimmung nach Fristablauf dadurch zu vermeiden, dass die Zustimmung nur deshalb abgelehnt wird, weil eine Stellungnahme und eine endgültige Meinungsbildung nicht möglich war; eine solche Umgehung der Frist würde missbräuchlich und ermessensfehlerhaft sein. Die Ablehnung der Zustimmung, nur weil die Frist zu kurz ist, wäre in jedem Fall rechtsfehlerhaft und müsste im Rechtsmittelwege schon deshalb aufgehoben werden. Außerdem machte sich das Integrationsamt dem Arbeitgeber gegenüber schadensersatzpflichtig, weil eine Amtspflichtverletzung nach § 839 BGB, Art. 34 GG darin gesehen werden müsste, dass das Integrationsamt trotz gesetzlicher Auflage, binnen zwei Wochen zu entscheiden, die Zustimmung zur Entlassung eines sbM ablehnt, obwohl die Weiterbeschäftigung bei Vorliegen des wichtigen Grundes unzumutbar ist. Das Integrationsamt hat eine entsprechende Amtspflicht auch gegenüber dem Arbeitgeber nach einer sog. Drittbezogenheit im Zustimmungsverfahren als Amtspflicht nach § 839 BGB (BGH 12.6.1986 – III ZR 192/85, VersR 1986, 1100; 26.1.1989 – III ZR 75/88, BeckRS 1989, 31366573; OLG Köln 21.1.1988 – 7 U 130/87, VersR 1989, 748). Der Schaden besteht dann in dem Fortbestand des Arbeitsverhältnisses mit der Lohnzahlungspflicht, ohne dass dem Arbeitgeber eine Weiterbeschäftigung zugemutet werden kann und deshalb die Gegenleistung fehlt (KR/Gallner § 174 Rn. 16).

Die Zustimmung zur fristlosen Entlassung eines sbM ist zu erteilen, wenn er unfähig **20** wird, die ihm vertraglich obliegenden Arbeiten zu leisten, ohne dass die Unfähigkeit auf die Beschädigung zurückzuführen ist. Dabei ist der sbM aber grds. auf einen anderen Platz zu versetzen, wenn er für seinen Arbeitsplatz im Betrieb nicht mehr einsatzfähig ist, wohl aber im Betrieb oder Unternehmen an einem anderen Platz mit anderer Arbeit beschäftigt werden könnte, wobei ggf. auch ein geeigneter Arbeitsplatz freizumachen ist (BAG 5.2.1998 – 2 AZR 227/97, AP BGB § 626 Nr. 143; 12.8.1999 – 2 AZR 748/98, AP SchwbG 1986 § 21 Nr. 7). Die fristlose Entlassung ist gleichfalls möglich, wenn der sbM durch sein Verhalten das Vertrauen des Arbeitgebers schwer erschüttert hat (so bei Abrechnungsbetrug, BayVGH 7.4.2006 – 9 ZB 05.2539, BeckRS 2009, 37342, bei doppeltem Bezug von Lohnzusatz, VG München 15.10.2008 – M 18 K 07.1364, BeckRS 2011, 47049, bei Nutzung der Firmentankkarte für Privat, VG München 24.7.2008 – M 15 K 07.188, BeckRS 2008, 45816). Auch eine lang andauernde Krankheit, die weder auf die Beschädigung, noch auf die Arbeit im Betrieb zurückzuführen ist, kann ein wichtiger Grund sein (NdsOVG 21.6.1989 – 4 L 20/89, Nds. MinBl. 1990, 200). Meist wird aber nur ein Grund für eine ordentliche Kündigung vorliegen (OVG Mannheim 22.2.1989 – 6 S 1905/87, br 1990, 112); Krankheit ist aber dann ein wichtiger Grund, wenn die ordentliche Kündigung ausgeschlossen ist und deshalb eine außerordentliche Kündigung mit Auslauffrist auszusprechen ist (BAG 16.9.1999 – 2 AZR 123/99, AP BGB § 626 Nr. 159; 18.10.2000 – 2 AZR 627/99, AP BGB § 626 Krankheit Nr. 9; 27.11.2003 – 2 AZR 601/02, AP BGB § 626 Krankheit Nr. 11; 13.5.2004 – 2 AZR 36/04, AP BGB § 626 Krankheit Nr. 12; 2.3.2006 – 2 AZR 46/05, AP SGB IX § 91 Nr. 6; 22.9.2016 – 2 AZR 700/15, NJW 2017, 684; VG Ansbach 21.1.2009 – AN 14 K 08.00429, BeckRS 2009, 46934, das gilt aber nicht bei einer günstigen Prognose, VG Frankfurt 24.5.2007 – 7 E 5618/06, BeckRS 2007, 25369). Die beharrliche Arbeitsverweigerung zumutbarer Arbeit berechtigt gleichfalls zur außerordentlichen Kündigung (BAG 23.1.1969 – 2 AZR 289/63, AP SchwBeschG § 12 Nr. 2; VG Arnsberg 11.2.1976 – 5 K 821/75, DB 1976, 1532; BayVGH 22.12.2005 – 9 ZB 05.1995, BeckRS 2005, 17956; VG München 11.5.2005 – M 18 K 04.3221, BeckRS 2005, 38222; 17.4.2013 – M 18 K 12.5115, BeckRS 2013, 55244). Auch der Diebstahlsverdacht kann ein wichtiger Grund zur außerordentlichen Kündigung sbM sein (LAG Düsseldorf 4.5.1956 – 4 Sa 463/55, DB 1956, 944). Als wichtiger Grund wurden auch Tätlichkeiten gegenüber Arbeitskollegen angesehen (HessLAG 28.6.1977 – 9 Sa 154/77, NJW 1978, 444; LAG RhPf 7.6.2016 – 6 Sa 522/15, BeckRS 2016, 73037), grobe Beleidigungen, HessLAG 1.9.2006 – 3 Sa 1962/05, NZA-RR 2007, 245; VG

München 12.3.2008 – M 18 K 07.3041, BeckRS 2008, 45198; LAG Köln 20.2.2014 – 7 Sa 1155/09, br 2015, 215. Die Bezeichnung „Arschgeige" reicht aber nicht zur fristlosen Entlassung eines 11 Jahre tätigen Straßenbahnfahrers (VG München 30.1.2008 – M 18 K 07.4969, BeckRS 2008, 44996), auch der Diebstahl, selbst geringwertiger Sachen in einem Handelsbetrieb (NdsOVG 17.1.1977 – IV B 155/76, DB 1977, 546; OVG NRW 5.9.1989 – 13 A 2300/88, BB 1990, 1909 = DB 1991, 103: Diebstahl einer Schachtel Zigaretten im Wert von 3,80 DM; einer MensaCard im Wert von 20 EUR, LAG Bln-Bbg 16.4.2010 – 9 Sa 63/10, BeckRS 2010, 72570, von Zugangskarte im Wert von 20 EUR, LAG München 3.3.2011 – 3 Sa 641/10, BeckRS 2011, 78667), Treibstoffdiebstahl 80l Diesel, BVerwG 12.7.2012 – 5 C 16/11, NZA 2013, 97, vorher OVG NRW 27.6.2011 – 12 A 705/10, br 2011, 212; Alkoholfahrt 1,89 Promille, BayVGH 18.10.2010 – 12 ZB 10.1790, BeckRS 2010, 31828; Rezeptfälschung, BayVGH 8.6.2011 – 12 ZB 10.1727, BeckRS 2012, 59345; Eigenbereicherung, VG Mainz 31.3.2011 – 1 K 780/10.MZ, BeckRS 2011, 51143; Arbeitszeitbetrug, VG Ansbach 8.9.2011 AN 14 K 11.01292, BeckRS 2011, 31108; die heimliche Tonbandaufnahme von Gesprächen durch ein Betriebsratsmitglied (LAG Mainz 9.10.2003 – 4 Sa 711/03, ZTR 2004, 268). Entfernen vom Arbeitsplatz mit Betrug durch Abstempeln durch Kollegen (23.00 Uhr statt 20.00 Uhr), BAG 21.4.2005 – 2 AZR 255/04, AP SGB IX § 91 Nr. 4. Unterschiedlich wurde eine private Internetnutzung am Arbeitsplatz bewertet (VG Münster 25.7.2006 – 5 K 1808/05, dafür, VG Ansbach 2.6.2005 – AN 14 K 04.00302, BeckRS 2005, 36337 dagegen); dafür bei Erotik und Pornographie VG Berlin 9.12.2008 – 62 A 23.08, BeckRS 2009, 36999). Alkoholabhängigkeit eines Schwimmmeisters, BayVGH 18.3.2009 – 12 B 08.3327, BeckRS 2009, 43155, ist ebenso ein wichtiger Grund wie die sexuelle Belästigung von Schülerinnen (LAG MV 13.3.2007 – 5 Sa 79/06, BeckRS 2009, 66526) oder sieben Jahre, sechs Monate Haft wegen Sexualdelikten (BAG 22.10.2015 – 2 AZR 381/14, AP BGB § 626 Unkündbarkeit Nr. 12). Zu beachten sind die Belastungen in der Vergangenheit und die zu erwartenden Belastungen (VG Arnsberg 24.9.1996 – 11 K 1390/55, br 1997, 112).

21 Soll die außerordentliche Kündigung aus einem Grunde erfolgen, der mit der Behinderung selbst nicht im Zusammenhang steht, **soll** das Integrationsamt die Zustimmung erteilen (Abs. 4). Damit wird ein Anspruch auf Zustimmung eingeräumt, so dass unter bestimmter Voraussetzung die Zustimmung auch durch Rechtsmittel durchgesetzt werden kann. Wenn nämlich ein wichtiger Grund vorliegt und der Zusammenhang mit der Behinderung auszuschließen ist, müsste das Integrationsamt ganz besondere, die Ausnahme rechtfertigende Gründe haben, die Zustimmung trotzdem zu verweigern. Solche Ausnahmefälle könnten etwa Einmaligkeit des Vorfalles und besonders schwierige Unterbringungsmöglichkeiten für den sbM sein. Ohne solche Ausnahmegründe ist dagegen die Zustimmung zu erteilen und das Ermessen des Integrationsamts entspr. eingeschränkt; es steht dann nicht mehr im Ermessen des Integrationsamts, die Zustimmung zu erteilen oder abzulehnen (BVerwG 2.7.1992 – 5 C 3990, BVerwGE 90, 275 (282); 10.9.1992 – 5 C 39/88, BVerwGE 91, 7 (9 f.); 12.7.2012 – 5 C 16/11, BVerwGE 143, 325; NdsOVG 17.1.1977 – IV B 155/76, DB 1977, 546; zur Sollvorschrift vgl. auch BSGE 35, 267 ff.). Das Integrationsamt muss dabei aber stets nach den allgemeinen Grundsätzen prüfen, ob ein wichtiger Grund vorliegt. Es genügt nicht, nur eine Schlüssigkeitsprüfung vorzunehmen oder gar die behaupteten Gründe zur außerordentlichen Kündigung auf Vorliegen und Rechtfertigung ungeprüft zu lassen (Becke br 1989, 36; OVG NRW 31.3.1981 – 8 A 1724/79, br 1981, 87; OVG Mannheim 16.2.1988 – 12 TH 1682/87, ESVGH 39, 78; enger BayVGH 11.1.1988 – 12 CS 87.03322, br 1988, 115; OVG NRW 25.4.1989 – 13 A 2399/87, br 1989, 165: Nur bei offensichtlich fehlendem wichtigen Grund; noch weitergehend: Besteht kein Zusammenhang, ist die Zustimmung grds. zu erteilen, da die Prüfung des außerordentlichen Kündigungsgrundes den Arbeitsgerichten obliege, BVerwG 2.7.1992 – 5 C 3990, BVerwGE 90, 275; VGH BW 24.11.2005 – 9 S 2178/05, NZA-RR 2006, 183; KR/Gallner § 174 Rn. 21 f.). Es

gelten aber auch hier die Grundsätze des § 20 SGB X über die Amtsermittlung (BVerwG 19.10.1995 – 5 C 24/93, BVerwGE 99, 336; 18.9.1996 – 5 B 109.96, BeckRS 1996, 30936325). Die bloße Behauptung oder Darstellung des Arbeitgebers ist nicht einfach zugrunde zu legen. Vielmehr ist vor allem in den Anhörungsverfahren nach § 170 Abs. 2, der auch für § 174 nicht ausgenommen ist und deshalb voll gilt, jedenfalls im Rahmen des beschleunigten Verfahrens auch der wichtige Grund aufzuklären. Wenn das BVerwG zu § 21 SchwbG entschieden hat, dass die frühere Hauptfürsorgestelle über das Vorliegen eines wichtigen Grundes überhaupt nicht zu urteilen habe, weil das in der vorgeschriebenen Frist nicht möglich sei (BVerwG 2.7.1992 – 5 C 3990, BVerwGE 90, 275; 10.9.1992 – 5 C 39/88, BVerwGE 91, 7), hat es ausdrücklich offengelassen, ob das auch für offensichtlich nicht ausreichende Kündigungsgründe gilt. Wenn aber im Rahmen der Amtsermittlung, ggf. unter Berücksichtigung der sich aus § 21 Abs. 2 SGB X ergebenden Mitwirkungspflichten des Betroffenen (BVerwG 22.11.1994 – 5 B 16/94, Buchholz 436.61 § 15 SchwbG Nr. 8), die Ermittlungen nach § 180 genügend Anhaltspunkte für oder gegen das Vorliegen eines wichtigen Grundes geben, müssen sie auch Gegenstand der Entscheidung über die Zustimmung werden. Deshalb müssen alle Umstände soweit möglich aufgeklärt und beurteilt werden (VG Darmstadt 21.7.2008 – 3 K 502/08 DA; VG Frankfurt a. M. 17.1.2006 – 7 E 2541/05, AiB 2007, 126; 14.8.2008 – 7 E 2579/07, BeckRS 2008, 39883; KDZ/Zwanziger § 91 Rn. 8 f.; aA im Anschluss an BVerwG APS/Vossen § 91 Rn. 18; KR/Gallner § 91 Rn. 22; wohl auch Hauck/Noftz/Griebeling § 91 Rn. 11 trotz des Verweises auf § 89 Rn. 5; eine Offensichtlichkeitsprüfung fordert BayVGH zuletzt 25.11.2008 – 12 ZB 07.2677, BeckRS 2010, 53582; VG Darmstadt 21.7.2008 – 3 K 502/08 DA; OVG LSA 22.6.2011 – 3 L 246/09, BeckRS 2011, 52502; VG Düsseldorf 18.3.2014 – 13 K 2980/13, BeckRS 2014, 50966; KR/Gallner § 174 Rn. 22; LPK-SGB IX/Düwell § 174 Rn. 26; aA ErfK/Rolfs § 174 Rn. 6; VG Mainz 31.3.2011 – 1 K 780/10.MZ, BeckRS 2011, 51143; → § 168 Rn. 69). Das können zunächst einmal Gründe sein, die der sbM zu vertreten hat, etwa Straftaten, Beleidigungen oder Tätlichkeiten, aber auch Vertragsverletzungen, ständige Unpünktlichkeit ua (VG Arnsberg 11.2.1976 – 5 K 821/75, DB 1976, 1532; VG Ansbach 3.7.2008 – AN 14 K 07.02946, BeckRS 2008, 43866). Wird dagegen das Vorliegen eines wichtigen Grundes zweifelhaft, etwa bei einmaligem unentschuldigtem Fehlen trotz Abmahnungen, ist die Zustimmung zu erteilen, wenn kein Zusammenhang besteht (OVG NRW 8.3.1996 – 24 A 3340/93, br 1997, 47).

Grundsätzlich kann auch bei Krankheit eine Kündigung und uU auch eine außer- **22**
ordentliche Kündigung ausgesprochen werden (vgl. Lepke, Kündigung bei Krankheit, 15. Aufl. 2015). Das gilt vor allem bei lang anhaltender Krankheit oder wiederholten Erkrankungen. Gerade hier ist aber die besondere Situation der sbM zu berücksichtigen, obwohl Krankheit von der Behinderung zu unterscheiden ist (EuGH 11.7.2006 – C 13/05, AP Richtlinie 2000/78/EG Nr. 3 – Chacon Navas; 11.4.2013 – C-335/11, C-337/11, AP Richtlinie 2000/78/EG Nr. 28 – HK Danmark; 1.12.2016 – C-395/15 – Daouidi, br 2017, 45 – Daouidi: Behinderung nur bei „Einschränkung, die auf physische, geistige oder psychische Beeinträchtigungen zurückzuführen… und von langer Dauer ist"; 18.1.2018 – C-276/16 – Conejevo, NZA 2018, 159 – Adipositas). Bei Krankheiten ist deshalb besonders zu prüfen, ob sie mit der Behinderung in Zusammenhang stehen. Wenn das der Fall ist, kann das Integrationsamt nach seinem pflichtgemäßen Ermessen die Zustimmung erteilen oder ablehnen, da es dann nicht durch die Sollvorschrift des § 174 Abs. 4 in seinem Ermessen eingeschränkt ist. Die frühere Unterscheidung, ob ein „unmittelbarer Zusammenhang" mit der Schädigung vorliegt, ist dabei nicht mehr maßgeblich. Auch ein nur mittelbarer Zusammenhang führt vielmehr dazu, dass das Integrationsamt in seinem Ermessen nicht beschränkt ist. Lediglich wenn ein Zusammenhang mit der Behinderung nicht besteht, gilt die Sollvorschrift des Abs. 4. Je loser aber der Zusammenhang mit der Schädigung ist, desto eher wird das Integrationsamt im Rahmen seines Ermessens dann auch die beantragte Zustimmung erteilen. Deshalb ist das Inte-

grationsamt frei in seinem Ermessen bei der Zustimmung für eine außerordentliche Kündigung wegen lang andauernder Krankheit und bei Unfähigkeit oder mangelnder Fähigkeit zur Verrichtung der vertraglichen Leistungen, immer unter der Voraussetzung, dass sie auf der Behinderung beruhen. Nur mittelbare Auswirkungen der Schädigung, Handlungen, die für sich allein einen Grund zur fristlosen Entlassung geben, werden dagegen eher zur Zustimmung führen, zB tätliche Angriffe des sbM gegen den Arbeitgeber, auch wenn sie durch Geisteskrankheit infolge Kriegsleidens bedingt sind, und Trunksucht im Dienst, auch wenn sie in einem gewissen Zusammenhang mit der Schwerbehinderung steht (NdsOVG 27.7.1994 – 4 L 1547/94, br 1995, 129; VG Göttingen 8.12.2004 – 2 A 279/04, BeckRS 2005, 22149; BayVGH 18.3.2009 – 12 B 08.3327, BeckRS 2009, 43155), ebenso bei Beschaffungskriminalität wegen Heroinsucht (OVG NRW 23.5.2000 – 22 A 3145/98, AP SGB IX § 88 Nr. 1). Bei einem hirnverletzten sbM, dessen schlechte Arbeit auf eine pathologisch anatomische Veränderung im Hirn als Folge der Beschädigung zurückzuführen ist, muss die fristlose Entlassung besonders genau geprüft werden. Aus diesem Grunde können Beleidigungen durch Hirnbeschädigte (BAG 25.2.1963 – 2 AZR 313/62, AP SchwBeschG § 19 Nr. 4; LAG BW 21.6.1965 – 4 Sa 29/65, DB 1965, 1184; VG Schleswig-Holstein 15.12.2004 – 15 A 290/04, BeckRS 2005, 26831, Bezeichnung als „Ratte"; OVG NRW 20.4.2009 – 12 A 2431/08, br 2010, 75), aber auch häufiges Fehlen wegen der Beschwerden (BAG 29.6.1961 – 2 AZR 371/60, AP SchwBeschG § 19 Nr. 3; VG Gelsenkirchen 28.5.2014 – 11 K 424/13, BeckRS 2014, 54007; VG München 18.12.2015 – M 15 K 12.1048, BeckRS 2015, 44558) als unmittelbare Folgen gerade der Behinderung angesehen werden, so dass auch hier die Sollvorschrift des Abs. 4 nicht eingreift. Das gilt auch für Betrug über die Arbeitszeit infolge von Depressionen (VG Ansbach 8.9.2011 – AN 14 K 11.01292, BeckRS 2011, 31108), nicht aber für einen Rezeptbetrug (BayVGH 8.6.2011 – 12 ZB 10.1727, BeckRS 2012, 59345). Es genügt, wenn die Behinderung nur eine unmittelbare Ursache von mehreren Gründen für das Verhalten war (LAG BW 21.6.1965 – 4 Sa 29/65, DB 1965, 1184 = PrAR SchwbG §§ 17–19 Nr. 74), um die Anwendung des Abs. 4 auszuschließen.

23 Nicht ohne weiteres ist dagegen ein Zusammenhang anzunehmen, wenn ein sbM unsittliche Belästigung an einer Mitarbeiterin verübt und sich auf eine Hirnverletzung beruft. In diesem Fall kann zwar ein mittelbarer Zusammenhang gegeben sein, was ganz vom Einzelfall abhängt. Das Urteil des BAG 17.5.1956 – 3 AZR 350/54, AP SchwBeschG § 19 Nr. 1 zu dieser Frage ist auf erhebliche Kritik gestoßen (Anm. Gotzen in BAG v. 17.5.1956 – 3 AZR 350/54, AP SchwBeschG § 19 Nr. 1). Nach der ab 1.5.1974 geltenden Zustimmungsbedürftigkeit jeder außerordentlichen Kündigung wird bei unsittlichen Belästigungen, aber auch bei Handlungen unter Einwirkung von Tabletten und Beruhigungsmitteln, die wegen der Beschädigung und ihren Folgen genommen werden, nicht immer gesagt werden können, dass die Zustimmung auf Grund der Sollvorschrift zu erteilen ist. Im Einzelfall können Hirnbeschädigungen sich auch in sexuellen Störungen auswirken, so dass das Integrationsamt dann nach seinem Ermessen die Zustimmung erteilen oder ablehnen kann. Ob ein Zusammenhang zwischen Behinderung und einem bestimmten Verhalten besteht, ist sorgfältig zu prüfen. Dabei kann das Integrationsamt nach § 21 Abs. 1 S. 2 Nr. 2 SGB X ein Gutachten eines Sachverständigen einholen. Eine Verpflichtung dazu besteht aber nicht (BVerwG 18.5.1988 – 5 B 135/87, BeckRS 1988, 31369597; VGH BW 5.7.1989 – 6 S 1739/87, BB 1989, 2400 = BeckRS 1989, 30475913; VG Gelsenkirchen 5.5.1988 – 2 K 326/88, br 1989, 46).

24 Anders als nach dem früheren § 18 ATO (Neumann/Pahlen/Majerski-Pahlen, 10. Aufl. 2003, § 91 Rn. 24) endet jetzt nach § 33 TVöD das Arbeitsverhältnis ohne Erklärung des Arbeitgebers zum Ende des Monats der Feststellung der Erwerbsunfähigkeit. Damit endet nach § 33 TVöD das Arbeitsverhältnis bei Erwerbsunfähigkeit ohne Kündigung. Eine Zustimmung des Integrationsamts ist auch nach § 174 nicht erforderlich. Für den Sonderfall der teilweisen Erwerbsminderung, der Erwerbsminderung auf

Zeit, der Berufsunfähigkeit und zeitlich begrenzter Erwerbsunfähigkeit gilt dagegen § 175.

E. Beweislast und Rechtsmittel

Will der Arbeitgeber die Zustimmung unter den erleichterten Voraussetzungen des Abs. 4 durchsetzen, muss er für den fehlenden Zusammenhang des Kündigungsgrundes mit der Behinderung die **Darlegungs- und Beweislast** tragen (OVG NRW 27.6.2011 – 12 A 705/10, br 2011, 212, 28.1.2013 – 12 A 1633/10, BeckRS 2013, 48626; Deinert/Welti/Braasch § 105 Rn. 125 f.; KR/Gallner § 174 Rn. 23; LPK-SGB IX/Düwell § 174 Rn. 29). Wenn ein Zusammenhang nicht ausgeschlossen werden kann, ist das Integrationsamt in ihrer Entscheidung frei und hat sie nun nach pflichtgemäßem Ermessen zu entscheiden. Das gilt nicht nur für den Antrag, sondern auch für die Rechtsmittelverfahren. Macht der Arbeitgeber geltend, das Integrationsamt hätte nach der Sollvorschrift die Zustimmung erteilen müssen, muss er im Widerspruchsverfahren und folgenden Klageverfahren dartun und beweisen, dass kein Zusammenhang mit der Behinderung bestand und deshalb eine ermessensfreie Entscheidung des Integrationsamts ohne besondere Ausnahmegründe für die Ablehnung rechtsfehlerhaft ist. In den Rechtsmittelinstanzen ist die Frage, ob ein atypischer Fall vorliegt, der statt der Sollvorschrift das pflichtgemäße Ermessen vorschreibt, eine Rechtsvoraussetzung und voll zu überprüfen (BVerwG 17.9.1987 – 5 C 26/84, BVerwGE 78, 101; 2.7.1992 – 5 C 3990, BVerwGE 90, 275; BSG 11.2.1988 – 7 RAr 55/86, NZA 1988, 707; 3.7.1991 – 9b RAr 2/90, NZA 1992, 87). Ob ein wichtiger Grund vorliegt, ist ein unbestimmter Rechtsbegriff und deshalb unbeschränkt nachprüfbar. Die Ablehnung der Zustimmung durch das Integrationsamt mit der Begründung, ein wichtiger Grund habe nicht vorgelegen, ist deshalb dann als fehlerhaft aufzuheben, wenn nach Auffassung der Rechtsmittelinstanz der wichtige Grund gegeben war. 25

Es wird besonders hervorgehoben, dass Rechtsmittel gegen die Zustimmung **keine aufschiebende Wirkung** haben (§ 171 Abs. 4, → § 171 Rn. 16). Die einmal durch das Integrationsamt oder im Rechtsmittelverfahren erteilte Zustimmung berechtigt also sofort zur außerordentlichen Kündigung, die dann aber auch unverzüglich erklärt werden muss, um die Frist des Abs. 5 zu wahren. Bis zur Kündigung muss der sbM grds. auch weiterbeschäftigt werden. Trotz Unzumutbarkeit iSd wichtigen Grundes besteht Annahmeverzug, bis das Arbeitsverhältnis nach erfolgter Zustimmung gekündigt wird (BAG 20.12.1976 – 5 AZR 736/75, AP SchwbG § 18 Nr. 1). Ausnahmen können nur in ganz schwerwiegenden Fällen gelten (BAG 26.4.1956 – GS 1/56, AP MuSchG § 9 Nr. 5: Der Arbeitnehmer trachtet dem Arbeitgeber nach dem Leben; weitergehend Peterek SAE 1977, 162, wonach unbezahlte Freistellung schon bei Gefahr von Schäden oder für andere Arbeitnehmer möglich sein soll). Wird jedoch später die Zustimmung aufgehoben, entfällt damit auch die Voraussetzung für die Kündigung, die damit unwirksam wird. Für die Zwischenzeit ist dann aus dem Gesichtspunkt des Annahmeverzugs der Lohn zu zahlen. Wird dagegen die Zustimmung bestätigt, bleibt es bei der Wirksamkeit der Kündigung. Die Rechtsmittelentscheidung wirkt also in jedem Fall zurück. Die Kündigung ist deshalb nach der Zustimmung **unverzüglich** auszusprechen, auch bei Anfechtung. Unverzüglich ist nicht sofort, sondern stellt auf die subjektiven Umstände ab und lässt eine entsprechende Überlegung, außerdem den normalen Büro- und Postgang zu (BAG 3.7.1980 – 2 AZR 340/78, AP SchwbG § 18 Nr. 2; 6.11.1986 – 2 AZR 753/85, BeckRS 1986, 30719139; 2.2.2006 – 2 AZR 57/05, AP BGB § 626 Nr. 204; 1.2.207, NZA 2007, 744; 19.4.2012 – 2 AZR 118/11, AP SGB IX § 91 Nr. 9; BSG 25.5.2005 – B 11a/11 AL 81/04 R, BSGE 95, 8). Aber mehrere Tage oder eine Woche darf nicht abgewartet werden (LAG RhPf 31.3.2004 – 10 Sa 1437/03, NZA-RR 2005, 26

71; 5.10.2005 – 10 TaBV 22/05, NZA-RR 2006, 245; 26.2.2008 – 3 Sa 765/07, BeckRS 2008, 52950). Sofern das Integrationsamt schon vor Ablauf der Zweiwochenfrist des § 626 Abs. 2 BGB entschieden hat, kann der Arbeitgeber die Frist von zwei Wochen voll ausnutzen und braucht nicht etwa unverzüglich nach Bekanntwerden der Zustimmung zu kündigen (BAG 15.11.2001 – 2 AZR 380/00, AP BGB § 626 Ausschlussfrist Nr. 45 unter Aufgabe der früheren gegenteiligen Entscheidung v. 22.1.1987 – 2 ABR 6/86, AP BetrVG 1972 § 103 Nr. 24; 19.4.2012 – 2 AZR 118/11, AP SGB IX § 91 Nr. 9; 22.10.2015 – 2 AZR 381/14, AP BGB § 626 Unkündbarkeit Nr. 12; Joussen DB 2002, 2162). Die Einhaltung der Fristen ist auch von den Gerichten für Arbeitssachen eigenständig zu prüfen (BAG 2.3.2006 – 2 AZR 46/05, AP SGB IX § 91 Nr. 6).

27 Wird die Zustimmung abgelehnt, kann der Arbeitgeber den Widerspruchsausschuss und dann die Verwaltungsgerichte dagegen in Anspruch nehmen. Er muss aber bis zum dann erst möglichen Ausspruch der Kündigung den sbM auch beschäftigen und kann ihn nicht unbezahlt freistellen (BAG 20.12.1976 – 5 AZR 736/75, AP SchwbG § 18 Nr. 1; Jobs AuR 1981, 230). Wird die Zustimmung durch das Integrationsamt, den Widerspruchsausschluss des Integrationsamts oder im Rechtsmittelverfahren erteilt, kann der sbM hiergegen Rechtsmittel einlegen. Auch wenn die Zustimmung wirksam bleibt, kann trotzdem noch zusätzlich die außerordentliche Kündigung vor den Gerichten für Arbeitssachen angefochten werden (→ Rn. 8). Die Arbeitsgerichte prüfen dann aus eigener Zuständigkeit nochmals das Vorliegen eines wichtigen Grundes, der Voraussetzung für die außerordentliche Kündigung ist. Gleichzeitig wird dort geprüft, ob die Kündigung rechtzeitig ausgesprochen wurde, also ob sie unverzüglich nach Zustimmung erfolgte (Abs. 5). Es ist nicht zu verhindern, dass auf diese Weise doppelt, einmal im Verwaltungs-, zum anderen im Arbeitsgerichtsverfahren über die Berechtigung der fristlosen Entlassung entschieden werden muss. Darüber, ob im Einzelfall ein wichtiger Grund vorliegt, kann es also durchaus zu unterschiedlichen Entscheidungen kommen. Zunächst muss immer die Zustimmung wirksam sein; für die Verwaltungsgerichtsbarkeit ist dabei der wichtige Grund nur eine Voraussetzung, die ohnehin kurzfristig entschieden werden muss. Liegt die Zustimmung vor, können die Gerichte für Arbeitssachen aber trotzdem noch das Vorliegen eines wichtigen Grundes und damit die Wirksamkeit der außerordentlichen Kündigung verneinen. Besonders bedauerlich ist, dass durch diese doppelte Zuständigkeit über die Wirksamkeit einer außerordentlichen Kündigung, die die Unzumutbarkeit der Fortsetzung des Arbeitsverhältnisses zur Voraussetzung hat, besonders lange gestritten werden kann.

28 Auf die früher sehr umstrittene Frage der Entgeltfortzahlung bei völliger Arbeitsunfähigkeit (Neumann/Pahlen, 9. Aufl. 1999, § 21 Rn. 28), kommt es nicht mehr an, weil das Arbeitsverhältnis erst nach der Kündigung auf Grund der vorher erteilten Zustimmung des Integrationsamts endet (BAG 14.7.1983 – 2 AZR 34/82, BeckRS 1983, 04787; 10.7.1991 – 5 AZR 383/90, AP SchwbG 1986 § 14 Nr. 1). Wenn die Kündigungszustimmung durch den sbM angefochten wird, verlängert das den Lohnzahlungsanspruch nicht, weil eine Bestätigung der Zustimmung im Rechtsmittelverfahren auf den Zeitpunkt der Zustellung der Zustimmung zurückwirkt (→ Rn. 26). Wird die Zustimmung dagegen aufgehoben, ist die Kündigung unwirksam und besteht das Arbeitsverhältnis und damit auch der Lohnanspruch aus dem Gesichtspunkt des Annahmeverzugs fort. Nur für die Zeit der Dreimonatsfrist des § 172 Abs. 1 besteht auch bei Arbeitsunfähigkeit der Lohnanspruch weiter (→ § 172 Rn. 17).

29 Wird die Zustimmung erteilt, kann der sbM Widerspruch einlegen, der aber auch dann keine aufschiebende Wirkung hat. Vielmehr ist die Kündigung trotz des Widerspruchs des sbM möglich und nach Abs. 5 unverzüglich zu „erklären". Das bedeutet wie in § 171 Abs. 3, dass die Kündigung auch unverzüglich zugegangen sein muss (→ § 171 Rn. 14; BAG 3.7.1980 – 2 AZR 340/78, AP SchwbG § 18 Nr. 2; 3.4.1986 – 2 AZR 258/85, AP SchwbG § 18 Nr. 9; 2.2.2006 – 2 AZR 57/05, AP BGB § 626 Nr. 204; 19.4.2012 – 2 AZR 118/11, AP SGB IX § 91 Nr. 9; 22.10.2015 – 2 AZR 381/14, AP

BGB § 626 Unkündbarkeit Nr. 12). Ggf. ist auch noch ebenso unverzüglich der Betriebs- oder Personalrat zu hören, soweit das nicht schon geschehen ist (→ § 168 Rn. 16). Das gilt auch nach Eintritt der Fiktion mit Ablauf der Zweiwochenfrist oder mit Erteilung eines Negativattestes (BAG 27.5.1983 – 7 AZR 482/81, AP SchwbG § 12 Nr. 12) und wenn ein besonderes Mitbestimmungsverfahren wie nach §§ 79 f. PersVG Berlin durchzuführen ist (BAG 21.10.1983 – 7 AZR 281/82, AP BGB § 626 Ausschlussfrist Nr. 16). Das Arbeitsverhältnis wird dann beendet. An die Stelle der Kündigungserklärung tritt bei der Entlassung von Betriebs- und Personalratsmitgliedern sowie sonstigen Amtsinhabern der Antrag auf Zustimmungsersetzung nach § 103 Abs. 2 BetrVG und den entsprechenden Vorschriften. Dieser Antrag ist ebenfalls nach Erteilung der Zustimmung unverzüglich zu stellen (BAG 22.1.1987 – 2 ABR 6/86, AP BetrVG 1972 § 103 Nr. 24; → § 168 Rn. 17, wobei aber die Frist des § 626 Abs. 2 BGB ausgenutzt werden kann, wenn die Zustimmung noch innerhalb dieser Frist erfolgt (BAG 15.11.2001 – 2 AZR 380/00, AP BGB § 626 Ausschlussfrist Nr. 45, insoweit unter Aufgabe der Entscheidung v. 22.1.1987 – 2 ABR 6/86, AP BetrVG 1972 § 103 Nr. 24; BAG 22.10.2015 – 2 AZR 381/14, AP BGB § 626 Unkündbarkeit Nr. 12). Sofern die Zustimmung im Rechtsmittelverfahren endgültig aufgehoben wird, ist diese Kündigung damit unwirksam und der Lohn aus dem Gesichtspunkt des Annahmeverzugs nachzuzahlen.

Vom sbM kann an sich nur die Zustimmung selbst angefochten werden, die von dem Integrationsamt ausgesprochen wurde. Für die bloße Fiktion nach Abs. 3 S. 2 ist das nicht so klar. Gilt danach die Zustimmung als erteilt, ist darin kein anfechtbarer Verwaltungsakt, auch kein stillschweigender Verwaltungsakt zu sehen (Forsthoff, Lehrbuch des Verwaltungsrechts, 1961, 218). Das BVerwG entnimmt jedoch der Aufhebung der öffentlich-rechtlichen Verbotsschranke die Gleichsetzung der Fiktion mit der positiven Entscheidung zugunsten des Antragstellers. In Anlehnung an das Baurecht (BVerwG 14.2.1969 – IV C 39/68, BVerwGE 31, 274; 28.2.1975 – IV C 77/74, BVerwGE 48, 87) geht es deshalb davon aus, dass auch diese fingierte Zustimmung rechtsmittelfähig ist (BVerwG 10.9.1992 – 5 C 39/88, BVerwGE 91, 7 = NZA 1993, 76). Zwar fehlen nach wie vor bei der Fiktion die Zustellung und die an sich notwendige Rechtsmittelbelehrung. Trotzdem sollte die Anfechtbarkeit auch bei der Fiktion nach § 171 Abs. 5 gelten (→ § 171 Rn. 19) und muss von dieser Rspr. ausgegangen werden (BAG 12.5.2005 – 2 AZR 159/04, AP SGB IX § 91 Nr. 5; 2.3.2006 – 2 AZR 46/05, AP SGB IX § 91 Nr. 6; 19.6.2007 – 2 AZR 226/06, AP SGB IX § 91 Nr. 8; 19.4.2012 – 2 AZR 118/11, AP SGB IX § 91 Nr. 9; 22.10.2015 – 2 AZR 381/14, AP BGB § 626 Unkündbarkeit Nr. 12; BVerwG 10.9.1992 – 5 C 39/88, BVerwGE 91, 7; 12.7.2012 – 5 C 16/11, BVerwGE 143, 325; Deinert/Welti/Braasch § 105 Rn. 125 f.; ErfK/Rolfs § 174 Rn. 9; KR/Gallner § 174 Rn. 27; LPK-SGB IX/Düwell § 174 Rn. 20; Rewolle DB 1974, 1233; Oetker br 1983, 31; vermittelnd noch VGH BW 10.2.1988 – 6 S 2745/87, ESVGH 39, 77: Die Mitteilung des Integrationsamts, dass die Zustimmung nach jetzt § 174 Abs. 3 als erteilt gilt, kann mit Widerspruch und Klage angefochten werden). 30

F. Fristlose Entlassung bei Arbeitskämpfen

Die Bestimmung über den Schutz des sbM in Arbeitskämpfen wurde wörtlich aus dem früheren SchwbG übernommen, obwohl die Fassung bereits in der Vergangenheit zu vielen Zweifeln Anlass gegeben hat. Sie greift nicht normierend in das Streikrecht ein, sondern bezweckt nur, den aus Anlass eines Arbeitskampfes entlassenen sbM ihren Arbeitsplatz wieder zu verschaffen. Durch die Einräumung eines privatrechtlichen Wiedereinstellungsanspruchs nach Beendigung des Streiks soll es den sbM möglich werden, während des Arbeitskampfes die Solidarität der Arbeitnehmer zu wahren und ihren Arbeitsplatz zu erhalten, ohne Streikbrecherdienste leisten zu müssen. Der Wiederein- 31 stellungsanspruch besteht aber nur, wenn den sbM kein sonstiges Verschulden vor oder nach Ausbruch des Streiks trifft.

32 Ebenso wichtig wie die Neutralisierung der sbM in Kampfmaßnahmen ist auch die **Neutralisierung des Integrationsamts** gemäß dem Grundsatz, dass der Staat sich in Arbeitskämpfe nicht einzumischen hat. Eine Bestimmung aber, wie § 25 KSchG, nach dem dieses bei Kündigungen und Entlassungen, die lediglich als Maßnahmen in wirtschaftlichen Kämpfen zwischen Arbeitgebern und Arbeitnehmern vorgenommen werden, keine Anwendung findet, kennt das SGB IX nicht. § 174 Abs. 6 bezieht sich dem Wortlaut nach nur auf sbM, denen aus Anlass eines Arbeitskampfes fristlos gekündigt worden ist. Da bei fristlosen Kündigungen als einer Art der außerordentlichen Kündigung die Zustimmung des Integrationsamts nach § 174 Abs. 1 erforderlich ist, wird hier in Abs. 6 davon ausgegangen, dass die Zustimmung des Integrationsamts bei Arbeitskämpfen erteilt wird oder nach § 174 Abs. 3 als erteilt gelten kann. Für den Fall des Arbeitskampfes ist keine Ausnahme von der Zustimmungspflicht vorgesehen. Die Vorschrift des Abs. 6 ist jedoch fast bedeutungslos, da auch im Falle des Arbeitskampfes vor einer fristlosen Entlassung die Zustimmung des Integrationsamts gefordert wird und der Arbeitskampf für sich allein nie einen Grund zur Entlassung darstellen kann; jedenfalls den sbM gegenüber genügt nämlich stets die Suspendierung. Die Vorschrift ist ohnehin nur ein Relikt aus der Zeit, als der Streik noch als Vertragsverletzung und demnach wichtiger Grund zur Entlassung galt; diese Auffassung ist jedoch seit der Entscheidung des Großen Senats des BAG v. 28.1.1955 (GS 1/54, AP GG Art. 9 Arbeitskampf Nr. 1) überholt. Ohnehin ist die Zustimmungspflicht für eine fristgemäße Kündigung, auch wenn sie aus Anlass eines Arbeitskampfes stattfindet, nicht aufgehoben. Hier ist also das Integrationsamt gezwungen zu entscheiden. Eine generelle Zustimmung zu jeder Kündigung, die aus Anlass eines Streiks ausgesprochen wird, was an sich der Neutralität entsprechen würde, kann bedenklich erscheinen, da die Wiedereinstellungspflicht nur für die sbM gilt, denen aus Anlass eines Streiks fristlos gekündigt, nicht aber für die, deren Arbeitsverhältnis mit ordentlicher Kündigung aufgelöst wurde. Bei Arbeitskämpfen wäre also eine fristlose Kündigung den sbM dienlicher und zwingt das Integrationsamt nicht zu einem unerwünschten Eingreifen in den Arbeitskampf. Da heute jedoch nach der Rspr. des BAG der Streik das Arbeitsverhältnis nicht löst, die Aussperrung jedoch ein Tatbestand zur Lösung sui generis ist (BAG 28.1.1955 – GS 1/54, AP GG Art. 9 Arbeitskampf Nr. 1; 21.4.1971 – GS 1/68, AP GG Art. 9 Arbeitskampf Nr. 43), entfällt auch insoweit die Zustimmungsbedürftigkeit schon aus dem Grunde, weil es in der Regel nicht mehr zu einer fristlosen Kündigung beim Streik und bei der Aussperrung kommt.

33 Der **Begriff Streik und Aussperrung** ist hier im weitesten Sinne zu verstehen. Er umfasst alle Arbeitskämpfe von Arbeitnehmer- und Arbeitgeberseite, beschränkt sich also nicht wie § 25 KSchG nur auf Maßnahmen in wirtschaftlichen Kämpfen. Streik ist die gemeinschaftliche Arbeitseinstellung mehrerer Arbeitnehmer als Kampfmaßnahme mit der Absicht, nach Erreichung des Zieles die Arbeit wieder aufzunehmen. Es ist gleichgültig, ob mit dem Streik nur wirtschaftliche Ziele verfolgt werden (Lohnstreik) oder Ziele anderer Art (zB Sympathiestreik); auch der (illegale) politische Streik fällt unter die Vorschriften von § 174 Abs. 6. Ebenso kommt es nicht darauf an, ob alle Arbeitnehmer die Arbeit niederlegen (Vollstreik) oder nur ein Teil (Teilstreik), und ob der Streik von den Gewerkschaften gebilligt ist oder nicht (wilder Streik). Die Aussperrung ist die Massenentlassung des Arbeitgebers als Kampfmaßnahme mit dem Willen der Wiedereinstellung nach Erreichung des Zieles.

1. Fristlose Kündigung

34 Die Fassung von § 174 Abs. 6 geht noch von der früher herrschenden Rechtsauffassung aus, dass der Streik die Arbeitnehmer nicht zur fristlosen Niederlegung der Arbeit berechtigte und der Arbeitgeber demgegenüber zur fristlosen Entlassung befugt sei

(Hueck/Nipperdey ArbR/Hueck/Nipperdey II S. 150, 931; Nikisch ArbR Bd II S. 156). Das gilt heute nur noch für den illegalen, dh den wilden, politischen oder sonst rechtswidrigen Streik (BAG 21.4.1971 – GS 1/68, AP GG Art. 9 Arbeitskampf Nr. 43 unter III D 2b). Im Falle des legitimen Streiks ist der Arbeitnehmer zur Arbeitsniederlegung berechtigt. Das Arbeitsverhältnis besteht fort. Der Arbeitgeber kann demgegenüber nur kollektivrechtlich vorgehen und eine Abwehraussperrung aussprechen. Diese Abwehraussperrung ist wie die Aussperrung überhaupt keine Kündigung, sondern ein Lösungstatbestand eigener Art. Er beendet das Arbeitsverhältnis (BAG 28.1.1955 – GS 1/54, AP GG Art. 9 Arbeitskampf Nr. 1; 21.4.1971 – GS 1/68, AP GG Art. 9 Arbeitskampf Nr. 43), wenn eine lösende Aussperrung zulässig ist und erklärt wird. Gegenüber sbM kann jedoch immer nur eine suspendierende Aussperrung wegen des besonderen Schutzes erklärt werden, jede weitergehende Maßnahme wäre nicht verhältnismäßig (BAG 21.4.1971 – GS 1/68, AP GG Art. 9 Arbeitskampf Nr. 43 unter C 5). Sie ist aber auch gegenüber sbM möglich (BAG 7.6.1988 – 1 AZR 597/86, AP GG Art. 9 Arbeitskampf Nr. 107). § 174 Abs. 6 enthält keine Sonderbestimmung, nach welcher sbM bei Streik oder Aussperrung fristlos entlassen werden können und sagt auch nichts darüber, wie der Schutz der sbM bei Arbeitskämpfen zu handhaben ist. Das Recht zur außerordentlichen Kündigung bzw. zu kollektiven Maßnahmen ergibt sich aus den allgemeinen Vorschriften wie sie auch für andere Arbeitnehmer gelten. Nach der derzeitigen Rechtsauffassung des BAG ist § 174 Abs. 6 damit insoweit bedeutungslos, da allein aus Anlass des legitimen Arbeitskampfes danach ohnehin keine Auflösung des Arbeitsverhältnisses möglich ist (allgM).

Die nur bei einem nicht legitimen Streik zulässige Kündigung aus Anlass des Arbeits- 35 kampfes bedarf zunächst ohnehin der Zustimmung des Integrationsamts, bevor sie wirksam ausgesprochen werden kann. Nach der Zustimmung **beendet sie jedoch das Arbeitsverhältnis** mit dem sbM. Wird er wieder eingestellt, so handelt es sich um ein neues Arbeitsverhältnis und nicht um die Fortsetzung des alten. Er soll zwar nach Möglichkeit wieder an seinen alten Arbeitsplatz zurückkehren, doch leben nicht ohne weiteres seine Rechte wieder auf. Insofern geht ein tarifliches Maßregelungsverbot oder eine tarifliche Wiedereinstellungsklausel ggf. weiter und hat auch für den sbM Bedeutung, wenn dadurch das Arbeitsverhältnis als nicht unterbrochen gilt.

2. Wiedereinstellungspflicht

Nach Beendigung des Arbeitskampfes hatten die lediglich aus Anlass des Streiks oder 36 der Aussperrung fristlos gekündigten oder auf Grund kollektiver Maßnahmen entlassenen sbM einen Anspruch auf Wiedereinstellung gegen den Arbeitgeber. Dies ist der wesentliche materielle Inhalt des § 174 Abs. 6. Nachdem heute nach der Rspr. des BAG aus Anlass des Arbeitskampfes sbM nicht entlassen werden können (BAG 21.4.1971 – GS 1/68, AP GG Art. 9 Arbeitskampf Nr. 43), lebt das Arbeitsverhältnis nach dem Ende des Arbeitskampfes ohnehin mit allen früheren Rechten und Pflichten wieder auf. Darüber hinaus erkennt die Rspr. zum Arbeitskampf grds. ein Recht auf Wiedereinstellung nach dem Ende des Arbeitskampfes an (BAG 21.4.1971 – GS 1/68, AP GG Art. 9 Arbeitskampf Nr. 43). Der sbM ist auch nach einem nicht legitimen Streik wiedereinzustellen.

Der Wiedereinstellungsanspruch des sbM gem. § 174 Abs. 6 besteht nur, wenn ihm 37 **lediglich aus Anlass des Arbeitskampfes** gekündigt worden ist. Das RAG (7.11.1931 – RAG 157/31, ArbRS 13, 591) hat daraus geschlossen, dass der Anspruch nur dann zum Zuge kommt, wenn die sbM ohne Rücksicht auf besonderes Verhalten lediglich wegen ihres Fernbleibens von der Arbeit entlassen worden sind. Das Recht auf Wiedereinstellung sollten nach Ansicht des RAG dagegen solche sbM nicht haben, die tätig oder leitend in den Streik eingegriffen haben (RAG 7.11.1931 – RAG 187/31 ArbRS 13, 591; 1.4.1933 – RAG 44, 33, ArbRS 18, 13). Dieser Auffassung (Zigan BB 1952, 321) kann aber nicht mehr zugestimmt werden. Auch Streikführern und sonstigen aktiv beteiligten Personen ist der Wiedereinstellungsanspruch des sbM zuzusprechen, wenn sie sich bei der Durchführung des Streiks keiner unerlaubten Kampfmittel bedient haben (HessLAG 18.9.1950 – I LA 344/49, RdA 1950, 427; LAG Düsseldorf 11.1.1952 – 1 Sa 130/51, BB 1952, 145) und es sich um einen legitimen Streik handelt. Hat jedoch der sbM, abgesehen von der Streikbeteiligung, dem Arbeitgeber einen Grund zur fristlosen Entlassung gegeben, (unerlaubte Handlungen, Beleidigungen, Beschädigung von Maschinen usw; BAG 29.3.1957 – 1 AZR 547/55, AP GG Art. 9 Arbeitskampf Nr. 5), so entfällt der Wiedereinstellungsanspruch, sofern die Kündigung mit der erforderlichen vorherigen Zustimmung des Integrationsamts erfolgt war. Ob dieses Verhalten vor oder nach der Entlassung liegt, ist nicht von Bedeutung (Deinert/Welti/Braasch § 105 Rn. 152 f.; KR/Gallner § 174 Rn. 56 f.; LPK-SGB IX/Düwell § 174 Rn. 43). Umstritten ist allein, ob die Anzettelung eines rechtswidrigen Streiks auch den Wiedereinstellungsanspruch ausschließt (KR/Gallner § 174 Rn. 57). Es ist auf die Lage des Falles abzustellen. Im Allgemeinen besteht Wiedereinstellungsanspruch. Den sbM bleiben in diesem Fall nur die Rechte, die bei Beilegung des Arbeitskampfes über die Wiedereinstellung vereinbart sind. Das allgemeine Maßregelungsverbot gibt aber für solche Fälle auch keinen Wiedereinstellungsanspruch.

§ 175 Erweiterter Beendigungsschutz

[1] Die Beendigung des Arbeitsverhältnisses eines schwerbehinderten Menschen bedarf auch dann der vorherigen Zustimmung des Integrationsamtes, wenn sie im Falle des Eintritts einer teilweisen Erwerbsminderung, der Erwerbsminderung auf Zeit, der Berufsunfähigkeit oder der Erwerbsunfähigkeit auf Zeit ohne Kündigung erfolgt. [2] Die Vorschriften dieses Kapitels über die Zustimmung zur ordentlichen Kündigung gelten entsprechend.

Übersicht

A. Erwerbsminderung

1 Der Wortlaut dieses früheren § 22 SchwbG musste an das neue Recht zur Erwerbsminderung angepasst werden, wie es seit dem G zur Reform der Renten wegen verminderter Erwerbsfähigkeit v. 20.12.2000 (BGBl. I 1827) in § 43 SGB VI besteht, geändert v. 20.4.2007, BGBl. I 554. Entscheidend galten dazu auch die Übergangsregelungen in §§ 240, 302b SGB VI. Die Vorschrift erweitert den Kündigungsschutz für bestimmte Fälle der Beendigung des Arbeitsverhältnisses ohne Kündigung. Nachdem § 59 BAT (jetzt § 33 TVöD, § 33 TV-L) im Gegensatz zu § 18 ATO keine besondere Erklärung des Arbeitgebers, sondern eine automatische Beendigung mit Ablauf des Monats vorsah, in dem die Berufs- und Erwerbsunfähigkeit festgestellt wurde, kam eine Zustimmung des Integrationsamts nicht mehr in Betracht und musste 1974 neu festgesetzt werden. 1986 wurde S. 2 eingefügt, dass die Vorschriften über die Zustimmung zur ordentlichen Kündigung entspr. gelten. Damit wurde die Streitfrage beendet, ob bei sofortiger Beendigung § 91 (jetzt § 174) anzuwenden ist (BT-Drs. 10/3138, 21).

2 Jetzt wird gesetzlich geregelt, dass ein bestimmtes Ausscheiden eines sbM auch ohne Kündigung der vorherigen Zustimmung des Integrationsamts bedarf. Damit wird die

Vorschrift nur auf einen Teil dieses automatischen Ausscheidens ohne Kündigung erstreckt, nämlich das Ausscheiden wegen **teilweiser Erwerbsminderung, Erwerbsminderung auf Zeit, Berufsunfähigkeit oder Erwerbsunfähigkeit auf Zeit.** In allen diesen Fällen besteht (nach unterschiedlichen Voraussetzungen) ein Rentenanspruch, auf Grund dessen es – meist tariflich, aber auch arbeitsvertraglich zum Ausscheiden ohne Kündigung kommen kann. Berufsunfähigkeit gibt es nur für Versicherte, die vor dem 2.1.1961 geboren sind (§ 240 Abs. 1 SGB VI). Berufsunfähigkeit definiert sich nach § 240 Abs. 2 SGB VI dahin, dass die Erwerbsfähigkeit auf weniger als sechs Stunden tägliche gesunken ist. Eine Teilinvalidität nach früherem DDR-Recht wurde der Berufsunfähigkeit gleichgestellt (ArbG Potsdam 15.2.1992 – 2 Ca 102/92, br 1993, 89). Teilweise Erwerbsminderung ergibt sich aus § 43 Abs. 1 SGB VI und liegt vor, wenn die Versicherten außerstande sind, mindestens sechs Stunden täglich erwerbstätig zu sein. Dagegen werden andere Gründe des Ausscheidens ohne Kündigung nicht erfasst, vor allem nicht ein Ausscheiden wegen dauernder Erwerbsunfähigkeit (Begriff § 43 Abs. 2 SGB VI), denn in diesem Fall kann der Arbeitnehmer überhaupt nicht mehr beschäftigt werden und müsste die Zustimmung in jedem Fall ohnehin erteilt werden (vgl. RegBegr. BT-Drs. 7/656, 31; SächsLAG 21.7.2006 – 2 Sa 818/05, ZTR 2007, 266). Die Erwerbsminderung auf Zeit und die Erwerbsunfähigkeit auf Zeit wurden gleichgestellt, weil häufig zu erwarten ist, dass sich die Erwerbsfähigkeit des sbM in absehbarer Zeit so erheblich bessert, dass der sbM großes Interesse an der Offenhaltung seines Arbeitsplatzes haben kann. Das gilt vor allem auch mit Rücksicht darauf, dass eine erneute Unterbringung durch die Arbeitsvermittlung auf besondere Schwierigkeiten stößt, zumal nach vorübergehender Erwerbsminderung oder Erwerbsunfähigkeit. Dem Integrationsamt soll damit ermöglicht werden, unter Berücksichtigung aller Umstände, vor allem der Verhältnisse des Arbeitgebers und der Dauer der Erwerbsunfähigkeit zu prüfen, ob dem Arbeitgeber zuzumuten ist, für diese Zeit den Arbeitsplatz offen zu halten (BT-Drs. 8/2696, 17).

Das ab 1.1.2001 geltende G zur Reform der Renten wegen verminderter Erwerbsfähigkeit enthält in § 302b SGB VI (geändert 8.12.2016, BGBl. I 2838) eine Übergangsregelung. Ansprüche auf Berufsunfähigkeit, die am 31.12.2000 bestanden, werden bis zum 65. Lebensjahr weitergezahlt, solange die Voraussetzungen vorliegen. § 302a SGB VI (zuletzt geändert v. 8.12.2016, BGBl. I 2838) enthält eine entsprechende Übergangsregelung für Invalidenrentner im Beitrittsgebiet und für Bergmannsinvalidenrenten. 3

B. Ausscheiden

Ein Ausscheiden wegen dieser Ansprüche auf Rente ohne Kündigung zum Ablauf des Monats der Feststellung sieht vor allem § 33 TVöD für die Angestellten des öffentlichen Dienstes vor, ebenso § 33 TV-L. Die dem TVöD entsprechenden Tarifverträge (zB für die Angestellten der Bundesagentur für Arbeit, der Bundesversicherungsanstalt, der Landschaftsverbände Rheinland und Westfalen) enthalten ähnliche Bestimmungen. Auch für die Arbeiter des Bundes und der Länder (§ 62 MTArb) ist ein Ausscheiden ohne Kündigung bei Berufsunfähigkeit oder Erwerbsunfähigkeit festgelegt. Erforderlich ist die Zustimmung des Integrationsamtes aber nur bei Ausscheiden ohne Kündigung wegen teilweiser Erwerbsminderung, Erwerbsminderung auf Zeit, Berufsunfähigkeit oder Erwerbsunfähigkeit auf Zeit. Bei jeder dauernden Erwerbsunfähigkeit bleibt das Ausscheiden ohne Kündigung auch ohne Zustimmung des Integrationsamtes wirksam. Das gilt auch dann, wenn die Rente auf unbestimmte Dauer mit der Angabe bewilligt wird, sie werde längstens bis zum Erreichen der Altersgrenze bewilligt, weil es sich dann nicht um eine Rente auf Zeit sondern eine dauernde Beendigung handelt (BAG zuletzt 20.6.2018 – 7 AZR 737/16, AP TVöD § 33 Nr. 4, Rn. 38 mit Verweis auf ausführlich BAG 14.1.2015 – 2 AZR 880/13, AP TVöD § 33 Nr. 2, dort Rn. 36 ff – keine Diskriminie- 4 rung wegen Behinderung, Rn. 44 – kein Verstoß gegen Europarecht, frühere Rechtsprechung Rn. 38: 6.4.2011 – 7 AZR 704/09, AP TzBfG § 21 Nr. 7; 27.7.2011 – 7 AZR 407/10, AP TzBfG § 21 Nr. 9; 10.12.2014 – 7 AZR 1002/12, öAT 2015, 145). Zur Rechtswirksamkeit der Beendigung durch Bedingung ohne Kündigung auch nach europäischem Recht BAG 18.12.2014 – 7 AZR 1002/12, AP TVöD § 33 Nr. 1; 14.1.2015 – 7 AZR 880/13, AP TVöD § 33 Nr. 2; 17.3.2016 – 6 AZR 221/15, AP TVöD § 33 Nr. 3; Seel NZS 2013, 373; Gaensler öAT 2013, 45; Bock öAT 2016, 67. Die Entscheidung über die Zustimmung muss aber dann ergehen, wenn das Arbeitsverhältnis wegen einer Zeitrente ruht (VGH BW 15.7.1997 – 9 S 1490/96, br 1998, 75), so dass die Regelungen im § 33 Abs. 2 S. 5 TVöD (Ruhen bei Zeitrente) keinen Einfluss haben (Deinert/Welti/Braasch § 105 Rn. 155 f.; aA BAG 15.3.2006 – 7 AZR 332/05, AP BAT § 59 Nr. 14; 17.3.2016 – 6 AZR 221/15, AP TVöD § 33 Nr. 3, aber mit der Möglichkeit, Weiterbeschäftigung nach § 164 Abs. 4 zu verlangen; OVG RhPf 17.12.2004 – 12 A 11602/04, br 2005, 116 = BeckRS 2005, 21873; ErfK/Rolfs § 175 Rn. 1; Feldes/Kohte/Stevens-Bartol/Schmitz § 175 Rn. 4 empfehlen tarifliche Änderung; Kayser br 2008, 153; Müller-Wenner schlägt ein Negativattest vor, Müller-Wenner/Schorn/Müller-Wenner § 91 Rn. 11). Wird die Rente auf unbestimmte Dauer bewilligt mit der Angabe, sie werde längstens bis zum Erreichen der Regelaltersgrenze bewilligt, handelt es sich nicht um eine Rente auf Zeit (BASG 20.6.2018 – 7 AZR 737/16, AP TVöD § 92 Nr. 4. Die Lohnzahlung entfällt, rein faktisch liegt damit auch beim Ruhen eine Beendigung iSd § 175 vor. Wird der Rentenantrag zurückgenommen, tritt auch kein Ruhen mehr ein (BAG 23.3.2016 – 7 AZR 827/13, AP TV-L § 33 Nr. 1). Die Tarifverträge der Deutschen Post sehen ebenfalls wirksam ein Ausscheiden bei Bewilligung einer Versorgungsrente durch auflösende Bedingung vor (BAG 6.12.2000 – 7 AZR 302/99, AP TVG § 1 Tarifverträge: Deutsche Post Nr. 3).

5 Bei Vorliegen des Rentenanspruchs bedarf die Beendigung des Arbeitsverhältnisses der vorherigen Zustimmung des Integrationsamts. Dabei gilt das Kap. 4. Maßgeblich ist stets das Verfahren für eine ordentliche Kündigung, gleichgültig ob nach den tariflichen Vorschriften das Arbeitsverhältnis sofort oder mit einer besonderen Frist endet. Deshalb gilt auch nicht § 174 Abs. 3, sondern §§ 168, 170, so dass das Integrationsamt binnen einen Monat entscheiden soll und nach pflichtgemäßem Ermessen zu prüfen hat, ob der Arbeitsplatz ggf. für die Dauer der Nichtbeschäftigung freizuhalten ist (KR/Gallner § 175 Rn. 8).

C. Vorherige Zustimmung

6 Das Ausscheiden bei Berufsunfähigkeit oder zeitlich begrenzter Erwerbsunfähigkeit bedarf der **vorherigen** Zustimmung des Integrationsamts wie eine Kündigung. Deshalb muss ein Antrag gestellt werden, wenn die Berufsunfähigkeit oder Erwerbsunfähigkeit auf Zeit gegeben ist und dem Arbeitgeber die Eigenschaft als sbM bekannt ist oder unverzüglich mitgeteilt wird (→ § 168 Rn. 33 ff.). Aus der Tatsache der Berufs- oder zeitweisen Erwerbsunfähigkeit allein folgt diese Eigenschaft noch nicht (BAG 16.11.1982 – 3 AZR 220/81, AP BAT § 62 Nr. 4), so dass der Arbeitnehmer sich ebenso drei Wochen nach Feststellung der Berufs- oder Erwerbsunfähigkeit auf den Schutz berufen muss. Das Bundesarbeitsgericht wendete die Rspr. zur ordentlichen Kündigung, dass der sbM sich binnen eines Monats (jetzt drei Wochen) auf den erweiterten Bestandschutz des § 175 berufen muss, entspr. an (BAG 28.6.1995 – 7 AZR 555/94, AP BAT § 59 Nr. 6), jetzt gilt auch hier § 173 Abs. 3, so dass der Schutz nur bei Vorlage der Feststellung zum Zeitpunkt des Bescheides oder rechtzeitiger Antragstellung bzw. Offenkundigkeit besteht (→ § 168 Rn. 33 ff.; BAG 15.3.2006 – 7 AZR 332/05, AP BAT § 59 Nr. 14). Erst wenn die Zustimmung erteilt und zugestellt ist, beginnt die Frist zu laufen,

die für ein Ausscheiden bei Berufsunfähigkeit oder Erwerbsunfähigkeit im Einzelfall betrieblich oder tariflich festgelegt ist. Das Arbeitsverhältnis eines berufsunfähigen bzw. begrenzt erwerbsunfähigen schwer behinderten Angestellten des öffentlichen Dienstes endet deshalb nach § 33 TVöD nicht mit Ablauf des Monats, in dem der Bescheid über die Berufsunfähigkeit oder teilweise Erwerbsunfähigkeit festgestellt wird, sondern endet mit Ablauf des Tages, an dem die Zustimmung zu dem Ausscheiden durch das Integrationsamt zugestellt wird (§ 33 Abs. 2 S. 4 TVöD). Da es sich um eine auflösende Bedingung handelt, tritt dann aber noch die Zweiwochenfrist nach Eintritt der Bedingung nach § 15 Abs. 2 TzBfG hinzu (BAG 15.3.2006 – 7 AZR 332/05, AP BAT § 59 Nr. 14; LAG Bln 28.3.2006 – 7 Sa 1970/05, ZTR 2006, 551 = BeckRS 2006, 43233). Um die Wirksamkeit anzugreifen, muss dann aber nach §§ 17 Abs. 2 mit § 21 TzBfG binnen drei Wochen Kontrollklage erhoben werden (BAG 27.7.2011 – 7 AZR 402/10, AP TzBfG § 21 Nr. 9). Auf die Rechtskraft der Zustimmung kommt es ebenso wenig an wie auf die Rechtskraft des Bescheides des Rentenversicherungsträgers über die Berufs- oder Erwerbsunfähigkeit. Wird eine dieser Voraussetzungen nach Anfechtung im Rechtsmittelverfahren aufgehoben, entfällt die Wirksamkeit des Ausscheidens rückwirkend und besteht das Arbeitsverhältnis fort. Werden dagegen Berufsunfähigkeit bzw. zeitlich begrenzte Erwerbsunfähigkeit und Zustimmung auch im Rechtsmittelverfahren bestätigt, bleibt es beim Ausscheiden des Arbeitnehmers (KR/Gallner § 175 Rn. 5). Ist die Beendigung arbeitsgerichtlich rechtskräftig festgestellt, fehlt es für eine Klage gegen die Zustimmung am Rechtsschutzinteresse (VG Würzburg 1.9.2015 – W 3 K 15.138, BeckRS 2016, 42797).

D. Dienstunfähigkeit

Nicht geregelt ist die Behandlung eines Ausscheidens wegen Dienstunfähigkeit (§§ 42, 44 BBG). Der Gesetzgeber hat vor allem die Stellung der Dienstordnungsangestellten nicht bedacht, die zwar in einem Arbeitsverhältnis stehen, deren Entlassung sich aber nach Beamtenrecht richtet. Die Rspr. hat auf die Kündigung die Anwendung der arbeitsrechtlichen Vorschriften des § 626 abgelehnt (BAG 23.9.1958 – 3 AZR 33/56, AP BGB § 611 Dienstordnungs-Angestellte Nr. 6; 3.2.1972 – 2 AZR 170/71, AP BGB § 611 Dienstordnungs-Angestellte Nr. 32). Trotzdem wurde auf die Versetzung in den Ruhestand wegen Dienstunfähigkeit § 19 SchwbG entspr. angewandt (BAG 20.10.1977 – 2 AZR 688/76, AP SchwbG § 19 Nr. 1). Das entsprach der Anwendung der früheren §§ 14 ff. SchwbG auf die Dienstentlassung (BAG 29.6.1961 – 2 AZR 371/60, AP SchwBeschG § 19 Nr. 3; → § 168 Rn. 28; Neumann/Pahlen/Majerski-Pahlen, 11. Aufl. 2005, § 92 Rn. 7). Diese Rspr. wurde ausdrücklich aufgegeben (BAG 24.5.2012 – 6 AZR 679/10, AP SGB IX § 92 Nr. 1; LPK-SGB IX /Düwell § 175 Rn. 6). Nachdem die Anhörungspflicht des Integrationsamts in § 128 Abs. 2 SGB IX 2001 ab 15.5.2004 aufgehoben wurde, besteht für den Fall der Dienstunfähigkeit kein Grund mehr, für Beamte und damit auch für Dienstordnungsberechtigte § 175 analog anzuwenden. Es fehlt nach Ansicht des BAG an einer Regelungslücke, zudem besteht anders als im Arbeitsverhältnis im Beamtenrecht zwischen dem aktiven Dienst und dem Ruhestand ein ganz anderes und auch immer noch enges Verhältnis, so dass die analoge Anwendung des § 175 ausscheidet. Dementsprechend wurde auch die analoge Anwendung für die Polizeidienstunfähigkeit abgelehnt (OVG NRW 13.9.2012 – 1 A 644/12, br 2013, 88; LPK SGB IX/Düwell § 175 Rn. 6). Nachdem der frühere § 128 Abs. 2 SGB IX 2001 ab 1.5.2004 aufgehoben wurde, besteht auch keine Pflicht mehr, das Integrationsamt vor der Zurruhesetzung anzuhören. 7

Kapitel 5. Betriebs-, Personal-, Richter-, Staatsanwalts- und Präsidialrat, Schwerbehindertenvertretung, Inklusionsbeauftragter des Arbeitgebers

§ 176 Aufgaben des Betriebs-, Personal-, Richter-, Staatsanwalts- und Präsidialrates

[1]Betriebs-, Personal-, Richter-, Staatsanwalts- und Präsidialrat fördern die Eingliederung schwerbehinderter Menschen. [2]Sie achten insbesondere darauf, dass die dem Arbeitgeber nach den §§ 154, 155 und 164 bis 167 obliegenden Verpflichtungen erfüllt werden; sie wirken auf die Wahl der Schwerbehindertenvertretung hin.

Übersicht

A. Allgemeines

1 Die Vorschrift ist aus dem § 13 Abs. 1 SchwbG 1961 entstanden, wonach dem Betriebs- und Personalrat die Förderung der Unterbringung Schwerbehinderter und die Sorge für deren Beschäftigung nach ihren Fähigkeiten und Kenntnissen aufgegeben war. Durch das G zur Weiterentwicklung des Schwerbeschädigtenrechts v. 24.4.1974 (BGBl. I 981) wurde diese Bestimmung ausgedehnt auf den Richter- und Präsidialrat als die Vertretung der Richter und seit dem 1.8.1986 auch auf den in einzelnen Ländern geschaffenen Staatsanwaltsrat. Die weiteren Änderungen des Gesetzes durch das G zur Bekämpfung der Arbeitslosigkeit Schwerbehinderter v. 29.9.2000 (BGBl. I 1394) sowie das SGB IX v. 19.6.2001 (BGBl. I 1046) waren lediglich redaktioneller Natur. Dies gilt auch für die Änderung durch das G zur Stärkung der Teilhabe und Selbstbestimmung von Menschen mit Behinderungen (BTHG) v. 23.12.2016 (BGBl. I 3234). Es erfolgte lediglich eine Anpassung der Verweisungen infolge der Verschiebung der Paragraphen im Schwerbehindertenrecht in Teil 3 des Gesetzes (Gesetzentwurf der BReg. BT-Drs. 18/9522, 307).

B. Voraussetzungen

2 Die Mitwirkung bei der Durchführung des Gesetzes betrifft jeden Betriebs-, Personal-, Richter-, Staatsanwalts- und Präsidialrat. Voraussetzung ist dabei naturgemäß, dass ein solcher besteht und gewählt ist. Diese Selbstverständlichkeit war früher in § 13 Abs. 1 SchwbG 1961 noch besonders ausgesprochen, ist aber ohnehin Voraussetzung dafür, dass diese Stellen tätig werden können.

a) **Betriebsräte.** Betriebsräte sind nach § 1 BetrVG in allen Betrieben mit in der Regel mindestens fünf ständigen wahlberechtigten Arbeitnehmern, von denen drei wählbar sind, zu wählen. Dies gilt nach § 1 Abs. 1 S. 2 BetrVG auch für gemeinsame Betriebe mehrerer Unternehmen. Die Betriebsratspflicht beginnt damit in vielen kleineren Betrieben als nach § 154 beschäftigungspflichtig sind, sofern nur ein Betrieb des Arbeitgebers vorliegt. Trotzdem kann auch in solchen kleineren Betrieben als mit mindestens 20 Arbeitsplätzen die Aufgabe des Betriebsrates gegenüber den sbM bedeutsam werden, da auch ohne Rücksicht auf die Beschäftigungspflicht tätige sbM zB den Kündigungsschutz genießen und nach § 164 Abs. 4 nach ihren Fähigkeiten und Kenntnissen zu beschäftigen und zu fördern sind. Außerdem richtet sich die Beschäftigungspflicht nach dem Arbeitgeber, so dass bei mehreren kleinen Betrieben auch eine Beschäftigungspflicht vorliegen kann. 3

b) **Personalräte.** Personalräte werden nach § 13 BPersVG in allen Dienststellen gebildet, die in der Regel mindestens fünf Wahlberechtigte beschäftigen, von denen drei wählbar sind. Auch hier beginnt also die Personalratspflicht weit unterhalb der Beschäftigungspflicht, wobei aber ebenfalls zu berücksichtigen ist, dass nach § 154 Abs. 3 bestimmte Dienststellen für das SGB IX unter einem einheitlichen Arbeitgeber zusammengefasst und damit beschäftigungspflichtig werden. Es kann also durchaus vorkommen, dass sbM im Rahmen der Beschäftigungspflicht auch in kleineren Dienststellen eingestellt und beschäftigt werden und dann einen entsprechenden Schutz und Anspruch auf Förderung haben. Dazu kommt, dass auch über die Beschäftigungspflicht hinaus beschäftigte sbM den vollen Schutz des Gesetzes genießen und somit in gleicher Weise von den Personalräten zu betreuen sind wie die im Rahmen der Pflichtquote beschäftigten sbM. 4

Für die Personalvertretungsgesetze der Länder gilt Entsprechendes. Die Personalvertretungsgesetze aller Länder schreiben in gleicher Weise die Bildung von Personalräten vor und gelten schon nach den Rahmenbestimmungen von § 95 BPersVG, der nach § 131 BPersVG v. 9.6.2021 (BGBl. I 1614) noch bis zum 31.12.2024 in Kraft ist, auch für Gemeinden, Gemeindeverbände und sonstige nicht bundesunmittelbare Körperschaften, Anstalten und Stiftungen des öffentlichen Rechts sowie für die Gerichte der Länder; dazu gehören auch die Rundfunk- und Fernsehanstalten sowie Universitäten, Fachhochschulen und andere bildenden, wissenschaftlichen und künstlerischen Zwecken dienende Dienststellen. Hier ist ebenfalls zu beachten, dass der Begriff der Dienststelle und der des beschäftigungspflichtigen Arbeitgebers sich nach § 154 Abs. 3 nicht immer decken und die Beschäftigungspflicht in kleineren Dienststellen mit eigenem Personalrat auch unterhalb der Grenze von 20 Arbeitsplätzen wegen des anderen Arbeitgeberbegriffes gegeben sein kann. 5

c) **Richterrat.** Ein Richterrat wird nach §§ 49, 50 DRiG gewählt. Er nimmt die Aufgaben wahr, die der Personalvertretung für die Beamten zustehen und ist damit das Personalvertretungsorgan der Richter (§ 52 DRiG). Bei gemeinsamen Aufgaben entsendet der Richterrat Mitglieder in die Personalvertretung und werden dann gemeinsame Beschlüsse gefasst (§ 53 Abs. 1 DRiG). 6

d) **Präsidialrat.** Der Präsidialrat wird nach §§ 49, 54 DRiG gebildet und ist an jeder Ernennung oder Wahl eines Richters zu beteiligen (§ 55 DRiG). Seine Stellungnahme ist Voraussetzung für die Wahl oder Ernennung eines Richters (§ 57 Abs. 3 DRiG). 7

e) **Staatsanwaltsräte.** Staatsanwaltsräte gibt es nur nach Landesrecht (vgl. zB Art. 86a Bayer. PersVG; §§ 88, 89 BWRiG; § 78a HRiG; §§ 106–107b NPersVG; §§ 96, 97 NRWPersVG). 7a

C. Aufgaben gegenüber schwerbehinderten Menschen

8 Die allgemeinen Aufgaben des Betriebs- und Personalrates zur Durchführung des SGB IX sind hier nur wiederholt und im Hinblick auf die Vorschriften des Gesetzes genauer bezeichnet. Es ergibt sich nämlich die allgemeine Pflicht zur Förderung der Eingliederung sbM schon aus § 80 Abs. 1 Ziff. 4 BetrVG. Dazu können ua Regelungen zur Personalplanung, der Gestaltung der Arbeitsplätze und des Arbeitsumfelds (*Gagel* NZA 2004, 1359) oder der Arbeitszeit (BAG 3.12.2002 – 9 AZR 462/01, NZA 2004, 1219) gehören. Für den Personalrat gilt die entsprechende Bestimmung des § 62 Abs. 1 Ziff. 4 BPersVG. Die dort jeweils schon vorgeschriebene Verpflichtung, die Eingliederung und berufliche Entwicklung sbM zu fördern, wird hier dahin präzisiert, dass vor allem darauf zu achten ist, dass der Arbeitgeber die nach §§ 154, 155 und 164 bis 167 ihm obliegenden Pflichten über die Beschäftigung sbM und deren Förderung nach Fähigkeiten und Kenntnissen erfüllt. Über den Verweis in § 151 Abs. 1 erstreckt sich diese Verpflichtung auch auf gleichgestellte behinderte Menschen (Hauck/Noftz/Mushoff Rn. 2; Schlegel/Voelzke/Esser Rn. 7). Dies gilt auch für die Verpflichtungen des Arbeitgebers aus § 2 Abs. 1 und § 7 Abs. 1 AGG v. 14.8.2006 (BGBl. I 1897).

9 a) **Beschäftigungspflicht.** Die Beschäftigungspflicht obliegt dem Arbeitgeber. Der Betriebs- und Personalrat kann daher grds. nur im Rahmen seiner Mitbestimmung bei Einstellungen auf die Bevorzugung SB hinwirken und durch seine eigene Stellungnahme auf Maßnahmen hinwirken, die den Arbeitgeber veranlassen, sbM im Rahmen der Pflichtquote oder aber auch darüber hinaus zu beschäftigen. Zu seiner Unterrichtung kann er alle erforderlichen Unterlagen einsehen (§ 80 Abs. 2 BetrVG; § 66 BPersVG), also insbes. die Anzeigen an die Agentur für Arbeit (§ 163 Abs. 2) und das Verzeichnis der schwer behinderten, ihnen gleichgestellten behinderten Menschen und sonstiger anrechnungsfähiger Personen (§ 163 Abs. 1). Vor allem sind Vermittlungsvorschläge der Bundesagentur für Arbeit oder eines von ihm beauftragten Integrationsfachdienstes und vorliegende Bewerbungen sbM dem Betriebs- oder Personalrat und dem Präsidialrat nach § 164 Abs. 1 S. 4 bzw. S. 5 mitzuteilen, so dass auch unaufgefordert eine entsprechende Unterrichtung stattfindet (BAG 25.1.2021 – 8 AZR 313/20, NZA 2022, 638; KHM/Kossens Rn. 12). Das Recht des Betriebs- und Personalrats bekommt durch die Beteiligung bei Einstellungen, Umgruppierungen, Versetzungen und Entlassungen im Rahmen §§ 99 ff. BetrVG und §§ 75 ff. BPersVG ein besonderes Gewicht. Diese personelle Mitbestimmung ist gerade im Rahmen der Durchführung des SGB IX von erheblicher Bedeutung. Hat der Arbeitgeber nämlich vor der Einstellung eines nicht schwerbehinderten Arbeitnehmers nicht gem. § 164 Abs. 1 S. 1 geprüft, ob der freie Arbeitsplatz mit einem sbM besetzt werden kann, verstößt die geplante Personalmaßnahme gegen ein gesetzliches Verbot iSd § 99 Abs. 2 Nr. 1 BetrVG bzw. § 78 Abs. 5 Nr. 1 BPersVG und berechtigt den Betriebs- und Personalrat, seine Zustimmung zur Einstellung des Arbeitnehmers zu verweigern (BAG 12.9.2006 – 9 AZR 807/05, NZA 2007, 507; LPK-SGB IX/*Düwell* § 164 Rn. 12; KHM/Kossens Rn. 14). Dies gilt auch für den Fall der beabsichtigten Einstellung eines Leiharbeitnehmers (BAG 23.6.2010 – 7 ABR 3/09, NZA 2010, 1361), nicht jedoch die Besetzung einer freien Stelle durch einen bereits dem Betrieb in anderer Funktion angehörenden Arbeitnehmer; denn dadurch kommt es nicht zu einer Konkurrenz von schwerbehinderten und nicht schwerbehinderten externen Bewerbern und wird dem Arbeitsmarkt kein Arbeitsplatz „zu Lasten“ der sbM entzogen (BAG 17.6.2008 – 1 ABR 20/07, NZA 2008, 1139). Entsprechendes gilt für die Verpflichtung des Arbeitgebers, in angemessenem Umfang besondere Gruppen von sbM einzustellen (§ 155). Kein Widerspruchsrecht besteht jedoch, wenn der Arbeitgeber die Agentur für Arbeit und die Schwerbehindertenvertretung von bestimmten freigewordenen Arbeitsplätzen unterrichtet, Bewerbungen von sbM auf diese

Arbeitsplätze nicht eingehen, statt dessen sich sbM um andere Arbeitsplätze bewerben und der Arbeitgeber hierauf den einzigen – nicht behinderten – Bewerber einstellt (zum bisherigen Recht BAG 10.11.1992 – 1 ABR 21/92, AP BetrVG 1972 § 99 Nr. 100 = BR 1993, 73 m. Anm. Fahlbusch = EzA § 93 BetrVG 1972 Nr. 108 m. Anm. v. Hoyningen-Huene).

b) **Förderung.** Gem. § 80 Abs. 1 Ziff. 1 BetrVG und § 68 Abs. 1 Ziff. 2 BPersVG haben der Betriebs- und Personalrat nicht nur darauf hinzuwirken, dass die Pflichtzahl erreicht wird, sondern auch, dass **passende Arbeitsplätze für die sbM ausgesucht** und durch entsprechende Hilfsmittel für eine Besetzung mit sbM geeignet gemacht werden (Fitting BetrVG § 80 Rn. 29; GK-BetrVG/*Kraft* § 80 Rn. 37; Richardi BetrVG/Thüsing BetrVG § 80 Rn. 39). Hier wird das durch den Hinweis auf die Verpflichtung zur Überwachung der Förderung nach § 164 Abs. 4 nochmals besonders hervorgehoben. Da § 80 Abs. 1 Ziff. 4 BetrVG und § 62 Abs. 1 Ziff. 4 BPersVG dem Betriebs- und Personalrat nicht nur die Sorge für die sbM, sondern auch für sonstige besonders schutzbedürftige Personenkreise auferlegen, können sie sich gleichfalls um die Unterbringung von behinderten und von Behinderung bedrohten Menschen bemühen (Wolber PersV 2003, 214). Entsprechendes gilt für die Beteiligung von Betriebs- und Personalrat bei der technischen oder organisatorischen Veränderung von Arbeitsplätzen, des Arbeitsablaufs oder der Arbeitsumgebung gem. § 90 BetrVG bzw. § 78 Abs. 4 BPersVG. 10

Zu beteiligen sind jeweils Personalrat und Schwerbehindertenvertretung der Beschäftigungsstelle und nicht der höheren Stellen. Eine Heilung ist nicht möglich, wenn die falsche Stelle angehört wurde (BVerwG 25.10.1968 – VI C 3.66, BVerwGE 30, 344). Jedoch kommt auch eine Beteiligung von Gesamt- oder Konzernbetriebsrat bzw. Haupt- oder Bezirksbetriebs- bzw. -personalräten dann in Betracht, wenn die Einstellung sbM in bestimmten Betrieben oder Dienststellen in Rede steht. Da sich die Beschäftigungspflicht auf den gesamten Bereich des Arbeitgebers erstreckt (§ 154), kann es erforderlich werden, in bestimmten Dienststellen oder Betrieben mehr sbM zu beschäftigen als in anderen, die uU weniger geeignet sind. Dieser Ausgleich über den einzelnen Betrieb oder die Dienststelle hinweg im Gesamtbereich des Arbeitgebers kann dann neben der Einschaltung der Einzelbetriebs- und -personalräte auch die des Gesamtbetriebsrates und der Stufenvertretungen erforderlich machen. 11

c) **Gesundheitsschutz.** Das SGB IX erlegt dem Betriebs- und Personalrat darüber hinaus noch das Recht und die Pflicht auf, bei den eingestellten sbM dafür zu sorgen, dass sie ihren **Fähigkeiten und Kenntnissen entspr.** beschäftigt und gefördert werden und keine Benachteiligung gegenüber den gesunden Arbeitnehmern erfahren; das Mitbestimmungsrecht bei Beförderungen, Höhergruppierungen und der Zuweisung einer höherwertigen Tätigkeit ist dafür besonders wichtig. Auf § 164 Abs. 4 wird insoweit verwiesen. Hierzu gehören auch Fragen der Ausstattung des Arbeitsplatzes und der Sorge für den Unfallschutz. Der Richter- und Präsidialrat hat auf diese Aufgaben keinen unmittelbaren Einfluss, da der Einsatz der schwerbehinderten Richter Aufgabe des Präsidiums ist (VG Frankfurt a. M. 11.11.2011 – 9 L 3208/11 F, BeckRS 2012, 49707). Darüber hinaus weist das G den in § 176 erwähnten Gremien auch die Aufgabe zu darüber zu wachen, dass die dem Arbeitgeber nach § 167 obliegenden Verpflichtungen erfüllt werden (Britschgi AiB 2019, Nr. 3, 15). Daraus folgt ein Unterrichtungsanspruch des Betriebs- bzw. Personalrats im Hinblick auf diejenigen Beschäftigten, denen ein betriebliches Eingliederungsmanagement (BEM) anzubieten ist (BAG 7.2.2012 – 1 ABR 46/10, NZA 2012, 744; BVerwG 4.9.2012 – 6 P 5.11, BVerwGE 144, 156), das durch ein Initiativrecht ergänzt wird, § 167 Abs. 2 (Range-Ditz ArbRB 2022, 68). Ein individueller Anspruch des betroffenen Arbeitnehmers auf Durchführung eines BEM besteht dagegen nicht (BAG 7.9.2021 – 9 AZR 571/20, NZA 2022, 257). 12

13 d) **Streitschlichtung.** Folgt der Arbeitgeber den Anregungen des Betriebsrats nicht, so kann zur Beilegung der Meinungsverschiedenheiten die **Einigungsstelle** tätig werden, wenn beide Seiten es beantragen oder damit einverstanden sind (§ 76 BetrVG). Besteht Streit über die Art und Weise der Durchführung eines betrieblichen Eingliederungsmanagements, kann der Betriebsrat von seinem Initiativrecht Gebrauch machen und die Einigungsstelle anrufen. Allerdings beschränkt sich deren Entscheidungsbefugnis lediglich auf die Schaffung von generellen Verfahrensregeln (BAG 22.3.2016 – 1 ABR 14/14, NZA 2016, 1283). Für den Personalrat bildet § 80 Abs. 1 Nr. 17 BPersVG bzw. die jeweils einschlägige landesrechtliche Regelung die Grundlage für ein solches Vorgehen Baßlsperger PersV 2021, 404). Hat der Betriebsrat seine Zustimmung zur Einstellung eines Arbeitnehmers verweigert mit der Begründung, es müsste ein sbM eingestellt werden, und kommt keine Verständigung zustande, so kann der Arbeitgeber das Arbeitsgericht anrufen und beantragen, die Zustimmung zu ersetzen (§ 99 Abs. 4 BetrVG; vgl. Fitting BetrVG § 99 Rn. 277 ff.; Richardi/Thüsing BetrVG § 99 Rn. 274 ff.). Kommt eine Einigung mit dem Personalrat nicht zustande, kann die höhere Dienststelle angerufen werden. Kommt es auch dort nicht zu einer Einigung, entscheidet die Einigungsstelle des § 74 BPersVG. Die Entscheidung der Einigungsstelle ist bei den Arbeitnehmern endgültig, soweit nicht die in Abs. 2 enthaltene Sonderregelung für Angelegenheiten mit besonderen Auswirkungen auf das Gemeinwesen greift. In Personalangelegenheiten der Beamten (ua bei Einstellung und Beförderung) beschließt die Einigungsstelle dagegen nur eine Empfehlung an die oberste Dienstbehörde, die dann endgültig entscheidet (§ 75 Abs. 3 BPersVG).

14 Auf der anderen Seite ist es auch Aufgabe des Betriebs- und Personal-, Richter-, Staatsanwalts- und Präsidialrats, **dem sbM** im Betrieb oder der Verwaltung in jeder Weise durch Rat und Tat zu helfen, Verständnis für die besondere Lage der sbM beim Arbeitgeber und den Mitarbeitern zu wecken, ihnen Erleichterungen zu schaffen und Fürsorge angedeihen zu lassen. Er hilft auf diese Art und Weise dem Arbeitgeber bei der Erfüllung seiner Beschäftigungspflicht, seinen Verpflichtungen aus den §§ 2, 7 u. 12 AGG v. 14.8.2006 (BGBl. I 1897) und unterstützt das Integrationsamt und die Dienststellen der Bundesagentur für Arbeit bei ihrer Sorgepflicht für den sbM. Wegen seines Vertrautseins mit den Verhältnissen des Betriebes ist diese Hilfe für die beteiligten Behörden unentbehrlich (vgl. auch § 182).

15 Der Betriebs- und Personalrat, Richter-, Staatsanwalts- und Präsidialrat hat bei der Durchführung seiner Aufgabe iRd SGB IX aufs Engste mit der Schwerbehindertenvertretung und den Beauftragten des Arbeitgebers für die Angelegenheiten sbM zusammenzuarbeiten. Der Betriebsrat bzw. Personalrat, der Richter-, Staatsanwalts- und Präsidialrat hat wie der Arbeitgeber vor allen Entscheidungen, die die Durchführung des SGB IX betreffen, die Schwerbehindertenvertretung zu hören. Die Schwerbehindertenvertretung hat das Recht, an allen Sitzungen des jeweiligen Gremiums sowie dessen Ausschüssen und des Arbeitsschutzausschusses beratend teilzunehmen. Sie kann auch beantragen, einzelne oder die sbM als Gruppe besonders betreffende Angelegenheiten auf die Tagesordnung der nächsten Sitzung zu setzen.

D. Hinwirken auf Wahl der Schwerbehindertenvertretung

16 Eine besondere Verpflichtung ist weiter dadurch festgelegt worden, dass der Betriebs-, Personal-, Richter-, Staatsanwalts- und Präsidialrat auf die Wahl der Schwerbehindertenvertretung hinwirken soll. Diese Verpflichtung ist vor allem im Zusammenhang mit § 177 zu sehen, wonach in allen Betrieben und Dienststellen mit wenigstens fünf sbM eine Vertrauensperson und wenigstens ein stellvertretendes Mitglied zu wählen sind und ggf. auch hierfür zusammengefasst werden können. Auch auf diese Zusammenfassung

durch den Arbeitgeber kann der Betriebs-, Personal-, Richter-, Staatsanwalts- oder Präsidialrat drängen, da dies in kleineren Betrieben mit weniger sbM eine Voraussetzung für die Wahl einer Vertrauensperson und damit für die ordnungsgemäße Vertretung der sbM sein kann. Neben der Zusammenfassung von Betrieben oder Dienststellen kommt vor allem eine Anregung an das Integrationsamt in Betracht, die Wahl eines Wahlvorstandes durch die Einberufung einer Versammlung der sbM zu ermöglichen (§ 177 Abs. 6). Der Betriebs- oder Personalrat kann insoweit aber auch selbst tätig werden und insbes. sogar selbst eine entsprechende Versammlung einberufen. Insoweit besteht ein eigenes Initiativrecht, zumal wenn Angehörige des Betriebs-, Personal-, Richter-, Staatsanwalts- oder Präsidialrates selbst sbM oder Gleichgestellte sind. Die Vorschriften des Betriebsverfassungsgesetzes und Personalvertretungsgesetzes zur Bestellung von Wahlvorständen und Einleitung von Wahlverfahren gelten zwar nur entsprechend; streng genommen könnte das bedeuten, dass nur wahlberechtigte sbM die Rechte der Arbeitnehmer im Betrieb oder der Dienststelle haben. Man muss aber aus der ausdrücklichen gesetzlichen Vorschrift des § 176, auf die Wahl der Schwerbehindertenvertretung hinzuwirken, auch zusätzlich das Recht des Betriebs-, Personal-, Richter-, Staatsanwalts- oder Präsidialrates herleiten, die Versammlung zur Wahl eines Wahlvorstandes oder zu einer Wahlversammlung neben dem Integrationsamt auch selbst einzuberufen (KHM/*Kossens* Rn. 16). Weiter als bis zur Einberufung einer solchen Versammlung der sbM geht aber das Recht der Arbeitnehmervertretungen nicht, insbes. sind sie nicht befugt, selbst einen Wahlvorstand zu bestellen (vgl. auch § 1 Abs. 2, § 19 Abs. 2, § 20 Abs. 2 SchwbVWO).

Wie schon in § 23 SchwbG und § 93 SGB IX 2001 ist auch in § 176 SGB IX 2018 der 17
Gesamt- oder Konzernbetriebsrat, der Bezirks-, Haupt- und Gesamtpersonalrat nicht ausdrücklich genannt. Die Notwendigkeit zur entsprechenden Anwendung auf diese Gremien ergibt sich jedoch schon aus § 180 SGB IX 2018 (KHM/*Kossens* Rn. 17). Auch können die entsprechenden Verpflichtungen oft deshalb nicht von den einzelnen örtlichen Betriebs- und Personalräten wahrgenommen werden, weil teilweise auf den Arbeitgeber als solchen (§ 154 Beschäftigungspflicht) und in anderen Fällen auf mehrere Dienststellen oder Betriebe abgestellt wird. Deshalb ist wie nach bisherigem Recht auch schon die Stufenvertretung in solchen Fragen zuständig, die nur überbetrieblich zu regeln sind. Für den Gesamtbetriebsrat, den Bezirks-, Haupt- und Gesamtpersonalrat gilt deshalb das Gebot des § 176 ebenfalls. Für den Konzernbetriebsrat enthielt das BetrVG eine dem § 52 entsprechende Regelung bisher nicht. Eine solche findet sich jetzt jedoch in § 59a BetrVG v. 25.9.2001 (BGBl. I 2518). Dies korrespondiert mit der bereits durch § 97 Abs. 2 SGB IX 2001 erfolgten Aufnahme auch einer Konzernschwerbehindertenvertretung in das G (heute: § 180 Abs. 2).

§ 177 Wahl und Amtszeit der Schwerbehindertenvertretung

(1) [1] **In Betrieben und Dienststellen, in denen wenigstens fünf schwerbehinderte Menschen nicht nur vorübergehend beschäftigt sind, werden eine Vertrauensperson und wenigstens ein stellvertretendes Mitglied gewählt, das die Vertrauensperson im Falle der Verhinderung vertritt.** [2] **Ferner wählen bei Gerichten, denen mindestens fünf schwerbehinderte Richter oder Richterinnen angehören, diese einen Richter oder eine Richterin zu ihrer Schwerbehindertenvertretung.** [3] **Satz 2 gilt entsprechend für Staatsanwälte oder Staatsanwältinnen, soweit für sie eine besondere Personalvertretung gebildet wird.** [4] **Betriebe oder Dienststellen, die die Voraussetzungen des Satzes 1 nicht erfüllen, können für die Wahl mit räumlich nahe liegenden Betrieben des Arbeitgebers oder gleichstufigen Dienststellen derselben Verwaltung zusammengefasst werden; soweit erforderlich, können Gerichte unterschiedlicher Gerichtszweige und Stufen zusammengefasst werden.** [5] **Über die Zusammenfassung entscheidet der Arbeitgeber im Benehmen mit dem für den**

Sitz der Betriebe oder Dienststellen einschließlich Gerichten zuständigen Integrationsamt.

(2) Wahlberechtigt sind alle in dem Betrieb oder der Dienststelle beschäftigten schwerbehinderten Menschen.

(3) [1] Wählbar sind alle in dem Betrieb oder der Dienststelle nicht nur vorübergehend Beschäftigten, die am Wahltag das 18. Lebensjahr vollendet haben und dem Betrieb oder der Dienststelle seit sechs Monaten angehören; besteht der Betrieb oder die Dienststelle weniger als ein Jahr, so bedarf es für die Wählbarkeit nicht der sechsmonatigen Zugehörigkeit. [2] Nicht wählbar ist, wer kraft Gesetzes dem Betriebs-, Personal-, Richter-, Staatsanwalts- oder Präsidialrat nicht angehören kann.

(4) In Dienststellen der Bundeswehr sind auch schwerbehinderte Soldatinnen und Soldaten wahlberechtigt und auch Soldatinnen und Soldaten wählbar.

(5) [1] Die regelmäßigen Wahlen finden alle vier Jahre in der Zeit vom 1. Oktober bis 30. November statt. [2] Außerhalb dieser Zeit finden Wahlen statt, wenn

1. das Amt der Schwerbehindertenvertretung vorzeitig erlischt und ein stellvertretendes Mitglied nicht nachrückt,
2. die Wahl mit Erfolg angefochten worden ist oder
3. eine Schwerbehindertenvertretung noch nicht gewählt ist.

[3] Hat außerhalb des für die regelmäßigen Wahlen festgelegten Zeitraumes eine Wahl der Schwerbehindertenvertretung stattgefunden, wird die Schwerbehindertenvertretung in dem auf die Wahl folgenden nächsten Zeitraum der regelmäßigen Wahlen neu gewählt. [4] Hat die Amtszeit der Schwerbehindertenvertretung zum Beginn des für die regelmäßigen Wahlen festgelegten Zeitraums noch nicht ein Jahr betragen, wird die Schwerbehindertenvertretung im übernächsten Zeitraum für regelmäßige Wahlen neu gewählt.

(6) [1] Die Vertrauensperson und das stellvertretende Mitglied werden in geheimer und unmittelbarer Wahl nach den Grundsätzen der Mehrheitswahl gewählt. [2] Im Übrigen sind die Vorschriften über die Wahlanfechtung, den Wahlschutz und die Wahlkosten bei der Wahl des Betriebs-, Personal-, Richter-, Staatsanwalts- oder Präsidialrates sinngemäß anzuwenden. [3] In Betrieben und Dienststellen mit weniger als 50 wahlberechtigten schwerbehinderten Menschen wird die Vertrauensperson und das stellvertretende Mitglied im vereinfachten Wahlverfahren gewählt, sofern der Betrieb oder die Dienststelle nicht aus räumlich weit auseinanderliegenden Teilen besteht. [4] Ist in einem Betrieb oder einer Dienststelle eine Schwerbehindertenvertretung nicht gewählt, so kann das für den Betrieb oder die Dienststelle zuständige Integrationsamt zu einer Versammlung schwerbehinderter Menschen zum Zwecke der Wahl eines Wahlvorstandes einladen.

(7) [1] Die Amtszeit der Schwerbehindertenvertretung beträgt vier Jahre. [2] Sie beginnt mit der Bekanntgabe des Wahlergebnisses oder, wenn die Amtszeit der bisherigen Schwerbehindertenvertretung noch nicht beendet ist, mit deren Ablauf. [3] Das Amt erlischt vorzeitig, wenn die Vertrauensperson es niederlegt, aus dem Arbeits-, Dienst- oder Richterverhältnis ausscheidet oder die Wählbarkeit verliert. [4] Scheidet die Vertrauensperson vorzeitig aus dem Amt aus, rückt das mit der höchsten Stimmenzahl gewählte stellvertretende Mitglied für den Rest der Amtszeit nach; dies gilt für das stellvertretende Mitglied entsprechend. [5] Auf Antrag eines Viertels der wahlberechtigten schwerbehinderten Menschen kann der Widerspruchsausschuss bei dem Integrationsamt (§ 202) das Erlöschen des Amtes einer Vertrauensperson wegen grober Verletzung ihrer Pflichten beschließen.

(8) In Betrieben gilt § 21a des Betriebsverfassungsgesetzes entsprechend.

Übersicht

A. Allgemeines

1 Die Vorschrift ist aus dem § 13 SchwbG 1961 entwickelt worden und in verschiedenen Gesetzgebungsschritten dem erweiterten Betriebsverfassungs- und Personalvertretungsrecht angepasst worden. Wahl, Aufgaben, Rechtsstellung und Pflichten der Schwerbehindertenvertretung wurden sodann ausführlich und sehr eingehend in den §§ 94–97 und 99 SGB IX 2001 geregelt. Damit sind zum Teil erhebliche und beachtliche Erweiterungen der Aufgaben, Rechte und Stellung der Schwerbehindertenvertretung eingetreten, ohne dass allerdings eine grundlegende Änderung erfolgt wäre. Die bisherigen Rechte sind vielmehr nur ausgebaut und verdeutlicht worden. In vielen Fällen sind dabei die bisher sich aus der richtigen Anwendung der Vorschriften über Betriebs- und Personalräte ergebenden Aufgaben, Rechte und Pflichten lediglich ausdrücklich in den Gesetzeswortlaut übernommen worden. Bei der Anwendung der Bestimmungen über die Schwerbehindertenvertretung sind stets die entsprechenden Vorschriften des Betriebs- und Personalvertretungsrechts zu berücksichtigen. Auch die Rspr. zum BetrVG und BPersVG kann daher entspr. für die Auslegung der Vorschriften der §§ 177 ff. SGB IX herangezogen werden. Die geschlechtsneutrale Bezeichnung „Schwerbehindertenvertretung" geht auf das Erste Änderungsgesetz zum SchwbG v. 24.7.1986 zurück, die den bisherigen Terminus „Vertrauensmann" ersetzte. Der im SGB IX verwendete Gesetzesbegriff „Vertrauensperson" machte die noch in § 24 Abs. 8 SchwbG enthaltene Differenzierung zwischen „Vertrauensmann" und „Vertrauensfrau" überflüssig. Der einheitliche Wahltermin (Abs. 5) und die Zuständigkeit des Integrationsamts nach Abs. 1 gehen ebenfalls auf das Erste Änderungsgesetz zum SchwbG zurück (BT-Drs. 10/3138, 22, 32, BT-Drs. 10/5701, 11). Art. 2 Nr. 5a–c des Gesetzes zur Stärkung der Teilhabe und Selbstbestimmung von Menschen mit Behinderungen (BTHG) v. 23.12.2016 (BGBl. I 3234) enthalten inhaltliche Änderungen, die zu einer Verbesserung der Rechtsstellung der Schwerbehindertenvertretung führen, iÜ bleibt die Struktur des bisherigen § 94 erhalten (BT-Drs. 18/9522, 307).

B. Voraussetzungen der Wahl einer Schwerbehindertenvertretung

2 Die Wahl der Schwerbehindertenvertretung richtet sich anders als nach § 154 nicht nach allen Arbeitsplätzen eines einheitlichen Arbeitgebers, sondern wird grds. nach den einzelnen Betrieben und Dienststellen vorgenommen. Der Begriff des Betriebes richtet sich dabei nach § 170 Abs. 1, wo für den gesamten Bereich des SGB IX festgelegt ist,

dass sich der Begriff des Betriebes nach dem BetrVG richtet. Dabei ist im Hinblick auf die Anwendung von § 1 Abs. 1 BetrVG zu konzedieren, dass damit Unternehmensgrenzen „überwunden" werden, jedoch werden die betriebsverfassungsrechtlichen Strukturen damit nicht aufgegeben. Dies hat zur Folge, dass mehrere gemeinsam von mehreren Unternehmen geführte Betriebe nicht allein auf Grund der gemeinsamen Führung zu einem einheitlichen Betrieb werden (BAG 18.1.2012 – 7 ABR 72/10, NZA-RR 2013, 133). Ist allerdings für zwei Betriebsstätten ein gemeinsamer Betriebsrat gewählt, ist dies für die Wahl der Schwerbehindertenvertretung vorgreiflich (LAG B-B 15.1.2016 – 6 TaBV 1113/15, ArbR 2016, 490). Die Berücksichtigung dieser allgemeinen Grundsätze gilt auch für die nach § 3 Abs. 5 BetrVG mögliche Bildung von Organisationseinheiten durch TV oder BV, die als Betrieb gelten (BAG 10.11.2004 – 7 ABR 17/04, AP BetrVG 1972 § 3 Nr. 4; Kamm/Feldes AiB 2002, 604; Kothe/Pick jurisPR-ArbR 12/2006 Anm. 1; Düwell jurisPR-ArbR 7/2005 Anm. 3). Im kirchlichen Bereich läuft diese Vorschrift ins Leere (ArbG Trier 7.5.2003 – 1 BV 35/02, ZMV 2003, 314; abw. Wulf ZMV 2004, 110). Das Schwerbehindertenrecht gehört nämlich zu dem für alle geltenden G iSd Art. 137 Abs. 32 WRV nur, soweit es den öffentlich-rechtlichen Arbeitnehmerschutz regelt (Richardi KirchenArbR § 18 Rn. 88; vgl. zur Abgrenzung der Zuständigkeiten BAG 30.4.2014 – 7 ABR 30/12, NZA 2014, 1223; offen gelassen BAG 15.6.2017 – 7 AZB 56/16, NZA 2017, 1140; aA Reichold Anm. zu AP Art. 140 GG Nr. 54; Düwell br 2015, 39). Entsprechend gilt nach § 170 Abs. 1 für den Begriff der Dienststelle für den gesamten Bereich des SGB IX das Personalvertretungsrecht, also in erster Linie das BPersVG und die ihm insoweit folgenden Vorschriften der LänderPersVG. Auch danach ist allerdings der Begriff des Betriebes und der Dienststelle nicht gesetzlich festgelegt, sondern ergibt sich aus dem allgemeinen, arbeitsrechtlichen Sprachgebrauch und der daraus folgenden allgemeinen Definition. Lediglich für die Zusammenfassung von Betriebsteilen oder deren Eigenständigkeit ist das BetrVG und PersVG maßgeblich. Insoweit kann auf → § 170 Rn. 3 ff. verwiesen werden. Zu wählen sind Schwerbehindertenvertretungen aber auch in gemeinsamen Einrichtungen gemäß § 44b SGB II (BAG 15.10.2014 – 7 ABR 71/12, NZA 2015, 176). Dabei handelt es sich um eine Dienststelle iSd Personalvertretungsrechts. Sie ist eine Mischbehörde aus Bundes- und Landesbehörde, die nicht über eigenes Personal verfügt (BAG 23.6.2015 – 9 AZR 261/14, BAGE 152, 59). Die Zuständigkeit richtet sich nach den Befugnissen des Geschäftsführers oder der Trägerversammlung.

1. Dauernde Beschäftigung von fünf schwerbehinderten Menschen

3 Voraussetzung für die Wahl einer Vertrauensperson und wenigstens eines stellvertretenden Mitglieds ist die dauernde Beschäftigung von wenigstens fünf sbM in dem Betrieb oder der Dienststelle. Das können entweder sbM iSv § 2 Abs. 2, aber auch Gleichgestellte sein (KHM/Kossens Rn. 5). Nach der Gleichstellung gem. § 2 Abs. 3 sind alle Vorschriften des Gesetzes bis auf den Zusatzurlaub und damit auch die Bestimmungen über die Wahl der Schwerbehindertenvertretung anzuwenden; demgemäß zählen auch die Gleichgestellten bei der Berechnung der Zahl als Voraussetzung für die Wahl einer Schwerbehindertenvertretung mit (vgl. auch § 1 Abs. 2 SchwbVWO: Versammlung der sbM und Gleichgestellten).

4 Die Zahl von mindestens fünf sbM (oder Gleichgestellten) muss in dem Betrieb oder der Dienststelle beschäftigt sein. Es muss sich also um schwerbehinderte Arbeitnehmer und Beschäftigte des Betriebes oder der Dienststelle handeln. Schwerbehinderte Arbeitgeber zählen deshalb nicht mit Schlegel/Voelzke/Esser/Isenhardt Rn. 12, aA Kamm PersR 2010, 193), auch nicht in Heimarbeit beschäftigte sbM, obwohl sie ggf. nach § 210 Abs. 1 auf die Pflichtzahl angerechnet werden. Die Zahl der sbM als Voraussetzung für die Wahl einer Vertrauensperson ist eng verbunden mit den Vorschriften über Wahlberechtigung und Wählbarkeit (Abs. 2 u. 3). In beiden Bestimmungen kehrt

dieselbe Formulierung wieder, dass die sbM „in dem Betrieb oder der Dienststelle beschäftigt" sein müssen. Arbeitgeber, in Heimarbeit Beschäftigte oder andere nur arbeitnehmerähnliche Personen, insbes. also Handelsvertreter oder sonstige nur wirtschaftlich abhängige Personen sind jedoch nicht „im Betrieb beschäftigt" und zählen schon bei der Feststellung der Voraussetzungen nicht mit. Entsprechendes gilt auch für Beschäftigte in der Freizeitphase der Altersteilzeit im Blockmodell BAG 16.4.2003 – 7 ABR 53/02, NZA 2003, 1345), „Ein-Euro-Jobber" nach § 16 Abs. 3 S. 2 SGB II (aA Hauck/Noftz/Mushoff Rn. 16) sowie Beschäftigte, die auf der Grundlage eines Werkvertrags Arbeiten im Einsatzbetrieb verrichten (Schlegel/Voelzke/Esser/Isenhardt Rn. 12; Sachadae jurisPR/ArbR 43/2014, Anm. 3; aA LAG München 28.5.2014 – 8 TaBV 34/12, RdLH 2015, 40). Dagegen kommt es nicht darauf an, wo diese im Betrieb oder der Dienststelle beschäftigten Arbeitnehmer tätig sind. Auch Monteure, Reisende oder sonstige im Außendienst arbeitende Arbeitnehmer sind in diesem weiteren Sinn „im Betrieb beschäftigt", weil es sich um Beschäftigte des Betriebes oder der Dienststelle handelt. Maßgeblich ist dabei der Sitz des Arbeitsverhältnisses, also der Ort, von dem aus die Weisungen erteilt werden, und nicht die ggf. außerhalb gelegene Arbeitsstätte. Deshalb sind alle Außenarbeiter, also Bauarbeiter, Straßenarbeiter, Gärtner, Monteure oder sonst nicht im Betrieb selbst arbeitende sbM hier mitzuzählen. Im Betrieb oder der Dienststelle Beschäftigte sind nicht nur die im Betrieb selbst arbeitenden, sondern alle zum Betrieb gehörenden Arbeitnehmer einschließlich der Außendienstmitarbeiter und der Telearbeiter.

Die Abgrenzung des Betriebes und der Dienststelle entspricht daher im Wesentlichen dem BetrVG und PersVG. Auch nach diesen Gesetzen zählen zu dem Betrieb oder der Dienststelle alle Arbeitnehmer dieses Betriebes und der Dienststelle einschließlich der Außenarbeiter (§ 5 BetrVG; § 4 BPersVG). Im Gegensatz zum BetrVG sind leitende Angestellte iSv § 5 BetrVG jedoch nicht ausgenommen. Auch sie sind im Betrieb Beschäftigte. Dagegen zählen auch hier Arbeitgeber oder Leiter von Dienststellen oder ihre Vertreter (§ 7 BPersVG) nicht mit, weil sie eine Arbeitgeberstellung haben. Die Anrechnungsvorschrift des § 158 Abs. 4 dient einem anderen gesetzgeberischen Zweck und führt zu keiner abweichenden Beurteilung. Anders als nach § 5 BetrVG fehlt es im SGB IX auch an einer Vorschrift über die Arbeitnehmerstellung von in Heimarbeit Beschäftigten, so dass auch in der Hauptsache für den Betrieb arbeitende schwerbehinderte Heimarbeiter nicht mitgezählt werden können. 5

Ob die sbM oder Gleichgestellten auf Stellen beschäftigt werden, die als Arbeitsplätze iSv § 156 zählen, ist unbeachtlich (KHM/Kossens Rn. 7). Die Wahl einer Vertrauensperson ist unabhängig davon, ob die Beschäftigung des sbM zu einem besonderen Zweck oder aus karitativen oder religiösen Gründen, zur Heilung, Wiedereingewöhnung oder Erziehung bzw. als Arbeitsbeschaffungsmaßnahme oder in einer Wahlstelle erfolgt. Solche Personen sind lediglich von der Berechnung des Arbeitsplatzes und zT nach § 173 Abs. 1 vom Kündigungsschutz ausgenommen. Die Vorschriften des Kap. 5 kennen dagegen eine solche Einschränkung nicht, so dass auch die nach § 156 Beschäftigten mitzuzählen sind. Es kommt nur darauf an, dass die betreffenden sbM im Betrieb oder der Dienststelle „beschäftigt" sind, so dass auch unerheblich ist, ob ein echtes Arbeitsverhältnis iSd Arbeitsrechts vorliegt (BAG 16.4.2003 – 7 ABR 27/02, AP SGB IX § 95 Nr. 1; Stather AiB 2004, 448), was für Personen nach § 156 Abs. 2 Ziff. 2, 3 zu verneinen ist. Maßgeblich ist nicht die Beschäftigung in einem Arbeits- oder sonstigen Rechtsverhältnis, sondern die dauernde Beschäftigung im Betrieb oder der Dienststelle. Das folgt auch aus dem Sinn und Zweck des § 177 Abs. 1, da die Vertrauensperson für alle sbM tätig werden soll, auch für solche, die nicht auf Arbeitsplätzen iSd Gesetzes beschäftigt sind. Dass solche sbM uU nicht wählbar sind, weil sie nicht Arbeitnehmer sind und deshalb auch nicht dem Betriebs- oder Personalrat angehören können, ist bei der Berechnung der Zahl der sbM des Betriebes oder der Dienststelle unbeachtlich. 6

2. Vorübergehende Beschäftigung

7 Maßgeblich ist allein, ob die sbM oder diesen gleichgestellten behinderten Menschen auf Dauer im Betrieb beschäftigt sind. Alle Personen, die nur vorübergehend beschäftigt werden, scheiden aus. Was „nicht nur vorübergehend" bedeutet, wird im G nicht näher definiert. Man könnte auf § 156 Abs. 3 Bezug nehmen und als vorübergehende Tätigkeiten ansehen, die nach der Natur der Arbeit oder den getroffenen Vereinbarungen nur bis zu höchstens 8 Wochen dauern. Zu denken ist aber auch an die Bestimmung des § 173 Abs. 1, wo der Kündigungsschutz auf die Zeit nach sechs Monaten begrenzt wird. Das G verwendet aber denselben Ausdruck „nicht nur vorübergehend" gleich lautend auch in § 172 Abs. 1. Zwar enthält das SGB IX anders als noch § 3 SchwbG keine zu verallgemeinernde Definition dieses Rechtsbegriffs, jedoch kann aus der auf dieser Vorschrift aufbauenden Fassung des § 2 Abs. 1 geschlossen werden, dass eine inhaltliche Änderung nicht beabsichtigt war. Wer also aus der Natur der Arbeit oder auf Grund der Vereinbarung oder aus Umständen der Tätigkeit etwa zur Heilung oder Wiedereingewöhnung nicht sechs Monate oder länger beschäftigt wird und werden soll, zählt daher nicht mit (Hauck/Noftz/Mushoff Rn. 24). Unter Hinweis auf § 156 Abs. 3 SGB IX und einen sich sonst ergebenden Wertungswiderspruch mit § 14 Abs. 1 AÜG, § 7 S. 2 BetrVG präferiert die Gegenansicht allerdings ein Abstellen auf eine Beschäftigungsdauer von wenigstens zwei Monaten (Schlegel/Voelzke/Esser/Isenhardt Rn. 13; LPK-SGB IX/Düwell Rn. 23; KHM/Kossens Rn. 7 unter Hinweis auf BVerwG 29.9.1995 – 6 P 44/93, NZA RR 1996; Martini/Thomas AiB 2010, 571).

3. Berücksichtigung der Richter

8 Richter zählen für die Berechnung der Mindestzahl von fünf sbM nach Abs. 1 nicht mit. Sie sind zwar auf Dauer in der Dienststelle beschäftigt, jedoch ist die Einschränkung des § 4 Abs. 1 BPersVG, wonach zu den Beschäftigten iSd öffentlichen Dienstes für das Personalvertretungsrecht nur solche Richter zählen, die zu Verwaltungen oder zur Wahrnehmung einer nichtrichterlichen Tätigkeit abgeordnet sind, zu beachten (aA KHM/*Kossens* Rn. 10). Zwar wäre es nach dem Wortlaut des § 177 Abs. 1 durchaus nahe liegend, als Beschäftigte im Sinne dieser Vorschrift auch die Richter eines Gerichts anzusehen, jedoch lässt sich dies mit der Systematik des Gesetzes nicht in Übereinstimmung bringen. Wenn nach S. 2 der Regelung bei Erfüllung der dort normierten Voraussetzungen (fünf schwer behinderte Richter) eine besondere Schwerbehindertenvertretung für Richter gebildet wird, für die allein den schwer behinderten Richtern das aktive und den Richtern das passive Wahlrecht zukommt, ist daraus abzuleiten, dass daneben eine weitere Schwerbehindertenvertretung zu wählen ist. Wollte man für diese Wahl die schwer behinderten Richter erneut berücksichtigen, hätte dies zur Folge, dass auch zur allgemeinen Schwerbehindertenvertretung jeder schwer behinderte Richter aktiv und jeder Richter passiv wahlberechtigt wäre. Damit wäre verbunden, dass zwar die sonstigen Beschäftigten keinen Einfluss auf die Schwerbehindertenvertretung der Richter ausüben könnten, dies jedoch umgekehrt nicht gälte. Dafür ist jedoch ein sachlicher Grund nicht erkennbar, vielmehr bestünde sogar die Gefahr des Verstoßes gegen das im Personal- und Richtervertretungsrecht angeordnete Prinzip der egalitären Gruppentrennung (§ 4 Abs. 1 PersVG, §§ 49 u. 72 DRiG).

8a Hinzu kommt, dass § 178 Abs. 7 ein gemeinsames Handeln der Schwerbehindertenvertretung der Richterinnen und Richter sowie derjenigen der übrigen Bediensteten anordnet, sofern beide an einer Angelegenheit beteiligt sind. Dies setzt unausgesprochen voraus, dass es sich um unterschiedliche und voneinander unabhängige Gremien handelt.

8b Schließlich spricht auch die Entstehungsgeschichte des Gesetzes für eine getrennte Berechnung. Zwar entsprach die gemeinsame Wahl eines Vertrauensmannes den gesetzlichen Voraussetzungen der § 5 Abs. 1, § 13 Abs. 2 SchwbG 1961, jedoch wurde dies bereits im G zur Weiterentwicklung des Schwerbeschädigtenrechts v. 24.4.1974 aufgegeben. Dies hat zwar zur Folge, dass es gerade bei kleineren Gerichten dazu kommen kann, dass eine Schwerbehindertenvertretung entweder für beide oder für eine der Gruppen der sbM nicht gebildet werden kann, jedoch wird dies durch die erstmals in § 19c Abs. 1 S. 3 SchwbG 1974 eingeführte und auch in § 94 Abs. 1 S. 4 SGB IX 2001 sowie aktuell § 177 Abs. 1 S. 4 SGB IX 2018 vorgesehene Möglichkeit der Zusammenfassung von Dienststellen kompensiert. Dabei kann gerade der Grundsatz der Gruppentrennung dazu führen, das Tatbestandsmerkmal der Erforderlichkeit im Sinne dieser Vorschrift zu begründen. Hinzu kommt, dass die Zusammenfassung dadurch erleichtert wird, dass – anders als in der normalen Verwaltung – auch Gerichte unterschiedlicher Gerichtszweige und Stufen zusammengefasst werden können (BVerwG 8.12.1999 – 6 P 11.98, AP SchwbG 1986 § 24 Nr. 1).

Richter und Staatsanwälte zählen also für die Berechnung der Mindestzahl der fünf sbM in einer Dienststelle nur in den Fällen, in denen fünf oder mehr schwerbehinderte Richter oder Staatsanwälte vorhanden sind und eine eigene Vertrauensperson für die Richter zu wählen ist. Wenn weniger als fünf schwerbehinderte sonstige Bedienstete eines Gerichts, aber fünf oder mehr schwerbehinderte Richter oder Staatsanwälte vorhanden sind, ist keine Vertrauensperson für die sonstigen schwerbehinderte Beschäftigten der Dienststelle, sondern nur eine Vertrauensperson für die Richter und ggf. die Staatsanwälte zu wählen. Dabei muss die Vertrauensperson der Richter oder Staatsanwälte ein Richter oder Staatsanwalt sein. Die Richtervertretung des S. 2 sowie die Staatsanwaltsvertretung des S. 3 ist nur für die Richter bzw. Staatsanwälte und ihre Vertretung gegenüber Richterrat, Staatsanwaltsrat, Präsidialrat und Präsidium zuständig. 9

4. Zusammenfassung von Betrieben oder Dienststellen

Soweit nicht wenigstens fünf sbM in einem Betrieb oder einer Dienststelle beschäftigt sind und damit eine Vertrauensperson nicht zu wählen wäre, kann die Zusammenfassung nach Abs. 1 S. 4 erfolgen. Voraussetzung für die Zusammenfassung ist zunächst, dass der Betrieb oder die Dienststelle nicht wenigstens fünf schwerbehinderte oder diesen gleichgestellte Menschen auf Dauer beschäftigt. Dann kann die Zusammenfassung mit einem räumlich nahe liegenden Betrieb desselben Arbeitgebers oder einer gleichstufigen Dienststelle derselben Verwaltung erfolgen. Das G lässt nicht erkennen, ob auch für die Zusammenfassung mit einer gleichstufigen Dienststelle derselben Verwaltung die räumliche Nähe verlangt wird. Man kann den Zusatz „räumlich nahe liegend" allein auf den Betrieb und nicht auch auf die Dienststelle beziehen. Nach Sinn und Zweck der Bestimmung, nämlich eine Vertrauensperson wählen zu können, die auch diesen zu kleinen Betrieb oder Dienststelle betreut, muss aber angenommen werden, dass auch hier die räumliche Nähe für die Dienststellenzusammenfassung verlangt wird. Der vorausgestellte Zusatz „räumlich nahe liegend" kann jedenfalls dem Wortlaut nach auch auf die Dienststelle bezogen werden und muss aus diesen Gründen auch so weit bezogen werden. Es ist also so zu lesen, dass eine Dienststelle, die nicht wenigstens fünf sbM beschäftigt, für die Wahl einer Vertrauensperson mit einer räumlich nahe liegenden Dienststelle derselben Verwaltung zusammengefasst werden kann, die ihrerseits nicht die Voraussetzungen dieser Vorschrift erfüllen muss (KHM/*Kossens* Rn. 11). 10

Für Gerichte gilt die Besonderheit, dass Gerichte unterschiedlicher Gerichtszweige und Stufen zusammengefasst werden können. Diese Zusammenfassung setzt aber auch wieder die räumliche Nähe voraus; in der Regel muss es sich um Gerichte am selben Ort handeln. Da die Sonderbestimmung für Gerichte zu S. 4 gehört und nur durch Strichpunkt von den übrigen Bestimmungen dieses Satzes getrennt ist, kann die Sonderregelung für Gerichte nur dann angewandt werden, wenn die Voraussetzungen des S. 1 nicht gegeben sind. S. 4 hat zur allgemeinen Bedingung, dass in der Dienststelle nicht wenigs- 11 tens fünf sbM beschäftigt sind. Auch das Gericht ist eine Dienststelle. Wenn wenigstens fünf sbM dort beschäftigt sind, fehlt es auch dann an dieser gesetzlichen Voraussetzung für die Zusammenfassung, wenn nicht mindestens fünf schwerbehinderte Richter vorhanden sind. Nur zur Wahl einer Vertrauensperson für die Richter oder Staatsanwälte nach S. 2 u. 3 kann eine Zusammenfassung nicht vorgenommen werden.

12 Nach dem Wortlaut von S. 4 könnte man meinen, dass nur solche Betriebe und Dienststellen zusammengefasst werden können, in denen jeweils nicht mindestens fünf sbM beschäftigt sind, um dann zusammen die Voraussetzungen zu erfüllen. Es soll jedoch ganz allg. für alle Betriebe und Dienststellen die Wahl einer Vertrauensperson ermöglicht werden. Deshalb kann auch dann eine Zusammenfassung erfolgen, wenn nur ein Betrieb oder eine Dienststelle die Voraussetzungen des S. 1 nicht erfüllt. Zur Wahl einer Vertrauensperson kann deshalb ein kleiner Betrieb oder eine kleine Dienststelle auch mit einem Betrieb oder einer Dienststelle zusammengelegt werden, die diese Voraussetzungen schon bisher erfüllten und auch ohne die Zusammenlegung eine Schwerbehindertenvertretung zu wählen hätten (KHM/Kossens Rn. 11). Diese Schwerbehindertenvertretung wird dann von den sbM dieses kleinen Betriebes und der Dienststelle mit gewählt und kann auch dieser angehören. Diese Schwerbehindertenvertretung wird auf Grund der gemeinsamen Wahl dann für die zusammengefassten Betriebe und Dienststellen zuständig ohne Rücksicht auf die Größe der einzelnen Betriebe und Dienststellen. Maßgeblich ist also nur, dass einer der zusammenzufassenden Betriebe, eine der Dienststellen oder eines der Gerichte die Voraussetzungen des S. 1 nicht erfüllt.

13 Es ist aber nicht nur möglich, zwei Betriebe oder Dienststellen zusammenzufassen oder jeweils einen solchen Betrieb (Dienststelle) einem größeren zuzuschlagen, wenn sie die Voraussetzungen des S. 1 nicht erfüllen, sondern es können auch mehrere, ja sogar eine Vielzahl von Betrieben oder Dienststellen zusammengefasst oder anderen zugeschlagen werden, solange sie nur jeweils für sich nicht mindestens fünf sbM beschäftigen. Deshalb können entweder 20 Filialbetriebe für sich in Gruppen zu je fünf oder zehn zusammengefasst, aber auch einem größeren Betrieb, etwa der Hauptverwaltung zugeschlagen werden. Es müssen nur immer vor der Zusammenfassung die Mindestbedingungen nicht erfüllt sein und nach der Zusammenfassung jeweils die Wahl einer Schwerbehindertenvertretung notwendig werden.

5. Entscheidung über die Zusammenfassung

14 Die Zusammenfassung nimmt der Arbeitgeber vor. Er entscheidet darüber in eigener Zuständigkeit und ist nur an das Benehmen mit dem für die in Betracht kommenden Betriebe oder Dienststellen zuständigen Integrationsamt gebunden. Benehmen bedeutet, dass er sein Vorhaben mit dem Integrationsamt erörtern und dessen Stellungnahme entgegennehmen muss. Er ist dagegen nicht an diese Stellungnahme gebunden. Vielmehr soll die Erörterung nur dazu dienen, eine sachdienliche Entscheidung des Arbeitgebers herbeizuführen (KHM/Kossens Rn. 14). Deshalb kann das Integrationsamt auch eine Zusammenfassung von sich aus anregen und eine Stellungnahme damit sozusagen vorwegnehmen. Aber auch dann ist der Arbeitgeber in seiner Entscheidung frei. Es kann sogar vorkommen, dass der Arbeitgeber ohne eine Stellungnahme des Integrationsamts allein entscheiden kann, wenn dieses nämlich trotz Gelegenheit keine Stellungnahme innerhalb einer angemessenen Frist abgibt, etwa weil es keine Einwendungen erheben will. Das sind aber Ausnahmefälle, weil Benehmen mehr ist als Anhörung oder Gelegenheit zur Stellungnahme, da ein „Benehmen" nach Möglichkeit die Erörterung und den Versuch zur Einigung erfordert, was aber auch mündlich oder telefonisch erfolgen kann. Betriebs- und Personalrat, Richterrat, Staatsanwaltsrat und Präsidialrat können eine Zusammenfassung ebenfalls anregen, haben aber keine eigenen, weitergehenden Mitwirkungsrechte (→ § 176 Rn. 16). Das BVerwG geht dagegen von einem dem Integrationsamt bzw. den Vertretungen nach § 176 zustehenden Initiativrecht und pflichtgemä-

ßem Ermessen bei der Zusammenfassungsentscheidung aus, die regelmäßig positiv ausfallen sollte (BVerwG 8.12.1999 – 6 P 11/98, BVerwGE 110, 163).

Der Arbeitgeber ist die natürliche oder juristische Person, der Inhaber des Betriebes ist. 15
Im öffentlichen Dienste ist Arbeitgeber die in § 154 Abs. 2 genannte Stelle. Zwar ist dort nur der Begriff des Arbeitgebers iSd Teils 2 definiert, man kann aber diese einzige Definition des Arbeitgeberbegriffes der öffentlichen Hand im SGB IX auch auf diese Bestimmung beziehen. Das ist auch sinnvoll, da die genannten Stellen die Erfordernisse der Zusammenfassung am besten übersehen können. Schwierigkeiten bestehen nur dann, wenn Gerichte unterschiedlicher Gerichtszweige und Stufen zusammengefasst werden sollen. Dabei geht die Arbeitgeberstellung über die Zuständigkeit der jeweiligen obersten Bundesbehörde oder Landesbehörde hinaus, da einzelne Gerichtszweige nicht zum Justiz-, sondern zum Arbeitsministerium ressortieren. Im Bund treten insoweit aber keine Schwierigkeiten auf, weil das Erfordernis der räumlichen Nähe nur von Gerichten erfüllt wird, die beim Bundesjustizministerium ressortieren. In den Ländern aber muss dann ggf. das Kabinett und nicht der Ressortminister über die Zusammenfassung entscheiden, sofern nicht ein Rechtspflegeministerium besteht. Eine Zusammenfassung von Landes- und Bundesgerichten scheidet aus, da hier eine einheitliche, übergeordnete Stelle, die die Zusammenfassung vornehmen könnte, nicht vorhanden ist.

Zuständig ist nicht das Integrationsamt, das für den Sitz des Arbeitgebers zuständig 16
ist, sondern das Integrationsamt für den Betrieb oder die Dienststelle, die zusammengefasst werden sollen. Es soll immer das Integrationsamt zuständig sein, das die örtlichen Verhältnisse beurteilen kann. Das können bei übergreifenden Zusammenfassungen mehrere Integrationsämter sein, mit denen dann jeweils das Benehmen erfolgen muss (KHM/*Kossens* Rn. 14). Diese Regelung beruht auf einer Zuständigkeitsbestimmung, die mit der Änderung des Schwerbehindertengesetzes zum 1.8.1986 (BGBl. I 1110) eingeführt und im SGB IX beibehalten wurde.

Der Arbeitgeber entscheidet „über die Zusammenfassung". Das ist sowohl positiv 17
wie negativ zu sehen. Der Arbeitgeber kann also die Zusammenfassung ablehnen, vornehmen und auch wieder lösen. Eine Auflösung der Zusammenfassung wird vor allem dann in Betracht kommen, wenn der zusammengefasste Betrieb (Dienststelle) so viele sbM beschäftigt, dass nunmehr dort eine eigene Schwerbehindertenvertretung zu wählen ist. In anderen Fällen muss aber die Rücknahme einer einmal erfolgten Zusammenfassung besonders begründet sein, um wirksam erfolgen zu können Es ist auch denkbar, dass eine andere Zusammenfassung günstiger erscheint oder in einem kleinen Betrieb sbM nicht mehr beschäftigt werden oder die Änderung von Verkehrsverhältnissen die Zusammenfassung nicht mehr sinnvoll erscheinen lässt. Dann kann die Zusammenfassung gelöst werden. Da die Zusammenfassung für die Wahl der Schwerbehindertenvertretung erfolgt, wird man außerdem annehmen müssen, dass eine einmal vorgenommene Zusammenlegung von Betrieben und Dienststellen für die jeweilige Wahlperiode von 4 Jahren ohnehin gültig ist und gültig bleibt und die Änderung unter den genannten besonderen Voraussetzungen immer nur für eine neue Wahlperiode vorgenommen werden kann. Die einmal gewählte Vertrauensperson bleibt also zuständig, auch wenn sich die Voraussetzungen, etwa durch Anwachsen der beschäftigten sbM, ändern. Soweit allerdings während der Wahlperiode eine Neuwahl erforderlich wird, kann auch aus diesem Anlass (→ Rn. 33a) die Zusammenfassung für diese Wahl geändert werden.

Eine besondere Form ist für die Zusammenfassung durch den Arbeitgeber nicht vor- 18
geschrieben. Es muss lediglich für die Wahl feststehen, welche Betriebe oder Dienststelle die Schwerbehindertenvertretung gemeinsam wählen. Zweckmäßig wird das den sbM durch Rundschreiben oder durch Aushang schriftlich bekanntgemacht. Es genügt aber auch die Bekanntgabe der Entscheidung des Arbeitgebers an den Wahlvorstand zu einem Zeitpunkt, in dem die Wahl noch vorbereitet wird. Dem Betriebs- oder Personalrat sollte ebenfalls davon Mitteilung gemacht werden. Ebenfalls muss das Integrationsamt unter-

richtet werden; die Mitteilung des Ergebnisses der Überlegungen gehört zu der ordnungsgemäßen Durchführung des gesetzlich vorgeschriebenen Benehmens.

C. Wahl von Vertrauensperson und stellvertretendem Mitglied

19 Vorgeschrieben ist die Wahl einer Vertrauensperson und mindestens eines stellvertretenden Mitglieds. Es können also auch mehrere stellvertretende Mitglieder gewählt werden. Obwohl die Wahl eines stellvertretenden Mitglieds gesetzlich vorgeschrieben ist, kann die Aufstellung und Wahl eines stellvertretenden Mitglieds nicht als Voraussetzung für die Wirksamkeit der Wahl einer Vertrauensperson angesehen werden (KHM/*Kossens* Rn. 18). Wird zur Wahl nur ein Kandidat gefunden und dieser gewählt, oder werden für das stellvertretende Mitglied keine Stimmen abgegeben, ist trotzdem die Vertrauensperson gewählt. Das Vorhandensein eines stellvertretenden Mitglieds ist nicht Voraussetzung für die gültige Wahl des Vertrauensmannes selbst. Dementsprechend wird auch nach § 7 Abs. 3 SchwbVWO die Wahl nicht abgesagt, wenn für die Wahl des Stellvertreters kein Vorschlag eingeht (§ 7 Abs. 3 SchwbVWO bezieht § 7 Abs. 2 SchwbVWO nicht mit ein).

20 Das G sagt nichts darüber, wer die Zahl der zu wählenden Stellvertreter bestimmt. In erster Linie ist dafür die Versammlung der sbM im Betrieb oder der Dienststelle zuständig. Sie kann durch einfache Mehrheit bestimmen, ob ein oder mehrere und ggf. wie viele Stellvertreter zu wählen sind. Soweit die nach § 178 Abs. 6 vorgesehene Versammlung der sbM keine Entscheidung trifft oder nicht zusammentritt, kann auch der Wahlvorstand eine dahingehende Entschließung mit Mehrheit fassen; wenn § 2 Abs. 4 SchwbVWO das Recht der Bestimmung der Zahl der Stellvertreter allein dem Wahlvorstand überträgt, entspricht diese Regelung nicht dem Gesetz, da die Versammlung der sbM ein übergeordnetes Organ ist und der Wahlvorstand nur bestimmen kann, wenn ihm dies (ggf. stillschweigend) offen gelassen wurde. Zutreffend ist deshalb die Regelung des § 20 Abs. 2 SchwbVWO, wonach die Wahlversammlung über die Zahl der stellvertretenden Mitglieder beschließt. Die hierfür früher vorgesehene qualifizierte Mehrheit ist mit der Neufassung der WahlO v. 23.4.1990 entfallen (§ 20 Abs. 2 1. DVO). Wenn auch durch die Versammlung der sbM bzw. den Wahlvorstand keine Regelung über die Zahl der Stellvertreter getroffen wird, bleibt es bei dem gesetzlichen Normalfall, dass die Vertrauensperson und ein stellvertretendes Mitglied gewählt werden.

21 Für die Vertrauensperson der Richter und Staatsanwälte nach Abs. 1 S. 2, 3 ist kein Stellvertreter vorgesehen. Es muss also kein Stellvertreter gewählt werden. Trotzdem ist die Wahl eines oder sogar mehrerer stellvertretender Mitglieder nicht unzulässig. Die schwerbehinderten Richter bzw. Staatsanwälte eines Gerichts (oder mehrerer zusammengefasster Gerichte) können also beschließen, ebenfalls ein oder mehrere stellvertretende Mitglieder zu wählen. § 25 SchwbVWO sieht dementsprechend auch die Möglichkeit der Wahl von stellvertretenden Mitgliedern der Schwerbehindertenvertretung der Richter vor. Das gilt entspr. für Staatsanwälte. Zutreffend wird dafür auch keine besondere, qualifizierte Mehrheit gefordert (→ Rn. 20).

22 Das stellvertretende Mitglied wird tätig, wenn die Vertrauensperson selbst verhindert ist oder ausscheidet bzw. sonst sein Amt verliert Das stellvertretende Mitglied ist also sowohl bei vorübergehender als auch bei endgültiger Verhinderung der Vertrauensperson zuständig. Auf die Konkretisierung des Grundes der Verhinderung (bisher: Abwesenheit oder Wahrnehmung anderer Aufgaben) wird in der aktuellen Gesetzesfassung verzichtet, weil dies etwa in Fällen der Befangenheit (BAG 22.8.2013 – 8 AZR 574/12, ZTR 2014, 175 = AP SGB IX § 81 Nr. 21) nach bisheriger Rechtslage nicht möglich war (BT-Drs. 18/9522, 314). Ein weiteres stellvertretendes Mitglied wird erst dann zuständig, wenn alle Vorgänger, also die Vertrauensperson und das erste und jedes

weitere vorangehende stellvertretende Mitglied verhindert sind. In jedem Betrieb wird also immer nur eine Vertrauensperson tätig, lediglich in Betrieben mit in der Regel wenigstens 100 sbM kann das stellvertretende Mitglied zusätzlich herangezogen werden (§ 178 Abs. 1 S. 4). Auch die Vertrauensperson und die Vertrauensperson der Richter können gemeinsam tätig werden (§ 178 Abs. 7), was für Staatsanwälte entspr. gilt. Das stellvertretende Mitglied ist nicht zur Unterstützung oder der gemeinsamen Tätigkeit mit der Vertrauensperson, sondern nur zur Vertretung im Falle der Verhinderung vorgesehen, so lange weniger als 100 sbM im Betrieb oder der Dienststelle in der Regel beschäftigt sind. Daraus folgt, dass nicht generell für die Dauer der Verhinderung des stellvertretenden Mitglieds, dessen Aufgaben von der Vertrauensperson wahrgenommen werden, ein weiteres stellvertretendes Mitglied zur Vertretung der Vertrauensperson in deren ursprünglichen Verantwortungsbereich von der Arbeitsleistung freigestellt werden müsste. Dies kommt nur punktuell in Betracht, wenn zB infolge einer Terminkollision gleichzeitig Tätigkeiten aus dem Zuständigkeitsbereich der Vertrauensperson sowie des Stellvertretenden Mitglieds zu erledigen sind. Andernfalls liegt kein Verhinderungsfall vor, weil die Vertrauensperson die anfallenden Aufgaben nacheinander selbst wahrnehmen kann (BAG 7.4.2004 – 7 ABR 35/03, br 2004, 110).

D. Wahlberechtigung

Wahlberechtigt sind alle beschäftigten sbM. Auf Alter, Dauer und Art der Beschäfti- 23
gung kommt es nicht an. Entscheidend sind die tatsächlichen Gegebenheiten; das Vorliegen eines Arbeitsvertrages mit dem Betriebsinhaber ist nicht entscheidend. Jeder dem Betrieb oder der Dienststelle angehörende sbM ist wahlberechtigt, auch wenn er Jugendlicher ist, gerade erst eingestellt wurde oder nur kurzfristig beschäftigt wird. Maßgeblich ist nur die Beschäftigung zurzeit der Wahl. Deshalb kann wählen, wer kurz vor der Wahl die Beschäftigung aufgenommen hat oder unmittelbar nach der Wahl ausscheidet (*Sieg* NZA 2002, 1065). Wahlberechtigt sind auch geringfügig beschäftigte sbM. Den sbM gleichgestellte behinderte Menschen sind vom Zeitpunkt der Gleichstellung an ebenfalls wahlberechtigt (LAG Köln 25.4.2012 – 9 TaBV 96/11, BeckRS 2012, 71562). Trotz der Rückwirkung der Gleichstellung nach § 151 Abs. 2 genügt aber die bloße Antragstellung nicht zur Wahlberechtigung, da bis zur Gleichstellung nur eine Chance besteht. Jedenfalls aber kann das Wahlrecht zur Schwerbehindertenvertretung nicht rückwirkend in Anspruch genommen werden, dh nicht, bevor sich der Arbeitnehmer im Betrieb bzw. gegenüber seinem Arbeitgeber auf die Schwerbehinderung bzw. einen Gleichstellungsantrag beruft (BSG 14.3.1994 – 11 BAr 139/93, BeckRS 1994, 30925586; die dagegen gerichtete Verfassungsbeschwerde wurde nicht zur Entscheidung angenommen, BVerfG 7.7.1994 – 1 BvR 1481/92, nv). Auch wenn der Umfang der Beschäftigung unter 18 Stunden pro Woche liegt und deshalb kein Arbeitsplatz nach § 156 Abs. 3 vorliegt, besteht trotzdem Wahlberechtigung (KHM/*Kossens* § 177 Rn. 21). Auch leitende Angestellte (§ 5 BetrVG) oder Behördenleiter (§ 7 BPersVG) und ihre Vertreter sind wahlberechtigt, da für sie keine Ausnahme gemacht ist (anders bei der Wählbarkeit nach Abs. 3). Entsprechendes gilt für den Inklusionsbeauftragten des Arbeitgebers (aA VG Aachen 25.11.1999 – 16 K 371/99.PVL, PersR 2000, 131 = BeckRS 1999, 30970751). Lediglich der Arbeitgeber selbst ist auch als sbM nicht „Beschäftigter" und deshalb auch nicht wahlberechtigt. Nicht beschäftigt in diesem Sinne sind auch schwerbehinderte Arbeitnehmer in der Freistellungsphase des Altersteilzeitverhältnisses; denn sie sind trotz fortbestehenden Arbeitsverhältnisses nicht mehr in die Arbeitsorganisation eingegliedert (BAG 16.11.2005 – 7 ABR 9/05, AP SGB IX § 94 Nr. 4; Rudolph AiB 2006, 443; Boch SAE 2007, 141). Außerdem scheiden alle nicht im Betrieb oder der Dienststelle Beschäftigten aus, also vor allem die in Heimarbeit Beschäftigten, auch wenn sie in der Haupt-

sache für einen Auftraggeber arbeiten und deshalb nach § 210 Abs. 1 auf einen Pflichtplatz angerechnet werden können (KHM/Kossens Rn. 22). § 5 Abs. 1 S. 2 BetrVG enthält eine gesetzliche Fiktion, die allein auf den Anwendungsbereich dieses G beschränkt ist, während weder in Kap. 5 noch in § 210 ein Anhaltspunkt dafür enthalten ist, dass insoweit eine Parallele gezogen werden sollte.

24 Im Betrieb oder der Dienststelle sind auch sbM oder ihnen gleichgestellte sbM „beschäftigt" iSv § 177 Abs. 2 und daher wahlberechtigt, die außerhalb eines Arbeitsverhältnisses tätig sind (BAG 27.6.2001 – 7 ABR 50/99, br 2001, 203), also zB Behinderte, die zur Rehabilitation beschäftigt werden (§ 156 Abs. 2 Ziff. 1) oder Personen, die aus karitativen oder religiösen Gründen oder überwiegend zu ihrer Heilung, Wiedereingewöhnung oder Erziehung beschäftigt werden (§ 156 Abs. 2 Ziff. 2, 3). Auch schwerbehinderte Teilnehmer an Arbeitsbeschaffungsmaßnahmen und Strukturanpassungsmaßnahmen nach dem SGB III, auf Wahlstellen beschäftigte sbM oder Personen, die einen Rechtsanspruch auf Einstellung haben (Referendare), sind als sbM oder ihnen gleichgestellte behinderte Menschen wahlberechtigt. Für das Wahlrecht kommt es nicht auf das Vorliegen eines Arbeitsverhältnisses an, sondern allein darauf, dass der schwerbehinderte oder ihm gleichgestellte Mensch im Betrieb (oder der Dienststelle) beschäftigt ist. Die Schwerbehindertenvertretung soll alle sbM betreuen, ohne Rücksicht auf Beschäftigung im Rahmen eines Arbeitsverhältnisses oder auf andere Weise, auch ohne Rücksicht darauf, ob die Beschäftigung auf einem Arbeitsplatz iSd § 156 erfolgt. Deshalb sind auch alle diese sbM des Betriebes oder der Dienststelle wahlberechtigt (BAG 16.4.2003 – 7 ABR 27/02, AP SGB IX § 95 Nr. 1, Rehabilitanden). Lediglich Heimarbeiter scheiden aus, weil sie nicht im Betrieb oder der Dienststelle tätig sind. Deshalb scheiden auch sbM aus, die in einem Privathaushalt des Arbeitgebers tätig sind, auch wenn ihre Stelle als Arbeitsplatz zählt.

E. Wählbarkeit

25 **Wählbar** sind nur solche im Betrieb oder der Dienststelle Beschäftigten, die am Wahltag das 18. Lebensjahr vollendet haben und sechs Monate dem Betrieb oder der Dienststelle angehören. Außerdem wird für die Wählbarkeit (im Gegensatz zum Wahlrecht) verlangt, dass die Beschäftigung nicht nur vorübergehend erfolgt. Damit ist es erforderlich, dass die Beschäftigung auf Dauer für die Zeit von mindestens sechs Monate angelegt ist (→ Rn. 7). Bei kurzfristig Beschäftigten hätte die Wahl zur Vertrauensperson oder zum stellvertretenden Mitglied auch keinen Sinn, insbes. wenn das Amt mit dem Arbeits- oder Dienstverhältnis wegen einer wirksamen Befristung trotz des Kündigungsschutzes ohnehin bald endet. Dies hat auch Konsequenzen für den Fall der Abordnung. Aus der inhaltlichen Verwandtschaft des § 29 Abs. 1 Nr. 2–5 BPersVG zu dem früheren § 24 Abs. 8 S. 3 SchwbG hat das HmbOVG (2.4.2001 – 8 Bf 1/01.PVL, BeckRS 2001 30447415) abgeleitet, dass das passive Wahlrecht an der alten Dienststelle nach drei Monaten endet und gleichzeitig das aktive und das passive Wahlrecht an der neuen Dienststelle entstehen, wenn nicht die Rückkehr des Bediensteten innerhalb von weiteren sechs Monaten feststeht. Für die Gesamtschwerbehindertenvertretung gilt dies nur dann, wenn er an keiner der vom Gesamtpersonalrat vertretenen Dienststellen mehr als Vertrauensperson gewählt werden kann. Dagegen kommt es auf den Umfang der Beschäftigung nicht an, deshalb können auch geringfügig Beschäftigte zur Vertrauensperson gewählt werden, selbst wenn die Arbeitszeit weniger als 18 Stunden wöchentlich beträgt und deshalb kein Arbeitsplatz nach § 156 Abs. 3 anzunehmen ist (→ Rn. 7).

26 Wenn der Betrieb oder die Dienststelle noch kein Jahr zum Zeitpunkt der Wahl besteht, bedarf es nicht der Voraussetzung der sechsmonatigen Zugehörigkeit. Insbesondere braucht die Zugehörigkeit dann auch nicht seit Einrichtung bzw. Errichtung des Betrie-

bes oder der Dienststelle zu bestehen, so dass die Dauer der Betriebszugehörigkeit nicht etwa nur entspr. verkürzt wird, sondern überhaupt keine Voraussetzung mehr ist. Theoretisch könnte gewählt werden, wer am Tage der Wahl erst in den Betrieb oder die Dienststelle eintritt – vorausgesetzt, dass dies schon (ggf. auf Grund vorher geschlossenen Vertrages) feststeht und die Kandidatur und das Wahlausschreiben entspr. vorgenommen werden kann; vor allem bei einer vereinfachten Wahl nach Abs. 6 und §§ 18–21 SchwbVWO kann das der Fall sein.

Die Vertrauensperson oder das stellvertretende Mitglied brauchen kein sbM zu sein. **27**
Jeder dem Betrieb oder der Dienststelle angehörende Beschäftigte kann gewählt werden ohne Rücksicht darauf, ob und in welchem Grade er behindert ist. Es kommt allein darauf an, dass er von den sbM gewählt wird, also deren Vertrauen hat. Das SGB IX enthält insoweit anders als das SchwbG auch keine entsprechende Empfehlung.

Ausgenommen von der Wählbarkeit zur Vertrauensperson oder zum stellvertretenden **28**
Mitglied sind weiter alle Angehörigen des Betriebes oder der Dienststelle, die dem Betriebs-, Personal-, Richter-, Staatsanwalts- oder Präsidialrat nicht angehören dürfen. Das sind vor allem die leitenden Angestellten des § 5 BetrVG, die Leiter der Behörden und ihre Vertreter (§ 7 BPersVG) und die Gerichtspräsidenten. Entgegen der Regelung im BetrVG, wo nach § 8 Abs. 1 S. 1 BetrVG auch in Heimarbeit Beschäftigte, die in der Hauptsache für den Betrieb arbeiten, Arbeitnehmer und damit wählbar sind, fehlt es an einer entsprechenden Vorschrift in § 177 Abs. 3, so dass in Heimarbeit Beschäftigte auch nicht wählbar sind. Nicht wählbar sind aber auch Personen, die in keinem Arbeits- oder Dienstverhältnis stehen und deshalb weder dem Betriebsverfassungs- noch dem Personalvertretungsrecht unterliegen. Personen, die zur Eingliederung oder aus karitativen oder religiösen Gründen arbeiten, in erster Linie zu ihrer Heilung, Wiedereingewöhnung oder Erziehung beschäftigt werden, stehen nicht in einem Arbeits- oder Dienstverhältnis. Sie sind zwar im Betrieb (oder der Dienststelle) beschäftigt und deshalb wahlberechtigt, gehören aber nicht zu den Arbeitern, Angestellten oder Beamten und sind deshalb vom passiven Wahlrecht ausgeschlossen. Ebenso scheiden sonstige nur arbeitnehmerähnliche Personen wie Handelsvertreter oder nur wirtschaftlich vom Arbeitgeber abhängige Personen aus der Wählbarkeit aus, weil es sich nicht um im Betrieb Beschäftigte handelt (KHM/Kossens Rn. 27).

Schließlich ist nicht wählbar, wer infolge strafgerichtlicher Verurteilung die Fähigkeit **29**
nicht besitzt, Rechte aus öffentlichen Wahlen zu erlangen; nach § 45 StGB idF der Bekanntmachung v. 13.11.1998 (BGBl. I 3322) tritt der Verlust dieser Fähigkeit nach jeder Verurteilung wegen eines Verbrechens zu einer Freiheitsstrafe von wenigstens einem Jahr für die Dauer von fünf Jahren ein, außerdem dann, wenn das Strafgericht diese Fähigkeit in den gesetzlich dafür vorgesehenen Fällen für die Dauer von zwei bis fünf Jahren aberkennt.

Andere Voraussetzungen zur Wählbarkeit als Vertrauensperson oder stellvertretendes **30**
Mitglied bestehen nicht. Insbesondere können auch Nichtdeutsche, Ausländer, Staatenlose gewählt werden. Mit der Verwendung der neutralen Formulierung Vertrauensperson hat der Gesetzgeber auch deutlich gemacht, dass es auf das Geschlecht des Kandidaten nicht ankommt. Unbeachtlich ist auch die Stellung im Betrieb als Angestellter, Arbeiter oder Auszubildender, Umschüler oder in der Fortbildung, solange das geforderte Mindestalter von 18 Jahren am Wahltag erreicht ist. Wählbar ist auch ein Angehöriger des öffentlichen Dienstes, der – etwa im Rahmen eines Gestellungsvertrages – nicht nur vorübergehend in dem Betrieb eines privatrechtlich organisierten Unternehmens tätig ist (BAG 25.10.2017 – 7 ABR 2/16, NZA 2018, 252). Die Vertrauensperson oder das stellvertretende Mitglied muss nicht, kann aber Mitglied des Betriebs- oder Personalrats sein. Nur als Vertrauensperson der Richter und Richterinnen muss ein Richter oder eine Richterin gewählt werden; auch die Vertrauensperson der Richter und Richterinnen braucht nicht sbM oder behinderter Mensch zu sein. Für Staatsanwälte gilt dies entsprechend.

F. Schwerbehinderte Soldaten

31 Nach der Streichung des bisher im G enthalten gewesenen Textteils „bei denen eine Vertretung der Soldaten nach dem Bundespersonalvertretungsgesetz zu wählen ist" haben Soldatinnen und Soldaten das aktive Wahlrecht zur Schwerbehindertenvertretung auch in nicht personalratsfähigen Dienststellen. Auf die frühere Abgrenzung, ob es sich um eine personalratsfähige Dienststelle oder einen Bereich handelte, für den eine Vertrauensperson nach dem Soldatenbeteiligungsgesetz zu wählen war, kommt es danach nicht mehr an. Entscheidend ist nunmehr allein, ob die allgemeinen Voraussetzungen für die Wahl einer örtlichen Schwerbehindertenvertretung gem. § 177 Abs. 1 erfüllt sind (BT-Drs. 18/9522, 314).

32 Wählbar sind alle Soldatinnen und Soldaten.

G. Geheime Wahl zu festen Terminen

33 Die Wahl ist geheim (unabdingbar: OVG NRW 7.4.2004 – 1 A 4778/03.PVL, br 2006, 20; LPK-SGB IX/Düwell Rn. 35), unmittelbar und richtet sich nach den Grundsätzen der Mehrheitswahl. Die Durchführung der Wahl iE ergibt sich aus den Vorschriften des Abs. 6 und der ursprünglich nach § 24 Abs. 7 SchwbG erlassenen 1. DVO zum SchwbG (SchwbVWO idF v. 23.4.1990, BGBl. I 811, zuletzt geändert durch Art. 191 VO v. 18.3.2022, BGBl. I 477). Wortlaut vgl. unten 5. a. Das Erste Änderungsgesetz zum SchwbG hatte ab 1.8.1986 § 24 Abs. 5 neu eingefügt, wonach für die Zeit ab 1.10. bis 30.11.1986 alle vier Jahre ein einheitlicher Termin für die regelmäßigen Wahlen der Schwerbehindertenvertretung vorgeschrieben war. Erstmals wurde danach die Schwerbehindertenvertretung einheitlich im gesamten Geltungsbereich des Gesetzes in der Zeit vom 1.10. bis 30.11.1986 neu gewählt, soweit nicht die Vertrauensleute nach dem 30.9.1985 gewählt worden waren; deren Amtszeit wurde bis zum Jahre 1990 verlängert, so dass sie erst in der Zeit vom 1.10. bis 30.11.1990 neu zu wählen waren. An diese Regelung knüpft § 177 Abs. 5 inhaltlich an.

33a Um die Einheitlichkeit des Wahltermins zu wahren, finden Zwischenwahlen nur aus den in Abs. 5 Nr. 1–3 genannten Gründen statt. Bei vorzeitiger Beendigung der Amtszeit nach Abs. 7 tritt eine vorzeitige Wahl nur dann ein, wenn kein Stellvertreter nach Abs. 7 zur Verfügung steht und nachrücken kann. Eine Zwischenwahl ist außerdem erforderlich, wenn die Wahl erfolgreich angefochten wird und deshalb neu gewählt werden muss oder wenn bisher noch keine Schwerbehindertenvertretung besteht, gleich aus welchem Grunde. Die Zwischenwahl gilt grds. nur bis zum Zeitpunkt der nächsten regelmäßigen Wahlen. Nur wenn bei Beginn des für die regelmäßigen Wahlen festgelegten Zeitraumes noch kein Jahr vergangen ist, gilt die Zwischenwahl für die Zeit bis zu den übernächsten regelmäßigen Wahlen, so dass sich die Amtszeit in diesen Fällen auf bis zu fünf Jahre verlängern kann.

33b Die Amtszeit beginnt sowohl bei den regelmäßigen Wahlen als auch bei ggf. notwendig werdenden Zwischenwahlen stets mit der Bekanntgabe des Wahlergebnisses (Abs. 7). Die Amtszeit endet stets mit Ablauf von vier Jahren nach der Bekanntgabe des Wahlergebnisses ohne Rücksicht darauf, ob zu diesem Zeitpunkt schon die Neuwahl stattgefunden hat. Es kann also vorkommen, dass bei einer regelmäßigen Wahl Anfang Oktober die Amtszeit der bisherigen Schwerbehindertenvertretung endet und eine neue Schwerbehindertenvertretung dann erst bis zum 30.11. gewählt wird, so dass bis zu zwei Monaten Dauer das Amt unbesetzt bleiben kann. Einer bereits zum SchwbG erfolgten Anregung des BR, das Amt der bisherigen Schwerbehindertenvertretung über die vier Jahre hinaus bis zur Neuwahl des Nachfolgers andauern zu lassen (vgl. BT-Drs. 10/

3138, 32), ist der Gesetzgeber weder bei der Formulierung des § 94 SGB IX 2001 noch des § 177 SGB IX 2018 gefolgt. Auf der anderen Seite werden aber die vier Jahre stets ausgeschöpft, da die Amtszeit der neuen Schwerbehindertenvertretung erst beginnt, wenn die der bisherigen Schwerbehindertenvertretung beendet ist (Abs. 7 S. 2).

Werden Zwischenwahlen außerhalb der regelmäßigen Wahltermine abgehalten, gilt 33c diese Zwischenwahl stets nur für den Zeitraum bis zu den nächsten regelmäßigen Wahlen. Mit dem 30.11. dieses Zeitraumes erlischt dann das Amt ohne Rücksicht darauf, ob die Amtszeit des Abs. 7 von vier Jahren erreicht worden ist. Werden also nach einer Zwischenwahl regelmäßig Wahlen in der Zeit vom 1.10. bis 30.11. nicht abgehalten, erlischt das Amt der Schwerbehindertenvertretung mit Ablauf des 30.11. Nur in Fällen, in denen die Zwischenwahl innerhalb des Jahres vor Beginn der ordentlichen Wahlzeit abgehalten worden ist, dauert die Amtszeit selbst in Fällen, in denen nicht wiedergewählt wird, bis zum 30.11. des übernächsten ordnungsgemäßen Wahljahres. Diese Regelung des Erlöschens des Wahlamtes spätestens mit dem 30.11. des ordnungsgemäßen Wahljahres tritt in allen Fällen ein, in denen nicht neu gewählt wird, und zwar sowohl dann, wenn eine Neuwahl mangels Beteiligung oder Interesse nicht zustande kommt als auch dann, wenn die Zahl der sbM unter fünf sinkt und daher eine Schwerbehindertenvertretung nicht mehr zu wählen ist.

In dem **förmlichen Wahlverfahren** wird zunächst ein Wahlvorstand gebildet. Ihn be- 34 stellt spätestens acht Wochen vor Ablauf der Amtszeit die Schwerbehindertenvertretung oder die Versammlung der schwerbehinderte oder diesen gleichgestellten Menschen, wenn keine Schwerbehindertenvertretung vorhanden ist. Zu dieser Versammlung können drei Wahlberechtigte oder der Betriebs- oder Personalrat einladen (§ 1 Abs. 2 SchwbVWO). Unabhängig davon steht dies Recht nach § 177 Abs. 6 auch dem Integrationsamt zu. Wenn anstelle einer Schwerbehindertenvertretung eine Gesamtschwerbehindertenvertretung den Betrieb oder die Dienststelle zu betreuen hat (§ 180 Abs. 6), kann auch diese den Wahlvorstand bestellen.

Nach § 1 SchwbVWO kann jeder volljährige in dem Betrieb Beschäftigte Wahlvor- 35 stand sein. Dieser muss auch nicht aus schwerbehinderten oder ihnen gleichgestellten Menschen bestehen. Die SchwbVWO ist durch die Ermächtigungsnorm auch in diesen Einzelheiten der Ausgestaltung des Wahlverfahrens gedeckt und steht anders, als dies bei einer älteren Fassung des Schwerbehindertengesetzes der Fall war, nicht mehr im Widerspruch zur Gesetzesregelung. Kommt es nicht zur Versammlung der schwerbehinderten oder ihnen gleichgestellten Menschen oder in der Versammlung nicht zur Wahl eines Wahlvorstandes, kann er in Privatbetrieben vom Arbeitsgericht, in öffentlichen Dienststellen vom Leiter der Dienststelle auf Antrag von drei Wahlberechtigten bestellt werden (§ 17 BetrVG, § 23 BPersVG). Ein Mitwirkungsrecht der Gewerkschaften ist im SGB IX in Kap. 5 nicht vorgesehen, so dass sie auch kein Einladungs- oder Antragsrecht haben. Jedoch können Betriebs- und Personalräte nach § 176 auf die Wahl der Schwerbehindertenvertretung und die Bestellung eines Wahlvorstandes hinwirken, so dass auch sie antragsberechtigt sind (→ § 176 Rn. 16).

Der Wahlvorstand kann Wahlhelfer heranziehen und führt die Wahl durch. Er kann 36 auch, soweit das nicht durch die Versammlung der sbM geschehen ist, die Zahl der stellvertretenden Mitglieder festlegen (→ Rn. 20). Er stellt die Wählerliste auf, behandelt die Einsprüche dagegen und erlässt das Wahlausschreiben (§§ 3–5 SchwbVWO). Der Wahlvorstand nimmt die Wahlvorschläge entgegen und setzt ggf. eine Nachfrist, wenn keine ausreichenden Vorschläge eingehen (§§ 6, 7 SchwbVWO). Die Bewerber werden bekannt gemacht (§ 8 SchwbVWO). Eine Pflicht des Wahlvorstands, Wahlvorschläge nach ihrem Eingang unverzüglich auf etwaige Mängel zu prüfen und den einreichenden Listenvertreter ggf. unverzüglich zu unterrichten, besteht nicht. Eine solche Verpflichtung begründet die SchwbVWO nicht. Sie gehört auch nicht zu den elementaren Grundsätzen einer demokratischen Wahl (BAG 20.1.2010 – 7 ABR 39/08, NZA 2010, 1435).

37 Die Wahl erfolgt getrennt für die Schwerbehindertenvertretung und das oder die stellvertretende(n) Mitglied(er) in einem gemeinsamen Wahlgang. Es kann also nur eine Stimme für die Vertrauensperson und eine weitere für das stellvertretende Mitglied abgegeben werden. Sind mehrere stellvertretende Mitglieder vorgesehen, können entspr. viele Stimmen abgegeben werden. Jeder wählbare Arbeitnehmer kann sowohl als Vertrauensperson wie als stellvertretendes Mitglied vorgeschlagen werden. Wer als Vertrauensperson gewählt ist und das Amt annimmt, scheidet unter den stellvertretenden Mitgliedern aus. Lehnt ein als Vertrauensperson Gewählter das Amt ab, rückt der Kandidat mit der nächsthohen Stimmenzahl nach. Bei Ablehnung des Amtes als Vertrauensperson kann jedoch dann die Wahl als stellvertretendes Mitglied zum Zuge kommen und auch angenommen werden. Eine schriftliche Stimmabgabe ist möglich (vgl. §§ 9–16 SchwbVWO) und auch für Betriebsteile oder Dienststellen vorgesehen, die entfernt liegen.

38 Das **vereinfachte Wahlverfahren** wird in räumlich zusammenliegenden Betrieben und Dienststellen mit weniger als fünfzig Wahlberechtigten durchgeführt, sofern die einzelnen Teile nicht räumlich weit auseinander liegen (§ 18 SchwbVWO). Abzustellen ist dabei nicht darauf, ob die Mehrheit der schwerbehinderten Mitarbeiter in Betriebsteilen beschäftigt wird, die räumlich nahe zum Sitz des Betriebsrates liegen. Entscheidend ist vielmehr die Lage der Betriebsteile eines aus zwei oder mehr Teilen bestehenden Betriebs (BAG 7.4.2004 – 7 ABR 42/03, NZA 2004, 745, kein vereinfachtes Wahlverfahren bei Entfernungen von bis zu 60 km zwischen einzelnen Verkaufsstellen). Entscheidend ist die Möglichkeit der Wähler, sich über die Wahlbewerber zu informieren und sich ein Bild von ihnen zu machen. Dies setzt üblicherweise eine gewisse räumliche Nähe voraus (BAG 23.7.2014 – 7 ABR 61/12, NZA-RR 2015, 51; krit. Sachadae jurisPR-ArbR 2/2015 Anm. 5). Die Versammlung der sbM ist dabei gleich die Wahlversammlung. Die Wahl muss auch hier geheim, also nicht offen (LAG BW 4.5.2016 – 10 Ta BV 2/16, NZA-RR 2017, 92) und unmittelbar erfolgen. Die früheren Bedenken gegen eine qualifizierte Mehrheit sind mit der Neufassung der WahlO v. 23.4.1990 entfallen (→ Rn. 20). Im Übrigen ist dieses Verfahren jedoch für kleinere Betriebe und Dienststellen, sofern die Teile nicht weit auseinander liegen, gesetzlich vorgeschrieben. Ein Widerspruchsrecht gegen die vereinfachte Wahl besteht seit 1.8.1986 nicht mehr. Der früher in § 17 Abs. 1 SchwbVWO vorgesehene Antrag auf förmliches Wahlverfahren ist durch die gesetzliche Neuregelung überholt und gilt nicht mehr. Der Leiter der Wahlversammlung muss ein schwerbehinderter oder gleichgestellter Mensch, also ein Wahlberechtigter und damit ein Mitglied der Wahlversammlung sein (LAG Bln-Bbg 17.10.2003 – 8 TaBV 7/03, BeckRS 2003, 16976; aA OVG NRW 27.9.2000 – 1 A 1541/99, br 2001, 147; LPK-SGB IX/Sachadae § 20 SchwbWVO Rn. 13). Er wird von der Wahlversammlung mit einfacher Stimmenmehrheit festgelegt (§ 20 Abs. 1 SchwbVWO).

39 Für die Wahl der Konzern-, Gesamt-, Bezirks- und Hauptschwerbehindertenvertretung und der entsprechenden Vertretungen der Richter und der Staatsanwälte gelten die §§ 22 ff. SchwbVWO.

H. Schutz der Wahl

40 Der Wahlschutz richtet sich ebenfalls nach den Vorschriften des Betriebsverfassungsgesetzes und Bundespersonalvertretungsgesetzes. Dasselbe gilt für die Wahlkosten (§ 177 Abs. 6, zu denen auch die Kosten der Schulung des Wahlvorstands einschließlich jener der Freistellung rechnen (HessLAG 20.8.2018 – 16 TaBVGa 159/18, br 2019, 20). Es finden § 20 BetrVG und § 24 BPersVG Anwendung. Danach darf niemand die Wahl behindern oder unrechtmäßig beeinflussen. Allerdings fehlt es an einer strukturell dem § 119 BetrVG gleichkommenden Vorschrift. Der allgemeine Verweis über § 177 Abs. 6

reicht nicht aus, da dem Bestimmtheitsgebot des Art. 103 Abs. 2 GG nicht genügt ist (Zwiehoff jurisPR-ArbR 11/2018 Anm. 1; Sachadae PersV 2015, 170; Düwell jurisPR-ArbR 48/2018 Anm. 1). Die Kosten trägt der Arbeitgeber (vgl. § 2 Abs. 6 SchwbVWO). Für die Ausübung des Wahlrechts und die Tätigkeit als Wahlvorstand ist das Arbeitsentgelt fortzuzahlen und darf nicht gemindert werden.

Außerdem haben die Mitglieder des Wahlvorstandes und Wahlbewerber den besonderen Kündigungsschutz des § 15 Abs. 3 KSchG. Für Wahlbewerber beginnt der Schutz mit der Aufstellung des Wahlvorschlages, sofern dieser nicht wegen Formmangels nichtig ist, nicht erst mit dessen Einreichung beim Wahlvorstand (BAG 4.3.1976 – 2 AZR 620/74, AP KSchG 1969 § 15 Wahlbewerber Nr. 1). Die Geschützten dürfen vom Zeitpunkt der Bestellung an bis zur Bekanntgabe des Wahlergebnisses nicht entlassen werden, es sei denn, dass ein wichtiger Grund vorliegt und eine Zustimmung des Integrationsamts vorliegt, welche die nach § 103 BetrVG, § 47 BPersVG vorgesehene, nach § 15 Abs. 3 erforderliche Zustimmung in diesem Falle der entsprechenden Anwendung ersetzt; deshalb kommt auch keine Ersetzung durch das Arbeits- bzw. Verwaltungsgericht in Betracht, weil die Entscheidung des Integrationsamts unmittelbar angefochten werden kann. Für die Zustimmung des Integrationsamts auch nach § 15 Abs. 3 KSchG bei einer beabsichtigten Entlassung eines Mitglieds eines Wahlvorstandes oder Wahlbewerbers gilt dann § 174, und zwar auch für nicht schwerbehinderte Wahlbewerber, da die Wahl der Schwerbehindertenvertretung nicht zum Aufgabenbereich des Betriebs- oder Personalrates, sondern zu den Obliegenheiten des Integrationsamts gehört (§ 177 Abs. 6). Der Wahlschutz ist gesetzlich ausdrücklich anders geregelt als der Schutz der Vertrauensleute (→ § 179 Rn. 5). Der besondere Kündigungsschutz für Wahlbewerber und Mitglieder des Wahlvorstandes gilt nach § 15 Abs. 3 KSchG weiter bis zum Ablauf von sechs Monaten nach Bekanntgabe des Wahlergebnisses und schließt eine ordentliche Kündigung auch mit vorheriger Zustimmung des Integrationsamts nach § 168 aus. Für die außerordentliche Kündigung ergibt sich keine Änderung der Rechtslage, da sie ohnehin nur nach Maßgabe des § 174 ausgesprochen werden kann, soweit es sich um sbM handelt. Wahlbewerber und Wahlvorstandsmitglieder, die nicht schwerbehindert zu sein brauchen, haben als nicht sbM in diesen sechs Monaten nach Bekanntgabe des Wahlergebnisses den Kündigungsschutz vor ordentlicher Kündigung und können aus wichtigem Grund nach Maßgabe des § 15 Abs. 3 KSchG ohne eine Zustimmung entlassen werden. Der mWv 28.7.2001 durch Art. 7 Nr. 1 des Gesetzes zur Reform des Betriebsverfassungsgesetzes v. 23.7.2001 (BGBl. I 1852) neu in das G eingefügte § 15 Abs. 3a KSchG erstreckt den Schutz vor einer ordentlichen Kündigung durch den Arbeitgeber auch auf die jeweils ersten drei in der Einladung oder dem Antrag aufgeführten Arbeitnehmer, die zur Wahlversammlung eingeladen oder die Bestellung eines Wahlvorstandes beantragt haben (KHM/*Kossens* Rn. 37). Dieser Kündigungsschutz gilt nach S. 2 der Regelung für drei Monate vom Zeitpunkt der Einladung oder der Antragstellung an. 41

I. Wahlanfechtung

Für die Wahlanfechtung gilt nach § 177 Abs. 6 ausdrücklich das Recht für die Betriebsrats-, Personalrats-, Richterrats-, Staatsanwalts- und Präsidialratswahl sinngemäß, so dass sich das Anfechtungsverfahren vor allem nach § 19 BetrVG, § 25 BPersVG richtet. Es können also drei zur Schwerbehindertenvertretung Wahlberechtigte die Wahl in Privatbetrieben binnen zwei Wochen (BAG 23.7.2014 – 7 ABR 23/12, NZA 2014, 1288) und in öffentlichen Dienststellen binnen 12 Arbeitstagen jeweils beim Arbeitsgericht anfechten. Die Frist beginnt erst, wenn das Wahlergebnis durch zweiwöchigen Aushang gemäß § 15 SchwbVWO bekannt gemacht worden ist (HessLAG 14.3.2013 – 9 TaBV 223/12, BeckRS 2013, 72577). Dabei sind die Wahl der Vertrau- 42 ensperson und die des stellvertretenden Mitglieds gesondert anfechtbar, weil die Wahl der Schwerbehindertenvertretung sich strukturell von der Betriebsratswahl unterscheidet und § 177 Abs. 6 S. 2 nur eine sinngemäße Anwendung der Vorschriften über die Wahlanfechtung vorsieht (BAG 29.7.2009 – 7 ABR 25/08, NZA 2009, 1221; Düwell jurisPR-ArbR 7/2005 Anm. 7). Nach § 2a Abs. 1 Nr. 3a ArbGG in der seit dem 1.7.2001 geltenden Fassung sind für Verfahren über die Anfechtung der Wahl zur Schwerbehindertenvertretung ausschließlich die Gerichte für Arbeitssachen zuständig (BAG 22.3.2012 – 7 AZB 51/11, NZA 2012, 690). Dies gilt auch, wenn die Wahl der Schwerbehindertenvertretung im Bereich des öffentlichen Dienstes angefochten wird (BAG 11.11.2003 – 7 AZB 40/03, AP SGB IX § 94 Nr. 1; insoweit aA Lamster NZA 2004, 301 unter Hinweis auf BVerwG 17.3.1983 – 6 P 30/82, PersV 1984, 320; krit. *Adlhoch* NZA 2004, 1372 f.). Bei der Festsetzung des Gegenstandswerts ist der geringere Umfang der Beteiligungsrechte der Schwerbehindertenvertretung im Verhältnis zu den Rechten des Betriebsrats mindernd zu berücksichtigen (LAG Stuttgart 30.7.2020 – 4 TaBV 5/19 mit Anm. Ziemann, jurisPR-ArbR 13/2021 Anm. 10; krit. Düwell NZA-RR 2020, 393). Der Wegfall der Wahlberechtigung etwa durch Ausscheiden aus dem Betrieb während des Verfahrens hat grds. keine Auswirkungen auf die Anfechtungsbefugnis (BAG 23.7.2014 – 7 ABR 23/12, NZA 2014, 1288; 4.12.1986 – 6 ABR 48/85, AP BetrVG 1972 § 19 Nr. 13; Müller ArbR 2015, 329). Jedoch entfällt das Rechtsschutzinteresse, wenn sämtliche die Wahlanfechtung betreibenden Arbeitnehmer während des Verfahrens endgültig aus dem Betrieb ausscheiden (BAG 23.7.2014 – 7 ABR 23/12, NZA 2014, 1288) oder die Amtszeit der Schwerbehindertenvertretung beendet ist (BAG 18.3.2015 – 7 ABR 6/13, ArbR 2015, 329). In einem solchen Fall kann an die hilfsweise Stellung eines Feststellungsantrags gedacht werden (Sachadae, jurisPR-ArbR 20/2015 Rn. 6). Auch der Arbeitgeber ist als Partner der Schwerbehindertenvertretung anfechtungsberechtigt, nicht aber die an dem Wahlverfahren nach Kap. 5 nicht beteiligten Gewerkschaften (BAG 29.7.2009 – 7 ABR 25/08, NZA 2009, 1221; so auch OVG NRW 7.4.2004 – 1 A 4778/03. PVL, BeckRS 2006, 22571; aA Gagel jurisPR-ArbR 14/2008 Anm. 6). Nicht anfechtungsberechtigt sind auch Betriebs- und Personalräte (BVerwG 17.3.1983 – 6 P 30/82, PersV 1984, 320; LPK-SGB IX/Düwell Rn. 89). Als Anfechtungsgrund kommt ein Verstoß gegen wesentliche Vorschriften über das Wahlrecht, die Wählbarkeit oder das Wahlverfahren (§ 19 BetrVG, § 26 BPersVG) in Betracht (BAG 10.7.2013 – 7 ABR 83/11, br 2014, 102; BAG 7.4.2004 – 7 ABR 42/03, NZA 2004, 745; BAG 25.10.2017 – 7 ABR 2/16, NZA 2018, 252; HessLAG 24.9.2015 – 9 TaBV 12/15, ZBVR online 2016, Nr. 12, 20; LAG Köln 20.5.2016 – 4 Ta BV 98/15, BeckRS 2016, 72488 mit Anm. Sachadae, jurisPR-ArbR 47/2016, Anm. 6; LAG BW 10.6.2020 – 4 TaBV 5/19, BB 2020, 2301; *Sieg* NZA 2002, 1069). Bei Vorliegen besonders schwerwiegender Mängel kann die Wahl auch nichtig sein, so dass es der fristgebundenen Anfechtung nicht bedarf. Es muss dann aber so schwerwiegend gegen die Grundsätze des Wahlrechts verstoßen worden sein, dass bereits der Anschein einer Wahl nicht mehr vorliegt (BAG 22.3.2000 – 7 ABR 34/98, BAGE 94, 144; LPK-SGB IX/Düwell Rn. 96; Hauck/Noftz/Mushoff, Rn. 57). Die deklaratorische Feststellung der Nichtigkeit der Wahl kann im Beschlussverfahren geltend gemacht werden (HessLAG 15.3.2012 – 9 TaBV 118/11, BeckRS 2012, 71405).

J. Amtsdauer, Erlöschen des Amtes

43 Die Schwerbehindertenvertretung wird auf vier Jahre gewählt. Das Amt der Vertrauensperson beginnt mit der Bekanntgabe des Wahlergebnisses und endet nach Ablauf von vier Jahren. Ist zur Zeit der Wahl noch eine Schwerbehindertenvertretung im Amt, beginnt die Amtszeit mit dem Ablauf der Amtsperiode der vorhergehenden Schwerbehin-

dertenvertretung. Das Amt endet nach Ablauf der Amtszeit auch dann, wenn keine neue Schwerbehindertenvertretung gewählt ist. Vor Ablauf der Amtszeit erlischt das Amt automatisch, wenn die Vertrauensperson es niederlegt, wenn sie aus dem Arbeitsverhältnis ausscheidet oder infolge strafgerichtlicher Verurteilung die Fähigkeit, Rechte aus öffentlichen Wahlen zu erlangen, verliert (vgl. § 45 StGB). Der Verlust der Wählbarkeit iSd § 177 Abs. 7 S. 3 tritt auch dann ein, wenn mit der Amtsperiode des Personalrats die auf der Grundlage eines Verselbständigungsbeschlusses gemäß § 7 BPersVG fingierte Selbständigkeit eines Dienststellenteils oder einer Nebenstelle endet (LAG Bln-Bbg 18.6.2021 – 12 TaBV 402/21, NZA-RR 2021, 502; best. BAG 14.9.2022 – 7 ABR 17/21, NZA 2023, 374 m. Anm. Schweitzer DB 2023, 1163). Entsprechendes gilt für den nachträglichen Verlust der Wählbarkeit zu dem für die Dienststelle zuständigen Personalrat (LAG LSA 1.6.2021 – 6 TaBV 7/20, öAT 2021, 217). Sinkt die Zahl der schwerbehinderten und ihnen gleichgestellten Menschen unter fünf, ist dies jedoch kein Grund zum Erlöschen des Amtes; es besteht vielmehr bis zum Ende der Amtszeit fort (BAG 19.10.2022 – 7 ABR 27/21, DB 2023, 844 m. zust. Anm. Markowski, ArbRB 2023, 106; Sdorra jurisPR-ArbR 22/2023 Anm. 1; Hauck/Noftz/Mushoff Rn. 68; aA LAG Nds 20.8.2008 – 15 TaBV 145/07, AE 2009, 218 = BeckRS 2008, 57011; LAG Köln 31.8.2021 – 4 TaBV 19/21, NZA-RR 2021, Nr. 12, 26 m. abl. Anm. Schäfer jurisPR-ArbR 48/2021 Anm. 3). Bleibt es bei der niedrigen Zahl, wird dann aber keine neue Schwerbehindertenvertretung gewählt (→ Rn. 33c). Anders als im BetrVG war bisher ein Übergangsmandat der Schwerbehindertenvertretung nicht vorgesehen. Dies ist in der Vergangenheit mit Rücksicht auf die Belange der sbM kritisch gesehen worden. Nunmehr ist der Vorschrift ein Abs. 8 angefügt worden, der eine analoge Anwendung des § 21a BetrVG anordnet. Damit kommt es in Betrieben mit einem Übergangsmandat des Betriebsrats auch zu einem solchen der Schwerbehindertenvertretung (LAG Düsseldorf 18.10.2017 – 12 TaBVGa 4/17, BB 2017, 2804). Es endet, sobald eine neue Schwerbehindertenvertretung gewählt wurde, spätestens jedoch nach sechs Monaten (Ausnahme: Verlängerung um weitere sechs Monate durch Tarifvertrag gemäß § 21a Abs. 1 S. 4 BetrVG). Allerdings gilt dies nicht für Arbeitgeber, die nicht dem Anwendungsbereich des Betriebsverfassungsgesetzes unterfallen, insbes. den öffentlichen Dienst (BT-Drs. 18/9522, 314), aber auch den Bereich der Kirchen (krit. Düwell jurisPR-ArbR 49/2016, Anm. 1). Aus dem Umstand, dass in § 177 SGB IX durch das BTHG lediglich ein Verweis auf § 21a BetrVG eingefügt wurde, § 21b BetrVG dagegen keine Erwähnung gefunden hat, ist abzuleiten, dass ein Restmandat der Schwerbehindertenvertretung nicht besteht, wenn der Betrieb durch Stilllegung, Spaltung oder Zusammenlegung untergeht (Schlegel/Voelzke/Esser/Isenhardt Rn. 52; Hauck/Noftz/Mushoff Rn. 76; aA wohl Schnelle NZA 2017, 880).

Auf Antrag eines Viertels der wahlberechtigten sbM im Betrieb kann der **Widerspruchsausschuss bei dem Integrationsamt (§ 202) das Erlöschen des Amtes einer Vertrauensperson beschließen,** wenn sie sich eine grobeVerletzung ihrer Amtspflichten hat zuschulden kommen lassen. Dieses Gremium kann nur auf Antrag tätig werden, die Antragsteller brauchen jedoch selbst durch die Pflichtverletzung nicht betroffen zu sein. Ein Antragsrecht des Arbeitgebers besteht nicht. Es gibt auch keine Möglichkeit, die Auflösung der Schwerbehindertenvertretung beim Arbeitsgericht zu beantragen (Düwell AuR 1993, 347). Auch der Betriebs- oder Personalrat oder das Integrationsamt haben kein Antragsrecht auf Amtsenthebung (ErfK/*Rolfs* § 178 Rn. 3). UU kann aber die grobeVerletzung der Amtspflichten zugleich auch eine Vertrags- oder Dienstpflichtverletzung sein (BAG 12.5.2010 – 2 AZR 587/08, NZA-RR 2011, 15; 16.10.1986 – 2 ABR 71/85, DB 1987, 1304; krit. KR/Etzel-Kreft KSchG § 15 Rn. 42 f.), so dass ggf. das Arbeitsverhältnis nach § 179 Abs. 3 beendet werden kann und damit das Amt erlischt. Allerdings sind so erhebliche Pflichtenverstöße, wie sie Gegenstand der Rspr. des BAG waren (zB Parteipolitische Betätigung im Betrieb, BAG 17.3.2010 – 7 ABR 95/08, NZA 2010, 1133), wegen der Besonderheiten der Aufgabenstellung der Vertrauensperson kaum vorstellbar. 44

45 Der Widerspruchsausschuss entscheidet in freier Würdigung, ob eine grobe Pflichtverletzung vorliegt. Die Entscheidung kann **im Verwaltungsrechtswege** in vollem Umfange überprüft werden, da es sich hier nicht um eine Ermessensentscheidung handelt. Die grobe Pflichtverletzung, die offensichtlich schwerwiegend sein muss, ein Verschulden jedoch nicht voraussetzt (KHM/*Kossens* Rn. 50), ist ein unbestimmter Rechtsbegriff; das Verwaltungsgericht ist deshalb berechtigt, die zugrunde liegenden Tatsachen selbst zu werten. In Betracht kommt insbesondere ein Verstoß gegen die Schweigepflicht, § 179 Abs. 7 (LAG München 15.11.1977 – 5 TaBV 34/77, DB 1978, 984; KHM/Kossens Rn. 51). Widerspruch und Klage haben in diesem Fall aufschiebende Wirkung (§ 80 VwGO), so dass das Amt bis zur rechtskräftigen Entscheidung noch ausgeübt werden kann. Es kann aber die sofortige Vollziehung angeordnet werden, wenn das im öffentlichen oder überwiegenden Interesse eines Beteiligten liegt (§ 80 Abs. 2 Nr. 4 VwGO).

46 Der Antrag auf Amtsenthebung hat noch keine Suspension zur Folge. Das Amt erlischt mit der Bekanntmachung des Beschlusses. Bei einer Aufhebung des Beschlusses im Verwaltungsrechtswege lebt es automatisch wieder auf.

47 Endet das Amt der Vertrauensperson durch Niederlegung, Ausscheiden aus dem Betrieb oder der Dienststelle oder rechtskräftige Aberkennung endgültig, so rückt an ihre Stelle das mit der höchsten Stimmenzahl gewählte stellvertretende Mitglied nach (Abs. 7 S. 3). Keinesfalls wird der Bewerber mit der nächsthöchsten Stimmenzahl als Vertrauensperson in deren Stelle eingesetzt, weil dann der durchgefallene Kandidat, der nicht das Vertrauen der sbM hatte, nunmehr trotz Misserfolg bei der Wahl, uU mit einer einzigen Stimme doch noch Vertrauensperson würde. Scheidet auch das stellvertretende Mitglied aus, tritt ein uU gewähltes weiteres stellvertretendes Mitglied an die Stelle der Vertrauensperson. Sind alle gewählten Vertrauenspersonen und stellvertretende Mitglieder nicht mehr im Amt, muss neu gewählt werden (Abs. 5).

§ 178[1] Aufgaben der Schwerbehindertenvertretung

(1) [1]Die Schwerbehindertenvertretung fördert die Eingliederung schwerbehinderter Menschen in den Betrieb oder die Dienststelle, vertritt ihre Interessen in dem Betrieb oder der Dienststelle und steht ihnen beratend und helfend zur Seite. [2]Sie erfüllt ihre Aufgaben insbesondere dadurch, dass sie

1. darüber wacht, dass die zugunsten schwerbehinderter Menschen geltenden Gesetze, Verordnungen, Tarifverträge, Betriebs- oder Dienstvereinbarungen und Verwaltungsanordnungen durchgeführt, insbesondere auch die dem Arbeitgeber nach den §§ 154, 155 und 164 bis 167 obliegenden Verpflichtungen erfüllt werden,

2. Maßnahmen, die den schwerbehinderten Menschen dienen, insbesondere auch präventive Maßnahmen, bei den zuständigen Stellen beantragt,

3. Anregungen und Beschwerden von schwerbehinderten Menschen entgegennimmt und, falls sie berechtigt erscheinen, durch Verhandlung mit dem Arbeitgeber auf eine Erledigung hinwirkt; sie unterrichtet die schwerbehinderten Menschen über den Stand und das Ergebnis der Verhandlungen.

[3]Die Schwerbehindertenvertretung unterstützt Beschäftigte auch bei Anträgen an die nach § 152 Absatz 1 zuständigen Behörden auf Feststellung einer Behinderung, ihres Grades und einer Schwerbehinderung sowie bei Anträgen auf Gleichstellung an die Agentur für Arbeit. [4]In Betrieben und Dienststellen mit in der Regel mehr als 100 beschäftigten schwerbehinderten Menschen kann sie nach Unterrichtung des Arbeitgebers das mit der höchsten Stimmenzahl gewählte stellvertretende Mitglied zu bestimmten Aufgaben heranziehen. [5]Ab jeweils 100 weiteren beschäftigten schwerbehinderten Menschen kann jeweils auch das mit der nächsthöheren Stimmenzahl gewählte Mitglied

[1] § 178 Abs. 5 geänd. mWv 15.6.2021 durch G v. 9.6.2021 (BGBl. I 1614).

herangezogen werden. [6]Die Heranziehung zu bestimmten Aufgaben schließt die Abstimmung untereinander ein.

(2) [1]Der Arbeitgeber hat die Schwerbehindertenvertretung in allen Angelegenheiten, die einen einzelnen oder die schwerbehinderten Menschen als Gruppe berühren, unverzüglich und umfassend zu unterrichten und vor einer Entscheidung anzuhören; er hat ihr die getroffene Entscheidung unverzüglich mitzuteilen. [2]Die Durchführung oder Vollziehung einer ohne Beteiligung nach Satz 1 getroffenen Entscheidung ist auszusetzen, die Beteiligung ist innerhalb von sieben Tagen nachzuholen; sodann ist endgültig zu entscheiden. [3]Die Kündigung eines schwerbehinderten Menschen, die der Arbeitgeber ohne eine Beteiligung nach Satz 1 ausspricht, ist unwirksam. [4]Die Schwerbehindertenvertretung hat das Recht auf Beteiligung am Verfahren nach § 164 Absatz 1 und beim Vorliegen von Vermittlungsvorschlägen der Bundesagentur für Arbeit nach § 164 Absatz 1 oder von Bewerbungen schwerbehinderter Menschen das Recht auf Einsicht in die entscheidungsrelevanten Teile der Bewerbungsunterlagen und Teilnahme an Vorstellungsgesprächen.

(3) [1]Der schwerbehinderte Mensch hat das Recht, bei Einsicht in die über ihn geführte Personalakte oder ihn betreffende Daten des Arbeitgebers die Schwerbehindertenvertretung hinzuzuziehen. [2]Die Schwerbehindertenvertretung bewahrt über den Inhalt der Daten Stillschweigen, soweit sie der schwerbehinderte Mensch nicht von dieser Verpflichtung entbunden hat.

(4) [1]Die Schwerbehindertenvertretung hat das Recht, an allen Sitzungen des Betriebs-, Personal-, Richter-, Staatsanwalts- oder Präsidialrates und deren Ausschüssen sowie des Arbeitsschutzausschusses beratend teilzunehmen; sie kann beantragen, Angelegenheiten, die einzelne oder die schwerbehinderten Menschen als Gruppe besonders betreffen, auf die Tagesordnung der nächsten Sitzung zu setzen. [2]Erachtet sie einen Beschluss des Betriebs-, Personal-, Richter-, Staatsanwalts- oder Präsidialrates als eine erhebliche Beeinträchtigung wichtiger Interessen schwerbehinderter Menschen oder ist sie entgegen Absatz 2 Satz 1 nicht beteiligt worden, wird auf ihren Antrag der Beschluss für die Dauer von einer Woche vom Zeitpunkt der Beschlussfassung an ausgesetzt; die Vorschriften des Betriebsverfassungsgesetzes und des Personalvertretungsrechts über die Aussetzung von Beschlüssen gelten entsprechend. [3]Durch die Aussetzung wird eine Frist nicht verlängert. [4]In den Fällen des § 21e Absatz 1 und 3 des Gerichtsverfassungsgesetzes ist die Schwerbehindertenvertretung, außer in Eilfällen, auf Antrag einer betroffenen schwerbehinderten Richterin oder eines schwerbehinderten Richters vor dem Präsidium des Gerichtes zu hören.

(5) Die Schwerbehindertenvertretung wird zu Besprechungen nach § 74 Absatz 1 des Betriebsverfassungsgesetzes, § 65 des Bundespersonalvertretungsgesetzes sowie den entsprechenden Vorschriften des sonstigen Personalvertretungsrechts zwischen dem Arbeitgeber und den in Absatz 4 genannten Vertretungen hinzugezogen.

(6) [1]Die Schwerbehindertenvertretung hat das Recht, mindestens einmal im Kalenderjahr eine Versammlung schwerbehinderter Menschen im Betrieb oder in der Dienststelle durchzuführen. [2]Die für Betriebs- und Personalversammlungen geltenden Vorschriften finden entsprechende Anwendung.

(7) Sind in einer Angelegenheit sowohl die Schwerbehindertenvertretung der Richter und Richterinnen als auch die Schwerbehindertenvertretung der übrigen Bediensteten beteiligt, so handeln sie gemeinsam.

(8) Die Schwerbehindertenvertretung kann an Betriebs- und Personalversammlungen in Betrieben und Dienststellen teilnehmen, für die sie als Schwerbehindertenvertretung zuständig ist, und hat dort ein Rederecht, auch wenn die Mitglieder der Schwerbehindertenvertretung nicht Angehörige des Betriebes oder der Dienststelle sind.

Übersicht

A. Allgemeines

1 Die Vorschrift ist aus § 25 SchwbG hervorgegangen. Wegen der Entstehungsgeschichte wird auf Neumann/Pahlen/Majerski-Pahlen, SGB IX, 11. Aufl. 2005 verwiesen.

1a § 95 SGB IX 2001 enthielt insoweit keine wesentlichen materiellen Änderungen. Zu erwähnen ist lediglich die Erweiterung der Beteiligungsrechte bei Vorliegen von Vermittlungsvorschlägen der Agentur für Arbeit nach § 81 Abs. 1 SGB IX 2001 und von Bewerbungen sbM (Abs. 2 S. 3). Art. 9 Nr. 12 lit. a u. b des Vierten Gesetzes für moderne Dienstleistungen am Arbeitsmarkt v. 24.12.2003 (BGBl. I 2954 (2980)) beinhalteten lediglich Änderungen der Begrifflichkeiten (Agentur für Arbeit statt Arbeitsamt), die durch Art. 14 Nr. 4 lit. b des Gesetzes zur optionalen Trägerschaft von Kommunen nach dem SGB II (Kommunales Optionsgesetz) v. 30.7.2004 (BGBl. I 2014 (2026)) rückwirkend zum 1.1.2004 in Kraft gesetzt wurden. Inhaltliche Änderungen brachte dagegen das G zur Förderung der Ausbildung und Beschäftigung sbM v. 23.4.2004 (BGBl. I 606), das durch seinen Art. 1 Nr. 22 in Abs. 1 neben einer materiell unbedeutenden Konkretisierung der gesetzlichen Verweisung (S. 3) eine Herabsetzung der Anzahl der sbM vorsah, die für die Heranziehung des stellvertretenden Mitglieds bzw. des mit der nächsthöheren Stimmenzahl gewählten weiteren stellvertretenden Mitglieds erforderlich sind. Außerdem wurde ein neuer Abs. 8 eingefügt, der ein Teilnahmerecht und Rederecht der Schwerbehindertenvertretung in Betriebs- und Personalversammlungen begründet, wenn sie dort zwar zuständig, jedoch nicht betriebs- bzw. dienststellenzugehörig ist. Durch Art. 2 Nr. 6 lit. a u. b des Gesetzes zur Stärkung der Teilhabe und Selbstbestimmung von Menschen mit Behinderungen (BTHG) v. 23.12.2016 (BGBl. I 3234) wurden die Staffelung bei der Heranziehung der stellvertretenden Mitglieder geändert und die Rechtsstellung der Schwerbehindertenvertretung bei der Beteiligung an einer Kündigung gestärkt. Dabei enthielt der Gesetzentwurf der BReg. Abs. 1 S. 5 infolge eines Redaktionsversehens nicht mehr (BT-Drs. 18/9522, 110), der erst nach der Beschlussempfehlung des Ausschusses für Arbeit und Soziales (BT-Drs. 18/10523, 67) nunmehr als S. 6 wieder in die Norm eingefügt wurde. § 95 galt in dieser geänderten Fassung bereits ab dem 30.12.2016. Seit dem 1.1.2018 ist die Vorschrift inhaltlich unverändert als § 178 in Kraft. Die durch Art. 17 des Gesetzes zur Novellierung des Bundespersonalvertretungsgesetzes vom 9.6.2021 (BGBl. I 1614, 1645) erfolgte Änderung in Abs. 5 ist nicht inhaltlicher Natur, sondern bloße technische Anknüpfung an die Neufassung des BPersVG (BR-Drs. 14/21,175).

B. Aufgaben der Schwerbehindertenvertretung

Die Schwerbehindertenvertretung hat wie alle anderen Vertretungen der Arbeitnehmer vor allem die Eingliederung sbM zu fördern (vgl. § 176), um zu erreichen, dass eine möglichst große Zahl der arbeitslosen schwerbehinderten und ihnen gleichgestellten Menschen in Arbeit und Beruf eingegliedert werden. 2

Weiter hat sie die Interessen der sbM zu vertreten und ihnen beratend und helfend zur Seite zu stehen. Damit ist auf Grund einer Generalklausel festgelegt, dass die Schwerbehindertenvertretung in allen Fragen, die speziell sbM betreffen, eingreifen und gegenüber Arbeitgeber, Betriebs- oder Personalrat, Richter-, Staatsanwalts- und Präsidialrat oder den behördlichen Stellen tätig werden kann. Die Zuständigkeit der Schwerbehindertenvertretung erstreckt sich in Einrichtungen der Rehabilitation auch auf die in Ausbildung befindlichen schwerbehinderten Rehabilitanden (BAG 16.4.2003 – 7 ABR 27/03, NZA 2003, 1105) sowie an Hochschulen auch auf die in Drittmittelprojekten beschäftigten Arbeitnehmer (BAG 15.8.2006 – 9 ABR 61/05, NZA 2007, 224). Sie braucht dafür keinen besonderen Antrag eines oder mehrerer, der Mehrheit oder aller sbM, sondern kann von sich aus vor allem auch zugunsten noch nicht beschäftigter sbM für deren Einstellung tätig werden. Die Interessenvertretung für alle schwerbehinderten und ihnen gleichgestellten Menschen obliegt der Schwerbehindertenvertretung als Amtsaufgabe. 2a

Die beratende und helfende Tätigkeit obliegt der Schwerbehindertenvertretung als Aufgabe gegenüber den sbM. Sie soll dem einzelnen sbM helfen und ihn durch Hinweis auf Möglichkeiten der beruflichen Bildung und Entwicklung auch fördern und in seinem eigenen Antrieb stärken. Damit obliegt der Schwerbehindertenvertretung eine besondere gesetzliche Aufgabe, die ihr zur Amtspflicht macht, auch das Interesse des sbM selbst zu wecken und damit die besonderen Ziele des SGB IX, nämlich die Selbstbestimmung des sbM, zu verwirklichen, dessen Teilhabe am Leben in der Gesellschaft zu fördern, Benachteiligungen zu vermeiden oder ihnen entgegenzuwirken (§ 1 S. 1). Die Schwerbehindertenvertretung ist für diese Aufgaben besonders geschützt (§ 179), so dass daraus keine Nachteile entstehen. 3

Die Generalklausel wird ergänzt durch beispielhaft aufgezählte besondere Pflichten der Schwerbehindertenvertretung, welche damit zwar besonders hervorgehoben werden, aber keineswegs eine abschließende Darstellung der Aufgaben der Vertrauensperson bilden. Vielmehr sind auch die insbes. genannten Tätigkeiten nach Abs. 1 Nr. 1–3 wiederum nur generalisierend genannt und schließen weitere Aufgaben nicht aus, soweit sie im Interesse der sbM vor allem zu ihrer Einstellung oder zu ihrer Beratung und Unterstützung erforderlich und nützlich erscheinen. 4

1. Überwachung der Vorschriften zugunsten schwerbehinderter Menschen

Die **Überwachung** der Durchführung von zugunsten der sbM geltenden Gesetze, Verordnungen, Tarifverträge, Betriebs- oder Dienstvereinbarungen und Verwaltungsanordnungen richtet sich zunächst auf die Durchführung des SGB IX selbst. Die Schwerbehindertenvertretung hat – zusammen mit dem Betriebs- und Personalrat (vgl. § 176) – vor allem darauf zu achten, dass die sbM nach den Vorschriften der §§ 154, 155 und §§ 164 –167 eingestellt (Kleinebrink DB 2019, 1515), beschäftigt und gefördert werden, wie das bereits durch die Neufassung des Schwerbehindertengesetzes ab 1.8.1986 durch entsprechende Ergänzung von Nr. 1 nochmals ausdrücklich betont wurde, aber schon immer in gleicher Weise galt. Weiter ist die richtige Gestaltung der Arbeitsplätze, die entsprechende Einrichtung mit Hilfen und Maschinen, die Einhaltung der Arbeitszeit, des Verbotes der Verpflichtung zu Mehrarbeit (§ 207) und die Gewährung des Zusatzurlaubs (§ 208) nach dem SGB IX zu beachten. Tariflich oder durch Betriebs- bzw. Dienstvereinbarung werden vor allem Minderleistungsklauseln und die Einhaltung der 5

Lohn- und Gehaltsvorschriften auch gegenüber sbM wichtig. Die weiter genannten Verwaltungsanordnungen betreffen vor allem die Bestimmungen der Gewerbe- oder Bergaufsicht, der Berufsgenossenschaften und andere Vorschriften, wie sie für alle Arbeitnehmer gelten, aber auch besondere Bestimmungen für die sbM, also vor allem Verwaltungs- und Durchführungsbestimmungen der Kriegsopferfürsorge oder von Rehabilitationsträger.

2. Anträge zu Maßnahmen

6 Die **Antragsberechtigung** für Maßnahmen, die den sbM dienen, stellt klar, dass die Schwerbehindertenvertretung von sich aus tätig werden kann und das Recht und damit auch die Amtspflicht hat, gegenüber dem Arbeitgeber, dem Betriebs- oder Personalrat, dem Richterrat und Staatsanwaltsrat als innerbetrieblichen Stellen und gegenüber der Agentur für Arbeit und dem Integrationsamt als außerbetrieblichen Stellen auf Maßnahmen zugunsten der sbM hinzuwirken. Allerdings ergeben sich daraus keine Rechtsansprüche (HessLAG 7.9.2006 – 5 TaBV 185/04, BeckRS 2006, 135056). Es handelt sich dabei wiederum in erster Linie um Beschäftigung und Förderung der sbM iSv § 164, vor allem auch um die Einrichtung entsprechender Arbeitsplätze, um die Beschaffung technischer Arbeitshilfen, um die Anlage sachgerechter Zugangswege, die Beschaffung besonderer, betriebsnahe gelegener Parkplätze für sbM, aber auch von Betreuungseinrichtungen oder die bevorzugte Behandlung für sbM, etwa bei betrieblichen oder überbetrieblichen medizinischen Diensten usw. Gegebenenfalls kann die Vertrauensperson aber auch gegenüber den Berufsgenossenschaften oder der Gewerbe- bzw. Bergaufsicht tätig werden und Verbesserungen anregen, Missstände abstellen lassen und auf eine ordnungsgemäße Durchführung solcher verbesserter Anordnungen hinwirken. Auch hier handelt es sich um eine Generalklausel, die alle Anregungen zu Maßnahmen, Einrichtungen und Regelungen zugunsten der sbM zulässt. Besonders verpflichtet ist die Schwerbehindertenvertretung zu solchen Anträgen, wenn sie von Seiten der sbM eine entsprechende Anregung erhält. Aber auch ohne eine solche besondere Initiative der sbM selbst kann und soll die Schwerbehindertenvertretung in dieser Richtung tätig werden. Sie tritt als Person kraft Amtes mit einem eigenen Antragsrecht auf. Zur Durchsetzung eines solchen Antrags ist sie allerdings auf die Unterstützung des Betriebs- oder Personalrats angewiesen (Schlegel/Voelzke/Esser Rn. 11), Gegen Nachteile aus einer solchen Tätigkeit, die sie uU wegen der damit verbundenen Bevorzugung der sbM gegenüber anderen Arbeitnehmern sogar in Gegensatz zu der übrigen Belegschaft und gegenüber deren Interessenvertreter setzen kann, ist sie durch § 179 besonders geschützt.

3. Anregungen und Beschwerden

7 Die Entgegennahme von **Anregungen und Beschwerden** der sbM hängt wiederum eng mit dem Antragsrecht nach Nr. 2 zusammen. Die Schwerbehindertenvertretung ist dabei nicht nur „Kummerkasten" der sbM, sondern soll selbst mitwirken, berechtigt erscheinende Beanstandungen zu beheben und iRd Möglichen für Verbesserung zu sorgen. Ausdrücklich wird erwähnt, dass berechtigt erscheinende Beschwerden durch Verhandlungen mit dem Arbeitgeber behoben werden sollen. Dabei handelt es sich aber nur um eine der in Betracht kommenden Stellen. Ebenso sind je nach Lage des Falles Betriebs-, Personal-, Richter- oder Staatsanwaltsrat, Gewerbe- oder Bergaufsicht, Bundesagentur für Arbeit oder Integrationsamt einzuschalten. Häufig gehen Beanstandungen gar nicht so sehr vom Arbeitgeber, sondern von der Belegschaft oder anderen betrieblichen Stellen aus, die nicht immer das erforderliche Verständnis für die besondere und schwierige Situation der sbM aufbringen oder sich gegen deren gesetzlich vorgeschriebene Sonderstellung und Bevorzugung wenden. Schon die durch die Behinderung manchmal auftretende Isolation kann eine Beeinträchtigung sein, die zu berechtigten Beschwerden

führt und nur dadurch beseitigt werden kann, dass durch ein Zusammenwirken aller beteiligten Stellen für Aufklärung und Einsicht in die besondere Lage der sbM gesorgt wird. Dabei ist den betroffenen sbM laufend über den Stand der Angelegenheit und schließlich über das ggf. Erreichte oder nicht zu Erreichende Mitteilung zu machen. Diese Mitteilung hat sich nach den Umständen zu richten. Es braucht der sbM nicht ständig auf dem Laufenden gehalten zu werden. Vielmehr genügt es, in angemessenen Abständen über den Fortgang der Verhandlungen und die angestrebten Regelungen zu berichten. Im Allgemeinen wird es genügen, dass nach einer ersten Unterredung mitgeteilt wird, was beabsichtigt ist und wann mit einem Ergebnis gerechnet werden kann; dann ist nur noch das Ergebnis mitzuteilen. Verzögert sich das Ergebnis der Bemühungen, kann noch einmal eine entsprechende Zwischenmitteilung notwendig werden. Weitere Angaben sind im Regelfall nicht erforderlich, sondern dann nur auf Rückfrage der sbM zu geben. Daneben steht die Beschwerdemöglichkeit nach § 13 AGG v. 14.8.2006 (BGBl. I 1897, zuletzt geändert durch Art. 4d G v19.12.2022, BGBl. I 2510).

Aufbauend auf einer entsprechenden Ergänzung des Abs. 1 durch das SchwbBAG v. 29.9.2000 enthält auch § 178 Abs. 1 eine besondere Regelung (S. 3), nach der die Schwerbehindertenvertretung Beschäftigte bei Anträgen an die nach § 152 Abs. 1 zuständigen Behörden auf Feststellung einer Behinderung, ihres Grades und einer Schwerbehinderung sowie bei Anträgen auf Gleichstellung an die Agentur für Arbeit unterstützt. Die nunmehr im G enthaltene konkrete Bezugnahme auf § 152 Abs. 1 folgt aus der Beschlussempfehlung und dem Bericht des Vermittlungsausschusses (BT-Drs. 15/2830, 2). Damit ist klargestellt, dass es sich dabei um Schwerbehindertenvertretungstätigkeit handelt (*Düwell* BB 2000, 2574). Antragsteller bleibt hier anders als in S. 2 allein der einzelne sbM, der von der Schwerbehindertenvertretung dabei nur unterstützt wird. Eine Vertretung im Verwaltungs- oder Gerichtsverfahren ist damit nicht vorgesehen. **7a**

Zur Durchführung dieser Aufgaben ist im G eine Freistellungsregelung enthalten (§ 179 Abs. 4), die ebenfalls auf eine bereits mit dem SchwbBAG v. 29.9.2000 eingeführte Verbesserung (§ 26 Abs. 4 SchwbG) zurückgeht (→ § 179 Rn. 10). Bei entsprechender Betriebsgröße, die nach der regelmäßigen (dh über einen längeren Zeitraum hinweg vorliegenden) Anzahl sbM im Betrieb oder in der Dienststelle zu beurteilen ist (KHM/*Kossens* § 179 Rn. 25) wurde nach der Gesetzesbegründung die Erforderlichkeit der Arbeitsbefreiung fingiert (BT-Drs. 14/3372, 20). Die zunehmende Belastung, der sich die Schwerbehindertenvertretung bei der Erfüllung ihrer Aufgaben gegenübersieht, hat den Gesetzgeber dazu veranlasst, den Schwellenwert für die Freistellung von 200 auf 100 sbM abzusenken (BT-Drs. 18/9522, 314 f.). Aber auch weitergehende Vereinbarungen sind nach Abs. 2 Hs. 2 möglich. **7b**

Zusätzlich kann zur Unterstützung der Vertrauensperson in Betrieben und Dienststellen mit regelmäßig mehr als 100 sbM ein stellvertretendes Mitglied für einzelne Aufgaben zusätzlich herangezogen werden. Dieses Prinzip setzt sich ab jeweils 100 weiteren beschäftigten sbM entspr. fort (§ 178 Abs. 1 S. 5). Die entgegenstehende Rspr. des BAG (7.4.2004 – 7 ABR 35/03, NZA 2004, 1103) ist damit gegenstandslos. Diese in ihrer Ursprungsfassung durch Art. Nr. 22 lit. a aa eingeführte Verbesserung beruht auf der Erfahrung, dass die bisherige Regelung den betrieblichen Anforderungen nicht gerecht wurde (Gesetzesbegründung, BT-Drs. 15/1783, 16; Cramer NZA 2004, 705). Die Möglichkeit zur Heranziehung des (auch des weiteren) stellvertretenden Mitglieds beschränkt sich dabei auf die konkrete Aufgabe, dauert nicht für den Rest der Amtszeit der Schwerbehindertenvertretung fort und kann auch durch deren Entscheidung beendet werden. Diese Ergänzung ermöglicht es, durch Aufgabenverteilung die vielfältige Tätigkeit der Schwerbehindertenvertretung noch effektiver zu gestalten. Die übertragenen Aufgaben sind wenigstens in groben Umrissen zu bezeichnen. Dem Arbeitgeber oder seinem Beauftragten ist davon Mitteilung zu machen, schon um den Verhandlungspartner klarzustellen und die Grundlage für eine Arbeitsbefreiung nach § 179 Abs. 4 S. 1 zu **7c** sichern. S. 5 soll klarstellen, wie die Aufgabenerfüllung bei Heranziehung des stellvertretenden Mitglieds bzw. der stellvertretenden Mitglieder abgegrenzt wird (BT-Drs. 15/1783, 16; Cramer NZA 2004, 705).

C. Anhörungsrecht und Unterrichtung

8 Die Schwerbehindertenvertretung ist vom **Arbeitgeber zu unterrichten** und hat ein **Anhörungsrecht** in allen die sbM und ihnen Gleichgestellte betreffenden Angelegenheiten (LAG Hamm 10.1.2020 – 13 TaBV 60/19 m. Anm. Schäfer, jurisPR-ArbR 12/20 Anm. 5; Schlegel/Voelzke/Esser/Isenhardt Rn. 16.4). Daraus folgt trotz der Rückwirkung bei späterer Anerkennung jedoch keine Verpflichtung zur vorsorglichen Beteiligung bei einer dem Arbeitgeber bekannten Antragstellung nach § 151 SGB IX (BAG 22.1.2020 – 7 ABR 18/18, NZA 2020, 783 m. zust. Anm. Vossen DB 2020, 1576; Schlegel/Voelzke/Esser/Isenhardt Rn. 16.5). Allerdings setzt dies voraus, dass eine Schwerbehindertenvertretung gebildet wurde (ThürOVG 18.7.2018 – 2 EO 293/17, NVwZ-RR 2019, 522). Ggf. ist eine Vertretung auf höherer Ebene zuständig (OVG SH 26.9.2018, 14 MB 1/18, NVwZ-RR 2019, 474; ArbG Darmstadt 14.11.2017 – 9 Ca 249/17, ArbuR 2018, 534 <LS>; LAG Düsseldorf 10.12.2020 – 5 Sa 231/20, NZA-RR 2021, 298; HWK/Theis Rn. 3; Kothe/Liebsch DVfR Forum B, B2 – 2018). Damit soll der Vertrauensperson ermöglicht werden, nach Abs. 1 tätig zu werden und die geeignet erscheinenden Maßnahmen und Stellungnahmen durchzuführen. Es handelt sich um ein eigenes, der Schwerbehindertenvertretung kraft Amtes zustehendes Recht, das die Vertrauensperson selbst durchsetzen kann (Eichenhofer ZTR 1994, 104) und auf das sie nicht verzichten kann (BAG 22.8.2013 – 8 AZR 574/12, AP SGB IX § 81 Nr. 21). Dies ist durch die Einfügung in § 2a Abs. 1 Nr. 3a ArbGG durch das Arbeitsrechtsbeschleunigungsgesetz v. 30.3.2000 klargestellt (Düwell BB 2000, 2572). Zwar muss sich die Vertrauensperson die Kenntnis dessen zurechnen lassen, was sie bei der Anhörung des Betriebsrats durch den Arbeitgeber erfahren hat, wenn sie diesem Gremium angehört (LAG München 30.8.1989 – 5 Sa 419/85, NZA 1990, 28), jedoch ist mit der Information des Betriebs- bzw. Personalrats die Unterrichtungsverpflichtung gegenüber der Schwerbehindertenvertretung noch nicht erfolgt (BAG 15.2.2005 – 9 AZR 635/03, NZA 2005, 870; LPK-SGB IX/Düwell Rn. 53). Während der Unterrichtungsanspruch weit gefasst ist und sich auf sämtliche schwerbehinderte Mitarbeiter erstreckt, beschränkt sich die Anhörungspflicht des Arbeitgebers nur auf von ihm beabsichtigte Maßnahmen (BAG 19.12.2018 – 7 ABR 80/16, NZA 2019, 854). Dies gilt allerdings nicht für Fälle, in denen sb oder gleichgestellte Arbeitnehmer von einer Angelegenheit oder Entscheidung nicht anders betroffen sind als andere Arbeitnehmer (BAG 24.2.2021 – 7 ABR 9/20, AP SGB IX 2018 § 178 Nr. 6; ähnlich BAG 22.9.2021 – 7 ABR 23/20, PersV 2022, 340). Eine ohne eine solche Anhörung getroffene Entscheidung ist auszusetzen. Die Schwerbehindertenvertretung hat einen eigenen Anspruch auf diese Aussetzung (LAG München 26.1.2017 – 3 TaBV 95/16, BeckRS 2017, 103158), kann hierüber eine einstweilige Verfügung mit einem Ordnungsgeld von bis zu 250.000 EUR beantragen (§ 85 Abs. 1 ArbGG iVm § 890 Abs. 1 ZPO) und kann diesen Anspruch auch einklagen. Außerdem ist die Verletzung der Unterrichtungs- und Anhörungspflichten eine Ordnungswidrigkeit und nach § 238 Abs. 1 Ziff. 9 mit einer Geldbuße bis zu 10.000 EUR zu ahnden. Diese Ordnungsstrafe betrifft aber nicht die weitere Mitteilungspflicht über die getroffene Entscheidung oder die Aussetzung oder die Durchführung der Entscheidung selbst. Diese Rechte haben sich in der Praxis jedoch als unzureichend erwiesen. Vertrauenspersonen wurden entgegen der entsprechenden Verpflichtung des Arbeitgebers häufig tatsächlich nicht beteiligt. Dies gilt insbes. für die Beendigung von Arbeitsverhältnissen. Um in diesem besonders wichtigen Bereich die Beteiligung der Schwerbe-

hindertenvertretung zu sichern, wurde in § 178 Abs. 2 ein neuer S. 3 eingefügt. Darin ist festgelegt, dass eine Kündigung, die ohne die erforderliche Beteiligung der Schwerbehindertenvertretung ausgesprochen wird, unwirksam ist und das Arbeitsverhältnis des sbM nicht beendet (Ausschussbericht, BT-Drs. 18/10522, 67). Damit wurde ein Anliegen aufgegriffen, das sich ansatzweise bereits in der Stellungnahme des Bundesrates findet (BR-Drs. 428/16, 63).

Privatrechtliche Sanktionen, insbes. die Unwirksamkeit einer trotzdem durchgeführten Maßnahme sind mit Ausnahme der Sonderregelung für Kündigungen (§ 178 Abs. 2 S. 3) bei Unterlassung der Anhörung und Unterrichtung nicht vorgesehen. Es entsprach schon bisherigem Recht, dass eine Maßnahme nicht schon deshalb unwirksam ist, weil die Vertrauensperson von ihr nicht unterrichtet oder vor ihrer Durchführung nicht angehört worden ist. Allerdings ist eine öffentlich-rechtliche Maßnahme anfechtbar, wenn die Schwerbehindertenvertretung hätte gehört werden müssen und diese Anhörung unterblieben ist (BVerwG 8.7.1959 – VI C 288.57, BVerwG 9, 69; OVG Bln 28.6.1989 – 4 S 38/89, br 1990, 44; einschränkend BVerwG, 1. Wehrdienstsenat, 15.2.1990 – 1 WB 36/88, ZBR 1990, 323; BVerwG 25.10.1989 – 2 B 115/89, ZBR 1990, 180). Die unterlassene Anhörung kann auch nicht mit heilender Wirkung im Widerspruchs- oder Verwaltungsstreitverfahren nachgeholt werden (HessVGH 15.12.1993 – 1 TH 1911/93, ZTR 1994, 219). Dies gilt allerdings nicht für den Fall, dass der Betroffene erst im Widerspruchsverfahren auf seine Schwerbehinderteneigenschaft hinweist (OVG NRW 19.6.2007 – 6 B 383/07, PersR 2007, 359 mit zust. Anm. Ilbertz ZBVR online 11/2007, 8 = BeckRS 2007, 24433). Dagegen ist eine ohne Unterrichtung oder Anhörung der Schwerbehindertenvertretung vorgenommene Einstellung, Umsetzung oder Versetzung nicht deshalb schon privatrechtlich unwirksam. Mittelbar ergeben sich daraus gleichwohl Konsequenzen; denn die unterlassene Beteiligung der Schwerbehindertenvertretung ist ein Indiz iSv § 22 AGG, das einen Entschädigungsanspruch gemäß § 7 AGG zur Folge haben kann (BAG 22.8.2013 – 8 AZR 574/12, br 2014, 203). § 178 Abs. 2 ist allerdings mit Ausnahme der Sonderregelung für Kündigungen in S. 3 wie bisher keine Wirksamkeitsvoraussetzung für die privatrechtliche Maßnahme. Das ergibt sich daraus, dass die Anhörung sowohl in S. 3 als auch in anderen Gesetzen als Wirksamkeitsvoraussetzung besonders gekennzeichnet wird (§ 102 Abs. 1 BetrVG, § 69 Abs. 1, § 79 Abs. 4 BPersVG). Eine solche Bestimmung, dass die Maßnahme ohne Anhörung unwirksam sei, fehlt hier mit Ausnahme der Sonderregelung für Kündigungen in S. 3. Der Gesetzgeber hat diese Sanktion bereits für § 25 Abs. 2 SchwbG ausdrücklich abgelehnt, obwohl die Unwirksamkeit vorgeschlagen war (vgl. SPD-Entwurf BT-Drs. 10/1731, 6). Wegen der Auswirkungen auf die Rechte Dritter wurde stattdessen die Aussetzung der Entscheidung und ihre Wiederholung nach der Beteiligung eingeführt (BT-Drs. 10/5701, 11). An dieser Rechtslage hat auch § 178 Abs. 2 mit Ausnahme der Sonderregelung für Kündigungen in S. 3 nichts geändert. Abs. 2 S. 2 stimmt mit den Vorgängerregelungen wörtlich überein. Es ist auch sachgerecht, abgesehen von der Ausnahme für Kündigungen in S. 3 die Unterrichtung oder Anhörung der Schwerbehindertenvertretung nicht zur Wirksamkeitsvoraussetzung aller Art von Maßnahmen zu machen, sondern nur die Aussetzung der Maßnahme zur Nachholung der Beteiligung der Schwerbehindertenvertretung vorzusehen. Die Entscheidung ist nach der nachgeholten Beteiligung erneut zu fällen. Bei schwerwiegenden Maßnahmen wie Kündigungen oder Versetzungen ist dies anders. Hier führt eine Verletzung der Beteiligungsrechte zur Unwirksamkeit der Maßnahmen (§ 178 Abs. 2 S. 3 bzw. BAG 22.4.2010 – 2 AZR 491/03, NZA 2010, 1235). Im Übrigen haben auch das Integrationsamt und der Betriebs- oder Personalrat die Aufgabe, die Belange der einzelnen sbM zu wahren (BAG 28.7.1983 – 2 AZR 122/82, br 1984, 16). Eine unter Verstoß gegen die Aussetzung und erneute Entscheidungspflicht trotzdem durchgeführte sonstige Maßnahme bleibt aber wegen fehlender Sanktionen auch nach S. 2 zivilrechtlich wirksam (LAG München 5.9.2007 – 9 Sa 1251/06, BeckRS 2009, 66587). Dies ist trotz einer entgegenstehenden Initiative im Referentenentwurf v. 5.9.2003 und 9 der erneuten Einführung dieses Gedankens im weiteren Verlauf des damaligen Gesetzgebungsverfahrens nicht geändert worden (Cramer NZA 2004, 705). Eine effektive Änderung der Rechtslage ist durch die Einfügung des S. 3 allein für die Kündigung eingetreten. Die fehlende Unterrichtung oder Anhörung kann jedoch dann Schadensersatzansprüche nach sich ziehen, wenn nachgewiesen werden kann, dass die Maßnahme bei Unterrichtung oder Anhörung anders hätte getroffen werden müssen. Dieser Nachweis und ein entsprechender Schaden werden jedoch selten sein.

10 Abs. 2 gestaltet das Unterrichtungs- und Anhörungsrecht der Schwerbehindertenvertretung gegenüber dem Arbeitgeber bzw. dem Dienstherrn, nicht Dritten etwa im Rahmen eines Disziplinarverfahrens (BVerwG 5.11.1993 – 2 DW 4/93, BeckRS 1993, 08521; BAG 19.12.2018 – 7 ABR 80/16, NZA 2019, 854), umfassend. Es betrifft die Angelegenheiten, die einen einzelnen sbM oder die sbM als Gruppe berühren. Daher braucht kein unmittelbarer Zusammenhang mit den sbM zu bestehen, sondern genügt schon ein nur mittelbarer Zusammenhang mit einer bloßen Auswirkung und Ausstrahlung auf einen oder mehrere oder alle sbM. Die Schwerbehindertenvertretung ist deshalb nicht nur von Bewerbungen (BVerwG 21.6.2007 – 2 A 6/06, PersR 2008, 134 = BeckRS 2007, 25462; BAG 15.10.2014 – 7 ABR 7/12, NZA 2015, 176; BAG 19.12.2018 – 7 ABR 80/16, NZA 2019, 854: hier verneint wegen § 44b SGB II), Einstellungen (BAG 19.12.2018 – 7 ABR 80/16, NZA 2019, 854; 16.9.2020 – 7 ABR 2/20, AP SGB IX § 178 Nr. 5), Reaktivierungen (HessVGH 15.12.1993 – 1 TH 1911/93, ZTR 1994, 219), Übertragung von Leitungsfunktionen (HessVGH 29.7.1993 – 1 TG 345/93, PersV 1995, 565), Disziplinarverfahren (BayVGH 28.10.2008 – 16b D 07.1213, BeckRS 2008, 28604; BayVGH 15.11.2011 – 16a DA 11/1261, BeckRS 2011, 34389; OVG Bautzen 12.8.2014 – D 6 B 78/14, ZBVR online 2014, Nr. 12, 18; OVG SH 26.9.2018 – 14 MB 1/18, NVwZ-RR 2019, 474), Abmahnungen (Kleinebrink FA 2012, 195; nur, wenn ein Bezug zur Behinderung besteht, LAG BW 7.4.2017 – 7 TaBV 1/17, NZA-RR 2017, 639 mit zust. Anm. Evermann; ausnahmslos KGH.EKD Hannover 17.2.2020 – II-0124/40 – 2019 m. Anm. Baumann – Czichon jurisPR-ArbR 24/2020 Anm. 8),Versetzungen (nicht jedoch vorsorglich vor einer noch nicht erfolgten Gleichstellung, LAG Bln-Bbg 9.5.2018, 23 TaBV 1699/17, BeckRS 2018, 39636; bestätigt durch BAG 22.1.2020 – 7 ABR 18/18, NZA 2020, 783), Abordnungen, Nichtverlängerungsmitteilungen (Husmann ArbuR 2019, 110), Untersuchungsanordnungen (OVG B-B 15.11.2017 – OVG 4 S 26/17, NVwZ-RR 2018, 241<LS>), tariflichen Leistungsbeurteilungen (LAG Hamm 14.1.2020 – 7 TaBV 63/19 m. Anm. Schäfer jurisPR-ArbR 14/2020 Anm. 2; best. durch BAG 24.2.2021 – 7 ABR 9/20, AP SGB IX 2018 § 178 Nr. 6) und solchen personellen Maßnahmen, die den sbM unmittelbar betreffen, zu unterrichten und vor den Maßnahmen zu hören, sondern auch bei entsprechenden Maßnahmen, durch die sbM übergangen, benachteiligt oder sonst berührt werden (vgl. für ein Anhörungsrecht hinsichtlich der Barrierefreiheit eines zentralen IT-Verfahrens BAG 20.6.2018 7 ABR 39/16, PersV 2018, 467 <Problem: § 44b SGB II>sowie zur Teilnahme an Auswahlverfahren BAG 15.10.2014 – 7 ABR 71/12, NZA 2015, 176). Dies ist allerdings nicht der Fall, wenn es ohne Betroffenheit möglicher schwerbehinderten Mitbewerber um die Besetzung einer Personalleiterstelle geht, deren Inhaber künftig für nichtbehinderte wie auch schwerbehinderten Mitarbeiter in gleicher Weise zuständig sein wird (BAG 17.8.2010 – 9 ABR 83/09, NZA 2010, 1431; Hauck/Noftz/Mushoff Rn. 52). Diese Grundsätze gelten auch für dienstliche Beurteilungen (BayVGH 5.5.1988 – 12 B 87.00073, br 1988, 139; VG Berlin 29.8.1991 – 7 A 53/89, NVwZ-RR 1993, 46; aA BVerwG 14.12.1990 – 2 B 106/90, ZBR 1991, 145; BayVGH 30.11.2015 – 6 ZB 15/2148, NVwZ 2016, 511; BayVGH 8.5.1990 – 3 B 89.01494, ZBR 1991, 153; OVG NRW 14.10.1994 – 1 A 2213/91.PVL, ZBR 1995, 81; HessVGH 28.6.1994 – 1 TG 455/94, ZBR 1995, 89) sowie die Beteiligung bei der Einteilung von sbM zu Wechselschichtdienst (VG Koblenz 9.7.1982, br 1983, 39). Eine Ausnahme kommt allenfalls in Betracht, wenn auszuschließen ist, dass auch bei einer Anhörung der Schwerbehindertenvertretung die Entschei-

dung zugunsten des sbM ausgefallen wäre (NdsOVG 14.4.2003 – 2 ME 129/03, br 2003, 224). Weiter sind auch Maßnahmen der Ordnung des Betriebes, Torkontrolle, Einrichtung von Parkplätzen, Arbeitsplatzverlegungen, Umorganisationen oder betriebliche Ausbildungs- und Förderungsmaßnahmen mit der Schwerbehindertenvertretung zu behandeln, selbst wenn zunächst unmittelbar die sbM noch nicht betroffen oder angesprochen sind (ArbG München 5.6.1989 – 6 BVGa 80/89, br 1990, 43; enger LAG München 30.8.1989 – 5 Sa 419/89, NZA 1990, 28). Demgegenüber hat das BAG angenommen, dass eine Unterrichtungs- und Anhörungspflicht nicht besteht, wenn die Angelegenheit bzw. die Maßnahme des Arbeitgebers die Belange schwerbehinderter Menschen in keiner anderen Weise betrifft als die Belange nicht schwerbehinderter Beschäftigter *(BAG 26.1.2017 – 8 AZR 736/15, NZA 2017, 854)*. Das LAG Saarl hat die Vertrauensperson schwerbehinderter Beschäftigter für befugt angesehen, im Beschlussverfahren klären zu lassen, ob der Arbeitgeber bei einer internen Ausschreibung verpflichtet ist, schwerbehinderte Bewerber zu einem Vorstellungsgespräch zu laden (iE allerdings verneint LAG Saarl 13.2.2008 – 1 TaBV 15/07, br 2008, 208; Gagel jurisPR-ArbR 26/2008 Anm. 4).

Die Schwerbehindertenvertretung hat nur das Recht auf Unterrichtung und Anhörung. **11**
Die Information kann kurz und knapp gehalten sein, muss jedoch inhaltlich zutreffend sein (OVG NW 6.9.2018 – 6 B 962/18, ZfPR 2019, 13). Sie kann mündlich, per Email oder schriftlich erfolgen (BGH Dienstgericht des Bundes 20.7.2018 – RiZ (R) 1/18, NZA-RR 2018, 808; Hauck/Noftz/Mushoff Rn. 56). Zur Vermeidung späterer Nachweisprobleme ist eine schriftliche Information sinnvoll (Klein NJW 2017, 852). Der Arbeitgeber hat einen Anspruch auf Erteilung einer Empfangsquittung (Schmitt BB 2017, 2293). Von ihr für erforderlich gehaltene Ergänzungen muss die Schwerbehindertenvertretung ausdrücklich verlangen, ihre bloße Nichterteilung führt nicht zur Rechtswidrigkeit einer ggf. ohne ausreichende Information getroffenen Maßnahme (BVerwG 19.8.2004 – 2 B 54/04, Buchholz 232 § 31 BBG Nr. 62; OVG NW 6.9.2018 – 6 B 962/18, ZfPR 2019, 13). Sind – wie etwa im Fall einer Versetzung – zwei Schwerbehindertenvertretungen zu informieren, muss dies so geschehen, dass sie in der Lage sind, ihre gesetzlichen Aufgaben wahrzunehmen (BayVGH 23.2.2018 – 6 CS 17/2556, br 2018, 126). Allerdings müssen nicht in jedem Fall beide Rechte bestehen. Es ist vorstellbar, dass sich die Beteiligung auf ein Unterrichtungsrecht reduziert, wenn der Arbeitgeber im Anschluss daran keine „Entscheidung“ iSv Abs. 2 S. 1 Hs. 1 trifft. Dies ist etwa der Fall beim Abschluss eines Aufhebungsvertrags mit einem sbM. Hier beschränkt sich die Beteiligung der Schwerbehindertenvertretung auf ein Unterrichtungsrecht; denn der Abschluss des Vertrags ist keine Entscheidung im vorgenannten Sinn (krit. Krämer Gute Arbeit 2018, Nr. 12, 36). Hier kann die Unterrichtungsverpflichtung daher auch noch nach Abschluss des Aufhebungsvertrags erfüllt werden (BAG 14.3.2012 – 7 ABR 67/10, br 2012, 236; zust. ErfK/*Rolfs* Rn. 6; Deinert/Welti/Braasch, SWK 3. A., Stichwort 114 Rn. 21; abl. von Roetteken jurisPR-ArbR 29/2012 Anm. 2; LPK-SGB IX/Düwell Rn. 46). Generell muss aber unverzüglich und umfassend unterrichtet und angehört werden. Der Schwerbehindertenvertretung muss allerdings lediglich Gelegenheit gegeben werden, Stellung zu nehmen. Die Stellungnahme ist in angemessener Frist abzugeben, im Regelfall bei mündlicher Unterrichtung und Anhörung unmittelbar, andernfalls unverzüglich. Eine besondere Frist ist darüber hinaus nicht vorgesehen, insbes. greift hier auch die 7-Tages-Frist für die Nachholung durch den Arbeitgeber oder die Wochenfrist des Abs. 4 über die Aussetzung der Entscheidung der Betriebsvertretung nicht ein (zweifelnd KHM/Kossens Rn. 27). Der Arbeitgeber hat die Stellungnahme entgegenzunehmen und zu würdigen. Andernfalls macht er sich einer Verletzung des Anhörungsrechts schuldig und liegt eine Ordnungswidrigkeit nach § 238 Abs. 1 Nr. 9 vor. Der Arbeitgeber braucht aber der Stellungnahme der Schwerbehindertenvertretung nicht zu folgen. Die Schwerbehindertenvertretung hat keinerlei Mitwirkungs- oder Mitbestimmungsrecht, sondern kann ihrer Stellungnahme nur durch ihr schlichtes Gewicht und die Auflagen,

die das G dem Arbeitgeber gegenüber dem sbM macht, Nachdruck verleihen (HessLAG 7.9.2006 – 5 TaBV 185/04, BeckRS 2006, 135056).

11a Die in Abs. 2 S. 2 enthalten Anordnung, dass die ohne Beteiligung nach S. 1 getroffene Entscheidung nicht durchgeführt und vollzogen werden darf, sondern zur Nachholung der Beteiligung auszusetzen ist, ist zwar eine zwingende Bestimmung, hat jedoch keine unmittelbaren rechtlichen Auswirkungen (vgl. zum bisher geltenden Recht BVerwG 25.10.1989 – 2 B 115/89, ZBR 1990, 180; BVerwG 17.8.1998 – 2 B 61/98, BeckRS 1998, 30441037). Im Gesetzgebungsverfahren wurde eine Aussetzung für ausreichend erachtet (→ Rn. 9). Auf diese besteht ein Rechtsanspruch, der ggf. vor den Arbeitsgerichten (§ 2a Abs. 1 Nr. 3a ArbGG) auch im Wege der einstweiligen Verfügung durchgesetzt werden kann. Das Verbot der Durchführung und Vollziehung bleibt so lange bestehen, bis die Anhörung oder Beteiligung nachgeholt worden ist. Auch die gesetzliche Vorschrift, die Beteiligung innerhalb von sieben Tagen nachzuholen, stellt keine Ausschlussfrist oder Grenze für die Nachholung der Beteiligung dar. Zwar ist damit vorgeschrieben, dass die Beteiligung innerhalb von sieben Kalendertagen nachgeholt werden muss. Die Durchführung oder Vollziehung der ohne Beteiligung getroffenen Entscheidung bleibt aber bis zur Beteiligung auszusetzen, auch wenn die Beteiligung erst nach Ablauf der sieben Kalendertage durchgeführt wird. Keineswegs wird die Entscheidung nach sieben Tagen automatisch wirksam oder die fehlende Beteiligung geheilt. Vielmehr ist endgültig nach erneuter Beteiligung neu zu entscheiden, wobei die Entscheidung auch in der Wiederholung der fehlerhaft getroffenen Entscheidung bestehen kann. Ein Anspruch, die Entscheidung rückgängig zu machen, besteht seitens der Schwerbehindertenvertretung nicht. Es können sich lediglich Schadenersatzansprüche ergeben.

11b Eine Abweichung von diesen Grundsätzen ergibt sich allerdings bei der Beteiligung der Schwerbehindertenvertretung an Kündigungen. Hier führt nach der Einfügung des S. 3 in Abs. 2 abweichend von der bisherigen Rechtslage (BAG 28.6.2007 – 6 AZR 750/06, NZA 2007, 1049) die unterlassene Durchführung des Anhörungsverfahrens unmittelbar zur Unwirksamkeit einer trotzdem ausgesprochenen Kündigung. Daneben kann daraus auch eine Sperre für einen Auflösungsantrag des Arbeitgebers nach § 9 KSchG folgen (BAG 13.12.2018 – 2 AZR 378/18, NZA 2019, 305; 24.11.2011 – 2 AZR 429/10, NZA 2012, 610; aA Zöllner SAE 2019, 139). Erfasst werden alle Kündigungen, die zur Beendigung des Arbeitsverhältnisses führen können (BT-Drs. 18/10523 S. 67), nicht jedoch Teilkündigungen (BAG 18.5.2017 – 2 AZR 721/16, NZA 2017, 1195) oder die Kündigung einer Nebenabrede (HWK/Theis Rn. 5). Diese Regelung war ursprünglich weder im Referenten- noch im RegE enthalten und fand erst in der Sitzung des Bundestagsausschusses für Arbeit und Soziales am 30.11.2016 Eingang in den Gesetzestext (BT-Drs. 18/10523, 64; Bayreuther NZA 2017, 87). Sie wurde durch Art. 2 Nr. 6 lit. b BTHG bereits als § 95 Abs. 2 S. 3 in das SGB IX aufgenommen und ist als solche gem. Art. 26 Abs. 2 BTHG bereits am 30.12.2016 in Kraft getreten (*Klein* NJW 2017, 852). Die Anhörung ist unabhängig davon erforderlich, ob die Kündigung des Arbeitsverhältnisses des sbM der Zustimmung des Integrationsamts bedarf. Wie bei der Anwendung des § 102 Abs. 1 BetrVG kommt es auf die Dauer der Betriebszugehörigkeit nicht an. Die Regelung des § 90 ist in diesem Zusammenhang unbeachtlich (BAG 13.12.2018 – 2 AZR 378/18, NZA 2019, 305); denn sie ist systematisch dem Kap. 4 zugeordnet und hat damit keinen Einfluss auf eine Bestimmung, die Gegenstand eines nachfolgenden Kapitels ist (Bayreuther NZA 2017, 87; Lingemann/Steinhauser NJW 2017, 1369; Schnelle NZA 2017, 880; Kleinebrink DB 2017, 126; Deinert/Welti/Däubler S. 973). Ebenso wenig ist es erforderlich, dass die Kündigung in einem Zusammenhang mit der Behinderung steht; denn die Auflösung des Arbeitsverhältnisses „berührt" den einzelnen sbM iSv § 178 Abs. 2 S. 1 stets, weil damit seine Teilhabe am Arbeitsleben in ihrer konkreten Ausgestaltung beendet wird und seine Vermittlungschancen erheblich schlechter stehen (LPK-SGB IX/Düwell Rn. 41).Daher erfasst die Regelung auch Kündigungen im Zuge von Massenentlassungen und Betriebsstilllegungen (BAG 13.12.2018 – 2 AZR 378/18, PersV 219, 189).

Voraussetzung für die Wahrung des Anhörungsrechts der Schwerbehindertenvertretung ist die Kenntnis der Schwerbehinderteneigenschaft des betroffenen Arbeitnehmers, die dieser nicht von sich aus offenbaren muss. Ein Fragerecht des Arbeitgebers ist bislang lediglich für den Zeitpunkt nach dem Erwerb des Kündigungsschutzes anerkannt, wobei der betroffene sbM darauf durchaus wahrheitswidrig antworten darf. Allerdings ist es ihm dann verwehrt, sich auf seine Schwerbehinderteneigenschaft zu berufen (BAG 16.2.2012 – 6 AZR 553/10, NZA 2012, 555). Dies ließe sich systematisch auf die vorliegende Konstellation übertragen und könnte ggf. zu einer Erweiterung des Fragerechts des Arbeitgebers führen (Schnelle NZA 2017, 880; Reifelsberger DB 2019, 1088). Allerdings ist dies nicht zwingend erforderlich, wenn man die zu § 90 Abs. 2 entwickelten Grundsätze auch auf diese Konstellation anwenden wollte. Daraus folgte auch kein systematisches Problem, weil dies allein auf der Anwendung allgemeiner Grundsätze (§ 242 BGB) beruht (BAG 5.10.1995 – 2 AZR 923/94, NZA 1996, 374; Bayreuther NZA 2017, 87; iE auch Ellger AuA 2017, 149). Eine Anhörung der Schwerbehindertenvertretung wäre daher nur dann erforderlich, wenn die Schwerbehinderteneigenschaft (zB infolge Offenbarung durch den sbM) bekannt oder offenkundig wäre oder zum maßgeblichen Zeitpunkt bereits ein Anerkennungs- oder Gleichstellungsbescheid vorgelegen hätte (BAG 22.1.2020 – 7 ABR 18/18, NZA 2020, 783) oder ein solcher Antrag wenigstens drei Wochen zuvor gestellt worden wäre und er entspr. zurückwirkte (BAG 9.6.2011 – 2 AZR 703/09, NZA-RR 2011,516; HWK/Theis Rn. 9; Bayreuther NZA 2017, 87). **11c**

Unwirksam ist nach Abs. 2 S. 3 eine Kündigung, die der Arbeitgeber „ohne eine Beteiligung nach S. 1"ausspricht. Das BAG versteht dies dahin, dass damit lediglich die Unterrichtung und Anhörung gemäß Abs. 2 S. 1 1. HS gemeint gemeint sind, so dass die Unwirksamkeitsfolge nicht eintritt, wenn der Arbeitgeber lediglich seine Mitteilungspflicht iSv Abs. 2 S. 1 2. HS verletzt (BAG 13.12.2018 – 2 AZR 378/18, NZA 2019, 305; so auch Boecken VSSR 2017, 69; Gund*el* ZAT 2017, 50; ErfK/Rolfs SGB IX § 178 Rn. 10; Meißner DB 2018, 1862; aA LPK-SGB IX/Düwell Rn. 58; HaKo/Osnabrügge § 178 Rn. 31; Mühlmann NZA 2017, 884; Schmitt BB 2017, 2293). Beteiligung iSv S. 1 umfasst danach alle Schritte, die vor dem Treffen einer Entscheidung liegen. Dazu rechnet die Mitteilung nicht; denn sie setzt eine getroffene Entscheidung voraus. die Mitteilung eröffnet der Schwerbehindertenvertretung keine Einwirkungsmöglichkeit auf die Entscheidungsfindung des Arbeitgebers, sondern ermöglicht ihr lediglich die Kontrolle, ob sie korrekt beteiligt worden ist. Die Kündigung ist nur dann unwirksam, wenn sie ohne Beteiligung (Unterrichtung und Anhörung) der Schwerbehindertenvertretung erfolgt. Daraus hat das BAG eine Parallele zu § 102 Abs. 1 und 2 BetrVG abgeleitet. Es hat eine planwidrige Regelungslücke angenommen, die durch eine Analogie zu § 102 BetrVG zu schließen ist (BAG 13.12.2018 – 2 AZR 378/18, NZA 2019, 305, abw. HWK/*Theis* Rn. 5: Fristsetzung durch Arbeitgeber). **11d**

Die Unwirksamkeitsfolge tritt nicht ein, wenn der Arbeitgeber die Schwerbehindertenvertretung ordnungsgemäß anhört. Zwar hat die Unterrichtung unverzüglich zu erfolgen und ist die Anhörung vor einer Entscheidung durchzuführen (Abs. 2 S. 1 1. HS), jedoch kann eine etwa verspätete Beteiligung nachgeholt werden (Deinert/Welti/Braasch S. 710). Diese Möglichkeit ergibt sich danach unmittelbar aus dem Gesetz, wie sich aus der Parallelbetrachtung von Abs. 4 S. 2 ableiten lässt. Eines Antrags bedarf es nicht (BAG 13.12.2018 – 2 AZR 378/18, NZA 2019, 305; LPK-SGB IX/*Düwell* Rn. 79; aA Hauck/Noftz/Mushoff Rn. 82; Kleinebrink DB 2017, 126; Boecken VSSR 2017, 69). Die im Gesetz genannte 7-Tages-Frist ist keine Ausschlussfrist, vielmehr kann die Beteiligung der Schwerbehindertenvertretung nachgeholt werden, bis die Entscheidung vollzogen ist In diesem Fall liegt doch noch eine „Beteiligung nach S. 1" vor (BAG 22.8.2013 – 8 AZR 563/12, NZA 2014, 82; OVG SH 26.9.2018 – 14 MB 1/18, NVwZ-RR 2019, 474). Die Nachholungsmöglichkeit beruht auf § 22 Abs. 2 S. 2 SchwbG (idF des Ersten Gesetzes zur Änderung des SchwbG vom 24.7.1986, BGBl. I **11e**

1110) und wurde gerade mit Rücksicht auf personelle Einzelmaßnahmen eingeführt (BT-Drs. 10/5701, 7 f.).

11f Die Möglichkeit der Nachholung wird durch die Neuregelung in Abs. 2 S. 3 nicht ausgeschlossen. Sie haben dieselbe Zielrichtung. Beide Regelungen dienen der Sicherung des Beteiligungsrechts der Schwerbehindertenvertretung. Der Nachholungsanspruch ist Teil des Beteiligungsanspruchs (BT-Drs. 18/10523 S. 67). Würde er durch die Unwirksamkeitsfolge verdrängt, würden die Rechte der Schwerbehindertenvertretung verkürzt (Benkert NJW-Spezial 2017, 370). Wollte man dies anders sehen, müsste der Arbeitgeber das Beteiligungsverfahren noch einmal durchlaufen, wobei es sich dabei um eine neue Kündigungsentscheidung handeln müsste. Diese wäre allerdings entbehrlich, wenn der betroffene Arbeitnehmer die Kündigung nicht angreifen würde (§ 7 KSchG). Außerdem ist auch bei Annahme der Möglichkeit der Nachholung zögerliches Verhalten des Arbeitgebers nicht sanktionslos. Die nicht rechtzeitige Unterrichtung der Schwerbehindertenvertretung erfüllt nämlich die Voraussetzungen des § 238 Abs. 1 Nr. 8 SGB IX (BAG 13.12.2018 – 2 AZR 378/18, NZA 2019, 305).

11g Geht man dagegen davon aus, dass mit der Unwirksamkeitsanordnung in S. 3 ein Ausschluss der Nachholungsmöglichkeit verbunden ist (Bayreuther NZA 2017, 87; LPK-SGB IX/Düwell Rn. 79; ErfK/Rolfs Rn. 9 f.; Gundel ZAT 2017, 880; Klein NJW 2017, 852), hat dies die Unwirksamkeit der Kündigung zur Folge (LAG Hamm 11.10.2018 – 15 Sa 426/18, NZA-RR 2019, 253).

11h Die Anhörung der Schwerbehindertenvertretung muss der Beteiligung des Betriebs- oder Personalrats sowie der Antragstellung beim Integrationsamt zeitlich nicht vorausgehen (BAG 13.12.2018 – 2 AZR 378/18, NZA 2019, 305; MHdB ArbR/Zimmermann § 198 Rn. 144; Mühlmann NZA 2017, 884; Zorn br 2017, 83; aA für den Antrag auf Erteilung der Zustimmung an das IntegrA Bayreuther NZA 2017, 87; Boecken VSSR 2017, 69; Conze öAT 2018, 27; ErfK/Rolfs Rn. 9; LPK-SGB IX/Düwell Rn. 67; Schlegel/Voelzke/Esser/Isenhardt Rn. 26; Grimm/Freh ArbRB 2017, 16; Klein NJW 2017, 852; Lingemann/Steinhauser NJW 2017, 1369; *Schmitt* BB 2017, 2293). Die Beteiligung dieser Stellen nimmt den Vollzug der Kündigung weder vorweg noch führt sie zu einer Vorfestlegung. Es handelt sich lediglich um eine vorbereitende Handlung (BAG 13.12.2018 – 2 AZR 378/18, NZA 2019, 305; vgl. BVerwG 17.5.2017 – 5 P 2/16, NZA-RR 2017, 565).

11i Eine ordnungsgemäße Anhörung der Schwerbehindertenvertretung setzt zunächst voraus, dass sie ausreichend unterrichtet wurde. Die Unterrichtung muss die Schwerbehindertenvertretung in die Lage versetzen, auf die Willensbildung des Arbeitgebers einzuwirken. Dabei besteht keine „Reduzierung auf schwerbehindertenspezifische Kündigungsbezüge" (BAG 13.12.2018 – 2 AZR 378/18, NZA 2019, 305; LPK-SGB IX/Düwell Rn. 48 ff; Schlegel/Voelzke/Esser/Isenhardt Rn. 28 f.; ErfK/Rolfs Rn. 9; Boecken VSSR 2017, 27; Conze öAT 2018, 27; Klein NJW 2017, 852; Mühlmann NZA 2017, 884; Sachadae jurisPR-ArbR 41/2018 Anm. 3; aA Bayreuther NZA 2017, 87; Gundel ZAT 2017, 50; Lingemann/Steinhauser NJW 2017, 1369; Schmitt DB 2017, 2293). Dies folgt daraus, dass der Auftrag der Schwerbehindertenvertretung zum Schutz der sbM inhaltlich nicht beschränkt ist. Sie ist daher berechtigt, auch nicht „behinderungsspezifische Einwände" gegen eine beabsichtigte Kündigung zu erheben. Außerdem soll die Schwerbehindertenvertretung selbst beurteilen können, ob sie vom Vorliegen eines solchen Bezugs ausgeht. Daher hat der Arbeitgeber ihr die Gründe für die Kündigung iSv § 102 Abs. 1 S. 2 BetrVG mitzuteilen. Dazu gehören neben dem Kündigungssachverhalt der GdB des betroffenen sbM und ggf. dessen Gleichstellung sowie grds. die weiteren Sozialdaten (Beschäftigungsdauer, Lebensalter, Unterhaltsverpflichtungen (LPK-SGB IX/Düwell Rn. 48).

11j Hinzu kommt, dass der Arbeitgeber der Schwerbehindertenvertretung auch genügend Gelegenheit zur Stellungnahme gibt (BAG 20.6.2018 – 7 ABR 39/16, NZA 2019, 54). Im Hinblick auf die Bemessung der Stellungnahmefrist enthält das Gesetz seit der

Einführung der Unwirksamkeitsfolge in Abs. 2 S. 3 eine planwidrige Regelungslücke, die durch eine Analogie zu § 102 Abs. 2 BetrVG zu schließen ist (Bayreuther NZA 2017, 87; Benkert NJW-Spezial 2017, 370; Boecken VSSR 2017, 69; Grimm/Freh ArbRB 2017, 16; Gundel ZAT 2017, 50; Schmitt BB 2017, 2293; Schnelle NZA 2017, 880; Zorn br 2017, 83). Die Schwerbehindertenvertretung hat also Bedenken gegenüber einer ordentlichen Kündigung innerhalb einer Woche und solche gegenüber einer außerordentlichen Kündigung unverzüglich, jedenfalls aber innerhalb von drei Tagen mitzuteilen. Einer Fristsetzung bedarf es nicht (aA Lingemann/Steinhauser NJW 2017, 1369; Schmitt BB 2017, 2293). Diese Fristen gelten auch bei einer Kündigung im Bereich des öffentlichen Dienstes, da davon auszugehen ist, dass der Bundesgesetzgeber das grundsätzlich einheitlich ausgestaltete Beteiligungsverfahren an diesem Punkt hätte differenziert gestalten wollen. Darüber hinaus wäre neben dem uneinheitlichen Fristenregime ggf. auch noch an die ganz unterschiedlichen Beteiligungsformen im öffentlichen Dienst von Bund und Ländern zu denken, die von bloßer Anhörung bis zu umfassender Mitbestimmung reichen können.

Beendet ist das Beteiligungsverfahren, wenn die Frist zur Stellungnahme der Schwerbe- **11k**
hindertenvertretung abgelaufen ist oder eine das Verfahren abschließende Stellungnahme der Schwerbehindertenvertretung vorliegt (BAG 13.12.2018 – 2 AZR 378/18, NZA 2019, 305; BAG 25.5.2016 – 2 AZR 345/15, NZA 2016, 1140).

Vom Wortlaut der Regelung nicht erfasst werden Entlassungen aus dem Beamtenver- **11l**
hältnis. Dazu finden sich auch in den Gesetzesmaterialien keine Ansätze. Gleichwohl wird wegen der vergleichbaren Auswirkungen auf die Teilhabe des sbM am Arbeitsleben vertreten, § 178 Abs. 2 S. 3 wegen der strukturellen Vergleichbarkeit auch auf diese Fallkonstellation anzuwenden (VG Bremen 26.6.2018 – 6 K 1802/16, BeckRS 2018, 13645; OVG Hamburg 18.10.2021 – 5 Bs 209/21, DÖV 2022,343 <LS>; Hauck/Noftz/Mushoff Rn. 75). Erteilt die Schwerbehindertenvertretung ihre Zustimmung zu der beabsichtigten Maßnahme, kann der Personalrat seine Zustimmungsverweigerung nicht auf den Umstand stützen, dass die Information durch die Dienststelle nicht ordnungsgemäß erfolgt sei (BVerwG 20.10.2022 – 2 C 10/21, ZTR 2023, 244 mit abl. Anm. von Roetteken jurisPR-ArbR 14/2023 Anm. 7).

Das Ergebnis hat der Arbeitgeber der Schwerbehindertenvertretung mitzuteilen. Diese **12**
hat dann auch ihrerseits den oder die sbM zu unterrichten. Diese Mitteilung muss unverzüglich erfolgen, dh ohne schuldhaftes Zögern, im Allgemeinen unmittelbar nach der Entscheidung selbst. Die Verpflichtung zur Mitteilung der Entscheidung steht nicht unter der Sanktion des § 238 Abs. 1 Ziff. 8, da die Ordnungswidrigkeit lediglich die Unterrichtungs- und Anhörungspflicht betrifft. Damit bleibt es auch nach der Neuregelung grds. bei den allgemeinen Sanktionsmöglichkeiten (Sachadae PersR 2017, 35).

Mit dem SchwbBAG v. 29.9.2000 wurde der damalige § 25 SchwbG um einen S. 3 **12a**
ergänzt, der die Verpflichtungen des Arbeitgebers aus dem damaligen § 14 Abs. 1 um ein damit korrespondierendes Beteiligungsrecht der Schwerbehindertenvertretung erweiterte. § 178 Abs. 2 S. 4 SGB IX 2018 enthält eine Ausdehnung der Befugnisse der Schwerbehindertenvertretung, die nunmehr bei Vorliegen von Vermittlungsvorschlägen des Arbeitsamtes nach § 164 Abs. 1 oder von Bewerbungen sbM ein Recht auf Einsicht in die entscheidungsrelevanten Teile der Bewerbungsunterlagen sowie auf Teilnahme an Vorstellungsgesprächen besitzt KHM/*Kossens* Rn. 34).

D. Einsicht in Personalakten

Zur **Einsicht in Personalakten** kann die Schwerbehindertenvertretung vom sbM zuge- **13**
zogen werden. Ein eigenes Einsichtsrecht besitzt die Schwerbehindertenvertretung nicht (KHM/*Kossens* Rn. 40). Die Vertrauensperson soll dem sbM hier besonders beratend

und helfend iSd Abs. 1 zur Seite stehen können und ihre besonderen Kenntnisse zugunsten des sbM verwerten. Die Schwerbehindertenvertretung kann anstelle des Betriebs- oder Personalrates (§ 83 BetrVG) oder zusammen mit diesem herangezogen werden. Personalakten sind alle schriftlichen Unterlagen über einen bestimmten Arbeitnehmer ohne Rücksicht auf die Art und den Ort der Führung (BAG 7.5.1980 – 4 AZR 214/78, AuR 1981, 124). Auch Sonder- und Nebenakten gehören zu den Personalakten (BAG 16.1.2010 – 9 AZR 573/09, NZA 2011, 453; Hauck/Noftz/Mushoff Rn. 91; Schaub ArbR-HdB/Linck § 148 Rn. 1), nicht aber Prozessakten über einen mit dem sbM geführten Rechtsstreit und auch nicht die werksärztlichen Unterlagen (Rothe DB 1972, 1919; Schleßmann BB 1972, 579). Wurden die Angaben elektronisch gespeichert, besteht ebenfalls ein Einsichtsrecht in einen vollständigen, unverschlüsselten Ausdruck (Hauck/Noftz/Mushoff Rn. 91) Dies war bereits nach altem Recht anerkannt und ist jetzt durch die Verwendung des Wortes Daten im Wortlaut des Gesetzes (Abs. 3 S. 1) deutlich gemacht. Das Einsichtsrecht besteht in der Arbeitszeit, eine Lohnminderung darf deshalb nicht vorgenommen werden. Art, Ort und Häufigkeit der Einsichtnahme können durch Betriebsvereinbarung nach § 87 Abs. 1 Nr. 1 BetrVG geregelt werden und sind dann für den sbM und die Schwerbehindertenvertretung bindend (Fitting BetrVG § 83 Rn. 10 ff.; Richardi BetrVG § 83 Rn. 13; GK-BetrVG/*Wiese* § 83 Rn. 33–38). Die Verpflichtung zum Stillschweigen beschränkt sich entgegen dem Wortlaut der Regelung nicht allein auf den Inhalt der Daten, sondern nach Sinn und Zweck der Vorschrift auch auf den Inhalt der Personalakte. Eine Verletzung kann zu Erfüllung des Straftatbestands des → § 237b oder zu einem Erlöschen des Amtes nach → § 177 Abs. 7 S. 5 führen (Hauck/Noftz/Mushoff Rn. 95).

E. Teilnahme an allen Sitzungen

14 Besonders wichtig für die Durchführung ihrer Aufgaben ist das Recht der Schwerbehindertenvertretung an allen Sitzungen des Betriebs-, Personal-, Richter-, Staatsanwalts- oder Präsidialrates und deren Ausschüssen sowie des Arbeitsschutzausschusses teilnehmen zu können. Die Schwerbehindertenvertretung ist nicht Mitglied dieser Gremien, ihr steht deshalb kein Stimmrecht zu, sondern sie kann nur beratend teilnehmen. Das bedeutet, dass die Vertrauensperson anzuhören ist und ihr das Wort erteilt werden muss. Deren Ausführungen sind zu berücksichtigen, ohne dass eine Bindung an die Stellungnahme der Schwerbehindertenvertretung besteht. Diese kann also nur durch die auf dem SGB IX und entsprechenden Vorschriften zugunsten der sbM beruhenden Argumente die Interessenvertretung zur Befolgung dieser Schutzvorschriften anhalten und hat damit zunächst nur einen mittelbaren Einfluss. Zusätzlich besteht (seit dem 1.8.1986, vgl. § 25 Abs. 4 SchwbG) das Antragsrecht für die Tagesordnung. Die insoweit inhaltlich nicht veränderte Vorschrift entspricht § 32 BetrVG und § 40 Abs. 1 BPersVG, wonach die Schwerbehindertenvertretung an allen Sitzungen des Betriebs- und Personalrats beratend teilnehmen kann. Dabei ist es gleichgültig, welche Themen anstehen und ob sie sbM unmittelbar oder mittelbar betreffen (HessLAG 4.12.2001 – 15 Sa 384/01, NZA-RR 2002, 588;). Auch wenn zunächst noch gar nicht absehbar oder zu erwarten ist, dass die Interessen der sbM berührt werden, kann die Schwerbehindertenvertretung an den Sitzungen teilnehmen. Dieses Recht kann ggf. im Wege der einstweiligen Verfügung durchgesetzt werden (HessLAG 5.7.2012 – 9 TaBVGa 158/12, BeckRS 2012, 72727). Nur das Antragsrecht für die Tagesordnung ist auf sbM besonders betreffende Angelegenheiten beschränkt (MHdB ArbR/Cramer § 236 Rn. 102). Die Schwerbehindertenvertretung kann zu allen Fragen das Wort ergreifen, da dies zu den Rechten der beratenden Teilnahme gehört. Obwohl die Schwerbehindertenvertretung nur beratende Stimme hat, ist sie von der Sitzung während einer Abstimmung nicht ausgeschlossen. Sie kann vielmehr

auch an dem Teil der Sitzung teilnehmen, der die Abstimmung betrifft (VG München 30.11.1976 – M 87 V 75, DRiZ 1977, 246; OVG NRW 15.5.1979 – VIII A 285/77, br 1981, 89; NdsOVG 29.1.1982 – PL 3/81, PersV 1985, 343; abl. Bader NZA 2022, 1027). Die Schwerbehindertenvertretung ist deshalb zu allen Sitzungen des Betriebs-, Personal-, Richter-, Staatsanwalts- und Präsidialrates und zu allen Sitzungen der Ausschüsse dieser Gremien einzuladen. Dies gilt allerdings nicht für die konstituierende Sitzung, die lediglich der Herbeiführung der Arbeitsfähigkeit des Gremiums dient (BayVGH 31.7.1996 – 17 P 96.1403, BeckRS 1996, 17059; abw. Ramm ZfPR 2023, 19). Dieses Teilnahmerecht ist iÜ umfassend ausgestaltet. Wenn der Gesetzgeber in Kenntnis der Rspr. des BAG, das nicht nur den Betriebsausschuss und die weiteren vom Betriebsrat und seinen Mitgliedern zu bildenden Ausschüsse, sondern auch den Wirtschaftsausschuss und nach § 28 Abs. 3 BetrVG aF von Arbeitgeber und Betriebsrat gemeinsam zu besetzende Ausschüsse in den Anwendungsbereich des § 25 Abs. 4 SchwbG einbezogen hatte (BAG 18.11.1980 – 1 ABR 31/78, DB 1981, 1240; 4.6.1987 – 6 ABR 70/85, NZA 1987, 861; 21.4.1993 – 7 ABR 44/92, NZA 1994, 43,), den Wortlaut des § 25 Abs. 4 SchwbG in § 95 Abs. 4 SGB IX 2001 und nunmehr auch § 178 Abs. 4 SGB IX 2018 übernommen und das Teilnahmerecht auch auf den vom Arbeitgeber zu bildenden Arbeitsschutzausschuss nach § 11 ASiG (Düwell AuR 1993, 348) ausgedehnt hat, ist daraus zu schließen, dass die bisherige Rechtslage nicht nur fortgeschrieben, sondern das Teilnahmerecht der Schwerbehindertenvertretung darüber hinaus ausgedehnt werden soll (an der früher dazu vertretenen Ansicht, Neumann/Pahlen, Schwerbehindertengesetz, 9. Aufl. 1999, SchwbG § 25 Rn. 15 kann daher nicht festgehalten werden; so auch iE KHM/*Kossens* Rn. 44). Dies spricht auch für ein Recht zur Teilnahme an Sitzungen von Arbeitsgruppen nach § 28a BetrVG (KHM/*Kossens* Rn. 45), nicht jedoch an Erörterungsgesprächen zwischen dem Vorstand bzw. dem Vorsitzenden des Personalrats und der Dienststellenleitung (LAG München 14.11.2008 – 5 TaBV 36/08, BeckRS 2009, 67469; abw. LPK-SGB IX/Düwell Rn. 94 bzw. Betriebsrat/Betriebsratsmitgliedern und dem Arbeitgeber). Die Einladung ist rechtzeitig unter Mitteilung der Tagesordnung auch an die Schwerbehindertenvertretung zu geben (§ 29 Abs. 2 BetrVG, § 36 Abs. 2 BPersVG). Nur im öffentlichen Dienst des Bundes hat die Schwerbehindertenvertretung auch ein eigenes Antragsrecht auf Anberaumung einer Sitzung in Angelegenheiten, die besonders sbM betreffen (§ 36 Abs. 3 Ziff. 4 BPersVG). Die Schwerbehindertenvertretung muss dabei die Angelegenheit bezeichnen, für die eine Sitzung verlangt wird. Ansonsten besteht nur ein Antragsrecht für die Tagesordnung der nächsten Sitzung. Beides setzt voraus, dass die sbM besonders betroffen sind.

Allerdings besteht kein Teilnahmerecht an den Sitzungen der Sprecherausschüsse für **15** leitende Angestellte, die bereits nach der Rspr. des BAG zulässig waren (BAG 19.2.1975 – 1 ABR 55/73, NJW 1974, 1941; 19.2.1975 – 1 ABR 94/73, DB 1975, 1271) und für deren Tätigkeit nunmehr seit längerem auch eine gesetzliche Grundlage besteht (Sprecherausschussgesetz v. 23.12.1988, BGBl. I 2312, zuletzt geändert durch Art. 6e d G v. 16.9.2022, BGBl. I 1454). Insoweit ist ein Teilnahmerecht in Abs. 4 nicht vorgesehen; eine Korrektur hat der Gesetzgeber nur für § 74 BetrVG, § 66 BPersVG durch Einfügung des Abs. 5 vorgenommen. Wenn dort von den Vorschriften des sonstigen Personalvertretungsrechts die Rede ist, wird damit das Personalvertretungsrecht der Länder angesprochen, eine Ausdehnung auf das Sprecherausschussgesetz hätte eine deutlichere Differenz zum Text des früheren § 25 Abs. 4 SchwbG erfordert (KHM/*Kossens* Rn. 44). Dadurch wird aber nicht ausgeschlossen, dass die Schwerbehindertenvertretung von einem Sprecherausschuss besonders für die Erörterung bestimmter, auch die sbM betreffenden Fragen hinzugezogen wird. Ein Recht der Schwerbehindertenvertretung hierauf besteht jedoch nicht.

F. Aussetzung von Beschlüssen

16 Wichtigstes Mittel zur Durchsetzung der Belange der sbM durch die Schwerbehindertenvertretung im Betriebs-, Personal-, Richter-, Staatsanwalts- oder Präsidialrat ist die Aussetzung eines Beschlusses gemäß Abs. 4 S. 2 für die Dauer einer Woche (Eichenhofer ZTR 1994, 104). Die Sanktion ist ähnlich der Aussetzung von Entscheidungen ohne Beteiligung der Schwerbehindertenvertretung nach Abs. 2. Voraussetzung ist, dass die Schwerbehindertenvertretung den Beschluss als erhebliche Beeinträchtigung wichtiger Interessen der sbM ansieht. Diese Auffassung muss die Vertrauensperson in der Interessenvertretung zum Ausdruck bringen und dazu den Antrag auf Aussetzung stellen. Diesem Antrag ist dann zwangsläufig stattzugeben, da der Betriebsrat und die entsprechenden Gremien dem Antrag folgen müssen (KHM/*Kossens* Rn. 51). Dasselbe gilt, wenn die Beteiligung nach Abs. 2 nicht eingehalten wurde, damit keine vollendeten Tatsachen geschaffen werden. Sofern nicht ausgesetzt wird, kann die Schwerbehindertenvertretung vor dem Arbeitsgericht (§ 2a Abs. 1 Nr. 3a ArbGG) im Beschlussverfahren und ggf. mit einer einstweiligen Verfügung die Aussetzung erzwingen (KHM/*Kossens* Rn. 58). Mit der Gesetzesänderung durch das Arbeitsrechtsbeschleunigungsgesetz v. 30.3.2000 ist die Rechtswegzuständigkeit allein den Gerichten für Arbeitssachen zugeordnet, so dass auch die Beschlussverfahren des öffentlichen Dienstes dort zu führen sind. Die Rspr. der Obersten Gerichtshöfe des Bundes (BAG 21.9.1989 – 1 AZR 465/88, NZA 1990, 362; BVerwG 2.6.1987 – 6 P 10/85, ZBR 1987, 349) ist damit gegenstandslos geworden (Düwell BB 2000, 2572; abw. KHM/*Kossens* Rn. 58). Entsprechend muss auch der Beschluss eines Ausschusses ausgesetzt werden, wenn die Schwerbehindertenvertretung das beantragt. Der Antrag ist möglichst sofort, in der Regel noch in der Sitzung zu stellen. Die Wochenfrist läuft vom Zeitpunkt der Beschlussfassung an, wie im G ausdrücklich klargestellt ist. Deshalb hat eine spätere Stellung des Antrags keinen Einfluss auf den Lauf der Frist und verlängert diese auch nicht. Auf der anderen Seite kann aber der Antrag auf Aussetzung auch noch bis zum Ablauf der Wochenfrist gestellt werden und hat dann nur noch Einfluss auf die Aussetzung für den noch ausstehenden Rest der Frist. Voraussetzung für einen solchen späteren Antrag ist jedoch, dass der Beschluss noch nicht vollzogen ist. Ein einmal vollzogener Beschluss kann grds. in aller Regel nicht mehr rückgängig und dait auch nicht mehr ausgesetzt werden.

17 Die Voraussetzungen für den Aussetzungsantrag über die erhebliche Beeinträchtigung der Interessen sbM sind allein von der Schwerbehindertenvertretung zu prüfen. Nimmt sie an, dass wichtige Interessen der sbM erheblich beeinträchtigt werden, muss der Beschluss ausgesetzt werden, auch wenn es im Einzelfall zweifelhaft sein kann, ob es sich um wichtige Interessen oder um eine erhebliche Beeinträchtigung handeln kann. Diese Begriffe sind zu ungewiss und in ihrer Abgrenzung so unbestimmt, dass sie sich einer Überprüfung durch das Beschlussgremium entziehen. Der Beurteilungsspielraum der Schwerbehindertenvertretung ist deshalb im Rahmen ihres pflichtgemäßen Ermessens besonders groß. Ob in Fällen, in denen offensichtlich Interessen von sbM überhaupt nicht beeinträchtigt werden können, der Beschluss trotz eines Antrags der Schwerbehindertenvertretung auf Aussetzung durchgeführt werden kann, hängt vom Einzelfall ab; es wird sich nur um Fälle handeln können, in denen wegen eines Missverständnisses oder eines Irrtums der Antrag ohne jeden ersichtlichen Grund gestellt wird. Solange dagegen Interessen der sbM berührt werden können, ist die Aussetzung des Beschlusses vorzunehmen.

18 Durch die zeitlich jüngere Regelung im SGB IX wonach die Aussetzung des Beschlusses für die Dauer einer Woche zu erfolgen hat, war die abweichende Regelung des BPersVG aF, nach dessen § 39 die Aussetzung sechs Arbeitstage und damit bei der Fünftagewoche mehr als eine Woche erfolgen muss, für die Aussetzung auf Antrag der Schwerbehindertenvertretung überholt. In diesem Falle gilt nunmehr einheitlich die Aus-

setzung für eine Woche. Andere Fristen, insbes. Stellungnahmen zu personellen Maßnahmen bei Einstellung und Kündigung durch den Betriebs- und Personalrat oder die Frist zur Nachholung der Beteiligung nach Abs. 2 werden nach der ausdrücklichen Bestimmung des Gesetzes nicht berührt und durch die Aussetzung nicht verlängert. Das führt allerdings dazu, dass der Betriebsrat oder die Vertretung binnen der Wochenfrist zunächst die Zustimmung verweigern muss, bis der endgültige Beschluss gefasst werden kann.

Innerhalb der Wochenfrist der Aussetzung des Beschlusses ist eine Verständigung, ggf. 19
unter Hinzuziehung der Gewerkschaften oder in diesem Falle des Integrationsamts zu versuchen. Nach Ablauf der Frist ist erneut zu beschließen. Wird dabei der frühere Beschluss bestätigt oder nur unerheblich geändert, kann ein neuer Antrag auf Aussetzung nicht gestellt werden. Es gelten insoweit § 35 BetrVG und § 42 BPersVG.

Zusätzlich zu dem Recht auf Teilnahme an Sitzungen des Richter- und Präsidialrates 20
tritt in den Fällen des § 21e Abs. 1, 3 GVG das Anhörungsrecht vor dem Präsidium des Gerichts. Erforderlich ist dazu ein Antrag des betroffenen schwerbehinderten Richters. Zu hören ist die Schwerbehindertenvertretung der Richter, wenn diese nach § 177 Abs. 1 gewählt ist. Sofern jedoch weniger als fünf schwerbehinderte Richter und Richterinnen vorhanden sind oder eine besondere Schwerbehindertenvertretung der Richter und Richterinnen nicht gewählt ist, muss die Schwerbehindertenvertretung aller sbM des Gerichts auf den Antrag des schwerbehinderten Richters hin gehört werden. Dies folgt daraus, dass der Wortlaut des Gesetzes insoweit eine Einschränkung nicht enthält. Das Präsidium hat die Schwerbehindertenvertretung nur zu hören und die Stellungnahme in die Beschlussfassung einzubeziehen. Eilfälle, die vom Präsidium sofort entschieden werden müssen, sind ausgenommen. Eine Bindung an die Stellungnahme besteht nicht. Auch kann nicht die Aussetzung des Beschlusses des Präsidiums beantragt werden.

Durch das Erste Änderungsgesetz zum SchwbG ab 1.8.1988 wurde Abs. 5, wonach 20a
die Schwerbehindertenvertretung zu Besprechungen nach § 74 BetrVG und § 66 BPersVG heranzuziehen war, in das SchwbG eingefügt. Die monatlichen Besprechungen nach diesen Bestimmungen zwischen Betriebsrat, Personalrat und Arbeitgeber fanden nach dem bis zum 31.7.1986 geltenden Recht ohne Beteiligung der Schwerbehindertenvertretung statt (BAG 19.1.1984 – 6 ABR 19/83, NZA 1984, 166). Diese Regelung war nach dem ursprünglichen Regierungsvorschlag (BT-Drs. 10/3138, 8) auf Besprechungen in den Fällen beschränkt, „wenn und soweit Angelegenheiten behandelt werden, die Schwerbehinderte besonders betreffen". In den Ausschussberatungen ist dann einmal klargestellt worden, dass die Besprechungen nach § 74 BetrVG, § 66 BPersVG aF (heute § 65) gemeint sind und wurde die Beschränkung auf Angelegenheiten, die die Schwerbehinderten besonders berühren, fallengelassen. Als Begründung wurde angegeben, dass solche Angelegenheiten in jeder Besprechung zwischen Arbeitgeber und kollektiver Interessenvertretung auftreten können. Deshalb sollte die Schwerbehindertenvertretung künftig in jedem Falle an den Besprechungen teilnehmen, auch wenn Angelegenheiten sbM nicht von vornherein auf der Tagesordnung stehen oder behandelt werden sollten (vgl. BT-Drs. 10/5701, 11). An dieser Regelung ist in § 94 Abs. 5 SGB IX 2001 und nunmehr auch in § 177 Abs. 5 SGB IX 2018 unverändert festgehalten worden. Damit ist die Schwerbehindertenvertretung zu allen diesen Besprechungen heranzuziehen. Das gilt nicht nur bei den vom G vorgesehenen monatlichen Besprechungen, sondern auch für andere entsprechende Zusammenkünfte, die ggf. aus einem konkreten Anlass heraus anberaumt werden. Auch wenn für solche Besprechungen ein besonderer Ausschuss eingesetzt wird, besteht das Recht der Schwerbehindertenvertretung zur Teilnahme zur entsprechenden Ausschusssitzungen (→ Rn. 14). Damit besteht eine einheitliche Regelung über das Recht der Teilnahme der Schwerbehindertenvertretung nach dem BetrVG, dem BPersVG und den Personalvertretungsgesetzen der Länder.

G. Versammlung der sbM

21 Die **Versammlung der sbM** kann mindestens einmal im Jahr von der Schwerbehindertenvertretung durchgeführt werden. Es besteht keine Pflicht zur Abhaltung einer Versammlung der sbM. §§ 42 ff. BetrVG und §§ 57 ff. BPersVG gelten iÜ entsprechend. Die Versammlung der sbM besteht aus allen schwerbehinderten und ihnen gleichgestellten Menschen des Betriebes oder der Dienststelle. Die Versammlung findet während der Arbeitszeit statt; ein Verdienstausfall darf nicht eintreten. Soweit aus besonderen Gründen für einzelne oder alle sbM die Versammlung außerhalb der Arbeitszeit abgehalten werden muss, ist zum Ausgleich entsprechende Freizeit zu gewähren. Notwendig werdende Fahrtkosten sind zu erstatten (KHM/*Kossens* Rn. 55). Dies gilt allerdings nicht für Zeit- und Kostenaufwand bei Teilnahme eines sbM an einer solchen Versammlung während seines Urlaubs und nicht für den Fall, dass der Arbeitgeber zuvor gegenüber den sbM der Einberufung der Versammlung außerhalb der Arbeitszeit widersprochen hat (BAG 27.11.1987 – 7 AZR 29/87, NZA 1988, 661; Hauck/Noftz/Mushoff Rn. 117). Der Arbeitgeber oder dessen Inklusionsbeauftragter (§ 181), Vertreter der Gewerkschaften und Arbeitgeberverbände, aber auch der Agentur für Arbeit und des Integrationsamts können in entsprechender Anwendung des § 46 BetrVG, § 52 BPersVG aF (heute: 58 Abs. 2) mit beratender Stimme an der Versammlung teilnehmen. Teilnahmeberechtigt ist auch die Bezirksschwerbehindertenvertretung (§ 180), selbst wenn es nicht um Angelegenheiten geht, die überörtlichen Charakter besitzen (BAG 28.4.1988 – 6 AZR 421/86, NZA 1988, 701).

H. Zusammenarbeit von Vertrauenspersonen

22 Die Schwerbehindertenvertretungen der sonstigen Beschäftigten und der Richter handeln gemeinsam, dh sie können zusammen Anträge stellen, eine gemeinsame Stellungnahme abgeben und haben sich nach Möglichkeit in allen die Richter und sonstigen Bediensteten eines Gerichts betreffenden Fragen abzustimmen. Trotz dieser Bestimmung des Abs. 7 ist nicht vorgeschrieben, dass sie nur einheitlich vorgehen können. Auch in allgemeinen, sowohl die Richter wie andere sbM betreffenden Fragen, zB bei Wohnungsvergabe, Kantinenessen, Essenszeiten, Parkplätzen uÄ können sie auch unterschiedliche Auffassungen vertreten. Die Bestimmung des Abs. 7 zwingt nicht zu einer einzigen, vorher notwendig abgestimmten Stellungnahme Dies gilt in vergleichbaren Fällen auch für die Schwerbehindertenvertretung der Staatsanwälte (Hauck/Noftz/Mushoff Rn. 120).

I. Teilnahmerecht an Betriebs- und Personalversammlungen

23 Durch Art. 1 Nr. 22 lit. b des Gesetzes zur Förderung der Ausbildung und Beschäftigung sbM v. 23.4.2004 (BGBl. I 606,608) wurde ein neuer Abs. 8 in das G eingefügt, dessen Gegenstand das Teilnahme- und Rederecht der Schwerbehindertenvertretung an Betriebs- und Personalversammlungen in Betrieben und Dienststellen ist, für die sie zwar eine Zuständigkeit besitzt, denen sie jedoch nicht angehört. Die im ursprünglichen Gesetzentwurf nicht enthalten gewesene Ergänzung geht auf die Beschlussempfehlung und den Bericht des Ausschusses für Gesundheit und soziale Sicherung (13. Ausschuss) v. 14.1.2004 zurück und soll Bedenken im Hinblick auf die Nichtöffentlichkeit von Betriebs- und Personalversammlungen sowie das Recht auf Teilnahme betriebsfremder Personen an solchen Veranstaltungen ausräumen (offen gelassen von BAG 11.9.2013 – 7

ABR 18/11, NZA 2014, 323). Die Vorschrift ist einer im Bundesgleichstellungsgesetz in Bezug auf die Gleichstellungsbeauftragte getroffenen Regelung nachempfunden (BT-Drs. 15/2357, 25; Cramer NZA 2004, 705).

Dieses Recht steht nicht allen Mitgliedern der Schwerbehindertenvertretung zu, im Falle der Verhinderung nur dem die Vertrauensperson vertretenden stellvertretenden Mitglied, nicht auch einem weiteren von der Schwerbehindertenvertretung herangezogenen Mitglied. Die Regelung gilt trotz fehlender Verweisung darauf in § 180 Abs. 7 auch für die Bezirks- und Hauptschwerbehindertenvertretung (Cramer NZA 2004, 705). 24

§ 179 Persönliche Rechte und Pflichten der Vertrauenspersonen der schwerbehinderten Menschen

(1) Die Vertrauenspersonen führen ihr Amt unentgeltlich als Ehrenamt.

(2) Die Vertrauenspersonen dürfen in der Ausübung ihres Amtes nicht behindert oder wegen ihres Amtes nicht benachteiligt oder begünstigt werden; dies gilt auch für ihre berufliche Entwicklung.

(3) [1] Die Vertrauenspersonen besitzen gegenüber dem Arbeitgeber die gleiche persönliche Rechtsstellung, insbesondere den gleichen Kündigungs-, Versetzungs- und Abordnungsschutz, wie ein Mitglied des Betriebs-, Personal-, Staatsanwalts- oder Richterrates. [2] Das stellvertretende Mitglied besitzt während der Dauer der Vertretung und der Heranziehung nach § 178 Absatz 1 Satz 4 und 5 die gleiche persönliche Rechtsstellung wie die Vertrauensperson, im Übrigen die gleiche Rechtsstellung wie Ersatzmitglieder der in Satz 1 genannten Vertretungen.

(4) [1] Die Vertrauenspersonen werden von ihrer beruflichen Tätigkeit ohne Minderung des Arbeitsentgelts oder der Dienstbezüge befreit, wenn und soweit es zur Durchführung ihrer Aufgaben erforderlich ist. [2] Sind in den Betrieben und Dienststellen in der Regel wenigstens 100 schwerbehinderte Menschen beschäftigt, wird die Vertrauensperson auf ihren Wunsch freigestellt; weitergehende Vereinbarungen sind zulässig. [3] Satz 1 gilt entsprechend für die Teilnahme der Vertrauensperson und des mit der höchsten Stimmenzahl gewählten stellvertretenden Mitglieds sowie in den Fällen des § 178 Absatz 1 Satz 5 auch des jeweils mit der nächsthöheren Stimmenzahl gewählten weiteren stellvertretenden Mitglieds an Schulungs- und Bildungsveranstaltungen, soweit diese Kenntnisse vermitteln, die für die Arbeit der Schwerbehindertenvertretung erforderlich sind.

(5) [1] Freigestellte Vertrauenspersonen dürfen von inner- oder außerbetrieblichen Maßnahmen der Berufsförderung nicht ausgeschlossen werden. [2] Innerhalb eines Jahres nach Beendigung ihrer Freistellung ist ihnen im Rahmen der Möglichkeiten des Betriebes oder der Dienststelle Gelegenheit zu geben, eine wegen der Freistellung unterbliebene berufliche Entwicklung in dem Betrieb oder der Dienststelle nachzuholen. [3] Für Vertrauenspersonen, die drei volle aufeinander folgende Amtszeiten freigestellt waren, erhöht sich der genannte Zeitraum auf zwei Jahre.

(6) Zum Ausgleich für ihre Tätigkeit, die aus betriebsbedingten oder dienstlichen Gründen außerhalb der Arbeitszeit durchzuführen ist, haben die Vertrauenspersonen Anspruch auf entsprechende Arbeits- oder Dienstbefreiung unter Fortzahlung des Arbeitsentgelts oder der Dienstbezüge.

(7) [1] Die Vertrauenspersonen sind verpflichtet,

1. **ihnen wegen ihres Amtes anvertraute oder sonst bekannt gewordene fremde Geheimnisse, namentlich zum persönlichen Lebensbereich gehörende Geheimnisse, nicht zu offenbaren und**
2. **ihnen wegen ihres Amtes bekannt gewordene und vom Arbeitgeber ausdrücklich als geheimhaltungsbedürftig bezeichnete Betriebs- oder Geschäftsgeheimnisse nicht zu offenbaren und nicht zu verwerten.**

[2]Diese Pflichten gelten auch nach dem Ausscheiden aus dem Amt. [3]Sie gelten nicht gegenüber der Bundesagentur für Arbeit, den Integrationsämtern und den Rehabilitationsträgern, soweit deren Aufgaben den schwerbehinderten Menschen gegenüber es erfordern, gegenüber den Vertrauenspersonen in den Stufenvertretungen (§ 180) sowie gegenüber den in § 79 Absatz 1 des Betriebsverfassungsgesetzes und den in den entsprechenden Vorschriften des Personalvertretungsrechts genannten Vertretungen, Personen und Stellen.

(8) [1]Die durch die Tätigkeit der Schwerbehindertenvertretung entstehenden Kosten trägt der Arbeitgeber; für öffentliche Arbeitgeber gelten die Kostenregelungen für Personalvertretungen entsprechend. [2]Das Gleiche gilt für die durch die Teilnahme der stellvertretenden Mitglieder an Schulungs- und Bildungsveranstaltungen nach Absatz 4 Satz 3 entstehenden Kosten. [3]Satz 1 umfasst auch eine Bürokraft für die Schwerbehindertenvertretung in erforderlichem Umfang.

(9) Die Räume und der Geschäftsbedarf, die der Arbeitgeber dem Betriebs-, Personal-, Richter-, Staatsanwalts- oder Präsidialrat für dessen Sitzungen, Sprechstunden und laufende Geschäftsführung zur Verfügung stellt, stehen für die gleichen Zwecke auch der Schwerbehindertenvertretung zur Verfügung, soweit ihr hierfür nicht eigene Räume und sächliche Mittel zur Verfügung gestellt werden.

Übersicht

A. Allgemeines

1 Die Vorschrift ist aus § 13 Abs. 3, 4 SchwbG 1961 entstanden und berücksichtigt die Erweiterung der Rechte und Rechtsstellung, die die Interessenvertretungen der Arbeitnehmer in Betriebsrat und Personalrat durch das BetrVG v. 15.1.1972 und das BPersVG v. 15.3.1974 erfahren haben. Dementsprechend wurden die Rechte und Rechtsstellung sowie der Schutz des damals so genannten Vertrauensmannes als Interessenvertreter der SB des Betriebes und der Dienststelle bereits durch das G zur Weiterentwicklung des Schwerbeschädigtenrechts v. 24.4.1974 (BGBl. I 1006) ausgedehnt, diesen Vorschriften angepasst und gegenüber dem bisherigen Recht erweitert. Die Vorschrift entsprach im Wesentlichen dem auf dem neuen BetrVG aufbauenden RegE (BT-Drs. 7/656, 32/33). Das Erste Änderungsgesetz zum SchwbG v. 24.7.1986 brachte neben der geschlechtsneutralen Bezeichnung Schwerbehindertenvertretung eine gewisse Verbesserung der Stellung der Stellvertreter durch die Anfügung von S. 2 in Abs. 3 und S. 3 in Abs. 4, allerdings nicht generell, sondern nur auf die Aufgaben nach § 25 beschränkt; weitergehende Gleichstellung des Stellvertreters mit der Schwerbehindertenvertretung wurde mit Rücksicht auf das Betriebs- und Personalvertretungsrecht abgelehnt (vgl. BT-Drs. 10/3138, 33, 39; BT-Drs. 10/5701, 7). Durch das SchwbBAG v. 29.9.2000 wurde die Rechtsstellung der Schwerbehindertenvertretung weiter verbessert. Dies betraf zunächst die Freistellungsregelung in Betrieben mit wenigstens 200 regelmäßig beschäftigten

Schwerbehinderten sowie die Klarstellung des Umfangs des Teilnahmerechts des Stellvertreters an Schulungs- und Bildungsveranstaltungen. Dieser Rechtszustand wurde unverändert in § 96 SGB IX 2001 übernommen. Darüber hinaus hatte die Gleichstellung in Abs. 3 S. 1 in Folge der Neufassung des Betriebsverfassungsgesetzes durch das G v. 25.9.2001 (BGBl. I 2518) zur Konsequenz, dass Teilzeitbeschäftigte (und damit überwiegend weibliche) Vertretungspersonen bei der Wahrnehmung von Betriebsratstätigkeit sowie bei der Teilnahme an Schulungs- und Bildungsveranstaltungen außerhalb ihrer persönlichen Arbeitszeit keine Nachteile mehr in Kauf nehmen mussten. Auch ermöglichte § 38 Abs. 1 S. 3 BetrVG auf diesem Wege mittelbar eine Modifizierung der Freistellung nach § 96 Abs. 4 SGB IX 2001. Abweichend von dessen Wortlaut ist seither eine Teilfreistellung möglich, die auf mehrere Personen verteilt werden kann (Düwell BB 2001, 2582). Überhaupt ergibt sich aus diesem Gesamtzusammenhang, dass zur Erläuterung und Anwendung der Vorschriften weitgehend auf die Kommentierung und Rspr. zum BetrVG und PersVG zurückgegriffen werden kann, weil die Rechtsstellung der Schwerbehindertenvertretung damit ebenso wie die des Betriebs- oder Personalrates gestaltet werden sollte. Obwohl die Interessenlage häufig unterschiedlich und manchmal sogar gegensätzlich im Verhältnis der sbM zu den übrigen Belegschaftsangehörigen sein kann, bedarf doch der Interessenvertreter der sbM derselben rechtlichen Stellung und desselben persönlichen Schutzes wie die anderen Interessenvertreter, um die Aufgaben sachgerecht und ohne Benachteiligungen befürchten zu müssen, durchführen zu können. In § 179 SGB IX 2018 werden diese Überlegungen weiter ausgebaut. So ist eine Freistellung der Vertrauensperson jetzt bereits ab einem Schwellenwert von 100 sbM möglich. Außerdem werden die Schulungsmöglichkeiten für die Stellvertreter erweitert und wird der Schwerbehindertenvertretung in dem für die Erfüllung ihrer Aufgaben erforderlichen Umfang eine Bürokraft zur Verfügung gestellt. Außerdem erfolgte eine Neufassung von Abs. 7 S. 1 Nr. 1, mit der einer Anregung des Bundesrates (BR-Drs. 428/16, 68) folgend das Entstehen einer Lücke im Nebenstrafrecht vermieden wird (BT-Drs. 18/10523, 67). Mit Art. 8 Nr. 15 des Dritten Gesetzes für moderne Dienstleistungen am Arbeitsmarkt v. 23.12.2003 (BGBl. I 2848, 2891) wurde der Wortlaut von Abs. 7 S. 3 geändert, er enthält jedoch lediglich eine redaktionelle Anpassung ohne materiellen Gehalt. Die Einfügung des Abs. 8 durch das G zur Stärkung der Teilhabe und Selbstbestimmung von Menschen mit Behinderungen (BTAG) vom 23.12.2016 (BGBl. I 3234) führte zu einer Gleichbehandlung der SBVen im öffentlichen Dienst mit jenen im privatrechtlichen Bereich. Außerdem wurden die Schulungsmöglichkeiten für stv. Vertrauenspersonen verbessert.

B. Ehrenamt

Das Amt der Schwerbehindertenvertretung ist ein Ehrenamt und wird unentgeltlich 2
ausgeübt (vgl. § 37 Abs. 1 BetrVG, § 50 BPersVG). Die Vorschrift hängt eng mit Abs. 2 zusammen, wo das Verbot der Benachteiligung und Begünstigung nochmals besonders betont ist. Das bedeutet, dass die Vertrauensperson für die Wahrnehmung des Amtes Entgelt weder fordern noch empfangen kann und auch keine besonderen Zuwendungen (zB eine Zulage nach § 24 BAT, vgl. LAG Köln 27.2.2002 – 7 Sa 863/01, NZA-RR 2003, 221) gewährt werden dürfen (*Seidel* PersR 2002, 459). Ebenso wenig besteht ein Anspruch auf eine Leistungsprämie für die Tätigkeit als Vertrauensperson (LAG RhPf 7.6.2018 – 5 Sa 482/17, öAT 2018, 215; Schlegel/Voelzke/Esser/Isenhardt Rn. 8.1). Vielmehr besteht nur Anspruch auf Auslagen nach den allgemeinen Bestimmungen. Deshalb dürfen auch nur Reisekosten nach den im Betrieb allgemeinen üblichen Sätzen gewährt werden (BAG 17.9.1974 – 1 ABR 98/73, DB 1975, 452; BAG 27.7.2011 – 7 AZR 412/10, NZA 2012, 169), da eine Besserstellung bei den Reisekosten eine ver-

botene Bevorzugung wäre. Allerdings gilt für die Schwerbehindertenvertretung kraft der Generalklausel des Abs. 3 im öffentlichen Dienst § 44 Abs. 1 BPersVG, wonach Reisekosten nach den für Beamten der Besoldungsgruppe A 15 geltenden Bestimmungen zu bemessen sind. Trotz dagegen bestehender Bedenken (Monjau Anm. zu BAG in SAE 1975, 262), ist darin keine ungerechtfertigte Bevorzugung zu sehen. Jedoch ist diese pauschalierende Handhabung auf Dienstreisen beschränkt und gilt nicht für Heimfahrten vom Dienst- an den Wohnort, auch wenn die Tätigkeitsverlegung unmittelbare Folge der Übernahme der Funktion der Schwerbehindertenvertretung ist (BAG 27.7.2011 – 7 ABR 412/10, NZA 2012, 169). Auch die Vorschriften über den Lohn bzw. die Aufwandsentschädigung freigestellter Vertrauenspersonen verstoßen nicht gegen das Begünstigungsverbot (BAG 14.8.1986 – 6 AZR 622/85, NZA 1987, 277; 30.4.1987 – 6 AZR 428/84, NZA 1988, 172).

3 Da das Amt ein Ehrenamt ist, hat es die Schwerbehindertenvertretung frei von Weisungen der sbM, des Arbeitgebers, des Arbeitsamtes und des Integrationsamts nach eigenem besten Wissen und Gewissen zu verwalten. Auch Betriebs- oder Personalrat oder andere Interessenvertretungen können keine Weisungen, sondern alle diese Stellen nur Anregungen geben, denen die Schwerbehindertenvertretung folgen kann, aber nicht folgen muss. Schließlich sind diese Personen oder Stellen auch nicht befugt, die Arbeit der Schwerbehindertenvertretung zu kontrollieren oder Rechenschaft zu verlangen. Lediglich über Ausgaben, Zeitaufwand und Freistellung sowie Kosten muss die Schwerbehindertenvertretung Nachweis erbringen oder glaubhaft machen, wie es bei jeder Kostenerstattung und Lohnansprüchen üblich und notwendig ist. Deshalb muss insoweit wenigstens stichwortartig in einer zumindest eine summarische Überprüfung der Erforderlichkeit ermöglichenden Weise angegeben werden, warum und wie lange die Vertrauensperson verhindert war, die sonstigen Arbeiten zu verrichten. Dabei genügen aber allgemeine Angaben (Sprechstunde, Rücksprache mit sbM oder Gewerkschaft, Teilnahme an BR-Sitzung), da andernfalls eine Inhaltskontrolle der weisungsfreien Tätigkeit erfolgte (BAG 19.6.1979 – 6 AZR 638/77, DB 1989, 546 = AP BetrVG 1972 § 37 Nr. 36; 15.3.1995 – 7 AZR 643/94, NZA 1995, 961). Auch wenn es sich bei der Tätigkeit der Vertrauensperson nicht um „Dienst" im eigentlichen Sinne handelt, ist sie so zu behandeln, als wenn sie einen Dienstunfall erlitten hätte, wenn dies bei der Durchführung ihrer Aufgaben geschieht (OVG Lüneburg 13.5.2016 – 5 LA 150/15, PersV 2016, 336).

4 Die Benachteiligungs- und Begünstigungsverbote erstrecken sich kraft der ausdrücklichen gesetzlichen Bestimmung auch auf die berufliche Entwicklung. Die Vorschrift entspricht inhaltlich § 37 Abs. 4, § 78 BetrVG, § 46 Abs. 3 BPersVG. Die Schwerbehindertenvertretung soll wegen der Ausübung ihres Ehrenamtes nicht nur in ihrer Stellung nicht beeinträchtigt werden und keine Nachteile erleiden, sondern auch wegen ihres Amtes nicht in ihrer Weiterentwicklung und Beförderung zurückstehen müssen oder bevorzugt werden (LAG Köln 27.2.2002 – 7 Sa 863/01, NZA-RR 2003, 221). Das bedeutet grds. eine Teilnahme an der beruflichen Weiterentwicklung, wie sie ohne Ausübung des Amtes als Vertrauensperson verlaufen wäre. Auch eine weitgehend oder völlig freigestellte Vertrauensperson nimmt deshalb am Bewährungsaufstieg oder an Regelbeförderungen teil. Sie ist aber auch in höherwertige Tätigkeiten und Stellen zu übernehmen, wenn das nach ihrer Aus- und Vorbildung und dem bisherigen Werdegang zu erwarten gewesen wäre (BAG 31.10.1985 – 6 AZR 129/83, br 1989, 66). Eine Verletzung dieser Verpflichtung kann einen Schadensersatzanspruch nach § 823 Abs. 2 BGB iVm § 179 Abs. 2 SGB IX zur Folge haben; denn diese Vorschrift ist Schutzgesetz im Sinne des Deliktsrechts (Schlegel/Voelzke/Esser/Isenhardt Rn. 13; HWK/Thies Rn. 8). Keine Anwendung findet dagegen § 23 Abs. 3 BetrVG, weil der Kreis der Antragsberechtigten in dieser Norm abschließend beschrieben ist (LAG RhPf 19.7.2012 – AE 2013, 23; Schlegel/Voelzke/Esser/Isenhardt Rn. 13; aA HessLAG 10.4.2014 – 9 TaBV 106/13, BeckRS 2015, 67898; Hauck/Noftz/Mushoff Rn. 26). Auf der anderen Seite darf sie aber als Schwerbehindertenvertretung nicht bevorzugt und gegenüber anderen

Bewerbern vorzeitig befördert werden. In der Regel läuft das darauf hinaus, dass die Vertrauensperson wie andere Arbeitnehmer nach der Reihenfolge des Dienst- oder Betriebsalters bei Beförderungen zu berücksichtigen ist und Ausnahmen nach der einen wie der anderen Seite besonderer Begründungen bedürfen. Insoweit wird etwa an eine Beurteilungsnachzeichnung unter Nutzung einer Vergleichsgruppe zu denken sein (BVerwG 21.9.2006 – 2 C 13/05, BVerwGE 126, 333), die allerdings dann nicht mehr tragfähig ist, wenn die letzte Regelbeurteilung schon sehr lange zurückliegt. In einem solchen Fall werden sonstige Anknüpfungspunkte wie etwa das Ergebnis eines Assessment-Centers oä heranzuziehen sein (OVG NW 19.3.2019 – 1 B 1301/18, DÖD 2019, 149; BadenPersV 2019, 213). Soweit allerdings eine höhere Stellung von besonderen Qualifikationen oder Prüfungen abhängt, die die Vertrauensperson nicht besitzt, kann sie auf eine solche berufliche Entwicklung auch dann keinen Anspruch haben, wenn sie die besonderen Qualifikationen deshalb nicht erwerben und die Prüfung aus dem Grunde nicht ablegen konnte, weil sie Vertrauensperson war. Die Eigenschaft als Vertrauensperson kann solche beruflich notwendigen Qualifikationen nicht ersetzen. Ein Ausgleich ergibt sich aus dem besonderen Anspruch nach Abs. 5 (→ Rn. 16 f.).

C. Kündigungsschutz

Der **Schutz** der Schwerbehindertenvertretung entspricht dem eines Betriebs-, Personal-, 5
Staatsanwalts- oder Richterratsmitgliedes. Im Gegensatz zu § 177 Abs. 6 für den Wahlschutz ist hier nicht nur die sinngemäße Anwendung der Kündigungsschutzvorschriften vorgeschrieben (→ § 177 Rn. 41), sondern wird ausdrücklich bestimmt, dass die Vertrauensperson die **gleiche** persönliche Rechtstellung, insbes. den **gleichen** Kündigungs-, Versetzungs- und Abordnungsschutz wie ein Mitglied des Betriebs-, Personal-, Staatsanwalts- oder Richterrates haben. Damit wird hier ausdrücklich klargestellt, dass § 103 BetrVG und § 47 BPersVG iVm §§ 15, 16 KSchG hier unmittelbar auf die Vertrauensperson anzuwenden sind. Der § 15 KSchG muss daher so gelesen werden, dass in Abs. 1 u. 2 neben das Mitglied eines Betriebsrats und das Mitglied einer Personalvertretung die Vertrauensperson tritt. Die Vertrauensperson kann deshalb nur aus wichtigem Grund entlassen werden,. Dieser muss der Sphäre des Arbeitsverhältnisses entstammen, nicht jedoch den gesetzlichen Bestimmungen über die Amtspflichten der Schwerbehindertenvertretung (BAG 16.10.1986 – 2 ABR 71/85, DB 1987, 1304; Schlegel/Voelzke/Esser/Isenhard Rn. 21). Weiter erforderlich ist, dass der Betriebs- oder Personalrat zugestimmt hat oder die Zustimmung durch das Arbeits- bzw. Verwaltungsgericht ersetzt worden ist.. Der Zustimmung der Schwerbehindertenvertretung bedarf es dagegen nicht (BAG 19.7.2012 – 2 AZR 989/11, NZA 2013, 143; a. A. LAG Hamm 21.1.2011 – 13 Ta DV 72/10, br 2011, 185). Ist auf dieser Grundlage eine außerordentliche Kündigung erklärt worden, endet im Regelfall auch die Möglichkeit zur Ausübung des Amtes der Vertrauensperson; denn es liegt zumindest ein Fall der Verhinderung analog § 25 Abs. 1 S. 1 BetrVG vor. An ihre Stelle tritt das gewählte Ersatzmitglied. Eine Ausnahme besteht lediglich in Fällen der offensichtlichen Unwirksamkeit der Kündigung, zB beim Fehlen der Zustimmung des Betriebsrats oder der diese ersetzenden Entscheidung des Arbeitsgerichts. In einem solchen Fall kommt eine einstweilige Verfügung zur Sicherung der Amtstätigkeit in Betracht (LAG Köln 6.9.2010 – 5 BVGa 7/10, AE 2011, 130<LS>; Schlegel/Voelzke/Esser/Isenhardt Rn. 22). Einc vergleichbare Situation besteht im Falle eines vorläufigen Dienstenthebungsverfahrens gegen einen Beamten (LAG Köln 21.10.2020 – 10 TaBVGa 2/20, BeckRS 2020, 39139). Sonst ist die Kündigung nur bei Betriebsstilllegungen iSv § 15 Abs. 4, 5 KSchG zulässig. Dies hat zur Folge, dass der Arbeitgeber ggf. darlegen und beweisen muss, dass der Betrieb in mehrere Abteilungen gegliedert ist und der betroffene Arbeitnehmer in der stillzulegenden Abteilung tätig ist

(LAG Köln 26.6.2006 – 14 Sa 111/06, NZA-RR 2006, 575). Die Stellung wie ein Mitglied des Betriebs- oder Personalrates (Zellner br 1996, 153) bringt es nach Abs. 3 mit sich, dass hier der Betriebs- oder Personalrat selbst Sperrinstanz ist, die nur durch das zuständige Gericht überwunden werden kann. Obwohl also der Betriebs- oder Personalrat uU im Gegensatz zur Vertrauensperson wegen der manchmal unterschiedlichen Interessen der sbM und der übrigen Belegschaft stehen kann, setzt trotzdem der Gesetzgeber in ihn das – berechtigte – Vertrauen, die Vertrauensperson ebenso zu schützen wie eigene Mitglieder oder Mitglieder der Jugendvertretung. Die Zustimmung des Integrationsamts kann – auch bei schwerbehinderten Vertrauenspersonen – dieses Zustimmungserfordernis durch den Betriebs- oder Personalrat oder dessen gerichtliche Ersetzung nicht ersetzen. Auch kommt hier die Zustimmung durch das Integrationsamt an Stelle der Zustimmung des Betriebs- oder Personalrates deshalb nicht in Betracht, weil nicht nur die sinngemäße Anwendung der Vorschriften über den Schutz von Mitgliedern des Betriebs-, Personal-, Staatsanwalts- oder Richterrates vorgeschrieben ist, sondern ausdrücklich die gleiche Rechtstellung und der gleiche Kündigungsschutz vorgeschrieben sind (BAG 18.2.1993 – 2 AZR 526/92, NZA 1994, 74; Fitting BetrVG § 103 Rn. 6; GK-BetrVG/*Kraft* § 103 Rn. 6; Richardi BetrVG/Thüsing BetrVG § 103 Rn. 11; Zellner br 1996, 153). Die Regelung hier ist anders als in § 177 (→ § 177 Rn. 41). Das Integrationsamt hat nur den einzelnen sbM zu betreuen und im Rahmen der §§ 15 ff. zu schützen, nicht aber die Vertrauensperson, sofern sie nicht gleichzeitig sbM ist. Ist die Vertrauensperson ein sbM, so muss nicht nur der Betriebs- oder Personalrat, sondern auch das Integrationsamt nach § 174 einer außerordentlichen Kündigung zustimmen (BAG 7.11.2002 – 2 AZR 475/01, NZA 2003, 719). In welcher Reihenfolge die Anträge gestellt werden, ist dem Arbeitgeber überlassen (Bay. VGH 3.12.2018 – 17 P 18.111, PersV 2019, 154; HWK/Thies Rn. 12). Nur dann kann auch das Integrationsamt die Eigenschaft als Vertrauensperson bei ihren Erwägungen im Zustimmungsverfahren nach § 174 mitberücksichtigen.

6 Der Schutz vor Kündigungen gilt nach § 15 Abs. 1 KSchG gegenüber ordentlichen Kündigungen auch für die Vertrauensperson ein Jahr nach Beendigung des Amtes fort. In dieser Zeit ist nur eine Kündigung aus wichtigem Grund zulässig, es sei denn, dass das Amt auf Grund gerichtlicher Entscheidung endet (APS/Linck KSchG § 15 Rn. 54; *Schmidt* AuR 1975, 77). Der zusätzlichen Zustimmung der Schwerbehindertenvertretung bedarf es nicht. Allerdings ist auch deren isolierte Zustimmung nicht ausreichend (BAG 19.7.2012 – 2 AZR 989/11, NZA 2013, 1433). Der gerichtlichen Entscheidung steht bei der Vertrauensperson die Amtsenthebung durch den Widerspruchsausschuss bei dem Integrationsamt nach § 177 Abs. 7 gleich, so dass mit rechtskräftigem Abschluss dieses Verfahrens auch die ordentliche Kündigung zulässig ist.

7 Dem Kündigungsschutz unterliegt auch die Änderungskündigung, unabhängig davon, ob sie sich gegen die Vertrauensperson als Einzelne richtet oder als Massenänderungskündigung ausgesprochen wird (BAG 25.2.1958 – 3 AZR 184/55, BAGE 5, 214; 9.4.1987 – 2 AZR 279/86, NZA 1987, 807). Vom Kündigungsschutz wird auch eine Kündigung vor Amtsbeginn erfasst, wenn sie den kurze Zeit später eintretenden Kündigungsschutz vereiteln soll, zudem greift dann auch der Schutz für Wahlbewerber ein (§ 15 Abs. 3 KSchG).

8 Ein stellvertretendes Mitglied der Schwerbehindertenvertretung hat als solches keinen Kündigungsschutz (LAG Köln 26.4.2002 – 4 Sa 975/01, ZTR 2002, 486 = BeckRS 2002, 41059; KR/*Etzel/Rinck* BetrVG § 103 Rn. 18, 46 ff.). Es ist kein Organ und steht der Vertrauensperson nicht gleich, sondern tritt nur im Falle einer Verhinderung an ihre Stelle. Bis dahin ist es nicht Vertrauensperson und genießt damit auch nicht deren besonderen Schutz (LAG Hamm 12.4.2013 – 13 Sa 1686/12, BeckRS 2013, 70095; BAG 27.9.2012 – 2 AZR 955/11, NZA 2013, 425; KHM/*Kossens* Rn. 21). Anders ist es in Betrieben und Dienststellen mit in der Regel 100 sbM bei Heranziehung zu bestimmten Aufgaben nach § 178 Abs. 1. Solche Stellvertreter üben das Amt mit aus und haben damit nach ausdrücklicher gesetzlicher Regelung dieselbe Rechtstellung wie die Vertrauensperson, vor allem also Kündigungs-, Versetzungs- und Abordnungsschutz. Dasselbe gilt, solange das stellvertretende Mitglied das Amt der Vertrauensperson wegen deren Verhinderung ausübt sowie in den Fällen, in den nach § 179 Abs. 3 S. 1 SGB IX iVm § 38 Abs. 1 S. 3 BetrVG von der Möglichkeit der Teilfreistellung Gebrauch gemacht wurde. Diesen Personen kann während der Dauer der Vertretung bzw. der Freistellung keine Kündigung wirksam ausgesprochen werden. Wohl aber kann eine vorher ausgesprochene Kündigung in dieser Zeit wirksam werden. In gleicher Weise hat das stellvertretende Mitglied für die Dauer der tatsächlichen Amtsausübung den Versetzungs- und Abordnungsschutz. Da für beide Fälle der Heranziehung zu bestimmten Aufgaben und der Vertretung die gleiche Rechtstellung gesetzlich vorgeschrieben ist, gilt auch der nachwirkende Kündigungsschutz (→ Rn. 6) ohne Einschränkung, weil er Auswirkung des Schutzes für die Dauer der Vertretung und Heranziehung nach § 178 Abs. 1 ist.

D. Versetzungs- und Abordnungsschutz

Zu dem besonderen, durch die Anwendung von § 15 KSchG, § 103 BetrVG und § 55 BPersVG gegenüber früher sehr verstärkten Kündigungsschutz tritt der besondere Versetzungs- und Abordnungsschutz der Betriebs-, Personal-, Staatsanwalts- oder Richterratsmitglieder hinzu. Für Personalratsmitglieder ist der besondere Abordnungs- und Versetzungsschutz in § 55 BPersVG ausdrücklich geregelt. Danach ist eine Versetzung und Abordnung gegen ihren Willen nur zulässig, wenn dies auch unter Berücksichtigung der Eigenschaft als Vertrauensperson aus wichtigen dienstlichen Gründen unvermeidbar ist und die Zustimmung des Personalrates vorliegt. Dies gilt allerdings nicht, wenn die Versetzung oder Umsetzung Folge der Auflösung einer Dienststelle (BVerwG 31.1.1994 – 2 B 1/94, Buchholz 250 § 47 BPersVG Nr. 8 = BeckRS 1994, 30936016) oder einer sonstigen Organisationsmaßnahme ist (BVerwG 15.7.2004 – 6 P 15/03, PersR 2004, 434 = AP BPersVG § 47 Nr. 5). Nach dem BetrVG ergab sich ein Versetzungsschutz bisher zunächst nur mittelbar aus § 78 BetrVG, weil eine Versetzung die Ausübung der Tätigkeit als Betriebsrat, hier also als Vertrauensperson stören oder behindern kann und dann schon nach dieser Vorschrift verboten ist. Außerdem besteht in Betrieben mit mehr als 20 Arbeitnehmern nach § 99 BetrVG ein Mitbestimmungsrecht bei Versetzungen, wonach der Betriebsrat aus bestimmten Gründen die Zustimmung zur Versetzung verweigern kann und die Zustimmung dann nur durch das Arbeitsgericht ersetzt werden kann. Das gilt auch für die Versetzung einer Vertrauensperson. Verstößt die Versetzung der Vertrauensperson gegen das Verbot, die Ausübung der Tätigkeit zu behindern (Abs. 3 mit § 78 BetrVG), hat der Betriebsrat auch das Recht, die Zustimmung zur Versetzung der Vertrauensperson zu verweigern, weil diese personelle Maßnahme dann zugleich gegen ein gesetzliches Verbot iSv § 99 Abs. 2 Nr. 1 BetrVG verstoßen würde (BAG 27.7.2016 – 7 ABR 55/14, NZA 2017, 200). Bei betriebsübergreifenden Versetzungen geht das Beteiligungsverfahren nach § 103 BetrVG demjenigen nach § 99 BetrVG als das speziellere vor. Allerdings kann sich der Betriebsrat im Rahmen dieses Verfahrens auch auf die in § 99 BetrVG genannten Zustimmungsverweigerungsgründe berufen (BAG 27.7.2016 – 7 ABR 55/14, NZA 2017, 200). Mit der Neufassung des Betriebsverfassungsgesetzes v. 25.9.2001 (BGBl. I 2518) ist diese Rechtslage auch für den Bereich der Betriebsverfassung deutlich verbessert worden (Düwell BB 2001, 2581). 9

Nach § 103 Abs. 3 S. 1 bedarf die Versetzung des Amtsinhabers und damit über die Verweisung in § 179 Abs. 3 S. 1 SGB IX auch der Vertrauensperson der Zustimmung des Betroffenen, wenn diese zu einem Verlust des Amtes oder Wählbarkeit führen würde, sofern der jeweilige Arbeitnehmer nicht mit der Versetzung einverstanden ist. Verweigert 9a der Betriebsrat seine Zustimmung, kann das Arbeitsgericht diese ersetzen, wenn sie auch unter Berücksichtigung der Amtsstellung des betroffenen Arbeitnehmers aus dringenden betrieblichen Gründen notwendig ist (BAG 27.7.2016 – 7 ABR 55/14, NZA 2017, 200 mit Anm. Wolmerath, jurisPR-ArbR 12/2017 Anm. 5). Damit ist eine Lücke geschlossen, die sich aus einer Änderung der Rspr. des BAG (BAG 11.7.2000 – 1 ABR 93/99, NZA 2001, 516) ergeben hatte. Auf diese Weise kann der Betriebsrat wie der Personalrat den Versetzungsschutz auch der Vertrauensperson durchsetzen.

E. Freistellung der Schwerbehindertenvertretung

10 Die **Freistellung** der Vertrauensperson, die ggf. auch durch die Zuweisung einer verminderten Arbeitsmenge erfolgen kann (BAG 27.6.1990 – 7 ABR 43/89, NZA 1991, 490, ist in Abs. 4 geregelt. Hatte sich das Schwerbehindertengesetz auch idF v. 26.8.1986 darauf beschränkt, die Befreiung der Schwerbehindertenvertretung von der beruflichen Tätigkeit ganz allg. nur im Rahmen der Erforderlichkeit (*Seidel* PersR 2002, 458; LAG LSA 30.4.2002 – 11 Sa 782/01, BeckRS 2002, 16541) anzuordnen, wurden die mit der Anwendung dieses unbestimmten Rechtsbegriffs verbundenen Probleme mit dem SchwbBAG v. 29.9.2000 durch die Einführung konkreter Größenordnungen reduziert. Dabei ging der Gesetzgeber davon aus, dass in Betrieben mit regelmäßig mehr als 200 beschäftigten Schwerbehinderten die Wahrnehmung der gesetzlichen Aufgaben so zeitaufwändig ist, dass eine Freistellung der Vertrauensperson geboten sein kann (Begründung des Gesetzentwurfs, BT-Drs. 14/3372, 20). In einem solchen Fall war die Vertrauensperson auf ihren Wunsch freizustellen. Gleichzeitig wurden auch weitergehende Vereinbarungen gestattet. Daran ist auch bei der Formulierung des § 96 Abs. 4 SGB IX 2001festgehalten worden. Allerdings hatte die Neufassung des Betriebsverfassungsgesetzes in der Bekanntmachung der Neufassung v. 25.9.2001 (BGBl. I 2518) wegen der in § 96 Abs. 3 S. 1 SGB IX 2001 enthaltenen allgemeinen Gleichstellung der Vertrauensperson mit dem Mitglied des Betriebsrates zur Folge, dass nunmehr im Falle eines Freistellungsantrages auch Teilbefreiungen der Vertrauensperson und des stellvertretenden Mitglieds bzw. auch mehrerer stellvertretender Mitglieder möglich wurden (Düwell BB 2001, 2582), ohne dass der Umfang der Freistellung dadurch verändert würde. In einem solchen Fall kann der Freistellungswunsch auch bei Berücksichtigung des der Vertrauensperson zustehenden Beurteilungsspielraums den Rahmen der Erforderlichkeit sprengen, so dass in Ausnahmefällen auch ein Abweichen vom gesetzlichen Leitbild möglich ist, das in der Sache eine widerlegliche Vermutung der Erforderlichkeit der Freistellung bei Erreichung einer bestimmten Anzahl sbM im Betrieb oder der Verwaltung darstellt. Mit der Neufassung des Gesetzes durch das BTHG sind die Freistellungsmöglichkeiten deutlich erweitert worden. Jetzt besteht ein solcher Anspruch bereits, wenn in einem Betrieb oder einer Dienststelle wenigstens 100 sbM beschäftigt werden. Grund dafür war die in der Praxis festzustellende deutliche Erweiterung der von den Vertrauenspersonen wahrzunehmenden Aufgaben (BT-Drs. 18/9522, 315). Ob das Tatbestandsmerkmal „in der Regel wenigstens 100 sbM" erfüllt ist, hängt nicht von den Verhältnissen zu einem bestimmten Stichtag ab, sondern erfordert eine sich über einen repräsentativen Zeitraum von mehreren Monaten erstreckende Bewertung. Diese beinhaltet einerseits eine retrospektive Bestandsaufnahme, berücksichtigt andererseits aber auch sich bereits konkret abzeichnende Entwicklungen in der Zukunft (Sächs. OVG 30.6.2020 – 2 B 332/19, br 2020, 143). Damit besteht eine Parallele zum Betriebsverfassungsrecht, in dem für die Feststellung einer bestimmten Arbeitnehmerzahl auf die Personalstärke abgestellt wird, die für das Unternehmen im Allgemeinen kennzeichnend ist (BAG 18.10.2011 – 1 AZR 335/10, NZA 2012, 221).

Das stellvertretende Mitglied steht der Vertrauensperson gleich, wenn es nach § 178 Abs. 1 zu bestimmten Aufgaben herangezogen wird und hat dafür denselben Freistellungsanspruch. Im Übrigen hat es so lange keinen Anspruch auf Freistellung, als es nicht wegen der Verhinderung der Vertrauensperson deren Aufgaben wahrnimmt. Das G sieht insoweit eine Prüfung der sachlichen Erforderlichkeit der Heranziehung oder gar eine Genehmigung durch den Arbeitgeber nicht vor (ArbG Hamburg 19.5.2016 – 12 BV 7/15, ZfPR online 12/2015, 24). Eine generelle Freistellung der stellvertretenden Mitglieder kommt nach § 179 Abs. 4 kaum in Betracht. Sie sind insoweit nur für die bestimmten übertragenen Aufgaben und sonst von Fall zu Fall für die Zeit von der Arbeit freizustellen, in der sie die Vertrauensperson vertreten (VG Aachen 12.10.2006 – 16 K 758/06, BeckRS 2006, 27173; Gagel jurisPR-ArbR 3/2007 Anm. 4). Die Freistellung endet stets dann, wenn die übertragene Aufgabe erledigt oder die Verhinderung der Vertrauensperson behoben ist; nur zur Übergabe der Geschäfte und Unterrichtung sind uU beide für eine Zeit freizustellen. Darüber hinaus ermöglicht die in Abs. 3 enthaltene Gleichstellung der Vertrauensperson mit den Mitgliedern des Betriebsrates aber auch eine Teilfreistellung, an der auch das oder ggf. mehrere stellvertretende Mitglied(er) partizipieren können; denn damit wird auch die Neuregelung des § 38 Abs. 1 S. 3 BetrVG in Bezug genommen, nach der Freistellungen auch in Form von Teilfreistellungen erfolgen können (so auch LPK-SGB IX/Düwell Rn. 39; aA KHM/*Kossens* Rn. 29). Allerdings dürfen diese nach S. 4 nicht den Umfang der Freistellung überschreiten. 11

F. Verbot der Lohnminderung

Für die Dauer der Aufgabenerfüllung als Vertrauensperson darf eine Minderung der Vergütung nicht eintreten. Dies gilt auch für Mehrarbeit (OVG NRW 31.5.2007 – 1 A 1050/06, ZfPR online 11/2007, 22; *Matthes* jurisPR-ArbR 35/2007 Anm. 5). Dabei ist Vergütung umfassend zu verstehen. Sie umfasst nicht nur den Lohn und das Gehalt, sondern auch alle Zulagen und zusätzlichen Leistungen, soweit es sich nicht um reinen Auslagenersatz oder Aufwandsentschädigung handelt und in der Zeit der Aufgabenerfüllung solche Aufwendungen und Auslagen nicht anfallen. Deshalb sind Erschwerniszuschläge, Gefahrenzulagen, Lästigkeitszulagen, Schmutzzulagen, Hitzezulagen und Sachbezüge weiter zu gewähren, auch wenn die gefahrvolle, lästige oder schmutzige Arbeit nicht verrichtet wird, da die Zulage Entgelt für die zu leistende Arbeit und kein Auslagenersatz für erhöhten Verbrauch an Kleidung oder Reinigungsmitteln ist. Die Vertrauenspersonen sind so zu stellen, als hätten sie die von ihnen zu erbringenden Arbeiten verrichtet und dürfen deshalb auch in den ihnen zustehenden Zulagen keine Minderung erfahren (Lohnausfallprinzip, BAG 26.9.2018 – 7 AZR 829/16, NZA 2019, 259; HWK/*Thies* Rn. 9. Daher können auch Zuschläge anfallen, wenn sie in der Zeit des Ausfalls angefallen wären (BAG 12.8.2009 – 7 AZR 218/08, NZA 2009, 1284). Dagegen sind Auslösungen, Wegegelder oder anderer Ersatz für Aufwendungen nicht zu zahlen, wenn die Vertrauenspersonen ihrer Aufgaben wegen an der Betriebsstätte selbst tätig sind und deshalb die Wege zur außerhalb liegenden Arbeitsstätte nicht zurückzulegen sind. Pauschale Entschädigungen, die Betriebs- oder Personalratsmitglieder erhalten, stehen auch den Vertrauenspersonen zu (BAG 14.8.1986 – 6 AZR 622/85, NZA 1987, 277). 12

Wird streitig, ob die in Anspruch genommene Zeit für die Durchführung der Aufgaben ganz oder teilweise erforderlich war, muss die Vertrauensperson dartun und beweisen, dass Aufgaben der Schwerbehindertenvertretung zu erfüllen waren. Dabei ist allerdings nicht zu fordern, dass sie minutiös jede Tätigkeit und ihre Erforderlichkeit dartut und beweist. Vielmehr reicht eine stichwortartige Darstellung der Amtstätigkeit aus, die dem 13

Arbeitgeber eine summarische Überprüfung von deren Erforderlichkeit ermöglicht (BAG 15.3.1995 – 7 AZR 643/94, NZA 1995, 961). Streitigkeiten sind vor den Gerichten für Arbeitssachen (für Arbeitnehmer) bzw. vor den Verwaltungsgerichten (für Beamte und Richter) zu entscheiden, wenn der Arbeitgeber Gehaltskürzungen vornimmt, weil er einen nicht erforderlichen Zeitaufwand annimmt.

G. Schulungs- und Bildungsveranstaltungen

14 Für **Schulungs- und Bildungsveranstaltungen** gilt ebenfalls, dass der hierfür erforderliche Zeitaufwand nicht zu einer Minderung des Arbeitsentgelts führen darf. Notwendig ist dabei, dass durch diese Veranstaltungen Kenntnisse vermittelt werden, die für die Arbeit der Schwerbehindertenvertretung und des stellvertretenden Mitglieds nach § 178 Abs. 1 erforderlich sind. Das sind nur solche Tagungen, auf denen spezielle Kenntnisse des Schwerbehindertenrechts und der Tätigkeit von Vertrauenspersonen besprochen werden, nicht aber allgemeine Veranstaltungen etwa für Betriebs- und Personalräte, auch wenn dabei die Aufgaben dieser Betriebs- und Personalräte gegenüber den sbM mit behandelt werden. Für die Vertrauensperson bzw. das stellvertretende Mitglied erforderlich sind vielmehr andere Kenntnisse als für Betriebs- und Personalräte. Hier handelt es sich um die Betreuung und Hilfe für sbM, so dass Stellung, Aufgaben, Eingliederung und Rehabilitation sowie die Vermittlung von Rechtskenntnissen aus dem SGB IX und den damit zusammenhängenden Gebieten geeignete Themen zur Vermittlung solcher Kenntnisse sind. Die Schwerbehindertenvertretung darf die Schulungsteilnahme für erforderlich halten, wenn die dort vermittelten Kenntnisse unter Berücksichtigung der konkreten Verhältnisse im Betrieb für die sach- und fachgerechte Erfüllung ihrer Aufgaben notwendig sind. Bei der Entscheidung darüber steht ihr ein Beurteilungsspielraum zu (LAG Bln-Bbg 30.9.2020 – 24 TaBV 817/19, ZfPR online 2021, Nr. 4, 22; Schlegel/Voelzke/Esser/Isenhardt Rn. 35.3). Dies gilt z. B. für Schulungen über die Grundlagen des BEM-Verfahrens (ArbG Heilbronn 18.3.2021 – 7 BV 2/20, BeckRS 2021, 55911; Kohte jurisPR-ArbR 27/2021, Anm. 4). Es wird sich also im Regelfall um besondere Veranstaltungen für Vertrauenspersonen handeln, wie sie von Integrationsamt, Gewerkschaften, Arbeitgeberverbänden oder Rehabilitationsträger veranstaltet werden können. Allerdings kann auch die Teilnahme an einer Schulungsveranstaltung zur Vermittlung von Basiswissen über den Wirtschaftsausschuss erforderlich sein, wenn die Vertrauensperson an den Sitzungen eines im Betrieb bestehenden Wirtschaftsausschusses beratend teilnimmt (LAG Köln 5.7.2001 – 6 TaBV 34/01, AuR 2002, 37). Dies gilt allerdings nicht für die Teilnahme an einem Rhetorikkurs (BAG 8.6.2016 – 7 ABR 39/14, br 2017, 49). Das mit der höchsten Stimmenzahl gewählte stellvertretende Mitglied war bereits nach dem SGB IX 2001 in weitem Umfang in den Anwendungsbereich des Abs. 4 einbezogen. Bereits mit dem SchwbBAG v. 29.9.2000 war die Beschränkung auf den Fall der ständigen Heranziehung aufgegeben und dies im Anschluss an die Rspr. des BAG zum Schulungsanspruch von Ersatzmitgliedern des Betriebsrates auf künftige Vertretungen der Vertrauensperson für längere Zeit sowie das absehbare Nachrücken des Stellvertreters in das Amt der Schwerbehindertenvertretung in kurzer Frist ausgedehnt worden (Begründung des Gesetzentwurfs, BT-Drs. 14/3372, 20). Daran ist im SGB IX 2001 festgehalten worden. Nach der Ausdehnung der Möglichkeit der Heranziehung auch des mit der nächsthöheren Stimmzahl gewählten weiteren stellvertretenden Mitglieds in § 95 Abs. 1 S. 4 war die in § 96 Abs. 4 S. 3 enthaltene Beschränkung nur auf das mit der höchsten Stimmenzahl gewählte stellvertretende Mitglied nicht zwingend. Schon zu diesem Zeitpunkt waren in Anlehnung an die zit. Begründung des Gesetzesentwurfs Fallgestaltungen denkbar, die eine erweiterte Auslegung angemessen erscheinen lassen. Die Neuregelung in § 179 Abs. 4 SGB IX 2018 dehnt den Anwendungsbereich der Norm in konsequenter

Fortentwicklung des in § 178 Abs. 1 S. 3 zum Ausdruck gekommenen Gedankens der ergänzenden Heranziehung der stellvertretenden Vertrauenspersonen auf diese aus. Auch sie haben wie die Vertrauensperson einen Anspruch auf Teilnahme an Schulungs- und Fortbildungsveranstaltungen, soweit diese Kenntnisse vermitteln, die für die Arbeit der Schwerbehindertenvertretung erforderlich sind (BT-Drs. 18/9522, 315).

Die Veranstaltungen müssen für die Arbeit erforderlich sein. Eine behindertenspezifische Thematik ist nicht notwendig. Allerdings muss ein konkreter Bezug zur Tätigkeit der Schwerbehindertenvertretung gegeben sein (bejaht für eine ERA-Schulung in einem Betrieb, in dem das Entgeltrahmenabkommen gerade umgesetzt wurde: HessLAG 12.10.2006 – 9 TaBV 57/06, br 2008, 120; Gagel jurisPR-ArbR 26/2007 Anm. 4). Soweit sie für die Tätigkeit nur nützlich sind, also etwa nur allg. über Ausmaß und Ursache von Schwerbehinderungen (Schiefer NZA 1993, 827) und Rehabilitationsmöglichkeiten orientieren oder einem bloßen Gedankenaustausch dienen, ist eine Entgeltfortzahlung nicht vorgesehen. Auf eine besondere Anerkennung durch eine oberste Arbeitsbehörde oder das Integrationsamt kommt es nicht an. Auch sind bestimmte Zeiten der Freistellung zu Bildungs- und Schulungsveranstaltungen nicht vorgesehen. Vielmehr gilt hier § 37 Abs. 6 und nicht § 37 Abs. 7 BetrVG bzw. § 54 Abs. 16 und nicht § 54 Abs. 2 BPersVG entspr. (BAG 16.8.1977 – 1 ABR 49/76, DB 1977, 2287). Der Anspruch kann auch im Weg der einstweiligen Verfügung durchgesetzt werden (HessLAG 4.4.2013 – 16 Ta BV Sa 57/13, br 2013, 158). Demgemäß ist für Voraussetzungen und Umfang der Lohnfortzahlung bei der Teilnahme an solchen Veranstaltungen die umfangreiche Rspr. zu § 37 Abs. 6 BetrVG und § 46 Abs. 6 bzw. § 54 Abs. 1 BPersVG entspr. auf die Schwerbehindertenvertretung und das stellvertretende Mitglied (→ Rn. 14) anzuwenden. Unproblematisch ist dabei inzwischen die Frage einer etwaigen Benachteiligung teilzeitbeschäftigter (und damit sehr häufig weiblicher) Vertrauenspersonen an ganztägigen Schulungsveranstaltungen. Mit der Neufassung des § 37 Abs. 6 S. 2 BetrVG hat der Gesetzgeber die von ihm als benachteiligend angesehene Rspr. des 7. Senats des BAG (3.12.1997 – 7 AZR 490/93, NZA 1998, 558) korrigiert, wobei dies wegen der Regelung in § 179 Abs. 3 S. 1 SGB IX auch für Vertrauenspersonen gilt (ArbG Köln 25.11.2008 – 14 Ca 6811/07, AiB 2009, 452 m. zust. Anm. Utess). Dies hat allerdings zur Folge, dass damit das Prinzip der Unentgeltlichkeit des Ehrenamtes gelockert wurde (Düwell BB 2001, 2581). Für die Durchführung der Veranstaltung zu Schulungs- und Bildungszwecken gilt die besondere Vorschrift des § 185 Abs. 2. Danach ist hierfür die Zuständigkeit des Integrationsamts festgelegt, das diese Veranstaltungen aus seinen Mitteln zu bestreiten hat. Kosten für Räumlichkeiten, Redner und deren Reisekosten und Unterrichtsmaterial hat das Integrationsamt zu bezahlen. Der Arbeitgeber bezahlt nur den Verdienstausfall und evtl. Reisekosten der Vertrauenspersonen. Die zu § 37 Abs. 6 BetrVG entwickelten Grundsätze können insoweit nicht angewandt werden; das Integrationsamt kann daher auch keine vom Arbeitgeber zu tragende Teilnehmergebühr zur Deckung seiner Kosten erheben (→ § 185 Rn. 31). Allerdings besteht hier kein Monopol. Bei den Veranstaltungen der Integrationsämter ist lediglich grundsätzlich anzunehmen, dass diese erforderlich und kostenmäßig angemessen sind (VG Ansbach 17.3.1999 – AN 12 K 97.02199, BeckRS 1999, 17907; Hauck/Noftz/Mushoff Rn. 85). Die Schwerbehindertenvertretung kann also auch Bildungsangebote privater Anbieter in Anspruch nehmen. Für öffentliche Arbeitgeber gelten die Kostenregelungen für Personalvertretungen entsprechend. Dazu gehören auch die Kosten, die anlässlich der Teilnahme einer Vertrauensperson an einer Schulungsveranstaltung nach § 179 Abs. 4 S. 3 SGB 9 entstanden sind. Um eine Schulung iS dieser Vorschrift iVm § 46 Abs. 6 BPersVG handelt es sich, wenn die bei der Schulung vermittelten Kenntnisse erforderlich sind (LAG Bln-Bbg 9.3.2021 – 11 TaBV 1371/20, LAGE § 179 SGB IX 2018 Nr. 1; vgl. auch KHM/Kossens Rn. 36). 15

H. Berufsförderung bei Freistellung

16 Soweit die Vertrauensperson von der Arbeit freigestellt ist, kann sie sich beruflich nicht weiterbilden und für einen Aufstieg erforderliche Qualifikationen nicht erwerben oder die entsprechenden Prüfungen nicht ablegen. Zum Ausgleich hierfür bestimmt der dem § 38 Abs. 4 BetrVG wörtlich nachgebildete Abs. 5, dass ein Ausschluss von Maßnahmen der Berufsförderung verboten ist und die Möglichkeit gegeben werden muss, binnen einem Jahr oder nach drei vollen Amtszeiten binnen zwei Jahren eine wegen der Freistellung unterbliebene berufliche Entwicklung nachzuholen. Die Frist beginnt mit dem Ende der Freistellung. Die Vertrauensperson kann nur die betrieblich übliche berufliche Entwicklung nachholen. Sie hat keinen Anspruch auf bevorzugte Behandlung, sondern soll nur nicht benachteiligt werden (BVerwG 7.11.1991 – 1 WB 160/90, PersR 1992, 195; BAG 14.7.2010 – 7 AZR 359/09, PersR 2011, 29).

17 Deshalb kann sie auch nicht an inner- oder außerbetrieblichen Berufsförderungsmaßnahmen bevorzugt teilnehmen wollen, sondern ist nur so zu stellen, wie sie an der Reihe wäre, wenn sie nicht freigestellt wäre (Fitting BetrVG § 38 Rn. 97 ff.; Richardi BetrVG/Thüsing, BetrVG § 38 Rn. 62–65; GK-BetrVG/*Wiese* § 38 Rn. 92).

I. Ausgleich für Tätigkeit außerhalb der Arbeitszeit

18 Ebenso wie ein Mitglied des Betriebsrates nach § 37 Abs. 3 BetrVG und des Personalrats nach § 52 Abs. 1 BPersVG haben auch die Vertrauenspersonen Anspruch auf Arbeits- oder Dienstbefreiung, wenn und soweit sie ihre Tätigkeit aus betriebsbedingten oder dienstlichen Gründen außerhalb der Arbeitszeit durchführen mussten. Im Gegensatz zu § 37 Abs. 3 BetrVG ist ein bestimmter Zeitraum für den Ausgleich ebenso wenig vorgeschrieben wie eine Abgeltung für den Fall, dass der Ausgleich aus betrieblichen Gründen nicht möglich sei. Auch ist hier nicht vorgesehen, dass dann eine Bezahlung wie bei Mehrarbeit zu erfolgen hat. Deshalb muss für die Vertrauensperson stets nur eine entsprechende Arbeits- oder Dienstbefreiung vorgenommen. Die Abgeltung scheidet während eines bestehenden Arbeitsverhältnisses aus und ist nur dann – in der Regel ohne Mehrarbeitszuschlag – denkbar, wenn bei Ausscheiden der Vertrauensperson aus dem Arbeits- oder Dienstverhältnis noch ein Ausgleich offensteht und nicht mehr durch Freizeit abgegolten werden kann.

19 Voraussetzung für den Ausgleich ist die Aufwendung von Zeit für die Tätigkeit als Vertrauensperson. Der Zeitaufwand muss also iSv Abs. 4 erforderlich sein. Außerdem muss er aus betriebsbedingten oder dienstlichen Gründen außerhalb der Arbeitszeit der Vertrauenspersonen liegen. Das kann sowohl dann der Fall sein, wenn die Vertrauensperson selbst unaufschiebbare Arbeiten zu erledigen hat und deshalb aus betrieblichen oder dienstlichen Gründen ihre Tätigkeit als Schwerbehindertenvertretung bei entsprechender Abwägung der beiderseitigen Belange in ihre Freizeit verlegen muss, weil auch diese Arbeiten keinen Aufschub erlauben. Das wird jedoch mit Rücksicht auf den Freistellungsanspruch nach Abs. 4 ein seltener Fall sein. Häufiger wird es vorkommen, dass die Vertrauensperson wegen der besonderen Lage ihre Arbeitszeit oder der Arbeitszeit der sbM oder der Dienstzeiten bei Behörden wie Arbeitsamt oder Integrationsamt ihre Aufgabe nur außerhalb ihrer Arbeitszeit erfüllen kann. Auch Teilnahme an Sitzungen von Ausschüssen oder des Betriebs-, Personal-, Staatsanwalts- oder Richterrates kann ggf. außerhalb der eigenen Arbeitszeit liegen. Obwohl also in der Regel die Arbeit der Vertrauensperson während der Arbeitszeit abzuwickeln ist und dafür der Freistellungsanspruch gegeben wird, kann in besonders gelagerten Einzelfällen eine Tätigkeit außerhalb der Arbeitszeit erforderlich werden. Dann ist diese – und nur die dafür erforderliche

– Zeit als Freizeit in gleichem Umfang und ohne Zuschlag zu gewähren (BAG 26.9.2018 – 7 AZR 829/16, NZA 2019, 259; Schröter/Letiy DB 2019, 494). Dabei sind jedoch in einer BV oder DV geregelte Kappungsgrenzen zu beachten. Eine einseitige Aufstockung von Funktionsstunden würde nämlich zu einer einseitigen Erhöhung einer Freistellung führen, für die jedoch eine Vereinbarung nach Abs. 4 S. 2 HS 2 erforderlich ist (Hess-LAG 16.3.2015 – ZfPR online 2016, Nr. 7–8, 18). Einen Vergütungsanspruch analog § 37 Abs. 3 Satz 3 BetrVG für den Fall der Unmöglichkeit der Gewährung von Freizeitausgleich sieht das G nicht vor. Wie die Regelung in § 46 Abs. 2 BPersVG zeigt, besteht insoweit keine Regelungslücke. Vielmehr liegt eine bewusste gesetzgeberische Entscheidung vor (BAG 28.5.2014 – 7 AZR 404/12, NZA 2015, 564). Einbegriffen in den Zeitausgleich sind jedoch auch erforderliche Aufwendungen für Wegezeiten, etwa zu einem Betriebs- oder Dienststellenteil, der als Nebenbetrieb außerhalb liegt und wegen anderer Arbeitszeit nur außerhalb der Dienstzeit der Vertrauensperson aufgesucht werden kann. Auch hier gilt, dass der Vertrauensperson der Zeitraum auszugleichen ist, der bei sachgemäßer Abwägung für erforderlich gehalten werden konnte.

J. Geheimhaltungspflicht

Die besondere Verpflichtung der Vertrauenspersonen und entspr. der stellvertretenden Mitglieder zur Geheimhaltung war notwendig, nachdem sie an allen Sitzungen des Betriebs- und Personalrates teilnehmen können, von allen Angelegenheiten der sbM zu unterrichten sind, ein besonderes Anhörungsrecht haben und auch zur Einsicht in die Personalakten und Daten hinzugezogen werden können (§ 178 Abs. 2–4). Lediglich gegenüber Personen und Stellen und Behörden, die ihrerseits wiederum der Verschwiegenheitspflicht unterliegen und die Grundlagen der Vorgänge für ihre Entscheidung erfahren müssen, besteht diese Verschwiegenheitspflicht nicht. Gegenüber Mitgliedern des Betriebs-, Personal-, Staatsanwalts- oder Richterrates, der Einigungs- oder Schlichtungsstelle oder einer betrieblichen Beschwerdestelle (§ 79 BetrVG) besteht deshalb grds. keine Verschwiegenheitspflicht der Vertrauenspersonen, da diese Personen voll unterrichtet sein müssen und ihrerseits der vollen Schweigepflicht unterliegen. Das gilt auch für die Zeit nach dem Ausscheiden aus dem Amt, so dass ausgeschiedene Vertrauenspersonen gegenüber den dann amtierenden Betriebsratsmitgliedern usw auch keine Schweigepflicht haben. Zwar ist eine Einschränkung bei der Aufhebung der Verschwiegenheitspflicht nur gegenüber der Agentur für Arbeit, dem Integrationsamt und den Rehabilitationsträgern festgelegt; trotzdem kann sich auch gegenüber dem Personalrat, Betriebsrat, Staatsanwalts- und Richterrat eine Begrenzung des Rechtes zur Offenbarung aus der Natur der Angelegenheit ergeben. Insbesondere persönliche Verhältnisse und Angelegenheiten des sbM werden deshalb weitgehend auch gegenüber den Interessenvertretungen der Schweigepflicht unterliegen (→ § 213 Rn. 8). 20

Gegenüber den Arbeitsagenturen und den Integrationsämtern besteht die Verschwiegenheitspflicht nur insoweit nicht, als sie unterrichtet werden müssen, um ihre Aufgaben gegenüber den sbM wahrzunehmen. Betriebs- und Geschäftsgeheimnisse dürfen deshalb diesen Behörden in aller Regel nicht offenbart werden, sofern sie nicht im Einzelfall für die Beurteilung der Angelegenheit des sbM wesentlich sind, was zB bei Kündigungen und Änderungskündigungen der Fall sein kann, wenn der Grund hierfür gerade in einem solchen Geheimnis liegt. 21

Die Verschwiegenheitspflicht bleibt auch nach dem Ausscheiden aus dem Amt bestehen. Die stellvertretenden Mitglieder unterliegen derselben Verschwiegenheitspflicht, soweit sie für die Schwerbehindertenvertretung für bestimmte Aufgaben (§ 178 Abs. 1) oder wegen deren Verhinderung tätig geworden sind. Die Verletzung der Schweigepflicht ist nach § 179 Abs. 1 mit Freiheitsstrafe bis zu einem Jahr oder Geldstrafe, im Fall des 22

§ 179 Abs. 2 sogar mit Freiheitsstrafe bis zu zwei Jahren oder Geldstrafe bedroht. Die Tat wird nur auf Antrag des Verletzten verfolgt; der Antrag kann zurückgenommen werden (→ § 179 Rn. 10).

22a § 179 Abs. 7 S. 1 Ziff. 1 erhielt einen neuen Wortlaut. Im ursprünglichen Gesetzentwurf war eine Streichung des damaligen § 155 SGB IX 2001 vorgesehen gewesen. Auf Intervention des BR, der hier das Entstehen einer Rechtsschutzlücke bei Vertrauenspersonen sbM in Privatunternehmen befürchtete (BR-Drs. 428/16, 68), wurde daran nicht festgehalten, eine diesem Bedenken Rechnung tragende Fassung des § 179 Abs. 7 S. 1 Ziff. 1 gefunden und § 155 SGB IX 2001 durch §§ 237a u. b SGB IX 2018 ersetzt (vgl. Noack ZIS 2019, 214). Eine Ausweitung oder Einschränkung der Strafbarkeit im Verhältnis zum bisherigen Rechtszustand tritt damit nicht ein (BT-Drs. 18/10523, 68). Das am 26.4.2019 in Kraft getretene Gesetz zum Schutz von Geschäftsgeheimnissen (GeschGehG, BGBl. I 2019, 466) hat die Unterscheidung zwischen Betriebs- und Geschäftsgeheimnis aufgegeben und führt zu einer Konkretisierung von § 179 Abs. 7 S. 1 Ziff. 2 SGB IX. Gemäß § 2 Ziff. 1 GeschGehG stellt eine Information ein Geschäftsgeheimnis dar, wenn sie nicht allgemein bekannt oder ohne weiteres zugänglich und daher von wirtschaftlichem Wert abhängig von den Umständen des Einzelfalls Gegenstand von angemessenen Geheimhaltungsmaßnahmen durch ihren rechtmäßigen Inhaber ist und bei der ein berechtigtes Interesse an der Geheimhaltung besteht (Schlegel/Voelzke/Esser/Isenhardt Rn. 32.1; Fuhlrott/Hieramente DB 2019, 967; Naber/Peukert/Seeger NZA 2019, 583).

K. Kosten

23 Die Kosten der Geschäftsführung trägt der Arbeitgeber. Er hat die notwendigen Räume und Geschäftsbedürfnisse zur Verfügung zu stellen. Zu den Sachkosten gehören vor allem: Kosten der Wahl, Wahlzettel, Wahlumschläge, Bereithalten einer Wahlurne und eines Wahlraumes, Schreibmaterialien, Büroausstattung, Gesetzesausgaben, Telefonkosten, Aufwendungen für Fahrtkosten zum Arbeitsamt oder Integrationsamt sowie die Freistellung bzw. Erstattung von Rechtsanwaltskosten (BayVGH 17.3.1993 – 18 P 92.3526, PersR 1993, 520). Dabei kann es sich immer nur um für die Tätigkeit als Schwerbehindertenvertretung notwendige Aufwendungen handeln; obwohl die Voraussetzung der „Notwendigkeit" nicht mehr ausdrücklich im G enthalten ist, ergibt sich dies doch aus allgemeinen Grundsätzen des Aufwendungsersatzes. Dies hat zB zur Folge, dass kein Anspruch auf Überlassung eines Mobiltelefons mit Internetzugang besteht, wenn ein Festnetztelefon und ein PC mit Internetzugang zur Verfügung stehen (LAG MV 24.10.2017 – 5 TaBV 9/17, PersV 2018, 230; Besgen b+p 2018, 535; krit. Richter PersV 2019, 9 unter Hinweis auf Hess LAG 13.3.2017 – 16 TaBV 212/16, LAGE § 40 BetrVG 2001 Nr. 25). Grundsätzlich besteht auch ein Anspruch auf Übernahme der Kosten anwaltlicher Beratung und Vertretung der Schwerbehindertenvertretung, wobei auf die dazu entwickelte Rspr zum BetrVG und zum Personalvertretungsrecht verwiesen werden kann (Düwell NZA-RR 2020, 393). Dies gilt insbesondere auch für die Kosten von Beratern und Sachverständigen der Schwerbehindertenvertretung im Rahmen einer vom Arbeitgeber mit dem Betriebsrat geführten Verhandlung, zu der er die Schwerbehindertenvertretung freiwillig hinzugezogen hat; denn es fehlt im SGB IX an einer dem § 80 Abs. 3 BetrVG entsprechenden Regelung, während § 178 Abs. 2 abschließend die Angelegenheit beschreibt, in denen der Arbeitgeber die Schwerbehindertenvertretung zu beteiligen hat (HessLAG 25.8.2016 – 26 TaBVGa 92/20, LAGE § 178 SGB IX 2018 Nr. 3). Ein Anspruch auf eine im Personalvertretungsrecht vorgesehenen pauschale Aufwandsdeckung (§ 40 Abs. 2 S. 1 PersVG NW) bestand nach der früheren abschließenden eigenen Kostenregelung des SGB IX nicht (BAG 2.6.2010 – 7 ABR 24/09, ZTR

2010, 671 = AP SGB IX § 96 Nr. 1). Nunmehr gelten allerdings gemäß § 179 Abs. 8 S. 1 SGB IX für öffentliche Arbeitgeber die Kostenregelungen für Personalvertretungen entsprechend, so dass die zit. Rspr. überholt ist. Nicht erfasst werden Anwaltskosten, die der Schwerbehindertenvertretung in einem die Zustimmungsersetzung zur Kündigung betreffenden personalvertretungsrechtlichen Beschlussverfahren entstehen (BVerwG 25.2.2004 – 6 P 12/03, PersR 2004, 181 = AP BPersVG § 47 Nr. 4; für das BetrVG BAG 31.1.1990 – 1 ABR 39/89, NZA 1991, 152). Je nach Art und Größe des Betriebes oder der Dienststelle kann sich auch die Notwendigkeit ergeben, eine kommentierte Ausgabe vor allem des SGB IX zur Verfügung zu stellen, wobei die Auswahl der Schwerbehindertenvertretung zu überlassen ist. Es kann aber ausreichen, die Mitbenutzung der beim Betriebsrat oder der Betriebsleitung vorhandenen Lit. zu gestatten. Zu den Schulungs- und Bildungsveranstaltungen und deren Kosten → Rn. 15.

Die Vertrauensperson bzw. die stellvertretenden Mitglieder haben wenigstens das Recht, die Räume und den Geschäftsbedarf mitzubenutzen, den der Arbeitgeber dem Betriebs-, Personal-, Richter-, Staatsanwalts- oder Präsidialrat zur Verfügung stellt (LAG Rheinland-Pfalz 19.7.2012 – 10 Ta BV 13/12, AG 2013, 23; Düwell AuR 1993, 350). Eigene Räume für Sitzungen, Sprechstunden und Geschäftsführung sowie eine eigene Büroausstattung können die Vertrauenspersonen nicht von sich aus beanspruchen (LAG SH 26.4.2017 – 6 Ta BV 47/16, ZBVR online 2017, Nr. 12, 17 mit Anm. Wolmerath, jurisPR-ArbR 39/2017 Anm. 3). Dafür bedarf es vielmehr einer besonderen Abrede mit dem Arbeitgeber, zu der keine gesetzliche Verpflichtung besteht. Mit § 179 Abs. 8 S. 1 Hs. 2 SGB IX 2018, der im ursprünglichen Entwurf noch nicht enthalten war, wird für den Bereich des öffentlichen Dienstes eine Gleichbehandlung mit der Personalvertretung angeordnet, die es in der Praxis allerdings häufig bereits gab (Ausschussbericht, BT-Drs. 18/10523, 68). Darüber hinaus enthält die Vorschrift in S. 3 auch einen Anspruch der Schwerbehindertenvertretung gegen den Arbeitgeber auf Unterstützung durch eine Bürokraft. Über die Heranziehung entscheidet die Schwerbehindertenvertretung nach den für den Personalrat maßgeblichen Regelungen selbständig und eigenverantwortlich. Dabei unterliegt sie einer eingeschränkten richterlichen Kontrolle (LAG BB 3.11.2022 – 26 TaBV 751/22, BeckRS 2022, 39467 m. Anm. Wieland öAT 2023, 61 und Sdorra jurisPR-ArbR 11/2023 Anm. 7). Auch damit wird dem gesteigerten Umfang der Aufgaben Rechnung getragen, die heute von der Schwerbehindertenvertretung zu erfüllen sind (BT-Drs. 18/9522, 315; BT-Drs. 18/10523, 68). Wann die Tätigkeit einer Bürokraft erforderlich ist, hat der Gesetzgeber nicht konkret festgelegt. Es wird aber ein erheblicher Arbeitsumfang vorausgesetzt werden müssen, der seinerseits wesentlich von der Anzahl der im Betrieb vorhandenen (regelmäßig mehreren hundert) sbM abhängig sein wird (Kleinebrink DB 2017, 126). In jedem Fall erforderlich ist eine spezifizierte Darlegung des Bedarfs im Rahmen eines auf die Zuordnung einer Bürokraft gerichteten Beschlussverfahrens (LAG RhPf 1.12.2021 – 7 TaBV 19/21, BeckRS 2021, 55576; Schlegel/Voelzke/Esser/Isenhardt Rn. 37.1). 24

Streitigkeiten über Kosten und sonstige Aufwendungen der Schwerbehindertenvertretung sind im Beschlussverfahren vor den Gerichten für Arbeitssachen auszutragen (BAG 30.3.2010 – 7 AZB 32/09, NZA 2010, 668; BVerwG 1. Wehrdienstsenat 13.10.2020 – 1 WB 79/19, NZA-RR 2021, 202). Auch Ansprüche aus § 179 Abs. 8 S. 1 SGB IX 2018 unterfallen jedenfalls in analoger Anwendung dem Anwendungsbereich des § 2a Abs. 1 Nr. 3a ArbGG. Dies gilt auch für die Kostentragung für einen Anwalt für ein Verfahren vor einer Fachkammer für Personalvertretungsrecht, in dem die Schwerbehindertenvertretung einen Beschluss des Personalrats angreift (VG Berlin 23.6.2021 – 72 K 2/21 PVB, PersV 2021, 397; Schlegel/Voelzke/Esser/Isenhardt Rn. 39.1; Sdorra jurisPR-ArbR 33/2021 Anm. 4; abw. für den Fall eines Streits der stv. Vertrauensperson gegen die Vertrauensperson ArbG Herne 19.7.2022 – 2 BV 7/22, ArbR 2022,491; Schäfer jurisPR-ArbR 40/2022 Anm. 5; krit. Karpf jurisPR-ArbR 40/2022 Anm. 4). Soweit dies mit dem Argument abgelehnt wurde, die Schwerbehindertenvertretung sei kein Organ der Be- 25 triebsverfassung (BAG 16.8.1977 – 1 ABR 49/76, DB 1977, 2287; LAG Hamm 11.7.1976 – 2 TaBV 19/76, EzA § 23 SchwbG Nr. 1), ist diese Feststellung zwar zutreffend, rechtfertigt jedoch nicht den Schluss darauf, dass die genannten Streitigkeiten im Urteilsverfahren durchzuführen wären. Dies ergibt sich auch nicht daraus, dass der neu eingeführte § 2 Abs. 1 Nr. 3a ArbGG die Zuständigkeit der Gerichte für Arbeitssachen im Beschlussverfahren allein auf die Angelegenheiten aus den §§ 176, 177 u. 222 SGB IX beschränkt und sie damit ausdrücklich nicht auf Streitigkeiten aus dem Bereich des § 179 SGB IX erstreckt. Wegen der Parallele zur Betriebsverfassung bzw. dem Personalvertretungsrecht, die in der Wortgleichheit einzelner Teile der Regelung (Abs. 5) bzw. der allgemeinen Verweisungen in Abs. 3 S. 1 zum Ausdruck kommt, ist auch hinsichtlich der gerichtlichen Zuständigkeit eine entsprechende Handhabung geboten (LAG Nürnberg 22.10.2007 – 6 Ta 155/07, ZTR 2008, 116 = BeckRS 2008, 50038; GMP/Müller-Glöge ArbGG § 2a Rn. 24). Dies wird zudem dadurch bestätigt, dass die Sicherung eines Anspruchs auch durch seine verfahrensrechtliche Ausgestaltung erfolgt. Insoweit sind vor allem die in § 12 Abs. 5 ArbGG normierte Kostenfreiheit des Verfahrens sowie die im Beschlussverfahren geltende eingeschränkte Offizialmaxime zu nennen. Daraus folgt, dass aus der persönlichen Sphäre der Vertrauensperson als Arbeitnehmer folgende Ansprüche (zB der Anspruch auf Zahlung von Vergütung für den Fall der Teilnahme an Schulungsveranstaltungen aus dem Arbeitsvertrag iVm § 179 Abs. 4 SGB IX) im Urteilsverfahren vor dem nach dem jeweiligen Status der Vertrauensperson (Arbeiter/Angestellter, Beamter, Richter) zuständigen Arbeits- bzw. Verwaltungsgericht zu verfolgen sind, während sich aus der Wahrnehmung des Amtes ergebende Ansprüche (etwa auf Freistellung von Schulungskosten) im Beschlussverfahren vor dem Arbeitsgericht durchgesetzt werden müssen (BAG 30.3.2010 – 7 AZB 32/09, NZA 2010, 668). Diese Differenzierung erfasst auch den Anspruch auf Entfernung einer Abmahnung aus der Personalakte, selbst wenn er hilfsweise auf einen Verstoß gegen das Behinderungsgebot nach § 179 Abs. 2 gestützt wird; denn entscheidend ist, aus welcher Sphäre der Anspruch rührt, nicht mit welcher Begründung er verfolgt wird (BAG 3.12.2020 – 7 AZB 57/20, NZA 2021, 411; Schäfer, jurisPR-SozR 9/2021, Anm. 6).

§ 180 Konzern-, Gesamt-, Bezirks- und Hauptschwerbehindertenvertretung

(1) [1]Ist für mehrere Betriebe eines Arbeitgebers ein Gesamtbetriebsrat oder für den Geschäftsbereich mehrerer Dienststellen ein Gesamtpersonalrat errichtet, wählen die Schwerbehindertenvertretungen der einzelnen Betriebe oder Dienststellen eine Gesamtschwerbehindertenvertretung. [2]Ist eine Schwerbehindertenvertretung nur in einem der Betriebe oder in einer der Dienststellen gewählt, nimmt sie die Rechte und Pflichten der Gesamtschwerbehindertenvertretung wahr.

(2) [1]Ist für mehrere Unternehmen ein Konzernbetriebsrat errichtet, wählen die Gesamtschwerbehindertenvertretungen eine Konzernschwerbehindertenvertretung. [2]Besteht ein Konzernunternehmen nur aus einem Betrieb, für den eine Schwerbehindertenvertretung gewählt ist, hat sie das Wahlrecht wie eine Gesamtschwerbehindertenvertretung.

(3) [1]Für den Geschäftsbereich mehrstufiger Verwaltungen, bei denen ein Bezirks- oder Hauptpersonalrat gebildet ist, gilt Absatz 1 sinngemäß mit der Maßgabe, dass bei den Mittelbehörden von deren Schwerbehindertenvertretung und den Schwerbehindertenvertretungen der nachgeordneten Dienststellen eine Bezirksschwerbehindertenvertretung zu wählen ist. [2]Bei den obersten Dienstbehörden ist von deren Schwerbehindertenvertretung und den Bezirksschwerbehindertenvertretungen des Geschäftsbereichs eine Hauptschwerbehindertenvertretung zu wählen; ist die Zahl der Bezirksschwerbehindertenvertretungen niedriger als zehn, sind auch die Schwerbehindertenvertretungen der nachgeordneten Dienststellen wahlberechtigt.

(4) [1] **Für Gerichte eines Zweiges der Gerichtsbarkeit, für die ein Bezirks- oder Hauptrichterrat gebildet ist, gilt Absatz 3 entsprechend.** [2] **Sind in einem Zweig der Gerichtsbarkeit bei den Gerichten der Länder mehrere Schwerbehindertenvertretungen nach § 177 zu wählen und ist in diesem Zweig kein Hauptrichterrat gebildet, ist in entsprechender Anwendung von Absatz 3 eine Hauptschwerbehindertenvertretung zu wählen.** [3] **Die Hauptschwerbehindertenvertretung nimmt die Aufgabe der Schwerbehindertenvertretung gegenüber dem Präsidialrat wahr.**

(5) **Für jede Vertrauensperson, die nach den Absätzen 1 bis 4 neu zu wählen ist, wird wenigstens ein stellvertretendes Mitglied gewählt.**

(6) [1] **Die Gesamtschwerbehindertenvertretung vertritt die Interessen der schwerbehinderten Menschen in Angelegenheiten, die das Gesamtunternehmen oder mehrere Betriebe oder Dienststellen des Arbeitgebers betreffen und von den Schwerbehindertenvertretungen der einzelnen Betriebe oder Dienststellen nicht geregelt werden können, sowie die Interessen der schwerbehinderten Menschen, die in einem Betrieb oder einer Dienststelle tätig sind, für die eine Schwerbehindertenvertretung nicht gewählt ist; dies umfasst auch Verhandlungen und den Abschluss entsprechender Inklusionsvereinbarungen.** [2] **Satz 1 gilt entsprechend für die Konzern-, Bezirks- und Hauptschwerbehindertenvertretung sowie für die Schwerbehindertenvertretung der obersten Dienstbehörde, wenn bei einer mehrstufigen Verwaltung Stufenvertretungen nicht gewählt sind.** [3] **Die nach Satz 2 zuständige Schwerbehindertenvertretung ist auch in persönlichen Angelegenheiten schwerbehinderter Menschen, über die eine übergeordnete Dienststelle entscheidet, zuständig; sie gibt der Schwerbehindertenvertretung der Dienststelle, die den schwerbehinderten Menschen beschäftigt, Gelegenheit zur Äußerung.** [4] **Satz 3 gilt nicht in den Fällen, in denen der Personalrat der Beschäftigungsbehörde zu beteiligen ist.**

(7) **§ 177 Absatz 3 bis 8, § 178 Absatz 1 Satz 4 und 5, Absatz 2, 4, 5 und 7 und § 179 gelten entsprechend, § 177 Absatz 5 mit der Maßgabe, dass die Wahl der Gesamt- und Bezirksschwerbehindertenvertretungen in der Zeit vom 1. Dezember bis 31. Januar, die der Konzern- und Hauptschwerbehindertenvertretungen in der Zeit vom 1. Februar bis 31. März stattfindet, § 177 Absatz 6 mit der Maßgabe, dass bei den Wahlen zu überörtlichen Vertretungen der zweite Halbsatz des Satzes 3 nicht gilt.**

(8) **§ 178 Absatz 6 gilt für die Durchführung von Versammlungen der Vertrauens- und der Bezirksvertrauenspersonen durch die Gesamt-, Bezirks- oder Hauptschwerbehindertenvertretung entsprechend.**

Übersicht

A. Allgemeines

Die Vorschrift ist aus § 13 Abs. 6 SchwbG 1961 entstanden. § 27 SchwbG dehnte diese Bestimmungen auf das Personalvertretungsrecht und die Richterräte aus. In allen Stufen sollte der Betriebs-, Personal- und Richtervertretung auch eine Gesamtschwerbehindertenvertretung zugeordnet sein, die an den Sitzungen der Stufenvertretungen teilnehmen konnte und dort die Interessen der SB wahrnahm. Lediglich die Bildung einer 1

Konzernschwerbehindertenvertretung wurde ausdrücklich abgelehnt, da das denkbare Betätigungsfeld eines Vertrauensmannes bzw. einer Vertrauensfrau auf Konzernebene derart gering sei, dass ein Bedürfnis für die Wahl einer Konzernschwerbehindertenvertretung nicht anerkannt werden könne (vgl. Ausschussbericht BT-Drs. 7/1515, 13). Trotzdem war es aber bereits unter der Geltung des Schwerbehindertengesetzes möglich und zulässig, dass ein Konzernbetriebsrat Vertrauensleute von sich aus zu Sitzungen hinzuzog, wenn Angelegenheiten SB auf Konzernebene behandelt wurden. Mit dem SchwbBAG wurde dann aber auch formal eine Konzernschwerbehindertenvertretung ins G aufgenommen. Das SGB IX hält daran fest. Mit dem G zur Gleichstellung behinderter Menschen und zur Änderung anderer Gesetze v. 27.4.2002 (BGBl. I 1467) ist die zunächst in Abs. 4 enthalten gewesene unrichtige Verweisung korrigiert worden. Durch Art. 1 Nr. 23 des Gesetzes zur Förderung der Ausbildung und Beschäftigung sbM v. 23.4.2004 wurde Abs. 6 S. 1 um einen Halbsatz ergänzt, der verdeutlichte, dass auch Stufenschwerbehindertenvertretungen für ihren Zuständigkeitsbereich Integrationsvereinbarungen abschließen konnten (BT-Drs. 15/1787, 16). Abs. 6 nF enthält eine sprachliche Anpassung an den Wortlaut des § 166, während die Ergänzung am Schluss von Abs. 7 wegen der Rspr. des BAG zur Wahl im vereinfachten Verfahren bei räumlich weit auseinander liegenden Teilen von Betrieben oder Dienststellen (23.7.2014 – 7 ABR 23/12, NZA 2014, 1288 m krit Anm Sachadae jurisPR-ArbR 2/2015 Anm. 5; Düwell BB 2015, 53; Edenfeld PersV 2015, 63) erforderlich wurde.

B. Konzernschwerbehindertenvertretung

1a Veränderte Bedingungen in der Arbeitswelt haben den Gesetzgeber veranlasst, mit dem SchwbBAG v. 29.9.2000 auch die Bildung von Konzernschwerbehindertenvertretungen zuzulassen. Die Begründung dafür wurde darin gesehen, dass infolge der stetigen Konzentrationsprozesse in Industrie und Wirtschaft immer mehr Konzerne entstehen. Um auch unter diesen veränderten äußeren Bedingungen eine wirksame Vertretung der Rechte der Schwerbehinderten zu garantieren, war die Schaffung von Schwerbehindertenvertretungen auch auf der Konzernebene notwendig (BT-Drs. 14/3372, 14). Diese haben gem. § 59a BetrVG das Recht zur Teilnahme an allen Sitzungen des KBR mit beratender Stimme (ErfK/Rolfs § 178 Rn. 15). Die Wahl der Konzernschwerbehindertenvertretung erfolgt durch die Gesamtschwerbehindertenvertretungen, wenn im Konzern ein Konzernbetriebsrat gebildet wurde (vgl. § 54 BetrVG). Die Existenz des KBR ist wesentliche Voraussetzung für die Wahl einer Konzernschwerbehindertenvertretung (LAG SH 9.5.2018 – 6 TaBV 18/17, ArbR 2018, 540) Ein gegenseitiges Weisungsrecht besteht nicht, das System ist auf Kooperation ausgelegt (*Huber* dbr 8/2009, 22). Besteht ein Konzernunternehmen nur aus einem Betrieb, hat die dort gewählte Schwerbehindertenvertretung das Wahlrecht wie eine Gesamtschwerbehindertenvertretung. Besteht in einem Konzern lediglich eine Schwerbehindertenvertretung, nimmt diese nicht die Aufgaben der Konzernschwerbehindertenvertretung wahr. § 180 Abs. 2 SGB IX 2018 enthält keine der Regelung in Abs. 1 S. 2 entsprechende Erweiterung der Zuständigkeit (BAG 4.11.2015 – 7 ABR 62/13, NZA-RR 2016, 191). Daher kann die mangelnde Beteiligung der Konzernschwerbehindertenvertretung in einem solchen Fall auch nicht zur Unwirksamkeit einer Kündigung führen (aA ArbG Darmstadt 14.11.2017 – 9 Ca 249/17, ArbuR 2018, 534; Kohte/Liebsch DVfR Forum B, B2–2018).

C. Gesamtschwerbehindertenvertretung

Die **Gesamtschwerbehindertenvertretung (Abs. 1)** entspricht dem Gesamtbetriebsrat nach § 47 BetrVG und dem Gesamtpersonalrat nach § 55 BPersVG. Auf dieser Ebene wird dann eine Gesamtschwerbehindertenvertretung gewählt, wenn ein Gesamtbetriebs- oder -personalrat errichtet ist. Voraussetzung für die Wahl der Gesamtschwerbehindertenvertretung ist also das Bestehen eines Gesamtbetriebsrates oder Gesamtpersonalrates (Rudolph AiB 2018, Nr. 11, 23). Da die Gesamtschwerbehindertenvertretung an dessen Sitzungen teilnehmen und mit diesen Gesamtvertretungen zusammenarbeiten soll, wäre die Bestellung einer Gesamtschwerbehindertenvertretung sinnlos, wenn entsprechende Betriebs- oder Personalvertretungen nicht bestehen. Unerheblich ist dagegen, ob ein Gesamtbetriebs- oder -personalrat nur vorübergehend nicht besteht, etwa wegen Ausscheiden oder Amtsniederlegung bzw. -enthebung der Mitglieder. Die Gesamtschwerbehindertenvertretung übt dann ihr Amt weiter aus und kann auch für die Zusammenarbeit mit dem neu zu bestellenden Gesamtbetriebs- und -personalrat schon vorher selbst neu gewählt werden. 2

Wahlberechtigt sind nur die Schwerbehindertenvertretungen der einzelnen Betriebe und Dienststellen. Ist gemäß § 177 Abs. 1 S. 4 SGB IX eine Zusammenfassung von Betrieben oder Dienststellen für die Wahl der Schwerbehindertenvertretung erfolgt, wird die Wahl der Gesamtschwerbehindertenvertretung in Abweichung von den betriebsverfassungsrechtlichen Strukturen durchgeführt (Hauck/Noftz/Mushoff Rn. 13). Besteht nur in einem von mehreren Betrieben eine Schwerbehindertenvertretung, etwa weil in den anderen Betrieben keine Schwerbehindertenvertretung gewählt wurde, oder die Mindestvoraussetzungen des § 177 mit fünf sbM nicht erfüllt sind, nimmt die bestehende Schwerbehindertenvertretung in sachlicher Übereinstimmung mit der seit 1.8.1986 bestehenden Regelung nach § 27 Abs. 1 S. 2 SchwbG zugleich die Rechte der Gesamtschwerbehindertenvertretung wahr. Es braucht also nicht mehr zusätzlich eine Gesamtschwerbehindertenvertretung bestellt zu werden BAG 4.11.2015 – 7 ABR 62/13, NZA-RR 2016, 191). Die sbM des Betriebes ohne Schwerbehindertenvertretung können sich dagegen nicht an der Wahl der Gesamtschwerbehindertenvertretung beteiligen. Die Gesamtschwerbehindertenvertretung nimmt aber auch dann die Interessen der sbM dieses Betriebes ohne Schwerbehindertenvertretung wahr. Abs. 6 bestimmt ausdrücklich, dass in Betrieben, in denen eine Schwerbehindertenvertretung nicht gewählt ist, die Gesamtschwerbehindertenvertretung die Interessen dieser sbM wahrnimmt; sie tritt damit dort an die Stelle der betrieblichen Schwerbehindertenvertretung und hat alle Aufgaben, Rechte und Pflichten nicht nur im Hinblick auf das Gesamtunternehmen, sondern auch nach §§ 178, 179 im Einzelbetrieb und der einzelnen Dienststelle (aA für die Beteiligung an Kündigungen Schlegel/Voelzke/Esser/Isenhardt Rn. 9; *Prieschl/Meißner* DB 2017, 1592; dafür LAG Düsseldorf 10.12.2020 – 5 Sa 231/20., LAGE § 1 KSchG Verhaltensbedingte Kündigung Nr. 129; ArbG Darmstadt 14.11.2017 – 9 Ca 249/17, ArbuR 2018, 534; Kohte/Liebsch DVfR Forum B, B2–2018). Bei zwei wahlberechtigten Schwerbehindertenvertretungen müssen sie im gegenseitigen Einvernehmen die Gesamtschwerbehindertenvertretung bestimmen; kommt es zu keiner Einigung, entscheidet das Los (§ 22 Abs. 2 S. 2 SchwbVWO). Bei nur zwei wahlberechtigten Personen gilt dies ebenfalls mit der Folge, dass im Falle des Ausscheidens einer Vertrauensperson die andere für den Rest der Amtszeit nachrückt (HessLAG 3.9.2018 – 16 TaBVGa 145/18, AA 2019,90 <LS>). 3

Wählbar als Gesamtschwerbehindertenvertretung ist nicht nur eine Vertrauensperson, sondern jeder Angehörige eines Betriebes oder einer Dienststelle, der zur Schwerbehindertenvertretung gewählt werden kann (§ 177 Abs. 3); leitende Angestellte und andere zum Betriebs- oder Personalrat nicht wählbare Personen scheiden aus. Dies beinhaltet auch den Fall des Verlustes der Wählbarkeit infolge einer längeren Abordnung (LAG 4

LSA 1.6.2021 – 6 TaBV 7/20, öAT 2021, 217). Auch die Gesamtschwerbehindertenvertretungen brauchen keine schwerbehinderten oder gleichgestellten Menschen zu sein. Es kann sich aber auch um ein Mitglied eines Betriebs- oder Personalrates, ja sogar um ein Mitglied des Gesamtbetriebs- oder -personalrates handeln, das dann die Ämter in Personalunion wahrnimmt und die Interessen aller Arbeitnehmer und Bediensteten sowie der sbM zu vertreten hat.

D. Bezirks- und Hauptschwerbehindertenvertretung

5 Die **Bezirks- und Hauptschwerbehindertenvertretung** entspricht den Bezirks- und Hauptpersonalräten nach § 53 BPersVG, betrifft also nur den öffentlichen Dienst nach dem BPersVG und den entsprechenden Landespersonalvertretungsgesetzen.

6 Die Bezirksschwerbehindertenvertretung wird bei mehrstufigen Verwaltungen bei den Mittelbehörden gebildet, wenn ein Bezirkspersonalrat besteht. Gewählt wird sie von der Schwerbehindertenvertretung der Mittelbehörde und den Schwerbehindertenvertretungen der nachgeordneten Dienststellen. Soweit solche Schwerbehindertenvertretungen nicht gewählt werden können oder gewählt sind, gilt Abs. 1 S. 2 entsprechend, dh die Schwerbehindertenvertretung der Dienststelle ist zugleich Bezirksschwerbehindertenvertretung. Zwei Schwerbehindertenvertretungen handeln im Einvernehmen; kommt dies nicht zustande, entscheidet das Los (§ 22 SchwbVWO). Wählbar ist auch hier jeder zur Schwerbehindertenvertretung wählbare Angehörige der Dienststellen.

7 Die Hauptschwerbehindertenvertretung wird bei mehrstufigen Verwaltungen bei der obersten Dienstbehörde gewählt, wenn ein Hauptpersonalrat besteht. Hier sind die Schwerbehindertenvertretungen der obersten Dienstbehörde und die Bezirksschwerbehindertenvertretungen, oder falls weniger als zehn Bezirksschwerbehindertenvertretungen vorhanden sind, zusätzlich die Vertrauenspersonen der nachgeordneten Dienststellen wahlberechtigt. Untersteht eine Mittelbehörde der Fachaufsicht verschiedener Ministerien kommt es für die Wahl der Hauptschwerbehindertenvertretung darauf an, welchem Geschäftsbereich die jeweilige oberste Dienstbehörde zugeordnet ist (BVerwG 2.6.1987 – 6 P 10/85, ZBR 1987, 349). Auch hier kann jeder Angehörige der Dienststellen, der zur Schwerbehindertenvertretung wählbar ist, gewählt werden. Die Ausführungen → Rn. 4 zur Gesamtschwerbehindertenvertretung gelten für Bezirks- und Hauptvertrauensleute entsprechend. Gemäß § 180 Abs. 7 SGB IX kann bei der Wahl der Hauptschwerbehindertenvertretung bei einer Oberbehörde das vereinfachte Verfahren auch dann angewendet werden, wenn die wahlberechtigten Vertrauenspersonen aus räumlich weit entfernt liegenden Behörden kommen (Schlegel/Voelzke/Esser/Isenhardt Rn. 13; Düwell jurisPR-ArbR 49/2016Anm. 1).

E. Bezirks- und Hauptschwerbehindertenvertretung der Richter und Richterinnen

8 Für die Gerichte ist neben der Bezirks- und Hauptschwerbehindertenvertretung außerdem eine **Bezirks- oder Hauptschwerbehindertenvertretung der Richter (Abs. 4)** zu wählen (aA Redaktionsversehen: KHM/*Kossens* Rn. 8). Dies ist durch die Korrektur der Verweisungen in den Abs. 4 u. 5 durch Art. 48 Nr. 5 des Gesetzes zur Gleichstellung behinderter Menschen und zur Änderung anderer Gesetze v. 27.4.2002 (BGBl. I 1467) klargestellt. Auch wenn kein Hauptrichterrat besteht, wird eine Hauptschwerbehindertenvertretung der Richter bestellt. Auf diese Weise soll erreicht werden, dass gegenüber jedem Präsidialrat und Richterrat eine entsprechende Schwerbehindertenvertretung der Richter und Richterinnen vorhanden ist, die die Interessen der schwerbehinderte Richter

und Richterinnen in diesen einzelnen Gremien wahrnimmt (OVG NRW 15.5.1979 – VIII A 285/77, BeckRS 1979, 1886; Hauck/Noftz/Mushoff Rn. 24). Auch hier kommt es nicht darauf an, ob bei den unteren Gerichten jeweils eine besondere Schwerbehindertenvertretung der Richter und Richterinnen besteht. Die Wahl kann bei den Gerichten, bei denen das nicht der Fall ist, etwa weil nicht fünf schwerbehinderte Richter und Richterinnen vorhanden sind, nicht von der allgemeinen Schwerbehindertenvertretung vorgenommen werden, die dann auch die Aufgaben der Schwerbehindertenvertretung der Richter wahrnehmen müsste (→ § 177 Rn. 8 f.). Auch die Bezirks- oder Hauptschwerbehindertenvertretung der Richter nach Abs. 4 muss ein Richter bzw. eine Richterin sein; das ergibt sich über die voranstehenden allgemeinen Erwägungen hinaus insbes. aus der entsprechenden Anwendung von Abs. 3 und dem Bezug auf § 177. Dieser Richter braucht aber nicht sbM zu sein. Er/sie kann Vertrauensperson oder auch schon Mitglied des Bezirks-, Hauptrichter- oder Präsidialrats sein. Weil er aber die Interessen der schwerbehinderten Richter und Richterinnen in den Richtervertretungen wahrnehmen soll, ist ebenso wie nach § 177 Abs. 1 S. 2 notwendig, dass es sich um einen Richter handelt. Abs. 4 gilt nur für die Richtervertretung. Die anderen sbM als die Richter werden von der allgemeinen Schwerbehindertenvertretung vertreten. § 178 Abs. 7 gilt für die Zusammenarbeit nach Abs. 7 entsprechend.

F. Wahl

Gleichzeitig wird für jede Gesamt-, Haupt- oder Bezirksschwerbehindertenvertretung und für die entsprechenden Vertrauenspersonen mindestens ein **stellvertretendes Mitglied** gewählt (Abs. 5). Die Wahl erfolgt durch die wahlberechtigten Vertrauenspersonen. Die Wahlberechtigung der Schwerbehindertenvertretungen nachgeordneter Dienststellen besteht unabhängig davon, ob für diese eine Bezirksschwerbehindertenvertretung gebildet wurde (BAG 24.5.2006 – 7 ABR 40/05, PersV 2007, 75). Die Vertrauenspersonen bestimmen auch, ob und wie viele weitere stellvertretende Mitglieder gewählt werden (§ 22 Abs. 3 S. 2 iVm § 20 Abs. 2 S. 1 SchwbVWO). Die Wahl des oder der stellvertretenden Mitglieder erfolgt immer nur zusammen mit Neuwahlen nach Abs. 1–3. 9

Das **Wahlverfahren** richtet sich nach § 177 Abs. 2–7, ist also geheim und richtet sich nach den Grundsätzen der Mehrheitswahl. Der in Abs. 5 besonders festgelegte Zeitraum ergibt sich aus der Notwendigkeit, erst die Schwerbehindertenvertretungen nach § 177 Abs. 5 und danach die Stufenvertretungen zu wählen (OVG NRW 19.4.1993 – 1 A 3466/91.PVL, br 1993, 172). Wahlschutz und Wahlvorstand sind hier nicht erforderlich, da besondere Vorbereitungen außer der Einladung zur Wahl nicht notwendig sind, weil nur die Vertrauenspersonen wahlberechtigt sind und schon den Schutz gegen Kündigung und Benachteiligung genießen. Es genügt, dass eine der Vertrauenspersonen zur Wahl einlädt und gemeinsam die Formalien festgelegt werden und eine Leitung bestimmt wird (vgl. § 22 SchwbVWO). Mit der Ergänzung des Abs. 6 aE reagierte der Gesetzgeber auf eine Entscheidung des BAG (23.7.2014 – 7 ABR 61/12, NZA-RR 2015, 51 m. krit. Anm Sachadae jurisPR-ArbR 2/2015 Anm. 5; Düwell BB 2015, 53; Edenfeld PersV 2015, 63) und ordnete in der Sache die Möglichkeit der Nutzung des § 22 Abs. 3 SchwbVWO (vereinfachtes Wahlverfahren) auch bei der Wahl von Stufen-, Gesamt- oder Konzernschwerbehindertenvertretungen an (Düwell jurisPR-ArbR 49/2016 Anm. 1). 10

G. Aufgaben

Die **Aufgaben** der Gesamt-, Haupt- und Bezirksvertrauensleute beziehen sich zunächst nur auf Angelegenheiten, die das Gesamtunternehmen oder mehrere Betriebe oder 11

Dienststellen betreffen und damit zu den Aufgaben von Gesamt-, Bezirks- und Hauptbetriebs- und -personalrat und -richterrat korrespondieren (§ 50 BetrVG). Die Zuständigkeit der Stufenvertrauenspersonen hängt außerdem davon ab, dass die Angelegenheiten von den Vertrauenspersonen der einzelnen Betriebe und Dienststellen nicht geregelt werden können (ArbG Potsdam 8.7.2016 – 3 BV 7/16, BeckRS 2016, 135223; Cramer NZA 2004, 706). Sie haben diesen gegenüber kein Weisungs- oder Kontrollrecht Hauck/Noftz/Mushoff Rn. 30). Wird in einem Stufenverfahren zu einer Stellenbesetzung die Beteiligung des örtlichen Personalrats nachgeholt, reicht daher eine Information der Bezirksschwerbehindertenvertretung nicht aus; denn es bedarf der Herstellung des Gleichklangs zwischen Personalrat und Schwerbehindertenvertretung (BVerwG 22.9.2021 – 1 W -VR 7/21, PersV 2022, 105; LAG Köln 14.12.2009 – 5 TaBV 62/09, BeckRS 2010, 66757). Unabhängig von dieser Besonderheit des zitierten Falles ist die Hauptschwerbehindertenvertretung nur in persönlichen Angelegenheiten sbM zu beteiligen (SächsLAG 23.6.2020 – 7 TaBV 23/18, BeckRS 2020, 52004). In sonstigen Angelegenheiten besteht weder ein Anhörungs- noch Informationsrecht, wie sich aus dem unterschiedlichen Wortlaut von § 178 Abs. 2 S. 1 und 180 Abs. 6 S. 3 SGB IX ergibt. Dies lässt auf eine bewusste Regelung schließen, die das Vorliegen einer im Wege der Analogie zu schließenden unbewussten Lücke verhindert (BVerwG 22.9.2021 – 1 W -VR 7/21, PersV 2022, 105. Ein Antrag, dieses doppelte Erfordernis in S. 1 des Abs. 6 dadurch zu beseitigen, dass anstelle von „und" ein „oder" gesetzt werden sollte, wurde bereits in den Ausschussberatungen bei der Schaffung des Schwerbehindertengesetzes ausdrücklich abgelehnt, da die getroffene Regelung dem § 50 BetrVG und dem bisherigen bewährten Recht entspricht (vgl. Ausschussbericht BT-Drs. 7/1515, 13). Dabei ist es auch 1986 sowie bei der Verabschiedung des SGB IX geblieben. Damit bleibt es dabei, dass die Angelegenheit mehrere Betriebe und Dienststellen betreffen muss und nicht von den Vertrauensleuten der einzelnen Betriebe erledigt werden können darf. Dies gilt bei Erfüllung der oben genannten Voraussetzungen ausdrücklich auch für die Verhandlungen und den Abschluss von Inklusionsvereinbarungen nach § 166. Abs. 6 S. 1 wurde durch Art. 1 Nr. 26 des Gesetzes über die Förderung der Ausbildung und Beschäftigung sbM v. 23.4.2004 insoweit ausdrücklich ergänzt (Cramer NZA 2004, 706).

12 Keine inhaltliche Änderung ergibt sich auch für die weitere Zuständigkeit der Gesamtschwerbehindertenvertretungen und entsprechender Stufenvertretungen auch für die sbM in Betrieben des Unternehmens und nachgeordneten Dienststellen, in denen eine Schwerbehindertenvertretung nicht gewählt werden konnte (weil nicht fünf sbM vorhanden sind) oder nicht gewählt worden ist. Dort ersetzt die Gesamtschwerbehindertenvertretung oder die nächste Stufenvertretung die örtliche Schwerbehindertenvertretung. Die RegBegr. zum SchwbG (BT-Drs. 7/656, 33) erwähnte schwerbehinderte Soldaten, die nur in personalratsfähigen Dienststellen wahlberechtigt und wählbar waren (§ 21 Abs. 4 SchwbG aF); diese wurden dann von der Bezirksschwerbehindertenvertretung bei den Wehrbereichskommandos vertreten. Dasselbe gilt für alle Betriebe und Dienststellen, die nur deshalb keine Schwerbehindertenvertretung haben, weil nicht die Mindestzahl von sbM vorhanden ist oder weil die Wahl nicht oder noch nicht stattgefunden hat. Auch wenn die Vertrauensperson und das bzw. die stellvertretenden Mitglied(er) ihre Ämter verloren hat oder haben, gleich aus welchen Gründen, wird die Gesamtschwerbehindertenvertretung bis zur Neuwahl einer örtlichen Vertrauensperson zuständig. Die Gesamtschwerbehindertenvertretung hat alle Rechte und Pflichten der Schwerbehindertenvertretung für diesen Betrieb, ist also insbes. über alle Angelegenheiten der sbM zu unterrichten und vor Entscheidungen zu hören, sie kann zur Einsicht in die Personalakten herangezogen werden und hat auch das Recht, an den Sitzungen der örtlichen Betriebs-, Personal-, Richter-, Staatsanwalts- oder Präsidialräte teilzunehmen. § 178 Abs. 8 gilt entspr. (Cramer NZA 2004, 705; → § 95 Rn. 23). Entsprechend kann sie auch die Aufschiebung eines Beschlusses verlangen Bei einer solchen Konstellation ist sie auch vor einer Kündigung anzuhören (LAG Düsseldorf 10.12.2020 – 5 Sa 231/20, LAGE § 1

KSchG Verhaltensbedingte Kündigung Nr. 129). Im Übrigen kann das die Gesamtschwerbehindertenvertretung nur gegenüber dem Gesamtbetriebsrat und dessen Beschlüssen. Sofern in dem von der Gesamtschwerbehindertenvertretung danach zu betreuenden Einzelbetrieb (Dienststelle) die Voraussetzungen für die Wahl einer eigenen Schwerbehindertenvertretung gegeben sind, etwa weil die Zahl der schwerbehinderten bzw. gleichgestellten behinderten Menschen auf fünf ansteigt, leitet die Gesamtschwerbehindertenvertretung diese Wahl ein; sie nimmt also auch insoweit die Rechte der Schwerbehindertenvertretung wahr und kann auch einen Wahlvorstand bestellen (§ 177 Abs. 6 mit § 1 Abs. 1 SchwbVWO, → § 177 Rn. 33). Scheidet die Vertrauensperson der Gesamtschwerbehindertenvertretung aus dem Beschäftigungsverhältnis aus, rückt das mit der höchsten Stimmenzahl gewählte stellvertretende Mitglied für den Rest der Amtszeit nach. Gemäß § 180 SGB IX gilt das Nachrückprinzip entsprechend. Dies gilt auch für den Fall einer Einigung iSv § 22 Abs. 2 SchwbVWO (HessLAG 3.9.2018 – 16 TaBVGa 145/18, AA 2019; 90). Sollte bei einer solchen Konstellation eine stellvertretende Vertrauensperson auf dieser Ebene nicht (mehr) vorhanden sein, wäre eine Neuwahl erforderlich, die sich allerdings durch die vorsorgliche Nachwahl einer Stellvertretung vermeiden ließe (Sachadae jurisPR-ArbR 4/2020Anm. 6). Die Gesamt-, Haupt- und Bezirksvertrauenspersonen haben das Recht, an ordnungsgemäß einberufenen Versammlungen der sbM in den einzelnen Betrieben teilzunehmen (BAG 28.4.1988 – 6 AZR 421/86, NZA 1988, 701; LAG Hamm 11.6.1986 – 3 Sa 15/86, DB 1987, 644). Mangels Verweisung auf das geänderte Recht gilt dies nicht für Schwerbehindertenvertretungen bei den Alliierten Streitkräften (BAG 11.9.2013 – 7 ABR 18/11, NZA 2014, 323; BVerfG 10.3.2017 – 1 BvR 201/14, NZA 2017, 790).

H. Amtszeit

Die **Amtszeit** der Gesamt-(Bezirks-, Haupt-)vertrauenspersonen beträgt vier Jahre. Das Amt kann niedergelegt werden und erlischt bei Ausscheiden aus dem Arbeits-, Dienst- oder Richterverhältnis oder bei Verlust der Wählbarkeit (zB Aufstieg zum leitenden Angestellten oder Dienststellenleiter oder eine längere Abordnung (LAG LSA 1.6.2021 – 6 TaBV 7/20, öAT 2021, 217). Die Abberufung erfolgt ebenfalls entspr. § 177 Abs. 7, wobei antragsberechtigt beim Widerspruchsausschuss des Integrationsamts ein Viertel der wahlberechtigten Vertrauenspersonen, also der Personen ist, die die Gesamt-(Bezirks-, Haupt-)schwerbehindertenvertretung wählen. Derselbe wahlberechtigte Personenkreis kann also die Gesamtschwerbehindertenvertretung usw nicht wieder abwählen, auch nicht einstimmig oder mit qualifizierter Mehrheit; ein solches Misstrauensvotum könnte höchstens die Gesamtschwerbehindertenvertretung selbst veranlassen, das Amt niederzulegen, so dass das stellvertretende Mitglied eintritt. Eine Pflicht dazu besteht aber nicht. Werden Neuwahlen erforderlich, gelten sie nur bis zur nächsten ordentlichen Wahl nach Abs. 7. Für diese verkürzte oder bei Wahl ein Jahr vor dem ordentlichen Termin verlängerte Amtszeit gilt § 177 Abs. 5 entsprechend. **13**

Der Schutz der Gesamt-, Bezirks- und Hauptschwerbehindertenvertretung, insbes. gegen Benachteiligung, Kündigung, Versetzung und Abordnung entspricht dem. einer Vertrauensperson. Auf § 179 wird verwiesen. **14**

Einmal im Jahr kann die Gesamt- und Bezirksschwerbehindertenvertretung eine Versammlung der Schwerbehindertenvertretungen, die Hauptschwerbehindertenvertretung eine Versammlung der Bezirksschwerbehindertenvertretungen einberufen. Für die Konzernschwerbehindertenvertretungen gilt dies entsprechend, § 180 Abs. 2, 6 S. 2 (ErfK/Rolfs § 178 Rn. 159; Cramer DB 2000, 2219). Eine gesetzliche Pflicht dazu besteht nicht; auf Antrag der Teilnahmeberechtigten ist es aber eine Amtspflicht der Gesamtschwerbehindertenvertretung, eine solche Versammlung durchzuführen. In Anlehnung **15** an § 180 Abs. 3 S. 2 gilt die Einladungsverpflichtung auch für die Schwerbehindertenvertretungen, wenn die Zahl der Bezirksschwerbehindertenvertretungen unter zehn liegt.

§ 181 Inklusionsbeauftragter des Arbeitgebers

[1]Der Arbeitgeber bestellt einen Inklusionsbeauftragten, der ihn in Angelegenheiten schwerbehinderter Menschen verantwortlich vertritt; falls erforderlich, können mehrere Inklusionsbeauftragte bestellt werden. [2]Der Inklusionsbeauftragte soll nach Möglichkeit selbst ein schwerbehinderter Mensch sein. [3]Der Inklusionsbeauftragte achtet vor allem darauf, dass dem Arbeitgeber obliegende Verpflichtungen erfüllt werden.

1 Der Arbeitgeber hat einen Beauftragten zu bestellen. Diese Verpflichtung war bereits in § 13 Abs. 2 S. 4 SchwbG 1961 enthalten. Abweichend davon und in Übereinstimmung mit den neueren Fassungen des Schwerbehindertengesetzes ist der Beauftragte nach dem SGB IX jedoch ohne Rücksicht darauf zu bestellen, ob eine Schwerbehindertenvertretung besteht oder nicht (Braun ZTR 2003, 18; ErfK/Rolfs § 178 Rn. 16). Mit dem BTHG wurde die Funktionsbezeichnung geändert. Der frühere „Beauftragte des Arbeitgebers" heißt jetzt „Inklusionsbeauftragter des Arbeitgebers", Damit soll das Ziel der Inklusion der sbM hervorgehoben werden (BT-Drs. 18/9522, 307). Grundsätzlich hat deshalb jeder Arbeitgeber einen Inklusionsbeauftragten zu bestellen, auch wenn nur ein oder wenige sbM zu beschäftigen sind. Die Unterlassung der Bestellung kann Indizwirkung im Sinne von § 22 AGG besitzen (LAG Hamm 13.6.2017 – 14 Sa 1427/16, BeckRS 2017, 128031 m. krit. Anm. Fuhlrott GWR 2017, 439; Vossen BB 2017, 2868) oder dem nicht berücksichtigten Bewerber die Möglichkeit zu sog. „Vermutensvortrag" eröffnen (LAG Nds 12.7.2022 – 11 Sa 569/21, BeckRS 2022, 35662 unter Hinweis auf BAG 17.12.2020 – 8 AZR 171/20, NZA 2021, 631; Rev. eingelegt BAG 8 AZR 274/22; Busch jurisPR-ArbR 44/2022 Anm. 4; aA LAG Bln-Bbg 1.7.2020 – 15 Sa 289/20, MDR 2020, 1257; Jüngst B+P 2020, 746). Auf der anderen Seite soll dieser den Arbeitgeber in Angelegenheiten der sbM vertreten. Deshalb besteht keine Verpflichtung zur Bestellung eines Inklusionsbeauftragten, wenn der Arbeitgeber gar nicht beschäftigungspflichtig ist (aA KHM/*Kossens* Rn. 2; Bünnemann BB 2018, 1716) und auch keinen sbM beschäftigt (Schlegel/Voelzke/Esser Rn. 8). In Kleinbetrieben bis zu 19 Arbeitsplätzen besteht deshalb grds. keine Pflicht zur Bestellung eines Inklusionsbeauftragten.

2 Der Arbeitgeber hat grds. nur einen Inklusionsbeauftragten zu bestimmen. Da der Arbeitgeber als solcher beschäftigungspflichtig ist, besteht die Verpflichtung nur für jeden Arbeitgeber, gleichgültig, ob er über einen oder mehrere Betriebe verfügt (Düwell AuA 2002, 254). Jedoch können mehrere Inklusionsbeauftragte bestellt werden, falls das erforderlich ist. Soweit ein Arbeitgeber mehrere Betriebe oder Dienststellen hat, wird sich die Bestellung für jeden Betrieb oder jede Dienststelle empfehlen, vor allem, wenn sie weit voneinander entfernt liegen. Eine Verpflichtung zur Bestellung mehrerer Inklusionsbeauftragter besteht jedoch nicht.

3 Die Bestellung erfolgt durch einseitige Erklärung des Arbeitgebers. Eine besondere Amtszeit ist nicht vorgesehen. Der Arbeitgeber kann deshalb den Inklusionsbeauftragten auch wieder abberufen und einen neuen bestellen. Auch kann der Inklusionsbeauftragte selbst sein Amt niederlegen (*Düwell* AuA 2002, 255) bzw. die Übernahme dieses Auftrags verweigern, soweit er dazu im Innenverhältnis seines Vertrages mit dem Arbeitgeber berechtigt ist (LPK-SGB IX/Düwell Rn. 12). Die Integrationsämter oder das Arbeitsamt haben keinen Einfluss auf Person, Bestellung oder Abberufung des Inklusionsbeauftragten, der allerdings über hinreichende Fachkompetenz verfügen sollte (Düwell AuR 1993, 347). Auch die Schwerbehindertenvertretung, der Betriebs- oder Personalrat haben dabei nicht mitzubestimmen (Düwell AuA 2002, 255), vielmehr ist es allein Sache des Arbeitgebers selbst, wen er als Inklusionsbeauftragten und wie viele Inklusionsbeauf-

tragte er bestellt. Der Inklusionsbeauftragte kann vom Arbeitgeber auch an Weisungen gebunden werden. Die Nichtbestellung ist auch keine Ordnungswidrigkeit nach § 238, so dass bis zur Bestellung der Arbeitgeber selbst als Inklusionsbeauftragter gilt und für die Angelegenheiten der sbM selbst zuständig ist (aA KHM/Kossens Rn. 4). Dem Arbeitgeber ist es auch unbenommen, selbst die Aufgaben eines Inklusionsbeauftragten wahrzunehmen und sich selbst auch gegenüber der Agentur für Arbeit und dem Integrationsamt als Inklusionsbeauftragten anzugeben (ErfK/Rolfs § 178 Rn. 16). Bewährt hat sich die Benennung von Sicherheitsingenieuren als Inklusionsbeauftragte, da sie über die erforderlichen Fachkenntnisse verfügen und ohnehin mit der Gewerbeaufsicht zusammenarbeiten (ähnlich Düwell AuA 2002, 255). Wenn der Gesetzgeber nach der Begründung des Entwurfs des SchwbBAG (BT-Drs. 14/3372, 20) erwartet hat, dass verstärkt Mitarbeiter mit Personalverantwortung berufen werden, findet dies im Wortlaut keine Stütze. In S. 2 der Vorschrift ist jetzt abweichend von der bisherigen Rechtslage allerdings vorgesehen, dass der Inklusionsbeauftragte nach Möglichkeit selbst ein schwer behinderter Mensch sein soll. Dies hat den Vorteil, dass Probleme eher aus dem Blickwinkel des Betroffenen gesehen werden, und fördert die Akzeptanz bei allen Beteiligten.

Name, Anschrift und betriebliche Stellung des Inklusionsbeauftragten sind nach § 163 4 Abs. 8 ebenso wie die der Vertrauenspersonen der zuständigen Arbeitsagentur und dem Integrationsamt zu benennen. Zuständig sind zunächst die Arbeitsagentur und das Integrationsamt für den Sitz des Arbeitgebers. Da der Inklusionsbeauftragte aber den Arbeitgeber für jeden Betrieb und jede Dienststelle in Angelegenheiten der sbM vertritt, ist den für den Sitz aller Betriebe und Dienststellen zuständigen Arbeitsagenturen und Integrationsämter der Beauftragte zu benennen. Soweit mehrere Inklusionsbeauftragte bestellt sind, müssen immer nur die jeweils zuständigen Stellen unterrichtet werden, andernfalls ist der Inklusionsbeauftragte allen in Betracht kommenden Arbeitsagenturen und Integrationsämter bekannt zu geben.

Der Inklusionsbeauftragte ist für alle Angelegenheiten der sbM zuständig und ist damit 5 die Person, an die sich Arbeitsagentur, Integrationsamt, Schwerbehindertenvertretung, Betriebs- oder Personalrat und die sbM in erster Linie wenden. Damit wird jedoch nicht ausgeschlossen, sich trotzdem auch mit dem Arbeitgeber unmittelbar in Verbindung zu setzen. Der Inklusionsbeauftragte hat vor allem auf die Einhaltung der dem Arbeitgeber obliegenden Verpflichtungen zu achten (Bünnemann BB 2018, 1716). Diese sind abweichend von der früheren Regelung in § 28 SchwbG nicht auf das SGB IX beschränkt, sondern betreffen sämtliche den Schutz der sbM betreffenden Regelungen. Er muss sich deshalb zwar mit dem Inhalt des SGB IX vertraut machen und selbst im Rahmen seiner Möglichkeiten für die Erfüllung des Gesetzes sorgen, also vor allem Einstellungs- und Beschäftigungspflichten überwachen, jedoch beschränkt sich seine Aufgabe nicht allein darauf. Verstößt er gegen die ihm übertragenen Verpflichtungen, wirkt er nicht auf die Erfüllung der Pflichtquote nach § 154 Abs. 1 hin oder liegt ein Verstoß gegen die Mitteilungspflicht nach § 164 Abs. 1 S. 4 vor, kann gegen ihn ein Bußgeld verhängt werden, § 9 OWiG (Düwell AuA 2002, 256; AG Düsseldorf 8.2.1990 – 302 OWi 902 Js 1689/89, br 1991, 118; Schlegel/Voelzke/Esser Rn. 25).

Streitigkeiten aus dem Auftragsverhältnis zwischen Arbeitgeber/Dienstherr und Inklu- 6 sionsbeauftragtem sind je nach dessen Status vor den Gerichten für Arbeitssachen oder den Verwaltungsgerichten durchzuführen. Streitigkeiten über eine etwaige Verletzung der Rechte der Schwerbehindertenvertretung durch den Inklusionsbeauftragten werden im Beschlussverfahren ausgetragen. Analog § 10 S. 1 ArbGG ist der Beauftragte insoweit beteiligungsfähig (GMP/*Müller-Glöge* ArbGG § 10 Rn. 24; LPK-SGB IX/Düwell Rn. 41).

§ 182 Zusammenarbeit

(1) Arbeitgeber, Inklusionsbeauftragter des Arbeitgebers, Schwerbehindertenvertretung und Betriebs-, Personal-, Richter-, Staatsanwalts- oder Präsidialrat arbeiten zur Teilhabe schwerbehinderter Menschen am Arbeitsleben in dem Betrieb oder der Dienststelle eng zusammen.

(2) [1] Die in Absatz 1 genannten Personen und Vertretungen, die mit der Durchführung dieses Teils beauftragten Stellen und die Rehabilitationsträger unterstützen sich gegenseitig bei der Erfüllung ihrer Aufgaben. [2] Vertrauensperson und Inklusionsbeauftragter des Arbeitgebers sind Verbindungspersonen zur Bundesagentur für Arbeit und zu dem Integrationsamt.

1 § 182 verpflichtet alle betrieblichen und in Abs. 2 genannten Personen zusammen mit den außerbetrieblichen Stellen zu enger Zusammenarbeit und gegenseitiger Unterstützung (Eichenhofer ZTR 1994, 103 ff.; Düwell AuR 1993, 347; Welti AuR 2003, 445). Nach dem RegE zum SchwbG (BT-Drs. 7/656, 34) sollte durch diese Verpflichtung sichergestellt werden, dass die Teilhabe sbM am Arbeitsleben wirksam durchgeführt werden kann (Schlegel/Voelzke/Esser/Isenhardt Rn. 6). Eine besondere Form der gegenseitigen Unterstützung und Zusammenarbeit war und ist auch jetzt nach § 182 SGB IX nicht vorgeschrieben. Vielmehr soll den Beteiligten Art und Weise der Unterstützung und Zusammenarbeit überlassen bleiben. Deshalb wurde auch davon abgesehen, die Zusammenarbeit in Form einer besonderen „Helfergruppe" vorzuschreiben (KHM/*Kossens* Rn. 2). Einmal können nämlich nicht alle hier genannten Gruppen als Helfer bezeichnet werden und zum anderen könnte die Verpflichtung zur Zusammenarbeit in Form einer Gruppe die Aktivitäten und Initiativen der einzelnen Beteiligten womöglich eher hemmen als fördern. Es wird jedoch ausdrücklich betont, dass dem nicht entgegensteht, einige der genannten Personen und Vertretungen in dafür geeigneten Fällen zu einem Team zusammenzufassen. An diesen Grundsätzen hat das BTHG nichts geändert (BT-Drs. 18/9522, 307).

2 Die Verpflichtung zur engen Zusammenarbeit gilt für alle beteiligten Stellen (Stather AiB 2004, 447), auch für die Gesamt-, Konzern-, Haupt- und Bezirksschwerbehindertenvertretung und die entsprechenden Personen auf Arbeitgeberseite und den Gesamt- und Konzernbetriebsrat und die Stufenvertretungen im Personalvertretungsrecht (Schlegel/Voelzke/Esser/Isenhardt Rn. 8). In Einrichtungen der beruflichen Rehabilitation ist der Arbeitgeber zB auf dieser Grundlage verpflichtet, der Schwerbehindertenvertretung die bei ihm in Ausbildung befindlichen schwerbehinderten Rehabilitanden namentlich zu benennen; denn diese nimmt auch deren Interessen wahr (BAG 16.4.2003 – 7 ABR 27/02, NZA 2003, 1105). Die Zusammenarbeit zur Eingliederung der sbM umfasst vor allem Unterbringung, Beschäftigung und Förderung der schwerbehinderten und ihnen gleichgestellten Menschen. Aber auch alle darüber hinaus bestehenden Probleme sollen nach Möglichkeit im Zusammenwirken aller beteiligten Stellen gelöst werden (Weber ZfA 1991, 187 (203 ff.)). Dies gilt auch auf der Ebene des Konzerns (§§ 58, 59a BetrVG, § 180 Abs. 2 SGB IX) und kann etwa bei Fragen des überbetrieblichen Ausgleichs bei der Beschäftigung sbM von Bedeutung sein. Dies hat zB zur Folge, dass der Arbeitgeber zur Durchführung eines Zustimmungsersetzungsverfahrens nach § 178 Abs. 4 BetrVG verpflichtet ist, wenn zur Erfüllung der schwerbehindertenrechtlichen Verpflichtung zur Beschäftigung eine Versetzung erforderlich ist und der Betriebsrat dazu seine Zustimmung verweigert (BAG 3.12.2002 – 9 AZR 481/01, NZA 2003, 1215).

3 Die gegenseitige Unterstützung mit außerbetrieblichen Stellen betrifft außer der genannten Bundesagentur für Arbeit und dem Integrationsamt vor allen Dingen die Versorgungsverwaltung (krit. Hauck/Noftz/Mushoff Rn. 23), die Träger der Unfallversicherung, die Gewerbe- und Bergaufsicht und Berufsgenossenschaften sowie alle sonst an der

Rehabilitation beteiligten Stellen. Dadurch soll die besonders wichtige begleitende Fürsorge reibungslos ermöglicht und Schwierigkeiten schon im Ansatz begegnet werden. Die Unterstützung besteht vor allem in Unterrichtung (Eichenhofer ZTR 1994, 104), Aufklärung, Auskünften, Hinweisen auf Verbesserungen und zur Überwindung von Schwierigkeiten. Betriebs-, Staatsanwalts- und Richterrat sowie den Vertrauenspersonen ist Freizeit auch zu dieser Tätigkeit und Zusammenarbeit, ggf. auch zur Unterrichtung der betr. Stellen außerhalb des Betriebes zu gewähren. Ein Verdienstausfall darf auch dadurch nicht eintreten (§ 179 Abs. 4).

Als Verbindungsmann zur Bundesagentur für Arbeit und den Integrationsämter sind die Vertrauenspersonen und der Inklusionsbeauftragte des Arbeitgebers vor allem „Anlaufstelle" für diese außerbetrieblichen Behörden. Im Interesse der gebotenen Neutralität und allseitiger Unterrichtung sind im Allgemeinen beide Seiten, also Vertrauenspersonen und sbM sowie Inklusionsbeauftragte und Arbeitgeber hinzuziehen und zu unterrichten. Durch die Bestellung der Vertrauenspersonen und Inklusionsbeauftragten zu Verbindungsleuten wird aber lediglich festgelegt, dass diese Personen normalerweise anzugehen sind. Keinesfalls wird dadurch ein „Dienstweg" geschaffen und die Arbeitsagenturen und Integrationsämter allein auf Vertrauenspersonen und Inklusionsbeauftragten verwiesen; vielmehr können sie sich, wenn es ihnen geeignet erscheint, auch unmittelbar an die einzelnen sbM und den Arbeitgeber selbst wenden. Auch als Verbindungsleute sind die Vertrauenspersonen nicht an Weisungen gebunden. Weder Arbeitsagentur noch Integrationsamt können Anweisungen geben (Hauck/Noftz/Mushoff Rn. 25 Schlegel/Voelzke/Esser/Isenhardt Rn. 25), vielmehr werden die Ämter eigenverantwortlich durchgeführt. 4

§ 183 Verordnungsermächtigung

Die Bundesregierung wird ermächtigt, durch Rechtsverordnung mit Zustimmung des Bundesrates nähere Vorschriften über die Vorbereitung und Durchführung der Wahl der Schwerbehindertenvertretung und ihrer Stufenvertretungen zu erlassen.

Die Vorschrift entspricht dem bisherigen § 24 Abs. 7 SchwbG. Die Wahlordnung Schwerbehindertengesetz idF der Bekanntmachung v. 23.4.1990 (BGBl. I 811), die bereits durch Art. 3 des SchwbBAG v. 29.9.2000 (BGBl. I 1349) im Hinblick auf Vorschriften zur Wahl der Konzernschwerbehindertenvertretung geändert worden war, ist durch Art. 54 v. 19.6.2001 (BGBl. I 1045, 1125) in einer ganzen Reihe weiterer Punkte ergänzt und umgestaltet worden. Dies beschränkt sich nicht nur auf die Bezeichnung der Verordnung, die nunmehr Wahlordnung Schwerbehindertenvertretungen heißt, oder Änderungen in der Nomenklatur, sondern war auch mit einer Vielzahl materieller Veränderungen verbunden. Um künftig auch diesen durch G geänderten Teil der Verordnung nach Maßgabe des § 183 umgestalten zu können, bedurfte es der besonderen Regelung in Art. 57 SGB IX 2001, um auch diejenigen Teile der Verordnung, die durch das G verändert wurden, einer möglichen künftigen weiteren Umgestaltung auf der Ebene der Verordnung zugänglich zu machen. Ob die gesetzlichen Vorgaben hinreichend konkret iSd des Art. 80 GG sind, ist umstritten (krit. Sachadae PersV 2015, 170). Auch insoweit ist durch das BTHG keine Änderung eingetreten (BT-Drs. 18/9522, 307). 1

Kapitel 6. Durchführung der besonderen Regelungen zur Teilhabe schwerbehinderter Menschen

§ 184 Zusammenarbeit der Integrationsämter und der Bundesagentur für Arbeit

(1) Soweit die besonderen Regelungen zur Teilhabe schwerbehinderter Menschen am Arbeitsleben nicht durch freie Entschließung der Arbeitgeber erfüllt werden, werden sie

1. in den Ländern von dem Amt für die Sicherung der Integration schwerbehinderter Menschen im Arbeitsleben (Integrationsamt) und

2. von der Bundesagentur für Arbeit

in enger Zusammenarbeit durchgeführt.

(2) Die den Rehabilitationsträgern nach den geltenden Vorschriften obliegenden Aufgaben bleiben unberührt.

Übersicht

A. Allgemeines

1 Der in Abs. 1 hervorgehobene Grundsatz der Freiwilligkeit prägt das Schwerbehindertenrecht seit dem SchwbG 1953. Daran hat sich materiell in der Folgezeit nichts geändert, denn diese Bestimmung ist praktisch unverändert in das G 1974 übernommen worden und ist auch weder 1986 noch inhaltlich durch das SGB IX geändert worden. In Abs. 2 wird dem allgemeinen Geltungsbereich entspr. auf alle Rehabilitationsträger und nicht mehr nur auf die Träger der Unfallversicherung abgestellt. Durch Art. 8 Nr. 17 lit. a u. b des Dritten Gesetzes für Moderne Dienstleistungen am Arbeitsmarkt v. 23.12.2000 (BGBl. I 2848, 2891) wurde der Wortlaut der Vorschrift lediglich ohne inhaltliche Änderung an die organisatorischen Veränderungen im Bereich der Arbeitsverwaltung angepasst. Mit dem BTHG ist keine inhaltliche Änderung eingetreten.

2 Abgesehen von diesem Grundsatz der freiwilligen Erfüllung des SGB IX soll das G **gemeinsam von dem Integrationsamt und der Bundesagentur** durchgeführt werden, wobei in Abs. 1 Ziff. 1 abweichend von der iÜ wortgleichen Fassung der Regelung die besondere Zuständigkeit des Integrationsamts im Bereich der Länder betont wird. Die grundsätzliche Verteilung der Aufgaben ist in den §§ 185 u. 187 erfolgt. Daneben sind aus dem Verwaltungsverfahrensrecht folgende Vorgaben zur Zusammenarbeit (§§ 169 ff.) und besondere, sich aus der jeweils anzuwendenden Vorschrift ergebende Kooperationsvorschriften zu beachten. Zu denken ist etwa an die § 170 Abs. 2, § 185 Abs. 2 oder § 200 Abs. 1.

3 Eine unmittelbare Abhängigkeit einer Entscheidung des Integrationsamts von einer Zustimmung der Bundesagentur für Arbeit oder umgekehrt besteht nicht. Nach herrschender Auffassung kann ein Bundesgesetz zwar die Zusammenarbeit zwischen Bundes- und Landesbehörden regeln und den Instanzenzug, nicht jedoch die Entscheidung von Landesbehörden von der Zustimmung bzw. dem Einvernehmen von Bundesbehörden abhängig machen (vgl. Art. 84, 85 GG und die Kommentierung dazu). Eine solche Mischverwaltung ist nicht zulässig (BVerfG 20.12.2007 – 2 BvR 2433/04, 2 BvR 2434/04, BVerfGE 119, 331). Soweit das G nicht besondere Vorgaben für die Durchführung

der Zusammenarbeit enthält, wie dies zB in § 200 Abs. 1 erfolgt ist („Benehmen"), ist vor allem an den Austausch von Informationen, Abreden über das gemeinsame Vorgehen oder die Erstellung von Gutachten zu denken (LPK-SGB IX/*Dau* Rn. 6).

Die **Aufgabenverteilung** zwischen den Integrationsämter und den Einrichtungen der Bundesagentur für Arbeit ist in großen Zügen klar (§§ 185, 187), iE aber manche Frage durchaus umstritten. Die Aufgaben mit fürsorgerischem Einschlag sollen von den Integrationsämter, alle mit Arbeitsvermittlung und Berufsberatung der sbM zusammenhängenden Fragen von den Einrichtungen der Bundesagentur für Arbeit durchgeführt werden (vgl. zum SchwbG RegE, BT-Drs. Nr. 3430, 26, 27, 34). 4

Das G ist darauf abgestellt, dass die Integrationsämter und die Einrichtungen der Bundesagentur für Arbeit aufs engste **zusammenarbeiten.** Es schreibt ganz allg. vor, dass Integrationsamt und Bundesagentur für Arbeit das G in enger Zusammenarbeit durchführen. Das gilt ohne Rücksicht auf eine gesetzliche Anhörungsbestimmung oder eine Vorschrift, die das Benehmen zwischen beiden Stellen vorschreibt. In einzelnen Bestimmungen des Gesetzes ist dann noch zusätzlich gesagt, in welcher Form die Zusammenarbeit durchzuführen ist (zB Einholung der Stellungnahmen der Agentur für Arbeit durch das Integrationsamt nach § 170 Abs. 2). 5

Abs. 2 betont die Eigenständigkeit der Rehabilitationsträger. Diese sind in § 6 Abs. 1 genannt. Im Rahmen ihrer Zuständigkeit erbringen diese neben anderen auch Leistungen zur Teilhabe am Arbeitsleben (§§ 5 Nr. 2, 49 ff., 64 ff.). Ihre besondere Erwähnung in Abs. 2 ist Ausdruck des Vorrangs der Leistungserbringung durch die Rehabilitationsträger vor Maßnahmen des Schwerbehindertenrechts, die lediglich eine Ergänzung der Leistungen der Rehabilitationsträger darstellen. Dieser Gedanke kommt im G noch an anderer Stelle zum Ausdruck (vgl. § 185 Abs. 5 S. 2 bzw. § 160 Abs. 5 S. 1) und spiegelt sich auch in einigen Bestimmungen der SchwbAV LPK-SGB IX/*Dau* Rn. 5 f.). 6

B. Durchführen des Gesetzes durch freie Entschließung der Arbeitgeber

Die Bestimmung, dass das SGB IX in erster Linie durch freie Entschließung oder Entscheidung der Arbeitgeber durchgeführt werden soll, hat für die Arbeitgeber nur **deklaratorische Bedeutung.** Die den Arbeitgeber treffenden Verpflichtungen, wie die Beschäftigungspflicht (§§ 154, 155), die Pflicht zur Abgabe von Meldungen, Erteilung von Auskünften, Einsichtgabe in seinen Betrieb, Versehen des Arbeitsplatzes mit technischen Arbeitshilfen (§§ 163 ff.), sind öffentlich-rechtlicher Natur. Die sich aus dem Arbeitsvertrag mit dem sbM ergebenden Verpflichtungen zur Beschäftigung des sbM an einem angemessenen Arbeitsplatz (§§ 154, 164) haben privatrechtlichen Charakter. Das Gleiche gilt für die Sondervorschriften über Kündigungsfrist (§ 169), Arbeitsentgelt (§ 206), Freistellung von Mehrarbeit (§ 207), Zusatzurlaub (§ 208) und die Heimarbeiter (§ 210). Sämtliche Verpflichtungen, die sich aus dem öffentlichen und privaten Recht ergeben, muss der Staatsbürger erfüllen. Und zwar geht jedes G davon aus, dass die Pflichten zunächst freiwillig erfüllt werden. Staatliche Zwangsmaßnahmen kommen nur gegenüber nicht willigen Staatsbürgern zum Zuge. So gesehen ist der Satz über die Durchführung des Gesetzes durch freie Entscheidung der Arbeitgeber nur programmatisch. 7

Der Sinn dieser Bestimmung liegt einmal darin, an den guten Willen der Arbeitgeber und ihr waches soziales Bewusstsein zu appellieren. Nur auf Grund freiwillig übernommener sozialer Verpflichtungen der Arbeitgeber war es in der Vergangenheit möglich, den sbM in bisherigem Umfange Beschäftigung und damit Lebensinhalt zu geben. Zum andern ist diese Vorschrift ein Gesetzesbefehl an die zur Durchführung zuständigen Behörden, bei allen ihren Maßnahmen auf das engste mit den Arbeitgebern zusammen- 8 zuarbeiten, ihren Wünschen und Sorgen soweit angängig Rechnung zu tragen, ihre Anregungen fruchtbar zu machen, sie selbst mit Rat und Tat bei der Erfüllung ihrer Verpflichtungen aus dem G zu unterstützen. Der Gesetzesbefehl geht weiter dahin, dem Arbeitgeber so weit wie möglich freie Hand zu lassen und nur dort mit Anweisungen und Zwangsmaßnahmen einzugreifen, wo es unbedingt erforderlich ist. Diesem Gedanken der Selbstverantwortung wird in der Zusammensetzung und dem Aufgabenbereich der beratenden Ausschüsse bei den Integrationsämter und bei der Zentrale der Bundesagentur für Arbeit (§§ 186, 188) weiter Rechnung getragen; die Selbstverantwortung wird hier sogar zur Selbstverwaltung. Die vom G postulierte „freie Entschließung der Arbeitgeber" hat so gesehen auch rechtliche Bedeutung, da der sie tragende Grundgedanke für die Auslegung des gesamten Gesetzes wesentlich ist.

C. Aufgaben der Integrationsämter und der Dienststellen der Bundesanstalt

9 Die §§ 186 und 188 grenzen die sachliche Zuständigkeit der Integrationsämter und der Einrichtungen der Bundesagentur für Arbeit für die Durchführung des SGB IX gegeneinander ab. Die dort getroffene Aufzählung der beiderseitigen Aufgaben ist nicht vollständig, sondern gibt nur einen allgemeinen Rahmen. Die genaue Zuständigkeitsabgrenzung ergibt sich jeweils aus den speziellen Bestimmungen des G. Bei der Mannigfaltigkeit der in Frage kommenden Vorgänge ist damit selbstverständlich noch nicht jede Möglichkeit eines Kompetenzstreites aus der Welt geschafft.

10 **Die Aufgaben des Integrationsamts,** die das G ihm zur verantwortlichen Entscheidung überträgt, sind im Wesentlichen folgende: Die begleitende Hilfe im Arbeitsleben, Verhinderung und Beseitigung von Schwierigkeiten bei der Beschäftigung sbM, Hilfen zur Beschaffung und Erhaltung von Wohnungen für sbM und zur wirtschaftlichen Selbständigkeit sbM, Hilfe bei der Einrichtung und Ausgestaltung der Arbeitsräume, Maschinen und Geräte sowie für technische Arbeitshilfen, Durchführung von Schulungs- und Bildungsmaßnahmen (vgl. § 185 Abs. 2, 3). Nach dem SGB IX obliegt dem Integrationsamt vor allem die Erhebung und Verwaltung der Ausgleichsabgabe (§ 160), die Durchführung des Kündigungsschutzes (§§ 168 ff.), die begleitende Hilfe im Arbeitsleben (§ 164 Abs. 4, § 185 Abs. 3) und die zeitweise Entziehung des Schwerbehindertenschutzes (§ 200). Außerdem kann es die Wahl der Vertrauenspersonen vorbereiten (§ 177 Abs. 6) und das Erlöschen des Amtes beschließen (§ 177 Abs. 7). Weiter hat es an den Maßnahmen der Bundesagentur für Arbeit im Rahmen der allgemeinen Zusammenarbeit mitzuwirken.

11 **Die Einrichtungen der Bundesagentur** haben im Wesentlichen folgende Aufgaben verantwortlich durchzuführen: Die wichtigste Aufgabe im Rahmen ihrer allgemeinen Tätigkeit ist die Arbeits- und Berufsberatung und Vermittlung sbM, die besondere Förderung der Einstellung und Beschäftigung sbM (§ 164), die Gleichstellung einschließlich Widerruf und Rücknahme (§ 151), die Durchführung des Anzeige- und Meldeverfahrens (§ 163), die Zulassung der Anrechnung und Mehrfachanrechnung auf Pflichtsätze (§§ 158, 159), die Anerkennung von WfbM, ihre Erfassung, Rücknahme und Widerruf der Anerkennung (§ 219). Dazu haben die Einrichtungen im Rahmen der allgemeinen Aufgaben mit den Integrationsämtern zusammenzuarbeiten (zB Stellungnahme zur Kündigung nach § 170 Abs. 2).

D. Aufgaben der Rehabilitationsträger

Mehrfach kommt im SGB IX zum Ausdruck, dass es sich um einen zusätzlichen Schutz für sbM vor allem auf arbeitsrechtlichem Gebiet und der Unterstützung bei der Teilhabe am Arbeitsleben, also insbes. bei der Beschaffung und Erhaltung von Arbeitsplätzen und der wichtigsten begleitenden Hilfe im Arbeitsleben handelt. Dadurch sollen jedoch sich aus anderen Bestimmungen ergebender Schutz, Hilfe und Unterstützung nicht geschmälert werden. Im Gegenteil wird nicht nur in § 185 Abs. 2 hervorgehoben, dass alle Aufgaben der Rehabilitationsträger unberührt bleiben, sondern auch in § 185 Abs. 5 festgelegt, dass Leistungen dieser Trager nicht deshalb versagt werden dürfen, weil auch nach Abs. 3 u. 4 Leistungen vorgesehen sind; das gilt sogar auch dann, wenn solche anderen Leistungen ohne Rechtsanspruch gewährt werden. Eine Vorleistungspflicht des Integrationsamts, wie sie nach früherem Recht bejaht wurde (BVerwG 26.9.1991 – 5 C 24/89, SGb 1992, 545; 12.9.1991 – 5 C 52/88, NVwZ-RR 1992, 482), ist im SGB IX nicht vorgesehen. § 185 Abs. 6 verweist vielmehr auf die allgemeine Regelung in § 14. Ähnlich kommt in § 160 Abs. 5 zum Ausdruck, dass die Mittel der Ausgleichsabgabe zur Arbeits- und Berufsförderung und zu begleitender Hilfe im Arbeitsleben nur verwendet werden dürfen, wenn Mittel für denselben Zweck nicht von anderer Seite gewährt werden bzw. zu gewähren sind. Das SGB IX ersetzt also keine anderen Hilfen und Leistungen, sondern ergänzt und vervollkommnet sie nur (LPK-SGB IX/*Dau* Rn. 7). 12

Rehabilitationsträger sind Körperschaften, Anstalten und Behörden, die gesetzlich verpflichtet sind, Leistungen zur Rehabilitation zu erbringen. Sie sind in § 6 Abs. 1 aufgezählt. Ihre Leistungen umfassen zunächst die medizinischen Leistungen, also vor allem ärztliche und zahnärztliche Behandlung, Arznei- und Verbandsmittel, Heilmittel einschließlich Krankengymnastik, Bewegungs-, Sprach- oder Beschäftigungstherapie, die Ausstattung mit Körperersatzstücken, orthopädischen und anderen Hilfsmitteln (einschließlich von Änderung, Reparatur und Ersatzbeschaffung), außerdem Belastungserprobung und Arbeitstherapie. Dazu kommen die berufsfördernden Leistungen, also Hilfen zur Erlangung oder Erhaltung von Arbeitsplätzen, Berufsfindung und Erprobung, berufliche Anpassung, Fortbildung, Ausbildung und Umschulung und sonstige Hilfen der Arbeits- und Berufsförderung. Als ergänzende Leistungen kommt die Übernahme von Kosten hinzu, soweit sie erforderlich sind, zB für Prüfungsgebühren, Lernmittel, Arbeitskleidung, Arbeitsgerät, Zuschüsse an den Arbeitgeber, Reisekosten einschließlich Familienheimfahrten, Behindertensport, bis zur Stellung einer Haushaltshilfe bei auswärtiger Unterbringung und deren zwischenzeitlicher Notwendigkeit im Haushalt. 13

Träger dieser Rehabilitationsmaßnahmen können sein: Die gesetzliche Krankenversicherung für Leistungen zur medizinischen Rehabilitation und für unterhaltssichernde und andere ergänzende Leistungen (§ 6 Abs. 1 Nr. 1, § 5 Nr. 1 u. 3), die Bundesagentur für Arbeit für Leistungen zur Teilhabe am Arbeitsleben sowie unterhaltssichernde und andere ergänzende Leistungen (§ 6 Abs. 1 Nr. 2, § 5 Nr. 2 u. 3), die Träger der gesetzlichen Unfallversicherung für Leistungen zur medizinischen Rehabilitation, zur Teilhabe am Arbeitsleben, für unterhaltssichernde und andere ergänzende Leistungen sowie solche zur Teilnahme am Leben in der Gemeinschaft (§ 6 Abs. 1 Nr. 3, § 5 Nr. 1–4), die Träger der gesetzlichen Rentenversicherung sowie die Träger der Alterssicherung für Landwirte für Leistungen zur medizinischen Rehabilitation, zur Teilhabe am Arbeitsleben und für unterhaltssichernde und andere ergänzende Leistungen (§ 6 Abs. 1 Nr. 4, § 5 Nr. 1–3), die Träger der Kriegsopferversorgung und der Kriegsopferfürsorge iRd Rechts der sozialen Entschädigung bei Gesundheitsschäden wie die Träger der Unfallversicherung für den gesamten Leistungskatalog des § 5 (§ 6 Abs. 1 Nr. 5), die Träger der öffentlichen Jugendhilfe und der Sozialhilfe für Leistungen der medizinischen Rehabilitation, zur Teilhabe am Arbeitsleben und zur Teilhabe am Leben in der Gemeinschaft (§ 6 Abs. 1 Nr. 6, 7, § 5 Nr. 1, 2, 4). Nach § 6 Abs. 2 nehmen die Rehabilitationsträger ihre 14

Aufgaben selbständig und eigenverantwortlich wahr. Zuständigkeiten und Leistungsvoraussetzungen sind in den für den jeweiligen Rehabilitationsträger geltenden Leistungsgesetzen gesondert geregelt (§ 7 S. 2). Allgemeine Vorschriften zu Koordination und Zusammenarbeit finden sich in den §§ 10 ff.

15 Nicht erfasst werden nach dem SGB IX freiwillige Leistungen der Rehabilitation und solche Leistungen, die von Stellen erbracht werden, die keine gesetzliche Verpflichtung zur Erbringung von Rehabilitationsleistungen haben. Das ergibt sich schon daraus, dass der Staat hier keinen Einfluss nehmen kann; dementsprechend heißt es auch in Abs. 2, dass die nach den geltenden Vorschriften bestehenden Aufgaben unberührt bleiben. Es handelt sich hier vor allem um kirchliche Stellen, Caritas, Diakonie und private Heime für Behinderte und Versehrte. Eine Zusammenarbeit kann auch hier angebracht sein. Vor allem aber kann der Staat bei der Vergabe von Mitteln sich auch solcher Stellen bedienen und sie dadurch in die Rehabilitation einbeziehen.

§ 185[1] Aufgaben des Integrationsamtes

(1) [1]Das Integrationsamt hat folgende Aufgaben:

1. die Erhebung und Verwendung der Ausgleichsabgabe,
2. den Kündigungsschutz,
3. die begleitende Hilfe im Arbeitsleben,
4. die zeitweilige Entziehung der besonderen Hilfen für schwerbehinderte Menschen (§ 200).

[2]Die Integrationsämter werden so ausgestattet, dass sie ihre Aufgaben umfassend und qualifiziert erfüllen können. [3]Hierfür wird besonders geschultes Personal mit Fachkenntnissen des Schwerbehindertenrechts eingesetzt.

(2) [1]Die begleitende Hilfe im Arbeitsleben wird in enger Zusammenarbeit mit der Bundesagentur für Arbeit und den übrigen Rehabilitationsträgern durchgeführt. [2]Sie soll dahingehend wirken, dass die schwerbehinderten Menschen in ihrer sozialen Stellung nicht absinken, auf Arbeitsplätzen beschäftigt werden, auf denen sie ihre Fähigkeiten und Kenntnisse voll verwerten und weiterentwickeln können sowie durch Leistungen der Rehabilitationsträger und Maßnahmen der Arbeitgeber befähigt werden, sich am Arbeitsplatz und im Wettbewerb mit nichtbehinderten Menschen zu behaupten. [3]Dabei gelten als Arbeitsplätze auch Stellen, auf denen Beschäftigte befristet oder als Teilzeitbeschäftigte in einem Umfang von mindestens 15 Stunden, in Inklusionsbetrieben mindestens zwölf Stunden wöchentlich beschäftigt werden. [4]Die begleitende Hilfe im Arbeitsleben umfasst auch die nach den Umständen des Einzelfalles notwendige psychosoziale Betreuung schwerbehinderter Menschen. [5]Das Integrationsamt kann bei der Durchführung der begleitenden Hilfen im Arbeitsleben Integrationsfachdienste einschließlich psychosozialer Dienste freier gemeinnütziger Einrichtungen und Organisationen beteiligen. [6]Das Integrationsamt soll außerdem darauf Einfluss nehmen, dass Schwierigkeiten im Arbeitsleben verhindert oder beseitigt werden; es führt hierzu auch Schulungs- und Bildungsmaßnahmen für Vertrauenspersonen, Inklusionsbeauftragte der Arbeitgeber, Betriebs-, Personal-, Richter-, Staatsanwalts- und Präsidialräte durch. [7]Das Integrationsamt benennt in enger Abstimmung mit den Beteiligten des örtlichen Arbeitsmarktes Ansprechpartner, die in Handwerks- sowie in Industrie- und Handelskammern für die Arbeitgeber zur Verfügung stehen, um sie über Funktion und Aufgaben der Integrationsfachdienste aufzuklären, über Möglichkeiten der begleitenden Hilfe im Arbeitsleben zu informieren und Kontakt zum Integrationsfachdienst herzustellen.

[1] § 185 Abs. 5 Satz 2 angef. mWv 13.12.2019, Abs. 3 Nr. 6 geänd. mWv 1.1.2020 durch G v. 10.12.2019 (BGBl. I 2135).

(3) Das Integrationsamt kann im Rahmen seiner Zuständigkeit für die begleitende Hilfe im Arbeitsleben aus den ihm zur Verfügung stehenden Mitteln auch Geldleistungen erbringen, insbesondere

1. an schwerbehinderte Menschen
   a) für technische Arbeitshilfen,
   b) zum Erreichen des Arbeitsplatzes,
   c) zur Gründung und Erhaltung einer selbständigen beruflichen Existenz,
   d) zur Beschaffung, Ausstattung und Erhaltung einer behinderungsgerechten Wohnung,
   e) zur Teilnahme an Maßnahmen zur Erhaltung und Erweiterung beruflicher Kenntnisse und Fertigkeiten und
   f) in besonderen Lebenslagen,
2. an Arbeitgeber
   a) zur behinderungsgerechten Einrichtung von Arbeits- und Ausbildungsplätzen für schwerbehinderte Menschen,
   b) für Zuschüsse zu Gebühren, insbesondere Prüfungsgebühren, bei der Berufsausbildung besonders betroffener schwerbehinderter Jugendlicher und junger Erwachsener,
   c) für Prämien und Zuschüsse zu den Kosten der Berufsausbildung behinderter Jugendlicher und junger Erwachsener, die für die Zeit der Berufsausbildung schwerbehinderten Menschen nach § 151 Absatz 4 gleichgestellt worden sind,
   d) für Prämien zur Einführung eines betrieblichen Eingliederungsmanagements und
   e) für außergewöhnliche Belastungen, die mit der Beschäftigung schwerbehinderter Menschen im Sinne des § 155 Absatz 1 Nummer 1 Buchstabe a bis d, von schwerbehinderten Menschen im Anschluss an eine Beschäftigung in einer anerkannten Werkstatt für behinderte Menschen oder im Sinne des § 158 Absatz 2 verbunden sind, vor allem, wenn ohne diese Leistungen das Beschäftigungsverhältnis gefährdet würde,
3. an Träger von Integrationsfachdiensten einschließlich psychosozialer Dienste freier gemeinnütziger Einrichtungen und Organisationen sowie an Träger von Inklusionsbetrieben,
4. zur Durchführung von Aufklärungs-, Schulungs- und Bildungsmaßnahmen,
5. nachrangig zur beruflichen Orientierung,
6. zur Deckung eines Teils der Aufwendungen für ein Budget für Arbeit oder eines Teils der Aufwendungen für ein Budget für Ausbildung.

(4) Schwerbehinderte Menschen haben im Rahmen der Zuständigkeit des Integrationsamtes aus den ihm aus der Ausgleichsabgabe zur Verfügung stehenden Mitteln Anspruch auf Übernahme der Kosten einer Berufsbegleitung nach § 55 Absatz 3.

(5) [1] Schwerbehinderte Menschen haben im Rahmen der Zuständigkeit des Integrationsamtes für die begleitende Hilfe im Arbeitsleben aus den ihm aus der Ausgleichsabgabe zur Verfügung stehenden Mitteln Anspruch auf Übernahme der Kosten einer notwendigen Arbeitsassistenz. [2] Der Anspruch richtet sich auf die Übernahme der vollen Kosten, die für eine als notwendig festgestellte Arbeitsassistenz entstehen.

(6) [1] Verpflichtungen anderer werden durch die Absätze 3 bis 5 nicht berührt. [2] Leistungen der Rehabilitationsträger nach § 6 Absatz 1 Nummer 1 bis 5 dürfen, auch wenn auf sie ein Rechtsanspruch nicht besteht, nicht deshalb versagt werden, weil nach den besonderen Regelungen für schwerbehinderte Menschen entsprechende Leistungen vorgesehen sind; eine Aufstockung durch Leistungen des Integrationsamtes findet nicht statt.

(7) [1] Die §§ 14, 15 Absatz 1, die §§ 16 und 17 gelten sinngemäß, wenn bei dem Integrationsamt eine Leistung zur Teilhabe am Arbeitsleben beantragt wird. [2] Das Glei-

che gilt, wenn ein Antrag bei einem Rehabilitationsträger gestellt und der Antrag von diesem nach § 16 Absatz 2 des Ersten Buches an das Integrationsamt weitergeleitet worden ist. [3]Ist die unverzügliche Erbringung einer Leistung zur Teilhabe am Arbeitsleben erforderlich, so kann das Integrationsamt die Leistung vorläufig erbringen. [4]Hat das Integrationsamt eine Leistung erbracht, für die ein anderer Träger zuständig ist, so erstattet dieser die auf die Leistung entfallenden Aufwendungen.

(8) [1]Auf Antrag führt das Integrationsamt seine Leistungen zur begleitenden Hilfe im Arbeitsleben als Persönliches Budget aus. [2]§ 29 gilt entsprechend.

(9) Ein Antrag auf eine Leistung, auf die ein Anspruch besteht (Absätze 4 und 5), gilt sechs Wochen nach Eingang als genehmigt, wenn
1. das Integrationsamt bis dahin nicht über den Antrag entschieden hat und
2. die beantragte Leistung nach Art und Umfang im Antrag genau bezeichnet ist.

Übersicht

A. Allgemeines

1 Die Vorschrift enthält eine Aufzählung der dem Integrationsamt zugewiesenen Aufgaben. Der Systematik des Gesetzes, das die Integrationsämter vor der Bundesagentur für Arbeit erwähnt, kommt materielle Bedeutung im Hinblick auf einen etwaigen Vorrang der Leistungen der Integrationsämter nicht zu. In der Durchführung des Gesetzes ist die sachliche Zuständigkeit entweder den Integrationsämter oder den Einrichtungen der Bundesagentur für Arbeit zugeteilt. Dabei haben beide Behörden auch bei der Durchführung der Aufgaben, für die sie sachlich zuständig sind, immer miteinander zusammenzuarbeiten. Die Form der Zusammenarbeit ergibt sich aus der gemeinsamen Aufgabenstellung; die Pflicht hierzu ist in § 185 Abs. 2 nochmals besonders betont. Mit dem BTHG sind bei Aufrechterhaltung der Grundstruktur des bisherigen § 102 SGB IX 2001 einige kleinere Veränderungen in das SGB IX 2018 eingeführt worden. Bei Beschäftigungen in Inklusionsbetrieben wurde der Schwellenwert von 15 auf 12 Stunden wöchentlich herabgesetzt (Abs. 2 S. 3). In Abs. 3 Nr. 6 wird den Integrationsämtern durch eine Einfügung auf der Grundlage von Art. 2 Nr. 10a des Gesetzes zur Entlastung unterhaltsverpflichteter Angehöriger in der Sozialhilfe und in der Eingliederungshilfe (Angehörigen-Entlastungsgesetz) vom 10.12.2019 (BGBl. I 2135, 2138) die Möglichkeit eröffnet, im Rahmen ihrer Zuständigkeit für die begleitenden Hilfen im Arbeits- und Berufsleben einen Teil der Aufwendungen für ein Budget für Arbeit (§ 61) zu übernehmen, ohne dass

damit aber an der grundsätzlichen Zuständigkeit des für dieses Budget zuständigen Trägers (im Regelfall der Träger der Eingliederungshilfe) etwas geändert würde. Die bisherigen Abs. 3a–7 sind nunmehr die Abs. 4–8. Abs. 5 S. 2 wurde auf der Grundlage von Art. 2 Nr. 10b des Angehörigen-Entlastungsgesetzes an den bisherigen Text angefügt. Die Verweisungen in Abs. 7 sollen gewährleisten, dass die Integrationsämter wie die Rehabilitationsträger verfahren. Mit der Verweisung auf § 15 Abs. 1 soll sichergestellt werden, dass eine teilweise Weiterleitung für das Integrationsamt möglich ist, wenn der überwiegende Teil der Leistungen durch einen Rehabilitationsträger erbracht wird und das Integrationsamt nur einen Teil der Leistungen (etwa jene für eine notwendige Arbeitsassistenz im Rahmen der begleitenden Hilfe im Arbeitsleben) beisteuert (BT-Drs. 18/9522, 308).

Die **Aufgaben,** für welche die Integrationsämter sachlich zuständig sind, werden im § 185 aufgezählt, die Aufgaben, die der Bundesagentur für Arbeit obliegen, im § 187. Diese beiden Vorschriften über die Zuständigkeit geben jedoch nur den großen Rahmen an. Sie werden ergänzt durch die einzelnen Bestimmungen des Gesetzes, in denen gesagt ist, welche Dienststellen die Aufgaben durchzuführen haben und wie Integrationsämter und Einrichtungen der Bundesagentur jeweils zusammenarbeiten. Soweit die Bundesagentur für Arbeit als Rehabilitationsträger iSv § 6 tätig wird, gilt der in Abs. 6 zum Ausdruck gebrachte Grundsatz der Subsidiarität nicht. 2

Mit Art. 1 Nr. 24 des Gesetzes zur Förderung der Ausbildung und Beschäftigung sbM v. 23.4.2004 (BGBl. I 606 (608) wurde die Strukturverantwortung für die Integrationsfachdienste von der Bundesagentur für Arbeit auf die Integrationsämter verlagert, wurden die Möglichkeiten der Zusammenarbeit mit den Handwerkskammern und den Industrie- und Handwerkskammern verbessert und eine ganze Reihe von Detailverbesserungen im Rahmen der begleitenden Hilfe im Arbeitsleben eingeführt. Eine weitere Ergänzung um die Übernahme der Kosten einer Berufsbegleitung nach § 55 erfolgte durch Art. 5 Nr. 7 des Gesetzes zur Einführung Unterstützter Beschäftigung v. 22.12.2008 (BGBl. I 2959, 2961). 2a

Die Landesregierung oder die von ihr beauftragte Stelle kann nach § 190 Abs. 2 die Aufgaben, die den Integrationsämtern nach den Bestimmungen des SGB IX obliegen, auf die örtlichen Fürsorgestellen übertragen. 3

Bei den Integrationsämter werden ein **Beratender Ausschuss** und ein **Widerspruchsausschuss** gebildet (§§ 186, 202). Der Beratende Ausschuss für behinderte Menschen hat die Eingliederung der sbM zu fördern, das Integrationsamt zu unterstützten, Vorschläge zu unterbreiten und bei der Vergabe der Mittel der Ausgleichsabgabe mitzuwirken. Der Widerspruchsausschuss entscheidet über Widersprüche gegen alle Anordnungen und Entscheidungen, welche das Integrationsamt auf Grund des SGB IX trifft. Gegen die Entscheidungen des Integrationsamts kann der Beschwerte anschließend im Verwaltungsrechtsweg vorgehen. 4

B. Die Integrationsämter

Die Integrationsämter, die bereits mit ihrer Bezeichnung einen deutlichen Hinweis auf den Gesetzeszweck geben, sind historisch aus privaten Einrichtungen der Kriegsbeschädigtenfürsorge entstanden (wegen der Entstehungsgeschichte wird auf die 11. Auflage verwiesen). Sie sind der Tradition folgend **Landesdienststellen** geblieben. Für Aufgaben und Einrichtungen gelten neben den Vorschriften des SGB IX spezielle Regelungen des Kriegsopferrechts (zB die VO über die soziale Kriegsbeschädigten- und Kriegshinterbliebenenfürsorge v. 8.2.1919 (RGBl. 187), die als Bundesrecht weitergilt (BGBl. III/FNA 830-3-4)) sowie ergänzende Landesbestimmungen. 5

C. Aufgaben

6 Den Integrationsämtern sind durch das SGB IX alle Maßnahmen der begleitenden Hilfe im Arbeitsleben (nicht nur am Arbeitsplatz, OVG NRW 5.7.2006 – 12 A 2228/06, BeckRS 2007, 27323), der Erhaltung der sozialen Stellung und von Arbeitsplätzen, auf denen die Fähigkeiten und Kenntnisse verwertet und weiterentwickelt werden können, sonstige ergänzende Maßnahmen und Unterstützung bei der wirtschaftlichen Selbständigmachung sbM übertragen. Dazu kommt weiter zB die Ausstattung von Arbeitsplätzen und technischen Arbeitshilfen. Zur Finanzierung dieser besonderen fürsorgerischen Aufgaben kann das Integrationsamt die Mittel der Ausgleichsabgabe verwenden. Außerdem sind dem Integrationsamt übertragen die Erhebung und Verwendung der Ausgleichsabgabe (§ 160) und der Kündigungsschutz (§§ 168–175) und die zeitweilige Entziehung der besonderen Hilfen für sbM (§ 200). Die Arbeitgeber sind verpflichtet, dem Integrationsamt Auskünfte zu erteilen, die zur Durchführung des Gesetzes notwendig sind (§ 163 Abs. 5). Die Zuständigkeitsregelung ist nicht abschließend. Sie ergibt sich daneben aus weiteren Regelungen des Gesetzes (zB § 164 Abs. 4 S. 2; § 177 Abs. 1 S. 5, Abs. 6 S. 4).

7 Mit den durch Art. 1 Nr. 24a des Gesetzes zur Förderung der Ausbildung und Beschäftigung sbM v. 23.4.2004 (BGBl. I 606, 608) neu eingefügten Sätzen 2 und 3, die in ihrem Grundgedanken an die bisherige Regelung in § 104 Abs. 4 S. 2 anknüpften, wird der besonderen Verantwortung der Integrationsämter für die Erfüllung der ihnen im Zusammenhang mit der Teilhabe sbM am Arbeitsleben übertragenen Aufgabe entsprochen (Begründung des Gesetzesentwurfs, BT-Drs. 15/1783, 16).

8 Mit Zustimmung des Bundesrates wurden die Länder durch die neu eingefügten bundesrechtlichen Bestimmungen des Abs. 1 S. 2, 3 verpflichtet, ihre Integrationsämter in bestimmter Weise auszustatten, um ihre gesetzlichen Aufgaben umfassend und qualifiziert erfüllen zu können. Dies gilt insbes. für die Verpflichtung zum Einsatz besonders geschulten Fachpersonals mit Fachkenntnissen des Schwerbehindertenrechts. Die vom BR zunächst verlangte Streichung dieser Bestimmung wurde von der BReg. mit der Begründung abgelehnt, die Einfügung gestatte im Zusammenhang mit § 29 Abs. 2 SchwbAV die Finanzierung von Qualifizierungsmaßnahmen aus den Mitteln der Ausgleichsabgabe. Dies widerspricht jedoch den sowohl im G als auch der SchwbAV enthaltenen Verwendungsbestimmungen, § 160 Abs. 5 S. 2, § 185 Abs. 1 Nr. 1, 3, §§ 17 ff., speziell § 18 Abs. 1 S. 1 SchwbAV (Cramer NZA 2004, 706).

9 Mit dieser Einfügung korrespondierend wurde auch § 29 Abs. 2 SchwbAV dahin geändert, dass Mittel der Ausgleichsabgabe auch für Schulungs- und Bildungsmaßnahmen für die Qualifizierung des in § 185 Abs. 1 genannten Personals verwendet werden dürfen. Auch dies widerspricht der grundlegenden Anordnung des § 160 Abs. 5 S. 2, nach der Mittel der Ausgleichsabgabe nicht für Kosten der Verwaltung verwendet werden dürfen. Gerade darum handelt es sich jedoch bei der durch die S. 2 u. 3 eingefügten Verpflichtung zur Bereitstellung qualitativen Fachpersonals (Cramer NZA 2004, 707).

10 Dies erfordert zB den Einsatz von Mitarbeitern mit Managementausbildung oder speziell geschulten Ingenieuren (Matzeder br 2002, 40; Seidel br 2002, 50).

11 Die Bestimmung des § 185 ist eine **reine Zuständigkeitsregelung** (KHM/Kossens Rn. 3; Seidel br 2002, 34; SuP 2001, 577; Ritz br 2001, 71). Diesem Charakter entspr. kann aus der Vorschrift nicht entnommen werden, ob auf eine der genannten Leistungen ein Rechtsanspruch besteht oder nicht. Insofern wäre es missverständlich zu sagen, alle sbM hätten durch § 185 die gleichen Ansprüche, die ein Kriegsbeschädigter nach § 26 BVG und hierzu ergangenen VO zur Kriegsopferfürsorge idF v. 16.1.1979 (BGBl. I 80) hat. Die Ansprüche ergeben sich aus den Rechtsvorschriften, die für die einzelnen Gruppen von Geschädigten (Kriegsbeschädigte, Unfallgeschädigte usw) gelten, also aus den Bestimmungen des SGB, insbes. den §§ 97–99 SGB III, der VO über die ortho-

pädische Versorgung Unfallverletzter v. 18.7.1973 (BGBl. I 871), der §§ 27–27e BVG oder des SGB XII (vgl. dazu Eicher jM 2023, 192).

Die begleitende Hilfe im Arbeitsleben **für Unfallbeschädigte** ist in den §§ 35–38 SGB VII, für rentenversicherungspflichtige behinderte Menschen nach §§ 9 ff. SGB VI, für die Krankenversicherung der Landwirte in §§ 12–21b des Gesetzes über die Krankenversicherung der Landwirte nach gemeinsamen Grundsätzen, wie sie für die Kriegsbeschädigten gelten, geregelt. Nach der Altershilfe für Landwirte, dem Soldatenversorgungsgesetz, dem Zivildienst-, Häftlingshilfegesetz, Bundes-Seuchengesetz, Wiedergutmachungsgesetz, Bundesentschädigungsgesetz ist für die danach betroffenen Personen ebenfalls auf die entsprechenden versorgungsrechtlichen oder krankenversicherungsrechtlichen Bestimmungen verwiesen. Die Maßnahmen der begleitenden Hilfe im Arbeitsleben kann der Versicherungsträger selbst durchführen oder die Hilfe des Integrationsamts hierfür in Anspruch nehmen, wobei die Berufsgenossenschaft die Kosten zu übernehmen hat. Geht das Integrationsamt in seinen Leistungen über die Bestimmungen hinaus, die für die Unfallversicherung maßgeblich sind, indem es darüberhinausgehende Leistungen, etwa nach dem BVG für die allgemeine Sozialhilfe übernimmt, so muss es die Kosten der Mehrleistung aus den Mitteln der Ausgleichsabgabe bestreiten. Im Interesse einer gleichmäßigen Behandlung sämtlicher sbM erscheint es wünschenswert, dass allen Gruppen von sbM Berufsförderung nach den gleichen Grundsätzen zuteilwird, dass also die Bestimmungen für alle Rehabilitationsträger und nach dem SGB IX gleichmäßig angewandt werden. Bereits das G über die Angleichung der Leistungen zur Rehabilitation v. 7.8.1974 (BGBl. I 1881) wies in diese Richtung. 12

Die damalige Hauptfürsorgestelle durfte Leistungen für Witwen und Ehefrauen SB mit den Mitteln der Ausgleichsabgabe noch bis zum 31.12.1980 für solche Witwen und Ehefrauen erbringen, die am 1.5.1974 vorhanden waren. Insoweit galt das SchwbG 1961 in § 8 Abs. 1 und § 9 Abs. 5 befristet weiter (Art. III § 8 G zur Weiterentwicklung des Schwerbehindertenrechts v. 24.4.1974). Seither können Leistungen für die Arbeits- und Berufsförderung und zur Wiederherstellung und Erhaltung der Arbeitskraft usw nach Abs. 3 nur noch an sbM und gleichgestellte behinderte Menschen sowie Arbeitgeber erbracht werden. Rechtsansprüche auf bestimmte Leistungen aber ergeben sich für die einzelnen Gruppen der sbM nur aus den speziellen Gesetzen, VO und Verwaltungsvorschriften. Geht das Integrationsamt in seinen Leistungen über diesen Rahmen hinaus, so kann es nach eigenem Ermessen Mittel der Ausgleichsabgabe oder ihr sonst zur Verfügung stehende Mittel verwenden. Ebenso kann es nach allgemeinen Gesichtspunkten und Zweckmäßigkeit für schwerbehinderte oder gleichgestellte behinderte Menschen, die keine besonderen Ansprüche aus anderen einschlägigen Regelungen haben, Aufwendungen aus den Mitteln der Ausgleichsabgabe für Förderungsmaßnahmen verwenden. Allein die Aufstockung von Leistungen anderer Stellen ist ausgeschlossen, so dass das Integrationsamt andere zusätzliche Leistungen erbringen kann (→ Rn. 36). 13

Auch für die wichtigste der hier genannten Aufgaben, die begleitende Hilfe im Arbeitsleben (vgl. Adlhoch br 2019, 33), besteht kein unmittelbarer Rechtsanspruch des einzelnen sbM auf bestimmte Hilfen oder Leistungen (Hauck/Noftz/Simon Rn. 25). Welche Maßnahmen von dem Integrationsamt für sachdienlich gehalten und ergriffen werden, steht vielmehr im pflichtmäßigen Ermessen des Integrationsamts. Der sbM hat lediglich Anspruch darauf, **dass** das Integrationsamt tätig wird. **Wie es** tätig wird, bleibt dem Integrationsamt überlassen und hängt auch von seinen Mitteln ab (Hauck/Noftz/Gutzler Rn. 31). Bereits mit Art. 1 Nr. 17a aa des Gesetzes zur Bekämpfung der Arbeitslosigkeit Schwerbehinderter wurde in Abs. 2 nach S. 2 ein neuer S. 3 eingefügt, mit dem ausdrücklich klargestellt wurde, dass die begleitende Hilfe im Arbeits- und Berufsleben nicht nur bei unbefristeten, sondern auch bei befristeten Voll- und Teilzeitbeschäftigungsverhältnissen iSv § 73 SGB IX 2001 (heute § 156 SGB IX 2018) mit einer Dauer von mehr als acht Wochen möglich ist, wobei abweichend von § 73 Abs. 3 (heute § 156 SGB IX 2018) bereits Teilzeitverhältnisse im Umfang von mindestens 15 Stunden von der Rege- 14 lung erfasst werden. Für die Beschäftigung in Inklusionsbetrieben gilt nach einer entsprechenden Änderung durch das BTHG sogar nur ein herabgesetzter Schwellenwert von 12 Stunden pro Woche (BT-Drs. 18/9522, 308). Dies entspricht inhaltlich dem Beschluss des BT v. 2.7.2015 („Integrationsbetriebe fördern – Neue Chancen für Schwerbehinderte auf dem ersten Arbeitsmarkt eröffnen“, BT-Drs. 18/5377). Ob die nur befristete Gewährung einer solchen Hilfsmaßnahme einen sachlichen Grund iSv § 14 Abs. 1 S. 1 TzBfG für die Befristung eines Arbeitsvertrages darstellen kann (LAG Hmb 10.12.2008 – 5 Sa 58/08, BeckRS 2009, 54540), erscheint zweifelhaft. Zwar ist der Katalog der Befristungsgründe in § 14 Abs. 1 S. 1 Ziff. 1–8 TzBfG nicht abschließend, jedoch stellte zB die Befristung der Gewährung von Lohnkostenzuschüssen nach § 235a SGB III keinen ausreichenden Sachgrund für die Befristung eines Arbeitsverhältnisses dar (BAG 22.4.2009 – 7 AZR 96/08, NZA 2009, 1099).

15 Hier sind nur die wichtigsten Aufgaben des Integrationsamts genannt. Aus dem G ergeben sich weitere Zuständigkeiten (vgl. auch die Aufzählung der Aufgaben im Hinblick auf den Widerspruch → § 202 Rn. 27).

1. Erhebung und Verwendung der Ausgleichsabgabe

16 Die Zuständigkeit für die Ausgleichsabgabe war nach früherem Recht zwischen der Arbeitsverwaltung und der Hauptfürsorgestelle geteilt. Die Arbeitsämter erließen den Feststellungsbescheid nach den Meldungen und entschieden auch über Herabsetzung und Erlass. Die Hauptfürsorgestelle konnten bestimmte Leistungen annehmen und verwalteten die Ausgleichsabgabe (§ 9 SchwbG 1961). Jetzt ist für Einziehung, Feststellung, Verwaltung und Verwendung der Ausgleichsabgabe nur noch das Integrationsamt zuständig, und zwar das Integrationsamt am Sitz des Arbeitgebers, wobei aber ein Ausgleich unter den einzelnen Integrationsämtern erfolgt (§ 164 Abs. 6). Damit ist im Zuge der Verwaltungsvereinfachung hier eine einheitliche Verwaltungszuständigkeit geschaffen, die für alle Beteiligte Erleichterungen und Vereinfachungen mit sich bringt. Für die Einzelheiten kann auf § 164 und die Anm. dazu sowie die Schwerbehinderten-Ausgleichsabgabeverordnung – SchwbAV – v. 28.3.1988 (BGBl. I 484, zuletzt geändert durch G v. 23.12.2016, BGBl. I 3234) verwiesen werden.

2. Kündigungsschutz, Wohnungsbeschaffung, wirtschaftliche Selbständigmachung

17 **a) Gleichstellung nach Kündigungsschutz.** Ob **Gleichstellung** und **Kündigungsschutz** zur Zuständigkeit der Hauptfürsorgestelle oder der Bundesagentur für Arbeit gehören sollten, war bei der Beratung des Schwerbehindertengesetzes 1961 umstritten. Beide Aufgaben haben sowohl arbeitsmarktpolitischen als auch fürsorgerischen Einschlag. Der Gesetzgeber hatte sich zunächst entschlossen, hier den Fürsorgegedanken in den Vordergrund zu stellen und dementsprechend die verantwortliche Entscheidung der Hauptfürsorgestelle übertragen und die Stellungnahme des Arbeitsamtes dazu vorgeschrieben. Seit der Neufassung des Schwerbehindertengesetzes ab 1.1.1974 waren dann allein die Arbeitsämter für die Gleichstellung zuständig. Dagegen war der Kündigungsschutz bei der Zuständigkeit der Hauptfürsorgestelle (heute: Integrationsämter) verblieben, die nunmehr allein dafür zuständig waren. Daran ist auch im SGB IX festgehalten worden.

18 **b) Versorgung mit Wohnraum.** Eine im Zusammenhang mit der Beschäftigung sbM erforderliche **Wohnungsbeschaffung,** Ausstattung und die Erhaltung geeigneter Wohnungen für sbM gehören gleichfalls zu den Aufgaben des Integrationsamts. Die im Gesetzesentwurf zum SGB IX 2001 (BT-Drs. 15/1783, 6) noch enthalten gewesene Ausdehnung auch auf Hilfen zum Umbau der Wohnung ist im G nicht realisiert worden. Dies hätte angesichts des Nachrangs der Leistungen der Integrationsämter aus den Mitteln der Ausgleichsabgabe eine Erweiterung der entsprechenden Verpflichtungen der primär zu-

ständigen Rehabilitationsträger aus Haushaltsmitteln für den Umbau der Wohnung (§ 33 Abs. 8 S. 1 Nr. 6 SGB IX 2001) erfordert, der die Träger der beruflichen Reha nicht zustimmten. Als Leistungen zur Teilhabe am Arbeitsleben scheiden sie damit aus, können bei Erfüllung weiterer Voraussetzungen jedoch als Leistungen zur Teilhabe an der Gemeinschaft erbracht werden (Cramer NZA 2004, 707).

Die Möglichkeiten einer **praktischen Förderung der Beschaffung und Erhaltung** von den besonderen Bedürfnissen der sbM entsprechenden Wohnungen durch die Integrationsämter sind je nach dem Aufkommen aus der Ausgleichsabgabe uU beschränkt. Dann ist das Integrationsamt weitgehend auf die freiwillige Mitarbeit der Arbeitgeber und auf die Mithilfe anderer Behörden angewiesen. Das Aufkommen aus der Ausgleichsabgabe kann nach § 22 SchwbAV zur Schaffung von behindertengerechtem Wohnraum nach § 16 WoFG, zur Anpassung von Wohnraum an die besonderen Bedürfnisse wegen der Behinderung, aber auch zum Umzug in eine behindertengerechte oder erheblich näher am Arbeitsplatz gelegene Wohnung verwendet werden (NdsOVG 28.7.1993 – 4 L 2059/92, BeckRS 1993, 09957; einschränkend BVerwG 27.7.1994 – 5 B 147/93, nv). Eine Beschränkung auf den übergebietlichen Ausgleich ist entgegen einer früheren Regelung nicht mehr vorgesehen. 19

Die Wohnungsbeschaffung ist eine der wichtigsten Voraussetzungen für die Eingliederung der sbM in das Erwerbsleben. Dies gilt insbes. für die übergebietliche Arbeitsvermittlung der sbM; deshalb ist es möglich, die Mittel des Ausgleichsfonds nach § 78 einzusetzen (vgl. § 41 SchwbAV). Darüber hinaus ist es von Bedeutung, dass der sbM in möglichster Nähe seiner Arbeitsstätte wohnt, um seine Kraft nicht schon durch den An- und Abmarschweg zu belasten. Nach § 20 SchwbAV iVm der Kraftfahrzeughilfeverordnung (vgl. unter Nr. 5e) können deshalb auch Leistungen zur Beschaffung und behindertengerechten Zusatzausstattung eines Kraftfahrzeuges sowie zum Erwerbeines Führerscheins in Betracht kommen, wenn der Behinderte zur Erreichung seines Arbeitsplatzes auf die Benutzung eines Kraftfahrzeuges wegen seiner Behinderung angewiesen ist. Das entspricht der besonderen Aufführung der Mittelgewährung zum Erreichen des Arbeitsplatzes nach Abs. 3 Nr. 1b. 20

c) **Existenzgründung.** Nach Maßgabe der zur Verfügung stehenden Mittel kann auch eine Hilfe zur Gründung und Erhaltung einer **selbständigen Existenz** gewährt werden (Seidel SuP 2001, 377). Der sbM soll dadurch die Möglichkeit erhalten, wirtschaftlich selbständig zu werden (vgl. Abs. 3 Nr. 1c). Voraussetzung ist dafür, dass der sbM die persönlichen und fachlichen Voraussetzungen für die Ausübung einer selbständigen Tätigkeit erfüllt, dass die selbständige Tätigkeit auf die Dauer eine ausreichende Lebensgrundlage erwarten lässt und dass die Tätigkeit unter Berücksichtigung von Lage und Entwicklung des Arbeitsmarktes zweckmäßig ist. Diese Hilfe zur Gründung und Erhaltung einer selbständigen Existenz wird in Form von Darlehen gewährt. Die Darlehen (HmbOVG 19.2.1996 – Bs IV 288/95, br 1996, 166) sollen mit jährlich 10 vH getilgt werden, wovon aber im Jahr der Auszahlung und im folgenden Jahr Abstand genommen werden kann. Die Tilgungsrate kann in besonderen Fällen auch ermäßigt werden. Die Darlehen können je nach Lage des Falles und der Mittel verzinslich oder unverzinslich gewährt werden. Der laufende Betrieb darf aber nicht gedeckt werden. Das Darlehen kann zwar auch zur Erhaltung einer selbständigen Existenz gewährt werden. Darunter sind aber nur Umstellungen, Rationalisierung und ähnliche einmalige Ausgaben, nicht aber die laufenden Kosten zu verstehen (vgl. § 21 SchwbAV). 21

Die Vorteile von technischen Arbeitshilfen, Beschaffung, Erhaltung und Ausstattung entsprechender Wohnungen, Fortbildung und begleitender Hilfe kommen nicht nur Arbeitnehmern, sondern allen sbM zugute, die eine selbständige Tätigkeit ausüben oder aufzunehmen beabsichtigen. Sie haben dieselben Ansprüche auf Leistungen wie Arbeitnehmer (vgl. § 21 Abs. 4 SchwbAV). Dies gilt auch für eine notwendige Arbeitsassistenz, wenn diese erforderlich ist, um den selbständigen sbM zu befähigen, sich gegen die nicht 22 behinderte Konkurrenz zu behaupten (VG Schleswig-Holstein 27.8.2003 – 15 A 267/01, br 2004, 111; VGH BW 4.5.2004 – 9 S 14/03, br 2004, 177). Als Beispiel zu nennen ist etwa ein Vorleser für einen blinden Rechtsanwalt (VG Stade 25.6.2003 – 4 A 1687/01, br 2004, 19). Die Gewährung der Leistung steht jedoch unter dem Vorbehalt des Vorhandenseins entsprechender Mittel (OVG Bremen 15.10.2003 – 2 B 304/03, br 2004, 84; a. A. OVG Berlin-Brandenburg 6.10.2017 – OVG 6 B 86.15, nv; offen gelassen von BVerwG 28.6.2010 – 5 B 66/09, nv).

3. Begleitende Hilfe im Arbeitsleben; Beschäftigung der sbM nach Kenntnissen und Fähigkeiten; soziale Stellung

23 a) **Begleitende Hilfe im Arbeitsleben.** Die Aufgaben der früher sog. nachgehenden Hilfe im Arbeitsleben waren schon durch § 21 Abs. 2 SchwbG idF der Novellierung v. 3.7.1961 ausdrücklich den damaligen Hauptfürsorgestelle im Zusammenwirken mit der Bundesagentur für Arbeit übertragen worden und wurden damals „nachgehende Fürsorge am Arbeitsplatz“ genannt. Seit der Neuregelung v. 29.4.1974 war diese Aufgabe allein der Hauptfürsorgestelle übertragen und stellte eine der wichtigsten Aufgaben der Hauptfürsorgestelle gegenüber den SB dar. Als **begleitende Hilfe** im Arbeits- und Berufsleben war sie ab 1.8.1986 nach dem Ersten Änderungsgesetz zum SchwbG iVm dem Beispielkatalog des Abs. 3 eine ganz wesentliche Aufgabe der Hauptfürsorgestelle. Insoweit hatte bereits § 31 Abs. 1 Nr. 3 und Abs. 2 u. 3 und haben nunmehr § 185 Abs. 1 Nr. 3 sowie Abs. 2 u. 3 eigenständige Bedeutung, weil hier eine zusätzliche Aufgabenstellung außerhalb der sonstigen gesetzlichen Vorschriften den Integrationsämter (früher: Hauptfürsorgestelle) übertragen wird. Der Ausdruck „begleitende Hilfe“ ist ein aus der Praxis übernommener Ausdruck, der insbes. die Tätigkeit nach der Schaffung eines Arbeitsplatzes umfasst Um einen solchen handelt es sich wegen der (staatskirchenrechtlichen) Besonderheiten dieses „Dienstverhältnisses“ allerdings nicht bei der Betätigungsstelle eines ordinierten Geistlichen bei einer Kirche (BVerwG 14.11.2003 – 5 C 13/02, NJW 2004, 2256; OVG RhPf 6.10.2022 – 7 A 11104/21, BeckRS 2022, 28775), so dass ein Anspruch auf Unterstützung und Förderung hier bereits dem Grunde nach nicht besteht. Entsprechendes gilt für das geschäftsführende Vorstandsmitglied eines eingetragenen Vereins (BVerwG 8.3.1999 – 5 C 98, NZA 1999, 826). Unter dem Stichwort „begleitende Hilfe“ werden nicht nur die Schaffung der Voraussetzungen für die Aufgaben der Gleichstellung, Einstellung und Unterbringung sowie tatsächlicher Beschäftigung der sbM angesprochen, sondern die Hilfe für den sbM am danach geschaffenen Arbeitsplatz. Insoweit geht der Begriff der begleitenden Hilfe weiter als die frühere nachgehende Fürsorge. Das Integrationsamt soll auch schon bei den Voraussetzungen für die Eingliederung sbM auf einen Arbeitsplatz mitwirken. Begleitende Hilfe umfasst darüber hinaus auch die Aufgabe für die Integrationsämter, von Amts wegen tätig zu werden und schon auf Anregung und ohne förmlichen Antrag eventuellen Beschwerden nachzugehen. Begleitende Hilfe zur Sicherung des Arbeitsplatzes wird vor allem in Form von persönlicher Hilfe gewährt. Die persönliche Hilfe umfasst dabei erforderlichenfalls auch die Beratung von Vorgesetzten und Mitarbeitern des Beschäftigten. In diesem Sinne ist auch die begleitende Hilfe im Arbeitsleben in § 102 Abs. 2 zu verstehen. Wenn auch dem Einzelnen kein Rechtsanspruch auf solche begleitende Hilfe zusteht, hat doch der Gesetzgeber den Integrationsämter zur Pflicht gemacht, in diesem Sinne tätig zu werden und sowohl bis als auch nach Vermittlung und Unterbringung den sbM zur Seite zu stehen. Als begleitende Hilfe kann die Vermittlung des Integrationsamts bei der Findung und Erhaltung eines Arbeitsplatzes wirksam werden. Häufig genügt ein aufklärendes Wort oder eine Vermittlung im Betrieb selbst, um den sbM die Arbeit zu erleichtern und Verständnis für seine besondere Lage auch bei Vorgesetzten und Mitarbeitern zu wecken. Zugleich wird unter der begleitenden Hilfe im Arbeitsleben auch die Leistung zur Eingliederung, für technische Arbeitshilfen, zur

Erreichung des Arbeitsplatzes, zur Selbständigkeit, zur Wohnraumbeschaffung, zur Erhaltung der Arbeitskraft und in besonderen Lagen verstanden (§ 17 SchwbAV). Insoweit deckt sich Nr. 1 über die Verwendung der Ausgleichsabgabe mit Nr. 3 über die begleitende Hilfe im Arbeitsleben.

Die Abgrenzung der Zuständigkeit zu der Bundesagentur für Arbeit ergibt sich daraus, dass die Bundesagentur für Arbeit für die berufsfördernden und ergänzenden Leistungen nach §§ 97 ff. SGB III, die Integrationsämter dagegen für die begleitende Hilfe im Arbeitsleben zuständig sind. Im Grundsatz lässt sich sagen, dass die Bundesagentur zur Beschaffung eines geeigneten, dauernden Arbeitsplatzes zuständig ist und danach die begleitende Hilfe beginnt (KHM/Kossens Rn. 7). Maßgeblich ist dabei nicht schon die Beschaffung einer jeden Arbeitsstelle, sondern nur das Bestehen eines auf Dauer angelegten Arbeitsverhältnisses auf einem dem § 164 Abs. 4 entsprechenden Arbeitsplatz. Das kann auch ein Probearbeitsverhältnis sein, welches zu einem endgültigen Arbeitsverhältnis werden soll, so dass der reibungslose Übergang in ein Dauerarbeitsverhältnis trotz § 173 Abs. 1 Nr. 1 zur begleitenden Hilfe gehört. Dagegen bleibt auch nach Begründung eines Aushilfs- oder sonstigen vorübergehenden Arbeitsverhältnisses zunächst noch die Bundesanstalt für die Beschaffung eines dauernden Arbeitsplatzes zuständig, sofern es um die Beschaffung eines Arbeitsplatzes geht. Die Erhaltung oder Umwandlung auf Dauer bleibt jedoch auch hier Aufgabe des Integrationsamts als begleitende Hilfe, ebenso wie eine Unterstützung arbeitsloser sbM zur besseren Vermittlung und Findung eines Arbeitsplatzes beitragen kann. Der durch das BTHG eingefügte Abs. 3 Nr. 6 ermöglicht die Übernahme eines Teils der Aufwendungen für ein Budget für Arbeit (§ 61) durch das Integrationsamt im Rahmen seiner Zuständigkeit für die begleitenden Hilfen im Arbeits- und Berufsleben (BT-Drs. 18/9522, 308). Damit wird die grundsätzliche Zuständigkeit des für das Budget für Arbeit zuständigen Trägers (im Regelfall der Träger der Eingliederungshilfe) aber nicht berührt. **24**

Die geforderte enge Zusammenarbeit ist mehr als bloß Anhörung. Zusammenarbeit bedeutet aber nicht nur wie Benehmen gemeinsame Beratung, sondern auch gemeinsames Tätigwerden. Es gehört zur Zusammenarbeit, dass auf Grund gemeinsamer Beratung auch eine Art des gemeinsamen Vorgehens abgesprochen wird (vgl. § 25). Dabei ist nicht erforderlich, dass jeweils immer ein Beauftragter des Integrationsamts und ein Beauftragter der Bundesanstalt oder des sonstigen Rehabilitationsträger zusammen tätig werden, also zB im Betrieb des sbM vorstellig werden. Vielmehr kann entspr. dieser Absprache das Zusammenwirken auch dahingehend erfolgen, dass ein Beauftragter beider Stellen tätig wird. So kann auch nach Beratung die eine oder andere begleitende Hilfsmaßnahme dem Integrationsamt oder der Bundesagentur im Einzelfall übertragen werden. **25**

Den Integrationsämter ist weiter zur Aufgabe gemacht, dass die sbM in ihrer sozialen Stellung nicht absinken, ihrem Beruf erhalten bleiben und auf entsprechenden Arbeitsplätzen beschäftigt werden. Diese Aufgaben waren früher allen beteiligten Stellen, dh Arbeitgeber, Betriebs- und Personalräten, Vertrauensleuten, Integrationsamt und Bundesanstalt sowie Berufsgenossenschaften übertragen. Das gilt im Grundsatz nach §§ 164, 167, 184, 185 u. 187 auch heute noch. Zusätzlich sind aber diese Aufgaben als spezielle Aufgaben der begleitenden Hilfe im Arbeitsleben nach § 185 Abs. 2 auch im SGB IX den Integrationsämtern übertragen worden. **26**

b) Beschäftigung nach Kenntnissen und Fähigkeiten. Der Begriff der **Beschäftigung nach den Kenntnissen und Fähigkeiten** stammt aus dem Recht der Arbeitsvermittlung und ist einer der tragenden Grundsätze der individuellen Arbeitsvermittlung. Der sbM hat Anspruch auf einen Arbeitsplatz, der in den Anforderungen an die Körperkraft, den Gesundheitszustand, die Geschicklichkeit, geistige Leistungsfähigkeit und berufliche Vorbildung und Erfahrung seinen individuellen Anlagen und Fähigkeiten entspricht. Zusätzlich sind die wichtigen Grundsätze des § 164 Abs. 4 zu beachten, wonach auch **27**

die Weiterentwicklung der Fähigkeiten und Kenntnisse ermöglicht werden soll. Folgerichtig sind die Integrationsamt ermächtigt, Geldmittel auch zur Teilnahme an Förderungsmaßnahmen auch zur Erweiterung der beruflichen Kenntnisse zur Verfügung zu stellen (Abs. 3 Nr. 1 Buchst. e). Dies wurde bereits bisher durch die Regelungen in Abs. 3 Nr. 2 ergänzt, mit denen durch die Gewährung von Leistungen an Arbeitgeber ein entsprechendes Anliegen verfolgt wurde. Der Katalog möglicher Leistungen wurde durch Art. 1 Nr. 24 lit. aa um eine ganze Palette weiterer Fallgestaltungen vergrößert. Möglich sind nunmehr auch Zuschüsse für Gebühren (insbes. Prüfungsgebühren) bei der Berufsausbildung besonders betroffener schwerbehinderter Jugendlicher und junger Erwachsener, Prämien und Zuschüsse zu den Kosten der Berufsausbildung Jugendlicher und junger Erwachsener, die für die Zeit der Ausbildung sbM nach § 151 Abs. 4 gleichgestellt wurden und für Prämien zur Einführung eines betrieblichen Eingliederungsmanagements (Gesetzesbegründung BT-Drs. 15/1783, 17; Gagel NZA 2004, 1358). Diese Regelung korrespondiert mit der Verpflichtung des Arbeitgebers aus § 167 Abs. 2 S. 1 (Ausschussbericht, BT-Drs. 15/2357, 25). Nähere Einzelheiten der Leistungsgewährung ergeben sich aus den §§ 26a–c SchwbAV. Nicht in Übereinstimmung mit dem Gesetzeswortlaut steht dabei die Beschränkung des Anwendungsbereichs des § 26a auf nicht der Beschäftigungspflicht unterliegende Arbeitgeber (Cramer NZA 2004, 707). Entsprechendes gilt für die dort ebenfalls erfolgte Beschränkung auf den Personenkreis des § 155 Abs. 1 lit. a–c (Cramer NZA 2004, 707).

28 Dem sbM soll möglichst **sein Beruf erhalten bleiben.** In dem erlernten Beruf hat der sbM einen Erfahrungsschatz, der auf jeden Fall ausgenützt werden soll. Er bildet daher die wesentliche Grundlage für einen neuen Berufsansatz. Der alte Beruf sollte nicht ohne ernste Gründe aufgegeben werden, selbst wenn es wegen der körperlichen Schädigung zunächst zweckmäßig erscheinen könnte. Technische Hilfsmittel und sinnvolle betriebliche Maßnahmen zur Erleichterung der Arbeit (Nachschulungen) werden in der Regel leichter zum Erfolg verhelfen als Umschulungen auf einen neuen Beruf. Berufswechsel sollte nur in besonderen Fällen vorgenommen werden. Der sbM ist dann nach §§ 97 ff. SGB III durch Leistungen für die berufliche Fortbildung und Umschulung durch die Bundesagentur für Arbeit als Rehabilitationsträger zu fördern und zu unterstützen. Das Integrationsamt hat in diesem Fall darauf hinzuwirken.

29 Der sbM soll nach Möglichkeit einen **produktiven Arbeitsplatz** einnehmen. Die Beschäftigung in den früher typischen Schwerbehindertenstellen als Pförtner, Bote, Nachtwächter, Lageraufseher usw darf nur für Beschäftigte in Frage kommen, deren Grad der Behinderung oder Eignung eine andere Lösung nicht mehr zulässt.

30 c) **Sicherung der sozialen Stellung.** Die Forderung, dass der sbM in einer **sozialen Stellung** nicht absinken soll, hängt eng mit der Erhaltung seines bisherigen Berufes zusammen. Es ist anzustreben, dem sbM durch Beschäftigung auf einem krisenfesten Arbeitsplatz seinen vor dem Eintritt der Behinderung innegehabten Lebensstandard zu erhalten und ihm Gelegenheit zu geben, seine soziale Lage wie ein gesunder Arbeitnehmer durch geleistete Arbeit zu verbessern. Da die Behinderung in den meisten Fällen auch zu einer Minderung der sozialen Leistungsfähigkeit führt, haben die Integrationsämter als mit der Durchführung des Gesetzes betraute Behörden alle Maßnahmen zu ergreifen, um einen sozialen Abstieg des sbM zu verhindern. Der sbM darf sich jedoch nicht nur auf staatliche oder betriebliche Hilfe verlassen, sondern muss seine Leistungsfähigkeit voll einsetzen. Die Erfahrung lehrt, dass viele sbM bemüht sind, ihre Beeinträchtigung durch einen gesteigerten Willen zur vollwertigen Leistung im Beruf auszugleichen. Auch die Vorschriften des § 206, die verbieten, Versorgungs- oder Rentenbezüge auf das Arbeitsentgelt anzurechnen, und des § 208 über den Zusatzurlaub, der dem sbM die Möglichkeit gibt, Arbeitskraft und Leistungsfähigkeit zu regenerieren, dienen der Erhaltung der sozialen Stellung.

Soweit die Integrationsämter darauf Einfluss nehmen sollen, dass Schwierigkeiten bei der Ausübung der Beschäftigung beseitigt werden, handelt es sich um nichts anderes als um einen Teil der begleitenden Hilfe, wie er bereits dargestellt worden ist. Wesentlich sind dabei auch nach den Umständen psychosoziale Betreuungen, wie sie bereits seit. 1.8.1986 in § 31 Abs. 2 S. 3 SchwbG besonders erwähnt wurden (Dobbe br 1993, 85) und auch in § 185 Abs. 2 S. 4 vorgesehen sind (Brand br 1998, 34; Benk ua br 2000, 93). Es gehört gerade zur begleitenden Hilfe im Arbeitsleben, Schwierigkeiten bei der Ausübung der Beschäftigung durch Aussprache mit Arbeitgeber und Mitarbeitern aus dem Wege zu räumen (vgl. Heuser br 1997, 1). Die besondere Herausstellung in § 185 Abs. 2 S. 4 besagt daher nichts Zusätzliches. Damit die vielfältigen Aufgaben bewältigt werden können, sind sowohl die mit dem G zur Bekämpfung der Arbeitslosigkeit Schwerbehinderter v. 29.9.2000 (BGBl. I 1394) erstmals besonders genannten Integrationsfachdienste (§ 37a SchwbG), die nunmehr in den §§ 192 ff. besonders erwähnt werden, als auch die psychosozialen Dienste freier gemeinnütziger Einrichtungen und Organisationen einzuschalten, deren Dienste aus der Ausgleichsabgabe bezahlt werden können (§ 185 Abs. 3 Nr. 3). Hinzu tritt infolge einer Änderung von Abs. 3 Nr. 3 durch Art. 1 Nr. 24 lit. c bb auch die gesamte Zuständigkeit für die Förderung von Inklusionsprojekten nach Kapitel 11, dh auch für die Erbringung von Leistungen an Inklusionsbetriebe und -abteilungen, für die früher der Ausgleichsfonds beim BMGuS zuständig war. Damit liegt die Zuständigkeit zur Förderung aus Mitteln der Ausgleichsabgabe jetzt allein bei den Integrationsämtern. Die SchwbAV wurde insofern entspr. geändert (BT-Drs. 15/1783, 17). Die maßgeblichen Regelungen finden sich in den § 17 Abs. 1 Nr. 3 und § 28 SchwbAV, wobei die Änderung nicht im G, sondern durch die 3. Änderungsverordnung zur SchwbAV v. 16.1.2004 (BGBl. I 77) mit Wirkung bereits zum 1.1.2004 erfolgte (Cramer NZA 2004, 708). 31

Für die begleitende Hilfe können Mittel aus dem Aufkommen der Ausgleichsabgabe verwendet werden (§ 17 SchwbAV), soweit keine anderen Rehabilitationsträger zuständig sind. Es gilt aber der Nachrang der Sozialhilfe und das Verbot aufzustocken (§ 18 Abs. 1 SchwbAV). Diese Grundsätze gelten auch für die Übernahme der Kosten einer notwendigen Arbeitsassistenz (§ 185 Abs. 4 iVm § 17 Abs. 1a, § 18 SchwbAV). Wegen des Verhältnisses zu § 23 Abs. 8 S. 1 Nr. 3: → § 49 Rn. 10. 32

Neu eingefügt in das G wurde durch Art. 1 Nr. 24 lit. b des Gesetzes zur Förderung der Ausbildung und Beschäftigung sbM als S. 7 des Abs. 2 die Verpflichtung der Integrationsamt, in enger Abstimmung mit den Beteiligten des örtlichen Arbeitsmarktes Ansprechpartner zu benennen, die in Handwerks- und Industrie- und Handelskammern als Ansprechpartner für die Arbeitgeber zur Verfügung stehen (Möllering/Stüer br 2002, 56). Zweck des Gesetzes sind eine Verbesserung des Informationsstandes über die Funktion und die Aufgaben der Integrationsdienste, über die Möglichkeiten der begleitenden Hilfe im Arbeitsleben und die Intensivierung des Kontakts zum Integrationsfachdienst (Gesetzesbegründung, BT-Drs. 15/1783, 16). 33

4. Schulungs- und Bildungsmaßnahmen

Zur Verhinderung und Beseitigung von bei der Beschäftigung von sbM auftretenden Schwierigkeiten ist es den Integrationsämter zur Pflichtaufgabe gemacht, für Vertrauenspersonen, Inklusionsbeauftragte der Arbeitgeber und die Betriebs-, Personal-, Staatsanwalts- und Richtervertretungen Schulungs- und Bildungsmaßnahmen durchzuführen (KHM/Kossens Rn. 14). Die Vertrauenspersonen usw sind von den Integrationsämter zu solchen Veranstaltungen einzuladen. Ein Zwang zur Teilnahme besteht allerdings nicht; die Teilnahme gehört aber zu den Aufgaben von Vertrauenspersonen, Inklusionsbeauftragten, Betriebsräten, Personalräten und Richter- und Staatsanwaltsvertretungen, so dass hierfür die erforderliche Freizeit zu gewähren ist und auch wegen der Teilnahme keine Minderung des Arbeitsentgelts eintreten darf. 34

35 Schulungsmaßnahmen sind vor allem Veranstaltungen zur Unterrichtung der mit dem Schutz der sbM betrauten Personen in Dienststellen und Betrieben, auf denen etwa in Vorträgen, Betriebsbesichtigungen vorbildlicher Einrichtungen oder Ausstellungen über Arbeitshilfen die Möglichkeiten und gesetzlichen Grundlagen der Beschäftigung sbM erläutert werden und Verständnis für die besondere Lage und Situation der sbM geweckt wird (KHM/Kossens Rn. 14).

36 Unter Bildungsmaßnahmen sind andere Unterrichtsformen zu verstehen, vor allem die Verteilung aufklärender und erläuternder Broschüren, Filmvorführungen, Vorführungen im Betrieb oder am Arbeitsplatz, Aufklärung bei Betriebsratssitzungen usw.

37 Die Kosten für die Durchführung der Veranstaltung selbst hat das Integrationsamt zu tragen. Es muss also die Räume für Schulungsveranstaltungen zur Verfügung stellen oder anmieten, evtl. Honorare für Redner und deren Reisekosten tragen und auch das zu verteilende Unterrichtsmaterial bezahlen. Der Arbeitgeber hat nur den Lohn- und Verdienstausfall und evtl. notwendige Reisekosten der Vertrauenspersonen, sowie der Betriebs- und Personal-, Richter- und Präsidialratsmitglieder zu tragen. Zu diesen Reisekosten gehört auch ggf. ein Tage- und Übernachtungsgeld, so dass das Integrationsamt nicht für den Verzehr der Teilnehmer aufzukommen hat, sondern nur die Kosten der Veranstaltung selbst, dazu auch die Reisekosten der Referenten tragen muss. Die Grundsätze, die zu § 37 Abs. 6 BetrVG entwickelt worden sind, können hier nicht entspr. angewandt werden, da die Schulungs- und Bildungsmaßnahmen ausdrücklich dem Integrationsamt übertragen worden sind. Deshalb kann auch keine vom Arbeitgeber zu tragende Teilnehmergebühr zur Deckung von Kosten des Integrationsamts erhoben werden. Lediglich so weit darüber hinaus von anderen Stellen Aufklärungs-, Schulungs- und Bildungsmaßnahmen durchgeführt werden, besteht die Möglichkeit, Leistungen als Kannvorschrift nach Abs. 3 letzter Satz zu gewähren (→ § 179 Rn. 15 mit weiteren Angaben und §§ 29, 41 SchwbAV).

38 Nicht zu den Schulungs- und Bildungsmaßnahmen im Sinne dieser Vorschrift gehört trotz der gleichzeitig erfolgten Änderung des § 29 Abs. 2 SchwbAV die Qualifizierung von Fachpersonal iSv § 185 Abs. 1 S. 2, 3. Dies würde dem Grundgedanken des § 160 Abs. 5 S. 2 widersprechen (→ Rn. 6).

5. Berufsbegleitung

39 Mit Art. 5 Ziff. 3 des Gesetzes zur Einführung Unterstützter Beschäftigung v. 22.12.2008 (BGBl. I 2359, 2360 f.) ist in das SGB IX ein neuer § 38a (heute § 55) eingefügt worden, dessen Gegenstand die Berufsbegleitung ist. Dabei handelt es sich um Leistungen zur individuellen beruflichen Qualifizierung. Nr. 7 des Gesetzes führt einen neuen § 102 Abs. 3a (heute § 185 Abs. 4) ein, durch den ein Anspruch der sbM sowie der ihnen gleichgestellten behinderten Menschen auf Gewährung dieser Leistung durch das Integrationsamt begründet wird. Die Vorschrift orientiert sich strukturell an der Regelung für die Arbeitsassistenten. Wegen der Einzelheiten wird auf die Kommentierung zu § 55 verwiesen.

6. Technische Arbeitshilfen; Arbeitsassistenz

40 Körperersatzstücke, orthopädische und andere Hilfsmittel haben heute die Rehabilitationsträger zu gewähren (§ 33 Abs. 1 SGB V, § 31 SGB VII, § 15 Abs. 1 Ziff. 4 SGB VI). Eine Leistung des Integrationsamts an den sbM kommt daher nicht mehr in Betracht. Dementsprechend sind diese Leistungen auch nicht mehr im SGB IX erwähnt. Dagegen ist der Arbeitgeber nach wie vor gem. § 164 Abs. 4 Nr. 5 verpflichtet, den Arbeitsplatz des sbM mit den erforderlichen **technischen Arbeitshilfen** (→ § 164 Rn. 31; NdsOVG 14.10.1992 – 4 L 520/92, ND MBl. 1993, 157) zu versehen. Bei der Durchführung von Maßnahmen dieser Art müssen die Bundesagentur für Arbeit und Integrati-

onsämter die Arbeitgeber unterstützen (über Begriff und Anwendungsbereich der technischen Arbeitshilfen → § 164 Rn. 31). Grundsätzlich hat der Arbeitgeber die Kosten selbst zu tragen (SchlHOVG 11.8.2003 – 2 LA 46/03, br 2004, 18). Um aber die Eingliederung sbM zu erleichtern, können die Kosten für die Beschaffung und Instandsetzung technischer Arbeitshilfen, die nicht in das Eigentum des Arbeitgebers übergehen, und die Ausbildung zum Gebrauch ganz oder teilweise aus den Mitteln der Ausgleichsabgabe übernommen werden (§ 19 SchwbAV). Zur Entwicklung technischer Arbeitshilfen können auch Mittel des Ausgleichsfonds verwendet und von den Integrationsämter beantragt werden (vgl. §§ 17, 19 SchwbAV).

Personen die **wesentlich behindert** sind iSd **§ 53 SGB XII,** also vor allem auch Sehbehinderte, haben Anspruch auf Eingliederungshilfe nach der VO nach § 60 SGB XII (Eingliederungshilfeverordnung) idF v. 1.2.1975 (BGBl. I 433, zuletzt geändert durch Art. 21 des Gesetzes v. 23.12.2016, BGBl. I 3234). Danach können Hilfsmittel zum Ausgleich der durch die Behinderung bedingten Mängel gehören wie Schreibmaschinen für Blinde, Blindenuhren, Tonbandgeräte, Blindenführhunde, Krankenfahrzeuge, auch Hilfe zur Beschaffung eines Kraftfahrzeugs (§§ 8–10 Eingliederungshilfeverordnung). Besonderer Wert wird auch hier auf die Ausbildung für einen Beruf oder sonstige Tätigkeit, Fortbildung und Umschulung gelegt (§§ 13, 14 Eingliederungshilfeverordnung). Für sbM sind besondere Betreuungsmaßnahmen vorgesehen, auch Kosten für eine Begleitperson (§§ 20, 22 Eingliederungshilfeverordnung). Auch hier kann aber das Integrationsamt für außergewöhnliche Belastungen (zum Begriff VG Stuttgart 14.7.2000 – 8 K 2796/99, br 2001, 32) vor allem für sbM nach § 155 Abs. 1 Nr. 1a–d, im Anschluss an eine Beschäftigung in einer anerkannten WfbM, aber auch bei Teilzeitbeschäftigung (§ 158 Abs. 2) für einen Ausgleich sorgen und Anreize zur entsprechenden Beschäftigung durch Geldmittel gewähren (Abs. 3 Nr. 2c). **41**

Durch Art. 1 Nr. 17 Buchst. c des Gesetzes zur Bekämpfung der Arbeitslosigkeit Schwerbehinderter v. 29.9.2000 wurde § 31 SchwbG um einen Abs. 3a erweitert, der nunmehr ausdrücklich einen Anspruch des Schwerbehinderten gegen die Hauptfürsorgestelle auf Übernahme der Kosten einer notwendigen **Arbeitsassistenz** (Schneider/ Adlhoch br 2001, 51) vorsah. Bis dahin wurde eine solche Leistung nur bei außergewöhnlicher Belastung an den Arbeitgeber erbracht. Während es sich iÜ bei der Erbringung der begleitenden Hilfen im Arbeits- und Berufsleben durch die Hauptfürsorgestelle grds. um Ermessensleistungen handelte, wurde in diesem Punkt bewusst eine ausdrückliche Ausnahme gemacht (Begründung des Gesetzentwurfs, BT-Drs. 14/3372, 20). Eine nähere Begründung dafür fehlt, sie wurde möglicherweise wegen der besonderen Bedeutung dieser konkreten Hilfeleistung für anders nicht in das Arbeits- und Berufsleben zu integrierende schwer behinderte Menschen für überflüssig erachtet (enger OVG Brem 15.10.2003 – 2 B 304/03, br 2004, 84). Die Einzelheiten der Leistungserbringung wurden in der SchwbAV geregelt, die gleichzeitig durch Art. 5 Nr. 5 des Gesetzes zur Bekämpfung der Arbeitslosigkeit Schwerbehinderter geändert wurde. Danach war insbes. der Vorrang der Leistungen anderer Rehabilitationsträger zu beachten (§ 18 SchwbAV). Dies gilt nach wie vor. Die entsprechende Regelung findet sich nunmehr in der Vorschrift des § 185 Abs. 5. Voraussetzung der Leistungsgewährung ist die Fähigkeit des sbM, den Kernbereich der vertraglich geschuldeten Tätigkeit zu erbringen (VG Schleswig-Holstein 27.8.2003 – 15 A 267/01, br 2004, 111; *Benz* BG 2002, 531). Die Assistenz darf sich nur auf arbeitsplatzbezogene oder arbeitsausführende Hilfeleistungen erstrecken. Zu nennen sind zB Vorleser oder Gebärdendolmetscher (*Braasch* br 2001, 177). Ob die Arbeitsassistenz erst bei Ausschöpfung sonstiger Alternativen und unter Berücksichtigung der persönlichen Umstände des Betroffenen sbM (VG Mainz 23.3.2006 – 1 K 269/05MZ, BeckRS 2006, 31392736; KHM/Kossens Rn. 35) notwendig ist und die dadurch verursachten Kosten in einem angemessenen Verhältnis zu dem vom sbM zu erzielenden Gehalt stehen müssen, erscheint vor dem Hintergrund der geänderten Rspr. des BVerwG zweifelhaft (in diesem Sinne auch Sächs. OVG 8.8.2022 – **42**

3 B 178/22, BeckRS 2022, 24655). Es geht nunmehr davon aus, dass die Übernahme der Kosten für eine Arbeitsassistenz für eine selbstständige Tätigkeit eines schwerbehinderten Menschen in Betracht kommt, die nachhaltig betrieben wird und dem Aufbau bzw. der Sicherung einer wirtschaftlichen Lebensgrundlage zu dienen geeignet ist. Denn zur Begründung dieses Rechtssatzes wird ausschließlich auf Vorschriften des Neunten Buches Sozialgesetzbuch, insbesondere § 102 Abs. 3 S. 1 Nr. 1 Buchst. c SGB IX aF bzw. § 185 Abs. 3 Nr. 1 Buchst. c SGB IX nF Bezug genommen. Ein Rückgriff auf § 21 Abs. 1 Nr. 1 SchwbAV unterbleibt (BVerwG 23.1.2018 – 5 C 9/16, br 2018, 85; LPK-SGB IX/Beyer Rn. 24 unter Hinweis auf die Einfügung von Abs. 5 und den Wortlaut von § 191). Nach einer weiteren Entscheidung des Gerichts sind diese Ausführungen dahin zu verstehen, dass die Voraussetzungen des Kostenübernahmeanspruchs für eine Arbeitsassistenz für eine selbstständige Tätigkeit eines schwerbehinderten Menschen in § 102 Abs. 4 (heute § 185) SGB IX abschließend geregelt sind. Die aus dem Merkmal der „notwendigen Arbeitsassistenz" folgenden Erfordernisse des nachhaltigen Betreibens und der Eignung zum Aufbau bzw. zur Sicherung einer wirtschaftlichen Lebensgrundlage gewährleisten die erforderliche, aber auch hinreichende Abgrenzung der Berufstätigkeit zu einem bloßen Hobby oder einer Liebhaberei, die über die (unmittelbare oder analoge) Anwendung des § 21 Abs. 1 Nr. 2 SchwbAV erreicht werden soll (BVerwG 27.7.2018 – 5 B 1/18, br 2018, 180). Dieser Anspruch wird auch nicht dadurch ausgeschlossen, dass der sbM die Regelaltersgrenze für Rentenleistungen überschreitet; denn eine zu gewährende Arbeitsassistenzleistung verliert ihren Charakter als „begleitende Hilfe im Arbeitsleben" nicht dadurch, dass der Berechtigte das Rentenregelalter oder eine nach dem Gesichtspunkt der Üblichkeit zu bestimmende Altersgrenze erreicht hat und eine Altersrente bezieht (BVerwG 12.1.2022 – 5 C 6/20, NVwZ-RR 2022, 723; zust. Luik jurisPR-SozR 16/2022 Anm. 4 unter Hinweis auf Art. 27 UN-BRK sowie Frendenberg b+p 2023, 65; BVerwG 12.1.2022 – 5 C 2/21, Behinderung und Recht 2022, 149; zust. Störmer jurisPR- BVerwG 24/2022 Anm. 5 sowie Koch/Fritz Behinderung und Recht 2022, 142). Diese Grundsätze gelten sowohl für eine selbständige Tätigkeit als auch eine abhängige Beschäftigung (Kohte jurisPR-ArbR 50/2018 Anm. 6). Bei der Wahl dieser Leistungsvariante bestehen zwischen der Assistenzkraft und dem Arbeitgeber keine vertraglichen Beziehungen. Sie ist entweder direkt bei dem sbM oder einem von diesem beauftragten Dritten (idR ein ambulanter Pflegedienst beschäftigt (Fritz/Wüst SuP 2008, 557). Der Arbeitgeber ist jedoch nach § 164 Abs. 4 S. 1 Nr. 4 verpflichtet, der Assistenzkraft den Zutritt zum Betrieb zu gestatten (Mrozynski SGb 2004, 263; Braasch br 2001, 181; Benz BG 2002, 534). Die Rehabilitationsleistung nach § 49 Abs. 8 S. 1 Nr. 3 durch den zuständigen Rehabilitationsträger geht der Leistung nach § 185 Abs. 5 vor, die sich daran unbegrenzt anschließen kann.

42a Für die Bearbeitung von Anträgen auf Leistungen nach Nr. 4 und 5 (Berufsbegleitung im Rahmen der Unterstützten Beschäftigung und Arbeitsassistenz) gilt nach dem durch Art. 2 Nr. 6 des Gesetzes zur Förderung eines inklusiven Arbeitsmarkts vom 6.6.2023 (BGBl. I Nr. 146) neu eingefügten Abs. 9 eine Genehmigungsfiktion. Sie gilt für Anträge, in denen die beanspruchte Leistung nach Art und Umfang genau bezeichnet ist. Ist ein solcher Antrag sechs Wochen nach Eingang vom Integrationsamt nicht beschieden worden, gilt er als genehmigt. Die Fiktion gilt nur für Anträge auf Leistungen nach Abs. 4 und 5 (also nicht bei Ermessensleistungen oder bei Anträgen auf Erteilung der Zustimmung zur ordentlichen Kündigung). Sie tritt auch nicht ein, wenn das Integrationsamt zuvor auf die fehlende Eindeutigkeit eines Antrags hingewiesen oder ihn bereits beschieden hat (Begr. des Gesetzentwurfs, S. 24).

7. Zuständigkeit der Integrationsämter

43 Die Rehabilitationsleistungen obliegen in erster Linie den hierzu gesetzlich verpflichteten Stellen, also Kranken- und Rentenversicherung, Kriegsopferversorgung, Entschädigung und Sozialhilfe. Auch Kann-Leistungen dieser Stellen dürfen nicht mit Rücksicht auf Ansprüche nach dem SGB IX versagt werden. Es bleiben also nach diesem G nur solche Leistungen zu erfüllen, die anders nicht gewährt werden, Abs. 6 S. 2. Damit sind die Integrationsämter nach diesem G nur subsidiär zuständig (so ausdrücklich die Begründung des Gesetzentwurfs, BT-Drs. 14/3372, 65; vgl. auch den Ausschussbericht, BT-Drs. 14/1406, 15). Dadurch soll der Grundsatz von § 7 Abs. 2 verwirklicht werden, nach dem jeder Träger im Rahmen seiner Zuständigkeit die nach Lage des Einzelfalles erforderlichen Leistungen so vollständig und umfassend zu erbringen hat, dass Leistungen eines anderen Trägers nicht erforderlich werden (Subsidiaritätsprinzip). Im Interesse der Verwaltungsvereinfachung und einer Vermeidung von Doppelzuständigkeit und zur Erreichung einheitlicher Leistungen soll deshalb immer nur ein Träger der Rehabilitation zuständig sein. Aus demselben Grund ist auch eine Aufstockung der Leistungen der Rehabilitationsträger durch das Integrationsamt untersagt. Auch dadurch soll die Ausschöpfung aller Leistungen eines Rehabilitationsträgers erzwungen und gleichzeitig vermieden werden, dass der sbM sich die Leistungen von verschiedenen Trägern Stück für Stück gewähren lassen muss und mit verschiedenen Verfahren und Verwaltungsverfahren zu tun hat.

Mit der Regelung in Abs. 7 wird sichergestellt, dass die Integrationsämter bei der Klärung der Zuständigkeit nach denselben Grundsätzen wie die Rehabilitationsträger verfahren. Dies wird dadurch erreicht, dass § 14 sinngemäß gilt, wenn bei dem Integrationsamt eine Leistung zur Teilhabe am Arbeitsleben beantragt wird. Hält sich das Integrationsamt für nicht zuständig, leitet es den Antrag an den nach seiner Ansicht zuständigen Rehabilitationsträger weiter, Hat das IntegrA die Weiterleitung unterlassen, wird es zum „leistenden RehaTr" (OVG Bremen 29.6.2011 – 2 A 159/10, NDV-RD 2012, 44). Umgekehrt kann aber auch eine Weiterleitung von einem RehaTr an das IntegrA erfolgen. Es gilt dann als der zuerst angegangene Tr und kann den Antrag seinerseits weiterleiten (Hauck/Noftz/Gutzler Rn. 95). 44

Durch Art. 1 Nr. 24 lit. d wurde nach Abs. 6 (heute Abs. 7) S. 2 eine Regelung eingefügt, nach der eine Vorleistung durch das Integrationsamt erfolgen kann (Ermessenleistung, *Kossens/Wollschläger* ZFSH/SGB 2004, 351). Dies war erforderlich, um in Fällen, in denen die unverzügliche Erbringung der Leistung zur Teilhabe am Arbeitsleben erforderlich ist, dies auch tatsächlich zu ermöglichen. Sie ist nur auf Fälle anwendbar, bei denen eine Entscheidung über die Leistungsgewährung nicht innerhalb der Zeiträume des § 14 möglich ist, und kann nicht auf Konstellationen ausgedehnt werden, in denen die Zuständigkeit verschiedener Träger in Betracht kommt (Begründung des Gesetzentwurfs, BT-Drs. 15/1783, 17). Insoweit gilt § 14. S. 4 begründet für den Fall der Leistungserbringung in dieser besonderen Konstellation einen Erstattungsanspruch gegen den eigentlich zuständigen anderen Träger. 45

Seit dem 1.7.2004 besteht auf der Grundlage des damals durch Art. 1 Nr. 24 lit. e, Art. 7 des Gesetzes zur Förderung der Ausbildung und Beschäftigung sbM v. 23.4.2004 (BGBl. I 606, 609) ebenfalls neu in das G eingefügten Abs. 7 (heute: Abs. 8) die Möglichkeit, dass Leistungen des Integrationsamts zur begleitenden Hilfe im Arbeitsleben auch als persönliches Budget gewährt werden (Cramer NZA 2004, 707). Dabei handelt es sich um eine Folgeänderung zu § 17, die durch Art. 8 Nr. 3 des Gesetzes zur Einordnung des Sozialhilferechts in das Sozialgesetzbuch v. 30.12.2003 (BGBl. I 3022 (3056)) erfolgt ist (Begründung des Gesetzesentwurfs, BT-Drs. 15/1783, 17). Nähere Regelungen dazu finden sich in der auf der Grundlage der § 21a erlassenen Budgetverordnung v. 27.5.2004 (BGBl. I 1055). 46

§ 185a[1] Einheitliche Ansprechstellen für Arbeitgeber

(1) Einheitliche Ansprechstellen für Arbeitgeber informieren, beraten und unterstützen Arbeitgeber bei der Ausbildung, Einstellung und Beschäftigung von schwerbehinderten Menschen.

(2) [1]Die Einheitlichen Ansprechstellen für Arbeitgeber werden als begleitende Hilfe im Arbeitsleben aus Mitteln der Ausgleichsabgabe finanziert. [2]Sie haben die Aufgabe,

1. Arbeitgeber anzusprechen und diese für die Ausbildung, Einstellung und Beschäftigung von schwerbehinderten Menschen zu sensibilisieren,
2. Arbeitgebern als trägerunabhängiger Lotse bei Fragen zur Ausbildung, Einstellung, Berufsbegleitung und Beschäftigungssicherung von schwerbehinderten Menschen zur Verfügung zu stehen und
3. Arbeitgeber bei der Stellung von Anträgen bei den zuständigen Leistungsträgern zu unterstützen.

(3) [1]Die Einheitlichen Ansprechstellen für Arbeitgeber sind flächendeckend einzurichten. [2]Sie sind trägerunabhängig.

(4) Die Einheitlichen Ansprechstellen für Arbeitgeber sollen

1. für Arbeitgeber schnell zu erreichen sein,
2. über fachlich qualifiziertes Personal verfügen, das mit den Regelungen zur Teilhabe schwerbehinderter Menschen sowie der Beratung von Arbeitgebern und ihren Bedürfnissen vertraut ist, sowie
3. in der Region gut vernetzt sein.

(5) [1]Die Integrationsämter beauftragen die Integrationsfachdienste oder andere geeignete Träger, als Einheitliche Ansprechstellen für Arbeitgeber tätig zu werden. [2]Die Integrationsämter wirken darauf hin, dass die Einheitlichen Ansprechstellen für Arbeitgeber flächendeckend zur Verfügung stehen und mit Dritten, die aufgrund ihres fachlichen Hintergrunds über eine besondere Betriebsnähe verfügen, zusammenarbeiten.

1 Diese Vorschrift wurde durch Art. 7 Nr. 21b des Gesetzes zur Stärkung der Teilhabe von Menschen mit Behinderungen sowie zur landesrechtlichen Bestimmung der Träger von Leistungen für Bildung und Teilhabe in der Sozialhilfe (Teilhabestärkungsgesetz) vom 2. Juni 2021 (BGBl. I 1387, 1395) in das Gesetz eingefügt und ist nach Art. 14 des Gesetzes am 1. Januar 2022 in Kraft getreten. Sie wurde erst in einem späten Stadium des Gesetzgebungsverfahrens neu in das Gesetz aufgenommen. Sie beruht auf einem Beschluss des Ausschusses für Arbeit und Soziales vom 22.4.2021 (BT-Drs. 19/28834, 23; LPK-SGB IX/*Beyer* Rn. 1).

2 Die Zuständigkeiten im Bereich der Beschäftigung von Menschen mit Behinderungen sind nicht in einer Einrichtung zentralisiert, sondern auf unterschiedliche Träger verteilt. Die in Abs. 1 angesprochenen Aufgaben sind den RehaTr (§§ 5 Ziff. 2, 6 SGB IX) und den IntegrÄ (§ 185 Abs. 1 Ziff. 3 SGB IX) zugewiesen. Dafür suchten die Arbeitgeber bereits seit längerer Zeit einen einheitlichen Ansprechpartner. Dazu eingerichtete und mit Mitteln des Ausgleichsfonds geförderte Modellprojekte waren nicht in allen Bundesländern aktiv und auch nur befristet finanziert. Ein Folgeantrag wurde vom Beirat gemäß §§, 42,43 SchwbAV nicht befürwortet. Allerdings wurde dieser Gedanke mit der durch das BTHG eingeführten Ergänzenden unabhängigen Teilhabeberatung (§ 32 SGB IX) wieder belebt, für die es nach einer anfänglichen Befristung nunmehr auf der Grundlage von § 32 Abs. 6 SGB IX eine dauerhafte Förderung aus Bundesmitteln gibt (LPK-SGB IX/*Beyer* Rn. 2 bis 4).

3 § 185a SGB IX überträgt den IntegrÄ mit der Einrichtung und dem Betrieb der Einheitlichen Ansprechstellen für Arbeitgeber eine neue Aufgabe, die im Unterschied zu

[1] § 185a eingef. mWv 1.1.2022 durch G v. 2.6.2021 (BGBl. I 1387).

den meisten in § 185 angesprochenen Themen nicht als Ermessensleistung, sondern als Pflichtaufgabe konzipiert ist.

Abzugrenzen ist die Tätigkeit der Ansprechstellen gemäß § 185a von jenen des § 12 Abs. 1 S. 3 SGB IX. Die Einheitlichen Ansprechstellen sind allein für Arbeitgeber vorgesehen und beschränken sich allein auf die Information, Beratung und Unterstützung bei der Ausbildung, Einstellung und Beschäftigung von sbM und ihnen gleichgestellte Menschen. Dies folgt einerseits aus dem Wortlaut des Abs. 1, ergibt sich daneben aber auch aus dem Umstand der Finanzierung der Ausgabe aus den Mitteln des Ausgleichsfonds (§ 185a Abs. 2 S. 1 SGB IX). Letzteres kann zur Folge haben, dass in den verschiedenen Bundesländern Mittel möglicherweise nicht in gleicher Höhe verfügbar sein werden, allerdings wäre ein Ausgleich durch weitere Mittel aus der Ausgleichsabgabe möglich (LPK-SGB IX/*Beyer* Rn. 6 f.). 4

§ 185a SGB IX sieht vor, dass die IntegrÄ diese Aufgaben an die Integrationsfachdienste oder andere geeignete Träger übertragen können. Diese sollen wie etwa die Industrie- und Handelskammern, die Handwerkskammern, Bildungswerke der Wirtschaft, Arbeitgeberverbände oder wirtschaftsnahe Beratungsnetzwerke die Interessen der Arbeitgeber bereits nach ihrer Zwecksetzung besonders im Blick haben (LPK-SGB IX/*Beyer* Rn. 9). Im Gesetz und der SchwbAV ist diese Möglichkeit nunmehr an verschiedenen Stellen im Text der jeweiligen Regelung (zB § 193 Abs. 2 Ziff. 9 SGB IX oder § 27a Abs. 2 SchwbAV) berücksichtigt (KHM/Kossens Rn. 2 f.). Dabei wird es auch darauf ankommen, regional bereits bestehende Einrichtungen sinnvoll in das neue Konzept einzubeziehen; denn es soll keine zu Konkurrenz führenden Parallelstrukturen geben; vielmehr soll § 185a SGB IX lediglich eine Ergänzung darstellen, die bereits bestehende bewährte Einrichtungen in die Lösung der Gesamtaufgabe einbezieht (LPK-SGB IX/*Beyer* Rn. 9 f.). 5

Die Entscheidung über die Beauftragung ist den einzelnen IntegrÄ überlassen, so dass ganz unterschiedliche Konstellationen möglich sein werden. Allerdings lässt sich aus dem neuen § 27a Abs. 2 SchwbAV ableiten, dass dem Gesetzgeber hier ein unter den IntegrÄ abgestimmter einheitlicher Rahmen vorschwebt (LPK-SGB IX/*Beyer* Rn. 10). 6

§ 186 Beratender Ausschuss für behinderte Menschen bei dem Integrationsamt

(1) [1]**Bei jedem Integrationsamt wird ein Beratender Ausschuss für behinderte Menschen gebildet, der die Teilhabe der behinderten Menschen am Arbeitsleben fördert, das Integrationsamt bei der Durchführung der besonderen Regelungen für schwerbehinderte Menschen zur Teilhabe am Arbeitsleben unterstützt und bei der Vergabe der Mittel der Ausgleichsabgabe mitwirkt.** [2]**Soweit die Mittel der Ausgleichsabgabe zur institutionellen Förderung verwendet werden, macht der Beratende Ausschuss Vorschläge für die Entscheidungen des Integrationsamtes.**

(2) **Der Ausschuss besteht aus zehn Mitgliedern, und zwar aus**

1. **zwei Mitgliedern, die die Arbeitnehmerinnen und Arbeitnehmer vertreten,**
2. **zwei Mitgliedern, die die privaten und öffentlichen Arbeitgeber vertreten,**
3. **vier Mitgliedern, die die Organisationen behinderter Menschen vertreten,**
4. **einem Mitglied, das das jeweilige Land vertritt,**
5. **einem Mitglied, das die Bundesagentur für Arbeit vertritt.**

(3) [1]**Für jedes Mitglied ist eine Stellvertreterin oder ein Stellvertreter zu berufen.** [2]**Mitglieder und Stellvertreterinnen oder Stellvertreter sollen im Bezirk des Integrationsamtes ihren Wohnsitz haben.**

(4) [1]**Das Integrationsamt beruft auf Vorschlag**

1. **der Gewerkschaften des jeweiligen Landes zwei Mitglieder,**
2. **der Arbeitgeberverbände des jeweiligen Landes ein Mitglied,**

3. der zuständigen obersten Landesbehörde oder der von ihr bestimmten Behörde ein Mitglied,

4. der Organisationen behinderter Menschen des jeweiligen Landes, die nach der Zusammensetzung ihrer Mitglieder dazu berufen sind, die behinderten Menschen in ihrer Gesamtheit zu vertreten, vier Mitglieder.

[2]Die zuständige oberste Landesbehörde oder die von ihr bestimmte Behörde und die Bundesagentur für Arbeit berufen je ein Mitglied.

1 Die Einrichtung der Beratenden Ausschüsse bei den Hauptfürsorgestellen (heute: Integrationsämtern) wurde während der Gesetzesberatungen zum Weiterentwicklungsgesetz 1974 im Ausschuss für Arbeit und Sozialordnung eingefügt. Man wollte auf Antrag der Koalitionsfraktionen von SPD und FDP die Behinderten, Gewerkschaften und Arbeitgeber stärker und unmittelbar an der Durchführung des neuen Gesetzes beteiligen. Dafür sollten diese Ausschüsse aber zugleich auch die Funktion der bisherigen Widerspruchsausschüsse übernehmen, um nicht andere Gremien einrichten zu müssen (BT-Drs. 7/1515, 15). Der BR hat aber gegen diese Konzeption Einspruch erhoben. Der Vermittlungsausschuss ist dann dem Änderungsvorschlag des Bundesrates gefolgt und hat beschlossen, neben dem Beratenden Ausschuss zusätzlich auch wieder einen Widerspruchsausschuss einzusetzen. Der Beratende Ausschuss sollte danach nur noch die Aufgabe haben, die Hauptfürsorgestelle bei der Durchführung des Gesetzes zu unterstützen und insbes. bei der Vergabe der Mittel der Ausgleichsabgabe mitzuwirken (StenBer. 85, Sitzung v. 14.3.1974, Nr. 5544). Außerdem wurde dieses Mitwirkungsrecht eingeschränkt. Eine Änderung erfolgte dann durch das Erste Gesetz zur Änderung des Schwerbehindertengesetzes vom 24.7.1986 (BGBl. I 1110), das eine Übertragung des Vorschlagsrechts auf die oberste Landesbehörde beinhaltete und dieser die Möglichkeit eröffnete, die Bestimmung des Vertreters des Landes bei dem Beratenden Ausschuss auf eine von ihr bestimmte Behörde zu übertragen. Mit dem Sozialgesetzbuch – Neuntes Buch – (SGB IX) Rehabilitation und Teilhabe vom 19.6.2001 (BGBl. I 1046) wurde die bisherige Regelung des § 32 SchwBG als § 103 in das SGB IX übergeführt, wobei gleichzeitig eine sprachliche Anpassung vorgenommen wurde. Diese berücksichtigte die Umbenennung der Hauptfürsorgestellen in Integrationsämter. Eine vergleichbare Änderung erfolgte mit dem Vierten Gesetz für Moderne Dienstleistungen am Arbeitsmarkt vom 24.12.2003 (BGBl. I 2954), das die Umbenennung der Bundesanstalt für Arbeit in die Bundesagentur für Arbeit im Gesetzestext nachvollzog. Das Bundesteilhabegesetz (BTHG) vom 23.12.2016 (BGBl. I 3234) bewirkte ohne inhaltliche Änderung lediglich die Überführung des bisherigen § 103 als neuen § 186 in das SGB IX.

2 Während nach den Beschlüssen des Bundestages die Mittel der Ausgleichsabgabe für die institutionelle Förderung **nur** auf Vorschlag des Beratenden Ausschusses eingesetzt werden sollten, wurde nunmehr vorgesehen, dass der Beratende Ausschuss hierfür Vorschläge zu unterbreiten hatte; außerdem wurde ein Vertreter des Landes in den Ausschuss zusätzlich entsandt. Beide Änderungen gehen auf einen Antrag zurück, nach dem verfassungsmäßige Bedenken dagegen bestehen, einem Ausschuss die alleinige Entscheidung über die Vergabe von Mitteln zu übertragen, der keinen parlamentarischen Einwirkungs- und Kontrollmöglichkeiten unterliegt; darüber hinaus erschien die von allen Stellen angestrebte sinnvolle Koordinierung der institutionellen Förderungsmaßnahmen gefährdet. An dieser Konzeption ist auch mit der Regelung des § 186 festgehalten.

3 Die **Aufgaben** des Ausschusses sind nur allgemein umschrieben. Er soll die Teilhabe der sbM am Arbeitsleben fördern und das Integrationsamt bei der Durchführung des Gesetzes unterstützen. Dabei kann es sich nur um beratende Funktionen handeln, die im Sinne einer Anregung, Koordinierung oder Beschleunigung der von dem Integrationsamt vorzunehmenden Maßnahmen auf deren Tätigkeit einwirken. Irgendein Mitbestimmungs- oder Mitwirkungsrecht hat der Beratende Ausschuss nicht. Er kann auch keinen

entscheidenden Einfluss auf die Tätigkeit des Integrationsamts nehmen, vielmehr bleibt dieses letztlich in seiner Entscheidung stets frei. Man wird es allerdings als verpflichtet ansehen müssen, in grundlegenden, über den Einzelfall hinausgehenden Fragen den Ausschuss einzuberufen und vor einer Entscheidung zu hören (KHM/Kossens Rn. 3). Eine rechtliche Bindung besteht aber auch insoweit nicht, der Ausschuss kann vielmehr nur auf Grund seiner Existenz und der Sachkunde der ihm angehörenden Vertreter der einzelnen Gruppen Einfluss nehmen.

Dagegen ist das **Mitwirkungsrecht** des Beratenden Ausschusses bei der Vergabe der **Mittel der Ausgleichsabgabe** stärker. Hier hat der beratende Ausschuss mitzuwirken und für die Verwendung zur institutionellen Förderung Vorschläge zu unterbreiten. Damit kann das Integrationsamt weder individuell noch institutionell Mittel aus der Ausgleichsabgabe ohne Mitwirkung des Ausschusses vergeben. Wenn der Gesetzgeber bestimmt, der Ausschuss habe „mitzuwirken", bedeutet das eine Verpflichtung des Integrationsamts, den Beratenden Ausschuss zu unterrichten, dessen Auffassung anzuhören und die Stellungnahme des Ausschusses bei der Entscheidung zu verwerten. Allerdings besteht keine Bindung des Integrationsamts an die Meinung des Ausschusses. Vielmehr kann das Integrationsamt auch gegen den Ausschuss und ohne einen entsprechenden Vorschlag über die Mittelverwendung entscheiden. Der Beratende Ausschuss ist also nur im Vorfeld der Entscheidung einzuschalten. Die letzte und endgültige Entscheidung trifft das Integrationsamt nach eigenem, pflichtgemäßem Ermessen. 4

Für jedes Mitglied ist ein Stellvertreter oder eine Stellvertreterin zu berufen, der/die das Mitglied bei jeder (kurz- oder langfristigen) Verhinderung vertritt. Die Berufung kann abgelehnt werden, ebenso besteht die Möglichkeit, das Amt niederzulegen. Ob die Organisationen behinderter Menschen dazu berufen sind, diese in ihrer Gesamtheit zu vertreten, entscheidet das Integrationsamt selbst im Rahmen seiner Berufungszuständigkeit. Übergangene Organisationen können dagegen im Wege der Gegenvorstellung oder Dienstaufsicht vorgehen. 5

Vgl. weiter die gemeinsamen Vorschriften für die Ausschüsse in § 189. 6

§ 187 Aufgaben der Bundesagentur für Arbeit

(1) Die Bundesagentur für Arbeit hat folgende Aufgaben:

1. die Berufsberatung, Ausbildungsvermittlung und Arbeitsvermittlung schwerbehinderter Menschen einschließlich der Vermittlung von in Werkstätten für behinderte Menschen Beschäftigten auf den allgemeinen Arbeitsmarkt,

2. die Beratung der Arbeitgeber bei der Besetzung von Ausbildungs- und Arbeitsplätzen mit schwerbehinderten Menschen,

3. die Förderung der Teilhabe schwerbehinderter Menschen am Arbeitsleben auf dem allgemeinen Arbeitsmarkt, insbesondere von schwerbehinderten Menschen,

a) die wegen Art oder Schwere ihrer Behinderung oder sonstiger Umstände im Arbeitsleben besonders betroffen sind (§ 155 Absatz 1),

b) die langzeitarbeitslos im Sinne des § 18 des Dritten Buches sind,

c) die im Anschluss an eine Beschäftigung in einer anerkannten Werkstatt für behinderte Menschen, bei einem anderen Leistungsanbieter (§ 60) oder einem Inklusionsbetrieb eingestellt werden,

d) die als Teilzeitbeschäftigte eingestellt werden oder

e) die zur Aus- oder Weiterbildung eingestellt werden,

4. im Rahmen von Arbeitsbeschaffungsmaßnahmen die besondere Förderung schwerbehinderter Menschen,

5. die Gleichstellung, deren Widerruf und Rücknahme,

6. die Durchführung des Anzeigeverfahrens (§ 163 Absatz 2 und 4),

7. die Überwachung der Erfüllung der Beschäftigungspflicht,

8. die Zulassung der Anrechnung und der Mehrfachanrechnung (§ 158 Absatz 2, § 159 Absatz 1 und 2),
9. die Erfassung der Werkstätten für behinderte Menschen, ihre Anerkennung und die Aufhebung der Anerkennung.

(2) [1]Die Bundesagentur für Arbeit übermittelt dem Bundesministerium für Arbeit und Soziales jährlich die Ergebnisse ihrer Förderung der Teilhabe schwerbehinderter Menschen am Arbeitsleben auf dem allgemeinen Arbeitsmarkt nach dessen näherer Bestimmung und fachlicher Weisung. [2]Zu den Ergebnissen gehören Angaben über die Zahl der geförderten Arbeitgeber und schwerbehinderten Menschen, die insgesamt aufgewandten Mittel und die durchschnittlichen Förderungsbeträge. [3]Die Bundesagentur für Arbeit veröffentlicht diese Ergebnisse.

(3) [1]Die Bundesagentur für Arbeit führt befristete überregionale und regionale Arbeitsmarktprogramme zum Abbau der Arbeitslosigkeit schwerbehinderter Menschen, besonderer Gruppen schwerbehinderter Menschen, insbesondere schwerbehinderter Frauen, sowie zur Förderung des Ausbildungsplatzangebots für schwerbehinderte Menschen durch, die ihr durch Verwaltungsvereinbarung gemäß § 368 Absatz 3 Satz 2 und Absatz 4 des Dritten Buches unter Zuweisung der entsprechenden Mittel übertragen werden. [2]Über den Abschluss von Verwaltungsvereinbarungen mit den Ländern ist das Bundesministerium für Arbeit und Soziales zu unterrichten.

(4) Die Bundesagentur für Arbeit richtet zur Durchführung der ihr in diesem Teil und der ihr im Dritten Buch zur Teilhabe behinderter und schwerbehinderter Menschen am Arbeitsleben übertragenen Aufgaben in allen Agenturen für Arbeit besondere Stellen ein; bei der personellen Ausstattung dieser Stellen trägt sie dem besonderen Aufwand bei der Beratung und Vermittlung des zu betreuenden Personenkreises sowie bei der Durchführung der sonstigen Aufgaben nach Absatz 1 Rechnung.

(5) Im Rahmen der Beratung der Arbeitgeber nach Absatz 1 Nummer 2 hat die Bundesagentur für Arbeit

1. dem Arbeitgeber zur Besetzung von Arbeitsplätzen geeignete arbeitslose oder arbeitssuchende schwerbehinderte Menschen unter Darlegung der Leistungsfähigkeit und der Auswirkungen der jeweiligen Behinderung auf die angebotene Stelle vorzuschlagen,
2. ihre Fördermöglichkeiten aufzuzeigen, soweit möglich und erforderlich, auch die entsprechenden Hilfen der Rehabilitationsträger und der begleitenden Hilfe im Arbeitsleben durch die Integrationsämter.

Übersicht

A. Allgemeines

Bei der **Verteilung der Zuständigkeiten** zur Durchführung des SGB IX auf die Integrationsämter und die Dienststellen der Bundesagentur für Arbeit geht das G davon aus, dass die fürsorgerischen Aufgaben den Integrationsämtern und die arbeitsmarktpolitisch orientierten Aufgaben den Dienststellen der Bundesagentur für Arbeit obliegen sollen. Dies ändert allerdings nichts am Grundsatz des Vorrangs der Rehabilitationsleistungen vor denen des Schwerbehindertenrechts. Leistungen, die von der Bundesagentur für Arbeit als Rehabilitationsträger erbracht werden müssen, gehen jenen nach § 187 SGB IX vor (KHM/Steck Rn. 3; Braasch br 2001, 184). Der § 187 zählt die Aufgaben, für die die Bundesagentur für Arbeit zuständig ist, nicht erschöpfend auf, sondern behandelt nur die wesentlichen Gebiete, bei denen eine Abgrenzung gegenüber dem Wirken des Integrationsamts, das in § 185 seine Regelung findet, erforderlich ist. Im Übrigen bestimmt jeweils das G die Zuständigkeit, so etwa in § 238 Abs. 3, dass die Bundesagentur für Arbeit für die Verfolgung von Ordnungswidrigkeiten ressortmäßig verantwortlich ist. An dieser Konzeption hat auch das BTHG nichts Grundsätzliches geändert. Allerdings wurde in Abs. 1 Nr. 3 lit. c eine Ergänzung vorgenommen, die der Einführung anderer Leistungsanbieter als Alternative zu den Werkstätten für behinderte Menschen Rechnung trägt. Ebenso wurden die Verweisungen im Text an die Verschiebung der Regelungen zum Schwerbehindertenrecht in den Teil 3 des SGB IX 2018 angepasst (BT-Drs. 18/9522, 308). Von besonderer Bedeutung ist die Regelung in Abs. 3, die inhaltlich auf eine Ergänzung des § 33 SchwbG durch das G v. 24.7.1986 zurückgeht. Wie schon in Abs. 1 Nr. 3 wurde damit der Bundesagentur für Arbeit die besondere Förderung der Einstellung übertragen. Damit wurden die zuletzt bis zum 30.6.1986 laufenden Sonderprogramme des Bundes und der Länder zum Abbau der Arbeitslosigkeit Schwerbehinderter und zur Förderung des Ausbildungsplatzangebotes für Schwerbehinderte in das SchwbG übernommen (vgl. zuletzt 4. Sonderprogramm, BAnz. 1981 Nr. 223 vom 28.11.1981, § 2; BAnz.1986 Nr. 27, vom 8.2.1986, S. 1553). Mit dem SchwBG v. 29.9.2000 wurde diese Regelung präzisiert (Art. 1 Nr. 18 lit. c des Gesetzes). Nunmehr wurde auch im Text des Gesetzes klargestellt, dass die Durchführung befristeter überregionaler und regionaler Arbeitsmarktprogramme zum Abbau der Arbeitslosigkeit Schwerbehinderter, besonderer Gruppen Schwerbehinderter oder schwer behinderter Frauen sowie zur Förderung des Ausbildungsplatzangebots für Schwerbehinderte aus den Mitteln der Ausgleichsabgabe bzw. des Ausgleichsfonds Aufgabe der Bundesagentur für Arbeit ist. Diese Konzeption wird mit der fast wortgleichen Regelung in § 187 Abs. 3 beibehalten. Die Umsetzung geschieht durch Verwaltungsvereinbarungen nach § 368 SGB III. Die erforderlichen Mittel werden ihr vom BMAS (Ausgleichsfonds) oder von den Integrationsämtern (Ausgleichsgabe) zugewiesen. Die Einzelheiten sind in der SchwbAV geregelt (§§ 16, 41). Soweit in diesem Zusammenhang Verwaltungsvereinbarungen mit den Ländern geschlossen werden, ist nach der durch Art. 1 Nr. 6 lit. b bb) des Gesetzes zur Änderung von Fristen und Bezeichnungen im Neunten Buch Sozialgesetzbuch und zur Änderung anderer Gesetze v. 3.4.2003 (BGBl. I 462) eingefügten Regelung in Abs. 3 S. 2 nunmehr eine Unterrichtung des BMAS geboten (geändert durch Art. 261 Ziff. 1 der Neunten Zuständigkeitsanpassungsverordnung v. 31.10.2006 (BGBl. I 2407, 2441). Mit dem Gesetz zur Förderung der Beschäftigung und Ausbildung schwerbehinderter Menschen vom 23.4.2004 (BGBl. I 606) erfolgte eine Streichung des § 104 Abs. 1 Nr. 10 SGB IX. Damit lag die Strukturverantwortung für die Integrationsfachdienste nunmehr bei den Integrationsämtern. Das Bundesteilhabegesetz (BTHG) vom 23.12.2016 (BGBl. I 3234) überführte die Regelung des § 104 als neuen § 187 in das SGB IX, wobei in Abs. 1 Nr. 3c nunmehr auch andere Leistungsanbieter als Alternative zu den WfbM zugelassen wurden (BR-Drs. 428/16, 316, Schlegel/Voelzke/Simon Rn. 6). 1

2 Seit der Novelle des SchwbG v. 3.7.1961 ist bei der Aufzählung der Aufgaben der Bundesagentur für Arbeit nicht mehr ausdrücklich hinzugefügt, dass diese Aufgaben im Benehmen mit den Integrationsämter durchzuführen seien. Dadurch hat sich praktisch eine Änderung jedoch nicht ergeben. Die Verteilung der Zuständigkeiten ergibt sich aus dem G. Durch den Wegfall des Erfordernisses des Benehmens mit den Integrationsämtern in § 187 hat sich aber auch nichts daran geändert, dass iE trotzdem das Benehmen mit den Integrationsämtern erforderlich ist. Das G sagt vielmehr in den einzelnen speziellen Bestimmungen, wann ein solches Benehmen im technischen Sinne erforderlich ist. So kann das Integrationsamt einem sbM, der durch sein Verhalten die Durchführung des SGB IX schuldhaft vereitelt, im Benehmen mit der Bundesagentur für Arbeit die Vorteile des Gesetzes zeitweise entziehen (§ 200 Abs. 1).

3 Die Zusammenarbeit der Dienststellen der Bundesagentur für Arbeit erstreckt sich nicht nur auf die Integrationsämter, sondern darüber hinaus auf eine Reihe anderer Behörden wie zB die Träger der Gewerbe- oder Bergaufsicht und in allen den Dienststellen und Betrieben sowie den Vertretungen, die alle sich gegenseitig bei der Durchführung des SGB IX unterstützen (vgl. § 182 Abs. 2).

4 Ein erfolgreiches Durchführen des Gesetzes ist nicht nur von der freiwilligen Mitarbeit der Arbeitgeber abhängig, sondern erfordert darüber hinaus eine enge Verbindung zwischen der Verwaltung, den Organisationen behinderter Menschen, den Gewerkschaften, den Arbeitgebervereinigungen und allen im G genannten Behörden. Durch die Bildung eines **Beratenden Ausschusses** für behinderte Menschen bei der Bundesagentur für Arbeit und bei jedem Integrationsamt soll die Selbstverantwortung und Selbstbeteiligung aller an der Durchführung des Gesetzes beteiligten und interessierten Vereinigungen, Verbände und Behörden sichergestellt werden. Das Mithelfen dieser Ausschüsse soll ua die Voraussetzungen schaffen, dass die Bundesagentur für Arbeit bei der Durchführung des Gesetzes lebensnah und unbürokratisch arbeitet (vgl. §§ 186, 188).

B. Die Dienststellen der Bundesagentur

1. Organisation

5 Maßgebend für die Organisation der Bundesagentur für Arbeit ist das **SGB III** (Art. 1 des Gesetzes zur Reform der Arbeitsförderung v. 24.3.1997, BGBl. I 540, zuletzt geändert durch G v. 20.12.2022 (BGBl. I 2759)). Die Bundesagentur für Arbeit als Ganzes ist eine rechtsfähige bundesunmittelbare Körperschaft des öffentlichen Rechts mit Selbstverwaltung. Sie hat ihren Sitz in Nürnberg und gliedert sich in eine Zentrale auf der oberen Verwaltungsebene, Regionaldirektionen auf der mittleren Verwaltungsebene und Agenturen für Arbeit auf der örtlichen Verwaltungsebene. Ihre Vertretung erfolgt durch den Vorstand. Als Selbstverwaltungsorgane der Bundesagentur für Arbeit werden der Verwaltungsrat und die Verwaltungsausschüsse bei den Agenturen für Arbeit gebildet. Die Selbstverwaltungsorgane setzen sich paritätisch aus Vertretern der Arbeitnehmerinnen und Arbeitnehmer, der Arbeitgeber und der öffentlichen Körperschaften zusammen (vgl. §§ 367 ff. SGB III).

6 Der Bundesagentur für Arbeit ist in Abs. 1 eine Reihe von Aufgaben zugewiesen, deren Gegenstand ganz unterschiedlicher Natur ist. Einerseits obliegt ihr die Zuständigkeit im Bereich der konkreten Beratung und Vermittlung der sbM in Ausbildung und Beruf einschließlich der Beratung von Arbeitgebern und der Förderung sbM im Rahmen von Arbeitsbeschaffungsmaßnahmen, andererseits sind ihr eine Reihe von Verwaltungsaufgaben aus dem SGB IX zugewiesen.

2. Beratungs- und Vermittlungsstellen für schwer behinderte Menschen

Bei den Agenturen für Arbeit sind besondere Stellen für die Durchführung der ihnen übertragenen Aufgaben zur Förderung der Teilhabe am Arbeitsleben zu bilden, bei deren Ausstattung dem besonderen Aufwand bei der Beratung und Vermittlung dieses Personenkreises Rechnung zu tragen ist (BT-Drs. 14/3372, 21). Dazu kann es zweckmäßig sein, diese Arbeitsvermittlungsstellen möglichst mit sbM zu besetzen. Im Gegensatz zum SchwbG 1961 ist das allerdings nicht mehr gesetzlich vorgeschrieben, vielmehr bleibt das seit der Fassung des SchwbG v. 29.4.1974 nunmehr der Arbeitsverwaltung selbst überlassen und hängt vor allem von geeigneten schwerbehinderten Vermittlern ab. 7

Die Vermittlungseinrichtungen der Bundesagentur für Arbeit sind als ein einheitliches Ganzes anzusehen. Die Vermittlung sbM ist ein Teil dieser Organisation, die das gesamte arbeitsmarktliche Geschehen erfasst. Sie kann auch nur im Rahmen dieser Gesamtorganisation ihre Sonderaufgabe wirksam erfüllen. 8

Die Beratungs- und Vermittlungsstellen für sbM bleiben **Bestandteil der** umfassenden Organisation der **Arbeitsvermittlung** und der Arbeits- und **Berufsförderung.** Hier sollen Vermittlung und Förderung sbM fachlich zusammengefasst werden (vgl. RegBegr. BT-Drs. 7/656, 35). Die Sonderstellen für Vermittlung und Förderung sbM stellen die persönliche Betreuung der sbM sicher und führen die Verbindung zu den Fachvermittlungsstellen der Agenturen für Arbeit herbei. Auf diesem Wege wird die gesamte von der Bundesagentur für Arbeit erfasste Fluktuation der Beratung und Vermittlung der sbM dienstbar gemacht. Die Organisation der besonderen Beratungs- und Vermittlungsstellen wird weitgehend auch von der Größe der Agentur für Arbeit abhängig sein. 9

Die Arbeitsvermittlung und Berufsförderung für sbM verlangt eine besondere sorgsame Wahl des **Vermittlungspersonals.** Hier kann es durchaus angezeigt sein, schwerbehinderte Mitarbeiter der Bundesagentur für Arbeit in diesem Bereich einzusetzen. Ein solcher Vermittler wird schon aus psychologischen Erwägungen der Geeignete sein. Entscheidend bleibt die besondere Eignung für die Aufgabe. 10

Neben der bloßen (bevorzugten) Vermittlung sbM in Arbeit ist es aber die spezielle Aufgabe der besonderen Beratungs- und Vermittlungsstellen, die sbM bei der Arbeits- und Berufsförderung zu beraten, auf die Verbesserung ihrer Leistungen und Kenntnisse ihren Fähigkeiten entspr. hinzuwirken und sie auf geeignete Förderungsmaßnahmen aufmerksam zu machen. 11

C. Die fachlichen Aufgaben der Bundesagentur

1. Arbeitsberatung und Eignungsprüfung

Der sbM hat zwar kein subjektives öffentliches Recht auf einen bestimmten Arbeitsplatz, er hat jedoch ein Recht darauf, dass die mit der Durchführung des Gesetzes beauftragten Stellen jede Bemühung anstrengen, ihm zu einem persönlichkeits- und berufsgerechten Arbeitsplatz zu verhelfen. Vor der Wiedereingliederung des sbM in das Wirtschaftsleben bedarf es einer Klärung der ihm verbliebenen körperlichen und geistigen Fähigkeiten. Die Grundlage dafür bildet § 37 Abs. 1 SGB III (Potenzialanalyse). Das Erkennen des Begabungsschwerpunktes, seiner Neigungen und Wünsche und ihre Abstimmung mit den beruflichen und wirtschaftlichen Möglichkeiten ist Aufgabe der Arbeitsberatung. Im Anschluss daran erfolgt der Abschluss einer Eingliederungsvereinbarung nach Abs. 2 der Vorschrift. 12

Die Beratung der sbM durch den Berufsberater muss häufig durch eine psychologische **Eignungsuntersuchung** und eine Untersuchung durch den Arbeitsamtsarzt ergänzt werden. Welche Maßnahmen zweckdienlich sind, entscheidet die Agentur für Arbeit nach freiem Ermessen. Ziel dieser Untersuchungen ist das Feststellen und Bestimmen: 1. der 13 eignungsmäßigen Voraussetzungen des behinderten Menschen für eine bereits gewünschte oder in Erwägung gezogene Tätigkeit oder Ausbildung mit enger umgrenzten oder vielseitigen Leistungsforderungen (Anlernung, Umschulung, Lehre usw), 2. des allgemeinen Leistungs- und Begabungsbildes des behinderten Menschen, 3. der gesamten Persönlichkeitsstruktur des behinderten Menschen, insbes. auch nach der charakterlichen Seite.

2. Arbeitsvermittlung

14 Unter Arbeitsvermittlung versteht man eine planmäßige Tätigkeit, die darauf gerichtet ist, arbeitssuchende Personen mit Arbeit anbietenden oder beschäftigungsbereiten Arbeitgebern in Verbindung zu bringen, damit sie aus eigenem Willen ein Arbeitsverhältnis herbeiführen. Für die Arbeitsvermittlung aller Arbeitssuchenden einschließlich der sbM ist ausschließlich die Bundesagentur für Arbeit zuständig.

15 Ziel der Arbeitsvermittlung ist eine aktive Beeinflussung von Beschäftigung und Arbeitslosigkeit. Die Arbeitsvermittlung begreift deshalb die Betriebe und die Arbeitsuchenden in ihre Maßnahmen ein und umfasst das Gebiet der vorbeugenden, vorbereitenden und nachgehenden Maßnahmen (Werbung von Stellen und sonstigen beschäftigungspolitische Maßnahmen, Anlernen, Umschulung, Fortbildung von Arbeitsuchenden, Gewährung von Erleichterungen zur Arbeitsaufnahme ua).

16 Bei der Arbeitsvermittlung sind die besonderen Verhältnisse der freien Arbeitsplätze, die Eignung der Arbeitsuchenden und deren persönliche Verhältnisse zu berücksichtigen (§ 35 Abs. 2 SGB III). Verpflichtungen zur bevorzugten Einstellung bestimmter Personen nach anderen Gesetzen entbinden den Arbeitgeber nicht von der Verpflichtung zur Beschäftigung sbM (§ 205). Aus dieser Bestimmung ergibt sich, dass die sbM auch für die Arbeitsvermittlung den absoluten Vorrang vor allen anderen zu bevorzugenden Personenkreisen genießen. Das wird besonders betont durch die ab 1.8.1986 in das damalige SchwbG eingefügte Nr. 3 des Abs. 1 des heutigen § 187 SGB IX, wonach die Einstellung und Beschäftigung sbM besonders zu fördern ist. Damit sind sbM günstigere Leistungen zu erbringen, die weitergehen als sie sonst von der Bundesagentur gewährt werden. Ihre Finanzierung erfolgt aus der Ausgleichsabgabe nach § 160 Abs. 6 über den Ausgleichsfonds (§ 161).

3. Berufsberatung, Ausbildungsvermittlung

17 Berufsberatung ist die Erteilung von Rat und Auskunft in Fragen der Berufswahl einschließlich des Berufswechsels (§ 30 SGB III). Dabei soll durch Berufsaufklärung, Unterrichtung über die Förderung der beruflichen Bildung die Berufswahl erleichtert und ermöglicht werden. Ergänzend tritt dann die Vermittlung in die berufliche Ausbildung hinzu (§ 34 Abs. 1 SGB III). Auch hier sind Neigung und persönliche Verhältnisse des sbM besonders zu berücksichtigen; außerdem sind ggf. im Einverständnis des sbM psychologische und ärztliche Untersuchungen durchzuführen bzw. Gutachten einzuholen (§ 32 SGB III). Im Rahmen der berufsfördernden Leistungen zur Rehabilitation kommt diesen Leistungen des Ersten Abschnitts des Dritten Kapitels des SGB III über die Berufsberatung und der Vermittlung in Ausbildungsstellen besondere Bedeutung zu Mit der Regelung in Art. 1 Nr. 18 lit. a aa) des Gesetzes zur Bekämpfung der Arbeitslosigkeit Schwerbehinderter v. 29.9.2000 (BGBl. I 1394) wurde der Text von Abs. 1 Ziff. 1 erweitert. Es wurde klarstellend hinzugefügt, dass auch die Vermittlung von Behinderten, die in Werkstätten für Behinderte beschäftigt werden, aber den Übergang auf den allgemeinen Arbeitsmarkt anstreben, zum Auftragsspektrum der Bundesagentur für Arbeit gehört (BT-Drs. 14/3372, 21). Diese Formulierung findet sich fast wortgleich auch in § 187. Die Rechtslage ist damit unverändert.

4. Stellengewinnung

Die Stellengewinnung ist eine allgemeine Aufgabe der Bundesagentur für Arbeit nach § 2 Abs. 2 Nr. 2–4 SGB III; sie hat aber bei der Arbeitsvermittlung sbM einen besonderen Charakter, weil abweichend von der sonstigen Arbeitsvermittlung der Arbeitgeber nach dem SGB IX verpflichtet ist, einen bestimmten Bruchteil seiner Arbeitsplätze mit sbM zu besetzen. Die besondere Förderung der Einstellung und Beschäftigung sbM nach Abs. 1 Nr. 3 SGB IX verpflichtet zu einem verstärkten Einsatz für die Einstellung sbM. Die Agenturen für Arbeit sind im Rahmen der Stellengewinnung gehalten, den Arbeitgeber zu beraten, welche Arbeitsplätze für die Beschäftigung von sbM vornehmlich geeignet sind und wie durch geeignete Hilfen die Beschäftigung von sbM erleichtert werden kann (vgl. § 164 Abs. 4). Vor allem aber ist es Aufgabe der Bundesagentur für Arbeit, die Teilhabe besonderer Gruppen von sbM am Arbeitsleben zu fördern. Diese werden im Katalog des Abs. 1 Ziff. 3 besonders benannt. Es handelt sich dabei um sbM, die wegen Art oder Schwere der Behinderung oder sonstiger Umstände im Arbeitsleben besonders betroffen sind (§ 155 Abs. 1), um Langzeitarbeitslose (§ 18 SGB III), um sbM, die im Anschluss an eine Tätigkeit in einer anerkannten Werkstatt für behinderte Menschen oder einem Inklusionsprojekt auf den allgemeinen Arbeitsmarkt wechseln oder solche, die eine Teilzeitbeschäftigung oder eine Aus- oder Weiterbildung suchen. Bei diesen besonderen Gruppen handelt es sich um Arbeitnehmer, die besonders schwer zu vermitteln sind und zu deren Eingliederung in das Arbeits- und Berufsleben Eingliederungszuschüsse und Zuschüsse zur Ausbildungsvergütung nach § 73 SGB III geleistet werden können. Darüber hinaus gehört zu dieser Aufgabe – dem Grundgedanken des Gesetzes entspr. –, die Arbeitgeber zu veranlassen, aus freiem Entschluss zusätzliche Arbeitsplätze für sbM bereitzustellen. 18

Durch Art. 1 Nr. 18 lit. e des Gesetzes zur Bekämpfung der Arbeitslosigkeit Schwerbehinderter v. 29.9.2000 (BGBl. I 1394) wurde dem damaligen § 33 SchwbG (heute: § 187) ein neuer Abs. 5 angefügt, dessen Inhalt die Verpflichtung der Bundesagentur für Arbeit zur Beratung der Arbeitgeber ist. Danach hat die Bundesagentur für Arbeit dem Arbeitgeber zur Besetzung von Arbeitsplätzen arbeitslose oder arbeitssuchende sbM unter Darlegung der Leistungsfähigkeit und der Auswirkungen der jeweiligen Behinderung auf die angebotene Stelle vorzuschlagen und ihre Fördermöglichkeiten sowie ggf. jene der Rehabilitationsträger und der begleitenden Hilfe im Arbeitsleben durch die Integrationsämter aufzuzeigen. Diese Neuregelung konkretisiert die allgemeine Verpflichtung der Bundesagentur für Arbeit zur Beratung der Arbeitgeber und gibt der Bundesagentur für Arbeit auf, sich ggf. um eine frühzeitige Qualifizierung des Bewerbers zu bemühen (Begr. des Gesetzentwurfs, BT-Drs. 14/3372, 21 f.). Dieser Regelung wird in der Praxis besondere Bedeutung beigemessen (Cramer DB 2000, 2220). 19

Der **zwischen- und übergebietliche Ausgleich** der sbM ist anders als noch im SchwbG 1961 nicht mehr besonders als Aufgabe der Bundesagentur für Arbeit in § 187 erwähnt, gehört aber nach wie vor zu deren allgemeinen Aufgaben. Er ist Teil der beruflichen Beweglichkeit der Erwerbstätigen und ist bei der unharmonischen Verteilung der sbM über das Bundesgebiet von besonderer Bedeutung. Seine Aufgabe ist es, die schwerbehinderten Arbeitssuchenden an die Brennpunkte des Arbeitskräftebedarfs heranzubringen. Dies ist praktisch nur auf dem Wege individuell ausgerichteter Maßnahmen möglich, welche sowohl die spezifische Eignung der sbM als auch die besonderen Ansprüche der Wirtschaft berücksichtigen. Es gilt die Mobilität der sbM vornehmlich durch Erleichterung der Anreise und durch Wohnungsbeschaffung zu erhöhen. 20

Die Bundesagentur für Arbeit hat dafür ihre eigenen Mittel dafür einzusetzen. Es können aber auch für Maßnahmen regionaler oder überregionaler Art zum Abbau der Arbeitslosigkeit sbM und zur Förderung des Arbeitsplatzangebotes die Mittel der Aus- 21 gleichsabgabe eingesetzt bzw. aus dem Ausgleichsfonds beim BMGS angefordert werden (§§ 16, 41 SchwbAV).

5. Maßnahmen der Berufsbildungsförderung

22 Zur Arbeitsvermittlung im weiteren Sinne gehört in besonderem Maße die Förderung der beruflichen Bildung. Die berufliche Ausbildung, berufliche Fortbildung und berufliche Umschulung soll der Arbeitsförderung und damit der Vorbereitung einer Arbeitsvermittlung dienen. Bei der Auswahl der Leistungen Eignung, Neigung, bisherige Tätigkeit sowie Lage und Entwicklung des Arbeitsmarktes angemessen zu berücksichtigen. Die schließt – soweit erforderlich – eine Berufsfindung oder Berufserprobung ein.

23 Grundsätzlich müssen die Ansprüche nach anderen Rehabilitationsregelungen ausgeschöpft werden (§ 22 SGB III); die Ausgleichsabgabe soll gleichfalls für Maßnahmen der Arbeits- und Berufsförderung verwendet werden (§ 160 Abs. 5). Trotzdem kann auch der sbM von den Maßnahmen zur beruflichen Bildung im gleichen Umfang Gebrauch machen wie andere. Solange die andere Stelle keine Leistungen gewährt, muss die Bundesanstalt in Vorlage treten, als ob eine Verpflichtung dieser Stelle nicht bestünde (§ 23 SGB III).

24 Neben den allgemeinen Leistungen erhalten sbM besondere Leistungen, zB Mobilitätsbeihilfe, Berufsausbildungsbeihilfe, Aktivierungshilfe, ausbildungsbegleitende Hilfen, die Beschäftigung begleitende Eingliederungshilfe und Übergangshilfe.

6. Begleitende Hilfe im Arbeitsleben

25 Mit den vorbereitenden Maßnahmen und der Vermittlung des sbM ist die Aufgabe der Agentur für Arbeit nicht abgeschlossen. Der begleitenden Hilfe im Arbeitsleben kommt die gleiche Bedeutung zu (Seidel br 1991, 78 ff.). Die Aufgabe ist zwar in erster Linie den Integrationsämter zugewiesen (§ 185 Abs. 1 Ziff. 3, Abs. 2), sie ist aber im engen Zusammenwirken mit der Bundesagentur für Arbeit durchzuführen und demgemäß auch deren Aufgabe. Sie kann nur in engem Kontakt mit dem Arbeitgeber, seinem Beauftragten und der Vertrauensperson der sbM sowie dem Betriebs- bzw. Personalrat erfolgreich durchgeführt werden. Der SB-Vermittler wird sich bei jedem Betriebsbesuch über die Bewährung und das Wohlbefinden insbes. neu zugewiesener sbM unterrichten. Auf Grund der persönlich gewonnenen Eindrücke kann er durch seinen Rat etwa vorliegende Hemmungen beseitigen. Auf die Ausführungen zu § 164 – Beschäftigung der sbM nach Kenntnissen und Fähigkeiten, Unfallschutz und Beratung der Betriebe – sowie zu § 184 – Grundsätze der Zusammenarbeit für die Beschäftigung sbM – wird verwiesen.

26 Bei der begleitenden Hilfe im Arbeits- und Berufsleben müssen die Dienststellen der Bundesagentur für Arbeit nicht nur mit dem Integrationsamt zusammenarbeiten (§ 185 Abs. 2), in vielen Fällen wird es darüber hinaus notwendig sein, auch die Gewerbeaufsicht zu beteiligen. Über den Begriff der begleitenden Hilfe im Arbeitsleben und ihre Aufgaben → § 185 Rn. 21 ff.

7. Vermittlung besonderer Gruppen schwer behinderter Menschen

27 Bei der Berufsberatung und den vorbereitenden Maßnahmen der Arbeitsvermittlung ist auf die in § 155 Abs. 1 genannten Gruppen besondere Rücksicht zu nehmen, wie sich aus § 187 Abs. 1 Nr. 3 ergibt.

28 Auch bei den geistig und seelisch Behinderten ist ebenso wie bei anderen Gruppen besonderer sbM in der Regel der erlernte Beruf der Ausgangspunkt für die Berufswahl. Sodann ist sorgfältig zu prüfen, ob dieser Beruf dem Leiden angepasst erscheint. Das fachärztliche Urteil wird zweckmäßig durch das Gutachten eines Fachpsychologen zu ergänzen sein. Oft werden Arbeitsproben von kürzerer oder längerer Dauer notwendig sein, um Eignung und Verhalten (Belastungsmöglichkeiten, Reaktionsfähigkeit, Leis-

tungswillen, Grad der Erregbarkeit usw) zu erproben. Auch allgemeine arbeitstherapeutische Maßnahmen werden die Arbeitsaufnahmen vorbereiten können.

Die Auswahl des Arbeitsplatzes bedarf besonderer Sorgfalt. Im Allgemeinen sind Arbeitsplätze mit viel Lärm, in überhitzten Räumen, an gefährdeten Stellen von vornherein ungeeignet. Auch das Verhalten der Umwelt (Arbeitskollegen, Arbeitgeber) ist von Bedeutung. Der Arbeitgeber hat gegenüber besonderen Gruppen sbM eine besondere Fürsorgepflicht. Dabei können vor allem die Angehörigen der in § 155 genannten Gruppen uU auf mehr als einen Pflichtsatz angerechnet werden. Arbeiten sie weniger als betriebsüblich, ist trotzdem die Anerkennung auf einen vollen Pflichtplatz vorgesehen (§§ 158, 159). 29

Besonderes Augenmerk ist aber auch auf die Förderung der weiteren in Abs. 1 Nr. 3 genannten besonderen Gruppen sbM zu richten, also auf Langzeitarbeitslose, sbM im Anschluss an eine Beschäftigung in einer anerkannten WfbM, solche auf der Suche nach einer Teilzeitbeschäftigung oder einer Aus- oder Weiterbildung. Für den Personenkreis des Abs. 1 Nr. 3 lit. a–d bietet § 90 SGB III die Möglichkeit der Gewährung besonderer Eingliederungszuschüsse. Für die Aus- und Weiterbildung müssen sie nach § 73 SGB III gewährt werden (→ Rn. 36). 30

D. Aufgaben nach dem SGB IX

Neben diesen allgemeinen Aufgaben der Bundesanstalt werden noch die wichtigsten Aufgaben nach dem SGB IX aufgezählt. Diese Aufzählung ist nicht vollständig, nennt aber die wesentlichsten, der Bundesagentur für Arbeit besonders übertragenen Tätigkeit (vgl. die Aufstellung der Aufgaben in → § 203 Rn. 16). 31

1. Gleichstellung, deren Widerruf und Rücknahme

Im Gegensatz zum SchwbG 1961, nach dem diese Aufgaben der Hauptfürsorgestelle übertragen waren, ist die Gleichstellung sbM mit einem Grad der Behinderung von mindestens 30, aber weniger als 50 wie schon seit der Neufassung des SchwbG auch nach dem SGB IX der Bundesagentur für Arbeit übertragen. Mit dieser Zuständigkeit der Bundesagentur für Arbeit wird gleichzeitig besonders herausgestellt, dass es sich vor allem bei der Gleichstellung um eine Maßnahme der Arbeitsförderung und bevorzugten Unterbringung in Arbeit und Beschäftigung handelt. Zur Gleichstellung vgl. § 2 und § 151. Zum Widerruf und zur Rücknahme vgl. §§ 199, 200. 32

2. Anzeigeverfahren und Überwachung der Beschäftigungspflicht

Der Bundesagentur für Arbeit obliegt die Erfassung der Betriebe und Verwaltungen, die zur Beschäftigung sbM verpflichtet sind (§ 154). Praktisch werden hier die Agenturen für Arbeit tätig, die von den Regionaldirektionen und diese wieder von der Zentrale der Bundesagentur für Arbeit ihre Weisungen erhalten. Für viele Bezirke sind die verwaltungstechnischen Aufgaben durch das Abstellen der Beschäftigungspflicht und die daraus folgende Anzeige nach § 163 Abs. 2 auf den Arbeitgeber stark gewachsen. Diese Anzeigen sind nämlich stets der für den Sitz zuständigen Agentur für Arbeit zu machen, auch für entfernt und in anderen Bezirken gelegenen Dienststellen und Betrieben. Bei der Gesetzesberatung ist mehrfach auf die Notwendigkeit hingewiesen worden, die Betriebe und Verwaltungen hinsichtlich der Einstellungspflicht so unbürokratisch wie möglich zu erfassen und zu überwachen. 33

Zu erfassen sind alle Arbeitgeber öffentlicher und privater Dienststellen und Betriebe. Auf die Zahl der Arbeitsplätze und die Beschäftigungspflicht kommt es zunächst nicht an. Die jährliche Anzeigepflicht betrifft aber nur Arbeitgeber mit mindestens 20 Arbeits- 34 plätzen; es sind dies Verwaltungen des Bundes, der Länder, der Gemeinden und der sonstigen Körperschaften, Stiftungen und Anstalten des öffentlichen Rechts, öffentliche und private Betriebe. Andere Arbeitgeber haben die Meldungen nur nach Aufforderung für eine repräsentative Teilerhebung alle fünf Jahre abzugeben (§ 163 Abs. 4). Grundlage sind die Anzeigen der pflichtigen Arbeitgeber (§ 163), im Einzelfall vom Arbeitgeber einzuholende Auskünfte (§ 163 Abs. 5) und das zu führende Verzeichnis der beschäftigten sbM, Gleichgestellten und sonstigen anrechnungsfähigen Personen (§ 163 Abs. 1). Dazu kommen die laufenden Meldungen der Arbeitgeber über Einstellung und Entlassungen gem. § 28a Abs. 1 SGB IV iVm § 350 Abs. 1 SGB III, die Anträge auf Kündigung sbM (§§ 168, 174) und die Meldungen über die Einstellungen von sbM auf Probe und die Beendigung von Arbeitsverhältnissen während der ersten sechs Monate (§ 173 Abs. 3), die das Integrationsamt auch an die Agenturen für Arbeit mitteilt.

35 Besonders genannt ist noch die **Überwachung** der Erfüllung **der Beschäftigungspflicht.** Hier sind allerdings die Aufgaben der Bundesagentur für Arbeit nicht mehr allzu groß, da es weder Zwangseinstellungen geben noch unmittelbarer Zwang zur Beschäftigung ausgeübt werden kann. Die Nichtbeschäftigung löst vielmehr zunächst nur die Ausgleichsabgabe aus, deren Beitreibung aber Sache des Integrationsamts ist (§ 160. Die Agenturen für Arbeit haben insoweit nur die Meldungen weiterzugeben, damit das Integrationsamt die ordnungsgemäße Abführung der Ausgleichsabgabe überprüfen kann. Unter den Voraussetzungen des § 238 Abs. 1 Ziff. 1 ist aber die Nichtbeschäftigung sbM eine Ordnungswidrigkeit, die nach § 238 Abs. 3 von der Bundesagentur für Arbeit verfolgt wird. Im Zusammenhang damit kann die besondere Überwachungspflicht Bedeutung erlangen.

3. Förderung von Einstellung und Beschäftigung

36 Seit 1976 hat die Bundesagentur für Arbeit vier Sonderprogramme des Bundes und der Länder zur Förderung des Arbeits- und Ausbildungsplatzangebotes für arbeitslose Schwerbehinderte durchgeführt. Dafür wurden insgesamt 630 Mio. DM bereitgestellt (BT-Drs. 10/3138, 24). Diese Aufgabe wurde dann durch die Einfügung der Nr. 3 in Abs. 1 und die Ausgestaltung in den neu eingefügten Abs. 2 u. 3 des § 33 ausdrücklich als gesetzliche Aufgabe nach dem SchwbG ab 1.7.1986 der Bundesanstalt übertragen. Im Laufe der Ausschussberatungen ist dazu noch eingefügt worden, dass Mittel auch zur Verfügung gestellt werden konnten für die Einstellung von sbM, die länger als 12 Monate arbeitslos waren oder von einer anerkannten Werkstatt für Behinderte auf einen Arbeitsplatz überwechselten. Außerdem war in den Ausschussberatungen streitig, ob neben den Aufgaben der Bundesanstalt nach Abs. 2 auch noch befristete regionale Sonderprogramme für einzelne Länder durchgeführt werden könnten. Der BR hatte das angeregt, die BReg. hatte dem widersprochen, weil damit die Gefahr einer unterschiedlichen Förderung in den einzelnen Ländern bestünde (BT-Drs. 10/3138, 33 f., 39). In den Ausschussberatungen ist dann aber Abs. 3 eingefügt worden, um zu gewährleisten, dass auch künftig zusätzliche Länderprogramme zum Abbau der Arbeitslosigkeit und zur Förderung des Ausbildungsplatzangebotes zulässig sind, um die regionalen unterschiedlichen Verhältnisse ausgleichen zu können. An diesem Konzept hat sich dem Grunde nach nichts geändert. Durch Art. 1 Nr. 18 des Gesetzes zur Bekämpfung der Arbeitslosigkeit Schwerbehinderter v. 29.9.2000 (BGBl. I 1394) wurde § 33 Abs. 3 SchwbG neu gefasst und ermöglichte nach seinem Wortlaut ausdrücklich befristete sowohl überregionale als auch regionale Arbeitsmarktprogramme zum Abbau der Arbeitslosigkeit Schwerbehinderte sowie besonderer Gruppen von diesen. Die Durchführung dieser Programme war der Bundesagentur für Arbeit durch Verwaltungsvereinbarungen nach § 370 SGB III zu übertragen. Die Finanzierung erfolgte aus den Mitteln der Ausgleichsabgabe sowie des Ausgleichsfonds. Bund und Länder hatten diese zur Verfügung zu stellen (Begr. des

Gesetzentwurfs, BT-Drs. 14/3372, 21). Diese Konzeption ist in § 187 Abs. 3 SGB IX ohne Bruch fortgeführt worden.

Bereits mit Art. 1 Nr. 18 lit. b des Gesetzes zur Bekämpfung der Arbeitslosigkeit Schwerbehinderter v. 29.9.2000 (BGBl. I 1394) war eine Strukturänderung eingetreten, die auch mit § 104 SGB IX 2001 aufrechterhalten wurde. Der frühere § 33 Abs. 2 SchwbG sowie die damit korrespondierenden Regelungen des Ersten Abschnitts des SchwbAV wurden damit nämlich ersetzt bzw. aufgehoben und aus Gründen der Verwaltungsvereinfachung und der besseren Transparenz als besondere Förderungstatbestände in das SGB III aufgenommen (§§ 222a, 235a SGB III, vgl. Art. 2 Nr. 3, 5 SchwbBAG). Nach diesen Vorschriften (heute: § 90 SGB III) können bzw. konnten auch für den Personenkreis des § 187 Abs. 1 Nr. 3 Eingliederungszuschüsse erbracht werden, wobei die Förderungshöhe 70 % des berücksichtigungsfähigen Entgelts nicht übersteigen darf (§ 90 Abs. 1 S. 1 SGB III) und der Förderungsdauer Grenzen gesetzt sind. Diese darf im Regelfall 60 Monate und bei älteren Schwerbehinderten (nach vollendetem 55. Lebensjahr) 96 Monate nicht übersteigen (§ 90 Abs. 2). Bei der Entscheidung über Höhe und Dauer der Förderung ist zu berücksichtigen, ob der sbM ohne gesetzliche Verpflichtung oder über die Beschäftigungspflicht nach dem SGB IX hinaus eingestellt und beschäftigt wird. Nach Ablauf von 12 Monaten (bei älteren sbM: 24 Monate) ist der Eingliederungszuschuss in Relation zur prognostizierten Zunahme der Leistungsfähigkeit des Arbeitnehmers und dem damit verbundenen Absinken des Eingliederungserfordernisses um mindestens 10 % jährlich gegenüber der bisherigen Förderungshöhe zu reduzieren; allerdings darf er 30 % davon nicht unterschreiten (§ 90 Abs. 4 SGB III). Alle diese Regelungen gelten auch für gleichgestellte sbM, § 90 Abs. 2 S. 1 SGB III. 37

Eine entsprechende Regelung für den Bereich der Aus- und Weiterbildung findet sich in § 73 SGB III. Auch hier können Arbeitgeber zweckgebundene Förderungsleistungen erhalten, wobei die Zuschüsse regelmäßig 80 % der monatlichen Ausbildungsvergütung für das letzte Ausbildungsjahr oder (im Falle der Weiterbildung: der vergleichbaren Vergütung) einschließlich des darauf entfallenden Arbeitgeberanteils nicht übersteigen sollen. In begründeten Ausnahmefällen besteht allerdings auch die Möglichkeit zur Gewährung von Zuschüssen bis zur Höhe der Ausbildungsvergütung für das letzte Ausbildungsjahr. Hier wird an die Ausbildung sbM zu denken sein, die mit ganz außergewöhnlichen Belastungen des üblichen Ausbildungsganges verbunden ist. Allerdings stellt die Förderung der Aus- und Weiterbildung schwerbehinderte Menschen nach dieser Regelung keinen Sachgrund für die Befristung des zwischen dem Arbeitgeber und dem schwerbehinderte Menschen abgeschlossenem Arbeitsvertrages dar (BAG 22.4.2009 – 7 AZR 96/08, NZA 2009, 1033). 38

Schließlich enthält § 73 SGB III eine besondere Förderungsvorschrift für jene Fälle, in denen der unter Gewährung eines Zuschusses aus- oder weitergebildete sbM von dem ausbildenden oder einem anderen Arbeitgeber im Anschluss an die Aus- oder Weiterbildung in ein Arbeitsverhältnis übernommen wird. Hier kann ein Eingliederungszuschuss iHv bis zu 70 % des berücksichtigungsfähigen Entgelts für die Dauer von bis zum einem Jahr gewährt werden (§ 73 Abs. 2 SGB III). 39

Mit Art. 1 Nr. 18 lit. a des Gesetzes zur Bekämpfung der Arbeitslosigkeit Schwerbehinderter v. 29.9.2000 (BGBl. I 1394) wurde § 33 Abs. 4 SchwbG neu gefasst. Die Regelung enthielt eine Verpflichtung zur Bildung besonderer Stellen zur Erfüllung der gesetzlichen Verpflichtungen zur Eingliederung Schwerbehinderter, die insbes. bei der personellen Ausstattung (sowohl quantitativ als auch qualitativ) den besonderen Anforderungen dieser Aufgabe entsprechen mussten (*Cramer* DB 2000, 2220). Diese Vorschrift ist das Ergebnis von Modellversuchen zum Arbeitsamt 2000. Nach den Feststellungen der Bundesagentur für Arbeit hängt der Vermittlungserfolg nämlich entscheidend davon ab, dass diese Aufgabe von einer eigenständigen Organisationseinheit wahrgenommen wird. Auch dies ist in § 187 übernommen worden. Die im bisherigen Text des Abs. 4 enthalten gewesene Möglichkeit der fachlichen Schwerpunktbildung in klei- 40 neren Geschäftsstellen ist in der ab dem 1.1.2005 geltenden Fassung nicht mehr enthalten (Cramer NZA 2004, 706). Es bleibt bei der Notwendigkeit der Einrichtung besonderer Stellen mit entsprechender personeller Ausstattung.

4. Anrechnung von schwer behinderten Menschen und Erfassung von Werkstätten

41 Nach § 158 Abs. 2 sind sbM mit kürzerer als betriebsüblicher Arbeitszeit auch bei Beschäftigung von weniger als 18 Stunden in der Woche auf einen Pflichtplatz anzurechnen, wenn die verkürzte Arbeitszeit wegen Art oder Schwere der Behinderung notwendig ist. Sie können auch auf mehr als einen Pflichtplatz angerechnet werden. Auch andere sbM, besonders solche besonderer Gruppen iSd § 155 und zur beruflichen Bildung beschäftigte sbM können auf mehr als einen Pflichtplatz zugelassen werden (§ 159). Für all diese Anrechnungen ist die Bundesagentur für Arbeit zuständig, soweit nicht die Mehrfachanrechnung gesetzlich festgelegt ist (§ 159 Abs. 2 S. 1), → § 159 Rn. 8 ff.

42 Die Anrechnung von sbM und Gleichgestellten kommt noch weiter in Betracht für Auftraggeber, denen solche sbM auf Pflichtplätze angerechnet werden können, die bei Hausgewerbetreibenden oder ihnen Gleichgestellten beschäftigt werden und in der Hauptsache nur für diesen Auftraggeber arbeiten (§ 210 Abs. 4). Diese Anrechnung erfolgt nur auf Antrag des Auftraggebers. Auch hierfür ist die Bundesagentur für Arbeit zuständig (vgl. § 210 Abs. 4 S. 2).

43 Die Erfassung von Werkstätten, ihre Anerkennung und deren Rücknahme bzw. Widerruf obliegt der Bundesagentur für Arbeit nach § 225. Diese muss über die Anrechnung im Einvernehmen mit den überörtlichen Trägern der Sozialhilfe entscheiden (vgl. § 225).

44 Die der Bundesagentur für Arbeit durch Art. 1 Nr. 18 lit. a dd) des SchwbBAG v. 29.9.2000 (BGBl. I 1394) als weitere Aufgabe neu übertragene Erfassung der in dem gleichzeitig eingefügten Siebten Abschnitt neu eingefügten Integrationsfachdienste sowie die Erbringung finanzieller Leistungen an diese aus den Mitteln der Ausgleichsabgabe ist durch Art. 1 Nr. 25 des Gesetzes zur Förderung der Ausbildung und Beschäftigung schwer behinderter Menschen v. 23.4.2004 (BGBl. I 606, 609) gestrichen worden. Es handelt sich um eine Folge der in § 192 getroffenen Regelung, nach der die IFD nicht mehr von den Agenturen für Arbeit beauftragt werden (Adlhoch br 2004, 134). Damit erbringen diese auch keine Leistungen aus der Ausgleichsabgabe an die IFD (Begr. des Gesetzesentwurfs, BT-Drs. 15/1783, 17). Die Streichung der bisherigen Nr. 10 ist eine Konsequenz der Neuregelung der Strukturverantwortung in § 113 SGB IX 2001 (heute: § 196 SGB IX 2018). Die besonderen Regelungen für die Beauftragung der IFD durch die Bundesagentur für Arbeit sind entfallen (Begr. des Gesetzesentwurfs, BT-Drs. 15/1783, 17).

E. Beratung der Arbeitgeber

45 Als besondere Aufgabe der Bundesagentur für Arbeit wurde durch Art. 1 Nr. 18 lit. d des SchwbBAG v. 29.9.2000 (BGBl. I 1394) eine die Beratungspflicht der Arbeitgeber nach Abs. 1 Nr. 2 konkretisierende Vorschrift als Abs. 5 in § 33 SchwbG aufgenommen. Sie beinhaltet einerseits die Verpflichtung, dem Arbeitgeber konkrete Einstellungsvorschläge zu unterbreiten, die den Besonderheiten des jeweiligen Einzelfalls angepasst sind, und andererseits die Aufgabe, ihm Fördermöglichkeiten aus dem eigenen Zuständigkeitsbereich sowie etwaige Leistungen anderer Rehabilitationsträger bzw. der Integrationsämter aufzuzeigen (*Braasch* br 2001, 184). Ergänzt wird dies durch in § 185a neu eingeführte Einheitlichen Ansprechstellen für Arbeitgeber, mit deren Einrichtung und Betrieb die IntegrÄ Integrationsfachdienste oder andere geeignete Träger beauftragen sollen (§ 185a Abs. 5). Mit der Verpflichtung zum Vorschlag geeigneter sbM ist die

Notwendigkeit verbunden, bereits frühzeitig für eine betriebsnahe Qualifikation Sorge zu tragen (Begr. des Gesetzentwurfs, BT-Drs. 14/3372, 218). Auch dies hat unverändert Eingang in das SGB IX gefunden (§ 187 Abs. 5).

§ 188 Beratender Ausschuss für behinderte Menschen bei der Bundesagentur für Arbeit

(1) Bei der Zentrale der Bundesagentur für Arbeit wird ein Beratender Ausschuss für behinderte Menschen gebildet, der die Teilhabe der behinderten Menschen am Arbeitsleben durch Vorschläge fördert und die Bundesagentur für Arbeit bei der Durchführung der in diesem Teil und im Dritten Buch zur Teilhabe behinderter und schwerbehinderter Menschen am Arbeitsleben übertragenen Aufgaben unterstützt.

(2) Der Ausschuss besteht aus elf Mitgliedern, und zwar aus
1. zwei Mitgliedern, die die Arbeitnehmerinnen und Arbeitnehmer vertreten,
2. zwei Mitgliedern, die die privaten und öffentlichen Arbeitgeber vertreten,
3. fünf Mitgliedern, die die Organisationen behinderter Menschen vertreten,
4. einem Mitglied, das die Integrationsämter vertritt,
5. einem Mitglied, das das Bundesministerium für Arbeit und Soziales vertritt.

(3) Für jedes Mitglied ist eine Stellvertreterin oder ein Stellvertreter zu berufen.

(4) [1]Der Vorstand der Bundesagentur für Arbeit beruft die Mitglieder, die Arbeitnehmer und Arbeitgeber vertreten, auf Vorschlag ihrer Gruppenvertreter im Verwaltungsrat der Bundesagentur für Arbeit. [2]Er beruft auf Vorschlag der Organisationen behinderter Menschen, die nach der Zusammensetzung ihrer Mitglieder dazu berufen sind, die behinderten Menschen in ihrer Gesamtheit auf Bundesebene zu vertreten, die Mitglieder, die Organisationen der behinderten Menschen vertreten. [3]Auf Vorschlag der Bundesarbeitsgemeinschaft der Integrationsämter und Hauptfürsorgestellen beruft er das Mitglied, das die Integrationsämter vertritt, und auf Vorschlag des Bundesministeriums für Arbeit und Soziales das Mitglied, das dieses vertritt.

Übersicht

A. Allgemeines

Der Beratende Ausschuss war schon nach dem SchwbG 1953 bei der Bundesagentur für Arbeit und den LAÄ gebildet worden (§ 22 Abs. 3–6 SchwbG 1953). Durch die Novelle v. 3.7.1961 wurde aus diesen Bestimmungen ein eigener § 23 SchwbG 1961 gebildet. Nach dem RegE zur Weiterentwicklung des SchwbG sollten diese Ausschüsse entfallen, weil sie bei den LAÄ keine Bedeutung erlangten und bei der Bundesagentur für Arbeit durch den genau umschriebenen Aufgabenkatalog in der Tätigkeit eingeengt waren. Dafür sollte ein Beirat für Rehabilitation beim BMA tätig werden (BT-Drs. 7/656, 35 f.). Im Ausschuss für Arbeit und Sozialordnung wurde der Ausschuss bei der Bundesagentur für Arbeit jedoch beibehalten im Interesse einer stärkeren und unmittelbaren Beteiligung der Arbeitnehmer, Arbeitgeber und Behinderten an der Durchführung des Gesetzes. Die Zuständigkeit wurde auf die Angelegenheiten der Arbeits- und Berufs- 1 förderung sbM nach dem AFG (heute: SGB III) ausgedehnt. Da dem Ausschuss eine beratende Funktion zukommt, wurde auch nicht befürchtet, in die Selbstverwaltung der Bundesagentur für Arbeit einzugreifen (BT-Drs. 7/1515, 14). Der Beirat für die Rehabilitation blieb zusätzlich erhalten (§ 35 SchwbG; heute: Beirat für die Teilhabe behinderte Menschen, § 64 SGB IX). An dieser Rechtslage hat sich durch das SGB IX dem Grunde nach nichts geändert. Es ist lediglich eine Anpassung an die Änderungen des SGB III erfolgt (Art. 8 Nr. 20 des Dritten Gesetzes für moderne Dienstleistungen am Arbeitsmarkt v. 23.12.2003, BGBl. I 2848, 2891). Außerdem wurde durch das G zur Änderung von Fristen und Bezeichnungen im Neunten Buch Sozialgesetzbuch und zur Änderung anderer Gesetze v. 3.4.2003 eine Verlagerung der Zuständigkeit vom BMA auf das BMGS vorgenommen (Art. 1 Nr. 8, BGBl. I 462). Diese war erforderlich nach einer Änderung des Zuschnitts der Bundesministerien (BT-Drs. 15/124, 6 sowie Organisationserlass des Bundeskanzlers v. 22.10.2002, BGBl. I 4206, Hauck/Noftz/Gutzler Rn. 4). Durch Art. 261 Ziff. 1 der Neunten Zuständigkeitsanpassungsverordnung v. 31.10.2006 (BGBl. I 2407 (2441)) wurde die Zuständigkeit wieder auf das BMAS verlagert. Das BTHG hat daran nichts geändert.

B. Der Beratende Ausschuss bei der Zentrale der Bundesagentur für Arbeit

2 Die Durchführung des Gesetzes obliegt dem Arbeitgeber in freier Entschließung sowie dem Integrationsamt und den Dienststellen der BA. Dazu kann noch im Einzelfall hinzukommen die Zusammenarbeit mit den Trägern der gesetzlichen Unfallversicherung, den Stellen der Gewerbe- und Bergaufsicht in dem jeweils durch das G abgegrenzten Umfange. In der Erkenntnis, dass das Wirken von Behörden auf wirtschaftlichem und sozialpolitischem Bereich der Mithilfe der von den Entscheidungen unmittelbar oder mittelbar Betroffenen bedarf, hat das G kollegial organisierte Ausschüsse geschaffen, die an der Durchführung des Gesetzes im Geist der Mitverantwortung und Selbstverwaltung mitzuwirken haben. Ausschüsse dieser Art sind der beratende Ausschuss für behinderte Menschen bei der Zentrale der Bundesagentur für Arbeit, die beratenden Ausschüsse für behinderte Menschen bei den Integrationsämter sowie die Widerspruchsausschüsse, die jeweils bei der Bundesagentur für Arbeit und bei jedem Integrationsamt zu bilden sind. Dazu tritt noch der Beirat für die Teilhabe behinderte Menschen beim BMAS (§ 86 SGB IX) Die Organe der Bundesagentur für Arbeit selbst sind wohl in gewissem Umfange an der Durchführung des Gesetzes beteiligt, aber nicht als Selbstverwaltung iRd SGB IX anzusehen.

3 Bei der Zentrale der Bundesagentur für Arbeit besteht ein beratender Ausschuss, daneben bildet sie auch Widerspruchsausschüsse mit jeweils verschiedenen Kompetenzen. Bei den Integrationsämtern gibt es außerdem beratende Ausschüsse und zusätzliche Widerspruchsausschüsse. Diese Vielzahl der Ausschüsse ist verwirrend. Hinzu kommt, dass alle genannten Ausschüsse nach verschiedenen Grundsätzen zu bilden sind. Gemeinsam für alle Ausschüsse gelten nur einige Bestimmungen, so über die Amtszeit der Mitglieder, die Wahrnehmung des Amtes, die Beschlussfähigkeit und das Verfahren. Die gemeinsam geltenden Bestimmungen sind in § 189 zusammengefasst, allerdings nur für die Beratenden Ausschüsse für behinderte Menschen. Für die Widerspruchsausschüsse gelten deren besondere Vorschriften (§§ 202, 203).

1. Zusammensetzung

4 Der Beratende Ausschuss bei der Zentrale der Bundesagentur für Arbeit besteht aus elf Mitgliedern. Durch die Zusammensetzung soll gewährleistet werden, dass die von dem G betroffenen sbM und die Arbeitgeber, die Gewerkschaften, die öffentlichen Körper-

schaften insgesamt sowie die mit der Durchführung des Gesetzes betrauten Behörden zu Wort kommen. Zwei Vertretern der Arbeitnehmer stehen zwei Arbeitgebervertreter gegenüber, davon einer als Vertreter der öffentlichen Hand. Dazu kommen fünf Vertreter der Organisationen behinderter Menschen als Sachwalter der Interessen der behinderten Menschen. Die Interessen der öffentlichen Hand werden durch einen Vertreter des BMAS gewahrt. Die zur Durchführung des Gesetzes berufenen Behörden der Integrationsämter entsenden einen weiteren Vertreter, die Bundesagentur für Arbeit ist als Zentrale ohnehin beteiligt.

Ein Hinzuziehen von Sachverständigen im Einzelfall ist nicht ausdrücklich vorgesehen, 5 jedoch nach den allgemeinen Grundsätzen möglich. Für jedes Mitglied ist ein Stellvertreter oder eine Stellvertreterin zu bestellen, der/die das ordentliche Mitglied im Behinderungsfall bei den Sitzungen vertritt oder bei dauernder Verhinderung bzw. Ausscheiden eines Mitgliedes an dessen Stelle tritt. Es gibt keine allgemeine Stellvertretung, sondern jedes Mitglied kann nur von der hierzu bestellten Person vertreten werden. Fällt auch der Stellvertreter dauernd weg, ist ein neues Mitglied zu berufen, nicht aber bei bloß vorübergehender Verhinderung eines Mitgliedes und des Stellvertreters.

Die Mitglieder des Ausschusses müssen sämtlich gewisse allgemeine **persönliche Vo-** 6 **raussetzungen** erfüllen. Obwohl dies im SGB IX nicht besonders geregelt ist, können – wie für die Ehrenämter in der Sozialversicherung – nur Personen benannt werden, die Deutsche iSd Art. 116 Abs. 1 GG, voll geschäftsfähig sind sowie die Fähigkeit besitzen, Rechte aus öffentlichen Wahlen zu erlangen (§ 45 StGB).

2. Bildung des Ausschusses

Sämtliche Mitglieder und Stellvertreter des Ausschusses werden durch den Vorstand 7 der Bundesagentur für Arbeit berufen. Dabei sollte in Anlehnung an § 1 S. 2 SGB IX, § 377 Abs. 2 S. 2 SGB III die paritätische Besetzung des Ausschusses mit Frauen und Männern angestrebt werden. Die **Berufung** ist ein konstitutiver Verwaltungsakt, durch welchen den vorgeschlagenen Personen das Amt als Ausschussmitglied übertragen wird. Der Vorstand der Bundesagentur für Arbeit ist nicht frei in der Wahl der Mitglieder, sondern an die Vorschläge der vorschlagsberechtigten Stellen gebunden. Das gilt auch für die Berufung der Stellvertreter.

Vorschlagsberechtigt für die Vertreter der Arbeitnehmer und Arbeitgeber sind die 8 Gruppenvertreter im Verwaltungsrat der Bundesagentur für Arbeit (§ 373 SGB III). Er besteht aus 21 Mitgliedern (§ 373 Abs. 6 SGB III). Über den Vorschlag als Mitglied oder Stellvertreter stimmen jeweils getrennt die Vertreter der Gewerkschaften und der Arbeitgeber im Verwaltungsrat ab. Die Vorgeschlagenen brauchen nicht Mitglied im Verwaltungsrat zu sein, können aber diesem gleichzeitig angehören (KHM/Kossens Rn. 9).

Vorschlagsberechtigt für die fünf Vertreter der Organisationen behinderte Menschen 9 und ihre Stellvertreter sind die Organisationen behinderte Menschen, die nach Zusammensetzung ihrer Mitglieder berufen sind, die behinderten Menschen in ihrer Gesamtheit im Bundesgebiet zu vertreten. Dass es sich um einen Zusammenschluss von Verbänden handelt (Spitzenverbände), ist nicht erforderlich, aber möglich. Verbände dieser Art sind Vereinigungen, in denen sbM zusammengeschlossen sind und die nach den Statuten die Aufgabe haben, die allgemeinen Interessen der behinderten Menschen, nicht nur die Arbeitnehmerinteressen, nach außen hin zu vertreten. Das Recht, einen Vorschlag einzureichen, haben sämtliche Organisationen dieser Art, die auf Bundesebene wirken. Bei Vorliegen mehrerer Vorschlagslisten sind nach den allgemeinen für die Selbstverwaltung im sozialen Bereich geltenden Regeln die Sitze durch den Vorstand der Bundesagentur für Arbeit anteilmäßig nach der Zahl der Mitglieder der Verbände zu verteilen, wobei jedoch auch den Minderheiten billiger Schutz gewährt werden sollte. Für die Berufung ist der Vorstand an die Reihenfolge der Mitglieder und Stellvertreter auf der Vorschlagsliste gebunden, sofern nicht entscheidende Umstände dagegensprechen. Dann kann der

Vorstand der Bundesagentur für Arbeit auf die vorschlagsberechtigten Stellen entspr. einwirken und eine Änderung der Vorschlagsliste erbitten.

10 Den Vorschlag für den Vertreter der Integrationsämter macht die Arbeitsgemeinschaft der Integrationsämter. Den Vertreter des BMAS schlägt der Bundesminister selbst dem Vorstand der Bundesagentur für Arbeit vor, der dann diese Mitglieder berufen muss. Dasselbe gilt für die vorgeschlagenen und vorzuschlagenden Stellvertreter. Anders als im bisherigen § 34 Abs. 3 SchwbG werden in § 188 Abs. 4 die Stellvertreter nicht besonders erwähnt. Jedoch gilt dies auch für sie. Es handelt sich hier um ein bloßes Redaktionsversehen (KHM/Kossens Rn. 11).

3. Das Amt als Mitglied des Ausschusses

11 Die Mitglieder und Stellvertreter werden jeweils auf vier Jahre ernannt (§ 189 Abs. 3). Vor Ablauf der Amtszeit können sie nur abberufen werden, wenn sie die persönlichen Voraussetzungen für die Wahrnehmung des Amtes verlieren oder sich einer groben Pflichtverletzung schuldig machen (→ § 189 Rn. 9). Die Behördenvertreter, also der Vertreter der Integrationsämter und des BMAS sind jedoch jederzeit auf Antrag der vorschlagsberechtigten Stelle abberufbar, da es dem Charakter einer Behörde widersprechen würde, für die Dauer der Amtszeit an einen Vertreter gebunden zu sein. Die Mitglieder und Stellvertreter sind nicht verpflichtet, das Amt anzunehmen und können es jederzeit niederlegen.

12 Das Amt als Mitglied des Ausschusses ist ein öffentliches **Ehrenamt.** Die Mitglieder haben ihr Amt nach bestem Wissen und Gewissen zu versehen. Die Ausschussmitglieder haben eine besondere Amtspflicht zur Geheimhaltung; Verstöße hiergegen können strafrechtlich geahndet werden (§§ 203, 204 StGB).

13 Für die Tätigkeit im Ausschuss darf **kein Entgelt** gewährt werden. Die Mitglieder haben jedoch nach den allgemeinen für Ehrenämter geltenden Grundsätzen Anspruch auf Ersatz ihrer baren Auslagen sowie für entgangenen Verdienst.

4. Vorschriften für die Tätigkeit des Ausschusses

14 Der Beratende Ausschuss wählt sich aus den dem Ausschuss angehörigen Arbeitnehmern und den Arbeitgebern und Vertretern der Behindertenorganisation jeweils für die Dauer eines Jahres einen **ehrenamtlichen Vorsitzenden** und einen Stellvertreter, die nicht der gleichen Gruppe angehören dürfen. Vorsitz und Stellvertretung wechselt jedes Jahr unter den Gruppen. Auf die Ausführungen zu → § 189 Rn. 2 ff. wird verwiesen.

15 Der Ausschuss ist **beschlussfähig,** wenn wenigstens sechs Mitglieder anwesend sind (KHM/Kossens Rn. 6). Für einen Beschluss ist einfache Mehrheit erforderlich, bei Stimmengleichheit gibt die Stimme des Vorsitzenden nicht mehr den Ausschlag, sondern gilt der Antrag als abgelehnt (→ § 189 Rn. 6).

5. Aufgaben

16 Der Beratende Ausschuss bei der Zentrale der Bundesagentur für Arbeit ist kein Organ der BA. Er hat ein vom G bestimmtes, allerdings nur allgemein umschriebenes Aufgabengebiet und kann nur auf diesem tätig werden. Überdies ergibt sich bereits aus seiner Bezeichnung, dass er nicht selbst zu Einzelentscheidungen berufen ist, sondern die zuständigen Stellen der Bundesagentur für Arbeit **nur beraten** soll. Die Widerspruchsausschüsse bei den Integrationsämter und der Bundesagentur für Arbeit (§§ 202, 203) haben dagegen echte Entscheidungsbefugnis. Der Beratende Ausschuss bei der Zentrale ist deshalb auch nicht mit dem früheren SB-Ausschuss bei der Reichsarbeitsverwaltung und später bei der Hauptstelle der Reichsanstalt für Arbeitsvermittlung und Arbeitslosenversicherung zu vergleichen, der in grundsätzlichen Fragen zu entscheiden hatte. Der Beratende Ausschuss kann seine Empfehlungen also nicht selbst unmittelbar durchset-

zen. Andererseits hat er jedoch im Rahmen seines Aufgabenbereichs ein Recht auf Mitwirkung in Form des Anhörungsrechts und der Stellungnahme, das gesetzlich verankert ist. Beschlüsse der Organe der Bundesagentur für Arbeit, die dem Beratenden Ausschuss diese Rechte nehmen oder beschneiden wollten, müssten als rechtswidrig beanstandet werden (§ 393 SGB III). Aus dieser Aufgabenstellung ergibt sich, dass die Bundesagentur für Arbeit das SGB IX nur dann erfolgreich durchführen kann, wenn die Organe der Bundesagentur für Arbeit und der Beratende Ausschuss eng zusammenarbeiten.

Die Aufgaben des Beratenden Ausschusses sind im G nur ganz **allgemein umschrieben.** 17
Er soll die Teilhabe der behinderten Menschen am Arbeitsleben durch Vorschläge fördern, die Bundesagentur für Arbeit bei der Durchführung des Gesetzes und bei der Arbeits- und Berufsförderung Behinderter nach dem SGB III unterstützen. Durch Art. 78 Ziff. 4 des Arbeitsförderungsreformgesetzes v. 24.3.1997 (BGBl. I 594, 720) wurde der Text früheren § 34 Abs. 1, der mit dem des § 188 fast wörtlich übereinstimmt, an die ab 1.1.1998 geltende Rechtslage angepasst. Die bis zur Neufassung v. 29.4.1974 im G weiter enthaltene Aufzählung, dass er auf die Erfüllung der Beschäftigungspflicht durch die Arbeitgeber hinwirken, Maßnahmen zur Gewinnung von Arbeitsplätzen anregen, eine gleichmäßige Durchführung des Gesetzes sichern und den übergebietlichen Ausgleich fördern soll, war nur beispielhaft und keineswegs erschöpfend, gibt aber auch heute noch Anhaltspunkte für die Tätigkeit. Hinzu kommt jetzt wegen der engen Verbindung zum Schutz der sbM die Unterstützung bei der Teilhabe am Arbeitsleben der behinderten Menschen. Diese Tätigkeit ist für alle behinderten Menschen, nicht nur die sbM und diesen gleichgestellten Menschen durchzuführen und hat beratende Funktion für die gesamte Tätigkeit der Bundesagentur für Arbeit auf diesem Gebiet. Aus der Aufgabenstellung ergibt sich weiter, dass das G von dem Ausschuss nicht nur eine Beratung der Bundesagentur für Arbeit, sondern darüber hinaus ein Wirken in der Öffentlichkeit und eine geeignete Einflussnahme auf die entsendenden Verbände, Organisationen und Behörden erwartet, deren Ziel es ist, die sbM in das Wirtschafts- und Arbeitsleben einzugliedern und einen Ausgleich zwischen den wirtschaftlichen Erfordernissen und den sozialen Momenten herbeizuführen. Der Ausschuss bei der Zentrale befasst sich dabei vor allem mit grundsätzlichen Fragen, die nur überbezirklich abgefasst werden können. Es handelt sich um ein zentrales Beratungsgremium mit bundesweiter Reichweite.

§ 189 Gemeinsame Vorschriften

(1) 1 Die Beratenden Ausschüsse für behinderte Menschen (§§ 186, 188) wählen aus den ihnen angehörenden Mitgliedern von Seiten der Arbeitnehmer, Arbeitgeber oder Organisationen behinderter Menschen jeweils für die Dauer eines Jahres eine Vorsitzende oder einen Vorsitzenden und eine Stellvertreterin oder einen Stellvertreter. 2 Die Gewählten dürfen nicht derselben Gruppe angehören. 3 Die Gruppen stellen in regelmäßig jährlich wechselnder Reihenfolge die Vorsitzende oder den Vorsitzenden und die Stellvertreterin oder den Stellvertreter. 4 Die Reihenfolge wird durch die Beendigung der Amtszeit der Mitglieder nicht unterbrochen. 5 Scheidet die Vorsitzende oder der Vorsitzende oder die Stellvertreterin oder der Stellvertreter aus, wird sie oder er neu gewählt.

(2) 1 Die Beratenden Ausschüsse für behinderte Menschen sind beschlussfähig, wenn wenigstens die Hälfte der Mitglieder anwesend ist. 2 Die Beschlüsse und Entscheidungen werden mit einfacher Stimmenmehrheit getroffen.

(3) 1 Die Mitglieder der Beratenden Ausschüsse für behinderte Menschen üben ihre Tätigkeit ehrenamtlich aus. 2 Ihre Amtszeit beträgt vier Jahre.

Übersicht

A. Allgemeines

1 § 106 beruht inhaltlich auf § 36 SchwbG. Diese Bestimmung war durch den Ausschuss für Arbeit und Sozialordnung in das G 1974 eingefügt worden. Sie war dem bisherigen § 30 SchwbG 1961 nachgebildet und enthielt gemeinsame Vorschriften über die Beratenden Ausschüsse bei den Hauptfürsorgestelle und der Bundesagentur für Arbeit sowie für den Beirat (vgl. BT-Drs. 7/1515, 15). Außerdem wurde in § 43 Abs. 1 SchwbG für die Widerspruchsausschüsse sowohl bei den Hauptfürsorgestelle als auch bei den LAÄ auf § 36 Abs. 1, 2 verwiesen, so dass diese Bestimmungen auch für die Widerspruchsausschüsse galten. Dies ergibt sich heute aus § 204 Abs. 1. Die Vorschrift des Abs. 3 war zwar für die Widerspruchsausschüsse nicht in Bezug genommen, galt aber nach den dort in § 41 Abs. 4 und § 42 Abs. 3 enthaltenen Bestimmungen praktisch übereinstimmend, obwohl es dort hieß, dass die Tätigkeit im Widerspruchsausschuss nicht ehrenamtlich, sondern „unentgeltlich" ausgeübt wird. Inhaltlich bestand damit jedoch kein Unterschied. Auch insoweit hat sich durch das SGB IX nichts verändert. Eine derjenigen des § 41 Abs. 4 entsprechende Formulierung findet sich heute in § 202 Abs. 5. Darauf ist für den Widerspruchsausschuss bei der Bundesagentur für Arbeit in § 203 Abs. 4 Bezug genommen. Die Vorschrift wurde mit Ausnahme geänderter Verweisungen infolge der Verschiebungen des Schwerbehindertenrechts in den Teil 3 des SGB IX 2018 durch das BTHG nicht verändert (BT-Drs. 18/9522, 308).

B. Vorsitzender und Stellvertreter

2 Die Beratenden Ausschüsse wählen je einen Vorsitzenden und einen Stellvertreter für die Dauer eines Jahres. In beiden Funktionen können nur die Vertreter der Arbeitnehmer (je zwei in den Beratenden Ausschüssen), der Arbeitgeber (ebenfalls je zwei) und der Behindertenorganisation (vier bei dem Integrationsamt, fünf bei der Bundesanstalt) gewählt werden. Bei der entsprechenden Anwendung für die Widerspruchsausschüsse kommen nur die Vertreter der Arbeitnehmer und Arbeitgeber in Frage (§ 204 Abs. 1). Vorsitzender und Stellvertreter dürfen nicht derselben Gruppe angehören. Da außerdem ausdrücklich bestimmt ist, dass die Gruppen in regelmäßig jährlich wechselnder Reihenfolge den Vorsitzenden und den Stellvertreter stellen, ergibt sich daraus ein Zwang, gleichmäßig alle Gruppen zu berücksichtigen. Zwar ist nicht vorgeschrieben, in welcher Reihenfolge die Gruppe den Vorsitz bzw. stellvertretenden Vorsitz stellen, jedoch folgt zwangsläufig aus dem gleichmäßigen Wechsel, dass je nach dem Ausgang der ersten Wahl eine bestimmte Folge einzuhalten ist, die dann auch eingehalten werden muss, zumal auch das Amtsende keine Unterbrechung der Reihenfolge mit sich bringt und bei Ausscheiden eines/r Vorsitzenden oder Stellvertreters/Stellvertreterin die Neuwahl nur für den Rest der noch verbleibenden Amtszeit erfolgt.

3 Daraus ergibt sich aber: Wird als erster Vorsitzender ein Arbeitnehmer und als Stellvertreter ein Arbeitgeber gewählt, muss der Vertreter der Behindertenorganisation den nächsten Vorsitzenden oder Stellvertreter stellen. Wird der Vertreter der Behinderten Vorsitzender, kann nur ein Vertreter der Arbeitnehmer Stellvertreter werden und die

Arbeitgeber stellen niemanden; wird der Vertreter der Behinderten Stellvertreter, muss ein Vertreter der Arbeitgeber Vorsitzender werden und die Arbeitnehmer stellen keinen Vertreter. Im dritten Jahr kann die Wahl im ersten Fall nur sein: Vorsitzender ein Arbeitgebervertreter, Stellvertreter ein Vertreter der Behindertenorganisationen. Im zweiten Fall sind im dritten Jahr zu wählen: Für den Vorsitz ein Vertreter der Behindertenorganisationen, Stellvertreter ein Arbeitnehmervertreter. Damit ergibt sich aus den Wahlen im ersten und im zweiten Jahr eine Festlegung der Reihenfolge für alle Zukunft, da Vorsitz und Stellvertreter immer regelmäßig wechseln müssen und beide niemals derselben Gruppe angehören dürfen (KHM/Kossens Rn. 3). Natürlich kann der Ausschuss bzw. Beirat auch selbst mehrheitlich eine solche Reihenfolge von Anfang an festlegen. Sie kann lauten:

Vorsitz		Stellvertr.	oder		oder	
1. Jahr	ArbN	ArbGeb.	ArbGeb.	ArbN	Beh.	ArbGeb.
2. Jahr	Beh.	ArbN	ArbN	Beh.	ArbN	Beh.
3. Jahre	ArbG	Beh.	Beh.	ArbGeb.	ArbGeb.	ArbN
oder			oder		oder	
1. Jahr	ArbN	Beh.	ArbGeb.	Beh.	Beh.	ArbN
2. Jahr	ArbGeb.	ArbN	ArbN	ArbGeb.	ArbGeb.	Beh.
3. Jahr	Beh.	ArbGeb.	Beh.	ArbN	ArbN	ArbGeb.

Dabei ist auch das 2. und 3. Jahr austauschbar, so dass 12 Möglichkeiten der Reihenfolge bestehen, die dann aber jedenfalls nach dem 2. Jahr feststeht und sich für die späteren Jahre ständig wiederholt. Endet die **vierjährige** Amtszeit des Vorsitzenden oder seines Stellvertreters als Ausschussmitglied im Laufe seiner einjährigen Amtszeit oder scheidet er aus sonstigen Gründen vorzeitig aus dem Ausschuss aus, wird für den Rest der einjährigen Amtszeit als Vorsitzender ein Nachfolger aus derselben Gruppe gewählt. Dies hat zur Folge, dass die oben weiter beschriebene Reihenfolge nicht durch Unwägbarkeiten in der Form des Vorsitzenden beeinflusst werden kann (Hauck/Noftz/Gutzler Rn. 7; LPK-SGB IX/Dau Rn. 2). 4

Die Wahl erfolgt durch alle Ausschussmitglieder, Beschlussfähigkeit nach Abs. 2 muss vorliegen. Auch die Wahl zum Vorsitzenden und zum Stellvertreter erfolgt durch Stimmenmehrheit. Wahlberechtigt sind alle ordentlichen Mitglieder des Ausschusses. An die Stelle verhinderter Mitglieder tritt das stellvertretende Mitglied, ist auch dieses verhindert, bleibt diese Stelle unbesetzt. Für die Wahl des Vorsitzenden hat nach allgemeinen Grundsätzen das lebensälteste Mitglied die Leitung. Ist der Vorsitzende gewählt, übernimmt er den Vorsitz und lässt den Stellvertreter wählen. Tritt Stimmengleichheit ein, muss so lange weiter gewählt werden, bis ein Kandidat Stimmenmehrheit erreicht. 5

C. Beschlussfähigkeit

Beschlussfähigkeit liegt vor, wenn die Hälfte der Mitglieder anwesend ist. Dabei kann es sich um ordentliche Mitglieder oder bei deren Verhinderung um deren Stellvertreter handeln. Das sind im Beratenden Ausschuss bei den Integrationsämtern fünf, bei der Bundesagentur sechs anwesende Mitglieder. Außerdem muss der Vorsitzende oder sein Stellvertreter anwesend sein, da Abs. 1 überflüssig wäre, wenn daneben noch andere als Vorsitzende tätig werden könnten (Hauck/Noftz/Gutzler Rn. 9). Für alle Entscheidungen ist Stimmenmehrheit der Anwesenden erforderlich. Die frühere Vorschrift des § 30 Abs. 2 SchwbG 1961, nach der ausdrücklich bestimmt war, dass bei Stimmengleichheit der Vorsitzende den Ausschlag gibt, war bereits im SchwbG seit der Fassung v. 29.4.1974 nicht mehr enthalten, vielmehr wurde stets Stimmenmehrheit verlangt. Dies gilt auch nach § 189. Damit wird bei Stimmengleichheit das gesetzliche Erfordernis der 6

Stimmenmehrheit nicht erreicht und gilt der Beschluss oder die Entscheidung als abgelehnt (LPK-SGB IX/Dau Rn. 3; Hauck/Noftz/*Gutzler* Rn. 10; KHM/Kossens Rn. 5). Eine Enthaltung ist unzulässig (HessVGH 10.8.1993 – 9 UE 1274/90, BeckRS 1993, 31022373). Die Abstimmung kann offen oder geheim erfolgen. Auch darüber ist bei entsprechendem Antrag auch nur eines Mitgliedes abzustimmen. Es ist nicht vorgeschrieben, dass der Gang der Sitzung oder ein Beschluss schriftlich niederzulegen ist. Es empfiehlt sich jedoch, wenigstens ein Ergebnisprotokoll aufzunehmen.

D. Ehrenamt

7 Die Tätigkeit ist ehrenamtlich, dh sie darf nicht besonders vergütet werden. Dagegen besteht Anspruch auf Erstattung von Auslagen (Fahrtkosten, Tagegelder, Verdienstausfall) nach den allgemeinen Grundsätzen. Diese Kosten hat die Dienststelle zu ersetzen, bei der der Ausschuss oder Beirat errichtet ist, also das Integrationsamt, die Bundesagentur für Arbeit und das BMAS. Als Ehrenamt ist die Tätigkeit von jedem Mitglied nach bestem Wissen und Gewissen zu versehen. Die Mitglieder sind zur Geheimhaltung verpflichtet (§ 213); die Verletzung der Geheimhaltungspflicht steht unter der Strafdrohung der §§ 203, 204 StGB.

E. Amtsdauer

8 Die **Amtsdauer** beträgt vier Jahre. Sie beginnt mit der Berufung durch die zuständige Stelle, dh mit dem Zugang bzw. der Aushändigung der Berufungserklärung. Auf die erste Sitzung (Konstituierung) oder die erste Teilnahme an einer Sitzung kommt es nicht an. Regelmäßig wird die Berufung im Laufe eines Tages wirksam, so dass § 187 Abs. 1 mit § 188 Abs. 2 BGB gilt, die Frist also an dem Tage endet, der nach vier Jahren dem Tag der Berufung entspricht. Allerdings ist es auch möglich, dass die Berufung schon vorher für einen späteren Tag erfolgt, so dass § 187 Abs. 2 BGB anzuwenden ist (Bsp.: Ein Mitglied erhält am 20.6. die Urkunde, dass er ab 1.7. zum Mitglied des Beratenden Ausschusses bei dem Integrationsamt berufen wird). Die Frist endet dann am Tage, der in seiner Benennung vorhergeht (im Bsp. also am 30.6.), da in diesem Fall die Berufung vom Beginn des 1.7. an wirksam wird. Dies hat zur Folge, dass bei vorzeitiger Beendigung des Amtes die Amtszeiten der Ausschussmitglieder zu unterschiedlichen Zeitpunkten enden (LPK-SGB IX/Dau Rn. 4; aA Hauck/Noftz/Seidel Rn. 15: Beschränkung der Amtszeit eines neu berufenen Mitglieds auf den Rest der Amtszeit des Vorgängers; so auch KHM/Kossens Rn. 8).

9 Das Amt kann niedergelegt oder auch abgelehnt werden. Eine Abberufung ist nur unter bestimmten Voraussetzungen möglich, nämlich dann, wenn die Voraussetzungen nicht mehr gegeben sind. Das gilt für die von Behörden benannten Mitglieder schon dann, wenn die Behörde selbst ein anderes Mitglied benennt, da es dem Charakter einer Behörde widersprechen würde, für die Dauer der Amtszeit an einen bestimmten Vertreter gebunden zu sein. Eine Abberufung ist weiter dann vorzunehmen, wenn das Mitglied oder der Stellvertreter nicht mehr der Gruppe zuzurechnen ist, für die er vorgeschlagen wurde (zB ein Vertreter der Arbeitnehmer wird Arbeitgeber oder umgekehrt). Außerdem muss die Abberufung erfolgen, wenn die Voraussetzungen des § 45 StGB vorliegen und das Mitglied keine Rechte aus öffentlichen Wahlen mehr erlangen kann. In anderen Fällen dagegen, also wenn zB die vorschlagende nichtbehördliche Stelle einem Mitglied nur ihr Vertrauen entzieht, kann sie den Betreffenden nur zu veranlassen suchen, sein Amt niederzulegen (aA KHM/Kossens Rn. 7). Als Ehrenamt soll es nach bestem Wissen und Gewissen ausgeübt werden. Eine Abberufung aus dem Verhalten ist

deshalb nicht möglich. Dagegen ist das Mitglied oder ein Stellvertreter dann abzuberufen, wenn grobe Pflichtwidrigkeiten begangen werden, zB falsche Angaben bei der Erstattung von Reisekosten gemacht werden oder versucht wird, die Mitglieder für Abstimmungen unter unzulässigen Druck zu setzen (→ § 213 Rn. 11).

§ 190 Übertragung von Aufgaben

(1) [1]**Die Landesregierung oder die von ihr bestimmte Stelle kann die Verlängerung der Gültigkeitsdauer der Ausweise nach § 152 Absatz 5, für die eine Feststellung nach § 152 Absatz 1 nicht zu treffen ist, auf andere Behörden übertragen.** [2]**Im Übrigen kann sie andere Behörden zur Aushändigung der Ausweise heranziehen.**

(2) **Die Landesregierung oder die von ihr bestimmte Stelle kann Aufgaben und Befugnisse des Integrationsamtes nach diesem Teil auf örtliche Fürsorgestellen übertragen oder die Heranziehung örtlicher Fürsorgestellen zur Durchführung der den Integrationsämtern obliegenden Aufgaben bestimmen.**

Übersicht

A. Vorbemerkung

1 § 190 enthält Regelungen zur Delegation von Aufgaben durch die Landesregierung auf örtliche Einrichtungen. Der frühere Abs. 3, der eine entsprechende Regelung für die damalige Bundesanstalt für Arbeit enthielt, ist durch Art. 9 Nr. 15 des Vierten Gesetzes für moderne Dienstleistungen am Arbeitsmarkt v. 24.12.2003 (BGBl. I 2954, 2981) gestrichen worden. Die bisherige Regelung des § 107 wurde durch das BTHG ohne inhaltliche Änderung in § 190 SGB IX überführt (BR-Drs. 428/16, 316).

2 Ob die Behörden von ihrer Ermächtigung zur Delegation Gebrauch machen, ist in ihr **Ermessen** gestellt. Es entspricht aber allgemeinen Verwaltungsgrundsätzen, dass Angelegenheiten, die in unterer Instanz erledigt werden können, auch dorthin zu verlegen sind. Zu unterscheiden sind dabei die mit dem Übergang der Verantwortlichkeit verbundene Aufgabenübertragung und die bloße Heranziehung zur Aufgabendurchführung (Hauck/Noftz/Gutzler Rn. 2).

B. Übertragung von Aufgaben bei Ausweisen

3 Für die Ausstellung der Ausweise und die dafür erforderlichen Feststellungen sind nach § 152 die Versorgungsbehörden zuständig. Mit Vereinheitlichung des Ausweiswesens durch das 8. Anpassungsgesetz zur Kriegsopferversorgung v. 14.6.1976 (BGBl. I 1481) war mit Rücksicht auf die unentgeltliche Beförderung von sbM und Begleitpersonen auch die Feststellung weiterer Merkmale als nur der Grad der Erwerbsminderung möglich und erforderlich. Das sollte unverzüglich auch durch die Fürsorgebehörden ermöglicht werden. Diese ursprüngliche Übertragungsmöglichkeit wurde jedoch durch G v. 9.7.1979 (BGBl. I 989) wieder geändert. Jetzt kann nur noch die Verlängerung von Ausweisen auf andere Behörden übertragen werden. Voraussetzung ist dabei aber, dass eine Behinderung und der auf ihr beruhende Grad der Erwerbsminderung nicht erneut festgestellt werden muss. Feststellungen nach § 152 Abs. 1, 2, 3, 4 müssen aber stets die Versorgungsbehör-

den treffen. Lediglich die Verlängerung von Ausweisen, für die keine erneuten Feststellungen zu treffen sind, kann auf andere Behörden, also vor allem auf die örtlichen Fürsorgebehörden übertragen werden. Diese haben dabei dann das Recht, die Fortdauer der zusätzlichen Merkmale, vor allem der erhebliche Gehbehinderung oder des Erfordernisses einer Begleitperson, auch selbst festzustellen. Nur die abweichende Feststellung des Grades der Behinderung (§ 152 Abs. 1) dürfen andere Behörden als die Versorgungsbehörden auch bei der Verlängerung von Ausweisen nicht treffen. Von der Möglichkeit der Übertragung ist in Baden-Württemberg, Nordrhein-Westfalen, Schleswig-Holstein und im Saarland durch Verordnung Gebrauch gemacht worden (KHM/Kossens Rn. 3).

4 Stets kann vorgesehen werden, dass die Ausweise von anderen Behörden als den Versorgungsbehörden ausgehändigt werden. Die Aushändigung kann dabei nicht nur auf die örtlichen Fürsorgebehörden, sondern auch auf gemeindliche oder polizeiliche Stellen übertragen werden. Es muss sich aber stets um Stellen des Landes oder der Gemeinden handeln.

C. Übertragung von Aufgaben der Integrationsämter

5 Die **Landesregierung** bzw. das zuständige Ressortministerium oder die beauftragte Stelle kann die Aufgaben aus dem G, die den Integrationsämtern obliegen, auf die örtlichen Fürsorgestellen übertragen. Welche Stellen örtliche Fürsorgestellen sind und ihre Einrichtung bestimmt das Land; auch Gemeinden und Gemeindeverbände können zu Fürsorgestellen erklärt werden. Dass die Landesregierung die Befugnis zur Übertragung hat, ergibt sich aus der Tatsache, dass die Integrationsämter Landesbehörden sind.

6 **Ausgenommen** sind die Aufgaben über die Sonderfürsorge nach § 27e BVG. Zwar ist diese Ausnahme von der Übertragungsbefugnis nicht im SGB IX geregelt, ergibt sich aber unmittelbar aus § 27e BVG, wonach die Sonderfürsorge nur der Hauptfürsorgestelle (eine Anpassung an die Begrifflichkeiten des SGB IX ist nicht erfolgt) ohne Übertragungsmöglichkeit übertragen ist (RegBegr. BT-Drs. 7/656, 36). Die Beschränkungen beziehen sich auf die Sonderfürsorge für Kriegsblinde, Hirnverletzte, Ohnhänder, Querschnittsgelähmte, Hirnbeschädigte, 50 vH erwerbsgeminderte Tuberkulosekranke und sonstige Empfänger von Pflegezulage. Nach § 27e BVG iVm § 27 der VO zur Kriegsopferfürsorge idF v. 26.6.1990 (BGBl. I 1163), ist eine Übertragung der Entscheidungsbefugnis auf andere Behörden als die Hauptfürsorgestelle nicht zulässig. Die Hauptfürsorgestelle (Integrationsämter) haben auch die gesamte öffentliche Fürsorge für diesen Personenkreis im Rahmen des geltenden Fürsorgerechts durchzuführen. Damit sind alle Aufgaben, welche die Hauptfürsorgestelle (Integrationsämter) iRd § 155 für die Schwerstbehinderten haben, soweit es sich um die genannten Schwerstbeschädigten handelt, nicht delegationsfähig. Nach der Neufassung muss es aber als zulässig angesehen werden, Aufgaben, die die Hauptfürsorgestelle (das Integrationsamt) allein nach dem SGB IX durchzuführen hat, auf örtliche Fürsorgestellen zu übertragen, so etwa die Zustimmung zu Kündigungen und andere Aufgaben der begleitenden Hilfe außerhalb des BVG. Nicht übertragbar ist allerdings die Zuständigkeit des Widerspruchausschusses nach § 202 auf die örtlichen Fürsorgestellen (Hauck/Noftz/Gutzler Rn. 8; KHM/Kossens Rn. 5).

§ 191[1] Verordnungsermächtigung

Die Bundesregierung wird ermächtigt, durch Rechtsverordnung mit Zustimmung des Bundesrates das Nähere über die Voraussetzungen des Anspruchs nach § 49 Absatz 8

[1] § 191 geänd. mWv 13.12.2019 durch G v. 10.12.2019 (BGBl. I 2135).

Nummer 3 und § 185 Absatz 5 sowie über die Dauer und Ausführung der Leistungen zu regeln.

Diese Vorschrift übertrug als § 108 SGB IX 2001 nach der Begründung des Gesetzentwurfs inhaltsgleich den bisherigen § 31 Abs. 3a SchwbG in das SGB IX. Diese Regelung war durch Art. 1 Nr. 17 Buchst. c des SchwbBAG v. 29.9.2000 (BGBl. I 1294) in das SchwbG eingefügt worden und wurde durch § 17 Abs. 1a SchwbAV (eingefügt durch Art. 5 Nr. 5 Buchst. c SchwbBAG) ergänzt. Die entsprechenden Regelungen finden sich jetzt in den §§ 49 Abs. 8 Nr. 3 und § 185 Abs. 4 SGB IX 2018. Weitergehende Änderungen waren zunächst nicht erfolgt (BT-Drs. 18/9522, 308). Dies geschah erst durch Art. 2 Nr. 11 des Gesetzes zur Entlastung unterhaltsverpflichteter Angehöriger in der Sozialhilfe und in der Eingliederungshilfe (Angehörigen-Entlastungsgesetz) vom 10.12.2019 (BGBl. I 2135) mit Wirkung zum 13.12.2019. 1

Die Verordnungsermächtigung des § 191 betrifft allein den Bereich der Arbeitsassistenz, auf die nunmehr bei Erfüllung der dafür maßgeblichen Voraussetzungen ein zwingender Anspruch besteht. Die Konkretisierung sowohl im Hinblick auf die Tatbestands- als auch die Rechtsfolgenseite obliegt der Bundesregierung, die mit Zustimmung des Bundesrates eine entsprechende Verordnung erlassen kann. Durch Art. 2 Nr. 11 des Gesetzes zur Entlastung unterhaltsverpflichteter Angehöriger in der Sozialhilfe und in der Eingliederungshilfe (Angehörigen-Entlastungsgesetz) vom 10. Dezember 2019 (BGBl. I2135, 2138) wurde in § 151 das Wort „Höhe" gestrichen. Dabei handelt es sich um eine Folgeänderung der in Nr. 10 lit. b erfolgten Ergänzung des § 185 um einen neuen Abs. 5, der die Übernahme der vollen Kosten der Arbeitsassistenz im Bedarfsfall einfordert. Damit besteht im Hinblick auf die Höhe des Anspruchs kein Regelungsbedarf durch eine Rechtsverordnung (BT-Drs. 19/13399, 40). Die dazu ergangene Rspr. (OVG Bremen 15.10.2003 – 2 B 304/03, br 2004, 84 f.; aA OVG Bln-Bbg 6.10.2017 – OVG 6 B 86.15, nv; offen gelassen BVerwG 28.6.2010 – 5 B 66/09, BeckRS 2010, 50853) ist damit überholt. 2

Im Übrigen gilt für den Bereich der Ausgleichsabgabe die Verordnungsermächtigung in § 162. 3

Kapitel 7. Integrationsfachdienste

§ 192 Begriff und Personenkreis

(1) Integrationsfachdienste sind Dienste Dritter, die bei der Durchführung der Maßnahmen zur Teilhabe schwerbehinderter Menschen am Arbeitsleben beteiligt werden.

(2) Schwerbehinderte Menschen im Sinne des Absatzes 1 sind insbesondere

1. **schwerbehinderte Menschen mit einem besonderen Bedarf an arbeitsbegleitender Betreuung,**
2. **schwerbehinderte Menschen, die nach zielgerichteter Vorbereitung durch die Werkstatt für behinderte Menschen am Arbeitsleben auf dem allgemeinen Arbeitsmarkt teilhaben sollen und dabei auf aufwendige, personalintensive, individuelle arbeitsbegleitende Hilfen angewiesen sind sowie**
3. **schwerbehinderte Schulabgänger, die für die Aufnahme einer Beschäftigung auf dem allgemeinen Arbeitsmarkt auf die Unterstützung eines Integrationsfachdienstes angewiesen sind.**

(3) Ein besonderer Bedarf an arbeits- und berufsbegleitender Betreuung ist insbesondere gegeben bei schwerbehinderten Menschen mit geistiger oder seelischer Behinderung oder mit einer schweren Körper-, Sinnes- oder Mehrfachbehinderung, die sich im Ar-

beitsleben besonders nachteilig auswirkt und allein oder zusammen mit weiteren vermittlungshemmenden Umständen (Alter, Langzeitarbeitslosigkeit, unzureichende Qualifikation, Leistungsminderung) die Teilhabe am Arbeitsleben auf dem allgemeinen Arbeitsmarkt erschwert.

(4) [1]Der Integrationsfachdienst kann im Rahmen der Aufgabenstellung nach Absatz 1 auch zur beruflichen Eingliederung von behinderten Menschen, die nicht schwerbehindert sind, tätig werden. [2]Hierbei wird den besonderen Bedürfnissen seelisch behinderter oder von einer seelischen Behinderung bedrohter Menschen Rechnung getragen.

Übersicht

A. Allgemeines

1 Mit Art. 1 Nr. 18 des Gesetzes zur Bekämpfung der Arbeitslosigkeit Schwerbehinderter (SchwbBAG) v. 29.9.2000 (BGBl. I 1394) wurde ein neuer Siebenter Abschnitt in das Schwerbehindertengesetz eingefügt, der mehrere Regelungen zu Einführung, Aufgaben und Tätigkeit von Integrationsfachdiensten enthielt. Dazu gehörte auch § 37a SchwbG, dessen Regelungsgehalt unter Anpassung an die Gesamtsystematik des SGB IX Rehabilitation und Teilhabe behinderter Menschen v. 19.6.2001 (BGBl. I 1046) durch § 109 SGB IX 2001in die neue Kodifikation übertragen wurde. Das BTHG brachte keine inhaltliche Änderung (BR-Drs. 428/16, 316).

2 Anlass für die Einführung dieses neuen Instruments war die Erkenntnis, dass ein Teil der arbeitslosen sbM, bei denen es sich vor allem um Ältere, Langzeitarbeitslose, unzureichend beruflich Qualifizierte und wegen der Art und der Schwere der Behinderung besonders Betroffene handelt, auf dem allgemeinen Arbeitsmarkt nur dann eine Chance haben wird, wenn die (Wieder-)Eingliederung in das Arbeitsleben durch besondere Fachdienste begleitet wird. Die bereits vorhandenen sonstigen Fördermöglichkeiten reichten nicht aus, um insoweit ein zufrieden stellendes Ergebnis erreichen zu können.

3 Die Betreuung dieser Klientel ist sehr aufwendig und beansprucht sehr viel Arbeitskraft. Von den Fachdiensten der Bundesagentur für Arbeit kann diese Aufgabe nicht immer ausreichend und qualifiziert erfüllt werden, selbst wenn die Personalausstattung den insoweit zu stellenden Grundanforderungen entspricht.

4 Aus diesem Grunde wurde es als notwendig angesehen, die Chancen der oben genannten besonders unterstützungsbedürftigen sbM auf Schaffung oder Erhaltung von Arbeitsplätzen durch den Einsatz besonderer Fachdienste zur Integration zu verbessern. Sie sollen insbes. an der Beratung der sbM im Vorfeld der Arbeitsaufnahme, bei der Suche nach einem Arbeitsplatz, bei der Bewerbung, nach der Aufnahme der Arbeit und bei der Festigung des sbM mitwirken und die Betriebe und Verwaltungen informieren, beraten und ihnen die erforderlichen Hilfen zuteilwerden lassen (Begründung des Gesetzentwurfs, BT-Drs. 14/3372, 22). Praktische Erfahrungen mit solchen Diensten wurden bereits seit 1998 im Rahmen von Modellvorhaben im Auftrag des Bundesministeriums für Arbeit gemacht (Hauck/Noftz/*Gutzler* Rn. 4). § 109 Abs. 1 enthielt über den Wortlaut des bisherigen § 37a SchwbG hinaus eine Definition des Begriffs „Integrationsfachdienste" und beschrieb deren Aufgabenstellung (Friedrich dbr 5/2009, 25). Die seit dem 1.10.2000 geltenden Regelungen über die Beauftragung von IFD hatten sich nach Einschätzung der BReg. bewährt (Bericht der BReg. nach § 160 über die Beschäftigungssituation sbM v. 26.6.2003, BT-Drs. 15/1295; krit. Holscher AuB 2003, 196). Gleich-

wohl ist eine Reihe neuer Regelungen in das G eingefügt worden. Dies betraf vor allem den Übergang der Zuständigkeit auf die Integrationsämter.

Die Verantwortung der zuständigen, beauftragenden Stelle wurde dadurch nicht geändert, § 111 (heute: § 194) Abs. 1 S. 2 (Cramer NZA 2004, 708). Durch Art. 1 Nr. 26 lit. a des Gesetzes zur Förderung der Ausbildung und Beschäftigung sbM v. 23.4.2004 (BGBl. I 606, 609) wurde die bisher im G enthalten gewesene Aufzählung der in Betracht kommenden Auftraggeber gestrichen. Die Änderung trug der Neuregelung der Strukturverantwortung für die IFD durch § 113 (heute: § 196) Rechnung. Die besonderen Regelungen für die Beauftragung von IFD durch die Bundesagentur für Arbeit sind entfallen. Sie kann diese jedoch nach den Bestimmungen des SGB III mit der Arbeitsvermittlung oder Teilaufgaben davon betrauen, für die entweder ein Honorar zu vereinbaren ist oder ein Vermittlungsgutschein zum Einsatz gebracht werden kann (Gesetzesbegründung, BT-Drs. 15/1783, 17). Ein Arbeitsloser kann von der Agentur für Arbeit die Beauftragung eines Dritten mit seiner Vermittlung verlangen, wenn er sechs Monate nach Eintritt seiner Arbeitslosigkeit noch arbeitslos ist (§ 37 Abs. 1 S. 1, Abs. 4 SGB III). Hat sich der schwerbehinderte Inhaber eines Vermittlungsscheins an einen IFD gewandt, wird die Bundesagentur für Arbeit im Falle einer erfolgreichen Vermittlung den Gutschein auszahlen (Gesetzesbegründung, BT-Drs. 15/1783, 18; Cramer NZA 2004, 708). Soweit die Bundesagentur für Arbeit oder ein anderer Träger im Einzelfall für den betroffenen behinderten Menschen oder sbM Rehabilitationsträger ist und die Hilfe eines IFD in Anspruch nimmt, erfolgt dies einschließlich der Erbringung der erforderlichen Leistungen auf der Grundlage der in § 49 enthaltenen Regelungen (Gesetzesbegründung, BT-Drs. 15/1783, 17; Cramer NZA 2004, 708; Mrozynski SGb 2004, 264). Die Inanspruchnahme des IFD ist vom Auftraggeber aus dessen Haushaltsmitteln zu vergüten. Eine Vergütung aus Mitteln der Ausgleichsabgabe erfolgt lediglich bei Beauftragung durch die Integrationsämter (§ 196 Abs. 1 S. 2). Soweit sie allerdings im Rahmen ihrer Zuständigkeit tätig werden (§ 185 Abs. 2 S. 5), darf dies nicht aus Mitteln der Ausgleichsabgaben geschehen (Cramer NZA 2004, 708). 5

B. Integrationsfachdienste

Abs. 1 definiert **Integrationsfachdienste** als Dienste Dritter, die bei der Durchführung der Maßnahmen zur Teilhabe sbM am Arbeitsleben beteiligt werden. 6

Soweit die Integrationsfachdienste nach Abs. 1 „im Auftrag" tätig werden, sind bestimmte Anforderungen zu erfüllen. Deren Einzelheiten ergeben sich aus § 194 (Beauftragung und Verantwortlichkeit), auf dessen Kommentierung hier verwiesen werden kann. 7

Die Rehabilitationsträger sind in § 6 SGB IX aufgezählt. Nach der Art der zu erbringenden Leistung kommen hier in Betracht 8

1. die Träger der gesetzlichen Unfallversicherung,
2. die Träger der gesetzlichen Rentenversicherung,
3. die Träger der Kriegsopferversorgung iRd Rechts der sozialen Entschädigung bei Gesundheitsschäden,
4. die Träger der öffentlichen Jugendhilfe,
5. die Träger der Sozialhilfe,

wobei nach der Begründung des Gesetzentwurfes (BT-Drs. 14/5074, 114) dazu ausdrücklich auch die überörtlichen Träger der Sozialhilfe gerechnet werden. Rehabilitati onsträger im Sinne dieser Vorschrift kann auch die Bundesagentur für Arbeit sein. Die Aufgaben der Integrationsfachdienste sind in Abs. 1 als Beteiligung bei der Durchführung der Maßnahme zur Teilhabe sbM am Arbeitsleben beschrieben. Nähere Einzelheiten dazu finden sich in § 193, auf dessen Kommentierung insoweit verwiesen werden kann.

C. Betroffener Personenkreis

9 Abs. 2 umschreibt beispielhaft („insbesondere") den Kreis derjenigen, die von den Integrationsfachdiensten besonders betreut werden sollen.

10 Es handelt sich dabei zunächst um „schwer behinderte Menschen mit einem besonderen Bedarf an arbeitsbegleitender Betreuung" (Nr. 1). Welche Voraussetzungen insoweit zu erfüllen sind, wird in Abs. 3 erneut beispielhaft und – wie auch hier die Verwendung des Wortes „insbesondere" verdeutlicht – nicht abschließend erläutert (KHM/Kossens Rn. 10). Gedacht werden kann hier zB an die besonders problematische Situation schwer behinderter Frauen. Die Begründung dafür ergibt sich aus deren wiederholter besonderer Erwähnung im G (zB in § 1 S. 2) und wird zudem in der Begründung des Gesetzentwurfes besonders herausgearbeitet (BT-Drs. 14/5074, Teil A 7, 95). In Betracht kommen vor allem schwer behinderte Menschen mit einer geistigen oder seelischen Behinderung oder mit einer schweren Körper-, Sinnes- oder Mehrfachbehinderung, die sich im Arbeitsleben besonders nachteilig auswirkt und entweder allein oder gemeinsam mit weiteren der Vermittlung entgegenstehenden Umständen (zB Alter, Langzeitarbeitslosigkeit, unzureichende Qualifikation, Leistungsminderung) die Teilhabe am Arbeitsleben auf dem allgemeinen Arbeitsmarkt erschwert (Ernst br 2001, 66). Insbesondere die Wiedergabe der besonderen Problemfälle im Klammerzusatz verdeutlicht unmittelbar das in der Gesetzesbegründung zum Ausdruck gekommene Anliegen des Gesetzgebers (BT-Drs. 14/3372, 22).

11 Ziff. 2 nennt als weitere Gruppe, bei der ein Einsatz von Integrationsfachdiensten in Betracht kommt, schwer behinderte Menschen, die nach einer gezielten Vorbereitung durch die Werkstatt für behinderte Menschen am Arbeitsleben auf dem allgemeinen Arbeitsmarkt teilhaben sollen und dabei auf die aufwendige personalintensive, individuelle arbeitsbegleitende Hilfe besonders angewiesen sind. Diese Regelung ist konkreter Ausdruck der Einschätzung des Gesetzgebers, der gerade beim Übergang von der Qualifizierungs- in die praktische Arbeitsphase erhebliche tatsächliche Probleme gesehen hat, die den Einsatz eines besonderen neuen Instrumentes erfordern (Begründung des Gesetzentwurfes, BT-Drs. 14/3372, 22). Hier sollen Integrationsfachdienste diesem Personenkreis Unterstützung bei der als besonders problematisch angesehenen Überwindung der Barriere des Eintritts in das allgemeine Arbeitsleben dienen.

12 Entsprechendes gilt nach Ziff. 3 für schwer behinderte Schulabgänger, die für die Aufnahme einer Beschäftigung auf dem allgemeinen Arbeitsmarkt auf die Hilfe eines Integrationsfachdienstes angewiesen sind. Sie unterscheiden sich von der zuvor erörterten Gruppe lediglich durch die Art der Vorbereitung auf die Teilnahme am allgemeinen Arbeitsleben. Nach der Intention des Gesetzgebers erfasst diese Fallgruppe vor allem auch Schulabgänger beim Übergang aus der Sonderschule auf den allgemeinen Arbeitsmarkt. Hier sollen Integrationsfachdienste eingesetzt werden, wenn anderenfalls nur eine Beschäftigung in einer WfbM in Betracht käme (BT-Drs. 14/3372, 22). Zu denken ist auch an eine Unterstützte Beschäftigung in einem Integrationsprojekt (Wendt br 2009, 1).

13 Abs. 4 erweitert den Tätigkeitsbereich der Integrationsfachdienste hinsichtlich der möglichen Zielgruppe. Nach dieser Regelung können sie auch zur beruflichen Eingliederung behinderter Menschen, die nicht schwer behindert oder ihnen gleichstellt sind, tätig werden (Cramer NZA 2004, 708). Wenn in der Begründung des Gesetzentwurfes (BT-Drs. 14/3372, 22) ausgeführt wird, dass die Integrationsfachdienste „gegen Entgelt" auch in diesen Fällen tätig werden können und damit an eine unmittelbare finanzielle Inanspruchnahme des einzelnen behinderten Menschen durch den Integrationsfachdienst gedacht werden könnte, steht dies mit dem Wortlaut der Regelung in Abs. 1 sowie in § 194 Abs. 1 S. 1 nicht in Übereinstimmung; denn die Tätigkeit des Integrationsfachdienstes erfolgt danach nur „im Auftrag" der Rehabilitationsträger oder der Integrati-

onsämter und damit nicht allein auf Initiative und Kosten des einzelnen behinderten Menschen. Die Streichung der potenziellen Auftraggeber in Abs. 1 und die Erweiterung des zu betreuenden Personenkreises durch die mit Art. 1 Nr. 26 lit. b des Gesetzes zur Förderung der Ausbildung und Beschäftigung sbM v. 23.4.2004 (BGBl. I 606,609) erfolgte Anfügung eines neuen S. 2 an Abs. 4 verdeutlichen, dass IFD auch zur Durchführung von Maßnahmen zur Teilhabe am Arbeitsleben zu Gunsten von bM iSv § 2 Abs. 1 herangezogen werden können, die nicht sbM oder ihnen gleichgestellt sind und für die daher keine Leistungen aus Mitteln der Ausgleichsabgabe erbracht werden dürfen (KHM/Kossens Rn. 11). Dies gilt auch für von Behinderung bedrohte Menschen (*Cramer* NZA 2004, 709), wobei in der Begründung des Gesetzesentwurfs allerdings nur von seelischer Behinderung bedrohte Menschen erwähnt werden, weil bei diesen die Eigenschaft als sbM oft nicht festgestellt oder nicht gegeben ist (BT-Drs. 15/1783, 17).

Die dadurch entstehenden Kosten werden nicht aus den Mitteln des Ausgleichsfonds bestritten, sondern müssen aus dem Haushalt des jeweiligen Auftraggebers gezahlt werden (Cramer DB 2000, 2217; Cramer NZA 2004, 709; Mrozynski SGb 2004, 264). 14

§ 193[1] Aufgaben

(1) Die Integrationsfachdienste können zur Teilhabe schwerbehinderter Menschen am Arbeitsleben (Aufnahme, Ausübung und Sicherung einer möglichst dauerhaften Beschäftigung) beteiligt werden, indem sie

1. die schwerbehinderten Menschen beraten, unterstützen und auf geeignete Arbeitsplätze vermitteln,
2. die Arbeitgeber informieren, beraten und ihnen Hilfe leisten.

(2) Zu den Aufgaben des Integrationsfachdienstes gehört es,

1. die Fähigkeiten der zugewiesenen schwerbehinderten Menschen zu bewerten und einzuschätzen und dabei ein individuelles Fähigkeits-, Leistungs- und Interessenprofil zur Vorbereitung auf den allgemeinen Arbeitsmarkt in enger Kooperation mit den schwerbehinderten Menschen, dem Auftraggeber und der abgebenden Einrichtung der schulischen oder beruflichen Bildung oder Rehabilitation zu erarbeiten,
2. die Bundesagentur für Arbeit auf deren Anforderung bei der Berufsorientierung und Berufsberatung in den Schulen einschließlich der auf jeden einzelnen Jugendlichen bezogenen Dokumentation der Ergebnisse zu unterstützen,
3. die betriebliche Ausbildung schwerbehinderter, insbesondere seelisch und lernbehinderter, Jugendlicher zu begleiten,
4. geeignete Arbeitsplätze (§ 156) auf dem allgemeinen Arbeitsmarkt zu erschließen,
5. die schwerbehinderten Menschen auf die vorgesehenen Arbeitsplätze vorzubereiten,
6. die schwerbehinderten Menschen, solange erforderlich, am Arbeitsplatz oder beim Training der berufspraktischen Fähigkeiten am konkreten Arbeitsplatz zu begleiten,
7. mit Zustimmung des schwerbehinderten Menschen die Mitarbeiter im Betrieb oder in der Dienststelle über Art und Auswirkungen der Behinderung und über entsprechende Verhaltensregeln zu informieren und zu beraten,
8. eine Nachbetreuung, Krisenintervention oder psychosoziale Betreuung durchzuführen sowie
9. als Einheitliche Ansprechstellen für Arbeitgeber zur Verfügung zu stehen, über die Leistungen für die Arbeitgeber zu informieren und für die Arbeitgeber diese Leistungen abzuklären,
10. in Zusammenarbeit mit den Rehabilitationsträgern und den Integrationsämtern die für den schwerbehinderten Menschen benötigten Leistungen zu klären und bei der Beantragung zu unterstützen.

[1] § 193 Abs. 2 Nr. 9 neu gef. mWv 1.1.2022 durch G v. 2.6.2021 (BGBl. I 1387).

Übersicht

A. Allgemeines

1 § 110 (heute: § 193) übertrug inhaltsgleich den bisherigen § 37b SchwbG in das SGB IX (Begründung des Gesetzentwurfs, BT-Drs. 14/5074, 114). Diese Regelung war durch Art. 1 Nr. 19 des Gesetzes zur Bekämpfung der Arbeitslosigkeit Schwerbehinderter (SchwbBAG) v. 29.9.2000 (BGBl. I 1394) neu in das Schwerbehindertengesetz eingefügt worden. Die Vorschrift legt die Aufgaben der Integrationsfachdienste fest, wobei Abs. 1 sie generell umschreibt und Abs. 2 dazu Einzelregelungen enthält (BT-Drs. 14/3372, 22). Mit Art. 1 Nr. 27 lit. a–c des Gesetzes zur Förderung der Ausbildung und Beschäftigung sbM v. 23.4.2004 (BGBl. I 606, 609) ist der Wortlaut der Vorschrift in Abs. 2 mit dem Ziel der Verbesserung der Möglichkeit zur Integration verändert bzw. ergänzt worden. Das BTHG hat inhaltlich keine Veränderung herbeigeführt, lediglich die im Text enthaltenen Verweisungen wurden infolge der Verschiebung des Schwerbehindertenrechts in den Teil 3 an die geänderte Paragraphenfolge angepasst (BT-Drs. 18/9522, 308). Durch Art. 7 Nr. 21c, Art. 14 Abs. 1 des Gesetzes zur Stärkung der Teilhabe von Menschen mit Behinderungen sowie zur landesrechtlichen Bestimmung der Träger von Leistungen für Bildung und Teilhabe in der Sozialhilfe (Teilhabestärkungsgesetz) vom 2.6.2021 (BGBl. I 1387) wurde § 193 Abs. 2 SGB IX mit Wirkung ab dem 1.1.2022 neu gefasst. Dabei handelte es sich um eine der gleichzeitig erfolgenden Einfügung von § 185a geschuldete Folgeänderung (BT-Drs. 19/28834, 58).

B. Aufgabenstellung

1. Generell

2 Abs. 1 definiert zunächst die möglichen Aspekte der Teilhabe am Arbeitsleben, die in einen zeitlichen Zusammenhang zueinander gestellt werden. Unterschieden wird zwischen der Phase der Aufnahme, der Ausübung und der Sicherung einer möglichst dauerhaften Beschäftigung.

3 Die Tätigkeit der Integrationsfachdienste ist sowohl nach innen als auch nach außen gerichtet. Einerseits sollen sie die sbM beraten, unterstützen und sie auf geeignete Arbeitsplätze vermitteln (Nr. 1), andererseits sollen sie auch Kontakt zu den (potentiellen) Arbeitgebern aufnehmen und diese informieren, beraten und ihnen Hilfe leisten (Nr. 2).

2. Konkret

4 Die in Abs. 1 allg. umrissene Aufgabenstellung der Integrationsfachdienste wird in Abs. 2 konkretisiert, wobei aus der gewählten Formulierung („zu den Aufgaben … gehört es …“) zu schließen ist, dass auch hier nur eine beispielhafte Aufzählung von möglichen Hilfeleistungen erfolgt, also bei Bedarf im Einzelfall auch andere oder darüber hinaus gehende Leistungen erbracht werden können. Zu denken ist hier etwa an die Vermittlung schwerbehinderter Schulabgänger in Ausbildungsplätze (KHM/Kossens Rn. 2).

Der Katalog der Beispielstätigkeiten nennt schwerpunktmäßig die Aufgaben der Integrationsfachdienste im Verhältnis zu den sbM (Ziff. 1, 3 und 5–8, konkretisiert ihre Aufgaben im Falle ihrer Anforderung durch die Bundesagentur für Arbeit bei der Berufsberatung und -orientierung in den Schulen und gibt in Ziff. 9 in ebenfalls nur allgemeiner Form lediglich den Sinngehalt von Abs. 1 Nr. 2 mit anderen Worten wieder. 5

Wesentlich konkreter benennen die Beispielsfälle der Nr. 1, 3 und 5–8 dagegen die möglichen Aufgaben der Integrationsfachdienste im unmittelbaren Verhältnis zu den sbM. 6

Dies beginnt zunächst mit der Phase der Bestandsaufnahme (Nr. 1). Erste Voraussetzungen für die schlussendlich angestrebte Vermittlung des sbM auf dem allgemeinen Arbeitsmarkt ist nämlich die Erfassung und Bewertung seiner Fähigkeiten, Neigungen und Interessen, die in enger Kooperation sowohl mit dem betroffenen sbM, den Auftraggebern (§ 192 Abs. 1) sowie der jeweils abgebenden Bildungs- oder Rehabilitationseinrichtung zu erfolgen hat, die am ehesten eine konkrete Vorstellung von den Leistungen und Fähigkeiten des sbM vermitteln. 7

Ergänzt wird dies im Bereich des Übergangs von der schulischen in die betriebliche Bildung durch die mit Art. 1 Nr. 27 lit. a des Gesetzes zur Förderung der Ausbildung und Beschäftigung sbM v. 23.4.2004 (BGBl. I 606, 609) als Nr. 1a u. 1b neu in den Abs. 2 eingefügten Regelungen. Mit der Regelung in Nr. 1a (heute: 2) sollte die Zusammenarbeit der IFD mit den Schulen verbessert werden. Auf Anforderung der Bundesagentur für Arbeit unterstützen die IFD sie bei ihren Maßnahmen zur Berufsorientierung und Berufsberatung in den Schulen. Dies soll nach der Begründung des Gesetzesentwurfs auch für Zeiten von Praktika während der schulischen Ausbildung gelten. Erreicht werden soll ein möglichst schneller und nahtloser Übergang schwerbehinderter junger Menschen in Ausbildungsverhältnisse (BT-Drs. 15/1783, 17). Nr. 1b (heute: 3) enthält die Verpflichtung der IFD zur Begleitung der betrieblichen Ausbildung schwerbehinderter, insbes. seelisch und lernbehinderter Jugendlicher. In der Begründung des Gesetzentwurfs werden davon abweichend iÜ auch geistig behinderte Jugendliche erwähnt. Die Verwendung des Wortes „insbesondere" im Text von Nr. 3 verdeutlicht, dass eine Schwerbehinderung bzw. Gleichstellung vorausgesetzt und hier nun ein besonderer Kreis von Adressaten speziell erwähnt wird (Cramer NZA 2004, 709 unter Hinweis auf eine mögliche Abweichung in der RegBegr.). Entsprechend der Änderung in § 35 (heute: § 51) Abs. 2 soll eine Begleitung der Ausbildung durch einen IFD sichergestellt werden, um beim Entstehen von Problemen unterstützend und betreuend eingreifen zu können. Die dadurch entstehenden Kosten trägt die Bundesagentur für Arbeit aus ihrem Haushalt, da sie entweder als Vermittlungs- bzw. Berufsbetreuungseinrichtung oder als Rehabilitationsträger tätig wird (Cramer NZA 2004, 709). Angesichts der aktuellen Reduzierung berufsvorbereitender Maßnahmen durch die Bundesagentur für Arbeit droht ein Leerlaufen der Regelung der Nr. 2 (Kossens/Wollschläger ZFSH/SGB 2004, 352). 8

Der nächste Schritt in dem den Integrationsfachdiensten übertragenen Aufgabenspektrum besteht in der Erschließung eines geeigneten Arbeitsplatzes (§ 156) auf dem allgemeinen Arbeitsmarkt (Ziff. 4). Dies beinhaltet die Aufgabe, eine mit dem zuvor ermittelten Profil des sbM korrespondierende Beschäftigung zu finden und den potentiellen Arbeitgeber zu veranlassen, ihn dort auch tatsächlich einzusetzen. Dabei geht der Gesetzgeber davon aus, dass nicht primär eine Anpassung des sbM an die faktischen Gegebenheiten des Arbeitsplatzes anzustreben ist, sondern vielmehr der herzustellenden Chancengleichheit entspr. Hindernisse zu beseitigen sind (Begründung des Gesetzentwurfs, BT-Drs. 14/5074, 92). Daraus folgt, dass dem künftigen Arbeitgeber durchaus ein hohes Maß von eigenen Bemühungen zur Schaffung einer geeigneten Arbeitsumgebung abverlangt werden kann. 9

Waren die Bemühungen des Integrationsfachdienstes insoweit erfolgreich, kommt ihm nunmehr die Aufgabe zu, den sbM auf den angestrebten Arbeitsplatz unmittelbar vorzubereiten (Nr. 5). Dies kann auch in der Weise geschehen, dass der Betroffene zunächst 10 nicht direkt auf dem vorgesehenen Arbeitsplatz tätig wird, sondern zunächst eine Vorbereitungsphase in einer berufsbildenden Einrichtung oder ein Praktikum absolviert, um die angestrebte Arbeitsaufnahme nicht mit evtl. Fehl- oder Schlechtleistungen zu belasten (Hauck/Noftz/Gutzler Rn. 23; KHM/Kossens Rn. 8; Ernst br 2001, 66).

11 Auch jetzt endet die Zuständigkeit des Integrationsfachdienstes nicht. Dieser begleitet den sbM auch nach Aufnahme der angestrebten Tätigkeit sowohl am Arbeitsplatz als auch während eines Trainings der berufspraktischen Fähigkeiten, solange dies erforderlich ist (Nr. 6). Eine feste zeitliche Begrenzung ist damit ausdrücklich nicht erfolgt. Der Ablauf ansonsten üblicher Probezeiten wird angesichts der in diesen Fällen bestehenden Besonderheiten kein geeignetes Kriterium für die Beurteilung der Erforderlichkeit der Begleitung im Einzelfall sein (KHM/Kossens Rn. 9; aA Hauck/Noftz/GutzlerRn. 25).

12 Die in Nr. 7 erwähnte Beispielstätigkeit betrifft einen Schnittpunkt der Sphäre des sbM mit derjenigen des Arbeitgebers. Der unmittelbare Bezug zu dem einzelnen Betroffenen kommt darin zum Ausdruck, dass der Integrationsfachdienst hier nur dann tätig werden darf, wenn der schwer behinderte Mensch ausdrücklich zugestimmt hat. Damit knüpft die Regelung an die Vorschriften zum Schutz der Sozialdaten im Bereich des Sozialleistungsrechts an (vgl. §§ 35, 37 SGB I, §§ 67 ff. SGB X). Die Verbindung zur Arbeitgebersphäre erfolgt durch die mit der Erfüllung der Aufgaben nach Ziffer 7 denklogisch vorausgesetzten Kontaktaufnahme im betrieblichen Bereich durch Information und Beratung der Kollegen des Betroffenen. Diese betrifft sowohl die Schilderung der Problematik des Einzelfalls als auch das Aufzeigen von geeigneten Verhaltensweisen im Umgang mit dem sbM.

13 Ebenfalls nicht allein im Verhältnis zum sbM, sondern auch zur Sphäre des Arbeitgebers ist das in Ziffer 8 beschriebene Aufgabenfeld angesiedelt. Hier werden den Integrationsfachdiensten die Nachbetreuung, die Krisenintervention oder psychosoziale Betreuung übertragen, die aus jeweils aktuellem Anlass und nicht gleichsam automatisch wie die Begleitung bei der Arbeitsaufnahme (Ziff. 6) anfallen. Eine unmittelbare zeitliche oder inhaltliche Beschränkung enthält Ziff. 8 abweichend von der Regelung in Ziffer 6 nicht (KHM/Kossens Rn. 9). Gleichwohl ist der dort zum Ausdruck kommende Gedanke auch hier anzuwenden. Dies folgt bereits aus § 4 Abs. 1, der eine Beschränkung auf die notwendigen Sozialleistungen vorsieht und auch inhaltlich nichts anderes ausdrückt.

14 Mit der Konkretisierung des Wortlauts von Nr. 7 (heute: Nr. 9) durch Art. 1 Nr. 27 lit. b des Gesetzes zur Verbesserung der Ausbildung und Beschäftigung schwerbehinderter Menschen v. 23.4.2004 (BGBl. I 606, 609) sollte die Einstellung schwerbehinderter Bewerber(innen) verbessert werden, die bislang durch die mangelnde Information der Arbeitgeber über mögliche Förderleistungen verschiedener Leistungsträger erschwert war. Auch werden Anträge häufig nicht beim zuständigen Träger gestellt, so dass es allein dadurch zu Verzögerungen bei der Leistungsbewilligung kam. Aufgabe des IFD ist es nunmehr, den Arbeitgebern, deren Verpflichtungen damit nicht ausgeweitet werden (Kossens/Wollschläger ZFSH/SGB 2004, 352), als Ansprechpartner zu Verfügung zu stehen, sie über mögliche Leistungen an Arbeitgeber zu informieren und die Leistungen abzuklären. Mit der Änderung des Wortlauts von Abs. 2 durch das Teilhabestärkungsgesetz wird das Ziel verfolgt, den Integrationsfachdiensten die Übernahme der Funktion der Einheitlichen Ansprechstellen iSv § 185a SGB IX zu ermöglichen und auf diese Weise an der Verwirklichung des Gesetzeszwecks teilzunehmen. Eine Änderung der Zuständigkeiten für die Leistungserbringung ist damit nicht verbunden (Schlegel/Voelzke/Simon Rn. 16.1). Unabhängig davon stehen dem Arbeitgeber nach wie vor noch die Agenturen für Arbeit, die Integrationsämter oder die einzelnen Rehabilitationsträger zur Verfügung. Eine Entscheidung über die jeweils beantragte Leistung erlässt der zuständige Träger (Begründung des Gesetzentwurfs, BT-Drs. 15/1783, 18). Damit geht die Verpflichtung des IFD über jene der Bundesagentur für Arbeit nach § 187 Abs. 5 Nr. 2 hinaus, die nur über „ihre“ Fördermöglichkeiten zu informieren hat (Cramer NZA 2004, 709). Neben der Information durch die IFD stehen den Arbeitgebern aber noch die Rehabilitations-

träger und die Handwerks- und Industrie- und Handelskammern als Anlaufstellen zur Verfügung (Cramer NZA 2004, 709).

Neu eingefügt als Nr. 8 (heute: Nr. 10) in Abs. 2 wurde durch Art. 1 Nr. 27 lit. c des Gesetzes zur Verbesserung der Ausbildung und Beschäftigung sbM v. 23.4.2004 (BGBl. I 606 (609)) auch die Verpflichtung der IFD, in Zusammenarbeit mit den Rehabilitationsträger und den Integrationsämter die für den sbM benötigten Leistungen zu klären und bei der Beantragung zu unterstützen. Auch dies dient dem Ziel der Beseitigung von Einstellungshindernissen. Nach der Vorstellung des Gesetzgebers sollen die IFD in der beschriebenen Weise für die Arbeitgeber tätig werden, wobei dies jeweils die Zustimmung des betroffenen sbM voraussetzen (Begründung des Gesetzentwurfs, BT-Drs. 15/1783, 18). Dies setzt allerdings das Verständnis der Nr. 10 als Unterfall der Nr. 9 voraus, ohne dass dies im Text der Regelung deutlich würde. Unabhängig davon verbleibt es trotz der Unterstützung durch den IFD bei der Zuständigkeit des in Anspruch genommenen Trägers für die Entscheidung über die Gewährung der beantragten Leistung (Cramer NZA 2004, 710). 15

§ 194 Beauftragung und Verantwortlichkeit

(1) [1]Die Integrationsfachdienste werden im Auftrag der Integrationsämter oder der Rehabilitationsträger tätig. [2]Diese bleiben für die Ausführung der Leistung verantwortlich.

(2) Im Auftrag legt der Auftraggeber in Abstimmung mit dem Integrationsfachdienst Art, Umfang und Dauer des im Einzelfall notwendigen Einsatzes des Integrationsfachdienstes sowie das Entgelt fest.

(3) Der Integrationsfachdienst arbeitet insbesondere mit

1. den zuständigen Stellen der Bundesagentur für Arbeit,
2. dem Integrationsamt,
3. dem zuständigen Rehabilitationsträger, insbesondere den Berufshelfern der gesetzlichen Unfallversicherung,
4. dem Arbeitgeber, der Schwerbehindertenvertretung und den anderen betrieblichen Interessenvertretungen,
5. der abgebenden Einrichtung der schulischen oder beruflichen Bildung oder Rehabilitation mit ihren begleitenden Diensten und internen Integrationsfachkräften oder -diensten zur Unterstützung von Teilnehmenden an Leistungen zur Teilhabe am Arbeitsleben,
6. den Handwerks-, den Industrie- und Handelskammern sowie den berufsständigen Organisationen,
7. wenn notwendig, auch mit anderen Stellen und Personen,

eng zusammen.

(4) [1]Näheres zur Beauftragung, Zusammenarbeit, fachlichen Leitung, Aufsicht sowie zur Qualitätssicherung und Ergebnisbeobachtung wird zwischen dem Auftraggeber und dem Träger des Integrationsfachdienstes vertraglich geregelt. [2]Die Vereinbarungen sollen im Interesse finanzieller Planungssicherheit auf eine Dauer von mindestens drei Jahren abgeschlossen werden.

(5) Die Integrationsämter wirken darauf hin, dass die berufsbegleitenden und psychosozialen Dienste bei den von ihnen beauftragten Integrationsfachdiensten konzentriert werden.

Übersicht

A. Allgemeines

1 § 111 (heute: § 194) überträgt im Wesentlichen inhaltsgleich den Regelungsgehalt des § 37c SchwbG in das SGB IX. Diese Vorschrift war durch Art. 1 Nr. 19 des Gesetzes zur Bekämpfung der Arbeitslosigkeit Schwerbehinderter v. 29.9.2000 (BGBl. I 1394) in das SchwbG eingefügt worden. Nach geringfügigen Korrekturen des Wortlauts der Vorschrift durch Art. 9 Nr. 16 des Vierten Gesetzes für moderne Dienstleistungen am Arbeitsmarkt v. 24.12.2003 (BGBl. I 2954, 2981) wurde sie durch Art. 1 Nr. 28 des Gesetzes zur Verbesserung der Ausbildung und Beschäftigung sbM v. 23.4.2004 (BGBl. I 606, 609) an die Änderung der Strukturverantwortung durch § 113 (heute: § 196) angepasst und um eine die Zusammenarbeit mit den Kammern und berufsständigen Organisationen verbessernde Vorschrift (Nr. 5a) ergänzt. Inhaltlich wurde daran durch das BTHG nichts geändert (BT-Drs. 18/9522, 308).

B. Aufgabenverteilung und Verantwortlichkeit

2 Während in § 37c SchwbG in allgemeiner Form festgelegt war, dass die Integrationsfachdienste im Verwaltungsauftrag tätig wurden, enthält § 194 Abs. 1 S. 1 eine darüber hinaus gehende konkrete Regelung. Dort ist bestimmt, dass Auftraggeber der Integrationsfachdienste die Integrationsämter oder der Rehabilitationsträger sein können (→ § 192 Rn. 7). Ausdrücklich klargestellt ist im G auch, dass die Erteilung des Auftrages nichts an der Verantwortlichkeit des Auftraggebers für die Ausführung der Leistung ändert. Der Auftraggeber bleibt nach wie vor der Anspruchsgegner des betroffenen sbM, dh dieser ist sowohl im Hinblick auf eine etwaige Klage auf Gewährung der Leistung als auch für die Erfüllung von Nebenpflichten wie zB die Einhaltung datenschutzrechtlicher Regelungen (Schlegel/Voelzke/Simon Rn. 14) sowie den Ersatz von bei der Erfüllung des Auftrages entstandenen Schäden passiv legitimiert (Hauck/Noftz/Gutzler Rn. 2; KHM/Kossens Rn. 3).

C. Auftrag

3 Abs. 2 enthält nähere Bestimmungen sowohl zum notwendigen Inhalt des Auftrags als auch zu dem bei seinem Zustandekommen einzuhaltenden Verfahren. Zu konkretisieren ist zunächst der Leistungsgegenstand, dh Art, Umfang und Dauer des im Einzelfall notwendigen Einsatzes müssen bestimmt werden. Diese Anforderungen sind auch zu erfüllen, wenn die Beauftragung im Wege der Vergabe erfolgt (OLG Koblenz 4.2.2014 – 1 Verg 7/13, VergabeR 2014, 409). Für dabei etwa entstehende Streitigkeiten ist der Rechtsweg zu den Gerichten der Sozialgerichtsbarkeit eröffnet (BSG 22.4.2008 – B 1 SF 1/08 R, NZS 2009, 38). Auf der anderen Seite erfolgt aber auch eine Festlegung des geschuldeten Entgelts, wobei der hier verwendete Begriff mit jenem der Vergütung in § 196 S. 2 bzw. der finanziellen Leistungen in § 198 inhaltlich identisch ist. Wenn die

Festlegung in Abstimmung mit dem Integrationsfachdienst erfolgen soll, steht dies zunächst im Gegensatz zur Regelung des Abs. 4, in dem für bestimmte Regelungsgegenstände ein Vertragsschluss vorgesehen ist. Ob auch die Festlegung der Gegenleistung in dieser Form erfolgen muss, ist nicht unmittelbar aus dem G ersichtlich. Die Verwendung des Terminus „Näheres zur Beauftragung" lässt dies möglich erscheinen. Nicht zwingend dafür spricht allerdings, dass eine Beauftragung gegen den Willen des Integrationsfachdienstes nach dem G nicht möglich ist. Allerdings ist die Vereinbarung der Höhe der Gegenleistung nicht notwendige Voraussetzung des Vertragsschlusses. § 315 BGB lässt insoweit nämlich deren Konkretisierung durch den Vertragspartner in den Grenzen der Billigkeit zu, die auch durch öffentlich-rechtliche Vorschriften gezogen werden können (Grüneberg/Grüneberg BGB § 315 Rn. 4; stRspr, zB BGH 8.7.2015 – VIII ZR 106/14, NJW 2015, 3564; BGH 29.1.2019 – KZR 12/15, EuZW 2019, 248). Für diese Auslegung des § 194 spricht, dass anderenfalls nicht klar wäre, welchen Regelungsgehalt der letzte Satzteil des § 198 haben soll.

D. Zusammenarbeit

Abs. 3 verpflichtet den Integrationsfachdienst zu enger Zusammenarbeit mit einer ganzen Reihe im G konkret genannter Stellen und Einrichtungen, verdeutlicht darüber hinaus sowohl durch die Verwendung des Wortes „insbesondere" eingangs dieses Abschnittes als auch durch den in Ziffer 6 enthaltenen Auffangtatbestand, dass eine umfassende Zusammenarbeit gefordert wird. Die besondere Erwähnung der Handwerks-, Industrie- und Handelskammern sowie der berufsständigen Organisationen in Ziff. 5a (eingefügt durch Art. 1 Nr. 28 des Gesetzes zur Verbesserung der Ausbildung und Beschäftigung sbM v. 23.4.2004, BGBl. I 606, 609) gibt lediglich die bereits bestehende Praxis wieder und wäre angesichts der Auffangregelung in Ziff. 6 entbehrlich gewesen (so auch Cramer NZA 2004, 710). Wer jeweils betroffen ist, ergibt sich unmittelbar aus der Art des zu erfüllenden Auftrages, wobei die Regelung in § 193 Abs. 2 Ziff. 1 insoweit als Beispiel herangezogen werden kann. 4

E. Vertragsinhalt

Abs. 4 sieht vor, dass Näheres zur Beauftragung, Zusammenarbeit, fachlichen Leitung, Aufsicht sowie zur Qualitätssicherung und Ergebnisbeobachtung zwischen dem Auftraggeber und dem Träger des Integrationsfachdienstes vereinbart wird. Die bis zum 31.12.2004 im Wortlaut des Gesetzes enthalten gewesene Verpflichtung, dies unter Berücksichtigung der Grundsätze des § 86 SGB III auf der Grundlage einer bundesweiten Mustervereinbarung zu tun, ist durch Art. 1 Nr. 28 lit. c des Gesetzes zur Verbesserung der Ausbildung und Beschäftigung sbM v. 23.4.2004 (BGBl. I 606, 609) unter Hinweis auf die in § 196 vorgesehene Änderung der Strukturverantwortung (OLG Koblenz, Vergabesenat, 4.2.2014 – 1 Verg 7/13, VergabeR 2014, 409 m. krit. Anm. Willenbruch), jedoch ohne nähere Begründung aufgegeben worden (Begründung des Gesetzentwurfs, BT-Drs. 15/1783, 18). Eine diese ersetzende Regelung findet sich nunmehr in § 196 Abs. 2. Die in S. 2 dieses Absatzes enthaltene Verpflichtung zur Einhaltung einer Mindestvertragsdauer von drei Jahren dient der Planungssicherheit insbes. auf Seiten der jeweils beauftragten Integrationsfachdienste (Hauck/Noftz/Gutzler Rn. 24). 5

F. Konzentration der berufsbegleitenden und psychosozialen Dienste

6 Mit Art. 1 Nr. 28 lit. d des Gesetzes zur Verbesserung der Ausbildung und Beschäftigung sbM v. 23.4.2004 (BGBl. I 606, 610) ist der bisherige Abs. 5 entfallen und durch eine Neuregelung ersetzt worden. Damit sollte nach der Vorstellung des Gesetzgebers klargestellt werden, dass der Aufbau der IFD durch die Arbeitsagenturen erfolgreich abgeschlossen wurde; denn es existierten zum Zeitpunkt der Vorlage des Gesetzentwurfs (v. 21.10.2003) bereits 181 IFD (Begründung des Gesetzentwurfs, BT-Drs. 15/1783, 18). Nicht berücksichtigt wurde dabei allerdings, dass für die Finanzierung der IFD, soweit die durch ihre Inanspruchnahme entstehenden Kosten überschritten wurden, jetzt keine weitere Mittel zur Verfügung stehen (Cramer NZA 2004, 710).

7 Der an die Stelle der bisherigen Regelung tretende neue Abs. 5 soll eine Konzentration der berufsbegleitenden und psychosozialen Dienste bei den IFD bewirken, auf die die Integrationsämter hinwirken sollen (Begründung des Gesetzentwurfs, BT-Drs. 15/1783, 18). Damit wurde das bisher verfolgte Konzept, nach dem diese Dienste in die IFD integriert werden sollten und nach dem lediglich ein IFD in einem AA-Bezirk tätig werden sollte, aufgegeben. Arbeitgeber werden sich also künftig verschiedenen IFD gegenübersehen, von denen sie aufgesucht und bei denen sie Rat und Auskunft erhalten können. Das bisherige Konzept, das als besonders einstellungsfördernd angesehen wurde, ist damit faktisch aufgegeben worden (Cramer NZA 2004, 710).

§ 195 Fachliche Anforderungen

(1) Die Integrationsfachdienste müssen

1. nach der personellen, räumlichen und sächlichen Ausstattung in der Lage sein, ihre gesetzlichen Aufgaben wahrzunehmen,

2. über Erfahrungen mit dem zu unterstützenden Personenkreis (§ 192 Absatz 2) verfügen,

3. mit Fachkräften ausgestattet sein, die über eine geeignete Berufsqualifikation, eine psychosoziale oder arbeitspädagogische Zusatzqualifikation und ausreichende Berufserfahrung verfügen, sowie

4. rechtlich oder organisatorisch und wirtschaftlich eigenständig sein.

(2) [1]Der Personalbedarf eines Integrationsfachdienstes richtet sich nach den konkreten Bedürfnissen unter Berücksichtigung der Zahl der Betreuungs- und Beratungsfälle, des durchschnittlichen Betreuungs- und Beratungsaufwands, der Größe des regionalen Einzugsbereichs und der Zahl der zu beratenden Arbeitgeber. [2]Den besonderen Bedürfnissen besonderer Gruppen schwerbehinderter Menschen, insbesondere schwerbehinderter Frauen, und der Notwendigkeit einer psychosozialen Betreuung soll durch eine Differenzierung innerhalb des Integrationsfachdienstes Rechnung getragen werden.

(3) [1]Bei der Stellenbesetzung des Integrationsfachdienstes werden schwerbehinderte Menschen bevorzugt berücksichtigt. [2]Dabei wird ein angemessener Anteil der Stellen mit schwerbehinderten Frauen besetzt.

Übersicht

A. Allgemeines

§ 112 (heute: § 195) beruht auf der Regelung des § 37d SchwbG idF des Gesetzes zur Bekämpfung der Arbeitslosigkeit Schwerbehinderter (SchwbBAG) v. 29.9.2000 (BGBl. I 1394), dessen Gegenstand diejenigen Anforderungen waren, denen Integrationsfachdienste in fachlicher Hinsicht genügen mussten. Der Begriff der fachlichen Anforderungen beschränkte sich dabei nicht allein auf die spezifische Eignung des eingesetzten Personals, sondern wurde in einem weiteren Umfang verstanden. § 195 hat insoweit eine inhaltliche Veränderung nicht mit sich gebracht (Begründung des Gesetzentwurfes, BT-Drs. 14/5074, 114). Dies gilt mit Ausnahme geänderter Verweise infolge der Verschiebung des Schwerbehindertenrechts in den Teil 3 des SGB IX 2018 auch für das BTHG (BT-Drs. 18/9522, 308). 1

B. Fachliche Anforderungen

Die Vorschrift beschreibt die generell an die Eignung von Integrationsfachdiensten zu stellenden Anforderungen, die ganz unterschiedliche Bereiche betreffen können. Sie definiert damit den materiellen Mindeststandard, der durch eine auf der Grundlage der sonst zumindest teilweise gegenstandslosen Ermächtigung in § 198 zu erlassenden Verordnung sowohl durch die Einführung anderer Kriterien erweitert als auch durch die Steigerung der bisher nur in allgemeiner Form umschriebenen Anforderungen verschärft werden kann. Die Erfüllung der im G beschriebenen Voraussetzungen ist anders als etwa bei einer Werkstätte für Behinderte nicht Voraussetzung für eine formelle Anerkennung, jedoch wird ein Vertrag nach § 194 Abs. 4 nur abgeschlossen werden, wenn der Auftraggeber sich von der Qualifikation des IFD überzeugt hat. Im Übrigen ist zu erwarten, dass diese Frage Gegenstand einer gemeinsamen Empfehlung iSd § 196 Abs. 2 sein wird. 2

1. Ausstattung

Die Integrationsfachdienste müssen personell, räumlich und sachlich in einer Weise ausgestattet sein, die sie in die Lage versetzt, die ihnen nach dem G obliegenden Aufgaben (§ 193) zu erfüllen (Abs. 1 Ziff. 1). Während nähere Regelungen zur Frage der räumlichen und sächlichen Ausstattung fehlen, so dass dies in allgemeiner Form durch Gegenüberstellung der nach § 193 zu übertragenden Aufgaben mit dem zu ihrer Erfüllung notwendigen Ausstattungsumfang zu ermitteln ist, enthält Abs. 2 der Regelung eine detailliertere Beschreibung der insoweit zu erfüllenden Anforderungen. 3

Abs. 1 beschreibt die qualitative Seite des Problems und verdeutlicht, dass hier nicht abstrakte Maßstäbe vorgegeben werden, vielmehr ein Personalbestand vorzuhalten ist, der den konkreten Bedürfnissen genügt. Dies ist aus der Zahl der Betreuungs- und Beratungsfälle, dem damit verbundenen durchschnittlichen Arbeitsaufwand, der Größe des Einzugsgebietes und der Anzahl der zu betreuenden Arbeitgeber zu ermitteln. Mangels vorhandener konkreter Erfahrungen ist von der Festlegung eines bestimmten Personalschlüssels abgesehen worden (Begründung des Gesetzentwurfs, BT-Drs. 14/3372, 23). Diese Abweichung vom Recht der WfbM hat zur Folge, dass die personelle Ausstattung stark vom Wettbewerb des Leistungserbringers bestimmt wird und sich gegenüber der Modellphase bereits deutlich verschlechtert hat. 4

Abs. 2 stellt dagegen Anforderungen an die Qualität des Personals, das in der Lage sein muss, den besonderen Bedürfnissen besonderer Gruppen sbM zu genügen. Beispielhaft werden hier schwer behinderte Frauen genannt. Ausdrücklich erwähnt ist die Notwendigkeit der psychosozialen Betreuung, die das Vorhalten entspr. ausgebildeten Fachpersonals voraussetzt. Dieser Aspekt wird wegen seiner besonderen Bedeutung 5 ausdrücklich erwähnt, verdeutlicht gleichzeitig aber auch, dass der Aufgabenstellung (hier: psychosoziale Betreuung nach § 193 Abs. 2 Nr. 6) entsprechendes Fachpersonal vorhanden sein muss, so dass etwa die in der Begründung des Gesetzentwurfs ausdrücklich benannte arbeitspädagogische Zusatzqualifikation (BT-Drs. 14/3372, 23) mit Blick auf die Aufgabe nach § 193 Abs. 2 Nr. 1, 4 durchaus zu Recht genannt wurde. Angesprochen wird indirekt auch die Notwendigkeit ständiger Fortbildung, damit die Integrationsfachdienste dem gesetzlichen Auftrag jeweils sachgerecht nachkommen können (Hauck/Noftz/Gutzler Rn. 13).

2. Erfahrung

6 Abs. 1 Ziff. 2 begründet das Erfordernis des Vorhandenseins spezifischer Erfahrung mit dem zu betreuenden Personenkreis, der in § 192 Abs. 2 beschrieben wird. Danach kommen vor allem solche Träger in Betracht, die bereits in der Vergangenheit Integrationsangebote für diese Personengruppe auf dem allgemeinen Arbeitsmarkt vorgehalten haben. Dazu rechnen auch solche Träger, die im Auftrag der früheren Hauptfürsorgestellen die psychosoziale Betreuung von Schwerbehinderten wahrgenommen haben. Einbezogen werden sollen nach Möglichkeit auch bereits bestehende psychosoziale und begleitende Dienste für bestimmte Gruppen von sbM (Blinde bzw. Gehörlose), um Arbeitgebern einen einheitlichen Ansprechpartner zu bieten. In Betracht kommt schließlich auch die Bildung eines Integrationsfachdienstes durch den Träger eines Berufsbildungswerks, eines Berufsförderungswerkes oder einer WfbM (Hauck/Noftz/Gutzler Rn. 8; KHM/Kossens Rn. 3), sofern die anderen im G enthaltenen Anforderungen erfüllt werden (Begründung des Gesetzentwurfs, BT-Drs. 14/3372, 23).

3. Qualität

7 Abs. 1 Ziff. 3 stellt bestimmte Anforderungen im Hinblick auf die fachliche Qualifikation des dem Integrationsfachdienst zur Verfügung stehenden Personals auf. Insoweit wird in etwas ausführlicherer Form nur das wiederholt, was sich im Grunde bereits aus der Interpretation des Abs. 2 S. 2 ergibt (→ Rn. 5). In Abs. 1 Nr. 4 wird schließlich die letzte von einem Integrationsfachdienst zu erfüllende Anforderung näher beschrieben, nach der eine solche Einrichtung rechtlich oder organisatorisch und wirtschaftlich eigenständig sein muss.

8 Gefordert wird hier eine Organisationsform, die eine effektive Unterscheidung zum Träger des Integrationsfachdienstes ermöglicht. Dessen Aufgabenerfüllung soll nicht durch die ggf. abweichenden Interessen des Trägers beeinträchtigt werden können (Hauck/Noftz/*Gutzler* Rn. 10 f.).

9 Das Erfordernis der wirtschaftlichen Eigenständigkeit stellt sicher, dass die dem Integrationsfachdienst zufließenden Mittel vom Träger der Einrichtung nicht für andere Zwecke benutzt werden.

10 Anders als bei dem Erfordernis der rechtlichen und wirtschaftlichen Selbständigkeit von Unternehmen, die als Integrationsunternehmen angesehen werden können (§ 215 Abs. 1) führt dies nicht zur Berücksichtigung von aktienrechtlichen Begrifflichkeiten. Eine bestimmte Rechtsform wird damit nicht vorgeschrieben (Hauck/Noftz/Gutzler Rn. 11 f). Gemeint ist hier lediglich eine Organisationsform, die eine Kontrolle der Verwendung öffentlicher Mittel erlaubt. Außerdem sollen die IFD so eingerichtet werden, dass sie – wie etwa WfbM – von den behinderten Menschen und Arbeitgebern als eigenständiges Angebot wahrgenommen werden (LPK-SGB IX/Berthold/Deutsch Rn. 5).

C. Stellenbesetzung

Abs. 3 verpflichtet den Träger eines Integrationsfachdienstes zur besonderen Berücksichtigung von sbM, insbes. schwer behinderten Frauen, bei der Besetzung freier Stellen. Dies entspricht unmittelbar der allgemeinen Intention des Gesetzes (§ 154 Abs. 1 S. 2, § 164 Abs. 1 S. 1), verpflichtet den Träger des Integrationsfachdienstes zu deren Berücksichtigung auch in eigener Sache und lässt damit auch einen Rückschluss auf dessen Eignung im weiteren Sinne zu. 11

Als konkrete fachliche Anforderung iSd Abs. 1 Ziff. 1 ist diese Regelung allerdings nicht zu verstehen; denn jene stellt eine Relation zwischen den personellen Anforderungen und der Erbringung der Aufgabe dar, hat damit eine funktionelle Komponente, die von der Erfüllung der Voraussetzung des Abs. 3 nicht unmittelbar abhängig ist (so auch KHM/Kossens Rn. 7; Hauck/Noftz/Gutzler Rn. 16). 12

§ 196 Finanzielle Leistungen

(1) [1]**Die Inanspruchnahme von Integrationsfachdiensten wird vom Auftraggeber vergütet.** [2]**Die Vergütung für die Inanspruchnahme von Integrationsfachdiensten kann bei Beauftragung durch das Integrationsamt aus Mitteln der Ausgleichsabgabe erbracht werden.**

(2) **Die Bezahlung tarifvertraglich vereinbarter Vergütungen sowie entsprechender Vergütungen nach kirchlichen Arbeitsrechtsregelungen kann bei der Beauftragung von Integrationsfachdiensten nicht als unwirtschaftlich abgelehnt werden.**

(3) [1]**Die Bundesarbeitsgemeinschaft der Integrationsämter und Hauptfürsorgestellen vereinbart mit den Rehabilitationsträgern nach § 6 Absatz 1 Nummer 2 bis 5 unter Beteiligung der maßgeblichen Verbände, darunter der Bundesarbeitsgemeinschaft, in der sich die Integrationsfachdienste zusammengeschlossen haben, eine gemeinsame Empfehlung zur Inanspruchnahme der Integrationsfachdienste durch die Rehabilitationsträger, zur Zusammenarbeit und zur Finanzierung der Kosten, die dem Integrationsfachdienst bei der Wahrnehmung der Aufgaben der Rehabilitationsträger entstehen.** [2]**§ 26 Absatz 7 und 8 gilt entsprechend.**

Übersicht

A. Allgemeines

§ 113 (heute: § 196) knüpfte an die Regelung des durch Art. 1 Nr. 19 des Gesetzes zur Bekämpfung der Arbeitslosigkeit Schwerbehinderter (SchwbBAG) v. 19.6.2001 (BGBl. I 1394) in das SchwbG eingeführten § 37e SchwbG an und übertrug diese inhaltsgleich in das SGB IX (Begründung des Gesetzentwurfs, BT-Drs. 14/5074, 114). Durch Art. 1 Nr. 29 des Gesetzes zur Verbesserung der Ausbildung und Beschäftigung sbM v. 23.4.2004 (BGBl. I. 606, 610) wurde diese Vorschrift jedoch maßgeblich verändert. Einerseits wurde die Systemverantwortung für die IFD und die Integrationsämter übertragen, andererseits wurde ein neuer Abs. 2 eingefügt, dessen Gegenstand die Erstellung einer einheitlichen vertraglichen Grundlage für die Inanspruchnahme von IFD durch die Rehabilitationsträger ist. Durch das BTHG wurde in die Vorschrift ein neuer Abs. 2 eingefügt. Nach seinem Inhalt darf die Bezahlung tarifvertraglich vereinbarter 1

Vergütungen sowie entsprechender Vergütungen nach kirchlichen Arbeitsrechtsregelungen von den Kostenträgern bei Neubeauftragungen nicht als unwirtschaftlich abgelehnt werden. Dies korrespondiert mit einer Regelung aus Teil 1 (§ 38 Abs. 2), die dort inhaltlich übereinstimmend für Verträge über die Ausführung von Leistungen durch Rehabilitationsdienste und -einrichtungen getroffen wurde (BT-Drs. 18/9522, 308).

B. Regelungszweck

2 Die Vorschrift begründet einen Anspruch des Integrationsfachdienstes auf Vergütung gegenüber dem Auftraggeber (grdl. Cramer br 2006, 117). Eine Mischfinanzierung ist damit ausgeschlossen (Hauck/Noftz/Gutzler Rn. 7). Ist dies das Integrationsamt im Rahmen seiner Zuständigkeit nach § 185 Abs. 2 S. 5, kann die Zahlung aus Mitteln der Ausgleichsabgabe erbracht werden, § 185 Abs. 3 S. 1 Nr. 3, § 196 Abs. 1 S. 2 (Cramer NZA 2004, 710). Erfolgt die Beauftragung durch die Bundesagentur für Arbeit nach den allgemeinen Regelungen des § 37 SGB III, erfolgt die Vergütung aus deren Haushaltsmitteln. Auf die Ausgleichsabgabe hat sie insoweit keinen Zugriff mehr. Dies folgt sowohl aus Art. 1 Nr. 29 lit. b sowie Art. 5 Nr. 8 des Gesetzes zur Verbesserung der Ausbildung und Beschäftigung sbM v. 23.4.2004 (BGBl. I 606, 610, 613), mit denen die Erwähnung der Bundesagentur für Arbeit sowohl in § 113 (heute: § 196) Abs. 1 als auch § 41 SchwbAV gestrichen wurde. Dies hat allerdings gleichzeitig zur Konsequenz, dass die bisherige (Vor-)Finanzierung der Personal- und Sachkosten der IFD über die durch ihre Inanspruchnahmen entstehenden Kosten hinaus entfällt. Der früher dafür zur Verfügung gestellte Betrag von etwa 50 Mio. Euro pro Jahr ist jetzt Bestandteil der der Integrationsämter insgesamt zur Verfügung stehenden Mittel, die jedoch vorrangig für Förderungszwecke iSv § 14 Abs. 2 SchwbAV zu verwenden sind. Während in der Begründung des Gesetzentwurfs eine Vergütungsvereinbarung vorausgesetzt wurde (BT-Drs. 14/3372, 23), findet dies trotz der erheblichen Änderungen des Gesetzes in Kap. 7 auch im aktuell geltenden Gesetzestext keine unmittelbare Entsprechung. Nach § 194 Abs. 2 legt vielmehr der Auftraggeber das Entgelt fest. Insoweit enthält Kap. 7 einen deutlich vom Prinzip des § 38 (insbes. Abs. 1 Ziff. 2) abweichende Regelung, deren bewusste Wahl ua dadurch bestätigt wird, dass die in § 198 enthaltene Verordnungsermächtigung auch die Frage der finanziellen Leistungen umfasst. Deren hätte es nicht bedurft, wenn die Abwicklung der finanziellen Folgen der Beauftragung des Integrationsfachdienstes allein auf vertraglicher Ebene durch die Vereinbarung auch der Höhe der Gegenleistung hätte erfolgen sollen. Zwar deuteten die Einfügung eines damals jeweils neuen Abs. 2 (heute Abs. 3) in den §§ 113 (heute: § 196) und 115 (heute: § 198) auf den Vorrang einer vertraglichen Lösung auf der Grundlage einer gemeinsamen Empfehlung der Verbände hin (Ausschussbericht v. 14.1.2004, BT-Drs. 15/2357, 25), jedoch ist dies im Wortlaut des § 194 Abs. 2 weiterhin nicht berücksichtigt.

3 Abs. 1 S. 2 enthält eine allein für die Integrationsämter geltende Regelung. Diese können die bei Beauftragung der Integrationsfachdienste anfallende Vergütung aus Mitteln der Ausgleichsabgabe erbringen. Die Befugnis der Integrationsämter zur Verwendung der Mittel der Ausgleichsabgabe zu diesem Zweck folgt aus § 17 Abs. 1 Ziff. 3 SchwbAV. Die sonstigen Rehabilitationsträger haben ihnen entstehende Kosten aus ihren jeweiligen Haushaltsmitteln zu bestreiten (Begründung des Gesetzentwurfs, BT-Drs. 14/3372, 23; Cramer BB 2000, 2217).

4 Angesichts der Tatsache, dass die Aufträge an die Integrationsfachdienste im Wesentlichen von den Integrationsämter erteilt werden, hat dies zu Folge, dass diese zu einem großen Teil aus der von den Arbeitgebern zu erbringenden Ausgleichsabgabe bezahlt werden (Kossens/Maaß NZA 2000, 1025 ff. zur bisherigen Rechtslage: BA). Dies bedeutet, dass die Finanzierung der Durchführung öffentlicher Aufgaben durch freie Träger als

besondere Form der Privatisierung (krit. Ernst br 2001, 66) aus Mitteln der Ausgleichsabgabe erfolgt, die nach § 160 Abs. 5 S. 2 nicht zum Bestreiten persönlicher und sächlicher Kosten der Verwaltung bzw. Verfahrenskosten herangezogen werden darf. Nach wie vor steht jedoch die Ausgleichsfunktion der Ausgleichsabgabe im Vordergrund (BVerfG 26.5.1981 – 1 BvL 56/78, 1 BvL 57/78, 1 BvL 58/78, BVerfGE 57, 139).

Mit Art. 1 Nr. 29 lit. c des Gesetzes zur Verbesserung der Ausbildung und Beschäftigung sbM v. 23.4.2004 (BGBl. I 606, 610) wurde in § 196 einer Empfehlung des Bundesrates folgend ein neuer Abs. 2 eingefügt. Die Rehabilitationsträger nach § 6 Abs. 1 Nr. 2–5 (krit. Cramer NZA 2004, 711) und die Bundesarbeitsgemeinschaft der Integrationsämter und Hauptfürsorgestellen vereinbaren danach eine gemeinsame Empfehlung zur Inanspruchnahme der IFD durch die Rehabilitationsträger, zur Zusammenarbeit und zur Finanzierung der Kosten, die dem IFD durch die Inanspruchnahme von Rehabilitanden, die besondere Hilfen zur Teilhabe am Arbeitsleben benötigen, entstehen. An dem Abschluss der Vereinbarung sind die maßgeblichen Verbände, darunter die „Unterstützte Beschäftigung", in der die meisten IFD zusammengeschlossen sind, zu beteiligen. Für das Verfahren gelten die Vorschriften des § 13 Abs. 7 und 8 entsprechend. Die gemeinsame Empfehlung ist zum 1.5.2005 in Kraft getreten (KHM/Kossens Rn. 6), zuletzt geändert am 1.10.2009 (Schlegel/Voelzke/Simon Rn. 21). Für den Fall, dass eine solche gemeinsame Empfehlung nicht zustande kommen sollte, enthält § 198 Abs. 2 eine Verordnungsermächtigung zugunsten des BMAS (Ausschussbericht, BT-Drs. 15/2357, 25). 5

Abs. 2 korrespondiert mit der für die Rehabilitationsträger geltenden Regelung in § 38 Abs. 2. Sie setzt lediglich die Rspr. des BSG um. Tariflöhne durften danach bereits vor der Änderung des Gesetzes nicht als unwirtschaftlich abgelehnt werden (BSG 29.1.2009 – B 3 P 7/08 R, NZS 2010, 35). Entsprechendes gilt für Vergütungen nach kirchlichen Arbeitsrechtsregelungen. 6

§ 197[1] Ergebnisbeobachtung

(1) [1]Der Integrationsfachdienst dokumentiert Verlauf und Ergebnis der jeweiligen Bemühungen um die Förderung der Teilhabe am Arbeitsleben. [2]Er erstellt jährlich eine zusammenfassende Darstellung der Ergebnisse und legt diese den Auftraggebern nach deren näherer gemeinsamer Maßgabe vor. [3]Diese Zusammenstellung soll insbesondere geschlechtsdifferenzierte Angaben enthalten zu

1. den Zu- und Abgängen an Betreuungsfällen im Kalenderjahr,
2. dem Bestand an Betreuungsfällen,
3. der Zahl der abgeschlossenen Fälle, differenziert nach Aufnahme einer Ausbildung, einer befristeten oder unbefristeten Beschäftigung, einer Beschäftigung in einem Integrationsprojekt oder in einer Werkstatt für behinderte Menschen.

(2) Der Integrationsfachdienst dokumentiert auch die Ergebnisse seiner Bemühungen zur Unterstützung der Bundesagentur für Arbeit und die Begleitung der betrieblichen Ausbildung nach § 193 Absatz 2 Nummer 2 und 3 unter Einbeziehung geschlechtsdifferenzierter Daten und Besonderheiten sowie der Art der Behinderung.

Übersicht

[1] § 197 Abs. 2 geänd. mWv 6.12.2019 durch G v. 30.11.2019 (BGBl. I 1948).

A. Allgemeines

1 § 114 (heute: § 197) übertrug im Wesentlichen inhaltsgleich den früheren § 37f SchwbG in das SGB IX Rehabilitation und Teilhabe behinderter Menschen v. 19.6.2001 (BGBl. I 1046). Die Vorgängerregelung war durch Art. 1 Nr. 19 des Gesetzes zur Bekämpfung der Arbeitslosigkeit Schwerbehinderter v. 29.9.2000 (BGBl. I 1394) in das SchwbG eingefügt worden. Sie verpflichtet den Integrationsfachdienst zur Verlaufs- und Ergebnisdokumentation, die den jeweiligen Auftraggebern regelmäßig vorzulegen ist (Begründung des Gesetzentwurfs, BT-Drs. 14/3372, 23). Mit Art. 1 Nr. 30 lit. b des Gesetzes zur Verbesserung der Ausbildung und Beschäftigung sbM v. 23.4.2004 (BGBl. I 606, 610) wurde der Vorschrift ein neuer Abs. 2 angefügt, der eine spezielle Dokumentationspflicht im Hinblick auf die Ergebnisse der damals neu in § 110 (heute: § 193) (Abs. 2 Nr. 1a, b) eingefügten Verpflichtung der IFD zur Unterstützung der Bundesagentur für Arbeit beim Übergang von Jugendlichen aus dem schulischen in den betrieblichen Ausbildungsbereich und der betrieblichen Ausbildung schwerbehinderter, insbes. seelisch und unbehinderter Jugendlicher, beinhaltet. Das BTHG hat mit Ausnahme der Anpassung der Verweisung in Abs. 2 als Folge der Verschiebung des Schwerbehindertenrechts in Teil 3 des SGB IX 2018 daran nichts geändert. Die Änderung der Verweisung in Abs. 2 durch Art. 1 Nr. 12 des Gesetzes zur Änderung des Neunten und des Zwölften Buches Sozialgesetzbuch und anderer Rechtsvorschriften vom 30. November 2019 (BGBl. I 1948, 1949) diente lediglich der Korrektur eines Verweisungsfehlers (BT-Drs. 19/11006, 26).

B. Dokumentation

1. Ergebniskontrolle

2 § 197 Abs. 1 begründet die Verpflichtung des Integrationsfachdienstes, Verlauf und Ergebnis seiner Bemühungen um die Förderung der Teilhabe behinderter Menschen am Arbeitsleben zu dokumentieren. Zu diesem Zweck erstellt er jährlich eine zusammenfassende Darstellung der Ergebnisse, die den Auftraggebern nach deren näherer gemeinsamer Maßgabe vorzulegen ist.

3 Wenn im G eine zusammenfassende Darstellung gefordert wird, kommt darin das gesetzgeberische Bemühen um die Anonymisierung personenbezogener Daten zum Ausdruck, das in der Begründung des Gesetzentwurfes bereits deutlich hervorgehoben wurde (BT-Drs. 14/1574, 114).

4 Das Tatbestandsmerkmal der gemeinsamen Maßgabe der Auftraggeber verdeutlicht, dass nicht jeder einzelne Auftraggeber besondere Anforderungen stellen kann. Vielmehr haben sich diese mit Rücksicht auf die Erhebung und Auswertung der Daten und Ergebnisse auf einen gemeinsamen Standard zu einigen, nach dem die Dokumentation zu erfolgen hat. Praktisches Ergebnis dieses gesetzgeberischen Anliegens ist die Erstellung einer Falldokumentation nach einheitlichen Kriterien gemäß § 7 Abs. 1 der gemeinsamen Empfehlung nach § 113 Abs. 2 SGB IX zur Inanspruchnahme der IFD durch die RehaTr inF v. 1.9.2016 (ISBN 978-3-9813712-7-7).

2. Inhaltliche Anforderungen

5 § 197 Abs. 1 S. 3 enthält in Form einer Sollvorschrift, von der aus sachlichem Grund abgewichen werden könnte, allgemeine Anforderungen an den Inhalt der Dokumentation, die bei der Ausgestaltung des Erhebungsbogens nach der Mustervereinbarung (→ Rn. 4) bereits beachtet wurden.

Erforderlich sind zunächst geschlechtsdifferenzierte Daten. Damit wird das Ziel verfolgt, das Ergebnis der im G besonders zum Ausdruck gekommenen Bemühungen um die Förderung gerade der Teilhabe schwer behinderter Frauen (Begründung des Gesetzentwurfs, BT-Drs. 14/75, 95) verifizieren zu können. Auch muss der Erhebungsbogen die Anzahl von Zu- und Abgängen von Betreuungsfällen im Kalenderjahr erkennen lassen (Nr. 1), Auskunft über den aktuellen Bestand von Betreuungsfällen geben (Nr. 2) und die Zahl der abgeschlossenen Fälle benennen. Dabei sind differenzierte Angaben erforderlich, aus denen abzuleiten ist, ob es zur Aufnahme einer Ausbildung, einer befristeten oder unbefristeten Tätigkeit, einer Beschäftigung in einem Integrationsprojekt oder einer solchen in einer WfbM gekommen ist. 6

Mit Abs. 2 (→ Rn. 1) wird die Dokumentationsverpflichtung im Hinblick auf die Aufgaben des IFD nach § 193 Abs. 2 Nr. 1a u. b konkretisiert. Damit soll die Wirksamkeit dieser Zusammenarbeit beobachtet werden, um ggf. Vorschläge für weiter zu treffende Maßnahmen machen zu können. Die Dokumentation berücksichtigt geschlechtsdifferenzierte Daten (insoweit wie Abs. 1) und Besonderheiten sowie die Arten der Behinderung (Begründung des Gesetzentwurfs, BT-Drs. 15/1783, 18. Die bisherigen S. 2 u. 3 sind wegen Zeitablaufs durch das Zweite Rechtsbereinigungsgesetz aufgehoben worden (BT-Drs. 18/9522, 308). 7

§ 198 Verordnungsermächtigung

(1) Das Bundesministerium für Arbeit und Soziales wird ermächtigt, durch Rechtsverordnung mit Zustimmung des Bundesrates das Nähere über den Begriff und die Aufgaben des Integrationsfachdienstes, die für sie geltenden fachlichen Anforderungen und die finanziellen Leistungen zu regeln.

(2) Vereinbaren die Bundesarbeitsgemeinschaft der Integrationsämter und Hauptfürsorgestellen und die Rehabilitationsträger nicht innerhalb von sechs Monaten, nachdem das Bundesministerium für Arbeit und Soziales sie dazu aufgefordert hat, eine gemeinsame Empfehlung nach § 196 Absatz 3 oder ändern sie die unzureichend gewordene Empfehlung nicht innerhalb dieser Frist, kann das Bundesministerium für Arbeit und Soziales Regelungen durch Rechtsverordnung mit Zustimmung des Bundesrates erlassen.

§ 115 (heute: § 198) basiert auf der Regelung des durch Art. 1 Nr. 19 des Gesetzes zur Bekämpfung der Arbeitslosigkeit Schwerbehinderter (SchwbBAG) v. 29.9.2000 (BGBl. I 1394) in das SchwbG eingefügten § 37g, die mit dieser Vorschrift inhaltsgleich in das SGB IX v. 19.6.2001 (BGBl. I 1046) übertragen wurde (Begründung des Gesetzentwurfs, BT-Drs. 14/5074, 114). Mit Art. 1 Nr. 30a des Gesetzes zur Verbesserung der Ausbildung und Beschäftigung sbM v. 23.4.2004 (BGBl. I 606, 610) wurde der Vorschrift ein neuer Abs. 2 angefügt, der eine Verordnungsermächtigung zugunsten des BMAS (Art. 261 Ziff. 1 der Neunten Zuständigkeitsanpassungsverordnung v. 31.10.2006, BGBl. I 2407, 2441) für den Fall beinhaltet, dass eine gemeinsame Empfehlung nach § 113 Abs. 2 nicht zustande kommen sollte. Daran ist im BTHG festgehalten worden. Geändert wurden lediglich der Verweis in Abs. 2 als Folge der Verschiebung des Schwerbehindertenrechts in Teil 3 des SGB IX 2018 (BT-Drs. 18/9522, 309). 1

Mit § 37g SchwbG wurde das Bundesministerium für Arbeit und Sozialordnung ermächtigt, durch Rechtsverordnung mit Zustimmung des Bundesrates das Nähere über den Begriff und die Aufgaben der Integrationsfachdienste, die dafür geltenden Anforderungen und die finanziellen Leistungen zur regeln. Dies sollte allerdings erst geschehen, wenn die damals laufenden Modellprojekte Erkenntnisse gebracht hätten, die eine ent- 2 sprechende Notwendigkeit begründeten (Begründung des Gesetzentwurfs, BT-Drs. 14/3372, 23; Ernst br 2001, 66).

3 Während der Geltung des SchwbBAG ist eine solche Regelung nicht erfolgt. Dies geschah erst durch Art. 57 Nr. 21 SGB IX v. 19.6.2001 (BGBl. I 1046, 1135) durch den vor § 28 ein neuer § 27a in die SchwbAV eingefügt wurde. Dies entsprach systematisch den Vorstellungen des Gesetzgebers, der bereits in der Begründung des Gesetzentwurfes zum SchwbBAG eine Einfügung der Regelung über die Integrationsfachdienste in die SchwbAV vorgesehen hatte (Begründung des Gesetzentwurfs, BT-Drs. 14/3372, 23).

4 Ebenso wie die für Integrationsprojekte geltende Regelung des § 28a SchwbAV beschränkt sich § 27a SchwbAV allerdings auf eine Leistungsermächtigung, ohne nach § 198 grds. vorstellbare weitere einschränkende Einzelregelungen zu beinhalten. Auch insoweit mag die bereits im Gesetzgebungsverfahren erkennbar gewordene Zurückhaltung des Gesetzgebers bei der Ausgestaltung des Verwaltungsverfahrens (BT-Drs. 14/3372, 23) für den reduzierten Umfang der Regelung ursächlich sein.

5 Da Begriff und Aufgaben der Integrationsfachdienste sowie die an diese zu stellenden fachlichen Anforderungen bereits unmittelbar durch das G geregelt sind (§§ 192, 193, 195), bleibt insoweit kaum noch Spielraum für den Erlass einer Rechtsverordnung (Hauck/Noftz/*Gutzler* Rn. 3).

6 Der im ursprünglichen Gesetzentwurf nicht enthalten gewesene Abs. 2 wurde als Folgeänderung der auf Vorschlag des Bundesrates in das G neu aufgenommenen Regelung des § 113 (heute: § 196) Abs. 2 dem bisherigen Text als Abs. 2 angefügt (Ausschussbericht, BT-Drs. 15/2357, 25). Auf die Kommentierung zu § 196 (→ Rn. 4) kann verwiesen werden.

Kapitel 8. Beendigung der Anwendung der besonderen Regelungen zur Teilhabe schwerbehinderter und gleichgestellter behinderter Menschen

§ 199 Beendigung der Anwendung der besonderen Regelungen zur Teilhabe schwerbehinderter Menschen

(1) Die besonderen Regelungen für schwerbehinderte Menschen werden nicht angewendet nach dem Wegfall der Voraussetzungen nach § 2 Absatz 2; wenn sich der Grad der Behinderung auf weniger als 50 verringert, jedoch erst am Ende des dritten Kalendermonats nach Eintritt der Unanfechtbarkeit des die Verringerung feststellenden Bescheides.

(2) [1]Die besonderen Regelungen für gleichgestellte behinderte Menschen werden nach dem Widerruf oder der Rücknahme der Gleichstellung nicht mehr angewendet. [2]Der Widerruf der Gleichstellung ist zulässig, wenn die Voraussetzungen nach § 2 Absatz 3 in Verbindung mit § 151 Absatz 2 weggefallen sind. [3]Er wird erst am Ende des dritten Kalendermonats nach Eintritt seiner Unanfechtbarkeit wirksam.

(3) Bis zur Beendigung der Anwendung der besonderen Regelungen für schwerbehinderte Menschen und ihnen gleichgestellte behinderte Menschen werden die behinderten Menschen dem Arbeitgeber auf die Zahl der Pflichtarbeitsplätze für schwerbehinderte Menschen angerechnet.

Übersicht

A. Allgemeines

Die Vorschrift ist inhaltsgleich mit dem zuvor geltenden § 38 SchwbG (vgl. die RegBegr. in BR-Drs. 49/01, 343) bzw. § 116 SGB 9 2001. Sie enthält lediglich in Abs. 2 eine geänderte Verweisung infolge der Verschiebung des Schwerbehindertenrechts in Teil 3 des SGB IX 2018 (BT-Drs. 18/9522, 309). 1

Nach § 2 Abs. 2 sind schwerbehindert alle Menschen, die im Geltungsbereich des Gesetzes leben oder eine Beschäftigung ausüben und deren GdB wenigstens 50 beträgt, unabhängig davon, ob sie Versorgung oder Rente beziehen. Die Anerkennung als sbM dient nur dem Nachweis und hat iÜ bloß deklaratorische Bedeutung. Wie schwer es ist, dieser Konstruktion konsequent zu folgen und die Schwerbehinderteneigenschaft von der Feststellung der Minderung der Erwerbsfähigkeit oder dem Anspruch auf Versorgung und Rente zu trennen, zeigt § 199, der die Feststellung des verringerten GdB wieder in den Vordergrund stellt und nur von der Unanfechtbarkeit des entsprechenden Feststellungsbescheides (zur Rechtsnatur der Mitteilung BSG 4.7.1989 – 9 RVs 3/88, br 1989, 162) ausgeht (abw. LAG Bln 20.6.1995 – 3 Sa 31/95, BeckRS 1995, 30755347, das an den Kenntnisstand des Arbeitgebers anknüpft und den schwerbehinderten Arbeitnehmer zur Anzeige des Widerspruchs gegen den Herabsetzungsbescheid innerhalb der Regelfrist von einem Monat für verpflichtet hält). Dagegen wird die **Gleichstellung** nach § 2 Abs. 3 allein aufgrund eines Verwaltungsakts begründet. Demgemäß ist es folgerichtig, Widerruf oder Rücknahme dieses Verwaltungsakts für das Erlöschen der Wirkungen der Gleichstellung in § 199 festzulegen; bis zum SchwbG 1961 war der Widerruf der Gleichstellung noch in § 2 geregelt. Aus systematischen Gründen war das Erlöschen auch dieses Schutzes in § 38 des Gesetzes idF v. 29.4.1974 übernommen (vgl. die RegBegr. in BT-Drs. 7/656, 25) und der Regelungsinhalt kongruent in § 116 (heute 199) Abs. 2 fortgeführt worden. Die **Schonfristen** sowohl im Abs. 1 des § 38 SchwbG, die bis zu 2 Jahre andauern konnten, als auch im Abs. 2 dieser Vorschrift waren durch das Erste Änderungsgesetz zum SchwbG v. 24.7.1986 auf drei Monate nach Unanfechtbarkeit verkürzt worden, weil eine so lange und dazu noch unterschiedliche Schonfrist nicht erforderlich erschien (vgl. jetzt § 199 Abs. 2 S. 3). Außerdem wurde die Schonfrist auf die Verringerung des GdB beschränkt, da sie bei Wegfall sonstiger Voraussetzungen, zB dem Wegzug aus dem Geltungsbereich des Gesetzes (BSG 12.4.2017 – B 13 R 15/15 R, SGb 2018, 180; BSG 5.7.2007 – B 9/9a SB 2/07 R, BSGE 99, 9), nicht notwendig erschien (BT-Drs. 10/3138, 25). 2

B. Erlöschen des Schutzes

Sinkt der GdB eines behinderten Menschen unter 50, so entfällt eine wesentliche Voraussetzung für die Schwerbehinderung iSd § 2 Abs. 2. Allerdings kommt es im Falle einer durch Verwaltungsakt festgestellten Schwerbehinderung nicht zum „Selbstvollzug" des Gesetzes (vgl. dazu BSG 16.11.1995 – 4 RK 1/94, BSGE 77, 86): vielmehr bedarf es hier einer Aufhebungsentscheidung nach § 48 SGB X (Schlegel/Voelzke/Simon Rn. 22). Um jedoch den behinderten Menschen nicht von heute auf morgen einer neuen, für ihn sozial bedenklichen Situation gegenüberzustellen, bleibt er noch bis zum Ablauf des dritten Kalendermonats, der auf die Unanfechtbarkeit des (Entziehungs-)Bescheides folgt, im Genuss aller Rechte aus dem SGB IX und sonstiger Schutzbestimmungen. Dies gilt auch für den (wohl kaum praktisch werdenden) Fall der Genesung und die damit verbundene Reduzierung des GdB auf Null. Allerdings gilt dies nicht für die Berücksichtigung des Status als sbM im Steuerrecht. Hier wird keine Schonfrist gewährt (BFH 11.3.2014 – VI B 95/13, BFHE 244, 436; krit. Dau jurisPR-SozR 18/2014 Anm. 3). 3

Entsprechendes gilt für den Fall des Wegzugs aus dem Geltungsbereich des Gesetzes (Hauck/Noftz/Masuch Rn. 6 unter Hinweis auf BSG 12.4.2017 – B 13 R 15/15 R, SGb 2018, 180; KHM/Kossens Rn. 2).

4 Für alle behinderten Menschen beginnt die **Schonfrist** mit Eintritt der Bestandskraft des neuen den GdB auf weniger als 50 herabsetzenden Feststellungsbescheides. Die erforderliche Rechtsgrundlage für diesen Bescheid bietet in aller Regel § 48 SGB X. Voraussetzung einer Neufeststellung nach § 48 SGB X ist der Eintritt einer **wesentlichen Änderung** iSd § 48 Abs. 1 S. 1 SGB X. Eine wesentliche Änderung der tatsächlichen und/oder rechtlichen Verhältnisse iSd § 48 Abs. 1 S. 1 SGB X liegt vor, wenn die nachträgliche Änderung der Verhältnisse auch „rechtserheblich" (s. dazu iE KassKomm/Steinwedel SGB X § 48 Rn. 13 ff.) ist (vgl. zB BSG 6.5.1994 – 7 RAr 70/93, SozVers 1995, 110 ff. unter Bezugnahme auf BSG 19.2.1986 – 7 Rar 55/84, SozR 1300 § 48 Nr. 22 = BeckRS 1986, 30716115). Eine wesentliche Änderung der **tatsächlichen** Verhältnisse kann auch dann vorliegen, wenn sich Tatsachen ändern, die erst aufgrund einer nach Erlass des Dauerbescheides eingetretenen Rechtsänderung bedeutsam geworden sind (BSG 12.11.1996 – 9 RVs 5/95, SozR 3–1300 § 48 Nr. 57 = BeckRS 1996, 30406613).

5 Der – den GdB herabsetzende – Feststellungsbescheid ist bestandskräftig, dh in der Sache bindend für den behinderten Mensch (vgl. § 77 SGG), wenn der behinderte Mensch den Bescheid nicht innerhalb der Widerspruchsfrist von einem Monat (§ 84 Abs. 1 S. 1 SGG) anficht oder aber der Bescheid nicht mehr mit einem zulässigen Rechtsbehelf angefochten werden kann. Dies ist der Fall, wenn der behinderte Mensch alle Rechtsbehelfe ausgeschöpft hat oder alle Beteiligten im Falle einer noch nicht rechtskräftigen Gerichtsentscheidung auf die Einlegung von Rechtsmitteln verzichtet haben (KHM/Kossens Rn. 6).

6 Maßgebend für den Beginn der Schonfrist ist der Zeitpunkt der Zustellung des Feststellungsbescheides, wenn dieser Bescheid nicht angefochten wird. Ficht der behinderte Mensch den Bescheid hingegen an, dann tritt Unanfechtbarkeit iSd Abs. 1 Hs. 2 erst mit der Rechtskraft der Gerichtsentscheidung ein, mit dem Abschluss eines rechtswirksamen Vergleichs vor dem Sozialgericht über die Höhe des GdB oder mit einer Rücknahme der eingelegten Rechtsbehelfe (BAG 3.1.1957 – 2 AZR 281/56, NJW 1957, 648).

7 Problematisch ist die Entziehung des Schwerbehindertenschutzes bei einer fehlerhaften Feststellung des GdB zugunsten des behinderten Menschen. Hier gilt, dass der unrichtige Maßstab bei der Beurteilung des GdB (im konkreten Fall waren es die „Anhaltspunkte für die ärztliche Gutachtertätigkeit im sozialen Entschädigungsrecht und nach dem Schwerbehindertengesetz") die „Verhältnisse" iSd § 48 SGB X bestimmt. Ändern sich also die nach dem fehlerhaften Maßstab als maßgeblich angesehenen Verhältnisse wesentlich, zB durch Ablauf der einjährigen Frist für die **Heilungsbewährung** nach einem Herzinfarkt, so ist der Schwerbehindertenschutz ggf. auf Grund eines die Verringerung des GdB feststellenden Bescheides zu entziehen (BSG 12.2.1997 – 9 Rvs 12/95, BeckRS 1997, 30767069; 12.2.1997 – 9 Rvs 5/96, SozR 3–1300 § 48 Nr. 60 = NZS 1997, 496). Bei der Prüfung, ob eine „wesentliche Änderung" iSd § 48 Abs. 1 S. 1 SGB X eingetreten ist, sind alle bei Erlass des die Schwerbehinderteneigenschaft feststellenden Bescheides vorhanden gewesenen Behinderungen zu berücksichtigen, die den GdB von 50 oder mehr rechtfertigten. Sind diese Behinderungen geringer geworden und vermögen sie nunmehr die Feststellung eines GdB von mindestens 50 nicht mehr zu begründen, dann ist der GdB nach § 48 SGB X wegen wesentlicher Änderung der Verhältnisse herabzusetzen. Der Schwerbehindertenstatus ist aber auch dann zu entziehen, wenn die in dem – die Schwerbehinderung feststellenden – Bescheid genannte nicht erhebliche Behinderung unverändert besteht, zB eine Krebserkrankung, aber eine **nicht** genannte erhebliche Behinderung, die Schonungsbedürftigkeit nach der Krebserkrankung weggefallen ist (BSG 11.10.1994 – 9 RVs 1/93, br 1995, 118; sowie 9.8.1995 – 9 RVs 14/94, SuP 1996, 259 ff. zum Begriff der **„Heilungsbewährung"**). Nicht nur Änderungen des Ge-

sundheitszustandes des behinderten Menschen können aber eine „wesentliche (tatsächliche) Änderung" iSd § 48 Abs. 1 S. 1 SGB X darstellen und damit zum Entzug des Schwerbehindertenschutzes berechtigen. Auch Änderungen der „Versorgungsmedizinischen Grundsätze" (zuvor „Anhaltspunkte") wirken sich als (rechtlich) wesentliche Änderung der Verhältnisse iSd § 48 Abs. 1 S. 1 SGB X aus und können zum Entzug des Schwerbehindertenschutzes führen (BSG 11.10.1994 – 9 RVs 1/93, br 1995, 118). Entsprechendes gilt auch für einen Wandel der höchstrichterlichen Rspr. nach der ausdrücklichen gesetzlichen Regelung in § 48 Abs. 2 SGB X. Dies könnte nach einer möglichen Änderung der VersMedV sogar „Altfälle" betreffen (vgl. Düwell jurisPR-ArbR 19/2019 Anm. 1).

Eine Ausdehnung der Schonfrist über den Ablauf der gesetzlichen 3-Monats-Frist **8**
hinaus ist nicht möglich. Jedoch soll der behinderte Mensch auf seinen Antrag nach § 151 Abs. 2 gleichgestellt werden, wenn er wenigstens einen GdB von 30 aufweist und ohne die Gleichstellung einen Arbeitsplatz iSd § 156 nicht erlangen oder nicht behalten kann (§ 2 Abs. 3). Er erhält damit – mit Ausnahme des Zusatzurlaubs und der Freifahrt – wieder den Schutz des SGB IX. Fallen andere Voraussetzungen nach § 2 Abs. 2 weg, besteht keine Schonfrist. Mit Wegfall des Wohnsitzes, gewöhnlichen Aufenthalts oder der Beschäftigung im Geltungsbereich des SGB IX endet daher der Schutz des Gesetzes sofort, also ohne die Schonfrist.

C. Erlöschen des Schutzes Gleichgestellter

Für **Gleichgestellte** gilt Abs. 2 der Vorschrift, der als Spezialregelung eine Anwendung **9**
des § 48 SGB X ausschließt. Da ihr Schutz erst mit der die Gleichstellung feststellenden Verwaltungsentscheidung der Agentur für Arbeit entsteht (§ 151 Abs. 2), erlischt der Schutz des SGB IX grds. nur durch **Rücknahme** oder **Widerruf** der Gleichstellung. Diese Verwaltungsentscheidung ist wiederum durch die – nach § 187 Abs. 1 Nr. 5 zuständige – Agentur für Arbeit auszusprechen. Allerdings tritt dazu noch als weiterer Grund für das Erlöschen des Schutzes der Fristablauf einer nach § 151 Abs. 2 S. 3 **befristeten** Gleichstellung; mit dem Ablauf dieser Frist, die in der die Gleichstellung feststellenden Verwaltungsentscheidung festzulegen ist; dann endet der Schutz des Gesetzes automatisch und auch ohne eine Schonfrist. Denn der Fristablauf bringt den Schutz des SGB IX unmittelbar und ohne Übergang zum Erlöschen.

Die Verwaltungsentscheidung über die Gleichstellung des behinderten Menschen ist **10**
ein begünstigender Verwaltungsakt; sie ergeht nur im Interesse des behinderten Menschen und eine Aufhebung bedeutet in jedem Fall eine Verschlechterung seiner Rechtsstellung. Hiernach bestimmen sich die rechtlichen Möglichkeiten der Rücknahme und des Widerrufs. Die Rücknahme setzt dabei voraus, dass die Gleichstellung schon zzt. des Erlasses der Gleichstellungsentscheidung rechtswidrig war, also gar nicht hätte ausgesprochen werden dürfen (vgl. § 45 SGB X).

Bei einer Rücknahmeentscheidung ist eine Abwägung mit dem schutzwürdigen Ver- **11**
trauen des Betroffenen erforderlich. Die näheren Voraussetzungen dafür ergeben sich aus § 45 Abs. 2 SGB X. Allerdings kann die Gleichstellung weder zurückgenommen noch widerrufen werden, wenn der behinderte Mensch ohne berechtigten Grund einen Arbeitsplatz zurückweist oder aufgibt oder sonst durch schuldhaftes Verhalten die Durchführung besonderer Hilfen für behinderte Menschen vereitelt. Die Ausübung der Rechte als behinderter Mensch ist zwar in diesem Fall mit Treu und Glauben nicht mehr zu vereinbaren; jedoch ist für diesen Fall auch für Gleichgestellte ausdrücklich in § 200 Abs. 1 S. 2 die zeitweilige Entziehung der besonderer Hilfen für sbM vorgesehen, so dass angesichts dieser Sonderregelung für diesen Fall nicht mehr die Rücknahme oder der Widerruf der Gleichstellung selbst in Betracht kommen.

12 Bei nachträglichem Wegfall der Voraussetzungen des § 2 Abs. 3 ist die Gleichstellung grds. widerrufbar. Ein solcher **Widerruf** ist im Abs. 2 S. 2 unter den dort normierten Tatbestandsvoraussetzungen ausdrücklich zugelassen worden. Danach ist erforderlich, dass die Voraussetzungen nach § 2 Abs. 3 iVm § 151 Abs. 2 weggefallen sind. Der Widerruf ist zB gerechtfertigt, wenn der Gleichgestellte der Hilfe des Gesetzes nicht mehr bedarf, um einen Arbeitsplatz zu finden oder seinen Arbeitsplatz zu bewahren (aA BVerwG 16.4.1969 – 5 C 15.67, BVerwGE 32, 12 bei Ernennung zum Beamten auf Lebenszeit). Die Gleichstellung kann darüber hinaus widerrufen werden, wenn sich die Lage auf dem Arbeitsmarkt für die Minderbehinderten so verändert hat, dass sie einer Gleichstellung zur Erlangung und Erhaltung eines Arbeitsplatzes nicht mehr bedürfen. Außerdem ist der Widerruf immer dann geboten, wenn der GdB auf weniger als 30 neu festgesetzt worden ist, wobei es nicht darauf ankommt, ob diese Neufestsetzung auf eine Besserung des Gesundheitszustandes oder auf andere Umstände zurückzuführen ist. Der Widerruf muss also immer durch eine Änderung der tatsächlichen Verhältnisse, die entweder die persönlichen Voraussetzungen des behinderten Menschen oder die Lage auf dem Arbeitsmarkt betreffen, begründet sein.

13 Die **Zuständigkeit** für Rücknahme und Widerruf ist in § 199 Abs. 2 nicht geregelt, sondern in § 187 Abs. 1 Nr. 5. Ob beim Wegfall der Voraussetzungen des § 2 Abs. 3 die danach zuständige Agentur für Arbeit eine Gleichstellung widerruft, ist in ihr pflichtgemäßes **Ermessen** gestellt. Eine Pflicht zum Widerruf besteht abgesehen vom Fall der Rechtswidrigkeit der Gleichstellung nicht. Auch wenn der Gleichgestellte die persönlichen Voraussetzungen nicht mehr erfüllt, kann die Agentur für Arbeit nicht zum Widerruf gezwungen werden. Insbesondere der **Arbeitgeber** hat kein Recht, den Widerruf zu verlangen; der Widerruf ist ihm jedoch gleichfalls bekannt zu geben, weil seine Interessen wegen des auch für gleichgestellte behinderte Menschen bestehenden Kündigungsschutzes (vgl. § 151 Abs. 3, § 168 ff.) betroffen sein können.

14 Die Rücknahme kann die Gleichstellung **rückwirkend,** also mit Wirkung für die Vergangenheit (vgl. § 45 Abs. 1 S. 1 SGB X), beenden (aA, Hauck/Noftz/Masuch Rn. 29), wenn sie zB erschlichen war (§ 45 Abs. 2 S. 3 Nr. 2 SGB X); ansonsten beendet die Rücknahme die Gleichstellung mit Wirkung ex nunc, dh ohne eine Schonfrist, wenn sie aus anderen, vom behinderten Menschen nicht selbst herbeigeführten Gründen rechtsfehlerhaft war (KHM/Kossens Rn. 8). In allen Fällen der Herabsetzung des GdB auf weniger als 30 oder einer sonstigen Veränderung der Voraussetzungen des § 2 Abs. 3 beendet der Widerruf die Gleichstellung **nicht sofort,** sondern ebenfalls wie nach Abs. 1 erst mit dem Ablauf einer *Schonfrist* zum Ende des dritten Kalendermonats, der auf die Unanfechtbarkeit des Widerrufs folgt. Für die Berechnung der Frist ist der Tag maßgebend, an welchem der Widerruf bestandskräftig, also unanfechtbar (vgl. § 77 SGG) geworden ist. Das ist der Fall, wenn die Widerspruchsfrist abgelaufen ist, aber auch im Falle der Rücknahme eines Rechtsbehelfs oder des Abschlusses eines Vergleichs (→ Rn. 4). Auch der Gleichgestellte hat somit eine Schonfrist, die es ihm ermöglichen soll, sich auf die neue Situation umzustellen.

15 Für die nach früherem Recht gleichgestellten behinderten Menschen gilt § 199 Abs. 2 ebenfalls. Ihre Gleichstellung bleibt bestehen, weil die der Gleichstellung zugrunde liegende Verwaltungsentscheidung bestandskräftig (§ 77 SGG) ist. Eine Rechtsänderung als solche ist kein Grund zum Widerruf. Dieser kann vielmehr erst erfolgen, wenn die Voraussetzungen des § 2 Abs. 3 wegfallen.

D. Fortgeltung der Rechte

16 Der behinderte Mensch hat während der Auslauffrist von einem Kalendervierteljahr nach dem Eintritt der Unanfechtbarkeit des die Herabsetzung des GdB feststellenden

Bescheides seinem Arbeitgeber gegenüber noch die gleichen Rechte wie zuvor. Der behinderte Mensch hat insbes. auch noch Anspruch auf Zusatzurlaub, er ist nach einem Streik wiedereinzustellen, das Verbot der Anrechnung einer Rente gilt auch für ihn. Eine während der Schonfrist ausgesprochene Kündigung bedarf der vorherigen Zustimmung des Integrationsamts (§§ 168, 185 Abs. 1 S. 1 Nr. 2); das gilt auch dann, wenn die Kündigungsfrist nach der Schutzfrist abläuft (BAG 3.1.1957 – 2 AZR 281/56, NJW 1957, 648; KHM/Kossens Rn. 4). Da die Kündigung ohne vorherige Zustimmung des Integrationsamts unwirksam ist, wird sie auch nicht nach Ablauf der Schonfrist von allein wirksam, so dass von diesem Zeitpunkt an die Kündigung nur neu ausgesprochen werden kann und muss. Dabei kann allerdings ggf. das Bestehen auf einer früheren, unwirksamen Kündigung als eine erneute und nunmehr wirksame Kündigung angesehen werden. Darüber hinaus stehen dem behinderten Mensch auch die sonstigen Rechte aus dem SGB IX (zB nach § 228) sowie – dies folgt aus dem Gegenschluss zu § 200 Abs. 1 – aus anderen ihn schützenden Bestimmungen zu, denen jedoch § 33b EStG nicht zuzurechnen ist (BFH 22.9.1989 – III R 167/86, DB 1990, 258). Es entspricht einem Gebot der Gerechtigkeit, dass der Arbeitgeber den behinderten Menschen während der Schonfrist auf seine Pflichtzahl anrechnen darf, wie das seit der Neufassung des Schwerbehindertengesetzes im Jahre 1974 ausdrücklich bestimmt war (vgl. § 38 Abs. 3 SchwbG) und jetzt wiederum in § 199 Abs. 3 geregelt ist.

§ 200 Entziehung der besonderen Hilfen für schwerbehinderte Menschen

(1) [1]Einem schwerbehinderten Menschen, der einen zumutbaren Arbeitsplatz ohne berechtigten Grund zurückweist oder aufgibt oder sich ohne berechtigten Grund weigert, an einer Maßnahme zur Teilhabe am Arbeitsleben teilzunehmen, oder sonst durch sein Verhalten seine Teilhabe am Arbeitsleben schuldhaft vereitelt, kann das Integrationsamt im Benehmen mit der Bundesagentur für Arbeit die besonderen Hilfen für schwerbehinderte Menschen zeitweilig entziehen. [2]Dies gilt auch für gleichgestellte behinderte Menschen.

(2) [1]Vor der Entscheidung über die Entziehung wird der schwerbehinderte Mensch gehört. [2]In der Entscheidung wird die Frist bestimmt, für die sie gilt. [3]Die Frist läuft vom Tag der Entscheidung an und beträgt nicht mehr als sechs Monate. [4]Die Entscheidung wird dem schwerbehinderten Menschen bekannt gegeben.

Übersicht

A. Allgemeines

Die seit 1.7.2001 zunächst als § 117 SGB IX aF geltende Vorschrift war mWv 1.1.2004 durch Art. 9 Nr. 17 des Vierten Gesetzes für moderne Dienstleistungen am Arbeitsmarkt v. 29.12.2003 (BGBl. I 2954) in ihrem Abs. 1 S. 1 geändert worden. Es handelte sich um eine Folgeänderung wegen der Neuordnung der Arbeitsverwaltung (vgl. § 367 SGB III), Landesarbeitsämter gibt es seither nicht mehr. **1**

Die Vorschrift ist inhaltsgleich mit dem zuvor geltenden § 39 SchwbG (vgl. die RegBegr. in BR-Drs. 49/01, 343). Das BTHG hat keine inhaltliche Änderung zur Folge (BT-Drs. 18/9522, 309). **1a**

2 Der sbM hat nicht nur Rechte, sondern auch Pflichten. Er muss insbes. alles unterlassen, was seine Unterbringung auf einem Arbeitsplatz erschweren oder gar unmöglich machen könnte. Er darf die Maßnahmen des Integrationsamts und der Agentur für Arbeit nicht durchkreuzen und muss seine Pflichten gegenüber dem Arbeitgeber wie jeder andere Arbeitnehmer erfüllen. Die besonderen Hilfen für sbM beruhen zu einem guten Teil auf dem freiwilligen Mitwirken der Arbeitgeber. Ungerechtfertigtes Verhalten einzelner sbM kann bei den Arbeitgebern das Eingehen von Beschäftigungsverhältnissen mit sbM verhindern und die allgemeine Hilfsbereitschaft lähmen. Gelingt es dem Integrationsamt oder den Agenturen für Arbeit nicht, den sbM auf den rechten Weg zu bringen, so muss das Integrationsamt zu härteren Maßnahmen greifen. Die Entziehung der besonderen Hilfen für sbM, die zu den Aufgaben des Integrationsamts gehört (§ 185 Abs. 1 Nr. 4), hat aber den Charakter einer Strafmaßnahme und sollte deshalb auf äußerst schwerwiegende Fälle beschränkt bleiben. In jedem Fall sind eine sorgfältige Sachverhaltsaufklärung und eine intensive Abwägung der Interessen erforderlich (BSG 12.2.1997 – 9 RVs 2/96, br 1997, 177).

3 Die Regelungen der Vorschrift gelten sowohl für sbM als auch für gleichgestellte behinderte Menschen. Das ist durch den S. 2 im Abs. 1 ausdrücklich klargestellt worden (vgl. auch die gleichlautende Vorläufervorschrift des § 39 Abs. 1 S. 2 SchwbG). Damit steht fest, dass in den Fällen des § 200 nur die zeitweilige Entziehung der besonderen Hilfen nach dem SGB IX, nicht aber die Aufhebung der Gleichstellungsentscheidung zulässig ist (→ § 199 Rn. 8).

B. Voraussetzungen der zeitweiligen Entziehung

4 Die **besonderen** Hilfen nach dem SGB IX können unter folgenden Voraussetzungen **entzogen** werden:

Der sbM muss ohne berechtigten Grund einen zumutbaren Arbeitsplatz zurückgewiesen oder aufgegeben haben oder sich ohne berechtigten Grund geweigert haben, an einer Maßnahme zur Teilhabe am Arbeitsleben, dh vor allem an einer Ausbildungs-, Fortbildungs- oder Umschulungsmaßnahme teilzunehmen (vgl. iE § 49 Abs. 3), oder sonst durch sein Verhalten seine Teilhabe am Arbeitsleben schuldhaft vereitelt haben. Zu den entschuldigenden Umständen gehören auch solche aus dem unmittelbaren Bereich des Betroffenen. Sie können zB wirtschaftlicher, familiärer, psychischer oder rein menschlicher Art sein (BSG 31.8.1976 – 7 Rar 112/74, BSGE 42, 184). Bei der Entscheidung über die zeitweilige Entziehung aus einem der in Abs. 1 genannten Gründe ist zu berücksichtigen, ob und inwieweit der Ausübung des Wunsch- und Wahlrechts Bedeutung zukommt. Art. 27 UN-BRK verlangt Beachtung und soll eine faktische Abdrängung des Leistungsberechtigten in die WfbM verhindern, die Folge einer Entziehungsentscheidung sein kann (Hauck/Noftz/Masuch Rn. 6; Schlegel/Voelzke/Luik § 62 Rn. 23).

5 Neben der **Kündigung** durch den sbM kann auch ein **Ausscheiden im beiderseitigen Einverständnis** die Entziehung rechtfertigen. Der sbM ist jedoch immer berechtigt, seinen Arbeitsplatz aufzugeben, wenn er seinem Arbeitgeber nach den gesetzlichen Bestimmungen fristlos kündigen darf (§ 626 BGB).

6 Der sbM ist nicht berechtigt, einen ihm angebotenen **Arbeitsplatz zurückzuweisen,** wenn der Arbeitsplatz ihm zumutbar ist. Vorausgesetzt wird dabei, dass der Arbeitsplatz inhaltlich hinreichend bestimmt, also der Arbeitgeber bekannt und der Arbeitsinhalt ausreichend konkretisiert war (BSG 5.9.2006 – BSG 7a AL 14/05 R, NZS 2007, 268). Unzumutbar ist ein Arbeitsplatz, der aus einem wichtigen Grund abgelehnt oder aufgegeben werden könnte. Dabei sind alle Umstände zu berücksichtigen, auch der Weg zur Arbeitsstelle, die äußeren Begleitumstände am Arbeitsplatz und sogar ggf. das Betriebsklima. Es gilt insoweit iErg nichts anderes als bei der Prüfung der Rechtmäßigkeit der Verhängung einer Sperrzeit nach § 144 Abs. 1 S. 1 Nr. 2 SGB III. Als einen wichtigen

Grund wird man auch schwere psychische Hemmungen anerkennen müssen. In die bei der Anwendung des § 200 anzustellenden Überlegungen werden allerdings auch die Regelungen der §§ 60 und 61 sowie das Wunsch- und Wahlrecht aus § 62 einzubeziehen sein (Hauck/Noftz/Masuch Rn. 6f).

Wenn auch die Arbeitgeber nach § 164 Abs. 4 die Verpflichtung haben, die sbM so zu beschäftigen, dass diese ihre Fertigkeiten und Kenntnisse voll verwerten und weiterentwickeln können, so wird man hieraus nicht schließen dürfen, die sbM seien berechtigt, jeden Arbeitsplatz zurückzuweisen, der ihrer Vorbildung oder früheren Tätigkeit nicht ganz entspricht. Auch der sbM muss auf die Gegebenheiten des Arbeitsmarktes Rücksicht nehmen und der Tatsache seiner eingeschränkten Partizipation Rechnung tragen, sich also uU mit einem **Berufswechsel** oder einem **geringeren Verdienst** infolge einer tariflichen Minderleistungsklausel abfinden (KHM/Kossens Rn. 3). 7

Der unberechtigten Arbeitsplatzablehnung ist es gleichgestellt, wenn der sbM sich ohne berechtigten Grund **weigert,** an einer Maßnahme zur Teilhabe am Arbeitsleben **teilzunehmen** (KHM/Kossens Rn. 5). Das sind alle Hilfen, die zur Erhaltung, Besserung, Herstellung oder Wiederherstellung der Erwerbsfähigkeit entspr. der Leistungsfähigkeit erforderlich sind (vgl. iE § 49). Sie umfassen vor allem Leistungen zur Erhaltung oder Erlangung eines Arbeitsplatzes, der Berufsvorbereitung einschließlich einer wegen der Behinderung notwendigen Grundausbildung, der beruflichen Anpassung und Weiterbildung und der beruflichen Ausbildung (vgl. § 49 Abs. 3). Auf Grund einer Weigerung des behinderten Menschen dürfen die besonderen Hilfen jedoch nur entzogen werden, wenn die Maßnahme Voraussetzung dafür ist, dass der sbM seinen Kenntnissen und Fähigkeiten entspr. auf dem Arbeitsmarkt untergebracht werden kann (BSG 6.5.1975 – 7 RAr 24/73, BSGE 39, 291; sowie BSG 28.4.1977 – 7/12/7 RAr 111/75, AuB 1977, 424). 8

Der sbM vereitelt **in sonstiger Weise** schuldhaft die Teilhabe am Arbeitsleben, wenn er den Bemühungen, ihm einen Arbeitsplatz zu verschaffen oder zu erhalten, entgegenarbeitet. Solche Verstöße können sich gegen das Integrationsamt, die Dienststellen der Bundesagentur für Arbeit oder den Arbeitgeber richten. Erforderlich sind immer **Vorsatz** oder **Fahrlässigkeit** des sbM. Er muss also entweder wissen und wollen oder aus Fahrlässigkeit nicht wissen, dass er durch sein Verhalten seine berufliche Eingliederung verhindert oder gefährdet. 9

Ein solches schuldhaftes Verhalten kann insbes. auch darin liegen, dass der sbM seinem Arbeitgeber durch **Verfehlungen** einen Grund gibt, ihn fristlos zu entlassen. Dieser Grundsatz kann jedoch nicht verallgemeinert werden, da auch Verfehlungen denkbar sind, die ihrer Art nach nicht so schwer wiegen, dass sie die Teilhabe am Arbeitsleben vereiteln könnten. Die Entscheidung richtet sich immer nach den besonderen Umständen des Einzelfalles. 10

Das Integrationsamt entscheidet nach seinem Ermessen (vgl. den Gesetzeswortlaut des Abs. 1 S. 1: „… kann das Integrationsamt …"), ob es die besonderen Hilfen entziehen will. Das Integrationsamt muss sich vorher mit der Agentur für Arbeit ins Benehmen setzen. Die Agentur für Arbeit muss also Stellung nehmen können, und es ist der Versuch einer Koordination der Standpunkte vorzunehmen; letztlich ist aber das Integrationsamt an die Stellungnahme der Agentur für Arbeit nicht gebunden. Anträgen des Arbeitgebers oder einer Behörde braucht das Integrationsamt nicht Folge zu leisten. 11

Vor der Entscheidung muss der **sbM** nach Abs. 2 S. 1 **gehört werden,** dh es ist ihm Gelegenheit zu geben, seine Angelegenheit selbst vorzutragen und zu erörtern (§ 58 SGB IX, § 28 Abs. 1 VwVfG). Wird er nicht gehört oder wird die Agentur für Arbeit nicht eingeschaltet, so ist die Entscheidung rechtswidrig und damit aufzuheben. Gegenüber § 45 Abs. 1 Nr. 3 VwVfG (Heilung bei Nachholung der Anhörung) ist Abs. 2 S. 1 eine vorgehende Sondervorschrift, so dass es bei der Anfechtungsmöglichkeit bleibt. 12

Die Entscheidung ist dem sbM bekannt zu geben (§ 41 VwVfG), und zwar durch schriftlichen Verwaltungsakt, der eine Rechtsbehelfsbelehrung enthalten muss; ansons- 13 ten werden die Rechtsbehelfsfristen nicht in Lauf gesetzt (vgl. § 58 VwGO). Bei einem beschäftigten sbM sollte auch der Arbeitgeber unterrichtet werden.

14 Das Integrationsamt darf die besonderen Hilfen **nur befristet** entziehen (Abs. 2 S. 2, 3). Die Höchstdauer des Entzugs beträgt sechs Monate; die Frist muss auf jeden Fall zeitlich genau bestimmt werden. Die Frist beginnt nach dem ausdrücklichen Wortlaut von Abs. 2 S. 3 vom Tage der Entscheidung an zu laufen, so dass bis zur Bekanntgabe schon einige Zeit der Frist verstrichen sein kann. Für die Berechnung der Frist gelten die §§ 186 ff. BGB. Ein mehrmaliger Entzug ist möglich; es bedarf aber für jeden Fall einer gesonderten – rechtsbehelfsfähigen – Entscheidung.

C. Wirkungen der Entziehung

15 Für die Dauer der Entziehung bleibt der behinderte Mensch schwerbehindert iSd § 2 Abs. 2, er geht aber aller Rechte und Vorteile des Schwerbehindertenrechts verlustig. Er hat nicht mehr den besonderen Kündigungsschutz der §§ 168 ff., er hat kein Recht auf bevorzugte Arbeitsvermittlung, sondern wird wie ein normaler Arbeitsuchender behandelt und er verliert seinen Anspruch auf Zusatzurlaub gem. § 208 (aA Hauck/Noftz/Masuch Rn. 24). Richtigerweise kann er dementsprechend auch nicht auf die Pflichtzahl (§ 154) angerechnet werden (aA insoweit die hM; aber aus der Kündigungsmöglichkeit folgt schon, dass auch die Anrechnung auf den Pflichtplatz entfällt und ggf. die Ausgleichsabgabe zu zahlen ist). Wird der behinderte Mensch weiterbeschäftigt, so muss er sich wie ein sonstiger Arbeitnehmer behandeln lassen. Der Arbeitgeber kann ihn unter den normalen Voraussetzungen an einen anderen Arbeitsplatz versetzen und ist nicht verpflichtet, ihn nach seinen Fähigkeiten und Kenntnissen zu beschäftigen (§ 164 Abs. 4). Mit Fristablauf leben jedoch die Rechte des behinderten Menschen, die er nach dem G hat, automatisch wieder auf. Ist er bei demselben Arbeitgeber geblieben, so hat er wieder das Recht auf angemessene Beschäftigung im Betrieb, ggf. auch auf einen Anteil des Zusatzurlaubs gem. § 208.

16 Die besonderen Hilfen können auch teilweise entzogen werden, wenn der behinderte Mensch nur bestimmte Maßnahmen des Gesetzes vereitelt; dann bleiben die übrigen Rechte und auch die Anrechnung auf den Pflichtplatz erhalten.

D. Rechtsbehelfe und Rechtsweg

17 Die Entziehung der besonderen Hilfen für sbM und Gleichgestellte ist eine Entscheidung des Integrationsamts (vgl. § 185 Abs. 1 Nr. 4), gegen die der behinderte Mensch innerhalb einer Frist von einem Monat nach Bekanntgabe Widerspruch erheben kann.

18 Auch gegen die **Dauer** des Entzugs allein ist Widerspruch möglich. Der Widerspruch bewirkt nach § 80 Abs. 1 VwGO Aufschub, so dass auch die Frist für die Dauer des Entzugs hinausgeschoben wird. Im Allgemeinen kann nur der betroffene behinderte Mensch Widerspruch einlegen, nicht der Arbeitgeber, der nur dann Widerspruch einlegen kann, wenn er mit der Ausgleichsabgabe belastet wird und eine teilweise Entziehung des Schutzes bei weiterer Anrechnung auf den Pflichtsatz für gerechtfertigt hält.

19 Wird der Widerspruch zurückgewiesen (vgl. § 201 Abs. 1 S. 1), so kann der behinderte Mensch dann Klage im Verwaltungsrechtswege erheben. Abgesehen von dem Fall der Rechtswidrigkeit wegen Verstoßes gegen gesetzliche Bestimmungen kann die Klage, da es sich um eine Ermessensentscheidung handelt, grds. erfolgreich nur mit Ermessensfehlern wie Ermessensüberschreitung, Ermessensmissbrauch oder -nichtgebrauch begründet werden. Die Frage, ob die Entziehung zweckmäßig war, ist der gerichtlichen Nachprüfung entzogen.

Kapitel 9. Widerspruchsverfahren

§ 201 Widerspruch

(1) [1]Den Widerspruchsbescheid nach § 73 der Verwaltungsgerichtsordnung erlässt bei Verwaltungsakten der Integrationsämter und bei Verwaltungsakten der örtlichen Fürsorgestellen (§ 190 Absatz 2) der Widerspruchsausschuss bei dem Integrationsamt (§ 202). [2]Des Vorverfahrens bedarf es auch, wenn den Verwaltungsakt ein Integrationsamt erlassen hat, das bei einer obersten Landesbehörde besteht.

(2) Den Widerspruchsbescheid nach § 85 des Sozialgerichtsgesetzes erlässt bei Verwaltungsakten, welche die Bundesagentur für Arbeit auf Grund dieses Teils erlässt, der Widerspruchsausschuss der Bundesagentur für Arbeit.

Übersicht

A. Vorbemerkungen

1 § 118 (heute: § 201) übertrug inhaltsgleich den früheren § 40 SchwbG in das SGB IX. Mit Art. 9 Nr. 18 des Vierten Gesetzes für moderne Dienstleistungen am Arbeitsmarkt v. 24.12.2003 (BGBl. I 2954, 2981) wurde der Wortlaut des Abs. 2 an die Änderungen des Dritten Buchs Sozialgesetzbuch angepasst. Ein im Gesetzgebungsverfahren zum G zur Förderung der Ausbildung und Beschäftigung sbM vom BR zunächst unternommener Versuch, die Widerspruchsausschüsse bei den Integrationsämter und der Bundesagentur für Arbeit wegfallen zu lassen, ist später fallen gelassen worden (Cramer NZA 2004, 711). Dabei ist es auch nach dem Inkrafttreten des BTHG geblieben. Angepasst wurden lediglich die Verweisungen in Abs. 1 als Folge der Verschiebung des Schwerbehindertenrechts in Teil 3 des SGB IX 2018 (BT-Drs. 18/9522, 309).

2 Die Widerspruchsausschüsse sind kollegiale Verwaltungsinstanzen, die zur Entscheidung von Widersprüchen zuständig sind, und keine Verwaltungsgerichte. Wird gegen die Entscheidung des Integrationsamts bzw. der Bundesagentur für Arbeit kein Widerspruch

eingelegt, so wird sie bestandskräftig. Begehrt der Beschwerte Überprüfung und ggf. später eine verwaltungs- bzw. sozialgerichtliche Entscheidung, so muss er den Widerspruchsausschuss anrufen. Der Widerspruchausschuss ist im Verwaltungszuge Beschwerdeinstanz und eine Art zweite Tatsacheninstanz, in der neu aufgeklärt und das Ermessen neu ausgeübt werden kann; zugleich ist er kraft Bestimmung des SGB IX für das Vorverfahren im Verwaltungs- bzw. Sozialgerichtsverfahren zuständig. Erfolglos eingelegter Widerspruch ist damit Voraussetzung für eine nachfolgende Klage.

3 Die Widerspruchsausschüsse haben eine eng **begrenzte sachliche Zuständigkeit.** Sie sind weder zur Aufsicht über die Integrationsämter bzw. Bundesagentur für Arbeit berufen, noch sind sie im Rechtssinne Organe diesen Behörden, noch können sie Aufgaben der Integrationsämter oder der Bundesagentur für Arbeit übernehmen und diesen Behörden Anweisungen erteilen. Der Widerspruchsausschuss ist lediglich die Widerspruchsinstanz im Vorverfahren gegen die Entscheidungen und Anordnungen des Integrationsamts bzw. der Bundesagentur für Arbeit, die auf Grund des SGB IX getroffen werden. Nur für die Abberufung einer Vertrauensperson (§ 177 Abs. 7) – dies ist die einzige Ausnahme – ist der Widerspruchsausschuss bei dem Integrationsamt unmittelbar zuständig.

1. Widerspruchsausschüsse bei den Integrationsämtern und der Bundesagentur für Arbeit

4 Die Durchführung des SGB IX obliegt den Integrationsämter und den Dienststellen der BA; dies machte eine Teilung der Zuständigkeiten erforderlich. Es war dabei nicht möglich, Entscheidungen der Bundesagentur für Arbeit an das „Einvernehmen" des Integrationsamts und umgekehrt zu knüpfen; gegen eine solche „Mischverwaltung" bestanden verfassungsmäßige Bedenken (→ § 184 Rn. 3). Als noch bedenklicher hätte es angesehen werden müssen, wenn eine Landesdienststelle die Entscheidung einer Bundesdienststelle im Widerspruchswege abändern oder aufheben könnte oder umgekehrt (vgl. schriftlichen Bericht, BT-Drs. Nr. 4292, 5). Aus diesem Grunde mussten zwei getrennte Widerspruchsinstanzen geschaffen werden. Der Widerspruchsausschuss bei dem Integrationsamt entscheidet über Widersprüche gegen Entscheidungen und Anordnungen des Integrationsamts, der Widerspruchsausschuss bei der Bundesagentur für Arbeit über Widersprüche aus dem Tätigkeitsbereich der Bundesagentur für Arbeit im Zusammenhang mit dem Teil 3 des SGB IX. Diese zwar unerwünschte, aber verfassungsmäßig bedingte Komplizierung ließ sich nicht vermeiden. Neben den Widerspruchsausschüssen besteht für die Behandlung allgemeiner Fragen in dem Beratenden Ausschuss bei der Bundesagentur für Arbeit und bei dem Integrationsamt jeweils ein weiteres Gremium.

5 An mehreren Stellen spricht das G von der Zuständigkeit der Bundesagentur für Arbeit für eine Aufgabe, ohne die zuständige Instanz der Bundesagentur für Arbeit zu bestimmen (vgl. zB §§ 187, 225). Hiermit wird nur zum Ausdruck gebracht, dass die Bundesagentur für Arbeit durch den Verwaltungsrat als dem nach der Satzung zuständigen Organ die durchführende Stelle selbst bestimmen darf. Unbeschadet ihrer Funktion als Aufsichtsinstanz wird die Zentrale der Bundesagentur für Arbeit auf Grund des SGB IX im Regelfalle nur generelle Anweisungen geben und keine Entscheidungen und Anordnungen im Einzelfall treffen, die sich an den sbM oder den Arbeitgeber richten und gegen die ein förmlicher Widerspruch gem. § 201 in Frage käme. Erlässt die Zentrale der Bundesagentur für Arbeit aber eine Entscheidung oder Anordnung im Einzelfall, so kann hiergegen kein Widerspruch nach dem SGB IX eingelegt werden, sondern es gelten nur die Bestimmungen, die für das Verfahren in der Sozialgerichtsbarkeit maßgebend sind (vgl. § 81 SGG).

2. Kündigungsangelegenheiten im öffentlichen Dienst

Nach früherem Recht war die Kündigung eines bei der öffentlichen Behörde beschäftigten sb Angestellten oder Arbeiters zwar zustimmungsbedürftig, der sbM und die Anstellungsbehörde konnten gegen die Entscheidung der Hauptfürsorgestelle aber nur Beschwerde bei der jeweils zuständigen obersten Behörde, nicht beim Beschwerdeausschuss einlegen. Die oberste Behörde entschied damit im Endergebnis endgültig über die Zustimmung der Kündigung. Den bei öffentlichen Behörden beschäftigten sbM ging der Kündigungsschutz praktisch weitgehend verloren. Für die Zustimmung zur Kündigung in öffentlichen Betrieben galt diese Sonderregelung nicht. Auf Anregung des Bundesrates wurde dieses Verfahren, das die Angehörigen des öffentlichen Dienstes ungerechterweise benachteiligte, bereits nicht in das SchwbG übernommen. Dem Bedenken, dass die Behörden nicht mit den gleichen Maßstäben gemessen werden könnten wie private Betriebe und gegen Eingriffe fremder Stellen in ihre Personalpolitik besonders empfindlich seien, wurde durch eine besondere Zusammensetzung des Widerspruchsausschusses für die Entscheidung dieser Fälle Rechnung getragen (§ 41 Abs. 3 SchwbG). Dieser Gedanke kommt heute in § 202 Abs. 4 noch ansatzweise zum Ausdruck. Wird die Kündigung eines Angestellten oder Arbeiters einer öffentlichen Dienststelle oder eines Betriebes, der zum Geschäftsbereich des Bundesministeriums für Verteidigung gehört, behandelt, treten an die Stelle der Mitglieder, die Arbeitgeber sind, Angehörige des öffentlichen Dienstes, so dass mindestens fünf der insgesamt sieben Mitglieder des Widerspruchsausschusses des Integrationsamts Angehörige des öffentlichen Dienstes sind (→ § 202 Rn. 6–9). Bei Kündigungen im Bereich des Bundesnachrichtendienstes ist § 240 Abs. 1 Ziff. 4 zu beachten. An die Stelle der Mitglieder, die Arbeitnehmer oder Arbeitnehmerinnen und Arbeitgeber sind, treten Angehörige des Bundesnachrichtendienstes, an die Stelle der Schwerbehindertenvertretung jene der Zentrale des Bundesnachrichtendienstes. Die Kündigungsfälle anderer öffentlicher Betriebe werden von dem Widerspruchsausschuss in normaler Besetzung entschieden. 6

Die **Sonderregelungen für die Betriebe** im Geschäftsbereich des **Bundesministeriums für Verteidigung** hat eine gewisse Parallele im § 21 KSchG, wo für die Entscheidungen für Massenentlassungen im Geschäftsbereich der Bundesminister für Verkehr bzw. Post- und Telekommunikation gleichfalls abweichende Vorschriften über den Massenentlassungsausschuss getroffen werden. Hierdurch sollen die Interessen dieser Betriebe soweit wie möglich berücksichtigt werden. Diese „gehören" allerdings nur dann in den Geschäftsbereich, wenn das Ministerium als oberste Dienstbehörde die Rechts-, Fach- und Dienstaufsicht über den Betrieb ausübt. Die bloße Zuständigkeit des Ministeriums für den Betrieb reicht nicht aus; daher fallen zB private Luftfahrtunternehmen nicht darunter (BAG 4.3.1993 – 2 AZR 451/92, NZA 1993, 840). Maßgeblich ist, dass das Ministerium entscheidenden Einfluss auf Gründung und Auflösung des Betriebes besitzt, also eine dem Eigentum jedenfalls nahekommende Rechtsposition wahrnimmt (BAG 4.3.1993 – 2 AZR 451/92, NZA 1993, 840; Bader/Bram/Ahrendt/Kreutzberg-Kowalczyk/Nungeßer/Suckow/*Suckow,* Kündigungs- und Bestandsschutz im Arbeitsverhältnis, Loseblattwerk, 103. Lfg. 2017, KSchG § 21 Rn. 4 f. 7

Gegen die Entscheidung des Integrationsamts in Kündigungssachen von Angestellten oder Arbeitern öffentlicher Dienststellen und Betriebe kann **auch die Behörde Widerspruch** einlegen; ihr steht gleichfalls der Rechtsweg für ein anschließendes Verfahren vor dem Verwaltungsgericht offen. Für Beamte galten früher und gelten nach heutigem Recht Sonderbestimmungen. Soweit sie überhaupt kündbar sind, ist die Zustimmung des Integrationsamts nicht erforderlich, § 168 betrifft nur die Kündigung von „Arbeitsverhältnissen". 8

3. Bindung der Gerichte an die Entscheidung

9 Die Entscheidung des Widerspruchsausschusses ist nicht endgültig. Der Beschwerte kann den zugrunde liegenden Verwaltungsakt und die Entscheidung des Ausschusses im Verwaltungsrechtsweg bzw. vor den Sozialgerichten anfechten. Diese Gerichte haben zu entscheiden, ob der Verwaltungsakt oder die Entscheidung rechtmäßig ist und ob die Grenzen des Ermessens eingehalten sind. Für die ordentlichen Gerichte und die Arbeitsgerichte sind hingegen die Verwaltungsakte der Dienststellen der Bundesagentur für Arbeit und des Integrationsamts sowie die Entscheidung der Widerspruchsausschüsse bindend. Ihre Nachprüfung erstreckt sich nicht auf die materielle Rechtmäßigkeit, sondern nur auf das Vorhandensein eines wirksamen Verwaltungsakts oder einer wirksamen Entscheidung. Das Arbeitsgericht ist zB nicht befugt, über die Rechtmäßigkeit der Zustimmung oder ihrer Versagung durch das Integrationsamt oder die Entscheidung des Widerspruchsausschusses bei dem Integrationsamt in dieser Angelegenheit zu urteilen. Die Arbeitsgerichte können nur prüfen, ob ein völlig unzulässiger und deshalb nichtiger Verwaltungsakt vorliegt. Dies ist insbes. der Fall bei absoluter Unzuständigkeit (Zustimmung zur Kündigung durch die BA) und bei Verletzung wesentlicher Form- oder Verfahrensvorschriften (Entscheidungen eines mit weniger als vier Mitgliedern besetzten und deshalb beschlussunfähigen Widerspruchsausschusses gem. § 202 Abs. 1 mit § 189 Abs. 2; Gleichstellung durch das Integrationsamt statt der jetzt zuständigen BA). Nur in solchen besonders schwerwiegenden Fällen ist die Entscheidung nichtig und für die Gerichte unerheblich, was sich heute aus § 40 SGB X ergibt (BAG 21.1.1958 – 3 AZR 417/55, AP SchwBeschG § 2 Nr. 4). Ein ehrenamtlicher Richter bei den Gerichten für Arbeitssachen ist noch nicht von Gesetzes wegen von der Ausübung des Richteramtes ausgeschlossen, weil er an einer Entscheidung des Widerspruchausschusses mitgewirkt hat, in dem über einen Widerspruch gegen einen Zustimmungsbescheid für eine beabsichtigte Kündigung des jetzigen Klägers entschieden wurde; denn dagegen ist die Klage vor dem VG eröffnet, so dass eine Anwendung des § 41 Nr. 6 ZPO begrifflich ausscheidet (LAG München 15.3.2005 – 8 Sa 914/04, BeckRS 2005, 30804104; Wolmerath jurisPR-ArbR 27/2005 Anm. 3). In allen anderen Fällen haben die Entscheidungen des Integrationsamts, der Bundesagentur für Arbeit bzw. der Widerspruchsausschüsse Tatbestandswirkung gegenüber den ordentlichen Gerichten und anderen Behörden. Die Gerichte oder Behörden müssen die Entscheidung ohne eigene Prüfung als bestehend hinnehmen (BAG 17.6.1998 – 2 AZR 519/97, BeckRS 2010, 69174; 26.9.1991 – 2 AZR 132/91, NZA 1992, 1073). Auf der anderen Seite aber ist weder der Widerspruchsausschuss noch das Verwaltungs- oder Sozialgericht durch eine rechtkräftige Entscheidung der Arbeitsgerichte über die Kündigung während eines noch schwebenden Zustimmungsverfahrens gebunden. Das Rechtsschutzbedürfnis besteht in diesem Fall bereits durch die Möglichkeit einer Restitutionsklage (→ § 168 Rn. 24; BAG 17.6.1998 – 2 AZR 519/97, BeckRS 2010, 69174; 15.8.1984 – 7 AZR 558/82, NJW 1985, 1485). Es können sich auch sonstige arbeitsrechtliche Ansprüche aus dem Wegfall einer Zustimmung ergeben (BVerwG 28.11.1958 – V C 32.56, NJW 1959, 998).

4. Kosten im Vorverfahren

10 Soweit der Widerspruch Erfolg hat, sind die notwendigen Ausgaben zu erstatten, die derjenige zur zweckentsprechenden Rechtsverfolgung aufwenden musste, der den Widerspruch eingelegt hat. Dabei sind die Gebühren und Auslagen eines Rechtsanwalts oder sonstiger Bevollmächtigter nur dann erstattungsfähig, wenn die Beiziehung notwendig war. Das muss in der Kostenentscheidung festgestellt werden. Erstattungspflichtig ist die Behörde, bei der der Widerspruchsausschuss gebildet ist, also die Bundesagentur für Arbeit oder das Integrationsamt. Diese Behörde führt auch die Kostenfestsetzung durch (vgl. § 63 SGB X).

B. Widerspruch

Der Widerspruch des § 201 ist förmlich und fristgebunden. Er kann sich nur gegen bestimmte Entscheidungen des Integrationsamts oder der Bundesagentur für Arbeit richten und nur von den Personen eingelegt werden, die durch die Entscheidung betroffen werden. 11

1. Die widerspruchsfähigen Entscheidungen

Mit dem Widerspruch angegriffen werden können nur Anordnungen und Entscheidungen, welche die Integrationsämter oder die Bundesagentur für Arbeit auf Grund des SGB IX getroffen haben; es muss sich immer um Fragen handeln, die im SGB IX geregelt sind und von der Behörde auf Grund des SGB IX entschieden werden. Darüber, welche Anordnungen und Entscheidungen für die beiden Widerspruchsausschüsse hier iE in Frage kommen, vgl. die Übersichten in → § 202 Rn. 27; → § 203 Rn. 16. 12

Der Widerspruchsausschuss entscheidet nur über Verwaltungsakte, welche das Integrationsamt oder die Bundesagentur für Arbeit auf dem Gebiet des Schwerbehindertenrechts getroffen haben. Er hat sich nur mit dem hoheitlichen Handeln dieser Behörden in Ausübung **öffentlicher Gewalt** zu befassen, wobei die unterstützende Tätigkeit, die das SGB IX den Behörden aufgibt, zum öffentlich-rechtlichen Bereich gehört. Es muss sich also um Anweisungen oder Entscheidungen dieser Stellen an sbM oder Arbeitgeber handeln, die kraft staatlichen Hoheitsrechts getroffen werden. Alle Rechtsgeschäfte dieser Behörden, die fiskalischer Natur sind und auf dem Gebiet des privaten Rechts liegen, scheiden aus. Der Widerspruchsausschuss entscheidet nur über Fragen im Bereich des öffentlichen Rechts. 13

Die arbeitsrechtlichen Beziehungen zwischen dem sbM und seinem Arbeitgeber liegen auf dem Gebiete des privaten Rechts; Integrationsamt und Bundesagentur für Arbeit haben hier keine Kompetenzen und sind auch nicht zur Schlichtung von Streitigkeiten zwischen den Vertragsparteien berufen. Das Gleiche gilt für die Widerspruchsausschüsse. Die Entscheidung arbeitsrechtlicher Streitigkeiten zwischen Arbeitgeber und sbM, zB über Lohn, Urlaub und sonstige Arbeitsbedingungen, über die Berechtigung einer fristgemäßen oder fristlosen Kündigung, darüber ob eine Kündigung der Zustimmung des Integrationsamts bedarf oder nicht (§§ 168, 173), ist ausschließlich Sache des Arbeitsgerichts (OVG Saarlouis 15.7.2021 – 2 A 42/21, NZA-RR 2021, 622; Schäfer jurisPR-ArbR 16/2022 Anm. 6). 14

Der Ausschuss entscheidet auch nicht über **Fragen der Dienstaufsicht.** Wenn der sbM oder Arbeitgeber sich über das Verhalten eines Beamten oder Angestellten dieser Behörden, über säumige Erledigung der Angelegenheit, mangelndes Verständnis für seine Lage, unfreundliches Verhalten uÄ beschweren will, so ist der Dienstvorgesetzte oder die Dienstaufsichtsbehörde zuständig. 15

Der Widerspruch kann eingelegt werden gegen Entscheidungen und Anordnungen des Integrationsamts oder der Bundesagentur für Arbeit, die auf dem Gebiet des Schwerbehindertenrechts zur Regelung eines Einzelfalles getroffen worden sind. Der Begriff der Anordnung und Entscheidung ist weit auszulegen. Er umfasst die gesamte hoheitliche Tätigkeit dieser Behörden, soweit sie die Regelung der Gestaltung eines Einzelfalles betrifft. Somit werden alle **Verwaltungsakte** der genannten Behörden einbegriffen, deren Rechtsgrundlage das SGB IX ist. Der Begriff des Verwaltungsakts wird definiert als „jede Verfügung, Entscheidung oder andere hoheitliche Maßnahme, die eine Behörde zur Regelung eines Einzelfalles auf dem Gebiet des öffentlichen Rechts trifft und die auf unmittelbare Rechtswirkung nach außen gerichtet ist" (§ 31 SGB X). 16

Der Verwaltungsakt muss sich an eine **bestimmte Person** oder wenigstens an einen bestimmbaren Personenkreis richten. Nicht zu den Verwaltungsakten zählen daher die 17

Beschlüsse des Beratenden Ausschusses bei der Zentrale der Bundesagentur für Arbeit und bei den Integrationsämter sowie des Beirats für die Teilhabe behinderter Menschen bei dem Bundesministerium für Gesundheit und Soziale Sicherung. Ebenso scheiden alle internen Vorgänge bei den Behörden aus. Erlasse, Rundverfügungen, Richtlinien, sonstige Anweisungen vorgesetzter Dienststellen an die ihnen unterstellten sind keine Verwaltungsakte. Widerspruch ist also nur möglich gegen den Verwaltungsakt, der auf Grund solcher allgemeinen Anweisungen ergangen ist, nicht gegen die Anweisung selbst. Auch der Bescheid auf eine Dienstaufsichtsbeschwerde ist ein interner Verwaltungsvorgang und damit kein widerspruchsfähiger Verwaltungsakt. Interne, nicht widerspruchsfähige Vorgänge sind ferner die Akte der Beteiligung der Bundesagentur für Arbeit an den Entscheidungen des Integrationsamts und umgekehrt in den Formen des Benehmens, Vorschlagens, Anhörens, der Stellungnahme usw (vgl. zB § 170 Abs. 2, § 200 Abs. 1). Die Stellungnahme, der Vorschlag usw mögen sich zwar für die Betroffenen belastend auswirken, sie sind jedoch keine an den Staatsbürger gerichtete Verfügungen, sondern nur Elemente für die Willensbildung der entscheidenden Stelle. Mit dem Widerspruch angreifbar ist daher immer nur der Verwaltungsakt der kraft Gesetzes zur Entscheidung zuständigen Behörde.

18 Die **Berufung** der schwer behinderten Arbeitnehmer- und der Arbeitgebervertreter **in die Widerspruchsausschüsse** der Integrationsämter und der Bundesagentur für Arbeit (§§ 202, 203) sind Verwaltungsakte. Für Streitigkeiten, die hiermit in Zusammenhang stehen, können jedoch die Widerspruchsausschüsse nach allgemeinen Grundsätzen nicht zuständig sein, da sie nicht in eigener Sache entscheiden können. Hier kommen nur der Verwaltungsrechtsweg bzw. das Verfahren vor den Sozialgerichten und das nach den jeweiligen Gesetzen maßgebliche Vorverfahren in Betracht. Gegen **Bußgeldbescheide** (§ 238) kann nach § 67 OWiG v. 19.2.1987 (BGBl. I 602) binnen zwei Wochen Einspruch bei der erlassenden Behörde eingelegt werden, über den dann das Amtsgericht entscheidet (§ 68 OWiG), ein Widerspruchsverfahren findet nicht statt; die Behörde kann aber den Bußgeldbescheid bis zur Abgabe der Akten zurücknehmen (§ 69 OWiG).

19 Gegen eine widerspruchsfähige Entscheidung kann nur derjenige Widerspruch einlegen, **der durch den Verwaltungsakt beschwert ist,** dessen Rechte oder Rechtsstellungen durch die Anordnung oder Entscheidung beeinträchtigt werden. Wenn das G dies auch nicht ausdrücklich sagt, so ergibt sich doch aus der Fassung von § 201 über das Widerspruchsverfahren als Vorverfahren nach §§ 68 ff. VwGO, §§ 77 ff. SGG, dass eine Popularklage nicht zugelassen ist. Das Widerspruchsverfahren ist als Vorverfahren dem Verwaltungsrechtsweg vorgeschaltet und reicht nicht weiter als dieser.

2. Widerspruch und Dienstaufsichtsbeschwerde

20 Ob der sbM oder Arbeitgeber den **förmlichen Widerspruch** nach § 201 **oder** lediglich **Dienstaufsichtsbeschwerde** einlegen will, wird im Einzelfall häufig einer Klärung bedürfen. Der Beschwerte hat die Wahl, ob er gegen eine materiell-rechtliche Entscheidung auf Grund des SGB IX förmlichen Widerspruch nach § 201, Dienstaufsichtsbeschwerde oder beide Beschwerden nebeneinander einlegen will. Die Dienstaufsichtsbeschwerde ist eine Bitte um Nachprüfung einer Entscheidung oder ein Hinweis auf allgemeine Mängel, die sich an die erlassende Behörde selbst, meist aber an die vorgesetzte Behörde richtet. Sie ist form- und fristlos. Die Behörde muss die Beschwerde im Regelfall prüfen, der Beschwerdeführer hat jedoch keinen Anspruch auf Bescheid.

21 Drückt sich der Beschwerdeführer nicht klar aus, ob er Dienstaufsichtsbeschwerde oder förmlichen Widerspruch einlegen will, so ist die Behörde verpflichtet, seinen **wahren Willen** festzustellen, notfalls durch Rückfrage. Die Bezeichnung ist nicht maßgebend; es ist also ohne Belang, ob er das Schriftstück Beschwerde, Einspruch, Widerspruch, Einwand, Klage oder ähnlich benennt. Ebenso ist es nicht erforderlich, dass der Widersprechende zum Ausdruck bringt, der Widerspruch solle an den Widerspruchsausschuss geleitet werden. Ergibt sich aus dem gesamten Zusammenhang, dass eine Überprüfung der Entscheidung im förmlichen Verfahren und ggf. die Möglichkeit zur Klage im Verwaltungsrechtswege verlangt wird, so liegt ein Widerspruch nach § 201 vor; ergibt sich eindeutig, dass er nur eine Überprüfung durch dieselbe Behörde oder die Dienstaufsichtsbehörde will, so handelt es sich um eine Gegenvorstellung oder Dienstaufsichtsbeschwerde. Das Gleiche gilt, wenn sich aus dem Widerspruch nicht ergibt, dass ein bestimmter Verwaltungsakt überprüft bzw. abgeändert werden soll. Im Zweifelsfall muss der Widerspruchsausschuss darüber entscheiden, ob die Dienstaufsicht oder der Widerspruchsausschuss angesprochen ist.

Gegen die Entscheidung der Agentur für Arbeit kann der Beschwerte nicht neben dem Widerspruch nach § 201 und der Dienstaufsichtsbeschwerde noch zusätzlich oder allein Widerspruch nach §§ 77 ff. SGG an die nächsthöhere Behörde, also die Regionaldirektion oder die Zentrale der Bundesagentur für Arbeit (vgl. § 85 SGG) einlegen. Ein solcher Widerspruch ist nur möglich gegen Entscheidungen, die außerhalb des Spruchverfahrens der Arbeitslosenversicherung auf Grund der materiell-rechtlichen Bestimmungen des SGB III getroffen werden. Die Bestimmung des § 201 ist gegenüber §§ 77 ff. SGG lex specialis und schließt den Widerspruch nach § 85 Abs. 2 Ziff. 3 SGG aus, da § 201 Abs. 2 ausdrücklich bestimmt, dass der Widerspruchsbescheid nach § 85 SGG in Angelegenheiten der Bundesagentur für Arbeit von der vom Verwaltungsrat bestimmten Stelle erlassen und damit deren alleinige Zuständigkeit festgelegt wird. 22

3. Form und Frist

Der Widerspruch ist schriftlich oder zur Niederschrift bei der Stelle einzureichen, die den Verwaltungsakt erlassen hat (§ 70 VwGO; § 84 SGG). Maßgeblich sind für das Widerspruchsverfahren allein die Vorschriften von VwGO und SGG, die Vorschriften des SGB X gelten nicht für Verwaltungsprozesse, soweit dafür spezielle Regelungen bestehen. Das Schriftstück muss von dem Beschwerdeführer eigenhändig unterschrieben sein (§ 126 BGB). Wird die Beschwerde bei einer unzuständigen Behörde eingelegt, so ist es ein nobile officium, sie auf schnellstem Wege an die sachlich und örtlich zuständige Stelle weiterzuleiten; nach dem Sozialgerichtsgesetz ist das sogar eine Rechtspflicht und wahrt der Eingang bei einer anderen Behörde die Frist (§ 84 SGG). 23

Der Widerspruch ist innerhalb einer **Frist** von einem Monat nach Bekanntgabe der Anordnung oder Entscheidung einzulegen. Der Lauf der Frist beginnt, soweit nichts anderes bestimmt ist, mit der Zustellung, oder wenn diese nicht vorgeschrieben ist, mit der Eröffnung oder Verkündung (§ 57 VwGO; § 64 SGG). Der Lauf der Frist bestimmt sich gem. § 64 Abs. 2 SGG bzw. gem. § 57 Abs. 2 VwGO entspr. den Vorschriften der §§ 222, 224 ZPO. Danach endet eine nach Monaten bestimmte Frist mit dem Ablauf desjenigen Tages des letzten Monats, welcher nach seiner Zahl dem Tage entspricht, in den die Zustellung bzw. Eröffnung oder Verkündung fällt. Fehlt dem letzten Monat der entsprechende Tag, so endet die Frist mit diesem Monat. Ist der letzte Tag ein Samstag, Sonntag oder staatlich anerkannter Feiertag, so tritt an seine Stelle der nachfolgende Werktag. Der Eingang bei einer unzuständigen Behörde genügt nur nach § 84 SGG, iÜ muss der Eingang bei der zuständigen Behörde rechtzeitig erfolgt sein. Eingegangen ist der Widerspruch, wenn er rechtzeitig in den Machtbereich der Behörde gekommen ist, zB in den Briefkasten der Behörde, wobei zur Wahrung von Fristen allg. auch Nachtbriefkästen einzusetzen sind. Wird die Frist nicht gewahrt, besteht die Möglichkeit der Wiedereinsetzung in den vorigen Stand nach § 60 VwGO, § 67 SGG. Der Antrag auf Wiedereinsetzung in den vorigen Stand ist nur begründet, wenn jemand ohne Verschulden verhindert war, die Widerspruchsfrist einzuhalten. Der Antrag auf Wiedereinsetzung ist nach § 60 Abs. 2 VwGO binnen zwei Wochen nach Wegfall des Hindernisses, nach § 67 SGG binnen eines Monats nach Wegfall des Hindernisses zu stellen (§ 27 SGB X 24 gilt hier nicht!). Nach 1 Jahr nach Ende der versäumten Frist ist der Antrag unzulässig, außer wenn der Antrag vor Jahresfrist infolge höherer Gewalt unmöglich war.

25 Die Frist für ein Rechtsmittel oder einen anderen Rechtsbehelf beginnt nach § 58 VwGO und § 66 SGG nur dann zu laufen, wenn der Beteiligte über die Möglichkeit des Widerspruches, die Verwaltungsstelle, bei der der Widerspruch einzubringen ist, den Sitz und die einzuhaltende Frist schriftlich belehrt worden ist. Ohne eine solche schriftliche Belehrung oder bei unrichtiger Belehrung kann der Widerspruch innerhalb eines Jahres seit Zustellung, Eröffnung oder Verkündung eingelegt werden, außer wenn die Einlegung vor Ablauf der Jahresfrist infolge höherer Gewalt unmöglich war oder die schriftliche Belehrung dahin erfolgte, dass ein Rechtsbehelf nicht gegeben sei. Damit ist auch für das Widerspruchsverfahren endgültig klargestellt, dass eine Widerspruchsfrist nur bei entsprechender schriftlicher Belehrung ein Monat beträgt. Für den Widerspruch als Vorverfahren vor der Klage zum Verwaltungs- bzw. Sozialgericht gilt damit nichts anderes als für alle anderen Fristen, Klagefristen usw, auch die Fristen nach § 9 Abs. 5 ArbGG.

C. Wirkung des Widerspruchs

26 Der Widerspruch hat mehrere Funktionen. Es gibt dem sbM oder Arbeitgeber die Möglichkeiten, seinen Fall von einer unabhängigen Verwaltungsinstanz überprüfen zu lassen, die zur Hauptsache mit ehrenamtlich tätigen Beisitzern besetzt ist. Die Zusammensetzung des Widerspruchsausschusses trägt den besonderen Interessen der Betroffenen Rechnung und bietet Gewähr für eine sachliche und lebensnahe Überprüfung des Falles. Zum anderen werden in der Widerspruchsinstanz die überwiegende Mehrzahl der rechtlich und tatsächlich klaren Fälle abschließend zu Ende gebracht. Die Betroffenen begnügen sich mit dieser Entscheidung, ohne im weiteren Verlauf den Rechtsweg zu beschreiten. Ohne den Filter eines solchen Vorverfahrens wäre die Verwaltungs- bzw. Sozialgerichtsbarkeit in der heutigen Form der Generalklausel, die die richterliche Nachprüfung aller Verwaltungsakte zulässt, wegen der Vielzahl der zu entscheidenden Klagen praktisch nicht durchführbar. Es ist selbst nicht möglich, alle Fälle unmittelbar an den Widerspruchsausschuss zur Entscheidung zu geben; die erlassende Behörde hat vor der Weiterleitung an den Ausschuss zu prüfen, ob sie selbst dem Widerspruch abhelfen kann.

1. Nachprüfung durch die erlassende Behörde

27 Die Bundesagentur für Arbeit oder das Integrationsamt, an die der Widerspruch zu richten ist, sind verpflichtet, ihre Entscheidung noch einmal zu überprüfen und dem Widerspruch abzuhelfen, wenn sie diesen für begründet halten. Die vorgesetzte Behörde darf den Verwaltungsakt einer ihr unterstellten Behörde von Amts wegen oder auf Antrag ändern oder aufheben, meist indem sie anweist, anders zu entscheiden, auch wenn Widerspruchsverfahren oder sogar Klage bereits laufen (vgl. § 72 VwGO; § 85 SGG). Der Grundsatz der Abänderbarkeit der Entscheidung durch die Behörde erleidet eine Ausnahme für alle Verwaltungsakte, die mit der Zustimmung zur Kündigung (§§ 168–175) zusammenhängen, da die Zustimmung zur Kündigung sich in jedem Fall unmittelbar rechtsgestaltend auswirkt und der andere Partner des Arbeitsverhältnisses seinerseits wieder das Widerspruchsverfahren einleiten könnte. Die Aufhebung oder Änderung ist wie der Widerruf ein selbständiger Verwaltungsakt, gegen den notfalls wiederum Widerspruch eingelegt werden kann (Eyermann/Fröhler VwGO § 79 Rn. 2 ff.; § 86 SGG). Sieht sich die Behörde nicht in der Lage, durch eine Änderung ihrer Entscheidung den Widerspruch gegenstandslos zu machen, so muss sie die Widerspruchsschrift unverzüglich an den zuständigen Widerspruchsausschuss abgeben, dh praktisch an den Vorsitzenden des Ausschusses oder eine von diesem bestimmte Person.

2. Aufschiebende Wirkung

Die ausdrückliche Bestimmung des § 26 SchwbG aF, nach der die Beschwerde keinen Aufschub bewirkte, ist weggefallen. Jetzt bestimmt der mit § 18 Abs. 4 SchwbG in der ab 1.8.1986 geltenden Fassung übereinstimmende § 171 Abs. 4 für den Fall der Kündigung, dass Rechtsmittel gegen die Zustimmung des Integrationsamts keine aufschiebende Wirkung haben. Das gilt für alle Zulässigkeitserklärungen von Kündigungen (→ § 168 Rn. 11, 86). Keine aufschiebende Wirkung haben auch Widerspruch (und Anfechtungsklage) gegen den Feststellungsbescheid über die Ausgleichsabgabe nach § 160 Abs. 4 S. 5. Im Übrigen gelten die allgemeinen Bestimmungen von VwGO und SGG über die aufschiebende Wirkung des Widerspruchs. Soweit der Widerspruch sich gegen Entscheidungen des Integrationsamts und der örtlichen Fürsorgestellen richtet, hat er grds. nach § 80 Abs. 1 VwGO aufschiebende Wirkung. Es kann lediglich nach § 80 Abs. 2 Ziff. 4 VwGO die sofortige Vollziehung im öffentlichen Interesse oder im überwiegenden Interesse eines Beteiligten bzw. nach § 80a Abs. 1 Ziff. 1, Abs. 2 VwGO bei Verwaltungsakten mit Doppelwirkung auf Antrag des Begünstigten oder eines Dritten von der den Verwaltungsakt erlassenden Behörde oder der Widerspruchsstelle angeordnet werden. In diesen Fällen ist das besondere Interesse an der sofortigen Vollziehung des Verwaltungsaktes schriftlich zu begründen. Solange eine solche Vollziehung des Verwaltungsaktes nicht angeordnet wird – und dies wird die Regel sein – bleibt es daher bei der aufschiebenden Wirkung. Die aufschiebende Wirkung bedeutet, dass der erlassene Verwaltungsakt bis zur Entscheidung über den Widerspruch und später über die Klage noch nicht als wirksam behandelt werden kann. Gem. § 80b VwGO endet die aufschiebende Wirkung des Widerspruchs mit der Unanfechtbarkeit oder, wenn die Anfechtungsklage im ersten Rechtszug abgewiesen wurde, drei Monate nach Ablauf der gesetzlichen Begründungsfrist des gegen die abweisende Entscheidung gegebenen Rechtsmittels. Diese Regelung ist eingebettet in die allgemeine Neuordnung des Berufungsrechts im Verwaltungsprozessrecht gem. §§ 124 ff. VwGO durch das Sechste G zur Änderung der Verwaltungsgerichtsordnung und anderer Gesetze v. 1.11.1996 (BGBl. I 1626; Schmieszek NVwZ 1996, 1151 (1153)) bzw. das Verwaltungsprozess-Rechtsmittelbereinigungsgesetz v. 20.12.2001 (BGBl. I 3987). 28

Im Gegensatz dazu waren bis dahin Verwaltungsakte der Dienststellen der Bundesagentur für Arbeit nach § 86 SGG aF grds. während des Widerspruchsverfahrens sofort vollziehbar. Hier hatte der Widerspruch nur gegen Verwaltungsakte, die eine Kapitalabfindung oder die Rückforderung von Beiträgen betrafen oder laufende Leistungen entzogen, aufschiebende Wirkungen. In allen anderen Fällen bestand eine aufschiebende Wirkung für die Dauer des Widerspruchsverfahrens nicht. Jedoch konnte in diesen Fällen in entsprechender Anwendung von § 86 Abs. 3 SGG auf Antrag der Vollzug des Verwaltungsaktes einstweilen ausgesetzt werden. Während des sozialgerichtlichen Verfahrens trat entweder aufschiebende Wirkung ein, wenn über die Nichtigkeit des Verwaltungsaktes gestritten wurde (§ 97 Abs. 1 SGG aF) oder es konnte nach Abs. 2 die Vollziehung ausgesetzt werden. Nunmehr gilt nach der Neufassung des SGG durch das G v. 17.8.2001 (BGBl. I 2144) seit dem 2.1.2002 § 86a SGG nF, der dem Grunde nach (Abs. 1) eine Parallele zu § 80 VwGO herstellt. Abs. 2 enthält Ausnahmen davon für bestimmte Fälle. Dies gilt zB für die Anordnung der sofortigen Vollziehung (Abs. 2 Nr. 5), die jedoch nach § 86b SGG durch das Gericht der Hauptsache wieder aufgehoben werden kann. 29

3. Der Widerspruchsbescheid

Der Widerspruchsausschuss entscheidet über den Widerspruch nach bestem Wissen und Gewissen, er muss unparteiisch urteilen und hat sich an G und Recht zu halten (Art. 20 Abs. 3 GG). Besondere Vorschriften für das Verfahren vor den Ausschüssen 30 enthält das SGB IX nur in § 204 mit § 189, in dem Beschlussfähigkeit und Beschlussfassung geregelt sind und den Betroffenen das Recht auf Anhörung sowie auf Ablehnung von Beisitzern des Ausschusses wegen Befangenheit gewährt wird (→ § 204 Rn. 7–14). Auch nach dem Sozialgerichtsgesetz gibt es keine Verfahrensvorschriften für das Vorverfahren. Nach § 68 VwGO sind Rechtmäßigkeit und Zweckmäßigkeit des Verwaltungsaktes in dem Vorverfahren auf Grund des Widerspruches nachzuprüfen. Dies gilt nach § 78 Abs. 1 SGG auch für den Bereich der sozialrechtlichen Entscheidungen. Mangels einer § 129 BetrVG bzw. 37 Abs. 3 S. BPersVG entsprechenden Vorschrift im SGB IX kann eine solche Entscheidung nicht in einer Telefon- oder Videokonferenz und anschließendem Umlaufverfahren (per Email) getroffen werden (Koch br 2020, 89).

31 Die Widerspruchsausschüsse sind nicht auf die Nachprüfung beschränkt, ob Bundesagentur für Arbeit oder Integrationsamt die gesetzlichen Vorschriften beachtet und sich iRd ihnen vom G zuerkannten Ermessens gehalten haben, sondern sie entscheiden **in vollem Umfange** selbständig. Sie können den Verwaltungsakt der Behörde abändern, aufheben und durch eigene Entscheidung ersetzen. Sie haben also in zweiter Instanz dieselben Befugnisse wie die Verwaltungsbehörden in erster Instanz, insbes. können sie auch selbst ihr eigenes, freies und pflichtmäßiges Ermessen ausüben (OVG Münster 26.10.2020 – 12 A 3861/18, Behinderung und Recht 2021, 132; Sobotta jurisPR-ArbR 4/2021 Anm. 9). Diese Freiheit in der Entscheidung charakterisiert die Widerspruchsausschüsse als kollegiale Verwaltungsinstanz und macht andererseits eine eingehende Regelung des Verfahrens unnötig (BVerwG 12.11.1976 – IV C 34.75, BVerwGE 51, 310, Verbot der Verschlechterung nur bei entsprechendem Vertrauensschutz und Treu und Glauben, beides trifft für die zutreffende Ermessensentscheidung nicht zu).

32 Im Unterschied zu einer Behörde kann der Widerspruchsausschuss seine einmal getroffene Entscheidung **nicht mehr selbst aufheben.** Eine nochmalige Anrufung des Ausschusses wegen des gleichen Verwaltungsaktes ist also nicht möglich; aber auch von sich aus ist der Widerspruchsausschuss nicht zur Aufhebung seiner eigenen Entscheidung befugt. Das ergibt sich für Entscheidungen in Kündigungsangelegenheiten (§§ 168–175) aus dem SGB IX, darüber hinaus aber aus der Förmlichkeit des Verfahrens, der Rechtskraftwirkung und der Bindung der Behörde und des Staatsbürgers an die Entscheidung. Die Aufhebung der Entscheidung des Ausschusses ist nur im Wege der Klage vor den Verwaltungs- bzw. Sozialgerichten möglich. Auch können Rechtsgründe und Tatsachen zur Begründung des von einem gemischt besetzten Ausschuss erlassenen Bescheides nicht mehr nachgeschoben werden (BVerwG 15.4.1959 – V C 162/56, NJW 1959, 2033). Ist die Entscheidung nichtig, so bedarf es der Aufhebung nicht, da sie ohne jede rechtliche Wirkung ist. Bei berechtigtem Interesse ist die Nichtigkeit auf Antrag von der Behörde festzustellen; das kann auch von Amts wegen geschehen (§ 40 SGB X).

33 Der Widerspruchsbescheid ist nach § 73 VwGO, § 85 SGG zu erlassen. Danach muss der Widerspruchsbescheid schriftlich abgesetzt, mit Gründen versehen sein und den Beteiligten zugestellt werden. Nach § 85 Abs. 3 SGG reicht hier die Bekanntgabe aus. Allerdings sollte auch hier zugestellt werden, § 85 Abs. 3 S. 2 SGG. Außerdem ist der Widerspruchsbescheid mit einer Rechtsbehelfsbelehrung zu versehen, worin die Frist und der Sitz des zuständigen Gerichts anzugeben sind. Der Widerspruchsbescheid entscheidet auch über die Kosten und muss ggf. festlegen, ob die Beiziehung eines Rechtsanwalts oder sonstigen Bevollmächtigten notwendig war (§ 63 SGB X). Der Widerspruchsausschuss kann dem Widerspruch stattgeben oder ihn zurückweisen bzw. mit bestimmten Maßgaben stattgeben. Wird dem Widerspruch stattgegeben, so entscheidet der Widerspruchsausschuss auf Grund seiner eigenen Ermittlung und Nachprüfung selbst, dh er erlässt nunmehr einen entsprechenden neuen Verwaltungsakt und hebt nicht nur den Verwaltungsakt des Integrationsamts oder der Bundesagentur für Arbeit auf. Es besteht Gebührenfreiheit nach § 64 SGB X.

34 Im G ist nichts darüber gesagt, ob der Widerspruchsbescheid von allen Mitgliedern des Widerspruchsausschusses zu unterschreiben ist. Voraussetzung ist dies für die geforderte

Schriftform des Widerspruchsbescheides und die Begründung nicht. Es genügt daher, wenn der Widerspruchsbescheid von dem Vorsitzenden oder seinem Stellvertreter im Widerspruchsausschuss unterschrieben ist. Die Zustellung des Widerspruchsbescheides mit Rechtsbehelfsbelehrung erfolgt nach den Bestimmungen der Zivilprozessordnung (§ 56 Abs. 2 VwGO, § 63 Abs. 2 SGG). Nur ein ordnungsgemäßer, mit Rechtsbehelfsbelehrung zugestellter Widerspruchsbescheid setzt die Klagefrist von 1 Monat in Lauf. Andernfalls muss die Klage in einem Jahre nach Zustellung oder Bekanntgabe erhoben werden (→ Rn. 26).

Der Bescheid des Widerspruchsausschusses ist **für das Integrationsamt bzw. die Bundesagentur für Arbeit bindend.** Sie haben ihm zu entsprechen. Eine ungerechtfertigte Abweichung von der Entscheidung stellt einen Ermessensmissbrauch dar. Das Integrationsamt oder die Bundesagentur für Arbeit kann auch nicht gegen die Entscheidung des Ausschusses im Verwaltungsrechtswege vorgehen. Das ergibt sich sowohl aus dem Wortlaut des § 201 als auch aus der Tatsache, dass die Widerspruchsausschüsse für das Integrationsamt oder die Bundesagentur für Arbeit verwaltend tätig sind. Die Behörden können nicht gegen ihre eigenen Verwaltungsakte klagen. 35

Die Entscheidung des Widerspruchsausschusses kann aber darüber hinaus wie die Entscheidung von Bundesagentur für Arbeit bzw. Integrationsamt und das Urteil eines Verwaltungs- bzw. Sozialgerichts **sich auf die arbeitsrechtlichen Beziehungen** zwischen dem sbM und dem Arbeitgeber **rechtsgestaltend auswirken.** Widerspruchsentscheid und Urteil können dabei auch in die Vergangenheit (ex tunc) zurückwirken. Die rechtsgestaltende Wirkung auf das Arbeitsverhältnis wird von der ggf. eintretenden aufschiebenden Wirkung von Widerspruch und Klage im Verwaltungsrechtswege nicht berührt. Die aufschiebende Wirkung bedeutet nur, dass der Staatsbürger während der Suspension den Verwaltungsakt nicht durchzuführen braucht. Die Vollziehung bleibt aufgeschoben, solange der Verwaltungsakt in Streit ist. Ob ein Verwaltungsakt sofort oder erst nach Klärung im Vorverfahren oder durch Urteil durchgeführt werden muss, hat nichts mit seiner Rechtsgültigkeit oder seinen Rechtswirkungen zu tun (BVerwG 28.11.1958 – V C 32/56, NJW 1959, 998). 36

Auch wenn bei dem Widerspruch bzw. der Klage gegen den Verwaltungsakt eines Integrationsamts oder einer örtlichen Fürsorgestelle nach §§ 80 ff. VwGO Widerspruch und Anfechtungsklage aufschiebende Wirkung haben (für Entscheidungen des Arbeitsamtes gilt nach § 86a SGG dasselbe), so sagt dies nichts darüber, dass nicht bei endgültiger Zurückweisung des Widerspruchs oder der Klage der Verwaltungsakt rückwirkend von dem Tage seines Erlasses an auf das Arbeitsverhältnis einwirkt und wirksam wird. Durch diese Rückwirkung der Entscheidung des Widerspruchsauschusses bzw. des Verwaltungs- oder Sozialgerichts wird der bestätigte Verwaltungsakt von Anfang an wirksam und ist dann so zu behandeln, als wäre er immer schon rechtsgültig entstanden. Damit tritt auch die rückwirkende Gestaltung des Verwaltungsaktes auf das Arbeitsverhältnis ein und muss dementsprechend ggf. auch der Lohn weitergezahlt werden. 37

Das gilt auch für die Zustimmung zur Kündigung sbM nach §§ 168 ff. Der Arbeitgeber, der einen sbM während des Widerspruchsverfahrens oder der Klage vor dem Verwaltungsgericht kündigt, trägt die Gefahr, ob der Arbeitsvertrag wirksam gekündigt bleibt oder nicht. Auf der anderen Seite muss die Kündigung nach Erteilung der Zustimmung nach § 171 Abs. 3 binnen eines Monats nach Zustellung ausgesprochen werden. Ist das Widerspruchsverfahren auch bis zum Ablauf der Kündigungsfrist noch nicht beendet, läuft der Arbeitgeber das Risiko, wenn er den Arbeitnehmer nicht weiter beschäftigt und die Zustimmung später aufgehoben wird. Hat das Integrationsamt die Zustimmung versagt und wird diese Entscheidung durch den Widerspruchsausschuss bzw. vom Verwaltungsgericht bestätigt, muss der Arbeitgeber dem sbM aus dem Gesichtspunkt des Annahmeverzuges (§ 615 BGB), das Arbeitsentgelt fortzahlen, auch wenn er nicht gearbeitet hat, da ohne Zustimmung keine wirksame Kündigung ausgesprochen werden kann. Spricht sich der Widerspruchsausschuss gegen die Entschei- 38 dung des Integrationsamts zugunsten des Arbeitgebers aus und erteilt er die Zustimmung, bewirkt diese Entscheidung des Widerspruchsausschusses, dass nunmehr die Kündigung erlaubt ist und auch binnen einem Monat ausgesprochen werden muss. Dies ergibt sich insbes. daraus, dass der Widerspruchsausschuss kraft eigenen Rechts eine Entscheidung fällt und nicht nur die Nachprüfung des Verwaltungsaktes des Integrationsamts vornimmt und damit die erstmals vom Widerspruchsausschuss ausgesprochene Zustimmung an die Stelle der Entscheidung des Integrationsamts tritt; diese Zustimmung wirkt damit wie die Zustimmung des Integrationsamts selbst.

39 Entsprechendes gilt für die Entscheidung durch die Verwaltungsgerichte. Die Verwaltungsgerichte haben im Regelfall nur nachzuprüfen, ob der Verwaltungsakt wirksam ist oder nicht. Ist der Verwaltungsakt wirksam, wird die Klage abgewiesen. Ist jedoch dieser Verwaltungsakt ermessensfehlerhaft oder -missbräuchlich, muss die Entscheidung aufgehoben werden. Wird dabei die Versagung der Zustimmung aufgehoben, muss nunmehr im Regelfall das Integrationsamt unter Berücksichtigung dieser Entscheidung neu über den Antrag auf Zustimmung zur Kündigung entscheiden und dabei nunmehr ermessensfehlerfrei vorgehen. In Ausnahmefällen kann allerdings das Verwaltungsgericht selbst entscheiden, vor allem in den Fällen, in denen das Ermessen des Integrationsamts beschränkt ist. In diesen Fällen des § 172 kann das Verwaltungsgericht die Zustimmung selbst aussprechen und wird damit die Kündigung zulässig. Die Kündigung muss dann auch binnen einem Monat erklärt werden, selbst wenn gegen die Entscheidung noch ein weiteres Rechtsmittel eingelegt wird.

4. Vorverfahren als Klagevoraussetzung

40 Der Widerspruch gibt den Betroffenen nicht nur einen Anspruch auf Überprüfung des Verwaltungsakts und eine zweite rechtsförmliche Entscheidung, sondern ein erfolglos eingelegter Widerspruch ist zugleich Voraussetzung für eine Klage im Verwaltungsrechtsweg oder vor den Sozialgerichten. Ohne vorher Widerspruch beim zuständigen Widerspruchsausschuss eingelegt zu haben, kann der sbM oder der Arbeitgeber nicht in zulässiger Weise Klage erheben. Die Klage wäre unzulässig.

41 Für das Verfahren vor den **Verwaltungsgerichten** ist ein solches Vorverfahren zwingend vorgeschrieben in §§ 68 ff. VwGO. Es ist anzuwenden gegen alle Entscheidungen des Integrationsamts und der örtlichen Fürsorgestellen, die jetzt ausdrücklich genannt sind. Nach dem SGB IX kommt als Vorverfahren nur das Verfahren vor dem Widerspruchsausschuss (§ 201) in Frage.

42 Nach dem **SGG** v. 23.9.1975 (BGBl. I 2535, zuletzt geändert am 18.7.2017, BGBl. I 2475) gelten im Verfahren vor den Sozialgerichten die gleichen Grundsätze (vgl. §§ 77 ff. SGG). Nach § 78 SGG sind vor Erhebung der Klage die Verwaltungsakte in einem Vorverfahren nachzuprüfen. Im Sinne dieser Bestimmung ist das Vorverfahren nach § 201 das gesetzlich vorgeschriebene Vorverfahren.

43 Das Vorverfahren, also ist nur von Bedeutung für die Klage vor den Verwaltungs- bzw. Sozialgerichten. Es hat, wie auch das verwaltungs- oder sozialgerichtliche Verfahren, keinerlei Einfluss auf die **Klagefristen** für eine Verfolgung der arbeitsrechtlichen Ansprüche des sbM **bei** den **Arbeitsgerichten.**

D. Rechtsweg

44 Nach Art. 19 Abs. 4 GG ist gegen jeden Eingriff der öffentlichen Gewalt in die individuellen Rechte des Einzelnen die Möglichkeit richterlicher Entscheidung eröffnet. Jeder Verwaltungsakt kann daher richterlich auf seine Rechtmäßigkeit hin überprüft werden. Für die Anfechtung von Verwaltungsakten ist nach dem geltenden Recht das Verwaltungsgericht zuständig (LAG München 15.3.2005 – 8 Sa 914/04, BeckRS 2005,

30804104; Wolmerath jurisPR ArbR 27/2005 Anm. 3), soweit die Rechtswegzuständigkeit nicht ausdrücklich anderen Gerichten, den ordentlichen Gerichten oder besonderen Verwaltungsgerichten, übertragen ist (§ 40 VwGO). In der Bundesrepublik gilt heute für den Verwaltungsrechtsweg das Prinzip der Generalklausel, dh alle Verwaltungsakte können mit der Klage angefochten werden (§§ 42, 43 VwGO).

1. Rechtswegzuständigkeit

Die Rechtswegzuständigkeit ist ebenso wie die des Widerspruchsverfahrens geteilt. Die gem. § 201 angreifbaren Anordnungen und Entscheidungen des Integrationsamts und der örtlichen Fürsorgestellen sind ausnahmslos Verwaltungsakte. Gegen eine zurückweisende Entscheidung des Widerspruchsausschusses kann der Betroffene nach Durchführung dieses Vorverfahrens den Klageweg vor den Verwaltungsgerichten beschreiten. 45

Es war nicht unumstritten, ob nach Einführung der Sozialgerichtsbarkeit ab 1.1.1954 die Sozialgerichte als besondere Verwaltungsgerichte auch für Entscheidungen gegenüber den Verwaltungsakten der Hauptfürsorgestelle und der früheren Bezirksfürsorgestellen bzw. der damaligen Beschwerdeausschüsse bei den Hauptfürsorgestellen zuständig waren. 46

Seit der Neufassung des Gesetzes v. 3.7.1961 ist klargestellt, dass der Rechtsweg gegenüber Entscheidungen der Hauptfürsorgestelle (heute: Integrationsamt), der örtlichen Fürsorgestelle und der Widerspruchsausschüsse bei der Hauptfürsorgestelle (Integrationsamt) Klage vor den Verwaltungsgerichten zu erheben ist. § 223 SGG ist ausdrücklich aufgehoben. 47

Dagegen ist für Klagen gegenüber Entscheidungen der Dienststellen der Bundesagentur für Arbeit die Zuständigkeit der Sozialgerichte nach § 51 Abs. 1 SGG gegeben. Soweit also die Bundesagentur für Arbeit einen Verwaltungsakt erlassen hat, ist ggf. nach erfolgloser Durchführung des Widerspruchsverfahrens Klage vor den Sozialgerichten zu erheben (Ausnahme: § 78 Abs. 1 Nr. 2 SGG). 48

2. Das Verfahren vor den Verwaltungsgerichten

a) **Verfahren.** Das Verfahren für die Verwaltungsgerichtsbarkeit ist einheitlich durch die VwGO v. 21.1.1960 (BGBl. I 17) für die gesamte Bundesrepublik geregelt. Die Verwaltungsgerichtsbarkeit gliedert sich in Verwaltungsgerichte, Oberverwaltungsgerichte und das Bundesverwaltungsgericht mit dem Sitz in Leipzig (§ 2 VwGO). 49

b) **Örtliche Zuständigkeit.** Die örtliche Zuständigkeit der Verwaltungsgerichte richtet sich nach § 52 VwGO. Für Anfechtungsklagen gegen einen Verwaltungsakt eines Integrationsamts bzw. einer örtlichen Fürsorgestelle ist nach § 52 Ziff. 3 das Verwaltungsgericht örtlich zuständig, in dessen Bezirk der Verwaltungsakt erlassen wurde. Ist der Verwaltungsakt von einer Behörde erlassen, deren Zuständigkeit sich auf mehrere Verwaltungsgerichtsbezirke erstreckt, so ist das Verwaltungsgericht zuständig, in dessen Bezirk der Beschwerte seinen Sitz oder Wohnsitz hat; fehlt ein solcher innerhalb des Landes, so bestimmt sich die Zuständigkeit nach dem Sitz der Beklagten. 50

Lässt sich danach das zuständige Gericht nicht bestimmen, wird es gem. § 53 VwGO durch das nächsthöhere Gericht bestimmt. Das gilt auch, wenn sich mehrere Gerichte für rechtskräftig zuständig oder unzuständig erklärt haben. Wird eine Klage beim danach örtlich unzuständigen Gericht eingereicht, so kann auf Antrag des Klägers durch Beschluss sich dieses Gericht für unzuständig erklären und den Rechtsstreit an das zuständige Gericht der Verwaltungsgerichtsbarkeit verweisen (§ 83 VwGO). 51

c) **Voraussetzung der Klage.** Der vom Verwaltungsakt Betroffene kann Klage vor dem Verwaltungsgericht erst nach erfolgloser Durchführung des Vorverfahrens nach §§ 68 ff. VwGO erheben. Die Klage muss gem. § 74 VwGO innerhalb eines Monates nach Zustellung des Widerspruchsbescheides erhoben werden. Diese Frist läuft jedoch nur, 52 wenn der Widerspruchsbescheid mit schriftlicher Belehrung über Rechtsbehelf, das Gericht, bei dem er anzubringen ist, den Sitz und die einzuhaltende Frist versehen worden ist. Ist eine solche Belehrung unterblieben oder unrichtig erteilt, so ist die Einlegung der Klage innerhalb eines Jahres seit Zustellung oder Eröffnung des Widerspruchsbescheides zulässig, außer wenn die Einlegung vor Ablauf der Jahresfrist infolge höherer Gewalt unmöglich war oder eine schriftliche Belehrung dahin erfolgt ist, dass ein Rechtsbehelf nicht gegeben sei (§ 58 VwGO).

53 Klagen kann nur derjenige, der durch einen Verwaltungsakt oder das Nicht-Tätigwerden einer Behörde beeinträchtigt ist. Das gilt aber auch, wenn die Beschwer erst durch den Widerspruchsbescheid im Widerspruchsverfahren eingetreten ist. Es gilt das oben zum Widerspruch → Rn. 16 ff. Ausgeführte entsprechend. Die Klage kann gegenüber den Entscheidungen des SGB IX auf Aufhebung des erlassenen Verwaltungsaktes nach § 42 VwGO gerichtet sein, auf Vornahme eines unterlassenen Verwaltungsaktes, auf den ein Anspruch besteht, aber auch auf Feststellung der Nichtigkeit eines Verwaltungsaktes, wenn der Kläger ein berechtigtes Interesse an der alsbaldigen Feststellung hat (§§ 42, 43 VwGO).

54 d) **Zulässigkeit der Anfechtungsklage.** Der betroffene sbM oder Arbeitgeber kann die Anfechtungsklage darauf stützen, dass der ihn beschwerende Verwaltungsakt rechtswidrig oder nichtig sei. Ist die Behörde ermächtigt, nach ihrem Ermessen zu befinden, so kann die Anfechtungsklage nur damit begründet werden, dass das Ermessen überschritten oder missbraucht worden sei (vgl. § 114 VwGO). Die Verwaltungsgerichte sind also, anders als die Widerspruchsausschüsse, nicht befugt, über den Verwaltungsakt wie eine Verwaltungsbehörde frei zu entscheiden und selbst abändernde Verwaltungsakte zu erlassen. Ihre Tätigkeit beschränkt sich auf rechtliche Überprüfung.

55 Bei einem Verstoß gegen Rechtsvorschriften ist der Verwaltungsakt in der Regel nur **anfechtbar;** er besteht weiter, bis er durch die Verwaltungsbehörde, den Widerspruchsausschuss oder das Verwaltungsgericht aufgehoben wird (BGH 19.3.1953 – III ZR 271/51, BGHZ 9, 129 (131)). Nur bei schweren Verstößen gegen das Recht, wie bei Tätigwerden einer sachlich völlig unzuständigen Behörde, Verletzung gesetzlicher Formvorschriften, Anordnung von etwas tatsächlich oder rechtlich Unmöglichem, ist der Verwaltungsakt nichtig (vgl. § 40 SGB X). Obwohl ein nichtiger Verwaltungsakt rechtlich nicht existent ist, kann auch gegen den nichtigen Verwaltungsakt Anfechtungsklage erhoben werden (Eyermann/Happ VwGO § 42 Rn. 15). Beispiele nichtiger Verwaltungsakte sind: Erteilung der Zustimmung zur Kündigung (§ 168) durch die Bundesagentur für Arbeit statt des Integrationsamts, Gleichstellung durch das Integrationsamt statt durch die Bundesagentur für Arbeit (§ 151 Abs. 2), Abberufen der Vertrauensperson von Amts wegen (§ 177 Abs. 7), ohne dass ein Antrag gestellt ist. Beispiele für anfechtbare Verwaltungsakte sind: Gleichstellung ohne die Voraussetzung des § 2 Abs. 3, Feststellung der Ausgleichsabgabe, obwohl der Arbeitgeber seiner Beschäftigungspflicht nachgekommen ist, Entscheidungen der Widerspruchsausschüsse (§§ 202, 203), die bei unvorschriftsmäßiger Besetzung zustande gekommen sind.

56 In der überwiegenden Mehrzahl der Fälle entscheiden die Integrationsämter und die Bundesagentur für Arbeit nach den Bestimmungen des SGB IX nach freiem, dh pflichtgemäßem **Ermessen.** Es liegt zB im Ermessen des Integrationsamts, ob es die Zustimmung zur Kündigung erteilt (§§ 168 ff.), dem sbM zeitweilig den Schutz des Gesetzes entzieht (§ 200). Die Bundesagentur für Arbeit entscheidet zB nach freiem Ermessen, ob sie eine Gleichstellung (§ 151) ausspricht oder die Anrechnung von sbM nach § 159 auf mehr als einen Pflichtplatz zulässt. Wann die Behörde nach ihrem Ermessen entscheiden darf, ergibt sich jeweils aus Wortlaut, Sinn und Zweck der in Betracht kommenden materiell-rechtlichen Vorschriften. Auf Ermessen deuten Wendungen wie „kann", „darf" hin, jedoch kann die Freiheit der Entscheidung sich auch nur aus dem Zusammenhang der Bestimmung ergeben.

Ein **Ermessensfehler** macht die Entscheidung rechtswidrig. Die Rechtskontrolle des Gerichts darf sich also wie bei sonstigen Verstößen gegen das G nur auf die Nachprüfung beschränken, ob das Ermessen überschritten worden ist. Es ist nicht befugt, seine abweichende Auffassung über Notwendigkeit und Zweckmäßigkeit der Entscheidung an die Stelle der Auffassung der Behörde zu setzen. Eine echte Rechtskontrolle obliegt dagegen den Verwaltungsgerichten für die sog. **unbestimmten Rechtsbegriffe** wie zB „angemessener und zumutbarer Arbeitsplatz" (§ 172; BVerwG 15.4.1959 – V C 162.55, NJW 1959, 2033), „besonderer Schwierigkeiten" (§ 159), „notwendige Daten" (§ 163 Abs. 2), „grobe Verletzung der Pflichten" (§ 177 Abs. 7), die in jedem Fall eine eindeutige Auslegung erfordern und nicht nach freiem Ermessen beantwortet werden können. Da der unbestimmte Rechtsbegriff im Gegensatz zu der Entscheidung über eine Ermessensfrage, die durch mehrere anzuerkennende Lösungen beantwortet werden kann, nur eine richtige Auslegung zulässt, kann das Verwaltungsgericht hier an Stelle der Behörde selbst über die richtige Auslegung entscheiden. Nachprüfbare Ermessensfehler sind sowohl die **Ermessensüberschreitung,** also die Überschreitung der gesetzlich festgelegten Grenzen des Ermessens, als auch innere Ermessensfehler, die eintreten, wenn die Behörde sich von einer irrigen Rechtsauffassung hat leiten lassen, endlich die Ermessenswillkür (Verstoß gegen das Prinzip der Gleichbehandlung) und **Ermessensmissbrauch,** der dann gegeben ist, wenn die Behörde oder der Widerspruchsausschuss sich bei ihren Entscheidungen von sachfremden Motiven hat leiten lassen. In Übereinstimmung mit der Rspr. des BVerwG (18.5.1990 – 8 C 48/88, BVerwGE 85, 163) gestattet § 114 S. 2 VwGO das Nachschieben von Ermessenserwägungen im Rahmen eines bereits anhängigen Rechtsstreits. Der Betroffene kann darauf mit der Erledigung der Hauptsache reagieren (BVerwG 18.5.1990 – 8 C 48/88, BVerwGE 85, 163). Die Kostenfolge ergibt sich in einem solchen Fall aus § 161 Abs. 2 VwGO (Schmieszek NVwZ 1996, 1155). Eine solche Ergänzung kommt in der Regel jedoch nicht in Betracht, wenn der Widerspruchsbescheid von einem Ausschuss erlassen worden ist, der nicht nur aus Bediensteten der betreffenden Behörde besteht (OVG RhPf 29.5.1998 – 12 A 12950/97, FEVS 49, 326 = BeckRS 1998, 22009). 57

3. Das Verfahren vor den Sozialgerichten

Das SGG idF v. 23.9.1975 (BGBl. I 2535, zuletzt geändert am 20.12.2022, BGBl. I 2759) regelt Gerichtsverfassung und Verfahren der Sozialgerichtsbarkeit. Die Anfechtung von Verwaltungsakten der Dienststellen der Bundesagentur für Arbeit ist vor diesen Gerichten als besonderen Verwaltungsgerichten geltend zu machen. 58

Die Sozialgerichte sind unabhängige, von den Verwaltungsbehörden getrennte **Gerichte mit besonderer Rechtswegzuständigkeit.** Die Sozialgerichte in erster Instanz und die Landessozialgerichte als Berufungsinstanz sind Landesgerichte, nur das Bundessozialgericht, das für Revisionen zuständig ist, ist ein Bundesgericht. 59

Örtlich zuständig ist, anders als bei den Verwaltungsgerichten, das Sozialgericht, in dessen Bezirk der Kläger zurzeit der Klageerhebung seinen Sitz oder Wohnsitz oder in Ermangelung dessen seinen Aufenthaltsort hat; steht er in einem Beschäftigungsverhältnis, kann er auch vor dem für den Beschäftigungsort zuständigen Sozialgericht klagen (§ 57 SGG). 60

Voraussetzung der Klage ist, dass der streitige Verwaltungsakt im Widerspruchsverfahren nach § 201 nachgeprüft worden ist (§ 78 SGG). Die Klage muss binnen einer Ausschlussfrist von einem Monat nach Bekanntgabe des Widerspruchsbescheids erhoben werden (§ 87 SGG). Sie kann wie im allgemeinen Verwaltungsgerichtsverfahren auf Aufhebung oder Abänderung eines Verwaltungsakts (Anfechtungsklage) oder auf Vornahme eines unterlassenen Verwaltungsakts gehen. Die Klage kann zudem auch auf die Gewährung – zuvor abgelehnten – (Sozial-)Leistung abziehen. Die Klage ist bei einer Anfechtungsklage darauf zu stützen, dass der Verwaltungsakt den Kläger beschwert, 61 weil er rechtswidrig ist. Handelt es sich um eine Ermessensentscheidung, so ist der Verwaltungsakt auch rechtswidrig, wenn die erlassende Behörde sich eine Ermessensüberschreitung oder einen Ermessensmissbrauch hat zuschulden kommen lassen (§ 54 Abs. 2 SGG). Auf die Ausführungen über das Verfahren vor den Verwaltungsgerichten kann verwiesen werden.

4. Sonderregelung für öffentliche Verwaltungen

62 Abgesehen von dem Ausnahmefall der Parteistreitigkeiten (Streitigkeiten öffentlichen Rechts zwischen Behörden; § 40 VwGO, § 54 Abs. 3 SGG) kann im Verwaltungsgerichtsverfahren und auch im Verfahren vor den Sozialgerichten eine Behörde nicht gegen eine andere Behörde die Anfechtungsklage erheben. Die allgemeine und besondere Verwaltungsgerichtsbarkeit bietet dem Bürger Rechtsschutz gegen Verwaltungsakte, die ihn in seinen Rechten beeinträchtigen. Weisungen an Behörden ergehen nicht in Form von Verwaltungsakten, sondern durch Anordnungen der höheren Dienststelle, Meinungsverschiedenheiten gleichgeordneter Behörden werden nicht im Verwaltungsrechtswege ausgetragen, sondern von der Dienstaufsicht entschieden.

63 Da nach dem SGB IX die Arbeitnehmer öffentlicher Betriebe voll in den Kündigungsschutz (§§ 168 ff.) einbezogen sind und der Widerspruchsausschuss bei dem Integrationsamt (§ 202) auch über Kündigungsangelegenheiten dieser öffentlichen Bediensteten zu entscheiden hat, muss dem öffentlichen Arbeitgeber unter Abweichung von den sonstigen Grundsätzen der Verwaltungs- und Sozialgerichtsbarkeit das Recht zugestanden werden, auch seinerseits Anfechtungsklage gegen die Versagung der Zustimmung zur Kündigung durch das Integrationsamt oder Widerspruchsausschuss zu erheben. Anfechtungsklage können die Dienststellen der Verwaltungen und der im G genannten öffentlichen Betriebe, obwohl dies nicht ausdrücklich gesagt ist, praktisch nur in Kündigungsangelegenheiten erheben; als weitere angreifbare Maßnahmen käme noch die Ablehnung einer Mehrfachanrechnung in Betracht (§ 159). In anderen Angelegenheiten, zB bei Streitigkeiten über die Ausgleichsabgabe, ist kein Verwaltungsstreitverfahren zulässig, sondern nur die Anrufung der Aufsichtsbehörde (§ 160 Abs. 4).

§ 202 Widerspruchsausschuss bei dem Integrationsamt

(1) Bei jedem Integrationsamt besteht ein Widerspruchsausschuss aus sieben Mitgliedern, und zwar aus zwei Mitgliedern, die schwerbehinderte Arbeitnehmer oder Arbeitnehmerinnen sind, zwei Mitgliedern, die Arbeitgeber sind, einem Mitglied, das das Integrationsamt vertritt, einem Mitglied, das die Bundesagentur für Arbeit vertritt, einer Vertrauensperson schwerbehinderter Menschen.

(2) Für jedes Mitglied wird ein Stellvertreter oder eine Stellvertreterin berufen.

(3) [1] Das Integrationsamt beruft auf Vorschlag der Organisationen behinderter Menschen des jeweiligen Landes die Mitglieder, die Arbeitnehmer sind, auf Vorschlag der jeweils für das Land zuständigen Arbeitgeberverbände die Mitglieder, die Arbeitgeber sind, sowie die Vertrauensperson. [2] Die zuständige oberste Landesbehörde oder die von ihr bestimmte Behörde beruft das Mitglied, das das Integrationsamt vertritt. [3] Die Bundesagentur für Arbeit beruft das Mitglied, das sie vertritt. [4] Entsprechendes gilt für die Berufung des Stellvertreters oder der Stellvertreterin des jeweiligen Mitglieds.

(4) [1] In Kündigungsangelegenheiten schwerbehinderter Menschen, die bei einer Dienststelle oder in einem Betrieb beschäftigt sind, der zum Geschäftsbereich des Bundesministeriums der Verteidigung gehört, treten an die Stelle der Mitglieder, die Arbeitgeber sind, Angehörige des öffentlichen Dienstes. [2] Dem Integrationsamt werden ein Mitglied und sein Stellvertreter oder seine Stellvertreterin von den von der Bundesregierung

bestimmten Bundesbehörden benannt. [3]Eines der Mitglieder, die schwerbehinderte Arbeitnehmer oder Arbeitnehmerinnen sind, muss dem öffentlichen Dienst angehören.

(5) **[1]Die Amtszeit der Mitglieder der Widerspruchsausschüsse beträgt vier Jahre. [2]Die Mitglieder der Ausschüsse üben ihre Tätigkeit unentgeltlich aus.**

Übersicht

A. Zusammensetzung

Der Widerspruchsausschuss besteht aus sieben ordentlichen und sieben stellvertretenden Mitgliedern. Bei der Behandlung von Angelegenheiten der sbM können auch Sachverständige zugezogen werden. Das war zwar bereits seit der Neufassung des Schwerbehindertengesetzes v. 29.4.1974 nicht mehr ausdrücklich im G festgelegt (früher § 28 Abs. 5), jedoch ist die Beiziehung von Sachkundigen und Sachverständigen auch ohne besondere Erwähnung im G möglich und häufig auch geboten (vgl. RegBegr. BT-Drs. 7/656, 37). Die Zusammensetzung des Ausschusses ändert sich bei der Behandlung der Kündigungsangelegenheiten sbM, die bei einer Dienststelle oder einem Betrieb beschäftigt sind, der zum Geschäftsbereich des Bundesministeriums für Verteidigung gehört. Diese Vorschrift ist durch das BTHG nicht geändert worden (BT-Drs. 18/9522, 309). Eine inhaltlich vergleichbare Regelung gilt für Angelegenheiten von Beschäftigten des Bundesnachrichtendienstes (§ 240 Abs. 1 Ziff. 4). Die fehlerhafte Besetzung des Widerspruchsausschusses führt nicht zur Aufhebung einer von ihm getroffenen Entscheidung, wenn offensichtlich ist, dass in der Sache ein anderes Ergebnis rechtlich nicht möglich gewesen wäre („rechtliche Alternativlosigkeit", OVG Münster 28.1.2013 – 12 A 1635/10, BeckRS 2013, 48627; Schlegel/Voelzke/Reyels Rn. 22). 1

Es müssen daher über die normale Zahl von sieben Mitgliedern und deren Stellvertreter hinaus eine Reihe **weiterer Mitglieder** und Stellvertreter vorgeschlagen und berufen werden, die nur von Fall zu Fall ihres Amtes walten. Das Gleiche gilt für die sog. beratenden Mitglieder und die Sachverständigen. Für eine Sitzung des Ausschusses kann es daher erforderlich werden, in verschiedener Besetzung zu beraten und zu entscheiden. In dem Bestreben, möglichst allen Interessen gerecht zu werden, hat der Gesetzgeber hier eine Lösung gefunden, die auch den Besonderheiten der Betriebe und Dienststellen aus dem Geschäftsbereich des Bundesministeriums der Verteidigung gerecht wird. 2

1. Normale Zusammensetzung

In normaler Zusammensetzung besteht der Ausschuss aus zwei schwer behinderten Arbeitnehmern, zwei Arbeitgebern, einem Vertreter des Integrationsamts, einem Angehörigen der Bundesagentur für Arbeit und einer Vertrauensperson sbM. Die frühere Bestimmung, dass ein Arbeitnehmer schwer kriegsbeschädigt sein muss und dem Ausschuss auch eine Frau angehören soll, war bereits seit der Neufassung des Schwerbehindertengesetzes v. 29.4.1974 nicht mehr im G enthalten. Es ist jedoch heute selbstverständlich, dass unter den Mitgliedern auch Frauen sein können. Ein entsprechender 3

Hinweis ergibt sich aus den Materialien zu § 86 (BT-Drs. 14/5074, 111; vgl. KHM/ Schörnig § 86 Rn. 5). Für jedes Mitglied muss ein Stellvertreter oder eine Stellvertreterin vorhanden sein, der/die das Mitglied im Verhinderungsfalle vertritt, sonst jedoch nicht berechtigt ist, an der Sitzung teilzunehmen.

2. Entscheidungen bei besonderen Gruppen von sbM

4 Eine besondere Zusammensetzung für die Entscheidung über Unfallbeschädigte, Blinde, Hirnbeschädigte usw ist nicht mehr vorgeschrieben. Dadurch, dass nach der Neufassung auch nicht mehr ein Schwerkriegsbeschädigter dem Ausschuss angehören muss, kann der andere Platz für Arbeitnehmer durch einen Angehörigen dieser Gruppe besetzt werden, was aber nicht der Fall sein muss.

5 Den besonderen Belangen Hirnbeschädigter, Blinder und Gehörloser kann auch heute noch dadurch Rechnung getragen werden, dass bei Behandlung ihrer Angelegenheiten zu den Sitzungen ein sachverständiger Berater, insbes. Ärzte, hinzugezogen werden können, was allerdings jetzt nur noch im Ermessen des Ausschusses steht und nicht mehr gesetzlich vorgeschrieben ist.

3. Entscheidungen über Kündigungen von Angehörigen im Geschäftsbereich des Bundesministeriums der Verteidigung

6 Soll im Widerspruchsausschuss des Integrationsamts eine Angelegenheit verhandelt werden, welche die Kündigung eines Arbeitnehmers betrifft (§§ 168–175), der in einer Dienststelle einem Betrieb, der zum Dienstbereich des Bundesministers für Verteidigung gehört, tätig ist, so ist für den Ausschuss eine Zusammensetzung vorgeschrieben, die den Interessen des öffentlichen Dienstes Rechnung tragen soll.

7 Der Ausschuss besteht dann aus einem Vertreter des Integrationsamts, einem Vertreter der Bundesagentur für Arbeit, einer Vertrauensperson, zwei Angehörigen des öffentlichen Dienstes (die an die Stelle der Arbeitgeber treten) und einem schwer behinderten Arbeitnehmer, der im öffentlichen Dienst beschäftigt ist.

8 Der schwer behinderte Arbeitnehmervertreter für den öffentlichen Dienst ist nur dann gesondert zu bestellen, wenn unter den Vertretern der schwer behinderten Arbeitnehmer kein im öffentlichen Dienst Beschäftigter ist.

9 Die Angehörigen des öffentlichen Dienstes – es kann sich um Beamte oder Angestellte handeln –, die an die Stelle der Arbeitgeberbeisitzer treten, werden je von der BReg. bestimmten Bundesbehörden benannt. Damit sind einheitliche Vertreter zu benennen und wird ein Angehöriger der Beschäftigungsstelle für den jeweiligen Fall nicht mehr herangezogen.

4. Zuziehen von beratenden Mitgliedern und Sachverständigen

10 Nur die ordentlichen Mitglieder bzw. deren Stellvertreter oder die an ihre Stelle tretenden Mitglieder für die Behandlung von Kündigungsangelegenheiten aus dem Geschäftsbereich des Bundesministeriums der Verteidigung haben Stimmrecht. Zu den Sitzungen können jedoch auch hier noch in vielen Fällen Vertreter weiterer Behörden als **beratende Mitglieder** ohne Stimmrecht zugezogen werden. Stehen Fragen zur Behandlung, die in irgendeiner Weise die Gewerbeaufsicht oder Bergaufsicht berühren, also insbes. Fragen des Unfallschutzes, so kann ein Vertreter der Gewerbe- bzw. Bergaufsicht (§ 139b GewO, zu den verschiedenen landesrechtlichen Regelungen vgl. Landmann/ Rohmer/ Kahl GewO § 139b Rn. 3) als beratendes Mitglied beteiligt werden. Die oberste Landesbehörde, meist das Arbeits- oder Innenministerium, benennt diese Vertreter. Weiter kann für diesen Fall auch noch ein Vertreter der gesetzlichen Unfallversicherung, also insbes. der Berufsgenossenschaften (§ 114 SGB VII), die im Unfallschutz mit der Gewerbeaufsicht eng zusammenarbeiten, als beratendes Mitglied zugezogen

werden. Der Vertreter der gesetzlichen Unfallversicherung wird dann von dem Bundesversicherungsamt vorgeschlagen. Stellvertreter brauchen für solche Berater und Sachverständige nicht benannt zu werden, da sie nur von Fall zu Fall herangezogen werden, soweit der Widerspruchsausschuss das für erforderlich hält.

Als **Sachverständige** mussten früher bis zur Neufassung des Schwerbehindertengesetzes v. 29.4.1974 Vertreter der besonderen Verbände der Hirnbeschädigten, Blinden oder Gehörlosen zugezogen werden, wenn über die Angelegenheiten eines Blinden, Hirnbeschädigten oder Gehörlosen verhandelt wurde. Das ist heute nicht mehr vorgeschrieben, kann aber im Einzelfall sachdienlich sein. Zur eigenen Beratung und der Unterstützung der Widerspruchsausschüsse tut das Integrationsamt daher gut daran, für die Benennung ständiger Sachverständiger zu sorgen, damit im geeigneten Fall schnell Sachverständige, Ärzte, Psychologen usw zur Verfügung stehen und sofort herangezogen werden können. 11

B. Bildung des Ausschusses

Für die Vertreter der schwer behinderten Arbeitnehmer, von denen einer in Kündigungsangelegenheiten sbM aus dem Geschäftsbereich des Bundesministeriums der Verteidigung ein Angehöriger des öffentlichen Dienstes (nicht notwendig aus dem Geschäftsbereich des Bundesministeriums der Verteidigung, krit. Hauck/Noftz/Masuch Rn. 25) sein muss, und die Vertreter der Arbeitgeber muss zwischen dem **Vorschlagsrecht und** der **Berufung** unterschieden werden. Das Vorschlagsrecht ist die Befugnis, die Vertreter bzw. die Stellvertreter namhaft zu machen; es steht bestimmten Verbänden oder Organisationen zu. Die Berufung ist ein konstitutiver Verwaltungsakt, durch welchen den Vorgeschlagenen das öffentliche Ehrenamt als Mitglied oder Stellvertreter des Ausschusses mit allen Rechten und Pflichten übertragen wird. Zur Schaffung klarer Verhältnisse empfiehlt es sich, dem Mitglied oder Stellvertreter eine Urkunde über die Ernennung auszuhändigen, aus der ua auch die Amtsdauer ersichtlich ist. 12

Das **Vorschlagsrecht** für die **schwer behinderten** Arbeitnehmer steht nur den im Land – also nicht nur im Bezirk des Integrationsamts – vertretenen Organisationen behinderter Menschen zu. Dies sind rechtsfähige oder nichtrechtsfähige Vereine, in denen hauptsächlich sbM, daneben aber meist auch noch andere Personenkreise von behinderten Menschen zusammengeschlossen sind, welche nach den Statuten die Aufgabe haben, die Interessen der sbM und (oder) behinderter Menschen nach außen hin zu vertreten. 13

Sämtliche im Bezirk vorhandenen Verbände dieser Art haben das Recht, eine Vorschlagsliste einzureichen. Liegen mehrere Vorschlagslisten vor und einigen sich die Verbände nicht untereinander, so verteilt das Integrationsamt gemäß den allgemeinen in der Selbstverwaltung der Sozialversicherung geltenden Regeln die Sitze der Vertreter und Stellvertreter anteilmäßig nach der Zahl der Mitglieder der Organisationen, wobei jedoch Minderheiten einen billigen Schutz auf Berücksichtigung haben. Ein Mitglied und sein Stellvertreter braucht nicht dem gleichen Verband anzugehören. 14

Wenn auch für diese Organisationen nicht wie nach § 186 Abs. 4 ausdrücklich gefordert wird, dass sie nach der Zusammensetzung ihrer Mitglieder dazu berufen sind, die behinderten Menschen in ihrer Gesamtheit zu vertreten, sind doch auch diese Arbeitnehmer vertretenden Organisationen anteilmäßig nach ihrer Größe und Bedeutung zu berücksichtigen. 15

Die **Berufung** erfolgt durch das Integrationsamt. Das Integrationsamt darf nur solche Mitglieder oder Stellvertreter berufen, die durch die Organisation namhaft gemacht werden, sbM nach § 2 Abs. 2 oder diesen gleichgestellte behinderte Menschen (§ 2 Abs. 3, § 151 Abs. 2) und Arbeiter oder Angestellte iSd Arbeitsrechts sind. 16

Die **Arbeitgebervertreter** (zum Begriff BVerwG 2.7.1992 – 5 C 51/90, br 1993, 15) werden von den für das Land zuständigen, tariffähigen Arbeitgeberverbänden (§ 2 TVG) 17 benannt, die gemäß der Zahl der verbandsangehörigen Betriebe und der dort beschäftigten Arbeitnehmer für das Land zuständig sind. Zwar heißt es nicht mehr wie in § 28 SchwbG 1961 und heute noch in § 203, dass die Verbände für die Vertretung der Arbeitgeberinteressen wesentliche Bedeutung haben müssen. Der Sache nach ist jedoch kein allzu großer Unterschied festzustellen, weil die Verbände „für das Land zuständig" sein müssen und deshalb kleine oder nur örtlich begrenzte Verbände ausscheiden. Es wird sich meist um Landesvereinigungen von Arbeitgeberverbänden handeln. Für das Vorliegen mehrerer Vorschlagslisten vgl. das oben Gesagte.

18 Den **Vertreter des Integrationsamts** und seinen Stellvertreter ernennt die von der Landesregierung bestimmte Landesbehörde, jeweils nach der Ressortverteilung das Innen-, Sozial- oder Arbeitsministerium. Die Angehörigen der Bundesagentur für Arbeit berufen diese selbst.

19 Die **Vertrauensperson sbM** und deren Stellvertreter beruft das Integrationsamt nach eigenem Ermessen. Ein Vorschlagsrecht ist nicht vorgesehen. Auf Grund der Meldungen nach § 163 Abs. 8 kennen die Integrationsämter ohnehin alle Vertrauenspersonen und können daraus nach Bedeutung und Aufgabenstellung geeignete Persönlichkeiten auswählen. UU kann auch eine Rücksprache mit Gewerkschaften, Beamtenverbänden, Arbeitgeberverbänden oder der Arbeitsverwaltung bei der Auswahl der Vertrauenspersonen hilfreich sein. Gefordert wird aber eine Beteiligung dritter Stellen bei der Auswahl nicht.

C. Amtsdauer, Rechte und Pflichten der Ausschussmitglieder, Entschädigung

20 Die Mitglieder und Stellvertreter werden jeweils auf vier Jahre berufen. Es greift keine allgemeine Stellvertretung Platz, sondern jedes Mitglied kann bei Verhinderung nur von der hierzu bestellten Person vertreten werden.

21 Die von dem Integrationsamt berufenen Mitglieder und Stellvertreter dürfen das ihnen übertragene Amt ablehnen oder auch vorzeitig niederlegen. Das Integrationsamt dagegen kann die berufenen Mitglieder nicht ohne weiteres ihres Amtes entheben. Jedoch ist anzunehmen, dass der Widerspruchsausschuss selbst ein Mitglied bei grober Verletzung seiner Amtspflichten ausschließen kann (→ § 213 Rn. 11).

22 Neben den im SGB IX ausdrücklich geforderten **persönlichen Voraussetzungen** müssen die Ausschussmitglieder voll geschäftsfähig sowie Deutsche iSd Art. 116 Abs. 1 GG sein (KHM/Kossens Rn. 3; Hauck/Noftz/Masuch Rn. 5) und dürfen nicht die Fähigkeit, Rechte aus öffentlichen Wahlen zu erlangen, verloren haben (§ 45 StGB). Dies sind die Mindestbedingungen für alle Ehrenämter in der Sozialversicherung (vgl. § 378 SGB III), die auch hier gelten müssen (aA Hauck/Noftz/Masuch Rn. 11). Fällt eine der gesetzlich geforderten oder dieser allgemeinen Voraussetzungen später fort oder hat das Mitglied sie nie erfüllt, ist es abzuberufen.

23 Die gleiche Person kann Mitglied des Widerspruchsausschusses bei dem Integrationsamt und Mitglied des Widerspruchsausschusses der Bundesagentur für Arbeit bzw. des Beratenden Ausschusses bei dem Integrationsamt oder der Zentrale der Bundesagentur für Arbeit sein. Die amtliche Begründung zum RegE des Schwerbehindertengesetzes sprach sogar die Erwartung aus, dass durch Berufung derselben Mitglieder zu beiden Ausschüssen die Zusammenarbeit der Dienststellen gefördert würde (vgl. BT-Drs. 3430, 34).

24 Die Ausschussmitglieder haben ein **öffentliches Ehrenamt** inne. Es verpflichtet sie zur gewissenhaften Erfüllung ihrer Amtspflichten und zum Einhalten der Gesetze. Alle Mitglieder des Ausschusses, auch die der Behörden, haben nach bestem Wissen und Gewissen zu entscheiden (eine Stimmenthaltung ist unzulässig, HessVGH 10.8.1993 – 9 UE

1274/90, br 1995, 22, BeckRS 1993, 31022373) und sind insbes. der sie entsendenden Stelle keine Rechenschaft über ihre Entscheidung schuldig. Ein imperatives Mandat würde dem Wesen des Ausschusses als unabhängiger kollegialer Verwaltungsinstanz widersprechen.

Die Ausschussmitglieder und ihre Stellvertreter haben eine besondere Amtspflicht zur Geheimhaltung (§ 213), deren Verletzung sogar strafrechtlich geahndet wird (§§ 203, 204 StGB). Diese Geheimhaltungspflicht gilt auch über das Ende des Amtes hinaus und besteht lediglich nicht gegenüber solchen Personen, die selbst zur Geheimhaltung verpflichtet sind und zur Durchführung ihrer Aufgaben die Aufklärung benötigen (vgl. § 213). 25

Die Mitglieder üben ihre Tätigkeit unentgeltlich aus. Das Integrationsamt kann daher ein Entgelt für die Teilnahme an den Sitzungen nicht zahlen. Nach den allg. für Ehrenämter geltenden Bestimmungen haben die Mitglieder, beratenden Mitglieder und Sachverständigen jedoch einen Anspruch auf Ersatz ihrer baren Auslagen wie Fahrgeld uÄ, sowie für entgangenen Arbeitsverdienst infolge der Teilnahme an den Sitzungen. Soweit in den einzelnen Ländern gesetzliche Bestimmungen über die Entschädigung nicht beamteter Personen bestehen, die als Mitglieder von Ausschüssen im öffentlichen Dienst tätig werden (vgl. für Baden-Württemberg § 85 VwVfG v. 21.6.1977 (GBl. S. 227), Bayern Art. 85 VwVfG v. 23.12.1976 (GVBl. S. 544); Berlin § 85 VwVfG v. 25.5.1976 (GVBl. S. 2735); Bremen § 85 VwVfG v. 15.11.1976 (GBl. S. 243); Hamburg § 85 VwVfG v. 9.11.1977 (GVOBl. S. 333); Hessen § 85 VwVfG v. 1.12.1976 (GVBl. S. 454, ber. 1977 S. 95); Niedersachsen § 1 VwVfG v. 3.12.1976 (GVBl. S. 311) mit § 85 VwVfG v. 25.5.1976 (BGBl. I 1253); Nordrhein-Westfalen § 85 VwVfG v. 21.12.1976 (GVBl. S. 438); Rheinland-Pfalz § 1 VwVfG v. 23.12.1976 (GVBl. S. 308) mit § 85 VwVfG v. 25.5.1976 (BGBl. I 1253); Saarland § 85 VwVfG v. 15.12.1976 (ABl. S. 1151); Schleswig-Holstein § 97 Landesverwaltungsgesetz v. 18.4.1967 (GVOBl. S. 131) idF der Bekanntmachung v. 19.3.1979), kommen diese hier zur Anwendung. 26

D. Aufgaben

Nach § 201 ist der Widerspruchsausschuss **zuständig** für die Widersprüche über alle Entscheidungen und Anordnungen, welche das Integrationsamt oder die örtlichen Fürsorgestellen nach Übertragung gem. § 190 auf Grund der SGB IX treffen. Es kommen hier in Betracht: 27

1. Festsetzung und Einziehung der Ausgleichsabgabe (§ 159 Abs. 4); Widerspruch einlegen kann nur der private Arbeitgeber, da über öffentliche Arbeitgeber die Aufsichtsbehörde entscheidet.
2. Auskunftsersuchen (§ 163 Abs. 5); widerspruchsberechtigt ist der Arbeitgeber, von dem die Auskunft verlangt wird.
3. Verlangen von Einblick in den Betrieb (§ 163 Abs. 7); auch hier steht der Widerspruch nur dem betreffenden Arbeitgeber zu.
4. Unterstützung bei der Einrichtung von Arbeitsräumen, Maschinen und technischen Arbeitshilfen (§ 164 Abs. 4); den Widerspruch kann der Arbeitgeber und der sbM einlegen.
5. Zustimmung oder Versagung der Zustimmung zur ordentlichen Kündigung (§§ 168 ff.); auch das Vorliegen der Notwendigkeit der Zustimmung und dessen Ablehnung. Den Widerspruch kann der sbM und der Arbeitgeber einlegen. Das gilt auch für den Geschäftsbereich des Bundesministeriums der Verteidigung.
6. Die Erteilung oder das Versagen, ebenso aber auch das Verneinen des Erfordernisses der Zustimmung zur außerordentlichen Kündigung eines sbM (§ 1741); Wider-

spruch können sowohl der sbM als auch der Arbeitgeber einlegen. Dies gilt auch für den Geschäftsbereich des Bundesministeriums der Verteidigung.

7. Zustimmung bei Beendigung ohne Kündigung durch Berufsunfähigkeit (§ 175); sbM und Arbeitgeber sind widerspruchsberechtigt.
8. Einladung zu einer Versammlung der sbM (§ 177 Abs. 6); widerspruchsberechtigt sind die sbM (bei Untätigkeit) oder der Arbeitgeber.
9. Einzige eigenständige Aufgabe des Widerspruchsausschusses, in der er erstinstanzlich tätig wird, ist die Amtsenthebung der Vertrauensperson bei grober Pflichtverletzung (§ 177 Abs. 7, vgl. Reusch br 2020, 10).
10. Maßnahmen der begleitenden Hilfe im Arbeitsleben einschließlich Hilfen für Wohnung, für Selbständige, Geldleistungen und Teilnahme an Bildungsmaßnahmen (§ 185); widerspruchsberechtigt sind sbM, Arbeitgeber und Selbständige.
11. Schulungs- und Bildungsmaßnahmen (§ 185 Abs. 2); Widerspruch einlegen können die Arbeitgeber, hinsichtlich der Kosten usw auch die Vertrauenspersonen, Beauftragte, Betriebs-, Personal-, Richter-, Staatsanwalts- und Personalratsmitglieder.
12. Verlängerung von Ausweisen, soweit dies von der Versorgungsbehörde auf die Fürsorgestellen übertragen wird (§ 190 Abs. 1); Widerspruch einlegen kann der sbM.
13. Entziehung der besonderen Hilfen für sbM (§ 200); Widerspruch kann der sbM einlegen; bei Beschwer durch die Ausgleichsabgabe auch der Arbeitgeber.

E. Rechtsweg

28 Nach erfolglosem Widerspruch kann Klage vor dem Verwaltungsgericht erhoben werden. Die Klage kann nicht nur der einlegen, der Widerspruch erhoben hat, sondern auch der andere Beteiligte, falls er durch den Widerspruchsbescheid beschwert worden ist (§ 68 Abs. 1 Ziff. 2 VwGO). Die fehlerhafte Besetzung des Ausschusses rechtfertigt für sich die Aufhebung einer Entscheidung nicht, wenn sie aus Rechtsgründen nicht anders hätte ausfallen dürfen (OVG NW 28.1.2013 – 12 A 1635/10/, BeckRS 2013, 48627; Schlegel/Voelzke/Reyels Rn. 22).

29 Hat das Integrationsamt in Ausübung hoheitlicher Gewalt gehandelt und ist dem Betroffenen durch eine Amtspflichtverletzung ein Schaden entstanden, so kann er nach § 839 BGB/Art. 34 GG auf Schadensersatz klagen; zuständig ist das ordentliche Gericht. Die vorherige Beschreitung des Verwaltungsrechtsweges ist nicht Voraussetzung für die Verfolgung des Anspruchs vor dem ordentlichen Gericht (vgl. § 40 Abs. 2 VwGO; BGH 26.9.1957 – III ZR 65/56, NJW 1957, 1873).

§ 203 Widerspruchsausschüsse der Bundesagentur für Arbeit

(1) Die Bundesagentur für Arbeit richtet Widerspruchsausschüsse ein, die aus sieben Mitgliedern bestehen, und zwar aus zwei Mitgliedern, die schwerbehinderte Arbeitnehmer oder Arbeitnehmerinnen sind, zwei Mitgliedern, die Arbeitgeber sind, einem Mitglied, das das Integrationsamt vertritt, einem Mitglied, das die Bundesagentur für Arbeit vertritt, einer Vertrauensperson schwerbehinderter Menschen.

(2) Für jedes Mitglied wird ein Stellvertreter oder eine Stellvertreterin berufen.

(3) 1 Die Bundesagentur für Arbeit beruft

1. die Mitglieder, die Arbeitnehmer oder Arbeitnehmerinnen sind, auf Vorschlag der jeweils zuständigen Organisationen behinderter Menschen, der im Benehmen mit den jeweils zuständigen Gewerkschaften, die für die Vertretung der Arbeitnehmerinteressen wesentliche Bedeutung haben, gemacht wird,

2. die Mitglieder, die Arbeitgeber sind, auf Vorschlag der jeweils zuständigen Arbeitgeberverbände, soweit sie für die Vertretung von Arbeitgeberinteressen wesentliche Bedeutung haben, sowie
3. das Mitglied, das die Bundesagentur für Arbeit vertritt, und
4. die Vertrauensperson.

2 Die zuständige oberste Landesbehörde oder die von ihr bestimmte Behörde beruft das Mitglied, das das Integrationsamt vertritt. 3 Entsprechendes gilt für die Berufung des Stellvertreters oder der Stellvertreterin des jeweiligen Mitglieds.

(4) **§ 202 Absatz 5 gilt entsprechend.**

Übersicht

A. Zusammensetzung

Der Widerspruchsausschuss beim LAA (heute: bei der BA) besteht seit der Neufassung des Schwerbehindertengesetzes v. 29.4.1974 wie der Widerspruchsausschuss bei dem Integrationsamt ebenfalls aus **sieben ordentlichen Mitgliedern** und ihren Stellvertretern; nach Bedarf können zur Beratung weitere Mitglieder herangezogen werden, die kein Stimmrecht haben. Seit 1974 war das aber nicht mehr wie früher gesetzlich vorgeschrieben, sondern nur zugelassen (vgl. RegBegr. BT-Drs. 7/656, 37). Außerdem konnten von Fall zu Fall noch Sachverständige herangezogen werden. Für jedes Mitglied war ein Stellvertreter zu ernennen. Diese Vorschrift galt jedoch nicht für die nur von Fall zu Fall heranzuziehenden beratenden Mitglieder. § 120 (heute: § 203) hat insoweit keine Veränderung mit sich gebracht. Der Text der Vorschrift und die Gesetzesmaterialien lassen nicht erkennen, dass von der bisherigen Praxis abgewichen werden soll. Das BTHG hat insoweit inhaltlich keine Änderung gebracht. Lediglich der Verweis in Abs. 5 wurde mit Rücksicht auf die Verschiebung des Schwerbehindertenrechts in Teil 3 des SGB IX 2018 an die neue Paragraphenfolge angepasst (BT-Drs. 18/9522, 309). 1

Der Ausschuss ist so zusammengesetzt, dass alle in Frage kommenden Gruppen und Behörden in ihm vertreten sind, und zwar die schwer behinderten Arbeitnehmer und die Arbeitgeber mit je zwei Vertretern, die Bundesagentur für Arbeit und das Integrationsamt mit je einem Vertreter, dazu eine Vertrauensperson. Bei Angelegenheiten aus dem Bereich des Bundesnachrichtendienstes ist § 240 Abs. 1 Ziff. 4 zu beachten. Die Gewerbeaufsicht, die Bergaufsicht und die gesetzliche Unfallversicherung können bei Bedarf mit beratender Stimme herangezogen werden. Wie viele weitere Sachverständige und welche Sachverständigen hinzuzuziehen sind, entscheidet der Ausschuss selbst. Diese Sachverständigen sind nur beratende ad-hoc-Mitglieder des Widerspruchsausschusses ohne Stimmrecht. 2

B. Bildung

Bei den Vertretern der schwer behinderten Arbeitnehmer und den Vertretern der Arbeitgeber muss zwischen **Vorschlag und Berufung** unterschieden werden. Der Vorschlag ist das Namhaftmachen von Mitgliedern oder Stellvertretern, die Ernennung ist ein konstitutiver Verwaltungsakt, durch welchen den Vorgeschlagenen das öffentliche Ehrenamt als Mitglieder oder Stellvertreter übertragen wird. 3

4 Das **Vorschlagsrecht** für den Vertreter der schwer behinderten Arbeitnehmer und ihre Stellvertreter steht den rechtsfähigen oder nichtrechtsfähigen Organisationen zu, in welchen behinderte Menschen aller Art zusammengeschlossen sind und welche gemäß ihren Statuten die alleinige oder hauptsächliche Aufgabe haben, die Interessen der behinderten Menschen zu wahren. Ob die Organisationen daneben auch die Interessen von anderen Geschädigten und ähnlichen Personenkreisen mit vertreten, ist nicht von Belang. Wenn auch in § 203 nicht wie in § 188 ausdrücklich gesagt ist, dass die Behindertenorganisationen dazu berufen sein müssen, die behinderten Menschen in ihrer Gesamtheit zu vertreten, besteht doch sachlich kein großer Unterschied, da nur solche Organisationen als Behindertenorganisationen anzusehen sind, die die Vertretung der behinderten Menschen zu ihrer Aufgabe gemacht haben.

5 Sämtliche Organisationen, auf die diese Voraussetzungen zutreffen, können ihr Vorschlagsrecht geltend machen. Die Organisationen müssen sich vor Einreichen der Vorschlagslisten mit den jeweils zuständigen **Gewerkschaften ins Benehmen setzen,** die nach der Zahl ihrer Mitglieder wesentliche Bedeutung haben. Abzustellen ist dabei auf den von der Bundesagentur für Arbeit bei der Bildung der Ausschüsse gewählten Bezugsbereich.

6 Ins Benehmen setzen heißt, Fühlung aufnehmen und nach Möglichkeit ein Einverständnis herbeiführen, wobei den Organisationen jedoch die letzte Entscheidung bleibt. Der Gesetzgeber beabsichtigte hierdurch, sowohl die Interessen der Organisationen als auch die der Gewerkschaften zu berücksichtigen. Er hat das Verfahren für die Praxis hierdurch sehr kompliziert, da auf der einen Seite mehrere Organisationen und auf der anderen mehrere Gewerkschaften stehen und nur zwei Sitze für ordentliche Mitglieder und zwei für die Stellvertreter zu verteilen sind. Jede Organisation muss sich also mit allen zuständigen Gewerkschaften ins Benehmen setzen.

7 Anhand der so zustande gekommenen Vorschlagslisten **beruft** die Bundesagentur für Arbeit die Mitglieder des Widerspruchsausschusses. Sie darf nur von den Organisationen benannte Mitglieder berufen. Wie sie die einzelnen Organisationen berücksichtigt, ist eine Ermessensfrage. Erstrebenswert ist, eine Einigung der Organisationen untereinander herbeizuführen. Andernfalls sind die Sitze anteilmäßig nach der Zahl der Mitglieder zu verteilen, wobei jedoch auch Minderheiten billig berücksichtigt werden müssen. Das Mitglied und sein Stellvertreter brauchen nicht von derselben Organisation benannt zu sein. Die Berufung erfolgt wie bei allen Ausschussmitgliedern auf vier Jahre. Dies folgt aus der Bezugnahme in Abs. 5.

8 Die **Vertreter der schwer behinderten Arbeitnehmer** müssen neben den sonstigen Voraussetzungen für die Übernahme des Amts, wie deutsche Staatsangehörigkeit, Volljährigkeit, Recht zur Ausübung öffentlicher Ämter (→ § 202 Rn. 22), noch weitere persönliche Voraussetzungen mitbringen. Sie müssen sbM iSv § 2 Abs. 2 oder Gleichgestellte (§ 2 Abs. 3, § 151 Abs. 2) sein. Hier ist nicht vorgesehen, dass einer von ihnen dem öffentlichen Dienst angehören muss. Es ist aber möglich, dass einer oder beide dem öffentlichen Dienst entnommen werden, obwohl ein Wechsel oder eine Verteilung angebracht ist. Beide müssen Arbeitnehmer, also Arbeiter und Angestellte sein. Die Begriffsbestimmung des Arbeitnehmers nach dem BetrVG ist hier mit der Einschränkung anwendbar, dass leitende Angestellte, sofern sie keine Arbeitgeberfunktion ausüben, ebenso wenig als Vertreter ausgeschlossen sind wie Verwandte und Verschwägerte, die mit dem Arbeitgeber in häuslicher Gemeinschaft leben.

9 Das Vorschlagsrecht für die **Vertreter der Arbeitgeber** steht den zuständigen Arbeitgeberverbänden, soweit sie für die Vertretung von Arbeitgeberinteressen wesentliche Bedeutung haben, zu. Auch hier wird an den von der Bundesagentur für Arbeit für die Bildung der Ausschüsse gewählten Bezugsbereich anzuknüpfen sein. Es kommen nur solche Verbände in Betracht, die nach der Zahl der in den verbandangehörigen Betrieben beschäftigten Arbeitnehmer im Bezugsbereich für die Wahrnehmung von Arbeitgeberinteressen wesentliche Bedeutung haben. In Frage kommen nur solche Vereinigungen

von Arbeitgebern, die nach § 2 des Tarifvertragsgesetzes idF v. 25.8.1969 (BGBl. I S. 1323) tariffähig sind. Für die Berufung bei Vorliegen mehrerer Vorschlagslisten gilt das hinsichtlich der schwerbehinderten Arbeitnehmer Gesagte entsprechend. Der Arbeitgebervertreter muss nicht selbst Arbeitgeber, sondern kann zB Angestellter des Verbandes sein.

Der **Vertreter** der Bundesagentur für Arbeit wird ebenfalls von dieser in den Widerspruchsausschuss berufen. Da der Ausschuss ein Kollegium mit festen Mitgliedern ist, kann nur ein ständiger Vertreter der Bundesagentur für Arbeit und muss außerdem auch ein Stellvertreter für diesen berufen werden. **10**

Die **Vertrauensperson** und den/die Stellvertreter(in), der/die ebenfalls Vertrauensperson sein muss, bestellt die Bundesagentur für Arbeit nach eigenem Ermessen. Sie hat als Grundlage hierfür die Meldungen nach § 163 Abs. 8. Es kann hilfreich sein, sich mit den Gewerkschaften, Beamtenverbänden oder den Integrationsämter und Arbeitgeberverbänden zu beraten. Vorgeschrieben ist aber eine Beteiligung anderer Stellen bei der Auswahl der Vertrauensperson und des Stellvertreters nicht. **11**

Der **Vertreter des Integrationsamts** und sein Stellvertreter werden von der zuständigen obersten Landesbehörde, also dem Innen-, Sozial- oder Arbeitsministerium ernannt. **12**

Sofern der Widerspruchsausschuss nach Bedarf einen beratenden Vertreter der anderen Behörden hören will und wenn er einen Sachverständigen zuziehen will, wendet er sich an die betreffende Stelle. Auch hier ist es gut, wenn schon vorher entsprechende Vorschläge von der Bundesagentur für Arbeit dem Widerspruchsausschuss gemacht werden können. **13**

Das Amt als Mitglied des Widerspruchsausschusses bei der Bundesagentur für Arbeit ist ein **öffentliches Ehrenamt.** Es verpflichtet die Mitglieder zu gewissenhafter Erfüllung der Amtspflichten. Verletzungen der Amtspflicht können im Rahmen der §§ 203, 204 StGB strafrechtlich verfolgt werden (vgl. § 130). Die Mitglieder müssen ihre Entscheidungen nach bestem Wissen und Gewissen treffen, also unabhängig von eventuellen Weisungen der sie entsendenden Verbände oder Behörden. **14**

Die Mitglieder üben ihre Tätigkeit **unentgeltlich** aus (§ 203 Abs. 4 iVm § 202 Abs. 5, → Rn. 7). Die Bundesagentur für Arbeit hat ihnen jedoch ihre baren Auslagen und ggf. auch nachgewiesenen Verdienstausfall zu erstatten. Obwohl das G dies nicht ausdrücklich sagt, handelt es sich jedoch um ein allgemeines Verwaltungsprinzip. Sie können zwar nicht nach den Grundsätzen für die Organe der Bundesagentur für Arbeit entschädigt werden, da der Ausschuss kein Organ ist, sondern nach den bei der Bundesagentur für Arbeit geltenden Verwaltungsvorschriften für die Entschädigung sonstiger Ausschüsse. Zu der Stellung der Ausschussmitglieder im Allgemeinen die Ausführungen zu → § 202 Rn. 20 ff. **15**

C. Aufgaben

Nach § 201 kann gegen alle Anordnungen und Entscheidungen, welche die Bundesagentur für Arbeit auf Grund des Teils 2 des SGB IX trifft, Widerspruch beim Widerspruchsausschuss der Bundesagentur für Arbeit erhoben werden. Es gilt das Prinzip der Generalklausel. Darüber, was als widerspruchsfähige Anordnung oder Entscheidung anzusehen ist, → § 201 Rn. 13 ff. **16**

Folgende Verwaltungsmaßnahmen der Arbeitsverwaltung können ua mit dem Widerspruch angegriffen werden: **17**

1. Gleichstellung (§ 2 Abs. 3, § 151 Abs. 2); Widerspruch einlegen kann bei Ablehnung der sbM, aber auch der Arbeitgeber wegen der Anrechnung auf den Pflichtplatz.
2. Ablehnung der Anrechnung eines nicht weniger als 18 Stunden wöchentlich beschäftigten sbM auf einen Pflichtplatz (§ 158 Abs. 2), Ablehnung der Anrechnung eines

sbM auf mehr als einen Pflichtplatz (§ 159 Abs. 1); Ablehnung der Anrechnung des zur beruflichen Bildung beschäftigten SB auf drei Pflichtplätze (§ 159 Abs. 2); Widerspruch einlegen kann der sbM und der Arbeitgeber.

3. Maßnahmen im Zusammenhang mit der jährlichen Meldepflicht und der Anzeige alle 5 Jahre (§ 163 Abs. 2–4); Widerspruch einlegen kann nur der Arbeitgeber.
4. Auskunftsersuchen (§ 163 Abs. 5); widerspruchsberechtigt ist der Arbeitgeber.
5. Verlangen zur Gewährung von Einblick in den Betrieb (§ 163 Abs. 7); zum Widerspruch berechtigt ist der Arbeitgeber.
6. Unterstützung bei der Einrichtung der Arbeitsräume, Maschinen, technischer Arbeitshilfen (§ 164 Abs. 4); Widerspruch einlegen kann der sbM und der Arbeitgeber.
7. Widerruf oder Rücknahme der Gleichstellung (§ 200 Abs. 3); Widerspruch einlegen kann der SB und der Arbeitgeber.
8. Entscheidungen, die mit der Arbeits- und Berufsberatung, der Förderung von Arbeitsplätzen und Arbeitsvermittlung von sbM in Verbindung stehen (§ 187 Abs. 1 Ziff. 1–4), sofern sie aus dem Rahmen der allgemeinen Arbeitsvermittlung herausfallen; Widerspruch erheben kann jeweils der betroffene sbM oder Arbeitgeber.
9. Entscheidungen über die Gewährung von Geldleistungen zur besonderen Förderung der Einstellung und Beschäftigung sbM aus Mitteln der Ausgleichsabgabe in überregionalen oder regionalen Arbeitsmarktprogrammen (§ 187 Abs. 3); Widerspruch einlegen kann der betroffene sbM oder Arbeitgeber.
10. Anrechnung von sbM und gleichgestellten behinderten Menschen, die bei einem in der Hauptsache für denselben Auftraggeber arbeitenden Hausgewerbetreibenden oder diesen Gleichgestellten beschäftigt werden (§ 210 Abs. 4); Widerspruch einlegen kann nur der antragstellende Auftraggeber.
11. Anerkennung als WfbM und deren Aufhebung (§ 225); Widerspruch einlegen kann der Träger der Werkstatt, sofern nicht die Zentrale der Bundesagentur für Arbeit tätig geworden ist. Sonst gibt es nur das Verfahren des SGG (§ 81 SGG).

18 Keinen Widerspruch gibt es gegen die Verhängung einer Ordnungsstrafe. In diesem Fall ist ausschließlich das Verfahren nach dem OWiG (vgl. § 68) gegeben.

D. Rechtsweg

19 Bei Ablehnung des Widerspruchs kann Klage vor dem Sozialgericht binnen 1 Monat erhoben werden. Wird dem Widerspruch stattgegeben, kann der nunmehr Beschwerte die Klage beim Sozialgericht gegen den Widerspruchsbescheid erheben.

20 Hat die Bundesagentur für Arbeit in Ausübung hoheitlicher Gewalt gehandelt und ist dem Betroffenen durch eine Amtspflichtverfehlung ein Schaden entstanden, so kann er nach § 839 BGB/Art. 34 GG auf Schadenersatz klagen; zuständig ist das ordentliche Gericht (§ 40 Abs. 2 VwGO).

§ 204 Verfahrensvorschriften

(1) **Für den Widerspruchsausschuss bei dem Integrationsamt (§ 202) und die Widerspruchsausschüsse bei der Bundesagentur für Arbeit (§ 203) gilt § 189 Absatz 1 und 2 entsprechend.**

(2) **Im Widerspruchsverfahren nach Kapitel 4 werden der Arbeitgeber und der schwerbehinderte Mensch vor der Entscheidung gehört; in den übrigen Fällen verbleibt es bei der Anhörung des Widerspruchsführers.**

(3) [1]**Die Mitglieder der Ausschüsse können wegen Besorgnis der Befangenheit abgelehnt werden.** [2]**Über die Ablehnung entscheidet der Ausschuss, dem das Mitglied angehört.**

Übersicht

A. Allgemeines

1 Die Überschrift Verfahrensvorschriften ist nur zum Teil zutreffend. In § 204 Abs. 1 wird durch Verweisung auf § 189 Abs. 1, 2 die innere Organisation der Ausschüsse geregelt. Damit werden die Bestimmungen für die Beratenden Ausschüsse bei der Zentrale der Bundesagentur für Arbeit und bei den Integrationsämtern entspr. angewandt. § 204 Abs. 2, 3 dagegen enthält wirkliche Verfahrensvorschriften; er gibt dem von der Entscheidung betroffenen Arbeitgeber oder sbM ein Recht auf Anhörung und regelt die Ablehnung von Mitgliedern des Ausschusses wegen Befangenheit. Da die beratenden Ausschüsse keine Entscheidung im Einzelfall treffen, gelten diese Vorschriften nur für die Widerspruchsausschüsse.

2 Die **innere Organisation** der Widerspruchsausschüsse und der beratenden Ausschüsse entspricht weitgehend derjenigen der Organe in der Sozialversicherung. Die entsprechenden Vorschriften sind zusammengefasst in SGB IV v. 23.12.1976 (BGBl. I 3845, zuletzt geändert G v. 20.12.2022, BGBl. I 2759) zB §§ 63, 64 über Beratung und Beschlussfassung, §§ 40, 41 über Ehrenamt und Entschädigung. In der Zusammensetzung und in den Verfahren vor den Ausschüssen kommt der Grundgedanke der Selbstverantwortung und Selbstverwaltung zum Ausdruck. Die Bestimmungen stellen nur einen äußeren Rahmen dar, den die Ausschüsse kraft ihres autonomen Organisationsrechts durch eine von ihnen beschlossene Geschäftsordnung ergänzen können und ergänzen sollten.

B. Wahl und Aufgaben des Vorsitzenden

3 Jeder Ausschuss muss einen Vorsitzenden und einen stellvertretenden Vorsitzenden wählen. **Wahlberechtigt** sind alle stimmberechtigten Mitglieder des jeweiligen Ausschusses, Stellvertreter also nur, wenn sie in dieser Sitzung ein ordentliches Mitglied vertreten. Berater oder Sachverständige, die nur von Fall zu Fall herangezogen werden, sind keine Mitglieder der Widerspruchsausschüsse und damit nicht wahlberechtigt. Dagegen wird der Widerspruchsausschuss bei den Integrationsämtern in Kündigungsangelegenheiten von sbM im Geschäftsbereich des Bundesministeriums der Verteidigung nach § 202 Abs. 4 in anderer Besetzung tätig. Diese besonders zusammengesetzten Ausschüsse müssen auch einen eigenen Vorsitzenden und Stellvertreter wählen, da die Arbeitgeberseite ganz anders besetzt ist. Für diese Wahl ist auch nur der Ausschuss in der Zusammensetzung des § 202 Abs. 4 wahlberechtigt.

4 **Wählbar** als Vorsitzende sind in allen Ausschüssen nur die als Vertreter der „schwer behinderten Arbeitnehmer" und als Vertreter der Arbeitgeber benannten Mitglieder; es handelt sich also um die von den Organisationen behinderter Menschen des jeweiligen Landes und den Arbeitgeberverbänden benannten Vertreter. Nach dem in Bezug genommenen § 189 Abs. 1 ist zwar eine Dreiteilung in Arbeitnehmer-, Arbeitgeber und Behindertenvertreter vorgesehen. In den Widerspruchsausschüssen gibt es aber nur schwerbe-

hinderte Arbeitnehmer, so dass entsprechende Anwendung hier bedeutet, dass nur die Arbeitnehmer- und Arbeitgebervertreter wählbar sind. Zum Vorsitzenden und seinem Stellvertreter können nur ordentliche Mitglieder gewählt werden.

5 Vorsitzender und Stellvertreter werden **jeweils auf ein Jahr** gewählt. Ist der Vorsitzende Vertreter der schwerbehinderten Arbeitnehmer, so muss der Stellvertreter Vertreter der Arbeitgeber sein und umgekehrt. Eine Gruppe stellt jedes Jahr im Wechsel entweder den Vorsitzenden oder den Stellvertreter; der Wechsel zwischen den Gruppen wird auch durch den Ablauf der vierjährigen Amtszeit der Mitglieder nicht unterbrochen. Der jährliche Wechsel des Vorsitzenden ist nur auf die Gruppen abgestellt. Es muss also Jahr für Jahr eine wirkliche Neuwahl für beide Ämter stattfinden. Scheidet der Vorsitzende oder Stellvertreter innerhalb seiner Amtszeit aus, so ist für den Rest der Amtszeit ein Nachfolger aus derselben Gruppe zu wählen.

6 Der Vorsitzende des Ausschusses ist nur **primus inter pares.** Außerhalb des Ausschusses nimmt er keine besondere Stellung ein. Seine hauptsächliche Aufgabe ist es, die Sitzungen der Ausschüsse vorzubereiten, einzuberufen und sie zu leiten. Die Zentrale der Bundesagentur für Arbeit und die Integrationsämter haben ihm für die jeweils bei ihnen gebildeten Ausschüsse jede erforderliche Hilfe zu leisten.

C. Beschlussfassung

7 Die Willensbildung in den Ausschüssen erfolgt wie in allen Kollegialorganen durch Abstimmung. Ob offen oder geheim abgestimmt wird, bestimmt der Ausschuss selbst. Für alle Entscheidungen und Beschlüsse genügt **einfache Mehrheit,** eine Stimmenthaltung ist unzulässig (HessVGH 10.8.1993 – 9 UE 1274/90, br 1995, 22 = BeckRS 1993, 31022373); bei Stimmengleichheit gibt die Stimme des Vorsitzenden nicht (mehr) den Ausschlag, da eine dem früheren § 30 Abs. 2 SchwbG 1961 entsprechende Vorschrift im SGB IX nicht enthalten ist. Damit gilt bei Stimmengleichheit der Beschluss als abgelehnt.

8 **Stimmberechtigt** sind nur die Mitglieder des Ausschusses, im Falle der Verhinderung ihre Stellvertreter. Ein Stellvertreter kann immer nur das Mitglied vertreten, als dessen Stellvertreter er ernannt oder berufen ist und nicht etwa ein anderes fehlendes oder verhindertes Mitglied. Die beratenden Sachverständigen haben nur ein Recht zur Äußerung, Stellungnahme und Empfehlung, jedoch kein Stimmrecht.

9 **Beschlussfähig** sind alle Ausschüsse, wenn wenigstens vier stimmberechtigte Mitglieder oder Stellvertreter, die ein verhindertes Mitglied vertreten, anwesend sind; welchen Gruppen sie angehören, ist ohne Belang. Jedoch muss ein Vorsitzender oder sein Stellvertreter anwesend sein, damit der Widerspruchsausschuss tätig werden kann. Dies schließt eine Entscheidung im Umlaufverfahren aus. Da es im SGB IX an einer inhaltlich den §§ 129 BetrVG und 37 BPersVG entsprechenden Regelung fehlt, erfüllt auch eine Telefon- oder Videokonferenz nicht da Erfordernis der „Anwesenheit" (Koch br 2020, 89; aA Hauck/Noftz/Masuch Rn. 23.1). Gleichgültig, ob eine Gruppe überhaupt nicht vertreten ist. Der Vorsitzende und sein Stellvertreter zählen mit.

D. Verfahren in den Widerspruchsausschüssen

10 Für die Widerspruchsausschüsse bei der Bundesagentur für Arbeit und den Integrationsämter ist eine eingehende Regelung der Verfahrensvorschriften nicht nötig, da es sich hier nicht um ein gerichtliches Verfahren, sondern um Verwaltungsentscheidungen im Kollegialverfahren handelt, gegen die der Rechtsweg offensteht.

11 Obwohl eine positiv rechtliche Bestimmung fehlt, ergibt sich jedoch aus der Natur der Dinge, dass die Sitzungen **nicht öffentlich** sein können, da dort persönliche Angelegen-

heiten des sbM und Betriebsgeheimnisse behandelt werden (KHM/Kossens Rn. 5), für deren Preisgabe die Mitglieder der Ausschüsse sogar bestraft werden können (§ 213 mit §§ 203–205 StGB). Aus dem gleichen Grunde sind auch die stellvertretenden Mitglieder nur dann berechtigt, an der Sitzung teilzunehmen, wenn das ordentliche Mitglied verhindert ist.

Der durch die Entscheidung des Widerspruchsausschusses in Kündigungsangelegenheiten im Einzelfall unmittelbar **betroffene** sbM **oder Arbeitgeber muss** vor der Entscheidung **gehört werden.** Er muss also Gelegenheit bekommen, sich zu den für die Entscheidung maßgeblichen Tatsachen zu äußern. Diese sind ihm daher in einer grds. schriftlichen Anhörungsmitteilung unter Einräumung einer Stellungnahmefrist von zumindest zwei Wochen zu übersenden (Hauck/Noftz/Masuch Rn. 19). Diese Konkretisierung des Wortlauts geht auf die Stellungnahme des BR zurück, der darauf hingewiesen hat, dass nur in den Fällen des Teils 2 (heute: Teil 3) Kap. 4 ein zweiseitiges Verwaltungsverfahren vorliegt. Im Übrigen genüge die Anhörung des Widerspruchsführers (BT-Drs. 14/5531, 11). Der Betroffene hat ein Recht, gehört zu werden mit Angriff und Verteidigung und zu hören, was gegen ihn vorgebracht wird (vgl. § 71 VwGO; Art. 103 GG, dessen Grundsätze auch für das Vorverfahren gelten; vgl. Maunz/Dürig/Remmert GG Art. 103 Abs. 1 Rn. 92, 93; BVerwG 28.4.19999 – B 9 SB 5/98 R, SozR 3 – 1300 § 24 Nr. 15). Wenn er es verlangt, muss ihm auch mündliches Gehör gegeben werden. Die Aufforderung zu einer schriftlichen Stellungnahme reicht nicht aus (VGH BW 5.8.1996 – 7 S 3383/94, VGH BW Rsp Dienst 1996, Beil. 11, B 3; enger: Hauck/Noftz/Masuch Rn. 18; Schlegel/Voelzke/Reyels Rn. 28.1; Fischer/Welti SGb 2017, 541). Ein Verstoß gegen das Anhörungsrecht macht die Entscheidung rechtswidrig und damit anfechtbar (vgl. aber § 41 Abs. 3 bzw. § 42 S. 2 SGB X über die nachträgliche Anhörung). Ob § 79 Abs. 2 S. 2 VwGO lex specialis gegenüber § 42 S. 2 SGB X ist, hat das BVerwG offengelassen (BVerwG 11.10.1984 – 5 C 144/83, NVwZ 1985, 901). Allerdings betrifft dies nur die Wirksamkeit des Widerspruchsbescheids. Der Ausgangsbescheid ist wegen eines Anhörungsfehlers im Widerspruchsverfahren dagegen nicht aufzuheben (VG Meiningen 23.12.2008 – 8 K 479/06 Me, ThürVBl. 2009, 135 = BeckRS 2009, 31899). Nur die unmittelbar Betroffenen haben ein Recht auf Anhörung; eine Vertretung durch prozessfähige Bevollmächtigte dürfte möglich sein. Die Vorlage der Vollmachtsurkunde ist nicht Voraussetzung der Vertretungsbefugnis. Sie dient nur dem Nachweis der Vollmacht (VG Karlsruhe 9.3.2004 – 5 K 3302/02, br 2004, 114). Das Recht auf Akteneinsicht besteht nach allgemeinen Grundsätzen, dh es ist bei Vorliegen eines rechtlichen Interesses zu gewähren (§ 25 SGB X, s. aber § 84a SGG). Bei Vertretern ist der Nachweis der Vollmacht erforderlich (§ 13 SGB X). **12**

Die unmittelbar Betroffenen haben weiterhin das Recht, einzelne Mitglieder des Widerspruchsausschusses wegen Befangenheit abzulehnen. Ein solcher Antrag kann wegen der Ausgestaltung des § 202, der auch die Mitwirkung von „Repräsentanten" der Arbeitgeberseite vorsieht, nicht allein auf die berufliche Funktion des betroffenen Beisitzers gestützt werden (BVerwG 2.7.1992 – 5 C 51/90, br 1993, 15). Für das Vorverfahren gelten die Vorschriften über das Verwaltungsverfahren, also §§ 16, 17 SGB X. Danach sind Beteiligte und Angehörige als Mitglieder des Widerspruchsausschusses ausgeschlossen. Bei Besorgnis der Befangenheit gegen eine unparteiische Amtsführung ist dies dem Ausschuss, ggf. auch von dem Betroffenen selbst, mitzuteilen. Allerdings kommt eine Ablehnung nicht mehr in Betracht, wenn sich ein Beteiligter in Kenntnis des Ablehnungsgrundes in die mündliche Verhandlung eingelassen hat (BVerwG 2.7.1992 – 5 C 51/90, br 1993, 15). **13**

Über den Ablehnungsantrag entscheidet der zuständige Widerspruchsausschuss endgültig. Das abgelehnte Mitglied darf bei der Entscheidung über die Ablehnung nicht mitwirken (§ 16 Abs. 4 SGB X). Wird der Ausschuss hierdurch beschlussunfähig, so ist über die Ablehnung in der nächsten Sitzung zu entscheiden (Hauck/Noftz/Masuch Rn. 12; KHM/Kossens Rn. 7). Die Gründe für die Ablehnung sind von dem Beschwerde- **14** führer glaubhaft zu machen. Steht fest, dass die Ablehnung nur verschleppen soll oder sonst missbräuchlich ist (HessLSG 18.12.1985 – L 9 S 123/85, SozVers 1986, 111 = BeckRS 2010, 69771; Günther NJW 1986, 281), so kann der Ausschuss den Antrag in alter Besetzung zurückweisen. Der Beschluss ist mit einem Rechtsbehelf nicht selbständig angreifbar. Dies kann mit der Klage geltend gemacht werden (KHM/Kossens Rn. 8).

Kapitel 10. Sonstige Vorschriften

§ 205 Vorrang der schwerbehinderten Menschen

Verpflichtungen zur bevorzugten Einstellung und Beschäftigung bestimmter Personenkreise nach anderen Gesetzen entbinden den Arbeitgeber nicht von der Verpflichtung zur Beschäftigung schwerbehinderter Menschen nach den besonderen Regelungen für schwerbehinderte Menschen.

Übersicht

A. Allgemeines

1 In der Gesetzesberatung wurde bereits bei der Schaffung des Schwerbehindertengesetzes darauf hingewiesen, dass durch die Folgen des Zweiten Weltkrieges zwar viele Personen Not leidend und auf dem Arbeitsmarkt betreuungsbedürftig geworden waren, der SB jedoch demgegenüber für die ganze Dauer seines Lebens einen schweren Körperschaden zu tragen hat, der ihn im Beruf und im persönlichen Bereich schwer und dauernd behindert. Aus diesem Grunde sei es recht und billig, dem SB vor allen anderen Personen einen Vorrang einzuräumen (Schriftlicher Bericht des Abgeordneten Geritzmann, BT-Drs. Nr. 4292, 5). Auch die amtliche Begründung des RegE bezeichnete als Zweck der Vorschrift, „sicherzustellen, dass die Kriegs- und Arbeitsopfer mit ihren schweren gesundheitlichen Dauerschäden gegenüber den zahlreichen durch die Kriegs- und Nachkriegszeit in Not geratenen Menschen, denen durch andere Gesetze ein Anspruch auf bevorzugte oder anteilmäßige Wahrnehmung vorhandener Arbeitsmöglichkeiten zugebilligt worden ist, nicht zurückstehen" (BT-Drs. Nr. 3430, 35). Das galt nach der Neufassung v. 29.4.1974 für alle Schwerbehinderte, die seither gemäß der finalen Betrachtungsweise untereinander gleichgestellt waren. Der frühere Hinweis auf das G zu Art. 131 GG (§ 32 Abs. 2 SchwbG 1961) konnte nach Abschluss dieser Gesetzgebung fallen gelassen werden (RegBegr. BT-Drs. 7/656, 37). Diesem Grundansatz folgte auch die mit dem bisherigen § 44 SchwbG fast wortgleiche Bestimmung des § 122 SGB IX 2001. Bei der Anwendung des in seinem Wortlaut mit der Vorgängerregelung identischen § 205, der durch das BTHG vom 23.12.2016 (BGBl. I 3234) in das SGB IX übernommen wurde, ist jetzt allerdings die Änderung des Behinderungsbegriffs zu berücksichtigen und damit gleichzeitig auch der Zweckrichtung des SGB IX 2018 Rechnung zu tragen (Schlegel/Voelzke/Griese Rn. 2).

2 Der private Arbeitgeber ist aber nach wie vor nicht verpflichtet, einem schwerbehinderten Bewerber immer den **Vorrang** vor anderen Bewerbern zu geben (KHM/Kossens Rn. 8; aA GK-SGB IX/Großmann § 122 Rn. 37; vermittelnd LPK-SGB IX/Düwell Rn. 3, Reduzierung auf bevorzugte „Beschäftigung"). Dies hängt damit zusammen, dass dem sbM gegenüber einem Arbeitgeber kein subjektives öffentliches Recht auf Einstel-

lung zusteht (BAG 5.10.1995 – 2 AZR 923/94, NZA 1996, 371; BAG 1.8.1985 – 2 AZR 101/83, NZA 1986, 635; Schlegel/Voelzke/Griese Rn. 11). Hat der Arbeitgeber seine Beschäftigungspflicht erfüllt, so versagen auch öffentlich-rechtliche Zwangsmittel, sbM bei der Einstellung zu bevorzugen (ErfK/*Rolfs* Rn. 1). Sinn der Bestimmung des § 205 ist es vielmehr klarzustellen, dass die Pflicht zur Beschäftigung sbM in dem vom G vorgeschriebenen Rahmen erfüllt werden muss, gleichgültig ob auch sonstige gesetzliche Gebote dem Arbeitgeber die Beschäftigung anderer Personen aufgeben. Ob dies ein dringendes betriebliches Bedürfnis iSd § 1 Abs. 2 KSchG für den Fall begründet, dass der Arbeitgeber einen Arbeitsplatz für einen schwer behinderten Bewerber freikündigen möchte, ist in der Rspr. des BAG noch nicht abschließend geklärt. Ein erster Ansatz für diesen Gedanken findet sich in allerdings nicht tragenden Erwägungen einer neueren Entscheidung (BAG 20.11.2014 – 2 AZR 664/13, NZA 2015, 931).

Nach dem zweiten Weltkrieg sind auf Bundes- und Landesebene Gesetze erlassen 3
worden, deren Zweck es ist, den begünstigten Personenkreisen entweder Rechte für die Beschaffung eines Arbeitsplatzes oder seine Sicherung zu geben. Es handelt sich sowohl um Einstellungs- und Beschäftigungsgebote an die Arbeitgeber, als auch um Bestimmungen über die bevorzugte Arbeitsvermittlung.

Einstellungs- bzw. **Beschäftigungsgebote** enthalten zB die Gesetze der Länder Nieder- 4
sachsen, Nordrhein-Westfalen und Saarland über einen Bergmannsversorgungsschein (Niedersachsen v. 6.1.1949, GVBl. S. 15; Nordrhein-Westfalen idF v. 20.12.1983, GVBl. S. 635; Saarland G Nr. 768 v. 11.7.1962, ABl. S. 605 idF v. 16.10.1981, ABl. S. 825), die Badische VO über vorzugsweise Beschäftigung und Selbständig-Machung der Opfer des Nationalsozialismus v. 29.2.1946 (Amtsblatt der französischen Militärregierung Nr. 18 v. 22.3.1946), das BEG idF v. 29.6.1956 (BGBl. I 959, zul. geändert durch G v. 28.10.1996, BGBl. I 1546) und das II. Gleichberechtigungsgesetz v. 24.6.1994 (BGBl. I 1406). Die Bestimmungen dieser Gesetze bleiben gültig, es sei denn, sie ständen in Widerspruch zum SGB IX. Die Beschäftigungsgebote nach dem SGB IX und nach den anderen gesetzlichen Vorschriften bestehen unabhängig voneinander und nebeneinander und sind beide vom Arbeitgeber zu erfüllen (sog. Gleichrangigkeit LPK-SGB IX/Düwell Rn. 13; GK-SGB IX/*Großmann* § 122 Rn. 52; Hauck/Noftz/Masuch Rn. 2). § 205 SGB IX begründet keinen Anspruch auf bevorzugte Einstellung (ErfK/Rolfs Rn. 1), sondern beschränkt sich auf die Abwehr der Bevorzugung anderer geschützter Gruppen. Dem Arbeitgeber ist es damit verwehrt, sich im Hinblick auf die Nichterfüllung der Beschäftigungspflicht aus § 154 SGB IX auf die Beschäftigung anderer besonders geschützter Arbeitnehmer zu berufen (BAG 16.2.2012 – 8 AZR 697/10, NZA 2012, 667; LPK/*Düwell* Rn. 3; Schlegel/Voelzke/Griese Rn. 7). Kommt der Arbeitgeber also seiner Verpflichtung zur Frauenförderung nach und erfüllt daher die Pflichtquote nicht, ist er zur Zahlung der Ausgleichsabgabe nach § 160 SGB IX verpflichtet (Schlegel/Voelzke/Griese Rn. 20). Dies gilt entsprechend für den Vortrag entlastender Umstände iSv § 22 AGG (BAG 16.12.2012 – 8 AZR 697/10, NZA 2012, 667; Hauck/Noftz/Masuch Rn. 6). Die Übernahme des alten Gesetzestextes in einen geänderten rechtlichen Zusammenhang führt zu einem Widerspruch mit dem in der Überschrift der Norm genannten Regelungsziel und erfordert eigentlich eine Klarstellung durch den Gesetzgeber (VG Bremen 8.5.2014 – 6 V 89/14, ZfPR online, Nr. 12, 20; LPK/Düwell Rn. 14); Andererseits sind für bestimmte Konstellationen bereits nach geltendem Recht zweifelsfreie Lösungen möglich. Dies betrifft etwa die Konkurrenz eines behinderten männlichen Bewerbers mit einer ebenfalls behinderten Frau. Diese genießt in einem solchen Fall den Vorzug (Hauck/Noftz/Masuch Rn. 11).

B. Benachteiligungsverbot

5 Alle öffentlichen und privaten Arbeitgeber müssen ihre sich aus den §§ 154 u. 155 ergebende Beschäftigungspflicht gegenüber den sbM erfüllen, gleichgültig ob sie auch nach anderen Gesetzen zur Beschäftigung gewisser Personen verpflichtet sind. Das G enthält also ein Verbot, sbM in der Beschäftigung zugunsten anderer Personen zu benachteiligen. Voraussetzung dafür ist allerdings, dass der Arbeitgeber die Behinderung kannte oder kennen musste. Daher muss der Bewerber den Arbeitgeber rechtzeitig über diesen Umstand in Kenntnis setzen, wenn dieser noch nicht über diese Information verfügt (BAG 26.11.2020 – 8 AZR 59/20, NZA 2021, 635). Trotzdem erwächst auch aus dieser Bestimmung dem einzelnen sbM kein Anspruch auf Einstellung oder Abschluss eines Arbeitsvertrages (→ § 154 Rn. 10). Auch eine Pflicht zur Übernahme als Beamter besteht aus § 205 nicht als Anspruch des einzelnen sbM (BAG 6.9.1966 – 1 AZR 466/65, AP SchwBeschG § 12 Nr. 5).

6 SbM im Sinne dieser Bestimmung sind nicht nur die sbM kraft Gesetzes (§ 2 Abs. 2), sondern **auch die ihnen gleichgestellten behinderten Menschen** (§ 2 Abs. 3, 151 Abs. 2). Auch wenn ein Anwendungsbereich der Vorschrift für Gleichgestellte nach § 151 Abs. 4 kaum vorstellbar ist, geht eine vollständige Herausnahme daraus zu weit (so aber ErfK/Rolfs Rn. 1; KHM/Kossens Rn. 2).

7 Das im vorstehenden Sinne konkretisierte Benachteiligungsverbot besteht nur **im Rahmen der Pflichtzahl** (§§ 151 ff.).

C. Vorrang bei der Arbeitsvermittlung

8 In diesem Zusammenhang tritt die Frage auf, ob eine Verpflichtung besteht, die sbM bevorzugt in Arbeit zu vermitteln. Das SGB IX hält diese Verpflichtung für so selbstverständlich, dass es sie nicht direkt zum Ausdruck bringt. Auch § 187 zählt zu den Aufgaben der Bundesagentur nur die Arbeitsberatung und Arbeitsvermittlung sbM, nicht aber wie früher zB § 8 Abs. 2 SchwbG 1961 eine „bevorzugte" Vermittlung. Trotzdem besteht damit ein absoluter Vorrang der Vermittlung sbM in Arbeit (KHM/Kossens Rn. 10). Dieser Vorrang wird auch aus der Pflicht zur Einrichtung besonderer Beratungs- und Vermittlungsstellen nach § 187 Abs. 4 deutlich und gilt gegenüber allen bevorzugt zu vermittelnden Personenkreisen. Besonderen Ausdruck hat dieses Anliegen auch darin gefunden, dass zur Bekämpfung der Arbeitslosigkeit Schwerbehinderter eigens ein G erlassen wurde, wenngleich die besonderen Bestimmungen zur Arbeitsförderung sbM – systematisch zutreffend – durch Art. 2 des SchwbBAG v. 29.9.2000 (BGBl. I 1394) dem SGB III zugeordnet wurden. Mit dem G zur Förderung der Ausbildung und Beschäftigung sbM v. 23.4.2004 (BGBl. I 606) wurde dieses Bemühen fortgesetzt. Eine Abstufung der Vorrangigkeit innerhalb der sonst bevorzugt zu vermittelnden Personen gibt es nicht. Sie stehen in der Arbeitsvermittlung alle hinter den sbM zurück. Aber auch soweit andere Gesetze die Bundesagentur zu einer bevorzugten Vermittlung von bestimmten Personenkreisen verpflichten, ohne den Vorrang der sbM ausdrücklich zu betonen, haben die sbM und die ihnen gleichgestellten bM (§ 2 Abs. 3, § 151 Abs. 2) bei der Arbeitsvermittlung den Vorzug. In § 77 Abs. 4 BVFG hieß es deshalb auch ausdrücklich, dass die bevorzugte Vermittlung anderer Personengruppen, also auch der sbM, durch dieses G nicht berührt wurde. Besonders deutlich wurde dieser Vorrang der sbM durch die bereits seit 1.7.1986 geltende besondere Förderung der Einstellung und Beschäftigung SB nach § 33 Abs. 1 Nr. 3 SchwbG auch aus den Mitteln des Ausgleichsfonds, die für andere Gruppen nicht zur Verfügung standen (§ 33 Abs. 2, 3 SchwbG), und die jetzt in § 187 Abs. 3 in ähnlicher Form fortgeführt wird.

§ 206 Arbeitsentgelt und Dienstbezüge

(1) [1]Bei der Bemessung des Arbeitsentgelts und der Dienstbezüge aus einem bestehenden Beschäftigungsverhältnis werden Renten und vergleichbare Leistungen, die wegen der Behinderung bezogen werden, nicht berücksichtigt. [2]Die völlige oder teilweise Anrechnung dieser Leistungen auf das Arbeitsentgelt oder die Dienstbezüge ist unzulässig.

(2) Absatz 1 gilt nicht für Zeiträume, in denen die Beschäftigung tatsächlich nicht ausgeübt wird und die Vorschriften über die Zahlung der Rente oder der vergleichbaren Leistung eine Anrechnung oder ein Ruhen vorsehen, wenn Arbeitsentgelt oder Dienstbezüge gezahlt werden.

Übersicht

A. Allgemeines

Über das Arbeitsentgelt der sbM trifft das G keine direkten Bestimmungen. Vielmehr 1 gilt als allgemeiner Rechtsgedanke, dass der sbM zu normalen Arbeitsbedingungen beschäftigt werden muss; einer ungünstigeren Behandlung steht § 7 Abs. 2 AGG entgegen (Schlegel/Voelzke/Griese Rn. 2 f.). Daher kann ein Arbeitgeber kann nicht mit neu eingestellten behinderten Arbeitnehmern nur noch eine auf 80 % herabgesenkte Vergütung gemäß einem bei ihm allgemein genutzten Vergütungssystem vereinbaren, während im Gegensatz dazu nicht behinderte neu eingestellte Arbeitnehmer Anspruch auf 100 % der üblichen Vergütung haben sollen. Eine solche Vergütungsabrede benachteiligt den behinderten Arbeitnehmer unmittelbar allein wegen seiner Behinderung, verstößt gegen § 7 Abs. 2 AGG und ist deswegen unwirksam (BAG 21.6.2011 – 9 AZR 226/10, br 2012, 65). Es gehört zum Prinzip des SGB IX, den sbM wie andere Arbeitnehmer zu behandeln und lediglich die Nachteile auszugleichen, die gerade durch die Behinderung entstehen. Nur insoweit kommt es zur Bevorzugung sbM. Auch die Bemessung des Arbeitsentgelts richtet sich also in erster Linie nach den in Frage kommenden Tarifverträgen, ggf. nach Betriebsvereinbarungen (vgl. dazu aber § 77 Abs. 3 BetrVG), und nur wenn solche fehlen nach dem ortsüblichen Lohn. Auf die Ausführungen zu § 154 wird verwiesen; zur tariflichen Minderleistungsklausel → Rn. 7 f. Die Vorschrift entspricht inhaltlich § 45 SchwbG. Diese Regelung wurde durch das 2. Haushaltsstrukturgesetz v. 22.12.1981 (BGBl. I 1523) um die Worte „aus einem bestehenden Beschäftigungsverhältnis" ergänzt. Nach der Gesetzesbegründung (BT-Drs. 9/842, 52 f.) sollte damit erreicht werden, dass das Übergangsgeld nach § 62 BAT und das vorgezogene Altersruhegeld für SB entgegen der Rspr. des BAG gekürzt werden konnte. Abs. 2 wurde durch das Erste Änderungsgesetz zum SchwbG v. 24.7.1986 angefügt. Auch dadurch sollte eine entgegenstehende Rspr. des BAG beseitigt werden. Der verlängerte Bezugszeitraum für Krankengeld wird nach dem Tarifrecht zB im öffentlichen Dienst (§ 37 BAT) verkürzt, wenn Bezüge aus der gesetzlichen Rentenversicherung gezahlt werden. Das hat das BAG als Verstoß gegen § 42 (später: § 45) SchwbG angesehen und deshalb für nichtig erklärt (BAG 28.3.1984 – 5 AZR 249/82, NZA 1984, 126). Zur Gleichbehandlung mit anderen Arbeitnehmern wurde Abs. 2 angefügt, um die Vorschrift über das Ruhen der Krankenbezüge auch gegenüber SB durchzusetzen (vgl. BT-Drs. 10/3138, 26). Verfassungsrechtlich ist das zulässig und vom BVerfG als mit dem Grundgesetz vereinbar erklärt worden (BVerfG 20.1.1988 – 2 BvL 23/82, BVerfGE 77, 370). Der Zusatz über die Anrechnung neben dem Ruhen wurde durch Art. 44 Rentenreformgesetz v. 18.12.1989 (BGBl. I 1026) ab 1.1.1992 eingefügt. Eine inhaltliche Änderung ist durch § 123 (heute: § 206) weder beabsichtigt noch erfolgt (vgl. BT-Drs. 14/5074, 114 bzw. BT-Drs. 18/9522, 309).

B. Verbot der Anrechnung

2 In Verfolgung dieses Grundsatzes verbietet das G bei Abschluss des Arbeitsvertrages und der jeweiligen Lohnbemessung **Renten des sbM** und ähnliche Leistungen für die Bemessung des Arbeitsentgelts zu berücksichtigen. Weiter ist es verboten, auch fernerhin diese Bezüge ganz oder teilweise auf Dienstbezüge im öffentlichen Dienst anzurechnen (BVerwG 29.7.2010 – 2 C 17/07, br 2011, 86). Beide Bestimmungen sind unabdingbar; sie dürfen weder (zB durch eine vertraglich vereinbarte Abtretung des Rentenanspruchs BAG 8.12.1982 – 4 AZR 122/80, DB 1983, 891) umgangen noch können sie durch Tarifvertrag abgeändert werden, noch kann der sbM im Einzelarbeitsvertrag auf sie verzichten (BAG 1.2.1957 – 1 AZR 195/55, NJW 1957, 966; Rohwer/Kahlmann in Anm. zu AP SchwBeschG § 32 Nr. 1). Eine Anrechnung durch Betriebsvereinbarung ist ebenfalls unzulässig. Eine gegen diese Vorschrift verstoßende Betriebsvereinbarung oder ein Tarifvertrag ist insoweit nichtig (BAG 1.2.1957 – 1 AZR 195/55, NJW 1957, 966; 10.5.1978 – 4 AZR 740/76, AP SchwbG § 42 Nr. 1; 9.12.1981 – 4 AZR 592/79, AP SchwbG § 42 Nr. 2; 13.7.1982 – 3 AZR 576/80, AP SchwbG § 42 Nr. 3; 16.11.1982 – 3 AZR 454/80, AP SchwbG § 42 Nr. 6). Die Vorschrift entspricht der des § 83 BVG und bezieht sich auf alle Renten und anderen einmaligen wiederkehrenden Leistungen jeder Art, die wegen der Behinderung gewährt werden. Der Zusatz über den Zusammenhang mit der Behinderung bezieht sich dabei nicht nur auf die Leistungen, sondern auch auf die Renten. Dies schließt allerdings die Möglichkeit der Beschränkung einer Verdienstsicherung wegen gesundheitsbedingter Minderung der Arbeitsfähigkeit auf den nicht durch Rentenleistung gesicherten Teil des Nachteilsausgleichs (BAG 8.12.1982 – 4 AZR 122/80, DB 1983, 891; LPK-SGB IX/Düwell Rn. 17) oder der Vereinbarung einer Versorgungsobergrenze in einem Tarifvertrag nicht aus; eine Sonderregelung für sbM ist nicht erforderlich (vgl. zB den 19. Änderungstarifvertrag zum Versorgungstarifvertrag, BAG 24.4.1990 – 3 AZR 259/88, ZTR 1990, 430 = AP BetrAVG § 1 Zusatzversorgungskassen Nr. 43). Dies gilt auch für den Fall, dass ein Sozialplan Ausgleichsleistungen für AN vorsieht, die wegen vorgezogenen Rentenbezugs Rentenabschläge hinnehmen müssen, ein betroffener sbM jedoch nach Vollendung des 60. Lebensjahres eine Rente ohne Abschläge bezieht (LAG Köln 16.3.2005 – 7 Sa 1189/04, AuR 2006, 133; LPK-SGB IX/Düwell Rn. 14).

3 Als **Arbeitsentgelt** ist alles anzusehen, was in Geld oder Geldeswert für die Leistung abhängiger Arbeit gewährt wird (Vgl. in: Knickrehm Gesamtes Soziales Entschädigungsrecht, 1. Aufl. 2012, BVG § 83 Rn. 4); Lohn, Gehalt, Provisionen, aber auch Zulagen, Urlaubsentgelt, Gratifikationen sind darunter zu zählen (Hauck/Noftz/Masuch Rn. 9). Auch auf ein an den sbM bei Beendigung des Arbeitsverhältnisses zu zahlendes Übergangsgeld und ein Ruhegehalt durfte die Rente nach der ursprünglichen Fassung der Regelung (§ 42 SchwbG) nicht angerechnet werden. Es handelte sich hier um Leistungen des Arbeitgebers, für die der sbM die Gegenleistung bereits in der Vergangenheit erbracht hatte (BAG 30.10.1974 – 4 AZR 41/74, AP SchwBeschG 1961 § 33 Nr. 1; 10.5.1978 – 4 AZR 740/76, AP SchwbG § 42 Nr. 1; 9.12.1981 – 4 AZR 592/79, AP SchwbG § 42 Nr. 2; 13.7.1982 – 3 AZR 576/80, AP SchwbG § 42 Nr. 3; 16.11.1982 – 3 AZR 454/80, AP SchwbG § 42 Nr. 6). Die Änderung durch das Haushaltsstrukturgesetz wollte jedoch durch die Einfügung der Worte „aus einem bestehenden Beschäfti-

gungsverhältnis" die Anrechnung des Übergangsgeldes entgegen dieser Rspr. des BAG ermöglichen. Das Übergangsgeld ist zwar Arbeitsentgelt, wird aber für die Zeit nach dem Ende des Beschäftigungsverhältnisses gezahlt und ist deshalb anrechenbar (BAG 16.11.1982 – 3 AZR 177/82, AP SchwbG § 42 Nr. 8 mit Bezug auf die RegBegr. in BT-Drs. 9/842, 52). Diese Neuregelung galt für Arbeitnehmer, die nach dem 31.12.1981 aus dem öffentlichen Dienst ausschieden (BAG 16.11.1982 – 3 AZR 177/82, AP SchwbG § 42 Nr. 8). Die Neuregelung ab 1.1.1982 verstieß nicht gegen das Grundgesetz und ließ die ursprünglich nichtige Tarifbestimmung über das Anrechnen der Rente auf das Übergangsgeld wieder wirksam werden (BAG 21.8.1984 – 3 AZR 565/83, NZA 1985, 739; 27.11.1986 – 6 AZR 558/84, ZTR 1987, 214).

Durch die Einfügung von Abs. 2 nach dem Ersten Änderungsgesetz zum SchwbG v. 24.7.1986 konnten nicht nur Renten auf das Übergangsgeld angerechnet werden, sondern konnte nunmehr auch festgelegt werden, dass eine verlängerte Bezugsdauer von Krankengeld dann verkürzt wurde, wenn Rente gezahlt wurde (vgl. § 37 Abs. 5 BAT). Nach dem bis zum 31.7.1986 geltenden Recht war es auch den Tarifvertragsparteien verwehrt, tarifvertraglich vorgesehene Leistungen einzuschränken, wenn gleichzeitig Rente gezahlt wurde. Erhielten nämlich die Schwerbehinderten eine Rente wegen dieser Erkrankung, verbot § 42 SchwbG in der bis zum 31.7.1986 geltenden Fassung die Verkürzung der Krankenbezüge für solche Behinderte (BAG 28.3.1984 – 5 AZR 249/82, NZA 1984, 126). Nicht schwer behinderte Arbeitnehmer mussten sich eine solche Verkürzung der Krankenbezüge bei gleichzeitigem Bezug einer Rente gefallen lassen, nicht aber Schwerbehinderte. Der Gesetzgeber fügte deshalb Abs. 2 ein, um diese nicht beabsichtigte Differenzierung zwischen sbM und nicht Behinderten zu vermeiden (vgl. BT-Drs. 10/3138, 26). Es sollte vermieden werden, dass Krankenbezüge über die Dauer von zwei Monaten hinaus ausschließlich an sbM zu zahlen waren und für andere Arbeitnehmer es bei der tarifvertraglichen Regelung blieb. Nach den damals geltenden § 1284 RVO und § 61 AVG wurden nämlich durch diese weitergehende Zahlung von Krankenbezügen die Rentenbezüge zum Ruhen gebracht. Statt der Rentenbezüge erhielten die sbM ausschließlich Krankenbezüge. Damit wurde aber die Zahlung der Bezüge von den Rentenversicherungsträgern insoweit auf den Arbeitgeber verlagert. Das sollte ausgeschlossen werden, um sbM im Arbeitsleben so zu stellen wie andere Arbeitnehmer. Das Erfordernis der Neuregelung ergab sich somit aus der Änderung von RVO und AVG durch das 20. Rentenanpassungsgesetz. Mit der Einfügung der Worte „eine Anrechnung oder" durch Art. 44 des Gesetzes zur Reform der gesetzlichen Rentenversicherung (Rentenreformgesetz 1992 – RRG 1992) v. 18.12.1990 (BGBl. I 2261) wurde dann lediglich eine Anpassung der Vorschrift an die Bestimmungen des SGB VI vorgenommen (vgl. den Gesetzentwurf BT-Drs. 11/4142, 233 sowie die Beschlussempfehlung des Ausschusses für Arbeit und Sozialordnung BT-Drs. 11/5450, 276), die einen Teil der Streitfragen entfallen ließ. Insbesondere erfolgt die Anrechnung der Krankenbezüge auf eine BU- oder EU-Rente (heute: Erwerbsminderungsrente) nach § 94 Abs. 1 SGB VI seit dem 1.1.1992 bereits ab Rentenbeginn und nicht erst nach Ablauf einer weiteren Frist von zwei Monaten wie bis dahin. Dies gilt nicht nur für die Krankenbezüge, die für die letzte Arbeitsunfähigkeit vor dem Zugang des Rentenbescheides gewährt wurden, sondern für sämtliche Krankenbezüge für die Zeit ab dem im Rentenbescheid festgestellten Rentenbeginn (BAG 29.6.2000 – 6 AZR 50/99, NZA 2001, 670). Dies gilt allerdings nicht für Zeiträume, in denen Entgeltfortzahlung nach § 3 EFZG geleistet wird, da diese Leistung nach § 12 EFZG unabdingbar ist (LPK-SGB IX/Düwell Rn. 6). 4

Das Verbot der Anrechnung von Renten gilt für sbM und ihnen gleichgestellte behinderte Menschen, gleich ob sie sich im Beamten-, Arbeiter- oder Angestelltenverhältnis befinden. Neben den Renten nach dem BVG kommen vor allem die Unfallrenten (hier kommt eine Teilanrechnung nach § 315 BGB in Betracht, BAG 19.7.1983 – 3 AZR 88/81, br 1985, 18 = AP BetrAVG § 5 Nr. 9) oder Renten wegen verminderter Erwerbsfähigkeit in Betracht. Alters- und Hinterbliebenenrenten kommen jedoch grds. nicht in 5

Frage, denn dabei handelt es sich nicht um Renten, die wegen der Behinderung gewährt werden. Etwas anderes kann jedoch gelten, wenn der sbM wegen der Behinderung allein schon vorzeitig Altersrente bezieht (so zwischen dem 60. und 63. Lebensjahr). Dann handelt es sich insoweit um eine Rente, die nicht sbM noch nicht beziehen können und die deshalb nicht angerechnet werden darf (BAG 10.5.1978 – 4 AZR 740/76, AP SchwbG § 42 Nr. 1; 9.12.1981 – 4 AZR 592/79, AP SchwbG § 42 Nr. 2; 13.7.1982 – 3 AZR 576/80, AP SchwbG § 42 Nr. 3; 16.11.1982 – 3 AZR 454/80, AP SchwbG § 42 Nr. 6). Dies gilt wegen der von der Schwerbehinderung abstrahierenden Voraussetzungen auch für den Bezug vorgezogenen Altersruhegeldes gem. § 39 SGB VI durch (zusätzlich auch schwer behinderte) Frauen sowie von Erwerbsunfähigkeitsrente (heute: Erwerbsminderungsrente). Insoweit liegt auch kein Verstoß gegen Art. 3 Abs. 3 S. 2 GG vor, denn der Bezug einer solchen Rente setzt keine Schwerbehinderung voraus (BAG 28.10.1999 – 6 AZR 288/98, NZA 2000, 778; ähnlich auch BAG 18.8.1999 – 10 AZR 613/98, BeckRS 1999, 30780148). Der Begriff der Rente ist weit zu fassen; er betrifft auch Ausgleichsansprüche und Ansprüche auf Ausgleich für Wäscheverschleiß, zum Betrieb eines Kfz ua. Ein Lohnausgleich kann jedoch für den Fall der Rentenzahlung vereinbarungsgemäß zurückgefordert werden (BAG 10.11.1982 – 5 AZR 349/80, NJW 1983, 1135). Es handelte sich lediglich um eine Zahlung zur Sicherung des Lebensstandards im Vorgriff auf eine zu erwartende Sozialleistung. Zulässig ist auch die Verpflichtung, vorgezogenes Altersruhegeld zu beziehen (BAG 10.11.1982 – 5 AZR 131/80, AP SchwbG § 42 Nr. 5). Ähnliches gilt für die Anrechnung zB von Abfindungen aus einem Sozialplan, weil der sbM durch den Bezug der gesetzlichen Altersrente als dauerhaft finanziell abgesichert angesehen wird (BAG 28.10.1999 – 6 AZR 288/98, NZA 2000, 778). Die Übertragung dieses Gedankens auf den Nachteilsausgleich nach § 113 BetrVG ist wegen des Sanktionscharakters dieser Regelung nicht möglich aA LPK-SGB IX/Düwell Rn. 14). Nach der Neufassung ab 1.1.1982 durch das 2. Haushaltsstrukturgesetz ist die Anrechnung von Renten für die Zeit nach dem Ausscheiden zulässig (BAG 16.11.1982 – 3 AZR 177/82, AP SchwbG § 42 Nr. 8; 21.8.1984 – 3 AZR 565/83, NZA 1985, 739). Das BVerfG hat das ausdrücklich für zulässig erklärt (BVerfG 20.1.1988 – 2 BvL 23/82, BVerfGE 77, 370). Keine Bedenken bestehen auch im Hinblick auf die Festlegung von Gesamtversorgungsobergrenzen (BAG 24.8.1993 – 3 AZR 313/93, NZA 1994, 807), obwohl damit dem sbM iRd Beschäftigungsverhältnisses zustehende Steuervergünstigungen außer Betracht bleiben. Zu Unrecht einbehaltene Beträge müssen innerhalb der Ausschlussfristen geltend gemacht werden (BAG 9.12.1981 – 4 AZR 592/79, AP SchwbG § 42 Nr. 2; 16.11.1982 – 3 AZR 454/80, AP SchwbG § 42 Nr. 6).

6 Zweck der Vorschrift ist es, die sbM vor Ausnutzung ihrer schlechten Lage auf dem Arbeitsmarkt zu schützen und eine unbeabsichtigte oder durch die Not erzwungene Lohndrückerei der sbM zu verhindern.

7 An sich ist es selbstverständlich, dass Renten bei der Bemessung des Arbeitsentgelts nicht berücksichtigt und vom Arbeitgeber nicht auf das Arbeitsentgelt angerechnet werden dürfen. Der Grund, dieses Verbot noch einmal zu betonen, ergibt sich aus den Bestimmungen vieler Tarifverträge, dass der Lohn nach der Leistungsfähigkeit gezahlt wird. Da Renten zumeist gewährt werden, um eine Minderung der körperlichen oder geistigen Leistungsfähigkeit auszugleichen, läge für eine vereinfachende Betrachtung der Schluss nahe, dass der sbM in seiner Arbeit um soviel minderleistungsfähig ist, als der Grad der rechtmäßig festgestellten Behinderung beträgt. Das Verbot der Anrechnung der Rente will diesen Irrtum von vornherein ausschließen. Denn aus der Tatsache des Rentenbezuges kann nicht ohne weiteres auf Minderleistungsfähigkeit geschlossen werden. Die körperliche Beeinträchtigung wird sich zunächst schon in der Art des Arbeitsplatzes und dem zu gewährenden Arbeitsentgelt ausdrücken. Für die ihm übertragene Arbeit kann der sbM durchaus voll leistungsfähig sein; es steht jedenfalls nicht ohne weiteres fest, dass der sbM auch für die vertragsmäßige Arbeit minderleistungsfähig ist.

Maßgebend ist immer nur die Leistungsfähigkeit für den tatsächlich versehenen Arbeitsplatz, wobei von einem sbM nur eine Durchschnittsleistung verlangt werden kann.

C. Minderleistungsklausel

Ist der sbM tatsächlich für die vertragliche Arbeit minderleistungsfähig, so hat er eine (heute kaum noch gebräuchliche) **tarifliche Minderleistungsklausel** gegen sich gelten zu lassen (Schaub ArbR-HdB/*Koch* § 178 Rn. 59; Schlegel/Voelzke/Griese Rn. 13). Dies gilt entsprechend auch für eine arbeitsvertragliche Abrede (LPK/Düwell Rn. 18). Eine so zugelassene verminderte Entlohnung ist dann ebenfalls eine zwar unterdurchschnittliche, aber tarifliche Entlohnung. Der sbM soll zu normalen Bedingungen beschäftigt werden und Bestimmungen eines Tarifvertrages gelten auch für ihn, gleichgültig ob sie sich günstig oder ungünstig für ihn auswirken. Das gilt auch für eine tarifliche Minderleistungsklausel. Ist der Arbeitgeber nach dem Tarifvertrag berechtigt, ohne Kündigung den Lohn eines Minderleistungsfähigen während der Dauer des Arbeitsverhältnisses zu kürzen, so ist dies auch dem sbM gegenüber möglich, ohne dass eine Zustimmung des Integrationsamts erforderlich wäre (BAG 8.12.1982 – 4 AZR 122/80, DB 1983, 891; 10.7.1991 – 5 AZR 383/90, NZA 1992, 27; ErfK/Rolfs Rn. 1; aA Lauter br 1983, 51). Fehlt eine solche Bestimmung, so hat der sbM immer Anspruch auf den vollen Tariflohn. Das Gleiche gilt, wenn der Arbeitgeber den sbM zu vollem Tariflohn einstellt und von der Minderleistungsklausel keinen Gebrauch macht (RAG 25.9.1929, ArbRS 7, 184). Einen Anspruch, in Zeitlohn zu arbeiten, hat der sbM nicht, wenn im Betrieb Akkordlohn üblich ist; den geringeren Verdienst muss der sbM in Kauf nehmen. 8

Der sbM fällt jedoch nicht bereits auf Grund seiner Behinderung automatisch unter eine Minderleistungsklausel. Er hat grds. Anspruch auf den vollen Tariflohn, wenn er eine vollwertige Arbeitskraft ist. Der Arbeitgeber hat die Pflicht, den sbM solche Arbeitsplätze zuzuweisen, die sie voll und ganz ausfüllen können. Die Minderleistungsfähigkeit des sbM muss im Zweifelsfall konkret festgestellt werden (KHM/Kossens Rn. 9). Maßstab ist die Leistungsfähigkeit von normalen Arbeitnehmern, die mit der gleichen Arbeit beschäftigt sind (RAG 11.1.1930, ArbRS 8, 79). 9

D. Einschränkung des Anrechnungsverbots

Das in Abs. 1 postulierte Anrechnungsverbot gilt nach dem durch das SchwbG 1986 eingefügten Abs. 2 nicht für Zeiträume, in denen eine tatsächliche Beschäftigung nicht erfolgt. Hier kann eine Anrechnung erfolgen, wenn die der jeweiligen Leistung zugrunde liegende Vorschrift dies gestattet (KHM/*Kossens* Rn. 10). Damit wird berücksichtigt, dass es bei einem tarifvertraglich verlängerten Bezug von Kranken- oder ähnlichen Bezügen (BAG 29.6.2000 – 6 AZR 50/99, NZA 2001, 670; KHM/Kossens Rn. 10) zu einer Kollision mit Erwerbsminderungsrenten kommen kann (ErfK/*Rolfs* Rn. 4). In jedem Fall zu gewähren ist aber der gesetzliche Mindestlohn nach dem durch Art. 1 des Tarifautonomiestärkungsgesetz vom 11.8.2014 (BGBl. I 1348) eingeführten MiLoG (12 EUR/Std. seit dem 1.10.2022, Mindestlohnstärkungsgesetz vom 28.6.2022, BGBl. I 969). 10

E. Streitigkeiten

Für die Entscheidungen von Lohnstreitigkeiten zwischen dem sbM bzw. sonstigen hier in Frage kommenden Personen und seinem Arbeitgeber ist das Arbeitsgericht zuständig. 11

Es kann nicht Aufgabe der Bundesagentur für Arbeit oder des Integrationsamts sein, hier auch nur vermittelnd einzugreifen.

§ 207 Mehrarbeit

Schwerbehinderte Menschen werden auf ihr Verlangen von Mehrarbeit freigestellt.

1 Eine dieser Vorschrift unmittelbar entsprechende Regelung ist ursprünglich durch das G zur Weiterentwicklung des Schwerbehindertenrechts v. 24.4.1974 als § 33a auf Grund eines Antrages im Ausschuss für Arbeit und Sozialordnung in das SchwbG eingefügt worden (BT-Drs. Nr. 7/1515, 15 f.). Sie sollte nach der Begründung sicherstellen, dass die Leistungsfähigkeit SB nicht über Gebühr beansprucht wurde. Die Vorschrift entsprach dem § 4 der Freizeitanordnung v. 22.10.1943 (RABl. III S. 325). Schon danach waren Frauen, die Kinder unter 14 Jahren betreuten, Schwerbehinderte, Personen über 65 Jahren und sonstige Körperbehinderte auf ihr Verlangen von Mehrarbeit freizustellen, die nach dieser Vorschrift mit der über 48 Stunden in der Woche hinausgehenden Arbeit definiert war. Die mit der früheren Regelung in § 46 SchwbG identische Vorschrift des § 124 (heute: § 207) hält an diesem Ziel unverändert fest.

2 Diese zwingendes (dh unverzichtbares) Recht darstellende Vorschrift (GK-SGB IX/Großmann § 124 Rn. 46; KHM/Kossens Rn. 2) gilt für alle sbM und ihnen gleichgestellte behinderte Menschen (KHM/Kossens Rn. 3). Es kam bereits nach bisher geltendem Recht weder auf den GdB noch auf die Ursache der Behinderung an. Auch sbM und ihnen gleichgestellte Menschen fielen darunter, die wegen geistiger oder seelischer Störungen erwerbsgemindert waren. Heute ist dies vor dem Hintergrund der Änderung des Behinderungsbegriffs noch wesentlich weiter zu verstehen. Deshalb ist es auch unerheblich, ob die Mehrarbeit eine zusätzliche Belastung mit sich bringt oder nicht. Auch wenn die Arbeit und die Behinderung nichts miteinander zu tun haben und völlig ohne Einfluss aufeinander sind, kann die Freistellung von Mehrarbeit verlangt werden (VGH BW 6.9.2006 – 9 S 1119/06, br 2007, 144 = BeckRS 2006, 15956; KHM/Kossens Rn. 1). Auf die Art der Tätigkeit und den persönlichen Status des Beschäftigten (zB Arbeiter, Angestellte, Beamter, Richter oder Soldat) kommt es ebenfalls nicht an (BVerwG 29.7.2010 – 2 C 17/09, br 2011, 86). Soweit feste Dienstzeiten nicht bestehen (insbes. bei Richtern), muss diese Vorschrift bei der Erstellung eines Geschäftsverteilungsplans entsprechende Beachtung finden (Düwell/Sdorra DRiZ 2021, 288), ohne allerdings auf Entscheidungen des Präsidiums unmittelbar angewandt werden zu können (BVerwG 27.3.1985 – 2 B 126/83, NJW 1985, 2779; OVG NRW 30.5.1980 – 12 B 427/80, RiA 1980, 200; KHM/*Kossens* Rn. 3; LPK-SGB IX/Düwell Rn. 7).

3 **Mehrarbeit** ist nach der herkömmlichen arbeitsrechtlichen und gesetzestechnischen Begriffsverwendung diejenige Arbeit, die über die gesetzliche Arbeitszeit hinausgeht (BAG 31.5.1972 – 4 AZR 309/71, AP BGB § 611 Bergbau Nr. 16). Dem folgend hat das BAG als Mehrarbeit iSd § 46 SchwbG sowie des § 3 AZO die Arbeit angesehen, die über die normale gesetzliche Arbeitszeit von acht Stunden werktäglich hinausgeht (BAG 8.11.1989 – 5 AZR 642/88, NZA 1990, 309). An dieser Rspr. hat das BAG auch unter der Geltung des ArbZG v. 6.6.1994 (BGBl. I 1170) festgehalten (BAG 3.12.2002 – 9 AZR 462/01, NZA 2004, 1219; 27.7.2021 – 9 AZR 448/20, NZA 2021, 1702). Daran ändert auch eine Verlängerung der arbeitstäglichen Arbeitszeit bei Inanspruchnahme der Ausgleichsmöglichkeit nach § 3 S. 2 ArbZG nichts; die 9. und 10. Stunde sind Mehrarbeit iSv § 207 SGB IX (Hauck/Noftz/Masuch Rn. 8). Vor dem Hintergrund der gesteigerten Möglichkeiten zur Flexibilisierung der Arbeitszeit in Tarifverträgen und Betriebsvereinbarungen scheint die Orientierung an einem die Überforderung der sbM ausschließenden fixen Wert geboten, so dass an der bisherigen Auffassung nicht mehr festgehalten wird (so auch LPK-SGB IX/Düwell Rn. 4). Dies hat allerdings eine „Starr-

heit" der Arbeitszeit des sbM zur Folge, die seinen Einsatz im Rahmen flexibler Arbeitszeitsysteme erschweren kann. Der Arbeitgeber ist nach § 164 Abs. 4 Nr. 4 verpflichtet, für eine Struktur der Dienstpläne zu sorgen, die einen gesetzentsprechenden Einsatz der sbM ermöglichen. Betriebsrat und Schwerbehindertenvertretung haben über die Einhaltung dieser Pflicht zu wachen (LPK-SGB IX/Düwell Rn. 5). Die vor allem tarifvertraglich eingeführten Arbeitszeitverkürzungen gewährleisten nämlich – auch wenn sie kürzer als die gesetzliche Arbeitszeit wären – nicht den Schutz des sbM vor einer Überbeanspruchung an anderer Stelle und sind nicht geeignet, ihm eine vergleichbare Teilhabe am Leben in der Gesellschaft wie einem Nicht-Behinderten zu verschaffen (BAG 3.12.2002 – 9 AZR 462/01, NZA 2004, 1219; Hauck/Noftz/Masuch Rn. 9). Allerdings kann sich aus § 164 Abs. 4 Ziff. 4 SGB IX ein Anspruch des sbM ergeben, nicht zur Nachtarbeit herangezogen zu werden und nur in einer Fünf-Tage-Woche arbeiten zu müssen (BAG 3.12.2002 – 9 AZR 462/01, NZA 2004, 1219). Dies gilt auch für Wochenenddienste, die Einsätze am Samstag und dem darauf folgenden Sonntag beinhalten (LAG M-V 29.3.2022 – 2 Sa 2/21, AE 2023, 40 m. Anm. Gravenhorst jurisPR-ArbR 23/2022 Anm. 8; Schiefer DB 2023, 898). Bereitschaftsdienst ist nach der Neufassung des ArbZG durch Art. 4b des Gesetzes zu Reformen am Arbeitsmarkt v. 24.12.2003 (BGBl. I 3002) mit Wirkung ab 1.1.2004 in die Berechnung der Arbeitszeit einzubeziehen (BAG 16.9.2004 – 9 AZR 93/03, NZA 2004, 927; 21.11.2006 – 9 AZR 176/06, NZA 2007, 446). Für Rufbereitschaft gilt dies nicht, sofern es sich dabei nicht wegen der engen zeitlichen Bindung des Arbeitnehmers (durch häufige Inanspruchnahme und/oder ihm vorgeschriebene kurze Reaktionszeiten für das Erscheinen am Arbeitsplatz) doch um „Arbeitszeit" i. e. S. handelt (EuGH 21.2.2018 – C-518/15 – [Matzak], NZA 2018, 293; EuGH 9.3.2021 – C-344/19, <Radiotelevizija Slovenija>, NZA 2021, 485; BAG 27.7.2021 – 9 AZR 448/20, NZA 2021, 1702; LAG RhPf 21.7.2020 – 8 Sa 438/19, EzTöD 100 § 6 Abs. 1 TVöD-AT Schwerbehinderte Nr. 2; Sasse ArbRB 2021, 363; Kohte jurisPR-ArbR 6/2021 Anm. 4). Zu berücksichtigen ist bei „echter" Rufbereitschaft insoweit nur die tatsächliche Arbeitsleistung. Allerdings kann die Einteilung zur Rufbereitschaft im Anschluss an eine dienstplanmäßig geleistete Arbeitszeit von sieben Stunden und 42 Minuten unbillig sein, weil die verbliebene Differenz zur zulässigen Arbeitszeit eine sinnvolle Arbeitsleistung ausschließt (LAG Hamm 30.3.2006 – 8 Sa 1992/04, AuR 2006, 293 = BeckRS 2006, 30805980; zust. Rossbruch PflR 2006, 432). Die inhaltliche Bezugnahme in § 207 SGB IX auf § 3 ArbZG gilt jedoch nur für Arbeiter und Angestellte. Das BVerwG geht demgegenüber für Beamte davon aus, dass die Beamtengesetze des Bundes und der Länder eigenständige Definitionen des Begriffs „Mehrarbeit" enthalten, die im jeweiligen Einzelfall zu beachten seien. Der Gesetzgeber habe in Kenntnis dieses Umstandes von einer einheitlichen Definition des Begriffs der Mehrarbeit bzw. der Festlegung eines konkreten Arbeitszeitmaßes Abstand genommen (BVerwG 30.1.2008 – 2 B 59/07, BeckRS 2008, 32574). Dies hat zur Folge, dass im Falle der Beschränkung der jeweiligen landesrechtlichen Bestimmungen auf schwerbehinderte Beamte Gleichgestellte nicht berücksichtigt werden (BVerwG 29.7.2010 – 2 C 17/09, ZBR 2011, 169). Dies scheint in Anbetracht der Entscheidung des EuGH vom 21.6.2018 (C-515/15 [Matzak] NZA 2018, 293) allerdings nicht zweifelsfrei.

Ablehnen kann der sbM aber nur Mehrarbeit, die nicht ausgeführt werden muss. In 4 außergewöhnlichen Fällen, insbes. in Notfällen und wenn Rohstoffe oder Lebensmittel zu verderben bzw. Arbeitsergebnisse zu misslingen drohen, muss die notwendige Arbeit durchgeführt werden. § 14 ArbZG ist auch hier sinngemäß auf den Fall des § 207 anzuwenden.

Der sbM hat außerdem nur das Recht, auf Verlangen von über die regelmäßige 5 Arbeitszeit hinausgehenden Arbeiten freigestellt zu werden. Dies gilt nicht für Nacht-, Feiertags- und Sonntagsarbeit (ErfK/Rolfs Rn. 1). Insoweit kommt allerdings ein Anspruch aus § 164 Abs. 4 in Betracht (BAG 3.12.2002 – 9 AZR 462/01, NZA 2004, 1219), der jedoch die Darlegung erfordert, dass sein Leistungsvermögen durch die Auswirkungen der Art und Schwere der Behinderung so eingeschränkt ist, dass der sbM die ihm übertragene Sonderform der Arbeit nicht mehr leisten kann (LAG MV 29.3.2022 – 2 Sa 2/21, ArbR 2022, 237; Gravenhorst jurisPR-ArbR 23/2022 Anm. 8). Der sbM muss das ihm nach § 207 zustehende Freistellungsverlangen geltend machen (KHM/ Kossens Rn. 12; LPK-SGB IX/Düwell Rn. 10). Das Verlangen ist rechtzeitig zu stellen und muss so genau bezeichnet sein, dass der Betrieb oder die Dienststelle sich auch darauf einstellen kann (KHM/Kossens Rn. 12), andernfalls ein Schadensersatzanspruch entstehen kann. Der sbM braucht aber für sein Verlangen nach § 207 SGB IX keine Gründe anzugeben und ist in seiner Entscheidung, ob er Freistellung verlangt oder nicht, völlig frei (Schlegel/Voelzke/Griese Rn. 22). Darzulegen ist aber, dass die Heranziehung zu einer bestimmten Art von Arbeit tatsächlich zu Mehrarbeit führen würde (Jüngst B + P 2022, 473). Wenn er den Anspruch erhebt, ist er nicht mehr zur Leistung von Mehrarbeit verpflichtet. Einer besonderen Freistellungserklärung des Arbeitgebers bedarf es nicht. Die Rechtsfolge der Freistellung tritt bereits mit dem Zugang des Verlangens des sbM ein (BAG 3.12.2002 – 9 AZR 462/01, NZA 2004, 1219; 21.11.2006 – 9 AZR 176/06, NZA 2007, 446). Ohne entsprechendes Verlangen besteht jedoch kein Anspruch auf Freistellung, so dass der sbM nicht einfach wegbleiben oder sich vom Arbeitsplatz entfernen kann (BVerwG 9.6.1993 – 1 D 4/92, BeckRS 1993, 31251590; LPK-SGB IX/ Düwell Rn. 10; Hauck/Noftz/Masuch Rn. 16).

§ 208 Zusatzurlaub

(1) [1]Schwerbehinderte Menschen haben Anspruch auf einen bezahlten zusätzlichen Urlaub von fünf Arbeitstagen im Urlaubsjahr; verteilt sich die regelmäßige Arbeitszeit des schwerbehinderten Menschen auf mehr oder weniger als fünf Arbeitstage in der Kalenderwoche, erhöht oder vermindert sich der Zusatzurlaub entsprechend. [2]Soweit tarifliche, betriebliche oder sonstige Urlaubsregelungen für schwerbehinderte Menschen einen längeren Zusatzurlaub vorsehen, bleiben sie unberührt.

(2) [1]Besteht die Schwerbehinderteneigenschaft nicht während des gesamten Kalenderjahres, so hat der schwerbehinderte Mensch für jeden vollen Monat der im Beschäftigungsverhältnis vorliegenden Schwerbehinderteneigenschaft einen Anspruch auf ein Zwölftel des Zusatzurlaubs nach Absatz 1 Satz 1. [2]Bruchteile von Urlaubstagen, die mindestens einen halben Tag ergeben, sind auf volle Urlaubstage aufzurunden. [3]Der so ermittelte Zusatzurlaub ist dem Erholungsurlaub hinzuzurechnen und kann bei einem nicht im ganzen Kalenderjahr bestehenden Beschäftigungsverhältnis nicht erneut gemindert werden.

(3) Wird die Eigenschaft als schwerbehinderter Mensch nach § 152 Absatz 1 und 2 rückwirkend festgestellt, finden auch für die Übertragbarkeit des Zusatzurlaubs in das nächste Kalenderjahr die dem Beschäftigungsverhältnis zugrunde liegenden urlaubsrechtlichen Regelungen Anwendung.

Übersicht

A. Allgemeines

Bestimmungen über einen gesetzlichen Zusatzurlaub für sbM waren im Schwerbehindertenrecht früher unbekannt. Nach 1945 wurde durch Länderregelungen vielfach ein besonderer Urlaub für Schwerbehinderte eingeführt, der teilweise sogar von der öffentlichen Hand bezahlt wurde. Die Bestimmungen wurden dann vereinheitlicht. Der gesetzliche Zusatzurlaub ist ein Mindesturlaub von jetzt fünf Arbeitstagen im Jahr bei regelmäßiger Verteilung der Wochenarbeitszeit. In den übrigen Fällen erhöht oder vermindert sich der Zusatzurlaub entspr. der individuellen Arbeitszeitverteilung, so dass der sbM iErg in jedem Fall einen gesetzlichen Zusatzurlaub von einer Woche beanspruchen kann (BAG 20.6.2000 – 9 AZR 309/99, NZA 2001, 622). 1

§ 125 geht zurück auf § 47 SchwbG (zur Entwicklung s. Neumann/Pahlen/Majerski-Pahlen, SGB IX, 11. Aufl. 2005), dessen Regelungsgehalt in das SGB IX übernommen wurde. Der bisherige Rechtszustand wurde inhaltlich unverändert beibehalten (Begründung des Gesetzentwurfs, BT-Drs. 14/5074, 114). Mit Art. 1 Nr. 31 lit. b des Gesetzes zur Förderung der Ausbildung und Beschäftigung sbM v. 23.4.2004 (BGBl. I 606, 610) wurden der bisherigen Vorschrift, die nunmehr Abs. 1 wurde, die Abs. 2 u. 3 angefügt, mit deren Hilfe in der Praxis auftretende Probleme (Zwölftelung, Übertragung des Zusatzurlaubs aufs folgende Kalenderjahr bei rückwirkender Feststellung der Schwerbehinderteneigenschaft) gelöst werden sollten. Daran hat das BTHG nichts geändert. Erforderlich wurde nur eine Anpassung der Bezugnahme in Abs. 3 als Folge der Verschiebung des Schwerbehindertenrechts in Teil 3 des SGB IX 2018 (BT-Drs. 18/9522, 309). 2

Günstigere landesrechtliche, tarifliche, betriebliche oder vertragliche Bestimmungen bleiben unberührt. 3

B. Gleichgestellte und Ausnahmen

Gleichgestellte erhielten den Zusatzurlaub nach der Neuregelung des Schwerbehindertengesetzes v. 28.4.1974 nicht mehr, da nur noch Behinderte mit einem Grad der Behinderung von 30 bis weniger als 50 von der Gleichstellung betroffen werden konnten. Alle mit einem Grad von wenigstens 50 Behinderten waren schon kraft Gesetzes Schwerbehinderte und hatten somit Anspruch auf Zusatzurlaub, nicht jedoch alle Gleichgestellten, für die § 47 auch in § 2 ausdrücklich ausgenommen war. An dieser Konzeption ist im SGB IX festgehalten worden. Sie ist auch in WfbM zu berücksichtigen (LAG Bln-Bbg 22.2.2007 – 5 Sa 1861/06, RdLH 2007, Nr. 3, S. 32 = BeckRS 2008, 54776; KHM/Kossens Rn. 8). Damit ist für gleichgestellte behinderte Menschen der Zusatzurlaub bundesrechtlich einheitlich geregelt und gelten frühere Länderbestimmungen, die Gleichgestellten den Zusatzurlaub ausdrücklich gewährten, nicht mehr weiter. Diese bundeseinheitliche Regelung betrifft aber nur die Gleichgestellten und nicht Länderbestimmungen wie das Saarländische G betreffend Regelung des Zusatzurlaubs für kriegs- und unfallbeschädigte Arbeitnehmer in der Privatwirtschaft v. 22.6.1950/30.6.1951, welche diesen Minderbeschädigten ohne Rücksicht auf eine eventuelle Gleichstellung einen Zusatzurlaub, dort allerdings nur in Höhe von drei Arbeitstagen, gewähren (BAG 27.5.1997 – 9 AZR 484/96, NZA 1998, 649; 5.9.2002 – 9 AZR 355/01, NZA 2003, 1400; LAG Saarl 12.6.1963 – Sa 62/63, AP Saarland, ZusatzurlaubsG § 1 Nr. 1). Diese Regelung ist am 1.1.2000 außer Kraft getreten. Allerdings wird der Zusatzurlaub nach § 2 ÄndG v. 23.6.1999 (Saarl. ABl. S. 1263) weiter denjenigen Personen gewährt, die bis zum 1.1.2000 darauf einen Anspruch besaßen (Neumann/Fenski/Kühn/Kühn BUrlG Teil D Anh C. III. § 2 SLZusUrlDV Rn. 3). Für den Zusatzurlaub spielt es keine Rolle, 4 ob die Stelle, auf der diese Personen beschäftigt sind, als Arbeitsplatz zählt, ob die Einstellung iRd Pflichtsatzes erfolgt ist oder darüber hinaus erfolgt ist.

5 Nicht schwerbehinderte Bergmannsversorgungsscheininhabern steht der Zusatzurlaub nicht zu. Dagegen ist es gleichgültig, ob der sbM im Arbeiter-, Angestellten- oder Beamtenverhältnis tätig ist. Für Heimarbeiter gilt eine Sonderregelung (§ 210 Abs. 3).

C. Zusatzurlaub

6 Der Zusatzurlaub des sbM ist dazu bestimmt, sein besonders anerkanntes **Erholungsbedürfnis** zu befriedigen und die ohnehin durch die Behinderung gefährdete Arbeitskraft zu erhalten. Hieraus ergibt sich die Zusätzlichkeit des Schwerbehindertenurlaubs. Ein behinderter Arbeitnehmer muss seine Behinderung mit erhöhtem Einsatz und erhöhtem Kraftaufwand ausgleichen. Er verbraucht daher seine Arbeitskraft schneller als ein anderer, gesunder Arbeitnehmer und muss sich dementsprechend länger erholen (LPK-SGB IX/Düwell Rn. 4; Hauck/Noftz/Masuch Rn. 3; ErfK/Rolfs Rn. 1). Der Zusatzurlaub dient daher dem sbM dazu, die verbliebene Arbeitsfähigkeit und Gesundheit nicht weiter einzubüßen und den bisherigen Zustand zu sichern und zu erhalten (BAG 10.2.1956 – 1 AZR 76/54, NJW 1956, 967; 18.10.1957 – 1 AZR 437/56, AP SchwBeschG § 33 Nr. 2). Ein besonderes Erholungsbedürfnis im Einzelfall wird nicht vorausgesetzt BAG 21.2.1995 – 9 AZR 675/93, NZA 1995, 746; ErfK/Rolfs Rn. 1).

7 Durch diese Vergünstigung für sbM wird auch nicht gegen das Gleichheitsgebot des Art. 3 GG verstoßen, vielmehr liegen im Verhältnis zu nicht behinderten Menschen unterschiedliche Voraussetzungen vor. Ihre Behinderung bedingt geradezu einen längeren Erholungsurlaub. Liegen damit gleiche Tatbestände nicht vor, ist eine unterschiedliche Behandlung möglich (BAG 10.2.1956 – 1 AZR 76/54, NJW 1956, 967; 4.10.1962 – 5 AZR 2/62, NJW 1963, 36; Mayer-Maly Anm. SAE 1963, 53). Dies entspricht iÜ auch dem in Art. 3 Abs. 3 S. 2 GG zum Ausdruck gekommenen Anliegen des Gesetzgebers, der eine Besserstellung ausdrücklich nicht untersagt, sondern sie als Umsetzung des Förderungs- und Integrationsauftrags des Sozialstaatsprinzips gerade voraussetzt (ErfK/Schmidt GG Art. 3 Rn. 77).

8 Der **Anspruch auf Zusatzurlaub** entsteht auf Grund der Schwerbehinderteneigenschaft. Da die Schwerbehinderteneigenschaft auf dem G selbst beruht und nicht durch einen Anerkennungsbescheid begründet zu werden braucht (BAG 26.6.1986 – 8 AZR 266/84, NZA 1986, 833; 26.4.1990 – 8 AZR 517/89, NZA 1990, 940), entsteht auch der Anspruch auf Zusatzurlaub gleichzeitig kraft Gesetzes und ohne Rücksicht darauf, ob der Arbeitgeber von der Schwerbehinderteneigenschaft des Arbeitnehmers Kenntnis gehabt hat oder die Pflichtzahl bei der Einstellung des sbM bereits erfüllt worden ist (BAG 26.6.1986 – 8 AZR 266/84, NZA 1986, 833; 13.6.1991 – 8 AZR 360/90, AuR 1991, 247; Leinemann/Linck, Urlaubsrecht, § 125 SGB IX Rn. 3; Neumann/Fenski/Kühn/Kühn BUrlG Teil D Anh. B I. SGB IX § 210 Rn. 11; ErfK/Rolfs Rn. 2; krit. Bengelsdorf RdA 1983, 25; Gröninger Anm. zu BAG 28.1.1982 – 6 AZR 636/79, AP SchwbG § 44 Nr. 3). Gibt allerdings der Arbeitnehmer nicht zu erkennen, dass er sbM ist und beruft er sich nicht auf diesen Umstand bzw. ist dies auch nicht offensichtlich, geht der Zusatzurlaub mit Ablauf des Urlaubsjahres, für das er gewährt wird, unter (BAG 28.1.1982 – 6 AZR 636/79, AP SchwbG § 44 Nr. 3; Bengelsdorf RdA 1983, 25). Das gilt auch für den Fall der rückwirkenden Anerkennung als sbM (BAG 26.4.2022 – 9 AZR 367/21, NZA 2022, 1047; Euler jurisPR-ArbR 36/2022 Anm. 2). Die sich aus der richtlinienkonformen Auslegung des § 7 Abs. 1 S. 1 und Abs. 3 BUrlG ergebenden Mitwirkungsobliegenheit des Arbeitgebers, die einem Verfall des Urlaubsanspruchs entgegenstehen, führen in diesem Fall zu keinem anderen Ergebnis (BAG 30.11.2021 – 9 AZR 143/21, AP SGB IX 2018 § 208 Nr. 1 m. zust. Anm. Darm-

Tobaben, DB 2022, 1262; 26.4.2022 – 9 AZR 367/21, NZA 2022, 1047; Range-Ditz ArbRB 2022, 259).

Die Vorschriften über die Entstehung, Übertragung, Kürzung und Abgeltung des gesetzlichen Mindesturlaubs sind nach dem Grundsatz der Akzessorietät auf den Anspruch aus § 208 SGB IX entsprechend anzuwenden (BAG 30.11.2021 – 9 AZR 143/21, AP SGB IX 2018 § 208 Nr. 1; 23.3.2010 – 9 AZR 128/09, NZA 2010, 810). Der Anspruch des sbM auf Zusatzurlaub teilt vorbehaltlich nach § 13 BurlG möglicher kollektiv-rechtlicher oder vertraglicher Vereinbarungen grundsätzlich das rechtliche Schicksal des gesetzlichen Mindesturlaubs (BAG 30.11.2021 – 9 AZR 143/21, AP SGB IX 2018 § 208 Nr. 1; 10.3.2020 – 9 AZR 109/19, NZA 2020, 1255). Damit kann es auch gemäß § 7 Abs. 3 BUrlG zum Verfall des Anspruchs kommen. Allerdings haben sich nach einer auf eine Vorlage des BAG (13.12.2016 – 9 AZR 541/15 (A), NZA 2017, 271) erfolgten Änderung der Rspr. des EuGH (6.11.2018 – C-684/16, NZA 2018, 1474 – Shimizu) die Anforderungen an den Eintritt des Verfalls des Urlaubsanspruchs signifikant erhöht. Nunmehr muss der Arbeitgeber den sbM auf dessen Zusatzurlaub nach § 208 SGB IX hinweisen und konkret und in völliger Transparenz dafür sorgen, dass der Arbeitnehmer tatsächlich in der Lage ist, seinen Urlaub zu nehmen. Dazu gehört, dass er den Arbeitnehmer – ggf. förmlich – dazu auffordert, seinen Urlaub zu nehmen und ihm klar und rechtzeitig mitteilt, dass sein Urlaub verfällt, wenn er ihn nicht beantragt. Die Erfüllung der vorstehend beschriebenen Mitwirkungspflichten ist Voraussetzung für das Eingreifen des urlaubsrechtlichen Fristenregimes (BAG 28.3.2023 – 9 AZR 488/21, NZA 2023, 826; 30.11.2021 – 9 AZR 143/21, AP SGB IX 2018 § 208 Nr. 1; BAG 19.2.2019 – 9 AZR 541/15, NZA 2019, 977; ArbRAktuell 2019, 119 (Arnold); Kreuziger MDR 2018, 1445; Oberthür ArbRB 2019, 13; Lunk ArbRB 2019, 169; Baring jurisPR-ArbR 23/2019 nm. 4). Deshalb ist dem Arbeitgeber regelmäßig die Berufung auf die Befristung und den sich ggf. daran anschließenden Verfall des Urlaubsanspruchs versagt; denn es ist davon auszugehen, dass ein Arbeitnehmer im Falle eines rechtzeitigen Hinweises das Erforderliche getan hätte, um den Verfall des Anspruchs zu verhindern (EuGH 6.1.2018 – C-684/16, NZA 2018, 1474 <Max-Planck-Gesellschaft zur Förderung der Wissenschaften>; BAG 30.11.2021 – 9 AZR 143/21, AP SGB IX 2018 § 208 Nr. 1; 19.2.2019 – 9 AZR 541/15, NZA 2019, 977). Allerdings hat der Arbeitgeber keine Veranlassung, vorsorglich auf einen etwaigen Zusatzurlaub hinzuweisen und Arbeitnehmer vorsorglich zu dessen Realisierung aufzufordern. Ér kann vielmehr erwarten, dass dieser ihm seine Schwerbehinderteneigenschaft mitteilt. Unterlässt er dies, kann er seine Rechte aus § 208 Abs. 1 S. 1 SGB IX nicht wahrnehmen, obwohl dieser Anspruch nicht disponibel ist und er darauf nicht verzichten kann (§ 13 BUrlG). Sind die dafür maßgeblichen Umstände streitig, trägt der Arbeitgeber dafür die Darlegungs- und Beweislast. Allerdings kommen ihm die Grundsätze der abgestuften Darlegungs- und Beweislast zugute (BAG 30.11.2021 – 9 AZR 143/21, AP SGB IX 2018 § 208 Nr. 1; 24.3.2021 – 10 AZR 16/20, NZA 2021, 1651). Diese Grundsätze sind auf Fälle anzuwenden, in denen die Verletzung der Mitwirkungspflicht dafür ursächlich war, dass der (Zusatz-) Urlaub nicht genommen wurde. Hier tritt auch eine Verjährung erst drei Jahre nach dem Ablauf des Jahres ein, in dem der Arbeitgeber seiner Pflicht genügt hat (BAG EuGH 22.9.2022 – C-518/20 und C-727/20, NZA 2022, 1323 <Fraport bzw. St. Vincenz-Krankenhaus>; 20.12.2022 – 9 AZR 245/19; 20.12.2022 – 9 AZR 401/19, NZA aktuell 1/2013 S. VI f.). Dies gilt unmittelbar für den Anspruch auf bezahlte Freistellung und einen sich an die später eingetretene Beendigung des Arbeitsverhältnisses anschließenden Abgeltungsanspruch (BAG 20.12.2022 – 9 AZR 266/20, NZA aktuell 1/2023 S. VII; EuGH 22.9.2022 – C-120/21, NZA 2022, 1326 <LB/TO>; krit. Bayreuther NZA 2022, 1381). Für den Fall eines Abgeltungsanspruchs im Anschluss an eine langandauernde Arbeitsunfähigkeit, die eine Urlaubsnahme nicht möglich gemacht hat, ist eine differenzierte Betrachtung geboten. Für das Jahr, in dem die Arbeitsunfähigkeit eingetreten ist, gelten die vorstehenden Grundsätze unmittelbar. Im Übrigen verbleibt es 9 bei der bisherigen Rspr., nach der zur Vermeidung der Anhäufung von Urlaubsansprüchen (EuGH 22.10.2011 – C-214/10<KHS>; BVerfG 15.5.2014 – 2 BvR 324/14, NJW 2014, 838) der Urlaubsanspruch bei Fortdauer der Arbeitsunfähigkeit mit Ablauf des 31.3. des zweiten Folgejahres („15-Monats-Frist") untergeht (BAG 20.12.2022 – 9 AZR 245/19, NZA aktuell 1/2023 S. VI f.). Hat der Arbeitgeber nach Kenntniserlangung von der (möglichen) Schwerbehinderteneigenschaft des Arbeitnehmers seiner Mitwirkungspflicht entsprochen, geht die Verpflichtung zur ordnungsgemäßen Geltendmachung seines Anspruchs auf Zusatzurlaub nunmehr auf den Arbeitnehmer über. Er kann allerdings nicht in einem späteren Urlaubsjahr rückwirkend, nachdem er sich nunmehr auf den Schutz sbM beruft, noch Zusatzurlaub für die Vergangenheit verlangen (Neumann/Fenski/Kühn/Neumann § 210 SGB IX Rn. 19). Die rechtliche Unsicherheit über die Anerkennung als sbM, die auch kein in der Person des Arbeitnehmers liegender Grund für eine Übertragung des Zusatzurlaubs auf den gesetzlichen oder tarifvertraglichen Übertragungszeitraum ist (BAG 21.2.1995 – 9 AZR 675/93, NZA 1995, 746; 21.2.1995 – 9 AZR 746/93, NZA 1995, 1008, Düwell NZA 2017, 1237; aA LAG Düsseldorf 7.7.1993 – 18 Sa 611/93, LAGE § 47 SchwbG Nr. 1), hindert den Arbeitnehmer nicht an der Geltendmachung des Urlaubsanspruchs im Laufe des Urlaubsjahres, die zudem eindeutig und nicht nur vorsorglich erfolgen (BAG 28.1.1982 – 6 AZR 636/79, AP SchwbG § 44 Nr. 3; 26.6.1986 – 8 AZR 266/84, NZA 1986, 833) und den gesetzlichen oder tarifvertraglichen Anforderungen entsprechen muss (BAG 13.6.1991 – 8 AZR 360/90, AuR 1991, 248). Das gilt auch für den Fall, dass die Schwerbehinderteneigenschaft erst später mit Rückwirkung festgestellt wird (BAG 28.1.1982 – 6 AZR 636/79, AP SchwbG § 44 Nr. 3). Diese Rspr. des BAG ergänzt der durch Art. 1 Nr. 31 lit. b des Gesetzes zur Förderung der Ausbildung und Beschäftigung sbM v. 23.4.2004 (BGBl. I 606, 610) neu eingefügte Abs. 3. Die rückwirkende Feststellung der Schwerbehinderteneigenschaft soll – obwohl sie nicht konstitutiv wirkt – nicht dazu führen, dass der sbM Urlaubsansprüche für vergangene Zeiten geltend machen kann (Begründung des Gesetzentwurfs, BT-Drs. 15/1783, 18; BAG 4.11.2015 – 7 AZR 851/13, NZA 2016, 634; zweifelnd Edenfeld NZA 2012, 713; krit. Fenski NZA 2004, 1255). Dies wird durch die in Abs. 3 angeordnete Anwendung der für das jeweilige Beschäftigungsverhältnis maßgeblichen (gesetzlichen oder tarifrechtlichen) Urlaubsregelungen bewirkt (ErfK/Rolfs Rn. 4; Cramer NZA 2004, 711; Fenski NZA 2004, 1257; Kossens/Wollschläger ZFSH/SGB 2004, 352; abw. Düwell FA 2004, 202). War der Zusatzurlaub aber geltend gemacht und wurde er (mit Recht, vgl. BAG 4.11.2015 – 7 AZR 851/13, NZA 2016, 634) nur deshalb nicht gewährt, weil die Anerkennung der Schwerbehinderteneigenschaft noch nicht endgültig vorlag, ist der Zusatzurlaub nachträglich, und zwar in Freizeit zu gewähren (BAG 26.6.1986 – 8 AZR 266/84, NZA 1986, 833; Gröninger Anm. zu BAG 28.1.1982 – 6 AZR 636/79, AP SchwbG § 44 Nr. 3; aA Bengelsdorf RdA 1983, 25, der zu Unrecht eine Geltendmachung nur nach positivem Bescheid des Versorgungsamtes zulässt). Ist dies wegen Beendigung des Arbeitsverhältnisses nicht mehr möglich, ist der Arbeitnehmer (ggf. auch seine Erben, BAG 22.10.1991 – 9 AZR 373/90, NZA 1992, 797) in Geld zu entschädigen (BAG 26.6.1986 – 8 AZR 75/83, NZA 1987, 98). Dies gilt jedoch nicht für den Zeitpunkt des Übertritts von der aktiven in die passive Phase des Altersteilzeitverhältnisses; denn das Arbeitsverhältnis endet damit nicht. Es besteht insoweit auch keine im Wege der Analogie zu schließende planwidrige Regelungslücke (BAG 16.10.2012 – 9 AZR 234/11, NZA 2013, 575). Der mit der Beendigung des Arbeitsverhältnisses entstehende Abgeltungsanspruch, der auch im Falle der Geltendmachung durch die Erben ebenfalls den Zusatzurlaubsanspruch umfasst (EuGH 6.11.2018 – C-569/16 und C-570/16, BAG 22.1.2019 – 9 AZR 45/16, NZA 2019, 829), unterfällt als Geldanspruch einer ggf. zu beachtenden tariflichen Ausschlussfrist (BAG 13.12.2011 – 9 AZR 399/10NZA 2012, 514; LAG RhPf 11.9.2019 – 7 sa 414/18, br 2020, 52; Schäfer jurisPR-ArbR 11/2020 Anm. 6) und wird auch insolvenzrechtlich als einfache Forderung behandelt. Allerdings gilt dies nicht für den

Fall, dass der vorläufige Insolvenzverwalter mit Verwaltungs- und Verfügungsbefugnis die Arbeitsleistung des Arbeitnehmers zum Zeitpunkt der Beendigung des Arbeitsverhältnisses noch in Anspruch nimmt. Dann besitzt der Abgeltungsanspruch die Qualität einer Masseverbindlichkeit (BAG 6 AZR 94/19 – 9 AS 1/21, NZA 2021, 567; Kohte jurisPR-ArbR 13/20 Anm. 6). Hat der sbM bei der Geltendmachung des Urlaubsanspruchs eine zu beachtende tarifliche Ausschlussfrist gewahrt, bedarf es nach Eintritt der Unmöglichkeit der Urlaubsgewährung nicht einer erneuten tarifgerechten Anmeldung des Ersatzanspruchs (BAG 22.10.1991 – 9 AZR 373/90, NZA 1992, 797; 24.11.1992 – 9 AZR 54991, NZA 1993, 472). Da es für den Anspruch auf Gewährung von Zusatzurlaub nur auf die objektive Lage ankommt, ist es auch konsequent, einen Anspruch auf Urlaubsabgeltung auch dann anzuerkennen, wenn der sbM seine Schwerbehinderteneigenschaft erst nach Beendigung des Arbeitsverhältnisses bekannt gibt (BAG 25.6.1996 – 9 AZR 182/95, NZA 1996, 1153).

Der Zusatzurlaub tritt zu dem nach allgemeinen Grundsätzen zu gewährenden Erholungsurlaub hinzu (BAG 24.10.2006 – 9 AZR 669/05, NZA 2007, 330; Peter AiB 2007, 156; Gagel jurisPR-ArbR 16/2007 Anm. 2). Der Anspruch auf Zusatzurlaub wird nur dann und insoweit erworben, als ein Hauptanspruch auf Erholungsurlaub entstanden ist (BAG 26.6.1986 – 8 AZR 266/84, NZA 1986, 833). Deshalb muss auch für den vollen Zusatzurlaub die Wartezeit erfüllt werden (KHM/Kossens Rn. 13; ErfK/Rolfs Rn. 2). Der Zusatzurlaub unterliegt nicht nur hinsichtlich seiner Entstehung, sondern auch bzgl. Befristung und Erfüllbarkeit (BAG 17.1.1995 – 9 AZR 664/93, NZA 1995, 531; 5.12.1995 – 9 AZR 871/94, NZA 1996, 594; 25.6.1996 – 9 AZR 182/95, NZA 1996, 1153), der Abgeltung (auch ohne vorherige Geltendmachung des Freistellungsanspruchs) gem. § 7 BUrlG (BAG 25.6.1996 – 9 AZR 182/95, NZA 1996, 1153; nicht jedoch bei Beamten, BVerwG 31.7.1997 – 2 B 138/96, BeckRS 1997, 31225824 zur Wahrung einer tariflichen Ausschlussfrist BAG 13.12.2011 – 9 AZR 399/10, NZA 2012, 514)), der Unabdingbarkeit gem. § 13 Abs. 1 BUrlG (BAG 25.6.1996 – 9 AZR 182/95, NZA 1996, 1153) sowie hinsichtlich des Anspruchs auf Teilurlaub und bzgl. des Wegfalles den Vorschriften über den Haupturlaub (BAG 4.11.2015 – 7 AZR 851/13, NZA 2016, 634; 13.12.2011 – 9 AZR 399/10, NZA 2012, 514) Insbesondere ist er auch unabhängig von einer etwaigen Arbeitsleistung während des Kalenderjahrs (BAG 7.8.2012 – 9 AZR 353/10, NZA 2012, 1216). Daher findet auch für den Zusatzurlaub eine Zwölftelung nach allgemeinen Grundsätzen statt (BAG 18.9.2012 – 9 AZR 623/10, AP BUrlG § 7 Nr. 62; Neumann/Fenski/Kühn/Kühn Teil D Anh. B I. SGB IX § 210 Rn. 14), von denen auch durch Tarifvertrag nicht zuungunsten der sbM abgewichen werden darf (BAG 8.3.1994 – 9 AZR 49/93, NZA 1994, 1095). Für das Jahr des Eintritts oder Ausscheidens aus dem Arbeitsverhältnis bestand in der Rspr. und Lit. insoweit bereits bisher Einigkeit (BAG 25.6.1996 – 9 AZR 182/95, NZA 1996, 1153; Neumann/Fenski/Kühn/Kühn Teil D Anh. B I. SGB IX § 210 Rn. 14; Leinemann/Linck, Urlaubsrecht, § 125 SGB IX Rn. 8, 17), während dies für das Jahr des Eintritts (nicht der Anerkennung, so aber Bengelsdorf RdA 1983, 25) der Schwerbehinderteneigenschaft umstritten war (BAG 21.2.1995 – 9 AZR 675/93, NZA 1995, 746; Dörner DB 1995, 1174; Leinemann/Linck, Teil II Kap. B Rn. 7; aA MHdB ArbR/Cramer § 236 Rn. 38, Zwölftelung, weil der Eintritt der Schwerbehinderteneigenschaft wie der Eintritt in das Arbeitsverhältnis wirkt). Mit der Neuregelung durch Abs. 2 (eingefügt durch Art. 1 Nr. 31 lit. b des Gesetzes zur Förderung der Ausbildung und Beschäftigung sbM v. 23.4.2004, BGBl. I 606 (610)) hat der Gesetzgeber diesen Gesamtkomplex neu geordnet. Abs. 2 S. 1 sieht vor, dass der Anspruch auf Zusatzurlaub bei Eintritt oder Wegfall der Schwerbehinderteneigenschaft im Lauf des Urlaubsjahres nicht in vollem Umfang, sondern nur anteilig bestehen soll, soweit sie im Beschäftigungsverhältnis vorliegt (Begründung des Gesetzentwurfs, BT-Drs. 15/1783, 18). Für jeden vollen Monat besteht danach ein Anspruch auf 1/12 des Zusatzurlaubs (krit. Düwell FA 2003, 226), wobei nach S. 3 Bruchteile von Urlaubstagen, die mindestens einen halben Tag ergeben, 10 auf volle Urlaubstage aufzurunden sind (vgl. § 5 Abs. 2 BUrlG, Moderegger ArbRB 2004, 251). Eine Abrundung bei geringeren Anteilen findet nicht statt; sie sind ggf. in vermindertem Umfang zu gewähren (Cramer NZA 2004, 711). Eine über die Regelung des § 5 lit. a, b oder c BUrlG hinausgehende allg. Aufrundung von Teilurlaubs in analoger Anwendung von § 125 Abs. 2 S. 2 auch auf die Fälle des Abs. 1 S. 1 ist angesichts des besonderen Zuschnitts dieser Regelung auf den Sonderfall des Abs. 2 ausgeschlossen, auch wenn dies zur Anwendung unterschiedlicher Berechnungsmodelle innerhalb einer Vorschrift führt (aA Fenski NZA 2004, 1256). Die praktischen Konsequenzen der Neuregelung zeigen sich deutlich an dem Fall der Anerkennung der Schwerbehinderteneigenschaft nach Erfüllung der Wartezeit zu einem innerhalb des Monats Dezember liegenden Termin. Während nach früherem Recht der volle Zusatzurlaub hätte beansprucht werden können, entsteht er nunmehr nicht einmal zeitanteilig („für jeden **vollen** Monat“). Entsprechendes gilt für den Fall der Anerkennung im Lauf des Monats Januar bei Ausscheiden zum 31.12. (Fenski NZA 2004, 1257; LPK-SGB IX/Düwell Rn. 16 ff.). Abs. 2 S. 3 bestimmt, dass der nach S. 2 ermittelte Zusatzurlaub dem Erholungsurlaub hinzugerechnet wird und schließt damit eine mehrfache Kürzung des Zusatzurlaubs aus (Begründung des Gesetzesentwurfs, BT-Drs. 15/1783, 18; Düwell FA 2004, 202). Mit dieser Bestimmung ist auch eine Lösung der Frage verbunden, wie im Falle der zeitweiligen Entziehung der besonderen Hilfen für sbM nach § 200 Abs. 1 S. 1 zu verfahren ist.

11 Ebenso wie der Erholungsurlaub erlischt auch der Zusatzurlaub, wenn der sbM ihn nicht bis zum Ablauf des Kalenderjahres oder ggf. bis zum Ende des jeweils einschlägigen Übertragungszeitraumes ausdrücklich (KHM/Kossens Rn. 22) geltend macht (BAG 28.1.1982 – 6 AZR 636/79, AP SchwbG § 44 Nr. 3; 26.6.1986 – 8 AZR 266/84, NZA 1986, 833; 21.2.1995 – 9 AZR 675/93, NZA 1995, 746; Leinemann/Linck, Teil II Kap. B Rn. 25; Neumann/Fenski/Kühn/Kühn § 210 SGB IX Rn. 12). Der Grundsatz der Bindung an das Kalenderjahr ist nach der Rspr. des BAG (24.3.2009 – 9 AZR 983/07, NZA 2009, 538) im Anschluss an eine Entscheidung des EuGH (20.1.2009 – C-350/06, C-520/06, NZA 2009, 135 – Schultz-Hoff) auch im Verhältnis zu einem privaten Arbeitgeber für den Fall der zur Arbeitsunfähigkeit führenden Erkrankung bis zum Ende des Urlaubsjahres und/oder des Übertragungszeitraums nicht aufrechtzuerhalten. Art. 7 der RL 2008/33/EG steht dem entgegen. Urlaub ist danach ein so bedeutsamer Grundsatz des Gemeinschaftsrechts, dass auch ein wegen Krankheit nach dem Ende des Urlaubsjahrs gewährter Urlaub noch eine gesundheitsschützende Funktion besitzt. Allerdings ist § 7 Abs. 3 BurlG unionsrechtlich dahin auszulegen, dass gesetzliche Urlaubsansprüche arbeitsunfähiger Arbeitnehmer (und damit auch jene auf Zusatzurlaub nach § 208) 15 Monate nach dem Ende des jeweiligen Urlaubsjahres verfallen (BAG 22.9.2015 – 9 AZR 170/14, MDR 2016, 892). Dies gilt danach auch für den Fall der Urlaubsabgeltung, wenn also der Arbeitnehmer aus dem Arbeitsverhältnis ausgeschieden ist und erfasst auch „Altfälle“ jedenfalls bis zum Bekanntwerden des Vorabentscheidungsersuchen des LAG Düsseldorf in der Sache *„Schultz-Hoff“* (LAG Düsseldorf 2.8.2006 – 12 Sa 486/06, LAGE BUrlG § 7 Nr. 43 = NZA-RR 2006, 628). Da das BAG seine Entscheidung im Wege europarechtskonformer Auslegung des BUrlG begründet hat, also nationales Recht angewandt hat, war zu erwarten, dass es wegen des Grundsatzes der Bindung der Zusatzurlaubs an den Haupturlaub (sog. urlaubsrechtliche Akzessorietät, BAG 26.6.1986 – 8 AZR 75/83, NZA 1987, 98) seine Überlegungen auch auf die Anwendung des § 125 (heute: § 208) SGB IX übertragen würde (Kohte/Beetz jurisPR-ArbR 25/2009 Anm. 1 unter Hinweis auf LAG Düsseldorf 2.2.2009 – 12 Sa 486/06, NZA-RR 2009, 242; bejahend auch LPK-SGB IX/Düwell Rn. 59). Dies ist inzwischen erfolgt (BAG 23.3.2010 – 9 AZR 128/09, NZA 2010, 810). Die abweichenden Entscheidungen des ArbG Berlin (22.4.2009 – 56 Ca 21280/08, NZA-RR 2009, 411) sowie des LAG Bln-Bbg (2.10.2009 – 6 Sa 1215/09, ZTR 2010, 211 = BeckRS 2010, 68277), die auf die fehlende Absicherung des Zusatzurlaubs durch die Arbeitszeitrichtlinie abstellt, vernachlässigt die dogmatische Ableitung der Entscheidung des BAG durch eine einschränkende Interpretation des nationalen Rechts (so wohl auch Mestwerdt jurisPR-ArbR 27/2009). Keine Auswirkungen auf den Bestand des Anspruchs ergeben sich aus der Art der Beendigung des Arbeitsverhältnisses. Auch die fristlose Kündigung oder die vorzeitige unberechtigte Auflösung des Arbeitsverhältnisses haben insoweit Rechtsnachteile nicht zur Folge, wie sich insbes. aus der Änderung des § 7 Abs. 4 Bundesurlaubsgesetz durch das Heimarbeitsänderungsgesetz v. 29.10.1974 (BGBl. I 2879) ableiten lässt. Vererblich ist nach der Aufgabe der Surrogatstheorie auch ein entstandener Urlaubsabgeltungsanspruch (BAG 22.9.2015 – 9 AZR 170/14, NZA 2016, 37). Ob dies auch für einen finanziellen Ausgleich für den dem Arbeitnehmer vor seinem Tod zustehenden Urlaubsanspruch gilt, war ebenfalls lange ungeklärt. Das BAG (18.10.2016 – 9 AZR 45/16 (A), ZTR 2016, 693 = BeckRS 2016, 74836) hat diese Frage dem EuGH zur Vorabentscheidung vorgelegt (EuGH 10.11.2016 – C-569/16, NZA 2018, 1467), der dies bejaht hat. Diese Auslegung hat das BAG dann seiner die Revision des Arbeitgebers zurückweisenden Entscheidung zugrunde gelegt (22.1.2019 – 9 AZR 45/16, NZA 2019, 829; Bauckhage – Hoffer SAE 2020, 1; Kühnel ArbRB 2022, 164; Kohte JR 2021, 134).

D. Dauer des Zusatzurlaubs

Der schwerbehinderte Beschäftigte hat einen Anspruch auf einen bezahlten zusätzlichen Urlaub von fünf Arbeitstagen im Urlaubsjahr, wobei sich der Umfang des Anspruchs je nach Verteilung der regelmäßigen Arbeitszeit auf mehr oder weniger Arbeitstage pro Woche entspr. verändert (Düwell FA 2003, 227). Dies entspricht der früheren Regelung in § 47 SchwbG idF des Ersten Änderungsgesetzes v. 24.7.1986, mit dem jeder schwerbehinderte Beschäftigte einen Zusatzurlaub von einer Woche erhielt. Ergeben sich bei der Berechnung des Zusatzurlaubs etwa infolge eines ständigen Wechsels von der Zwei- zur Drei-Tage-Woche Bruchteile eines Urlaubstages, findet weder eine Auf-, noch eine Abrundung statt, sofern nicht die Voraussetzungen des § 5 Abs. 1 lit. a–c BUrlG vorliegen (BAG 21.5.1990 – 8 AZR 296/89, ZTR 1990, 524; 22.10.1991 – 9 AZR 373/90, NZA 1992, 797; vgl. die Tabelle bei KHM/Kossens Rn. 19a, b). Eine analoge Anwendung von § 208 Abs. 2 S. 2 kommt wegen des Ausnahmecharakters dieser Regelung nicht in Betracht (aA Fenski NZA 2004, 1256). 12

Die Dauer des Zusatzurlaubs beträgt für das gesamte Urlaubsjahr eine Woche. § 3 BUrlG findet wegen der besonderen gesetzlichen Bezeichnung des Arbeitstages keine Anwendung, so dass entgegen der Regelung in § 3 Abs. 2 BUrlG auch Sonntage und gesetzliche Feiertage als Urlaubstage für den Zusatzurlaub anzuwenden sind, wenn an diesen Tagen im Betrieb oder der Dienststelle gearbeitet wird, zB im Verkehrs- oder Beherbergungsgewerbe, in der Stahl- oder Papierindustrie und allen kontinuierlich arbeitenden Betrieben. Maßgeblich sind nicht Werktage, sondern stets die Arbeitstage, so dass iErg stets grds. eine Woche Zusatzurlaub zu gewähren ist. Dieser Zusatzurlaub tritt zum allgemeinen Erholungsurlaub hinzu. Der allgemeine Erholungsurlaub verlängert sich um diese Woche, eine Teilung des Urlaubs kann nur nach den Grundsätzen von § 7 Abs. 2 BUrlG erfolgen. Der Urlaub darf gerade sbM auch mit deren formalem Einverständnis nicht in kleinsten Raten gewährt werden (HessLAG 11.9.1957 – II LA 199/57, BB 1958, 140). Aus dem Hinzutreten des Zusatzurlaubs zum Grundurlaub ist abzuleiten, dass er auch iÜ wie jener zu behandeln ist, so dass er etwa Lehrern oder Schauspielern in der unterrichts- bzw. spielfreien Zeit gewährt werden kann (BAG 13.12.1996 – 9 AZR 79/95, NZA 1996, 1103; BVerwG 19.6.1985 – 2 B 3/84, BeckRS 1985, 30936066). Dies gilt entspr. für Hochschullehrer während der Semesterferien (KHM/Kossens Rn. 7). Während der Freistellungsphase der Altersteilzeit besteht keine Verpflichtung zur Ar- 13 beitsleistung, so dass dem Arbeitnehmer in diesem Umfang auch kein Urlaub zusteht (BAG 24.9.2019 – 4 AZR 481/18, ZTR 2020, 218). Dies trifft auch auf die Urlaubsberechnung bei Kurzarbeit „Null" zu (BAG 30.11.2021 – 9 AZR 225/21) und führt wegen der Parallelität zum gesetzlichen Urlaub zu einer entsprechenden Reduzierung des Anspruchs auf Gewährung von Zusatzurlaub (Rech FA 2023, 123).

14 Der Zusatzurlaub tritt zu dem Erholungsurlaub in vollem Umfang zusätzlich hinzu (Ausnahme: Abs. 2, mit dem die entgegenstehende Rspr. des BAG korrigiert wurde, ErfK/*Rolfs* § 125 Rn. 3; → Rn. 10). Daher ist stets von dem Urlaub auszugehen, den ein Nichtschwerbehinderter in gleicher Lage erhält. Dieser Grundurlaub ist nach allgemeinen Grundsätzen zu berechnen, dh nach G (BUrlG, SeemannsG, JArbSchG), nach Tarifvertrag, Betriebsvereinbarung oder Einzelarbeitsvertrag. Auch nach diesen Bestimmungen zustehender erhöhter Urlaub für längere Betriebszugehörigkeit, für höheres Lebensalter, bestimmte schwere Arbeiten (zB vollkontinuierliche Wechselschichtarbeit, BAG 18.2.1997 – 9 AZR 738/95, NZA 1997, 1123) usw ist zunächst in dem Umfang zugrundezulegen, in dem ihn auch Nichtschwerbehinderte erhalten. Das gilt selbst dann, wenn der anderweit zusätzliche Urlaub freiwillig auf Grund betrieblicher Übung gesamtheitlich gewährt wird. Auch dann ist der Zusatzurlaub für sbM zusätzlich zu dem freiwillig, zB als Jubiläumsurlaub gewährten Urlaub zu gewähren und kann nicht darauf angerechnet werden (BAG 4.10.1962 – 5 AZR 2/62, AP SchwBeschG nF § 34 Nr. 1; *Mayer-Maly* Anm. SAE 1963, 53). Höchstgrenzen für die Gesamturlaubsdauer sind unzulässig und können auch in Tarifverträgen nicht wirksam den Anspruch des sbM auf Zusatzurlaub im Verhältnis zum Urlaubsanspruch anderer Arbeitnehmer verkürzen (BAG 10.2.1956 – 1 AZR 76/54, NJW 1956, 967; 9.1.1979 – 6 AZR 512/77, AP SchwbG § 44 Nr. 1; KHM/Kossens Rn. 30). Daraus folgt weiter, dass auch die Berechnung des Zusatzurlaubs nach Arbeitstagen unabdingbar ist und auch nicht durch Tarifvertrag vorgesehen werden kann, arbeitsfreie Tage auf den Zusatzurlaub anzurechnen. Es ist jedoch möglich, Sonn- und Feiertage vom Zusatzurlaub auszunehmen und ihn auf diese Weise über den gesetzlichen Zusatzurlaub hinaus zu verlängern. Stehen gesetzlicher Mindesturlaub, ihn übersteigender tariflicher Urlaub und der Zusatzurlaub nebeneinander, erfolgt die Erfüllung unter Beachtung von § 366 Abs. 2 BGB, sofern der Arbeitgeber nicht eine ausdrückliche Bestimmung nach Abs. 1 trifft. Dies bedeutet, dass im Regelfall zunächst der Anspruch auf den gesetzlichen Mindesturlaub, dann jener auf den Zusatzurlaub und nachrangig der weitergehende tarifliche Urlaubsanspruch erfüllt werden (BAG 1.3.2022 – 9 AZR 353/21, NZA 2022, 911; 28.3.2023 – 9 AZR 488/21, NZA 2023, 826; Greiner/Kalle EWiR 2022, 599).

E. Vergütung

15 Die Vergütung des Zusatzurlaubs erfolgt ebenfalls nach den Regeln über den Grundurlaub. Dem Arbeitnehmer steht für den Zusatzurlaub dieselbe Vergütung zu, wie für jeden Tag des Grundurlaubs (Leinemann/Linck, Teil II § 125 SGB IX Rn. 31). Nach § 11 BurlG ist dies grds. der Durchschnittsverdienst der letzten 13 Wochen vor Urlaubsbeginn. Soweit Teilzeitbeschäftigte (zB schwerstbehinderte Menschen nach § 155 SGB IX) weniger als die betriebsübliche Arbeitszeit beschäftigt sind, hat dies unmittelbare Auswirkungen auf die Höhe der Urlaubsvergütung, die dann dem Umfang der Teilarbeitszeit entspricht (Neumann/Fenski/Kühn/Kühn § 210 SGB IX Rn. 31). Überstunden (ohne Zuschläge: BAG 9.11.1999 – 9 AZR 771/98, NZA 2000, 1337 sind in die Berechnung des Urlaubsentgelts einzubeziehen (BAG 13.5.1959 – 1 AZR 380/57, AP UrlaubsG Niedersachen § 5 Nr. 1), während Kurzarbeit unberücksichtigt bleibt. Aber auch ein täglich zu zahlendes zusätzliches Urlaubsgeld ist für den Zusatzurlaub zu zahlen (BAG 10.3.2020 – 9 AZR 109/19, NZA 2020, 1255; LAG Nds 15.6.1981 – 13 Sa 18/

81, BB 1981, 1834; aA BAG 30.7.1986 – 8 AZR 241/83, NZA 1986, 835). Etwas anderes gilt nur, wenn eine „Urlaubsgratifikation" pauschal für den gesamten Urlaub gezahlt wird, weil dann der Zusatzurlaub mit einbegriffen ist (BAG 23.1.1996 – 9 AZR 891/94, NZA 1996, 831). Bei einer Berechnung nach Tagen oder Wochen wäre jedoch der Ausschluss des Zusatzurlaubes eine unzulässige Benachteiligung der sbM und ein Verstoß gegen § 208 (richtig BAG 20.10.1983 – 6 AZR 142/82, AP SchwbG § 44 Nr. 4 für Urlaubsgeld von 40 %; BAG 23.1.1996 – 9 AZR 891/94, NZA 1996, 831 für Urlaubsgeld von 50 % zum Urlaubsentgelt; unzutreffend, weil nach Tagen bemessen BAG 9.1.1979 – 6 AZR 512/77, AP SchwbG § 44 Nr. 1; und BAG 30.7.1986 – 8 AZR 241/83, NZA 1986, 835, das sogar entgegen § 47 SchwbG den Ausschluss vom täglichen Urlaubsgeld zugelassen hat). Darüber hinaus darf die Zahlung eines Zuschlags zur Vermeidung einer Diskriminierung nicht davon abhängig gemacht werden, ob ein behinderter Arbeitnehmer den Anspruch vor oder nach einem vom Arbeitgeber bestimmten Termin geltend gemacht hat, wenn diese Praxis nicht durch ein rechtmäßiges Ziel sachlich gerechtfertigt ist, noch die Mittel zu seiner Umsetzung angemessen und erforderlich sind (EuGH 26.1.2021 – C-16/19, ZTR 2021, 213).

F. Günstigere Regelungen

Günstigere tarifliche, betriebliche oder sonstige Urlaubsregelungen, die einen längeren Zusatzurlaub vorsehen, bleiben nach § 208 S. 2 unberührt. Ein eigenständiger tariflicher Anspruch in diesem Sinne besteht jedoch nicht, wenn ein Tarifvertrag auf die vor dem 1.1.1987 bestehende günstigere gesetzliche Regelung verweist oder sie lediglich wortgleich wiederholt (BAG 9.6.1988 – 8 AZN 39/88, DB 1988, 1556; 18.2.1997 – 9 AZR 738/95, NZA 1997, 1123; MHdB ArbR/Cramer § 236 Rn. 37; Leinemann/Linck, § 125 SGB IX Rn. 16). S. 2 der Vorschrift nimmt dem Arbeitnehmer günstigere Regelungen nur insoweit aus, als hinsichtlich der Länge des Zusatzurlaubs der Zeitraum von einer Woche überschritten wird. Wenn tariflich bereits ein Zusatzurlaub von einer Woche vorgesehen ist, tritt dazu nicht noch einmal der Zusatzurlaub nach § 208 hinzu. Vielmehr verbleibt es dann bei dem Zusatzurlaub von insgesamt einer Woche, wenn der Tarifvertrag nicht ausdrücklich eine andere Regelung beinhaltet. Nur über den Zusatzurlaub nach dem G hinausgehender sonstiger Zusatzurlaub bleibt unberührt. Das Günstigkeitsprinzip gilt aber nur und allein für die Länge des Zusatzurlaubs für sbM. Eine Günstigkeitsabwägung kann nicht mit anderen zusätzlichen Vergünstigungen für sbM auch nicht hinsichtlich des Zusatzurlaubs oder der Vergütung vorgenommen werden. Es ist stets nur der Zusatzurlaub mit der einen Woche des Zusatzurlaubs nach § 208 zu vergleichen. Sonstige Besserstellungen können nicht mit einbezogen werden (BAG 10.2.1956 – 1 AZR 76/54, NJW 1956, 967). **16**

Überschneidungen können sich auch zu landesgesetzlichen Regelungen ergeben. Zu nennen ist hier insbes. das Saarländische G betreffend Regelung des Zusatzurlaubs für kriegs- und unfallgeschädigte Arbeitnehmer in der Privatwirtschaft v. 22.6.1950/30.6.1951 (ABl. 1950, S. 759; 1951, S. 979) nebst DVO v. 20.11.1950/29.12.1952 (ABl. 1990, S. 1092; 1953, S. 25) und v. 5.3.1951 (ABl. S. 442). Dieses inzwischen nur noch für am 1.1.2000 anspruchsberechtigt gewesene Personen geltende G (→ Rn. 4) hat auch nach dem Inkrafttreten des Schwerbehindertengesetzes in seinen verschiedenen Fassungen sowie des SGB IX seine Bedeutung behalten. Nach diesem saarländischen G erhalten Beschäftigte mit einer Minderung von 25–50 vH drei Arbeitstage Zusatzurlaub, wobei durch § 1 der DVO klargestellt wird, dass der Zusatzurlaub nur einmal zu gewähren ist. Er tritt also zu dem Zusatzurlaub nach § 208 nicht noch hinzu. Nicht beeinträchtigt wurde diese Bestimmung aber auch durch die Regelung für Gleichgestellte in § 2 SchwBG bzw. § 151 Abs. 3. Sie gilt als zusätzliche Urlaubsbestimmung für **17**

Minderbeschädigte und Gleichgestellte weiter (BAG 27.5.1997 – 9 AZR 484/96, NZA 1998, 649; 5.9.2002 – 9 AZR 355/01, NZA 2003, 1400; LAG Saarl 12.6.1963 – Sa 62/63, AP Saarland, ZusatzurlaubsG § 1 Nr. 1, wobei der Anspruchsteller nicht vortragen muss, dass die Behinderung auf einer Kriegs- oder Unfallbeschädigung beruht. Ausreichend ist die Darlegung einer Behinderung von mindestens 25 vH und deren gutachterliche Bestätigung durch das staatliche Gesundheitsamt (BAG 27.5.1997 – 9 AZR 738/95, NZA 1998, 649, unter teilweiser Aufgabe der Grundsätze des Urteils v. 8.3.1994 – 9 AZR 49/93, NZA 1994, 1095).

18 Außerdem besteht in Hessen für Landesbeamte mit einer Minderung der Erwerbsfähigkeit um mindestens 25 vH und höchsten 45 vH ein Zusatzurlaubsanspruch von bis zu drei Arbeitstagen im Kalenderjahr (§ 13 Abs. 1 der Urlaubsverordnung idF v. 6.10.1978, GVBl. I S. 538). Für ins Ausland entsandte Beamte, die wegen der fehlenden Erfüllung der Voraussetzungen des § 2 Abs. 2 (gewöhnlicher Aufenthalt im Inland) keinen Anspruch auf Zusatzurlaub gem. § 208 besitzen, gilt § 16 Abs. 2 der Erholungsurlaubsverordnung idF v. 25.4.1997 (BGBl. I 974 iVm § 1 der Heimarbeitsurlaubsverordnung v. 18.1.1991, BGBl. I 144).

19 Ohne praktische Relevanz sind dagegen nach dem Übergang zur finalen Betrachtung sowie insbes. jetzt nach der Änderung des Behinderungsbegriffs das weder durch das Schwerbehindertengesetz in seinen verschiedenen Fassungen bzw. das SGB IX, noch durch das Bundesurlaubsgesetz aufgehobene bayerische Urlaubsgesetz v. 11.5.1950, nach dessen Art. 6 alle 50 vH Erwerbsgeminderten einen Zusatzurlaub von sechs Arbeitstagen pro Jahr beanspruchen können, wobei im Falle der Übererfüllung der Pflichtzahl eine Erstattung der durch den Zusatzurlaub entstandenen zusätzlichen Lohn- und Gehaltsaufwendungen stattfindet (G über die Erstattung der Kosten des Schwerbeschädigtenurlaubs v. 18.5.1951 idF v. 26.11.1954 und 2.6.1971, GVBl. 1951 108, sowie die ebenfalls von der Schwerbehinderteneigenschaft im gesetzlichen Sinne abstrahierenden vergleichbaren Regelungen in § 4 Abs. 2 Urlaubsgesetz Berlin sowie § 2 Urlaubsgesetz Württemberg-Baden).

20 Praktisch bedeutungslos bereits wegen Zeitablaufs sind landesgesetzliche Regelungen über einen Zusatzurlaub für politisch Verfolgte, die je nach Ausgestaltung im Einzelfall entweder von dem Zusatzurlaub für sbM überlagert wurden oder aber daneben einen gesonderten Anspruch begründeten.

§ 209 Nachteilsausgleich

(1) Die Vorschriften über Hilfen für behinderte Menschen zum Ausgleich behinderungsbedingter Nachteile oder Mehraufwendungen (Nachteilsausgleich) werden so gestaltet, dass sie unabhängig von der Ursache der Behinderung der Art oder Schwere der Behinderung Rechnung tragen.

(2) Nachteilsausgleiche, die auf Grund bisher geltender Rechtsvorschriften erfolgen, bleiben unberührt.

Übersicht

A. Allgemeines

1 Eine dieser Vorschrift entspr. Regelung ist erst 1974 durch den Ausschuss für Arbeit und Sozialordnung eingefügt worden. Zur Begründung wurde ausgeführt, dass das Ver-

günstigungswesen zzt. besonders unübersichtlich und kompliziert geregelt würde. Es wurde aufgezählt, dass allein sieben Arten von Schwerbehindertenausweisen bestanden, die zu ganz unterschiedlichen Vergünstigungen berechtigten. Aufgezählt wurden dabei Vergünstigungen im Steuerrecht bei der Einkommen-, Lohn-, Vermögen-, Verkehrs- und Kraftfahrzeugsteuer, im Wohnungsbauprämienrecht, bei Lastenausgleichsabgaben, bei der Kraftfahrzeughaltung und im Nah- und Fernverkehr (Peutler br 1994, 152). Diese unterschiedlichen Regelungen sollten vereinfacht und vereinheitlicht werden und am finalen Prinzip des Schwerbehindertenschutzes ausgerichtet werden. Aus gesetzestechnischen Gründen wurde das jedoch einer späteren gesetzlichen Regelung vorbehalten und hier nur zum Ausdruck gebracht, dass dabei Art und Schwere der Behinderung ohne Rücksicht auf die Ursache Rechnung zu tragen wäre. Außerdem sollte gleichzeitig sichergestellt werden, dass der Grad der Behinderung einheitlich festgestellt würde, indem auch hierfür § 4 des Gesetzes gelten sollte (vgl. Ausschussbericht BT-Drs. 7/1515, 16). Der ursprünglich gewählte Begriff der „Vergünstigungen“ wurde durch das Erste Änderungsgesetz v. 24.7.1986 in Nachteilsausgleich verändert, um dem Eindruck vorzubeugen, es handele sich um Privilegien für SB (vgl. BT-Drs. 10/3138, 26). An dieser Rechtslage hat sich weder durch § 126 SGB IX 2001, der lediglich redaktionelle Änderungen enthält, noch durch § 209 SGB IX 2018 materiell etwas geändert (Begründung des Gesetzentwurfs, BT-Drs. 14/5074, 114 bzw. BT-Drs. 18/9522, 309).

B. Programmvorschrift

Damit hat die am Finalitätsprinzip ausgerichtete Vorschrift (Hauck/Noftz/Masuch Rn. 2) im Wesentlichen nur Programmcharakter (BSG 28.5.1997 – 9 BVs 69/96, BeckRS 1997, 31040169; VG Stuttgart 12.7.2012 – 12 K 2267/12, NVwZ – RR 2012, 844; Hauck/Noftz/Masuch Rn. 2), sie formuliert nur Grundansätze für die Ausgestaltung von Nachteilsausgleichen, die jedenfalls einen Mindeststandard umreißen Schlegel/Voelzke/Griese Rn. 5). Regelungen, die diesen Anforderungen nicht genügen, können jedoch nicht als nichtig betrachtet werden (BSG 8.11.2007 – B 9/9a SB 3/06 R, NZS 2008, 446; GK-SGB IX/Marschner § 126 Rn. 8; Hansen SGb 2007, 2537). Der Gesetzgeber selbst ist aufgerufen, die Nachteilsausgleiche von behinderten Menschen nach Art und Schwere der Behinderung gleichmäßig neu zu regeln (BSG 28.5.1997 – 9 BVs 69/96, BeckRS 1997, 31040169). Erfasst werden nicht nur sbM und ihnen gleichgestellte behinderte Menschen (KHM/Kossens Rn. 1). Dies verdeutlicht die Änderung des Wortlauts der Vorschrift gegenüber dem grds. identischen früheren § 48 SchwbG 1986 (LPK-SGB IX/Düwell Rn. 3). Die früher vertretene gegensätzliche Auffassung wird aufgegeben. Solange eine Neuregelung der Nachteilsausgleiche nicht erfolgt ist, bleibt es bei den bisherigen, unterschiedlichen Bestimmungen (krit. zur Systematik, Dau SGb 2009, 589). Abs. 2 betont zur Klarstellung nochmals ausdrücklich, dass damit das bisher geltende Recht unberührt bleibt und die bisherigen Vergünstigungen weiter ihre Gültigkeit behalten. Damit ist dieser unterschiedliche, teilweise auch komplizierte Rechtszustand aufrechterhalten worden, bis eine Neuregelung erfolgt. Dies ist auch mit der Einführung des SGB IX nicht geschehen. Es muss daher in Kauf genommen werden, dass weiterhin gewisse Vergünstigungen nur für SB im Sinne des bisherigen Rechts bestehen. Eine automatische Ausdehnung auf alle sbM nach neuem Recht ist nicht ohne weiteres möglich und auch nicht gewollt. 2

Dem Anliegen des Gesetzgebers zur Vereinheitlichung ist bereits in der Vergangenheit weitgehend dadurch Rechnung getragen worden, dass durch G v. 14.6.1976 (BGBl. I 1481) § 3 (später § 4) SchwbG neu geregelt und einheitliche Bestimmungen für Ausweise geschaffen wurden. Daraufhin wurden zunächst die Richtlinien über Ausweise neu gefasst. Jetzt gilt einheitlich die Schwerbehindertenausweisverordnung (vgl. unten 5d). Schließlich hat das G v. 9.7.1979 über die unentgeltliche Beförderung SB im öffentlichen 3

Personenverkehr (BGBl. I 989) dem Anliegen dadurch Rechnung getragen, dass jetzt alle sbM ohne Rücksicht auf die Ursache der Behinderung denselben Anspruch auf unentgeltliche Beförderung haben (vgl. §§ 228 ff.). Diesem Anliegen entspricht schließlich auch die Vereinheitlichung der steuerrechtlichen Behandlung durch das G v. 24.7.1986 hinsichtlich der Steuerfreiheit und -ermäßigung in § 3a KraftStG für die Kraftfahrzeugsteuer sbM sowie die Systematisierung der Nachteilsausgleiche im EStG (s. dazu Düwell jurisPR-ArbR 48/2020 Anm. 1; krit. Dau jurisPR-SozR 8/2021 Anm. 1).

§ 210 Beschäftigung schwerbehinderter Menschen in Heimarbeit

(1) Schwerbehinderte Menschen, die in Heimarbeit beschäftigt oder diesen gleichgestellt sind (§ 1 Absatz 1 und 2 des Heimarbeitsgesetzes) und in der Hauptsache für den gleichen Auftraggeber arbeiten, werden auf die Arbeitsplätze für schwerbehinderte Menschen dieses Auftraggebers angerechnet.

(2) [1] Für in Heimarbeit beschäftigte und diesen gleichgestellte schwerbehinderte Menschen wird die in § 29 Absatz 2 des Heimarbeitsgesetzes festgelegte Kündigungsfrist von zwei Wochen auf vier Wochen erhöht; die Vorschrift des § 29 Absatz 7 des Heimarbeitsgesetzes ist sinngemäß anzuwenden. [2] Der besondere Kündigungsschutz schwerbehinderter Menschen im Sinne des Kapitels 4 gilt auch für die in Satz 1 genannten Personen.

(3) [1] Die Bezahlung des zusätzlichen Urlaubs der in Heimarbeit beschäftigten oder diesen gleichgestellten schwerbehinderten Menschen erfolgt nach den für die Bezahlung ihres sonstigen Urlaubs geltenden Berechnungsgrundsätzen. [2] Sofern eine besondere Regelung nicht besteht, erhalten die schwerbehinderten Menschen als zusätzliches Urlaubsgeld 2 Prozent des in der Zeit vom 1. Mai des vergangenen bis zum 30. April des laufenden Jahres verdienten Arbeitsentgelts ausschließlich der Unkostenzuschläge.

(4) [1] Schwerbehinderte Menschen, die als fremde Hilfskräfte eines Hausgewerbetreibenden oder eines Gleichgestellten beschäftigt werden (§ 2 Absatz 6 des Heimarbeitsgesetzes) können auf Antrag eines Auftraggebers auch auf dessen Pflichtarbeitsplätze für schwerbehinderte Menschen angerechnet werden, wenn der Arbeitgeber in der Hauptsache für diesen Auftraggeber arbeitet. [2] Wird einem schwerbehinderten Menschen im Sinne des Satzes 1, dessen Anrechnung die Bundesagentur für Arbeit zugelassen hat, durch seinen Arbeitgeber gekündigt, weil der Auftraggeber die Zuteilung von Arbeit eingestellt oder die regelmäßige Arbeitsmenge erheblich herabgesetzt hat, erstattet der Auftraggeber dem Arbeitgeber die Aufwendungen für die Zahlung des regelmäßigen Arbeitsverdienstes an den schwerbehinderten Menschen bis zur rechtmäßigen Beendigung seines Arbeitsverhältnisses.

(5) Werden fremde Hilfskräfte eines Hausgewerbetreibenden oder eines Gleichgestellten (§ 2 Absatz 6 des Heimarbeitsgesetzes) einem Auftraggeber gemäß Absatz 4 auf seine Arbeitsplätze für schwerbehinderte Menschen angerechnet, erstattet der Auftraggeber die dem Arbeitgeber nach Absatz 3 entstehenden Aufwendungen.

(6) Die den Arbeitgeber nach § 163 Absatz 1 und 5 treffenden Verpflichtungen gelten auch für Personen, die Heimarbeit ausgeben.

Übersicht

A. Allgemeines

§ 127 übertrug ohne inhaltliche Änderung den Regelungsgehalt des § 49 SchwbG in das SGB IX (Begründung des Gesetzentwurfs, BT-Drs. 14/5074, 114). Wegen der Entstehungsgeschichte dieser Regelung kann auf die 11. Auflage verwiesen werden (NPM/Pahlen, 11. Aufl. 2005, § 127 Rn. 1–3). Mit Art. 9 Nr. 22 des Vierten Gesetzes für moderne Dienstleistungen am Arbeitsmarkt v. 24.12.2003 (BGBl. I 2354, 2381) ist der Wortlaut des Abs. 4 ohne materielle Änderung terminologisch angepasst worden. Das BTHG hat an dieser Rechtslage nichts geändert. Lediglich einige Verweisungen wurden an die Änderung der Paragraphenfolge wegen der Verschiebung des Schwerbehindertenrechts in Teil 3 des SGB IX 2018 angepasst (BT-Drs. 18/9522, 309). 1

Wenn auch keine Beschäftigungspflicht bei der Ausgabe von Heimarbeit besteht, haben doch in Heimarbeit beschäftigte sbM Ansprüche aus dem SGB IX, insbes. auf Kündigungsschutz. In den Schutz des Gesetzes kommen nicht nur schwerbehinderte Heimarbeiter iSd § 2 Abs. 2, sondern auch die nach dem SGB IX gleichgestellten behinderten Menschen (§ 2 Abs. 2). Schwerbehinderte Heimarbeiter genießen den Kündigungsschutz der §§ 168 ff. und haben Anspruch auf Zusatzurlaub (§ 207). Die Dienststellen der Bundesagentur für Arbeit müssen sich im Rahmen der §§ 184 u. 187 um ihre arbeitsmäßige Unterbringung kümmern, den Integrationsämtern obliegt auch für diese Personen die Durchführung von Maßnahmen zur Teilhabe am Arbeitsleben, wie die Ausstattung mit technischen Arbeitshilfen oder Leistungen zur Erhaltung oder Erweiterung beruflicher Fertigkeiten (§ 185). Wegen der besonderen Natur des Heimarbeitsverhältnisses, die eine Weisungsbefugnis bei der Arbeit ausschließt, kann man dagegen den Arbeitgeber nicht verpflichten, für eine Beschäftigung nach Kenntnissen und Fähigkeiten des Heimarbeiters zu sorgen und den Arbeitsplatz mit technischen Arbeitshilfen zu versehen. Den sbM gleichgestellte behinderte Menschen (§ 2 Abs. 3) haben aber auch als Heimarbeiter keinen Anspruch auf Zusatzurlaub. 2

B. Heimarbeiter, Hausgewerbetreibende und Gleichgestellte

In Heimarbeit Beschäftigte sind keine Arbeitnehmer, da sie in ihrer Arbeit nicht persönlich, sondern nur wirtschaftlich von dem Auftraggeber abhängig sind. Auch gem. § 5 Abs. 1 S. 2 BetrVG „gelten" sie nur als Arbeitnehmer. Sie zählen zu den arbeitnehmerähnlichen Personen (ErfK/Rolfs Rn. 1). Auch der Auftraggeber von Heimarbeit ist nicht Arbeitgeber iSd sonstigen Arbeitsrechts. Das Vertragsverhältnis der in Heimarbeit Beschäftigten zu dem Auftraggeber ist ein Dauerrechtsverhältnis eigener Art (SKTW HAG § 2 Rn. 5 ff.). Den Besonderheiten in der Heimarbeit Rechnung tragend, gilt für die arbeitsrechtlichen Verhältnisse der Heimarbeiter und ihrer Auftraggeber das HAG v. 14.3.1951 (BGBl. I 191) als Sonderrecht. 3

In das SGB IX einbezogen sind die in Heimarbeit Beschäftigten und die diesen Gleichgestellten, die in den persönlichen Geltungsbereich des HAG fallen (§ 1 HAG). Es handelt sich um Heimarbeiter, die Hausgewerbetreibenden und die diesen Personen nach dem HAG durch Verwaltungsakt des Heimarbeitsausschusses Gleichgestellten. 4

Der Begriff des **Heimarbeiters** ist in § 2 Abs. 1 HAG gesetzlich definiert. Der Heimarbeiter unterliegt hinsichtlich seiner Arbeit nicht der Direktionsbefugnis des Auftraggebers. Er arbeitet entweder allein oder mit seinen Familienangehörigen in seiner Wohnung oder wählt sich selbst eine sonstige Betriebsstätte. Er ist jedoch wirtschaftlich von seinem Auftraggeber, der ein Gewerbetreibender oder Zwischenmeister sein kann, abhängig insofern, als er ihm die Verwertung des Arbeitsergebnisses überlässt. Das kaufmännische Risiko der Arbeit muss demnach ausschließlich beim Auftraggeber liegen. 5

Weiterhin ist Heimarbeiter nur derjenige, der erwerbsmäßig Arbeit leistet. Der Heimarbeiter muss also aus der Tätigkeit seinen Lebensunterhalt gewinnen, aber auch die Tätigkeit selbst muss dem Erwerb dienen. Wissenschaftliche, künstlerische oder schriftstellerische Tätigkeit höherer Art (zB das Führen einer Datenbank über wissenschaftliche Arbeiten und die Veröffentlichung von deren Ergebnissen) fielen nach der älteren Rspr. des BAG nicht unter das HAG; denn sie erfüllten nicht den Gewerbebegriff (BAG 25.3.1992 – 7 ABR 52/91, NZA 1992, 899). Nach dem Wegfall des Begriffs „gewerblich" und dessen Ersetzung durch das Wort „erwerbsmäßig" ist daran nicht festzuhalten. Auch qualifizierte Angestelltentätigkeiten (zB Büroarbeiten in einem Home-Office) können nunmehr in Heimarbeit verrichtet werden (LPK-SGB IX/Düwell Rn. 6; Hauck/Noftz/Masuch Rn. 9). Dies gilt auch für die Tätigkeit als Programmierer (BAG 14.6.2016 – 9 AZR 305/15, NZA 2016, 1453; vgl. auch Deinert RdA 2018, 359 zu den verschiedenen modernen Arbeitsformen wie etwa Crowdworking).

6 Der **Auftraggeber** muss normalerweise gleichfalls Gewerbetreibender oder Zwischenmeister sein; die Eigenschaft als Heimarbeiter ist aber auch gegeben, wenn der Auftraggeber aus dem Arbeitsergebnis keinen Gewinn erzielen will (zB Herstellung von Kleidung im Auftrag von Waisenhäusern, Adressenschreiben für Behörden). Die Auftraggeber sind meist Kaufleute (§ 1 HGB), sie können aber auch Handwerker oder Kleingewerbetreibende sein. Sie verwerten die Arbeit des Heimarbeiters durch Verkauf, dem aber häufig eine Weiterverarbeitung vorausgeht (vgl. zum Vorstehenden SKTW HAG § 2 Rn. 19 ff.).

7 Als Auftraggeber kommt auch ein **Zwischenmeister** in Betracht. Zwischenmeister ist, wer ohne Arbeitnehmer zu sein, die ihm vom Gewerbetreibenden übertragene Arbeit an Heimarbeiter oder Hausgewerbetreibende weitergibt (§ 2 Abs. 3 HAG). Der Zwischenmeister ist Mittler zwischen dem Auftrag gebenden Gewerbetreibenden und dem in Heimarbeit Beschäftigten. Er kann daneben außerdem noch Heimarbeiter oder Hausgewerbetreibender sein. Als solcher kann der Zwischenmeister ein in Heimarbeit Beschäftigter (§ 1 Abs. 1 HAG) sein; sonst kann er den Heimarbeitern nur gleichgestellt werden.

8 Der Begriff des **Hausgewerbetreibenden** ist in § 2 Abs. 2 HAG gesetzlich definiert. Der Hausgewerbetreibende ist ein Unternehmer kleinsten Ausmaßes, der nur scheinbar wirtschaftlich unabhängig ist. Es muss sich bei seiner Tätigkeit ebenfalls um gewerbliche Arbeit handeln, die an eigener Arbeitsstätte verrichtet wird. Sowohl der Auftrag zur Herstellung, Bearbeitung oder Verpackung von Waren als auch die wirtschaftliche Verwertung ist Sache eines Gewerbetreibenden oder Zwischenmeisters. Den Hausgewerbetreibenden darf also wie den Heimarbeiter kein wirtschaftliches Risiko treffen. Der Hausgewerbetreibende kann bis zu zwei fremde Hilfskräfte (außer seinen Familienangehörigen) oder Heimarbeiter beschäftigen, muss aber selbst wesentlich am Stück wie ein gewerblicher Arbeiter produktiv mitarbeiten. Beschäftigt er mehr als zwei Hilfskräfte oder Heimarbeiter, so genießt er den Heimarbeiterschutz nur bei Gleichstellung gem. § 1 Abs. 2 HAG. Ein Zwischenmeister, der außerdem noch am Stück mitarbeitet und nicht mehr als zwei fremde Hilfskräfte beschäftigt, ist Hausgewerbetreibender und als solcher ein in Heimarbeit Beschäftigter gem. § 1 Abs. 1 (SKTW HAG § 2 Rn. 25 ff.).

9 Den in Heimarbeit Beschäftigten können durch den Heimarbeitsausschuss (§ 4 HAG) bei Schutzbedürftigkeit bestimmte Personen **gleichgestellt** werden (§ 1 Abs. 2a–d HAG), die sich in ähnlicher Lage wie die Heimarbeiter befinden ohne solche zu sein, weil sie zB keine erwerbsmäßige Tätigkeit aber trotzdem Arbeit gegen Entgelt für den Auftraggeber ausüben. Das Gleiche gilt für Hausgewerbetreibende, die mit mehr als zwei Hilfskräften oder Heimarbeitern arbeiten, für Gewerbetreibende, die zwar äußerlich selbständig am Werkvertrag arbeiten, sich jedoch auf die Bedürfnisse eines oder einiger Arbeitgeber so eingestellt haben, dass sie auf dem freien Markt nicht selbst in Erscheinung treten. Endlich können auch Zwischenmeister in den Genuss der Gleichstellung kommen.

10 Die Gleichstellung ist ein konstitutiver Verwaltungsakt, der entweder für bestimmte Personengruppen, Gewerbezweige, Beschäftigungsarten allg. oder räumlich begrenzt ergehen kann; auch einzelne Personen können gleichgestellt werden. Das Verfahren der

Gleichstellung regeln § 33 HAG und die hierzu ergangene 1. Rechtsverordnung zur Durchführung des HAG vom idF der Bekanntmachung v. 27.1.1976 (BGBl. I 221). Die Gleichstellung ist widerruflich. Sie kann beschränkt erteilt werden und erstreckt sich im Allgemeinen insbes. auf die Vorschriften über Entgeltregelung und Entgeltschutz sowie auf die allgemeinen Schutzvorschriften. Durch die Gleichstellung werden der Beschäftigte und sein Auftraggeber gleichfalls gem. § 210 in die Bestimmungen des SGB IX einbezogen. Die Entscheidungen des Heimarbeitsausschusses sind für die mit dem SGB IX befassten Behörden bindend.

C. Keine Beschäftigungspflicht

Nach § 156 Abs. 1 sind Arbeitsplätze iSd SGB IX alle Stellen, auf denen Arbeiter und Angestellte beschäftigt sind. Die Zahl der Arbeitsplätze ergibt sich aus der Kopfzahl der Beschäftigten. Diese Bestimmung lässt sich auf die in Heimarbeit Beschäftigten und die ihnen Gleichgestellten nicht anwenden, da die Heimarbeiter keine Arbeitnehmer sind. Die frühere Vorschrift von § 35 SchwbG 1961, wonach für die Berechnung der Zahl der Arbeitsplätze nicht die Kopfzahl sondern die durch den Auftraggeber zugeteilte Arbeitsmenge maßgeblich war, hat sich als wenig praktikabel erwiesen und war auch kaum zu überwachen. Sie wurde deshalb seit 1965 nicht mehr praktiziert, indem die für einen Arbeitsplatz maßgebliche Arbeitsmenge nicht mehr festgesetzt worden ist. Nach der Neufassung des Schwerbehindertengesetzes v. 29.4.1974 und auch der Änderung des damaligen § 46 durch das Heimarbeitsänderungsgesetz v. 29.10.1974 besteht keine entsprechende Vorschrift mehr. Auch ist nicht etwa – was nahe gelegen hätte – die Zahl der Arbeitsplätze nach Kopfzahl der im Wesentlichen für denselben Auftraggeber beschäftigten Heimarbeiter festgelegt worden. Vielmehr besteht seither bei Ausgabe von Heimarbeit keine Beschäftigungspflicht mehr (KHM/Kossens Rn. 7). Das ist zu bedauern, weil zahlreiche sbM und gleichgestellte behinderte Menschen auf Heimarbeit angewiesen sind, schon weil sie oft wegen ihrer Behinderung zu einer Arbeit in einem uU weit entfernt liegenden Betrieb nicht fähig sind. Diese Änderung ist aber vom Gesetzgeber so gewollt, deshalb muss versucht werden, solche sbM anderweit unterzubringen und zu vermitteln. Hinzu kommt, dass die Anrechnung von schwerbehinderten Heimarbeitern auf Pflichtplätze in einem gleichzeitig bestehenden Betrieb einen Anreiz gibt, an sbM oder gleichgestellte behinderte Menschen Heimarbeit auszugeben. UU kann sich dann allerdings der zusätzliche Schutz dieser schwerbehinderten Heimarbeiter für eine freiwillige zusätzliche Unterbringung hindernd auswirken. Sofern es nicht gelingt, hier einen Ausgleich zu finden, müssen in verstärktem Maße WfbM geschaffen werden, die möglichst weit gestreut für eine Beschäftigung sbM und gleichgestellter behinderter Menschen Sorge tragen. **11**

Auftraggeber zur Heimarbeit sind dauernd nur dann beschäftigungspflichtig, wenn sie über Arbeitsplätze iSv § 156 Abs. 1 außerhalb der Ausgabe von Heimarbeit verfügen, insbes. also wenn sie gleichzeitig einen Betrieb haben und als Arbeitgeber tätig sind und die Heimarbeit nur zusätzlich ausgeben (KHM/Kossens Rn. 7). **12**

D. Anrechnung auf die Pflichtzahl

Soweit ein Arbeitgeber beschäftigungspflichtig ist, weil er Arbeitsplätze iSv § 156 hat und dauernd sbM in seinem Betrieb oder der Dienststelle beschäftigen muss, kann er seiner Beschäftigungspflicht nach freier Wahl durch die Beschäftigung schwerbehinderter Betriebsarbeiter oder schwerbehinderter Heimarbeiter genügen. **13**

14 Ein in Heimarbeit beschäftigter sbM wird dem Arbeitgeber als **Erfüllung der Beschäftigungspflicht** nur auf die Pflichtzahl (§ 157) angerechnet, wenn der schwerbehinderte (oder gleichgestellte) in Heimarbeit Beschäftigte für diesen Auftraggeber als Arbeitgeber **in der Hauptsache arbeitet** (§ 210 Abs. 4). Das HAG kennt diesen Begriff nicht; er ist aus § 5 Abs. 1 S. 2 BetrVG entnommen. Gemeint ist hier der Auftraggeber, der den Heimarbeiter ausschließlich oder überwiegend beschäftigt (BAG 7.11.1995 – 9 AZR 268/94, NZA 1996, 380; Richardi BetrVG/Maschmann § 5 Rn. 142; Fitting BetrVG § 5 Rn. 311; *Rost* NZA 1999, 113). Ob der Auftraggeber den in Heimarbeit Beschäftigten ausschließlich oder überwiegend beschäftigt, hängt von der Inanspruchnahme seiner Arbeitskraft durch den Auftraggeber ab (SKTW HAG Anh. § 19 Rn. 141). Für den Begriff der hauptsächlichen Arbeit ist es aber im Unterschied zu § 29 HAG nicht erforderlich, dass der Behinderte auch seinen Lebensunterhalt überwiegend aus dem Beschäftigungsverhältnis bezieht (BAG 27.9.1974 – 1 ABR 90/73, AP BetrVG 1972 § 6 Nr. 1). Auch kommt es hier nicht darauf an, welche Arbeitsmenge dem schwerbehinderten in Heimarbeit Beschäftigten zugeteilt wird. Verlangt werden muss jedoch eine dauerhafte Bindung zu dem Auftraggeber und eine Arbeitsmenge, die über eine geringfügige Beschäftigung hinausgeht. Die Beschäftigungspflicht trifft jeweils nur einen Auftraggeber, und zwar den, der die Arbeitskraft des sbM überwiegend in Anspruch nimmt. Soweit der in Heimarbeit beschäftigte sbM für mehrere Auftraggeber tätig ist, muss eine Abwägung zwischen diesen Tätigkeiten ergeben, wo die Tätigkeit in der Hauptsache erfolgt. Sind alle Tätigkeiten nur gleichermaßen gering, scheidet eine Anrechnung jedoch bei allen Auftraggebern aus. Aber auch wenn es sich um Nebenbeschäftigungen handelt (zB von Rentnern oder Hausfrauen), kann eine Anrechnung nicht erfolgen, wenn nicht die Arbeitskraft überwiegend durch die Heimarbeit ausgefüllt wird (zu weitgehend BAG 27.9.1974 – 1 ABR 90/73, AP BetrVG 1972 § 6 Nr. 1, gegen BAG auch krit. Peterek SAE 1976, 30).

E. Kündigungsfrist und Kündigungsschutz

15 Der Auftraggeber oder Zwischenmeister kann im Allgemeinen ein auf unbestimmte Zeit abgeschlossenes Vertragsverhältnis zu einem in Heimarbeit Beschäftigten nicht ohne weiteres dadurch beenden, dass er ihm keine Aufträge mehr erteilt. Ein Auftraggeber oder Zwischenmeister kann das Beschäftigungsverhältnis zu einem in Heimarbeit Beschäftigten, der mindestens 4 Wochen für ihn tätig war, nur mit einer Kündigungsfrist von zwei Wochen lösen. Diese Kündigungsfrist erhöht sich bei überwiegender Beschäftigung in Heimarbeit nach fünf Jahren (§ 29 Abs. 3 HAG). Für die Dauer der Kündigungsfrist bleibt der Anspruch auf das vorher bezogene Entgelt erhalten (§ 29 Abs. 5 HAG). Das Recht zur fristlosen Kündigung aus wichtigem Grund (vgl. § 626 BGB) bleibt unbenommen (§ 29 Abs. 6 HAG), für Betriebsrats- und JAV-Mitglieder gilt die Sonderregelung des § 29a HAG. Eine Kündigung ist gleichfalls erforderlich, wenn der Auftraggeber oder Zwischenmeister die Arbeitsmenge, die er jahresdurchschnittlich vergeben hat, um mindestens ein Viertel verringert (§ 29 Abs. 8 HAG). Teilt der Auftraggeber einem überwiegend für ihn tätigen Zwischenmeister die künftige Verminderung der Arbeitsmenge nicht rechtzeitig mit, so muss er dem Zwischenmeister Ersatz für die durch Einhaltung der Kündigungsfrist verursachten Aufwendungen für seine Hilfskräfte leisten (§ 29 Abs. 9 HAG). Der in Heimarbeit Beschäftigte hat demnach eine Kündigungsfrist, aber keinen besonderen Kündigungsschutz, wie ihn etwa das KSchG gewährt (SKTW HAG § 29 Rn. 110).

16 Der **sbM, der in Heimarbeit beschäftigt ist,** und zwar kommt hier der Heimarbeiter, Hausgewerbetreibende und der dem Heimarbeiter Gleichgestellte in Frage, gleichgültig ob die Gleichstellung sich auf den Kündigungsschutz nach HAG erstreckt (SKTW HAG § 29 Rn. 118; aA LAG Bln 13.11.1962 – 5 Sa 83/62, AP SchwBeschG § 35 Nr. 1), hat

über die Bestimmungen des HAG hinaus eine besondere Kündigungsfrist und einen besonderen Kündigungsschutz.

Der in Heimarbeit beschäftigte sbM hat jedoch erst, nachdem er vier Wochen für 17
denselben Auftraggeber oder Zwischenmeister tätig war, eine **Kündigungsfrist** von vier Wochen. Es ist nicht erforderlich, dass der schwerbehinderte Heimarbeiter seinen Lebensunterhalt überwiegend aus dem Beschäftigungsverhältnis bezieht (§ 29 Abs. 3 HAG), § 210 Abs. 2 nimmt nur Bezug auf die Fristen des § 29 Abs. 2 HAG, nicht auf weitere Voraussetzungen (KHM/Kossens Rn. 10). Ohnehin gilt das Erfordernis der überwiegenden Beschäftigung für einen Auftraggeber oder Zwischenmeister nur für die längeren Fristen des § 29 Abs. 3 HAG und nicht für die durch § 210 Abs. 2 verlängerte Frist von zwei Wochen, die für sbM vier Wochen beträgt. Das ist eine Vergünstigung gegenüber dem nicht behinderten Heimarbeiter, der eine Wartezeit von vier Wochen und eine Kündigungsfrist von nur vierzehn Tagen hat. Damit ist der schwerbehinderte Heimarbeiter besser gestellt als andere Heimarbeiter und auch besser gestellt als schwerbehinderte Arbeitnehmer, für die die verlängerte Kündigungsfrist des § 169 erst nach sechs Monaten eingreift (§ 173 Abs. 1 Nr. 1). Der schwerbehinderte Heimarbeiter kommt auf Grund der von §§ 168–175 unabhängigen Sonderregelung in § 210 Abs. 2 schon nach vier Wochen in den Genuss der verlängerten Kündigungsfrist (KHM/Kossens Rn. 10). Auch die Verringerung der Arbeitsmenge um mindestens ein Viertel macht eine Kündigung mit gleicher Frist erforderlich. Während des Laufs der Kündigungsfrist hat der sbM Anspruch auf ein je nach Dauer der Kündigungsfrist schwankendes Arbeitsentgelt iHv $^{1}/_{12}$ bis zu $^{14}/_{12}$ des Gesamtverdienstes der der Kündigung vorausgegangenen vierundzwanzig Wochen. Beschäftigt ein Hausgewerbetreibender einen sbM mit Zustimmung des Auftraggebers als fremde Hilfskraft und muss er ihn wegen Entziehung der Aufträge oder erheblicher Herabsetzung der Arbeitsmenge kündigen, so hat der Auftraggeber dem Hausgewerbetreibenden bis zur ordnungsgemäßen Lösung des Beschäftigungsverhältnisses mit seiner Hilfskraft die Aufwendungen für die Zahlungen des regelmäßigen Arbeitsverdienstes zu erstatten. Die Kündigung kann nach Ablauf von sechs Monaten auch erst nach der Zustimmung des Integrationsamts ausgesprochen werden, so dass erst von diesem Zeitpunkt des danach liegenden Zuganges der Kündigung an die Kündigungsfrist zu laufen beginnt.

Der in Heimarbeit beschäftigte sbM hat den **besonderen Kündigungsschutz gem.** 18
§§ 168 ff. SGB IX. Die schwerbehinderten Heimarbeiter waren auch bereits nach dem früheren SchwbG voll in den Kündigungsschutz einbezogen (SKTW HAG § 29 Rn. 114). Auch jetzt bedarf die Kündigung des Vertragsverhältnisses zu einem in Heimarbeit Beschäftigten nach einem halben Jahr der Beschäftigung der Zustimmung des Integrationsamts. Allerdings gelten auch die insoweit bestehenden Beschränkungen, insbes. die Erforderlichkeit fristgerechter Antragsstellung gem. § 173 Abs. 2a SGB IX (LPK-SGB IX/Düwell Rn. 10). Die Zustimmung ist nicht erforderlich, wenn das Vertragsverhältnis in beiderseitigem Einverständnis gelöst wird, bei einem von vorneherein befristeten Vertragsverhältnis und während der ersten sechs Monate der Beschäftigung (§ 173, so auch GK-SGB IX/Großmann § 127 Rn. 48; LPK-SGB IX/Düwell Rn. 10). Bei einer außerordentlichen Kündigung gilt § 174. Auch bei einer Kündigung schwerbehinderte Betriebsrats- und JAV-Mitglieder nach § 29a HAG ist zusätzlich § 174 einzuhalten.

Dass die schwerbehindert in Heimarbeit Beschäftigten in den besonderen Kündigungs- 19
schutz einbezogen sind, war früher umstritten, wurde aber nach dem SchwbG 1953 und 1961 überwiegend angenommen. Nachdem mit der Neufassung dieses Gesetzes v. 29.4.1974 die Auftraggeber aber nicht mehr dieselben Pflichten hatten wie andere Arbeitgeber, insbes. eine Beschäftigungspflicht nicht mehr bestand, konnte man den damaligen § 49 SchwbG in der bis zum 31.10.1974 geltenden Fassung als Einzelregelung für alle in Heimarbeit beschäftigten Schwerbehinderten und Gleichgestellten ansehen. Da nur die Kündigungsfrist geregelt war, musste es zumindest als sehr zweifelhaft gelten,

dass auch schwerbehindert in Heimarbeit Beschäftigte nur mit vorheriger Zustimmung der Hauptfürsorgestelle gekündigt werden konnten. Erst durch das Heimarbeitsänderungsgesetz v. 29.10.1974 (BGBl. I 2879) wurde eindeutig klargestellt, dass auch die in Heimarbeit beschäftigten und diesen gleichgestellten Schwerbehinderten den besonderen Kündigungsschutz des Vierten Abschnitts, also der §§ 15–22 in vollem Umfang haben sollten. Dieser Gedanke ist im SGB IX unverändert fortgeführt worden, wie die nahezu wortgleiche Regelung des § 127 (heute: § 210) verdeutlicht.

20 Das bedeutet für jede Kündigung sbM das Erfordernis der vorherigen Zustimmung des Integrationsamts, soweit keine der Ausnahmen vorliegt (Befristung, Beschäftigung weniger als sechs Monate, Auflösungsvertrag). Das Zustimmungserfordernis gilt auch bei einer Herabsetzung der Arbeitsmenge um ein Viertel, da dies einer Änderungskündigung gleichsteht und damit auch zu einer Herabsetzung nicht nur die verlängerte Frist, sondern auch die vorherige Zustimmung des Integrationsamts erforderlich wird; für § 29 Abs. 8 HAG ist keine Ausnahme gemacht. Eine Ausnahme gilt nur bei Verringerung auf Grund einer Festsetzung nach § 11 Abs. 2 HAG und bei rechtmäßig eingeführter Kurzarbeit. Bei einer außerordentlichen Kündigung, auch bei Herabsetzung um wenigstens ein Viertel aus wichtigem Grund gelten für die vorherige Zustimmung des Integrationsamts die besonderen Vorschriften zu § 174. Die Kündigung eines Heimarbeiters ist damit nach Ablauf der Ersten sechs Monate in gleicher Weise zustimmungsbedürftig wie die Kündigung eines Arbeitnehmers. Dies gilt auch für Hausgewerbetreibende und die den Heimarbeitern Gleichgestellten, da sie in § 210 Abs. 1 S. 1 mit aufgezählt sind (SKTW HAG § 29 Rn. 118).

F. Zusatzurlaub

21 Auch der Heimarbeiter hat grds. wie ein Arbeitnehmer Anspruch auf **Erholungsurlaub** (SKTW HAG Anh. § 19 Rn. 100 ff.; KHM/Kossens Rn. 12). Die Höhe des Urlaubsanspruches richtet sich nach § 12 BUrlG, nach Tarifverträgen und, wenn Tarifpartner fehlen, nach bindenden Festsetzungen des Heimarbeitsausschusses (§ 19 HAG) oder nach einzelvertraglichen Vereinbarungen. Hierbei kommt jeweils die günstigste Regelung zum Zuge. Inhaltlich ist der Urlaubsanspruch Freistellung von Arbeit unter Fortzahlung des vertraglichen bzw. regelmäßigen Arbeitsentgelts. Das Urlaubsentgelt beträgt nach § 12 Ziff. 1 BUrlG bei einem Urlaubsanspruch von 24 Werktagen 9,1 % des in der Zeit vom 1.5. bis zum 30.4. des Folgejahres (Stichtag 1.5. des dem Urlaubsjahr vorausgehenden Jahres bis 30.4.des laufenden Jahres, BAG 20.8.2019 – 9 AZR 41/19, NZA 2020, 232) oder bis zur Beendigung des Beschäftigungsverhältnisses verdienten Arbeitsentgelts vor Abzug der Steuern und Sozialversicherungsbeiträge ohne Unkostenzuschlag und ohne die für den Lohnausfall an Feiertagen, den Arbeitsausfall infolge Krankheit und den Urlaub zu leistenden Zahlungen (zur Berechnung Neumann/Fenski/Kühn/Fenski BUrlG § 12 Rn. 21 ff., allerdings unter Zugrundelegung eines abweichenden Referenzzeitraums). Das reine Arbeitsentgelt ist das vom Auftraggeber gezahlte Entgelt nach Abzug aller Unkosten und Preise für die Lieferung von Rohstoffen und Zutaten (SKTW HAG Anh. § 19 Rn. 117). Das Urlaubsentgelt jugendlicher Heimarbeiter bestimmt sich nach § 19 Abs. 4 JArbSchG und beträgt 11,6 % (bei 30 Werktagen Urlaub) bzw. 9,5 % (bei 25 Werktagen Urlaub, PK-SGB IX/Kossens Rn. 11).

22 Der schwerbehinderte Heimarbeiter hat wie ein sonstiger sbM Anspruch auf einen **Zusatzurlaub,** der dem normalen Urlaub zuzuschlagen ist. Auf die Ausführungen zu § 208 wird verwiesen. Über die Höhe des Urlaubs sagt § 210 Abs. 3 nichts; sie ergibt sich nur als Voraussetzung für § 210 Abs. 3 aus § 208. Der Zusatzurlaub muss also mindestens einer Arbeitswoche entsprechen; soweit gesetzliche, tarifliche, betriebliche oder sonstige Urlaubsregelungen für sbM einen längeren Zusatzurlaub vorsehen, bleiben sie unberührt. Den Zusatzurlaub erhalten auch Heimarbeitern Gleichgestellte, wenn sie sbM sind. Das ist in § 210 Abs. 3 in Übereinstimmung mit dem früheren § 49 Abs. 3 SchwbG seit der Neufassung nach dem Heimarbeitsänderungsgesetz v. 29.10.1974 mWv 1.11.1974 ausdrücklich klargestellt, ergab sich aber auch schon nach zuvor geltendem Recht, denn § 49 Abs. 3 SchwbG regelte nur die Berechnung des Urlaubsentgelts. Dagegen erhalten auch Heimarbeiter dann keinen Zusatzurlaub, wenn sie nicht sbM sondern nur nach § 2 Abs. 3 gleichgestellte behinderte Menschen sind (vgl. § 151 Abs. 3). Es ist also zwischen den Heimarbeitern nach § 1 Abs. 2 HAG gleichgestellten sbM (mit Zusatzurlaub) und den Heimarbeitern zu unterscheiden, die sbM gleichgestellt sind (Grad der Behinderung 30 bis 50 ohne Zusatzurlaub, KHM/Kossens Rn. 13).

Die Berechnung des **Urlaubsgeldes** richtet sich nach den für den Erholungsurlaub 23 geltenden Berechnungsgrundsätzen. Nach § 12 BUrlG und § 22 JArbSchG ist eine genaue Berechnung des Urlaubsentgelts für in Heimarbeit Beschäftigte niedergelegt. Auch für schwerbehinderte Heimarbeiter gilt damit diese Regelung, wobei sich nur der Satz um 2 vH auf 11,1 vH nach § 12 BUrlG erhöht. Maßgeblich ist demnach auch das laufende und nicht wie auch in § 210 Abs. 3 wieder enthalten das zurückliegende Urlaubsjahr als Bezugszeitraum (vgl. zum Streitstand Neumann/Fenski/Kühn/Kühn § 210 SGB IX Rn. 24 unter Hinweis auf die fehlenden praktischen Folgen des Theorienstreits); es ist praktisch nicht möglich, für denselben verlängerten Urlaub nach dem BUrlG auf das laufende, und nur für den Zusatzurlaub nach dem Gesetzeswortlaut auf das zurückliegende Jahr abzustellen. Vielmehr muss einheitlich für den gesamten Urlaub die Berechnung nach § 12 BUrlG vorgenommen werden. Maßgeblich ist § 210 Abs. 3 nur noch insoweit, als 2 vH des reinen Arbeitsverdienstes des Berechnungsjahres (Stichtag 1.5. des dem Urlaubsjahr vorausgehenden Jahres bis 30.4. des laufenden Jahres, BAG 20.8.2019 – 9 AZR 41/19, NZA 2020, 232; Hauck/Noftz/Masuch Rn. 23; aA Neumann/Fenski/Kühn/Fenski BUrlG § 12 Rn. 21) als Urlaubsgeld gezahlt werden. Da 2 vH des Jahresarbeitsverdienstes nach den üblichen tariflichen Regelungen einer Arbeitswoche entsprechen, muss der Vom-Hundert-Satz entspr. erhöht werden, wenn auf Grund anderer Bestimmungen ein höherer Zusatzurlaub als der des § 208 SGB IX zu gewähren ist. Praktische Auswirkungen hat die Art der Berechnungsmethode kaum, da üblicherweise tarifliche Regelungen bestehen oder bindende Festsetzungen vorliegen (Neumann/Fenski/Kühn/Neumann BUrlG § 12 Rn. 35).

G. Anrechnung bei Hausgewerbetreibenden beschäftigter schwerbehinderter Menschen

Hausgewerbetreibende sind Arbeitgeber, die in eigener Arbeitsstätte mit nicht mehr als 24 zwei fremden Hilfskräften oder Heimarbeitern im Auftrage von Gewerbetreibenden oder Zwischenmeistern arbeiten (§ 2 Abs. 2 HAG). Arbeiten sie mit mehr fremden Hilfskräften oder Heimarbeitern, können sie den Hausgewerbetreibenden gleichgestellt werden (§ 1 Abs. 2b HAG). Arbeitet dieser Hausgewerbetreibende oder ihm Gleichgestellte seinerseits in der Hauptsache nur für einen Auftraggeber, so kann der Auftraggeber bei der Bundesagentur für Arbeit beantragen, ihm die beim Hausgewerbetreibenden beschäftigten sbM und den sbM gleichgestellten behinderten Menschen (§ 2 Abs. 3) auf seine Pflichtsätze anzurechnen. Die Zuständigkeit der Bundesagentur für Arbeit für diese Anrechnung ergibt sich aus § 210 Abs. 4 S. 2, wo die Zulassung der Anrechnung durch das Arbeitsamt ausdrücklich erwähnt wird. In diesem Fall trifft das Kündigungsrisiko auch den Auftraggeber, der dem Hausgewerbetreibenden die Aufwendungen bis zur rechtmäßigen Lösung des Arbeitsverhältnisses, also vor allem nach Zustimmung durch das Integrationsamt, Kündigung und Ablauf der Frist von vier Wochen, zu ersetzen hat. Diese Verpflichtung gilt aber nur dann, wenn der Hausgewerbetreibende den sbM entlässt, weil der Auftraggeber keine Arbeit mehr zuteilt oder die Zuteilung erheblich herabsetzt. Erheblich ist die Herabsetzung dann, wenn durch sie die Entlassung erforderlich wird. Die Zustimmung des Integrationsamts muss aber der Hausgewerbetreibende beantragen, der der Arbeitgeber des sbM ist. Allerdings muss er alles tun, um die Zustimmung rechtzeitig zu erhalten. Eine besondere Mitteilungspflicht wie nach § 29 Abs. 9 HAG für die künftige Herabminderung der Arbeitsmenge ist hier zwar nicht erwähnt, ergibt sich aber aus dem Sinn und Zweck der Vorschrift. Der Auftraggeber kann seine Ersatzpflicht dadurch geringhalten, dass er dem Hausgewerbetreibenden rechtzeitig Mitteilung von einer künftigen Herabsetzung macht, damit der Hausgewerbetreibende als Arbeitgeber rechtzeitig die Zustimmung zur Kündigung beantragen kann.

25 Werden dem Auftraggeber schwerbehinderte fremde Hilfskräfte eines Hausgewerbetreibenden auf die Pflichtzahl angerechnet, so muss der Auftraggeber dem Hausgewerbetreibenden das Urlaubsentgelt erstatten (ErfK/Rolfs § 210 Rn. 5).

26 § 163 Abs. 1, 5 über die Führung von Verzeichnissen über die Beschäftigung sbM und gleichgestellter behinderten Menschen und über die Auskunftspflicht gegenüber der Bundesagentur und dem Integrationsamt gelten auch bei der Ausgabe von Heimarbeit. Meldepflichten bestehen dagegen nicht. Das erklärt sich daraus, dass bei der Ausgabe von Heimarbeit keine Beschäftigungspflicht mehr besteht, so dass weder die Einstellung von sbM noch die Abführung der Ausgleichsabgabe in Betracht kommt und auch nicht überwacht werden muss. Die Verzeichnisse und die Auskunftspflicht werden nur dann praktisch, wenn sbM oder gleichgestellte behinderte Menschen in Heimarbeit oder bei Hausgewerbetreibenden beschäftigt.

Kapitel 11. Inklusionsbetriebe

§ 211 Schwerbehinderte Beamtinnen und Beamte, Richterinnen und Richter, Soldatinnen und Soldaten

(1) Die besonderen Vorschriften und Grundsätze für die Besetzung der Beamtenstellen sind unbeschadet der Geltung dieses Teils auch für schwerbehinderte Beamtinnen und Beamte so zu gestalten, dass die Einstellung und Beschäftigung schwerbehinderter Menschen gefördert und ein angemessener Anteil schwerbehinderter Menschen unter den Beamten und Beamtinnen erreicht wird.

(2) Absatz 1 gilt für Richterinnen und Richter entsprechend.

(3) [1]Für die persönliche Rechtsstellung schwerbehinderter Soldatinnen und Soldaten gelten die §§ 2, 152, 176 bis 182, 199 Absatz 1 sowie die §§ 206, 208, 209 und 228 bis 230. [2]Im Übrigen gelten für Soldatinnen und Soldaten die Vorschriften über die persönliche Rechtsstellung der schwerbehinderten Menschen, soweit sie mit den Besonderheiten des Dienstverhältnisses vereinbar sind.

Übersicht

A. Erleichterung für die Einstellung schwer behinderter Beamter, Beamtinnen, Richter und Richterinnen

1 Im früheren Schwerbehindertenrecht gab es zwar keine besonderen Bestimmungen, nach denen die Verwaltungen verpflichtet waren, in angemessenem Umfange schwerbehinderte Beamte zu beschäftigen, das gleiche Ziel wurde jedoch durch § 33 des Reichsversorgungsgesetzes v. 12.5.1920 (RGBl. S. 989) angestrebt. Hiernach konnten Schwerkriegsbeschädigte, die durch ihre Beschädigung für eine Verwendung auf dem allgemeinen Arbeitsmarkt nicht mehr wettbewerbsfähig waren und sich zum Beamten eigneten, einen Beamtenschein erhalten. Dieser berechtigte sie zur bevorzugten Einstellung. Einzelne Behörden erließen auch Verwaltungsanweisungen, die dem gleichen Zweck dienten. Zur Erleichterung der Einstellung schwer kriegsbeschädigter Beamter war gem. § 5 des Reichsbesoldungsgesetzes v. 16.12.1927 (RGBl. I 349) das Besoldungsdienstalter dieser Person angemessen zu verbessern. Die Verbesserung betrug nach Nr. 27 der Ausführungsbestimmungen des Reichsfinanzministers (BV) v. 8.8.1943 (Reichsbesoldungsblatt S. 167) sechs Jahre. Für am 1.1.1990 „vorhandene" Bundesbeamte (vgl. Art. 20 § 5 des Fünften Gesetzes zur Änderung besoldungsrechtlicher Vorschriften v. 28.5.1990, BGBl. I 967) ergab sich diese Verbesserung aus § 28 Abs. 3 Nr. 4 BBesG idF v. 1.10.1986 (BGBl. I 1553, zuletzt geändert v. 19.12.1986, BGBl. I 2542). Im Übrigen ist sie entfallen.

2 Das SGB IX bezieht heute hinsichtlich der Bestimmungen über die Beamten sämtliche sbM ein, deren GdB wenigstens 50 beträgt oder die gleichgestellt sind (BSG 1.3.2011 – B 7 AL 6/10 R, NJW 2011, 3117; Baßlsperger PersV 2018, 124). Der Beamtenschein, welcher wegen seiner Beschränkung auf die für den allgemeinen Arbeitsmarkt nicht wettbewerbsfähigen Personen unglücklich war, ist nicht in das Schwerbehindertenrecht neuer Prägung übernommen worden. Es sollten vielmehr beamtenrechtliche Bestimmungen geschaffen werden, die die Einstellung sbM erleichtern. Dabei ist durch die Einfügung der Worte „unbeschadet der Geltung dieses Gesetzes auch für schwer behinderte Beamte" durch die Neufassung des Schwerbehindertengesetzes v. 29.4.1974, die sich fast wortgleich auch in § 211 Abs. 1 findet, nochmals ausdrücklich klargestellt, dass das G in vollem Umfang nicht nur für Arbeiter und Angestellte, sondern auch für Beamte (BVerwG 20.12.1990 – 2 B 114.90, BeckRS 1990, 31227931; HessVGH 15.12.1993 – 1 TH 1911/93, PersR 1994, 292 = BeckRS 1993, 31022315) und nach Abs. 2 auch für Richter und Richterinnen und iRd Abs. 3, der auf das SchwbG 1986 zurückgeht, für Soldaten und nach der ausdrücklichen Anordnung in § 211 Abs. 3 auch für Soldatinnen gilt. Sie haben ebenso wie die Arbeitnehmer alle Rechte auf Förderung, Ausstattung, auf Zusatzurlaub usw. Das ergibt sich schon aus dem SGB IX unmittelbar. § 211 Abs. 1 hat demgegenüber nur programmatische Bedeutung für die Gesetzgebung und Fürsorgepflicht des Dienstherrn. Der einzelne Beamte oder Richter hat keinen Anspruch gegen seinen Dienstherrn aus § 211; vielmehr richtet sich das Gebot der Förderung nur an den Dienstherrn selbst (BAG 6.9.1966 – 1 AZR 466/65, AP SchwBeschG § 12 Nr. 5).

3 Solche Sondervorschriften zugunsten von sbM sind auch Prüfungs- und Einstellungsbegünstigungen. Die auch im Falle einer rückwirkenden Anerkennung als sbM zu berücksichtigende (OVG NRW 4.12.2002 – 6 A 728/00, NWVBl 2003, 229 = BeckRS 2003, 20494) Heraufsetzung der Lebensaltersgrenze für die Übernahme als Beamter um 8 Jahre zählt ebenso hierher wie die Bestimmung, dass sbM günstigere Prüfungsbedingungen durch Arbeitszeitverlängerung und Wiederholungsmöglichkeit zur Verbesserung der Prüfungsnote erhalten (§ 34 Allgemeine Bayerische Prüfungsordnung v. 17.10.1962, GVBl. S. 261). Möglich ist auch ein reduziertes Anforderungsmaß im Hinblick auf die gesundheitliche Eignung (BVerwG 21.6.2007 – 2 A 6/06, Buchholz 11 Art. 33 Abs. 2 GG Nr. 35; BVerfG 19.1.1999 – 1 BvR 2161/94, BVerfGE 99, 341, 375). Solche Begünstigungen sind gültig, da sie durch triftige Gründe gerechtfertigte Differenzierun-

gen enthalten (BayVGH 17.10.1963 – Vf. 24-VII-63, AP Bayer. Verfass. Art. 118 Nr. 2). Sie entsprechen der Vorschrift des § 211 Abs. 1.

4 Die öffentlichen Dienststellen müssen 5 vH bzw. 6 vH ihrer Arbeitsplätze mit sbM besetzen; die Vorschriften dieses Gesetzes gelten unmittelbar auch für die Beamten. Da der Personalkörper einer Behörde zumeist aus Beamten, Angestellten und Arbeitern besteht, wäre es möglich, die Pflichtplätze mit gering bezahlten Arbeitern oder Angestellten zu besetzen, während auf den qualifizierten Stellen, insbes. den Beamtenstellen keine sbM beschäftigt werden. Im Interesse der Unterbringung sbM und einer gerechten Verteilung der Aufstiegsmöglichkeiten, ist anzustreben, dass unter den Beschäftigten ein **angemessener Anteil** von schwerbehinderten Beamten erreicht wird. Als angemessen ist ein Anteil von schwerbehinderten Beamten anzusehen, welcher der gesamten Zusammensetzung des Personals nach Beamten, Angestellten und Arbeitern in etwa entspricht. Das Integrationsamt oder die zuständige Stelle der Bundesanstalt können auf die angemessene Berücksichtigung von schwerbehinderten Beamten keinen direkten Einfluss nehmen; dies steht nur der Dienstaufsichtsbehörde zu.

5 Das größte Hemmnis für eine angemessene Berücksichtigung von Beamten und Richtern bei der Beschäftigung sbM sind die gesetzlichen **Bestimmungen des Beamtenrechts.** Wenn schwerbehinderte Bewerber in genügender Anzahl zu Beamten ernannt werden sollen, muss dem in den Rechts- und Verwaltungsvorschriften, die für die Einstellung von Beamten gelten, Rechnung getragen werden. Hierbei ist erforderlich, den Gesundheitszustand dieser Personen, ihr häufig vorgeschrittenes Lebensalter und ihre besondere soziale Lage zu berücksichtigen (Baßlsperger PersV 2018, 124). So kann bei sbM eine Übernahme in das Beamtenverhältnis auch dann erfolgen, wenn eine vorzeitige Dienstunfähigkeit nicht ausgeschlossen werden kann (OVG H 26.9.2008 – 1 Bf 19/08, br 2010, 23). Dabei hat das BVerwG seine frühere restriktive Rspr. deutlich geändert. Unter Hinweis auf die damit verbundenen Einschränkungen der Rechte des Bewerbers aus Art. 33 Abs. 2 GG hat es seine langjährige Rspr. aufgegeben, nach der ein Zugang zum Beamtenverhältnis nur zu gewähren war, wenn der Eintritt der Dienstunfähigkeit vor Erreichen der gesetzlichen Altersgrenze mit an Sicherheit grenzender Wahrscheinlichkeit ausgeschlossen war (BVerwG 18.7.2001 – 2 A 5.00, NVwZ-RR 2002, 49). Nunmehr darf der Dienstherr die gesundheitliche Eignung aktuell dienstfähiger Bewerber nur verneinen, wenn tatsächliche Anhaltspunkte dafür vorliegen, dass mit überwiegender Wahrscheinlichkeit vor Erreichen der gesetzlichen Altersgrenze Dienstunfähigkeit eintritt (BVerwG 25.7.2013 – 2 C 12/11, NVwZ 2014, 300). Zudem wurde die Rspr. durch die zit. Entscheidung auch insoweit geändert, als die gesundheitliche Eignung ohne Bindung an tatsächliche oder rechtliche Wertungen des Dienstherrn allein den Verwaltungsgerichten übertragen wurde. Dies gilt auch für Beamte auf Probe oder Widerruf (BVerwG 12.7.2018 – 2 B 17/18, Buchholz 310 § 133 (nF) VwGO Nr. 118).

6 Es gibt in der Bundesrepublik kein einheitliches Beamtenrecht für Bund und Länder mehr. Für die **Bundesbeamten** und die Beamten der bundesunmittelbaren Körperschaften und Anstalten des öffentlichen Rechts gilt das BBG idF der Bekanntmachung v. 5.2.2009 (BGBl. I 160, zuletzt geändert am 8.6.2017, BGBl. I 1570), für die Beamten der Länder das BeamtStG v. 17.6.2008, BGBl. I 1010, zuletzt geändert am 8.6.2017, BGBl. I 1570). Für die Richter gilt das Deutsche Richtergesetz idF v. 19.4.1972 (BGBl. I 713, zuletzt geändert am 8.6.2017, BGBl. I 1570).

7 Die Laufbahnen (einfacher, mittlerer, gehobener und höherer Dienst) werden durch Rechtsverordnung der BReg. geregelt (§§ 16 ff. BBG). Bereits hier müssen die Belange der sbM berücksichtigt werden. Besondere Bedeutung kommt in diesem Zusammenhang dem Bundespersonalausschuss (§§ 119 ff.) zu, dem als unabhängigem Organ ua die Vorbereitung allgemeiner Regelungen der beamtenrechtlichen Verhältnisse obliegt. Dementsprechend sieht auch die Bundeslaufbahnverordnung idF der Bekanntmachung v. 8.3.1990 (BGBl. I 449, ber. 863) in § 13 ausdrücklich vor, dass sbM für die Einstellung nur das Mindestmaß an körperlicher Leistung zu erbringen haben (§ 5 Lauf-

bahnverordnung, BVerwG 25.7.2013 – 2 C 12/11, NVwZ 2014, 300), dass im Prüfungsverfahren angemessene Erleichterungen vorzusehen sind (§ 5 Laufbahnverordnung, vgl. § 70 der Ordnung des Vorbereitungsdienstes und der Zweiten Staatsprüfung für Lehrämter an Schulen, OVP NW v. 12.12.1997, GV NW 1998 S. 2) und dass bei Beurteilungen sbM die Minderung der Arbeits- und Verwendungsfähigkeit auf Grund der Behinderung zu berücksichtigen ist (§ 5 Laufbahnverordnung). Die früher in § 14 Abs. 2 Laufbahnverordnung vorgesehene Erhöhung des Einstellungsalters für sbM von 32 auf 40 Jahre diente demselben Zweck, einer solchen Regelung bedarf es angesichts der sehr einschränkenden Entscheidung des BVerfG zur rechtlichen Zulässigkeit der Festlegung eines Einstellungshöchstalters fur Beamte (BVerfG 21.4.2015 – 2 BvR 1322/12, 2 BvR 1989/12, NVwZ 2015, 1279) wahrscheinlich nicht mehr.

Die Förderung für die Einstellung schwerbehinderter Beamter und Richter soll ermög- 8
lichen, dass ein angemessener Anteil erreicht werden kann (krit. in Hinblick auf die Beschränkung auf sbM und Gleichgestellte Donner de Ceiba PersV 2023, 12).

Auf **beschäftigte schwerbehinderte Beamte,** Richter und Beamtenanwärter hat der 9
Dienstherr die Bestimmungen des SGB IX anzuwenden, soweit sich nicht aus dem G selbst oder den Erfordernissen des öffentlichen Dienstes etwas anderes ergibt. Der schwerbehinderte Beamte, Richter und Beamtenanwärter hat zB Anspruch auf Zusatzurlaub (§ 208). Der in Abs. 3 S. 1 enthaltene Verweis auf § 208 legt eine Übertragung der dazu entwickelten Grundsätze auch auf den Urlaub von Beamten nahe. Allerdings läuft die Rspr. von BAG und BVerwG zu dieser Frage bereits bisher nicht ganz parallel. Für Beamte hat das BVerwG entschieden, dass im Falle des Ausscheidens aus dem Dienstverhältnis nach langandauernder Arbeitsunfähigkeit nur der gesetzliche Mindesturlaub, nicht jedoch der Zusatzurlaub abzugelten sei, wobei insoweit abweichend von der Rspr. des BAG ein Verfall des Anspruchs erst 18 Monate nach dem Ende des für das Entstehen des Anspruchs maßgeblichen Urlaubsjahres eintritt (BVerwG 31.1.2013 – 2 C- 10/12, NVwZ 2013, 1295; Schlegel/Voelzke/Griese Rn. 21; krit. v. Roetteken jurisPR-ArbR 22/2013 Anm. 4). Er ist auch seinen Kenntnissen und Fähigkeiten entspr. zu beschäftigen (§ 164 Abs. 4). Gegebenenfalls muss sein Arbeitsplatz mit technischen Arbeitshilfen versehen werden (§ 164 Abs. 4 Nr. 5).

Von der ursprünglich in § 80 BBG aF enthaltenen Ermächtigung der BReg. zum Erlass 10
einer Verordnung über eine der Eigenart des öffentlichen Dienstes entsprechende Anwendung der Vorschriften des Schwerbehindertengesetzes auf die schwerbehinderten Beamten und Bewerber ist über 32 Jahre kein Gebrauch gemacht worden; denn das SGB IX gilt wie bereits das SchwbG ausdrücklich auch für schwerbehinderte Beamte (vgl. § 154 Abs. 1, 3, § 156 Abs. 1 und § 211 Abs. 1). Sie ist daher mit Wirkung zum 1.1.1986 gestrichen worden (§ 30 BErzGG v. 6.12.1985, BGBl. I 2154). Unabhängig davon sind in weiteren Vorschriften Erleichterungen für die Übernahme in das Beamtenverhältnis geschaffen worden. So galt die Stellenbesetzungssperre des Gesetzes zur Einsparung von Personalausgaben v. 22.12.1983 (BGBl. I 1565) nicht für Schwerbehinderte (§ 1 Abs. 3 Nr. 2, entspr. § 19 Abs. 3 Nr. 2 HAG 1984 v. 22.12.1983, BGBl. I 1516). An diesem Grundsatz ist bis in die jüngste Zeit festgehalten worden (§ 18 Abs. 7 HAG 1997 v. 20.12.1996, BGBl. I 2033) sowie § 19 Abs. 7 HAG 1998 v. 22.12.1997 (BGBl. I 3256), in § 18 Abs. 5 HAG 2002 v. 20.12.2001 (BGBl. I 3964), in § 18 Abs. 2 HAG 2004 v. 18.2.2004 (BGBl. I 230) sowie in § 18 Abs. 2 HAG 2005 v. 21.12.2008 (BGBl. I 2899).

Im Bereich der öffentlichen Verwaltung gelten Fürsorgebestimmungen in Form von 11
Runderlassen oder Richtlinien, mit denen den Anforderungen der §§ 164 u. 211 genugt werden soll. Für den Bund sind ua zu nennen: Erlass über die Fürsorge für schwerbehinderte Menschen im Geschäftsbereich des Bundesministeriums für Verteidigung (Fürsorgeerlass) – Neufassung – v. 25.9.2013, die Rahmenintegrationsvereinbarung für den Geschäftsbereich der Bundesministeriums für Wirtschaft und Technologie v. 18.7.2006, die Integrationsvereinbarung für das Bundesministerium für Arbeit und Soziales (Sept.

2006) sowie die Rahmenintegrationsvereinbarung zur Eingliederung und Beschäftigung schwerbehinderter Menschen in der Bundesfinanzverwaltung (undatiert). In den Ländern gelten jeweils eigene Bestimmungen zB in Baden-Württemberg: Handreichung Beschäftigung schwerbehinderter Menschen in der Landesverwaltung v. 27.6.2005 – 42 –5116-128.1; in Bayern: Fürsorgerichtlinien über die Rehabilitation und Teilhabe behinderter Angehöriger des öffentlichen Dienstes in Bayern (Bay. StAnz. Nr. 50 v. 16.12.2005); in Berlin: Verwaltungsvorschrift über die gleichberechtigte Teilhabe der behinderten oder von Behinderung bedrohten Menschen in der Berliner Verwaltung (VV Integration behinderter Menschen) v. 31.8.2008 (SenInn I 17 36 – 0561/0020); in Brandenburg: Richtlinien für die Einstellung, Beschäftigung und begleitende Hilfe schwerbehinderter und diesen gleichgestellter behinderter Menschen in der Landesverwaltung des Landes Brandenburg – Schwerbehindertenrichtlinie – v. 16.3.2022 (ABl. S. 326); in Bremen: Bremisches G zur Gleichstellung von Menschen mit Behinderung und zur Änderung anderer Gesetze v. 18.12.2003 (Brem. GBl. S. 413, ber. 2004 S. 18); in Hamburg: Teilhabeerlass v. 7.8.2012; in Hessen: Richtlinien zur Integration und Teilhabe schwerbehinderter Angehöriger der hessischen Landesverwaltung – Integrationsrichtlinien – (gem. Rundschreiben v. 29.1.2002, StAnz. 723); in Mecklenburg-Vorpommern: Richtlinie über die Einstellung, Beschäftigung und begleitende Hilfe schwerbehinderter Menschen in der Landesverwaltung Mecklenburg-Vorpommern – SchwbRL MV – v. 30.4.2003 (ABl. 2003 S. 394); in Niedersachsen: Richtlinien zur gleichberechtigten und selbstbestimmten Teilhabe schwerbehinderter und ihnen gleichgestellter Menschen am Berufsleben im öffentlichen Dienst v. 9.11.2009 (MBl. Nr. 38 v. 8.12.2004, S. 783); in Nordrhein-Westfalen: Richtlinie zur Durchführung der Rehabilitation und Teilhabe von Menschen mit Behinderung (SGB IX) im öffentlichen Dienst im Lande Nordrhein-Westfalen – Runderlass des Ministerium des Innern v. 11.9.2019 (–21–42.12.01); im Saarland: Erlass über die Fürsorge für schwerbehinderte Angehörige des öffentlichen Dienstes im Saarland v. 16.3.2005; in Rheinland-Pfalz: Anwendungsleitlinien zur Integration und Betreuung schwerbehinderter Menschen im öffentlichen Dienst des Landes, Stand: 1.12.2006; in Sachsen: Verwaltungsvorschrift der Sächsischen Staatsregierung zur Durchführung des Sozialgesetzbuches – Neuntes Buch – (SGB IX) Rehabilitation und Teilhabe behinderter Menschen im öffentlichen Dienst im Freistaat Sachsen (VwV SGB IX) v. 17.12.2002 (11–0304.1/8); in Sachsen-Anhalt: Richtlinien über die Förderung der Einstellung und Beschäftigung Schwerbehinderter – Fürsorgeerlass für schwerbehinderte Menschen – v. 2.3.2010 (MinBl. S. 131); in Schleswig-Holstein: Vereinbarung nach § 59 Mitbestimmungsgesetz (MBG SchlH) über die Neufassung der Richtlinien über die Einstellung, Beschäftigung und begleitende Hilfe schwerbehinderter Menschen in der Landesverwaltung – Schwerbehindertenrichtlinien – v. 5.7.2007 (ABl. 2007 S. 621); in Thüringen: Richtlinien zur Durchführung des Schwerbehindertengesetzes im öffentlichen Dienst des Landes Thüringen – Fürsorge/ Schwerbehinderten-Richtlinie – v. 19.4.1994 (StAnz. 1770). Diese Vorschriften ersetzen im Rahmen ihres Anwendungsbereichs nach § 165 S. 4 die an sich auch im öffentlichen Dienst abzuschließenden Inklusionsvereinbarungen (§ 166).

12 Diese Vorschriften begründen keinen unmittelbaren Anspruch des schwerbehinderten Bewerbers auf Einstellung oder Beförderung. Sie heben nicht den Grundsatz der „Bestenauslese“ auf, können aber bei gleicher Eignung zu bevorzugter Berücksichtigung führen (BVerwG 15.2.1990 – 1 WB 36/88, NVwZ-RR 1990, 489; LPK-SGB IX/Düwell Rn. 4; *Pahlen* AR-Blattei, Schwerbehinderte I Rn. 332). Wenn der VGH Baden-Württemberg (VGH BW 4.5.2020 – 4 S 672/20, VBlBW 2020, 459; zust. Schlegel/Voelzke/Griese Rn. 13.1) davon ausgeht, dass der Inhalt einer Stellenausschreibung nur die Mindestanforderungen enthält, die für die Besetzung einer Stelle zu erfüllen sind, und es daher zulässt, dem nicht sb Stellenbewerber aus nicht darin enthaltenen behinderungsbedingten qualitativen Leistungsmängeln den Vorzug vor dem sb Kandidaten zu geben, lässt sich dies mit der Rspr. des BVerwG (BVerfG 3.3.2011 – 5 C 16/10, NZA 2011, 977) nur

schwer in Einklang bringen (von Roetteken jurisPR-ArbR 6/2021 Anm. 7). Allerdings kommt der Schwerbehinderteneigenschaft bei der Auswahl für eine Beförderungsstelle als Hilfskriterium gegenüber leistungsbezogenen Kriterien kein Vorrang zu (NdsOVG 14.4.2003 – 2 ME 129/03, br 2003, 224; vgl. auch BVerwG 30.6.2011 – 2 C 19/10, NVwZ 2011, 1270; Lorse PersR 2017, 8), sofern es dafür nicht eine besondere rechtliche Grundlage gibt (vgl. § 11 Abs. 3 ChancenG BW, von Roetteken jurisPR-ArbR 6/2021 Anm. 7). Auch dürfen bei der Erstellung von Beurteilungen nur behinderungsbedingte quantitative Leistungsminderungen berücksichtigt werden. Im Hinblick auf die Qualität der Leistung dürfen zu einer fiktiven Bewertung führende Abstriche nicht gemacht werden (BVerwG 25.2.1988 – 2 C 72/85, ZBR 1988, 219; OVG Saarl. 19.2.2016 – 2 K 2015/14, BeckRS 2016, 53169 m. krit. Anm. Ehmann jurisPR-ArbR 24/2017 Anm. 3, im Anschluss an BVerwG 25.2.1988 – 2 C 72/85, NVwZ 1988, 734). Jedoch kann es gerechtfertigt sein, wegen der Behinderung eine qualitative Reduzierung des übertragenen Dezernats vorzunehmen (LPK-SGB IX/Düwell Rn. 14). Einem Bewerber für ein Beförderungsamt darf die gesundheitliche Eignung für diese Position auch nicht allein deshalb abgesprochen werden, weil er den Anforderungen des Polizeivollzugsdienstes nicht vollumfänglich entspricht. Hinzukommen muss vielmehr, dass wegen der gesundheitlichen Einschränkung eine ordnungsgemäße und dauerhafte Wahrnehmung der mit dem angestrebten Amt verbundenen Aufgaben nicht gewährleistet ist (BVerfG 10.12.2008 – 2 BvR 2571/07, PersR 2009, 111 = NVwZ 2009, 389). In diese Prognoseentscheidung darf der Dienstherr allerdings auch organisatorische und personalpolitische Erwägungen einbeziehen (BVerwG 3.3.2005 – 2 C 4/04, ZTR 2005, 555 = BeckRS 2005, 26892; zust. *Gagel* jurisPR-ArbR 9/2009 Anm. 1). Bei der Feststellung der gesundheitlichen Eignung des Beamtenbewerbers steht dem Dienstherrn kein Beurteilungsspielraum zu. Die frühere Rspr. zu dieser Frage (BVerwG 18.7.2001 – 2 A 5.00, NVwZ-RR 2002,49) hat das BVerwG aufgegeben. Eine Bindung des Gerichts an rechtliche oder tatsächliche Wertungen des Dienstherrn besteht nicht (mehr). Die gesundheitliche Eignung fehlt, wenn tatsächliche Anhaltspunkte die Annahme rechtfertigen, dass mit überwiegender Wahrscheinlichkeit vom Eintritt der Dienstunfähigkeit vor dem Erreichen der gesetzlichen Altersgrenze auszugehen ist (BVerwG 25.7.2013 – 2 C 12/11, NVwZ 2014, 300). An dem nach bisheriger Rspr. bestehenden Erfordernis des Ausschlusses des Eintritts der Dienstunfähigkeit vor dem Erreichen der Altersgrenze mit an Sicherheit grenzender Wahrscheinlichkeit (BVerwG 18.7.2001 – 2 A 5.00, NVwZ-RR 2002, 49) wird nicht festgehalten (BVerwG 25.7.2013 – 2 C 12/11, NVwZ 2014, 300; krit. wegen fehlender gesetzlicher Grundlage der Gesundheit als Kriterium im Sinne von Art. 33 Abs. 2 GG Donner de Ceiba PersV 2023, 12).

B. Mitwirkung der Schwerbehindertenvertretung bei der Beendigung des Dienstverhältnisses

Die bislang als Abs. 2 im G enthalten gewesene Notwendigkeit der Anhörung des Integrationsamts vor der vorzeitigen Versetzung in den Ruhestand oder der Entlassung eines Beamten oder Richters ist durch Art. 1 Nr. 32 lit. a des Gesetzes zur Förderung der Ausbildung und Beschäftigung sbM v. 23.4.2004 (BGBl. I 606, 610) aufgehoben worden. Eine nähere Begründung dafür enthalten die Gesetzesmaterialien nicht (BT-Drs. 15/1783, 19). Auch dem Ausschussbericht ist dazu nichts zu entnehmen (BT-Drs. 15/2327, 25 f.). An der Erforderlichkeit der Beteiligung der Schwerbehindertenvertretung nach § 178 Abs. 2 ändert die Aufhebung auch des Abs. 2 S. 2 nichts (Cramer NZA 2004, 712). Dieser ist eine angemessene Frist zur Stellungnahme einzuräumen (OVG NW vom 7.11.1994 – 1 B 2335/94, br 1995, 50). 13

14 Ist diese nicht gehört worden, ergeben sich die Folgen des § 178 Abs. 2, Durchführung und Vollzug der Entscheidung sind auszusetzen. Die Anhörung muss innerhalb von 7 Tagen nachgeholt werden. (aA Baßlsperger PersV 2018, 124: Unwirksamkeit der Maßnahme analog der Regelung zur Kündigung). Ist keine Schwerbehindertenvertretung gewählt worden, entfällt deren Anhörung; die Behörde kann sich jedoch dann nicht darauf berufen, dass keine Schwerbehindertenvertretung besteht, wenn sie selbst das Unterlassen der Wahl zu vertreten hat, so dass die Entlassung wegen unterlassener Anhörung in diesem Fall fehlerhaft bleibt (BVerwG 27.4.1961 – II C 201.60, AP SchwBeschG § 35 Nr. 2).

15 Die Schwerbehindertenvertretung hat das Recht, auf Feststellung zu klagen, dass sie eingeschaltet werden muss (BVerwG 11.5.1966 – V C 37/65, DB 1966, 1615 = BeckRS 1966, 31304856). Die Einschaltung der Schwerbehindertenvertretung nach § 178 Abs. 2 ist erforderlich:

16 1. bei **vorzeitiger Versetzung** eines Beamten oder Richters in den **Ruhestand** (§ 42 BBG; § 26 BRRG; § 21 DRiG). Dies ist nach Bundesrecht nur möglich, wenn der Beamte infolge körperlichen Gebrechens oder wegen Schwäche seiner körperlichen und geistigen Kräfte zur Erfüllung seiner Amtspflichten dauernd unfähig ist (dienstunfähig). Auch wenn der Beamte mit der Maßnahme vorbehaltlos einverstanden ist, muss das Anhörungsverfahren durchgeführt werden, da es Voraussetzung für eine fehlerfreie Entlassung ist und sich der Beamte später darauf berufen könnte, dass die Entlassung nicht sachgerecht durchgeführt wurde (Sellmann DVBl 1955, 113).

17 2. wenn ein **Beamter** oder ein Richter auf Probe oder kraft Auftrags entlassen werden soll (§§ 31, 32 BBG; § 23 BRRG; §§ 22, 23 DRiG). Die schwerbehinderten Beamten auf Zeit sowie die Ehrenbeamten (§ 177 BBG) und die Richter auf Zeit (§ 11 DRiG) genießen nach dem SGB IX keinen besonderen Schutz gegen ihre Entlassung. Der Beamte und Richter auf Lebenszeit kann außer im Fall der Dienstunfähigkeit gegen seinen Willen nur im Wege des Disziplinarverfahrens entlassen werden.

18 Ob ein Beamter oder Richter auf Lebenszeit, auf Widerruf, Probe oder Zeit ernannt ist, richtet sich nach Bundesrecht danach, ob er eine Urkunde erhalten hat, in der die Worte „unter Berufung in das Beamtenverhältnis" mit dem Zusatz „auf Lebenszeit", auf „Probe", „auf Widerruf" oder mit der Angabe der Zeitdauer der Berufung enthalten sind (§ 6 BBG; § 5 BRRG; § 17 DRiG). Wenn die Urkunde keinen Zusatz auf Widerruf oder Probe oÄ enthält, ist die Ernennung nichtig (§ 6 Abs. 2 S. 3 BBG). Der Beamte auf Widerruf kann jederzeit (§ 32 BBG), der Beamte auf Probe nur bei Vorliegen besonderer Gründe (§ 31 BBG) entlassen werden. Für Richter kraft Auftrags gilt wie für Richter auf Probe, dass sie nur aus den besonderen Gründen des § 22 DRiG entlassen werden können (§ 23 DRiG). Im Normalfall muss eine Kündigungsfrist, die nach der Beschäftigungszeit gestaffelt ist, eingehalten werden. In den Ländern gelten teilweise erheblich abweichende Bestimmungen. Angesichts des geringen Schutzes der Beamten auf Widerruf ist die Einschaltung der Schwerbehindertenvertretung besonders wichtig.

C. Soldaten

19 Abs. 3 geht zurück auf das Erste Änderungsgesetz zum SchwbG v. 24.7.1986. Das sollte der Klarstellung dienen, weil auch bis dahin Soldaten die persönliche Rechtsstellung von Schwerbehinderten hatten (BT-Drs. 10/3138, 27). Bisher waren Soldaten aber nur in § 24 Abs. 4 SchwbG ausdrücklich erwähnt. Nunmehr wurde festgelegt, dass bestimmte Vorschriften auch für Soldaten uneingeschränkt gelten. Dies wurde in § 211 beibehalten und mit dem BTHG weiter ausgebaut. Nunmehr ist nämlich die bisher im G enthalten gewesene Beschränkung der Verweisung nur auf die Abs. 1 u. 2 (BayLSG 6.8.2014 – L 10 AL 45/13, BeckRS 2014, 72707) des § 2 entfallen. Er ist jetzt vollumfänglich in Bezug genommen. Das hat zur Folge, dass nunmehr auch Soldatinnen und Soldaten bei der zuständigen Behörde ihre Gleichstellung in ihrer aktiven Dienstzeit beantragen können. Im Verhältnis zu Beamtinnen und Beamten hängt die Dienstfähigkeit von Soldatinnen und Soldaten in deutlich höherem Maße von ihrer körperlichen Leistungsfähigkeit ab, so dass sie deutlich häufiger von Dienstunfähigkeitsverfahren betroffen sind. Mit einer anerkannten Gleichstellung soll den Betroffenen in solchen Fällen ein „Nachteilsausgleich" gewährt werden (Schlegel/Voelzke/Griese Rn. 18.1; Düwell br 2018, 1). Entsprechendes gilt bei Entscheidungen über förderliche Verwendungen. Bei vergleichender Betrachtung hatten hier behinderte, aber nicht gleichgestellte Soldatinnen und Soldaten häufig Nachteile, da sie wegen ihrer gesundheitlichen Beeinträchtigungen die angezogenen Vergleichsmerkmale im Hinblick auf die individuellen Grundfertigkeiten (zB Basic Fitnesstest, Sanitätsausbildung, Neues Schießausbildungskonzept, Deutsches Sportabzeichen, Marschfähigkeiten) nicht oder nur zum Teil erfüllten. Während die Schwerbehinderung von Soldatinnen und Soldaten insoweit Berücksichtigung fand, galt dies für solche mit einem GdB von 30 oder 40 bisher nicht. Mit der Möglichkeit der Gleichstellung wird die Situation dieses Personenkreises deutlich verbessert (BT-Drs. 18/9522, 315; Düwell br 2018, 1).

Dabei handelt es sich um die persönliche Stellung von Soldaten als sbM, die Feststellung dieser Eigenschaft und die Ausweise. Außerdem gelten die Vorschriften über die Schwerbehindertenvertretung, das Erlöschen des Schutzes mit Auslauffrist, das Entgelt, den Zusatzurlaub, den Nachteilsausgleich und die unentgeltliche Beförderung. Im Grunde genommen sind alles Vorschriften, die für jeden Staatsbürger gelten, wenn er sbM iSd § 2 Abs. 2 ist ohne Rücksicht darauf, ob er in einem Dienst-, Arbeits- oder sonstigen Beschäftigungsverhältnis steht. Auch die ausdrückliche Einbeziehung des Zusatzurlaubs schafft keine Neuregelung, da § 47 SchwbG schon früher auch für Beamte und Soldaten galt und neben den entsprechenden Urlaubsverordnungen anzuwenden war (vgl. § 14 Urlaubsverordnung v. 11.10.1970, auf den auch § 1 Soldatenurlaubsverordnung v. 23.11.1972 verwies). 20

Die übrigen Vorschriften über die persönliche Rechtsstellung gelten nur, soweit sie mit dem Dienst als Soldat vereinbar sind. Das gilt sowohl für den Vorrang zu bevorzugter Einstellung (§ 205) als auch für die Freistellung von Mehrarbeit (§ 207). 21

Für Zivildienstleistende findet gem. § 78 Abs. 2 ZDG das Schwerbehindertenrecht in entspr. modifizierter Form Anwendung (KHM/*Kossens* Rn. 10). 22

§ 212 Unabhängige Tätigkeit

Soweit zur Ausübung einer unabhängigen Tätigkeit eine Zulassung erforderlich ist, soll schwerbehinderten Menschen, die eine Zulassung beantragen, bei fachlicher Eignung und Erfüllung der sonstigen gesetzlichen Voraussetzungen die Zulassung bevorzugt erteilt werden.

Die Bestimmung nimmt eine Ausnahmestellung ein, da sie sich nicht mit schwerbehinderten Arbeitnehmern oder Beamten befasst, sondern mit Anwärtern für die Ausübung einer unabhängigen Tätigkeit, die keine Arbeitnehmer zu sein brauchen. Der Personenkreis der Bevorzugten umfasst zunächst die sbM und die gleichgestellten behinderten Menschen. Auch Gleichstellungen zum Zwecke der bevorzugten Berufszulassungen müssen möglich sein; § 2 Abs. 3, § 151 Abs. 2 sind hier sinngemäß anzuwenden (KHM/Kossens Rn. 3; Hauck/Noftz/Masuch Rn. 4). Dabei kann die Gleichstellung allg. ausgesprochen werden oder auch nur für die Zulassung zu einem bestimmten Beruf (BGH 15.2.1971 – Notz 4/70, BGHZ 55, 324; aA BVerwG 16.12.1959 – V C 138.57, AP SchwBeschG § 2 Nr. 5; *Siegler* BlStSozArbR 1967, 335; KHM/Kossens Rn. 2). Diese ausdehnende Auslegung muss insbes. deshalb erlaubt sein, da auch sonst sbM nur 1 ausschließlich erwähnt werden, auch wenn die gleichgestellten behinderten Menschen mit gemeint sind. Vor allem gilt nach § 151 Abs. 3 für gleichgestellte behinderte Menschen das G mit der alleinigen Ausnahme des § 208, so dass § 212 nicht ausgenommen ist. Dann muss auch eine Gleichstellung zur bevorzugten Zulassung zu einer unabhängigen Tätigkeit möglich sein, um auch diesen Gesetzeszweck erfüllen zu können Hauck/Noftz/Masuch Rn. 4).

2 Die Bevorzugung gilt für alle selbständigen Berufe, für die eine Zulassung erforderlich ist. Es kann sich hierbei um Gewerbe iSd GewO handeln oder um Berufe höherer Art, wie die der Ärzte, Rechtsanwälte, Apotheker usw. Die sbM und sonstigen begünstigten Personen sollen bei der Zulassung vor anderen Bewerbern bevorzugt werden, jedoch müssen sie die gesetzlichen Voraussetzungen für die Ausübung des Berufes erfüllen. Hierzu gehört insbes. die fachliche Eignung. Ein schwerbehinderter Rechtsanwalt ist bei der Ausschreibung einer Anwaltsnotarstelle deshalb bevorzugt zu berücksichtigen (BGH 15.2.1971 – Notz 4/70, BGHZ 55, 324; *Siegler* DB 1966, 943), sofern die Behinderung sich konkret auf seine berufliche Tätigkeit auswirkt (BGH, Senat für Notarsachen, 14.1.1991 – NotZ 10/90, BGHR BNotO § 4 Abs. 2 Schwerbehinderter 1 = BeckRS 1991, 31177). Die Förderung kann zB auch durch die Verkürzung der allgemeinen Wartezeit gem. § 6 Abs. 2 Ziff. 1 BNotO erfolgen (BGH, Senat für Notarsachen, 16.3.1998 – NotZ 24/97, NJW-RR 1998, 1281). Vorstellbar ist sogar die Befreiung von einer Prüfung (vgl. für Steuerberater FG München 10.5.2000 – 4 K 1284/00, EFG 2000, 1279 = BeckRS 2000, 30807209).

3 Die praktische Bedeutung der bevorzugten Zulassung ist durch die **Berufsfreiheit,** wie sie im Art. 12 Abs. 1 GG gewährleistet ist, nicht allzu groß. Die Zulassung zu einem Beruf gehört nach herrschender Ansicht mit zur Berufswahl und nicht zur Berufsausübung, die durch G geregelt werden kann. Daher gilt auch für zulassungspflichtige Berufe grds. die Freiheit der Berufswahl. Allerdings sind Einschränkungen möglich, wenn dafür überragende Gründe des Gemeinwohls vorliegen oder sie zur Abwehr konkreter und schwerwiegender Gefahren erforderlich sind. Dabei kommt dem Gesetzgeber ein Einschätzungsspielraum zu (BVerfG 8.6.2010 – 1 BvR 2011/07 und 1 BvR 2959/07, NVwZ 2010, 1212 für Rettungsdienste; Schlegel/Voelzke/Griese § 212 Rn. 8). Dabei kann die Aufnahme eines Berufs an persönliche und fachliche Voraussetzungen wie Sachkenntnis, Befähigung, persönliche Eignung und Zuverlässigkeit geknüpft werden, deren Erfüllung die Bedingung für die Zulassung ist (Landmann/Rohmer/Eisenmenger GewO Einl. Rn. 47 ff.; Leibholz/Rinck, GG, Art. 12 Rn. 176 ff.; Maunz/Dürig/Scholz GG Art. 12 Rn. 280 ff.; Schmidt-Bleibtreu/Hofmann/Henneke/Hoffmann, GG, Art. 12 Rn. 50 ff., Dreier/Wieland GG, Bd. I Art. 12 Rn. 107 ff.). Solche Voraussetzungen sind zB der große Befähigungsnachweis für das Handwerk, die Approbation für Ärzte, Tierärzte, Hebammen. Hier nimmt der sbM keine andere Stellung ein als jeder andere Deutsche, dem bei Vorliegen der persönlichen und fachlichen Voraussetzungen der Zugang zu dem Beruf nicht versagt werden darf. Nur der ausländische sbM, auf den Art. 12 GG keine Anwendung findet, hat insofern einen Vorteil, als er bei der Berufszulassung hier dem Deutschen gleichgesellt sein dürfte, sofern dies nicht durch spezielle gesetzliche Regelung ausgeschlossen ist.

4 Wegen der Freiheit der Berufswahl ist die in vielen Gesetzen vorgeschriebene Bedürfnisprüfung als Voraussetzung für die Zulassung vielfach als unwirksam angesehen worden, so zB für das Gastwirtschaftsgewerbe, für den Güterfernverkehr, das Personenbeförderungsgewerbe, selbständige Apotheker, Ärzte und Zahnärzte, Arzneimittelvertreter, Einzelhandel (BVerfG 23.3.1960 – 1 BvR 216/51, NJW 1960, 715; 8.2.1961 – 1 BvL 10/60, 1 BvR 289/60, 1 BvR 348/60, NJW 1961, 967; 4.3.1964 – 1 BvR 371/61, 1 BvR 373/61, NJW 1964, 1175; 14.12.1965 – 1 BvL 14/60, NJW 1966, 291. Die Bedürfnisprüfung ist aber für zulässig erklärt worden bei Schornsteinfegern (BVerfG 4.2.2010 – 1 BvR 2918/09, NVwZ-RR 2011, 385), Prozessagenten (BVerfG 17.11.1959 – 1 BvL 80/53 ua, NJW 1960, 139) Notaren (BVerfG 5.5.1964 – 1 BvL 8/62, NJW

1964, 1516). Ist die Zulassung von einer Prüfung des Bedürfnisses abhängig, so hätte bei mehreren Bewerbern der sbM den Vorzug (BGH 13.2.1967 – NotZ 4/66, BGHZ 47, 84; 15.2.1971 – Notz 4/70, BGHZ 55, 324). Jedoch kann der sbM nur berücksichtigt werden, wenn er einen Antrag gestellt hat. Es wäre nicht möglich, einem Gesunden die Zulassung zu versagen, weil generell Stellen für sbM offengehalten werden sollen.

Hat die Zulassung den Charakter der Befreiung von einem Verbot, so kann eine Bevorzugung des sbM vor anderen Bewerbern gleichfalls praktisch werden. 5

Das G will dem sbM und den sonst bevorzugten Personen ganz allg. auch im selbständigen Beruf gewisse Vorteile zukommen lassen, durch die sie ihre körperliche oder soziale Benachteiligung in etwa ausgleichen können. So ist es zB Aufgabe des Integrationsamts, die wirtschaftliche Selbständig-Machung des sbM zu fördern (§ 185 Abs. 3 Nr. 1c). § 212, der dem gleichen Ziele dient, ist daher weit auszulegen. Der sbM soll nicht nur bei der eigentlichen Berufszulassung bevorzugt werden, sondern auch bei der Zulassung für eine bestimmte Tätigkeit innerhalb seines Berufs, sofern die Zulassung öffentlich-rechtlichen Charakter hat. 6

Einen **Rechtsanspruch** auf **Zulassung** haben die sbM und sonstigen Personen nicht (KHM/Kossens Rn. 2). Für die Erteilung bzw. Versagung der Zulassung sind die allgemeinen Vorschriften maßgebend. Wird der sbM jedoch nicht vor anderen Bewerbern bevorzugt, obwohl er die vorgeschriebenen Voraussetzungen erfüllt, so könnte hierin ein Ermessenfehler liegen, der im Verwaltungsstreitverfahren geltend gemacht werden kann. Die Bestimmung über die bevorzugte Berufszulassung ist jedoch weitgehend eingeschränkt (Siegler DB 1966, 944; BlStSozArbR 1967, 335). Für Notare vgl. BGH 13.1967 – NotZ 4/66, NJW 1967, 1565; 15.2.1971 – Notz 4/70, BGHZ 55, 324, wo in der unberechtigten Ablehnung sbM ein Ermessensfehler gesehen wurde. 7

Nach der Novelle des Schwerbehindertengesetzes v. 3.7.1961 war in einem Abs. 2 bestimmt, dass Schwerbehinderte bei der Vergabe von Aufträgen durch eine öffentliche Hand bevorzugt zu berücksichtigen seien. Diese Vorschrift ist durch die Neufassung des Schwerbehindertengesetzes v. 29.4.1974 wieder gestrichen worden; nach der RegBegr. hatte sie zu Missständen, Unzuträglichkeiten und Wettbewerbsverzerrungen geführt (BT-Drs. 7/6565, 38). Versuche während des Gesetzgebungsverfahrens, die Vorschrift doch zu erhalten, fanden keine Mehrheit (BT-Drs. 7/1515, 16). Die Bevorzugung bei der Vergabe öffentlicher Aufträge galt daher nur noch für die Werkstätten für Behinderte nach § 56 und für Blindenwerkstätten nach § 58 SchwbG. Entsprechende Regelungen finden sich heute in §§ 224 u. 226. Außerdem ist auch auf § 185 Abs. 3 zu verweisen, wonach das Integrationsamt aus den ihm zur Verfügung stehenden Mitteln auch Hilfen zur wirtschaftlichen Selbständigkeit von sbM zu gewähren hat. 8

§ 213 Geheimhaltungspflicht

(1) Die Beschäftigten der Integrationsämter, der Bundesagentur für Arbeit, der Rehabilitationsträger sowie der von diesen Stellen beauftragten Integrationsfachdienste und die Mitglieder der Ausschüsse und des Beirates für die Teilhabe von Menschen mit Behinderungen (§ 86) und ihre Stellvertreterinnen oder Stellvertreter sowie zur Durchführung ihrer Aufgaben hinzugezogene Sachverständige sind verpflichtet,

1. **über ihnen wegen ihres Amtes oder Auftrages bekannt gewordene persönliche Verhältnisse und Angelegenheiten von Beschäftigten auf Arbeitsplätzen für schwerbehinderte Menschen, die ihrer Bedeutung oder ihrem Inhalt nach einer vertraulichen Behandlung bedürfen, Stillschweigen zu bewahren und**
2. **ihnen wegen ihres Amtes oder Auftrages bekannt gewordene und vom Arbeitgeber ausdrücklich als geheimhaltungsbedürftig bezeichnete Betriebs- oder Geschäftsgeheimnisse nicht zu offenbaren und nicht zu verwerten.**

(2) [1]Diese Pflichten gelten auch nach dem Ausscheiden aus dem Amt oder nach Beendigung des Auftrages. [2]Sie gelten nicht gegenüber der Bundesagentur für Arbeit, den Integrationsämtern und den Rehabilitationsträgern, soweit deren Aufgaben gegenüber schwerbehinderten Menschen es erfordern, gegenüber der Schwerbehindertenvertretung sowie gegenüber den in § 79 Absatz 1 des Betriebsverfassungsgesetzes und den in den entsprechenden Vorschriften des Personalvertretungsrechts genannten Vertretungen, Personen und Stellen.

Übersicht

A. Allgemeines

1 Die Mitglieder der Ausschüsse versehen ein öffentliches Ehrenamt, aus dem sich allgemeine Amtspflichten ergeben (→ § 202 Rn. 24 f.). Die Angehörigen des Integrationsamts und der Bundesagentur sind von Amts wegen mit den Angelegenheiten der sbM in den Betrieben befasst. Entsprechendes gilt für die Beschäftigten der Rehabilitationsträger einschließlich der in gemeinsamen Servicestellen eingesetzten Personenkreis sowie der von diesen, beauftragten Integrationsfachdienste. Darüber hinaus bringt ihre Tätigkeit jedoch auch noch besondere Pflichten mit sich. Sie erhalten weitgehend Einblick in den persönlichen Bereich des sbM sowie in die wirtschaftliche und betriebstechnische Lage der Unternehmen. Der sbM hat ein Recht darauf, dass jegliche Indiskretion über seinen Gesundheitszustand und seine persönlichen Verhältnisse auch durch die Vertreter der Integrationsämter, der Bundesagentur für Arbeit, der Rehabilitationsträger und Integrationsfachdienste sowie die Mitglieder eines Ausschusses oder des Beirates vermieden wird; der Arbeitgeber kann verlangen, dass ihm die zur Unterbringung des sbM notwendige Kenntnis über seinen Betrieb keinen wirtschaftlichen Nachteil bringt. Da die Ausschüsse und der Beirat nach § 86 zwar Aufgaben des Staates wahrnehmen, jedoch zum größten Teil mit ehrenamtlichen Mitgliedern besetzt sind, die nicht unter die strengen Bestimmungen des Beamtenrechts fallen, war es erforderlich, die Pflicht zur Geheimhaltung besonders zu regeln. Für die Vertreter der Integrationsämter und der Bundesanstalt ist die Geheimhaltungspflicht an sich schon nach den beamtenrechtlichen Vorschriften (§ 61 BBG) und nach den entsprechenden Bestimmungen der Tarifverträge für den öffentlichen Dienst (§ 3 Abs. 1 TVöD, § 3 Abs. 2 TVL) gegeben. Hier wird die Pflicht zur Geheimhaltung nur wiederholt und an die speziellen Erfordernisse des Schwerbehindertenrechts angepasst. Dies gilt im Wesentlichen auch für die Beschäftigten der Rehabilitationsträger, während es für diejenigen der Integrationsfachdienste wegen der insoweit fehlenden Nähe jedenfalls zu den Tarifverträgen des öffentlichen Dienstes einer besonderen Anordnung der Verschwiegenheitspflicht bedurfte. Ergänzend tritt hierzu die Verschwiegenheitspflicht für Sachverständige, denen diese Pflicht auch bereits auf Grund ihres Amtes und ihrer Verpflichtung als Sachverständige obliegt. Nicht von § 213 erfasst sind die Betriebs-, Personalratsmitglieder, die Mitglieder von Richterrat, Staatsanwaltsrat und Präsidialrat und die Vertrauenspersonen. Für sie gelten die besonderen Geheimhaltungspflichten des BetrVG, PersVG, als Richter und für die Vertrauenspersonen § 179 Abs. 7.

B. Der verpflichtete Personenkreis

Zur Geheimhaltung sind nach § 213 die Vertreter der Integrationsämter, der Rehabilitationsträger (§ 6) und der Bundesagentur für Arbeit und die Mitglieder der Ausschüsse (§§ 186, 188, 202, 203) und des Beirats für die Teilhabe behinderter Menschen (§ 86) verpflichtet. Die Angehörigen der mit der Durchführung des Gesetzes betrauten Verwaltungen, also vornehmlich der Dienststellen der Bundesagentur, der Integrationsämter, der Rehabilitationsträger, der Gewerbeaufsicht und der Berufsgenossenschaften, haben darüber hinaus noch die umfassendere Pflicht zur Geheimhaltung, die sich aus dem Beamtenrecht, aus dem Recht des öffentlichen Dienstes und aus anderen einschlägigen Gesetzen ergibt. 2

Der nach § 213 verpflichtete Personenkreis umfasst die Vertreter der genannten Behörden, die Mitglieder, die stellvertretenden Mitglieder und die zu den Sitzungen der Ausschüsse und des Beirates oder sonst von Integrationsamt, Rehabilitationsträger, Bundesagentur für Arbeit oder den Ausschüssen herangezogenen Sachverständigen. Es kommen die Mitglieder und Stellvertreter sowie Sachverständige folgender Ausschüsse in Betracht: 3

1. der Beratenden Ausschüsse bei dem Integrationsamt (§ 186),
2. des Beratenden Ausschusses bei der Bundesagentur für Arbeit (§ 188),
3. des Beirates für die Teilhabe behinderter Menschen (§ 86),
4. der Widerspruchsausschüsse bei dem Integrationsamt (§ 202),
5. der Widerspruchsausschüsse bei der Bundesagentur für Arbeit (§ 203).

Eine Ausdehnung auf die Mitglieder weiterer im G genannten Ausschüsse und die Organe der Bundesanstalt ist nicht möglich. Für diese gelten nur die allgemeinen gesetzlichen Bestimmungen (KHM/Kossens § 130 Rn. 2). 4

C. Der Gegenstand der Geheimhaltungspflicht

Die Geheimhaltungspflicht erstreckt sich auf die Sphäre des sbM und auf die Sphäre des Betriebes. Es muss sich hierbei jedoch immer nur um Tatsachen handeln, die den Vertretern und Ausschussmitgliedern wegen ihres Amtes oder im Rahmen ihrer Ausschusstätigkeit und nicht privat bekannt geworden sind. Zwischen der Tätigkeit kraft Amtes oder Auftrages bzw. im Ausschuss und der Kenntnisnahme muss also ein ursächlicher Zusammenhang bestehen. 5

a) **Persönliche Verhältnisse der Beschäftigten.** Geschützt sind die **persönlichen Verhältnisse des sbM** und aller Beschäftigten iSd § 156. Gemeint sind damit die in § 156 Abs. 1 genannten Angestellten, Arbeiter, Beamten, Richter, Auszubildende und sonst zur beruflichen Bildung Beschäftigte. Es ist ohne Belang, ob sie auf einem Arbeitsplatz iSd Gesetzes beschäftigt sind. Die in § 156 Abs. 2 genannten Personen sind nicht etwa ausgenommen, sondern fallen ebenfalls unter den Kreis der Personen, deren persönlichen Verhältnisse geheim zu halten sind, auch wenn sie nicht in einem Arbeitsverhältnis stehen (KHM/Kossens Rn. 8). Damit ist der Personenkreis gegenüber älteren Fassungen des Schwerbehindertengesetzes ausgedehnt und umfasst praktisch alle Personen, deren Verhältnisse von Bedeutung sein könnten (. Nach dem Zusammenhang mit § 210 müssen auch die in Heimarbeit Beschäftigten von dem Schutz miterfasst werden, obwohl sie nicht unter den Personenkreis des § 156 fallen (→ § 156 Rn. 25). Zu den persönlichen Verhältnissen gehören insbes. die finanzielle und soziale Lage des Betroffenen, seine Familienverhältnisse, sein beruflicher Werdegang und sein Lebenslauf. Der Gesundheitszustand umfasst den gesamten körperlichen und geistigen Zustand. Geheimzuhalten sind 6

Tatsachen, die eine Regelwidrigkeit beinhalten, also Krankheiten im medizinischen Sinne, Verletzungen, geistige und seelische Störungen, Wahrscheinlichkeiten der Entstehung oder Verschlimmerung von Leiden aller Art. Die Geheimhaltungspflicht besteht in beiden Fällen insoweit, als diese mit der Person des Betroffenen zusammenhängenden Tatsachen unter normalen Verhältnissen einem größeren Personenkreis nicht bekannt sind und diese Person ein Interesse an der Geheimhaltung haben kann.

6a **b) Betriebs- und Geschäftsgeheimnisse.** Die **Verschwiegenheitspflicht gegenüber dem Arbeitgeber** bezieht sich auf Betriebs- und Geschäftsgeheimnisse (s. dazu die Definition in § 67 Abs. 1 SGB Xbzw. in § 2 des Gesetzes zum Schutz von Geschäftsgeheimnissen – GeschGehG v. 18. April 2019, BGBl. I 466). Die Verpflichtung entspricht etwa der der Mitglieder des Betriebsrats nach § 79 Abs. 1 BetrVG. Durch § 2 GeschGehG, das § 213 Abs. 2 Nr. 1 SGB IX konkretisiert (Schlegel/Voelzke/Griese Rn. 27.1), geschützt sind solche Tatsachen, die mit dem Betrieb, der Dienststelle oder den Geschäften in Zusammenhang stehen. Sie dürfen nicht offenkundig sein und müssen nach dem Willen des Arbeitgebers geheim zu halten sein. Außerdem muss an der Geheimhaltung ein begründetes Interesse bestehen. Betriebs- und Geschäftsgeheimnisse sind deshalb nur anzunehmen, wenn das Interesse an der Geheimhaltung objektiv feststellbar ist (Hauck/Noftz/Masuch Rn. 19; Fuhlrott/Hieramente DB 2019, 967; Naber/Peukert/Seeger NZA 2019, 583).

7 Über die Betriebs- und Geschäftsgeheimnisse müssen die Vertreter von Integrationsamt, Rehabilitationsträger und Bundesanstalt und die Ausschussmitglieder nur dann Stillschweigen wahren, wenn der Arbeitgeber sie **ausdrücklich** als geheim zu halten bezeichnet hat. Auf die Wahl der Worte kommt es dabei nicht an, jedoch muss der Wille des Arbeitgebers zum Ausdruck kommen, eine besondere Form ist nicht vorgeschrieben (Richardi/Thüsing, BetrVG § 79 Rn. 7 f.; Fitting BetrVG § 79 Rn. 5; GK-BetrVG/*Wiese/Oetker* § 79 Rn. 11; KHM/Kossens Rn. 11).

8 Die den sbM oder den Betrieb betreffenden Tatsachen müssen gegenüber jedermann geheim gehalten werden. Ein Verstoß liegt also bereits vor, wenn einem Außenstehenden eine solche Tatsache mitgeteilt wurde. Selbstverständlich ist nur die unbefugte Weitergabe oder Mitteilung als Geheimnisbruch anzusehen. Willigt der Betroffene ein, handelt es sich nicht mehr um ein Geheimnis, ebenso wenn eine Rechtspflicht zur Offenbarung besteht wie bei einer Vernehmung als Zeuge. § 67b SGB X weicht inhaltlich nicht von § 213 SGB IX ab. Die Geheimhaltungspflicht besteht ohne Rücksicht auf ein Ausscheiden aus dem Amt oder eine Beendigung der Tätigkeit im Ausschuss. Eine Frist, nach deren Ablauf die Geheimhaltungspflicht endet, ist nicht festgesetzt und kann auch nicht aus anderen Vorschriften entnommen werden. Sie besteht damit praktisch bis zum Lebensende (Hauck/Noftz/Masuch Rn. 23). Ausgenommen sind nur die in Satz 2 genannten Stellen, die ihrerseits zur Geheimhaltung verpflichtet sind und die Angaben zur Durchführung ihrer Aufgaben benötigen. Zwar heißt es in S. 2 lediglich, dass gegenüber Bundesagentur, Integrationsämter und Rehabilitationsträger die Schweigepflicht nicht gilt, soweit die Offenbarung durch deren Aufgaben gegenüber den sbM bedingt ist. Dieselbe Beschränkung muss aber auch gegenüber den Vertrauenspersonen, dem Betriebs- und Personalrat und den sonstigen Personenkreisen des § 79 Abs. 1 BetrVG gelten (Gesamt-, Konzernbetriebsrat, Bordvertretung, Seebetriebsrat, Arbeitnehmer im Aufsichtsrat, Einigungsstelle, Schlichtungs- und Beschwerdestelle). Da die Vertreter von Integrationsamt, Rehabilitationsträger und Bundesagentur für Arbeit und die Mitglieder und Stellvertreter wie Sachverständigen uU ganz private und persönliche Angelegenheiten der sbM und anderen Beschäftigten erfahren, können sie nicht befugt sein, solche vertraulichen Angelegenheiten ohne Notwendigkeit für deren Aufgaben einem so großen Personenkreis schrankenlos weiterzugeben.

9 Nicht erwähnt sind Richterrat, Staatsanwaltsrat und Präsidialrat. Ein praktisches Bedürfnis, hier die Geheimhaltungspflicht zu durchbrechen, dürfte auch kaum bestehen.

Soweit allerdings Richterrat, Staatsanwaltsrat und Personalrat und die Schwerbehindertenvertretung sowie die Schwerbehindertenvertretung der Richter zusammen tätig werden, dürfte es überspitzt sein, nur wegen des Fehlens einer Ausnahmeregelung in S. 2 für den Richterrat, diesen von den Beratungen auszuschließen. Die Offenbarung ist dann auch insoweit zulässig, zumal Richter ohnehin der Geheimhaltungspflicht unterliegen. Die insoweit wünschenswerte Klarstellung ist auch durch § 213 nicht erfolgt, der weitgehend auf dem Wortlaut des § 52 SchwbG basiert.

D. Die Folgen der Pflichtverletzung

Verstößt ein Vertreter des Integrationsamts, eines Rehabilitationsträgers, der Bundesagentur für Arbeit oder ein Mitglied eines Ausschusses schuldhaft gegen die Geheimhaltungspflicht, so kann nach § 203 StGB eine Freiheitsstrafe bis zu einem Jahr oder Geldstrafe verhängt werden (vgl. die Anm. zu § 237a u. b), sofern nicht noch zugleich ein anderes G (zB das GeschGehG) verletzt und eine höhere Strafe verwirkt ist. Daneben kann, wenn ein Schaden entstanden ist, die zivilrechtliche Haftung Platz greifen. § 219 ist auch ein Schutzgesetz iSv § 823 Abs. 2 BGB (KHM/Kossens Rn. 16). In Betracht kommen weiterhin Ansprüche nach den §§ 7, 8 BDSG, § 82 SBG X oder solche aus §§ 6 ff. GeschGehG. Außerdem kann sich ein Folgenbeseitigungsanspruch ergeben. Droht die Verletzung gegen die Geheimhaltungspflicht, kann der Betroffene vor dem SG eine vorbeugende Unterlassungsklage erheben (BSG 25.10.1978 – 1 RJ 32/78, BSGE 47, 118; KHM/Kossens Rn. 15). 10

Eine weitere Frage bleibt in diesem Zusammenhang offen. Der Gesetzgeber hat es offensichtlich übersehen, positiv-rechtlich eine Möglichkeit zu schaffen, **pflichtvergessene Ausschussmitglieder** vor Ablauf der Amtszeit **abzuberufen.** Es ist jedoch unerträglich, dass ein nach §§ 203, 204 StGB ggf. sogar mit Freiheitsstrafe bestraftes Ausschussmitglied nach Verbüßung der Strafe das Amt wieder wahrnimmt. Die Mitglieder der Ausschüsse müssen daher bei grober Pflichtverletzung auch vorzeitig abberufen werden können. Es handelt sich hier um ein allgemeines Rechtsprinzip, das für alle Ehrenämter in einer Selbstverwaltung gilt (KHM/Kossens Rn. 17; Hauck/Noftz/Masuch Rn. 30). Ist keine positiv-rechtliche Regelung getroffen, so gehört das Recht, pflichtvergessene Mitglieder abzuberufen, zu den autonomen Befugnissen der Ausschüsse (→ § 189 Rn. 9). 11

§ 214 Statistik

(1) [1]**Über schwerbehinderte Menschen wird alle zwei Jahre eine Bundesstatistik durchgeführt.** [2]**Sie umfasst die folgenden Erhebungsmerkmale:**

1. **die Zahl der schwerbehinderten Menschen mit gültigem Ausweis,**
2. **die schwerbehinderten Menschen nach Geburtsjahr, Geschlecht, Staatsangehörigkeit und Wohnort,**
3. **Art, Ursache und Grad der Behinderung.**

(2) **Hilfsmerkmale sind:**

1. **Name, Anschrift, Telefonnummer und Adresse für elektronische Post der nach Absatz 3 Satz 2 auskunftspflichtigen Behörden,**
2. **Name und Kontaktdaten der für Rückfragen zur Verfügung stehenden Personen,**
3. **die Signiernummern für das Versorgungsamt und für das Berichtsland.**

(3) [1]**Für die Erhebung besteht Auskunftspflicht.** [2]**Auskunftspflichtig sind die nach § 152 Absatz 1 und 5 zuständigen Behörden.** [3]**Die Angaben zu Absatz 2 Nummer 2 sind freiwillig.**

1 Diese Vorschrift geht auf die Neufassung des Schwerbehindertengesetzes v. 29.4.1974 zurück. Sie war im damaligen RegE noch nicht enthalten, sondern wurde bei den Ausschussberatungen eingefügt (BT-Drs. 7/1515, 16 f.) und entsprach einem Vorschlag des Bundesrates (BT-Drs. 7/656, 46). Als Begründung wurde angeführt, dass es in der Rehabilitation bisher an zuverlässigen Unterlagen über Zahl, Art und Ursache der Behinderungen fehlte. Dadurch seien die Planungen notwendiger Rehabilitationsmaßnahmen erheblich erschwert. Diese Statistik sollte ursprünglich für die Behinderten und die Rehabilitationsmaßnahmen alle drei Jahre erstellt werden und die dringend benötigten Unterlagen für die Planung im Bereich der Rehabilitation bringen. Im Ausschuss für Arbeit wurde dann beschlossen, dass das Statistische Bundesamt alle fünf Jahre eine Bestandsstatistik über alle Behinderten mit einer wesentlichen Behinderung und jährlich eine Leistungsstatistik über die Maßnahmen der Rehabilitation durchführen sollte, damit die jeweils erforderlichen Unterlagen bereitgestellt würden. Im zweiten Durchgang im BR wurden schließlich nach Anrufung des Vermittlungsausschusses in Ziff. 2 noch der Wohnort und in Ziff. 5 der Ort der Rehabilitationsmaßnahmen als weitere, statistisch zu erfassende Merkmale eingefügt. Nach dem zugrunde liegenden Antrag des Landes Baden-Württemberg sollten daraus, an welchem Ort bzw. in welchem Bundesland Behinderte ihren ständigen Wohnsitz haben und wo die Rehabilitationsmaßnahmen durchgeführt werden, „Bund und Länder interessante Aufschlüsse als Grundlage ihrer Bedarfsplanung" gewinnen (BR-Drs. 57/2774). Im Zuge der Bereinigung aller Statistiken wurde dann durch das 1. Statistikbereinigungsgesetz v. 14.3.1980 (BGBl. I 294) auch der damalige § 51 SchwbG neu gefasst. Nunmehr wurde die Statistik alle zwei Jahre als Bundesstatistik für die Schwerbehinderten und als Rehabilitationsstatistik jährlich durchgeführt. Das Erste G zur Änderung des Schwerbehindertengesetzes v. 24.7.1986 nahm auf Grund der bis dahin gemachten Erfahrungen gewisse Einschränkungen vor: Die Statistik sollte nur noch Schwerbehinderte mit Ausweis erfassen, weil anders die Abgänge nicht hinreichend erfasst werden konnten. Dasselbe galt für die frühere Stellung im Erwerbsleben und Beruf; hier beruhten die Angaben nur auf den Antragstellungen der Schwerbehinderten, ohne Änderungen zu erfassen. In der Rehabilitationsstatistik wurde auf die Angabe des Grades der Behinderung verzichtet (BT-Drs. 10/3138, 27).

2 Die Statistik umfasste zwei Gebiete, die alle zwei Jahre zu erstellende Bundesstatistik über die Behinderten und eine jährlich aufzustellende Bundesstatistik für Rehabilitationsmaßnahmen. Letztere ist, nachdem die Statistik über die Durchführung von Maßnahmen nach § 53 Abs. 2 SchwbG wegen des Missverhältnisses von Aufwand und Ertrag bereits durch Art. 9 der Verordnung zur Änderung statistischer Rechtsvorschriften (Statistikänderungsverordnung) v. 20.11.1996 (BGBl. I 1804) ausgesetzt worden war, durch die Regelung in Art. 9 des Dritten Gesetzes zur Änderung statistischer Rechtsvorschriften (3. StatBerG) v. 19.12.1997 (BGBl. I 3158) entfallen. § 214 hält daran fest.

3 Die zweijährige Statistik erfasst alle sbM mit gültigem Ausweis (für den Erfassungszeitpunkt 31.12.2005 Pfaff WiSta 2007, 712). Das sind nur die sbM, also nicht auch behinderte Menschen mit weniger als 50 im Grad der Behinderung. Es kommen deshalb nur solche Personen in Betracht, die wegen ihrer Behinderung den maßgebenden Behörden bekannt geworden sind und deshalb dort mit der Behinderung erfasst werden. Sie müssen den Schwerbehindertenausweis beantragt haben, der auch noch gültig sein muss. Auf die Wertmarke kommt es jedoch nicht an. Der Hinweis auf die zur Auskunft verpflichteten Stellen nach § 152 Abs. 1, 5 zeigt, dass die Versorgungsbehörden diese Aufzeichnungen zu führen haben. Sie sind die Stellen, die den Grad der Behinderung festzustellen und einschließlich deren Art, Ursache festzuhalten haben und die Ausweise ausstellen, aus denen sich Alter, Geschlecht, Wohnort und Grad der Behinderung ergeben.

4 Diese Statistik für alle zwei Jahre erfasst die Merkmale der Ziff. 1–3 von Abs. 1. Mit dem Weglassen des Wortes „wie" in der seit dem 1.1.2017 geltenden Fassung des Abs. 1 ist der Katalog der zu erfassenden Merkmale verbindlich geworden. Mit dem BTHG

wurde in den § 214 ein neuer Abs. 2 eingefügt, mit dem eine in Abs. 1 enthaltene Lücke geschlossen und den Anforderungen des § 9 Abs. 1 BstatG genügt werden soll. Danach muss eine Bundesstatistik anordnende Vorschrift neben den Erhebungs- auch Hilfsmerkmale fordern. Die in Nr. 3 genannten Signiernummern für das Versorgungsamt und das Berichtsland sind für die Statistik erforderlich, um die Vollzähligkeit der Datenmeldung eindeutig feststellen zu können und bei inhaltlichen Unstimmigkeiten Nachfragen an die berichtenden Stellen zu ermöglichen (BT-Drs. 18/9522, 316). Daneben wurde früher jährlich eine Statistik über Art, Ort, Dauer, Verlauf und Ergebnis der durchgeführten Rehabilitationsmaßnahmen geführt (§ 53 Abs. 2 Ziff. 5 SchwbG aF), die zusätzlich zu den Angaben in Abs. 1 festzustellen waren. Dafür waren die Hauptfürsorgestelle, die Bundesanstalt und alle anderen Rehabilitationsträger meldepflichtig. Das waren vor allem die Träger der gesetzlichen Kranken-, Renten- und Unfallversicherung, der Altershilfe für Landwirte, der Kriegsopferversorgung, der Sozialhilfe, die Bundesanstalt für Arbeit und sonstige Behörden oder Anstalten, die Rehabilitationsleistungen erbringen. Diese Verpflichtung ist durch die Regelung in Art. 9 des 3. StatBerG v. 19.12.1997 (BGBl. I 3158, 3160) entfallen (→ Rn. 2).

Nicht erfasst wurden von der Statistik freiwillige Maßnahmen durch private und 5
außerstaatliche Stellen, wie Kirchen, Caritas, Diakonie, Alters- und Versehrtenheime, da diese Personen und Kreise nicht betroffen waren, solange sie ihre Maßnahmen und Leistungen aus privaten, dh nichtstaatlichen Mitteln erbrachten. Nur öffentliche Mittel eingesetzt wurden, konnten auch hierüber Angaben gemacht werden. Auch diese Stellen waren dann auskunftspflichtig.

Grundlage über die Erhebung durch das Statistische Bundesamt ist das G über die 6
Statistik für Bundeszwecke v. 14.3.1980 (BGBl. I 289). Die Auskunftspflicht ist dort in § 10 BStatG festgelegt, wonach alle natürlichen und juristischen Personen, Behörden und Einrichtungen zur Beantwortung ordnungsgemäß angeordneter Fragen verpflichtet sind. § 214 ist eine solche gesetzliche, ordnungsgemäße Grundlage für die Erhebungen durch das Statistische Bundesamt. Nach § 15 Abs. 5 BStatG haben Widerspruch und Anfechtungsklage gegen eine Aufforderung zur Auskunftserteilung keine aufschiebende Wirkung (KHM/Kossens Rn. 4). Die Ergebnisse werden im Statistischen Jahrbuch veröffentlicht (abrufbar unter www.destatis.de).

§ 215 Begriff und Personenkreis

(1) Inklusionsbetriebe sind rechtlich und wirtschaftlich selbständige Unternehmen oder unternehmensinterne oder von öffentlichen Arbeitgebern im Sinne des § 154 Absatz 2 geführte Betriebe oder Abteilungen zur Beschäftigung schwerbehinderter Menschen auf dem allgemeinen Arbeitsmarkt, deren Teilhabe an einer sonstigen Beschäftigung auf dem allgemeinen Arbeitsmarkt auf Grund von Art oder Schwere der Behinderung oder wegen sonstiger Umstände voraussichtlich trotz Ausschöpfens aller Fördermöglichkeiten und des Einsatzes von Integrationsfachdiensten auf besondere Schwierigkeiten stößt.

(2) Schwerbehinderte Menschen nach Absatz 1 sind insbesondere

1. **schwerbehinderte Menschen mit geistiger oder seelischer Behinderung oder mit einer schweren Körper-, Sinnes- oder Mehrfachbehinderung, die sich im Arbeitsleben besonders nachteilig auswirkt und allein oder zusammen mit weiteren vermittlungshemmenden Umständen die Teilhabe am allgemeinen Arbeitsmarkt außerhalb eines Inklusionsbetriebes erschwert oder verhindert,**
2. **schwerbehinderte Menschen, die nach zielgerichteter Vorbereitung in einer Werkstatt für behinderte Menschen oder in einer psychiatrischen Einrichtung für den Übergang in einen Betrieb oder eine Dienststelle auf dem allgemeinen Arbeitsmarkt in Betracht kommen und auf diesen Übergang vorbereitet werden sollen,**

3. schwerbehinderte Menschen nach Beendigung einer schulischen Bildung, die nur dann Aussicht auf eine Beschäftigung auf dem allgemeinen Arbeitsmarkt haben, wenn sie zuvor in einem Inklusionsbetrieb an berufsvorbereitenden Bildungsmaßnahmen teilnehmen und dort beschäftigt und weiterqualifiziert werden, sowie
4. schwerbehinderte Menschen, die langzeitarbeitslos im Sinne des § 18 des Dritten Buches sind.

(3) [1]**Inklusionsbetriebe beschäftigen mindestens 30 Prozent schwerbehinderte Menschen im Sinne von Absatz 1.** [2]**Der Anteil der schwerbehinderten Menschen soll in der Regel 50 Prozent nicht übersteigen.**

(4) **Auf die Quoten nach Absatz 3 wird auch die Anzahl der psychisch kranken beschäftigten Menschen angerechnet, die behindert oder von Behinderung bedroht sind und deren Teilhabe an einer sonstigen Beschäftigung auf dem allgemeinen Arbeitsmarkt auf Grund von Art oder Schwere der Behinderung oder wegen sonstiger Umstände auf besondere Schwierigkeiten stößt.**

Übersicht

A. Allgemeines

1 Die Regelungen des Kap. 11 waren inhaltlich identisch mit den Vorschriften des 11. Kapitels des SchwbG, das durch Art. 1 Nr. 21 des Gesetzes zur Bekämpfung der Arbeitslosigkeit Schwerbehinderter (SchwbBAG) v. 29.9.2000 (BGBl. I 1394) mit Wirkung zum 1.10.2000 in das SchwbG eingefügt wurde. § 132 SGB IX 2001 entsprach dem früheren § 53a SchwbG idF des SchwbBAG.

2 Mit diesem G wurde der Versuch unternommen, die Chancengleichheit sbM im Arbeits- und Berufsleben zu verbessern und die Arbeitslosigkeit schnellstmöglich und nachhaltig abzubauen. Erklärtes Ziel war es, die Zahl der arbeitslosen Schwerbehinderten in den folgenden zwei bis drei Jahren um etwa 50.000 zu verringern (Begründung des Gesetzentwurfs, BT-Drs. 14/3372, 15).

3 Allerdings war festzustellen, dass bei einem Teil der arbeitslosen Schwerbehinderten eine Vermittlung auf dem allgemeinen Arbeitsmarkt nur dann möglich sein würde, wenn der (Wieder-)Eingliederung in das Arbeitsleben eine längere Phase der Beschäftigung und Qualifizierung in einem dafür besonders geeigneten Umfeld vorangegangen war. Es war daher erforderlich, für diesen Personenkreis, für den auch die Werkstatt für Behinderte keine adäquate Unterstützung bieten konnte, besondere Einrichtungen zu schaffen. Diesem Zweck dienten die im Kap. 11 thematisierten **Integrationsprojekte,** die einen „dritten Weg" bzw. eine Brücke zur Eingliederung Schwerbehinderter in eine reguläre Beschäftigung auf dem allgemeinen Arbeitsmarkt darstellen sollten. Ihre Einführung ging historisch auf Selbsthilfefirmen zurück (*Schneider* br 2004, 32). Nur so konnten auch diese Schwerbehinderten eine reelle Chance zur (Wieder-)Eingliederung in das „normale" Arbeitsleben erhalten (Begründung des Gesetzentwurfs, BT-Drs. 14/3372, 24). An dieser Konzeption wurde auch in § 132 SGB IX 2001 festgehalten (Begründung des Gesetzentwurfs, BT-Drs. 14/5074, 114). Sie war erfolgreich und hat zur Gründung einer

großen Zahl sozialer Unternehmen, insbes. von Integrationsfirmen geführt. Diese können auch aus Mitteln des Europäischen Sozialfonds gefördert werden (Gredig br 2004, 39). Außerdem gibt es insoweit eine rege Kooperation (Schneider br 2004, 32; Stremming br 2004, 30). Mit den Änderungen durch das BTHG wird eine weitere Intensivierung dieser Bemühungen bezweckt. Hervorzuheben ist dabei die Einfügung einer neuen Nr. 4 in Abs. 2, die auf einen Beschluss des Deutschen Bundestags v. 2.7.2015 („Integrationsbetriebe fördern – Neue Chancen für schwerbehinderte Menschen auf dem ersten Arbeitsmarkt eröffnen") zurückzuführen ist. Besondere Zielgruppe der nunmehr in Inklusionsprojekte umbenannten bisherigen Integrationsprojekte ist dabei die Personengruppe der langzeitarbeitslosen sbM. In der Änderung der Begrifflichkeit („Inklusion") kommt der Paradigmenwechsel von der Integration zur Inklusion deutlich zum Ausdruck (BT-Drs. 18/9522, 309).

B. Inklusionsbetrieb

1. Begriff

Abs. 1 definiert den Begriff des Inklusionsbetriebs, der unterschiedliche Erscheinungsformen aufweisen kann. Es kann sich dabei entweder um rechtlich und wirtschaftlich selbständige Unternehmen (Inklusionsunternehmen) oder unternehmensintern oder von öffentlichen Arbeitgebern iSd § 154 Abs. 3 gebildete Betriebe (Inklusionsbetriebe) oder Abteilungen (Inklusionsabteilungen) mit der in der Vorschrift weiter beschriebenen besonderen Zwecksetzung handeln. Diese Definition ersetzt die frühere Begrifflichkeit „Integrationsprojekt", die den dauerhaften Ansatz einer solchen Einrichtung nur unzutreffend verdeutlichte, ist jedoch wegen der Nutzung des identischen Begriffs bei der Bezeichnung der Kategorie und eines ihrer Elemente unglücklich (Hauck/Noftz/Gutzler Rn. 9). Ein förmliches Anerkennungsverfahren, das im Gesetzgebungsverfahren noch diskutiert worden war, ist im Gesetz nicht vorgesehen (Hauck/Noftz/Gutzler Rn. 16). 4

Eine eigenständige Definition der in Abs. 1 verwendeten Begriffe „Unternehmen", „Betrieb" und „Abteilung" enthält das G nicht. Ob es ausreichend ist, zu ihrer Auslegung die im Arbeits-, Wirtschafts- und Handelsrecht entwickelten Grundsätze heranzuziehen (Hauck/Noftz/*Gutzler* Rn. 17), erscheint zweifelhaft. Sicher ist es zutreffend, zunächst von der üblichen Terminologie auszugehen. Danach handelt es sich bei einem **Unternehmen** um die organisatorische Einheit, innerhalb derer der Unternehmer allein oder in Gemeinschaft mit seinen Mitarbeitern mit Hilfe von sachlichen und immateriellen Mitteln bestimmte, hinter dem arbeitstechnischen Zweck des Betriebes liegende wirtschaftliche oder ideelle Zwecke verfolgt (GK-BetrVG/Kreutz § 1 Rn. 9). **Betrieb** ist dagegen die organisatorische Einheit, innerhalb derer ein Arbeitgeber allein oder mit seinen Arbeitnehmern mit Hilfe von technischen und immateriellen Mitteln bestimmte arbeitstechnische Zwecke fortgesetzt verfolgt, die sich nicht in der Befriedigung von Eigenbedarf erschöpfen (BAG 29.1.1987 – 6 ABR 23/85, NZA 1987, 707). Eine **Abteilung** ist schließlich eine unterhalb der Ebene des Betriebes liegende unselbständige Teilorganisation. 5

Allerdings darf die Bestimmung des Begriffes im Einzelfall nicht bei der allgemeinen Definition enden, sondern ist auf den jeweiligen gesetzlichen Kontext zu beziehen (BAG 29.11.1989 – 7 ABR 64/87, NZA 1990, 615; Kreutz ZFSH/SGB 2003, 341). Dies zeigt sich etwa daran, dass der Begriff des Unternehmens iSd Rabattgesetzes wesentlich weiter als nach der voran stehenden Begriffsbestimmung verstanden wird (BAG 11.12.1996 – 5 AZR 336/95, NZA 1997, 442), dass bereits nach bisher geltendem Recht für den Bereich der Betriebsverfassung ein spezifischer Betriebsbegriff bejaht wurde (BAG 23.9.1980 – 6 ABR 8/78, AP BetrVG 1972 § 47 Nr. 4; abw. BAG 11.12.1987 – 7 ABR 49/87, AP BetrVG 1972 § 47 Nr. 7 und etwa im Hinblick auf den Anwendungsbereich 6 des Kündigungsschutzgesetzes ein sehr weiter Betriebsbegriff vertreten wird (BVerfG 27.1.1998 – 1 BvL 15/87, NZA 1998, 470; BAG 29.4.1999 – 2 AZR 352/98, NZA 1999, 932). Ein weiterer Hinweis auf die Notwendigkeit der Berücksichtigung des jeweiligen Anwendungsbereiches ergibt sich zB auch daraus, dass – wie zB für den Bereich der Arbeitnehmerüberlassung und die Betriebsverfassung – der Betriebsbegriff dahin erweitert wurde, dass er auch von mehreren Unternehmen gemeinsam geführt werden kann (BAG 29.4.1999 – 2 AZR 352/98, NZA 1999, 932). Daraus ist für den Bereich des SGB IX zu schließen, dass die in Abs. 1 verwendeten Rechtsbegriffe mit Blick auf den Gesetzeszweck, die Beschäftigung arbeitsloser sbM zu fördern, weit auszulegen sind, um den Kreis der Förderungsberechtigten möglichst großzügig bemessen zu können.

2. Erscheinungsformen

7 a) **Inklusionsunternehmen.** Ein Unternehmen, das Inklusionsunternehmen sein will, muss zunächst rechtlich und wirtschaftlich unabhängig sein. Auch insoweit enthält das G keinen Hinweis darauf, welche Anforderungen damit gestellt werden. Da der zuvor (→ Rn. 5) dargestellte allgemeine Unternehmensbegriff das Element der rechtlichen Selbständigkeit nicht unmittelbar enthält, liegt es nahe, dieses Erfordernis mit der Rspr. des Bundesarbeitsgerichts dann als erfüllt anzusehen, wenn eine einheitliche Rechtspersönlichkeit, eine rechtliche Identität des betriebenen Unternehmens vorliegt (BAG 29.11.1989 – 7 ABR 64/87, NZA 1990, 615). Dabei kann es sich um eine natürliche Person, eine juristische Person (zB AG, GmbH, Genossenschaft, eingetragener Verein), um eine Personengesamtheit (OHG, KG) oder den vertraglichen Zusammenschluss mehrerer natürlicher und/oder juristischer Personen zu einem Unternehmen oder eigener Rechtspersönlichkeit (GBR, nichtrechtsfähiger Verein) handeln (ErfK/Koch BetrVG § 47 Rn. 3). Die Empfehlungen der Bundesarbeitsgemeinschaft der Integrationsämter und Hauptfürsorgestellen zur Förderung von Integrationsprojekten nach § 215 SGB IX definieren in Ziff. 2.1.1 Inklusionsunternehmen als auf Dauer angelegte rechtlich und wirtschaftlich selbständige Organisationen mit erwerbswirtschaftlicher Zielsetzung (KHM/Kossens Rn. 4).

8 Ob dazu auch juristische Personen des öffentlichen Rechts (zB Stiftungen und rechtsfähige Anstalten des öffentlichen Rechts) zählen (so Hauck/Noftz/*Gutzler* Rn. 23), erscheint nach Entstehungsgeschichte und Systematik der Norm eher zweifelhaft. § 53a SchwbG enthielt keinerlei Hinweis darauf, dass diese Vorschrift auch auf juristische Personen des öffentlichen Rechts angewendet werden sollte, bzw. dass dies gerade nicht in Betracht käme. Den insoweit unveränderten Entwurf des § 132 Abs. 1 SGB IX 2001 hatte der BR als um das Wort „dienststelleninterner" ergänzungsbedürftig angesehen, weil Arbeitgeber des öffentlichen Dienstes und solche in LHO-Betrieben nicht als „Unternehmen" angesehen werden könnten (BT-Drs. 14/5531, 11). Wenn vor diesem Hintergrund im aktuellen Gesetzestext öffentliche Arbeitgeber ausdrücklich allein im Zusammenhang mit Inklusionsbetrieben und Inklusionsabteilungen genannt werden, ist daraus zu schließen, dass juristische Personen des öffentlichen Rechts Inklusionsunternehmen nicht führen können.

9 Mit dem Erfordernis der wirtschaftlichen Selbständigkeit, die ebenso wie die rechtliche Selbständigkeit ein eigenes und nicht lediglich ein Element des Unternehmensbegriffes wiederholendes Tatbestandsmerkmal darstellt (aA Hauck/Noftz/*Gutzler* Rn. 24) und trotz ähnlichen Wortlauts nicht mit den Anforderungen in § 195 Abs. 1 Nr. 4 übereinstimmt, wird auf die rechtliche Verbindung mehrerer Unternehmen abgestellt, die in § 15 AktG in ihren verschiedenen abstrakten Erscheinungsformen dargestellt ist. Dies hat zur Folge, dass sowohl im Mehrheitsbesitz stehende (§ 16 AktG) als auch abhängige Unternehmen (§ 17 AktG) nicht Inklusionsunternehmen sein können.

Als weiteres – ausdrücklich nur auf Inklusionsunternehmen abstellendes Erfordernis – 10
verlangt Abs. 3 die Einhaltung einer bestimmten Relation von nicht behinderten und sbM. Im Unternehmen müssen daher nach einer mit dem BTHG eingetretenen Änderung des maßgeblichen Prozentsatzes mindestens 30 % sbM beschäftigt werden, allerdings soll der Anteil der sbM in der Regel 50 % nicht übersteigen. Die Heraufsetzung der Quote ist im Zusammenhang mit der in § 224 geschaffenen Möglichkeit zu sehen, künftig neben anerkannten WfbM auch Inklusionsbetriebe bei der Vergabe von Aufträgen der öffentlichen Hand bevorzugt zu berücksichtigen. Voraussetzung dafür war ein Beschäftigungsanteil von 30 % der Zielgruppe besonders betroffener sbM. Diese Vorgabe entspricht der Richtlinie zur Reform des Vergaberechts auf Europäischer Ebene. Diese ermöglicht es, dass ein öffentlicher Auftraggeber Aufträge sozialen Unternehmen vorbehalten kann. Dazu rechnen aber ausdrücklich Wirtschaftsunternehmen, deren Hauptzweck die Integration von Menschen mit Behinderungen. Die Umsetzung dieser Vorgabe findet sich in § 118 des Gesetzes über Wettbewerbsbeschränkungen. Mit der Anhebung der Quote wird daher gleichzeitig eine Harmonisierung mit den Bestimmungen des Vergaberechts erreicht, die zu einer Erleichterung der Rechtsanwendung in der Praxis führen soll (BT-Drs. 18/9522, 309 f.). Mit der Einführung dieser Quote soll die erwerbswirtschaftliche Ausrichtung des Unternehmens betont werden, das trotz Orientierung am Gesetzeszweck doch nicht den Charakter einer sozialen Einrichtung annehmen, sondern als regulärer Arbeitgeber am Markt auftreten soll (Hauck/Noftz/Gutzler Rn. 10). Auf diese Quote wird nach dem ebenfalls durch das BTHG neu eingeführten Abs. 4 die Anzahl der psychisch kranken beschäftigten Menschen angerechnet, die behindert oder von Behinderung bedroht sind und deren Teilhabe an einer sonstigen Beschäftigung auf dem allgemeinen Arbeitsmarkt auf Grund von Art oder Schwere der Behinderung oder wegen sonstiger Umstände auf besondere Schwierigkeiten stößt. Dies spiegelt sich auch in der Aufgabenstellung der Inklusionsbetriebe nach § 216 S. 2 (BT-Drs. 18/9522, 310). Als nach dem Wortlaut der Vorschrift möglicher sachlich begründeter Ausnahmefall wurden in der Begründung des Gesetzentwurfes für das SGB IX 2001“Integrationsfirmen“ oder „Selbsthilfeprojekte“ genannt, die in der Praxis bereits bewiesen hatten, dass auch mit einem höheren Anteil von schwer behinderten Beschäftigten positive wirtschaftliche Ergebnisse erzielt werden konnten (BT-Drs. 14/3372, 24). Darin liegt allerdings auch ein gewisser Nachteil, denn sie können vor diesem Hintergrund nicht uneingeschränkt Arbeitsplätze anbieten, auf denen das Konzept der Qualifizierung und Arbeit praktisch umgesetzt wird (Mrozynski SGb 2004, 267). Soweit die Auffassung vertreten wird, der Anteil der nicht behinderten Arbeitnehmer könne sich auch aus Personen aus Arbeitsbeschaffungs- oder Strukturanpassungsmaßnahmen zusammensetzen (Hauck/Noftz/*Gutzler* Rn. 36); Weyand/Schubert Neues SchwerbehindertenR Rn. 269), kollidiert dies mit der Notwendigkeit der erwerbswirtschaftlichen Ausrichtung des Unternehmens und ist daher abzulehnen. Ein weiteres Problem stellt die fehlende Harmonisierung mit dem Einkommensteuerrecht dar; denn der ermäßigte Umsatzsteuersatz von 7 % gemäß § 12 Abs. 2 Ziff. 8a UStG setzt die Eigenschaft als Zweckbetrieb iSv § 68 Ziff. 3c AO voraus, die allerdings erst bei einer Beschäftigungsquote von mindestens 40 % sbM vorliegt (BFH 27.2.2020 – V R 10/18, BB 2020, 2406; Gersch AO-StB 2020, 343; Schlegel/Voelzke/Griese Rn. 55.2).

b) **Inklusionsbetriebe.** Inklusionsprojekte können auch Inklusionsbetriebe sein. Dabei 11
handelt es sich um unternehmensintern oder von öffentlichen Arbeitgebern iSd § 154 Abs. 3 (→ Rn. 8) geführte Betriebe mit besonderer Zweckbestimmung. Die Verwendung des Terminus „unternehmensintern“ verdeutlicht, dass der Betrieb Teil eines Unternehmens ist, das selbst nicht Inklusionsprojekt zu sein braucht. Angesprochen ist damit die Möglichkeit, in erwerbswirtschaftlich orientierten Unternehmen einen selbständigen Teil mit besonderer Zwecksetzung nach § 215 Abs. 1 zu bilden. Nicht gemeint sind dagegen rechtlich unselbständige Zweckbetriebe von freigemeinnützigen Wohlfahrtsverbänden

oder solche von Werkstätten für Behinderte; denn diese sind nur in einem weiteren Sinn auch Marktteilnehmer, weil dies nur in einem eingeschränkten Umfang und mit besonderer staatlicher Förderung (§§ 223, 224) erfolgt, und dienen vornehmlich der Teilhabe sbM am Arbeitsleben bzw. deren Eingliederung (Schlegel/Voelzke/Griese, Rn. 15; Adlhoch br 2001, 8 f.; bereits für sich entgegen (BFH 4.6.2003 – I R 25/02, br 2004, 13 = NVwZ 2003, 1551; Maaßen br 2004, 27; Schneider br 2004, 75; Stremming br 2004, 28).

12 c) **Inklusionsabteilungen.** Die Voraussetzungen des Inklusionsprojektes können auch Inklusionsabteilungen erfüllen. Insoweit besteht auch die Möglichkeit, unterhalb der Ebene des Betriebes eine eigene Organisation mit besonderer Zwecksetzung zu bilden, die dem gesetzlichen Anliegen zur Förderung der Eingliederung sbM in das Arbeitsleben dient. Auch hier wird vorausgesetzt, dass iÜ erwerbswirtschaftliche Zwecke verfolgt werden und die Möglichkeit eröffnet, dass auch Arbeitgeber des öffentlichen Dienstes solche Einrichtungen bilden können (→ Rn. 8).

3. Regelungszweck

13 Die zuvor geschilderten Einrichtungen müssen dem Zweck der Beschäftigung sbM auf dem allgemeinen Arbeitsmarkt dienen, deren Teilhabe am Arbeitsleben in einer sonstigen Beschäftigung auf dem allgemeinen Arbeitsmarkt aufgrund von Art und Schwere der Behinderung oder wegen sonstiger Umstände voraussichtlich trotz Ausschöpfens aller Förderungsmöglichkeiten und des Einsatzes von Integrationsfachdiensten auf besondere Schwierigkeiten stößt (wegen der Einzelheiten vgl. §§ 192 ff.). Mit der Verwendung des Wortes „voraussichtlich“ wird verdeutlicht, dass zuvor nicht sämtliche sonstigen Förderungsmöglichkeiten ausgeschöpft werden müssen (KHM/Kossens Rn. 6).

4. Betroffener Personenkreis

14 Der Kreis der in der Vorschrift angesprochenen sbM ist in Abs. 2 beispielhaft erläutert (Braasch br 2001, 186). Wie das Wort „insbesondere“ verdeutlicht, handelt es sich nicht um eine abgeschlossene Aufzählung (Schlegel/Voelzke/Griese Rn. 17; Hauck/Noftz/Gutzler Rn. 34; KHM/Kossens Rn. 7), vielmehr können auch andere schwer behinderte Menschen mit einbezogen werden, die aus ähnlichen Gründen auf dem allgemeinen Arbeitsmarkt zunächst keine Aussichten haben. Hier ergeben sich Überschneidungen mit der Zielgruppe der IFD. Generell kann aus der Zusammenschau der in den Ziff. 1–4 von Abs. 2 genannten Beispielsfälle geschlossen werden, dass in Inklusionsprojekten vorwiegend sbM beschäftigt werden sollen, die entweder wegen der besonderen Schwere ihrer Behinderung dem allgemeinen Arbeitsmarkt nicht unterkommen werden oder solche sbM, die nach Abschluss einer vorbereitenden Maßnahme erste berufliche Erfahrungen jenseits des allgemeinen Arbeitsmarktes sammeln sollen. Dieser Regelungszweck rechtfertigt es auch, in einer Betriebsvereinbarung ein Sozialkriterium festzulegen, dass die schwerbehinderten bzw. gleichgestellten Mitarbeiter regelmäßig von der Sozialauswahl ausnimmt (LAG RhPf 4.8.2005 – 4 Sa 412/05, AE 2006, 117 = BeckRS 2006, 40096).

§ 216 Aufgaben

[1] **Die Inklusionsbetriebe bieten den schwerbehinderten Menschen Beschäftigung, Maßnahmen der betrieblichen Gesundheitsförderung und arbeitsbegleitende Betreuung an, soweit erforderlich auch Maßnahmen der beruflichen Weiterbildung oder Gelegenheit zur Teilnahme an entsprechenden außerbetrieblichen Maßnahmen sowie geeignete Maß-**

nahmen zur Vorbereitung auf eine Beschäftigung in einem Inklusionsbetrieb. [2]Satz 1 gilt entsprechend für psychisch kranke Menschen im Sinne des § 215 Absatz 4.

Übersicht

A. Allgemeines

1 § 216 geht im Grundsatz zurück auf § 53b SchwbG idF des Gesetzes zur Bekämpfung der Arbeitslosigkeit Schwerbehinderter (SchwbBAG) v. 29.9.2000 (BGBl. I 1394). Nach der Begründung des Gesetzentwurfes war lediglich eine inhaltsgleiche Übertragung der bisherigen Vorschrift in das SGB IX 2001 beabsichtigt (BT-Drs. 14/3372, 24). Daran ist im Laufe des Gesetzgebungsverfahrens jedoch nicht festgehalten worden. Abweichend von der ursprünglichen Vorschrift enthielt die Neuregelung eine Ausdehnung des Aufgabenkatalogs im Hinblick auf solche sbM, die erst auf eine Beschäftigung in einem Integrationsprojekt vorbereitet werden müssen (Bericht des Ausschusses für Arbeit und Sozialordnung, 11. Ausschuss, BT-Drs. 14/5800, 31). Das BTHG intensiviert diesen Auftrag in Übereinstimmung mit der letztlich auf den Beschluss des Deutschen Bundestages v. 2.7.2015 („Integrationsbetriebe fördern – Neue Chancen für schwerbehinderte Menschen auf dem ersten Arbeitsmarkt eröffnen") beruhenden Änderung des § 215 und erweitert in S. 2 den Kreis der zu fördernden sbM ausdrücklich um psychisch kranke Menschen iSv § 215 Abs. 4 (BT-Drs. 18/9522, 310). Durch Art. 1 Nr. 6 des Gesetzes zur Förderung eines inklusiven Arbeitsmarkts vom 6.6.2023 (BGBl. I Nr. 146) wurden dann in Satz 1 die Wörter „und Unterstützung bei der Vermittlung in eine sonstige Beschäftigung in einem Betrieb oder einer Dienststelle auf dem Allgemeinen Arbeitsmarkt" gestrichen.

B. Regelungszweck

2 § 216 definiert als Hauptaufgabe der Inklusionsbetriebe deren Verpflichtung, den sbM Beschäftigung und arbeitsbegleitende Betreuung anzubieten. Dies entspricht unmittelbar der aus der Begründung des Entwurfs des SGB IX 2001 ableitbaren Intention des Gesetzgebers (BT-Drs. 14/3372, 24). Allerdings wurde bereits im Gesetzgebungsverfahren gesehen, dass ein solches Angebot allein nicht ausreichen wird, um den besonderen Problemen des in § 215 Abs. 2 näher beschriebenen Personenkreises Rechnung tragen zu können. Aus diesem Grunde enthält die Regelung nach ihrer Ergänzung (→ Rn. 1) besondere Leistungsangebote für sbM, deren Vermittlung auf dem allgemeinen Arbeitsmarkt besonders große Schwierigkeiten begegnet.

C. Besondere Aufgaben der Inklusionsbetriebe

1. Berufliche Weiterbildung

3 Neben den zuvor beschriebenen allgemeinen Aufgaben der Inklusionsbetriebe wird diesen – wie der nach dem Wort „soweit" beginnende Satzteil verdeutlicht – auch die

Aufgabe übertragen, im Rahmen der Erforderlichkeit Maßnahmen der beruflichen Weiterbildung oder Gelegenheit zur Teilnahme an entsprechenden außerbetrieblichen Maßnahmen anzubieten. Ob es sich dabei nur um Einzelfälle handeln wird, wie die Begründung des Entwurfes des SGB IX 2001 nahe legte (BT-Drs. 14/3372, 24), erscheint angesichts des betroffenen Personenkreises allerdings eher zweifelhaft.

2. Vermittlung

4 In dem zuvor beschriebenen Rahmen hatte der Inklusionsbetrieb einem schwerbehinderten Beschäftigten, der in eine Beschäftigung in einem Betrieb oder einer Dienststelle vermittelt werden wollte, auch bei diesem Vorhaben Unterstützung zu leisten. Davon konnte abgesehen werden, wenn dafür Integrationsfachdienste zur Verfügung standen (so auch Schlegel/Voelzke/Griese Rn. 10), die dazu von dem Integrationsamt oder einem Rehabilitationsträger beauftragt wurden. Mit dem Gesetz zur Förderung eines inklusiven Arbeitsmarkts vom 6.6.2023 (BGBl. I Nr. 146) wurde diese Verpflichtung aufgehoben, weil Inklusionsbetriebe selbst Unternehmen des Allgemeinen Arbeitsmarkts sind, die wirtschaftlich agieren und sich am Markt behaupten müssen. Sie können deshalb nicht länger verpflichtet sein, ihre Beschäftigten an andere Unternehmen des Allgemeinen Arbeitsmarkts zu vermitteln. Dies entspricht auch einer Empfehlung aus dem Schlussbericht zur Evaluation der Förderung von Inklusionsbetrieben, der im Auftrag des BMAS erstellt wurde (Begründung des Gesetzentwurfs der BReg. S. 21).

3. Vorbereitung auf eine Beschäftigung in einem Inklusionsbetrieb

5 Mit der erst im Laufe des Gesetzgebungsverfahrens eingefügten Ergänzung des § 132 SGB IX 2001 (heute: § 216 S. 1) um einen letzten Satzteil wird beabsichtigt, in Inklusionsbetrieben auch solche, insbes. seelisch schwer behinderte Menschen, durch geeignete Fördermaßnahmen mit Leistungen des zuständigen Rehabilitationsträgers nach § 49 auf eine Beschäftigung in einem Inklusionsbetrieb vorzubereiten, die noch nicht auf dem allgemeinen Arbeitsmarkt, auch nicht in einem Inklusionsbetrieb, beschäftigt werden können (Bericht des Ausschusses für Arbeit und Sozialordnung, 11. Ausschuss, BT-Drs. 14/5800, 31). Dabei handelt es sich anders als bei der Beschäftigung in einer Werkstätte für Behinderte nicht um Sozialarbeit, vielmehr besteht ein reguläres Arbeitsverhältnis (LPK-SGB IX/Haines/Deutsch § 133 Rn. 8). Der Umstand der Beschäftigung in einem solchen Betrieb rechtfertigt nicht die Verringerung der Vergütung dort beschäftigter sbM (BAG 21.6.2011 – 9 AZR 226/10, br 2012, 65). Auch ihnen steht Mindestlohn nach dem MiLoG zu (Hauck/Noftz/Gutzler Rn. 12). Allerdings haben die dort tätigen sbM einen Anspruch gegen ihren Arbeitgeber auf die in § 216 vorgesehene arbeitsbegleitende Betreuung und berufliche Weiterbildung (Schlegel/Voelzke/Griese Rn. 12); Hauck/Noftz/Gutzler Rn. 17 ff.).

§ 217 Finanzielle Leistungen

(1) **Inklusionsbetriebe können aus Mitteln der Ausgleichsabgabe Leistungen für Aufbau, Erweiterung, Modernisierung und Ausstattung einschließlich einer betriebswirtschaftlichen Beratung und für besonderen Aufwand erhalten.**

(2) **Die Finanzierung von Leistungen nach § 216 Satz 2 erfolgt durch den zuständigen Rehabilitationsträger.**

Übersicht

A. Allgemeines

§ 134 übertrug wortgleich den Regelungsgehalt des § 53c SchwbG idF des Gesetzes zur Bekämpfung der Arbeitslosigkeit Schwerbehinderter (SchwbBAG) v. 29.9.2000 (BGBl. I 1394) in das SGB IX 2001. § 217 SGB IX 2018 hält daran grds. fest. In inhaltlicher Übereinstimmung mit dem Beschluss des Deutschen Bundestages v. 2.7.2015 („Integrationsbetriebe fördern – Neue Chancen für schwerbehinderte Menschen auf dem ersten Arbeitsmarkt eröffnen") wird durch die Anfügung des neuen Abs. 2 der Gedanke der besonderen Förderung psychisch kranker sbM fortgeführt, indem für die in den §§ 215, 216 begründeten Verpflichtungen eine finanzielle Basis geschaffen wird. Die Finanzierung dieser Leistungen erfolgt durch den zuständigen Rehabilitationsträger. Mit Rücksicht auf die Zweckbestimmung der Verwendung der Mittel der Ausgleichsabgabe stehen diese für eine Finanzierung dieser Leistung durch das Integrationsamt allerdings nicht zur Verfügung (BT-Drs. 18/9522, 310). 1

B. Regelungszweck

Mit dieser Vorschrift sollte sichergestellt werden, dass Inklusionsprojekte aus Mitteln der Ausgleichsabgabe Leistungen zum Aufbau, zur Erweiterung, Modernisierung und Ausstattung einschließlich einer betriebswirtschaftlichen Beratung sowie Leistungen für besonderen Aufwand erhalten konnten. Angestrebt wurde der Aufbau einer ausreichenden Anzahl von Inklusionsprojekten, wobei die Einzelheiten der nach § 53d SchwbBAG zu erlassenden Verordnung vorbehalten blieben. Eine solche sollte erst erlassen werden, wenn abschließende Erkenntnisse aus Modellprojekten und der Begleitforschung vorlagen. Eine Umsetzung auf der Ebene der Rechtsverordnung erfolgte dann erst durch Art. 57 Nr. 21 v. 19.6.2001 (BGBl. I 1046, 1135), mit dem nach § 28 ein neuer § 28a in die Schwerbehinderten-Ausgleichsabgabenverordnung (SchwbAV) eingefügt wurde. Anders als etwa nach der fast wortgleichen Verordnungsermächtigung in § 144 SGB IX 2001 (heute: § 227), die in der auf ihrer Grundlage erlassenen WVO eine detaillierte Regelung auch der an die Einrichtung zu stellenden fachlichen Anforderungen und der Aufnahmevoraussetzungen enthält, findet sich dazu in § 28a SchwbAV nichts. Anlass dafür ist möglicherweise die ausdrücklich in der Gesetzesbegründung zum Ausdruck gekommene Intention des Gesetzgebers, aufgrund der Verordnungsermächtigung keine Regelungen für das Verwaltungsverfahren von Behörden vorzunehmen (Begründung des Entwurfs des SGB IX 2001, BT-Drs. 14/3372, 24). 2

C. Leistungsempfänger

Empfänger einer der in § 217 angesprochenen Leistungen sind nach dem Wortlaut der Norm Inklusionsbetriebe. Diese werden in § 215 legal definiert. Es kann sich dabei um 3
- rechtlich und wirtschaftlich selbständige Unternehmen (Integrationsunternehmen)
- unternehmensintern oder von öffentlichen Arbeitgebern iSd § 154 Abs. 3 geführte Betriebe (Inklusionsbetriebe) oder
- von diesen geführte Abteilungen (Inklusionsabteilungen)

handeln.

4 § 28a SchwbAV reduzierte diesen Kreis potentieller Leistungsempfänger ursprünglich abweichend vom G auf Integrationsunternehmen sowie öffentliche Arbeitgeber iSd § 71 Abs. 3, soweit sie Integrationsbetriebe und Integrationsabteilungen führten. Dies entsprach zwar der Regelung in § 102 Abs. 3 Nr. 3 SGB IX 2001, stand aber im Widerspruch zum Wortlaut des § 132. Eine Auflösung dieses Widerspruchs war nur möglich, wenn der Sinngehalt des Terminus „Integrationsprojekt" in §§ 132 u. 134 jeweils abweichend voneinander verstanden und in § 134 unter Berücksichtigung von § 28a SchwbAV inhaltlich durch die gleichzeitige Heranziehung von § 102 Abs. 3 Nr. 3 lediglich auf Integrationsunternehmen und von öffentlichen Arbeitgebern geführte Betriebe und Abteilungen reduziert wurde. Dies ließ sich damit begründen, dass ohnehin primär erwerbswirtschaftlich ausgerichtete Arbeitgeber, die lediglich einen Betrieb oder eine Abteilung als Integrationsprojekt führen, als ohnehin wirtschaftlich hinreichend potent und damit bereits generell nicht förderungswürdig angesehen wurden. Dieser Widerspruch ist inzwischen aufgelöst. Leistungen können nach einer Änderung durch Art. 1 Nr. 24 lit. c des Gesetzes der Verbesserung der Ausbildung und Beschäftigung sbM v. 23.4.2004 (BGBl. I 606, 609) generell und ohne Beschränkung an Träger von Inklusionsbetrieben erbracht werden (§ 185 Abs. 3 S. 1 Nr. 3). Eine Umsetzung auf der Ebene der Verordnung erfolgte durch Art. 1 Nr. 4, 6 der Dritten Verordnung zur Änderung der Schwerbehinderten-Ausgleichsabgabenverordnung v. 16.1.2004 (BGBl. I 77), der eine Leistungserbringung gegenüber Integrationsprojekten ohne nähere Einschränkungen gestattet (§ 17 Abs. 1 Nr. 3, § 28a SchwbAV). Die Zuständigkeit dafür besitzen nach einer Änderung der Systemverantwortung in diesem Bereich die Integrationsämter. Die Gewährung von Leistungen steht in deren Ermessen (OVG NW 30.4.2007 – 12 B 255/07, BeckRS 2007, 141689). Die frühere Zuständigkeit des BMGS aus Mitteln des Ausgleichsfonds (§ 41 Abs. 1 S. 1 Nr. 3 Alt. 2 SchwbAV aF) wurde aufgehoben (Cramer NZA 2004, 708).

D. Förderungsgegenstände

5 Dem zuvor beschriebenen Adressatenkreis können Leistungen gewährt werden für
- Aufbau,
- Erweiterung,
- Modernisierung,
- Ausstattung einschließlich einer betriebswirtschaftliche Beratung,
- besonderen Aufwand.

6 Gemeinsames Merkmal der im Wortlaut der Vorschrift genannten Förderungsgegenstände ist es, dass diese dem Bereich der Investitionen zuzurechnen sind. Dies beschränkt den Kreis derjenigen Gegenstände für die eine Förderung durch Leistungen aus der Ausgleichsabgabe überhaupt in Betracht kommt (ebenso Hauck/Noftz/*Gutzler* Rn. 12). Inhaltlich verbirgt sich dahinter nichts anderes als der Regelungsgehalt des § 30 Abs. 3 SchwbAV, ohne dass allerdings angesichts der Systematik der SchwbAV, die Inklusionsbetriebe ausdrücklich an anderer Stelle und auch nur in wesentlich eingeschränkterem Maße behandelt, eine umfassende Analogie zu den §§ 30 ff. SchwbAV gezogen werden könnte. Daher ist es ausgeschlossen, die §§ 30 ff. SchwbAV so zu lesen, als ob es darin statt Einrichtung lediglich Inklusionsbetrieb hieße (aA Hauck/Noftz/*Gutzler* Rn. 12).

7 Aus der Aufzählung der möglichen Förderungsgegenstände ist im Umkehrschluss abzuleiten, dass außer den laufenden Kosten des Betriebes auch bloße Ersatzbeschaffungen, die im Rahmen der wirtschaftlichen Üblichkeiten aus den entsprechenden Rücklagen des erwerbswirtschaftlich geführten Inklusionsprojektes zu bestreiten wären, nicht förderungsfähig sind (Adlhoch br 2001, 8; Hauck/Noftz/*Gutzler* Rn. 16; weiter Mrozynski SGb 2004, 267). Dagegen können Leistungen (einmalig oder wiederkehrend)

auch für betriebswirtschaftliche Beratung erbracht werden, die nach einer vorläufigen Empfehlung der Arbeitsgemeinschaft der Integrationsämter (br 2001, I–IV) ganz unterschiedliche Fallgestaltungen betreffen können. Es kann sich um eine Gründungsberatung, laufende betriebswirtschaftliche Beratung, die Beratung in einer wirtschaftlichen Krisensituation und eine institutionalisierte Endberatung durch spezielle Beratungsfirmen handeln. Das G enthält keine nähere Definition des Begriffs der betriebswirtschaftlichen Beratung. Aus der Verwendung des Wortes „Beratung" ist jedoch abzuleiten, dass sowohl eine Grundidee als auch nähere Überlegungen zur wirtschaftlichen Absicherung eines in Aussicht genommenen Projekts vorliegen müssen, auf deren Grundlage die zu fördernde Beratung dann erfolgt. Als notwendig wird insoweit die Vorlage prüffähiger Unterlagen angesehen (Hauck/Noftz/*Gutzler* Rn. 20 f.), wie sie etwa auch bei der Beantragung eines Kredits bei einer Bank vorgelegt werden müssen.

Ebenfalls in Betracht kommen Leistungen für „besonderen Aufwand". Mit diesem **8**
Auffangtatbestand werden Förderungsleistungen umschrieben, die dem Ausgleich von Belastungen dienen, die mit der Beschäftigung von sbM in einem Integrationsprojekt, das damit noch keineswegs primär erwerbswirtschaftlich tätig ist, notwendig verbunden sind. Wenn es sich um einen besonderen Aufwand handeln muss, lässt sich dessen Umfang aus einer Gegenüberstellung der Kostenbelastung des Integrationsprojektes mit derjenigen eines erfolgreichen vergleichbaren anderen Marktteilnehmers ableiten. Gedacht werden kann hier zB an den von den Üblichkeiten des Arbeitslebens abweichenden besonderen Umfang der Dauer von Einarbeitungszeiten, besonderen Beratungsbedarf sowohl in fachlicher als auch psychologischer bzw. sozialer Hinsicht sowie an die von den sbM ggf. erbrachten Minderleistungen (so auch Hauck/Noftz/*Gutzler* Rn. 25). Auch können in besonderem Maß flexible und den Fähigkeiten der Mitarbeiter angepasste Betriebsstrukturen Sonderbelastungen zur Folge haben, die ausgleichsfähig sind (KHM/Kossens Rn. 7).

Wenn die Belastung mit den Kosten für den Zusatzurlaub nicht unter den Begriff des **9**
besonderen Aufwandes subsumiert wird (Hauck/Noftz/Gutzler Rn. 24; Adlhoch br 2001, 8), ist dem nicht beizutreten; denn der Arbeitgeber, der – wie dies in einem Integrationsprojekt der Fall ist – bis zu 50 % schwer behinderte Menschen beschäftigt, unterliegt damit einer ganz besonders erheblichen Kostenbelastung, die weit über das Maß des § 208 hinausgeht und als „besonderer Aufwand" qualifiziert werden kann (Schlegel/Voelzke/Griese Rn. 14 f.).

E. Verhältnis zu sonstigen Förderleistungen

§ 217 stellt keine abschließende Spezialregelung dar. Insbesondere hat die Vorschrift **10**
keine Folgen für die Gewährung von individuellen Leistungen der jeweils in Betracht kommenden zuständigen Rehabilitationsträger an den einzelnen sbM (Begründung des Gesetzentwurfes, BT-Drs. 14/3372, 24). Dies gilt auch für die Arbeitsassistenz, da der sbM einen unmittelbaren Anspruch gegenüber dem Integrationsprojekt geltend machen kann (Hauck/Noftz/Gutzler Rn. 30; Adlhoch br 2001, 8). Der Grundsatz der Spezialität kommt dagegen im Verhältnis zum Inklusionsbetrieb zur Anwendung. Dieser erhält keine Leistungen nach § 217, sofern und soweit es auf anderer rechtlicher Grundlage vergleichbare Leistungen von anderer Seite erhalten kann (Hauck/Noftz/Gutzler Rn. 29. Dies gilt allerdings nicht insoweit, als der Träger des Inklusionsprojekts zB im Rahmen einer Weiterbildung Leistungen für einen Rehabilitationsträger erbringt und dafür eine Vergütung erhält. Dieser Betrag ist als Erlös in die Bilanz einzustellen (Mrozynski SGb 2004, 267).

§ 218 Verordnungsermächtigung

Das Bundesministerium für Arbeit und Soziales wird ermächtigt, durch Rechtsverordnung mit Zustimmung des Bundesrates das Nähere über den Begriff und die Aufgaben der Inklusionsbetriebe, die für sie geltenden fachlichen Anforderungen, die Aufnahmevoraussetzungen und die finanziellen Leistungen zu regeln.

1 Die Vorschrift entspricht dem früheren § 53d SchwbG idF des Gesetzes zur Bekämpfung der Arbeitslosigkeit Schwerbehinderter (SchwbBAG) v. 29.9.2000 (BGBl. I 1394). Mit dieser Vorschrift, die durch § 135 inhaltlich in das SGB IX 2001 übertragen wurde (Begründung des Gesetzentwurfes, BT-Drs. 14/5074, 114), war das BMA (seit dem 1.1.2003 als Folge eines Neuzuschnitts der Bundesministerien das BMGS, Art. 1 Nr. 8 des Gesetzes zur Änderung von Fristen und Bezeichnungen im SGB IX und zur Änderung anderer Gesetze v. 3.4.2003, BGBl. I 462, seit dem 8.11.2006 das BMAS, Art. 261 der Neunten Zuständigkeitsanpassungsverordnung v. 31.10.2006, BGBl. I 2407, 2441) ermächtigt worden, durch Rechtsverordnung mit Zustimmung des Bundesrates das Nähere über den Begriff und die Aufgaben der Integrationsprojekte, die für sie geltenden fachlichen Anforderungen, die Aufnahmevoraussetzungen sowie die finanziellen Leistungen zu regeln, wobei im Rahmen der Anhörung der Verbände auch die Bundesarbeitsgemeinschaft der Integrationsfirmen berücksichtigt werden sollte (Begründung des Gesetzentwurfs, BT-Drs. 14/3372, 24). Während der Geltung des SchwbBAG ist von dieser Verordnungsermächtigung kein Gebrauch gemacht worden. Erst durch Art. 57 Nr. 21 SGB IX Rehabilitation und Teilhabe behinderter Menschen v. 19.6.2001 (BGBl. I 1046, 1135) wurde nach § 28 ein neuer § 28a in die SchwbAV eingefügt, der in Übereinstimmung mit der Intention des Gesetzgebers (Begründung des Gesetzentwurfs, BT-Drs. 14/3372, 24) Einzelheiten zur Regelung des Verwaltungsverfahrens nicht beinhaltet. Vor dem Erlass einer Verordnung sollen die praktischen Erfahrungen mit den „Vorläufigen Empfehlungen der Arbeitsgemeinschaft der Deutschen Hauptfürsorgestellen zur Förderung von Integrationsprojekten" v. 2.11.2001 (br 2001, I–IV, heute in der ab 1.1.2018.geltenden Fassung, s. Hauck/Noftz/Gutzler Rn. 3) sowie die Erkenntnisse aus der Begleitforschung abgewertet und ausgewertet werden (KHM/Kossens Rn. 1). Um künftig auch diesen durch G geänderten Teil der Verordnung nach Maßgabe des § 132 SGB IX 2001 umgestalten zu können, bedurfte es der besonderen Regelung in Art. 57 SGB IX. Nur so konnten auch diejenigen Teile der Verordnung, die durch das G verändert wurden, einer möglichen künftigen weiteren Umgestaltung auf der Ebene der Verordnung zugänglich gemacht werden. Von dieser Möglichkeit ist nach marginalen Änderungen durch Art. 119 des Dritten Gesetzes für moderne Dienstleistungen am Arbeitsmarkt v. 23.12.2004 (BGBl. I 2848, 2916 f.) und Art. 64 des Gesetzes zur Einordnung des Sozialhilferechts in das Sozialgesetzbuch v. 27.12.2003 (BGBl. I 3022, 3070) mit der Dritten Verordnung zur Änderung der SchwbAV v. 16.1.2004 (BGBl. I 77) Gebrauch gemacht worden, durch deren Art. 1 Nr. 4, 9 die §§ 17 u. 41 geändert und an die neue Systematik der Zuständigkeit der Integrationsämter für die Verwendung von Mitteln der Ausgleichsabgabe angepasst wurden (→ § 217 Rn. 4). Eine über den bisherigen materiellen Gehalt des § 28a SchwbAV hinausgehende Regelung ist jedoch nach wie vor nicht getroffen worden. Die „Vorläufigen Empfehlungen" der Bundesarbeitsgemeinschaft (s. oben) stellen bloße Verwaltungsvorschriften dar, die lediglich eine interne Bindung ohne Außenwirkung erzeugen können. Allerdings hat ein Teil der Länder die Empfehlungen (zT mit Abänderungen) als untergesetzliches Landesrecht in Kraft gesetzt (Hauck/Noftz/Gutzler Rn. 4). Mit dem BTHG ist insoweit keine Änderung eingetreten (BT-Drs. 18/9522, 310).

Kapitel 12. Werkstätten für behinderte Menschen

§ 219 Begriff und Aufgaben der Werkstatt für behinderte Menschen

(1) [1]Die Werkstatt für behinderte Menschen ist eine Einrichtung zur Teilhabe behinderter Menschen am Arbeitsleben im Sinne des Kapitels 10 des Teils 1 und zur Eingliederung in das Arbeitsleben. [2]Sie hat denjenigen behinderten Menschen, die wegen Art oder Schwere der Behinderung nicht, noch nicht oder noch nicht wieder auf dem allgemeinen Arbeitsmarkt beschäftigt werden können,

1. eine angemessene berufliche Bildung und eine Beschäftigung zu einem ihrer Leistung angemessenen Arbeitsentgelt aus dem Arbeitsergebnis anzubieten und
2. zu ermöglichen, ihre Leistungs- oder Erwerbsfähigkeit zu erhalten, zu entwickeln, zu erhöhen oder wiederzugewinnen und dabei ihre Persönlichkeit weiterzuentwickeln.

[3]Sie fördert den Übergang geeigneter Personen auf den allgemeinen Arbeitsmarkt durch geeignete Maßnahmen. [4]Sie verfügt über ein möglichst breites Angebot an Berufsbildungs- und Arbeitsplätzen sowie über qualifiziertes Personal und einen begleitenden Dienst. [5]Zum Angebot an Berufsbildungs- und Arbeitsplätzen gehören ausgelagerte Plätze auf dem allgemeinen Arbeitsmarkt. [6]Die ausgelagerten Arbeitsplätze werden zum Zwecke des Übergangs und als dauerhaft ausgelagerte Plätze angeboten.

(2) [1]Die Werkstatt steht allen behinderten Menschen im Sinne des Absatzes 1 unabhängig von Art oder Schwere der Behinderung offen, sofern erwartet werden kann, dass sie spätestens nach Teilnahme an Maßnahmen im Berufsbildungsbereich wenigstens ein Mindestmaß wirtschaftlich verwertbarer Arbeitsleistung erbringen werden. [2]Dies ist nicht der Fall bei behinderten Menschen, bei denen trotz einer der Behinderung angemessenen Betreuung eine erhebliche Selbst- oder Fremdgefährdung zu erwarten ist oder das Ausmaß der erforderlichen Betreuung und Pflege die Teilnahme an Maßnahmen im Berufsbildungsbereich oder sonstige Umstände ein Mindestmaß wirtschaftlich verwertbarer Arbeitsleistung im Arbeitsbereich dauerhaft nicht zulassen.

(3) [1]Behinderte Menschen, die die Voraussetzungen für eine Beschäftigung in einer Werkstatt nicht erfüllen, sollen in Einrichtungen oder Gruppen betreut und gefördert werden, die der Werkstatt angegliedert sind. [2]Die Betreuung und Förderung kann auch gemeinsam mit den Werkstattbeschäftigten in der Werkstatt erfolgen. [3]Die Betreuung und Förderung soll auch Angebote zur Orientierung auf Beschäftigung enthalten.

Übersicht

A. Allgemeines

1 § 136 übertrug den Regelungsgehalt des früheren § 54 SchwbG inhaltsgleich in das SGB IX 2001. Das BTHG hat daran inhaltlich nichts Wesentliches geändert. Neu ist lediglich die Einfügung von S. 2 in Abs. 3, die jedoch keine strukturelle Bedeutung besitzt. Wegen der Entstehungsgeschichte der Vorschrift wird auf die Kommentierung in NPM/Pahlen, SGB IX, 11. Aufl. 2005, Rn. 1–4, verwiesen. Darüber hinaus verdeutlicht der Hinweis in Abs. 1 S. 1, dass die für die Rehabilitationseinrichtungen nach Teil 1 geltenden Regelungen auch für die WfbM gelten (Begründung des Gesetzentwurfs, BT-Drs. 14/5074, 114). Das Werkstättenrecht des Kap. 12 des Teils 2 des SGB IX wird

materiell-rechtlich ergänzt durch die leistungsrechtlichen Vorschriften in Kap. 5 des Teils 1 (§§ 56–59), auf die ergänzend verwiesen werden kann.

B. Anforderungen an die Werkstätten für behinderte Menschen

2 Einzelheiten für die fachlichen Anforderungen der Werkstatt für Behinderte und auch über das Verfahren zu ihrer Anerkennung wurden durch eine Rechtsverordnung festgelegt. Das ist geschehen durch die 3. VO zur Durchführung des Schwerbehindertengesetzes v. 13.8.1980 (BGBl. I 1365 – Werkstättenverordnung Schwerbehindertengesetz – SchwbWV) auf der Grundlage von § 57 Abs. 2 bzw. Abs. 3 SchwbG. Die Werkstättenverordnung gilt mit den Änderungen durch die Erste Verordnung zur Änderung der SchwbWV v. 14.12.1992 (BGBl. I 2013), Art. 13 des Gesetzes zur Reform des Sozialhilferechts v. 23.7.1996 (BGBl. I 1088) sowie Art. 4 des Gesetzes zur Bekämpfung der Arbeitslosigkeit Schwerbehinderter v. 29.9.2000 (BGBl. I 1394), Art. 55 SGB IX Rehabilitation und Teilhabe behinderter Menschen v. 19.6.2001 (BGBl. I 1045, 1129), Art. 14 des Gesetzes zur Vereinfachung der Wahl der Arbeitnehmervertreter in den Aufsichtsrat v. 23.3.2002 (BGBl. I 1130), Art. 118 des Dritten Gesetzes für moderne Dienstleistungen am Arbeitsmarkt v. 23.12.2003 (BGBl. I 2848, 2916), Art. 4 des Gesetzes zur Förderung der Ausbildung und Beschäftigung sbM v. 23.4.2004 (BGBl. I 606, 611), Art. 2 der Verordnung zur Änderung der SchwbAV und der Werkstättenverordnung v. 2.11.2005 (BGBl. I 3119) sowie Art. 8 des Gesetzes zur Einführung Unterstützter Beschäftigung v. 22.12.2008 (BGBl. I 2959, 2961) Nr. 1 des Art. 55 SGB IX 2001 änderte die Bezeichnung dahin, dass die Verordnung nunmehr Werkstättenverordnung (WVO) heißt. Die Verordnungsermächtigung findet sich jetzt in § 227.

3 Aus diesem Sinn und Zweck und der Entstehung der Vorschrift ergibt sich für den Begriff der WfbM, dass diese Einrichtung kein Selbstzweck und bloße Beschäftigungsstätte für behinderte Menschen ist und erst recht nicht nur der Aufbewahrung und Sammlung der Behinderten dient (BAG 18.3.1987 – 4 AZR 274/86, AP BAT 1975 §§ 22, 23 Nr. 132). Vielmehr ist Hauptzweck die Eingliederung der Behinderten, und darunter vor allem iSd SGB IX die Teilhabe der sbM und gleichgestellten behinderte Menschen am Arbeitsleben (BAG 18.3.1987 – 4 AZR 274/86, AP BAT 1975 §§ 22, 23 Nr. 132; KHM/Kossens Rn. 5).

4 Daraus folgt, dass die WfbM in erster Linie auf Arbeitsplätze ausgerichtet ist und eine wirtschaftlich verwertbare Leistung erzielt werden soll. In einem nach § 57 Abs. 1 obligatorischen Eingangsverfahren (*Schell/Cleavenger* BArbBl 11/2001, 22) von drei Monaten Dauer, das in geeigneten Fällen aber auch nur vier Wochen betragen kann (→ WVO § 3 Rn. 3), ist zu prüfen, ob die Werkstatt für die Eingliederung des behinderten Menschen in das Arbeitsleben geeignet ist (§ 3 WVO). Vor der Aufnahme in die Werkstatt gibt der in jeder dieser Einrichtungen zu bildende Fachausschuss (§ 2 Abs. 1 WVO) gegenüber dem im Fall einer Aufnahme zuständigen Rehabilitationsträger eine Stellungnahme ab, ob der behinderte Mensch für seine Teilhabe am Arbeitsleben und zu seiner Eingliederung in das Arbeitsleben Leistungen einer Werkstätte für Behinderte benötigt oder ob andere Leistungen zur Teilhabe am Arbeitsleben in Betracht kommen. Eine solche Beteiligung des Fachausschusses gab es früher nicht. Sie wurde erst mit Art. 4 Nr. 2 lit. b des Gesetzes zur Verbesserung der Ausbildung und Beschäftigung sbM v. 23.4.2004 (BGBl. I 606, 611) als neuer Abs. 2 in § 2 WVO eingefügt. Damit wurde der Bedeutung der Fachausschüsse Rechnung getragen und einem Bedürfnis der Praxis entsprochen. Zu prüfen hat der Fachausschuss damit, ob eine Eingliederung in den allgemeinen Arbeitsmarkt möglich ist. Dazu wird er auf den Sachverstand der IFD zurückgreifen müssen (Begründung des Gesetzentwurfs, BT-Drs. 15/1783, 18; Ausschussbericht, BT-Drs. 15/2357, 26). Eine Stellungnahme zu der Frage, welche andere

Maßnahme ggf. in Betracht kommt, ist nicht vorgeschrieben, wäre jedoch möglich und sinnvoll (Cramer NZA 2004, 713).

Nach der Durchführung des Eingangsverfahrens gibt der Fachausschuss nach § 3 Abs. 3 WVO auf Vorschlag des Trägers der Werkstatt und nach Anhörung des behinderten Menschen, ggf. auch seines gesetzlichen Vertreters, unter Würdigung aller Umstände des Einzelfalls gegenüber dem zuständigen Rehabilitationsträger eine Stellungnahme ab, ob die Werkstatt die geeignete Einrichtung zur Teilhabe behinderter Menschen am Arbeitsleben und zur Eingliederung in das Arbeitsleben ist, welche Bereiche der Werkstatt, welche Leistungen zur Teilhabe am Arbeitsleben und ergänzende Leistungen oder Leistungen zur Eingliederung in das Arbeitsleben im Einzelfall in Betracht kommen. 5

Auf der anderen Seite ist die WfbM aber nicht etwa nur Durchgangs- oder Trainingsstation, um behinderten Menschen zu ermöglichen, auf dem allgemeinen Arbeitsmarkt mit anderen Arbeitnehmern zu konkurrieren. Erst recht ist es nicht Aufgabe der WfbM, wirtschaftlichen Gewinn zu erzielen oder wenigstens kostendeckend zu arbeiten. Gleichwohl muss die Werkstatt wirtschaftliche Arbeitsergebnisse anstreben, um an die im Arbeitsbereich beschäftigten behinderten Menschen ein ihrem Leistungsvermögen möglichst angemessenes Entgelt zahlen zu können (§ 12 Abs. 3 WVO). 6

Die Eingliederung behinderter Menschen in das Arbeitsleben wird durch verschiedene Möglichkeiten erreicht. Voraussetzung für die Aufnahme in eine Werkstatt ist zunächst, dass der behinderte Mensch wegen der Behinderung auf dem allgemeinen Arbeitsmarkt praktisch keine echte Chance gegenüber den Nichtbehinderten hat. Wer dem allgemeinen Arbeitsmarkt aus anderen Gründen nicht zur Verfügung steht, hat deshalb keinen Anspruch auf Aufnahme, auch wenn er zugleich behinderter Mensch ist. Die Behinderung muss vielmehr dafür ursächlich sein, dass eine Tätigkeit auf dem allgemeinen Arbeitsmarkt sinnvollerweise nicht in Betracht kommt (KHM/Kossens Rn. 6). 7

In die Werkstatt muss Aufnahme finden, wer auf dem Arbeitsmarkt wegen der Behinderung nicht tätig werden kann. Das gilt auch dann, wenn abzusehen ist, dass auch später keine Chance bestehen wird, auf dem allgemeinen Arbeitsmarkt tätig zu werden. Auch solche behinderten Menschen kommen deshalb in Betracht, die stets nur in einer WfbM beschäftigt werden können. Schon diese Tätigkeit in der WfbM stellt somit eine Art der Eingliederung in das Arbeitsleben dar und wird für einen Teil der behinderten Menschen auch die einzige Möglichkeit sein, ihre Leistungen in einer sinnvollen Tätigkeit einzusetzen. Der Arbeitsbereich der Werkstatt muss deshalb über ein breites Angebot zur Ausübung einer geeigneten Tätigkeit verfügen, um der unterschiedlichen Leistungsfähigkeit, der Art und Schwere der Behinderung und der Eignung und Neigung der behinderten Menschen Rechnung zu tragen (§ 5 WVO). 8

Die WfbM muss daneben die Möglichkeit bieten, durch Verbesserung der Leistungsfähigkeit, Maßnahmen im Berufsbildungsbereich (Baur ZFSH/SGB 2002, 710; Braasch br 2001, 187) oder Umschulung auf geeignete Tätigkeiten dem behinderte Menschen eine spätere Tätigkeit auf dem allgemeinen Arbeitsmarkt zu eröffnen. Die Ausformung des § 4 Abs. 2 WVO als Sollvorschrift, die bereits mit der früheren Gesetzeslage nicht (mehr) übereinstimmte (vgl. § 54 Abs. 1 S. 3 SchwbG sowie § 17 Abs. 1 S. 1 SchwbWV), ist trotz der umfangreichen Änderungen gerade des Wortlauts des § 4 WVO weder durch Art. 55 Nr. 6 SGB IX 2001 noch durch eine spätere Regelung der Gesetzeslage angepasst worden. Es handelt sich hier materiell um zwingendes Recht. Zur Erreichung des Normzwecks bedarf es besonderer Schulung und Kenntnisse vor allem der Leistungsmöglichkeiten je nach Art und Schwere der Behinderung. Die Förderung behinderter Menschen bis zu einer anderen, der nicht behinderter Arbeitnehmern gleichwertigen Arbeitsleistung ist deshalb ein wichtiges Ziel der WfbM. Zu einer WfbM gehört deshalb notwendig ein Berufsbildungsbereich, in dem die behinderten Menschen so gefördert werden, dass sie in die Lage versetzt werden, ein Mindestmaß wirtschaftlich verwertbarer Arbeitsleistung zu erbringen (§ 219 Abs. 2 S. 1, § 4 WVO). 9

10 Schließlich kommt die WfbM für solche Personen in Betracht, die wegen ihrer Behinderung eine früher ausgeübte Tätigkeit auf dem allgemeinen Arbeitsmarkt nicht mehr ausüben können. Das kann einmal daran liegen, dass die Behinderung später eingetreten ist und die Ausübung der früheren Tätigkeit verhindert. Es ist aber auch möglich, dass entsprechende Arbeiten – etwa wegen der technischen Entwicklung oder aus Gründen des Arbeitsmarktes – nicht mehr ausgeübt werden. Dann ist eine Aufnahme in die Werkstatt erforderlich. Sie dient in erster Linie dem Zweck, geeignete Tätigkeiten zu finden, die der behinderte Mensch ausüben kann und ihm dann auch wieder eine Chance auf dem allgemeinen Arbeitsmarkt geben. Hier ist vor allem an eine Umschulung zu denken.

11 Zwingendes Erfordernis für die Anerkennung als WfbM ist es deshalb, dass die behinderten Menschen in ihrer Leistungsfähigkeit gefördert werden können. Da es nicht Sinn und Zweck der Werkstatt ist, die behinderten Menschen nur zu sammeln, zu bewahren und zu pflegen, es aber auch nicht ihren Aufgaben entspricht, die behinderte Menschen nur zu beschäftigen, müssen Entwicklungsmöglichkeiten und Lerneinrichtungen vorhanden sein, damit die Leistungsfähigkeit auch entspr. entwickelt werden kann (§ 219 Abs. 1 S. 2 Ziff. 2, § 4 WVO). Das ist mit dem Ziel verbunden, ein angemessenes Arbeitsentgelt zu verdienen; diese Verdienstmöglichkeit ist aber nur ein Ziel und keineswegs für sich allein Zweck oder Aufgabe der Werkstatt. Auch wenn der behinderte Mensch trotz aller gebotenen Möglichkeiten kein angemessenes Arbeitsentgelt zu erzielen vermag, ist er trotzdem weiter zu beschäftigen, solange nur seine Arbeitsleistung überhaupt wirtschaftlich verwertbar ist und bleibt.

12 Zu diesem Zweck sollen ein möglichst breites Angebot an Arbeitsplätzen und Plätzen für Maßnahmen der Berufsbildung und begleitende Dienste zur Verfügung stehen. Vor dem Hintergrund der Ausnahmeregelung des § 220 Abs. 1 S. 2 Ziff. 2 erscheint es entgegen der Ausgestaltung der § 219 Abs. 1 S. 2 SGB IX, § 17 Abs. 1 S. 1 WVO als zwingendes Recht durchaus zutreffend, § 5 Abs. 1 WVO weiterhin nur als Sollvorschrift zu verstehen. Es kann nämlich eine Werkstatt besonders in Spezialfällen – auch abgesehen von den besonderen, in § 226 genannten Blindenwerkstätten – gerade dann für behinderte Menschen geeignet sein, wenn sie nicht über ein breites Angebot unterschiedlicher Arbeitsplätze verfügt, sondern auf bestimmte Arten von Behinderungen oder Tätigkeiten ausgerichtet ist. Auch ist es keineswegs immer erforderlich, dass hierfür Arbeitsplätze und Plätze für Maßnahmen der Berufsbildung zur Verfügung stehen. Die eine Werkstatt bietet ggf. besonders günstige Gelegenheiten zur Ausübung einer geeigneten Tätigkeit iSv Abs. 1, die andere ist besser für Berufsbildungsmaßnahmen vorbereitet, und eine weitere verfügt nur über geeignete Arbeitsplätze. Durch die Sollvorschrift wird es deshalb ermöglicht, jeder denkbaren Entwicklung der Werkstätten Rechnung zu tragen, wobei noch nicht abzusehen ist, ob große, alle Möglichkeiten umfassende Werkstätten oder kleinere, uU spezialisierte Einheiten größere Erfolgsaussichten haben. Es ist anzunehmen, dass hier mehrere Wege gleichzeitig beschritten werden müssen und sich erst aus einer Kombination der unterschiedlichsten Arten von Werkstätten eine optimale Hilfe und Unterstützung der behinderten Menschen erreichen lässt. § 17 Abs. 1 S. 2 WVO eröffnet insoweit die Möglichkeit, differenzierte Lösungen zu erreichen. Die Größe von in der Regel mindestens 120 Plätzen (§ 7 WVO) in einer Werkstatt oder einem Werkstattverbund ist deshalb nur eine Richtgröße, von der nach den besonderen Umständen des Einzelfalles abgewichen werden kann. Zwingend geboten ist nach der Neufassung des Gesetzes das Vorhandensein qualifizierten Personals und eines begleitenden Dienstes, während § 54 Abs. 2 S. 2 SchwbG aF nur als Soll-Vorschrift ausgestaltet war (wegen der Einzelheiten wird auf die Kommentierung zu den §§ 9, 10 WVO verwiesen). Durch Art. 5 Ziff. 8 des Gesetzes zur Einführung Unterstützter Beschäftigung v. 22.12.2008 (BGBl. I 2959, 2961) wurde ein neuer S. 5 eingefügt, mit dem klargestellt wurde, dass Berufsbildungs- und Arbeitsplätze auch ausgelagert sein können (zB in Unternehmen oder Dienststellen der öffentlichen Verwaltung). Möglich sind damit auch sog. „virtuelle Arbeitsplätze“ (Cramer Werkstätten § 136 Rn. 41a, 47g). Eine Auslage-

rung kann auch in ein Inklusionsprojekt erfolgen (Cramer Werkstätten § 136 Rn. 47b unter Hinweis auf SG Berlin 30.10.2008 – S 60 AL 753/07, BeckRS 2010, 68513).

Ohne Rücksicht auf solche Unterschiede soll jedoch nach Möglichkeit erreicht werden, dass die WfbM alle behinderte Menschen ohne Rücksicht auf den Grad und die Schwere der Behinderung aufnehmen können (KHM/Kossens Rn. 14). Eine Unterteilung in Werkstätten für leistungsschwächere und leistungsstärkere behinderte Menschen wäre verhängnisvoll, da gerade der Ansporn, das Erfolgserlebnis und die gegenseitige Unterstützung verschieden leistungsfähiger Personen eine wichtige Rolle für die Entwicklung der Leistungsfähigkeit und die Förderung der behinderten Menschen spielt (KHM/Kossens Rn. 16). Niemand darf sich verlassen oder „abgeschrieben" vorkommen, wie es leicht der Fall wäre, wenn die Werkstätten teilweise nur die Schwachen und weniger Leistungsfähigen aufnehmen. **13**

Zutreffend fordert deshalb Abs. 2 S. 1, dass die Werkstatt allen behinderten Menschen offen stehen muss, sofern ein Mindestmaß wirtschaftlich verwertbarer Arbeitsleistung erbracht wird. Dies ist der Fall, wenn der behinderte Mensch an der Herstellung der von der Werkstatt vertriebenen Waren und Dienstleistungen durch nützliche Arbeit beteiligt werden kann (BSG 29.6.1995 – 11 RAr 57/94, br 1996, 138 = BeckRS 1995, 30416977; 10.3.1994 – 7 Rar 22/93, br 1994, 166 = BeckRS 1994, 30748251; krit. Mrozynski /Mrozynski § 39 Rn. 5). Diese Voraussetzung muss noch nicht im Zeitpunkt der Aufnahme erfüllt sein (LSG Berlin-Brandenburg 14.9.2017 – L 27 R 240/17, nv; LPK-SGB IX/*Jacobs* Rn. 17), wie aus Abs. 2 S. 1 folgt (KHM/Kossens Rn. 15). Nicht erforderlich ist auch eine den Anforderungen der §§ 5 Abs. 1 Ziff. 8 SGB V, 1 S. 1 Ziff. 2 lit. b SGB VI genügende Arbeitsleistung. Nicht aufgenommen werden allerdings behinderte Menschen, bei denen trotz einer der Behinderung angemessenen Betreuung eine erhebliche Selbst- oder Fremdgefährdung zu erwarten ist, wobei dies entweder eine konkrete oder zumindest begründbar erwartete Gefährdung von Menschen voraussetzt (LAG Düsseldorf 11.11.2013 – 9 Sa 469/13, LAGE § 85 SGB IX Nr. 3). Es handelt sich dabei in der Sache um jene, die in der bis zum 31.7.1996 geltenden Fassung des § 54 SchwbG als „nicht gemeinschaftsfähig" bezeichnet wurden. Ausgeschlossen sind auch jene, bei denen das Ausmaß der erforderlichen Betreuung und Pflege selbst die Teilnahme an Maßnahmen im Berufsbildungsbereich nicht zulässt, bei denen nach der alten Gesetzesfassung also eine „außerordentliche Pflegebedürftigkeit" vorliegt. Dies wird bejaht, wenn mehr als die Hälfte der Anwesenheitszeit auf Pflegeleistungen verwandt wird (Schlegel/Voelzke/*Griese* Rn. 32). Es trifft schließlich auch für jene behinderten Menschen zu, bei denen „sonstige Umstände" ein Mindestmaß wirtschaftlich verwertbarer Arbeitsleistungen im Arbeitsbereich dauerhaft nicht zulassen. Das G knüpft insoweit an die Rspr. des BSG an (BSG 29.6.1995 – 11 RAr 57/94, br 1996, 138 = BeckRS 1995, 30416977; BSG 10.3.1994 – 7 Rar 22/93, br 1994, 166 = BeckRS 1994, 30748251; *Finke* br 1996, 186). Wirtschaftlichkeit der Arbeitsleistung selbst wird jedoch nicht verlangt. Es ist deshalb nicht erforderlich, dass Arbeit und Arbeitsergebnis in einem wirtschaftlich verwertbaren Verhältnis zueinander stehen (Cramer Werkstätten § 136 Rn. 24). Der behinderte Mensch muss vielmehr lediglich eine Tätigkeit erbringen können, die auch wirtschaftlich zu verwerten ist, mag der Aufwand hierfür auch unverhältnismäßig sein und damit keinen wirtschaftlichen Nutzen bringen (BSG 1.6.1978 – 12 RK 23/77, AP SchwbG § 52 Nr. 1). Die insoweit erforderlichen Feststellungen hat im Verfahren das Gericht von Amts wegen zu treffen (BSG 10.3.1994 – 7 RAr 24/93, BeckRS 1994, 31038510). Der behinderte Mensch soll vielmehr eine nützliche Aufgabe verrichten und dabei selbst das Gefühl erhalten, etwas Positives zu leisten. Damit wird gleichzeitig das nunmehr ausdrücklich im G (nicht nur wie bisher in § 4 WVO) genannte Ziel angestrebt, den behinderten Menschen die Möglichkeit zu geben, ihre Leistungsfähigkeit zu entwickeln, zu erhöhen oder wiederzugewinnen und dabei ihre Persönlichkeit weiterzuentwickeln. Deshalb wird es aber iErg nicht zu vermeiden sein, dass die Werkstätten einen Zuschuss benötigen und sich nicht selbst tragen. Wenn auch die Werk- **14** statt so weit wie möglich ihre Kosten durch Arbeitserträge selbst aufbringen soll, lässt sich doch nach Aufgabenstellung und Zielsetzung eine Kostendeckung kaum erreichen. Den Unterschied in dem Kostenaufwand haben die Rehabilitationsträger aufzubringen. Berücksichtigt man aber, dass dadurch in verstärktem Maße die behinderten Menschen in das Arbeitsleben eingegliedert werden, ist das wohl immer noch die billigste Art des Bemühens um die Teilhabe behinderter Menschen am Arbeitsleben.

C. Angegliederte Einrichtungen

15 BM, die nach den Ausnahmeregelungen des § 219 Abs. 2 nicht in die Werkstatt aufgenommen werden (→ Rn. 13), sollen nach Abs. 3 in Einrichtungen oder Gruppen betreut und gefördert werden, die den Werkstätten angegliedert sind (*Finke* br 1996, 186; Mrozynski /*Mrozynski* § 39 Rn. 10; LPK-SGB IX/*Jacob* Rn. 23). Allerdings gelten für diese behinderten Menschen die für die WfbM maßgeblichen Vorschriften nicht. Sie erhalten kein Arbeitsentgelt nach § 219 oder Arbeitsförderungsgeld nach § 59 und sind auch nicht versicherungspflichtig (KHM/Kossens Rn. 21). Eine Beschränkung auf „noch nicht“ werkstattfähige sbM ist mit dieser Vorschrift nicht bezweckt. Ihr Anwendungsbereich ist umfassend (BVerwG 7.7.2006 – 5 B 18/06, BeckRS 2006, 24765; SächsLSG 27.8.2009 – L 7 SO 25/09 B ER, BeckRS 2009, 69606). Der durch das BTHG neu in Abs. 3 eingefügte S. 2 ermöglicht es den Werkstätten, diejenigen Menschen mit Behinderungen, die nicht in der Lage sind, wenigstens ein Mindestmaß wirtschaftlich verwertbarer Arbeitsleistung zu erbringen und deshalb in Einrichtungen „unter dem verlängerten Dach“ der Werkstatt betreut und gefördert werden und dort Leistungen zur Teilhabe am Leben in der Gemeinschaft erhalten, gemeinsam mit den Werkstattbeschäftigten in der Werkstatt zu betreuen und zu fördern. Damit werden die Möglichkeiten zur Heranführung schwerst mehrfach behinderter Menschen an die Angebote der Werkstätten (berufliche Bildung und Beschäftigung) verbessert (Schlegel/Voelzke/Schramm Rn. 38). Eine formale Aufnahme in die Werkstatt ist damit grds. nicht verbunden (BAG 17.3.2015 – 9 AZR 994/13, NZA 2015, 1071). Dies gilt insbes. für das Rechtsverhältnis von Werkstattbeschäftigten und die Einbeziehung in die gesetzliche Sozial- und Unfallversicherung (BT-Drs. 18/9522, 310). S. 3 der Regelung formuliert Einzelheiten zur Betreuung und Förderung, die danach Angebote zur Orientierung auf Beschäftigung enthalten sollen. Mit der Formulierung („angegliedert“) wird einem etwaigen Missverständnis des Verhältnisses der weiteren Einrichtungen zu den WfbM vorgebeugt, das sich aus der abweichenden Konzeption der geschützten Werkstätten des Gesundheits- und Sozialwesens der ehemaligen DDR ergeben konnte (Dörner ZFSH/SGB 1991, 662 (668 f.); Mrozynski SGb 1993, 103), wenngleich auch § 54 Abs. 4 SchwbG-DDR v. 21.6.1990 (GBl. I S. 381) lediglich an- und nicht eingegliederte Einrichtungen erwähnte (Rindt BArbBl 1990, 11). Erfasst wird von der Regelung iÜ erfahrungsgemäß nur ein sehr kleiner Kreis von behinderten Menschen; denn jedenfalls in Ballungsgebieten steht im Regelfall häufig eine andere geeignete Einrichtung für deren Betreuung zur Verfügung. Die WfbM und angegliederte Einrichtungen sind rechtlich eigenständige Einrichtungen (LPK-SGB IX/*Jacobs* Rn. 23; KHM/Kossens Rn. 19).

§ 220[1] Aufnahme in die Werkstätten für behinderte Menschen

(1) [1]**Anerkannte Werkstätten nehmen diejenigen behinderten Menschen aus ihrem Einzugsgebiet auf, die die Aufnahmevoraussetzungen gemäß § 219 Absatz 2 erfüllen, wenn Leistungen durch die Rehabilitationsträger gewährleistet sind; die Möglichkeit zur**

[1] § 220 Abs. 3 geänd. mWv 1.1.2020 durch G v. 10.12.2019 (BGBl. I 2135); Abs. 1 Satz 1 geänd. mWv 10.6.2021 durch G v. 2.6.2021 (BGBl. I 1387).

Aufnahme in eine andere anerkannte Werkstatt nach Maßgabe des § 104 oder entsprechender Regelungen bleibt unberührt. [2] Die Aufnahme erfolgt unabhängig von

1. der Ursache der Behinderung,
2. der Art der Behinderung, wenn in dem Einzugsgebiet keine besondere Werkstatt für behinderte Menschen für diese Behinderungsart vorhanden ist, und
3. der Schwere der Behinderung, der Minderung der Leistungsfähigkeit und einem besonderen Bedarf an Förderung, begleitender Betreuung oder Pflege.

(2) Behinderte Menschen werden in der Werkstatt beschäftigt, solange die Aufnahmevoraussetzungen nach Absatz 1 vorliegen.

(3) Leistungsberechtigte Menschen mit Behinderungen, die aus einer Werkstatt für behinderte Menschen auf den allgemeinen Arbeitsmarkt übergegangen sind oder bei einem anderen Leistungsanbieter oder mit Hilfe des Budgets für Arbeit oder des Budgets für Ausbildung am Arbeitsleben teilnehmen, haben einen Anspruch auf Aufnahme in eine Werkstatt für behinderte Menschen.

Übersicht

A. Entstehungsgeschichte der Regelung

1 Die Vorläuferregelung des § 54a SchwbG ist durch Art. 5 Ziff. 5 des Gesetzes zur Reform des Sozialhilferechts v. 23.7.1996 (BGBl. I 1088) mWv 1.8.1996 neu in das G eingeführt worden.

2 Die mit § 54 Abs. 1 S. 2 und auch S. 3 korrespondierende Vorschrift beruht auf dem Gesetzentwurf der BReg. (BT-Drs. 13/2440, 32), der seinerseits an dem Wortlaut des § 54 Abs. 3 SchwbG aF sowie des gleichzeitig entspr. geänderten § 1 Abs. 1 SchwbWV orientiert war. Das G zur Bekämpfung der Arbeitslosigkeit Schwerbehinderter v. 29.9.2000 (BGBl. I 1394) brachte insoweit Änderungen nicht mit sich. Art. 137 übertrug die bisherige Regelung inhaltsgleich in das SGB IX 2001 (Begründung des Gesetzentwurfs, BT-Drs. 14/5074, 115). Eine Anpassung des Wortlauts an die neue Rechtslage ohne materielle Konsequenzen erfolgte lediglich in Form eines seither im G enthaltenen Verweises auf das SGB XII durch Art. 8 Nr. 11 des Gesetzes zur Einordnung des Sozialhilferechts in das Sozialgesetzbuch v. 27.12.2003 (BGBl. I 3022, 3057). Durch das BTHG erfolgte eine Ergänzung der Regelung um einen neuen Abs. 3, der ein ausdrückliches Rückkehrrecht begründet (BT-Drs. 18/9522, 310). Durch Art. 2 Nr. 12 des Gesetzes zur Entlastung unterhaltsverpflichteter Angehöriger in der Sozialhilfe und in der Eingliederungshilfe (Angehörigen-Entlastungsgesetz) vom 10. Dezember 2019 (BGBl. I 2135, 2138) wurde in Abs. 3 als Folgeänderung zur Einführung des Budgets für Ausbildung (§ 61a SGB IX) eine dies berücksichtigende Texterweiterung vorgenommen (Begründung des Gesetzentwurfs, BR-Drs. 395/19, 35). Entsprechendes gilt für die mit Art. 7 Nr. 22 des Gesetzes zur Stärkung der Teilhabe von Menschen mit Behinderungen sowie zur landesrechtlichen Bestimmung der Träger von Leistungen für Bildung und Teilhabe in der Sozialhilfe (Teilhabestärkungsgesetz) vom 2.6.2021 (BGBl. I 1387, 1395) erfolgte Änderung des Wortlauts von Abs. 1 S. 1, mit der lediglich eine redak-

tionelle Anpassung infolge der Integration der Eingliederungshilfe in das SGB IX vorgenommen wurde (Begründung des Gesetzentwurfs, BR-Drs. 19/219, 64).

B. Aufnahmeanspruch

3 Diente die Vorschrift früher nur dem Zweck einer zusammenfassenden Klarstellung der bisherigen Rechtslage nach dem SchwbG aF, geht sie andererseits doch deutlich darüber hinaus. Sie vermittelt dem behinderten Menschen nämlich einen ausdrücklichen Anspruch auf Aufnahme in die Einrichtung (*Finke* br 1996, 186), der nach dem SchwbG aF mit Rücksicht auf den aus § 54 Abs. 1 S. 2 SGB IX aF folgenden Versorgungsauftrag allenfalls dann für begründet gehalten wurde, wenn die Werkstatt für Behinderte im Einzelfall über eine Monopolstellung verfügte. Die Umsetzung dieses Anspruchs erfolgt durch eine auf Feststellung der Aufnahmeverpflichtung der WfbM gerichtete Klage vor dem Arbeitsgericht, § 2 Nr. 10 ArbGG (KHM/Kossens Rn. 10; HessLAG 20.6.2008 – 3 Ta 131/08, AE 2008, 332 = BeckRS 2008, 55918). Möglich ist auch eine Maßnahme (Leistungsgewährung durch einen Träger) auf der Grundlage einer einstweiligen Anordnung, an deren Erlass jedoch hohe Anforderungen zu stellen sind (LSG Nds-Brem 5.12.2007 – L 12 AL 128/07 ER, L 12 B 25/07 AL, BeckRS 2009, 51366). Mindestvoraussetzung dafür ist, dass die Aufnahmevoraussetzungen glaubhaft gemacht werden (SG Stuttgart 10.5.2002 – S 17 AL 6128/01 ER, RdLH 2003, 30 = BeckRS 2002, 18379; LSG BW 14.8.2002 – L 13 AL 2380/02 ER-B, BeckRS 9999, 08967; SG Düsseldorf 30.7.2003 – S 13 AL 192/03 ER, RdLH 2003, 132 = BeckRS 2009, 65730; LSG NRW 6.10.2003 – L 12 B 68/03 AL ER, BeckRS 9999, 06130). Möglich ist dabei nach § 85, dass anstelle des behinderten Menschen mit seinem Einverständnis ein Verband das Verfahren führt, der nach seiner Satzung auf Bundes- oder Landesebene behinderte Menschen vertritt und nicht selbst am Verfahren beteiligt ist (gesetzliche Prozessstandschaft, BayVGH 17.11.2004 – 12 CE 04.1580, BeckRS 2005, 20283).

C. Aufnahmevoraussetzungen

4 Neben der Erfüllung der hier noch einmal gesondert erwähnten Voraussetzungen des § 219 Abs. 2, derentwegen auf die entsprechende Kommentierung verwiesen werden kann (→ § 219 Rn. 16), ist der Aufnahmeanspruch sowohl von einem regionalen Bezug des behinderten Menschen zur Einrichtung, von dem allerdings infolge der Aufnahme des Verweises auf § 104 in den Text des Abs. 1 unter Berücksichtigung der dort genannten Umstände des Einzelfalls auch abgewichen werden kann (Hauck/Noftz/Götze Rn. 9 ff.), als auch der Absicherung der Kosten seiner Aufnahme abhängig. Ist diesen Erfordernissen genügt, besteht nach Abs. 1 S. 2 kein aus Art, Schwere oder Ursache der Behinderung folgendes Ablehnungsrecht des Trägers der Einrichtung. Umgekehrt folgt daraus das Recht des Trägers der Werkstatt zur (außerordentlichen) Kündigung des Werkstattverhältnisses bei Wegfall der Förderung (LAG Hamm 7.2.2013 – 15 Sa 994/12, BeckRS 2013, 69683; LAG BW 26.1.2009 – 9 Sa 60/08, RdLH 2009, 125 = BeckRS 2009, 73764; LAG RhPf 16.1.2008 – 8 Sa 506/07, AE 2009, 53 = BeckRS 2008, 53086). Dabei wird aber berücksichtigt werden müssen, ob und inwieweit zuvor von der Möglichkeit der Streitschlichtung nach den §§ 123 ff., insbesondere von § 126 Abs. 2 Gebrauch gemacht worden ist (vgl. dazu LSG BW 14.12.2022 – L 3 AL 4290/19, NZS 2023, 274; Eicher jurisPR-SozR 4/2023 Anm. 5; Eicher SGb 2023, 145).

1. Persönliche Voraussetzungen

Über die bereits erwähnten Voraussetzungen des § 219 Abs. 2 hinaus verlangt § 220 Abs. 1 S. 1 einen regionalen Bezug des behinderten Menschen zu der Einrichtung, in die er aufgenommen werden möchte. Das dort ausdrücklich erwähnte Einzugsgebiet ergibt sich aus der verbindlichen Landesplanung. § 8 Abs. 3 WVO bestimmt in dieser Hinsicht, dass es so bemessen sein muss, dass die Werkstatt für den behinderten Menschen mit öffentlichen oder sonstigen Verkehrsmitteln in zumutbarer Zeit erreichbar sein muss. 5

Allerdings wird damit nicht ausgeschlossen, dass eine Werkstatt – insbes. eine solche für behinderte Menschen mit einer bestimmten Art von Behinderungen – auch ein über die Grenze des § 8 Abs. 3 WVO hinausreichendes überregionales Einzugsgebiet besitzt, wie sich aus § 220 Abs. 1 S. 2 Ziff. 2 ableiten lässt (VG Ansbach 31.5.2005 – AN 4 K 04.02656, BeckRS 2005, 36327; Cramer Werkstätten § 137 Rn. 6). In einem solchen Fall ist dann eine stationäre Aufnahme des behinderten Menschen geboten (KHM/Kossens Rn. 4). 6

2. Kostenabsicherung

Weitere Voraussetzung der Aufnahme ist die Sicherung des Trägers der Einrichtung vor der mit der Aufnahme des Behinderten verbundenen Kostenbelastung (→ Rn. 4). 7

a) **Anspruch auf Leistungen durch Träger.** Dem ist zunächst genügt, wenn der behinderte Mensch einen Anspruch auf Leistungen durch einen Träger besitzt. Dessen Zuständigkeit im Einzelfall bestimmt sich nach § 63 SGB IX (wegen der Einzelheiten → SGB IX § 63 Rn. 2 f.). Diese Leistung gilt als durch die Gewährung eines persönlichen Budgets nach §§ 61, 61a als gewährleistet (LPK-SGB IX/Jacobs Rn 9). 8

Die Bundesagentur für Arbeit wird tätig auf der Grundlage des SGB III. Die Förderung der beruflichen Eingliederung behinderter Menschen ist dort in Kap. 4 Abschn. 7 geregelt, für die Kostensicherung des Trägers der Werkstatt sind insbes. §§ 112 ff. SGB III einschlägig. Daneben kommen als Leistungsträger gem. §§ 11 bis 13 SGB VI die gesetzliche Rentenversicherung, in den Fällen des § 37f SGB VIII die gesetzliche Unfallversicherung, aber auch die Kriegsopferfürsorge (§ 26 Abs. 2 BVG) und die Jugendhilfe nach § 35a SGB VIII in Betracht. Eingliederungshilfe wird nach den §§ 99 ff. gewährt. 9

b) **Selbstzahler.** Die früher im G (§ 54a SchwbG) enthalten gewesene Möglichkeit der Aufnahme des behinderten Menschen in die Werkstatt als „Selbstzahler" ist in § 220 Abs. 1 nicht mehr vorgesehen (KHM/Kossens Rn. 5). Dies war früher erforderlich, weil wegen der Anrechnung sonstigen Vermögens oder Einkommens Leistungen des überörtlichen Trägers der Sozialhilfe im Einzelfall nicht in Betracht kommen konnten. Infolge einer Änderung des § 43 BSHG erfolgten Leistungen jetzt unabhängig von Einkommen und Vermögen. Daher konnte der Wortlaut des § 220 Abs. 1 entspr. geändert werden. § 53 Abs. 4 SGB XII verweist jetzt ganz generell nur noch auf die Vorschriften des SGB IX. 10, 11

3. Ursache, Art und Schwere der Behinderung

Ist den zuvor erörterten Voraussetzungen genügt, stehen dem Anspruch des behinderten Menschen auf Aufnahme in die Werkstatt weder die Ursache noch die Art oder die Schwere der Behinderung, die Minderung der Leistungsfähigkeit oder ein besonderer Bedarf an Fürsorge, begleitender Betreuung oder Pflege entgegen. Allerdings wird wegen der in S. 1 enthaltenen Verweisung auf § 219 zumindest vorausgesetzt, dass der behinderte Mensch ein Mindestmaß an wirtschaftlich verwertbarer Arbeitsleistung erbringen wird. Dies gilt mit Blick auf die Zwecksetzung der Werkstätten auch für Kinder und Jugendliche, sofern für diese eine Berufsausbildung nicht in Betracht kommt. Zu über- 12 tragen ist dieser Gedanke auch auf ältere Behinderte, bei denen ein Einstieg in das Berufsleben nicht mehr anzunehmen ist. Eine weitere Beschränkung gilt trotz des mit dem G angestrebten Grundsatzes der Einheitlichkeit der Werkstatt nach § 220 Abs. 1 S. 2 Ziff. 2 für den Fall, dass für eine bestimmte Art von Behinderungen im Einzugsgebiet eine besondere Werkstatt vorhanden ist.

D. Aufenthaltsdauer

13 § 220 Abs. 2 sichert den Aufnahmeanspruch des behinderten Menschen gegen eine etwaige Umgehung ab, die sich aus einer auf eine Aufnahme folgende Kündigung des Werkstattvertrages trotz gleich bleibender Umstände ergeben könnte. Dieser besonders getroffenen Regelung bedürfte es an sich jedoch nicht, weil der behinderte Mensch auch in diesem Falle bei gleichbleibenden Voraussetzungen die sofortige Neuaufnahme begehren könnte. Diese Regelung, von der auch nicht durch Vereinbarung abgewichen werden kann, sichert das Werkstattverhältnis in ganz effektiver Weise ab und gibt dem dort tätigen behinderten Menschen eine besonders qualifizierten Beendigungsschutz (Rühle DB 2000, 1366; Hauck/Noftz/*Goetze* § 137 Rn. 12). Der Anspruch auf Wiederaufnahme kann auch im Wege der Verbandsklage durchgesetzt werden (BayVGH 17.11.2004 – 12 CE 04.1580, JZ 2005, 517 m. Anm. Kocher = BeckRS 2005, 20283; Schulz RdLH 2005, 18). Eine Kündigung des Werkstattverhältnisses unter Anwendung allgemeiner arbeitsrechtlicher Grundsätze (zB aus verhaltens- oder krankheitsbedingten Gründen kommt nicht in Betracht (LPK-SGB IX/ *Jacobs* Rn. 21; Rühle DB 2001, 1364; Schröder AuR 2001, 172; aA ArbG Koblenz 9.8.2002 – 2 CA 447/02, NZA-RR 2003, 188: §§ 85 ff. SGB IX 2001, heute: §§ 168 ff. SGB IX 2018 anwendbar). Dieses Kündigungsverbot kann auch nicht durch die Vereinbarung bestimmter Kündigungsgründe umgangen werden (LAG Hamm 7.2.2013 – 15 Sa 934/12, BeckRS 2013, 69638; LAG RP 16.1.2008 – 8 Sa 506/07, BeckRS 2008, 53086; MHdB ArbR/Cramer § 237 Rn. 43; KHM/Kossens Rn. 8). Eine Kündigung ist lediglich dann möglich, wenn die Werkstattfähigkeit (vgl. dazu LAG Düsseldorf 11.11.2013 – 9 Sa 469/13, LAGE § 85 SGB IX Nr. 3) des bM entfallen ist und/oder der Leistungsbescheid des RehaTr aufgehoben wurde (LAG Hamm 7.2.2013 – 15 Sa 934/12, BeckRS 2013, 69683; LAG RhPf 16.1.2008 – 8 Sa 506/07, AE 2009, 53 <<LS>>; LAG BW 26.1.2009 – 9 Sa 60/08, RdLH 2009, 125). Der Zustimmung des IntegrA bedarf es dann nicht, weil es sich beim Werkstattverhältnis nicht um ein Arbeitsverhältnis handelt. Auf arbeitnehmerähnliche Verhältnisse findet § 168 keine Anwendung (LAG BW 26.1.2009 – 9 Sa 60/08, BeckRS 2009, 73764; KHM/Kossens Rn. 9). Unabhängig davon endet das Werkstattverhältnis mit Eintritt in den Ruhestand nach den im Arbeitsleben üblichen Regeln (Cramer Werkstätten § 136 Rn. 28; LPK-SGB IX/*Jacobs* Rn. 25; BVerwG 21.12.2005 – 5 C 26/04, NVwZ-RR 2006, 406; abw. VG Augsburg 4.3.2002 – AU 3 K 01.1051, BeckRS 2002, 19157).

14 Der in Abs. 2 verwendete Begriff der Beschäftigung ist allg. gehalten und erfasst auch den etwaigen Wegfall der Aufnahmevoraussetzungen während des Eingangsverfahrens (zB wegen besonderer Pflegebedürftigkeit BSG 29.6.1995 – 11 RAr 57/94, br 1996, 138 = BeckRS 1995 30416977) oder einer Tätigkeit im Berufsbildungsbereich. Ist der behinderte Mensch in den Arbeitsbereich übernommen, kommt die Erfüllung des Ausnahmetatbestandes des Abs. 2 etwa bei einer erheblichen Verschlechterung des Gesundheitszustandes in Betracht, die mit erheblichen Auswirkungen auf die Arbeitsleistung verbunden ist.

15 Mit dem neu in das G eingefügten Abs. 3 wird ein Rückkehrrecht begründet. Dies setzt eigentlich voraus, dass der Betroffene bereits einmal in einer WfbM tätig war, um dahin zurückkehren zu können. Jedoch besteht eine vergleichbare Situation, wenn der

betroffene sbM bei einem anderen Leistungsanbieter ist, jedoch eine Tätigkeit in einer Werkstatt bevorzugt. Denkbar ist auch, dass jemand mit Hilfe eines Budgets für Arbeit bzw. eines Budgets für Ausbildung nach § 61a SGB IX (eingeführt durch Art. 2 Nr. 4, 12 des Gesetzes zur Entlastung unterhaltsverpflichteter Angehöriger in der Sozialhilfe und in der Eingliederungshilfe – Angehörigen-Entlastungsgesetz – vom 10. Dezember 2019, BGBl. I 2135, 2137 f.) eine reguläre Arbeit erreicht hat, aber trotzdem die Werkstatt bevorzugt. Die Gemeinsamkeit, die all diesen Situationen zugrunde liegt, besteht darin, dass stets die Aufnahmevoraussetzungen für eine Tätigkeit in der Werkstatt vorliegen. Daher besteht in jedem der Fälle ausdrücklich ein Anspruch auf Aufnahme normiert. Die Vorschrift hat eigentlich nur deklaratorischen Charakter, weil bei Vorliegen der Aufnahmevoraussetzungen ohnehin ein entsprechender Anspruch besteht. Jedoch bestehen oft Hemmungen, den Übergang auf den allgemeinen Arbeitsmarkt zu wagen. Ursache dafür ist die Angst betroffener sbM, im Falle eines Misserfolgs nicht wieder in die Werkstatt zurückkehren zu können. Diesem Hindernis soll mit der Aufnahme dieser ergänzenden Regelung begegnet werden. Der Anspruch besteht zeitlich unbefristet (BT-Drs. 18/9522, 311).

§ 221[1] Rechtsstellung und Arbeitsentgelt behinderter Menschen

(1) Behinderte Menschen im Arbeitsbereich anerkannter Werkstätten stehen, wenn sie nicht Arbeitnehmer sind, zu den Werkstätten in einem arbeitnehmerähnlichen Rechtsverhältnis, soweit sich aus dem zugrunde liegenden Sozialleistungsverhältnis nichts anderes ergibt.

(2) [1]Die Werkstätten zahlen aus ihrem Arbeitsergebnis an die im Arbeitsbereich beschäftigten behinderten Menschen ein Arbeitsentgelt, das sich aus einem Grundbetrag in Höhe des Ausbildungsgeldes, das die Bundesagentur für Arbeit nach den für sie geltenden Vorschriften behinderten Menschen im Berufsbildungsbereich leistet, und einem leistungsangemessenen Steigerungsbetrag zusammensetzt. [2]Der Steigerungsbetrag bemisst sich nach der individuellen Arbeitsleistung der behinderten Menschen, insbesondere unter Berücksichtigung von Arbeitsmenge und Arbeitsgüte.

(3) Der Inhalt des arbeitnehmerähnlichen Rechtsverhältnisses wird unter Berücksichtigung des zwischen den behinderten Menschen und dem Rehabilitationsträger bestehenden Sozialleistungsverhältnisses durch Werkstattverträge zwischen den behinderten Menschen und dem Träger der Werkstatt näher geregelt.

(4) Hinsichtlich der Rechtsstellung der Teilnehmer an Maßnahmen im Eingangsverfahren und im Berufsbildungsbereich gilt § 52 entsprechend.

(5) Ist ein volljähriger behinderter Mensch gemäß Absatz 1 in den Arbeitsbereich einer anerkannten Werkstatt für behinderte Menschen im Sinne des § 219 aufgenommen worden und war er zu diesem Zeitpunkt geschäftsunfähig, so gilt der von ihm geschlossene Werkstattvertrag in Ansehung einer bereits bewirkten Leistung und deren Gegenleistung, soweit diese in einem angemessenen Verhältnis zueinander stehen, als wirksam.

(6) War der volljährige behinderte Mensch bei Abschluss eines Werkstattvertrages geschäftsunfähig, so kann der Träger einer Werkstatt das Werkstattverhältnis nur unter den Voraussetzungen für gelöst erklären, unter denen ein wirksamer Vertrag seitens des Trägers einer Werkstatt gekündigt werden kann.

(7) Die Lösungserklärung durch den Träger einer Werkstatt bedarf der schriftlichen Form und ist zu begründen.

[1] § 221 Abs. 2 Satz 1 geänd. mWv 1.8.2019 durch G v. 8.7.2019 (BGBl. I 1025).

Übersicht

A. Allgemeines

1 § 138 Abs. 1–3 SGB IX 2001 entsprach inhaltlich § 54b SchwbG. Diese Vorschrift hatte durch Art. 5 Ziff. 5 des Gesetzes zur Reform des Sozialhilferechts v. 23.7.1996 (BGBl. I 1088) mWv 1.8.1996 (Art. 17 S. 2 SHRG) Aufnahme in das SchwbG gefunden. Daran hat das BTHG nichts geändert. Die entsprechenden Bestimmungen finden sich jetzt in § 221.

2 Mit der Regelung des Abs. 1, die im ursprünglichen Gesetzentwurf (BT-Drs. 13/2440, 32) nicht enthalten war, sondern auf eine Beschlussempfehlung des Ausschusses für Gesundheit (BT-Drs. 13/3904) zurückgeht, wurde der Versuch einer Klärung der in Lit. und Rspr. lange umstrittenen Frage nach der Rechtsstellung des in einer Werkstatt für Behinderte Beschäftigten unternommen.

3 Abs. 2 entspricht inhaltlich im Wesentlichen § 13 WVO, ist im Gegensatz dazu jedoch nicht als Sollvorschrift ausgestaltet, sondern stellt eine eigenständige Grundlage für den Entgeltanspruch des Behinderten dar.

4 Die ebenfalls auf einer Ausschussempfehlung beruhende Vorschrift des Abs. 3 ergänzt die voranstehende Regelung und bezweckt eine Klarstellung des Inhalts der zwischen der Werkstatt und in arbeitnehmerähnlicher Stellung beschäftigten behinderten Menschen bestehenden Rechtsbeziehung. Nach der Begründung des Gesetzentwurfs (BT-Drs. 14/5074, 115) übertrug § 138 die frühere Vorschrift des § 54b SchwbG inhaltlich unverändert in das SGB IX 2001. Allerdings wurde abweichend davon zusätzlich ein Abs. 4 angefügt, der eine ausdrückliche Regelung für die Rechtsstellung der Teilnehmer an Maßnahmen im Eingangsverfahren und im Berufsbildungsbereich enthält. Außerdem wurden durch Art. 30 des Gesetzes zur Änderung des Rechts der Vertretung durch Rechtsanwälte vor den Oberlandesgerichten (OLG-Vertretungsänderungsgesetz) v. 23.7.2002 (BGBl. I 2850, 2860) die Abs. 5–7 angefügt, die zur Klärung von Streitfragen beitragen sollten, die aus dem Spannungsverhältnis zwischen Geschäftsunfähigkeit des sbM einerseits und der aus der gesetzlichen Konstruktion folgenden Notwendigkeit zum Abschluss eines Werkstattvertrages andererseits folgten (Beschlussempfehlung des Rechtsausschusses, 6. Ausschuss, BT-Drs. 14/9266, 53). Art. 8 Nr. 24 des Dritten Gesetzes für moderne Dienstleistungen am Arbeitsmarkt v. 23.12.2004 (BGBl. I 2848–2892) passte lediglich ohne materielle Änderung den Text vom Abs. 2 S. 1 an den Sprachgebrauch des SGB III an. Mit dem Gesetz zur Anpassung der Berufsausbildungsbeihilfe und des Ausbildungsgeldes vom 8.7.2019 (BGBl. I 1025) erfolgte die Streichung des Wortes „zuletzt" in Abs. 2 S. 1 mit Wirkung zum 1.8.2019.

B. Rechtsstellung behinderter Menschen in WfbM

1. Bisherige Rechtslage

Bis zur Neuregelung dieses Bereiches bestand in Lit. und Rspr. weitgehend Uneinigkeit über den Status der in Werkstätten für Behinderte in ganz unterschiedlicher Weise beschäftigten Behinderten. Das Spektrum der Meinungen reichte von einer weitgehenden Bejahung der Arbeitnehmereigenschaft (Ihlefeld AuR 1978, 346; ArbG Berlin 25.11.1977 – 10 BV 12/77, AP BetrVG 1972 § 118 Nr. 9) über eine Differenzierung der Rechtsstellung nach den einzelnen in Betracht kommenden Bereichen (v. Maydell/Eylert RdA 1981, 148 ff.; LAG Bln 7.6.1978 – 5 TaBV 5/78, AuR 1978, 346; 12.3.1990 – 9 TaBV 1/90, BB 1990, 1063 = BeckRS 1990, 30733515) bzw. die Notwendigkeit der Berücksichtigung der Umstände des Einzelfalls bei tendenzieller Ablehnung eines Arbeitsverhältnisses (Cramer BArbBl 1980 Nr. 11; Neumann RdA 1981, 14; Pünnel/Vater AuR 1981, 230; Pünnel AuR 1987, 104; LAG Nds 22.9.1976 – 8(6) Sa 728/76, ZfS 1978, 296; BSG 1.6.1978 – 12 RK 23/77, AP SchwbG § 52 Nr. 1) bis zur Annahme eines gemischten Vertrages mit sowohl arbeits- als auch rehabilitationsrechtlichen Elementen (Baltzer/Jürgens RdA 1981, 241; Jürgens RdA 1986, 349). Gemeinsamkeit bestand allerdings darin, dass allseits ein Rechtsstellungsgesetz gefordert wurde, das über § 13 SchwbWV hinaus für Klarheit sorgen sollte. 5

2. Neuregelung

Diesem Wunsch wurde nach längeren Vorarbeiten mit der Einfügung des § 54b in das SchwbG durch das Sozialhilferechtsreformgesetz v. 23.7.1996 (BGBl. I 1088) entsprochen, ohne allerdings eine umfassende Klärung zu bringen. Jedoch verdeutlichte § 54b Abs. 1, dass die Beschäftigung behinderter Menschen in WfbM sowohl in einem Arbeitsverhältnis, in arbeitnehmerähnlichem Status als auch – wie der mit „soweit" eingeleitete Nachsatz zeigt – in einem sonstigen (Sozialleistungs-)Verhältnis erfolgen kann. 6

Normadressaten des § 221 Abs. 1 sind, wie die aus den mit den Worten „wenn" bzw. „soweit" beginnenden Nebensätzen folgende Abgrenzung zeigt, die im Arbeitsbereich der Werkstatt tätigen behinderten Menschen, die einerseits nicht Arbeitnehmer und andererseits nicht Rehabilitanden sind. 7

Abweichend von der insoweit ungeklärten Rechtslage nach § 54b SchwbG enthält § 221 in seinem durch das SGB IX 2001 in die Gesamtregelung eingefügten Abs. 4 für Teilnehmer an Maßnahmen im Eingangsverfahren und im Berufsbildungsbereich eine deren Rechtsstellung klärende Bestimmung. Aus der Anordnung der entsprechenden Anwendung des § 52 ist zu folgern, dass eine Eingliederung nicht stattfindet und diese Personen nicht Arbeitnehmer iSd BetrVG sind. Sie sind aber auch nicht arbeitnehmerähnliche Personen, wie sich daraus ableiten lässt, dass arbeitsrechtliche Prinzipien nur in sehr eingeschränktem Umfang für anwendbar erklärt werden. Der Abschluss von Tarifverträgen für diesen Personenkreis scheidet daher aus (so auch Cramer Werkstätten § 138 Rn. 19). Unter Berufung auf Art. 27 der UN-Behindertenrechtskonvention wird allerdings die Forderung nach gerechter Entlohnung in den WfbM erhoben (Drescher SozSich 2022, 420 unter Hinweis auf ein Positionspapier der Bundesvereinigung Lebenshilfe e. V. vom September 2022). 8

a) **Arbeitnehmer.** Ob ein behinderter Mensch in einem Arbeitsverhältnis steht, bestimmt sich nach allgemeinen arbeitsrechtlichen Grundsätzen, dh der Grad der persönlichen Abhängigkeit entscheidet über den Status des Betroffenen. Diese kommt in der Eingliederung des Beschäftigten in den Betrieb zum Ausdruck. Die Eingliederung in die fremde Arbeitsorganisation zeigt sich insbes. darin, dass ein Beschäftigter hinsichtlich Zeit, Dauer und Ort der Ausführung der versprochenen Dienste einem umfassenden 9

Weisungsrecht des Arbeitgebers unterliegt (vgl. statt vieler BAG 22.11.2016 – 9 AZB 41/16, NZA 2017, 581). Dabei kommt es nicht darauf an, wie die Parteien das Vertragsverhältnis bezeichnen, sondern darauf, wie die Vertragsbeziehung nach ihrem Geschäftsinhalt objektiv einzuordnen ist. Der wirkliche Wille ist den ausdrücklich getroffenen Vereinbarungen und der praktischen Durchführung des Vertrages zu entnehmen. Wird der Vertrag abweichend von den ausdrücklichen Vereinbarungen vollzogen, so ist die tatsächliche Durchführung maßgebend (BAG 22.11.2016 – 9 AZB 41/16, NZA 2017, 581). Wie der Wortlaut von Abs. 1 verdeutlicht, besteht grds. die Möglichkeit, dass ein bM in der WfbM in einem echten Arbeitsverhältnis beschäftigt werden kann (BSG 10.5.2007 – B 7a AL 30/06 R, Beck RS 2007, 47226 m. Anm. Giesen/Ricken NZA 2007, 1418; LPK/Jacobs Rn. 16), wenngleich das arbeitnehmerähnliche Verhältnis die Regel darstellt. Der einschränkende Einschub in Abs. 1 verdeutlicht, dass es sich insoweit um einen Ausnahmefall handelt, für dessen Vorliegen der Anspruchsteller die Darlegungs- und Beweislast trägt (LAG BW 26.12.2009 – 9 Sa 60/08, BeckRS 2009, 73764). Entscheidend für die rechtliche Einordnung sind die Umstände des Einzelfalls (ArbG Koblenz 9.8.2002 – 2 Ca 447/02, NZA-RR 2003, 188; LPK-SGB IX/Jacobs Rn. 16).

10 Steht danach die Arbeitnehmereigenschaft fest, gelten für den behinderten Menschen, der ggf. befristet oder auch im Rahmen einer Teilzeitbeschäftigung (BSG 1.6.1978 – 12 RK 23/77, AP SchwbG § 52 Nr. 1) der Stammbelegschaft angehören (Neumann RdA 1981, 146) oder aber lediglich wegen einer allein aus konjunkturellen Gründen folgenden fehlenden Vermittelbarkeit auf dem allgemeinen Arbeitsmarkt noch im Arbeitsbereich der Werkstatt tätig sein kann, die allgemeinen arbeitsrechtlichen Regelungen. Auf den Abschluss eines (schriftlichen) Arbeitsvertrages kommt es nicht entscheidend an; maßgeblich sind die tatsächlichen Verhältnisse. Allerdings hat der (behinderte) Arbeitnehmer einen Anspruch auf eine schriftliche Niederlegung der wesentlichen Vertragsbedingungen gem. § 2 des Gesetzes über den Nachweis der für das Arbeitsverhältnis geltenden wesentlichen Bedingungen (Nachweisgesetz – NachwG) v. 20.7.1995 (BGBl. I 946) idF des G zur Umsetzung der Richtlinie (EU) 2019/1152 des Europäischen Parlaments und des Rates vom 20. Juni 2019 (BGBl. I 1174). Für Auszubildende gilt § 3 BBiG v. 14.8.1969 (BGBl. I 1112).

11 b) **Arbeitnehmerähnliche Personen.** Von der Vorschrift erfasst werden danach im Wesentlichen diejenigen im Arbeitsbereich der WfbM beschäftigten behinderten Menschen, die – wie aus der in § 220 Abs. 2 enthaltenen Regelung über die Aufnahmeverpflichtung der Einrichtung zu schließen ist – einerseits jedenfalls ein Mindestmaß an wirtschaftlich verwertbarer Arbeitsleistung erbringen, andererseits jedoch nicht in einem Arbeitsverhältnis stehen; denn sonst wäre die Regelung des § 219 Abs. 1 obsolet (LAG BW 26.1.2009 – 9 Sa 60/08, RdLH 2009, 125 = BeckRS 2009, 73764). Eine Abgrenzung im Einzelfall lässt sich danach vornehmen, ob mit der Beschäftigung ein wahrnehmbares wirtschaftliches Ergebnis angestrebt wird oder therapeutische Überlegungen im Vordergrund stehen (MHdB ArbR/Cramer § 237 Rn. 32).

12 Den Angehörigen des so abgrenzbaren Personenkreises gewährt § 221 Abs. 1 den Status einer arbeitnehmerähnlichen Person. Nach der in § 12a TVG enthaltenen Definition dieses Begriffs, der auch in weiteren arbeitsrechtlichen Bestimmungen vorausgesetzt wird (vgl. § 2 BUrlG, § 5 ArbGG), handelt es sich dabei um Personen, die wirtschaftlich abhängig und vergleichbar einem Arbeitnehmer sozial schutzbedürftig sind. Aus der Regelung des § 221 folgt nicht die Erfüllung der sonstigen Voraussetzungen des Rechtsbegriffes der „arbeitnehmerähnlichen Person“ durch die behinderten Menschen (Cramer Werkstätten § 138 Rn. 13), so dass daraus zB auch nicht die Möglichkeit des Abschlusses von Tarifverträgen abzuleiten ist. Vielmehr sollen die im Arbeitsbereich beschäftigten behinderten Menschen in den Genuss arbeitsrechtlicher Vorschriften und Grundsätze gelangen können, ohne dass allerdings im G insoweit eine konkrete Regelung enthalten wäre. Nach der Gesetzesbegründung ist hier an die arbeitsrechtlichen Vorschriften über

Arbeitszeit, Urlaub, Entgeltfortzahlung im Krankheitsfall und an Feiertagen, Erziehungsurlaub und Mutterschutz sowie an den Persönlichkeitsschutz und Haftungsbeschränkungen zu denken, ohne dass diese Aufzählung abschließend wäre (BT-Drs. 16/1780, 34). Keine Anwendung findet das MiLoG (LAG SchlH 11.1.2016 – 1 Sa 224/15, NZA-RR 2016, 291; Hauck/Noftz/*Götze Rn. 6; Schlegel/Voelzke/Schramm Rn. 18;* aA Scheibner br 2015, 188). Zwingend Anwendung auf behinderte Menschen im Arbeitsbereich der WfbM finden wegen der aus § 221 Abs. 1 folgenden Zuordnung des Status einer arbeitnehmerähnlichen Person allerdings lediglich das Bundesurlaubsgesetz und damit wegen dessen unmittelbarer Bindung an den Hauptanspruch bei Erfüllung der dafür maßgeblichen Voraussetzungen (Masuch RdLH 2006, 29, abw. Gagel jurisPR ArbR 31/2007 Anm. 6) auch § 208 sowie das ArbSchG v. 7.8.1996 (BGBl. I 1246), wenngleich aus der dann an sich entbehrlichen Regelung des § 2 Abs. 1 Nr. 10 ArbGG insoweit auch Bedenken abgeleitet werden könnten. Die in der Gesetzesbegründung angesprochenen weiteren Schutzbestimmungen müssen dagegen in den zwischen der Werkstatt und dem behinderten Menschen abzuschließenden Vertrag Eingang finden, um für das Rechtsverhältnis maßgebend zu werden (BAG 20.4.1964 – 5 AZR 278/63, NJW 1964, 1641). Ob daran nach der Entscheidung des EuGH vom 26.3.2015 – (C-316/13, NZA 2015, 1444, [Fenoll]) festzuhalten ist, erscheint fraglich (Mrozynski ZFSH/SGB 2016, 299). Unmittelbare Auswirkungen auf das nationale Recht ergeben sich aus der Entscheidung aber nicht.

c) **Rehabilitanden.** Den Status des Rehabilitanden (Teilnehmenden iSd § 52) hat der 13
behinderte Mensch, wenn sich dem zugrunde liegenden Sozialleistungsverhältnis entnehmen lässt, dass er in der Werkstatt die Rechtsstellung eines Arbeitnehmers oder einer arbeitnehmerähnlichen Person nicht erhalten soll. Insoweit bedarf es jedoch sowohl einer ausdrücklichen Klarstellung des Rehabilitationsträgers als auch des Vorhandenseins eines der Zuordnung des günstigeren Status entgegenstehenden Hindernisses im Leistungsrecht. Für diesen Personenkreis enthält § 52 einen abschließenden Katalog der auf sie anwendbaren arbeitsrechtlichen Vorschriften und Prinzipien (*Jobs* ZTR 2002, 517).

C. Vertragliche Regelungen

§ 221 Abs. 3 sieht vor, dass der Inhalt des arbeitnehmerähnlichen Rechtsverhältnisses, 14
in dem neben der Arbeitsleistung die Betreuung und Förderung des behinderten Menschen im Vordergrund stehen (Rühle DB 2000, 1365), unter Berücksichtigung des zwischen den behinderten Menschen und dem Rehabilitationsträger bestehenden Sozialleistungsverhältnisses durch Werkstattverträge zwischen den behinderten Menschen und dem Träger der Werkstatt näher zu regeln ist. Bei seinem Abschluss sind die Bestimmungen des Schuldrechtsmodernisierungsgesetzes v. 26.11.2001 (BGBl. I 3138 ff.) zu beachten (Jobs ZTR 2002, 523). Damit können überraschende Klauseln nicht Vertragsinhalt werden (§ 305c Abs. 1 BGB), mehrdeutige Vertragsklauseln werden zugunsten des behinderten Menschen ausgelegt und das einseitige Leistungsbestimmungsrecht unterliegt strengerer Kontrolle als bisher.

Damit werden im Gesetz, dessen Text im Hinblick auf die Verwendung von Nomina- 15
tiv und Plural noch weitere Ungenauigkeiten aufweist, ausdrücklich nur zwei der in dem Geflecht von Rechtsbeziehungen zwischen den behinderten Menschen, dem Träger der Werkstatt und dem Rehabilitationsträger bestehenden Rechtsverhältnisse angesprochen. Tatsächlich liegt ein Dreiecksverhältnis (Hennies NZS 1994, 545) vor, über dessen nähere Ausgestaltung nur zum Teil Einigkeit besteht.

Zu erwähnen ist zunächst das Rechtsverhältnis zwischen dem behinderten Menschen 16
und dem Rehabilitationsträger, bei dem es sich im Eingangs- und Berufsbildungsbereich regelmäßig um die Bundesagentur für Arbeit (ggf. aber auch den Träger der Renten- oder

Unfallversicherung, Sattler SGb 1995, 284 ff., oder den Träger der Kriegsopferfürsorge, § 63 Abs. 1 Nr. 1–4) handeln wird, als der im Arbeitsbereich gem. § 63 Abs. 2 Nr. 4 vor allem der überörtliche Träger der Sozialhilfe in Betracht kommt, für dessen Tätigkeit das SGB XII, die EHVO und die jeweils bestehenden Leistungs-, Vergütungs- und Prüfungsvereinbarungen die rechtliche Grundlage darstellen. Dieses Rechtsverhältnis ist allein öffentlich-rechtlich geprägt, dh es kommt Sozialversicherungs- oder Verwaltungsrecht zur Anwendung. Streitigkeiten aus diesem Bereich sind daher vor den Sozial- oder Verwaltungsgerichten auszutragen (MHdB ArbR/Cramer § 237 Rn. 41; KHM/*Kossens* Rn. 20).

17 Die daneben bestehende Rechtsbeziehung zwischen dem Träger der Werkstatt und dem Rehabilitationsträger, die im Wesentlichen die Frage der Höhe und Absicherung der Kostenübernahme betrifft, ist am ehestens als öffentlich-rechtlicher Vertrag gem. § 53 SGB X zu qualifizieren, allerdings kann auch eine privatrechtliche Ausgestaltung in Betracht kommen (MHdB ArbR/Cramer § 237 Rn. 42).

18 Nicht öffentlich-rechtlich geprägt ist dagegen die zwischen dem Träger der Werkstatt und dem im Arbeitsbereich beschäftigten behinderten Menschen bestehende Rechtsbeziehung. Dies folgt daraus, dass der Träger der Werkstatt nicht zur Erfüllung eines Sachleistungsanspruchs des behinderten Menschen gegen den Rehabilitationsträger tätig wird, sondern zwischen dem behinderten Menschen und ihm eine gesonderte vertragliche Vereinbarung besteht, für deren Erfüllung der behinderte Mensch durch aus seiner gesonderten Rechtsbeziehung zum Rehabilitationsträger folgende Geldleistungen befähigt wird (MHdB ArbR/Cramer § 237 Rn. 43). Diese nach bisherigem Recht als zivilrechtlich qualifizierte Beziehung hat nach der Neuregelung durch § 221 Abs. 1 nunmehr eine arbeitsrechtliche Dimension erlangt.

19 Der Inhalt der zwischen dem Träger der Werkstatt und dem behinderten Menschen bestehenden Rechtsbeziehung ist damit allerdings noch keineswegs festgelegt. Während die Anwendung des Bundesurlaubsgesetzes einschließlich der daraus folgenden Bestimmungen über den Zusatzurlaub und des Arbeitsschutzgesetzes zwingend aus dem G folgen (→ Rn. 12), bedarf die Anwendung weiterer arbeitsrechtlicher Bestimmungen jeweils ausdrücklicher Vereinbarung im sog. Werkstattvertrag (*Jobs* ZTR 2002, 518; aA Cramer Werkstätten § 138 Rn. 14). Vereinbart werde können zB besondere Modalitäten für die Beendigung des Vertrages, die etwa an eine Entscheidung des Fachausschusses gebunden werden kann (ArbG Mönchengladbach 11.11.1999 – 3 Ca 1756/99, BeckRS 1999, 31017823; Anm. Rühle RdLH 2000, 31).

20 Auf den Abschluss einer solchen Vereinbarung hat der behinderte Mensch einen unmittelbaren gesetzlichen Anspruch (Abs. 3). § 13 WVO verpflichtet den Werkstattträger zum Abschluss eines schriftlichen Vertrages. Damit wird keine Wirksamkeitsvoraussetzung postuliert, denn das arbeitnehmerähnliche Rechtsverhältnis entsteht bereits mit der Aufnahme in die Werkstatt (KHM/Kossens Rn. 12). Allerdings genügt die schriftliche Fixierung der für die Werkstattbeziehung geltenden Bedingungen am ehesten der mit der Neuregelung des Gesetzes verfolgten Intention.

21 Kann ein Werkstattvertrag daher allein Folge der in willentlicher Übereinstimmung der Beteiligten erfolgten Aufnahme der Tätigkeit behinderter Menschen im Arbeitsbereich der Werkstatt sein, wobei der Inhalt der Vereinbarung ggf. nach § 612 Abs. 2 BGB aus den in der Einrichtung sonst üblichen Bedingungen abgeleitet werden, sich aber auch aus dem Gleichbehandlungsgrundsatz ergeben könnte, ist damit noch keine Klarheit für den Fall geschaffen, dass der behinderte Mensch rechtswirksam eine Verpflichtung nicht eingehen kann, insbes. auch ein Vertreter nicht vorhanden ist (MHdB ArbR/Cramer § 237 Rn. 38).

22 Kommt insoweit wegen des damit verbundenen erheblichen Eingriffs in die familienrechtlichen Beziehungen des behinderten Menschen zu seinen Angehörigen die Bestellung eines Pflegers von Amts wegen oder eine Verpflichtung des Trägers der Werkstatt zum Hinwirken auf dessen Bestellung nicht in Betracht (Cramer, Werkstätten für behinderte

Menschen, 5. A. WVO § 13 Rn. 1, 5) und wird im G an anderer Stelle (§ 222 Abs. 1) die Möglichkeit der Tätigkeit eines geschäftsunfähigen behinderten Menschen im Arbeitsbereich der WfbM sogar gedanklich vorausgesetzt, ist der Umfang des dem behinderten Menschen zukommenden arbeitsrechtlichen Schutzes jedoch im Wesentlichen von dem Inhalt des hier allerdings gerade nicht geschlossenen bzw. auch nicht zu schließenden Werkstattvertrages abhängig, ist die damit auftretende Regelungslücke durch einen Rückgriff auf den Gleichbehandlungsgrundsatz oder eine Analogie zu § 612 Abs. 2 BGB zu schließen. Einer Anwendung der für das faktische Arbeitsverhältnis entwickelten Grundsätze bedarf es wegen der gesetzlichen Begründung des allein aus der Arbeitsaufnahme folgenden arbeitnehmerähnlichen Rechtsverhältnisses nicht. Die sinngemäße Anwendung des § 612 Abs. 2 BGB bietet auch die Möglichkeit zu einer angemessenen Lösung in den Fällen, in denen der Gleichbehandlungsgrundsatz etwa wegen der Festlegung der leistungsabhängigen Höhe des Entgelts versagen müsste. Für den Fall des Leistungsaustauschs zwischen (unerkannt) geschäftsunfähigen sbM und Werkstatt nach Abschluss eines wegen der Geschäftsunfähigkeit unwirksamen Werkstattvertrages ist in dem durch Art. 30 des OLG-Vertretungsänderungsgesetz v. 23.7.2002 (BGBl. I 2850, 2860) eingefügten Abs. 4 angeordnet, dass der Vertrag in Ansehung bereits bewirkter Leistung und Gegenleistung als wirksam gilt, sofern diese in einem angemessenen Verhältnis stehen. Diese im Anschluss an den Rechtsgedanken des neuen § 105a BGB in den damaligen § 138 (heute: § 222) aufgenommene Regelung (Beschlussempfehlung des Rechtsausschusses, 6. Ausschuss, BT-Drs. 14/9266, 53, 42 f.) deckt allerdings nur einen Teilausschnitt des Problems ab und ist angesichts der voranstehend dargestellten Lösungsvarianten eigentlich überflüssig.

Aus der Notwendigkeit der Berücksichtigung des zwischen dem behinderten Menschen 23
und dem Rehabilitationsträger bestehenden Sozialleistungsverhältnisses bei der Festlegung der Einzelheiten des Werkstattvertrages folgt nicht, dass die Zustimmung des Rehabilitationsträgers Wirksamkeitsvoraussetzung für den Vertragsschluss wäre. Insoweit bestand bereits nach dem bisherigen § 13 Abs. 1 S. 2 Einigkeit, ohne dass sich daran etwas geändert hätte. Fehlte bereits im bisherigen Text der Verordnung, die schon wegen ihrer fehlenden Ermächtigung keine Auswirkungen auf das Vertragsrecht haben konnte (Cramer, Werkstätten für behinderte Menschen, 5. A., WVO § 13 Rn. 6), ein ausreichender Hinweis auf die möglichen Auswirkungen auf die Wirksamkeit einer abweichenden Vereinbarung, ist dies seit dem 1.7.2001 ausdrücklich abweichend geregelt. Nach § 13 Abs. 1 S. 2 WVO ist der Sozialleistungsträger lediglich über die Vereinbarung zu unterrichten (Hauck/Noftz/Schramm *Rn. 30*).

D. Arbeitsentgelt der behinderten Menschen

Konkrete Regelungen über das den behinderten Menschen für ihre Tätigkeit zustehen- 24
de Entgelt enthielt das bisher geltende Recht nur in sehr unvollkommener Form. Dieses früher in § 54 Abs. 2 S. 1 SchwbG aF sowie in § 13 Abs. 2 SchwbWV aF angesprochene Problem ist in § 221 Abs. 2 wie bereits in der letzten Fassung des § 54 SchwbG dahin geregelt, dass den im Arbeitsbereich der Werkstätten tätigen behinderten Menschen ein ausdrücklicher Anspruch auf Entgelt zusteht, für dessen Ausgestaltung das G ebenfalls Grundlagen enthält. Keinen Anspruch auf Entgelt besitzen dagegen die im Berufsbildungsbereich tätigen behinderten Menschen sowie jene, die im Rahmen von Maßnahmen zur beruflichen Rehabilitation einer Beschäftigung nachgehen. Diesem Personenkreis stehen Rehabilitationsleistungen (Ausbildungsgeld, ggf. auch Übergangsgeld) zu (BSG 26.9.1990 – 9b/7 RAr 100/89, SozR 3–4100 § 58 Nr. 1 = BeckRS 1991, 40187; KHM/Kossens Rn. 34; MHdB ArbR/Cramer § 237 Rn. 49). Sie unterfallen nicht der

gesetzlichen Unfallversicherung (BSG 18.1.2011 – B 2 U 9/10 R, BSGE 107, 197 = BeckRS 2011, 70759).

25 Konkrete Bestimmungen zur Höhe der den behinderten Menschen zu gewährenden Vergütung werden im G allerdings nach wie vor nicht getroffen. Dies geschieht auch nicht mittelbar durch eine Verweisung auf Tarifverträge oder sonst übliche Entgelte oder Taxen. Geregelt ist nur, dass ein Grundbetrag in Höhe des Ausbildungsgeldes gezahlt werden muss, zu dem ein Steigerungsbetrag hinzutritt. Mit der Streichung des Wortes „zuletzt" in Abs. 2 S. 1 wurde eine an die Neufassung des § 125 SGB III anschließende Folgeänderung vorgenommen, mit der eine Vereinheitlichung der Höhe des Grundbetrags des in den WfbM gezahlten Arbeitsentgelts angestrebt wird (BT-Drs. 19/9478, 20). Für den Zeitraum vom 1.8.2019 bis zum 31.12.2022 waren Erhöhungen in vier Stufen vorgesehen, die den Grundbetrag auf mindestens 109 Euro monatlich anhoben § 241 Abs. 9 SGB IX (LPK-SGB IX/Dau § 241 Rn. 5). Der Steigerungsbetrag richtet sich dagegen nach der individuellen Arbeitsleistung des behinderten Menschen, insbes. unter Berücksichtigung von Arbeitsmenge und Arbeitsgüte. Dies berechtigt die Werkstatt jedoch nicht, die Höhe des an den behinderten Menschen zu zahlenden Betrages in Ausübung eines vereinbarten einseitigen Leistungsbestimmungsrecht jeweils im Einzelfall aktuell festzulegen (LAG Hamm 29.1.1998 – 8 Sa 2052/97, BeckRS 1998, 31016487) oder eine Kürzung bei Erzielung eines schlechten Arbeitsergebnisses vorzunehmen (LPK-SGB IX/ *Jacobs* Rn. 19 f.). Diese Regelung hat auch zur Folge, dass die Werkstatt nicht bereits zu einer Differenzierung der Höhe des Grundbetrages entspr. der individuellen Leistungsfähigkeit des behinderten Menschen berechtigt ist (BAG 3.3.1999 – 5 AZR 162/98, NZA 1999, 825). Die in der zit. Entscheidung des BAG diskutierte Möglichkeit der Unterschreitung der Mindesthöhe des Grundbetrages in Höhe des zuletzt von der Bundesanstalt geleisteten Ausbildungsgeldes beruhte auf der Ausgestaltung des § 54b SchwbG als Sollvorschrift und ist nach der aktuellen Rechtslage ausgeschlossen. Möglich ist jedoch eine Bindung an den Umfang der Arbeitszeit, so dass der volle Grundbetrag regelmäßig nur geschuldet wird, wenn der behinderte Mensch das in § 6 Abs. 1 WVO geregelte Arbeitszeitmaß (40 Std. wöchentlich) erreicht. Eine Ausnahme davon ist wegen des sonst gefährdeten Leistungsanreizes allenfalls in den Fällen des § 6 Abs. 2 vorstellbar (ArbG Lübeck 28.1.2020 – 3 Ca 2289 öD/19, BB 2020, 1085; LPK-SGB IX/*Jacobs* Rn. 20; KHM/Kossens Rn. 8; aA Cramer Werkstätten § 138 Rn. 38). Nicht korrekt ist es allerdings, den Grundbetrag in vollem Umfang in die Berechnung einzubeziehen, dies jedoch durch eine überproportionale Kürzung des Steigerungsbetrags faktisch zu umgehen (ArbG Lübeck 28.1.2020 – 3 Ca 2289 öD/19, BB 2020, 1085; ArbG Oldenburg 29.3.2017 – 2 Ca 556/16, BeckRS 2017, 160447). Jedoch ist fraglich, ob dies iE zu einer Anpassung nach oben führt; denn damit würde der Rahmen des verfügbaren Gesamtbetrags iSv § 221 Abs. 2 S. 1 SGB IX gesprengt (Schlegel/Voelzke/Schramm Rn. 24.1).

26 Die Grundlage für die Zahlung des Ausbildungsgeldes bildet § 122 Abs. 1 Nr. 3, Abs. 2 SGB III. Für das Ausbildungsgeld gelten nach § 122 Abs. 3 die Vorschriften über die Berufsausbildungsbeihilfe entsprechend, soweit nicht Abweichendes geregelt ist. Dies ist in § 125 SGB III erfolgt. Danach beträgt der Zuschuss nach der Fassung d G vom 15.7.2022 (BGBl. I 1150) ab 1.8.2022 einheitlich 126 Euro monatlich. Dies verhindert für den regelmäßig anzunehmenden Fall des Bezuges von Ausbildungsgeld während des Einsatzes im Berufsbildungsbereich ein Absinken unter den bisherigen Standard nach dem Wechsel in den Arbeitsbereich. Hat der behinderte Mensch allerdings zuvor ausnahmsweise das höhere Übergangsgeld erhalten, tritt als Folge der Tätigkeit im Arbeitsbereich eine Reduzierung der ihm zufließenden finanziellen Leistungen ein, die lediglich durch den im G ebenfalls vorgesehenen Steigerungsbetrag zumindest teilweise kompensiert werden kann (MHdB ArbR/Cramer § 237 Rn. 31).

27 Dieser soll nach § 221 Abs. 2 S. 1 leistungsangemessen sein und im Gegensatz zum Grundbetrag ausdrücklich an der individuellen Arbeitsleistung des behinderten Menschen bemessen werden, für deren Beurteilung vor allem auf Arbeitsmenge und Arbeitsgüte abzustellen ist. Wenngleich hier Umstände angesprochen sind, die auch bei der Berechnung von Akkordlöhnen zugrunde gelegt werden, erfolgt damit keine Festschreibung auf eine einheitliche Berechnungsmethode. Diese kann unter Beachtung der allgemeinen Grundsätze in jeder Werkstatt gesondert festgelegt werden.

Die Höhe des jeweils zu zahlenden Steigerungsbetrages ist dabei von den Verhältnissen **28** in der einzelnen Werkstatt abhängig. Dies folgt zunächst daraus, dass § 221 Abs. 2 S. 1 eine Zahlung des Arbeitsentgelts (des Grundbetrages sowie des Steigerungsbetrages) aus dem Arbeitsergebnis der Werkstatt vorsieht. Dabei handelt es sich nach der in § 12 Abs. 4 WVO (als § 12 Abs. 4 SchwbWV eingefügt durch Art. 13 Ziff. 4 lit. b des Gesetzes zur Reform des Sozialhilferechts v. 23.7.1996, BGBl. I 1088) enthaltenen Definition um die Differenz aus den Erträgen (Umsatzerlösen, Zins- und sonstigen Erträge aus der wirtschaftlichen Tätigkeit und den von den Sozialleistungsträgern erbrachten Kostensätzen) und den notwendigen Kosten des laufenden Betriebs der Werkstatt, zu denen jedoch nicht die Kosten des Arbeitsentgelts nach § 221 Abs. 2 gehören. Ist die Gesamthöhe des so zu berechnenden Arbeitsergebnisses ohnehin stark von der Situation der einzelnen WfbM abhängig, für die sowohl die Art der Produkte, die technische Ausrüstung der Werkstatt sowie die Markt- und Lohnverhältnisse der jeweiligen Region maßgeblich sein können, kommt hinzu, dass der jeweils auf die Arbeitsentgelte entfallende Anteil des Arbeitsergebnisses ebenfalls Schwankungen unterliegen kann. Zwar sieht § 12 Abs. 5 WVO vor, dass das Arbeitsergebnis nur für Zwecke der Werkstatt verwendet werden darf und bestimmt weiterhin, dass (§ 12 Abs. 5 Nr. 1 WVO) in der Regel 70 vH davon für die Zahlung des Arbeitsentgelts zur Verfügung stehen müssen, jedoch signalisiert die Verwendung des Terminus „in der Regel" auch die Möglichkeit von Ausnahmen. Beeinflusst wird der Umfang des für die Zahlung des Steigerungsbetrages zur Verfügung stehenden Teils des Arbeitsergebnisses aber auch und nicht zuletzt von den Verhältnissen in der WfbM selbst. Je größer der zur Deckung des Grundbetrages erforderliche Anteil ist, der etwa durch die Anzahl der eine dem Grundbetrag kongruente Arbeitsleistung nicht erbringenden behinderten Menschen sowie Steigerungen des Grundbetrages in Folge der Anhebung des Ausbildungsgeldes im zweiten Jahr (§ 125 SGB III) beeinflusst werden kann, desto geringer ist der Umfang des für die Zahlung des Steigerungsbetrages zur Verfügung stehenden restlichen Arbeitsergebnisses. Dies hat zur Folge, dass behinderte Menschen im Arbeitsbereich unterschiedlicher WfbM trotz identischer Leistungen (auch erheblich) voneinander abweichende Steigerungsbeträge erhalten können.

Ob und in welcher Höhe ein Steigerungsbetrag gezahlt wird, ist im G nur ansatzweise **29** geregelt. Die Berechnungsgrundsätze für die Ermittlung der Verteilungsmasse finden sich in § 12 Abs. 4 WVO. § 222 normiert grds. ein Mitwirkungsrecht der in § 221 Abs. 1 genannten behinderten Menschen, dessen nähere Ausgestaltung durch die WMVO v. 25.6.2001 (BGBl. I 1297) erfolgt ist. § 5 Abs. 1 Ziff. 3 begründet ein Mitwirkungsrecht des Werkstattrates ua bei der Darstellung und Verwendung des Arbeitsergebnisses, insbes. der Höhe der Grund- und Steigerungsbeträge. Lässt sich Einvernehmen nicht herstellen, kann jede Seite die Vermittlungsstelle nach § 6 WMVO anrufen, die allerdings nicht die Entscheidung der Werkstatt ersetzt, sondern lediglich durch Beschluss einen Einigungsvorschlag unterbreitet. Unter dessen Berücksichtigung hat die Werkstatt dann endgültig zu entscheiden. Die Angemessenheit dieser Entscheidung wird nach § 2a Ziff. 3a, § 83 Abs. 3 ArbGG im arbeitsgerichtlichen Beschlussverfahren überprüft. Zusätzlich zum Arbeitsentgelt nach Abs. 2 erhalten die im Arbeitsbereich tätigen behinderten Menschen ein Arbeitsförderungsgeld nach § 59. Dies wird den WfbM vom zuständigen Rehabilitationsträger zusätzlich zu den Vergütungen nach § 58 Abs. 3 zur Verfügung gestellt und beträgt monatlich 52 EUR für jeden im Arbeitsbereich tätigen behinderten Menschen, dessen Arbeitsentgelt zusammen mit dem Arbeitsförderungsgeld 351 EUR nicht übersteigt. Ist das Arbeitsentgelt höher als 299 EUR, beträgt das Arbeitsförderungsgeld monatlich den Unterschied zwischen dem Arbeitsentgelt und 351 EUR.

Das Arbeitsförderungsgeld ist arbeits- und sozialversicherungsrechtlich wie Arbeitsentgelt zu, es wird also auch für Urlaubs- und Arbeitsunfähigkeitszeiten geleistet.

E. Sozialversicherung

30 In WfbM tätige behinderte Menschen unterfallen stets den Bestimmungen des Sozialversicherungsrechts. Sind sie als Arbeitnehmer oder Auszubildende im Arbeitsbereich tätig, gelten für sie die allgemeinen Regelungen.

31 Für außerhalb von Arbeitsverhältnissen in anerkannten WfbM tätige behinderte Menschen folgt die Versicherungspflicht, sofern es sich nicht um eine dem Bereich der Therapie zuzuordnende Maßnahme handelt (BSG 14.12.1994 – 4 RK 1/93, br 1995, 157 = BeckRS 1994, 30752381), in der gesetzlichen Rentenversicherung aus § 1 S. 1 Ziff. 2 lit. a SGB VI, wobei produktive Arbeit nicht vorausgesetzt wird, also auch der Eingangs- oder Berufsbildungsbereich erfasst ist (BGH 16.6.2015 – VI ZR 416/14, VersR 2015, 1140). Außerhalb der Werkstätten ist dagegen nach § 1 S. 1 Ziff. 2 lit. b eine Leistung in Höhe von einem Fünftel der Leistung eines Vollerwerbsfähigen in gleichartiger Beschäftigung zur Begründung der Versicherungspflicht erforderlich.

32 Für die Krankenversicherungspflicht wird in § 5 Abs. 1 Ziff. 7 bzw. 8 SGB V an die zuvor genannten Regelungen angeknüpft. Dies hat allerdings nicht zur Folge, dass stets ein Anspruch auf Krankengeld besteht (aA Müller-Wenner/Schorn/*Schorn* § 138 Rn. 35). Ein dem Teilnehmer einer Berufsbildungsmaßnahme von der Bundesagentur für Arbeit gewährtes Ausbildungsgeld ist nämlich kein Arbeitsentgelt (BSG 14.2.2001 – B 1 KR 1/00 R, SozR 3–2500 § 44 Nr. 8 = BeckRS 2001, 41408). Aus dem Fehlen einer dem § 5 SGB V entsprechenden Regelung im SGB III hat das SG Stuttgart (22.9.1998 – S 12 AL 1325/95, BeckRS 1998, 17103) dagegen den Schluss gezogen, dass mit Ausnahme derjenigen Beschäftigten der Werkstatt, die durch eine berufsfördernde Maßnahme die Erwerbsfähigkeit auf dem allgemeinen Arbeitsmarkt erlangen sollen, eine Versicherungspflicht in der Arbeitslosenversicherung nicht besteht (§ 26 Abs. 1 Nr. 1 SGB III). Dies hat dann auch zur Folge, dass kein Anspruch auf Kurzarbeitergeld besteht (Theben DVfR Forum D, D-16–2020). Diesem gedanklichen Ansatz folgend ist auch das Ausbildungsgeld, das dem behinderten Menschen während der Dauer einer Eingliederungsmaßnahme gezahlt wurde, nicht als Einkommen iSv Art. 2 § 10 Nr. 2 RÜG angesehen worden (BSG 3.4.2001 – B 4 RA 2/00 R, SozR 3–8575 Art. 2 § 10 Nr. 1 = BeckRS 2001, 40862).

33 Für die Unfallversicherung gilt § 2 Abs. 1 Ziff. 4 SGB VII (z. Wegeunfall s. Wolber SozVers 2001, 294), für die Pflegeversicherung § 20 Abs. 1 Nr. 7 SGB XI (BFKR/*Baur* § 138 Rn. 8; Mrozynski /*Mrozynski* § 36 Rn. 13; Schorn SozSich 2003, 26).

F. Lösung des Werkstattverhältnisses

34 Mit Art. 30 des OLG-Vertretungsänderungsgesetz v. 23.7.2002 (BGBl. I 2850, 2860) wurden dem § 138 SGB IX 2001 (heute: 221 SGB IX 2018) auch die Abs. 6 u. 7 angefügt, die sich mit der Beendigung des Werkstattverhältnisses eines bei Abschluss des Werkstattvertrages geschäftsunfähigen sbM befassen. Abs. 6 fingiert in gedanklicher Fortsetzung der neuen Regelung in Abs. 5 die Wirksamkeit eines mit einem geschäftsunfähigen sbM abgeschlossenen Werkstattvertrages (KHM/Kossens Rn. 16), der vom Träger danach nur unter den für einen wirksamen Werkstattvertrag geltenden Voraussetzungen gekündigt werden kann. Die Neuregelung wurde im Anschluss an den Rechtsgedanken des ebenfalls neuen § 105a BGB für erforderlich gehalten (Beschlussempfehlung des Rechtsausschusses, 6.13., BT-Drs. 14/9266, 42 f., 53). Vor dem Hintergrund

der Bestandsschutzsicherung in § 220 Abs. 2 kann diese Regelung allerdings nur für die Fälle Bedeutung besitzen, in denen die Aufnahmevoraussetzungen des § 220 Abs. 1 nicht (mehr) vorliegen (→ § 220 Rn. 13 f.).

Das nunmehr in Abs. 7 enthaltene Schriftformerfordernis das der Rechtssicherheit dienen soll (BT-Drs. 14/9266, 53), folgt dem Grundsatz des § 623 BGB und ist Wirksamkeitsvoraussetzung der Lösungserklärung. Dies gilt nach dem Wortlaut der Regelung jedoch nicht für die dort ebenfalls vorgesehene Begründung, die lediglich die Nachvollziehbarkeit der Entscheidung ermöglicht, das Abschätzen von Prozessaussichten erleichtert (→ Rn. 36) und den potentiellen Prozessstoff strukturiert (LAG Düsseldorf 11.11.2013 – 9 Sa 469/13, LAGE § 85 SGB IX Nr. 3 = BeckRS 2014, 65910). Demgegenüber sieht das BAG auch in der schriftlichen Angabe der Gründe eine Wirksamkeitsvoraussetzung (BAG 17.3.2015 – 9 AZR 994/13, NZA 2015, 1071). Begründet wird dies mit einer Analogie zur Kündigung des Berufsausbildungsverhältnisses, für die das BAG trotz ebenfalls fehlenden deutlichen Hinweises im Gesetzestext die schriftliche Darlegung der Kündigungsgründe zur Wirksamkeitsvoraussetzung erhoben hat (BAG 10.2.1999 – 2 AZR 176/98, NZA 1999, 602). 35

G. Prozessuales

Für im Arbeitsbereich der WfbM in einem Arbeits- oder Berufsausbildungsverhältnis tätige behinderte Menschen gelten ebenso wie im Hinblick auf ihre sozialversicherungsrechtliche Situation diejenigen Bestimmungen, die auch sonst für Arbeitnehmer oder Auszubildende heranzuziehen sind. Dies bedeutet, dass für Rechtsstreitigkeiten zwischen ihnen und dem Träger der Werkstatt gem. § 2 Ziff. 3 ArbGG die Gerichte für Arbeitssachen zuständig sind LAG BW 12.11.2009 – 9 Sa 45/09, RdLH 2010, 29). Nach § 85 können auch Behindertenverbände in gesetzlicher Prozessstandschaft mit Einwilligung der behinderte Menschen für diesen ein solches Verfahren durchführen (Jobs ZTR 2002, 524). 36

Dies gilt nach der durch Art. 8 des Gesetzes zur Reform des Sozialhilferechts v. 23.7.1996 (BGBl. I 1088) eingefügten Regelung des § 2 Nr. 10 ArbGG auch für bürgerliche Rechtsstreitigkeiten zwischen behinderten Menschen im Arbeitsbereich von WfbM (nicht im Berufsbildungsbereich) und dem Träger der Werkstatt aus den in § 221 geregelten Rechtsverhältnissen, wobei möglicherweise bereits § 5 Abs. 1 Ziff. 2 ArbGG als den Rechtsweg eröffnende Norm ausgereicht hätte. 37

§ 222 Mitbestimmung, Mitwirkung, Frauenbeauftragte

(1) [1]Die in § 221 Absatz 1 genannten behinderten Menschen bestimmen und wirken unabhängig von ihrer Geschäftsfähigkeit durch Werkstatträte in den ihre Interessen berührenden Angelegenheiten der Werkstatt mit. [2]Die Werkstatträte berücksichtigen die Interessen der im Eingangsverfahren und im Berufsbildungsbereich der Werkstätten tätigen behinderten Menschen in angemessener und geeigneter Weise, solange für diese eine Vertretung nach § 52 nicht besteht.

(2) Ein Werkstattrat wird in Werkstätten gewählt; er setzt sich aus mindestens drei Mitgliedern zusammen.

(3) Wahlberechtigt zum Werkstattrat sind alle in § 221 Absatz 1 genannten behinderten Menschen; von ihnen sind die behinderten Menschen wählbar, die am Wahltag seit mindestens sechs Monaten in der Werkstatt beschäftigt sind.

(4) [1]Die Werkstätten für behinderte Menschen unterrichten die Personen, die behinderte Menschen gesetzlich vertreten oder mit ihrer Betreuung beauftragt sind, einmal im

Kalenderjahr in einer Eltern- und Betreuerversammlung in angemessener Weise über die Angelegenheiten der Werkstatt, auf die sich die Mitwirkung erstreckt, und hören sie dazu an. [2] In den Werkstätten kann im Einvernehmen mit dem Träger der Werkstatt ein Eltern- und Betreuerbeirat errichtet werden, der die Werkstatt und den Werkstattrat bei ihrer Arbeit berät und durch Vorschläge und Stellungnahmen unterstützt.

(5) [1] **Behinderte Frauen im Sinne des § 221 Absatz 1 wählen in jeder Werkstatt eine Frauenbeauftragte und eine Stellvertreterin. [2] In Werkstätten mit mehr als 700 wahlberechtigten Frauen wird eine zweite Stellvertreterin gewählt, in Werkstätten mit mehr als 1 000 wahlberechtigten Frauen werden bis zu drei Stellvertreterinnen gewählt.**

Übersicht

A. Allgemeines

1 Diese Vorschrift geht zurück auf § 54c SchwbG. Diese Regelung, die im ursprünglichen Gesetzesentwurf der BReg. nicht enthalten war, ist durch Art. 5 Ziff. 5 des Gesetzes zur Reform des Sozialhilferechts v. 23.7.1996 (BGBl. I 1088) neu in das G eingefügt worden. Damit wurde ein bis dahin nur in § 14 SchwbWV aF enthaltener gedanklicher Ansatz auf eine gesetzliche Grundlage gehoben, aus der unmittelbare Rechte der Behinderten gegenüber dem Träger der Werkstatt folgten. Die bisherige Regelung ermöglichte allenfalls die Aufstellung fachlicher Anforderungen gegenüber dem Träger der Werkstatt, wenn man die Norm nicht ohnehin nur als reinen Appell ansehen wollte. Maßgeblich für die gesetzliche Neuregelung waren nach der Begründung des Gesetzes (BT-Drs. 13/3904, 49) sowohl die zu § 14 SchwbWV gemachten praktischen Erfahrungen als auch das Ergebnis eines zu dieser Frage durchgeführten Forschungsvorhabens. § 139 SGB IX 2001führte diesen Ansatz im Wesentlichen unverändert fort (Gesetzesbegründung, BT-Drs. 14/5074, 115). In § 222 wird die bisherige bloße Mitwirkung um das Recht zur Mitbestimmung erweitert. Abs. 1 S. 2 überträgt den Werkstatträten zusätzlich die Wahrnehmung der Interessen der im Eingangsverfahren und im Berufsbildungsbereich tätigen behinderten Menschen, solange für diese eine Vertretung nach § 52 nicht besteht (BT-Drs. 14/5800, 31). Diese Erweiterung geht zurück auf die Stellungnahme des Bundesrates zum Entwurf des SGB IX 2001 (BT-Drs. 14/5531, 12), der eine umfassende Interessenvertretung für angezeigt hielt. Entfallen ist formal die früher in § 54c SchwbG enthalten gewesene Verordnungsermächtigung. Diese findet sich nunmehr gesondert in § 227 Abs. 2.

2 Eine grundlegende konzeptionelle Änderung war mit der Aufnahme der Mitwirkungsregelungen in das G allerdings nicht verbunden. Nach wie vor unterschied die (nunmehr gesetzliche) Regelung zwischen in den WfbM als Arbeitnehmer bzw. Auszubildende beschäftigten behinderten Menschen sowie jenen, die in einem anderen (gem. § 138 SGB IX 2001 arbeitnehmerähnlichen) Rechtsverhältnis zum Träger der Werkstatt stehen. Für erstere galten die Bestimmungen des Betriebsverfassungsgesetzes mit den aus § 118 BetrVG (Tendenzbetrieb) folgenden Beschränkungen (BAG 7.4.1981 – 1 ABR 83/78, AP BetrVG 1972 § 118 Nr. 16, die unabhängig von der gewählten Rechtsform zu

beachten sind (BAG 23.10.2002 – 7 ABR 59/01, NZA 2004, 334; Cramer Werkstätten § 139 Rn. 7), während für die insoweit bislang nicht berücksichtigte zweite Gruppe mit dem SGB IX 2001 eine Mitwirkungsregelung geschaffen wurde. Durch das BTHG wurde nunmehr aber auch eine Mitbestimmungsregelung für die nicht als Arbeitnehmer anzusehenden Werkstattbeschäftigten geschaffen, deren praktische Umsetzung kritisch betrachtet wird (Schachler RP-Reha 2022, Nr. 1, 15).

Für schwerbehinderte Rehabilitanden ist zusätzlich nach § 178 die Schwerbehinder- 2a
tenvertretung zuständig (BAG 16.4.2003 – 7 ABR 27/02, NZA 2003, 1105).

B. Werkstattrat

1. Personenkreis

Mit der Bezugnahme auf den Personenkreis des § 221 Abs. 1 verdeutlicht die Vor- 3
schrift hinaus, dass Mitbestimmung bzw. Mitwirkung grds. nicht für diejenigen behinderten Menschen in Betracht kommt, die der Werkstatt im Eingangs- oder Berufsbildungsbereich angehören (KHM/Kossens Rn. 2). Sie bezieht sich nach der Grundregelung in S. 1 nur auf die im Arbeitsbereich der Werkstätten in einem arbeitnehmerähnlichen Verhältnis tätigen behinderten Menschen. Der erst nach der Stellungnahme des BR (BT-Drs. 14/5074, 12) in den Gesetzestext eingefügte S. 2 schließt die (zeitliche) Lücke in der Interessenvertretung der im Eingangsverfahren und im Berufsbildungsbereich tätigen behinderten Menschen bis zur Bildung einer Vertretung nach § 52.

Keinen Einfluss auf die Entstehung von Mitbestimmungs- bzw. Mitwirkungsrechten 4
hat das etwaige Fehlen der Geschäftsfähigkeit (KHM/Kossens Rn. 3). Das gilt auch für das aktive und passive Wahlrecht sowie die Wahrnehmung des Amtes als Mitglied des Werkstattrats (Schlegel/Voelzke/*Schramm* Rn. 16). Auf die Erfüllung dieser Voraussetzung ist im G ausdrücklich verzichtet. Dies erscheint sachgerecht, weil es den in arbeitnehmerähnlichen Verhältnissen tätigen behinderten Menschen aller Wahrscheinlichkeit nach gelingen wird, ihre den überschaubaren werkstattinternen Bereich betreffenden Interessen deutlich zu machen und es iÜ auch nicht sachgerecht erscheint, mit diesen Problemen die gesetzlichen Vertreter oder Betreuer zu befassen.

2. Größe der Werkstatt

Auf die Größe der Werkstatt kommt es für die Bildung eines Werkstattrates dem 5
Grunde nach nicht an. Dies hat nur für die Größe des Werkstattrates Bedeutung, § 3 Abs. 1 WMVO (KHM/Kossens Rn. 4). Die noch in § 54c SchwbG enthalten gewesene Sonderregelung für Zweigwerkstätten ist entfallen. In der Praxis hatte dies ohnehin keine Bedeutung, weil angesichts der im G (§ 219 Abs. 1 S. 4) vorgesehenen und in § 7 Abs. 1 WVO konkretisierten Werkstattgröße auch bei teilweiser Zuordnung von Arbeitsplätzen zum Berufsbildungsbereich sowie der Besetzung durch im Arbeitsverhältnis tätige behinderte Menschen im Regelfall ohnehin mehr als 20 wahlberechtigte behinderte Menschen der Werkstatt angehören. Welche Organisationseinheit als Werkstatt anzusehen ist, ergibt sich aus dem Anerkennungsbescheid der Bundesagentur (Schlegel/Voelzke/Schramm Rn. 17).

Eine Verpflichtung zur Bildung eines Werkstattrates besteht nicht (KHM/Kossens 6
Rn. 1). Insoweit kann auf die entsprechende Formulierung in § 1 BetrVG verwiesen werden.

Der Werkstattrat besteht aus mindestens drei und maximal 13 Mitgliedern (§ 3 7
WMVO). Dabei handelt es sich um eine verbindliche Vorgabe. Eine aus der Verwendung des Wortes „mindestens" ableitbare Möglichkeit zur Abweichung eröffnet § 227 Abs. 2, der dem Bundesministerium für Arbeit und Sozialordnung die Kompetenz zum Erlass

einer Rechtsverordnung ua zur Frage der Zusammensetzung des Werkstattrates überträgt.

8 Ohne Bedeutung ist die Anzahl der wahlberechtigten behinderten Menschen. Nachdem die Sonderregelung des bisherigen § 54c Abs. 2 SchwbG für Zweigwerkstätten nicht in das SGB IX übernommen wurde, ist deren Anzahl insoweit ohne Bedeutung (Schlegel/Voelzke/Schramm Rn. 18 f.).

9 Besondere Regelungen für den Werkstattverbund (§ 17 WVO) bestehen nicht, so dass es bei der Grundregelung verbleibt, der Verbund also nicht als Werkstatt angesehen werden kann.

3. Wahlberechtigung/Wählbarkeit

10 Das aktive Wahlrecht (Wahlberechtigung) kommt nach der unmissverständlichen Regelung des § 222 Abs. 1 allen in § 221 Abs. 1 genannten behinderten Menschen zu. Diese wählen den Werkstattrat.

11 Neben der Zugehörigkeit zu diesem Personenkreis setzt das passive Wahlrecht (Wählbarkeit) voraus, dass der betreffende behinderte Mensch am Wahltag mindestens sechs Monate in der Werkstatt beschäftigt ist. Nähere Vorgaben dazu enthält das G nicht. Da Sinn der Regelung jedoch ein bestimmtes Maß an Vertrautheit mit den Verhältnissen in jenem Bereich ist, dessen Beschäftigte vertreten werden müssen, kann nur im Arbeitsbereich verbrachte Zeit, nicht jene der Zugehörigkeit zum Eingangs- oder Berufsbildungsbereich berücksichtigt werden.

C. Mitwirkung/Mitbestimmung

12 Das G umschreibt den Gegenstand der Mitbestimmung bzw. Mitwirkung in Abs. 1 nur allg. dahin, dass es sich um die Interessen der behinderten Menschen berührende Angelegenheiten handeln muss und überlässt deren Konkretisierung nach § 227 Abs. 2 dem Bundesministerium für Arbeit und Sozialordnung, das durch eine mit Zustimmung des Bundesrates zu erlassende Verordnung ua jene Fragen definieren soll, auf die sich die Mitbestimmung bzw. Mitwirkung erstreckt. Dies ist inzwischen durch § 5 WMVO v. 25.6.2001 (BGBl. I 1297) erfolgt, wobei durch Art. 22 Nr. 4 BTHG eine deutliche Erweiterung der Kompetenzen des Werkstattrats erfolgt ist. Auf die entsprechende Kommentierung (vgl. 5.d) wird verwiesen.

13 Aus der Verwendung des Terminus Mitwirkung ist abzuleiten, dass bei den diesem Bereich zugeordneten Regelungsgegenständen jedenfalls kein Zustimmungserfordernis besteht. In § 227 Abs. 2 ist vorgesehen, dass die Fragen, auf die sich die Mitwirkung bezieht, einschließlich Art und Umfang der Mitwirkung durch Rechtsverordnung bestimmt werden. § 5 Abs. 5 WMVO v. 25.6.2001 (BGBl. I 1238) normiert insoweit ein Mitwirkungsrecht, das auf der Grundlage rechtzeitiger, umfassender und in angemessener Weise erfolgender Unterrichtung des Werkstattrates ein Anhörungsrecht beinhaltet und die Zielvorstellung der Erreichung von Einvernehmen vorgibt. Abs. 6 S. 2 ermöglicht darüber hinaus einvernehmlich vereinbarte weitergehende Formen der Beteiligung. Wird von dieser Möglichkeit kein Gebrauch gemacht und kann auch in der nach § 6 WMVO zu bildenden Vermittlungsstelle eine Einigung nicht erreicht werden, entscheidet die Werkstatt in den Fällen des § 5 Abs. 1 WMVO unter Berücksichtigung des Einigungsvorschlages der Vermittlungsstelle endgültig.

14 Anders verhält es sich dagegen bei den Regelungsgegenständen des § 5 Abs. 2 WMVO. Hier ist dem Werkstattrat durch Art. 22 Nr. 4 BTHG in einer ganzen Reihe von Fällen, die dem Katalog des § 87 Abs. 1 BetrVG nachgebildet sind, ein echtes Mitbestimmungsrecht eingeräumt worden. Kommt es nicht zu einer Einigung, kann die Vermittlungsstelle nach § 6 angerufen werden, die endgültig entscheidet (§ 5 Abs. 5

WMVO). Etwas anderes gilt nur, wenn es sich um Angelegenheiten handelt, die nur einheitlich für Arbeitnehmer und Werkstattbeschäftigte entschieden werden können und die Gegenstand einer Vereinbarung mit dem Betriebs- oder Personalrat oder einer sonstigen Mitarbeitervertretung sind oder sein sollen. Hier ruht das Verfahren zunächst („bis dahin"), jedoch verbleibt es bei der abschließenden Entscheidung durch die Werkstatt (§ 6 Abs. 3 WMVO), die dabei den Inhalt einer Einigung mit dem Betriebs- oder Personalrat bzw. einer sonstigen Mitarbeitervertretung oder das Ergebnis eines den Regelungsgegenstand erfassenden Spruchs der Einigungsstelle berücksichtigen wird. Deren Mitbestimmungsrechte werden von dieser Norm nicht erfasst. Allerdings kann die inhaltliche Beziehung der Regelungen für Mitarbeiter und Werkstattbeschäftigte über § 118 BetrVG mittelbar zu einer Einschränkung des Mitbestimmungsrechts nach § 87 Abs. 1 BetrVG führen. § 7 WMVO sieht Unterrichtungsrechte vor. Allerdings besteht für den Fall ihrer Folgen keine Rechtsfolgenregelung, so dass die Verletzung der Unterrichtungspflicht nicht zur Unwirksamkeit einer personellen Einzelmaßnahme (hier: Beendigung des Werkstattverhältnisses) führt (LAG Hamm 7.2.2013 – 15 Sa 994/12, BeckRS 2013, 69683).

D. Information der Vertreter und Betreuer

Die Mitwirkung der in § 221 Abs. 1 genannten behinderten Menschen wird durch eine Beteiligung ihrer gesetzlichen Vertreter und Betreuer ergänzt. Diese werden über die der Mitwirkung unterliegenden Angelegenheiten der Werkstatt (→ Rn. 12) einmal im Kalenderjahr durch eine Eltern- und Betreuerversammlung in angemessener Weise informiert und verfügen insoweit auch über ein Anhörungsrecht. Dies erstreckt sich nach Sinn und Zweck der Regelung auch auf die Aktivitäten des Werkstattrates sowie die Reaktion des Trägers darauf. Das Anhörungsrecht beinhaltet die Möglichkeit, Bedenken zu äußern und Anregungen zu geben (krit. Quambusch ZFSH/SGB 2001, 521). Ein sich daraus ergebende mögliches Konkurrenzverhältnis soll vermieden bzw. zugunsten des Werkstattrats aufgelöst werden (BT-Drs. 14/5800, 31; Schlegel/Voelzke/Schramm Rn. 33). Vorausgesetzt wird dabei, dass der Werkstatträger dies in seine Überlegungen einfließen lässt (LPK-SGB IX/ *Jacobs* Rn. 17). Darüber hinaus kann im Einvernehmen mit dem Träger der Werkstatt ein Eltern- und Betreuerbeirat errichtet werden, der die Werkstatt und den Werkstattrat bei ihrer Arbeit berät und durch Vorschläge und Stellungnahmen unterstützt. Die Bildung eines solchen Beirats ist nicht zwingend, sie erfolgt freiwillig (*Schell/Cleavenger* BArbBl 11/2001, 25; vgl. die Mustersatzung in KHM/Kossens Rn. 8). Zwar beschränkt der Gesetzestext die Unterrichtungspflicht auf die der Mitwirkung unterfallenden Gegenstände, jedoch handelt es sich bei der Nichterwähnung der Mitbestimmung um einen redaktionellen Fehler. Gemeint sind nach der Konzeption dieser Regelung auch Gegenstände, die der Mitbestimmung unterfallen. Eine Beschränkung auf den Bereich der bloßen Mitwirkung wäre sinnwidrig. 15

E. Prozessuales

Für die sich aus der Wahrnehmung von Mitbestimmungs- und Mitwirkungsrechten ergebenden Streitigkeiten ist der Rechtsweg zu den Gerichten für Arbeitssachen eröffnet (KHM/*Kossens* Rn. 14). § 2a ArbGG ist durch die Einfügung einer Ziff. 3a durch Art. 8 des Gesetzes zur Reform des Sozialhilferechts v. 23.7.1996 (BGBl. I 1088) entspr. ergänzt worden. In diesen Angelegenheiten findet das Beschlussverfahren statt. Die notwendigen verfahrensrechtlichen Instrumentarien, die auch eine Wahrnehmung dieses 16

Rechts ermöglichen, sind durch Änderungen und Ergänzungen des § 10 bzw. des § 83 Abs. 3 ArbGG geschaffen worden. Art. 23 v. 19.6.2001 (BGBl. I 1046, 1115) enthält ohne inhaltliche Änderung Regelungen zur Anpassung dieser Vorschriften an den Sprachgebrauch des SGB IX. Dies gilt auch für den Bereich des öffentlichen Dienstes. Streitigkeiten über die Erstattung von Kosten, die der Schwerbehindertenvertretung bei der Wahrnehmung ihrer Rechte entstanden sind, werden auch dann im arbeitsgerichtlichen Beschlussverfahren ausgetragen, wenn in der Dienststelle ein Personalrat besteht (BAG 30.3.2010 – 7 AZB 32/09, NZA 2010, 668).

F. Frauenbeauftragte

17 Mit dem BTHG wurde der Vorschrift ein neuer Abs. 5 angefügt, der die Wahl einer Frauenbeauftragten durch die in der Werkstatt beschäftigten behinderten Frauen vorsieht. Anlass für diese Ergänzung war der Umstand, dass in Einrichtungen der Behindertenhilfe lebende und arbeitende Frauen mit Beeinträchtigungen besonders häufig Gewalterfahrungen machen. Zudem erfahren sie geschlechtsspezifische Diskriminierungen, Grenzüberschreitungen, und Strukturen, die Gewalt begünstigen. Frauenbeauftragte können dem entgegenwirken, indem sie den Betroffenen als Ansprechpartnerinnen zur Verfügung stehen und sie bei der Geltendmachung ihrer Rechte unterstützen. Dabei ist ganz bewusst eine Regelung für Frauenbeauftragte, nicht Gleichstellungsbeauftragte geschaffen worden. In dieser Funktion haben die beauftragten Frauen Zugang „auf gleicher Augenhöhe" zu den Betroffenen und können durch ihre Vorbildfunktion der Diskriminierung von Frauen besonders gut entgegenwirken. In Abs. 5 ist der Grundsatz der Wahl einer Frauenbeauftragten festgeschrieben. In Anlehnung an § 19 Abs. 4 des Bundesgleichstellungsgesetzes ist in großen Einrichtungen die Wahl von bis zu drei Stellvertreterinnen in Abhängigkeit von der Größe der Einrichtung vorgesehen. Dies beruht auf dem Gedanken, dass die wirksame Erfüllung der Aufgaben der Frauenvertretung sichergestellt werden soll, deren Umsetzung allerdings als steigerungsfähig betrachtet wird (Schachler/Schreiner DVfR Forum B, B1 – 2021). Die Verordnungsermächtigung in § 227 Abs. 2 enthält dazu konkrete Vorgaben, während sich die Einzelheiten aus der WMVO ergeben. § 14 WMVO definiert zudem die Tätigkeit der Frauenbeauftragten als fachliche Anforderung an die Werkstatt (BT-Drs. 18/9522, 316).

§ 223 Anrechnung von Aufträgen auf die Ausgleichsabgabe

(1) [1]Arbeitgeber, die durch Aufträge an anerkannte Werkstätten für behinderte Menschen zur Beschäftigung behinderter Menschen beitragen, können 50 Prozent des auf die Arbeitsleistung der Werkstatt entfallenden Rechnungsbetrages solcher Aufträge (Gesamtrechnungsbetrag abzüglich Materialkosten) auf die Ausgleichsabgabe anrechnen. [2]Dabei wird die Arbeitsleistung des Fachpersonals zur Arbeits- und Berufsförderung berücksichtigt, nicht hingegen die Arbeitsleistung sonstiger nichtbehinderter Arbeitnehmerinnen und Arbeitnehmer. [3]Bei Weiterveräußerung von Erzeugnissen anderer anerkannter Werkstätten für behinderte Menschen wird die von diesen erbrachte Arbeitsleistung berücksichtigt. [4]Die Werkstätten bestätigen das Vorliegen der Anrechnungsvoraussetzungen in der Rechnung.

(2) Voraussetzung für die Anrechnung ist, dass

1. die Aufträge innerhalb des Jahres, in dem die Verpflichtung zur Zahlung der Ausgleichsabgabe entsteht, von der Werkstatt für behinderte Menschen ausgeführt und vom Auftraggeber bis spätestens 31. März des Folgejahres vergütet werden und

2. es sich nicht um Aufträge handelt, die Träger einer Gesamteinrichtung an Werkstätten für behinderte Menschen vergeben, die rechtlich unselbständige Teile dieser Einrichtung sind.

(3) **Bei der Vergabe von Aufträgen an Zusammenschlüsse anerkannter Werkstätten für behinderte Menschen gilt Absatz 2 entsprechend.**

Übersicht

A. Allgemeines

Die Anrechnung von Lieferaufträgen an Versehrtenwerkstätten auf die Ausgleichsabgabe war bereits in § 9 Abs. 4 SchwbG 1961 vorgesehen gewesen. Ein fester Anteil der Aufträge war nach dieser ursprünglichen Regelung nicht vorgesehen. Empfohlen wurde ein Prozentsatz von 15–33 vH des Bruttorechnungsbetrages (Erlass v. 19.11.1954, BArbBl 1955, 58). Außerdem war es danach in das Ermessen der Hauptfürsorgestelle gestellt, ob und in welchem Umfang eine Anrechnung von Lieferaufträgen zugelassen wurde. Die vom RegE 1974 vorgeschlagene Fassung des damaligen § 53 ist dann unverändert angenommen worden (BT-Drs. 7/656, 39; BT-Drs. 7/1515, 52). Er gab nunmehr den Anspruch auf Anrechnung von Aufträgen und setzte einen festen Prozentsatz allg. fest. Streitfragen und Schwierigkeiten bei der Abwicklung haben zu einer Konkretisierung der Bestimmung im Ersten Änderungsgesetz zum SchwbG v. 24.7.1986 geführt. Durch Art. 5 Ziff. 6 des Gesetzes zur Reform des Sozialhilferechts – SHRG – v. 23.7.1996 (BGBl. I 1088) ist die Vorschrift dann mit Wirkung zum 1.8.1996 (Art. 17 S. 2 SHRG) geändert worden. Sie konkretisierte nunmehr eine der Vergünstigungen für nach § 57 SchwbG anerkannte Werkstätten, hielt an der seit dem Ersten Änderungsgesetz bestehenden gesetzlichen Festlegung eines bestimmten Anrechnungssatzes fest und legte diesen nunmehr (ab 1.8.1996) auf 50 vH des auf die Arbeitsleistung der Werkstatt entfallenden Rechnungsbetrags fest. Dieser Grundsatz wurde in § 140 SGB IX 2001 fortgeführt, der lediglich im Hinblick auf die Möglichkeit der Anrechnung von Aufträgen geändert wurde. Das BTHG hat daran nichts geändert. **1**

B. Anrechnung von Aufträgen

Die Arbeitgeber können nach dem jetzt geltenden Recht 50 vH des auf die Arbeitsleistung der Werkstatt entfallenden Rechnungsbetrages für Aufträge an WfbM auf die von ihnen geschuldete Ausgleichsabgabe anrechnen. Damit soll die Auftragslage der WfbM gefördert werden, um ihnen auch sinnvolle und in der Wirtschaft benötigte Aufgaben in ausreichendem Maße zur Beschäftigung der behinderten Menschen zuzuweisen (Baur ZFSH/SGB 2002, 714). Nur dann können die Aufgaben der Werkstätten gem. § 219 erfüllt werden, wenn auch Aufträge vorhanden sind und die behinderten Menschen selbst die Notwendigkeit und den praktischen Sinn und Zweck ihrer Tätigkeit erkennen können. Erfasst werden nicht nur Lieferaufträge. Wie die Streichung des ursprünglichen S. 2 der Vorgängervorschrift des § 54 SchwbG 1974, der ausdrücklich den Terminus „Lieferaufträge" enthielt, durch die gesetzliche Neufassung von 1986 verdeutlicht, erstreckt sich die Anrechenbarkeit von Aufträgen auch auf solche, deren Gegenstand die Erbringung von Dienstleistungen ist. Ausdrücklich ist nunmehr im Ge- **2** setzestext auf die Arbeitsleistung der Werkstatt abgehoben, wobei es gleichgültig ist, ob diese von den behinderten Menschen oder dem Fachpersonal der Werkstatt im Rahmen seiner Aufgabenerledigung erbracht wurde (Begründung des Gesetzentwurfs, BT-Drs. 14/5074, 115). Herauszurechnen ist jedoch die Arbeitsleistung sonstiger nicht behinderter Arbeitnehmer der Werkstätte für Behinderte (Schell/Cleavenger BArbBl 11/2001, 22). Verhindert werden sollte lediglich die Berücksichtigung des „Handelsanteils" der Tätigkeit der Werkstatt (Hauck/Noftz/*Goetze* Rn. 4).

3 Der Arbeitgeber kann selbst entscheiden, ob und welche Aufträge er anrechnen will. Eine besondere Anerkennung durch das Integrationsamt ist nicht vorgeschrieben. Da der Arbeitgeber die Ausgleichsabgabe zunächst selbst berechnet und bis zum 31.3. des folgenden Jahres jeweils für ein Kalenderjahr an das Integrationsamt abzuführen hat, wird bei dieser Berechnung auch der Auftrag an WfbM einfach abgesetzt. Irgendwelche Grenzen sind nicht vorgesehen. Der Arbeitgeber kann also die Anrechnung jeweils bis zum vollen Betrag der Ausgleichsabgabe vornehmen. Nach Abs. 2 Nr. 1 können nur solche Aufträge angerechnet werden, die im Jahr der Beschäftigungspflicht ausgeführt und bis zum 31.3. des nächsten Jahres bezahlt worden sind. Der Gesetzgeber hat damit eine bereits im SchwbG enthalten gewesene und im SGB IX fortgesetzte Regelung vorgeschrieben, die schon im Erlass des ArbMinNW v. 3.5.1976 (MinBl. NW 1976 S. 968) vorgesehen, vom OVG NRW aber abgelehnt worden war (OVG NRW 15.11.1982 – 8 A 1097/81, BB 1983, 1035). Das BVerwG hatte aber eine jetzt dem G entsprechende Regelung schon bestätigt (BVerwG 6.3.1986 – 5 C 121/83, NZA 1987, 472).

4 Abgesetzt werden können 50 vH des Rechnungsbetrages für den Auftrag an eine anerkannte (VG Köln 14.2.2008 – 26 K 1650/07, BeckRS 2008, 32382) Werkstatt. Damit soll gewährleistet werden, dass nur die Beschäftigung in Einrichtungen unterstützt wird, die den in der WVO geregelten Standards entsprechen (Schlegel/Voelzke/Schramm Rn. 15). Dieser Satz ist feststehend und bezog sich bereits nach dem bisher geltenden Recht entspr. dem Sinn und Zweck der Bestimmung allein auf den Betrag, der für den Auftrag selbst von der Werkstatt in Rechnung gestellt wird. Um Missbräuchen, die aus der Vergabe von Aufträgen mit hohem Materialwert folgen konnten, vorzubeugen, war bereits in die Neufassung des Schwerbehindertengesetzes klarstellend aufgenommen, dass anrechnungsfähig lediglich der Gesamtrechnungsbetrag abzüglich der Materialkosten ist. Auch alle darüber hinaus gehenden Kosten sind nicht einzubeziehen; insbes. Verpackungs-, Porto- und Transport- und sonstige Nebenkosten können nicht einbezogen werden (*Baur* ZFSH/SGB 2002, 714; KHM/Kossens Rn. 6). Wird ein Abzug für sofortige Zahlung (Skonto) in Anspruch genommen, ist jedoch trotzdem von dem vollen Rechnungsbetrag auszugehen (aA KHM/Kossens § 140 Rn. 8; Cramer Werkstätten Rn. 25), ebenso wie Verzugszinsen und ähnliche Zuschläge für verspätete Zahlung den Rechnungsbetrag nicht erhöhen. Der Rechnungsbetrag als solcher bleibt vielmehr feststehend und wird von der Zahlungsweise und -modalität nicht beeinflusst. Deshalb kann der Rechnungsbetrag zu 50 vH sogar dann schon angerechnet werden, wenn die Rechnung noch gar nicht bezahlt ist, sondern die Bezahlung bis zum 31.3. des Folgejahres erfolgt. Die Mehrwertsteuer gehört nicht zum Rechnungsbetrag und kann nicht teilweise abgesetzt werden.

5 Voraussetzung für die Anrechnung ist weiter, dass der Rechnungsbetrag mindestens zu 50 vH durch Arbeitsleistungen einer WfbM bestimmt ist, die unmittelbar zur Beschäftigung behinderter Menschen beitragen. Dazu zählen alle von der Werkstatt erbrachten Leistungen, auch bei Außenstellen (LPK-SGB IX/Jacobs Rn. 7) und bei anderen Werkstätten. Ausdrücklich klargestellt ist nunmehr in Abs. 1 S. 2, dass insoweit auch die Arbeitsleistung des Fachpersonals zur Arbeits- und Berufsförderung berücksichtigungsfähig ist, nicht dagegen diejenige sonstiger nicht behinderter Arbeitnehmerinnen und Arbeitnehmer. Damit sollen Wettbewerbsvorteile durch die Beschäftigung nicht behinderter Arbeitnehmer ausgeschlossen werden (Ausschussbericht, BT-Drs. 14/5800 S. 39). Ausgeschlossen von der Anrechnung auf die Ausgleichsabgabe ist wegen der ausdrück-

lichen Beschränkung auf den Wert der Arbeitsleistung eine Rechnung, die auf der bloßen Weiterveräußerung von Waren oder Zusatzwaren beruht.

C. Nachweis der Abwicklung

Der Arbeitgeber hatte die ordnungsgemäße Abwicklung der Lieferaufträge gegenüber der Hauptfürsorgestelle in der bis zum 31.7.1986 geltenden Fassung des Schwerbehindertengesetzes nachzuweisen. Diese Vorschrift wurde bereits in dessen Fassung v. 26.8.1986 gestrichen. Dabei ist es auch nach § 140 SGB IX 2001 (heute: § 223 SGB IX 2018) geblieben. Das Integrationsamt hat von Amts wegen zu prüfen, ob die Voraussetzungen für die Anrechnung erfüllt sind (KHM/Kossens Rn. 12). In der Regel ist deshalb die Rechnung ggf. mit Zahlungsbeleg einzureichen. Das Integrationsamt muss dann im Zweifelsfall durch Nachfrage bei der Werkstatt prüfen, inwieweit die Anrechnung zulässig war (vgl. BT-Drs. 10/3138, 27). 6

D. Zusammenschlüsse von Werkstätten

Den Aufträgen an Werkstätten stehen solche Aufträge gleich, die an nicht anerkannte Zusammenschlüsse von Werkstätten erteilt werden (Baur ZFSH/SGB 2002, 714). Solche Werkstättenverbünde werden gebildet, um die Auftragslage zu sichern und die behinderten Menschen beschäftigen zu können. Sie arbeiten vor allem beim Einkauf, bei der Herstellung, bei der Beschaffung von Aufträgen und beim Vertrieb zusammen. Sie wurden durch Abs. 3 den Werkstätten gleichgestellt, um die Auftragserteilung zu fördern (vgl. BT-Drs. 10/5701, 13). Diese Gleichstellung gilt auch für § 224, nachdem diese Zusammenschlüsse auch in § 225 Abs. 1 aufgenommen sind (→ § 224 Rn. 2). 7

Keine Anrechnungsmöglichkeit besteht für Aufträge, die innerhalb von Unternehmen oder Anstalten erteilt wurden. Das gilt dann auch für Zusammenschlüsse von Werkstätten. Vielmehr kann immer nur die Außenwirkung zur Anerkennung führen, wie auch die Anerkennung von Arbeitsleistungen durch andere Werkstätten nach Abs. 1 S. 2 zeigt. Abs. 2 Ziff. 2 stellt ausdrücklich klar, dass keine Anrechnung möglich ist, wenn der Arbeitgeber Träger einer Gesamteinrichtung ist und Aufträge an eine zu dieser Gesamteinrichtung gehörende rechtlich unselbständige Werkstatt vergibt. Bestrebungen, eine solche Auftragsvergabe nach entsprechender Prüfung der Preisgestaltung und Vergabebedingungen zu ermöglichen, wurden abgelehnt (BT-Drs. 10/5701, 13). Daran wurde sowohl bei der Neufassung des Schwerbehindertengesetzes als auch bei der Einführung des SGB IX festgehalten. 8

Auf sonstige Einrichtungen (zB Altenwerkstätten, Arbeitstherapieeinrichtungen, Selbsthilfegruppen und Integrationsunternehmen, Cramer Werkstätten § 140 Rn. 94 f.) ist die allein auf WfbM bzw. Blindenwerkstätten nach § 226 zugeschnittene Anrechnungsregelung nicht anwendbar (KHM/Kossens Rn. 1). 9

§ 224[1] Vergabe von Aufträgen durch die öffentliche Hand

(1) [1] **Aufträge der öffentlichen Hand, die von anerkannten Werkstätten für behinderte Menschen ausgeführt werden können, werden bevorzugt diesen Werkstätten angeboten; zudem können Werkstätten für behinderte Menschen nach Maßgabe der allgemeinen Verwaltungsvorschriften nach Satz 2 beim Zuschlag und den Zuschlagskriterien bevor-**

[1] § 224 Abs. 1 Satz 1 geänd., Satz 2 neu gef. mWv 10.6.2021 durch G v. 2.6.2021 (BGBl. I 1387).

zugt werden. [2]Die Bundesregierung erlässt mit Zustimmung des Bundesrates allgemeine Verwaltungsvorschriften zur Vergabe von Aufträgen durch die öffentliche Hand.

(2) **Absatz 1 gilt auch für Inklusionsbetriebe.**

Übersicht

A. Allgemeines

1 Eine Vorschrift über die bevorzugte Vergabe von Aufträgen der öffentlichen Hand an Schwerbehinderte und Unternehmen von Schwerbehinderten war schon in § 37 Abs. 2 SchwbG 1961 enthalten. Nach dem RegE (BT-Drs. 7/656, 38) sollte diese Bestimmung ersatzlos gestrichen werden, weil diese Hilfe den Schwerbehinderten „sogar in der Mehrzahl der Fälle gegenüber einem nicht schwer behinderten Konkurrenten in ungerechtfertigter Weise bevorzugen" würde. Mit der in § 31 Abs. 3 SchwbG vorgesehenen Hilfe zur wirtschaftlichen Selbständigkeit Schwerbehinderte aus Mitteln der Ausgleichsabgabe durfte man dem Verlangen der Schwerbehinderten in ausreichendem Maß Rechnung tragen. In seiner Stellungnahme hat dann der BR vorgeschlagen, den Werkstätten für Behinderte bevorzugt Aufträge der öffentlichen Hand zu verschaffen, um die Wettbewerbssituation für die Werkstätten für Behinderte zu verbessern und die Auftragslage so weit wie möglich zu sichern (BT-Drs. 7/656, 46). Die BReg. befürwortete daraufhin den Vorschlag unter sozialpolitischen Gesichtspunkten, erhob jedoch Bedenken aus dem Gesichtspunkt des EWG-Rechts, die in einem Prüfungsverfahren nach Art. 93 EWG-Vertrag vor der beabsichtigten Maßnahme ausgeräumt werden müssten (BT-Drs. 7/656, 52). Der Ausschuss für Arbeit und Sozialordnung hat dann diese Anregung des Bundesrates aufgenommen und die Bestimmung einstimmig beschlossen. Die Vorschrift soll nach der Begründung des Abgeordneten *Glombig* gewährleisten, dass der laufende Betrieb der Werkstätten für Behinderte soweit wie nur möglich gesichert wird. Außerdem wurde mitgeteilt, dass sich im Prüfungsverfahren nach Art. 93 EWG-Vertrag abzeichne, dass die Kommission keine Bedenken gegen die Vorschrift erheben werde (BT-Drs. 7/1515, 17), was dann auch nicht geschehen ist. § 141 SGB IX 2001 hielt an diesem Konzept im Wesentlichen unverändert fest (Begründung des Gesetzentwurfes, BT-Drs. 14/5074, 115), während der durch das BTHG neu in das G eingefügte § 224 Abs. 2 SGB IX 2018 den Förderungsgedanken auf Inklusionsbetriebe ausweitet. Die mit Art. 7 Nr. 22a und b des Gesetzes zur Stärkung der Teilhabe von Menschen mit Behinderungen sowie zur landesrechtlichen Bestimmung der Träger von Leistungen für Bildung und Teilhabe in der Sozialhilfe (Teilhabestärkungsgesetz) vom 2.6.2021 (BGBl. I 1307, 1393) erfolgten Änderungen sollen sicherstellen, dass eine Bevorzugung der WfbM beim Zuschlag und den Zuschlagskriterien auch nach den nach Abs. 1 S. 2 noch zu erlassenden allgemeinen Verwaltungsvorschriften möglich ist (BT-Drs. 19/28834, 58).

B. Bevorzugtes Angebot

2 Das Recht auf Bevorzugung nach § 224 haben nur anerkannte WfbM (§ 225). Es muss sich um WfbM handeln, die nach § 225 anerkannt sind und in dem danach geführten Verzeichnis aufgenommen sind. Wie nach § 223 Abs. 3 gilt aber die Vorschrift auch für

nicht anerkannte Zusammenschlüsse von Werkstätten, die ebenfalls in das Verzeichnis aufzunehmen sind (§ 225 Abs. 1 S. 4). § 224 gilt auch für Blindenwerkstätten (§ 226).

Aufträge der öffentlichen Hand sind alle von einer Körperschaft, Anstalt oder Stiftung des öffentlichen Rechts erteilten Aufträge. Dazu gehören nach Bahn- und Postreform nicht die Bahn AG und die aus der Bundespost hervorgegangenen Aktiengesellschaften. Betriebe der öffentlichen Hand sind nur solche, die als Eigenbetriebe geführt werden. Andere Betriebe und Unternehmen, die privatrechtlich organisiert sind, deren Anteile sich nur ganz oder teilweise im Besitz der öffentlichen Hand befinden, fallen jedoch nicht unter diese Vorschrift (LAG Köln 12.5.2011 – 6 Sa 19/11, AE 2012, 96; Hauck/Noftz/Goetze Rn. 8; KHM/Kossens Rn. 4). Die von solchen privatrechtlich organisierten Unternehmen erteilten Aufträge sind nicht solche der öffentlichen Hand, sondern Aufträge dieser privaten Betriebe, auch wenn der Staat maßgeblichen Einfluss hat, der sich jedoch auf die Auftragsvergabe nur mittelbar auswirkt. Die Aufträge können jeder Art sein. Sie brauchen keineswegs nur wirtschaftliche Leistungen zu betreffen, sondern können auch Dienstleistungen, Forschungsaufgaben, Schreibarbeiten oder andere Tätigkeiten betreffen, die nicht durch den Staat, seine Arbeiter, Angestellten und Beamten selbst ausgeführt, sondern von Dritten verrichtet werden sollen. 3

Wenn der Staat einen solchen Auftrag an Dritte vergibt, ist zunächst zu prüfen, ob diese Arbeit oder Tätigkeit von WfbM ausgeführt werden kann. Dazu bedarf es einer engen Zusammenarbeit mit den Werkstätten und einer Bekanntgabe von Tätigkeiten, die solche Werkstätten ausführen können. Die von der BReg. mit Zustimmung des Bundesrates erlassenen allgemeinen Verwaltungsvorschriften (§ 224 S. 2) regeln das iE. Denn Voraussetzung für die Bevorzugung der Werkstätten bei der Auftragsvergabe ist die Kenntnis von den Möglichkeiten zur Übernahme bestimmter Tätigkeiten. 4

Ergibt die Prüfung, dass die zu vergebenden Aufträge von WfbM ausgeführt werden können, sind diese Aufträge bevorzugt diesen anzubieten. Im Gegensatz zum früheren § 37 Abs. 2 SchwbG 1961, nach dem die Schwerbehinderten und ihre Unternehmen bevorzugt bei der Vergabe von Aufträgen zu berücksichtigen waren, ist jetzt gegenüber den Werkstätten nur eine bevorzugte Anbietungspflicht vorgeschrieben. Damit ist vom Gesetzgeber zunächst weniger auferlegt worden, denn anbieten bedeutet noch nicht, dass der Auftrag auch erteilt werden muss. Auf der anderen Seite soll aber den WfbM die Möglichkeit gegeben werden, ihren laufenden Betrieb durch die Übernahme geeigneter Arbeiten und Tätigkeiten zu sichern. Man wird deshalb den Unterschied zu der bisherigen Fassung darin zu sehen haben, dass die Werkstätten zunächst selbst sollen entscheiden können, ob sie nach Art und Durchführung des Auftrages in der Lage sind, das Angebot anzunehmen. Dabei wird auch zu berücksichtigen sein, dass sehr viele Aufträge fristgebunden sind und deshalb nicht ohne weiteres auch von WfbM in der geforderten oder erforderlichen Zeit erledigt werden können. 5

Ist aber die Werkstatt nach eigener Prüfung in der Lage, den Auftrag auszuführen, der ihr angeboten wird, so ist der Auftrag auch bevorzugt an diese Werkstatt zu vergeben. Das Gebot des bevorzugten Anbietens hat keinen Zweck, wenn nicht auch die bevorzugte Auftragserteilung damit verbunden ist, sofern die Werkstatt selbst zur Annahme bereit ist. Allerdings kann auch unter diesen Voraussetzungen noch kein Rechtsanspruch auf Auftragserteilung abgeleitet werden (BVerwG 26.11.1969 – V C 93.67, BVerwGE 34, 213 = VerwRspr 1971, 94). Die Vergabe öffentlicher Aufträge richtet sich auch nach den Grundsätzen der sparsamen und rationellen Verwendung öffentlicher Mittel. Die geringfügige Überschreitung des wirtschaftlichsten Preises darf aber keine Rolle spielen. Auch unter diesem Gesichtspunkt ist die Vorschrift wesentlich, dass nur eine Verpflichtung zum Angebot an die Werkstatt besteht. Die Werkstatt selbst kann deshalb nicht die Erteilung von Aufträgen oder von bestimmten Aufträgen beanspruchen und einklagen (KHM/Kossens Rn. 9). Die Bestimmung ist zunächst nur an die öffentliche Hand gerichtet und schreibt dieser das bevorzugte Angebot vor. Da sie dem einzelnen einen Rechtsanspruch auf eine bevorzugte Erteilung von Aufträgen nicht gibt, kann sie auch 6 nicht im Klagewege durchgesetzt werden. Die betroffene WfbM bzw. ihr Träger hat aber Anspruch auf eine ermessensfehlerfreie Entscheidung;gegen eine Ablehnung aus unsachlichen, letztlich willkürlichen und mit den Vorschriften nicht in Einklang stehenden Gründen kann deshalb im Verwaltungsrechtsweg vorgegangen werden (BVerwG 26.11.1969 – V C 93.67, BVerwGE 34, 213 = VerwRspr 1971, 94). Die Bevorzugung soll die Chancengleichheit herstellen und die Benachteiligung in der Wettbewerbssituation ausräumen. An dieser Konzeption wird auch im Vergaberecht (vgl. § 130 GWB) festgehalten. Allerdings sind dabei die Voraussetzungen des als lex specialis vorgehenden § 97 Abs. 2 GWB zu beachten, die zwar eine Ungleichbehandlung unter Berücksichtigung sozialer Aspekte ermöglichen, dies jedoch nur „neben dem Preis oder den Kosten" gestatten, so dass ein pauschaler Wertungsvorteil beim Preis nicht gestattet ist (Vergabekammer Westfalen 19.8.202, VK 2 – 29/22, BeckRS 2022, 20637; Schäffer-Teichert jurisPR-VergR 10/2022 Anm. 3). Im Übrigen ist es möglich, im Wege der Dienstaufsicht darauf hinzuwirken, dass eine entsprechende bevorzugte Berücksichtigung erfolgt. Das gilt insbes. dann, wenn Träger der Werkstatt eine Stelle der öffentlichen Hand selbst ist. Allerdings müssen dabei auch die Bestimmungen des Wettbewerbsrechts eingehalten werden. Ist mit der Vermietung von Räumlichkeiten (hier: Räume für einen Schilderprägebetrieb in unmittelbarer Nähe der Zulassungsstelle für Kraftfahrzeuge ein unmittelbarer Wettbewerbsvorteil verbunden, stellt deren Vermietung an eine WfbM ohne Ausschreibung einen Verstoß gegen § 20 Abs. 1 GWB dar (BGH 7.11.2006 – KZR 2/06, NJW 2007, 2184; aber OLG Nürnberg 16.2.2010 – 1 K 13/10, NJW-RR 2010, 1412). Zwar kann der Normadressat des Diskriminierungs- und Behinderungsverbots soziale Belange berücksichtigen, jedoch muss dies in der erforderlichen Ausschreibung veröffentlicht werden, um anderen Unternehmen Gelegenheit zu geben, sich darauf einzustellen. Erst anhand des bei einer Ausschreibung ermittelten günstigsten Angebots lässt sich nämlich ermitteln, ob die Voraussetzungen für eine bevorzugte Berücksichtigung der WfbM vorliegen (BGH 13.11.2007 – KZR 22/06, NJW-RR 2008, 634).

7 Die Vergabe öffentlicher Aufträge richtet sich nach der Verdingungsordnung für Leistungen und nach der Verdingungsordnung für Bauleistungen. Diese Bedingungen müssen auch die Werkstätten erfüllen. Neben den Werkstätten waren bei der Vergabe öffentlicher Aufträge in der Vergangenheit auch Vertriebene und Flüchtlinge, Verfolgte und Evakuierte bevorzugt zu berücksichtigen. Die Werkstätten mussten sich mit diesen auch auf gesetzlichen Vorschriften beruhenden anderen zu berücksichtigenden Personenkreisen in die Aufträge ggf. teilen; dh der Staat musste anteilsmäßig alle Kreise bei seinen Aufträgen angemessen berücksichtigen. Auch das sprach gegen einen Rechtsanspruch eines der bevorzugten Kreise auf die Erteilung bestimmter Aufträge. Seit dem 10.5.2001 gelten diese Richtlinien nicht mehr (→ Rn. 8).

C. Richtlinien

8 Nach früher geltendem Recht erfolgte die bevorzugte Vergabe von Aufträgen an die WfbM auf der Grundlage von Richtlinien. Zuletzt galten die Richtlinien für die Berücksichtigung von Werkstätten für Behinderten- und Blindenwerkstätten bei der Vergabe öffentlicher Aufträge v. 10.5.2001 (BAnz. 2001 S. 11773, KHM/Kossens Rn. 5). In den Ländern galten eigene Regelungen (vgl. die Übersicht in KHM/Kossens Rn. 8). § 224 S. 2 SGB IX enthält eine davon abweichende Regelungsform. Nach der aktuellen Rechtslage erlässt die BReg. mit Zustimmung des Bundesrates hierzu allgemeine Verwaltungsvorschriften. Diese bedürfen nach der Rspr. des BVerfG (2.3.1999 – 2 BvF 1/94, NVwZ 1999, 977) keiner ausdrücklichen gesetzlichen Ermächtigungsgrundlage, benötigen allerdings die Zustimmung des Bundesrates, weil sie auch Aufträge von Landesverwaltungen erfassen sollen (Begründung des Gesetzentwurfes, BT-Drs. 14/

5074, 115; KHM/Kossens Rn. 2). Bis zu dem Erlass sollen die bisherigen Richtlinien weiter angewendet werden, um ein einheitliches Verfahren zu gewährleisten (*Schell/ Cleavenger* BArbBl 11/2001, 25).

D. Inklusionsbetriebe

9 Durch das BTHG wurde der Vorschrift ein neuer Abs. 2 angefügt, der deren Geltung auch auf Inklusionsbetriebe ausdehnt (Bauer br 2017, 36; Hohner SozSich 2018, 305). Es besteht nunmehr die Möglichkeit, neben den anerkannten WfbM auch Inklusionsbetriebe bei der Vergabe von Aufträgen der öffentlichen Hand bevorzugt zu berücksichtigen. Voraussetzung dafür ist eine Beschäftigungsquote von 30 % sbM. Diese Vorgabe entspricht der Richtlinie zur Reform des Vergaberechts auf Europäischer Ebene, die es ermöglicht, dass ein öffentlicher Auftraggeber Aufträge sozialen Unternehmen vorbehalten kann. Dazu gehören ausdrücklich Wirtschaftsunternehmen, deren Hauptzweck die Integration von Menschen mit Behinderungen ist. Die im Europäischen Vergaberecht dafür vorgesehene Beschäftigungsquote von 30 % sbM ist in § 118 des Gesetzes über Wettbewerbsbeschränkungen umgesetzt worden. Da in § 215 Abs. 3 eine entsprechende Voraussetzung für die Anerkennung als Inklusionsbetrieb aufgenommen wurde, erfüllen alle Inklusionsbetriebe diese Anforderung automatisch (BT-Drs. 18/9522, 311).

§ 225[1] Anerkennungsverfahren

[1]Werkstätten für behinderte Menschen, die eine Vergünstigung im Sinne dieses Kapitels in Anspruch nehmen wollen, bedürfen der Anerkennung. [2]Die Entscheidung über die Anerkennung trifft auf Antrag die Bundesagentur für Arbeit im Einvernehmen mit dem Träger der Eingliederungshilfe. [3]Die Bundesagentur für Arbeit führt ein Verzeichnis der anerkannten Werkstätten für behinderte Menschen. [4]In dieses Verzeichnis werden auch Zusammenschlüsse anerkannter Werkstätten für behinderte Menschen aufgenommen.

Übersicht

A. Allgemeines

1 Die WfbM bedürfen wie bereits früher die Schwerbeschädigtenbetriebe nach § 9 Abs. 4 SchwbG 1961 der Anerkennung. Die Zuständigkeit für das Anerkennungsverfahren war bei der Novellierung des Schwerbehindertengesetzes 1974 stark umstritten. Die BReg. hat damals in ihrem Entwurf vorgeschlagen, die Anerkennung durch die Bundesagentur für Arbeit vornehmen zu lassen, um die Einheitlichkeit für das gesamte Bundesgebiet sicherzustellen. Vor allem sollte durch die Erfahrung der Bundesagentur für Arbeit beim Aufbau eines nach einheitlichen Merkmalen ausgerichteten Netzes leistungsfähiger Werkstätten gewährleistet werden, dass die Förderungsmöglichkeiten nach dem SchwbG die bisherigen Hilfen nach dem damals geltenden AFG sinnvoll und

[1] § 225 Satz 2 geänd. mWv 1.1.2018 durch G v. 17.7.2017 (BGBl. I 2541).

wirksam ergänzten; dabei sollten die überörtlichen Träger der Sozialhilfe beteiligt werden, indem sich die Bundesagentur für Arbeit mit ihnen ins Benehmen zu setzen hatte (RegE BT-Drs. 7/656, 17, 39). Im Ausschuss für Arbeit und Sozialordnung wurde sodann das Benehmen durch das verstärkte „Einvernehmen" ersetzt, weil das wegen der starken Beteiligung der Träger der Sozialhilfe an den Investitionen und am laufenden Unterhalt der Werkstätten für Behinderte geboten sei (BT-Drs. 7/1515, 18 f.). Im BR wurde sodann versucht, die Zuständigkeit für die Anerkennung den obersten Arbeits- und Sozialbehörden der Länder zu übertragen, da die Länder bei Planung, Koordinierung und finanzieller Förderung der Werkstätten maßgeblich und zB in Koordinierungsausschüssen federführend beteiligt seien. Die Entscheidung sollte deshalb im Benehmen mit der Bundesagentur für Arbeit und den überörtlichen Sozialhilfeträgern nicht ohne das Einverständnis der Länder erfolgen. Die Begründung ging dahin, dass die Länder die Werkstätten im Wesentlichen planten und finanzierten und daher auch unter dem Gesichtspunkt der Landeseinheitlichkeit Einfluss auf die Anerkennung haben müssten; die Bundesagentur für Arbeit sei demgegenüber nur für Teilbereiche der Werkstätten zuständig und sollte wie die überörtlichen Sozialhilfeträger an der Entscheidung durch ein Benehmen beteiligt werden. Auch würde in Fällen, in denen ein Einvernehmen nicht erzielt werde, das Anerkennungsverfahren blockiert und die Werkstatt nicht anerkannt (BT-Drs. 57/1/74). Der BR hat dann auch aus diesem Grunde den Vermittlungsausschuss angerufen (401. Sitzung v. 15.2.1974 S. 21). Im Vermittlungsausschuss hat jedoch diese Auffassung keine Mehrheit gefunden, so dass es bei der bisherigen Fassung blieb, wie sie vom BT verabschiedet war (vgl. Sten Bericht der 85. Sitzung des BT v. 14.3.1974 S. 5544 A). Die Einzelheiten der Anerkennung waren im G nicht unmittelbar geregelt. § 57 SchwbG enthielt lediglich eine Verordnungsermächtigung, von der mit der SchwbWV v. 13.8.1980 (BGBl. I 1365, heute: WVO) Gebrauch gemacht wurde. Einzelheiten finden sich dort im zweiten Abschnitt, §§ 17, 18 WVO. Das Verfahren richtet sich iÜ nach SGB X – Verwaltungsverfahren v. 18.8.1980 (BGBl. I 1469) idF der Bekanntmachung v. 18.1.2001 (BGBl. I 130, zuletzt geändert durch G v. 20.7.2022 (BGBl. I 1237). § 142 SGB IX 2001 enthielt insoweit keine materielle Änderung (Begründung des Gesetzentwurfes, BT-Drs. 14/5074, 115). Lediglich die bisher in § 57 Abs. 2 SchwbG vorgesehene Verordnungsermächtigung fand sich nunmehr in § 144 Abs. 1. Mit Art. 8 Nr. 25 des Dritten Gesetzes für moderne Dienstleistungen am Arbeitsmarkt v. 23.12.2003 (BGBl. I 2828 (2893)) wurde der Wortlaut der Vorschrift ohne materielle Änderungen lediglich sprachlich angepasst. Das BTHG hat daran inhaltlich nichts geändert.

B. Anerkennung der Werkstätten

2 WfbM können die Vergünstigungen der §§ 223 und 224 in Anspruch nehmen, wenn sie anerkannt sind (VG Köln 14.2.2008 – 26 K 1650/07, BeckRS 2008, 32382). Die Anerkennung muss schriftlich (§ 18 WVO) bei der Bundesagentur für Arbeit beantragt werden und wird von dieser ausgesprochen. Dazu muss vorher von der Bundesagentur für Arbeit das Einvernehmen mit dem Träger der Eingliederungshilfe (§ 6 SGB IX), in dessen Bereich die Einrichtung liegt, hergestellt werden. Dessen Aufgabe nahm gemäß§ 241 Abs. 8 SGB IX im Zeitraum vom 1.1.2018 bis zum 31.12.2019 der Träger der Sozialhilfe gem. § 3 SGB XII wahr (Schlegel/Voelzke/Schramm Rn. 3). Mit dieser Übergangslösung konnte die gesetzliche Systematik aufrechterhalten werden (BT-Drs. 18/12611, 100). Sofern der Träger der Eingliederungshilfe (§ 6 SGB IX) nicht zustimmt, ist eine Anerkennung nicht möglich. Das Verfahren richtet sich nach §§ 17, 18 WVO und iÜ nach SGB X (→ WVO § 17 Rn. 1 ff.).

Die überörtlichen Träger der Sozialhilfe stehen im Gegensatz zu dem örtlichen Träger der Sozialhilfe. Beide sind in § 3 SGB XII erwähnt. Die örtlichen Träger sind die Kreise und die kreisfreien Städte und die Landkreise, soweit nicht nach Landesrecht etwas anderes bestimmt ist. Die Länder können bestimmen, dass und inwieweit die Kreise ihnen zugehörige Gemeinden oder Gemeindeverbände zur Durchführung der Aufgaben nach dem SGB III heranziehen. Die überörtlichen Träger der Sozialhilfe werden von den Ländern bestimmt (§ 97 Abs. 2 SGB XII). Es handelt sich damit durchweg um von den Ländern bestimmte Landesbehörden. Damit entsteht die schon nach dem früheren Recht umstrittene Frage, inwieweit hier die Bundesbehörde Bundesagentur für Arbeit an das Einvernehmen mit einer Landesbehörde gebunden werden kann. Nach überwiegender Meinung ist das eine an sich unzulässige Mischverwaltung (Maunz/Dürig/Kirchhof GG Art. 83 Rn. 57 ff., vor allem Rn. 61). Im vorliegenden Falle des § 225 ist aber zu berücksichtigen, dass die Anerkennung als WfbM nicht nur Bedeutung nach dem SGB IX und dem SGB III, sondern auch nach dem SGB XII und der Sozialversicherung Behinderter hat (§ 53 Abs. 4, § 56 SGB XII, § 1 G über die Sozialversicherung Behinderter v. 7.5.1975, BGBl. I 1061). Damit ist die Anerkennung nicht nur mit bundes-, sondern auch mit landesrechtlichen Wirkungen ausgestattet. Unter diesen Umständen besteht gegen die Anerkennung durch die Bundesagentur für Arbeit mit Bindung an das Einvernehmen der landesrechtlichen überörtlichen Sozialhilfeträger kein Bedenken. Es handelt sich um einen ausnahmsweise zulässigen Sonderfall einer einheitlichen Regelung, bei dem – ähnlich wie bei der Ernennung des Leiters einer Finanzmittelbehörde – die Bundesbehörde zwar allein entscheidet, aber vorher das Einvernehmen wegen der Doppelwirkung herstellen muss (Maunz/Dürig/Kirchhof GG Art. 83 Rn. 32 ff., besonders Rn. 36, 38). Erfolgt die Anerkennung ohne die Herstellung des Einvernehmens, ist sie rechtswidrig, jedoch nicht nichtig (§ 40 Abs. 3 Nr. 4 SGB X; Schlegel/Voelzke/Schramm Rn. 12). 3

Daraus folgt auf der anderen Seite, dass jede der beiden für die Anerkennung aneinander gebundenen Stellen die Anerkennung blockieren kann. Daraus wird man die weitere Folgerung zu ziehen haben, dass bei einer Verweigerung der Anerkennung zunächst derjenige im Rechtsmittelwege angegangen werden muss, der die Anerkennung auszusprechen hat und demzufolge die Ablehnung erteilt, also die BA. Stellt sich dabei aber heraus, dass die Ablehnung wegen der fehlenden Zustimmung des Trägers der Eingliederungshilfeerfolgt ist, kann auch gegen diesen unmittelbar vorgegangen und dieser auf Einverständnis mit der Anerkennung verklagt werden. Dafür sind dann sogar verschiedene Rechtswege vor die Sozialgerichte und die Verwaltungsgerichte gegeben. Der Streit vor dem Sozialgericht gegen die Bundesagentur für Arbeit muss dann ggf. bis zur Klärung der Zustimmung des Trägers der Eingliederungshilfe ausgesetzt werden. Andernfalls wäre Art. 19 Abs. 4 GG verletzt, wollte man ein Vorgehen gegen diesen ablehnen. 4

C. Verzeichnis der anerkannten Werkstätten

Die Bundesagentur für Arbeit muss ein Verzeichnis der anerkannten WfbM führen. Es soll den Arbeitgebern und Dienststellen der öffentlichen Hand ermöglichen, leicht herauszufinden, an welche Werkstätten Aufträge vergeben werden können bzw. zu vergeben sind (§ 225 S. 3). Die Aufnahme ist nicht konstitutiv und begründet auch keinen Vertrauensschutz Dritter (Knittel § 142 Rn. 31; Schlegel/Voelzke/Schramm Rn. 20). 5

Das Verzeichnis war grds. nur bei der Hauptstelle zu führen und regelmäßig bekannt zu machen. Das ist geschehen in den ANBA, zuletzt nach dem Stand vom August 2001 in Sonderdruck aus ANBA 10/2001. Da diese Veröffentlichungsblätter bei allen Dienststellen der Bundesagentur für Arbeit vorhanden sind, erübrigte es sich, die Verzeichnisse 6 nochmals bei den nachgeordneten Agenturen zu führen; Seit Nov. 2006 wird das Verzeichnis von REHADAT erstellt, aktualisiert und im Internet veröffentlicht (www.arbeitsagentur.de/Institutionen/Traeger/WfbM bzw. www.rehadat.de Schlegel/Voelzke/Schramm Rn. 20.

7 Außerdem werden als Anhang auch die Blindenwerkstätten iSd Blindenwarenvertriebsgesetzes bekannt gemacht. In das Verzeichnis sind auch die Zusammenschlüsse anerkannter Werkstätten aufzunehmen. Sie sind in § 225 S. 4 ausdrücklich genannt, können aber auch nach § 226 bevorzugt werden (→ § 226 Rn. 2).

D. Rücknahme und Widerruf der Anerkennung

8 Für die Rücknahme und den Widerruf der Anerkennung gelten die allgemeinen Vorschriften des SGB X, insbes. §§ 45–48). Eine eigenständige Regelung, wie sie in der bis zum 31.7.1996 geltenden Fassung des § 57 SchwbG enthalten war, ist in das SGB IX nicht aufgenommen worden. Ob für die Rücknahme oder Aufhebung der Anerkennung die Herstellung des Einvernehmens ebenfalls erforderlich ist, ist umstritten (dafür KHM/Kossens § 142 Rn. 8). Da es sich dabei um den actus contrarius handelt, spricht viel dafür, dass es auch hier des Einvernehmens bedarf (*Knittel* § 142 Rn. 30; Wiegand/Jung § 142 Rn. 8; Schlegel/Voelzke/Schramm Rn. 14).

E. Rechtsmittel

9 Gegen die Ablehnung eines Antrages auf Anerkennung, gegen die Rücknahme der Anerkennung und gegen den Widerruf kann die betroffene Werkstatt bzw. ihr Träger vor dem Sozialgericht im Klagewege vorgehen, sofern die Bundesagentur für Arbeit als Hauptstelle tätig geworden ist (§ 81 SGG). Ist dies nicht der Fall, muss zunächst Widerspruch eingelegt werden und kann der Klageweg erst nach Zurückweisung des Widerspruchs beschritten werden (→ § 201 Rn. 43). Liegen die Voraussetzungen für eine Anerkennung vor, besteht auf deren Erteilung ein Rechtsanspruch (SG Nordhausen 14.4.1994 – S 2/Ar 146/94, Breithaupt 1995, 199 = BeckRS 9998, 83475; KHM/Kossens § 142 Rn. 5).

§ 226 Blindenwerkstätten

Die §§ 223 und 224 sind auch zugunsten von auf Grund des Blindenwarenvertriebsgesetzes anerkannten Blindenwerkstätten anzuwenden.

1 Blindenwerkstätten werden den WfbM für die Vergünstigungen nach §§ 223, 224 voll gleichgestellt. Damit sind sie bessergestellt als die früheren Schwerbeschädigtenbetriebe, denen für die Übergangszeit bis zum 30.4.1979 nur die Vergünstigungen des § 55 SchwbG aF eingeräumt waren (vgl. Art. III § 7 des Gesetzes zur Weiterentwicklung des Schwerbehindertenrechts v. 24.4.1974). Die Vorschrift entspricht dem RegE zum SchwbG 1974 (BT-Drs. 7/656, 39) und wurde lediglich durch einen Antrag aller Fraktionen vor der zweiten Lesung um die Einfügung auch des damaligen § 56 (später: § 58) SchwbG, späteren § 141 (heute: § 224 SGB IX 2018) ergänzt, um diesen Vorteil der bevorzugten Vergabe von Aufträgen der öffentlichen Hand auch für die Blindenwerkstätten zu sichern (BT-Drs. 7/1592).

2 Die Blindenwerkstätten hatten besondere Vergünstigungen nach dem Blindenwarenvertriebsgesetz v. 9.4.1965 (BGBl. I 311) idF v. 25.7.1984 (BGBl. I 1008). Mit dem G zur Bekämpfung der Arbeitslosigkeit Schwerbehinderter v. 29.9.2000 (BGBl. I 1394)

war der Text des bisherigen § 58 SchwbG an den aktuellen Stand des Blindenwarenvertriebsgesetzes angepasst worden. § 143 in der bis zum 13.9.2007 gültigen Fassung führte dies fort. Durch Art. 30 Abs. 2 Ziff. 2 des Zweiten Gesetzes zum Abbau bürokratischer Hemmnisse insbes. in der mittelständischen Wirtschaft v. 7.9.2007 (BGBl. I 2246, 2262) wurde das Blindenwarenvertriebsgesetz außer Kraft gesetzt, weil dieses G für nicht mehr erforderlich angesehen wurde. Die soziale Absicherung und Förderung der Blinden seien zwischenzeitlich auch auf andere Weise möglich und abgesichert (Begründung des Gesetzentwurfs, BT-Drs. 16/4391, 42). Mit der Neufassung des § 143 SGB IX 2001 sollte sichergestellt werden, dass anerkannte (VG Köln 14.2.2008 – 26 K 1650/07, BeckRS 2008, 32382) Blindenwerkstatten weiterhin förderungsfähige Einrichtungen waren (BT-Drs. 16/4391, 42). Dabei handelt es sich nach § 5 des außer Kraft getretenen Blindenwarenvertriebsgesetzes um Betriebe, in denen ausschließlich Blindenwaren hergestellt und in denen bei der Herstellung andere Personen als Blinde nur mit Hilfs- oder Nebenarbeiten beschäftigt werden. Blindenwaren sind Waren, die in ihren wesentlichen, das Erzeugnis bestimmenden Arbeiten von Blinden hergestellt sind, sie werden in der DVO v. 11.8.1965 (BGBl. I 807) idF v. 25.3.1969 (BGBl. I 283) und v. 28.11.1979 (BGBl. I 1986) aufgezählt (Bürsten, Besen, Körbe, Matten, Web-, Strick-, Knüpf- und Häkelwaren, Töpfer- und Keramikwaren, Wäscheklammern, Arbeitsschürzen). Ansonsten sind Blindenwerkstätten, sofern sie nicht zugleich WfbM und als solche anerkannt sind, dem allgemeinen Arbeitsmarkt zuzuordnen und nach den für diesen geltenden Bestimmungen zu fördern (Cramer Werkstätten § 149 Rn. 6). Durch das BTHG hat sich an dieser Rechtslage nichts geändert. Allerdings reduziert sich die Bedeutung des § 226 SGB mit fortschreitender Zeit; denn durch das Außerkrafttreten des Blindenwarenvertriebsgesetzes ist er nur noch für Altfälle von Relevanz (Schlegel/Voelzke/Schramm Rn. 5).

§ 227 Verordnungsermächtigungen

(1) Die Bundesregierung bestimmt durch Rechtsverordnung mit Zustimmung des Bundesrates das Nähere über den Begriff und die Aufgaben der Werkstatt für behinderte Menschen, die Aufnahmevoraussetzungen, die fachlichen Anforderungen, insbesondere hinsichtlich der Wirtschaftsführung, sowie des Begriffs und der Verwendung des Arbeitsergebnisses sowie das Verfahren zur Anerkennung als Werkstatt für behinderte Menschen.

(2) [1]Das Bundesministerium für Arbeit und Soziales bestimmt durch Rechtsverordnung mit Zustimmung des Bundesrates im Einzelnen die Errichtung, Zusammensetzung und Aufgaben des Werkstattrats, die Fragen, auf die sich Mitbestimmung und Mitwirkung erstrecken, einschließlich Art und Umfang der Mitbestimmung und Mitwirkung, die Vorbereitung und Durchführung der Wahl, einschließlich der Wahlberechtigung und der Wählbarkeit, die Amtszeit sowie die Geschäftsführung des Werkstattrats einschließlich des Erlasses einer Geschäftsordnung und der persönlichen Rechte und Pflichten der Mitglieder des Werkstattrats und der Kostentragung. [2]In der Rechtsverordnung werden auch Art und Umfang der Beteiligung von Frauenbeauftragten, die Vorbereitung und Durchführung der Wahl einschließlich der Wahlberechtigung und der Wählbarkeit, die Amtszeit, die persönlichen Rechte und die Pflichten der Frauenbeauftragten und ihrer Stellvertreterinnen sowie die Kostentragung geregelt. [3]Die Rechtsverordnung kann darüber hinaus bestimmen, dass die in ihr getroffenen Regelungen keine Anwendung auf Religionsgemeinschaften und ihre Einrichtungen finden, soweit sie eigene gleichwertige Regelungen getroffen haben.

Übersicht

A. Allgemeines

1 Auch diese Vorschrift ist aus dem bisherigen Recht entstanden. Sie überträgt in Absatz im Wesentlichen die Regelung des früheren § 57 Abs. 2 SchwbG, der allerdings eine gewisse Erweiterung erfahren hat. Abs. 2 entspricht dem bisherigen § 54c Abs. 4 SchwbG und ist ebenfalls in seinem Anwendungsbereich erweitert worden. In Abs. 2 spiegelt sich die Erweiterung der Rechte des Werkstattrats durch Art. 22 BTHG, der jetzt nicht mehr nur mitwirken, sondern auch mitbestimmen darf. Der Wortlaut der Norm ist jetzt so erweitert, dass den Anforderungen des Art. 80 GG genügt und eine ausreichende gesetzliche Grundlage für die WMVO vorhanden ist (BT-Drs. 14/5800 S. 31 f.; Schlegel/Voelzke/Schramm Rn. 6, 8).

B. Regelungen zur WfbM

2 Die BReg. bestimmt nach Abs. 1 mit Zustimmung des Bundesrates durch Rechtsverordnung das Nähere über den Begriff und die Aufgaben der WfbM iRd § 219 und zugleich die für sie geltenden fachlichen Anforderungen, die Aufnahmevoraussetzungen, den Begriff und die Verwendung des Arbeitsergebnisses und das Verfahren zur Anerkennung als WfbM regeln. Diese Bestimmungen gelten auch für die Vorschriften über WfbM in anderen Gesetzen, die auf das SGB IX Bezug nehmen (§ 102 Abs. 2 SGB III, § 56 SGB XII, § 1 G über die Sozialversicherung Behinderter v. 7.5.1975, BGBl. I 1061). Das ist mit der Dritten Verordnung zur Durchführung des Schwerbehindertengesetzes (Werkstättenverordnung – WVO) v. 13.8.1980 (BGBl. I 1365), geschehen. In § 17 sind die anerkennungsfähigen Werkstätten, in § 18 wird der Antrag geregelt. Im Übrigen richtet sich das Verfahren nach SGB X – Verwaltungsverfahren.

3 Über den Wortlaut des bisherigen § 57 Abs. 2 SchwbG hinaus enthielt bereits§ 144 (heute § 227) Abs. 1 SGB IX eine Erweiterung der Ermächtigung im Hinblick auf die Ermittlung und Verwendung des Arbeitsergebnisses. Die Entlohnung der Beschäftigten der Werkstatt hängt entscheidend vom Netto-Ergebnis ab. Mit der Neuregelung sollen die Werkstätten verpflichtet werden, den Anerkennungsbehörden (Bundesagentur für Arbeit im Einvernehmen mit dem jeweils zuständigen Träger der überörtlichen Sozialhilfe) auf deren Verlangen die Ermittlung und Verwendung des Arbeitsergebnisses iSd § 12 Abs. 4, 5 WVO offen zu legen. Die entsprechende Regelung findet sich in dem durch Art. 55 Nr. 12 SGB IX in die WVO neu eingefügten § 12 Abs. 6 WVO.

C. Regelungen zur Mitbestimmung und Mitwirkung der schwerbehinderten Menschen

4 Nach der Begründung des Gesetzentwurfs (BT-Drs. 14/5074, 115) sollte Abs. 2 lediglich den bisherigen § 54c Abs. 4 SchwbG inhaltsgleich in das SGB IX übertragen. Im weiteren Verlauf des Gesetzgebungsverfahrens ist diese Regelung erweitert worden, um alle nach den Vorstellungen der Beteiligten notwendigen und in der Verordnung vor-

gesehenen Regelungen treffen zu können. Zur näheren Regelung von Art und Umfang der Mitwirkung gehört auch die Bildung einer Vermittlungsstelle für die Fälle, in denen zwischen Werkstatt und Werkstattrat keine Einigung erzielt werden kann (Bericht des Ausschusses für Arbeit und Sozialordnung, 11. Ausschuss, BT-Drs. 14/5800, 31). Soweit in dem zitierten Beschluss die Meinung vertreten wurde, die nähere Regelung der Geschäftsführung schließe auch die Möglichkeit zum Erlass einer Geschäftsordnung durch Beschluss des Werkstattrats in sich ein, ist daran im endgültigen Gesetzestext nicht festhalten worden. Hier wird der Erlass einer Geschäftsordnung gesondert angesprochen. Die Zuständigkeit für den Erlass einer solchen Rechtsverordnung ist durch Art. 261 Nr. 1 der Neunten Zustandigkeitsanpassungsverordnung v. 31.10.2006 (BGBl. I 2407, 2441) dem BMAS übertragen worden

Abs. 2 S. 2 trifft darüber hinaus eine Sonderregelung für die Religionsgemeinschaften 5
und ihre Einrichtungen, sofern diese eine gleichwertige Regelung getroffen haben. Dies berücksichtigt die Gewährleistung des kirchenrechtlichen Selbstbestimmungsrechts nach Art. 140 GG iVm Art. 137 Abs. 3 WRV (LPK-SGB IX/Jacobs Rn. 9). Über die Gleichwertigkeit entscheidet die Anerkennungsbehörde (Schlegel/Voelzke/*Schramm* Rn. 14).

Während die Möglichkeit zum Erlass einer Mitwirkungsverordnung nach § 54c Abs. 4 6
Schwerbehindertengesetz nicht genutzt worden war, hat das Bundesministerium für Arbeit und Sozialordnung durch Erlass der mit Wirkung zum 1.7.2001 in Kraft getretenen Werkstättenmitwirkungsverordnung (WMVO) v. 25.6.2001 (BGBl. I 1297, vgl. 5d) von der Ermächtigung Gebrauch gemacht. Das BTHG erweitert diese ursprünglich allein Mitwirkungstatbestände enthaltende Regelung um einen dem § 87 Abs. 1 BetrVG nachempfundenen Katalog von Mitbestimmungsrechten (Art. 22 Nr. 4).

D. Regelungen zu den Rechten der Frauenbeauftragten

Durch Art. 22 Nr. 10 BTHG wurde in die WMVO ein neuer Abschn. 4a eingefügt, 7
der nähere Regelungen zu Aufgaben und Rechtsstellung (§ 39a), Wahlen und Amtszeit (§ 39b) sowie zum vorzeitigen Ausscheiden (§ 39c) der nunmehr zu wählenden Frauenbeauftragten enthält

Kapitel 13. Unentgeltliche Beförderung schwerbehinderter Menschen im öffentlichen Personenverkehr

§ 228[1] Unentgeltliche Beförderung, Anspruch auf Erstattung der Fahrgeldausfälle

(1) [1]Schwerbehinderte Menschen, die infolge ihrer Behinderung in ihrer Bewegungsfähigkeit im Straßenverkehr erheblich beeinträchtigt oder hilflos oder gehörlos sind, werden von Unternehmern, die öffentlichen Personenverkehr betreiben, gegen Vorzeigen eines entsprechend gekennzeichneten Ausweises nach § 152 Absatz 5 im Nahverkehr im Sinne des § 230 Absatz 1 unentgeltlich befördert; die unentgeltliche Beförderung verpflichtet zur Zahlung eines tarifmäßigen Zuschlages bei der Benutzung zuschlagpflichtiger Züge des Nahverkehrs. [2]Voraussetzung ist, dass der Ausweis mit einer gültigen Wertmarke versehen ist.

(2) [1]Die Wertmarke wird gegen Entrichtung eines Betrages von 80 Euro für ein Jahr oder 40 Euro für ein halbes Jahr ausgegeben. [2]Der Betrag erhöht sich in entsprechender Anwendung des § 160 Absatz 3 jeweils zu dem Zeitpunkt, zu dem die nächste Neu-

[1] § 228 Abs. 6 Nr. 2 geänd. mWv 1.7.2021 durch G v. 2.6.2021 (BGBl. I 1387).

bestimmung der Beträge der Ausgleichsabgabe[2] erfolgt. [3]Liegt dieser Zeitpunkt innerhalb der Gültigkeitsdauer einer bereits ausgegebenen Wertmarke, ist der höhere Betrag erst im Zusammenhang mit der Ausgabe der darauffolgenden Wertmarke zu entrichten. [4]Abweichend von § 160 Absatz 3 Satz 4 sind die sich ergebenden Beträge auf den nächsten vollen Eurobetrag aufzurunden. [5]Das Bundesministerium für Arbeit und Soziales gibt den Erhöhungsbetrag und die sich nach entsprechender Anwendung des § 160 Absatz 3 Satz 3 ergebenden Beträge im Bundesanzeiger bekannt.

(3) [1]Wird die für ein Jahr ausgegebene Wertmarke vor Ablauf eines halben Jahres ihrer Gültigkeitsdauer zurückgegeben, wird auf Antrag die Hälfte der Gebühr erstattet. [2]Entsprechendes gilt für den Fall, dass der schwerbehinderte Mensch vor Ablauf eines halben Jahres der Gültigkeitsdauer der für ein Jahr ausgegebenen Wertmarke verstirbt.

(4) Auf Antrag wird eine für ein Jahr gültige Wertmarke, ohne dass der Betrag nach Absatz 2 in seiner jeweiligen Höhe zu entrichten ist, an schwerbehinderte Menschen ausgegeben,

1. die blind im Sinne des § 72 Absatz 5 des Zwölften Buches oder entsprechender Vorschriften oder hilflos im Sinne des § 33b des Einkommensteuergesetzes oder entsprechender Vorschriften sind oder
2. die Leistungen zur Sicherung des Lebensunterhalts nach dem Zweiten Buch oder für den Lebensunterhalt laufende Leistungen nach dem Dritten und Vierten Kapitel des Zwölften Buches, dem Achten oder dem Vierzehnten Buch erhalten oder
3. die am 1. Oktober 1979 die Voraussetzungen nach § 2 Absatz 1 Nummer 1 bis 4 und Absatz 3 des Gesetzes über die unentgeltliche Beförderung von Kriegs- und Wehrdienstbeschädigten sowie von anderen Behinderten im Nahverkehr vom 27. August 1965 (BGBl. I 978), das zuletzt durch Artikel 41 des Zuständigkeitsanpassungs-Gesetzes vom 18. März 1975 (BGBl. I 705) geändert worden ist, erfüllten, solange ein Grad der Schädigungsfolgen von mindestens 70 festgestellt ist oder von mindestens 50 festgestellt ist und sie infolge der Schädigung erheblich gehbehindert sind; das Gleiche gilt für schwerbehinderte Menschen, die diese Voraussetzungen am 1. Oktober 1979 nur deshalb nicht erfüllt haben, weil sie ihren Wohnsitz oder ihren gewöhnlichen Aufenthalt zu diesem Zeitpunkt in dem in Artikel 3 des Einigungsvertrages genannten Gebiet hatten.

(5) [1]Die Wertmarke wird nicht ausgegeben, solange eine Kraftfahrzeugsteuerermäßigung nach § 3a Absatz 2 des Kraftfahrzeugsteuergesetzes in Anspruch genommen wird. [2]Die Ausgabe der Wertmarken erfolgt auf Antrag durch die nach § 152 Absatz 5 zuständigen Behörden. [3]Die Landesregierung oder die von ihr bestimmte Stelle kann die Aufgaben nach den Absätzen 2 bis 4 ganz oder teilweise auf andere Behörden übertragen. [4]Für Streitigkeiten in Zusammenhang mit der Ausgabe der Wertmarke gilt § 51 Absatz 1 Nummer 7 des Sozialgerichtsgesetzes entsprechend.

(6) Absatz 1 gilt im Nah- und Fernverkehr im Sinne des § 230, ohne dass die Voraussetzung des Absatzes 1 Satz 2 erfüllt sein muss, für die Beförderung

1. einer Begleitperson eines schwerbehinderten Menschen im Sinne des Absatzes 1, wenn die Berechtigung zur Mitnahme einer Begleitperson nachgewiesen und dies im Ausweis des schwerbehinderten Menschen eingetragen ist, und
2. des Handgepäcks, eines mitgeführten Krankenfahrstuhles, soweit die Beschaffenheit des Verkehrsmittels dies zulässt, sonstiger orthopädischer Hilfsmittel und eines Führhundes; das Gleiche gilt für einen Hund, den ein schwerbehinderter Mensch mitführt, in dessen Ausweis die Berechtigung zur Mitnahme einer Begleitperson nachgewiesen

[2] Siehe hierzu ua Bek. über die Anpassung der Ausgleichsabgabe, der Eigenbeteiligung für die unentgeltliche Beförderung, der übernahmefähigen Kinderbetreuungskosten und der Finanzierung der Werkstatträte Deutschland.

ist, sowie für einen nach § 12e Absatz 4 des Behindertengleichstellungsgesetzes gekennzeichneten Assistenzhund.

(7) [1]Die durch die unentgeltliche Beförderung nach den Absätzen 1 bis 6 entstehenden Fahrgeldausfälle werden nach Maßgabe der §§ 231 bis 233 erstattet. [2]Die Erstattungen sind aus dem Anwendungsbereich der Verordnung (EG) Nr. 1370/2007 des Europäischen Parlaments und des Rates vom 23. Oktober 2007 über öffentliche Personenverkehrsdienste auf Schiene und Straße und zur Aufhebung der Verordnungen (EWG) Nr. 1191/69 und (EWG) Nr. 1107/70 des Rates (ABl. L 315 vom 3.12.2007, S. 1) ausgenommen.

Übersicht

A. Allgemeines

Kap. 13 entspricht im Wesentlichen dem Elften Abschnitt der früheren SchwbG. Auf 1 die nähere Darstellung der Entstehungsgeschichte dieser Regelungen in Neumann/Pahlen/Majerski-Pahlen, SGB IX, 10. Aufl. 2003 kann verwiesen werden.

Das SGB IX hat an der Gesamtkonzeption nichts geändert. Die Regelungen der 2 §§ 145 ff. SGB IX 2001 übertrugen im Wesentlichen inhaltsgleich die Bestimmungen der früheren §§ 59 ff. SchwbG in das SGB IX (Begründung des Gesetzentwurfs, BT-Drs. 14/5074, 115). Änderungen des Gesetzes erfolgten jeweils ohne materielle Auswirkungen lediglich zur Anpassung des Wortlauts an in Bezug genommene Vorschriften durch Art. 8 Nr. 12 lit. a, b des Gesetzes zur Einordnung des Sozialhilferechts in das Sozialgesetzbuch (BGBl. I 3022, 3057), Art. 9 Nr. 23 des Vierten Gesetzes für moderne Dienstleistungen am Arbeitsmarkt v. 24.12.2003 (BGBl. I 2954, 2981) und Art. 1 Nr. 33 lit. a, b des Gesetzes zur Förderung der Ausbildung und Beschäftigung sbM v. 23.4.2004 (BGBl. I 606, 610). Mit Art. 8 Nr. 3 lit. b des Gesetzes zur Vereinfachung des Verwaltungsverfahrens im Sozialrecht (Verwaltungsvereinfachungsgesetz) v. 21.3.2005 (BGBl. I 818, 827) wurde der Wortlaut des Abs. 2 Nr. 2 erweitert. Mit Art. 6 Ziff. 2 des Gesetzes zur Änderung des Betriebsrentengesetzes und anderer Gesetze v. 2.12.2006 (BGBl. I 2742, 2745) wurde der Wortlaut von Abs. 2 Nr. 1 an die Änderung von § 146 Abs. 2 SGB IX 2001 angepasst, der die Berechtigung zur Mitnahme einer Begleitperson davon abhängig machte, dass der sbM bei der Benutzung von öffentlichen Verkehrsmitteln regelmäßig auf Hilfe angewiesen war. Mit Art. 11 Ziff. 2 des Gesetzes zur Änderung des Bundesversorgungsgesetzes und anderer Vorschriften des Sozialen Entscheidungsrechts v. 13.12.2007 (BGBl. I 2904, 2317) wurde dies auf den Wortlaut der Ziff. 2 erstreckt und in Abs. 1 S. 5 eine Anpassung an die neue Gesetzeslage vorgenommen. Dies betraf auch den neuen Sprachgebrauch in § 30 Abs. 1 BVG (Beschlussempfehlung und Pflicht des Ausschusses für Arbeit und Soziales, BT-Drs. 16/6985, 5). Entsprechendes galt für die Änderung des Wortlauts von Abs. 1 S. 5 Nr. 2 durch Art. 5 Nr. 9 des Gesetzes zur Einführung Unterstützter Beschäftigung v. 22.1.2008 (BGBl. I 2959, 2961). § 228 SGB IX 2018 ändert inhaltlich nichts. Allerdings ist der bisherige Abs. 1 nunmehr in fünf Absätze aufgeteilt, die früheren Abs. 2 u. 3 sind jetzt Abs. 6 u. 7. In Abs. 5 S. 1 wurde eine Änderung des Kraftverkehrssteuergesetzes durch das Zweite Verkehrssteueränderungsgesetz v. 8.6.2015 (BGBl. I 901) berücksichtigt. Anders als bisher tragen die für die Verwaltung der Kraftfahrzeugsteuer zuständigen Hauptzollämter die Inanspruchnahme der Kraftfahrzeugsteuerermäßigung nicht mehr in das Beiblatt zur Wertmarke des anspruchsberechtigten sbM ein. Außerdem wurden mit Rücksicht auf die Verschiebung des Schwerbehindertenrechts in Teil 3 des Gesetzes die in der Norm enthaltenen Verweise an die neue Paragraphenfolge angepasst. (BT-Drs. 18/9522, 311).

B. Unentgeltliche Beförderung im Nahverkehr

3 § 228 Abs. 1 verpflichtet die Unternehmer des Nahverkehrs, alle sbM mit erheblicher Beeinträchtigung der Bewegungsfähigkeit im Straßenverkehr unentgeltlich zu befördern. Verfassungsrechtliche Bedenken gegenüber dieser Berufsausübungsregelung bestehen nicht (BVerfG 19.3.2014 – 1 BvR 1417/10, NVwZ 2014, 1005; BVerwG 25.7.1990 – 7 B 100/90, NVwZ-RR 1991, 31; KHM/Kossens Rn. 4). Dabei wird für den Nahverkehr auf die Begriffsbestimmung des § 230 Abs. 1 verwiesen. Die erhebliche Beeinträchtigung der Bewegungsfreiheit im Straßenverkehr ist in § 229 definiert. Diese Definition ist jedoch iE nicht Anspruchsvoraussetzung gegenüber dem Nahverkehrsunternehmen. Dieser Anspruch wird vielmehr nur durch Vorzeigen eines entsprechenden Ausweises ausgelöst, in dem die besonderen persönlichen Voraussetzungen des § 229 eigens gekennzeichnet sind (Ausweis mit orangefarbenen Flächenaufdruck). Die Vorschrift ist anspruchsbegründend für den einzelnen sbM gegenüber dem Nahverkehrsunternehmen. Kann der Ausweis nicht vorgelegt werden, etwa weil der sbM ihn vergessen hatte, muss das Fahrgeld entrichtet werden. Ein Anspruch auf Erstattung besteht nicht (Schlegel/Voelzke/Vogl Rn. 36). Der Ausweis muss der Ausweisverordnung idF v. 25.7.1991 (BGBl. I 1739, zuletzt geändert durch Art. 1 der VO 28.2021, Banz AT 28.6.2021 V 2) entsprechen. Er muss zu seiner Gültigkeit auf dem Beiblatt mit der Wertmarke versehen sein, die 80 EUR jährlich bzw. 40 EUR halbjährlich kostet und für Blinde, Gehörlose, Taubblinde, Hilflose, Arbeitslosen- oder Sozialhilfeempfänger und Kriegs- bzw. Wehrdienstbeschädigte unentgeltlich ausgegeben wird. Die Feststellung des Vorliegens der Hilflosigkeit kann verbindlich nur durch die Versorgungsverwaltung geschehen. Die Anerkennung der Hilflosigkeit als Voraussetzung der Gewährung von Pflegegeld nach anderen Vorschriften, zB dem früheren § 69 Abs. 3 BSHG reicht insoweit nicht aus (BSG 13.12.1994 – 9 RVs 7/93, RdLH 1996 Nr. 1, 35 = BeckRS 1994, 30752268).

4 Den Anspruch auf unentgeltliche Beförderung haben sbM unabhängig von Alter, Stellung und Einkommen. Die ursprünglich im RegE für das G über die unentgeltliche Beförderung Schwerbehinderter im öffentlichen Personenverkehr noch vorgesehene Begrenzung auf Schwerbehinderte, die das 4. Lebensjahr vollendet haben, ist fallengelassen worden, vor allem wegen der ggf. erforderlichen Begleitung bei Arzt- oder Krankenhausbesuchen; im Regelfall sind Kinder ohnehin von der Zahlung eines Beförderungsgeldes befreit. Es gibt aber Regelungen, nach denen nur ein Kind in Begleitung einer anderen Person frei befördert wird, so dass sich die Ausdehnung auch schon für ein Kleinkind auswirken kann. Abgestellt wird auf sbM nach § 2 Abs. 2, so dass es nicht darauf ankommt, ob es sich um einen Arbeitnehmer, Beschäftigten, Rentner, Deutschen, Ausländer, Staatenlosen, Arbeitgeber, Selbständigen oder Heimarbeiter handelt. Jeder sbM hat den Anspruch, der entspr. § 2 Abs. 2 rechtmäßig im Geltungsbereich des Gesetzes wohnt oder sich ständig aufhält. Nur für im Ausland wohnende sbM ist eine Beschränkung auf Arbeitnehmer aus § 2 Abs. 2 zu entnehmen, die im Geltungsbereich beschäftigt werden (Grenzgänger). Andere im Ausland wohnende sbM erhalten die Vergünstigung nur, wenn sie Deutsche iSd Art. 116 GG sind für die Dauer des Besuches im Geltungsbereich (vgl. Art. 2 G v. 9.7.1979, BGBl. I 989). Gleichgestellte haben diesen Anspruch nicht, § 68 Abs. 3.

Eine Einkommensgrenze besteht nicht. Die Vergünstigung wird unabhängig von der Höhe des Einkommens oder Vermögens gewährt. 5

Voraussetzung für den Anspruch auf die unentgeltliche Beförderung ist das Vorzeigen eines entspr. gekennzeichneten und mit einer gültigen Wertmarke versehenen Ausweises. Solange der Ausweis nicht ausgestellt ist, besteht kein Anspruch auf unentgeltliche Beförderung. Ist die Ausstellung zu Unrecht unterblieben, steht dem sbM kein Ersatzanspruch zu (LSG BW 10.10.1991 – L 12 VS 1786/90, Justiz 1992, 327 = BeckRS 1997, 15364). Dies gilt auch für den Fall, dass die Wertmarke unter Zahlung eines Eigenanteils erworben wurde, obwohl ein Anspruch auf unentgeltliche Ausgabe bestand (LSG BW 29.8.2005 – L 6 SB 5511/04, BeckRS 2005, 43727). Die Versorgungsverwaltung schuldet nicht die unentgeltliche Beförderung, sondern lediglich die Feststellung eines vergünstigenden Status (BSG 7.11.2001 – B 9 SB 3/01 R, BeckRS 9999, 01810; Müller-Wenner/Schorn/*Schorn* § 145 Rn. 35; → § 229 Rn. 1). Der Ausweis wird nach § 152 von der Versorgungsbehörde ausgestellt und muss die Kennzeichnung eines orangefarbenen Flächenaufdrucks enthalten. Bisherige Ausweise gelten nach Art. 3 G v. 9.7.1979 (BGBl. I 989) bis zum Ablauf ihrer Geltungsdauer fort. Im Ausland wohnende Deutsche haben den Antrag auf Ausstellung eines entsprechenden Ausweises bei der Versorgungsbehörde zu stellen, in deren Bereich der sbM sich während des Besuches tatsächlich aufhält (Art. 2 Abs. 3 G v. 9.7.1979). Auch für diese Deutschen wird die Wertmarke für die Dauer des Besuchs unentgeltlich abgegeben (Art. 2 Abs. 2 des Gesetzes v. 9.7.1979 idF der Ergänzung durch Art. 21 des Haushaltsbegleitgesetzes 1984 v. 22.12.1983, BGBl. I 1532). 6

Der Ausweis muss vorgezeigt werden. Nur wer den entsprechenden, gültigen Ausweis mit orangefarbenen Flächenaufdruck und Wertmarke vorzeigen kann, hat Anspruch auf unentgeltliche Beförderung. Das gilt auch in Fällen einer offenkundigen Behinderung. Wer den Ausweis vergessen hat, verloren hat, zur Zeit der Beförderung nicht finden kann, muss das Fahrgeld bezahlen (Schlegel/Voelzke/Vogl. Rn. 36). Es besteht kein Anspruch, das Fahrgeld später nach Vorlage des Ausweises nachträglich erstattet zu erhalten. Streng genommen liegt bei Fahrt ohne Ausweis und Fahrscheine eine „Schwarzfahrt" vor, so dass auch ein dafür vorgesehenes erhöhtes Fahrgeld zu zahlen ist. Davon ist jedoch abzusehen, wenn der Ausweis ausgestellt und die Behinderung offenkundig ist. In den übrigen Fällen wird das erhöhte Beförderungsgeld in der Regel zurückerstattet, wenn nachträglich der Ausweis vorgelegt und glaubhaft gemacht wird, dass der Ausweis nur vergessen wurde. 7

Ab 1.4.1984 musste der gültige Ausweis mit einer Wertmarke von 120 DM versehen sein, die von der damals nach § 4 Abs. 5 SchwbG zuständigen Behörde, also von den Versorgungsbehörden, die auch den Ausweis ausgeben, erworben werden musste. Die Wertmarke kostete 120 DM für ein Jahr und war jeweils ein Jahr vom angegebenen Kalendermonat an gültig. Seit 1.10.1985 konnte sie auch zum Preis von 60 DM für die Gültigkeitsdauer von sechs Monaten erworben werden. Eine Aufteilung auf noch kleinere Zeitabschnitte war nicht möglich. Die Neuregelung ab 1.10.1985 bestimmte auch eine Vorschrift über die Rückgewähr, wenn die Gültigkeitsdauer nicht ausgenutzt werden konnte; das galt zB im Falle der Krankheit, Bettlägerigkeit oder des Todes des Schwerbehinderten, aber auch sonst bei jedem beliebigen Grund, wenn etwa die Kraftfahrzeugsteuerermäßigung in Anspruch genommen werden sollte. Rückwirkend war aber eine Erstattung nicht möglich, sondern nur für jeden vollen Kalendermonat nach Rückgabe für mindestens drei Monate = 30 DM. Diese Konzeption ist in § 228 in modifizierter Weise beibehalten worden, wobei die maßgeblichen Beträge seit dem 1.1.2002 in Euro angegeben sind. So kostet die Wertmarke für ein ganzes Jahr 80 EUR und für ein halbes Jahr 40 EUR, während die Grenze für Rückerstattungen auf die Hälfte für den Fall festgelegt wurde, dass die Wertmarke entweder im ersten Halbjahr zurückgegeben wird oder der sbM in diesem Zeitraum verstirbt. Der Preis für die Wertmarke erhöht sich gem. Abs. 2 S. 2 in Anlehnung an § 160 Abs. 3 entspr. der Erhöhung der Ausgleichsabgabe. 8

9 Unentgeltlich erhalten auf Antrag die Wertmarke Blinde (beschränkt auf Blindheit infolge von Störungen des Sehapparates, nicht dagegen gnostischen – neuropsychologischen- Störungen des visuellen Erkennens, BSG 24.9.2019 – B 9 SB 1/18 R, SGb 2020, 636 m. Anm. Palsherm; aA Hauck/Noftz/*Masuch* Rn. 39 f.) oder hilflose Personen iSv § 33b EStG; Voraussetzung ist dafür nach § 33b Abs. 3 EStG, dass diese hilflosen Personen nicht ohne fremde Wartung und Pflege bestehen können. Entsprechende Feststellungen sind von der Versorgungsverwaltung zu treffen; die Anerkennung von Hilflosigkeit nach anderen Vorschriften durch die Sozialhilfeverwaltung reicht nicht aus (BVerwG 13.12.1994 – 9 RVs 7/93, RdLH 1996 Nr. 1, 35 = BeckRS 1994, 30752268). Außerdem erhalten die Wertmarke auf Antrag kostenlos nach Ziff. 2 Empfänger von Leistungen zur Sicherung des Lebensunterhalts nach dem Zweiten Buch oder laufende Leistungen für den Lebensunterhalt nach dem Dritten und Vierten Kapitel des Zwölften Buches, dem Achten Buches oder nach §§ 27a u. 27d BVG. Nicht einbezogen sind dagegen Personen, die lediglich Hilfeleistungen zur Sicherstellung des Pflegebedarfs nach dem Siebten Kapitel des SGB XII erhalten (Bay LSG 29.1.2019 – L 18 SB 176/18, BeckRS 2019, 1545; aA GK-SGB IX/*Spiolek* § 145 Rn. 57; Schlegel/Voelzke/Vogl Rn. 48). Ebenso wenig anspruchsberechtigt sind Personen, die zwar grds. die Voraussetzungen für eine unentgeltliche Beförderung im öffentlichen Personennahverkehr erfüllen, jedoch Kraftfahrzeughilfe als laufende Leistung nach § 27d BVG erhalten (BSG 25.10.2012 – B 9 SB 1/12 R, SozR 4 – 3250 § 145 Nr. 4). Maßgeblich ist stets der tatsächliche Erhalt der Leistungen, so dass der Anspruch nicht besteht, wenn der seinen eigenen Bedarf übersteigende Teil des Einkommens bei den Sozialhilfeleistungen des Ehegatten angerechnet wird (BSG 17.7.2008 – B 9a SB 11/06, SozR 4 – 3250 § 145 Rn. 1). Dagegen erhalten die Wertmarke kostenlos die Personen, denen schon nach dem G v. 27.8.1965 (BGBl. I 978) bis zum Inkrafttreten des Gesetzes über unentgeltliche Beförderung Schwerbehinderter v. 9.7.1979 einen Anspruch auf unentgeltliche Beförderung zustand (Art. 2 G v. 9.7.1979, BGBl. I 989). Schwerkriegs- und Wehrdienstbeschädigte erhielten den Anspruch auf kostenlose Beförderung damals schon bei einer Erwerbsminderung von 70 vH oder bei Erwerbsminderung von 50 vH bei erheblicher Gehbehinderung. Dieser Besitzstand ist weiter erhalten worden. Die Voraussetzungen dafür mussten am 1.10.1979 vorliegen. Eine Erhöhung der Erwerbsminderung aufgrund früherer Kriegs- oder Wehrdienstbeschädigung durch Verschlimmerung des Leidens nach diesem Zeitpunkt reicht nicht aus. Dann gilt vielmehr das neue Recht.

10 Die Wertmarke wird nicht ausgegeben, wenn Kraftfahrzeugsteuerermäßigung in Anspruch genommen wird. Das folgt aus dem letzten Unterabsatz von § 228 Abs. 1 und aus § 3a Kraftfahrzeugsteuergesetz idF des Gesetzes v. 26.9.2002 (BGBl. I 3818, zuletzt geändert durch G v. 16.10.2020, BGBl. I 2184). Eine gleichzeitige Geltendmachung des Anspruchs auf Kraftfahrzeugsteuerermäßigung und auf unentgeltliche Beförderung im Nahverkehr soll dadurch ausgeschlossen werden (anders bei Kraftfahrzeugsteuerbefreiung nach § 3a Abs. 1 Kraftfahrzeugsteuergesetz). Begleitpersonen können jedoch nach wie vor unentgeltlich auch dann Beförderungsanspruch erheben, wenn der sbM Kraftfahrzeugsteuerermäßigung in Anspruch nimmt. Voraussetzung dafür ist allerdings, dass der sbM in diesem Fall den regulären Fahrpreis entrichtet (KHM/Kossens Rn. 21). Auch die unentgeltliche Beförderung des Handgepäcks ist von der gleichzeitigen Inanspruchnahme der Kraftfahrzeugsteuerermäßigung unabhängig.

C. Beförderung von Begleitpersonen

11 Im Nahverkehr und im Fernverkehr sind außerdem Begleitpersonen unentgeltlich zu befördern, wenn die Berechtigung zu deren Mitnahme nachgewiesen ist. Auch hier ist Voraussetzung ein entsprechender Vermerk im Ausweis und dessen Vorzeigen (oben

Anm. 7, 8). Dabei ist zu unterscheiden: Im Nahverkehr sind sbM und Begleitpersonen unentgeltlich zu befördern. Im Fernverkehr hat dagegen der sbM selbst den regelmäßigen Fahrpreis zu bezahlen und ist nur die notwendige Begleitperson entgeltfrei zu befördern. Eine Wertmarke muss nicht auf dem Ausweis aufgeklebt sein. Die kostenfreie Beförderung einer notwendigen Begleitperson hat auch dann zu erfolgen, wenn die Wertmarke zur Einsparung der 80 EUR (40 EUR) oder wegen der Inanspruchnahme der Kraftfahrzeugsteuerermäßigung nicht vorliegt.

Unentgeltlich ist stets nur eine Begleitperson zu befördern. Selbst wenn es im Einzelfall erforderlich ist, dass zwei Personen den sbM begleiten, besteht nur für eine Person Anspruch auf unentgeltliche Beförderung. Anspruchsinhaber ist der behinderte Menschen (KHM/Kossens Rn. 21). Um welche Person es sich handelt, ist unerheblich. Es kann sich auch um ein Kind handeln, das als Begleitperson auftritt, ebenso um Ausländer, Staatenlose, auch um einen sbM, der nicht ohnehin schon Anspruch auf unentgeltliche Beförderung hat (zB ohne Gehbehinderung oder im Fernverkehr). Der sbM selbst kann aber auch ein Kind sein, das begleitet werden muss. Nachdem die noch im ursprünglichen RegE vorgesehen gewesene Altersgrenze in Abs. 1 gestrichen wurde, kann jedes schwerbehinderte Kind begleitet werden, was bei Kleinkindern besonders einleuchtend und der Grund zur Streichung der Altersgrenze war (BT-Drs. 8/2696, 17, vgl. zum bisherigem Recht Siebenweiber br 1992, 33). Auch dies ist durch § 228 nicht verändert worden. Da der Beförderungsanspruch nur dem sbM zusteht, gilt er nicht für die Rückreise der Begleitperson, wenn der sbM am Zielort verbleibt. Unabhängig davon kommt aber im Falle der Begleitung ein Beförderungsvertrag auch mit der Begleitperson zustande (KHM/Kossens Rn. 21). 12

D. Beförderung von Handgepäck

Handgepäck ist im Nah- und Fernverkehr unentgeltlich zu befördern. Dasselbe gilt für Krankenfahrstühle und sonstige orthopädische Hilfsmittel (Prothesen, Stöcke, Krücken uÄ) sowie einen Führhund oder einen Behindertenbegleithund. Krankenfahrstühle sind aber nur dann zu befördern, wenn dies nach der Beschaffenheit des Verkehrsmittels möglich ist. Als Beispiel wurde genannt, dass Haltestangen in der Mitte des Einstiegs vor allem bei Nahverkehrsmitteln die Mitnahme unmöglich machen können und dann kein Anspruch auf Beförderung besteht. Die Angewiesenheit auf Mithilfe durch das Personal des Verkehrsunternehmens erfüllt diese Voraussetzungen nicht. Es handelt sich lediglich um eine Erschwernis, nicht jedoch eine die Beförderung ausschließende Beschaffenheit des Verkehrsmittels. Kraftfahrzeuge sind auch dann nicht als Krankenfahrstühle unentgeltlich zu befördern, wenn sie für den sbM besonders umgerüstet sind (zB auf Fähren, BVerwG 27.11.1981 – 7 C 71/79, DÖV 1982, 751 = BeckRS 1981, 31275730). Etwas anderes gilt für motorisierte Krankenfahrstühle, maßgeblich ist die Bauart. Da § 228 ohnehin keinen eigenen Beförderungsanspruch gewährt, sondern nur einen nach allgemeinen Grundsätzen gegebenen Beförderungsanspruch unentgeltlich vorsieht, liegt damit ohnehin nur eine Klarstellung vor. 13

Handgepäck ist nur das mitgeführte, bei der Person unterzubringende Gepäck. In der Regel handelt es sich um leicht tragbare Gegenstände, dh um Koffer, Säcke, Taschen oder Kästen, die nicht zu groß oder zu schwer sind, allerdings auch um mehrere Stücke. Eine Stückzahlbegrenzung ist zwar nicht vorgesehen, ergibt sich aber daraus, dass sehr viele Stücke nicht mehr tragbar und daher kein Handgepäck mehr sind. Reisegepäck gehört nicht zum Handgepäck. Deshalb ist auch das Abholen oder die Zufuhr von solchem Gepäck (Haus zu Haus-Verkehr) nicht kostenfrei. 14

Das Handgepäck der Begleitperson ist dann unentgeltlich zu befördern, wenn die Begleitperson unentgeltlich mitreist. 15

16 Im Unterschied zum Handgepäck sind Krankenfahrstühle, orthopädische Hilfsmittel und Führhunde auch dann unentgeltlich zu befördern, wenn sie nicht mit der Person des sbM oder der Begleitperson zusammen befördert werden, sondern im Gepäckwagen oder als Reisegepäck befördert werden müssen, weil sie nicht im Wagen oder Abteil mitgeführt werden können oder zu groß, zu schwer sind oder aus sonstigen Gründen getrennt befördert werden müssen. Durch das Verwaltungsvereinfachungsgesetz v. 21.3.2005 ist die Pflicht zur unentgeltlichen Beförderung mit Wirkung zum 1.1.2005 auch auf sonstige Hunde ausgedehnt worden, sofern der sbM, der über eine entsprechende Eintragung in seinem Ausweis verfügt, an sich ständiger Begleitung bedarf, jedoch ohne Begleitperson fährt. Diese Änderung geht auf eine Empfehlung des BR zurück, sog. Behindertenbegleithunde in die Regelungen zur unentgeltlichen Beförderung aufzunehmen. Da die Definition dieses Begriffs sehr aufwändig wäre, wurde die Regelung auf alle Hunde ausgedehnt (Ausschussbericht, BT-Drs. 15/4751, 47).

16a Streitigkeiten zwischen den sbM und den Beförderungsunternehmen im Zusammenhang mit dem Anspruch auf unentgeltliche Beförderung sind öffentlich-rechtlicher Natur. Sie sind daher vor den Verwaltungsgerichten auszutragen (VG Köln 19.4.1989 – 21 K 2969/87, NZV 1989, 328 unter Hinweis auf BVerwG 17.2.1971 – V C 68/69, VerwRspr. 1972, 623).

E. Erstattungsanspruch

17 Abs. 7 legt nur den Grundsatz fest, nach dem alle aus Abs. 1 u. 2 entstehenden Fahrgeldausfälle erstattet werden. Diese Erstattung erfolgt nach den Grundsätzen der §§ 231–233. Maßgeblich für den Umfang der Ausgleichszahlung ist der Betrag, den nicht behinderte Fahrgäste entrichten würden (VGH BW 29.7.2008 – 9 S 3090/07, DVBl 2008, 1400 = BeckRS 2008, 38180). Damit wird dem Unternehmer, der einen öffentlichen Personenverkehr betreibt, ein Erstattungsanspruch zuerkannt (Bihr/Fuchs/Krauskopf/Lewering/*Zuck*, 3. Aufl. 2003, § 145 Rn. 18). Es handelt sich nicht um einen privatrechtlichen, sondern um einen öffentlich-rechtlichen Anspruch gegenüber staatlichen Stellen. Die Einzelheiten ergeben sich aus den §§ 231 ff.; bei Streitigkeiten ist der Verwaltungsrechtsweg zu beschreiten (§ 233 Abs. 7).

§ 229 Persönliche Voraussetzungen

(1) [1] **In seiner Bewegungsfähigkeit im Straßenverkehr erheblich beeinträchtigt ist, wer infolge einer Einschränkung des Gehvermögens (auch durch innere Leiden oder infolge von Anfällen oder von Störungen der Orientierungsfähigkeit) nicht ohne erhebliche Schwierigkeiten oder nicht ohne Gefahren für sich oder andere Wegstrecken im Ortsverkehr zurückzulegen vermag, die üblicherweise noch zu Fuß zurückgelegt werden.** [2] **Der Nachweis der erheblichen Beeinträchtigung in der Bewegungsfähigkeit im Straßenverkehr kann bei schwerbehinderten Menschen mit einem Grad der Behinderung von wenigstens 80 nur mit einem Ausweis mit halbseitigem orangefarbenem Flächenaufdruck und eingetragenem Merkzeichen „G" geführt werden, dessen Gültigkeit frühestens mit dem 1. April 1984 beginnt, oder auf dem ein entsprechender Änderungsvermerk eingetragen ist.**

(2) [1] **Zur Mitnahme einer Begleitperson sind schwerbehinderte Menschen berechtigt, die bei der Benutzung von öffentlichen Verkehrsmitteln infolge ihrer Behinderung regelmäßig auf Hilfe angewiesen sind.** [2] **Die Feststellung bedeutet nicht, dass die schwerbehinderte Person, wenn sie nicht in Begleitung ist, eine Gefahr für sich oder für andere darstellt.**

(3) [1]**Schwerbehinderte Menschen mit außergewöhnlicher Gehbehinderung sind Personen mit einer erheblichen mobilitätsbezogenen Teilhabebeeinträchtigung, die einem Grad der Behinderung von mindestens 80 entspricht. [2]Eine erhebliche mobilitätsbezogene Teilhabebeeinträchtigung liegt vor, wenn sich die schwerbehinderten Menschen wegen der Schwere ihrer Beeinträchtigung dauernd nur mit fremder Hilfe oder mit großer Anstrengung außerhalb ihres Kraftfahrzeuges bewegen können. [3]Hierzu zählen insbesondere schwerbehinderte Menschen, die auf Grund der Beeinträchtigung der Gehfähigkeit und Fortbewegung – dauerhaft auch für sehr kurze Entfernungen – aus medizinischer Notwendigkeit auf die Verwendung eines Rollstuhls angewiesen sind. [4]Verschiedenste Gesundheitsstörungen (insbesondere Störungen bewegungsbezogener, neuromuskulärer oder mentaler Funktionen, Störungen des kardiovaskulären oder Atmungssystems) können die Gehfähigkeit erheblich beeinträchtigen. [5]Diese sind als außergewöhnliche Gehbehinderung anzusehen, wenn nach versorgungsärztlicher Feststellung die Auswirkung der Gesundheitsstörungen sowie deren Kombination auf die Gehfähigkeit dauerhaft so schwer ist, dass sie der unter Satz 1 genannten Beeinträchtigung gleich kommt.**

Die Vorschrift des § 229 stellt die Voraussetzungen für die erhebliche Beeinträchtigung der Bewegungsfähigkeit im Straßenverkehr und für die notwendige ständige Begleitung als Grundlage für die Nachteilsausgleiche nach § 228 Abs. 1–7 auf. Damit werden „weitere gesundheitliche Merkmale" iSv § 152 Abs. 4 als Voraussetzungen für die Inanspruchnahme von Nachteilsausgleichen nach dieser Vorschrift gesetzlich definiert. Die entsprechenden Feststellungen haben daher die Versorgungsbehörden im Verfahren nach § 152 Abs. 1 zu treffen (wegen etwaiger Ausgleichsansprüche bei fehlerhaft unterlassener Zuerkennung des Merkzeichens „G" vgl. OLG Nürnberg 24.2.1988 – 4 U 4102/87, NJW 1988, 1597→ § 228 Rn. 7). Sie dienen als Grundlage für die Ausstellung entsprechender Ausweise. Bei der Verlängerung der Ausweise können diese Erfordernisse aber auch von den landesrechtlich dazu ermächtigten Behörden, also vor allem auch den Fürsorgeämtern nach § 190 Abs. 1 festgestellt werden. 1

Der frühere Begriff der „erheblichen Gehbehinderung" wird jetzt durch den Begriff der erheblichen Beeinträchtigung der Bewegungsfähigkeit im Straßenverkehr ersetzt. Damit tritt eine Erweiterung ein, die vor allem auch darauf zurückzuführen ist, dass nunmehr alle sbM ohne Rücksicht auf die Ursache ihrer Behinderung den Schutz des Gesetzes genießen (BSG 10.5.1994 – 9 BVs 45/93, BeckRS 1994, 31040127). Die Bewegungsfähigkeit kann danach beeinträchtigt sein durch Schädigung des Stütz- oder Bewegungssystems, durch innere Leiden, durch Anfallsleiden, durch vermindertes Orientierungsvermögen etwa bei geistiger Behinderung oder durch sonstige Behinderungen, die sich auf die Bewegungsfähigkeit im Straßenverkehr auswirken (BSG 11.8.2015 – B 9 SB 1/14 R, br 2017, 66). Als Beispiel werden dafür Ohnhänder genannt. Eine Voraussetzung ist zunächst die Eigenschaft als sbM. Ein Grad der Behinderung von mindestens 50 iSd § 2 Abs. 2 muss also vorliegen. Dazu muss aber noch kommen, dass sich die Behinderung auf die Bewegungsfähigkeit im Straßenverkehr auswirkt. Nicht ausreichend sind insoweit altersbedingte Einschränkungen (KHM/Kossens Rn. 11). Allerdings kommt es bei Kleinkindern und Säuglingen abweichend von der Regel des § 2 Abs. 1 darauf an, ob die festgestellten Gesundheitsbeeinträchtigungen bei einem Erwachsenen die Zuerkennung des Merkzeichens „G" rechtfertigen würde (BSG 12.2.1997 – 9 RVs 1/95, br 1997, 175 = BeckRS 1997, 30410476; LPK-SGB IX/Dau Rn. 10. Dabei sind diese Auswirkungen zu messen an Wegstrecken im Ortsverkehr, die üblicherweise noch zu Fuß zurückgelegt werden. Das sind Strecken von wenigen Kilometern (etwa ½ Std. für eine Wegstrecke von 2 km, BSG 10.12.1987 – 9a RVs 11/86, SozR 3870 § 60 Nr. 2; Majerski-Pahlen MedSach 1995, 50; KHM/Kossens Rn. 11). Wer solche Strecken ohne erhebliche Schwierigkeiten und ohne Gefährdung für sich und andere zurücklegen kann, ist auch als sbM nicht erheblich bewegungsbeeinträchtigt und daher für die kostenlose 2

Beförderung nicht anspruchsberechtigt. Schmerzfreiheit wird dabei nicht vorausgesetzt (LSG Hamb 4.4.2022 – L 3 SB 2/20, Behinderung und Recht 2022, 189). Das gilt z. B. bei Verlust eines Armes, einer Hand, eines Auges, bei Schwerhörigkeit, soweit sie nicht so stark ist, dass sie der Gehörlosigkeit gleichsteht (einschränkend SchlHLSG 17.7.1995 – L 2 Vsb 114/94, br 1996, 137; BSG 12.11.1996 – 9 RVs 5/95, BSGE 79, 223 = BeckRS 1996, 30406613) oder bei inneren Beeinträchtigungen ohne Auswirkungen auf die Beweglichkeittrifft aber auch auf Stuhlinkontinenz (.BSG 9.8.1995 – 9RVs 3/95, br 1996, 50; BSG 17.8.2010 – B 9 SB 32/10 B) oder Probleme beim Ein- und Aussteigen (BSG 3.2.1988 – 9/9a RVs 19/86, br 1989, 70) zu.

3 Im Übrigen ist die Beeinträchtigung der Bewegungsfähigkeit nicht auf die Gehfähigkeit und Beweglichkeit beschränkt. Die Bewegungsfähigkeit ist auch eingeschränkt, wenn aus Gründen größere Wegstrecken nur unter Schwierigkeiten zurückgelegt werden können, die mit der Beweglichkeit, also mit der Gehfähigkeit der Beine zunächst nichts zu tun haben. Als nicht abschließende Aufzählung, sondern lediglich „Regelfälle“ (BSG 24.4.2008 – B 9/9a SB 7/06 R, SozR 4–3250 § 146 Nr. 1 = BeckRS 2008, 53386; LSG Nds – Brem 9.9.2020 – L 13 SB 40/17, BeckRS 2020, 50415) genannt sind Anfälle oder Störungen der Orientierungsfähigkeit. Dazu gehören neben Anfallsleiden und Epilepsie auch geistige Störungen mit vergleichbaren Auswirkungen (BSG 11.8.2015 – B 9 SB 1/14 R, br 2017, 66 mit Anm. Wagner jurisPR-SozR 7/2017 Nr. 3), Schwindelanfälle, Diabetes mellitus mit häufigem hypoglykämischem Schock, aber auch Kreislaufstörungen oder Atemnot (Asthma). In Betracht kommt auch eine massive Adipositas (LSG RhPf 10.9.1996 – L 4 Vs 6/96), ggf. im Zusammenwirken mit Gesundheitsstörungen, die für sich allein nicht ausreichen würden (BSG 24.4.2008 – B 9/9a SB 7/06 R, SozR 4–3250 § 146 Nr. 1 = BeckRS 2008, 53386).

4 Die Behinderung muss für die Zurücklegung von üblichen Fußwegstrecken erhebliche Schwierigkeiten bereiten oder Gefahr für sich oder andere mit sich bringen. Geringere Schwierigkeiten sind also in Kauf zu nehmen. Das sind langsames Gehen, kleinere Pausen, aber auch einige Anstrengungen. Nicht jeder, der nach einem Kilometer Fußweg außer Atem kommt, hat deshalb schon erhebliche Schwierigkeiten. Auf der anderen Seite könnten auch Gehbehinderte oder sogar Beinamputierte mit Hilfe von Prothesen, Krücken oder Stöcken größere Strecken zu Fuß zurücklegen und tun dies auch. Trotzdem sind sie erheblich in der Bewegungsfähigkeit behindert, denn für sie ist die Vorschrift in erster Linie geschaffen. Es kommt also nicht darauf an, ob der Behinderte sich nicht trotzdem bewegen kann. Die individuelle Überwindung der Schädigung durch Übung, Willenskraft oder Anstrengung ist unbeachtlich. Maßgeblich sind die objektiven Schwierigkeiten durch die Behinderung. Denen steht die Gefährdung für sich und andere gleich. Hier ist an die genannten Anfallsleiden (LSG NRW 28.5.1998 – 7 SB 140/97, RdLH 1998, 186 = BeckRS 9999, 01860) und Schwindel, Bewusstseinsstörungen, aber auch an fehlende Einsichts- und Übersichtsfähigkeit zu denken.

5 Die erhebliche Beeinträchtigung wurde nach dem SchwbG aF bis zum 31.3.1984 von Gesetzes wegen angenommen, wenn die Erwerbsminderung wenigstens 80 vH beträgt. Diese Vorschrift wurde erst während der Gesetzesberatungen auf Grund interfraktionellen Antrags aufgenommen (vgl. Ausschussbericht BT-Drs. 8/2696, 18). Ab 1.4.1984 galt auf Grund des Haushaltsbegleitgesetzes v. 22.12.1983 (BGBl. I 1532), dass in jedem Fall nur eine erhebliche Beeinträchtigung im Straßenverkehr zu unentgeltlicher Beförderung berechtigt, auch wenn die Erwerbsminderung 80 vH oder mehr betrug. Deshalb musste auch auf diesen Ausweisen ein G eingetragen sein und für die Zeit ab 1.4.1984 ggf. besonders vermerkt werden (vgl. § 3 Abs. 2 SchwbAwV). Bedeutung erlangte diese Vorschrift aber in gewisser Weise ab 1.10.1985 wieder dadurch, dass auch Hilflose und Gehörlose in den Kreis der unentgeltlichen Beförderung wieder einbezogen wurden, ohne dass sie in der Bewegungsfähigkeit im Straßenverkehr erheblich beeinträchtigt sein mussten. Damit hatten Gehörlose und Gleichstehende mit an Taubheit grenzender beiderseitiger Schwerhörigkeit deshalb Anspruch auf Freifahrt gegen Zahlung der Wert-

marke und ohne Aufdruck „G". Hilflose erhielten den Aufdruck „H" und brauchten auch die Wertmarke nicht zu bezahlen, sondern erhielten sie kostenlos. Auch insoweit enthält § 229 keine Änderung zum bisher geltenden Recht. An der bisherigen Konzeption wurde festgehalten.

Der sbM muss bei der Benutzung öffentlicher Verkehrsmittel regelmäßig auf fremde Hilfe angewiesen sein. Nach der Neufassung des Abs. 2 durch Art. 6 Ziff. 3 des Gesetzes zur Änderung des Betriebsrentengesetzes und anderer Gesetze v. 2.12.2006 (BGBl. I 2742, 2745) wird abweichend von der früheren Fassung der Vorschrift nicht mehr gefordert, dass die schwerbehinderte Person, wenn sie nicht in Begleitung ist, eine Gefahr für sich oder andere darstellt. Es genügt ferner, dass die Begleitung und damit die Hilfe nur zum Teil erforderlich ist, zB beim Erreichen der Verkehrsmittel (Treppen im Bahnhof), beim Ein- und Aussteigen, aber auch bei der Orientierung (LSG BW 22.3.2019 – L 8 SB 3550/18, BeckRS 2019, 6461). Allerdings ist dies bei erwachsenen Taubstummen und Gehörlosen verneint worden (BSG 12.11.1996 – 9 RVs 5/95, BSGE 79, 223 = BeckRS 1996, 30406613; SchlHLSG 17.7.1995 – L 2 Vsb 114/94, br 1996, 137; KHM/Kossens § 146 Rn. 14; Gaa-Unterpaul NZS 2002, 406). Eine Wertmarke ist für diesen Fall nicht erforderlich. Die Eintragung des Merkzeichens B auf der Vorderseite des Ausweises mit orangefarbenem Flächenaufdruck erbringt den Nachweis für eine Notwendigkeit der ständigen Begleitung, was außerdem in einem besonderen Zusatz nochmals auf dem Ausweis aufgedruckt ist (§ 3 Abs. 2 SchwbAwV). Dies hat jedoch nicht zur Folge, dass der sbM in diesen Fällen auch tatsächlich nur in Begleitung öffentliche Verkehrsmittel nutzen darf. Dies ist lediglich dann der Fall, wenn die allgemeinen Beförderungsbedingungen dies vorsehen und auch im Einzelfall eine konkrete Gefahrenlage für die ordnungsgemäße Beförderung besteht (NdsOVG 11.9.1984 – 9 A 220/84, ZfSH/SGB 1985, 513). 6

Während das BTHG die Abs. 1 u. 2 unverändert gelassen hat (BT-Drs. 18/9522, 311), hat es durch Art. 2 des Gesetzes der Vorschrift doch einen Abs. 3 angefügt, der zu einer wesentlichen Änderung der Bewertungsgrundsätze und damit auch der praktischen Umsetzung der Norm führt. Im alten Recht wurde an die Begrifflichkeiten der StVO angeknüpft, die wiederum in einer Verwaltungsvorschrift sich insbes. an orthopädischen Beeinträchtigungen orientierende abschließende Beispiele enthielten. Nunmehr wird bei der versorgungsmedizinischen Begutachtung zur Feststellung der Schwerbehinderteneigenschaft der internationale Standard angewendet, der sich an dem biopsychosozialen Modell des modernen Behinderungsbegriffs orientiert (so bereits BSG 11.8.2015 – B 9 SB 1/14 R, br 2017, 66 = BeckRS 2015, 72730). Damit kommt es weder auf die konkrete Diagnose oder die Anzahl der Diagnosen im Einzelfall an. Maßgeblich ist vielmehr allein die Auswirkung einer Gesundheitsstörung in Wechselwirkung mit etwaigen Barrieren, die zu einer Beeinträchtigung der Teilhabe am Leben führen kann. Dies kann zur Folge haben, dass bisher in den Genuss der Regelung kommende sbM zB infolge verbesserter prothetischer Versorgung aus dem Anwendungsbereich der Vorschrift ausscheiden (BT-Drs. 18/9522, 316 ff.). 7

§ 230 Nah- und Fernverkehr

(1) Nahverkehr im Sinne dieses Gesetzes ist der öffentliche Personenverkehr mit

1. Straßenbahnen und Obussen im Sinne des Personenbeförderungsgesetzes,

2. Kraftfahrzeugen im Linienverkehr nach den §§ 42 und 43 des Personenbeförderungsgesetzes auf Linien, bei denen die Mehrzahl der Beförderungen eine Strecke von 50 Kilometern nicht übersteigt, es sei denn, dass bei den Verkehrsformen nach § 43 des Personenbeförderungsgesetzes die Genehmigungsbehörde auf die Einhaltung der Vorschriften über die Beförderungsentgelte gemäß § 45 Absatz 3 des Personenbeförderungsgesetzes ganz oder teilweise verzichtet hat,

3. S-Bahnen in der 2. Wagenklasse,
4. Eisenbahnen in der 2. Wagenklasse in Zügen und auf Strecken und Streckenabschnitten, die in ein von mehreren Unternehmern gebildetes, mit den unter Nummer 1, 2 oder 7 genannten Verkehrsmitteln zusammenhängendes Liniennetz mit einheitlichen oder verbundenen Beförderungsentgelten einbezogen sind,
5. Eisenbahnen des Bundes in der 2. Wagenklasse in Zügen, die überwiegend dazu bestimmt sind, die Verkehrsnachfrage im Nahverkehr zu befriedigen (Züge des Nahverkehrs),
6. sonstigen Eisenbahnen des öffentlichen Verkehrs im Sinne von § 2 Absatz 1 und § 3 Absatz 1 des Allgemeinen Eisenbahngesetzes in der 2. Wagenklasse auf Strecken, bei denen die Mehrzahl der Beförderungen eine Strecke von 50 Kilometern nicht überschreitet,
7. Wasserfahrzeugen im Linien-, Fähr- und Übersetzverkehr, wenn dieser der Beförderung von Personen im Orts- und Nachbarschaftsbereich dient und Ausgangs- und Endpunkt innerhalb dieses Bereiches liegen; Nachbarschaftsbereich ist der Raum zwischen benachbarten Gemeinden, die, ohne unmittelbar aneinander grenzen zu müssen, durch einen stetigen, mehr als einmal am Tag durchgeführten Verkehr wirtschaftlich und verkehrsmäßig verbunden sind.

(2) Fernverkehr im Sinne dieses Gesetzes ist der öffentliche Personenverkehr mit
1. Kraftfahrzeugen im Linienverkehr nach § 42a Satz 1 des Personenbeförderungsgesetzes,
2. Eisenbahnen, ausgenommen der Sonderzugverkehr,
3. Wasserfahrzeugen im Fähr- und Übersetzverkehr, sofern keine Häfen außerhalb des Geltungsbereiches dieses Buches angelaufen werden, soweit der Verkehr nicht Nahverkehr im Sinne des Absatzes 1 ist.

(3) Die Unternehmer, die öffentlichen Personenverkehr betreiben, weisen im öffentlichen Personenverkehr nach Absatz 1 Nummer 2, 5, 6 und 7 im Fahrplan besonders darauf hin, inwieweit eine Pflicht zur unentgeltlichen Beförderung nach § 228 Absatz 1 nicht besteht.

Übersicht

A. Allgemeines

1 § 230 entspricht dem früheren § 61 SchwbG. Die Vorschrift definiert die Begriffe Nah- und Fernverkehr. Damit wird eine gesetzliche Definition für § 228 Abs. 1 (Nahverkehr) und § 228 Abs. 2 gegeben und werden die Anspruchsgrundlagen für die unentgeltliche Beförderung der sbM mit entspr. gekennzeichneten Ausweisen festgelegt. Begleitpersonen sind bei Vorlage solcher Ausweise ohnehin im Nah- und Fernverkehr kostenfrei zu befördern, ebenso Handgepäck, Krankenfahrstühle usw. Deshalb kommt es hierfür auf die Abgrenzung nicht an.

2 Die Bestimmung erweitert den Begriff des Nahverkehrs. Er war früher beim Kraftfahrzeuglinienverkehr auf Orts- und Nachbarortslinien beschränkt. Jetzt werden auch Überlandlinien einbezogen. Die Einbeziehung des Eisenbahnverkehrs (vgl. BT-Drs. 8/2696, 18) war durch das Haushaltsbegleitgesetz 1984 v. 22.12.1984 (BGBl. I 1532) ab

1.1.1984 wieder gestrichen worden. Dafür wurde in Ziff. 1 der gleichzeitige Eisenbahn- und Straßenbahnverkehr einbezogen (Bericht des Haushaltsausschusses BT-Drs. 10/690; Fromm NJW 1984, 649). Durch das G zur Erweiterung der unentgeltlichen Beförderung Schwerbehinderter im öffentlichen Personenverkehr v. 18.7.1985 (BGBl. I 1516) wurde ab 1.10.1985 die unentgeltliche Fahrt auf den Eisenbahnen im Umkreis von 50 km im Umkreis wieder eingeführt und auf Eil- und D-Züge (bei Zahlung des tarifmäßigen Zuschlags) erstreckt. Entsprechendes galt nach Art. 6 Ziff. 1 Buchst. a iVm Art. 9 Abs. 1 des Gesetzes über die zwanzigste Anpassung der Leistungen nach dem Bundesversorgungsgesetz (KOV-Anpassungsgesetz 1991) v. 21.6.1991 (BGBl. I 1310) mWv 1.7.1991 auch für IR-Züge. Seit der Neuregelung des Abs. 1 Ziff. 5, 6 durch Art. 6 Abs. 103 des Eisenbahnverordnungsgesetzes (ENeuOG) v. 27.12.1993 (BGBl. I 2378, 2417) enthielt das SchwbG lediglich den Begriff „Züge des Nahverkehrs“, wobei Abs. 4 die Bundesminister für Arbeit und Sozialordnung sowie für Verkehr ermächtigte, durch Rechtsverordnung festzulegen, welche Zuggattungen von Eisenbahnen des Bundes zu diesen und den zuschlagpflichtigen Zügen des Nahverkehrs iSd früheren § 59 Abs. 1 S. 1 Hs. 2 SchwbG rechneten. Von dieser Ermächtigung wurde durch die Nahverkehrszügeverordnung (SchwbNV) v. 30.9.1994 (BGBl. I 2962) Gebrauch gemacht, die allerdings mit Wirkung zum 1.1.2012 außer Kraft getreten ist. Ein struktureller Unterschied zum früheren § 61 SchwbG besteht lediglich insoweit, als sich die ursprünglich in Abs. 4 geregelte Verordnungsermächtigung nunmehr gemeinsam mit denjenigen für weitere Regelungsgegenstände in § 237 findet.

B. Nahverkehr

Der Nahverkehr ist die wichtigste Definition, weil die sbM mit entsprechendem Ausweis unentgeltlich zu befördern sind (§ 228 Abs. 1). Dabei wurde der Begriff des Nahverkehrs erheblich erweitert und auf Überlandlinien ausgedehnt. Damit wurde eine Anpassung an die tatsächlichen Gegebenheiten vorgenommen, die durch verbreitete Kooperationen im gemeindeübergreifenden Verkehr geprägt wurden und die bisherige Regelung faktisch entwerteten. Die unentgeltliche Beförderung gilt auch für den Wasserverkehr (zB die Fährverbindungen zwischen Norddeich und Norderney, VG Oldenburg 27.4.2016 – 13 A 4129/14, BeckRS 2016, 45981 oder Emden/Außenhafen und Borkum, NdsOVG 31.8.2017 – 4 LC 217/14, NdsVBl 2017, 46 m Anm. Dau jurisPR-SozR 26/2016 Anm. 5 = BeckRS 2016, 51841) und entspricht insoweit dem bisherigen Recht. Lediglich Berg- und Seilbahnen sind nicht einbezogen, selbst wenn sie der Beförderung von Personen im Orts- oder Nachbarbereich dienen. Im Gegensatz zu den Alpenländern wurde hierfür in Deutschland kein Bedürfnis gesehen, zumal es sich nur um Sonderfälle handeln kann, für die eine spezielle Vereinbarung getroffen werden könnte (BT-Drs. 8/2696, 18). 3

Nahverkehr sind nach Abs. 1 **Nr. 1** alle Straßenbahnen und Omnibusse. Es handelt sich um schienengebundene oder an Oberleitungen festgelegte Verkehrsfahrzeuge. Auch U-Bahnen zählen mit dazu sowie Verkehrsmittel, die als Straßenbahn auf einer Bahnstrecke verkehren und so genehmigt sind. Auf eine Streckenlänge, Entfernung oder Gebietseinteilung kommt es nicht an. Omnibusse sind stets einbezogen, gleich ob es sich um den früheren Orts- oder Nachbarortslinienverkehr handelt oder sie anstelle einer Straßenbahn fahren. Eine Streckenbegrenzung besteht nicht. 4

Nr. 2 enthält die wichtigste Erweiterung. Bis zum 30.9.1979 waren nur Omnibusse im Orts- und Nachbarortsverkehr in den Nahbereich einbezogen. Diese Regelung entsprach nicht mehr den Gegebenheiten, nachdem auch der Orts- und Nachbarortsverkehr zunehmend mit Überlandlinien durchgeführt wurde. Die RegBegr. führte dazu und zur Abgrenzung aus (BT-Drs. 8/2453, 11): Um etwaige durch diese verkehrspolitische Entwick- 5 lung entstehenden Nachteile vom begünstigten Personenkreis abzuwenden, ist es notwendig, im Verkehr auf den Überlandlinien gleiche Vergünstigungen einzuräumen wie im Orts- und Nachbarortslinienverkehr. Ein weiterer Grund für die Erweiterung des Begriffs „Nahverkehr" kommt noch hinzu: Durch die Bildung von Verkehrsverbünden sowie von Verkehrs- und Tarifgemeinschaften können zunehmend Fahrten mit den gleichen Fahrkarten sowohl auf Orts- und Nachbarortslinien als auch auf Überlandlinien durchgeführt werden. Würde auf einigen Linien das Beförderungsentgelt von der öffentlichen Hand nicht getragen, würde das zum einen auf Unverständnis bei den begünstigten Personen stoßen, da auf allen Linien dieselben Fahrkarten gelten; zum anderen wären in diesem Fall die Verkehrsverbünde sowie die Verkehrs- und Tarifgemeinschaften kaum in der Lage, ihre Fahrgeldeinnahmen auf Orts- und Nachbarortslinien getrennt von denen der Überlandlinien nachzuweisen, so dass man zur Berechnung des Beförderungsentgelts auf Schätzungen angewiesen wäre. Die Einbeziehung von Sonderformen des Linienverkehrs iSd § 43 des Personenbeförderungsgesetzes, soweit sie gegen Entrichtung des tariflichen Beförderungsentgelts zugänglich sind, ist notwendig, weil für die sbM ein Unterschied zwischen diesen Sonderformen und dem Linienverkehr kaum ersichtlich sein dürfte. Zur Abgrenzung des Begriffs „Nahverkehr" war bereits im Umsatzsteuergesetz idF v. 16.11.1973 – UStG 1973 – (BGBl. I 1682) sowie in dessen Aktualisierung v. 27.4.1993 (BGBl. I 565, ber. 1160) und ist weiter (§ 12 Abs. 2 Nr. 10 lit. b, bb auch idF des UStG v. 21.2.2005 (BGBl. I 386) auf eine Entfernung von 50 km abgestellt. Es lag daher nahe, diese Grenze auch im Schwerbehindertenrecht heranzuziehen. Von einer unmittelbaren Bezugnahme auf das Umsatzsteuergesetz musste jedoch abgesehen werden, weil dort (§ 12 Abs. 2 Nr. 10) auf die Länge der Beförderungsstrecke abgestellt ist. Die Beförderungsstrecke lässt sich aber für die Behinderten nicht feststellen, weil deren unentgeltliche Beförderung allein gegen Vorzeigen eines Ausweises erfolgt, ohne dass sie eine Fahrkarte lösen müssten – eine Regelung, die sowohl von den Betroffenen als auch von den Verkehrsunternehmern am einfachsten zu handhaben ist. Eine praktische Lösung des Problems bot in der Vergangenheit die Verwendung des Begriffs „öffentlicher Personennahverkehr" iSd Gesetzes über die weitere Finanzierung von Maßnahmen zur Verbesserung der Verkehrsverhältnisse der Gemeinden und des Bundesfernstraßenbaus – Verkehrsfinanzierungsgesetz 1971 – v. 28.2.1972 (BGBl. I 201), wobei der notwendige Nachweis der Erfüllung der gesetzlichen Voraussetzungen durch die Anerkennung der Beihilfeberechtigung nach der inzwischen ebenfalls außer Kraft getretenen Gasöl-Beihilfeverordnung v. 21.12.1973 geführt werden konnte. Heute wird wie im UStG darauf abgestellt, ob es sich um eine Linie handelt, bei der die Mehrzahl der Beförderungen eine Strecke von 50 km nicht überschreitet. Dies lässt sich anhand der Fahrkartenverkäufe feststellen. Soweit die Voraussetzungen der Nr. 2 nicht vorliegen, ist darauf im Fahrplan und allen Aushängen hinzuweisen (Abs. 3). § 42 PersBefG v. 21.3.1961 (BGBl. I 241) in der Neufassung v. 8.8.1990 (BGBl. I 1690), definiert den Linienverkehr. § 43 schließt den Berufsverkehr, Schülerverkehr, Marktverkehr und Theaterbusse ein, solange nicht auf die Einhaltung von Betriebspflicht, Beförderungspflicht, Entgeltregelung oder Fahrplanvorschriften verzichtet wurde (§ 45 PersBefG). Sammeltaxen, auch als Anruftaxen häufig im Schwachlastverkehr an Stelle der öffentlichen Verkehrsmittel eingesetzt, können nur dann unentgeltlich benutzt werden, wenn sie als Ersatz für einen Linienverkehr und Fahrplan nach § 42 PersBefG genehmigt sind (VGH BW 28.3.2008 – 9 S 2312/06, br 2008, 142 = BeckRS 2008, 35311; KHM/*Kossens* Rn. 4). Das ist nicht der Fall bei Taxen im Gelegenheitsverkehr (BFH 9.6.2022 – VI R 26/20, NJW 2022, 2774; Dau jurisPR-SozR 5/2023 Anm. 6), aber auch nicht solchen, die von den Fahrern öffentlicher Verkehrsmittel an bestimmte Haltestellen auf Anforderung gerufen werden (VG Köln 19.4.1989 – 21 K 2969/87, br 1989, 141 = BeckRS 9998, 87028). Entsprechendes gilt für ein Anruf-Sammel-Mobil (ASM), das außerhalb der Verkehrszeiten des städtischen Linienbusverkehrs angeboten wird und nur auf telefonische Voranmeldung von einer frei wählbaren Haltestelle aus zu einem von dem Fahrgast beliebig zu wählenden Ziel („bis vor die Tür") führt. Es handelt sich dabei nicht um Linienverkehr iSd PersBefG (NdsOVG 8.10.2003 – 4 LB 365/03, br 2004, 149 = BeckRS 2003, 24653; 19.7.2007 – 7 LC 208/04, DVBl 2007, 1579 = BeckRS 2007, 27580; ähnlich BVerwG 12.12.2013 – I C 30/12, BVerwGE 148, 321; OVG NW 3.6.2014 – 12 A 1856/13, BeckRS 2014, 56280; Schlegel/Voelzke/Vogl Rn. 22; Hauck/Noftz/Masuch Rn. 9 f.). Dies gilt allerdings nicht für den Fall, dass ein Anrufsammeltaxi zu bestimmten Zeiten anstelle des regulär verkehrenden Busses eingesetzt wird, die Fahrten im Fahrplan ausgewiesen sind und der Beförderte nicht von der Option Gebrauch macht, sich an ein anderes Ziel als die im Fahrplan ausgewiesenen Haltestellen bringen zu lassen (VGH BW 23.8.2008 – 9 S 2312/06, br 2008, 142).

Nr. 3 bezieht wie schon das bisherige Recht alle S-Bahnen in der 2. Wagenklasse ein. 6 Die Entfernung ist unerheblich, ebenso ist es nicht maßgeblich, ob die S-Bahn die verschiedensten Gemeindegrenzen überschreitet. Jede S-Bahn ist für die unentgeltliche Beförderung sbM frei, also auch der S-Bahn-Verkehr im gesamten Ruhrgebiet (zB Bochum-Düsseldorf). Wie der S-Bahn-Verkehr durchgeführt wird, ist ebenfalls nicht beachtlich, so dass es nicht darauf ankommt, ob sog. S-Bahn-Züge oder Nahverkehrswagen eingesetzt werden. SbM mit entsprechendem Ausweis können deshalb die S-Bahnen in Berlin, Brandenburg, Hamburg, Frankfurt, Köln, München, Stuttgart und im Ruhrgebiet stets frei benutzen, auch wenn sie in Würzburg wohnen (KHM/Kossens Rn. 5).

Nr. 4 bezieht den Verbundverkehr ein. Maßgeblich ist die Geltung einheitlicher oder 7 verbundener Beförderungsentgelte. Wenn die Benutzung von Verbundfahrscheinen ausgeschlossen ist, findet auch keine kostenfreie Beförderung statt (KHM/Kossens Rn. 6). Das gilt vor allem für Fernzüge, die auch auf Vorortbahnhöfen halten. Einheitliche Beförderungsbedingungen sind jedoch nicht notwendig (BT-Drs. 8/2696, 18). Es kommt also nicht darauf an, ob in einem Gebiet mit Verbundverkehr S-Bahn, U-Bahn, Straßenbahn, Omnibus oder Eisenbahn benutzt wird (s. Hauck/Noftz/Masuch Rn. 13). Alle Strecken sind gleichermaßen frei zu benutzen, gleichgültig, an welchem Ort der sbM mit dem entsprechenden Ausweis wohnt. Diese Regelung gilt wieder seit 1.10.1985. § 230 hat daran nichts geändert.

Nr. 5 wurde erst in den Ausschussberatungen zum G zur Erweiterung der unentgeltli- 8 chen Beförderung Schwerbehinderter im öffentlichen Personenverkehr in den § 61 SchwbG eingefügt und gilt wieder (und auch durch das SGB IX unverändert) seit 1.10.1985. Damit sollte erreicht werden, dass sbM nicht benachteiligt werden, die in Gebieten wohnen, in denen ein anderer Nahverkehr oder ein Verkehrsverbund nicht existiert.

Züge des Nahverkehrs können ohne räumliche Beschränkung im gesamten Bundes- 9 gebiet kostenfrei benutzt werden. Die früher im G enthalten gewesene Beschränkung auf einen Umkreis von 50 km um den Wohnsitz ist mit Wirkung zum 1.1.2017 entfallen (Art. 20a des Gesetzes v. 22.12.2011 (BGBl. I 3057).

Nr. 6 bezieht seit 1.10.1985 wieder den Schienenverkehr nicht bundeseigener Eisen- 10 bahnen ein. Sie sollten nicht anders beurteilt werden als Schienenverkehr in einem Verkehrsverbund, zumal häufig auf denselben Strecken auch Eisenbahnen und Straßenbahnen wenigstens teilweise ebenfalls verkehren (BT-Drs. 8/2696, 18). Maßgeblich ist, dass die Mehrzahl der Beförderungen 50 km nicht übersteigt (entspr. Nr. 2). Trifft das nicht zu, muss im Fahrplan und in den Aushängen darauf hingewiesen werden (Abs. 3). In aller Regel treffen aber die Voraussetzungen auf nicht bundeseigene Eisenbahnen zu, da die einzelnen Strecken ihres Streckennetzes ohnehin meist nicht mehr als 50 km lang sind, jedenfalls dann aber die Mehrzahl der Beförderungen kürzer ist. Das Allgemeine Eisenbahngesetz v. 27.12.1993 (BGBl. I 2378, 2396 ber. 1994 I 2439, geändert durch Art. 2 Abs. 1 des G vom 20.7.2017, BGBl. I 2808) bestimmt in den unmittelbar in Bezug genommenen § 2 Abs. 1 und § 3 Abs. 1 den Begriff der Eisenbahn und den der öffentlichen Eisenbahn. Die Neufassung ab 1.10.1985 stellte auch klar, dass kostenfrei nur die 2. Wagenklasse benutzt werden kann. Die etwaige Differenz ist vom sbM auszugleichen.

11 Nr. 7 betrifft den Wasserverkehr und entspricht dem bisherigen Recht. Hier sind wie früher auch für den Omnibusverkehr nur die Beförderung im Orts- und Nachbarschaftsbereich erfasst. Dabei muss Ausgangs- und Endpunkt des jeweiligen Linienverkehrs in diesem Bereich liegen, ein bloßes Anlegen als Zwischenstation reicht also nicht aus. Der Nachbarschaftsbereich (NdsOVG 31.8.2016 – 4 LC 217/14, NdsVBl 2017, 46 = BeckRS 2016, 51841; Rev. zugelassen BVerwG 29.5.2017 – 5 B 76/16, 5 B 76/16, 5 B 7/17), BeckRS 2016, 51841, nachgehend BVerwG 27.9.2018 – 5 C 7/17, NVwZ-RR 2019, 231) stellt auf die Gemeindegrenzen ab, kann also durch die Gebietsreform vergrößert sein. Der mehrmalige Verkehr am Tage muss nicht jeden Tag durchgeführt werden; Pausen an Sonn- und Feiertagen sind unschädlich. Für die wirtschaftliche Verbindung i. S. der Regelung reicht es aus, wenn die Fährverbindung in einem wirtschaftlich nicht unbedeutenden Umfang von Gemeindeangehörigen und anderen Personen genutzt wird und zur Versorgung der Gemeinde mit Wirtschaftsgütern beiträgt (BVerwG 27.9.2018 – 5 C 7/17, NVwZ-RR 2019, 231; Störmer jurisPR-BVerwG 2/2019 Anm. 5).

C. Fernverkehr

12 Fernverkehr kann an sich dahin definiert werden, dass er über den Nahverkehr hinausgehender Verkehr ist (Hauck/Noftz/Masuch Rn. 20). Auch darunter fallen Omnibusverkehr als Linienverkehr, Eisenbahnverkehr und Wasserverkehr. Ausgenommen sind Sonderzüge jeder Art und Fährverbindungen, bei denen außerdeutsche Häfen angelaufen werden. Der Luftverkehr ist ebenso wie etwa Magnetschwebebahnen (KHM/Kossens Rn. 12) nicht einbezogen, allerdings gewähren die Fluggesellschaften dem G entsprechende tarifliche Vergünstigungen. Für den Fernverkehr gilt die unentgeltliche Beförderung notwendiger Begleitpersonen, des Handgepäcks, Krankenfahrstuhles und ggf. orthopädischer Hilfsmittel und eines Führhundes (§ 228 Abs. 6, → § 228 Rn. 9–11).

D. Fahrplanhinweise

13 Werden die Voraussetzungen von Abs. 1 Nr. 2, 6 (Mehrzahl der Beförderungen nicht über 50 km) sowie Nr. 7 (kein Orts- oder Nachbarschaftsbereich) nicht erfüllt, muss im Fahrplan (auch der Deutschen Bahn AG, Art. 6 Abs. 103 lit. b ENeuOG v. 27.12.1993, BGBl. I 2378, 2417) darauf hingewiesen werden. Es ist anzugeben, dass die kostenlose Beförderungspflicht für sbM nicht besteht. Dabei ist Fahrplan nicht nur ein Kursbuch, sondern jeder Aushang, Haltestellenplan, jede Abfahrtstafel sowie die elektronische Fahrplanauskunft (KHM/*Kossens* Rn. 11). Da in den überwiegenden Fällen sbM unentgeltlich zu befördern sind, erschien eine positive Kennzeichnung nicht zweckmäßig, sondern sollte zur Vermeidung von Schwierigkeiten nur ein Hinweis gegeben werden, wenn eine unentgeltliche Beförderungspflicht nicht besteht (vgl. BT-Drs. 8/2696, 19).

E. Züge des Nahverkehrs

14 Durch Art. 6 Abs. 3 Nr. 3 lit. c ENeuOG v. 27.12.1993 (BGBl. I 2378, 2417) war § 61 SchwbG ein neuer Abs. 4 angefügt worden. Dieser beinhaltete eine Verordnungsermächtigung zugunsten der Bundesministerien für Arbeit und Sozialordnung sowie

Verkehr zur Festlegung der den Zügen des Nahverkehrs zuzuordnenden Zuggattungen der Eisenbahnen des Bundes iSd § 61 Abs. 1 Nr. 5 SchwbG und der Bezeichnung der zuschlagspflichtigen Züge des Nahverkehrs iSd § 59 Abs. 1 Hs. 2 SchwbG. Von dieser Ermächtigung war mit der 5. Verordnung zur Durchführung des Schwerbehindertengesetzes (SchwbNV) v. 30.9.1994 (BGBl. I 2962) Gebrauch gemacht worden, die allerdings mit Wirkung zum 1.1.2017 entfallen ist (Art. 20a des Gesetzes v. 22.12.2011 (BGBl. I 3057). Die Verordnungsermächtigung findet sich heute in § 237 Abs. 2.

§ 231[1] Erstattung der Fahrgeldausfälle im Nahverkehr

(1) Die Fahrgeldausfälle im Nahverkehr werden nach einem Prozentsatz der von den Unternehmern oder den Nahverkehrsorganisationen im Sinne des § 233 Absatz 2 nachgewiesenen Fahrgeldeinnahmen im Nahverkehr erstattet.

(2) [1] Fahrgeldeinnahmen im Sinne dieses Kapitels sind alle Erträge aus dem Fahrkartenverkauf. [2] Sie umfassen auch Erträge aus der Beförderung von Handgepäck, Krankenfahrstühlen, sonstigen orthopädischen Hilfsmitteln, Tieren sowie aus erhöhten Beförderungsentgelten.

(3) Werden in einem von mehreren Unternehmern gebildeten zusammenhängenden Liniennetz mit einheitlichen oder verbundenen Beförderungsentgelten die Erträge aus dem Fahrkartenverkauf zusammengefasst und dem einzelnen Unternehmer anteilmäßig nach einem vereinbarten Verteilungsschlüssel zugewiesen, so ist der zugewiesene Anteil Ertrag im Sinne des Absatzes 2.

(4) [1] Der Prozentsatz im Sinne des Absatzes 1 wird für jedes Land von der Landesregierung oder der von ihr bestimmten Behörde für jeweils ein Jahr bekannt gemacht. [2] Bei der Berechnung des Prozentsatzes ist von folgenden Zahlen auszugehen:

1. der Zahl der in dem Land in dem betreffenden Kalenderjahr ausgegebenen Wertmarken und der Hälfte der in dem Land am Jahresende in Umlauf befindlichen gültigen Ausweise im Sinne des § 228 Absatz 1 von schwerbehinderten Menschen, die das sechste Lebensjahr vollendet haben und bei denen die Berechtigung zur Mitnahme einer Begleitperson im Ausweis eingetragen ist; Wertmarken mit einer Gültigkeitsdauer von einem halben Jahr und Wertmarken für ein Jahr, die vor Ablauf eines halben Jahres ihrer Gültigkeitsdauer zurückgegeben werden, werden zur Hälfte gezählt,

2. der in den jährlichen Veröffentlichungen des Statistischen Bundesamtes zum Ende des Vorjahres nachgewiesenen Zahl der Wohnbevölkerung in dem Land abzüglich der Zahl der Kinder, die das sechste Lebensjahr noch nicht vollendet haben, und der Zahlen nach Nummer 1.

[3] Der Prozentsatz ist nach folgender Formel zu berechnen:

$$\frac{\text{Nach Nummer 1 errechnete Zahl}}{\text{Nach Nummer 2 errechnete Zahl}} \times 100.$$

[4] Bei der Festsetzung des Prozentsatzes sich ergebende Bruchteile von 0,005 und mehr werden auf ganze Hundertstel aufgerundet, im Übrigen abgerundet.

(5) [1] Weist ein Unternehmen durch Verkehrszählung nach, dass das Verhältnis zwischen den nach diesem Kapitel unentgeltlich beförderten Fahrgästen und den sonstigen Fahrgästen den nach Absatz 4 festgesetzten Prozentsatz um mindestens ein Drittel übersteigt, wird neben dem sich aus der Berechnung nach Absatz 4 ergebenden Erstattungsbetrag auf Antrag der nachgewiesene, über dem Drittel liegende Anteil erstattet. [2] Die

[1] § 231 Abs. 4 Satz 3 neu gef. mWv 1.1.2018 durch G v. 17.7.2017 (BGBl. I 2541).

Länder können durch Rechtsverordnung bestimmen, dass die Verkehrszählung durch Dritte auf Kosten des Unternehmens zu erfolgen hat.

(6) **Absatz 5 gilt nicht in Fällen des § 233 Absatz 2.**

1 Die § 148 SGB IX 2001 (heute: § 231 SGB IX 2018) zu Grunde liegende Bestimmung des § 62 SchwbG, gegenüber der dem Grunde nach kein inhaltlicher Unterschied besteht (Begründung des Gesetzentwurfes, BT-Drs. 14/5074, 115, BT-Drs. 18/9522, 312), wurde geändert durch das Haushaltsbegleitgesetz 1984 v. 22.12.1983 (BGBl. I 1532) und hat der Einführung von Wertmarken ab 1.4.1984 Rechnung getragen. Eine Anpassung an die halbjährliche Ausgabe von Wertmarken und deren Rückgabe machte den Zusatz in Abs. 4 Nr. 1 durch das G zur Erweiterung der unentgeltlichen Beförderung Schwerbehinderter im öffentlichen Personenverkehr v. 18.7.1985 erforderlich. Neu war, dass der Prozentsatz nicht mehr alle zwei Jahre sondern jährlich festzulegen war und eine Anpassung an besondere Verhältnisse durch eine Verkehrszählung nach Abs. 5 ermöglicht wurde. Die Begründung findet sich in BT-Drs. 10/335, 89 f. Mit Art. 8 Nr. 4 lit. a des Gesetzes zur Vereinfachung der Verwaltungsverfahren im Sozialrecht (Verwaltungsvereinfachungsgesetz) v. 21.3.2005 (BGBl. I 818, 827) wurde die Berechnungsgrundlage in Abs. 4 S. 2 Nr. 1 an die tatsächlichen Gegebenheiten angepasst. Art. 2 Nr. 14 lit. b BTHG enthält dazu eine Regelung zur Angleichung an die veränderte Rechtslage zur Genehmigung von Beförderungsentgelten im Allgemeinen Eisenbahngesetz (BT-Drs. 18/9522, 318). Nr. 4 lit. b ergänzte den Text von Abs. 5 im Sinn der Rspr. des BVerfG. Die aktuelle Fassung der Formel für die Berechnung des Prozentsatzes in Abs. 4 S. 3 beruht auf Art. 23 Nr. 8 des Gesetzes zur Änderung des Bundesversorgungsgesetzes und anderer Vorschriften vom 17.7.2017 (BGBl. I 2541; Schlegel/Voelzke/Vogl Rn. 2). Die Erstattung der Fahrgeldausfälle wurde und wird auch weiterhin nach einem Pauschalverfahren vorgenommen, das nach Nahverkehr (§ 231) und Fernverkehr (§ 232) getrennt ist. Das Verfahren ist ein öffentlich-rechtliches Verwaltungsverfahren. Streitigkeiten sind deshalb im Verwaltungsrechtsweg auszutragen (§ 233 Abs. 7).

2 Die Vorschrift dient der Bestimmung des Umfangs der den Unternehmen des öffentlichen Nahverkehrs durch die unentgeltliche Beförderung von sbM (§ 228 SGB IX) entstehenden Einnahmeausfälle (Schlegel/Voelzke/Vogl Rn. 26). Im Nahverkehr erfolgt die pauschale Erstattung nach dem festgelegten Prozentsatz der Fahrgeldeinnahmen. Damit soll auf der einen Seite eine möglichst einfache Verwaltungspraxis erreicht und doch eine nach den jeweiligen Verhältnissen gerechte Erstattung erzielt werden. Das Verfahren galt schon bisher im Nahverkehr.

3 Abs. 2 definiert den maßgeblichen Begriff der Fahrgeldeinnahmen. Die Beschränkung auf die Erträge aus dem Fahrkartenverkauf schließt allgemeine Zuschüsse, also vor allem Zuschüsse zur Deckung eines Defizits, aber auch für die Beförderung von Schülern und Auszubildenden gewährte Ausgleichszahlungen aus der Berechnung aus (VGH BW 29.7.2008 – 9 S 3090/07, DVBl 2008, 1400 = BeckRS 2008, 38180; KHM/Kossens § 148 Rn. 3. Dagegen gehören Zuschüsse aus öffentlichen Kassen, die umsatzsteuerpflichtig sind, als sog. „steuerbare Erstattungsleistungen" (BFH 26.6.1986 – V R 93/77, BFHE 147, 79) sowie Einnahmen aus Wochen- und Monatskarten ebenso dazu wie solche aus verbilligten Fahrkarten für Rentner (Seniorenkarten). Wer die Fahrkarte bezahlt, ist unerheblich, auch bei Erstattungen durch Arbeitgeber, Krankenkassen, die öffentliche Hand werden die Einnahmen mitgezählt. BVerwG 19.1.1979 – VII C 56/75, DÖV 1979, 724 = BeckRS 1979, 00941; KHM/Kossens Rn. 3). Schließlich zählt auch das erhöhte Beförderungsgeld dazu (für Schwarzfahrer), da es einen Ausgleich für entgangenes Beförderungsentgelt darstellt. Entsprechend der unentgeltlichen Beförderung von Handgepäck, Krankenfahrstühlen, orthopädischen Hilfsmitteln und Hunden (§ 228 Abs. 2 Nr. 2) werden auch die Einnahmen aus solchen Beförderungen mitgezählt. Die Einnahmen aus Reisegepäck, Stückgut uÄ gehören nicht dazu. Nicht einbezogen

sind jedoch die Einnahmen aus Beförderungen in der 1. Wagenklasse der DB AG einschließlich des darin enthaltenen Sockelbetrags für die 2. Wagenklasse (OVG NRW 18.12.1996 – 24 A 4120/94, br 1997, 14 = BeckRS 9998, 39590) sowie Erlöse aus dem Verkauf von Fahrplänen, Zubehör und Wagenreinigungsgebühren (KHM/Kossens Rn. 3; Ott br 2007, 5).

Für den Verbundverkehr gelten die nach den vereinbarten Anteilen zugewiesenen Einnahmen als Ertrag iSd Abs. 2. Dabei ist aber nur der Teil zugrunde zu legen, der den dem Abs. 2 entsprechenden Beförderungsleistungen entspricht. 4

Der Prozentsatz wird von der Landesregierung jeweils jährlich festgelegt. Seine Berechnung ist vorgeschrieben und soll den jeweils geltenden Verhältnissen Rechnung tragen. Wegen der damit verbundenen Vorbestimmtheit des Ergebnisses reicht auch die bloße Bekanntmachung aus (BT-Drs. 4/2433, 6; Hauck/Noftz/Masuch Rn. 10). Dabei wurde davon ausgegangen, dass sbM im Ganzen gesehen öffentliche Verkehrsmittel in gleichem Umfang benutzen wie die gesamte Wohnbevölkerung (BT-Drs. 8/2453, 12). Dabei wird nicht unterschieden, ob bestimmte Linien oder Verkehrsmittel häufiger von sbM benutzt werden oder nicht. Auch hier ging man von einem Ausgleich im Gesamtbetrieb aus. Der Prozentsatz berechnet sich dann von der Zahl der Wertmarken und der Ausweise, auf denen Begleitpersonen eingetragen sind. Das gilt aber dann nicht, wenn die schwerbehinderte Person das 6. Lebensjahr noch nicht vollendet hat, da sie ohnehin kostenfrei befördert würde (BT-Drs. 8/2696, 19). Man ging von der Annahme aus, dass die unentgeltliche Beförderung nur noch sbM in Anspruch nehmen, deren Ausweise eine Wertmarke oder die Notwendigkeit ständiger Begleitung tragen werden; weil diese Personen die Nahverkehrsmittel häufiger benutzen als die Bevölkerung iÜ wurde ursprünglich ein Zuschlag von 20 vH eingeführt (BT-Drs. 10/335, 89). Dieser ist mit Art. 1 Nr. 33a des Gesetzes zur Förderung der Ausbildung und Beschäftigung sbM v. 23.4.2004 (BGBl. I 606, 610) gestrichen worden. Diese im ursprünglichen Gesetzentwurf noch nicht enthalten gewesene Änderung berücksichtigt eine auch von den Ländern empfohlene Korrektur. Sie beruht darauf, dass die bisherige Annahme einer häufigen Inanspruchnahme des öffentlichen Personennahverkehrs durch die nach § 228 berechtigten Personen unzutreffend ist (Ausschussbericht, BT-Drs. 15/2357, 26). Diese Zahl wurde durch Art. 8 Nr. 4 des Verwaltungsvereinfachungsgesetzes v. 21.3.2005 (BGBl. I 818, 827) noch weiter nach unten korrigiert. MWv 1.1.2005 (Art. 32 Abs. 6) wird nämlich statt der Gesamtzahl der Ausweise nur noch die Hälfte berücksichtigt. Die Begründung dafür bieten Erhebungen, nach denen nur rund 40 % der Berechtigten vom Freifahrtrecht Gebrauch machen und dabei begleitet wurden (Begründung des Gesetzesentwurfs, BT-Drs. 15/4228, 31). Die Anzahl der Wertmarken und Ausweise, auf denen Begleitpersonen eingetragen sind, wird nach § 236 ermittelt. Sie wird durch die Zahl der Wohnbevölkerung abzüglich der bis sechs Jahre alten Kinder und abzüglich der Ausweise nach Nr. 1 geteilt. Maßgeblich ist die Zahl nach den Veröffentlichungen des Statistischen Bundesamtes. Nach der Teilung ist die Zahl mal 100 zu nehmen und auf Hundertstel aufzurunden. Der so gefundene Prozentsatz wird landesweise festgelegt und veröffentlicht. Konkrete Angaben finden sich auf der Homepage des Bundesverwaltungsamtes („Fahrgeldausfälle" Erstattung von Fahrgeldausfällen nach dem SGB IX). 5

Der durch das Haushaltsbegleitgesetz 1984 v. 22.12.1983 (BGBl. I 1532) neu in § 62 SchwbG eingefügte Abs. 5, der fast wortgleich auch in § 148 aF enthalten war, ließ eine Anpassung des Prozentsatzes für die Kostenerstattung an den Verkehrsunternehmer durch Verkehrszählung zu. Abs. 5 SchwbG nF (eingefügt durch Art. 8 Nr. 4 lit. b des Verwaltungsvereinfachungsgesetzes v. 21.3.2005, BGBl. I 818, 827) passte seinen Wortlaut an die Vorgaben der Rspr. des BVerfG an. Damit wurde eine Art Härteklausel eingeführt, weil insbes. in Kur- und Erholungsgebieten die Inanspruchnahme der unentgeltlichen Beförderung weit über dem Landesdurchschnittssatz liegen kann (BVerfG 19.3.2014 – 1 BvR 1417/10, br 2014, 483). Es bestanden auch verfassungsmäßige 6

Bedenken gegen eine Pauschalierung der Erstattung ohne Härteklausel (BT-Drs. 10/335, 90; BVerfG 17.10.1984 – 1 BvL 18/82 ua, BVerfGE 68, 155 = NJW 1985, 963; BVerwG 17.1.2003 – 5 B 261/02, br 2003, 158 = NVwZ 2003, 866; Fromm NJW 1984, 649, wegen der „unabgewickelten Altfälle" vgl. BVerwG 23.11.1988 – 7 B 181/88, NJW 1990, 592). Das BVerfG hat die Zulässigkeit einer pauschalierten Berechnung dem Grunde nach anerkannt und im Wesen der Pauschalberechnung begründete Unschärfen zugelassen (BVerfG 17.10.1984 – 1 BvL 18/82, NJW 1985, 963). Auf dieser Grundlage wird künftig allen Unternehmern der Teil der Mehrkosten erstattet, der jenseits der Ein-Drittel-Grenze liegt. Diese Pauschalierung auf der Grundlage des neu gefassten Abs. 2 genügt ebenfalls den verfassungsrechtlichen Ansprüchen (VG Köln 24.5.2007 – 26 K 3996/06, IR 2007, 186 = BeckRS 2007, 24158; NdsOVG 26.5.2009 – 4 LC 653/07, NdsVBl 2009, 286 = BeckRS 2009, 34498; BVerwG 18.3.2010 – 3 C 26/09, BVerwGE 136, 157 = NVwZ-RR 2010, 611; Verfassungsbeschwerde nicht angenommen, BVerfG 19.3.2014 – 1 BvR 1417/10, NVwZ 2014, 1005; KHM/Kossens Rn. 7; Ott br 2008, 5; aA *Jarass* VSSR 2007, 103). Damit wird eine bisher bestehende Ungleichbehandlung beseitigt. Außerdem führt dies zu Einsparungen der öffentlichen Hand, die nicht zu Lasten der sbM gehen (Begründung des Gesetzentwurfs, BT-Drs. 15/4228, 31).

7 Die Verkehrszählung muss nach anerkannten Methoden für Erhebungen im Straßenverkehr durchgeführt werden. Die Kosten dafür hat der Verkehrsunternehmer zu tragen (KHM/*Kossens* Rn. 7). Abs. 5 S. 2 nF sieht dazu vor, dass die Länder durch Rechtsverordnung bestimmen können, dass die Verkehrszählung durch Dritte auf Kosten des Unternehmens zu erfolgen hat. Die Forschungsgesellschaft für das Straßenwesen eV hat Richtlinien für Verkehrserhebungen herausgegeben, deren Anwendung diesen Erfordernissen Rechnung trägt. Einige Bundesländer haben Richtlinien erlassen, die neben der stets zulässigen Vollerhebung auch eingeschränkte Untersuchungen oder auch nur Stichprobenerhebungen gestatten (VG Köln 21.8.2017 – 7 K 1056/17: Stichprobenerhebung durch das Verkehrsunternehmen selbst zulässig). Dies wird nach dem Verständnis des Gesetzgebers, der aus Abs. 5 S. 2 nF eine weitgehende Regelungsbefugnis durch VO ableitet, künftig darin geregelt werden (Begründung des Gesetzentwurfs, BT-Drs. 15/4228, 31).

§ 232[1] Erstattung der Fahrgeldausfälle im Fernverkehr

(1) Die Fahrgeldausfälle im Fernverkehr werden nach einem Prozentsatz der von den Unternehmern nachgewiesenen Fahrgeldeinnahmen im Fernverkehr erstattet.

(2) [1]Der maßgebende Prozentsatz wird vom Bundesministerium für Arbeit und Soziales im Einvernehmen mit dem Bundesministerium der Finanzen und dem Bundesministerium für Verkehr und digitale Infrastruktur für jeweils zwei Jahre bekannt gemacht[2]. [2]Bei der Berechnung des Prozentsatzes ist von folgenden, für das letzte Jahr vor Beginn des Zweijahreszeitraumes vorliegenden Zahlen auszugehen:

1. **der Zahl der im Geltungsbereich dieses Gesetzes am Jahresende in Umlauf befindlichen gültigen Ausweise nach § 228 Absatz 1, auf denen die Berechtigung zur Mitnahme einer Begleitperson eingetragen ist, abzüglich 25 Prozent,**
2. **der in den jährlichen Veröffentlichungen des Statistischen Bundesamtes zum Jahresende nachgewiesenen Zahl der Wohnbevölkerung im Geltungsbereich dieses Gesetzes abzüglich der Zahl der Kinder, die das vierte Lebensjahr noch nicht vollendet haben, und der nach Nummer 1 ermittelten Zahl.**

[1] § 232 Abs. 2 Satz 3 neu gef. mWv 1.1.2018 durch G v. 17.7.2017 (BGBl. I 2541).
[2] Siehe hierzu ua die Bek. des für die Kalenderjahre 2021 und 2022 maßgebenden Prozentsatzes nach § 232 Absatz 2 Satz 1 des SGB IX.

[3] Der Prozentsatz ist nach folgender Formel zu berechnen:

$$\frac{\textbf{Nach Nummer 1 errechnete Zahl}}{\textbf{Nach Nummer 2 errechnete Zahl}} \times 100.$$

[4] § 231 Absatz 4 letzter Satz gilt entsprechend.

1 Die Berechnung des Vomhundertsatzes für den Fernverkehr entspricht im Grundsatz dem Prinzip für den Nahverkehr (§ 231). Für den Begriff der Fahrgeldeinnahmen gilt § 231 Abs. 2 (KHM/*Kossens* Rn. 2). Einnahmen aus Sonderfahrten zählen dabei nicht mit. Dagegen sind Messefahrten, verbilligte Fahrten für Jugendliche, Senioren und die Einnahmen für Jugend- oder Seniorenpässe als Voraussetzung für solche verbilligte Fahrten mitzurechnen. Für die Jahre 1981 und 1982 betrug der Satz je 0,72 vH (VO v. 17.12.1981, BGBl. I 1479). Für 1983 und 1984 wurden 1,08 vH festgesetzt (VO v. 21.11.1983, BGBl. I 1393), für 1985 und 1986 ergab der Satz je 1,19 vH (VO v. 20.3.1986, BGBl. I 378), für 1987 und 1988 je 1,22 vH (BAnz. 1988 Nr. 29, S. 601 = BArbBl 4/1988, 76), für 1989 und 1990 je 1,33 vH (BAnz. 1990 Nr. 218, 6219 = BArbBl 1991, 60), für 1991 und 1992 je 1,11 vH (BAnz. 1992, Nr. 128, 5568), für 1993 und 1994 je 1,32 vH (BAnz. 1994, Nr. 68, 3914), für 1995 und 1996 je 1,39 vH (BAnz. 1996, Nr. 98, 5963) sowie für 1997 und 1998 je 1,48 vH (BAnz. 1998 Nr. 61, 4846), für 1999 und 2000 je 1,50 vH (BArbBl 8/2000, 35), für 2001 und 2002 je 1,53 % (BArbBl 9/2002, 100), für 2003 und 2004 je 1,52 %, für 2005 und 2006 je 1,63 % und 2007 und 2008 je 1,68 % (BAnz. 2008 Nr. 102, 2509), für 2009 und 2010 je 1,77 % (BAnz. 2010 Nr. 110, 2572), für 2011 und 2012 je 1,78, für 2013 und 2014 je 1,90, für 2015 und 2016 je 1,96 (Schlegel/Voelzke/Vogl Rn. 28), für 2019 und 2020 je 1,92 % (BAnz AT 22.4.2020 B1) und für 2021 und 2022 je 1,99 % (BAnz AT 15.6.2022 B1).

2 Da nur die Begleitpersonen im Fernverkehr unentgeltlich zu befördern sind, werden auch nur die entspr. gekennzeichneten Ausweise gezählt. Sie werden nach § 235 ermittelt. Dabei wurde angenommen, dass das Reisen für sbM, die auf eine Begleitperson angewiesen sind, erhebliche Beschwernisse mit sich bringt, so dass sie weniger und zT überhaupt nicht im Fernverkehr reisen. Deshalb wurde hier ein Abschlag von einem Viertel für angemessen gehalten (BT-Drs. 8/2453, 13). Die Wohnbevölkerung wird hier nur um die Kinder vermindert, die das vierte Lebensjahr noch nicht vollendet haben, weil nur sie nach den Bestimmungen der Deutschen Bahn AG entgeltfrei befördert werden. Die Zahl nach Nr. 1 (dh die um 25 vH verminderte Zahl) wird außerdem abgezogen. Die ermittelte Zahl mal 100, auf- bzw. abgerundet nach § 231 Abs. 4 letzter Satz auf Hundertstel wird nunmehr nach einer Änderung des Abs. 2 S. 1 durch Art. 261 Ziff. 2 der Neunten Zuständigkeitsanpassungsverordnung v. 31.10.2006 (BGBl. I 2407, 2441) vom Bundesministerium für Arbeit und Soziales im Einvernehmen mit dem Bundesministerium für Finanzen und dem Bundesministerium für Verkehr, Bau und Stadtentwicklung ermittelt und für jeweils zwei Jahre bekanntgemacht. Eine Rechtsverordnung ist dazu seit der Änderung des Schwerbehindertengesetzes ab 1.8.1986 nicht mehr erforderlich, also auch keine Bekanntmachung im BGBl. Auch dies ist in § 232 beibehalten worden. Eine Härteklausel wie in § 231 wurde nicht für erforderlich gehalten, weil sich im Fernverkehr regionale Besonderheiten deutlich weniger auswirken als im Nahverkehr. Das BTHG hat die Vorschrift inhaltlich unverändert gelassen (BT-Drs. 18/9522, 312).

§ 233 Erstattungsverfahren

(1) **[1] Die Fahrgeldausfälle werden auf Antrag des Unternehmers erstattet. [2] Bei einem von mehreren Unternehmern gebildeten zusammenhängenden Liniennetz mit einheitli-**

chen oder verbundenen Beförderungsentgelten können die Anträge auch von einer Gemeinschaftseinrichtung dieser Unternehmer für ihre Mitglieder gestellt werden. [3]Der Antrag ist innerhalb von drei Jahren nach Ablauf des Abrechnungsjahres zu stellen, und zwar für den Nahverkehr nach § 234 Satz 1 Nummer 1 und für den Fernverkehr an das Bundesverwaltungsamt, für den übrigen Nahverkehr bei den in Absatz 4 bestimmten Behörden.

(2) Haben sich in einem Bundesland mehrere Aufgabenträger des öffentlichen Personennahverkehrs auf lokaler oder regionaler Ebene zu Verkehrsverbünden zusammengeschlossen und erhalten die im Zuständigkeitsbereich dieser Aufgabenträger öffentlichen Personennahverkehr betreibenden Verkehrsunternehmen für ihre Leistungen ein mit diesen Aufgabenträgern vereinbartes Entgelt (Bruttoprinzip), können anstelle der antrags- und erstattungsberechtigten Verkehrsunternehmen auch die Nahverkehrsorganisationen Antrag auf Erstattung der in ihrem jeweiligen Gebiet entstandenen Fahrgeldausfälle stellen, sofern die Verkehrsunternehmen hierzu ihr Einvernehmen erteilt haben.

(3) [1]Die Unternehmer oder die Nahverkehrsorganisationen im Sinne des Absatzes 2 erhalten auf Antrag Vorauszahlungen für das laufende Kalenderjahr in Höhe von insgesamt 80 Prozent des zuletzt für ein Jahr festgesetzten Erstattungsbetrages. [2]Die Vorauszahlungen werden je zur Hälfte am 15. Juli und am 15. November gezahlt. [3]Der Antrag auf Vorauszahlungen gilt zugleich als Antrag im Sinne des Absatzes 1. [4]Die Vorauszahlungen sind zurückzuzahlen, wenn Unterlagen, die für die Berechnung der Erstattung erforderlich sind, nicht bis zum 31. Dezember des dritten auf die Vorauszahlung folgenden Kalenderjahres vorgelegt sind. [5]In begründeten Ausnahmefällen kann die Rückforderung der Vorauszahlungen ausgesetzt werden.

(4) [1]Die Landesregierung oder die von ihr bestimmte Stelle legt die Behörden fest, die über die Anträge auf Erstattung und Vorauszahlung entscheiden und die auf den Bund und das Land entfallenden Beträge auszahlen. [2]§ 11 Absatz 2 bis 4 des Personenbeförderungsgesetzes gilt entsprechend.

(5) Erstreckt sich der Nahverkehr auf das Gebiet mehrerer Länder, entscheiden die nach Landesrecht zuständigen Landesbehörden dieser Länder darüber, welcher Teil der Fahrgeldeinnahmen jeweils auf den Bereich ihres Landes entfällt.

(6) Die Unternehmen im Sinne des § 234 Satz 1 Nummer 1 legen ihren Anträgen an das Bundesverwaltungsamt den Anteil der nachgewiesenen Fahrgeldeinnahmen im Nahverkehr zugrunde, der auf den Bereich des jeweiligen Landes entfällt; für den Nahverkehr von Eisenbahnen des Bundes im Sinne des § 230 Absatz 1 Satz 1 Nummer 5 bestimmt sich dieser Teil nach dem Anteil der Zugkilometer, die von einer Eisenbahn des Bundes mit Zügen des Nahverkehrs im jeweiligen Land erbracht werden.

(7) [1]Hinsichtlich der Erstattungen gemäß § 231 für den Nahverkehr nach § 234 Satz 1 Nummer 1 und gemäß § 232 sowie der entsprechenden Vorauszahlungen nach Absatz 3 wird dieses Kapitel in bundeseigener Verwaltung ausgeführt. [2]Die Verwaltungsaufgaben des Bundes erledigt das Bundesverwaltungsamt nach fachlichen Weisungen des Bundesministeriums für Arbeit und Soziales in eigener Zuständigkeit.

(8) [1]Für das Erstattungsverfahren gelten das Verwaltungsverfahrensgesetz und die entsprechenden Gesetze der Länder. [2]Bei Streitigkeiten über die Erstattungen und die Vorauszahlungen ist der Verwaltungsrechtsweg gegeben.

1 Die auf § 64 SchwbG zurückgehende Vorschrift regelt das Verfahren für die Kostenerstattung. Die Erstattung der Fahrgeldausfälle im Nah- und Fernverkehr setzt einen Antrag voraus. Im Verbundverkehr kann auch die Gemeinschaftseinrichtung den Antrag stellen, er wirkt dann für ihre Mitglieder. Der Antrag war bis zum 31.12. des folgenden Jahres zu stellen, für das die Erstattung verlangt wurde. Einer Initiative des BR folgend (BR-Drs. 428/16, 67) ist die Antragsfrist aus praktischen Erwägungen deutlich verlän-

gert worden. Nach dem neuen Abs. 1 S. 3 ist der Antrag nunmehr innerhalb von drei Jahren nach Abschluss des Abrechnungsjahres zu stellen (BT-Drs. 18/10523, 68). Ob es sich dabei um eine materielle Ausschlussfrist handelt, die einer nach ihrem Ablauf erfolgenden Antragstellung entgegensteht (Schlegel/Voelzke/Vogl Rn. 20), bei unverschuldeter Fristversäumnis eine Wiedereinsetzung in den vorigen Stand gemäß § 32 VwVfG in Betracht kommt (Wiegand/Jung § 150 Rn. 4) oder die Behörde rechtswirksam auf die Einhaltung der Frist verzichten kann (VG Stuttgart 19.11.2001 – 9 K 1205/01, NZS 2002, 222; KHM/Kossens Rn. 6), ist umstritten. Nach dem durch das BTHG an Abs. 3 angefügten neuen S. 5 kann die Rückforderung der Vorauszahlungen in begründeten Ausnahmefällen ausgesetzt werden. Grund dafür ist der Umstand, dass Unternehmen, die ihre Nachverkehrsleistungen in Verbünden anbieten, ihre Fahrgeldeinnahmen oft nicht fristgerecht nachweisen können, da die endgültige Aufgliederung der Fahrgeldeinnahmen oft erst nach Zustimmung aller beteiligten Unternehmen feststeht. In solchen Fällen könnte es zu einem unverhältnismäßig großen Verwaltungsaufwand kommen, so dass hier eine Aussetzung in Betracht kommt (BT-Drs. 18/9522, 319). S. 4 enthält eine Anpassung an Abs. 1 S. 3.

Der Antrag ist an das Bundesverwaltungsamt zu richten, soweit Erstattung im gesamten Fernverkehr (Bahnfernverkehr und Omnibusverkehr, der nicht Nahverkehr ist) sowie von Unternehmen des Nahverkehrs des Bundes verlangt wird (§ 234 Abs. 1 Nr. 1). Im übrigen Nahverkehr ist der Antrag an die zuständige Landesbehörde zu richten (Abs. 4). Für das Verfahren gelten nach der ausdrücklichen Anordnung in Abs. 8 S. 1 das Verwaltungsverfahrensgesetz und die entsprechenden Gesetze der Länder. Diese Regelung geht zurück auf die Stellungnahme des BR zum Gesetzentwurf der BReg. zum SGB IX, der beanstandet hat, dass es sich bei der Erstattung von Fahrgeldausfällen nicht um die Gewährung von Sozialleistungen handelt (BT-Drs. 14/5531, 12). 2

Nach Abs. 3 werden – wie nach bisherigem Recht – Vorauszahlungen geleistet, die ebenfalls nur auf Antrag gewährt werden. Die Vorauszahlungen richten sich nach dem zuletzt für ein Jahr tatsächlich festgesetzten Erstattungsbetrag. Diese Summe gilt auch dann als Grundlage für die Vorauszahlungen, wenn über die Richtigkeit noch gestritten wird oder gar ein Verwaltungsstreitverfahren anhängig ist; maßgeblich ist stets der zuletzt festgesetzte Betrag, nicht die rechtskräftig festgesetzte Erstattung. Mit Art. 1 Nr. 33b des Gesetzes zur Förderung der Ausbildung und Beschäftigung schwerbehinderter Menschen v. 23.4.2004 (BGBl. I 606) wurde der ursprünglich im G enthaltene Prozentsatz vorübergehend von 80 auf 68 abgesenkt. Dabei handelte es sich um eine Folgeänderung zu der in § 148 Abs. 2 SGB IX 2001 vorgenommenen Streichung. Damit sollte sichergestellt werden, dass bei den Vorauszahlungen auf die Erstattung der Fahrgeldansprüche die dort vorgenommene Korrektur bei der Ermittlung der Fahrgeldausfälle angemessen berücksichtigt würde (Ausschussbericht, BT-Drs. 15/2357, 26). Seit dem 1.1.2006 gilt wieder der alte Vorauszahlungssatz (Art. 32 Abs. 8 des Verwaltungsvereinfachungsgesetzes v. 21.3.2005, BGBl. I 818, 827), damit auch die durch dieses G erfolgenden Änderungen angemessen berücksichtigt werden können (Begründung des Gesetzentwurfs, BT-Drs. 15/4228, 32). 3

Die Länder regeln ihre Erstattung durch ihre Behörden nach Art. 83 GG. Die Unterlagen liegen im Allgemeinen bei den für die Genehmigung nach dem Personenbeförderungsgesetz zuständigen Behörden vor. Es liegt deshalb nahe, diesen Stellen auch die Erstattung zu übertragen. Die Verweisung auf § 11 PersBefG regelt die örtliche Zuständigkeit. 4

Erstreckt sich der Nahverkehr über mehrere Länder, müssen auch die für die jeweiligen Länder ggf. unterschiedlich geltenden Prozentsätze zugrunde gelegt werden, nach dem die Anteile an den Fahrgeldeinnahmen ebenfalls aus dem Verkehrsanteil nach Ländern berechnet wurden. Hier müssen sich die beteiligten Länder, bzw. die von ihnen bestimmten Behörden über das Ausmaß des Verkehrsanteils einigen. 5

6 Die schon nach § 64 SchwbG an sich überflüssige (Übergangs-)Regelung des früheren Abs. 3 ist bereits bei der Fassung des § 150 SGB IX 2001 konsequent entfallen.

7 Für den Nahverkehr der bundeseigenen Unternehmen und den Fernverkehr einschließlich des länderüberschreitenden Fernverkehrs von Omnibusunternehmen, insbes. auch für Anträge der DB AG, ist nach Art. 83 Abs. 3 GG die Fahrgelderstattung in bundeseigener Verwaltung durchzuführen. Das Bundesverwaltungsamt ist damit als selbständige Bundesoberbehörde beauftragt.

8 Streitigkeiten sind zwischen den Unternehmen und den für die Erstattung zuständigen Behörden Verwaltungsrechtsstreitigkeiten. Dafür sind die Verwaltungsgerichte – abweichend von § 51 SGG (vgl. Art. 24 Nr. 7 SGB IX, BGBl. I 1046, 1115) – zuständig (BVerwG 25.2.1972 – VII C 37/71, BVerwGE 39, 349; KHM/*Kossens* Rn. 9). Die vom Wortlaut des früheren § 64 Abs. 8 abweichende Fassung von § 150 Abs. 7 SGB IX 2001 (Begründung des Gesetzentwurfs, BT-Drs. 14/5074, 115) war eine Folgeänderung zum Wegfall des § 131 VwGO durch das G v. 1.11.1996 (BGBl. I 1626). Diese Verfahren sind nicht gerichtsgebührenfrei, weil sie nicht zur Schwerbehindertenfürsorge gem. § 188 S. 1 VwGO zählen (BVerwG 8.5.1990 – 7 ER 101/90, br 1990, 165 = NVwZ-RR 1991, 31). Nach Abs. 8 gelten für das Erstattungsverfahren das VwVerfG und die entsprechenden Gesetze der Länder. Daher fehlt es nach der Einfügung dieser Vorschrift in das Gesetz an der Grundlage für die Annahme, dass Bescheide über Erstattungsleistungen nur nach Maßgabe der §§ 44 ff. SGB X widerrufen werden könnten (so aber VG Stuttgart 19.11.2001 – 9 K 1205/01, NZS 2002, 222).

§ 234 Kostentragung

[1] Der Bund trägt die Aufwendungen für die unentgeltliche Beförderung

1. **im Nahverkehr, soweit Unternehmen, die sich überwiegend in der Hand des Bundes oder eines mehrheitlich dem Bund gehörenden Unternehmens befinden (auch in Verkehrsverbünden), erstattungsberechtigte Unternehmer sind sowie**
2. **im Fernverkehr für die Begleitperson und die mitgeführten Gegenstände im Sinne des § 228 Absatz 6.**

[2] Die Länder tragen die Aufwendungen für die unentgeltliche Beförderung im übrigen Nahverkehr.

1 Die Bestimmung regelt die Aufteilung der Kosten zwischen Bund und Ländern. Die Kosten für Schwerbehinderte nach dem Versorgungsrecht hat nach Art. 120 GG der Bund als Kriegsfolgelasten zu tragen. Bei unterschiedlichen Ursachen der Behinderung können sich daraus verschiedene Kostenfolgen ergeben. Die Aufteilung auch der übrigen Kosten war stark umstritten, der BR forderte bei der Einführung der inhaltsgleichen Regelung des § 65 SchwbG eine Übernahme von 40 vH der Kosten der übrigen Beförderungen durch den Bund (BT-Drs. 8/2453, 19, 20). Eine solche Mischfinanzierung konnte jedoch aus verfassungsrechtlichen Gründen nicht vorgenommen werden, da es sich nicht um Geldleistungen nach Art. 104 Abs. 3 GG handelt. Besonders umstritten war die Frage, ob der Bund auch die Kosten des Nahverkehrs zu tragen hat, soweit es sich um Unternehmen des Bundes oder von Bundesunternehmen (auch in Verkehrsbünden) handelt. Der BR hatte dies im ersten Durchgang gefordert (BT-Drs. 8/2696, 19, 20). Die BReg. und die Koalition im BT lehnten dies ab (BT-Drs. 8/2453, 23; BT-Drs. 8/2696, 20), weil das ohne gleichzeitige Änderung der Zuständigkeit bei der Durchführung des Gesetzes verfassungsrechtlich nicht zulässig sei. Im zweiten Durchgang wurde daraufhin der Vermittlungsausschuss angerufen, der die Kostenübernahme durch den Bund und gleichzeitig die Zuständigkeit des Bundesverwaltungsamtes für diese Erstattung vorsah (BR-Drs. 251/79). Abs. 2 wurde geändert durch das Haushaltsbegleitgesetz 1984 v. 22.12.1983 (BGBl. I 1532). Durch die Einführung der Kostenbeteiligung mit dem Erfordernis der Wertmarken musste entspr.

der Neuregelung der Berechnung der Vomhundertsätze nach § 62 Abs. 4 SchwbG auch die Berechnung für die Aufteilung auf Bund und Länder auf die Wertmarken umgestellt werden. Das G zur Erweiterung der unentgeltlichen Beförderung Schwerbehinderte v. 18.7.1985 machte dann die Berücksichtigung der Halbjahresmarken und der Erstattungsmöglichkeit in Abs. 2 erforderlich (BT-Drs. 10/3218, 4, 8). Dieses Prinzip galt unverändert auch nach § 151 SGB IX 2001 (Begründung des Gesetzentwurfs, BT-Drs. 14/5074, 115) und gilt heute nach § 234 SGB IX 2018. Mit Art. 5 Nr. 10 des Gesetzes zur Einführung Unterstützter Beschäftigung v. 22.12.2008 (BGBl. I 2959, 2961) wurde der Anteil der berücksichtigungsfähigen Ausweise halbiert. Weitere Änderungen von Abs. 2 sowie Abs. 1 Ziff. 2a durch Art. 11 Ziff. 3 des Gesetzes zur Änderung des Bundesversorgungsgesetzes und anderer Vorschriften des Sozialen Entschädigungsrechts v. 13.12.2007 (BGBl. I 2904) bzw. Art. 6 Ziff. 6 des Gesetzes zur Änderung des Betriebsrentengesetzes und anderer Gesetze v. 2.12.2006 (BGBl. I 2742, 2745 hatten dagegen nur redaktionelle Bedeutung. Materiell bedeutsam war dagegen die Änderung der Vorschrift durch Art. 1 Nr. 4 des Gesetzes zur Änderung des Gesetzes Neuntes Buch Sozialgesetzbuch vom 5.12.2012 (BGBl. I 2420). Dadurch wurden die bisherigen Abs. 2–4 und in Abs. 1 Nr. 2 der Passus „der übrigen Personengruppen und der mitgeführten Gegenstände" gestrichen. Damit entfiel die Ausweisung der Kosten für die unentgeltliche Beförderung nach Personengruppen, so dass dem Gesetzeszweck entsprechend (BT- Drs. 17/10146) bisher erforderlich gewesene Berechnungen überflüssig und die Verwaltungsabläufe deutlich verschlankt wurden (Schlegel/Voelzke/Vogl Rn. 12).

Die nach Berücksichtigung von Abs. 1 Ziff. 1 noch durchzuführende Aufteilung im übrigen Nahverkehr erfolgt nach der Zahl der Ausweise der unterschiedlichen Gruppen. Auch hierbei wird vom Bestand der Ausweise mit Wertmarken und den Ausweisen für über sechs Jahre alte Personen ausgegangen, in denen die Berechtigung zur Mitnahme einer Begleitperson eingetragen ist (entspr. § 232 Abs. 4 Ziff. 1). Die Feststellung erfolgt nach § 235. 2

Die pauschale Übertragung der Kostenerstattung für die Aufwendungen für die unentgeltliche Beförderung im Fernverkehr weitet die Zuständigkeit des Bundes auch auf versorgungsrechtliche Ansprüche nach dem BVG im sozialen Entschädigungsrecht aus, jedoch wurde im Gesetzgebungsverfahren aus (verwaltungs-)ökonomischen Gründen auf eine Differenzierung verzichtet (Schlegel/Voelzke/Vogl Rn. 12). 3

Über Streitigkeiten zwischen dem Bund und den Ländern oder diesen untereinander über die Verteilung der Kosten entscheidet das BVerwG, das dafür allein zuständig ist, § 50 Abs. 1 Nr. 1 VwGO (KHM/*Kossens* Rn. 4). 4

§ 235 Einnahmen aus Wertmarken

[1] Von den durch die Ausgabe der Wertmarken erzielten jährlichen Einnahmen erhält der Bund einen Anteil von 27 Prozent. [2] Dieser ist unter Berücksichtigung der in der Zeit vom 1. Januar bis 30. Juni eines Kalenderjahres eingegangenen Einnahmen zum 15. Juli und unter Berücksichtigung der vom 1. Juli bis 31. Dezember eines Kalenderjahres eingegangenen Einnahmen zum 15. Januar des darauffolgenden Kalenderjahres an den Bund abzuführen.

Eine mit § 66 SchwbG fast wortidentische Regelung wurde ursprünglich als § 63a durch das Haushaltsbegleitgesetz 1984 v. 22.12.1983 (BGBl. I 1532) eingefügt. Die Einnahmen aus der Ausgabe der Wertmarken mussten entspr. der Regelung des früheren § 65 SchwbG auf Bund und Länder aufgeteilt werden (BT-Drs. 10/335, 90). Der Vomhundertsatz für die Verteilung der Einnahmen aus den Wertmarken wurde aus Gründen der Verwaltungsvereinfachung später nicht mehr durch Rechtsverordnung festgesetzt, sondern nur noch bekannt gemacht. Heute ist der Prozentsatz unmittelbar im G geregelt. 1

Dies erfolgte durch Art. 1 des Gesetzes zur Stärkung der Teilhabe von Menschen mit Behinderungen Bundesteilhabegesetz – BTHG) vom 23.12.2016 (BGBl. I 3234) mit Wirkung zum 1.1.2018.

2 Soweit der Bund die Aufwendungen allein trug, nämlich für die Kriegs- und Wehrdienstbeschädigten, die Personen, deren Versorgung sich nach dem BVG richtet und die Opfer des Nationalsozialismus, kamen ihm auch die Einnahmen aus der Ausgabe der Wertmarken zu. Sie waren nach Ziff. 1 insgesamt ohne Abzug für Verwaltungsaufgaben abzuführen.

3 Die übrigen Einnahmen aus der Ausgabe der Wertmarken wurden im Verhältnis der von Bund und Länder zu tragenden Kosten ebenfalls aufgeteilt. Es handelte sich um den Anteil, den der Bund nach Abzug der Aufwendungen für Kriegs- und Wehrdienstbeschädigte im Nahverkehr für Bundesunternehmen zu tragen hatte, also vor allem für die Bundesbahn (S-Bahn und Omnibus) und für die Bundespost (Omnibusverkehr), aber auch ggf. für Wasserfahrzeuge. Der Prozentsatz wurde jährlich festgesetzt und bekannt gemacht. Eine Rechtsverordnung war bereits seit 1.8.1986 nicht mehr erforderlich. Der Hinweis auf eine Rechtsverordnung ist allerdings ausdrücklich erst durch das Rechtsbereinigungsgesetz vom 28.6.1990 korrigiert worden. Es genügte nunmehr die Bekanntmachung nach S. 1 Nr. 2 (KHM/Kossens Rn. 3). Für 1984 betrug der Anteil der an den Bund abzuführenden Einnahmen aus den Wertmarken 30,79 vH (Einnahmeaufteilungsverordnung v. 27.2.1986, BGBl. I 338). Für 1990 wurde der Anteil auf 28,21 vH (BAnz. 1991 Nr. 125, 4497) festgesetzt, für 1991 auf 35,07 vH (BAnz. 1992 Nr. 128, 5568), für 1992 auf 36,21 vH (BAnz. 1993 Nr. 127, 6318), für 1993 auf 35,80 vH (BAnz. 1994 Nr. 107, 6137), für 1994 auf 36,50 vH (BAnz. 1995 Nr. 106, 6285), für 1995 auf 36,68 vH (BAnz. 1996 Nr. 99, 6034), für 1997 auf 35 vH, für 1998 auf 36,16 vH, für 1999 auf 31,92 vH (BArbBl 2000, 35), für 2000 auf 31,75 vH (BArbBl 8/2001, 52, für 2001 auf 33,64 vH (BArbBl 9/2002, 100); für 2002 auf 29,43 vH (BAnz. 2003 Nr. 119, 13 977), für 2003 auf 36,59 vH (BAnz. 2004 Nr. 104, 11945), für 2004 auf 33,35 vH (BAnz. 2005 Nr. 111, 9174; für 2005 auf 33,04 vH (BAnz. 2006 Nr. 106, 4265), für 2006 auf 33,82 vH (BAnz. 2007 Nr. 116, 116) und für 2007 auf 27,62 vH (BAnz. 2008 Nr. 96, 2289).

4 Heute ist der Prozentsatz zur Verwaltungsvereinfachung (BT- Drs. 17/10146, 9) unmittelbar im G geregelt. Er beträgt aktuell 27 % und wurde durch die Berechnung des in der Vergangenheit tatsächlich an den Bund abgeführten Einnahmenanteils ermittelt, der durch die Aufwendungen des Bundes für die unentgeltliche Beförderung sbM korrigiert wurde (BT-Drs. 17/10146, 9). Die Abführung der geschuldeten Beträge erfolgt durch Abschlagszahlungen nach Ablauf des ersten und zweiten Halbjahrs. Abschlusszahlungen erfolgen nicht mehr (GK-SGB IV/Spiolek § 152 Rn. 1).

§ 236 Erfassung der Ausweise

[1]Die für die Ausstellung der Ausweise nach § 152 Absatz 5 zuständigen Behörden erfassen

1. **die am Jahresende im Umlauf befindlichen gültigen Ausweise, getrennt nach Art und besonderen Eintragungen,**
2. **die im Kalenderjahr ausgegebenen Wertmarken, unterteilt nach der jeweiligen Gültigkeitsdauer und die daraus erzielten Einnahmen**

als Grundlage für die nach § 231 Absatz 4 Satz 2 Nummer 1 und § 232 Absatz 2 Satz 2 Nummer 1 zu ermittelnde Zahl der Ausweise und Wertmarken. [2]Die zuständigen obersten Landesbehörden teilen dem Bundesministerium für Arbeit und Soziales das Ergebnis der Erfassung nach Satz 1 spätestens bis zum 31. März des Jahres mit, in dem die Prozentsätze festzusetzen sind.

1 Die Erfassung der Ausweise muss erfolgen, um die Vomhundertsätze zur Fahrgelderstattung im Nah- und Fernverkehr (§§ 231, 232) und die Aufteilung der Erstattungs-

kosten zwischen Bund und Ländern (§§ 234, 235) zu ermöglichen. Die nach 152 Abs. 5 zuständigen Behörden, also die Versorgungsbehörden, die die Ausweise ausstellen, oder die nach § 190 Abs. 1 für die Verlängerung zuständigen von den Ländern bestimmten Behörden haben die Ausweise zu erfassen (KHM/Kossens Rn. 2).

Maßgeblich sind die Berechtigung zur unentgeltlichen Beförderung im Nahverkehr 2 und die Notwendigkeit einer ständigen Begleitung (§ 234 Abs. 1 Ziff. 2). Dabei kommt es allein darauf an, dass nach diesen Vorschriften ein Grad der Behinderung von wenigstens 50 festgestellt ist. Kommen andere Gründe, also zB angeborene oder Altersleiden hinzu und wird erst dadurch die Grenze von 50 überschritten, sind sie nicht mitzuzählen. Wenn aber ein Grad der Schädigungsfolgen von 50 feststeht und durch andere Leiden die Gehbehinderung vorliegt, zählen diese Ausweise zur Gruppe nach § 234 Abs. 1 Ziff. 2. Außerdem ist die Zahl der ausgegebenen Wertmarken (für die Berechnung des Prozentsatzes nach § 231 Abs. 4) und der Einnahmen hieraus (für die Einnahmeabführung nach § 235) festzuhalten. Sie sind die Grundlagen für die Kostenerstattung, die Kostentragung und die Einnahmeabführung an den Bund.

Mitzuzählen sind auch im Ausland wohnende Deutsche, die einen Ausweis für Be- 3 suchszeiten beantragen. Sie sind zu einem Zwölftel zu zählen (Art. 2 Abs. 4 des Gesetzes v. 9.7.1979, BGBl. I 989).

§ 237 Verordnungsermächtigungen

(1) Die Bundesregierung wird ermächtigt, in der Rechtsverordnung auf Grund des § 153 Absatz 1 nähere Vorschriften über die Gestaltung der Wertmarken, ihre Verbindung mit dem Ausweis und Vermerke über ihre Gültigkeitsdauer zu erlassen.

(2) Das Bundesministerium für Arbeit und Soziales und das Bundesministerium für Verkehr und digitale Infrastruktur werden ermächtigt, durch Rechtsverordnung festzulegen, welche Zuggattungen von Eisenbahnen des Bundes zu den Zügen des Nahverkehrs im Sinne des § 230 Absatz 1 Nummer 5 und zu den zuschlagpflichtigen Zügen des Nahverkehrs im Sinne des § 228 Absatz 1 Satz 1 zweiter Halbsatz zählen.

Abs. 1 enthält die früher in § 59 Abs. 1 SchwbG enthalten gewesene Verordnungs- 1 ermächtigung. Sie ermächtigt die BReg. zum Erlass näherer Vorschriften über die Gestaltung der Wertmarken, ihre Verbindung mit dem Ausweis und Vermerken ihrer Gültigkeitsdauer. Davon ist mit der Ausweisverordnung Schwerbehindertengesetz (SchwbAwV) idF v. 25.7.1991 (BGBl. I 1739, letzte Änderung durch Art. 1 der VO v. 28.6.2021, BAnz AT 28.6.2021 V 2) Gebrauch gemacht worden.

Abs. 2 entspricht inhaltlich § 61 Abs. 4 SchwbG. Von der Verordnungsermächtigung 2 ist durch die Nahverkehrszügeverordnung v. 30.9.1994 (BGBl. I 2962) Gebrauch gemacht worden, die allerdings inzwischen durch Art. 20a des Gesetzes v. 22.12.2011 (BGBl. I 3057) mit Wirkung zum 1.1.2012 aufgehoben wurde. Sie könnte aber bei Bedarf neu erlassen werden (BT-Drs. 17/799, 18). Nach Art. 261 Ziff. 2 der Neunten Zuständigkeitsanpassungsverordnung v. 31.10.2006 (BGBl. I 2407, 2441) ist die Zuständigkeit für den Erlass der Verordnung mit Wirkung zum 8.11.2006 dem Bundesministerium für Arbeit und Soziales sowie dem Bundesministerium für Verkehr, Bau und Stadtentwicklung übertragen worden. Daran wird in Abs. 2 festgehalten. Aktuell richten sich die Zuggattungen nach den Beförderungsbedingungen der betroffenen Verkehrsunternehmen und sind in Kursbüchern, Fahrplänen und Aushängen aufzulisten (BT-Drs. 12/4609, 116; Hauck/Noftz/Masuch Rn. 6).

Kapitel 14. Straf-, Bußgeld- und Schlussvorschriften

§ 237a Strafvorschriften

(1) Mit Freiheitsstrafe bis zu zwei Jahren oder mit Geldstrafe wird bestraft, wer entgegen § 179 Absatz 7 Satz 1 Nummer 2, auch in Verbindung mit Satz 2 oder § 180 Absatz 7, ein Betriebs- oder Geschäftsgeheimnis verwertet.

(2) Die Tat wird nur auf Antrag verfolgt.

Übersicht

A. Allgemeines

1 Die Vorgängervorschrift des § 69 SchwbG war aus § 40 SchwbG 1961 entstanden und enthielt bis zum 31.12.1974 Vorschriften über die Strafe, die allen Personen droht, die ein zum Lebensbereich gehörendes Geheimnis der Arbeitnehmer oder ein Betriebs- oder Geschäftsgeheimnis des Arbeitgebers nach dem SchwbG zu hüten hatten und trotzdem offenbarten. Betroffen waren danach alle Personen, die Aufgaben oder Befugnisse nach dem SchwbG wahrnahmen, also die Mitglieder der Ausschüsse, des Beirates, die Angehörigen von Hauptfürsorgestelle und Bundesagentur für Arbeit, ggf. herangezogene Sachverständige und Angehörige anderer Behörden und die Vertrauensleute. Das Strafmaß betrug ein Jahr, im Fall der entgeltlichen Handlung, bei Bereicherungs- oder Schädigungsabsicht zwei Jahre Freiheitsstrafe oder Geldstrafe. Damit war gegenüber allen Personen, die nach dem SchwbG eine besondere Verschwiegenheitspflicht hatten (§§ 26 Abs. 7, 52), die Strafbestimmung im SchwbG selbst enthalten. Während § 68 die Verstöße des Arbeitgebers gegen das SchwbG behandelte und durchweg als Ordnungswidrigkeiten ahndete, weil es sich um Verstöße gegen das staatliche Ordnungsrecht handelte, wurden in § 69 der Schwerbehinderte, die Arbeitnehmer und die Arbeitgeber gegen die unbefugte Preisgabe ihrer persönlichen Verhältnisse und gegen Verletzung der Betriebs- oder Geschäftsgeheimnisse geschützt. Dabei handelte es sich stets um echtes Strafrecht, die auf Grund dieser Bestimmung verhängten Strafen waren echte Kriminalstrafen iSd StGB. So blieb es auch nach der Neufassung des Schwerbehindertengesetzes am 29.4.1974 ab 1.5.1974. Das G v. 9.7.1979 (BGBl. I 989) hat den Elften Abschnitt in das SchwbG eingefügt. Dadurch wurde der frühere § 58 der § 66 und durch die Neufassung v. 26.8.1986 sodann § 69. Mit der Einführung des SGB IX 2001 hat sich insoweit eine inhaltliche Änderung nicht ergeben. Allerdings wurde die Paragraphenfolge dahin geändert, dass in § 155 zunächst die Strafvorschriften behandelt wurden, während der folgende § 156 Bußgeldvorschriften enthält. Im Entwurf des SGB IX 2018 war ursprünglich eine Streichung des bisherigen § 155 vorgesehen. Allerdings hat der BR die BReg. gebeten zu prüfen, ob sich daraus nicht unerwünschte Schutzlücken ergeben könnten. Ergebnis der Prüfung war, dass einerseits § 203 StGB nicht ausreicht, um das Spektrum des früheren § 155 abzudecken. Andererseits kam aber auch eine unveränderte Übernahme der Vorschrift nicht in Betracht, da sie den modernen Anforderungen des Nebenstrafrechts nicht mehr entsprach. Dies galt auch für den bisherigen § 96 Abs. 7 SGB IX 2001, der nunmehr in der Ausgestaltung des § 179 Abs. 7 Nr. 1 Bestandteil des Gesetzes ist. Diesen Bedenken wurde durch die Aufnahme der heutigen

§§ 237 lit. a, b genügt, mit denen der heutige § 179 Abs. 7 Nr. 1 inhaltlich korrespondiert (BT-Drs. 18/10523, 68). Daneben steht mit Wirkung ab 19.4.2019 noch das Gesetz zum Schutz von Geschäftsgeheimnissen (GeschGehG) vom 18.4.2019 (BGBl. I 466), das in differenzierter Weise je nach Begehungsform Freiheitsstrafen bis zur Dauer von 5 Jahren sowie zivilrechtlich Ansprüche u. a. auf Unterlassung, Beseitigung und Schadensersatz vorsieht.

Durch das G zur Einführung des Strafgesetzbuches v. 2.3.1974 war noch der frühere § 40 SchwbG geändert worden (BGBl. I 469 Art. 251). Das Änderungsgesetz zum Einführungsgesetz zum Strafgesetzbuch v. 15.8.1974 (BGBl. I 1942) hat dann den § 66 (früher § 58, später § 69) SchwbG berücksichtigt und ihm mWv 1.1.1975 eine Fassung gegeben, die lediglich durch die Neufassung v. 25.8.1986 durch die „Vertrauensfrau" gem. Art. 7 des Ersten Änderungsgesetzes v. 24.7.1986 ergänzt wurde. § 155 benutzte nunmehr den Terminus „Vertrauensperson". Die bis zum 31.12.1974 in Abs. 3 weiter enthaltene Bestimmung über die Rücknahme des Antrages wurde ebenfalls gestrichen (Art. 16 EGStGB und § 1 Nr. 13b ÄnderungsG zum EGStGB v. 15.8.1974). 2

Damit betraf § 155 SGB IX 2001 nur noch die Vertrauenspersonen. Alle übrigen Bestimmungen waren überflüssig geworden, weil die Strafbestimmungen gegen die nach § 130 SGB IX 2001 zur Geheimhaltung verpflichteten Personen seit dem 1.1.1975 in §§ 203–205 StGB enthalten sind. Das Strafmaß ist unverändert geblieben (ein Jahr, bei Verwertung zwei Jahre). Nur für die Vertrauensperson bestand nach dem 1.1.1975 geltenden Strafrecht eine entsprechende Strafvorschrift nicht mehr. Im Schwerbehindertenrecht selbst war somit nur noch eine Strafvorschrift für die Vertrauenspersonen nach Kap. 5 erforderlich. Für die Mitglieder der Betriebs- und Personalvertretungen gelten die besonderen Strafvorschriften der § 120 BetrVG, §§ 110, 111 BPersVG. Für die Beamten, Richter und Angehörigen des öffentlichen Dienstes gelten außerdem noch die Strafbestimmungen über Vorteilsannahme (§ 331 StGB), Bestechlichkeit (§ 332 StGB) und Verletzung des Dienstgeheimnisses (§ 353b StGB). Der Arbeitgeber selbst und der Inklusionsbeauftragte (§ 181) unterliegen keiner Strafdrohung (Hauck/Noftz/Oppermann Rn. 8; Schlegel/Voelzke/Vogl Rn. 17). 3

B. Strafbestimmung

Der Straftatbestand ergibt sich aus § 179 Abs. 7. Danach ist die Vertrauensperson verpflichtet, ihr wegen ihres Amtes bekannt gewordene und als solche bezeichnete Betriebs- und Geschäftsgeheimnisse nicht zu offenbaren oder zu verwerten. Kenntniserlangung als Arbeitnehmer oder Privatperson reicht nicht aus (Hauck/Noftz/Oppermann Rn. 13). 4

Die Bestimmung entspricht §§ 204 StGB, so dass für alle an der Durchführung des SGB IX Beteiligten gleiches Recht gilt und auch das Strafmaß in derselben Höhe angedroht ist. Tatbestandlich erfasst ist lediglich die Verwertung eines Betriebs- oder Geschäftsgeheimnisses. Gemeint ist damit die wirtschaftliche Ausnutzung zur Gewinnerzielung, und zwar ohne Offenbaren (Tröndle/Fischer, Strafgesetzbuch, 51. Aufl. 2003, StGB § 204 Rn. 3). 5

Täter kann nach § 237a jede Vertrauensperson iSd Kap. 5 sein. Das sind nicht nur die Vertrauenspersonen des Betriebes und der Dienststelle, sondern auch die besonderen Vertrauenspersonen der Richter, Gesamtvertrauenspersonen, Bezirksvertrauenspersonen, Hauptvertrauenspersonen einschließlich dieser Stufenvertrauenspersonen der Richter. Dies gilt auch für stellvertretende Vertrauenspersonen, wenn sie für die Vertrauensperson Rechte aus diesem Gesetz wahrnehmen (Hauck/Noftz/Oppermann Rn. 8; krit. Noak ZIP 2019, 214 unter Hinweis auf das Analogieverbot). Die Tat kann auch nach dem Ausscheiden aus dem Amt begangen werden (§ 179 Abs. 6 S. 2). 6

7 Die Verjährung einschließlich der Vollstreckungsverjährung richtet sich nach den Bestimmungen des StGB. Danach beträgt die Verfolgungsverjährung drei Jahre (§ 78 Abs. 3 Ziff. 5 StGB) für die mit nur bis zu einem Jahr Freiheitsstrafe bedrohten Taten des Abs. 1. Im Fall des Abs. 2 gilt die Verjährungsfrist des § 78 Abs. 3 Ziff. 4 StGB von fünf Jahren (LPK-SGB IX/Beyer Rn. 7). Die Vollstreckungsverjährung bestimmt sich nach der Höhe der verhängten Strafe und kann sich danach auf drei bis zehn Jahre belaufen (§ 79 StGB).

8 Die Strafe selbst wird nach §§ 38 ff. StGB bestimmt. Eine Geldstrafe wird nach Tagessätzen bestimmt.

C. Antragsdelikt

9 Im Gegensatz zum früheren Recht, nach dem die Straftaten des Schwerbehindertengesetzes von Amts wegen als Vergehen zu verfolgen waren (vgl. § 40 SchwbG 1961), handelt es sich heute um ein Vergehen iSv § 12 StGB, das Antragsdelikt ist. Antragsberechtigt ist der Betroffene, auch wenn er abweichend von der früheren Regelung in § 69 Abs. 3 SchwbG nicht mehr ausdrücklich im Gesetzestext genannt wird. Für den Fall seines Todes erlischt das Antragsrecht, da eine dem § 205 Abs. 2 StGB entsprechende Vorschrift hier fehlt und auch § 77 Abs. 2 StGB für den Übergang des Antragsrechts für den Fall des Todes des Verletzten eine entsprechende gesetzliche Bestimmung verlangt, die in § 237a nicht enthalten ist. Die Antragsfrist beträgt drei Monate und beginnt mit der Kenntnis von Tat und Täter (§ 77b StGB). Der Antrag kann bei den in § 158 Abs. 2 StPO genannten Stellen (StA oder Gericht) gestellt werden.

10 Der Antrag kann zurückgenommen werden. Die Rücknahme richtet sich nach § 77d StGB und ist bis zum rechtskräftigen Abschluss des Strafverfahrens möglich. Ein einmal gestellter Antrag kann nicht nochmals gestellt werden. Im Falle des Todes des Antragsberechtigten können die Angehörigen nach § 77d Abs. 2 StGB den Antrag aber zurücknehmen, da diese Vorschrift allgemeine Geltung hat.

11 Ist dem Arbeitgeber durch die Verletzung der Geheimhaltungspflicht ein Schaden entstanden, so kann er gegen die Vertrauensperson auch im Zivilrechtswege vorgehen. Grundlage dafür können insbesondere die §§ 6 ff. des Gesetzes zum Schutz von Geschäftsgeheimnissen (GeschGehG) vom 18.4.2019 (BGBl. I 466) sein. Die Bestimmungen über die Amtshaftung (§ 839 BGB/Art. 34 GG) werden auch im Bereich des öffentlichen Dienstes nicht angewendet werden können, da die Geheimhaltungspflicht nicht in Ausübung der Tätigkeit im Amt, sondern gerade als Vertrauensperson und damit außerhalb dieser Tätigkeit verletzt wird. Der Bruch des Geheimnisses ist aber eine unerlaubte Handlung iSd §§ 823, 826 BGB. Da § 179 als Schutzgesetz anzusehen ist, kommt § 823 Abs. 2 BGB immer zum Zuge.

§ 237b Strafvorschriften

(1) **Mit Freiheitsstrafe bis zu einem Jahr oder mit Geldstrafe wird bestraft, wer entgegen § 179 Absatz 7 Satz 1, auch in Verbindung mit Satz 2 oder § 180 Absatz 7, ein dort genanntes Geheimnis offenbart.**

(2) **Handelt der Täter gegen Entgelt oder in der Absicht, sich oder einen anderen zu bereichern oder einen anderen zu schädigen, so ist die Strafe Freiheitsstrafe bis zu zwei Jahren oder Geldstrafe.**

(3) **Die Tat wird nur auf Antrag verfolgt.**

Übersicht

A. Allgemeines

Wegen der Entstehungsgeschichte der Norm kann auf die Ausführungen zu § 237a verwiesen werden. Der Tatbestand des früheren § 155 ist nunmehr in zwei Vorschriften aufgeteilt. Während § 237a die Begehungsvariante „Verwertung eines Betriebs- oder Geschäftsgeheimnisses" betrifft, ist Gegenstand des § 237b die Offenbarung eines in § 179 Abs. 7 S. 1 genannten Geheimnisses. 1

B. Strafbestimmung

Der Straftatbestand ergibt sich aus § 179 Abs. 7. Danach ist die Vertrauensperson verpflichtet, über ihr wegen ihres Amtes bekannt gewordene persönliche Verhältnisse und Angelegenheiten aller Beschäftigten, also nicht nur der sbM und gleichgestellten behinderten Menschen, sondern aller Arbeitnehmer und sonst, auch aus karitativen und ähnlichen Gründen beschäftigter Personen Stillschweigen zu bewahren und die als solche bezeichneten Betriebs- und Geschäftsgeheimnisse nicht zu offenbaren. 2

Die Bestimmung entspricht §§ 203 StGB, so dass für alle an der Durchführung des SGB IX Beteiligten gleiches Recht gilt und auch das Strafmaß in derselben Höhe angedroht ist. Dies gilt auch für die Erhöhung des Strafmaßes auf bis zu zwei Jahre Freiheitsstrafe für den Fall, dass der Täter gegen Entgelt oder in der Absicht, sich oder einen anderen zu bereichern oder einen anderen zu schädigen, gehandelt hat (§ 237b Abs. 2, § 203 Abs. 5 StGB). 3

Täter kann nach § 237b jede Vertrauensperson iSd Kap. 5 sein. Das sind nicht nur die Vertrauenspersonen des Betriebes und der Dienststelle, sondern auch die besonderen Vertrauenspersonen der Richter, Gesamtvertrauenspersonen, Bezirksvertrauenspersonen, Hauptvertrauenspersonen einschließlich dieser Stufenvertrauenspersonen der Richter. Dies gilt auch für stellvertretende Vertrauenspersonen, wenn sie für die Vertrauensperson Rechte aus diesem Gesetz wahrnehmen (Hauck/Noftz/Oppermann Rn. 8; krit. Noak ZIP 2019, 214 unter Hinweis auf das Analogieverbot). Die Tat kann auch nach dem Ausscheiden aus dem Amt begangen werden (§ 179 Abs. 6 S. 2). 4

Die Verjährung einschließlich der Vollstreckungsverjährung richtet sich nach den Bestimmungen des StGB. Danach beträgt die Verfolgungsverjährung drei Jahre (§ 78 Abs. 3 Ziff. 5 StGB) für die mit nur bis zu einem Jahr Freiheitsstrafe bedrohten Taten des Abs. 1. Im Fall des Abs. 2 gilt die Verjährungsfrist des § 78 Abs. 3 Ziff. 4 StGB von fünf Jahren (LPK-SGB IX/Hoffmann Rn. 7). Die Vollstreckungsverjährung bestimmt sich nach der Höhe der verhängten Strafe und kann sich danach auf drei bis zehn Jahre belaufen (§ 79 StGB). 5

Die Strafe selbst wird nach §§ 38 ff. StGB bestimmt. Eine Geldstrafe wird nach Tagessätzen bestimmt. Im Falle einer Bereicherungsabsicht kann die Geldstrafe trotz der in § 69 vorgesehenen alternativen Strafe auch neben der Freiheitsstrafe verhängt werden (§§ 40, 41 StGB). Ein Verlust der Amtsfähigkeit nach § 45 StGB tritt nicht ein, weil diese Rechtsfolge nur bei der Verurteilung wegen eines Verbrechens eintritt. Dies trifft auf § 237b nicht zu (Hauck/Noftz/Oppermann Rn. 18; LPK-SGB IX/Beyer Rn. 10). Soweit die Ausführungen in der Vorauflage ein abweichendes Verständnis nahelegten, wird davon ausdrücklich abgerückt. 6

C. Antragsdelikt

7 Im Gegensatz zum früheren Recht, nach dem die Straftaten des Schwerbehindertengesetzes von Amts wegen als Vergehen zu verfolgen waren (vgl. § 40 SchwbG 1961), handelt es sich heute um ein Vergehen iSv § 12 StGB, das Antragsdelikt ist. Antragsberechtigt ist der Betroffene, auch wenn er abweichend von der bisherigen Regelung in § 69 Abs. 3 nicht mehr ausdrücklich im Gesetzestext genannt wird. Für den Fall seines Todes erlischt das Antragsrecht, da eine dem § 205 Abs. 2 StGB entsprechende Vorschrift hier fehlt und auch § 77 Abs. 2 StGB für den Übergang des Antragsrechts für den Fall des Todes des Verletzten eine entsprechende gesetzliche Bestimmung verlangt, die in § 237b nicht enthalten ist. Die Antragsfrist beträgt drei Monate und beginnt mit der Kenntnis von Tat und Täter (§ 77b StGB). Der Antrag kann bei den in § 158 Abs. 2 StPO genannten Stellen (StA oder Gericht) gestellt werden.

8 Der Antrag kann zurückgenommen werden. Die Rücknahme richtet sich nach § 77d StGB und ist bis zum rechtskräftigen Abschluss des Strafverfahrens möglich. Ein einmal gestellter Antrag kann nicht nochmals gestellt werden. Im Falle des Todes des Antragsberechtigten können die Angehörigen nach § 77d Abs. 2 StGB den Antrag aber zurücknehmen, da diese Vorschrift allgemeine Geltung hat.

9 Ist dem Arbeitgeber, einem Beschäftigten oder vor allem dem sbM durch die Verletzung der Geheimhaltungspflicht ein Schaden entstanden, so kann er gegen die Vertrauensperson auch im Zivilrechtswege vorgehen. Die Bestimmungen über die Amtshaftung (§ 839 BGB/Art. 34 GG) werden auch im Bereich des öffentlichen Dienstes nicht angewendet werden können, da die Geheimhaltungspflicht nicht in Ausübung der Tätigkeit im Amt, sondern gerade als Vertrauensperson und damit außerhalb dieser Tätigkeit verletzt wird. Der Bruch des Geheimnisses ist aber eine unerlaubte Handlung iSd §§ 823, 826 BGB. Da § § 237b als Schutzgesetz anzusehen ist, kommt § 823 Abs. 2 BGB immer zum Zuge.

§ 238 Bußgeldvorschriften

(1) Ordnungswidrig handelt, wer vorsätzlich oder fahrlässig

1. (aufgehoben)

2. entgegen § 163 Absatz 1 ein Verzeichnis nicht, nicht richtig, nicht vollständig oder nicht in der vorgeschriebenen Weise führt oder nicht oder nicht rechtzeitig vorlegt,

3. entgegen § 163 Absatz 2 Satz 1 oder Absatz 4 eine Anzeige nicht, nicht richtig, nicht vollständig, nicht in der vorgeschriebenen Weise oder nicht rechtzeitig erstattet,

4. entgegen § 163 Absatz 5 eine Auskunft nicht, nicht richtig, nicht vollständig oder nicht rechtzeitig erteilt,

5. entgegen § 163 Absatz 7 Einblick in den Betrieb oder die Dienststelle nicht oder nicht rechtzeitig gibt,

6. entgegen § 163 Absatz 8 eine dort bezeichnete Person nicht oder nicht rechtzeitig benennt,

7. entgegen § 164 Absatz 1 Satz 4 oder 9 eine dort bezeichnete Vertretung oder einen Beteiligten nicht, nicht richtig, nicht vollständig oder nicht rechtzeitig unterrichtet oder

8. entgegen § 178 Absatz 2 Satz 1 erster Halbsatz die Schwerbehindertenvertretung nicht, nicht richtig, nicht vollständig oder nicht rechtzeitig unterrichtet oder nicht oder nicht rechtzeitig anhört.

(2) Die Ordnungswidrigkeit kann mit einer Geldbuße bis zu zehntausend Euro geahndet werden.

(3) Verwaltungsbehörde im Sinne des § 36 Absatz 1 Nummer 1 des Gesetzes über Ordnungswidrigkeiten ist die Bundesagentur für Arbeit.

(4) [1]Die Geldbußen fließen in die Kasse der Verwaltungsbehörde, die den Bußgeldbescheid erlassen hat. [2]§ 66 des Zehnten Buches gilt entsprechend.

(5) [1]Die nach Absatz 4 Satz 1 zuständige Kasse trägt abweichend von § 105 Absatz 2 des Gesetzes über Ordnungswidrigkeiten die notwendigen Auslagen. [2]Sie ist auch ersatzpflichtig im Sinne des § 110 Absatz 4 des Gesetzes über Ordnungswidrigkeiten.

Übersicht

A. Grundsätzliches

Der Arbeitgeber hat über die Einstellungspflicht hinaus noch eine Reihe von Nebenpflichten, ohne welche die verwaltungsmäßige Durchführung des Gesetzes nicht möglich ist. Es handelt sich hierbei um Anzeigen, Auskünfte, Führen eines Verzeichnisses der beschäftigten sbM usw. Auch diese Verpflichtungen müssen wie die Einstellungspflicht notfalls erzwungen, Zuwiderhandlungen als Unrecht geahndet werden können. 1

Bereits das SchwbG 1961 kannte eine Vorschrift ähnlichen Inhalts, nach der jeder vorsätzliche oder grob fahrlässige Verstoß gegen die Vorschriften des Schwerbehindertengesetzes mit einer Geldbuße belegt werden konnte. Die Buße war nach überwiegender Meinung Geldstrafe iSd Strafgesetzbuches. Diese Tatsache und die zu allgemeine Fassung des Tatbestandes, welche rechtsstaatlichem Denken nicht mehr entsprach, machte eine vollkommene Änderung der Bestimmungen notwendig. Mit der Neuregelung des gesamten Ordnungswidrigkeitenrechts durch das OWiG v. 24.5.1968 (BGBl. I 481) und das Einführungsgesetz hierzu v. 24.5.1968 (BGBl. I 503) wurde die Vorgängerregelung zu § 156 SGB IX 2001, § 68 SchwbG, neu gefasst und dem neuen Recht der Ordnungswidrigkeiten angepasst (Art. 130 EGOWiG). Die Bestimmung wurde auf die Stellungnahme des Bundesrates 1974 möglichst konkretisiert, was im Interesse der Rechtsklarheit geboten war (BT-Drs. 7/656, 47). Lediglich § 68 Abs. 1 Ziff. 6 hat dann noch eine geringe Änderung erfahren, um hier nur die Pflichten des Arbeitgebers gegenüber der Schwerbehindertenvertretung zu sichern, da die Verpflichtungen gegenüber dem Betriebsrat schon nach § 121 BetrVG mit Bußgeld bedroht waren (BT-Drs. 7/151, 18). Durch das G v. 9.7.1979 (BGBl. I 989) wurde der frühere 11. Abschnitt über die unentgeltliche Beförderung eingefügt. Die bisherigen §§ 57–61 wurden dadurch zu §§ 65–69 im Zwölften Abschnitt und in der Neufassung v. 26.8.1986 §§ 68–72. Abs. 4 wurde 2 geändert durch das Zehnte Buch SGB v. 18.8.1980 (BGBl. I 1469). Die Vollstreckung richtet sich danach nicht mehr wie früher nach der Beitreibung für Gemeindeabgaben, sondern nach § 66 SGB X und damit nach dem Verwaltungsvollstreckungsgesetz. Das Erste Änderungsgesetz v. 24.7.1986 strich die Beschränkung der Bußgeld- und Strafandrohung auf private Arbeitgeber, weil eine solche Beschränkung eine ungerechtfertigte Ungleichbehandlung sei und auch das OWiG Stellen der Öffentlichen Verwaltung erfasst (§ 9 Abs. 2 S. 3 OWiG; vgl. BT-Drs. 10/3138, 28). § 156 SGB IX 2001 veränderte in Anpassung an die inhaltlichen Veränderungen der Verpflichtungen des Arbeitgebers im Verhältnis zu den sbM gem. §§ 80 f. SGB IX 2001 die mit Bußgeld bewehrten Tatbestände. Änderungen des Gesetzes erfolgten durch Art. 9 Nr. 24 des Vierten Gesetzes für moderne Dienstleistungen am Arbeitsmarkt v. 24.12.2003 (BGBl. I 2354, 2381) und Art. 1 Nr. 34 lit. a, b des Gesetzes zur Verbesserung der Ausbildung und Beschäftigung sbM v. 23.4.2004 (BGBl. I 606, 610). Sie dienten im Wesentlichen der Anpassung des Gesetzestextes an die Änderung anderer Regelungen. Eine Neuerung stellte dagegen die Erhöhung des Ordnungsgeldrahmens auf 10.000 EUR dar. Durch das BTHG wurde der bisherige Ordnungswidrigkeitentatbestand des Abs. 1 Nr. 8 gestrichen. Er betraf den Fall, dass der Arbeitgeber ordnungswidrig handelte, wenn er seine im Stellenbesetzungsverfahren getroffene Entscheidung im Falle fehlenden Einverständnisses nicht mit der Schwerbehindertenvertretung oder der betrieblichen Interessenvertretung erörterte. Dies beruht darauf, dass diese Pflichtverletzung im Verhältnis zu den anderen Tatbeständen eher gering wiegt und die nunmehr gestrichene Verpflichtung sich in anderer Form ohnehin in den weiteren Tatbeständen findet (BT-Drs. 18/9522, 312). Eine weitere Streichung erfolgte durch Art. 2 Nr. 7 des Gesetzes zur Förderung eines inklusiven Arbeitsmarkts vom 6.6.2023 (BGBl. I Nr. 146). Aufgehoben wurde dadurch der einen Verstoß gegen die Beschäftigungspflicht betreffende Ordnungswidrigkeitentatbestand in Abs. 1 Nr. 1. Begründet wird dies damit, dass es nicht mehr angemessen ist, die Nichtbeschäftigung zusätzlich mit einem Bußgeld zu sanktionieren, wenn künftig eine erhöhte Ausgleichsabgabe gezahlt werden müsse. Es sei auch kontraproduktiv, ein zusätzliches Bußgeld zu verhängen, wenn ein Arbeitgeber dazu bewogen werden solle, einen sb Arbeitnehmer einzustellen (Begründung des Gesetzentwurfs S. 24; krit. Beyerlein DVfR Forum A, A6 – 2023; Düwell BRuR 2023, 11).

3 Das heutige Recht (**G über Ordnungswidrigkeiten** idF v. 19.2.1987, BGBl. I 603, zuletzt geändert durch Art. 23 des G vom 25.6.2021, BGBl. I 2099) unterscheidet Verwaltungsunrecht und kriminelles Unrecht. Bei dem gesetzestechnisch als Ordnungswidrigkeit oder als mit Geldbuße bedrohte Handlung bezeichneten Verwaltungsunrecht handelt es sich um Verstöße gegen gesetzliche Gebots- und Verbotsvorschriften, die im Wesentlichen ordnungsgestaltende Bedeutung haben, während die kriminelle Straftat als Verletzung von Rechtsnormen angesehen wird, die den Schutz der Grundlage der Gesellschaftsordnung bezwecken (Göhler OWiG Einl. Rn. 6; *Meier* OWiG Einf. S. 2 f.).

4 Ordnungswidrigkeiten sind danach jede rechtswidrige und vorwerfbare Handlung, die den Tatbestand eines Gesetzes, hier also des § 238 verwirklicht. Ist die rechtswidrige Handlung nicht vorwerfbar, so handelt es sich um eine mit Geldbuße bedrohte Handlung (§ 1 Abs. 1, 2 OWiG). Die Zuordnung als Straftat oder Ordnungswidrigkeit entscheidet der Gesetzgeber.

5 Danach ist festzustellen, dass jede Unrechtshandlung des § 213 (Verletzung der Pflicht der Geheimhaltung) eine Straftat ist, die nach den Vorschriften des Strafrechts beurteilt werden muss.

6 Es muss jedoch bezweifelt werden, ob der Gesetzgeber richtig gehandelt hat, die beharrliche Verletzung der Pflicht zur Beschäftigung von sbM nach wie vor nur als Ordnungswidrigkeit zu werten, denn hier liegt mehr als nur ein Verstoß gegen technische Verwaltungsnormen vor.

B. Die betroffenen Personen

Für die Erfüllung der Vorschriften des SGB IX ist jeder Arbeitgeber verantwortlich. 7
Bis zum 31.7.1986 wurde nur der private Arbeitgeber für Ordnungswidrigkeiten im Bußgeldverfahren zur Verantwortung gezogen. Der öffentliche Arbeitgeber, der gegen das G verstößt, konnte lediglich im Wege der Dienstaufsicht und ggf. des Disziplinarverfahrens zur Einhaltung gezwungen werden. Diese Unterscheidung wurde ab 1.8.1986 durch das Erste Änderungsgesetz zum SchwbG v. 24.7.1986 geändert. Seither konnten entspr. § 9 Abs. 2 S. 3 OWiG auch Personen herangezogen werden, die für eine Stelle handeln, welche Aufgaben der öffentlichen Verwaltung wahrnimmt. Dies gilt auch für das SGB IX.

Der Arbeitgeber kann entweder eine natürliche Person, eine Personengesamtheit oder 8
eine juristische Person sein. Als Arbeitgeber kommen auch der Insolvenzverwalter und die gesetzlichen Vertreter eines minderjährigen oder entmündigten Unternehmers in Frage. Bei nicht rechtsfähigen Personengesamtheiten sind die vertretungsbefugten Gesellschafter als Arbeitgeber anzusehen, bei einer offenen Handelsgesellschaft also die Gesellschafter, bei einer Kommanditgesellschaft die Komplementäre und bei einer Gesellschaft bürgerlichen Rechts die Gesellschaft (§ 9 Abs. 1 Nr. 2 OWiG).

Bei einer **juristischen Person** haben die gesetzlichen Vertreter tatsächlich die Rechte 9
und Pflichten des Arbeitgebers auszuüben (§ 9 Abs. 1 Nr. 1 OWiG). Bei einer Aktiengesellschaft sind diese die Mitglieder des Vorstandes (§ 71 AktG), bei einer Gesellschaft mit beschränkter Haftung die Geschäftsführer (§ 35 Abs. 1 GmbHG), bei einer Genossenschaft die Vorstandsmitglieder (§ 24 GenG), bei rechtsfähigen Vereinen die Mitglieder des Vorstandes (§ 26 BGB), ggf. auch der benannte Vertreter gem. § 30 BGB.

In allen Fällen brauchen jedoch der oder die Arbeitgeber die Arbeitgeberfunktion **nicht** 10
tatsächlich auszuüben. Für die Erfüllung der Pflichten aus dem SGB IX kann der Arbeitgeber nur dann persönlich zur Verantwortung gezogen werden, wenn er die Arbeitgeberfunktion nicht – ganz oder teilweise – im Innenverhältnis auf andere Personen übertragen hat. Daher sind dem Arbeitgeber gleichgestellt Personen, die beauftragt sind, den Betrieb oder das Unternehmen ganz oder zum Teil zu leiten oder ausdrücklich beauftragt sind, in eigener Verantwortung Pflichten zu erfüllen, die den Inhaber des Betriebes treffen (§ 9 Abs. 2 OWiG). Hierunter fallen also zunächst die sog. leitenden Angestellten, wobei die Leitung eines Teiles eines Betriebes oder Unternehmens genügt. Der Begriff ist damit umfassender als nach § 5 BetrVG, § 14 KSchG, jedoch kommt es maßgeblich auf die Verwirklichung der Ordnungswidrigkeit als solcher an, so dass die leitende Eigenschaft nicht entscheidend ist. In Betracht kommt danach auch der Inklusionsbeauftragte des Arbeitgebers nach § 181 im Rahmen seines Zuständigkeitsbereichs (KHM/Kossens Rn. 4). Die Beauftragten einer öffentlichen Verwaltung sind ausdrücklich einbezogen und können damit seit 1.8.1986 ebenfalls zur Verantwortung gezogen werden (§ 9 Abs. 2 S. 3 OWiG).

Jedoch ist es auch möglich, dass der Arbeitgeber und der leitende Angestellte beide in 11
Mittäterschaft an der Ordnungswidrigkeit beteiligt sind. Nach § 14 OWiG handelt jeder ordnungswidrig, der sich an einer Ordnungswidrigkeit beteiligt.

Beauftragt der Arbeitgeber **eine andere Person,** bestimmte Pflichten in eigener Ver- 12
antwortung zu erfüllen, etwa einen gewöhnlichen Angestellten der Personalverwaltung, der die erforderlichen Meldungen und Anzeigen zu machen sowie die Auskünfte zu erteilen hat, so trifft diesen die Verantwortung für Ordnungswidrigkeiten. Der Arbeitgeber muss jedoch durch geeignete Aufsichtsmaßnahmen sicherstellen, dass die Pflichten nach dem SGB IX tatsächlich erfüllt werden. Andernfalls handelt es selbst ordnungswidrig iSv § 130 OWiG, wonach Inhaber (oder deren Vertreter, § 130 Abs. 2 OWiG) von Betrieben oder Unternehmen belangt werden können, die Aufsichtsmaßnahmen unterlassen, die erforderlich sind, um Zuwiderhandlungen zu verhindern. Bestellung,

sorgfältige Auswahl und Überwachung der Aufsichtspersonen gehören dabei zu den Aufsichtsmaßnahmen. Auch hier wird das öffentliche Unternehmen gleichbehandelt (§ 130 Abs. 3 OWiG).

C. Die Ordnungswidrigkeiten im Allgemeinen

13 Die Ordnungswidrigkeiten setzen wie die strafbare Handlung ein tatbestandsmäßiges, rechtswidriges und schuldhaftes Tun oder Unterlassen eines Menschen voraus. Der Zuwiderhandelnde muss also den äußeren Tatbestand erfüllen, objektiv rechtswidrig und schuldhaft handeln, wenn eine Geldbuße gegen ihn verhängt werden soll. Im Allgemeinen können Ordnungswidrigkeiten nur bei vorsätzlichem Handeln geahndet werden; für die Tatbestände des § 238 reicht jedoch bereits ein fahrlässiges Handeln aus, da dies für alle Verstöße ausdrücklich so bestimmt ist (§ 10 OWiG).

14 Der hier anzuwendende Begriff von Vorsatz und Fahrlässigkeit entspricht dem des Strafrechts. **Vorsatz** setzt Kenntnis des Täters von den Tatumständen, die den bestehenden gesetzlichen Tatbestand verwirklichen, und den Willen zum Handeln voraus. Auch wenn der Täter die Verwirklichung des Tatbestandes nur für möglich hält, sie aber für diesen Fall billigt, handelt er vorsätzlich (bedingter Vorsatz; BGH 16.12.2009 – 1 StR 491709, PStR 2010, 57; Göhler OWiG § 10 Rn. 2).

15 **Fahrlässig** handelt, wer die Sorgfalt, zu der er nach den Umständen, seinen persönlichen Kenntnissen und Fähigkeiten verpflichtet und imstande ist, außer Acht lässt und dadurch den vom G zu missbilligenden Erfolg entweder nicht vorausgesehen oder darauf vertraut hat, er würde nicht eintreffen (Göhler OWiG § 10 Rn. 6 ff.).

16 Nach § 12 OWiG handelt nicht ordnungswidrig, wer zurzeit der Handlung noch nicht 14 Jahre alt war oder wegen krankhafter seelischer Störung, wegen tiefgreifender Bewusstseinsstörung, wegen Schwachsinns oder schweren seelischen Abartigkeit unfähig ist, das Unerlaubte einzusehen oder nach dieser Einsicht zu handeln.

17 Wie im Strafrecht sind durch § 11 OWiG der **Tatbestandsirrtum** und der Verbotsirrtum besonders geregelt. Umstände, die der Täter nicht kannte, sind ihm grds. nicht zuzurechnen. Wer also seiner Meldepflicht nicht genügt, weil ihm die Schwerbehinderteneigenschaft nicht bekannt ist, handelt nicht ordnungswidrig. Da die Ordnungswidrigkeiten nach § 238 auch fahrlässig begangen werden können, liegt jedoch eine Ordnungswidrigkeit vor, wenn die Unkenntnis auf Fahrlässigkeit beruht, zB also die Behinderung sichtbar war und der Arbeitgeber sich nicht erkundigte, ob sie zu einem entsprechenden Grad der Behinderung führt.

18 Bei einem **Verbotsirrtum** handelt der Täter dann nicht vorwerfbar, wenn er diesen Irrtum nicht vermeiden konnte (§ 11 Abs. 2 OWiG). Die Vorschriften des SGB IX sind jedoch weder so schwer zu erfahren noch so schwer auszulegen, dass im Allgemeinen eine Berufung auf § 11 OWiG Erfolg haben könnte. Man muss davon ausgehen, dass der Arbeitgeber eine über die des gewöhnlichen Staatsbürgers hinausgehende Unterrichtungspflicht über die gültigen Normen hat. Anders könnte jedoch der Fall zB bei einem einsam wohnenden Gebirgsbauern liegen. Die zur Durchführung des SGB IX zuständigen Behörden tun auf jeden Fall gut daran, die Arbeitgeber über ihre Pflichten aufzuklären. Eine ausdrückliche Milderungsvorschrift für den Fall des Verbotsirrtums besteht nach dem neuen § 11 OWiG nicht mehr. Trotzdem ist eine Berücksichtigung bei der Festsetzung der Buße möglich, da die Mindestgeldbußen nur 5 EUR betragen (§ 17 Abs. 1 OWiG).

19 Ordnungswidrigkeiten unterliegen der **Verjährung.** Die Ordnungswidrigkeiten nach § 238 können zwei Jahre nach dem Zeitpunkt ihrer Begehung nicht mehr verfolgt werden (§ 31 Abs. 2 Ziff. 2 OWiG). Die Verjährung wird nur unterbrochen durch Handlungen nach § 33 OWiG, die abschließend geregelt sind (vor allem Vernehmung oder Bekanntgabe des Ermittlungsverfahrens oder Ermittlungsverfügungen).

Die Vollstreckung der Ordnungswidrigkeiten verjährt bei Geldbußen bis zu 1.000 EUR in drei Jahren, bei Geldbußen von mehr als 1.000 EUR in fünf Jahren; sie ist also drei bzw. fünf Jahre nach dem Tag, an dem der Bußgeldbescheid rechtskräftig geworden ist, nicht mehr möglich (§ 34 OWiG). 20

D. Die einzelnen Tatbestände des § 156

1. Verletzung der Beschäftigungspflicht

Nach § 238 Abs. 1 Nr. 1 in der bis zum 13.6.2023 geltenden Fassung handelte ordnungswidrig, wer schuldhaft entgegen § 154 Abs. 1 S. 1, auch iVm einer Rechtsverordnung nach § 162 Nr. 1, oder § 154 Abs. 1 S. 3 sbM nicht beschäftigte. Dieser Ordnungswidrigkeitentatbestand ist durch Art. 2 Nr. 7 des Gesetzes zur Förderung eines inklusiven Arbeitsmarkts vom 6.6.2023 (BGBl. I Nr. 146) mit Wirkung zum 14.6.2023 aufgehoben worden (s. o. Rn. 2). 21

Maßgeblich ist die Erfüllung des Pflichtsatzes durch die Beschäftigung sbM. Das G und § 238 Abs. 1 Nr. 1 fordern ausdrücklich, dass die sbM auch zu beschäftigen und nicht nur einzustellen sind. Wenn also der Arbeitgeber eine Beschäftigung ablehnt und den sbM im Betrieb nicht tätig werden lässt, ist mit diesem sbM die Beschäftigungspflicht nicht erfüllt, mag auch ein Arbeitsvertrag oder Ausbildungsvertrag bestehen und auch das Entgelt an den sbM gezahlt werden. Auf der anderen Seite wird die Beschäftigung bei einer zugelassenen Mehrfachanrechnung nach § 159 auch auf der zugelassenen Zahl mehrerer Pflichtplätze erfüllt. Auch soweit Gleichgestellte oder Inhaber von Bergmannsversorgungsscheinen angerechnet werden, ist das zu berücksichtigen. 22

Der Arbeitgeber ist auch verpflichtet, seinen Betrieb so einzurichten und Arbeitsräume, Vorrichtungen, Maschinen und Gerätschaften so zu gestalten, dass er eine möglichst große Zahl sbM beschäftigen kann (§ 164 Abs. 3). Ein Arbeitgeber, der es unberechtigt ablehnt, seinen Betrieb entspr. einzurichten oder die für sbM geeigneten Arbeitsplätze mit technischen Arbeitshilfen zu versehen, und deshalb nicht die Pflichtzahl erfüllen kann, erfüllt ebenfalls seine Beschäftigungspflicht vorwerfbar nicht. 23

Auch wenn der Arbeitgeber für die unbesetzten Pflichtplätze die Ausgleichsabgabe zahlt (§ 160), schließt das eine Geldbuße wegen Nichterfüllung der Beschäftigungspflicht nicht aus, denn die Zahlung der Ausgleichsabgabe hebt nach der ausdrücklichen Bestimmung von § 160 Abs. 1 S. 2 die Pflicht zur Beschäftigung sbM nicht auf. Die Ausgleichsabgabe hat keinen Strafcharakter, sie soll nur einen Ausgleich unter den Arbeitgebern herbeiführen. 24

Der Arbeitgeber kann sich auch nicht darauf berufen, dass die Agentur für Arbeit ihm keine oder keine geeigneten sbM von sich aus zugewiesen habe. Der Arbeitgeber ist vielmehr verpflichtet, das G selbst zu erfüllen und hierzu die notwendige Initiative zu entwickeln. Der Arbeitgeber muss sich an die Agentur für Arbeit wenden und um die Vermittlung geeigneter sbM nachsuchen. Erst wenn auch diese Bemühungen erfolglos bleiben, handelt er nicht ordnungswidrig (KHM/Kossens Rn. 8). 25

Vorsatz oder Fahrlässigkeit gehören zum inneren Tatbestand. Wer sbM nicht in ausreichender Zahl beschäftigt, weil er aus Fahrlässigkeit den Pflichtsatz nicht richtig berechnet hat, kann deshalb auch mit Geldbuße belegt werden. 26

2. Verstoß gegen Verzeichnisführung

Nach § 163 Abs. 1 hat jeder Arbeitgeber ein nach Betrieben getrenntes Verzeichnis der Beschäftigten sbM, Gleichgestellten oder sonst anrechnungsfähigen Personen (zB Bergmannsversorgungsscheininhaber) anzulegen, zu führen, auf dem Laufenden zu halten und auf Verlangen vorzuzeigen. Ein vorsätzlicher oder auch nur fahrlässiger Verstoß 27 kann nach Ziff. 2 mit Buße geahndet werden. Bedenken bestanden gegenüber der früheren Fassung in § 68 Abs. 1 Ziff. 2 SchwbG, soweit auch die Verletzung der „vorgeschriebenen Form" mit Buße bedroht war. § 13 Abs. 1 SchwbG schrieb nämlich anders als heute § 163 Abs. 6 S. 1 kein besonderes Formblatt vor und gab auch keine Ermächtigung, dem Arbeitgeber aufzuerlegen, in welcher Form das Verzeichnis zu führen ist. Insoweit fehlte es daher an einer geeigneten Grundlage für eine Ordnungswidrigkeit, so dass jedes Verzeichnis ausreichte, das den Anforderungen nach § 13 Abs. 1 genügte. Wenn in der jetzt aktuellen Fassung des Tatbestandes auf die „vorgeschriebene Weise" der Führung des Verzeichnisses abgestellt wird, ist damit die Verwendung der von der AG der Integrationsämter und der Bundesagentur für Arbeit abgestimmten Vordrucke nach § 163 Abs. 6 S. 1 bzw. das ersatzweise zuzulassende elektronische Übermittlungsverfahren (S. 2) gemeint (KHM/Kossens Rn. 9). Nicht ausreichend klar ist allerdings der Begriff der Rechtzeitigkeit der Vorlage.

3. Verletzung der Anzeigepflicht

28 Bußbedroht ist die gesamte Anzeige, die nach § 163 Abs. 2 bis zum 31.3. des folgenden Jahres und von nicht beschäftigungspflichtigen Arbeitgebern nach Abs. 4 alle fünf Jahre auf Anforderung abzugeben ist. Ob die Verpflichtung zur Anzeige der notwendigen Daten, die nicht weiter konkretisiert wurden, eine hinreichende Grundlage für die Ahndung eines Verstoßes als Ordnungswidrigkeit bietet, erscheint eher zweifelhaft.

29 Nicht bedroht ist die Verletzung der Nebenverpflichtungen, also der Bestimmungen, eine Durchschrift für das Integrationsamt beizufügen, Abschriften des Verzeichnisses beizufügen und die Abschriften an Betriebsrat, Personalrat, Richter-, Staatsanwalts- und Präsidialrat, Schwerbehindertenvertretung und Beauftragten zu geben. Mit Buße bedroht ist vielmehr nur die Verletzung der Anzeigepflicht. Die anderen Verpflichtungen müssen als Ansprüche der Betroffenen notfalls im Klageweg durchgesetzt werden.

4. Verletzung der Auskunfts- und Einsichtspflicht

30 Nach § 163 Abs. 5 muss es sich um Auskünfte handeln, die zur Durchführung des SGB IX notwendig sind. Wenn darum gestritten wird, ob eine Auskunft im Einzelfall diese Voraussetzung erfüllt, kann evtl. ein fahrlässiger Verstoß vorliegen, wenn bei richtiger Auffassung die Auskunft zu erteilen gewesen wäre. Die Irrtumsbestimmungen des § 11 OWiG können dabei von Bedeutung sein.

31 Der Einblick in den Betrieb nach Abs. 7 ist nur zu gewähren, soweit das im Interesse der sbM erforderlich ist; soweit diese Voraussetzung umstritten ist, kann ebenfalls trotzdem eine fahrlässige Verletzung vorliegen. Dagegen wird bei angeblicher Gefährdung von Betriebs- oder Dienstgeheimnissen eine Ordnungswidrigkeit meist ausscheiden, weil der Arbeitgeber sich dann in der Regel auf diese Ausnahme von der Pflicht zur Einsichtgewährung aus subjektiver Sicht berufen kann (KHM/Kossens Rn. 12).

5. Benennung von Vertrauenspersonen und Beauftragten

32 Diese in § 163 Abs. 8 festgelegte Verpflichtung lässt sich im Allgemeinen leicht nachprüfen. Eine Verletzung liegt auch dann schon vor, wenn entweder der Agentur für Arbeit oder dem Integrationsamt nicht die erforderliche Mitteilung unverzüglich (ohne schuldhaftes Zögern) gemacht wird. Mitteilung an eine der beiden Stellen befreit daher noch nicht von der Bußdrohung (KHM/Kossens Rn. 13).

6. Unterrichtung der Beschäftigtenvertretungen

33 Vermittlungsvorschläge der Bundesagentur für Arbeit oder des von diesem beauftragten Integrationsfachdienstes sowie Bewerbungen von sbM sind der Schwerbehinderten-

vertretung sowie den Beschäftigtenvertretungen unmittelbar nach deren Eingang mitzuteilen (§ 164 Abs. 1 S. 4). Nach Prüfung und Erörterung des Vorgangs mit den Beteiligten, das sind die vorgenannten Vertretungen sowie im Falle der Bewerbung schwerbehinderte Richterinnen und Richter auch der Präsidialrat, sind diese unverzüglich (§ 121 BGB) über die getroffene Entscheidung und die dafür maßgeblichen Gründe zu unterrichten, wobei dies richtig und vollständig zu erfolgen hat. Diese Pflicht ist hier unter Bußandrohung gestellt (BAG 18.11.2008 – 9 AZR 643/07, NZA 2009, 728). Es genügt, dass eine der beiden Verpflichtungen bei der Bewerbung eines sbM (oder gleichgestellten behinderten Menschen) nicht erfüllt wird, um die Buße verhängen zu können. Allerdings wird dabei vorausgesetzt, dass die Nichterfüllung der Pflichten dem Arbeitgeber zuzurechnen ist (KHM/Kossens Rn. 16). Zu berücksichtigen ist S. 10 von § 164 Abs. 1, wonach diese Verpflichtung entfällt, wenn der sbM die Beteiligung der Schwerbehindertenvertretung ausdrücklich ablehnt. Dann kann auch keine Verletzung vorliegen und keine Buße festgesetzt werden. Wenn der Arbeitgeber nur angenommen hat, der Bewerber wolle die Beteiligung der Schwerbehindertenvertretung nicht, kann er sich uU in einem entschuldbaren Irrtum befinden, auch wenn dieses Verlangen ggf. nicht gerade ausdrücklich, aber doch nach den Umständen gestellt sein konnte.

7. Verletzung der Begründungspflicht

Der bisherige Ordnungswidrigkeiten-Tatbestand des Abs. 1 Nr. 8 wurde durch das 34
BTHG gestrichen (→ Rn. 2 aE).

8. Unterrichtung und Anhörung der Schwerbehindertenvertretung

Die Verpflichtung des Arbeitgebers nach § 178 Abs. 2 S. 1 geht sehr weit. Die Schwer- 35
behindertenvertretung ist schon in allen den Angelegenheiten zu unterrichten und vor Entscheidungen zu hören, die einen einzelnen sbM (oder gleichgestellten behinderten Menschen) oder die sbM als Gruppe auch nur berühren. Diese Verpflichtung besteht trotz der in § 151 Abs. 2 geregelten Rückwirkung allerdings nicht, wenn im Falle eines dem Arbeitgeber mitgeteilten Gleichstellungsantrags im Zeitpunkt der Durchführung der Maßnahme eine positive Entscheidung noch nicht vorlag (BAG 22.1.2020 – 7 ABR 18/18, NZA 2020, 783 m. Anm. Windeln ArbRB 2020, 208). Über die Frage, ob eine Sache die sbM berührt, kann es zu unterschiedlichen Auffassungen kommen.

Ist dabei die Meinung des Arbeitgebers jedenfalls vertretbar, wenn auch uU iErg dann 36
doch nicht zutreffend, entfällt eine Ordnungswidrigkeit. Sofern aber die Berührungspunkte mit einem sbM oder der Gruppe der sbM offensichtlich sind, wird auch schon bei nicht umfassender und nicht rechtzeitiger Unterrichtung und auch bei nicht ordnungsgemäßer Anhörung die Bußandrohung wirksam.

Andere Pflichten des Arbeitgebers sind nicht mit Buße bedroht. Alle hier nicht genann- 37
ten und ausdrücklich aufgeführten Pflichten sind deshalb nur als Ansprüche gegenüber dem Arbeitgeber durchzusetzen und ggf. gerichtlich einzuklagen. Über den Katalog des § 238 hinaus kann die Bußandrohung weder durch erweiternde noch durch ergänzende Auslegung ausgedehnt werden.

E. Die Geldbußen

Die Ordnungswidrigkeiten können mit Geldbuße belegt werden. Die Geldbuße beträgt 38
mindestens 5 EUR und, wenn ein G nicht anders bestimmt, höchstens 1.000 EUR (§ 17 OWiG). Für das SGB IX ergibt sich hieraus hinsichtlich der Höhe Folgendes:

Die Ordnungswidrigkeiten nach § 238 können alle gleichermaßen mit einer Buße bis 39
zu 10.000 EUR geahndet werden. Fahrlässig begangene Handlungen können nur mit

einer Höchstbuße bis zu 5.000 EUR belegt werden (§ 17 Abs. 2 OWiG). Das gilt auch im Wiederholungsfall. Die Erhöhung der Buße bei wiederholten Verstößen kann zwar erfolgen, muss sich aber in diesem Rahmen halten. Dieser ist durch Art. 1 Nr. 34 lit. b des Gesetzes zur Verbesserung der Ausbildung und Beschäftigung sbM v. 23.4.2004 (BGBl. I 606, 610) von bisher 2.500 EUR auf 10.000 EUR erweitert worden. Diese im Gesetzentwurf ursprünglich nicht enthalten gewesene Anlehnung ist erst während der Ausschussberatungen in den Gesetzestext aufgenommen worden. Sie dient der Wirksamkeit der Ahndung von Verstößen und nimmt damit Rücksicht auf den europarechtlich begründeten Grundsatz der Effektivität, der bei der Umsetzung von Richtlinien (hier: des Art. 5 der RL 2000/78/EG) zu beachten ist. Der nunmehr genannte Betrag entspricht dem Bußgeldrahmen des § 121 BetrVG. Er bietet nach Ansicht des Gesetzgebers ausreichend Möglichkeiten, im Rahmen der einzelnen Ordnungswidrigkeitentatbestände das jeweils zu verhängende Bußgeld der Schwere des jeweiligen Verstoßes entspr. festzusetzen (Ausschussbericht, BT-Drs. 15/2357, 26; krit. Cramer NZA 2004, 712; Hauck/Noftz/Oppermann Rn. 18).

40 Zu der Geldbuße kommen regelmäßig noch die **Kosten des Verfahrens,** die der Betroffene zu zahlen hat. Als Gebühr für den Erlass jedes Bußgeldbescheides werden 5 vH des Betrages der festgesetzten Buße erhoben. Die Gebühr beträgt mindestens 12,50 EUR und höchstens 6.500 EUR. Zu den Gebühren kommen die baren Auslagen der Behörde, Post-, Telegramm- und Fernsprechgebühren, Entschädigungen an Zeugen und Sachverständige und ggf. Reisekosten der Verwaltungsangehörigen ua (§ 107 OWiG).

F. Das Verfahren

1. Zuständigkeit

41 Für das Verfahren gelten die Sonderbestimmungen des OWiG. Das Bußgeldverfahren wird durch die Verwaltungsbehörden durchgeführt. **Sachlich zuständige** Verwaltungsbehörde iSd § 36 Abs. 1 Nr. 1 OWiG ist die BA.

2. Ermittlungsverfahren und Bußgeldbescheid

42 Das Verfahren beginnt mit dem **Ermittlungsverfahren,** welches die Bundesagentur für Arbeit durchführt. Sie kann die Ermittlungen selbst oder durch die Polizei vornehmen lassen. Die Bundesagentur für Arbeit hat grds. dieselben Rechte und Pflichten wie die Staatsanwaltschaft bei der Verfolgung von Straftaten. Insbesondere ist sie berechtigt, unter Aufnahme einer Niederschrift Zeugen und Sachverständige zu vernehmen. Die Anordnung der Vorführung von Zeugen und die Vereidigung sind dem Gericht vorbehalten. Verhaftungen und Beschlagnahme sind unzulässig (§§ 46, 48 OWiG). Grundsätzlich gelten die Vorschriften von StPO und GVG entsprechend. § 163a Abs. 1 StPO ist mit der Beschränkung anzuwenden, dass es genügt, wenn dem Betroffenen Gelegenheit gegeben wird, sich zu der Beschuldigung zu äußern (§ 55 OWiG); der Betroffene braucht auch nicht auf die Möglichkeit hingewiesen werden, schon vor der Vernehmung einen Verteidiger befragen zu können. In einem späteren Stadium des Verfahrens kann jedoch sogar die Bestellung eines Verteidigers durch die Verwaltungsbehörde geboten sein, §§ 140 ff. StPO.

43 Mit den Ermittlungen ist das Verfahren eröffnet. Die Bundesagentur für Arbeit kann das Verfahren jederzeit **einstellen,** solange es bei ihm anhängig ist. Nachdem das Verfahren bei Gericht anhängig ist, kann das Verfahren nur noch mit Zustimmung der Staatsanwaltschaft eingestellt werden (§ 47 OWiG).

Ob eine Ordnungswidrigkeit verfolgt werden soll, liegt im Ermessen der Bundesagentur für Arbeit, es gilt also entgegen dem Strafprozess das **Opportunitätsprinzip.** Da für die Verfolgung die Bundesagentur für Arbeit allein zuständig ist, kann das Integrationsamt der Bundesagentur für Arbeit zwar Ordnungswidrigkeiten anzeigen, die Bundesagentur für Arbeit entscheidet jedoch selbständig darüber, ob ein Verfahren eingeleitet werden soll. Auch der sbM ist nicht berechtigt, einen Antrag auf Verfolgung der Ordnungswidrigkeit zu stellen. 44

Nach Abschluss der Ermittlungen entscheidet die Bundesagentur für Arbeit nach pflichtgemäßem Ermessen, ob eine **Buße festzusetzen** ist. In Fällen von geringer Bedeutung, insbes. beim Vorliegen von bloßer Nachlässigkeit (Hauck/Noftz/Oppermann Rn. 36), kann an Stelle einer Geldbuße eine schriftliche **gebührenpflichtige Verwarnung** treten, wenn der Betroffene hiermit einverstanden ist und über sein Recht zur Weigerung belehrt wurde (BayObLG 15.11.1974 – 2 St 591/74 OWi, NJW 1975, 746). Das Verwarnungsgeld beträgt 5–35 EUR. Die Verwarnung ist nur wirksam, wenn der Betroffene sofort oder binnen einer Frist zahlt, die eine Woche betragen soll. Mit der Wirksamkeit der Verwarnung kann die Tat nicht mehr als Ordnungswidrigkeit verfolgt werden (§ 56 OWiG). 45

Die **Höhe der Geldbuße** soll den wirtschaftlichen Vorteil, den der Täter aus der Ordnungswidrigkeit gezogen hat, übersteigen; dazu kann sogar das gesetzliche Höchstmaß überschritten werden (§ 17 Abs. 4 OWiG). Da jedoch nur schwer der wirtschaftliche Vorteil aus der Verletzung des SGB IX festzustellen sein wird, muss Grundlage der den Täter treffende Vorwurf und die Bedeutung der verletzten Vorschrift sein. Auch die wirtschaftlichen Verhältnisse sind zu berücksichtigen. Für fahrlässiges Handeln kann nur bis zur Hälfte der Höchstbuße ein Bußgeld festgesetzt werden (§ 17 Abs. 2, 3 OWiG). Hat der Betroffene sich über einen längeren Zeitraum geweigert, seiner Anzeigepflicht nachzukommen, weil er diese nach der Art des von ihm geführten (Taxi-)Unternehmens für überflüssig hielt, darf dies bei der Bemessung der Geldbuße nicht nachteilig für ihn bewertet werden; denn diese „Hartnäckigkeit" darf nur strafverschärfend berücksichtigt werden, wenn sie ungünstige Schlüsse auf seine Persönlichkeit zulässt (KG 9.3.1998 – 2 Ss 25/98 – 5 Ws (B) 80/98, 2 Ss 25/98, 5 Ws (B) 80/98, nv). 46

Der **Bußgeldbescheid** muss nach § 66 OWiG enthalten: Die Angaben zur Person und von Beteiligten, des Verteidigers, der Tat, der Beweismittel, die Buße und etwaige Nebenfolgen. Außerdem muss der Hinweis enthalten sein, dass er ohne Einspruch rechtskräftig wird und bei Einspruch das Gericht, ggf. durch Beschluss, ohne Bindung an den Bußgeldbescheid entscheidet. Dazu kommen die Zahlungsaufforderung und die Belehrung über Erzwingungshaft. Eine weitere Begründung ist nicht erforderlich, kann aber erfolgen. Die Kostenentscheidung muss auch im Bußgeldbescheid enthalten sein (§ 464 Abs. 1 StPO mit § 105 OWiG). Da der Bußgeldbescheid schriftlich zu erlassen ist, muss er von einem dazu befugten Verwaltungsangehörigen der Bundesagentur für Arbeit unterzeichnet sein. Eine besondere Qualifikation ist hierfür im Gegensatz zu früher nicht mehr vorgeschrieben. Der Beschluss ist zuzustellen nach dem Verwaltungszustellungsgesetz vom 12.8.2005 (BGBl. I 2354, zuletzt geändert durch G v. 10.8.2021, BGBl. I 3436), § 51 Abs. 1 OWiG. 47

3. Rechtsmittel

Der Betroffene kann binnen zwei Wochen nach Zustellung gegen den Bußgeldbescheid **Einspruch** einlegen. Der Einspruch ist schriftlich oder mündlich zur Niederschrift der Regionaldirektion zu erheben. Der Eingang bei anderen Stellen, auch beim Gericht, wahrt die Frist, wenn er rechtzeitig an die Regionaldirektion weitergeleitet wird und dort rechtzeitig eingeht (Göhler OWiG § 67 Rn. 14). Eine Begründung ist nicht vorgeschrieben. Auch ist nicht erforderlich, dass der Einspruch ausdrücklich als solcher bezeichnet wird, solange sich der Anfechtungswille aus ihm ergibt. Bis zur Abgabe der Akten an die 48

Staatsanwaltschaft kann die Regionaldirektion den Bußgeldbescheid zurücknehmen (§ 69 OWiG). Der Einspruch kann auch zurückgenommen werden (§ 302 StPO mit § 67 OWiG). Bußgeldentscheidungen sind erst vollstreckbar, wenn sie rechtskräftig geworden sind. Jedes Rechtsmittel hat deshalb aufschiebende Wirkung (§ 89 OWiG).

49 **Zuständig für** die **gerichtliche Entscheidung** ist das Amtsgericht am Sitz der das Verfahren betreibenden Dienststelle der BA. Der Amtsrichter entscheidet allein (§ 68 OWiG). Das Verfahren richtet sich nach § 411 StPO (Einspruch gegen Strafbefehl). Wenn der Betroffene und die Staatsanwaltschaft nicht widersprechen, kann durch Beschluss entschieden werden, wenn das Gericht eine Hauptverhandlung nicht für erforderlich hält (§ 72 OWiG). Die Anwesenheit in der Hauptverhandlung ist nicht erforderlich, kann aber angeordnet werden mit der Folge, dass bei Nichterscheinen der Einspruch durch Urteil verworfen werden kann (§§ 73, 74 OWiG). Die Bundesagentur für Arbeit muss gehört werden und in der Hauptverhandlung das Wort erhalten (§ 76 OWiG), sofern nicht das Gericht von einer Beteiligung der Bundesagentur für Arbeit absieht, wenn deren Sachkunde entbehrt werden kann (§ 76 Abs. 2 OWiG). Ohne Hauptverhandlung ist ein Abweichen vom Bußgeldbescheid zum Nachteil des Betroffenen nicht zulässig (§ 72 Abs. 3 OWiG).

50 Gegen die Entscheidung des Amtsgerichts ist **Rechtsbeschwerde** an das Oberlandesgericht zulässig. Sie richtet sich nach den Vorschriften der StPO und des GVG über die Revision (§ 79 Abs. 3 OWiG). Sie muss binnen einer Woche zum Prot. der Geschäftsstelle oder schriftlich eingelegt werden. Sie ist nur zulässig bei Bußen von mehr als 250 EUR oder Zulassung durch das Beschwerdegericht (weiter § 79 Abs. 1, § 80 OWiG). Die Rechtsbeschwerde kann nur auf eine Gesetzesverletzung gestützt werden, wobei zwischen Verfahrens- und Sachrügen zu unterscheiden ist. Eine Vorlage an den BGH ist notwendig, wenn das entscheidende OLG von einem anderen OLG oder dem BGH abweichen will (§ 21 GVG).

51 Ist der Bußgeldbescheid **unanfechtbar** oder durch richterliche Entscheidung aufgehoben worden, so kann dieselbe Tat nicht mehr verfolgt werden (§ 84 OWiG). Eine Wiederaufnahme des Verfahrens ist beschränkt. Sie ist nach drei Jahren und bei Geldbußen bis zu 250 EUR unzulässig; zuungunsten des Betroffenen ist sie nur zum Zwecke einer Verurteilung nach einem Strafgesetz zulässig. Zuständig ist stets das Gericht (§ 85 OWiG).

4. Vollstreckung

52 Die Bundesagentur für Arbeit erlässt den Bußgeldbescheid und ist Vollzugsbehörde, dh verfügungsberechtigt über den zu vollstreckenden Anspruch, auch wenn der Vollzug anderen Behörden obliegt. **Vollstreckungstitel** ist der Bescheid. Vollstreckbar ist nur ein rechtskräftiger Bescheid. Es muss also die Frist zur Einlegung gerichtlicher Entscheidung abgelaufen sein oder das Gericht abschließend entschieden haben.

53 Zu vollstrecken sind die Geldbuße und die Kosten (§ 90 OWiG). Da die Bundesagentur für Arbeit nicht über Vollstreckungsbeamte verfügt, muss sie im Wege der Amtshilfe eine andere Behörde ersuchen, die Vollstreckung durchzuführen. Diese Behörde hat nur die Wirksamkeit des Ersuchens und der durchzuführenden Maßnahme, nicht aber deren Rechtsmäßigkeit zu prüfen.

54 Die Vollstreckung erfolgt nach § 66 SGB X. Dies ergibt sich unmittelbar aus Abs. 4, der die entsprechende Anwendung dieser Norm anordnet. Die Vorschrift lautet:

§ 66 Vollstreckung

(1) Für die Vollstreckung zugunsten der Behörden des Bundes, der bundesunmittelbaren Körperschaften, Anstalten und Stiftungen des öffentlichen Rechts gilt das Verwaltungs-Vollstreckungsgesetz. In Angelegenheiten des § 51 des Sozialgerichtsgesetzes ist für die Anordnung der Ersatzzwangshaft das Sozialgericht zuständig. Die oberste Verwaltungsbehörde kann bestimmen, dass die Aufsichtsbehörde nach Anhören der in Satz 1 genannten Behörden die geschäftsleitenden Bediens-

teten als Vollstreckungsbeamte und sonstige Bedienstete dieser Behörde als Vollziehungsbeamte bestellen darf.

(2) Absatz 1 gilt auch für die Vollstreckung durch Verwaltungsbehörden der Kriegsopferversorgung; das Land bestimmt die Vollstreckungsbehörde.

(3) Für die Vollstreckung zugunsten der übrigen Behörden gelten die jeweiligen landesrechtlichen Vorschriften über das Verwaltungsvollstreckungsverfahren. Absatz 1 Satz 2 und 3 gilt entsprechend.

(4) Aus einem Verwaltungsakt kann auch die Zwangsvollstreckung in entsprechender Anwendung der Zivilprozessordnung stattfinden. Der Vollstreckungsschuldner soll vor Beginn der Vollstreckung mit einer Zahlungsfrist von einer Woche gemahnt werden. Die vollstreckbare Ausfertigung erteilt der Behördenleiter, sein allgemeiner Vertreter oder ein anderer auf Antrag eines Leistungsträgers von der Aufsichtsbehörde ermächtigter Angehöriger des öffentlichen Dienstes. Bei den Versicherungsträgern und der Bundesanstalt für Arbeit tritt in Satz 3 an die Stelle der Aufsichtsbehörden der Vorstand.

Für die Anordnung von Ersatzzwangshaft ist in den Angelegenheiten des § 51 SGG das Sozialgericht zuständig. 54a

5. Verwendung der Geldbuße

Die Geldbuße fließt abweichend vom bisherigen Recht (Abführung an das Integrationsamt) in Übereinstimmung mit den allgemeinen Grundsätzen des Ordnungswidrigkeitenrechts in die Kasse der Verwaltungsbehörde, die den Bußgeldbescheid erlässt. Umgekehrt ist diese dann nach dem durch das BTHG neu eingefügten Abs. 5 verpflichtet, die notwendigen Auslagen zu tragen bzw. Ersatz zu leisten iSv § 110 OWiG (BT-Drs. 18/9522, 312). 55

§ 239 Stadtstaatenklausel

(1) [1]**Der Senat der Freien und Hansestadt Hamburg wird ermächtigt, die Schwerbehindertenvertretung für Angelegenheiten, die mehrere oder alle Dienststellen betreffen, in der Weise zu regeln, dass die Schwerbehindertenvertretungen aller Dienststellen eine Gesamtschwerbehindertenvertretung wählen.** [2]**Für die Wahl gilt § 177 Absatz 2, 3, 6 und 7 entsprechend.**

(2) **§ 180 Absatz 6 Satz 1 gilt entsprechend.**

Die Vorschrift geht auf die Stellungnahme des Bundesrates zum Entwurf des Schwerbehindertengesetzes 1974 zurück, wonach dem Senat der Freien und Hansestadt Hamburg die Ermächtigung erteilt werden sollte, die Schwerbehindertenvertretung für die Dienststellen der Hansestadt zu regeln. Die BReg. hatte dem zunächst widersprochen, da es keiner Sonderregelung für eine einstufige Verwaltung bedürfe (BT-Drs. 7/656, 47, 52). In der Ausschussfassung wurde jedoch der mit § 157 SGB IX 2001 (heute: § 239 SGB IX 2018) identische § 70 SchwbG beschlossen. Nach der Begründung sollte damit erreicht werden, dass gegenüber dem Senat der Freien und Hansestadt Hamburg nur eine gewählte Schwerbehindertenvertretung auftritt, um die Angelegenheiten der sbM zu regeln, die mehrere oder alle Dienststellen betreffen. Da Hamburg keinen mehrstufigen Verwaltungsaufbau hat, war eine Sonderregelung erforderlich, da § 180 Abs. 5 S. 2 nicht unmittelbar angewandt werden kann (BT-Drs. 7/1515, 18). Daraus folgt, dass in Hamburg nach entsprechender Regelung durch den Senat nur eine Schwerbehindertenvertretung zu wählen ist. Für diese Gesamtschwerbehindertenvertretung gelten alle Vorschriften des § 180 ebenfalls, insbes. Aufgabenstellung und Geheimhaltungspflicht. Die Durchführungsbestimmungen für die Wahl erlässt der Senat der Freien und Hansestadt Hamburg. Dies ist geschehen mit der Verordnung über die Einführung eines Gesamt- 1 vertrauensmannes v. 10.4.1979 (Hmb GVBl S. 111). Materiell sind dabei die Vorschriften der SchwbVWO zu beachten (KHM/Kossens Rn. 4).

§ 240 Sonderregelung für den Bundesnachrichtendienst und den Militärischen Abschirmdienst

(1) Für den Bundesnachrichtendienst gilt dieses Gesetz mit folgenden Abweichungen:

1. Der Bundesnachrichtendienst gilt vorbehaltlich der Nummer 3 als einheitliche Dienststelle.

2. [1] Für den Bundesnachrichtendienst gelten die Pflichten zur Vorlage des nach § 163 Absatz 1 zu führenden Verzeichnisses, zur Anzeige nach § 163 Absatz 2 und zur Gewährung von Einblick nach § 163 Absatz 7 nicht. [2] Die Anzeigepflicht nach § 173 Absatz 4 gilt nur für die Beendigung von Probearbeitsverhältnissen.

3. [1] Als Dienststelle im Sinne des Kapitels 5 gelten auch Teile und Stellen des Bundesnachrichtendienstes, die nicht zu seiner Zentrale gehören. [2] § 177 Absatz 1 Satz 4 und 5 sowie § 180 sind nicht anzuwenden. [3] In den Fällen des § 180 Absatz 6 ist die Schwerbehindertenvertretung der Zentrale des Bundesnachrichtendienstes zuständig. [4] Im Falle des § 177 Absatz 6 Satz 4 lädt der Leiter oder die Leiterin der Dienststelle ein. [5] Die Schwerbehindertenvertretung ist in den Fällen nicht zu beteiligen, in denen die Beteiligung der Personalvertretung nach dem Bundespersonalvertretungsgesetz ausgeschlossen ist. [6] Der Leiter oder die Leiterin des Bundesnachrichtendienstes kann anordnen, dass die Schwerbehindertenvertretung nicht zu beteiligen ist, Unterlagen nicht vorgelegt oder Auskünfte nicht erteilt werden dürfen, wenn und soweit dies aus besonderen nachrichtendienstlichen Gründen geboten ist. [7] Die Rechte und Pflichten der Schwerbehindertenvertretung ruhen, wenn die Rechte und Pflichten der Personalvertretung ruhen. [8] § 179 Absatz 7 Satz 3 ist nach Maßgabe der Sicherheitsbestimmungen des Bundesnachrichtendienstes anzuwenden. [9] § 182 Absatz 2 gilt nur für die in § 182 Absatz 1 genannten Personen und Vertretungen der Zentrale des Bundesnachrichtendienstes.

4. [1] Im Widerspruchsausschuss bei dem Integrationsamt (§ 202) und in den Widerspruchsausschüssen bei der Bundesagentur für Arbeit (§ 203) treten in Angelegenheiten schwerbehinderter Menschen, die beim Bundesnachrichtendienst beschäftigt sind, an die Stelle der Mitglieder, die Arbeitnehmer oder Arbeitnehmerinnen und Arbeitgeber sind (§ 202 Absatz 1 und § 203 Absatz 1), Angehörige des Bundesnachrichtendienstes, an die Stelle der Schwerbehindertenvertretung die Schwerbehindertenvertretung der Zentrale des Bundesnachrichtendienstes. [2] Sie werden dem Integrationsamt und der Bundesagentur für Arbeit vom Leiter oder von der Leiterin des Bundesnachrichtendienstes benannt. [3] Die Mitglieder der Ausschüsse müssen nach den dafür geltenden Bestimmungen ermächtigt sein, Kenntnis von Verschlusssachen des in Betracht kommenden Geheimhaltungsgrades zu erhalten.

5. Über Rechtsstreitigkeiten, die auf Grund dieses Buches im Geschäftsbereich des Bundesnachrichtendienstes entstehen, entscheidet im ersten und letzten Rechtszug der oberste Gerichtshof des zuständigen Gerichtszweiges.

(2) Der Militärische Abschirmdienst mit seinem Geschäftsbereich gilt als einheitliche Dienststelle.

1 Die auch im SGB IX vorgesehene Sonderregelung für den Bundesnachrichtendienst wurde in das SchwbG 1974 während der Ausschussberatungen eingefügt (BT-Drs. 7/1515, 18). Sie entspricht der Regelung für den Bundesnachrichtendienst im BPersVG (§ 86) und soll den besonderen Sicherheitsbedürfnissen Rechnung tragen und Risiken ausschalten, die bei uneingeschränkter Anwendung des SGB IX entstehen könnten. Da-

durch soll erreicht werden, dass der Bundesnachrichtendienst auch künftig seine Aufgaben als geheimer Auslandsnachrichtendienst erfüllen und die besonderen Sicherheitsbestimmungen beachten kann, die grundsätzliche Verpflichtung zur Beschäftigung sbM und die Rechtsstellung der sbM aber nicht beeinträchtigt wird (; Schlegel/Voelzke/Vogl Rn. 14).

Durch Art. 2 Nr. 17 lit. c BTHG wurde der Vorschrift mit Wirkung zum 1.1.2018 ein Abs. 2 angefügt, nach dessen Inhalt der Militärische Abschirmdienst mit seinem Geschäftsbereich als einheitliche Dienststelle gilt. Dies wurde in der Vergangenheit bereits so praktiziert, allerdings war dies nur über eine äußerst großzügige Interpretation der Vorschriften zur Zusammenfassung von Dienststellen für die Wahl einer Schwerbehindertenvertretung möglich. Mit dem neuen Abs. 2 steht jetzt eine verlässliche Grundlage für eine solche Wahl zur Verfügung (BT-Drs. 18/9522, 319; LPK-SGB IX/Christoph Beyer § 240 Rn. 1). 2

§ 241[1] Übergangsregelung

(1) Abweichend von § 154 Absatz 1 beträgt die Pflichtquote für die in § 154 Absatz 2 Nummer 1 und 4 genannten öffentlichen Arbeitgeber des Bundes weiterhin 6 Prozent, wenn sie am 31. Oktober 1999 auf mindestens 6 Prozent der Arbeitsplätze schwerbehinderte Menschen beschäftigt hatten.

(2) Eine auf Grund des Schwerbehindertengesetzes getroffene bindende Feststellung über das Vorliegen einer Behinderung, eines Grades der Behinderung und das Vorliegen weiterer gesundheitlicher Merkmale gelten als Feststellungen nach diesem Buch.

(3) Die nach § 56 Absatz 2 des Schwerbehindertengesetzes erlassenen allgemeinen Richtlinien sind bis zum Erlass von allgemeinen Verwaltungsvorschriften nach § 224 weiter anzuwenden, auch auf Inklusionsbetriebe.

(4) Auf Erstattungen nach Kapitel 13 dieses Teils ist § 231 für bis zum 31. Dezember 2004 entstandene Fahrgeldausfälle in der bis zu diesem Zeitpunkt geltenden Fassung anzuwenden.

(5) Soweit noch keine Verordnung nach § 153 Absatz 2 erlassen ist, gelten die Maßstäbe des § 30 Absatz 1 des Bundesversorgungsgesetzes und der auf Grund des § 30 Absatz 16 des Bundesversorgungsgesetzes erlassenen Rechtsverordnungen entsprechend.

(6) Bestehende Integrationsvereinbarungen im Sinne des § 83 in der bis zum 30. Dezember 2016 geltenden Fassung gelten als Inklusionsvereinbarungen fort.

(7) [1]Die nach § 22 in der am 31. Dezember 2017 geltenden Fassung bis zu diesem Zeitpunkt errichteten gemeinsamen Servicestellen bestehen längstens bis zum 31. Dezember 2018. [2]Für die Aufgaben der nach Satz 1 im Jahr 2018 bestehenden gemeinsamen Servicestellen gilt § 22 in der am 31. Dezember 2017 geltenden Fassung entsprechend.

(8) Bis zum 31. Dezember 2019 treten an die Stelle der Träger der Eingliederungshilfe als Rehabilitationsträger im Sinne dieses Buches die Träger der Sozialhilfe nach § 3 des Zwölften Buches, soweit sie zur Erbringung von Leistungen der Eingliederungshilfe für Menschen mit Behinderungen nach § 8 Nummer 4 des Zwölften Buches bestimmt sind.

(9) Das Inkrafttreten der bei einer Beschäftigungsquote von 0 Prozent zu zahlenden Ausgleichsabgabe gilt nicht als Neubestimmung der Ausgleichsabgabe im Sinne des § 160 Absatz 3 Satz 2.

(10) Für Personen, die Leistungen nach dem Soldatenversorgungsgesetz in der Fassung der Bekanntmachung vom 16. September 2009 (BGBl. I 3054), das zuletzt durch Ar-

[1] § 241 Abs. 6 neu gef., Abs. 8 angef. mWv 1.1.2018 durch G v. 17.7.2017 (BGBl. I 2541); Abs. 9 angef. mWv 1.8.2019 durch G v. 8.7.2019 (BGBl. I 1025); Abs. 3 geänd. mWv 10.6.2021 durch G v. 2.6.2021 (BGBl. I 1387).

tikel 19 des Gesetzes vom 4. August 2019 (BGBl. I 1147) geändert worden ist, in Verbindung mit dem Bundesversorgungsgesetz in der Fassung der Bekanntmachung vom 22. Januar 1982 (BGBl. I 21), das zuletzt durch Artikel 1 der Verordnung vom 13. Juni 2019 (BGBl. I 793) geändert worden ist, erhalten, gelten die Vorschriften des § 6 Absatz 1 Nummer 5, des § 16 Absatz 6, des § 18 Absatz 7, des § 63 Absatz 1 Nummer 4 und Absatz 2 Nummer 2, des § 64 Absatz 1 Nummer 1 und Absatz 2 Satz 2, des § 65 Absatz 1 Nummer 4, Absatz 2 Nummer 4, Absatz 5 Nummer 2, Absatz 6 und 7, des § 66 Absatz 1 Satz 4, der §§ 69, 70 Absatz 1, des § 71 Absatz 1 Satz 1, des § 152 Absatz 1 Satz 1 und 4, des § 228 Absatz 4 Nummer 2 und des § 241 Absatz 5 in der am 31. Dezember 2023 geltenden Fassung weiter.

Übersicht

A. Allgemeines

1 § 72 SchwbG idF der Bekanntmachung v. 26.8.1986 (BGBl. I 1421, ber. 1550) enthielt eine durch Zeitablauf obsolet gewordene Übergangsregelung zu den § 7 Abs. 2 Nr. 4 und § 9 Abs. 1 S. 2 SchwbG. An die Stelle dieser Vorschrift trat mit Wirkung zum 1.1.2001 durch Art. 1 Nr. 26 des Gesetzes zur Bekämpfung der Arbeitslosigkeit Schwerbehinderter v. 29.9.2000 (BGBl. I 1394) eine weitere Übergangsregelung, die materiell den beiden ersten Absätzen des § 159 SGB IX 2001 entsprach. Das SGB IX – Rehabilitation und Teilhabe behinderter Menschen v. 19.6.2001 (BGBl. I 1046) hat die Vorschrift um die Abs. 3 u. 4 erweitert, mit denen die Fortgeltung erfolgter Festsetzungen nach § 4 Abs. 3 SchwbG gesichert und Rechtsklarheit bis zum Erlass allgemeiner Verwaltungsvorschriften nach § 141 SGB IX 2001 herbeigeführt werden sollte. Mit Art. 8 Nr. 13 des Gesetzes zur Einordnung des Sozialhilferechts in das Sozialgesetzbuch v. 27.12.2003 (BGBl. I 3022, 3057) ist der Regelung ein neuer Abs. 5 angefügt worden, der die Möglichkeit der Ausführung von Leistungen durch ein Persönliches Budget zuließ. Dies war auf Antrag möglich. Die Vorschrift war in dieser Form ab dem 1.1.2008 anzuwenden. Heute gilt § 61 SGB IX. Mit Art. 8 Nr. 6 des Verwaltungsvereinfachungsgesetzes v. 21.3.2005 (BGBl. I 818, 827) wurde die Vorschrift um einen neuen Abs. 6 ergänzt. Er enthielt eine Klarstellung im Hinblick auf die Anwendbarkeit der jeweils geltenden Erstattungsvorschriften. Der zum 1.1.2018 in Kraft getretene § 241 hält an dieser Rechtslage mit kleinen Änderungen fest (Schmachtenberg NZS 2018, 337). Der bisherige Abs. 2 wurde wegen Zeitablaufs gegenstandslos und daher aufgehoben. Die bisherigen Abs. 3 u. 4 sind nunmehr Abs. 2 u. 3. Der bisherige Abs. 5 wurde aufgehoben, weil auf die Leistungsform des Persönlichen Budgets seit dem 1.1.2008 ein Rechtsanspruch besteht und für die damalige Übergangsvorschrift kein Bedürfnis mehr besteht. Der bisherige Abs. 6 ist jetzt Abs. 4. Abs. 5 entspricht dem bisherigen Abs. 7 idF des Gesetzes v. 7.1.2015 (BGBl. I 159). Abs. 6 entspricht dem durch Art. 2 BTHG angefügten Abs. 8 (BT-Drs. 18/9522, 313). Dieser sollte sicherstellen, dass die Verbindlichkeit bestehender Inklusionsvereinbarungen durch die Neufassung des § 83 nicht beeinträch-

tigt wurde. Vor allem sollte die Neuregelung nicht dazu führen, dass zwingend erneut über bereits bestehende Vereinbarungen hätte neu verhandelt werden müssen (BT-Drs. 18/9522, 319). Durch Art. 7 Nr. 24 des Gesetzes zur Stärkung der Teilhabe von Menschen mit Behinderungen sowie zur landesrechtlichen Bestimmung der Träger von Leistungen für Bildung und Teilhabe in der Sozialhilfe (Teilhabestärkungsgesetz) vom 2.6.2021 (BGBl. I 1387, 1396) wurde die Anwendung nach § 56 Abs. 2 SchwbG erlassener allgemeiner Richtlinien auch auf Inklusionsbetriebe ausgedehnt.

B. Pflichtquote für öffentliche Arbeitgeber des Bundes

Abs. 1 normiert eine von der Grundregelung des § 154 Abs. 1 (5 %) abweichende erhöhte Pflichtquote (6 %) für bestimmte öffentliche Arbeitgeber, wenn diese am 31.10.1999 – Stichtag des letzten Berichts über die Beschäftigung Schwerbehinderter im öffentlichen Dienst des Bundes an den BT – auf mindestens 6 % der Arbeitsplätze schwer behinderte Menschen beschäftigt hatten. Damit verbundene erhöhte finanzielle Belastungen des Haushalts werden nicht erwartet, da der Bund als Arbeitgeber bereits seit Jahren eine 6 % übersteigende Beschäftigungsquote erreicht (BT-Drs. 14/3372, 1). Bei den von der Vorschrift erfassten Arbeitgebern handelt es sich um die obersten Bundesbehörden mit ihren nachgeordneten Dienststellen, das Bundespräsidialamt, die Verwaltungen des Deutschen Bundestages und Bundesrates, das Bundesverfassungsgericht, die Obersten Gerichtshöfe des Bundes (der Bundesgerichtshof zusammengefasst mit dem Generalbundesanwalt) sowie das Bundeseisenbahnvermögen (§ 154 Abs. 3 Ziff. 1) sowie jede sonstige Körperschaft, Anstalt oder Stiftung des öffentlichen Rechts, die dem Bund zugeordnet ist. Damit gilt materiell dasselbe wie nach § 72 Abs. 1 SchwbG idF des SchwbBAG v. 29.9.2001 (BGBl. I 1394). Die im Entwurf des SGB IX 2001 ursprünglich enthalten gewesene Ausdehnung des Anwendungsbereiches der Vorschrift auch auf die öffentlichen Arbeitgeber nach § 71 (heute § 154) Abs. 3 Nr. 2, 3, also die Behörden der Länder und Kommunen, die allerdings nicht besonders begründet wurde (BT-Drs. 14/5074, 115) ist nach ablehnender Stellungnahme des Bundesrates, der eine Ungleichbehandlung der Arbeitgeber des öffentlichen Dienstes gerügt und die Unschärfe des verwendeten Arbeitgeberbegriffes beanstandet hatte (BT-Drs. 14/5531, 12), nicht G geworden (Hauck/Noftz/Oppermann Rn. 5). Da der Bund die Beschäftigungsquote seit langem übertrifft, kommt der Regelung keine praktische Bedeutung zu (Schlegel/Voelzke/Vogl Rn. 19). 2

C. Weitergewährung von Förderleistungen

Der dem § 72 Abs. 2 SchwbBAG entsprechende frühere Abs. 2 ist inhaltlich überholt und daher im G nicht mehr enthalten (→ Rn. 1). 3

D. Fortgeltung bindender Feststellungen nach § 4 Abs. 3 SchwbG

Der jetzige Abs. 2 (früher Abs. 3) war im ursprünglichen Entwurf des SGB IX 2001 nicht enthalten. Die Vorschrift wurde erst im Laufe des Gesetzgebungsverfahrens hinzugefügt. Nach dem Bericht des Ausschusses für Arbeit und Sozialordnung (11. Ausschuss) v. 4.4.2001 wurde eine ausdrückliche Regelung für erforderlich gehalten, damit die nach bisherigem Recht ergangenen Bescheide nicht etwa wegen der Einfügung des Schwerbehindertengesetzes in das SGB IX aufgehoben werden könnten (BT-Drs. 14/5800, 32). Dies gilt auch für bestandskräftige rechtswidrige Bescheide (LSG Nds-Brem 4

19.11.2004 – L 5 BL 2/04, NdsRpfl 2006, 102 = BeckRS 2005, 41162). Ob es dieser Regelung unbedingt bedurft hätte, kann dahinstehen; jedenfalls dient sie der Sicherung der rechtlichen Situation des jeweiligen Betroffenen. Daran wurde festgehalten.

E. Weiteranwendung von Richtlinien nach § 56 Abs. 2 SchwbG

5 Ein ähnlicher Zweck wurde mit der Regelung in Abs. 3 (früher. Abs. 4) verfolgt, die ebenso wie Abs. 2 weder eine Entsprechung im bisher geltenden Recht fand noch im ursprünglichen Gesetzentwurf enthalten war. Damit sollte sichergestellt werden, dass Aufträge der öffentlichen Hand bis zum Erlass von Verwaltungsrichtlinien nach § 224 (wegen der Einzelheiten → § 224 Rn. 8) durch das zuständige Bundesministerium für Wirtschaft und Technologie Aufträge der öffentlichen Hand in dem bisherigen Umfang den anerkannten WfbM bevorzugt angeboten werden müssen (Ausschussbericht, BT-Drs. 14/5800, 32). Die Regelung war erforderlich, weil die Richtlinien nicht den nach Art. 85 Abs. 2 GG an Verwaltungsvorschriften zu stellenden Anforderungen genügten (Schlegel/Voelzke/Vogl Rn. 25).Die Ergänzung von Abs. 3 um die Erwähnung der Inklusionsbetriebe durch Art. 7 Nr. 24 des Teilhabestärkungsgesetzes v. 2.6.2021 ist gemeinsam mit den Änderungen des § 224 durch Nr. 22a und b des Gesetzes zu sehen. Die Änderung stellt sicher, dass bis zum Erlass von allgemeinen Verwaltungsvorschriften nach § 224 SGB IX die nach § 56 Abs. 2 SchwbG erlassenen allgemeinen Richtlinien Anwendung finden (Ausschussbericht BT-Drs. 19/28834, 58).

F. Persönliches Budget

6 Mit der durch Art. 8 Nr. 13 des Gesetzes zur Einordnung des Sozialhilferechts v. 27.12.2003 (BGBl. I 3032, 3057) erfolgten Erweiterung der Vorschrift um einen neuen Abs. 5 wurde die Möglichkeit geschaffen, Leistungen auf Antrag durch ein Persönliches Budget zu erbringen. Der Übergangsregelung bedarf es heute nicht mehr (→ § 61).

G. Erstattungen

7 Der bisherige Abs. 6 (Art. 8 Nr. 6 des Verwaltungsvereinfachungsgesetzes v. 21.3.2005, BGBl. I 818, 827) stellte klar, dass die Änderungen im Abrechnungsverfahren erst auf im Jahr 2005 entstandene Erstattungsansprüche der Verkehrsunternehmen anzuwenden sind (Begründung des Gesetzentwurfs, BT-Drs. 15/4228, 32). Er hat wegen Zeitablaufs keine praktische Bedeutung mehr (Schlegel/Voelzke/Vogl Rn. 28).

H. Versorgungsmedizinische Grundsätze

8 Abs. 5 entspricht der Übergangsregelung des § 159 a. F. Darin ist die entsprechende Anwendung der Maßstäbe des § 30 Abs. 1 BVG und der auf der Grundlage von dessen Abs. 16 erlassenen Verordnungen bis zum Erlass einer Verordnung nach § 153 Abs. 2 SGB IX angeordnet (Hauck/Noftz/Oppermann Rn. 13 unter Hinweis auf BSG 11.8.2015 – B 9 SB 1/14 R, SozR 4 – 3250 § 69 Nr. 21 sowie BSG 24.10.2019 – B 9 SB 1/18 R, BSGE 129, 211).

I. Fortbestand der Servicestellen

Abs. 7 sicherte den Fortbestand der bis zum 31.12.2017 nach § 22 SGB IX errichteten Servicestellen bis zum 31.12.2018. Damit sollte ein reibungsloser Übergang bisheriger Strukturen in das neue System der Ansprechstellen nach § 12 SGB IX ermöglicht werden (Schlegel/Voelzke/Vogl Rn. 33). 9

J. Träger der Sozialhilfe als Reha-Träger

Abs. 8 ordnet an, dass bis zum 31.12.2019 die Träger der Eingliederungshilfe an die Stelle der Träger der Sozialhilfe nach § 3 SGB IX treten. Dies hatte zur Folge, dass bereits zum 1.1.2018 auch in § 35 SGB IX eine redaktionelle Anpassung an § 6 SGB IX eintrat. Die Regelung war erforderlich, weil die Eingliederungshilfe nach Teil 2 Kap. 1 bis 7 und 9 bis 11 erst mit Wirkung zum 1.1.2020 neu verortet wurde (Schlegel/Voelzke/Vogl Rn. 33; Hauck/Noftz/Oppermann Rn. 16). 10

K. Übergangsregelung zu § 221

Abs. 9 wurde eingefügt durch Art. 5 des Gesetzes zur Anpassung der Berufsausbildungsbeihilfe und Ausbildungsgeldes vom 8.7.2019 (BGBl. I 1025). Die Regelung diente der Heranführung des Grundbetrages an ein einheitliches Niveau, das sich künftig am Ausbildungsgeld (§ 125 SGB III) orientieren sollte (LPK-SGB IX/Jacobs Rn. 19). Sie war nach ihrem Wortlaut seit dem 31.12.2022 ohne Bedeutung und wurde durch Art. 2 Nr. 8 des Gesetzes zur Förderung eines inklusiven Arbeitsmarkts vom 6.6.2023 (BGBl. I Nr. 146) durch einen neuen Abs. 9 ersetzt (Begründung des Gesetzentwurfs S. 24), der klarstellt, dass die Einführung der neuen Beschäftigungsquote Null Prozent nicht als Neubestimmung der Ausgleichsabgabe im Rahmen des Dynamisierungsprozesses des § 160 Abs. 3 zu verstehen ist. 11

2. Gesetz über die unentgeltliche Beförderung Schwerbehinderter im öffentlichen Personenverkehr

Vom 9. Juli 1979 (BGBl. I 989)

Geändert durch Gesetz vom 22. Dezember 1983 (BGBl. I 1532)
FNA 871-3

– Auszug –

Der Bundestag hat mit Zustimmung des Bundesrates das folgende Gesetz beschlossen.

Art. 1 Änderung des Schwerbehindertengesetzes

Die Vorschrift änderte §§ 2, 3, 19, 34 SchwbG und stellte den Elften Abschnitt über die unentgeltliche Beförderung Schwerbehinderter im öffentlichen Personenverkehr mit Wirkung v. 1.10.1979 in das Gesetz ein. Diese Regelungen entsprachen den heutigen §§ 228 ff. SGB IX, die im Kommentarteil berücksichtigt und erläutert sind. 1

Art. 2 Besitzstand

(1) Der Elfte Abschnitt des Schwerbehindertengesetzes in der durch Artikel 1 geänderten Fassung, geändert durch Artikel 20 des Haushaltsbegleitgesetzes 1984 vom 22. Dezember 1983 (BGBl. I 1532), gilt auch für Personen, die

1. bei Inkrafttreten dieses Gesetzes die Voraussetzungen nach § 2 Abs. 1 Nr. 1 und 3 und Abs. 3 des Gesetzes über die unentgeltliche Beförderung von Kriegs- und Wehrdienstbeschädigten sowie von anderen Behinderten im Nahverkehr vom 27. August 1965 (BGBl. I 978), zuletzt geändert durch Artikel 41 des Zuständigkeitsanpassungsgesetzes vom 18. März 1975 (BGBl. I 705), erfüllten, solange der Grad der Minderung der Erwerbsfähigkeit infolge der anerkannten Schädigung auf wenigstens 70 vom Hundert festgestellt ist,
2. ihren Wohnsitz oder gewöhnlichen Aufenthalt außerhalb des Geltungsbereichs dieses Gesetzes haben und
   a) bei Inkrafttreten dieses Gesetzes die Voraussetzungen nach § 2 Abs. 1 Nr. 2 und 4 und Abs. 3 des Gesetzes über die unentgeltliche Beförderung von Kriegs- und Wehrdienstbeschädigten sowie von anderen Behinderten im Nahverkehr vom 27. August 1965 (BGBl. I 978), zuletzt geändert durch Artikel 41 des Zuständigkeitsanpassungsgesetzes vom 18. März 1975 (BGBl. I 705), erfüllten, solange der Grad der Minderung der Erwerbsfähigkeit infolge der anerkannten Schädigung auf wenigstens 50 vom Hundert festgestellt ist und sie infolge der Schädigung erheblich gehbehindert sind, oder
   b) Deutsche im Sinne des Artikels 116 des Grundgesetzes sind, die körperlich, geistig oder seelisch behindert und infolge ihrer Behinderung in ihrer Erwerbsfähigkeit nicht nur vorübergehend um wenigstens 50 vom Hundert gemindert sind sowie die weiteren Merkmale nach § 57 Abs. 1 des Schwerbehindertengesetzes in der durch Artikel 1 geänderten Fassung erfüllen.

(2) [1]In den Fällen des Absatzes 1 gilt § 3 des Schwerbehindertengesetzes in der durch Artikel 1 geänderten Fassung entsprechend. [2]In Fällen des Absatzes 1 Nr. 2 Buchstabe b kann abweichend hiervon ein Ausweis ausgestellt werden, wenn die gesundheitlichen Voraussetzungen offensichtlich sind, durch geeignete Beweismittel nachgewiesen werden oder auf sonstige Weise glaubhaft gemacht werden können; die Gültigkeit eines solchen Ausweises ist auf die Dauer des Besuchs zu befristen; der Ausweis wird unentgeltlich mit einer Wertmarke versehen.

(3) Örtlich zuständige Verwaltungsbehörde ist

1. für Personen im Sinne des Absatzes 1 Nr. 1, die ihren Wohnsitz oder gewöhnlichen Aufenthalt außerhalb des Geltungsbereichs dieses Gesetzes haben, und für Personen im Sinne des Absatzes 1 Nr. 2 Buchstabe a die auf Grund des § 3 Abs. 5 des Gesetzes über das Verwaltungsverfahren der Kriegsopferversorgung in der Fassung der Bekanntmachung vom 6. Mai 1976 (BGBl. I 1169) durch Rechtsverordnung bestimmte Verwaltungsbehörde,
2. für Personen im Sinne des Absatzes 1 Nr. 2 Buchstabe b die für die Durchführung des Bundesversorgungsgesetzes zuständige Behörde, in deren Bereich sich der Behinderte während seines Besuchs im Geltungsbereich dieses Gesetzes tatsächlich aufhält.

(4) Ausweise für Personen, die außerhalb des Geltungsbereichs dieses Gesetzes wohnen, werden bei Festsetzung der Vomhundertsätze nach §§ 60 und 61 in der durch Artikel 1 geänderten Fassung zu einem Zwölftel gezählt.

1 Wer bis zum Inkrafttreten der Vorschrift (1.1.1984) berechtigt war, den Anspruch auf unentgeltliche Beförderung von Schwerkriegs- und Wehrdienstbeschädigten nach dem Gesetz v. 27.8.1965 (BGBl. I 978) geltend zu machen, behielt dieses Recht auch für die

Zukunft. Dafür war der Grad der Erwerbsminderung auf 70 vH festzulegen, da die Beschädigten auf Grund einer Minderung der Erwerbsfähigkeit um 70 vH und §§ 1 oder 82 BVG bisher Anspruch auf den Schwerkriegsbeschädigtenausweis I hatten. Die Einschränkungen in der unentgeltlichen Beförderung gelten entsprechend auch nicht für die Freifahrtberechtigten nach dem Gesetz v. 27.8.1965, die deshalb die ab 1.4.1984 erforderliche Wertmarke kostenlos erhalten (§ 57 in der Fassung des Haushaltsbegleitgesetzes 1984 v. 22.12.1983, BGBl. I 1532). Das Gesetz zur Erweiterung der unentgeltlichen Beförderung v. 18.7.1985 und das Erste Änderungsgesetz zum SchwbG v. 24.7.1986 haben daran nichts geändert. Die Neufassung v. 26.8.1986 (BGBl. I 1421) bestimmte in § 59 Abs. 1 Nr. 3 SchwbG, dass die Wertmarke kostenlos auszugeben war. Die entsprechend Regelung findet sich heute in § 228 Abs. 1 Nr. 3 SGB IX.

Bisherige Ausweise, die nach den Richtlinien auf Grund des Gesetzes v. 27.8.1975 **2**
ausgestellt worden waren, galten weiter. Die Richtlinien waren zuletzt auf Grund des Gesetzes v. 14.6.1976 (BGBl. I 1481) neu gefasst worden (Art. 3). Nach Ablauf der bisher (meist für die Dauer von 5 Jahren) ausgestellten Ausweise besteht für Schwerkriegs- und Wehrdienstbeschädigte ein Anspruch auf Ausstellung eines neuen Ausweises mit orangefarbenem Flächenaufdruck bei 70 vH Erwerbsminderung. Nähere Regelungen dazu enthält § 8 SchwbAwV idF der Bekanntmachung v. 25.7.1991 (BGBl. I 1739). Im Gegensatz zu sonstigen Behinderten, die eine erhebliche Beeinträchtigung der Bewegungsfähigkeit im Straßenverkehr aufweisen müssen, genügt für diese nach bisherigem Recht anerkannte Behinderung dic Erwerbsminderung um 70 vH Nur in den übrigen Fällen der Erwerbsminderung von 50 vH bis unter 70 vH müssen auch Kriegs- und Wehrdienstbeschädigte eine erhebliche Beeinträchtigung der Bewegungsfähigkeit im Straßenverkehr nachweisen. Dabei steht die Erwerbsminderung dem jetzigen GdB gleich.

Der Besitzstand der unentgeltlichen Beförderung im Nahverkehr bei 70 vH Erwerbs- **3**
minderung (= Grad der Behinderung) für Kriegs- und Wehrdienstbeschädigte gilt ohne Rücksicht darauf, ob der Anspruch auch geltend gemacht wurde und ein entsprechender Ausweis beantragt war. Es genügt, dass die bisherigen Voraussetzungen erfüllt waren, den gegebenen Besitzstand zu erhalten. Er erlischt aber, wenn die Erwerbsminderung unter 70 vH sinkt. Dann besteht der Anspruch aber unter den Voraussetzungen des § 228 SGB IX. Das bedeutet, dass dann ein Anspruch auf unentgeltliche Beförderung nur noch gegeben ist, wenn auch eine erhebliche Beeinträchtigung der Bewegungsfähigkeit im Straßenverkehr vorliegt.

Im Ausland oder sonst außerhalb des Geltungsbereiches dieses Gesetzes wohnende **4**
Personen behalten den Anspruch auf unentgeltliche Beförderung nach dem bisherigen Recht ohne Rücksicht auf ihre Staatsangehörigkeit. Sie müssen aber in jedem Fall erheblich gehbehindert sein. Außerdem muss ein GdB von wenigstens 50 vorliegen; sinkt er darunter, entfallen die bisherigen Rechte.

Andere im Ausland wohnende Personen, also vor allem alle von Geburt oder sonst **5**
sbM haben den Anspruch auf unentgeltliche Beförderung nur, wenn sie **Deutsche** im Sinn des Art. 116 GG sind. Das waren auch in der ehemaligen DDR wohnende Deutsche. Entsprechendes gilt für Volksdeutsche aus anderen Ländern. Sie können den Anspruch auf unentgeltliche Beförderung nur geltend machen, wenn sie um den Grad von wenigstens 50 behindert und erheblich in ihrer Bewegungsfähigkeit im Straßenverkehr beeinträchtigt sind. Wenn auch in Art. 2 Ziff. 2b nur die Merkmale des jetzigen § 228 Abs. 1 SGB IX bezogen sind, gilt doch auch hier die gesetzliche Definition des § 229 SGB IX, wo die erhebliche Beeinträchtigung erläutert wird.

Neue Ausweise sind auf Antrag von den Versorgungsbehörden nach entsprechenden **6**
Feststellungen auszustellen (vgl. § 152 SGB IX). Die Erleichterungen hinsichtlich der Feststellungen nach Abs. 2 betrafen vor allem Besuchsreisende aus der DDR, denen für die Dauer ihres Aufenthaltes ein Ausweis ohne langes Feststellungsverfahren des GdB dann ausgestellt werden sollte, wenn die Behinderung offensichtlich (Verlust von Gliedmaßen, schwere Bewegungsbeeinträchtigungen) oder durch andere Nachweise, wie

Rentenbescheid der DDR oder ärztliche Bescheinigungen, ohne Weiteres erkennbar war.

7 Die örtliche Zuständigkeit nach Abs. 3 Ziff. 1 hat nur klarstellende Bedeutung und ergibt sich ohnehin aus der Anwendung von § 69 SGB IX sowie der Zuständigkeit der Versorgungsbehörde. Die Regelung des Abs. 3 Ziff. 2 betrifft Besuchsreisende, die am Ort ihres Aufenthaltes den Ausweis erhalten sollen.

8 Für die Berechnung der Fahrgelderstattung wurde davon ausgegangen, dass sich die Inhaber von Besuchsausweisen in der Regel nur 1 Monat im Jahr im Geltungsbereich des Gesetzes aufhielten. Das entsprach der früheren Besuchsregelung für Rentner aus der DDR, die sich nur 4 Wochen im Westen aufhalten durften.

3. Gesetz zur Gleichstellung von Menschen mit Behinderungen (Behindertengleichstellungsgesetz – BGG)

vom 27. April 2002 (BGBl. I S. 1468)
FNA 860-9-2

zuletzt geändert durch G v. 23. Mai 2022 (BGBl. I S. 760)

Abschnitt 1. Allgemeine Bestimmungen

§ 1 Ziel und Verantwortung der Träger öffentlicher Gewalt

(1) [1] Ziel dieses Gesetzes ist es, die Benachteiligung von Menschen mit Behinderungen zu beseitigen und zu verhindern sowie ihre gleichberechtigte Teilhabe am Leben in der Gesellschaft zu gewährleisten und ihnen eine selbstbestimmte Lebensführung zu ermöglichen. [2] Dabei wird ihren besonderen Bedürfnissen Rechnung getragen.

(1a) Träger öffentlicher Gewalt im Sinne dieses Gesetzes sind

1. Dienststellen und sonstige Einrichtungen der Bundesverwaltung einschließlich der bundesunmittelbaren Körperschaften, bundesunmittelbaren Anstalten und bundesunmittelbaren Stiftungen des öffentlichen Rechts,
2. Beliehene, die unter der Aufsicht des Bundes stehen, soweit sie öffentlich-rechtliche Verwaltungsaufgaben wahrnehmen, und
3. sonstige Bundesorgane, soweit sie öffentlich-rechtliche Verwaltungsaufgaben wahrnehmen.

(2) [1] Die Träger der öffentlichen Gewalt sollen im Rahmen ihres jeweiligen Aufgabenbereichs die in Absatz 1 genannten Ziele aktiv fördern und bei der Planung von Maßnahmen beachten. [2] Das Gleiche gilt für Landesverwaltungen, einschließlich der landesunmittelbaren Körperschaften, Anstalten und Stiftungen des öffentlichen Rechts, soweit sie Bundesrecht ausführen.

(3) [1] Die Träger öffentlicher Gewalt sollen darauf hinwirken, dass Einrichtungen, Vereinigungen und juristische Personen des Privatrechts, an denen die Träger öffentlicher Gewalt unmittelbar oder mittelbar ganz oder überwiegend beteiligt sind, die Ziele dieses Gesetzes in angemessener Weise berücksichtigen. [2] Gewähren Träger öffentlicher Gewalt Zuwendungen nach § 23 der Bundeshaushaltsordnung als institutionelle Förderungen, so sollen sie durch Nebenbestimmung zum Zuwendungsbescheid oder vertragliche Vereinbarung sicherstellen, dass die institutionellen Zuwendungsempfängerinnen und -empfänger die Grundzüge dieses Gesetzes anwenden. [3] Aus der Nebenbestimmung zum Zuwendungsbescheid oder der vertraglichen Vereinbarung muss hervorgehen, welche Vorschriften anzuwenden sind. [4] Die Sätze 2 und 3 gelten auch für den Fall, dass Stellen außerhalb der Bundesverwaltung mit Bundesmitteln im Wege der Zuweisung institutionell gefördert werden. [5] Weitergehende Vorschriften bleiben von den Sätzen 1 bis 4 unberührt.

(4) Die Auslandsvertretungen des Bundes berücksichtigen die Ziele dieses Gesetzes im Rahmen der Wahrnehmung ihrer Aufgaben.

Übersicht

A. Geltende Fassung; Normzweck

1 § 1 trat am 1.5.2002 idF des BGG in Kraft (Art. 56 BGG). Die Vorschrift wurde durch das G zur Weiterentwicklung des Behindertengleichstellungsrechts v. 19.7.2016 (BGBl. I S. 3234) geändert. Weitere Änderungen erfolgten durch das G zur Verlängerung befristeter Regelungen im Arbeitsförderungsrecht und zur Umsetzung der Richtlinie (EU) 2016/2102 über den barrierefreien Zugang zu den Websites und mobilen Anwendungen öffentlicher Stellen vom 10.7.2018 (BGBl. I S. 1117).

2 **Abs. 1** dient der Umsetzung des Verbots der Benachteiligung von Menschen mit Behinderungen in Art. 3 Abs. 3 S. 2 GG (BT-Drs. 14/7420, 1). Die Vorschrift bringt die veränderten Zielvorstellungen in der Politik für die Menschen mit Behinderungen zum Ausdruck. Im Vordergrund steht nicht mehr die Fürsorge und die Versorgung der Menschen mit Behinderungen, sondern das Ermöglichen eines möglichst selbstbestimmten Lebens (s. insoweit auch § 1 S. 1 SGB IX und zB § 76 Abs. 1 SGB IX) (BT-Drs. 14/7420, 1). **Abs. 1a** legt fest, wer zu den Trägern öffentlicher Gewalt zu rechnen ist. Aus **Abs. 2** ergeben sich die Adressaten des BGG. **Abs. 3** verpflichtet die Träger öffentlicher Gewalt, auf die Beachtung der Ziele des BGG hinzuwirken, und **Abs. 4** die Auslandsvertretungen, die Ziele des BGG bei der Wahrnehmung ihrer Aufgaben zu berücksichtigen. Rechtsansprüche vermittelt § 1 nicht (ebenso KHM/Ritz BGG § 1 Rn. 3). Ansprüche auf bestimmte Maßnahmen bestehen nur, wenn die Voraussetzungen der für die Maßnahme einschlägigen Norm des BGG erfüllt sind, zB die Begleitung durch einen Assistenzhund in § 12d.

3 Für **Arbeitgeber** wird das Benachteiligungsverbot in § 164 Abs. 2 SGB IX konkretisiert (→ § 164 Rn. 11 ff.).

4 Im **Recht der Europäischen Union** hat das Benachteiligungsverbot seinen Niederschlag in Art. 19 AEUV gefunden und ist auf dieser Grundlage durch die RL 2000/78/EG des Rates v. 27.11.2000 („Richtlinie zur Festlegung eines allgemeinen Rahmens für die Verwirklichung der Gleichbehandlung in Beschäftigung und Beruf"), die ua Menschen mit Behinderungen vor Diskriminierungen in Arbeit und Beruf schützen soll (BT-Drs. 14/7420, 17), konkret ausgestaltet worden (abgedr. in Anh. Nr. 1). Die Richtlinie (EU) 2016/2102 über den barrierefreien Zugang zu den Websites und mobilen Anwendungen öffentlicher Stellen vom 26.10.2016 soll den Menschen mit Behinderungen den barrierefreien Zugang zu den Websites und den mobilen Anwendungen der öffentlichen Träger sicherstellen.

B. Geschützter Personenkreis (Abs. 1)

4a Das BGG dient dem Schutz der **Menschen mit Behinderungen.** Wer zu diesem Personenkreis zu rechnen ist, definiert § 3 Abs. 1. Gem. Abs. 1 S. 2 ist den besonderen Bedürfnissen der Menschen mit Behinderungen Rechnung zu tragen. Besondere Bedürfnisse nimmt der Gesetzgeber zB bei den **Frauen** mit Behinderungen an, wie die Hervorhebung durch eine eigene Norm in § 2 zeigt. Im BGG werden ferner folgende Personengruppen der Menschen mit Behinderungen angesprochen: Menschen mit Hör- und Sprachbehinderungen (§§ 6, 9), Menschen mit Seh- und Hörbehinderungen (§ 10), Menschen mit geistiger Behinderung (§ 11).

C. Ziele des BGG

Abs. 1 S. 1 nennt folgende **drei zentrale Ziele:** 5

1. Beseitigung und Verhinderung von Benachteiligungen,
2. Ermöglichung der gleichberechtigten Teilhabe der Menschen mit Behinderungen am Leben in der Gesellschaft und
3. Ermöglichung der selbstbestimmten Lebensführung eines Menschen mit Behinderungen.

Das **Benachteiligungsverbot** in **Abs. 1 S. 1 Nr. 1** wird in § 7 als konkrete Verpflichtung ausgestaltet. Adressaten der Verpflichtung sind die Träger öffentlicher Gewalt (§ 7 Abs. 1 S. 1). Für Landesbehörden gilt das Benachteiligungsverbot nur, soweit sie Bundesrecht ausführen (Abs. 1a). Der Umsetzung des Benachteiligungsverbots dienen der Einsatz von Kommunikationsformen, die für die Menschen mit Behinderungen wahrnehmbar und verständlich sind, sowie die Schaffung barrierefreier Zugänge zu Gebäuden und im Straßenverkehr (ebenso KHM/Ritz BGG § 1 Rn. 7). 6

Der **gleichberechtigten Teilhabe der Menschen mit Behinderungen am Leben in der Gesellschaft (Abs. 1 S. 1 Nr. 2)** dient der Abbau von Barrieren. Was unter **Barrierefreiheit** zu verstehen ist, bestimmt § 4. Barrierefreiheit soll mit Zielvereinbarungen (§ 5), Herstellung der Barrierefreiheit in den Bereichen Bau und Verkehr (§ 8) und in der Informationstechnik (§§ 12a ff.), mit der Anerkennung der Deutschen Gebärdensprache (§ 6 Abs. 1), von lautsprachbegleitenden Gebärden als eigenständigen Kommunikationsformen der Deutschen Sprache (§ 6 Abs. 2) sowie anderer geeigneter Kommunikationshilfen (§ 6 Abs. 3 S. 2) und der Leichten Sprache (§ 11) erreicht werden. 7

Das dritte Ziel, eine **selbstbestimmte Lebensführung** der Menschen mit Behinderungen zu ermöglichen (**Abs. 1 S. 1 Nr. 3**), beinhaltet das Recht auf Entfaltung der Persönlichkeit. Hierzu gehört insbesondere, den Menschen mit Behinderungen bislang strukturell verwehrte Freiräume zu verschaffen. 8

Die Ziele des Abs. 1 S. 1 haben nicht nur **Abwehrfunktion** gegen Diskriminierungen. Sie sind zugleich die gesetzliche Grundlage für Maßnahmen zur tatsächlichen Durchsetzung des Postulats der **Chancengleichheit** der Menschen mit Behinderungen (BR-Drs. 928/01, 89). 9

D. Träger öffentlicher Gewalt (Abs. 1a)

Die Einfügung einer Legaldefinition des Begriffes „Träger öffentlichen Gewalt" in Abs. 1a dient der Verständlichkeit (BT-Drs. 86/18, 32). Auf den Begriff wird an verschiedenen Stellen des Gesetzes zurückgegriffen, ua in Abs. 2 und 3. 10

E. Adressaten des BGG (Abs. 2)

Adressaten des BGG sind **Bundesbehörden** (Abs. 2 S. 1). **Landesbehörden** sind Adressaten des BGG, soweit sie Bundesrecht ausführen (Abs. 2 S. 2). Das BGG gilt außerdem unmittelbar bei **Beliehenen** und anderen **Bundesorganen** (Abs. 1a; → Rn. 20), zB bei der Verwaltung des Deutschen Bundestages und bei den Bundesgerichten, wenn sie öffentlich-rechtliche Verwaltungstätigkeit ausüben (BT-Drs. 18/7824, 31). 11

F. Hinwirken auf die Umsetzung der Barrierefreiheit (Abs. 3)

12 Mit Abs. 3 will der Gesetzgeber den Art. 4 Abs. 1 Buchst. b und Art. 9 Abs. 2 Buchst. b der UN-BRK entsprechen (BT-Drs. 18/7824, 31). Danach müssen die Vertragsstaaten alle geeigneten Maßnahmen treffen, um Diskriminierungen der Menschen mit Behinderungen durch Personen, Organisationen oder private Unternehmen entgegenzuwirken und sicherzustellen, dass die der Öffentlichkeit offenstehenden Einrichtungen für Menschen mit Behinderungen **zugänglich** sind.

13 Mit der Hinwirkungspflicht nach Abs. 3 S. 1 soll der Abbau von Barrieren und damit ein selbstbestimmtes Leben der Menschen mit Behinderungen in **Einrichtungen des Privatrechts,** an denen die in Abs. 2 genannten Träger ganz oder überwiegend beteiligt sind, sicherstellen (BT-Drs. 18/7824, 31).

14 Die in Abs. 2 genannten Stellen sollen außerdem darauf hinwirken, dass die **Empfänger/innen von institutioneller Förderung** die Ziele des BGG berücksichtigen. Hiermit sollen die Menschen mit Behinderungen die Möglichkeit erhalten, die Produkte und Ergebnisse der Zuwendungsempfänger/innen nutzen zu können (BT-Drs. 18/7824, 31). Produkte idS sind zB Informationsmaterialien, Abschlussberichte, Abschlussveranstaltungen und Internetauftritte, die für die allgemeine Öffentlichkeit bestimmt sind. Diese können zB als barrierefreie PDF-Dokumente veröffentlicht, in barrierefreien Räumen oder mit Gebärdendolmetschern oder unter Beachtung der Vorgaben der BITV 2.0 im Internet veröffentlicht werden (BT-Drs. 18/7824, 32). Bei Empfänger/innen von Zuwendungen nach § 23 BHO als institutionelle Förderung sollen sie durch Nebenbestimmungen sicherstellen, dass diese die Grundzüge des BGG anwenden (Abs. 3 S. 2). Dies gilt nicht für Projektförderungen iSd VV Nr. 2.1 zu § 23 BHO (BT-Drs. 18/7824, 31). Aus Nebenbestimmungen zu vertraglichen Vereinbarungen muss sich ergeben, welche konkreten Vorschriften des BGG von den Zuwendungsempfänger/innen anzuwenden sind (Abs. 3 S. 3).

15 Abs. 3 S. 2, 3 gelten auch für **Einrichtungen,** die mit Geldzuweisungen institutionell **gefördert** werden (**Abs. 3 S. 4**). Beispielhaft für eine Einrichtung iSv Abs. 3 S. 4 nennt die Gesetzesbegründung die industrielle Forschungseinrichtung „Otto Guericke" eV (BT-Drs. 18/7824, 32).

16 Gegenüber Abs. 3 S. 2–4 vorrangige „weitergehende Vorschriften" iSv **Abs. 3 S. 5** sind zB § 2 Eisenbahn-Bau- und Betriebsordnung und § 19d Luftverkehrsgesetz (BT-Drs. 18/7824, 31).

G. Pflichten der Auslandsvertretungen

17 Abs. 4 verpflichtet die Auslandsvertretungen zur Berücksichtigung der Ziele des BGG. Dies hat im Rahmen ihrer Aufgaben zu geschehen. Nach Völkerrecht müssen sie das Recht des Gastlandes beachten. Ferner müssen sie Sicherheitsaspekte und örtliche Besonderheiten berücksichtigen, was der Anwendung von Abs. 4 entgegenstehen kann (BT-Drs. 18/7824, 32).

§ 2 Frauen mit Behinderungen; Benachteiligung wegen mehrerer Gründe

(1) [1]Zur Durchsetzung der Gleichberechtigung von Frauen und Männern und zur Vermeidung von Benachteiligungen von Frauen mit Behinderungen wegen mehrerer Gründe sind die besonderen Belange von Frauen mit Behinderungen zu berücksichtigen und bestehende Benachteiligungen zu beseitigen. [2]Dabei sind besondere Maßnahmen

zur Förderung der tatsächlichen Durchsetzung der Gleichberechtigung von Frauen mit Behinderungen und zur Beseitigung bestehender Benachteiligungen zulässig.

(2) Unabhängig von Absatz 1 sind die besonderen Belange von Menschen mit Behinderungen, die von Benachteiligungen wegen einer Behinderung und wenigstens eines weiteren in § 1 des Allgemeinen Gleichbehandlungsgesetzes genannten Grundes betroffen sein können, zu berücksichtigen.

Übersicht

A. Geltende Fassung; Normzweck

1 § 2 trat am 1.5.2002 idF des BGG in Kraft (Art. 56 BGG). Die Vorschrift wurde durch das G zur Weiterentwicklung des Behindertengleichstellungsrechts v. 19.7.2016 (BGBl. I S. 3234) geändert.

2 § 2 ist eine zentrale Vorschrift des BGG (BR-Drs. 928/01, 79, 90). In Abs. 1 werden wie in § 1 S. 2 SGB IX die **besonderen Bedürfnisse der Frauen mit Behinderungen** betont. Abs. 1 verpflichtet in Umsetzung von Art. 3 Abs. 2 S. 1, 2 und Abs. 3 S. 2 GG zur Durchsetzung der Gleichberechtigung behinderter Frauen. Außerdem trägt der Gesetzgeber Art. 6 UN-BRK Rechnung, der von den Vertragsstaaten Maßnahmen dafür verlangt, dass Frauen und Mädchen mit Behinderungen alle Menschenrechte und Grundfreiheiten in vollem Umfang eingeräumt werden (BT-Drs. 18/7824, 32). S. 1 der Vorschrift hat eine klarstellende Funktion (BT-Drs. 18/7824, 32). S. 2 verpflichtet hierüber hinausgehend zu besonderen Maßnahmen zur **Förderung der Gleichstellung** behinderter Frauen und zur **Beseitigung bestehender Benachteiligungen.** Hiermit werden solche Maßnahmen ausdrücklich als zulässige Maßnahmen festgeschrieben. Abs. 2 verpflichtet zur Berücksichtigung der besonderen Belange der Menschen mit Behinderungen, die zusätzlich wegen Geschlecht, Alter, Behinderung, Religion oder Weltanschauung, Rasse, ethnischer Herkunft oder sexueller Identität benachteiligt werden.

B. Gleichberechtigung der Frauen mit Behinderungen

3, 4 Frauen mit Behinderungen sind oft **doppelt benachteiligt** (BT-Drs. 18/7824, 32). Sie gehören einerseits der benachteiligten Gruppe Frauen und andererseits der benachteiligten Gruppe der Menschen mit Behinderungen an. Der hiermit verbundenen Kumulation von Nachteilen soll durch Abs. 1 entgegengewirkt werden (BR-Drs. 928/01, 23). Der Bund verpflichtet sich in Abs. 1 S. 2, den Gedanken des **Gender-Mainstreaming** bei allen politischen, normgebenden und verwaltenden Maßnahmen von den Bundesbehörden zu beachten (BR-Drs. 928/01, 23).

5 Zu den besonderen Maßnahmen nach **Abs. 1 S. 2** gehört nach der Gesetzesbegründung zB die selbstbestimmte und verantwortliche Sexualität und Familienplanung und der Schutz vor Sexualisierung und sonstiger Gewalt gegen Frauen und Mädchen mit Behinderungen (BT-Drs. 18/7824, 32).

C. Berücksichtigung mehrfacher Benachteiligungen

6 Mit Abs. 2 sollen die Sozialleistungsträger, zB die Agenturen für Arbeit, dafür sensibilisiert werden, dass für Menschen mit Behinderungen besondere Benachteiligungen und Risiken bestehen, wenn sie wegen ihrer ethnischen Herkunft, ihrer Religion, ihrer Weltanschauung, ihrer Geschlechtsidentität, ihrer sexuellen Orientierung oder ihres Alters zusätzlich benachteiligt sind (BT-Drs. 18/7824, 33). Auf die schwierigen Bedingungen der genannten Personengruppen weist auch Abs. p der Präambel der UN-BRK hin.

§ 3 Menschen mit Behinderungen

[1]Menschen mit Behinderungen im Sinne dieses Gesetzes sind Menschen, die langfristige körperliche, seelische, geistige oder Sinnesbeeinträchtigungen haben, welche sie in Wechselwirkung mit einstellungs- und umweltbedingten Barrieren an der gleichberechtigten Teilhabe an der Gesellschaft hindern können. [2]Als langfristig gilt ein Zeitraum, der mit hoher Wahrscheinlichkeit länger als sechs Monate andauert.

1 § 3 trat am 1.5.2002 idF des BGG in Kraft (Art. 56 BGG). Die Vorschrift wurde durch das G zur Weiterentwicklung des Behindertengleichstellungsrechts v. 19.7.2016 (BGBl. I S. 3234) geändert.

2 § 3 definiert den Begriff des Menschen mit Behinderung. Die Definition wurde an die UN-BRK angepasst. Mit der Definition will der Gesetzgeber sicherstellen, dass der Begriff entspr. Art. 1 S. 2 UN-BRK verstanden wird (BT-Drs. 18/7824, 34). Der Gesetzgeber geht davon aus, dass mit der Definition keine Einengung oder Ausweitung des Personenkreises verbunden ist (BT-Drs. 18/7824, 34).

3 Die Definition entspricht der in § 2 Abs. 1 S. 1 SGB IX. Wegen Einzelheiten kann deshalb auf → § 2 Rn. 2 ff. SGB IX verwiesen werden. Nicht erforderlich ist, dass die Behinderung formal anerkannt wurde (KHM/Ritz BGG § 3 Rn. 2).

§ 4 Barrierefreiheit

[1]Barrierefrei sind bauliche und sonstige Anlagen, Verkehrsmittel, technische Gebrauchsgegenstände, Systeme der Informationsverarbeitung, akustische und visuelle Informationsquellen und Kommunikationseinrichtungen sowie andere gestaltete Lebensbereiche, wenn sie für Menschen mit Behinderungen in der allgemein üblichen Weise, ohne besondere Erschwernis und grundsätzlich ohne fremde Hilfe auffindbar, zugänglich und nutzbar sind. [2]Hierbei ist die Nutzung behinderungsbedingt notwendiger Hilfsmittel zulässig.

Übersicht

A. Geltende Fassung; Normzweck

1 § 4 trat am 1.5.2002 idF des BGG in Kraft (Art. 56 BGG). Die Vorschrift wurde durch das G zur Weiterentwicklung des Behindertengleichstellungsrechts v. 19.7.2016 (BGBl. I S. 3234) neu gefasst.

2 Mit dem BGG soll nicht nur die Gleichstellung der Menschen mit Behinderungen erreicht, sondern auch **Barrierefreiheit** im öffentlichen Raum hergestellt werden (vgl. die Begr. zum Gesetzentwurf in BT-Drs. 14/7420, 19). § 4 definiert den Begriff der Barrierefreiheit. Er vermittelt allerdings keinen eigenständigen Rechtsanspruch (KHM/Ritz BGG § 4 Rn. 10). Ob ein Anspruch auf eine bestimmte Maßnahme besteht, ist auf der Grundlage der für die Norm einschlägigen Vorschrift zu beurteilen. § 4 ist allerdings bei der Auslegung des BGG und bei der Ermessensausübung zu berücksichtigen.

3 Die Herstellung der Barrierefreiheit wird ua in § 8 für die Bereiche Bauen und Verkehr, in den §§ 12a ff. für die Informationstechnik und in § 10 für die Gestaltung von Bescheiden und Vordrucken näher geregelt. § 10 enthält insoweit eine Sonderregelung zu § 33 SGB X und, soweit Allgemeinverfügungen betroffen sind, zu § 31 S. 2 SGB X. Eines der wichtigsten Instrumente zur Durchsetzung der Barrierefreiheit sind die in § 5 vorgesehenen Zielvereinbarungen.

B. Barrierefreiheit

4 Barrierefreiheit meint nicht nur die Beseitigung räumlicher Barrieren für Menschen mit Behinderungen, zB für Rollstuhlfahrer und die kontrastreiche Gestaltung der Umwelt für Menschen mit Sehbehinderung. Barrierefreiheit ist auch in Gärten und Freiflächen im innerstädtischen Bereich herzustellen (Nds OVG 23.10.2019 – 4 LA 71/19 – BeckRS 2019, 26553). Zur Barrierefreiheit gehört auch die barrierefreie Kommunikation für Menschen mit Erblindung oder Sehbehinderung in den elektronischen Medien (§ 12) sowie für Menschen mit Hör- oder Sprachbehinderung die Kommunikation mittels Gebärdensprachendolmetschers oder mit anderen Kommunikationshilfen (§ 9) und die Leichte Sprache (§ 11). Diesem Anliegen tragen ferner § 17 Abs. 1, 2 SGB I und § 19 Abs. 1 S. 2 SGB X im Verwaltungsverfahren Rechnung.

5 **Kommunikationseinrichtungen** sind nach § 4 nur **barrierefrei**, wenn sie ohne besondere Erschwernis und grds. ohne fremde Hilfe zugänglich und nutzbar sind. Hierzu müssen bei Menschen mit Erblindung oder Sehbehinderung ein PC und das Internet mit speziellen Hilfsmitteln wie Braillezeile, Sprachausgabe, Großschriftprogrammen und Scanner selbständig genutzt werden können (o. Verf. Sozialrecht + Praxis 2002, 334).

6 Barrierefreiheit wird ua auch dadurch hergestellt, dass im Zuständigkeitsklärungsverfahren nach § 17 Abs. 4 SGB IX bei beantragten Leistungen zur Teilhabe nur **Sachverständige** beauftragt werden dürfen, bei denen **keine Zugangs- und Kommunikationsbarrieren** bestehen (→ SGB IX § 15 Rn. 18).

7 Besonders hervorgehoben wird in Satz 1 die **Auffindbarkeit.** Hierin sieht der Gesetzgeber einen wichtigen Grundsatz für die „barrierefreie Umweltgestaltung" (BT-Drs. 18/7824, 34).

§ 5 Zielvereinbarungen

(1) [1] Soweit nicht besondere gesetzliche oder verordnungsrechtliche Vorschriften entgegenstehen, sollen zur Herstellung der Barrierefreiheit Zielvereinbarungen zwischen Verbänden, die nach § 15 Absatz 3 anerkannt sind, und Unternehmen oder Unternehmensverbänden der verschiedenen Wirtschaftsbranchen für ihren jeweiligen sachlichen und räumlichen Organisations- oder Tätigkeitsbereich getroffen werden. [2] Die anerkannten Verbände können die Aufnahme von Verhandlungen über Zielvereinbarungen verlangen.

(2) [1] Zielvereinbarungen zur Herstellung von Barrierefreiheit enthalten insbesondere

1. die Bestimmung der Vereinbarungspartner und sonstige Regelungen zum Geltungsbereich und zur Geltungsdauer,

2. die Festlegung von Mindestbedingungen darüber, wie gestaltete Lebensbereiche im Sinne von § 4 künftig zu verändern sind, um dem Anspruch von Menschen mit Behinderungen auf Auffindbarkeit, Zugang und Nutzung zu genügen,
3. den Zeitpunkt oder einen Zeitplan zur Erfüllung der festgelegten Mindestbedingungen.

[2]Sie können ferner eine Vertragsstrafenabrede für den Fall der Nichterfüllung oder des Verzugs enthalten.

(3) [1]Ein Verband nach Absatz 1, der die Aufnahme von Verhandlungen verlangt, hat dies gegenüber dem Zielvereinbarungsregister (Absatz 5) unter Benennung von Verhandlungsparteien und Verhandlungsgegenstand anzuzeigen. [2]Das Bundesministerium für Arbeit und Soziales gibt diese Anzeige auf seiner Internetseite bekannt. [3]Innerhalb von vier Wochen nach der Bekanntgabe haben andere Verbände im Sinne des Absatzes 1 das Recht, den Verhandlungen durch Erklärung gegenüber den bisherigen Verhandlungsparteien beizutreten. [4]Nachdem die beteiligten Verbände von Menschen mit Behinderungen eine gemeinsame Verhandlungskommission gebildet haben oder feststeht, dass nur ein Verband verhandelt, sind die Verhandlungen innerhalb von vier Wochen aufzunehmen.

(4) Ein Anspruch auf Verhandlungen nach Absatz 1 Satz 2 besteht nicht,
1. während laufender Verhandlungen im Sinne des Absatzes 3 für die nicht beigetretenen Verbände behinderter Menschen,
2. in Bezug auf diejenigen Unternehmen, die ankündigen, einer Zielvereinbarung
3. beizutreten, über die von einem Unternehmensverband Verhandlungen geführt werden,
4. für den Geltungsbereich und die Geltungsdauer einer zustande gekommenen Zielvereinbarung,

in Bezug auf diejenigen Unternehmen, die einer zustande gekommenen Zielvereinbarung unter einschränkungsloser Übernahme aller Rechte und Pflichten beigetreten sind.

(5) [1]Das Bundesministerium für Arbeit und Soziales führt ein Zielvereinbarungsregister, in das der Abschluss, die Änderung und die Aufhebung von Zielvereinbarungen nach den Absätzen 1 und 2 eingetragen werden. [2]Der die Zielvereinbarung abschließende Verband behinderter Menschen ist verpflichtet, innerhalb eines Monats nach Abschluss einer Zielvereinbarung dem Bundesministerium für Arbeit und Soziales diese als beglaubigte Abschrift und in informationstechnisch erfassbarer Form zu übersenden sowie eine Änderung oder Aufhebung innerhalb eines Monats mitzuteilen.

Übersicht

A. Geltende Fassung; Normzweck

1 § 5 trat am 1.5.2002 idF des BGG in Kraft (Art. 56 BGG). Die Vorschrift wurde durch das G zur Weiterentwicklung des Behindertengleichstellungsrechts v. 19.7.2016 (BGBl. I S. 3234) neu gefasst.

Zur Herstellung der Barrierefreiheit im Wirtschaftsleben sollen **Zielvereinbarungen** zwischen den – nach § 15 Abs. 3 anerkannten – Behindertenverbänden einerseits und Unternehmen oder Unternehmensverbänden der verschiedenen Wirtschaftsbranchen andererseits getroffen werden (Abs. 1 S. 1). Hiermit soll die **Barrierefreiheit** nach den sich an Träger öffentlicher Gewalt bzw. Bundesbehörden wendenden §§ 8, 10, 11, 12 auch im privatrechtlichen Bereich durch einvernehmliche Regelungen herbeigeführt werden. Die Verbände der Menschen mit Behinderungen haben einen Rechtsanspruch auf Aufnahme von Verhandlungen (Abs. 1 S. 2). Hiermit soll der Schaffung von Barrierefreiheit Nachdruck verliehen werden. 2

Eine Verpflichtung zum Abschluss von Zielvereinbarungen enthält § 5 nicht. Sie sollen in eigener Verantwortung geschlossen werden und Barrierefreiheit nach den Verhältnissen vor Ort herstellen (Grundsatz der **Selbstregulierung**). 3

B. Vereinbarungsberechtigte Verbände (Abs. 1 S. 1)

Zum Abschluss von Zielvereinbarungen sind nur Verbände, die nach § 15 Abs. 3 anerkannt sind, (→ § 15 Rn. 9 f.), und Unternehmen und Unternehmensverbände der jeweiligen Wirtschaftsbranchen berechtigt (**Abs. 1 S. 1;** s. die Liste auf der Homepage des BMAS). Die Anerkennung iRd Verbandsklagerechts ist damit zugleich maßgebend für die Berechtigung des betreffenden Verbandes für Menschen mit Behinderungen zum Abschluss von Zielvereinbarungen. Die Zielvereinbarung muss dem jeweiligen sachlichen und räumlichen Tätigkeitsbereich zugeordnet sein. 4

Die **Zielvereinbarungen** sind **zivilrechtliche Verträge.** Sie unterliegen dem Grundsatz der Vertragsfreiheit (§§ 145 ff. BGB) und dürfen deshalb frei verhandelt und ausgestaltet werden (BT-Drs. 14/7420, 25). Allerdings dürfen nicht „besondere gesetzliche oder verordnungsrechtliche Vorschriften entgegenstehen" (**Abs. 1 S. 1**), zB Denkmalschutz oder Baurecht (Fuchs/Ritz/Rosenow/Ritz/Hlava/Ramm BGG § 5 Rn. 7). 4a

C. Inhalt (Abs. 2)

Gegenstand des Vertrages ist die Herstellung von Barrierefreiheit. Der in Abs. 2 S. 1 Nr. 1–3 aufgezählte **Mindestinhalt** der Zielvereinbarung soll den Gestaltungswillen der Vertragspartner nicht einschränken (BT-Drs. 14/7420, 25). Dies will der Gesetzgeber mit dem Hilfsverbum „können" verdeutlichen. 4b

Die Aufzählung des Vertragsinhalts in S. 1 Nr. 1–3 ist **nicht abschließend** („insbesondere …"). Inhalt einer Zielvereinbarung können insbesondere Bestimmungen zum Geltungsbereich und zur Geltungsdauer (S. 1 Nr. 1), Mindestbedingungen der Veränderungen der gestalteten Lebensbereiche (S. 1 Nr. 2) sowie der Zeitpunkt oder ein Zeitplan zur Erfüllung der festgelegten Mindestbedingungen (S. 2 Nr. 3) sein. Außerdem kann eine **Vertragsstrafe** vereinbart werden (Abs. 2 S. 2). 4c

D. Form der Zielvereinbarung

Eine bestimmte Form wird für die Zielvereinbarung nicht ausdrücklich vorgeschrieben. Aus der Verpflichtung zur Vorlage einer beglaubigten Abschrift in informationstechnisch erfassbarer Form beim BMAS folgt aber (**Abs. 5 S. 2**), dass die Zielvereinbarung **schriftlich** niedergelegt werden muss. Schriftform ist aber nicht Wirksamkeitsvoraussetzung der Zielvereinbarung. 4d

E. Verfahren

I. Rechtsanspruch auf Verhandlungen (Abs. 1 S. 2)

5 Die nach § 15 Abs. 3 anerkannten Behindertenverbände können von einem Unternehmen oder Unternehmensverband die Aufnahme von Vertragsverhandlungen über Zielvereinbarungen verlangen. Hierbei handelt es sich um einen – durchsetzbaren – **Rechtsanspruch** (Abs. 4: „Ein **Anspruch** auf Verhandlungen …"). Ein Anspruch auf Abschluss einer Zielvereinbarung besteht dagegen nicht. Es gilt der zivilrechtliche Grundsatz der Vertragsfreiheit (vgl. §§ 145 ff. BGB; Grüneberg/Ellenberger, BGB, 82. Aufl. 2023, Einf. Vor § 145 Rn. 7 ff.). Dieser umfasst neben der Freiheit der Ausgestaltung des Vertrages (sog. Gestaltungsfreiheit) die Freiheit, überhaupt einen Vertrag zu schließen (sog. Abschlussfreiheit). Die Zielvereinbarung ist nur für die **Vertragsparteien verbindlich.** Bei Rechtsstreitigkeiten entscheiden die ordentlichen Gerichte (§ 13 GVG).

II. Anzeige beim Zielvereinbarungsregister (Abs. 3)

6 Allerdings dürfte das in Abs. 3 geregelte „öffentlichkeitswirksame" Verfahren eine Sogwirkung entfalten. Der Verband der Menschen mit Behinderungen, der von einem Unternehmen oder Unternehmensverband die Aufnahme von Vertragsverhandlungen beansprucht, muss dies beim **Zielvereinbarungsregister** iSd Abs. 5 anzeigen (**Abs. 3 S. 1**). Dabei müssen die Verhandlungsparteien und der Verhandlungsgegenstand angezeigt werden. Das BMAS muss die **Anzeige** auf seiner Internetseite bekanntgeben (**Abs. 3 S. 2**). Innerhalb von vier Wochen nach dieser Bekanntgabe können weitere Verbände den Verhandlungen durch Erklärung gegenüber den bisherigen Verhandlungsparteien **beitreten** (Abs. 3 S. 3). Je mehr Verbände auf beiden Seiten (Verbände der Menschen mit Behinderungen auf der einen Seite, Unternehmensverbände auf der anderen Seite) beitreten, desto mehr Wirkungen entfalten die geschlossenen Zielvereinbarungen. Bei der vierwöchigen Frist handelt es sich um eine Ausschlussfrist.

III. Bildung einer Verhandlungskommission (Abs. 3 S. 4)

7 Die beteiligten Behindertenverbände müssen nach Ablauf der vierwöchigen Beitrittsfrist eine gemeinsame Verhandlungskommission bilden. Danach müssen die Verhandlungen innerhalb von vier Wochen aufgenommen werden. Werden die Vereinbarungsverhandlungen nur von einem Verband geführt, müssen sie nach Ablauf der Beitrittsfrist innerhalb von weiteren vier Wochen aufgenommen werden. Hiermit soll eine zügige Durchführung der Verhandlungen sichergestellt werden.

IV. Ausschluss des Verhandlungsanspruches (Abs. 4)

8 Die Aufnahme der Vereinbarungsverhandlungen hat **Präklusionswirkung** (**Abs. 4 Nr. 1**). Danach haben Behindertenverbände, die nicht innerhalb der Vierwochenfrist des Abs. 3 S. 3 den Verhandlungen beigetreten sind, keinen Anspruch auf Aufnahme von Verhandlungen gegenüber dem betreffenden Unternehmen oder Unternehmensverband.

9 Der Bündelung des Verfahrens dienen außerdem **Abs. 4 Nr. 2–4** (BT-Drs. 14/7420, 26). Nr. 2 soll sicherstellen, dass kleinere Unternehmen nicht mit Verhandlungen über Zielvereinbarungen belastet werden (BT-Drs. 14/7420, 26). Während der Verhandlung besteht gegenüber ihnen kein Anspruch auf Aufnahme von Verhandlungen nach Abs. 1

S. 2. Nach Abschluss der Zielvereinbarung besteht der Verhandlungsanspruch gegen sie nur dann nicht, wenn sie die geschlossene Zielvereinbarung ohne Einschränkung übernehmen (Abs. 4 Nr. 4). Kein Anspruch auf Aufnahme von Verhandlungen hat ein Verband von Menschen mit Behinderungen während der Geltungsdauer der Zielvereinbarung bzgl. des darin geregelten Gegenstandes (Abs. 4 Nr. 3).

F. Zielvereinbarungsregister (Abs. 5)

Die BReg. muss ein **Zielvereinbarungsregister** führen (**Abs. 5 S. 1**). Dies korrespondiert mit der **Berichtspflicht** der BReg. nach § 88 SGB IX. Gegenstand des Berichts sind auch die geschlossenen Zielvereinbarungen (§ 88 Abs. 1 S. 1 SGB IX). 10

Außerdem muss der die Zielvereinbarung abschließende Verband der Menschen mit Behinderungen eine beglaubigte Abschrift der Zielvereinbarung dem BMAS übersenden und Änderungen und die Aufhebung der Zielvereinbarung dem BMAS melden (**Abs. 5 S. 2**). Hierdurch wird eine lückenlose Dokumentation sichergestellt (BT-Drs. 14/7420, 26). 11

§ 6 Gebärdensprache und Kommunikation von Menschen mit Hör- und Sprachbehinderungen

(1) **Die Deutsche Gebärdensprache ist als eigenständige Sprache anerkannt.**

(2) **Lautsprachbegleitende Gebärden sind als Kommunikationsform der deutschen Sprache anerkannt.**

(3) **Menschen mit Hörbehinderungen (gehörlose, ertaubte und schwerhörige Menschen) und Menschen mit Sprachbehinderungen haben nach Maßgabe der einschlägigen Gesetze das Recht, die Deutsche Gebärdensprache, lautsprachbegleitende Gebärden oder andere geeignete Kommunikationshilfen zu verwenden.**

Übersicht

A. Geltende Fassung

§ 2 trat am 1.5.2002 idF des BGG in Kraft (Art. 56 BGG). Die Vorschrift wurde durch das G zur Weiterentwicklung des Behindertengleichstellungsrechts v. 19.7.2016 (BGBl. I S. 3234) geändert. 1

B. Anerkennung der Gebärden- und lautsprachbegleitenden Sprachen (Abs. 1, 2)

In § 6 wird die **Deutsche Gebärdensprache** als eigenständige Sprache und **lautsprachbegleitende Gebärden** als Kommunikationsform der deutschen Sprache (**Abs. 2**) anerkannt (BR-Drs. 928/01, 80 Nr. 6). In § 11 wird zusätzlich die Leichte Sprache geregelt. 2

C. Andere geeignete Kommunikationshilfen (Abs. 3)

3 Abs. 3 berechtigt Menschen mit Hörbehinderungen und Menschen mit Sprachbehinderungen, die Deutsche Gebärdensprache oder lautsprachbegleitende Gebärden zu verwenden. Zu den **Menschen mit Hörbehinderungen** zählen gehörlose, ertaubte und schwerhörige Menschen (Abs. 3). Der Gesetzgeber rechnet zu den Menschen mit Hörbehinderungen außerdem taubblinde Menschen; Abs. 3 soll deshalb auch ihre Kommunikationsform, das **Lormen,** erfassen (BR-Drs. 928/01, 98). Zu den **Menschen mit Sprachbehinderung** iSd Abs. 3 S. 1 gehören auch Menschen, die an einer autistischen Störung leiden (BR-Drs. 928/01, 98). Mit der Formulierung „andere geeignete Kommunikationshilfe" will der Gesetzgeber verdeutlichen, dass die Kommunikation nicht auf die Deutsche Gebärdensprache und die lautsprachbegleitenden Gebärden beschränkt ist (BT-Drs. 18/7824, 34). Geeignete Kommunikationshilfen werden in § 3 KHV aufgezählt.

4 Abs. 3 selbst enthält **keinen Rechtsanspruch** (BR-Drs. 928/01, 98). Ein solcher kann sich aber aus anderen Gesetzen ergeben. Dies verdeutlicht der Wortlaut von Abs. 3. So enthält etwa § 9 einen Rechtsanspruch auf Verwendung von Kommunikationshilfen außerhalb des Bereiches der Bundesverwaltungen. Einzelheiten zur Verwendung von Gebärdensprachendolmetscher, anderer geeigneter Kommunikationshilfen und zur Kostentragung hierfür ergibt sich aus der Verordnung zur Verwendung von Gebärdensprache und anderen Kommunikationshilfen im Verwaltungsverfahren nach dem BGG v. 17.7.2002, BGBl. I S. 2650; §§ 4, 5 KHV). Bei Sozialleistungen gelten die § 17 Abs. 2 SGB I, § 82 SGB IX und § 19 Abs. 1 S. 2 SGB X und in den gerichtlichen Verfahren § 186 GVG, § 66e StPO und § 483 ZPO.

Abschnitt 2. Verpflichtung zur Gleichstellung und Barrierefreiheit

§ 7 Benachteiligungsverbot für Träger öffentlicher Gewalt

(1) [1]Ein Träger öffentlicher Gewalt darf Menschen mit Behinderungen nicht benachteiligen. [2]Eine Benachteiligung liegt vor, wenn Menschen mit und ohne Behinderungen ohne zwingenden Grund unterschiedlich behandelt werden und dadurch Menschen mit Behinderungen in der gleichberechtigten Teilhabe am Leben in der Gesellschaft unmittelbar oder mittelbar beeinträchtigt werden. [3]Eine Benachteiligung liegt auch bei einer Belästigung im Sinne des § 3 Absatz 3 und 4 des Allgemeinen Gleichbehandlungsgesetzes in der jeweils geltenden Fassung vor, mit der Maßgabe, dass § 3 Absatz 4 des Allgemeinen Gleichbehandlungsgesetzes begrenzt ist. [4]Bei einem Verstoß gegen eine Verpflichtung zur Herstellung von Barrierefreiheit wird das Vorliegen einer Benachteiligung widerleglich vermutet.

(2) [1]Die Versagung angemessener Vorkehrungen für Menschen mit Behinderungen ist eine Benachteiligung im Sinne dieses Gesetzes. [2]Angemessene Vorkehrungen, die im Einzelfall geeignet und erforderlich sind, um zu gewährleisten, dass ein Mensch mit Behinderung gleichberechtigt mit anderen alle Rechte genießen und ausüben kann, und sie die Träger öffentlicher Gewalt nicht unverhältnismäßig oder unbillig belasten.

(3) [1]In Bereichen bestehender Benachteiligungen von Menschen mit Behinderungen gegenüber Menschen ohne Behinderungen sind besondere Maßnahmen zum Abbau und zur Beseitigung dieser Benachteiligungen zulässig. [2]Bei der Anwendung von Gesetzen zur tatsächlichen Durchsetzung der Gleichberechtigung von Frauen und Männern ist den besonderen Belangen von Frauen mit Behinderungen Rechnung zu tragen.

(4) **Besondere Benachteiligungsverbote zu Gunsten von Menschen mit Behinderungen in anderen Rechtsvorschriften, insbesondere im Neunten Buch Sozialgesetzbuch, bleiben unberührt.**

Übersicht

A. Geltende Fassung; Gesetzeszweck

§ 7 trat am 1.5.2002 idF des BGG in Kraft (Art. 56 BGG). Die Vorschrift wurde durch das G zur Weiterentwicklung des Behindertengleichstellungsrechts v. 19.7.2016 (BGBl. I S. 3234) neu gefasst. Weitere Änderungen erfolgten mWv 14.7.2018 durch das G zur Verlängerung befristeter Regelungen im Arbeitsförderungsrecht und zur Umsetzung der Richtlinie (EU) 2016/2102 über den barrierefreien Zugang zu den Websites und mobilen Anwendungen öffentlicher Stellen vom 10. Juli 2018 (BGBl. I S. 1117). **1**

Das Benachteiligungsverbot in § 7 **konkretisiert** das **Gesetzesziel** des § 1, die Benachteiligung der Menschen mit Behinderungen zu beseitigen und zu verhindern. **1a**

B. Benachteiligungsverbot (Abs. 1)

Verpflichtete des Benachteiligungsverbots von **Abs. 1 S. 1** sind die Träger öffentlicher Gewalt des Bundes iSv § 1 Abs. 1a (→ § 1 Rn. 10), also die Bundesbehörden. In der Lit. wird allerdings davon ausgegangen, dass die früher miterfassten Landesbehörden weiterhin dem Benachteiligungsverbot unterfallen, weil die Streichung der Landesbehörden an sich vom Gesetzgeber nicht gewollt war; dem Benachteiligungsverbot sollen insbesondere uneingeschränkt alle Sozialleistungsträger unterfallen (Fuchs/Ritz/Rosenow/Ritz/Hlava/Ramm BGG § 7 Rn. 2). In gerichtlichen Verfahren, in staatsanwaltschaftlichen Ermittlungsverfahren und in Bußgeldverfahren ist § 7 nicht anwendbar (BR-Drs. 928/01, 98 f.). **2**

Abs. 1 S. 2 definiert den Begriff der **Benachteiligung.** Danach liegt eine Benachteiligung vor, wenn Menschen mit und ohne Behinderungen ohne zwingenden Grund unterschiedlich behandelt werden und dadurch Menschen mit Behinderungen in der gleichberechtigten Teilhabe am Leben in der Gesellschaft unmittelbar oder mittelbar beeinträchtigt werden. Hiermit wird der Rspr. des BVerfG entsprochen (BVerfG 19.1.1999 – 1 BvR 2161/94, BVerfGE 99, 341 (357) = BeckRS 1999, 20844), nach der eine rechtliche Schlechterstellung der Menschen mit Behinderungen nur dann zulässig ist, „wenn zwingende Gründe dafür vorliegen". Eine unterschiedliche Behandlung von Menschen mit und ohne Behinderungen ist verboten, wenn sie deren gleichberechtigte Teilhabe am Leben in der Gesellschaft unmittelbar oder mittelbar beeinträchtigt, also ihre rechtliche oder tatsächliche Position verschlechtert. Die unterschiedliche Behandlung muss nicht gerade „wegen der Behinderung" erfolgen (BR-Drs. 928/01, 98 f.). Aus dem Fehlen des Tatbestandsmerkmals „wegen der Behinderung" in Abweichung zu § 164 Abs. 2 S. 1 SGB IX wird gefolgert, dass es einer **korrigierenden Beweislastregelung** wie zB im § 164 Abs. 2 S. 2 iVm § 22 AGG nicht bedarf (BR-Drs. 928/01, 99 f.). **3**

Abs. 1 S. 3 bezieht **Belästigungen** iSv § 3 Abs. 3, 4 AGG in das Benachteiligungsverbot mit ein. Mit Abs. 1 S. 3 will der Gesetzgeber vor allem Frauen gegen sexuelle und **4**

andere Belästigungen schützen (BT-Drs. 18/7824, 34). Das Belästigungsverbot ist auch im Verhältnis der Bürger/innen zu Trägern öffentlicher Gewalt anzuwenden. Belästigungen sind nach § 3 Abs. 3 AGG „unerwünschte Verhaltensweisen, die mit einem in § 1 genannten Grund in Zusammenhang stehen, bezwecken oder bewirken, dass die Würde der betreffenden Person verletzt und ein von Einschüchterungen, Anfeindungen, Erniedrigungen, Entwürdigungen oder Beleidigungen gekennzeichnetes Umfeld geschaffen wird."

5 **Abs. 1 S. 4 vermutet** widerleglich eine **Benachteiligung,** wenn gegen die Verpflichtung zur Herstellung der Barrierefreiheit verstoßen wurde. Keine Benachteiligung liegt vor, wenn angemessene Vorkehrungen gegen Benachteiligung getroffen wurden, zB das Vorhalten einer mobilen Rampe (BT-Drs. 18/7824, 34).

C. Versagung angemessener Vorkehrungen (Abs. 2)

6 Mit Abs. 2 will der Gesetzgeber verdeutlichen, dass „das Konzept der Vorkehrungen der UN-BRK" im BGG verankert ist (BT-Drs. 18/7824, 34). Außerdem wird mit Abs. 2 das verfassungsrechtliche **Benachteiligungsverbot** des Art. 3 Abs. 3 S. 2 GG einfachgesetzlich für den Bereich der öffentlichen Träger konkretisiert. Das BVerfG geht von einer Benachteiligung aus, wenn der Ausschluss von Entfaltungs- und Betätigungsmöglichkeiten durch die öffentliche Gewalt nicht durch Fördermaßnahmen ausreichend kompensiert wird (BVerfG 8.10.1997 – 1 BvR 9/97, NJW 1998, 131). Der unmittelbar anwendbare (BSG 6.3.2012 – B 1 KR 10/11 R, BSGE 110, 194) Art. 5 Abs. 2 UN-BRK verbietet den Vertragsstaaten die Diskriminierung wegen einer Behinderung und verpflichtet sie zum Schutz der Menschen mit Behinderungen gegen Diskriminierungen. Eine Diskriminierung liegt nach Art. 5 UAbs. 3 auch bei unterlassenen Vorkehrungen vor.

7 Abs. 2 S. 1 rechnet zu den **Benachteiligungen** die Versagung angemessener Vorkehrungen für Menschen mit Behinderungen. Ob eine Benachteiligung vorliegt, richtet sich nach den Umständen des Einzelfalls (BT-Drs. 18/7824, 35).

8 Was angemessene **Vorkehrungen** sind, ergibt sich aus **Abs. 2 S. 2.** Nach der Gesetzesbegründung können dies zB die Hinzuziehung von Gebärdendolmetscherinnen und -dolmetschern, die Übertragung in Leichte Sprache, die Verwendung einfacher und verständlicher Sprache, die Verwendung barrierefreier PDF-Dokumente und bauliche Änderungen sein (BT-Drs. 18/7824, 35). Zu unverhältnismäßigen oder unbilligen Maßnahmen ist der Träger öffentlicher Gewalt nicht verpflichtet. Das Vorliegen einer unverhältnismäßigen oder unbilligen Belastung muss der öffentliche Träger nachweisen (BT-Drs. 18/7824, 35).

D. Besondere Maßnahmen zum Abbau von Benachteiligungen (Abs. 3)

9 Zum Abbau und zur Beseitigung bestehender Benachteiligungen für Menschen mit Behinderungen sind **besondere Maßnahmen** zulässig (**Abs. 3 S. 1**). Hiermit wird von der ausdrücklichen Ermächtigung in Art. 7 der RL 2000/78/EG (Anh. Nr. 1) zur Festlegung eines allgemeinen Rahmens für die Verwirklichung der Gleichbehandlung von Menschen mit Behinderungen in Beschäftigung und Beruf Gebrauch gemacht. Nach der RegBegr. (BR-Drs. 928/01, 99) soll die Vorschrift auch bei dem Vergleich eines Mannes mit Behinderungen mit einer Frau ohne Behinderungen zur Anwendung kommen. Dabei ist unter Berücksichtigung der Rspr. des EuGH davon auszugehen, dass selbst in Bereichen, in denen Frauen unterrepräsentiert sind, die Interessenabwägung im konkreten Einzelfall

ggf. eine Entscheidung zugunsten des Mannes mit Behinderungen getroffen wird (RegBegr. BR-Drs. 928/01, 92).

Mit der Verpflichtung, „den besonderen Belangen von Frauen mit Behinderungen Rechnung zu tragen" (**Abs. 3 S. 2**) soll der **Gleichberechtigung von Frauen und Männern** auch bei der Gesetzesanwendung entsprochen werden. 10

E. Verhältnis zu besonderen Benachteiligungsverboten (Abs. 4)

Die Benachteiligungsverbote zu Gunsten von Menschen mit Behinderungen in anderen Gesetzen werden durch § 7 nicht verdrängt (Abs. 4). Eine arbeitsrechtliche Spezialregelung enthält zB § 164 Abs. 2, 4 SGB IX, § 19 AGG. 11

§ 8 Herstellung von Barrierefreiheit in den Bereichen Bau und Verkehr

(1) [1]Zivile Neu-, Um- und Erweiterungsbauten im Eigentum des Bundes einschließlich der bundesunmittelbaren Körperschaften, Anstalten und Stiftungen des öffentlichen Rechts sollen entsprechend den allgemein anerkannten Regeln der Technik barrierefrei gestaltet werden. [2]Von diesen Anforderungen kann abgewichen werden, wenn mit einer anderen Lösung in gleichem Maße die Anforderungen an die Barrierefreiheit erfüllt werden. [3]Die landesrechtlichen Bestimmungen, insbesondere die Bauordnungen, bleiben unberührt.

(2) Der Bund einschließlich der bundesunmittelbaren Körperschaften, Anstalten und Stiftungen des öffentlichen Rechts soll anlässlich der Durchführung von investiven Baumaßnahmen nach Absatz 1 Satz 1 bauliche Barrieren in den nicht von diesen Baumaßnahmen unmittelbar betroffenen Gebäudeteilen, soweit sie dem Publikumsverkehr dienen, feststellen und unter Berücksichtigung der baulichen Gegebenheiten abbauen, sofern der Abbau nicht eine unangemessene wirtschaftliche Belastung darstellt.

(3) Alle obersten Bundesbehörden und Verfassungsorgane erstellen über die von ihnen genutzten Gebäude, die im Eigentum des Bundes einschließlich der bundesunmittelbaren Körperschaften, Anstalten und Stiftungen des öffentlichen Rechts stehen, bis zum 30. Juni 2021 Berichte über den Stand der Barrierefreiheit dieser Bestandsgebäude und sollen verbindliche und überprüfbare Maßnahmen- und Zeitpläne zum weiteren Abbau von Barrieren erarbeiten.

(4) [1]Der Bund einschließlich der bundesunmittelbaren Körperschaften, Anstalten und Stiftungen des öffentlichen Rechts ist verpflichtet, die Barrierefreiheit bei Anmietungen der von ihm genutzten Bauten zu berücksichtigen. [2]Künftig sollen nur barrierefreie Bauten oder Bauten, in denen die baulichen Barrieren unter Berücksichtigung der baulichen Gegebenheiten abgebaut werden können, angemietet werden, soweit die Anmietung nicht eine unangemessene wirtschaftliche Belastung zur Folge hätte.

(5) [1]Sonstige bauliche oder andere Anlagen, öffentliche Wege, Plätze und Straßen sowie öffentlich zugängliche Verkehrsanlagen und Beförderungsmittel im öffentlichen Personenverkehr sind nach Maßgabe der einschlägigen Rechtsvorschriften des Bundes barrierefrei zu gestalten. [2]Weitergehende landesrechtliche Vorschriften bleiben unberührt.

Übersicht

A. Geltende Fassung; Normzweck

1 § 8 trat am 1.5.2002 idF des BGG in Kraft (Art. 56 BGG). Die Vorschrift wurde durch das G zur Weiterentwicklung des Behindertengleichstellungsrechts v. 19.7.2016 (BGBl. I S. 3234) geändert.

2 Mit § 8 will der Gesetzgeber Art. 4 Abs. 1 Buchst. e und Art. 9 Abs. 1 UN-BRK entsprechen. Die Vorschrift konkretisiert den Grundsatz der **Barrierefreiheit im Bereich von Bau und Verkehr.** Mit § 8 soll die Barrierefreiheit im öffentlich-rechtlichen Raum verwirklicht werden. Weitere Konkretisierungen dieses Grundsatzes enthalten § 5, der mit Zielvereinbarungen im zivilrechtlichen Bereich Barrierefreiheit schaffen soll, und § 9 für den Bereich der Kommunikation, für Bescheide und Vordrucke, § 11 für Leichte Sprache und die §§ 12a–d für die barrierefreie elektronische Information.

B. Einzelheiten

3 **Verpflichtete** von § 8 sind die Behörden des Bundes und die bundesunmittelbaren Körperschaften, Anstalten und Stiftungen des öffentlichen Rechts.

4 Mit § 8 sollen im Rahmen der Bundeskompetenz alle baulichen Anlagen, die Verkehrsinfrastruktur und die Beförderungsmittel im öffentlichen Personenverkehr, die Gestaltung von Terminals sowie Kommunikationseinrichtungen barrierefrei werden (BT-Drs. 14/7420, 19 zu Nr. 5).

5 Die Selbstverpflichtung des Bundes in **Abs. 1 S. 1** betrifft **zivile Neubauten** und zivile **Um-** oder **Erweiterungsbauten** des Bundes. Die Begrenzung auf große Baumaßnahmen wurde durch das G zur Weiterentwicklung des Bundesgleichstellungsrechts aufgegeben.

6 Abs. 1 S. 1 erfasst nicht **Bauerhaltungsmaßnahmen,** weil nur auf Baumaßnahmen abgestellt wird (BR-Drs. 928/01, 100). Die Vorschrift gilt weiterhin nicht bei zum Zeitpunkt des Inkrafttretens des BGG bestandsgeschützten Bauten (Steck Der Arbeitgeber 2002, 11) und **militärischer** Bauten oder Einrichtungen. Bei zivilen Einrichtungen der Bundeswehr wie zB den Kreiswehrersatzämtern und den Wehrbereichsverwaltungen ist § 8 dagegen anwendbar (BR-Drs. 928/01, 101). Bauten, die sowohl militärisch als auch zivil genutzt werden (zB Bundeswehrkrankenhaus) unterfallen ebenfalls § 8 Abs. 1 (Fuchs/Ritz/Rosenow/Ritz/Halva/Ramm BGG § 8 Rn. 3).

7 Abs. 1 S. 1 ist als **Soll-Vorschrift** ausgestaltet, um einen unverhältnismäßigen Mehraufwand im Einzelfall berücksichtigen zu können (BR-Drs. 928/01, 100). In atypischen Fällen besteht die Verpflichtung des Bundes zur barrierefreien Gestaltung von Neubauten und Um- oder Erweiterungsbauten nicht. Der Bezug auf „allgemein anerkannten Regeln der Technik“ meint vor allem die aktuellen DIN-Vorschriften (BT-Drs. 18/7824, 36).

8 Ein **Ausnahmefall** nach **Abs. 1 S. 2** besteht nach der Gesetzesbegründung zB, wenn die Barrierefreiheit beim konkreten Bauvorhaben durch eine andere Lösung in gleicher Weise erreicht werden kann (BR-Drs. 928/01, 101).

9 **Abs. 1 S. 3** enthält unter Berücksichtigung der verfassungsrechtlichen Kompetenzaufteilung zwischen Bund und Ländern den klarstellenden Hinweis, dass die landesrechtlichen Vorschriften, insbesondere Bauordnungen, zu beachten sind. Die Länder müssen in ihren Landesbauordnungen und ihren Förderbedingungen für die soziale Wohnraumförderung Anforderungen an die Ausführung von Wohnbauvorhaben festlegen und hierbei das Ziel der Barrierefreiheit berücksichtigen (BT-Drs. 14/7420, 19 zu Nr. 5).

10 **Abs. 2** dient der Herstellung der Barrierefreiheit in Gebäuden mit Publikumsverkehr (BT-Drs. 18/7824, 36). Der Bund und die bundesmittelbaren Körperschaften, Anstalten und Stiftungen müssen deshalb idR („soll“) bei Um- oder Erweiterungsbauten feststellen, ob bei von den Baumaßnahmen nicht unmittelbar betroffenen Gebäudeteilen mit Publi-

kumsverkehr Barrieren bestehen, und diese abbauen. Gebäudeteile mit Publikumsverkehr sind zB Eingangsbereiche, Foyers, öffentliche Sanitäranlagen, Büros mit Publikumsverkehr, Schalter, Wartebereiche, Veranstaltungssäle (BT-Drs. 18/7824, 36). Der Abbau der Barrieren muss nicht erfolgen, wenn er mit **unverhältnismäßigen wirtschaftlichen Belastungen** verbunden ist. Bei den Beschäftigten mit Behinderungen gelten zusätzlich die Regelungen des SGB IX und § 3a Abs. 2 Arbeitsstättenverordnung.

Abs. 3 verpflichtete alle obersten Bundesbehörden und Verfassungsorgane bis zum 30.7.2021 **Statusberichte** zur Barrierefreiheit der von ihnen genutzten im Eigentum des Bundes oder einer bundesunmittelbaren Körperschaft, Anstalt oder Stiftung des öffentlichen Rechts stehenden Gebäude zu erarbeiten. Diese Berichte sind an das BMAS weiterzuleiten und für die Evaluation der Neuregelungen des BGG auszuwerten. **11**

Abs. 4 konkretisiert die allgemeinen Pflichten des BGG für den Bereich der **Anmietungen** (BT-Drs. 18/7824, 37). Künftig soll bei der Anmietung von Bauten durch den Bund einschließlich der bundesunmittelbaren Körperschaften, Anstalten und Stiftungen des öffentlichen Rechts die Barrierefreiheit berücksichtigt werden. Die Regelung gilt auch für sog. Drittanmietungen, dagegen nicht für Anmietung von der Bundesanstalt für Immobilienangelegenheiten (BT-Drs. 18/7824, 37). Laufende Mietverhältnisse unterfallen nach dem Wortlaut von Abs. 4 diesem nicht. Bei unangemessenen wirtschaftlichen Belastungen ist Abs. 4 nicht anzuwenden (BT-Drs. 18/7824, 37). In der Lit. wird bei Dauermietverträgen eine Verpflichtung zur Kündigung befürwortet, wenn sich Barrierefreiheit nicht herstellen lässt (Fuchs/Ritz/Rosenow/Ritz/Hlava/Ramm BGG § 8 Rn. 9). **12**

Abs. 5 verpflichtet zur barrierefreien Gestaltung sonstiger baulicher und anderer Anlagen, Wege, Plätze und Straßen, öffentlich zugänglicher Verkehrsanlagen und Beförderungsmittel des öffentlichen Personennahverkehrs. Nicht erfasst ist der Fernstraßenbau (BT-Drs. 18/7824, 37); zur Barrierefreiheit von Bundesfernstraßen BayVGH 9.7.2008 – 8 A 07.40019, BeckRS 2010, 54299. Die Bundesländer können weitergehende Regelungen treffen **13**

§ 9 Recht auf Verwendung von Gebärdensprache und anderen Kommunikationshilfen

(1) [1]Menschen mit Hörbehinderungen und Menschen mit Sprachbehinderungen haben nach Maßgabe nach Absatz 2 das Recht, mit Trägern öffentlicher Gewalt zur Wahrnehmung eigener Rechte im Verwaltungsverfahren in Deutscher Gebärdensprache, mit lautsprachbegleitenden Gebärden oder über andere geeignete Kommunikationshilfen zu kommunizieren. [2]Auf Wunsch der Berechtigten stellen die Träger öffentlicher Gewalt die geeigneten Kommunikationshilfen im Sinne des Satzes 1 kostenfrei zur Verfügung oder tragen die hierfür notwendigen Aufwendungen.

(2) Das Bundesministerium für Arbeit und Soziales bestimmt durch Rechtsverordnung, die nicht der Zustimmung des Bundesrates bedarf,

1. **Anlass und Umfang des Anspruchs auf Bereitstellung von geeigneten Kommunikationshilfen,**
2. **Art und Weise der Bereitstellung von geeigneten Kommunikationshilfen,**
3. **die Grundsätze für eine angemessene Vergütung oder eine Erstattung von notwendigen Aufwendungen für den Einsatz geeigneter Kommunikationshilfen und**
4. **die geeigneten Kommunikationshilfen im Sinne des Abs. 1.**

Übersicht

A. Geltende Fassung; Normzweck

1 § 9 trat am 1.5.2002 idF des BGG in Kraft (Art. 56 BGG). Die Vorschrift wurde durch das G zur Weiterentwicklung des Behindertengleichstellungsrechts v. 19.7.2016 (BGBl. I S. 3234) geändert. Weitere Änderungen erfolgten mWv 14.7.2018 durch das G zur Verlängerung befristeter Regelungen im Arbeitsförderungsrecht und zur Umsetzung der Richtlinie (EU) 2016/2102 über den barrierefreien Zugang zu den Websites und mobilen Anwendungen öffentlicher Stellen vom 10.7.2018 (BGBl. I S. 1117).

1a Die Vorschrift soll die betroffenen Menschen in die Lage versetzen, ihre Rechte im Verwaltungsverfahren selbst wahrzunehmen (BT-Drs. 14/7420, 28). Für das Sozialrecht gelten entsprechende Regelungen in § 17 Abs. 2 SGB I und in § 19 SGB X.

B. Anspruch auf Kommunikationshilfen (Abs. 1 S. 1)

2 Die Vorschrift steht in engem Zusammenhang mit § 6. Im Gegensatz zu diesem räumt Abs. 1 S. 1 ausdrücklich den Menschen mit Hör- oder Sprachbehinderungen einen **Rechtsanspruch** auf Verwendung der **Deutschen Gebärdensprache** und **lautsprachbegleitender Gebärden** sowie auf Verwendung anderer geeigneter Kommunikationshilfen ein. Der anspruchsberechtigte Personenkreis wird in einem weiten Sinne verstanden, der auch Menschen mit Autismus mit eingeschränkter Kommunikationsfähigkeit erfasst (Fuchs/Ritz/Rosenow/Ritz/Hlava/Ramm BGG § 9 Rn. 3). Welche **Kommunikationshilfen** dies iE sind, ergibt sich aus der KHV. **Anspruchsgegner** sind die Träger öffentlicher Gewalt (s. zu diesem Begriff die Legaldefinition in § 1 Abs. 1a; → § 1 Rn. 10), also alle Bundesbehörden.

3 Die genannten Träger öffentlicher Gewalt müssen den Einsatz der **Kommunikationshilfen tatsächlich sicherstellen.** Hierdurch soll den Menschen mit Behinderungen insbesondere die Möglichkeit eröffnet werden, Anträge selbst zu stellen (zB § 16 SGB I, § 14 SGB IX) und **Rechtsbehelfe** zu Prot. zu geben (BT-Drs. 14/7420, 19 zu Nr. 6). Der Anwendungsbereich ist auf die „Wahrnehmung eigener Rechte im Verwaltungsverfahren" beschränkt. In anderen Kontexten gibt § 9 keinen Anspruch auf kostenfreie Kommunikationshilfen, zB bei der Beauftragung und der Ausführung von Arbeiten eines selbständigen Handwerkers (KHM/Ritz BGG § 9 Rn. 3, 4).

C. Kosten (Abs. 1 S. 2)

4 Die Träger öffentlicher Gewalt müssen auf Wunsch der berechtigten Person die Kommunikationshilfen zur Verfügung stellen. Eine bestimmte Form für die Äußerung des Wunsches ist nicht vorgeschrieben. Er kann damit auch konkludent zum Ausdruck gebracht werden. Die **Kosten** und Aufwendungen für die Kommunikationshilfen muss der Träger öffentlicher Gewalt tragen (Abs. 1 S. 2).

D. Verordnung (Abs. 2)

5 Das BMAS soll die in **Abs. 2** aufgezählten Einzelheiten der Kommunikationshilfen durch Rechtsverordnung regeln. Hierzu ist die KHV erlassen worden. **Anlässe** iSv Abs. 2 Nr. 1 sind insbesondere die Stellung von Anträgen und das Einlegen von Rechtsbehelfen (s. dazu § 1 KHV). **Andere geeignete Kommunikationshilfen** iSv Abs. 2 Nr. 4 sind zB

Tageslichtschreiber oder Schriftdolmetscher; die im SGB IX geregelten Hilfsmittel (§ 82 SGB IX wie zB Hörgeräte (BT-Drs. 14/7420, 28) sind dagegen nicht erfasst.

§ 10 Gestaltung von Bescheiden und Vordrucken

(1) [1]**Träger öffentlicher Gewalt haben bei der Gestaltung von Bescheiden, Allgemeinverfügungen, öffentlich-rechtlichen Verträgen und Vordrucken eine Behinderung von Menschen zu berücksichtigen.** [2]**Blinde und sehbehinderte Menschen können zur Wahrnehmung eigener Rechte im Verwaltungsverfahren nach Maßgabe der Rechtsverordnung nach Absatz 2 insbesondere verlangen, dass ihnen Bescheide, öffentlich-rechtliche Verträge und Vordrucke ohne zusätzliche Kosten auch in einer für sie wahrnehmbaren Form zugänglich gemacht werden.**

(2) Das Bundesministerium für Arbeit und Soziales bestimmt durch Rechtsverordnung, die nicht der Zustimmung des Bundesrates bedarf, bei welchen Anlässen und in welcher Art und Weise die in Absatz 1 genannten Dokumente blinden und sehbehinderten Menschen zugänglich gemacht werden.

Übersicht

A. Geltende Fassung; Normzweck

1 § 10 trat am 1.5.2002 idF des BGG in Kraft (Art. 56 BGG). Die Vorschrift wurde durch das G zur Weiterentwicklung des Behindertengleichstellungsrechts v. 19.7.2016 (BGBl. I S. 3234) geändert. Weitere Änderungen erfolgten mWv 14.7.2018 durch das G zur Verlängerung befristeter Regelungen im Arbeitsförderungsrecht und zur Umsetzung der Richtlinie (EU) 2016/2102 über den barrierefreien Zugang zu den Websites und mobilen Anwendungen öffentlicher Stellen vom 10.7.2018 (BGBl. I S. 1117).

2 § 10 soll **Barrierefreiheit** im Schriftverkehr und in der elektronischen Kommunikation der Menschen mit Erblindung und Sehbehinderungen mit der Bundesverwaltung schaffen.

B. Barrierefreie Gestaltung von Bescheiden, Verträgen und Vordrucken (Abs. 1 S. 1)

3 **Verpflichtete** von Abs. 1 S. 1 sind die Träger öffentlicher Gewalt (s. zu diesem Begriff die Legaldefinition in § 1 Abs. 1a; → § 1 Rn. 10), also alle Bundesbehörden. Sie müssen bei der Gestaltung von schriftlichen Bescheiden (§ 33 Abs. 3 SGB X), Allgemeinverfügungen (§ 31 S. 2 SGB X), öffentlich-rechtlichen Verträgen (§ 53 Abs. 1 S. 1 SGB X) und Vordrucken eine Behinderung der Empfänger/innen berücksichtigen (**Abs. 1 S. 1**). Abs. 1 S. 1 gilt für alle Arten von Behinderungen. So sollen etwa die in Abs. 1 S. 1 aufgezählten behördlichen Akte bei Menschen mit kognitiven Beeinträchtigungen für diese möglichst verständlich formuliert werden (BT-Drs. 14/7420, 28).

C. Anspruch auf barrierefreie Bescheide und Vordrucke (Abs. 1 S. 2)

4 **Verpflichtete** von Abs. 1 S. 2 sind wiederum die Träger öffentlicher Gewalt iSv § 1 Abs. 1a (→ § 1 Rn. 10). Dies folgt aus dem unmittelbaren textlichen Anschluss an Abs. 1 S. 1. **Berechtigte** sind Menschen mit Erblindung oder Sehbehinderung. Sie haben einen **Rechtsanspruch** darauf, dass Bescheide, öffentlich-rechtliche Verträge und Vordrucke in einer für sie wahrnehmbaren Form zugänglich gemacht werden (Abs. 1 S. 2). **Barrierefreies Zugänglichmachen** kann zB das Übermitteln in digitalisierter Form über Internet oder Datenträger sein, so dass die Information über einen Computer mit Braille-Zeile oder Sprachausgabe oder Hörcassette wahrgenommen werden kann. Andere Formen barrierefreien Zugänglichmachens können ein Braille-Druck oder ggf. ein Großdruck sein (BT-Drs. 14/7420, 28). **Zusätzliche Kosten** dürfen hierfür nicht erhoben werden (Abs. 1 S. 2: „ohne zusätzliche Kosten"). Menschen mit Behinderungen müssen allerdings die Kosten dann tragen, wenn für Menschen ohne Behinderung eine Kostenpflicht besteht („zusätzliche") (BT-Drs. 14/7420, 28 f.). Die Kostenfreiheit ist auf „Verwaltungsverfahren" begrenzt. Wird Abs. 1 S. 2 nicht beachtet, dürfen der erblindeten oder sehbehinderten Person keine Nachteile entstehen (BVerwG 28.12.1988 – 5 B 49/88, BeckRS 1988, 6691). Wird deswegen eine Rechtsbehelfsfrist versäumt, ist Wiedereinsetzung in den vorigen Stand zu gewähren (§ 60 VwGO, § 67 SGG; Fuchs/Ritz/Rosenow/Ritz/Hlava/Ramm BGG § 10 Rn. 3). Bei über das Internet zur Verfügung gestellten Vordrucken und zugänglich gemachten Entscheidungen sind die Anforderungen der §§ 12 ff. zu beachten.

D. Verordnungsermächtigung

5 Einzelheiten muss („bestimmt") das BMAS durch **Rechtsverordnung** regeln (**Abs. 2**). Dieses hat die Verordnung zur Zugänglichmachung von Dokumenten für Menschen mit Erblindung oder Sehbehinderung im Verwaltungsverfahren nach den BGG – Verordnung über barrierefreie Dokumente in der Bundesverwaltung v. 17.7.2002, BGBl. I S. 2652 erlassen. Für das gerichtliche Verfahren gilt die Zugänglichmachungsverordnung v. 26.2.2007 (BGBl. I S. 215). Die VBD wurde durch VO vom 25.11.2016 (BGBl. I S. 2659) geändert.

§ 11 Verständlichkeit und Leichte Sprache

(1) [1]Träger öffentlicher Gewalt sollen mit Menschen mit geistigen Behinderungen und Menschen mit seelischen Behinderungen in einfacher und verständlicher Sprache kommunizieren. [2]Auf Verlangen sollen sie ihnen insbesondere Bescheide, Allgemeinverfügungen, öffentlich-rechtliche Verträge und Vordrucke in einfacher und verständlicher Weise erläutern.

(2) Ist die Erläuterung nach Absatz 1 nicht ausreichend, sollen Träger öffentlicher Gewalt auf Verlangen Menschen mit geistigen Behinderungen und Menschen mit seelischen Behinderungen Bescheide, Allgemeinverfügungen, öffentlich-rechtliche Verträge und Vordrucke in Leichter Sprache erläutern.

(3) [1]Kosten für Erläuterungen im notwendigen Umfang nach Absatz 1 oder 2 sind von dem zuständigen Träger öffentlicher Gewalt zu tragen. [2]Der notwendige Umfang bestimmt sich nach dem individuellen Bedarf der Berechtigten.

(4) [1]Träger öffentlicher Gewalt sollen Informationen vermehrt in Leichter Sprache bereitstellen. [2]Die Bundesregierung wirkt darauf hin, dass die Träger öffentlicher Gewalt

die Leichte Sprache stärker einsetzen und ihre Kompetenzen für das Verfassen von Texten in Leichter Sprache auf- und ausgebaut werden.

Übersicht

A. Geltende Fassung; Normzweck

1 § 11 trat am 1.5.2002 idF des BGG in Kraft (Art. 56 BGG). Die Vorschrift erhielt durch das G zur Weiterentwicklung des Behindertengleichstellungsrechts v. 19.7.2016 (BGBl. I S. 3234) mWv 27.7.2016 einen neuen Regelungsgehalt. Die bis zu diesem Zeitpunkt in § 11 geregelte barrierefreie Informationstechnik wurde § 12 zugeordnet. Durch das G zur Verlängerung befristeter Regelungen im Arbeitsförderungsrecht und zur Umsetzung der Richtlinie (EU) 2016/2102 über den barrierefreien Zugang zu den Websites und mobilen Anwendungen öffentlicher Stellen vom 10.7.2018 (BGBl. I S. 1117) wurde § 11 mWv 14.7.2018 geändert.

2 Für Menschen mit geistigen Behinderungen und für Menschen mit seelischen Behinderungen können sich aus der Sprache Barrieren ergeben. Nach Art. 9 UN-BRK ist für ein selbständiges und selbstbestimmtes Leben der barrierefreie Zugang zu Kommunikation und Information erforderlich. Weiter verpflichtet Art. 21 UN-BRK die Vertragsstaaten, im Behördenverkehr alternative Kommunikationsformen vorzusehen. Art. 2 UN-BRK rechnet zur Kommunikation die einfache Sprache. Diesen Vorgaben und den Ergebnissen der Evaluation zum BGG will der Gesetzgeber mit § 11 entsprechen (BT-Drs. 18/7824, 38). Die Abs. 1–3 haben die Kommunikation mit den Menschen mit geistigen Behinderungen und den Menschen mit seelischen Behinderungen zum Inhalt. Hierbei wird zwischen einfacher (Abs. 1) und Leichter Sprache (Abs. 2) unterschieden.

B. Kommunikation mit den Betroffenen

I. Einfache und verständliche Sprache (Abs. 1)

3 **Verpflichtete** sind die Träger öffentlicher Gewalt, also die Bundesbehörden (§ 1 Abs. 1a; → § 1 Rn. 10). Sie sollen, dh müssen idR, mit Menschen mit geistigen Behinderungen und mit Menschen mit seelischen Behinderungen in einfacher und verständlicher Sprache kommunizieren (**Abs. 1 S. 1**). Krit. zur Beschränkung auf Menschen mit geistiger oder seelischer Behinderung (Fuchs/Ritz/Rosenow/Hlava/Ramm BGG § 11 Rn. 4). Ein Verlangen der betroffenen Menschen ist – anders als in Abs. 1 S. 2 – nicht erforderlich. Ausreichend ist, dass der Bundesbehörde bekannt ist, dass eine geistige oder eine seelische Behinderung vorliegt. Ab dem Zeitpunkt, ab dem dies bekannt ist, ist die Kommunikation in einfacher und verständlicher – erforderlichenfalls – in Leichter Sprache sicherzustellen (Fuchs/Ritz/Rosenow/Hlava/Ramm BGG § 11 Rn. 2).

4 **Auf Verlangen** müssen sie idR („sollen) den Menschen mit geistigen Behinderungen und den Menschen mit seelischen Behinderungen Bescheide, Allgemeinverfügungen, öffentlich-rechtliche Verträge und Vordrucke **in einfacher und verständlicher Weise erläutern** (**Abs. 1 S. 2**). Dieser Katalog ist nicht abschließend („insbesondere“), so dass

auch bei anderen Kommunikationsgegenständen einfache und verständliche Sprache verlangt werden kann. Eine bestimmte Form für das Verlangen wird nicht vorgeschrieben, so dass dieses schriftlich oder mündlich erfolgen kann. Auch für die Erläuterung enthält Abs. 1 S. 2 keine Formerfordernisse, so dass die Erläuterung schriftlich oder mündlich erfolgen kann (Fuchs/Ritz/Rosenow/Hlava/Ramm BGG § 11 Rn. 2).

II. Leichte Sprache (Abs. 2)

5 Ist die Erläuterung in einfacher und verständlicher Sprache nicht ausreichend, müssen die Träger öffentlicher Gewalt, also die Bundesbehörden (§ 1 Abs. 1a, → § 1 Rn. 10) idR Bescheide, Allgemeinverfügungen, öffentlich-rechtliche Verträge und Vordrucke in Leichter Sprache erläutern. Diese Handlungsformen selbst müssen nicht in Leichter Sprache verfasst sein. Anders als in Abs. 1 S. 1 handelt es sich um einen abschließenden Katalog. Zum Verlangen → Rn. 4. Die Leichte Sprache soll den Menschen mit geistigen Behinderungen und den Menschen mit seelischen Behinderungen den Inhalt gesprochener und geschriebener Texte besonders leicht verständlich machen (BT-Drs. 18/7824, 38). Bei der Leichten Sprache werden möglichst gebräuchliche Begriffe verwendet, die Sätze sind möglichst kurz und einfach, die Schrift ausreichend groß, und die Darstellungen sollen bebildert sein. Einzelheiten können den Internetseiten www.leichtesprache.org und https://leichte-sprache.de/entnommen werden.

III. Kostentragung (Abs. 3)

6 Die bei der Erläuterung in einfacher und verständlicher Sprache oder in Leichter Sprache anfallenden Kosten, zB für die Erstellung einer Erläuterung eines Bescheides, muss der zuständige Träger der öffentlichen Gewalt, also die Bundesbehörden (§ 1 Abs. 1a, → § 1 Rn. 10) tragen (**Abs. 3 S. 1**).

7 Die Kosten sind allerdings nur im notwendigen Umfang von der Bundesbehörde zu tragen. Der **notwendige Umfang** richtet sich gem. **Abs. 3 S. 2** nach dem individuellen Bedarf, also danach, was aufgrund der Beeinträchtigungen der betroffenen Person, vor allem wegen ihrer Beeinträchtigungen erforderlich ist, um sicherzustellen, dass sie den Inhalt eines Gesprächs oder eines Schriftstücks verstehen kann. Ist dieses Ziel wegen der Schwere der Behinderung nicht erreichbar, kann der Einsatz einfacher und verständlicher Sprache bzw. Leichter Sprache nicht verlangt werden.

C. Informationen in Leichter Sprache (Abs. 4)

8 **Abs. 4 S. 1** verpflichtet die Träger öffentlicher Gewalt, also die Bundesbehörden (§ 1 Abs. 1a, → § 1 Rn. 10), Informationen idR („sollen“) in Leichter Sprache bereitzustellen. Informationen sind anders als die Kommunikation vom Einzelfall losgelöst. Sie werden vor allem über Broschüren und über Websites zur Verfügung gestellt.

9 **Abs. 4 S. 2** verpflichtet die Bundesregierung, darauf hinzuwirken, dass die Träger öffentlicher Gewalt (→ § 1 Rn. 10) verstärkt Leichte Sprache einsetzen. Ferner muss sie auf den Auf- und Ausbau der Kompetenzen für das Verfassen von Texten in Leichter Sprache hinwirken.

Abschnitt 2a. Barrierefreie Informationstechnik öffentlicher Stellen des Bundes

§ 12 Öffentliche Stellen des Bundes

[1] Öffentliche Stellen des Bundes sind

1. die Träger öffentlicher Gewalt,

2. sonstige Einrichtungen des öffentlichen Rechts, die als juristische Personen des öffentlichen oder des privaten Rechts zu dem besonderen Zweck gegründet worden sind, im Allgemeininteresse liegende Aufgaben nicht gewerblicher Art zu erfüllen, wenn sie

a) überwiegend vom Bund finanziert werden,

b) hinsichtlich ihrer Leitung oder Aufsicht dem Bund unterstehen oder

c) ein Verwaltungs-, Leitungs- oder Aufsichtsorgan haben, das mehrheitlich aus Mitgliedern besteht, die durch den Bund ernannt worden sind, und

3. Vereinigungen, an denen mindestens eine öffentliche Stelle nach Nummer 1 oder Nummer 2 beteiligt ist, wenn

a) die Vereinigung überwiegend vom Bund finanziert wird,

b) die Vereinigung über den Bereich eines Landes hinaus tätig wird,

c) dem Bund die absolute Mehrheit der Anteile an der Vereinigung gehört oder

d) dem Bund die absolute Mehrheit der Stimmen an der Vereinigung zusteht.

[2] Eine überwiegende Finanzierung durch den Bund wird angenommen, wenn er mehr als 50 Prozent der Gesamtheit der Mittel aufbringt.

Übersicht

A. Geltende Fassung; Normzweck

1 § 12 regelte bis zum 26.7.2016 die Vertretungsbefugnisse in verwaltungs- und sozialgerichtlichen Angelegenheiten. Von 27.7.2016 – 13.7.2018 war die barrierefreie Informationstechnik Regelungsgegenstand von § 12. Der bisherige Inhalt wurde § 14 zugeordnet. Eine nochmalige Änderung des Regelungsgehalts von § 12 erfolgte durch das G zur Verlängerung befristeter Regelungen im Arbeitsförderungsrecht und zur Umsetzung der Richtlinie (EU) 2016/2101 über den barrierefreien Zugang zu den Websites und mobilen Anwendungen öffentlicher Stellen v. 10.7.2018 (BGBl. I S. 1117). Seitdem wird in § 12 der Begriff der öffentlichen Stellen des Bundes umschrieben. Einzelheiten zur barrierefreien Informationstechnik ergeben sich aus den §§ 12a–d.

2 Mit der neuen Fassung von § 12 wird die Vorschrift an die EU-Richtlinie (EU) 2016/2101 über den barrierefreien Zugang zu den Websites und mobilen Anwendungen öffentlicher Stellen angepasst. Nach Art. 3 Nr. 1 der Richtlinie richtet sich der Begriff der öffentlichen Stelle nach Art. 2 Abs. 1 Nr. 4 der EU-Vergaberichtlinie 2014/24/EU. Der Begriff der öffentlichen Stellen ist Voraussetzung der weiteren Vorschriften des Abschnittes 2a des BGG.

B. Öffentliche Stellen des Bundes

3 Die Legaldefinition der öffentlichen Stellen des Bundes ist weiter gefasst als die Begriffsumschreibung der „Träger der öffentlichen Gewalt" in § 1 Abs. 1a BGG, um den Anforderungen der Richtlinie (EU) 2016/24/EU zu entsprechen (BT-Drs. 19/2072, 28). Welche Stellen „öffentliche Stellen des Bundes" sind lässt sich der Aufzählung in **S. 1** entnehmen. Mit **S. 2** soll sichergestellt werden, dass nur dem Bund zuzuordnende Stellen durch § 12 erfasst werden (BT-Drs. 19/2072, 28).

§ 12a Barrierefreie Informationstechnik

(1) [1] ÖffentlicheStellen des Bundes gestalten ihre Websites und mobilen Anwendungen, einschließlich der für die Beschäftigten bestimmten Angebote im Intranet, barrierefrei. [2] Schrittweise, spätestens bis zum 23. Juni 2021, gestalten sie ihre elektronisch unterstützten Verwaltungsabläufe, einschließlich ihrer Verfahren zur elektronischen Vorgangsbearbeitung und elektronischen Aktenführung, barrierefrei. [3] Die grafischen Programmoberflächen sind von der barrierenfreien Gestaltung umfasst.

(2) [1] Die barrierefreie Gestaltung erfolgt nach Maßgabe der aufgrund des § 12d zu erlassenen Verordnung. [2] Soweit diese Verordnung keine Vorgaben enthält, erfolgt die barrierefreie Gestaltung nach den anerkannten Regeln der Technik.

(3) Insbesondere bei Neuanschaffungen, Erweiterungen und Überarbeitungen ist die barrierefreie Gestaltung bereits bei der Planung, Entwicklung, Ausschreibung und Beschaffung zu berücksichtigen.

(4) Unberührt bleiben die Regelungen zur behinderungsgerechten Einrichtung und Unterhaltung der Arbeitsstätten zugunsten von Menschen mit Behinderungen in anderen Rechtsvorschriften, insbesondere im Neunten Buch Sozialgesetzbuch.

(5) Die Pflichten aus Abschnitt 2a gelten nicht für Websites und mobile Anwendungen jener öffentlichen Stellen des Bundes nach § 12 Satz 1 Nummer 2 und 3, die keine für die Öffentlichkeit wesentlichen Dienstleistungen oder speziell auf die Bedürfnisse von Menschen mit Behinderungen ausgerichtete oder für diese konzipierte Dienstleistungen anbieten.

(6) Von der barrierefreien Gestaltung können öffentliche Stellen des Bundes ausnahmsweise absehen, soweit sie durch eine barrierefreie Gestaltung unverhältnismäßig belastet würden.

(7) Der Bund wirkt darauf hin, dass gewerbsmäßige Anbieter von Websites sowie von grafischen Programmoberflächen und mobilen Anwendungen, die mit Mitteln der Informationstechnik dargestellt werden, aufgrund von Zielvereinbarungen nach § 5 Absatz 2 ihre Produkte so gestalten, dass sie barrierefrei genutzt werden können.

(8) Die Angebote öffentlicher Stellen im Internet, die auf Websites Dritter veröffentlicht werden, sind soweit möglich barrierefrei zu gestalten.

Übersicht

A. Geltende Fassung; Normzweck

§ 12a wurde mWv 14.7.2018 durch das Gesetz zur Verlängerung befristeter Regelungen im Arbeitsförderungsrecht und zur Umsetzung der Richtlinie (EU) 2016/2102 über den barrierefreien Zugang zu den Websites und mobilen Anwendungen öffentlicher Stellen vom 10.7.2018 (BGBl. I S. 1117) eingefügt. Davor wurde die barrierefreie Informationstechnik in § 12 geregelt. 1

§ 12a regelt die Barrierefreiheit bei der **Informationstechnik.** Mit der Vorschrift werden die bisherigen Regeln in der Richtlinie (EU) 2017/2102 umgesetzt (BT-Drs. 19/2072, 29). Ua wird die Unterscheidung zwischen Internet und Intranet beseitigt. Hiermit wird auch die Verpflichtung aus den Art. 9 u. 27 UN-BRK umgesetzt. Art. 27 verpflichtet die Vertragsstaaten ua, dass für die Menschen mit Behinderungen angemessene Vorkehrungen an Arbeitsplätzen im öffentlichen Sektor geschaffen werden. Dem dient die barrierefreie Gestaltung des Intranets, der elektronischen Datenverarbeitung und der elektronischen Aktenführung. Die vom einzelnen Menschen mit Behinderungen benötigten Hilfen werden nach dem SGB IX bereitgestellt. Dass die Menschen mit Behinderungen über diese geeignete technische Ausstattung verfügen, zB eine Braille-Tastatur und einen Braille-Drucker (Begr. zum Gesetzentwurf in BT-Drs. 14/7420, 29), wird bei der Gestaltung des barrierefreien Zugangs vorausgesetzt. 2

B. Barrierefreier Zugang zu informationstechnischen Angeboten (Abs. 1)

Die öffentlichen Stellen des Bundes (→ § 12 Rn. 3) müssen ihre Websites und mobilen Anwendungen (Apps) und die Angebote im Intranet für Beschäftigte barrierefrei gestalten (**Abs. 1 S. 1**). Nach den Erwägungsgründen zu der Richtlinie (EU) 2016/2102 gilt dies für „textuelle und nicht textuelle Informationen, Dokumente und Formulare zum Herunterladen und beidseitige Interaktion wie zB die Bearbeitung digitaler Formulare zum Herunterladen und die Durchführung von Authentifizierungs-, Identifizierungs- und Zahlungsprozessen." Mit der Einbeziehung des Intranets wurde der Tatsache Rechnung getragen, dass die öffentliche Verwaltung zunehmend digitalisiert wird, zB durch elektronische Aktenführungen, Bereitstellung von Rechtsvorschriften und Weisungen in elektronischer Form bis zur internen Stellenausschreibung (BT-Drs. 18/7824, 39). Zu den graphischen Oberflächen s. Abs. 1 S. 3. Einzelheiten zu den Anforderungen an die Websites regelt die Verordnung zur Schaffung barrierefreier Informationstechnik nach dem Behindertengleichstellungsgesetz v. 12.9.2011 (BGBl. I S. 1843). 3

Abs. 1 S. 2 verpflichtet die öffentlichen Stellen des Bundes, die elektronisch unterstützten Verwaltungsabläufe (zB Berechnungsprogramme) und die elektronische Aktenführung barrierefrei zu gestalten. Dies musste bis spätestens 23.6.2021 geschehen. 4

Abs. 1 S. 3 stellt klar, dass auch die nicht webbasierten **grafisch gestalteten Programmoberflächen** barrierefrei gestaltet werden müssen. Dies war im Gesetzgebungsverfahren strittig (BT-Drs. 19/2728). 5

C. Regelungen zur barrierefreien Gestaltung (Abs. 2)

Einzelheiten der barrierefreien Gestaltung werden durch Rechtsverordnung geregelt (**Abs. 2 S. 1**). Die Verordnungsermächtigung für diese enthält § 12d. Einzelheiten zur barrierefreien Gestaltung bestimmt die BITV 2.0. Enthält diese keine Regelungen, richtet 6 sich die barrierefreie Gestaltung nach den anerkannten Regeln der Technik (**Abs. 2 S. 2, § 3 Abs. 3 BITV 2.0**).

D. Neuanschaffungen, Erweiterungen und Überarbeitungen (Abs. 3)

7 **Abs. 3** verpflichtet die öffentlichen Stellen, bei Neuanschaffungen, Erweiterungen und Überarbeitungen bereits bei der Planung, Entwicklung, Ausschreibung und Beschaffung die Barrierefreiheit zu berücksichtigen. Dies soll nach der Gesetzesbegründung kostspielige nachträgliche Softwareanpassungen vermeiden (BT-Drs. 18/7824, 39). Die Barrierefreiheit ist nicht nur bei Neuanschaffungen, Erweiterungen und Überarbeitungen zu berücksichtigen. Dies folgt aus der Verwendung des Begriffes „insbesondere" in Abs. 3. Auch bereits vorhandene Programme sind anzupassen, wenn hierfür Anlass besteht (BT-Drs. 18/7824, 40). Von einer weitergehenden Verpflichtung zur barrierefreien Anpassung wird in der Lit. unter Berufung auf die Art. 9, 27 UN-BRK ausgegangen (Fuchs/Ritz/Rosenow/Ritz/Hlava/Ramm BGG§ 12 Rn. 11).

7a Bei der Herstellung der Barrierefreiheit sind die **„anerkannten Regeln der Technik"** zu beachten. Diesbezüglich verweist der Gesetzgeber in seiner Begründung auf § 3 Abs. 2 BITV. 2.0 iVm Anl. 1 zu dieser sowie auf die DIN EN ISO 9241-171 (BT-Drs. 18/7824, 40).

E. Anwendung arbeitsrechtlicher Vorschriften (Abs. 4)

8 Arbeitsrechtliche Vorschriften zur behindertengerechten Einrichtung von Arbeitsstätten werden durch die §§ 12a ff. nicht verdrängt (Abs. 4). Solche Vorschriften enthält insbesondere das SGB IX.

F. Ausnahmen von der Anwendung der §§ 12a ff. (Abs. 5, 6)

9 Ausgenommen von der Pflicht zur barrierefreien Gestaltung von Websites und mobilen Anwendungen sind die Einrichtungen nach § 12 S. 1 Nr. 2 und 3, wenn sie **keine für die Öffentlichkeit konzipierten Dienstleistungen** anbieten oder wenn ihre Dienstleistungen nicht speziell auf die Bedürfnisse für Menschen mit Behinderungen ausgerichtet oder für diese konzipiert sind (Abs. 5). Hiermit wird der Richtlinie (EU) 2016/2102 entsprochen, die bestimmte Nichtregierungsorganisationen aus ihrem Anwendungsbereich ausnimmt (BT-Drs. 19/2728, 29). Träger der öffentlichen Gewalt iSv § 1 Abs. 1a unterfallen nicht dieser Ausnahme. Ausgenommen werden nur Websites und mobile Angebote, dagegen nicht das Intranet.

10 Abs. 6 ermöglicht, dass bei **unverhältnismäßiger** Belastung vom Gebot der barrierefreien Gestaltung abgewichen werden kann. Hierbei handelt es sich um einen Ausnahmefall („ausnahmsweise"). Mit Abs. 6 wird Art. 5 Richtlinie (EU) 2016/2102 entsprochen. Nach der Gesetzesbegründung soll die Ausnahme nicht für die Träger öffentlicher Gewalt anzuwenden sein, die bereits vor Inkrafttreten der Gesetzesänderung zur barrierefreien Information verpflichtet waren (BT-Drs. 19/2728, 29). Bei ihnen soll es dabei bleiben, dass sie von der barrierefreien Gestaltung nur absehen können, wenn dies für sie einen unverhältnismäßigen technischen Aufwand bedeuten würde. Finanzielle Belastungen sollen aber bei privaten Einrichtungen für ein Absehen von der barrierefreien Gestaltung ausreichend sein (BT-Drs. 19/2728, 29).

10a Bei der **unverhältnismäßigen Belastung** sind nach Art. 5 Abs. 2 Richtlinie (EU) 2016/2102 zu berücksichtigen: Art und Größe der betroffenen öffentlichen Stelle, ihre Ressourcen, die Kosten-Nutzen-Relation. Der Gesetzgeber verweist ferner auf den Erwägungsgrund 39 der Richtlinie (BT-Drs. 19/2728, 29). Danach können auch zu beachten sein: eine übermäßige organisatorische oder finanzielle Belastung, die Gefährdung des Zwecks der Einrichtung.

G. Einbeziehung privater Anbieter (Abs. 7)

Abs. 7 soll zur Herstellung der Barrierefreiheit im privatwirtschaftlichen Bereich beitragen. Der Bund muss darauf hinwirken, dass gewerbsmäßige Anbieter von Internetseiten und graphischen Programmoberflächen und mobilen Anwendungen, die mit Mitteln der Informationstechnik dargestellt werden, ihre Produkte so zu gestalten, dass sie barrierefrei genutzt werden können. Hierzu müssen Zielvereinbarungen nach § 5 Abs. 2 geschlossen werden. Betroffen hiervon sind Produzenten von Internetsoftware und Unternehmen, die ihre Produkte und Dienstleistungen mithilfe des Internets darstellen (BT-Drs. 14/7420, 29). 11

H. Angebote auf Websites Dritter (Abs. 8)

Die öffentlichen Stellen iSv § 12, die ihre Angebote im Internet auf Websites Dritter veröffentlichen, müssen diese Angebote möglichst barrierefrei gestalten. 12

§ 12b Erklärung zur Barrierefreiheit

(1) Die öffentlichen Stellen des Bundes veröffentlichen eine Erklärung zur Barrierefreiheit ihrer Websites und mobilen Anwendungen.

(2) Die Erklärung zur Barrierefreiheit enthält

1. für den Fall, dass ausnahmsweise keine vollständige barrierefreie Gestaltung erfolgt ist,
a) die Benennung der Teile des Inhalts, die nicht vollständig barrierefrei gestaltet sind,
b) die Gründe für die nicht barrierefreie Gestaltung sowie
c) gegebenenfalls einen Hinweis auf barrierefrei gestaltete Alternativen,

2. eine unmittelbar zugängliche barrierefrei gestaltete Möglichkeit, elektronisch Kontakt aufzunehmen, um noch bestehende Barrieren mitzuteilen und um Informationen zur Umsetzung der Barrierefreiheit zu erfragen,

3. einen Hinweis auf das Schlichtungsverfahren nach § 16, der
a) die Möglichkeit, ein solches Schlichtungsverfahren durchzuführen, erläutert und
b) die Verlinkung zur Schlichtungsstelle enthält.

(3) Die zu veröffentlichen ist die Erklärung zur Barrierefreiheit

1. auf Websites öffentlicher Stellen des Bundes, die nicht vor dem 23. September 2018 veröffentlicht wurden: ab dem 23. September 2019,

2. auf Websites öffentlicher Stellen des Bundes, die nicht unter Nummer 1 fallen: ab dem 23. September 2020,

3. auf mobilen Anwendungen öffentlicher Stellen des Bundes: ab 23. Juni 2021.

(4) Die öffentliche Stelle des Bundes antwortet auf Mitteilungen oder Anfragen, die ihr aufgrund der Erklärung zur Barrierefreiheit übermittelt werden, spätestens innerhalb eines Monats.

Übersicht

A. Geltende Fassung; Normzweck

1 § 12b wurde mWv 14.7.2018 durch das Gesetz zur Verlängerung befristeter Regelungen im Arbeitsförderungsrecht und zur Umsetzung der Richtlinie (EU) 2016/2102 über den barrierefreien Zugang zu den Websites und mobilen Anwendungen öffentlicher Stellen vom 10.7.2018 (BGBl. I S. 1117) eingefügt.

2 Mit § 12b entspricht der Gesetzgeber Art. 7 der Richtlinie (EU) 2016/2106. Dort wird vorgeschrieben, dass auf den Websites und den mobilen Anwendungen eine Erklärung zur Barrierefreiheit bereitzustellen ist. Diese Erklärung muss mit einem Feedbackverfahren und einem Durchsetzungsverfahren nach Art. 9 der Richtlinie verlinkt sein.

B. Pflicht zur Erklärung über die Barrierefreiheit (Abs. 1)

3 Abs. 1 verpflichtet die öffentlichen Stellen des Bundes iSv § 12, eine Erklärung zur Barrierefreiheit zu ihren Websites und mobilen Anwendungen zu veröffentlichen. Der Inhalt der Erklärung ergibt sich aus Abs. 2 und der Ort der Veröffentlichung aus Abs. 3.

C. Inhalt der Erklärung über die Barrierefreiheit (Abs. 2)

4 Die Erklärung zur Barrierefreiheit muss gem. Abs. 2 enthalten:

- Ist eine Website oder eine mobile Anwendung noch nicht vollständig barrierefrei gestaltet, müssen für die **nicht barrierefreien Teile** die **Gründe** hierfür angegeben werden und es muss ggf. auf barrierefreie Alternativen hingewiesen werden (Abs. 2 Nr. 1). So muss insbesondere angegeben werden, weshalb die barrierefreie Gestaltung eine unverhältnismäßige Belastung darstellt.
- Weiter muss ein **unmittelbar barrierefreies elektronisches Feedback** ermöglicht werden, in dem auf Barrieren hingewiesen werden kann und Informationen zur barrierefreien Umsetzung erfragt werden können (Abs. 2 Nr. 2). Hierzu kann zB ein Formular eingestellt oder eine E-Mail-Adresse angegeben werden. S. auch → Rn. 6.
- Ferner muss auf die Möglichkeit eines **Schlichtungsverfahrens** nach § 16 hingewiesen werden. Es muss die Möglichkeit des Schlichtungsverfahrens erläutert und eine Verlinkung mit der Schlichtungsstelle bereitgestellt werden.

4a Zum Inhalt der Erklärung ist außerdem Art. 7 der Richtlinie (EU) 2016/2012 und die „Durchführungsrechtsakte zur Festlegung einer Mustererklärung zur Barrierefreiheit" gem. Art. 7 Abs. 2 der Richtlinie (EU) 2016/2012, die nach Auffassung des Gesetzgebers unmittelbar verbindlich ist (BT-Drs. 19/2072, 30).

D. Veröffentlichungsorte

5 An welchen Stellen die Erklärung zur Barrierefreiheit zu veröffentlichen ist, lässt sich **Abs.** 3 entnehmen. Danach muss die Erklärung veröffentlicht werden:

– auf Websites öffentlicher Stellen des Bundes (spätestens ab dem 23.9.2020)
– auf mobilen Anwendungen öffentlicher Stellen des Bundes (spätestens ab dem 23.6.2021).

E. Bearbeitungsfrist (Abs. 4)

Mitteilungen oder Anfragen aufgrund der Erklärung zur Barrierefreiheit müssen spätestens nach einem Monat beantwortet werden. 6

§ 12c Berichterstattung über den Stand der Barrierefreiheit

(1) [1]Die obersten Bundesbehörden erstatten alle 3 Jahre, erstmals zum 30. Juni 2021, der Überwachungsstelle des Bundes für Barrierefreiheit von Informationstechnik (§ 13 Absatz 3) Bericht über den Stand der Barrierefreiheit

1. der Websites und mobilen Anwendungen, einschließlich der Intranetangebote, der obersten Bundesbehörden,

2. der elektronisch unterstützten Verwaltungsabläufe.

[2]Sie erstellen verbindliche und überprüfbare Maßnahmen- und Zeitpläne zum weiteren Abbau von Barrieren ihrer Informationstechnik.

(2) [1]Die die Länder erstatten alle 3 Jahre, erstmals zum 30. Juni 2021, der Überwachungsstelle des Bundes für Barrierefreiheit von Informationstechnik (§ 13 Absatz 3) Bericht über den Stand der Barrierefreiheit

1. der Websites der öffentlichen Stellen der Länder und

2. der mobilen Anwendungen der öffentlichen Stellen der Länder.

[2]Zu berichten ist insbesondere über die Ergebnisse ihrer Überwachung nach Art. 8 Absatz Ziffer 1 bis Ziffer 3 der Richtlinie (EU) 2016/2102. [3]Art und Form des Berichts richten sich nach den Anforderungen, die auf der Grundlage des Artikels 8 Absatz Ziffer 6 der Richtlinie (EU) 2016/2102 festgelegt werden.

Übersicht

A. Geltende Fassung; Normzweck

§ 12c wurde mWv 14.7.2018 durch das G zur Verlängerung befristeter Regelungen im Arbeitsförderungsrecht und zur Umsetzung der Richtlinie (EU) 2016/2102 über den barrierefreien Zugang zu den Websites und mobilen Anwendungen öffentlicher Stellen v. 10.7.2018 (BGBl. I 1117) eingefügt. 1

Nach Art. 8 Abs. 4 der Richtlinie (EU) 2016/2106 muss über die Ergebnisse der Überwachung gemäß Art. 8 Abs. 1 der Richtlinie periodisch berichtet werden. Der Umsetzung dieser Vorgabe dient Abs. 1 (BT-Drs. 19/2072, 30). 2

B. Berichtspflicht der obersten Bundesbehörden (Abs. 1)

3 **Abs. 1 S. 1** verpflichtet die obersten Bundesbehörden zum 30.6.2021 und danach alle drei Jahre, der Überwachungsstelle des Bundes für Barrierefreiheit in der Informationstechnik (→ § 13 Rn. 3) Bericht über den Stand der Barrierefreiheit zu erstatten. Dies hat bezüglich der Websites und mobilen Anwendungen, des Intranets und der elektronisch unterstützten Verwaltungsabläufe zu erfolgen.

4 Die obersten Bundesbehörden müssen nach **Abs. 1 S. 2** verbindliche und überprüfbare Maßnahmen und Zeitpläne zum Abbau von Barrieren vorlegen.

C. Berichtspflicht der Länder (Abs. 2)

5 Die Länder müssen – erstmals zum 30.6.2021 – und dann alle drei Jahre der Überwachungsstelle des Bundes über die Barrierefreiheit von Informationstechnik über den Stand der Barrierefreiheit berichten. Zu berücksichtigen sind dabei die Websites der öffentlichen Stellen der Länder und deren mobile Anwendungen (**Abs. 2 S. 1**). Mit dieser Regelung soll sichergestellt werden, dass die Bundesrepublik Deutschland ihrer Berichtspflicht gegenüber der Europäischen Union nachkommen kann (BT-Drs. 19/2072, 30). Der Bericht muss die Ergebnisse der Überwachung und die Messdaten enthalten.

§ 12d Verordnungsermächtigung

Das Bundesministerium für Arbeit und Soziales wird ermächtigt durch Rechtsverordnung, die nicht der Zustimmung des Bundesrates bedarf, Bestimmungen zu erlassen über

1. **diejenigen Websites und mobilen Anwendungen sowie Inhalte von Websites und mobilen Anwendungen, auf die sich der Geltungsbereich der Verordnung bezieht,**
2. **die technischen Standards, die öffentlichen Stellen des Bundes bei der barrierefreien Gestaltung anzuwenden haben, und den Zeitpunkt, ab dem diese Standards anzuwenden sind,**
3. **die Bereiche und Arten amtlicher Informationen, die barrierefrei zu gestalten sind,**
4. **die konkreten Anforderungen der Erklärung zur Barrierefreiheit,**
5. **die konkreten Anforderungen der Berichterstattung über den Stand der Barrierefreiheit und**
6. **die Einzelheiten des Überwachungsverfahrens nach § 13 Absatz 3 Satz 2 Nummer 1.**

1 § 12d wurde mWv 14.7.2018 durch das G zur Verlängerung befristeter Regelungen im Arbeitsförderungsrecht und zur Umsetzung der Richtlinie (EU) 2016/2102 über den barrierefreien Zugang zu den Websites und mobilen Anwendungen öffentlicher Stellen v. 10.7.2018 (BGBl. I S. 1117) eingefügt.

2 § 12d ermächtigt das BMAS, die in dieser Vorschrift aufgezählten Regelungsgegenstände durch Verordnung zu regeln. Bislang war die Verordnungsermächtigung in § 12 Abs. 1 S. 2 aF enthalten. Die Ermächtigung in § 12d wurde den Vorgaben der Richtlinie (EU) 2016/2102 angepasst. Der Bundesrat muss der Verordnung nicht zustimmen. Entsprechende Regelungen enthält die Barrierefreie-Informationstechnik-Verordnung BITV 2.0 (BITV 2.0) v. 12.9.2011 (BGBl. I S. 1843).

Abschnitt 2b. Assistenzhunde

§ 12e Menschen mit Behinderungen in Begleitung durch Assistenzhunde

(1) [1]Träger öffentlicher Gewalt sowie Eigentümer, Besitzer und Betreiber von beweglichen oder unbeweglichen Anlagen und Einrichtungen dürfen Menschen mit Behinderungen in Begleitung durch ihren Assistenzhund den Zutritt zu ihren typischerweise für den allgemeinen Publikums- und Benutzungsverkehr zugänglichen Anlagen und Einrichtungen nicht wegen der Begleitung durch ihren Assistenzhund verweigern, soweit nicht der Zutritt mit Assistenzhund eine unverhältnismäßige oder unbillige Belastung darstellen würde. [2]Weitergehende Rechte von Menschen mit Behinderungen bleiben unberührt.

(2) Eine nach Absatz 1 unberechtigte Verweigerung durch Träger öffentlicher Gewalt gilt als Benachteiligung im Sinne von § 7 Absatz 1.

(3) [1]Ein Assistenzhund ist ein unter Beachtung des Tierschutzes und des individuellen Bedarfs eines Menschen mit Behinderungen speziell ausgebildeter Hund, der aufgrund seiner Fähigkeiten und erlernten Assistenzleistungen dazu bestimmt ist, diesem Menschen die selbstbestimmte Teilhabe am gesellschaftlichen Leben zu ermöglichen, zu erleichtern oder behinderungsbedingte Nachteile auszugleichen. [2]Dies ist der Fall, wenn der Assistenzhund

1. zusammen mit einem Menschen mit Behinderungen als Mensch-Assistenzhund-Gemeinschaft im Sinne des § 12g zertifiziert ist oder
2. von einem Träger der gesetzlichen Sozialversicherung, einem Träger nach § 6 des Neunten Buches Sozialgesetzbuch, einem Beihilfeträger, einem Träger der Heilfürsorge oder einem privaten Versicherungsunternehmen als Hilfsmittel zur Teilhabe oder zum Behinderungsausgleich anerkannt ist oder
3. im Ausland als Assistenzhund anerkannt ist und dessen Ausbildung den Anforderungen des § 12f Satz 2 entspricht oder
4. zusammen mit einem Menschen mit Behinderungen als Mensch-Assistenzhund-Gemeinschaft vor dem 1. Juli 2023
   a) in einer den Anforderungen des § 12f Satz 2 entsprechenden Weise ausgebildet und entsprechend § 12g Satz 2 erfolgreich geprüft wurde oder
   b) sich in einer den Anforderungen des § 12f Satz 2 entsprechenden Ausbildung befunden hat und innerhalb von zwölf Monaten nach dem 1. Juli 2023 diese Ausbildung beendet und mit einer § 12g Satz 2 entsprechenden Prüfung erfolgreich abgeschlossen hat.

(4) Ein Assistenzhund ist als solcher zu kennzeichnen.

(5) Für den Assistenzhund ist eine Haftpflichtversicherung zur Deckung der durch ihn verursachten Personenschäden, Sachschäden und sonstigen Vermögensschäden abzuschließen und aufrechtzuerhalten.

(6) Für Blindenführhunde und andere Assistenzhunde, die als Hilfsmittel im Sinne des § 33 des Fünften Buches Sozialgesetzbuch gewährt werden, finden die §§ 12f bis 12k und die Vorgaben einer Rechtsverordnung nach § 12l Nummer 1, 2 und 4 bis 6 dieses Gesetzes keine Anwendung.

Übersicht

A. Geltende Fassung; Normzweck

1 § 12e wurde durch Art. 9 Nr. 2 des TeilhabestärkungsG v. 2.6.2021 (BGBl. I S. 1387) mWv 1.7.2021 eingefügt. In Abs. 3 S. 2 wurde der einleitende Satzteil und Buchst. b mWv 28.5.2022 durch Art. 7 des G zur Regelung eines Sofortzuschlages und einer Einmalzahlung in den sozialen Mindestsicherungssystemen sowie zur Änderung des Finanzausgleichsgesetzes und weiterer Gesetze v. 23.5.2022 (BGBl. I S. 760) geändert.

2 Mit den §§ 12e ff. will der Gesetzgeber sicherstellen, dass Menschen mit Behinderungen mit ihrem Assistenzhund Zutritt zu Anlagen und Einrichtungen haben, die typischerweise dem allgemeinen Publikums- und Benutzungsverkehr zugänglich sind (BT-Drs. 19/27400, 35). Außerdem sollen einheitliche Standards festgelegt werden (BT-Drs. 19/27400, 37 f). Ferner will der Gesetzgeber den Vorgaben der UN-BRK entsprechen (BT-Drs. 19/27400, 41).

B. Zutrittsrecht mit Assistenzhund (Abs. 1 S. 1, Abs. 2)

3 Abs. 1 S. 1 verpflichtet den in dieser Vorschrift umschriebenen Personenkreis, Menschen mit Behinderungen mit ihrem Assistenzhund zu ihren typischerweise dem allgemeinen Publikums- und Benutzungsverkehr zugänglichen Anlagen und Einrichtungen zu gewähren.

4 **Verpflichtete** sind „Träger öffentlicher Gewalt sowie Eigentümer, Besitzer und Betreiber von beweglichen oder unbeweglichen Anlagen und Einrichtungen". Wer **Träger öffentlicher Gewalt** ist, bestimmt § 1 Abs. 1a. Daneben werden **natürliche und juristische Personen** und **Personenvereinigungen des Privatrechts** verpflichtet. Hierzu zählen nach der Gesetzesbegründung gewerbliche Unternehmer, Vereine und natürliche und juristische Personen, die keine Unternehmereigenschaft haben (BT-Drs. 19/27400, 67).

5 Voraussetzung ist, dass die Genannten Eigentümer, Besitzer oder Betreiber von beweglichen oder unbeweglichen Anlagen und Einrichtungen sind. Zu den **unbeweglichen Anlagen** rechnet der Gesetzgeber Gebäude, Sport- und Spielplätze, Camping- und Zeltplätze (BT-Drs. 19/27400, 67). **Bewegliche Anlagen** sind nicht fest mit Grund und Boden verbunden und räumlich abgrenzbar, insbesondere Transportmittel (BT-Drs. 19/27400, 67). Den **Einrichtungen** misst der Gesetzgeber Auffangfunktion zu. Bei ihnen handelt es sich um räumlich abgegrenzte Bereiche.

6 Die Anlagen und Einrichtungen müssen **typischerweise dem allgemeinen Publikums- und Benutzungsverkehr** zugänglich sein. Hiervon geht der Gesetzgeber aus, wenn der „Zutritt nach der Verkehrssitte ohne Ansehen der Person gewährt wird oder gewährt werden soll" (BT-Drs. 19/27400, 67). Dies ist bei den Massengeschäften nach § 19 Abs. 1 S. 1 Nr. 1 Alt. 1 AGG und den massenähnlichen Geschäften nach § 19 Abs. 1 S. 1 Nr. 1 Alt. 2 AGG der Fall (BT-Drs. 19/27400, 67). In der Gesetzesbegründung werden hierfür folgende Beispiele genannt: Einzelhandel, Gastronomie, Friseurgeschäfte, Freizeiteinrichtungen, Museen, Kinos, Arztpraxen und andere Einrichtungen des Gesundheitswesens (BT-Drs. 19/27400, 67).

Begünstigte von Abs. 1 S. 1 sind Menschen mit Behinderungen mit Assistenzhund. 7
Wer zu den Menschen mit Behinderungen zu rechnen ist, ergibt sich aus § 3. Der Begriff des Assistenzhundes wird in Abs. 3 bestimmt (→ Rn. 14 ff.).

Kein Zutrittsrecht mit Assistenzhund besteht, soweit dies eine **unverhältnismäßige** 8
oder unbillige Belastung darstellen würde. Dies muss die verpflichtete Person darlegen und beweisen. Bei **medizinischen Einrichtungen** können hygienische Gründe zu einer unverhältnismäßigen Belastung führen, wenn durch das Mitführen des Assistenzhundes Infektions- und Gesundheitsgefahren für gesundheitlich vorbelastete Menschen entstehen können (BT-Drs. 19/27400, 68). In Bereichen, die mit Straßenbekleidung betreten werden können, zB Arztpraxen, Therapieräume, offene Pflege- und Krankenstationen, Ambulanzen, Cafeteria darf nach der Gesetzesbegründung Menschen mit Behinderungen der Zutritt mit ihrem Assistenzhund idR nicht verweigert werden. Etwas anderes gelte nur für ungepflegte oder ungesunde Hunde sowie für Intensiv- und Isolierstationen. Auch bei einer Hundeallergie oder Hundephobie sei die Verweigerung des Zutritts nur die ultima-ratio, wenn andere Maßnahmen nicht ausreichend seien (BT-Drs. 19/27400, 68). Der Zutritt könne aber von einer Anmeldung abhängig gemacht werden, wenn er organisatorische Vorkehrungen erfordere, zB. geeignete Plätze reserviert werden müssen (BT-Drs. 19/27400, 68).

Unbillig kann die Ermöglichung des Zutritts sein, wenn dieser mit erheblichen Kosten 9
oder Einnahmeverlusten (insbesondere Wegbleiben anderer Besucher) verbunden ist (BT-Drs. 19/27400, 68).

Die Mitnahme des Assistenzhundes an den **Arbeitsplatz** kann untersagt werden, wenn 10
die Art der Arbeit dies ausschließt, zB Arbeit in einer Intensivstation oder in der Lebensmittelproduktion, Kontakt zu Menschen mit Hundeallergien oder -phobien mit organisatorischen Maßnahmen nicht ausgeschlossen werden kann oder dem Arbeitgeber unzumutbare Kosten entstehen (BT-Drs. 19/27400, 68).

Sind die Voraussetzungen von Abs. 1 S. 1 erfüllt, **muss** der **Zutritt** des Menschen mit 11
Behinderungen **geduldet** werden.

Wird der **Zutritt** durch einen Träger öffentlicher Gewalt dennoch **verweigert,** liegt eine 12
Benachteiligung iSv § 7 Abs. 1 (→ § 7 Rn. 1) vor (**Abs. 2**). Es kann ferner eine Verbandsklage gem. § 15 erhoben werden (näher zu dieser → § 15 Rn. 1 ff.). Ein Verstoß gegen Abs. 1 S. 1 durch private Verpflichtete kann eine Verletzung vorvertraglicher oder vertraglicher Pflichten (§ 241 Abs. 2 BGB) darstellen und damit Schadenersatzansprüche einschließlich Schmerzensgeldansprüche begründen (BT-Drs. 19/27400, 69).

C. Weitergehende Rechte (Abs. 1 S. 2)

Weitergehende Rechte der Menschen mit Behinderungen werden durch Abs. 1 S. 1 13
nicht eingeschränkt (**Abs. 1 S. 2**).

D. Begriff des Assistenzhundes (Abs. 3)

Abs. 3 S. 1 geht von einem **weiten Begriffsverständnis** aus, der neben Blindenführ- 14
hunden auch Signalhunde (zB bei Epilepsie) und Servicehunde umfasst (BT-Drs. 19/27400, 69). Der Assistenzhund muss speziell ausgebildet sein. Er muss über Fähigkeiten verfügen und Assistenzleistungen erbringen können. Außerdem muss er aufgrund dieser Fähigkeiten und Assistenzleistungen dazu bestimmt sein, einem Menschen mit Behinderungen die selbstbestimmte Teilhabe am gesellschaftlichen Leben zu ermöglichen, zu erleichtern oder behinderungsbedingte Nachteile auszugleichen.

15 Diese allgemeine Umschreibung wird in **Abs. 3 S. 2** konkretisiert. Danach handelt es sich um einen Assistenzhund, wenn

- er zusammen mit einem Menschen mit Behinderungen als **Mensch-Assistenzhund-Gemeinschaft** iSd § 12g (näher hierzu → § 12g Rn. 3 ff.) **zertifiziert** ist (Abs. 3 S. 2 Nr. 1).
  Hiermit soll sichergestellt werden, dass der Zutritt nur dann zu dulden ist, wenn es sich um eine Mensch-Assistenzhund-Gemeinschaft handelt, die von einer zugelassenen Ausbildungsstätte mit hohen Ausbildungsstandards ausgebildet wurde und durch eine Prüfung zertifiziert wurde (BT-Drs. 19/27400, 69).
- er als **Hilfsmittel zur Teilhabe oder zum Behinderungsausgleich** von einem Sozialversicherungsträger, einem Rehabilitationsträger (§ 6), einem Beihilfeträger, einem Träger der Heilfürsorge oder einem privaten Versicherungsunternehmen anerkannt ist (Abs. 3 S. 2 Nr. 2) oder
- er im **Ausland als Assistenzhund anerkannt** ist und über eine den Anforderungen des § 12f S. 2 (→ § 12f Rn. 4 f.) entsprechende Ausbildung verfügt (Abs. 3 S. 2 Nr. 3) oder Hiermit soll sichergestellt werden, dass auch im Ausland qualifizierte Mensch-Assistenzhund-Gemeinschaften mit einer Ausbildung, die keine wesentlichen Unterschiede zu den Standards nach § 12f S. 2 aufweisen, Zutritt nach Abs. 1 S. 1 haben (BT-Drs. 19/27400, 69).
- er **vor dem 1. Juli 2023** zusammen mit einem Menschen mit Behinderungen als Mensch-Assistenzhund-Gemeinschaft entsprechend § 12f S. 2 **ausgebildet und** entsprechend § 12g S. 2 erfolgreich **geprüft** wurde, oder am 1.7.2023 sich in einer den Anforderungen des § 12f S. 2 entsprechenden Ausbildung befunden hat und bis zum 30.6.2024 die Ausbildung beendet und erfolgreich mit einer Prüfung nach § 12g S. 2 abgeschlossen hat (Abs. 3 S. 2 Nr. 4).

Hierbei handelt es sich um eine Bestandsschutzregelung für Mensch-Assistenzhund-Gemeinschaften, die bereits am 1.7.2023 bestanden haben oder sich in Ausbildung befanden (BT-Drs. 19/27400, 69). S. hierzu auch die §§ 21, 22 AHundV.

16 In § 3 AHundV werden folgende **Assistenzhundarten** unterschieden:

- Blindenführhund: Dies ist ein Assistenzhund für Menschen mit Blindheit oder einer Beeinträchtigung des Sehvermögens.
- Mobilitätsassistenzhund: Dies ist ein Assistenzhund für Menschen mit motorischer Beeinträchtigung.
- Signalassistenzhund: Dies ist ein Assistenzhund für Menschen mit akustischer Wahrnehmungsbeeinträchtigung.
- Warn- und Anzeige-Assistenzhund: Dies ist ein Assistenzhund für Menschen mit stoffwechselbedingten Beeinträchtigungen, anaphylaktischer Allergie, olfaktorischen Wahrnehmungsbeeinträchtigungen oder für Menschen mit neurologisch-, stoffwechsel- oder systemisch bedingten Anfallserkrankungen.
- PSB-Assistenzhund: Dies ist ein Assistenzhund für Menschen mit psychosozialen Beeinträchtigungen.

E. Kennzeichnung des Assistenzhundes (Abs. 4)

17 Der Assistenzhund muss als solcher gekennzeichnet werden. Hiermit soll sowohl für diejenigen, die den Zutritt gewähren müssen als auch für Dritte (zB andere Kunden, Gäste, Patienten) rasch erkennbar sein, dass es sich um einen Assistenzhund handelt (BT-Drs. 19/27400, 69). Der Gesetzgeber sieht hierin außerdem den Vorteil, dass ein Schwerbehindertenausweis nicht zwingend erforderlich ist (BT-Drs. 19/27400, 69). Einzelheiten werden durch § 26 AHundV geregelt.

F. Versicherung des Assistenzhundes (Abs. 5)

Der Assistenzhund muss zur Deckung der von ihm verursachten Personenschäden, Sachschäden und sonstigen Vermögensschäden haftpflichtversichert werden. Die Haftpflichtversicherung kann ohne Selbstbeteiligung oder mit Selbstbeteiligung bis zu höchstens 500 EUR abgeschlossen werden. Es handelt sich um eine Pflichtversicherung, die den §§ 113 VVG unterfällt. Die Mindestversicherungssumme beträgt 1.000.000 EUR (§ 27 AHundV). 18

G. Keine Anwendung bei Blindenführhunden und als Hilfsmittel gewährte Assistenzhunde (Abs. 6)

Bei Blindenführhunden sind die Regelungen zur Ausbildung und Prüfung des Assistenzhundes und der Mensch-Assistenzhund-Gemeinschaft nach den §§ 12f–12k nicht anzuwenden. Ein Blindenführhund ist nach der Definition im Hilfsmittelverzeichnis der gesetzlichen Krankenversicherung ein „speziell ausgebildeter Hund, der in der Lage ist, einem blinden oder hochgradig sehbehinderten Versicherten eine Orientierung bei der Mobilität innerhalb und außerhalb des Hauses ohne unmittelbare Gefährdung für sich und andere zu gewährleisten" (BT-Drs. 19/27400, 70). Für Blindenführhunde besteht ein umfangreiches Prüfprogramm, das eine Anwendung der in Abs. 6 aufgeführten Vorschriften entbehrlich macht (BT-Drs. 19/27400, 70). Diese Vorschriften sind ferner bei Assistenzhunden, die nach § 33 SGB V als Hilfsmittel gewährt werden, nicht anzuwenden. 19

§ 12f Ausbildung von Assistenzhunden

[1]Assistenzhund und die Gemeinschaft von Mensch und Tier (Mensch-Assistenzhund-Gemeinschaft) bedürfen einer geeigneten Ausbildung durch eine oder begleitet von einer Ausbildungsstätte für Assistenzhunde (§ 12i). [2]Gegenstand der Ausbildung sind insbesondere die Schulung des Sozial- und Umweltverhaltens sowie des Gehorsams des Hundes, grundlegende und spezifische Hilfeleistungen des Hundes, das langfristige Funktionieren der Mensch-Assistenzhund-Gemeinschaft sowie die Vermittlung der notwendigen Kenntnisse und Fähigkeiten an den Halter, insbesondere im Hinblick auf die artgerechte Haltung des Assistenzhundes. [3]Aufgabe der Ausbildungsstätte ist dabei nicht nur das Bereitstellen eines Assistenzhundes, sondern nach Abschluss der Ausbildung bei Bedarf auch die nachhaltige Unterstützung des Assistenzhundehalters.

Übersicht

A. Geltende Fassung; Normzweck

§ 12f wurde durch Art. 9 Nr. 2 des G v. 2.6.2021 (BGBl. I S. 1387) mWv 1.7.2021 eingefügt. 1

2 Vor Inkrafttreten von § 12f gab es keine einheitlichen Standards für die Ausbildung von Assistenzhunden und von Mensch-Assistenzhund-Gemeinschaften. Die Ausbildungsstätten arbeiteten jeweils nach einem eigenen Konzept (BT-Drs. 19/27400, 70). Dies will der Gesetzgeber mit § 12f ändern.

B. Notwendigkeit einer Ausbildung (S. 1)

3 Sowohl der Assistenzhund als auch die Gemeinschaft von Mensch und Tier (Mensch-Assistenzhund-Gemeinschaft) müssen durch eine zertifizierte Ausbildungsstätte oder in Begleitung einer solchen ausgebildet werden. Die Ausbildung kann als Fremd- oder als Selbstausbildung erfolgen (§ 7 Abs. 1 AHundV). Bei letzterer leitet die Ausbildungsstätte den Menschen mit Behinderungen an; außerdem werden Schulungen durchgeführt (§ 7 Abs. 2 AHundV).

C. Gegenstände der Ausbildung (S. 2)

4 Gegenstände der Ausbildung sind gem. S. 2:
- Schulung des Sozial- und Umweltverhaltens,
- Schulung des Gehorsams des Hundes,
- grundlegende und spezifische Hilfeleistungen des Hundes,
- das langfristige Funktionieren der Mensch-Assistenzhund-Gemeinschaft,
- die Vermittlung der notwendigen Kenntnisse und Fähigkeiten an den Halter, insbesondere im Hinblick auf die artgerechte Haltung des Assistenzhundes.

Es handelt sich hierbei nicht um einen abschließenden Katalog, so dass auch weitere Inhalte in Betracht kommen.

5 Mit der Ausbildung soll erreicht werden, dass der Assistenzhund zuverlässig die ihm zugedachten Aufgaben ausführt, auch in Alltags- und Stresssituationen und die Kommandos der Halterin oder des Halters befolgt; zugleich soll den Erfordernissen des Tierschutzes Geltung verschafft werden (BT-Drs. 19/27400, 70). Zur Grundausbildung s. auch § 4 AHundV und zum weiteren Inhalt der Ausbildung § 8 AHundV.

D. Einbeziehung von Bezugspersonen

6 In die Ausbildung ist eine Bezugsperson des Menschen mit Behinderungen einzubeziehen, wenn dies wegen der Art der Beeinträchtigung oder des Alters (insbesondere wegen Minderjährigkeit) des Menschen mit Behinderungen bei der Ausführung von Hilfeleistungen oder bei der Haltung des Hundes erforderlich ist (§ 13 AHundV).

E. Aufgaben der Ausbildungsstätte (S. 3)

7 Die Ausbildungsstätte muss den Assistenzhund zur Verfügung stellen. Außerdem muss sie bei Bedarf die Assistenzhundehalterin oder den Assistenzhundehalter bei Bedarf nachhaltig unterstützen. Sie trägt die fachliche Verantwortung für Einhaltung der AHundV.

§ 12g Prüfung von Assistenzhunden und der Mensch-Assistenzhund-Gemeinschaft

[1] Der Abschluss der Ausbildung des Hundes und der Mensch-Assistenzhund-Gemeinschaft nach § 12f erfolgt durch eine Prüfung. [2] Die Prüfung dient dazu, die Eignung als Assistenzhund und die Zusammenarbeit der Mensch-Assistenzhund-Gemeinschaft nachzuweisen. [3] Die bestandene Prüfung ist durch ein Zertifikat eines Prüfers im Sinne von § 12j Absatz 2 zu bescheinigen.

Übersicht

A. Geltende Fassung; Normzweck

§ 12g wurde durch Art. 9 Nr. 2 des TeilhabestärkungsG v. 2.6.2021 (BGBl. I S. 1387) mWv 1.7.2021 eingefügt. 1

Mit der Prüfung nach § 12g soll der Nachweis erbracht werden, dass die Ausbildung des Assistenzhundes als auch der Mensch-Assistenzhund-Gemeinschaft erfolgreich war (BT-Drs. 19/27400, 70). 2

B. Einzelheiten

Die Ausbildung des Hundes und der Mensch-Assistenzhund-Gemeinschaft wird mit einer Prüfung abgeschlossen. 3

Mit der Prüfung soll **nachgewiesen** werden, dass der **Assistenzhund geeignet** ist. Einzelheiten hierzu ergeben sich aus den §§ 9, 10 AHundV. Außerdem soll der Nachweis der **Zusammenarbeit der Mensch-Assistenzhund-Gemeinschaft** erbracht werden (S. 2). Bei dieser ist zu prüfen, ob die erforderlichen Kompetenzen zur tiergerechten Haltung und zum bedarfs- und tierschutzgerechten Einsatz des Assistenzhundes vorhanden sind (§ 16 AHundV). Individuelle Bedarfe des Menschen mit Behinderungen sind bei der Prüfung zu berücksichtigen (§ 17 AHundV). 4

Gegenstände der Prüfung sind: die sichere Beherrschung des Grundgehorsams, das sichere und zuverlässige Sozialverhalten des Hundes, die speziellen Unterstützungsleistungen für den Menschen mit Behinderungen, das sichere Bewegen der Mensch-Assistenzhund-Gemeinschaft in der Öffentlichkeit, die einwandfreie und sichere Zusammenarbeit in alltäglichen Situationen, die Anwendung der erlernten Fähigkeit außerhalb des häuslichen Umfeldes (BT-Drs. 19/27400, 70). Die Prüfung muss sich an den individuellen Unterstützungsleistungen und den speziellen Herausforderungen im Alltag ausrichten (BT-Drs. 19/27400, 70). Auch die Prüfung der Mensch-Assistenzhund-Gemeinschaft ist an Situationen auszurichten, in denen der Assistenzhund benötigt wird (BT-Drs. 19/27400, 70). Schließlich muss die Halterin bzw. der Halter nachweisen, dass er die für die Haltung eines Tieres erforderliche Sachkunde verfügt (BT-Drs. 19/27400, 70). 5

Der Mensch mit Behinderungen und der Assistenzhund muss zur Prüfung **angemeldet** werden (§ 15 Abs. 1 AHundV). Es müssen die in § 15 Abs. 2 AHundV aufgezählten Unterlagen vorgelegt werden. Die einzelnen Prüfungsleistungen werden mit „gut", „ausreichend" und „mangelhaft" bewertet. Bestanden ist die Prüfung, wenn bei allen Prüfungsleistungen mindestens ein „bestanden" erreicht wurde (§ 18 Abs. 1 AHundV). Nicht bestandene Prüfungen können wiederholt werden, worauf der Mensch mit Behinderung hinzuweisen ist. 6

7 Die bestandene Prüfung wird durch ein **Zertifikat** nach § 12j Abs. 2 bescheinigt (S. 3, s. auch Anlage 9 zur AHundV). Dieses ist bis zur Vollendung des 10. Lebensjahres des Assistenzhundes gültig (§ 19 Abs. 1 AHundV). Zweimalige Verlängerung ist nach Maßgabe von § 20 AHundV möglich.

§ 12h Haltung von Assistenzhunden

(1) [1]Der Halter eines Assistenzhundes ist zur artgerechten Haltung des Assistenzhundes verpflichtet. [2]Die Anforderungen des Tierschutzgesetzes in der Fassung der Bekanntmachung vom 18. Mai 2006 (BGBl. I S. 1206, 1313), das zuletzt durch Artikel 280 der Verordnung vom 19. Juni 2020 (BGBl. I S. 1328) geändert worden ist, in der jeweils geltenden Fassung sowie der Tierschutz-Hundeverordnung vom 2. Mai 2001 (BGBl. I S. 838), die zuletzt durch Artikel 3 der Verordnung vom 12. Dezember 2013 (BGBl. I S. 4145) geändert worden ist, in der jeweils geltenden Fassung, bleiben unberührt.

(2) [1]Soweit aufgrund der Art der Behinderung oder des Alters des Menschen mit Behinderungen die artgerechte Haltung des Assistenzhundes in der Mensch-Assistenzhund-Gemeinschaft nicht sichergestellt ist, ist die Versorgung des Assistenzhundes durch eine weitere Bezugsperson sicherzustellen. [2]In diesem Fall gilt diese Bezugsperson als Halter des Assistenzhundes.

Übersicht

A. Geltende Fassung; Normzweck

1 § 12h wurde durch Art. 9 Nr. 2 des TeilhabestärkungsG v. 2.6.2021 (BGBl. I S. 1387) mWv 1.7.2021 eingefügt.

2 Mit § 12h werden die Anforderungen des **Tierschutzes** bei der Haltung des Assistenzhundes Geltung verschafft.

B. Anforderungen an die Haltung des Assistenzhundes (Abs. 1)

3 Abs. 1 verpflichtet die Halterin bzw. den Halter des Assistenzhundes, diesen artgerecht zu halten (**S. 1**). Sie müssen die Bedürfnisse des Assistenzhundes berücksichtigen. Diese Bedürfnisse dürfen nicht unverhältnismäßig beschränkt werden (BT-Drs. 19/27400, 70). Das Tierschutzgesetz ist zu beachten (**S. 2**).

C. Sicherstellung der Versorgung des Hundes durch Dritte (Abs. 2)

4 Abs. 2 bezieht sich auf Fälle, in denen Menschen mit Behinderung wegen der Art der Behinderung oder des Alters eine **artgerechte Haltung** des Assistenzhundes **nicht sicherstellen** können. In der Gesetzesbegründung werden beispielhaft Minderjährige genannt (BT-Drs. 19/27400, 70). In diesem Fall muss die Versorgung des Hundes durch eine weitere Bezugsperson sichergestellt werden, zB einen Elternteil (**S. 1**). Diese ist dann gem. **S. 2** Halterin bzw. Halter des Hundes. Die Ausbildungsstätten müssen nach der Geset-

zesbegründung prüfen, ob ein Assistenzhund geeignet ist. Bestehen gegenteilige Anhaltspunkte, soll von der Anschaffung eines Assistenzhundes abgesehen werden (BT-Drs. 19/27400, 70).

D. Jährliche Untersuchung des Assistenzhundes

Der Assistenzhund muss einmal jährlich auf seine weiterhin bestehende Eignung untersucht werden (§ 25 AHundV). Nicht gesundheitlich geeignet ist er, wenn er den Einsatz als Assistenzhund nur unter Schmerzen, Leiden und Schäden ausführen kann (§ 25 Abs. 2 AHundV). 5

§ 12i Zulassung einer Ausbildungsstätte für Assistenzhunde

[1]Eine Ausbildungsstätte, die Assistenzhunde nach § 12f ausbildet, bedarf der Zulassung durch eine fachliche Stelle. [2]Die Zulassung ist jährlich durch die fachliche Stelle zu überprüfen. [3]Eine Ausbildungsstätte für Assistenzhunde ist auf Antrag zuzulassen, wenn sie

1. über eine Erlaubnis nach § 11 Absatz 1 Satz 1 Nummer 8 Buchstabe f des Tierschutzgesetzes verfügt oder, soweit eine solche Erlaubnis nicht erforderlich ist, wenn die verantwortliche Person der Ausbildungsstätte die erforderlichen Kenntnisse und Fähigkeiten besitzt,
2. über die erforderliche Sachkunde verfügt, die eine erfolgreiche Ausbildung von Assistenzhunden sowie der Mensch-Assistenzhund-Gemeinschaft erwarten lässt, und
3. die Anforderungen der Verordnung gemäß § 12l erfüllt und ein System zur Qualitätssicherung anwendet.

[4]Der Antrag muss alle Angaben und Nachweise enthalten, die erforderlich sind, um das Vorliegen der Voraussetzungen nach Satz 2 festzustellen. [5]Das Zulassungsverfahren folgt dem Verfahren nach DIN EN ISO/IEC 17065:2013. [6]Die Zulassung einer Ausbildungsstätte ist jeweils auf längstens fünf Jahre zu befristen. [7]Die fachliche Stelle bescheinigt die Kompetenz und Leistungsfähigkeit der Ausbildungsstätte durch ein Zulassungszertifikat.

Übersicht

A. Geltende Fassung; Normzweck

§ 12i wurde durch Art. 9 Nr. 2 des TeilhabestärkungsG v. 2.6.2021 (BGBl. I S. 1387) mWv 1.7.2021 eingefügt. 1

Vor Inkrafttreten der §§ 12e ff. war zwar eine allgemeine Erlaubnis nach dem Tierschutzgesetz für die Ausbildung von Hunden erforderlich. Für die Ausbildung von Assistenzhunden gab es aber keine spezifischen Anforderungen, obwohl für die Auswahl und die Ausbildung eines Assistenzhundes eine besondere Fachkunde erforderlich ist (BT-Drs. 19/27400, 71). Diese Lücke wird mit § 12i geschlossen. 2

B. Notwendigkeit der Zulassung der Ausbildungsstätten (S. 1)

3 Die Assistenzhunde ausbildenden Ausbildungsstätten benötigen eine Zulassung durch eine fachliche Stelle nach § 12j. Gegenüber dieser müssen die Ausbildungsstätten in einem externen Zulassungsverfahren ihre fachliche Qualifikation nachweisen.

C. Überprüfung der Zulassung (S. 2)

4 Die Zulassung ist jährlich zu überprüfen.

D. Voraussetzungen der Zulassung (S. 3, 4)

5 Die Zulassung muss **beantragt** werden (S. 3, 6). Der Antrag muss alle Angaben und Nachweise enthalten, die für die Prüfung der Voraussetzungen erforderlich sind (S. 4).

6 Eine Ausbildungsstätte muss von der Fachlichen Stelle zugelassen werden, wenn die Voraussetzungen des S. 3 erfüllt sind. Die Ausbildungsstätte hat einen **Anspruch** hierauf gegen die Fachliche Stelle (BT-Drs. 19/27400, 71).

7 Ausbildungsstätte können damit **natürliche, juristische Personen und Personenvereinigungen** sein. Unerheblich ist, ob die Ausbildungsstätte gewerblich oder nicht gewerblich geführt wird, welche Größe sie hat und wie viele Ausbilderinnen und Ausbilder tätig sind. Auch Einzelpersonen können Ausbildungsstätte sein (BT-Drs. 19/27400, 71). Folgende Anforderung müssen erfüllt sein:

- **Erlaubnis** nach § 11 Abs. 1 S. 1 Nr. 8 Buchst. f TierschutzG oder **erforderliche Kenntnisse** und **Fähigkeiten** der verantwortlichen Person (S. 3 Nr. 1)
- **erforderliche Sachkunde** (S. 3 Nr. 2) und
  Über diese Sachkunde müssen nicht alle in der Ausbildungsstätte verfügen (BT-Drs. 19/27400, 71). Ausreichend ist, dass die Ausbilder über diese verfügen. Einzelheiten hierzu legt die AHundV fest.
- **Erfüllen der Anforderungen der AHundVgemäß § 12l** (S. 3 Nr. 3 Alt. 1) und
- **System zur Qualitätssicherung** (S. 3 Nr. 3 Alt. 2).

Die Ausbildungsstätte muss systematische und zielgerichtete Maßnahmen anwenden, mit denen die Qualität erhalten und erforderlichenfalls verbessert wird (S. 3 Nr. 3 Alt. 2). Ein bestimmtes System wird nicht vorgeschrieben.

E. Verfahren der Zulassung (S. 6)

8 Das Verfahren der Zulassung folgt der DIN EN ISO/IEC 17065:2013.

F. Zeitraum der Zulassung und Zertifikat (S. 5, 7)

9 Die Zulassung wird für längstens **fünf Jahre** erteilt. Danach muss sie erneut beantragt werden. Mit dieser Befristung soll sichergestellt werden, dass die Ausbildungsstätte regelmäßig überprüft wird. So soll die Qualität gesichert werden (BT-Drs. 19/27400, 71). Sind die Anforderungen nicht mehr erfüllt, muss die Zulassung eingeschränkt, ausgesetzt oder zurückgenommen werden.

10 Die Kompetenz und Leistungsfähigkeit der Ausbildungsstätte wird von der fachlichen Stelle durch ein **Zulassungszertifikat** bescheinigt.

§ 12j Fachliche Stelle und Prüfer

(1) [1] Als fachliche Stelle dürfen nur Zertifizierungsstellen für Produkte, Prozesse und Dienstleistungen nach DIN EN ISO/IEC 17065:2013 tätig werden, die von einer nationalen Akkreditierungsstelle im Sinne der Verordnung (EG) Nr. 765/2008 des Europäischen Parlaments und des Rates vom 9. Juli 2008 über die Vorschriften für die Akkreditierung und Marktüberwachung im Zusammenhang mit der Vermarktung von Produkten und zur Aufhebung der Verordnung (EWG) Nr. 339/93 des Rates (ABl. L 218 vom 13.8.2008, S. 30), die durch die Verordnung (EU) 2019/1020 (ABl. L 169 vom 25.6.2019, S. 1) geändert worden ist, in der jeweils geltenden Fassung akkreditiert worden sind. [2] Die Akkreditierung ist jeweils auf längstens fünf Jahre zu befristen. [3] Das Bundesministerium für Arbeit und Soziales übt im Anwendungsbereich dieses Gesetzes die Aufsicht über die nationale Akkreditierungsstelle aus.

(2) [1] Als Prüfer dürfen nur Stellen, die Personen zertifizieren, nach DIN EN ISO/IEC 17024:2012 tätig werden, die von einer nationalen Akkreditierungsstelle im Sinne der Verordnung (EG) Nr. 765/2008 in der jeweils geltenden Fassung akkreditiert worden sind. [2] Die Akkreditierung ist jeweils auf längstens fünf Jahre zu befristen. [3] Ist der Prüfer zugleich als Ausbildungsstätte im Sinne von § 12i tätig, kann die Akkreditierung erteilt werden, wenn die Unabhängigkeitsanforderungen durch interne organisatorische Trennung und die Anforderungen gemäß Nummer 5.2.3 der DIN EN ISO/IEC 17024:2012 erfüllt werden. [4] Die näheren Anforderungen an das Akkreditierungsverfahren ergeben sich aus der Verordnung gemäß § 12l.

Übersicht

A. Geltende Fassung; Normzweck

§ 12j wurde durch Art. 9 Nr. 2 des TeilhabestärkungsG v. 2.6.2021 (BGBl. I S. 1387) mWv 1.7.2021 eingefügt. 1

§ 12j regelt die Voraussetzungen und das Verfahren der Zulassung der Fachlichen Stellen (Abs. 1) und der Prüferinnen und Prüfer (Abs. 2). S. hierzu ferner § 28 f. AHundV. 2

B. Akkreditierte Stellen

Fachliche Stellen dürfen nur Zertifizierungsstellen für Produkte, Prozesse und Dienstleistungen nach DIN EN ISO/IEC 17065:2013 sein. Sie müssen nach der VO (EG) Nr. 765/2008 akkreditiert sein (**Abs. 1 S. 1**). In jedem Mitgliedstaat der Europäischen Union darf jeweils nur eine hoheitliche Akkreditierungsstelle tätig sein. In Deutschland ist die Akkreditierung der Deutschen Akkreditierungsstelle GmbH als Beliehene übertragen. 3

Die Akkreditierung der Fachlichen Stelle ist jeweils auf längstens **fünf Jahre** zu **befristen** (**Abs. 1 S. 2**). Die Akkreditierung kann bei Vorliegen der Voraussetzungen verlängert werden (BT-Drs. 19/27400, 72). Ansonsten erlischt sie durch Fristablauf. Weitere Beendigungsgründe sind die Einstellung des Betriebs oder der Verzicht auf die Akkreditierung. 4

Die **Aufsicht** über die nationale Akkreditierungsstelle führt das BMAS (**Abs. 1 S. 3**). 5

C. Anforderungen an die Prüfer (Abs. 2)

6 Die Prüfung des Assistenzhundes und der Mensch-Assistenzhund-Gemeinschaft darf nur von durch die nationale Akkreditierungsstelle akkreditierte Personen abgenommen werden (**Abs. 2 S. 1**).

7 Auch die Akkreditierung der Prüferinnen und Prüfer ist auf längstens **fünf Jahre** zu befristen (**Abs. 2 S. 2**).

8 Die Prüfung muss unparteiisch erfolgen. Dies ist für eine sachgerechte Prüfung unabdingbar (BT-Drs. 19/27400, 72). Ist die Prüferin oder der Prüfer zugleich Ausbildungsstätte, muss eine organisatorische Trennung erfolgen und die Anforderungen gemäß Nummer 5.2.3 der DIN EN ISO/IEC 17024:2012 erfüllt werden (Abs. 2 S. 3).

§ 12k Studie zur Untersuchung

[1]Das Bundesministerium für Arbeit und Soziales untersucht die Umsetzung und die Auswirkungen der §§ 12e bis 12l in den Jahren 2021 bis 2024. [2]Im Rahmen dieser Studie können Ausgaben wie beispielsweise die Anschaffungs-, Ausbildungs- und Haltungskosten der in die Studie einbezogenen Mensch-Assistenzhund-Gemeinschaften getragen werden.

1 § 12k wurde durch Art. 9 Nr. 2 des TeilhabestärkungsG v. 2.6.2021 (BGBl. I S. 1387) mWv 1.7.2021 eingefügt.

2 Mit der Studie nach § 12k soll die Umsetzung der §§ 12e–12l und deren Auswirkungen untersucht werden (S. 1).

3 Die Untersuchung muss („untersucht") das **BMAS** durchführen. Dieses kann mit der Untersuchung Dritte beauftragen (BT-Drs. 19/27400, 72).

4 **Gegenstand der Untersuchung** ist die Umsetzung und die Auswirkungen der Regelungen zu den Assistenzhunden in den §§ 12e bis 12l in den Jahren 2021 bis 2024. Zu untersuchen sind auch die hierdurch entstehenden Kosten. Nach der Gesetzesbegründung sind hierbei insbesondere die Anschaffungs-, Ausbildungs- und Haltungskosten zu erheben (BT-Drs. 19/27400, 72).

5 In die Studie sollen bis zu 100 Mensch-Assistenzhund-Gemeinschaften einbezogen werden. Deren Ausgaben können im Rahmen der Studie übernommen werden.

§ 12l Verordnungsermächtigung

Das Bundesministerium für Arbeit und Soziales wird ermächtigt, im Einvernehmen mit dem Bundesministerium für Ernährung und Landwirtschaft durch Rechtsverordnung, die nicht der Zustimmung des Bundesrates bedarf, Folgendes zu regeln:

1. **Näheres über die erforderliche Beschaffenheit des Assistenzhundes, insbesondere Wesensmerkmale, Alter und Gesundheit des auszubildenden Hundes sowie über die vom Assistenzhund zu erbringenden Unterstützungsleistungen,**
2. **Näheres über die Anerkennung von am 1. Juli 2023 in Ausbildung befindlichen oder bereits ausgebildeten Assistenzhunden sowie von im Ausland anerkannten Assistenzhunden einschließlich des Verfahrens,**
3. **Näheres über die erforderliche Kennzeichnung des Assistenzhundes sowie zum Umfang des notwendigen Versicherungsschutzes,**
4. **Näheres über den Inhalt der Ausbildung nach § 12f und der Prüfung nach § 12g sowie über die Zulassung als Prüfer jeweils einschließlich des Verfahrens sowie des zu erteilenden Zertifikats,**

5. Näheres über die Voraussetzungen für die Akkreditierung als fachliche Stelle einschließlich des Verfahrens,
6. nähere Voraussetzungen für die Zulassung als Ausbildungsstätte für Assistenzhunde einschließlich des Verfahrens.

§ 12l wurde durch Art. 9 Nr. 2 des TeilhabestärkungsG v. 2.6.2021 (BGBl. I S. 1387) mWv 1.7.2021 eingefügt. Nr. 2 wurde durch Art. 7 des G zur Regelung eines Sofortzuschlages und einer Einmalzahlung in den sozialen Mindestsicherungssystemen sowie zur Änderung des Finanzausgleichsgesetzes und weiterer Gesetze v. 23.5.2022 (BGBl. I S. 760) mWv 28.5.2022 geändert. 1

§ 12l ermächtigt das BMAS die in dieser Norm aufgezählten Gegenstände zur Rechtsverordnung zur regeln. Hierbei muss es Einvernehmen mit dem Bundesministerium für Ernährung und Landwirtschaft herstellen. Der Bundesrat muss nicht zustimmen. 2

Regelungsgegenstände der Rechtsverordnung können sein: 3

- **Beschaffenheit des Assistenzhundes** (Nr. 1)
  Der Gesetzgeber zählt hierzu: Wesensmerkmale, Alter und Gesundheit des Hundes, zu erbringende Unterstützungsleistungen (BT-Drs. 19/27400, 72). Näher hierzu §§ 4 ff. AHundV.
- Anerkennung der vor Inkrafttreten des Gesetzes ausgebildeter Hunde (Nr. 2)
  Näher hierzu §§ 21 f. AHundV.
- **Kennzeichnung des Assistenzhundes** (Nr. 3 Hs. 1)
  Dies kann durch Kenndecke, Plakette oder Halsband geschehen; außerdem kann deren Aushändigen und Anbringung geregelt werden (BT-Drs. 19/27400, 72). S. hierzu s. § 26 AHundV.
- **Versicherungsschutz** (Nr. 3 Hs. 2)
  Hierzu gehört insbesondere die Festlegung einer Mindestversicherungssumme (BT-Drs. 19/27400, 72). S. § 27 AHundV.
- **Inhalt der Ausbildung** (Nr. 4 Alt. 1)
  Hierzu gehören die für die notwendige Eignung und Befähigung von Assistenzhunden und Mensch-Assistenzhund-Gemeinschaften erforderliche Eignung und Befähigung (BT-Drs. 19/27400, 72). Näheres hierzu ergibt sich aus den §§ 7 ff. AHundV.
- **Prüfung des Assistenzhundes und der Mensch-Assistenzhund-Gemeinschaft** und das hierbei zu beachtende Verfahren (Nr. 4 Alt. 2)
  Hiermit sollen bundeseinheitlich vergleichbare Maßstäbe und Inhalte für die Prüfung festgelegt werden (BT-Drs. 19/27400, 72). Zu Einzelheiten s. §§ 15 ff. AHundV.
- **Akkreditierung als Prüferin oder Prüfer und das hierbei zu beachtende Verfahren** (Nr. 4 Alt. 3)
  Hierdurch soll klar festgelegt werden, wer Prüferin oder Prüfer sein kann (BT-Drs. 19/27400, 73). S. § 30 AHundV.
- **Voraussetzungen und Verfahren der Akkreditierung als fachliche Stelle** (Nr. 5) S. § 28 AHundV.
- **Voraussetzungen und Verfahren der Zulassung als Ausbildungsstätte** (Nr. 6).

Zu regeln sind die näheren Anforderungen an die Sachkunde, die Zuverlässigkeit und Leistungsfähigkeit, die Qualitätssicherung, die gegenüber der Fachlichen Stelle zu erbringenden Angaben und Nachweise (BT-Drs. 19/27400, 73). S. § 29 AHundV.

Aufgrund der Verordnungsermächtigung wurde die **Assistenzhundeverordnung** (AHundV) vom 19. Dezember 2022 (BGBl. I S. 2436) erlassen. 4

Abschnitt 3. Bundesfachstelle für Barrierefreiheit

§ 13 Bundesfachstelle für Barrierefreiheit

(1) Bei der deutschen Rentenversicherung Knappschaft-Bahn-See wird eine Bundesfachstelle für Barrierefreiheit errichtet.

(2) [1]Die Bundesfachstelle für Barrierefreiheit ist zentrale Anlaufstelle zu Fragen der Barrierefreiheit für die Träger öffentlicher Gewalt. [2]Sie berät darüber hinaus auch die übrigen öffentlichen Stellen des Bundes, Wirtschaft, Verbände und Zivilgesellschaft auf Anfrage. [3]Ihre Aufgaben sind:
1. zentrale Anlaufstelle und Erstberatung,
2. Bereitstellung, Bündelung und Weiterentwicklung von unterstützenden Informationen zur Herstellung von Barrierefreiheit,
3. Unterstützung der Beteiligten bei Zielvereinbarungen nach § 5 im Rahmen der verfügbaren finanziellen und personellen Kapazitäten,
4. Aufbau eines Netzwerks,
5. Begleitung von Forschungsvorhaben zur Verbesserung der Datenlage und zur Herstellung von Barrierefreiheit und
6. Bewusstseinsbildung durch Öffentlichkeitsarbeit.

[4]Ein Expertenkreis, dem mehrheitlich Vertreterinnen und Vertreter der Verbände von Menschen mit Behinderungen angehören, berät die Fachstelle.

(3) [1]Bei der Bundesfachstelle Barrierefreiheit wird eine Überwachungsstelle des Bundes für Barrierefreiheit von Informationstechnik eingerichtet. [2]Ihre Aufgaben sind,
1. periodisch zu überwachen, ob und inwiefern Websites und mobile Anwendungen öffentlicher Stellen des Bundes den Anforderungen an die Barrierefreiheit genügen,
2. die öffentlichen Stellen anlässlich der Prüfergebnisse zu beraten,
3. die Berichte der obersten Bundesbehörden und der Länder auszuwerten,
4. den Bericht der Bundesrepublik Deutschland an die Kommission nach Artikel 8 Absatz 4 bis 6 der Richtlinie (EU) 2016/2102 vorzubereiten und
5. als sachverständige Stelle die Schlichtungsstelle nach § 16 zu unterstützen.

(4) Das Bundesministerium für Arbeit und Soziales führt die Fachaufsicht über die Durchführung der in Absätzen 2 und 3 genannten Aufgaben.

Übersicht

A. Geltende Fassung; Normzweck

1 § 13 trat am 1.5.2002 idF des BGG in Kraft (Art. 56 BGG). Die Vorschrift erhielt durch das G zur Weiterentwicklung des Behindertengleichstellungsrechts v. 19.7.2016 (BGBl. I S. 3234) einen neuen Regelungsgehalt. Das davor in § 13 geregelte Verbandsklagerecht ist seitdem Gegenstand von § 15. Abs. 2 S. 1 und Abs. 2 S. 2 wurden mWv 14.7.2018 durch das G zur Verlängerung befristeter Regelungen im Arbeitsförderungs-

recht und zur Umsetzung der Richtlinie (EU) 2016/2102 über den barrierefreien Zugang zu den Websites und mobilen Anwendungen öffentlicher Stellen vom 10.7.2018 (BGBl. I S. 1117) geändert. Durch dasselbe G wurde Abs. 3 mWv 14.7.2018 eingefügt und der bisherige Abs. 3 zu Abs. 4.

Mit § 13 entspricht der Gesetzgeber einer Empfehlung des Abschlussberichts zur Evaluation des BGG des Bundeskompetenzzentrums für Barrierefreiheit (BT-Drs. 18/7824, 40). 2

B. Errichtung einer Bundesfachstelle für Barrierefreiheit (Abs. 1)

Abs. 1 **verpflichtet** zur **Errichtung** einer Bundesfachstelle für Barrierefreiheit („wird (…) errichtet"). Organisatorisch ist sie der **Deutschen Rentenversicherung Knappschaft-Bahn-See** zugeordnet. Der Gesetzgeber begründet diese Zuordnung mit der bei der Deutschen Rentenversicherung Knappschaft-Bahn-See vorhandenen Beratungskompetenz (BT-Drs. 18/7824, 40). 3

C. Funktionen und Aufgaben der Bundesfachstelle für Barrierefreiheit; Expertenkreis (Abs. 2)

Die Bundesfachstelle ist die **zentrale Anlaufstelle** der Träger der öffentlichen Gewalt iSv § 1 (→ § 1 Rn. 2a) zu den Fragen der **Barrierefreiheit (Abs. 2 S. 1)**. Zusätzlich soll sie nach der Gesetzesbegründung der Wirtschaft, den Verbänden, der Zivilgesellschaft und den Verhandlungspartnerinnen und -partner der Zielvereinbarungen auf Anfrage zur Verfügung stehen (**Abs. 2 S. 2**). 4

Die Bundesfachstelle für Barrierefreiheit hat iE folgende **Aufgaben** (**Abs. 2 S. 3**): 5

- **Zentrale Anlaufstelle und Beratung** (**Abs. 2 S. 3 Nr. 1**). Die Bundesfachstelle soll durch Beratung und Unterstützung aktiv zur Herstellung der Barrierefreiheit beitragen, insbesondere durch barrierefreie Dokumente und barrierefreie Kommunikation im Verwaltungsverfahren, barrierefreies Internet und Intranet, barrierefreie Veranstaltungsplanung, bauliche Barrierefreiheit und Barrierefreiheit bei Zuwendungen (BT-Drs. 18/7824, 41).
- **Bereitstellung, Bündelung und Weiterentwicklung von unterstützenden Materialien** (**Abs. 2 S. 3 Nr. 2**). Die Gesetzesbegründung zählt hierzu Checklisten, Ausschreibungsbausteine für die Vergabeverfahren (BT-Drs. 18/7824, 41). Weiter soll die Bundesfachstelle für Barrierefreiheit einen frei zugänglichen, barrierefreien Online-Wissenspool schaffen, mit dem wissenschaftliche Untersuchungen zur Barrierefreiheit, Checklisten und Leitfäden, Musterausschreibungen, Kontaktdaten etc zur Verfügung gestellt werden (BT-Drs. 18/7824, 41).
- **Unterstützung der Beteiligten bei Zielvereinbarungsverhandlungen** nach § 5 (**Abs. 2 S. 3 Nr. 3**). Die Gesetzesbegründung nennt hierzu beispielhaft Leitfäden und Checklisten (BT-Drs. 18/7824, 41). Die Unterstützung der Beteiligten von Zielvereinbarungsverhandlungen wird durch die verfügbaren finanziellen und personellen Kapazitäten begrenzt (krit. zu dieser Begrenzung Fuchs/Ritz/Rosenow/Hlava/Ramm BGG § 13 Rn. 2).
- **Aufbau eines Netzwerks** (**Abs. 2 S. 3 Nr. 4**). Zu dem Netzwerk rechnet der Gesetzgeber bereits bestehende Einrichtungen und Initiativen des Bundes, der Länder, Verbände, Wirtschaft und andere Institutionen. In dem Netzwerk sollen die Beteiligten sich regelmäßig austauschen und externe Expertinnen und Experten beteiligen. Darüber hinaus soll in Veranstaltungen zum Austausch über Fragen der Barrierefreiheit angeregt werden (BT-Drs. 18/7824, 41).

– **Begleitung von Forschungsvorhaben** (**Abs. 2 S. 3 Nr. 5**). Mit den Forschungsvorhaben soll die Datenlage verbessert und zur Herstellung der Barrierefreiheit beigetragen werden (BT-Drs. 18/7824, 41).
– **Bewusstseinsbildung durch Öffentlichkeitsarbeit** (**Abs. 2 S. 3 Nr. 6**).

6 Es muss ein **Expertinnen- und Expertenkreis** eingerichtet werden, der die Bundesfachstelle für Barrierefreiheit berät. Diesem gehören mehrheitlich Vertreter/innen der Verbände von Menschen mit Behinderung an (**Abs. 2 S. 4**). Zur Zusammensetzung s. https://www.bundesfachstelle-barrierefreiheit.de/DE/Ueber-Uns/Organisation/Expertenkreis/expertenkreis_node.html (zuletzt aufgerufen am 6.3.2023).

D. Überwachungsstelle des Bundes für Barrierefreiheit von Informationstechnik (Abs. 3)

7 Bei der Bundesfachstelle für Barrierefreiheit **muss** („wird (…) eingerichtet") eine Überwachungsstelle für Barrierefreiheit von Informationstechnik **eingerichtet werden** (**Abs. 3 S. 1**). Anlass für die Vorschrift gab dem Gesetzgeber Art. 8 Abs. 1 und 4 Richtlinie (EU) 2016/2102, die eine periodische Überwachung und Berichterstattung an die Kommission der Europäischen Union vorsehen (BT-Drs. 19/2072, 31). Die Überwachungsstelle des Bundes für Barrierefreiheit von Informationstechnik soll eine von den anderen Aufgaben der Bundesfachstelle für Barrierefreiheit unabhängige, sachverständige Stelle sein (BT-Drs. 19/2072, 31).

8 Die Aufgaben der Überwachungsstelle des Bundes für Barrierefreiheit von Informationstechnik werden in **Abs. 3 S. 2** abschließend aufgezählt. In der Gesetzesbegründung wird vor allem die Unterstützung der Schlichtungsstelle bei Bedarf und die Vorbereitung des Berichts der Bundesrepublik Deutschland an die Kommission der Europäischen Union hervorgehoben (BT-Drs. 19/2072, 31).

E. Fachaufsicht (Abs. 4)

9 Die Aufgaben nach Abs. 2 und 3 sind nicht eigene Aufgaben der Deutschen Rentenversicherung Knappschaft-Bahn-See. Sie gehören deshalb nicht zu deren Selbstverwaltung (BT-Drs. 18/7824, 42). Die Aufsicht durch das BMAS ist deshalb bei diesen Aufgaben nicht auf die Rechtsaufsicht beschränkt. Dies stellt Abs. 4 ausdrücklich klar. Danach unterliegt die Bundesfachstelle Barrierefreiheit bei der Wahrnehmung der Aufgaben nach den Abs. 2 und 3 der Fachaufsicht des BMAS.

Abschnitt 4. Rechtsbehelfe

§ 14 Vertretungsbefugnisse in verwaltungs- oder sozialrechtlichen Verfahren

Werden Menschen mit Behinderungen in ihren Rechten aus § 7 Absatz 1, § 8 Absatz 1, § 9 Absatz 1, § 10 Absatz 1 Satz 2 oder § 12a, soweit die Verpflichtung von Trägern öffentlicher Gewalt zur barrierefreien Gestaltung von Websites und mobilen Anwendungen, die für die Öffentlichkeit bestimmt sind, betroffen ist, verletzt, können an ihrer Stelle und mit ihrem Einverständnis Verbände nach § 15 Absatz 3, die nicht selbst am Verfahren beteiligt sind, Rechtsschutz beantragen; Gleiches gilt bei Verstößen gegen Vorschriften des Bundesrechts, die einen Anspruch auf Herstellung von Barrierefreiheit im Sinne des § 4 oder auf Verwendung von Gebärden oder anderen Kommuni-

kationshilfen im Sinne des § 6 Absatz 3 vorsehen. [2]In diesen Fällen müssen alle Verfahrensvoraussetzungen wie bei einem Rechtsschutzersuchen durch den Menschen mit Behinderung selbst vorliegen.

Übersicht

A. Geltende Fassung; Normzweck

1 § 14 trat am 1.5.2002 idF des BGG in Kraft (Art. 56 BGG). Die Vorschrift war zunächst § 12. § 14 regelte das Amt der oder des Beauftragten für die Belange behinderter Menschen. Dieser Regelungsgegenstand wurde durch das G zur Weiterentwicklung des Behindertengleichstellungsrechts v. 19.7.2016 (BGBl. I S. 3234) § 17 und der von § 14 zugeordnet. Danach wurde S. 1 mWv 14.7.2018 durch das G zur Verlängerung befristeter Regelungen im Arbeitsförderungsrecht und zur Umsetzung der Richtlinie (EU) 2016/2102 über den barrierefreien Zugang zu den Websites und mobilen Anwendungen öffentlicher Stellen vom 10.7.2018 (BGBl. I S. 1117) geändert.

2 § 14 regelt die **Klagebefugnis** bzw. **Prozessführungsbefugnis** von nach § 15 Abs. 3 (→ § 15 Rn. 14 f.) anerkannten Verbänden anstelle des Menschen mit Behinderungen. Eine vergleichbare Regelung enthält § 85 SGB IX (→ SGB IX § 85 Rn. 1 ff.).

B. Vertretungsbefugnisse

3 Bei der Vertretungs- bzw. Prozessführungsbefugnis nach Abs. 1 S. 1 macht der Verband ein fremdes Recht des Menschen mit Behinderungen im eigenen Namen geltend. Es handelt sich um einen Fall der **Prozessstandschaft** (Thomas/Putzo, ZPO, 42. Aufl. 2021, § 51 Rn. 31 ff.).

4 Die Vertretungsbefugnis ist begrenzt auf die **Verletzung der Rechte** des Menschen mit Behinderungen **aus den § 7, 8, 9 Abs. 1, 10 Abs. 1 und 12a,** soweit die Verpflichtung von Trägern öffentlicher Gewalt iSv § 1 Abs. 1a zur barrierefreien Gestaltung von Websites und mobilen Anwendungen, die für die Öffentlichkeit bestimmt sind, verletzt ist (**S. 1**). Außerdem können Ansprüche auf Herstellung der Barrierefreiheit iSd § 4 oder auf Verwendung von Gebärdensprache und anderer Kommunikationshilfen iSd § 6 Abs. 3 anhängig gemacht werden (BT-Drs. 14/7420, 30).

5 Das nach Abs. 1 S. 1 erforderliche **Einverständnis** des Menschen mit Behinderungen ist als Prozesshandlung bedingungsfeindlich (zB MKLS/Keller, SGG, 13. Aufl. 2020, vor § 60 Rn. 11). Eine bestimmte **Form** ist für die Erklärung des Einverständnisses nicht vorgeschrieben. Der Mensch mit Behinderungen muss im Zeitpunkt der Erklärung des Einverständnisses **geschäftsfähig** sein. Die Folgen fehlender Geschäftsfähigkeit richten sich nach Bürgerlichem Recht (Zöller, ZPO, 33. Aufl. 2020, vor § 50 Rn. 41). Die Einverständniserklärung ist eine Zustimmung iSd §§ 182 ff. BGB (Grüneberg/Ellenberger BGB, 82. Aufl. 2023, Einf. vor §§ 182 ff. Rn. 1). Sie ist eine Einwilligung iSv § 183 S. 1 BGB, wenn sie vor dem Antrag auf Rechtsschutz durch den Verband für Menschen mit Behinderungen erteilt wird, eine Genehmigung iSv § 184 S. 1 BGB ist sie, wenn sie danach erteilt wird. Dies muss spätestens in der letzten mündlichen Verhandlung bzw. zur Zeit der Entscheidung des Gerichts geschehen sein, weil spätestens dann die Sachurteilsvoraussetzungen bzw. Prozessvoraussetzungen erfüllt sein müssen. Das Einverständnis des Menschen mit Behinderungen muss sich auf einen bestimmten Anspruch

beziehen. Generell kann es nicht erteilt werden (Zöller, ZPO, 33. Aufl. 2023, vor § 50 Rn. 44).

5a Sind diese Voraussetzungen erfüllt, ist der Verband berechtigt, im eigenen Namen Rechtsschutz für dem betroffenen Menschen mit Behinderungen zu beantragen. Eine Verpflichtung des Verbandes hierzu besteht nicht (KHM/Ritz BGG § 14 Rn. 14). Der Prozessstandschaft unterliegen **alle Gerichtsverfahren** (Klage, einstweiliger Rechtsschutz, Verfassungsbeschwerde). In Verwaltungsverfahren kommt sie dagegen nicht zur Anwendung (KHM/Ritz BGG § 14 Rn. 13).

6 Bei der Klage müssen **alle Sachurteilsvoraussetzungen** vorliegen (**S. 2**), zB die Klagefrist eingehalten sein (§ 87 SGG, § 74 VwGO); iÜ → SGB IX § 85 Rn. 4.

7 **Gerichtskosten** fallen nicht an, weil die Kosten sich danach richten, was bei Prozessführung durch den Menschen mit Behinderungen an Kosten angefallen wäre (Fuchs/Ritz/Rosenow/Ritz/Hlava/Ramm BGG § 14 Rn. 9).

§ 15 Verbandsklagerecht

(1) [1]Ein nach Absatz 3 anerkannter Verband kann, ohne in seinen Rechten verletzt zu sein, Klage nach Maßgabe der Verwaltungsgerichtsordnung oder des Sozialgerichtsgesetzes erheben auf Feststellung eines Verstoßes gegen

1. das Benachteiligungsverbot für Träger der öffentlichen Gewalt nach § 7 Absatz 1 und die Verpflichtung des Bundes zur Herstellung der Barrierefreiheit in § 8 Absatz 1, § 9 Absatz 1, § 10 Absatz 1 Satz 2 sowie in § 12a, soweit die Verpflichtung von Trägern öffentlicher Gewalt zur barrierefreien Gestaltung von Websites und mobilen Anwendungen, die für die Öffentlichkeit bestimmt sind, betroffen ist,

2. die Vorschriften des Bundesrechts zur Herstellung der Barrierefreiheit in § 46 Abs. 1 Satz 3 und 4 der Bundeswahlordnung, § 39 Abs. 1 Satz 3 und 4 der Europawahlordnung, § 43 Abs. 2 Satz 2 der Wahlordnung für die Sozialversicherung, § 17 Abs. 1 Nr. 4 des Ersten Buches Sozialgesetzbuch, § 4 Abs. 1 Nr. 2a des Gaststättengesetzes, § 3 Nr. 1 Buchstabe d des Gemeindeverkehrsfinanzierungsgesetzes, § 3 Abs. 1 Satz 2 und § 8 Abs. 1 des Bundesfernstraßengesetzes, § 8 Abs. 3 Satz 3 und 4 sowie § 13 Abs. 2a des Personenbeförderungsgesetzes, § 2 Abs. 3 der Eisenbahn-Bau- und Betriebsordnung, § 3 Abs. 5 Satz 1 der Straßenbahn-Bau- und Betriebsordnung, §§ 19d und 20b des Luftverkehrsgesetzes oder

3. die Vorschriften des Bundesrechts zur Verwendung von Gebärdensprache oder anderer geeigneter Kommunikationshilfen in § 17 Abs. 2 des Ersten Buches Sozialgesetzbuch, § 82 des Neunten Buches Sozialgesetzbuch und § 19 Abs. 1 Satz 2 des Zehnten Buches Sozialgesetzbuch.

[2]Satz 1 gilt nicht, wenn eine Maßnahme aufgrund einer Entscheidung in einem verwaltungs- oder sozialgerichtlichen Streitverfahren erlassen worden ist.

(2) [1]Eine Klage ist nur zulässig, wenn der Verband durch die Maßnahme oder das Unterlassen in seinem satzungsgemäßen Aufgabenbereich berührt wird. [2]Soweit ein Mensch mit Behinderung selbst seine Rechte durch eine Gestaltungs- oder Leistungsklage verfolgen kann oder hätte verfolgen können, kann die Klage nach Absatz 1 nur erhoben werden, wenn der Verband geltend macht, dass es sich bei der Maßnahme oder dem Unterlassen um einen Fall von allgemeiner Bedeutung handelt. [3]Dies ist insbesondere der Fall, wenn eine Vielzahl gleich gelagerter Fälle vorliegt. [4]Für Klagen nach Absatz 1 Satz 1 gelten die Vorschriften des 8. Abschnitts der Verwaltungsgerichtsordnung entsprechend mit der Maßgabe, dass es eines Vorverfahrens auch dann bedarf, wenn die angegriffene Maßnahme von einer obersten Bundes- oder einer obersten Landesbehörde erlassen worden ist; Gleiches gilt bei einem Unterlassen. [5]Vor der Erhebung einer Klage nach Absatz 1 gegen einen Träger öffentlicher Gewalt hat der nach Absatz 3 anerkannte

Verband ein Schlichtungsverfahren nach § 16 durchzuführen. [6]Diese Klage ist nur zulässig, wenn keine gütliche Einigung im Schlichtungsverfahren erzielt werden konnte und dies nach § 16 Absatz 7 bescheinigt worden ist. [7]Das Schlichtungsverfahren ersetzt ein vor der Klageerhebung durchzuführendes Vorverfahren.

(3) [1]Auf Vorschlag der Mitglieder des Beirates für die Teilhabe behinderter Menschen, die nach § 86 Abs. 2 Satz 2, 1., 3. oder 12. Aufzählungspunkt des Neunten Buches Sozialgesetzbuch berufen sind, kann das Bundesministerium für Arbeit und Soziales die Anerkennung erteilen. [2]Es soll die Anerkennung erteilen, wenn der vorgeschlagene Verband

1. **nach seiner Satzung ideell und nicht nur vorübergehend die Belange von Menschen mit Behinderungen fördert,**
2. **nach der Zusammensetzung seiner Mitglieder oder Mitgliedsverbände dazu berufen ist, Interessen von Menschen mit Behinderungen auf Bundesebene zu vertreten,**
3. **zum Zeitpunkt der Anerkennung mindestens drei Jahre besteht und in diesem Zeitraum im Sinne der Nummer 1 tätig gewesen ist,**
4. **die Gewähr für eine sachgerechte Aufgabenerfüllung bietet; dabei sind Art und Umfang seiner bisherigen Tätigkeit, der Mitgliederkreis sowie die Leistungsfähigkeit des Vereines zu berücksichtigen und**
5. **wegen Verfolgung gemeinnütziger Zwecke nach § 5 Abs. 1 Nr. 9 des Körperschaftsteuergesetzes von der Körperschaftsteuer befreit ist.**

Übersicht

A. Allgemeines

§ 15 in der heutigen Fassung geht auf das G zur Weiterentwicklung des Behindertengleichstellungsrechts v. 19.7.2016 (BGBl. I S. 3234) zurück. Seit dem 27.7.2016 regelt die Norm das Verbandsklagerecht. Davor waren die Aufgabe und Befugnisse der oder des Beauftragten für die Belange behinderter Menschen Regelungsgegenstände von § 15 und das Verbandsklagerecht von § 13. Abs. 1 S. 1, Abs. 2 S. 5 und Abs. 3 S. 1 wurden mWv 14.7.2018 durch das G zur Verlängerung befristeter Regelungen im Arbeitsförderungsrecht und zur Umsetzung der Richtlinie (EU) 2016/2102 über den barrierefreien Zugang zu den Websites und mobilen Anwendungen öffentlicher Stellen vom 10.7.2018 (BGBl. I S. 1117) geändert. **1**

§ 15 enthält ein **echtes Verbandsklagerecht.** Nach Abs. 3 sind anerkannte Verbände der Menschen mit Behinderungen nach Abs. 2 prozessführungsbefugt, ohne dass der Verband selbst in eigenen Rechten verletzt ist und auch keine konkrete Rechtsverletzung eines Menschen mit Behinderungen besteht (vgl. die RegBegr. in BR-Drs. 928/01, 107). Der Verbandsklage vorgeschaltet ist das Schlichtungsverfahren nach § 16, mit dem ein Verfahren zur raschen Streitbeilegung ohne finanzielles Risiko zur Verfügung gestellt werden soll (BT-Drs. 18/7824, 43). **2**

Die Einführung der Verbandsklage führte zur Zulässigkeit einer Klage eines Verbandes der Menschen mit Behinderungen gegen eine für diese allg. nachteilige Regelung (BT-Drs. 18/7420, 20 zu Nr. 8). Sie kann **ohne Einverständnis des Menschen mit Behinderungen** erhoben werden. **3**

B. Statthafte Klageart

3a Der Anwendungsbereich des Abs. 1 S. 1 ist auf die Einlegung einer Feststellungsklage begrenzt („… Klage … erheben auf Feststellung …“; sa BR-Drs. 928/01, 107). Damit ist ausschließlich eine (Verbands-) **Feststellungsklage** statthaft (BVerwG 5.4.2006 – 9 C 1/05, BVerwGE 125, 370 ff.), nicht hingegen eine – vollstreckbare – Unterlassungsklage. Die Verbände der Menschen mit Behinderungen haben kein allgemeines Klagerecht, die Verletzung subjektiver Rechte durch Anfechtungs-, Verpflichtungs- oder Leistungsklage durchzusetzen.

C. Gegenstände der Verbandsklage (Abs. 1 S. 1)

4 Die **Aufzählung** der Vorschriften in **Abs. 1 S. 1 Nr. 1–3,** deren Verletzung mit der Verbandsklage geltend gemacht werden kann, ist **abschließend.** Darüberhinausgehende Mängel werden nicht geprüft, zB ob eine Planungsentscheidung an einem Verfahrensfehler oder einem Verstoß gegen das Abwägungsverbot leidet (BVerwG 5.4.2006, 5.4.2006 – 9 C 1/05, BVerwGE 125, 370 ff.). Wurde eine Maßnahme nach Abs. 1 S. 1 aufgrund eines verwaltungs- oder sozialgerichtlichen Streitverfahrens erlassen, besteht kein Verbandsklagerecht (**Abs. 1 S. 2**).

D. Zulässigkeitsvoraussetzungen (Abs. 2)

5 Weitere Zulässigkeitsvoraussetzungen der Verbandsklage ergeben sich aus **Abs. 2.** Der klagende Verband muss durch eine Maßnahme oder ein Unterlassen in seinem satzungsgemäßen Aufgabenbereich berührt sein (**Abs. 2 S. 1**).

6 Wird mit der Verbandsklage ein Recht geltend gemacht, mit dem ein Rechtsverstoß gerügt wird, der gleichzeitig einen Menschen mit Behinderungen in seinen Rechten iSv § 14 verletzt und mit Klage dieses Menschen hätte verfolgt werden können, ist die Verbandsklage nur zulässig, wenn ein Fall von allgemeiner Bedeutung vorliegt (**Abs. 2 S. 2**). Hiervon geht **Abs. 2 S. 3** aus, wenn eine Vielzahl gleichgelagerter Fälle vorliegt. Dies ist nach dem Ausschussbericht der Fall, wenn das Handeln der Behörde durch Verwaltungsvorschriften gebunden ist (BT-Drs. 14/8331, 56 zu Art. 1, § 13). Es sind aber auch andere Fälle allgemeiner Bedeutung denkbar (Abs. 2 S. 2: „insbesondere“).

7 Weitere Zulässigkeitsvoraussetzung der Verbandsklage ist, dass zuvor ein **Widerspruchsverfahren** erfolglos durchgeführt wurde (**Abs. 2 S. 4**). Ein Vorverfahren muss auch dann durchgeführt werden, wenn eine oberste Bundes- oder eine oberste Landesbehörde die angegriffene Maßnahme erlassen hat (BR-Drs. 928/01, 107). Dieses Vorverfahren wird durch das Schlichtungsverfahren ersetzt (**Abs. 2 S. 7**).

8 Vor der Erhebung der Verbandsklage muss ein **Schlichtungsverfahren nach § 16** durchgeführt werden (**Abs. 2 S. 5**). Die Verbandsklage ist nur zulässig, wenn nach § 16 Abs. 7 bescheinigt wurde, dass im Schlichtungsverfahren keine gütliche Einigung erzielt wurde (**Abs. 2 S. 6**).

E. Anerkennung für das Verbandsklagerecht (Abs. 3)

9 Eine Verbandsklage dürfen nur Verbände erheben, die auf Vorschlag der in Abs. 3 S. 1 bezeichneten Gruppenvertreter des Beirats für die Teilhabe der Menschen mit Behinderungen anerkannt wurden (**Abs. 3 S. 1**). Vorschlagsberechtigt sind die Gruppenver-

treter der Arbeitnehmer/innen (§ 86 Abs. 2 1. Aufzählungspunkt SGB IX), der Verbände der Menschen mit Behinderungen (§ 86 Abs. 2 3. Aufzählungspunkt SGB IX) oder der Bundesarbeitsgemeinschaft der Freien Wohlfahrtspflege (§ 86 Abs. 2 12. Aufzählungspunkt SGB IX), die dem 49köpfigen Beirat für die Teilhabe der Menschen mit Behinderungen beim BMAS angehören.

Über die Anerkennung entscheidet das BMAS grds. nach pflichtgemäßem **Ermessen** („kann"). Das BMAS **muss** den Verband **im Regelfall anerkennen,** wenn die Voraussetzungen von Abs. 3 S. 2 erfüllt sind („soll"). Die in **Abs. 3 S. 2** aufgezählten Voraussetzungen müssen kumulativ vorliegen. 10

§ 16 Schlichtungsstelle und -verfahren; Verordnungsermächtigung

(1) [1]Bei der oder dem Beauftragten der Bundesregierung für die Belange von Menschen mit Behinderungen nach Abschnitt 5 wird eine Schlichtungsstelle zur außergerichtlichen Beilegung von Streitigkeiten nach den Absätzen 2 und 3 eingerichtet. [2]Sie wird mit neutralen schlichtenden Personen besetzt und hat eine Geschäftsstelle. [3]Das Verfahren der Schlichtungsstelle muss insbesondere gewährleisten, dass

1. die Schlichtungsstelle unabhängig ist und unparteiisch handelt,
2. die Verfahrensregeln für Interessierte zugänglich sind,
3. die Beteiligten des Schlichtungsverfahrens rechtliches Gehör erhalten, insbesondere Tatsachen und Bewertungen vorbringen können,
4. die schlichtenden Personen und die weiteren in der Schlichtungsstelle Beschäftigten die Vertraulichkeit der Informationen gewährleisten, von denen sie im Schlichtungsverfahren Kenntnis erhalten und
5. eine barrierefreie Kommunikation mit der Schlichtungsstelle möglich ist.

(2) [1]Wer der Ansicht ist, in einem Recht nach diesem Gesetz durch öffentliche Stellen des Bundes oder Eigentümer, Besitzer oder Betreiber von beweglichen oder unbeweglichen Anlagen und Einrichtungen verletzt worden zu sein, kann bei der Schlichtungsstelle nach Absatz 1 einen Antrag auf Einleitung eines Schlichtungsverfahrens stellen. [2]Kommt wegen der behaupteten Rechtsverletzung auch die Einlegung eines fristgebundenen Rechtsbehelfs in Betracht, beginnt die Rechtsbehelfsfrist erst mit Beendigung des Schlichtungsverfahrens nach Absatz 7. [3]In den Fällen des Satzes 2 ist der Schlichtungsantrag innerhalb der Rechtsbehelfsfrist zu stellen. [4]Ist wegen der behaupteten Rechtsverletzung bereits ein Rechtsbehelf anhängig, wird dieses Verfahren bis zur Beendigung des Schlichtungsverfahrens nach Absatz 7 unterbrochen.

(3) Ein nach § 15 Absatz 3 anerkannter Verband kann bei der Schlichtungsstelle nach Absatz 1 einen Antrag auf Einleitung eines Schlichtungsverfahrens stellen, wenn er einen Verstoß eines Träger öffentlicher Gewalt

1. gegen das Benachteiligungsverbot oder die Verpflichtung zur Herstellung von Barrierefreiheit nach § 15 Absatz 1 Satz 1 Nummer 1,
2. gegen die Vorschriften des Bundesrechts zur Herstellung der Barrierefreiheit nach § 15 Absatz 1 Satz 1 Nummer 2 oder
3. gegen die Vorschriften des Bundesrechts zur Verwendung von Gebärdensprache oder anderer geeigneter Kommunikationshilfen nach § 15 Absatz 1 Satz 1 Nummer 3 behauptet.

(4) [1]Der Antrag nach den Absätzen 2 und 3 kann in Textform oder zur Niederschrift bei der Schlichtungsstelle gestellt werden. [2]Diese übermittelt zur Durchführung des Schlichtungsverfahrens eine Abschrift des Schlichtungsantrags an die öffentliche Stelle oder den Eigentümer, Besitzer oder Betreiber von beweglichen oder unbeweglichen Anlagen oder Einrichtungen.

(5) [1]Die schlichtende Person wirkt in jeder Phase des Verfahrens auf eine gütliche Einigung der Beteiligten hin. [2]Sie kann einen Schlichtungsvorschlag unterbreiten. [3]Der Schlichtungsvorschlag soll am geltenden Recht ausgerichtet sein. [4]Die schlichtende Person kann den Einsatz von Mediation anbieten.

(6) Das Schlichtungsverfahren ist für die Beteiligten unentgeltlich.

(7) [1]Das Schlichtungsverfahren endet mit der Einigung der Beteiligten, der Rücknahme des Schlichtungsantrags oder der Feststellung, dass keine Einigung möglich ist. [2]Wenn keine Einigung möglich ist, endet das Schlichtungsverfahren mit der Zustellung der Bestätigung der Schlichtungsstelle an die Antragstellerin oder den Antragsteller, dass keine gütliche Einigung erzielt werden konnte.

(8) [1]Das Bundesministerium für Arbeit und Soziales wird ermächtigt, durch Rechtsverordnung, die nicht der Zustimmung des Bundesrates bedarf, das Nähere über die Geschäftsstelle, die Besetzung und das Verfahren der Schlichtungsstelle nach den Absätzen 1, 4, 5 und 7 zu regeln sowie weitere Vorschriften über die Kosten des Verfahrens und die Entschädigung zu erlassen. [2]Die Rechtsverordnung regelt auch das Nähere zu Tätigkeitsberichten der Schlichtungsstelle.

Übersicht

A. Geltende Fassung; Normzweck

1 § 16 wurde durch das G zur Weiterentwicklung des Behindertengleichstellungsrechts v. 19.7.2016 (BGBl. I S. 3234) mWv 27.7.2016 in das BGG eingefügt. Abs. 1 wurde mWv 14.7.2018 durch das Gesetz zur Verlängerung befristeter Regelungen im Arbeitsförderungsrecht und zur Umsetzung der Richtlinie (EU) 2016/2102 über den barrierefreien Zugang zu den Websites und mobilen Anwendungen öffentlicher Stellen vom 10.7.2018 (BGBl. I S. 1117) geändert. Abs. 2 S. 1 und Abs. 4 S. 2 wurden mWv 1.7.2021 durch das TeilhabestärkungsG v. 2.6.2021 (BGBl. I S. 1387) geändert.

2 Da die Verbände in der Vergangenheit von der Möglichkeit, Verbandsklage zu erheben, nur selten Gebrauch machten, will der Gesetzgeber mit dem Schlichtungsverfahren ein weiteres Verfahren zur Verfügung stellen (BT-Drs. 18/7824, 44). Mit dem in § 16 geregelten Schlichtungsverfahren will der Gesetzgeber eine rasche Einigung zwischen den Beteiligten ermöglichen, um so die Barrierefreiheit voranzubringen. Zugleich sollen der Aufwand für ein gerichtliches Verfahren vermieden und die Gerichte entlastet werden (BT-Drs. 18/7824, 43). Die Durchführung des Schlichtungsverfahrens ist nur bei der Verbandsklage (§ 15 Abs. 2 S. 6) Zulässigkeitsvoraussetzung eines Rechtsbehelfs (BT-Drs. 18/7824, 43 f.). Einzelheiten regelt die Behindertengleichstellungsschlichtungsverordnung (BGleiSV) (→ Rn. 21).

B. Einrichtung und Aufgaben der Schlichtungsstelle (Abs. 1)

Bei der Beauftragten Person für die Belange der Menschen mit Behinderungen (§ 17) muss eine **Schlichtungsstelle eingerichtet** werden (**Abs. 1 S. 1**). 3

Die Schlichtungsstelle ist mit **neutralen Personen besetzt** (**Abs. 1 S. 2**), die unabhängig und unparteiisch sind (BT-Drs. 18/7824, 43). Sie hat eine Geschäftsstelle (Abs. 1 S. 2). 4

Aufgabe der Schlichtungsstelle ist, Streitigkeiten nach Abs. 2 u. 3 zu schlichten. 5

Anforderungen an das **Verfahren** ergeben sich aus **Abs. 1 S. 3**. Die Schlichtungsstelle muss unabhängig und unparteiisch handeln (Abs. 1 S. 3 Nr. 1). Interessierten müssen die Verfahrensregeln zugänglich sein (Abs. 1 S. 3 Nr. 2). Den Beteiligten muss rechtliches Gehör eingeräumt werden (Abs. 1 S. 3 Nr. 3). Die Schlichter/innen und die Beschäftigten der Schlichtungsstelle müssen die Informationen vertraulich behandeln, die sie im Schlichtungsverfahren erfahren (Abs. 1 S. 3 Nr. 4). Eine barrierefreie Kommunikation mit den Beteiligten des Schlichtungsverfahrens muss gewährleistet sein (Abs. 1 S. 3 Nr. 5). 6

C. Anrufung der Schlichtungsstelle (Abs. 2)

Die Schlichtungsstelle kann jeder Einzelne anrufen. Voraussetzung ist, dass er behauptet, dass er in **seinen Rechten** nach dem BGG durch eine öffentliche Stelle (s. die Legaldefinition in § 12; → § 12 Rn. 3) oder durch einen Eigentümer, Besitzer oder Betreiber von beweglichen oder unbeweglichen Anlagen und Einrichtungen verletzt wurde (**Abs. 2 S. 1**), zB Verletzung des Rechts auf barrierefreie Kommunikation (§ 9) oder auf barrierefreie Anträge oder Bescheide (§ 10). 7

Abs. 2 S. 2 soll sicherstellen, dass bei parallel laufenden Verfahren die **Widerspruchsfrist** nicht während des Schlichtungsverfahrens endet. Deshalb beginnt diese erst mit dem Ende des Schlichtungsverfahrens (BT-Drs. 18/7824, 44), selbst wenn die Schlichtungsstelle erst kurz vor Ablauf der Widerspruchsfrist angerufen wurde (Fuchs/Ritz/Rosenow/Hlava/Ramm BGG § 16 Rn. 7. 8

Die **Frist** zur Beantragung der Eröffnung des Schlichtungsverfahrens orientiert sich an der Widerspruchsfrist (BT-Drs. 18/7824, 44). Ist ein Widerspruch gegen die angefochtene Maßnahme möglich, ist der Antrag auf Einleitung des Schlichtungsverfahrens innerhalb eines Monats nach Bekanntgabe des Verwaltungsakts zu stellen (**Abs. 2 S. 3**). 9

Ein bereits **laufendes Rechtsbehelfsverfahren** wird bis zur Beendigung des Schlichtungsverfahrens **unterbrochen** (**Abs. 2 S. 4**). Zur Beendigung des Schlichtungsverfahrens → Rn. 20. 9a

D. Antrag auf Durchführung eines Schlichtungsverfahrens (Abs. 3)

Nach § 15 Abs. 3 anerkannte Verbände sind berechtigt, einen Antrag bei der Schlichtungsstelle zu stellen. Ihr Antragsrecht ist allerdings auf behauptete Verstöße eines Trägers öffentlicher Gewalt (s. die Legaldefinition in § 1 Abs. 1, → § 1 Rn. 10) begrenzt. Außerdem können sie nicht alle Verstöße gegen das BGG, sondern nur die in Abs. 3 aufgezählten – diese entsprechen den Fällen, in denen die Verbandsklage zulässig ist – geltend machen. 10

E. Antrag auf Durchführung eines Schlichtungsverfahrens (Abs. 4)

11 Der Antrag auf Einleitung des Schlichtungsverfahrens kann in **Textform** (§ 126b BGB) oder zur Niederschrift bei der Geschäftsstelle der Schlichtungsstelle gestellt werden (**Abs. 4 S. 1**). Nach § 5 Abs. 1 S. 2 BGleiSV muss der Antrag den Sachverhalt, das mit dem Schlichtungsverfahren verfolgte Ziel sowie Namen und Anschriften der Beteiligten enthalten. Gem. § 5 Abs. 3 BGleiSV kann der Antrag jederzeit zurückgenommen werden.

12 Die Schlichtungsstelle **übermittelt** eine **Abschrift** des Antrags an die öffentliche Stelle oder an den Eigentümer, Besitzer oder Betreiber von beweglichen oder unbeweglichen Anlagen und Einrichtungen, der an dem Verfahren beteiligt ist.

F. Hinwirken auf gütliche Einigung (Abs. 5)

13 Die schlichtende Person soll in jeder Phase des Verfahrens auf eine gütliche Einigung zwischen den Beteiligten hinwirken (**Abs. 5 S. 1**). Zu Einzelheiten s. § 8 BGleiSV.

14 Sie hat die Beteiligten **anzuhören** (BT-Drs. 18/7824, 44; § 7 Abs. 1 S. 2 BGleiSV).

15 Einigen sich die Beteiligten nicht, unterbreitet die schlichtende Person den Beteiligten **einen Schlichtungsvorschlag** (**Abs. 5 S. 2**). Der Schlichtungsvorschlag soll **geltendem Recht** (**Abs. 5 S. 3**) und **Treu und** Glauben entsprechen (BT-Drs. 18/7824, 44). Dies kann schriftlich oder mündlich im Schlichtungstermin geschehen (BT-Drs. 18/7824, 44).

16 Nehmen die Beteiligten den Schlichtungsvorschlag an, hat dieser **vertragliche Wirkung** (BT-Drs. 18/7824, 44).

17 Die schlichtende Person kann den Beteiligten ein **Mediationsverfahren** vorschlagen (**Abs. 5 S. 4**). Legen sie im Rahmen dieses Verfahrens den Streit bei, hat das Ergebnis der Mediation vertragliche Wirkung (BT-Drs. 18/7824, 44).

18 Wurde **keine Einigung** erzielt, ist dies von der Schlichtungsstelle zu **bescheinigen** (§ 9 BGleiSV).

G. Unentgeltlichkeit des Schlichtungsverfahrens (Abs. 6)

19 Um den sich aus Art. 3 Buchst. b u. f UN-BRK und aus Art. 3 Abs. 3 S. 2 GG ergebenden Pflichten zu genügen, will der Gesetzgeber die Durchsetzung der Rechte aus dem BGG möglichst hürdenfrei gestalten. Deshalb werden für das Schlichtungsverfahren keine Gebühren und Auslagen verlangt (**Abs. 6**).

H. Beendigung des Schlichtungsverfahrens (Abs. 7)

20 In welchen Fällen das Schlichtungsverfahren endet, ergibt sich aus **Abs. 7 S. 1**. Konnte keine Einigung erzielt werden, muss die Schlichtungsstelle dies schriftlich bestätigen. Das Verfahren endet in diesem Fall mit der Zustellung der Bestätigung (**Abs. 7 S. 2**). Dass keine gütliche Einigung erzielt werden konnte, ist Voraussetzung für die Verbandsklage (§ 15 Abs. 2 S. 6).

I. Rechtsverordnung (Abs. 8)

Das BMAS wird durch **Abs. 8** ermächtigt, Einzelheiten zur Geschäftsstelle und zur Besetzung der Schlichtungsstelle, zum Verfahren, zu den weiteren Kosten (zB Fahrtkosten), zur Entschädigung sowie zu den Tätigkeitsberichten der Schlichtungsstelle durch Rechtsverordnung zu regeln. Aufgrund dieser Verordnungsermächtigung wurde die Verordnung über die Schlichtungsstelle nach § 16 des Behindertengleichstellungsgesetzes und ihr Verfahren (BGleiSV) v. 25.11.2016 (BGBl. I S. 2659) erlassen. 21

Abschnitt 5. Beauftragte oder Beauftragter der Bundesregierung für die Belange behinderter Menschen

§ 17 **Amt der oder des Beauftragten für die Belange von Menschen mit Behinderungen**

(1) **Die Bundesregierung bestellt eine Beauftragte oder einen Beauftragten für die Belange von Menschen mit Behinderungen.**

(2) **Der beauftragten Person ist die für die Erfüllung ihrer Aufgabe notwendige Personal- und Sachausstattung zur Verfügung zu stellen.**

(3) **Das Amt endet, außer im Fall der Entlassung, mit dem Zusammentreten eines neuen Bundestages.**

§ 17 wurde durch das G zur Weiterentwicklung des Behindertengleichstellungsrechts v. 19.7.2016 (BGBl. I S. 3234) mWv 27.7.2016 in das BGG eingefügt. Davor war der Regelungsgegenstand der Vorschrift § 14 zugeordnet. § 17 wurde durch das G zur Weiterentwicklung des Behindertengleichstellungsrechts v. 19.7.2016 (BGBl. I S. 3234) geändert. 1

Einen **Beauftragten** der BReg. für die Belange der Behinderten gibt es bereits seit 1980. Gesetzlich verankert wurde das Amt erst 2002 durch das BGG. Organisatorisch gehört das Amt zum BMAS; fachlich ist der Beauftragte nur dem Kabinett gegenüber verantwortlich (BR-Drs. 928/01, 82 zu Nr. 9). Die §§ 17, 18 und ihre Vorgängervorschriften bilden seit dem Jahr 2002 eine gesetzliche Grundlage für dieses Amt. 2

Die BReg. muss eine Beauftragte oder einen Beauftragten für die Belange der Menschen mit Behinderungen bestellen (Abs. 1). Hoheitliche Verwaltungskompetenzen sind dem Amt nicht zugewiesen. Es soll dazu dienen, die Interessen der Menschen mit Behinderung politisch geltend zu machen (BR-Drs. 928/01, 108). 3

Der/dem Beauftragten muss die für die Aufgabenwahrnehmung erforderliche **personelle und sachliche Ausstattung** zur Verfügung gestellt werden **(Abs. 2)**. 4

Das Amt **endet** mit der **Entlassung (Abs. 3)**. Gründe hierfür sind nicht erforderlich (BR-Drs. 928/01, 108). Es endet außerdem mit dem **Zusammentreten des neuen Bundestages (Abs. 4)**. Damit soll sichergestellt werden, dass zu Beginn einer jeden Legislaturperiode eine Beauftragte/ein Beauftragter erneut berufen wird. Der oder die Beauftragte kann mehrfach berufen werden. 5

§ 18 Aufgabe und Befugnisse

(1) [1]**Aufgabe der beauftragten Person ist es, darauf hinzuwirken, dass die Verantwortung des Bundes, für gleichwertige Lebensbedingungen für Menschen mit und ohne Behinderungen zu sorgen, in allen Bereichen des gesellschaftlichen Lebens erfüllt wird.** [2]**Sie setzt sich bei der Wahrnehmung dieser Aufgabe dafür ein, dass unterschiedliche**

Lebensbedingungen von Frauen mit Behinderungen und Männern mit Behinderungen berücksichtigt und geschlechtsspezifische Benachteiligungen beseitigt werden.

(2) Zur Wahrnehmung der Aufgabe nach Absatz 1 beteiligen die Bundesministerien die beauftragte Person bei allen Gesetzes-, Verordnungs- und sonstigen wichtigen Vorhaben, soweit sie Fragen der Integration von Menschen mit Behinderungen behandeln oder berühren.

(3) [1] Alle Bundesbehörden und sonstigen öffentlichen Stellen im Bereich des Bundes sind verpflichtet, die beauftragte Person bei der Erfüllung der Aufgabe zu unterstützen, insbesondere die erforderlichen Auskünfte zu erteilen und Akteneinsicht zu gewähren. [2] Die Bestimmungen zum Schutz personenbezogener Daten bleiben unberührt.

Übersicht

A. Geltende Fassung; Normzweck

1 § 18 wurde durch das G zur Weiterentwicklung des Behindertengleichstellungsrechts v. 19.7.2016 (BGBl. I S. 3234) mWv 27.7.2016 in das BGG eingefügt. Davor war der Regelungsgegenstand der Vorschrift in § 15 geregelt. § 18 wurde durch das G zur Weiterentwicklung des Behindertengleichstellungsrechts v. 19.7.2016 (BGBl. I S. 3234) geändert.

2 § 18 regelt den Aufgabenbereich der/des Beauftragten für die Belange der Menschen mit Behinderungen.

B. Aufgabe der/des Beauftragten für die Belange der Menschen mit Behinderungen (Abs. 1)

3 **Abs. 1 S. 1** umschreibt die **Aufgaben** der/des Beauftragten für die Belange der Menschen mit Behinderungen. Dabei wird an den Zielvorgaben des § 1 angeknüpft. **Abs. 1 S. 2** berücksichtigt wie § 2 die besonderen geschlechtsspezifischen Benachteiligungen von Frauen. Nach der Gesetzesbegründung kann die BReg. ergänzende Regelungen zu Aufgaben und Befugnissen in der gemeinsamen Geschäftsordnung der Bundesministerien bestimmen (BR-Drs. 928/01, 108). Zusätzlich wurden durch das G zur Weiterentwicklung des Behindertengleichstellungsrechts v. 19.7.2016 (BGBl. I S. 3234) Aufgaben im Zusammenhang mit der Schlichtungsstelle nach § 16 zugewiesen. Diese ist bei der bzw. dem Beauftragten für die Belange der Menschen mit Behinderungen zugewiesen. Außerdem muss sie Arbeitsberichte der Schlichtungsstelle herausgeben. Sie bzw. er kann von der Schlichtungsperson hinzugezogen werden (§ 8 BGleiSV) und hat Aufgaben bei der Bestellung und Abberufung der Schlichtungsperson (§ 3 Abs. 4, 5 BGeiSV).

C. Beteiligung an wichtigen Vorhaben (Abs. 2)

4 Die Bundesministerien sind verpflichtet, die/den Beauftragten für die Belange der Menschen mit Behinderungen bei Gesetzes-, Verordnungs- und sonstigen wichtigen Vor-

haben zu **beteiligen,** soweit diese Fragen der Integration der Menschen mit Behinderungen betreffen oder berühren.

D. Unterstützung durch Bundesbehörden (Abs. 3)

Alle Bundesbehörden und sonstige öffentlichen Stellen des Bundes sind verpflichtet, 5
die/den Beauftragten für die Belange der Menschen mit Behinderungen bei der Aufgabenerfüllung zu unterstützen; hierzu gehört vor allem die Erteilung erforderlicher Auskünfte und das Recht auf Akteneinsicht (**Abs. 3 S. 1**).

Abs. 3 **S. 2** weist klarstellend darauf hin, dass die Rechtsvorschriften zum Schutz 6
personenbezogener Daten bei der Wahrnehmung der Aufgaben und Befugnisse durch die beauftragte Person zu beachten sind.

§ 19 Förderung der Partizipation

Der Bund fördert im Rahmen der zur Verfügung stehenden Haushaltsmittel Maßnahmen von Organisationen, die die Voraussetzungen des § 15 Absatz 3 Satz 2 Nummer 1 bis 5 erfüllen, zur Stärkung der Teilhabe von Menschen mit Behinderungen an der Gestaltung öffentlicher Angelegenheiten.

Übersicht

A. Geltende Fassung; Normzweck

§ 19 wurde durch das G zur Weiterentwicklung des Behindertengleichstellungsrechts 1
v. 19.7.2016 (BGBl. I S. 3234) mWv 27.7.2016 in das BGG eingefügt.

Nach Art. 29 Buchst. b der UN-BRK sind die Vertragsstaaten verpflichtet, aktiv ein 2
Umfeld für die gleichberechtigte Teilhabe bei der Gestaltung öffentlicher Angelegenheiten der Menschen mit Behinderungen zu fördern. Nach Art. 4 Abs. 3 UN-BRK müssen die Vertragsstaaten bei Gesetzesvorhaben und politischen Konzepten, die die Menschen mit Behinderungen betreffen, deren Vertretungsorganisationen aktiv einbeziehen. Ferner hat die BReg. der 18. Legislaturperiode im Koalitionsvertrag die Beteiligung der Menschen mit Behinderungen vereinbart (BT-Drs. 7824, 45). § 19 dient der Umsetzung dieser Vorgaben. Der Gesetzgeber will Verbänden von Menschen mit Behinderungen, vor allem Selbstvertretungsorganisationen, eine aktive und umfassende Teilhabe an der Gestaltung „öffentlicher Angelegenheiten" ermöglichen (BT-Drs. 7824, 45). Bei kleineren Organisationen ist hierfür nach Auffassung des Gesetzgebers eine Stärkung von deren finanziellen Ressourcen erforderlich (BT-Drs. 7824, 45).

B. Förderung von Organisationen der Menschen mit Behinderungen

Voraussetzung der Förderung ist, dass der Verband die Voraussetzungen von § 15 3
Abs. 3 S. 2 Nr. 1–5 erfüllt. Eine Anerkennung nach § 15 Abs. 3 ist dagegen nicht erforderlich (BT-Drs. 7824, 45).

4 Die Förderung beinhaltet vor allem eine **finanzielle Förderung.** Dies folgt aus dem Hinweis „im Rahmen der zur Verfügung stehenden Haushaltsmittel" in § 19. Ein **Rechtsanspruch** auf die Förderung besteht **nicht.**

5 Nach der Gesetzesbegründung muss das BMAS die Voraussetzungen der Förderung in einer **Förderrichtlinie** festlegen (BT-Drs. 7824, 45). Das BMAS hat hierzu die „Richtlinie für die Förderung der Partizipation von Menschen mit Behinderungen und ihrer Verbände an der Gestaltung öffentlicher Angelegenheit vom 15.10.2012 (BAnz AT 14.11.2016 B2) erlassen. Gefördert werden einzelne „Maßnahmen".

4. Allgemeines Gleichbehandlungsgesetz (AGG)

Vom 14. August 2006 (BGBl. I S. 1897)
FNA 402-40
zuletzt geänd. durch Art. 4 G zur weiteren Umsetzung der RL (EU) 2019/1158 v. 19.12.2022 (BGBl. I S. 2510)

Abschnitt 1. Allgemeiner Teil

§ 1 Ziel des Gesetzes

Ziel des Gesetzes ist, Benachteiligungen aus Gründen der Rasse oder wegen der ethnischen Herkunft, des Geschlechts, der Religion oder Weltanschauung, einer Behinderung, des Alters oder der sexuellen Identität zu verhindern oder zu beseitigen.

§ 2 Anwendungsbereich

(1) Benachteiligungen aus einem in § 1 genannten Grund sind nach Maßgabe dieses Gesetzes unzulässig in Bezug auf:

1. die Bedingungen, einschließlich Auswahlkriterien und Einstellungsbedingungen, für den Zugang zu unselbstständiger und selbstständiger Erwerbstätigkeit, unabhängig von Tätigkeitsfeld und beruflicher Position, sowie für den beruflichen Aufstieg,

2. die Beschäftigungs- und Arbeitsbedingungen einschließlich Arbeitsentgelt und Entlassungsbedingungen, insbesondere in individual- und kollektivrechtlichen Vereinbarungen und Maßnahmen bei der Durchführung und Beendigung eines Beschäftigungsverhältnisses sowie beim beruflichen Aufstieg,

3. den Zugang zu allen Formen und allen Ebenen der Berufsberatung, der Berufsbildung einschließlich der Berufsausbildung, der beruflichen Weiterbildung und der Umschulung sowie der praktischen Berufserfahrung,

4. die Mitgliedschaft und Mitwirkung in einer Beschäftigten- oder Arbeitgebervereinigung oder einer Vereinigung, deren Mitglieder einer bestimmten Berufsgruppe angehören, einschließlich der Inanspruchnahme der Leistungen solcher Vereinigungen,

5. den Sozialschutz, einschließlich der sozialen Sicherheit und der Gesundheitsdienste,

6. die sozialen Vergünstigungen,

7. die Bildung,

8. den Zugang zu und die Versorgung mit Gütern und Dienstleistungen, die der Öffentlichkeit zur Verfügung stehen, einschließlich von Wohnraum.

(2) [1] Für Leistungen nach dem Sozialgesetzbuch gelten § 33c des Ersten Buches Sozialgesetzbuch und § 19a des Vierten Buches Sozialgesetzbuch. [2] Für die betriebliche Altersvorsorge gilt das Betriebsrentengesetz.

(3) [1] Die Geltung sonstiger Benachteiligungsverbote oder Gebote der Gleichbehandlung wird durch dieses Gesetz nicht berührt. [2] Dies gilt auch für öffentlich-rechtliche Vorschriften, die dem Schutz bestimmter Personengruppen dienen.

(4) Für Kündigungen gelten ausschließlich die Bestimmungen zum allgemeinen und besonderen Kündigungsschutz.

§ 3 Begriffsbestimmungen

(1) [1]Eine unmittelbare Benachteiligung liegt vor, wenn eine Person wegen eines in § 1 genannten Grundes eine weniger günstige Behandlung erfährt, als eine andere Person in einer vergleichbaren Situation erfährt, erfahren hat oder erfahren würde. [2]Eine unmittelbare Benachteiligung wegen des Geschlechts liegt in Bezug auf § 2 Abs. 1 Nr. 1 bis 4 auch im Falle einer ungünstigeren Behandlung einer Frau wegen Schwangerschaft oder Mutterschaft vor.

(2) Eine mittelbare Benachteiligung liegt vor, wenn dem Anschein nach neutrale Vorschriften, Kriterien oder Verfahren Personen wegen eines in § 1 genannten Grundes gegenüber anderen Personen in besonderer Weise benachteiligen können, es sei denn, die betreffenden Vorschriften, Kriterien oder Verfahren sind durch ein rechtmäßiges Ziel sachlich gerechtfertigt und die Mittel sind zur Erreichung dieses Ziels angemessen und erforderlich.

(3) Eine Belästigung ist eine Benachteiligung, wenn unerwünschte Verhaltensweisen, die mit einem in § 1 genannten Grund in Zusammenhang stehen, bezwecken oder bewirken, dass die Würde der betreffenden Person verletzt und ein von Einschüchterungen, Anfeindungen, Erniedrigungen, Entwürdigungen oder Beleidigungen gekennzeichnetes Umfeld geschaffen wird.

(4) Eine sexuelle Belästigung ist eine Benachteiligung in Bezug auf § 2 Abs. 1 Nr. 1 bis 4, wenn ein unerwünschtes, sexuell bestimmtes Verhalten, wozu auch unerwünschte sexuelle Handlungen und Aufforderungen zu diesen, sexuell bestimmte körperliche Berührungen, Bemerkungen sexuellen Inhalts sowie unerwünschtes Zeigen und sichtbares Anbringen von pornographischen Darstellungen gehören, bezweckt oder bewirkt, dass die Würde der betreffenden Person verletzt wird, insbesondere wenn ein von Einschüchterungen, Anfeindungen, Erniedrigungen, Entwürdigungen oder Beleidigungen gekennzeichnetes Umfeld geschaffen wird.

(5) [1]Die Anweisung zur Benachteiligung einer Person aus einem in § 1 genannten Grund gilt als Benachteiligung. [2]Eine solche Anweisung liegt in Bezug auf § 2 Abs. 1 Nr. 1 bis 4 insbesondere vor, wenn jemand eine Person zu einem Verhalten bestimmt, das einen Beschäftigten oder eine Beschäftigte wegen eines in § 1 genannten Grundes benachteiligt oder benachteiligen kann.

§ 4 Unterschiedliche Behandlung wegen mehrerer Gründe

Erfolgt eine unterschiedliche Behandlung wegen mehrerer der in § 1 genannten Gründe, so kann diese unterschiedliche Behandlung nach den §§ 8 bis 10 und 20 nur gerechtfertigt werden, wenn sich die Rechtfertigung auf alle diese Gründe erstreckt, derentwegen die unterschiedliche Behandlung erfolgt.

§ 5 Positive Maßnahmen

Ungeachtet der in den §§ 8 bis 10 sowie in § 20 benannten Gründe ist eine unterschiedliche Behandlung auch zulässig, wenn durch geeignete und angemessene Maßnahmen bestehende Nachteile wegen eines in § 1 genannten Grundes verhindert oder ausgeglichen werden sollen.

Abschnitt 2. Schutz der Beschäftigten vor Benachteiligung

Unterabschnitt 1. Verbot der Benachteiligung

§ 6 Persönlicher Anwendungsbereich

(1) [1]Beschäftigte im Sinne dieses Gesetzes sind

1. Arbeitnehmerinnen und Arbeitnehmer,
2. die zu ihrer Berufsbildung Beschäftigten,
3. Personen, die wegen ihrer wirtschaftlichen Unselbstständigkeit als arbeitnehmerähnliche Personen anzusehen sind; zu diesen gehören auch die in Heimarbeit Beschäftigten und die ihnen Gleichgestellten.

[2]Als Beschäftigte gelten auch die Bewerberinnen und Bewerber für ein Beschäftigungsverhältnis sowie die Personen, deren Beschäftigungsverhältnis beendet ist.

(2) [1]Arbeitgeber (Arbeitgeber und Arbeitgeberinnen) im Sinne dieses Abschnitts sind natürliche und juristische Personen sowie rechtsfähige Personengesellschaften, die Personen nach Absatz 1 beschäftigen. [2]Werden Beschäftigte einem Dritten zur Arbeitsleistung überlassen, so gilt auch dieser als Arbeitgeber im Sinne dieses Abschnitts. [3]Für die in Heimarbeit Beschäftigten und die ihnen Gleichgestellten tritt an die Stelle des Arbeitgebers der Auftraggeber oder Zwischenmeister.

(3) Soweit es die Bedingungen für den Zugang zur Erwerbstätigkeit sowie den beruflichen Aufstieg betrifft, gelten die Vorschriften dieses Abschnitts für Selbstständige und Organmitglieder, insbesondere Geschäftsführer oder Geschäftsführerinnen und Vorstände, entsprechend.

§ 7 Benachteiligungsverbot

(1) Beschäftigte dürfen nicht wegen eines in § 1 genannten Grundes benachteiligt werden; dies gilt auch, wenn die Person, die die Benachteiligung begeht, das Vorliegen eines in § 1 genannten Grundes bei der Benachteiligung nur annimmt.

(2) Bestimmungen in Vereinbarungen, die gegen das Benachteiligungsverbot des Absatzes 1 verstoßen, sind unwirksam.

(3) Eine Benachteiligung nach Absatz 1 durch Arbeitgeber oder Beschäftigte ist eine Verletzung vertraglicher Pflichten.

§ 8 Zulässige unterschiedliche Behandlung wegen beruflicher Anforderungen

(1) Eine unterschiedliche Behandlung wegen eines in § 1 genannten Grundes ist zulässig, wenn dieser Grund wegen der Art der auszuübenden Tätigkeit oder der Bedingungen ihrer Ausübung eine wesentliche und entscheidende berufliche Anforderung darstellt, sofern der Zweck rechtmäßig und die Anforderung angemessen ist.

(2) Die Vereinbarung einer geringeren Vergütung für gleiche oder gleichwertige Arbeit wegen eines in § 1 genannten Grundes wird nicht dadurch gerechtfertigt, dass wegen eines in § 1 genannten Grundes besondere Schutzvorschriften gelten.

§ 9 Zulässige unterschiedliche Behandlung wegen der Religion oder Weltanschauung

(1) Ungeachtet des § 8 ist eine unterschiedliche Behandlung wegen der Religion oder der Weltanschauung bei der Beschäftigung durch Religionsgemeinschaften, die ihnen zugeordneten Einrichtungen ohne Rücksicht auf ihre Rechtsform oder durch Vereinigungen, die sich die gemeinschaftliche Pflege einer Religion oder Weltanschauung zur Auf-

gabe machen, auch zulässig, wenn eine bestimmte Religion oder Weltanschauung unter Beachtung des Selbstverständnisses der jeweiligen Religionsgemeinschaft oder Vereinigung im Hinblick auf ihr Selbstbestimmungsrecht oder nach der Art der Tätigkeit eine gerechtfertigte berufliche Anforderung darstellt.

(2) Das Verbot unterschiedlicher Behandlung wegen der Religion oder der Weltanschauung berührt nicht das Recht der in Absatz 1 genannten Religionsgemeinschaften, der ihnen zugeordneten Einrichtungen ohne Rücksicht auf ihre Rechtsform oder der Vereinigungen, die sich die gemeinschaftliche Pflege einer Religion oder Weltanschauung zur Aufgabe machen, von ihren Beschäftigten ein loyales und aufrichtiges Verhalten im Sinne ihres jeweiligen Selbstverständnisses verlangen zu können.

§ 10 Zulässige unterschiedliche Behandlung wegen des Alters

[1]Ungeachtet des § 8 ist eine unterschiedliche Behandlung wegen des Alters auch zulässig, wenn sie objektiv und angemessen und durch ein legitimes Ziel gerechtfertigt ist. [2]Die Mittel zur Erreichung dieses Ziels müssen angemessen und erforderlich sein. [3]Derartige unterschiedliche Behandlungen können insbesondere Folgendes einschließen:

1. die Festlegung besonderer Bedingungen für den Zugang zur Beschäftigung und zur beruflichen Bildung sowie besonderer Beschäftigungs- und Arbeitsbedingungen, einschließlich der Bedingungen für Entlohnung und Beendigung des Beschäftigungsverhältnisses, um die berufliche Eingliederung von Jugendlichen, älteren Beschäftigten und Personen mit Fürsorgepflichten zu fördern oder ihren Schutz sicherzustellen,
2. die Festlegung von Mindestanforderungen an das Alter, die Berufserfahrung oder das Dienstalter für den Zugang zur Beschäftigung oder für bestimmte mit der Beschäftigung verbundene Vorteile,
3. die Festsetzung eines Höchstalters für die Einstellung auf Grund der spezifischen Ausbildungsanforderungen eines bestimmten Arbeitsplatzes oder auf Grund der Notwendigkeit einer angemessenen Beschäftigungszeit vor dem Eintritt in den Ruhestand,
4. die Festsetzung von Altersgrenzen bei den betrieblichen Systemen der sozialen Sicherheit als Voraussetzung für die Mitgliedschaft oder den Bezug von Altersrente oder von Leistungen bei Invalidität einschließlich der Festsetzung unterschiedlicher Altersgrenzen im Rahmen dieser Systeme für bestimmte Beschäftigte oder Gruppen von Beschäftigten und die Verwendung von Alterskriterien im Rahmen dieser Systeme für versicherungsmathematische Berechnungen,
5. eine Vereinbarung, die die Beendigung des Beschäftigungsverhältnisses ohne Kündigung zu einem Zeitpunkt vorsieht, zu dem der oder die Beschäftigte eine Rente wegen Alters beantragen kann; § 41 des Sechsten Buches Sozialgesetzbuch bleibt unberührt,
6. Differenzierungen von Leistungen in Sozialplänen im Sinne des Betriebsverfassungsgesetzes, wenn die Parteien eine nach Alter oder Betriebszugehörigkeit gestaffelte Abfindungsregelung geschaffen haben, in der die wesentlich vom Alter abhängenden Chancen auf dem Arbeitsmarkt durch eine verhältnismäßig starke Betonung des Lebensalters erkennbar berücksichtigt worden sind, oder Beschäftigte von den Leistungen des Sozialplans ausgeschlossen haben, die wirtschaftlich abgesichert sind, weil sie, gegebenenfalls nach Bezug von Arbeitslosengeld, rentenberechtigt sind.

Unterabschnitt 2. Organisationspflichten des Arbeitgebers

§ 11 Ausschreibung

Ein Arbeitsplatz darf nicht unter Verstoß gegen § 7 Abs. 1 ausgeschrieben werden.

§ 12 Maßnahmen und Pflichten des Arbeitgebers

(1) [1]Der Arbeitgeber ist verpflichtet, die erforderlichen Maßnahmen zum Schutz vor Benachteiligungen wegen eines in § 1 genannten Grundes zu treffen. [2]Dieser Schutz umfasst auch vorbeugende Maßnahmen.

(2) [1]Der Arbeitgeber soll in geeigneter Art und Weise, insbesondere im Rahmen der beruflichen Aus- und Fortbildung, auf die Unzulässigkeit solcher Benachteiligungen hinweisen und darauf hinwirken, dass diese unterbleiben. [2]Hat der Arbeitgeber seine Beschäftigten in geeigneter Weise zum Zwecke der Verhinderung von Benachteiligung geschult, gilt dies als Erfüllung seiner Pflichten nach Absatz 1.

(3) Verstoßen Beschäftigte gegen das Benachteiligungsverbot des § 7 Abs. 1, so hat der Arbeitgeber die im Einzelfall geeigneten, erforderlichen und angemessenen Maßnahmen zur Unterbindung der Benachteiligung wie Abmahnung, Umsetzung, Versetzung oder Kündigung zu ergreifen.

(4) Werden Beschäftigte bei der Ausübung ihrer Tätigkeit durch Dritte nach § 7 Abs. 1 benachteiligt, so hat der Arbeitgeber die im Einzelfall geeigneten, erforderlichen und angemessenen Maßnahmen zum Schutz der Beschäftigten zu ergreifen.

(5) [1]Dieses Gesetz und § 61b des Arbeitsgerichtsgesetzes sowie Informationen über die für die Behandlung von Beschwerden nach § 13 zuständigen Stellen sind im Betrieb oder in der Dienststelle bekannt zu machen. [2]Die Bekanntmachung kann durch Aushang oder Auslegung an geeigneter Stelle oder den Einsatz der im Betrieb oder der Dienststelle üblichen Informations- und Kommunikationstechnik erfolgen.

Unterabschnitt 3. Rechte der Beschäftigten

§ 13 Beschwerderecht

(1) [1]Die Beschäftigten haben das Recht, sich bei den zuständigen Stellen des Betriebs, des Unternehmens oder der Dienststelle zu beschweren, wenn sie sich im Zusammenhang mit ihrem Beschäftigungsverhältnis vom Arbeitgeber, von Vorgesetzten, anderen Beschäftigten oder Dritten wegen eines in § 1 genannten Grundes benachteiligt fühlen. [2]Die Beschwerde ist zu prüfen und das Ergebnis der oder dem beschwerdeführenden Beschäftigten mitzuteilen.

(2) Die Rechte der Arbeitnehmervertretungen bleiben unberührt.

§ 14 Leistungsverweigerungsrecht

[1]Ergreift der Arbeitgeber keine oder offensichtlich ungeeignete Maßnahmen zur Unterbindung einer Belästigung oder sexuellen Belästigung am Arbeitsplatz, sind die betroffenen Beschäftigten berechtigt, ihre Tätigkeit ohne Verlust des Arbeitsentgelts einzustellen, soweit dies zu ihrem Schutz erforderlich ist. [2]§ 273 des Bürgerlichen Gesetzbuchs bleibt unberührt.

§ 15 Entschädigung und Schadensersatz

(1) [1]Bei einem Verstoß gegen das Benachteiligungsverbot ist der Arbeitgeber verpflichtet, den hierdurch entstandenen Schaden zu ersetzen. [2]Dies gilt nicht, wenn der Arbeitgeber die Pflichtverletzung nicht zu vertreten hat.

(2) [1]Wegen eines Schadens, der nicht Vermögensschaden ist, kann der oder die Beschäftigte eine angemessene Entschädigung in Geld verlangen. [2]Die Entschädigung darf bei einer Nichteinstellung drei Monatsgehälter nicht übersteigen, wenn der oder die Beschäftigte auch bei benachteiligungsfreier Auswahl nicht eingestellt worden wäre.

(3) Der Arbeitgeber ist bei der Anwendung kollektivrechtlicher Vereinbarungen nur dann zur Entschädigung verpflichtet, wenn er vorsätzlich oder grob fahrlässig handelt.

(4) [1]Ein Anspruch nach Absatz 1 oder 2 muss innerhalb einer Frist von zwei Monaten schriftlich geltend gemacht werden, es sei denn, die Tarifvertragsparteien haben etwas anderes vereinbart. [2]Die Frist beginnt im Falle einer Bewerbung oder eines beruflichen Aufstiegs mit dem Zugang der Ablehnung und in den sonstigen Fällen einer Benachteiligung zu dem Zeitpunkt, in dem der oder die Beschäftigte von der Benachteiligung Kenntnis erlangt.

(5) Im Übrigen bleiben Ansprüche gegen den Arbeitgeber, die sich aus anderen Rechtsvorschriften ergeben, unberührt.

(6) Ein Verstoß des Arbeitgebers gegen das Benachteiligungsverbot des § 7 Abs. 1 begründet keinen Anspruch auf Begründung eines Beschäftigungsverhältnisses, Berufsausbildungsverhältnisses oder einen beruflichen Aufstieg, es sei denn, ein solcher ergibt sich aus einem anderen Rechtsgrund.

§ 16 Maßregelungsverbot

(1) [1]Der Arbeitgeber darf Beschäftigte nicht wegen der Inanspruchnahme von Rechten nach diesem Abschnitt oder wegen der Weigerung, eine gegen diesen Abschnitt verstoßende Anweisung auszuführen, benachteiligen. [2]Gleiches gilt für Personen, die den Beschäftigten hierbei unterstützen oder als Zeuginnen oder Zeugen aussagen.

(2) [1]Die Zurückweisung oder Duldung benachteiligender Verhaltensweisen durch betroffene Beschäftigte darf nicht als Grundlage für eine Entscheidung herangezogen werden, die diese Beschäftigten berührt. [2]Absatz 1 Satz 2 gilt entsprechend.

(3) § 22 gilt entsprechend.

Unterabschnitt 4. Ergänzende Vorschriften

§ 17 Soziale Verantwortung der Beteiligten

(1) Tarifvertragsparteien, Arbeitgeber, Beschäftigte und deren Vertretungen sind aufgefordert, im Rahmen ihrer Aufgaben und Handlungsmöglichkeiten an der Verwirklichung des in § 1 genannten Ziels mitzuwirken.

(2) [1]In Betrieben, in denen die Voraussetzungen des § 1 Abs. 1 Satz 1 des Betriebsverfassungsgesetzes vorliegen, können bei einem groben Verstoß des Arbeitgebers gegen Vorschriften aus diesem Abschnitt der Betriebsrat oder eine im Betrieb vertretene Gewerkschaft unter der Voraussetzung des § 23 Abs. 3 Satz 1 des Betriebsverfassungsgesetzes die dort genannten Rechte gerichtlich geltend machen; § 23 Abs. 3 Satz 2 bis 5 des Betriebsverfassungsgesetzes gilt entsprechend. [2]Mit dem Antrag dürfen nicht Ansprüche des Benachteiligten geltend gemacht werden.

§ 18 Mitgliedschaft in Vereinigungen

(1) Die Vorschriften dieses Abschnitts gelten entsprechend für die Mitgliedschaft oder die Mitwirkung in einer

1. Tarifvertragspartei,
2. Vereinigung, deren Mitglieder einer bestimmten Berufsgruppe angehören oder die eine überragende Machtstellung im wirtschaftlichen oder sozialen Bereich innehat, wenn ein grundlegendes Interesse am Erwerb der Mitgliedschaft besteht,

sowie deren jeweiligen Zusammenschlüssen.

(2) Wenn die Ablehnung einen Verstoß gegen das Benachteiligungsverbot des § 7 Abs. 1 darstellt, besteht ein Anspruch auf Mitgliedschaft oder Mitwirkung in den in Absatz 1 genannten Vereinigungen.

Abschnitt 3. Schutz vor Benachteiligung im Zivilrechtsverkehr

§ 19 Zivilrechtliches Benachteiligungsverbot

(1) Eine Benachteiligung aus Gründen der Rasse oder wegen der ethnischen Herkunft, wegen des Geschlechts, der Religion, einer Behinderung, des Alters oder der sexuellen Identität bei der Begründung, Durchführung und Beendigung zivilrechtlicher Schuldverhältnisse, die

1. typischerweise ohne Ansehen der Person zu vergleichbaren Bedingungen in einer Vielzahl von Fällen zustande kommen (Massengeschäfte) oder bei denen das Ansehen der Person nach der Art des Schuldverhältnisses eine nachrangige Bedeutung hat und die zu vergleichbaren Bedingungen in einer Vielzahl von Fällen zustande kommen oder
2. eine privatrechtliche Versicherung zum Gegenstand haben,

ist unzulässig.

(2) Eine Benachteiligung aus Gründen der Rasse oder wegen der ethnischen Herkunft ist darüber hinaus auch bei der Begründung, Durchführung und Beendigung sonstiger zivilrechtlicher Schuldverhältnisse im Sinne des § 2 Abs. 1 Nr. 5 bis 8 unzulässig.

(3) Bei der Vermietung von Wohnraum ist eine unterschiedliche Behandlung im Hinblick auf die Schaffung und Erhaltung sozial stabiler Bewohnerstrukturen und ausgewogener Siedlungsstrukturen sowie ausgeglichener wirtschaftlicher, sozialer und kultureller Verhältnisse zulässig.

(4) Die Vorschriften dieses Abschnitts finden keine Anwendung auf familien- und erbrechtliche Schuldverhältnisse.

(5) [1]Die Vorschriften dieses Abschnitts finden keine Anwendung auf zivilrechtliche Schuldverhältnisse, bei denen ein besonderes Nähe- oder Vertrauensverhältnis der Parteien oder ihrer Angehörigen begründet wird. [2]Bei Mietverhältnissen kann dies insbesondere der Fall sein, wenn die Parteien oder ihre Angehörigen Wohnraum auf demselben Grundstück nutzen. [3]Die Vermietung von Wohnraum zum nicht nur vorübergehenden Gebrauch ist in der Regel kein Geschäft im Sinne des Absatzes 1 Nr. 1, wenn der Vermieter insgesamt nicht mehr als 50 Wohnungen vermietet.

§ 20 Zulässige unterschiedliche Behandlung

(1) [1]Eine Verletzung des Benachteiligungsverbots ist nicht gegeben, wenn für eine unterschiedliche Behandlung wegen der Religion, einer Behinderung, des Alters, der sexuellen Identität oder des Geschlechts ein sachlicher Grund vorliegt. [2]Das kann insbesondere der Fall sein, wenn die unterschiedliche Behandlung

1. der Vermeidung von Gefahren, der Verhütung von Schäden oder anderen Zwecken vergleichbarer Art dient,
2. dem Bedürfnis nach Schutz der Intimsphäre oder der persönlichen Sicherheit Rechnung trägt,
3. besondere Vorteile gewährt und ein Interesse an der Durchsetzung der Gleichbehandlung fehlt,
4. an die Religion eines Menschen anknüpft und im Hinblick auf die Ausübung der Religionsfreiheit oder auf das Selbstbestimmungsrecht der Religionsgemeinschaften, der ihnen zugeordneten Einrichtungen ohne Rücksicht auf ihre Rechtsform sowie der

Vereinigungen, die sich die gemeinschaftliche Pflege einer Religion zur Aufgabe machen, unter Beachtung des jeweiligen Selbstverständnisses gerechtfertigt ist.

(2) [1]Kosten im Zusammenhang mit Schwangerschaft und Mutterschaft dürfen auf keinen Fall zu unterschiedlichen Prämien oder Leistungen führen. [2]Eine unterschiedliche Behandlung wegen der Religion, einer Behinderung, des Alters oder der sexuellen Identität ist im Falle des § 19 Abs. 1 Nr. 2 nur zulässig, wenn diese auf anerkannten Prinzipien risikoadäquater Kalkulation beruht, insbesondere auf einer versicherungsmathematisch ermittelten Risikobewertung unter Heranziehung statistischer Erhebungen.

§ 21 Ansprüche

(1) [1]Der Benachteiligte kann bei einem Verstoß gegen das Benachteiligungsverbot unbeschadet weiterer Ansprüche die Beseitigung der Beeinträchtigung verlangen. [2]Sind weitere Beeinträchtigungen zu besorgen, so kann er auf Unterlassung klagen.

(2) [1]Bei einer Verletzung des Benachteiligungsverbots ist der Benachteiligende verpflichtet, den hierdurch entstandenen Schaden zu ersetzen. [2]Dies gilt nicht, wenn der Benachteiligende die Pflichtverletzung nicht zu vertreten hat. [3]Wegen eines Schadens, der nicht Vermögensschaden ist, kann der Benachteiligte eine angemessene Entschädigung in Geld verlangen.

(3) Ansprüche aus unerlaubter Handlung bleiben unberührt.

(4) Auf eine Vereinbarung, die von dem Benachteiligungsverbot abweicht, kann sich der Benachteiligende nicht berufen.

(5) [1]Ein Anspruch nach den Absätzen 1 und 2 muss innerhalb einer Frist von zwei Monaten geltend gemacht werden. [2]Nach Ablauf der Frist kann der Anspruch nur geltend gemacht werden, wenn der Benachteiligte ohne Verschulden an der Einhaltung der Frist verhindert war.

Abschnitt 4. Rechtsschutz

§ 22 Beweislast

Wenn im Streitfall die eine Partei Indizien beweist, die eine Benachteiligung wegen eines in § 1 genannten Grundes vermuten lassen, trägt die andere Partei die Beweislast dafür, dass kein Verstoß gegen die Bestimmungen zum Schutz vor Benachteiligung vorgelegen hat.

§ 23 Unterstützung durch Antidiskriminierungsverbände

(1) [1]Antidiskriminierungsverbände sind Personenzusammenschlüsse, die nicht gewerbsmäßig und nicht nur vorübergehend entsprechend ihrer Satzung die besonderen Interessen von benachteiligten Personen oder Personengruppen nach Maßgabe von § 1 wahrnehmen. [2]Die Befugnisse nach den Absätzen 2 bis 4 stehen ihnen zu, wenn sie mindestens 75 Mitglieder haben oder einen Zusammenschluss aus mindestens sieben Verbänden bilden.

(2) [1]Antidiskriminierungsverbände sind befugt, im Rahmen ihres Satzungszwecks in gerichtlichen Verfahren als Beistände Benachteiligter in der Verhandlung aufzutreten. [2]Im Übrigen bleiben die Vorschriften der Verfahrensordnungen, insbesondere diejenigen, nach denen Beiständen weiterer Vortrag untersagt werden kann, unberührt.

(3) Antidiskriminierungsverbänden ist im Rahmen ihres Satzungszwecks die Besorgung von Rechtsangelegenheiten Benachteiligter gestattet.

(4) Besondere Klagerechte und Vertretungsbefugnisse von Verbänden zu Gunsten von behinderten Menschen bleiben unberührt.

Abschnitt 5. Sonderregelungen für öffentlich-rechtliche Dienstverhältnisse

§ 24 Sonderregelung für öffentlich-rechtliche Dienstverhältnisse

Die Vorschriften dieses Gesetzes gelten unter Berücksichtigung ihrer besonderen Rechtsstellung entsprechend für

1. Beamtinnen und Beamte des Bundes, der Länder, der Gemeinden, der Gemeindeverbände sowie der sonstigen der Aufsicht des Bundes oder eines Landes unterstehenden Körperschaften, Anstalten und Stiftungen des öffentlichen Rechts,
2. Richterinnen und Richter des Bundes und der Länder,
3. Zivildienstleistende sowie anerkannte Kriegsdienstverweigerer, soweit ihre Heranziehung zum Zivildienst betroffen ist.

Abschnitt 6. Antidiskriminierungsstelle des Bundes und Unabhängige Bundesbeauftragte oder Unabhängiger Bundesbeauftragter für Antidiskriminierung

§ 25 Antidiskriminierungsstelle des Bundes

(1) Beim Bundesministerium für Familie, Senioren, Frauen und Jugend wird unbeschadet der Zuständigkeit der Beauftragten des Deutschen Bundestages oder der Bundesregierung die Stelle des Bundes zum Schutz vor Benachteiligungen wegen eines in § 1 genannten Grundes (Antidiskriminierungsstelle des Bundes) errichtet.

(2) [1]Der Antidiskriminierungsstelle des Bundes ist die für die Erfüllung ihrer Aufgaben notwendige Personal- und Sachausstattung zur Verfügung zu stellen. [2]Sie ist im Einzelplan des Bundesministeriums für Familie, Senioren, Frauen und Jugend in einem eigenen Kapitel auszuweisen.

(3) Die Antidiskriminierungsstelle des Bundes wird von der oder dem unabhängigen Bundesbeauftragten für Antidiskriminierung geleitet

§ 26 Wahl der oder des Unabhängigen Bundesbeauftragten für Antidiskriminierung; Anforderungen

(1) Die oder der Unabhängige Bundesbeauftragte für Antidiskriminierung wird auf Vorschlag der Bundesregierung vom Deutschen Bundestag gewählt.

(2) Über den Vorschlag stimmt der Deutsche Bundestag ohne Aussprache ab.

(3) Die vorgeschlagene Person ist gewählt, wenn für sie mehr als die Hälfte der gesetzlichen Zahl der Mitglieder des Deutschen Bundestages gestimmt hat.

(4) [1]Die oder der Unabhängige Bundesbeauftragte für Antidiskriminierung muss zur Erfüllung ihrer oder seiner Aufgaben und zur Ausübung ihrer oder seiner Befugnisse über die erforderliche Qualifikation, Erfahrung und Sachkunde insbesondere im Bereich der Antidiskriminierung verfügen. [2]Insbesondere muss sie oder er über durch einschlägige Berufserfahrung erworbene Kenntnisse des Antidiskriminierungsrechts verfügen und die Befähigung für die Laufbahn des höheren nichttechnischen Verwaltungsdienstes des Bundes haben.

§ 26a Rechtsstellung der oder des Unabhängigen Bundesbeauftragten für Antidiskriminierung

(1) [1]Die oder der Unabhängige Bundesbeauftragte für Antidiskriminierung steht nach Maßgabe dieses Gesetzes in einem öffentlich-rechtlichen Amtsverhältnis zum Bund. [2]Sie oder er ist bei der Ausübung ihres oder seines Amtes unabhängig und nur dem Gesetz unterworfen.

(2) Die oder der Unabhängige Bundesbeauftragte für Antidiskriminierung untersteht der Rechtsaufsicht der Bundesregierung.

§ 26b Amtszeit der oder des Unabhängigen Bundesbeauftragten für Antidiskriminierung

(1) Die Amtszeit der oder des Unabhängigen Bundesbeauftragten für Antidiskriminierung beträgt fünf Jahre.

(2) Eine einmalige Wiederwahl ist zulässig.

(3) Kommt vor Ende des Amtsverhältnisses eine Neuwahl nicht zustande, so führt die oder der bisherige Unabhängige Bundesbeauftragte für Antidiskriminierung auf Ersuchen der Bundespräsidentin oder des Bundespräsidenten die Geschäfte bis zur Neuwahl fort.

§ 26c Beginn und Ende des Amtsverhältnisses der oder des Unabhängigen Bundesbeauftragten für Antidiskriminierung; Amtseid

(1) [1]Die oder der nach § 26 Gewählte ist von der Bundespräsidentin oder dem Bundespräsidenten zu ernennen. [2]Das Amtsverhältnis der oder des Unabhängigen Bundesbeauftragten für Antidiskriminierung beginnt mit der Aushändigung der Ernennungsurkunde.

(2) [1]Die oder der Unabhängige Bundesbeauftragte für Antidiskriminierung leistet vor der Bundespräsidentin oder dem Bundespräsidenten folgenden Eid: „Ich schwöre, dass ich meine Kraft dem Wohl des deutschen Volkes widmen, seinen Nutzen mehren, Schaden von ihm wenden, das Grundgesetz und die Gesetze des Bundes wahren und verteidigen, meine Pflichten gewissenhaft erfüllen und Gerechtigkeit gegen jedermann üben werde. So wahr mir Gott helfe." [2]Der Eid kann auch ohne religiöse Beteuerung geleistet werden.

(3) Das Amtsverhältnis endet

1. regulär mit dem Ablauf der Amtszeit oder
2. wenn die oder der Unabhängige Bundesbeauftragte für Antidiskriminierung vorzeitig aus dem Amt entlassen wird.

(4) [1]Entlassen wird die oder der Unabhängige Bundesbeauftragte für Antidiskriminierung

1. auf eigenes Verlangen oder
2. auf Vorschlag der Bundesregierung, wenn die oder der Unabhängige Bundesbeauftragte für Antidiskriminierung eine schwere Verfehlung begangen hat oder die Voraussetzungen für die Wahrnehmung ihrer oder seiner Aufgaben nicht mehr erfüllt.

[2]Die Entlassung erfolgt durch die Bundespräsidentin oder den Bundespräsidenten.

(5) [1]Im Fall der Beendigung des Amtsverhältnisses vollzieht die Bundespräsidentin oder der Bundespräsident eine Urkunde. [2]Die Entlassung wird mit der Aushändigung der Urkunde wirksam.

§ 26d Unerlaubte Handlungen und Tätigkeiten der oder des Unabhängigen Bundesbeauftragten für Antidiskriminierung

(1) Die oder der Unabhängige Bundesbeauftragte für Antidiskriminierung darf keine Handlungen vornehmen, die mit den Aufgaben des Amtes nicht zu vereinbaren sind.

(2) [1]Die oder der Unabhängige Bundesbeauftragte für Antidiskriminierung darf während der Amtszeit und während einer anschließenden Geschäftsführung keine anderen Tätigkeiten ausüben, die mit dem Amt nicht zu vereinbaren sind, unabhängig davon, ob es entgeltliche oder unentgeltliche Tätigkeiten sind. [2]Insbesondere darf sie oder er

1. kein besoldetes Amt, kein Gewerbe und keinen Beruf ausüben,
2. nicht dem Vorstand, Aufsichtsrat oder Verwaltungsrat eines auf Erwerb gerichteten Unternehmens, nicht einer Regierung oder einer gesetzgebenden Körperschaft des Bundes oder eines Landes angehören und
3. nicht gegen Entgelt außergerichtliche Gutachten abgeben.

§ 26e Verschwiegenheitspflicht der oder des Unabhängigen Bundesbeauftragten für Antidiskriminierung

(1) [1]Die oder der Unabhängige Bundesbeauftragte für Antidiskriminierung ist verpflichtet, über die Angelegenheiten, die ihr oder ihm im Amt oder während einer anschließenden Geschäftsführung bekannt werden, Verschwiegenheit zu bewahren. [2]Dies gilt nicht für Mitteilungen im dienstlichen Verkehr oder für Tatsachen, die offenkundig sind oder ihrer Bedeutung nach keiner Geheimhaltung bedürfen. [3]Die oder der Unabhängige Bundesbeauftragte für Antidiskriminierung entscheidet nach pflichtgemäßem Ermessen, ob und inwieweit sie oder er über solche Angelegenheiten vor Gericht oder außergerichtlich aussagt oder Erklärungen abgibt.

(2) [1]Die Pflicht zur Verschwiegenheit gilt auch nach Beendigung des Amtsverhältnisses oder nach Beendigung einer anschließenden Geschäftsführung. [2]In Angelegenheiten, für die die Pflicht zur Verschwiegenheit gilt, darf vor Gericht oder außergerichtlich nur ausgesagt werden und dürfen Erklärungen nur abgegeben werden, wenn dies die oder der amtierende Unabhängige Bundesbeauftragte für Antidiskriminierung genehmigt hat.

(3) Unberührt bleibt die Pflicht, bei einer Gefährdung der freiheitlichen demokratischen Grundordnung für deren Erhaltung einzutreten und die gesetzlich begründete Pflicht, Straftaten anzuzeigen.

§ 26f Zeugnisverweigerungsrecht der oder des Unabhängigen Bundesbeauftragten für Antidiskriminierung

(1) [1]Die oder der Unabhängige Bundesbeauftragte für Antidiskriminierung ist berechtigt, über Personen, die ihr oder ihm in ihrer oder seiner Eigenschaft als Leitung der Antidiskriminierungsstelle des Bundes Tatsachen anvertraut haben, sowie über diese Tatsachen selbst das Zeugnis zu verweigern. [2]Soweit das Zeugnisverweigerungsrecht der oder des Unabhängigen Bundesbeauftragten für Antidiskriminierung reicht, darf von ihr oder ihm nicht gefordert werden, Akten oder andere Dokumente vorzulegen oder herauszugeben.

(2) Das Zeugnisverweigerungsrecht gilt auch für die der oder dem Unabhängigen Bundesbeauftragten für Antidiskriminierung zugewiesenen Beschäftigten mit der Maßgabe, dass über die Ausübung dieses Rechts die oder der Unabhängige Bundesbeauftragte für Antidiskriminierung entscheidet.

§ 26g Anspruch der oder des Unabhängigen Bundesbeauftragten für Antidiskriminierung auf Amtsbezüge, Versorgung und auf andere Leistungen

(1) Die oder der Unabhängige Bundesbeauftragte für Antidiskriminierung erhält Amtsbezüge entsprechend dem Grundgehalt der Besoldungsgruppe B 6 und den Familienzuschlag entsprechend den §§ 39 bis 41 des Bundesbesoldungsgesetzes.

(2) [1]Der Anspruch auf die Amtsbezüge besteht für die Zeit vom ersten Tag des Monats, in dem das Amtsverhältnis beginnt, bis zum letzten Tag des Monats, in dem das Amtsverhältnis endet. [2]Werden die Geschäfte über das Ende des Amtsverhältnisses hinaus noch bis zur Neuwahl weitergeführt, so besteht der Anspruch für die Zeit bis zum letzten Tag des Monats, in dem die Geschäftsführung endet. [3]Bezieht die oder der Unabhängige Bundesbeauftragte für Antidiskriminierung für einen Zeitraum, für den sie oder er Amtsbezüge erhält, ein Einkommen aus einer Verwendung im öffentlichen Dienst, so ruht der Anspruch auf dieses Einkommen bis zur Höhe der Amtsbezüge. [4]Die Amtsbezüge werden monatlich im Voraus gezahlt.

(3) [1]Für Ansprüche auf Beihilfe und Versorgung gelten § 12 Absatz 6, die §§ 13 bis 18 und 20 des Bundesministergesetzes entsprechend mit der Maßgabe, dass an die Stelle der vierjährigen Amtszeit in § 15 Absatz 1 des Bundesministergesetzes eine Amtszeit als Unabhängige Bundesbeauftragte oder Unabhängiger Bundesbeauftragter für Antidiskriminierung von fünf Jahren tritt. [2]Ein Anspruch auf Übergangsgeld besteht längstens bis zum Ablauf des Monats, in dem die für Bundesbeamtinnen und Bundesbeamte geltende Regelaltersgrenze nach § 51 Absatz 1 und 2 des Bundesbeamtengesetzes vollendet wird. [3]Ist § 18 Absatz 2 des Bundesministergesetzes nicht anzuwenden, weil das Beamtenverhältnis einer Bundesbeamtin oder eines Bundesbeamten nach Beendigung des Amtsverhältnisses als Unabhängige Bundesbeauftragte oder Unabhängiger Bundesbeauftragter für Antidiskriminierung fortgesetzt wird, dann ist die Amtszeit als Unabhängige Bundesbeauftragte oder Unabhängiger Bundesbeauftragter für Antidiskriminierung bei der wegen Eintritt oder Versetzung der Bundesbeamtin oder des Bundesbeamten in den Ruhestand durchzuführenden Festsetzung des Ruhegehalts als ruhegehaltfähige Dienstzeit zu berücksichtigen.

(4) Die oder der Unabhängige Bundesbeauftragte für Antidiskriminierung erhält Reisekostenvergütung und Umzugskostenvergütung entsprechend den für Bundesbeamtinnen und Bundesbeamte geltenden Vorschriften.

§ 26h Verwendung der Geschenke an die Unabhängige Bundesbeauftragte oder den Unabhängigen Bundesbeauftragten für Antidiskriminierung

(1) Erhält die oder der Unabhängige Bundesbeauftragte für Antidiskriminierung ein Geschenk in Bezug auf das Amt, so muss sie oder er dies der Präsidentin oder dem Präsidenten des Deutschen Bundestages mitteilen.

(2) [1]Die Präsidentin oder der Präsident des Deutschen Bundestages entscheidet über die Verwendung des Geschenks. [2]Sie oder er kann Verfahrensvorschriften erlassen.

§ 26i Berufsbeschränkung

[1]Die oder der Unabhängige Bundesbeauftragte für Antidiskriminierung ist verpflichtet, eine beabsichtigte Erwerbstätigkeit oder sonstige entgeltliche Beschäftigung außerhalb des öffentlichen Dienstes, die innerhalb der ersten 18 Monate nach dem Ende der Amtszeit oder einer anschließenden Geschäftsführung aufgenommen werden soll, schriftlich oder elektronisch gegenüber der Präsidentin oder dem Präsidenten des Deutschen Bundestages anzuzeigen. [2]Die Präsidentin oder der Präsident des Deutschen Bundestages kann der oder dem Unabhängigen Bundesbeauftragten für Antidiskriminierung die beabsichtigte Erwerbstätigkeit oder sonstige entgeltliche Beschäftigung untersagen,

soweit zu besorgen ist, dass öffentliche Interessen beeinträchtigt werden. [3]Von einer Beeinträchtigung ist insbesondere dann auszugehen, wenn die beabsichtigte Erwerbstätigkeit oder sonstige entgeltliche Beschäftigung in Angelegenheiten oder Bereichen ausgeführt werden soll, in denen die oder der Unabhängige Bundesbeauftragte für Antidiskriminierung während der Amtszeit oder einer anschließenden Geschäftsführung tätig war. [4]Eine Untersagung soll in der Regel die Dauer von einem Jahr nach dem Ende der Amtszeit oder einer anschließenden Geschäftsführung nicht überschreiten. [5]In Fällen der schweren Beeinträchtigung öffentlicher Interessen kann eine Untersagung auch für die Dauer von bis zu 18 Monaten ausgesprochen werden.

§ 27 Aufgaben der Antidiskriminierungsstelle des Bundes

(1) [1]Wer der Ansicht ist, wegen eines in § 1 genannten Grundes benachteiligt worden zu sein, kann sich an die Antidiskriminierungsstelle des Bundes wenden. [2]An die Antidiskriminierungsstelle des Bundes können sich auch Beschäftigte wenden, die der Ansicht sind, benachteiligt worden zu sein auf Grund

1. der Beantragung oder Inanspruchnahme einer Freistellung von der Arbeitsleistung oder der Anpassung der Arbeitszeit als Eltern oder pflegende Angehörige nach dem Bundeselterngeld- und Elternzeitgesetz, dem Pflegezeitgesetz oder dem Familienpflegezeitgesetz,
2. des Fernbleibens von der Arbeit nach § 2 des Pflegezeitgesetzes oder
3. der Verweigerung ihrer persönlich zu erbringenden Arbeitsleistung aus dringenden familiären Gründen nach § 275 Absatz 3 des Bürgerlichen Gesetzbuchs, wenn eine Erkrankung oder ein Unfall ihre unmittelbare Anwesenheit erforderten.

(2) [1]Die Antidiskriminierungsstelle des Bundes unterstützt auf unabhängige Weise Personen, die sich nach Absatz 1 an sie wenden, bei der Durchsetzung ihrer Rechte zum Schutz vor Benachteiligungen. [2]Hierbei kann sie insbesondere

1. über Ansprüche und die Möglichkeiten des rechtlichen Vorgehens im Rahmen gesetzlicher Regelungen zum Schutz vor Benachteiligungen informieren,
2. Beratung durch andere Stellen vermitteln,
3. eine gütliche Beilegung zwischen den Beteiligten anstreben.

[3]Soweit Beauftragte des Deutschen Bundestages oder der Bundesregierung zuständig sind, leitet die Antidiskriminierungsstelle des Bundes die Anliegen der in Absatz 1 genannten Personen mit deren Einverständnis unverzüglich an diese weiter.

(3) Die Antidiskriminierungsstelle des Bundes nimmt auf unabhängige Weise folgende Aufgaben wahr, soweit nicht die Zuständigkeit der Beauftragten der Bundesregierung oder des Deutschen Bundestages berührt ist:

1. Öffentlichkeitsarbeit,
2. Maßnahmen zur Verhinderung von Benachteiligungen aus den in § 1 genannten Gründen sowie von Benachteiligungen von Beschäftigten gemäß Absatz 1 Satz 2,
3. Durchführung wissenschaftlicher Untersuchungen zu diesen Benachteiligungen.

(4) [1]Die Antidiskriminierungsstelle des Bundes und die in ihrem Zuständigkeitsbereich betroffenen Beauftragten der Bundesregierung und des Deutschen Bundestages legen gemeinsam dem Deutschen Bundestag alle vier Jahre Berichte über Benachteiligungen aus den in § 1 genannten Gründen sowie über Benachteiligungen von Beschäftigten gemäß Absatz 1 Satz 2 vor und geben Empfehlungen zur Beseitigung und Vermeidung dieser Benachteiligungen. [2]Sie können gemeinsam wissenschaftliche Untersuchungen zu Benachteiligungen durchführen.

(5) Die Antidiskriminierungsstelle des Bundes und die in ihrem Zuständigkeitsbereich betroffenen Beauftragten der Bundesregierung und des Deutschen Bundestages sollen bei Benachteiligungen aus mehreren der in § 1 genannten Gründe zusammenarbeiten.

§ 28 Amtsbefugnisse der oder des Unabhängigen Bundesbeauftragten für Antidiskriminierung und Pflicht zur Unterstützung durch Bundesbehörden und öffentliche Stellen des Bundes

(1) [1]Die oder der Unabhängige Bundesbeauftragte für Antidiskriminierung ist bei allen Vorhaben, die ihre oder seine Aufgaben berühren, zu beteiligen. [2]Die Beteiligung soll möglichst frühzeitig erfolgen. [3]Sie oder er kann der Bundesregierung Vorschläge machen und Stellungnahmen zuleiten.

(2) Die oder der Unabhängige Bundesbeauftragte für Antidiskriminierung informiert die Bundesministerien – vorbehaltlich anderweitiger gesetzlicher Bestimmungen – frühzeitig in Angelegenheiten von grundsätzlicher politischer Bedeutung, soweit Aufgaben der Bundesministerien betroffen sind.

(3) In den Fällen, in denen sich eine Person wegen einer Benachteiligung an die Antidiskriminierungsstelle des Bundes gewandt hat und die Antidiskriminierungsstelle des Bundes die gütliche Beilegung zwischen den Beteiligten anstrebt, kann die oder der Unabhängige Bundesbeauftragte für Antidiskriminierung Beteiligte um Stellungnahmen ersuchen, soweit die Person, die sich an die Antidiskriminierungsstelle des Bundes gewandt hat, hierzu ihr Einverständnis erklärt.

(4) Alle Bundesministerien, sonstigen Bundesbehörden und öffentlichen Stellen im Bereich des Bundes sind verpflichtet, die Unabhängige Bundesbeauftragte oder den Unabhängigen Bundesbeauftragten für Antidiskriminierung bei der Erfüllung der Aufgaben zu unterstützen, insbesondere die erforderlichen Auskünfte zu erteilen.

§ 29 Zusammenarbeit der Antidiskriminierungsstelle des Bundes mit Nichtregierungsorganisationen und anderen Einrichtungen

Die Antidiskriminierungsstelle des Bundes soll bei ihrer Tätigkeit Nichtregierungsorganisationen sowie Einrichtungen, die auf europäischer, Bundes-, Landes- oder regionaler Ebene zum Schutz vor Benachteiligungen wegen eines in § 1 genannten Grundes tätig sind, in geeigneter Form einbeziehen.

§ 30 Beirat der Antidiskriminierungsstelle des Bundes

(1) [1]Zur Förderung des Dialogs mit gesellschaftlichen Gruppen und Organisationen, die sich den Schutz vor Benachteiligungen wegen eines in § 1 genannten Grundes zum Ziel gesetzt haben, wird der Antidiskriminierungsstelle des Bundes ein Beirat beigeordnet. [2]Der Beirat berät die Antidiskriminierungsstelle des Bundes bei der Vorlage von Berichten und Empfehlungen an den Deutschen Bundestag nach § 27 Abs. 4 und kann hierzu sowie zu wissenschaftlichen Untersuchungen nach § 27 Abs. 3 Nr. 3 eigene Vorschläge unterbreiten.

(2) [1]Das Bundesministerium für Familie, Senioren, Frauen und Jugend beruft im Einvernehmen mit der oder dem Unabhängigen Bundesbeauftragten für Antidiskriminierung sowie den entsprechend zuständigen Beauftragten der Bundesregierung oder des Deutschen Bundestages die Mitglieder dieses Beirats und für jedes Mitglied eine Stellvertretung. [2]In den Beirat sollen Vertreterinnen und Vertreter gesellschaftlicher Gruppen und Organisationen sowie Expertinnen und Experten in Benachteiligungsfragen berufen werden. [3]Die Gesamtzahl der Mitglieder des Beirats soll 16 Personen nicht überschreiten. [4]Der Beirat soll zu gleichen Teilen mit Frauen und Männern besetzt sein.

(3) Der Beirat gibt sich eine Geschäftsordnung, die der Zustimmung des Bundesministeriums für Familie, Senioren, Frauen und Jugend bedarf.

(4) [1]Die Mitglieder des Beirats üben die Tätigkeit nach diesem Gesetz ehrenamtlich aus. [2]Sie haben Anspruch auf Aufwandsentschädigung sowie Reisekostenvergütung, Tagegelder und Übernachtungsgelder. [3]Näheres regelt die Geschäftsordnung.

Abschnitt 7. Schlussvorschriften

§ 31 Unabdingbarkeit

Von den Vorschriften dieses Gesetzes kann nicht zu Ungunsten der geschützten Personen abgewichen werden.

§ 32 Schlussbestimmung

Soweit in diesem Gesetz nicht Abweichendes bestimmt ist, gelten die allgemeinen Bestimmungen.

§ 33 Übergangsbestimmungen

(1) Bei Benachteiligungen nach den §§ 611a, 611b und 612 Abs. 3 des Bürgerlichen Gesetzbuchs oder sexuellen Belästigungen nach dem Beschäftigtenschutzgesetz ist das vor dem 18. August 2006 maßgebliche Recht anzuwenden.

(2) [1]Bei Benachteiligungen aus Gründen der Rasse oder wegen der ethnischen Herkunft sind die §§ 19 bis 21 nicht auf Schuldverhältnisse anzuwenden, die vor dem 18. August 2006 begründet worden sind. [2]Satz 1 gilt nicht für spätere Änderungen von Dauerschuldverhältnissen.

(3) [1]Bei Benachteiligungen wegen des Geschlechts, der Religion, einer Behinderung, des Alters oder der sexuellen Identität sind die §§ 19 bis 21 nicht auf Schuldverhältnisse anzuwenden, die vor dem 1. Dezember 2006 begründet worden sind. [2]Satz 1 gilt nicht für spätere Änderungen von Dauerschuldverhältnissen.

(4) [1]Auf Schuldverhältnisse, die eine privatrechtliche Versicherung zum Gegenstand haben, ist § 19 Abs. 1 nicht anzuwenden, wenn diese vor dem 22. Dezember 2007 begründet worden sind. [2]Satz 1 gilt nicht für spätere Änderungen solcher Schuldverhältnisse.

(5) [1]Bei Versicherungsverhältnissen, die vor dem 21. Dezember 2012 begründet werden, ist eine unterschiedliche Behandlung wegen des Geschlechts im Falle des § 19 Absatz 1 Nummer 2 bei den Prämien oder Leistungen nur zulässig, wenn dessen Berücksichtigung bei einer auf relevanten und genauen versicherungsmathematischen und statistischen Daten beruhenden Risikobewertung ein bestimmender Faktor ist. [2]Kosten im Zusammenhang mit Schwangerschaft und Mutterschaft dürfen auf keinen Fall zu unterschiedlichen Prämien oder Leistungen führen.

5. Durchführungsverordnungen

a) Wahlordnung Schwerbehindertenvertretungen (SchwbVWO)

In der Fassung der Bekanntmachung vom 23. April 1990 (BGBl. I S. 811)

Zuletzt geändert durch G vom 18. März 2022 (BGBl. I S. 477)

FNA 871-1-5

Erster Teil. Wahl der Schwerbehindertenvertretung in Betrieben und Dienststellen

Erster Abschnitt. Vorbereitung der Wahl

§ 1 Bestellung des Wahlvorstandes

(1) **Spätestens acht Wochen vor Ablauf ihrer Amtszeit bestellt die Schwerbehindertenvertretung einen Wahlvorstand aus drei volljährigen in dem Betrieb oder der Dienststelle Beschäftigten und einen oder eine von ihnen als Vorsitzenden oder Vorsitzende.**

(2) [1]**Ist in dem Betrieb oder der Dienststelle eine Schwerbehindertenvertretung nicht vorhanden, werden der Wahlvorstand und dessen Vorsitzender oder Vorsitzende in einer Versammlung der schwerbehinderten und diesen gleichgestellten behinderten Menschen (Wahlberechtigte) gewählt.** [2]**Zu dieser Versammlung können drei Wahlberechtigte oder der Betriebs- oder Personalrat einladen.** [3]**Das Recht des Integrationsamtes, zu einer solchen Versammlung einzuladen (§ 177Absatz 6 Satz 4 des Neunten Buches Sozialgesetzbuch), bleibt unberührt.**

Die Vorschrift des § 1 SchwbVWO geht auf die Bestimmung des früheren § 21, später § 24 SchwbG zurück. Durch die zum 1.5.1990 in Kraft getretene Erste Verordnung zur Änderung der Wahlordnung Schwerbehindertengesetz wurde der Wortlaut der SchwbWO an die Terminologie des Schwerbehindertengesetzes angepasst: Dem Vertrauensmann stand die Vertrauensfrau gleich; das Amt als solches wurde mit Schwerbehindertenvertretung bezeichnet. Dort war in § 24 Abs. 6 SchwbG bestimmt, dass die Wahl der Schwerbehindertenvertretung und des bzw. der Stellvertreter sich iÜ sinngemäß nach der Wahl der Betriebs-, Personal- bzw. Richter- und Staatsanwaltsräte richteten. Dementsprechend musste dieser Grundnorm nach für die Wahl der Vertrauensleute unterschieden werden: In Betrieben der Privatwirtschaft richtete sich die Wahl der Schwerbehindertenvertretung nach §§ 14–20 BetrVG iVm der 1. DVO zum BetrVG (WahlO 1972). Soweit das BetrVG nach § 130 BetrVG keine Anwendung fand, galt für die dort genannten Verwaltungen und Betriebe des Bundes, der Länder, der Gemeinden und sonstigen Körperschaften, Anstalten und Stiftungen des öffentlichen Rechts das PersVG. Maßgeblich waren danach als Grundnorm im Bereich des Bundes die Vorschriften des §§ 19–24 BPersVG mit der 1. DVO zum BPersVG (WO-PersVG). Im Übrigen galten die entsprechenden Landespersonalvertretungsgesetze und die dazu ergangenen Länderwahlordnungen. Für die Wahl der Schwerbehindertenvertretung der Richter (§ 24 Abs. 1 S. 2 SchwbG) galten dagegen als Grundnormen die Vorschriften der §§ 49 ff. des Deutschen Richtergesetzes idF v. 19.4.1972 für den Bund und §§ 72 ff. Deutsches Richterge- 1 setz als Rahmenvorschriften für die Länder und die entsprechenden Länderrichtergesetze über die Wahl des Richterrates. Entsprechendes galt für die Wahl von Staatsanwaltsräten, soweit das nach Landesrecht vorgesehen war. Auf diese Bestimmungen war also stets zurückzugreifen, wenn eine Regelung für die Wahl der Schwerbehindertenvertretung unklar war, unvollständig erschien oder sonst zu Zweifeln Anlass gab. Da der Gesetzgeber die Wahl nach diesen Grundsätzen vorgeschrieben hatte, konnte es auch uU zu verschiedenen Regelungen für die einzelnen Bereiche kommen. Die WahlO für die Schwerbehindertenvertretung schrieb trotzdem eine einheitliche Wahl in allen Bereichen vor; da nur Grundsätze geregelt wurden und außerdem lediglich eine sinngemäße Anwendung vorgeschrieben war, reichte das auch aus. Durch Art. 54 Nr. 3 SGB IX v. 19.6.2001 (BGBl. I 1046 (1125)) wurde die Wahlordnung Schwerbehindertengesetz, die nach Ziff. 1 nunmehr Wahlordnung Schwerbehindertenvertretungen (SchwbVWO) heißt, an den Text des SGB IX angepasst, ohne dass damit gegenüber dem früheren Rechtszustand wesentliche materielle Änderungen verbunden waren. Insoweit kann inhaltlich auf die voranstehenden Ausführungen verwiesen werden. Eine Einschränkung gilt allerdings im Hinblick auf die allgemeine Verweisung auf die §§ 14–20 BetrVG, die mit Rücksicht auf die Regelungen der §§ 18–21 SchwbVWO hinsichtlich der durch das G zur Reform des Betriebsverfassungsgesetzes v. 23.7.2001 (BGBl. I 1852) neu eingefügten §§ 14a u. 17a nicht gelten. Diese werden von den speziellen Vorschriften der §§ 18 ff. SchwbVWO verdrängt. Das BTHG brachte keine inhaltliche Änderung. Es erfolgte lediglich eine redaktionelle Folgeänderung aufgrund der Neufassung des SGB IX (BT-Drs. 18/9522, 355).

2 Die Wahl beginnt mit der Bestellung eines Wahlvorstandes (Ausnahme: Vereinfachtes Wahlverfahren nach §§ 18–21 SchwbWO). Die Wahl mit Wahlvorstand ist stets erforderlich in Betrieben und Dienststellen mit fünfzig und mehr Wahlberechtigten (BAG 16.11.2005 – 7 ABR 9/05, NZA 2006, 340) und bei räumlich weit auseinanderliegenden Betriebsteilen (§ 18 SchwbVWO). Der Wahlvorstand wird entweder von der Schwerbehindertenvertretung (nicht der Gesamtschwerbehindertenvertretung gemäß § 180 Abs. 6 S. 1 SGB IX, ArbG Stuttgart 26.1.2021 – 7 BVGa 1/21, Behinderung und Recht 2021, 76; Düwell jurisPR-ArbR 7/2021 Anm. 9) bestellt (Regelfall) oder in den Fällen, in denen eine Schwerbehindertenvertretung nicht (oder nicht mehr) vorhanden ist, von der Versammlung der Wahlberechtigten gewählt. Die Versammlung der Wahlberechtigten wird als übergeordnetes Organ auch dann tätig, wenn die Schwerbehindertenvertretung die Frist von acht Wochen vor Ablauf der Amtsperiode nicht einhält oder wenn die Amtszeit bereits abgelaufen ist (aA LPK-SGB IX-Sachadae § 1 SchwbVWO Rn. 23,32). Dabei ist auf die seit 1.8.1986 geltenden festen Wahlzeiten v. 1.10 bis 30.11. ab 1986 alle vier Jahre zu achten (jetzt: § 177 Abs. 5 SGB IX). Eine ohne Wahlvorstand durchgeführte Wahl wäre nichtig (LPK-SGB IX/Sachadae § 1 Rn. 2). Dies gilt auch für den Fall, dass zwar eine Bestellung erfolgt, diese jedoch nichtig ist (LAG Düsseldorf 7.9.2010 – 16 TaBV 57/10, BeckRS 2010, 74572).

3 Die Einladung zur Versammlung der Wahlberechtigten kann ergehen: durch drei Wahlberechtigte, durch den Betriebs- oder Personalrat oder durch das Integrationsamt. Der Arbeitgeber hat kein Recht zur Einladung. Eine Frist oder Form ist für diese Einladung zur Versammlung der sbM nicht vorgeschrieben. Da auch aus dem BetrVG bzw. PersVG hierfür nichts zu entnehmen ist, gilt auch für die Einladung zur Versammlung der sbM, dass es genügt, wenn die Wahlberechtigten durch einen Aushang eingeladen werden und die Möglichkeit erhalten, an der Versammlung teilzunehmen. Auch eine Unterschrift unter dem Aushang ist nicht erforderlich (LAG Hamm 29.11.1973 – 3 Sa 663/73, DB 1974, 389). Es muss sich lediglich ergeben, dass der Aushang bzw. die sonstige Einladung von berechtigten Personen ausgeht und so rechtzeitig erfolgt, dass alle Wahlberechtigten teilnehmen können. Je nach den betrieblichen Verhältnissen kann das sogar wenige Stunden vor der Versammlung sein. Das LAG Stuttgart hat indes einen Auskunftsanspruch des Betriebsrats über die Anzahl und Namen der im Betrieb beschäftig-

ten sb und gleichgestellten Menschen anerkannt, weil dies zur Vorabprüfung der Berechtigung zur Teilnahme an der Wahl des Wahlvorstands erforderlich sei (LAG Stuttgart 20.5.2022 – 12 TaBV 4/21, AE 2022, 240; Wedde jurisPR-ArbR 43/2022 Anm. 3). Die Versammlung der sbM findet während der Arbeitszeit statt. Die Zeit zur Teilnahme ist zu gewähren und zu bezahlen, Fahrtkosten sind zu vergüten (§ 177 Abs. 6).

Die Versammlung wählt den Wahlvorstand mit der Mehrheit der anwesenden Wahl- **4**
berechtigten. Das folgt aus § 17 Abs. 2 BetrVG. Eine besondere Vorschrift über Beschlussfähigkeit besteht nicht, so dass es allein auf die erschienenen sbM ankommt.

Wird auch von der Versammlung der sbM kein Wahlvorstand gewählt, sei es, weil die **5**
Versammlung nicht zustande kommt, sei es, weil sie nicht die erforderlichen Mehrheiten der anwesenden Wahlberechtigten erreicht oder aus anderen Gründen die Wahl nicht vornimmt, so kann das Arbeitsgericht (im Bereich der privaten Wirtschaft vgl. § 17 Abs. 4 BetrVG) oder der Leiter der Dienststelle (§ 22 BPersVG im Bereich des öffentlichen Dienstes) den Wahlvorstand bestellen. Hierfür gilt in sinngemäßer Anwendung, dass der erforderliche Antrag dafür entweder von drei Wahlberechtigten oder vom Betriebs- oder Personalrat gestellt werden kann. Im Betrieb vertretene Gewerkschaften oder das Integrationsamt sind zu diesem Antrag hingegen nicht berechtigt.

Der Wahlvorstand besteht aus drei Mitgliedern, von denen eines als Vorsitzender zu **6**
bestimmen ist. Die Bestellung einer größeren Anzahl ist unzulässig; denn daraus könnten sich Auswirkungen auf die Wahl ergeben (Boemke jurisPR-ArbR 13/2012 Anm. 6; zur Betriebsratswahl BAG 14.9.1988 – 7 ABR 93/87, NZA 1989, 360). Geschieht dies nicht, können die drei Mitglieder selbst den Vorsitzenden wählen. Nach § 1 Abs. 1 kann dem Wahlvorstand jeder volljährige Beschäftigte des Betriebes oder der Dienststelle angehören. Dabei muss es sich nicht um sbM oder ihnen gleichgestellte behinderte Menschen handeln.

Wenn ein gewählter oder bestellter Wahlvorstand seine Pflichten nicht, insbes. nicht **7**
rechtzeitig oder nicht ordnungsgemäß erfüllt oder sein Amt nicht annimmt bzw. niederlegt, so wird er nach § 18 Abs. 1 BetrVG bzw. § 23 Abs. 1 BPersVG durch das Arbeitsgericht oder den Leiter der Dienststelle auf Antrag ersetzt. Den Antrag können drei Wahlberechtigte oder der Betriebs- bzw. Personalrat stellen. Es gilt insoweit für das Antragsrecht dasselbe wie für die erstmalige Bestellung. Die vertretenen Gewerkschaften oder das Integrationsamt sind auch zu diesem Antrag der Ersetzung des Wahlvorstandes durch einen neuen Wahlvorstand nicht antragsberechtigt. Insoweit überlagert § 1 Abs. 2 S. 2 die Auffangregelung des § 18 Abs. 1 BetrVG.

Mitglieder des Wahlvorstandes haben den besonderen Kündigungsschutz des § 15 **8**
Abs. 3 KSchG. Dabei ist nur eine außerordentliche Kündigung aus wichtigem Grund mit Zustimmung des Integrationsamts möglich (→ § 176 Rn. 41). Für Wahlberechtigte die zu einer Versammlung der Wahlberechtigten einladen (§ 1 Abs. 2 S. 2) gilt der besondere Kündigungsschutz des § 15 Abs. 3a KSchG.

§ 2 Aufgaben des Wahlvorstandes

(1) [1]**Der Wahlvorstand bereitet die Wahl vor und führt sie durch.** [2]**Er kann volljährige in dem Betrieb oder der Dienststelle Beschäftigte als Wahlhelfer oder Wahlhelferin zu seiner Unterstützung bei der Durchführung der Stimmabgabe und bei der Stimmenzählung bestellen.**

(2) [1]**Die Beschlüsse des Wahlvorstandes werden mit einfacher Stimmenmehrheit seiner Mitglieder gefaßt.** [2]**Über jede Sitzung des Wahlvorstandes ist eine Niederschrift aufzunehmen, die mindestens den Wortlaut der gefaßten Beschlüsse enthält.** [3]**Die Niederschrift ist von dem Vorsitzenden oder der Vorsitzenden und einem weiteren Mitglied des Wahlvorstandes zu unterzeichnen.**

(3) Der Wahlvorstand hat die Wahl unverzüglich einzuleiten; sie soll innerhalb von sechs Wochen, spätestens jedoch eine Woche vor dem Tage stattfinden, an dem die Amtszeit der Schwerbehindertenvertretung abläuft.

(4) Der Wahlvorstand beschließt nach Erörterung mit der Schwerbehindertenvertretung, dem Betriebs- oder Personalrat und dem Arbeitgeber, wie viele stellvertretende Mitglieder der Schwerbehindertenvertretung in dem Betrieb oder der Dienststelle zu wählen sind.

(5) Der Wahlvorstand soll dafür sorgen, daß ausländische Wahlberechtigte rechtzeitig über das Wahlverfahren, die Aufstellung der Liste der Wahlberechtigten, die Wahlvorschläge, den Wahlvorgang und die Stimmabgabe in geeigneter Weise unterrichtet werden.

(6) [1]Der Arbeitgeber unterstützt den Wahlvorstand bei der Erfüllung seiner Aufgaben. [2]Er gibt ihm insbesondere alle für die Anfertigung der Liste der Wahlberechtigten erforderlichen Auskünfte und stellt die notwendigen Unterlagen zur Verfügung.

1 Aufgabe des Wahlvorstandes ist die Vorbereitung, Durchführung und der Abschluss der Wahl der Schwerbehindertenvertretung und der Stellvertreter.

2 Wahlhelfer bzw. Wahlhelferinnen können zur Durchführung der Stimmabgabe und zur Zählung der Stimmen hinzugezogen werden. Diese Helfer sind keine Mitglieder des Wahlvorstandes und daher bei der Beschlussfassung nicht hinzuzuziehen. Die Wahlhelfer brauchen nicht Wahlberechtigte zu sein, sie müssen jedoch dem Betrieb als Beschäftigte angehören und volljährig sein. Diese Regelung wird man trotz der Abweichung zB vom BetrVG (vgl. § 1 Abs. 2 WahlO BetrVG) gem. § 183 SGB IX als nähere Regelung der Wahldurchführung im Schwerbehindertenrecht ansehen können; sie ist durch die besondere gesetzliche Ermächtigung auch als abweichende Regelung gedeckt. Die Aufgaben der Wahlhelfer sind eng umgrenzt und abschließend mit der Hilfe bei der Stimmabgabe und der Stimmzählung beschrieben. Welche Beschäftigten der Wahlvorstand heranzieht, bleibt seinem Ermessen überlassen (LAG Hamm 29.9.1969 – 4 BVTa 4/61, DB 1961, 1491). Der Helfer muss zur Übernahme der Tätigkeit bereit sein; eine Verpflichtung hierzu besteht nicht. Die Aufgabe des Wahlhelfers kann auch jederzeit niedergelegt werden. Einen besonderen Kündigungsschutz genießen Wahlhelfer im Gegensatz zu den Mitgliedern des Wahlvorstandes nicht. Ihre Benachteiligung und auch die Entlassung zum Zeitpunkt der vorgesehenen Tätigkeit kann jedoch ein Verstoß gegen den allgemeinen Wahlschutz (§ 20 BetrVG, § 24 BPersVG) und deshalb unwirksam sein.

3 Der Wahlvorstand fasst seine Beschlüsse mit der Mehrheit seiner Mitglieder. Anwesenheit aller drei Mitglieder ist nicht erforderlich, so dass es ausreicht, wenn zwei Mitglieder übereinstimmen; allerdings müssen alle drei Mitglieder geladen sein. Ist ein Stellvertreter bestellt, muss bei Verhinderung eines Mitgliedes auch der Stellvertreter zur Sitzung geladen sein. Niederschrift und Unterzeichnung des Protokolls sind keine Wirksamkeitsvoraussetzung für die Beschlüsse. Auch wenn eine Niederschrift völlig fehlt, begründet das noch keine Unwirksamkeit eines Beschlusses oder die Anfechtbarkeit der Wahl oder Wahlvorbereitungen.

4 Die Wahl ist unverzüglich nach der Bestellung einzuleiten. Sie soll nach Abs. 3 innerhalb von sechs Wochen und spätestens eine Woche vor Ablauf der Wahlperiode stattfinden. Da das Wahlausschreiben sechs Wochen vor der Wahl aushängen muss (§ 5, besteht von der Bestellung acht Wochen vor Ablauf der Amtszeit (§ 1 Abs. 1) nur eine Woche Zeit zur Vorbereitung der Wahl, vor allem zur Aufstellung der Wählerliste und dem Aufsetzen des Wahlausschreibens. Wird die Frist nicht eingehalten, ist das nur die Verletzung einer Sollvorschrift und führt nicht zur Anfechtbarkeit der Wahl.

5 Die Zahl der Stellvertreter muss vor dem Wahlausschreiben festgelegt werden. Dafür ist der Wahlvorstand aber nur zuständig, wenn die Zahl der Stellvertreter nicht schon durch die Versammlung der sbM festgelegt worden ist, da diese Versammlung das

übergeordnete Organ ist und der Wahlvorstand nur tätig werden kann, wenn ihm die Bestimmung der Stellvertreterzahl (ggf. stillschweigend) überlassen worden ist (→ SGB IX § 177 Rn. 20; aA LPK-SGB IX/Sachadae § 2 Rn. 30). Die geforderte Erörterung dieser Bestimmung mit Schwerbehindertenvertretung, Betriebs- oder Personalrat und Arbeitgeber soll nur die Grundlagen für die Bestimmung der Stellvertreterzahl ergeben. Irgendeine Bindung an die Stellungnahmen besteht nicht. Auch macht eine fehlende Erörterung die trotzdem erfolgte Bestimmung nicht unwirksam. Wenn kein Beschluss erfolgt oder nicht die erforderliche Mehrheit erhält, bleibt es dabei, dass nur ein Stellvertreter zu wählen ist.

Die geeignete Unterrichtung ausländischer Arbeitnehmer kommt nur in Betracht, 6
wenn sich unter diesen Ausländern Wahlberechtigte, also sbM oder gleichgestellte behinderte Menschen befinden und diese die deutsche Sprache nicht ausreichend beherrschen. Dann empfiehlt es sich, die Aufklärung durch Herausgabe eines Merkblatts in der betr. Fremdsprache vorzunehmen. Der Arbeitgeber hat dies ggf. durch entsprechende Übersetzungen zu unterstützen. Die Unterrichtung ausländischer, dh hier fremdsprachiger Wahlberechtigter ist ebenfalls keine Wirksamkeitsvoraussetzung für die ordnungsgemäße Wahl. Eine Verletzung dieser Bestimmung, dh sowohl die Unterlassung wie auch eine unzureichende Unterrichtung berechtigen nicht zur Wahlanfechtung, da es jedenfalls auch Aufgabe der fremden sbM und gleichgestellten behinderten Menschen ist, sich über ihre Rechte zu unterrichten (aA LAG Köln 8.3.2012 – 13 Ta BV 82/11, br 2013, 94).

Die Unterstützungspflicht des Arbeitgebers betrifft zunächst die Verpflichtung, Mate- 7
rial, Räume und Zeit für die Arbeit des Wahlvorstandes zur Verfügung zu stellen. Diese direkten und indirekten Wahlkosten hat der Arbeitgeber nach § 20 Abs. 2 BetrVG, § 24 Abs. 2 BPersVG zu tragen. Das gilt nach § 177 Abs. 6 auch für die Wahl der Schwerbehindertenvertretung. Darüber hinaus hat der Arbeitgeber es aber auch zu ermöglichen, dass der Wahlvorstand die Wahlvorbereitungen unverzüglich treffen kann. Dazu gehören vor allem alle Unterlagen für die Erstellung der Liste der Wahlberechtigten (zur Auskunftspflicht des Arbeitsgebers BAG 16.4.2003 – 7 ABR 27/02, NZA 2003, 1105). Darüber hinaus ist der Arbeitgeber auch zur bezahlten Freistellung der Wahlvorstandsmitglieder und im Falle ihrer Verhinderung auch der Vertreter zur Vorbereitung und Durchführung der Wahl einschließlich der Teilnahme an Schulungen sowie der bezahlten Freistellung der Wahlhelfer am Wahltag verpflichtet (LPK-SGB IX/Sachadae § 2 Rn. 39–42).

§ 3 Liste der Wahlberechtigten

(1) [1]**Der Wahlvorstand stellt eine Liste der Wahlberechtigten auf.** [2]**Die Wahlberechtigten sollen mit Familienname, Vorname, erforderlichenfalls Geburtsdatum sowie Betrieb oder Dienststelle in alphabetischer Reihenfolge aufgeführt werden.**

(2) **Die Liste der Wahlberechtigten oder eine Abschrift ist unverzüglich nach Einleitung der Wahl bis zum Abschluß der Stimmabgabe an geeigneter Stelle zur Einsicht auszulegen.**

Die Liste der Wahlberechtigten ist die Grundlage für die Wahlberechtigung. Die Wähl- 1
barkeit ist dagegen davon unabhängig, da auch nicht schwerbehinderte Arbeitnehmer und nicht gleichgestellte behinderte Menschen zur Vertrauensperson oder stellvertretenden Mitglied gewählt werden können (→ SGB IX § 177 Rn. 27). Die Liste der Wahlberechtigten gibt die formelle Voraussetzung für die Wahlberechtigung wieder. Bei falscher oder fehlender Eintragung von Arbeitnehmern muss Einspruch nach § 4 erfolgen, um eine richtige Liste der Wahlberechtigten als Voraussetzung für die Teilnahme an der Wahl zu erreichen. Die förmliche Wahl ohne Liste der Wahlberechtigten berechtigt zur Anfechtung der Wahl.

2 Die Angaben und Reihenfolge der Liste der Wahlberechtigten nach Abs. 1 S. 2 sind keine Wirksamkeitsvoraussetzung für die Gültigkeit der Liste der Wahlberechtigten. Die Verletzung hat daher auf die Rechtmäßigkeit der Wahl keinen Einfluss und führt auch nicht zur Anfechtbarkeit. Jedoch muss sich die Identität der wahlberechtigten Personen aus der Liste der Wahlberechtigten ergeben. Angabe des Familiennamens, des Vornamens und bei Wiederholungen oder Verwechslungsgefahr im Betrieb auch eine weitere Kennzeichnung, in der Regel der Geburtstag, sind deshalb im Allgemeinen notwendig.

3 Die Auslegung und Gelegenheit zur Einsichtnahme nach Abs. 2 gehört zu den zwingenden Voraussetzungen für eine gültige Wahl. Verletzung und damit Möglichkeit, dass bei Überprüfung die Liste der Wahlberechtigten keinen Bestand gehabt hätte, berechtigt zur Wahlanfechtung (BAG 2.8.2017 – 7 ABR 42/15, NZA 2018, 182). Die Liste der Wahlberechtigten und eine (bzw. mehrere) Abschrift(en) müssen so rechtzeitig ausliegen, dass Einsprüche nach § 4 rechtzeitig angebracht werden können. Mit Erlass des Wahlausschreibens muss spätestens die Liste der Wahlberechtigten ausliegen, um die Fristen zu wahren.

§ 4 Einspruch gegen die Liste der Wahlberechtigten

(1) **Wer wahlberechtigt oder in dem Betrieb oder der Dienststelle beschäftigt ist und ein berechtigtes Interesse an einer ordnungsgemäßen Wahl glaubhaft macht, kann innerhalb von zwei Wochen nach Erlass des Wahlausschreibens beim Wahlvorstand schriftlich Einspruch gegen die Richtigkeit der Liste der Wahlberechtigten einlegen.**

(2) [1]**Über Einsprüche nach Absatz 1 entscheidet der Wahlvorstand unverzüglich.** [2]**Hält er den Einspruch für begründet, berichtigt er die Liste der Wahlberechtigten.** [3]**Der Person, die den Einspruch eingelegt hat, wird die Entscheidung des Wahlvorstandes unverzüglich mitgeteilt; die Entscheidung muss ihr spätestens am Tag vor dem Beginn der Stimmabgabe zugehen.**

(3) [1]**Nach Ablauf der Einspruchsfrist soll der Wahlvorstand die Liste der Wahlberechtigten nochmals auf ihre Vollständigkeit hin überprüfen.** [2]**Im übrigen kann nach Ablauf der Einspruchsfrist die Liste der Wahlberechtigten nur bei Schreibfehlern, offenbaren Unrichtigkeiten, in Erledigung rechtzeitig eingelegter Einsprüche oder bei Eintritt oder Ausscheiden eines Wahlberechtigten bis zum Tage vor dem Beginn der Stimmabgabe berichtigt oder ergänzt werden.**

1 Einspruchsberechtigt sind nicht nur Wahlberechtigte, sondern auch andere Arbeitnehmer des Betriebes oder der Dienststelle (→ SGB IX § 177 Rn. 2), die an der ordnungsgemäßen Wahl ein berechtigtes Interesse haben. Das sind vor allem Beschäftigte, die als Vertrauensperson oder stellvertretendes Mitglied in Betracht kommen können oder sich bewerben, aber auch Angehörige der Betriebs- bzw. Personalvertretung, von Richter-, Staatsanwalts- oder Präsidialrat, der Beauftragte des Arbeitgebers und sonstige Betriebsangehörige, die mit der Schwerbehindertenvertretung in Zukunft zusammenzuarbeiten haben.

2 Die Einspruchsfrist beginnt mit Erlass des Wahlausschreibens (§ 5), dh zu diesem Zeitpunkt muss auch die Liste der Wahlberechtigten spätestens ausliegen, da jedem Berechtigten die gesamte Zeit von zwei Wochen zur Verfügung stehen muss, den Einspruch einzulegen. Die Zweiwochenfrist darf nicht durch verspätete Auslegung der Liste der Wahlberechtigten verkürzt werden. Der Einspruch ist schriftlich einzulegen. Er ist insbesondere zu unterzeichnen. Eine E-Mail reicht nicht aus, sofern sie nicht mit einer qualifizierten elektronischen Signatur versehen ist (LPK-SGB IX/Sachadae § 4 Rn. 14). Die Begründung kann auch mündlich erfolgen; es empfiehlt sich aber, auch die Begründung zugleich mit dem Einspruch schriftlich niederzulegen (aA LPK-SGB IX/Sachadae § 2 SchwbVWO Rn. 13). Sie muss den Grund der Beanstandung erkennen lassen.

Allerdings hatte die Unterlassung des Einspruchs bis zur Einfügung eines neuen Abs. 3 in den § 19 BetrVG durch Art. 1 Nr. 5 des Betriebsrätemodernisierungsgesetzes vom 14.6.2021 (BGBl. I S. 1762) nicht den Verlust des Rechts zur Wahlanfechtung zur Folge (BAG 25.10.2017 – 7 ABR 2/16, PersV 2018, 182; LAG Hamm 2.9.2016 – 13 Ta BV 94/15, ArbR 2017, 84 m. zust. Anm. Sachadae jurisPR-ArbR 2/2017 Anm. 6; aA LAG Nürnberg 31.5.2012 – 5 Ta BV 36/11, AiB 2013, 393). Daran kann jetzt jedoch für den Anwendungsbereich des BetrVG wegen der Verweisung in § 177 Abs. 6 S. 2 SGB IX nicht mehr festgehalten werden, während die Rechtslage im Übrigen unverändert ist (LPK-SGB IX/Sachadae § 4 Rn. 3).

Der Einspruch ist berechtigt, wenn ein Wahlberechtigter nicht oder nicht richtig, zB 3
mit falschem Vornamen, eingetragen ist oder wenn ein Nichtwahlberechtigter eingetragen ist. Der Wahlvorstand hat hierüber einen Beschluss zu fassen, der mit Stimmenmehrheit ergeht (§ 2 Abs. 2). Der Beschluss muss so schnell wie möglich ergehen, um vor allem auch den Einleger des Einspruchs noch bis spätestens einen Tag vor der Wahl zu benachrichtigen. Das kann auch mündlich, durch Boten, telefonisch oder telegrafisch erfolgen.

Ergibt die Überprüfung nach Abs. 3, dass die Liste der Wahlberechtigten nicht voll- 4
ständig ist, so wird die Liste ergänzt, und zwar von Amts wegen und ohne Einspruch. Das gilt auch für Veränderungen durch Ausscheiden oder Eintritt sbM oder gleichgestellter behinderter Menschen in den Betrieb. Die Änderung und die Berichtigung können nur bis zum Tag vor der Wahl vorgenommen werden. Dabei sind aber auch Veränderungen zu berücksichtigen, die am Tage der Wahl eintreten und Tage vorher schon bekannt sind, zB also die Einstellung eines sbM für den Beginn des Wahltages.

§ 5 Wahlausschreiben

(1) [1]Spätestens sechs Wochen vor dem Wahltage erlässt der Wahlvorstand ein Wahlausschreiben, das von dem oder der Vorsitzenden und mindestens einem weiteren Mitglied des Wahlvorstandes zu unterschreiben ist. [2]Es muss enthalten:

1. **das Datum seines Erlasses,**
2. **die Namen der Mitglieder des Wahlvorstandes,**
3. **die Voraussetzungen der Wählbarkeit zur Schwerbehindertenvertretung,**
4. **den Hinweis, wo und wann die Liste der Wahlberechtigten und diese Verordnung zur Einsicht ausliegen,**
5. **den Hinweis, dass nur wählen kann, wer in die Liste der Wahlberechtigten eingetragen ist und dass Einsprüche gegen die Richtigkeit der Liste der Wahlberechtigten nur vor Ablauf von zwei Wochen seit dem Erlass des Wahlausschreibens beim Wahlvorstand schriftlich eingelegt werden können; der letzte Tag der Frist ist anzugeben,**
6. **die Zahl der zu wählenden stellvertretenden Mitglieder,**
7. **den Hinweis, dass Schwerbehindertenvertretung und stellvertretende Mitglieder in zwei getrennten Wahlgängen gewählt werden und dass sich aus den Wahlvorschlägen ergeben muss, wer als Schwerbehindertenvertretung und wer als stellvertretende Mitglieder vorgeschlagen wird,**
8. **den Hinweis, dass Wahlberechtigte sowohl einen Wahlvorschlag für die Wahl der Schwerbehindertenvertretung als auch für die Wahl des stellvertretenden Mitglieds unterzeichnen können und dass ein Bewerber oder eine Bewerberin sowohl als Schwerbehindertenvertretung als auch als stellvertretendes Mitglied vorgeschlagen werden kann,**
9. **die Aufforderung, Wahlvorschläge innerhalb von zwei Wochen nach Erlass des Wahlausschreibens beim Wahlvorstand einzureichen; der letzte Tag der Frist ist anzugeben,**

10. die Mindestzahl von Wahlberechtigten, von denen ein Wahlvorschlag unterzeichnet sein muß (§ 6 Abs. 2 Satz 1),
11. den Hinweis, daß die Stimmabgabe an die Wahlvorschläge gebunden ist und dass nur solche Wahlvorschläge berücksichtigt werden dürfen, die fristgerecht (Nummer 9) eingereicht sind,
12. die Bestimmung des Ortes, an dem die Wahlvorschläge bis zum Abschluss der Stimmabgabe durch Aushang oder in sonst geeigneter Weise bekanntgegeben werden,
13. Ort, Tag und Zeit der Stimmabgabe,
14. den Hinweis auf die Möglichkeit der schriftlichen Stimmabgabe (§ 11 Abs. 1), falls der Wahlvorstand nicht die schriftliche Stimmabgabe beschlossen hat (§ 11 Abs. 2),
15. den Ort und die Zeit der Stimmauszählung und der Sitzung des Wahlvorstandes, in der das Wahlergebnis abschließend festgestellt wird,
16. den Ort, an dem Einsprüche, Wahlvorschläge und sonstige Erklärungen gegenüber dem Wahlvorstand abzugeben sind (Anschrift des Wahlvorstandes).

(2) Eine Abschrift oder ein Abdruck des Wahlausschreibens ist vom Tage seines Erlasses bis zum Wahltag an einer oder mehreren geeigneten, den Wahlberechtigten zugänglichen Stellen vom Wahlvorstand auszuhängen und in gut lesbarem Zustand zu erhalten.

1 Die Frist von sechs Wochen ist Mindestfrist. Schriftform, Unterschrift des Vorsitzenden und eines weiteren Mitgliedes des Wahlvorstandes sowie Aushang und Erhaltung in leserlichem Zustand sind zwingende Voraussetzungen für ein rechtswirksames Wahlausschreiben (LAG Hamm 15.3.2016 – 7 TaBV 63/15, BeckRS 2016, 68795; krit. zur Beweislastverteilung Abend DB 2018, 770). Es ist so auszuhängen, dass es von allen Wahlberechtigten zur Kenntnis genommen werden kann (BAG 5.5.2004 – 7 ABR 44/03, NZA 2004, 1285; LAG BW 10.6.2020 – 4 TaBV 5/19, BB 2020, 2301; Düwell jurisPR-ArbR 8/2021 Anm. 5). Die Auswahl des Ortes obliegt dem Wahlvorstand (LAG BW 10.6.2020 – 4 TaBV 5/19, BB 2020, 2301), der dabei auch die Barrierefreiheit des Ortes im Blick haben muss (vgl. zu dieser Anforderung Kohte/Liebsch DVfR Reha-Recht – Forum B – 6/2016, 3). Insbesondere ersetzten der Rundversand des Ausschreibens per E-Mail oder die Veröffentlichung auf der Website der Schwerbehindertenvertretung nicht den erforderlichen Aushang (LAG Köln 11.4.2008 – 11 TaBV 80/07, br 2009, 91 = BeckRS 2008, 56364). Ebenso müssen, soweit sie im Einzelfall zutreffen, die in Ziff. 1–16 enthaltenen Angaben enthalten sein. Eine Verletzung dieser Voraussetzungen berechtigt zur Wahlanfechtung (LAG Köln 26.1.2016 – 12 Ta BV 60/15, ZVBR online 2016, Nr. 12, 28). Diese muss gemäß § 177 Abs. 6 S. 2 SGB IV innerhalb von zwei Wochen erfolgen, § 19 Abs. 2 S. 2 BetrVG (BAG 23.7.2014 – 7 ABR 23/12, NZA 2014, 1288).

2 Die Angaben zu Ziff. 1–5 sind zwingende Voraussetzung für jedes Wahlausschreiben, ebenso die Angaben zu Ziff. 7–13, 15, 16. Dagegen braucht keine Angabe zu Ziff. 6 gemacht zu werden, wenn es bei dem gesetzlich vorgesehenen einen stellvertretenden Mitglied bleibt. Ziff. 14 findet nur Anwendung, wenn von der Möglichkeit des § 11 Abs. 2 Gebrauch gemacht wird. Ein Verstoß kann zur Anfechtbarkeit der Wahl führen.

§ 6 Wahlvorschläge

(1) [1]Die Wahlberechtigten können innerhalb von zwei Wochen seit Erlass des Wahlausschreibens schriftliche Vorschläge beim Wahlvorstand einreichen. [2]Es können ein Bewerber oder eine Bewerberin als Schwerbehindertenvertretung und ein Bewerber oder eine Bewerberin als stellvertretendes Mitglied vorgeschlagen werden. [3]Hat der Wahlvorstand die Wahl mehrerer stellvertretender Mitglieder beschlossen, können entspre-

chend viele Bewerber oder Bewerberinnen dafür benannt werden. 4 Ein Bewerber oder eine Bewerberin kann sowohl als Schwerbehindertenvertretung als auch als stellvertretendes Mitglied vorgeschlagen werden.

(2) 1 Jeder Wahlvorschlag muss von einem Zwanzigstel der Wahlberechtigten, mindestens jedoch von drei Wahlberechtigten unterzeichnet sein. 2 Familienname, Vorname, Geburtsdatum, Art der Beschäftigung sowie erforderlichenfalls Betrieb oder Dienststelle der Bewerber oder Bewerberinnen sind anzugeben. 3 Dem Wahlvorschlag ist die schriftliche Zustimmung der Bewerber oder Bewerberinnen beizufügen.

(3) 1 Eine Person, die sich bewirbt, kann nur auf einem Wahlvorschlag benannt werden, es sei denn, sie ist in einem Wahlvorschlag als Schwerbehindertenvertretung und in einem anderen Wahlvorschlag als stellvertretendes Mitglied benannt. 2 Der Wahlvorstand fordert eine Person, die mit ihrer schriftlichen Zustimmung auf mehreren Wahlvorschlägen für dasselbe Amt benannt ist, auf, innerhalb von drei Arbeitstagen zu erklären, auf welchem der Wahlvorschläge sie benannt bleiben will. 3 Wird diese Erklärung nicht fristgerecht abgegeben, wird der Bewerber oder die Bewerberin von sämtlichen Wahlvorschlägen gestrichen.

(4) 1 Die Unterschrift eines Wahlberechtigten zählt nur auf einem Wahlvorschlag. 2 Der Wahlvorstand hat einen Wahlberechtigten, der mehrere Wahlvorschläge unterzeichnet hat, schriftlich gegen Empfangsbestätigung aufzufordern, binnen drei Arbeitstagen seit dem Zugang der Aufforderung zu erklären, welche Unterschrift er aufrechterhält. 3 Gibt der Wahlberechtigte diese Erklärung nicht fristgerecht ab, zählt seine Unterschrift auf keinem Wahlvorschlag.

Die Frist zur Abgabe der Wahlvorschläge ist eine Ausschlussfrist. Später eingehende 1
Vorschläge sind nicht zu berücksichtigen; etwas anderes gilt nur, wenn sich eine Nachfrist als erforderlich erweist (§ 7 SchwbWO). Die Frist beginnt mit dem Erlass des Wahlausschreibens; maßgeblich ist das Datum des Erlasses (§ 5 Abs. 1 Ziff. 1). Da an diesem Tage das Wahlausschreiben auszuhängen ist (§ 5), berechnet sich die Frist nach § 187 Abs. 1 BGB; das bedeutet, der Tag des Aushanges selbst wird nicht mitgerechnet, und die Frist läuft zwei Wochen nach dem auf den Erlass folgenden Tag ab. An diesem letzten Tag muss der Wahlvorschlag bis zum gewöhnlichen Dienstschluss dem Wahlvorstand eingereicht sein (BAG 12.2.1960 – 1 ABR 13/59, AP BetrVG § 18 Nr. 11; 4.10.1977 – 1 ABR 37/77, AP BetrVG 1972 § 18 Nr. 2; aA LAG Köln 20.5.2015 – 5 TaBV 18/15, BeckRS 2015, 71441, 24.00 Uhr des letzten Tages, jedenfalls in Schichtbetrieben). Eine Verlängerung oder Verkürzung der Frist ist unzulässig (LAG Nürnberg 3.6.2019 – 1 TaBV 3/19, BeckRS 2019, 25439; BVerwG 17.7.1980 – 6 P 4/80, VerwRspr 1981, 165). Mit dem Hinweis auf den Dienstschluss bezeichnet der Wahlvorstand den Zeitpunkt, bis zu dem davon ausgegangen werden kann, dass der Wahlvorstand den Vorschlag noch zur Kenntnis nimmt. Dieser darf jedoch nicht vor dem Dienstschluss der Mehrheit der Arbeitnehmer liegen (BAG 16.1.2018 – 7 ABR 11/16, NZA 2018, 797). Wird ein Wahlvorschlag nach diesem Zeitpunkt eingeworfen, ist sein Zugang nur möglich, wenn der Wahlvorstand den Briefkasten danach noch einmal leert und den Vorschlag damit tatsächlich zu Kenntnis nimmt (LPK-SGB IX/Sachadae § 6 Rn. 63).

Der Wahlvorschlag muss einen Vorschlag für die Schwerbehindertenvertretung oder 2
für das stellvertretende Mitglied oder für beide enthalten. Sind mehrere stellvertretende Mitglieder zu wählen, können diese bis zur Höchstzahl vorgeschlagen werden; es genügt aber auch nur der Vorschlag einer Vertrauensperson oder eines bzw. weniger als der vorgesehenen stellvertretenden Mitglieder. Auch Mitglieder des Wahlvorstandes können vorschlagen und vorgeschlagen werden. Mindestens drei Wahlberechtigte müssen unterschreiben (VG Hannover 25.1.1991 – PL A 50/89, PersV 1991, 364); zwingend zur Gültigkeit gehört auch das schriftliche Einverständnis des Bewerbers oder der Bewerberin mit dessen bzw. deren Unterschrift. Unzulässig sind daher mittels „Ketten-Telefax“

generierte Wahlvorschläge (BAG 20.1.2010 – 7 ABR 39/08, NZA 2010, 1435 mAnm Joussen AP SGB IX § 97 Nr. 2; LAG RhPf 1.4.2008 – 3 TaBV 1/08, ZfPR-online 2008, Nr. 12, 20 m. zust. Anm Ilbertz ZBVR online 2008, Nr. 12, 23 = BeckRS 2008, 52951; sowie Kossens jurisPR-ArbR 29/2008 Anm. 3. Anzugeben sind jedenfalls Name und Vorname. Das Erfordernis, auch Geburtsdatum, Art der Beschäftigung und ggf. Betrieb anzugeben, ist nur dann notwendige Voraussetzung, wenn sonst die Identität nicht sichergestellt ist.

3 Bewerber und Vorschlagende können nur auf einer Liste erscheinen. Als Ausnahme gilt lediglich die Vorschrift, dass ein Bewerber oder eine Bewerberin einmal als Vertrauensperson und ein andermal als stellvertretendes Mitglied vorgeschlagen werden kann. Dem muss man hinzufügen, dass dann auch die Unterschrift auf mehreren Wahlvorschlägen zählt, wenn in dem einen nur eine Vertrauensperson, in dem anderen nur ein oder mehrere stellvertretende Mitglieder vorgeschlagen werden. Da diese Vorschläge auch gemeinsam gemacht werden können, ist auch der Vorschlag auf getrennten Urkunden durch dieselben Wahlberechtigten zulässig. Wahl der Vertrauensperson und des oder der stellvertretenden Mitglieder sind voneinander grds. unabhängig, so dass auch der unterschiedliche Vorschlag durch denselben Wahlberechtigten zulässig ist. Hat aber der Wahlberechtigte schon einen Stellvertretervorschlag unterschrieben, kann er auch dann nicht weitere stellvertretende Mitglieder vorschlagen, wenn nur beide Vorschläge zusammen die vorgesehene Höchstzahl der stellvertretenden Mitglieder erreichen.

4 Die Aufforderung zur Entscheidung, welcher Vorschlag gültig bleiben soll, kann gegenüber dem Bewerber der Bewerberin formlos, gegenüber dem Wahlberechtigten, der mehrfach Wahlvorschläge zu Unrecht unterschrieben hat, nur schriftlich gegen Empfangsbestätigung erfolgen. Die Frist von drei Tagen zur Erklärung, die in beiden Fällen formlos erfolgen kann, beginnt am Tage nach dem Empfang der Aufforderung und umfasst die folgenden drei Arbeitstage. Gemeint sind Tage, an denen im Betrieb üblicherweise gearbeitet wird, so dass es nicht darauf ankommt, ob der/die Bewerber(in) bzw. unterzeichnende Wahlberechtigte tatsächlich auch arbeitet oder wegen für ihn/sie freier Tage, Urlaub oder Krankheit nicht tätig ist. Am letzten Tag muss die Erklärung bis zum Dienstschluss gegenüber dem Wahlvorstand abgegeben werden. Andernfalls ist die Streichung von beiden Vorschlägen zwingend, auch wenn nachträglich und vor der Streichung die Erklärung noch nachgeholt wird. Allerdings regelt die SchwbVWO anders als viele andere Wahlordnungen keine Pflicht des Wahlvorstands, Wahlvorschläge nach ihrem Eingang unverzüglich und umfassend auf etwaige Mängel zu prüfen und den Listenvertreter ggf. unverzüglich zu unterrichten. Dies gehört auch nicht zu den elementaren Grundsätzen einer demokratischen Wahl BAG 20.1.2010 – 7 ABR 39/08, NZA 2010, 1435 m. Anm. Joussen AP SGB IX § 97 Nr. 2).

5 Sinkt die Zahl der erforderlichen Unterschriften durch die Streichung unter die erforderliche Mindestzahl, wird die Vorschlagliste ungültig. Eine danach fehlende Unterschrift kann aber auch von den Gestrichenen auf einem der beiden Vorschläge nachgeholt werden, solange die Frist von zwei Wochen zur Einreichung der Vorschläge nach Abs. 1 nicht abgelaufen ist oder eine Nachfrist gestellt werden muss, weil es deshalb an ausreichenden Vorschlägen fehlt (§ 7).

§ 7 Nachfrist für Wahlvorschläge

(1) [1]**Ist nach Ablauf der in § 6 Abs. 1 genannten Frist kein gültiger Wahlvorschlag für die Wahl der Schwerbehindertenvertretung eingegangen, hat dies der Wahlvorstand sofort in der gleichen Weise bekanntzumachen wie das Wahlausschreiben und eine Nachfrist von einer Woche für die Einreichung von Wahlvorschlägen zu setzen.** [2]**In der Bekanntmachung ist darauf hinzuweisen, dass die Wahl nur stattfinden kann, wenn innerhalb der Nachfrist mindestens ein gültiger Wahlvorschlag eingereicht wird.**

(2) Gehen innerhalb der Nachfrist gültige Wahlvorschläge für die Wahl der Schwerbehindertenvertretung nicht ein, hat der Wahlvorstand sofort bekanntzumachen, dass die Wahl nicht stattfindet.

(3) Absatz 1 Satz 1 gilt entsprechend, wenn für die Wahl der stellvertretenden Mitglieder kein gültiger Wahlvorschlag eingeht oder wenn die Zahl der für dieses Amt gültig vorgeschlagenen Bewerber oder Bewerberinnen nicht der vom Wahlvorstand beschlossenen Zahl der stellvertretenden Mitglieder entspricht.

Die Nachfrist ist zu setzen, wenn für die Vertrauensperson oder die festgelegte Zahl 1
der stellvertretenden Mitglieder kein ausreichender, gültiger Vorschlag eingeht. Die Wahl findet nicht statt, wenn überhaupt kein Vorschlag für die Schwerbehindertenvertretung eingeht. Der Vorschlag allein von stellvertretenden Mitgliedern reicht also nicht aus. Fehlt es aber an einem Vorschlag für stellvertretende Mitglieder, wird trotzdem die Wahl der Schwerbehindertenvertretung durchgeführt.

Für die Nachfrist gilt § 5 entsprechend. Die Aufnahme des Hinweises für die Notwen- 2
digkeit eines gültigen Wahlvorschlags als Voraussetzung für die Durchführung der Wahl ist zwingendes Erfordernis, um die Nachfrist wirksam in Gang zu setzen. Die Frist beginnt am Tage nach dem Aushang und endet mit Dienstschluss nach einer Woche (§ 187 Abs. 1 BGB).

Geht kein Vorschlag für die Wahl zur Schwerbehindertenvertretung ein, ist die Wahl 3
sofort durch Aushang wie beim Wahlausschreiben abzusagen. Das Wahlverfahren kann dann jederzeit durch Neubestellung eines Wahlvorstandes, der auch aus denselben Personen bestehen kann, wieder neu in Gang gesetzt werden.

§ 8 Bekanntmachung der Bewerber und Bewerberinnen

Der Wahlvorstand macht spätestens eine Woche vor Beginn der Stimmabgabe die Namen der Bewerber und Bewerberinnen aus gültigen Wahlvorschlägen in alphabetischer Reihenfolge, getrennt nach Bewerbungen für die Schwerbehindertenvertretung und als stellvertretendes Mitglied, bis zum Abschluss der Stimmabgabe in gleicher Weise bekannt wie das Wahlausschreiben.

Die Wahlvorschläge sind vom Wahlvorstand zu sichten, zu prüfen und die gültig und 1
fristgerecht, ggf. in der Nachfrist benannten Bewerber alphabetisch als Vorschläge für die Vertrauensperson und für das oder die stellvertretenden Mitglieder aufzulisten. Dabei ist der Name, ggf. der Vorname und bei sonst fehlender Identität ein weiterer Zusatz zur Unterscheidung anzugeben. Die alphabetische Reihenfolge richtet sich nach dem Familiennamen, bei Gleichheit nach dem Vornamen; ist auch dieser gleich, kann ein zweiter Vorname entscheiden oder ist der ältere vor dem jüngeren anzugeben und das Geburtsdatum hinzuzufügen.

Die Wochenfrist ist Mindestfrist. Der Tag der Aushängung in der Form des § 5 Abs. 2 2
zählt nicht mit.

Zweiter Abschnitt. Durchführung der Wahl

§ 9 Stimmabgabe

(1) Wer wahlberechtigt ist, kann seine Stimme nur für eine Person abgeben, die rechtswirksam als Bewerber oder Bewerberin vorgeschlagen ist.

(2) [1]Das Wahlrecht wird durch Abgabe eines Stimmzettels in einem Wahlumschlag ausgeübt. [2]Auf dem Stimmzettel sind die Personen, die sich für das Amt der Schwer-

behindertenvertretung und als stellvertretendes Mitglied bewerben, getrennt in alphabetischer Reihenfolge unter Angabe von Familienname, Vorname, Geburtsdatum und Art der Beschäftigung aufgeführt. [3]Die Stimmzettel müssen sämtlich die gleiche Größe, Farbe, Beschaffenheit und Beschriftung haben. [4]Das gleiche gilt für die Wahlumschläge.

(3) Werden mehrere stellvertretende Mitglieder gewählt, soll der Stimmzettel einen Hinweis darauf enthalten, wie viele Bewerber oder Bewerberinnen im Höchstfall angekreuzt werden dürfen.

(4) [1]Bei der Stimmabgabe wird durch Ankreuzen an der im Stimmzettel jeweils vorgesehenen Stelle die von dem Wählenden gewählte Person für das Amt der Schwerbehindertenvertretung und der Stellvertretung gekennzeichnet. [2]Werden mehrere stellvertretende Mitglieder gewählt, können Bewerber oder Bewerberinnen in entsprechender Anzahl angekreuzt werden.

(5) Stimmzettel, auf denen mehr als die zulässige Anzahl der Bewerber und Bewerberinnen angekreuzt oder die mit einem besonderen Merkmal versehen sind oder aus denen sich der Wille des Wählers oder der Wählerin nicht zweifelsfrei ergibt, sind ungültig.

1 Die Wahl der Vertrauensperson und des/der stellvertretenden Mitglieds/er erfolgt nach den Grundsätzen der Mehrheitswahl (§ 177 Abs. 6 SGB IX). Jeder Wahlberechtigte hat also nur eine Stimme für die Vertrauensperson. Er hat eine weitere Stimme für stellvertretende Mitglieder. Sind mehrere stellvertretende Mitglieder vorgesehen, hat er dafür so viele Stimmen wie stellvertretende Mitglieder zu wählen sind. Da die Wahl Vertrauensperson und des stellvertretenden Mitglieds getrennt sind, selbst wenn sie auf demselben Stimmzettel vorgenommen wird, kann die Stimme für die Vertrauensperson und die andere für denselben Bewerber bzw. Bewerberin als stellvertretendes Mitglied abgegeben werden, wenn er/sie auch dafür wirksam vorgeschlagen ist. Bei der Wahl der Schwerbehindertenvertretung und der Wahl der Stellvertreter handelt es sich um zwei getrennt durchzuführende Vorgänge. Jedoch steht die gleichzeitige Stimmabgabe für beide Wahlen der Annahme, es handele sich um zwei getrennte Wahlen, nicht entgegen. Es ist vielmehr anzunehmen, dass der Gesetzgeber wegen der Reduzierung der Wahlvorgänge aus praktischen Gründen eine Zusammenfassung der Vorgänge vorgenommen hat (BAG 29.7.2009 – 7 ABR 91/07, NZA-RR 2010, 76; KHM/Kossens § 177 SGB IX Rn. 42). Dagegen ist eine Kumulation der Stimmen für die stellvertretenden Mitglieder auch bei mehreren stellvertretenden Mitgliedern nicht zulässig. Vielmehr können dann nur höchstens so viele stellvertretende Mitglieder gewählt werden, wie vorgesehen sind. Jede Stimme kann nur für jeweils ein stellvertretendes Mitglied abgegeben werden.

2 Fehlt auf dem Stimmzettel Vorname, Geburtsdatum oder Art der Beschäftigung, ist die Wahl trotzdem wirksam, wenn die Identität des Kandidaten eindeutig feststeht. Ebenso beeinträchtigt das Fehlen des Hinweises auf die Zahl der Stimmen bei mehreren stellvertretenden Mitgliedern die Gültigkeit der Wahl nicht. Dies gilt jedoch nicht für die Verwendung eines Kennworts („gewerkschaftlicher Vertreter") auf dem Stimmzettel (BAG 25.1.2017 – 7 ABR 2/16, NZA 2018, 252).

2a Eine Stimmabgabe ohne Verwendung des in § 9 Abs. 2 S. 1 vorgesehenen Wahlumschlags rechtfertigt die Anfechtung der Wahl nicht, wenn durch mehrmaliges Falten des Wahlzettels das Wahlgeheimnis sichergestellt war (OVG NRW 27.9.2000 – 1 A 1541/99.PVB, br 2001, 257; aA für die vereinfachte Wahl HessLAG 1.12.2011 – 9 TaBV 130/11, BeckRS 2012, 68426; einschränkend für die BR-Wahl BAG 20.1.2021 – 7 ABR 3/20, NZA 2021, 889; enger KHM/Kossens § 177 SGB IX Rn. 4 mwNw.).

§ 10 Wahlvorgang

(1) [1]Der Wahlvorstand hat geeignete Vorkehrungen für die unbeobachtete Kennzeichnung der Stimmzettel im Wahlraum zu treffen und für die Bereitstellung einer Wahlurne oder mehrerer Wahlurnen zu sorgen. [2]Die Wahlurne muss vom Wahlvorstand verschlossen und so eingerichtet sein, dass die eingeworfenen Wahlumschläge nicht herausgenommen werden können, ohne dass die Urne geöffnet wird.

(2) Während der Wahl müssen immer mindestens zwei Mitglieder des Wahlvorstandes im Wahlraum anwesend sein; sind Wahlhelfer oder Wahlhelferinnen bestellt (§ 2 Abs. 1 Satz 2), genügt die Anwesenheit eines Mitgliedes des Wahlvorstandes und eines Wahlhelfers oder einer Wahlhelferin.

(3) [1]Der Wähler oder die Wählerin händigt den Wahlumschlag, in den der Stimmzettel eingelegt ist, dem mit der Entgegennahme der Wahlumschläge betrauten Mitglied des Wahlvorstandes aus, wobei der Name des Wählers oder der Wählerin angegeben wird. [2]Der Wahlumschlag ist in Gegenwart des Wählers oder der Wählerin in die Wahlurne einzuwerfen, nachdem die Stimmabgabe in der Liste der Wahlberechtigten vermerkt worden ist.

(4) [1]Wer infolge seiner Behinderung bei der Stimmabgabe beeinträchtigt ist, bestimmt eine Person, die ihm bei der Stimmabgabe behilflich sein soll, und teilt dies dem Wahlvorstand mit. [2]Personen, die sich bei der Wahl bewerben, Mitglieder des Wahlvorstandes sowie Wahlhelfer und Wahlhelferinnen dürfen nicht als Person nach Satz 1 bestimmt werden. [3]Die Hilfeleistung beschränkt sich auf die Erfüllung der Wünsche des Wählers oder der Wählerin zur Stimmabgabe; die nach Satz 1 bestimmte Person darf gemeinsam mit dem Wähler oder der Wählerin die Wahlzelle aufsuchen. [4]Die nach Satz 1 bestimmte Person ist zur Geheimhaltung der Kenntnisse verpflichtet, die sie bei der Hilfeleistung von der Wahl einer anderen Person erlangt hat. [5]Die Sätze 1 bis 4 gelten entsprechend für des Lesens unkundige Wähler und Wählerinnen.

(5) Nach Abschluss der Wahl ist die Wahlurne zu versiegeln, wenn die Stimmenzählung nicht unmittelbar nach Beendigung der Wahl durchgeführt wird.

Die Wahl muss geheim sein (§ 177 Abs. 6 SGB IX). Dabei reicht die Möglichkeit aus, den Stimmzettel unbeobachtet auszufüllen und verdeckt in die Wahlurne zu werfen. 1

Die Wahlurne muss ein festes Behältnis sein. Sie muss verschlossen, dh mit einem Schließmechanismus, wenn auch ggf. einfacher Art versehen sein. Eine Versiegelung der Wahlurne ist nur ausnahmsweise (→ Rn. 4) erforderlich. 2

Die Sondervorschrift des Abs. 4 trägt den Erfordernissen Rechnung, die durch die Behinderung entstehen kann. Zweifelhaft ist, ob außer den Beeinträchtigungen durch die Behinderung oder bei Analphabeten eine Wahlhilfe durch eine Vertrauensperson auch aus anderen Gründen, zB für Ausländer wegen Sprachunkundigkeit zulässig ist. Mit Rücksicht auf die Regelung des § 2 Abs. 5 ist jedoch eine solche Ausdehnung der Bestimmung auf andere als die genannten Gründe unzulässig. Die Geheimhaltungspflicht ist nicht mit Strafe oder Buße bedroht. Sie kann aber eine Pflichtverletzung aus dem Arbeitsverhältnis darstellen, zu dessen Erfüllung im weiteren Sinne auch die Rechte aus der Wahl der Schwerbehindertenvertretung gehören. Die Vorschrift ist auch wirksam, da sie der sinngemäßen Anwendung des Wahlverfahrens auf das Schwerbehindertenrecht entspricht. 3

Das Versiegeln der Urne in den Fallen, in denen die Stimmauszählung nicht sofort erfolgt, was im freien Belieben des Wahlvorstandes steht, braucht nicht mit Siegellack vorgenommen zu werden. Es reicht aus, wenn ein mit Stempel oder Unterschrift versehener Klebestreifen angebracht wird, dessen Entfernung oder Beschädigung sofort kenntlich ist. Die Urne muss auch sicher aufbewahrt werden, zumindest in einem gut verschlossenen Raum, wenn sie bis zur Auszählung längere Zeit unbeaufsichtigt bleibt. 4

§ 11 Schriftliche Stimmabgabe

(1) [1]Der Wahlvorstand übergibt oder übersendet den Wahlberechtigten, die an der persönlichen Stimmabgabe verhindert sind, auf deren Verlangen

1. das Wahlausschreiben,

2. den Stimmzettel und den Wahlumschlag,

3. eine vorgedruckte Erklärung, die der Wähler oder die Wählerin abgibt,

4. einen größeren Freiumschlag, der die Anschrift des Wahlvorstandes und als Absender Namen und Anschrift der wahlberechtigten Person sowie den Vermerk „Schriftliche Stimmabgabe" trägt.

[2]In der Erklärung nach Nummer 3 versichert der Wähler oder die Wählerin gegenüber dem Wahlvorstand, dass er oder sie den Stimmzettel persönlich gekennzeichnet hat oder unter den Voraussetzungen des § 10 Abs. 4 durch eine andere Person hat kennzeichnen lassen. [3]Der Wahlvorstand soll zusätzlich zu den Unterlagen nach den Nummern 1 bis 4 ein Merkblatt über die schriftliche Stimmabgabe übersenden oder übergeben. [4]Er vermerkt die Übergabe oder Übersendung der Unterlagen in der Liste der Wahlberechtigten.

(2) [1]Der Wahlvorstand kann die schriftliche Stimmabgabe beschließen. [2]Für diesen Fall sind die in Absatz 1 bezeichneten Unterlagen den Wahlberechtigten unaufgefordert zu übersenden.

(3) [1]Die Stimmabgabe erfolgt in der Weise, dass der Wähler oder die Wählerin

1. den Stimmzettel unbeobachtet persönlich kennzeichnet und in den Wahlumschlag einlegt,

2. die vorgedruckte Erklärung unter Angabe des Ortes und des Datums unterschreibt und

3. den Wahlumschlag und die unterschriebene, vorgedruckte Erklärung in dem Freiumschlag verschließt und diesen so rechtzeitig an den Wahlvorstand absendet oder übergibt, daß er vor Abschluß der Wahl vorliegt.

[2]Der Wähler oder die Wählerin kann unter den Voraussetzungen des § 10 Abs. 4 die in den Nummern 1 bis 3 bezeichneten Tätigkeiten durch eine andere Person verrichten lassen.

1 Die schriftliche Stimmabgabe ist der besonderen Situation der sbM und gleichgestellten behinderten Menschen entspr. generell zugelassen, wenn der Wahlberechtigte an der persönlichen Stimmabgabe verhindert ist (OVG NRW 19.4.1993 – 1 A 3466/91.PVL, br 1993, 172). Der Grund der Verhinderung ist nicht näher angegeben und kann sich sowohl aus der besonderen Lage des sbM wie auch aus anderen Umständen ergeben (Urlaub, Krankheit, Ortsabwesenheit am Wahltag, Nachtdienst außerhalb der Wahlzeit).

2 Der Grund der Verhinderung ist dem Wahlvorstand gegenüber schriftlich oder mündlich anzugeben; irgendwelche Anforderungen an einen Nachweis oder Glaubhaftmachung werden nicht gestellt. Ergibt sich jedoch aus der Erklärung des Wahlberechtigten, dass gar keine Verhinderung vorliegt und die Unterlagen für die schriftliche Wahl etwa nur aus Bequemlichkeit verlangt werden, darf der Wahlvorstand dem wegen Fehlens der gesetzlichen Voraussetzungen nicht entsprechen. Der Antrag kann bis zum Abschluss der Wahl – auch telefonisch – gestellt werden, solange eine Übermittlung der Unterlagen und Rückgabe in der Wahlzeit – ggf. durch Boten (LAG Hamm 19.9.2008 – 10 TaBV 53/08, BeckRS 2009, 55992) – noch möglich ist.

3 Abweichend von der Rechtslage vor dem 1.5.1990 (also vor dem Inkrafttreten der Ersten Verordnung zur Änderung der SchwbWO), die eine solche Möglichkeit nur für Betriebsteile und Nebenbetriebe sowie für Nebenstellen oder Teile einer Dienststelle eröffnete, kann der Wahlvorstand nach Abs. 2 nF generell die schriftliche Stimmabgabe

beschließen. Der Wahlvorstand hat seine Entscheidung nach pflichtgemäßem Ermessen zu treffen. Sie ist bindend und kann nicht selbständig angefochten werden. Eine fehlerhafte Ermessensausübung kann jedoch zur Wahlanfechtung führen.

Mit dieser Änderung soll einem Anliegen der Praxis Rechnung getragen werden. 4
Häufig können sich sbM nämlich in ihren Betrieben nur unter Schwierigkeiten aus den Arbeitsabläufen lösen, um von ihrem Wahlrecht Gebrauch zu machen. Außerdem können insbes. in Großbetrieben lange Wegstrecken bis zu den Wahllokalen zurückzulegen sein. Gleichzeitig wird mit der Neuregelung auch das Ziel verfolgt, eine höhere Wahlbeteiligung zu erreichen, um die Position der Schwerbehindertenvertretung zu stärken.

Abs. 3 regelt die Einzelheiten der Stimmabgabe. Fehlt die unterschriebene Erklärung 5
gem. Abs. 1 S. 1 Nr. 3, ist die Stimme als ungültig anzusehen, verspätet eingehende Freiumschläge bleiben nach Maßgabe des § 12 Abs. 2 unberücksichtigt. Erfolgt die Stimmabgabe offen, ist sie ungültig. Dies gilt selbst dann, wenn der Wähler die Situation selbst herbeigeführt hat (aA LAG RhPf 26.2.2016 – 1 Ta BV 24/15, br 2016, 201 m. krit. Anm. Sachadae jurisPR-ArbR 37/2016 Anm. 5). Auf die Wahrung des Wahlgeheimnisses kann nicht wirksam verzichtet werden. Es handelt sich nicht lediglich um ein subjektives Recht des Wählers, vielmehr dient der Schutz der Wahlfreiheit der Legitimation des Gewählten (BAG 21.3.2018 – 7 ABR 29/16, NZA 2018, 948 unter Berufung auf BVerfG 21.4.2009 – 2 BvC 2/06, BVerfGE 124, 1).

§ 12 Behandlung der schriftlich abgegebenen Stimmen

(1) [1]Unmittelbar vor Abschluss der Wahl öffnet der Wahlvorstand in öffentlicher Sitzung die bis zu diesem Zeitpunkt eingegangenen Freiumschläge und entnimmt ihnen die Wahlumschläge sowie die vorgedruckten Erklärungen. [2]Ist die schriftliche Stimmabgabe ordnungsgemäß erfolgt (§ 11), legt der Wahlvorstand die Wahlumschläge nach Vermerk der Stimmabgabe in der Liste der Wahlberechtigten ungeöffnet in die Wahlurne.

(2) [1]Verspätet eingehende Freiumschläge hat der Wahlvorstand mit einem Vermerk über den Zeitpunkt des Eingangs ungeöffnet zu den Wahlunterlagen zu nehmen. [2]Sie sind einen Monat nach Bekanntgabe des Wahlergebnisses ungeöffnet zu vernichten, wenn die Wahl nicht angefochten ist.

Die schriftlich abgegebenen Stimmen können und dürfen nur dann Berücksichtigung 1
finden, wenn sie bis zum Abschluss der Wahl den Wahlvorstand erreichen (BVerwG 18.4.1978 – 6 P 34.78, BeckRS 1978, 30434331). Das ist der Zeitpunkt, an dem die Stimmabgabe beendet ist (§ 5 Abs. 1 Ziff. 13). Damit ist die Wahl abgeschlossen und kann mit der Stimmauszählung begonnen werden, die an den Wahlabschluss anschließt (§ 13 Abs. 1). Bis zum Zeitpunkt, an dem die Stimmabgabe noch möglich wäre, sind alle noch eingehenden schriftlichen Wahlunterlagen zu öffnen, zu prüfen und in die Urne zu legen (LAG Köln 20.5.2016 – 4 Ta BV 98/15, nv m. Anm. Sachadae jurisPR-ArbR 47/2016, Anm. 6). Die danach eingehenden Umschläge bleiben mit dem Uhrzeitvermerk versehen ungeöffnet.

Der Wahlvorstand prüft nur die formelle Art der schriftlichen Stimmabgabe. Dies 2
erfasst auch die Prüfung der Identität des Empfängers der Wahlpapiere und des Übersenders des den Stimmzettel enthaltenden Freiumschlags mit dem zur Stimmabgabe ermächtigten Wähler anhand der auf dem Freiumschlag vermerkten Absenderdaten, um dann einen ordnungsgemäßen Stimmabgabevermerk anbringen zu können (LAG Bln-Bbg 23.5.2022 – 7 TaBV 1697/21, Behinderung und Recht 2022, 212; Schäfer jurisPR-ArbR 32/2022 Anm. 6). Er hat nicht zu prüfen – und kann auch gar nicht prüfen, ob der Wähler den Stimmzettel unbeobachtet oder offen ausgefüllt hat. Er muss aber prüfen, ob die Erklärung unterschrieben ist. Zweifelhaft ist, ob das Fehlen von Datum und Ort diese

unwirksam macht. Zwar bezieht § 12 Abs. 1 durch den Hinweis auf § 11 auch diese Voraussetzung mit ein; trotzdem ist aber die Erklärung nicht ungültig, da wichtig nur Unterschrift und der rechtzeitige Eingang sind. Wo und wann der Stimmzettel gekennzeichnet wurde, ist belanglos. Auch erscheint es unerheblich, wenn einer der Umschläge nicht, nicht ordnungsgemäß oder nicht vollständig verschlossen ist, solange er nicht gewaltsam geöffnet wurde und die Gefahr von Manipulationen nicht auszuschließen ist (LAG Köln 11.4.2003 – 4 (13) TaBV 63/02, Beck RS 2015, 66231). Zu deren Vermeidung sind eingegangene Freiumschläge auch vom Wahlvorstand bis zum Wahltag unter Verschluss zu nehmen (HessLAG 15.6.2020 – 16 TaBV 116/19, LAGE § 177 SGB IX 2018 Nr. 1). Die Prüfung erfolgt in einer förmlichen Sitzung des Wahlvorstands und endet mit einem Beschluss (LAG Nds 11.9.2019 – 13 TaBV 85/18, ArbRAktuell 2020, 458).

3 Von wesentlicher Bedeutung für die Wirksamkeit der Wahl ist dabei die Öffnung der Wahlumschläge in öffentlicher Sitzung. Dies setzt bei einer ausschließlich schriftlichen Stimmabgabe voraus, dass Ort und Zeit sämtlicher in § 12 Abs. 1 genannten Handlungen vorher rechtzeitig bekannt gemacht wurden (LAG Köln 20.5.2016 – 4 Ta BV 98/15, BeckRS 2010, 72488 m. zust. Anm. Sachadae jurisPR-ArbR 47/2016 Anm. 6). Öffentlichkeit ist dabei die Betriebsöffentlichkeit (BAG 10.7.2013 – 7 ABR 83/11, AP SGB IX § 94 Nr. 6). Bei der schriftlichen Stimmabgabe ist diese Kontrollmöglichkeit von besonderer Bedeutung; denn im Gegensatz zur persönlichen Stimmabgabe hat der Wähler hier keine unmittelbare Beobachtungsmöglichkeit. Daher reicht es auch nicht aus, wenn die Tür zu dem Raum, in dem die Freiumschläge geöffnet wurden, offenstand. Zwar ist eine vollständige Rechtmäßigkeitskontrolle durch die Öffentlichkeit nicht geboten, jedoch soll der Auszählungsvorgang wirksam kontrolliert werden können. Dazu gehört ua die Notwendigkeit nachvollziehen zu können, ob der Stimmzettel ein Kreuz enthielt und dies in der Strichliste vermerkt wurde (LAG BW 30.10.2012 – 15 TaBV 1/12, BeckRS 2014, 65006). Ebenso wenig genügt es, dass Interessierte auf Nachfrage beim Wahlvorstand nähere Einzelheiten über Ort und Zeit der Öffnung der Freiumschläge hätten erfahren können (BAG 10.7.2013 – 7 ABR 83/11, AP SGB IX § 94 Nr. 6; Kohte/Bernhardt DVfR Forum B, B9-2014; Boemke jurisPR-ArbR 13/2012 Anm. 6).

§ 13 Feststellung des Wahlergebnisses

(1) Unverzüglich nach Abschluß der Wahl nimmt der Wahlvorstand öffentlich die Auszählung der Stimmen vor und stellt das Ergebnis fest.

(2) [1]Gewählt für das Amt der Schwerbehindertenvertretung oder als stellvertretendes Mitglied ist der Bewerber oder die Bewerberin, der oder die jeweils die meisten Stimmen erhalten hat. [2]Bei Stimmengleichheit entscheidet das Los.

(3) [1]Werden mehrere stellvertretende Mitglieder gewählt, ist als zweites stellvertretendes Mitglied der Bewerber oder die Bewerberin mit der zweithöchsten Stimmenzahl gewählt. [2]Entsprechendes gilt für die Wahl weiterer stellvertretender Mitglieder. [3]Für die Wahl und die Reihenfolge stellvertretender Mitglieder gilt Absatz 2 Satz 2 entsprechend.

(4) [1]Der Wahlvorstand fertigt eine Niederschrift des Wahlergebnisses, die von dem oder der Vorsitzenden sowie mindestens einem weiteren Mitglied des Wahlvorstandes unterschrieben wird. [2]Die Niederschrift muß die Zahl der abgegebenen gültigen und ungültigen Stimmzettel, die auf jeden Bewerber und jede Bewerberin entfallenen Stimmenzahlen sowie die Namen der gewählten Bewerber und Bewerberinnen enthalten.

1 Die Auszählung der Stimmen muss sich nicht unmittelbar an die Wahl anschließen, sondern kann auch nach einer Pause, uU sogar auch erst am nächsten Tag oder nächsten Arbeitstag vorgenommen werden. Voraussetzung dafür ist aber das Vorliegen eines vom

Wahlvorstand nicht zu vertretenden Umstands, der die unmitttelbare Auszählung verhindert (LPK-SGB IX/Sachadae § 13 Rn. 9). In einem solchen Fall ist die Urne bis dahin zu versiegeln (§ 10 Abs. 5).

Die Auszählung ist öffentlich, das bedeutet, dass allen Interessierten, auch ggf. Vertretern des Integrationsamt oder der Bundesagentur für Arbeit, Gelegenheit gegeben sein muss, dem Vorgang zuzusehen. Es reicht aber aus, dass die Möglichkeit besteht und dafür ein entsprechender Raum vorhanden ist. Damit soll die Möglichkeit von Manipulationen ausgeschlossen werden (BAG 15.5.2017 – 7 ABR 22/15, NZA 2017, 1405). Nicht notwendig ist es, bei sehr großem Andrang nur deshalb einen größeren Raum zu wählen. 2

Das Los ist vom Wahlvorstand zu werfen. Es handelt sich um eine Amtshandlung zur Wahl, so dass es nicht zulässig ist, dass die beiden Bewerber unter sich auslosen. Welche Art des Losentscheides der Wahlvorstand wählt, ist seinem Ermessen überlassen (BVerwG 15.5.1991 – 6 P 5/89, NJW 1991, 3231). Es muss aber die Chancengleichheit sichergestellt sein. Aber auch ein zweiter Wahlgang ist (insbes. beim vereinfachten Verfahren) nicht ausgeschlossen (LAG München 27.9.2005 – 8 TaBV 29/05, BeckRS 2009, 68050). Das Wahlergebnis ist in der Wahlniederschrift zu fixieren, die vom Wahlvorstand, mindestens jedoch dem Vorsitzenden und einem weiteren Mitglied, zu unterschreiben ist (LPK-SGB IX/Sachadae § 13 Rn. 24). 3

§ 14 Benachrichtigung der Gewählten und Annahme der Wahl

(1) [1]**Der Wahlvorstand benachrichtigt die für das Amt der Schwerbehindertenvertretung oder als stellvertretendes Mitglied Gewählten unverzüglich schriftlich gegen Empfangsbestätigung von ihrer Wahl.** [2]**Erklärt eine gewählte Person nicht innerhalb von drei Arbeitstagen nach Zugang der Benachrichtigung dem Wahlvorstand ihre Ablehnung der Wahl, ist diese angenommen.**

(2) [1]**Wird eine Wahl abgelehnt, tritt an die Stelle der Person, die abgelehnt hat, der Bewerber oder die Bewerberin für das Amt der Schwerbehindertenvertretung oder als stellvertretendes Mitglied mit der nächsthöheren Stimmenzahl.** [2]**Satz 1 gilt für die Wahl mehrerer stellvertretender Mitglieder mit der Maßgabe, dass jeweils der Bewerber oder die Bewerberin mit der nächsthöheren Stimmenzahl nachrückt.**

Die Benachrichtigung der Gewählten schriftlich gegen Empfangsbestätigung ist lediglich eine Ordnungsvorschrift. Wird die Wahl dem anwesenden Bewerber mündlich erklärt und von diesem angenommen, was ebenfalls mündlich geschehen kann, ist das Fehlen der schriftlichen Benachrichtigung oder der Empfangsbestätigung kein Anfechtungsgrund. Auch dient die Empfangsbestätigung nur der Sicherstellung der Berechnung der Frist von drei Arbeitstagen zur Ablehnung. Eine spätere Ablehnung ist aber ohnehin nicht schlechthin unwirksam, sondern in der Regel als Niederlegung des Amtes anzusehen, die jederzeit möglich ist (→ SGB IX § 177 Rn. 43). Eine Pflicht zur Annahme des Amtes besteht nicht. 1

Die Frist von drei Arbeitstagen richtet sich nach den Tagen, an denen im Betrieb regelmäßig gearbeitet wird. Es braucht sich also weder um Werktage noch um Arbeitstage des einzelnen Bewerbers zu handeln. 2

Die Reihenfolge des Nachrückens nach Abs. 2 gilt nur für den Fall, dass die Vertrauensperson das Amt nicht annimmt. In allen anderen Fällen tritt das stellvertretende Mitglied an die Stelle der Vertrauensperson. Wenn das Amt zunächst nach Abs. 1 als angenommen gilt, weil die Frist von drei Arbeitstagen verstrichen ist, muss die spätere Ablehnung als Niederlegung angesehen werden und rückt das stellvertretende Mitglied und nicht etwa der Bewerber oder die Bewerberin um das Amt der Schwerbehindertenvertretung mit der nächsthöchsten Stimmenzahl nach (§ 177 Abs. 8 SGB IX, → SGB IX § 177 Rn. 47). 3

§ 15 Bekanntmachung der Gewählten

Sobald die Namen der Personen, die das Amt der Schwerbehindertenvertretung oder des stellvertretenden Mitglieds innehaben, endgültig feststehen, hat der Wahlvorstand sie durch zweiwöchigen Aushang in gleicher Weise wie das Wahlausschreiben bekanntzumachen (§ 5 Abs. 2) sowie unverzüglich dem Arbeitgeber und dem Betriebs- oder Personalrat mitzuteilen.

1 Die Schwerbehindertenvertretung einschließlich der stellvertretenden Mitglieder stehen endgültig fest, wenn sie die Annahme der Wahl erklärt haben oder die Frist zur Ablehnung (§ 14 Abs. 1 SchwbVWO) abgelaufen ist, die Wahl also als angenommen gilt. Die Bekanntmachung ist zwar nicht Wirksamkeitsvoraussetzung für das Amt, so dass die Schwerbehindertenvertretung auch tätig werden kann, wenn es an einer ordnungsgemäßen Bekanntmachung fehlt. Die Bekanntmachung ist aber eine Amtspflicht des Wahlvorstandes und gehört zu seinen Aufgaben. Wichtig ist die Bekanntmachung für den Beginn der Anfechtungsfrist. Da die Wahl der Schwerbehindertenvertretung und der Stellvertretung gesondert angefochten werden können, scheint auch eine gesonderte Bekanntgabe möglich (BAG 29.7.2009 – 7 ABR 91/07, br 2009, 205; 23.7.2014 – 7 ABR 23/14, NZA 2014, 1288). Dies könnte zB der Fall sein, wenn in dem einen Fall sofort die Annahme der Wahl erklärt wird, während im anderen der Ablauf der Frist abgewartet werden muss. Die Anfechtung selbst richtet sich gem. § 177 Abs. 6 SGB IX nach § 19 BetrVG bzw. § 25 BPersVG oder den entsprechenden Landespersonalvertretungsgesetzen (→ SGB IX § 177 Rn. 42).

§ 16 Aufbewahrung der Wahlunterlagen

Die Wahlunterlagen, insbesondere die Niederschriften, Bekanntmachungen und Stimmzettel, werden von der Schwerbehindertenvertretung mindestens bis zur Beendigung der Wahlperiode aufbewahrt.

1 Sämtliche Unterlagen sind von der neu gewählten Schwerbehindertenvertretung aufzubewahren, auch evtl. Merkblätter für Ausländer (§ 2 Abs. 5), alle Beschlüsse des Wahlvorstandes, Einsprüche gegen die Wählerliste (§ 4 Abs. 1), die Beschlüsse hierüber und die Wahlvorschläge, Aushänge sowie Bekanntmachung des Ergebnisses. Ausgenommen sind zu spät eingegangene schriftlich abgegebene Stimmen, die nach einem Monat nach der Bekanntgabe zu vernichten sind (§ 12 Abs. 2).

2 Die Wahlunterlagen sind insbes. dann bedeutungsvoll, wenn die Wahl angefochten werden soll, angefochten wird oder sich jemand auf die Nichtigkeit der Wahl beruft. Deshalb haben alle Interessierten, die die Wahl anfechten könnten oder sich auf die Nichtigkeit der Wahl berufen könnten, ein Einsichtsrecht in die Unterlagen. Dazu gehört auch der Arbeitgeber (BAG 27.7.2005 – 7 ABR 54/05, NZA 2006, 59). Das Einsichtsrecht kann aber nur in Gegenwart der Schwerbehindertenvertretung oder des stellvertretenden Mitglieds wahrgenommen werden, da diese für die ordnungsgemäße Aufbewahrung verantwortlich ist. Es ist unzulässig, die Unterlagen auch nur für begrenzte Zeit an Dritte herauszugeben. Eine Ausnahme besteht nur, wenn die Unterlagen für das Verfahren der Anfechtung oder der Nichtigkeit – auch als Vorfrage – von amtlichen Stellen, dem Integrationsamt, der Bundesagentur für Arbeit, dem Widerspruchsausschuss oder dem Gericht benötigt werden. Dann können die Unterlagen dort eingereicht werden und müssen als Beweisunterlagen im Wege des Urkundenbeweises auch vorgelegt werden.

§ 17 Nachwahl des stellvertretenden Mitglieds

[1]Scheidet das einzige stellvertretende Mitglied aus oder ist ein stellvertretendes Mitglied noch nicht gewählt, bestellt die Schwerbehindertenvertretung unverzüglich einen Wahlvorstand. [2]Der Wahlvorstand hat die Wahl eines oder mehrerer Stellvertreter für den Rest der Amtszeit der Schwerbehindertenvertretung unverzüglich einzuleiten. [3]Im übrigen gelten die §§ 1 bis 16 entsprechend.

Diese Regelung normiert das Verfahren bei der Neuwahl des stellvertretenden Mitglieds, das hier abweichend von der sonstigen Praxis im Text der Verordnung ausdrücklich (noch) Stellvertreter heißt, im förmlichen Wahlverfahren nach den §§ 1–16. Diese Ergänzung war erforderlich, weil in der Praxis die Frage aufgetaucht war, wie im Falle des vorzeitigen Ausscheidens des einzigen stellvertretenden Mitglieds der Schwerbehindertenvertretung, insbes. des letzten mehrerer gewählter stellvertretender Mitglieder, aus dem Amt zu verfahren wäre. 1

Nach der Neuregelung ist eine gesonderte Nachwahl des Stellvertreters außerhalb des für die regelmäßigen Wahlen festgelegten Zeitraums in dem nunmehr geregelten Verfahren durchzuführen. Entsprechendes gilt für den Fall, dass (noch) kein Stellvertreter gewählt wurde. Aus § 177 Abs. 1 S. 1 SGB IX kann abgeleitet werden, dass stets zumindest ein Stellvertreter vorhanden sein muss. Die Nachwahl gilt nur für den Rest der Amtszeit der Schwerbehindertenvertretung. 2

Die Sondervorschrift des S. 1 geht der allgemeinen Regelung des § 1 Abs. 1 vor. Ist der einzige Stellvertreter bereits vorzeitig aus dem Amt geschieden oder steht der Zeitpunkt des künftigen Ausscheidens bereits fest, hat die Schwerbehindertenvertretung unverzüglich den Wahlvorstand zu bestellen. § 1 Abs. 2 wird durch die Spezialregelung des § 17 S. 1 verdrängt; anstelle des § 2 Abs. 3 findet § 17 S. 2 Anwendung. Über die Anzahl der zu wählenden Stellvertreter beschließt der Wahlvorstand gem. § 2 Abs. 4. 3

Dritter Abschnitt. Vereinfachtes Wahlverfahren

§ 18 Voraussetzungen

Besteht der Betrieb oder die Dienststelle nicht aus räumlich weiter auseinanderliegenden Teilen und sind dort weniger als fünfzig Wahlberechtigte beschäftigt, ist die Schwerbehindertenvertretung in einem vereinfachten Wahlverfahren nach Maßgabe der folgenden Vorschriften zu wählen.

Das vereinfachte Wahlverfahren war ursprünglich nur in kleineren Betrieben mit weniger als 30 Wahlberechtigten zulässig. In Übereinstimmung mit der materiell bereits seit dem 1.8.1986 zu beachtenden Vorschrift des § 24 Abs. 6 SchwbG sah nach einer Anpassung des Wortlauts durch die Erste Verordnung zur Änderung der Wahlordnung Schwerbehindertengesetz auch § 18 SchwbWO ausdrücklich die Durchführung eines vereinfachten Verfahrens vor, wenn in dem Betrieb oder der Dienststelle weniger als 50 Wahlberechtigte beschäftigt werden. Eine Abweichung von dieser zwingenden Regelung ist im Gegensatz zu § 17 Abs. 1 SchwbWO aF, der dies iÜ seit dem 1.8.1986 materiell ebenfalls nicht mehr zuließ, nach dem eindeutigen Wortlaut der Norm auch bei einem Widerspruch eines Wahlberechtigten nicht möglich. Maßgeblich ist die Zahl der Wahlberechtigten zum Zeitpunkt der Einladung zur Wahlversammlung (BAG 16.11.2005 – 7 ABR 9/05, NZA 2006, 340 m. zust. Anm. Kohte/Pick jurisPR-ArbR 12/2006 Anm. 1; Boch SAE 2007, 151). An der bis zur 11. Aufl. 2005 vertretenen abweichenden Ansicht (Zeitpunkt der Wahlversammlung) wird nicht festgehalten. 1

2 Die Voraussetzungen sind zwingend. Durch Vereinbarung selbst aller Wahlberechtigten in einem größeren Betrieb kann das vereinfachte Wahlverfahren nicht vereinbart werden. Eine trotzdem durchgeführte vereinfachte Wahl ist trotz eines solchen Einverständnisses aller dann anfechtbar, wenn die gesetzlichen Voraussetzungen nicht vorliegen (BAG 16.11.2005 – 7 ABR 9/05, NZA 2006, 340). Das gilt auch für die weitere Voraussetzung, dass die Betriebsteile oder Dienststellenteile räumlich nicht weit auseinander liegen dürfen (BAG 7.4.2004 – 7 ABR 42/03, NZA 2004, 745). Diese Voraussetzung könnte wegen der Unbestimmtheit und deshalb, weil sie auch von den Verkehrsverbindungen abhängt, unterschiedlich beantwortet werden. Trotzdem kann auch hierüber keine alle Wahlberechtigten auf Dauer bindende Vereinbarung getroffen werden und muss notfalls im Wege des Anfechtungsverfahrens geklärt werden, ob die Voraussetzungen vorlagen.

3 Auf der anderen Seite führt das Fehlen der Voraussetzungen nur zur Anfechtbarkeit und nicht zur Nichtigkeit der Wahl. Deshalb ist ein sonst ordnungsgemäß durchgeführtes vereinfachtes Wahlverfahren dann wirksam, wenn es nicht fristgemäß angefochten wird. Wird anstelle des vereinfachten Verfahrens förmlich gewählt, ist das kein Anfechtungsgrund.

4 Das allgemeine Wahlverfahren findet nur statt, wenn die Voraussetzungen für das vereinfachte Wahlverfahren nicht vorliegen, insbes. also einzelne Teile weit auseinander liegen. Dabei ist auf die Verhältnisse zum Zeitpunkt der Einladung zur Wahlversammlung abzustellen. Bestehen für sbM Schwierigkeiten, zur Wahlversammlung zu gelangen, bzw. sich Informationen über die für die Übernahme der Aufgabe der Schwerbehindertenvertretung bereiten und geeigneten Kolleginnen und Kollegen zu verschaffen, muss auch bei Entfernungen von wenigen Kilometern uU schon von weit auseinander liegenden Teilen ausgegangen werden (BAG 7.4.2004 – 7 ABR 42/03, NZA 2004, 745; Brors jurisPR-ArbR 22/2003 Anm. 5).

§ 19 Vorbereitung der Wahl

(1) **Spätestens drei Wochen vor Ablauf ihrer Amtszeit lädt die Schwerbehindertenvertretung die Wahlberechtigten durch Aushang oder sonst in geeigneter Weise zur Wahlversammlung ein.**

(2) **Ist in dem Betrieb oder der Dienststelle eine Schwerbehindertenvertretung nicht vorhanden, können drei Wahlberechtigte, der Betriebs- oder Personalrat oder das Integrationsamt zur Wahlversammlung einladen.**

1 Eine Frist für die Einladung zur Wahlversammlung ist nicht vorgeschrieben. Nach der Änderung des § 17 SchwbWO war die ursprünglich vorgesehene Frist von zehn Wochen nicht mehr erforderlich. Dementsprechend wurde die Frist, innerhalb deren die Schwerbehindertenvertretung (nicht die Gesamtschwerbehindertenvertretung nach § 180 Abs. 6 S. 1 und 2 SGB IX, Düwell, Behinderung und Recht 2021, 5) im vereinfachten Wahlverfahren zur Wahlversammlung einzuladen hat, auf drei Wochen verkürzt (Art. 1 Nr. 7 der Ersten Verordnung zur Änderung der Wahlordnung Schwerbehindertengesetz). Daran wurde auch bei der Neufassung der SchwbVWO festgehalten. Eine zwischen Einladung und Durchführung der Versammlung liegende Mindestfrist ist nicht vorgesehen. Jedoch sollte dabei berücksichtigt werden, dass auch auswärtigen Wahlberechtigten die Teilnahme ermöglicht werden muss. Andererseits sollte die Wahlversammlung – ohne dass dies allerdings ausdrücklich vorgesehen wäre – in Anlehnung an § 2 Abs. 3 spätestens eine Woche vor dem Ablauf der Amtszeit der Schwerbehindertenvertretung stattfinden. Dies hätte zudem den Vorteil, dass die bisherige Schwerbehindertenvertretung die Wahlversammlung gem. § 20 Abs. 1 eröffnen und die Wahl der Wahlleitung leiten könnte.

Die Einladung bedarf keiner besonderen Form. Sie kann auch mündlich gegenüber den Wahlberechtigten oder in einer Betriebsversammlung ausgesprochen werden. Ein schriftlicher und unterschriebener Aushang ist jedoch zweckmäßig, um im Falle einer Anfechtung die rechtzeitige und ordnungsgemäße Einladung nachweisen zu können (LAG Bbg 17.10.2003 – 8 TaBV 7/03, BeckRS 2003, 16976, zwingend). 2

§ 20 Durchführung der Wahl

(1) [1]Die Wahlversammlung wird von einer Person geleitet, die mit einfacher Stimmenmehrheit gewählt wird (Wahlleitung). [2]Die Wahlversammlung kann zur Unterstützung der Wahlleitung Wahlhelfer oder Wahlhelferinnen bestimmen.

(2) [1]Die Wahlversammlung beschließt mit einfacher Stimmenmehrheit, wie viele stellvertretende Mitglieder zu wählen sind. [2]Die Schwerbehindertenvertretung und ein oder mehrere stellvertretende Mitglieder werden in getrennten Wahlgängen gewählt; mehrere stellvertretende Mitglieder werden in einem gemeinsamen Wahlgang gewählt. [3]Jede Person, die wahlberechtigt ist, kann Personen zur Wahl der Schwerbehindertenvertretung und ihrer stellvertretenden Mitglieder vorschlagen.

(3) [1]Das Wahlrecht wird durch Abgabe eines Stimmzettels in einem Wahlumschlag ausgeübt. [2]Auf dem Stimmzettel sind von der Wahlleitung die vorgeschlagenen Personen in alphabetischer Reihenfolge unter Angabe von Familienname und Vorname aufzuführen; die Stimmzettel und Wahlumschläge müssen sämtlich die gleiche Größe, Farbe, Beschaffenheit und Beschriftung haben. [3]Die Wahlleitung verteilt die Stimmzettel und trifft Vorkehrungen, daß die Wähler und Wählerinnen ihre Stimme unbeobachtet abgeben können; § 9 Abs. 4 gilt entsprechend. [4]Der Wähler oder die Wählerin übergibt den Wahlumschlag, in den der Stimmzettel eingelegt ist, der Wahlleitung. [5]Diese legt den Wahlumschlag in Gegenwart des Wählers oder der Wählerin ungeöffnet in einen dafür bestimmten Behälter und hält den Namen des Wählers oder der Wählerin in einer Liste fest. [6]Unverzüglich nach Beendigung der Wahlhandlung zählt er öffentlich die Stimmen aus und stellt das Ergebnis fest.

(4) § 13 Abs. 2 und 3 sowie die §§ 14 bis 16 gelten entsprechend.

(5) Die Wahlversammlung der Schwerbehindertenvertretung kann im vereinfachten Wahlverfahren mittels Video- und Telefonkonferenz erfolgen, wenn sichergestellt ist, dass Dritte vom Inhalt der Sitzung keine Kenntnis nehmen können. Eine Aufzeichnung ist unzulässig. Für die Ausübung des Wahlrechts durch Stimmabgabe bei der Wahl der Schwerbehindertenvertretung und ihrer stellvertretenden Mitglieder gilt § 11 entsprechend.

Obwohl mit dem G zur Reform des Betriebsverfassungsgesetzes v. 23.7.2001 (BGBl. I S. 1852) auch für diesen Bereich besondere Regelungen für ein vereinfachtes Wahlverfahren eingeführt wurden und § 177 Abs. 6 SGB IX eine Verweisung ua auf Regelungen der Betriebsverfassung enthält, gelten die Regelungen der SchwbVWO als leges speciales vor den §§ 14a, 17a BetrVG. 1

An der Wahlversammlung nehmen nur Wahlberechtigte teil. Deshalb muss auch die Wahlleitung ein Wahlberechtigter sein (→ SGB IX § 177 Rn. 38). Dagegen können die Wahlhelfer auch andere volljährige Angehörige des Betriebes oder der Dienststelle sein, da insoweit § 2 Abs. 1 anwendbar ist. Diese und die Bewerber können deshalb zugezogen und gehört werden, auch zu der Frage, ob sie eine Wahl annehmen würden. 1a

Abweichend von einer früher geltenden Fassung des § 20 kann der Beschluss der Wahlversammlung über die Anzahl der zu wählenden Stellvertreter in Anpassung an das förmliche Wahlverfahren (§ 2 Abs. 2) wie bereits nach der letzten Fassung des § 20 mit einfacher Mehrheit gefasst werden. Mit Rücksicht auf die Vorschrift des § 177 Abs. 7 2

S. 4 SGB IX sowie zur Vereinfachung des Wahlverfahrens werden mehrere stellvertretende Mitglieder der Schwerbehindertenvertretung künftig auch hier in einem gemeinsamen Wahlgang gewählt.

3 Wahlberechtigte sind nur sbM und gleichgestellte behinderte Menschen. Die Wahlberechtigung ergibt sich nicht aus einer Wählerliste, sondern muss bei Zweifeln nach § 152 Abs. 4 SGB IX durch eine Bescheinigung oder durch eine andere Feststellung dem Wahlleiter nachgewiesen werden. Der Wahlleiter hat dafür zu sorgen, dass nur Wahlberechtigte wählen und diese in einer Liste aufzunehmen, die vorbereitet sein oder auch erst bei der Wahl aufgestellt werden kann.

4 Zur Sicherung eines effektiven Schutzes des Wahlgeheimnisses wurde auf Vorschlag mehrerer Bundesländer die in Abs. 3 enthaltene Regelung über die Durchführung der Wahl im vereinfachten Wahlverfahren in die Wahlordnung aufgenommen. Anstelle von Stimmzetteln, auf denen die Wähler die Namen der Bewerber selbst schreiben mussten und die bei einer geringen Anzahl von Wahlberechtigten über das Schriftbild eine Zuordnung des Wahlzettels zu einem Wähler ermöglichten, finden nunmehr nur noch Stimmzettel Verwendung, auf denen die Namen der Bewerber vom Wahlleiter oder einem Wahlhelfer bereits aufgeführt sind. Die in Abs. 3 S. 1 erwähnte Verwendung eines Wahlumschlags ist nicht zwingend, wenn durch mehrfaches Falten des Stimmzettels sichergestellt ist, dass sein Inhalt nicht von Dritten wahrgenommen werden kann (OVG NRW 27.9.2000 – 1 A 11541/99.PVB, br 2001, 147; ähnlich HessLAG 14.3.2013 – 9 Ta BV 223/12, BeckRS 2013, 72577). Die in Abs. 4 enthaltene Anordnung der „entsprechenden“ Anwendung ermöglicht insbes. im vereinfachten Wahlverfahren die Durchführung eines zweiten Wahlgangs statt eines Losentscheids bei Stimmengleichheit (LAG München 27.9.2005 – 8 TaBV 29/05, BeckRS 2009, 68050; aA Düwell/Sachadae NZA 2014, 1241).

5 Mit Art. 1 Nr. 2 der Ersten Verordnung zur Änderung der Wahlordnung Schwerbehindertenvertretungen vom 18.3.2022 (BGBl. I 477) wurde § 20 mit Wirkung zum 20.3.2022 ein neuer Abs. 5 angefügt, der die Durchführung der Wahlversammlung mittels Video- und Telefonkonferenz ermöglicht, wenn sichergestellt ist, dass Dritte vom Inhalt der Sitzung keine Kenntnis nehmen können (vgl. Grupp DVfR Forum D, D1-2023). Eine Aufzeichnung ist unzulässig. Für die Ausübung des Wahlrechts wird die entsprechende Anwendung von § 11 angeordnet. Durch das Gesetz zur Stärkung der Teilhabe von Menschen mit Behinderungen sowie zur landesrechtlichen Bestimmung der Träger von Leistungen für Bildung und Teilhabe in der Sozialhilfe (Teilhabestärkungsgesetz) vom 2. Juni 2021 (BGBl. I 1387, 1399) war § 28 neu gefasst worden. Er enthielt Sonderregelungen für die Durchführung der Wahlversammlung und die Stimmabgabe im vereinfachten Wahlverfahren und war bis zur Aufhebung der Feststellung einer epidemischen Lage von nationaler Tragweite wegen der dynamischen Ausbreitung von COVID-19) befristet. Diese als Sonderregelung während der Pandemie eingeführte Norm hat sich aus Sicht des Gesetzgebers bewährt (aA Düwell jurisPR-ArbR 11/2022 Anm. 1) und sollte deshalb dauerhaft bestehen bleiben (BR-Drs. 108/22, 2). Konsequent wurde die bisherige Regelung in § 28 aufgehoben (krit. Schmalix PersR 2022, Nr. 4, 32; Rabe-Rosendahl DVfR Forum B, B9-2022). Kritisch gesehen wird insbesondere die Beschränkung der Regelung auf das vereinfachte Verfahren; denn im förmlichen Verfahren sei die Infektionsgefahr wegen der größeren Zahl der Teilnehmer deutlich höher (Düwell jurisPR-ArbR 11/2022 Anm. 1).

§ 21 Nachwahl des stellvertretenden Mitglieds

[1]Scheidet das einzige stellvertretende Mitglied aus oder ist ein stellvertretendes Mitglied noch nicht gewählt, lädt die Schwerbehindertenvertretung die Wahlberechtigten unverzüglich zur Wahlversammlung zur Wahl eines oder mehrerer stellvertretender Mitglieder ein. [2]Im übrigen gelten die §§ 18 bis 20 entsprechend.

Diese Vorschrift wurde gem. Art. 1 Nr. 10 der Ersten Verordnung zur Änderung der Wahlordnung Schwerbehindertengesetz neu eingefügt. Sie regelt in Anlehnung an § 17 das Verfahren bei der Nachwahl des Stellvertreters im vereinfachten Wahlverfahren. Abweichend von § 19 hat die Einladung zur Wahlversammlung unverzüglich zu erfolgen. Sie kann nach dem eindeutigen Wortlaut der Norm nur von der Schwerbehindertenvertretung ausgesprochen werden BR-Drs. 147/90, 16). § 19 Abs. 2 findet keine Anwendung. 1

Zweiter Teil. Wahl der Konzern-, Gesamt-, Bezirks- und Hauptschwerbehindertenvertretung in Betrieben und Dienststellen

§ 22 Wahlverfahren

(1) [1]**Konzern-, Gesamt-, Bezirks- und Hauptschwerbehindertenvertretung werden durch schriftliche Stimmabgabe gewählt (§§ 11, 12).** [2]**Im übrigen sind § 1 Abs. 1, §§ 2 bis 5, 7 bis 10 und 13 bis 17 sinngemäß anzuwenden.** [3]**§ 1 Abs. 2 findet sinngemäß mit der Maßgabe Anwendung, daß sich die Wahlberechtigten auch in sonst geeigneter Weise über die Bestellung eines Wahlvorstandes einigen können.** [4]**§ 6 findet sinngemäß mit der Maßgabe Anwendung, daß bei weniger als fünf Wahlberechtigten die Unterzeichnung eines Wahlvorschlages durch einen Wahlberechtigten ausreicht.**

(2) [1]**Bei nur zwei Wahlberechtigten bestimmen diese im beiderseitigen Einvernehmen abweichend von Absatz 1 die Konzern-, Gesamt-, Bezirks- oder Hauptschwerbehindertenvertretung.** [2]**Kommt eine Einigung nicht zustande, entscheidet das Los.**

(3) [1]**Sofern rechtzeitig vor Ablauf der Amtszeit der Konzern-, Gesamt-, Bezirks- oder Hauptschwerbehindertenvertretung eine Versammlung nach § 180 Absatz 8 des Neunten Buches Sozialgesetzbuch stattfindet, kann die Wahl abweichend von Absatz 1 im Rahmen dieser Versammlung durchgeführt werden.** [2]**§ 20 findet entsprechende Anwendung.**

Die Wahl der Konzern-, Gesamt-, Bezirks- und Hauptschwerbehindertenvertretung 1
kann in mehrfacher Weise vorgenommen werden. Dabei sind die Termine des § 180 Abs. 7 SGB IX zu beachten (OVG NRW 19.4.1993 – 1 A 3466/91.PVL, br 1993, 172). Die Wahl der Konzern- bzw. Gesamtschwerbehindertenvertretung setzt die Existenz einer entsprechenden Arbeitnehmervertretung voraus (LAG SH 9.5.2018 – 6 TaBV 18/17, ArbRAktuell 2018, 540; in: Schlegel/Voelzke/Esser/Isenhardt, § 180 SGB IX Rn. 10 f.; Hauck/Noftz/Mushoff K 97 Rn. 6).

Es gibt Fälle, in denen nur eine einzige Vertrauensperson wahlberechtigt ist, so in den 2
Fällen, in denen nur in einem Betrieb eine Schwerbehindertenvertretung gewählt wurde, in den anderen Betrieben aber eine solche nicht besteht, entweder weil die Mindestzahl an sbM nicht vorhanden ist bzw. eine Wahl nicht erfolgte. Dann nahm diese eine Schwerbehindertenvertretung bereits nach der ab 1.8.1986 geltenden Regelung gleichzeitig die Rechte und Pflichten der Gesamtschwerbehindertenvertretung wahr (vgl. § 180 Abs. 1 SGB IX; → Rn. 3). Dieser Rechtszustand besteht fort. Einer Wahl bedarf es nicht. Entsprechendes gilt für den öffentlichen Dienst (→ SGB IX § 180 Rn. 6, 7). Zu den wahlberechtigten Schwerbehindertenvertretungen der nachgeordneten Dienststellen gehören auch jene der nach § 6 Abs. 3 BPersVG verselbständigten Außen- und Nebenstellen. Die nach dieser Vorschrift verliehene Dienststelleneigenschaft gilt nach § 170 Abs. 1 S. 2 SGB IX auch im Bereich des Teils 3 des Gesetzes, in dem ua Regelungen zur Wahl der Vertretungen der sbM enthalten sind (BAG 24.5.2006 – 7 ABR 40/05, PersV 2007, 75 = AP SGB IX § 97 Nr. 1).

2a Diese Grundsätze sind auf die Konzernschwerbehindertenvertretung nicht zu übertragen, wie die Systematik und Entstehungsgeschichte des § 180 SGB IX zeigen (BAG 4.11.2015 – 7 ABR 62/13, NZA-RR 2016, 191). An der bisher vertretenen gegenteiligen Ansicht wird nicht festgehalten.

3 Wenn in solchen Fällen zwei Vertrauenspersonen wahlberechtigt sind, müssen sie sich über die Gesamtschwerbehindertenvertretung usw einigen; ggf. muss das Los geworfen werden (Abs. 2). Die zuvor angesprochene Einigung bindet nur für die konkrete Konstellation. Im Fall des Ausscheidens der Gesamtschwerbehindertenvertretung rückt nicht ihre örtliche Nachfolge auch in diese Position ein, vielmehr nimmt diese Funktion nunmehr die stellvertretende Gesamtschwerbehindertenvertretung wahr (HessLAG 29.1.2020 – 16 TaBVGa 145/18, AA 2019, 90; Sachadae jurisPR-ArbR 4/2020 Anm. 6).

4 Das förmliche und das vereinfachte Wahlverfahren stehen in einem Ausschließlichkeitsverhältnis zueinander. Es besteht keine Wahlmöglichkeit, vielmehr ist bei Erfüllung der maßgeblichen Voraussetzungen das jeweils einschlägige Verfahren anzuwenden (BAG 16.11.2005 – 7 ABR 9/05, NZA 2006, 340). Das hat zur Folge, dass das förmliche Wahlverfahren zwingend zur Anwendung kommt, wenn im Wahlbezirk mehr als 49 Vertrauenspersonen wahlberechtigt sind. Diese Voraussetzung ist allerdings faktisch kaum erfüllt (Kohte DVfR Reha-Recht- Forum B – 18/2014, S. 4; Sachadae br 2015, 22). Daher wird in sehr vielen Fällen vom vereinfachten Wahlverfahren Gebrauch gemacht werden können (LPK-SGB IX/Sachadae § 22 Rn. 18). Allerdings ist die Wahl im vereinfachten Verfahren an die weitereVoraussetzung der räumlichen Nähe der Betriebs- oder Dienststellenteile gebunden; denn damit wird dafür gesorgt, dass die Wahlberechtigten die vorgeschlagenen Kandidaten bereits kennen können (BAG 23.7.2014 – 7 ABR 61/12, NZA-RR 2015, 51; Edenfeld PersV 2015, 63).

5 Ist eine solche Wahl nicht möglich, vor allem aber auch bei der ersten Wahl einer Gesamtschwerbehindertenvertretung, die dann eine Versammlung nach § 180 Abs. 7 SGB IX noch nicht einberufen kann, bedarf es eines förmlichen Wahlverfahrens mit Wahlvorstand, Liste der Wahlberechtigten, Wahlausschreiben, förmlichen Wahlvorschlägen und schriftlicher Stimmabgabe. Dieses förmliche Verfahren ist aber auch dann durchzuführen, wenn eine solche Versammlung nicht zur Wahlzeit stattfindet bzw. kein Ergebnis hat. Abs. 3 ist lediglich eine Kann-Vorschrift, so dass auch statt des vereinfachten Verfahrens die förmliche Wahl durchgeführt werden kann (enger: LPK-SGB IX/Sachadae § 22 Rn. 20).

6 Die Wahl ist bekannt zu machen, die Wahlunterlagen sind vom Gesamtvertrauensmann usw. aufzubewahren. § 13 Abs. 2, 3 sowie die §§ 14–16 finden entsprechende Anwendung.

Dritter Teil. Wahl der Schwerbehindertenvertretung, Bezirks- und Hauptschwerbehindertenvertretung der schwerbehinderten Staatsanwälte und Staatsanwältinnen

§ 23 Wahlverfahren

Für die Wahl der Schwerbehindertenvertretung, der Bezirks- und Hauptschwerbehindertenvertretung der schwerbehinderten Staatsanwälte und Staatsanwältinnen in den Fällen des § 177 Absatz 1 Satz 3 des Neunten Buches Sozialgesetzbuch gelten die Vorschriften des Ersten und Zweiten Teils entsprechend.

1 Durch Art. 1 Nr. 12 der Ersten Verordnung zur Änderung der Wahlordnung Schwerbehindertengesetz wurde der Dritte Teil mit § 23 neu in die Wahlordnung eingefügt.

Damit wurde nunmehr auch in deren Rahmen die seit dem 1.8.1986 geltende Vorschrift des § 24 Abs. 1 S. 3 SchwbG (heute: § 177 SGB IX 2018) ausdrücklich berücksichtigt, nach der auch schwerbehinderte und ihnen gleichgestellte Staatsanwälte eine eigenständige Schwerbehindertenvertretung, Bezirks- und Hauptschwerbehindertenvertretung bildeten, wenn das Personalvertretungsgesetz des jeweiligen Landes für Staatsanwälte eine eigenständige Personalvertretung vorsah, sofern eine Mindestzahl von fünf nicht nur vorübergehend beschäftigten schwerbehinderte und/oder ihnen gleichgestellten Staatsanwälten erreicht wurde. Dies gilt inhaltlich auch nach der SchwbVWO.

Für den Fall der Wahl einer eigenständigen Schwerbehindertenvertretung, Bezirks- 2
oder Hauptschwerbehindertenvertretung gelten die Vorschriften der §§ 1–22 über das förmliche und vereinfachte Wahlverfahren entsprechend. Aus dieser ausdrücklichen Beschränkung der Bezugnahme auf den Ersten und Zweiten Teil der Wahlordnung folgt gleichzeitig, dass nicht die für die Wahl der Schwerbehindertenvertretung, Bezirks- oder Hauptschwerbehindertenvertretung der schwerbehinderte Richter und Richterinnen geltenden Vorschriften des Vierten Teils Anwendung finden, sondern die für die übrigen bei den Gerichten tätigen Bediensteten geltenden Normen.

Vierter Teil. Wahl der Schwerbehindertenvertretung, Bezirks- und Hauptschwerbehindertenvertretung der schwerbehinderten Richter und Richterinnen

§ 24 Vorbereitung der Wahl der Schwerbehindertenvertretung der Richter und Richterinnen

(1) [1]**Spätestens acht Wochen vor Ablauf ihrer Amtszeit lädt die Schwerbehindertenvertretung der schwerbehinderten Richter und Richterinnen die Wahlberechtigten schriftlich oder durch Aushang zu einer Wahlversammlung ein.** [2]**Die Einladung muß folgende Angaben enthalten:**

1. **die Voraussetzungen der Wählbarkeit zur Schwerbehindertenvertretung,**
2. **den Hinweis über eine für Zwecke der Wahl erfolgte Zusammenfassung von Gerichten,**
3. **den Hinweis, wo und wann die Liste der Wahlberechtigten und diese Verordnung zur Einsicht ausliegen,**
4. **Ort, Tag und Zeit der Wahlversammlung.**

(2) [1]**Ist in dem Gericht eine Schwerbehindertenvertretung der schwerbehinderten Richter und Richterinnen nicht vorhanden, laden drei wahlberechtigte Richter und Richterinnen, der Richterrat oder der Präsidialrat zu der Wahlversammlung ein.** [2]**Das Recht des Integrationsamtes, zu einer solchen Versammlung einzuladen (§ 177 Absatz 6 Satz 4 des Neunten Buches Sozialgesetzbuch), bleibt unberührt.**

Die Wahl der Schwerbehindertenvertretung der Richter und Richterinnen ist einfacher 1
als die Wahl der allgemeinen Schwerbehindertenvertretung. Die Vorschriften gelten nicht für Wahlen zur Schwerbehindertenvertretung für Staatsanwälte (§ 177 Abs. 1 S. 3 SGB IX), da § 23 WO eine eigenständige Regelung enthält. Sie stehen zwischen dem förmlichen und vereinfachten Verfahren. Die Wahl bedarf, wenn nicht von der Möglichkeit des Abs. 1 S. 2 Gebrauch gemacht wurde, einer Einladung durch die bisherige Schwerbehindertenvertretung der Richter und Richterinnen, drei Wahlberechtigte, Richter- oder Präsidialrat oder das Integrationsamt. Es muss außerdem eine Liste der Wahlberechtigten aufgestellt werden. Da ein Wahlvorstand nicht vorhanden ist, muss der

Einspruch gegen die Wählerliste an die jeweils einladende Stelle gerichtet werden. Ohne dass es im G gesagt ist, muss für die Einsprüche gegen die Wählerliste § 4 entspr. gelten.

2 Es ist auch nicht festgelegt, welche Frist zwischen Einladung und Wahlversammlung liegen muss. Man wird aber als Mindestfrist zwei Wochen annehmen müssen, um Einsprüche gegen die Liste der Wahlberechtigten fristgerecht zulassen zu können. Mit Rücksicht auf § 2 Abs. 3 sollte die Wahlversammlung spätestens eine Woche vor Ablauf der Amtszeit der Schwerbehindertenvertretung stattfinden.

§ 25 Durchführung der Wahl

(1) Die Wahlversammlung beschließt unter dem Vorsitz des oder der lebensältesten Wahlberechtigten das Wahlverfahren und die Anzahl der stellvertretenden Mitglieder der Schwerbehindertenvertretung.

(2) [1]Die Leitung der Wahlversammlung hat die Gewählten unverzüglich von ihrer Wahl zu benachrichtigen. [2]§ 14 Abs. 1 Satz 2 und Abs. 2 sowie die §§ 15 und 16 gelten entsprechend.

1 Die Wahlversammlung ist in der Bestimmung des Wahlverfahrens nicht völlig frei, vielmehr gelten die Mindestvoraussetzungen der geheimen und unmittelbaren Wahl nach den Grundsätzen der Mehrheitswahl (§ 177 Abs. 6 SGB IX) auch für die Wahl der Schwerbehindertenvertretung der Richter und Richterinnen. Es muss also vor allem eine schriftliche Wahl mit Stimmzetteln auch hier durchgeführt werden. Eine offene Wahl oder sonstige Akklamation ist nichtig. Diese Regelung orientiert sich am Modell des § 51 Abs. 2 S. 2 DRiG. Eine Grundlage dafür findet sich in § 177 Abs. 1 S. 2 SGB IX nicht. Daraus folgt ein Spannungsverhältnisverhältnis (BAG 23.7.2014 – 7 ABR 61/12, NZA-RR 2015, 51), das einer Anwendung des § 25 möglicherweise entgegensteht (LPK-SGB IX/Sachadae, § 25 Rn. 3).

§ 26 Nachwahl des stellvertretenden Mitglieds

[1]Scheidet das einzige stellvertretende Mitglied vorzeitig aus dem Amt aus oder ist ein stellvertretendes Mitglied noch nicht gewählt, lädt die Schwerbehindertenvertretung der schwerbehinderten Richter und Richterinnen unverzüglich zur Wahlversammlung zur Wahl eines oder mehrerer stellvertretender Mitglieder für den Rest ihrer Amtszeit ein. [2]Im übrigen gelten die §§ 24 und 25 entsprechend.

1 Die Vorschrift wurde durch Art. 1 Nr. 17 der Ersten Verordnung zur Änderung der Wahlordnung Schwerbehindertengesetz neu eingefügt. Sie sieht nunmehr auch eine Verfahrensregelung für die Neuwahl des stellvertretenden Mitglieds der Schwerbehindertenvertretung der Richter vor. Diese hat entgegen Abs. 1 der nach S. 2 iÜ geltenden Vorschrift des § 24 unverzüglich zur Wahl einzuladen. Auch findet § 24 Abs. 2 keine Anwendung, da § 26 S. 1 ausdrücklich das Vorhandensein einer Schwerbehindertenvertretung voraussetzt. Inhaltliche Änderungen sind durch die Änderung der Wahlordnung durch Art. 54 des Gesetzes vom 19.6.2001 (BGBl. I S. 1096) nicht erfolgt.

§ 27 Wahl der Bezirks- und Hauptschwerbehindertenvertretung der schwerbehinderten Richter und Richterinnen

Für die Wahl der Bezirks- und Hauptschwerbehindertenvertretung der schwerbehinderten Richter und Richterinnen gelten die §§ 24 bis 26 entsprechend.

Obwohl nur §§ 24–26 als entspr. anwendbar erklärt worden sind, muss auch hier § 22 entspr. gelten, vor allem dann, wenn nur zwei wahlberechtigte Schwerbehindertenvertretungen der Richter bestehen, weil dann § 22 Abs. 2 gelten muss und die Wahl durch Wahlversammlung mit Wählerliste unsinnig wäre (aA LPK-SGB IX/Sachadae § 27 Rn. 2). Aber auch sonst dürfte die Auslegung einer Wählerliste vor der Wahl einer Bezirks- oder Hauptschwerbehindertenvertretung der Richter nicht erforderlich sein und deshalb eine einfache Einladung zu einer Versammlung der Wahlberechtigten ausreichen. 1

Fünfter Teil. Schlußvorschriften

§ 28 (aufgehoben)

Diese Vorschrift, die ursprünglich die früher erforderliche Berlin-Klausel enthielt, zwar bereits seit dem 3.10.1990 gegenstandslos. Das Recht der Bundesrepublik Deutschland gilt seither ohne Übernahme (§§ 1 u. 5 des Gesetzes zur Überleitung von Bundesrecht nach Berlin (West) – sechstes Überleitungsgesetz – v. 25.9.1989, BGBl. I S. 2106 iVm der Bekanntmachung über dessen Inkrafttreten v. 2.10.1990, BGBl. I S. 2153). Durch Art. 13b des Gesetzes zur Stärkung der Teilhabe von Menschen mit Behinderung sowie zur landesrechtlichen Bestimmung der Träger von Leistungen für Bildung und Teilhabe in der Sozialhilfe (Teilhabestärkungsgesetz) vom 2.6.2021 (BGBl. I 1387, 1399) wurde sie befristet durch eine die Durchführung der Wahlversammlung im Wege der Video- oder Telefonkonferenz ermöglichende und die nachgelagerte Briefwahl anordnende Sonderregelung aus Anlass der COVID-19-Pandemie (krit. LPK-SGB IX/Sachadae § 28 Rn. 32) ersetzt, die ihrerseits durch Art. 1 Nr. 3 der Ersten Verordnung zur Änderung der Wahlordnung Schwerbehindertenvertretungen vom 18.3.2022 (BGBl. I 477) aufgehoben wurde. Gleichzeitig wurde § 20 mit Wirkung zum 20.3.2022 ein neuer Abs. 5 angefügt, der den Inhalt von § 28 aF inhaltlich in diese Regelung übertrug und nunmehr dauerhaft gilt (krit. Düwell jurisPR-ArbR 11/2022 Anm. 1; Schmalix PersR 2022, Nr. 4, 32). 1

§ 29 (Inkrafttreten)

Die 1. DVO trat am 27.7.1975 in Kraft, da sie am 26.7.1975 im BGBl. verkündet wurde. Die Neufassung v. 23.8.1990 regelte in Art. 4 das Inkrafttreten am 1.5.1990. Die Änderung der Wahlordnung durch Art. 54 des Gesetzes vom 19.6.2001 (BGBl. I S. 1046) hatte auf die Geltung der Regelung keinen Einfluss. 1

b) Schwerbehinderten-Ausgleichsabgabeverordnung – SchwbAV

Vom 28. März 1988 (BGBl. I S. 484)
(BGBl. I S. 2959)
FNA 871-1-14

Zuletzt geändert durch G v. 6.6.2023 (BGBl. I Nr. 146)

Auf Grund des § 11 Abs. 3 S. 3, § 12 Abs. 2 und § 33 Abs. 2 S. 5 des Schwerbehindertengesetzes idF der Bekanntmachung v. 26.8.1986 (BGBl. I 1421) sowie des Art. 12 Abs. 2 des Gesetzes zur Erleichterung des Übergangs vom Arbeitsleben in den Ruhestand v. 13.4.1984 (BGBl. I 601) verordnet die BReg. mit Zustimmung des Bundesrates:

Erster Abschnitt. (weggefallen)

§§ 1–13 (aufgehoben)

Zweiter Abschnitt. Förderung der Teilhabe schwerbehinderter Menschen am Arbeitsleben aus Mitteln der Ausgleichsabgabe durch die Integrationsämter

§ 14 Verwendungszwecke

(1) **Die Integrationsämter haben die ihnen zur Verfügung stehenden Mittel der Ausgleichsabgabe einschließlich der Zinsen, der Tilgungsbeträge aus Darlehen, der zurückgezahlten Zuschüsse sowie der unverbrauchten Mittel des Vorjahres zu verwenden für folgende Leistungen:**

1. **Leistungen zur Förderung des Arbeits- und Ausbildungsplatzangebots für schwerbehinderte Menschen,**
2. **Leistungen zur begleitenden Hilfe im Arbeitsleben, einschließlich der Durchführung von Aufklärungs-, Schulungs- und Bildungsmaßnahmen sowie der Information, Beratung und Unterstützung von Arbeitgebern (Einheitliche Ansprechstellen für Arbeitgeber),**
3. **(aufgehoben),**
4. **Leistungen zur Durchführung von Forschungs- und Modellvorhaben auf dem Gebiet der Teilhabe schwerbehinderter Menschen am Arbeitsleben, sofern ihnen ausschließlich oder überwiegend regionale Bedeutung zukommt oder beim Bundesministerium für Arbeit und Soziales beantragte Mittel aus dem Ausgleichsfonds nicht erbracht werden konnten,**
5. **Maßnahmen der beruflichen Orientierung und**
6. **Leistungen zur Deckung eines Teils der Aufwendungen für ein Budget für Arbeit oder für ein Budget für Ausbildung.**

(2) **Die Mittel der Ausgleichsabgabe sind vorrangig für die Förderung nach Absatz 1 Nr. 1 und 2 zu verwenden.**

(3) **Die Integrationsämter können sich an der Förderung von Vorhaben nach § 41 Absatz 1 Nummer 4 bis 6 durch den Ausgleichsfonds beteiligen.**

1 Hier werden die Aufgaben der Integrationsämter zusammengefasst und gleichzeitig eine Reihenfolge aufgestellt. Die folgenden Unterabschnitte führen das in Einzelheiten aus. Dabei werden die Aufgaben, für die Mittel der Integrationsämter aus der Ausgleichsabgabe eingesetzt werden dürfen, erschöpfend aufgeführt. Andere als die genannten Zwecke dürfen nicht aus der Ausgleichsabgabe finanziert werden, sondern sind aus anderen Mitteln zu bestreiten (Zanker, Schwerbehindertenrecht, 1993, 106). Insbesondere dürfen für alle persönlichen und sächlichen Kosten der Integrationsämter für Verwaltung und Verfahren nicht die Mittel der Ausgleichsabgabe eingesetzt werden (§ 77 Abs. 5 S. 2 SGB IX). Durch Art. 19 Abs. 19 Nr. 1 lit. b BTHG wurde der Leistungskatalog um die Nr. 6 (Budget für Arbeit) erweitert. Es handelt sich dabei um eine Folge der im ersten Teil des BTHG erfolgten Einführung des Budgets für Arbeit. Damit soll den Integrationsämtern die Möglichkeit eröffnet werden, im Rahmen ihrer Zuständigkeit für die begleitenden Hilfen im Arbeits- und Berufsleben einen Teil der Aufwendungen für ein Budget für Arbeit zu übernehmen (BT-Drs. 18/9522, 353). Die durch Art. 7 des Gesetzes zur Entlastung unterhaltsverpflichteter Angehöriger in der Sozialhilfe und in der Eingliederungshilfe (Angehörigen-Entlastungsgesetz) vom 10. Dezember 2019 (BGBl. I 2135, 2139) erfolgte Ergänzung von Abs. 1 Nr. 6 um das Budget zur Aus-

bildung ist Folge der Einführung dieser Leistung als § 61a des Neunten Buches Sozialgesetzbuch durch Art. 2 Nr. 4 des Angehöirgen-Entlastungsgesetzes. Eine entsprechende Ergänzung findet sich auch in § 220 Abs. 3 SGB IX vom 10. Dezember 2019 (BGBl. I 2135, 2139). Mit Art. 1 der Vierten Verordnung zur Änderung der Schwerbehinderten-Ausgleichsabgabeverordnung vom 6.7.2020 (BGBl. I 1595) wurde Abs. 1 eine neue Nr. 7 angefügt, die als weiteren Zweck für die Verwendung der Ausgleichsabgabe Leistungen an WfbM und an andere Leistungsanbieter iSv § 60 SGB IX zur Kompensation der durch COVID-19 gesunkenen Arbeitsentgelte der dort beschäftigten bM vorsah. Ergänzt wurde dies durch eine ergänzende Verwendungsanordnung in § 36 Abs. 4 SchwbAV. Damit sollten Entgelteinbußen der Werkstattbeschäftigten vermieden werden, für die wegen ihres Status als arbeitnehmerähnliche Personen Kurzarbeitergeld nicht in Betracht kommt (BR-Drs. 346/20 S. 1). Eine weitere Änderung ergab sich aus Art. 13c des Teilhabestärkungsgesetzes vom 2.6.2021 (BGBl. I 1387, 1400), das in Abs. 1 Nr. 2 als weitere Aufgabe die Information, Beratung und Unterstützung von Arbeitgebern (Einheitliche Ansprechstellen für Arbeitgeber) vorsieht und damit an die entsprechenden Änderungen des SGB IX durch Art. 7 (Nr. 21b und c) anknüpft. Durch Art. 12 Ziff. 12 des Gesetzes zur Förderung eines inklusiven Arbeitsmarkts vom 6.6.2023 (BGBl. I Nr. 146) wurde § 14 in einigen Positionen verändert. Dies betraf zunächst Abs. 1 Ziff. 3, die ebenso wie Ziff. 7 aufgehoben wurde, während in Ziff. 5 und 6 den Wegfall bedingende redaktionelle Änderungen vorgenommen wurden. Begründet wurde dies damit, dass künftig die Mittel aus der Ausgleichsabgabe vollständig zur Unterstützung und Förderung der Beschäftigung auf dem Allgemeinen Arbeitsmarkt eingesetzt werden sollten (Gesetzentwurf der BReg., BT-Drs. 20/5664, 27).

Abs. 2 stellt eine Reihenfolge auf, nach der die Aufgaben zu Abs. 1 Nr. 1, 2 „vorrangig" zu bedenken sind. Absolut zwingend ist diese Reihenfolge jedoch nicht. Vorrang bedeutet nicht, dass Mittel für 3 u. 4 und nach Abs. 3 nur eingesetzt werden dürfen, wenn für Förderung und begleitende Hilfe kein Bedürfnis mehr besteht. Die Abstufung ist vielmehr nur eine Gewichtung. Die Mittel einschließlich aller Rückläufe und Zinsen sollen vor allem für die vorrangigen Zwecke eingesetzt werden. Eine gleichzeitige Förderung für andere Zwecke ist trotzdem möglich, soll sich aber in geringerem Ausmaß bewegen. Vor allem erwächst aus der in Abs. 2 aufgestellten Reihenfolge kein Anspruch auf Bewilligung oder bevorzugte Bewilligung von Mitteln. Das Integrationsamt entscheidet vielmehr stets nach eigenem, pflichtgemäßem Ermessen (Zanker, Schwerbehindertenrecht, 1993, 108). 2

Soweit der Ausgleichsfonds nach § 41 Abs. 1 Nr. 4–6 Mittel gewährt, wird eine Aufstockung oder Ergänzung durch das Integrationsamt nicht ausgeschlossen, sondern – wie auch früher schon – vor allem für Nachfinanzierungen ermöglicht. Das gilt vor allem dann, wenn bisher Mittel von anderen Stellen bewilligt waren. Die geänderte Verweisung auf Abs. 1 Nr. 3–6 (früher § 41 Abs. 2) beruht auf Art. 1 Nr. 2 der Dritten Verordnung zur Änderung der Schwerbehinderten-Ausgleichsabgabeverordnung v. 16.1.2004 (BGBl. I 77) und ist Ausdruck einer Schwerpunktverlegung des Aufgabenkreises. Durch Art. 12 Ziff. 4 des Gesetzes zur Förderung eines inklusiven Arbeitsmarkts vom 6.6.2023 (BGBl. I Nr. 146) ist zum Zweck der Fokussierung auf die Unterstützung und Förderung der Beschäftigung auf dem Allgemeinen Arbeitsmarkt eine Streichung von § 41 Abs. 1 Nr. 3 erfolgt, die sich in der Änderung des Wortlauts von Abs. 3 widerspiegelt. 3

1. Unterabschnitt. Leistungen zur Förderung des Arbeits- und Ausbildungsplatzangebots für schwerbehinderte Menschen

§ 15 Leistungen an Arbeitgeber zur Schaffung von Arbeits- und Ausbildungsplätzen für schwerbehinderte Menschen

(1) [1]Arbeitgeber können Darlehen oder Zuschüsse bis zur vollen Höhe der entstehenden notwendigen Kosten zu den Aufwendungen für folgende Maßnahmen erhalten:

1. die Schaffung neuer geeigneter, erforderlichenfalls behinderungsgerecht ausgestatteter Arbeitsplätze in Betrieben oder Dienststellen für schwerbehinderte Menschen,
   a) die ohne Beschäftigungspflicht oder über die Beschäftigungspflicht hinaus (§ 154 des Neunten Buches Sozialgesetzbuch) eingestellt werden sollen,
   b) die im Rahmen der Erfüllung der besonderen Beschäftigungspflicht gegenüber im Arbeits- und Berufsleben besonders betroffenen schwerbehinderten Menschen (§ 154 Absatz 1 Satz 2 und § 155 des Neunten Buches Sozialgesetzbuch) eingestellt werden sollen,
   c) die nach einer längerfristigen Arbeitslosigkeit von mehr als 12 Monaten eingestellt werden sollen,
   d) die im Anschluß an eine Beschäftigung in einer anerkannten WfbM eingestellt werden sollen oder
   e) die zur Durchführung von Maßnahmen der besonderen Fürsorge und Förderung nach § 164 Absatz 3 Satz 1, Absatz 4 Satz 1 Nummer 1, 4 und 5 und Absatz 5 Satz 1des Neunten Buches Sozialgesetzbuch auf einen neu zu schaffenden Arbeitsplatz umgesetzt werden sollen oder deren Beschäftigungsverhältnis ohne Umsetzung auf einen neu zu schaffenden Arbeitsplatz enden würde,
2. die Schaffung neuer geeigneter, erforderlichenfalls behinderungsgerecht ausgestatteter Ausbildungsplätze und Plätze zur sonstigen beruflichen Bildung für schwerbehinderte Menschen, insbesondere zur Teilnahme an Leistungen zur Teilhabe am Arbeitsleben nach § 49 Absatz 3 Nummer 4 des Neunten Buches Sozialgesetzbuch, in Betrieben oder Dienststellen,

wenn gewährleistet wird, daß die geförderten Plätze für einen nach Lage des Einzelfalles zu bestimmenden langfristigen Zeitraum schwerbehinderten Menschen vorbehalten bleiben. [2]Leistungen können auch zu den Aufwendungen erbracht werden, die durch die Ausbildung schwerbehinderter Menschen im Gebrauch der nach Satz 1 geförderten Gegenstände entstehen.

(2) [1]Leistungen sollen nur erbracht werden, wenn sich der Arbeitgeber in einem angemessenen Verhältnis an den Gesamtkosten beteiligt. [2]Sie können nur erbracht werden, soweit Mittel für denselben Zweck nicht von anderer Seite zu erbringen sind oder erbracht werden. [3]Art und Höhe der Leistung bestimmen sich nach den Umständen des Einzelfalles. [4]Darlehen sollen mit jährlich 10 vom Hundert getilgt werden; von der Tilgung kann im Jahr der Auszahlung und dem darauf folgenden Kalenderjahr abgesehen werden. [5]Auch von der Verzinsung kann abgesehen werden.

(3) Die behinderungsgerechte Ausstattung von Arbeits- und Ausbildungsplätzen und die Einrichtung von Teilzeitarbeitsplätzen können, wenn Leistungen nach Absatz 1 nicht erbracht werden, nach den Vorschriften über die begleitende Hilfe im Arbeitsleben (§ 26) gefördert werden.

1 Die Leistung kann der Höhe nach bis zu den vollen entstehenden Kosten gewährt werden. Es wird aber nach Abs. 2 verlangt, dass der Arbeitgeber sich in einem angemessenen Verhältnis an den Gesamtkosten beteiligt. Voraussetzung ist weiter, dass von anderer Seite kein Anspruch besteht (Abs. 2 S. 2). Was eine angemessene Beteiligung ist, kann nur nach dem Einzelfall bestimmt werden. Die Beurteilung richtet sich nach der

Höhe der erforderlichen Aufwendungen, der wirtschaftlichen Lage von Branche und Betrieb, der Dauer der vorgesehenen Beschäftigung und dem späteren Nutzen für den Arbeitgeber. Für die Unterbringung besonders betroffener und daher schwer unterzubringender sbM kann eine geringere Beteiligung gerechtfertigt sein. Als Regel sollten eine Mindestbeteiligung von 10–20 % und eine normale Beteiligung von 50 % gelten, wovon je nach den Umständen abgewichen werden kann.

Ob Zuschuss oder Darlehen gewährt wird, entscheidet das Integrationsamt nach den 2
Umständen auf Grund seines pflichtgemäßen Ermessens. Ein Anspruch auf nicht rückzahlbaren Zuschuss besteht nicht. Im Allgemeinen werden für Dauereinrichtungen Darlehen, für nur vorübergehende Leistungen eher Zuschüsse in Frage kommen.

Ob der Zeitraum für die Beschäftigung sbM langfristig ist, hängt ebenfalls von den 3
Umständen des Einzelfalles ab. Besonderer Wert ist auf die Förderung der Ausbildung zu legen. Dazu ist auf die Ausbildungsdauer abzustellen, iÜ auf die Beschäftigungslage und die Möglichkeit, auch in Zukunft andere sbM zu beschäftigen. Im Regelfall wird man langfristig nur bei einer Beschäftigung über ein oder mehrere Jahre annehmen können mit der Möglichkeit, eine Dauerbeschäftigungsmöglichkeit für sbM zu schaffen. Dabei kommt es nicht auf den einzelnen sbM an, sondern darauf, ob der Arbeitsplatz generell sbM zur Verfügung steht (Seidel SuP 2003, 101).

Die Aufzählung nach Abs. 1 Nr. 1, 2 ist erschöpfend. Andere Maßnahmen können 4
nicht gefördert werden. Dazu gehört auch, dass es sich um die Schaffung von Arbeitsplätzen handelt. Gefördert werden sowohl die Kosten für die Einrichtung des Arbeitsplatzes als auch ggf. dessen behindertengerechte Ausstattung (Seidel SuP 2003, 96). Dies ist wegen des Fehlens eines „Arbeitsplatzes" nicht der Fall bei der Beschäftigung des schwerbehinderten geschäftsführenden Vorstandsmitglieds eines eingetragenen Vereins, das maßgeblichen Einfluss auf Entscheidungen des Vereins hat (BVerwG 8.3.1999 – 5 V 5/98, NZA 1999, 826). Entsprechendes gilt für die Beschäftigungsstelle eines ordinierten Geistlichen einer evangelischen Landeskirche wegen der staatskirchenrechtlichen Besonderheiten seines Dienstverhältnisses (VGH BW 29.3.2001 – 2 S 1565/00, br 2001, 171). Die einzelnen Maßnahmen ergänzen aber die Förderung durch die Bundesagentur für Arbeit nach dem SGB III. Gefördert wird aber dadurch auch die innerbetriebliche Fortbildung und Umschulung, vor allem wenn dies zur beruflichen Rehabilitation dient. Dazu zählen auch Kosten für die Ausbildung (zB in EDV).

Darlehen können auch unverzinslich gewährt werden. Die Entscheidung darüber 5
obliegt dem pflichtgemäßen Ermessen des Integrationsamts. Auch die Tilgung von 10 vH jährlich ist nur eine Sollvorschrift, von der abgesehen werden kann, wenn die Umstände für eine geringere Rückzahlung sprechen. Die Höhe richtet sich vor allem nach der Nutzungsdauer. Die Aussetzung der Tilgung ist aber nur für die ersten zwei Jahre vorgesehen, für die Folgejahre kommt nur eine Herabsetzung in Betracht.

Die Vorschrift gilt auch für Behindertenbetriebe, Selbsthilfefirmen und Integrations- 6
projekte. Sie stehen anderen Betrieben gleich, so dass auch spezielle Abteilungen und Einrichtungen für Behinderte zu fördern sind.

§ 16 Arbeitsmarktprogramme für schwerbehinderte Menschen

Die Integrationsämter können der Bundesagentur für Arbeit Mittel der Ausgleichsabgabe zur Durchführung befristeter regionaler Arbeitsmarktprogramme für schwerbehinderte Menschen gemäß § 187 Absatz 3 des Neunten Buches Sozialgesetzbuch zuweisen.

Die früheren Sonderprogramme der BReg. waren mit dem 1.7.1986 weggefallen und 1
dann als gesetzliche Aufgabe der Bundesagentur für Arbeit nach § 33 Abs. 3 SchwbG vorgesehen. Dazu konnte die Hauptfürsorgestelle – wie schon früher – Mittel zur Ver-

fügung stellen, um regionale Sonderprogramme mitzufinanzieren. Die früher in § 33 Abs. 3 SchwbG, heute in § 187 Abs. 3 SGB IX, geregelten Möglichkeiten zu solchen regionalen zusätzlichen Leistungen waren im Gesetzgebungsverfahren umstritten (→ SGB IX § 187 Rn. 45, 46), insbes. ist eine solche Mischverwaltung zwischen Bund und Ländern nicht unproblematisch. Die bestehende Regelung als Zuweisung von Mitteln an die Bundesagentur führt aber, auch wenn die Mittel für Arbeitsmarktprogramme bestimmt sind, nicht zu einer solchen bedenklichen Mischverwaltung.

2. Unterabschnitt. Leistungen zur begleitenden Hilfe im Arbeitsleben

§ 17 Leistungsarten

(1) [1]Leistungen zur begleitenden Hilfe im Arbeitsleben können erbracht werden

1. an schwerbehinderte Menschen
a) für technische Arbeitshilfen (§ 19),
b) zum Erreichen des Arbeitsplatzes (§ 20),
c) zur Gründung und Erhaltung einer selbständigen beruflichen Existenz (§ 21),
d) zur Beschaffung, Ausstattung und Erhaltung einer behinderungsgerechten Wohnung (§ 22),
e) (aufgehoben)
f) zur Teilnahme an Maßnahmen zur Erhaltung und Erweiterung beruflicher Kenntnisse und Fertigkeiten (§ 24) und
g) in besonderen Lebenslagen (§ 25),

2. an Arbeitgeber
a) zur behinderungsgerechten Einrichtung von Arbeits- und Ausbildungsplätzen für schwerbehinderte Menschen (§ 26),
b) für Zuschüsse zu den Gebühren bei der Berufsausbildung besonders betroffener schwerbehinderter Jugendlicher und junger Erwachsener (§ 26a),
c) für Prämien und Zuschüsse zu den Kosten der Berufsausbildung behinderter Jugendlicher und junger Erwachsener (§ 26b),
d) für Prämien zur Einführung eines betrieblichen Eingliederungsmanagements (§ 26c) und
e) bei außergewöhnlichen Belastungen (§ 27),

3. an Träger von Integrationsfachdiensten zu den Kosten ihrer Inanspruchnahme (§ 27a) einschließlich freier gemeinnütziger Einrichtungen und Organisationen zu den Kosten einer psychosozialen Betreuung schwerbehinderter Menschen (§ 28) sowie an Träger von Inklusionsbetrieben (§ 28a),

4. zur Durchführung von Aufklärungs-, Schulungs- und Bildungsmaßnahmen (§ 29).

[2]Daneben können solche Leistungen unter besonderen Umständen an Träger sonstiger Maßnahmen erbracht werden, die dazu dienen und geeignet sind, die Teilhabe schwerbehinderter Menschen am Arbeitsleben auf dem allgemeinen Arbeitsmarkt (Aufnahme, Ausübung oder Sicherung einer möglichst dauerhaften Beschäftigung) zu ermöglichen, zu erleichtern oder zu sichern.

(1a) [1]Schwerbehinderte Menschen haben im Rahmen der Zuständigkeit des Integrationsamtes für die begleitende Hilfe im Arbeitsleben aus den ihm aus der Ausgleichsabgabe zur Verfügung stehenden Mitteln Anspruch auf Übernahme der Kosten einer notwendigen Arbeitsassistenz.

(1b) Schwerbehinderte Menschen haben im Rahmen der Zuständigkeit des Integrationsamtes aus den ihm aus der Ausgleichsabgabe zur Verfügung stehenden Mitteln Anspruch auf Übernahme der Kosten einer Berufsbegleitung nach § 55 Absatz 3 des Neunten Buches Sozialgesetzbuch.

(2) [1]**Andere als die in Absatz 1 bis 1b genannten Leistungen, die der Teilhabe schwerbehinderter Menschen am Arbeitsleben nicht oder nur mittelbar dienen, können nicht erbracht werden.** [2]**Insbesondere können medizinische Maßnahmen sowie Urlaubs- und Freizeitmaßnahmen nicht gefördert werden.**

§ 17 zählt die Leistungen der begleitenden Hilfe erschöpfend auf, die aus Mitteln der Ausgleichsabgabe von dem Integrationsamt finanziert werden können. Leistungsempfänger können sowohl die sbM (Abs. 1 S. 1 Nr. 1), Arbeitgeber (Abs. 1 S. 1 Nr. 2), Träger von IFD und Integrationsprojekte sein, wobei Art. 1 Nr. 4 der Dritten Verordnung zur Änderung der Schwerbehinderten-Ausgleichsabgabeverordnung v. 16.1.2004 (BGBl. I S. 77) einen bisher im Text der Verordnung enthaltenen Widerspruch auflöst (→ § 217 Rn. 4). Eine im ursprünglichen Entwurf noch enthalten gewesene Ergänzung von Abs. 1 S. 1 lit. d um Leistungen für den Umbau von behindertengerechtem Wohnraum ist ebenso wie eine entsprechende Änderung des § 185 Abs. 3 S. 1 SGB IX nicht realisiert worden (BT-Drs. 15/2357, 26), ergänzt wurde dagegen Nr. 2 um die Buchst. b –d. Auch hier handelt es sich um Folgeregelungen zu § 185 Abs. 3 Nr. 2 SGB IX, wobei die Regelung über Prämien zur Einführung eines betrieblichen Eingliederungsmanagements (lit. d) im ursprünglichen Entwurf nicht enthalten war, der lediglich aus der Ausbildung und Beschäftigung schwerbehinderter junger Menschen entstehende Belastungen besonders berücksichtigt (BT-Drs. 15/1783, 20). Die Leistungen können nach Abs. 1 S. 2 auch an freie gemeinnützige Träger und zur Durchführung von Aufklärungs-, Schulungs- und Bildungsmaßnahmen zur begleitenden Hilfe im Arbeitsleben gewährt werden. Das entspricht § 185 Abs. 3 SGB IX (→ SGB IX § 185 Rn. 29–33). S. 3 berücksichtigt nunmehr auch die Tätigkeit von Integrationsfachdiensten und Inklusionsprojekten, die Leistungen erhalten können. 1

Abs. 1a korrespondiert mit der Grundregelung in § 185 Abs. 4 SGB IX über die Übernahme der Kosten einer notwendigen Arbeitsassistenz. Sie ist nicht auf eine unselbständige berufliche Betätigung beschränkt, sondern kann auch als Hilfe zur Gründung und Erhaltung einer beruflichen Existenz gewährt werden (HessVGH 15.12.2016 – 10 B 2438/16, br 2017, 72 = BeckRS 2016, 126714; VG Schwerin 18.4.2018 – 6 A 2151/16 SN, BeckRS 2018, 10959; VG Ansbach 23.1.2018 – AN 15 K 17.00663, br 201945: Gebärdendolmetscherin). Ungeklärt ist, ob darauf zumindest dem Grunde nach ein Rechtsanspruch besteht (so VG Minden 11.8.2014 – 6 K 314/14, br 2014, 213 = BeckRS 2015, 40517) oder es sich um eine bloße Ermessensleistung handelt (offen gelassen BVerwG 28.6.2010 – 5 B 66/09, BeckRS 2010, 50853) und sie möglicherweise unter dem Vorbehalt der Verfügbarkeit entsprechender Mittel der Ausgleichsabgabe steht (OVG Bremen 15.10.2003 – 2 B 304/03, br 2004, 84). Abs. 1b (eingefügt durch Art. 7 Ziff. 1 lit. a des Gesetzes zur Einführung Unterstützter Beschäftigung v. 22.12.2008, BGBl. I 2959 (2961)) vervollständigt den Katalog der Leistungen nach § 17 in Übereinstimmung mit der Ergänzung des damaligen § 102 SGB IX 2001 um einen neuen Abs. 3a um die Erwähnung der Kosten einer Berufsbegleitung nach § 38a (heute: § 55), die durch Art. 5 Ziff. 3 des Gesetzes neu in das SGB IX 2001 eingefügt wurde. Abs. 2 stellt klar, dass andere Leistungen auch dann nicht aus den Mitteln der Ausgleichsabgabe erbracht werden dürfen, wenn sie mittelbar der Arbeits- und Berufsförderung sbM dienen. Zu solchen Maßnahmen gehört nicht nur die Förderung von Urlaub und Freizeit, sondern auch der Behindertensport, für dessen Förderung andere Mittel in Anspruch genommen werden müssen. 2

§ 18 Leistungsvoraussetzungen

(1) [1]**Leistungen nach § 17 Abs. 1 bis 1b dürfen nur erbracht werden, soweit Leistungen für denselben Zweck nicht von einem Rehabilitationsträger, vom Arbeitgeber oder**

von anderer Seite zu erbringen sind oder, auch wenn auf sie ein Rechtsanspruch nicht besteht, erbracht werden. [2]Der Nachrang der Träger der Sozialhilfe gemäß § 2 des Zwölften Buches Sozialgesetzbuch und das Verbot der Aufstockung von Leistungen der Rehabilitationsträger durch Leistungen der Integrationsämter (§ 185 Absatz 6 Satz 2 letzter Halbsatz des Neunten Buches Sozialgesetzbuch) und die Möglichkeit der Integrationsämter, Leistungen der begleitenden Hilfe im Arbeitsleben vorläufig zu erbringen (§ 185 Absatz 7 Satz 3 des Neunten Buches Sozialgesetzbuch), bleiben unberührt.

(2) Leistungen an schwerbehinderte Menschen zur begleitenden Hilfe im Arbeitsleben können erbracht werden,

1. **wenn die Teilhabe am Arbeitsleben auf dem allgemeinen Arbeitsmarkt unter Berücksichtigung von Art oder Schwere der Behinderung auf besondere Schwierigkeiten stößt und durch die Leistungen ermöglicht, erleichtert oder gesichert werden kann und**
2. **wenn es dem schwerbehinderten Menschen wegen des behinderungsbedingten Bedarfs nicht zuzumuten ist, die erforderlichen Mittel selbst aufzubringen. In den übrigen Fällen sind seine Einkommensverhältnisse zu berücksichtigen.**

(3) [1]Die Leistungen können als einmalige oder laufende Leistungen erbracht werden. [2]Laufende Leistungen können in der Regel nur befristet erbracht werden. [3]Leistungen können wiederholt erbracht werden.

1 Hier wird der Vorrang anderer Leistungen gem. § 185 Abs. 6 S. 1 SGB IX wiederholt. Es besteht das in § 185 Abs. 6 S. 2 SGB IX festgelegte Verbot der Aufstockung. Lediglich die Sozialhilfe hat Nachrang. Die früher in Abs. 1 S. 2 enthalten gewesene Verpflichtung der Hauptfürsorgestelle, Leistungen der begleitenden Hilfe im Arbeitsleben vorläufig zu erbringen, ist durch die Änderung in Art. 57 Nr. 10 lit. a aa SGB IX 2001 entfallen. Nach der Begründung des Gesetzentwurfs ist dies infolge der in Art. 1 § 14 SGB IX enthaltenen Zuständigkeitsregelung nicht mehr erforderlich. Eine weitere Änderung ist durch die Erweiterung des § 17 SchwbAV um einen neuen Abs. 1a (Art. 57 Nr. 10 lit. a bb SGB IX 2001) sowie einen neuen Abs. 1b (Art. 7 Nr. 1 lit. a des Gesetzes zur Einführung Unterstützter Beschäftigung v. 22.12.2008, BGBl. I 2959 (2961)) bedingt. In Anpassung daran musste der Nachrang der Leistungen nach der SchwbAV auch im Text des § 18 SchwbAV zum Ausdruck gebracht werden. Die Änderung des Wortlauts von Abs. 1 S. 2 durch Art. 5 Nr. 3 des Gesetzes zur Verbesserung der Ausbildung und Beschäftigung schwerbehinderter Menschen v. 23.4.2004 (BGBl. I 606 (612)) berücksichtigte die Ergänzung des § 102 Abs. 6 SGB IX 2001 (heute: § 185 SGB IX) um die S. 3 u. 4 durch Art. 1 Nr. 24 lit. d SGB IX 2001, das nunmehr die Möglichkeit der Erbringung von Vorleistungen durch das Integrationsamt in Fällen besonderer Dringlichkeit vorsah (Begründung des Gesetzentwurfs, BT-Drs. 15/1783, 20, 17). Art. 19 Nr. 5 BTHG vom 23.12.2016 (BGBl. I 3234, 3332) hatte lediglich redaktionelle Bedeutung.

2 Abs. 2 stellt eine Erweiterung der bisherigen Möglichkeiten dar. Es wird nicht mehr auf die Notwendigkeit der Beseitigung oder Milderung der Behinderung abgestellt, sondern nur auf die Schwierigkeit der Unterbringung bei der Teilnahme am Arbeitsleben, die durch Leistungen nach § 17 SchwbAV gemildert werden (VG Freiburg 15.9.2005 – 5 K 949/05, br 2006, 27). Damit soll eine Leistung auch dann ermöglicht werden, wenn die Eingliederung des sbM nicht wegen der Behinderung, sondern aus anderen Gründen scheitert bzw. er deshalb an der Aufnahme einer Beschäftigung gehindert wird. Ob und in welchem Umfang die Leistung erbracht wird, steht im pflichtgemäßen Ermessen des IntegrA (OVG Freiburg 25.8.2016 – 7 K 2476/16, br 2018, 15). Dies gilt jedoch nicht für die Finanzierung von technischen Arbeitshilfen an sbM in WfbM (BayVGH 2.2.1989 – 12 B 86.01364, br 1989, 115).

Bei allen Leistungen zur begleitenden Hilfe kommt es für die Zumutbarkeitsabwägung sowohl auf den Bedarf als auch auf die Einkommensverhältnisse des sbM an. Die Abwägung kann sich nur nach allen Umständen des Falles richten und liegt im pflichtgemäßen Ermessen des Integrationsamts. Zu berücksichtigen ist zB der Umfang der bereits in der Vergangenheit erbrachten Leistungen (VG Stade 17.12.1997 – 1 A 753/97, br 1999, 92). Abzustellen ist aber nur auf das Einkommen des sbM, nicht auf das seiner Angehörigen, so dass nicht auf die Sozialhilfegrundsätze, sondern auf die Stellung des sbM und seine erstrebte Teilhabe am Arbeitsleben abzustellen ist. Es müssen daher Behinderung, Arbeitsmöglichkeit, Arbeitseinkommen, Vermögen, Umfang der aufzuwendenden Mittel und deren Erfolg gegeneinander abgewogen werden. Handelt es sich um behinderungsbedingten Bedarf iSv § 18 Abs. 2 Nr. 2 S. 1 SchwbAV (zB Arbeitsassistenz für einen blinden Rechtsanwalt), sind die Einkommensverhältnisse unerheblich (VG Stade 25.6.2003 – 4 A 1687/01, br 2004, 19 = NVwZ-RR 2003, 761; VG Halle 29.11.2001 – 4 A 496/99, br 2003, 195; zweifelnd VG Freiburg 25.8.2016 – 7 K 2476/16, BeckRS 2016, 52904). Allerdings kommt auch eine teilweise Mittelaufbringung in Betracht, vor allem wenn es sich um Leistungen handelt, die zugleich auch der privaten Lebensführung dienen. 3

Die Verpflichtung, laufende Leistungen in der Regel nur befristet zu bewilligen, will dem unterschiedlichen Aufkommen an Ausgleichsabgabe und der Notwendigkeit Rechnung tragen, die Mittel möglichst breit zur Unterbringung vieler sbM verwenden zu können. Dieser Gedanke gilt auch für die Bemessung der Höhe der bewilligten Leistung (VG Koblenz 14.6.2006 – 5 K 2375/05.KO, br 2007, 86). Damit kann für die Zukunft eine Blockierung weiterer Unterstützungen verhindert und eine den dann erforderlichen Bedürfnissen erneute Verteilung der Mittelaufkommen gewährleistet werden. Härten werden dadurch vermieden, dass eine Wiederholung der (befristeten) Leistungen ausdrücklich vorgesehen und damit jeweils möglich ist. 4

I. Leistungen an schwerbehinderte Menschen

§ 19 Technische Arbeitshilfen

[1]Für die Beschaffung technischer Arbeitshilfen, ihre Wartung, Instandsetzung und die Ausbildung des schwerbehinderten Menschen im Gebrauch können die Kosten bis zur vollen Höhe übernommen werden. [2]Gleiches gilt für die Ersatzbeschaffung und die Beschaffung zur Anpassung an die technische Weiterentwicklung.

Technische Arbeitshilfen einschließlich Wartung, Instandsetzung, Ausbildung, Ersatz und Anpassung an die technische Entwicklung können bis zur vollen Höhe der Kosten bezahlt werden. Voraussetzung dafür ist, dass nicht den Arbeitgeber im Einzelfall vorrangig die Verpflichtung zur Übernahme der Kosten gem. § 164 Abs. 4 Nr. 5 SGB IX trifft (SchlHOVG 11.8.2003 – 2 LA 46/03, br 2004, 18 = BeckRS 2008, 33414). Die allgemeine Regel der Abwägung aller Umstände nach § 18 gilt aber auch hier. Die Hilfen brauchen nicht unbedingt notwendig zu sein, es genügt, dass die Beschäftigung des sbM erleichtert wird. Vorausgesetzt wird jedoch, dass die Hilfen typischerweise arbeitsplatz- und arbeitsgebunden sind (nicht für die Tätigkeit als Vertrauensperson, VG Schleswig-Holstein 27.12.2002 – 15 A 23/02, br 2004, 16, Personalratsmitglied, VG Berlin 1.4.2019 – 22 K 47.18, juris, oder in WfbM, BayVGH 2.2.1989 – 12 B 86.01364, br 1989, 115, jedoch auch für eine solche als Geistlicher, BVerwG 14.11.2003 – 5 C 13/02, NJW 2004, 2256) und der sbM sie dergestalt benötigt, dass er sich ihrer ständig (nicht nur gelegentlich) bedienen muss (NdsOVG 14.10.1992 – 4 L 520/92, ND MBl. 1993, 157 = BeckRS 1992, 09816). Die technischen Einrichtungen gehen nicht in das Eigentum des Arbeitgebers über, sondern bleiben dem Integrationsamt gehörig. Ob sie in das 1

Eigentum des sbM übergehen, hängt von den Verhältnissen des Falles ab. Sind sie individuell auf den sbM zugeschnitten, so dass sie nur von ihm benutzt werden können, wird es zweckmäßig sein, sie in das Eigentum des sbM übergehen zu lassen. Bei allgemeiner Verwendbarkeit kann aber das Integrationsamt das Eigentum sich selbst vorbehalten. Bei der Anschaffung eines Hörgeräts kann ein Eigenanteil (hier: 20 %) vorgesehen werden (VG Freiburg 15.9.2005 – 5 K 949/05, 2006, 27).

§ 20 Hilfen zum Erreichen des Arbeitsplatzes

Schwerbehinderte Menschen können Leistungen zum Erreichen des Arbeitsplatzes nach Maßgabe der Kraftfahrzeughilfe-Verordnung vom 28. September 1987 (BGBl. I S. 2251) erhalten.

1 Die Kraftfahrzeughilfeverordnung ist ebenfalls auf Grund § 11 Abs. 3 SchwbG ergangen und gewährt Leistungen zur Beschaffung eines Kraftfahrzeugs, für eine behindertengerechte Zusatzausstattung und zur Erlangung einer Fahrerlaubnis. Die Zuschüsse richten sich nach der Höhe des Einkommens. Vgl. iE §§ 1–10 der Kraftfahrzeughilfeverordnung, abgedr. unter 5e. Es reicht aus, wenn die Behinderung so erheblich ist, dass sie allein ausreicht, um den sbM zum Erreichen des Arbeitsortes zur Nutzung eines Kfz zu zwingen (VG Würzburg 23.3.2017 – L 3 K 15.1318, BeckRS 2017, 115066). Allerdings gilt dies grundsätzlich nicht für sonstige KFZ bezogene Aufwendungen wie etwa Unterhaltungs- oder Reparaturkosten. Hier kommt allenfalls eine Anwendung der Härtefallregelung gemäß § 9 Kraftfahrzeughilfeverordnung in Betracht (VG Köln 5.6.2018 – 7 K 379/18, juris).

§ 21 Hilfen zur Gründung und Erhaltung einer selbständigen beruflichen Existenz

(1) **Schwerbehinderte Menschen können Darlehen oder Zinszuschüsse zur Gründung und zur Erhaltung einer selbständigen beruflichen Existenz erhalten, wenn**

1. **sie die erforderlichen persönlichen und fachlichen Voraussetzungen für die Ausübung der Tätigkeit erfüllen,**
2. **sie ihren Lebensunterhalt durch die Tätigkeit voraussichtlich auf Dauer im wesentlichen sicherstellen können und**
3. **die Tätigkeit unter Berücksichtigung von Lage und Entwicklung des Arbeitsmarkts zweckmäßig ist.**

(2) [1] **Darlehen sollen mit jährlich 10 vom Hundert getilgt werden.** [2] **Von der Tilgung kann im Jahr der Auszahlung und dem darauffolgenden Kalenderjahr abgesehen werden.** [3] **Satz 2 gilt, wenn Darlehen verzinslich gegeben werden, für die Verzinsung.**

(3) **Sonstige Leistungen zur Deckung von Kosten des laufenden Betriebs können nicht erbracht werden.**

(4) **Die §§ 17 bis 20 und die §§ 22 bis 27 sind zugunsten von schwerbehinderten Menschen, die eine selbständige Tätigkeit ausüben oder aufzunehmen beabsichtigen, entsprechend anzuwenden.**

1 Die Hilfe zur wirtschaftlichen Selbständigkeit (Seidel/Zipf br 2002, 197; Seidel SuP 2001, 377) wird immer nur als Darlehen oder Zinszuschuss gewährt (HmbOVG 19.2.1996 – Bs IV 288/95, br 1996, 166). Sie kann auch in einer Sicherheitsleistung für ein Existenzgründungsdarlehen bestehen (VG Karlsruhe 30.10.2002 – 5 K 1325/00, br 2003, 36, BeckRS 2002, 31219166). Ein nicht zurückzuzahlender Zuschuss ist nicht

möglich. Wohl kann aber daneben und uU zugleich noch eine Leistung nach § 22 und dann auch insoweit als Zuschuss gewährt werden (Wohnhaus mit Laden oder Gastwirtschaft).

Die persönlichen und fachlichen Voraussetzungen müssen vom sbM selbst erfüllt werden. Es reicht also nicht aus, dass der Ehegatte oder ein anderer Angehöriger selbständig werden und der sbM ihm dabei helfen will. 2

Der Unterhalt der Familie muss voraussichtlich sichergestellt sein. Ebenso zu prüfen sind Lage und Entwicklung des Arbeitsmarktes, der richtig als wirtschaftliche Situation der betr. Tätigkeit zu bezeichnen ist. Wegen der bestehenden Unsicherheiten der Punkte 2 u. 3 besteht ein sehr großer Ermessensspielraum der Behörde, damit aber auch eine gesteigerte Verantwortung. 3

Die Tilgung des Darlehens mit jährlich 10 vH ist nur eine Sollvorschrift, von der im Einzelfall abgewichen werden kann. Die Rückzahlung kann also je nach der voraussichtlichen Dauer der Tätigkeit auch geringer ausgesetzt werden. Allein die völlige Aussetzung ist auf die Ersten zwei Jahre begrenzt. Danach muss eine Rückzahlung einsetzen. 4

Selbständige stehen schwerbehinderten Arbeitnehmern völlig gleich. Sie können dieselben Leistungen erhalten. Die begleitende Hilfe bezieht damit alle sbM ein, auch solche, die nicht am Arbeitsleben als Arbeitnehmer teilhaben, sondern als Selbständige im Beruf tätig werden wollen. In § 185 Ab. 5 S. 1 SGB IX sind die dafür maßgeblichen Voraussetzungen abschließend beschrieben. Das Merkmal der „notwendigen Arbeitsassistenz" verdeutlicht die Erforderlichkeit des nachhaltigen Betreibens der Tätigkeit und deren Eignung zum Aufbau bzw. zur Sicherung einer wirtschaftlichen Lebensgrundlage und grenzt dies zur bloßen Liebhaberei ab (BVerwG 23.1.2018 – 5 C 9.16, br 2018, 95; BVerwG 27.7.2018 – 5 B 1/18, br 2018, 180). Dies rechtfertigt auch in analoger Anwendung des § 27 Abs. 1 die Gewährung von Leistungen nach § 21 zur notwendigen Beschäftigung von Hilfspersonen (VGH BW 4.5.2004 – 9 S 14/03, br 2004, 177 = BeckRS 2006, 24099) sowie entspr. § 17 die Übernahme der Kosten einer erforderlichen Arbeitsassistenz (VG Stade 25.6.2003 – 4 A 1687/01, br 2004, 19 = NVwZ-RR 2003, 761; VG Schwerin 18.4.2018 – 6 A 2151/16 SN, BeckRS 2018, 10959: Arbeitsassistenz für einen blinden RA auch über die Regelaltersgrenze hinaus; VG Ansbach 23.1.2018 – AN 15 K 17.00663, br 2019, 45: Gebärdendolmetscherin; aA OVG BB 6.10.2017 – OVG 6 B 86.15, BeckRS 2017, 129779). Der Anspruch auf Übernahme der Kosten der notwendigen Arbeitsassistenz folgt unmittelbar aus § 185 Abs. 5 SGB IX. Er ist nicht ausgeschlossen, wenn der sbM bereits einer anderen Teilzeitbeschäftigung nachgeht. Der Anspruch ist nicht nur dann begründet, wenn der Arbeitslosigkeit entgegengewirkt werden soll. § 185 Abs. 5 SGB IX enthält im Gegensatz etwa zu § 49 Abs. 8 S. 1 Nr. 3 SGB IX keine Einschränkung „etwa als Hilfe zur Erlangung eines Arbeitsplatzes", sondern soll dem sbM eine dauerhafte Nutzung und Fortentwicklung seiner Arbeitskraft sichern (BVerwG 29.1.2018 – 5 C 9/16, BVerwGE 161, 145; BVerwG 27.7.2018 – 5 B 1/18, BeckRS 2018, 19418; LPK-Dau/Beyer § 185 R. 24; Feldes/Kohte/Stevens-Bartol, Voigt, SGB IX, 4.A., § 185 Rn. 11). Diese Grundsätze können auch auf Transportleistungen und sonstige Leistungen übertragen werden (Kohte jurisPR-ArbR 50/2018 Anm. 6). Unter Arbeitsassistenz ist allerdings die Übertragung von Teilaufgaben auf eine andere Person nicht zu verstehen (VG Bremen 26.5.2003 – 5 K 3056/07, nv). Eine Differenzierung oder Reihenfolge darf nicht aufgestellt werden. Die Mittel sind vielmehr gleichmäßig zu verteilen. Die früher in Abs. 4 enthalten gewesene Bezugnahme auch auf § 25 ist durch Art. 1 Nr. 5 der Dritten Verordnung zur Änderung der Schwerbehinderten-Ausgleichsabgabenverordnung v. 16.1.2004 (BGBl. I 77) gestrichen worden. 5

§ 22 Hilfen zur Beschaffung, Ausstattung und Erhaltung einer behinderungsgerechten Wohnung

(1) Schwerbehinderte Menschen können Leistungen erhalten

1. zur Beschaffung von behinderungsgerechtem Wohnraum im Sinne des § 16 des Wohnraumförderungsgesetzes,

2. zur Anpassung von Wohnraum und seiner Ausstattung an die besonderen behinderungsbedingten Bedürfnisse und

3. zum Umzug in eine behinderungsgerechte oder erheblich verkehrsgünstiger zum Arbeitsplatz gelegene Wohnung.

(2) [1]Leistungen könne als Zuschüsse, Zinszuschüsse oder Darlehen erbracht werden. [2]Höhe, Tilgung und Verzinsung bestimmen sich nach den Umständen des Einzelfalls.

(3) Leistungen von anderer Seite sind nur insoweit anzurechnen, als sie schwerbehinderten Menschen für denselben Zweck wegen der Behinderung zu erbringen sind oder erbracht werden

1 Die Beschaffung und Erhaltung von Wohnraum für sbM im Zusammenhang mit ihrer Eingliederung in Arbeit und Beruf ist eine besonders wichtige, aber auch aufwändige Maßnahme. Sie kann vor allem im Zusammenhang mit der Schaffung neuer Arbeitsplätze oder der Hilfe zur wirtschaftlichen Selbständigkeit bedeutungsvoll werden. Es handelt sich um Leistungen an den sbM selbst, die aber auch zum Bau eines Eigenheimes, zum Erwerb einer Eigentumswohnung und für ein Dauerwohnrecht gegeben werden können. Stets muss aber der Zusammenhang mit dem Arbeits- oder Berufsplatz gegeben sein (NdsOVG 28.7.1993 – 4 L 2059/92, BeckRS 1993, 09957), der zB für den Bau eines Carports bejaht worden ist, wenn dies zur Vermeidung von Problemen bei der Erreichung des Arbeitsplatzes beiträgt (VG Ansbach 26.2.2009 – AN 18 K 08.01306, BeckRS 2009, 46971). Es kann jedoch nicht der Bau eines Eigenheims entfernt vom Arbeitsplatz gefördert werden, zumal wenn dann auch noch die Notwendigkeit zum Erwerb eines Kraftfahrzeuges hinzutritt. Sonderfälle sind aber auch hier denkbar. Ein sbM, der keine Treppen mehr steigen kann (Rollstuhlfahrer), hat das Recht, einen Bungalow ebenerdig im Umland zu bauen und kann dafür Hilfe beanspruchen. Andererseits dient bei einem als Fachhochschulprofessor mit dem Status eines Beamten auf Lebenszeit tätigen sbM der Einbau eines Lifts zum Erreichen des im Obergeschoss seines Hauses gelegenen Arbeitszimmers nicht der „Sicherung" seiner Eingliederung in das Arbeits- und Berufsleben (BVerwG 27.4.1994 – 5 B 147/93, nv abw. OVG SH 25.4.2001 – 2 L 35/01, BeckRS 1998, 31488). Erweist sich der angegebene Leistungszweck als unzutreffend, kann der Bewilligungsbescheid unter Berücksichtigung der Voraussetzungen des § 45 Abs. 2 S. 3 Nr. 2 SGB X zurückgenommen werden (VG Würzburg 12.10.2009 – W 3 K 09.105, BeckRS 2009, 49368). Die im ursprünglichen Entwurf noch enthalten gewesene Ergänzung von Abs. 1 Nr. 2 um den „Umbau" von Wohnraum (Begründung des Gesetzentwurfs, BT-Drs. 15/1783, 20) ist wie die parallele Änderung des § 185 Abs. 3 S. 1 Nr. 1 lit. d SGB IX einem Wunsch des Bundesrates entspr. nicht realisiert worden (Ausschussbericht, BT-Drs. 15/2357, 25, 19).

2 Langfristige Hilfen (Wohnraumbeschaffung) werden im Allgemeinen ein Darlehen rechtfertigen. Einmalige Maßnahmen (Umzug, behindertengerechte Anpassung) können dagegen einen Zuschuss erhalten. Darlehen für Bauten können auch als Hypotheken gegeben werden, ggf. nachrangig, um die Finanzierung zu erleichtern.

3 Diese Regelung sollte nach dem Gesetzentwurf aufgehoben werden, weil diese Leistung nicht unmittelbar dem Bereich der Teilhabe am Arbeitsleben zuzuordnen ist. Jedoch wurde auf Antrag des Bundesrates davon Abstand genommen, weil für Beamte und Selbständige kein Rehabilitationsträger besteht und diese Aufgaben dann der Träger der Sozialhilfe hätte erfüllen müssen. Möglich sind auch Leistungen an Soldaten (SchlHOVG

25.4.2001 – 2 L 35/01, NVwZ-RR 2002, 206 (Ls.)). Die Gewährung von Leistungen kann rechtswirksam von der vorherigen Antragstellung abhängig gemacht werden (VG Köln 23.1.2002 – 21 K 9285/98, br 2002, 215 = BeckRS 2004, 26832).

§ 23 (aufgehoben)

§ 24 Hilfen zur Teilnahme an Maßnahmen zur Erhaltung und Erweiterung beruflicher Kenntnisse und Fertigkeiten

[1] Schwerbehinderte Menschen, die an inner- oder außerbetrieblichen Maßnahmen der beruflichen Bildung zur Erhaltung und Erweiterung ihrer beruflichen Kenntnisse und Fertigkeiten oder zur Anpassung an die technische Entwicklung teilnehmen, vor allem an besonderen Fortbildungs- und Anpassungsmaßnahmen, die nach Art, Umfang und Dauer den Bedürfnissen dieser schwerbehinderten Menschen entsprechen, können Zuschüsse bis zur Höhe der ihnen durch die Teilnahme an diesen Maßnahmen entstehenden Aufwendungen erhalten. [2] Hilfen können auch zum beruflichen Aufstieg erbracht werden.

Zuschüsse für die Teilnahme an Maßnahmen zur Erhaltung und Erweiterung beruflicher Kenntnisse und Fertigkeiten konnten bereits nach dem SchwbG gewährt werden, nachdem durch die Neufassung ab 1.8.1986 die Aufgaben der Hauptfürsorgestelle gem. § 31 Abs. 3 Ziff. 1f SchwbG auf die Teilnahme an diesen Maßnahmen erstreckt worden waren. Damit sollte ermöglicht werden, dass sbM ihre beruflichen Kenntnisse und Fertigkeiten auf dem Laufenden halten und der technischen Entwicklung anpassen konnten, auch wenn sie wegen ihrer Behinderung nicht in der Lage waren, solche zusätzlichen Ausbildungen ohne weiteres und ohne Schwierigkeiten durchzuführen. Hervorgehoben wurde ein solches Bedürfnis besonders für Hör- und Sprachbehinderte (Seidel SuP 2002, 244). Sie können ihre Kenntnisse und Fertigkeiten nur schwer den veränderten Anforderungen auf dem Arbeitsmarkt anpassen. Sie sind deshalb auf spezielle, ihren Bedürfnissen Rechnung tragende Maßnahmen angewiesen (Adlhoch/Piel br 1989, 97; Seidel PersR 2004, 55; SuP 2004, 314; SuP 2007, 161). Diese Regelung ist inhaltlich identisch in § 185 SGB IX enthalten. An der Rechtslage hat sich insoweit materiell nichts geändert. Eine Beschränkung auf arbeitsplatzbezogene Maßnahmen findet nicht statt, vielmehr kommen sämtliche Förderungsmaßnahmen in Betracht, die behinderten Menschen offen stehen (OVG NRW 21.12.2007 – 12 A 2269/07, NDV-RD 2008, 63 = BeckRS 2008, 31322; VG Frankfurt 10.11.2010 – 7 K 983/10, BeckRS 2012, 54854). 1

Die Hilfe besteht in Zuschüssen, die nicht rückzahlbar sind und bis zur Höhe der Aufwendungen durch die Teilnahme an solchen inner- und außerbetrieblichen Maßnahmen gewährt werden können. Auch hier gelten die allgemeinen Voraussetzungen des § 18 SchwbAV (auch der Nachrang der Leistungen des Integrationsamts, Welti AuR 2003, 450), so dass eine Abwägung aller Umstände vorzunehmen ist (VG Koblenz 14.6.2006 – 5 K 2375/05.KO, br 2007, 86). In Betracht kommen vor allem bei außerbetrieblichen Maßnahmen Fahrtkosten, Kosten für Unterbringung und evtl. besondere Kosten für die Teilnahme. Das gilt auch für die Förderung eines Fernstudiums einschließlich der Übernahme der Kosten für einen Gebärdendolmetscher bei der Teilnahme an Präsenzveranstaltungen (VG Berlin 11.7.2017 – 22 K 172.15, juris; einschränkend Hauck/Noftz/Gutzler § 185 SGB IX Rn. 59 unter krit. Hinweis auf OVG NW v. 5.7.2006 – 12 A 2228/06, juris). Jedoch muss die Voraussetzung einer „Maßnahme“ erfüllt sein. Dies ist nicht der Fall, wenn der Betroffene einen Zuschuss für Campingplatzaufenthalte begehrt, die er auch zu Aktualisierung seiner Produktkenntnisse als Zubehörverkäufer nutzen möchte (VG Augsburg 10.1.2006 – Au 3 K 05.765, BeckRS 2006, 30246). 2

3 Für den beruflichen Aufstieg sind dieselben Hilfen ebenfalls als Zuschuss zu gewähren. Allen sbM soll die Möglichkeit gegeben werden, Fähigkeiten und Kenntnisse nicht nur zu verwerten, sondern auch weiterzuentwickeln und am allgemeinen beruflichen Aufstieg teilzunehmen (OVG NRW 5.7.2006 – 12 A 2228/06, BeckRS 2007, 27323; OVG NRW 8.5.2012 – 12 A 1602/11, BeckRS 2013, 49304; zu eng VG Ansbach 11.9.2008 – AN 14 K 08.00436, BeckRS 2010, 52291). Diese in § 164 Abs. 4 SGB IX festgelegte Verpflichtung wird hier durch Zuschüsse und entsprechende Hilfen der Integrationsämter unterstützt.

§ 25 Hilfen in besonderen Lebenslagen

Andere Leistungen zur begleitenden Hilfe im Arbeitsleben als die in den §§ 19 bis 24 geregelten Leistungen können an schwerbehinderte Menschen erbracht werden, wenn und soweit sie unter Berücksichtigung von Art oder Schwere der Behinderung erforderlich sind, um die Teilhabe am Arbeitsleben auf dem allgemeinen Arbeitsmarkt zu ermöglichen, zu erleichtern oder zu sichern.

1 § 25 ermöglicht Leistungen, die bisher nicht ausdrücklich genannt sind. Es muss sich um „andersartige Leistungen" als jene handeln, die in den §§ 19–24 angesprochen sind (SchlHOVG 11.8.2003 – 2 LA 46/03, br 2004, 18 = BeckRS 2008, 33414). Sie müssen der Arbeits- und Berufsförderung dienen, wie das durch § 164 Abs. 3 SGB IX vorgeschrieben ist, und zugleich die Zwecke der begleitenden Hilfe im Arbeitsleben nach § 185 Abs. 2 S. 2 SGB IX erfüllen. Die gesetzliche Grundlage ist § 185 Abs. 3 Nr. 1f SGB IX. Medizinische, Urlaubs- und Freizeitmaßnahmen sind ausdrücklich ausgeschlossen (§ 17 Abs. 2). Nach der Streichung von § 23 ist es nicht möglich, Erholungshilfe nach § 25 zu gewähren (VG Arnsberg 15.7.2003 – 11 K 2955/02, br 2003, 228 = BeckRS 2003, 19354). Damit entfallen insoweit auch Möglichkeiten, den Versehrtensport zu fördern; das muss aus anderen Mitteln geschehen. Dagegen bestehen alle Möglichkeiten zur beruflichen Förderung, vor allem auch zur Weiterentwicklung von Kenntnissen und Fähigkeiten, um eine Unterbringungsmöglichkeit zu schaffen oder die Aussichten auf dem Arbeitsmarkt oder der Berufsausübung zu verbessern. Eine bereits erfolgte Vermittlung in Arbeit und Beruf ist dafür nicht Voraussetzung (aA Zanker, Schwerbehindertenrecht, 1993, 107). Auch darf nicht gefordert werden, dass die sbM oder ihnen gleichgestellten behinderten Menschen im Arbeitsleben stehen müssen (aA VG Arnsberg 25.4.2006 – 11 K 2172/05, BeckRS 2006, 23215). Ein arbeitsloser sbM ist vielmehr gleichzustellen, auch wenn er erstmals Arbeit sucht. Ein Anspruch auf Leistungen zur Teilnahme an einem Sonderfahrdienst kann jedoch nicht abgeleitet werden (VGH BW 23.9.1981 – 6 S 2264/80, FEVS 32, 203).

2 Die Leistungen können ebenfalls als Zuschuss oder Darlehen gewährt werden. Höhe und Art sowie Rückzahlung und Zinsen richten sich nach den Umständen. Es besteht also im Rahmen der § 164 Abs. 4, § 185 Abs. 3 SGB IX alle Möglichkeit für die Integrationsämter, dem Einzelfall gerecht zu werden und die Maßnahme zu ergreifen, die den sbM in Arbeit und Beruf sachgerecht unterbringt. Die Maßnahme muss aber auch eine hinreichende Aussicht auf Erfolg versprechen, dagegen ist eine Erfolgsgarantie nicht erforderlich, es genügt, dass eine Verbesserung erwartet werden kann, selbst wenn sich am Ende herausstellt, dass das Ergebnis nicht eingetreten ist.

II. Leistungen an Arbeitgeber

§ 26 Leistungen zur behinderungsgerechten Einrichtung von Arbeits- und Ausbildungsplätzen für schwerbehinderte Menschen

(1) [1]Arbeitgeber können Darlehen oder Zuschüsse bis zur vollen Höhe der entstehenden notwendigen Kosten für folgende Maßnahmen erhalten:

1. die behinderungsgerechte Einrichtung und Unterhaltung der Arbeitsstätten einschließlich der Betriebsanlagen, Maschinen und Geräte,

2. die Einrichtung von Teilzeitarbeitsplätzen für schwerbehinderte Menschen, insbesondere wenn eine Teilzeitbeschäftigung mit einer Dauer auch von weniger als 18 Stunden, wenigstens aber 15 Stunden, wöchentlich wegen Art oder Schwere der Behinderung notwendig ist,

3. die Ausstattung von Arbeits- oder Ausbildungsplätzen mit notwendigen technischen Arbeitshilfen, deren Wartung und Instandsetzung sowie die Ausbildung des schwerbehinderten Menschen im Gebrauch der nach den Nummern 1 bis 3 geförderten Gegenstände,

4. sonstige Maßnahmen, durch die eine möglichst dauerhafte behinderungsgerechte Beschäftigung schwerbehinderter Menschen in Betrieben oder Dienststellen ermöglicht, erleichtert oder gesichert werden kann.

[2]Gleiches gilt für Ersatzbeschaffungen oder Beschaffungen zur Anpassung an die technische Weiterentwicklung.

(2) Art und Höhe der Leistung bestimmen sich nach den Umständen des Einzelfalls, insbesondere unter Berücksichtigung, ob eine Verpflichtung des Arbeitgebers zur Durchführung von Maßnahmen nach Absatz 1 gemäß § 164 Absatz 3 Satz 1, Absatz 4 Satz 1 Nummer 4 und 5 und Absatz 5 des Neunten Buches Sozialgesetzbuch besteht und erfüllt wird sowie ob schwerbehinderte Menschen ohne Beschäftigungspflicht oder über die Beschäftigungspflicht hinaus (§ 154 des Neunten Buches Sozialgesetzbuch) oder im Rahmen der Erfüllung der besonderen Beschäftigungspflicht gegenüber bei der Teilhabe am Arbeitsleben besonders betroffenen schwerbehinderten Menschen (§ 154 Absatz 1 Satz 2 und § 155 des Neunten Buches Sozialgesetzbuch) beschäftigt werden.

(3) § 15 Abs. 2 Satz 1 und 2 gilt entsprechend.

Während die Vorschriften §§ 19–25 Hilfen für den sbM betreffen, werden nach § 26 Leistungen an den Arbeitgeber zusammengefasst. Es handelt sich um vom Arbeitgeber nach § 164 Abs. 4 SGB IX zu erbringende Leistungen (→ SGB IX § 164 Rn. 27–35). **1**

Die Einrichtung in Arbeitsräumen betrifft auch die Zugänge, Wege, Fahrstühle, ggf. auch die Einrichtung eines besonderen Parkplatzes für Behinderte. **2**

Die Einrichtung von Teilzeitarbeitsplätzen ist nicht nur die erstmalige Errichtung, sondern auch deren Aufrechterhaltung. In Übereinstimmung mit § 185 Abs. 2 S. 3 SGB IX enthält § 26 Abs. 1 Ziff. 2 nach entsprechender Ergänzung der Regelung durch Art. 50 Nr. 26. lit. b aa SGB IX eine Klarstellung, dass eine Förderung durch das Integrationsamt für Teilzeitarbeitsverhältnisse ab 15 Stunden wöchentlich in Betracht kommt. Notwendige Kosten sind auch Aufwendungen für die doppelte Besetzung eines Arbeitsplatzes. **3**

Die technischen Arbeitsplatzhilfen sind im Gegensatz zu § 19 zu sehen; dort handelt es sich um Hilfen für den sbM, hier um Hilfen, die in das Eigentum des Arbeitgebers übergehen und am Arbeitsplatz eingerichtet werden, also den Arbeitsplatz selbst verbessern. Dabei muss es sich jedoch um einen Arbeitsplatz iSv § 156 Abs. 1 SGB IX handeln, so dass der unter Abs. 2 der Norm fallende Arbeitsplatz eines Geistlichen einer öffentlich-rechtlichen Religionsgemeinschaft nicht förderfähig ist (OVG RhPf 6.10.2022 – 7 A 11104/21, FA 2022, 355<LS>). Förderfähig sind dagegen ein Elektrorollstuhl am **4**

Arbeitsplatz des sbM (VG Saarland 17.1.2001 – 4 K 7/00, nv) oder ein Bildtelefon zur Nutzung eines Bildtelefon-Dolmetsch-Dienstes (VG Augsburg 23.7.2013 – Au K 13.350, BeckRS 2013, 57242).

5 Die sonstigen Maßnahmen sind auch Aufwendungen für Begleitpersonen, besondere Maßnahmen zur Erhaltung der Arbeitskraft, also etwa die Einrichtung eines behindertengerechten Teeraums. Da es sich um außergewöhnliche Maßnahmen handeln muss, ist eine Dauerleistung in aller Regel nicht möglich (vgl. auch § 27 SchwbAV).

6 Der Zuschuss bzw. das Darlehen wird im Regelfall nur bis zur Höhe von 50 vH der notwendigen Kosten gewährt, da dies als angemessene Beteiligung des Arbeitgebers nach § 15 Abs. 2 SchwbAV anzusehen ist. Alle Kosten, die nicht für die Maßnahme zugunsten von Behinderten erforderlich sind, werden außer Betracht gelassen. Die Grenze 50 vH ist aber keine Höchstgrenze, so dass nach den Umständen des Einzelfalles, insbes. nach der wirtschaftlichen Lage des Unternehmens, auch ein höherer oder geringerer Betrag in Frage kommen kann. Die Kosten können aber vor allem dann bis zur vollen Höhe des notwendigen Aufwandes erstattet werden, wenn die Verpflichtung nach § 164 Abs. 4 SGB IX wegen unverhältnismäßigen Aufwendungen nicht besteht oder Schwerbehinderte zusätzlich beschäftigt werden.

§ 26a Zuschüsse zu den Gebühren bei der Berufsausbildung besonders betroffener schwerbehinderter Jugendlicher und junger Erwachsener

Arbeitgeber, die ohne Beschäftigungspflicht (§ 154 Absatz 1 des Neunten Buches Sozialgesetzbuch) besonders betroffene schwerbehinderte Menschen zur Berufsausbildung einstellen, können Zuschüsse zu den Gebühren, insbesondere Prüfungsgebühren bei der Berufsausbildung, erhalten.

1 Diese Vorschrift wurde durch Art. 5 Nr. 5 des Gesetzes zur Verbesserung der Ausbildung und Beschäftigung schwerbehinderter Menschen v. 23.4.2004 (BGBl. I 606 (616)) neu in die Verordnung eingefügt. Sie regelt die Einzelheiten zu Art. 1 § 185 Abs. 3 Nr. 2 lit. b SGB IX (→ SGB IX § 185 Rn. 25). Es handelt sich dabei um Aufwendungen des Ausbildungsbetriebs, etwa Prüfungs- oder andere Gebühren (Westers br 2005, 74). Nicht erfasst werden die Kosten der Ausbildungsvergütung oder der Sozialversicherungsbeiträge. Hier sind allerdings auch weiterhin Zuschüsse durch die Bundesagentur für Arbeit oder die Rehabilitationsträger möglich (Begründung des Gesetzentwurfs, BT-Drs. 15/1783, 20). Nicht näher begründet wird allerdings die mit dem Wortlaut des Gesetzes nicht übereinstimmende Beschränkung des Katalogs möglicher Leistungsempfänger auf Arbeitgeber ohne Beschäftigungspflicht (Cramer NZA 2004, 707). Änderungen durch Art. 19 Nr. 7 BTHG vom 23.12.2016 (BGBl. I 3234, 3332) hatten lediglich redaktionelle Bedeutung.

§ 26b Prämien und Zuschüsse zu den Kosten der Berufsausbildung behinderter Jugendlicher und junger Erwachsener

Arbeitgeber können Prämien und Zuschüsse zu den Kosten der Berufsausbildung behinderter Jugendlicher und junger Erwachsener erhalten, die für die Zeit der Berufsausbildung schwerbehinderten Menschen nach § 151 Absatz 4 des Neunten Buches Sozialgesetzbuch gleichgestellt sind.

1 Diese Vorschrift wurde ebenfalls mit Art. 5 Nr. 5 des Gesetzes v. 23.4.2004 (BGBl. I 606, 612) zur Verbesserung der Ausbildung und Beschäftigung schwerbehinderter Menschen neu in die Verordnung eingefügt. Sie regelt die Einzelheiten zu Art. 1 § 185 Abs. 3 Nr. 2 lit. c SGB IX (→ SGB IX § 185 Rn. 25). Arbeitgeber sollen angeregt werden,

schwerbehinderte Jugendliche und junge Erwachsene, die für die Zeit der Berufsausbildung nach § 151 Abs. 4 SGB IX gleichgestellt sind, im Betrieb auszubilden. Hierzu können Prämien und Zuschüsse zu den Kosten der Berufsausbildung gewährt werden (Begründung des Gesetzentwurfs, BT-Drs. 15/1783, 20, Ausschussbericht BT-Drs. 15/2357, 26; Westers br 2005, 74). Die Einfügung eines Verweises auf das Neunte Buch Sozialgesetzbuch durch Art. 11 des Gesetzes zur Änderung des Neunten und des Zwölften Buches Sozialgesetzbuch und anderer Rechtsvorschriften vom 30. November 2019 (BGBl. I S. 1948, 1954) diente lediglich der Klarstellung einer Verweisung (BT-Drs. 19/11006, 36).

§ 26c Prämien zur Einführung eines betrieblichen Eingliederungsmanagements

Arbeitgeber können zur Einführung eines betrieblichen Eingliederungsmanagements Prämien erhalten.

Ebenfalls neu in die Verordnung eingefügt durch Art. 5 Nr. 5 des Gesetzes zur Ver- 1
besserung der Ausbildung und Beschäftigung schwerbehinderter Menschen v. 23.4.2004 (BGBl. I 606, 612) wurde die im ursprünglichen Gesetzentwurf nicht enthalten gewesene Vorschrift des § 26c SchwbAV. Sie wurde dem Text erst während der Ausschussberatungen angefügt und stellte eine Folgeänderung zu § 102 SGB IX 2001 dar (→ SGB IX § 185 Rn. 25).

§ 27 Leistungen bei außergewöhnlichen Belastungen

(1) [1]Arbeitgeber können Zuschüsse zur Abgeltung außergewöhnlicher Belastungen erhalten, die mit der Beschäftigung eines schwerbehinderten Menschen verbunden sind, der nach Art oder Schwere seiner Behinderung im Arbeits- und Berufsleben besonders betroffen ist (§ 155 Absatz 1 Nummer 1 Buchstabe a bis d des Neunten Buches Sozialgesetzbuch) oder im Anschluss an eine Beschäftigung in einer anerkannten Werkstatt für behinderte Menschen oder bei einem anderen Leistungsanbieter im Sinne des § 60 des Neunten Buches Sozialgesetzbuch oder in Teilzeit (§ 158 Absatz 2 des Neunten Buches Sozialgesetzbuch) beschäftigt wird, vor allem, wenn ohne diese Leistungen das Beschäftigungsverhältnis gefährdet würde.[2] Leistungen nach Satz 1 können auch in Probebeschäftigungen und Praktika erbracht werden, die ein in einer Werkstatt für behinderte Menschen beschäftigter schwerbehinderter Mensch im Rahmen von Maßnahmen zur Förderung des Übergangs auf den allgemeinen Arbeitsmarkt (§ 5 Abs. 4 der Werkstättenverordnung) absolviert, wenn die dem Arbeitgeber entstehenden außergewöhnlichen Belastungen nicht durch die in dieser Zeit erbrachten Leistungen der Rehabilitationsträger abgedeckt werden.

(2) Außergewöhnliche Belastungen sind überdurchschnittlich hohe finanzielle Aufwendungen oder sonstige Belastungen, die einem Arbeitgeber bei der Beschäftigung eines schwerbehinderten Menschen auch nach Ausschöpfung aller Möglichkeiten entstehen und für die die Kosten zu tragen für den Arbeitgeber nach Art oder Höhe unzumutbar ist.

(3) Für die Zuschüsse zu notwendigen Kosten nach Absatz 2 gilt § 26 Abs. 2 entsprechend.

(4) Die Dauer des Zuschusses bestimmt sich nach den Umständen des Einzelfalls.

Während früher nach § 11 Abs. 1 Nr. 4 SchwbAV 1978 eine Übernahme von Kosten 1
nur bei außergewöhnlichem Betreuungsaufwand möglich war, können jetzt andere außergewöhnliche Aufwendungen und Belastungen, die durch die Beschäftigung von sbM

entstehen, dann gefördert werden, wenn der sbM iSv § 155 Abs. 1 SGB IX besonders betroffen ist, es sich um eine Anschlussbeschäftigung an eine Tätigkeit in einer WfbM oder bei einem anderen Leistungsanbieter iSd § 60 SGB IX handelt oder der sbM in Teilzeit beschäftigt wird. Erfahrungsgemäß sind solche sbM besonders schwer in Arbeit und Beruf unterzubringen, so dass die Bereitschaft der Arbeitgeber gefördert werden soll, solche besonders betroffene sbM einzustellen und dauerhaft zu beschäftigen. Die Ergänzung des Katalogs des Abs. 1 um sbM im Anschluss an eine Tätigkeit in einer WfbM erfolgte durch Art. 5 Nr. 6 lit. a des Gesetzes zur Verbesserung der Ausbildung und Beschäftigung schwerbehinderter Menschen v. 23.4.2004 (BGBl. I S. 606 (612)) und dient lediglich der Klarstellung (Begründung des Gesetzentwurfs, BT-Drs. 15/1783, 20). Durch Art. 19 Abs. 19 Nr. 9 BTHG wurde Abs. 1 S. 1 der Vorschrift neu gefasst. Dies war die Konsequenz der Zulassung anderer Leistungsanbieter als Alternativen zur WfbM in Teil 1 des Gesetzes. Auch die dort beschäftigten sbM sollten zu der Personengruppe gehören, denen mit Hilfe der Leistungen bei außergewöhnlichen Belastungen eine Beschäftigung auf dem Allgemeinen Arbeitsmarkt ermöglicht werden soll (BT-Drs. 18/9522, 354). Durch die Ergänzung des Abs. 1 um S. 2 wurde die Möglichkeit der Leistungserbringung auf die Förderung von Probebeschäftigungen und Praktika im Vorfeld der Übernahme eines in einer WfbM beschäftigten sbM ausgeweitet (Art. 5 Nr. 5 lit. b, BT-Drs. 15/1783, 20).

2 Der Begriff der außergewöhnlichen Belastung wird durch Abs. 2 näher erläutert. Es muss sich einmal um besonders hohe Aufwendungen handeln, die überdurchschnittlich sind, und die Kostentragung muss zum anderen dem Arbeitgeber nach Art oder Höhe unzumutbar sein (VG Stuttgart 14.7.2000 – 8 K 2796/99, br 2001, 32 = BeckRS 2000, 31326971). Es muss sich also um zusätzliche Belastungen handeln, so dass nicht etwa der normale Arbeitslohn für den sbM darunterfällt. Der normale Arbeitslohn ist keine unzumutbare außergewöhnliche Belastung, auch wenn der betreffende sbM nicht die volle Leistung eines normalen Arbeitnehmers erbringt (zum Minderleistungsausgleich Mrozynski SGb 1993, 103 (110); vgl. auch VG Saarland 16.10.2009 – 11 K 431/08, BeckRS 2010, 45835). Vielmehr handelt es sich hier um zusätzliche Belastungen, insbes. für Begleitpersonen, Vorlesekräfte (VG Halle 29.11.2001 – 4a 496/99, br 2003, 195), zusätzliche Leistungen für die Betreuung während der Arbeitszeit und in den Pausen. Als außergewöhnliche Belastung kommen auch die Kosten der Arbeitsassistenz (§ 17 Abs. 1a SchwbAV) in Betracht (Begründung des Gesetzentwurfs BT-Drs. 14/3372, 268, Adlhoch/Schneider br 2001, 51; VG München 10.11.2006 – M 6a K 04.5660, BeckRS 2006, 32430). Bei der über § 21 Abs. 4 SchwbAV möglichen Anwendung auf sbM mit selbständiger Tätigkeit kommt auch ein Zuschuss für die Beschäftigung eines Arbeitnehmers in Betracht, ohne dessen Leistung die Tätigkeit des sbM gefährdet wäre (VGH BW 4.5.2004 – 9 S 14/03, br 2004, 177 = BeckRS 2006, 24099), als die jedoch nicht die Übertragung von Teilaufgaben an eine andere Person zu verstehen ist, die von dieser selbständig wahrgenommen werden sollen (VG Bremen 26.5.2009 –5 K 3056/07, nv).

3 Ob die Kostentragungspflicht für den Arbeitgeber nach Art oder Höhe unzumutbar ist, kann sich nur nach den Umständen des Einzelfalles richten. Zu berücksichtigen können etwa Art und Umfang der Behinderung, die berufliche Vorerfahrung, die Stabilisierung der Leistung nach längerer Beschäftigungszeit und der Umfang des Arbeitsverhältnisses sein (Hauck/Noftz/Gutzler SGB IX, 2. Erg. 2023, Empfehlungen der Bundesarbeitsgemeinschaft der Integrationsämter und Hauptfürsorgestellen (BIH) Rn. 5.2). Maßgeblich sind aber auch hier die zusätzlichen außergewöhnlichen Belastungen und nicht allein die Finanzkraft des jeweiligen Arbeitgebers. Auch finanziell gesunde große Unternehmen können solche Leistungen in Anspruch nehmen, wenn es sich um zusätzliche Aufwendungen handelt, die sonst nicht erbracht werden. Die Unterbringung der besonders betroffenen sbM soll auch in solchen Betrieben gefördert werden. Bei der Höhe und Art der Leistung (Zuschuss oder Darlehen) ist allerdings die Finanzkraft des Unternehmens mit oder uU auch entscheidend zu berücksichtigen. Der Zuschuss wird in

der Regel für die gesamte Dauer der außergewöhnlichen Belastungen zu gewähren sein. Allerdings kann eine Befristung etwa für eine Einarbeitungszeit oder bei Anlaufschwierigkeiten in Frage kommen.

III. Sonstige Leistungen

§ 27a Leistungen an Integrationsfachdienste

(1) Träger von Integrationsfachdiensten im Sinne des Kapitels 7 des Teils 3 des Neunten Buches Sozialgesetzbuch können Leistungen nach § 196 des Neunten Buches Sozialgesetzbuch zu den durch ihre Inanspruchnahme entstehenden notwendigen Kosten erhalten.

(2) [1]Die Länder legen dem Bundesministerium für Arbeit und Soziales jährlich zum 30. Juni einen Bericht über die Beauftragung der Integrationsfachdienste oder anderer geeigneter Träger als Einheitliche Ansprechstellen für Arbeitgeber vor. [2]Sie berichten auch über deren Aktivitäten in diesem Zusammenhang sowie über die Verwendung der Mittel, die ab dem 30. Juni 2022 nach § 36 nicht mehr an den Ausgleichsfonds abzuführen sind, für diesen Zweck. [3]Der Bericht kann auch gesammelt durch die Bundesarbeitsgemeinschaft der Integrationsämter und Hauptfürsorgestellen erfolgen.

Durch Art. 50 Nr. 21 SGB IX wurde vor § 28 in III (Sonstige Leistungen) ein neuer 1
§ 27a (Leistungen an Integrationsfachdienste) aufgenommen. Diese Vorschrift korrespondiert mit § 185 Abs. 3 S. 2, § 196 SGB IX, die inhaltlich an § 37e SchwbG anknüpfen, der wiederum durch Art. 1 Nr. 19 des Gesetzes zur Bekämpfung der Arbeitslosigkeit Schwerbehinderter v. 29.9.2000 (BGBl. I 1394) als Teil des neuen Abschn. 7 Eingang in das SchwbG gefunden hatte. Während diese Vorschrift in der SchwbAV aF keine Entsprechung gefunden hatte, ist diese Lücke nunmehr geschlossen. Die Vorschrift regelt anknüpfend an § 196 SGB IX, dass danach Leistungen zu den durch die Inanspruchnahme von Integrationsfachdiensten entstehenden notwendigen Kosten erbracht werden können. Durch die im Text der Verordnung ausdrücklich erfolgte Anbindung an den Wortlaut des § 196 wird klargestellt, dass anders als nach der weiter gefassten früheren Regelung des § 37e SchwbG Leistungen nur dann in Betracht kommen, wenn die Bundesagentur oder das Integrationsamt einen entsprechenden Auftrag erteilt haben.

Durch Art. 13c Nr. 2 des Teilhabestärkungsgesetzes vom 2.6.2021 (BGBl. I 1387, 2
1400) wurde dem bisherigen Text der Norm, der dadurch zu deren Abs. 1 wurde, ein neuer Abs. 2 angefügt, dessen Gegenstand erweiterte Berichtspflichten der Länder gegenüber dem Bund sind. Dies beruht darauf, dass das BMAS als Verwalter des Ausgleichsfonds zur Finanzierung der Einheitlichen Ansprechstellen für Arbeitgeber auf zwei Prozentpunkte des Aufkommens an Ausgleichsabgabe verzichtet hat (Ausschussbericht, BT-Drs. 19/28834, 61).

§ 28 Leistungen zur Durchführung der psychosozialen Betreuung schwerbehinderter Menschen

(1) Freie gemeinnützige Träger psychosozialer Dienste, die das Integrationsamt an der Durchführung der ihr obliegenden Aufgabe der im Einzelfall erforderlichen psychosozialen Betreuung schwerbehinderter Menschen unter Fortbestand ihrer Verantwortlichkeit beteiligt, können Leistungen zu den daraus entstehenden notwendigen Kosten erhalten.

(2) [1]Leistungen nach Absatz 1 setzen voraus, daß

1. der psychosoziale Dienst nach seiner personellen, räumlichen und sächlichen Ausstattung zur Durchführung von Maßnahmen der psychosozialen Betreuung geeignet ist, insbesondere mit Fachkräften ausgestattet ist, die über eine geeignete Berufsqualifikation, eine psychosoziale Zusatzqualifikation und ausreichende Berufserfahrung verfügen, und

2. die Maßnahmen

a) nach Art, Umfang und Dauer auf die Aufnahme, Ausübung oder Sicherung einer möglichst dauerhaften Beschäftigung schwerbehinderter Menschen auf dem allgemeinen Arbeitsmarkt ausgerichtet und dafür geeignet sind,

b) nach den Grundsätzen der Wirtschaftlichkeit und Sparsamkeit durchgeführt werden, insbesondere die Kosten angemessen sind, und

c) aufgrund einer Vereinbarung zwischen dem Integrationsamt und dem Träger des psychosozialen Dienstes durchgeführt werden.

[2]Leistungen können gleichermaßen für Maßnahmen für schwerbehinderte Menschen erbracht werden, die diesen Dienst unter bestimmten, in der Vereinbarung näher zu regelnden Voraussetzungen im Einvernehmen mit dem Integrationsamt unmittelbar in Anspruch nehmen.

(3) [1]Leistungen sollen in der Regel bis zur vollen Höhe der notwendigen Kosten erbracht werden, die aus der Beteiligung an den im Einzelfall erforderlichen Maßnahmen entstehen. [2]Das Nähere über die Höhe der zu übernehmenden Kosten, ihre Erfassung, Darstellung und Abrechnung bestimmt sich nach der Vereinbarung zwischen des Integrationsamtes und dem Träger des psychosozialen Dienstes gemäß Absatz 2 Satz 1 Nr. 2 Buchstabe c.

1 § 185 Abs. 2 S. 4 SGB IX bestimmt, dass die begleitende Hilfe auch die nach den Umständen des Einzelfalles notwendige psychosoziale Betreuung sbM umfasst. Dabei kann das Integrationsamt psychosoziale Dienste freier gemeinnütziger Einrichtungen und Organisationen beteiligen. Nach § 185 Abs. 3 Nr. 3 SGB IX kann das Integrationsamt im Rahmen seiner Zuständigkeit für die begleitende Hilfe aus den Mitteln der Ausgleichsabgabe Geldleistungen auch an freie gemeinnützige Einrichtungen und Organisationen geben (Heuser br 1997, 1). Abs. 1 bestimmt ausdrücklich, dass die Übertragung dieser Aufgaben an freie gemeinnützige Träger die Verantwortlichkeit des Integrationsamts für die Durchführung dieser Aufgaben unberührt lässt. Die psychosoziale Betreuung obliegt vielmehr nach wie vor auch dann dem Integrationsamt, wenn solche freien Träger an der Durchführung der Aufgaben beteiligt werden. Das Integrationsamt gibt in einem solchen Fall an diese Träger nur die Mittel zur Durchführung der Aufgaben und überwacht die Tätigkeit der freien Träger, so dass es nach wie vor die Verantwortlichkeit für die ordnungsgemäße Durchführung der psychosozialen Dienste trägt. Der Umfang der Beteiligung freier Träger liegt im Ermessen des Integrationsamts. Nach dem G bleibt die Betreuung der sbM nach wie vor Aufgabe des Integrationsamts, so dass nach den Grundsätzen der Subsidiarität des Einsatzes von Mitteln der Ausgleichsabgabe andere Träger nur dann unter Finanzierung aus diesen Mitteln an der Durchführung dieser Aufgabe beteiligt werden sollen, wenn und soweit die psychosoziale Betreuung nicht durch eigenes dafür qualifiziertes und geschultes Personal des Integrationsamts durchgeführt werden kann. Gegebenenfalls sind auch andere psychosoziale Dienste im Wege der Amtshilfe zu beteiligen.

2 Betreut werden sbM und ihnen gleichgestellte behinderte Menschen. Dabei kommt es nicht etwa darauf an, dass die Behinderteneigenschaft auch auf einer seelischen Behinderung beruht, obwohl diese in erster Linie eine psychosoziale Betreuung erfordert. Aber auch andere Behinderungen können eine solche Betreuung notwendig machen, um Minderwertigkeitsgefühle oder fehlende Anerkennung auszugleichen.

3 Die Maßnahme muss geeignet und darauf ausgerichtet sein, den sbM oder gleichgestellten behinderten Menschen die Aufnahme, Ausübung oder Sicherung einer Beschäftigung auf dem allgemeinen Arbeitsmarkt zu gewährleisten. Die begleitende Hilfe im Arbeits- und Berufsleben gilt den sbM, die nach § 120 SGB III zur Vermittlung auf dem allgemeinen Arbeitsmarkt zur Verfügung stehen. Das sind auch Arbeitslose, selbst wenn sie noch nicht Aussicht auf einen konkreten Arbeitsplatz haben. Dazu zählen weiter Teilnehmer an Arbeitsbeschaffungsmaßnahmen, nicht aber Selbständige. § 28 ist in § 21 Abs. 4 nicht mit einbezogen. Zur Gründung oder Ausübung einer selbständigen beruflichen Existenz können deshalb Leistungen zur Durchführung psychosozialer Betreuungen nicht gewährt werden.

4 Der psychosoziale Dienst muss geeignet sein, nicht nur die notwendigen arbeits- und berufsbezogenen Maßnahmen durchzuführen, sondern auch medizinische Maßnahmen zu ergreifen, die geeignet sind, die Persönlichkeit des sbM zu beeinflussen. Deshalb müssen Zusatzqualifikationen und ausreichende Berufserfahrung vorliegen, um alle erforderlichen Maßnahmen sinnvoll aufeinander abzustimmen. Daher soll der psychosoziale Dienst nach Möglichkeit ein integrativer Teil eines umfassenden sozialpsychiatrischen Dienstes sein. Die notwendige Qualifikation des dafür erforderlichen Fachpersonals wird im Allgemeinen noch nicht durch eine Ausbildung als Sozialarbeiter, als Sozialpädagoge, als Psychologe, als Psychiater oder Therapeut allein erworben. Ausdrücklich wird deshalb eine Zusatzausbildung im psychosozialen Bereich und die Berufserfahrung in einem Bereich gefordert, der entsprechende Kenntnisse voraussetzt und auch die Probleme der Arbeitswelt mitumfasst, also nicht nur rein wissenschaftlich oder medizinisch ausgerichtet ist. Nur so werden die entsprechenden Bedürfnisse der sbM erfüllt werden können.

5 Die Maßnahmen der psychosozialen Betreuung sind nicht nur auf den sbM und seine Person bezogen, sondern umfassen auch Betreuung derjenigen Personen, die mit den sbM zusammenarbeiten. Eine Aufklärung von Vorgesetzten, Kollegen, Betriebsvertretungen und Vertrauenspersonen gehört somit auch zu den erforderlichen Maßnahmen. Auch wenn eine solche psychosoziale Betreuung nicht im Betrieb durchgeführt wird, müssen zusätzlich solche betrieblichen Aufgaben mit wahrgenommen werden. Notwendig ist allerdings dazu ein Einverständnis sowohl des Arbeitgebers als auch des betroffenen sbM, da anderenfalls in die Persönlichkeitssphäre eingegriffen werden könnte. Bloße medizinische Maßnahmen gehören aber nicht dazu (§ 17 Abs. 2), sie sind vielmehr von den fachlichen Diensten zu erbringen.

6 Die Grundsätze der Wirtschaftlichkeit und Sparsamkeit gelten selbstverständlich auch für die Beteiligung psychosozialer Dienste freier gemeinnütziger Träger. Entsprechend enthält Kap. 4 SGB IX Bestimmungen über die Grundsätze der Wirtschaftlichkeit für die Gewährung von Rehabilitationsleistungen. Die Einzelheiten über den zu betreuenden Personenkreis, die zu ergreifenden Maßnahmen und die zu leistenden Dienste sind in einer Vereinbarung zwischen dem Träger und dem Integrationsamt niederzulegen. Dabei ist auch zu regeln, dass sbM die Dienste der freien Träger unmittelbar, also ohne vorherige Einschaltung des Integrationsamts in Anspruch nehmen können. Es soll den sbM selbst überlassen bleiben, ob sie sich über das Integrationsamt einer psychosozialen Betreuung unterziehen oder ob sie diese lieber unmittelbar in Anspruch nehmen. Dafür ist in der Vereinbarung Vorsorge zu treffen und auch festzulegen, wie die entsprechenden Leistungen ggf. vergütet werden. In dieser Vereinbarung ist auch festzulegen, wie das Integrationsamt über die Dienste unterrichtet wird, da die Verantwortung nach wie vor bei dem Integrationsamt bleibt, auch wenn der sbM sich unmittelbar an den freien Träger wendet. Da gewährleistet sein muss, dass das Integrationsamt die erforderliche Aufsicht über die Träger bei der Durchführung aller Maßnahmen ausübt, ist der Datenschutz mit den Bedürfnissen der sbM an der Anonymität der Maßnahmen eingeschränkt. Da aber auch das Integrationsamt einer entsprechenden Schweigepflicht unterliegt und

die persönlichen Daten der sbM verschwiegen zu behandeln hat, bestehen insoweit gegen solche datenschutzrechtlichen Beschränkungen keine Bedenken.

7 Der Umfang der Leistungen reicht bis zur vollen Höhe der notwendigen Kosten. Dazu gehören auch die Personal-, Sach- und Vorhaltkosten des freien gemeinnützigen Trägers. Ausgenommen sind lediglich Investitions- und Errichtungskosten, die für die Einrichtung der psychosozialen Dienste anfallen. Maßgeblich sind nicht die allgemeinen Kosten der psychosozialen Dienste, sondern nur die im Einzelfall entstehenden notwendigen Kosten. Auch hierüber ist eine entsprechende Vereinbarung zwischen dem Integrationsamt und dem freien Träger zu schließen.

§ 28a Leistungen an Inklusionsbetriebe

Inklusionsbetriebe im Sinne des Kapitels 11 des Teils 3 des Neunten Buches Sozialgesetzbuch können Leistungen für Aufbau, Erweiterung, Modernisierung und Ausstattung einschließlich einer betriebswirtschaftlichen Beratung und besonderen Aufwand erhalten.

1 Durch Art. 1 Nr. 21 des Gesetzes zur Bekämpfung der Arbeitslosigkeit Schwerbehinderter v. 29.9.2000 (BGBl. I S. 1394) wurde ein neuer Abschnitt 11 mit dem Titel „Integrationsprojekte" in das SchwbG eingefügt. Dabei handelte es sich nach der Legaldefinition in § 53a SchwbG um rechtlich und wirtschaftlich selbständige Unternehmen (Integrationsunternehmen) oder unternehmensinterne Betriebe (Integrationsbetriebe) oder Abteilungen (Integrationsabteilungen) zur Beschäftigung von Schwerbehinderten auf dem allgemeinen Arbeitsmarkt, deren Eingliederung in eine sonstige Beschäftigung auf dem allgemeinen Arbeitsmarkt auf Grund von Art oder Schwere der Behinderung oder wegen sonstiger Umstände trotz Ausschöpfens aller Fördermöglichkeiten und des Einsatzes von Integrationsfachdiensten nach dem 7. Abschnitt auf besondere Schwierigkeiten stieß. Diese Institutionen sollten nach § 53b SchwbAV den Schwerbehinderten Beschäftigung und arbeitsbegleitende Betreuung, soweit erforderlich auch Maßnahmen der beruflichen Weiterbildung oder Gelegenheit zur Teilnahme an entsprechenden außerbetrieblichen Maßnahmen und Unterstützung bei der Vermittlung in eine sonstige Beschäftigung in einem Betrieb oder einer Dienststelle auf dem allgemeinen Arbeitsmarkt bieten. Schließlich war in § 53c SchwbAV vorgesehen, dass solche Projekte aus Mitteln der Ausgleichsabgabeleistungen für Aufbau, Erweiterung, Modernisierung und Ausstattung einschließlich einer betriebswirtschaftlichen Beratung und besonderen Aufwand erhalten sollten, während § 53d SchwbAV eine Verordnungsermächtigung zugunsten des Bundesministeriums für Arbeit und Sozialordnung vorsah. Diese Regelungen fanden sich inhaltlich unverändert in den §§ 132–135 SGB IX 2001. Nach der Begründung des Gesetzentwurfs (BT-Drs. 14/3372, 23 f.) war bei einem Teil der Schwerbehinderten eine Vermittlung auf dem allgemeinen Arbeitsmarkt nur dann möglich, wenn der (Wieder-) Eingliederung in das Arbeitsleben eine längere Phase der Beschäftigung und Qualifizierung in einem hierfür besonders geeigneten Integrationsprojekt vorausgegangen ist. Angestrebt wurde deshalb, für diese Art von Schwerbehinderten, für die regelmäßig auch die Werkstatt für Behinderte nicht die adäquate Einrichtung zur Beschäftigungsqualifizierung ist, besondere Integrationsprojekte als „Dritter" Weg oder als Brücke zur Eingliederung Schwerbehinderter in eine reguläre Beschäftigung auf dem allgemeinen Arbeitsmarkt einzurichten, um diesen eine realistische Chance zur Wiedereingliederung in das „normale Arbeitsleben" zu geben. § 28a SchwbAV enthält eine damit korrespondierende Anordnung auf der Ebene der Verordnung, die im SchwbBAG noch nicht vorgesehen war. Mit Art. 1 Nr. 24 lit. c des Gesetzes zur Verbesserung der Ausbildung und Beschäftigung schwerbehinderter Menschen v. 23.4.2004 (BGBl. I 606, 609) und Art. 1 Nr. 6 der Dritten Verordnung zur Änderung der Schwerbehinderten-Ausgleichsabgabeverordnung v. 16.1.2004 (BGBl. I S. 77) ist ein bis dahin vorhanden gewesener Widerspruch

von Gesetzes- und Verordnungstext aufgehoben worden (→ § 217 Rn. 4). Die Zuständigkeit für Integrationsprojekte ist nach einer Änderung der Strukturverantwortung nun allein auf die Integrationsämter übergegangen (Cramer NZA 2004, 708). Da im Text der VO angeordnet wird, dass auch Leistungen für den Aufbau von Integrationsprojekten erbracht werden dürfen, kann zwar das Vorhandensein eines Betriebes nicht vorausgesetzt werden, jedoch muss seine Bildung zumindest greifbare Formen angenommen haben. Wenn als Leistungszweck die Erweiterung, Modernisierung und Ausstattung einschließlich einer betriebswirtschaftlichen Beratung genannt werden, setzt dies nicht voraus, dass damit in irgendeiner Weise behinderungsbedingte Nachteile ausgeglichen werden sollen. Insoweit reicht es vielmehr völlig aus, dass eine Organisation geschaffen wird, die am Markt konkurrenzfähig ist und insoweit die Möglichkeit für eine dauerhafte Beschäftigung des besonders zu fördernden Personenkreises bietet. Ewas anderes beinhaltet das Tatbestandsmerkmal „besonderer Aufwand". Hier werden Leistungen angesprochen, die erbracht werden müssen, um Nachteile auszugleichen, die unmittelbar aus der Beschäftigung des als besonders förderungswürdig erachteten Personenkreises resultieren. Insoweit kann etwa eine von den Üblichkeiten des Arbeitslebens auf dem allgemeinen Arbeitsmarkt abweichende Anzahl von Vorgesetzten bzw. Aufsichts- oder/und Unterstützungspersonen sowie der Ausgleich von Minderleistungen rechnen, die sich gegenüber dem Einsatz von nicht behinderten Arbeitnehmern ergeben können. Das BTHG hält an dieser Konzeption fest. Geändert wurde in Anpassung an die geänderten Begrifflichkeiten im SGB IX der Adressat der Leistungen. Anders als bisher heißen sie nunmehr Inklusionsprojekte.

§ 29 Leistungen zur Durchführung von Aufklärungs-, Schulungs- und Bildungsmaßnahmen

(1) [1]Die Durchführung von Schulungs- und Bildungsmaßnahmen für Vertrauenspersonen schwerbehinderter Menschen, Beauftragte der Arbeitgeber, Betriebs-, Personal-, Richter-, Staatsanwalts- und Präsidialräte sowie die Mitglieder der Stufenvertretungen wird gefördert, wenn es sich um Veranstaltungen der Integrationsämter im Sinne des § 185 Absatz 2 Satz 6 des Neunten Buches Sozialgesetzbuch handelt. [2]Die Durchführung von Maßnahmen im Sinne des Satzes 1 durch andere Träger kann gefördert werden, wenn die Maßnahmen erforderlich und die Integrationsämter an ihrer inhaltlichen Gestaltung maßgeblich beteiligt sind.

(2) [1]Aufklärungsmaßnahmen sowie Schulungs- und Bildungsmaßnahmen für andere als in Absatz 1 genannte Personen, die die Teilhabe schwerbehinderter Menschen am Arbeitsleben zum Gegenstand haben, können gefördert werden. [2]Dies gilt auch für die Qualifizierung des nach § 185 Absatz 1 des Neunten Buches Sozialgesetzbuch einzusetzenden Personals sowie für notwendige Informationsschriften und -veranstaltungen über Rechte, Pflichten, Leistungen und sonstige Eingliederungshilfen sowie Nachteilsausgleiche nach dem Neunten Buch Sozialgesetzbuch und anderen Vorschriften.

Die Mittel der Ausgleichsabgabe sollen auch für Schulungs- und Bildungsmaßnahmen 1
nach § 185 Abs. 2 S. 6 SGB IX und Aufklärungsmaßnahmen, vor allem für Informationsschriften eingesetzt werden können. Das ist sehr bedenklich und überschreitet in dem hier angegebenen Umfang die gesetzliche Ermächtigung des § 160 Abs. 5 SGB IX. Danach darf die Ausgleichsabgabe nur für besondere Leistungen zur Förderung der Teilhabe am Arbeitsleben und für Leistungen der begleitenden Hilfe iSv § 185 Abs. 1 Nr. 3 SGB IX verwendet werden. Die Verwendung persönlicher und sächlicher Kosten aus der Ausgleichsabgabe ist ausdrücklich untersagt (→ SGB IX § 160 Rn. 44). Das Bestreiten muss deshalb eng ausgelegt werden, auch wenn die Aufklärungs-, Schulungs- und Bildungsmaßnahmen noch einmal in § 185 Abs. 3 letzter Satz SGB IX aufgeführt sind.

Danach sind diese Maßnahmen auf die begleitende Hilfe begrenzt. Nur soweit durch die Schulungs- und Bildungsmaßnahmen iSv § 185 Abs. 2 SGB IX Schwierigkeiten bei der Beschäftigung sbM verhindert oder beseitigt werden sollen, können Mittel der Ausgleichsabgabe verwendet werden. Die mit Art. 5 Nr. 7 des Gesetzes zur Verbesserung der Ausbildung und Beschäftigung schwerbehinderter Menschen v. 23.4.2004 (BGBl. I S. 606 (613)) erfolgte Ausdehnung der Leistungsermächtigung auf die Qualifizierung des nach § 185 Abs. 1 SGB IX einzusetzenden Personals widerspricht dem Grundgedanken des § 160 Abs. 5 S. 2 SGB IX (→ SGB IX § 185 Rn. 33). Die Rechtsstellung der Vertrauenspersonen selbst, die allgemeinen Aufklärungsmaßnahmen über Rechte und Pflichten von Betriebsräten, Arbeitgebern, Inklusionsbeauftragten nach dem SGB IX gehören nicht zur begleitenden Hilfe am Arbeitsplatz. Das sind vielmehr allgemeine Aufgaben staatlicher Stellen, für die die Mittel der Ausgleichsabgabe weder in personeller Hinsicht (Redner) noch in sächlicher Hinsicht (Aufklärungsschriften) eingesetzt werden dürfen. Es ist daher wohl möglich, durch Aufklärungsschriften für die Beschäftigung sbM zu werben und die dafür bereitstehenden Mittel bekanntzugeben. Darüber hinaus gehende Aufklärung ist jedoch nur aus allgemeinen Mitteln zulässig. Nur in diesem engen Rahmen hält sich die Vorschrift innerhalb der sehr begrenzten gesetzlichen Ermächtigung und verstößt nicht gegen das Verbot des Einsatzes persönlicher und sächlicher Mittel.

3. Unterabschnitt. Leistungen für Einrichtungen zur Teilhabe schwerbehinderter Menschen am Arbeitsleben

Der gesamte 3. Unterabschnitt ist durch Art. 12 Ziff. 3 des Gesetzes zur Förderung eines inklusiven Arbeitsmarkts vom 6.6.2023 (BGBl. I Nr. 146) aufgehoben worden. Allerdings enthält § 46 nF eine Übergangsregelung zur Weiteranwendung von §§ 30 bis 34 auf Altfälle.

§ 30 *Förderungsfähige Einrichtungen*

(1) [1]Leistungen können für die Schaffung, Erweiterung, Ausstattung und Modernisierung folgender Einrichtungen erbracht werden:

1. betriebliche, überbetriebliche und außerbetriebliche Einrichtungen zur Vorbereitung von behinderten Menschen auf eine berufliche Bildung oder die Teilhabe am Arbeitsleben,
2. betriebliche, überbetriebliche und außerbetriebliche Einrichtungen zur beruflichen Bildung behinderter Menschen,
3. Einrichtungen, soweit sie während der Durchführung von Leistungen zur medizinischen Rehabilitation behinderte Menschen auf eine berufliche Bildung oder die Teilhabe am Arbeitsleben vorbereiten,
4. Werkstätten für behinderte Menschen im Sinne des § 219 des Neunten Buches Sozialgesetzbuch,
5. Blindenwerkstätten mit einer Anerkennung auf Grund des Blindenwarenvertriebsgesetzes vom 9. April 1965 (BGBl. I S. 311) in der bis zum 13. September 2007 geltenden Fassung,
6. Wohnstätten für behinderte Menschen, die auf dem allgemeinen Arbeitsmarkt, in Werkstätten für behinderte Menschen oder in Blindenwerkstätten tätig sind.

[2]Zur länderübergreifenden Bedarfsbeurteilung wird das Bundesministerium für Arbeit und Soziales bei der Planung neuer oder Erweiterung bestehender Einrichtungen nach Satz 1 Nr. 4 bis 6 beteiligt.

(2) [1]Öffentliche oder gemeinnützige Träger eines besonderen Beförderungsdienstes für behinderte Menschen können Leistungen zur Beschaffung und behinderungsgerechten Ausstattung von Kraftfahrzeugen erhalten. [2]Die Höhe der Leistung bestimmt sich nach dem Umfang, in dem der besondere Beförderungsdienst für Fahrten schwerbehinderter Menschen von und zur Arbeitsstätte benutzt wird.

(3) [1]Leistungen zur Deckung von Kosten des laufenden Betriebs dürfen nur ausnahmsweise erbracht werden, wenn hierdurch der Verlust bestehender Beschäftigungsmöglichkeiten für behinderte Menschen abgewendet werden kann. [2]Für Einrichtungen nach Absatz 1 Nr. 4 bis 6 sind auch Leistungen zur Deckung eines Miet- oder Pachtzinses zulässig.

Ein wesentlicher Teil des Schutzes sbM kann nur durch die Förderung von WfbM erreicht werden. Das Kap. 12 des SGB IX hat deshalb besondere Bedeutung, weil sbM, vor allem aber sbM iSd § 155 SGB IX nur dort für eine Verwendung in Arbeit und Beruf ausgebildet, gefördert oder beschäftigt werden können. Ihre Förderung ist deshalb sowohl für die Integrationsämter als auch durch Mittel des Ausgleichsfonds (§ 161 SGB IX) besonders wichtig. Dasselbe gilt für die Wohnanlagen für im Arbeitsleben stehende sbM. Die Voraussetzungen für die Förderung sind in § 30 SchwbAV festgelegt. Die allgemeinen Grundsätze der Förderung legt § 31 SchwbAV fest. Aus §§ 32, 33 SchwbAV ergeben sich Art und Höhe der Zuwendungen. Der 3. Unterabschnitt ist deshalb im Zusammenhang zu sehen. Mit Art. 1 Nr. 7 der Dritten Verordnung zur Änderung der Schwerbehinderten-Ausgleichsabgabeverordnung v. 16.1.2004 (BGBl. I 77) ist dem Abs. 1 ein S. 2 angefügt worden, der eine Beteiligung des BMAS bei der Planung neuer und der Erweiterung bestehender Einrichtungen nach S. 1 Nr. 4–6 (WfbM, Blindenwerkstätten, Wohnstätten) zur länderübergreifenden Bedarfsbeurteilung vorsieht. Die Regelung dient dem Zweck, vorhandene Mittel sinnvoll und sparsam einzusetzen. Ein Weisungsrecht des BMAS besteht nicht. 1

Beförderungsdienste für behinderte Menschen können nur gefördert werden, wenn sie öffentliche oder gemeinnützige Träger haben. Private, auf Gewinn gerichtete Gewerbebetriebe gehören nicht dazu. Die Zuwendung als Zuschuss oder Darlehen kann nur für die Anschaffung oder Ausstattung der Fahrzeuge, nicht aber für den laufenden Betrieb gewährt werden. Eine Ausnahme von diesem Grundsatz macht Abs. 3 allein für den Sonderfall, dass dies erforderlich ist, um den Verlust bestehender Beschäftigungsmöglichkeiten für behinderte Menschen abzuwenden. Dies ist durch Art. 1 Nr. 1 der Zweiten Verordnung zur Änderung der Schwerbehinderten-Ausgleichsabgabeverordnung v. 24.6.2003 (BGBl. I 1000) durch Anfügung eines neuen S. 2 im Abs. 3 auf Leistungen zur Deckung eines Miet- oder Pachtzinses ausgedehnt worden, sofern es sich bei dem Empfänger um eine WfbM, eine Blindenwerkstatt oder eine Wohnstätte für behinderte Menschen handelt. Maßgeblich für die Höhe der Leistungen ist die Benutzung zur Beförderung sbM zum Arbeitsplatz. Dabei ist Arbeitsplatz sehr weit zu fassen, es kann sich auch um Bildungsmaßnahmen, Rehabilitation als Vorbereitung für die Teilhabe am Arbeitsleben, um Werkstätten für behinderte Menschen handeln. Dagegen gehört die Beförderung zur Schule oder Hochschule nicht mit dazu. 2

§ 31 *Förderungsvoraussetzungen*

(1) Die Einrichtungen im Sinne des § 30 Abs. 1 Satz 4 können gefördert werden, wenn sie

1. ausschließlich oder überwiegend behinderte Menschen aufnehmen, die Leistungen eines Rehabilitationsträgers in Anspruch nehmen,

2. *behinderten Menschen unabhängig von der Ursache der Behinderung und unabhängig von der Mitgliedschaft in der Organisation des Trägers der Einrichtung offenstehen und*
3. *nach ihrer personellen, räumlichen und sächlichen Ausstattung die Gewähr dafür bieten, daß die Rehabilitationsmaßnahmen nach zeitgemäßen Erkenntnissen durchgeführt werden und einer dauerhaften Teilhabe am Arbeitsleben dienen.*

(2) Darüber hinaus setzt die Förderung voraus bei

1. *Einrichtungen im Sinne des § 30 Abs. 1 Nr. 1:*
   Die in diesen Einrichtungen durchzuführenden Maßnahmen sollen den individuellen Belangen der behinderten Menschen Rechnung tragen und sowohl eine werkspraktische wie fachtheoretische Unterweisung umfassen. Eine begleitende Betreuung entsprechend den Bedürfnissen der behinderten Menschen muß sichergestellt sein. Maßnahmen zur Vorbereitung auf eine berufliche Bildung sollen sich auf mehrere Berufsfelder erstrecken und Aufschluss über Neigung und Eignung der behinderten Menschen geben.
2. *Einrichtungen im Sinne des § 30 Abs. 1 Nr. 2:*
   a) Die Eignungsvoraussetzungen nach den §§ 27 bis 30 des Berufsbildungsgesetzes oder nach den §§ 21 bis 22b der Handwerksordnung zur Ausbildung in anerkannten Ausbildungsberufen müssen erfüllt sein. Dies gilt auch für Ausbildungsgänge, die nach § 66 des Berufsbildungsgesetzes oder nach § 42m der Handwerksordnung durchgeführt werden.
   b) Außer- oder überbetriebliche Einrichtungen sollen unter Einbeziehung von Plätzen für berufsvorbereitende Maßnahmen über in der Regel mindestens 200 Plätze für die berufliche Bildung in mehreren Berufsfeldern verfügen. Sie müssen in der Lage sein, behinderte Menschen mit besonderer Art oder Schwere der Behinderung beruflich zu bilden. Sie müssen über die erforderliche Zahl von Ausbildern und die personellen und sächlichen Voraussetzungen für eine begleitende ärztliche, psychologische und soziale Betreuung entsprechend den Bedürfnissen der behinderten Menschen verfügen. Bei Unterbringung im Internat muß die behinderungsgerechte Betreuung sichergestellt sein. Die Einrichtungen sind zur vertrauensvollen Zusammenarbeit insbesondere untereinander und mit den für die Rehabilitation zuständigen Behörden verpflichtet.
3. *Einrichtungen im Sinne des § 30 Abs. 1 Nr. 3:*
   Die in diesen Einrichtungen in einem ineinandergreifenden Verfahren durchzuführenden Leistungen zur medizinischen Rehabilitation und zur Teilhabe am Arbeitsleben müssen entsprechend den individuellen Gegebenheiten so ausgerichtet sein, daß nach Abschluß dieser Maßnahmen ein möglichst nahtloser Übergang in eine berufliche Bildungsmaßnahme oder in das Arbeitsleben gewährleistet ist. Für die Durchführung der Maßnahmen müssen besondere Fachdienste zur Verfügung stehen.
4. *Werkstätten für behinderte Menschen im Sinne des § 30 Abs. 1 Nr. 4:*
   Sie müssen gemäß § 225 des Neunten Buches Sozialgesetzbuch anerkannt sein oder voraussichtlich anerkannt werden.
5. *Blindenwerkstätten im Sinne des § 30 Abs. 1 Nr. 5:*
   Sie müssen auf Grund des Blindenwarenvertriebsgesetzes anerkannt sein.
6. *Wohnstätten im Sinne des § 30 Abs. 1 Nr. 6:*
   Sie müssen hinsichtlich ihrer baulichen Gestaltung, Wohnflächenbemessung und Ausstattung den besonderen Bedürfnissen der behinderten Menschen entsprechen. Die Aufnahme auch von behinderten Menschen, die nicht im Arbeitsleben stehen, schließt eine Förderung entsprechend dem Anteil der im Arbeitsleben stehenden schwerbehinderten Menschen nicht aus. Der Verbleib von schwerbehinderten Menschen, die nicht mehr im Arbeitsleben stehen, insbesondere von schwerbehinderten

Menschen nach dem Ausscheiden aus einer Werkstatt für behinderte Menschen, beeinträchtigt nicht die zweckentsprechende Verwendung der eingesetzten Mittel.

Die Voraussetzungen des Abs. 1 müssen bei allen Einrichtungen gem. § 30 Abs. 1 gegeben sein, die eine Förderung erhalten sollen. Abs. 2 stellt dann die zusätzlichen besonderen Voraussetzungen für die unterschiedlichen Einrichtungen auf, so dass stets alle vier Voraussetzungen, nämlich die 3 des Abs. 1 und die besonderen Voraussetzungen nach Abs. 2 geprüft werden und vorliegen müssen. Dabei ist allerdings zu unterscheiden: Nur die Bestimmungen des Abs. 1 und die Muss-Vorschrift des Abs. 2 sind zwingend. Soweit es heißt, dass die Einrichtung bestimmte Voraussetzungen erbringen „sollen" (Abs. 2 Nr. 1 S. 1, 3, Nr. 2b S. 1), kann in begründeten Ausnahmefällen davon abgesehen werden. Durch Art. 5 Ziff. 1 des Gesetzes zur Reform der beruflichen Bildung (Berufsbildungsreformgesetz – BerBiRefG) v. 23.5.2005 (BGBl. I 931) wurde eine redaktionelle Anpassung vom Abs. 2 Ziff. 2 vorgenommen. 1

§ 32 *Förderungsgrundsätze*

(1) Leistungen sollen nur erbracht werden, wenn sich der Träger der Einrichtung in einem angemessenen Verhältnis an den Gesamtkosten beteiligt und alle anderen Finanzierungsmöglichkeiten aus Mitteln der öffentlichen Hände und aus privaten Mitteln in zumutbarer Weise in Anspruch genommen worden sind.

(2) [1] Leistungen dürfen nur erbracht werden, soweit Leistungen für denselben Zweck nicht von anderer Seite zu erbringen sind oder erbracht werden. [2] Werden Einrichtungen aus Haushaltsmitteln des Bundes oder anderer öffentlicher Hände gefördert, ist eine Förderung aus Mitteln der Ausgleichsabgabe nur zulässig, wenn der Förderungszweck sonst nicht erreicht werden kann.

(3) Leistungen können nur erbracht werden, wenn ein Bedarf an entsprechenden Einrichtungen festgestellt und die Deckung der Kosten des laufenden Betriebs gesichert ist.

(4) Eine Nachfinanzierung aus Mitteln der Ausgleichsabgabe ist nur zulässig, wenn eine Förderung durch die gleiche Stelle vorangegangen ist.

Abs. 1 enthält eine Sollvorschrift, von der in begründeten Ausnahmefällen abgewichen werden kann. Das gilt sowohl für die Beteiligung des Trägers als auch für die Inanspruchnahme anderer Mittel aus öffentlichen und/oder privaten Geldern. 1

Abs. 2 wiederholt auch hier den Vorrang anderer Stellen. Selbst wenn kein Anspruch besteht, ist eine Förderung ausgeschlossen, sofern nur tatsächliche Mittel für denselben Zweck gewährt werden. Der Einsatz von Mitteln der Ausgleichsabgabe an Stelle von Haushaltsmitteln kommt nur in Betracht, um den Zweck der Förderung nicht vereiteln zu lassen. 2

Die Wirtschaftlichkeit muss geprüft und gesichert sein. Der Bedarf muss feststehen, darf also nicht nur voraussichtlich bestehen. Die Kostendeckung für den laufenden Betrieb muss ebenfalls gewährleistet sein, bloße Erwartungen reichen nicht aus (vgl. auch § 30 Abs. 3). 3

Die Nachfinanzierung ist nur möglich, wenn schon vorher Mittel aus der Ausgleichsabgabe verwendet wurden. Dabei kommt es allerdings nicht darauf an, von welchem Integrationsamt die Mittel gewährt wurden oder ob die früheren Mittel aus dem Ausgleichsfonds gewährt wurden; eine Förderung aus beiden Mitteln ist möglich (§ 14 Abs. 3). 4

§ 33 *Art und Höhe der Leistungen*

(1) [1]Leistungen können als Zuschüsse oder Darlehen erbracht werden. [2]Zuschüsse sind auch Zinszuschüsse zur Verbilligung von Fremdmitteln.

(2) Art und Höhe der Leistung bestimmen sich nach den Umständen des Einzelfalls, insbesondere nach dem Anteil der schwerbehinderten Menschen an der Gesamtzahl des aufzunehmenden Personenkreises, nach der wirtschaftlichen Situation der Einrichtung und ihres Trägers sowie nach Bedeutung und Dringlichkeit der beabsichtigten Rehabilitationsmaßnahmen.

1 Die Mittelbewilligung liegt im Ermessen des Integrationsamts. Es besteht nur ein Anspruch auf ermessensfehlerfreie Entscheidung, nicht aber ein Anspruch auf bestimmte Mittel und auf eine bestimmte Art von Mitteln. Ein solcher Anspruch kann sich im Einzelfall erst aus einer Zusage und das Vertrauen darauf ergeben (VG München 8.10.2009 – M 15 K 08.1138, BeckRS 2011, 46966).

§ 34 *Tilgung und Verzinsung von Darlehen*

(1) [1]Darlehen nach § 33 sollen jährlich mit 2 vom Hundert getilgt und mit 2 vom Hundert verzinst werden; bei Ausstattungsinvestitionen beträgt die Tilgung 10 vom Hundert. [2]Die durch die fortschreitende Tilgung ersparten Zinsen wachsen den Tilgungsbeträgen zu.

(2) Von der Tilgung und Verzinsung von Darlehen kann bis zum Ablauf von zwei Jahren nach Inbetriebnahme abgesehen werden.

1 Die Vorschrift ist eine Sollvorschrift. Geringere, aber auch höhere Zinsen sind nach Lage des Einzelfalles und der Gesamtsituation möglich. Auch kann die Tilgung gestreckt oder beschleunigt werden. Dafür müssen aber in jedem Fall besondere Umstände vorliegen, die ein solches Abweichen sachlich begründen. Eine Sonderregelung enthält § 21 Abs. 2, wonach auch zinslose Darlehen gewährt werden können.

2 Eine völlige Absetzung der Tilgung und Zinslosigkeit sind nur für die ersten zwei Jahre zulässig. Danach muss wenigstens ein Teil zurückgezahlt und eine ggf. geringe Verzinsung vorgesehen werden. Ein Absehen von Tilgung und Zinsen ist nach Abs. 2 für weitere Zeiten als dem zweiten Jahr nicht vorgesehen. Das ist zwingend, während bis zum Ablauf von zwei Jahren Ermessensfreiheit besteht.

Dritter Abschnitt. Ausgleichsfonds

1. Unterabschnitt. Gestaltung des Ausgleichsfonds

§ 35 Rechtsform

[1]Der Ausgleichsfonds für überregionale Vorhaben zur Teilhabe schwerbehinderter Menschen am Arbeitsleben (Ausgleichsfonds) ist ein nicht rechtsfähiges Sondervermögen des Bundes mit eigener Wirtschafts- und Rechnungsführung. [2]Er ist von den übrigen Vermögen des Bundes, seinen Rechten und Verbindlichkeiten getrennt zu halten. [3]Für Verbindlichkeiten, die das Bundesministerium für Arbeit und Soziales als Verwalter des Ausgleichsfonds eingeht, haftet nur der Ausgleichsfonds; der Ausgleichsfonds haftet nicht für die sonstigen Verbindlichkeiten des Bundes.

Der Dritte Abschnitt führt § 161 SGB IX aus. Nach § 161 S. 1 SGB IX handelt es sich bei dem Ausgleichsfonds um eine „zweckgebundene Vermögensmasse", also um ein Sondervermögen des Bundes, das zwar keine eigene Rechtspersönlichkeit hat, aber vom übrigen Haushalt streng zu trennen ist. Dem entspricht § 35 SchwbAV. Zur Entstehung des Ausgleichsfonds → SGB IX § 161 Rn. 1. 1

§ 36 Weiterleitung der Mittel an den Ausgleichsfonds

[1]Die Integrationsämter leiten zum 30. Juni eines jeden Jahres 18 vom Hundert des im Zeitraum vom 1. Juni des vorangegangenen Jahres bis zum 31. Mai des Jahres eingegangenen Aufkommens an Ausgleichsabgabe an den Ausgleichsfonds weiter. [2]Sie teilen dem Bundesministerium für Arbeit und Soziales zum 30. Juni eines jeden Jahres das Aufkommen an Ausgleichsabgabe für das vorangegangene Kalenderjahr auf der Grundlage des bis zum 31. Mai des Jahres tatsächlich an die Integrationsämter gezahlten Aufkommens mit. [3]Sie teilen zum 31. Januar eines jeden Jahres das Aufkommen an Ausgleichsabgabe für das vorvergangene Kalenderjahr dem Bundesministerium für Arbeit und Soziales mit. [4]Abweichend von Satz 1 leiten die Integrationsämter zum 30. Juni 2020 10 Prozent des im Zeitraum vom 1. Juni 2019 bis zum 31. Mai 2020 eingegangenen Aufkommens an Ausgleichsabgabe und zum 30. Juni 2021 10 Prozent des im Zeitraum vom 1. Juni 2020 bis zum 31. Mai 2021 eingegangenen Aufkommens an Ausgleichsabgabe an den Ausgleichsfonds weiter.

Die Vorschrift ist durch Art. 1 Nr. 8 der Dritten Verordnung zur Änderung der Schwerbehinderten-Ausgleichsabgabeverordnung v. 18.1.2004 (BGBl. I 77) mit Wirkung zum 1.1.2005 (Art. 2 Abs. 2 der VO) neu gefasst worden (krit. Wendt RdLH 2004, 15). Die Integrationsämter leiten abweichend von der bisherigen Regelung in § 77 Abs. 6 S. 1 SGB IX aF (45 vH) nunmehr 30 vH des Ausgleichsabgabeaufkommens an den Ausgleichsfonds weiter, wobei davon nach § 41 Abs. 1 Nr. 1 SchwbAV 26 vH allein an die Bundesagentur für Arbeit gehen. Die Änderung berücksichtigt den Übergang von Zuständigkeiten auf die Integrationsämter und deren nunmehr intensive finanzielle Inanspruchnahme (Cramer NZA 2004, 706). Dies gilt zB für die bisher dem Bund zugeordnete Zuständigkeit für die Förderung von Inklusionsbetrieben und -abteilungen sowie die Förderung der Werk- und Wohnstätten für behinderte Menschen (Art. 1 Nr. 9 der Dritten Verordnung zur Änderung der Schwerbehinderten-Ausgleichsabgabeverordnung v. 16.1.2004, BGBl. I 77). Mit Art. 13c Nr. 2c des Teilhabestärkungsgesetzes vom 2.6.2021(BGBl. I 1387, 1400) ist der Prozentsatz für die Abführung des Aufkommens an Ausgleichsabgabe durch die IntegrÄ an den Ausgleichsfonds um zwei Prozentpunkte reduziert worden. Dies diente der Finanzierung der Einheitlichen Ansprechstellen für Arbeitgeber iSv § 185a SGB IX (BT-Drs. 19/28834, 61) und wird durch die gleichzeitig normierte erweiterte Berichtspflicht gemäß § 27a Abs. 2 nF ergänzt (Düwell jurisPR-ArbR 22/2021 Anm. 1). 1

§ 37 Anwendung der Vorschriften der Bundeshaushaltsordnung

Für den Ausgleichsfonds gelten die Bundeshaushaltsordnung sowie die zu ihrer Ergänzung und Durchführung erlassenen Vorschriften entsprechend, soweit die Vorschriften dieser Verordnung nichts anderes bestimmen.

Die Bundeshaushaltsordnung gilt v. 19.8.1969 (BGBl. I 1284), zuletzt geändert durch G v. 3.12.2015 (BGBl. I 2178). 1

§ 38 Aufstellung eines Wirtschaftsplans

(1) Für jedes Kalenderjahr (Wirtschaftsjahr) ist ein Wirtschaftsplan aufzustellen.

(2) [1]Der Wirtschaftsplan enthält alle im Wirtschaftsjahr

1. zu erwartenden Einnahmen,
2. voraussichtlich zu leistenden Ausgaben und
3. voraussichtlich benötigten Verpflichtungsermächtigungen.

[2]Zinsen, Tilgungsbeträge aus Darlehen, zurückgezahlte Zuschüsse sowie unverbrauchte Mittel des Vorjahres fließen dem Ausgleichsfonds als Einnahmen zu.

(3) Der Wirtschaftsplan ist in Einnahmen und Ausgaben auszugleichen.

(4) Die Ausgaben sind gegenseitig deckungsfähig.

(5) Die Ausgaben sind übertragbar.

1 Der Wirtschaftsplan ist der Haushaltsplan des Ausgleichsfonds. Er stellt insoweit eine Absichtserklärung dar. Ein Anspruch auf die Zuteilung von Mitteln kann aus dem Wirtschaftsplan nicht hergeleitet werden.

§ 39 Feststellung des Wirtschaftsplans

[1]Das Bundesministerium für Arbeit und Soziales stellt im Benehmen mit dem Bundesministerium der Finanzen und im Einvernehmen mit dem Beirat für die Teilhabe behinderter Menschen (Beirat) den Wirtschaftsplan fest. [2]§ 1 der Bundeshaushaltsordnung findet keine Anwendung.

1 Mit dem Bundesministerium der Finanzen ist ein Einverständnis zu versuchen, seine Erzielung ist allerdings nicht notwendige Voraussetzung, so dass letztlich das Bundesministerium für Arbeit und Soziales (Art. 460 der Neunten Zuständigkeitsanpassungsverordnung v. 31.10.2006, BGBl. I 2407, 2466) endgültig entscheidet. Dagegen ist mit dem Beirat (§ 64 SGB IX) ein Einvernehmen herzustellen. Es muss so lange beraten werden, bis Einverständnis mit der Mehrheit des Beirats besteht. Einfache Mehrheit der Anwesenden reicht aus. Zur Beschlussfassung muss die Hälfte der 48 Mitglieder anwesend sein (§ 87 S. 2, § 189 Abs. 2 SGB IX).

§ 40 Ausführung des Wirtschaftsplans

(1) [1]Bei der Vergabe der Mittel des Ausgleichsfonds sind die jeweils gültigen Allgemeinen Nebenbestimmungen für Zuwendungen des Bundes zugrunde zu legen. [2]Von ihnen kann im Einvernehmen mit dem Bundesministerium der Finanzen abgewichen werden.

(2) Verpflichtungen, die in Folgejahren zu Ausgaben führen, dürfen nur eingegangen werden, wenn die Finanzierung der Ausgaben durch das Aufkommen an Ausgleichsabgabe gesichert ist.

(3) [1]Überschreitungen der Ausgabeansätze sind nur zulässig, wenn

1. hierfür ein unvorhergesehenes und unabweisbares Bedürfnis besteht und
2. entsprechende Einnahmeerhöhungen vorliegen.

[2]Außerplanmäßige Ausgaben sind nur zulässig, wenn

1. hierfür ein unvorhergesehenes und unabweisbares Bedürfnis besteht und
2. Beträge in gleicher Höhe bei anderen Ausgabeansätzen eingespart werden oder entsprechende Einnahmeerhöhungen vorliegen.

[3]Die Entscheidung hierüber trifft das Bundesministerium für Arbeit und Soziales im Benehmen mit dem Bundesministerium der Finanzen und im Einvernehmen mit dem Beirat.

(4) Bis zur bestimmungsmäßigen Verwendung sind die Ausgabemittel verzinslich anzulegen.

Die Mittelbewirtschaftung entspricht haushaltsrechtlichen Grundsätzen. Das Bundesministerium für Arbeit und Soziales (Art. 460 der Neunten Zuständigkeitsanpassungsverordnung v. 31.10.2006, BGBl. I S. 2407, 2466) ist für die Einhaltung durch seine Verwaltung verantwortlich. Ansprüche Dritter hierauf bestehen jedoch nicht, so dass es sich letztlich um eine parlamentarische Verantwortung handelt. Das Einvernehmen mit dem Beirat erfordert Einverständnis mit dessen Mehrheit (§ 39 Rn. 1). Trotz dieser Mitwirkung des Beirats bleibt die Verantwortung des BMAS insbes. auch gegenüber dem Parlament ungeschmälert. Er darf zur nicht ordnungsgemäßen Verwendung der Mittel sein (notwendiges) Einverständnis nicht geben. 1

2. Unterabschnitt. Förderung der Teilhabe schwerbehinderter Menschen am Arbeitsleben aus Mitteln des Ausgleichsfonds

§ 41 Verwendungszwecke

(1) Die Mittel aus dem Ausgleichsfonds sind zu verwenden für

1. **Zuweisungen an die Bundesagentur für Arbeit zur besonderen Förderung der Teilhabe schwerbehinderter Menschen am Arbeitsleben, insbesondere durch Eingliederungszuschüsse und Zuschüsse zur Ausbildungsvergütung nach dem Dritten Buch Sozialgesetzbuch, und zwar ab 2009 jährlich in Höhe von 16 vom Hundert des Aufkommens an Ausgleichsabgabe,**
2. **befristete überregionale Programme zum Abbau der Arbeitslosigkeit schwerbehinderter Menschen, besonderer Gruppen von schwerbehinderten Menschen (§ 155 des Neunten Buches Sozialgesetzbuch) oder schwerbehinderter Frauen sowie zur Förderung des Ausbildungsplatzangebots für schwerbehinderte Menschen,**
3. **(aufgehoben),**
4. **überregionale Modellvorhaben zur Weiterentwicklung der Förderung der Teilhabe schwerbehinderter Menschen am Arbeitsleben, insbesondere durch betriebliches Eingliederungsmanagement, und der Förderung der Ausbildung schwerbehinderter Jugendlicher,**
5. **die Entwicklung technischer Arbeitshilfen und**
6. **Aufklärungs-, Fortbildungs- und Forschungsmaßnahmen auf dem Gebiet der Teilhabe schwerbehinderter Menschen am Arbeitsleben, sofern diesen Maßnahmen überregionale Bedeutung zukommt.**

(2) Die Mittel des Ausgleichsfonds sind vorrangig für die Eingliederung schwerbehinderter Menschen in den allgemeinen Arbeitsmarkt zu verwenden.

(3) Der Ausgleichsfonds kann sich an der Förderung von Forschungs- und Modellvorhaben durch die Integrationsämter nach § 14 Abs. 1 Nr. 4 beteiligen, sofern diese Vorhaben auch für andere Länder oder den Bund von Bedeutung sein können.

Die Vorschrift ist durch Art. 1 der Dritten Verordnung zur Änderung der Schwerbehinderten-Ausgleichsabgabeverordnung v. 16.1.2004 (BGBl. I 77) neu gefasst worden. Sie berücksichtigt die Änderung der Zuständigkeiten insbes. für die IFD und Inklusionsprojekte, die jetzt allein bei den Inklusionsämter liegt. Dies kam insbes. im Wegfall 1 des bisherigen Abs. 1 S. 1 Nr. 3 zum Ausdruck, der mittelbar auch in § 36 seinen Niederschlag gefunden hatte (krit. zur Finanzausstattung Cramer NZA 2004, 714; Adlhoch br 2004, 134). Abs. 1 nF stellte dem Grunde nach eine Zusammenfassung des Inhalts des bisherigen Abs. 1 u. 2 dar, wobei die Zuständigkeitsänderungen berücksichtigt wurden. Nr. 1 entspricht im Grundsatz dem Anliegen des bisherigen Abs. 1 Nr. 1, Nr. 2 ist praktisch wortidentisch mit dem bisherigen Abs. 1 Nr. 2. Nr. 3 stimmt mit dem bisherigen Abs. 2 Nr. 1 überein, während der frühere Abs. 2 Nr. 2 um das Element der Förderung der Ausbildung schwerbehinderter Jugendlicher und das betriebliche Eingliederungsmanagement (§ 167 Abs. 2 S. 1 SGB IX, §§ 26a–c) erweitert wurde (Nr. 4). Nr. 3 wurde mit Wirkung zum 1.1.2024 durch Art. 12 Nr. 4 des Gesetzes zur Förderung eines inklusiven Arbeitsmarkts vom 6.6.2023 aufgehoben, weil die Mittel aus dem Ausgleichsfonds zukünftig vollständig zur Unterstützung und Förderung der Beschäftigung auf dem Allgemeinen Arbeitsmarkt genutzt werden sollen (Begründung des Gesetzentwurfs der BReg., BT-Drs. 20/5664 S. 27). Nr. 5 u. 6 stimmen mit den bisherigen Nr. 3 u. 4 des früheren Abs. 2 überein. Durch Art. 7 Ziff. 4 des Gesetzes zur Einführung Unterstützter Beschäftigung v. 22.12.2008 (BGBl. I S. 2953 (2961)) ist der in Abs. 1 Ziff. 1 genannte Prozentsatz von 20 auf 16 reduziert worden.

2 Einstellung und Beschäftigung sbM haben stets Vorrang (Cramer DB 2000, 2218; Marschner ZTR 2000, 546). Die Mittel des Ausgleichsfonds sind soweit erforderlich dafür der Bundesanstalt für Arbeit zur Verfügung zu stellen. Die Aufgaben nach Abs. 1 Nr. 3–6 müssen deshalb zurückstehen, soweit die Mittel wegen der Weiterleitung an die Bundesagentur nicht mehr dafür ausreichen. Allerdings ist es auch nicht grds. ausgeschlossen, Mittel aus dem Ausgleichsfonds zur Förderung der in § 30 genannten Einrichtungen zu verwenden (Begründung des Gesetzentwurfs, BT-Drs. 14/3372, 27).

3 Die Beteiligung an einzelnen Forschungs- und Modellvorhaben auch einzelner Integrationsämter soll es ermöglichen, regionale Versuche zu fördern, um Erkenntnisse auch für andere Bereiche zu gewinnen. Möglich ist aber nur eine Beteiligung und nicht die Übernahme der gesamten Kosten. Die Quote kann aber auch relativ hoch sein. Aufgehoben wurde durch Art. 12 Nr. 5 des oben bereits erwähnten Gesetzes vom 6.6.2023 auch Abs. 4. Dabei handelt es sich um eine Konsequenz der Aufhebung der §§ 30 bis 34 auf Grund der beabsichtigten Fokussierung der Mittel aus der Ausgleichsabgabe auf die Unterstützung und Förderung der Beschäftigung auf dem Allgemeinen Arbeitsmarkt.

3. Unterabschnitt. Verfahren zur Vergabe der Mittel des Ausgleichsfonds

§ 42 Anmeldeverfahren und Anträge

[1]Leistungen aus dem Ausgleichsfonds sind vom Träger der Maßnahme beim Bundesministerium für Arbeit und Soziales zu beantragen. [2]Das Bundesministerium für Arbeit und Soziales leitet die Anträge mit seiner Stellungnahme dem Beirat zu.

1 Für die Mittelvergabe schreibt § 86 Abs. 1 S. 3 SGB IX vor, dass das Bundesministerium für Arbeit und Soziales S die Entscheidung nur auf Grund von Vorschlägen des Beirats treffen darf, der bei der Vergabe der Mittel des Ausgleichsfonds zwingend mitwirkt. Soweit die Vergabe auf Anträgen von Maßnahmeträgern beruht, sind diese beim BMAS einzureichen. Durch Art. 12 Nr. 5 des Gesetzes zur Förderung eines inklusiven Arbeitsmarkts vom 6.6.2023 (BGBl. I Nr. 146) erhielt Satz 1 der Vorschrift eine geänderte Fassung, die in Übereinstimmung mit dem Ziel der Fokussierung der Mittel aus

dem Ausgleichsfonds auf die Unterstützung und Förderung der Beschäftigung auf dem Allgemeinen Arbeitsmarkt die bisher erforderliche Abstimmung mit dem betroffenen Land entbehrlich machte (Begründung des Gesetzentwurfs der BReg., BT-Drs. 20/5664 S. 28).

Die Anträge sind rechtzeitig einzureichen. Das bedeutet, der Antragsteller muss sie so frühzeitig einreichen, dass noch im ordnungsgemäßen Verfahren darüber entschieden werden kann, das sich uU auch über Monate hinziehen kann. Die früher geforderte Schriftform des Antrags ist nach einer Streichung durch Art. 168 Nr. 1 des G zum Abbau verzichtbarer Anordnungen zur Schriftform im Verwaltungsrecht des Bundes vom 29.3.2017 (BGBl. I 626, 651) nicht mehr erforderlich. Dies wurde damit begründet, dass aufgrund des engen Kontakts zwischen Antragsteller und BMAS mündlich gestellte Anträge der Vereinfachung der Verfahrensabläufe dienten (BR-Drs. 491/16, 154). 2

§ 43 Vorschlagsrecht des Beirats

(1) [1]Der Beirat nimmt zu den Anträgen Stellung. [2]Die Stellungnahme hat einen Vorschlag zu enthalten, ob, in welcher Art und Höhe sowie unter welchen Bedingungen und Auflagen Mittel des Ausgleichsfonds vergeben werden sollen.

(2) Der Beirat kann unabhängig vom Vorliegen oder in Abwandlung eines schriftlichen Antrags Vorhaben zur Förderung vorschlagen.

Es muss sichergestellt werden, dass die Mittel der Ausgleichsabgabe sachgerecht verwendet und verteilt werden. Da der Beirat ein Vorschlagsrecht hat und die nicht unbeträchtlichen Mittel nicht gehortet werden dürfen, ist eine zügige Behandlung erforderlich. Mit Art. 168 Nr. 2 des G zum Abbau verzichtbarer Anordnungen zur Schriftform im Verwaltungsrecht des Bundes vom 29.3.2017 (BGBl. I 626, 651) wurde in Abs. 2 die Möglichkeit zur Stellung von Anträgen auch in elektronischer Form eingefügt, weil dies inzwischen vielfach üblich sei (BR-Drs. 491/16, 154). 1

§ 44 Entscheidung

(1) Das Bundesministerium für Arbeit und Soziales entscheidet über die Anträge aufgrund der Vorschläge des Beirats durch schriftlichen Bescheid.

(2) Der Beirat ist über die getroffene Entscheidung zu unterrichten.

Das Bundesministerium für Arbeit und Soziales (Art. 460 der Neunten Zuständigkeitsanpassungsverordnung v. 31.10.2006 (BGBl. I S. 2407 (2466)) entscheidet zwar auf Grund der Vorschläge, aber ohne Bindung an den Vorschlag. Er kann ablehnen oder teilweise bewilligen, auch Auflagen machen, grds. aber nicht über den Vorschlag hinausgehen, da er nur nach Vorschlägen des Beirates entscheiden darf (vgl. § 86 Abs. 1 SGB IX, → SGB IX § 86 Rn. 4.5 SGB IX). Durch Art. 168 Nr. 2 des G zum Abbau verzichtbarer Anordnungen zur Schriftform im Verwaltungsrecht des Bundes vom 29.3.2017 (BGBl. I S. 626, 651) wurde in Abs. 1 die Möglichkeit zum Erlass von Bescheiden auch in elektronischer Form eröffnet, weil dies inzwischen vielfach üblich sei (BR-Drs. 491/16, 154). 1

§ 45 Vorhaben des Bundesministeriums für Arbeit und Soziales

Für Vorhaben des Bundesministeriums für Arbeit und Soziales, die dem Beirat zur Stellungnahme zuzuleiten sind, gelten die §§ 43 und 44 entsprechend.

1 Nach dieser neu ab 8.4.1988 eingefügten Vorschrift kann das Bundesministerium für Arbeit und Soziales (Art. 460 der Neunten Zuständigkeitsanpassungsverordnung v. 31.10.2006 (BGBl. I S. 2407 (2466)) eigene Vorschläge einbringen, um Vorhaben unter Verwendung der Mittel des Ausgleichsfonds durchzuführen. Auch diese Anträge müssen zunächst über den Beirat geleitet werden, damit dieser die Grundlage für die Mittelvergabe nach § 86 Abs. 1 SGB IX geben kann. Insoweit ist zwischen Antrag auf Durchführung von Vorhaben durch Bund, Länder oder andere Stellen auf der einen Seite und dem darauf ergehenden Vorschlag des Beirates zur Mittelvergabe zu unterscheiden. Das Antragsrecht steht jetzt auch dem Bundesministerium für Arbeit und Soziales zu.

Vierter Abschnitt. Schlussvorschriften

§ 46 Übergangsvorschrift

Leistungen zur Förderung von Einrichtungen, die vor dem 1. Januar 2024 bewilligt worden sind, können weiter erbracht werden. Die §§ 30 bis 34 und 41 Absatz 4 in der bis zum 31. Dezember 2023 geltenden Fassung sind auf diese Leistungen weiter anzuwenden.

1 Diese Vorschrift erhielt durch Art. 12 Nr. 6 des Gesetzes zur Förderung eines inklusiven Arbeitsmarkts vom 6.6.2023 (BGBl. I Nr. 146) eine neue Fassung. Sie soll sicherstellen, dass Leistungen an Einrichtungen zur Teilhabe sbM am Arbeitsleben, die vor dem 1.1.2024 bewilligt wurden, auch nach der Aufhebung der Vorschriften zur Förderung noch erbracht werden können (Begründung des Gesetzentwurfs der Bundesregierung, BT-Drs. 20/5664 S. 28). Auffällig ist das Auseinanderfallen von Gesetzestext und -begründung; denn das Gesetz sieht eine vor dem 1.1.2024 erfolgte Bewilligung, nicht die bloße Antragstellung, vor.

§ 47 Inkrafttreten, Außerkrafttreten

[1]Diese Verordnung tritt am Tage nach der Verkündung in Kraft. [2]Gleichzeitig tritt die Ausgleichsabgabeverordnung Schwerbehindertengesetz vom 8. August 1978 (BGBl. I S. 1228), zuletzt geändert durch § 12 der Kraftfahrzeughilfe-Verordnung vom 28. September 1987 (BGBl. I S. 2251), außer Kraft.

1 Die SchwbAV unter dem Datum v. 28.3.1988 ist am 7.4.1988 im BGBl. Nr. 14 S. 484 veröffentlicht worden. Sie trat damit am 8.4.1988 in Kraft. Sie ist an die Stelle der bisherigen 2. DVO v. 8.8.1978 getreten.

c) Werkstättenverordnung (WVO)

Vom 13. August 1980 (BGBl. I S. 1365)
FNA 871-1-7

zuletzt geändert durch G v. 2. Juni 2021 (BGBl. I S. 1387)

Auf Grund des § 55 Abs. 3 des Schwerbehindertengesetzes idF der Bekanntmachung v. 8.10.1979 (BGBl. I S. 1649) verordnet die BReg. mit Zustimmung des Bundesrates:

Erster Abschnitt. Fachliche Anforderungen an die Werkstatt für behinderte Menschen

§ 1 Grundsatz der einheitlichen Werkstatt

(1) Die Werkstatt für behinderte Menschen (Werkstatt) hat zur Erfüllung ihrer gesetzlichen Aufgaben die Voraussetzungen dafür zu schaffen, daß sie die behinderten Menschen im Sinne des § 219 Absatz 2 des Neunten Buches Sozialgesetzbuch aus ihrem Einzugsgebiet aufnehmen kann.

(2) Der unterschiedlichen Art der Behinderung und ihren Auswirkungen soll innerhalb der Werkstatt durch geeignete Maßnahmen, insbesondere durch Bildung besonderer Gruppen im Berufsbildungs- und Arbeitsbereich, Rechnung getragen werden.

§ 55 Abs. 3 SchwbG 1979 ermächtigte zu einer Rechtsverordnung, in der Näheres über die fachlichen Anforderungen der Werkstatt für Behinderte und das Verfahren zur Anerkennung geregelt werden sollte. Dementsprechend hat die BReg. am 7.11.1979 dem BR einen RegE mit einer allgemeinen und einer Einzelbegründung vorgelegt (BR-Drs. 554/79). Der BR hat dazu in seiner Sitzung v. 8.2.1980 Änderungsvorschläge gemacht, die ebenfalls begründet wurden (482. Sitzung, BR-Drs. 554/79). Die Änderungsvorschläge wurden von der BReg. mit Beschluss v. 4.7.1980 angenommen, so dass die Verordnung als Dritte Verordnung zur Durchführung des Schwerbehindertengesetzes unter dem 13.8.1980 verkündet werden konnte. Das geschah im BGBl. 1980 I 1365, so dass die VO am 21.8.1980 in Kraft getreten ist (§ 21 SchwbWV). Durch die Neufassung v. 26.8.1986 (BGBl. I 1421, ber. S. 1550) hatten sich die §§ des 10. Abschnitts verschoben. Dies hatte eine vorübergehende Nichtübereinstimmung des Verordnungstextes mit dem Gesetzeswortlaut zur Folge, die inzwischen jedoch behoben ist. Der Wortlaut des § 1 Abs. 1 WVO war bereits durch Art. 1 Ziff. 1 der Verordnung zur Änderung der SchwbWV v. 14.12.1992 (BGBl. I 2013) sowie Art. 13 Ziff. 1 des Gesetzes zur Reform des Sozialhilferechts v. 23.7.1996 (BGBl. I 1088) verändert und in Konsequenz der Neuformulierung des § 54 sowie der Einfügung des § 54a SchwbG gem. Art. 5 Ziff. 4, 5 SHRG in seine jetzige Fassung gebracht worden, an der auch das SGB IX 2001 mit Ausnahme kleiner redaktioneller Anpassungen festgehalten hat (Art. 55 Nr. 3 SGB IX v. 19.6.2001, BGBl. I 1046, 1129). Das BTHG brachte lediglich eine Änderung der Verweisung infolge der Verschiebung der Paragraphen im Schwerbehindertenrecht (nunmehr Teil 3 des SGB IX). 1

Er formuliert in Gestalt einer Generalklausel in den folgenden Bestimmungen dann präzisierte Anforderungen an Ausgestaltung, Beschaffenheit und Ausstattung der WfbM (Cramer, Werkstätten für behinderte Menschen, 5. Aufl., WVO § 1 Rn. 3) und knüpft 2 mit der Bezugnahme auf die behinderten Menschen iSd § 219 Abs. 2 SGB IX sowie der Verwendung des Terminus „Einzugsgebiet", der sich auch in § 220 Abs. 1 S. 1 SGB IX findet, unmittelbar an das SGB IX an. Wegen der Erläuterung dieser Begriffe kann auf die entsprechende Kommentierung verwiesen werden (→ SGB IX § 219 Rn. 16; → SGB IX § 220 Rn. 5). Aus der VO folgt unmittelbar kein Aufnahmeanspruch des behinderten Menschen. Rechtsgrundlage dafür ist allein § 220 SGB IX.

3 Von den in § 219 Abs. 2 S. 2 SGB IX genannten Ausnahmen abgesehen müssen alle behinderten Menschen aufgenommen werden. Es gilt der Grundsatz der einheitlichen Werkstatt ohne Rücksicht auf Ursache, Art und Schwere der Behinderung. Zum einen gilt die einheitliche finale Betrachtung auch hier, zum anderen sollen Unterschiede in der Leistungsfähigkeit keine Rolle spielen dürfen, da es Ziel ist, durch eine Mischung der behinderten Menschen einen Ausgleich zu schaffen und gleichzeitig auch Ansporn zu geben, sowie durch Beispiel und Mithilfe Erleichterungen zu schaffen.

4 Soweit keine Spezialwerkstätten bestehen, können innerhalb der Werkstatt Gruppen nach der besonderen Art der Behinderung gebildet werden (Abs. 2). Da insoweit auch auf die Auswirkungen der Behinderung Rücksicht zu nehmen ist, kann sich hier auch die Schwere der Behinderung auswirken, die uU eine Gruppenbildung vor allem im Bereich der Berufsbildung förderlich oder erforderlich erscheinen lassen kann.

5 In Betracht kommen für die Aufnahme alle behinderten Menschen aus dem Einzugsbereich, der nach der Landesplanung festgelegt wird. Die behinderten Menschen sollen die Werkstatt in zumutbarer Zeit erreichen können (§ 8 Abs. 3). Dieser Gedanke ist ausschlaggebend, so dass auch eine Aufnahme außerhalb des Einzugsbereichs möglich ist, wenn die regionalen Verhältnisse dies im Einzelfall nahelegen (SG Kiel 24.5.2005 – S 9 AL 48/05, nv). Insbesondere für Spezialwerkstätten kann aber auch ein länderübergreifendes Einzugsgebiet in Betracht kommen. Das setzt dann aber auch die Möglichkeit einer stationären Aufnahme voraus.

6 Zur Prüfung der Voraussetzungen für die Aufnahme kann das Eingangsverfahren (§ 3) dienen, bei dem auch der Fachausschuss (§ 2) mitwirkt (→ SGB IX § 219 Rn. 7).

7 Besondere Anforderungen an das Alter werden nicht aufgestellt. Jedoch ist zu beachten, dass die WfbM der Eingliederung in das Arbeitsleben dient (§ 219 Abs. 1 SGB IX). Deshalb scheiden Kinder und sehr Jugendliche ebenso aus wie Alte, die nicht mehr zum Arbeitsleben gehören. Die WfbM ist keine Bewahrungs- oder Pflegestelle und dient auch nicht der bloßen Beschäftigung, auch nicht als Beschäftigungstherapie.

§ 2 Fachausschuß

(1) [1]Bei jeder Werkstatt ist ein Fachausschuß zu bilden. [2]Ihm gehören in gleicher Zahl an

1. Vertreter der Werkstatt,
2. Vertreter der Bundesagentur für Arbeit,
3. Vertreter des nach Landesrecht bestimmten Trägers der Eingliederungshilfe.

[3]Kommt die Zuständigkeit eines anderen Rehabilitationsträgers zur Erbringung von Leistungen zur Teilhabe am Arbeitsleben und ergänzende Leistungen in Betracht, soll der Fachausschuß zur Mitwirkung an der Stellungnahme auch Vertreter dieses Trägers hinzuziehen. [4]Er kann auch andere Personen zur Beratung hinzuziehen und soll, soweit erforderlich, Sachverständige hören.

(1a) [1]Ein Tätigwerden des Fachausschusses unterbleibt, soweit ein Teilhabeplanverfahren nach den §§ 19 bis 23 des Neunten Buches Sozialgesetzbuch durchgeführt wird. [2]Dies gilt entsprechend, wenn ein Gesamtplanverfahren durchgeführt wird.

(2) Der Fachausschuss gibt vor der Aufnahme des behinderten Menschen in die Werkstatt gegenüber dem im Falle einer Aufnahme zuständigen Rehabilitationsträger eine

Stellungnahme ab, ob der behinderte Mensch für seine Teilhabe am Arbeitsleben und zu seiner Eingliederung in das Arbeitsleben Leistungen einer Werkstatt für behinderte Menschen benötigt oder ob andere Leistungen zur Teilhabe am Arbeitsleben in Betracht kommen, insbesondere Leistungen der Unterstützten Beschäftigung nach § 55 des Neunten Buches Sozialgesetzbuch.

Die Vorschrift des § 2 WVO, deren Wortlaut durch das SGB IX v. 19.6.2001 (BGBl. I 1046, 1129) lediglich redaktionell angepasst wurde, stieß auf gewisse rechtliche Bedenken, weil hier Vertreter der Bundesagentur für Arbeit und der überörtlichen Sozialhilfeträger gemeinsam tätig werden sollten. Durch Art. 13 des Teilhabestärkungsgesetzes vom 2.6.2021 (BGBl. I 1387, 1399) ist insoweit lediglich eine redaktionelle Anpassung infolge der Integration der Eingliederungshilfe in das SGB IX erfolgt (BT-Drs. 19/27400, 73). Außerdem fehlt für einen besonderen weiteren Ausschuss eine rechtliche Grundlage, was wegen der entstehenden Kosten bei der Teilnahme an den Sitzungen bedenklich sein könnte. Schließlich kann der Träger der Werkstatt auch keine Behörde zwingen, einen Vertreter für einen Ausschuss abzustellen. Der Ausschuss muss deshalb als ein institutionalisiertes Beratergremium angesehen werden, in dem die Vertreter der Bundesagentur für Arbeit und der Sozialhilfe ihre Aufgaben für sbM erfüllen. Der Fachausschuss ist zwar zwingend für jede WfbM vorgeschrieben, seine Bildung hängt aber von der vertrauensvollen Zusammenarbeit ab. Die Regelung ist dahin zu verstehen, dass der Träger der WfbM, der die anderen Verwaltungen nicht zur Entsendung von Vertretern zwingen kann, auf die Bildung des Fachausschusses hinwirken soll (Cramer, Werkstätten für behinderte Menschen, 5. Aufl., WVO § 2 Rn. 5). 1

Der Fachausschuss für behinderte Menschen besteht aus wenigstens drei Mitgliedern. Je nach Größe der Werkstatt und Bedarf können aber auch sechs oder neun Mitglieder bestimmt werden, was aber schon wegen der Entsendung der Behördenvertreter kaum der Fall sein wird. Stets müssen die Vertreter von Werkstatt, Bundesagentur für Arbeit und Sozialhilfeträger aber in gleicher Zahl angehören. Andere Personen können zugezogen werden, haben dann auch Stimmrecht, wenn sie zur Mitwirkung und nicht nur zur Beratung zugezogen sind. Ein Verfahren ist nicht vorgeschrieben. Es gelten deshalb die allgemeinen Grundsätze (vgl. § 189 SGB IX). Den Vorsitz wird regelmäßig der an erster Stelle genannte Vertreter der Werkstatt führen. Abgestimmt wird mit Mehrheit der Anwesenden. Eine Zugehörigkeitsdauer ist ebenfalls nicht vorgesehen, sie richtet sich nach der Zugehörigkeit zur Werkstatt und der Entsendung, die gewechselt werden kann. 2

Die Aufgaben des Fachausschusses lagen bisher beim Eingangsverfahren (§ 3 Abs. 3, 4) und der berufsfördernden Bildungsmaßnahme (§ 4 Abs. 6). Nicht ausdrücklich genannt war der Fachausschuss für die Vornahme des Eingangsverfahrens (§ 3 Abs. 1). Nach seiner Zusammensetzung wurde er bereits bisher als das geeignete Gremium auch für die Prüfung dieser Frage (ebenso Cramer, Werkstätten für behinderte Menschen, 5. Aufl., WVO § 2 Rn. 13) angesehen, seine Zuständigkeit dafür ließ sich auch aus § 3 Abs. 4 begründen. Mit Art. 4 Nr. 1 lit. b SGB IX 2001 wurde der Vorschrift, deren bisherigen Wortlaut zum Abs. 1 wurde, ein neuer Absatz angefügt, der die Zuständigkeit des Fachausschusses auf die Abgabe einer Stellungnahme gegenüber dem zuständigen Rehabilitationsträger ausdehnte (Begründung des Gesetzentwurfs, BT-Drs. 15/1783, 19; → SGB IX § 213 Rn. 7; krit. Wendt RdLH 2004, 15). Art. 8 des Gesetzes zur Einführung Unterstützter Beschäftigung v. 22.12.2008 (BGBl. I 2959 2961) erstreckt dies auch auf eine Stellungnahme zu der Frage, ob sowohl die Voraussetzungen für einen Anspruch auf Leistungen nach § 55 besteht als auch dieser nach den tatsächlichen Verhältnissen realisierbar ist (Cramer, Werkstätten für behinderte Menschen, 5. Aufl., WVO § 2 Rn. 18). 3

Durch Art. 19 Abs. 17 Nr. 2 lit. a BTHG wurde in die Vorschrift ein neuer Abs. 1a eingefügt, der eine Tätigkeit des Fachausschusses für den Fall als nicht erforderlich ansieht, dass ein Teilhabeplanverfahren nach den §§ 19–23 SGB IX durchgeführt wird. 4

Dies ist in den genannten Vorschriften obligatorisch vorgesehen. Es dient der Koordination der Leistungen der jeweiligen Rehabilitationsträger. Der sbM kann daran teilnehmen. Zur Bedarfsfeststellung kann es um eine Teilhabeplankonferenz erweitert werden. Wird in diesem Verfahren die Erforderlichkeit zur Aufnahme in eine WfbM festgestellt und ein entsprechender Teilhabeplan erstellt, ist eine zusätzliche Stellungnahme des Fachausschusses gegenüber dem zuständigen Rehabilitationsträger nicht mehr erforderlich (BT-Drs. 18/9522, 352). Dies gilt nach der Ergänzung des Abs. 1a um einen Satz 2 durch Art. 10 des Gesetzes zur Änderung des Neunten und des Zwölften Buches Sozialgesetzbuch und anderer Rechtsvorschriften vom 30. November 2019 (BGBl. I 1948, 1954) entsprechend, wenn ein Gesamtplanverfahren durchgeführt wird. Die Regelung dient der Klarstellung und erfasst die Fälle der Durchführung eines Gesamtplanverfahrens nach §§ 117 bis 121 SGB XII vgl. BT-Drs. 19/11006, 36).

§ 3 Eingangsverfahren

(1) [1]Die Werkstatt führt im Benehmen mit dem zuständigen Rehabilitationsträger Eingangsverfahren durch. [2]Aufgabe des Eingangsverfahrens ist es festzustellen, ob die Werkstatt die geeignete Einrichtung zur Teilhabe behinderter Menschen am Arbeitsleben und zur Eingliederung in das Arbeitsleben im Sinne des § 219 des Neunten Buches Sozialgesetzbuch ist, sowie welche Bereiche der Werkstatt und welche Leistungen zur Teilhabe am Arbeitsleben und ergänzende Leistungen oder Leistungen zur Eingliederung in das Arbeitsleben in Betracht kommen und einen Eingliederungsplan zu erstellen.

(2) [1]Das Eingangsverfahren dauert drei Monate. [2]Es kann auf eine Dauer von bis zu vier Wochen verkürzt werden, wenn während des Eingangsverfahrens im Einzelfall festgestellt wird, dass eine kürzere Dauer ausreichend ist.

(3) Zum Abschluß des Eingangsverfahrens gibt der Fachausschuß auf Vorschlag des Trägers der Werkstatt und nach Anhörung des behinderten Menschen, gegebenenfalls auch seines gesetzlichen Vertreters, unter Würdigung aller Umstände des Einzelfalles, insbesondere der Persönlichkeit des behinderten Menschen und seines Verhaltens während des Eingangsverfahrens eine Stellungnahme gemäß Absatz 1 gegenüber dem zuständigen Rehabilitationsträger ab.

(4) [1]Kommt der Fachausschuß zu dem Ergebnis, daß die Werkstatt für behinderte Menschen nicht geeignet ist, soll er zugleich eine Empfehlung aussprechen, welche andere Einrichtung oder sonstige Maßnahmen und welche anderen Leistungen zur Teilhabe für den behinderten Menschen in Betracht kommen. [2]Er soll sich auch dazu äußern, nach welcher Zeit eine Wiederholung des Eingangsverfahrens zweckmäßig ist und welche Maßnahmen und welche anderen Leistungen zur Teilhabe in der Zwischenzeit durchgeführt werden sollen.

1 Das Eingangsverfahren ist zwar nicht in § 219 SGB IX vorgesehen, fand sich aber bis zum 31.12.1997 in § 58 Abs. 1 AFG zur Prüfung der Eignung für berufsfördernde Maßnahmen, die auch in WfbM durchzuführen sind. Seit dem 1.1.1998 gilt insoweit § 102 Abs. 2 SGB III. Da das Eingangsverfahren trotz des Wortlauts von Abs. 1 S. 1 keineswegs zwingend vorgeschrieben ist, sondern nur für „Zweifelsfälle" zur Prüfung der Eignung dient, bedurfte es keiner ausdrücklichen gesetzlichen Ermächtigung dazu, sondern konnte es als Teil der fachlichen Anforderungen an eine Werkstatt wie eine Eingangs- oder Aufnahmeprüfung als nähere Ausgestaltung des Aufnahmeverfahrens nach § 57 Abs. 2 SchwbG (heute: § 227 Abs. 1 SGB IX) aufgenommen werden. Heute ist noch die Stellungnahme des Fachausschusses nach § 2 Abs. 2 vorgeschaltet (→ SGB IX § 219 Rn. 7), soweit nicht ein Fall des Abs. 1a vorliegt. Seine Beteiligung sollte nach dem Ergebnis der Sachverständigenanhörung in den WfbM obligatorisch

sein, um den Streit zu vermeiden, ob ein „klarer" oder „unklarer" Fall vorliegt, bei dem der Fachausschuss zu beteiligen ist (Ausschussbericht, BT-Drs. 15/2357, 26).

Abweichend von der früheren Rechtslage, nach der das Eingangsverfahren nur in Zweifelsfällen durchgeführt werden sollte, ist dies jetzt obligatorisch vorgeschrieben, soweit nicht ein Teilhabeplanverfahren durchgeführt wird (Abs. 1a). Dies verdeutlicht der Text des § 57 Abs. 1 SGB IX, der den Passus „in Zweifelsfällen" nicht mehr enthält (Cramer, Werkstätten für behinderte Menschen, 5. Aufl., WVO, § 3 Rn. 15). 2

Das Eingangsverfahren sollte nach der bis zum Inkrafttreten des Gesetzes zur Bekämpfung der Arbeitslosigkeit Schwerbehinderter am 1.10.2000 geltenden Fassung der Vorschrift in der Regel 4 Wochen dauern und konnte auf drei Monate ausgedehnt werden. Es konnte unter entsprechenden besonderen Umständen auch abgekürzt werden. Dann musste aber feststehen, ob die Aufnahme in Betracht kam und in welchem Bereich die Aufnahme erfolgen sollte. Ein besonderes Verfahren war nicht vorgeschrieben. In der Regel handelte es sich um ein Kennenlernen der verschiedenen Bereiche und Arbeitsmöglichkeiten und eine Erprobung in den einzelnen zur Wahl stehenden Bereichen und Aufgaben. Deshalb war kein zusätzlicher Bereich wie eine besondere Erprobungsstelle vorgesehen, sondern nur eine unterschiedliche Probezeit. Der Fachausschuss (→ WVO § 2 Rn. 3) ermöglichte eine Festlegung der Art und Dauer der Erprobung und erfüllte gleichzeitig das erforderliche Benehmen mit Bundesanstalt oder sonstigem Rehabilitationsträger und überörtlichem Sozialhilfeträger. Die Werkstatt entschied letztlich aber selbst über die Aufnahme in das Eingangsverfahren und dessen Dauer. Art. 4 des Gesetzes zur Bekämpfung der Arbeitslosigkeit Schwerbehinderter v. 29.9.2000 (BGBl. I S. 1394) beschränkte die Dauer des Einigungsverfahrens dann generell auf bis zu vier Wochen. Die Begründung dafür ergab sich aus der Änderung einer Reihe von Leistungsgesetzen durch Art. 1, Art. 6 Nr. 2, Art. 7 Nr. 2 und Art. 77 Nr. 4 Buchst. b des Arbeitsförderungsreformgesetzes v. 24.3.1997 sowie Art. 24 Nr. 2 Buchst. a des Ersten SGB III – Änderungsgesetzes v. 16.12.1997, nach deren Inhalt ab dem 1.1.1998 von den Trägern der beruflichen Rehabilitation Leistungen im Eingangsverfahren der Werkstatt für Behinderte nur noch bis zur Dauer von vier Wochen erbracht wurden. Insoweit sollte eine Anpassung der SchwbWV an die Leistungsgesetze erfolgen (Begründung des Gesetzentwurfes, BT-Drs. 14/3372, 26). Im Entwurf des SGB IX war dann wieder eine Ausdehnung auf bis zu drei Monate vorgesehen, wenn im Einzelfall die notwendigen Feststellungen nicht getroffen werden konnten, wobei hier eine inhaltliche Anpassung an § 40 SGB IX 2001 (heute: § 57 SGB IX 2018) stattfand (Begründung des Gesetzentwurfes, BT-Drs. 14/5074, 129). In der ursprünglichen Fassung sowohl des § 3 Abs. 2 WVO als auch des § 40 Abs. 2 SGB IX 2001 ist das Regel-Ausnahmeprinzip wieder in sein Gegenteil verkehrt worden. Mit Art. 4 Nr. 2 lit. a des Gesetzes zur Verbesserung der Ausbildung und Beschäftigung schwerbehinderter Menschen v. 23.4.2004 (BGBl. I S. 606 (611)) erhielt Abs. 2 eine im Gesetzentwurf noch nicht enthalten gewesene, dem Ausschussbericht entsprechende Fassung, bei der es sich lediglich um eine Klarstellung des bereits mit dem SGB geänderten Rechts handelt. Eine Verkürzung kommt danach nur im Einzelfall in Betracht (BT-Drs. 15/2357, 26). Mit der durch Art. 4 Nr. 2 lit. b SGB IX 2001 angeordneten Streichung des bisherigen Abs. 3 S. 2 wird die an die Werkstatt gerichtete Forderung zur Durchführung eines Eingangsverfahrens an die Rechtsänderungen im Leistungsrecht der Rehabilitationsträger angepasst (Cramer NZA 2004, 713). Von der Werkstatt kann nicht verlangt werden, das Eingangsverfahren über den Zeitraum hinaus fortzusetzen, der vom Rehabilitationsträger nach dem für ihn maßgeblichen Leistungsrecht förderbar ist (Begründung des Gesetzentwurfs, BT-Drs. 15/1783, 19). 3

Der Fachausschuss gibt am Abschluss des Eingangsverfahrens seine erneute Stellungnahme an den zuständigen Rehabilitationsträger ab, damit danach die Entscheidung erfolgen kann. Das muss nicht unbedingt genau mit dem Abschluss geschehen, sondern kann schon etwas vorher erfolgen, um die weiteren Maßnahmen vorbereiten zu können. 4

Auch eine verzögerte Stellungnahme schadet nicht, da das Eingangsverfahren bis zur Entscheidung des Rehabilitationsträgers fortbesteht, der behinderte Menschen also vorerst in der Werkstatt bleibt. Dieser Stellungnahme geht der Vorschlag der Werkstatt voraus sowie eine Anhörung des behinderten Menschen, ggf. auch seines gesetzlichen Vertreters. Der Fachausschuss ist an den Vorschlag der Werkstatt nicht gebunden. Er soll alle Umstände klären und danach seine eigene Stellung (mit Mehrheit) finden. Sowohl Vorschlag der Werkstatt als auch Stellungnahme sind an Formvorschriften nicht gebunden. Sie sollten in der Regel schriftlich abgefasst sein, was vor allem für die Stellungnahme des Fachausschusses für die Entscheidung des Rehabilitationsträgers gilt. Es ist aber auch möglich, dass der Vertreter ohnehin dem Fachausschuss angehört, der Vertreter der Werkstatt dort seinen Vorschlag vorträgt und die Entscheidung dann lediglich auf Grund einer entsprechenden Aktennotiz getroffen wird.

5 Das Eingangsverfahren kann auch wiederholt werden (Abs. 4). In der Regel sind dafür zwischenzeitlich Maßnahmen erforderlich, um die Wiederholung Erfolg versprechend vorherzusagen. Es können aber auch andere Einrichtungen oder Maßnahmen empfohlen werden. Zwingend ist das nicht. Je nach Lage des Falles kann manchmal nur die fehlende Eignung festgestellt, in anderen Fällen auch nur eine weitere Entwicklung abgewartet werden.

6 Der zuständige Rehabilitationsträger entscheidet auf Grund der Stellungnahme ohne daran gebunden zu sein. Erst mit dessen Entscheidung steht fest, ob und an wen Leistungen erbracht werden.

§ 4 Berufsbildungsbereich

(1) [1]Die Werkstatt führt im Benehmen mit dem im Berufsbildungsbereich und dem im Arbeitsbereich zuständigen Rehabilitationsträger Maßnahmen im Berufsbildungsbereich (Einzelmaßnahmen und Lehrgänge) zur Verbesserung der Teilhabe am Arbeitsleben unter Einschluss angemessener Maßnahmen zur Weiterentwicklung der Persönlichkeit des behinderten Menschen durch. [2]Sie fördert die behinderten Menschen so, dass sie spätestens nach Teilnahme an Maßnahmen des Berufsbildungsbereichs in der Lage sind, wenigstens ein Mindestmaß wirtschaftlich verwertbarer Arbeitsleistung im Sinne des § 219 Absatz 2 des Neunten Buches Sozialgesetzbuch zu erbringen.

(2) Das Angebot an Leistungen zur Teilhabe am Arbeitsleben soll möglichst breit sein, um Art und Schwere der Behinderung, der unterschiedlichen Leistungsfähigkeit, Entwicklungsmöglichkeit sowie Eignung und Neigung der behinderten Menschen soweit wie möglich Rechnung zu tragen.

(3) Die Lehrgänge sind in einen Grund- und einen Aufbaukurs von in der Regel je zwölfmonatiger Dauer zu gliedern.

(4) [1]Im Grundkurs sollen Fertigkeiten und Grundkenntnisse verschiedener Arbeitsabläufe vermittelt werden, darunter manuelle Fertigkeiten im Umgang mit verschiedenen Werkstoffen und Werkzeugen und Grundkenntnisse über Werkstoffe und Werkzeuge. [2]Zugleich sollen das Selbstwertgefühl des behinderten Menschen und die Entwicklung des Sozial- und Arbeitsverhaltens gefördert sowie Schwerpunkte der Eignung und Neigung festgestellt werden.

(5) Im Aufbaukurs sollen Fertigkeiten mit höherem Schwierigkeitsgrad, insbesondere im Umgang mit Maschinen, und vertiefte Kenntnisse über Werkstoffe und Werkzeuge vermittelt sowie die Fähigkeit zu größerer Ausdauer und Belastung und zur Umstellung auf unterschiedliche Beschäftigungen im Arbeitsbereich geübt werden.

(6) [1]Rechtzeitig vor Beendigung einer Maßnahme im Sinne des Absatzes 1 Satz 1 hat der Fachausschuss gegenüber dem zuständigen Rehabilitationsträger eine Stellungnahme dazu abzugeben, ob

1. die Teilnahme an einer anderen oder weiterführenden beruflichen Bildungsmaßnahme oder
2. eine Wiederholung der Maßnahme im Berufsbildungsbereich oder
3. eine Beschäftigung im Arbeitsbereich der Werkstatt oder auf dem allgemeinen Arbeitsmarkt einschließlich einem Inklusionsbetrieb (§ 215 des Neunten Buches Sozialgesetzbuch)

zweckmäßig erscheint. [2]Das Gleiche gilt im Falle des vorzeitigen Abbruchs oder Wechsels der Maßnahme im Berufsbildungsbereich sowie des Ausscheidens aus der Werkstatt. [3]Hat der zuständige Rehabilitationsträger die Leistungen für ein Jahr bewilligt (§ 57 Absatz 3 Satz 2 des Neunten Buches Sozialgesetzbuch), gibt der Fachausschuss ihm gegenüber rechtzeitig vor Ablauf dieses Jahres auch eine fachliche Stellungnahme dazu ab, ob die Leistungen für ein weiteres Jahr bewilligt werden sollen (§ 57 Absatz 3 Satz 3 des Neunten Buches Sozialgesetzbuch). [4]Im übrigen gilt § 3 Abs. 3 entsprechend.

Die Vorschrift korrespondiert mit § 219 Abs. 1 S. 4 SGB IX, wonach die WfbM über 1 ein möglichst breites Angebot an Berufsbildungs- und Arbeitsplätzen verfügen muss. Sie ist wegen des Vorrangs des Gesetzes als zwingendes Recht zu interpretieren. Umstritten war bei den Verhandlungen über den Erlass der SchwbWV zwischen BReg. und BR die Dauer der Kurse (bis zu 12 Monaten statt in der Regel 12 Monate). In den Abs. 6 wurde der neu eingeführte Fachausschuss (§ 2 SchwbWV) eingeschaltet (BR-Drs. 554/79). Mit Art. 4 Nr. 3 lit. a des Gesetzes zur Verbesserung der Ausbildung und Beschäftigung schwerbehinderter Menschen v. 23.4.2004 (BGBl. I 606, 611) wurde dem Abs. 6 ein neuer S. 3 eingefügt, der eine Beteiligung des Fachausschusses im Zusammenhang mit der Bewilligung des zweiten Jahres im Berufsbildungsbereich vorsieht (Cramer NZA 2004, 713). Das BTHG vom 23.12.2016 (BGBl. I 3234, 3331) brachte nur sprachliche und systematische Anpassungen, Art. 19 Abs. 17 Nr. 4.

Zusätzlich zu den berufsfördernden Maßnahmen zur Teilhabe am Arbeitsleben und 2 zur Eingliederung in das Arbeitsleben sind in Abs. 1 ausdrücklich erwähnt angemessene Maßnahmen zur Weiterentwicklung der Persönlichkeit des behinderten Menschen. Diese Aufgabe wird nunmehr auch ausdrücklich in § 219 Abs. 1 S. 2 Ziff. 2 SGB IX erwähnt, so dass die bisher festzustellende Nichtübereinstimmung zwischen Gesetzeswortlaut und VO-Text überwunden ist. Allerdings ergibt sich daraus keine materielle Änderung der Rechtslage, wie bereits nach altem Recht aus der Erwähnung der begleitenden Dienste in § 54 Abs. 2 SchwbG abgeleitet wurde.

Ein Berufsbildungsbereich ist zwar für jede Werkstatt zwingend vorgeschrieben, kann 3 aber auch in einer Werkstatt fehlen, wenn ein Werkstattverbund besteht (§ 15). Es kann also eine Werkstatt mit Berufsbildung eine andere ohne einen solchen Bereich ergänzen oder sogar eine Aufteilung im Werkstattverbund zwischen Berufsbildungsbereich und Arbeitsbereich vorgenommen werden. Wünschenswert ist das aber nicht. Trotz Vorhandenseins eines Berufsbildungsbereichs muss die Aufnahme nach einem Eingangsverfahren oder ohne ein solches nicht erst in den Berufsbildungsbereich erfolgen. Bei entsprechenden Kenntnissen und Fähigkeiten sowie Eignung kann die Aufnahme auch unmittelbar in den Arbeitsbereich vorgenommen werden.

Die Berufsbildung soll die Eingliederung so weit fördern, dass der behinderte Mensch 4 – in einer Werkstatt oder am allgemeinen Arbeitsmarkt – sinnvolle Arbeit zu leisten in der Lage ist und dabei ein Mindestmaß an wirtschaftlich verwertbarer Arbeitsleistung erbringt. Damit genügt es, wenn zu erwarten ist, dass dieses Mindestmaß später im Arbeitsbereich erbracht werden wird. Im Berufsbildungsbereich kann es noch nicht gefordert werden, wie das auch sonst für Ausbildungsmaßnahmen gilt. Die Förderung muss dieses Ziel haben. Ob es erreicht wird, kann erst nachträglich festgestellt werden, so dass die Aufnahme in den Berufsbildungsbereich nur dann unterbleibt, wenn das Erreichen dieses Zieles ganz unwahrscheinlich ist. Solange auch nur Hoffnung besteht, kann deshalb die Aufnahme erfolgen. Umgekehrt hindert eine bereits bestehende Leistungsfähigkeit die Aufnahme nicht, wenn eine weitere Förderung angebracht ist (→ SGB IX § 219 Rn. 12; BSG 10.3.1994 – 7 RAr 22/93, br 1994, 166 = BeckRS 1994, 30748251; 29.6.1995 – 11 RAr 97/94, SozR 3–4100 § 58 Nr. 7 = BeckRS 1995, 30851169). Besteht diese Fördermöglichkeit auf einem in zumutbarer Weise erreichbaren Platz in einer WfbM, ist dies einem verlängerten Schulbesuch vorzuziehen (OVG Bln-Bbg 13.6.2011 OVG 3 M 109.10, zit. nach VG Cottbus 8.8.2012 – 1 L 249/12, BeckRS 2012, 57622).

5 Die Bildungsmaßnahmen können als Einzelmaßnahme oder in Form von Lehrgängen durchgeführt werden. Darüber ist das Benehmen mit dem zuständigen Rehabilitationsträger und dem zuständigen überörtlichen Sozialhilfeträger herzustellen. Auch hier kann wieder der Fachausschuss entspr. seiner Zusammensetzung ein geeignetes Gremium sein (§ 2). Die Werkstatt entscheidet aber letztlich allein und in eigener Verantwortung, sie ist an die Stellungnahmen der Rehabilitations- oder Sozialhilfeträger nicht gebunden.

6 Die geforderte Breite des Angebots ist schon in § 219 Abs. 2 SGB IX vorgeschrieben. Sie hängt jedoch ganz von den Umständen, dem Ziel der Werkstatt und den Entwicklungsmöglichkeiten ab. Das Erfordernis eines möglichst breiten Angebots soll vor allem dazu dienen, viele, auch unterschiedliche Tätigkeiten anzubieten und behinderte Menschen unterschiedlicher Leistungsgrade zu entwickeln. Die früher als Soll-Vorschrift ausgestaltete gesetzliche Regelung ist nunmehr zwingendes Recht.

7 Die Dauer ist nur für Lehrgänge mit in der Regel 12 Monaten angegeben. Eine absolute Förderungshöchstdauer lässt sich der Vorschrift nicht entnehmen (BSG 9.9.1993 – 7/9b RAr 28/92, br 1994, 189 = BeckRS 1993, 30421566). Einzelmaßnahmen können deshalb ganz individuell gestaltet werden und kürzer oder (auch sehr viel) länger dauern. Da ein Auszubildender in der Regel drei Jahre Lehrzeit hat, können für einen behinderten Menschen auch Ausbildungen von noch längerer Dauer vertretbar sein. Der Lehrgang als Grundkurs wie als Aufbaukurs soll dagegen jeweils nur ein Jahr in Anspruch nehmen. Danach kommen aber ebenfalls noch Einzelmaßnahmen in Betracht.

8 Der Grundkurs dient zur Vermittlung allgemeiner Fertigkeiten und der Entwicklung eines geeigneten Sozial- und Arbeitsverhaltens. Ausbildungsmaßnahmen und Persönlichkeitsentwicklung führen zur Erprobung der Eignung für die späteren Aufgaben im Arbeitsbereich der Werkstatt auf dem Arbeitsmarkt, zu dem nach der Neufassung des § 4 Abs. 6 Ziff. 3 auch die Inklusionsprojekte nach § 215 SGB IX gerechnet werden. Der mit Art. 4 Nr. 3 des Gesetzes zur Verbesserung der Ausbildung und Beschäftigung schwerbehinderter Menschen v. 23.4.2004 (BGBl. I 606, 611) eingefügte neue S. 3 stellt eine Folgeänderung des § 57 Abs. 1 SGB IX dar (Ausschussbericht, BT-Drs. 15/2357, 26) und soll das Verfahren zur Bewilligung des weiteren Förderabschnitts objektivieren (Ausschussbericht, BT-Drs. 15/2357, 23).

9 Der Aufbaukurs bereitet die Umstellung auf den Arbeitsbereich und damit auf die eigentliche, wirtschaftlich verwertbare Tätigkeit vor. Trotz der hier vorgesehenen Zweiteilung der Lehrgänge sind diese Bestimmungen nur Sollvorschriften. Die Kurse können auch anders gegliedert werden und auch in der Dauer je nach den Bedürfnissen von unterschiedlicher Länge vorgesehen werden. Auf die Anerkennung als WfbM hat das keinen Einfluss, wenn solche Abweichungen durch einen besonderen sachlichen Grund gerechtfertigt sind (§ 17 Abs. 1).

10 Rechtzeitig vor Beendigung der Berufsbildung nimmt der Fachausschuss zum Ergebnis der Förderung und den daraus zu ziehenden Konsequenzen, die jetzt auch eine Empfehlung für ein Integrationsprojekt sein können, Stellung. Das geschieht wiederum auf Vorschlag des Trägers der Werkstatt und nach Anhörung des behinderten Menschen und ggf. auch seines gesetzlichen Vertreters (entspr. § 3 Abs. 3). Die Stellungnahme soll so rechtzeitig erfolgen, dass dem Rehabilitationsträger eine Entscheidung über die weiteren Maßnahmen mit dem Ende der Bildungsmaßnahmen möglich ist, um nahtlos den behin-

derten Menschen weiter betreuen zu können. Die Stellungnahme kann aber auch lauten, dass weitere Maßnahmen aussichtslos erscheinen. Dann sollte gleichzeitig eine Stellungnahme entspr. § 3 Abs. 4 über die Unterbringung in anderen Einrichtungen erfolgen. Der Vorschlag des Trägers der Werkstätte ist für den Fachausschuss nicht bindend. Ebenso ist der Rehabilitationsträger an die Stellungnahme des Fachausschusses nicht gebunden, er kann auch anders entscheiden (BSG 10.3.1994 – 7 RAr 22/93, br 1994, 166 = BeckRS 1994, 30748251; 29.6.1995 – 11 RAr 97/94, SozR 3–4100 § 58 Nr. 57 = BeckRS 1995, 30851169). Abweichungen werden jedoch äußerst selten sein und wohl nur bei unterschiedlichen Auffassungen von Werkstatt und Mitgliedern des Fachausschusses vorkommen.

§ 5 Arbeitsbereich

(1) Die Werkstatt soll über ein möglichst breites Angebot an Arbeitsplätzen verfügen, um Art und Schwere der Behinderung, der unterschiedlichen Leistungsfähigkeit, Entwicklungsmöglichkeit sowie Eignung und Neigung der behinderten Menschen soweit wie möglich Rechnung zu tragen.

(2) [1]Die Arbeitsplätze sollen in ihrer Ausstattung soweit wie möglich denjenigen auf dem allgemeinen Arbeitsmarkt entsprechen. [2]Bei der Gestaltung der Plätze und der Arbeitsabläufe sind die besonderen Bedürfnisse der behinderten Menschen soweit wie möglich zu berücksichtigen, um sie in die Lage zu versetzen, wirtschaftlich verwertbare Arbeitsleistungen zu erbringen. [3]Die Erfordernisse zur Vorbereitung für eine Vermittlung auf den allgemeinen Arbeitsmarkt sind zu beachten.

(3) Zur Erhaltung und Erhöhung der im Berufsbildungsbereich erworbenen Leistungsfähigkeit und zur Weiterentwicklung der Persönlichkeit der behinderten Menschen sind arbeitsbegleitend geeignete Maßnahmen durchzuführen.

(4) [1]Der Übergang von behinderten Menschen auf den allgemeinen Arbeitsmarkt ist durch geeignete Maßnahmen zu fördern, insbesondere auch durch die Einrichtung einer Übergangsgruppe mit besonderen Förderangeboten, Entwicklung individueller Förderpläne sowie Ermöglichung von Trainingsmaßnahmen, Betriebspraktika und durch eine zeitweise Beschäftigung auf ausgelagerten Arbeitsplätzen. [2]Dabei hat die Werkstatt die notwendige arbeitsbegleitende Betreuung in der Übergangsphase sicherzustellen und darauf hinzuwirken, daß der zuständige Rehabilitationsträger seine Leistungen und nach dem Ausscheiden des behinderten Menschen aus der Werkstatt das Integrationsamt, gegebenenfalls unter Beteiligung eines Integrationsfachdienstes, die begleitende Hilfe im Arbeits- und Berufsleben erbringen. [3]Die Werkstatt hat die Bundesagentur für Arbeit bei der Durchführung der vorbereitenden Maßnahmen in die Bemühungen zur Vermittlung auf den allgemeinen Arbeitsmarkt einzubeziehen.

(5) [1]Der Fachausschuss wird bei der Planung und Durchführung von Maßnahmen nach den Absätzen 3 und 4 beteiligt. [2]Er gibt auf Vorschlag des Trägers der Werkstatt oder des zuständigen Rehabilitationsträgers in regelmäßigen Abständen, wenigstens einmal jährlich, gegenüber dem zuständigen Rehabilitationsträger eine Stellungnahme dazu ab, welche behinderten Menschen für einen Übergang auf den allgemeinen Arbeitsmarkt in Betracht kommen und welche übergangsfördernden Maßnahmen dazu erforderlich sind. [3]Im Übrigen gilt § 3 Abs. 3 entsprechend.

Haupttätigkeitsbereich der WfbM ist der Arbeitsbereich. Hier sollen behinderte Menschen, die wegen der Behinderung nicht, noch nicht oder noch nicht wieder auf dem allgemeinen Arbeitsmarkt tätig werden können, einer sinnvollen Tätigkeit nachgehen können. Soweit möglich sollen sie gleichzeitig für eine Vermittlung auf dem allgemeinen 1

Arbeitsmarkt vorbereitet werden. Zwingend ist das aber nicht, wohl jedoch ein Mindestmaß an wirtschaftlich verwertbarer Arbeitsleistung (→ SGB IX § 219 Rn. 6–15).

2 Soweit im Wortlaut des Abs. 1 ursprünglich „Arbeitsplätze" und „Plätze zur Ausübung einer geeigneten Tätigkeit" nebeneinander erwähnt wurden, kam dem keine besondere Bedeutung zu. Der Verwendung des Terminus „Arbeitsplatz" war nicht zu entnehmen, dass dort nur eine Beschäftigung im Rahmen eines Arbeitsverhältnisses möglich wäre; insoweit galt die vorrangige Regelung des § 54b Abs. 1 SchwbG, die denklogisch andere Varianten voraussetzte. Dem wegen der Verwendung der Bezeichnung „Plätze zur Ausübung einer geeigneten Tätigkeit" bereits nach der ursprünglichen Gesetzeslage unklaren Wortlaut der Vorschrift (Cramer, Werkstätten für behinderte Menschen, 5. Aufl., WVO § 5 Rn. 7) kam jedenfalls nach der Einführung der §§ 54 ff. SchwbG nF keine eigenständige Bedeutung (mehr) zu. Seine Interpretation musste sich an der vorrangigen Gesetzesvorschrift orientieren. In Art. 4 Nr. 3 des Gesetzes zur Bekämpfung der Arbeitslosigkeit Schwerbehinderter v. 29.9.2000 (BGBl. I 1364) wurde dieser Passus dann auch gestrichen, um eine Anpassung an den Wortlaut des durch Art. 5 des Gesetzes zur Reform des Sozialhilferechts v. 23.7.1996 (BGBl. I 1088) neu gefassten § 54 SchwbG herbeizuführen (Begründung des Gesetzentwurfes, BT-Drs. 14/3372, 26). Mit der Einführung des § 136 SGB IX 2001 (heute: § 219 SGB IX 2018) war insoweit eine Änderung nicht verbunden.

3 Das Erfordernis eines breiten Angebotes soll dem Ziel Rechnung tragen, nach Möglichkeit behinderte Menschen unterschiedlichen Schweregrades und verschiedener Art zusammen tätig werden zu lassen, weil das zur gegenseitigen Unterstützung und zum Ansporn dient (→ SGB IX § 219 Rn. 14, 15). Wie breit das Angebot sein soll, lässt sich nicht allg., sondern nur nach den Umständen des Einzelfalls sagen.

4 Die Plätze sollen sich am allgemeinen Arbeitsmarkt orientieren, trotzdem aber nach den besonderen Bedürfnissen der behinderten Menschen gestaltet werden. So weit wie möglich müssen sie deshalb dem Arbeitsmarkt entsprechen, um die Ziele der Vorbereitung auf den allgemeinen Arbeitsmarkt zu erfüllen. So weit wie nötig sind sie jedoch den Erfordernissen der Behinderungen anzupassen. Es ist aber unschädlich, wenn eine Vorbereitung auf den allgemeinen Arbeitsmarkt nicht möglich ist, weil die behinderten Menschen ohnehin dauernd nur in einer Werkstatt sinnvoll arbeiten können (Cramer, Werkstätten für behinderte Menschen, 5. Aufl., WVO § 5 Rn. 9). Stets ist ein Mindestmaß wirtschaftlich verwertbarer Arbeitsleistung notwendig (→ SGB IX § 219 Rn. 16). Dieses Maß soll so weit wie möglich gesteigert werden, da es zugleich dazu beiträgt, dass die behinderten Menschen in ihrer Tätigkeit etwas Positives finden.

5 Die Leistungsfähigkeit und damit eng zusammenhängend (→ WVO § 4 Rn. 2) die Weiterentwicklung der Persönlichkeit (sa § 219 Abs. 1 S. 2 Nr. 2 SGB IX) sollen auch im Arbeitsbereich befördert werden. Dazu sind die in § 219 Abs. 1 S. 4 SGB IX genannten begleitenden Dienste notwendiger Bestandteil auch des Arbeitsbereiches. Zu denken ist an übergreifende Maßnahmen iVm dem Berufsbildungsbereich, aber auch an sozialpädagogische Begleitung, an zusätzliche Unterrichtung oder an die Gemeinschaftsfähigkeit stärkende Maßnahmen, Belohnungen, vergleichende oder anspornende, uU sogar spielerische Maßnahmen je nach Arbeitsintensität, ohne jedoch Leistungsdruck auszuüben (enger Cramer, Werkstätten für behinderte Menschen, 5. Aufl., WVO § 3 Rn. 33; BSG 28.2.1990 – 2 RZ 28/89, USK 1990, 142).

5a Der gem. Art. 13 Ziff. 3, 17 S. 2 des Gesetzes zur Reform des Sozialhilferechts v. 23.7.1996 (BGBl. I 1088) mWv 1.8.1996 in die Verordnung eingefügte Abs. 4 verpflichtet den Träger der Werkstatt über Abs. 2 hinaus zur Förderung des Übergangs von Behinderten auf den allgemeinen Arbeitsmarkt. Als besonders geeignet hat sich insoweit eine Beschäftigung auf „Außenarbeitsplätzen" von WfbM in Betrieben und Verwaltungen erwiesen, deren zeitweise Durchführung die VO besonders erwähnt. Auf eine zunächst beabsichtigt gewesene Beschränkung auf sechs Monate ist wegen der mangelnden Sinnhaftigkeit einer so geringen Bemessung für die Erreichung des angestrebten Ziels verzichtet worden, während die Einfügung des Terminus „zeitweise" eine Überforderung des auch während einer solchen Tätigkeit leistungspflichtigen Trägers der überörtlichen Sozialhilfe vermeiden sollte. In Schleswig-Holstein ist von dieser Beschränkung Abstand genommen worden (SchlHLSG 20.3.2008 – L 9 B 576/07 SO ER, RdLH 2008, 169). Als zusätzliche Möglichkeit zur Förderung des Überganges wurden durch das G zur Bekämpfung der Arbeitslosigkeit Schwerbehinderter v. 29.9.2000 (BGBl. I S. 1364) in Form eines nicht abgeschlossenen Katalogs weitere Angebote in den Text des Abs. 4 aufgenommen (Bildung von Übergangsgruppen mit besonderen Förderangeboten, Entwicklung individueller Förderpläne sowie die Ermöglichung von Trainingsmaßnahmen und Betriebspraktika). Möglich ist danach auch eine Beschäftigung in einem Inklusionsbetrieb, weil dieser dem allgemeinen Arbeitsmarkt zuzurechnen ist (SG Berlin 30.10.2008 – S 60 AL 753/07, RdLH 2010, 27 mAnm. Wendt). Erst nach dem Übergang des sbM auf den allgemeinen Arbeitsmarkt tritt die Verpflichtung der Integrationsämter im Rahmen der begleitenden Hilfe im Arbeits- und Berufsleben ein (Cramer, Werkstätten für behinderte Menschen, 5. Aufl., WVO § 5 Rn. 17). Die Werkstatt hat während der Übergangsphase sicherzustellen, dass der zuständige Rehabilitationsträger seine Leistungen erbringt. Nach dem Ausscheiden aus der WfbM ist dies das Integrationsamt, das sich nach seinem Ermessen auch eines Integrationsfachdienstes bedienen darf.

Mit Art. 55 Nr. 5 lit. d SGB IX v. 19.6.2001 (BGBl. I S. 1046 (1130)) wurde ein **6** neuer Abs. 5 eingefügt, der eine weitere Verbesserung beim Übergang der behinderten Menschen auf den allgemeinen Arbeitsmarkt bewirken soll. Die Regelung verpflichtet die Werkstatt nunmehr auch zur Beteiligung des Fachausschusses im Werkstattbereich, für den er bis dahin nicht zuständig war. Diese erstreckt sich sowohl auf die Planung und Durchführung von arbeitsbegleitenden Maßnahmen zur Erhaltung und Erweiterung der im Berufsbildungsbereich erworbenen Fähigkeiten und Fertigkeiten sowie zur Weiterbildung der Persönlichkeit als auch ganz allg. auf alle im Zusammenhang mit dem Übergang geförderter Werkstattbeschäftigter auf dem allgemeinen Arbeitsmarkt bezogenen Probleme. Die Einzelheiten der Beteiligung richten sich nach § 3 Abs. 3 (Begründung des Gesetzentwurfs, BT-Drs. 14/5074, 129).

§ 6 Beschäftigungszeit

(1) [1]**Die Werkstatt hat sicherzustellen, daß die behinderten Menschen im Berufsbildungs- und Arbeitsbereich wenigstens 35 und höchstens 40 Stunden wöchentlich beschäftigt werden können.** [2]**Die Stundenzahlen umfassen Erholungspausen und Zeiten der Teilnahme an Maßnahmen im Sinne des § 5 Abs. 3.**

(2) **Einzelnen behinderten Menschen ist eine kürzere Beschäftigungszeit zu ermöglichen, wenn es wegen Art oder Schwere der Behinderung oder zur Erfüllung des Erziehungsauftrages notwendig erscheint.**

Die Beschäftigungsdauer muss zur Anerkennung der Werkstatt grds. sowohl für den **1** Berufsbildungsbereich wie für den Arbeitsbereich zwischen 35 und höchstens 40 Stunden wöchentlich möglich sein. Es müssen also für diese Zeit Vorgesetzte, Aufsicht und begleitende Dienste zur Verfügung stehen. Es kommt aber nicht darauf an, ob der einzelne behinderte Mensch auch so lange tätig werden kann oder nur eine individuelle eingeschränkte Beschäftigungsmöglichkeit besteht.

Die Beschäftigungszeit enthält auch Erholungspausen und begleitende Maßnahmen **2** nach § 5 Abs. 2. Obwohl hier das Wort „Erholungspausen" und nicht Erholpausen oder Pausen gebraucht wird, müssen doch angesichts der Tatsache, dass hier die wöchentliche Gesamtarbeitszeit geregelt wird, damit nur die (grds. bezahlten) Erholpausen gemeint sein, die auch als unbezahlte zusätzliche Pausen wegen der Behinderung mitgezählt werden. Dagegen zählen nicht dazu die arbeitszeitrechtlichen Pausen, die bspw. als Mittagspause besonders lang dauern und auch eine Mittagsruhe einschließen können.

3 Wenn auch das Eingangsverfahren des § 3 hier nicht genannt ist, gelten doch dieselben Grundsätze. Man wird jedoch nach den Erfordernissen der Erprobung geringere Mindestzeiten zulassen können, die aber auch zur Erprobung der Belastbarkeit bis auf die Dauer des Abs. 1 zum Ende hin gesteigert werden sollten. Die Höchstgrenze einschließlich der Erholungspausen und begleitenden Maßnahmen gilt aber auch für das Eingangsverfahren.

4 Der einzelne behinderte Mensch kann kürzer beschäftigt werden. Mit Art. 55 Nr. 8 SGB IX v. 19.6.2001 (BGBl. I 1046, 1130) wurde § 6 abgesehen von geringfügigen redaktionellen Anpassungen in Abs. 2 um den Passus „oder zur Erfüllung des Erziehungsauftrags" ergänzt. Diese Erweiterung des Ausnahmekatalogs soll sicherstellen, dass behinderte Elternteile durch die Einräumung der Möglichkeit der Teilzeitbeschäftigung ihrem Erziehungsauftrag nachkommen können (Begründung des Gesetzentwurfes, BT-Drs. 14/5074, 129). Neben dieser Vorschrift kommt als Anspruchsgrundlage auch das TzBfG in Betracht, das in dem zur WfbM bestehenden arbeitnehmerähnlichen Rechtsverhältnis gilt, sofern seine Anwendung im Werkstattvertrag vereinbart wurde (→ SGB IX § 221 Rn. 12, 19; enger: unmittelbare Geltung (Cramer, Werkstätten für behinderte Menschen, 5. Aufl., WVO § 6 Rn. 7).

§ 7 Größe der Werkstatt

(1) **Die Werkstatt soll in der Regel über mindestens 120 Plätze verfügen.**

(2) **Die Mindestzahl nach Absatz 1 gilt als erfüllt, wenn der Werkstattverbund im Sinne des § 15, dem die Werkstatt angehört, über diese Zahl von Plätzen verfügt.**

1 Die Mindestgröße von 120 (zu besetzenden, nicht besetzten, SG Nordhausen 14.4.1994 – S 2 Ar 146/94, Breithaupt 1995, 133 = BeckRS 9998, 83475) Plätzen ist nur eine Sollvorschrift. Diese Zahl kann daher unterschritten werden, wenn besonders sachgerechte Umstände dies rechtfertigen (§ 17 Abs. 1). Das Erfordernis der Mindestgrenze von 60 Plätzen ist jedoch Voraussetzung für die Anerkennung im Aufbau befindlicher Werkstätten (§ 17 Abs. 3). Daraus muss entnommen werden, dass eine geringere Zahl von Arbeitsplätzen eine Anerkennung ausschließt, da § 17 Abs. 3 keine Abweichung zulässt (aA Cramer, Werkstätten für behinderte Menschen, 5. Aufl., WVO § 7 Rn. 6). Ein vorübergehendes Unterschreiten der erforderlichen Mindestzahl ist immer unschädlich, da deren Einhaltung nur in der Regel verlangt wird.

2 Die Mindestzahl wird auch durch einen Werkstattverbund erfüllt (Cramer, Werkstätten für behinderte Menschen, 5. Aufl., WVO § 7 Rn. 6). Dadurch wird es ermöglicht, auch kleine oder spezielle Werkstätten anzuerkennen, wenn eine Zusammenarbeit vereinbart wird. Da dies auch zwischen verschiedenen Trägern möglich ist, kommt es auf die Untergrenze in der Praxis nicht an, sondern wird allenfalls ein heilsamer Zwang auf eine – für kleine Werkstätten nur förderliche – Zusammenarbeit ausgeübt.

§ 8 Bauliche Gestaltung, Ausstattung, Standort

(1) [1]**Die bauliche Gestaltung und die Ausstattung der Werkstatt müssen der Aufgabenstellung der Werkstatt als einer Einrichtung zur Teilhabe behinderter Menschen am Arbeitsleben und zur Eingliederung in das Arbeitsleben und den in § 219 des Neunten Buches Sozialgesetzbuch und im Ersten Abschnitt dieser Verordnung gestellten Anforderungen Rechnung tragen.** [2]**Die Erfordernisse des Arbeitsschutzes und der Unfallverhütung sowie zur Vermeidung baulicher und technischer Hindernisse sind zu beachten.**

(2) Bei der Wahl des Standorts ist auf die Einbindung in die regionale Wirtschafts- und Beschäftigungsstruktur Rücksicht zu nehmen.

(3) Das Einzugsgebiet muß so bemessen sein, daß die Werkstatt für die behinderten Menschen mit öffentlichen oder sonstigen Verkehrsmitteln in zumutbarer Zeit erreichbar ist.

(4) Die Werkstatt hat im Benehmen mit den zuständigen Rehabilitationsträgern, soweit erforderlich, einen Fahrdienst zu organisieren.

Die Bestimmung regelt die baulichen Örtlichkeiten. Dadurch soll verhindert werden, 1 dass ungeeignete oder ungünstig gelegene Bauten als Werkstätten eingerichtet und anerkannt werden müssen. Die Einhaltung von Arbeitsschutz und Unfallverhütung ist an sich selbstverständlich und gilt für behinderte Menschen in besonderem Maße. Die Baulichkeiten müssen ohnehin der Art und Schwere der Behinderungen angepasst sein, wie schon § 4 WVO für den Berufsbildungs- und § 5 Abs. 1 für den Arbeitsbereich vorschreiben. Dafür müssen geeignete und für die behinderten Menschen ohne weiteres erreichbare Räumlichkeiten zur Verfügung stehen. Aber auch die Ausstattung muss der Aufgabenstellung entsprechen. Sie muss daher den aktuellen Anforderungen des Arbeitsschutzes genügen, auch wenn die Rspr. des BAG (BAG 19.5.2009 – 9 AZR 241/08, BAGE 131, 18) auf arbeitnehmerähnliche Personen nicht unmittelbar anwendbar sein sollte (LSG LSA 28.4.2016 – L 8 SO 24/14, NZS 2017, 558).

Standort und Einzugsgebiet sind aufeinander abzustellen. Die Entscheidung obliegt aber 2 letztlich stets dem Träger der Werkstatt allein (Cramer, Werkstätten für behinderte Menschen, 5. Aufl., WVO § 9 Rn. 9). Gegebenenfalls ist ein Fahrdienst zu organisieren, um ein Erreichen der Werkstatt in zumutbarer Zeit zu ermöglichen. Nur hier hat der Rehabilitationsträger Einfluss, ggf. kann aber auch die Anerkennung davon abhängig gemacht werden, dass sonst ungünstige Standorte durch einen besonderen Fahrdienst ausgeglichen werden. Für stationäre Einrichtungen (Anstalten, Heime vgl. § 16 WVO) gilt dies nicht. Die Zumutbarkeit des Fahrweges richtet sich auch nach der Dauer der Tätigkeit und den Belastungen durch die Behinderung. Bis zu einer Stunde Wegezeit je für Hin- und Rückfahrt wird im Normalfall hingenommen werden müssen, zumal bei einem Fahrdienst verschiedene Stellen angefahren werden müssen. Die Erstattung der Kosten richtet sich nach den für den jeweiligen Träger geltenden Regelungen (Cramer, Werkstätten für behinderte Menschen, 5. Aufl., WVO § 9 Rn. 11a), ggf. kommt ein Erstattungsanspruch aus GoA in öffentlichem Recht in Betracht (Quambusch ZFSH/SGB 2009, 139).

§ 9 Werkstattleiter, Fachpersonal zur Arbeits- und Berufsförderung

(1) Die Werkstatt muß über die Fachkräfte verfügen, die erforderlich sind, um ihre Aufgaben entsprechend den jeweiligen Bedürfnissen der behinderten Menschen, insbesondere unter Berücksichtigung der Notwendigkeit einer individuellen Förderung von behinderten Menschen, erfüllen zu können.

(2) [1]Der Werkstattleiter soll in der Regel über einen Fachhochschulabschluß im kaufmännischen oder technischen Bereich oder einen gleichwertigen Bildungsstand, über ausreichende Berufserfahrung und eine sonderpädagogische Zusatzqualifikation verfügen. [2]Entsprechende Berufsqualifikationen aus dem sozialen Bereich reichen aus, wenn die zur Leitung einer Werkstatt erforderlichen Kenntnisse und Fähigkeiten im kaufmännischen und technischen Bereich anderweitig erworben worden sind. [3]Die sonderpädagogische Zusatzqualifikation kann in angemessener Zeit durch Teilnahme an geeigneten Fortbildungsmaßnahmen nachgeholt werden.

(3) [1]Die Zahl der Fachkräfte zur Arbeits- und Berufsförderung im Berufsbildungsbereich- und Arbeitsbereich richtet sich nach der Zahl und der Zusammensetzung der

behinderten Menschen sowie der Art der Beschäftigung und der technischen Ausstattung des Arbeitsbereichs. [2]Das Zahlenverhältnis von Fachkräften zu behinderten Menschen soll im Berufsbildungsbereich 1:6, im Arbeitsbereich 1:12 betragen. [3]Die Fachkräfte sollen in der Regel Facharbeiter, Gesellen oder Meister mit einer mindestens zweijährigen Berufserfahrung in Industrie oder Handwerk sein; sie müssen pädagogisch geeignet sein und über eine sonderpädagogische Zusatzqualifikation verfügen. [4]Entsprechende Berufsqualifikationen aus dem pädagogischen oder sozialen Bereich reichen aus, wenn die für eine Tätigkeit als Fachkraft erforderlichen sonstigen Kenntnisse und Fähigkeiten für den Berufsbildungs- und Arbeitsbereich anderweitig erworben worden sind. [5]Absatz 2 Satz 3 gilt entsprechend.

(4) Zur Durchführung des Eingangsverfahrens sollen Fachkräfte des Berufsbildungsbereichs und der begleitenden Dienste eingesetzt werden, sofern der zuständige Rehabilitationsträger keine höheren Anforderungen stellt.

1 Abs. 1 enthält eine zwingende Vorschrift, von deren Erfüllung die Anerkennung abhängt. Während die Vorschriften der Abs. 2–4 nur Sollvorschriften sind, von denen abgewichen werden kann (§ 17 Abs. 1 WVO), sind die erforderlichen Fachkräfte zur Erfüllung der Werkstattaufgaben insbes. auch einer individuellen Förderung zwingende Voraussetzung. Dies kommt auch in § 219 Abs. 1 S. 4 SGB IX deutlich zum Ausdruck. Da Ausbildung, Zahl und Aufteilung der Fachkräfte nur Sollvorschriften sind, bleibt aber auch hier Raum für eine individuelle Prüfung der jeweiligen Verhältnisse. Dadurch wird die Möglichkeit gelassen für eine den jeweiligen Umständen angepasste Entscheidung und auch die an sich zwingende Muss-Vorschrift flexibel gehalten. Ob dann im Einzelfall diese oder eine andere Werkstatt über die speziell für den einzelnen behinderten Menschen erforderlichen Fachkräfte verfügen, entscheidet sich bei der Aufnahme oder im Eingangsverfahren mit der Entscheidung des Rehabilitationsträgers auf Grund der Stellungnahme des Fachausschusses.

2 Im Regelfall ist Voraussetzung für den Werkstattleiter der Fachhochschulabschluss im kaufmännischen oder technischen Bereich. Ein gleichwertiger Bildungsstand kann auch durch praktisches Erfahrungswissen erworben werden, das dann aber mehr als die ausreichende Berufserfahrung gedauert haben muss, für die in der Regel zwei Jahre zu fordern ist (entspr. Abs. 2 S. 2). Wird die Berufserfahrung oder sonstige anderweite Qualifikation aber nicht durch einen Fachhochschulabschluss nachgewiesen, dann müssen sie sowohl im kaufmännischen als auch im technischen Bereich erworben sein (Abs. 1 S. 2 „und" statt wie in S. 1 „oder"). Es genügt also nicht, in einem Wirtschaftsbetrieb nur kaufmännisch tätig gewesen zu sein. Diese entsprechenden Kenntnisse müssen auch von vornherein, also schon bei der Bestellung zum Leiter einer WfbM vorliegen (Cramer, Werkstätten für behinderte Menschen, 5. Aufl., WVO § 9 Rn. 17).

3 Die ausreichende Berufserfahrung (von in der Regel zwei Jahren, vgl. Abs. 2) soll zwar auch bei der Bestellung vorliegen, kann aber auch durch andere Erfahrungen ersetzt werden. Deshalb können allgemeine Erfahrungen in Leitungs- oder Organisationsbefugnissen schon ausreichen, die spezielle Berufserfahrung zu ersetzen.

4 Die sonderpädagogische Zusatzqualifikation kann kraft ausdrücklicher Vorschrift während der Tätigkeit als Leiter nachgeholt werden. Geeignete Fortbildungsmaßnahmen sind Lehrgänge, Teilnahme an Veranstaltungen, aber auch Fernkurse oder Fernlehrgänge, wenn sie entspr. überwacht werden und auch mit einer Prüfung des erworbenen Wissens enden. Als angemessene Zeit sind höchstens fünf Jahre anzunehmen (entspr. § 17 Abs. 3).

5 Die Fachkräfte sollen eine Lehre erfolgreich absolviert haben. Auch hier müssen aber nicht Facharbeiter, Gesellen oder Meister tätig werden, sondern können die Kenntnisse auch anderweit erworben werden, müssen dann aber sowohl für den Berufsbildungs- als auch für den Arbeitsbereich gegeben sein. Damit können auch pädagogische oder im

Sozialbereich ausgebildete Kräfte bei entsprechender Erfahrung eingesetzt werden. Mittelbar ergeben sich die fachlichen Anforderungen an das Fachpersonal aus der Verordnung über die Prüfung zum anerkannten Abschluss Geprüfte Fachkraft zur Arbeits- und Berufsförderung in Werkstätten für behinderte Menschen v. 25.6.2001 (BGBl. I 1239), die am 1.7.2001 in Kraft getreten ist (Cramer, Werkstätten für behinderte Menschen, 5. Aufl., WVO § 9 Rn. 31, 35). Die Erfüllung dieser formellen Voraussetzung ist nicht Bedingung für die Anerkennung der WfbM.

Die pädagogische Eignung muss sich aus der Praxis und in der Praxis ergeben. Sie 6 kann natürlich auf Grund der Ausbildung oder einer Zusatzausbildung gegeben sein, das ist aber nicht erforderlich. Vielmehr kann diese pädagogische Eignung auch in einer Probezeit überprüft werden, da in geeigneten Fällen schon eine natürliche pädagogische Begabung vorliegen oder diese in früherer praktischer Tätigkeit, selbst in der Familie gewonnen sein kann.

Für die sonderpädagogische Zusatzqualifikation gilt dasselbe wie für Werkstattleiter 7 (→ Rn. 4). Sie muss aber auf die Aufgaben des Fachpersonals abgestellt sein und ist deshalb möglicherweise in geringerem Maße ausreichend als beim Werkstattleiter, muss aber auf speziellen Gebieten uU sogar höher sein, um den Anforderungen der Arbeit mit den Behinderten gerecht werden zu können.

Das Zahlenverhältnis für die Fachkräfte ist als Richtzahl angegeben. Je nach Art und 8 Schwere der Behinderungen und der Aufgaben in den einzelnen Bereichen können die Zahlen durchaus abweichen. Dies kann in Sonderfällen bis zur Einzelbetreuung reichen, aber auch das Doppelte ausmachen. Jedoch gibt es darauf keinen Rechtsanspruch des einzelnen sbM (LSG BW 14.8.2002 – L 13 AL 2380/02 ER-B, BeckRS 9999, 08967; LSG Nds Brem 23.9.2014 – L 7 A2 56/18, ZFSH/SGB 2015, 51). Dabei sind nur die Regelverhältnisse maßgebend, Schwankungen durch Krankheit, Urlaub, Lehrgänge haben unberücksichtigt zu bleiben.

Begleitende Dienste gehören nicht nur zum Eingangsverfahren. Sie sind auch im 9 Berufsbildungsbereich und im Arbeitsbereich erforderlich (→ WVO § 4 Rn. 2; → WVO § 5 Rn. 5). Überall sind deshalb zusätzliche Fachkräfte erforderlich, die auch nicht zu den Zahlen des Abs. 2 gerechnet werden können, sondern allenfalls eine Abweichung je nach den vorliegenden Umständen mit rechtfertigen könnten. Die begleitenden Dienste sind in § 10 geregelt. Hier wird in Abs. 4 nur klargestellt, dass für das Eingangsverfahren keine zusätzlichen Fachkräfte zu fordern sind, sondern aus den vorhandenen Fachkräften entnommen werden können (krit. Cramer, Werkstätten für behinderte Menschen, 5. Aufl., WVO § 9 Rn. 32 f.).

§ 10 Begleitende Dienste

(1) [1]Die Werkstatt muß zur pädagogischen, sozialen und medizinischen Betreuung der behinderten Menschen über begleitende Dienste verfügen, die den Bedürfnissen der behinderten Menschen gerecht werden. [2]Eine erforderliche psychologische Betreuung ist sicherzustellen. [3]§ 9 Abs. 1 gilt entsprechend.

(2) Für je 120 behinderte Menschen sollen in der Regel ein Sozialpädagoge oder ein Sozialarbeiter zur Verfügung stehen, darüber hinaus im Einvernehmen mit den zuständigen Rehabilitationsträgern pflegerische, therapeutische und nach Art und Schwere der Behinderung sonst erforderliche Fachkräfte.

(3) Die besondere ärztliche Betreuung der behinderten Menschen in der Werkstatt und die medizinische Beratung des Fachpersonals der Werkstatt durch einen Arzt, der möglichst auch die an einen Betriebsarzt zu stellenden Anforderungen erfüllen soll, müssen vertraglich sichergestellt sein.

1 Während zunächst als personelle Voraussetzung für die Anerkennung einer WfbM je 120 behinderte Menschen von je einem Sozialpädagogen und einem Sozialarbeiter betreut werden sollten (BT-Drs. 554/79 zu § 9), forderte der BR, eine Fachkraft für je 120 Behinderte ausreichen zu lassen, da auch sonstige Fachkräfte und ein besonders ausgebildeter Werkstattleiter vorhanden sein müssten (Beschluss des Bundesrates BT-Drs. 554/79 Ziff. 7). Dem wurde trotz Bedenken Rechnung getragen.

2 Wie in § 9 Abs. 1 sind die pädagogischen, sozialen und medizinischen Dienste zwingend für jede WfbM vorgeschrieben. Das gilt auch für eine erforderliche psychologische Betreuung. Eine Ausnahme davon kommt nicht in Betracht (vgl. § 219 Abs. 1 S. 4 SGB IX). Die Sicherstellung dieser Dienste ist aber von den Bedürfnissen der behinderten Menschen, auch zur individuellen Förderung, und der Art der benötigten Fachkräfte abhängig. Abgesehen von der Sollvorschrift über einen Sozialpädagogen oder Sozialarbeiter je 120 behinderte Menschen ist daher diese Vorschrift ebenso flexibel wie § 9 Abs. 1 (→ WVO § 9 Rn. 1). Es wird ganz von der Art und Schwere der Behinderungen und den einzelnen Aufgaben und Arbeiten sowie von der Ausbildung und Qualifikation des Leiters und der Fachkräfte abhängen, in welchem Umfang welche begleitenden Dienste als Voraussetzung für die Anerkennung gefordert werden können. Dabei gilt auch nicht die Regel „je mehr desto besser", da es angesichts der Vielfalt unterschiedlicher Konzeptionen sonst uU zu nachteiligen Auseinandersetzungen auf Grund unterschiedlicher Auffassungen kommen kann. Eine einheitliche straffe Führung kann für die behinderten Menschen segensreicher sein als verschiedene Experimente. Deshalb sind die begleitenden Dienste zwar ein unabdingbares Erfordernis für jede Werkstatt, im Einzelfall aber sehr sorgsam abzuwägen.

3 Zu dem Sozialpädagogen oder Sozialarbeiter (krit. Quambusch ZFSH/SGB 2001, 517), von denen einer immer zur Verfügung stehen sollte (Cramer, Werkstätten für behinderte Menschen, 5. Aufl., WVO § 10 Rn. 12), selbst in kleineren Werkstätten bei Unterschreitung der Zahl des § 7 WVO oder Werkstätten im Verbund, sollen weitere Fachkräfte treten. Diese erforderlichen begleitenden Dienste müssen auch ständig der Werkstatt zur Verfügung stehen, es genügen nicht etwa nur stundenweise oder halbtags beschäftigte Kräfte, da die Notwendigkeit ihres Eingreifens ständig auftreten kann. Das folgt nicht nur aus ihren Aufgaben, sondern auch aus dem Gegensatz zu Abs. 3 für die ärztliche Betreuung und medizinische Beratung (ebenso Cramer, Werkstätten für behinderte Menschen, 5. Aufl., WVO § 10 Rn. 14). Art und Zahl der sonstigen pflegerischen, therapeutischen und sonst erforderlichen Fachkräfte richtet sich immer nur nach den Umständen. Vielfach können hier Zivildienstleistende erfolgreich eingesetzt werden.

4 Die ärztliche Betreuung muss sichergestellt sein. Ob dazu auch die Verabreichung täglicher Insulin-Spritzen durch einen Arzt gehört (so SG Dresden 15.8.2008 – S 18 KR 397/08 LiR, RdLH 2008, 167), ist nach der Konzeption des SGB V zu verneinen (BSG 22.4.2015 – B 3 KR 16/14 R, NZS 2015, 617; 16.3.2017 – B 3 KR 43/16 B, BeckRS 2017, 107774). Soweit an eine nicht ausreichende Erfüllung von vertraglichen Pflichten durch die WfbM gedacht werden könnte, scheitert ein Rückgriffsanspruch daran, dass dieses Element in der pauschalierten Vergütung nicht präzise beschrieben ist (SächsLSG 6.12.2017 – L 8 SO 130/15, BeckRS 2017, 144643). Der Arzt muss vertraglich gebunden und verpflichtet sein. Er hat dann auch für evtl. notwendige Vertretungen zu sorgen, kann daneben aber andere Aufgaben erfüllen, insbes. auch eine eigene Praxis führen (Cramer, Werkstätten für behinderte Menschen, 5. Aufl., WVO § 10 Rn. 16). Die Anforderungen sollen denen eines Betriebsarztes nach dem Arbeitssicherheitsgesetz v. 12.12.1973 (BGBl. I 1885 zuletzt geändert durch G v. 20.4.2013, BGBl. I 868), §§ 3, 4, entsprechen (arbeitsmedizinische Fachkunde). Unabdingbare Voraussetzung ist das nicht. Der Arzt kann gleichzeitig auch eine evtl. notwendige psychologische Betreuung nach Abs. 1 mit übernehmen, da auch Psychologie zur ärztlichen Ausbildung gehört und nicht unbedingt ein Fachpsychologe herangezogen werden muss.

§ 11 Fortbildung

Die Werkstatt hat dem Fachpersonal nach den §§ 9 und 10 Gelegenheit zur Teilnahme an Fortbildungsmaßnahmen zu geben.

Fachpersonal aller Sparten hat Anspruch auf Teilnahme an Fortbildungsmaßnahmen (zur Notwendigkeit s. Hanf/Marquardt, Rehabilitation und Rentabilität, 2002, 33 ff. Das folgt zT für den Werkstattleiter und das Fachpersonal im Berufsbildungs- und Arbeitsbereich aus § 9 Abs. 2, 3 WVO, wenn die sonderpädagogische Zusatzqualifikation in angemessener Zeit nach der Einstellung nachträglich erworben werden muss, gilt aber auch sonst für alle Arten der Fortbildung zur Erfüllung oder Verbesserung der Erfüllung der Aufgaben der Werkstatt. Auch die Fachkräfte der begleitenden Dienste einschließlich der pflegerischen, therapeutischen und sonstigen Fachkräfte haben Anspruch auf Fortbildung. Der Anspruch lässt sich auch durchsetzen (aA Cramer, Werkstätten für behinderte Menschen, 5. Aufl., WVO § 11 Rn. 10). Zwar kann die Werkstatt je nach Bedarf und Umständen eine bestimmte Reihenfolge der Dringlichkeit aufstellen und auch zu häufige Maßnahmen für einen Einzelnen ablehnen oder eine Koordination bei notwendigen Kräften oder Abstimmung auf den Urlaub anderer Fachkräfte vornehmen. Dieser Beurteilungsrahmen darf jedoch nicht überschritten werden. Ist das der Fall, wird also zB jede Fortbildung oder die Fortbildung für einen Einzelnen über längere Zeit (mehr als zwei Jahre) abgelehnt, lässt sich der Anspruch notfalls auch gerichtlich durchsetzen. Die Vorschrift ist zwingend und überschreitet auch nicht den Ermächtigungsrahmen, da eine angemessene Fortbildung die fachliche Anforderung an die Werkstatt ausführt (§ 227 Abs. 1 SGB IX) und nicht etwa einem Bildungsurlaub gleichkommt, zu dessen Regelung eine Kompetenz und Ermächtigung fehlen würde. 1

Es ist nur Gelegenheit zur Teilnahme zu geben. Das bedeutet entweder eine entsprechende Einrichtung der Dienstpläne oder eine teilweise oder zeitweise Freistellung. Fortzahlung der Vergütung kann für diese Zeit nicht verlangt werden, könnte aber im Einzelfall vereinbart werden, zumal die Fortbildung der besseren Erfüllung der Aufgaben der Werkstatt dient und ggf. sogar Voraussetzung für deren endgültige Anerkennung sein kann (§ 9 Abs. 2, 3 mit § 17 Abs. 3). Ob die Kosten der Fortbildung des Personals als Personalnebenkosten in den Kostensätzen berücksichtigungsfähig sind ist umstritten. 2

§ 12 Wirtschaftsführung

(1) [1]**Die Werkstatt muß nach betriebswirtschaftlichen Grundsätzen organisiert sein.** [2]**Sie hat nach kaufmännischen Grundsätzen Bücher zu führen und eine Betriebsabrechnung in Form einer Kostenstellenrechnung zu erstellen.** [3]**Sie soll einen Jahresabschluß erstellen.** [4]**Zusätzlich sind das Arbeitsergebnis, seine Zusammensetzung im Einzelnen gemäß Absatz 4 und seine Verwendung auszuweisen.** [5]**Die Buchführung, die Betriebsabrechnung und der Jahresabschluß einschließlich der Ermittlung des Arbeitsergebnisses, seine Zusammensetzung im Einzelnen gemäß Absatz 4 und seiner Verwendung sind in angemessenen Zeitabständen in der Regel von einer Person zu prüfen, die als Prüfer bei durch Bundesgesetz vorgeschriebenen Prüfungen des Jahresabschlusses (Abschlußprüfer) juristischer Personen zugelassen ist.** [6]**Weitergehende handelsrechtliche und abweichende haushaltsrechtliche Vorschriften über Rechnungs-, Buchführungs- und Aufzeichnungspflichten sowie Prüfungspflichten bleiben unberührt.** [7]**Über den zu verwendenden Kontenrahmen, die Gliederung des Jahresabschlusses, die Kostenstellenrechnung und die Zeitabstände zwischen den Prüfungen der Rechnungslegung ist mit den zuständigen Rehabilitationsträgern Einvernehmen herzustellen.**

(2) **Die Werkstatt muß über einen Organisations- und Stellenplan mit einer Funktionsbeschreibung des Personals verfügen.**

(3) Die Werkstatt muß wirtschaftliche Arbeitsergebnisse anstreben, um an die im Arbeitsbereich beschäftigten behinderten Menschen ein ihrer Leistung angemessenes Arbeitsentgelt im Sinne des § 219 Absatz 1 Satz 2 und § 221 des Neunten Buches Sozialgesetzbuch zahlen zu können.

(4) [1] Arbeitsergebnis im Sinne des § 221 des Neunten Buches Sozialgesetzbuch und der Vorschriften dieser Verordnung ist die Differenz aus den Erträgen und den notwendigen Kosten des laufenden Betriebs im Arbeitsbereich der Werkstatt. [2] Die Erträge setzen sich zusammen aus den Umsatzerlösen, Zins- und sonstigen Erträgen aus der wirtschaftlichen Tätigkeit und den von den Rehabilitationsträgern erbrachten Kostensätzen. [3] Notwendige Kosten des laufenden Betriebs sind die Kosten nach § 58 Absatz 3 Satz 2 und 3 des Neunten Buches Sozialgesetzbuch im Rahmen der getroffenen Vereinbarungen sowie die mit der wirtschaftlichen Betätigung der Werkstatt in Zusammenhang stehenden notwendigen Kosten, die auch in einem Wirtschaftsunternehmen üblicherweise entstehen und infolgedessen nach § 58 Absatz 3 des Neunten Buches Sozialgesetzbuch von den Rehabilitationsträgern nicht übernommen werden, nicht hingegen die Kosten für die Arbeitsentgelte nach § 221 Absatz 2 des Neunten Buches Sozialgesetzbuch und das Arbeitsförderungsgeld nach § 59 des Neunten Buches Sozialgesetzbuch.

(5) [1] Das Arbeitsergebnis darf nur für Zwecke der Werkstatt verwendet werden, und zwar für

1. **die Zahlung der Arbeitsentgelte nach § 221 Absatz 2 des Neunten Buches Sozialgesetzbuch, in der Regel im Umfang von mindestens 70 vom Hundert des Arbeitsergebnisses,**
2. **die Bildung einer zum Ausgleich von Ertragsschwankungen notwendigen Rücklage, höchstens eines Betrages, der zur Zahlung der Arbeitsentgelte nach § 221 des Neunten Buches Sozialgesetzbuch für sechs Monate erforderlich ist,**
3. **Ersatz- und Modernisierungsinvestitionen in der Werkstatt, soweit diese Kosten nicht aus den Rücklagen auf Grund von Abschreibung des Anlagevermögens für solche Investitionen, aus Leistungen der Rehabilitationsträger oder aus sonstigen Einnahmen zu decken sind oder gedeckt werden. Kosten für die Schaffung und Ausstattung neuer Werk- und Wohnstättenplätze dürfen aus dem Arbeitsergebnis nicht bestritten werden.**

[2] Abweichende handelsrechtliche Vorschriften über die Bildung von Rücklagen bleiben unberührt.

(6) [1] Die Werkstatt legt die Ermittlung des Arbeitsergebnisses nach Absatz 4 und dessen Verwendung nach Absatz 5 gegenüber den beiden Anerkennungsbehörden nach § 225 Satz 2 des Neunten Buches Sozialgesetzbuch auf deren Verlangen offen. [2] Diese sind berechtigt, die Angaben durch Einsicht in die nach Absatz 1 zu führenden Unterlagen zu überprüfen.

1 Die wirtschaftlichen Grundsätze für eine Anerkennung als Werkstatt für Behinderte waren umstritten, vor allem fürchteten kirchliche Träger (Caritas, Diakonisches Werk) Eingriffe in die Kirchenautonomie nach Art. 140 GG iVm Art. 137 Weimarer Verfassung. Da jedoch nur die staatliche Anerkennung von der ordnungsgemäßen Wirtschaftsführung nach § 12 WVO abhängt, damit allerdings auch die Mittelgewährung zusammenhängt, kommt angesichts der Einheit der Werkstätten nach §§ 219 ff. SGB IX ein solcher Eingriff hier nicht in Betracht. Die Anerkennung und damit Gewährung von Mitteln oder Kostenerstattung kann von einer ordnungsgemäßen Wirtschaftsführung als Voraussetzung für den Verwendungsnachweis abhängig gemacht werden. Das gilt auch gegenüber kirchlichen Einrichtungen als Träger solcher Werkstätten (Cramer, Werkstätten für behinderte Menschen, 5. Aufl., WVO § 12 Rn. 7), die allerdings nicht an ein Einvernehmen gebunden werden können (→ Rn. 5).

Die sparsame und angemessene Verwendung öffentlicher Mittel (als staatliche Zuschüsse oder Übernahme der Kosten durch den staatlichen Rehabilitationsträger) erfordert Maßnahmen zu möglichen Kostensenkungen und damit die geforderte Organisation nach betriebswirtschaftlichen Grundsätzen. Auch kann nur so dem gesetzlichen Erfordernis Rechnung getragen werden, ein Mindestmaß der wirtschaftlichen Verwertbarkeit der Arbeitsleistung (§ 219 Abs. 3 SGB IX) und einen angemessenen Arbeitslohn für die Behinderten (§ 221 Abs. 2 SGB IX) zu erreichen (→ SGB IX § 219 Rn. 25 ff.). 2

Buchführung nach kaufmännischen Grundsätzen und Betriebsabrechnung nach einer Kostenstellenrechnung sind zwingend vorgeschrieben. Der Jahresabschluss ist dagegen nicht zwingend, sondern kann aus besonderen sachlichen Gründen entfallen, so wenn der Träger nur für eine Gesamteinrichtung abrechnet. Zwingend ist dagegen der Ausweis des Arbeitsergebnisses und seiner Verwendung. Eine besondere Form der Buchführung oder der Kostenstellenrechnung ist nicht vorgeschrieben (Cramer, Werkstätten für behinderte Menschen, 5. Aufl., WVO § 12 Rn. 10). Die Einzelgestaltung auch der Kontenrahmen steht frei, so dass selbst einfache Buchführung ausreicht und auch sonst die Übungen zB im kirchlichen Bereich berücksichtigt werden können. 3

In angemessenen Abständen, dh in der Regel jährlich oder alle zwei Jahre müssen Buchführung, Betriebsabrechnung und ggf. Jahresabschlüsse geprüft werden. Das ist zwingend, man kann lediglich den angemessenen Zeitraum uU anders festlegen, wozu aber die Übereinstimmung mit den beteiligten Kostenträgern erforderlich ist. Der Prüfer muss im allgemeinen Wirtschaftsprüfer (oder -gesellschaft) sein, kann aber auch eine Prüfungs- oder Treuhandstelle oder ein kirchliches Rechnungsprüfamt sein. Soweit andere Vorschriften (zB nach HGB, AktG, GenG) besondere Buchführungs- und Bilanzbestimmungen vorschreiben, gelten diese als vorgehende gesetzliche Bestimmungen. Das gilt auch für das Haushaltsrecht, wenn der Träger den haushaltsrechtlichen Vorschriften für Gebietskörperschaften unterliegt (Cramer, Werkstätten für behinderte Menschen, 5. Aufl., WVO § 12 Rn. 10). 4

Das Einvernehmen mit den (allen) zuständigen Rehabilitationsträger über Kontenrahmen, Jahresabschlussgliederung, Kostenstellenrechnung und Prüfungsabstände (krit. Finke br 1996, 7) gilt für alle privaten Rechtsträger von Werkstätten als Anerkennungsvoraussetzung. Die öffentlich-rechtlichen, insbes. auch die kirchlichen Träger können dagegen an ein solches Einvernehmen nicht gebunden werden. Soweit nicht ohnehin deren Wirtschaftsführungsbestimmungen Vorrang haben und keine Übereinstimmung erreicht wird, muss es bei der schwächeren Form des Benehmens bleiben, was bedeutet, dass die Einigung ernsthaft angestrebt werden muss, zu der es bei solchen Einrichtungen in aller Regel dann auch kommen wird. 5

Der Organisations- und Stellenplan ist zwingend vorgeschrieben. Im Allgemeinen reicht eine Aufstellung nach der vorhandenen Organisation mit einer kurzen Funktionsbeschreibung aus. Die Funktionsbeschreibung muss die Aufgabe erkennen lassen (Fachkraft oder Hilfskraft reicht nicht aus, wohl aber Sozialpädagoge oder Ausbilder für Küche, Wäsche usw, weil hierin gleichzeitig eine Dienstpostenbeschreibung enthalten ist). Die Pläne sind jeweils auf dem neuestens Stand zu halten. 6

Das Anstreben wirtschaftlicher Arbeitsergebnisse, um ein möglichst angemessenes Arbeitsentgelt zu zahlen, ist zwar zwingend, iErg aber nur ein Programmsatz, da dies nicht nur von der Leistungsfähigkeit der behinderten Menschen und der Betriebsorganisation, sondern auch von dem Marktwert der hergestellten Güter und Leistungen sowie von der allgemeinen Markt- und Wirtschaftslage abhängt. Irgendeine Norm lässt sich deshalb nicht aufstellen. Allerdings kann dieser Gesichtspunkt zur Anerkennung der Pflicht zur Vergütung von Investitionskosten führen, mit denen die technische Ausstattung der Werkstatt auf den neuesten Stand gebracht wird (BSG 5.7.2018 – B 8 SO 28/16 R, SozR 4 – 3250 § 41 Nr. 2; Schumacher RdLH 2019, 27). 7

Allerdings enthalten die durch Art. 13 Ziff. 4 lit. b des Gesetzes zur Reform des Sozialhilferechts v. 23.7.1996 (BGBl. I 1088) mit Wirkung zum 1.8.1996 (Art. 17 8

SHRG) in das G aufgenommenen Abs. 4 u. 5 Regelungen, die einerseits das Arbeitsergebnis iSd § 221 SGB IX definieren (→ SGB IX § 221 Rn. 28) und andererseits den Träger darüber hinaus verpflichten, dieses nur für bestimmte Zwecke der Werkstatt zu verwenden. Art. 55 Nr. 12 SGB IX v. 19.6.2001 (BGBl. I S. 1046 (1130)) brachte neben einer Reihe sprachlicher Anpassungen an die neuen Begrifflichkeiten auch eine Neufassung des Abs. 4 S. 3 mit sich, die eine enge Definition des Begriffs der notwendigen Kosten enthält. Dabei handelt es sich nicht um Aufwendungen, die in einer Leistungs- und Vergütungsvereinbarung mit dem zuständigen Rehabilitationsträger nicht oder nicht in der von einer Seite für erforderlich gehaltenen Höhe vereinbart worden sind. Diese dürfen daher nicht bei der Ermittlung des Arbeitsergebnisses berücksichtigt werden (Begründung des Gesetzentwurfes, BT-Drs. 14/5074, 129). Entsprechendes gilt für die Kosten der Arbeitsentgelte nach § 221 Abs. 2 SGB IX. Abzugsfähig sind dagegen die mit der wirtschaftlichen Beteiligung der Werkstatt in Zusammenhang stehenden notwendigen Kosten, die auch einem Wirtschaftsunternehmen üblicherweise entstehen (zB Unfallversicherungsbeiträge, BSG 29.5.2019 – B 8 SO 3/18 R, BSGE 128, 162; LSG SH 14.6.2017 – L 9 SO 19/16 KL, BeckRS 2017, 139624; Nellissen jurisPR-SozR 9/20 Anm. 6; Türpe NZS 2020, 599) und daher von den Rehabilitationsträgern nicht übernommen werden (§ 58 Abs. 3 S. 3 SGB IX).

9 Abs. 5 enthält nähere Regelungen zur Verwendung des Arbeitsergebnisses. Dabei handelt es sich um die Zahlung des Arbeitsentgelts nach § 221 Abs. 2 SGB IX (in der Regel 70 vH des Arbeitsergebnisses), die Bildung von notwendigen Rücklagen zum Ausgleich von Auftragsschwankungen (höchstens eines Betrages, der zur Zahlung des Arbeitsentgelts für sechs Monate ausreicht; die bisherige auf drei Monate beschränkte Regelung hat sich als praktisch nicht ausreichend erwiesen, vgl. Begründung des Gesetzentwurfes, BT-Drs. 14/5074, 129) sowie für Ersatz- und Modernisierungsrücklagen in der Werkstatt, soweit diese Kosten nicht aus den Rücklagen auf Grund von Abschreibungen des Anlagevermögens für solche Investitionen aus Leistungen der Rehabilitationsträger oder aus sonstigen Einnahmen zu decken sind oder gedeckt werden. Eine Ausnahme besteht nur insoweit, als handelsrechtliche Vorschriften abweichende Regelungen über die Bildung von Rücklagen beinhalten.

10 Art. 55 Nr. 12 lit. c SGB IX v. 19.6.2001 (BGBl. I 1045, 1131) ergänzt § 12 um einen neuen Abs. 6, der die Verpflichtung der Werkstatt zur Offenlegung sowohl der Ermittlung des Arbeitsergebnisses als auch dessen Verwendung gegenüber der Bundesagentur für Arbeit und dem örtlichen Träger der Sozialhilfe enthält (§ 225 SGB IX) und konkretisiert damit die Überprüfung der Rechnungspraxis der Werkstätten, die bereits in § 227 Abs. 2 SGB IX besonders erwähnt wird. Das BTHG vom 23.12.2016 (BGBl. I 3234, 3331) brachte nur sprachliche und systematische Anpassungen, Art. 19 Abs. 17 Nr. 6.

§ 13 Abschluss von schriftlichen Verträgen

(1) [1]**Die Werkstätten haben mit den im Arbeitsbereich beschäftigten behinderten Menschen, soweit auf sie die für einen Arbeitsvertrag geltenden Rechtsvorschriften oder Rechtsgrundsätze nicht anwendbar sind, Werkstattverträge in schriftlicher Form abzuschließen, in denen das arbeitnehmerähnliche Rechtsverhältnis zwischen der Werkstatt und dem behinderten Menschen näher geregelt wird.** [2]**Über die Vereinbarungen sind die zuständigen Rehabilitationsträger zu unterrichten.**

(2) **In den Verträgen nach Absatz 1 ist auch die Zahlung des Arbeitsentgelts im Sinne des § 219 Absatz 1 Satz 2 und § 221 des Neunten Buches Sozialgesetzbuch an die im Arbeitsbereich beschäftigten behinderten Menschen aus dem Arbeitsergebnis näher zu regeln.**

Die aktuelle Ausgestaltung der Vorschrift beruht auf Art. 55 Nr. 13 SGB IX v. 19.6.2001 (BGBl. I 1046, 1131). Das BTHG vom 23.12.2016 (BGBl. I 3234, 3331) brachte nur sprachliche und systematische Anpassungen, Art. 19 Abs. 17 Nr. 7. 1

Unverändert blieb allerdings auch jetzt der Wortlaut des Abs. 1 S. 1 mit Ausnahme der Anpassung an den Sprachgebrauch des SGB IX („schwerbehinderte Menschen"), obwohl bereits die mit dem G zur Reform des Sozialhilferechts v. 23.7.1996 (BGBl. I S. 1088) erfolgte damalige Neuregelung in § 54b Abs. 3 SchwbG auf eine weitergehende Intention des Gesetzgebers schließen ließ. Dies hätte allerdings zur Folge, dass die WfbM faktisch dazu verpflichtet würden, auf die Bestellung gesetzlicher Vertreter oder Pfleger zu drängen. Um eine so weitgehende Einmischung in das persönliche Verhältnis des Behinderten zu seiner Familie zu verhindern, scheint nach wie vor eine Interpretation des Gesetzes iSd Verordnungstextes angemessen. Daraus folgt wegen der subsidiären Anwendung des Gleichbehandlungsgrundsatzes sowie einer möglichen Analogie zu § 612 BGB auch keine sich ggf. zu Lasten des Betroffenen auswirkende Regelungslücke (→ SGB IX § 221 Rn. 21). Gleichwohl hat der Gesetzgeber in § 221 SGB IX einen Abs. 4 aufgenommen, der er insoweit für erforderlich hält (→ SGB IX § 221 Rn. 22). 2

Die Rechtsbeziehungen zwischen behinderter Menschen und Werkstatt sind ganz unterschiedlicher Art. Deren Grundlagen waren zunächst heftig umstritten. Teilweise wurde als Grundlage eine Werkstattordnung gefordert (Pünnel/Vater AuR 1981, 230). Deren Geltung konnte aber letztlich für Behinderte nur auf der Kraft des Faktischen beruhen. Deshalb musste in den sonst nicht geregelten Fällen von einem besonderen Rechtsverhältnis ausgegangen werden, das gesetzlich nicht geregelt war, solange es an einer entsprechenden Regelung wie nach dem G über die Sozialversicherung Behinderter v. 7.5.1975 (BGBl. I 1061) fehlte (Neumann RdA 1981, 143). Ein erster Schritt zur Klärung dieser Rechtslage war die Neufassung des SchwbG, insbes. die Einführung des damaligen § 54b SchwbG. 3

Für die behinderten Menschen gilt im Arbeitsverhältnis und im Berufsausbildungsverhältnis das allgemeine Arbeitsrecht (einschließlich § 10 BBiG über die angemessene Vergütung). Häufig wird auch ein sonstiger Ausbildungsvertrag nach § 19 BBiG anzunehmen sein. Nur soweit das nicht der Fall ist, sind über das dann vorliegende besondere (in § 221 Abs. 1 SGB IX für behinderte Menschen im Arbeitsbereich anerkannter Werkstätten als arbeitnehmerähnliches Verhältnis definierte) Rechtsverhältnis zu dessen Ausgestaltung schriftliche Verträge anzubieten. Abweichend vom bisherigen Text des § 13 Abs. 1 S. 2 SchwbWV beinhaltet die entsprechende Regelung in der WVO lediglich eine Verpflichtung der Werkstatt, die zuständigen Rehabilitationsträger über die Vereinbarung zu unterrichten. Eine inhaltliche Änderung zu dem bisherigen Rechtszustand ist damit nicht eingetreten. Allerdings wurde mit dem veränderten Wortlaut klargestellt, dass es sich bei der Unterrichtung der Rehabilitationsträger nicht um eine Wirksamkeitsvoraussetzung für den Abschluss des Werkstattvertrages handelt (Begründung des Gesetzentwurfes, BT-Drs. 14/5074, 129). Damit sollen nämlich lediglich die Auswirkungen auf die Kostenlast überprüft werden können. Das Zustimmungserfordernis ist keine Voraussetzung für die Wirksamkeit einer solchen Vereinbarung. Dies könnte auch in einer DVO wegen fehlender Ermächtigung entgegen dem Vertragsrecht gar nicht festgelegt werden. Eine fehlende Zustimmung kann deshalb nur Folgen für die Kostenerstattung durch den Sozialleistungsträger haben, der dadurch erhöhte Kosten ablehnen kann (Cramer, Werkstätten für behinderte Menschen, 5. Aufl., WVO § 13 Rn. 15). 4

Die Abgrenzung vom Arbeits- oder Berufsausbildungsverhältnis zum Rechtsverhältnis besonderer Art richtet sich zunächst nach dem Arbeitsrecht. Soweit in einem abhängigen Arbeitsverhältnis Arbeit geleistet oder die Berufsausbildung durchgeführt wird, gilt allgemeines Arbeitsrecht. Behinderte Menschen im Arbeitsbereich anerkannter Werkstätten, die nicht Arbeitnehmer sind (§ 221 Abs. 1 SGB IX), haben einen Anspruch auf Abschluss eines besonderen Vertrages, der mit Ausnahme der arbeitsrechtlichen Grundsätze über den Persönlichkeitsschutz, der Haftungsbeschränkung sowie der gesetzlichen 5

Vorschriften über den Arbeitsschutz, den Erholungsurlaub und die Gleichberechtigung von Männern und Frauen, die ohnehin zwingend zu beachten sind (§ 52 SGB IX), eine Vereinbarung über die zur Anwendung kommenden arbeitsrechtlichen Regelungen beinhalten muss, wenn diese im Einzelfall zur Anwendung kommen sollen (→ SGB IX § 221 Rn. 19). Ob daran nach der Entscheidung des EuGH vom 26.3.2015 (C-316/13, NZA 2015, 1444 [Fenoll]) uneingeschränkt festgehalten werden kann, erscheint allerdings fraglich. Etwaige Streitigkeiten sind nach § 2 Nr. 10 ArbGG vor den Gerichten für Arbeitssachen auszutragen.

6 In einem Arbeitsverhältnis oder Berufsausbildungsverhältnis ist das Entgelt tariflich als Mindestbedingung geregelt oder ergibt sich aus § 10 BBiG bzw. § 612 BGB. Minderleistungsklauseln erlauben dabei ein Entgelt nach der erbrachten Leistung. Die entsprechende Vergütung ist dann auch rechtlich gesichert und notfalls einklagbar. Fehlt es an einer solchen Bestimmung, wie das für Behindertenarbeiten in der Regel der Fall sein wird, ist das Entgelt nach Abs. 2 zu vereinbaren. Konkrete Regelungen über dessen Höhe und Zusammensetzung finden sich heute in § 221 Abs. 2 SGB IX und § 12 Abs. 4, 5 WVO (→ SGB IX § 221 Rn. 24 ff.; → WVO § 12 Rn. 8). Damit ist gleichzeitig der Anlass zur Erteilung von iE unwirksamen Auflagen entfallen, die im Zusammenhang mit der Anerkennung der Werkstatt die Verpflichtung zur Zahlung eines Grundbetrages in bestimmter Höhe beinhalteten (BSG 1.4.1993 – 7 RAr 86/92, SozR 3–3870 § 54 Nr. 1 m. zust. Anm Wendt SGb 1994, 35 = BeckRS 1993, 30413563).

§ 14 Mitbestimmung, Mitwirkung, Frauenbeauftragte

Die Werkstatt hat den Menschen mit Behinderungen im Sinne des § 13 Absatz 1 Satz 1 eine angemessene Mitbestimmung und Mitwirkung durch Werkstatträte sowie den Frauenbeauftragten eine angemessene Interessenvertretung zu ermöglichen.

1 Soweit Arbeits- und Berufsausbildungsverhältnisse bestehen, ergibt sich das allgemeine Mitbestimmungs- und Mitwirkungsrecht aus dem BetrVG, ggf. auch dem PersVG. Allerdings ist die WfbM ein Tendenzbetrieb, so dass die Mitbestimmungsrechte stark eingeschränkt sind (BAG 7.4.1981 – 1 ABR 83/78, br 1982, 93 = AP BetrVG 1972 § 118 Nr. 16).

2 Für die insoweit bisher nicht berücksichtigte Gruppe der behinderten Menschen, die in einem arbeitnehmerähnlichen Verhältnis zur Werkstatt stehen wurde bereits in § 54c SchwbG eine besondere Mitwirkungsregelung geschaffen, die sich heute in durch das BTHG deutlich erweiterter Form in § 222 SGB IX findet (wegen der Einzelheiten vgl. die Kommentierung zu § 222 SGB IX). Für diese Gruppe richtete bisher § 14 SchwbWV lediglich einen Appell an die Werkstatt, den Behinderten eine angemessene Mitwirkung bei den Angelegenheiten zu ermöglichen, die ihre Interessen berühren. Vorgeschrieben war damit gar nichts, da für solche erweiterten Mitbestimmungsrechte bisher jede Rechtsgrundlage fehlte. Inzwischen hat das BMA allerdings von der ihm in § 144 Abs. 2 SGB IX 2001 eingeräumten Ermächtigung Gebrauch gemacht und die Werkstätten-Mitwirkungsverordnung (WMVO) v. 25.6.2001 (BGBl. I 1297) erlassen (s. 5d).

3 Damit ist es nicht mehr den Werkstätten überlassen, durch eine besondere Vertretung, durch Ausschüsse oder besondere Versammlungen nicht in einem Arbeits- oder Berufsausbildungsverhältnis stehenden oder als arbeitnehmerähnliche Personen anzusehenden behinderten Menschen Gelegenheit zu geben, sie betreffende Fragen zu erörtern oder ggf. sogar mitzuentscheiden. Es besteht also kein rechtlicher Freiraum mehr, der nur nach den jeweiligen Gegebenheiten und mit allseitigem gutem Willen ausgefüllt werden kann. Vielmehr steht jetzt ein geschlossenes Regelwerk zur Verfügung, mit dessen Hilfe die im Werkstattbereich tätigen behinderten Menschen ihre Interessen kollektiv vertreten lassen

können, wobei dies entweder mit Hilfe des Werkstattrates sogar bis in die gesondert geschaffene Vermittlungsstelle hinein (§§ 5, 6 WMVO) oder sogar durch die Inanspruchnahme gerichtlicher Hilfe im Beschlussverfahren (§ 2a Nr. 3a ArbGG) geschehen kann, wobei der Werkstattrat in einem solchen Fall gem. § 83 Abs. 3 ArbGG Beteiligter des Verfahrens ist.

Durch Art. 18 Abs. 2 BTHG sind die früher auf eine bloße Mitwirkung beschränkten Rechte des Werkstattrates um Mitbestimmungsrechte erweitert worden. Außerdem wurden Frauenbeauftragte eingeführt. Damit wurden die fachlichen Anforderungen an die Werkstätten für behinderte Menschen deutlich erweitert (BT-Drs. 18/9522, 349, krit. zu den faktischen Auswirkungen Schachler RP-Reha 2022, Nr. 1, 15). Das BTHG vom 23.12.2016 (BGBl. I 3234, 3331) brachte nur systematische Anpassungen, Art. 19 Abs. 17 Nr. 2. 4

§ 15 Werkstattverbund

(1) Mehrere Werkstätten desselben Trägers oder verschiedener Träger innerhalb eines Einzugsgebietes im Sinne des § 8 Abs. 3 oder mit räumlich zusammenhängenden Einzugsgebieten können zur Erfüllung der Aufgaben einer Werkstatt und der an sie gestellten Anforderungen eine Zusammenarbeit vertraglich vereinbaren (Werkstattverbund).

(2) Ein Werkstattverbund ist anzustreben, wenn im Einzugsgebiet einer Werkstatt zusätzlich eine besondere Werkstatt im Sinne des § 220 Absatz 1 Satz 2 Nummer 2 des Neunten Buches Sozialgesetzbuch für behinderte Menschen mit einer bestimmten Art der Behinderung vorhanden ist.

Ein Werkstattverbund ist nur innerhalb eines oder mehrerer räumlich verbundener Einzugsgebiete möglich. Länderübergreifende Verbünde sind damit ausgeschlossen. Die Vorschrift ist im Zusammenhang mit § 17 Abs. 2 zu sehen, da einzelne Werkstätten danach anerkannt werden können, obwohl sie einzelne Voraussetzungen nicht für sich, sondern erst zusammen erfüllen. Es ist also eine Aufgabenteilung oder Spezialisierung, auch die Bildung mehrerer kleiner Einheiten möglich. 1

Einen solchen Verbund können auch unterschiedliche Träger bilden, die dann in der Art einer Arbeitsgemeinschaft Absprachen über die Aufgabenteilung und die Zusammenarbeit treffen müssen. Derselbe Träger bedarf dazu naturgemäß keiner vertraglichen Vereinbarung, wenn die Werkstätten nicht rechtlich verselbständigt sind. Hier genügt eine Weisung des Trägers mit entsprechender Regelung (so auch Cramer, Werkstätten für behinderte Menschen, 5. Aufl., WVO § 15 Rn. 6). 2

Abs. 2 soll spezielle Werkstätten in ihrer Zusammenarbeit fördern und damit Gelegenheit geben, für den behinderten Menschen die jeweils günstigste Werkstatt zu finden. Ein Zwang kann nicht ausgeübt werden. Im Anerkennungsverfahren können aber solche Bemühungen gefördert und unterstützt werden. 3

§ 16 Formen der Werkstatt

Die Werkstatt kann eine teilstationäre Einrichtung oder ein organisatorisch selbständiger Teil einer stationären Einrichtung (Anstalt, Heim oder gleichartige Einrichtung) oder eines Unternehmens sein.

Die WfbM ist nicht nur die Einrichtung einer besonderen Werkstatt, sondern wird häufig teilstationär oder im Zusammenhang mit stationären Einrichtungen betrieben. Es handelt sich zum Teil um Anstalten, Krankenhäuser, Alten- oder Pflegeheime, Behindertenwohnheime, aber auch Unternehmen wirtschaftlicher oder landwirtschaftlicher Art, 1 die zusätzliche Einrichtungen für behinderte Menschen schaffen. Zur Abgrenzung vor allem der Wirtschaftsführung, aber auch der sonstigen Voraussetzungen (Leitung, Fachkräfte) kann die Werkstatt auch als teilstationäre Einrichtung oder als selbständiger Teil einer stationären Einrichtung geführt werden. Nur wenn die Abgrenzung der Werkstatt gesichert ist, können auch die Prüfungen über die Erfüllung der Voraussetzungen durchgeführt werden. Für den Anspruch eines Mitarbeiters auf Zahlung einer Heimzulage kommt es nicht darauf an, ob die Werkstatt sich im selben Gebäude wie das „Heim" befindet; ausreichend ist eine räumlich-organisatorische Verknüpfung (BAG 20.2.2008 – 10 AZR 263/07, ZTR 2008, 439 = AP BGB § 611 Zulagen Nr. 1; Tolmein jurisPR-ArbR 28/2008 Anm. 5).

2 Die organisatorische Selbständigkeit braucht nicht rechtlich zu sein, sondern kann sich aus der inneren Organisation ergeben (rechtlich unselbständige Teile eines Unternehmens, Begründung zu § 15 des Entwurfs BR-Drs. 554/79). Es muss nur sichergestellt sein, dass getrennt für den Werkstatteil Buchauszüge möglich sind, Kostenstellenrechnungen und Abschlüsse erstellt werden können und auch Organisations- und Stellenpläne bestehen (§ 12).

Zweiter Abschnitt. Verfahren zur Anerkennung als WfbM

§ 17 Anerkennungsfähige Einrichtungen

(1) [1] **Als Werkstätten können nur solche Einrichtungen anerkannt werden, die die im § 219 des Neunten Buches Sozialgesetzbuch und im Ersten Abschnitt dieser Verordnung gestellten Anforderungen erfüllen.** [2] **Von Anforderungen, die nicht zwingend vorgeschrieben sind, sind Ausnahmen zuzulassen, wenn ein besonderer sachlicher Grund im Einzelfall eine Abweichung rechtfertigt.**

(2) **Als Werkstätten können auch solche Einrichtungen anerkannt werden, die Teil eines Werkstattverbundes sind und die Anforderungen nach Absatz 1 nicht voll erfüllen, wenn der Werkstattverbund die Anforderungen erfüllt.**

(3) [1] **Werkstätten im Aufbau, die die Anforderungen nach Absatz 1 noch nicht voll erfüllen, aber bereit und in der Lage sind, die Anforderungen in einer vertretbaren Anlaufzeit zu erfüllen, können unter Auflagen befristet anerkannt werden.** [2] **Abweichend von § 7 genügt es, wenn im Zeitpunkt der Entscheidung über den Antrag auf Anerkennung wenigstens 60 Plätze vorhanden sind, sofern gewährleistet ist, daß die Werkstatt im Endausbau, spätestens nach 5 Jahren, die Voraussetzungen des § 7 erfüllt.**

1 Der Zweite Abschnitt WVO behandelt das Anerkennungsverfahren nach § 225 SGB IX. Danach führt die Anerkennung die Bundesagentur für Arbeit durch, die dabei an das Einvernehmen mit dem überörtlichen Träger der Sozialhilfe gebunden ist (→ SGB IX § 225 Rn. 2 f.). Das Verfahren richtet sich nach SGB X v. 18.8.1980 (BGBl. I 1469) idF v. 18.1.2001 (BGBl. I 130, zuletzt geändert durch G v. 20.7.2022, BGBl. I 1237). Dort sind auch Beteiligung, Anhörung, Anfechtbarkeit, Wirkung und Kosten geregelt.

2 Die Anforderungen des Ersten Abschnitts müssen als Voraussetzung für die Anerkennung entspr. der Regelung in § 225 erfüllt sein. Das gilt für Mussvorschriften unabdingbar, für Sollvorschriften nur dann, wenn im Einzelfall kein besonderer sachlicher Grund für eine andere Regelung vorliegt (BVerwG 10.9.1992 – 5 V 39/88, BVerwGE 91, 7). Auch bei den Mussvorschriften und erst recht bei den Sollvorschriften liegt wegen der häufig unbestimmten Begriffe ein großer Beurteilungsspielraum der für die Anerkennung zuständigen Behörden vor.

Abs. 2 gilt für § 15, um kleine und Spezialwerkstätten zu ermöglichen und die Zusammenarbeit zu fördern. 3

Abs. 3 ist eine Sonderregelung für in Aufbau befindliche Werkstätten. Hier kann befristet von allen Vorschriften über die Anforderungen abgewichen werden, wenn nur eine spätere Erfüllung erwartet werden kann. Die vertretbare Anlaufzeit hängt von der Notwendigkeit der jeweiligen Anforderung ab. Je nach ihrer Wichtigkeit für die Aufgabe der Werkstatt wird ein Zeitraum zwischen einigen Monaten und höchstens fünf Jahren entspr. S. 2 anzunehmen sein. Die am 3.10.1990 auf dem Gebiet der ehemaligen DDR bestehenden, nach dem 1.7.1990 vorläufig anerkannten Werkstätten (vgl. § 57 des Schwerbehindertengesetzes der DDR v. 21.6.1990, GBl. I 381) galten als Werkstätten im Aufbau iSd Abs. 3 (Kap. VIII Sachgebiet E Abschn. III Nr. 2 der Anl. I zum Einigungsvertrag v. 31.8.1990, BGBl. II 889, 1040). Im Übrigen vgl. die Kommentierung zu § 20. 4

Die Mindestzahl von 60 Plätzen ist (ggf. im Werkstattverbund) Mindestgrenze auch für eine vorläufige Anerkennung und kann nicht unterschritten werden (→ WVO § 7 Rn. 1). 5

Die Auflagen zur Erfüllung der Anforderungen verbunden mit einer Befristung der vorläufigen Anerkennung entsprechen § 32 SGB X und sind in diesem Sinn durch Rechtsvorschrift gedeckt. 6

Rücknahme oder Widerruf der Anerkennung wurden in der Verordnung zwar vorausgesetzt (§ 18 Abs. 2 SchwbAV aF; gestrichen durch Art. 118 Nr. 3 lit. a des Dritten Gesetzes für moderne Dienstleistungen am Arbeitsmarkt v. 23.12.2003, BGBl. I 2848, 2916), jedoch enthielt sie insoweit keine näheren Bestimmungen. Die besondere Regelung des § 57 Abs. 2 SchwbG 1986 bestand schon seit der Änderung durch das G zur Reform des Sozialhilferechts v. 23.7.1996 (BGBl. I 1988) nicht mehr. Seither gelten für Rücknahme und Widerruf allein §§ 45, 47 SGB X (→ § 225 Rn. 8–14). 7

§ 18 Antrag

(1) [1]**Die Anerkennung ist vom Träger der Werkstatt schriftlich oder elektronisch zu beantragen.** [2]**Der Antragsteller hat nachzuweisen, daß die Voraussetzungen für die Anerkennung vorliegen.**

(2) [1]**Die Entscheidung über den Antrag ergeht schriftlich oder elektronisch.** [2]**Eine Entscheidung soll innerhalb von 3 Monaten seit Antragstellung getroffen werden.**

(3) **Die Anerkennung erfolgt mit der Auflage, im Geschäftsverkehr auf die Anerkennung als Werkstatt für behinderte Menschen hinzuweisen.**

Die Anerkennung der WfbM erfolgt nur auf Antrag (§ 225 Abs. 1 SGB IX). Dieser konnte ursprünglich nur schriftlich gestellt werden und musste unterschrieben sein. Dies wurde durch Art. 167 des Gesetzes zum Abbau verzichtbarer Anordnungen der Schriftform im Verwaltungsrecht des Bundes vom 29.3.2017 (BGBl. I 626, 651) geändert. Nunmehr sind auch in elektronischer Form gestellte Anträge möglich, weil sich dies in der Praxis bewährt hat (BR-Drs. 491/16, 154). Dabei ist nachzuweisen, dass die Voraussetzungen des Ersten Abschnitts erfüllt sind. Damit wird die Darlegungs- und ggf. Beweislast dem Antragsteller aufgegeben. 1

Die Anerkennung erfolgt durch die Bundesagentur für Arbeit nach entsprechendem Einvernehmen mit dem Träger der Eingliederungshilfe (→ SGB IX § 225 Rn. 2 f.). 2

Die Entscheidung muss schriftlich ergehen und folglich die Erfordernisse von § 33 Abs. 3 SGB X erfüllen. Außerdem muss sie eine Rechtsbehelfsbelehrung enthalten (§ 36 SGB X). Für die Begründung gilt § 35 SGB X. Über die Bekanntgabe vgl. § 37 Abs. 2 SGB X. 3

4 Die Dreimonatsfrist zur Entscheidung nach Eingang des Antrags ist nur eine Sollvorschrift. Sie kann deshalb bei entgegenstehenden sachlichen Gründen überschritten werden. Gegebenenfalls kann aber nach Überschreiten der Frist nach sechs Monaten gem. § 88 SGG ein Klageerzwingungsverfahren gegen den unterlassenen Verwaltungsakt angestrengt werden.

5 Die Auflage, im Geschäftsverkehr auf die Anerkennung hinzuweisen, ist zwingend vorgeschrieben. Dies soll auf die Anwendung von §§ 223, 224 SGB IX aufmerksam machen und liegt im Interesse der Werkstatt. Ob und wie die Werkstatt davon Gebrauch macht, bleibt ihr überlassen.

Dritter Abschnitt. Schlußvorschriften

§ 19 Vorläufige Anerkennung

Vorläufige Anerkennungen, die vor Inkrafttreten dieser Verordnung von der Bundesanstalt für Arbeit ausgesprochen worden sind, behalten ihre Wirkung bis zur Unanfechtbarkeit der Entscheidung über den neuen Antrag auf Anerkennung, wenn dieser Antrag innerhalb von 3 Monaten nach Inkrafttreten dieser Verordnung gestellt wird.

1 Die Übergangsvorschrift ist mit der Anerkennung auf Grund des bis zum 21.11.1980 zu stellenden Antrages nach dieser Verordnung erledigt.

§ 20 (aufgehoben)

1 Diese Regelung ist wegen Zeitablaufs durch Art. 19 Abs. 17 Nr. 11 BTHG aufgehoben worden. Sie enthielt lediglich vorübergehende Sonderregelungen für Werkstätten im Beitrittsgebiet und besitzt keine praktische Bedeutung mehr (BT-Drs. 18/9522, 353).

§ 21 Inkrafttreten

Diese Verordnung tritt am Tage nach der Verkündung in Kraft.

1 Die Verordnung wurde unter dem 13.8.1980 im BGBl. 1980 I 1365 veröffentlicht und trat damit am 21.8.1980 in Kraft. Änderungen sind erfolgt durch die Erste Verordnung zur Änderung der Schwerbehindertenwerkstättenverordnung v. 14.12.1992 (BGBl. I 2012), mWv 1.8.1996 durch Art. 13, 17 des Gesetzes zur Reform des Sozialhilferechts v. 23.7.1996 (BGBl. I 1088), durch Art. 55 SGB IX v. 19.6.2001 (BGBl. I 1046, 1129 ff.), Art. 18 Abs. 2 BTHG und Art. 19 Abs. 17 BTHG v. 23.12.2016 (BGBl. I 3234) sowie Art. 10 des Gesetzes zur Änderung des Neunten und des Zwölften Buches Sozialgesetzbuch vom 30. November 2019 (BGBl. I 1948, 1954).

d) Werkstätten-Mitwirkungsverordnung – WMVO

vom 25. Juni 2001 (BGBl. I S. 1297)
FNA 860-9-1

zuletzt geändert durch G vom 19. Juni 2023 (BGBl. 2023 I Nr. 158)

Auf Grund des § 144 Abs. 2 SGB IX – Rehabilitation und Teilhabe behinderter Menschen – (Art. 1 des Gesetzes v. 19.6.2001 – BGBl. I S. 1046, (1047) verordnet das Bundesministerium für Arbeit und Sozialordnung:

Abschnitt 1. Anwendungsbereich, Errichtung, Zusammensetzung und Aufgaben des Werkstattrats

§ 1 Anwendungsbereich

(1) Diese Verordnung gilt für die Mitbestimmung und die Mitwirkung der in § 221 Absatz 1 des Neunten Buches Sozialgesetzbuch genannten Menschen mit Behinderungen (Werkstattbeschäftigte) in Werkstattangelegenheiten und die Interessenvertretung der in Werkstätten beschäftigten behinderten Frauen durch Frauenbeauftragte.

(2) Diese Verordnung findet keine Anwendung auf Religionsgemeinschaften und ihre Einrichtungen, soweit sie eigene gleichwertige Regelungen getroffen haben.

Übersicht

A. Allgemeines

§ 139 SGB IX Rehabilitation und Teilhabe behinderter Menschen v. 19.6.2001 (BGBl. I 1046) enthielt Grundregelungen über die Mitwirkung von im Arbeitsbereich anerkannter Werkstätten für behinderte Menschen tätigen behinderten Menschen), deren nähere Ausgestaltung nach § 144 Abs. 2 SGB IX 2001 dem BMA mit Zustimmung des Bundesrates übertragen wurde. Dies betraf die Errichtung, Zusammensetzung und Aufgaben des Werkstattrates, die Fragen, auf die sich die Mitwirkung erstreckte, einschließlich Art und Umfang der Mitwirkung, die Vorbereitung und Durchführung der Wahl, einschließlich der Wahlberechtigung und der Wählbarkeit, die Amtszeit sowie die Geschäftsführung des Werkstattrates einschließlich des Erlasses einer Geschäftsordnung und der persönlichen Rechte und Pflichten der Mitglieder des Werkstattrates und der Kostentragung. Mit der Werkstätten-Mitwirkungsverordnung (WMVO) v. 25.6.2001 (BGBl. I 1297) ist von dieser Verordnungsermächtigung Gebrauch gemacht worden (→ SGB IX § 227 Rn. 2). Durch Art. 22 BTHG sind die Rechte des Werkstattrats erheblich ausgeweitet worden. Außerdem erfolgte die Einfügung eines Abschnitts 4a in die Verordnung, in dem die Aufgaben, die Rechtstellung und die Wahl der Frauenbeauftragten näher beschrieben sind (BGBl. I 2571). Die Änderung durch Art. 26 des G zur 1

Änderung des BVG und anderer Gesetze vom 17.7.2017 (BGBl. I 2541, 2571) erfolgte nur zur Korrektur eines Verweisungsfehlers (BT-Drs. 18/12611, 124).

B. Anwendungsbereich

2 § 1 definiert den Anwendungsbereich der WMVO, wobei die in Abs. 1 enthaltene Begriffsbestimmung („Werkstattbeschäftigte") den Regelungsgehalt der § 219 Abs. 1 und § 221 Abs. 1 SGB IX widerspiegelt (→ SGB IX § 219 Rn. 16, → SGB IX § 221 Rn. 11) und das in § 222 Abs. 1 SGB IX zum Ausdruck gekommene gesetzgeberische Anliegen erneut verdeutlicht.

3 Abs. 2 enthält eine Bereichsausnahme für Religionsgemeinschaften, sofern diese eine eigene gleichwertige Regelung getroffen haben (Thüsing/Tieken ZTR 2010, 450: keine ausdehnende Anwendung dieser Regelung auf die Anwendung des BetrVG im Bereich der Kirche). Dies entspricht § 227 Abs. 2 S. 2 SGB IX, der inhaltlich von der bereits in der Vergangenheit praktizierten Mitwirkung behinderter Menschen in von der Diakonie bzw. der Caritas getragenen Einrichtungen ausgeht (Thiel ZMV 2001, 220; ZMV 1998, 107). Solche Regelungen dürfen vom G nicht abweichen (Cramer, Werkstätten für behinderte Menschen, 5. Aufl., WMVO § 1 Rn. 3). Ob dies jeweils der Fall ist, entscheiden die Anerkennungsbehörden (Bundesagentur für Arbeit im Einvernehmen mit dem Träger der Eingliederungshilfe, § 225 S. 2 SGB IX).

§ 2 Errichtung von Werkstatträten

(1) Ein Werkstattrat wird in Werkstätten gewählt.

(2) Rechte und Pflichten der Werkstatt sind solche des Trägers der Werkstatt.

1 S. 1 wiederholt lediglich den Regelungsgehalt von § 222 Abs. 2 Hs. 1 SGB IX. Eine Pflicht zur Bildung eines Werkstattrates wird damit nicht begründet (→ SGB IX § 222 Rn. 6).

2 Eine spezielle Regelung für Werkstattteile und Kleinstwerkstätten entspr. § 4 BetrVG fehlt. Da die noch in § 54c SchwbG enthalten gewesene Regelung über Zweigwerkstellen entfallen ist, bestimmt sich der Begriff der Werkstatt allein nach dem Anerkennungsbescheid gem. § 225 SGB IX (Cramer, Werkstätten für behinderte Menschen, 5. Aufl., WMVO § 2 Rn. 1; Baur ZFSH/SGB 2002, 713).

3 S. 2 stellt klar, dass Rechte und Pflichten der Werkstatt solche des Trägers sind, greift damit eine in § 222 Abs. 4 SGB IX angelegte begriffliche Unterscheidung auf und ermöglicht im weiteren Verlauf der WMVO eine knappere Fassung des Textes.

§ 3 Zahl der Mitglieder des Werkstattrats

(1) Der Werkstattrat besteht in Werkstätten mit in der Regel
1. bis zu 200 Wahlberechtigten aus drei Mitgliedern,
2. 201 bis 400 Wahlberechtigten aus fünf Mitgliedern,
3. 401 bis 700 Wahlberechtigten aus sieben Mitgliedern,
4. 701 bis 1 000 Wahlberechtigten aus neun Mitgliedern,
5. 1 001 bis 1 500 Wahlberechtigten aus elf Mitgliedern und
6. mehr als 1 500 Wahlberechtigten aus 13 Mitgliedern.

(2) Die Geschlechter sollen entsprechend ihrem zahlenmäßigen Verhältnis vertreten sein.

§ 3 trifft in Ausführung der Verordnungsermächtigung in § 227 Abs. 2 SGB IX Regelungen hinsichtlich der Größe des Werkstattrates, der – insoweit von § 9 BetrVG abweichend – anordnet, dass der Werkstattrat mindestens aus drei, in Werkstätten mit in der Regel 201–400 Werkstattbeschäftigten aus fünf Mitgliedern, in Werkstätten mit in der Regel 401–700 Werkstattbeschäftigten aus sieben Mitgliedern, in Werkstätten mit in der Regel 701-1.000 Werkstattbeschäftigten aus neun Mitgliedern, in Werkstätten mit in der Regel 1.001–1.500 Werkstattbeschäftigten aus elf Mitgliedern und in Werkstätten mit in der Regel mehr als 1.500 Werkstattbeschäftigten aus dreizehn Mitgliedern besteht. Die bisherige Staffelung hat sich insbesondere in großen Werkstätten, die sich auf mehrere Betriebe verteilen, als unzureichend erwiesen. Alternativ zur Neuregelung wurde die Wiedereinführung von Zweigwerkstatträten diskutiert, die noch im SchwbG vorgesehen waren, jedoch durch das SGB IX 2001 abgeschafft wurden. Eine unterschiedliche Meinungsbildung in den verschiedenen Betriebsstätten hätte nämlich die Stellung der Interessenvertreter der Werkstattbeschäftigten gegenüber der Werkstattleitung geschwächt. Daher schien die Erhöhung der Anzahl der Mitglieder des Werkstattrats als sinnvollere Möglichkeit der Problemlösung (BT-Drs. 18/9522, 356 f.). Wer wahlberechtigt ist, ergibt sich aus § 10. Danach trifft dies auf alle Werkstattbeschäftigten (s. § 1 Abs. 1) zu, soweit sie keine Arbeitnehmer sind. 1

Abs. 2 entspricht der Regelung in § 15 Abs. 2 BetrVG, mit der dem Gedanken des Gleichberechtigungsgrundsatzes des Art. 3 Abs. 2 GG Rechnung getragen werden soll. Anders als § 15 Abs. 2 BetrVG in der aktuell geltenden Fassung v. 25.9.2001 (BGBl. I 2518, zuletzt geänd. d G v 16.9.2022, BGBl. I 1454) enthält § 3 Abs. 2 eine zwingende Anordnung, sondern ist vielmehr als bloße Sollvorschrift ausgestaltet. Dies entspricht der zum Zeitpunkt des Erlasses der Verordnung im Bereich der Betriebsverfassung geltenden Rechtslage. Von der Grundvorstellung der gleichmäßigen Repräsentation der Geschlechter kann nur aus sachlichem Grund abgewichen werden. 2

§ 4 Allgemeine Aufgaben des Werkstattrats

(1) [1]Der Werkstattrat hat folgende allgemeine Aufgaben:

1. darüber zu wachen, dass die zugunsten der Werkstattbeschäftigten geltenden Gesetze, Verordnungen, Unfallverhütungsvorschriften und mit der Werkstatt getroffenen Vereinbarungen durchgeführt werden, vor allem, dass

a) die auf das besondere arbeitnehmerähnliche Rechtsverhältnis zwischen den Werkstattbeschäftigten und der Werkstatt anzuwendenden arbeitsrechtlichen Vorschriften und Grundsätze, insbesondere über Beschäftigungszeit einschließlich Teilzeitbeschäftigung sowie der Erholungspausen und Zeiten der Teilnahme an Maßnahmen zur Erhaltung und Erhöhung der Leistungsfähigkeit und zur Weiterentwicklung der Persönlichkeit des Werkstattbeschäftigten, Urlaub, Entgeltfortzahlung im Krankheitsfall, Entgeltzahlung an Feiertagen, Mutterschutz, Elternzeit, Persönlichkeitsschutz und Haftungsbeschränkung,

b) die in dem besonderen arbeitnehmerähnlichen Rechtsverhältnis aufgrund der Fürsorgepflicht geltenden Mitwirkungs- und Beschwerderechte und

c) die Werkstattverträge

von der Werkstatt beachtet werden;

2. Maßnahmen, die dem Betrieb der Werkstatt und den Werkstattbeschäftigten dienen, bei der Werkstatt zu beantragen;

3. Anregungen und Beschwerden von Werkstattbeschäftigten entgegenzunehmen und, falls sie berechtigt erscheinen, durch Verhandlungen mit der Werkstatt auf eine Erledigung hinzuwirken; er hat die betreffenden Werkstattbeschäftigten über den Stand und das Ergebnis der Verhandlungen zu unterrichten.

[2]Dabei hat er vor allem die Interessen besonders betreuungs- und förderungsbedürftiger Werkstattbeschäftigter zu wahren und die Durchsetzung der tatsächlichen Gleichstellung von Frauen und Männern zu fördern.

(2) **[1]Werden in Absatz 1 Nr. 1 genannte Angelegenheiten zwischen der Werkstatt und einem oder einer Werkstattbeschäftigten erörtert, so nimmt auf dessen oder deren Wunsch ein Mitglied des Werkstattrats an der Erörterung teil. [2]Es ist verpflichtet, über Inhalt und Gegenstand der Erörterung Stillschweigen zu bewahren, soweit es von dem oder der Werkstattbeschäftigten im Einzelfall nicht von dieser Verpflichtung entbunden wird.**

(3) **Der Werkstattrat berücksichtigt die Interessen der im Eingangsverfahren und im Berufsbildungsbereich tätigen behinderten Menschen in angemessener und geeigneter Weise, solange für diese eine Vertretung nach § 52 des Neunten Buches Sozialgesetzbuch nicht besteht.**

Übersicht

A. Allgemeines

1 Diese Vorschrift definiert in Ausführung des aus § 227 Abs. 2 SGB IX ersichtlichen Regelungsauftrages die allgemeinen Aufgaben des Werkstattrates, der danach

1. über die Einhaltung der zugunsten der Werkstattbeschäftigten geltenden Vorschriften (Gesetze, Verordnungen, Unfallverhütungsvorschriften),
2. die Durchführung der mit der Werkstatt getroffenen Vereinbarungen

zu wachen hat.

2 Dabei soll der Werkstattrat vor allem darauf achten, dass die auf das arbeitnehmerähnliche Verhältnis zwischen den Werkstattbeschäftigten und der Werkstatt anzuwendenden arbeitsrechtlichen Vorschriften und Gesetze (§ 4 Abs. 1 Nr. 1a), die in dem besonderen arbeitnehmerähnlichen Rechtsverhältnis aufgrund der Fürsorgepflicht geltenden Mitwirkungs- und Beschwerderechte (§ 4 Abs. 1 Nr. 1b) und die Werkstattverträge von der Werkstatt beachtet werden (§ 4 Abs. 1 Nr. 1c).

3 Darüber hinaus begründet Ziff. 2 ein Antragsrecht des Werkstattrates für Maßnahmen, die dem Betrieb der Werkstatt und den Werkstattbeschäftigten dienen und verpflichtet den Werkstattrat in Ziff. 3 zur Entgegennahme von Anregungen und Beschwerden der Werkstattbeschäftigten und überträgt ihm die Aufgabe, auf Abhilfe hinzuwirken und den betroffenen Werkstattbeschäftigen über Stand und Ergebnis des Verfahrens zu unterrichten.

B. Überwachungspflicht

4 Die in Abs. 1 Ziff. 1 normierte Überwachungspflicht entspricht dem Prinzip des § 80 Abs. 1 Ziff. 1 BetrVG, das hier allerdings mit Rücksicht auf die Besonderheiten der Werkstatt in modifizierter Form angewendet wird. Zu beachten ist, dass der zweite Teil der Regelung Abweichungen gegenüber dem SGB IX enthält. Abs. 1 Ziff. 1a geht näm-

lich nach seinem Wortlaut deutlich über die Grundregelung des § 52 S. 2 SGB IX hinaus, der lediglich die entsprechende Anwendung der arbeitsrechtlichen Grundsätze über den Persönlichkeitsschutz, die Haftungsbeschränkung sowie der gesetzlichen Vorschriften über den Arbeitsschutz, den Erholungsurlaub und die Gleichberechtigung von Männern und Frauen anordnet. Dies lässt sich bei Beachtung des Grundsatzes der geltungserhaltenden Interpretation nur dahin verstehen, dass mit dem Katalog in Ziff. 1a, sofern er nicht mit demjenigen aus § 52 S. 2 SGB IX unmittelbar wortgleich ist, eine Interpretation des Begriffs des „Arbeitsschutzes" iSd § 52 S. 2 SGB IX bezweckt wird.

Diese Passage des § 4 lediglich als einen in der Verordnung enthaltenen Hinweis auf mögliche Gegenstände eines Werkstattvertrages zu verstehen, scheidet aus; denn in diesem Falle wäre die Regelung unter Ziff. 1c überflüssig.

Die Anordnung in Ziff. 1b nimmt den Gedanken der § 84 Abs. 1 BetrVG, § 95 Abs. 1 Ziff. 3 SGB IX auf. Die ausdrückliche Erwähnung der Fürsorgepflicht ist begrifflich verfehlt; inhaltlich ist eine Nebenpflicht aus dem Werkstattvertrag gemeint. Der im Text der Verordnung verwendete Begriff der Fürsorgepflicht entspricht weder dem modernen Verständnis des Wesens des Arbeitsvertrages noch dem im SGB IX durchgehend verfolgten Prinzip der Teilhabe behinderter Menschen. 5

Wenn in Ziffer 1c die Überwachung der Einhaltung der Werkstattverträge genannt wird, beruht dies darauf, dass die rechtlichen Grundlagen des Werkstattverhältnisses im Wesentlichen im Werkstattvertrag angelegt sind und sonstige Regelungen nur rudimentär im G enthalten sind. Angesichts dessen handelt es sich bei genauer Betrachtung bei der Verpflichtung aus Ziffer 1c um eine solche, die dem Betriebsrat nach § 80 Abs. 1 Nr. 1 BetrVG übertragen ist. 6

C. Antragsrecht

Das in Ziff. 2 erwähnte Antragsrecht entspricht inhaltlich § 80 Abs. 1 Ziff. 2 BetrVG bzw. § 178 Abs. 1 Ziff. 2 SGB IX. 7

D. Anregungen und Beschwerden

Ziff. 3 korrespondiert mit den Regelungen in § 80 Abs. 1 S. 3 und § 85 Abs. 1 BetrVG bzw. § 178 Abs. 1 Ziff. 3 SGB IX und überträgt deren Sinngehalt auf den Bereich der Werkstatt. 8

E. Berücksichtigung besonderer Gruppen

Nach § 4 Abs. 1 S. 2 hat der Werkstattrat vor allem die Interessen besonders betreuungs- und förderungsbedürftiger Werkstattbeschäftigter zu wahren und die Durchsetzung der tatsächlichen Gleichstellung von Frauen und Männern zu fördern. Mit dieser Regelung werden die besonderen gesetzgeberischen Anliegen der § 1 S. 2 und § 154 SGB IX aufgegriffen und wird ein inhaltlicher Bezug zu § 80 Abs. 1 Ziff. 2a BetrVG sowie § 178 Abs. 1 Ziff. 1 SGB IX hergestellt. 9

F. Teilnahmerecht

Das in Abs. 2 normierte Teilnahmerecht eines Mitgliedes des Werkstattrates findet eine inhaltliche Entsprechung auch hinsichtlich der darin getroffenen begleitenden An- 10 ordnungen in den § 82 Abs. 2 S. 2, § 83 Abs. 1 S. 2 BetrVG bzw. § 178 Abs. 2 SGB IX und verdeutlicht das Bemühen, auch für die Werkstattbeschäftigten einen dem im normalen Arbeitsleben üblichen Schutzstandard zu sichern.

G. Interessenvertretung außerhalb des Arbeitsbereichs

11 Abs. 3 schließt eine aus der Beschränkung des Anwendungsbereiches in § 1 folgende Lücke. Nach dieser Vorschrift gilt die WMVO dem Grunde nach nur für im Arbeitsbereich tätige behinderte Menschen, während für die im Eingangsbereich und im Berufsbildungsbereich tätigen behinderten Menschen keine ausdrückliche Regelung geschaffen wird. Andererseits sehen § 222 Abs. 1 S. 2 und § 52 SGB IX die Möglichkeit der Wahl einer besonderen Interessenvertretung für diesen Personenkreis vor; deren Aufgaben werden bis zu ihrer Wahl ebenfalls dem Werkstattrat übertragen.

§ 5 Mitwirkung und Mitbestimmung

(1) Der Werkstattrat hat in folgenden Angelegenheiten ein Mitwirkungsrecht:

1. Darstellung und Verwendung des Arbeitsergebnisses, insbesondere Höhe der Grund- und Steigerungsbeträge, unter Darlegung der dafür maßgeblichen wirtschaftlichen und finanziellen Verhältnisse auch in leichter Sprache,

2. Regelungen über die Verhütung von Arbeitsunfällen und Berufskrankheiten sowie über den Gesundheitsschutz im Rahmen der gesetzlichen Vorschriften oder der Unfallverhütungsvorschriften,

3. Weiterentwicklung der Persönlichkeit und Förderung des Übergangs auf den allgemeinen Arbeitsmarkt,

4. Gestaltung von Arbeitsplätzen, Arbeitskleidung, Arbeitsablauf und Arbeitsumgebung, Einführung neuer Arbeitsverfahren,

5. dauerhafte Umsetzung Beschäftigter im Arbeitsbereich auf einen anderen Arbeitsplatz, wenn die Betroffenen eine Mitwirkung des Werkstattrates wünschen,

6. Planung von Neu-, Um- und Erweiterungsbauten sowie neuer technischer Anlagen, Einschränkung, Stilllegung oder Verlegung der Werkstatt oder wesentlicher Teile der Werkstatt, grundlegende Änderungen der Werkstattorganisation und des Werkstattzwecks.

(2) Der Werkstattrat hat in folgenden Angelegenheiten ein Mitbestimmungsrecht:

1. Ordnung und Verhalten der Werkstattbeschäftigten im Arbeitsbereich einschließlich Aufstellung und Änderung einer Werkstattordnung,

2. Beginn und Ende der täglichen Arbeitszeit, Pausen, Zeiten für die Erhaltung und Erhöhung der Leistungsfähigkeit und zur Weiterentwicklung der Persönlichkeit, Verteilung der Arbeitszeit auf die einzelnen Wochentage und die damit zusammenhängende Regelung des Fahrdienstes, vorübergehende Verkürzung oder Verlängerung der üblichen Arbeitszeit,

3. Arbeitsentgelte, insbesondere Aufstellung und Änderung von Entlohnungsgrundsätzen, Festsetzung der Steigerungsbeträge und vergleichbarer leistungsbezogener Entgelte, Zeit, Ort und Art der Auszahlung sowie Gestaltung der Arbeitsentgeltbescheinigungen,

4. Grundsätze für den Urlaubsplan,

5. Verpflegung,

6. Einführung und Anwendung technischer Einrichtungen, die dazu bestimmt sind, das Verhalten oder die Leistung der Werkstattbeschäftigten zu überwachen,

7. Grundsätze für die Fort- und Weiterbildung,

8. Gestaltung von Sanitär- und Aufenthaltsräumen und
9. soziale Aktivitäten der Werkstattbeschäftigten.

(3) [1]**Die Werkstatt hat den Werkstattrat in den Angelegenheiten, in denen er ein Mitwirkungsrecht oder ein Mitbestimmungsrecht hat, vor Durchführung der Maßnahme rechtzeitig, umfassend und in angemessener Weise zu unterrichten und anzuhören.** [2]**Beide Seiten haben auf ein Einvernehmen hinzuwirken.** [3]**Lässt sich Einvernehmen nicht herstellen, kann jede Seite die Vermittlungsstelle anrufen.**

(4) **In Angelegenheiten der Mitwirkung nach Absatz 1 entscheidet die Werkstatt unter Berücksichtigung des Einigungsvorschlages endgültig.**

(5) **Kommt in Angelegenheiten der Mitbestimmung nach Absatz 2 keine Einigung zustande und handelt es sich nicht um Angelegenheiten, die nur einheitlich für Arbeitnehmer und Werkstattbeschäftigte geregelt werden können und die Gegenstand einer Vereinbarung mit dem Betriebs- oder Personalrat oder einer sonstigen Mitarbeitervertretung sind oder sein sollen, entscheidet die Vermittlungsstelle endgültig.**

(6) [1]**Soweit Angelegenheiten im Sinne von Absatz 1 oder 2 nur einheitlich für Arbeitnehmer und Werkstattbeschäftigte geregelt werden können und soweit sie Gegenstand einer Vereinbarung mit dem Betriebs- oder Personalrat oder einer sonstigen Mitarbeitervertretung sind oder sein sollen, haben die Beteiligten auf eine einvernehmliche Regelung hinzuwirken.** [2]**Die ergänzende Vereinbarung besonderer behindertenspezifischer Regelungen zwischen Werkstattrat und Werkstatt bleiben unberührt.** [3]**Unberührt bleiben auch weitergehende, einvernehmlich vereinbarte Formen der Beteiligung in den Angelegenheiten des Absatzes 1.**

Übersicht

A. Allgemeines

1 Diese Vorschrift enthält einen Katalog derjenigen Angelegenheiten, in denen der Werkstattrat ein Mitbestimmungs- oder Mitwirkungsrecht besitzt. Er entspricht weitgehend der Aufzählung der Mitbestimmungsrechte in § 87 Abs. 1 BetrVG, wobei bei deren Wahrnehmung auf den Tendenzcharakter der Werkstatt wird Rücksicht genommen werden müssen (Fitting BetrVG § 118 Rn. 32).

2 Nach der Neuregelung durch Art. 22 BTHG wird künftig zwischen Mitwirkung und Mitbestimmung unterschieden. Die aus Sicht der Werkstatträte besonders wichtigen Bereiche sind in Abs. 2 zusammengefasst, während Abs. 1 eine Zusammenstellung der Gegenstände erfolgt, in denen es bei einem bloßen Mitwirkungsrecht verbleibt. (BT-Drs. 18/9522, 357).

2a Die Mitwirkungstatbestände zu Nr. 1–4 und 6 waren als Nr. 3a, 6, 7 und 9 u. 10 bereits mit identischem oder nur leicht verändertem Wortlaut in der Regelung enthalten. In Nr. 1 ist jetzt zusätzlich die Forderung nach Darlegung auch in leichter Sprache aufgenommen, Nr. 2 entspricht der bisherigen Nr. 6. Nr. 3 übernimmt einen Teil der bisherigen Nr. 7, während der die Aus- und Fortbildung betreffende Teil als Mitbestimmungsrecht ausgestaltet wurde (Abs. 2 Nr. 7). Die Regelung in Nr. 4 entspricht mit Ausnahme des Passus zur Arbeitskleidung, der nunmehr in Abs. 2 Nr. 1 verortet ist, der bisherigen Nr. 10. Nr. 6 entspricht fast wörtlich der früheren Nr. 9. Neu ist dagegen die

Regelung in Nr. 5, die dem Werkstattrat ein Mitwirkungsrecht bei der dauerhaften Umsetzung eines Werkstattbeschäftigten eröffnet, wenn dieser die Mitwirkung wünscht.

2b Abs. 2 enthält einen Katalog an Mitbestimmungsrechten, der sich stark an § 87 Abs. 1 BetrVG orientiert. Soweit Mitbestimmungsrechte in sozialen Angelegenheiten betroffen sind, kommt nach der Rspr. des BAG im Allgemeinen eine Einschränkung des Mitbestimmungsrechts nicht in Betracht, weil es in der Regel um den wertneutralen Ablauf des Betriebes geht (BAG 14.1.1992 – 1 ABR 35/91, NZA 1992, 512; BVerfG 15.12.1999 – 1 BvR 505/95, NZA 2000, 286). Allerdings können gerade in karitativen Unternehmen zB aus therapeutischen Gründen besondere Probleme bei der Ordnung des Betriebs oder der Arbeitszeit entstehen (BAG 13.1.1987 – 1 ABR 49/85, PersR 1987, 174 = AP BetrVG 1972 § 118 Nr. 33). Daher wird in jedem Fall eine sorgfältige Abwägung der beiderseitigen Interessen erforderlich sein.

B. Einheitliche Regelung

3 Abs. 6 berücksichtigt das Zusammenwirken von Arbeitnehmern und Werkstattbeschäftigten am selben Ort und unternimmt den Versuch der Vereinheitlichung der für beide Personenkreise geltenden kollektiven Regelungen. Da nunmehr auch dem Werkstattrat ein Mitbestimmungsrecht zukommt und er – ebenso wie Betriebs- und Personalrat dies über die Einigungsstelle vermögen – über die Vermittlungsstelle nach Abs. 5 eine bindende Entscheidung herbeiführen kann, kommt es in den Fällen des Abs. 6 zu einer Reduzierung der den Mitarbeitervertretungen zustehenden Rechte, § 6 Abs. 3 S. 1. Sie müssen auf eine einvernehmliche Regelung mit der Werkstatt hinwirken; denn wegen der Zuständigkeit unterschiedlicher Entscheidungsgremien wären widersprechende Entscheidungen möglich. Wenn es sich um Angelegenheiten handelt, die nur einheitlich für Arbeitnehmer und Werkstattbeschäftigte entschieden werden können und die Gegenstand einer Vereinbarung mit dem Betriebs- oder Personalrat oder einer sonstigen Mitarbeitervertretung sind oder sein sollen, ruht das Verfahren zunächst („bis dahin"), jedoch verbleibt es bei der abschließenden Entscheidung durch die Werkstatt (§ 6 Abs. 3), die dabei den Inhalt einer Einigung mit dem Betriebs- oder Personalrat bzw. einer sonstigen Mitarbeitervertretung oder das Ergebnis eines den Regelungsgegenstand erfassenden Spruchs der Einigungsstelle berücksichtigen wird. Deren Mitbestimmungsrechte werden von dieser Norm nicht erfasst. Allerdings kann die inhaltliche Beziehung der Regelungen für Mitarbeiter und Werkstattbeschäftigte über § 118 BetrVG mittelbar zu einer Einschränkung des Mitbestimmungsrechts nach § 87 Abs. 1 BetrVG führen.

C. Mitbestimmungs- und Mitwirkungsrecht

4 Wenn die WMVO ausweislich des in der Überschrift des § 5 verwendeten Begriffes Mitbestimmungs- und Mitwirkungsrechte begründet, verbirgt sich dahinter im Falle der Mitwirkungsrechte bei genauer Betrachtung ein qualifiziertes Unterrichtungs- und Anhörungsrecht (Abs. 3 S. 1), das – wie S. 2 zeigt – auch ein Beratungsrecht einschließt, dessen Wahrung durch die Möglichkeit der Anrufung der Vermittlung nach § 6 gestärkt wird (S. 3). Allerdings verfügt die Werkstatt nach Abs. 4 über das Letztentscheidungsrecht. Das Mitbestimmungsrecht des § 5 Abs. 2 wird durch die Regelung in Abs. 5 abgesichert. Jedoch gilt für die Fälle des Abs. 6 S. 1 die in → Rn. 3 dargestellte Ausnahme.

D. Weitergehende Vereinbarungen

Abs. 6 S. 3 eröffnet die Möglichkeit der Herbeiführung weitergehender einvernehmlich vereinbarter Formen der Beteiligung, die allerdings nur die Angelegenheiten des Katalogs des Abs. 1 betreffen dürfen (§ 5 Abs. 6 S. 3). Eine Erweiterung kommt auch für die Vereinbarung behindertenspezifischer Regelung nach S. 2 in Betracht. 5

E. Rechtsschutz

Eine Verletzung seiner Rechte muss der Werkstattrat nicht hinnehmen. Art. 23 Nr. 2 SGB IX hat § 2a Abs. 1 Nr. 3a ArbGG dahin geändert, dass die Gerichte für Arbeitssache ua zuständig sind für Angelegenheiten aus § 139 SGB IX. Art. 18 Abs. 6 BTHG v. 23.12.2016 (BGBl. I 3234) enthält dazu eine Anpassungsregelung, die der Verschiebung der Paragrafen im Schwerbehindertenrecht in den Teil 3 des SGB IX Rechnung trägt. Begleitregelungen finden sich in den § 10 bzw. § 83 Abs. 3 ArbGG. Sie bieten dem Werkstattrat die Möglichkeit, im Falle der Verletzung seiner Beteiligungsrechte vor dem Arbeitsgericht ein Beschlussverfahren einzuleiten, in dem entweder lediglich das Bestehen des Rechtes festgestellt oder dem Arbeitgeber die Unterlassung künftiger Verletzungen aufgegeben wird. 6

§ 6 Vermittlungsstelle

(1) [1]Die Vermittlungsstelle besteht aus einem oder einer unparteiischen, in Werkstattangelegenheiten erfahrenen Vorsitzenden, auf den oder die sich Werkstatt und Werkstattrat einigen müssen, und aus je einem von der Werkstatt und vom Werkstattrat benannten Beisitzer oder einer Beisitzerin. [2]Kommt eine Einigung nicht zustande, so schlagen die Werkstatt und der Werkstattrat je eine Person als Vorsitzenden oder Vorsitzende vor; durch Los wird entschieden, wer als Vorsitzender oder Vorsitzende tätig wird.

(2) [1]Die Vermittlungsstelle hat unverzüglich tätig zu werden. [2]Sie entscheidet nach mündlicher Beratung mit Stimmenmehrheit. [3]Die Beschlüsse der Vermittlungsstelle sind schriftlich niederzulegen und von dem Vorsitzenden oder der Vorsitzenden zu unterschreiben oder in elektronischer Form niederzulegen und von dem Vorsitzenden oder der Vorsitzenden mit seiner oder ihrer qualifizierten elektronischen Signatur zu versehen. [4]Werkstatt und Werkstattrat können weitere Einzelheiten des Verfahrens vor der Vermittlungsstelle vereinbaren.

(3) [1]Der Einigungsvorschlag der Vermittlungsstelle ersetzt in den Angelegenheiten nach § 5 Absatz 1 sowie in den Angelegenheiten nach § 5 Absatz 2, die nur einheitlich für Arbeitnehmer und Werkstattbeschäftigte geregelt werden können, nicht die Entscheidung der Werkstatt. [2]Bis dahin ist die Durchführung der Maßnahme auszusetzen. [3]Das gilt auch in den Fällen des § 5 Absatz 5 und 6. [4]Fasst die Vermittlungsstelle in den Angelegenheiten nach § 5 Absatz 1 innerhalb von zwölf Tagen keinen Beschluss für einen Einigungsvorschlag, gilt die Entscheidung der Werkstatt.

Übersicht

A. Allgemeines

1 Für die Beilegung von Meinungsverschiedenheiten zwischen Werkstattrat und Werkstatt stellt die Verordnung ein besonderes Verfahren zur Verfügung. Unter Leitung eines außenstehenden Dritten wird in einer dem Betriebsverfassungsgesetz bzw. dem Personalvertretungsrecht nachempfundenen Weise ein formalisierter Versuch der Streitschlichtung unternommen.

B. Bestellung der Vermittlungsstelle

2 Die Vermittlungsstelle besteht aus einem/einer unparteiischen, in Werkstattangelegenheiten erfahrenden Vorsitzenden, der/die zB ein Richter oder eine Richterin aus der Sozialgerichtsbarkeit oder ein Angehöriger der Sozialverwaltung sein kann, sowie einem vom Werkstattrat und der Werkstatt zu benennenden Beisitzer. Kommt eine Einigung über die Person des Vorsitzenden nicht zustande, sieht Abs. 1 S. 2 eine Entscheidung durch Los vor. Diese Lösung hat den Vorzug, sowohl kostengünstig als auch einfach und vor allem schnell zu sein und entspricht damit in besonderer Weise den Bedürfnissen der Praxis.

C. Verfahren

3 Das bereits bei der Bestellung des Vorsitzenden zum Ausdruck kommende Anliegen, mögliche Streitigkeiten zügig zu beenden, findet eine weitere Bestätigung auch darin, dass die Vermittlungsstelle unverzüglich tätig zu werden hat. Fasst die Vermittlungsstelle in den Fällen der Mitwirkung nicht innerhalb von zwölf Tagen einen Beschluss für einen Einigungsvorschlag, entscheidet die Werkstatt. Diese Frist beginnt mit dem Zusammentreten der Vermittlungsstelle. Vorgesehen ist eine Entscheidung nach mündlicher Beratung, die mit Stimmenmehrheit ergeht. Der Beschluss muss schriftlich niedergelegt und vom Vorsitzenden unterzeichnet werden. Art. 4 Nr. 1 des Gesetzes zur Förderung der Betriebsratswahlen und der Betriebsratsarbeit in einer digitalen Arbeitswelt (Betriebsrätemodernisierungsgesetz) vom 14.6.2021 (BGBl. I 1762, 1764) fügte der Regelung eine Ergänzung in Abs. 2 S. 3 an, der eine Niederlegung des Beschlusses auch in elektronischer Form und die Ersetzung der Unterschrift durch die qualifizierte elektronische Signatur des oder der Vorsitzenden ermöglicht. Die Regelung entspricht inhaltlich der gleichzeitig erfolgten Änderung von § 76 Abs. 3 S. 4 BetrVG, die wegen der Entscheidung des BAG (BAG 5.10.2010 – 1 ABR 31/09, NZA 2011, 420) erforderlich wurde (BR-Drs. 271/21, 18). Abs. 2 S. 4 eröffnet die Möglichkeit einer weitergehenden Vereinbarung über die Einzelheiten des Verfahrens vor der Vermittlungsstelle durch Vereinbarung zwischen Werkstatt und Werkstattrat.

D. Entscheidung

4 Der Beschluss hat in den Fällen des § 5 Abs. 1 keine bindende Wirkung. Die Mitwirkung liegt in ihrer Rechtsqualität unterhalb der Ebene der Mitbestimmung (LPK-SGB IX/Jacobs § 222 Rn. 9). Die endgültige Entscheidung erfolgt durch die Werkstatt, die dabei den Einigungsvorschlag berücksichtigen muss. Bis zum Vorliegen einer abschließenden Entscheidung ist die Maßnahme auszusetzen. Dies entspricht strukturell

der Regelung in § 178 Abs. 2 S. 2 SGB IX. Eine Dauerwirkung geht von dieser Regelung nicht aus; denn nach Ablauf der Zwölftagefrist des Abs. 2 S. 1 gilt die Entscheidung der Werkstatt (Abs. 3 S. 4).

4a In den Fällen der Mitbestimmung nach § 5 Abs. 2 entscheidet die Einigungsstelle wie im Betriebsverfassungsrecht gem. Abs. 5 S. 1 endgültig (BT-Drs. 18/9522, 357). Eine dem § 76 Abs. 5 BetrVG entsprechende Regelung fehlt jedoch. Zumindest in den Fällen, in denen ein Rechtsverstoß vorliegt, wird man wegen Art. 19 GG der unterlegenen Seite eine Rechtsschutzmöglichkeit zubilligen müssen. Sie wird in der Durchführung eines Beschlussverfahrens bestehen, mit dem die Feststellung der Unwirksamkeit der Entscheidung der Vermittlungsstelle begehrt wird.

4b In den Fällen, in denen nur eine einheitliche Regelung für Arbeitnehmer und Werkstattbeschäftigte möglich ist und die Gegenstand einer Vereinbarung mit dem Betriebs- oder Personalrat oder einer sonstigen Mitarbeitervertretung sind oder sein sollen, ist die Maßnahme bis zur Erreichung einer einvernehmlichen Regelung zunächst auszusetzen (§ 6 Abs. 3 S. 2). Eine verbindliche Entscheidung durch die Werkstatt kommt nur im Verhältnis zum Werkstattrat in Betracht. Die Regelungen des Betriebsverfassungsgesetzes gehen den §§ 5, 6 vor (s. oben § 5 Rn. 3).

§ 7 Unterrichtungsrechte des Werkstattrats

(1) Der Werkstattrat ist in folgenden Angelegenheiten zu unterrichten:

1. Beendigung des arbeitnehmerähnlichen Rechtsverhältnisses zur Werkstatt, Versetzungen und Umsetzungen,
2. Verlauf und Ergebnis der Eltern- und Betreuerversammlung,
3. Einstellung, Versetzung und Umsetzung des Fachpersonals (Angehörige der begleitenden Dienste und die Fachkräfte zur Arbeits- und Berufsförderung) und des sonstigen Personals der Werkstatt.

(2) [1]Die Werkstatt hat den Werkstattrat in den Angelegenheiten, in denen er ein Unterrichtungsrecht hat, rechtzeitig und umfassend unter Vorlage der erforderlichen Unterlagen zu unterrichten. [2]Die in den Fällen des Absatzes 1 Nr. 1 einzuholende Stellungnahme des Fachausschusses und die in diesem Rahmen erfolgende Anhörung des oder der Werkstattbeschäftigten bleiben unberührt.

1 Neben den Überwachungs- und Mitwirkungsrechten der §§ 5 u. 6 verfügt der Werkstattrat auch über ein Unterrichtungsrecht. Dieses betrifft

1. die Beendigung des arbeitnehmerähnlichen Rechtsverhältnisses zur Werkstatt, Versetzungen und Umsetzungen,
2. Verlauf und Ergebnis der Eltern- und Betreuerversammlung,
3. Einstellung, Versetzung und Umsetzung des Fachpersonals und des sonstigen Personals der Werkstatt.

2 Nr. 1 u. 3 beziehen sich auf die im Arbeitsbereich der Werkstatt beschäftigten Personen ohne Rücksicht auf deren jeweiligen Status, wobei der Werkstattrat lediglich über Veränderungen zu informieren ist.

3 Diese Unterrichtung hat rechtzeitig und umfassend zu erfolgen (Abs. 2 S. 1). Sie ersetzt nach Abs. 2 S. 2 nicht die Anhörung des Fachausschusses iSd § 5 Abs. 5. Nr. 2 betrifft die Errichtung und die Aktivitäten von Eltern- und Betreuerbeiräten gem. § 222 Abs. 4 S. 2 SGB IX.

§ 8 Zusammenarbeit

(1) [1]Die Werkstatt, ihr Betriebs- oder Personalrat oder ihre sonstige Mitarbeitervertretung, die Schwerbehindertenvertretung, die Vertretung der Teilnehmer an Maßnahmen im Eingangsverfahren und im Berufsbildungsbereich nach § 52 des Neunten Buches Sozialgesetzbuch, ein nach § 222 Abs. 4 Satz 2 des Neunten Buches Sozialgesetzbuch errichteter Eltern- und Betreuerbeirat, die Frauenbeauftragte und der Werkstattrat arbeiten im Interesse der Werkstattbeschäftigten vertrauensvoll zusammen. [2]Die Werkstatt, die Frauenbeauftragte und der Werkstattrat können hierbei die Unterstützung der in der Werkstatt vertretenen Behindertenverbände und Gewerkschaften sowie der Verbände, denen die Werkstatt angehört, in Anspruch nehmen.

(2) [1]Werkstatt und Werkstattrat sollen in der Regel einmal im Monat zu einer Besprechung zusammentreten. [2]Sie haben über strittige Fragen mit dem ernsten Willen zur Einigung zu verhandeln und Vorschläge für die Beilegung von Meinungsverschiedenheiten zu machen.

1 Diese Vorschrift überträgt den Gedanken der Zusammenarbeit verschiedener Vertretungsorgane, der zB auch in § 178 Abs. 6 SGB IX zum Ausdruck kommt, unter Berücksichtigung der Besonderheiten der Werkstatt auf diesen Bereich und bezieht entspr. der Regelung in § 2 Abs. 1 auch die Gewerkschaften und Verbände in diese Aufgabe ein. Das Nebeneinander verschiedener Gremien in Werkstätten für behinderte Menschen kann möglicherweise zu Reibungsverlusten führen, sollte jedoch durch eine gesetzesentsprechende Zusammenarbeit vermieden werden können.

2 Abs. 2 ist Ausdruck des Prinzips der vertrauensvollen Zusammenarbeit, das auch in § 74 Abs. 1 BetrVG begründet ist. Durch Art. 13a Nr. 2a und b des Teilhabestärkungsgesetzes vom 2.6.2021 (BGBl. I 1387, 1399) wird sie auch auf die Frauenbeauftragte ausgedehnt (Beschlussempfehlung BT-Drs. 19/28834, 60).

§ 9 Werkstattversammlung

[1]Der Werkstattrat führt mindestens einmal im Kalenderjahr eine Versammlung der Werkstattbeschäftigten durch. [2]Die in der Werkstatt für Versammlungen der Arbeitnehmer geltenden Vorschriften finden entsprechende Anwendung; Teil- sowie Abteilungsversammlungen sind zulässig. [3]Der Werkstattrat kann im Einvernehmen mit der Werkstatt in Werkstattangelegenheiten erfahrene Personen sowie behinderte Menschen, die an Maßnahmen im Eingangsverfahren oder im Berufsbildungsbereich teilnehmen, einladen.

1 Diese Regelung dient der Kommunikation zwischen den Werkstattbeschäftigten und ihrer Vertretung. Wie § 178 Abs. 6 SGB IX sieht sie eine einmal im Jahr stattfindende Versammlung der Werkstattbeschäftigten vor. Auf diese Vorschrift wird auch im Weiteren ausdrücklich Bezug genommen. Sie ist damit auch hier unmittelbar anzuwenden (wegen der Einzelheiten → SGB IX § 178 Rn. 21 ff.).

Abschnitt 2. Wahl des Werkstattrats

Unterabschnitt 1. Wahlberechtigung und Wählbarkeit; Zeitpunkt der Wahlen

§ 10 Wahlberechtigung

Wahlberechtigt sind alle Werkstattbeschäftigten, soweit sie keine Arbeitnehmer sind.

Übersicht

A. Allgemeines

Die Vorschriften des Abschn. 2 betreffen die Wahl des Werkstattrates. Dabei enthält der Unterabschnitt 1 Regelungen zur Wahlberechtigung und zur Wählbarkeit sowie zum Zeitpunkt der Wahlen, während Unterabschnitt 2 die Vorbereitung der Wahl und Unterabschnitt 3 deren Durchführung thematisiert. 1

B. Wahlberechtigung

Die Wahlberechtigung bestimmt sich unmittelbar nach dem Status des jeweiligen behinderten Menschen. Er darf nicht Arbeitnehmer, sondern muss Werkstattbeschäftigter, also ein im Arbeitsbereich der Werkstatt in einem arbeitnehmerähnlichen Rechtsverhältnis beschäftigter behinderter Menschen sein. Auf die Dauer der Zugehörigkeit zur Werkstatt kommt es anders als bei der Wählbarkeit (§ 11 WMVO) nicht an. Nicht wahlberechtigt sind Teilnehmer an Maßnahmen im Eingangsverfahren und im Berufsbildungsbereich (Cramer, Werkstätten für behinderte Menschen, 5. Aufl., WMVO § 10 Rn. 2). 2

§ 11 Wählbarkeit

[1] Wählbar sind alle Wahlberechtigten, die am Wahltag seit mindestens sechs Monaten in der Werkstatt beschäftigt sind. [2] Zeiten des Eingangsverfahrens und der Teilnahme an Maßnahmen im Berufsbildungsbereich werden angerechnet.

Abweichend von § 10 (Wahlberechtigung) wird im Hinblick auf die Wählbarkeit das Erfordernis einer besonderen Dauer der Zugehörigkeit zur Werkstatt aufgestellt. Zeiten des Eingangsverfahrens und der Teilnahme an Berufsbildungsmaßnahmen werden angerechnet. Damit kommt zum Ausdruck, dass Sinn und Zweck dieser Vorschrift die Vertrautheit mit den besonderen Verhältnissen der Werkstatt sind. Mit diesem Erfordernis soll eine verantwortliche Mitwirkung gesichert werden. Dies entspricht auch dem in § 177 Abs. 3 SGB IX zum Ausdruck gekommenen Gedanken, allerdings wird hier ein Mindestalter nicht gefordert. Insoweit besteht Übereinstimmung mit § 8 BetrVG. 1

§ 12 Zeitpunkt der Wahlen zum Werkstattrat

(1) [1] Die regelmäßigen Wahlen zum Werkstattrat finden alle vier Jahre in der Zeit vom 1. Oktober bis 30. November statt, erstmals im Jahre 2001. [2] Außerhalb dieser Zeit finden Wahlen statt, wenn

1. **die Gesamtzahl der Mitglieder nach Eintreten sämtlicher Ersatzmitglieder unter die vorgeschriebene Zahl der Werkstattratsmitglieder gesunken ist,**
2. **der Werkstattrat mit der Mehrheit seiner Mitglieder seinen Rücktritt beschlossen hat,**
3. **die Wahl des Werkstattrats mit Erfolg angefochten worden ist oder**
4. **ein Werkstattrat noch nicht gewählt ist.**

(2) [1]**Hat außerhalb des für die regelmäßigen Wahlen festgelegten Zeitraumes eine Wahl zum Werkstattrat stattgefunden, so ist er in dem auf die Wahl folgenden nächsten Zeitraum der regelmäßigen Wahlen neu zu wählen.** [2]**Hat die Amtszeit des Werkstattrats zu Beginn des für die nächsten regelmäßigen Wahlen festgelegten Zeitraumes noch nicht ein Jahr betragen, ist der Werkstattrat in dem übernächsten Zeitraum der regelmäßigen Wahlen neu zu wählen.**

1 § 12 bezeichnet den Zeitpunkt der Wahl zum Werkstattrat, wobei die Anordnung in Abs. 1 S. 1 der in § 177 Abs. 5 SGB IX (Wahl der Schwerbehindertenvertretung) entspricht. Die in S. 2 genannten Anlässe für Wahlen außerhalb des regelmäßigen Turnus sind (Nr. 3 u. 4) teilidentisch mit jenen für die Wahl der Schwerbehindertenvertretung (§ 177 Abs. 5 Nr. 2, 3 SGB IX), während § 12 Abs. 1 S. 1 Nr. 1, 2 über den Umweg des § 30 den in § 177 Abs. 5 S. 2 Nr. 1 SGB IX in allgemeiner Form beschriebenen Tatbestand wiedergibt.

2 Abs. 2 stimmt inhaltlich mit § 177 Abs. 5 S. 3 SGB IX überein.

Unterabschnitt 2. Vorbereitung der Wahl

§ 13 Bestellung des Wahlvorstandes

(1) [1]**Spätestens zehn Wochen vor Ablauf seiner Amtszeit bestellt der Werkstattrat einen Wahlvorstand aus drei Wahlberechtigten oder sonstigen der Werkstatt angehörenden Personen und einen oder eine von ihnen als Vorsitzenden oder Vorsitzende.** [2]**Dem Wahlvorstand muss mindestens eine wahlberechtigte Frau angehören.**

(2) [1]**Ist in der Werkstatt ein Werkstattrat nicht vorhanden, werden der Wahlvorstand und dessen Vorsitzender oder Vorsitzende in einer Versammlung der Wahlberechtigten gewählt.** [2]**Die Werkstatt fördert die Wahl; sie hat zu dieser Versammlung einzuladen.** [3]**Unabhängig davon können drei Wahlberechtigte einladen.**

1 § 13 WMVO entspricht der Regelung in § 1 SchwbVWO mit dem Unterschied, dass die Bestellung des Wahlvorstands spätestens zehn Wochen vor Ablauf der Amtszeit erfolgen muss. Die Abweichung von der SchwbVWO (spätestens acht Wochen vor Ablauf der Amtszeit) erklärt sich daraus, dass der Wahlvorstand nach der WMVO mit Rücksicht auf die Besonderheiten des angesprochenen Personenkreises etwas mehr Zeit für die Vorbereitung und die Durchführung der Wahl benötigt. Der durch Art. 22 Nr. 6 BTHG in das G angefügte S. 3 stellt sicher, dass dem Wahlvorstand stets eine Frau angehört.

2 Abs. 2 entspricht § 1 Abs. 2 SchwbVWO, enthält jedoch werkstattspezifische Abweichungen. Dies betrifft insbes. die Verpflichtung der Werkstatt zur Förderung der Wahl, die sich zB darin ausdrückt, dass sie zu dieser Versammlung einzuladen hat. Gemeint sind die Fälle, in denen ein Werkstattrat entweder bisher nicht vorhanden war oder nicht bzw. nicht rechtzeitig tätig geworden ist.

3 Unabhängig davon besteht wie in § 1 Abs. 2 SchwbVWO die Möglichkeit der Einladung durch drei Wahlberechtigte. Kein Einladungsrecht hat dagegen abweichend von § 1 Abs. 2 S. 3 SchwbVWO das Integrationsamt. Dies erklärt sich daraus, dass sonst in den Zuständigkeitsbereich eines anderen Trägers eingegriffen würde.

§ 14 Aufgaben des Wahlvorstandes

(1) [1]**Der Wahlvorstand bereitet die Wahl vor und führt sie durch.** [2]**Die Werkstatt hat dem Wahlvorstand auf dessen Wunsch aus den Angehörigen des Fachpersonals eine**

Person seines Vertrauens zur Verfügung zu stellen, die ihn bei der Vorbereitung und Durchführung der Wahl unterstützt. [3] Der Wahlvorstand kann in der Werkstatt Beschäftigte als Wahlhelfer oder Wahlhelferinnen zu seiner Unterstützung bei der Durchführung der Stimmabgabe und bei der Stimmenzählung bestellen. [4] Die Mitglieder des Wahlvorstandes, die Vertrauensperson und die Wahlhelfer und Wahlhelferinnen haben die gleichen persönlichen Rechte und Pflichten wie die Mitglieder des Werkstattrats (§ 37). [5] Die Vertrauensperson nimmt ihre Aufgabe unabhängig von Weisungen der Werkstatt wahr.

(2) **[1] Die Beschlüsse des Wahlvorstandes werden mit Stimmenmehrheit seiner Mitglieder gefasst. [2] Über jede Sitzung des Wahlvorstandes ist eine Niederschrift aufzunehmen, die mindestens den Wortlaut der gefassten Beschlüsse enthält. [3] Die Niederschrift ist von dem Vorsitzenden oder der Vorsitzenden und einem weiteren Mitglied des Wahlvorstandes oder der Vertrauensperson zu unterzeichnen.**

(3) **Der Wahlvorstand hat die Wahl unverzüglich einzuleiten; sie soll spätestens eine Woche vor dem Tag stattfinden, an dem die Amtszeit des Werkstattrats abläuft.**

(4) **[1] Die Werkstatt unterstützt den Wahlvorstand bei der Erfüllung seiner Aufgaben. [2] Sie gibt ihm insbesondere alle für die Anfertigung der Liste der Wahlberechtigten erforderlichen Auskünfte und stellt die notwendigen Unterlagen zur Verfügung.**

Diese Vorschrift beschreibt die Aufgaben des Wahlvorstandes, dem danach die Vorbereitung und Durchführung der Wahl obliegen (Abs. 1 S. 1). Damit verbundene Schwierigkeiten, die ihre Ursache in den zum Eintritt der Behinderung im Einzelfall führenden Gründen (§ 2 Abs. 1 SGB IX) haben können, werden dadurch gemindert, dass die Werkstatt dem Wahlvorstand auf dessen Wunsch aus dem Kreis des Fachpersonals eine Person des Vertrauens zur Verfügung stellen muss, die den Wahlvorstand bei der Erfüllung der ihm obliegenden Pflichten unterstützt. Eine weitere Erleichterung bietet die WMVO mit der Regelung des Abs. 1 S. 3, die den Wahlvorstand berechtigt, zu seiner Unterstützung in der Werkstatt Beschäftigte als Wahlhelfer oder Wahlhelferinnen zu bestellen. Damit sind nicht die Werkstattbeschäftigten iSd § 1 Abs. 1 gemeint, vielmehr verdeutlicht die davon abweichende Begriffsbildung in § 14 Abs. 1 S. 3, dass damit das gesamte Personal der Werkstatt in Betracht kommt. Angesprochen ist der Personenkreis der §§ 9 u. 10 mit Ausnahme des Werkstattleiters, der bereits nach seiner Funktion für diese Aufgabe nicht in Betracht kommt. Inhaltlich entspricht dies dem Verfahren nach § 2 Abs. 1 S. 2 SchwbVWO. Auf die entsprechende Kommentierung kann verwiesen werden (→ SchwbVWO § 2 Rn. 2). 1

S. 4 stellt die Mitglieder des Wahlvorstandes, die Vertrauensperson und die Wahlhelferinnen und Wahlhelfer in ihrem persönlichen Status den Mitgliedern des Werkstattrates gleich (§ 37), während S. 5 verdeutlicht, dass die Vertrauensperson mit der Übernahme der Unterstützungstätigkeit dem Weisungsrecht der Werkstatt entzogen ist. 2

Abs. 2 übernimmt die Anordnung in § 2 Abs. 2 SchwbVWO (→ SchwbVWO § 2 Rn. 3). Abweichend davon besteht mit Rücksicht auf die Besonderheiten der Werkstatt die Möglichkeit der Unterzeichnung der Sitzungsniederschrift auch durch die Vertrauensperson. 3

Abs. 3 sichert die Kontinuität des Werkstattrates. Abweichend von § 2 Abs. 3 SchwbVWO ist hier auf die Einfügung eines Soll-Zeitraums verzichtet worden, klar geregelt ist jedoch in Übereinstimmung mit § 2 Abs. 3 SchwbVWO der späteste zulässige Zeitpunkt der Wahl (eine Woche vor Ablauf der Amtszeit des Werkstattrates). 4

Abs. 4 ist beinahe wortgleich mit der Regelung in § 2 Abs. 6 SchwbVWO (→ SchwbVWO § 2 Rn. 7). Er konkretisiert die Unterstützungsverpflichtung der Werkstatt in materieller Hinsicht. 5

§ 15 Erstellung der Liste der Wahlberechtigten

[1]Der Wahlvorstand stellt eine Liste der Wahlberechtigten auf. [2]Die Wahlberechtigten sollen mit dem Familiennamen und dem Vornamen, erforderlichenfalls dem Geburtsdatum, in alphabetischer Reihenfolge aufgeführt werden.

1 Auf der Grundlage der ihm nach § 14 Abs. 4 mitgeteilten Daten erstellt der Wahlvorstand die Liste der Wahlberechtigten. Dies entspricht § 3 Abs. 1 SchwbVWO (→ SchwbVWO § 3 Rn. 1 f.).

§ 16 Bekanntmachung der Liste der Wahlberechtigten

Die Liste der Wahlberechtigten oder eine Abschrift ist unverzüglich nach Einleitung der Wahl bis zum Abschluss der Stimmabgabe an geeigneter Stelle zur Einsicht auszulegen.

1 Die Vorschrift betrifft den nach der Erstellung der Liste der Wahlberechtigten erforderlichen weiteren Schritt, nämlich die Bekanntmachung der Liste der Wahlberechtigten. Diese oder eine Abschrift davon ist unverzüglich nach Einleitung der Wahl bis zum Abschluss der Stimmabgabe an geeigneter Stelle zur Einsicht auszulegen. Dies entspricht der Regelung in § 3 Abs. 2 SchwbVWO (→ SchwbVWO § 3 Rn. 3).

§ 17 Einspruch gegen die Liste der Wahlberechtigten

(1) Wahlberechtigte und sonstige Beschäftigte, die ein berechtigtes Interesse an einer ordnungsgemäßen Wahl glaubhaft machen, können innerhalb von zwei Wochen seit Erlass des Wahlausschreibens (§ 18) beim Wahlvorstand Einspruch gegen die Richtigkeit der Liste der Wahlberechtigten einlegen.

(2) [1]Über Einsprüche nach Absatz 1 entscheidet der Wahlvorstand unverzüglich. [2]Hält er den Einspruch für begründet, berichtigt er die Liste der Wahlberechtigten. [3]Der Person, die den Einspruch eingelegt hat, wird die Entscheidung unverzüglich mitgeteilt; die Entscheidung muss ihr spätestens am Tag vor der Stimmabgabe zugehen.

(3) [1]Nach Ablauf der Einspruchsfrist soll der Wahlvorstand die Liste der Wahlberechtigten nochmals auf ihre Vollständigkeit hin überprüfen. [2]Im Übrigen kann nach Ablauf der Einspruchsfrist die Liste der Wahlberechtigten nur bei Schreibfehlern, offenbaren Unrichtigkeiten, in Erledigung rechtzeitig eingelegter Einsprüche oder bei Eintritt oder Ausscheiden eines Wahlberechtigten oder einer Wahlberechtigten bis zum Tage vor dem Beginn der Stimmabgabe berichtigt oder ergänzt werden.

1 Diese Vorschrift findet eine Entsprechung in § 4 SchwbVWO. Abweichend davon ist in § 17 Abs. 1 das Erfordernis der Schriftlichkeit des Einspruchs nicht enthalten. Dies berücksichtigt die Besonderheiten des betroffenen Personenkreises, der durch die Aufstellung formaler Hürden nicht an der wirksamen Umsetzung seiner Rechte nach der WMVO gehindert werden soll. Da andererseits das berechtigte Interesse an der Ordnungsgemäßheit der Wahl glaubhaft gemacht werden muss, wird auf diesem Weg ein Mindestmaß an Formalitäten gesichert. Das Verfahren der Berichtigung der Liste sowie der Benachrichtigung des Einspruchsführers entspricht § 4 Abs. 2 SchwbVWO (→ SchwbVWO § 4 Rn. 2). Entsprechendes gilt für die abschließende Prüfung der Vollständigkeit der Liste der Wahlberechtigten durch den Wahlvorstand (§ 17 Abs. 3), die mit der Regelung in § 4 Abs. 3 SchwbVWO übereinstimmt. Dies trifft auch auf die Beschränkung der Berichtigungsmöglichkeiten auf Schreibfehler, offenbare Unrichtigkeiten und die Erledigung rechtzeitig erfolgter Einsprüche zu.

§ 18 Wahlausschreiben

(1) [1]Spätestens sechs Wochen vor dem Wahltag erlässt der Wahlvorstand ein Wahlausschreiben, das von dem oder der Vorsitzenden und mindestens einem weiteren Mitglied des Wahlvorstandes zu unterschreiben ist. [2]Es muss enthalten:

1. das Datum seines Erlasses,
2. die Namen und Fotos der Mitglieder des Wahlvorstandes,
3. die Voraussetzungen der Wählbarkeit zum Werkstattrat,
4. den Hinweis, wo und wann die Liste der Wahlberechtigten und diese Verordnung zur Einsicht ausliegen,
5. den Hinweis, dass nur wählen kann, wer in die Liste der Wahlberechtigten eingetragen ist, und dass Einsprüche gegen die Liste der Wahlberechtigten nur vor Ablauf von zwei Wochen seit dem Erlass des Wahlausschreibens beim Wahlvorstand schriftlich oder zur Niederschrift eingelegt werden können; der letzte Tag der Frist ist anzugeben,
6. die Aufforderung, Wahlvorschläge innerhalb von zwei Wochen nach Erlass des Wahlausschreibens beim Wahlvorstand einzureichen; der letzte Tag der Frist ist anzugeben,
7. die Mindestzahl von Wahlberechtigten, von denen ein Wahlvorschlag unterstützt werden muss (§ 19 Satz 2),
8. den Hinweis, dass die Stimmabgabe an die Wahlvorschläge gebunden ist und dass nur solche Wahlvorschläge berücksichtigt werden dürfen, die fristgerecht (Nummer 6) eingereicht sind,
9. die Bestimmung des Ortes, an dem die Wahlvorschläge bis zum Abschluss der Stimmabgabe durch Aushang oder in sonst geeigneter Weise bekannt gegeben werden,
10. Ort, Tag und Zeit der Stimmabgabe,
11. den Ort und die Zeit der Stimmauszählung und der Sitzung des Wahlvorstandes, in der das Wahlergebnis abschließend festgestellt wird,
12. den Ort, an dem Einsprüche, Wahlvorschläge und sonstige Erklärungen gegenüber dem Wahlvorstand abzugeben sind.

(2) Eine Abschrift oder ein Abdruck des Wahlausschreibens ist vom Tag seines Erlasses bis zum Wahltag an einer oder mehreren geeigneten, den Wahlberechtigten zugänglichen Stellen vom Wahlvorstand auszuhängen.

Diese Vorschrift bestimmt durch die in Abs. 1 in Form eines Katalogs aufgelisteten Anforderungen den konkreten Inhalt des Wahlausschreibens. Auch hier besteht trotz des auf dem ersten Blick bereits nach dem Umfang der Regelung bestehenden deutlichen Unterschiedes zu § 5 SchwbVWO eine fast völlige inhaltliche Übereinstimmung. Mit Rücksicht auf die Besonderheiten des Kreises der Wahlberechtigten im Arbeitsbereich der WfbM enthält Abs. 1 Ziff. 2 das Erfordernis der Einfügung von Fotos der Mitglieder des Wahlvorstandes in das Wahlausschreiben. Damit wird auch für diejenigen Werkstattbeschäftigten, die des Lesens nicht kundig sind, die Möglichkeit der Identifizierung der Mitglieder des Wahlvorstandes eröffnet. Die in den Nr. 6, 7, 8 u. 14 des § 5 Abs. 1 SchwbVWO enthaltenen Anforderungen betreffen allein die Wahl des stellvertretenden Mitgliedes, das es nach der Systematik der WMVO nicht gibt und die deshalb auch in § 18 Abs. 1 nicht berücksichtigt werden. 1

Abs. 2 ist wortidentisch mit § 5 Abs. 2 SchwbVWO. Auf die entsprechende Kommentierung kann verwiesen werden. 2

§ 19 Wahlvorschläge

[1]Die Wahlberechtigten können innerhalb von zwei Wochen seit Erlass des Wahlausschreibens Vorschläge beim Wahlvorstand einreichen. [2]Jeder Wahlvorschlag muss von mindestens drei Wahlberechtigten unterstützt werden. [3]Der Wahlvorschlag bedarf der Zustimmung des Vorgeschlagenen oder der Vorgeschlagenen. [4]Der Wahlvorstand entscheidet über die Zulassung zur Wahl.

1 Die Regelung gibt in komprimierter Form den Inhalt des § 5 SchwbVWO wieder. Auch hier gilt eine Frist von zwei Wochen für die Einreichung der Vorschläge beim Wahlvorstand, die mit dem Erlass des Wahlausschreibens beginnt. Wie in § 17 (Einspruch gegen die Liste der Wahlberechtigten) ist auch hier auf das Erfordernis der Schriftlichkeit des Vorschlages verzichtet worden. Dies gilt auch für die Form der Unterstützung, die anders als in § 6 Abs. 2 SchwbVWO ebenfalls nicht formalisiert ist. Geringere Anforderungen bestehen auch im Hinblick auf die Anzahl der Unterstützer. Notwendig sind lediglich drei Wahlberechtigte. Im Ergebnis bedeutet dies bezogen auf die in § 7 benannte Regelgröße (120 Plätze), das die Anforderungen deutlich reduziert sind, weil in die Mindestzahl der Plätze auch jene im Eingangs- und Berufsbildungsbereich einbezogen sind. Mit Rücksicht auf die Besonderheiten des betroffenen Personenkreises sind auch an die Art der Erklärung der Zustimmung des Vorgeschlagenen bzw. der Vorgeschlagenen besondere Formanforderungen nicht gestellt. Anders als in § 6 Abs. 2 SchwbVWO ist auch hier auf das Erfordernis der Schriftlichkeit verzichtet worden. Letztlich ist in S. 4 die Entscheidungsbefugnis des Wahlvorstandes über die Zulassung zur Wahl geregelt. Dies vereinfacht gegenüber der Wahl der Schwerbehindertenvertretung das in § 6 Abs. 2–4 bzw. § 7 SchwbVWO geregelte Verfahren ganz erheblich und entspricht auch damit dem Bedürfnis der Praxis.

§ 20 Bekanntmachung der Bewerber und Bewerberinnen

Spätestens eine Woche vor Beginn der Stimmabgabe und bis zum Abschluss der Stimmabgabe macht der Wahlvorstand die Namen und Fotos oder anderes Bildmaterial der Bewerber und Bewerberinnen aus zugelassenen Wahlvorschlägen in alphabetischer Reihenfolge in gleicher Weise bekannt wie das Wahlausschreiben (§ 18 Abs. 2).

1 Die Bekanntmachung der Bewerber und Bewerberinnen erfolgt in ähnlicher Weise wie bei der Wahl zur Schwerbehindertenvertretung (§ 8 SchwbVWO). Abweichend davon und insoweit inhaltlich korrespondierend mit den Anforderungen an den Inhalt des Wahlausschreibens (§ 18 Abs. 1 S. 2 Nr. 2) werden die Bewerber nicht nur namentlich bezeichnet, sondern werden auch durch Fotos oder anderes Bildmaterial erkennbar gemacht. Dies ermöglicht auch denjenigen Werkstattbeschäftigten, die des Lesens nicht kundig sind, eine verantwortliche Teilnahme an der Wahl zum Werkstattrat. Dauer und Zeitpunkt der Bekanntmachung (eine Woche vor Beginn der Stimmabgabe bis zu deren Abschluss) entsprechen den formellen Anforderungen des § 8 SchwbVWO (→ SchwbVWO § 8 Rn. 2).

Unterabschnitt 3. Durchführung der Wahl

§ 21 Stimmabgabe

(1) Der Werkstattrat wird in geheimer und unmittelbarer Wahl nach den Grundsätzen der Mehrheitswahl gewählt.

(2) [1]Wer wahlberechtigt ist, kann seine Stimme nur für rechtswirksam vorgeschlagene Bewerber oder Bewerberinnen abgeben. [2]Jeder Wahlberechtigte und jede Wahlberechtigte hat so viele Stimmen, wie Mitglieder des Werkstattrats gewählt werden. [3]Der Stimmzettel muss einen Hinweis darauf enthalten, wie viele Bewerber im Höchstfall gewählt werden dürfen. [4]Für jeden Bewerber oder jede Bewerberin kann nur eine Stimme abgegeben werden.

(3) [1]Das Wahlrecht wird durch Abgabe eines Stimmzettels in einem Wahlumschlag ausgeübt. [2]Auf dem Stimmzettel sind die Bewerber in alphabetischer Reihenfolge unter Angabe von Familienname und Vorname, erforderlichenfalls des Geburtsdatums, sowie mit Foto oder anderem Bildmaterial aufzuführen. [3]Die Stimmzettel müssen sämtlich die gleiche Größe, Farbe, Beschaffenheit und Beschriftung haben. [4]Das Gleiche gilt für die Wahlumschläge.

(4) [1]Bei der Stimmabgabe wird durch Ankreuzen an der im Stimmzettel jeweils vorgesehenen Stelle die von dem Wählenden oder von der Wählenden gewählte Person gekennzeichnet. [2]Stimmzettel, auf denen mehr als die zulässige Anzahl der Bewerber oder Bewerberinnen gekennzeichnet ist oder aus denen sich der Wille des Wählenden oder der Wählenden nicht zweifelsfrei ergibt, sind ungültig.

(5) Ist für mehr als die Hälfte der Wahlberechtigten infolge ihrer Behinderung eine Stimmabgabe durch Abgabe eines Stimmzettels nach den Absätzen 3 und 4 überwiegend nicht möglich, kann der Wahlvorstand eine andere Form der Ausübung des Wahlrechts beschließen.

(6) Der Wahlvorstand kann beschließen, dass die Wahl auch als Briefwahl durchgeführt wird.

Unterabschnitt 3 enthält Vorschriften zur Durchführung der Wahl. § 21 Abs. 1 bestimmt, dass der Werkstattrat in geheimer und unmittelbarer Wahl nach den Grundsätzen der Mehrheitswahl gewählt wird. Eine vergleichbare Regelung findet sich in der SchwbVWO nicht. Einer solchen bedarf es dort allerdings auch nicht, weil die Grundsätze der Wahl der Schwerbehindertenvertretung unmittelbar im G (§ 177 Abs. 6 S. 1 SGB IX) geregelt sind. Auf die entsprechende Kommentierung kann Bezug genommen werden. 1

Abs. 2 regelt die Art der Stimmabgabe, für die ein den praktischen Bedürfnissen des Kreises der Betroffenen entsprechendes vereinfachtes Verfahren gewählt wurde. An der Wahl teilnehmen dürfen nur Wahlberechtigte, dh in der bekannt gemachten Liste der Wahlberechtigten nach § 16 aufgeführte Werkstattbeschäftigte. Die Stimmabgabe kann rechtswirksam nur zugunsten derjenigen Personen erfolgen, die in der nach § 20 bekannt gemachten Liste der zugelassenen Wahlbewerber genannt sind. Jeder Wahlberechtigte verfügt über so viele Stimmen, wie Mitglieder des Werkstattrates gewählt werden. Der Stimmzettel muss einen entsprechenden Hinweis enthalten. Eine Stimmenhäufung ist unzulässig. Für jeden Bewerber darf nur eine Stimme abgegeben werden (Abs. 2 S. 4). Eine Pflicht zur Ausschöpfung des Stimmrechts besteht nicht. 2

Abs. 3 betrifft den Wahlvorgang und formalisiert die Art der Stimmabgabe. Auch in dieser Hinsicht entspricht die Regelung jener in § 9 Abs. 2 SchwbVWO, die lediglich mit Rücksicht auf die dort vorgesehene Wahl des stellvertretenden Mitglieds Abweichungen enthält, die für die Wahl des Werkstattrates nicht relevant sind. 3

Abs. 4 betrifft die unmittelbare Ausübung des Stimmrechts. Wie bei der Wahl zur Schwerbehindertenvertretung erfolgt dies durch Ankreuzen der im Stimmzettel jeweils für den zu Wählenden vorgesehenen Stelle. Abs. 2 betrifft wesentliche Fehler der Stimmabgabe. Dies betrifft den Hauptfall der Überschreitung der Anzahl der für den Einzelnen in Betracht kommenden Stimmen. Im Übrigen wird das Erfordernis der Zweifelsfreiheit des Gewollten aufgestellt. 4

5 Abs. 5 erlaubt ein Abgehen von dieser Art der Stimmabgabe, wenn mehr als der Hälfte der Wahlberechtigten in Folge ihrer Behinderung eine Stimmabgabe durch Abgabe eines Stimmzettels nach den voranstehenden Bestimmungen nicht möglich ist. Dann kann der Wahlvorstand eine andere Form der Ausübung des Wahlrechts bestimmen. In jedem Fall muss den Anforderungen des Abs. 1 genügt sein, dh eine Wahl per Akklamation kommt nicht in Betracht.

6 Durch Art. 1 Nr. 2 der Ersten Verordnung zur Änderung der Werkstätten-Mitwirkungsverordnung vom 18.3.2022 (BGBl. I 476) wurde ein neuer Abs. 6 hinzugefügt, der es dem Wahlvorstand ermöglicht, durch Beschluss festzulegen, dass die Wahl auch als Briefwahl durchgeführt wird. Gleichzeitig wird durch Nr. 3 der Vorschrift der bislang nur faktisch nicht mehr anwendbare § 40b auch formell aufgehoben. Die Zulassung der Briefwahl wurde damit begründet, dass sie sich in der Praxis bewährt hätte und durch die digitalen Möglichkeiten die Teilhabe von sbM gesteigert werden könne. Durch den Verweis in § 39b gilt diese Regelung auch für die Wahl der Frauenbeauftragten (BR-Drs. 109/22, 2).

§ 22 Wahlvorgang

(1) [1] Der Wahlvorstand hat geeignete Vorkehrungen für die unbeobachtete Kennzeichnung der Stimmzettel im Wahlraum zu treffen und für die Bereitstellung einer Wahlurne zu sorgen. [2] Die Wahlurne muss vom Wahlvorstand verschlossen und so eingerichtet sein, dass die eingeworfenen Stimmzettel nicht herausgenommen werden können, ohne dass die Urne geöffnet wird.

(2) [1] Während der Wahl müssen immer mindestens zwei Mitglieder des Wahlvorstandes im Wahlraum anwesend sein. [2] Sind Wahlhelfer oder Wahlhelferinnen bestellt (§ 14 Abs. 1 Satz 3), genügt die Anwesenheit eines Mitgliedes des Wahlvorstandes und eines Wahlhelfers oder einer Wahlhelferin.

(3) Der gekennzeichnete und in den Wahlumschlag gelegte Stimmzettel ist in die hierfür bereitgestellte Wahlurne einzuwerfen, nachdem die Stimmabgabe von einem Mitglied des Wahlvorstandes oder einem Wahlhelfer oder einer Wahlhelferin in der Liste der Wahlberechtigten vermerkt worden ist.

(4) [1] Wer infolge seiner Behinderung bei der Stimmabgabe beeinträchtigt ist, bestimmt eine Person seines Vertrauens, die ihm bei der Stimmabgabe behilflich sein soll, und teilt dies dem Wahlvorstand mit. [2] Personen, die sich bei der Wahl bewerben, Mitglieder des Wahlvorstandes, Vertrauenspersonen im Sinne des § 14 Abs. 1 Satz 2 sowie Wahlhelfer und Wahlhelferinnen dürfen nicht zur Hilfeleistung herangezogen werden. [3] Die Hilfeleistung beschränkt sich auf die Erfüllung der Wünsche des Wählers oder der Wählerin zur Stimmabgabe; die Vertrauensperson darf gemeinsam mit dem Wähler oder der Wählerin die Wahlkabine aufsuchen. [4] Die Vertrauensperson ist zur Geheimhaltung der Kenntnisse von der Wahl einer anderen Person verpflichtet, die sie bei der Hilfeleistung erlangt hat. [5] Die Sätze 1 bis 4 gelten entsprechend für Wähler und Wählerinnen, die des Lesens unkundig sind.

(5) Nach Abschluss der Wahl ist die Wahlurne zu versiegeln, wenn die Stimmenauszählung nicht unmittelbar nach der Beendigung der Wahl durchgeführt wird.

1 Diese Bestimmung betrifft den Wahlvorgang unmittelbar. Die Abs. 1 u. 2 entsprechen mit ganz geringfügigen Abweichungen dem Wortlaut des § 10 Abs. 1, 2 SchwbVWO. Auf die dortige Kommentierung kann Bezug genommen werden. Eine Abweichung besteht insoweit, als bei der Wahl zum Werkstattrat nur eine Wahlurne eingesetzt wird. Dies rechtfertigt sich aus der relativ geringen Größe der Werkstatt, die den Einsatz

mehrerer Wahlurnen nicht erfordert (abw. Cramer, Werkstätten für behinderte Menschen, 5. Aufl., WMVO § 22 Rn. 2).

Abs. 3 betrifft den unmittelbaren Akt des Einwurfes des in den Wahlumschlag gelegten Stimmzettels. Wer dies tut, ist hier in Abweichung von § 10 Abs. 3 SchwbVWO nicht näher geregelt. Identität besteht aber darin, dass der Einwurf erst erfolgt, wenn die Stimmabgabe in der Liste der Wahlberechtigten vermerkt worden ist. Die Regelungen in den Abs. 4 u. 5 entsprechen jenen in § 10 Abs. 4, 5 SchwbVWO. Auch hier kann auf die entsprechende Kommentierung hingewiesen werden. 2

§ 23 Feststellung des Wahlergebnisses

(1) Unverzüglich nach Abschluss der Wahl nimmt der Wahlvorstand öffentlich die Auszählung der Stimmen vor und stellt das Ergebnis fest.

(2) 1 Gewählt sind die Bewerber und Bewerberinnen, die die meisten Stimmen erhalten haben. 2 Bei Stimmengleichheit entscheidet das Los.

(3) 1 Der Wahlvorstand fertigt über das Ergebnis eine Niederschrift, die von dem Vorsitzenden oder der Vorsitzenden und mindestens einem weiteren Mitglied des Wahlvorstandes unterschrieben wird. 2 Die Niederschrift muss die Zahl der abgegebenen gültigen und ungültigen Stimmzettel, die auf jeden Bewerber oder jede Bewerberin entfallenen Stimmenzahlen sowie die Namen der gewählten Bewerber und Bewerberinnen enthalten.

Diese Vorschrift betrifft die Feststellung des Wahlergebnisses. Die Abs. 1–3 entsprechen den § 13 Abs. 1, 2 u. 4 SchwbVWO. Auch hier kann auf die entsprechende Kommentierung verwiesen werden. Eine der Vorschrift des § 13 Abs. 3 SchwbVWO entsprechende Parallelregelung in der WMVO fehlt, weil hier ein stellvertretendes Mitglied nicht gewählt wird. 1

§ 24 Benachrichtigung der Gewählten und Annahme der Wahl

(1) 1 Der Wahlvorstand benachrichtigt die zum Werkstattrat Gewählten unverzüglich von ihrer Wahl. 2 Erklärt eine gewählte Person nicht innerhalb von drei Arbeitstagen nach Zugang der Benachrichtigung dem Wahlvorstand ihre Ablehnung der Wahl, ist sie angenommen.

(2) Lehnt eine gewählte Person die Wahl ab, tritt an ihre Stelle der Bewerber oder die Bewerberin mit der nächsthöchsten Stimmenzahl.

Diese Vorschrift regelt die Art und Weise der Benachrichtigung der Gewählten und die Annahme der Wahl. Sie entspricht inhaltlich dem § 14 SchwbVWO mit Ausnahme derjenigen Passagen, die dort die Wahl des stellvertretenden Mitglieds betreffen. Insoweit besteht keine Parallele zur WMVO. 1

§ 25 Bekanntmachung der Gewählten

Sobald die Namen der Mitglieder des Werkstattrats endgültig feststehen, macht der Wahlvorstand sie durch zweiwöchigen Aushang in gleicher Weise wie das Wahlausschreiben bekannt (§ 18 Abs. 2) und teilt sie unverzüglich der Werkstatt mit.

Die Bekanntmachung der Gewählten erfolgt, sobald diese feststehen. Die Umsetzung dieser Verpflichtung geschieht in der Weise, dass das Wahlergebnis zwei Wochen so 1 ausgehängt wird wie das Wahlausschreiben. Die Werkstatt ist unverzüglich über das Wahlergebnis zu informieren. Auch hier besteht eine unmittelbare Parallele zu einer entsprechenden Regelung in der SchwbVWO (§ 17 SchwbVWO).

§ 26 Aufbewahrung der Wahlunterlagen

Die Wahlunterlagen, insbesondere die Niederschriften, Bekanntmachungen und Stimmzettel, werden vom Werkstattrat mindestens bis zum Ende der Wahlperiode aufbewahrt.

1 Diese Vorschrift regelt die Verpflichtung zur Aufbewahrung der Wahlunterlagen. Dabei handelt es sich insbes. um die Niederschriften, Bekanntmachungen und Stimmzettel. Sie sind vom Werkstattrat bis zum Ende der Wahlperiode aufzubewahren. Dies entspricht der Parallelregelung in § 16 SchwbVWO. Auch hier kann auf die dortige Kommentierung Bezug genommen werden.

§ 27 Wahlanfechtung

(1) **Die Wahl kann beim Arbeitsgericht angefochten werden, wenn gegen wesentliche Vorschriften über das Wahlrecht, die Wählbarkeit oder das Wahlverfahren verstoßen worden ist und eine Berichtigung nicht erfolgt ist, es sei denn, dass durch den Verstoß das Wahlergebnis nicht geändert oder beeinflusst werden konnte.**

(2) [1] **Zur Anfechtung berechtigt sind mindestens drei Wahlberechtigte oder die Werkstatt.** [2] **Die Wahlanfechtung ist nur binnen einer Frist von zwei Wochen, vom Tag der Bekanntgabe des Wahlergebnisses an gerechnet, zulässig.**

1 Die WMVO enthält eine ausdrückliche Regelung zur Wahlanfechtung. Eine solche existiert in der SchwbVWO nicht. Einer solchen bedarf es dort nicht, weil in § 177 Abs. 6 SGB IX unmittelbar auf die Vorschrift über die Wahlanfechtung ua nach den Bestimmungen des Betriebsverfassungsgesetzes verwiesen wird. Dieser Regelung (§ 19 BetrVG) ist § 27 inhaltlich nachempfunden.

2 Eine Anfechtung ist möglich durch einen entsprechenden Antrag beim Arbeitsgericht. Dessen Zuständigkeit ergibt sich aus § 2a Abs. 1 Nr. 3a ArbGG (Angelegenheiten aus § 222 SGB IX). Nach Abs. 2 der Regelung findet in Streitigkeiten dieser Art das Beschlussverfahren statt. Entscheidend ist, dass durch den behaupteten Verstoß das Wahlergebnis geändert oder beeinflusst werden konnte.

3 Abs. 2 enthält formelle Anforderungen im Hinblick auf die Durchführung des Anfechtungsverfahrens. Anfechtungsberechtigt sind danach mindestens drei Wahlberechtigte oder die Werkstatt. Andere Personen, Gremien oder Verbände (vgl. § 8) sind nicht anfechtungsberechtigt (Cramer, Werkstätten für behinderte Menschen, 5. Aufl., WMVO § 27 Rn. 2). Die Anfechtung ist nur zulässig, wenn der entsprechende Antrag innerhalb einer Frist von zwei Wochen seit der Bekanntgabe des Wahlergebnisses beim Arbeitsgericht eingeht.

§ 28 Wahlschutz und Wahlkosten

(1) [1] **Niemand darf die Wahl des Werkstattrats behindern.** [2] **Insbesondere dürfen Werkstattbeschäftigte in der Ausübung des aktiven und passiven Wahlrechts nicht beschränkt werden.**

(2) **Niemand darf die Wahl des Werkstattrats durch Zufügung oder Androhung von Nachteilen oder durch Gewährung oder Versprechen von Vorteilen beeinflussen.**

(3) [1]Die Kosten der Wahl trägt die Werkstatt. [2]Versäumnis von Beschäftigungszeit, die zur Ausübung des Wahlrechts, zur Betätigung im Wahlvorstand oder zur Tätigkeit als Wahlhelfer oder Wahlhelferin erforderlich ist, berechtigt die Werkstatt nicht zur Minderung des Arbeitsentgeltes. [3]Die Ausübung der genannten Tätigkeiten steht der Beschäftigung als Werkstattbeschäftigter gleich.

Diese Vorschrift stimmt beinahe wörtlich mit § 20 BetrVG überein. Eine entsprechende Regelung in der SchwbVWO fehlt. Sie war dort verzichtbar, weil § 177 Abs. 6 S. 2 SGB IX die sinngemäße Anwendung der Vorschriften über Wahlschutz und Wahlkosten bei der Wahl des Betriebsrates (also § 20 BetrVG) anordnet. Auf die entsprechende Kommentierung kann verwiesen werden (→ SGB IX § 177 Rn. 40 f.). 1

Abschnitt 3. Amtszeit des Werkstattrats

§ 29 Amtszeit des Werkstattrats

[1]Die regelmäßige Amtszeit des Werkstattrats beträgt vier Jahre. [2]Die Amtszeit beginnt mit der Bekanntgabe des Wahlergebnisses oder, wenn die Amtszeit des bisherigen Werkstattrats noch nicht beendet ist, mit deren Ablauf. [3]Die Amtszeit des außerhalb des regelmäßigen Wahlzeitraumes gewählten Werkstattrats endet mit der Bekanntgabe des Wahlergebnisses des nach § 12 Abs. 2 neu gewählten Werkstattrats, spätestens jedoch am 30. November des maßgebenden Wahljahres. [4]Im Falle des § 12 Abs. 1 Satz 2 Nr. 1 und 2 endet die Amtszeit des bestehenden Werkstattrats mit der Bekanntgabe des Wahlergebnisses des neu gewählten Werkstattrats.

Die Amtszeit des Werkstattrates beträgt vier Jahre (S. 1). Sie beginnt grds. mit der Bekanntgabe des Wahlergebnisses. Eine Ausnahme gilt für den Fall, dass zu diesem Zeitpunkt noch der bisherige Werkstattrat im Amt ist. Dann beginnt die Amtszeit des neuen Werkstattrates erst mit dem Ablauf derjenigen des bisherigen Werkstattrates (S. 2). Ist der bisherige Werkstattrat allerdings außerhalb des regelmäßigen Wahlzeitraums gewählt worden, endet dessen Amtszeit mit der Bekanntgabe des Wahlergebnisses des nach § 12 Abs. 2 neugewählten Werkstattrates, spätestens am 30.11. des maßgeblichen Wahljahres. Welches dies ist, hängt davon ab, ob der außerhalb des regelmäßigen Wahlzeitraums gewählte Werkstattrat bis zum Beginn des für die nächsten regelmäßigen Wahlen festgelegten Zeitraums (also am 1.10., § 12 Abs. 1 S. 1) noch kein Jahr amtiert hat. Ist dies der Fall, endet seine Amtszeit erst mit der Bekanntgabe des Wahlergebnisses der übernächsten Wahl, sonst mit jener des Ergebnisses der nächsten Wahl. Insoweit besteht eine Parallele zur Dauer der Amtszeit der Schwerbehindertenvertretung (§ 177 Abs. 5 S. 3 SGB IX. Letzteres trifft nach S. 4 auch dann zu, wenn die außerplanmäßige Wahl entweder infolge des Absinkens der Gesamtzahl der Mitglieder des Werkstattrates nach Eintreten sämtlicher Ersatzmitglieder unter die nach § 3 Abs. 1 maßgebliche Zahl abgesunken ist oder der Werkstattrat mit der Mehrheit seiner Mitglieder seinen Rücktritt beschlossen hat. Dies rechtfertigt sich daraus, dass die Zeit, in der ein funktionsfähiger Werkstattrat nicht vorhanden ist, möglichst kurz bemessen sein soll. 1

§ 30 Erlöschen der Mitgliedschaft im Werkstattrat; Ersatzmitglieder

(1) Die Mitgliedschaft im Werkstattrat erlischt durch

1. Ablauf der Amtszeit,
2. Niederlegung des Amtes,

3. Ausscheiden aus der Werkstatt,
4. Beendigung des arbeitnehmerähnlichen Rechtsverhältnisses.

(2) **[1]Scheidet ein Mitglied aus dem Werkstattrat aus, so rückt ein Ersatzmitglied nach. [2]Dies gilt entsprechend für die Stellvertretung eines zeitweilig verhinderten Mitgliedes des Werkstattrats.**

(3) **[1]Die Ersatzmitglieder werden der Reihe nach aus den nicht gewählten Bewerbern und Bewerberinnen der Vorschlagsliste entnommen. [2]Die Reihenfolge bestimmt sich nach der Höhe der erreichten Stimmenzahlen. [3]Bei Stimmengleichheit entscheidet das Los.**

1 Diese Regelung enthält in Abs. 1 zunächst eine Aufstellung derjenigen Gründe, die zur Beendigung der Mitgliedschaft im Werkstattrat führen können. Dies beginnt mit dem Regelfall des Ablaufs der Arbeitszeit (Nr. 1). Daneben sind drei Sonderfälle benannt, die zum selben Ergebnis führen. Dies betrifft die Niederlegung des Amtes (Nr. 2), das Ausscheiden aus der Werkstatt (Nr. 3) und die Beendigung des arbeitnehmerähnlichen Verhältnisses (Nr. 4). Dies entspricht systematisch den Gründen für das Erlöschen des Amtes der Schwerbehindertenvertretung, die in § 177 Abs. 7 S. 3 SGB IX als Fälle des vorzeitigen Erlöschens des Amtes qualifiziert werden. Auch wenn sich dies auf den ersten Blick aus dem Wortlaut des letzten Sonderfalls nicht ergibt, ist hier doch nichts anderes gemeint; denn die in Ziff. 4 erwähnte Beendigung des arbeitnehmerähnlichen Rechtsverhältnisses führt ausweislich der Regelungen in §§ 10 u. 11 unmittelbar zum Wegfall der Wählbarkeit. Die Sachverhaltskonstellationen in den Nr. 3 u. 4 können zusammenfallen. Nr. 4 betrifft aber auch den Fall des Verbleibs in der Werkstatt unter Veränderung des zur Werkstatt bestehenden Rechtsverhältnisses.

2 Abs. 2 regelt in inhaltlicher Übereinstimmung mit dem für die Schwerbehindertenvertretung geltenden Verfahren (§ 177 Abs. 7 S. 4 SGB IX) die Fälle des Nachrückens infolge Ausscheidens aus dem Gremium sowie der Vertretung bei zeitweiliger Verhinderung (→ SGB IX § 177 Rn. 22).

3 Das in Abs. 3 beschriebene Verfahren der Bestimmung der Reihenfolge der Ersatzmitglieder stimmt mit den bei der Wahl der Schwerbehindertenvertretung genannten Grundsätzen (§ 13 Abs. 3 SchwbVWO) überein. Dies gilt auch für den Losentscheid bei Stimmengleichheit (§ 13 Abs. 3 S. 2 WMVO iVm Abs. 2 S. 2 SchwbVWO), der auch bei der Wahl der ordentlichen Mitglieder des Werkstattrates zur Anwendung kommt (§ 23 Abs. 2).

Abschnitt 4. Geschäftsführung des Werkstattrats

§ 31 Vorsitz des Werkstattrats

(1) **Der Werkstattrat wählt aus seiner Mitte den Vorsitzenden oder die Vorsitzende und die ihn oder sie vertretende Person.**

(2) **[1]Der Vorsitzende oder die Vorsitzende oder im Falle der Verhinderung die ihn oder sie vertretende Person vertritt den Werkstattrat im Rahmen der von diesem gefassten Beschlüsse. [2]Zur Entgegennahme von Erklärungen, die dem Werkstattrat gegenüber abzugeben sind, ist der Vorsitzende oder die Vorsitzende oder im Falle der Verhinderung die ihn oder sie vertretende Person berechtigt.**

1 Abschnitt 4 enthält Regelungen zur Geschäftsführung des Werkstattrates, die inhaltlich unmittelbar an dem Modell der Betriebsverfassung orientiert sind. Dies gilt auch für § 31, der fast wortidentisch mit § 26 BetrVG ist. Die Wahl des Vorsitzenden erfolgt aus

den Mitgliedern des Werkstattrates. Es handelt sich um eine gesetzliche Pflichtaufgabe des Werkstattrates. Hat dieser keinen Vorsitzenden, ist er noch nicht funktionsfähig, die Werkstatt kann in einem solchen Fall die Zusammenarbeit mit dem Werkstattrat ablehnen (für den Betriebsrat BAG 23.8.1984 – 6 AZR 520/82, AP BetrVG 1972 § 102 Nr. 36).

Die Wahl, für deren Durchführung mit Ausnahme der Regelung des § 32 Abs. 1 WMVO über die konstituierende Sitzung nähere Vorschriften in der WMVO nicht bestehen, erfolgt in der konstituierenden Sitzung. Der Kandidat ist wahlberechtigt. Bei Streitigkeiten kann sofort durch Los entschieden werden (für die Personalratswahl NdsOVG 6.9.1957 – P.OVG 7/57, AP PersVG § 31 Nr. 7). Die Wahl gilt für die gesamte Amtszeit des Werkstattrates, allerdings kann der Vorsitzende durch die Mehrheit des Gremiums jederzeit abberufen werden. 2

Nach der ausdrücklichen Regelung in Abs. 2 S. 1 vertritt der Vorsitzende den Werkstattrat. Allerdings erfolgt dies nur im Rahmen der von diesem gefassten Beschlüsse. Es handelt sich wie in § 26 BetrVG um eine Vertretung in der Erklärung, nicht jedoch im Willen (BAG 17.2.1981 – 1 AZR 290/78, AP BetrVG § 112 Nr. 11). Eine Erweiterung des Vertretungsrechts durch ständige Übung erfolgt nicht, allerdings kann der Vorsitzende im Rahmen durch das Gremium im Voraus getroffener Entscheidungen handeln. Näheres regelt die Geschäftsordnung, die sich der Werkstattrat geben kann (§ 36). Der Vorsitzende gibt jedoch nicht nur Erklärungen für den Werkstattrat ab, er ist auch nach § 31 Abs. 2 S. 2 zur Entgegennahme von Erklärungen, die gegenüber dem Werkstattrat abzugeben sind, berechtigt. Ein anderes Mitglied des Werkstattrates ist dagegen nur Erklärungsbote der Werkstatt, die damit die Zugangsgefahr trägt. 3

An Stelle des Vorsitzenden kann auch sein Stellvertreter Erklärungen abgeben und/oder in Empfang nehmen. Allerdings kommt dies nur für den Fall der Verhinderung, insbes. bei Urlaub oder Arbeitsunfähigkeit, in Betracht. Die bloße Abwesenheit für wenige Stunden zur Wahrnehmung etwa von außerhalb der Werkstatt zu erfüllenden Aufgaben reicht insoweit nicht aus. Verhinderung liegt auch vor, wenn der Vorsitzende in einer ihn betreffenden Angelegenheit handeln oder eine Erklärung entgegennehmen müsste. 4

Endet das Amt des Vorsitzenden durch Niederlegung allein dieser Funktion oder aus einem der Gründe des § 30 rückt nicht automatisch der Stellvertreter nach. Vielmehr ist eine Neuwahl des Vorsitzenden erforderlich. 5

Streitigkeiten im Zusammenhang mit der Wahl oder Abberufung des Vorsitzenden sind im arbeitsgerichtlichen Beschlussverfahren auszutragen (§ 2a Abs. 1 Nr. 3a, Abs. 2 ArbGG iVm § 222 SGB IX). 6

§ 32 Einberufung der Sitzungen

(1) Innerhalb einer Woche nach dem Wahltag beruft der Vorsitzende oder die Vorsitzende des Wahlvorstandes den neu gewählten Werkstattrat zu der nach § 31 Abs. 1 vorgeschriebenen Wahl ein und leitet die Sitzung.

(2) [1]Die weiteren Sitzungen beruft der Vorsitzende oder die Vorsitzende des Werkstattrats ein, setzt die Tagesordnung fest und leitet die Verhandlung. [2]Der Vorsitzende oder die Vorsitzende hat die Mitglieder des Werkstattrats und die Frauenbeauftragte rechtzeitig unter Mitteilung der Tagesordnung zu laden.

(3) Der Vorsitzende oder die Vorsitzende hat eine Sitzung einzuberufen und den Gegenstand, dessen Beratung beantragt wird, auf die Tagesordnung zu setzen, wenn dies von der Werkstatt beantragt wird.

(4) Die Werkstatt nimmt an den Sitzungen, die auf ihr Verlangen anberaumt sind, und an den Sitzungen, zu denen sie ausdrücklich eingeladen worden ist, teil.

1 Auch die Regelungen über die Einberufung der Sitzungen orientieren sich am Vorbild der Betriebsverfassung. Im konkreten Fall ist § 29 BetrVG das Vorbild der entsprechenden Vorschrift der WMVO. Abs. 1 überträgt dem Vorsitzenden des Wahlvorstandes die Aufgabe, den neugewählten Werkstattrat innerhalb einer Woche nach dem Wahltag zur konstituierenden Sitzung einzuladen und diese zu leiten. Nur die Einladung, nicht die Sitzung selbst, muss innerhalb dieser Frist stattfinden. Unterbleibt die Einladung, sind die Mitglieder des Werkstattrats zur Sicherstellung des gesetzgeberischen Ziels berechtigt, selbst (entweder einzeln oder in ihrer Gesamtheit) zu dieser Sitzung einzuladen (aA für den Betriebsrat BAG 23.8.1984 – 6 AZR 520/82, AP BetrVG 1972 § 102 Nr. 36). Ist der Vorsitzende gewählt, obliegen ihm die Einberufung und Leitung der weiteren Sitzungen (Abs. 2). Gemeinsam mit der Einladung, die nach einer entsprechenden Erweiterung des Tatbestands des Abs. 2 S. 2 durch das BTHG auch an die Frauenbeauftragte zu richten ist, hat er die Tagesordnung zu unterbreiten. Fristen und Form sind in der WMVO nicht geregelt, sie können aber durch die Geschäftsordnung nach § 36 festgelegt werden. Eine Verpflichtung zur Einladung und entsprechender Gestaltung der Tagesordnung trifft den Vorsitzenden dann, wenn die Werkstatt es beantragt. Anders als in § 29 Abs. 2 BetrVG wird hier den anderen Mitgliedern des Werkstattrates ein solches Antragsrecht nicht eingeräumt.

2 Abs. 4 berechtigt die Werkstatt zur Teilnahme an den Sitzungen des Werkstattrats, die entweder auf ihr Verlangen anberaumt wurden oder zu denen sie ausdrücklich eingeladen wurde. Anders als in § 29 Abs. 4 BetrVG ist hier die Hinzuziehung eines Verbandsvertreters nicht vorgesehen. Auch § 8 Abs. 1 S. 2 gibt dafür keine ausreichende Grundlage, wie eine Gegenüberstellung mit § 29 Abs. 4 und § 2 Abs. 1 BetrVG verdeutlicht. Allerdings kann der Werkstattrat selbst einen Verbandsvertreter hinzuziehen (§ 33 Abs. 2 S. 1).

§ 33 Sitzungen des Werkstattrats

(1) [1]**Die Sitzungen des Werkstattrats finden in der Regel während der Beschäftigungszeit statt.** [2]**Der Werkstattrat hat bei der Ansetzung der Sitzungen auf die Arbeitsabläufe in der Werkstatt Rücksicht zu nehmen.** [3]**Die Werkstatt ist vom Zeitpunkt der Sitzung vorher zu verständigen.** [4]**Die Sitzungen des Werkstattrats sind nicht öffentlich.** [5]**Sie finden als Präsenzsitzung statt.**

(1a) **Abweichend von Absatz 1 Satz 5 kann die Teilnahme an einer Sitzung des Werkstattrats mittels Video- und Telefonkonferenz erfolgen, wenn**

1. **die Voraussetzungen für eine solche Teilnahme in der Geschäftsordnung unter Sicherung des Vorrangs der Präsenzsitzung festgelegt sind,**
2. **nicht mindestens ein Viertel der Mitglieder des Werkstattrats binnen einer von dem Vorsitzenden oder der Vorsitzenden zu bestimmenden Frist diesem oder dieser gegenüber widerspricht und**
3. **sichergestellt ist, dass Dritte vom Inhalt der Sitzung keine Kenntnis nehmen können. Eine Aufzeichnung der Sitzung ist unzulässig.**

(1b) **Erfolgt die Sitzung des Werkstattrats mit der zusätzlichen Möglichkeit der Teilnahme mittels Video- und Telefonkonferenz, gilt auch eine Teilnahme vor Ort als erforderlich.**

(2) [1]**Der Werkstattrat kann die Vertrauensperson (§ 39 Abs. 3) und, wenn und soweit er es für erforderlich hält, ein Mitglied des Betriebs- oder Personalrats oder einer sonstigen Mitarbeitervertretung, eine Schreibkraft oder, nach näherer Vereinbarung mit der Werkstatt, einen Beauftragten oder eine Beauftragte einer in der Werkstatt vertretenen Gewerkschaft auf Antrag eines Viertels der Mitglieder des Werkstattrats, einen Vertreter oder eine Vertreterin eines Verbandes im Sinne des § 8 Abs. 1 oder sonstige Dritte zu**

seinen Sitzungen hinzuziehen. [2]Für sie gelten die Geheimhaltungspflicht sowie die Offenbarungs- und Verwertungsverbote gemäß § 37 Abs. 6 entsprechend.

Abs. 1 entspricht unmittelbar der Regelung in § 30 BetrVG. Danach finden die Sitzungen des Werkstattrats in der Regel während der Beschäftigungszeit statt. Eine Ausnahme davon ist nur dann zulässig, wenn die Bedürfnisse der Werkstatt dies erfordern. Allerdings ist kaum vorstellbar, dass ein Mitglied des Werkstattrats auf seiner Beschäftigungsstelle unentbehrlich wäre, so dass ein Abweichen von dieser Regel geboten sein könnte. Die Sitzung muss so anberaumt werden, dass die Arbeitsabläufe in der Werkstatt nicht unzumutbar beeinträchtigt werden. Gegebenenfalls kann die Werkstatt im Wege der einstweiligen Verfügung die Durchführung einer Sitzung untersagen lassen. Die Sitzungen finden nichtöffentlich statt. Über die dort behandelten Themen ist Stillschweigen zu bewahren, soweit es sich um persönliche Verhältnisse und Angelegenheiten von Werkstattbeschäftigten handelt, die ihrer Bedeutung oder ihrem Inhalt nach einer vertraulichen Behandlung bedürfen (§ 37 Abs. 6 Nr. 1). 1

Art. 4 Nr. 2 des Gesetzes zur Förderung der Betriebsratswahlen und der Betriebsratsarbeit in einer digitalen Arbeitswelt (Betriebsrätemodernisierungsgesetz) vom 14.6.2021 (BGBl. I 1762, 1764) fügte der Regelung nach Abs. 1 die neuen Abs. 1a und b ein. Diese Ergänzung entspricht inhaltlich der gleichzeitig erfolgten Änderung von § 30 BetrVG durch Art. 1 Nr. 6 des G (BR-Drs. 271/21, 24). 1a

Abs. 2 berechtigt den Werkstattrat, die Vertrauensperson gem. § 39 Abs. 3 zu seinen Sitzungen hinzuzuziehen. Dies gilt im Rahmen der Erforderlichkeit, die aus der subjektiven Sicht des Gremiums zu beurteilen ist, auch für die Hinzuziehung eines Mitgliedes der Vertretung der sonstigen Beschäftigten (Betriebsrat, Personalrat, Mitarbeitervertretung), einer Schreibkraft und nach näherer Vereinbarung mit der Werkstatt auf Antrag eines Viertels der Mitglieder des Werkstattrats auch eines Beauftragten einer in der Werkstatt vertretenen Gewerkschaft. Letzteres entspricht dem Regelungsgehalt des § 31 BetrVG. Außerdem kann der Werkstattrat, ohne dass ein besonderer Anlass erforderlich wäre, einen Vertreter oder eine Vertreterin eines Verbandes iSd § 8 Abs. 1, also eines Behindertenverbandes oder eines Verbandes, dem die Werkstatt angehört, hinzuzuziehen. Entsprechendes gilt für sonstige Dritte. Damit soll dem Werkstattrat die Möglichkeit gegeben werden, sich zur Wahrung seiner Rechte und zur Erfüllung seiner gesetzlichen Aufgaben im größtmöglichen Umfang externen Sachverstandes bedienen zu können. Für diesen besonderen Personenkreis gilt in diesen Fällen das auch von den Mitgliedern des Werkstattrates zu beachtende Offenbarungs- und Verwertungsverbot des § 34 Abs. 6 entsprechend. 2

§ 34 Beschlüsse des Werkstattrats

(1) **[1]Die Beschlüsse des Werkstattrats werden mit der Mehrheit der Stimmen der anwesenden Mitglieder gefasst. [2]Mitglieder des Werkstattrats, die mittels Video- und Telefonkonferenz an der Beschlussfassung teilnehmen, gelten als „anwesen". [3]Bei Stimmengleichheit ist ein Antrag abgelehnt.**

(2) **Der Werkstattrat ist beschlussfähig, wenn mindestens die Hälfte seiner Mitglieder an der Beschlussfassung teilnimmt; Stellvertretung durch Ersatzmitglieder ist zulässig.**

Diese Vorschrift regelt die Modalitäten der Beschlussfassung des Werkstattrats und dient damit der Ordnungsgemäßheit der Willensbildung des Gremiums. Maßgeblich ist die Mehrheit der Stimmen der anwesenden Mitglieder (einfache Mehrheit). Bei gleicher Stimmenzahl, die nur im Falle des Ausbleibens eines Mitgliedes, für das auch kein Ersatzmitglied an der Sitzung teilnimmt, oder bei Stimmenthaltung denkbar ist (vgl. § 3), gilt der jeweilige Antrag als abgelehnt. Hierbei handelt es sich um eine zwingende 1

Regelung, von der nicht abgewichen werden darf. Unzulässig wäre es zB, in der Geschäftsordnung nach § 36 die Notwendigkeit einer qualifizierten Mehrheit zu begründen. Eine Abhängigkeit von Weisungen Dritter besteht nicht. Die Abstimmung erfolgt in eigener Verantwortung des einzelnen Mitgliedes des Werkstattrates. Eine stillschweigende Beschlussfassung ist unzulässig (für den Betriebsrat BAG 14.2.1996 – 7 ABR 25/95, NZA 1996, 892). Stimmenthaltung ist zulässig. Ist ein Mitglied des Werkstattrats persönlich betroffen, besitzt es kein Stimmrecht in dieser Angelegenheit. An seiner Stelle nimmt ein Ersatzmitglied an der Sitzung teil. In einem solchen Fall darf das verhinderte Mitglied auch nicht an der Beratung teilnehmen, die der Abstimmung vorausgeht (für § 33 BetrVG BAG 23.8.1984 – 2 AZR 391/83, NZA 1985, 254).

2 Beschlussfähig ist der Werkstattrat nach Abs. 2, wenn mindestens die Hälfte seiner Mitglieder an der Sitzung teilnimmt. Die Ersatzmitglieder zählen hier mit. Auch insoweit orientiert sich die WMVO an der Betriebsverfassung. Abs. 2 entspricht § 33 Abs. 2 BetrVG. Art. 4 Nr. 3 des Gesetzes zur Förderung der Betriebsratswahlen und der Betriebsratsarbeit in einer digitalen Arbeitswelt (Betriebsrätemodernisierungsgesetz) vom 14.6.2021 (BGBl. I 1762, 1764) fügte nach Abs. 1 S. 1 einen neuen Satz 2 ein, nach dessen Inhalt Mitglieder des Werkstattrats, die mittels Video- oder Telefonkonferenz an der Sitzung teilnehmen, als anwesend gelten. Diese Ergänzung entspricht inhaltlich der gleichzeitig erfolgten Änderung von § 33 BetrVG durch Art. 1 Nr. 7 des G (BR-Drs. 271/21, 24). Die gegen die als unpräzise gewertete Fassung des § 30 BetrVG geäußerte Kritik (Koch ArbuR 2022, 375) lässt sich auch auf § 34 übertragen.

3 Streitigkeiten im Hinblick auf die Ordnungsgemäßheit eines Beschlusses des Werkstattrats werden im arbeitsgerichtlichen Beschlussverfahren nach § 2a Abs. 1 Nr. 3a, Abs. 2 ArbGG iVm § 222 SGB IX vor den Gerichten für Arbeitssachen ausgetragen.

§ 35 Sitzungsniederschrift

[1] Über die Sitzungen des Werkstattrats ist eine Sitzungsniederschrift aufzunehmen, die mindestens den Wortlaut der Beschlüsse und die Stimmenmehrheit, mit der sie gefasst wurden, enthält. [2] Die Niederschrift ist von dem Vorsitzenden oder von der Vorsitzenden und einem weiteren Mitglied oder der Vertrauensperson (§ 39 Abs. 3) zu unterzeichnen. [3] Ihr ist eine Anwesenheitsliste beizufügen. [4] Nimmt ein Mitglied des Werkstattrats mittels Video- und Telefonkonferenz an der Sitzung teil, so hat es seine Teilnahme gegenüber dem Vorsitzenden oder der Vorsitzenden in Textform zu bestätigen. [5] Die Bestätigung ist der Niederschrift beizufügen. [6] Hat die Werkstatt an der Sitzung teilgenommen, so ist ihr der entsprechende Teil der Niederschrift abschriftlich auszuhändigen.

1 Die Vorschrift begründet die Verpflichtung zur Anfertigung einer Sitzungsniederschrift. Diese muss zumindest den Wortlaut der in der Sitzung gefassten Beschlüsse und das jeweilige Stimmenverhältnis beinhalten. Unterbleibt dies oder fehlt ein Teil dieser Angaben, hat dies allerdings auf die Wirksamkeit der gefassten Beschlüsse keinen Einfluss (für die Betriebsratsfassung BAG 8.2.1977 – 1 ABR 82/74, AP BetrVG 1972 § 80 Nr. 10).

2 Die Niederschrift muss von dem oder der Vorsitzenden und mindestens einem weiteren Mitglied des Werkstattrats, das vom Vorsitzenden frei bestimmt werden kann, oder von der Vertrauensperson nach § 39 Abs. 3 unterzeichnet werden. Ein Verstoß gegen diese Verpflichtung hat allerdings keine Auswirkungen auf die Wirksamkeit eines Beschlusses. Anders als dies etwa nach § 27 Abs. 3 S. 3 BetrVG vorgesehen ist, enthält die WMVO keine Regelung, nach deren Inhalt die Wirksamkeit eines Beschlusses des Werkstattrates von der Wahrung der Schriftform abhängig gemacht würde.

3 Die nach S. 3 der Vorschrift erforderliche Anwesenheitsliste muss nicht von den einzelnen Mitgliedern des Werkstattrates unterzeichnet werden. Es reicht eine bloße

Auflistung der Anwesenden aus. Dies kann zB durch die vom Werkstattrat nach § 33 Abs. 2 hinzugezogene Schreibkraft erfolgen. Art. 4 Nr. 4 des Gesetzes zur Förderung der Betriebsratswahlen und der Betriebsratsarbeit in einer digitalen Arbeitswelt (Betriebsrätemodernisierungsgesetz) vom 14.6.2021 (BGBl. I 1762, 1764) fügte nach S. 3 einen neuen S. 4 ein, nach dessen Inhalt Mitglieder des Werkstattrats, die mittels Video- oder Telefonkonferenz an der Sitzung teilnehmen, dies gegenüber der oder dem Vorsitzenden in Textform zu bestätigen haben, Die Bestätigung ist der Niederschrift beizufügen. Diese Ergänzung entspricht inhaltlich der gleichzeitig erfolgten Änderung von § 34 BetrVG durch Art. 1 Nr. 8 des G (BR-Drs. 271/21, 24).

S. 4 beinhaltet die Verpflichtung zur Aushändigung einer Abschrift des Protokolls an 4
die Werkstatt, wenn diese an der Sitzung teilgenommen hat. Ist dies nur zeitweilig erfolgt, beschränkt sich der Anspruch auf die während der Dauer der Teilnahme behandelten Themen. Dies ist dem Wortlaut der Vorschrift zwar nicht unmittelbar zu entnehmen, entspricht jedoch dem Zweck der Regelung.

§ 36 Geschäftsordnung des Werkstattrats

Der Werkstattrat kann sich für seine Arbeit eine schriftliche Geschäftsordnung geben, in der weitere Bestimmungen über die Geschäftsführung getroffen werden.

Diese Vorschrift eröffnet dem Werkstattrat die Möglichkeit, sich für seine Arbeit eine 1
Geschäftsordnung zu geben, in der weitere Bestimmungen über die Geschäftsführung getroffen werden. Aus dieser Formulierung ist zu schließen, dass eine Ausdehnung der gesetzlichen Vorschriften durch die Geschäftsordnung nicht in Betracht kommt, so dass etwa die Anordnung der Notwendigkeit einer qualifizierten Mehrheit bei einer Beschlussfassung entgegen § 34 Abs. 1 nicht zulässig wäre. Andere Regelungen sind dagegen möglich. Die Bestimmungen einer Geschäftsordnung gelten nicht zwingend mit Wirkung auch für Dritte. Wird ein Beschluss unter Verstoß gegen ihren Inhalt gefasst, hat dies grds. keine Auswirkungen auf deren Rechtswirkung im Verhältnis zu außenstehenden Dritten, dh auch gegenüber der Werkstatt. Auch kann der Werkstattrat jederzeit mit Stimmenmehrheit von der Geschäftsordnung abweichen.

§ 37 Persönliche Rechte und Pflichten der Mitglieder des Werkstattrats

(1) Die Mitglieder des Werkstattrats führen ihr Amt unentgeltlich als Ehrenamt.

(2) Sie dürfen in der Ausübung ihres Amtes nicht behindert oder wegen ihres Amtes nicht benachteiligt oder begünstigt werden; dies gilt auch für ihre berufliche Entwicklung.

(3) [1] Sie sind von ihrer Tätigkeit ohne Minderung des Arbeitsentgeltes zu befreien, wenn und soweit es zur Durchführung ihrer Aufgaben erforderlich ist. [2] Die Werkstattratstätigkeit steht der Werkstattbeschäftigung gleich. [3] In Werkstätten mit wenigstens 200 Wahlberechtigten ist der Vorsitzende oder die Vorsitzende des Werkstattrats auf Verlangen von der Tätigkeit freizustellen, in Werkstätten mit mehr als 700 Wahlberechtigten auch die Stellvertretung. [4] Die Befreiung nach den Sätzen 1 und 3 erstreckt sich nicht auf Maßnahmen nach § 5 Abs. 3 der Werkstättenverordnung.

(4) [1] Absatz 3 Satz 1 gilt entsprechend für die Teilnahme an Schulungs- und Bildungsveranstaltungen, soweit diese Kenntnisse vermitteln, die für die Arbeit des Werkstattrats erforderlich sind. [2] Unbeschadet von Satz 1 hat jedes Mitglied des Werkstattrats während seiner regelmäßigen Amtszeit Anspruch auf Freistellung ohne Minderung des Arbeitsentgeltes für insgesamt 15 Tage zur Teilnahme an solchen Schulungs- und Bildungsver-

anstaltungen; der Anspruch erhöht sich für Werkstattbeschäftigte, die erstmals das Amt eines Mitgliedes des Werkstattrats übernehmen, auf 20 Tage.

(5) [1]Bei Streitigkeiten in Angelegenheiten der Absätze 3 und 4 kann die Vermittlungsstelle angerufen werden. [2]§ 6 Abs. 2 und 3 gilt entsprechend. [3]Der Rechtsweg zu den Arbeitsgerichten bleibt unberührt.

(6) [1]Die Mitglieder des Werkstattrats sind verpflichtet,

1. über ihnen wegen ihres Amtes bekannt gewordene persönliche Verhältnisse und Angelegenheiten von Werkstattbeschäftigten, die ihrer Bedeutung oder ihrem Inhalt nach einer vertraulichen Behandlung bedürfen, Stillschweigen zu bewahren und

2. ihnen wegen ihres Amtes bekannt gewordene und von der Werkstatt ausdrücklich als geheimhaltungsbedürftig bezeichnete Betriebs- und Geschäftsgeheimnisse nicht zu offenbaren und nicht zu verwerten.

[2]Die Pflichten gelten auch nach dem Ausscheiden aus dem Amt. [3]Sie gelten nicht gegenüber den Mitgliedern des Werkstattrats und der Vertrauensperson (§ 39 Abs. 3) sowie im Verfahren vor der Vermittlungsstelle.

1 Gegenstand dieser Regelung sind die persönlichen Rechte und Pflichten der Mitglieder des Werkstattrats. Sie stellt die Mitglieder des Werkstattrats in dieser Hinsicht weitgehend der Schwerbehindertenvertretung gleich.

2 Dies gilt unmittelbar für die Qualifikation des Amtes als Ehrenamt und das Behinderungs- und Benachteiligungsverbot in Abs. 1 u. 2, die mit § 179 Abs. 1 u. 2 SGB IX übereinstimmen (→ SGB IX § 179 Rn. 2 ff.).

3 Einer dem § 179 Abs. 3 SGB IX entsprechenden Regelung bedurfte es nicht, weil § 220 Abs. 2 SGB IX den Mitgliedern des Werkstattrats schon nach ihrem allgemeinen Status als Werkstattbeschäftigte den Aufenthalt in der Werkstatt sichert.

4 § 37 Abs. 3 S. 1, 2 finden eine inhaltliche Entsprechung in § 179 Abs. 4 S. 1 SGB IX. Auf die entsprechende Kommentierung kann verwiesen werden (→ Rn. 10 f., 12 f.). Dies trifft auch auf die Freistellungsregelung in S. 3 zu. Durch Art. 22 Nr. 8a BTHG wurde die Freistellungsregelung in Werkstätten mit mehr als 700 Wahlberechtigten auch auf die Stellvertretung erstreckt. Damit wird dem Umstand Rechnung getragen, dass in größeren Werkstätten die Wahrnehmung der Aufgaben so umfangreich ist, dass der Vorsitzende die Unterstützung eines weiteren freigestellten Mitglieds des Werkstattrats benötigt (BT-Drs. 18/9522, 358). Ausgenommen davon werden allerdings nicht unmittelbar mit der Tätigkeit im Arbeitsbereich der Werkstatt zusammenhängende Aktivitäten, so dass eine Befreiung von der Beschäftigung oder eine Freistellung nicht in Betracht kommen, wenn das Mitglied des Werkstattrats arbeitsbegleitend an einer Maßnahme zur Erhaltung und Erhöhung der im Berufsbildungsbereich erworbenen Leistungsfähigkeit und zur Weiterentwicklung der Persönlichkeit teilnimmt (§ 37 Abs. 3 S. 4 iVm § 5 Abs. 3).

5 Übereinstimmung mit der Rechtsstellung der Schwerbehindertenvertretung besteht dagegen wieder hinsichtlich der Freistellung zur Teilnahme an Schulungs- und Bildungsveranstaltungen. Diese erfolgt jeweils im Rahmen der Erforderlichkeit. Abs. 4 S. 1 entspricht der Bestimmung in § 179 Abs. 4 S. 3 SGB IX (→ SGB IX § 179 Rn. 14). S. 2 definiert den Begriff der Erforderlichkeit dahin, dass deren Voraussetzungen jedenfalls im Umfang von fünfzehn Tagen während der Amtszeit des Werkstattrates notwendig sind. Im Falle der erstmaligen Wahrnehmung des Amtes als Mitglied des Werkstattrats erhöht sich dieser Anspruch auf 20 Tage. Dies entspricht im Grundansatz dem Modell des § 37 Abs. 7 BetrVG, ohne dass allerdings hier zwischen Erforderlichkeit und Geeignetheit der Schulungsveranstaltung unterschieden würde.

6 Ähnlich wie § 37 Abs. 6 S. 5 BetrVG eröffnet § 37 Abs. 5 im Falle von Meinungsverschiedenheiten den Weg zu außergerichtlicher Streitlösung, hier im Wege der Anrufung der Vermittlungsstelle, die allerdings keine ersetzende Entscheidung treffen kann (S. 2 iVm § 6 Abs. 2, 3). Die Teilnahme an Schulungsveranstaltungen gehört nicht zum

Katalog des § 5 Abs. 2. Wäre eine unmittelbare Parallele zu § 37 Abs. 6 S. 5, 6 BetrVG beabsichtigt gewesen, hätte dies im Text der Regelung deutlicher zum Ausdruck gebracht werden müssen. Unabhängig davon könnten Streitigkeiten über die Berechtigung zur Teilnahme an einer Schulungsveranstaltung auch vor den Arbeitsgerichten ausgetragen werden. Dies gilt sowohl für die dem kollektiven Recht zuzuordnende Frage der Verpflichtung des Arbeitgebers zur Freistellung des Werkstattrats von Schulungskosten (§ 2a Abs. 1 Nr. 3a, Abs. 2 ArbGG iVm § 39 Abs. 1 und § 222 SGB IX) als auch die individualrechtliche Frage der Verpflichtung der Werkstatt zur Fortzahlung des Arbeitsentgelts nach § 37 Abs. 3, über die im Urteilsverfahren zu entscheiden ist (§ 2 Abs. 1 Nr. 10 ArbGG iVm § 37 Abs. 3, § 221 SGB IX).

§ 37 Abs. 6 stimmt mit § 179 Abs. 7 SGB IX überein (wegen der Einzelheiten → SGB IX § 179 Rn. 20). 7

§ 38 Sprechstunden

(1) [1]Der Werkstattrat kann während der Beschäftigungszeit Sprechstunden einrichten. [2]Zeit und Ort sind mit der Werkstatt zu vereinbaren.

(2) [1]Versäumnis von Beschäftigungszeit, die zum Besuch der Sprechstunden oder durch sonstige Inanspruchnahme des Werkstattrats erforderlich ist, berechtigt die Werkstatt nicht zur Minderung des Arbeitsentgeltes der Werkstattbeschäftigten. [2]Diese Zeit steht der Werkstattbeschäftigung gleich.

Diese Regelung ist an § 39 BetrVG orientiert. Anders als dort besteht jedoch nach der WMVO keine Möglichkeit, Zeit und Ort der Sprechstunde entgegen den Vorstellungen der Werkstatt durchzusetzen. Auch die Anrufung der Vermittlungsstelle ist für diesen Fall nicht vorgesehen. Abs. 2 sichert in inhaltlicher Übereinstimmung mit § 39 Abs. 2 BetrVG den Entgeltanspruch der Werkstattbeschäftigten für die Zeit, die zum Besuch der Sprechstunde oder durch sonstige Inanspruchnahme des Werkstattrates erforderlich ist. Die Beschränkung des Anspruchs auf das erforderliche Maß schützt die Werkstatt vor unverhältnismäßiger Inanspruchnahme dieses Rechtes durch Querulanten. 1

§ 39 Kosten und Sachaufwand des Werkstattrats

(1) [1]Die durch die Tätigkeit des Werkstattrats entstehenden Kosten trägt die Werkstatt. [2]Das Gleiche gilt für die Kosten, die durch die Teilnahme an Schulungs- und Bildungsveranstaltungen nach § 37 Absatz 4 oder durch die Interessenvertretung auf Bundes- oder Landesebene entstehen.

(2) Für die Sitzungen, die Sprechstunden und die laufende Geschäftsführung hat die Werkstatt in erforderlichem Umfang Räume, sächliche Mittel und eine Bürokraft zur Verfügung zu stellen.

(3) [1]Die Werkstatt hat dem Werkstattrat auf dessen Wunsch eine Person seines Vertrauens zur Verfügung zu stellen, die ihn bei seiner Tätigkeit unterstützt. [2]Die Vertrauensperson nimmt ihre Aufgabe unabhängig von Weisungen der Werkstatt wahr. [3]Die Werkstatt hat sie bei der Erfüllung ihrer Aufgabe zu fördern. [4]Für die Vertrauensperson gilt § 37 entsprechend.

(4) [1]Die Kosten, die durch die Interessenvertretung der Werkstatträte auf Bundesebene entstehen, trägt der nach § 63 Absatz 2 des Neunten Buches Sozialgesetzbuch zuständige Träger. [2]Dieser überweist jeweils zum 1. Februar eines jeden Jahres 1,81 Euro für jeden Werkstattbeschäftigten, der sich am 1. Januar dieses Jahres in seiner Zuständigkeit befindet, an die Interessenvertretung der Werkstatträte auf Bundesebene. [3]Gleichzeitig unterrichtet er die Interessenvertretung über die Berechnungsgrundlagen seiner Zahlung.

[4]Die Interessenvertretung der Werkstatträte auf Bundesebene leitet jährlich zum 30. Juni jedem zuständigen Träger einen Bericht über die Verwendung der im Vorjahr insgesamt erhaltenen Mittel zu. [5]Sie erörtert diese Berichte auf Verlangen mit den zuständigen Trägern oder deren überregionaler Vertretung. [6]Der Betrag nach Satz 2 erhöht sich in entsprechender Anwendung des § 160 Absatz 3 Satz 1 bis 3 des Neunten Buches Sozialgesetzbuch jeweils zu dem Zeitpunkt, zu dem die nächste Neubestimmung der Beträge der Ausgleichsabgabe erfolgt. [7]Die sich ergebenden Beträge sind auf zwei Nachkommastellen kaufmännisch zu runden. [8]Das Bundesministerium für Arbeit und Soziales gibt den Erhöhungsbetrag und die sich nach Satz 7 ergebenden Beträge im Bundesanzeiger bekannt.

1 Der Regelungsgehalt des Abs. 1 stimmt mit § 179 Abs. 8 SGB IX überein. Auf dessen Kommentierung kann verweisen werden. Insbesondere dürfen die durch die Tätigkeit des Werkstattrats entstehenden Kosten nicht auf die Beschäftigten umgelegt werden (Finke br 2002, 9; Müller-Wenner/Schorn/Schorn SGB IX § 139 Rn. 25). Art. 22 Nr. 9a BTHG erweiterte die Kostentragungspflicht auch auf solche, die durch die Interessenvertretung auf Bundes- oder Landesebene entstehen. Die durch die Erfüllung solcher Aufgaben entstehenden Kosten wurden den Werkstätten im Rahmen der Vergütungen nach § 58 Abs. 3 S. 2 Nr. 1 SGB IX ersetzt (BT-Drs. 18/9522, 358). Durch Art. 2a des G zur Umsetzung der Richtlinie (EU) des Europäischen Parlaments und des Rates vom 28. Juni 2018 zur Änderung der Richtlinie 96/71 EG über die Entsendung von Arbeitnehmern im Rahmen der Erbringung von Dienstleistungen vom 10.7.2020 (BGBl. I 1657, 1662) wurde dieses System verändert. Nach dessen Nr. 1a erfolgte zunächst eine Streichung der Wörter „Bundes- oder" in Abs. 1 S. 2. Gleichzeitig erfolgte durch Nr. 1b eine Neuregelung der Kostentragung für die durch die Interessenvertretung der Werkstatträte auf Bundesebene entstehenden Aufwendungen in einem neuen Abs. 4. Inhaltlich erfolgte damit keine Änderung. Allerdings wurde die Regelung vereinfacht und durch die Verknüpfung mit § 18 Abs. 1 SGB IV, die auch für die Ausgleichsabgabe vorgesehen ist, dynamisiert (Ausschussbericht BT-Drs. 19/20145, 20). Die letzte Anpassung von 1,60 EUR auf 1,81 EUR trat ab 1.1.2021 in Kraft (BAnz AT 30.11.2020 B 1). Durch Art. 1 Nr. 1 der Verordnung zur Änderung der Werkstätten-Mitwirkungsverordnung und der Versorgungsmedizin-Verordnung vom 19.6.2023 (BGBl. I Nr. 158) wird dieser Wert in Abs. 4 S. 2 übernommen (BR-Drs. 185/23, S. 6).

2 Abs. 2 knüpft an § 179 Abs. 9 SGB IX an, wobei in § 39 Abs. 2 ausdrücklich eine Beschränkung auf den erforderlichen Umfang vorgesehen ist (→ SGB IX § 179 Rn. 23 ff.). Abs. 3 WMVO aF begründete die Pflicht der Werkstatt, dem Werkstattrat auf dessen Wunsch **aus dem Fachpersonal der Werkstatt** eine Person seines Vertrauens zur Verfügung zu stellen, die ihn bei der Erfüllung seiner Aufgaben unterstützte. Durch das BTHG wurde der Passus „aus dem Fachpersonal" gestrichen. Grund dafür war die Befürchtung, dass aus dem Fachpersonal stammende Vertrauenspersonen von der Werkstattleitung abhängig seien und bei der Wahrnehmung ihrer Aufgaben von dieser beeinflusst werden könnten. Allerdings bleibt für den Werkstattrat die Möglichkeit bestehen, Vertrauenspersonen weiterhin aus diesem Kreis zu bestellen (BT-Drs. 18/9522, 358).

3 Der bisherige Wortlaut entsprach der für den Wahlvorstand geltenden Regelung in § 14 Abs. 1 S. 2. Diese ist unverändert geblieben, während in § 33 Abs. 2 wegen der Verweisung auf § 39 Abs. 3 die dort angesprochene Vertrauensperson grds. nicht aus dem Werkstattpersonal stammen soll. Dies ließe sich möglicherweise damit begründen, dass bei der Wahl eine inhaltliche Beeinflussung der Arbeit des Werkstattrats nicht zu befürchten sei. Zudem regelt S. 5 ausdrücklich, dass diese Vertrauensperson ihre Aufgabe unabhängig von Weisungen der Werkstatt wahrnimmt.

Abschnitt 4a. Frauenbeauftragte und Stellvertreterinnen

§ 39a Aufgaben und Rechtsstellung

(1) Die Frauenbeauftragte vertritt die Interessen der in der Werkstatt beschäftigten behinderten Frauen gegenüber der Werkstattleitung, insbesondere in den Bereichen Gleichstellung von Frauen und Männern, Vereinbarkeit von Familie und Beschäftigung sowie Schutz vor körperlicher, sexueller und psychischer Belästigung oder Gewalt. Werkstattleitung und Frauenbeauftragte sollen in der Regel einmal im Monat zu einer Besprechung zusammentreten.

(2) Über Maßnahmen, die Auswirkungen in den in Absatz 1 genannten Bereichen haben können, unterrichtet die Werkstattleitung die Frauenbeauftragte rechtzeitig, umfassend und in angemessener Weise. Beide Seiten erörtern diese Maßnahmen mit dem Ziel des Einvernehmens. Lässt sich ein Einvernehmen nicht herstellen, kann jede Seite die Vermittlungsstelle anrufen. Die Werkstatt entscheidet unter Berücksichtigung des Einigungsvorschlages endgültig.

(3) Die Frauenbeauftragte hat das Recht, an den Sitzungen des Werkstattrates und an den Werkstattversammlungen (§ 9) teilzunehmen und dort zu sprechen.

(4) Die Stellvertreterinnen vertreten die Frauenbeauftragte im Verhinderungsfall. Darüber hinaus kann die Frauenbeauftragte ihre Stellvertreterinnen zu bestimmten Aufgaben heranziehen.

(5) Die Frauenbeauftragte und ihre Stellvertreterinnen sind von ihrer Tätigkeit ohne Minderung des Arbeitsentgeltes zu befreien, wenn und soweit es zur Durchführung ihrer Aufgaben erforderlich ist. Die Tätigkeit steht der Werkstattbeschäftigung gleich. In Werkstätten mit mehr als 200 wahlberechtigten Frauen ist die Frauenbeauftragte auf Verlangen von der Tätigkeit freizustellen, in Werkstätten mit mehr als 700 wahlberechtigten Frauen auch die erste Stellvertreterin. Die Befreiung nach den Sätzen 1 und 3 erstreckt sich nicht auf Maßnahmen nach § 5 Absatz 3 der Werkstättenverordnung. Im Übrigen gelten § 37 Absatz 1 und 2, 4 bis 6 sowie die §§ 38 und 39 Absatz 1 bis 3 für die Frauenbeauftragte und die Stellvertreterinnen entsprechend.

(6) [1]Die Kosten, die durch die Interessenvertretung der Frauenbeauftragten auf Bundesebene entstehen, trägt der nach § 63 Absatz 2 des Neunten Buches Sozialgesetzbuch zuständige Träger. [2]Dieser überweist jeweils zum 1. Februar eines jeden Jahres 1,81 Euro für jeden Werkstattbeschäftigten, der sich am 1. Januar dieses Jahres in seiner Zuständigkeit befindet, an die Interessenvertretung der Frauenbeauftragten auf Bundesebene. [3]Gleichzeitig unterrichtet er die Interessenvertretung über die Berechnungsgrundlagen seiner Zahlung. [4]Die Interessenvertretung der Frauenbeauftragten auf Bundesebene leitet jährlich zum 30. Juni jedem zuständigen Träger einen Bericht über die Verwendung der im Vorjahr insgesamt erhaltenen Mittel zu. [5]Sie erörtert diese Berichte auf Verlangen mit den zuständigen Trägern oder deren überregionaler Vertretung. [6]Der Betrag nach Satz 2 erhöht sich in entsprechender Anwendung des § 160 Absatz 3 Satz 1 bis 3 des Neunten Buches Sozialgesetzbuch jeweils zu dem Zeitpunkt, zu dem die nächste Neubestimmung der Beträge der Ausgleichsabgabe erfolgt. [7]Die sich ergebenden Beträge sind auf zwei Nachkommastellen kaufmännisch zu runden. [8]Das Bundesministerium für Arbeit und Soziales gibt den Erhöhungsbetrag und die sich nach Satz 7 ergebenden Beträge im Bundesanzeiger bekannt.

Der durch Art. 22 Nr. 10 BTHG neu eingefügte Abschnitt 4a der WMVO enthält Regelungen für die Frauenbeauftragten und ihre Stellvertreterinnen, die wiederum durch Art. 2 Nr. 11b BTHG als Abs. 5 an § 139 SGB IX 2001 angefügt wurde, der heute als § 222 SGB IX 2018 gilt. **1**

2 Die Frauenbeauftragten sollen den in den Werkstätten beschäftigten Frauen als Ansprechpartnerinnen zur Verfügung stehen und ihre Interessen insbes. in den Bereichen Gleichstellung von Frauen und Männern, Vereinbarkeit von Familie und Beschäftigung sowie Schutz vor körperlicher, sexueller und psychischer Belästigung oder Gewalt gegenüber der Werkstatt vertreten. Diesem Zweck dienen die in der Regelung vorgesehenen Gespräche zwischen Werkstattleitung und Frauenvertretung, die in der Regel einmal pro Monat durchgeführt werden sollen (BT-Drs. 18/9522, 358).

3 Abs. 2 sieht vor, dass die Werkstattleitung die Frauenbeauftragte rechtzeitig umfassend und in angemessener Weise über von ihr beabsichtigte Maßnahmen unterrichtet, die in den in Abs. 1 näher bezeichneten Feldern Auswirkungen haben können. Damit besteht eine Parallele zur Unterrichtung des Werkstattrats gem. § 5 Abs. 3. Lässt sich trotz Erörterung im Einzelfall Einvernehmen nicht herstellen, besteht die Möglichkeit zur Anrufung der Vermittlungsstelle, die eine Empfehlung abgibt. Allerdings entscheidet die Werkstatt abschließend. Darüber hinaus ist der Rechtsweg zu den Gerichten für Arbeitssachen eröffnet (§ 2a Abs. 1 Nr. 3a ArbGG).

4 Um die Belange der behinderten Frauen auch gegenüber dem Werkstattrat und allen Beschäftigten der Werkstatt effektiv vertreten zu können, begründet Abs. 3 ein Teilnahmerecht der Frauenbeauftragten sowohl an den Sitzungen des Werkstattrats als auch den Werkstattversammlungen. Dabei hat sie dort jeweils auch ein Rederecht.

5 Abs. 4 enthält Regelungen für die Vertretung der Frauenbeauftragten. Dies gilt einerseits für die Vertretung im Verhinderungsfall, andererseits wird für die Frauenbeauftragte aber auch die Möglichkeit eröffnet, ihre Vertreterin(nen) nach dem Vorbild der Schwerbehindertenvertretung zu bestimmten Aufgaben heranzuziehen. Dabei ist vor allem an die Übernahme der Aufgaben der Frauenbeauftragten in den einzelnen Betriebsstätten zu denken.

6 Abs. 5 enthält eine Regelung zur Freistellung der Frauenbeauftragten und ihrer Stellvertreterinnen unter Fortzahlung des Entgelts, soweit dies zur Wahrnehmung ihrer Aufgaben erforderlich ist. In Werkstätten mit mindestens 200 weiblichen Wahlberechtigten erfolgt eine Freistellung auf Wunsch der Frauenbeauftragten. In Werkstätten mit mehr als 700 weiblichen Wahlberechtigten gilt dies auch für die erste Stellvertreterin. Die Freistellung betrifft nur die Arbeitsleistung. Nach S. 4 der Regelung, die auf § 5 Abs. 3 verweist, gilt dies nicht für Maßnahmen zur Erhaltung und Erhöhung der Leistungsfähigkeit und zur Weiterentwicklung der Persönlichkeit. Die Freistellung soll nicht die Konsequenz haben, dass die Frauenbeauftragten an solchen Maßnahmen nicht mehr teilnehmen können (BT-Drs. 18/9522, 359).

7 S. 5 der Vorschrift enthält Verweise auf für den Werkstattrat geltende Regelungen. Auf die entsprechenden Kommentierungen kann verwiesen werden. Das gilt früher auch für die Kostentragung nach § 39 (vgl. dazu Schachler/Schreiner DVfR Forum B, B1-2021). Durch Art. 1 Nr. 2a und b der Verordnung zur Änderung der Werkstätten-Mitwirkungsverordnung und der Versorgungsmedizin-Verordnung vom 19.6.2023 (BGBl. I Nr. 158) wurde Abs. 5 neu gefasst und der Regelung ein neuer Abs. 6 angefügt. Der in Abs. 5 ursprünglich enthaltene Verweis auf die Finanzierungsregelung in § 39 Abs. 4 ist wegen der Ergänzung durch Abs. 6 entbehrlich. Diese wurde erforderlich, um deutlich zu machen, dass Frauenbeauftragte und Werkstattrat auf Augenhöhe agieren (BR-Drs. 185/23, S. 7).

§ 39b Wahlen und Amtszeit

(1) Die Wahlen der Frauenbeauftragten und der Stellvertreterinnen sollen zusammen mit den Wahlen zum Werkstattrat stattfinden. Wahlberechtigt sind alle Frauen, die auch zum Werkstattrat wählen dürfen (§ 10). Wählbar sind alle Frauen, die auch in den Werkstattrat gewählt werden können (§ 11).

(2) Wird zeitgleich der Werkstattrat gewählt, soll der Wahlvorstand für die Wahl des Werkstattrates auch die Wahl der Frauenbeauftragten und ihrer Stellvertreterinnen vorbereiten und durchführen. Anderenfalls beruft die Werkstatt eine Versammlung der wahlberechtigten Frauen ein, in der ein Wahlvorstand und dessen Vorsitzende gewählt werden. Auch drei wahlberechtigte Frauen können zu dieser Versammlung einladen. Für die Vorbereitung und Durchführung der Wahl gelten die §§ 14 bis 28 entsprechend.

(3) Für die Amtszeit der Frauenbeauftragten und ihrer Stellvertreterinnen gilt § 29 entsprechend. Das Amt der Frauenbeauftragten und ihrer Stellvertreterinnen erlischt mit Ablauf der Amtszeit, Niederlegung des Amtes, Ausscheiden aus der Werkstatt, Beendigung des arbeitnehmerähnlichen Rechtsverhältnisses oder erfolgreicher Wahlanfechtung.

Die Wahlen der Frauenbeauftragten sollen zusammen mit den Wahlen der Werkstat- 1
träte durchgeführt werden, nach § 12 Abs. 1 also regelmäßig alle vier Jahre. Dies hat den vorteilhaften Effekt, dass Werkstattrat und Frauenbeauftragte dieselbe Amtszeit haben, in der sie zusammenarbeiten. Darüber hinaus sprechen auch praktische Gründe für die Gleichzeitigkeit der Wahlen; denn Wahlberechtigung und Wählbarkeit für beide Ämter unterscheiden sich nicht.

Nach Abs. 2 entsprechen Vorbereitung und Durchführung der Wahl des Werkstattrats 2
und der Frauenbeauftragten grds. denselben Regeln. Der Wahlvorstand für den Werkstattrat soll daher auch die Wahl der Frauenbeauftragten vorbereiten und durchführen. Dies ist bei gleichzeitiger Wahl sinnvoll. Zudem ordnet der neue § 13 Abs. 1 S. 2 an, dass dem vom Werkstattrat bestellten Wahlvorstand mindestens eine Frau angehören muss. Allerdings ist es nicht ausgeschlossen, dass die wahlberechtigten Frauen in einer eigenen Versammlung einen eigenen Wahlvorstand wählen, wenn sie dies für angebracht halten. In jedem Fall sind die für die Wahl des Werkstattrats maßgeblichen Vorschriften (§§ 14–28) auch bei der Wahl der Frauenbeauftragten zu beachten (BT-Drs. 18/9522, 360). Damit ist nach Einfügung des neuen Abs. 6 in § 21 nunmehr auch die Möglichkeit der Briefwahl eröffnet (BR-Drs. 109/22, 2).

Abs. 3 enthält Regelungen für die Amtszeit der Frauenbeauftragten, die wie beim 3
Werkstattrat in der Regel vier Jahre beträgt (§ 29). Für den Fall des Erlöschens des Amtes und das Nachrücken enthält die Vorschrift inhaltlich an § 30 angelehnte Bestimmungen. Können die Ämter der Frauenbeauftragten und der Stellvertreterin aus der Vorschlagsliste nicht mehr besetzt werden, findet für beide Positionen eine außerplanmäßige Wahl statt (BT-Drs. 18/9522, 360).

§ 39c Vorzeitiges Ausscheiden

(1) Scheidet die Frauenbeauftragte vor dem Ablauf der Amtszeit aus dem Amt aus, wird die erste Stellvertreterin zur Frauenbeauftragten.

(2) Scheidet eine Stellvertreterin vorzeitig aus ihrem Amt aus, rückt die nächste Stellvertreterin beziehungsweise aus der Vorschlagsliste die Bewerberin mit der nächsthöheren Stimmenzahl nach. Bei Stimmengleichheit entscheidet das Los.

(3) Können die Ämter der Frauenbeauftragten und der Stellvertreterinnen aus der Vorschlagsliste nicht mehr besetzt werden, erfolgt eine außerplanmäßige Wahl der Frauenbeauftragten und der Stellvertreterinnen.

(4) Hat außerhalb des für die regelmäßigen Wahlen festgelegten Zeitraumes eine Wahl zu den Ämtern der Frauenbeauftragten und ihrer Stellvertreterinnen stattgefunden, so sind sie in dem auf die Wahl folgenden nächsten Zeitraum der regelmäßigen Wahlen neu zu wählen. Hat die Amtszeit zu Beginn des für die nächsten regelmäßigen Wahlen festgelegten Zeitraumes noch nicht ein Jahr betragen, sind die Frauenbeauftragte und

ihre Stellvertreterinnen in dem übernächsten Zeitraum der regelmäßigen Wahlen neu zu wählen.

1 § 39c knüpft inhaltlich an § 39b Abs. 3 an und enthält Regelungen für „Störfälle", also tatsächliche Situationen, die vom Leitbild der regelmäßig alle vier Jahre stattfinden Wahl der Frauenbeauftragten abweichen.

2 Inhaltlich setzt sich dabei die Parallele zur Situation des Werkstattrats fort. § 39c entspricht materiell den §§ 30, 12 Abs. 2, so dass auf die dortigen Kommentierungen verwiesen werden kann.

Abschnitt 5. Schlussvorschriften

§ 40 Amtszeit der bestehenden Werkstatträte

[1]Die Amtszeit der zum Zeitpunkt des Inkrafttretens dieser Verordnung bereits bestehenden Werkstatträte endet am Tag der Bekanntgabe des Wahlergebnisses der erstmaligen regelmäßigen Wahl eines Werkstattrats nach den Bestimmungen dieser Verordnung, spätestens jedoch am 30. November 2001. [2]§ 13 gilt entsprechend.

1 Abschnitt 5 enthält Schlussvorschriften. § 40 berücksichtigt die Existenz von Werkstatträten auf anderer Grundlage als der WMVO und dient dem Ziel der Herbeiführung identischer Amtszeiten in allen entsprechenden Einrichtungen. Die Mitgliedschaft in einem solchen Werkstattrat endet am Tag der Bekanntgabe des Wahlergebnisses der erstmaligen regelmäßigen Wahl eines Werkstattrates nach den Bestimmungen der WMVO, spätestens am 30.11.2001. Die Bestellung des Wahlvorstandes erfolgt nach den Vorschriften der WMVO (S. 2 iVm § 13 Abs. 1).

§ 40a (aufgehoben)

1 Durch Art. 2a des G zur Umsetzung der Richtlinie (EU) des Europäischen Parlaments und des Rates vom 28. Juni 2018 zur Änderung der Richtlinie 96/71 EG über die Entsendung von Arbeitnehmern im Rahmen der Erbringung von Dienstleistungen vom 10.7.2020 (BGBl. I 1657, 1662) wurde nach § 40 ein neuer § 40a (Sonderregelungen aus Anlass der COVID-19-Pandemie) eingefügt, der die Durchführung von Sitzungen im Wege der Video- oder Telefonkonferenz zuließ und inhaltlich den für die Betriebsräte geltenden Regelungen nachempfunden war. Diese Regelung war bis zum 31.12.2020 befristet und wurde durch Art. 2b des G zum 1.1.2021 wieder aufgehoben (Ausschussbericht BT-Drs. 19/20145, S. 20).

§ 40b (aufgehoben)

1 Art. 13a Nr. 3 des Teilhabestärkungsgesetzes vom 2.6.2021 (BGBl. I 1387, 1399) fügte § 40b mit Wirkung zum 3.6.2021 (Art. 14d G) in die WMVO ein. Diese Regelung ermöglichte die Abhaltung von Wahlversammlungen im Wege der Video- oder Telefonkonferenz während der COVID-19-Pandemie und stellte eine Alternative zu Präsenzveranstaltungen dar. Auf diese Weise konnten Wahlveranstaltungen rechtssicher durchgeführt werden. Allerdings durfte der eigentliche Wahlakt nicht auf der Veranstaltung stattfinden, wie Satz 3 verdeutlicht. Er sah vor, dass der Wahlvorstand die Durchführung einer Briefwahl beschließen konnte (BT-Drs. 19/28834, 60). Dieses Regelungsprinzip

ähnelte strukturell § 20 Abs. 5 SchwbVWO. Durch Art. 11 des G zur Stärkung der Impfprävention gegen COVID-19 und zur Änderung weiterer Vorschriften im Zusammenhangmit der COVID-19-Pandemie (BGBl. I S. 5162, 5171) wurde die Vorschrift dahin verändert, dass der Wahlvorstand bis zum 19.3.2022 beschließen konnte, dass die Wahl auch als Briefwahl durchgeführt wurde. Damit blieb die Regelung über den Zeitpunkt der Aufhebung der Feststellung einer epidemischen Lage von nationaler Tragweite nach § 5 des InfSchG bis zum 19.3.2022 in Kraft (BR-Drs. 20/188) Mit dem Erreichen dieses Datums ist sie faktisch aufgehoben. Die formelle Aufhebung erfolgte durch Art. 1 Nr. 3 der Ersten Verordnung zur Änderung der Werkstätten-Mitwirkungsverordnung vom 18.3.2022 (BGBl. I S. 476). Gleichzeitig erfolgte eine inhaltlich identische Regelung durch die Einfügung eines neuen Abs. 6 in § 21, so dass die Parallele zu § 21 SchwbVWO weitergeführt wird.

§ 41 Inkrafttreten

Diese Verordnung tritt am 1. Juli 2001 in Kraft.

Die Vorschrift ist am 1.7.2001 in Kraft getreten, nachdem sie am 25.6.2001 bekannt gemacht worden war. 1

e) Schwerbehindertenausweisverordnung

In der Fassung vom 25. Juli 1991 (BGBl. I S. 1739)
FNA 871-1-9

zuletzt geändert durch G vom 20. August 2021 (BGBl. I S. 3932)

Erster Abschnitt. Ausweis für schwerbehinderte Menschen

§ 1 Gestaltung des Ausweises

(1) [1]**Der Ausweis im Sinne des § 152 Abs. 5 des Neunten Buches Sozialgesetzbuch über die Eigenschaft als schwerbehinderter Mensch, den Grad der Behinderung und weitere gesundheitliche Merkmale, die Voraussetzung für die Inanspruchnahme von Rechten und Nachteilsausgleichen nach dem Neunten Buch Sozialgesetzbuch oder nach anderen Vorschriften sind, wird nach dem in der Anlage zu dieser Verordnung abgedruckten Muster 1 ausgestellt.** [2]**Der Ausweis ist mit einem fälschungssicheren Aufdruck in der Grundfarbe grün versehen.**

(2) **Der Ausweis für schwerbehinderte Menschen, die das Recht auf unentgeltliche Beförderung im öffentlichen Personenverkehr in Anspruch nehmen können, ist durch einen halbseitigen orangefarbenen Flächenaufdruck gekennzeichnet.**

(3) **Der Ausweis für schwerbehinderte Menschen, die zu einer der in § 234 Abs. 1 Satz 1 Nr. 2 Buchstabe a des Neunten Buches Sozialgesetzbuch genannten Gruppen gehören, ist nach § 2 zu kennzeichnen.**

(4) **Der Ausweis für schwerbehinderte Menschen mit weiteren gesundheitlichen Merkmalen im Sinne des Absatzes 1 ist durch Merkzeichen nach § 3 zu kennzeichnen.**

(5) **Der Ausweis ist als Identifikationskarte nach dem in der Anlage zu dieser Verordnung abgedruckten Muster 5 auszustellen.**

1 Bis zum Inkrafttreten der 4. DVO galten in der Bundesrepublik unterschiedliche Ausweise für die verschiedenen Gruppen Schwerbehinderter. Eine gewisse Regelung ergab sich aus den Richtlinien über Ausweise für Schwerbeschädigte und Schwerbehinderte v. 11.10.1965, zuletzt idF v. 6.1.1977. Das G über die unentgeltliche Beförderung Schwerbehinderter im öffentlichen Personenverkehr v. 9.7.1979 (BGBl. I 989) hatte auch für die Freifahrten Schwerbehinderter die bisher auf Schwerbeschädigte beschränkte Regelung nach dem G über die unentgeltliche Beförderung von Kriegs- und Wehrdienstbeschädigten sowie von anderen Behinderten im Nahverkehr v. 27.8.1965 (BGBl. I 978, zuletzt idF v. 18.3.1975, BGBl. I 705) auf alle Schwerbehinderten nach dem jetzt bestehenden Grundsatz der finalen Behinderung neugestaltet und ausgedehnt. Da dies und die Kostenerstattung von unterschiedlichen Voraussetzungen abhängt, musste auch der Ausweis zur Feststellung der Grundlagen neu und einheitlich gestaltet werden (§§ 59–67 SchwbG, heute §§ 228–237 SGB IX 2018). Die besonderen Eintragungen nach Zugehörigkeit zu den Gruppen sind als Grundlage für die nach §§ 62, 63 SchwbG, heute §§ 231, 232 SGB IX 2018, zu ermittelnden Zahlen der Ausweise besonders zu erfassen (§ 67 SchwbG, heute § 236 SGB IX 2018). Die Möglichkeit zum Erlass einer solchen einheitlichen Ausweisverordnung war bereits durch das 8. Anpassungsgesetz KOV v. 14.6.1976 (BGBl. I 1481) geschaffen worden, das § 4 Abs. 5 SchwbG geändert und die Ermächtigung zum Erlass einer Durchführungsverordnung über die Gestaltung der Ausweise, ihre Gültigkeitsdauer und das Verwaltungsverfahren gegeben hatte. Die entsprechende Regelung findet sich heute in § 152 Abs. 5 SGB IX 2018.

2 Unter dem 11.7.1980 hatte die BReg. dem BR die von der BReg. beschlossene entsprechende 4. DVO mit Begründung zugesandt (BR-Drs. 435/80). Der Ausschuss für Arbeit und Sozialpolitik des Bundesrates machte dazu einige Änderungsvorschläge (BR-Drs. 435/1/80). Mit Maßgabe dieser Änderungen stimmte der BR in seiner 492. Sitzung am 24.10.1980 zu (BR-Drs. 435/80 Beschluss). Die Änderungen wurden in die VO aufgenommen, die dann am 15.5.1981 in BGBl. I 431 verkündet wurde. Sie trat nach ihrem § 11 am 1.11.1981 in Kraft. Wegen der Änderungen durch das Haushaltsbegleitgesetz 1984 v. 22.12.1983 (BGBl. I 1532) musste zur Einführung des Vermerks über die Inanspruchnahme der Kraftfahrzeugsteuerermäßigung und der Wertmarkte die 4. DVO geändert werden. Auf Vorschlag der Länder sollte zur vereinfachten Durchführung ein Beiblatt eingefügt werden (§ 3a SchwbAwV). Unter dem 17.1.1984 wurde die Änderung dem BR übermittelt (BR-Drs. 20/84). Nach dessen Zustimmung am 16.3.1984 (533. Sitzung) wurde am 7.4.1984 die Erste VO zur Änderung der Ausweisverordnung v. 3.4.1984 (BGBl. I 505) veröffentlicht und gleichzeitig die Neufassung der 4. DVO v. 3.4.1984 (BGBl. I 509) bekannt gemacht. Das G zur Erweiterung der unentgeltlichen Beförderung Schwerbehinderter v. 18.7.1985 (BGBl. I 1516) hat ab 1.10.1985 die Einschränkungen durch das Haushaltsbegleitgesetz 1984 teilweise wieder zurückgenommen: Hilflose und Gehörlose hatten Anspruch auf Freifahrt auch ohne Gehbehinderung; im Umkreis von 50 km um den Wohnsitz. Sie konnten wieder die Bundesbahn (einschließlich D- und IR-Züge gegen Zuschlag) benutzt werden. Das machte gleichzeitig eine Ergänzung der SchwbAwV erforderlich (Art. 2 des Gesetzes v. 18.7.1985, BGBl. I 1516). Zu beachten ist weiter, dass die Neufassung v. 26.8.1986 (BGBl. I 1421) die Paragraphenfolge des 11. Abschnitts änderte. Die Vorschriften der früheren §§ 57 ff. SchwbG galten jetzt als §§ 59–67 SchwbG. War daher seitdem in § 1 Abs. 1 S. 1 SchwbAwV anstelle von § 3 Abs. 5 SchwbAwV richtigerweise § 4 Abs. 5 SchwbAwV und in Abs. 3 statt § 63 SchwbG zutreffend § 65 SchwbG, zu lesen, war dies durch die Neufassung v. 25.7.1991 (BGBl. I 1739) überholt. Diese enthielt auch iÜ durch die Verwendung der Begriffe Behinderung und Nachteilsausgleiche eine Anpassung an die Terminologie des SchwbG. Durch Art. 6 Abs. 104 Ziff. 1 des Eisenbahnneuordnungsgesetzes v. 21.12.1993 (BGBl. I 2378, 2417) ist § 7 Abs. 2 mit Wirkung zum 1.1.1994 (Art. 11 Abs. 1 ENeuOG) neu gefasst worden. Art. 56 SGB IX v. 19.6.2001 (BGBl. I 1046, 1131) brachte neben einer Reihe lediglich redaktioneller Anpassungen auch einige

materielle Änderungen mit sich. Dies gilt für das nunmehr in § 3 Abs. 1 Nr. 4 enthaltene neue Merkzeichen „GL" für Gehörlose sowie die Übergangsregelung in § 9. Eher formaler Natur war dagegen die Änderung des Wortlauts von § 3 Abs. 2 Nr. 1 SchwbAwV durch Art. 6 Nr. 3 des Gesetzes zur Änderung des Betriebsrentengesetzes und anderer Gesetze v. 2.12.2006 (BGBl. I 2742, 2745), der lediglich an die seither ebenfalls geänderte Fassung von § 146 Abs. 2 SGB IX 2001 angepasst wurde. Durch Art. 20 Abs. 8 Nr. 2 des Gesetzes zur Änderung des Bundesversorgungsgesetzes und anderer Vorschriften des sozialen Entschädigungsrechts v. 13.12.2007 (BGBl. I 2904, 2928) erfolgte eine redaktionelle Angleichung an die geänderte Begriffsbildung in § 30 Abs. 2 BVG, in dem nicht mehr vom Prozentsatz der Minderung der Erwerbsfähigkeit die Rede ist, sondern auf den Grad der Schädigungsfolgen abgestellt wird.

§ 1 unterscheidet zwischen dem grünen Schwerbehindertenausweis nach einheitlichem **3**
Muster und dem Ausweis für unentgeltliche Beförderung im öffentlichen Personenverkehr mit halbseitigem orangefarbenem Flächenaufdruck. In der Gestaltung sind beide Arten gleich. Sie werden fälschungssicher von der Bundesdruckerei hergestellt und an die zuständigen Landesbehörden ausgeliefert. Der Ausweis mit orangefarbenem Flächenaufdruck ist Voraussetzung für den Anspruch auf unentgeltliche Beförderung (§ 228 Abs. 1 SGB IX: „gegen Vorzeigen eines entspr. gekennzeichneten Ausweises"). Dazu kommt seit 1.4.1984 das weitere Erfordernis der (ggf. unentgeltlich ausgegebenen) Wertmarke nach § 59 SchwbG idF des Haushaltsbegleitgesetzes 1984 v. 22.12.1983 (BGBl. I 1532, heute: § 228 SGB IX), die auf dem Beiblatt nach § 3a SchwbAwV angebracht wird.

Die Kennzeichnung nach Sondergruppen dient der Erfassung gem. § 236 SGB IX und **4**
umfasst die Gruppen des § 2 mit Anspruch auf Versorgung nach dem BVG (Kriegsbeschädigtein der am 31.12.2023 geltenden Fassung oder nach § 21 SGB XIV (→ § 2 Rn. 2).Die Kennzeichnung wird auf dem Vordruck eingetragen und mit dem sog. kleinen Dienststempel versehen.

Weitere gesundheitliche Merkmale werden nach § 3 eingetragen. Außerdem ist Raum **5**
für die Eintragung landesrechtlicher Vergünstigungen nach § 4 Abs. 1 vorgesehen.

Durch Art. 18 Abs. 3 Ziff. 1 BTHG wurde Abs. 5 neu gefasst. Dabei handelt es sich **6**
lediglich um eine Anpassung des Textes infolge des Ablaufs der Übergangsfrist für die Einführung des neuen Schwerbehindertenausweises BT-Drs. 18/9522, 350).

§ 2 Zugehörigkeit zu Sondergruppen

(1) Im Ausweis ist die Bezeichnung „Kriegsbeschädigt" einzutragen, wenn der schwerbehinderte Mensch wegen eines Grades der Schädigungsfolgen von mindestens 50 Anspruch auf Versorgung nach dem Bundesversorgungsgesetz in der am 31. Dezember 2023 geltenden Fassung oder nach § 24 des Vierzehnten Buches Sozialgesetzbuch hat.

(2) [1] Im Ausweis sind folgende Merkzeichen einzutragen:

1. VB
- **a) wenn der schwerbehinderte Mensch wegen eines Grades der Schädigungsfolgen von mindestens 50 Anspruch auf Leistungen nach anderen Bundesgesetzen in entsprechender Anwendung**
  - **aa) der Vorschriften des Vierzehnten Buches Sozialgesetzbuch oder**
  - **bb) des Bundesversorgungsgesetzes in der bis zum 31. Dezember 2023 geltenden Fassung oder**
- **b) wenn der Grad der Schädigungsfolgen wegen des Zusammentreffens mehrerer Ansprüche auf folgende Leistungen in seiner Gesamtheit mindestens 50 beträgt und weder die Bezeichnung „kriegsbeschädigt" noch das Merkzeichen „EB" einzutragen ist:**
  - **aa) auf Leistungen nach dem Vierzehnten Buch Sozialgesetzbuch,**
  - **bb) auf Leistungen nach dem Bundesversorgungsgesetz in der bis zum 31. Dezember 2023 geltenden Fassung,**

cc) auf Leistungen nach Bundesgesetzen in entsprechender Anwendung der Vorschriften des Bundesversorgungsgesetzes in der bis zum 31. Dezember 2023 geltenden Fassung oder

dd) auf Leistungen nach dem Bundesentschädigungsgesetz,

2. EB wenn der schwerbehinderte Mensch wegen eines Grades der Schädigungsfolgen von mindestens 50 Entschädigung nach § 28 des Bundesentschädigungsgesetzes erhält.

[2]Beim Zusammentreffen der Voraussetzungen für die Eintragung der Bezeichnung nach Absatz 1 und des Merkzeichens nach Satz 1 Nr. 2 ist die Bezeichnung „Kriegsbeschädigt" einzutragen, es sei denn, der schwerbehinderte Mensch beantragt die Eintragung des Merkzeichens „EB".

1 Die besondere Eintragung „Kriegsbeschädigt" geht auf den Änderungsvorschlag des Bundesrates zurück, diese Bezeichnung eindeutig zu kennzeichnen, da private Unternehmen im kulturellen und Verkehrsbereich auch im deutschsprachigen Ausland insbes. Kriegsbeschädigten Vergünstigungen gewähren. Bei einem bloßen Merkzeichen „KB" entstünden hier Schwierigkeiten. Die sichtbare Zusatzbezeichnung sei auch durch das vom Kriegsbeschädigten gebrachte Sonderopfer gerechtfertigt. Es bleibt aber unbenommen, stattdessen die Kennzeichnung „EB" zu wählen, wenn auf die Schwerbehinderung auf Grund Verfolgteneigenschaft nach § 28 BEG nach außen kenntlich hingewiesen werden soll.

2 Voraussetzung für die Eintragung „Kriegsbeschädigt" ist der unmittelbare Versorgungsanspruch nach dem BVG in der am 31.12.2023 geltenden Fassung oder nach § 21 SGB XIV. Die ursprünglich fehlerhafte Verweisung wurde durch Art. 52 Nr. 1 des Gesetzes über die Entschädigung der Soldatinnen und Soldaten und zur Neuordnung des Soldatenversorgungsrechts vom 20.8.221 korrigiert (BT-Drs. 19/27523, 285).

3 Die das Merkzeichen „VB" betreffende Regelung in Abs. 2 Nr. 1 ist durch Art. 42 Nr. 1 des G zur Regelung des Sozialen Entschädigungsrechts vom 12.12.2019 (BGBl. I 2652, 2716) neu gefasst worden. Es handelt sich dabei um eine Folgeänderung zum Außerkrafttreten des BVG und der Einführung des SGB XIV. Auch jetzt werden an Berechtigte nach dem BVG und nach Gesetzen, in denen darauf Bezug genommen wird, Schwerbehindertenausweise ausgegeben oder sie werden verlängert. Die besondere Eintragung für Berechtigte nach dem Sozialen Entschädigungsrecht bleibt erhalten. Zugleich wird der Fall geregelt, dass Personen einen Gesamt-GdS sowohl aus einer Schädigungsfolge nach dem außer Kraft getretenen BVG als auch nach dem SGB XIV oder einem Gesetz haben, welches das SGB XIV für anwendbar erklärt (BR-Drs. 351/19, 314). Die Einfügung von lit. c erfolgte durch Art. 52 Nr. 2 des Gesetzes über die Entschädigung der Soldatinnen und Soldaten und zur Neuordnung des Soldatenversorgungsrechts vom 20.8.221 Sie ist eine bloße Folgeänderung des das Soldaten-Entschädigungsgesetz betreffenden Art. 1 des G (BT-Drs. 19/27523, 285).

4 „EB" ist das Kennzeichen für Verfolgte nach § 28 BEG. Es setzt Erwerbsminderung von 50 vH wegen Verfolgungsschäden voraus. Ein Hinzutreten anderer Gründe, zB Erwerbsminderung aus Altersgründen, reicht für dieses Zeichen nicht aus, solange nicht wenigstens 50 vH aus den Gründen des § 28 BEG entstanden sind. Eine analoge Anwendung auf Verfolgte nach § 2 Abs. 1 Nr. 1 ArVG kommt nicht in Betracht (LSG BB 21.2.2006 – L 13 SB 7/04, nv).

§ 3 Weitere Merkzeichen

(1) **Im Ausweis sind auf der Rückseite folgende Merkzeichen einzutragen:**

1. **aG** **wenn der schwerbehinderte Mensch außergewöhnlich gehbehindert im Sinne des § 146 Absatz 3 des Neunten Buches Sozialgesetzbuch ist,**
2. **H** **wenn der schwerbehinderte Mensch hilflos im Sinne des § 33b des Einkommensteuergesetzes oder entsprechender Vorschriften ist,**
3. **Bl** **wenn der schwerbehinderte Mensch blind im Sinne des § 72 Abs. 5 des Zwölften Buches Sozialgesetzbuch oder entsprechender Vorschriften ist,**
4. **Gl** **wenn der schwerbehinderte Mensch gehörlos im Sinne des § 145 des Neunten Buches Sozialgesetzbuch ist,**
5. **RF** **wenn der schwerbehinderte Mensch die landesrechtlich festgelegten gesundheitlichen Voraussetzungen für die Befreiung von der Rundfunkgebührenpflicht erfüllt,**
6. **1.Kl.** **wenn der schwerbehinderte Mensch die im Verkehr mit Eisenbahnen tariflich festgelegten gesundheitlichen Voraussetzungen für die Benutzung der 1. Wagenklasse mit Fahrausweis der 2. Wagenklasse erfüllt,**
7. **G** **wenn der schwerbehinderte Mensch in seiner Bewegungsfähigkeit im Straßenverkehr erheblich beeinträchtigt im Sinne des § 146 Absatz 1 Satz 1 des Neunten Buches Sozialgesetzbuch oder entsprechender Vorschriften ist,**
8. **TBl** **wenn der schwerbehinderte Mensch wegen einer Störung der Hörfunktion mindestens einen Grad der Behinderung von 70 und wegen einer Störung des Sehvermögens einen Grad der Behinderung von 100 hat.**

(2) **Ist der schwerbehinderte Mensch zur Mitnahme einer Begleitperson im Sinne des § 146 Absatz 2 des Neunten Buches Sozialgesetzbuch berechtigt, sind auf der Vorderseite des Ausweises das Merkzeichen „B" und der Satz „Die Berechtigung zur Mitnahme einer Begleitperson ist nachgewiesen" einzutragen.**

1 Hier sind Merkzeichen für Nachteilsausgleiche aufgeführt, die im gesamten Bundesgebiet gewährt werden. Sonst länderrechtlich gewährte Vergünstigungen sind nach § 4 auf dem dafür vorgesehenen Raum für „Sondervermerke des Landes“ aufzunehmen. Die hier genannten Merkzeichen sind abschließend (§ 4 Abs. 2). Die Merkzeichen des Abs. 1 sind durch Stempel aufzudrucken und mit dem kleinen Dienststempel zu versehen. Demgegenüber sind die in Abs. 2 vorgesehenen Zeichen vorgedruckt und ggf. durch Überdrucken zu löschen.

2 Durch Art. 18 Abs. 3 Ziff. 2 lit. a BTHG erfolgte eine Folgeänderung zur Einfügung des neuen § 146 Abs. 3 SGB IX 2001 (heute: § 229 SGB IX 2018). Während das BTHG die Abs. 1 u. 2 unverändert gelassen hat (BT-Drs. 18/9522, 311), hat es durch Art. 2 des Gesetzes der Vorschrift einen Abs. 3 angefügt, der zu einer wesentlichen Änderung der Bewertungsgrundsätze und damit auch der praktischen Umsetzung der Norm führt. Im alten Recht wurde an die Begrifflichkeiten der StVO angeknüpft, die wiederum in einer Verwaltungsvorschrift sich insbes. an orthopädischen Beeinträchtigungen orientierende abschließende Beispiele enthielten. Nunmehr wird bei der versorgungsmedizinischen Begutachtung zur Feststellung der Schwerbehinderteneigenschaft der internationale Standard angewendet, der sich an dem biopsychosozialen Modell des modernen Behinderungsbegriffs orientiert (so bereits BSG 11.8.2015 – B 9 SB 1/14 R, br 2017, 66 = BeckRS 2015, 72730). Damit kommt es weder auf die konkrete Diagnose oder die Anzahl der Diagnosen im Einzelfall an. Maßgeblich ist vielmehr allein die Auswirkung reiner Gesundheitsstörung in Wechselwirkung mit etwaigen Barrieren, die zu einer Beeinträchtigung der Teilhabe am Leben führen kann. Dies kann zur Folge haben, dass bisher in den Genuss der Regelung kommende sbM zB infolge verbesserter prothetischer Versorgung aus dem Anwendungsbereich der Vorschrift ausscheiden (BT-Drs. 18/9522, 316 ff.).

3 Die Hilflosigkeit berechtigt nach § 33b EStG zur Geltendmachung des erhöhten Pauschbetrages, der auch für Blinde gilt (§ 33b Abs. 3 EStG). Der Begriff, der im Hinblick auf Kinder und Jugendliche kein anderer ist, jedoch von der erschwerten Anleitung zur Kompensation der Defizite geprägt wird (HessLSG 20.5.1999 – L 4 SB 1494/98, Breithaupt 2000, 85 = BeckRS 2008, 55220; LSG NRW 25.1.2001 – L 7 SB 47/99, BeckRS 9999, 01865), ist derselbe wie in § 35 BVG und §§ 68, 69 BSHG für die Pflegezulage bzw. Pflegehilfe. Somit kommt es darauf an, ob der sbM an der Ausführung der täglichen existenzsichernden, personengebundenen Verrichtungen gehindert ist (BSG 23.6.1993 – 9/9a RVs 1/91, BSGE 72, 285). Die Voraussetzungen dafür finden sich in Teil A Nr. 4 und 5 der Versorgungsmedizinischen Grundsätze (Anlage zu § 2 der Versorgungsmedizin-Verordnung – VersMedV), die nach § 5 der Regelung seit dem 1.1.2009 gelten (Steinwedel jurisPR-SozR 6/2019 Anm. 2) und Normqualität aufweisen (BSG 23.4.2009 – B 9 SB 3/08, SozialVerw 2009, 59). Allerdings bindet die Feststellung der Hilflosigkeit durch die Versorgungsverwaltung den Träger der Sozialhilfe nicht (BVerwG 17.8.1988 – 5 C 65/85, NJW 1989, 601). Auch kann das Merkzeichen trotz vorangegangener Verlängerung des Schwerbehindertenausweises entzogen werden. Er stellt weder einen Verwaltungsakt dar, noch begründet er einen Vertrauensschutz (LSG NW 20.5.2021 – L 6 SB 242/20, FD-SozVR 2021, 442554 m. Anm. Plagemann; Metzke RdLH 2022, 39). Nach § 3a KraftStG idF v. 24.7.1986 tritt außerdem Befreiung von der Kraftfahrzeugsteuer ein.

4 Blinde haben Anspruch auf steuerliche (§ 33b Abs. 3 EStG) und andere Nachteilsausgleiche wie einen Führhund, Pflegezulage, Sonderfürsorge nach BVG und SGB XII. Die Wertmarke erhalten sie kostenlos (§ 228 Abs. 1 Ziff. 1 SGB IX). Nach § 3a KraftStG wird außerdem Befreiung von der Kraftfahrzeugsteuer gewährt. Blindheit im Sinne der versorgungsmedizinischen Grundsätze kann auch bei cerebralen Störungen angenommen werden, die zu einer Beeinträchtigung des Sehvermögens führte (LSG NdsBre 22.11.2017 – L 13 SB 71/17, SozialVerw 2018, 13). Anders verhält es sich dagegen in den Fällen, in denen nicht das Sehvermögen, sondern die geistige Fähigkeit

zur Verarbeitung von optischen nachhaltig gestört ist (z. B. bei Wachkomapatienten). Hier ist „Blindheit" i. S. der Blindengeldrechtsprechung bejaht worden (BSG 11.8.2015 – B 9 BL 1/14 R, BSGE 119, 224; BSG 14.6.2018 – B 9 BL 1/17 R, NZS 2019, 337), während im Schwerbehindertenrecht ein engerer Blindheitsbegriff gilt (BSG 24.10.2019 – B 9 SB 1/18 R, BSGE 129, 211 m. Anm. Palsherm SGb 2020, 636; LSG MV 8.9.2022 – L 3 SB 44/16, BeckRS 2022, 27539; Rasch NZS 2020, 430). Das führt dazu, dass in manchen Bundesländern Blindengeld zu gewähren ist, das Merkmal „Bl" dagegen nicht zuerkannt werden kann (Löbner br 2018, 63). Ein Gleichlauf besteht nur dort, wo die Anspruchsvoraussetzung „Blindheit oder gleich zu achtende Störung des Sehvermögens durch Feststellungsbescheid nach dem SGB IX nachzuweisen ist (Dau jurisPR-SozR 9/ 2019 Anm. 4).

Mit Art. 56 Nr. 5 lit. a cc SGB IX wurde ein neues Merkzeichen „GL" eingefügt. Es gilt für Gehörlose, dh hörbehinderte Menschen, bei denen Taubheit beiderseits vorliegt, sowie hörbehinderte Menschen mit einer an Taubheit grenzenden Schwerhörigkeit beiderseits, wenn daneben schwere Sprachstörungen (schwer verständliche Lautsprache, geringer Sprachschatz) vorliegen. Dies sind idR hörbehinderte Menschen, bei denen die an Taubheit grenzende Schwerhörigkeit angeboren oder in der Kindheit erworben wurde. Die Begründung des Gesetzentwurfes (BT-Drs. 14/5074, 130) nimmt insoweit Bezug auf die Anhaltspunkte des BMA für die ärztliche Gutachtertätigkeit im sozialen Entschädigungsrecht und nach dem SchwbG 1996, Teil B Rn. 30. Eine der Sonderstellung Blinder entsprechende Rechtsposition hat der Gesetzgeber diesem Personenkreis ohne Verfassungsverstoß nicht zugebilligt. Das Merkzeichen „GL" berechtigt zur Inanspruchnahme der unentgeltlichen Beförderung im Personennahverkehr. Weitergehende selbständige, insbes. steuerrechtliche Rechtsfolgen sind damit nicht verbunden (BSG 10.12.2003 – B 9 SB 4/02 R, BeckRS 2004, 40330, die dagegen gerichtete Verfassungsbeschwerde wurde nicht angenommen, BVerfG 17.5.2004 – 1 BvR 705/04, nv). **4a**

Nach landesrechtlichen Vorschriften stehen sbM je nach den Einkommensgrenzen Befreiungen von den Rundfunkgebühren zu. Sie sind überall im Wesentlichen gleich geregelt. Eine bundeseinheitliche Regelung besteht wegen der Gesetzgebungskompetenz der Länder im Bereich der Finanzierung des öffentlich-rechtlichen Rundfunks nicht (BVerwG 20.2.2018 – 6 C 48/16, BVerwGE 161, 224; Tegethoff jurisPR-BVerwG 15/ 2018 Anm. 5). Erfasst werden Blinde oder nicht nur vorübergehend wesentlich Sehbehinderte mit einem GdB von 60 allein wegen der Sehbehinderung; Hörgeschädigte, die gehörlos sind oder denen eine ausreichende Verständigung über das Gehör auch mit Hörhilfen nicht möglich ist sowie Behinderte, deren GdB nicht nur vorübergehend wenigstens 80 beträgt und die wegen ihres Leidens an öffentlichen Veranstaltungen ständig nicht teilnehmen können (BSG 23.2.1987 – 9a RVs 72/85, br 1987, 71; 3.6.1987 – 9a RVs 27/85, SozR 3870 Nr. 25; 11.9.1991 – 9a/9 RVs 15/89, br 1992, 42 = BeckRS 1991 30420154; 11.9.1991 – 9a RVs 1/90, BeckRS 1991, 31040509; 23.6.1993 – 9/9a RVs 1/91, br 1994, 101 = NZS 1993, 512; 10.8.1993 – 9/9a RVs 7/ 91, MDR 1994, 77 = BeckRS 1993, 30825061; LSG RhPf 29.3.2006 – L 4 SB 224/05, Breithaupt 2006, 856 = BeckRS 2006, 42173, Harn- und Stuhlinkontinenz; LSG BW 18.2.2021 – L 6 SB 3623/20, ASR 2021, 183 <LS>). Das Merkmal „RF" erbringt den Nachweis für das Vorliegen der Voraussetzungen für eine Ermäßigung der Rundfunkbeitragspflicht. Die Rundfunkanstalten sind an die Feststellungen der zuständigen Behörden gebunden (Tegethoff jurisPR-BVerwG 15/2018 Anm. 5). **5**

Kriegsbeschädigte und Verfolgte können die 1. Wagenklasse mit Fahrausweisen 2. Klasse benutzen, wenn ihr körperlicher Zustand bei Reisen die Unterbringung in der 1. Wagenklasse ständig erfordert (BSG 28.3.1984 – 9a RVs 9/83, BSGE 56, 238). Das wird bei schwerkriegsbeschädigten Empfängern der beiden höchsten Pflegezulagenstufen, bei Kriegsblinden, kriegsbeschädigten Ohnhändern und Querschnittgelähmten unterstellt und richtet sich sonst nach dem körperlichen Zustand auf Grund der anerkannten Schädigungsfolgen (RegBegr. BR-Drs. 435/80, 19). Voraussetzung ist eine Min- **6** derung der Erwerbsfähigkeit um wenigstens 70 vH. Das gilt ggf. auch für Personen, die ihren Wohnsitz oder gewöhnlichen Aufenthalt nicht im Bundesgebiet haben gem. Art. 2 Abs. 1 des Gesetzes über die unentgeltliche Beförderung v. 9.7.1979. § 3 Abs. 1 Nr. 5 ist (auf Grund der Maßgabe des Bundesrates, BR-Drs. 435/80, 3) ausdrücklich in § 8 Abs. 2 eingefügt worden.

7 Die erhebliche Beeinträchtigung der Bewegungsfähigkeit im Straßenverkehr die bei Kindern und Erwachsenen nach demselben Maßstab zu beurteilen ist (BSG 12.2.1997 – 9 RVs 1/95, BSGE 80, 97), ist Voraussetzung für die unentgeltliche Beförderung sbM im Nahverkehr, wobei zusätzlich eine Wertmarke auf den Ausweis geklebt sein muss. Das gilt nach dem Haushaltsbegleitgesetz 1984 v. 22.12.1983 (BGBl. I 1532) auch für Schwerbehinderte, die 80 vH oder mehr erwerbsgemindert sind, da § 60 Abs. 1 S. 2 SchwbG (heute: § 229 Abs. 1 S. 2 SGB IX) insoweit geändert wurde, außerdem für Schwerkriegsbeschädigte und Verfolgte, die nicht wenigstens 70 vH erwerbsgemindert waren (§ 2 Abs. 1 Nr. 2 des Gesetzes v. 27.12.1965, s. unten Anh. 7). Im Falle der rückwirkenden Zuerkennung des Merkzeichens „G" findet eine Erstattung der im Rückwirkungszeitraum angefallenen Fahrtkosten jedoch nicht statt (BSG 7.11.2001 – B 9 SB 3/01 R, BSGE 89, 79). Der Nachweis gilt auch für § 9 Abs. 2 Nr. 2 EStG, Nr. 194 Abs. 1 EStR und Nr. 100 Abs. 11 LStR sowie § 3a KraftStG, wonach bei Anbringung des Merkzeichens „G" die Kraftfahrzeugsteuer um 50 vH ermäßigt wird, sofern die unentgeltliche Beförderung im Personenverkehr nicht in Anspruch genommen wird. Deshalb ist die Inanspruchnahme der Steuerermäßigung auf dem Beiblatt zum Ausweis vom Finanzamt zu vermerken und wieder zu löschen, wenn die Steuerermäßigung entfällt (§ 3a Abs. 2 KraftStG und § 3a Abs. 4 SchwbAwV). Ob dies auch für Oldtimer-Fahrzeuge gilt, ist umstritten. Dies wird einerseits verneint, weil die Steuerbarkeit insoweit ausschließlich an die Zuteilung eines Kennzeichens anknüpft, die nicht steuerbegünstigt ist (FG Köln 16.2.2000 – 6 K 6982/98, EFG 2000, 820 = BeckRS 2000, 31361523), während die Anwendung der Ermäßigungsregelung auf der anderen Seite unter Berufung auf den Normzweck bejaht wird (FG Hmb 7.12.1999 – VII 147/99, EFG 2000, 1098 = BeckRS 1999, 15754). Bei dem Merkzeichen „G" handelt es sich um einen selbständigen prozessualen Anspruch, dessen Voraussetzungen gesondert zu prüfen sind (BayLSG 28.1.1998 – L 18 SB 112/96, BeckRS 1998, 15607).

8 Durch Art. 18 Abs. 3 Ziff. 3 lit. b BTHG wurde Abs. 1 der Vorschrift eine neue Nr. 8 angefügt. Damit wird das Merkzeichen „TBl" eingeführt, das für taubblind steht. Die Voraussetzungen dafür sind erfüllt, wenn bei einem sbM wegen einer Störung der Hörfunktion ein GdB von mindestens 70 und wegen einer Störung des Sehvermögens ein GdB von 100 anerkannt ist. Die Einführung dieses Merkzeichens geht auf Forderungen der Verbände behinderter Menschen zurück, für diese Gruppe besonders Betroffener ein eigenes Merkzeichen zu schaffen. Da die Beeinträchtigungen der Teilhabe der von diesem Merkzeichen erfassten Gruppe sehr unterschiedlich sind, ist es mit keinem konkreten bundesrechtlichen Nachteilsausgleich verbunden. Es kommt als Nachweis für die Rundfunkgebührenbefreiung in Betracht, sofern die dafür zuständigen Länder eine entsprechende Festlegung treffen. Das Merkzeichen umfasst aber nicht automatisch die Nachteilsausgleiche für Blinde und Gehörlose nach landesrechtlichen Regelungen, so dass im Falle ihres Vorliegens neben dem Merkzeichen TBl nach wie vor auch Bl oder GL in den Schwerbehindertenausweis eingetragen werden (BT-Drs. 18/9522, 350).

9 Die Notwendigkeit ständiger Begleitung (LSG Bln 19.11.1991 – L 13 Vs 5/90, MeSo B 90/96, Herzschaden; SchlHLSG 17.7.1995 – L 2 Vsb 114/94, br 1996, 137, Taubstummer; LSG Nds-Bremen 25.4.2018 – L 13 SB 127/16, BeckRS 2018, 8964: psychotische Störung) bzw. Berechtigung zur Mitnahme einer Begleitperson muss nach § 228 Abs. 2 Nr. 1 SGB IX 2018 im Ausweis eingetragen sein und berechtigt zur unentgeltlichen Beförderung der Begleitperson im Nah- und Fernverkehr. Treffen die Voraussetzungen nicht zu, ist das vorgedruckte Zeichen „B" zu löschen. Eine Wertmarke ist für die unentgeltliche Beförderung berechtigt mitgenommener Begleitpersonen nicht erforderlich.

§ 3a Beiblatt

(1) [1]Zum Ausweis für schwerbehinderte Menschen, die das Recht auf unentgeltliche Beförderung im öffentlichen Personenverkehr in Anspruch nehmen können, ist auf Antrag ein Beiblatt nach dem in der Anlage zu dieser Verordnung abgedruckten Muster 2 in der Grundfarbe weiß auszustellen. [2]Das Beiblatt ist Bestandteil des Ausweises und nur zusammen mit dem Ausweis gültig.

(2) [1]Schwerbehinderte Menschen, die das Recht auf unentgeltliche Beförderung in Anspruch nehmen wollen, erhalten auf Antrag ein Beiblatt, das mit einer Wertmarke nach dem in der Anlage zu dieser Verordnung abgedruckten Muster 3 versehen ist. [2]Die Wertmarke enthält ein bundeseinheitliches Hologramm. [3]Auf die Wertmarke werden eingetragen das Jahr und der Monat, von dem an die Wertmarke gültig ist, sowie das Jahr und der Monat, in dem ihre Gültigkeit abläuft. [4]Sofern in Fällen des § 145 Abs. 1 Satz 3 des Neunten Buches Sozialgesetzbuch der Antragsteller zum Gültigkeitsbeginn keine Angaben macht, wird der auf den Eingang des Antrages und die Entrichtung der Eigenbeteiligung folgende Monat auf der Wertmarke eingetragen. [5]Spätestens mit Ablauf der Gültigkeitsdauer der Wertmarke wird das Beiblatt ungültig.

(3) [1]Schwerbehinderte Menschen, die an Stelle der unentgeltlichen Beförderung die Kraftfahrzeugsteuerermäßigung in Anspruch nehmen wollen, erhalten auf Antrag ein Beiblatt ohne Wertmarke. [2]Bei Einräumung der Kraftfahrzeugsteuerermäßigung wird das Beiblatt mit einem Vermerk des zuständigen Finanzamtes versehen. [3]Die Gültigkeitsdauer des Beiblattes entspricht der des Ausweises.

(4) [1]Schwerbehinderte Menschen, die zunächst die Kraftfahrzeugsteuerermäßigung in Anspruch genommen haben und statt dessen die unentgeltliche Beförderung in Anspruch nehmen wollen, haben das Beiblatt (Absatz 3) nach Löschung des Vermerks durch das Finanzamt bei Stellung des Antrags auf ein Beiblatt mit Wertmarke (Absatz 2) zurückzugeben. [2]Entsprechendes gilt, wenn schwerbehinderte Menschen vor Ablauf der Gültigkeitsdauer der Wertmarke an Stelle der unentgeltlichen Beförderung die Kraftfahrzeugsteuerermäßigung in Anspruch nehmen wollen. [3]In diesem Fall ist das Datum der Rückgabe (Eingang beim Versorgungsamt) auf das Beiblatt nach Absatz 3 einzutragen.

Die Bestimmung des § 3a wurde durch die 1. ÄndVO zur SchwbAwV v. 3.4.1984 **1**
(BGBl. I 505) eingefügt. Sie trägt den Änderungen Rechnung, die das Haushaltsbegleitgesetz v. 22.12.1983 (BGBl. I 1532) für die Beförderung Schwerbehinderter gebracht hat, insbes. der Einführung der Wertmarke von damals 120 DM (heute: 80 EUR) für ein Jahr, die in den Fällen des § 228 Abs. 1 SGB IX unentgeltlich ausgegeben wird (→ SGB IX § 228 Rn. 8 ff.). Abs. 5 ist durch G v. 18.7.1985 hinzugefügt worden. Außerdem wurde Abs. 2 so geändert, dass er auch die Wertmarke für sechs Monate erfasst (Preis 60 DM bzw. 40 EUR). Gleichzeitig musste berücksichtigt werden, dass § 3a des Kraftfahrzeugsteuergesetzes idF des Steuerentlastungsgesetzes 1984 v. 22.12.1984 (BGBl. I 1583) die Kraftfahrzeugsteuervergünstigung für Behinderte neu geregelt hat und zudem die gleichzeitige Inanspruchnahme von Kraftfahrzeugsteuerermäßigung und unentgeltlicher Beförderung im Personenverkehr ausgeschlossen worden ist. Die Vorschrift wurde durch Art. 1 Nr. 2 der 2. Verordnung zur Änderung der SchwbAwV v. 26.6.1991 (BGBl. I 1398) geändert und am 25.7.1991 in dieser Fassung neu bekanntgemacht (BGBl. I 1739). Art. 55 Nr. 6 SGB IX v. 19.6.2001 (BGBl. I 1046, 1132) brachte nur redaktionelle Änderungen.

Das Beiblatt mit der Wertmarke ist Voraussetzung für die unentgeltliche Beförderung **2**
im öffentlichen Personenverkehr. Es ist Bestandteil des Ausweises und mit diesem zusammen vorzuzeigen. Die Wertmarke ist gegen Zahlung von 80 EUR für ein Jahr oder von 40 EUR für ein halbes Jahr zu erwerben. Blinde, Hilflose, Empfänger von Arbeitslosenhilfe oder von Hilfe zum Lebensunterhalt und Schwerkriegsbeschädigte erhalten die

Wertmarke kostenlos (→ SGB IX § 228 Rn. 8b). Die Wertmarke gilt ein Jahr bzw. sechs Monate stets von Beginn des eingetragenen Anfangsmonats an. Die Gültigkeit endet mit Ablauf des ebenfalls eingetragenen Kalendermonats ohne Rücksicht auf dessen Länge. Eine Auslauffrist besteht nicht. Der sbM kann in seinem Antrag auf Ausstellung eines Beiblatts mit Wertmarke angeben, ab wann die Wertmarke gültig sein soll. Fehlt eine solche Mitteilung, wird der auf den Eingang des Antrags folgende Monat eingetragen (Abs. 2 S. 3). Die rückwirkende Feststellung der Voraussetzungen für den Nachteilsausgleich „unentgeltliche Beförderung" begründet keinen Anspruch auf Erstattung der im Rückwirkungszeitraum angefallenen Fahrtkosten, da es an einer entsprechenden gesetzlichen Grundlage fehlt (BSG 7.11.2001 – B 9 SB 3/01 R, BSGE 89, 79; Dau jurisPR-SozR 2009 Anm. 5).

3 Kraftfahrzeugsteuerbefreiung nach § 3a Abs. 1 KraftStG für Blinde, Hilflose oder außergewöhnlich Gehbehinderte wird neben der unentgeltlichen Beförderung gewährt. Nur die Kraftfahrzeugsteuerermäßigung nach § 3a Abs. 2 KraftStG schließt die gleichzeitige Geltendmachung der unentgeltlichen Beförderung aus. Diese Ermäßigung ist auf dem Beiblatt durch das Finanzamt einzutragen. Dieser Eintrag verhindert die gleichzeitige Ausgabe einer Wertmarke, das Beiblatt wird ohne Wertmarke ausgegeben und berechtigt nicht zur unentgeltlichen Beförderung des sbM im Personenverkehr. Unberührt bleibt aber die unentgeltliche Beförderung von Begleitpersonen und von Handgepäck. Ist die Notwendigkeit der ständigen Begleitung nachgewiesen und das eingedruckte „B" nicht gelöscht, erfolgt die Beförderung der Begleitperson auch dann unentgeltlich, wenn das Beiblatt keine Wertmarke enthält; dasselbe gilt für die unentgeltliche Beförderung von Handgepäck (→ SGB IX § 228 Rn. 9, 11).

4 Bei Wechsel der Inanspruchnahme von Kraftfahrzeugsteuerermäßigung und unentgeltlicher Beförderung ist das Beiblatt zurückzugeben. Es wird dann nach Löschung ein neues Beiblatt ausgegeben. Eine Erstattung der anteiligen und nicht ausgenutzten Zeit der Gebühr von 80 EUR oder 40 EUR ist auf Antrag möglich.

5 Abs. 5 betraf bis zum 30.6.1991 ausgegebene Beiblätter und Wertmarken und ist mangels aktuellen Anwendungsbereichs durch das BTHG entfallen.

§ 4 Sonstige Eintragungen

(1) **Die Eintragung von Sondervermerken zum Nachweis von weiteren Voraussetzungen für die Inanspruchnahme von Rechten und Nachteilsausgleichen, die schwerbehinderten Menschen nach landesrechtlichen Vorschriften zustehen, ist zulässig.**

(2) **Die Eintragung von Merkzeichen oder sonstigen Vermerken, die in dieser Verordnung (§§ 2, 3, 4 Abs. 1 und § 5 Abs. 3) nicht vorgesehen sind, ist unzulässig.**

1 Hier sollen landesrechtliche Vergünstigungen im Feld „Sondervermerke des Landes" eingetragen werden, die nicht bundeseinheitlich gelten und von §§ 2, 3 nicht erfasst werden. (Dau jurisPR-SozR 22/2020 Anm. 5).

2 Sonstige Eintragungen werden ausgeschlossen, um einheitliche Ausweise zu gewährleisten und Kontrollen ohne Schwierigkeiten zu erlauben.

§ 5 Lichtbild

(1) [1]**Der Ausweis ist mit einem Bild des schwerbehinderten Menschen zu versehen, wenn dieser das 10. Lebensjahr vollendet hat. Hierzu hat der schwerbehinderte Mensch ein Passbild beizubringen.**

(2) **Bei schwerbehinderten Menschen, die das Haus nicht oder nur mit Hilfe eines Krankenwagens verlassen können, ist der Ausweis auf Antrag ohne Lichtbild auszustellen.**

(3) **In Ausweisen ohne Lichtbild ist in dem für das Lichtbild vorgesehenen Raum der Vermerk „Ohne Lichtbild gültig" einzutragen.**

Das Lichtbild dient der Identifikation des Inhabers des Ausweises und ist nur bei Kindern bis zu zehn Jahren oder bei sbM, die das Haus nicht verlassen können, entbehrlich. Dann ist zur Gültigkeit der Vermerk „Ohne Lichtbild gültig" einzutragen. Lichtbild bzw. Vermerk sollen mit dem kleinen Dienststempel versehen werden. 1

Das Lichtbild ist vom Antragsteller auf eigene Kosten beizubringen. Es soll von der ausstellenden Behörde auf Übereinstimmung mit dem Aussehen nach Möglichkeit verglichen werden. Änderungen von Haartracht oder sonstigem Aussehen erfordern aber kein neues Lichtbild und Neuausstellung des Ausweises. Einziehung und Neuausstellung des Ausweises wegen solcher Veränderungen sind nicht vorgesehen. Identifizierungsschwierigkeiten gehen allerdings zu Lasten des Ausweisinhabers. 2

§ 6 Gültigkeitsdauer

(1) [1] **Auf der Rückseite des Ausweises ist als Beginn der Gültigkeit des Ausweises einzutragen:**

1. in den Fällen des § 69 Abs. 1 und 4 des Neunten Buches Sozialgesetzbuch der Tag des Eingangs des Antrags auf Feststellung nach diesen Vorschriften,

2. in den Fällen des § 69 Abs. 2 des Neunten Buches Sozialgesetzbuch der Tag des Eingangs des Antrags auf Ausstellung des Ausweises nach § 69 Abs. 5 des Neunten Buches Sozialgesetzbuch.

(2) [1] **Die Gültigkeit des Ausweises ist für die Dauer von längstens 5 Jahren vom Monat der Ausstellung an zu befristen.** [2] **In den Fällen, in denen eine Neufeststellung wegen einer wesentlichen Änderung in den gesundheitlichen Verhältnissen, die für die Feststellung maßgebend gewesen sind, nicht zu erwarten ist, kann der Ausweis unbefristet ausgestellt werden.**

(3) **Für schwerbehinderte Menschen unter 10 Jahren ist die Gültigkeitsdauer des Ausweises bis längstens zum Ende des Kalendermonats zu befristen, in dem das 10. Lebensjahr vollendet wird.**

(4) **Für schwerbehinderte Menschen im Alter zwischen 10 und 15 Jahren ist die Gültigkeitsdauer des Ausweises bis längstens zum Ende des Kalendermonats zu befristen, in dem das 20. Lebensjahr vollendet wird.**

(5) **Bei nichtdeutschen schwerbehinderten Menschen, deren Aufenthaltstitel, Aufenthaltsgestattung oder Arbeitserlaubnis befristet ist, ist die Gültigkeitsdauer des Ausweises längstens bis zum Ablauf des Monats der Frist zu befristen.**

(6) (aufgehoben)

(7) **Der Kalendermonat und das Kalenderjahr, bis zu deren Ende der Ausweis gültig sein soll, sind auf der Vorderseite des Ausweises einzutragen.**

Für den Beginn der Gültigkeit des Ausweises ist die Feststellung der zuständigen Behörde jetzt nach § 152 Abs. 1, 4 SGB IX maßgeblich. Danach wird in der Regel die Feststellung nach dem Tag des Antrages auf Feststellung des Vorliegens einer Behinderung und deren Grad getroffen. Mit dieser Feststellung, die keinen Verwaltungsakt darstellt (LSG BW 18.2.2022 – L 8 SB 2527/21; Behinderung und Recht 2022, 159 unter Hinweis auf BSG 11.8.2015 – B 9 SB 2/15 R, br 2016, 16), beginnt dann auch die Gültigkeit des Ausweises. Nur wenn eine solche Feststellung durch die Versorgungsbehörden nicht zu treffen ist (§ 152 Abs. 2 SGB IX, → SGB IX § 152 Rn. 25 f.), ist für 1 den Beginn der Gültigkeit des Ausweises erst der Eingang des Antrags auf Ausstellung des Ausweises bei der Versorgungsbehörde maßgeblich.

2 Eine Rückwirkung auf einen früheren Zeitpunkt ist nur bei Glaubhaftmachung eines besonderen Interesses und nur in offenkundigen Fällen möglich (BSG 29.5.1991 – 9a/9 RVs 11/89, BSGE 69,14; für einen großzügigen Prüfungsmaßstab Steinäcker br 2006, 98). Das kann vor allem für Steuerermäßigungen wichtig sein (abl. SG Dortmund 29.3.2004 – S 43 SB 20/03, BeckRS 2009, 65315; Thür LSG 28.12.2017 – L 5 SB 336/17 B, BeckRS 2017, 142145; Dau jurisPR-SozR 23/2018 Anm. 4; einschränkend LSG Saarl 5.11.2002 – L 5 B 12/01 SB, BeckRS 2002, 17097; LSG Bln-Bbg 24.9.2009 – L 13 SB 82/06, BeckRS 2009, 73315), kommt jedoch nicht in Betracht, wenn sich daraus – wie etwa bei der beabsichtigten Befreiung von der Rundfunkgebührenpflicht – rückwirkend keine Änderung ergeben kann (HessLSG L 22.10.2008 – 4 SB 33/07, BeckRS 2009, 64745 m. zust. Anm. Dau jurisPR-SozR 12/2009 Anm. 12). Damit wird das Vorliegen der Schwerbehinderteneigenschaft oder eine andere Voraussetzung bereits von dem früheren Zeitpunkt an nachweisbar.

3 Bei Änderungen der Verhältnisse ist das spätere Datum einzutragen, wenn eine Neufeststellung erst nach der Ausstellung des Ausweises wirksam wird. Das gilt sowohl für Verbesserungen als auch für Verschlechterungen, damit jeweils der Zeitraum nachgewiesen werden kann, in dem die einen oder die anderen Voraussetzungen gelten, zB für Steuerermäßigungen. Zur Neufeststellung wegen wesentlicher Änderung der für die Feststellung maßgeblichen Verhältnisse → SGB IX § 152 Rn. 8 f.

4 Der Ausweis ist nach § 152 Abs. 5 SGB IX in seiner Gültigkeitsdauer zu befristen. Dies gilt auch für den Fall der unbefristeten Feststellung des GdB nach § 152 Abs. 5 S. 3 SGB IX (LSG BW 18.2.2022 – L 8 SB 2527/21, Behinderung und Recht 2022, 159; Thür LSG 14.10.2021 – L 5 SB 1259/19, Breith 2022, 427); Dau jurisPR-SozR 1/2022 Anm. 4; diff. Schäfer jurisPR-ArbR 18/2022 Anm. 6). Damit sollen evtl. eingetretene Veränderungen erfasst werden können, aber auch sichergestellt werden, dass die Grundlagen für die Fahrgelderstattung angepasst werden können, wenn sich die persönlichen Verhältnisse etwa durch Wohnungswechsel oder Tod geändert haben (RegBegr. BR-Drs. 435/80, 22). Eine Befristung auf weniger als fünf Jahre ist möglich („längstens") und dann angebracht, wenn anzunehmen ist, dass die Voraussetzungen für die Ausstellung des Ausweises nur kürzere Zeit vorliegen.

5 Die Frist beginnt stets mit dem Monat der Ausstellung, auch wenn sie verkürzt oder verlängert wird. Es handelt sich um Fristen iSv § 188 BGB. Da der Ausweis während des Monats ausgestellt wird, endet die Frist nach dem bestimmten Zeitraum mit dem Ende desselben Monats (§ 188 Abs. 2 BGB).

6 Mit Art. 4a des Gesetzes zur Verbesserung der Ausbildung und Beschäftigung schwerbehinderter Menschen v. 23.4.2004 (BGBl. I 606 (612)) ist die bis dahin in Abs. 2 enthalten gewesene erweiterte Befristungsmöglichkeit entspr. der Beschlussempfehlung des Vermittlungsausschusses v. 31.3.2004 (BT-Drs. 15/2830, 2) durch eine weitergehende Regelung ersetzt worden. Nunmehr kann der Ausweis unbefristet ausgestellt werden, wenn eine Neufeststellung wegen einer Änderung der für die Feststellung maßgeblich gewesenen Tatsachen nicht zu erwarten ist. Die Änderung dient der Entlastung der Verwaltung. Allerdings begründet die Ausstellung eines unbefristeten Schwerbehindertenausweises kein Vertrauen auf den Fortbestand der zugrundeliegenden Feststellung (BSG 11.8.2015 – B 9 SB 2/15 R, br 2016, 16).

7 Die Befristung nach Abs. 3 auf die Vollendung des 10. Lebensjahres (also auf den Zeitpunkt, in dem das Kind zehn Jahre alt wird) ergibt sich aus der Notwendigkeit, von da an einen Ausweis mit Lichtbild auszustellen (§ 5). Die Vorschrift ist zwingend.

8 Die Befristung auf den Zeitpunkt des Endes des Monats, in den der 20. Geburtstag fällt, soll der Tatsache Rechnung tragen, dass Bilder von Kindern und Jugendlichen zwischen dem 10. und 15. Lebensjahr später regelmäßig nicht mehr zur Identifikation geeignet sind. Deshalb muss dann ein neuer Ausweis ausgestellt werden, um ein neues

Lichtbild benutzen zu können. Ein Auswechseln des Bildes ist wegen der dauerhaften Befestigung und zur Vermeidung von Manipulationen nicht möglich. Die Vorschrift ist zwingend zu beachten, eine Abweichung ist nicht zulässig.

Ausländer erhalten den Ausweis als sbM nur, wenn sie sich im Geltungsbereich des SGB IX rechtmäßig aufhalten oder arbeiten (§ 2 Abs. 2 SGB IX). Dies gilt auch für den Fall der Duldung, wenn ein Ende des Aufenthalts nicht absehbar ist, die Ausländerbehörde gleichwohl keine Aufenthaltserlaubnis erteilt (BSG 1.9.1999 – B 9 SB 1/99 R, br 2000, 27 = BeckRS 1999 30071573). Deshalb ist die Gültigkeitsdauer auf die Dauer der Aufenthaltsgenehmigung, Aufenthaltsgestattung oder Arbeitserlaubnis zu befristen, weil mit deren Ablauf die Voraussetzungen des § 2 Abs. 2 SGB IX enden. Bei Verlängerung ist auch der Ausweis entspr. zu verlängern oder nach zweimaliger Verlängerung neu auszustellen. 9

Auf dem Ausweisvordruck ist eine zweimalige Verlängerung vorgesehen. Bei Kindern nach dem 10. Lebensjahr ist ein Lichtbild auf Kosten des Antragstellers beizubringen. 10

Das Ende der Gültigkeit soll leicht sichtbar sein. Der Ausweisvordruck sieht die nach Abs. 7 geforderte Eintragung auf der Vorderseite vor. Der Abdruck des kleinen Dienststempels ist dazu jeweils ebenfalls vorgesehen. 11

§ 7 Verwaltungsverfahren

(aufgehoben)

Aufgehoben durch Art. 42 Nr. 2 des G zur Regelung des Sozialen Entschädigungsrechts vom 12.12.2019 (BGBl. I 2652, 2716). Dabei handelte es sich um eine Folgeregelung des KOVVfG. In § 69 SGB IX gibt es daher keine speziellen Vorschriften für das Verwaltungsverfahren mehr. Infolge der Aufhebung der Vorschrift gelten die allgemeinen Regelungen des sozialrechtlichen Verwaltungsverfahren nach dem SGB X (BR-Drs. 351/19 S. 314). 1

Zweiter Abschnitt. Ausweis für sonstige Personen zur unentgeltlichen Beförderung im öffentlichen Personenverkehr

§ 8 Ausweis für sonstige freifahrtberechtigte Personen

(1) [1]Der Ausweis für Personen im Sinne des Artikels 2 Abs. 1 des Gesetzes über die unentgeltliche Beförderung Schwerbehinderter im öffentlichen Personenverkehr vom 9. Juli 1979 (BGBl. I S. 989), soweit sie nicht schwerbehinderte Menschen im Sinne des § 2 Abs. 2 des Neunten Buches Sozialgesetzbuch sind, wird nach dem in der Anlage zu dieser Verordnung abgedruckten Muster 4 ausgestellt. [2]Der Ausweis ist mit einem fälschungssicheren Aufdruck in der Grundfarbe grün versehen und durch einen halbseitigen orangefarbenen Flächenaufdruck gekennzeichnet. [3]Zusammen mit dem Ausweis ist ein Beiblatt auszustellen, das mit einer Wertmarke nach dem in der Anlage zu dieser Verordnung abgedruckten Muster 3 versehen ist.

(2) Für die Ausstellung des Ausweises nach Absatz 1 gelten die Vorschriften des § 1 Absatz 3 und 5, § 2, § 3 Absatz 1 Nummer 6 und Absatz 2, § 4 Absatz 2, § 5 und § 6 Absatz 2, 3, 4 und 7 sowie des § 7 entsprechend, soweit sich aus Artikel 2 Abs. 2 und 3 des Gesetzes über die unentgeltliche Beförderung Schwerbehinderter im öffentlichen Personenverkehr nichts Besonderes ergibt.

1 Art. 2 des Gesetzes über die unentgeltliche Beförderung Schwerbehinderter im öffentlichen Personenverkehr v. 9.7.1979 (BGBl. I 989) idF des Art. 21 des Haushaltsbegleitgesetzes 1984 v. 22.12.1983 (BGBl. I 1532) gewährt Personen, die als Kriegs- und Wehrdienstbeschädigte unter den Voraussetzungen des Gesetzes v. 27.8.1965 als mindestens 70 vH Erwerbsgeminderte Anspruch auf unentgeltliche Beförderung hatten, diese Rechte weiter, auch wenn sie nicht Schwerbehinderte nach § 1 SchwbG bzw. sbM nach § 2 Abs. 2, § 69 SGB IX sind. Es handelt sich vor allem um Kriegsbeschädigte und Verfolgte mit Wohnsitz im Ausland. Bei Erwerbsminderung um 50 bis weniger als 70 vH muss außerdem infolge der Beschädigung eine erhebliche Gehbehinderung vorliegen.

2 Außerdem gilt diese Bestimmung für Deutsche, die außerhalb der Bundesrepublik wohnen und sbM sind, für die der Ausweis dann auszustellen ist, wenn die gesundheitlichen Voraussetzungen offensichtlich sind und nachgewiesen oder glaubhaft gemacht werden. Er ist zu befristen.

3 Dieser Ausweis ist kein Schwerbehindertenausweis, sondern gilt nur für die unentgeltliche Beförderung und wird deshalb nach einem besonderen Muster ausgestellt. Er wird kostenlos mit einem Beiblatt mit einer Wertmarke versehen (Art. 21 des Haushaltsbegleitgesetzes 1984 v. 22.12.1983, BGBl. I 1532).

4 Besonderheiten des Gesetzes v. 9.7.1979 sind vor allem die auf die Dauer des Besuches befristete Dauer der Gültigkeit dieses Ausweises und die Regelung der örtlichen Zuständigkeit nach Art. 2 Abs. 3 des Gesetzes über die unentgeltliche Beförderung Schwerbehinderter. Im Übrigen gelten die Vorschriften der SchwbAwV einschließlich der Bestimmung, dass sie auch den Eintrag „1. Kl." erhalten können.

Dritter Abschnitt. Übergangsregelung

§ 9 Übergangsregelung

[1]Bis zum 31. Dezember 2014 ausgestellte Ausweise, die keine Identifikationskarten nach § 1 Absatz 5 sind, bleiben bis zum Ablauf ihrer Gültigkeitsdauer gültig, es sei denn, sie sind einzuziehen. [2]Sie können gegen eine Identifikationskarte umgetauscht werden. [3]Ausgestellte Beiblätter bleiben bis zum Ablauf ihrer Gültigkeit gültig.

1 Mit Art. 56 Nr. 12 SGB IX v. 19.6.2001 (BGBl. I 1046, 1132) wurde nach § 8 ein neuer Dritter Abschnitt in die SchwbAwV eingefügt, der eine Übergangsregelung enthielt (§ 9). Diese bestimmte, dass ein nach bis zum 30.6.2001 geltendem Recht ausgestellter Ausweis bis zum Ablauf seiner Gültigkeitsdauer gültig blieb, es sei denn, er wäre einzuziehen (vgl. § 152 Abs. 5 S. 4 SGB IX). In der aktuellen Fassung ist der Stichtag auf den 31.12.2014 verschoben.

Sachverzeichnis

Sachverzeichnis